# 中国思想政治工作年鉴

（2014年3月～2015年2月）

《中国思想政治工作年鉴》编撰委员会 编

中共中央党校出版社
2015年7月

责任编辑　井　琪
封面设计　刘广通
版式设计　刘广通
责任校对　王惠丽　崔可陶　梁军军　信云升

**图书在版编目(CIP)数据**

中国思想政治工作年鉴2014年3月~2015年2月 / 《中国思想政治工作年鉴》编撰委员会编写. — 北京：中共中央党校出版社, 2015.7
ISBN 978-7-5035-5683-8

Ⅰ.①中…　Ⅱ.①中…　Ⅲ.①政治工作—中国—2014~2015—年鉴　Ⅳ.①D64-54

中国版本图书馆CIP数据核字(2015)第218911号

**中共中央党校出版社出版发行**
**社址:北京市海淀区大有庄 100 号**
**电话:(010)62805800(办公室)(010)62805818(发行部)**
**邮编:100091　网址:**www.dxcbs.net
**新华书店经销**
**天津市武清区雍阳印刷厂印刷装订**
2015 年 7 月第 1 版　2015 年 7 月第 1 次印刷
**开本:**787 毫米×1092 毫米　1/16　**印张:**68
**字数:**1700 千字　　**印数** 1—3000 册

ISBN 978-7-5035-5683-8
**定价:**490.00元

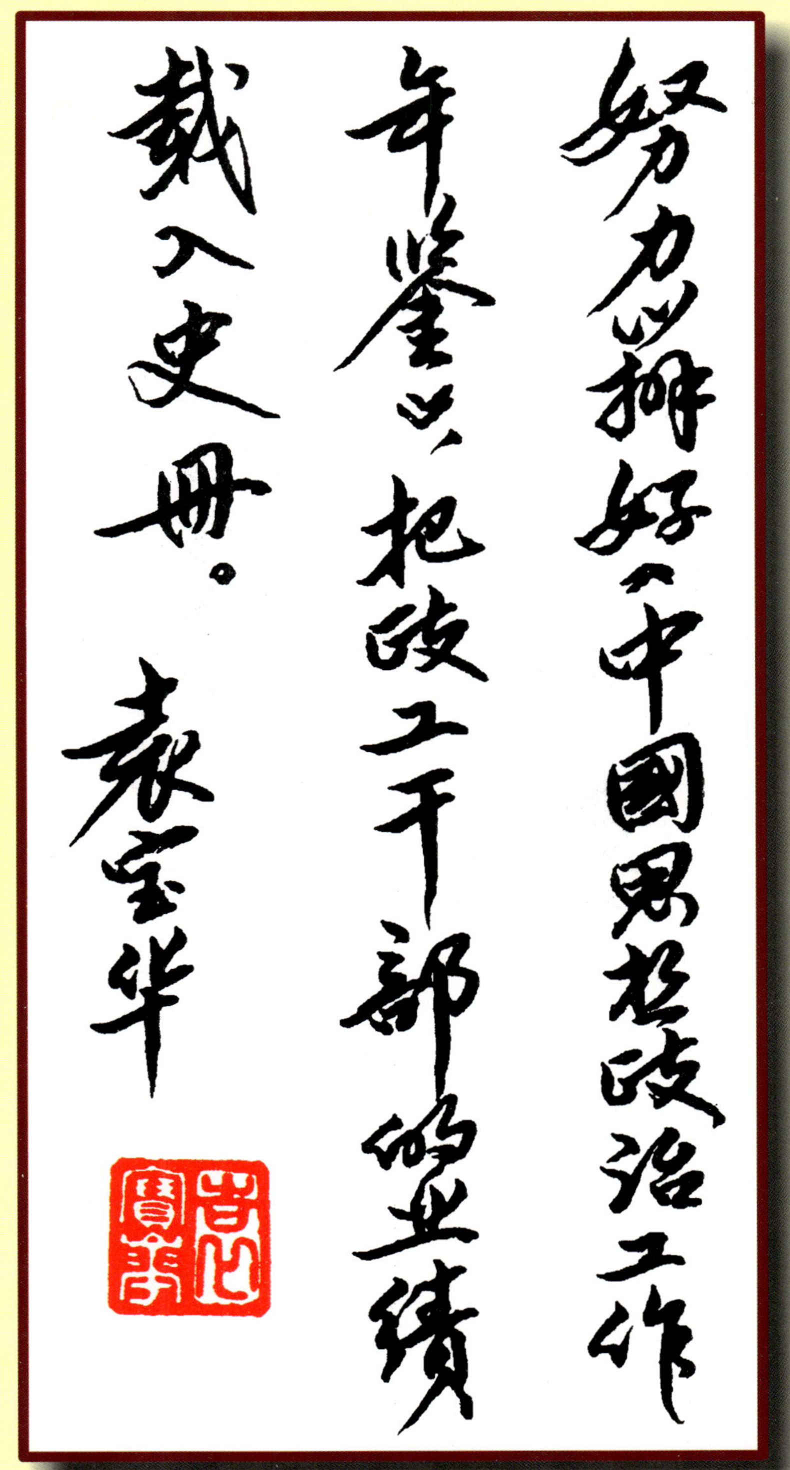


中国思想政治工作研究会原会长、原国家经委主任袁宝华为年鉴题词：“努力办好《中国思想政治工作年鉴》，把政工干部的业绩载入史册。”

加强育人用人研究
培育选拔高素质人才

张全景

中共中央组织部原部长、全国党建研究会会长张全景为年鉴题词：“加强育人用人研究培育选拔高素质人才。”

编好"中国思想政治工作
年鉴"为提高政工干部
素质加强与改进思想
政治工作服务

赵荫华

中国思想政治工作研究会原常务副会长、原国家经委副主任赵荫华为年鉴题词："编好'中国思想政治工作年鉴'为提高政工干部素质加强与改进思想政治工作服务。"

# 《中国思想政治工作年鉴》

# 目　录

## 第一部分　政工文献

## 第二部分　政工大事纪实



## 第三部分　学习十八届四中全会精神

## 第四部分 学习习近平同志系列重要讲话精神

## 第五部分　中国梦研究



## 第六部分　纪念邓小平同志诞辰110周年



## 第七部分　党的群众路线教育实践活动

## 第八部分　培育和践行社会主义核心价值观



## 第九部分　廉政建设与反腐败斗争

## 第十部分 基层党的建设



## 第十一部分 思想政治工作研究与创新

## 第十二部分　政法研究



## 第十三部分　县委书记论坛

# 第一部分

# 政工文献

# 青年要自觉践行社会主义核心价值观

## ——在北京大学师生座谈会上的讲话

（2014 年 5 月 4 日）

习近平

**各位同学，各位老师，同志们：**

今天是五四青年节，很高兴来到北京大学同大家见面，共同纪念五四运动 95 周年。首先，我代表党中央，向北京大学全体师生员工，向全国各族青年，致以节日的问候！向全国广大教育工作者和青年工作者，致以崇高的敬意！

刚才，朱善璐同志汇报了学校工作情况，几位同学、青年教师分别作了发言，大家讲得都很好，听后很受启发。这是我到中央工作以后第五次到北大，每次来都有新的体会。在洋溢着青春活力的校园里一路走来，触景生情，颇多感慨。我感到，当代大学生是可爱、可信、可贵、可为的。

五四运动形成了爱国、进步、民主、科学的五四精神，拉开了中国新民主主义革命的序幕，促进了马克思主义在中国的传播，推动了中国共产党的建立。五四运动以来，在中国共产党领导下，一代又一代有志青年“以青春之我，创建青春之家庭，青春之国家，青春之民族，青春之人类，青春之地球，青春之宇宙”，在救亡图存、振兴中华的历史洪流中谱写了一曲曲感天动地的青春乐章。

北京大学是新文化运动的中心和五四运动的策源地，是这段光荣历史的见证者。长期以来，北京大学广大师生始终与祖国和人民共命运、与时代和社会同前进，在各条战线上为我国革命、建设、改革事业作出了重要贡献。

党的十八大提出了“两个一百年”奋斗目标。我说过，现在，我们比历史上任何时期都更接近实现中华民族伟大复兴的目标，比历史上任何时期都更有信心、更有能力实现这个目标。

行百里者半九十。距离实现中华民族伟大复兴的目标越近，我们越不能懈怠、越要加倍努力，越要动员广大青年为之奋斗。

光阴荏苒，物换星移。时间之河川流不息，每一代青年都有自己的际遇和机缘，都要在自己所处的时代条件下谋划人生、创造历史。青年是标志时代的最灵敏的晴雨表，时代的责任赋予青年，时代的光荣属于青年。

广大青年对五四运动的最好纪念，就是在党的领导下，勇做走在时代前列的奋进者、开拓者、奉献者，以执着的信念、优良的品德、丰富的知识、过硬的本领，同全国各族人民一道，担负起历史重任，让五四精神放射出更加夺目的时代光芒。

同学们、老师们！

大学是一个研究学问、探索真理的地方，借此机会，我想就社会主义核心价值观问题，同各位同学和老师交流交流想法。

我想讲这个问题，是从弘扬五四精神联想到的。五四精神体现了中国人民和中华民族近代以来追求的先进价值观。爱国、进步、民主、科学，都是我们今天依然应该坚守和践行的核心价值，不仅广大青年要坚守和践行，全社会都要坚守和践行。

人类社会发展的历史表明，对一个民族、一个国家来说，最持久、最深层的力量是全社会共同认可的核心价值观。核心价值观，承载着一个民族、一个国家的精神追求，体现着一个社会评判是非曲直的价值标准。

古人说：“大学之道，在明明德，在亲民，在止于至善。”核心价值观，其实就是一种德，既是个人的德，也是一种大德，就是国家的德、社会的德。国无德不兴，人无德不立。如果一个民族、一个国家没有共同的核心价值观，莫衷一是，行无依归，那这个民族、这个国家就无法前进。这样的情形，在我国历史上，在当今世界上，都屡见不鲜。

我国是一个有着13亿多人口、56个民族的大国，确立反映全国各族人民共同认同的价值观“最大公约数”，使全体人民同心同德、团结奋进，关乎国家前途命运，关乎人民幸福安康。

每个时代都有每个时代的精神，每个时代都有每个时代的价值观念。国有四维，礼义廉耻，“四维不张，国乃灭亡。”这是中国先人对当时核心价值观的认识。在当代中国，我们的民族、我们的国家应该坚守什么样的核心价值观？这个问题，是一个理论问题，也是一个实践问题。经过反复征求意见，综合各方面认识，我们提出要倡导富强、民主、文明、和谐，倡导自由、平等、公正、法治，倡导爱国、敬业、诚信、友善，积极培育和践行社会主义核心价值观。富强、民主、文明、和谐是国家层面的价值要求，自由、平等、公正、法治是社会层面的价值要求，爱国、敬业、诚信、友善是公民层面的价值要求。这个概括，实际上回答了我们要建设什么样的国家、建设什么样的社会、培育什么样的公民的重大问题。

中国古代历来讲格物致知、诚意正心、修身齐家、治国平天下。从某种角度看，格物致知、诚意正心、修身是个人层面的要求，齐家是社会层面的要求，治国平天下是国家层面的要求。我们提出的社会主义核心价值观，把涉及国家、社会、公民的价值要求融为一体，既体现了社会主义本质要求，继承了中华优秀传统文化，也吸收了世界文明有益成果，体现了时代精神。

富强、民主、文明、和谐，自由、平等、公正、法治，爱国、敬业、诚信、友善，传承着中国优秀传统文化的基因，寄托着近代以来中国人民上下求索、历经千辛万苦确立的理想和信念，也承载着我们每个人的美好愿景。我们要在全社会牢固树立社会主义核心价值观，全体人民一起努力，通过持之以恒的奋斗，把我们的国家建设得更加富强、更加民主、更加文明、更加和谐、更加美丽，让中华民族以更加自信、更加自强的姿态屹立于世界民族之林。

建设富强民主文明和谐的社会主义现代化国家，实现中华民族伟大复兴，是鸦片战争以来中国人民最伟大的梦想，是中华民族的最高利益和根本利益。今天，我们13亿多人的一切奋斗归根到底都是为了实现这一伟大目标。中国曾经是世界上的经济强国，后来在世界工业革命如火如荼、人类社会发生深刻变革的时期，中国丧失了与世界同进步的历史机遇，落到了被动挨打的境地。尤其是鸦片战争之后，中华民族更是陷入积贫积弱、任人宰割的悲惨状况。这段历史悲剧决不能重演！建设富强民主文明和谐的社会主义现代化国家，是我们的目标，也是我们的责任，是我们对中华民族的责任，对前人的责任，对后人的责任。我们要保持战略定力和坚定信念，坚定不移走自己的路，朝着自己的目标前进。

中国已经发展起来了，我们不认可“国强必霸”的逻辑，坚持走和平发展道路，但中华民族被外族任意欺凌的时代已经一去不复返了！为什么我们现在有这样的底气？就是因为我们的国家发展起来了。现在，中国的国际地位不断提高、国际影响力不断扩大，这是中国人民用自己的百年奋斗赢得的尊敬。想想近代以来中国丧权辱国、外国人在中国横行霸道的悲惨历史，真是形成了鲜明对照！

中华文明绵延数千年，有其独特的价值体系。中华优秀传统文化已经成为中华民族的基因，植根在中国人内心，潜移默化影响着中国人的思想方式和行为方式。今天，我们提倡和弘扬社会主义核心价值观，必须从中汲取丰富营养，否则就不会有生命力和影响力。比如，中华文化强调“民惟邦本”、“天人合一”、“和而不同”，强调“天行健，君子以自强不息”、“大道之行也，天下为公”；强调“天下兴亡，匹夫有责”，主张以德治国、以文化人；强调“君子喻于义”、“君子坦荡荡”、“君子义以为质”；强调“言必信，行必果”、“人而无信，不知其可也”；强调“德不孤，必有邻”、“仁者爱人”、“与人为善”、“己所不欲，勿施于人”、“出入相友，守望相助”、“老吾老以及人之老，幼吾幼以及人之幼”、“扶贫济困”、“不患寡而患不均”，等等。像这样的思想和理念，不论过去还是现在，都有其鲜明的民族特色，都有其永不褪色的时代价值。这些思想和理念，既随着时间推移和时代变迁而不断与时俱进，又有其自身的连续性和稳定性。我们生而为中国人，最根本的是我们有中国人的独特精神世界，有百姓日用而不觉的价值观。我们提倡的社会主义核心价值观，就充分体现了对中华优秀传统文化的传承和升华。

价值观是人类在认识、改造自然和社会的过程中产生与发挥作用的。不同民族、不同国家由于其自然条件和发展历程不同，产生和形成的核心价值观也各有特点。一个民族、一个国家的核心价值观必须同这个民族、这个国家的历史文化相契合，同这个民族、这个国家的人民正在进行的奋斗相结合，同这个民族、这个国家需要解决的时代问题相适应。世界上没有两片完全相同的树叶。一个民族、一个国家，必须知道自己是谁，是从哪里来的，要到哪里去，想明白了、想对了，就要坚定不移朝着目标前进。

去年12月26日，我在纪念毛泽东同志诞辰120周年座谈会上讲话时说：站立在960万平方公里的广袤土地上，吸吮着中华民族漫长奋斗积累的文化养分，拥有13亿中国人民聚合的磅礴之力，我们走自己的路，具有无比广阔的舞台，具有无比深厚的历史底蕴，具有无比强大的前进定力。中国人民应该有这个信心，每一个中国人都应该有这个信心。我们要虚心学习借鉴人类社会创造的一切文明成果，但我们不能数典忘祖，不能照抄照搬别国的发展模式，也绝不会接受任何外国颐指气使的说教。

我说这话的意思是，实现我们的发展目标，实现中国梦，必须增强道路自信、理论自信、制度自信，“千磨万击还坚劲，任尔东南西北风”。而这“三个自信”需要我们对核心价值观的认定作支撑。

我为什么要对青年讲讲社会主义核心价值观这个问题？是因为青年的价值取向决定了未来整个社会的价值取向，而青年又处在价值观形成和确立的时期，抓好这一时期的价值观养成十分重要。这就像穿衣服扣扣子一样，如果第一粒扣子扣错了，剩余的扣子都会扣错。人生的扣子从一开始就要扣好。“凿井者，起于三寸之坎，以就万仞之深。”青年要从现在做起、从自己做起，使社会主义核心价值观成为自己的基本遵循，并身体力行大力将其推广到全社会去。

广大青年树立和培育社会主义核心价值观，要在以下几点上下功夫。

**一是要勤学，下得苦功夫，求得真学问。**知识是树立核心价值观的重要基础。古希腊哲学家说，知识即美德。我国古人说：“非学无以广才，非志无以成学。”大学的青春时光，人生只有一次，应该好好珍惜。为学之要贵在勤奋、贵在钻研、贵在有恒。鲁迅先生说过：“哪里有天才，我是把别人喝咖啡的工夫都用在工作上的。”大学阶段，“恰同学少年，风华正茂”，有老师指点，有同学切磋，有浩瀚的书籍引路，可以心无旁骛求知问学。此时不努力，更待何时？要勤于学习、敏于求知，注重把所学知识内化于心，形成自己的见解，既要专攻博览，又要关心国家、关心人民、关心世界，学会担当社会责任。

**二是要修德，加强道德修养，注重道德实践。**“德者，本也。”蔡元培先生说过：“若无德，则虽体魄智力发达，适足助其为恶。”道德之于个人、之于社会，都具有基础性意义，做人做事第一位的是崇德修身。这就是我们的用人标准为什么是德才兼备、以德为先，因为德是首要、是方向，一个人只有明大德、守公德、严私德，其才方能用得其所。修德，既要立意高远，又要立足平实。要立志报效祖国、服务人民，这是大德，养大德者方可成大业。同时，还得从做好小事、管好小节开始起步，“见善则迁，有过则改”，踏踏实实修好公德、私德，学会劳动、学会勤俭，学会感恩、学会助人，学会谦让、学会宽容，学会自省、学会自律。

**三是要明辨，善于明辨是非，善于决断选择。**“学而不思则罔，思而不学则殆。”是非明，方向清，路子正，人们付出的辛劳才能结出果实。面对世界的深刻复杂变化，面对信息时代各种思潮的相互激荡，面对纷繁多变、鱼龙混杂、泥沙俱下的社会现象，面对学业、情感、职业选择等多方面的考量，一时有些疑惑、彷徨、失落，是正常的人生经历。关键是要学会思考、善于分析、正确抉择，做到稳重自持、从容自信、坚定自励。要树立正确的世界观、人生观、价值观，掌握了这把总钥匙，再来看看社会万象、人生历程，一切是非、正误、主次，一切真假、善恶、美丑，自然就洞若观火、清澈明了，自然就能作出正确判断、作出正确选择。正所谓“千淘万漉虽辛苦，吹尽狂沙始到金”。

**四是要笃实，扎扎实实干事，踏踏实实做人。**道不可坐论，德不能空谈。于实处用力，从知行合一上下功夫，核心价值观才能内化为人们的精神追求，外化为人们的自觉行动。《礼记》中说：“博学之，审问之，慎思之，明辨之，笃行之。”有人说：“圣人是肯做工夫的庸人，庸人是不肯做工夫的圣人。”青年有着大好机遇，关键是要迈稳步子、夯实根基、久久为功。心浮气躁，朝三暮四，学一门丢一门，干一行弃一行，无论为学还是创业，都是最忌讳的。“天下难事，必作于易；天下大事，必作于细。”成功的背后，永远是艰辛努力。青年要把艰苦环境作为磨炼自己的机遇，把小事当作大事干，一步一个脚印往前走。滴水可以穿石。只要坚韧不拔、百折不挠，成功就一定在前方等你。

核心价值观的养成绝非一日之功，要坚持由易到难、由近及远，努力把核心价值观的要求变成日常的行为准则，进而形成自觉奉行的信念理念。不要顺利的时候，看山是山、看水是水，一遇挫折，就怀疑动摇，看山不是山、看水不是水了。无论什么时候，我们都要坚守在中国大地上形成和发展起来的社会主义核心价值观，在时代大潮中建功立业，成就自己的宝贵人生。

同学们、老师们！

党中央作出了建设世界一流大学的战略决策，我们要朝着这个目标坚定不移前进。办好中国的世界一流大学，必须有中国特色。没有特色，跟在他人后面亦步亦趋，依样画葫芦，是不可能办成功的。这里可以套用一句话，越是民族的越是世界的。世界上不会有第二个哈佛、牛津、斯坦福、麻省理工、剑桥，但会有第一个北大、清华、浙大、复旦、南大等中国著名学府。我们要认真吸收世界上先进的办学治学经验，更要遵循教育规律，扎根中国大地办大学。

鲁迅先生说：“北大是常为新的，改进的运动的先锋，要使中国向着好的，往上的道路走。”党的十八届三中全会吹响了全面深化改革的号角，也对深化我国高等教育改革提出了明确要求。现在，关键是把蓝图一步步变为现实。全国高等院校要走在教育改革前列，紧紧围绕立德树人的根本任务，加快构建充满活力、富有效率、更加开放、有利于学校科学发展的体制机制，当好教育改革排头兵。我也希望北京大学通过埋头苦干和改革创新，早日实现几代北大人创建世界一流大学的梦想。

教师承担着最庄严、最神圣的使命。梅贻琦先生说：“所谓大学者，非谓有大楼之谓也，有大师之谓也。”我体会，这样的大师，既是学问之师，又是品行之师。教师要时刻铭记教书育人的使命，甘当人梯，甘当铺路石，以人格魅力引导学生心灵，以学术造诣开启学生的智慧之门。

各级党委和政府要高度重视高校工作，始终关心和爱护学生成长，为他们放飞青春梦想、实现人生出彩搭建舞台。要全面深化改革，营造公平公正的社会环境，促进社会流动，不断激发广大青年的活力和创造力。要强化就业创业服务体系建设，支持帮助学生们迈好走向社会的第一步。各级领导干部要经常到学生们中去、同他们交朋友，听取他们的意见和建议。

现在在高校学习的大学生都是20岁左右，到2020年全面建成小康社会时，很多人还不到30岁；到本世纪中叶基本实现现代化时，很多人还不到60岁。也就是说，实现“两个一百年”奋斗目标，你们和千千万万青年将全过程参与。有信念、有梦想、有奋斗、有奉献的人生，才是有意义的人生。当代青年建功立业的舞台空前广阔、梦想成真的前景空前光明，希望大家努力在实现中国梦的伟大实践中创造自己的精彩人生。

我相信，当代中国青年一定能够担当起党和人民赋予的历史重任，在激扬青春、开拓人生、奉献社会的进程中书写无愧于时代的壮丽篇章！

# 在中国国际友好大会暨中国人民对外友好协会成立60周年纪念活动上的讲话

（2014年5月15日）

习近平

**女士们，先生们，朋友们：**

大家好！今天，有机会同各位朋友欢聚一堂，纪念中国人民对外友好协会成立60周年，感到十分高兴。

首先，我谨代表中国政府和中国人民，并以我个人的名义，对大会的召开，表示热烈的祝贺！对各位朋友的到来，表示诚挚的欢迎！

“有朋自远方来，不亦乐乎。”这是两千多年前中国哲人孔子说的话，表达了中国人民对朋友到来的愉悦。我们邀请中外朋友相聚一堂，就是要感谢大家为中外友好事业作出的不懈努力，回顾为共同目标而奋斗的峥嵘历程，畅谈长期合作结下的深情厚谊。

中华民族历来讲求“滴水之恩，当涌泉相报”。中国人民永远不会忘记每位朋友。借此机会，我谨向珍视友谊、热爱和平的国际友人，向长期同情和支持中国革命、建设、改革事业的各国朋友们，致以崇高的敬意！

女士们、先生们、朋友们！

人民友好是促进世界和平与发展的基础力量，是实现合作共赢的基本前提，相互信任、平等相待是开展合作、实现互利互惠的先决条件。各国人民只有用友好的理念、友好的情谊凝聚起来，才能实现和平与发展的共同心愿。

随着世界多极化、经济全球化、社会信息化不断发展，各国利益交融、兴衰相伴、安危与共，形成了你中有我、我中有你的命运共同体。面对复杂多变的国际形势和严峻突出的全球性问题，各国人民需要加强友好交流，携手合作，同舟共济。

当今时代，中国正在发展，中国正在改革，中国正在前进。我们确定了“两个一百年”奋斗目标，就是到2020年实现国内生产总值和城乡居民人均收入比2010年翻一番，全面建成小康社会；到本世纪中叶建成富强民主文明和谐的社会主义现代化国家，实现中华民族伟大复兴的中国梦。中国梦既是中国人民追求幸福的梦，也同世界人民的梦想息息相通。中国将在实现中国梦的过程中，同世界各国一道，推动各国人民更好实现自己的梦想。

中国人民为实现中国梦的努力，将为世界带来极大的机遇。2013年11月，中国共产党召开了十八届三中全会，吹响了全面深化改革的号角。中国正在落实已经制定的改革蓝图，新一轮改革将为中国发展提供强大推动力。这对世界经济发展无疑是重大利好。

海纳百川，有容乃大。中国将继续全面对外开放，推进同世界各国的互利合作，推动建设丝绸之路经济带和21世纪海上丝绸之路，实现各国在发展机遇上的共创共享。中国将以更加开放的胸襟、更加包容的心态、更加宽广的视角，大力开展中外文化交流，在学习互鉴中，为推动人类文明进步作出应有贡献。

女士们、先生们、朋友们！

这些年来，随着中国快速发展，国际上有些人担心中国会走“国强必霸”的路子，一些人提出了所谓的“中国威胁论”。有这样的看法和想法，大多数人是由于认知上的误读，当然也有少数人是出于一种根深蒂固的偏见。

中华民族历来是爱好和平的民族。中华文化崇尚和谐，中国“和”文化源远流长，蕴涵着天人合一的宇宙观、协和万邦的国际观、和而不同的社会观、人心和善的道德观。在5000多年的文明发展中,中华民族一直追求和传承着和平、和睦、和谐的坚定理念。以和为贵,与人为善,己所不欲、勿施于人等理念在中国代代相传,深深植根于中国人的精神中,深深体现在中国人的行为上。

中国的先人早就知道“国虽大,好战必亡”。自古以来,中华民族就积极开展对外交往通商,而不是对外侵略扩张;执着于保家卫国的爱国主义,而不是开疆拓土的殖民主义。2100多年前,中国人就开通了丝绸之路,推动东西方平等开展文明交流,留下了互利合作的足迹,沿路各国人民均受益匪浅。600多年前,中国的郑和率领当时世界上最强大的船队7次远航太平洋和西印度洋,到访了30多个国家和地区,没有占领一寸土地,播撒了和平友谊的种子,留下的是同沿途人民友好交往和文明传播的佳话。中国近代史,是一部充满灾难、落后挨打的悲惨屈辱史,是一部中华民族抵抗外来侵略、实现民族独立的伟大斗争史。历经苦难的中国人民珍惜和平,绝不会将自己曾经遭受过的悲惨经历强加给其他民族。

中华民族的血液中没有侵略他人、称霸世界的基因,中国人民不接受“国强必霸”的逻辑,愿意同世界各国人民和睦相处、和谐发展,共谋和平、共护和平、共享和平。

历史告诉我们,战争好似魔鬼和梦魇,给人民带来深重灾难和痛苦,必须高度警惕;和平犹如空气和阳光,受益而不觉,失之则难存,必须精心维护。当今世界,战火和战争的危险依然存在,很多国家和地区的民众依然身陷炮声硝烟之中,无数妇女儿童的生命面临着严重威胁。一切有良知、爱好和平的人们都应该行动起来,共同制止战争、维护和平。

中国将坚持走和平发展道路,同时也将推动各国共同坚持和平发展。中国将积极承担更多国际责任,同世界各国共同维护人类良知和国际公理,在世界和地区事务中主持公道、伸张正义,更加积极有为地参与热点问题的解决,既通过维护世界和平来发展自己,又以自身发展促进世界和平。中国将继续通过平等协商处理矛盾和分歧,以最大诚意和耐心,坚持对话解决分歧。

2015年是世界反法西斯战争胜利70周年。长期以来,在爱好和平的各国人民共同努力下,第二次世界大战的胜利成果和战后形成的国际秩序得到维护,和平与发展成为时代主题,这为各国发展创造了必要环境。中国人民将同世界各国人民一道,共同纪念这一伟大胜利,共同珍惜和呵护来之不易的和平。

女士们、先生们、朋友们!

国之交在于民相亲,民相亲在于心相通。不久前,我访问了联合国教科文组织总部,在其大楼前的石碑上,用多种语言镌刻着这样一句话:“战争起源于人之思想,故务需于人之思想中筑起保卫和平之屏障。”这句话揭示了一个真理,就是维护世界和平也好,促进各国共同发展也好,关键是要让各国人民充分认识和平与发展对人类的意义。因此,我们必须大力加强文明交流互鉴,而民间外交则是推进文明交流互鉴最深厚的力量。

文明因交流而多彩,文明因互鉴而丰富。文明交流互鉴,是推动人类文明进步和世界和平与发展的重要动力。我们要通过推动跨国界、跨时空、跨文明的交流互鉴活动,促进各国人民相互了解、相互理解、相互支持、相互帮助,在世界各国人民心灵中坚定和平理念、坚定共同发展理念,形成防止和反对战争、推动共同发展的强大力量。

长期以来,中国人民对外友好协会贯彻中国奉行的独立自主的和平外交政策,在国际社会和世界各国广交深交朋友,为加深人民友谊深耕细作,为促进国家关系铺路架桥,为推动国际合作穿针引线,做了大量卓有成效的工作,发挥了不可替代的作用。中国人民对外友好协会60年的发展历程,充分展现出人民友谊在促进世界和平与发展中的强大力量,充分证明了民间外交在国家总体外交中的重要地位。

中国发展取得了举世瞩目的成就，但仍然是世界上最大的发展中国家，需要面对和破解的发展难题依然很多，任重而道远。我们要认真学习和借鉴各国人民创造的人类文明成果。

希望中国人民对外友好协会再接再厉，更好推进民间外交、城市外交、公共外交，不断为中国民间对外友好工作作出新的更大的贡献。民间外交要开拓创新，多领域、多渠道、多层次开展民间对外友好交流，广交朋友、广结善缘。要以诚感人、以心暖人、以情动人，拉近中外人民距离，使彼此更友善、更亲近、更认同、更支持，特别是要做好中外青少年交流，培养人民友好事业接班人。

民间外交应该发挥优势作用，开拓更多交流渠道、创建更多合作平台，引导国外机构和优秀人才以各种方式参与中国现代化建设。要大力开展中国国际友好城市工作，促进中外地方政府交流，推动实现资源共享、优势互补、合作共赢。要重视公共外交，广泛参加国际非政府组织的活动，传播好中国声音，讲好中国故事，向世界展现一个真实的中国、立体的中国、全面的中国。

女士们、先生们、朋友们！

有梦想，有追求，有奋斗，一切都有可能。中国人民有梦想，世界各国人民有梦想，这将给世界带来无限生机和美好前景。让我们团结起来，共同为我们的梦想而奋斗，共同促进人类和平与发展的崇高事业！

谢谢大家！

# 从小积极培育和践行社会主义核心价值观

## ——在北京市海淀区民族小学主持召开座谈会时的讲话

（2014 年 5 月 30 日）

习近平

**同学们，老师们，同志们：**

大家好！在“六一”国际儿童节前夕，我们来到海淀区民族小学，参加主题队日入队仪式，观看少先队员们开展活动，感到很高兴。再过两天，就是“六一”国际儿童节了。在这里，我首先向你们、向全国各族少年儿童祝贺节日，祝大家节日快乐！

海淀区民族小学注重树德育人，组织开展了很多活动，取得了积极成效。刚才，听了几位同学和老师、家长的发言，很有收获。大家都谈到要加强德育工作，引导少年儿童从小就培育和践行社会主义核心价值观。这很好，我们想到一块儿了。我今天来，也想同大家谈谈这个问题。

一个民族的文明进步，一个国家的发展壮大，需要一代又一代人接力努力，需要很多力量来推动，核心价值观是其中最持久最深沉的力量。中华民族有着 5000 多年的悠久历史和灿烂文化，而且中华文明从远古一直延续发展到今天。为什么中华民族能够在几千年的历史长河中顽强生存和不断发展呢？很重要的一个原因，是我们民族有一脉相承的精神追求、精神特质、精神脉络。今天我们使用的汉字同甲骨文没有根本区别，老子、孔子、孟子、庄子等先哲归纳的一些观念也一直延续到现在。这种几千年连贯发展至今的文明，在世界各民族中是不多见的。

今天，中华民族要继续前进，就必须根据时代条件，继承和弘扬我们的民族精神、我们民族的优秀文化，特别是包含其中的传统美德。

我们倡导的富强、民主、文明、和谐，自由、平等、公正、法治，爱国、敬业、诚信、友善的社会主义核心价值观，体现了古圣先贤的思想，体现了仁人志士的夙愿，体现了革命先烈的理想，也寄托着各族人民对美好生活的向往。只要是中国人，就应该自觉培育和践行社会主义核心价值观。

这一段，我集中强调了培育和践行社会主义核心价值观问题。今年 2 月，中央政治局专门就培育和弘扬社会主义核心价值观进行了集体学习，我作了讲话，对全社会提了要求。“五四”青年节，我到北京大学去，对大学生讲了这个问题。最近，又到上海去，对领导干部讲了这个问题。今天，想对小学生讲讲这个问题。因为，任何一个思想观念，要在全社会树立起来并长期发挥作用，就要从少年儿童抓起。

少年儿童是祖国的未来，是中华民族的希望。这就是《少年中国说》中所说的：少年智则国智，少年富则国富，少年强则国强，少年进步则国进步。新陈代谢是不可抗拒的历史规律，未来总是由今天的少年儿童开创的。去年“六一”时我说过，每个人都是从孩子长大的。实现我们的梦想，靠我们这一代，更靠下一代。少年儿童的心灵都是敏感的，准备接受一切美好的东西。“自古英雄出少年。”为了中华民族的今天和明天，我们要教育引导广大少年儿童树立远大志向、培育美好心灵，让少年儿童成长得更好。

少年儿童如何培育和践行社会主义核心价值观呢？应该同成年人不一样，要适应少年儿童的年龄和特点。我看，主要是要做到记住要求、心有榜样、从小做起、接受帮助。

**——记住要求，就是要把社会主义核心价值观的基本内容熟记熟背，让它们融化在心灵里、铭刻在脑子中。**由于大家还在学习阶段，社会阅历不多，对社会主义核心价值观的涵义不一定能理解得很深，但只要牢记在心，随着自己年龄、知识、阅历不断增长，会明白得更多、更深、更透。在成长过程中，要结合学习和生活等实践，不断想想所记住的这些要求，不断加深理解。古往今来，大凡很有作为的人，都是在少年时代就能够严格要求自己。

**——心有榜样，就是要学习英雄人物、先进人物、美好事物，在学习中养成好的思想品德追求。**我国历史上有很多少年英雄的故事，在中国共产党领导人民进行的革命、建设、改革事业中也涌现了大批少年英雄，他们中不少人的名字同学们可能都听说过。过去电影《红孩子》、《小兵张嘎》、《鸡毛信》、《英雄小八路》、《草原英雄小姐妹》等说的就是一些少年英雄的故事。今天，好儿童、好少年就更多了。你们学校也有被评为"最美少年"的。另外，各行各业都有很多值得我们学习的榜样，包括航天英雄、奥运冠军、大科学家、劳动模范、青年志愿者，还有那些助人为乐、见义勇为、诚实守信、敬业奉献、孝老爱亲的好人，等等。榜样的力量是无穷的。大家要把他们立为心中的标杆，向他们看齐，像他们那样追求美好的思想品德。这就是孔子讲的："见贤思齐焉，见不贤而内省也。"

**——从小做起，就是要从自己做起、从身边做起、从小事做起，一点一滴积累，养成好思想、好品德。**"少壮不努力，老大徒伤悲。"千里之行，始于足下。每个人的生活都是由一件件小事组成的，养小德才能成大德。少年儿童不可能像大人那样为社会做很多事，但可以从小做起，每天都可以想一想，对祖国热爱吗？对集体热爱吗？学习努力吗？对同学们关心吗？对老师尊敬吗？在家孝敬父母吗？在社会上遵守社会公德吗？对好人好事有敬佩感吗？对坏人坏事有义愤感吗？这样多想一想，就会促使自己多做一做，日积月累，自己身上的好思想、好品德就会越来越多了。听说有的同学喜欢比吃穿，比有没有车接车送，比爸爸妈妈是干什么工作的，这样就比偏了。一定不能比这些。"自古雄才多磨难，从来纨绔少伟男"、"少年辛苦终身事，莫向光阴惰寸功"。要比就比谁更有志气、谁更勤奋学习、谁更热爱劳动、谁更爱锻炼身体、谁更有爱心。

**——接受帮助，就是要听得进意见，受得了批评，在知错就改、越改越好的氛围中健康成长。**一个人不可能十全十美，总是在克服缺点、纠正错误的过程中进步的，正所谓"玉不琢，不成器；人不学，不知义"。少年儿童正在形成世界观、人生观、价值观的过程中，需要得到帮助。不要嫌父母说得多，不要嫌老师管得严，不要嫌同学们管得宽，首先要想想说得管得对不对、是不是为自己好，对了就要听。有些事没有做好，这不要紧，只要自己意识到、愿意改就是进步。自己没有意识到，父母、老师、同学指出来了，使自己意识到、愿意改也是进步。良药苦口利于病，忠言逆耳利于行。我们要养成严格要求自己、虚心接受批评帮助的习惯。只要从小就沿着正确道路走，学到一点，就实践一点，努力做最好的我、在自己最好的方面，人生就会迎来一路阳光。

让社会主义核心价值观在少年儿童中培育起来，家庭、学校、少先队组织和全社会都有责任。

家庭是孩子的第一个课堂，父母是孩子的第一个老师。家长要时时处处给孩子做榜样，用正确行动、正确思想、正确方法教育引导孩子。要善于从点滴小事中教会孩子欣赏真善美、远离假丑恶。要注意观察孩子的思想动态和行为变化，随时做好教育引导工作。

学校要把德育放在更加重要的位置，全面加强校风、师德建设，坚持教书育人，根据少年儿童特点和成长规律，循循善诱，春风化雨，努力做到每一堂课不仅传播知识、而且传授美德，每一次活动不仅健康身心、而且陶冶性情，让同学们都得到倾心关爱和真诚帮助，让社会主义核心价值观的种子在学生们心中生根发芽。

少先队要坚持开展组织教育、自主教育、实践活动，更好为少年儿童培育和践行社会主义核心价值观服务，把广大少年儿童团结好、教育好、带领好。全社会都要了解少年儿童、尊重少年儿童、关心少年儿童、服务少年儿童，为少年儿童提供良好社会环境。对损害少年儿童权益、破坏少年儿童身心健康的言行，要坚决防止和依法打击。

长江后浪推前浪。我相信，今天这一代少年儿童一定能立志向、有梦想，爱学习、爱劳动、爱祖国，从小自觉培育和践行社会主义核心价值观，在星星火炬的照耀下，在党的阳光的沐浴下，为实现中华民族伟大复兴的中国梦时刻准备着。

# 在中国科学院第十七次院士大会、中国工程院第十二次院士大会上的讲话

（2014 年 6 月 9 日）

习近平

**各位院士，同志们，朋友们：**

今天，群英荟萃，群贤毕至，中国科学院第十七次院士大会、中国工程院第十二次院士大会开幕了。有机会同大家见面，感到十分高兴。首先，我代表党中央、国务院，对两院院士大会的召开，表示衷心的祝贺！向两院院士和全国广大科技工作者，表示诚挚的问候！向前来参加会议的外籍院士和国际科学界的朋友们，表示热烈的欢迎！

中国科学院院士、中国工程院院士是我国科学技术界、工程技术界的杰出代表，是国家的财富、人民的骄傲、民族的光荣。长期以来，广大院士胸怀报国为民的理想追求，发扬不懈创新的科学精神，秉持淡泊名利的品德风范，聚焦国家战略需求，勇攀科学技术高峰，创造了举世瞩目的成就，为提高我国自主创新能力、增强我国综合国力，为推动我国科技进步、经济发展、人民生活水平提高、国防建设和优化国家决策作出了重大贡献。

我看了不少两院的咨询报告和院士们的建议，从报告的字里行间，从建议的思考研究中，都能体会到院士们忧国忧民的情怀、求真务实的精神。大家为党和国家决策提供了重要依据。在此，我向各位院士表示衷心的感谢！

各位院士、同志们、朋友们！

今年是甲午年。甲午，对中国人民和中华民族具有特殊的含义，在我国近代史上也具有特殊的含义。回首我国近代史，中华民族遭受的苦难之重、付出的牺牲之大，在世界历史上是罕见的。面对厄运和苦难，中国人民没有屈服，奋起抗争，前仆后继，终于在中国共产党领导下找到了实现中华民族伟大复兴的正确道路，掌握了自己的命运。今天，我们比历史上任何时期都更接近中华民族伟大复兴的目标，比历史上任何时期都更有信心、有能力实现这个目标。而要实现这个目标，我们就必须坚定不移贯彻科教兴国战略和创新驱动发展战略，坚定不移走科技强国之路。

科技是国家强盛之基，创新是民族进步之魂。自古以来，科学技术就以一种不可逆转、不可抗拒的力量推动着人类社会向前发展。16 世纪以来，世界发生了多次科技革命，每一次都深刻影响了世界力量格局。从某种意义上说，科技实力决定着世界政治经济力量对比的变化，也决定着各国各民族的前途命运。

拿我国来说，中华民族是富有创新精神的民族。我们的先人们早就提出："周虽旧邦，其命维新。""天行健，君子以自强不息。""苟日新，日日新，又日新。"可以说，创新精神是中华民族最鲜明的禀赋。在 5000 多年文明发展进程中，中华民族创造了高度发达的文明，我们的先人们发明了造纸术、火药、印刷术、指南针，在天文、算学、医学、农学等多个领域创造了累累硕果，为世界贡献了无数科技创新成果，对世界文明进步影响深远、贡献巨大，也使我国长期居于世界强国之列。

然而，明代以后，由于封建统治者闭关锁国、夜郎自大，中国同世界科技发展潮流渐行渐远，屡次错失富民强国的历史机遇。鸦片战争之后，中国更是一次次被经济总量、人口规模、领土幅员远远不如自己的国家打败。历史告诉我们一个真理：一个国家是否强大不能单就经

济总量大小而定，一个民族是否强盛也不能单凭人口规模、领土幅员多寡而定。近代史上，我国落后挨打的根子之一就是科技落后。

新中国成立以来，党中央高度重视科技事业，团结带领广大科技工作者和全国各族人民自力更生、艰苦奋斗，建立起全面独立的科研体系，形成了规模宏大的科学技术队伍，取得了一个又一个举世瞩目的科技成就。今天，“向科学进军”的伟大号召依然在我们的耳畔回响，“科学的春天”依然在祖国的天空上播洒阳光，科教兴国战略依然给我国科技事业发展提供着强大驱动。

“两弹一星”、多复变函数论、陆相成油理论、人工合成牛胰岛素等成就，高温超导、中微子物理、量子反常霍尔效应、纳米科技、干细胞研究、人类基因组测序等基础科学突破，超级杂交水稻、汉字激光照排、高性能计算机、三峡工程、载人航天、探月工程、移动通信、量子通讯、北斗导航、载人深潜、高速铁路、航空母舰等工程技术成果，为我国经济社会发展提供了坚强支撑，为国防安全作出了历史性贡献，也为我国作为一个有世界影响的大国奠定了重要基础。

各位院士、同志们、朋友们！

当前，全党全国各族人民正在为全面建成小康社会、实现中华民族伟大复兴的中国梦而团结奋斗。我们比以往任何时候都更加需要强大的科技创新力量。党的十八大作出了实施创新驱动发展战略的重大部署，强调科技创新是提高社会生产力和综合国力的战略支撑，必须摆在国家发展全局的核心位置。这是党中央综合分析国内外大势、立足我国发展全局作出的重大战略抉择。

进入21世纪以来，新一轮科技革命和产业变革正在孕育兴起，全球科技创新呈现出新的发展态势和特征。学科交叉融合加速，新兴学科不断涌现，前沿领域不断延伸，物质结构、宇宙演化、生命起源、意识本质等基础科学领域正在或有望取得重大突破性进展。信息技术、生物技术、新材料技术、新能源技术广泛渗透，带动几乎所有领域发生了以绿色、智能、泛在为特征的群体性技术革命。传统意义上的基础研究、应用研究、技术开发和产业化的边界日趋模糊，科技创新链条更加灵巧，技术更新和成果转化更加快捷，产业更新换代不断加快。科技创新活动不断突破地域、组织、技术的界限，演化为创新体系的竞争，创新战略竞争在综合国力竞争中的地位日益重要。科技创新，就像撬动地球的杠杆，总能创造令人意想不到的奇迹。当代科技发展历程充分证明了这个过程。

面对科技创新发展新趋势，世界主要国家都在寻找科技创新的突破口，抢占未来经济科技发展的先机。我们不能在这场科技创新的大赛场上落伍，必须迎头赶上、奋起直追、力争超越。

改革开放以来，我国经济社会发展取得了举世瞩目的成就，经济总量跃居世界第二，众多主要经济指标名列世界前列。同时，必须清醒地看到，我国经济规模很大、但依然大而不强，我国经济增速很快、但依然快而不优。主要依靠资源等要素投入推动经济增长和规模扩张的粗放型发展方式是不可持续的。现在，世界发达水平人口全部加起来是10亿人左右，而我国有13亿多人，全部进入现代化，那就意味着世界发达水平人口要翻一番多。不能想象我们能够以现有发达水平人口消耗资源的方式来生产生活，那全球现有资源都给我们也不够用！老路走不通，新路在哪里？就在科技创新上，就在加快从要素驱动、投资规模驱动发展为主向以创新驱动发展为主的转变上。

前几天，我看了一份材料，说“机器人革命”有望成为“第三次工业革命”的一个切入点和重要增长点，将影响全球制造业格局，而且我国将成为全球最大的机器人市场。国际机器人联合会预测，“机器人革命”将创造数万亿美元的市场。由于大数据、云计算、移动互联网等新一代信息技术同机器人技术相互融合步伐加快，3D打印、人工智能迅猛发展，制造机器人的软硬件技术日趋成熟，成本不断降低，性能不断提升，军用无人机、自动驾驶汽车、家政服务机器人已经成为现实，有的人工智能机器人已具有相当程度的自主思维和学习能力。国际上有舆论认为，机器人是“制造业皇冠顶端的明珠”，其研发、制造、应用是衡量一个国家科技创新和高端制造业水平的重要标志。机器人主要制造商和国家纷纷加紧布局，抢占技术和市场制高点。看到这里，我就在想，我国将成为机器人的最大市场，但我们的技术和制造能力能不能应对这场竞争？我们不仅要把我国机器人水平提高上去，而且要尽可能多地占领市场。这样的新技术新领域还很多，我们要审时度势、全盘考虑、抓紧谋划、扎实推进。

各位院士、同志们、朋友们！

实施创新驱动发展战略，最根本的是要增强自主创新能力，最紧迫的是要破除体制机制障碍，最大限度解放和激发科技作为第一生产力所蕴藏的巨大潜能。面向未来，增强自主创新能力，最重要的就是要坚定不移走中国特色自主创新道路，坚持自主创新、重点跨越、支撑发展、引领未来的方针，加快创新型国家建设步伐。

经过多年努力，我国科技整体水平大幅提升，一些重要领域跻身世界先进行列，某些领域正由“跟跑者”向“并行者”、“领跑者”转变。我国进入了新型工业化、信息化、城镇化、农业现代化同步发展、并联发展、叠加发展的关键时期，给自主创新带来了广阔发展空间、提供了前所未有的强劲动力。

我多次讲过，中华民族伟大复兴绝不是轻轻松松就能实现的，我国越发展壮大，遇到的阻力和压力就会越大。从这个经验看，关键是时机和决断。历史的机遇往往稍纵即逝，我们正面对着推进科技创新的重要历史机遇，机不可失，时不再来，必须紧紧抓住。

我们有改革开放30多年来积累的坚实物质基础，有持续创新形成的系列成果，实施创新驱动发展战略具备良好条件。因此，要下好先手棋，打好主动仗，对国家和民族具有重大战略意义的科技决策，想好了、想定了就要决断，不然就可能与历史机遇失之交臂，甚至可能付出更大代价。

2013年3月，我在参加全国政协十二届一次会议科协、科技界委员联组讨论时讲过这样一个意思，就是从总体上看，我国科技创新基础还不牢，自主创新特别是原创力还不强，关键领域核心技术受制于人的格局没有从根本上改变。只有把核心技术掌握在自己手中，才能真正掌握竞争和发展的主动权，才能从根本上保障国家经济安全、国防安全和其他安全。不能总是用别人的昨天来装扮自己的明天。不能总是指望依赖他人的科技成果来提高自己的科技水平，更不能做其他国家的技术附庸，永远跟在别人的后面亦步亦趋。我们没有别的选择，非走自主创新道路不可。

实践告诉我们，自力更生是中华民族自立于世界民族之林的奋斗基点，自主创新是我们攀登世界科技高峰的必由之路。问题看到了，就要以时不我待的精神，快马加鞭改变这个局面。不能说了很多年，最后老是没有根本改变。当然，自主创新不是闭门造车，不是单打独斗，不是排斥学习先进，不是把自己封闭于世界之外。我们要更加积极地开展国际科技交流合作，用好国际国内两种科技资源。

科学技术是世界性的、时代性的，发展科学技术必须具有全球视野。当前，科技创新的重大突破和加快应用极有可能重塑全球经济结构，使产业和经济竞争的赛场发生转换。在传统国际发展赛场上，规则别人都制定好了，我们可以加入，但必须按照已经设定的规则来赛，没有更多主动权。抓住新一轮科技革命和产业变革的重大机遇，就是要在新赛场建设之初就加入其中，甚至主导一些赛场建设，从而使我们成为新的竞赛规则的重要制定者、新的竞赛场地的重要主导者。如果我们没有一招鲜、几招鲜，没有参与或主导新赛场建设的能力，那我们就缺少了机会。机会总是留给有准备的人的，也总是留给有思路、有志向、有韧劲的人们的。我国能否在未来发展中后来居上、弯道超车，主要就看我们能否在创新驱动发展上迈出实实在在的步伐。

李四光说过："科学的存在全靠它的新发现，如果没有新发现，科学便死了。"法国作家雨果说过："已经创造出来的东西比起有待创造的东西来说，是微不足道的。"我国科技发展的方向就是创新、创新、再创新。要高度重视原始性专业基础理论突破，加强科学基础设施建设，保证基础性、系统性、前沿性技术研究和技术研发持续推进，强化自主创新成果的源头供给。要积极主动整合和利用好全球创新资源，从我国现实需求、发展需求出发，有选择、有重点地参加国际大科学装置和科研基地及其中心建设和利用。要准确把握重点领域科技发展的战略机遇，选准关系全局和长远发展的战略必争领域和优先方向，通过高效合理配置，深入推进协同创新和开放创新，构建高效强大的共性关键技术供给体系，努力实现关键技术重大突破，把关键技术掌握在自己手里。

"聪者听于无声，明者见于未形。"科技创新永无止境。科技竞争就像短道速滑，我们在加速，人家也在加速，最后要看谁速度更快、谁的速度更能持续。荀子说："骐骥一跃，不能十步；驽马十驾，功在不舍。锲而舍之，朽木不折；锲而不舍，金石可镂。"意思是，骏马一跃，也不会达到十步；劣马跑十天，也能跑得很远；雕刻东西，如果刻了一下就放下，朽木也不会刻断；如果不停刻下去，金属和石头都可以雕空。我国广大科技工作者要敢于担当、勇于超越、找准方向、扭住不放，牢固树立敢为天下先的志向和信心，敢于走别人没有走过的路，在攻坚克难中追求卓越，勇于创造引领世界潮流的科技成果。

各位院士、同志们、朋友们！

实施创新驱动发展战略是一个系统工程。科技成果只有同国家需要、人民要求、市场需求相结合，完成从科学研究、实验开发、推广应用的三级跳，才能真正实现创新价值、实现创新驱动发展。

我一直在思考，为什么从明末清初开始，我国科技渐渐落伍了。有的学者研究表明，康熙曾经对西方科学技术很有兴趣，请了西方传教士给他讲西学，内容包括天文学、数学、地理学、动物学、解剖学、音乐，甚至包括哲学，光听讲解天文学的书就有100多本。是什么时候呢？学了多长时间呢？早期大概是1670年至1682年间，曾经连续两年零5个月不间断学习西学。时间不谓不早，学的不谓不多，但问题是当时虽然有人对西学感兴趣，也学了不少，却并没有让这些知识对我国经济社会发展起什么作用，大多是坐而论道、禁中清谈。1708年，清朝政府组织传教士们绘制中国地图，后用10年时间绘制了科学水平空前的《皇舆全览图》，走在了世界前列。但是，这样一个重要成果长期被作为密件收藏内府，社会上根本看不见，没有对经济社会发展起到什么作用。反倒是参加测绘的西方传教士把资料带回了西方整理发表，使西方在相当长一个时期内对我国地理的了解要超过中国人。这说明了一个什么问题呢？就是科学技术必须同社会发展相结合，学得再多，束之高阁，只是一种猎奇，只是一种雅兴，甚至当作奇技淫巧，那就不可能对现实社会产生作用。

多年来，我国一直存在着科技成果向现实生产力转化不力、不顺、不畅的痼疾，其中一个重要症结就在于科技创新链条上存在着诸多体制机制关卡，创新和转化各个环节衔接不够紧密。就像接力赛一样，第一棒跑到了，下一棒没有人接，或者接了不知道往哪儿跑。

要解决这个问题，就必须深化科技体制改革，破除一切制约科技创新的思想障碍和制度藩篱，处理好政府和市场的关系，推动科技和经济社会发展深度融合，打通从科技强到产业强、经济强、国家强的通道，以改革释放创新活力，加快建立健全国家创新体系，让一切创新源泉充分涌流。

如果把科技创新比作我国发展的新引擎，那么改革就是点燃这个新引擎必不可少的点火系。我们要采取更加有效的措施完善点火系，把创新驱动的新引擎全速发动起来。

科技体制改革要紧紧扭住“硬骨头”攻坚克难，加快把党的十八届三中全会确定的科技体制改革各项任务落到实处。要着力把科技创新摆在国家发展全局的核心位置，加快制定创新驱动发展战略的顶层设计，对重大任务要有路线图和时间表。要着力从科技体制改革和经济社会领域改革两个方面同步发力，改革国家科技创新战略规划和资源配置体制机制，完善政绩考核体系和激励政策，深化产学研合作，加快解决制约科技成果转移转化的关键问题。要着力加强科技创新统筹协调，努力克服各领域、各部门、各方面科技创新活动中存在的分散封闭、交叉重复等碎片化现象，避免创新中的“孤岛”现象，加快建立健全各主体、各方面、各环节有机互动、协同高效的国家创新体系。要着力完善科技创新基础制度，加快建立健全国家科技报告制度、创新调查制度、国家科技管理信息系统，大幅提高科技资源开放共享水平。要着力围绕产业链部署创新链、围绕创新链完善资金链，聚焦国家战略目标，集中资源、形成合力，突破关系国计民生和经济命脉的重大关键科技问题。要着力加快完善基础研究体制机制，把基础前沿、关键共性、社会公益和战略高技术研究作为重大基础工程来抓，实施好国家重大科学计划和科学工程，加快在国际科学前沿领域抢占制高点。要着力以科技创新为核心，全方位推进产品创新、品牌创新、产业组织创新、商业模式创新，把创新驱动发展战略落实到现代化建设整个进程和各个方面。

在推进科技体制改革的过程中，我们要注意一个问题，就是我国社会主义制度能够集中力量办大事是我们成就事业的重要法宝。我国很多重大科技成果都是依靠这个法宝搞出来的，千万不能丢了！要让市场在资源配置中起决定性作用，同时要更好发挥政府作用，加强统筹协调，大力开展协同创新，集中力量办大事，抓重大、抓尖端、抓基本，形成推进自主创新的强大合力。

各位院士、同志们、朋友们！

“盖有非常之功，必待非常之人。”人是科技创新最关键的因素。创新的事业呼唤创新的人才。尊重人才，是中华民族的悠久传统。“思皇多士，生此王国。王国克生，维周之桢；济济多士，文王以宁。”这是《诗经·大雅·文王》中的话，说的是周文王尊贤礼士，贤才济济，所以国势强盛。千秋基业，人才为先。实现中华民族伟大复兴，人才越多越好，本事越大越好。我国是一个人力资源大国，也是一个智力资源大国，我国13亿多人大脑中蕴藏的智慧资源是最可宝贵的。知识就是力量，人才就是未来。我国要在科技创新方面走在世界前列，必须在创新实践中发现人才、在创新活动中培育人才、在创新事业中凝聚人才，必须大力培养造就规模宏大、结构合理、素质优良的创新型科技人才。

我国科技队伍规模是世界上最大的，这是我们必须引以为豪的。但是，我们在科技队伍上也面对着严峻挑战，就是创新型科技人才结构性不足矛盾突出，世界级科技大师缺乏，领军人才、尖子人才不足，工程技术人才培养同生产和创新实践脱节。“一年之计，莫如树谷；十年之计，莫如树木；终身之计，莫如树人。”我们要把人才资源开发放在科技创新最优先的位置，改革人才培养、引进、使用等机制，努力造就一批世界水平的科学家、科技领军人才、工程师和高水平创新团队，注重培养一线创新人才和青年科技人才。

要按照人才成长规律改进人才培养机制，“顺木之天，以致其性”，避免急功近利、拔苗助长。要坚持竞争激励和崇尚合作相结合，促进人才资源合理有序流动。要广泛吸引海外优秀专家学者为我国科技创新事业服务。要在全社会积极营造鼓励大胆创新、勇于创新、包容创新的良好氛围，既要重视成功，更要宽容失败，完善好人才评价指挥棒作用，为人才发挥作用、施展才华提供更加广阔的天地。

未来总是属于青年人的。拥有一大批创新

型青年人才，是国家创新活力之所在，也是科技发展希望之所在。“我劝天公重抖擞，不拘一格降人才。”广大院士不仅要做科技创新的开拓者，更要做提携后学的领路人。希望广大院士肩负起培养青年科技人才的责任，甘为人梯，言传身教，慧眼识才，不断发现、培养、举荐人才，为拔尖创新人才脱颖而出铺路搭桥。广大青年科技人才要树立科学精神、培养创新思维、挖掘创新潜能、提高创新能力，在继承前人的基础上不断超越。

各位院士、同志们、朋友们！

长期以来，我国院士制度在推动科技界出思想、出谋略、出成果、出人才方面发挥了重大作用。同时，我们也要看到，我国院士制度在实践过程中也存在一些社会关注、科技界反映较突出的问题，比如有时院士遴选受非学术因素干扰过多，有的地方和部门让院士称号承载了一些非学术的、带有明显功利性的负担，有的人把有多少院士当作出政绩的一个标志。如此等等，都背离了我国院士制度的本义，必须加以纠正。广大院士对这些现象也有意见。这些问题需要通过深化改革加以解决，使院士制度更加完善，真正守住学术性、荣誉性的本质。

根据广大院士和各方面意见，党的十八届三中全会提出了改革院士制度的要求，主要就是要突出学术导向，减少不必要的干预，改进和完善院士遴选机制、学科布局、年龄结构、兼职和待遇、退休退出制度等，以更好发挥广大院士作用，更好发现和培养拔尖人才，更好维护院士群体的荣誉和尊严，更好激励科技工作者特别是青年才俊的积极性和创造性。

两院院士在我国科技界拥有最高学术荣誉，在全社会具有高度关注度，一言一行对学术风气和社会风尚都有极大的影响。希望广大院士坚守学术操守和道德理念，把学问和人格融合在一起，既赢得崇高学术声望，又展示高尚人格风范。

马克思说：“科学绝不是一种自私自利的享乐，有幸能够致力于科学研究的人，首先应该拿自己的学识为人类服务。”这是一种很高的精神境界。长期以来，我国科技界涌现出许多受到人民爱戴的科学家，他们代表的是一种时代精神，影响的是一代又一代年轻人。今天，我们培育和践行社会主义核心价值观，需要两院院士发挥作用。希望广大院士善养浩然之气，发扬我国科技界爱国奉献、淡泊名利的优良传统，以身作则，严格自律，在攻坚克难、崇德向善中做到学为人师、行为世范，带动科技界乃至全社会践行社会主义核心价值观。

各级党委和政府要在政治上关怀院士、工作上支持院士、生活上关心院士，当好“后勤部长”。有关部门要加强相关政策保障，让包括院士在内的各类优秀人才在实施创新驱动发展战略中更好建功立业。

中国科学院、中国工程院是我国科学技术界和工程技术界最高学术机构，是国家科学技术思想库。两院要组织广大院士，围绕事关经济社会及科技发展的全局性问题，开展战略咨询研究，以科学咨询支撑科学决策，以科学决策引领科学发展。

各位院士、同志们、朋友们！

实施创新驱动发展战略，建设创新型国家，为实现“两个一百年”奋斗目标提供强大科技支撑，是时代赋予我国广大科技工作者的历史使命。希望同志们锐意进取、锐意创新，努力创造出无愧于时代的业绩，为实现中华民族伟大复兴作出新的更大的贡献！

# 弘扬和平共处五项原则　建设合作共赢美好世界

## ——在和平共处五项原则发表60周年纪念大会上的讲话

（2014年6月28日）

中华人民共和国主席　习近平

**尊敬的吴登盛总统，**

**尊敬的安萨里副总统，**

**尊敬的各位使节、各位嘉宾，**

**女士们，先生们，朋友们：**

今天，我们在这里隆重集会，纪念和平共处五项原则发表60周年。这是中国、印度、缅甸和国际社会共同的盛会，对弘扬和平共处五项原则、增进各国人民友好合作、促进世界和平与发展，具有重要意义。

在这里，我谨代表中国政府和中国人民，并以我个人的名义，对各位嘉宾和朋友的到来，表示热烈的欢迎！

刚才，吴登盛总统、安萨里副总统发表了热情洋溢的重要讲话，我对他们的讲话表示高度评价。

60年前，在第二次世界大战结束后兴起的非殖民化运动中，亚非拉民族独立解放事业蓬勃发展，新生的国家渴望建立平等的国际关系。中国、印度、缅甸顺应这一历史潮流，共同倡导了互相尊重主权和领土完整、互不侵犯、互不干涉内政、平等互利、和平共处五项原则。

1954年6月28日和29日，中印、中缅分别发表联合声明，确认这五项原则将在相互关系以及各自国家同亚洲及世界其他国家的关系中予以适用。这是国际关系史上的重大创举，为推动建立公正合理的新型国际关系作出了历史性贡献。

抚今追昔，我们对共同倡导和平共处五项原则的三国老一辈领导人表示深切的缅怀，对长期以来坚持弘扬和平共处五项原则的各国有识之士，致以崇高的敬意！

今天，我们共同纪念和平共处五项原则发表60周年，就是要探讨新形势下如何更好弘扬这五项原则，推动建立新型国际关系，共同建设合作共赢的美好世界。

女士们、先生们、朋友们！

和平共处五项原则之所以在亚洲诞生，是因为它传承了亚洲人民崇尚和平的思想传统。中华民族历来崇尚“和为贵”、“和而不同”、“协和万邦”、“兼爱非攻”等理念。印度、缅甸等亚洲国家人民也历来崇尚仁爱、慈善、和平等价值观。印度伟大诗人泰戈尔用诗歌的语言写道：“你以为用战争可以获取友谊？春天就会从眼前姗姗而去。”缅甸人民建立了和平塔，用来祈祷世界和平。

和平共处五项原则生动反映了联合国宪章宗旨和原则，并赋予这些宗旨和原则以可见、可行、可依循的内涵。和平共处五项原则中包含4个“互”字、1个“共”字，既代表了亚洲国家对国际关系的新期待，也体现了各国权利、义务、责任相统一的国际法治精神。

上个世纪50年代，在和平共处五项原则指导下，中印友好之风吹遍了两国广袤大地。当年，周恩来总理访问印度时，到处可以听到“潘查希拉金达巴”（五项原则万岁）、“印地秦尼巴伊巴伊”（印中人民是兄弟）的欢呼声。中缅在和平共处五项原则指导下妥善解决了边界问题，1960年两国签署边界条约，这是新中国同周边邻国签订的第一个边界条约。中缅两国还签署了中缅友好和互不侵犯条约，这是亚洲国家间首个和平友好条约。

60年来，和平共处五项原则不仅在中国、

印度、缅甸生根发芽、深入人心，而且走向亚洲、走向世界，中国、印度、缅甸都为此作出了重要贡献。中方认为，总结国际关系实践，和平共处五项原则是具有强大生命力的。印方认为，如果和平共处五项原则在所有国家相互关系中获得认可，那么世界就几乎不会有任何冲突和战争。缅方表示，和平共处五项原则对一切国家都是适当的指导原则。

女士们、先生们、朋友们！

60 年来，历经国际风云变幻的考验，和平共处五项原则作为一个开放包容的国际法原则，集中体现了主权、正义、民主、法治的价值观。

**——和平共处五项原则已经成为国际关系基本准则和国际法基本原则。**和平共处五项原则精辟体现了新型国际关系的本质特征，是一个相互联系、相辅相成、不可分割的统一体，适用于各种社会制度、发展水平、体量规模国家之间的关系。1955 年，万隆会议通过的十项原则是对和平共处五项原则的引申和发展。上个世纪 60 年代兴起的不结盟运动把五项原则作为指导原则。1970 年和 1974 年联合国大会通过的有关宣言都接受了和平共处五项原则。和平共处五项原则为当今世界一系列国际组织和国际文件所采纳，得到国际社会广泛赞同和遵守。

**——和平共处五项原则有力维护了广大发展中国家权益。**和平共处五项原则的精髓，就是所有国家主权一律平等，反对任何国家垄断国际事务。这为广大发展中国家捍卫国家主权和独立提供了强大思想武器，成为发展中国家团结合作、联合自强的旗帜，加深了广大发展中国家相互理解和信任，促进了南南合作，也推动了南北关系改善和发展。

**——和平共处五项原则为推动建立更加公正合理的国际政治经济秩序发挥了积极作用。**和平共处五项原则摒弃了弱肉强食的丛林法则，壮大了反帝反殖力量，加速了殖民体系崩溃瓦解。在东西方冷战对峙的大背景下，所谓“大家庭”、“集团政治”、“势力范围”等方式都没有处理好国与国关系，反而带来了矛盾、激化了局势。与之形成鲜明对照的是，和平共处五项原则为和平解决国家间历史遗留问题及国际争端开辟了崭新道路。

女士们、先生们、朋友们！

当今世界正在发生深刻复杂的变化，和平、发展、合作、共赢的时代潮流更加强劲，国际社会日益成为你中有我、我中有你的命运共同体。同时，国际关系中的不公正不平等现象仍很突出，全球性挑战层出不穷，各种地区冲突和局部战争此起彼伏，不少国家的民众特别是儿童依然生活在战火硝烟之中，不少发展中国家人民依然承受着饥寒的煎熬。维护世界和平、促进共同发展，依然任重道远。

新形势下，和平共处五项原则的精神不是过时了，而是历久弥新；和平共处五项原则的意义不是淡化了，而是历久弥深；和平共处五项原则的作用不是削弱了，而是历久弥坚。

“凡益之道，与时偕行。”刚才，吴登盛总统、安萨里副总统都对新形势下坚持和弘扬和平共处五项原则、推动建设新型国际关系和美好世界谈了很好的想法和主张。在这个问题上，中国、印度、缅甸有着广泛共识。我愿谈几点看法。

**第一，坚持主权平等。**主权是国家独立的根本标志，也是国家利益的根本体现和可靠保证。主权和领土完整不容侵犯，各国应该尊重彼此核心利益和重大关切。这些都是硬道理，任何时候都不能丢弃，任何时候都不应动摇。

国家不分大小、强弱、贫富，都是国际社会平等成员，都有平等参与国际事务的权利。各国的事务应该由各国人民自己来管。我们要尊重各国自主选择的社会制度和发展道路，反对出于一己之利或一己之见，采用非法手段颠覆别国合法政权。

**第二，坚持共同安全。**安全应该是普遍的。各国都有平等参与国际和地区安全事务的权利，也都有维护国际和地区安全的责任。我们要倡导共同、综合、合作、可持续安全的理念，尊重和保障每一个国家的安全。不能一个国家安全而其他国家不安全，一部分国家安全而另一部分国家不安全，更不能牺牲别国安全谋求自身所谓绝对安全。我们要加强国际和地区合作，共同应对日益增多的非传统安全威胁，坚决打击一切形式的恐怖主义，铲除恐怖主义滋生的土壤。

对待国家间存在的分歧和争端，要坚持通过对话协商以和平方式解决，以对话增互信，以对话解纷争，以对话促安全，不能动辄诉诸武力或以武力相威胁。热衷于使用武力，不是强大的表现，而是道义贫乏、理念苍白的表现。只有基于道义、理念的安全，才是基础牢固、真正持久的安全。我们要推动建设开放、透明、平等的亚太安全合作新架构，推动各国共同维护地区和世界和平安全。

**第三，坚持共同发展**。天空足够大，地球足够大，世界也足够大，容得下各国共同发展繁荣。一些国家越来越富裕，另一些国家长期贫穷落后，这样的局面是不可持续的。水涨船高，小河有水大河满，大家发展才能发展大家。各国在谋求自身发展时，应该积极促进其他国家共同发展，让发展成果更多更好惠及各国人民。

我们要共同维护和发展开放型世界经济，共同促进世界经济强劲、可持续、平衡增长，推动贸易和投资自由化便利化，坚持开放的区域合作，反对各种形式的保护主义，反对任何以邻为壑、转嫁危机的意图和做法。

我们要推动南南合作和南北对话，增强发展中国家自主发展能力，推动发达国家承担更多责任，努力缩小南北差距，建立更加平等均衡的新型全球发展伙伴关系，夯实世界经济长期稳定发展基础。

**第四，坚持合作共赢**。“合则强，孤则弱。”合作共赢应该成为各国处理国际事务的基本政策取向。合作共赢是普遍适用的原则，不仅适用于经济领域，而且适用于政治、安全、文化等其他领域。

我们应该把本国利益同各国共同利益结合起来，努力扩大各方共同利益的汇合点，不能这边搭台、那边拆台，要相互补台、好戏连台。要积极树立双赢、多赢、共赢的新理念，摒弃你输我赢、赢者通吃的旧思维，“各美其美，美人之美，美美与共，天下大同”。

我们要坚持同舟共济、权责共担，携手应对气候变化、能源资源安全、网络安全、重大自然灾害等日益增多的全球性问题，共同呵护人类赖以生存的地球家园。

**第五，坚持包容互鉴**。文明多样性是人类社会的基本特征。当今世界有70亿人口，200多个国家和地区，2500多个民族，5000多种语言。不同民族、不同文明多姿多彩、各有千秋，没有优劣之分，只有特色之别。

“万物并育而不相害，道并行而不相悖。”我们要尊重文明多样性，推动不同文明交流对话、和平共处、和谐共生，不能唯我独尊、贬低其他文明和民族。人类历史告诉我们，企图建立单一文明的一统天下，只是一种不切实际的幻想。

尺有所短，寸有所长。我们要倡导交流互鉴，注重汲取不同国家、不同民族创造的优秀文明成果，取长补短，兼收并蓄，共同绘就人类文明美好画卷。

**第六，坚持公平正义**。“大道之行也，天下为公。”公平正义是世界各国人民在国际关系领域追求的崇高目标。在当今国际关系中，公平正义还远远没有实现。

我们应该共同推动国际关系民主化。世界的命运必须由各国人民共同掌握，世界上的事情应该由各国政府和人民共同商量来办。垄断国际事务的想法是落后于时代的，垄断国际事务的行动也肯定是不能成功的。

我们应该共同推动国际关系法治化。推动各方在国际关系中遵守国际法和公认的国际关系基本原则，用统一适用的规则来明是非、促和平、谋发展。“法者，天下之准绳也。”在国际社会中，法律应该是共同的准绳，没有只适用他人、不适用自己的法律，也没有只适用自己、不适用他人的法律。适用法律不能有双重标准。我们应该共同维护国际法和国际秩序的权威性和严肃性，各国都应该依法行使权利，反对歪曲国际法，反对以“法治”之名行侵害他国正当权益、破坏和平稳定之实。

我们应该共同推动国际关系合理化。适应国际力量对比新变化推进全球治理体系改革，体现各方关切和诉求，更好维护广大发展中国家正当权益。

女士们、先生们、朋友们！

中国是和平共处五项原则的积极倡导者和坚定实践者。和平共处五项原则载入了中国宪法，是中国外交政策的基石。中国是当代国际体系的参与者、建设者、贡献者。

**——中国将坚定不移走和平发展道路。**走和平发展道路是中国根据时代发展潮流和自身根本利益作出的战略抉择。中国人民崇尚“己所不欲，勿施于人”。中国不认同“国强必霸论”，中国人的血脉中没有称王称霸、穷兵黩武的基因。中国将坚定不移沿着和平发展道路走下去，这对中国有利，对亚洲有利，对世界也有利，任何力量都不能动摇中国和平发展的信念。中国坚定维护自身的主权、安全、发展利益，也支持其他国家特别是广大发展中国家维护自身的主权、安全、发展利益。中国坚持不干涉别国内政原则，不会把自己的意志强加于人，即使再强大也永远不称霸。中国真诚希望其他国家都走和平发展道路，大家携手把这条路走稳走好。

**——中国将坚定不移在和平共处五项原则基础上发展同世界各国的友好合作。**“凡交，近则必相靡以信，远则必忠之以言。”中国坚持按照亲、诚、惠、容的理念，深化同周边国家的互利合作，努力使自身发展更好惠及周边国家。中国坚持把发展中国家作为对外政策的基础，坚持正确义利观，永远做发展中国家的可靠朋友和真诚伙伴。中国重视各大国的地位和作用，致力于同各大国发展全方位合作关系，积极同美国发展新型大国关系，同俄罗斯发展全面战略协作伙伴关系，同欧洲发展和平、增长、改革、文明伙伴关系，大家一起来维护世界和平、促进共同发展。

**——中国将坚定不移奉行互利共赢的开放战略。**中国正在推动落实丝绸之路经济带、21世纪海上丝绸之路、孟中印缅经济走廊、中国—东盟命运共同体等重大合作倡议，中国将以此为契机全面推进新一轮对外开放，发展开放型经济体系，为亚洲和世界发展带来新的机遇和空间。

当前，中国人民正在为全面建成小康社会、实现中华民族伟大复兴的中国梦而奋斗。中国梦同世界各国人民的美好梦想息息相通，中国人民愿意同各国人民在实现各自梦想的过程中相互支持、相互帮助，中国愿意同各国尤其是周边邻国共同发展、共同繁荣。

女士们、先生们、朋友们！

为表彰和鼓励更多人士和团体坚持和弘扬和平共处五项原则，我愿宣布，中国政府决定设立“和平共处五项原则友谊奖”和“和平共处五项原则卓越奖学金”。

中国有句古话：“千里之行，始于足下。”印度有句谚语：“水滴汇成溪，稻穗集成束。”缅甸人常说：“想，要凌云壮志；干，要脚踏实地。”中国将继续做弘扬和平共处五项原则的表率，同印度、缅甸和国际社会一道，推动建设持久和平、共同繁荣的和谐世界！

谢谢大家。

# 在纪念全民族抗战爆发77周年仪式上的讲话

（2014年7月7日）

习近平

**同胞们，同志们，朋友们：**

今天，我们在这里隆重举行纪念全民族抗战爆发77周年仪式，目的是铭记历史、缅怀先烈、珍视和平、警示未来，坚定不移走和平发展道路，坚定不移维护世界和平。

1937年7月7日，日本侵略者为了达到以武力吞并全中国的罪恶野心，悍然炮轰宛平城，制造了震惊中外的卢沟桥事变。卢沟桥畔一时间硝烟弥漫、笼罩在侵略者燃起的熊熊战火之中，中国军民对日本军国主义侵略进行了顽强抵抗。从卢沟桥事变肇始，平津危急，华北危急，中华民族危急，中华民族到了最危险的时候。

在此民族危难之际，中国共产党秉持民族大义，担负起民族救亡的历史重任，呼吁建立以国共合作为基础的抗日民族统一战线，以抵抗日寇侵略、驱逐日寇出中国。面对日本侵略者的野蛮侵略，全国各民族、各阶级、各党派、各社会团体、各界爱国人士、港澳台同胞和海外侨胞团结一心，义无反顾投身到这场关系民族生死存亡的伟大斗争中。

从那时起，大江南北，长城内外，全体中华儿女冒着敌人的炮火共赴国难，无论是正面战场，还是敌后战场，千千万万爱国将士浴血奋战、视死如归，各界民众万众一心、同仇敌忾，奏响了一曲气壮山河的抗击日本侵略的英雄凯歌，用生命和鲜血谱写了一首感天动地的反抗外来侵略的壮丽史诗。

在这场救亡图存的伟大斗争中，中华儿女为中华民族独立和自由不惜抛头颅、洒热血，母亲送儿打日寇，妻子送郎上战场，男女老少齐动员。北京密云县一位名叫邓玉芬的母亲，把丈夫和5个孩子送上前线，他们全部战死沙场。华北平原上的一个庄户人家写下这样一副对联：“万众一心保障国家独立，百折不挠争取民族解放”；横批是：“抗战到底”。这是中华儿女同日本侵略者血战到底的怒吼，是中华民族抗战必胜的宣言。

今天，我们在这里为独立自由勋章雕塑揭幕，就是要缅怀在争取民族独立和自由过程中英勇献身的烈士们，就是要缅怀为追求和平正义作出重要贡献的人们，告慰在那场战争中不幸遇难的同胞们。我们永远缅怀他们、铭记他们。

同胞们、同志们、朋友们！

伟大的中国人民抗日战争，是中国人民近代以来争取独立自由史册上可歌可泣的一页，是中华民族历史发展进程中饱经沧桑的一章。

伟大的中国人民抗日战争，使中华民族的觉醒和团结达到了前所未有的高度。正如毛泽东同志所指出的，这是“战争史上的奇观，中华民族的壮举，惊天动地的伟业”。

伟大的中国人民抗日战争，开辟了世界反法西斯战争的东方主战场，为挽救民族危亡、实现民族独立和人民解放，为争取世界和平的伟大事业，作出了彪炳史册的贡献。

历史是最好的教科书，也是最好的清醒剂。中国人民对战争带来的苦难有着刻骨铭心的记忆，对和平有着孜孜不倦的追求。纵观世界历史，依靠武力对外侵略扩张最终都是要失败的。这是历史规律。中国将坚定不移走和平发展道路，并且希望世界各国共同走和平发展道路，让和平的阳光永远普照人类生活的星球。

令人遗憾的是，在中国人民抗日战争和世

界反法西斯战争胜利近70年的今天，仍然有少数人无视铁的历史事实，无视在战争中牺牲的数以千万计的无辜生命，逆历史潮流而动，一再否认甚至美化侵略历史，破坏国际互信，制造地区紧张，引起了包括中国人民在内的全世界爱好和平人民的强烈谴责。

历史就是历史，事实就是事实，任何人都不可能改变历史和事实。付出了巨大牺牲的中国人民，将坚定不移捍卫用鲜血和生命写下的历史。任何人想要否认、歪曲甚至美化侵略历史，中国人民和各国人民绝不答应！

同胞们、同志们、朋友们！

殷忧启圣，多难兴邦。中国人民抗日战争的胜利证明，中华民族是具有顽强生命力和非凡创造力的民族，只要我们紧密团结起来，就没有克服不了的困难。

新的历史条件下，全党全国各族人民要大力弘扬伟大抗战精神，不断增强团结一心的精神纽带、自强不息的精神动力，继续朝着中华民族伟大复兴的中国梦奋勇前进，不断以坚持和发展中国特色社会主义的新成就告慰我们的前辈和英烈！

# 在纪念邓小平同志诞辰 110 周年座谈会上的讲话

（2014 年 8 月 20 日）

习近平

**同志们，朋友们：**

今天，我们在这里隆重集会，纪念敬爱的邓小平同志诞辰 110 周年，深切缅怀他为党、为祖国、为人民建立的不朽功勋，追思和学习他为党和人民事业不懈奋斗的崇高风范，进一步激励全党全国各族人民在新的时代条件下把中国特色社会主义事业推向前进。

邓小平同志是全党全军全国各族人民公认的享有崇高威望的卓越领导人，伟大的马克思主义者，伟大的无产阶级革命家、政治家、军事家、外交家，久经考验的共产主义战士，中国社会主义改革开放和现代化建设的总设计师，中国特色社会主义道路的开创者，邓小平理论的主要创立者。

110 年前，邓小平同志出生在四川省广安县协兴乡牌坊村。当时，中国正处于半殖民地半封建社会的黑暗之中，中国正遭受着帝国主义列强的欺凌和封建统治的压迫，社会动荡不已，人民饥寒交迫，民族危在旦夕。面对深重的民族灾难和激烈的社会矛盾，为改变中华民族的悲惨命运，中国人民和无数仁人志士进行着艰辛探索和顽强抗争。那个风雨如晦的年代，孕育了邓小平同志救国救民的理想和追求。他 16 岁远渡重洋勤工俭学，并在那里接受了马克思主义，加入中国共产党，从此矢志不渝为党和人民事业奋斗了 70 多年。

邓小平同志的一生，同中国共产党、中国人民解放军、中华人民共和国创建和发展的历史进程紧紧相连，同中国革命、建设、改革的历史进程紧紧相连，同中华民族抗争、独立、振兴的历史进程紧紧相连，是光辉的一生、战斗的一生、伟大的一生。

新民主主义革命时期，邓小平同志为党领导的民族独立和人民解放事业建立了卓越功勋，是中华人民共和国的开国元勋。新民主主义革命时期，邓小平同志作为毛泽东同志的亲密战友，始终坚持正确路线，以充沛的革命热情，先后担任党和军队许多重要领导职务，为创建发展新型人民军队、赢得革命战争胜利作出了重要贡献。北伐战争期间，他从苏联回国直接参加革命斗争。土地革命战争期间，他先后在上海极端险恶的环境下从事地下工作，在广西领导发动百色起义和龙州起义、创立左右江革命根据地，参加艰苦卓绝的长征，亲历标志着党的历史伟大转折的遵义会议。抗日战争和解放战争期间，他坚决执行党中央和毛泽东同志的战略决策，军政兼任、勇挑重担，不畏艰险、出奇制胜，一直处在战略全局的关键位置，处在对敌斗争的最前线。特别是先后同刘伯承、陈毅等同志一起，开辟晋冀鲁豫抗日根据地，率部千里跃进大别山，组织实施淮海战役和渡江战役，进军解放大西南，建立了赫赫战功。

在社会主义革命和建设时期，邓小平同志为胜利完成社会主义革命、探索我国社会主义建设道路作出了杰出贡献。新中国成立初期，邓小平同志主政西南，不久就参加中央领导工作，先后担任中共中央秘书长、中共中央政治局委员、政府副总理。1956 年党的八届一中全会上，他当选中共中央政治局常委、中共中央总书记，成为以毛泽东同志为核心的党的第一代中央领导集体的重要成员。此后 10 年间，他负责党中央大量日常工作，为探索适合我国情况的社会主义建设道路、为克服经济困难提出许多正确主张，进行了卓有成效的工作。“文化大革命”开始后不久，他受到错误批判和斗争，被剥夺一切职务，直到1973年复出。1975年他开始主持党、国家、军队日常工作，为扭转“文化大革命”造成的严重混乱局面，开展大刀阔斧的全面整顿，同“四人帮”进行针锋相对的斗争。不久，他再次被错误撤职、批判。

在改革开放新时期，邓小平同志成为党的第二代中央领导集体的核心，为开创中国特色社会主义作出了历史性贡献。“文化大革命”结束，“中国向何处去”又成为摆在中国人民面前头等重要的问题。邓小平同志以他的远见卓识、丰富政治经验、高超领导艺术，强调实事求是是毛泽东思想的精髓，旗帜鲜明反对“两个凡是”的错误观点，支持和领导开展真理标准问题的讨论，推动进行各方面的拨乱反正。在邓小平同志指导下，1978年12月召开的党的十一届三中全会，重新确立了解放思想、实事求是的思想路线，停止使用“以阶级斗争为纲”的错误提法，确定把全党工作的着重点转移到社会主义现代化建设上来，作出实行改革开放的重大决策，实现了党的历史上具有深远意义的伟大转折。

党的十一届三中全会以后，邓小平同志始终站在时代要求、国家发展、人民期待的高度，同中央领导集体一起，领导我们党作出一系列重大决策，把改革开放和社会主义现代化建设一步一步推向前进。邓小平同志指导我们党系统总结建国以来的历史经验，解决了科学评价毛泽东同志的历史地位和毛泽东思想的科学体系、根据新的实际和发展要求确立中国社会主义现代化建设的正确道路这样两个相互联系的重大历史课题，彻底否定了“文化大革命”的错误实践和理论，坚决顶住否定毛泽东同志和毛泽东思想的错误思潮，为党和国家发展确定了正确方向。邓小平同志紧紧抓住“什么是社会主义、怎样建设社会主义”这个基本问题，响亮提出“走自己的道路，建设有中国特色的社会主义”的伟大号召，领导我们党在新中国成立以来革命和建设实践的基础上，成功走出了一条中国特色社会主义新道路。邓小平同志强调必须坚持以经济建设为中心，坚持四项基本原则，坚持改革开放，领导我们党制定了党在社会主义初级阶段的基本路线。邓小平同志指导我们党正确认识我国所处的发展阶段和根本任务，制定了现代化建设“三步走”发展战略。邓小平同志突出强调“改革是中国的第二次革命”，领导我们党有步骤地展开各方面体制改革，勇敢打开对外开放的大门。邓小平同志反复强调“两手抓、两手都要硬”，必须抓好社会主义精神文明建设和民主法制建设，实现社会全面进步。他创造性提出“一国两制”科学构想，指导我们实现香港、澳门平稳过渡和顺利回归，推动海峡两岸关系打开新局面。邓小平同志明确提出和平与发展是当代世界的两大问题，领导我们党及时调整各方面政策，为改革开放和社会主义现代化建设创造了难得历史机遇和良好外部环境。邓小平同志强调加强党的领导必须改善党的领导，必须聚精会神抓党的建设，使党的建设充满新的生机活力。正是这些重大思想理论和实践，使20世纪的中国又一次发生天翻地覆的变化。

邓小平同志对党和人民的贡献，是历史性的，也是世界性的。正是由于有邓小平同志的卓越领导，正是由于有邓小平同志大力倡导和全力推进的改革开放，中国特色社会主义才能欣欣向荣，中国人民才能过上小康生活，中华民族和中华人民共和国才能以新的姿态屹立于世界东方。

邓小平同志的贡献，不仅改变了中国人民的历史命运，而且改变了世界的历史进程。邓小平同志赢得了中国人民衷心爱戴，也赢得了世界人民广泛尊敬。

像我们党的其他老一辈革命家一样，邓小平同志之所以能够为祖国和人民建立彪炳史册的功勋，就在于他看清了世界和中国的发展大势，深刻了解中国人民和中华民族的深沉愿望，把握住中国发展的历史规律，紧紧依靠党和人民建立了前所未有的历史性伟业。正如江泽民同志、胡锦涛同志指出的那样：如果没有邓小平同志，中国人民就不可能有今天的新生活，中国就不可能有今天改革开放的新局面和社会主义现代化的光明前景。

邓小平同志为中华民族独立、繁荣、振兴和中国人民解放、自由、幸福奋斗的辉煌人生和伟大贡献，将永远书写在祖国辽阔的大地之上。邓小平同志始终在人民中间，也始终在人民心间。在这里，我们要说：小平您好！祖国和人民永远怀念您！

同志们、朋友们！

伟大的时代造就伟大的人物。邓小平同志就是从中国人民和中华民族近代以来伟大斗争中产生的伟人，是我们大家衷心热爱的伟人。我们很多同志都曾经在他的领导和指导下工作过，他的崇高风范对我们来说是那样熟悉、那样亲切。邓小平同志崇高鲜明又独具魅力的革命风范，将激励我们在实现"两个一百年"奋斗目标、实现中华民族伟大复兴中国梦的征程上奋勇前进。

**——我们纪念邓小平同志，就要学习他对共产主义远大理想和中国特色社会主义信念无比坚定的崇高品格。**信念坚定，是邓小平同志一生最鲜明的政治品格，也永远是中国共产党人应该挺起的精神脊梁。

早在苏联求学期间，邓小平同志就立志"更坚决的把我的身子交给我们的党，交给本阶级"。在此后70多年的革命生涯中，无论个人处境如何艰难，无论革命道路如何坎坷，邓小平同志都坚信马克思主义的科学性和真理性，坚信社会主义、共产主义的光明前景。他说："对马克思主义的信仰，是中国革命胜利的一种精神动力。"面对革命战争的枪林弹雨，他浴血奋战、视死如归；面对新中国建设的艰难局面，他励精图治、百折不挠；面对"文化大革命"的十年内乱，他信念执着、从不消沉；面对国际国内政治风波，他冷静观察、从容应对，坚信马克思主义、坚守共产主义理想，坚持在社会主义道路上推进我国现代化事业。

1992年，88岁高龄的邓小平同志在南方谈话中说："我坚信，世界上赞成马克思主义的人会多起来的，因为马克思主义是科学。它运用历史唯物主义揭示了人类社会发展的规律。""不要惊慌失措，不要认为马克思主义就消失了，没用了，失败了。哪有这回事！"

邓小平同志对理想信念的重要性具有深刻认识，他说："我认为，最重要的是人的团结，要团结就要有共同的理想和坚定的信念。我们过去几十年艰苦奋斗，就是靠用坚定的信念把人民团结起来，为人民自己的利益而奋斗。"

革命理想高于天。没有一大批具有坚定共产主义理想的中华儿女，就没有中国共产党，也就没有新中国，更没有今天我国的发展进步。要把我国发展得更好，离不开理想信念的力量。我们共产党人锤炼党性，首要的就是坚定共产主义远大理想和中国特色社会主义共同理想。我们要学习邓小平同志矢志不渝为社会主义、共产主义而奋斗的执着精神，坚定中国特色社会主义道路自信、理论自信、制度自信，坚忍不拔、风雨无阻朝着我们的目标奋勇前进。

**——我们纪念邓小平同志，就要学习他对人民无比热爱的伟大情怀。**热爱人民，是邓小平同志一生最深厚的情感寄托，也永远是中国共产党人应该坚守的力量源泉。

邓小平同志曾经写道："我是中国人民的儿子，我深情地爱着我的祖国和人民。"邓小平同志从对人民的挚爱，延伸到对党、对祖国的挚爱。他说过："我的生命是属于党、属于国家的。"这质朴的语言，集中表达了邓小平同志对党、对祖国、对人民的大爱。

邓小平同志高度重视人民群众的地位和作用，他强调："群众是我们力量的源泉，群众路线和群众观点是我们的传家宝。党的组织、党员和党的干部，必须同群众打成一片，绝对不能同群众相对立。如果哪个党组织严重脱离群众而不能坚决改正，那就丧失了力量的源泉，就一定要失败，就会被人民抛弃。"在他的一生中，无论身居要职还是身陷困苦，都始终与人民群众同甘共苦,努力为党和国家分忧解难。

邓小平同志孜孜以求的是增进人民福祉。他多次讲:"贫穷不是社会主义,社会主义要消灭贫穷。不发展生产力,不提高人民的生活水平,不能说是符合社会主义要求的。"他领导改革开放和社会主义现代化建设,心中想着的就是最广大人民。

邓小平同志坚持从人民创造历史的活动中吸取思想营养和前进力量。他说:"改革开放中许许多多的东西,都是群众在实践中提出来的","绝不是一个人脑筋就可以钻出什么新东西来","这是群众的智慧,集体的智慧"。他反复强调,要把人民拥护不拥护、赞成不赞成、高兴不高兴、答应不答应作为制定方针政策和作出决断的出发点和归宿。邓小平同志始终以人民利益为最高准则来开展领导工作。

爱祖国、爱人民,是最深沉、最有力量的情感,是博大之爱。我们要学习邓小平同志对祖国、对人民的深情大爱,始终为人民利益而奋斗,任何时候任何条件下都忠于祖国、忠于人民,脚踏实地践行党的宗旨,把自己的一生交给党和人民,为党和人民事业鞠躬尽瘁、死而后已。

**——我们纪念邓小平同志,就要学习他始终坚持实事求是的理论品质。**实事求是,是邓小平同志一生最重要的思想特点,也永远是中国共产党人应该遵循的思想方法。

邓小平同志坚持党的思想路线,坚持一切从实际出发,常说自己是"实事求是派",反复强调"拿事实来说话","实事求是是马克思主义的精髓。要提倡这个,不要提倡本本。我们改革开放的成功,不是靠本本,而是靠实践,靠实事求是。""要取信于民,要干出实绩"。"领导者必须多干实事。"邓小平同志以一生的实践证明,他是一位高瞻远瞩的思想家、政治家、战略家,也是一位求实、务实、踏实的实干家。

上个世纪60年代初期,面对国家困难,邓小平同志提醒各级干部要"实事求是地说明情况"。当时为了推动恢复和发展农业生产,他说:"生产关系究竟以什么形式为最好,恐怕要采取这样一种态度,就是哪种形式在哪个地方能够比较容易比较快地恢复和发展农业生产,就采取哪种形式;群众愿意采取哪种形式,就应该采取哪种形式,不合法的使它合法起来。"

进入改革开放新时期,邓小平同志更加强调坚持彻底的求真务实精神。他说:"我读的书并不多,就是一条,相信毛主席讲的实事求是。过去我们打仗靠这个,现在搞建设、搞改革也靠这个。"他强调,要把是否有利于发展社会主义社会的生产力、是否有利于增强社会主义国家的综合国力、是否有利于提高人民的生活水平作为判断一切工作是非得失的标准。正是因为具有这种彻底的求真务实精神,邓小平同志果断从容处理了党和国家面对的一系列重大问题,指导党和人民劈波斩浪开创了党和国家事业新局面。

事实是真理的依据,实干是成就事业的必由之路。这也是"空谈误国,实干兴邦"的真谛。我国革命、建设、改革的历史反复证明,只有制定符合实际的政策措施,采取符合实际的工作方法,党和人民事业才能走上正确轨道,才能取得人民满意的成效。我们要学习邓小平同志善于运用辩证唯物主义和历史唯物主义观察世界、处理问题的思想方法和领导艺术,掌握真实情况,把握客观规律,发扬务实高效、不尚空谈的工作作风,踏踏实实把党的基本理论、基本路线、基本纲领、基本经验、基本要求贯彻落实好。

**——我们纪念邓小平同志,就要学习他不断开拓创新的政治勇气。**开拓创新,是邓小平同志一生最鲜明的领导风范,也永远是中国共产党人应该具有的历史担当。

综观邓小平同志70多年的革命生涯,可以清楚地看到,他身上始终洋溢着一种革故鼎新、一往无前的勇气,一种善于创造性思维、善于打开新局面的锐气。

1975年,邓小平同志在领导全国大刀阔斧的整顿工作期间,斩钉截铁地说:"现在问题相当多，要解决，没有一股劲不行。要敢字当头，横下一条心。”1977 年复出后，面对长期形成的思想禁锢状况，邓小平同志鲜明提出，不能“书上没有的，文件上没有的，领导人没有讲过的，就不敢多说一句话，多做一件事，一切照抄照搬照转”。他谆谆告诫我们：“世界形势日新月异，特别是现代科学技术发展很快。现在的一年抵得上过去古老社会几十年、上百年甚至更长的时间。不以新的思想、观点去继承、发展马克思主义，不是真正的马克思主义者。”“一个党，一个国家，一个民族，如果一切从本本出发，思想僵化，迷信盛行，那它就不能前进，它的生机就停止了，就要亡党亡国。”

邓小平同志强调：“改革开放胆子要大一些，敢于试验，不能像小脚女人一样。看准了的，就大胆地试，大胆地闯”，“走不出一条新路，就干不出新的事业”。邓小平同志第一次比较系统地初步回答了在中国这样经济文化比较落后的国家如何建设社会主义、如何巩固和发展社会主义的一系列基本问题，深刻揭示了社会主义的本质，实现了马克思主义同中国实际相结合的又一次历史性飞跃。邓小平同志的南方谈话，从理论上深刻回答了长期困扰和束缚人们思想的许多重大问题，推动改革开放和社会主义现代化建设进入新阶段。正是在邓小平同志倡导和支持下，改革大潮汇聚成时代洪流，使中国人民的面貌、社会主义中国的面貌、中国共产党的面貌发生了历史性变化。

越是伟大的事业，往往越是充满艰难险阻，越是需要开拓创新。中国特色社会主义是前无古人的伟大事业，改革开放和社会主义现代化建设还有很长的路要走。在前进道路上，我们将进行许多具有新的历史特点的伟大斗争。我们要学习邓小平同志敢于开拓创新的政治勇气，细心观察新的实践和新的发展，尊重地方、基层、群众首创精神，果断作出决策，把开拓创新作为一种常态，不断用发展着的马克思主义指导新的实践，又从实践中作出新的理论概括，敢破敢立、敢闯敢试，义无反顾把改革开放不断向前推进。

**——我们纪念邓小平同志，就要学习他高瞻远瞩的战略思维。**战略思维，是邓小平同志一生最恢宏的革命气度，也永远是中国共产党人应该树立的思维方式。

邓小平同志思想敏锐、目光远大，多谋善断、举要驭繁，总是站在国内大局和国际大局相互联系的高度审视中国和世界的发展，善于从全局上思考问题，善于在关键时刻作出战略决策。进入改革开放新时期，邓小平同志洞察国内外发展大势，作出了一系列事关党和国家事业长远发展、事关社会主义前途命运的重大战略决策。

邓小平同志深刻分析当今时代特征和世界大势，指出：“现在的世界是开放的世界”，“总结历史经验，中国长期处于停滞和落后状态的一个重要原因是闭关自守。经验证明，关起门来搞建设是不能成功的，中国的发展离不开世界。”同时，邓小平同志高度珍惜并坚决维护中国人民经过长期奋斗得来的独立自主权利，告诫人们：“中国的事情要按照中国的情况来办，要依靠中国人自己的力量来办。独立自主，自力更生，无论过去、现在和将来，都是我们的立足点。”“任何外国不要指望中国做他们的附庸，不要指望中国会吞下损害我国利益的苦果。”

邓小平同志高度关注世界和平与发展问题，提出“应当把发展问题提到全人类的高度来认识，要从这个高度去观察问题和解决问题”。他关注广大发展中国家的命运，强调我们搞的是主张和平的社会主义，“中国和所有第三世界国家的命运是共同的。中国永远不会称霸，永远不会欺负别人，永远站在第三世界一边。”他强调，要反对任何形式的霸权主义，维护世界和平。

战略问题是一个政党、一个国家的根本性问题。战略上判断得准确，战略上谋划得科学，战略上赢得主动，党和人民事业就大有希望。我们要学习邓小平同志“放眼世界，放眼未来，也放眼当前，放眼一切方面”的世界眼光和战略思维，学习他善于抓住关键、纲举目张的思想方法和工作方法，站在时代前沿观察思考问题，把党和人民事业放到历史长河和全球视野中来谋划，以小见大、见微知著，在解决突出问题中实现战略突破，在把握战略全局中推进各项工作。

**——我们纪念邓小平同志，就要学习他坦荡无私的博大胸襟。**坦荡无私，是邓小平同志一生最光辉的人格魅力，也永远是中国共产党人应该锤炼的品质修养。

邓小平同志始终以劳动人民的一员看待自己，始终以共产党员的标准要求自己，不屈不挠面对困难，有情有义对待同志，一以贯之严格自律，自始至终谦虚谨慎，为我们树立了共产党人自觉加强党性修养的光辉典范。

邓小平同志始终把党和国家前途命运放在心中最高的位置，从不计较个人得失。他说：“我自从十八岁加入革命队伍，就是想把革命干成功，没有任何别的考虑”。他一生“三落三起”都是因为敢于坚持真理、修正错误，每次被错误批判打倒都豁达乐观、沉着坚韧，对未来充满希望；每次复出重新回到工作岗位都无私无畏、以顽强的意志排除各种干扰，坚定不移推动正确路线方针政策的形成和实践。“文化大革命”结束后，邓小平同志再度出来工作，依然表示：“我出来工作，可以有两种态度，一个是做官，一个是做点工作。我想，谁叫你当共产党人呢，既然当了，就不能够做官，不能够有私心杂念，不能够有别的选择。”邓小平同志真正做到了心底无私天地宽。

邓小平同志客观公正对待党的历史、对待同志、对待自己，谦逊随和，平易近人，善于同人合作共事。革命战争年代，他同刘伯承同志共事13年，形成亲密无间的革命友谊。他善于团结和使用同自己意见不同的人一道工作，从不以个人恩怨待人处事。他说：“要抛弃个人恩怨来选择人，反对过自己的人也要用。”邓小平同志一贯反对特权、反对腐败，对亲属和身边工作人员总是严格要求。

邓小平同志功高至伟却从不居功自傲。他多次讲：“永远不要过分突出我个人。我所做的事，无非反映了中国人民和中国共产党人的愿望”。他以唯物主义者的精神看待生死问题，对家人说：“我哪天去，哪天走，不关紧要。自然规律违背不得，你们要想透这个问题。”他逝世后，按照他的遗愿，把角膜捐献给了医院，遗体供医学解剖，骨灰撒入大海，奉献了自己的一切。

共产党人拥有人格力量，才能无愧于自己的称号，才能赢得人民赞誉。我们要学习邓小平同志公而忘私、无私无畏的博大胸怀，加强党性修养，严于律己、宽以待人，正确对待组织，正确对待同志，正确对待自己，正确对待权力，积极践行社会主义核心价值观，为党和人民事业赤诚奉献，以身作则推动营造风清气正的党风、政风和社会风气。

同志们、朋友们！

邓小平同志留给我们的最重要的思想和政治遗产，就是他带领党和人民开创的中国特色社会主义，就是他创立的邓小平理论。马克思说：“人们自己创造自己的历史，但是他们并不是随心所欲地创造，并不是在他们自己选定的条件下创造，而是在直接碰到的、既定的、从过去承继下来的条件下创造。”邓小平同志最鲜明的思想和实践特点，就是从实际出发、从世界大势出发、从国情出发，始终坚持我们党一贯倡导的实事求是、群众路线、独立自主。

中国特色社会主义是适合中国国情、符合中国特点、顺应时代发展要求的理论和实践，所以才能取得成功，并将继续取得成功。邓小平同志说：“特别是像我们这样第三世界的发展中国家，没有民族自尊心，不珍惜自己民族的独立，国家是立不起来的。”我们的国权，我们的国格，我们的民族自尊心，我们的民族独立，关键是道路、理论、制度的独立。

中华民族创造了具有5000多年悠久历史的辉煌文明，中国人民在中国共产党领导下创造了建设社会主义的辉煌成就，我们应该在这个基础上继续创造。我们自己不足、不好的东西，要努力改革。外国有益、好的东西，我们要虚心学习。但是，不能全盘照搬外国，更不能接受外国不好的东西；不能妄自菲薄，不能数典忘祖。

邓小平同志说过，中华人民共和国的成立，“中国取得了一个资格：人们不敢轻视我们”。所以，新民主主义革命的胜利成果决不能丢失，社会主义革命和建设的成就决不能否定，改革开放和社会主义现代化建设的方向决不能动摇。这是党和人民在当今世界安身立命、风雨前行的资格。中国近代以来的全部历史告诉我们，中国的事情必须按照中国的特点、中国的实际来办，这是解决中国所有问题的正确之道。

同志们、朋友们！

邓小平同志离开我们17年来，国际形势风云变幻，国内改革发展任务艰巨繁重，在以江泽民同志为核心的党的第三代中央领导集体、以胡锦涛同志为总书记的党中央领导下，我们党团结带领全国各族人民，坚持党的十一届三中全会以来的路线方针政策不动摇，推动党和国家各项事业不断取得新的伟大成就。党的十八大以来，党中央团结带领全国各族人民，全面贯彻党的十八大和十八届三中全会精神，高举中国特色社会主义伟大旗帜，坚持以马克思列宁主义、毛泽东思想、邓小平理论、“三个代表”重要思想、科学发展观为指导，统筹国内国际两个大局，全面深化改革，推动经济持续健康发展，全面加强作风建设，努力开创中国特色社会主义事业更加广阔的前景。

邓小平同志为我们擘画的社会主义现代化蓝图正在一步步变成美好现实，我们伟大的祖国正在一天天走向繁荣富强，中华民族正在一步步走向伟大复兴。对此，我们感到无比自豪。

此时此刻，我们必须牢记邓小平同志语重心长说过的这段话：“我们搞社会主义才几十年，还处在初级阶段。巩固和发展社会主义制度，还需要一个很长的历史阶段，需要我们几代人、十几代人，甚至几十代人坚持不懈地努力奋斗”；“社会主义的本质，是解放生产力，发展生产力，消灭剥削，消除两极分化，最终达到共同富裕。”实现社会主义现代化，实现祖国完全统一，实现中华民族伟大复兴，这是毛泽东同志、邓小平同志等老一辈革命家和千百万革命先辈的深切夙愿，是全体中华儿女的共同心愿。

邓小平同志曾经嘱托全党：“从现在起到下世纪中叶，将是很要紧的时期，我们要埋头苦干。我们肩膀上的担子重，责任大啊！”今天，历史的接力棒传到了我们手里，责任重于泰山。全党一定要紧密团结起来，敢于担当、埋头苦干，团结带领全国各族人民，以与时俱进、时不我待的精神不断夺取新胜利，不断完善和发展中国特色社会主义，不断为人类和平与发展的崇高事业作出新的更大的贡献。

我们相信，在20世纪赢得了伟大历史性胜利的中国共产党和中国人民，必将在21世纪赢得更伟大的历史性胜利！

# 在纪念中国人民抗日战争暨世界反法西斯战争胜利69周年座谈会上的讲话

（2014年9月3日）

习近平

**同胞们，同志们，朋友们：**

今天是中国人民抗日战争和世界反法西斯战争胜利纪念日。69年前的今天，中国人民经过艰苦卓绝的浴血奋战，打败了穷凶极恶的日本军国主义侵略者，赢得了近代以来中国反抗外敌入侵的第一次完全胜利。

中国人民抗日战争的伟大胜利，为中华民族由近代以来陷入深重危机走向伟大复兴确立了历史转折点，充分显示了中华民族有同侵略者血战到底的气概，有在自力更生的基础上光复旧物的决心，有自立于世界民族之林的能力。这一伟大胜利，将永载中华民族史册，永载人类和平史册！

首先，我代表中共中央、国务院、中央军委，向全国参加过抗日战争的老战士、爱国人士和抗日将领，向为中国人民抗日战争胜利建立了历史功勋的海内外中华儿女，致以崇高的敬意！向支援和帮助过中国人民抗日战争的外国政府和国际友人，表示衷心的感谢！

在那场艰苦卓绝的反法西斯战争中，无数勇敢的人们为了胜利献出了宝贵生命，他们的英灵永垂不朽。我们向在中国人民抗日战争和世界反法西斯战争中英勇献身的烈士，向惨遭侵略者杀戮的无辜死难者表示深深的怀念！

同胞们、同志们、朋友们！

中华民族是一个有着5000多年文明史的伟大民族，为人类文明进步作出了不可磨灭的贡献。进入近代以后，由于列强的入侵和封建统治的腐败，中国落伍了，一步步成为半殖民地半封建社会。特别是由于日本军国主义的野蛮入侵，中华民族濒临亡国灭种的境地。日本军国主义通过甲午战争并吞中国台湾和澎湖列岛等领土后，又通过八国联军侵华战争和日俄战争攫取了在中国东北南部和京津一带等地区驻军的侵略权益，为扩大侵华战争构筑了前沿阵地。1931年，日本军国主义悍然发动九一八事变，占领中国东北全境；1937年又蓄意制造七七事变，发动了全面侵华战争。日本军国主义的野心就是要变中国为其独占的殖民地，进而吞并亚洲、称霸世界。日本军国主义的这一疯狂的侵略国策，给中国人民和广大亚洲国家人民带来了前所未有的巨大灾难，在人类文明史上留下了极其黑暗的一页。

日本军国主义的野蛮侵略，激起中国人民的奋勇抵抗。九一八事变成为中国人民抗日战争的起点，并揭开了世界反法西斯战争的序幕。七七事变成为中国全民族抗战的开端，由此开辟了世界反法西斯战争的东方主战场。

在那个血雨腥风的年代，抗击侵略、救亡图存成为中国各党派、各民族、各阶级、各阶层、各团体以及海外华侨华人的共同意志。在中国共产党倡导建立的以国共合作为基础的抗日民族统一战线旗帜下，地不分南北，人不分老幼，全国人民义无反顾投身到抗击日本侵略者的洪流之中。当时的一篇报纸社评这样写道："今天南北战场上，是争着死，抢着死，因为大家有绝对的信仰，知道牺牲自己，是换取中华民族子子孙孙万代的独立自由，并且确有把握，一定达到。"

中国人民抗日战争异常惨烈，从战略防御到战略相持，进而发展到战略反攻，无论是正面战场还是敌后战场，中国人民同仇敌忾、共赴国难，铁骨铮铮、视死如归，奏响了气壮山河的英雄凯歌。杨靖宇、赵尚志、左权、彭雪枫、佟麟阁、赵登禹、张自忠、戴安澜等一批抗日将领，八路军“狼牙山五壮士”、新四军“刘老庄连”、东北抗联八位女战士、国民党军“八百壮士”等众多英雄群体，就是中国人民不畏强暴、以身殉国的杰出代表。正所谓“诚既勇兮又以武，终刚强兮不可凌。身既死兮神以灵，魂魄毅兮为鬼雄。”

经过长达8年的全国抗战，中国人民打败了日本侵略者，宣告了日本军国主义的彻底失败，宣告了中国人民抗日战争和世界反法西斯战争的最后胜利。

**——中国人民抗日战争的伟大胜利，彻底粉碎了日本军国主义殖民奴役中国的图谋。**中国人民用自己的顽强奋战和巨大牺牲，迫使日本归还甲午战争以后从中国窃取的东北、台湾、澎湖列岛等神圣领土，捍卫了国家主权和领土完整，彻底洗刷了近代以来抗击外来侵略屡战屡败的民族耻辱。从此，再也没有侵略者可以在中国的土地上横行肆虐。

**——中国人民抗日战争的伟大胜利，重新确立了中国在世界上的大国地位。**中国人民抗日战争，从一开始就具有拯救人类文明、保卫世界和平的重大意义，是世界反法西斯战争的重要组成部分。世界反法西斯战争是人类历史上规模空前的战争，战火遍及亚洲、欧洲、非洲、大洋洲，有80多个国家和地区、约20亿人口卷入其中。中国人民抗日战争开展时间最早、持续时间最长，中国战场长期牵制和抗击了日本军国主义的主要兵力，对日本侵略者的彻底覆灭起到了决定性作用。中国人民抗日战争在战略上策应和支持了盟国作战，配合了欧洲战场和太平洋战场的战略行动，制约和打乱了日本法西斯和德意法西斯战略配合的企图。中国作为亚太地区盟军对日作战的重要后方基地，为盟国提供了大量战略物资和军事情报。中国人民为世界反法西斯战争作出的重大贡献，使中国国际地位显著提高。1945年4月，中国同美国、英国、苏联共同发起旧金山会议，共商建立联合国。随着联合国宪章正式出台，中国成为联合国安理会5个常任理事国之一。中国人民赢得了世界爱好和平人民的尊敬，赢得了崇高的民族声誉。

**——中国人民抗日战争的伟大胜利，开辟了中华民族伟大复兴的光明前景。**经历抗日战争锤炼的中国人民，更加坚定了对民族独立、自由、解放的追求。在这场波澜壮阔的民族解放战争中，中国人民进一步认识到：只有实现民族独立和人民解放，建立人民当家作主的新中国，才能真正实现民族振兴、人民幸福。中国共产党提出的改造旧中国、建设新中国的主张，代表了中国人民根本利益。在抗日战争胜利的基础上，中国共产党团结带领全国人民继续奋斗，建立了中华人民共和国，并进而确立了社会主义制度。在血与火的洗礼中，古老的中国凤凰涅槃、浴火重生，开启了中华民族伟大复兴新的历史征程。

同胞们、同志们、朋友们！

甲午战争，中国战败。抗日战争，中国胜利。从甲午失败到抗战胜利，历史走过了半个世纪。中国当年是一个积贫积弱的国家，为什么能够战胜不可一世的日本军国主义、夺取胜利呢？

**以爱国主义为核心的伟大民族精神是中国人民抗日战争胜利的决定因素。**古往今来，任何一个有作为的民族，都以自己的独特精神著称于世。爱国主义是中华民族民族精神的核心。近代以来，中国人民为争取民族独立和解放进行的一系列抗争，就是中华民族觉醒的历史进程，就是中华民族精神升华的历史进程。这种民族觉醒和民族精神升华，在抗日战争时期达到了全新的高度。正如毛泽东同志所说：“这个战争促进中国人民的觉悟和团结的程度，是近百年来中国人民的一切伟大的斗争没有一次比得上的。”面对民族存亡的空前危机，中国人民的爱国热情像火山一样迸发出来。全体中华儿女众志成城、共御外侮，为民族而战，为祖国而战，为尊严而战，汇聚起气势磅礴的力量。中国人民抱定了“我们万众一心，冒着敌人的炮火前进”的决心，抱定了血战到底、抗战到底的信念，谱写了惊天地、泣鬼神的爱国主义篇章。

**中国共产党的中流砥柱作用是中国人民抗日战争胜利的关键**。近代以后，中国人民历次反侵略战争失败的一个重要原因，是政治统治集团的腐朽无能和民族内部软弱涣散。在内忧外患中诞生和成长起来的中国共产党，自成立之日起就把实现中华民族伟大复兴作为自己的历史使命，捍卫民族独立最坚定，维护民族利益最坚决，反抗外来侵略最勇敢。中国共产党坚持全面抗战路线，制定正确战略策略，开辟广大敌后战场，成为坚持抗战的中坚力量。无论条件多么艰苦、形势多么险恶、战争多么残酷，中国共产党始终坚持抗战、反对投降，坚持团结、反对分裂，坚持进步、反对倒退，同各爱国党派团体和广大人民一起，共同维护团结抗战大局。中国共产党人以自己的政治主张、坚定意志、模范行动，支撑起全民族救亡图存的希望，引领着夺取战争胜利的正确方向，成为夺取战争胜利的民族先锋。

**全民族抗战是中国人民抗日战争胜利的重要法宝**。人民群众是战争胜利最深厚的伟力。中国共产党坚持动员人民、依靠人民，提出和实施持久战的战略总方针和一整套人民战争的战略战术，广泛开展伏击战、破袭战、地雷战、地道战、麻雀战等游击战的战术战法，使日本侵略者陷入了人民战争的汪洋大海之中。中国共产党领导开辟的敌后战场和国民党指挥的正面战场协力合作，形成了共同抗击日本侵略者的战略局面。中国人民抗日战争胜利是全民族抗战的胜利，是全体中华儿女的荣光！

在中国人民抗日战争的进程中，苏联、美国、英国等反法西斯盟国为中国人民提供了宝贵的人力物力支持。朝鲜、越南、加拿大、印度、新西兰、波兰、丹麦以及德国、奥地利、罗马尼亚、保加利亚、日本等国的反法西斯战士直接参加了中国人民抗日战争。我们不会忘记给予中国人民道义和物质等方面支持的国家和国际友人，不会忘记在南京大屠杀和其他惨案中为中国难民提供帮助的外国朋友，不会忘记同中国军队并肩作战、冒险开辟驼峰航线的美国飞虎队，不会忘记不远万里前来中国救死扶伤的白求恩、柯棣华医生等外国医护人员，不会忘记真实报道和宣传中国抗战业绩的外国记者，不会忘记在中国战场上英勇献身的苏军烈士！中国人民将永远铭记各国人民为中国人民抗日战争胜利作出的宝贵贡献！

在中国人民抗日战争的壮阔进程中，形成了伟大的抗战精神，中国人民向世界展示了天下兴亡、匹夫有责的爱国情怀，视死如归、宁死不屈的民族气节，不畏强暴、血战到底的英雄气概，百折不挠、坚忍不拔的必胜信念。伟大的抗战精神，是中国人民弥足珍贵的精神财富，永远是激励中国人民克服一切艰难险阻、为实现中华民族伟大复兴而奋斗的强大精神动力。

同胞们、同志们、朋友们！

中国和日本是一衣带水的邻邦。在中日两国2000多年的交往中，和平友好是历史主流。保持中日长期和平友好关系，符合两国人民根本利益，符合维护亚洲和世界和平稳定的需要。中国政府和人民将一如既往致力于发展中日关系，愿意在中日四个政治文件的基础上推动中日关系长期稳定健康发展。

正确对待和深刻反省日本军国主义的侵略历史，是建立和发展中日关系的重要政治基础。近代以后日本军国主义发动的侵略战争给中国人民及广大亚洲国家人民带来了惨绝人寰灾难。中国人民抗日战争期间，在日本法西斯铁蹄下，中国大地到处是人间地狱，城市遭到轰炸，村庄遭到焚烧，父老兄弟遭到屠杀，母亲姐妹遭到蹂躏，大好河山惨遭践踏。抗日战争时期，中国军民伤亡多达3500万人。1937年12月，日本侵略军在南京对中国同胞实施了灭绝人性的大屠杀，30万生灵惨遭杀戮，浩浩长江滚动着鲜红的血浪，这是人类文明史上骇人听闻的暴行。日本侵略军对中国人民发动了令人发指的细菌战、化学战，进行了惨无人道的人体活体试验。日本军国主义发动战争造成的破坏及其对中国资源和财富的大肆掠夺，按照1937年的比价，造成中国直接经济损失1000亿美元，间接经济损失5000亿美元。这些都是铁的事实，是不容否认的，也是否认不了的！

抗日战争胜利后，纽伦堡国际军事法庭对纳粹德国战犯的审判，远东国际军事法庭以及中国、苏联等国家的军事法庭对日本战犯的审判，使发动侵略战争、双手沾满各国人民鲜血的罪魁祸首受到应有的惩处，把战争罪犯永远钉在历史的耻辱柱上。

这一审判的正义性质是不可动摇、不容挑战的！我们将以最大的决心和努力，同世界各国人民一道，坚决捍卫中国人民抗日战争和世界反法西斯战争胜利成果，坚决维护战后国际秩序，决不允许否认和歪曲侵略历史，决不允许军国主义卷土重来，决不允许历史悲剧重演！

日本发动侵华战争给中国人民带来的灾难是日本军国主义造成的。中国政府和人民从来没有把那场战争的罪责归咎于日本人民。我们要求日本政府和一些政治人物对那场给人类社会带来深重灾难的侵略战争有一个客观的认识和负责的态度，对在那场战争中受到深深伤害的邻国人民的感情有起码的尊重，对在那场战争中不幸死难的千千万万亡灵作出符合道义的交代。

令人遗憾的是，在中国人民抗日战争和世界反法西斯战争胜利69年的今天，日本一些政治组织和政治人物依然在矢口否认日军侵略的野蛮罪行，依然在执意参拜双手沾满鲜血的战犯亡灵，依然在发表美化侵略战争和殖民统治的言论，依然在藐视历史事实和国际正义，依然在挑战人类良知。这些做法，不仅违背了日本政府在历史问题上的承诺，而且背离了中日关系的政治基础，严重伤害了中国人民和广大亚洲国家人民的感情。中国人民有比海洋、天空更为宽广的胸怀，但我们的眼睛里也决容不下沙子。

事实就是事实，公理就是公理。在事实和公理面前，一切信口雌黄、指鹿为马的言行都是徒劳的。黑的就是黑的，说一万遍也不可能变成白的；白的就是白的，说一万遍也不可能变成黑的。一切颠倒黑白的做法，最后都只能是自欺欺人。

前事不忘，后事之师。我们强调牢记历史并不是要延续仇恨，而是要以史为鉴、面向未来，大家来共同珍爱和平、维护和平，让中日两国人民世世代代友好下去，让各国人民永享太平。

“解铃还须系铃人。”只有正确对待历史，才有利于日本早日卸下历史包袱。日本方面应该本着对历史、对人民、对未来负责的态度，从维护中日友好、维护亚洲地区稳定与发展的大局出发，以慎重态度严肃对待和妥善处理历史问题，认真记取历史教训，坚持走和平发展道路。

同胞们、同志们、朋友们！

今年是甲午年。120年前的甲午年，中国民主革命的先行者孙中山先生发出了“振兴中华”的呐喊。120年后的今天，中国人民感到无比自豪的是，我们比历史上任何时期都更加接近中华民族伟大复兴的目标，比历史上任何时期都更有信心、更有能力实现这个目标。

近代以后，中华民族走向复兴的历史进程一次次被打断，但中国人民从来没有屈服、没有气馁、没有放弃，而是一次次顽强战胜艰难险阻、重新整装出发。

中国人民抗日战争胜利69年来，中国发生了翻天覆地的变化。中国共产党团结带领人民前仆后继、持续奋斗，把贫穷落后的旧中国变成了日益走向繁荣富强的新中国。同时，我们也清醒地认识到，实现我们的奋斗目标，逐步实现全体人民共同富裕，实现中华民族伟大复兴的中国梦，必须准备进行具有许多新的历史特点的伟大斗争。

**在前进的征程上，我们必须坚定不移走中**

**国特色社会主义道路**。中国近代以来的历史充分证明:方向决定道路,道路决定命运。中国特色社会主义道路是1840年以来特别是甲午战争以来,中国人民对其他救国途径的尝试全部碰壁之后作出的历史性选择,是中国共产党和人民历尽千辛万苦、付出巨大代价取得的根本成就。坚持中国特色社会主义道路,关乎国家前途、民族命运、人民福祉。我们一定要增强对中国特色社会主义的道路自信、理论自信、制度自信,在中国共产党坚强领导下,矢志不渝沿着中国特色社会主义道路奋勇前进。

**在前进的征程上,我们必须坚定不移把发展作为党执政兴国的第一要务**。近代以后中国落后挨打、受人欺辱的历史教训刻骨铭心。一个民族只有自强,才能在世界民族之林自立。发展是硬道理,是解决中国所有问题的关键。我们用几十年的时间走完了发达国家几百年走过的历程,最终靠的是发展。我们一定要坚持以经济建设为中心,坚持科学发展,全面推进经济建设、政治建设、文化建设、社会建设、生态文明建设,不断实现好、维护好、发展好最广大人民根本利益,不断夯实中华民族伟大复兴的物质基础,不断提高全民族的精神文化素质。

**在前进的征程上,我们必须坚定不移全面深化改革**。近代中国由盛到衰的一个重要原因,就是封建统治者夜郎自大、因循守旧,畏惧变革、抱残守缺,跟不上世界发展潮流。"穷则变,变则通,通则久。"改革开放是决定当代中国命运的关键一招,也是实现中华民族伟大复兴的关键一招。我们一定要以更大的政治勇气推进改革开放,敢于啃硬骨头,敢于涉险滩、闯难关,不断为中国发展提供强大动力。

**在前进的征程上,我们必须坚定不移走和平发展道路**。中华民族历来是爱好和平的民族,也历来是维护世界和平的坚定力量。近代以后,中华民族遭到了列强长期侵略和欺凌,但中国人民从中学到的不是弱肉强食的强盗逻辑,而是更加坚定了维护和平的决心。中国人民抗日战争和世界反法西斯战争的胜利给我们留下的最宝贵的启示,就是必须毫不动摇走和平发展道路。中国主权、安全、发展利益和民族尊严绝不允许任何势力侵犯,同时任何力量也不能动摇我们坚持和平发展的信念。中国坚持走和平发展道路,同时呼吁各国共同走和平发展道路,为建设持久和平、共同繁荣的和谐世界而不懈努力。

同胞们、同志们、朋友们!

站在新的历史起点上,我们纪念中国人民抗日战争暨世界反法西斯战争的伟大胜利,就是要铭记历史、警示未来,动员全党全军全国各族人民更加奋发有为地为实现中华民族伟大复兴而奋斗。

历史无法重来,未来可以开创。我呼吁,全党全军全国各族人民,海内外所有中华儿女,更加紧密地团结起来,肩负起历史重任,以中华民族伟大复兴不断前行的新成就,告慰为中国人民抗日战争和世界反法西斯战争胜利献出生命的所有先烈,告慰近代以来为中华民族独立、中国人民解放献出生命的所有英灵,这是我们对中国人民抗日战争和世界反法西斯战争胜利最好的纪念!

# 在庆祝全国人民代表大会成立60周年大会上的讲话

（2014年9月5日）

习近平

同志们，朋友们：

60年前，我们人民共和国的缔造者们，同经过普选产生的1200多名全国人大代表一道，召开了第一届全国人民代表大会第一次会议，通过了《中华人民共和国宪法》，从此建立起中华人民共和国的根本政治制度——人民代表大会制度。中国这样一个有5000多年文明史、几亿人口的国家建立起人民当家作主的新型政治制度，在中国政治发展史乃至世界政治发展史上都是具有划时代意义的。

今天，我们在这里隆重集会，庆祝全国人民代表大会成立60周年，就是要回顾人民代表大会制度建立和发展的历程，坚定中国特色社会主义道路自信、理论自信、制度自信，在新的历史起点上坚持和完善人民代表大会制度，更好组织和动员全国各族人民为实现"两个一百年"奋斗目标、实现中华民族伟大复兴的中国梦而奋斗。

同志们、朋友们！

在中国建立什么样的政治制度，是近代以后中国人民面临的一个历史性课题。为解决这一历史性课题，中国人民进行了艰辛探索。

1840年鸦片战争后，中国逐步成为半殖民地半封建社会。那个时代，为了挽救民族危亡、实现民族振兴，中国人民和无数仁人志士孜孜不倦寻找着适合国情的政治制度模式。辛亥革命之前，太平天国运动、洋务运动、戊戌变法、义和团运动、清末新政等都未能取得成功。辛亥革命之后，中国尝试过君主立宪制、帝制复辟、议会制、多党制、总统制等各种形式，各种政治势力及其代表人物纷纷登场，都没能找到正确答案，中国依然是山河破碎、积贫积弱，列强依然在中国横行霸道、攫取利益，中国人民依然生活在苦难和屈辱之中。

事实证明，不触动旧的社会根基的自强运动，各种名目的改良主义，旧式农民战争，资产阶级革命派领导的民主主义革命，照搬西方政治制度模式的各种方案，都不能完成中华民族救亡图存和反帝反封建的历史任务，都不能让中国的政局和社会稳定下来，也都谈不上为中国实现国家富强、人民幸福提供制度保障。

在中国人民顽强前行的伟大斗争中，中国共产党诞生了。自成立之日起，中国共产党就以实现中国人民当家作主和中华民族伟大复兴为己任，为"索我理想之中华"矢志不渝，"唤起工农千百万"，进行艰苦卓绝的革命斗争，终于彻底推翻了帝国主义、封建主义、官僚资本主义三座大山，建立了人民当家作主的新中国，亿万中国人民从此成为国家和社会的主人。这一伟大历史事件，从根本上改变了近代以后中国内忧外患、任人宰割的悲惨命运。

中国共产党领导中国人民取得革命胜利后，国家政权应该怎样组织？国家应该怎样治理？这是一个关系国家前途、人民命运的根本性问题。经过实践探索和理论思考，中国共产党人找到了答案。早在1940年，毛泽东同志就说到："没有适当形式的政权机关，就不能代表国家。中国现在可以采取全国人民代表大会、省人民代表大会、县人民代表大会、区人民代表大会直到乡人民代表大会的系统，并由各级代表大会选举政府。"

新中国的诞生，为中国人民把这一构想付诸实践奠定了前提、创造了条件。1949年9月，具有临时宪法地位的《中国人民政治协商会议共同纲领》庄严宣告,新中国实行人民代表大会制度。1954 年 9 月,一届全国人大一次会议通过的《中华人民共和国宪法》明确规定:“中华人民共和国的一切权力属于人民。人民行使权力的机关是全国人民代表大会和地方各级人民代表大会。”

在中国实行人民代表大会制度,是中国人民在人类政治制度史上的伟大创造,是深刻总结近代以后中国政治生活惨痛教训得出的基本结论,是中国社会 100 多年激越变革、激荡发展的历史结果,是中国人民翻身作主、掌握自己命运的必然选择。

60 年来特别是改革开放 30 多年来,人民代表大会制度不断得到巩固和发展,展现出蓬勃生机活力。60 年的实践充分证明,人民代表大会制度是符合中国国情和实际、体现社会主义国家性质、保证人民当家作主、保障实现中华民族伟大复兴的好制度。邓小平同志曾经说过:“我们实行的就是全国人民代表大会一院制,这最符合中国实际。如果政策正确,方向正确,这种体制益处很大,很有助于国家的兴旺发达,避免很多牵扯。”江泽民同志强调:人民代表大会制度“是我们党长期进行人民政权建设的经验总结,也是我们党对国家事务实施领导的一大特色和优势”。胡锦涛同志也指出:“人民代表大会制度是中国人民当家作主的重要途径和最高实现形式,是中国社会主义政治文明的重要制度载体。”

在新的奋斗征程上,必须充分发挥人民代表大会制度的根本政治制度作用,继续通过人民代表大会制度牢牢把国家和民族前途命运掌握在人民手中。这是时代赋予我们的光荣任务。

同志们、朋友们!

在中国,发展社会主义民主政治,保证人民当家作主,保证国家政治生活既充满活力又安定有序,关键是要坚持党的领导、人民当家作主、依法治国有机统一。人民代表大会制度是坚持党的领导、人民当家作主、依法治国有机统一的根本制度安排。

**——坚持和完善人民代表大会制度,必须毫不动摇坚持中国共产党的领导。**中国共产党的领导是中国特色社会主义最本质的特征。没有共产党,就没有新中国,就没有新中国的繁荣富强。坚持中国共产党这一坚强领导核心,是中华民族的命运所系。中国共产党的领导,就是支持和保证人民实现当家作主。我们必须坚持党总揽全局、协调各方的领导核心作用,通过人民代表大会制度,保证党的路线方针政策和决策部署在国家工作中得到全面贯彻和有效执行。要支持和保证国家政权机关依照宪法法律积极主动、独立负责、协调一致开展工作。要不断加强和改善党的领导,善于使党的主张通过法定程序成为国家意志,善于使党组织推荐的人选通过法定程序成为国家政权机关的领导人员,善于通过国家政权机关实施党对国家和社会的领导,善于运用民主集中制原则维护党和国家权威、维护全党全国团结统一。

**——坚持和完善人民代表大会制度,必须保证和发展人民当家作主。**人民当家作主是社会主义民主政治的本质和核心。人民民主是社会主义的生命。没有民主就没有社会主义,就没有社会主义的现代化,就没有中华民族伟大复兴。我们必须坚持国家一切权力属于人民,坚持人民主体地位,支持和保证人民通过人民代表大会行使国家权力。要扩大人民民主,健全民主制度,丰富民主形式,拓宽民主渠道,从各层次各领域扩大公民有序政治参与,发展更加广泛、更加充分、更加健全的人民民主。国家各项工作都要贯彻党的群众路线,密切同人民群众的联系,倾听人民呼声,回应人民期待,不断解决好人民最关心最直接最现实的利益问题,凝聚起最广大人民智慧和力量。

**——坚持和完善人民代表大会制度,必须全面推进依法治国。**发展人民民主必须坚持依法治国、维护宪法法律权威,使民主制度化、法律化,使这种制度和法律不因领导人的改变而改变,不因领导人的看法和注意力的改变而改变。宪法是国家的根本法，坚持依法治国首先要坚持依宪治国，坚持依法执政首先要坚持依宪执政。我们必须坚持把依法治国作为党领导人民治理国家的基本方略、把法治作为治国理政的基本方式，不断把法治中国建设推向前进。要通过人民代表大会制度，弘扬社会主义法治精神，依照人民代表大会及其常委会制定的法律法规来展开和推进国家各项事业和各项工作，保证人民平等参与、平等发展权利，维护社会公平正义，尊重和保障人权，实现国家各项工作法治化。

**——坚持和完善人民代表大会制度，必须坚持民主集中制**。民主集中制是中国国家组织形式和活动方式的基本原则。人民代表大会统一行使国家权力，全国人民代表大会是最高国家权力机关，地方各级人民代表大会是地方国家权力机关。我们必须坚持人民通过人民代表大会行使国家权力；各级人民代表大会都由民主选举产生，对人民负责、受人民监督；各级国家行政机关、审判机关、检察机关都由人民代表大会产生，对人大负责、受人大监督；国家机关实行决策权、执行权、监督权既有合理分工又有相互协调；在中央统一领导下，充分发挥地方主动性和积极性，保证国家统一高效组织推进各项事业。

同志们、朋友们！

人民代表大会制度是中国特色社会主义制度的重要组成部分，也是支撑中国国家治理体系和治理能力的根本政治制度。新形势下，我们要毫不动摇坚持人民代表大会制度，也要与时俱进完善人民代表大会制度。当前和今后一个时期，要着重抓好以下几个重要环节的工作。

**第一，加强和改进立法工作**。“国无常强，无常弱。奉法者强则国强，奉法者弱则国弱。”经过长期努力，中国特色社会主义法律体系已经形成，我们国家和社会生活各方面总体上实现了有法可依，这是我们取得的重大成就，也是我们继续前进的新起点。形势在发展，时代在前进，法律体系必须随着时代和实践发展而不断发展。

我们要加强重要领域立法，确保国家发展、重大改革于法有据，把发展改革决策同立法决策更好结合起来。要坚持问题导向，提高立法的针对性、及时性、系统性、可操作性，发挥立法引领和推动作用。要抓住提高立法质量这个关键，深入推进科学立法、民主立法，完善立法体制和程序，努力使每一项立法都符合宪法精神、反映人民意愿、得到人民拥护。

**第二，加强和改进法律实施工作**。法律的生命力在于实施，法律的权威也在于实施。“法令行则国治，法令弛则国乱。”各级国家行政机关、审判机关、检察机关是法律实施的重要主体，必须担负法律实施的法定职责，坚决纠正有法不依、执法不严、违法不究现象，坚决整治以权谋私、以权压法、徇私枉法问题，严禁侵犯群众合法权益。

我们要全面落实依法治国基本方略，坚持法律面前人人平等，加快建设社会主义法治国家，不断推进科学立法、严格执法、公正司法、全民守法进程。要深入推进依法行政，加快建设法治政府。各级行政机关必须依法履行职责，坚持法定职责必须为、法无授权不可为，决不允许任何组织或者个人有超越法律的特权。要深入推进公正司法，深化司法体制改革，加快建设公正高效权威的司法制度，完善人权司法保障制度，严肃惩治司法腐败，让人民群众在每一个司法案件中都感受到公平正义。

**第三，加强和改进监督工作**。人民的眼睛是雪亮的，人民是无所不在的监督力量。只有让人民来监督政府，政府才不会懈怠；只有人人起来负责，才不会人亡政息。人民代表大会制度的重要原则和制度设计的基本要求，就是任何国家机关及其工作人员的权力都要受到制约和监督。

各级人大及其常委会要担负起宪法法律赋予的监督职责，维护国家法制统一、尊严、权威，加强对“一府两院”执法、司法工作的监督，确保法律法规得到有效实施，确保行政权、审判权、检察权得到正确行使。地方人大及其常委会要依法保证宪法法律、行政法规和上级人大及其常委会决议在本行政区域内得到遵守和执行。要加强党纪监督、行政监察、审计监督、司法监督和国家机关内部各种形式的纪律监督。要拓宽人民监督权力的渠道，公民对于任何国家机关和国家工作人员有提出批评和建议的权利，对于任何国家机关和国家工作人员的违法失职行为有向有关国家机关提出申诉、控告或者检举的权利。要健全申诉控告检举机制，加强检察监督，切实做到有权必有责、用权受监督、侵权要赔偿、违法必追究。

一个政党，一个政权，其前途命运取决于人心向背。人民群众反对什么、痛恨什么，我们就要坚决防范和打击。人民群众最痛恨腐败现象，我们就必须坚定不移反对腐败。要坚持用制度管权管事管人，抓紧形成不想腐、不能腐、不敢腐的有效机制，让人民监督权力，让权力在阳光下运行，把权力关进制度的笼子里。要坚持“老虎”、“苍蝇”一起打，坚持有腐必反、有贪必肃，下最大气力解决腐败问题，努力营造风清气正的党风政风和社会风气，不断以反腐倡廉的新成效取信于民。

**第四，加强同人大代表和人民群众的联系。**人民代表大会制度之所以具有强大生命力和显著优越性，关键在于它深深植根于人民之中。我们国家的名称，我们各级国家机关的名称，都冠以“人民”的称号，这是我们对中国社会主义政权的基本定位。中国260多万各级人大代表，都要忠实代表人民利益和意志，依法参加行使国家权力。各级国家机关及其工作人员，不论做何种工作，说到底都是为人民服务。这一基本定位，什么时候都不能含糊、不能淡化。

各级国家机关加强同人大代表的联系、加强同人民群众的联系，是实行人民代表大会制度的内在要求，是人民对自己选举和委派代表的基本要求。各级国家机关及其工作人员一定要为人民用权、为人民履职、为人民服务，把加强同人大代表和人民群众的联系作为对人民负责、受人民监督的重要内容，虚心听取人大代表、人民群众意见和建议，积极回应社会关切，自觉接受人民监督，认真改正工作中的缺点和错误。

**第五，加强和改进人大工作。**新的形势和任务对各级人大及其常委会工作提出了更高要求。要按照总结、继承、完善、提高的原则，推进人民代表大会制度理论和实践创新，推动人大工作提高水平。

各级人大及其常委会要坚持正确政治方向，增强代表人民行使管理国家权力的政治责任感，履行宪法法律赋予的职责。要健全人大常委会组成人员联系本级人大代表机制，畅通社情民意反映和表达渠道，支持和保证人大代表依法履职，优化人大常委会、专门委员会组成人员结构，完善人大组织制度、工作制度、议事程序。各级党委要加强和改善党对人大工作的领导，支持和保证人大及其常委会依法行使职权、开展工作。

同志们、朋友们！

人民民主是中国共产党始终高举的旗帜。在前进道路上，我们要坚定不移走中国特色社会主义政治发展道路，继续推进社会主义民主政治建设、发展社会主义政治文明。

以什么样的思路来谋划和推进中国社会主义民主政治建设，在国家政治生活中具有管根本、管全局、管长远的作用。古今中外，由于政治发展道路选择错误而导致社会动荡、国家分裂、人亡政息的例子比比皆是。中国是一个发展中大国，坚持正确的政治发展道路更是关系根本、关系全局的重大问题。

设计和发展国家政治制度，必须注重历史和现实、理论和实践、形式和内容有机统一。要坚持从国情出发、从实际出发，既要把握长期形成的历史传承，又要把握走过的发展道路、积累的政治经验、形成的政治原则，还要把握现实要求、着眼解决现实问题，不能割断历史，不能想象突然就搬来一座政治制度上的“飞来峰”。

政治制度是用来调节政治关系、建立政治秩序、推动国家发展、维护国家稳定的，不可能脱离特定社会政治条件来抽象评判，不可能千篇一律、归于一尊。在政治制度上，看到别的国家有而我们没有就简单认为有欠缺，要搬过来；或者，看到我们有而别的国家没有就简单认为是多余的，要去除掉。这两种观点都是简单化的、片面的，因而都是不正确的。

“橘生淮南则为橘，生于淮北则为枳”。我们需要借鉴国外政治文明有益成果，但绝不能放弃中国政治制度的根本。中国有960多万平方公里土地、56个民族，我们能照谁的模式办？谁又能指手画脚告诉我们该怎么办？对丰富多彩的世界，我们应该秉持兼容并蓄的态度，虚心学习他人的好东西，在独立自主的立场上把他人的好东西加以消化吸收，化成我们自己的好东西，但决不能囫囵吞枣、决不能邯郸学步。照抄照搬他国的政治制度行不通，会水土不服，会画虎不成反类犬，甚至会把国家前途命运葬送掉。只有扎根本国土壤、汲取充沛养分的制度，才最可靠、也最管用。

世界上不存在完全相同的政治制度，也不存在适用于一切国家的政治制度模式。“物之不齐，物之情也。”各国国情不同，每个国家的政治制度都是独特的，都是由这个国家的人民决定的，都是在这个国家历史传承、文化传统、经济社会发展的基础上长期发展、渐进改进、内生性演化的结果。中国特色社会主义政治制度之所以行得通、有生命力、有效率，就是因为它是从中国的社会土壤中生长起来的。中国特色社会主义政治制度过去和现在一直生长在中国的社会土壤之中，未来要继续茁壮成长，也必须深深扎根于中国的社会土壤。

同志们、朋友们！

评价一个国家政治制度是不是民主的、有效的，主要看国家领导层能否依法有序更替，全体人民能否依法管理国家事务和社会事务、管理经济和文化事业，人民群众能否畅通表达利益要求，社会各方面能否有效参与国家政治生活，国家决策能否实现科学化、民主化，各方面人才能否通过公平竞争进入国家领导和管理体系，执政党能否依照宪法法律规定实现对国家事务的领导，权力运用能否得到有效制约和监督。

经过长期努力，我们在解决这些重点问题上都取得了决定性进展。我们废除了实际上存在的领导干部职务终身制，普遍实行领导干部任期制度，实现了国家机关和领导层的有序更替。我们不断扩大人民有序政治参与，人民实现了内容广泛、层次丰富的当家作主。我们坚持发展最广泛的爱国统一战线，发展独具特色的社会主义协商民主，有效凝聚了各党派、各团体、各民族、各阶层、各界人士的智慧和力量。我们努力建设了解民情、反映民意、集中民智、珍惜民力的决策机制，增强决策透明度和公众参与度，保证了决策符合人民利益和愿望。我们积极发展广纳群贤、充满活力的选人用人机制，广泛把各方面优秀人才集聚到党和国家各项事业中来。我们坚持依法治国、依法执政、依法行政共同推进，坚持法治国家、法治政府、法治社会一体建设，全社会法治水平不断提高。我们建立健全多层次监督体系，完善各类公开办事制度，保证党和国家领导机关和人员按照法定权限和程序行使权力。

中国实行工人阶级领导的、以工农联盟为基础的人民民主专政的国体，实行人民代表大会制度的政体，实行中国共产党领导的多党合作和政治协商制度，实行民族区域自治制度，实行基层群众自治制度，具有鲜明的中国特色。这样一套制度安排，能够有效保证人民享有更加广泛、更加充实的权利和自由，保证人民广泛参加国家治理和社会治理；能够有效调节国家政治关系，发展充满活力的政党关系、民族关系、宗教关系、阶层关系、海内外同胞关系，增强民族凝聚力，形成安定团结的政治局面；能够集中力量办大事，有效促进社会生产力解放和发展，促进现代化建设各项事业，促进人民生活质量和水平不断提高；能够有效维护国家独立自主，有力维护国家主权、安全、发展利益，维护中国人民和中华民族的福祉。

改革开放30多年来，中国经济实力、综合国力、人民生活水平不断跨上新台阶，我们不断战胜前进道路上各种世所罕见的艰难险阻，中国各民族长期共同团结奋斗、共同繁荣发展，中国社会长期保持和谐稳定。这些事实充分证明，中国社会主义民主政治具有强大生命力，中国特色社会主义政治发展道路是符合中国国情、保证人民当家作主的正确道路。

同志们、朋友们！

一个国家的政治制度决定于这个国家的经济社会基础，同时又反作用于这个国家的经济社会基础，乃至于起到决定性作用。在一个国家的各种制度中，政治制度处于关键环节。所以，坚定中国特色社会主义制度自信，首先要坚定对中国特色社会主义政治制度的自信，增强走中国特色社会主义政治发展道路的信心和决心。

中国特色社会主义民主是个新事物，也是个好事物。当然，这并不是说，中国政治制度就完美无缺了，就不需要完善和发展了。制度自信不是自视清高、自我满足，更不是裹足不前、固步自封，而是要把坚定制度自信和不断改革创新统一起来，在坚持根本政治制度、基本政治制度的基础上，不断推进制度体系完善和发展。我们一直认为，我们的民主法治建设同扩大人民民主和经济社会发展的要求还不完全适应，社会主义民主政治的体制、机制、程序、规范以及具体运行上还存在不完善的地方，在保障人民民主权利、发挥人民创造精神方面也还存在一些不足，必须继续加以完善。在全面深化改革进程中，我们要积极稳妥推进政治体制改革，以保证人民当家作主为根本，以增强党和国家活力、调动人民积极性为目标，不断建设社会主义政治文明。

发展社会主义民主政治，是推进国家治理体系和治理能力现代化的题中应有之义。党的十八届三中全会提出的全面深化改革总目标，是两句话组成的一个整体，即完善和发展中国特色社会主义制度、推进国家治理体系和治理能力现代化。前一句规定了根本方向，我们的方向就是中国特色社会主义道路，而不是其他什么道路。后一句规定了在根本方向指引下完善和发展中国特色社会主义制度的鲜明指向。两句话都讲，才是完整的。

发展社会主义民主政治，关键是要增加和扩大我们的优势和特点，而不是要削弱和缩小我们的优势和特点。我们要坚持发挥党总揽全局、协调各方的领导核心作用，提高党科学执政、民主执政、依法执政水平，保证党领导人民有效治理国家，切实防止出现群龙无首、一盘散沙的现象。我们要坚持国家一切权力属于人民，既保证人民依法实行民主选举，也保证人民依法实行民主决策、民主管理、民主监督，切实防止出现选举时漫天许诺、选举后无人过问的现象。我们要坚持和完善中国共产党领导的多党合作和政治协商制度，加强社会各种力量的合作协调，切实防止出现党争纷沓、相互倾轧的现象。我们要坚持和完善民族区域自治制度，巩固平等团结互助和谐的社会主义民族关系，促进各民族和睦相处、和衷共济、和谐发展，切实防止出现民族隔阂、民族冲突的现象。我们要坚持和完善基层群众自治制度，发展基层民主，保障人民依法直接行使民主权利，切实防止出现人民形式上有权、实际上无权的现象。我们要坚持和完善民主集中制的制度和原则，促使各类国家机关提高能力和效率、增进协调和配合，形成治国理政的强大合力，切实防止出现相互掣肘、内耗严重的现象。

总之，我们要不断推进社会主义民主政治制度化、规范化、程序化，更好发挥中国特色社会主义政治制度的优越性，为党和国家兴旺发达、长治久安提供更加完善的制度保障。

同志们、朋友们！

60年一甲子。此时此刻，让我们一起来重温毛泽东同志60年前在第一届全国人民代表大会第一次会议上讲的一段话，他说："我们有充分的信心，克服一切艰难困苦，将我国建设成为一个伟大的社会主义共和国。我们正在前进。我们正在做我们的前人从来没有做过的极其光荣伟大的事业。我们的目的一定要达到。我们的目的一定能够达到。”

当代中国共产党人和中国人民一定要把这个崇高使命担当起来，不断发展具有强大生命力的社会主义民主政治，在实现中国梦的伟大奋斗中，共同创造中国人民和中华民族更加幸福美好的未来，大家一起努力吧！

# 做党和人民满意的好老师

## ——同北京师范大学师生代表座谈时的讲话

（2014年9月9日）

习近平

**各位老师，同学们：**

明天是我国第30个教师节，很高兴来到北京师范大学，同大家共度教师们的节日。首先，我祝在座各位教师和未来的教师节日好！借此机会，我向全国所有教师，致以崇高的节日敬礼！大家辛苦了，党和人民感谢你们！

北京师范大学是百年名校，是我国最早的现代师范教育高等学府，学校“学为人师、行为世范”的校训十分精练地诠释了“师范”的意义。112年来，北师大为国家、为民族培养了一大批优秀老师和各类人才，也曾拥有过李大钊、鲁迅、梁启超这样的一代名师。这是北师大的光荣和骄傲。

刚才，我听了有关教师节和你们学校基本情况的介绍，参观了庆祝教师节30周年展览，考察了心理学院的心理学实验室，观摩了中小学教师国家级培训计划教学现场，同老教授们见了面。这对我来说是一次很好的学习。

见到你们，我就回想起自己的学生时代。教过我的老师很多，至今我都能记得他们的样子，他们教给我知识、教给我做人的道理，让我受益无穷。学生时代是人一生最美好的时光，长身体、长知识、长才干，每天都有新收获，每天都有新期待。我希望在座的同学们，也希望全国2.6亿在校学生，珍惜学习时光，多学知识，多学道理，多学本领，热爱劳动，身心健康，茁壮成长。

各位老师、同学们！

教育是提高人民综合素质、促进人的全面发展的重要途径，是民族振兴、社会进步的重要基石，是对中华民族伟大复兴具有决定性意义的事业。教师是人类历史上最古老的职业之一，也是最伟大、最神圣的职业之一。人们常说：“教师是太阳底下最崇高的职业。”自古以来，中华民族就有尊师重教、崇智尚学的优良传统，正所谓“国将兴，必贵师而重傅；贵师而重傅，则法度存”。在古代，孔子被推崇为“大成至圣先师”，被誉为“万世师表”。在中华民族5000多年文明发展史上，英雄辈出，大师荟萃，都与一代又一代教师的辛勤耕耘是分不开的。

新中国成立65年来，党和国家高度重视教育事业，建成了世界最大规模的教育体系，保障了亿万人民群众受教育的权利，极大提高了全民族素质，有力推动了经济社会发展。长期以来，广大教师自觉贯彻党的教育方针，教书育人，呕心沥血，默默奉献，为国家发展和民族振兴作出了巨大贡献，赢得了全社会广泛赞誉和普遍尊重。

当今世界，科技进步日新月异，国际竞争日趋激烈。特别是经历了历史上罕见的国际金融危机，各国纷纷调整发展战略，更加注重科技进步和创新驱动。当今世界的综合国力竞争，说到底是人才竞争，人才越来越成为推动经济社会发展的战略性资源，教育的基础性、先导性、全局性地位和作用更加突显。“两个一百年”奋斗目标的实现、中华民族伟大复兴中国梦的实现，归根到底靠人才、靠教育。源源不断的人才资源是我国在激烈的国际竞争中的重要潜在力量和后发优势。希望广大教师认清肩负的使命和责任，努力为发展具有中国特色、世界水平的现代教育，培养社会主义事业建设者和接班人作出更大贡献！

各位老师、同学们！

邓小平同志曾经指出："一个学校能不能为社会主义建设培养合格的人才，培养德智体全面发展、有社会主义觉悟的有文化的劳动者，关键在教师。"教师重要，就在于教师的工作是塑造灵魂、塑造生命、塑造人的工作。一个人遇到好老师是人生的幸运，一个学校拥有好老师是学校的光荣，一个民族源源不断涌现出一批又一批好老师则是民族的希望。国家繁荣、民族振兴、教育发展，需要我们大力培养造就一支师德高尚、业务精湛、结构合理、充满活力的高素质专业化教师队伍，需要涌现一大批好老师。

那么，怎样才能成为好老师呢？今天，我想就这个问题同大家做个交流。

每个人心目中都有自己好老师的形象。做好老师，是每一个老师应该认真思考和探索的问题，也是每一个老师的理想和追求。我想，好老师没有统一的模式，可以各有千秋、各显身手，但有一些共同的、必不可少的特质。

**第一，做好老师，要有理想信念。**陶行知先生说，教师是"千教万教，教人求真"，学生是"千学万学，学做真人"。老师肩负着培养下一代的重要责任。正确理想信念是教书育人、播种未来的指路明灯。不能想象一个没有正确理想信念的人能够成为好老师。唐代韩愈说："师者，所以传道授业解惑也。""传道"是第一位的。一个老师，如果只知道"授业"、"解惑"而不"传道"，不能说这个老师是完全称职的，充其量只能是"经师"、"句读之师"，而非"人师"了。古人云："经师易求，人师难得。"一个优秀的老师，应该是"经师"和"人师"的统一，既要精于"授业"、"解惑"，更要以"传道"为责任和使命。好老师心中要有国家和民族，要明确意识到肩负的国家使命和社会责任。

我们的教育是为人民服务、为中国特色社会主义服务、为改革开放和社会主义现代化建设服务的，党和人民需要培养的是社会主义事业建设者和接班人。好老师的理想信念应该以这一要求为基准。广大教师要始终同党和人民站在一起，自觉做中国特色社会主义的坚定信仰者和忠实实践者，忠诚于党和人民的教育事业，自觉把党的教育方针贯彻到教学管理工作全过程，严肃认真对待自己的职责。要注重加强中国特色社会主义理论体系的学习，加深对中国特色社会主义的思想认同、理论认同、情感认同，不断增强道路自信、理论自信、制度自信，积极引导学生热爱祖国、热爱人民、热爱中国共产党。好老师应该做中国特色社会主义共同理想和中华民族伟大复兴中国梦的积极传播者，帮助学生筑梦、追梦、圆梦，让一代又一代年轻人都成为实现我们民族梦想的正能量。

广大教师要用好课堂讲坛，用好校园阵地，用自己的行动倡导社会主义核心价值观，用自己的学识、阅历、经验点燃学生对真善美的向往，使社会主义核心价值观润物细无声地浸润学生们的心田、转化为日常行为，增强学生的价值判断能力、价值选择能力、价值塑造能力，引领学生健康成长。

**第二，做好老师，要有道德情操。**老师的人格力量和人格魅力是成功教育的重要条件。"师也者，教之以事而喻诸德者也。"老师对学生的影响，离不开老师的学识和能力，更离不开老师为人处世、于国于民、于公于私所持的价值观。一个老师如果在是非、曲直、善恶、义利、得失等方面老出问题，怎么能担起立德树人的责任？广大教师必须率先垂范、以身作则，引导和帮助学生把握好人生方向，特别是引导和帮助青少年学生扣好人生的第一粒扣子。

"师者，人之模范也。"教师的职业特性决定了教师必须是道德高尚的人群。合格的老师首先应该是道德上的合格者，好老师首先应该是以德施教、以德立身的楷模。师者为师亦为范，学高为师，德高为范。老师是学生道德修养的镜子。好老师应该取法乎上、见贤思齐，不断提高道德修养，提升人格品质，并把正确的道德观传授给学生。

师德是深厚的知识修养和文化品位的体现。师德需要教育培养，更需要老师自我修养。

做一个高尚的人、纯粹的人、脱离了低级趣味的人，应该是每一个老师的不懈追求和行为常态。好老师要有“捧着一颗心来，不带半根草去”的奉献精神，自觉坚守精神家园、坚守人格底线，带头弘扬社会主义道德和中华传统美德，以自己的模范行为影响和带动学生。

好老师的道德情操最终要体现到对所从事职业的忠诚和热爱上来。好老师应该执着于教书育人。我们常说干一行爱一行，做老师就要热爱教育工作，不能把教育岗位仅仅作为一个养家糊口的职业。有了为事业奋斗的志向，才能在老师这个岗位上干得有滋有味，干出好成绩。如果身在学校却心在商场或心在官场，在金钱、物欲、名利同人格的较量中把握不住自己，那是当不好老师的。

现在，很多地方做老师还比较清苦，特别是农村基层小学老师很辛苦，收入不高，物质生活不是很宽裕，有些家庭负担较重的老师生活还比较困难。各级党委和政府都要关心广大老师特别是生活工作有困难的老师，努力为他们排忧解难。同时，老师要有“衣带渐宽终不悔，为伊消得人憔悴”的精神，兢兢业业做好工作。做老师，最好的回报是学生成人成才，桃李满天下。想想无数孩子在自己的教育下学到知识、学会做人、事业有成、生活幸福，那是何等让人舒心、让人骄傲的成就。

**第三，做好老师，要有扎实学识。**老师自古就被称为“智者”。俗话说，前人强不如后人强，家庭如此，国家、民族更是如此。只有我们的孩子们学好知识了、学好本领了、懂得更多了，他们才能更强，我们的国家、民族才能更强。

扎实的知识功底、过硬的教学能力、勤勉的教学态度、科学的教学方法是老师的基本素质，其中知识是根本基础。学生往往可以原谅老师严厉刻板，但不能原谅老师学识浅薄。“水之积也不厚，则其负大舟也无力。”知识储备不足、视野不够，教学中必然捉襟见肘，更谈不上游刃有余。

国外有教育家说过：“为了使学生获得一点知识的亮光，教师应吸进整个光的海洋。”在信息时代做好老师，自己所知道的必须大大超过要教给学生的范围，不仅要有胜任教学的专业知识，还要有广博的通用知识和宽阔的胸怀视野。好老师还应该是智慧型的老师，具备学习、处世、生活、育人的智慧，既授人以鱼，又授人以渔，能够在各个方面给学生以帮助和指导。

陶行知先生说：“出世便是破蒙，进棺材才算毕业。”这就要求老师始终处于学习状态，站在知识发展前沿，刻苦钻研、严谨笃学，不断充实、拓展、提高自己。过去讲，要给学生一碗水，教师要有一桶水，现在看，这个要求已经不够了，应该是要有一潭水。

**第四，做好老师，要有仁爱之心。**教育是一门“仁而爱人”的事业，爱是教育的灵魂，没有爱就没有教育。好老师应该是仁师，没有爱心的人不可能成为好老师。高尔基说：“谁爱孩子，孩子就爱谁。只有爱孩子的人，他才可以教育孩子。”教育风格可以各显身手，但爱是永恒的主题。爱心是学生打开知识之门、启迪心智的开始，爱心能够滋润浇开学生美丽的心灵之花。老师的爱，既包括爱岗位、爱学生，也包括爱一切美好的事物。

有人说，好老师的眼神应该是慈爱、友善、温情的，透着智慧、透着真情。好老师对学生的教育和引导应该是充满爱心和信任的，在严爱相济的前提下晓之以理、动之以情，让学生“亲其师”、“信其道”。好老师要用爱培育爱、激发爱、传播爱，通过真情、真心、真诚拉近同学生的距离，滋润学生的心田，使自己成为学生的好朋友和贴心人。好老师应该把自己的温暖和情感倾注到每一个学生身上，用欣赏增强学生的信心，用信任树立学生的自尊，让每一个学生都健康成长，让每一个学生都享受成功的喜悦。

有爱才有责任。好老师应该懂得，选择当老师就选择了责任，就要尽到教书育人、立德树人的责任，并把这种责任体现到平凡、普通、细微的教学管理之中。正是因为爱教育、爱学生，我们很多老师才有了用一辈子备一堂课、用一辈子在三尺讲台默默奉献的力量，才有了在学生遇到危难时挺身而出的勇气，才有了敢于攻克新知新学的锐气。老师责任心有多大，人生舞台就有多大。

老师还要具有尊重学生、理解学生、宽容学生的品质。离开了尊重、理解、宽容同样谈不上教育。“学而不厌、诲人不倦”，有教无类，因材施教，教也多术，就是要求老师具有尊重、理解、宽容的品质。这本身就是一种伟大的教育力量。受到尊重、得到理解、得到宽容，是每一个人在人生各阶段都不可缺少的心理需要，儿童和青少年更是如此。一些调查材料反映，尊重学生越来越成为好老师的重要标准。好老师应该懂得既尊重学生，使学生充满自信、昂首挺胸，又通过尊重学生的言传身教教育学生尊重他人。

世界上没有两片完全相同的树叶，老师面对的是一个个性格爱好、脾气秉性、兴趣特长、家庭情况、学习状况不一的学生，必须精心加以引导和培育，不能因为有的学生不讨自己喜欢、不对自己胃口就冷淡、排斥，更不能把学生分为三六九等。对所谓的“差生”甚至问题学生，老师更应该多一些理解和帮助。老师在学生心目中具有重要位置，老师无意间的一句话，可能造就一个天才，也可能毁灭一个天才。好老师一定要平等对待每一个学生，尊重学生的个性，理解学生的情感，包容学生的缺点和不足，善于发现每一个学生的长处和闪光点，让所有学生都成长为有用之才。

我看了不少优秀教师的事迹，很多老师一生中忘了自己、把全部身心扑在学生身上，有的老师把自己有限的工资用来资助贫困学生、深恐学生失学，有的老师把自己的收入用来购买教学用具，有的老师背着学生上学、牵着学生的手过急流、走险路，有的老师拖着残疾之躯坚守在岗位上，很多事迹感人至深、催人泪下。这就是人间大爱。我们要在广大教师中、在全社会大力宣传和弘扬优秀教师的先进事迹和高尚品德。

好老师不是天生的，而是在教学管理实践中、在教育改革发展中锻炼成长起来的。衷心祝愿每个教师都能成为符合党和人民要求、学生喜欢和敬佩的好老师，希望每个孩子都能遇到好老师。

各位老师、同学们！

我国人口多、国土广、地区差异大，有2.6亿学生和1400万教师，搞好教育事业任务艰巨。党和政府高度重视教育，2012年以来我国财政性教育经费支出占当年国内生产总值比例达到4%，这是很大的一件事。我国经济总量虽然已经是世界第二，但我国还是世界上最大的发展中国家，还处在社会主义初级阶段，各种教育资源历史积累不足，地区之间教育发展不平衡，教育总体条件还不是很理想，教师特别是基层教师收入总体水平不高，办学条件标准不高，教育管理水平亟待提高。这就要求我们坚持科教兴国战略和人才强国战略，坚持把教育放在优先发展的战略位置，继续大力推动教育改革发展，使我国教育越办越好、越办越强。

百年大计，教育为本。教育大计，教师为本。努力培养造就一大批一流教师，不断提高教师队伍整体素质，是当前和今后一段时间我国教育事业发展的紧迫任务。

各级党委和政府要从战略高度来认识教师工作的极端重要性，把加强教师队伍建设作为基础工作来抓，满腔热情关心教师，改善教师待遇，关心教师健康，维护教师权益，充分信任、紧紧依靠广大教师，支持优秀人才长期从教、终身从教，使教师成为最受社会尊重的职业。要制定切实可行的政策措施，鼓励有志青年到农村、到边远地区为国家教育事业建功立业。要加强教师教育体系建设，加大对师范院校的支持力度，找准教师教育中存在的主要问题，寻求深化教师教育改革的突破口和着力点，不断提高教师培养培训的质量。要让全社会广泛了解教师工作的重要性和特殊性，让尊师重教蔚然成风。

这些年，媒体报道了个别老师道德败坏、贪赃枉法的事，对这些害群之马要清除出教师队伍,并依法进行惩处,对侵害学生的行为必须零容忍。

各位老师、同学们!

"三寸粉笔,三尺讲台系国运;一颗丹心,一生秉烛铸民魂。"今天的学生就是未来实现中华民族伟大复兴中国梦的主力军,广大教师就是打造这支中华民族"梦之队"的筑梦人。希望全国广大教师把全部精力和满腔真情献给教育事业,在教书育人的工作中不断创造新业绩。

# 在庆祝中国人民政治协商会议成立65周年大会上的讲话

（2014年9月21日）

习近平

**同志们，朋友们：**

今天，我们在这里隆重集会，庆祝中国人民政治协商会议成立65周年。65年来，在中国共产党领导下，人民政协积极投身建立新中国、建设新中国、探索改革路、实现中国梦的伟大实践，走过了辉煌的历程，建立了历史的功勋！

首先，我代表中共中央，向中国人民政治协商会议成立65周年，表示热烈的祝贺！向共同致力于中国特色社会主义事业、为人民政协事业作出突出贡献的各民主党派、全国工商联和无党派人士，各人民团体和各族各界人士，致以崇高的敬意！向香港特别行政区同胞、澳门特别行政区同胞、台湾同胞和海外侨胞，表示诚挚的问候！

此时此刻，我们更加深切缅怀毛泽东同志、周恩来同志、邓小平同志、邓颖超同志、李先念同志等老一辈人民政协事业领导人。我们将永远铭记所有为人民政协事业作出贡献的人们，在新的时代条件下把人民政协事业继续推向前进。

同志们、朋友们！

1949年9月21日至30日，中国人民政治协商会议第一届全体会议召开。会议代表全国各族人民意志，代行全国人民代表大会职权，通过了具有临时宪法性质的《中国人民政治协商会议共同纲领》和《中国人民政治协商会议组织法》、《中华人民共和国中央人民政府组织法》，作出关于中华人民共和国国都、国旗、国歌、纪年4个重要决议，选举中国人民政治协商会议全国委员会和中华人民共和国中央人民政府委员会，宣告中华人民共和国的成立。

这标志着100多年来中国人民争取民族独立和人民解放运动取得了历史性的伟大胜利，标志着爱国统一战线和全国人民大团结在组织上完全形成，标志着中国共产党领导的多党合作和政治协商制度正式确立。人民政协为新中国的建立作出了重大贡献。

新中国成立后，人民政协为恢复和发展国民经济、巩固新生人民政权、推动各项社会改革、促进社会主义革命和建设作出了历史性贡献。1954年，全国人民代表大会召开后，人民政协作为多党合作和政治协商机构、作为统一战线组织继续发挥重要作用，在完成社会主义改造、推动各种社会力量为实现国家总任务而奋斗、活跃国家政治生活、调整统一战线内部关系、扩大国际交往等方面发挥了重要作用，为推进新中国各项建设贡献了力量。

中共十一届三中全会以后，邓小平同志说："新时期统一战线和人民政协的任务，就是要调动一切积极因素，努力化消极因素为积极因素，团结一切可以团结的力量，同心同德，群策群力，维护和发展安定团结的政治局面，为把我国建设成为现代化的社会主义强国而奋斗。"以邓小平同志为核心的中国共产党第二代中央领导集体明确提出新时期人民政协的性质和任务，确立中国共产党同各民主党派长期共存、互相监督、肝胆相照、荣辱与共的方针，推动人民政协性质和作用载入宪法。以江泽民同志为核心的中国共产党第三代中央领导集体将中国共产党领导的多党合作和政治协商制度确立为中国的基本政治制度，通过修改宪法明确这一制度将长期存在和发展，进一步明确了人民政协的性质、主题、职能。以胡锦涛同志为总书记的中共中央颁发《关于加强人民政协工作的意见》等文件，为新世纪新阶段人民政协事业发展提供了理论基础、政策依据、制度保障。

中共十八大以来，中共中央高度重视人民政协工作，强调要进一步准确把握人民政协性质定位，充分发挥人民政协作为协商民主重要渠道作用，围绕团结和民主两大主题，推进政治协商、民主监督、参政议政制度建设。人民政协在继承中发展、在发展中创新，紧紧围绕中心、服务大局，聚焦全面深化改革凝聚共识、汇集力量、建言献策，作出了新的积极贡献。

回顾人民政协65年的发展历程，我们更加深刻地认识到，人民政协植根于中国历史文化，产生于近代以后中国人民革命的伟大斗争，发展于中国特色社会主义光辉实践，具有鲜明中国特色，是实现国家富强、民族振兴、人民幸福的重要力量。我们有充分的理由相信，人民政协创造了辉煌的历史，也必将创造更加辉煌的未来！

同志们、朋友们！

人民政协65年的丰富实践积累了宝贵经验，为我们做好人民政协工作确立了重要原则。

**做好人民政协工作，必须坚持中国共产党的领导。**中国共产党的领导是包括各民主党派、各团体、各民族、各阶层、各界人士在内的全体中国人民的共同选择，是中国特色社会主义最本质的特征，也是人民政协事业发展进步的根本保证。人民政协事业要沿着正确方向发展，就必须毫不动摇坚持中国共产党的领导。

**做好人民政协工作，必须坚持人民政协的性质定位。**人民政协是统一战线的组织，是多党合作和政治协商的机构，是人民民主的重要实现形式，体现了中国特色社会主义制度的鲜明特点。人民政协要在依照宪法法律和政协章程准确定位的基础上，大力推进自身各项工作和各项事业不断向前发展。

**做好人民政协工作，必须坚持大团结大联合。**大团结大联合是统一战线的本质要求，是人民政协组织的重要特征。人民政协要坚持在热爱中华人民共和国、拥护中国共产党的领导、拥护社会主义事业、共同致力于实现中华民族伟大复兴的政治基础上，最大限度调动一切积极因素，团结一切可以团结的人，汇聚起共襄伟业的强大力量。

**做好人民政协工作，必须坚持发扬社会主义民主。**人民民主是社会主义的生命。人民政协是人民民主的重要形式。人民政协要适应推进国家治理体系和治理能力现代化的要求，坚持改革创新精神，推进人民政协理论创新、制度创新、工作创新，丰富民主形式，畅通民主渠道，有效组织各党派、各团体、各民族、各阶层、各界人士共商国是，推动实现广泛有效的人民民主。

同志们、朋友们！

我们的目标越伟大，我们的愿景越光明，我们的使命越艰巨，我们的责任越重大，就越需要汇聚起全民族智慧和力量，就越需要广泛凝聚共识、不断增进团结。希望人民政协继承光荣传统，提高履职能力现代化水平，为实现“两个一百年”奋斗目标、实现中华民族伟大复兴的中国梦作出新的更大贡献。

**第一，坚持中国特色社会主义制度优势和特点。**“履不必同，期于适足；治不必同，期于利民。”中国特色社会主义制度的生命力，就在于这一制度是在中国的社会土壤中生长起来的，人民政协就是适合中国国情、具有鲜明中国特色的制度安排。

人民政协要始终把坚持和发展中国特色社会主义作为巩固共同思想政治基础的主轴。要坚持中国共产党的领导、人民当家作主、依法治国有机统一，自觉把中国共产党的决策部署贯彻到人民政协工作中去，准确把握人民政协性质、地位、职能和作用，坚定不移走中国特色社会主义政治发展道路，风雨如磐不动摇。

**第二，坚持紧扣改革发展献计出力。**中国仍然处于社会主义初级阶段，仍然是世界上最大的发展中国家，发展仍然是解决中国一切问题的关键。我们面临的中心任务就是紧紧抓住和用好重要战略机遇期，全面深化改革，不断解放和发展社会生产力，推动各项事业全面发展，更好改善和保障人民生活。

人民政协要充分发挥代表性强、联系面广、包容性大的优势，聚焦推动科学发展、全面深化改革中的重大问题和群众最为关切的问题，深入进行调查研究，努力为改革发展出实招、谋良策。要积极宣传改革发展的大政方针，引导所联系群众支持和参与改革发展，正确对待新形势下改革发展带来的利益格局调整，为改革发展添助力、增合力。要敢于讲真话、讲诤言，及时反映真实情况，勇于提出建议和批评，帮助查找不足、解决问题，推动各项改革发展举措落到实处。

**第三，坚持发挥人民政协在发展协商民主中的重要作用。**人民政协以宪法、政协章程和相关政策为依据，以中国共产党领导的多党合作和政治协商制度为保障，集协商、监督、参与、合作于一体，是社会主义协商民主的重要渠道。

人民政协要发挥作为专门协商机构的作用，把协商民主贯穿履行职能全过程，推进政治协商、民主监督、参政议政制度建设，不断提高人民政协协商民主制度化、规范化、程序化水平，更好协调关系、汇聚力量、建言献策、服务大局。要拓展协商内容、丰富协商形式，建立健全协商议题提出、活动组织、成果采纳落实和反馈机制，更加灵活、更为经常开展专题协商、对口协商、界别协商、提案办理协商，探索网络议政、远程协商等新形式，提高协商实效，努力营造既畅所欲言、各抒己见，又理性有度、合法依章的良好协商氛围。

**第四，坚持广泛凝聚实现中华民族伟大复兴的正能量。**人民政协是最广泛的爱国统一战线组织。统一战线是中国共产党夺取革命、建设、改革事业胜利的重要法宝，也是实现中华民族伟大复兴的重要法宝。

“大厦之成，非一木之材也；大海之阔，非一流之归也。”要坚持和完善中国共产党领导的多党合作和政治协商制度，完善工作机制，搭建更多平台，为民主党派和无党派人士在政协更好发挥作用创造条件。要全面贯彻党的民族政策和宗教政策，积极引导各族群众增强对伟大祖国的认同、对中华民族的认同、对中华文化的认同、对中国特色社会主义道路的认同，充分发挥宗教界人士和信教群众在推动经济社会发展中的积极作用，促进民族团结、宗教和睦。要坚定不移贯彻“一国两制”、“港人治港”、“澳人治澳”、高度自治的方针，推动全面准确落实基本法，推动内地同香港、澳门的交流合作，维护香港、澳门长期繁荣稳定。要坚持“两岸一家人”，拓展同台湾岛内有关党派团体、社会组织、各界人士的联系和沟通，推动两岸关系和平发展。要加强同海外侨胞、归侨侨眷的联系，维护他们的合法权益，支持他们积极参与和支持祖（籍）国现代化建设与和平统一大业，促进中国同世界各国的文化交流。要高举和平、发展、合作、共赢旗帜，按照国家对外工作总体部署，加强同各国人民、政治组织、媒体智库等友好往来，为促进人类和平与发展的崇高事业作出积极贡献。

**第五，坚持推进履职能力建设。**人民政协是国家治理体系的重要组成部分，要适应全面深化改革的要求，以改革思维、创新理念、务实举措大力推进履职能力建设，努力在推进国家治理体系和治理能力现代化中发挥更大作用。

人民政协要提高政治把握能力，坚定理想信念，增进政治认同，提高运用科学理论分析判断形势、研究解决问题的能力和水平。要提高调查研究能力，坚持问题导向，深入实际摸清真实情况，集合众智提出解决办法，努力使对策建议有的放矢、切中要害。要提高联系群众能力，创新群众工作方法，畅通和拓宽各界群众的利益诉求表达渠道，发挥好桥梁纽带作用。要提高合作共事能力，发扬求同存异、体谅包容的优良传统，贯彻民主协商、平等议事的工作原则，尊重和包容不同意见的存在和表达，以民主的作风团结人，不断增进思想共识、加强合作共事。

中国共产党各级党委要重视和支持人民政协事业发展,把人民政协政治协商作为重要环节纳入决策程序,会同政府、政协制定实施协商年度工作计划,对明确规定需要协商的事项必须经协商后提交决策实施。要加强人民政协民主监督,完善民主监督的组织领导、权益保障、知情反馈、沟通协调机制。要推进人民政协参政议政更加深入务实开展,委托政协开展重大课题调研,邀请政协委员参与重大项目研究论证,完善参政议政成果采纳落实机制,更好发挥人民政协建言资政作用。要高度重视政协领导班子建设,改进委员产生机制,真正把代表性强、议政水平高、群众认可、德才兼备的优秀人士吸收到委员队伍中来。要适应经济社会发展和统一战线内部结构变化,深入研究更好发挥政协界别作用的思路和办法,扩大团结面、增强包容性,拓展有序政治参与空间。

政协委员是政协工作的主体。要尊重和保障委员民主权利,完善委员联络制度,健全委员联络机构,为委员履职尽责创造良好条件。政协委员社会知名度大、关注度高,一言一行都具有影响力和示范性。希望广大政协委员珍惜自身荣誉,恪守宪法法律,自觉践行社会主义核心价值观,锤炼道德品行,改进工作作风,切实发挥在本职工作中的带头作用、界别群众中的代表作用,不负重托,不辱使命。

同志们、朋友们!

社会主义协商民主,是中国社会主义民主政治的特有形式和独特优势,是中国共产党的群众路线在政治领域的重要体现。中共十八大提出,在发展我国社会主义民主政治的进程中,要完善协商民主制度和工作机制,推进协商民主广泛多层制度化发展。中共十八届三中全会强调,在党的领导下,以经济社会发展重大问题和涉及群众切身利益的实际问题为内容,在全社会开展广泛协商,坚持协商于决策之前和决策实施之中。这些重要论述和部署,为中国社会主义协商民主发展指明了方向。

**——我们要全面认识社会主义协商民主是中国社会主义民主政治的特有形式和独特优势这一重大判断。**中国共产党领导人民实行人民民主,就是保证和支持人民当家作主。保证和支持人民当家作主不是一句口号、不是一句空话,必须落实到国家政治生活和社会生活之中,保证人民依法有效行使管理国家事务、管理经济和文化事业、管理社会事务的权力。

"名非天造,必从其实。"实现民主的形式是丰富多样的,不能拘泥于刻板的模式,更不能说只有一种放之四海而皆准的评判标准。人民是否享有民主权利,要看人民是否在选举时有投票的权利,也要看人民在日常政治生活中是否有持续参与的权利;要看人民有没有进行民主选举的权利,也要看人民有没有进行民主决策、民主管理、民主监督的权利。社会主义民主不仅需要完整的制度程序,而且需要完整的参与实践。人民当家作主必须具体地、现实地体现到中国共产党执政和国家治理上来,具体地、现实地体现到中国共产党和国家机关各个方面、各个层级的工作上来,具体地、现实地体现到人民对自身利益的实现和发展上来。

实行人民民主,保证人民当家作主,要求我们在治国理政时在人民内部各方面进行广泛商量。毛泽东同志说过:"国家各方面的关系都要协商。""我们政府的性格,你们也都摸熟了,是跟人民商量办事的","可以叫它是个商量政府"。周恩来同志说过:"新民主主义的议事精神不在于最后的表决,主要是在于事前的协商和反复的讨论。"

在中国社会主义制度下,有事好商量,众人的事情由众人商量,找到全社会意愿和要求的最大公约数,是人民民主的真谛。涉及人民利益的事情,要在人民内部商量好怎么办,不商量或者商量不够,要想把事情办成办好是很难的。我们要坚持有事多商量,遇事多商量,做事多商量,商量得越多越深入越好。涉及全国各族人民利益的事情,要在全体人民和全社会中广泛商量;涉及一个地方人民群众利益的事情,要在这个地方的人民群众中广泛商量;涉及一部分群众利益、特定群众利益的事情，要在这部分群众中广泛商量；涉及基层群众利益的事情，要在基层群众中广泛商量。在人民内部各方面广泛商量的过程，就是发扬民主、集思广益的过程，就是统一思想、凝聚共识的过程，就是科学决策、民主决策的过程，就是实现人民当家作主的过程。这样做起来，国家治理和社会治理才能具有深厚基础，也才能凝聚起强大力量。

古今中外的实践都表明，保证和支持人民当家作主，通过依法选举、让人民的代表来参与国家生活和社会生活的管理是十分重要的，通过选举以外的制度和方式让人民参与国家生活和社会生活的管理也是十分重要的。人民只有投票的权利而没有广泛参与的权利，人民只有在投票时被唤醒、投票后就进入休眠期，这样的民主是形式主义的。

在总结新中国人民民主实践的基础上，我们明确提出，在我们这个人口众多、幅员辽阔的社会主义国家里，关系国计民生的重大问题，在中国共产党领导下进行广泛协商，体现了民主和集中的统一；人民通过选举、投票行使权利和人民内部各方面在重大决策之前进行充分协商，尽可能就共同性问题取得一致意见，是中国社会主义民主的两种重要形式。在中国，这两种民主形式不是相互替代、相互否定的，而是相互补充、相得益彰的，共同构成了中国社会主义民主政治的制度特点和优势。

协商民主是中国社会主义民主政治中独特的、独有的、独到的民主形式，它源自中华民族长期形成的天下为公、兼容并蓄、求同存异等优秀政治文化，源自近代以后中国政治发展的现实进程，源自中国共产党领导人民进行革命、建设、改革的长期实践，源自新中国成立后各党派、各团体、各民族、各阶层、各界人士在政治制度上共同实现的伟大创造，源自改革开放以来中国在政治体制上的不断创新，具有深厚的文化基础、理论基础、实践基础、制度基础。

协商民主深深嵌入了中国社会主义民主政治全过程。中国社会主义协商民主，既坚持了中国共产党的领导，又发挥了各方面的积极作用；既坚持了人民主体地位，又贯彻了民主集中制的领导制度和组织原则；既坚持了人民民主的原则，又贯彻了团结和谐的要求。所以说，中国社会主义协商民主丰富了民主的形式、拓展了民主的渠道、加深了民主的内涵。

**——我们要深刻把握社会主义协商民主是中国共产党的群众路线在政治领域的重要体现这一基本定性。**中国共产党来自人民、服务人民，这就决定了中国共产党领导人民建立的中华人民共和国必须紧紧依靠人民治国理政、管理社会。中国共产党在自己的工作中实行群众路线，坚持一切为了群众，一切依靠群众，从群众中来，到群众中去，把自己的正确主张变为群众的自觉行动。中华人民共和国宪法规定，国家的一切权力属于人民，一切国家机关和国家工作人员必须依靠人民的支持，经常保持同人民的密切联系，倾听人民的意见和建议，接受人民的监督，努力为人民服务。无论是中国共产党执政，还是国家机关施政，都必须坚持贯彻群众路线，紧紧依靠人民。

“政之所兴在顺民心，政之所废在逆民心。”一个政党，一个政权，其前途命运最终取决于人心向背。中国共产党、中华人民共和国的全部发展历程都告诉我们，中国共产党、中华人民共和国之所以能够取得事业的成功，靠的是始终保持同人民群众的血肉联系、代表最广大人民根本利益。如果脱离群众、失去人民拥护和支持，最终也会走向失败。我们必须把人民利益放在第一位，任何时候任何情况下，与人民群众同呼吸共命运的立场不能变，全心全意为人民服务的宗旨不能忘，坚信群众是真正英雄的历史唯物主义观点不能丢。

全心全意为人民服务，始终代表最广大人民根本利益，是我们能够实行和发展协商民主的重要前提和基础。中国共产党党章规定：中国共产党除了工人阶级和最广大人民群众的利益，没有自己特殊的利益。中国共产党及其领导的国家是代表最广大人民根本利益的，其一切理论和路线方针政策，其一切工作部署和工作安排，都应该来自人民，都应该为人民利益而制定和实施。在这个大政治前提下，我们应该也能够广泛听取人民内部各方面的意见和建议。在中国共产党统一领导下，通过多种形式的协商，广泛听取意见和建议，广泛接受批评和监督，可以广泛达成决策和工作的最大共识，有效克服党派和利益集团为自己的利益相互竞争甚至相互倾轧的弊端；可以广泛畅通各种利益要求和诉求进入决策程序的渠道，有效克服不同政治力量为了维护和争取自己的利益固执己见、排斥异己的弊端；可以广泛形成发现和改正失误和错误的机制，有效克服决策中情况不明、自以为是的弊端；可以广泛形成人民群众参与各层次管理和治理的机制，有效克服人民群众在国家政治生活和社会治理中无法表达、难以参与的弊端；可以广泛凝聚全社会推进改革发展的智慧和力量，有效克服各项政策和工作共识不高、无以落实的弊端。这就是中国社会主义协商民主的独特优势所在。

民主不是装饰品，不是用来做摆设的，而是要用来解决人民要解决的问题的。中国共产党的一切执政活动，中华人民共和国的一切治理活动，都要尊重人民主体地位，尊重人民首创精神，拜人民为师，把政治智慧的增长、治国理政本领的增强深深扎根于人民的创造性实践之中，使各方面提出的真知灼见都能运用于治国理政。

“天视自我民视，天听自我民听。”要坚持把实现好、维护好、发展好最广大人民根本利益作为一切工作的出发点和落脚点，我们的重大工作和重大决策必须识民情、接地气。要以人民群众利益为重、以人民群众期盼为念，真诚倾听群众呼声，真实反映群众愿望，真情关心群众疾苦。要坚持工作重心下移，深入实际、深入基层、深入群众，做到知民情、解民忧、纾民怨、暖民心，多干让人民满意的好事实事，充分调动人民群众的积极性、主动性、创造性。

**——我们要切实落实推进协商民主广泛多层制度化发展这一战略任务。**面向未来，发展好各项事业，巩固国家安定团结的政治局面，促进政党关系、民族关系、宗教关系、阶层关系、海内外同胞关系和谐发展，一个很重要的条件就是必须通过民主集中制的办法，广开言路，博采众谋，动员大家一起来想、一起来干。正所谓“以天下之目视，则无不见也；以天下之耳听，则无不闻也；以天下之心虑，则无不知也”。

社会主义协商民主，应该是实实在在的、而不是做样子的，应该是全方位的、而不是局限在某个方面的，应该是全国上上下下都要做的、而不是局限在某一级的。因此，必须构建程序合理、环节完整的社会主义协商民主体系，确保协商民主有制可依、有规可守、有章可循、有序可遵。

协商就要真协商，真协商就要协商于决策之前和决策之中，根据各方面的意见和建议来决定和调整我们的决策和工作，从制度上保障协商成果落地，使我们的决策和工作更好顺乎民意、合乎实际。要通过各种途径、各种渠道、各种方式就改革发展稳定重大问题特别是事关人民群众切身利益的问题进行广泛协商，既尊重多数人的意愿，又照顾少数人的合理要求，广纳群言、广集民智，增进共识、增强合力。要拓宽中国共产党、人民代表大会、人民政府、人民政协、民主党派、人民团体、基层组织、企事业单位、社会组织、各类智库等的协商渠道，深入开展政治协商、立法协商、行政协商、民主协商、社会协商、基层协商等多种协商，建立健全提案、会议、座谈、论证、听证、公示、评估、咨询、网络等多种协商方式，不断提高协商民主的科学性和实效性。

人民群众是社会主义协商民主的重点。涉及人民群众利益的大量决策和工作，主要发生在基层。要按照协商于民、协商为民的要求，大力发展基层协商民主，重点在基层群众中开展协商。凡是涉及群众切身利益的决策都要充分听取群众意见，通过各种方式、在各个层级、各个方面同群众进行协商。要完善基层组织联系群众制度，加强议事协商，做好上情下达、下情上传工作，保证人民依法管理好自己的事务。要推进权力运行公开化、规范化，完善党务公开、政务公开、司法公开和各领域办事公开制度，让人民监督权力，让权力在阳光下运行。

同志们、朋友们！

65 年前的今天，毛泽东同志在中国人民政治协商会议第一届全体会议上致开幕词时说："我们有一个共同的感觉，这就是我们的工作将写在人类的历史上，它将表明：占人类总数四分之一的中国人从此站立起来了。""我们的民族将从此列入爱好和平自由的世界各民族的大家庭，以勇敢而勤劳的姿态工作着，创造自己的文明和幸福，同时也促进世界的和平和自由。"今天，早已站起来的中华民族，正以自己的辛勤劳动和艰苦奋斗书写着更加辉煌的时代篇章。

"为者常成，行者常至。"人民政协 65 年的光辉历程已经载入史册，中华民族的美好未来需要全体中华儿女同心开创。让我们更加紧密地团结起来，高举中国特色社会主义伟大旗帜，团结奋进、开拓创新，不断谱写人民政协事业新篇章！

# 在纪念孔子诞辰2565周年国际学术研讨会暨国际儒学联合会第五届会员大会开幕会上的讲话

（2014年9月24日）

习近平

**各位嘉宾，**

**各位专家学者，**

**女士们，先生们，朋友们：**

“有朋自远方来，不亦乐乎。”今天，来自中国和世界各地的嘉宾和专家学者齐聚北京，举行纪念孔子诞辰2565周年国际学术研讨会暨国际儒学联合会第五届会员大会。这次会议是国际儒学界和国际学术界的一次盛会。首先，我谨对会议的召开，表示热烈的祝贺！对朋友们的到来，表示诚挚的欢迎！

这次会议以“儒学：世界和平与发展”为主题，体现了关注世界前途、人类命运的人文情怀，是一个很有现实意义的题目。

和平与发展是当今时代的主题，也是事关各国人民幸福安康的两大问题。世界各国人民都希望生活在祥和的氛围之中，期盼战争、暴力远离人类。世界各国人民也都希望生活在安康的环境之中，期盼饥饿、贫困远离人类。然而，现实世界并不像人们希望的那么美好，局部战争依然此起彼伏，贫困饥饿依然广泛发生，连绵战火、极度贫困依然在威胁着众多人们的生命和生存，特别是许多妇女儿童依然在战争和贫困的阴影下苦苦挣扎。想到这些不幸的人们，我们心中充满了同情和责任。国际社会应该携手努力，一起来维护世界和平、促进共同发展。只有这样，和平才有希望，发展才有希望。

维护世界和平，促进共同发展，需要多管齐下、多方共济，其中很重要的一个方面就是要从思想上确立和平发展的理念。今年3月，我访问联合国教科文组织总部，其大楼前的石碑上用多种文字镌刻的一句话给我留下了深刻印象，这句话是：“战争起源于人之思想，故务需于人之思想中筑起保卫和平之屏障。”这句话讲得很有道理。我认为，在人们心中牢固树立爱好和平的思想，这对实现和平具有十分重要的作用。

中华民族历来是一个爱好和平的民族，爱好和平在儒家思想中也有很深的渊源。中国人自古就推崇“协和万邦”、“亲仁善邻，国之宝也”、“四海之内皆兄弟也”、“远亲不如近邻”、“亲望亲好，邻望邻好”、“国虽大，好战必亡”等和平思想。爱好和平的思想深深嵌入了中华民族的精神世界，今天依然是中国处理国际关系的基本理念。

从1840年鸦片战争爆发到1949年中华人民共和国成立，中华民族遭受了世所罕见的外族入侵和内部动荡，中国人民遭受了前所未有的苦难，一度到了濒临亡国灭种的危险境地。仅在中国人民抗日战争中，中华民族就付出了3500万人伤亡的沉重代价。近代以后经历了长期苦难的中国人民最懂得和平的宝贵，最懂得发展的重要。中国人民深知，和平对人类就像阳光和空气一样重要，没有阳光和空气，万物就不能生存生长。

己所不欲，勿施于人。中国需要和平、爱好和平，也愿意尽最大努力维护世界和平，真诚帮助仍然遭受战争和贫困煎熬的人们。中国将坚定不移走和平发展道路，中国也希望世界各国都走和平发展道路，大家一起把和平发展的理念落实到自己的政策和行动之中。

女士们、先生们、朋友们！

今年是孔子诞辰2565周年。孔子创立的

儒家学说以及在此基础上发展起来的儒家思想，对中华文明产生了深刻影响，是中国传统文化的重要组成部分。儒家思想同中华民族形成和发展过程中所产生的其他思想文化一道，记载了中华民族自古以来在建设家园的奋斗中开展的精神活动、进行的理性思维、创造的文化成果，反映了中华民族的精神追求，是中华民族生生不息、发展壮大的重要滋养。中华文明，不仅对中国发展产生了深刻影响，而且对人类文明进步作出了重大贡献。

中国传统文化，尤其是作为其核心的思想文化的形成和发展，大体经历了中国先秦诸子百家争鸣、两汉经学兴盛、魏晋南北朝玄学流行、隋唐儒释道并立、宋明理学发展等几个历史时期。从这绵延2000多年之久的历史进程中，我们可以看出这样几个特点。一是儒家思想和中国历史上存在的其他学说既对立又统一，既相互竞争又相互借鉴，虽然儒家思想长期居于主导地位，但始终和其他学说处于和而不同的局面之中。二是儒家思想和中国历史上存在的其他学说都是与时迁移、应物变化的，都是顺应中国社会发展和时代前进的要求而不断发展更新的，因而具有长久的生命力。三是儒家思想和中国历史上存在的其他学说都坚持经世致用原则，注重发挥文以化人的教化功能，把对个人、社会的教化同对国家的治理结合起来，达到相辅相成、相互促进的目的。

从历史的角度看，包括儒家思想在内的中国传统思想文化中的优秀成分，对中华文明形成并延续发展几千年而从未中断，对形成和维护中国团结统一的政治局面，对形成和巩固中国多民族和合一体的大家庭，对形成和丰富中华民族精神，对激励中华儿女维护民族独立、反抗外来侵略，对推动中国社会发展进步、促进中国社会利益和社会关系平衡，都发挥了十分重要的作用。

当今世界，人类文明无论在物质还是精神方面都取得了巨大进步，特别是物质的极大丰富是古代世界完全不能想象的。同时，当代人类也面临着许多突出的难题，比如，贫富差距持续扩大，物欲追求奢华无度，个人主义恶性膨胀，社会诚信不断消减，伦理道德每况愈下，人与自然关系日趋紧张，等等。要解决这些难题，不仅需要运用人类今天发现和发展的智慧和力量，而且需要运用人类历史上积累和储存的智慧和力量。

世界上一些有识之士认为，包括儒家思想在内的中国优秀传统文化中蕴藏着解决当代人类面临的难题的重要启示，比如，关于道法自然、天人合一的思想，关于天下为公、大同世界的思想，关于自强不息、厚德载物的思想，关于以民为本、安民富民乐民的思想，关于为政以德、政者正也的思想，关于苟日新日日新又日新、革故鼎新、与时俱进的思想，关于脚踏实地、实事求是的思想，关于经世致用、知行合一、躬行实践的思想，关于集思广益、博施众利、群策群力的思想，关于仁者爱人、以德立人的思想，关于以诚待人、讲信修睦的思想，关于清廉从政、勤勉奉公的思想，关于俭约自守、力戒奢华的思想，关于中和、泰和、求同存异、和而不同、和谐相处的思想，关于安不忘危、存不忘亡、治不忘乱、居安思危的思想，等等。中国优秀传统文化的丰富哲学思想、人文精神、教化思想、道德理念等，可以为人们认识和改造世界提供有益启迪，可以为治国理政提供有益启示，也可以为道德建设提供有益启发。对传统文化中适合于调理社会关系和鼓励人们向上向善的内容，我们要结合时代条件加以继承和发扬，赋予其新的涵义。希望中国和各国学者相互交流、相互切磋，把这个课题研究好，让中国优秀传统文化同世界各国优秀文化一道造福人类。

女士们、先生们、朋友们！

人类已经有了几千年的文明史，任何一个国家、一个民族都是在承先启后、继往开来中走到今天的，世界是在人类各种文明交流交融中成为今天这个样子的。推进人类各种文明交流交融、互学互鉴，是让世界变得更加美丽、各国人民生活得更加美好的必由之路。

正确对待不同国家和民族的文明,正确对待传统文化和现实文化,是我们必须把握好的一个重大课题。我认为,应该注重坚持以下原则。

**第一,维护世界文明多样性。**“物之不齐,物之情也。”和而不同是一切事物发生发展的规律。世界万物万事总是千差万别、异彩纷呈的,如果万物万事都清一色了,事物的发展、世界的进步也就停止了。每一个国家和民族的文明都扎根于本国本民族的土壤之中,都有自己的本色、长处、优点。我们应该维护各国各民族文明多样性,加强相互交流、相互学习、相互借鉴,而不应该相互隔膜、相互排斥、相互取代,这样世界文明之园才能万紫千红、生机盎然。

丰富多彩的人类文明都有自己存在的价值。要理性处理本国文明与其他文明的差异,认识到每一个国家和民族的文明都是独特的,坚持求同存异、取长补短,不攻击、不贬损其他文明。不要看到别人的文明与自己的文明有不同,就感到不顺眼,就要千方百计去改造、去同化,甚至企图以自己的文明取而代之。历史反复证明,任何想用强制手段来解决文明差异的做法都不会成功,反而会给世界文明带来灾难。

**第二,尊重各国各民族文明。**文明特别是思想文化是一个国家、一个民族的灵魂。无论哪一个国家、哪一个民族,如果不珍惜自己的思想文化,丢掉了思想文化这个灵魂,这个国家、这个民族是立不起来的。本国本民族要珍惜和维护自己的思想文化,也要承认和尊重别国别民族的思想文化。不同国家、民族的思想文化各有千秋,只有姹紫嫣红之别,而无高低优劣之分。每个国家、每个民族不分强弱、不分大小,其思想文化都应该得到承认和尊重。

强调承认和尊重本国本民族的文明成果,不是要搞自我封闭,更不是要搞唯我独尊、“只此一家,别无分店”。各国各民族都应该虚心学习、积极借鉴别国别民族思想文化的长处和精华,这是增强本国本民族思想文化自尊、自信、自立的重要条件。

**第三,正确进行文明学习借鉴。**文明因交流而多彩,文明因互鉴而丰富。任何一种文明,不管它产生于哪个国家、哪个民族的社会土壤之中,都是流动的、开放的。这是文明传播和发展的一条重要规律。在长期演化过程中,中华文明从与其他文明的交流中获得了丰富营养,也为人类文明进步作出了重要贡献。丝绸之路的开辟,遣隋遣唐使大批来华,法显、玄奘西行取经,郑和七下远洋,等等,都是中外文明交流互鉴的生动事例。儒学本是中国的学问,但也早已走向世界,成为人类文明的一部分。

“独学而无友,则孤陋而寡闻。”对人类社会创造的各种文明,无论是古代的中华文明、希腊文明、罗马文明、埃及文明、两河文明、印度文明等,还是现在的亚洲文明、非洲文明、欧洲文明、美洲文明、大洋洲文明等,我们都应该采取学习借鉴的态度,都应该积极吸纳其中的有益成分,使人类创造的一切文明中的优秀文化基因与当代文化相适应、与现代社会相协调,把跨越时空、超越国度、富有永恒魅力、具有当代价值的优秀文化精神弘扬起来。进行文明相互学习借鉴,要坚持从本国本民族实际出发,坚持取长补短、择善而从,讲求兼收并蓄,但兼收并蓄不是囫囵吞枣、莫衷一是,而是要去粗取精、去伪存真。

**第四,科学对待文化传统。**不忘历史才能开辟未来,善于继承才能善于创新。优秀传统文化是一个国家、一个民族传承和发展的根本,如果丢掉了,就割断了精神命脉。我们要善于把弘扬优秀传统文化和发展现实文化有机统一起来,紧密结合起来,在继承中发展,在发展中继承。

传统文化在其形成和发展过程中,不可避免会受到当时人们的认识水平、时代条件、社会制度的局限性的制约和影响,因而也不可避免会存在陈旧过时或已成为糟粕性的东西。这就要求人们在学习、研究、应用传统文化时坚持古为今用、推陈出新,结合新的实践和时代要求进行正确取舍,而不能一股脑儿都拿到今天来照套照用。要坚持古为今用、以古鉴今，坚持有鉴别的对待、有扬弃的继承，而不能搞厚古薄今、以古非今，努力实现传统文化的创造性转化、创新性发展，使之与现实文化相融相通，共同服务以文化人的时代任务。

女士们、先生们、朋友们！

文以载道，文以化人。当代中国是历史中国的延续和发展，当代中国思想文化也是中国传统思想文化的传承和升华，要认识今天的中国、今天的中国人，就要深入了解中国的文化血脉，准确把握滋养中国人的文化土壤。

研究孔子、研究儒学，是认识中国人的民族特性、认识当今中国人精神世界历史来由的一个重要途径。春秋战国时期，儒家和法家、道家、墨家、农家、兵家等各个思想流派相互切磋、相互激荡，形成了百家争鸣的文化大观，丰富了当时中国人的精神世界。虽然后来儒家思想在中国思想文化领域长期取得了主导地位，但中国思想文化依然是多向多元发展的。这些思想文化体现着中华民族世世代代在生产生活中形成和传承的世界观、人生观、价值观、审美观等，其中最核心的内容已经成为中华民族最基本的文化基因。这些最基本的文化基因，是中华民族和中国人民在修齐治平、尊时守位、知常达变、开物成务、建功立业过程中逐渐形成的有别于其他民族的独特标识。

中国人民的理想和奋斗，中国人民的价值观和精神世界，是始终深深植根于中国优秀传统文化沃土之中的，同时又是随着历史和时代前进而不断与日俱新、与时俱进的。

中国共产党人是马克思主义者，坚持马克思主义的科学学说，坚持和发展中国特色社会主义，但中国共产党人不是历史虚无主义者，也不是文化虚无主义者。我们从来认为，马克思主义基本原理必须同中国具体实际紧密结合起来，应该科学对待民族传统文化，科学对待世界各国文化，用人类创造的一切优秀思想文化成果武装自己。在带领中国人民进行革命、建设、改革的长期历史实践中，中国共产党人始终是中国优秀传统文化的忠实继承者和弘扬者，从孔夫子到孙中山，我们都注意汲取其中积极的养分。中国人民正在为实现“两个一百年”奋斗目标而努力，其中全面建成小康社会中的“小康”这个概念，就出自《礼记·礼运》，是中华民族自古以来追求的理想社会状态。使用“小康”这个概念来确立中国的发展目标，既符合中国发展实际，也容易得到最广大人民理解和支持。

总之，只有坚持从历史走向未来，从延续民族文化血脉中开拓前进，我们才能做好今天的事业。

女士们、先生们、朋友们！

温故而知新。知识有前人传承的知识，也有今人创造的知识。前人传承的知识积累了人们历史上对处理人、社会、自然三者关系的重要认知和经验，今人创造的知识形成了人们应对时代问题的智慧和探索。这两方面的知识对人类继往开来都十分重要。

在21世纪的今天，几千年来人类积累的一切理性知识和实践知识依然是人类创造性前进的重要基础。只有不断发掘和利用人类创造的一切优秀思想文化和丰富知识，我们才能更好认识世界、认识社会、认识自己，才能更好开创人类社会的未来。

预祝会议取得成功！

谢谢大家！

# 在庆祝中华人民共和国成立65周年招待会上的讲话

（2014年9月30日）

习近平

**女士们，先生们，**

**同志们，朋友们：**

今晚，长安街华灯璀璨，天安门前鲜花簇拥，金秋的北京，洋溢着浓郁的喜庆气氛。我们伟大的人民共和国，已经走过了65年的光辉历程。

1949年10月1日，天安门城楼上，毛泽东同志向全世界庄严宣告：中华人民共和国成立了！第一面五星红旗在北京上空冉冉升起。经历了近代以来100多年苦难斗争的中国人民，终于迎来中华民族浴火重生的曙光。

“一唱雄鸡天下白。”中华人民共和国的诞生，使亿万中国人民成了国家、社会和自己命运的主人，满怀豪情开始了实现国家富强、民族振兴、人民幸福的伟大征程。

65年，在人类发展史上只是弹指一挥间。但是，中国人民在这个时间段内，创造了波澜壮阔、惊天动地的历史。

65年来，中国由新民主主义走向社会主义，开创和拓展中国特色社会主义道路，使社会主义这一人类社会的美好理想在古老的中国大地上变成了具有强大生命力的成功道路和制度体系。这不仅为中华民族实现伟大复兴提供了重要制度保障，而且为人类社会走向美好未来提供了具有充分说服力的道路和制度选择。

65年来，中国的社会生产力、综合国力实现了历史性跨越，人民生活实现了从贫困到温饱再到总体小康的历史性跨越。这不仅使中国彻底抛掉了“东亚病夫”的帽子，而且为人类战胜贫困、为发展中国家寻找发展道路提供了成功的实例。

65年来，中国奉行独立自主的和平外交政策，坚持和平共处五项原则，秉持公道，伸张正义，始终站在广大发展中国家一边，身体力行维护世界和平、促进共同发展。这不仅极大提高了中国的国际地位，而且为推动世界多极化、经济全球化、国际关系民主化，为促进世界力量平衡作出了重大贡献。

历史，往往需要经过岁月的风雨才能看得更清楚。回首往事，我们更加清晰地感到，中华人民共和国的成立，不仅是中华民族发展史上的一个伟大事件，也是人类发展史上的一个伟大事件。

今天，我们完全可以自豪地说，一个充满生机的中国，一个充满希望的中国，已经巍然屹立在世界的东方。

同志们、朋友们！

在这里，我代表党中央、国务院，向全国各族人民、全体共产党员，向中国人民解放军指战员和武警部队官兵，向各民主党派和无党派人士，致以崇高的敬意！向香港特别行政区同胞、澳门特别行政区同胞、台湾同胞和广大海外侨胞，致以诚挚的问候！向支持和帮助新中国建设事业的友好国家和国际友人，致以衷心的感谢！

此时此刻，我们更加怀念近代以后为民族独立和人民解放作出贡献的一切仁人志士和革命先烈，更加怀念为新中国成立和发展建立了卓越功勋的老一辈领导人，更加怀念为新中国建设发展献出生命的一切英雄模范和先进人物。

可以告慰他们的是，他们信仰的理想正在实现，他们开创的事业正在继续，他们书写的历史必将由我们继续书写下去。

同志们、朋友们！

回顾历史的时刻，也是展望未来的时刻。我们人民共和国的航船正在破浪前进，我们比历史上任何时期都更接近中华民族伟大复兴的目标。

任何奋斗目标都不会轻轻松松实现，前进道路从来不是一帆风顺的。我们前面的路还很长，不会那样平坦，我们必须准备进行具有许多新的历史特点的伟大斗争。过去，中国人民有志气有能力战胜各种艰难险阻、铸就我们人民共和国的辉煌。今天，中国人民也一定能够战胜可以预见和难以预见的各种艰难险阻，铸就我们人民共和国更大的辉煌。

**——面向未来，我们必须坚持同人民在一起。**人民是历史的创造者。我们要紧紧依靠人民，充分发挥人民主体作用，尊重人民首创精神，为了人民干事创业，依靠人民干事创业。我们要坚持“以百姓心为心”，倾听人民心声，汲取人民智慧，始终把实现好、维护好、发展好最广大人民根本利益作为一切工作的出发点和落脚点，让发展成果更多更公平惠及全体人民。

**——面向未来，我们必须坚持走自己的路。**方向决定道路，道路决定命运。我们自己的路，就是中国特色社会主义道路。这条道路，是中国共产党带领中国人民历经千辛万苦、付出巨大代价开辟出来的，是被实践证明了的符合中国国情、适合时代发展要求的正确道路。我们要不断增强中国特色社会主义道路自信、理论自信、制度自信，使中国特色社会主义这条康庄大道越走越宽广。

**——面向未来，我们必须坚持抓好发展这个第一要务。**发展才能自强，科学发展才能永续发展。我们要坚持以经济建设为中心、以科学发展为主题、以造福人民为根本目的，不断解放和发展社会生产力，全面推进经济建设、政治建设、文化建设、社会建设、生态文明建设，不断开拓生产发展、生活富裕、生态良好的文明发展道路，为实现全体人民共同富裕而不懈努力。

**——面向未来，我们必须坚持改革创新。**“天行健，君子以自强不息。”人类社会总是在不断创新创造中前进的。要破解中国发展中面临的难题、化解来自各方面的风险挑战，除了深化改革，别无他途。中华民族以伟大创造能力著称于世。我们要适应历史前进的要求，坚定不移全面深化改革，敢于下深水、涉险滩，勇于破藩篱、扫障碍，推动中国始终走在时代前列。

**——面向未来，我们必须坚持走和平发展道路。**人类共处一个地球。世界好，中国才能好。中国爱好和平，历来知道“国虽大，好战必亡”的道理。我们要始终不渝走和平发展道路，始终不渝奉行互利共赢的开放战略，维护国际公平正义，促进世界和平与发展。中国将坚定不移维护自己的国家主权、安全、发展利益。

**——面向未来，我们必须坚持把中国共产党建设好。**办好中国的事情，关键在中国共产党。我们要坚持党要管党、从严治党，增强党自我净化、自我完善、自我革新、自我提高能力，永不动摇信仰，永不脱离群众。凡是影响党的创造力、凝聚力、战斗力的问题都要全力克服，凡是损害党的先进性和纯洁性的病症都要彻底医治，凡是滋生在党的健康肌体上的毒瘤都要坚决祛除，使中国共产党始终同人民心连心、同呼吸、共命运。

**——面向未来，我们必须坚持谦虚谨慎、戒骄戒躁。**虚心使人进步，骄傲使人落后。中国仍处于并将长期处于社会主义初级阶段的基本国情没有变，实现13亿多人共同富裕任重道远。生于忧患，死于安乐。无论什么时候我们都不能骄傲自满，党不能骄傲自满，国家不能骄傲自满，领导层不能骄傲自满，人民不能骄傲自满，而是要增强忧患意识、慎终追远，始终保持艰苦奋斗的作风。

**——面向未来，我们必须坚持高举团结的旗帜。**团结就是力量，团结越紧力量越大。中国13亿多人同心同德、群策群力，中国力量就无比强大。我们要加强中国共产党全党的团结，加强中国共产党同各民主党派的亲密合作，保持党同人民群众的血肉联系。我们要巩固和发展全国各族人民的大团结，加强海内外中华儿女的大团结。我们要大力培育和践行社会主义核心价值观，用共同理想信念凝聚民族意志，用中国精神激发中国力量，动员全体中华儿女共同创造中华民族新的伟业。

同志们、朋友们！

不断推进“一国两制”事业，是包括香港同胞、澳门同胞在内的全体中华儿女的共同愿望，符合国家根本利益和香港、澳门长远利益。中央政府将坚定不移贯彻“一国两制”方针和基本法，坚定不移维护香港、澳门长期繁荣稳定。我们坚信，在祖国大家庭中，香港同胞、澳门同胞一定能够创造更加美好的未来。

兄弟同心，其利断金。解决台湾问题、实现祖国完全统一，是海内外全体中华儿女的共同心愿。两岸同胞要继续努力，巩固和发展两岸关系和平发展良好势头，坚持一个中国原则，坚决反对“台独”分裂活动，为祖国和平统一创造更充分的条件，使两岸一家亲、共筑中国梦。

同志们、朋友们！

“浩渺行无极，扬帆但信风。”祖国960多万平方公里的锦绣河山，为我们创造伟业铺就了广阔舞台。中华民族5000多年创造的灿烂文明，为我们奋勇前进提供了强大精神力量。新中国成立65年来取得的巨大发展成就，为我们再创辉煌奠定了坚实基础。

全党全国各族人民、海内外中华儿女，让我们手拉手、肩并肩，高高扬起中国航船的风帆，朝着中华民族伟大复兴的光辉彼岸，继续破浪前进吧！

现在，我提议：

为中华人民共和国成立65周年，

为中国繁荣富强和全国各族人民幸福安康，

为中国人民同世界各国人民的友谊和合作，

为在座各位来宾、各位同志、各位朋友的健康，

干杯！

# 在党的群众路线教育实践活动总结大会上的讲话

（2014 年 10 月 8 日）

习近平

同志们：

今天这个大会，是对党的群众路线教育实践活动进行总结，对巩固和拓展教育实践活动成果、加强党的作风建设、全面推进从严治党进行部署。

在全党开展以为民务实清廉为主要内容的党的群众路线教育实践活动，是党的十八大作出的一项战略决策。党中央对开展这次活动高度重视，进行了深入调研和周密准备，决心以抓铁有痕、踏石留印的精神把活动抓好。

从 2013 年 6 月开始，活动自上而下分两批开展，目前已基本结束。各级党组织和广大党员、干部积极响应党中央号召，高度重视、踊跃参与，广大人民群众热烈响应、热情支持，整个活动进展有序、扎实深入，达到了预期目的，取得了重大成果。

**一是广大党员、干部受到马克思主义群众观点的深刻教育，贯彻党的群众路线的自觉性和坚定性明显增强。**通过活动，广大党员、干部精神上补了“钙”，进一步认识到人民是历史的创造者，我们党来自人民、植根人民，各级干部无论职位高低都是人民公仆、必须全心全意为人民服务；进一步增进了同群众的感情、拉近了同群众的距离，增强了同群众一块过、一块苦、一块干的自觉性；进一步掌握了贯彻群众路线的工作方法，看到了在联系服务群众中的差距，增强了做好群众工作的本领。广大党员、干部表示，自己找回了群众观点，站正了群众立场，强化了宗旨意识。许多党员、干部受到猛击一掌的警醒，感到以往热衷于装门面出政绩，做一点事情不怕群众不满意、就怕上级不知道，心里“小九九”打得多，把自己看重了，把群众看轻了。广大人民群众感到领导见得勤了，办事不卡壳了，政策能落地了，能掏心窝子的党员、干部多了。

**二是形式主义、官僚主义、享乐主义和奢靡之风得到有力整治，群众反映强烈的突出问题得到有效解决。**在去年 6 月 18 日党的群众路线教育实践活动工作会议上，我列举了“四风”问题的种种表现。这次活动就以解决问题开局亮相、以正风肃纪先声夺人、以专项整治寻求突破，对“四风”问题进行大排查、大检修、大扫除，刹住了“四风”蔓延势头。从上到下、各个领域都压缩了会议、精简了文件，减少了评比达标、迎来送往活动，全面清理了超标超配公车、超标办公用房、多占住房，普遍压缩了“三公”经费、停建了楼堂馆所，狠刹了公款送月饼、贺卡、节礼和年货等行为，坚决整治了“会所中的歪风”、培训中心的腐败，坚决整治了“裸官”、“走读”、“吃空饷”、“收红包”及购物卡、参加天价培训、党政领导干部在企业兼职等问题，广泛查处了吃拿卡要、庸懒散拖问题，高高在上、挥霍浪费、脱离群众现象明显扭转，党风、政风和社会风气为之一新。不少党员、干部表示，反“四风”治好了自己的“亚健康”，把自己从不胜其烦的应酬中解脱出来，有更多精力考虑工作、服务群众了。一些同志表示，这次活动教育了干部，也保护和挽救了一批干部。

**三是恢复和发扬了批评和自我批评优良传统，探索了新形势下严肃党内政治生活的有效途径。**广大党员、干部深入查摆问题，深挖问题根源，自我剖析触及了痛处。上下级之间不顾忌身份、不隐瞒观点，提意见开诚布公。领导班子成员脱去“隐身衣”，捅破“窗户纸”，相互批评不留情面。专题民主生活会和组织生活会敢于揭短亮丑、真刀真枪、见筋见骨，点准了穴位，戳到了麻骨，开出了辣味，起到了脸红心跳、出汗排毒、治病救人、加油鼓劲的作用。广大党员、干部普遍反映，自己经历了一次严格的党内政治生活锻炼，思想受到洗礼，灵魂受到触动。不少同志说，自己的对照检查材料数易其稿，每一次修改都是一次对标、一次醒悟。许多年轻党员、干部感慨，这次真是补了课，明白了党内政治生活是什么样、该怎么过。

**四是以转作风改作风为重点的制度体系更加完善，制度执行力和约束力得到增强。**这次活动坚持破立并举，注重建章立制。中央相继出台党政机关厉行节约反对浪费、国内公务接待管理、公务用车改革等一系列制度。各级根据中央八项规定精神，在联系服务群众、规范权力运行等方面制定和修订了一批工作制度和管理制度，扎紧了制度笼子，强化了对不良作风的刚性约束，按规矩办事、按规矩用权意识显著增强，越界犯规行为减少。不少领导干部说，过去习以为常、司空见惯的“四风”问题不敢小视了，一人说了就算、一拍脑袋就定、一拍胸脯就办不大行得通了，什么饭都敢吃、什么人都敢交、什么事都敢做受到节制了，头脑中在这几方面的“紧箍咒”自觉勒紧了。

**五是影响群众切身利益的症结难点得到突破，党的执政基础更加稳固。**作风问题，核心是党和人民群众的关系问题，根本是始终保持党同人民群众的血肉联系。这次活动积极回应群众关切，着力打通联系服务群众的“最后一公里”，形成了人往基层走、钱往基层投、政策往基层倾斜的良好导向，改作风改到群众心坎上。一大批多年积累的矛盾和问题得到有效化解，一大批信访积案得到切实解决。执法监管部门和窗口服务单位门难进、脸难看、事难办等突出问题得到有效整治，随意执法、选择性执法，不给好处不办事、给了好处乱办事的现象大为减少。软弱涣散的基层党组织得到初步整顿，党员、干部服务群众的自觉性得以增强。广大党员、干部从一系列部署要求中感受到了严肃，从敢于啃硬骨头、破老大难的行动中体会到了认真，从改进作风的实际成效中看到了希望，在全党全社会弘扬了正气。

去年，在这次活动启动时，党中央向全党承诺，一定要精心组织、确保实效，做到善始善终、善作善成。在全党共同努力下，这个承诺已经兑现。

风清则气正，气正则心齐，心齐则事成。这次活动使党在群众中的威信和形象进一步树立，党心民心进一步凝聚，形成了推动改革发展的强大正能量。对此，群众充分认同，党内外积极评价。实践证明，党的十八大作出的在全党深入开展党的群众路线教育实践活动的战略决策是完全正确的，党中央关于这次活动的一系列部署是完全正确的。这次活动为我们进行具有许多新的历史特点的伟大斗争作了思想上组织上作风上的重要准备，其重大意义必将随着时间的推移不断显现出来。

同志们！

这次教育实践活动是在总结运用党内历次集中教育活动成功经验的基础上开展的。通过这次活动，我们对新形势下如何开展党内集中教育活动取得了新的认识、积累了新的经验。

**——必须突出重点、聚焦问题。**“伤其十指，不如断其一指。”党中央在谋划这次活动时认为，这次活动的重点是促使全党更好执行党的群众路线，而当前影响执行党的群众路线的要害是作风问题，必须突出改进作风这个主题。而作风又有很多方面，需要进一步聚焦，我们就聚焦到形式主义、官僚主义、享乐主义和奢靡之风这些群众反映强烈的突出问题上。党中央明确提出以反“四风”为突破口，以点带面，不搞面面俱到，打到了七寸。我们抓住要害、集中发力、持续用劲，对群众反映强烈的共性问题，集中开展专项整治；对出现的“四风”种种变异问题，保持高度警惕，坚持露头就打；对顶风违纪现象，严肃责任追究，加大查处力度。实践证明，有的放矢事易成，无的放矢事难成，集中教育活动要取得实效，必须找准靶子、点中穴位。

**——必须领导带头、以上率下。**正人必先正己，正己才能正人。中央怎么做，上层怎么做，领导干部怎么做，全党都在看。首先从中央做起，各级主要领导亲自抓、作表率，是这次活动取得成效的关键。党中央制定了一系列规范党内高层作风问题的制度，中央政治局带头围绕落实八项规定进行对照检查，开展批评和自我批评。中央政治局常委同志建立联系点并全程指导，深入联系点真诚谈心，对工作进行具体帮助。各级领导班子成员特别是主要负责同志，以向我看齐的姿态听意见、摆问题、管自身、抓督查，发挥示范作用。实践证明，各级领导干部敢于拿自己开刀，解决问题才能势如破竹，改进工作才能立竿见影。

**——必须以知促行、以行促知。**集中教育活动需要提高认识，更需要付诸行动，以新的思想认识推动实践，又以新的实践深化思想认识。这次活动强调把学习教育贯穿始终、把解决问题贯穿始终，做到教育和实践两手抓、两结合，边学边查边改。我们不断加强理论武装，促进思想认识提高和党性增强，为解决实际问题增添了精神动力、破除了思想障碍。我们深入进行查摆剖析和落实整改措施，为提高思想认识、增强党性提供了现实教材和真切感悟。实践证明，集中教育活动只有坚持知行合一，不断让思想自觉引导行动自觉、让行动自觉深化思想自觉，才能抓得实、做得深、走得远。

**——必须严字当头、从严从实。**"取法于上，仅得为中；取法于中，故为其下。"我们一开始就强调活动要高标准、严要求，全程贯彻整风精神，"照镜子、正衣冠、洗洗澡、治治病"，坚决防止搞形式、放空炮、走过场。我们坚持严的标准、采取严的举措，重要节点一环紧扣一环抓。对存在的问题明察暗访，及时查处并公开曝光违纪案件。对党员、干部特别是领导干部的对照检查提出具体标准，要求必须见人见物见思想，有深度、像自己。对专题民主生活会和组织生活会提出明确要求，防止批评和自我批评蜻蜓点水、避实就虚、避重就轻、一团和气。对整改项目，实行台账管理，完成一个销号一个。中央和地方各级督导组敢于"唱黑脸"、"当包公"，紧紧围绕关键环节、重要部位、重点工作严督实导、持续用劲。实践证明，只有严要求、动真格，真实抓、抓真实，才能真正达到预期目的。

**——必须层层压紧、上下互动。**集中教育活动要搞好，必须批批接续、层层压紧、环环相扣。上面的问题需要下面配合解决的就上题下答，下面的问题根子在上面的就下题上答，需要地方和地方、地方和部门、部门和部门联合会诊的就同题共答，前后照应、左右衔接，使查摆和解决问题做到纵向到底、横向到边。实践证明，只有坚持问题导向，从细处入手，向实处着力，一环紧着一环拧，一锤接着一锤敲，才能积小胜为大胜。

**——必须相信群众、敞开大门。**"知屋漏者在宇下，知政失者在草野。"让群众满意是我们党做好一切工作的价值取向和根本标准，群众意见是一把最好的尺子。这次活动在坚持自我教育为主的同时，注重强化外力推动，坚持真开门、开大门，让群众参与，让群众监督，诚恳请群众评判。我们加强舆论监督，注重对比宣传，既发挥先进典型示范引领作用，又发挥反面典型警示震慑作用。实践证明，集中教育活动必须打开大门、依靠群众，让群众来监督和评判，才能做到不虚不空不偏。

在充分肯定这次活动取得的成绩的同时，我们也要看到存在的问题和不足。经过这次活动，全党改进作风有了一个良好开端，但取得的成果还是初步的，基础还不稳固。作风有所好转，"四风"问题有所收敛，但树倒根存，有些是在高压态势下取得的，仅仅停留在"不敢"上，"不想"的自觉尚未完全形成。有些问题的整改还没有完全到位，一些深层次问题还没有从根本上破解，上下联动解决问题还没有真正形成合力。有的地方基层基础薄弱的情况还没有改变，联系服务群众机制不畅、能力不强，贯彻群众路线到不了末端。有的干部留恋过去那种“一张报纸一包烟,优哉游哉过一天”的日子,希望教育实践活动只是一阵风,风头过了就可以我行我素了。如此等等。

现在,广大干部群众最担心的是问题反弹、雨过地皮湿、活动一阵风,最盼望的是形成常态化、常抓不懈、保持长效。因此,我们要说,活动收尾绝不是作风建设收场,必须以锲而不舍、驰而不息的决心和毅力,把作风建设不断引向深入,把目前作风转变的好势头保持下去,使作风建设要求真正落地生根。

同志们!

我们党是一个拥有 8600 多万党员、在一个 13 亿多人口的大国长期执政的党,党的形象和威望、党的创造力凝聚力战斗力不仅直接关系党的命运,而且直接关系国家的命运、人民的命运、民族的命运。在新的历史起点上坚持和发展中国特色社会主义,我们党面临的执政考验、改革开放考验、市场经济考验、外部环境考验是长期的、复杂的、严峻的,精神懈怠危险、能力不足危险、脱离群众危险、消极腐败危险更加尖锐地摆在全党面前。

历史使命越光荣,奋斗目标越宏伟,执政环境越复杂,我们就越要增强忧患意识,越要从严治党,做到“为之于未有,治之于未乱”,使我们党永远立于不败之地。全党同志必须在思想上真正明确,党的执政地位和领导地位并不是自然而然就能长期保持下去的,不管党、不抓党就有可能出问题甚至出大问题,结果不只是党的事业不能成功,还有亡党亡国的危险。

明白这个道理并不难,难的是把思想变成行动。我引用过邓小平同志在改革开放初期讲的一段话:“在目前的历史转变时期,问题堆积成山,工作百端待举,加强党的领导,端正党的作风,具有决定的意义。”以毛泽东、邓小平、江泽民同志为核心的党的三代中央领导集体和以胡锦涛同志为总书记的党中央都高度重视从严治党,党的十八大以来党中央在从严治党上进行了新探索。通过长期实践和探索,我们在从严治党上取得了重大成果、积累了重要经验,总体做得是好的。

同时,我们也要看到,这些年来,在一些地方和单位,“四风”问题越积越多,党内和社会上潜规则越来越盛行,政治生态和社会环境受到污染,根子就在从严治党没有做到位。有些地方和单位看起来党在管党治党,但没有管到位上,没有严到份上。这次活动之所以能取得明显成效,原因就是我们坚持言必信、行必果,认认真真管,实实在在严。这说明,只要真管真严、敢管敢严、长管长严,而不是管一阵放一阵、严一阵松一阵,就没有什么解决不了的问题,就不至于使小矛盾积重难返、小问题酿成大患。

世间事,做于细,成于严。从严是我们做好一切工作的重要保障。我们共产党人最讲认真,讲认真就是要严字当头,做事不能应付,做人不能对付,而是要把讲认真贯彻到一切工作中去,作风建设如此,党的建设如此,党和国家一切工作都如此。一切何必当真的观念,一切干一下得了的想法,一切得过且过的心态,都是对党和人民事业有大害而无一利的,都是万万要不得的!

这次教育实践活动,对我们探索新形势下从严治党的特点和规律具有十分重要的牵引作用。从严治党必须具体地而不是抽象地、认真地而不是敷衍地落实到位,这是这次活动给我们提供的最深刻的启示。全党要以此为起点,在从严治党上继续探索、不断前进。这里,我就新形势下坚持从严治党强调几点。

**第一,落实从严治党责任。**从严治党,必须增强管党治党意识、落实管党治党责任。历史和现实特别是这次活动都告诉我们,不明确责任,不落实责任,不追究责任,从严治党是做不到的。经过这些年努力,各级建立了党建工作责任制,党委抓、书记抓、各有关部门抓、一级抓一级、层层抓落实的党建工作格局基本形成。然而,是不是各级党委、各部门党委(党组)都做到了聚精会神抓党建?是不是各级党委书记、各部门党委(党组)书记都成为了从严治党的书记？是不是各级各部门党委（党组）成员都履行了分管领域从严治党责任？一些地方和部门还难以给出令人满意的答案。

在一些领导干部眼中，抓党建同抓发展相比要虚一些，不容易出显绩，一年开几次会布置一下就可以了，不必那么上心用劲。也有一些人认为，在发展社会主义市场经济条件下，从严治党面临两难选择：过宽没有威慑力，会导致越来越多人闯“红线”，最终法不责众；过严会束缚人手脚，影响工作活力，干不成事，甚至还会影响自己的选票。这些认识都是不对的。

各级各部门党委（党组）必须树立正确政绩观，坚持从巩固党的执政地位的大局看问题，把抓好党建作为最大的政绩。如果我们党弱了、散了、垮了，其他政绩又有什么意义呢？各级党委要把从严治党责任承担好、落实好，坚持党建工作和中心工作一起谋划、一起部署、一起考核，把每条战线、每个领域、每个环节的党建工作抓具体、抓深入，坚决防止“一手硬、一手软”。对各级各部门党组织负责人特别是党委（党组）书记的考核，首先要看抓党建的实效，考核其他党员领导干部工作也要加大这方面的权重。

**第二，坚持思想建党和制度治党紧密结合。**从严治党靠教育，也靠制度，二者一柔一刚，要同向发力、同时发力。现在，一个比较明显的问题就是轻视思想政治工作，以为定了制度、有了规章就万事大吉了，有的甚至已经不会或不大习惯于做认真细致的思想政治工作了，有的甚至认为组织找自己谈话是多此一举。正是这样的简单化和片面性，使一些本来可以落实的制度得不到落实、一些本来可以避免的问题不断发生。

“求木之长者，必固其根本；欲流之远者，必浚其泉源”。对党员、干部来说，思想上的滑坡是最严重的病变，“总开关”没拧紧，不能正确处理公私关系，缺乏正确的是非观、义利观、权力观、事业观，各种出轨越界、跑冒滴漏就在所难免了。思想上松一寸，行动上就会散一尺。思想认识问题一时解决了，不等于永远解决。就像房间需要经常打扫一样，思想上的灰尘也要经常打扫，镜子要经常照，衣冠要随时正，有灰尘就要洗洗澡，出毛病就要治治病。

思想教育要突出重点，加强党性和道德教育，引导党员、干部坚定理想信念，坚守共产党人精神追求。党员、干部必须认真学习马克思列宁主义、毛泽东思想特别是中国特色社会主义理论体系，自觉用贯穿其中的立场、观点、方法武装头脑、指导实践、推动工作，始终不渝为中国特色社会主义共同理想而奋斗。要加强警示教育，让广大党员、干部受警醒、明底线、知敬畏，主动在思想上划出红线、在行为上明确界限，真正敬法畏纪、遵规守矩。思想教育要结合落实制度规定来进行，抓住主要矛盾，不搞空对空。要使加强制度治党的过程成为加强思想建党的过程，也要使加强思想建党的过程成为加强制度治党的过程。

制度不在多，而在于精，在于务实管用，突出针对性和指导性。如果空洞乏力，起不到应有的作用，再多的制度也会流于形式。牛栏关猫是不行的！要搞好配套衔接，做到彼此呼应，增强整体功能。要增强制度执行力，制度执行到人到事，做到用制度管权管事管人。制定制度要广泛听取党员、干部意见，从而增加对制度的认同。要坚持制度面前人人平等、执行制度没有例外，不留“暗门”、不开“天窗”，坚决维护制度的严肃性和权威性，坚决纠正有令不行、有禁不止的行为，使制度成为硬约束而不是橡皮筋。

**第三，严肃党内政治生活。**党内政治生活是党组织教育管理党员和党员进行党性锻炼的主要平台，从严治党必须从党内政治生活严起。有什么样的党内政治生活，就有什么样的党员、干部作风。一个班子强不强、有没有战斗力，同有没有严肃认真的党内政治生活密切相关；一个领导干部强不强、威信高不高，也同是否经过严肃认真的党内政治生活锻炼密切相关。从严治党，最根本的就是要使全党各级组织和全体党员、干部都按照党内政治生活准则和党的各项规定办事。这些年，一些地方和部门自由主义、分散主义、好人主义、个人主义盛行，有的是搞家长制、独断专行，以至于一些人不知党内政治生活为何物，是非判断十分模糊。这个问题，通过这次活动有了一定程度的解决，要继续扩大成果，使党内政治生活在全党严肃认真开展起来。

严肃党内政治生活需要多方努力，其中至关重要的是要使全党深刻认识马克思主义政党有别于其他政党的本质特征，深刻认识严肃党内政治生活的重大作用，深刻认识党内政治生活不正常的严重后果。要坚持和发扬实事求是、理论联系实际、密切联系群众、开展批评和自我批评、坚持民主集中制等优良传统，下大气力解决好影响严肃认真开展党内政治生活的各种问题，提高党内政治生活的政治性、原则性、战斗性，使党内政治生活真正起到教育改造提高党员、干部的作用。

严肃党内政治生活贵在经常、重在认真、要在细节。党中央权威，全党都必须自觉维护，并具体体现到自己的全部工作中去，决不能表面上喊着同党中央保持一致、实际上没当回事，更不能违背中央大政方针各自为政、自行其是。党内组织和组织、组织和个人、同志和同志、集体领导和个人分工负责等重要关系都要按照民主集中制原则来设定和处理，不能缺位错位、本末倒置。党内政治生活和组织生活都要讲政治、讲原则、讲规矩，不能搞假大空，不能随意化、平淡化，更不能娱乐化、庸俗化。党内上下关系、人际关系、工作氛围都要突出团结和谐、纯洁健康、弘扬正气，不允许搞团团伙伙、帮帮派派，不允许搞利益集团、进行利益交换。

批评和自我批评是解决党内矛盾的有力武器，也是保持党的肌体健康的有力武器。“观于明镜，则瑕疵不滞于躯；听于直言，则过行不累乎身。”党内政治生活质量在相当程度上取决于这个武器用得怎么样。对批评和自我批评这个武器，我们要大胆使用、经常使用、用够用好，使之成为一种习惯、一种自觉、一种责任，使这个武器越用越灵、越用越有效果。党内要开展积极健康的思想斗争，帮助广大党员、干部分清是非、辨别真假，坚持真理、修正错误，统一意志、增进团结。严肃党内政治生活是每个党员、干部的事，大家都要增强角色意识和政治担当，在党言党、在党忧党、在党为党，把爱党、忧党、兴党、护党落实到工作生活各个环节，敢于同形形色色违反党内政治生活原则和制度的现象作斗争。

**第四，坚持从严管理干部。**从严治党，重在从严管理干部。正确的政治路线要靠正确的组织路线来保证。干部掌握着方方面面的权力，是党的理论和路线方针政策的具体执行者，如果干部队伍素质不高、作风不正，那党的建设是不可能搞好的。我们的党员、干部队伍庞大，管理起来难度很大，但又必须管好，管不好就会出乱子。我们国家要出问题主要出在共产党内，我们党要出问题主要出在干部身上。党培养一个干部特别是高级干部是很不容易的。这些年，一些干部包括一些相当高层次的领导干部因违犯党纪国法落马，我们很痛心。我们中央的同志说起这些事都很痛心，都有一种恨铁不成钢的感觉。

从严管理干部，总的是要坚定理想信念，加强道德养成，规范权力行使，培育优良作风，使各级干部自觉履行党章赋予的各项职责，严格按照党的原则和规矩办事。要坚持以严的标准要求干部、以严的措施管理干部、以严的纪律约束干部，使干部心有所畏、言有所戒、行有所止。一方面，要根据形势变化，完善干部管理规定，既重激励又重约束，把哪些能做、哪些不能做真正搞得清清楚楚、明明白白。另一方面，要严格执行干部管理各项规定，讲原则不讲关系，发现问题该提醒的提醒、该教育的教育、该处理的处理，让干部感到身边有一把戒尺，随时受到监督。特别是要把对一把手的监督、管理作为重中之重。对干部选拔任用要严格把关，坚决防止带病提拔。有的干部身上有那么多毛病，而且早就有群众不断反映，但那里的党委和组织部门都不知道，或者知道了也没当回事，让这些人一而再、再而三被提拔起来，岂非咄咄怪事！这里面的深刻教训，各级党委和组织部门要举一反三、深刻总结。

当前，所谓"为官不易"、"为官不为"问题引起社会关注，要深入分析，搞好正面引导，加强责任追究。党的干部都是人民公仆，自当在其位谋其政，既廉又勤，既干净又干事。如果组织上管得严一点、群众监督多一点就感到受不了，就要"为官不易"，那是境界不高、不负责任的表现。这一点，要向广大干部讲清楚。我们做人一世，为官一任，要有肝胆，要有担当精神，应该对"为官不为"感到羞耻，应该予以严肃批评。我一再强调，领导干部要严以修身、严以用权、严以律己，谋事要实、创业要实、做人要实。这些要求是共产党人最基本的政治品格和做人准则，也是党员、干部的修身之本、为政之道、成事之要。我们现在对党员、干部的要求是不是过严了？答案是否定的。很多要求早就有了，是最基本的要求。现在的主要倾向不是严了，而是失之于宽、失之于软，不存在严过头的问题。

各级干部特别是领导干部要按照"三严三实"要求，深学、细照、笃行焦裕禄精神，努力做焦裕禄式的好干部。各级党组织要旗帜鲜明肯定表彰锐意进取的干部，教育帮助"为官不为"的干部，支持和鼓励干部一心为公、兢兢业业、敢于担当。如果失职渎职给党和人民事业造成损失的，必须严肃处理。

**第五，持续深入改进作风。**"奢靡之始，危亡之渐。"不正之风离我们越远，群众就会离我们越近。我们党历来强调，党风问题关系党的生死存亡。古今中外，因为统治集团作风败坏导致人亡政息的例子多得很！我们一定要引为借鉴，以最严格的标准、最严厉的举措治理作风问题。不可否认的是，在发展社会主义市场经济条件下，商品交换原则必然会渗透到党内生活中来，这是不以人的意志为转移的。社会上各种各样的诱惑缠绕着党员、干部，"温水煮青蛙"现象就会产生，一些人不知不觉就被人家请君入瓮了。作风建设是攻坚战，也是持久战。这么多年，作风问题我们一直在抓，但很多问题不仅没有解决、反而愈演愈烈，一些不良作风像割韭菜一样，割了一茬长一茬。症结就在于对作风问题的顽固性和反复性估计不足，缺乏常抓的韧劲、严抓的耐心，缺乏管长远、固根本的制度。反"四风"的实践说明，抓和不抓大不一样，真抓和假抓大不一样，严抓和松抓也大不一样。

现在，改进作风到了节骨眼上，社会上有种种议论和思想情绪。很多人担心活动一结束就曲终人散，"四风"问题又"涛声依旧"了。还有一些人盼着紧绷的弦松一松，好让自己舒服舒服。一些人等着看中央还要出什么招，看左邻右舍有什么动静。对此，我们的态度是，作风建设永远在路上，永远没有休止符，必须抓常、抓细、抓长，持续努力、久久为功。逆水行舟，一篙不可放缓；滴水穿石，一滴不可弃滞。各级党委要把作风建设紧紧抓在手上，持续抓好各项整改任务的落实，绝不允许出现"烂尾"工程，决不能让"四风"问题反弹回潮。

"不矜细行，终累大德。"各级干部要从我做起、从小事做起，带头坚守正道、弘扬正气，努力营造良好从政环境。要紧紧盯住作风领域出现的新变化新问题，及时跟进相应的对策措施，做到掌握情况不迟钝、解决问题不拖延、化解矛盾不积压，谁以身试法就要坚决纠正和查处。要从解决"四风"问题延伸开去，努力改进思想作风、工作作风、领导作风、干部生活作风，努力改进学风、文风、会风，加强治本工作，使党员、干部不仅不敢沾染歪风邪气，而且不能、不想沾染歪风邪气，使党的作风全面纯洁起来。

**第六，严明党的纪律。**"道私者乱，道法者治。"纪律不严，从严治党就无从谈起。去年以来，各级党组织结合教育实践活动完善了纪律规定，加强了执纪问责，效果是好的。同时，从已经查处的大量顶风违纪案件中可以看出，一些党员、干部对纪律规定还置若罔闻，搞“四风”毫无顾忌，搞腐败心存侥幸。因此，在纪律上还要进一步严起来。

纪律面前一律平等，党内不允许有不受纪律约束的特殊党员。党的各级组织要积极探索纪律教育经常化、制度化的途径，多做提提领子、扯扯袖子的工作，使党员、干部真正懂得，党的纪律是全党必须遵守的行为准则，严格遵守和坚决维护纪律是做合格党员、干部的基本条件。

有纪可依是严明纪律的前提，党的纪律规定要根据形势和党的建设需要不断完善，确保系统配套、务实管用，防止脱离实际、内容模糊不清、滞后于实践。各级党组织和领导干部要切实履行执纪职责，拒绝说情风、关系网、利益链，采取管用的措施提高组织管理的有效性，使违纪问题能及时发现、及时查处。这样既有利于防微杜渐，也有利于教育和挽救干部。有的地方和单位有了问题总想捂着盖着，甚至弄得保护错误的力量大过伸张正义的力量，这个问题要认真解决。查处违纪问题必须坚持有什么问题查清什么问题、发现什么问题查清什么问题，不能装聋作哑、避重就轻，不能大事化小、小事化了，任何人不得隐瞒、简化、变通。

**第七，发挥人民监督作用。**得民心者得天下，失民心者失天下，人民拥护和支持是党执政最牢固的根基。人民群众中蕴藏着治国理政、管党治党的智慧和力量，从严治党必须依靠人民。

让人民支持和帮助我们从严治党，要注意畅通两个渠道，一个是建言献策渠道，一个是批评监督渠道。在这两方面，这些年我们总的是做得越来越好，但还有不足，主要是围绕经济社会发展听意见多、围绕从严治党听意见少，请上来听意见多、走下去听意见少。群众的很多想法，往往不是在那些很正式的场合、当着很多人的面会讲出来的，而是要同他们身挨身坐、心贴心聊才能听得到。各级干部要多沉下身子、走近群众，就从严治党问题多向群众请教。

群众的眼睛是雪亮的，群众的意见是我们最好的镜子。只有织密群众监督之网，开启全天候探照灯，才能让“隐身人”无处藏身。各级党组织和党员、干部的表现都要交给群众评判。群众对党组织和党员、干部有意见，应该欢迎他们批评指出。群众发现党员、干部有违纪违法问题，要让他们有安全畅通的举报渠道。群众提出的意见只要对从严治党有好处，我们就要认真听取、积极采纳。

**第八，深入把握从严治党规律。**从严治党有其自身规律，对我们这样一个老党大党来说，从严治党更有其自身规律。我们党在长期实践中，不断总结自己正反两方面经验，也积极借鉴国外执政党建设的经验教训，深刻认识到了一些从严治党规律，这些都要继续运用好。

随着世情、国情、党情的不断变化，影响从严治党的因素更加复杂，提出了很多新课题。我们要深入基层、深入实际，深入研究管党治党实践，通过纵向和横向的比较，进行去伪存真、由表及里的分析，正确把握掩盖在纷繁表面现象后面的事物本质，深化对从严治党规律的认识。要注重把继承传统和改革创新结合起来，把总结自身经验和借鉴世界其他政党经验结合起来，增强从严治党的系统性、预见性、创造性、实效性，使从严治党的一切努力都集中到增强党自我净化、自我完善、自我革新、自我提高能力上来，集中到提高党的领导能力和执政能力、保持和发展党的先进性和纯洁性上来。

同志们，这一次党的群众路线教育实践活动基本结束了，但贯彻党的群众路线、保持党同人民群众的血肉联系的历史进程永远不会结束。全党同志要更加紧密地团结在党中央周围，一心一意谋发展，聚精会神抓党建，继续打好党风建设这场硬仗，以好的作风保障党和国家各项工作顺利开展，为实现“两个一百年”奋斗目标、实现中华民族伟大复兴的中国梦而不懈奋斗！

# 致全军先进干休所先进离退休干部先进老干部工作者的贺信

**全军先进干休所、先进离退休干部、先进老干部工作者：**

值此全军老干部工作暨先进干休所、先进离退休干部、先进老干部工作者表彰会议召开之际，我代表党中央、国务院、中央军委，向你们表示热烈的祝贺！向全军广大离退休干部和老干部工作者，致以崇高的敬意和诚挚的问候！

军队离退休干部为党领导的革命、建设、改革事业作出了重要贡献，是党、国家、军队的宝贵财富。今天，党和人民事业蓬勃发展的大好局面，是包括军队离退休干部在内的一代又一代共产党人接续奋斗的成果。对军队离退休干部建立的历史功绩和作出的巨大贡献，党和人民永远不会忘记。要在全军广泛宣传先进离退休干部的先进事迹，弘扬老同志的高尚品德，进一步形成尊重老同志、爱护老同志、学习老同志、重视发挥老同志作用的良好氛围。

军队老干部工作是党和军队的一项重要工作。各级党委和机关要高度重视老干部工作，坚持思想上关心、生活上照顾、精神上关怀，满腔热情为老干部办实事、办好事。要加强离退休干部党组织建设、提高老干部服务管理工作水平、丰富老干部精神文化生活，让所有老干部都能安享晚年。

希望广大军队离退休干部向先进学习，永葆革命本色，在弘扬我党我军光荣传统和优良作风、支持国家和军队建设改革、关心教育下一代等方面继续发挥作用，为实现中国梦强军梦作出新的贡献。

习近平

2014 年 10 月 11 日

# 加快建设社会主义法治国家

习近平

## 坚定不移走中国特色社会主义法治道路

全面推进依法治国，必须走对路。如果路走错了，南辕北辙了，那再提什么要求和举措也都没有意义了。全会决定有一条贯穿全篇的红线，这就是坚持和拓展中国特色社会主义法治道路。中国特色社会主义法治道路是一个管总的东西。具体讲我国法治建设的成就，大大小小可以列举出十几条、几十条，但归结起来就是开辟了中国特色社会主义法治道路这一条。

恩格斯说过："一个新的纲领毕竟总是一面公开树立起来的旗帜，而外界就根据它来判断这个党。"推进任何一项工作，只要我们党旗帜鲜明了，全党都行动起来了，全社会就会跟着走。一个政党执政，最怕的是在重大问题上态度不坚定，结果社会上对有关问题沸沸扬扬、莫衷一是，别有用心的人趁机煽风点火、蛊惑搅和，最终没有不出事的！所以，道路问题不能含糊，必须向全社会释放正确而又明确的信号。

这次全会部署全面推进依法治国，是我们党在治国理政上的自我完善、自我提高，不是在别人压力下做的。在坚持和拓展中国特色社会主义法治道路这个根本问题上，我们要树立自信、保持定力。走中国特色社会主义法治道路是一个重大课题，有许多东西需要深入探索，但基本的东西必须长期坚持。

**第一，必须坚持中国共产党的领导。**党的领导是中国特色社会主义最本质的特征，是社会主义法治最根本的保证。坚持中国特色社会主义法治道路，最根本的是坚持中国共产党的领导。依法治国是我们党提出来的，把依法治国上升为党领导人民治理国家的基本方略也是我们党提出来的，而且党一直带领人民在实践中推进依法治国。全面推进依法治国，要有利于加强和改善党的领导，有利于巩固党的执政地位、完成党的执政使命，决不是要削弱党的领导。

坚持党的领导，是社会主义法治的根本要求，是全面推进依法治国题中应有之义。要把党的领导贯彻到依法治国全过程和各方面，坚持党的领导、人民当家作主、依法治国有机统一。只有在党的领导下依法治国、厉行法治，人民当家作主才能充分实现，国家和社会生活法治化才能有序推进。

坚持党的领导，不是一句空的口号，必须具体体现在党领导立法、保证执法、支持司法、带头守法上。一方面，要坚持党总揽全局、协调各方的领导核心作用，统筹依法治国各领域工作，确保党的主张贯彻到依法治国全过程和各方面。另一方面，要改善党对依法治国的领导，不断提高党领导依法治国的能力和水平。党既要坚持依法治国、依法执政，自觉在宪法法律范围内活动，又要发挥好各级党组织和广大党员、干部在依法治国中的政治核心作用和先锋模范作用。

**第二，必须坚持人民主体地位。**我国社会主义制度保证了人民当家作主的主体地位，也保证了人民在全面推进依法治国中的主体地位。这是我们的制度优势，也是中国特色社会主义法治区别于资本主义法治的根本所在。

坚持人民主体地位，必须坚持法治为了人民、依靠人民、造福人民、保护人民。要保证人民在党的领导下，依照法律规定，通过各种途径和形式管理国家事务，管理经济和文化事业，管理社会事务。要把体现人民利益、反映人民愿望、维护人民权益、增进人民福祉落实到依法治国全过程，使法律及其实施充分体现人民意志。

人民权益要靠法律保障，法律权威要靠人民维护。要充分调动人民群众投身依法治国实践的积极性和主动性，使全体人民都成为社会主义法治的忠实崇尚者、自觉遵守者、坚定捍卫者，使尊法、信法、守法、用法、护法成为全体人民的共同追求。

**第三，必须坚持法律面前人人平等。**平等是社会主义法律的基本属性，是社会主义法治的基本要求。坚持法律面前人人平等，必须体现在立法、执法、司法、守法各个方面。任何组织和个人都必须尊重宪法法律权威，都必须在宪法法律范围内活动，都必须依照宪法法律行使权力或权利、履行职责或义务，都不得有超越宪法法律的特权。任何人违反宪法法律都要受到追究，绝不允许任何人以任何借口任何形式以言代法、以权压法、徇私枉法。

各级领导干部在推进依法治国方面肩负着重要责任。现在，一些党员、干部仍然存在人治思想和长官意识，认为依法办事条条框框多、束缚手脚，凡事都要自己说了算，根本不知道有法律存在，大搞以言代法、以权压法。这种现象不改变，依法治国就难以真正落实。必须抓住领导干部这个“关键少数”，首先解决好思想观念问题，引导各级干部深刻认识到，维护宪法法律权威就是维护党和人民共同意志的权威，捍卫宪法法律尊严就是捍卫党和人民共同意志的尊严，保证宪法法律实施就是保证党和人民共同意志的实现。

我们必须认认真真讲法治、老老实实抓法治。各级领导干部要对法律怀有敬畏之心，带头依法办事，带头遵守法律，不断提高运用法治思维和法治方式深化改革、推动发展、化解矛盾、维护稳定能力。如果在抓法治建设上喊口号、练虚功、摆花架，只是叶公好龙，并不真抓实干，短时间内可能看不出什么大的危害，一旦问题到了积重难返的地步，后果就是灾难性的。对各级领导干部，不管什么人，不管涉及谁，只要违反法律就要依法追究责任，绝不允许出现执法和司法的“空挡”。要把法治建设成效作为衡量各级领导班子和领导干部工作实绩重要内容，把能不能遵守法律、依法办事作为考察干部重要依据。

**第四，必须坚持依法治国和以德治国相结合。**法律是成文的道德，道德是内心的法律，法律和道德都具有规范社会行为、维护社会秩序的作用。治理国家、治理社会必须一手抓法治、一手抓德治，既重视发挥法律的规范作用，又重视发挥道德的教化作用，实现法律和道德相辅相成、法治和德治相得益彰。

发挥好法律的规范作用，必须以法治体现道德理念、强化法律对道德建设的促进作用。一方面，道德是法律的基础，只有那些合乎道德、具有深厚道德基础的法律才能为更多人所自觉遵行。另一方面，法律是道德的保障，可以通过强制性规范人们行为、惩罚违法行为来引领道德风尚。要注意把一些基本道德规范转化为法律规范，使法律法规更多体现道德理念和人文关怀，通过法律的强制力来强化道德作用、确保道德底线，推动全社会道德素质提升。

发挥好道德的教化作用，必须以道德滋养法治精神、强化道德对法治文化的支撑作用。再多再好的法律，必须转化为人们内心自觉才能真正为人们所遵行。“不知耻者，无所不为。”没有道德滋养，法治文化就缺乏源头活水，法律实施就缺乏坚实社会基础。在推进依法治国过程中，必须大力弘扬社会主义核心价值观，弘扬中华传统美德，培育社会公德、职业道德、家庭美德、个人品德，提高全民族思想道德水平，为依法治国创造良好人文环境。

**第五，必须坚持从中国实际出发。**走什么样的法治道路、建设什么样的法治体系，是由一个国家的基本国情决定的。“为国也，观俗立法则治，察国事本则宜。不观时俗，不察国本，则其法立而民乱，事剧而功寡。”全面推进依法治国，必须从我国实际出发，同推进国家治理体系和治理能力现代化相适应，既不能罔顾国情、超越阶段，也不能因循守旧、墨守成规。

坚持从实际出发，就是要突出中国特色、实践特色、时代特色。要总结和运用党领导人民实行法治的成功经验，围绕社会主义法治建设重大理论和实践问题，不断丰富和发展符合中国实际、具有中国特色、体现社会发展规律的社会主义法治理论，为依法治国提供理论指导和学理支撑。我们的先人们早就开始探索如何驾驭人类自身这个重大课题，春秋战国时期就有了自成体系的成文法典，汉唐时期形成了比较完备的法典。我国古代法制蕴含着十分丰富的智慧和资源，中华法系在世界几大法系中独树一帜。要注意研究我国古代法制传统和成败得失，挖掘和传承中华法律文化精华，汲取营养、择善而用。

坚持从我国实际出发，不等于关起门来搞法治。法治是人类文明的重要成果之一，法治的精髓和要旨对于各国国家治理和社会治理具有普遍意义，我们要学习借鉴世界上优秀的法治文明成果。但是，学习借鉴不等于是简单的拿来主义，必须坚持以我为主、为我所用，认真鉴别、合理吸收，不能搞“全盘西化”，不能搞“全面移植”，不能照搬照抄。

## 扎扎实实把全会提出的各项任务落到实处

这次全会对全面推进依法治国作出了全面部署，提出的重大举措有 180 多项，涵盖了依法治国各个方面。全党要以只争朝夕的精神和善作善成的作风，扎扎实实把全会提出的各项任务落到实处。

**第一，紧紧围绕全面推进依法治国总目标，加快建设中国特色社会主义法治体系。**全面推进依法治国总目标是建设中国特色社会主义法治体系，建设社会主义法治国家。这是贯穿决定全篇的一条主线，既明确了全面推进依法治国的性质和方向，又突出了全面推进依法治国的工作重点和总抓手，对全面推进依法治国具有纲举目张的意义。

依法治国各项工作都要围绕全面推进总目标来部署、来展开。法治体系是国家治理体系的骨干工程。落实全会部署，必须加快形成完备的法律规范体系、高效的法治实施体系、严密的法治监督体系、有力的法治保障体系，形成完善的党内法规体系。

“立善法于天下，则天下治；立善法于一国，则一国治。”要坚持立法先行，坚持立改废释并举，加快完善法律、行政法规、地方性法规体系，完善包括市民公约、乡规民约、行业规章、团体章程在内的社会规范体系，为全面推进依法治国提供基本遵循。要加快建设包括宪法实施和执法、司法、守法等方面的体制机制，坚持依法行政和公正司法，确保宪法法律全面有效实施。要加强党内监督、人大监督、民主监督、行政监督、司法监督、审计监督、社会监督、舆论监督，努力形成科学有效的权力运行和监督体系，增强监督合力和实效。

要完善党内法规制定体制机制，注重党内法规同国家法律的衔接和协调，构建以党章为根本、若干配套党内法规为支撑的党内法规制度体系，提高党内法规执行力。党章等党规对党员的要求比法律要求更高，党员不仅要严格遵守法律法规，而且要严格遵守党章等党规，对自己提出更高要求。

**第二，准确把握全面推进依法治国工作布局，坚持依法治国、依法执政、依法行政共同推进，坚持法治国家、法治政府、法治社会一体建设。**全面推进依法治国是一项庞大的系统工程，必须统筹兼顾、把握重点、整体谋划，在共同推进上着力，在一体建设上用劲。

“天下之事，不难于立法，而难于法之必行。”依法治国是我国宪法确定的治理国家的基本方略，而能不能做到依法治国，关键在于党能不能坚持依法执政，各级政府能不能依法行政。我们要增强依法执政意识，坚持以法治的理念、法治的体制、法治的程序开展工作，改进党的领导方式和执政方式，推进依法执政制度化、规范化、程序化。执法是行政机关履行政府职能、管理经济社会事务的主要方式，各级政府必须依法全面履行职能，坚持法定职责必须为、法无授权不可为，健全依法决策机制，完善执法程序，严格执法责任，做到严格规范公正文明执法。

法治国家、法治政府、法治社会三者各有侧重、相辅相成。全面推进依法治国需要全社会共同参与，需要全社会法治观念增强，必须在全社会弘扬社会主义法治精神，建设社会主义法治文化。要在全社会树立法律权威，使人民认识到法律既是保障自身权利的有力武器，也是必须遵守的行为规范，培育社会成员办事依法、遇事找法、解决问题靠法的良好环境，自觉抵制违法行为，自觉维护法治权威。

**第三，准确把握全面推进依法治国重点任务，着力推进科学立法、严格执法、公正司法、全民守法。**全面推进依法治国，必须从目前法治工作基本格局出发，突出重点任务，扎实有序推进。

推进科学立法，关键是完善立法体制，深入推进科学立法、民主立法，抓住提高立法质量这个关键。要优化立法职权配置，发挥人大及其常委会在立法工作中的主导作用，健全立法起草、论证、协调、审议机制，完善法律草案表决程序，增强法律法规的及时性、系统性、针对性、有效性，提高法律法规的可执行性、可操作性。要明确立法权力边界，从体制机制和工作程序上有效防止部门利益和地方保护主义法律化。要加强重点领域立法，及时反映党和国家事业发展要求、人民群众关切期待，对涉及全面深化改革、推动经济发展、完善社会治理、保障人民生活、维护国家安全的法律抓紧制订、及时修改。

推进严格执法，重点是解决执法不规范、不严格、不透明、不文明以及不作为、乱作为等突出问题。要以建设法治政府为目标，建立行政机关内部重大决策合法性审查机制，积极推行政府法律顾问制度，推进机构、职能、权限、程序、责任法定化，推进各级政府事权规范化、法律化。要全面推进政务公开，强化对行政权力的制约和监督，建立权责统一、权威高效的依法行政体制。要严格执法资质、完善执法程序，建立健全行政裁量权基准制度，确保法律公正、有效实施。

推进公正司法，要以优化司法职权配置为重点，健全司法权力分工负责、相互配合、相互制约的制度安排。各级党组织和领导干部都要旗帜鲜明支持司法机关依法独立行使职权，绝不容许利用职权干预司法。“举直错诸枉，则民服；举枉错诸直，则民不服。”司法人员要刚正不阿，勇于担当，敢于依法排除来自司法机关内部和外部的干扰，坚守公正司法的底线。要坚持以公开促公正、树公信，构建开放、动态、透明、便民的阳光司法机制，杜绝暗箱操作，坚决遏制司法腐败。

推进全民守法，必须着力增强全民法治观念。要坚持把全民普法和守法作为依法治国的长期基础性工作，采取有力措施加强法制宣传教育。要坚持法治教育从娃娃抓起，把法治教育纳入国民教育体系和精神文明创建内容，由易到难、循序渐进不断增强青少年的规则意识。要健全公民和组织守法信用记录，完善守法诚信褒奖机制和违法失信行为惩戒机制，形成守法光荣、违法可耻的社会氛围，使尊法守法成为全体人民共同追求和自觉行动。

**第四，着力加强法治工作队伍建设。**全面推进依法治国，建设一支德才兼备的高素质法治队伍至关重要。我国专门的法治队伍主要包括在人大和政府从事立法工作的人员，在行政机关从事执法工作的人员，在司法机关从事司法工作的人员。全面推进依法治国，首先要把这几支队伍建设好。

立法、执法、司法这 3 支队伍既有共性又有个性，都十分重要。立法是为国家定规矩、为社会定方圆的神圣工作，立法人员必须具有很高的思想政治素质，具备遵循规律、发扬民主、加强协调、凝聚共识的能力。执法是把纸面上的法律变为现实生活中活的法律的关键环节，执法人员必须忠于法律、捍卫法律，严格执法、敢于担当。司法是社会公平正义的最后一道防线，司法人员必须信仰法律、坚守法治，端稳天平、握牢法槌，铁面无私、秉公司法。要按照政治过硬、业务过硬、责任过硬、纪律过硬、作风过硬的要求，教育和引导立法、执法、司法工作者牢固树立社会主义法治理念，恪守职业道德，做到忠于党、忠于国家、忠于人民、忠于法律。

律师队伍是依法治国的一支重要力量，要大力加强律师队伍思想政治建设，把拥护中国共产党领导、拥护社会主义法治作为律师从业的基本要求。

**第五，坚定不移推进法治领域改革，坚决破除束缚全面推进依法治国的体制机制障碍。**解决法治领域的突出问题，根本途径在于改革。如果完全停留在旧的体制机制框架内，用老办法应对新情况新问题，或者用零敲碎打的方式来修修补补，是解决不了大问题的。在决定起草时我就说过，如果做了一个不痛不痒的决定，那还不如不做。全会决定必须直面问题、聚焦问题，针对法治领域广大干部群众反映强烈的问题，回应社会各方面关切。

这次全会研究和部署全面推进依法治国，虽然不像三中全会那样涉及方方面面，但也不可避免涉及改革发展稳定、内政外交国防、治党治国治军等各个领域，涉及面、覆盖面都不小。这次全会提出了 180 多项重要改革举措，许多都是涉及利益关系和权力格局调整的“硬骨头”。凡是这次写进决定的改革举措，都是我们看准了的事情，都是必须改的。这就需要我们拿出自我革新的勇气，一个一个问题解决，一项一项抓好落实。

法治领域改革涉及的主要是公检法司等国家政权机关和强力部门，社会关注度高，改革难度大，更需要自我革新的胸襟。如果心中只有自己的“一亩三分地”，拘泥于部门权限和利益，甚至在一些具体问题上讨价还价，必然是磕磕绊绊、难有作为。改革哪有不触动现有职能、权限、利益的？需要触动的就要敢于触动，各方面都要服从大局。各部门各方面一定要增强大局意识，自觉在大局下思考、在大局下行动，跳出部门框框，做到相互支持、相互配合。要把解决了多少实际问题、人民群众对问题解决的满意度作为评价改革成效的标准。只要有利于提高党的执政能力、巩固党的执政地位，有利于维护宪法和法律的权威，有利于维护人民权益、维护公平正义、维护国家安全稳定，不管遇到什么阻力和干扰，都要坚定不移向前推进，决不能避重就轻、拣易怕难、互相推诿、久拖不决。

法治领域改革有一个特点，就是很多问题都涉及法律规定。改革要于法有据，但也不能因为现行法律规定就不敢越雷池一步，那是无法推进改革的，正所谓“苟利于民不必法古，苟周于事不必循旧”。需要推进的改革，将来可以先修改法律规定再推进。对涉及改革的事项，中央全面深化改革领导小组要认真研究和督办。

同志们，全面推进依法治国是一个系统工程，是国家治理领域一场广泛而深刻的革命，必须加强党对法治工作的组织领导。各级党委要健全党领导依法治国的制度和工作机制，履行对本地区本部门法治工作的领导责任，找准工作着力点，抓紧制定贯彻落实全会精神的具体意见和实施方案。要把全面推进依法治国的工作重点放在基层，发挥基层党组织在全面推进依法治国中的战斗堡垒作用，加强基层法治机构和法治队伍建设，教育引导基层广大党员、干部增强法治观念、提高依法办事能力，努力把全会提出的各项工作和举措落实到基层。

（此文是习近平同志 2014 年 10 月 23 日在党的十八届四中全会第二次全体会议上讲话的第二部分和第三部分）

# 关于《中共中央关于全面推进依法治国若干重大问题的决定》的说明

习近平

受中央政治局委托，我就《中共中央关于全面推进依法治国若干重大问题的决定》起草情况向全会作说明。

## 一、关于全会决定起草背景和过程

党的十八届三中全会后，中央即着手研究和考虑党的十八届四中全会的议题。党的十八大提出了全面建成小康社会的奋斗目标，党的十八届三中全会对全面深化改革作出了顶层设计，实现这个奋斗目标，落实这个顶层设计，需要从法治上提供可靠保障。

党的十八大提出，法治是治国理政的基本方式，要加快建设社会主义法治国家，全面推进依法治国；到2020年，依法治国基本方略全面落实，法治政府基本建成，司法公信力不断提高，人权得到切实尊重和保障。党的十八届三中全会进一步提出，建设法治中国，必须坚持依法治国、依法执政、依法行政共同推进，坚持法治国家、法治政府、法治社会一体建设。全面贯彻落实这些部署和要求，关系加快建设社会主义法治国家，关系落实全面深化改革顶层设计，关系中国特色社会主义事业长远发展。

法律是治国之重器，法治是国家治理体系和治理能力的重要依托。全面推进依法治国，是解决党和国家事业发展面临的一系列重大问题，解放和增强社会活力、促进社会公平正义、维护社会和谐稳定、确保党和国家长治久安的根本要求。要推动我国经济社会持续健康发展，不断开拓中国特色社会主义事业更加广阔的发展前景，就必须全面推进社会主义法治国家建设，从法治上为解决这些问题提供制度化方案。

改革开放以来，我们党一贯高度重视法治。1978年12月，邓小平同志就指出："应该集中力量制定刑法、民法、诉讼法和其他各种必要的法律，例如工厂法、人民公社法、森林法、草原法、环境保护法、劳动法、外国人投资法等等，经过一定的民主程序讨论通过，并且加强检察机关和司法机关，做到有法可依，有法必依，执法必严，违法必究。"党的十五大提出依法治国、建设社会主义法治国家，强调依法治国是党领导人民治理国家的基本方略，是发展社会主义市场经济的客观需要，是社会文明进步的重要标志，是国家长治久安的重要保障。党的十六大提出，发展社会主义民主政治，最根本的是要把坚持党的领导、人民当家作主和依法治国有机统一起来。党的十七大提出，依法治国是社会主义民主政治的基本要求，强调要全面落实依法治国基本方略，加快建设社会主义法治国家。党的十八大强调，要更加注重发挥法治在国家治理和社会管理中的重要作用。

党的十八大以来，党中央高度重视依法治国，强调落实依法治国基本方略，加快建设社会主义法治国家，必须全面推进科学立法、严格执法、公正司法、全民守法进程，强调坚持党的领导，更加注重改进党的领导方式和执政方式；依法治国，首先是依宪治国；依法执政，关键是依宪执政；新形势下，我们党要履行好执政兴国的重大职责，必须依据党章从严治党、依据宪法治国理政；党领导人民制定宪法和法律，党领导人民执行宪法和法律，党自身必须在宪法和法律范围内活动，真正做到党领导立法、保证执法、带头守法。

现在,全面建成小康社会进入决定性阶段,改革进入攻坚期和深水区。我们党面对的改革发展稳定任务之重前所未有、矛盾风险挑战之多前所未有,依法治国在党和国家工作全局中的地位更加突出、作用更加重大。全面推进依法治国是关系我们党执政兴国、关系人民幸福安康、关系党和国家长治久安的重大战略问题,是完善和发展中国特色社会主义制度、推进国家治理体系和治理能力现代化的重要方面。我们要实现党的十八大和十八届三中全会作出的一系列战略部署,全面建成小康社会、实现中华民族伟大复兴的中国梦,全面深化改革、完善和发展中国特色社会主义制度,就必须在全面推进依法治国上作出总体部署、采取切实措施、迈出坚实步伐。

基于这样的考虑,今年1月,中央政治局决定,党的十八届四中全会重点研究全面推进依法治国问题并作出决定。为此,成立由我任组长,张德江同志、王岐山同志任副组长,相关部门负责同志、两位省里的领导同志参加的文件起草组,在中央政治局常委会领导下进行文件起草工作。

1月27日,党中央发出《关于对党的十八届四中全会研究全面推进依法治国问题征求意见的通知》。2月12日,文件起草组召开第一次全体会议,文件起草工作正式启动。2月18日至25日,文件起草组组成8个调研组分赴14个省区市进行调研。

从各方面反馈的意见和实地调研情况看,大家一致认为,党的十八届四中全会研究全面推进依法治国问题并作出决定,意义重大而深远,符合党和国家事业发展需要和全党全国各族人民期盼。大家普遍希望通过这个决定明确全面推进依法治国的指导思想和总体要求,深刻阐明党的领导和依法治国的关系等法治建设的重大理论和实践问题,针对法治工作中群众反映强烈的突出问题提出强有力的措施,对社会主义法治国家建设作出顶层设计。

文件起草组在成立以来的8个多月时间里,深入调查研究,广泛征求意见,开展专题论证,反复讨论修改。其间,中央政治局常委会召开3次会议、中央政治局召开2次会议分别审议全会决定。8月初,决定征求意见稿下发党内一定范围征求意见,包括征求党内老同志意见,还专门听取了各民主党派中央、全国工商联负责人和无党派人士意见。

从反馈的情况看,各方面一致认为,全会决定直面我国法治建设领域的突出问题,立足我国社会主义法治建设实际,明确提出了全面推进依法治国的指导思想、总目标、基本原则,提出了关于依法治国的一系列新观点、新举措,回答了党的领导和依法治国的关系等一系列重大理论和实践问题,对科学立法、严格执法、公正司法、全民守法、法治队伍建设、加强和改进党对全面推进依法治国的领导作出了全面部署,有针对性地回应了人民群众呼声和社会关切。各方面一致认为,全会决定鲜明提出坚持走中国特色社会主义法治道路、建设中国特色社会主义法治体系的重大论断,明确建设社会主义法治国家的性质、方向、道路、抓手,必将有力推进社会主义法治国家建设。

在征求意见的过程中,各方面提出了许多好的意见和建议。中央责成文件起草组认真梳理和研究这些意见和建议。文件起草组对全会决定作出重要修改。

## 二、关于全会决定的总体框架和主要内容

中央政治局认为,全面推进依法治国涉及改革发展稳定、治党治国治军、内政外交国防等各个领域,必须立足全局和长远来统筹谋划。全会决定应该旗帜鲜明就法治建设的重大理论和实践问题作出回答,既充分肯定我国社会主义法治建设的成就和经验,又针对现实问题提出富有改革创新精神的新观点新举措;既抓住法治建设的关键,又体现党和国家事业发展全局要求;既高屋建瓴、搞好顶层设计,又脚踏实

地、做到切实管用；既讲近功，又求长效。

全会决定起草突出了5个方面的考虑。一是贯彻党的十八大和十八届三中全会精神，贯彻党的十八大以来党中央工作部署，体现全面建成小康社会、全面深化改革、全面推进依法治国这“三个全面”的逻辑联系。二是围绕中国特色社会主义事业总体布局，体现推进各领域改革发展对提高法治水平的要求，而不是就法治论法治。三是反映目前法治工作基本格局，从立法、执法、司法、守法4个方面作出工作部署。四是坚持改革方向、问题导向，适应推进国家治理体系和治理能力现代化要求，直面法治建设领域突出问题，回应人民群众期待，力争提出对依法治国具有重要意义的改革举措。五是立足我国国情，从实际出发，坚持走中国特色社会主义法治道路，既与时俱进、体现时代精神，又不照抄照搬别国模式。

全会决定共分三大板块。导语和第一部分构成第一板块，属于总论。第一部分旗帜鲜明提出坚持走中国特色社会主义法治道路、建设中国特色社会主义法治体系、建设社会主义法治国家，阐述全面推进依法治国的重大意义、指导思想、总目标、基本原则，阐述中国特色社会主义法治体系的科学内涵，阐述党的领导和依法治国的关系等重大问题。

第二部分至第五部分构成第二板块，从目前法治工作基本格局出发，对科学立法、严格执法、公正司法、全民守法进行论述和部署。第二部分讲完善以宪法为核心的中国特色社会主义法律体系、加强宪法实施，从健全宪法实施和监督制度、完善立法体制、深入推进科学立法民主立法、加强重点领域立法4个方面展开，对宪法实施和监督提出基本要求和具体措施，通过部署重点领域立法体现依法治国同中国特色社会主义事业总体布局的关系。第三部分讲深入推进依法行政、加快建设法治政府，从依法全面履行政府职能、健全依法决策机制、深化行政执法体制改革、坚持严格规范公正文明执法、强化对行政权力的制约和监督、全面推进政务公开6个方面展开。第四部分讲保证公正司法、提高司法公信力，从完善确保依法独立公正行使审判权和检察权的制度、优化司法职权配置、推进严格司法、保障人民群众参与司法、加强人权司法保障、加强对司法活动的监督6个方面展开。第五部分讲增强全民法治观念、推进法治社会建设，从推动全社会树立法治意识、推进多层次多领域依法治理、建设完备的法律服务体系、健全依法维权和化解纠纷机制4个方面展开。

第六部分、第七部分和结束语构成第三板块。第六部分讲加强法治工作队伍建设，从建设高素质法治专门队伍、加强法律服务队伍建设、创新法治人才培养机制3个方面展开。第七部分讲加强和改进党对全面推进依法治国的领导，从坚持依法执政、加强党内法规制度建设、提高党员干部法治思维和依法办事能力、推进基层治理法治化、深入推进依法治军从严治军、依法保障“一国两制”实践和推进祖国统一、加强涉外法律工作7个方面展开。最后，号召全党全国为建设法治中国而奋斗。

## 三、关于需要说明的几个问题

**第一，党的领导和依法治国的关系。**党和法治的关系是法治建设的核心问题。全面推进依法治国这件大事能不能办好，最关键的是方向是不是正确、政治保证是不是坚强有力，具体讲就是要坚持党的领导，坚持中国特色社会主义制度，贯彻中国特色社会主义法治理论。党的领导是中国特色社会主义最本质的特征，是社会主义法治最根本的保证。中国特色社会主义制度是中国特色社会主义法治体系的根本制度基础，是全面推进依法治国的根本制度保障。中国特色社会主义法治理论是中国特色社会主义法治体系的理论指导和学理支撑，是全面推进依法治国的行动指南。这3个方面实质上是中国特色社会主义法治道路的核心要义，规定和确保了中国特色社会主义法治体系的制度属性和前进方向。

全会决定明确提出，坚持党的领导，是社会

主义法治的根本要求,是党和国家的根本所在、命脉所在,是全国各族人民的利益所系、幸福所系,是全面推进依法治国的题中应有之义;党的领导和社会主义法治是一致的,社会主义法治必须坚持党的领导,党的领导必须依靠社会主义法治。全会决定围绕加强和改进党对全面推进依法治国的领导提出“三统一”、“四善于”,并作出了系统部署。

把坚持党的领导、人民当家作主、依法治国有机统一起来是我国社会主义法治建设的一条基本经验。我国宪法以根本法的形式反映了党带领人民进行革命、建设、改革取得的成果,确立了在历史和人民选择中形成的中国共产党的领导地位。对这一点,要理直气壮讲、大张旗鼓讲。要向干部群众讲清楚我国社会主义法治的本质特征,做到正本清源、以正视听。

**第二,全面推进依法治国的总目标。**全会决定提出,全面推进依法治国,总目标是建设中国特色社会主义法治体系,建设社会主义法治国家,并对这个总目标作出了阐释:在中国共产党领导下,坚持中国特色社会主义制度,贯彻中国特色社会主义法治理论,形成完备的法律规范体系、高效的法治实施体系、严密的法治监督体系、有力的法治保障体系,形成完善的党内法规体系,坚持依法治国、依法执政、依法行政共同推进,坚持法治国家、法治政府、法治社会一体建设,实现科学立法、严格执法、公正司法、全民守法,促进国家治理体系和治理能力现代化。

提出这个总目标,既明确了全面推进依法治国的性质和方向,又突出了全面推进依法治国的工作重点和总抓手。一是向国内外鲜明宣示我们将坚定不移走中国特色社会主义法治道路。中国特色社会主义法治道路,是社会主义法治建设成就和经验的集中体现,是建设社会主义法治国家的唯一正确道路。在走什么样的法治道路问题上,必须向全社会释放正确而明确的信号,指明全面推进依法治国的正确方向,统一全党全国各族人民认识和行动。二是明确全面推进依法治国的总抓手。全面推进依法治国涉及很多方面,在实际工作中必须有一个总揽全局、牵引各方的总抓手,这个总抓手就是建设中国特色社会主义法治体系。依法治国各项工作都要围绕这个总抓手来谋划、来推进。三是建设中国特色社会主义法治体系、建设社会主义法治国家是实现国家治理体系和治理能力现代化的必然要求,也是全面深化改革的必然要求,有利于在法治轨道上推进国家治理体系和治理能力现代化,有利于在全面深化改革总体框架内全面推进依法治国各项工作,有利于在法治轨道上不断深化改革。

**第三,健全宪法实施和监督制度。**宪法是国家的根本法。法治权威能不能树立起来,首先要看宪法有没有权威。必须把宣传和树立宪法权威作为全面推进依法治国的重大事项抓紧抓好,切实在宪法实施和监督上下功夫。

党的十八届三中全会提出,要进一步健全宪法实施监督机制和程序,把实施宪法要求提高到一个新水平。这次全会决定进一步提出,完善全国人大及其常委会宪法监督制度,健全宪法解释程序机制;加强备案审查制度和能力建设,依法撤销和纠正违宪违法的规范性文件;将每年12月4日定为国家宪法日;在全社会普遍开展宪法教育,弘扬宪法精神。

全会决定提出建立宪法宣誓制度。这是世界上大多数有成文宪法的国家所采取的一种制度。在142个有成文宪法的国家中,规定相关国家公职人员必须宣誓拥护或效忠宪法的有97个。关于宪法宣誓的主体、内容、程序,各国做法不尽相同,一般都在有关人员开始履行职务之前或就职时举行宣誓。全会决定规定,凡经人大及其常委会选举或者决定任命的国家工作人员正式就职时公开向宪法宣誓。这样做,有利于彰显宪法权威,增强公职人员宪法观念,激励公职人员忠于和维护宪法,也有利于在全社会增强宪法意识、树立宪法权威。

**第四,完善立法体制。**新中国成立以来特别是改革开放以来,经过长期努力,我国形成了中国特色社会主义法律体系,国家生活和社会生活各方面总体上实现了有法可依，这是一个了不起的重大成就。同时，我们也要看到，实践发展永无止境，立法工作也永无止境，完善中国特色社会主义法律体系任务依然很重。

我们在立法领域面临着一些突出问题，比如，立法质量需要进一步提高，有的法律法规全面反映客观规律和人民意愿不够，解决实际问题有效性不足，针对性、可操作性不强；立法效率需要进一步提高。还有就是立法工作中部门化倾向、争权诿责现象较为突出，有的立法实际上成了一种利益博弈，不是久拖不决，就是制定的法律法规不大管用，一些地方利用法规实行地方保护主义，对全国形成统一开放、竞争有序的市场秩序造成障碍，损害国家法治统一。

推进科学立法、民主立法，是提高立法质量的根本途径。科学立法的核心在于尊重和体现客观规律，民主立法的核心在于为了人民、依靠人民。要完善科学立法、民主立法机制，创新公众参与立法方式，广泛听取各方面意见和建议。全会决定提出，明确立法权力边界，从体制机制和工作程序上有效防止部门利益和地方保护主义法律化。一是健全有立法权的人大主导立法工作的体制机制，发挥人大及其常委会在立法工作中的主导作用；建立由全国人大相关专门委员会、全国人大常委会法制工作委员会组织有关部门参与起草综合性、全局性、基础性等重要法律草案制度；增加有法治实践经验的专职常委比例；依法建立健全专门委员会、工作委员会立法专家顾问制度。二是加强和改进政府立法制度建设，完善行政法规、规章制定程序，完善公众参与政府立法机制；重要行政管理法律法规由政府法制机构组织起草；对部门间争议较大的重要立法事项，由决策机关引入第三方评估，不能久拖不决。三是明确地方立法权限和范围，禁止地方制发带有立法性质的文件。

需要明确的是，在我们国家，法律是对全体公民的要求，党内法规制度是对全体党员的要求，而且很多地方比法律的要求更严格。我们党是先锋队，对党员的要求应该更严。全面推进依法治国，必须努力形成国家法律法规和党内法规制度相辅相成、相互促进、相互保障的格局。

**第五，加快建设法治政府。**法律的生命力在于实施，法律的权威也在于实施。“天下之事，不难于立法，而难于法之必行。”如果有了法律而不实施、束之高阁，或者实施不力、做表面文章，那制定再多法律也无济于事。全面推进依法治国的重点应该是保证法律严格实施，做到“法立，有犯而必施；令出，唯行而不返”。

政府是执法主体，对执法领域存在的有法不依、执法不严、违法不究甚至以权压法、权钱交易、徇私枉法等突出问题，老百姓深恶痛绝，必须下大气力解决。全会决定提出，各级政府必须坚持在党的领导下、在法治轨道上开展工作，加快建设职能科学、权责法定、执法严明、公开公正、廉洁高效、守法诚信的法治政府。全会决定提出了一些重要措施。一是推进机构、职能、权限、程序、责任法定化，规定行政机关不得法外设定权力，没有法律法规依据不得作出减损公民、法人和其他组织合法权益或者增加其义务的决定；推行政府权力清单制度，坚决消除权力设租寻租空间。二是建立行政机关内部重大决策合法性审查机制，积极推行政府法律顾问制度，保证法律顾问在制定重大行政决策、推进依法行政中发挥积极作用；建立重大决策终身责任追究制度及责任倒查机制。三是推进综合执法，理顺城管执法体制，完善执法程序，建立执法全过程记录制度，严格执行重大执法决定法制审核制度，全面落实行政执法责任制。四是加强对政府内部权力的制约，对财政资金分配使用、国有资产监管、政府投资、政府采购、公共资源转让、公共工程建设等权力集中的部门和岗位实行分事行权、分岗设权、分级授权，定期轮岗，强化内部流程控制，防止权力滥用；完善政府内部层级监督和专门监督；保障依法独立行使审计监督权。五是全面推进政务公开，推进决策公开、执行公开、管理公开、服务公开、结果公开，重点推进财政预算、公共资源配置、重大建设项目批准和实施、社会公益事业建设等领域的政府信息公开。这些措施都有很强的针对性,也同党的十八届三中全会精神一脉相承,对法治政府建设十分紧要。

**第六,提高司法公信力**。司法是维护社会公平正义的最后一道防线。我曾经引用过英国哲学家培根的一段话,他说:“一次不公正的审判,其恶果甚至超过十次犯罪。因为犯罪虽是无视法律——好比污染了水流,而不公正的审判则毁坏法律——好比污染了水源。”这其中的道理是深刻的。如果司法这道防线缺乏公信力,社会公正就会受到普遍质疑,社会和谐稳定就难以保障。因此,全会决定指出,公正是法治的生命线;司法公正对社会公正具有重要引领作用,司法不公对社会公正具有致命破坏作用。

当前,司法领域存在的主要问题是,司法不公、司法公信力不高问题十分突出,一些司法人员作风不正、办案不廉,办金钱案、关系案、人情案,“吃了原告吃被告”,等等。司法不公的深层次原因在于司法体制不完善、司法职权配置和权力运行机制不科学、人权司法保障制度不健全。

党的十八届三中全会针对司法领域存在的突出问题提出了一系列改革举措,司法体制和运行机制改革正在有序推进。这次全会决定在党的十八届三中全会决定的基础上对保障司法公正作出了更深入的部署。比如,为确保依法独立公正行使审判权和检察权,全会决定规定,建立领导干部干预司法活动、插手具体案件处理的记录、通报和责任追究制度;健全行政机关依法出庭应诉、支持法院受理行政案件、尊重并执行法院生效裁判的制度;建立健全司法人员履行法定职责保护机制,等等。为优化司法职权配置,全会决定提出,推动实行审判权和执行权相分离的体制改革试点;统一刑罚执行体制;探索实行法院、检察院司法行政事务管理权和审判权、检察权相分离;变立案审查制为立案登记制,等等。为保障人民群众参与司法,全会决定提出,完善人民陪审员制度,扩大参审范围;推进审判公开、检务公开、警务公开、狱务公开;建立生效法律文书统一上网和公开查询制度,等等。全会决定还就加强人权司法保障和加强对司法活动的监督提出了重要改革措施。

**第七,最高人民法院设立巡回法庭**。近年来,随着社会矛盾增多,全国法院受理案件数量不断增加,尤其是大量案件涌入最高人民法院,导致审判接访压力增大,息诉罢访难度增加,不利于最高人民法院发挥监督指导全国法院工作职能,不利于维护社会稳定,不利于方便当事人诉讼。

全会决定提出,最高人民法院设立巡回法庭,审理跨行政区域重大行政和民商事案件。这样做,有利于审判机关重心下移、就地解决纠纷、方便当事人诉讼,有利于最高人民法院本部集中精力制定司法政策和司法解释、审理对统一法律适用有重大指导意义的案件。

**第八,探索设立跨行政区划的人民法院和人民检察院**。随着社会主义市场经济深入发展和行政诉讼出现,跨行政区划乃至跨境案件越来越多,涉案金额越来越大,导致法院所在地有关部门和领导越来越关注案件处理,甚至利用职权和关系插手案件处理,造成相关诉讼出现“主客场”现象,不利于平等保护外地当事人合法权益、保障法院独立审判、监督政府依法行政、维护法律公正实施。

全会决定提出,探索设立跨行政区划的人民法院和人民检察院。这有利于排除对审判工作和检察工作的干扰、保障法院和检察院依法独立公正行使审判权和检察权,有利于构建普通案件在行政区划法院审理、特殊案件在跨行政区划法院审理的诉讼格局。

**第九,探索建立检察机关提起公益诉讼制度**。现在,检察机关对行政违法行为的监督,主要是依法查办行政机关工作人员涉嫌贪污贿赂、渎职侵权等职务犯罪案件,范围相对比较窄。而实际情况是,行政违法行为构成刑事犯罪的毕竟是少数,更多的是乱作为、不作为。如果对这类违法行为置之不理、任其发展,一方面不可能根本扭转一些地方和部门的行政乱象，另一方面可能使一些苗头性问题演变为刑事犯罪。全会决定提出，检察机关在履行职责中发现行政机关违法行使职权或者不行使职权的行为，应该督促其纠正。作出这项规定，目的就是要使检察机关对在执法办案中发现的行政机关及其工作人员的违法行为及时提出建议并督促其纠正。这项改革可以从建立督促起诉制度、完善检察建议工作机制等入手。

在现实生活中，对一些行政机关违法行使职权或者不作为造成对国家和社会公共利益侵害或者有侵害危险的案件，如国有资产保护、国有土地使用权转让、生态环境和资源保护等，由于与公民、法人和其他社会组织没有直接利害关系，使其没有也无法提起公益诉讼，导致违法行政行为缺乏有效司法监督，不利于促进依法行政、严格执法，加强对公共利益的保护。由检察机关提起公益诉讼，有利于优化司法职权配置、完善行政诉讼制度，也有利于推进法治政府建设。

**第十，推进以审判为中心的诉讼制度改革。**充分发挥审判特别是庭审的作用，是确保案件处理质量和司法公正的重要环节。我国刑事诉讼法规定公检法三机关在刑事诉讼活动中各司其职、互相配合、互相制约，这是符合中国国情、具有中国特色的诉讼制度，必须坚持。同时，在司法实践中，存在办案人员对法庭审判重视不够，常常出现一些关键证据没有收集或者没有依法收集，进入庭审的案件没有达到“案件事实清楚、证据确实充分”的法定要求，使审判无法顺利进行。

全会决定提出推进以审判为中心的诉讼制度改革，目的是促使办案人员树立办案必须经得起法律检验的理念，确保侦查、审查起诉的案件事实证据经得起法律检验，保证庭审在查明事实、认定证据、保护诉权、公正裁判中发挥决定性作用。这项改革有利于促使办案人员增强责任意识，通过法庭审判的程序公正实现案件裁判的实体公正，有效防范冤假错案产生。

全面推进依法治国是一个系统工程，是国家治理领域一场广泛而深刻的革命。制定好这次全会决定具有十分重要的意义。大家要深刻领会中央精神，从党和国家事业发展全局出发，全面理解和正确对待全会决定提出的重大改革举措，深刻领会有关改革的重大现实意义和深远历史意义，自觉支持改革、拥护改革。在讨论中，希望大家相互启发、相互切磋，既提出建设性的修改意见和建议，进一步完善全会决定提出的思路和方案，又加深理解，以利于会后传达贯彻。让我们共同努力，把这次全会开好。

（此《说明》由新华社 2014 年 10 月 28 日受权发布）

# 共建面向未来的亚太伙伴关系

## ——在亚太经合组织第二十二次领导人非正式会议上的开幕辞

## （2014 年 11 月 11 日，雁栖湖国际会议中心）

中华人民共和国主席　习近平

**各位同事：**

很高兴同大家聚会北京雁栖湖畔。首先，我谨对各位同事的到来，表示热烈的欢迎！

每年春秋两季，都有成群的大雁来到这里，雁栖湖因此得名。亚太经合组织的 21 个成员，就好比 21 只大雁。“风翻白浪花千片，雁点青天字一行。”今天，我们聚首雁栖湖，目的就是加强合作、展翅齐飞，书写亚太发展新愿景。

今年是亚太经合组织成立 25 周年。亚太经合组织的 25 年，也是亚太发展繁荣的 25 年。亚太经合组织见证了亚太发展的历史成就，亚太发展也赋予亚太经合组织新的使命。

当前，世界经济复苏仍面临诸多不稳定不确定因素，亚太发展也进入新的阶段，既有机遇，也面临挑战。如何破解区域经济合作碎片化风险？如何在后国际金融危机时期谋求新的增长动力？如何解决互联互通建设面临的融资瓶颈？这些都需要我们深入思考、积极应对。

面对新形势，我们应该深入推进区域经济一体化，打造有利于长远发展的开放格局。亚太经合组织应该发挥引领和协调作用，打破种种桎梏，迎来亚太地区更大范围、更高水平、更深层次的新一轮大开放、大交流、大融合。要打破亚太内部的封闭之门，敞开面向世界的开放之门。要在推进茂物目标的同时大力推进亚太自由贸易区进程，明确目标、方向、路线图，尽早将愿景变为现实，实现横跨太平洋两岸、高度开放的一体化安排。

面对新形势，我们应该全力推动改革创新，挖掘新的增长点和驱动力，打造强劲、可持续的增长格局。后国际金融危机时期，增长动力从哪里来？毫无疑问，动力只能从改革中来、从创新中来、从调整中来。我们要创新发展理念，从传统的要素驱动、出口驱动转变为创新驱动、改革驱动，通过结构调整释放内生动力。我们要改变市场管理模式，使市场在资源配置中起决定性作用，更好发挥政府作用。我们要推动科技创新，带动能源革命、消费革命，推动亚太地区在全球率先实现新技术革命。我们今年推动互联网经济、城镇化、蓝色经济等领域合作，探讨跨越“中等收入陷阱”问题，抓住了重大、前沿的国际经济议题，开了个好头。

面对新形势，我们应该加快完善基础设施建设，打造全方位互联互通格局。互联互通是一条脚下之路，无论是公路、铁路、航路还是网路，路通到哪里，我们的合作就在哪里。互联互通是一条规则之路，多一些协调合作，少一些规则障碍，我们的物流就会更畅通、交往就会更便捷。互联互通是一条心灵之路，你了解我，我懂得你，道理就会越讲越明白，事情就会越来越好办。实现亚太全方位互联互通，就是要让脚下之路、规则之路、心灵之路联通太平洋两岸的全体成员，打通融资贵、融资难的瓶颈，就是要加强公私伙伴关系建设，实现联动式发展。

各位同事！

亚太经合组织是一个大家庭，打造发展创新、增长联动、利益融合的开放型亚太经济格局，符合所有成员共同利益。为了实现上述目标，亚太经济体需要共同构建互信、包容、合作、共赢的亚太伙伴关系，为亚太地区和世界经济发展增添动力。

**第一，共同规划发展愿景。**亚太未来发展攸关每个成员利益。我们已经在启动亚太自由贸易区进程、推进互联互通、谋求创新发展等方面达成重要共识，要将共识转化为行动，规划今后5年、10年甚至25年的发展蓝图，一步步扎实向前推进。

**第二，共同应对全球性挑战。**在后国际金融危机时期，我们既要抓住经济增长这个核心，加强宏观政策协调，又要妥善应对流行性疾病、粮食安全、能源安全等全球性问题，以信息共享增进彼此了解，以经验交流分享最佳实践，以沟通协调促进集体行动，以互帮互助深化区域合作。

**第三，共同打造合作平台。**伙伴意味着一个好汉三个帮，一起做好事、做大事。我们应该将亚太经合组织打造成推动一体化的制度平台，加强经验交流的政策平台，反对贸易保护主义的开放平台，深化经济技术合作的发展平台，推进互联互通的联接平台。亚太经合组织的发展壮大有赖于大家共同支持。

我愿在此宣布，中方将捐款1000万美元，用于支持亚太经合组织机制和能力建设，开展各领域务实合作。

**第四，共同谋求联动发展。**伙伴意味着合作共赢、互学互鉴。当前，一些亚太发展中经济体面临较多困难，没有他们的发展，亚太发展就不可持续。我们要加大对发展中成员的资金和技术支持，发挥亚太经济体多样性突出的特点，优势互补，扩大联动效应，实现共同发展。

未来3年，中国政府将为亚太经合组织发展中成员提供1500个培训名额，用于贸易和投资等领域的能力建设项目。

各位同事！

在“共建面向未来的亚太伙伴关系”主题下，我们将围绕“推动区域经济一体化”，“促进经济创新发展、改革与增长”，“加强全方位基础设施与互联互通建设”三项重点议题展开讨论。我期待并相信，这次会议将为亚太发展注入新的活力。

一花不是春，孤雁难成行。让我们以北京雁栖湖为新的起点，引领世界经济的雁阵，飞向更加蔚蓝而辽阔的天空。

谢谢大家！

# 在南京大屠杀死难者国家公祭仪式上的讲话

（2014 年 12 月 13 日）

习近平

**同胞们，同志们，朋友们：**

今天，我们在这里隆重举行南京大屠杀死难者国家公祭仪式，缅怀南京大屠杀的无辜死难者，缅怀所有惨遭日本侵略者杀戮的死难同胞，缅怀为中国人民抗日战争胜利献出生命的革命先烈和民族英雄，表达中国人民坚定不移走和平发展道路的崇高愿望，宣示中国人民牢记历史、不忘过去，珍爱和平、开创未来的坚定立场。

1937 年 7 月 7 日，日本侵略者悍然发动了全面侵华战争，给中国人民带来了前所未有的巨大灾难，中国城乡战火连绵、硝烟四起，中国人民生灵涂炭、苦难深重，中国大地赤地千里、饿殍遍野。

1937 年 12 月 13 日，侵华日军野蛮侵入南京，制造了惨绝人寰的南京大屠杀惨案，30 万同胞惨遭杀戮，无数妇女遭到蹂躏残害，无数儿童死于非命，三分之一建筑遭到毁坏，大量财物遭到掠夺。侵华日军一手制造的这一灭绝人性的大屠杀惨案，是第二次世界大战史上"三大惨案"之一，是骇人听闻的反人类罪行，是人类历史上十分黑暗的一页。

令人感动的是，在南京大屠杀那些腥风血雨的日子里，我们的同胞守望相助、相互支持，众多国际友人也冒着风险，以各种方式保护南京民众，并记录下日本侵略者的残暴行径。他们中有德国的约翰·拉贝、丹麦的贝恩哈尔·辛德贝格、美国的约翰·马吉等人。对他们的人道精神和无畏义举，中国人民永远不会忘记。

日本侵略者制造的南京大屠杀惨案震惊了世界，震惊了一切有良知的人们。第二次世界大战胜利后，远东国际军事法庭和中国审判战犯军事法庭，都对南京大屠杀惨案进行调查并从法律上作出定性和定论，一批手上沾满中国人民鲜血的日本战犯受到了法律和正义的审判与严惩，被永远钉在了历史的耻辱柱上。

历史不会因时代变迁而改变，事实也不会因巧舌抵赖而消失。南京大屠杀惨案铁证如山、不容篡改。任何人要否认南京大屠杀惨案这一事实，历史不会答应，30 万无辜死难者的亡灵不会答应，13 亿中国人民不会答应，世界上一切爱好和平与正义的人民都不会答应。

同胞们、同志们、朋友们！

中国人民和中华民族历来具有不畏强暴、敢于压倒一切敌人而不被敌人所压倒的英雄气概。面对极其野蛮、极其残暴的日本侵略者，具有伟大爱国主义精神的中国人民没有屈服，而是凝聚起了同侵略者血战到底的空前斗志，坚定了抗日救国的必胜信念。在中国共产党号召和引领下，在全民族各种积极力量共同行动下，中华儿女同仇敌忾，视死如归，前仆后继，共御外敌。

经过 8 年艰苦卓绝的浴血奋战，中国人民付出了伤亡 3500 万人的沉重代价，用生命和鲜血打败了日本侵略者，赢得了中国人民抗日战争伟大胜利，也为世界反法西斯战争胜利作出了重大贡献。

中国人民抗日战争的胜利，谱写了中华民族不屈不挠抵抗外来侵略的壮丽史诗，彻底洗刷了近代以后中国屡遭外来侵略的民族耻辱，极大增强了中华民族的自信心和自豪感，也为中国人民在中国共产党领导下开辟实现民族复兴的正确道路创造了重要条件。

同胞们、同志们、朋友们！

自古以来，和平就是人类最持久的夙愿。和平像阳光一样温暖、像雨露一样滋润。有了阳光雨露，万物才能茁壮成长。有了和平稳定，人类才能更好实现自己的梦想。

历史告诉我们，和平是需要争取的，和平是需要维护的。只有人人都珍惜和平、维护和平，只有人人都记取战争的惨痛教训，和平才是有希望的。

我们为南京大屠杀死难者举行公祭仪式，是要唤起每一个善良的人们对和平的向往和坚守，而不是要延续仇恨。中日两国人民应该世代友好下去，以史为鉴、面向未来，共同为人类和平作出贡献。

忘记历史就意味着背叛，否认罪责就意味着重犯。我们不应因一个民族中有少数军国主义分子发起侵略战争就仇视这个民族，战争的罪责在少数军国主义分子而不在人民，但人们任何时候都不应忘记侵略者所犯下的严重罪行。一切罔顾侵略战争历史的态度，一切美化侵略战争性质的言论，不论说了多少遍，不论说得多么冠冕堂皇，都是对人类和平和正义的危害。对这些错误言行，爱好和平与正义的人们必须高度警惕、坚决反对。

同胞们、同志们、朋友们！

“疑今者，察之古；不知来者，视之往。”近代以后的100多年时间里，中国人民无数次经历了战争磨难，更加懂得和平的珍贵。弱肉强食不是人类共存之道，穷兵黩武不是人类和平之计。和平而不是战争，合作而不是对抗，才是人类社会进步的永恒主题。

刚才，我们为南京大屠杀死难者国家公祭鼎庄严揭幕。我们设置这尊鼎，就是要向世人宣告“昭昭前事，惕惕后人”、“永矢弗谖，祈愿和平”的心愿。

此时此刻，我们要告慰所有在南京大屠杀惨案中不幸罹难的同胞们，告慰所有在日本侵华战争中不幸死难的同胞们，告慰所有在近代以来中国抗击外来侵略中英勇牺牲的同胞们，告慰所有在为争取民族独立、人民解放和国家富强、人民幸福的伟大斗争中英勇献身的同胞们：今天的中国，已经成为一个具有保卫人民和平生活坚强能力的伟大国家，中华民族任人宰割、饱受欺凌的时代已经一去不复返了，中国人民正在意气风发地沿着中国特色社会主义道路，为实现“两个一百年”奋斗目标、实现中华民族伟大复兴的中国梦而奋斗。中华民族的发展前景无比光明。

此时此刻，中国人民也要庄严昭告国际社会：今天的中国，是世界和平的坚决倡导者和有力捍卫者，中国人民将坚定不移维护人类和平与发展的崇高事业，愿同各国人民真诚团结起来，为建设一个持久和平、共同繁荣的世界而携手努力！

# 在庆祝澳门回归祖国15周年大会暨澳门特别行政区第四届政府就职典礼上的讲话

（2014年12月20日）

习近平

**同胞们，朋友们：**

大家好！今天，我们怀着喜悦的心情，在这里隆重集会，庆祝澳门回归祖国15周年，举行澳门特别行政区第四届政府就职典礼。

首先，我谨代表中央政府和全国各族人民，向全体澳门居民，致以诚挚的问候！向新就任的澳门特别行政区第四任行政长官崔世安先生，向第四届政府主要官员、行政会委员，表示热烈的祝贺！向所有关心澳门、为澳门繁荣稳定作出贡献的海内外同胞和国际友人，表示衷心的感谢！

此时此刻，让我们共同回忆15年前的今天。那一天，中国政府恢复对澳门行使主权，中华人民共和国澳门特别行政区成立。从此，澳门回到祖国怀抱，走上了同祖国内地优势互补、共同发展的宽广道路。这是中华民族发展进程中具有重大历史意义的事件，开辟了澳门发展新纪元。

15年来，在中央政府和内地大力支持下，在特别行政区行政长官和政府带领下，澳门社会各界人士齐心协力、团结奋斗，积极推进"一国两制"实践，取得了丰硕成果。

——我们高兴地看到，"一国两制"、"澳人治澳"、高度自治方针和澳门特别行政区基本法在澳门社会广泛深入人心、得到切实贯彻落实，宪法和基本法规定的澳门特别行政区的宪制秩序得到尊重和维护，中央全面管治权有效行使，特别行政区享有的高度自治权受到充分保障。广大澳门同胞当家作主、依法享有广泛自由和民主权利，澳门民主政制有序发展，经济快速增长，居民生活持续改善，社会大局和谐稳定，各项事业全面进步，对外交往不断扩大。

——我们高兴地看到，澳门同祖国内地的交流合作日益密切，继续为祖国改革开放和现代化建设作出独特贡献，分享祖国发展带来的机遇和成果。澳门同胞对国家的认同感和向心力不断加强，血浓于水的民族感情不断升华，爱国爱澳成为社会主流价值观。

——我们高兴地看到，澳门作为中西文化荟萃的历史文化名城，传承岭南色彩的中华文化，融汇欧陆风情，蕴含独特魅力。生活在澳门的不同族群和谐相处，相互学习，守望相助，展示了澳门活力四射的形象。

澳门回归祖国15年取得的成就，值得澳门同胞和全国各族人民自豪和骄傲；探索积累的宝贵经验，值得澳门同胞和全国各族人民珍惜和铭记。

实践证明，只要坚持全面准确理解和贯彻"一国两制"方针、严格按照基本法办事，坚持集中精力发展经济、改善民生，坚持包容共济、促进爱国爱澳旗帜下的广泛团结，"一国两制"实践就能沿着正确方向走稳、走实、走远，澳门就能拥有更加美好的明天。

同胞们、朋友们！

15年来，澳门社会各方面发生了深刻变化，外部环境也发生了深刻变化，在新的历史起点上，要把澳门经济社会发展的良好局面巩固好、发展好，必须再接再厉、开拓进取，为澳门长期繁荣稳定打下更为坚实的基础。在此，我提4点希望。

**第一，继续奋发有为，不断提高特别行政区依法治理能力和水平。**回归以来，澳门特别行政区治理体系和治理能力不断完善和提高。同时,我们也看到,形势发展和民众期待给特别行政区治理提出了更新更高的要求。

人类社会发展的事实证明,依法治理是最可靠、最稳定的治理。要善于运用法治思维和法治方式进行治理,要强化法治意识,特别是要完善与澳门特别行政区基本法实施相配套的制度和法律体系,夯实依法治澳的制度基础。要努力打造勤政、廉洁、高效、公正的法治政府,做到依法决策、依法施政,使特别行政区发展始终沿着法治轨道展开。要加强公职人员队伍建设和管理,提高依法履职能力。要在全社会弘扬法治精神,共同维护法治秩序,培养造就一大批熟悉澳门特别行政区基本法、具备深厚专业素养的法治人才,为依法治澳提供坚强人才保障。

**第二,继续统筹谋划,积极推动澳门走经济适度多元可持续发展道路**。这些年来,澳门经济社会快速发展,同时一些长期形成的深层次矛盾也随之显现,发展面临的风险有所积累。要放眼世界、放眼祖国、放眼未来、放眼长远,合理制定澳门发展的思路和蓝图,推动澳门经济社会健康发展。

要善于从长计议,抓住国家全面深化改革的重大机遇,围绕建设世界旅游休闲中心、中国与葡语国家商贸合作服务平台的发展定位,推动澳门经济适度多元可持续发展。这是关系澳门居民利益的大事,也是关系区域发展乃至国家发展的大事。要做好顶层设计,制定具体推进的步骤和措施。要坚持提升自身发展素质能力和加强区域合作"两条腿"走路。一方面,要以更大勇气和智慧破解发展难题,加强和完善对博彩业的监管,积极培育新的经济增长点,不断推动经济适度多元可持续发展取得实质性成果。另一方面,要用好中央支持澳门发展的政策措施,深化同祖国内地特别是同广东省和泛珠三角地区的合作。在区域合作中拓宽澳门发展空间,增强澳门发展动力,努力实现与内地共同发展、共同进步。

**第三,继续筑牢根基,努力促进社会和谐稳定**。和谐稳定是经济社会发展、市民安居乐业的根基。澳门特别行政区政府和各界人士都要倍加珍惜、全力维护和谐稳定的大局。

要坚持以人为本的施政理念,察民情、知民需、解民忧、纾民困,妥善处理社会多元诉求,平衡好各方利益,积极营造更加公平公正的社会环境。要让广大居民更好分享发展成果,改善生活质量,提高幸福指数。澳门各界人士要继续弘扬爱国爱澳的社会主流价值观,支持特别行政区行政长官和政府依法施政,增强社会凝聚力和正能量,共同致力于实现澳门长期繁荣稳定。同时,要防范和反对外部势力渗透和干扰,巩固澳门安定团结的良好局面。

**第四,继续面向未来,加强青少年教育培养**。十年树木,百年树人。澳门青少年是澳门的希望,也是国家的希望,关系到澳门和祖国的未来。要实现爱国爱澳光荣传统代代相传,保证"一国两制"事业后继有人,就要加强对青少年的教育培养。要高度重视和关心爱护青年一代,为他们成长、成才、成功创造良好条件。

泱泱中华,历史悠久,文明博大。中华民族在几千年历史中创造和延续的中华优秀传统文化,是中华民族的根和魂。要把我国历史文化和国情教育摆在青少年教育的突出位置,让青少年更多领略中华文明的博大精深,更多感悟近代以来中华民族救亡图存、发愤图强的光辉历程,更多认识新中国走过的不平凡道路和取得的巨大成就,更多理解"一国两制"与坚持和发展中国特色社会主义、实现中华民族伟大复兴中国梦的内在联系,从而牢牢把握澳门同祖国紧密相连的命运前程,加深民族自豪感和爱国爱澳情怀,增强投身"一国两制"事业的责任感和使命感。

同胞们、朋友们!

"一国两制"是国家的一项基本国策。牢牢坚持这项基本国策,是实现香港、澳门长期繁荣稳定的必然要求,也是实现中华民族伟大复兴中国梦的重要组成部分,符合国家和民族根本利益,符合香港、澳门整体和长远利益,符合外来投资者利益。

继续推进"一国两制"事业,必须牢牢把握"一国两制"的根本宗旨,共同维护国家主权、安全、发展利益,保持香港、澳门长期繁荣稳定;必须坚持依法治港、依法治澳,依法保障"一国两制"实践;必须把坚持一国原则和尊重两制差异、维护中央权力和保障特别行政区高度自治权、发挥祖国内地坚强后盾作用和提高港澳自身竞争力有机结合起来,任何时候都不能偏废。只有这样,才能把路走对了走稳了,否则就会左脚穿着右脚鞋——错打错处来。

继续推进"一国两制"事业,是中央政府、特别行政区政府和包括港澳同胞在内的全国各族人民的共同使命,无论遇到什么样的困难和挑战,我们对"一国两制"方针的信心和决心都绝不会动摇,我们推进"一国两制"实践的信心和决心都绝不会动摇!

当前,我们的祖国正处在全面建成小康社会、全面深化改革、全面推进依法治国的重要时期,在中国共产党领导下,全国各族人民正在为实现"两个一百年"奋斗目标、实现中华民族伟大复兴的中国梦而团结奋斗。祖国各个领域都发生了并正在发生前所未有的深刻变化。我国综合国力大幅跃升,人民生活不断改善,国际地位和国际影响力明显提高。现在,我们比历史上任何时期都更加接近中华民族伟大复兴的目标,比历史上任何时期都更有信心、更有能力实现这个目标。

今天,每一个中国人都能够更加自信、更加自豪地走在这个世界上,因为我们的背后是拥有960多万平方公里国土、13亿多人口、具有强大实力的伟大国家,这是我们所有中华儿女共同的祖国。

实现中华民族伟大复兴的中国梦,是时代的召唤,是民族的使命。身处在我们这个时代的中国人,不论在什么地方,都应该为此感到骄傲,都应该为此作出贡献,有一分热、发一分光。我坚信,祖国不断繁荣富强,必将为香港、澳门发展打开更加美好的前景。

"接天莲叶无穷碧,映日荷花别样红。"在中央政府、澳门特别行政区政府和社会各界人士共同努力下,在全国各族人民大力支持下,"一国两制"在澳门的实践必将谱写出新的精彩篇章,澳门这朵祖国的美丽莲花必将绽放出更加绚丽、更加迷人的色彩!

谢谢大家。

# 在全国政协新年茶话会上的讲话

（2014 年 12 月 31 日）

习近平

**同志们，朋友们：**

明天我们就要跨入 2015 年了。在这一元复始、万象更新的喜庆时刻，我们欢聚一堂，感到格外高兴。

首先，我代表中共中央、国务院和中央军委，向各民主党派、工商联和无党派人士、各人民团体，向全国广大工人、农民、知识分子、干部和各界人士，向人民解放军指战员、武警官兵和公安干警，向香港特别行政区同胞、澳门特别行政区同胞、台湾同胞和海外侨胞，向关心和支持中国现代化建设的国际友人，致以节日的祝福！祝大家新年好！

在过去的一年里，中共中央团结带领全国各族人民，坚持稳中求进工作总基调，积极适应经济发展新常态，注重谋划全局性、战略性、长远性的重大问题，推动社会主义经济建设、政治建设、文化建设、社会建设、生态文明建设以及国防和军队建设、外交工作取得重大进展。我们贯彻“一国两制”方针，坚决维护香港、澳门繁荣稳定大局，隆重庆祝澳门回归祖国 15 周年。我们积极推动两岸关系和平发展，保持两岸交流合作良好势头。中共中央重点抓了党的群众路线教育实践活动，聚焦惩治形式主义、官僚主义、享乐主义和奢靡之风，党风政风为之一新。我们加大反腐败斗争力度，坚持“老虎”、“苍蝇”一起打，一批腐败分子被绳之以党纪国法。

去年同一时间，我在这里说过，开弓没有回头箭，我们要坚定不移实现改革目标。一年来，我们蹄疾步稳地推进各项改革，中央全面深化改革领导小组确定的 80 个重点改革任务基本完成，此外中央有关部门还完成了 108 个改革任务，各方面共出台 370 条改革成果，一些多年来难啃的硬骨头啃下来了，改革为我国发展注入了强大动力。

这些成绩，是大家共同创造的，光荣属于大家。

当前，时和势总体有利，但艰和险在增多。我们要全面贯彻落实中共十八大和十八届三中、四中全会精神，以邓小平理论、“三个代表”重要思想、科学发展观为指导，继续推进全面建成小康社会、全面深化改革、全面依法治国、全面从严治党，突出创新驱动，强化风险防控，加强民生保障，如期完成“十二五”规划确定的各项目标任务。我们要坚定不移维护香港、澳门长期繁荣稳定。我们要深化两岸合作交流，促进两岸一家亲、共筑中国梦。我们要高举和平、发展、合作、共赢旗帜，积极实施“一带一路”战略，促进人类文明进步事业。

中共十八届四中全会对全面推进依法治国作出顶层设计和总体部署。“奉法者强则国强”。全面推进依法治国是国家治理领域一场广泛而深刻的革命。我们要逐条逐项落实全面推进依法治国各项部署和措施。

问题是时代的声音，人心是最大的政治。推进党和国家各项工作，必须坚持问题导向，倾听人民呼声。我们要坚持求真务实、真抓实干，积极适应国际国内形势新变化，准确把握规律，紧紧依靠人民，奋发有为开创各项工作新局面。我们的事业是全新的事业，在前进的道路上，我们既不能因循守旧、墨守成规，也不能罔顾国情、东施效颦。我们要坚定不移走好走稳自己的路。

同志们、朋友们！

在即将过去的一年里，我们隆重庆祝了中国人民政治协商会议成立65周年，人民政协发挥作为协商民主重要渠道作用，着力搭建协商平台、创新协商载体、增加协商密度，聚焦改革发展稳定重大问题深入调查研究、反映社情民意、开展民主监督，为推进改革开放和社会主义现代化建设作出了重要贡献。

新的一年，我们要巩固和发展最广泛的爱国统一战线，坚持和完善中国共产党领导的多党合作和政治协商制度，不断为事业发展凝聚人心、增添力量。人民政协要深入进行调研视察、协商议政，积极开展民主监督，讲真话、进诤言，出实招、谋良策。要加强协商民主制度建设，为各党派团体和各族各界人士搭建协商平台、丰富协商形式、创造民主氛围，为我国社会主义民主政治发展注入新的活力。

同志们、朋友们！

我们的目标越伟大，我们的使命越艰巨，就越需要所有人拧成一股绳去干事创业。让我们更加紧密地团结起来，向着我们共同的奋斗目标、向着更加辉煌的明天，奋勇前进！

# 第四批全国干部学习培训教材《序言》

（2015 年 1 月 18 日）

习近平

面对复杂严峻的国际形势，面对艰巨繁重的改革发展稳定任务，想一帆风顺推进我们的事业是不可能的。可以预见，前进道路上，来自各方面的困难、风险、挑战肯定会不断出现，关键看我们有没有克服它们、战胜它们、驾驭它们的本领。全党同志特别是各级领导干部要有本领不够的危机感，以时不我待的精神，一刻不停增强本领。只有全党本领不断增强了，“两个一百年”奋斗目标才能实现，中华民族伟大复兴的中国梦才能梦想成真。

好学才能上进，好学才有本领。中国共产党人依靠学习走到今天，也必然要依靠学习走向未来。各级领导干部要勤于学、敏于思，坚持博学之、审问之、慎思之、明辨之、笃行之，以学益智，以学修身，以学增才。要努力学习各方面知识，努力在实践中增加才干，加快知识更新，优化知识结构，拓宽眼界和视野，着力避免陷入少知而迷、不知而盲、无知而乱的困境，着力克服本领不足、本领恐慌、本领落后的问题。

各地区各部门各单位要认真组织干部学好用好这批教材，帮助广大干部深入学习领会党的十八大和十八届三中、四中全会精神，深入学习贯彻党中央的战略部署和工作要求，不断增强中国特色社会主义道路自信、理论自信、制度自信，不断提高知识化、专业化水平，不断提高履职尽责的素质和能力。

# 共同开创亚洲发展新未来

## ——在博鳌亚洲论坛2014年年会开幕式上的演讲

（2014年4月10日，海南博鳌）

中华人民共和国国务院总理　李克强

**尊敬的各位嘉宾，女士们，先生们，朋友们：**

很高兴在春和日丽的季节，同来自52个国家和地区的朋友们相聚在中国美丽的海南岛，一起出席博鳌亚洲论坛2014年年会。在此，我代表中国政府，对年会的召开表示热烈的祝贺！对远道而来的嘉宾表示诚挚的欢迎！

博鳌亚洲论坛已举办十二届，成为聚焦亚洲、放眼世界的一个重要平台。“水美鱼丰”，这是博鳌的特征，也是论坛硕果累累的象征。出席本届论坛年会的有亚太和非洲多位政府首脑，也有众多的商界领袖和智库、传媒界的杰出人士，老友新朋汇聚一堂，大家都为亚洲和世界的发展大计而来。思想越辩越新，朋友越交越真。希望各位畅所欲言，发表真知灼见。

当今世界正处于深刻变化之中。国际格局面临新的调整，影响全球与地区局势的不确定不稳定因素增多，热点问题此起彼伏，多极化进程曲折。世界经济深度调整，发达经济体虽有新的变化，新兴经济体又遇到新的挑战，不同国家经济走势分化，全球复苏进程缓慢艰难，增长动力仍然不足，实现经济强劲、可持续、平衡增长任重道远。

今天的亚洲正处在发展的关键时期。亚洲是全球最具活力的地区之一，经济规模占世界的1/3，人口有40多亿，劳动力供给充足，后发优势明显，发展潜力远未释放。同时，亚洲大多是发展中国家，人均GDP不高，地区发展水平很不平衡，还有7亿多人生活在国际贫困线以下，发展经济、改善民生的任务依然艰巨。亚洲各国既面临老问题，也有不少新烦恼。解决亚洲的问题，归根结底，还是要靠发展。发展改变世界，发展创造未来。发展仍是亚洲国家的第一要务。

新形势下，亚洲保持发展势头需要源头活水，最重要的是发掘新的动力。本届年会以“亚洲的新未来：寻找和释放新的发展动力”为主题，很有现实针对性，这对亚洲乃至全球都具有深远意义。在此，我愿提出几点看法，与大家交流。

**第一，坚持共同发展的大方向，结成亚洲利益共同体。**在经济全球化背景下，亚洲各国的发展，不可能独善其身，也不应该是“零和博弈”，而是你中有我、我中有你的互利合作，能产生“一加一大于二”的叠加效应，甚至是“二乘二大于四”的乘数效应。时至今日，国际金融危机的影响还没有过去，发达国家宏观政策调整又增加了发展环境的复杂性，部分亚洲国家经济增速下滑、通胀上升，甚至出现资本外流、货币贬值现象，国际上唱衰新兴经济体的声音再起。面对这些新情况、新问题，亚洲国家要继续同舟共济、共克时艰，把经济的互补性转化为发展的互助力，不断扩大利益交汇点，实现互惠共存、互利共赢。

过去十多年，亚洲区内贸易规模从1万亿美元扩大到3万亿美元，占区域各国贸易总量的比例从30%上升到50%，但如与欧盟相比还有很大差距。区域经济一体化是地区各国的共同利益所在，我们应齐心协力促进贸易自由化和投资便利化，提升区域和次区域合作水平。“区域全面经济伙伴关系协定”（RCEP）是亚洲地区参与成员最多、规模最大的贸易协定谈判，是对既有成熟自贸区的整合。RCEP 具有较强的包容性，符合亚洲产业结构、经济模式和社会传统实际，采取循序渐进方式，兼顾成员国不同发展水平，不排斥其他区域贸易安排。中方愿与各方一道，积极推动谈判进程。与此同时，可考虑启动亚太自贸区(FTAAP)的可行性研究，以实现亚太地区贸易投资利益最大化。中国对“跨太平洋战略经济伙伴关系协定”(TPP)持开放态度，只要有利于世界贸易的发展，有利于公平开放的贸易环境，中方乐见其成。我们坚持维护世界贸易组织(WTO)多边贸易体制在全球贸易发展中的主导地位，RCEP 和 TPP 应成为多边贸易体制的重要补充，二者可以并行不悖、相互促进，希望 RCEP 在 2015 年能够达成协议。众人拾柴火焰高。只要地区各国同心并力，就一定能够继续发挥亚洲作为世界经济重要引擎的作用。

**第二，构建融合发展的大格局，形成亚洲命运共同体。**实现亚洲共同发展，根本出路在于经济融合。创造亚洲的美好未来，要靠各国的自身发展，更要靠地区的共同进步。中国有句谚语，“单丝难成线，独木不成林。”地区国家要深化各领域务实合作，在开放中融合，在融合中发展，系牢经济联系的纽带，抓住创新发展的机遇，掌握自己的发展命运。

基础设施互联互通是融合发展的基本条件。地区各国应携起手来，加快推进铁路、公路、航空、水运等基础设施建设。中方愿与相关国家一起，规划建设孟中印缅经济走廊、中巴经济走廊，打造中国—东盟自贸区升级版，今年还要推动“丝绸之路经济带”和“21 世纪海上丝绸之路”建设的重要项目。中方愿与域内外相关方抓紧磋商亚洲基础设施投资银行筹备事宜，争取早日正式成立。产业互接互补是融合发展的主要内容。各国应利用相互毗邻的地缘优势，推动上、中、下游全产业链深度合作，形成优势互补的产业网络和经济体系。亚洲经济的命运取决于改革创新和结构调整。各国要顺应全球新技术革命大趋势，加强相互交流，借鉴彼此经验，促进科技进步和人才培养，尤其是青年人才的培养，推动以绿色能源环保、互联网等为重要内容的“新经济”发展，占领未来发展制高点，提升产业和经济竞争力。这不仅有助于增强本区域持久发展的内生动力，也将为全球经济复苏带来新的机遇。

**第三，维护和平发展的大环境，打造亚洲责任共同体。**地区动荡是祸，周边稳定是福。亚洲的进步得益于和平稳定的地区环境，和平稳定是亚洲发展的基础保障。60 年前，中国、印度和缅甸共同倡导的“和平共处五项原则”，已成为国际关系基本准则，这充满了东方智慧，也是对人类文明作出的重要贡献，我们要把和平共处的理念世代传承下去。远亲不如近邻，近邻可成友邻。实现亚洲的和平与稳定，需要地区国家凝聚共识，积极作为，共同担当起应尽的责任。各国应推动安全对话与磋商，加强灾害管理、海上搜救、反对恐怖主义、打击跨国犯罪等非传统安全领域合作，积极探讨建立亚洲区域安全合作框架。

这里我要强调，中国将继续坚持走和平发展道路，奉行睦邻友好的周边外交政策。同时，我们维护本国领土主权的意志是坚定不移的，愿通过和平手段解决争端的主张也是明确的。对加强海上合作的积极行动，我们会倾力支持；对破坏南海和平稳定的挑衅行为，我们会果断回应。中国人历来讲求“以德报德，以直报怨”，我们重情义，不会亏待朋友；我们讲原则，坚定维护根本立场。南海和平稳定符合包括中国在内的周边国家的共同利益，中方愿在《南海各方行为宣言》(DOC)框架下，稳妥推进“南海行为准则”(COC)磋商进程，共同维护南海的和平稳定和航行自由。中国珍爱和平、渴望发展，愿与地区各国共同致力于建设和平、繁荣和开放的亚洲，在不断增强政治互信中维护亚洲周边的和平、稳定和安宁。

女士们、先生们！

亚洲的发展关乎世界前景，中国的发展与亚洲息息相关。

把经济运行保持在合理区间，是中国当前宏观调控的基本要求，也是中长期政策取向。今年中国经济增长预期目标是7.5%左右，既然是左右，就表明有一个上下幅度，无论经济增速比7.5%高一点，或低一点，只要能够保证比较充分的就业，不出现较大波动，都属于在合理区间。根据有关方面的统计数据，当前，城镇就业持续增加，居民收入、企业效益和财政收入平稳增长，物价总水平保持总体稳定，全社会用电量增幅开始有所回升，结构调整出现一些积极变化，中国经济开局平稳，总体良好。但也要看到，经济稳中向好的基础还不牢固，下行压力依然存在，一些方面的困难不可低估。这些问题既是错综复杂国际大环境影响的结果，也是国内经济深层次矛盾凸显和增长速度换挡期的客观反映。

凡事预则立。面对当前复杂形势，我们既要冷静观察、保持定力，又要未雨绸缪、主动作为。宏观调控要把握总量平衡，更要着眼结构优化，根据形势变化合理把控调控的政策力度，适时采取针对性强的差异化措施。去年我们在实践中创新宏观调控思路和方式，积累了新的调控经验。我们不会为经济一时波动而采取短期的强刺激政策，而是更加注重中长期发展，努力实现中国经济持续健康发展。我们已经确定的方针和所拥有的政策储备，能够应对各种可能出现的风险和挑战，中国的发展有着很强的韧性。我们有能力、有信心保持经济在合理区间运行。

中国经济持续向好是有条件的。中国经济体量大，外汇储备多，协同推进新型工业化、信息化、城镇化、农业现代化，回旋余地很大，市场空间广阔。尤其是中西部和东北地区人口占全国60%以上，人均GDP刚刚达到5000多美元，缩小城乡、区域差距带来的增长潜力巨大。已经出台和还将陆续推出的一系列促改革、调结构、惠民生政策措施，将对稳增长持续发挥作用。

基础实才会行得稳，动力足方能走得远。中国经济稳增长是有基础的，今后一个时期不但有保持中高速增长的良好条件，而且具备持续发展的不竭动力。本届年会主题是寻找新的动力，我们将多方施策，重点在以下三个方面努力。

**一是要向改革要动力。**市场中蕴藏着巨大的活力，人民中蕴藏着无穷的创造力。我们将继续加大简政放权力度，建立政府权力清单制度，探索实行负面清单管理模式，通过中国上海自由贸易试验区等建设，形成有益经验，并复制与推广到其他地区。这有利于放宽市场准入，更好创造营商环境，鼓励公平竞争，建设法治经济，也会更多释放改革红利，激发社会创造活力，稳定市场预期。开放也是改革，开放可以促进改革。我们将着力推动新一轮高水平对外开放，一个很重要的方面，就是要扩大服务业包括资本市场的对外开放。譬如，我们将积极创造条件，建立上海与香港股票市场交易互联互通机制，进一步促进中国内地与香港资本市场双向开放和健康发展。我们将与国际市场更深度融合，不断提升对外开放的层次和水平。

**二是要向调结构要动力。**围绕缩小城乡、区域差距和解决产业结构不合理等问题，以结构改革推动结构调整。加快弥补服务业这块"短板"，把"营改增"试点扩大到邮政电信等更多服务领域，用税收等杠杆来培育壮大生产性和生活性服务业，更多运用社会资本，增加养老、健康、旅游、文体等服务供给。落实以人为核心的新型城镇化规划，从破解城乡之间和城市内部二元结构问题入手，有序推进转移人口市民化，加大政府支持力度与运用市场手段相结合，更大规模改造各类棚户区。我们将推动沿海向内地梯度发展，依托长江黄金水道和重要陆路交通干线，培育新的经济支撑带。着力推进中西部地区铁路、公路等交通基础设施建设，为产业转移创造有利条件。我们还将积极推动绿色工业、新能源、节能环保技术和产品开发，形成新的增长点，在此过程中坚决淘汰落后产能，缓解资源环境的瓶颈约束。扩大国家新兴产业创投引导资金的规模，发挥创新驱动发展的作用，促进我国产业从中低端向中高端迈进，着力提高生产要素产出率。

**三是要向改善民生要动力。**发展的目的是为了民生。中国13亿人是世界上最大的消费市场，也是需求的“富矿”。随着民生的改善，内需对经济增长的拉动作用将不断增强。我们需要随着经济发展，同步提高人民的收入，而就业是收入的来源，是民生之本，我们将实行更加积极的就业创业政策，加大对高校毕业生、失业人员就业创业的财税金融扶持和服务力度。我们已把享受减半征收企业所得税政策小微企业范围的上限，由年应纳税所得额6万元较大幅度提高到10万元，并且还将对个体经营和企业吸纳就业进一步实行减免部分税收的政策，通过扩大就业创业来推动居民收入持续提高。我们将推动完善社会保障制度，健全公共服务体系，消除群众后顾之忧。采取鼓励居民消费的综合政策，提高居民消费能力，扩大商品和服务消费，降低流通成本，更好发挥消费对经济发展的支撑作用。

经过30多年的快速增长，中国经济已进入提质增效升级的新阶段。我们不仅要爬坡过坎，还要行稳致远，集亿万人民的勇气、智慧和力量，续写“中国故事”新的传奇，实现中华民族伟大复兴的中国梦。

女士们，先生们！

我们生活在一个相互依存的时代，世界从来没有像今天这样紧密相连，亚洲从来没有像今天这样需要合作共赢。集众智所为，才是真正成功之道。亚洲各国应密切合作，维护地区和平稳定，共襄地区发展大业，把我们共同的家园建设好，也为世界和平、发展、合作做出更大贡献。中国将永远与亚洲各国一道，荣辱相依，休戚与共，共同开创亚洲发展新未来！

最后，预祝本届年会取得圆满成功！祝远道而来的各位嘉宾和与会各位朋友工作顺利、生活愉快、身体健康！

谢谢！

# 在国家科学技术奖励大会上的讲话

（2015 年 1 月 9 日）

李克强

同志们、朋友们：

今天，我们在这里隆重召开国家科学技术奖励大会，表彰为我国科技事业作出突出贡献的科技工作者。刚才，习近平总书记和其他中央领导同志，向获得国家最高科学技术奖的于敏院士和其他获奖人员代表颁了奖。在此，我代表党中央、国务院，向全体获奖人员表示热烈祝贺！向全国广大科技工作者表示崇高敬意和诚挚问候！向参与中国科技事业的外国专家表示衷心感谢！

国家科学技术奖是一面旗帜，展示的是一批标志性重大科技成果，营造的是崇尚科学、尊重人才、褒扬先进的氛围。我们期待并相信，在获奖者的激励下，全社会形成万众创新的热潮，中华大地处处充满无限生机和创造活力。

创新是中华民族生生不息的秉性、发展进步的动力。人民是创新的主体，一部 5000 多年的中华文明史，就是人民在实践中探索创新的历史。中华民族自古以来就是具有蓬勃创造活力的民族，四大发明在世界发明史上熠熠生辉。近代以后中华民族历经磨难，但创新图强的步伐从未停歇。新中国成立以来，我们坚持自力更生、大力推动自主创新，改革开放点燃了博采互鉴、以开放促进创新创造的火种，汇聚起推动经济社会发展的强大动力，中国速度、中国力量、中国创新让世界瞩目。

今天中国的现代化建设进入了关键时期。我们既要在较短时间内走完发达国家上百年走过的工业化道路，又要在新一轮世界科技革命和产业变革中迎头赶上。我国经济发展进入新常态，既要保持中高速增长，又要向中高端水平迈进，必须依靠创新支撑。我们现在拥有巨大的创新空间。人民温饱问题解决后，多样化需求引领创新；基本商品供应充足，资源环境约束加剧，推动企业加快创新；人们挑战自我、主动创造的意识增强，造就社会包容创新。国家繁荣发展的新动能，就蕴涵于万众创新的伟力之中。

我们将坚定不移地走创新驱动发展之路，进一步解放思想、敢为人先，不囿旧制、不循成例；进一步解放和发展社会生产力、激发和增强社会创造力，推动持续发展；进一步促进社会公平正义，使人人皆可创新、创新惠及人人，为大众创业提供支撑。

如果说万众创新的潮流推动中国这艘大船行稳致远，那么改革就是推动创新的重要动力。创新既包括技术创新，更要以体制机制创新为条件。要通过全面深化改革，破除一切束缚创新的桎梏，让一切想创新能创新的人有机会、有舞台，让各类主体的创造潜能充分激发、释放出来，形成大众创业、万众创新的生动局面。

**第一，加快完善激励和保护创新的制度体系。**我们将加快改革科技成果产权制度、收益分配制度和转化机制，让科研人员取得更多股权期权等合法权益，更好体现知识和创造的价值。既要用事业和荣誉鼓励科技人员创新，也要用必要的物质奖励激励科技人员创新。要更加严格有效地保护知识产权，用法治保障创新的权益。同时，也要破除技术壁垒、行政垄断的藩篱，营造公平竞争的市场和法治环境。

**第二，加快完善引导企业创新的市场体系。**推动万众创新，需要市场和政府两手发力。一方面，企业要担起创新的重担，构建企业主导的政产学研用协同创新机制。另一方面，政府要合理规划科技布局,从主导科技资源配置向注重市场监管、平台建设转变,从选拔式、分配式扶持向普惠式、引领式转变。创新型小微企业对市场需求反应灵敏,既要通过简政放权,让初创企业雨后春笋般生长起来,又要通过财税金融政策、种子基金、风险投资等方式,扶上马、送一程,帮助他们克服创业初期的艰难。

**第三,加快完善强化基础研究的投入体系。**近些年来我国科技成果不断涌现,正处于量变到质变的时期。基础研究是关系能否早日实现质变突破的带有决定性的因素。我国发展到了这个阶段,技术上遇到的"天花板"越来越多,引进门槛越来越高,必须更加注重原始创新能力,促进基础研究与应用研究、技术开发协作贯通,实现原始创新与再创新、集成创新融合迸发。基础研究大多是公共产品、是短板,国家财政无论多么困难,都将持续加大稳定支持力度。同时要加大企业基础研究投入,鼓励社会资金与政府基金合作,形成全社会共担机制。

**第四,加快完善支撑创新的人才体系。**人力资源丰富是我国最大的禀赋优势,必须把提升人力素质放在优先位置,大力培养创新型人才。要逐渐把更多资源投到"人"身上而不是"物"上面,改革人才评价体系,让潜心研究的人心无旁骛、厚积薄发,让创新创业的人有施展空间、无后顾之忧。我们要有海纳百川、求贤若渴的气度,不拘一格用好人才,既要吸引海归人才、外国人才来华创业,也要支持本土培养人才勇攀高峰,还要鼓励草根创新、蓝领创新人才各展其能。青年人才正处于创新创造的活跃期,要为他们雪中送炭、加油鼓劲。老一辈科学家有着奖掖后学的优良传统,应当形成薪火相传、人才辈出的生动局面。

**第五,加快完善包容创新的文化环境。**创新文化是推动创新创造的重要精神力量。从科学研究、国民教育到创业就业等各个领域,都要鼓励创新思维。要倡导科学民主、淡泊名利、追求卓越,摒弃急功近利、学术失范等行为,破除论资排辈、门户之见、头衔崇拜,以真才实学论英雄,敢于让青年人挑大梁、出头彩。要营造鼓励探索、宽容失败和尊重人才、尊重创造的氛围,使创新成为一种价值导向、一种生活方式、一种时代气息,在全社会形成浓郁的创新文化氛围,为创新提供丰厚肥沃的土壤。

同志们!创新引领国家和民族发展的未来。让我们紧密团结在以习近平同志为总书记的党中央周围,大力实施创新驱动发展战略,为建设创新型国家、实现"两个一百年"奋斗目标、实现中华民族伟大复兴的中国梦不懈奋斗!

# 在国务院第三次廉政工作会议上的讲话

（2015 年 2 月 9 日）

李克强

这次会议的主要任务是，认真学习贯彻习近平总书记在十八届中央纪委五次全会上的重要讲话精神，落实中央纪委五次全会部署，总结 2014 年政府系统党风廉政建设和反腐败工作，明确 2015 年重点任务。

## 一、认清形势，增强推进政府系统党风廉政建设和反腐败工作的责任感使命感

过去一年，各级政府和各部门认真贯彻党中央国务院一系列决策部署，深入推进党风廉政建设和反腐败工作，转政风，改机制，强监管，严政纪，取得了明显成效。

**一是政风转变迈出较大步伐。**围绕贯彻党中央国务院重大决策部署，我们多次派出督查组并加强跟踪审计，基本覆盖各省（区、市）和国务院主要部门，推动了稳增长、促改革、调结构、惠民生、防风险政策措施的有效落实，促进了勤政廉政。认真落实党中央八项规定精神，坚决纠正“四风”。严格执行国务院“约法三章”，新建政府性楼堂馆所得到控制，对 370 多个违规建设项目限期整改。彻底核查党政机关事业单位机构编制，全面清查超配的干部，对“吃空饷”问题正在集中治理。中央本级“三公”经费预算比上年下降 10.3%。这些都为完成经济社会发展主要任务提供了有力保障。

**二是源头防腐加快推进。**我们以改革促防腐，继续下好简政放权、放管结合“先手棋”，又取消和下放 396 项行政审批等事项，两年来共取消和下放 700 多项，本届政府承诺国务院各部门行政审批事项减少三分之一以上的目标提前实现。再次修订并大幅缩减投资项目核准范围，取消和下放 38 项核准事项。放开 50 项商品和服务价格。特别是下决心改革商事制度，实行先照后证，将注册资本实缴制改为认缴制，新登记市场主体呈现井喷式增长，促进了大众创业就业。同时，坚持有破有立，加快建立完善社会信用体系、不动产登记、企业信息公示等基础性制度。推进改革和制度建设，从源头上减少了腐败的发生。

**三是资金监管持续加强。**深化预算管理制度改革，专项转移支付项目比上年减少三分之一以上。推进预算公开，中央财政和部门预决算公开到功能分类的“项”级科目。加强地方政府性债务管理，推动建立规范的举债融资机制。充分发挥审计的公共资金“守护神”和反腐“尖兵”作用，加大对存量资金、农林水、土地和矿产资源、国有资本、保障房建设等审计力度，促进增收节支和挽回损失 4000 多亿元，查出违纪违法案件线索 3800 多件。严肃财经纪律，开展“小金库”专项治理，发现违规违纪问题单位 11 万户。这些措施对保障公共资金安全起到重要作用。

**四是执纪力度不断加大。**对违纪违法的公职人员给予政纪处分，有的开除公职，涉嫌犯罪的移送司法机关。加大对失职渎职行为问责力度，严格追究责任。严肃查办行政审批、矿产资源开发、土地出让、工程项目、惠民资金和专项经费使用等重点领域的腐败问题。对公款吃喝、公款送礼、公款旅游等违规违纪问题坚决纠正，严肃查处。加大国际追逃追赃力度，对腐败分子形成强大震慑。

同时必须清醒地看到，政府系统廉政建设仍存在不少问题。有的干部政纪意识淡薄，对

改革发展重大决策部署执行不够坚决有力，落实不到位。有的领导干部为官不为，对工作消极敷衍、等待观望、畏首畏尾。纠正“四风”不彻底，逢年过节等重要节点违反规定的问题时有发生，屡禁不止。一些领域腐败问题易发多发，个别地方和部门出现“塌方式腐败”、串案窝案，影响极为恶劣。尤其是滋生腐败的土壤还没有根除，权力寻租空间仍然存在，制度建设亟待进一步加强。反腐败斗争形势依然严峻复杂，政府系统廉政建设任重道远。

腐败是社会的“毒瘤”，严重破坏公平竞争的市场秩序，影响社会公正，侵蚀人民权益，极大损害党和政府的威信和形象，是经济社会发展、国家长治久安的致命风险。我们要切实增强忧患意识和责任感、使命感，坚持一手抓改革发展，一手抓反腐倡廉，以更坚定的决心和更有力的举措，毫不松懈地把政府系统党风廉政建设和反腐败工作推向深入。

当前国际经济形势严峻复杂，国内经济下行压力加大，今年面临的困难可能比去年还要多还要大，改革发展稳定的任务艰巨繁重。政府系统要以建设法治政府、创新政府、廉洁政府和服务型政府为目标，以深化改革为动力，以制度约束为重点，以正风肃纪为抓手，严明政治纪律和政治规矩，坚持依法行政、廉洁从政、勤政为民，放好权，管住钱，抓落实，惩贪腐，持续推进党风廉政建设和反腐败工作，促进经济平稳健康发展和社会和谐稳定。

## 二、放权限权，坚决打掉寻租空间

简政放权是释放市场潜力的关键之举，也是反腐败的治本之策。这方面我们的决心是坚定的，行动是坚决的。近两年大幅减少行政审批等事项，放宽市场准入，极大激发了市场活力和社会创造力。同时，放权限权对防治腐败有釜底抽薪的作用。权力集中的地方往往腐败多发，从去年审计发现的重大违法违规案件线索看，60%以上发生在行政管理权或审批权集中、掌握重要国有资产资源的部门和单位。权力过多又缺乏监督是滋生腐败的温床，治腐需治权。从这个意义上说，简政放权具有激活力、推发展、促廉政、反腐败的“一举多得”之效。

**一要以权力“瘦身”为廉政“强身”。**简政放权虽取得重大进展，但这项改革远没有结束，还要一鼓作气向纵深推进。许多企业和群众反映，现在审批还是多，特别是投资项目前置审批环节多、手续繁、时间长、效率低的问题仍然突出。所以简政放权还要加码，今年将再取消和下放一批行政审批事项，全面清理中央设定地方实施的行政审批，大幅减少投资项目前置审批。放权不仅要看数量，更要重质量，尤其是那些对社会投资创业影响大、含金量高的事项，能取消的都要取消，真正让市场发挥作用。非行政许可审批要全部取消，坚决堵住这个“偏门”。这里面寻租空间很大，形形色色、奇奇怪怪的现象屡禁不止，既延滞了经济发展进程，又损害了党和政府的形象。特别是我们的一些干部受到腐蚀，有的是主动拿权寻钱，有的是被别人拿钱砸权，两者掐到一起，许多腐败问题就产生了。对保留的审批事项，要规范审批行为，明确标准，缩短流程，限时办结，推广“一个窗口”受理、网上并联审批等方式，方便企业和群众办事，减少权力寻租。当然，放权的同时还要加强事中事后监管，创造公平竞争的市场环境。

**二要坚决消除审批的“灰色地带”。**放权就要放到位，而且要放而有序、活而不乱，防止改革红利被截留蚕食、对冲消减。我到地方调研，听到基层反映，有的审批“明放暗不放”，有的名义上取消了，但换了个“马甲”，又以备案的名目出现了，办理过程和审批差不多。还有更突出的，就是政府放权降低了“门槛”，但有的地方中介“高墙”依然林立。有的中介打着政府的旗号，服务乱，收费高，搞垄断，被社会上称为“二政府”、“红顶中介”。有的行业协会，依托主管单位的权力，对企业强制服务，强行收费，如不交钱登记，企业就不能在当地承揽项目。这些中介乱象，使企业负担不减反增，成为新的市场“拦路虎”，严重制约市场活力，也为寻租腐败提供了机会。对这些问题，必须坚决纠正和治理。这里强调，国务院已经明确取消的行政审批事项，任何部门和各级地方政府不得以任何名义保留，也不能以备案之名行变相审批之实，更不能把权力转交给与政府部门有千丝万缕联系的行业协会和事业单位承担。明确下放给市县政府的权力，任何一级都不得截留。要对中介服务进行清理，破除垄断，规范收费，加强监管。推进行业协会商会与政府部门彻底脱钩，斩断背后的利益链条。

**三要扎紧管权限权的制度"围栏"。**权易滥用、滥则腐败。如有的基层干部利用手中的权力，要尽"权"威，大肆敛财，"小官巨贪"。究其原因，就是公权缺乏有效监督和约束，成了个别人谋私利的工具。所以政府在减权放权的同时，还要以刚性的制度来管权限权，念好权力"紧箍咒"。要用法治的"金箍棒"给政府权力划定边界，加快建立权力清单、责任清单和负面清单制度，这是打造法治政府、廉洁政府的"金钥匙"。权力清单明确政府能做什么，责任清单明确政府该怎么管市场，"负面清单"明确企业不能干什么。通过建立"三个清单"和打造公开便捷的服务平台，构建激发企业活力的机制，给市场让出更大空间。这实际上也可以大幅降低企业的成本。影响企业利润增长的一个重要原因，就是企业办事难、成本高，这都是不应该的。今年中央和地方各级政府都要积极推进制定权力清单及责任清单。还要探索建立和完善负面清单。

当前一项重要工作，是要梳理政府职权和修改法律法规。从今年起用三年时间，对国务院文件进行全面清理，凡是于法无据、有损群众合法权益的，都要抓紧废止或进行修改。地方政府也要做好相关规范性文件清理工作。同时，改革过程中涉及现行法律法规需要修改的，要按程序及时修订，为改革发展和廉政建设提供保障。当然，放权限权的同时，也要强化责任，加强监管。放权不是责任小了，而是责任大了。在推进法治政府过程中，要把清单制度建好，也要把人用好管好。

## 三、严管公帑，确保资金安全运行

公共资金是纳税人的"辛苦钱"，都要用得其所，一分一厘都不能浪费，这也直接反映政府的管理水平。从近年来审计情况看，发现有大量资金沉淀，这是很不应该的。一方面各地税收大幅下降，都喊着缺钱，解决各类困难群众的生活问题，给基层公务人员涨工资、发补贴，都要用钱。另一方面又有大量资金趴在账上没用，其中的原因要查清楚。财政资金跑冒滴漏、虚报冒领等问题还很突出，抽查保障性安居工程、农林水和扶贫资金发现，有100多亿元被套取挪用，有的还被用于搞形象工程。扶贫款、保命钱都敢随便乱动，真是胆大妄为。这也说明公共资金管理还存在很大的漏洞，必须以更大力度加强监管，看好用好每一笔资金，更好支持经济发展和民生保障。

**第一，政府收支一律纳入预算并公开。**财政是庶政之母，预算是整个财政管理的纲领。严管公共资金，首先要管好预算这个"龙头"。要进一步完善政府预算体系，加大政府性基金预算、国有资本经营预算与一般公共预算统筹力度，做到预算一个"盘子"、收入一个"笼子"、支出一个"口子"。要改革和完善中央转移支付制度，专项转移支付项目今年再减少三分之一。阳光是最好的防腐剂，必须把公共资金置于公众的监督之下。不仅中央本级，所有使用财政资金的部门和单位预决算都要公开到功能分类的"项"级科目，基本支出要公开到经济分类的"款"级科目，专项转移支付要分项目分地区公开。这样做，就是要把公共资金的用途，在现有条件下最大限度地公开，向老百姓交出一本能看得懂的"明白账"。同时，政府工作的许多环节都涉及资金和权力运行，要推进决策、执行、管理、服务、结果向社会公开，公共资源配置、重大建设项目、社会公益事业等领域都要加大信息公开力度，让公共资金和权力在"探照灯"和"摄像头"下运行。

**第二,所有公共资金一律接受审计监督。**审计是看钱管权的“卫士”。要推动审计监督全覆盖,对所有纳入预算的公共资金、重大投资、重点工程执行进度和效果进行全过程监督,审深审透。今年国家对铁路、水利、环保和棚户区改造等领域重大投资较多,铁路投资总规模预计将达8000亿元以上,这对稳增长、调结构、惠民生具有关键作用。审计要盯紧每个项目,看好每笔投资,牢牢守住资金安全的“底线”和防腐败的“红线”,决不能让国家投下去的钱打水漂,更不能被腐败分子鲸吞蚕食。

**第三,长期趴窝的沉淀资金一律调整回收。**当前财政收入增速放缓,而刚性支出增长压力加大,政府更要精打细算,理好财,管好钱,提高资金使用绩效。要上下联动、多措并举盘活存量资金,各地区各部门要全面摸清存量资金情况,分门别类提出处理方案,尽快把沉淀的资金调整用到保民生、补短板、增后劲的“刀刃”上。同时抓紧建立长效机制,防止形成新的沉淀。决不能一方面民生需求“嗷嗷待哺”,而另一方面大量资金又“呼呼大睡”。财政拨下去的钱都是有时限要求的,从今年开始,所有超期未用的资金都要按有关规定收回,而且对该花不花、造成闲置浪费的还要追究责任。

同时,对国有资产和企业要从严监管。国资姓国,是全体人民的共同财富,决不能让全民资产变成少数腐败分子的“私人钱袋”。在推进企业改革改制过程中,要重点规范国有资产评估转让,加强国有产权交易流转监管,严格操作流程,防止国有资产流失。加快建立健全国有企业国有资本审计监督体系和制度,加强对企业重大决策、重要人事任免、重大项目安排、大额资金运作制度执行情况的监督,杜绝暗箱操作,坚决堵住利益输送的“黑色管道”。严格执行国有企业负责人廉洁从业规定,刹住奢侈浪费不良风气。

## 四、勤政有为,推动重大决策落实

我国经济发展进入新常态,正处在爬坡过坎、攻坚克难的重要时期。前进道路上所遇到的一切问题,都要在发展中去解决,必须毫不动摇地坚持以经济建设为中心,抓好发展这个第一要务,大力推动科学发展,保持经济中高速增长,促进发展迈向中高端水平。为此,党中央国务院出台了一系列既利当前又惠长远的政策措施,启动了一批重大发展和民生工程,实施有效但还不够理想。去年投资完成率总体上达到86.8%,但个别领域重大工程投资只完成一半左右;全国建设用地供应量下降了16.5%,已供土地使用率只有50%左右。这种状况是多年来少有的。项目批了,资金下了,土地供了,为什么工程上不去,要从精神状态、作风行为上找原因。应当看到,身在岗位不作为,拿着俸禄不干事,庸政懒政怠政,也是一种腐败。该负的责任不负,该干的事情不干,不符合与党中央保持一致的要求,不符合依法履职的要求,不符合反腐倡廉的要求。各级政府和领导干部要敢于担当、主动作为,勤勉敬业、善谋善为,始终把干事创业谋发展、抓落实、惠民生作为最大责任,做到守土有责,守土尽责,为官一任就要造福一方。

**一是重大任务要明确分工。**今年经济社会发展主要任务目标、重大政策和重大改革举措、重大投资项目和民生工程,经全国人大会议审议批准后,就具有法律效力,必须不折不扣地完成。要分解任务,细化要求,明确分工,逐级签订目标任务责任书,立下“军令状”,确保事有专管之人,人有明确之责,层层传导抓落实的压力。

**二是重点工作要严格时限。**时间就是生命,时间就是效益。今日事今日毕,不能唱“明日歌”。重点工作要一天一天排,一月一月算,半年一小结,全年算总账。对重大投资项目要倒排工期,在符合程序、保证质量安全的前提下,尽量往前赶,确保进度,发挥政策效力。今年我们推进节能减排,治理大气和水污染,再减少农村贫困人口1000万人以上,再解决6000万人的饮水安全问题等,都是约束性指标和硬任务，必须及早谋划，确保按期完成，说到做到，不放空炮。

**三是决策部署要督查落实。**各地区各部门对工作要有部署，有检查，有落实，确保事事有着落，件件有结果。督查是抓落实的“利器”。今年要开展“督查落实专项行动”，加大督查力度，创新方式，真督实查，敢于碰硬，对发现的问题要拉清单，建台账，限期整改，对账销号，切实消除“中梗阻”，打通政策落实“最后一公里”，确保政策落地生根。

**四是对懒政怠政要严肃问责。**在其位就要谋其政，尽其责，有作为。对因执行不力、政策落不了地，导致经济社会发展主要任务不能完成，严重影响稳增长、调结构、保民生的，该约谈的约谈，该问责的问责。对不敢抓、不敢管，尸位素餐、碌碌无为的干部，坚决采取组织措施，为官不为的典型要公开曝光。在市场监管、公共安全、社会稳定等方面失职渎职，发生重大问题、造成恶劣影响的，该处分的处分，该撤职的撤职。同时，要完善考核评价体系，中央已经确定，要给公务员和财政供养人员调资特别是增加基层公职人员收入，各级政府要确保政策落实到位。既要开“正门”，激励广大公务员干事创业、实现人生价值，把各方面积极性都调动起来，重实绩，讲实效，让想干事、能干事的人大显身手，让大批敢于担当、有能有为的“千里马”竞相驰骋，该表彰的要表彰；又要堵“后门”，防止那些门难进、脸难看、吃拿卡要的现象发生。

## 五、标本兼治，坚定不移惩治腐败

推进政府系统党风廉政建设和反腐败工作，重在行动，贵在坚持。腐败问题具有复杂性、反复性、顽固性，必须从源头抓起，强制度、建机制，既治标、又治本，高悬法治“利剑”，猛药去疴，重典治乱。党中央对反腐倡廉建设作出了明确部署，提出了更高要求，各地区各部门要采取坚决有力措施，确保各项任务落到实处。

**一要遵章守纪纠“四风”。**从前段时间专项巡视情况看，一些地方和单位违反党中央八项规定精神的现象依然存在，有的落实国务院“约法三章”打折扣、搞变通，甚至顶风违纪。这说明“四风”问题十分顽固，草除根还在，极易冒头反弹，必须锲而不舍，紧盯不放，严抓不懈。要持之以恒纠正“四风”，大力倡俭治奢，持续推进政风作风转变。“善禁者，先禁其身而后人”。领导干部要以上率下，带头守纪律讲规矩，带头执行廉洁从政各项规定，加强对亲属和身边工作人员的教育约束，决不允许有例外、搞特权。

**二要惩防并举肃贪腐。**这是反腐败的“撒手锏”。要始终保持高压态势，对腐败分子零容忍，严惩戒。重点查处发生在领导机关和领导干部中的官商勾结、权钱交易、权色交易、权权交易等腐败问题。严厉惩治群众身边的腐败，坚决纠正行业不正之风，维护群众切身利益。

**三要依法治腐建机制。**用法治思维法治方式推进党风廉政建设和反腐败工作。坚持依法行政，各级政府及其工作人员要依法全面履行职责，带头尊法学法、自觉守法、遇事找法、解决问题靠法，促进形成不敢腐、不能腐、不想腐的长效机制。

这里需要强调，要认真落实党风廉政建设责任制。政府系统各级领导干部不仅要管好自己，还要坚持“一岗双责”。各级政府党组和各部门党组（党委）要切实履行主体责任，主要领导是第一责任人，对本部门本单位党风廉政建设负总责；班子成员也要负起责任，抓好职责范围内和分管部门的党风廉政建设；各级监察机关要切实履行监督责任，确保经济社会发展和廉政建设各项任务落实。

反腐倡廉任务艰巨，责任重大。我们要紧密团结在以习近平同志为总书记的党中央周围，高举中国特色社会主义伟大旗帜，开拓进取，扎实工作，推动政府系统党风廉政建设和反腐败工作不断取得新的成效，为促进经济平稳健康发展、实现“两个一百年”奋斗目标和中华民族伟大复兴的中国梦作出新的更大贡献。

# 完善以宪法为核心的中国特色社会主义法律体系

张德江

党的十八届四中全会对全面推进依法治国作出战略部署，明确提出建设中国特色社会主义法治体系，必须坚持立法先行，完善以宪法为核心的中国特色社会主义法律体系。这就为新形势下国家立法工作确定了方向和目标，提出了任务和要求。我们必须全面贯彻党的十八届四中全会精神，在新的起点上加强和改进立法工作，推动以宪法为核心的中国特色社会主义法律体系完善发展，为坚持和发展中国特色社会主义提供更加有力的法制保障。

## 一、充分认识完善我国法律体系的重大意义

以宪法为核心的中国特色社会主义法律体系的形成，是我国社会主义法治建设取得的重大成就，为新形势下全面推进依法治国奠定了重要基础。

改革开放30多年来，在党中央的领导下，经过各方面坚持不懈的共同努力，以宪法为核心，以宪法相关法、民法商法、行政法、经济法、社会法、刑法、诉讼与非诉讼程序法等多个法律部门的法律为主干，由法律、行政法规、地方性法规等多个层次的法律规范构成的中国特色社会主义法律体系已经形成，国家和社会生活的各个方面总体上实现了有法可依，这是我国社会主义法制建设史上的重要里程碑，是中国特色社会主义制度逐步走向成熟的重要标志。法律体系的形成和发展，有力地推动和保障了改革开放和社会主义现代化建设的顺利进行，有力地维护和发展了最广大人民的根本利益。

在充分肯定我国法制建设的巨大成就和进步的同时，我们也要清醒地看到，我国法律制度还存在诸多不适应经济社会发展和民主法治建设的问题，与党和国家的要求、与人民群众的期待相比还存在不小的差距。同时，事业在发展，形势在变化，法律体系不可能一成不变、一劳永逸。在实践基础上不断完善我国法律体系，是时代向我们提出的新课题新要求。

**——完善法律体系是中国特色社会主义事业全面持续发展的客观要求。**党的十八大提出，在中国共产党成立一百年时全面建成小康社会，在新中国成立一百年时建成富强民主文明和谐的社会主义现代化国家。习近平总书记提出实现中华民族伟大复兴的中国梦。中国特色社会主义事业的全面发展和不断进步，必然对法治建设和立法工作提出一系列新要求新任务。这就要求我们必须从坚持和发展中国特色社会主义的高度，面向实践、面向未来，加强和改进新形势下的立法工作，适应经济建设、政治建设、文化建设、社会建设、生态文明建设五位一体总体布局的发展要求，进一步提高立法质量，不断完善法律体系，为实现“两个一百年”奋斗目标和中华民族伟大复兴的中国梦创造良好法制环境。

**——完善法律体系是全面深化改革、确保重大改革于法有据的必然要求。**全面深化改革是时代赋予我们的光荣任务。党的十八届三中全会对全面深化改革作出战略部署，确立了“完善和发展中国特色社会主义制度，推进国家治理体系和治理能力现代化”的总目标。各方面的改革举措，许多都涉及制度体制层面的问题，都涉及法律法规的制定、修改、废止、解释以及相关授权、批准、备案等活动。这就要求我们必须紧紧围绕全面深化改革的战略部署和确

定的目标、任务、要求，来谋划和推进依法治国特别是立法工作，坚持解放思想、实事求是、与时俱进、求真务实，善于通过立法形式推动和落实改革举措，努力使立法进程同改革开放进程相适应。

**——完善法律体系是妥善解决各种突出矛盾和问题的紧迫要求。**当前，我国发展仍处于可以大有作为的重要战略机遇期，必须紧紧抓住和用好；同时，我们也遇到了一个过去不曾有过的各种社会矛盾多发、集中和交织叠加的矛盾凸显时期。教育、就业、社会保障、医疗、住房、生态环境、食品药品安全、社会治安、执法司法等关系群众切身利益的问题较多，社会利益关系错综复杂，人民内部矛盾呈现新特点，群体性事件增多。这就要求我们必须善于运用法律的权利与义务、权力与责任机制，通过立法妥善调整和处理各种社会关系、利益关系，充分调动各方面积极性；善于在制度范围内、在法治轨道上，有效应对和化解社会矛盾，促进社会公平正义。

**——完善法律体系是全面推进依法治国的现实要求。**“不以规矩，不能成方圆。”立法是实行依法治国的前提和基础。全面落实依法治国基本方略、加快建设社会主义法治国家，对立法工作提出了新的更高要求。从现实情况看，有的法律法规未能全面反映客观规律和人民意愿，针对性、可操作性不强，立法工作中部门化倾向、争权诿责现象较为突出；有些问题在法律上还不明确，有缺项，需要制定相应的法律；现行的法律规定，有些已不适应形势环境的变化和事业发展的要求，有的需要修改，有的需要废止，有的需要配套；立法体制和工作机制存在一些不适应、不健全的问题，立法效率需要进一步提高。这就要求我们必须以更高的标准加强和改进立法工作，及时进行法律的立改废释，加强法律、法规以及规范性文件的衔接和配套，发挥法律体系整体功效，推动法律体系完善发展。

总之，我国立法工作今天所面临的形势和任务，同过去相比，发生了很大变化，标准更高了，任务更重了，责任更大了。我们必须以高度的政治责任感和使命感投身完善我国法律体系的各项工作中，为全面推进依法治国作出新贡献。

## 二、牢牢把握完善我国法律体系的总体要求和重要原则

立法活动是国家重要政治活动，关系党和国家事业发展全局。在新的形势下，完善以宪法为核心的中国特色社会主义法律体系、加强和改进立法工作的总体要求是：高举中国特色社会主义伟大旗帜，贯彻落实党的十八大和十八届三中、四中全会精神，以邓小平理论、“三个代表”重要思想、科学发展观为指导，深入贯彻习近平总书记系列重要讲话精神，坚定不移走中国特色社会主义法治道路，全面落实依法治国基本方略；注重发挥立法的引领、推动和保障作用，加强重点领域立法；深入推进科学立法、民主立法，着力提高立法质量；完善立法体制，坚持立改废释并举；为形成完备的法律规范体系、建设社会主义法治国家，为全面建成小康社会、实现中华民族伟大复兴的中国梦提供更加有力的法制保障。

贯彻落实上述总体要求，必须着重把握和遵循以下重要原则。

### （一）坚持中国共产党的领导，以中国特色社会主义理论体系为指导

中国共产党是中国特色社会主义事业的领导核心。把党的领导贯彻到依法治国全过程和各方面，是我国社会主义法治建设的一条基本经验。党的基本理论和路线方针政策，党的重大决策部署和立法建议，凝聚了全党全国的集体智慧，体现了最广大人民的根本利益和共同意志。坚持党的领导，是社会主义法治的根本要求，同遵从人民意愿、维护人民利益是完全一致的。

我们要在立法工作中，始终坚持党的领导和理论指导，善于使党的主张通过法定程序成为国家意志，成为全社会一体遵循的行为规范

和活动准则,从法律制度上贯彻落实党的路线方针政策和重大决策部署。紧紧围绕党和国家工作大局谋划、推动和开展立法工作,科学制定立法规划和工作计划,突出立法重点,使立法准确反映经济社会发展要求,更好协调利益关系。坚持以中国特色社会主义理论体系统一思想认识,妥善解决立法工作中遇到的难点问题,不断提高立法的科学化、民主化水平。

**(二)坚持人民主体地位,恪守以民为本、立法为民理念**

人民是依法治国的主体和力量源泉。保证和发展人民当家作主,充分反映人民意愿、充分实现人民权利、充分保障人民权益,是法治建设的题中应有之义,是新形势下完善法律体系、加强和改进立法工作的根本目的。古人早已看到,“法不察民之情而立之,则不成。”以民为本、立法为民,确立了立法价值取向,要求立法必须为了人民、依靠人民、造福人民、保护人民,贯彻社会主义核心价值观,使每一项立法都符合宪法精神、反映人民意愿、得到人民拥护。

我们要在立法工作中,坚持国家的一切权力属于人民,坚持法律面前人人平等,保证人民依法享有广泛的权利和自由、承担应尽的义务,维护社会公平正义,促进共同富裕。尊重和保障人权,完善体现权利公平、机会公平、规则公平的法律制度,保障公民人身权、财产权、基本政治权利等各项权利不受侵犯,保障公民经济、文化、社会等方面权利得到落实,实现公民权利保障法治化。正确处理权利与权力、权利与义务、权力与责任的关系,统筹兼顾不同方面的利益,从法律制度上更好体现发展为了人民、发展依靠人民、发展成果由人民共享。

**(三)坚持从中国的国情和实际出发,积极适应实践发展的需要**

法律属于上层建筑,实践是法律的基础,法律是实践经验的总结和提升。脱离国情和实际的立法,即使搞出来,也只是空中楼阁、纸上谈兵,解决不了我国发展面临的实际问题。法治建设和立法工作,必须从我国长期处于社会主义初级阶段这个最大国情和最大实际出发,同改革开放不断深化和现代化建设不断推进相适应,顺应时代前进潮流、反映实践发展要求。

我们要在立法工作中,牢牢立足基本国情,坚持一切从实际出发,把改革开放和现代化建设的伟大实践作为立法基础,紧紧围绕实现“两个一百年”奋斗目标和任务要求,积极应对立法工作面临的新形势新课题新任务。深入分析立法需求,区分不同情况推进各领域立法,注重各方面法律制度协调发展。根据内外环境、条件和情况的发展变化,及时进行立改废释。汲取中华法律文化精华,吸收人类法治文明成果,借鉴国外立法有益经验,但绝不照抄照搬。

**(四)坚持改革决策和立法决策相衔接,确保重大改革于法有据**

全面深化改革和全面推进依法治国,二者密切关联。实现全面深化改革总目标,必须全面推进依法治国,不断提高国家治理法治化水平。推进各领域各方面改革,都要坚持依法治国,这是一个破与立辩证统一的过程。古人讲:“治国无法则乱,守法而弗变则悖,悖乱不可以持国。”从一定意义上讲,全面推进依法治国也是对全面深化改革战略部署的深化,两个《决定》相得益彰,形成“姊妹篇”。

习近平总书记指出:“凡属重大改革都要于法有据。在整个改革过程中,都要高度重视运用法治思维和法治方式,发挥法治的引领和推动作用,加强对相关立法工作的协调,确保在法治轨道上推进改革。”我们要在立法工作中,认真贯彻习近平总书记重要指示精神,努力把改革决策和立法决策更好结合起来,正确处理法律的稳定性与变动性、现实性与前瞻性、原则性与可操作性的关系,努力做到重大改革于法有据、立法主动适应改革和经济社会发展需要。对实践证明行之有效的,要及时上升为法律;对实践条件还不成熟、需要先行先试的,要按照法定程序作出授权;对不适应改革要求的法律法规,要及时修改和废止。

**(五)坚持宪法的核心地位,通过完备的法**

律推动宪法实施

宪法是国家的根本法，是治国安邦的总章程，在中国特色社会主义法律体系中居于核心地位。坚持依法治国首先要坚持依宪治国，坚持依法执政首先要坚持依宪执政。宪法是法律法规的总依据，同时宪法又通过法律法规予以贯彻和体现。在推动宪法实施方面，立法担任着重要角色、发挥着重要作用。宪法所确立的国家根本制度和根本任务、基本原则、方针政策、活动准则等，需要通过一系列行之有效、相互衔接和配套的法律法规来贯彻来落实。

我们要在立法工作中，切实增强宪法意识，自觉恪守宪法原则、弘扬宪法精神、履行宪法使命。加强和改进立法工作，一方面，要遵循宪法确立的制度和原则，从党和国家事业全局出发，从人民根本利益出发，严格依照法定权限和程序开展立法活动，维护国家法制的统一、尊严和权威；另一方面，要通过不断完善法律法规和配套的规范性文件，贯彻落实宪法确立的制度和原则，推动宪法实施，把全面贯彻实施宪法提高到一个新水平。

我们还要在法治实施、法治监督、法治保障等各方面工作中坚决维护宪法法律权威，牢固树立"维护宪法法律权威就是维护党和人民共同意志的权威，捍卫宪法法律尊严就是捍卫党和人民共同意志的尊严，保证宪法法律实施就是保证党和人民共同意志的实现"的观念，全面贯彻实施宪法。全国各族人民、一切国家机关和武装力量、各政党和各社会团体、各企业事业组织，都必须以宪法为根本的活动准则，并且负有维护宪法尊严、保证宪法实施的职责。一切国家机关和武装力量、各政党和各社会团体、各企业事业组织都必须遵守宪法和法律。任何组织或者个人，都不得有超越宪法和法律的特权。一切违反宪法和法律的行为，必须予以追究。

## 三、认真落实完善我国法律体系的重点任务

党的十八届四中全会《决定》第二部分，从"加强重点领域立法"、"完善立法体制"、"深入推进科学立法、民主立法"三个方面，提出了新形势下完善我国法律体系、加强和改进立法工作的重点任务。我们必须全面把握，认真贯彻落实。

### （一）加强重点领域立法

紧紧围绕中国特色社会主义事业五位一体总体布局，加强和改进新形势下立法工作，推动法律体系完善发展。

以保护产权、维护契约、统一市场、平等交换、公平竞争、有效监管为基本导向，完善社会主义市场经济法律制度，使市场在资源配置中起决定性作用和更好发挥政府作用。编纂民法典，制定和完善发展规划、投资管理、土地管理、能源和矿产资源、农业、财政税收、金融等方面法律法规，加强企业社会责任立法，完善激励创新的产权制度、知识产权保护制度和促进科技成果转化的体制机制。

以保障人民当家作主为核心，坚持和完善人民代表大会制度，坚持和完善基本政治制度，推进社会主义民主政治法治化。加强社会主义协商民主制度建设，完善和发展基层民主制度。完善国家机构组织法，完善选举制度和工作机制，加快推进反腐败国家立法，完善惩治贪污贿赂犯罪法律制度。

建立健全坚持社会主义先进文化前进方向、遵循文化发展规律、有利于激发文化创造活力、保障人民基本文化权益的文化法律制度。制定公共文化服务保障法、文化产业促进法，制定国家勋章和国家荣誉称号法。加强互联网领域立法，完善网络信息服务、网络安全保护、网络社会管理等方面的法律法规，依法规范网络行为。

加快保障和改善民生、推进社会治理体制创新法律制度建设。完善教育、就业、收入分配、社会保障、医疗卫生、食品安全、扶贫、慈善、社会救助和妇女儿童、老年人、残疾人合法权益保护等方面的法律法规。加强社会组织立法，制定社区矫正法。加快国家安全法治建设，推

进公共安全法治化。

用严格的法律制度保护生态环境，强化生产者环境保护的法律责任。建立健全自然资源产权法律制度，完善国土空间开发保护方面的法律制度，制定完善生态补偿和土壤、水、大气污染防治及海洋生态环境保护等法律法规，促进生态文明建设。

**（二）完善立法体制**

加强党对立法工作的领导，完善党对立法工作中重大问题决策的程序。经过30多年来的实践，这方面已经形成了行之有效的制度机制，包括制定立法规划、法律草案起草和审议中的重大问题、修改宪法、提请大会审议法律、保证重大举措于法有据等，应当继续坚持和不断完善。

凡立法涉及重大体制和重大政策调整的，必须报党中央讨论决定。党中央向全国人大提出宪法修改建议，依照宪法规定的程序进行宪法修改。法律制定和修改的重大问题由全国人大常委会党组向党中央报告，全国人大常委会依法将有关法律案列入立法程序。

充分发挥国家权力机关在立法工作中的主导作用，是完善法律体系、加强和改进新形势下立法工作的重要举措。全国人大及其常委会和有地方立法权的地方人大及其常委会，都要按照《决定》的精神，健全发挥主导作用的体制机制。起草综合性、全局性、基础性等重要法律草案，由全国人大相关专门委员会、全国人大常委会法制工作委员会组织有关部门参与，并形成常态化制度。增加有法治实践经验的专职常委比例。依法建立健全专门委员会、工作委员会立法专家顾问制度。

把公正、公平、公开原则贯穿立法全过程，明确立法权力边界，从体制机制和工作程序上有效防止部门利益和地方保护主义法律化。对部门间争议较大的重要立法事项，由决策机关引入第三方评估，充分听取各方意见，协调决定，不能久拖不决。加强法律解释工作，及时明确法律规定含义和适用法律依据。明确地方立法权限和范围，依法赋予设区的市地方立法权。

**（三）深入推进科学立法、民主立法**

立法质量直接关系到法治的质量。完善法律体系必须抓住提高立法质量这个关键，把深入推进科学立法、民主立法作为提高立法质量的根本途径。科学立法的核心，在于立法要尊重和体现客观规律；民主立法的核心，在于立法要为了人民、依靠人民。科学立法、民主立法，简洁明了地回答了新形势下我们“立什么样的法、怎样立法”这一重大命题。我们必须深刻理解、准确把握、切实贯彻。

加强人大对立法工作的组织协调，健全立法机关主导、社会各方有序参与立法的途径和方式。健全立法起草、论证、协调、审议机制，完善立法项目征集和论证制度。推进立法精细化，尽量具体、明确，增强法律法规的及时性、系统性、针对性、有效性。健全法律法规规章起草征求人大代表意见制度，更多发挥人大代表参与起草和修改法律的作用。

健全立法机关和社会公众沟通机制，开展立法协商，充分发挥政协委员、民主党派、工商联、无党派人士、人民团体、社会组织在立法协商中的作用，探索建立有关国家机关、社会团体、专家学者对立法中涉及的重大利益调整论证咨询机制。拓宽公民有序参与立法途径，健全法律法规规章草案公开征求意见和公众意见采纳情况反馈机制，广泛凝聚社会共识。完善法律草案表决程序，对重要条款可以单独表决。

完善以宪法为核心的中国特色社会主义法律体系，事关全面推进依法治国、建设社会主义法治国家的全局，责任重大光荣，任务艰巨繁重。我们要在以习近平同志为总书记的党中央坚强领导下，坚决贯彻落实《决定》提出的各项目标、任务和要求，使我国立法工作不断迈出新步伐、迈上新台阶，谱写全面推进依法治国、建设社会主义法治国家历史新篇章，为推进社会主义民主法治建设，为全面建成小康社会、实现中华民族伟大复兴的中国梦而努力奋斗。

（此文载2014年10月31日《人民日报》）

# 在第五届海峡论坛大会上的致辞

（2014 年 6 月 16 日）

俞正声

**各位同胞，朋友们，女士们、先生们，大家上午好！**

首先，我受习近平总书记的委托，代表中共中央对第五届海峡论坛的举办表示热烈的祝贺！对所有前来参加论坛的两岸同胞特别是台湾同胞表示诚挚的问候！

五年前，两岸关系实现历史性的转折，走向和平发展，拉开了两岸大交流的序幕。在这种形势下，海峡论坛应运而生，顺应了两岸同胞加强交流合作的共同愿望和两岸关系和平发展的历史潮流。海峡论坛自创办以来，始终贯彻“扩大民间交流、加强两岸合作、促进共同发展”的主题，始终坚持面向两岸基层民众的方向，始终保持草根性、民间性、广泛性的鲜明特色，不断创新活动形式、丰富交流内涵、提升合作水平，成为两岸民间交流的重要平台，为推进两岸关系和平发展发挥了独特而重要的作用。

近五年来，两岸关系显著改善，交流合作、平等协商取得了丰硕的成果，开创出和平发展的新局面，给两岸同胞带来了实实在在的利益。两岸关系在短短几年间取得了重大成就，带给我们许多深刻的启示。两岸关系之所以能够开启和平发展的崭新局面，关键在于两岸双方建立并巩固了反对“台独”、坚持“九二共识”的共同政治基础，保持了两岸关系发展的正确方向。两岸关系之所以能够保持和平发展的道路，关键在于遏制了“台独”分裂活动，促进了交流合作和平等协商，推进了两岸交往合作的机制化建设。两岸关系和平发展道路之所以能够越走越宽广，是因为这条道路有效增进了两岸同胞福祉，得到了越来越多两岸同胞的认同、支持和参与。

新形势下，我们新一届领导集体在两岸关系上坚持既定的正确方针，全面贯彻两岸关系和平发展的重要思想，致力于巩固深化两岸关系和平发展的政治、经济、文化和社会基础，团结两岸同胞共同奋斗，将两岸关系不断推向前进。

本届论坛呼吁“聚焦亲情、共圆梦想”，揭示了两岸关系和平发展的内在动力和努力方向。亲情凝聚力量，梦想昭示未来。当前，两岸同胞比以往任何时候都更有条件、更有能力开创更加美好的未来，应当珍惜机遇、抓住机遇、用好机遇，更加奋发有为，加强团结合作，不断谱写两岸关系和平发展的新篇章。

**面向未来，我们要努力促进走两岸关系和平发展道路的信念更加深入人心。**两岸关系和平发展要由两岸同胞共同推动，两岸关系和平发展的成果要由两岸同胞共同享有。大陆各地各部门都有责任为两岸交流合作创造更好的条件，继续出台并扩大实施对台惠民政策，坚持为台湾同胞办实事、做好事，努力使更多的台湾同胞受益。我们热情欢迎台湾同胞尤其是没有来过大陆的乡亲前来旅游观光、交流参访。即使是那些曾经支持过、追随过、从事过“台独”的人，只要他们有改善和发展两岸关系的意愿，我们也欢迎他们来大陆走走看看，欢迎他们加入到两岸交流合作的行列中来。

**面向未来，我们要努力促进两岸一家人的理念更加深入人心。**两岸同胞是一家人，应当彼此信赖，彼此扶持。我们希望两岸各领域、各界别、各行业的民众扩大交往、密切接触，增进理解、消除隔阂，加强合作、互利共赢。对于部分台湾同胞对大陆缺乏了解甚至存在误解，对发展两岸关系存有疑虑，我们理解和体谅，并以足够的耐心做好化解工作。任何时候任何情况下，两岸同胞都应当牢记，大陆和台湾是我们共同的家园，一定要把我们共同的家园维护好、建设好；对"台独"势力、外部势力企图破坏、侵犯我们的家园，必须立场一致、坚决反对。

**面向未来，我们要努力促进中华民族伟大复兴的梦想更加深入人心。**实现中华民族的伟大复兴，是近代以来无数先辈孜孜以求的光荣梦想，应当成为两岸同胞的共同理想和奋斗目标。两岸同胞推动两岸关系和平发展，就是在促进中华民族的伟大复兴。两岸经济同属中华民族经济，加强互利共赢的经济合作，实现两岸经济共同发展，就是在壮大中华民族经济。两岸同胞同受中华文化哺育，扩大文化交流，共同传承和弘扬中华文化，不断丰富中华文化的时代内涵，就是在繁荣中华民族文化。两岸同胞都是中华儿女，融洽亲如一家的同胞感情，增强一脉相承的民族认同，就是在促进中华民族团结和谐。两岸同胞要共同担当起新时代赋予的历史使命，共同致力于实现民族复兴的伟大梦想。

我相信，我们不断汇集起两岸一家人的智慧和力量，就一定能够不断开创两岸关系和平发展的新前景，就一定能够实现中华民族的伟大复兴。

最后，祝第五届海峡论坛取得圆满成功！谢谢大家。

# 在纪念任弼时同志诞辰 110 周年座谈会上的讲话

（2014 年 4 月 26 日）

刘云山

**同志们，朋友们：**

今天，我们怀着十分崇敬的心情，在这里隆重举行座谈会，纪念任弼时同志诞辰 110 周年，深切缅怀他的不朽历史功勋，学习和弘扬他的崇高精神品格。

任弼时同志是伟大的马克思主义者，杰出的无产阶级革命家、政治家、组织家，中国共产党和中国人民解放军的卓越领导人，是以毛泽东同志为核心的中国共产党第一代中央领导集体的重要成员。任弼时同志 16 岁参加革命，46 岁英年早逝，为中华民族独立和中国人民解放事业奋斗了一生，贡献出了自己的一切。

任弼时同志作为新民主主义革命时期党的主要领导人之一，参与了党的一系列重大决策的制定和实施。在大革命的紧急关头，他坚决反对党内的右倾错误，并开始走上中央领导岗位。到中央苏区和湘赣革命根据地后，他与毛泽东等同志一起，积极探索农村包围城市、武装夺取政权的革命道路。他与贺龙等同志共同创建湘鄂川黔革命根据地，成功策应中央红军战略转移。在长征途中，他与张国焘分裂主义进行坚决斗争，维护了党中央的正确领导和红军的团结。抗日战争初期，他受党中央的委托，前往共产国际汇报中国革命的实际情况，阐明中国共产党关于抗日民族统一战线的正确路线，对克服王明右倾错误发挥了重要作用。延安时期起，任弼时同志参加中央书记处工作，成为毛泽东同志的得力助手。从陕甘宁边区的大生产运动到全党的整风运动，从起草《关于若干历史问题的决议》到筹备召开党的七大，从西北和全国的解放战争到解放区的土地改革，任弼时同志都参与了领导工作，作出了突出贡献。

任弼时同志是人民军队政治工作的杰出领导人。他先后担任红六军团军政委员会主席、红二方面军政治委员、八路军政治部主任、中央军委总政治部主任。他始终重视做好军队的政治工作，提出“政治工作是红军的生命线”；他坚持党对军队的绝对领导这一根本原则，领导恢复了红军改编为八路军后一度取消的政治委员制度；他强调军队要与人民紧密结合在一起，要求每个战士“都了解军队是人民的，自觉地爱护群众”。任弼时同志为创建我们党领导下的政治坚定、纪律严明的新型军队作出了重要的历史贡献。

任弼时同志始终站在青年运动的前列，被誉为中国青年运动的导师。1920 年，他就成为第一批中国社会主义青年团团员，曾担任两届中国共产主义青年团中央总书记。在党中央的领导岗位上，任弼时同志长期负责青年工作。在他的领导下，广大团员和先进青年为争取民族独立和人民解放前仆后继，发挥了青年先锋队作用。

任弼时同志的一生，是光辉的一生、战斗的一生，为党和人民事业奉献了自己全部心血。他以坚强的革命意志、高尚的思想品格、真挚的为民情怀，诠释了一位模范共产党员的崇高风范，铸就了一座不朽的精神丰碑。他的丰功伟绩，深深铭刻在中华民族解放斗争的史册上；他的革命精神，永远激励着我们为党和人民的事业努力奋斗。

**任弼时同志为我们树立了坚定理想信念、坚持党性原则的典范。**任弼时同志强调共产党员必须“锻炼党性，提高党性，培养党性，增强党性”，自己也总是身体力行、成为表率。在大革命濒临失败的关键时刻，他旗帜鲜明地同共产国际和陈独秀的右倾错误进行斗争，一连三次代表团中央向党中央呈送《政治意见书》，要求武装工农、实行土地革命。当时的中央主要领导人将他的意见书"碎之于地"，他仍然坚持正确主张。他在国统区从事党的秘密工作曾两次被捕，面对敌人的酷刑，大义凛然、宁死不屈，"随时准备用自己的生命去殉我们的事业"，表现了共产党人的崇高气节。延安整风前夕，他写下《关于增强党性问题的报告大纲》，提出"遵守纪律、服从组织"是衡量党员党性的一个重要标志，成为党的建设的一篇经典文献。整风运动中，他严于解剖自己，敢于承担责任，虚心接受别人意见，勇于进行自我批评，体现了共产党人的坦荡胸怀和优良作风。任弼时同志坚定的信仰信念、鲜明的党性原则，永远是广大党员干部学习的光辉榜样。

**任弼时同志为我们树立了贯彻党的群众路线、密切联系群众的典范。**任弼时同志始终坚持"从照顾群众的利益出发，从照顾群众的经验出发，从依靠群众的力量出发"。他说，"共产党员应当善于向群众学习"，"人民群众的支援和力量是不可忽视的，任何英雄好汉离开了群众，是不可能做好任何一件工作的"。他注重联系群众、做好群众工作，注重实事求是、工作作风实在。在指导陕甘宁边区大生产运动时，他亲自找负责运盐的乡村干部谈话，搜集整理相关材料，解决群众运盐过程中遇到的具体问题。在转战陕北和赴西柏坡途中，他总是利用休整时间做调查研究，了解土地改革的情况，为党中央及时纠正土改斗争中刚刚显露的"左"的错误倾向，贡献了重要意见。到北京后，他不顾自己重病在身，仍然通过多种渠道进行调查研究。在去世前几个星期，他还找通县农村的一位支部书记谈话，研究制订生产、渡荒的有效办法。在涉及群众利益的每一件事上，他都要求谈工作的同志把问题说得具体些，深入到每个细节。正如朱德同志评价的那样，任弼时同志"树立了一个朴素切实、密切联系群众的榜样"。任弼时同志始终如一的群众观点和贯彻群众路线的优良作风，为广大党员干部树立了一面镜子，让人们深刻领悟到为人民服务的真谛。

**任弼时同志为我们树立了无私奉献、忘我工作的典范。**任弼时同志生前有"三怕"：一怕工作少，二怕麻烦人，三怕用钱多。他处处严格要求自己，艰苦朴素、克己奉公。他经常叮嘱周围的同志爱护公物，不要铺张浪费，凡是自己能够做到的，决不要麻烦别人，生活上一丝一毫也不能特殊。他长期抱病担负繁重工作，时刻要求自己"能坚持一百步，就不应该走九十九步"。新中国成立前夕，他为重建青年团夙夜在公，不辞辛苦，精力和体力严重透支，在新民主主义青年团一大上作政治报告时不得不中途由他人代读。抗美援朝战争爆发后，他不顾医生"只能工作四小时"的劝告，常常工作到深夜，直到病逝前仍在翻阅文件，查看地图。他勤勤恳恳地为党和人民的事业奉献了自己的一生。叶剑英同志评价他是"我们党的骆驼，中国人民的骆驼，担负着沉重的担子，走着漫长的艰苦的道路，没有休息，没有享受，没有个人的任何计较"。任弼时同志的"骆驼精神"，彰显出强大的人格力量和崇高的道德品格，鼓舞着共产党人负重奋进、负重致远。

同志们，任弼时同志和老一辈革命家们为我们留下的宝贵精神财富，我们要永远铭记，并在新的形势下很好地继承和发扬。当前，全党和全国各族人民正在以习近平同志为总书记的党中央领导下，深入贯彻党的十八大和十八届三中全会精神，为实现"两个一百年"奋斗目标、实现中华民族伟大复兴的中国梦而奋斗。我们要学习和发扬任弼时同志和老一辈革命家的崇高精神，结合新形势、新任务，结合正在全党开展的党的群众路线教育实践活动，大力弘扬党的光荣传统和优良作风，切实担当起党的历史使命和时代责任，奋力夺取中国特色社会主义新胜利，不断开创党和国家事业发展的新局面。

# 增强问题意识　坚持问题导向

刘云山

党的十八大以来，习近平总书记发表系列重要讲话，深刻回答了新的历史条件下党和国家发展面临的一系列重大理论和现实问题，贯穿着强烈的问题意识、鲜明的问题导向，体现了共产党人求真务实的科学态度，展现了马克思主义者的坚定信仰和责任担当。在新形势下全面深化改革、开创事业发展新局面，领导干部必须有发现问题的敏锐、正视问题的清醒、解决问题的自觉。

## 一、树立问题意识、坚持问题导向，是新的时代条件下开创事业发展新局面的必然要求

人类认识世界、改造世界的过程，就是一个发现问题、解决问题的过程。毛泽东同志指出，问题就是事物的矛盾，哪里有没有解决的矛盾，哪里就有问题。实践发展永无止境，矛盾运动永无止境，旧的问题解决了，又会产生新的问题。问题是时代的声音，每个时代总有属于它自己的问题，只有树立强烈的问题意识，才能实事求是地对待问题，才能找到引领时代进步的路标。增强问题意识符合马克思主义认识论和辩证法，是贯彻党的思想路线的具体体现。

习近平总书记指出，我们中国共产党人干革命、搞建设、抓改革，从来都是为了解决中国的现实问题。90多年来，我们党之所以能够走在时代前列、引领中国进步，一个重要原因就在于准确把握民族独立、人民解放和国家富强、人民幸福的历史性课题，并为此进行不懈奋斗。革命战争年代，正是成功解决了中国革命的目标、道路、领导力量和依靠力量等一系列根本问题，才最终赢得新民主主义革命的伟大胜利。新中国成立后，正是创造性地解决了对农业、手工业和资本主义工商业进行社会主义改造等重大问题，才顺利实现从新民主主义向社会主义的过渡，并开启了社会主义建设新征程。改革开放以来，正是紧紧抓住什么是社会主义、怎样建设社会主义，建设什么样的党、怎样建设党，实现什么样的发展、怎样发展等重大问题，并在实践中不断取得突破，才成功开辟和拓展了中国特色社会主义康庄大道，使当代中国和中华民族展示出光明前景。可以说，强烈的问题意识贯穿于革命、建设、改革全部实践，成为党和国家事业发展的强大动力。

现在，我们已经站在一个新的历史起点，正在进行具有许多新的历史特点的伟大斗争。新的历史起点、新的历史特点，很大程度就反映在我们所面对的复杂矛盾上，反映在我们所要解决的实际问题上。应当看到，实现“两个一百年”奋斗目标、实现中华民族伟大复兴的中国梦，我们有着非常坚实的基础和十分有利的条件，但面临的矛盾和问题也世所罕见。当今世界格局正在进行深度调整，全方位综合国力竞争日趋激烈，我们面临的经济安全、政治安全、文化安全、军事安全、网络安全问题更加突出，维护和拓展国家战略利益的任务更加艰巨。当代中国正处于爬坡过坎的紧要关口，进入发展关键期、改革攻坚期、矛盾凸显期，许多问题相互交织、叠加呈现。正如邓小平同志曾经预言的，发展起来以后的问题不比不发展时少。就全面深化改革来说，要解决的都是牵动性强的深层次问题，都是一些难啃的硬骨头。如果没有强烈的问题意识，不能有效破解前进中的难题，改革就难以深入推进，发展就难以打开新的

空间。

## 二、问题是客观存在的，要敢于正视问题、善于发现问题

问题无处不在、无时不有，关键在于敢不敢于正视问题，善不善于发现问题。敢不敢于正视问题是态度问题，需要我们时刻保持头脑清醒，对存在的问题不掩盖、不回避、不推脱，否则就会使小问题演化成大问题。敢于正视问题，必须善于发现问题，领导干部就要在发现问题上领先。发现问题，要求我们有一双洞察问题的眼睛，拓宽视野看世界、看中国，看历史、看未来，从而找到工作中存在的问题，掌握解决问题的主动。

在国际国内相互联系中发现问题。现在，国际国内的联系互动日益加深，国内问题中的国际因素和国际问题中的中国因素都在增加。中央反复强调要统筹国内国际两个大局，把国际问题和国内问题联系起来全面考察、整体考虑。只有这样，才能形成既符合世界发展潮流又符合我国发展阶段性特征的发展战略，也才能找到解决面临问题、推进事业发展的科学方法。要立足基本国情、树立世界眼光，密切关注世界政治、经济、科技、文化各领域的新情况，准确把握国际形势发展变化的新趋向，从而发现需要抓紧破解的新矛盾新问题。要注意从世界格局变化中，看到维护我国主权和安全的风险与挑战；从世界经济缓慢复苏的态势中，既看到我国经济发展的新机遇，又看到不确定不稳定因素；从当今世界特别是发达国家科技日新月异的发展中，看到我国科技创新的差距和潜力；从世界各国文化的交流互鉴中，看到壮大我国文化软实力的有利条件和不利因素。总之，在国际形势风云变幻中，只有及时发现问题，做到沉着应对、趋利避害，才能立于不败之地。

在改革发展实践中发现问题。改革开放伟大实践，就是党带领人民群众在发现问题、解决问题中不断推进、不断深化的。有人说，中国改革的一条重要经验，就是把所有问题都当作更上一层楼的机遇。改革就是问题倒逼出来的，当年一些地方率先搞农村家庭联产承包责任制，就是要解决吃不饱肚子的问题。经过30多年不懈奋斗，我国改革发展进入在更高水平上攻坚克难的新阶段。落实全面深化改革的任务，不可能是一片坦途，必然会遇到各种深层次矛盾和问题。要结合各地区各部门实际，创造性地贯彻落实中央决策部署，在大胆探索和勇于实践中及时发现倾向性问题。如何完整地理解和把握全面深化改革总目标的问题，做到既讲推进国家治理体系和治理能力现代化，又讲完善和发展中国特色社会主义制度；如何处理政府和市场关系这个经济体制改革当中的核心问题，做到既让市场在资源配置中起决定性作用，又更好发挥政府作用；如何处理调结构与稳增长的关系，做到既抑制过剩产能、淘汰落后产能，又能够顶住经济下行压力、实现预定目标的经济增长，都需要引起我们高度重视。总之，在各种困难和复杂因素面前，只有在认识上保持清醒、在行动上积极应对，才能实现改革的顺利推进，确保发展的持续平稳。

在总结经验教训中发现问题。我们党是善于总结经验教训、吸取历史智慧的马克思主义政党，先后作出过《关于若干历史问题的决议》和《关于建国以来党的若干历史问题的决议》。这两个决议深刻总结了两个不同历史时期党所取得的宝贵经验和经历的失误与挫折，为当时历史条件下统一思想、团结一致向前看起到了重要作用。以史为镜，可知兴替。认真吸取历史的经验教训，并在对照现实问题中得到新的认识，就能够在未来征程中少走弯路、减少失误。特别是在国内外各种条件都发生深刻变化的新形势下，一定要对照历史这面镜子，深入思考并及时发现党面临的执政考验、改革开放考验、市场经济考验、外部环境考验又增加了哪些新因素；深入思考并及时发现精神懈怠、能力不足、脱离群众、消极腐败危险又有了哪些新苗头；深入思考并及时发现实际工作方面存在哪些问题和不足，努力做到不诿过、不贰过。

## 三、问题纷繁复杂，要坚持用科学的方法分析和研究问题

发现问题是前提，能不能正确分析问题更见功力。现实世界的问题错综复杂，有来自内部的，也有来自外部的；有经济领域的，也有政治领域、文化领域、社会领域的；有曾经经历过的，也有从来没有遇到过的，许多问题相互纠结、连锁反应。这就要求我们坚持用辩证唯物主义和历史唯物主义方法，科学分析问题、深入研究问题，弄清问题性质、找到症结所在。问题分析、研究得越透彻，解决起来就越有针对性。

坚持具体问题具体分析。具体问题具体分析是马克思主义活的灵魂。不同事物的矛盾具有不同的特点，同一事物的矛盾在不同发展阶段也各不相同，任何事物既有共性又有个性，这是具体问题具体分析的哲学基础。我们这么大一个国家，不同地区遇到的问题，不同领域存在的问题，必然差别很大，这就需要很好坚持具体问题具体分析。通过具体分析，弄清楚问题的多与少、大与小、轻与重、缓与急、易与难，有问题就是有问题，是什么问题就是什么问题。既不能视而不见、麻痹大意，也不能以偏概全、任意夸大；既不能把可能影响全局的倾向性问题当作一般问题来对待，也不能把特殊的某个方面问题作为全局性问题来处理。通过具体分析，弄清楚哪些是思想认识问题，哪些是政治原则问题，哪些是群众正当的利益诉求；弄清楚哪些是体制机制弊端造成的问题，哪些是工作责任不落实造成的问题，哪些是条件不具备一时难以解决的问题。从而做到对症下药、有的放矢，一把钥匙开一把锁。

善于透过现象看本质。任何事物都有现象和本质两个方面，许多问题并不是一眼能看穿识透的。这就需要见微知著、由表及里，透过现象看本质、撇开枝节抓根本。在分析问题时，如果只观一隅、只察一面，就可能会一叶障目、盲人摸象，难以得出正确的结论。各级领导干部每天都要处理许多具体工作，面对纷繁复杂的问题甚至是令人头痛的难题。在这样的情况下，千万不能迷失在现象的迷宫之中，不能让表象问题“乱花渐欲迷人眼”，而要运用唯物辩证法这个根本方法，对问题的本质作出正确判断。比如，当前我国经济下行压力加大确实是客观现实，国际上随之出现所谓“中国崩溃论”“中国衰退论”，但必须看到我国经济发展的基本面没有改变，有了这样一个科学的判断，才能稳定市场预期、增强人们信心。所以，分析问题要善于研机析理、察形见势，从繁杂问题中把握事物的规律性，从苗头问题中发现事物的倾向性，从偶然问题中揭示事物的必然性，努力实现从感性认识到理性认识的飞跃。

抓住事关全局的重要问题。唯物辩证法告诉我们，事物的主要矛盾决定事物的性质和发展方向，只有抓住了主要矛盾和矛盾的主要方面，才能找到解决各种复杂问题的重点，才能牵住牛鼻子，起到纲举目张的作用。要坚持胸怀大局、把握大势、着眼大事，注重抓事关全局、事关长远发展、事关人民福祉的紧要问题，进而明确有效破解问题的主攻方向。比如：思想理论建设方面，就要紧紧抓住坚定理想信念问题，深入研究如何固本培元、用党的创新理论武装头脑，坚定道路自信、理论自信、制度自信；经济建设方面，就要紧紧抓住转变经济发展方式问题，深入研究如何推进经济结构战略性调整，实施创新驱动发展战略，增强我国经济发展的后劲和抗风险能力；政治建设方面，就要紧紧抓住坚持党的领导、人民当家作主、依法治国有机统一问题，深入研究如何发展社会主义民主，推进法治国家、法治政府、法治社会一体建设，切实提高领导干部运用法治思维和法治方式推进工作的能力；文化建设方面，就要紧紧抓住社会主义核心价值体系问题，深入研究如何深化文化体制改革，进一步激发全民族文化创造活动，扎实推进社会主义文化强国建设；社会建设方面，就要紧紧抓住社会公平正义问题，深入研究如何加紧建设对保障社会公平正义具有重大作用的制度，逐步建立以权利公平、机会公平、规则公

平为主要内容的社会公平保障体系，切实解决教育、就业、收入分配、社会保障、医药卫生、住房、食品安全、安全生产、环境保护等关系人民切身利益的突出问题；作风建设方面，就要紧紧抓住"四风"问题，深入研究如何更好地贯彻党要管党、从严治党的要求，扎实推进群众路线教育实践活动，建立健全改进作风常态化机制，等等。总之，只要抓住和解决了关键问题，就能带动全局工作，推进事业全面发展。

## 四、问题绕不开躲不过，应当有敢于触及矛盾、解决问题的责任担当

领导干部就是解决问题的，有没有解决问题的责任担当，是对领导干部的最好检验。共产党人是彻底的唯物主义者，勇于直面问题、善于解决问题是应有的自信，是有力量的表现。应当肯定，大多数领导干部问题意识是强的，解决问题的态度是积极的，但也有一些领导干部问题意识淡薄。有的忽视问题，对矛盾熟视无睹，一旦遇到问题，往往措手不及；有的逃避问题，搞鸵鸟政策、选择性失明，把一些本来应该及时解决的问题拖成了老大难；有的不注重解决问题，纸上谈兵、夸夸其谈，真正遇到棘手问题就捉襟见肘，这些都严重影响着各项工作的推进，影响着改革发展稳定任务的落实。淡漠问题是最大的问题，没有忧患是最大的忧患。各级领导干部要弘扬共产党人的担当精神，以解决问题为己任，在解决问题中集聚事业发展的正能量。

增强问题意识，既要见思想，更要见行动。思想变为行动，重要的是把问题意识转化为问题导向。这就要求各级领导干部坚持以解决问题为工作导向，瞄着问题去，追着问题走，把化解矛盾、破解难题作为履职尽责的第一要务。要始终坚持守土有责、守土负责、守土尽责，碰到难题敢于触及，遇到矛盾主动解决，想方设法把问题化解在萌芽状态，解决在职责范围之内，决不能敷衍了事、上交矛盾。要对照形势发展的新要求，抓紧解决本地区本部门本单位长远发展的重大问题，切实加强薄弱环节，努力开创事业发展新局面。要对照人民群众的新期待，抓紧解决工作中存在的损害人民群众利益的突出问题，更好地让人民群众共享改革发展成果。要对照党章的标准和要求，从习以为常的现象中发现思想作风方面存在的倾向性、苗头性、潜在性问题，坚决及时纠正，防患于未然。

应当说，许多问题解决起来确实有难度，必须要有克服困难的勇气和韧劲。事实常常是这样，面对困难和问题，只要认真对待，问题最终都能找到解决的办法，甚至可以成为下一步发展的契机。对于领导干部来说，强化问题导向、增强责任担当，就要把解决问题作为前进的动力而不是沉重的包袱，作为创新的支点而不是退缩的借口。要有逢山开路、遇河架桥的勇气，变压力为动力，化挑战为机遇，敢啃硬骨头，勇于闯难关。要发扬钉钉子的精神，有咬定青山不放松的耐心和恒心，在攻克一个又一个问题堡垒中不断创造新的业绩。

## 五、问题源于实践，要到实践和群众中寻找解决问题的办法

问题在实践中产生，也要在实践中解决。实践、认识、再实践、再认识，是认识事物的客观规律，是解决问题的根本法则。如果只是空洞地谈问题，只是坐在机关闭门造车，就很难找到解决问题的办法。人民群众处在实践的第一线，很多时候对问题的感受更直接、更准确，对情况的了解也更详细、更透彻。正如毛泽东同志所说，我们的同志不要以为自己还不了解的东西，群众也一概不了解，许多时候广大群众跑到我们前头去了。改革开放的很多方针政策都是来自群众的创造，我们所做的就是把群众的实践经验总结起来、推广开来。要牢固树立实践第一的观点，树立群众是真正英雄的观点，坚持一切为了群众、一切依靠群众，从群众中来、到群众中去，在深入人民群众、深入基层一线中破解改革发展稳定遇到的难题。

深入人民群众、深入基层一线，必须做到走

进去、沉下去、融进去。要认真贯彻中央关于改进工作作风、密切联系群众的要求，巩固和拓展群众路线教育实践活动成果，增强宗旨意识，站稳群众立场，增进群众感情，坚决克服形式主义、官僚主义、享乐主义和奢靡之风。要坚持眼睛向下、重心下移，多到基层接地气，多到现场摸实情，加深对民心民意的感悟，加深对客观情况的了解，加深对实际问题的认识。要尊重群众主体地位和首创精神，拜人民为师，向群众求教，问政于民、问需于民、问计于民，从基层的实践经验中获得思想启迪，从群众的伟大创造中汲取丰厚营养。特别是对一些涉及群众切身利益的政策性问题，要认真听取群众呼声、了解群众诉求，包括掌握网情民意，这样才能找到真正解决问题的好办法。

## 六、有真本领就不怕有问题，关键是要通过学习提高解决问题的能力

古人说，“政善治，事善能”。我们讲发现问题的敏锐，讲直面问题的担当，讲解决问题的办法，归根到底取决于我们自身的能力和素养。现在形势发展变化很快，不熟悉、不了解的东西越来越多，面临问题的复杂程度、解决问题的艰难程度远远超过以往，新办法不会用、老办法不管用、硬办法不敢用、软办法不顶用，领导干部本领恐慌问题十分突出。正如习近平总书记指出，很多同志有做好工作的真诚愿望，也有干劲，但由于缺乏本领，结果是虽然做了工作，有时候也很辛苦，但不是不对路子，就是事与愿违，甚至搞出一些南辕北辙的事情来。认识好、解决好问题，唯一的途径就是增强本领。在纷繁复杂的问题面前，各级领导干部要有克服本领恐慌的紧迫感，不断提高驾驭问题、解决问题的能力。

能力不是固有的，本领也不是天生的，必须切实加强学习。善学者智，善学者强，善学者胜。只有持续学习、不断充电，完善知识结构，才能拓宽视野、提升思维能力，才能敏锐发现问题、有效解决问题。要大兴学习之风，尤其是领导干部要把学习作为政治责任，多想一想自己以前的时间都去哪儿了，工作之余应该干些什么，从而把更多的时间和精力用在学习上。要深入学习马克思主义基本理论，学习毛泽东思想、邓小平理论、“三个代表”重要思想、科学发展观，学习习近平总书记系列重要讲话，学习党的路线方针政策，学习现代化建设所需要的各领域各方面的知识。要带着问题学习，对照遇到的问题找知识上的不足、找能力上的差距，不熟悉的东西要努力去掌握，通过学习缩小差距、补齐短板，提高战略思维、系统思维、辩证思维、创新思维、底线思维的能力，提高发现问题、分析问题、解决问题的能力。要带着问题思考，对工作和学习中碰到的问题要刨根问底、举一反三，多问一问是什么、为什么，多想一想怎么看、怎么办，善于从个性问题中寻找共性问题，实现从看到问题到洞悉问题转变，把学习成果体现在解决实际问题的成效上。要带着问题调研，搞调查研究既要到那些有成绩、有经验的地方，也要到那些困难大、矛盾多的地方，对着需要解决的问题“望闻问切”“解剖麻雀”，从基层一线的实践创造中总结规律性的认识，寻找解决问题的钥匙。

（此文是刘云山同志2014年5月15日在中央党校2014年春季学期第二批进修班开学典礼上的讲话，发表时有删节）

# 在全国纪念邓小平同志诞辰110周年学术研讨会上的讲话

（2014年8月21日）

刘云山

同志们：

举行全国纪念邓小平同志诞辰110周年学术研讨会，学习贯彻习近平总书记在纪念邓小平同志诞辰110周年座谈会上的重要讲话精神，缅怀邓小平同志的丰功伟绩，重温邓小平同志的光辉思想和精神风范，交流邓小平理论学习研究成果，这对于进一步深化党的理论创新成果研究、不断推进马克思主义中国化时代化大众化，对于坚持和发展中国特色社会主义、实现中华民族伟大复兴的中国梦，具有十分重要的意义。

邓小平同志是全党全军全国各族人民公认的享有崇高威望的卓越领导人，伟大的马克思主义者，伟大的无产阶级革命家、政治家、军事家、外交家，久经考验的共产主义战士，是中国社会主义改革开放和现代化建设的总设计师，中国特色社会主义道路的开创者，邓小平理论的主要创立者。邓小平同志把自己的一生献给了党和人民，献给了社会主义和共产主义事业，在新民主主义革命时期为党领导的民族独立和人民解放事业建立了卓越功勋，在社会主义革命和建设时期为胜利完成社会主义革命、探索我国社会主义建设道路作出了杰出贡献，在改革开放新时期为开创中国特色社会主义作出了历史性贡献，不愧为中国人民的伟大儿子。邓小平同志崇高鲜明又独具魅力的革命风范，将激励我们在实现“两个一百年”奋斗目标、实现中华民族伟大复兴的中国梦的征程上奋勇前进。

邓小平同志留给我们的最重要的思想和政治遗产，就是他带领我们党和人民开创的中国特色社会主义，就是他创立的邓小平理论。邓小平理论是马克思列宁主义基本原理同当代中国实践和时代特征相结合的产物，是毛泽东思想的继承和发展，是中国特色社会主义理论体系的开创之作，是指引我们胜利前进的伟大旗帜。深入学习研究宣传邓小平理论，始终是我们党思想理论建设的一项根本性任务。近年来，在党中央高度重视和大力推动下，在广大理论工作者辛勤努力下，邓小平生平和邓小平理论研究取得了丰硕成果。编辑出版《邓小平年谱》、《邓小平思想年编（1975—1997）》、《邓小平文集（1949—1974）》和《邓小平传（1904—1974）》，推出一批有分量的研究专著和学术文章，创作一批反映邓小平生平和思想的通俗读物、电影电视剧、文献专题片，这些都有力推动了邓小平理论的学习研究宣传，为促进党和国家事业发展发挥了重要作用。

经过党和人民长期奋斗积累，经过30多年改革开放伟大实践，中国特色社会主义事业已站在一个新的历史起点上。邓小平同志在1992年南方谈话中指出：“如果从建国起，用一百年时间把我国建设成中等水平的发达国家，那就很了不起！从现在起到下世纪中叶，将是很要紧的时期，我们要埋头苦干。我们肩膀上的担子重，责任大啊！”面对世情国情党情的深刻变化，面对前所未有的发展机遇和风险挑战，要把老一辈革命家开创的伟大事业继承好发展好，就必须从历史接续奋斗中坚定走向未来的信念，从先辈思想传承中把握继续前行的方向。我们要认真贯彻习近平总书记重要讲话精神，结合改革发展稳定的新任务新要求，不断深化对邓小平理论的研究阐释，为夺取中国特色社会主义新胜利凝聚起强大精神力量。

**第一，深化邓小平理论研究，就要紧紧围绕中国特色社会主义这个主题，进一步坚定实现中华民族伟大复兴的中国梦的信念信心。**在脱胎于半殖民地半封建社会的东方大国如何建设社会主义，是马克思主义发展史上前所未有的新课题，是极为艰巨的任务。新中国成立后，毛泽东同志带领党和人民进行艰辛探索，取得举世瞩目的巨大成就，也遭受了严重挫折、付出了沉重代价。“文化大革命”结束后，在中国面临向何处去的重大历史关头，邓小平同志以巨大的政治勇气和理论勇气领导我们党拨乱反正，党的十一届三中全会确定把全党工作的着重点转移到社会主义现代化建设上来，作出实行改革开放的重大决策，实现了党的历史上具有深远意义的伟大转折。邓小平同志指出，必须搞清楚什么是社会主义、怎样建设社会主义，强调我们的经验教训有许多条，最重要的一条，就是要搞清楚这个问题，号召全党“走自己的道路，建设有中国特色的社会主义”。邓小平同志强调必须坚持以经济建设为中心，坚持四项基本原则，坚持改革开放，领导我们党制定了党在社会主义初级阶段的基本路线，制定了现代化建设“三步走”发展战略，第一次比较系统地初步回答了在中国这样经济文化比较落后的国家如何建设社会主义、如何巩固和发展社会主义的一系列基本问题，成功开创了中国特色社会主义。现在回过头来，想一想我们党领导人民在社会主义建设中的艰辛探索，看一看改革开放以来我国综合国力、国际竞争力和国际影响力的显著提升，再联系社会主义在世界其他一些国家遭遇的挫折，可以说，找到这样一条道路是多么了不起的伟大贡献！

坚持和发展中国特色社会主义，是一个接力推进的历史进程。以邓小平同志为核心的党的第二代中央领导集体开创了中国特色社会主义道路，以江泽民同志为核心的党的第三代中央领导集体成功把中国特色社会主义推向二十一世纪，以胡锦涛同志为总书记的党中央成功在新的历史起点上坚持和发展了中国特色社会主义。党的十八大以来，以习近平同志为总书记的党中央接过历史的接力棒，高举中国特色社会主义伟大旗帜，带领全党全国各族人民迈上实现中华民族伟大复兴的中国梦的新征程，把中国特色社会主义伟大事业推向新的境界。在前进的道路上，我们必须始终坚定不移地坚持和发展中国特色社会主义，既不走封闭僵化的老路，也不走改旗易帜的邪路，不为任何风险所惧，不为任何干扰所惑，不断夺取中国特色社会主义新胜利。

新形势下深化邓小平理论研究，就要紧紧围绕坚持和发展中国特色社会主义、实现中华民族伟大复兴的中国梦来推进、来展开，紧紧围绕坚定中国特色社会主义道路自信、理论自信、制度自信来聚焦、来着力。要紧密联系世界社会主义500年的历史进程，联系中国人民选择马克思主义、选择社会主义、选择改革开放的奋斗历程，把中国特色社会主义的历史渊源、理论逻辑、现实基础阐释清楚，把改革开放前后两个三十年社会主义实践探索的关系阐释清楚，把为什么新民主主义革命的成果决不能丢失、社会主义革命和建设的成就决不能否定、改革开放和社会主义现代化建设的方向决不能动摇的深刻道理阐释清楚。要深入研究阐释中国特色社会主义道路的独特创造、理论的独特贡献、制度的独特优势，引导人们切实增强坚持和发展中国特色社会主义的自觉性坚定性。要深化对中国梦的理论研究，深入阐释中国梦昭示的发展理念、展示的光明前景、蕴涵的实践要求，深入阐释实现中国梦的现实路径、价值支撑、动力源泉，更好激发全体人民同心共铸中国梦的强大正能量。

**第二，深化邓小平理论研究，就要始终坚持党的思想路线，不断推进实践基础上的理论创新。**党的思想路线是中国共产党人认识世界、改造世界的根本遵循，是我们推动事业发展必须解决好的根本问题。新民主主义革命时期，毛泽东同志领导我们党克服党内曾经盛行的把马克思主义教条化、把共产国际决议和苏联经验神圣化的错误倾向，确立了党的实事求是的思想路线。粉碎“四人帮”以后，邓小平同志在千头万绪中抓住决定性环节，从解决党的思想路线问题入手，支持和领导开展真理标准问题的讨论，旗帜鲜明反对“两个凡是”的错误观点，号召全党“解放思想，实事求是”，恢复和发展了毛泽东同志倡导的马克思主义思想路线。他振聋发聩地指出：“一个党，一个国家，一个民族，如果一切从本本出发，思想僵化，迷信盛行，那它就不能前进，它的生机就停止了，就要亡党亡国。”他说自己是“实事求是派”，反复强调“拿事实来说话”，强调尊重实践、尊重群众，鼓励探索、鼓励创造。对于人民群众在实践中创造的新事物，他总是满腔热情地给予支持；对于在实践基础上提出的新的正确观点，他总是实事求是地予以肯定。正是邓小平同志坚持实事求是的科学态度，指导我们党系统总结新中国成立以来的历史经验，科学评价毛泽东同志的历史地位和毛泽东思想的科学体系，以非凡的胆略和勇气回答时代的新课题，提出一系列具有开创意义的新思想，创立了邓小平理论。可以说，解放思想、实事求是贯穿于邓小平同志全部思想和实践活动中，是邓小平理论的鲜明特征。

时代在前进，实践在发展，理论创新没有止境。我们党在接力推进中国特色社会主义事业过程中，始终坚持党的思想路线，积极探索回答不同阶段遇到的新情况新问题，在继承和发展邓小平理论的基础上，形成了“三个代表”重要思想和科学发展观，推动中国特色社会主义理论体系不断丰富和发展。党的十八大以来，习近平总书记科学把握当代中国发展实际和当今世界发展大势，围绕坚持和发展中国特色社会主义、实现中华民族伟大复兴的中国梦，围绕改革发展稳定、内政外交国防、治党治国治军发表了一系列重要讲话，提出许多富有创见的新思想、新观点、新论断、新要求。讲话深刻回答了新的历史条件下党和国家发展的一系列重大理论和实践问题，升华了我们党对中国特色社会主义建设规律和共产党执政规律的认识，把马克思主义中国化推进到新高度，为党和国家事业发展提供了强大思想武器。

新形势下深化邓小平理论研究，就要始终坚持解放思想、实事求是、与时俱进、求真务实，树立正确对待马克思主义的科学态度，永不僵化、永不停滞，把开拓创新作为一种常态，不断推进实践基础上的理论创新。要立足中国特色社会主义伟大实践，总结提炼改革开放和社会主义现代化建设的新鲜经验，深入挖掘中国奇迹、中国创造蕴含的思想价值，不断作出新的理论概括和理论阐释，更好让党员干部和广大群众坚定理想信念、增强理论自信。强化问题意识、树立问题导向，是贯彻党的思想路线的具体体现，也是推进理论创新的必然要求。邓小平同志指出：“发展起来以后的问题不比不发展时少。”当代中国正处于爬坡过坎的紧要关口，进入改革攻坚期、发展关键期、矛盾凸显期，许多问题相互交织、叠加呈现。要坚持以实际问题为中心，敢于正视问题、敏锐发现问题、主动聚焦问题，研究回答全局性、战略性、前瞻性重大问题，在推动解决问题过程中不断取得新的认识成果。

**第三，深化邓小平理论研究，就要深入总结改革开放的成功实践和宝贵经验，坚定不移把改革开放伟大事业推向前进。**改革开放是新时期最鲜明的特点，是我们大踏步赶上时代潮流的法宝。邓小平同志在对“文化大革命”进行深刻反思、对中国发展进行深刻总结、对国际形势进行深刻分析的基础上，领导我们党作出改革开放的战略决策，提出改革开放的一系列重大思想。他针对当时封闭僵化的严峻现实鲜明地指出：“如果现在再不实行改革，我们的现代化事业和社会主义事业就会被葬送。”他强调，改革是一场新的革命，本质是社会主义制度的自我完善和发展，要通过改革从根本上改变束缚生产力发展的体制机制；改革是一个大试验，要“摸着石头过河”,要有一点闯的精神、冒的精神,胆子要大、步子要稳;改革是亿万人民群众自己的事业,改革越深入,越要注意把干部群众的积极性主动性创造性调动起来;判断改革和各方面工作的是非得失,归根到底要以“三个有利于”为标准,等等。在邓小平同志改革开放思想引领下,一场前所未有的大改革、大开放在中华大地上逐步深入展开,从农村改革到城市改革,从经济体制改革到各方面体制改革,从对内搞活到全方位对外开放,使中国以世界上少有的速度持续快速发展起来,谱写了波澜壮阔的历史篇章。

改革只有进行时,没有完成时。面向未来,要有效破解前进中的难题、化解来自各方面的风险挑战,根本动力在改革,根本出路也在改革。以习近平同志为总书记的党中央高举改革开放伟大旗帜,对全面深化改革作出新的战略部署,开启了改革开放新的伟大征程。我们说全面深化改革是一场新的伟大革命、伟大斗争,就在于改革的全面性前所未有,不仅包括经济体制改革、政治体制改革、文化体制改革、社会体制改革、生态文明体制改革,而且还包括国防和军队改革、党的建设制度改革;就在于改革的深刻性前所未有,要解决的都是深层次利益矛盾和体制机制问题,都是一些难啃的硬骨头,推进改革的复杂程度、敏感程度、艰巨程度一点都不亚于30多年前。在这个时候,我们更需要坚定政治定力、凝聚改革共识,正确、准确、有序、协调地推进改革。

新形势下深化邓小平理论研究,就要深入研究阐释邓小平同志改革开放思想,汲取蕴含其中的政治智慧、理论营养和科学方法,把邓小平同志开创的改革开放事业不断向前推进。要紧密结合全面深化改革新的伟大实践,深入研究阐释党的十八大和十八届三中全会提出的重大理论观点、重大决策部署,推出一批高质量的研究成果,为全面深化改革提供理论支撑。要深入研究如何完善和发展中国特色社会主义制度、推进国家治理体系和治理能力现代化,更好地推进党、国家、社会各方面事务治理的制度化、规范化、程序化;深入研究如何使市场在资源配置中起决定性作用和更好发挥政府作用,充分展示社会主义市场经济的特征和优势;深入研究如何贯彻促进社会公平正义、增进人民福祉的根本要求,创造更加公平正义的社会环境,使改革发展成果更多更公平惠及全体人民;深入研究各领域改革的重大举措和推进办法,更好把握各项改革的关联性系统性,处理好各方面重大关系。在研究阐释过程中,要牢记我们的改革是社会主义制度自我完善和发展,弄明白什么需要改、什么不能改,在根本性问题上保持政治定力,使我们的改革始终沿着正确方向前进。

**第四,深化邓小平理论研究,就要着眼于巩固全党全国各族人民团结奋斗的共同思想基础,推动全社会大力培育和弘扬社会主义核心价值观。**共同思想基础,是一个政党、一个国家、一个民族真正有力量的决定因素。改革开放一开始,邓小平同志就高度重视加强全社会的精神文明建设,反复强调要在建设高度物质文明的同时,建设高度的社会主义精神文明,只有物质文明和精神文明都搞好,才是有中国特色的社会主义,必须坚持一手抓物质文明、一手抓精神文明,把“两手抓,两手都要硬”作为我国现代化建设的一个根本方针。他明确指出,建设社会主义精神文明,最根本的是要使广大人民有理想、有道德、有文化、有纪律,共同的理想和坚定的信念,无论过去、现在和将来都是我们的真正优势。他强调,全党要防止埋头经济工作、忽视思想工作的倾向,坚决抵制外来腐朽思想的侵蚀。他要求全党,抓精神文明建设,抓党风、社会风气好转,必须狠狠地抓,一天不放松地抓,从具体事件抓起。这些关于精神文明建设的重要思想,构成了邓小平理论一个极为重要的组成部分,为我们建设社会主义先进文化留下了宝贵的精神财富。

经过30多年努力,我国发展取得历史性成就,精神文明建设也取得历史性进步,全党全社会的共同思想基础更加巩固。同时要看到，随着国际形势深刻变化、世界格局深度调整，各种思想文化交流交融交锋更加频繁；随着改革开放和社会主义市场经济深入发展，人们思想意识的多样性选择性差异性不断增强。在这样的情况下，如何引领整合多元多样的社会思想意识，巩固马克思主义在意识形态领域的指导地位，巩固全党全国各族人民团结奋斗的共同思想基础，是摆在我们面前的一项重大课题。历史和现实告诉我们，思想文化最深层的要素是核心价值观，凝聚社会思想共识最根本的途径是培育和践行核心价值观。社会主义核心价值观凝结着全体人民的价值共识，为我们构筑全民族精神纽带、塑造共有精神家园提供了重要支撑。

新形势下深化邓小平理论研究，一个突出任务就是结合邓小平同志关于精神文明建设的重大战略思想，不断回答好核心价值观建设的重大问题，更好凝魂聚气、强基固本。推进核心价值观建设，首先要有价值观自信。要深入阐释我们的价值观自信来自马克思主义科学理论的正确指引，来自中华民族优秀传统文化的深厚滋养，来自中国特色社会主义的成功实践，来自对人类文明优秀成果的吸收借鉴。要深入研究阐释社会主义核心价值观的丰富内涵、历史渊源、现实基础和道义力量，引导人们不断强化价值观认同。要深入研究用社会主义核心价值观引领社会思潮的有效途径，深入研究如何把社会主义核心价值观贯穿到国民教育、精神文明建设和党的建设全过程，体现到政策法规制定、制度设计和社会治理之中，以良好的文化环境、社会环境、政策环境来涵养和培育核心价值观，真正做到内化于心、外化于行。

**第五，深化邓小平理论研究，就要深入研究把握马克思主义执政党建设规律，全面推进党的建设新的伟大工程。**中国的事情要办好，关键要把党建设好。邓小平同志在改革开放之初就提出了“执政党应该是一个什么样的党，执政党的党员应该怎样才合格，党怎样才叫善于领导”的问题。他强调“把我们党建设成为有战斗力的马克思主义政党，成为领导全国人民进行社会主义物质文明和精神文明建设的坚强核心”。针对当时党的建设遇到的尖锐复杂情况，他深刻指出，“要聚精会神地抓党的建设，这个党该抓了，不抓不行了”，并告诫“中国要出问题，还是出在共产党内部”。围绕加强党的建设，邓小平同志提出了许多重要思想，强调关键在党、党要管党、从严治党，坚持和加强党的领导必须努力改善党的领导；要抓好党员干部马克思主义理论学习，防止在日益复杂的斗争中迷失方向；要坚持和健全民主集中制，最重要的就是全党服从中央，维护党中央权威；要坚持德才兼备的原则，推进干部队伍革命化、年轻化、知识化、专业化；要切实加强党的制度建设，改革党和国家的领导制度，等等。他还特别重视党的作风建设，强调执政党的党风是关系党生死存亡的重大问题，强调群众路线和群众观点是我们的传家宝，提醒全党要反对干部队伍中的不正之风，反对形形色色的特权现象，在整个改革开放过程中都要反对腐败。正是在邓小平同志的高度重视和有力推动下，我们党在新时期开启了党的建设新的伟大工程。

当前，我们正在进行具有许多新的历史特点的伟大斗争。国内外形势的发展变化和党承担的历史任务，都对党的建设提出了新的更高要求。党的十八大以来，以习近平同志为总书记的党中央统筹伟大事业和伟大工程，坚持从严管党治党，以作风建设为切入点，制定落实中央八项规定，扎实开展党的群众路线教育实践活动，深入推进党风廉政建设和反腐败斗争，党的建设呈现出新面貌、新气象。同时要看到，在社会结构、利益格局、思想观念多样化复杂化特征日益明显的新情况下，如何保证党的思想统一，如何有效监督和管理党员干部，如何协调处理错综复杂的利益矛盾，如何增强党内生活政治性原则性战斗性等，都迫切需要做出回答。我们必须增强忧患意识，深刻认识党面临的

“四大考验”、“四种危险”，以更加坚决的态度、更加有力的举措加强和改进党的建设，增强党自我净化、自我完善、自我革新、自我提高能力，确保党始终成为中国特色社会主义事业的坚强领导核心。

新形势下深化邓小平理论研究，就要始终牢记邓小平同志“聚精会神地抓党的建设”的谆谆教导，准确把握马克思主义执政党建设规律，深入研究党的建设面临的新情况新问题，推动党的建设不断取得实实在在的成效。要紧密结合党的建设现状和党员干部队伍实际，深入研究怎样增强理想信念教育的针对性实效性，怎样培养选拔党和人民需要的好干部，怎样贯彻好马克思主义群众观点和党的群众路线，怎样推动党风廉政建设和反腐败斗争深入进行，怎样用铁的纪律维护党的团结统一，更好发挥理论研究在党的建设中的重要作用。要深入研究如何深化党的组织制度、干部人事制度、基层党组织建设制度改革的问题，如何强化权力运行制约和监督体系、加强反腐败体制机制创新和制度保障的问题，用扎实的研究成果推动党的建设制度改革深入推进。去年以来，在全党开展的群众路线教育实践活动创造了许多新鲜经验，要从理论上总结好、提炼好，更好推动改进作风制度化常态化。

邓小平同志的光辉业绩永载史册，邓小平理论始终指引着我们胜利前进。要把深入学习研究宣传邓小平理论，作为全党的一项重要政治责任，作为社科理论界的一项重要政治任务，以深厚的感情、高度的自觉推动落实。有关部门要加大组织力度、加强统筹协调，充分发挥马克思主义理论研究和建设工程、中国特色社会主义理论体系研究基地的引领作用，发挥哲学社会科学基金的导向作用，发挥党史、文献、社科研究、党校、高校等部门和单位的主力军作用，调动各方面研究资源和力量，把邓小平理论研究不断引向深入。要继续做好文献编辑研究工作，编辑好研究好关于邓小平生平和邓小平理论的重要文献。要把研究邓小平理论与研究马克思列宁主义、毛泽东思想结合起来，与研究“三个代表”重要思想、科学发展观结合起来，与研究阐释习近平总书记系列重要讲话精神结合起来，推动用马克思主义中国化最新成果武装全党、教育人民。

同志们，在新的历史条件下深化邓小平理论研究，意义深远、使命光荣。让我们紧密团结在以习近平同志为总书记的党中央周围，深入贯彻落实党的十八大和十八届三中全会精神，扎实深入开展理论研究，以更加丰硕的成果推动党的思想理论建设，为坚持和发展中国特色社会主义、实现中华民族伟大复兴的中国梦作出应有贡献。

# 党员干部要自觉践行“三严三实”

刘云山

今年全国“两会”期间，习近平总书记在参加安徽代表团审议时专门就加强作风建设发表重要讲话，提出“三严三实”要求，强调党员干部特别是各级领导干部要做到严以修身、严以用权、严以律己，谋事要实、创业要实、做人要实。“三严三实”言简意赅而又内涵深刻，阐明了党员干部的修身之本、为政之道、成事之要，丰富了管党治党的思想理念，为加强党员干部党性修养、深入推进新形势下党的建设提供了重要遵循。

## 一、“三严三实”是在清醒把握作风现状基础上对党员干部改进作风提出的新要求

习近平总书记强调的“三严三实”是着眼于解决作风方面的突出问题提出来的，具有很强的现实针对性。应当看到，党员干部队伍的作风与党和人民事业发展要求总体上是适应的，特别是党的群众路线教育实践活动开展以来，党风政风得到明显改善、呈现出新的气象。但要看到，形式主义、官僚主义、享乐主义和奢靡之风这“四风”还没有根除，无论党员干部队伍管理还是党员干部自身，都存在不严、不实的问题，失之于宽、失之于软、失之于虚的现象比较严重。有的党组织对党员干部要求不严，常常是不敢管、不愿管、不会管；有的执行中央政策打折扣、搞变通，有令不行、有禁不止的现象时有发生；有的自由主义、好人主义盛行，组织涣散、纪律松弛，一些规章制度形同虚设。有的党员干部目无组织纪律，凌驾于组织之上、游离于组织之外；有的心浮气躁，弄虚作假，搞劳民伤财的“形象工程”、“政绩工程”；有的特权思想严重，滥用手中权力，违法乱纪、贪污腐败，等等。可以说，要求不严的问题、作风不实的问题，是党员干部不良作风的突出表现，也是作风建设亟待解决的突出问题。提出“三严三实”，切中了作风之弊的要害，把准了作风建设的命脉，抓住了改进作风的关键。

按照“三严三实”要求加强作风建设，目的是为了更好地适应新形势新任务要求，进一步把我们党建设好。现在，我们已经站在一个新的历史起点上，正在进行具有许多新的历史特点的伟大斗争，改革发展稳定任务之重前所未有，矛盾风险挑战之多前所未有，对我们党治国理政的考验之大前所未有。实现“两个一百年”奋斗目标、实现中华民族伟大复兴的中国梦，关键在党，关键在党的创造力凝聚力战斗力。我们作为马克思主义执政党，不但要有强大的真理力量，而且要有强大的人格力量。人格力量就集中体现在党的优良作风上，需要以从严的精神管党治党，需要以务实的作风干事创业。只有认真贯彻“三严三实”要求，切实解决党员干部作风与新形势新任务不适应、不符合的问题，我们党才能战胜“四大风险”、经受住“四种考验”，始终保持马克思主义政党的先进性和纯洁性，才能更好地巩固执政基础、提高执政能力，从而担负起实现国家富强、民族振兴、人民幸福的历史使命。

“三严三实”要求，着力点就在一个“严”字、一个“实”字。“严”字蕴涵的是马克思主义信仰、共产主义远大理想、中国特色社会主义共同理想等严肃的政治追求，是完善组织生活、贯彻民主集中制等严格的组织原则，是懂规矩、守底线、拒腐蚀、永不沾等严明的纪律要求，如果

离开了这个“严”字，就会导致信仰迷失、组织涣散、纪律松弛，最终失去凝聚力、战斗力。“实”字蕴涵的是一切从实际出发、理论联系实际、实事求是、在实践中检验真理和发展真理的思想路线，是求真务实、尊重实践、注重实效的工作方法，是忠诚老实、厚道朴实、认真踏实的处世态度，如果离开了这个“实”字，就会导致脱离实际、图做虚功、贻误事业，最终失去民心民意、失去执政基础。“三严三实”彰显着马克思主义执政党的政治品格，反映了新形势下党的建设的内在规律和本质要求，体现了世界观和方法论的有机统一、内在自律和外在约束的有机统一，为党员干部修身做人、为官用权、干事创业提出了明确要求。贯彻“三严三实”要求，必须坚持严字当头、实字托底，做到严实结合、融为一体。每一位党员干部特别是领导干部一定要认真领会“三严三实”的深刻内涵和具体要求，把“三严三实”作为修身做人的基本遵循，作为为官用权的警世箴言，作为干事创业的行为准则，真正内化于心、外化于行，更好地履行共产党人的崇高职责。

## 二、按照“三严三实”要求修身做人

做官先做人，做人必修身。对党员干部来说，修身做人就是要做合格的共产党员，做社会的先进分子。应当像毛主席在《纪念白求恩》中提出的，要成为一个高尚的人，一个纯粹的人，一个有道德的人，一个脱离了低级趣味的人，一个有益于人民的人；应当像习近平总书记强调的，要信念坚定、为民服务、勤政务实、敢于担当、清正廉洁，成为党和人民需要的好干部。每一名党员干部在修身做人上，就是要有更高的标准和要求，有更高的觉悟和境界，按照“三严三实”要求加强党性锻炼和自身修养，锻造过硬的思想品格，展现共产党人的人格力量。

德乃立身之本、为官之要，修身做人就要把立德摆在首要位置。现实当中，一些党员干部包括领导干部失德现象严重，台上道貌岸然、台下乌烟瘴气，戴着假面具、成为“双面人”，在群众中造成恶劣影响。党员干部必须懂得，当了官不等于品行过关，职务高不等于境界就高，一定要把立德、修德、践德作为终身课题。立德，首先要明大德，就是理想信念这个大德。一个党员干部过得硬，首先理想信念过得硬，缺失精神之“钙”的干部迟早会出问题。这就需要党员干部始终牢记入党时立下的誓言，把对马克思主义、共产主义的崇高信仰，对中国特色社会主义的坚定信念作为终身追求，不管走多远都不能忘了共产党人为什么而出发，不管遇到什么困难都不能丢掉共产党人的灵魂，自觉加强党性修养、增强政治定力，铸牢理想信念这个“主心骨”，使道路自信、理论自信、制度自信真正刻骨铭心。要带头弘扬社会主义核心价值观，带头弘扬中华优秀传统美德，带头恪守社会公德、职业道德、家庭美德和个人品德，始终保持健康生活情趣和高尚道德情操，在弘扬社会正气上作出表率。

“胜人者有力，自胜者强。”党员干部修身做人就应当严格律己，从而努力战胜自己。人们常讲，共产党人是“用特殊材料制成的”。党员干部如何做到这个“特殊”，一方面，要自觉在改造主观世界上下功夫，就是自己管得住自己，常思“严”之益，常念“纵”之害，防止精神沦陷、“自己扳倒自己”；另一方面，要在改造客观世界的实践中，不断磨练自己、改造自己，面对大千世界的诱惑能够稳得住心神，面对各种利益的纠缠能够守得住操守。刘少奇同志在《论共产党员的修养》中指出：“革命者要改造和提高自己，必须参加革命的实践，绝不能离开革命的实践。”孟子讲：“天将降大任于是人也，必先苦其心志，劳其筋骨，饿其体肤，空乏其身，行拂乱其所为，所以动心忍性，曾益其所不能。”说的也是这个道理。“艰难困苦，玉汝于成”。作为党员干部就是要到基层一线，到条件艰苦的地方，到矛盾多的岗位，在完成急难险重任务中锤炼意志、砥砺品质，在处理复杂矛盾问题中不断提升素质能力、培养“三严三实”作风。当前，要注意用好群众路线教育实践活动的成果，引导党员干部以从严从实的精神改进作风，反对假大空、杜绝庸懒散、力戒私奢贪，始终保持共产党人的蓬勃朝气、昂扬锐气、浩然正气。

慎独、慎微，是古代先贤修身的好传统，对共产党人加强自身修养也具有重要意义，其中的关键是要把握好一个“独”字、一个“微”字。所谓慎独，就是在独处之时能够反躬自省、谨言慎行、一丝不苟。一个人在众目睽睽之下往往能够遵规守矩，但在没有人监督的时候能不能做到始终如一？这就要看慎独的功夫了。现实中，有的人常常干一些见不得人的事情，总抱着侥幸的心理，自以为神不知、鬼不觉，殊不知人在做、天在看，头上三尺有神明。党员干部特别是领导干部要把慎独作为一种操守、一种品格、一种风骨，让慎独的意识像影子一样伴随左右。所谓慎微，就是要在细微之处能够保持警惕、警觉、警醒，不以善小而不为，不以恶小而为之。小节上把持不住，就会“温水煮青蛙”，小毛病演变成大问题。党员干部特别是领导干部要牢记“从善如登，从恶如崩”的古训，以“吾日三省吾身”的精神警醒自己、鞭策自己，防微杜渐、警钟常鸣，严防一念之差、一时糊涂，严防不知不觉变质，不断增强自我净化、自我完善、自我革新、自我提高能力。

## 三、按照“三严三实”要求为官用权

领导干部与老百姓的区别，就在一个“权”字上。对各级领导干部来说，能否正确为官用权是最经常、最现实的考验。按照“三严三实”要求为官用权，重要的是解决好如何看待权力、如何用好权力的问题，确保手中权力的行使不偏向、不变质、不越轨、不出格。

如何看待权力，实质上是权力观问题。我国是人民当家作主的社会主义国家，一切权力属于人民，一切权力为了人民，这就是共产党人的权力观。党和人民把我们放到领导岗位上，赋予我们一定的权力，是一种信任、一种重托。越是职位高、权力大，越要牢记权力的本质。现实中常常可以看到，一些人一旦当了大官、挣了大钱、出了大名，就昏昏然、飘飘然，就忘乎所以、不知天高地厚，胆大妄为、为所欲为，什么都不在话下、什么都无所顾忌。实际上，权也好，钱也好，名也好，都是一把双刃剑，既会带来鲜花也会带来罪恶，既会带来荣誉也会带来镣铐，既能把人推向高峰也能使人跌入深渊，关键在于怎么对待。每一名党员领导干部在对待权力问题上，都要切实摆正自己的位置，正确处理个人同群众的关系、同组织的关系，解决好“为了谁、依靠谁、我是谁”的问题。要深刻认识到党员干部就是人民公仆，老百姓就是我们的父母，我们手中的权力是人民赋予的；深刻认识到个人的成长进步归根到底是组织教育培养的结果，没有组织提供的机会、岗位和平台，纵有再大的本事也没有用武之地。

如何用好权力，本质上是用权为公还是用权为私的问题。县委书记的好榜样焦裕禄“心中装着全体人民、唯独没有他自己”，当他得知儿子看戏未买票，便严厉训斥并责令他拿钱到剧院补票；女儿中学毕业，被安排到食品加工厂腌咸菜。与此形成鲜明对照的是，一些党员干部信奉“有权不用、过期作废”，一朝权在手，便把利来谋。权力如火，善用则利国利民，滥用则引火烧身。每一名党员干部特别是领导干部要深深懂得，权力姓公不姓私，只能用来为党分忧、为国干事、为民谋利，决不能把公共权力异化为牟取私利的工具。对手中的权力，要有敬畏之心，有战战兢兢、如临深渊、如履薄冰的谨慎，保持心有所畏、言有所戒、行有所止的约束，做到依法用权、秉公用权、廉洁用权。要守好公与私的分界线，坚决防止市场交换原则渗透到党内政治生活中来，绝不搞权力寻租、权钱交易。

为官用权，能否抵住诱惑是一个躲不开的问题。当上干部手中有了权力，奉承、追捧的人会多起来，攀交情、拉关系、请客送礼的人也会多起来。在这样的情况下，千万不要以为自己有多了不起、有多大魅力，实际上这些人是冲着你手中的权力来的，表面上对你恭敬有加，实际上心有所求，甚至暗藏玄机、设下陷阱。一步很短，一生很长，有时一步走不好就毁掉一生。党员干部为官用权，一定要心中有杆秤，手中有戒尺。面对金钱，一定要谨记“当官就不要发财，发财就别来当官”的告诫，不起贪恋之心，不取不义之财；面对美色，一定要洁身自好、严守操行，不能沉湎美色而道德沦丧、自甘堕落；面对亲情，一定要吃透严是爱、宽是害的辩证法，不能因循私情而违背原则；面对朋友，一定要把握分寸、谨慎交往，不能因哥们义气而丢掉党性。总之，就是要讲原则、守底线，不为私利所困，不为私情所惑，真正做到一身正气、两袖清风，堂堂正正做人、干干净净用权。

阳光是最好的防腐剂。权力只有在阳光下运行、在监督下运行，才能正确行使，才不会发霉变质。现在，各级党委和政府推行的党务公开、政务公开和各领域办事公开制度，正在积极推进的决策公开、管理公开、结果公开等，都是确保权力在阳光下运行的有效保障，需要领导干部带头执行、贯彻落实。应当说，大多数领导干部能够正确行使权力，是值得信任的，但信任代替不了监督，自律代替不了他律，失去监督的权力必然导致腐败。我国经济由高速增长转入中高速增长是合乎规律的经济新常态，党员干部在严格约束下为官用权也是回归本来的作风“新常态”。每一名党员干部特别是领导干部要习惯于在监督下用权，在监督下工作和生活，自觉接受组织监督、舆论监督、社会监督，不断增强免疫力。

## 四、按照“三严三实”要求干事创业

党员干部作为党和人民事业的骨干，在其位就要谋其政、尽其责，就要想干事、能干事、干成事。邓小平同志在“文革”结束后再度出来工作时讲：“我出来工作，可以有两种态度，一个是做官，一个是做点工作。我想，谁叫你当共产党人呢？既然当了，就不能够做官，不能够有私心杂念，不能够有别的选择。”这一番意味深长的话，展现了一个真正共产党人的精神境界和宽广胸襟，为每一名党员干部干事创业树立了光辉典范。

事业观、政绩观反映着党员干部的世界观、人生观和价值观，决定着干事创业的立场、观点、方法和成效。现实当中，有的党员领导干部沉溺于自我设计、自我价值的实现，把工作当作谋取功名利禄的跳板；有的热衷于大干快上、装点门面，表面上看干了不少事，其实背后的问题不少；有的为了能够短时间内出政绩，不顾实际、不择手段，等等。这些表现，究其根源是事业观、政绩观上出了问题。事业观和政绩观问题，归根到底是“为谁干事、怎么干事”和“追求什么政绩、如何追求政绩”的问题。要坚持用实践的观点对待事业、看待政绩，严谨科学决策，按客观规律办事，把实际成效作为检验政绩的重要标准，决不搞虚政绩、假政绩、劣政绩；坚持用群众的观点对待事业、看待政绩，一切为群众着想、为群众而干，使干事创业的过程成为增进群众福祉的过程；坚持用历史的观点来对待事业、看待政绩，树立功成不必在我的理念，多做打基础、利长远的事情，不搞竭泽而渔的短期行为。

共产党的干部，就应该敢于担当，坚守正道、弘扬正气。有多大担当才能干多大事业，尽多大责任才会有多大成就。当官就要担当、当官就要尽责，如果只想当官不想干事，只想揽权不想担责，只想出彩不想出力，遇着矛盾绕着走、碰到难题往后退，那就没有资格做党员干部，更没有资格做领导干部。现在，全面深化改革进入攻坚期和深水区，经济社会发展面临不小压力和挑战，尤其需要有直面问题、迎难而上的勇气，有锐意创新、开拓进取的精神，不断攻克改革中的堡垒，突破发展中的瓶颈。随着作风建设深入推进、纪律约束不断加强，一些党员干部出现了“只要不出事、宁可不干事”的倾向，这与党性党风的要求格格不入。为官不易不能为官不为，遵守规矩不能无所作为。要增强责任意识、担当意识，对那些为官不为、为官不勤、为官不廉的现象，对那些工作飘浮、弄虚作假、胡乱作为的问题，要敢于批评、敢于碰硬，鼓励党员干部多干事、多作为，不断开拓事业发展新局面。

空谈误国、实干兴邦，这是习近平总书记反复强调的重要要求。他在纪念邓小平同志诞辰110周年座谈会上的讲话中高度评价邓小平同志“求实、务实、踏实的实干家”的精神风范，要求全党发扬务实高效、不尚空谈的工作作风。继承党的优良传统和作风，求真务实就是一个基本要求。我们反对不良作风，不实事求是就是最大的作风不正。现在社会上普遍存在“急”的问题、“浮”的问题、“虚”的问题，“急”就是急躁、急于求成，“浮”就是飘浮、浮在表面，“虚”就是虚假、虚与委蛇。一些人不愿付出艰苦的努力，总想一举成功、一夜成名，一镢头挖出一口井。一些领域的工作本来思路很好，就是因为没有认认真真、持之以恒地抓落实，结果成了“半拉子工程”、“烂尾工程”。这些都违背了实事求是、求真务实的精神，都是干事创业的大忌。要始终坚持实事求是、一切从实际出发，脚踏实地干事，不信虚言、不听浮术、不采华名、不兴伪事，始终保持求真务实的工作作风。一分部署，九分落实。要发扬钉钉子精神，对那些事关全局、事关长远的重大任务，对那些看准了的事情，要咬定青山不放松、一张蓝图抓到底，锲而不舍、驰而不息地抓下去。

## 五、把“三严三实”要求贯彻到管党治党的全过程

“三严三实”要求对全面推进党的建设新的伟大工程具有长远的指导意义。要把“三严三实”要求贯彻到管党治党的全过程，贯彻到党建工作各方面，进一步夯实党的执政基础，不断提高党的执政水平。

**把“三严三实”要求贯彻到营造良好从政环境之中。**习近平总书记在中央政治局第十六次集体学习时强调，解决党内存在的种种难题，必须营造一个良好的从政环境，也就是培育一个好的政治生态。从政环境反映着党风、政风、社会风气的总体面貌，决定着党员干部的价值追求和从政取向，关系到全党乃至整个社会的精神面貌。营造良好从政环境，需要从多方面持续努力，贯彻落实“三严三实”就是一个基本要求。要努力形成严肃认真的党内政治生活环境，坚持讲原则、讲认真、讲实效，坚决克服好人主义倾向，拿起批评和自我批评的武器，开展积极健康的思想斗争，真正使党内政治生活成为党员干部锤炼党性的大熔炉，使党员干部在每一次党内政治生活中都能够红红脸、出出汗。要努力形成纯真简洁的人际环境，鼓励和倡导同志之间相互信任、平等相待、坦诚相见，政治原则上互相坚守、实际工作上互相支持、日常生活上互相关心、形成和谐融洽的同志关系，坚决反对吹吹拍拍、团团伙伙、人身依附。要努力形成风清气正的工作环境，强化勤奋敬业、建功立业的工作导向，树立认真负责、埋头苦干的工作态度，坚决反对弄虚作假、投机钻营，使每一名干部都能够专心致志、心无旁骛地干事创业，真正实现干部清正、政府清廉、政治清明。

**把“三严三实”要求贯彻到干部队伍建设之中。**从严治党，关键是从严治吏。贯彻“三严三实”，既要见事又要见人，很好地贯彻到干部队伍建设和管理之中。选拔任用干部，要把“三严三实”作为重要标准，让那些修身严、用权严、律己严，谋事实、创业实、做人实的干部干事有舞台、工作有位子，切实防止一些干部“逆淘汰”的问题。教育培养干部，要把“三严三实”作为重要内容，纳入到各级党校、行政学院和各类干部院校的教学之中，纳入到各级党委（党组）中心组的学习之中，教育引导党员干部真正弄清楚“为何严为何实、如何严如何实”的问题。考核评价干部，要把“三严三实”作为重要依据，形成科学规范的考核体系、严格细致的考核程序、真正有效的考核方法，形成重德才、重实绩的考核评价导向。监督管理干部，也要很好地体现“三严三实”要求，切实加强对干部的日常监督管理，做到严早、严小、严预防，对干部身上出现的苗头性、倾向性问题，该提醒的要

及时提醒,该批评的要严肃批评,该纠正的要坚决纠正,促进干部队伍健康成长。

**把"三严三实"要求贯彻到建立健全作风建设长效机制之中。**任何事情,坚持一阵子容易,坚守一辈子很难。落实"三严三实"、加强作风建设,必须注重健全制度机制,在抓常、抓细、抓长上下功夫。第二批群众路线教育实践活动正处于整改落实、建章立制环节,要注意结合党的建设制度改革,按照于法周延、于事简便的原则,加快形成体现"三严三实"要求、持续改进作风的制度保障。这方面制度建设,关键要解决两个问题:一是解决"牛栏关猫"问题,二是解决"稻草人"问题。我们制定的制度应当是"铁笼子",不是"松紧带",一定要把制度笼子扎紧扎密,具体实在,清晰界定什么能做、什么不能做,不能含含糊糊、模棱两可。我们的制度执行应当是刚性的,不是弹性的,更不是选择性的,一定要坚持制度面前人人平等、执行制度没有例外,防止"破窗效应",对违规违纪、破坏制度的现象和行为,必须严厉查处,切实维护制度的严肃性权威性。

(此文是刘云山同志2014年9月1日在中央党校2014年秋季学期开学典礼上的讲话,发表时有删节)

# 坚持党的领导　依规管党治党
# 为全面推进依法治国提供根本保证

王岐山

党的十八届四中全会分析了党面临的形势和任务，对全面推进依法治国作出战略部署。这是我们党从坚持和发展中国特色社会主义出发提出的重大战略任务，对实现两个百年奋斗目标和中华民族伟大复兴中国梦、实现党和国家的长治久安具有深远意义。全会审议通过的《中共中央关于全面推进依法治国若干重大问题的决定》（以下简称《决定》），提出了建设中国特色社会主义法治体系，建设社会主义法治国家总目标。《决定》强调，社会主义法治必须坚持党的领导，党的领导必须依靠社会主义法治。这一重要论断深刻揭示了党的领导对社会主义法治的极端重要性，对我们党怎么样领导和治理国家、怎么样加强党的建设提出新要求。作为执政的中国共产党的各级党组织和全体党员，必须受到党规党纪的刚性约束，必须确保各级党组织和全体党员模范遵守宪法和法律，为全面推进依法治国提供根本保证。

## 一、旗帜鲜明地坚持党的领导，确保社会主义法治正确政治方向

《决定》开宗明义，把“坚持中国共产党的领导”列为首要原则，把“加强和改进党对全面推进依法治国的领导”作为重要任务部署，阐述了党的领导和依法治国的关系，强调坚持党的领导是社会主义法治最根本的保证，体现了坚持党的领导地位和发挥党的政治保证作用的高度统一。

中国特色社会主义的最大特色、最本质特征就是党的领导。习近平总书记指出：“我们治国理政的根本，就是中国共产党领导和社会主义制度。”在我们国家，东西南北中，工农商学兵政党，党是领导一切的。是历史和人民选择了中国共产党。1840 年以来，中国人民和无数志士仁人探索中国走向独立富强的道路，做过许多设计和试验，西方各种主义、思潮也进入中国。最后还是十月革命一声炮响，送来了马克思列宁主义，催生了中国共产党。中华民族的独立和解放，是在党的领导下取得的；解决 13 亿人民温饱问题和初步建成小康社会，也是在党的领导下实现的。邓小平同志指出，在中国这样的大国，没有共产党的领导，必然四分五裂、一事无成。绵延 5000 年的中华民族传统文化，决定了我们的国家和民族发展必须有一个主轴；中华民族要走向繁荣、富强和文明，必须有一个坚强的领导核心，这个领导核心无可替代，就是执政的中国共产党。

坚持党的领导是社会主义法治的根本要求。党的十五大提出依法治国、建设社会主义法治国家的奋斗目标。十八大要求坚持依法治国这个党领导人民治理国家的基本方略，加快建设社会主义法治国家。十八届三中全会作出全面深化改革的重大部署，要求推进法治中国建设。三中全会、四中全会是“姊妹篇”，都是十八大精神的具体化。在建设社会主义法治国家进程中，党始终发挥着根本性、全局性领导作用。只有把党建设好，才能真正代表人民、带领人民、组织人民正确制定和严格实施法律；只有加强和改善党的领导，充分发挥党总揽全局、协调各方的领导核心作用，领导立法、保证执法、支持司法、带头守法，才能确保依法治国的正确政治方向；只有在党的领导下依法治国、厉行法

治，才能真正实现党的领导、人民当家作主和依法治国的有机统一。我们要始终在党的领导下，坚定不移走中国特色社会主义法治道路。在这个根本问题上，必须旗帜鲜明、立场坚定，决不能含糊动摇。

党的领导必须依靠社会主义法治。党的领导和社会主义法治在本质上是一致的。必须站在中国特色社会主义事业发展的战略高度，准确把握党的领导和依法治国的关系。宪法是国家的根本大法、治国安邦的总章程，它赋予了党治国理政的责任和使命。党章作为党内根本大法、管党治党的总章程，规定党必须在宪法和法律范围内活动，党员必须模范遵守国家的法律法规，它以执政党的纲领保证宪法和法律的实施。依法治国是党领导人民治理国家的基本方略，依法执政是党治国理政的基本方式。党要把自己的路线、方针、政策通过法定程序转化为国家意志，成为全国人民共同遵守的法律规范，实现党的主张和人民意志的有机统一。

提高党的执政能力和执政水平，推进国家治理体系和治理能力现代化。推进国家治理体系和治理能力现代化，毫无疑问包括了党能否坚持依法治国的问题。党是社会主义法治建设的领导者、组织者、实践者，依法治国从根本上讲是对党自身提出的要求。目前，一些党组织依法执政、依法办事的观念和能力不强，有法不依、以权压法现象依然严重，一些党员干部以言代法、违法乱纪、徇私枉法问题突出，群众深恶痛绝。《决定》要求全党同志必须更加自觉地坚持依法治国，向着建设法治中国目标前进。承诺高，期盼更高。全面推进依法治国的旗帜一旦举起，党就必须严格按照宪法和法律治国理政，党员领导干部必须做遵纪守法的模范，决不能打法律的“擦边球”、搞“越位”。否则，党怎么能够要求全社会遵守宪法和法律，又怎么能领导人民建设社会主义法治国家？捍卫宪法和法律的尊严就是捍卫党和人民共同意志的尊严。各级党组织必须转变领导方式、执政方式，提高科学执政、民主执政、依法执政水平，实现党、国家、社会各项事务治理制度化、规范化、程序化。现代化的核心是人的现代化。提高治理能力要靠党员特别是党员领导干部牢固树立法治意识，自觉运用法治思维和法治方式想问题、作决策、办事情，带动全社会尊法、守法、用法，把党的政治优势、社会主义的制度优势转化为管理国家的效能。

## 二、加强党内法规制度建设，依规管党治党建设党

国有国法，党有党规。依法治国、依法执政，既要求党依据宪法法律治国理政，也要求党依据党内法规管党治党。邓小平同志指出：“没有党规党法，国法就很难保障。”依规管党治党是依法治国的重要前提和政治保障。只有把党建设好，国家才能治理好。

党规党纪是管党治党建设党的重要法宝。拥有一整套党内法规制度，是中国共产党的一大政治优势。在革命战争年代，我们就是靠严明的党规党纪维护党的集中统一，保持党的凝聚力、战斗力。党取得执政地位后，国家法律和党内法规共同成为党治国理政、管党治党的重器。经过近百年的实践探索，我们党已形成了一整套系统完备、层次清晰、运行有效的党内法规制度。这个制度体系包括党章、准则、条例、规则、规定、办法、细则，体现着党的先锋队性质和先进性要求，使管党治党建设党有章可循、有规可依。要充分发挥这一政治优势，把党要管党、从严治党落到实处。

依规管党治党建设党，首要的是维护党章的严肃性。党章规定了党的理想信念、宗旨意识、组织保障、行为规则、纪律约束等基本内容，全党必须一体严格遵行。每一名党员都要无条件地履行党章规定的义务，遵守党的纪律。各级党组织要切实把党章作为指导党的工作、党内活动、党的建设的根本依据。党员干部要树立党的观念，学习党章、遵守党章、贯彻党章、维护党章，加强党性修养，切实维护党章的严肃性和权威性。

党规党纪严于国家法律。党是肩负神圣使命的政治组织，党员是有着特殊政治职责的公民。国家法律是全体公民必须遵循的行为底线。党规党纪对党员的要求严于国家法律对普通公民的要求。申请加入中国共产党，面对党旗宣过誓，就成了有组织的人，就意味着主动放弃一部分普通公民享有的权利和自由，就必须多尽一份义务，就要在政治上讲忠诚、组织上讲服从、行动上讲纪律。党的领导干部尤其是高级干部放弃的要更多，责任和担当要更大。如果执政党连自己的党规党纪都守不住、执行不下去，依法治国、依法执政就是一句空话。党员违反党纪就必须受到纪律审查，接受组织处理，切实做到以严的标准要求党员、严的措施管住干部。

与时俱进加强党内法规制度建设。当前，党内法规制度建设理论研究相对薄弱，对党规党纪的历史渊源、地位作用、体例形式、产生程序等均需系统研究、予以确定；有的党规党纪与国家法律交叉重复，有的过于原则、缺乏细节支撑，可操作性不强，亟待完善。要认真总结我们党 90 多年、无产阶级政党 100 多年、世界政党几百年来制度建设的理论和实践成果，联系实际、求真务实，探索适合自己的党内法规制度建设途径。要根据《中国共产党党内法规制定条例》和《中央党内法规制定工作五年规划纲要(2013—2017 年)》的要求，立足当前、着眼长远、统筹推进，确保到建党 100 周年时，全面建成内容科学、程序严密、配套完备、运行有效的党内法规制度体系。

实现党内法规与国家法律的有机衔接。党规党纪应着重规范党的政治纪律、组织纪律，保证党员坚定理想信念宗旨、保持优良作风、坚守道德操守，做到要义明确、简明易懂、便于执行。党内法规建设要循序渐进，先从提出工作要求入手，探索实践、不断总结，再上升为制度。党内法规对社会主义法治建设具有引领作用。有些规范、要求在全社会还不具备实施条件时，可以通过对党员提出要求，先在党内实行，不断调整完善，辅以在全社会宣传引导，条件成熟时再通过立法在国家层面施行。要及时将全面深化改革的实践经验和制度成果，通过法定程序转化为国家法律法规，保证党的路线、方针、政策得到贯彻。

## 三、弘扬中华民族优秀传统文化，坚持依法治国和以德治国相结合

《决定》强调，国家和社会治理需要法律和道德共同发挥作用。要坚持依法治国和以德治国相结合，从中国实际出发，汲取中国传统文化精华，实现法律和道德相辅相成、法治与德治相得益彰。

要吸收中华民族修齐治平的文化营养。文化自信是“三个自信”的总源头。中华文明源远流长，是世界上唯一没有中断的文明。“国家”是中华传统文化独有的概念，国与家紧密相连、不可分离。修身齐家治国平天下，修身为首要，治国从治家开始。只有修好身，才能理好家、治好国。中国人讲的家既指家庭，又包括家族，家族内外长幼有序，讲究道德礼仪。中华传统文化是伦理文化、责任文化，为国尽忠、在家尽孝，天经地义。中华传统文化的核心就是“八德”：孝悌忠信礼义廉耻。这些就是中华文化的 DNA，渗透到中华民族每一个子孙的骨髓里。迄今为止，还没有哪个人敢挑战这八个字。家国情怀和修齐治平、崇德重礼的德治思想，把社会教化同国家治理结合起来。要尊重自己的历史文化，把握文化根脉，取其精华、去其糟粕，坚守和弘扬优秀传统，让民族文化生命得以延续。

领导干部要知古鉴今、心存敬畏和戒惧。中国古代政治思想强调“民惟邦本”“水则载舟、水则覆舟”，告诫为政者必须体察民情、关注民生。中国传统典籍还有许多官德官箴，告诫为官者，官职越高、权力越大，越应战战兢兢、如履薄冰。《论语》中说：君子三年不为礼，礼必坏；三年不为乐，乐必崩。现在，有的领导干部忘记了自己是党的干部，不知不学

党规党纪，无视规制、不讲廉耻，根本不把国法党规当回事，没有戒惧之心。党的十八大以来查处的党员领导干部案例，没有一个不是在违法之前首先违纪的。古人云："自作孽，不可活。"广大党员干部必须信守宗旨、心存敬畏、慎独慎微，讲规则、守戒律，决不能无法无天、胆大妄为。

让崇德重礼和遵纪守法相辅而行。徒法不足以自行。治理国家不可能只靠法律。法律法规再健全、再完备，最终还是要靠人来执行。如果领导干部在德上出了问题，必然导致纲纪松弛、法令不行。中华历史传统注重德治与法治的统一，历朝历代既有许多成功经验，也有不少深刻教训。要借鉴我国古代为政以德、礼法相依、德主刑辅、管权治吏、正心修身等历史经验和思想。孔子说："道之以政，齐之以刑，民免而无耻；道之以德，齐之以礼，有耻且格。"要发挥礼序家规、乡规民约的教化作用，为全面推进依法治国提供历史智慧和文化营养。法律是他律，道德是自律。实现他律和自律的结合、道德教化和法制手段兼施，让道德和法制内化于心、外化于行，才能实现依法治国。

## 四、从严治党、严明党纪，坚定不移推进党风廉政建设和反腐败斗争

党的十八大以来，以习近平同志为总书记的党中央坚定不移改进作风、坚定不移惩治腐败，旗帜鲜明、态度坚决、意志品质顽强、领导坚强有力。但是，当前党风廉政建设和反腐败斗争形势依然严峻复杂，滋生腐败的土壤依然存在。党风廉政建设和反腐败斗争永远在路上，不可能一蹴而就，一劳永逸。党要管党、从严治党一刻不可放松。

治国必先治党，治党务必从严。我们党是一个有着8600多万党员的大党，相当于一个大国的人口数量，管党治党任务极其繁重。作为执政党，我们肩负着带领13亿人民走中国特色社会主义道路，实现两个百年奋斗目标和中华民族伟大复兴的中国梦的艰巨任务。在我国，各级领导干部绝大多数都是由党员担任，从这个角度看，管党就是治吏、治权。新形势下党面临着"四大考验""四种危险"，面对着各种挑战和风险。党的观念淡漠，组织涣散、纪律松弛，不正之风和腐败问题，都是来自党内的严峻挑战，严重影响着党的凝聚力和战斗力，动摇着党的执政根基，也严重危害法治国家建设。党面临的形势越复杂、肩负的任务越艰巨，就越要坚持从严治党、严明党纪，保证全党统一意志、步调一致，确保党始终成为中国特色社会主义事业的坚强领导核心。

从严治党关键在严格执纪。制度的生命力在于执行。再好的制度不执行、形同虚设，就一定会形成"破窗效应"。习近平总书记强调："党要管党、从严治党，靠什么管，凭什么治？就要靠严明纪律。"严明二字强调的就是提高执行力，要说到做到，执纪必严，违纪必究。各级党组织和党员领导干部要以身作则、以上率下，带头遵守党规党纪。各级纪检机关要强化监督执纪问责，敢于担当、敢抓敢管，维护党的政治纪律、组织纪律、财经纪律、工作纪律和生活纪律，坚决同违反党纪的行为作斗争，确保党规党纪的刚性约束。要抓早抓小，加强日常管理和监督，防止小错酿成大错，以铁的纪律保持党的先锋队性质和先进性纯洁性。

党风廉政建设和反腐败是一场输不起的斗争。面对依然严峻复杂的形势，《决定》强调要坚决遏制和预防腐败现象。我们党进行的党风廉政建设和反腐败斗争，有立场、有目标、有重点。立场就是坚持有腐必反、有贪必肃，"老虎""苍蝇"一起打，以零容忍态度惩治腐败。目标任务就是保持高压态势，遏制腐败蔓延势头；持之以恒落实八项规定精神，坚决防止"四风"反弹。现阶段的工作重点是：惩治腐败要坚决查处十八大后不收敛不收手，问题反映集中、群众反映强烈，现在重要岗位且可能还要提拔使用的领导干部；纠正"四风"要重点查处十八大后、八项规定出台后、群众路线教育实践活动后仍然顶风违纪的行为，越往后执纪越严。

我们要冷静清醒地认识党风廉政建设和反腐败斗争的长期性、复杂性、艰巨性，保持坚强政治定力，坚定必胜信心，坚持不懈地抓下去，让人民群众不断看到实实在在的成效和变化，回应群众期盼、赢得党心民心。

强化“不敢腐”氛围，逐步实现“不能腐”“不想腐”。习近平总书记强调，要坚持用制度管权管事管人，抓紧形成不想腐、不能腐、不敢腐的有效机制。当前，要加大正风肃纪、严明纪律、惩治腐败力度，使之“不敢腐”。谁在这样的形势下还敢顶风违纪，谁就要为之付出代价！惩是为了治，要综合施策，加大治本力度。选对一人、造福一方，用错一人、贻害无穷。实现“不能腐”首要的是选对人、用好人，通过不断健全干部选拔任用和管理监督制度，把忠于党、忠于人民的好干部选出来、用起来。要逐步形成不能腐的制度体系，把篱笆扎得更紧，真正把权力关进制度的笼子。要求真务实、探索创新，继续落实好《党的纪律检查体制改革实施方案》，将改革成果固化为制度。要修订《中国共产党党员领导干部廉洁从政若干准则》《中国共产党纪律处分条例》《中国共产党巡视工作条例（试行）》等文件，使党规党纪更好适应新形势新任务的需要。加强对领导干部的日常管理监督，完善激励和问责机制。要不断增强党性修养，坚定理想信念，强化宗旨意识，牢固树立“三个自信”，最终实现“不想腐”。

（此文载2014年11月3日《人民日报》）

# 依法治国　依规治党　坚定不移<br>推进党风廉政建设和反腐败斗争

## ——在中国共产党第十八届中央纪律检查委员会第五次全体会议上的工作报告<br>（2015 年 1 月 12 日）

王岐山

我代表十八届中央纪律检查委员会常务委员会向第五次全体会议作工作报告，请予审议。

这次全会的主要任务是：高举中国特色社会主义伟大旗帜，以邓小平理论、“三个代表”重要思想、科学发展观为指导，深入学习贯彻习近平总书记系列重要讲话精神，回顾总结 2014 年党风廉政建设和反腐败工作，研究部署 2015 年任务。明天上午，习近平总书记将发表重要讲话。我们要认真学习领会，坚决贯彻落实。

### 一、一年来工作回顾

2014 年是全面深化改革、全面推进依法治国的重要一年。以习近平同志为总书记的党中央，旗帜鲜明推进党风廉政建设和反腐败斗争，中央政治局、中央政治局常委会多次专题研究部署。全国人大常委会、国务院、全国政协和最高人民法院、最高人民检察院党组，各省区市和新疆生产建设兵团党委、中央各部委、国家机关各部门党组（党委），认真贯彻落实习近平总书记在十八届中央纪委第三次全会上的重要讲话精神，抓好任务部署和工作落实。中央纪委组织编辑、学习宣传《习近平关于党风廉政建设和反腐败斗争论述摘编》。各级纪检监察机关聚焦中心任务，强化监督执纪问责。党风廉政建设和反腐败斗争不断深入，全党动手一起抓、人民群众积极参与的局面巩固发展，“四风”问题和腐败蔓延势头得到一定遏制。严肃查处周永康、徐才厚、令计划、苏荣等严重违纪案件，充分体现党中央坚定不移惩治腐败的坚强意志，彰显了从严治党的鲜明态度，深得党心民心。

#### （一）坚持立行立改，推进纪律检查体制改革

制定深化纪检体制改革时间表和路线图。中央政治局会议审议通过《党的纪律检查体制改革实施方案》。中央纪委坚决贯彻落实十八届三中全会决定第 36 条，立足本届任期，对中央有明确要求、条件基本具备、工作中看得准的，立行立改，以一项项具体改革，推动整体工作发展。

聚焦中心任务，深化“三转”，强化监督执纪问责。中央纪委全面履行党的纪律检查和政府行政监察两项职能，在内设机构、行政编制、领导职数总量不变情况下，再次进行机构调整，增设纪检监察室，组建组织部、宣传部、纪检监察干部监督室，监督执纪力量大为增强。省级纪委也相应完成内设机构人员调整，把力量聚焦到监督执纪问责上。

全力清理参与的议事协调机构，解决职能越位、错位、不到位问题。中央纪委巩固清理议事协调机构成果，不再参加新的议事协调机构。清理 31 个省区市和新疆生产建设兵团纪委参与的议事协调机构。清理前，省区市一级共参与 4619 个议事协调机构，平均每个纪委参与 144 个，其中个别省多达 250 个。议事协调机构多、各类领导小组多，既造成职责不清、职能发散、主业荒疏，又造成文山会海、滋生“四风”。清理后，省级纪委参与的议事协调机构减至 460 个，平均 14 个，精简比例达 90% 以

上。地市级纪委也已展开清理议事协调机构工作。纪检监察机关真正实现聚焦党风廉政建设和反腐败斗争主业。

推动落实党风廉政建设主体责任。中央纪委负责同志到中央直属机关工委和中央国家机关工委调研，多次主持召开专题座谈会，约谈省区市、中央国家机关部委、中央企事业单位和中管金融企业党委（党组）书记，分赴各地督查指导，狠抓主体责任落实。各省区市党委、中央各部委、国家机关各部门党组（党委）切实落实抓党风廉政建设和反腐败工作的责任，认真执行向中央报告履行主体责任情况制度，建立健全落实主体责任工作机制。对一些地方和部门党组织，因领导核心作用弱化、责任缺失，造成严重后果的，实施责任追究。坚决查处山西系统性、塌方式腐败案件，依据党章规定，追究相关党组织责任。对湖南衡阳发生的以贿赂手段破坏选举案件严肃问责，给予党纪政纪处分467人，移送司法机关处理69人。

深化派驻机构改革，实现统一名称和管理。落实十八届三中全会关于中央纪委向中央一级党和国家机关派驻纪检机构，实行统一名称、统一管理的要求，制定实施加强中央纪委派驻机构建设的意见，在中央办公厅、中央组织部、中央宣传部、中央统战部、全国人大机关、国务院办公厅、全国政协机关等新设派驻机构。调整结构、盘活存量，实施单独派驻和归口派驻，探索实现全面派驻的有效途径。派驻机构由中央纪委直接领导、统一管理，统称派驻纪检组。明确派驻机构监督对象，纪检组组长不分管驻在部门其他业务工作，监督责任和执纪能力进一步增强。

推进双重领导体制具体化、程序化、制度化。制定下级纪委向上级纪委报告工作的具体制度，落实查办腐败案件以上级纪委领导为主要求，在8个地区和部门开展试点。研究制定中央纪委派驻纪检组组长、副组长和省区市、中管企业纪委书记、副书记提名考察办法，强化上级纪委对下级纪委领导。

**（二）严明党的纪律，强化执纪监督，持之以恒纠正“四风”**

严明政治纪律、组织纪律，坚决维护党的团结统一。落实习近平总书记关于严明政治纪律、组织纪律要求，严肃查处上有政策、下有对策和有令不行、有禁不止行为；审查惩处搞团团伙伙、结党营私的党员干部。强化组织意识和纪律观念，检查请示报告等制度执行情况，克服组织涣散、纪律松弛现象，确保纪律刚性约束。

坚持、巩固、深化落实中央八项规定精神成果。各级纪检监察机关在党的群众路线教育实践活动中聚焦“四风”，针对习近平总书记批评的种种表现，加强执纪监督。坚持一个节点一个节点抓，由浅入深、循序渐进，巩固严禁用公款赠送贺卡、月饼等节礼专项整治成果，严肃查处公款吃喝、公款送礼、公款旅游和领导干部出入私人会所、借婚丧喜庆敛财、在培训中心搞奢靡享乐等问题。在中央纪委监察部网站开通“四风”举报直通车，发挥群众和媒体监督作用。2014年，各级纪检监察机关共查处违规违纪问题5.3万起，处理党员干部7.1万人，其中给予党纪政纪处分2.3万人。中央纪委分7次对33起违反中央八项规定精神典型问题进行通报曝光。

**（三）发挥“利剑”作用，巡视强度力度提升，效果显著**

党中央高度重视加强和改进巡视工作。党的十八大以来，中央政治局常委会多次听取巡视情况汇报，习近平总书记每次都作出重要指示，为巡视工作指明方向。中央巡视工作领导小组召开28次会议，听取汇报、研究部署，把握方向、抓住重点，查找症结、推动深化改革。中央巡视组用不到两年时间完成对31个省区市和新疆生产建设兵团的全覆盖。

紧扣“四个着力”，发现问题更准更多，震慑作用持续增强。2014年，增加3个中央巡视组，开展3轮巡视。对21个省区市和新疆生产建设兵团开展常规巡视，对19个部门和中央企事业单位开展专项巡视。加强对落实“两个责任”、政治纪律和组织纪律执行情况的监督检查，着力发现矿产资源、土地出让、工程项目、惠民资金和专项经费管理等重点领域的腐败问题，顶风违反中央八项规定精神的突出问题，违规用人、拉票贿选、买官卖官、超编制配备干部等问题。转变方式、创新方法，探索专项巡视，机动灵活、出其不意，巡视强度力度全面提升、效果显著。加强成果运用，对问题线索分类处置，做到件件有着落。公开发布巡视组反馈意见，督促被巡视党组织切实整改，并向社会发布整改情况，接受监督。

加强对省区市巡视工作的领导。召开部分省区市巡视工作座谈会，开展专项检查，督促落实中央巡视工作方针。建立省区市党委常委会研究巡视工作、“五人小组”听取巡视情况汇报、党委书记有关巡视工作讲话向中央巡视工作领导小组报备制度，初步形成上下联动、全国“一盘棋”格局。

**(四)加大纪律审查力度，坚决遏制腐败蔓延势头**

保持惩治腐败高压态势。按照中央对反腐败形势的判断，以零容忍态度惩治腐败，坚决遏制腐败蔓延势头。把握大局，处理好“树木与森林”的关系，严肃查办审批环节设租寻租、插手工程建设、项目开发等重点领域、关键环节的腐败，把对抗组织调查、搞非组织活动行为作为纪律审查重要内容。发挥反腐败协调小组作用，健全协调机制，提高查办大案要案效率。汇编十八大以来被查处严重违纪违法中管干部的忏悔录，让高级领导干部清醒认识严峻复杂的形势，把思想和行动统一到中央要求上来。一些省区市和中央部委也汇编了违纪违法领导干部的忏悔录，作为“活”教材，开展警示教育，发挥惩处一个、教育一片的作用。

强化线索处置，改进监督审查方式。加强群众举报线索受理工作，拓宽反映渠道，实行规范处置、动态管理。调整线索分类标准，增加谈话函询类。坚持快查快办，查清主要违纪事实，作出党纪政纪处分，对涉嫌犯罪的按程序移送司法机关；对严重违犯党纪、不构成犯罪的，及时作出党纪处分，予以惩戒。坚持抓早抓小，中央纪委负责同志同有关省部级领导干部谈话，纪检监察机关扩大约谈、函询范围，对反映失实问题予以澄清。2014 年，各级纪检监察机关共函询 1.7 万人次，谈话 3.2 万人次，了结 3 万人次。

严明监督执纪纪律，确保审查安全。把依纪依法审查作为铁的纪律。在专案组成立临时党组织，加强教育监督管理，坚决防止跑风漏气、泄露秘密，严格涉案资料和款物管理，对省区市审查安全进行督促检查，及时排除事故隐患。严肃查处失职、违纪行为，共追究 8 人的直接责任、9 人的领导责任，通报 5 起典型案例。

加大国际追逃追赃力度。党中央高度重视反腐败国际追逃追赃工作。中央反腐败协调小组设立国际追逃追赃工作办公室，健全协调机制，明确任务分工，建立外逃信息统计报告制度，摸清底数。开展“猎狐 2014”行动，开通网上举报，敦促在逃境外经济犯罪人员投案自首。加强《联合国反腐败公约》框架下双边、多边协作，与美国、加拿大、澳大利亚等国建立反腐败执法合作机制。亚太经合组织领导人非正式会议期间，发表《北京反腐败宣言》。强化个案处置，共追逃 500 多人、追赃 30 多亿元。

2014 年，中央纪委对涉嫌违纪的中管干部已结案处理和正在立案审查的 68 人，其中涉嫌犯罪被移送司法机关处理 30 人。全国纪检监察机关共接受信访举报 272 万件(次)，立案 22.6 万件，结案 21.8 万件，给予党纪政纪处分 23.2 万人，涉嫌犯罪被移送司法机关处理 1.2 万人。全国检察机关共立案侦查贪污贿赂、渎职侵权等职务犯罪 5.5 万人。全国法院系统审结一审贪污贿赂案件 2.5 万件、渎职侵权案件 5500 件。发挥行政监察监督作用，加大对失职渎职行为问责力度，对 2.1 万人进行责任追究。

**(五)强化责任担当，以铁的纪律建设过硬队伍**

推进作风转变，提高履职能力。落实中央

纪委机关党组织主体责任。深入开展党性教育，增强纪检监察干部党的观念、担当意识。把党风廉政建设宣传教育摆在党的宣传教育格局中部署和推进，开展廉政文化教育，办好中央纪委监察部网站，增加工作透明度，加强舆情研判、舆论引导。举办纪律检查体制改革研讨班、新任纪委书记培训班。改会风、转文风、树新风，加强调查研究，掌握第一手情况，夯实基础工作，做到情况明、数字准、责任清、作风正、工作实。

从严管理、从严监督，防止“灯下黑”。发挥纪检监察干部监督机构作用，加强日常教育管理，强化自身监督。对纪检监察干部配偶子女移居国（境）外情况摸底排查，带头对自建培训中心存在问题自查自纠。严肃查处违反中央八项规定精神问题，点名道姓、通报曝光。以零容忍态度清除害群之马，处分违纪违法干部1575人，教育了干部，纯洁了队伍。

在充分肯定成绩的同时，必须清醒看到，我们的工作与党中央要求和群众期待相比还有差距。有的纪检监察干部对党风廉政建设和反腐败斗争依然严峻复杂的形势，尤其是对其复杂性认识不够深刻。有的纪律检查机关对党的政治纪律、政治规矩和组织纪律与腐败的关系理解不到位，对一些党员领导干部搞团团伙伙、利益输送、沆瀣一气的严峻形势估计不足，监督乏力、责任缺失。有的对本地区本部门党的纪律执行情况不了解、不摸底，监督执纪问责不到位。纪检监察机关深化“三转”进展不平衡，有的纪委、派驻机构没有切实发挥监督作用，监督执纪存在凑数现象。中央巡视工作方针在有的地方落实不到位。对发生在群众身边的“四风”和腐败问题，基层办法不多，打击震慑力度不够。有的纪检监察干部思想观念、工作作风和能力素质不能适应新形势、新要求，不作为甚至乱作为问题依然存在。通过强化自我监督，真正做到打铁还需自身硬，任务依然艰巨。对此，必须高度重视，认真加以解决。

## 二、工作体会

党风廉政建设和反腐败斗争取得新成效，得益于党中央旗帜鲜明、立场坚定、意志品质顽强、领导坚强有力，得益于各级党组织和广大党员干部的共同努力，得益于人民群众支持和参与，得益于纪检监察干部付出的辛劳和智慧。十八届中央纪委有以下体会：

**一是党中央从严治党的鲜明立场、坚决态度和强有力措施，是我们做好工作的根本保证。**治国必先治党、治党务必从严。我们党是一个拥有8600多万党员的大党，肩负着带领13亿人民走中国特色社会主义道路的艰巨任务。新形势下，党面临着“四大考验”“四种危险”。党风问题和腐败问题关乎人心向背，关系实现中华民族伟大复兴。党中央坚持党要管党、从严治党，把党风廉政建设和反腐败斗争提到新高度，坚定不移改进作风，坚定不移惩治腐败。习近平总书记就从严治党、严明纪律，改进作风、惩治腐败发表一系列重要讲话，态度坚决、铮铮有声，为深入推进党风廉政建设提供了强大思想武器。没有党中央鲜明的政治态度、坚强领导、率先垂范，党风廉政建设和反腐败斗争就会一事无成。

**二是坚定立场方向，聚焦目标任务。**我们党进行的党风廉政建设和反腐败斗争有立场、有目标。立场是坚持有腐必反、有贪必肃，“老虎”“苍蝇”一起打，以零容忍态度惩治腐败；目标任务是坚决遏制腐败蔓延势头，纠正“四风”、防止反弹。我们立足当前、着眼长远，从形势和任务出发，把握政策、突出重点。惩治腐败，重点查处十八大后不收敛、不收手，问题线索反映集中、群众反映强烈，现在重要岗位且可能还要提拔使用的领导干部；纠正“四风”，重点查处十八大后、中央八项规定出台后、群众路线教育实践活动开展后仍然顶风违纪的行为。党风廉政建设和反腐败斗争永远在路上，我们面临的形势越复杂，肩负的任务越艰巨，就越要保持坚强政治定力，有静气、不刮风，不搞运动、不是一阵子，踩着不变的步伐，把握节奏和力度，把党风廉政建设一步步引向深入。

**三是紧紧抓住落实党风廉政建设主体责任这个“牛鼻子”，以上率下，层层传导压力。**主体责任是党章赋予各级党组织的基本责任。党风廉政建设和反腐败斗争是全党的工作，仅靠党中央抓不行，仅靠纪委抓也不行，必须落实各级党委全面从严治党的政治责任，强化责任担当。我们创新体制机制、改进工作方法，先从中央部委和省一级抓起，一级抓一级，层层传导压力，通过约谈督促、报告工作、严肃问责等方式，推动形成全党动手一起抓的局面。主体责任不能虚化空转，必须细化、具体化。只要全党共同努力，把党委的主体责任、纪委的监督责任真正扛起来，落实下去，我们就一定能从严峻复杂的形势中走出来。

**四是聚焦聚焦再聚焦，强化监督执纪问责，确保党的纪律刚性约束。**纪律松弛已经成为党的一大忧患，有的党员干部把自己当成“官”，忘记了是执政党的干部。党的观念一旦淡漠，组织必然涣散、纪律必然松弛。从严治党首要的是严明党纪。纪律检查机关是党内监督的专责机构，必须加强监督执纪。党的十八大以来，中央纪委不断深化“三转”，从党章规定和形势任务出发，找准职责定位，聚焦中心任务，守住主业不发散，强化监督执纪问责。只有把纪律建设摆在更加突出的位置，加强党纪监督、巡视监督、派驻监督，严明纪律，才能永葆党的先进性和纯洁性。

**五是紧紧依靠人民参与支持，使群众监督无处不在。**党的根本宗旨是全心全意为人民服务。深入推进党风廉政建设和反腐败斗争，是民意所致、民心所向。我们的工作必须为了人民、植根人民、依靠人民。纪检监察机关不断提高工作透明度，畅通群众监督渠道，发挥新媒体、新技术作用，形成无处不在的监督网。没有人民群众的支持参与，纠正“四风”就很难取得今天的成效。要释放群众和媒体监督正能量，让“四风”无处藏身，为深入推进党风廉政建设提供强大支撑。

**六是冷静清醒判断形势，客观审视面对的挑战，树立必胜信心。**形势决定任务。1993 年我们党就提出，反腐败形势是严峻的。此后一直沿用“依然严峻”的判断。十八大后，党中央深化了对形势的认识，指出党风廉政建设和反腐败斗争形势“依然严峻复杂”。巡视发现的问题、纪检机关查处的案件、严重违纪违法者的自我忏悔，都印证了党中央的判断是有的放矢、完全正确的。当前，“四风”面上有所好转，但树倒根在，重压之下花样翻新，防止反弹任务艰巨。有的地方政治生态恶化，干部被“围猎”，权权交易、权钱交易、权色交易，搞利益输送，遏制腐败蔓延的任务仍然艰巨。党风廉政建设和反腐败斗争是一场输不起的斗争。“四风”一旦反弹，腐败依然蔓延，后果不堪设想。我们要保持冷静清醒、坚定信心决心，保持高压态势、加大惩治力度，强化“不敢”；坚持标本兼治，选对人用好人，深化改革，健全制度，加强管理监督，完善激励和问责机制，强化“不能”；加强党性修养，增强宗旨意识，弘扬优秀传统文化，确立“三个自信”，强化“不想”。

## 三、2015 年主要任务

2015 年是十八届中央纪委工作承上启下的一年，做好今年工作，对顺利完成本届任期各项任务十分关键。今年工作的总体要求是：深入贯彻党的十八大和十八届三中、四中全会精神，认真贯彻习近平总书记系列重要讲话精神，保持政治定力，坚持全面从严治党、依规治党，严明政治纪律和政治规矩、加强纪律建设，深化纪律检查体制改革、完善党风廉政建设法规制度，落实“两个责任”、强化监督执纪问责，持之以恒落实中央八项规定精神，坚决遏制腐败蔓延势头，以更严的纪律管好纪检监察干部，坚定不移推进党风廉政建设和反腐败斗争。

各级纪检监察机关要聚焦中心任务，巩固深化“三转”成果，进一步解决组织、形式转变后思想认识的深化和工作的到位问题，紧紧围绕党风廉政建设和反腐败斗争这个中心,不断强化监督执纪问责,切实担负起监督责任。深入推进地市级纪委清理议事协调机构,重点研究探索县及县以下纪检机构职能定位、工作方式和作风转变问题,通过组织制度创新,把更多力量集中到主业上。

**(一)从严治党、依规治党,加强党的纪律建设**

紧密结合实际贯彻十八届四中全会精神。依法治国、依规治党,必然要求党员特别是领导干部切实履行党员义务,自觉遵守党的纪律,模范遵守国家法律法规。各级纪委(纪检组)要加强对四中全会精神落实情况的监督检查,令行禁止,确保中央政令畅通。

修改完善党风廉政建设党规党纪和相关法律。党规党纪严于国家法律。《中国共产党党员领导干部廉洁从政若干准则》是党员领导干部廉洁从政的重要遵循,《中国共产党纪律处分条例》是加强纪律建设的重要保障。要把党的十八大特别是十八届三中全会以来,纪律检查体制改革实践成果制度化,抓紧修订廉政准则、纪律处分条例,把制度篱笆扎得更紧,实现党规党纪和法律法规的有机衔接。系统总结十八大以来巡视工作的探索实践,修订《中国共产党巡视工作条例(试行)》,制定实施细则。研究修订行政监察法。

纪律是党的生命,要严明党的政治纪律和政治规矩。从严治党关键在严格执纪。要把纪律建设作为治本之策,摆在更加重要地位。没有规矩,不成方圆。我们党是肩负着历史使命的政治组织,必须有严明的政治纪律和政治规矩。党员领导干部特别是高级领导干部,必须遵守政治规矩,以更强的党性意识、政治觉悟和组织观念要求自己。纪律不可能囊括所有规矩。守纪律是底线,守规矩靠自觉。政治规矩是我们党在长期实践中形成的政治规则、组织约束、优良传统和工作习惯。遵守政治规矩是讲党性、讲政治的具体体现。党的奋斗目标越宏伟、任务越艰巨,就越要讲规矩、守纪律,统一意志、统一行动,形成一个声音。我们党决不允许结党营私、培植亲信、拉帮结派;决不允许自行其是、另搞一套、阳奉阴违。要深入开展纪律监督和教育,增强组织纪律性,坚决纠正无组织、无纪律问题,严肃查处欺骗组织、对抗组织行为。管好纪律才能看住权力。要强化对纪律执行情况的检查,保证党内监督权威、有效。

**(二)深化纪律检查体制改革,推动组织和制度创新**

坚持立行立改。落实党的纪律检查体制改革实施方案的各项要求,认准一条就改一条,发现一个问题就解决一个问题。实行下级纪委向上级纪委报告线索处置、案件查办情况制度。制定实施中央纪委派驻纪检组组长、副组长和省区市、中管企业纪委书记、副书记提名考察办法,规范工作流程,健全推荐交流机制。

创新方式方法,扩大覆盖面,强化巡视的震慑遏制效果。巡视是从严治党、强化党内监督的战略性制度安排。要围绕"四个着力",聚焦突出问题,重点发现地方、部门、企事业单位在党的领导、从严治党、作风建设、落实主体责任方面存在的突出问题,着力发现在严明党的政治纪律和政治规矩、组织纪律、工作纪律,以及贪污腐败方面存在的突出问题。实现巡视全覆盖,必须创新组织制度和方式方法。中央巡视组要增强力量、提高频次、扩大范围,全面开展专项巡视。专项巡视要害在"专",要目标清晰、机动灵活,精准发现、定点突破,针对一件事、一个人、一个下属单位、一个工程项目、一笔专项经费开展巡视。监督不是一阵子,要对已巡视过的地方或部门杀个回马枪,检查整改落实情况,强化震慑、不敢、知止的氛围。要加强与纪检、组织、政法、审计等机关和部门的协调,使专项巡视指向更加明确。把握被巡视对象特点,分析其历史文化,窥一斑、见全豹。加强成果运用,解剖麻雀、举一反三、推动整改。整改情况及时公布,接受社会监督。

国有企业是公有制为主体的经济基础的重要体现,是中国特色社会主义的基石。坚持从严治党，国有企业不能例外。今年要加大对国有企业的巡视力度，探索分行业、分领域开展专项巡视，实现对中管国有重要骨干企业巡视全覆盖。

省区市党委要不折不扣贯彻中央巡视工作方针。加强对地市县的巡视，盯住一把手和班子成员。健全完善省区市党委常委会定期研究巡视工作制度，“五人小组”要认真听取每轮巡视情况汇报。针对发现的问题，党委书记的总结不能仅是一般性的表态，应旗帜鲜明对重点问题的人和事提出具体处置要求，落实有关巡视讲话向中央巡视工作领导小组报备制度。要充实力量、扩大范围，向着实现全覆盖的目标迈进。

充分发挥“派”的权威和“驻”的优势。认真贯彻加强中央纪委派驻机构建设的意见，新设8家中央纪委派驻机构，完成对保留的44家派驻机构的改革和调整。坚持统筹兼顾、循序渐进、内涵发展，实现对142家中央一级党和国家机关的全面派驻，使党内监督不留死角、没有空白。要转变方式方法，探索归口派驻，纪检组吃一家饭，管若干家的事。理顺派驻机构与派出机关、驻在部门、派出纪工委的关系。健全派驻机构负责人与驻在部门领导班子成员廉政谈话、约谈、问责制度，对党风廉政建设问题该发现没有发现就是失职，发现问题匿情不报、不处理就是渎职。省区市要加强派驻机构建设，逐步实现全面派驻。

**（三）深入落实主体责任，强化责任追究**

让主体责任落地生根，形成实实在在的工作支撑。党风廉政建设主体责任，是党章规定的政治责任。能否把这份沉甸甸的责任扛起来，是对党的领导干部担当精神的检验，狠抓落实没得“推”、没得“脱”。要明确从严治党职责，深入开展理想信念宗旨和党风廉政教育，加强作风和纪律建设、坚决惩治腐败，定期向上级党委和纪委报告责任落实情况。今年要巩固省区市、中央和国家机关部委落实主体责任成果，推动地市一级和国有企业党组织落实主体责任。各级纪委要切实履行监督责任，加大正风肃纪和腐败案件查处力度。

没有问责，责任就落实不下去。中央对此三令五申，决不是言之不预、不教而诛。动员千遍，不如问责一次。今年开始，尤其要突出问责，坚持“一案双查”，对违反党的政治纪律和政治规矩、组织纪律，“四风”问题突出、发生顶风违纪问题，出现区域性、系统性腐败案件的地方、部门和单位，既追究主体责任、监督责任，又严肃追究领导责任。问责一个，警醒一片。要建立完善责任追究典型问题通报制度，通过问责，把责任落实下去。

**（四）深入落实中央八项规定精神，驰而不息纠正“四风”**

锲而不舍、狠抓节点，扩大成果、不断深化。改进作风到了节骨眼上，防止“四风”反弹任务艰巨。作风建设决不能一阵松、一阵紧，要在坚持中深化、在深化中坚持，继续看住一个个节点，解决一个个具体问题，带动作风的整体转变。加大执纪监督、公开曝光的力度，让那些我行我素、依然故我的人付出代价。加强对中央关于厉行节约、公务接待、公车配备等规定执行情况的监督检查，推进作风建设常态化、长效化，让作风建设成为党的建设的亮丽名片。

没有重点就没有政策，重点不能泛化。要聚焦突出问题，紧盯“四风”的新形式、新动向，警惕穿上隐身衣的享乐主义、奢靡之风，坚决查处公款吃喝、旅游和送礼等问题。要把违反中央八项规定精神的行为列入纪律审查重点，作为纪律处分的重要内容，对顶风违纪者所在地区、部门和单位党委、纪委进行问责。

党风正则民风淳。探索实践社会主义核心价值观。坚持崇德重礼和遵纪守法相结合，发挥德治礼序、乡规民约教化作用，大力弘扬中华民族优秀传统文化，加强廉政文化建设，以优良党风凝聚党心民心、带动民风社风。

**（五）持续保持高压态势，坚决遏制腐败蔓延势头**

加强对反腐败工作的统一领导。党的纪律

审查是政治任务，必须讲政治、顾大局、守纪律。要充分发挥反腐败协调小组作用，完善查办违纪案件组织协调机制，加强对下级纪委、派驻机构纪律审查工作的领导，健全重大案件督办机制。

突出纪律审查重点。紧紧围绕遏制腐败蔓延势头目标，治病树、拔烂树，坚决查处严重违反党的政治纪律、组织纪律等行为；重点查办发生在领导机关和重要岗位领导干部中插手工程建设、土地出让，侵吞国有资产，买官卖官、以权谋私、腐化堕落、失职渎职案件；加大对群众身边腐败问题的查处力度；对转移赃款赃物、销毁证据，搞攻守同盟、对抗组织审查的行为，必须纳入依规惩处的重要内容。

转变方式，提高监督审查质量和效率。强化问题线索管理，按照拟立案、初核、谈话函询、暂存、了结五类标准分类处置，定期清理、规范管理。加强案件审理工作，认真履行审核把关和监督制约职责。对被立案审查的党员干部，要从学习党章入手，重温入党志愿书，唤醒他们"激情燃烧岁月"的记忆，对照自己理想信念的动摇和违纪违法的事实，写出忏悔录，自悔自新，警示他人。对问题线索要迅速查处，该纪律处分的及时给予处分、该组织处理的作出处理、该移送司法机关的就移送。对党员干部身上的问题早发现、早处置，及时约谈函询诫勉，惩前毖后、治病救人。要深入剖析十八大以来查处的典型案例，用好用活反面教材，发挥警示、震慑和教育作用。

监督执纪纪律就是政治纪律。严格执行初核、立案请示报批制度，遵守审查纪律，依规依纪进行审查。规范涉案资料和款物管理，决不允许泄露秘密、以案谋私，对纪律审查安全事故要严肃追究直接责任和领导责任。

**（六）加强国际合作，狠抓追逃追赃，把腐败分子追回来绳之以法**

中央和地方反腐败协调小组要加强统一领导，把国际追逃追赃工作纳入反腐败工作总体部署，健全追逃追赃协调机制。摸清底数、动态更新，及时掌握外逃党员和国家工作人员情况。开展重大专项行动，突出重点，抓住个案，盯住不放。利用多边会晤、双边谈判推动国际协作，强化与有关国家、地区司法协助和执法合作，建立合作网络。加强法规制度建设，着手制定刑事司法协助法律法规，出台违法所得特别没收程序司法解释等。推动落实《北京反腐败宣言》，形成国际追逃追赃合力，做好防逃工作，决不让腐败分子逍遥法外，不让企图外逃者心存侥幸。

**（七）落实监督责任，建设忠诚、干净、担当的纪检监察干部队伍**

实现打铁还需自身硬，依然任重道远。纪检监察干部是党的忠诚卫士，要忠于职守、秉公执纪。但是，纪检监察机关不是保险箱，纪检监察干部也不是生活在真空里，党员干部存在的问题，我们的队伍同样存在。有的领导干部因年届退休，被安排在纪检岗位，只想着平稳着陆；有的干部不敢担当，遇到问题绕着走，不想干、不作为；有的干部能力不足、作风漂浮虚躁，不去打听"张家长、李家短"，监督缺失；有的派驻干部认为，与驻在部门领导班子一座楼里办公、一个锅里吃饭，抹不开面子，对监督畏首畏尾；有的人办案不行，"抹案子"却很有办法。更为严重的是，有的人在问题线索清理、处置和查办案件过程中，严重违反政治纪律、组织纪律、工作纪律，擅做取舍、选择性办案，甚至胆大妄为，跑风漏气，办人情案、关系案、金钱案。这些人利用党和人民赋予的权力以案谋私，必须发现一起查处一起，决不姑息。

权力就是责任，责任就要担当。敢于担当是纪检监察干部对党忠诚的具体体现。纪委书记对纪委机关党的建设负主体责任，要发挥党组织的战斗堡垒作用，抓好对纪检监察干部的教育、管理和监督。纪委书记既要自身正、过得硬，又要无须扬鞭自奋蹄，领好班子、带好队伍，为党和人民的事业带出一支能打硬仗的队伍。纪律检查机关要开展"三严三实"教育活动，切实转变工作作风，做到严、细、深、实。对尸位素餐、碌碌无为的干部，要坚决采取组织措施，该撤换的撤换、该调整岗位的调整岗位；对不敢抓、不敢管，监督责任缺位的干部坚决问责。

信任不能代替监督。己不正，焉能正人？要心存敬畏和戒惧，增强纪律观念和规矩意识。充分发挥纪检监察干部监督机构的作用，完善自我监督机制，健全内控措施，自觉接受党内和群众监督，坚决防止“灯下黑”，用铁的纪律打造全党信任、人民信赖的纪检监察干部队伍。

党风廉政建设和反腐败工作艰巨而光荣，党和人民对纪律检查机关寄予厚望。让我们紧密团结在以习近平同志为总书记的党中央周围，扎实工作、锐意进取，不断取得党风廉政建设和反腐败斗争新成效，为实现“两个一百年”奋斗目标、实现中华民族伟大复兴的中国梦提供有力保证。

# 携手共建21世纪海上丝绸之路 共创中国—东盟友好合作美好未来

## ——在第十一届中国—东盟博览会和中国—东盟商务与投资峰会上的致辞

（2014年9月16日，广西南宁）

中共中央政治局常委、中华人民共和国国务院副总理　张高丽

**尊敬的各位嘉宾，**

**女士们，先生们，朋友们：**

很高兴与大家相聚在美丽的绿城南宁，共同出席第十一届中国—东盟博览会、中国—东盟商务与投资峰会。首先，我谨代表中国国家主席习近平、国务院总理李克强和中国政府，对本次博览会和峰会的召开表示热烈祝贺！对来自东盟各国及有关国家和地区的嘉宾表示热烈欢迎！

中国和东盟地缘相近、血缘相亲、人文相通、商缘相联、利益相融，是天然的合作伙伴。2000多年前开启的古代海上丝绸之路，建立了中国与东南亚国家人民经贸、文化、情感交流的纽带。中国明代著名航海家郑和七次远洋航海，每次都到访东南亚国家，传播和平与友谊的种子。千百年来，中国和东南亚人民通过海上丝绸之路相知相交，互通有无，传递情谊，许多历史佳话传诵至今。

新形势下，中国—东盟友好关系揭开了新篇章。从1991年双方建立对话关系、特别是2003年建立战略伙伴关系以来，双方关系走过了不平凡的历程，成为睦邻友好合作的典范。我们的政治互信不断增强，在许多重大国际和地区事务上相互支持，在东盟对话伙伴中，中国首先加入了《东南亚友好合作条约》。我们的经贸合作不断深入，建成了世界上最大的发展中国家自由贸易区，双方互为重要的贸易和投资伙伴，从2004年到2013年，双边贸易额从1059亿美元增加到4436亿美元，翻了两番多，双向投资额累计超过1200亿美元。我们的全方位合作不断拓展，在农业、信息产业、人力资源开发、相互投资、湄公河流域开发、交通、能源、文化、旅游、公共卫生和环保等11个重点合作领域以及其他许多领域开展了务实合作，双方缔结了140多对友好省市，每周有1000多架次的往来航班，每年有高达1800万人次的人员往来，双方互派留学生已超过18万人。我们团结协作，同舟共济，成功应对了许多重大自然灾害和传染病疫情。前不久中国云南鲁甸地震造成重大人员伤亡和财产损失，东盟国家向中国政府和人民表达了慰问和支持。实践证明，中国—东盟友好合作不仅为双方人民带来福祉，也推动了地区和平、稳定与发展。

女士们，先生们，朋友们！

今年是中国和东盟战略伙伴关系第二个十年的开局之年，中国和东盟关系正站在新的历史起点上。中国政府将一如既往地高度重视发展同东盟的友好合作，坚持与邻为善、以邻为伴，突出“亲、诚、惠、容”的理念发展双方关系；坚持把东盟作为周边外交的优先方向，支持东盟发展壮大，支持东盟共同体建设，支持东盟在区域合作中的主导地位。我们愿与东盟携起手来，进一步打造健康、稳定、富有活力的中国—东盟关系。

中国正在全面深化改革、扩大对外开放，努力实现中华民族伟大复兴的中国梦。东盟是蒸蒸日上的发展中国家组织，正朝着2015年建成东盟共同体目标迈进。中国和东盟的发展目标

是一致的，首要的任务都是发展经济、改善民生，使我们的明天更加美好。今年以来，中国经济运行保持在合理区间，主要指标符合年度预期目标，上半年国内生产总值增长7.4%，这样的速度在世界主要经济体中位居前列，也有利于中国调整经济结构、提高经济增长质量和效益，有利于世界经济稳步复苏。今后5年，中国将进口超过10万亿美元的商品，对外直接投资将超过5000亿美元，出境旅游将超过5亿人次。中国经济持续健康发展将继续为世界经济发展提供动力，也将更多惠及东盟各国人民。

中国坚定不移走和平发展道路，坚持和平共处五项基本原则，愿同世界各国共谋和平、共护和平、共享和平，和睦相处、共同发展。南海的和平稳定关乎地区的发展繁荣和人民福祉，符合地区各国的共同利益。中国在坚定维护领土主权、海洋权益和国家安全的同时，始终致力于同直接当事国，在尊重历史和国际法的基础上，通过协商谈判和平解决争议。中国愿与东盟国家全面有效落实《南海各方行为宣言》，积极推进"南海行为准则"磋商，加强对话沟通，促进务实合作，排除各种干扰，将南海建设成为和平之海、友谊之海、合作之海。

女士们，先生们，朋友们！

去年10月，习近平主席访问东盟国家时提出建设21世纪海上丝绸之路、携手建设中国—东盟命运共同体等合作倡议。这是一个传承历史、面向未来、顺应时代潮流，符合中国—东盟共同发展愿望的重大战略构想，为中国—东盟关系发展进一步指明了方向。21世纪海上丝绸之路，是一条促进共同发展、实现共同繁荣的合作共赢之路，是一条增进理解信任、加强全方位交流的和平友谊之路，必将为双方发展创造更多的利益共同点和经济增长点，为双方战略伙伴关系增加新的契合点。李克强总理在去年中国—东盟领导人会议上提出了凝聚两点共识、推动七个领域合作的"2+7合作框架"，为双方合作明确了重点、规划了蓝图，有力推动了中国—东盟关系进一步发展和全面合作的深化。我们应秉持包容开放的精神，增强团结合作意识，积极落实双方领导人达成的共识，促进政策沟通、道路联通、贸易畅通、货币流通、民心相通，共创21世纪海上丝绸之路新的辉煌。

为此，我提出以下六点倡议：

**第一，大力深化政治互信。**政治互信是推进中国—东盟关系持续健康稳定发展的基础和保障。在东盟的对话伙伴中，中国第一个与东盟建立战略伙伴关系，中国也愿第一个同东盟国家商签"睦邻友好合作条约"，为中国—东盟世代友好提供法律和制度保障。为进一步加强高层交往，增进了解与互信，中方建议结合中国—东盟博览会和博鳌亚洲论坛年会，不定期在华举行中国—东盟国家领导人非正式会晤，就双方关系发展和共同关心的问题加强沟通，增加理解，促进合作。

**第二，大力提高中国—东盟自贸区质量和水平。**贸易投资便利化是21世纪海上丝绸之路建设的优先领域。提高中国—东盟自贸区质量和水平不仅将促进双方的经贸往来，也将为"区域全面经济伙伴关系"（RCEP）等地区自贸安排奠定基础。我们欢迎双方正式启动自贸区升级版谈判，建议尽快确定下一阶段的工作方案。进一步开放市场，降低关税，开展新一轮服务贸易承诺谈判，在中小企业合作、能源、环境、可持续发展等领域商签合作协议，深化经济、贸易和投资合作，努力实现2015年双边贸易额达到5000亿美元，2020年双边贸易额达到1万亿美元的目标。我们支持中国企业到东盟国家开展投资合作，继续推动在东盟国家设立产业、经贸合作区，同时也欢迎东盟国家在中国设立产业园区。中新苏州工业园区、天津生态城等项目已成为中国与东盟国家合作的典范。我们要建设好中马钦州产业园区、马中关丹产业园区，努力将"两国双园"建设成为中国—东盟产业合作的示范园区。中国也愿与东盟国家积极探讨在边境地区设立跨境经济合作区，让边境地区成为双方利益融合的纽带。

**第三，大力加强互联互通建设。**互联互通是建设21世纪海上丝绸之路的重要内容。要加强规划,抓住关键通道、关键节点和重点工程,着力构建海运水运网、高速公路网、高速铁路网、航空网、通信光缆网,打造安全高效的综合联通网络。要加快建设中国—东盟港口城市合作网络、中国—东盟港口物流信息公共平台。要积极推进筹建亚洲基础设施投资银行,解决本地区,尤其是东南亚地区的融资瓶颈,推动地区的共同发展。要扩大双边本币互换的规模和范围,扩大人民币跨境贸易结算,建设人民币同东盟国家货币的市场交易中心,推进金融基础设施建设和金融服务的跨境合作。

**第四,大力开展海上合作**。东盟是海上丝绸之路必经之地,也是建设21世纪海上丝绸之路的重点地区。我们愿与东盟国家加强海上合作,让海上合作成为中国—东盟关系发展的新亮点、新动力。中国愿与东盟探讨将明年确定为"中国—东盟海洋合作年",加强双方涉海部门的对话沟通,密切海洋政策交流与协调,探讨建立海上执法机构间交流合作机制。我们要充分利用中国—东盟海上合作基金,推进海洋经济、海上联通、海洋环境、海上安全、海洋人文等领域交流与合作,为沿线各国共建海上丝绸之路积累经验,树立样板。

**第五,大力推进次区域合作**。泛北部湾经济合作作为中国—东盟次区域合作的重要内容,经过8年来各方的共同努力,取得了务实的成果,应继续大力推进。要积极推动南宁—新加坡经济走廊建设,促进各种资源和生产要素跨区跨国流动,形成优势互补、区域分工、联动开发、共同发展的通道经济带,构筑中国—东盟合作的大动脉。为进一步支持东盟共同体建设,帮助东盟缩小地区发展差距,中方愿与湄公河国家探讨建立对话合作机制,与大湄公河次区域经济合作(GMS)相互补充,相互配合,使次区域合作更好地造福中国和东盟各国人民。

**第六,大力增进人文交流**。人民相互了解越多、友谊越深,越有利于双方友好关系全面持久稳定发展。中方愿进一步密切与东盟各国在教育、文化、科技、环保、旅游、卫生等领域合作,加强青年、媒体、智库和地方交流。中方将积极落实向东盟国家提供1.5万个奖学金名额,用好中国—东盟中心、中国—东盟教育交流周、中国—东盟教育培训中心、中国—东盟环保合作中心等平台;设立中国—东盟技术转移中心;支持中国—东盟思想库网络建设;推动建设泛北部湾和海上丝绸之路旅游圈。今年是中国—东盟文化交流年,我们要共同办好百余项形式多样的文化活动,增强双方民众的文化共鸣和情感联系,共同夯实双方关系的民意和社会基础,弘扬团结合作、同舟共济的亚洲精神。

女士们,先生们,朋友们!

中国有句古话:"兄弟同心,其利断金。"只要我们坚持合作,就一定会共赢。中国—东盟博览会和商务与投资峰会是中国与东盟各国增进政治互信、开拓自贸区市场、推进全方位交流的重要平台,已经成为中国—东盟友好合作的象征。我衷心祝愿各位来宾在本次博览会和峰会期间工作顺利、身体健康!祝愿第十一届中国—东盟博览会和商务与投资峰会取得圆满成功!希望博览会和商务与投资峰会年年有收获,岁岁呈亮点,为建设21世纪海上丝绸之路和促进本地区的合作与发展作出重要贡献。

谢谢大家。

# 关于厉行节约反对食品浪费的意见

人口众多、土地资源相对不足是我国基本国情，我国粮食供求长期处于紧平衡状态。但受讲排场、比阔气、爱面子等不良风气影响，加之相关监管制度不健全，目前我国食品浪费现象广泛存在，人民群众对此反映强烈。厉行节约反对食品浪费，既是保障国家粮食安全的迫切需要，也是弘扬中华民族勤俭节约传统美德、加快推进资源节约型环境友好型社会建设的重要举措。为贯彻落实《党政机关厉行节约反对浪费条例》，深入推进反对食品浪费工作，现提出如下意见。

## 一、杜绝公务活动用餐浪费

各级党政机关、国有企事业单位要严格按照《党政机关厉行节约反对浪费条例》和《党政机关国内公务接待管理规定》有关要求，切实加强国内公务接待、会议、培训等公务活动用餐管理，以公务用餐文明引领社会消费文明。公务活动用餐要按照快捷、健康、节约的要求，积极推行简餐和标准化饮食，主要提供家常菜和不同地域通用的食品，科学合理安排饭菜数量，原则上实行自助餐。严禁党政机关向企事业单位转嫁公务活动用餐费用，严禁以会议、培训等名义组织宴请或大吃大喝。公务活动用餐费支付应严格执行国库集中支付制度和公务卡管理有关规定。严禁设立“小金库”，党政机关、国有企事业单位公务活动用餐预算严格按照有关规定和标准执行，各地区各部门和国有企事业单位在公开“三公”经费支出时要列出公务活动用餐费支出。各地区要制定本地区公务活动用餐开支标准并定期进行调整，明确公务接待工作餐费报销规范。国有企业和国有金融企业要按照有关标准和要求，将业务招待项目作为企业负责人职务消费重要事项强化管理。

## 二、推进单位食堂节俭用餐

单位食堂应按照健康、从简原则提供饮食，合理搭配菜品，注重膳食平衡。条件具备的地方实行自助点餐计量收费，多供应小份食品，方便用餐人员适量选取。在明显位置张贴宣传标语或宣传画、摆放提示牌，提醒适量取餐。建立食堂用餐人员登记制度，实施动态管理，做到按用餐人数采购、做餐、配餐。安排专人负责食堂巡视检查，对浪费行为给予批评教育。机关事务管理部门要会同有关部门研究建立党政机关食堂反对食品浪费工作成效评估和通报制度。教育、卫生计生、国资、银监、证监、保监等部门要指导推动学校、医院、国有企业、国有金融企业等加快建立健全食堂节约用餐制度。各地区要对党政机关、国有企事业单位食堂反对食品浪费工作成效进行评估，对存在严重浪费行为的单位进行通报。

## 三、推行科学文明的餐饮消费模式

鼓励餐饮企业积极发展大众餐饮，提供标准化菜品，方便消费者自主调味，推行商务餐分餐制，发展可选择套餐，多提供小份菜。倡导一料多菜、一菜多味，物尽其用，避免浪费食材。餐饮企业要积极引导消费者节约用餐，在显著位置张贴或摆放节约食物、杜绝浪费的宣传画或提示牌，菜单上应准确标注菜量，按营养均衡的要求配置不同规格盛具，餐前引导适量点餐，餐后主动帮助打包，不得设置最低消费额，对节约用餐的消费者给予表扬和奖励。鼓励家庭按实际需要采购食品，倡导婚丧嫁娶等红白喜事从简用餐。商务部门要制定餐饮业服务规范，加快建立健全餐饮业标准体系，会同财政等部门研究建立餐饮企业反对食品浪费工作奖惩制度。卫生计生部门要指导餐饮企业提供符合膳食平衡要求的食品。工商部门要指导各级消费者协会加强消费教育，引导消费者形成文明节俭消费理念。食品药品监管部门要结合餐饮服务食品安全量化分级管理工作，推动餐饮企业加大反对食品浪费工作力度。旅游部门要强化旅游星级饭店质量等级评定标准中反对食品浪费的要求，并加强对标准实施的监督检查。各有关行业协会要制定行规行约，引导餐饮企业转变经营理念，厉行节约，反对浪费。

## 四、减少各环节粮食损失浪费

加强粮食生产、收购、储存、运输、加工、消费等环节管理，有效减少损失浪费。粮食部门要全面实施粮食收储供应安全保障工程，扩大农户科学储粮专项实施范围，抓紧组织修复危仓老库；切实解决粮油过度加工问题，提高成品粮出品率和副产物综合利用率；在粮食流通各环节推广节粮减损新设施、新技术，开展粮食收购、储存、运输、加工、消费等环节损失浪费情况调查，出台节粮减损具体措施。交通运输部门要加强粮食运输管理，运输企业不得承运包装不达标的粮食。发展改革、财政部门要继续支持粮食收储运设施的建设改造，会同工业和信息化部门不断改善加工条件，积极推广使用食品加工新技术、新工艺、新装备。质检部门要会同有关部门抓紧修改制定粮油加工、转化和食品包装等标准和技术规范，合理设定保质期限，鼓励企业对预包装食品按照消费者不同需求采用不同大小的包装规格。科技部门要组织开展食品包装新技术研发，提高食品保质技术水平。商务部门要规范餐饮企业和食品批发零售企业促销活动，鼓励食品经营企业在确保食品质量安全和市场经营秩序的前提下打折销售临近保质期的食品。

## 五、推进食品废弃物资源化利用

餐饮企业和党政机关、企事业单位食堂不得随意处置餐厨废弃物，要按规定交由具备条件的餐厨废弃物资源化利用企业处置或进行就地资源化处理，鼓励有条件的家庭对厨余废弃物进行堆肥等资源化利用。生产加工环节的食品废弃物和商场、超市过期食品等，要交由具备条件的企业进行资源化回收处理。国家发展改革委要会同有关部门加快研究制定餐厨废弃物管理和资源化利用条例，研究建立餐厨废弃物处理收费制度，加大对餐厨废弃物资源化利用企业的支持和相关技术研发推广力度。住房城乡建设、工商、质检、食品药品监管等部门要严厉打击违法收集、运输、加工餐厨废弃物的行为。公安机关要始终保持高压态势，积极会同有关部门严厉打击利用“地沟油”生产食用油犯罪活动。

## 六、加大宣传教育力度

采取多种形式开展国情教育，宣传我国粮食生产供应情况，积极倡导合理、健康的饮食文化，大力破除讲排场、比阔气等不良风气，促进反对食品浪费成为全社会的自觉行为。宣传部门要加大反对食品浪费宣传报道力度，弘扬先进典型，曝光浪费现象，加强公益广告宣传。发展改革部门要将反对食品浪费作为全国节能宣传周活动的重要宣传内容。粮食部门要会同有关部门组织好每年世界粮食日和全国爱粮节粮宣传周活动，编辑出版爱粮节粮科普读物，做好“节约一粒粮”公益宣传，组织开展爱粮节粮先进单位和示范家庭创建活动。教育部门要加大学校反对食品浪费教育工作力度，组织开展中小学生节约粮食体验活动。工会、共青团、妇联等群众组织要面向职工、青少年、妇女等开展有针对性的宣传教育活动，促进养成节约习惯。

## 七、健全法律法规

积极推进反对食品浪费工作法制化进程。国务院法制办及有关部门要积极研究推动节约粮食、反对食品浪费法规建设，加快推进粮食法立法进程，建立有利于促进粮食节约的法律机制。国家发展改革委、国家粮食局要会同有关部门抓紧修订粮食流通管理条例，对粮食节约减损作出规定，明确奖惩措施。各地区各有关部门要结合实际研究制定反对食品浪费的地方性法规和规章。

## 八、加强监督检查

国家发展改革委、财政部要会同有关部门定期整体部署反对食品浪费工作，加强监督检查，对发现的突出问题及时督促整改，对好经验好做法进行通报表扬并积极推广。监察部门对已在餐饮企业安装使用税控装置的地区，要采用信息化手段逐步与税控收款机系统衔接，组织对餐饮企业、宾馆饭店等进行暗访，对大额餐饮发票适时开展抽查，严肃查处公款浪费案件；对违反公务接待规定、用公款相互宴请等行为，要依纪依法追究相关人员责任，对负有领导责任的主要负责人或有关领导实行问责。建立食品浪费行为举报投诉制度，相关举报纳入监察部门案件受理范围。财政部门要建立健全公务消费电子监控平台，各单位对未在平台备案的公款消费不予报销；指导企业加强财务会计管理，对企业报销用餐费用行为进行规范。审计部门要对公务接待经费进行审计，发现的违纪违规问题，依法进行处理处罚或者移送有关部门处理。税务部门要及时查处餐饮企业开发票时将餐费开成非餐费的违法行为，防止餐饮企业将大额用餐费用分割成小额发票的行为，对定点饭店，财政等有关部门要取消其定点资格。粮食部门对粮食收购、储存、运输和加工等环节中的违规行为依法进行查处，导致粮食重大损失的，要严肃追究有关人员责任。公务接待管理部门要会同有关部门加强对本级党政机关各部门和下级党政机关国内接待工作用餐的监督检查。工会、共青团、妇联等要组织开展反对食品浪费志愿者行动，积极劝说制止浪费行为，对不听劝阻的可报告有关部门查处，对公款浪费行为及时向监察机关报告。

各地区各有关部门要充分认识厉行节约反对食品浪费的重要意义，切实增强责任感和紧迫感，加强组织领导，明确分管领导，建立健全工作机制，抓紧制定具体实施方案并抓好落实。国家发展改革委、财政部要加强统筹指导和协调推动，各有关部门要积极配合，共同推进反对食品浪费工作，努力使厉行节约反对浪费在全社会蔚然成风。

（此《意见》由中共中央办公厅、国务院办公厅印发，新华社2014年3月18日发布）

# 关于依法处理涉法涉诉信访问题的意见

为深入贯彻党的十八大和十八届三中全会精神，全面落实依法治国基本方略，适应刑事诉讼法、民事诉讼法修改实施对依法处理涉法涉诉信访问题的要求，提高处理涉法涉诉信访问题法治化水平，更好地维护人民群众合法权益，现提出如下意见。

## 一、充分认识依法处理涉法涉诉信访问题的重要意义

党中央、国务院高度重视涉法涉诉信访问题处理工作。2004 年以来特别是中央处理信访突出问题及群体性事件联席会议成立以来，全国政法机关按照党中央、国务院的部署和要求，以案结事了、息诉息访为目标，采取集中交办、领导包案、限期化解等措施，组织开展了涉法涉诉信访问题集中排查化解工作，解决了一大批历史积案，化解了一大批矛盾纠纷，有效维护了信访群众合法权益，促进了严格规范公正文明执法。

当前，我国发展进入新阶段，改革进入攻坚期和深水区，涉法涉诉信访工作面临不少新情况新问题。特别是随着越来越多的社会矛盾以案件形式进入诉讼渠道，诉讼与信访交织，少数群众“信访不信法”、“信上不信下”、“弃法转访”甚至“以访压法”等问题突出，涉法涉诉信访上行趋势明显；有的涉法涉诉信访群众采取越级访、非正常访、缠访闹访等方式表达诉求，致使涉法涉诉信访案件“终而不结”；有的基层政法单位工作不细致，不能及时发现并纠正冤案错误和重大瑕疵，不能统筹解决信访群众的法律问题、思想问题和由此引发的民生问题，导致案结事不了；有的地方突破政策法律底线，简单地“花钱买平安”，引发新的涉法涉诉信访问题，等等。这些问题的存在，损害司法权威，影响党委和政府的公信力，不利于从根本上维护人民群众合法权益，不利于在全社会形成依法治国、崇尚法治、尊重司法的良好氛围。

依法处理涉法涉诉信访问题，事关最广大人民群众根本利益，事关国家法制统一、尊严、权威，事关党执政地位巩固和国家长治久安。党的十八大明确提出，要更加注重发挥法治在国家治理和社会管理中的重要作用，提高领导干部运用法治思维和法治方式深化改革、推动发展、化解矛盾、维护稳定能力。党的十八届三中全会通过的《中共中央关于全面深化改革若干重大问题的决定》明确要求，改革信访工作制度，把涉法涉诉信访纳入法治轨道解决，建立涉法涉诉信访依法终结制度。这些都为依法处理涉法涉诉信访问题指明了方向。2012 年，全国人民代表大会通过的关于修改刑事诉讼法的决定和全国人民代表大会常务委员会通过的关于修改民事诉讼法的决定，强化了审判监督、检察监督职能，完善了申请再审程序，规范了申诉行为，为依法处理涉法涉诉信访问题提供了法律保障。改革涉法涉诉信访工作机制，依法处理涉法涉诉信访问题，既是贯彻落实党的十八大和十八届三中全会精神的要求，又是贯彻实施修改后的刑事诉讼法、民事诉讼法的实际行动；既是全面推进依法治国的需要，又是维护人民群众合法权益的具体体现。各级政法机关要从更好维护人民群众合法权益、维护司法权威、维护社会和谐稳定的高度，充分认识依法处理涉法涉诉信访问题的重要意义，坚持把依法维权与依法办事有机结合起来，积极稳妥推进涉法涉诉信访工作机制改革，引导涉法涉诉信访问题在法治轨道内妥善解决，努力促进信访形势根本好转。

## 二、改革涉法涉诉信访工作机制

**（一）实行诉讼与信访分离制度。**把涉及民商事、行政、刑事等诉讼权利救济的信访事项从普通信访体制中分离出来，由政法机关依法处理。各级信访部门对到本部门上访的涉诉信访群众，应当引导其到政法机关反映问题；对按规定受理的涉及公安机关、司法行政机关的涉法涉诉信访事项，收到的群众涉法涉诉信件，应当转同级政法机关依法处理。

**（二）建立涉法涉诉信访事项导入司法程序机制。**对涉法涉诉信访事项，各级政法机关要审查、甄别。对于正在法律程序中的，继续依法按程序办理；对于已经结案，但符合复议、复核、再审条件的，依法转入相应法律程序办理；对于已经结案，不符合复议、复核、再审条件的，做好不予受理的解释说明工作；对于不服有关行政机关依法作出的行政复议决定，经释法明理仍不服的，可引导其向人民法院提起行政诉讼。有关处理程序和结果，应当严格按照规定的期限和方式，及时告知当事人。

**（三）严格落实依法按程序办理制度。**各级政法机关对于已经进入法律程序处理的案件，应当依法按程序在法定时限内公正办结。对经复议、审理、复核，确属错案、瑕疵案的，依法纠正错误、补正瑕疵；属于国家赔偿范围的，依照国家赔偿法的有关规定办理。对经复议、审理、复核，未发现错误的，依法维持原裁决，并按照有关规定及时告知当事人。

**（四）建立涉法涉诉信访依法终结制度。**中央政法机关按照修改后的刑事诉讼法、民事诉讼法和相关法律法规，修改完善涉法涉诉信访终结办法。对涉法涉诉信访事项，已经穷尽法律程序的，依法作出的判决、裁定为终结决定。对在申诉时限内反复缠诉，经过案件审查、评查等方式，并经中央或政法机关审核，认定其反映问题已经得到公正处理的，除有法律规定的情形外，依法不再启动复查程序。对上述涉法涉诉信访问题，政法机关要及时通报同级党委、人大和政府信访部门，各级各有关部门不再统计、交办、通报，重点是做好对信访人的解释、疏导工作。地方党委和政府及其基层组织要尊重政法机关依法作出的法律结论，自觉落实教育帮扶和矛盾化解等工作措施。因工作不落实，造成极端事件的，按有关规定追究相关组织和人员的责任。

**（五）健全国家司法救助制度。**建立完善国家司法救助制度，进一步明确救助条件、细化救助标准，规范救助程序，将救助资金纳入地方各级政府财政预算，同时鼓励社会组织和个人捐助。各级政法机关要在党委和政府的领导和支持下，统筹解决信访群众的法律问题和实际困难。对于因执法问题给当事人造成伤害或损失的，依法予以纠错、补偿。对于因遭受犯罪侵害或民事侵权，无法经过诉讼获得有效赔偿，造成当事人生活困难，符合救助规定的，及时给予司法救助。对于给予司法救助后仍然存在实际困难的，通过民政救济、社会救助等方式帮助解决实际困难。

## 三、进一步提高执法司法公信力

**（一）提高执法质量。**各级政法机关要把维护公平正义作为核心价值追求，把维护公民合法权益作为根本任务，严格依照法定权限和程序履行职责、行使权力，确保每一起案件的处理做到实体公正、程序公正、规范高效，经得起检验。建立健全科学合理、监督有力、规范有序的司法权力运行机制，全面推行量刑规范化改革、案例指导制度，进一步规范自由裁量权行使。完善人权司法保障制度，进一步规范查封、扣押、冻结、处理涉案财物的司法程序，健全错案防止、纠正、责任追究机制，严禁刑讯逼供、体罚虐待，严格实行非法证据排除规则，从制度上保障司法公正。进一步健全执法质量监管体系，加强案件流程管理，促进严格执法、公正司法。着力加强队伍建设，健全和落实执法资格考试、晋升培训、轮岗轮训制度，提高广大政法干警执法素质和执法水平，从源头上减少涉法涉诉信访问题的产生。

**（二）强化执法监督**。各级政法机关要依法加大内部监督力度，促使执法办案中存在的问题依法及时得到解决。对于重大、疑难、结案不息诉等案件，要加大评查力度，依法及时纠正执法办案中的过错、瑕疵。对于不服原办案机关处理，依法向检察机关提出申诉的，检察机关应当依法受理、审查；需要采取检察建议、抗诉等方式的，依法履行法律监督职能，督促有关办案机关依法及时纠正错误。对于执法不严、裁判不公、徇私枉法等突出问题，各级党委政法委要会同政法各单位，组织开展专项整治，进一步提高执法司法公信力，维护社会公平正义。

**（三）严格责任追究**。完善执法司法责任制，严格落实办案质量终身负责制。坚持把责任追究作为依法处理涉法涉诉信访问题的重要内容，健全执法过错发现、调查、问责机制，严格倒查执法办案中存在问题的原因和责任，严肃查处错案背后的执法不公、不廉等问题。对于推诿搪塞上访群众，不及时受理、不按期办结，造成案件积压，形成新的重复访、越级访、非正常访的；对于不依法公正处理，导致矛盾激化升级，造成严重后果的；对于错误裁判，拒不依法纠正的，依纪依法追究办案人员和相关领导的责任。对于涉法涉诉信访问题高发，或不依法及时处理，造成案件严重积压的地方，党委政法委、上级相关政法单位要倒查该地区相关政法单位领导班子在队伍建设、执法管理等方面的失职渎职行为，限期整改。

**（四）深化执法公开**。把加强执法公开、扩大群众参与、接受群众监督作为依法处理涉法涉诉信访问题的重要内容，以公开确保公正、促进息诉。凡是法律规定应当公开的案件信息，都应当公开；生效后的裁判文书，应当依法在政法机关的官方网站上公布，确保当事人和广大群众能够及时了解办案依据、程序、流程、结果，确保执法权、司法权在阳光下运行。拓宽人民群众有序参与司法活动的渠道，充分发挥人民陪审员、人民监督员的作用，提高对依法办案的社会认可度。

## 四、依法维护涉法涉诉信访秩序

**（一）畅通信访渠道**。各级政法机关要转变观念，把做好涉法涉诉信访工作作为倾听群众意见、改进执法工作的有效途径。进一步规范依法处理涉法涉诉信访工作，坚决杜绝一切“拦卡堵截”正常上访人员的错误做法；坚决杜绝违法限制或变相限制上访人员人身自由的行为，坚持政法机关领导接待来访群众和阅批群众来信制度。采取热线电话、网上信访、视频接访、开通绿色通道等措施，健全来信、来访、网上信访、电话信访一体化接访网络，为涉法涉诉信访群众反映问题提供畅通便捷的渠道。高度重视新闻媒体反映的涉法涉诉信访问题和微信、微博客、QQ 群等新媒体中的涉法、涉诉信访信息，认真核查处理，及时作出回应。

**（二）防止案件积压**。政法机关要按照修改后的刑事诉讼法、民事诉讼规定，规范案件流程，加快案件流转，加强各单位之间的衔接配合，确保依法处理涉法涉诉信访问题有序高效进行。检察机关要整合监督资源、强化监督实效，依法及时有效处理当事人向检察机关提出的申诉或控告。对立案难、破案难、执行难等引发的涉法涉诉信访问题，要破解政策法律瓶颈、建立长效机制，实行综合治理。把释法析理工作贯穿于依法处理涉法涉诉信访问题全过程，增强法律文书说理性，使当事人能够理解依法处理依据，接受依法公正处理结果，消除认识误区，实现息诉息访。

**（三）提高基层化解能力**。进一步提高基层解决问题的主动性和实效性，最大限度把矛盾化解在基层。坚持分级分类处理，对越级上访的，劝导当事人依法按程序反映问题；对案件办理中重复上访的，告知办案程序、期限，及时反馈进展情况，预防和减少越级进京上访。中央政法机关可适时派出督导组，督办重大案件，指导地方政法机关做好涉法涉诉信访工作；积极探索完善申诉复查机制，加大地方政法机关的复查、办理力度,以认真负责的态度和客观公正的处理,取得当事人的信任和理解,努力把信访问题解决在当地。完善司法调解制度,建立司法调解与人民调解、行政调解的联动机制,形成息诉息访的合力。

**(四)严肃处理违法上访行为。**依法规范群众信访行为,引导上访人员依法理性表达诉求。对伴有违法行为的,加强法制教育和批评劝导;对采取极端方式闹访,造成严重后果的,依法严肃处理;高度警惕、严密防范境内外敌对势力和极少数别有用心的“维权人士”插手信访问题,对以上访为名制造事端、煽动闹事或内外勾联、挟洋施压、抹黑党和政府形象的,及时收集固定证据,依法打击处理。各级公安机关要认真执行公安部新修订的《关于公安机关处置信访活动中违法犯罪行为适用法律的指导意见》,切实做好对违法上访行为的依法处理工作。北京市公安机关要完善依法维护北京地区信访秩序工作规范,加强社会面巡逻防控,对到非接访场所上访的,及时疏导;对闹访滋事,妨害公共安全、扰乱社会秩序的,依法及时处理,切实维护首都地区的社会秩序。

## 五、加强和改进对依法处理涉法涉诉信访问题的组织领导

**(一)完善领导体制机制。**中央政法委不再集中向下级党委政法委交办涉法涉诉信访案件。各级党委政法委要进一步明确在依法处理涉法涉诉信访问题中的职能定位,重点抓好政策指导、执法监督、宏观协调等工作。各级政法机关作为依法处理涉法涉诉信访问题的责任主体,要调整充实工作力量,建立健全工作制度,严格落实工作责任,增强政法干警依法处理涉法涉诉信访问题的责任感,进一步转变执法作风,提高群众工作能力,做到严格规范公正文明廉洁执法。建立健全科学合理的考评指标体系,改变简单以信访数量为主要指标的考评办法,坚决纠正重程序轻解决、重稳控轻化解的倾向,引导政法干警在日常执法办案中自觉预防、主动化解涉法涉诉信访问题。

**(二)健全协作配合机制。**各级政法机关要紧紧依靠党委和政府,加强与信访等部门的协调配合,努力形成依法处理涉法涉诉信访问题合力。各级处理信访突出问题及群体性事件联席会议要及时分析研判信访形势和突出问题,加强政策研究和统筹指导,帮助政法机关协调解决涉及困难帮扶、人员教育疏导、案件出口顺畅等方面的问题。各级信访部门要通过接待受理群众信访,了解社情民意和执法司法状况,及时提出修改完善政策法律、改进执法司法工作的建议。各级党委政法委要牵头协调政法机关,密切与信访部门的联系,建立依法处理涉法涉诉信访问题例会制度、案件通报和信息共享机制,定期研究解决工作中遇到的困难和问题,努力形成支持依法处理涉法涉诉信访问题的良好局面。

**(三)排除对依法处理涉法涉诉信访问题的干扰。**各级党委和政府要坚持依法执政、依法行政,确保审判机关、检察机关依法独立公正行使审判权、检察权、确保政法各单位依照宪法和法律独立负责、协调一致地开展工作。各级领导干部对收到的涉法涉诉信访案件,直接转政法机关依法按程序处理。

**(四)创造良好舆论环境。**各级政法机关要加强与宣传部门、新闻单位的沟通,加大对申诉新程序、信访新规定的宣传力度,正面引导社会舆论,使群众广为知晓。增强法制宣传教育的针对性和实效性,重点加强典型案例释法宣传工作,充分发挥教育引导作用,增强全社会学法尊法守法用法意识,引导群众自觉依法按程序反映诉求、维护权益,集聚理解、信赖和支持依法处理涉法涉诉信访问题的正能量。支持新闻媒体开展科学监督、依法监督、建设性监督,推动形成依法处理涉法涉诉信访问题的社会共识。对恶意炒作重大、敏感问题,借涉法涉诉信访问题诋毁、攻击我国司法和信访制度的,及时正面回应,妥善应对,澄清事实真相,消除负面影响,为依法处理涉法涉诉信访问题营造良好

氛围。

改革涉法涉诉信访工作机制、依法处理涉法涉诉信访问题的总体思路是:改变经常性集中交办、过分依靠行政推动、通过信访启动法律程序的工作方式,把解决涉法涉诉信访问题纳入法治轨道,由政法机关依法按程序处理,依法纠正执法差错,依法保障合法权益,依法维护公正结论,保护合法信访、制止违法闹访,努力实现案结事了、息诉息访,实现维护人民群众合法权益与维护司法权威的统一。

(此《意见》由中共中央办公厅、国务院办公厅印发,新华网 2014 年 3 月 19 日报道)

# 关于加强基层服务型党组织建设的意见

党的基层组织是党全部工作和战斗力的基础，是团结带领群众贯彻党的理论和路线方针政策、落实党的任务的战斗堡垒，长期以来在推动发展、服务群众、凝聚人心、促进和谐中发挥了重要作用。新形势下，基层党组织服务群众、做群众工作的任务更为繁重，这对强化基层党组织的服务功能提出了新的要求。党的十八大作出创新基层党建工作，加强基层服务型党组织建设的重大部署；党的十八届三中全会强调充分发挥基层党组织的战斗堡垒作用，为全面深化改革作出积极贡献。为认真贯彻落实党的十八大和十八届三中全会精神，加强基层服务型党组织建设，现提出如下意见。

## 一、基层服务型党组织建设的重要意义和总体要求

(1)建设基层服务型党组织，是建设学习型、服务型、创新型马克思主义执政党的基础工程，对于密切党同人民群众的血肉联系，提高党的执政能力、夯实党的执政基础，具有重要意义。随着我国经济社会深刻变革，群众服务需求日益增多，特别是发展进入新阶段，改革进入攻坚期和深水区，许多改革发展稳定举措直接关系群众切身利益。面对新形势新任务，基层党组织要转变工作方式、改进工作作风，把服务作为自觉追求和基本职责，寓领导和管理于服务之中，通过服务贴近群众、团结群众、引导群众、赢得群众。各级党组织要充分认识加强基层服务型党组织建设的重要性紧迫性，以服务型党组织建设引领基层党建工作，使服务成为基层党组织建设的鲜明主题，推动基层党组织在强化服务中更好地发挥领导核心和政治核心作用，使党的执政基础深深植根于人民群众之中。

(2)建设基层服务型党组织，要高举中国特色社会主义伟大旗帜，以邓小平理论、“三个代表”重要思想、科学发展观为指导，以服务群众、做群众工作为主要任务，以改革创新为动力，以群众满意为根本标准，围绕中心、服务大局，分类指导、统筹兼顾，大力推进基层党组织强化服务功能、改进服务作风、提高服务能力、完善服务保障，不断增强创造力凝聚力战斗力，充分发挥基层党组织战斗堡垒作用和党员先锋模范作用，促进全面深化改革，为全面建成小康社会、实现中华民族伟大复兴的中国梦提供坚强组织保证。

(3)建设基层服务型党组织，要坚持服务改革、服务发展、服务民生、服务群众、服务党员。服务改革，就是贯彻落实中央关于全面深化改革的重大决策部署，做好宣传引导、统一思想工作，协调处理改革涉及的群众切身利益问题，组织动员广大党员和群众理解改革、支持改革、参与改革，为推进改革贡献力量。服务发展，就是深入贯彻落实科学发展观，凝聚发展力量，营造发展环境，提供发展动力，促进经济持续健康发展。服务民生，就是贯彻落实党的惠民利民政策，为谋民生之利、解民生之忧创造条件，为解决群众上学、看病、就业、养老、住房等实际困难提供服务，推动基层社会治理创新，主动化解社会矛盾，促进社会和谐稳定。服务群众，就是自觉践行党的根本宗旨和群众路线，既认真倾听群众意见，维护群众利益，按照群众的需求和意愿提供服务，又充分运用民主协商、耐心说服和典型示范等方法教育引导群众，团结带领群众共同创造幸福美好生活。服务党员，就是尊重党员主体地位，保障党员民主权利，健全党内激励关怀帮扶机制，从思想、工作、生活上关心党员，尤其要帮助老党员、生活困难党员

和流动党员解决实际问题，增强党员的归属感、光荣感、责任感，激发党员服务群众内在动力。

（4）建设基层服务型党组织，要达到“六有”目标：一是有坚强有力的领导班子，建设服务意识强、服务作风好、服务水平高的党组织领导班子；二是有本领过硬的骨干队伍，培养带头服务、带领服务、带动服务的党员干部队伍；三是有功能实用的服务场所，建设便捷服务、便利活动、便于议事的综合阵地；四是有形式多样的服务载体，创新贴近基层、贴近实际、贴近群众的工作抓手；五是有健全完善的制度机制，形成规范化、常态化、长效化的工作制度；六是有群众满意的服务业绩，取得群众欢迎、群众受益、群众认可的实际成效。经过3至5年努力，使基层党组织服务意识明显增强、服务能力明显提高、服务成效明显提升，各领域涌现出一大批符合“六有”目标的基层服务型党组织。

## 二、基层服务型党组织建设的主要任务

各领域基层党组织要牢牢把握建设基层服务型党组织的总体要求，全面履行党章赋予的职责，自觉按照民主集中制办事，找准开展服务、发挥作用的着力点，不断提升服务水平。

（5）强化服务功能。农村党组织要围绕推动科学发展、带领农民致富、密切联系群众、维护农村稳定搞好服务，引导农民进行合作经营、联户经营，开展逐户走访、包户帮扶，及时办理反馈群众诉求，帮助群众和困难党员解决生产生活、增收致富中的实际问题。国有企业党组织要围绕生产经营和队伍建设搞好服务，保障职工参与管理和监督的民主权利，建立职工诉求办理制度，开展人文关怀和心理疏导，组织党员和职工为企业改革发展建言献策。街道、社区党组织要围绕建设文明和谐社区搞好服务，定期开展民情恳谈，组织在职党员到社区报到、为群众服务，开展群众喜闻乐见的文化活动。机关党组织要围绕服务中心、建设队伍搞好服务，落实党员干部直接联系群众制度，推动机关干部深入基层、服务基层、转变作风。高校党组织要围绕立德树人、促进学生德智体美全面发展搞好服务，把思想教育与解决实际问题结合起来，搭建师生成长发展平台，引导广大师生讲理想跟党走、爱学习爱劳动爱祖国，培养中国特色社会主义事业合格建设者和可靠接班人。事业单位党组织要围绕深化分类改革、促进事业发展搞好服务，做好思想政治工作，激发党员和各类人才创新创造活力，推动公益服务水平不断提升。非公有制企业党组织要围绕促进生产经营、维护各方合法权益搞好服务，在职工群众中发挥政治核心作用，在企业发展中发挥政治引领作用。社会组织党组织要围绕凝聚群众、激发活力、促进发展搞好服务，引领社会组织坚持正确政治方向，发挥提供服务、反映诉求、规范行为的作用。

（6）健全组织体系。适应服务对象、服务内容、服务方式的变化和需求，优化组织设置，扩大组织覆盖。农村在以建制村为主设置党组织的基础上，在农民专业合作社、专业协会、产业链全面建立党组织。城市在依托街道、社区设置党组织的同时，在片区、楼宇和流动党员集中点建立党组织，在社区居民中按照志向相投、兴趣相近、活动相似的不同群体建立党组织。非公有制企业和社会组织等领域，采取单独组建、区域联建、行业统建等方式建立党组织，加快推进党的组织和工作覆盖。探索建立网络党组织，通过QQ群、微博客、微信等开展党的活动，拓宽党建工作网络阵地。推行区域化党建，可以由街道、社区党组织与辖区内单位党组织共同组建区域性党组织，也可以依托居民区、商务区、开发区等组建区域性党组织，合理划分服务网格，组建网格服务团队，做到有群众的地方就有党组织提供服务。

（7）建设骨干队伍。加强基层党组织领导班子特别是书记队伍建设，创新选拔培养机制，采取上级选派、跟踪培养、群众推荐等方式，选拔党性强、能力强、改革意识强、服务意识强的党员担任党组织书记。选派得力党员干部到软

弱涣散基层党组织和贫困村党组织担任书记或第一书记。加强基层党组织书记教育培训和监督管理，引导他们提高为民服务本领，强化廉洁履职意识；分级负责、分类培训，用2至3年时间，把各领域党组织书记轮训一遍。加强党务工作者队伍建设，配强乡镇、街道党务工作力量，充实机关、事业单位专职党务工作者，加大非公有制企业党建工作指导员选派力度，引导他们专心致志做好本职工作、履行服务职责。加强党员队伍建设，做好发展党员和培训工作，注重把党员培养成服务骨干，严格党员日常教育管理，促使他们保持先进性和纯洁性。教育引导基层干部和广大党员增强服务意识，改进工作作风，密切联系群众，主动服务群众，扎扎实实为群众做好事、办实事、解难事。

(8)创新服务载体。围绕群众多样化需求，坚持立足实际、尽力而为，运用多种形式和手段开展服务。依托基层组织活动场所，坚持一室多用，丰富活动载体，推广机关干部下基层、结对帮扶、为民服务全程代理、一站式服务、窗口单位为民服务创先争优等做法，深入开展党员示范岗、党员责任区、党员承诺践诺等活动，为服务群众创造条件、提供动力。推行网络服务，推动基层党建信息化工作平台和网上民生服务平台整合，加快全国党员信息库建设，充分运用共产党员网、农村党员干部现代远程教育网、党员干部手机信息系统等开展服务。

(9)构建服务格局。基层党组织要带动群众组织、自治组织和社会组织开展服务，协调面向基层的公共服务、市场服务和社会服务。深入开展以服务为主题的党建带工建、带团建、带妇建活动，充分发挥群众组织服务作用。建立健全各级党代会代表联系党员服务群众制度，广泛开展以党员为骨干的各类志愿服务，组织各类专业人才和实用人才开展服务，培养群众服务骨干，引导群众参与服务、自我服务、互相服务，形成以党组织为核心、全社会共同参与的服务格局。

## 三、基层服务型党组织建设的方法措施

基层服务型党组织建设面临的情况千差万别，任务十分繁重。要坚持统筹协调，积极探索实践，改进方法措施，有重点、有计划、有步骤地推进工作落实。

(10)精心谋划设计。各地区各行业系统要在深入调研、摸清底数的基础上，统筹考虑基层服务型党组织建设各个方面、各个层次、各个要素，研究谋划本地区本行业系统的基本思路、总体布局和推进步骤，制定实施意见和工作方案。坚持从实际出发，根据各领域基层党组织职能定位、不同特点和工作基础，因地制宜、分类指导，提出切合实际的具体目标和工作措施。坚持统筹谋划，通盘考虑，把基层服务型党组织建设与全面深化改革结合起来，与完成本地区本单位中心任务结合起来，使各项工作衔接紧凑、推进有序。

(11)突破重点难点。针对地区之间、领域之间、机关与基层之间的不同情况，找准需要解决的突出问题，重点解决组织设置是否合理、隶属关系是否顺畅、领导班子是否健全、工作制度是否完善、经费场所保障是否落实，以及基层党组织和党员干部宗旨意识牢不牢、工作作风好不好、服务能力强不强等问题，坚持什么问题突出就着重解决什么问题，什么问题紧迫就抓紧解决什么问题。要在不断解决问题中剖析根源、把握规律，特别对普遍存在、反复出现、长期得不到解决的问题，注重从体制机制、组织领导等方面查找原因、研究解决，以重点难点问题的突破带动整体工作不断提升。

(12)坚持上下联动。整合各级各方面力量和资源，综合协调，以上带下，多方面配合，多措施并举，帮助基层党组织解决困难和问题。各系统各部门给基层安排任务，要按照权随责走、费随事转原则，提供相应的资金和资源，并以基层组织为主渠道落实到位。推行部门包村、企业联村、村居共建，实现城乡基层党组织

优势互补、资源共享。引导区域内不同类型党组织共创共建，实行强村带弱村、中心村辐射周边村，组织基层干部跨区域挂职培训锻炼。加强对革命老区、民族地区、边疆地区、贫困地区基层党组织建设的支持。

(13)强化典型带动。善于发现和培育典型，充分发挥先进典型在建设基层服务型党组织中的引领带动作用。各地区各领域都要挖掘一批叫得响、立得住、群众公认的先进典型，为基层党组织树标杆、作样板。尊重基层首创精神，鼓励基层立足实际积极探索，及时总结经验，加大推广力度，用基层经验推动基层工作。充分运用各类媒体，大力宣传基层服务型党组织建设的好经验好做法，加强对基层党员干部的正面宣传，形成良好舆论导向，积聚推动基层服务型党组织建设的正能量。

(14)跟踪督查考核。加大督促检查和跟踪落实力度，建立基层服务型党组织考核制度，实行分类考核、动态管理。各地区各部门党组织要本着简便易行、务实管用的原则，制定评价体系和考核办法，按照基层自评、群众测评、组织考评的步骤进行考核，加大群众对基层党组织和党员干部服务评价权重。要把考核结果作为对党组织工作业绩评价的重要内容。垂直管理部门党组织对基层单位党组织考核评价，要坚持条块结合，既要听取系统内干部群众意见，又要听取所在地党组织和服务对象意见。

## 四、加强组织领导

加强基层服务型党组织建设是各级党组织的重要责任。要在党委统一领导下，组织部门牵头协调，行业系统具体指导，有关部门密切配合，形成推进基层服务型党组织建设的整体合力，并同学习型党组织创建活动紧密结合起来。

(15)强化领导责任。坚持书记抓、抓书记，建立并落实市、县、乡党委书记基层党建工作述职评议考核制度，把服务型党组织建设作为主要内容，每年组织开展一次专项述职和评议考核，上级党委组织部门要派人参加专项述职。各级机关和各行业系统党委(党组)要建立相应的述职评议考核制度。各级党员领导干部要带头建立基层服务型党组织建设联系点，经常深入基层调查研究、指导工作。

(16)层层分解任务。省(自治区、直辖市)和市(地、州、盟)党委要抓好基层服务型党组织建设的总体规划、资源统筹、宏观指导和督促检查。县(市、区、旗)党委要制定具体实施意见，细化政策措施，搞好组织协调，指导探索创新，破解工作难题。乡镇党委、街道党(工)委要加强自身建设，发挥示范带动作用，抓好村、社区服务型党组织建设。各行业系统党委(党组)要同地方党组织密切配合，帮助基层解决实际困难。

(17)关心支持基层。坚持重心下移、资源下沉，使基层党组织有资源有能力为群众服务。按照有关规定全面落实基层党组织书记、专职党务工作者报酬待遇和基本养老、医疗保险等社会保障待遇，加大从优秀村干部中考录乡镇公务员和乡镇领导干部力度，使他们工作有待遇、干好有发展、退后有保障。建立稳定的经费保障制度，把村、社区党组织工作经费纳入财政预算，支持基层党组织活动场所、服务设施建设和便民利民举措，为基层党组织开展工作、服务群众创造良好条件。

(此《意见》由中共中央办公厅印发，新华社2014年5月28日受权发布)

# 中国共产党发展党员工作细则

## 第一章　总　　则

**第一条**　为了规范发展党员工作，保证新发展的党员质量，保持党的先进性和纯洁性，根据《中国共产党章程》和党内有关规定，制定本细则。

**第二条**　党的基层组织应当把吸收具有马克思主义信仰、共产主义觉悟和中国特色社会主义信念，自觉践行社会主义核心价值观的先进分子入党，作为一项经常性重要工作。

**第三条**　发展党员工作应当贯彻党的基本理论、基本路线、基本纲领、基本经验、基本要求，按照控制总量、优化结构、提高质量、发挥作用的总要求，坚持党章规定的党员标准，始终把政治标准放在首位；坚持慎重发展、均衡发展，有领导、有计划地进行；坚持入党自愿原则和个别吸收原则，成熟一个，发展一个。

禁止突击发展，反对“关门主义”。

## 第二章　入党积极分子的确定和培养教育

**第四条**　党组织应当通过宣传党的政治主张和深入细致的思想政治工作，提高党外群众对党的认识，不断扩大入党积极分子队伍。

**第五条**　年满十八岁的中国工人、农民、军人、知识分子和其他社会阶层的先进分子，承认党的纲领和章程，愿意参加党的一个组织并在其中积极工作、执行党的决议和按期交纳党费的，可以申请加入中国共产党。

**第六条**　入党申请人应当向工作、学习所在单位党组织提出入党申请，没有工作、学习单位或工作、学习单位未建立党组织的，应当向居住地党组织提出入党申请。

流动人员还可以向单位所在地党组织或单位主管部门党组织提出入党申请，也可以向流动党员党组织提出入党申请。

**第七条**　组织收到入党申请书后，应当在一个月内派人同入党申请人谈话，了解基本情况。

**第八条**　在入党申请人中确定入党积极分子，应当采取党员推荐、群团组织推优等方式产生人选，由支部委员会（不设支部委员会的由支部大会，下同）研究决定，并报上级党委备案。

**第九条**　党组织应当指定一至两名正式党员作入党积极分子的培养联系人。培养联系人的主要任务是：

（一）向入党积极分子介绍党的基本知识；

（二）了解入党积极分子的政治觉悟、道德品质、现实表现和家庭情况等，做好培养教育工作，引导入党积极分子端正入党动机；

（三）及时向党支部汇报入党积极分子情况；

（四）向党支部提出能否将入党积极分子列为发展对象的意见。

**第十条**　党组织应当采取吸收入党积极分子听党课、参加党内有关活动，给他们分配一定的社会工作以及集中培训等方法，对入党积极分子进行马克思列宁主义、毛泽东思想和中国特色社会主义理论体系教育，党的路线、方针、政策和党的基本知识教育，党的历史和优良传统、作风教育以及社会主义核心价值观教育，使他们懂得党的性质、纲领、宗旨、组织原则和纪律，懂得党员的义务和权利，帮助他们端正入党动机，确立为共产主义事业奋斗终身的信念。

**第十一条**　党支部每半年对入党积极分子进行一次考察。基层党委每年对入党积极分子队伍状况作一次分析。针对存在的问题,采取改进措施。

**第十二条**　入党积极分子工作、学习所在单位(居住地)发生变动,应当及时报告原单位(居住地)党组织。原单位(居住地)党组织应当及时将培养教育等有关材料转交现单位(居住地)党组织。现单位(居住地)党组织应当对有关材料进行认真审查,并接续做好培养教育工作。培养教育时间可连续计算。

## 第三章　发展对象的确定和考察

**第十三条**　对经过一年以上培养教育和考察、基本具备党员条件的入党积极分子,在听取党小组、培养联系人、党员和群众意见的基础上,支部委员会讨论同意并报上级党委备案后,可列为发展对象。

**第十四条**　发展对象应当有两名正式党员作入党介绍人。入党介绍人一般由培养联系人担任,也可由党组织指定。

受留党察看处分、尚未恢复党员权利的党员,不能作入党介绍人。

**第十五条**　入党介绍人的主要任务是:

(一)向发展对象解释党的纲领、章程,说明党员的条件、义务和权利;

(二)认真了解发展对象的入党动机、政治觉悟、道德品质、工作经历、现实表现等情况,如实向党组织汇报;

(三)指导发展对象填写《中国共产党入党志愿书》,并认真填写自己的意见;

(四)向支部大会负责地介绍发展对象的情况;

(五)发展对象批准为预备党员后,继续对其进行教育帮助。

**第十六条**　党组织必须对发展对象进行政治审查。

政治审查的主要内容是:对党的理论和路线、方针、政策的态度;政治历史和在重大政治斗争中的表现;遵纪守法和遵守社会公德情况;直系亲属和与本人关系密切的主要社会关系的政治情况。

政治审查的基本方法是:同本人谈话、查阅有关档案材料、找有关单位和人员了解情况以及必要的函调或外调。在听取本人介绍和查阅有关材料后,情况清楚的可不函调或外调。对流动人员中的发展对象进行政治审查时,还应当征求其户籍所在地和居住地基层党组织的意见。

政治审查必须严肃认真、实事求是,注重本人的一贯表现。审查情况应当形成结论性材料。

凡是未经政治审查或政治审查不合格的,不能发展入党。

**第十七条**　基层党委或县级党委组织部门应当对发展对象进行短期集中培训。培训时间一般不少于三天(或不少于二十四个学时)。培训时主要学习党章、《关于党内政治生活的若干准则》等文件。中央组织部组织编写的《入党教材》,可以作为学习辅导材料。

未经培训的,除个别特殊情况外,不能发展入党。

## 第四章　预备党员的接收

**第十八条**　接收预备党员应当严格按照党章规定的程序办理。

**第十九条**　支部委员会应当对发展对象进行严格审查,经集体讨论认为合格后,报具有审批权限的基层党委预审。

基层党委对发展对象的条件、培养教育情况等进行审查,根据需要听取执纪执法等相关部门的意见。审查结果以书面形式通知党支部,并向审查合格的发展对象发放《中国共产党入党志愿书》。

发展对象未来三个月内将离开工作、学习单位的,一般不办理接收预备党员的手续。

**第二十条**　经基层党委预审合格的发展对象,由支部委员会提交支部大会讨论。

召开讨论接收预备党员的支部大会,有表决权的到会人数必须超过应到会有表决权人数的半数。

**第二十一条**　支部大会讨论接收预备党员的主要程序是：

（一）发展对象汇报对党的认识、入党动机、本人履历、家庭和主要社会关系情况，以及需向党组织说明的问题；

（二）入党介绍人介绍发展对象有关情况，并对其能否入党表明意见；

（三）支部委员会报告对发展对象的审查情况；

（四）与会党员对发展对象能否入党进行充分讨论，并采取无记名投票方式进行表决。赞成人数超过应到会有表决权的正式党员的半数，才能通过接收预备党员的决议。因故不能到会的有表决权的正式党员，在支部大会召开前正式向党支部提出书面意见的，应当统计在票数内。

支部大会讨论两个以上的发展对象入党时，必须逐个讨论和表决。

**第二十二条**　党支部应当及时将支部大会决议写入《中国共产党入党志愿书》，连同本人入党申请书、政治审查材料、培养教育考察材料等，一并报上级党委审批。

支部大会决议主要包括：发展对象的主要表现；应到会和实际到会有表决权的党员人数；表决结果；通过决议的日期；支部书记签名。

**第二十三条**　预备党员必须由党委（工委，下同）审批。

乡镇（街道）党委所属的基层党委，不能审批预备党员，但应当对支部大会通过接收的预备党员进行审议。

党总支不能审批预备党员，但应当对支部大会通过接收的预备党员进行审议。

除另有规定外，临时党组织不能接收、审批预备党员。

党组不能审批预备党员。

**第二十四条**　党委审批前，应当指派党委委员或组织员同发展对象谈话，作进一步的了解，并帮助发展对象提高对党的认识。谈话人应当将谈话情况和自己对发展对象能否入党的意见，如实填写在《中国共产党入党志愿书》上，并向党委汇报。

**第二十五条**　党委审批预备党员，必须集体讨论和表决。

党委主要审议发展对象是否具备党员条件、入党手续是否完备。发展对象符合党员条件、入党手续完备的，批准其为预备党员。党委审批意见写入《中国共产党入党志愿书》，注明预备期的起止时间，并通知报批的党支部。党支部应当及时通知本人并在党员大会上宣布。对未被批准入党的，应当通知党支部和本人，做好思想工作。

党委会审批两个以上的发展对象入党时，应当逐个审议和表决。

**第二十六条**　党委对党支部上报的接收预备党员的决议，应当在三个月内审批，并报上级党委组织部门备案。如遇特殊情况可适当延长审批时间，但不得超过六个月。

**第二十七条**　在特殊情况下，党的中央和省、自治区、直辖市委员会可以直接接收党员。

**第二十八条**　对在中国特色社会主义事业中为党和人民利益英勇献身，事迹突出，在一定范围内有较大影响，生前一贯表现良好并曾向党组织提出过入党要求的人员，可以追认为党员。

追认党员必须严格掌握，由所在单位党组织讨论决定后，经上级党委审查，报省一级党委批准。

## 第五章　预备党员的教育、考察和转正

**第二十九条**　党组织应当及时将上级党委批准的预备党员编入党支部和党小组，对预备党员继续进行教育和考察。

**第三十条**　预备党员必须面向党旗进行入党宣誓。入党宣誓仪式，一般由基层党委或党支部（党总支）组织进行。

**第三十一条**　党组织应当通过党的组织生活、听取本人汇报、个别谈心、集中培训、实践锻

炼等方式，对预备党员进行教育和考察。

**第三十二条**　预备党员的预备期为一年。预备期从支部大会通过其为预备党员之日算起。

预备党员预备期满，党支部应当及时讨论其能否转为正式党员。认真履行党员义务、具备党员条件的，应当按期转为正式党员；需要继续考察和教育的，可以延长一次预备期，延长时间不能少于半年，最长不超过一年；不履行党员义务、不具备党员条件的，应当取消其预备党员资格。

预备党员违犯党纪，情节较轻，尚可保留预备党员资格的，应当对其进行批评教育或延长预备期；情节较重的，应当取消其预备党员资格。

预备党员转为正式党员、延长预备期或取消预备党员资格，应当经支部大会讨论通过和上级党组织批准。

**第三十三条**　预备党员转正的手续是：本人向党支部提出书面转正申请；党小组提出意见；党支部征求党员和群众的意见；支部委员会审查；支部大会讨论、表决通过；报上级党委审批。

讨论预备党员转正的支部大会，对到会人数、赞成人数等要求与讨论接收预备党员的支部大会相同。

**第三十四条**　党委对党支部上报的预备党员转正的决议，应当在三个月内审批。审批结果应当及时通知党支部。党支部书记应当同本人谈话，并将审批结果在党员大会上宣布。

党员的党龄，从预备期满转为正式党员之日算起。

**第三十五条**　预备期未满的预备党员工作、学习所在单位（居住地）发生变动，应当及时报告原所在党组织。原所在党组织应当及时将对其培养教育和考察的情况，认真负责地介绍给接收预备党员的党组织。

党组织应当对转入的预备党员的入党材料进行严格审查，对无法认定的预备党员，报县级以上党委组织部门批准，不予承认。

**第三十六条**　基层党组织对转入的预备党员，在其预备期满时，如认为有必要，可推迟讨论其转正问题，推迟时间不超过六个月。转为正式党员的，其转正时间自预备期满之日算起。

**第三十七条**　预备党员转正后，党支部应当及时将其《中国共产党入党志愿书》、入党申请书、政治审查材料、转正申请书和培养教育考察材料，交党委存入本人人事档案。无人事档案的，建立党员档案，由所在党委或县级党委组织部门保存。

## 第六章　发展党员工作的领导和纪律

**第三十八条**　各级党委应当把发展党员工作列入重要议事日程，纳入党建工作责任制，作为党建工作述职、评议、考核和党务公开的重要内容。

对发展党员工作情况，市（地、州、盟）、县（市、区、旗）党委每半年检查一次，省、自治区、直辖市党委每年检查一次。检查结果及时上报，并向下通报。

重视从青年工人、农民、知识分子中发展党员，优化党员队伍结构。对具备发展党员条件但长期不做发展党员工作的基层党组织，上级党委应当加强指导和督促检查，必要时对其进行组织整顿。

**第三十九条**　各级党委组织部门每年应当向同级党委和上级党委组织部门报告发展党员工作情况和发展党员工作计划，如实反映带有倾向性的问题和对违反规定发展党员的查处情况。

**第四十条**　县以上党委及其组织部门应当重视对组织员的选拔、配备和培训，充分发挥他们在发展党员工作中的作用。

**第四十一条**　各级党组织对发展党员工作中出现的违纪违规问题和不正之风，应当严肃查处。对不坚持标准、不履行程序、超过审批时限和培养考察失职、审查把关不严的党组织及其负责人、直接责任人应当进行批评教育，情节严重的给予纪律处分。典型案例应当及时通报,对违反规定吸收入党的,一律不予承认,并在支部大会上公布。

对采取弄虚作假或其他手段把不符合党员条件的人发展为党员,或为非党员出具党员身份证明的,应当依纪依法严肃处理。

**第四十二条**　《中国共产党入党志愿书》的式样由中央组织部负责制定,省级党委组织部门按照式样统一印制,并严格管理。

## 第七章　附　　则

**第四十三条**　本细则由中央组织部负责解释。

**第四十四条**　本细则自发布之日起施行。《中国共产党发展党员工作细则(试行)》(中组发〔1990〕3号)同时废止。

(此《细则》由中共中央办公厅印发,新华社2014年6月10日发布)

# 2014—2018年全国党员教育培训工作规划

为深入贯彻落实党的十八大和十八届三中全会精神，切实提高党员教育培训工作科学化水平，培养造就高素质党员队伍，根据《中国共产党章程》和党内有关规定，制定本规划。

## 一、总体要求

### （一）指导思想

高举中国特色社会主义伟大旗帜，以马克思列宁主义、毛泽东思想、邓小平理论、“三个代表”重要思想、科学发展观为指导，认真学习贯彻习近平总书记系列重要讲话精神，牢牢把握加强党的执政能力建设、先进性和纯洁性建设这条主线，适应建设学习型、服务型、创新型马克思主义执政党的要求，围绕全面深化改革、促进科学发展，以增强党性、提高素质为重点，继续大规模开展党员教育培训，全面提高党员队伍素质能力，推动广大党员发挥先锋模范作用，为全面建成小康社会、不断夺取中国特色社会主义新胜利、实现中华民族伟大复兴的中国梦提供坚强保证。

### （二）基本原则

1. 坚持围绕中心、服务大局。紧紧围绕党和国家工作大局谋划推进党员教育培训工作，把增强党性作为第一任务，将理想信念教育和能力建设贯穿始终，坚持党和国家事业发展需要什么就培训什么，进一步增强广大党员贯彻落实中央决策部署的自觉性和责任感。

2. 坚持服务党员、按需施教。在教育中体现服务，在服务中加强教育，坚持集中培训与经常性教育并重，突出重点，分类施教，全员培训，让党员作评价，从基层看效果。

3. 坚持联系实际、学以致用。大力弘扬理论联系实际的马克思主义学风，坚持问题导向，提高党员解决实际问题、做好本职工作的能力，做到学与用、知与行、说与做相统一。

4. 坚持基层为主、上下联动。尊重基层首创精神，充分发挥基层党组织在党员教育培训中的主体作用，加强统筹，整合资源，重心下移，推动优质培训资源向基层倾斜。

5. 坚持继承创新、注重实效。及时总结推广党员教育培训工作的成功经验，适应新形势新任务，创新工作理念、内容、形式、方法，切实增强针对性和实效性。

## 二、目标任务

从2014年开始，用5年时间，在深入开展党的群众路线教育实践活动、切实加强经常性教育的基础上，对广大基层党员普遍进行教育培训，使广大党员理想信念进一步坚定，党性观念进一步增强，改革意识进一步强化，优良作风进一步发扬，履职服务能力进一步提高，先锋模范作用进一步发挥，不断增强党的生机活力。

### （一）坚持以理想信念为重点，开展主题教育培训

1. 加强中国特色社会主义理论体系和中国梦教育培训。始终把中国特色社会主义理论体系教育放在首位，在加强马克思列宁主义、毛泽东思想教育培训的同时，深入开展邓小平理论、“三个代表”重要思想、科学发展观教育培训，深入开展习近平总书记系列重要讲话精神教育培训，深入开展中国梦教育，引导党员坚定理想信念，增强中国特色社会主义道路自信、理论自信、制度自信。加强社会主义核心价值观和共产主义道德、中华民族优秀传统文化和传统美德教育，倡导富强、民主、文明、和谐，倡导自由、平等、公正、法治，倡导爱国、敬业、诚信、友善，引导党员在工作和生活中带头践行社会主义核心价值观，坚守共产党人精神追求。

2.加强党章和党性党风党纪教育培训。把党章作为加强党性修养的根本标准和必修课，深入开展党章和党的基本知识、党史国史、党的优良传统和作风教育，引导党员坚持党的基本理论、基本路线、基本纲领、基本经验、基本要求。加强党的宗旨和党的群众路线教育，引导党员牢记全心全意为人民服务的根本宗旨，密切同人民群众的血肉联系，提高做好新形势下群众工作的能力，反对形式主义、官僚主义、享乐主义和奢靡之风，始终坚持艰苦奋斗、勤俭节约，切实做到为民务实清廉。加强党的纪律和党员廉洁自律教育，严格党内政治生活，引导党员自觉遵守党的纪律特别是政治纪律和组织纪律，维护党的团结统一，带头遵守工作和生活纪律，自觉参加党的组织生活，增强组织纪律性。

3.加强党的路线方针政策和形势任务教育培训。围绕中央重大决策部署、重要会议、重大活动，及时开展形势政策教育，深入解读国家重大方针政策，针对社会普遍关注的热点难点问题解疑释惑、传递正能量，引导党员把思想和行动统一到中央精神上来，立足本职岗位作贡献。围绕完善和发展中国特色社会主义制度，推进国家治理体系和治理能力现代化，加强全面深化改革教育培训，引导党员深刻领会全面深化改革的重大意义，增强改革的责任感，正确对待利益格局调整，积极支持改革，自觉投身改革。

4.加强业务知识和职业技能教育培训。按照中国特色社会主义五位一体总布局，结合党员履行岗位职责的需要，有针对性地开展经济、政治、文化、社会、生态文明和哲学、历史、科技、法律等方面知识特别是新知识新技能的培训，帮助党员学业务、学技能，优化知识结构，提升综合素质和履职能力。

**（二）针对不同领域特点，开展分类教育培训**

根据不同领域基层党组织担负任务和党员特点，有针对性地开展分类教育培训。对农村党员，重点围绕发展现代农业、带领群众致富、壮大集体经济、建设美丽乡村、维护农村稳定开展培训；对街道社区党员，重点围绕联系服务群众、化解社区矛盾、建设文明和谐社区开展培训；对党政机关党员，重点围绕服务中心、服务改革、服务基层、改进作风、提高思想政治素质、增强廉洁从政意识和履职尽责能力开展培训；对国有企业党员，重点围绕遵循市场经济规律、深化企业改革、规范经营决策、资产保值增值、公平参与竞争、提高企业效益、增强企业活力、承担社会责任开展培训；对事业单位党员，重点围绕深化改革、增强活力、提高绩效、促进发展、强化公共服务开展培训；对学校党员，重点围绕立德树人、教书育人、促进学生德智体美全面发展开展教师党员培训，重点围绕坚定理想信念、加强党性修养、争做中国特色社会主义的合格建设者和可靠接班人开展学生党员培训；对非公有制经济组织党员，重点围绕依法生产经营、维护各方合法权益、促进企业健康发展开展培训，特别要加强对党员出资人的教育，围绕遵守党规党纪、执行党的决议、自觉履行党员义务、服从党组织的教育管理和监督开展培训；对社会组织党员，重点围绕坚持正确政治方向、增强社会责任、服务社会、团结凝聚群众开展培训。

**（三）围绕深化党的建设制度改革，健全教育培训工作体系**

经过5年努力，初步构建与中国特色社会主义事业相适应，与基层服务型党组织建设相符合，系统完备、科学规范、开放有序、务实高效的党员教育培训工作体系。形成党委统一领导、组织部门牵头抓总、有关部门各负其责、基层党组织为主实施的管理体制；形成理论武装、党性修养、道德教育、知识普及、能力培养和技能训练相结合的内容体系；形成集中培训与经常性教育、组织调训与个人选学、实体培训与网络培训相结合的培训模式；形成党员教育培训基地、教材、师资、经费等资源合理配置、服务基层的保障机制；形成指导与服务、激励与约束相结合，职责明确、健全规范的制度体系。

## 三、重点工作

**（一）基层党组织书记培训。**着眼于建设一支服务意识强、服务作风好、服务水平高的基层服务型党组织带头人队伍，根据中央重大决策部署和各地区各部门各单位实际，确定培训主题，定期开展基层党组织书记集中轮训，提高服务大局、推动科学发展能力，服务群众、凝聚人心能力，协调关系、维护社会和谐稳定能力。基层党组织换届后，要对新任基层党组织书记进行任职培训。基层党组织书记的集中轮训和任职培训，按照党组织隶属关系，由上级党委（工委）组织部门负责组织实施。

**（二）农村党员远程教育培训。**着眼于增强党性修养，提高带头致富、带领群众共同致富能力，促进农村改革发展稳定，在集中教育活动和党员日常教育中，依托党员干部现代远程教育等信息化平台，开展理想信念、政策法规、科学文化知识、农村实用技术、致富技能等培训。具体培训工作由党员所在党组织负责组织实施。

**（三）非公有制经济组织和社会组织党员培训。**着眼于把党员培养成生产经营和工作业务骨干，把党员出资人和负责人培养成党建工作骨干，发挥先锋模范作用，采取集体学习、实体培训、网络培训等方式，开展岗位成长培训，强化职业道德，提升素质能力，促进技能进步，立足本职岗位当能手、作贡献。具体培训工作，按照党组织隶属关系，由党员所在党组织或上级党组织负责组织实施。

**（四）新党员培训。**着眼于从思想上入党、增强党员意识、发挥先锋模范作用，通过集中学习、党课教育、主题活动等方式，在党员入党后一年内组织一次集中培训。具体培训工作，按照党组织隶属关系，由上一级党组织负责组织实施。

**（五）流动党员培训。**着眼于增强党员意识、发挥先锋模范作用，采取集体学习、实体培训、网络培训等方式，开展党的基本知识、政策法规、生产经营技能、业务能力培训。按照“一方隶属、多重管理”模式，实行流入地为主、流出地配合的联动培训方式，由流入地党组织负责流动党员的日常培训，由流出地党组织负责流动党员跟踪培训和返乡后的培训。

**（六）边疆民族地区基层党员教育培训。**着眼于安疆固边、兴业富民，坚持不懈开展马克思主义祖国观、民族观、宗教观、文化观和唯物论、无神论教育，加强法律法规、民族宗教政策和“双语”培训，引导党员增强党性观念、国家观念、法治观念，做推动发展、反对分裂、维护稳定、促进和谐的带头人。具体培训工作，由边疆民族地区各级党组织负责组织实施。

**（七）党员创业就业技能培训。**把党员创业就业技能培训纳入农村实用人才培训工程、绿色证书培训工程、农村劳动力培训阳光工程、成人继续教育和再就业培训工程、雨露计划等。各级组织部门要与农业、科技、民政、人力资源社会保障、扶贫开发等部门密切配合，重点抓好农村党员、农民工党员的实用技术培训和下岗失业职工党员、退役军人党员的创业就业技能培训，使他们掌握1门以上技术技能，切实提高创业就业本领。

## 四、主要措施

### （一）改进方式方法，增强党员教育培训的针对性实效性

采取集中教育、脱产培训、集体学习、网络培训、自主选学、个人自学等方式，运用专题辅导、报告会、案例分析、现场观摩、现身说法、交流研讨、结对帮学等方法开展教育培训，增强教育培训的吸引力感染力。

加强示范带动。中央组织部会同有关部门，每年分领域、分专题举办党员教育培训示范班。省（自治区、直辖市）党委组织部、中央和国家机关承担党员教育工作的部门要根据本规划，结合各自实际，研究确定重点项目、对象和专题，举办示范培训班，指导和推动面上培训工作开展。

开展主题党日教育培训。各级党组织要根据中央要求和各自实际，确定特色鲜明的党日主题，组织党员开展学习培训和实践活动。党员领导干部要带头参加主题党日教育培训。

加强典型教育。各级党组织要采用巡回报告、在线互动、观看电视片等方式，组织党员学习重大先进典型和身边先进典型，发挥先进典型的示范引领作用。建立全国基层党组织和共产党员先进典型库。同时，运用违纪违法的反面典型教育警示党员。

推广党员领导干部讲党课。各级组织部门要组织党员领导干部和基层党组织负责同志定期为党员讲党课，围绕党员普遍关注的热点、难点、疑点问题解疑释惑。推广一些地方党委书记利用远程教育等网络平台为基层党员讲党课的做法。

开设“流动课堂”。各级党组织要组织党校教师、讲师团成员、先进典型代表、专家学者、科技人员，深入农村、社区、机关、企业、学校流动办学、送教上门，做到哪里有党员，哪里就有教育培训课堂。

**（二）创新载体手段，提高党员教育培训现代化水平**

加快全国党员干部现代远程教育优化升级，充分发挥远程教育的功能和作用，运用远程教育平台开展教育培训。实施中央和地方播出平台改版，做好基层站点设备更新换代。健全远程教育专题教材制播一体化工作机制，实现远程教育由单一教育平台向综合服务平台转变，促进共建共享，提高学用水平。

充分利用报刊、电视、手机、互联网等大众传媒开展教育培训。办好用活共产党员网、共产党员电视栏目、共产党员手机报，大力推进在线学习培训，建设全国党员教育网站联盟。发挥“12371”全国基层党建工作手机信息系统和全国党员咨询服务电话作用。各级党组织要办好党员教育培训网站，建立“网上党校”、“网络课堂”，拓展党员电化教育服务功能，开设党建电视频道或党员教育电视栏目，定期发送党员教育手机报或手机短信。积极推动在党报、党刊、电台等媒体开设党员教育培训专栏，实现全媒体覆盖。

基层党组织要组织党员上网学习、在线培训，鼓励党员参与网上论坛、QQ 群、博客、播客、微博、微信等互动交流，因地制宜推动党员教育进村入户，不断探索基层党员喜闻乐见、简便实用的教育培训新手段。

**（三）开发整合资源，为党员教育培训提供有力保障**

整合利用党员教育培训阵地。充分发挥各级党校在党员教育培训中的主渠道、主阵地作用，基层党校要把党员教育培训作为主要任务。充分发挥农村和社区组织活动场所、党员服务中心、文化服务中心、远程教育和电化教育站点等阵地作用。充分利用各类院校、培训机构和科技示范基地、爱国主义教育基地、警示教育基地、廉政教育示范基地等开展教育培训。各级党组织要结合实际确定一批功能各异、特色鲜明、实用管用的党员教育培训示范基地。

加强党员教育培训教材建设。中央组织部要会同有关部门，组织编写以学习贯彻党的十八大、十八届二中、三中全会等中央重要会议精神和习近平总书记系列重要讲话精神为主要内容的全国党员教育培训通用教材，组织摄制重大题材专题教育电视片和基层党组织书记工作案例等系列电视片，定期开展全国党员教育教材展示观摩交流活动。地方各级党委要编写制作符合实际、简明通俗、好学管用的地方特色教材。统筹做好少数民族语言教材的制作和译制工作。基层党组织要积极为党员推荐学习书目，提供学习材料，开展读书活动。

优化党员教育培训师资。各级组织部门和培训机构要建立开放式党员教育培训师资库，选聘党校干校和大中专院校教师、领导干部、基层党组织书记、先进模范人物、科技人员、技术骨干、优秀实用人才带头人等担任专兼职教师，注意发挥老党员、老干部、老教师、老专家、老模范作用。鼓励建立党员教育培训志愿者讲师队伍。建立师资遴选和动态管理制度，实现优质师资资源共享。

推动优质培训资源直达基层。各级党政机关和培训机构要带头以各种形式送教下基层。按照中央关于对口支援的统一安排，有关部门和省（直辖市）要积极支持革命老区、民族地区、边疆地区、贫困地区做好党员教育培训工作，重点在师资队伍、培训基地、网络站点建设和骨干人员培训上予以支持。国有重要骨干企业和高等学校要发挥优势，采取派教师到基层办班授课和请基层党员进企业进学校培训等方式，与欠发达市县开展结对帮扶培训。

**（四）加强制度建设，推进党员教育培训工作科学化**

研究制定党员教育工作条例及配套规定，为做好党员教育培训工作提供基本遵循。

建立健全党员教育培训基本制度。坚持和完善"三会一课"、党员党性定期分析、民主评议党员等制度。健全集中轮训制度，各级党委（党组）要根据中央重大决策部署和本地区本部门中心工作，每年就党员集中轮训工作作出安排，分类别、分专题组织实施。普遍推行农村党员春训、冬训。

建立党员教育培训学时制度。党员每年集中学习培训时间，根据实际情况确定，一般不少于32学时。基层党组织书记和班子成员每年集中学习培训时间不少于56学时，至少参加1次集中培训。

建立党员教育培训考核评估机制。完善述学、考学、评学制度，推行培训考勤、学时登记。加强党员教育培训工作考核结果运用，将考评结果作为党组织和党员评先评优的重要依据。

**（五）加强学风建设，营造勤奋好学、求真务实的良好风气**

各级党组织和培训机构要认真落实中央关于加强学风建设的要求，坚持从严治教、从严治学，厉行节约、勤俭办班，严格执行规章制度，加强对教育培训的管理，联系实际开展教育培训。授课人员要严守政治纪律，联系实际教学，善于解答党员思想、工作和生活中遇到的问题，做到有的放矢。党员要自觉接受教育培训，增强自主学习的意识和能力，端正学习态度，严守培训纪律，联系实际学、带着问题学，做到真学真懂真信真用。

## 五、组织领导

各级党委（党组）要高度重视党员教育培训工作，将其列入重要议事日程，纳入党建工作责任制，作为党建工作述职、评议、考核的重要内容，一级抓一级、层层抓落实。健全中央和地方各级党委党员教育培训联席会议制度，在党委统一领导下，由组织部门牵头，宣传部门、党校等为成员单位，负责党员教育培训工作的安排部署、指导协调、督促检查，联席会议每年至少召开一次。基层党组织要履行具体组织实施党员教育培训的职责，落实各项教育培训任务。

各级组织部门和纪检机关、宣传部门、党校要健全党员教育培训职能机构，落实工作人员，配强工作力量。发挥地方党委组织员机构和基层党委专兼职组织员在党员教育培训工作中的作用。加强调查研究，推进党员教育培训理论创新。加强党员教育工作者培训，不断提高理论政策水平和业务能力。

建立稳定的党员教育培训经费保障机制。各级党委留存的党费主要用于党员教育培训。党员教育培训经费要列入各级财政预算；机关、事业单位党员教育培训经费要列入本单位年度经费预算；国有企业党员教育培训经费要纳入企业预算。通过税前列支、党费拨返、党员自愿捐助等途径，多渠道解决非公有制经济组织和社会组织党组织的党员教育培训经费。要加大对革命老区、民族地区、边疆地区、贫困地区党员教育培训工作的支持力度。

各级组织部门要切实加强对党员教育培训工作的督促检查。2016年对各地区各部门实施本规划情况进行中期检查评估，2018年底对本规划落实情况进行全面考评。各级党组织每年要向上级党组织报告党员教育培训工作情况。

本规划主要对基层党员和基层党组织负责人的教育培训作出总体安排。纳入各级党委干部教育培训范围的党员领导干部，除认真执行干部教育培训的有关规定外，还应带头参加所在单位的党员教育培训，做刻苦学习、学以致用的模范。

各地区各部门要根据本规划，结合实际制定贯彻落实的具体意见和年度计划。

中国人民解放军和中国人民武装警察部队的党员教育培训工作，由总政治部根据本规划精神制定实施意见。

（此《规划》由中共中央办公厅印发，新华社2014年7月2日受权发布）

# 关于在干部教育培训中加强理想信念和道德品行教育的通知

为贯彻落实习近平总书记系列重要讲话特别是在参加兰考县委常委班子专题民主生活会时的重要讲话精神，引导和帮助干部进一步坚定理想信念和提升道德素质，现就在干部教育培训中加强理想信念和道德品行教育工作通知如下。

## 一、充分认识加强理想信念和道德品行教育的重大意义

党的干部是党的事业的骨干，是共产主义远大理想和中国特色社会主义共同理想的坚定信仰者，是社会主义道德的示范引领者。干部的理想信念和道德品行状况关系党在人民心目中的形象，关系党的创造力、凝聚力和战斗力，关系党和国家事业的兴衰成败。当前大多数干部理想信念是坚定的，道德品行是好的。同时也要看到，在干部队伍中，理想信念缺失、道德品行不佳是一个需要引起高度重视的问题。一些干部对共产主义心存怀疑，对社会主义前途命运信心不足，甚至向往西方社会制度和价值观念；有的干部不信马列信鬼神，从封建迷信中寻找精神寄托，热衷于算命看相、烧香拜佛，遇事“问计于神”；有的干部在涉及党的领导和中国特色社会主义道路等原则性问题的政治挑衅面前态度暧昧、消极躲避、不敢亮剑；有的干部信奉金钱至上、名利至上、享乐至上，情趣低俗，玩物丧志，沉湎花天酒地，纵情声色犬马，心里没有任何敬畏，行为没有任何底线。还必须看到，随着国内外环境深刻变化，经济社会深刻变革，干部在理想信念上遇到的纷扰是多重的，在道德品行上面临的考验是严峻的。必须充分认识加强干部队伍思想道德建设的重要性、紧迫性和长期性，采取切实有效措施，在干部教育培训中把理想信念和道德品行教育摆在更加突出的位置，切实引导和帮助干部进一步坚定共产主义理想，增强中国特色社会主义道路自信、理论自信、制度自信，模范践行社会主义核心价值观，讲党性、重品行、作表率，以实际行动彰显共产党人的人格力量，始终坚守共产党人的精神家园。

## 二、准确把握理想信念和道德品行教育的主要内容

开展理想信念教育，关键是要引导干部把理想信念建立在对科学理论的理性认同上、对历史规律的正确认识上、对基本国情的准确把握上。要深入开展马克思列宁主义、毛泽东思想、邓小平理论、“三个代表”重要思想、科学发展观的教育，尤其要深入学习领会习近平总书记系列重要讲话精神，使干部真正领会贯穿其中的马克思主义立场观点方法，坚定对马克思主义的信仰，防止在西方宪政民主、“普世价值”、“公民社会”等言论的鼓噪下迷失方向，防止在封建迷信和宗教的影响下失去自我。深入开展党史国史、社会主义发展史和世界历史的学习，帮助干部了解党和国家事业发展的来龙去脉，深刻认识共产党执政规律、社会主义建设规律、人类社会发展规律，坚定共产主义必胜的信念。深入开展国情世情教育，引导干部在不同社会制度、不同发展道路的比较中鉴别优劣、看清趋势，深化对中国特色社会主义的政治认同、思想认同和感情认同。

开展道德品行教育，关键是要引导干部明大德、守公德，成为一个高尚的人、一个纯粹的

人、一个有道德的人、一个脱离了低级趣味的人、一个有益于人民的人。要深入开展政治品质教育，组织干部认真学习党章，加强党的群众路线和“三严三实”教育，开展政治纪律和反腐倡廉教育，引导干部对党和人民忠诚老实、言行一致，对上对下讲真话，面对大是大非能够挺身而出，面对歪风邪气敢于进行斗争。深入开展社会主义核心价值观教育，特别是要抓好社会公德、职业道德、家庭美德、个人品德教育，引导干部追求高尚情操，维护公平正义，忠实履行职责，坚守道德底线，远离低级趣味。深入开展中华优秀传统文化教育，深入阐发讲仁爱、重民本、守诚信、崇正义、尚和合、求大同的时代价值，引导干部继承和弘扬传统美德，捍卫国家和民族的精神独立性，防止成为西方道德价值的“应声虫”。要按照《党政机关厉行节约反对浪费条例》有关规定，把厉行节约反对浪费作为重要内容，教育引导干部严格要求自己，反对铺张浪费、奢华攀比。

## 三、认真做好理想信念和道德品行教育的教学安排

党校、行政学院、干部学院要充分发挥主渠道、主阵地作用，在各类主体班次中都要把理想信念和道德品行教育作为必修内容，定期开展需求调研，作出具体教学安排。以理论武装和党性教育为主要内容的专题班次，要紧紧围绕党员干部在理想信念和道德品行方面存在的突出问题，有针对性地设置理论武装、党性锻炼、现场体验等教学模块，帮助党员干部夯实理想信念和道德品行的思想理论基础。以提高能力为主要任务的班次，要有机融入理想信念和道德品行教育的相关内容，把坚定理想信念、加强道德修养与提高履职能力有机结合起来，既帮助党员干部增强领导改革开放和社会主义现代化建设的本领，又帮助党员干部牢固树立正确的世界观、人生观、价值观和权力观、事业观、政绩观。国家级干部教育培训机构要会同有关部门开设道德品行教育专题班次，为其他干部教育培训机构作出示范，把道德品行教育引向深入。

各级党校、行政学院、干部学院主体班次都要建立学员党支部，有针对性地开展支部活动，严格党内生活，强化教育管理。学制1个月以上的主体班次，都要进行党性分析并撰写报告。要认真做好动员、组织、评议、总结等各个环节的工作，确保党性分析不走过场。学员在撰写党性分析材料时，要针对个人的理想信念和道德品行作出专门剖析，敞开思想、触及灵魂、深挖根源，明确改进方向和整改措施。

部门行业干部教育培训机构和干部教育培训高校基地要参照上述做法，在开设的各类班次中对理想信念和道德品行教育作出相应安排。网络培训要重视开发理想信念和道德品行教育的相关课件，作为公开课供有关培训机构和党员干部学习使用。

## 四、切实增强理想信念和道德品行教育的实际效果

坚持务实管用原则，灵活运用课堂讲授、现场教学、典型示范教育、研讨交流、音像教学等方式方法，把强有力的灌输教育与潜移默化的情感传输、春风化雨般的悉心引导结合起来，增强理想信念和道德品行教育的说服力感染力。坚持理论与实践、历史与现实、国际与国内相结合，运用历史的、辩证的方法，讲透马克思主义真理的科学性，引导广大干部在与众多社会思潮的比较中坚持中国特色社会主义不动摇，既不走封闭僵化的老路，也不走改旗易帜的邪路。突出问题导向，紧紧围绕改革发展稳定面临的难点问题，广大干部群众关注的热点问题，党员干部思想和作风方面存在的苗头性、倾向性、潜在性问题，组织学员深入开展讨论，研机析理，真正把问题弄清弄透，引导干部廓清思想迷雾，增强政治定力、价值判断力和道德责任感。发挥先进典型的道德示范作用，坚持用焦裕禄、杨善洲等先进人物的事迹教育干部，请道德模范现身说法，激发干部“见贤思齐”的内生动力。

加强警示教育，通过深刻剖析反面典型违纪违法的道德根源，引导干部"见不贤而内自省"，防微杜渐，筑牢思想道德防线。充分利用现代信息技术手段和各种传媒渠道，不断扩大干部理想信念和道德品行教育的覆盖面。

## 五、不断加强理想信念和道德品行教育的能力建设

坚持教育者先受教育，采取有力措施全面加强干部教育培训机构教学、科研和管理人员的理想信念和道德品行教育。党校、行政学院和干部学院要重视理想信念和道德品行教育专职教师的培养。实施"骨干教师培训计划"要侧重培养理想信念和道德品行教育方面的骨干师资，国家级干部教育培训机构每年至少为地方培训500名骨干师资。加强师资库建设，大力选聘自身素质高、授课效果好的领导干部、专家学者、道德楷模，充实师资力量。积极开发利用革命历史、党风廉政、中华传统美德等现场教学基地，为理想信念和道德品行教育提供鲜活生动的课堂。不断更新完善理想信念和道德品行教育的内容和事例，着力打造一批精品课程。积极开发培训教材（包括音像教材），特别是思想性强、时代感强、说服力强的案例教材。加强对理想信念和道德品行教育的理论研究，深化规律性认识，不断提升教育培训质量。

## 六、建立健全理想信念和道德品行教育的长效机制

坚持把理想信念和道德品行教育作为一项重要政治任务常抓不懈。各级组织人事部门要把相关内容纳入干部教育培训规划和年度工作计划，加强工作指导和督促检查，并与干部德的考核结合起来，实现理想信念和道德品行教育的制度化常态化科学化。各级干部教育培训机构要进一步加强学风建设，坚持从严治校、从严治教、从严治学，坚持勤俭办校，要求教师以德施教，用良好校风教风熏陶学员；要严格学员管理，配合组织人事部门加强学员培训期间的考核，使教育培训的过程成为干部坚定理想信念、提升道德品行的过程。

中央组织部将会同有关部门定期开展督查，指导各地区各部门把理想信念和道德品行教育任务落到实处。

*（此《通知》由中共中央组织部印发，新华网2014年7月20日发布）*

# 关于广泛开展向全国优秀共产党员龚全珍、杭兰英、刘伦堂同志学习活动的通知

新时期以来，特别是在党的群众路线教育实践活动中，各地不断涌现为民务实清廉的好党员、好干部，龚全珍、杭兰英、刘伦堂同志是其中的优秀代表，他们忠实践行党的群众路线，是共产党人的楷模。

龚全珍，女，汉族，山东烟台人，1923 年 12 月出生，1949 年 7 月参加工作，1949 年 11 月入党，系开国少将甘祖昌将军夫人，曾任江西省莲花县坊楼镇南陂小学校长，1972 年 7 月离休。她秉持“党员的崇高信仰永远不能丢”，毕生致力于老区教育事业，在乡村教师岗位上辛勤耕耘，条件再艰苦也甘之如饴。她离休 40 年，离职不离岗，坚持走到基层、走进群众，作革命传统教育报告 1000 多场；耄耋之年建立“龚全珍工作室”开展红色教育，以自己的言传身教弘扬党的优良传统。她对生活困难群众总是倾力帮助，尽管自己生活不宽裕，仍坚持每月拿出 500 元为社区购买书籍，每周到福利院抚恤孤老，经常资助贫困学生，近 10 年来捐资助学、扶贫济困的金额累计 10 余万元。她身为将军夫人，却从不认为自己身份特殊，始终保持一颗平常之心，多次婉拒组织上给予的照顾，一直过着简朴的生活。

杭兰英，女，汉族，浙江绍兴人，1949 年 11 月出生，1984 年 11 月入党，现任浙江省绍兴市上虞区崧厦镇祝温村党总支书记。她在村党组织书记岗位上 28 年如一日，燕子垒窝般创业兴村，拢起人心办大事，啃下许多“硬骨头”。她甘愿贴钱当书记，自己捐款 46 万元，多方筹资累计投入 1780 万元，兴办民生工程 50 余项，整治河道 3200 米，改造建设标准农田 1300 亩，硬化道路 4 万多平方米，使村容村貌发生翻天覆地的变化。她把群众的急事难事当作自己的家事，村民遭遇困难时，总是第一时间伸出援手，先后资助 131 人次，并在村里建起 58 万元的“关爱基金”，帮扶困难群众。她坚持“口袋鼓了，脑袋不能空”的理念，在村里建起文化阵地、开办文明课堂，开展“十佳”好少年、好婆婆、好儿媳等评选活动，潜移默化提升村民文明素养。她清廉节俭，干干净净干事，村里的钱一分掰成两半花，给群众交出一本明白账。

刘伦堂，男，汉族，湖北黄石人，1940 年 8 月出生，1986 年 7 月入党，生前系湖北省黄石市下陆区老鹳庙社区党总支书记。2014 年 6 月 25 日，因病医治无效去世。他公而忘私、敢于担当、勇为人先，1989 年放弃乡镇企业公司经理的职位，回到贫困落后的老鹳庙村担任党支部书记，带领村民发展经济、增收致富，截至 2013 年底，老鹳庙村实现工业总产值 2.3 亿元，年集体经济收入达 100 万元。他心里装满群众的烦心事，筹措资金 600 多万元，改造村道路 7 公里，建起 1200 平方米的党员群众服务中心，一门心思为乡亲们解难事、办实事，直到生命最后一刻。他去世后，留下了 20 多本工作日记，里面记满了群众的柴米油盐、大事小情。

近日，中央组织部决定，授予龚全珍、杭兰英同志和追授刘伦堂同志“全国优秀共产党员”称号。为进一步学习先进典型，弘扬新风正气，引导广大党员、干部自觉践行党的群众路线，带头践行社会主义核心价值观，在推动改革发展中充分发挥先锋模范作用和骨干带头作用，中央党的群众路线教育实践活动领导小组、中央组织部、中央宣传部决定，广泛开展向全国优秀共产党员龚全珍、杭兰英、刘伦堂同志学习

活动。

全国各条战线的党员、干部都要向龚全珍、杭兰英、刘伦堂同志学习。学习他们信念坚定、对党忠诚的政治品格，始终挺起崇高的精神脊梁，坚定不移沿着中国特色社会主义道路奋勇前进；学习他们践行宗旨、热爱人民的公仆情怀，矢志不渝为人民利益而奋斗；学习他们埋头苦干、求真务实的工作作风，始终实心谋事、实干创业、实在做人；学习他们敢于担当、攻坚克难的奋斗精神，始终保持奋发进取、开拓创新的昂扬锐气；学习他们清正廉洁、一心为公的道德情操，严以修身、严以律己、严以用权，永葆共产党人清廉本色。广大党员、干部要以先锋模范为镜，向先进典型看齐，深学、细照、笃行，讲党性、重品行、作表率，努力创造无愧于时代、历史、人民的业绩。

当前，第二批党的群众路线教育实践活动已进入整改落实、建章立制的关键阶段，人民群众热切期盼教育实践活动出真功、见实效。各级党组织要把学习宣传龚全珍、杭兰英、刘伦堂同志先进事迹作为开展第二批教育实践活动的重要内容，组织广大党员、干部认真学习他们的崇高精神，强化马克思主义群众观点，贯彻党的群众路线，改进工作作风，下大气力解决人民群众反映强烈的形式主义、官僚主义、享乐主义和奢靡之风问题，密切党同人民群众的血肉联系。

各地区各部门各单位要高度重视、精心组织开展向龚全珍、杭兰英、刘伦堂同志学习活动，通过中心组学习、组织生活会、座谈交流、专题讨论等多种方式开展学习教育，推动思想认识进一步提高、作风进一步转变、党群干群关系进一步密切、为民务实清廉形象进一步树立、基层基础进一步夯实，引导广大党员、干部更加紧密团结在以习近平同志为总书记的党中央周围，积极投身中国特色社会主义伟大事业，为实现中华民族伟大复兴的中国梦而努力奋斗。

（此《通知》由中央党的群众路线教育实践活动领导小组、中央组织部、中央宣传部印发，新华网 2014 年 9 月 26 日发布）

# 关于坚持和完善普通高等学校党委领导下的校长负责制的实施意见

党委领导下的校长负责制是中国共产党对国家举办的普通高等学校(以下简称“高等学校”)领导的根本制度,是高等学校坚持社会主义办学方向的重要保证,必须毫不动摇、长期坚持并不断完善。根据《中国共产党章程》、《中华人民共和国高等教育法》、《中国共产党普通高等学校基层组织工作条例》等有关规定,结合高等学校实际,现就进一步坚持和完善党委领导下的校长负责制提出以下实施意见。

## 一、党委统一领导学校工作

1. 高等学校党的委员会是学校的领导核心,履行党章等规定的各项职责,把握学校发展方向,决定学校重大问题,监督重大决议执行,支持校长依法独立负责地行使职权,保证以人才培养为中心的各项任务完成。

(1)全面贯彻执行党的路线方针政策,贯彻执行党的教育方针,坚持社会主义办学方向,坚持立德树人,依法治校,依靠全校师生员工推动学校科学发展,培养德智体美全面发展的中国特色社会主义事业合格建设者和可靠接班人。

(2)讨论决定事关学校改革发展稳定及教学、科研、行政管理中的重大事项和基本管理制度。

(3)坚持党管干部原则,按照干部管理权限负责干部的选拔、教育、培养、考核和监督,讨论决定学校内部组织机构的设置及其负责人的人选,依照有关程序推荐校级领导干部和后备干部人选。做好老干部工作。

(4)坚持党管人才原则,讨论决定学校人才工作规划和重大人才政策,创新人才工作体制机制,优化人才成长环境,统筹推进学校各类人才队伍建设。

(5)领导学校思想政治工作和德育工作,坚持用中国特色社会主义理论体系武装师生员工头脑,培育和践行社会主义核心价值观,牢牢掌握学校意识形态工作的领导权、管理权、话语权。维护学校安全稳定,促进和谐校园建设。

(6)加强大学文化建设,发挥文化育人作用,培育良好校风学风教风。

(7)加强对学校院(系)等基层党组织的领导,做好发展党员和党员教育、管理、服务工作,发展党内基层民主,充分发挥基层党组织的战斗堡垒作用和党员的先锋模范作用。加强学校党委自身建设。

(8)领导学校党的纪律检查工作,落实党风廉政建设主体责任,推进惩治和预防腐败体系建设。

(9)领导学校工会、共青团、学生会等群众组织和教职工代表大会。做好统一战线工作。

(10)讨论决定其他事关师生员工切身利益的重要事项。

2. 党委实行集体领导与个人分工负责相结合,坚持民主集中制,集体讨论决定学校重大问题和重要事项,领导班子成员按照分工履行职责。

3. 党委书记主持党委全面工作,负责组织党委重要活动,协调党委领导班子成员工作,督促检查党委决议贯彻落实,主动协调党委与校长之间的工作关系,支持校长开展工作。

## 二、校长主持学校行政工作

4. 校长是学校的法定代表人,在学校党委领导下，贯彻党的教育方针，组织实施学校党委有关决议，行使高等教育法等规定的各项职权，全面负责教学、科研、行政管理工作。

(1)组织拟订和实施学校发展规划、基本管理制度、重要行政规章制度、重大教学科研改革措施、重要办学资源配置方案。组织制定和实施具体规章制度、年度工作计划。

(2)组织拟订和实施学校内部组织机构的设置方案。按照国家法律和干部选拔任用工作有关规定，推荐副校长人选，任免内部组织机构的负责人。

(3)组织拟订和实施学校人才发展规划、重要人才政策和重大人才工程计划。负责教师队伍建设，依据有关规定聘任与解聘教师以及内部其他工作人员。

(4)组织拟订和实施学校重大基本建设、年度经费预算等方案。加强财务管理和审计监督，管理和保护学校资产。

(5)组织开展教学活动和科学研究，创新人才培养机制，提高人才培养质量，推进文化传承创新，服务国家和地方经济社会发展，把学校办出特色、争创一流。

(6)组织开展思想品德教育，负责学生学籍管理并实施奖励或处分，开展招生和就业工作。

(7)做好学校安全稳定和后勤保障工作。

(8)组织开展学校对外交流与合作，依法代表学校与各级政府、社会各界和境外机构等签署合作协议，接受社会捐赠。

(9)向党委报告重大决议执行情况，向教职工代表大会报告工作，组织处理教职工代表大会、学生代表大会、工会会员代表大会和团员代表大会有关行政工作的提案。支持学校各级党组织、民主党派基层组织、群众组织和学术组织开展工作。

(10)履行法律法规和学校章程规定的其他职权。

## 三、健全党委与行政议事决策制度

5. 高等学校应按期召开党员大会（党员代表大会），选举产生党的委员会。党的委员会对党员大会（党员代表大会）负责并报告工作。经上级党组织批准，规模较大、党员人数较多的高等学校党的委员会可设立常务委员会（以下简称“常委会”）。设常委会的党委一般设委员15至31人，委员中除校级领导干部外，还应有院（系）、党政工作部门负责人及师生员工代表；常委会一般设委员7至11人，学校行政领导班子成员是党员的，一般应进入常委会。不设常委会的党委，一般设委员7至11人，委员中除校级领导干部外，还可有院（系）和党政工作部门负责人代表。

6. 学校党的委员会全体会议（以下简称“全委会”）在党员大会（党员代表大会）闭会期间领导学校工作，主要对事关学校改革发展稳定和师生员工切身利益及党的建设等全局性重大问题作出决策，听取和审议常委会工作报告、纪委工作报告。会议由常委会召集，议题由常委会确定。全委会必须有三分之二以上委员到会方能召开。表决事项时，以超过应到会委员人数的半数同意为通过。

7. 常委会主持党委经常工作，主要对学校改革发展稳定和教学、科研、行政管理及党的建设等方面的重要事项作出决定，按照干部管理权限和有关程序推荐、提名、决定任免干部。常委会会议由党委书记召集并主持。会议议题由学校领导班子成员提出，党委书记确定。会议必须有半数以上常委到会方能召开；讨论决定干部任免等重要事项时，应有三分之二以上常委到会方能召开。表决事项时，以超过应到会常委人数的半数同意为通过。不是党委常委的行政领导班子成员可列席会议。

不设常委会的党委，其会议制度和议事规则参照常委会会议有关规定执行。

8. 校长办公会议或校务会议是学校行政议事决策机构，主要研究提出拟由党委讨论决定的重要事项方案，具体部署落实党委决议的有关措施，研究处理教学、科研、行政管理工作。会议由校长召集并主持。会议成员一般为学校行政领导班子成员。会议议题由学校领导班子成员提出,校长确定。会议必须有半数以上成员到会方能召开。校长应在广泛听取与会人员意见基础上,对讨论研究的事项作出决定。党委书记、副书记、纪委书记等可视议题情况参加会议。

9. 党委会议和校长办公会议(校务会议)要坚持科学决策、民主决策、依法决策,防止个人或少数人专断和议而不决、决而不行。讨论决定学校重大问题,应在调查研究基础上提出建议方案,经领导班子成员沟通酝酿且无重大分歧后提交会议讨论决定。对干部任免建议方案,在提交党委会议讨论决定前,应在党委书记、校长、分管组织工作的副书记、纪委书记等范围内进行充分酝酿。对专业性、技术性较强的重要事项,应经过专家评估及技术、政策、法律咨询。对事关师生员工切身利益的重要事项,应通过教职工代表大会或其他方式,广泛听取师生员工的意见建议。对会议决定的事项如需变更、调整,应根据决策程序进行复议。

高等学校要结合实际,制定全委会、常委会、校长办公会议(校务会议)的会议制度和议事规则。

## 四、完善协调运行机制

10. 党委领导下的校长负责制是一个不可分割的有机整体,必须坚持党委的领导核心地位,保证校长依法行使职权,建立健全党委统一领导、党政分工合作、协调运行的工作机制。要合理确定领导班子成员分工,明确工作职责。领导班子成员要认真执行集体决定,按照分工积极主动开展工作。

11. 党委书记和校长要树立政治意识、大局意识,相互信任,加强团结。建立定期沟通制度,及时交流工作情况。党委会议有关教学、科研、行政管理工作等议题,应在会前听取校长意见;校长办公会议(校务会议)的重要议题,应在会前听取党委书记意见。意见不一致的议题暂缓上会,待进一步交换意见、取得共识后再提交会议讨论。集体决定重大事项前,党委书记、校长和有关领导班子成员要个别酝酿、充分沟通。

12. 学校领导班子应经常沟通情况、协调工作。党委书记、校长要发扬民主,充分听取和尊重班子成员的意见,支持他们的工作。领导班子成员要相互理解、相互支持,对职责分工交叉的工作,要注意协调配合。

13. 坚持领导干部双重组织生活会制度,提高组织生活质量。认真开好民主生活会,正确运用批评和自我批评的武器,开展积极健康的思想斗争。落实谈心谈话制度,党委书记和校长要定期相互谈心,定期同其他领导班子成员谈心,对在思想、作风、廉洁自律等方面出现的苗头性倾向性问题,要早提醒、早纠正;领导班子成员之间要经常交流思想、交换意见,努力营造团结共事的和谐氛围。

14. 加强学术组织建设,健全以学术委员会为核心的学术管理体系与组织架构,合理确定学术组织人员构成,制定学术组织章程,保障学术组织依照章程行使职权,充分发挥其在学科建设、学术评价、学术发展和学风建设等方面的重要作用,积极探索教授治学的有效途径。

15. 发挥教职工代表大会及群众组织作用,健全师生员工参与民主管理和监督的工作机制。实行党务公开和校务公开,及时向师生员工、群众团体、民主党派、离退休老同志等通报学校重大决策及实施情况。推行高等学校党员代表大会代表任期制和提案制,健全学校党委常委会向全委会报告工作并接受监督等制度。

## 五、加强组织领导

16. 按照社会主义政治家、教育家目标要求,选好配强高等学校领导班子特别是党委书记和校长。加强领导班子思想政治建设和作风建设,加大教育培训力度,不断提高领导干部思想政治素质和办学治校能力。进一步完善高等学校领导干部培养选拔机制,加强管理和监督。高等学校领导干部要认真履职尽责,正确处理领导管理工作和个人学术研究的关系，确保有足够的时间和主要精力投入学校管理工作，党委书记和校长一般不担任科研项目主要负责人。

17. 加强学校基层党组织建设，完善院（系）党政联席会议制度，集体讨论决定重大事项。完善教职工党支部和学生党支部设置形式，创新党支部活动方式。提高发展党员质量，加强党员教育管理。大力创建基层服务型党组织，不断提高基层党组织的创造力凝聚力战斗力，保证党的路线方针政策和学校各项决定的贯彻落实。

18. 加强和改进思想政治工作，深入开展中国特色社会主义和中国梦宣传教育，引导师生员工坚持正确的政治方向，坚定中国特色社会主义道路自信、理论自信、制度自信。深入开展坚持中国共产党的领导的教育，进一步深化师生员工对党委领导下的校长负责制的理解和认同，增强坚持和完善这一制度的自觉性和坚定性。

19. 学校党委要加强对领导班子成员贯彻执行党委领导下的校长负责制情况的监督，发现问题及时纠正。上级党委和有关部门要加强对高等学校贯彻执行这一制度情况的检查，将其作为巡视工作及领导班子和领导干部考核评价的重要内容，巡视和考核结果作为学校领导干部选拔任用和奖惩的重要依据。对违反民主集中制原则，不执行党委决议，或因班子内部不团结而严重影响工作的，应根据具体情况追究相关人员责任，必要时对班子进行调整。

20. 上级党委和有关部门要通过教育培训、经验交流等方式，加强对高等学校贯彻执行党委领导下的校长负责制的工作指导。注意宣传和推广好经验好做法，及时研究解决工作中出现的问题，支持高等学校探索创新，不断提高贯彻执行党委领导下的校长负责制的水平。

各地区各高等学校应根据本实施意见，结合实际制定具体实施办法。

（此《意见》由中共中央办公厅印发，新华社 2014 年 10 月 15 日受权发布）

# 中国共产党第十八届中央委员会第四次全体会议公报

（2014 年 10 月 23 日中国共产党第十八届中央委员会第四次全体会议通过）

中国共产党第十八届中央委员会第四次全体会议，于 2014 年 10 月 20 日至 23 日在北京举行。

出席这次全会的有，中央委员 199 人，候补中央委员 164 人。中央纪律检查委员会常务委员会委员和有关方面负责同志列席了会议。党的十八大代表中部分基层同志和专家学者也列席了会议。

全会由中央政治局主持。中央委员会总书记习近平作了重要讲话。

全会听取和讨论了习近平受中央政治局委托作的工作报告，审议通过了《中共中央关于全面推进依法治国若干重大问题的决定》。习近平就《决定（讨论稿）》向全会作了说明。

全会充分肯定党的十八届三中全会以来中央政治局的工作。一致认为，党的十八届三中全会以来，国际形势错综复杂，国内改革发展任务极为繁重，中央政治局全面贯彻党的十八大和十八届一中、二中、三中全会精神，高举中国特色社会主义伟大旗帜，以邓小平理论、“三个代表”重要思想、科学发展观为指导，深入贯彻习近平总书记系列重要讲话精神，团结带领全党全军全国各族人民，统筹国内国际两个大局，牢牢把握稳中求进工作总基调，保持战略定力，以全面深化改革推动各项工作，注重从思想上、制度上谋划涉及改革发展稳定、内政外交国防、治党治国治军的战略性、全局性、长远性问题。中央政治局适应经济发展新常态，创新宏观调控思路和方式，积极破解经济社会发展难题，着力保障和改善民生，基本完成党的群众路线教育实践活动，坚定不移反对腐败，有效应对各种风险挑战，各方面工作取得新成效，党和国家事业发展打开新局面。

全会高度评价长期以来特别是党的十一届三中全会以来我国社会主义法治建设取得的历史性成就，研究了全面推进依法治国若干重大问题，认为全面建成小康社会、实现中华民族伟大复兴的中国梦，全面深化改革、完善和发展中国特色社会主义制度，提高党的执政能力和执政水平，必须全面推进依法治国。

全会提出，面对新形势新任务，我们党要更好统筹国内国际两个大局，更好维护和运用我国发展的重要战略机遇期，更好统筹社会力量、平衡社会利益、调节社会关系、规范社会行为，使我国社会在深刻变革中既生机勃勃又井然有序，实现经济发展、政治清明、文化昌盛、社会公正、生态良好，实现我国和平发展的战略目标，必须更好发挥法治的引领和规范作用。

全会强调，全面推进依法治国，必须贯彻落实党的十八大和十八届三中全会精神，高举中国特色社会主义伟大旗帜，以马克思列宁主义、毛泽东思想、邓小平理论、“三个代表”重要思想、科学发展观为指导，深入贯彻习近平总书记系列重要讲话精神，坚持党的领导、人民当家作主、依法治国有机统一，坚定不移走中国特色社会主义法治道路，坚决维护宪法法律权威，依法维护人民权益、维护社会公平正义、维护国家安全稳定，为实现“两个一百年”奋斗目标、实现中华民族伟大复兴的中国梦提供有力法治保障。

全会提出，全面推进依法治国，总目标是建设中国特色社会主义法治体系，建设社会主义法治国家。这就是，在中国共产党领导下，坚持中国特色社会主义制度，贯彻中国特色社会主义法治理论，形成完备的法律规范体系、高效的法治实施体系、严密的法治监督体系、有力的法治保障体系，形成完善的党内法规体系，坚持依法治国、依法执政、依法行政共同推进，坚持法治国家、法治政府、法治社会一体建设，实现科学立法、严格执法、公正司法、全民守法，促进国家治理体系和治理能力现代化。实现这个总目标，必须坚持中国共产党的领导，坚持人民主体地位，坚持法律面前人人平等，坚持依法治国和以德治国相结合，坚持从中国实际出发。

全会强调，党的领导是中国特色社会主义最本质的特征，是社会主义法治最根本的保证。把党的领导贯彻到依法治国全过程和各方面，是我国社会主义法治建设的一条基本经验。我国宪法确立了中国共产党的领导地位。坚持党的领导，是社会主义法治的根本要求，是党和国家的根本所在、命脉所在，是全国各族人民的利益所系、幸福所系，是全面推进依法治国的题中应有之义。党的领导和社会主义法治是一致的，社会主义法治必须坚持党的领导，党的领导必须依靠社会主义法治。只有在党的领导下依法治国、厉行法治，人民当家作主才能充分实现，国家和社会生活法治化才能有序推进。依法执政，既要求党依据宪法法律治国理政，也要求党依据党内法规管党治党。

全会明确了全面推进依法治国的重大任务，这就是：完善以宪法为核心的中国特色社会主义法律体系，加强宪法实施；深入推进依法行政，加快建设法治政府；保证公正司法，提高司法公信力；增强全民法治观念，推进法治社会建设；加强法治工作队伍建设；加强和改进党对全面推进依法治国的领导。

全会提出，法律是治国之重器，良法是善治之前提。建设中国特色社会主义法治体系，必须坚持立法先行，发挥立法的引领和推动作用，抓住提高立法质量这个关键。要恪守以民为本、立法为民理念，贯彻社会主义核心价值观，使每一项立法都符合宪法精神、反映人民意志、得到人民拥护。要把公正、公平、公开原则贯穿立法全过程，完善立法体制机制，坚持立改废释并举，增强法律法规的及时性、系统性、针对性、有效性。坚持依法治国首先要坚持依宪治国，坚持依法执政首先要坚持依宪执政。健全宪法实施和监督制度，完善全国人大及其常委会宪法监督制度，健全宪法解释程序机制。完善立法体制，加强党对立法工作的领导，完善党对立法工作中重大问题决策的程序，健全有立法权的人大主导立法工作的体制机制，依法赋予设区的市地方立法权。深入推进科学立法、民主立法，完善立法项目征集和论证制度，健全立法机关主导、社会各方有序参与立法的途径和方式，拓宽公民有序参与立法途径。加强重点领域立法，加快完善体现权利公平、机会公平、规则公平的法律制度，保障公民人身权、财产权、基本政治权利等各项权利不受侵犯，保障公民经济、文化、社会等各方面权利得到落实。实现立法和改革决策相衔接，做到重大改革于法有据、立法主动适应改革和经济社会发展需要。

全会提出，法律的生命力在于实施，法律的权威也在于实施。各级政府必须坚持在党的领导下、在法治轨道上开展工作，加快建设职能科学、权责法定、执法严明、公开公正、廉洁高效、守法诚信的法治政府。依法全面履行政府职能，推进机构、职能、权限、程序、责任法定化，推行政府权力清单制度。健全依法决策机制，把公众参与、专家论证、风险评估、合法性审查、集体讨论决定确定为重大行政决策法定程序，建立行政机关内部重大决策合法性审查机制，建立重大决策终身责任追究制度及责任倒查机制。深化行政执法体制改革，健全行政执法和刑事司法衔接机制。坚持严格规范公正文明执法，依法惩处各类违法行为，加大关系群众切身利益的重点领域执法力度，建立健全行政裁量权基准制度，全面落实行政执法责任制。强化对行政权力的制约和监督，完善纠错问责机制。全面推进政务公开，坚持以公开为常态、不公开为例外原则，推进决策公开、执行公开、管理公开、服务公开、结果公开。

全会提出，公正是法治的生命线。司法公正对社会公正具有重要引领作用，司法不公对社会公正具有致命破坏作用。必须完善司法管理体制和司法权力运行机制，规范司法行为，加强对司法活动的监督，努力让人民群众在每一个司法案件中感受到公平正义。完善确保依法独立公正行使审判权和检察权的制度，建立领导干部干预司法活动、插手具体案件处理的记录、通报和责任追究制度，建立健全司法人员履行法定职责保护机制。优化司法职权配置，推动实行审判权和执行权相分离的体制改革试点，最高人民法院设立巡回法庭，探索设立跨行政区划的人民法院和人民检察院，探索建立检察机关提起公益诉讼制度。推进严格司法，坚持以事实为根据、以法律为准绳，推进以审判为中心的诉讼制度改革，实行办案质量终身负责制和错案责任倒查问责制。保障人民群众参与司法，在司法调解、司法听证、涉诉信访等司法活动中保障人民群众参与，完善人民陪审员制度，构建开放、动态、透明、便民的阳光司法机制。加强人权司法保障。加强对司法活动的监督，完善检察机关行使监督权的法律制度，加强对刑事诉讼、民事诉讼、行政诉讼的法律监督，完善人民监督员制度，绝不允许法外开恩，绝不允许办关系案、人情案、金钱案。

全会提出，法律的权威源自人民的内心拥护和真诚信仰。人民权益要靠法律保障，法律权威要靠人民维护。必须弘扬社会主义法治精神，建设社会主义法治文化，增强全社会厉行法治的积极性和主动性，形成守法光荣、违法可耻的社会氛围，使全体人民都成为社会主义法治的忠实崇尚者、自觉遵守者、坚定捍卫者。推动全社会树立法治意识，深入开展法治宣传教育，把法治教育纳入国民教育体系和精神文明创建内容。推进多层次多领域依法治理，坚持系统治理、依法治理、综合治理、源头治理，深化基层组织和部门、行业依法治理，支持各类社会主体自我约束、自我管理，发挥市民公约、乡规民约、行业规章、团体章程等社会规范在社会治理中的积极作用。建设完备的法律服务体系，推进覆盖城乡居民的公共法律服务体系建设，完善法律援助制度，健全司法救助体系。健全依法维权和化解纠纷机制，建立健全社会矛盾预警机制、利益表达机制、协商沟通机制、救济救助机制，畅通群众利益协调、权益保障法律渠道。完善立体化社会治安防控体系，保障人民生命财产安全。

全会提出，全面推进依法治国，必须大力提高法治工作队伍思想政治素质、业务工作能力、职业道德水准，着力建设一支忠于党、忠于国家、忠于人民、忠于法律的社会主义法治工作队伍。建设高素质法治专门队伍，把思想政治建设摆在首位，加强立法队伍、行政执法队伍、司法队伍建设，畅通立法、执法、司法部门干部和人才相互之间以及与其他部门具备条件的干部和人才交流渠道，推进法治专门队伍正规化、专业化、职业化，完善法律职业准入制度，建立从符合条件的律师、法学专家中招录立法工作者、法官、检察官制度，健全从政法专业毕业生中招录人才的规范便捷机制，完善职业保障体系。加强法律服务队伍建设，增强广大律师走中国特色社会主义法治道路的自觉性和坚定性，构建社会律师、公职律师、公司律师等优势互补、结构合理的律师队伍。创新法治人才培养机制，形成完善的中国特色社会主义法学理论体系、学科体系、课程体系，推动中国特色社会主义法治理论进教材进课堂进头脑，培养造就熟悉和坚持中国特色社会主义法治体系的法治人才及后备力量。

全会强调，党的领导是全面推进依法治国、加快建设社会主义法治国家最根本的保证。必须加强和改进党对法治工作的领导，把党的领导贯彻到全面推进依法治国全过程。坚持依法执政，各级领导干部要带头遵守法律，带头依法办事，不得违法行使权力，更不能以言代法、以权压法、徇私枉法。健全党领导依法治国的制度和工作机制，完善保证党确定依法治国方针政策和决策部署的工作机制和程序，加强对全面推进依法治国统一领导、统一部署、统筹协调,完善党委依法决策机制。各级人大、政府、政协、审判机关、检察机关的党组织要领导和监督本单位模范遵守宪法法律,坚决查处执法犯法、违法用权等行为。加强党内法规制度建设,完善党内法规制定体制机制,形成配套完备的党内法规制度体系,运用党内法规把党要管党、从严治党落到实处,促进党员、干部带头遵守国家法律法规。提高党员干部法治思维和依法办事能力,把法治建设成效作为衡量各级领导班子和领导干部工作实绩重要内容、纳入政绩考核指标体系,把能不能遵守法律、依法办事作为考察干部重要内容。推进基层治理法治化,发挥基层党组织在全面推进依法治国中的战斗堡垒作用,建立重心下移、力量下沉的法治工作机制。深入推进依法治军、从严治军,紧紧围绕党在新形势下的强军目标,构建完善的中国特色军事法治体系,提高国防和军队建设法治化水平。依法保障"一国两制"实践和推进祖国统一,保持香港、澳门长期繁荣稳定,推进祖国和平统一,依法保护港澳同胞、台湾同胞权益。加强涉外法律工作,运用法律手段维护我国主权、安全、发展利益,维护我国公民、法人在海外及外国公民、法人在我国的正当权益。

全会分析了当前形势和任务,强调全党同志要把思想和行动统一到中央关于全面深化改革、全面推进依法治国重大决策部署上来,审时度势、居安思危,既要有抓住和用好重要战略机遇期推进改革发展的战略定力,又要敏锐把握国内外环境的变化,以钉钉子精神,继续做好保持经济持续健康发展工作,继续做好改善和保障民生特别是帮扶困难群众工作,继续做好作风整改工作,继续做好从严治党工作,继续做好保持社会和谐稳定工作,为明年开局打好基础。

全会按照党章规定,决定递补中央委员会候补委员马建堂、王作安、毛万春为中央委员会委员。

全会审议并通过了中共中央纪律检查委员会关于李东生、蒋洁敏、王永春、李春城、万庆良严重违纪问题的审查报告,审议并通过了中共中央军事委员会纪律检查委员会关于杨金山严重违纪问题的审查报告,确认中央政治局之前作出的给予李东生、蒋洁敏、杨金山、王永春、李春城、万庆良开除党籍的处分。

全会号召,全党同志和全国各族人民紧密团结在以习近平同志为总书记的党中央周围,高举中国特色社会主义伟大旗帜,积极投身全面推进依法治国伟大实践,开拓进取,扎实工作,为建设法治中国而奋斗!

# 中共中央关于全面推进依法治国若干重大问题的决定

（2014年10月23日中国共产党第十八届中央委员会第四次全体会议通过）

为贯彻落实党的十八大作出的战略部署，加快建设社会主义法治国家，十八届中央委员会第四次全体会议研究了全面推进依法治国若干重大问题，作出如下决定。

## 一、坚持走中国特色社会主义法治道路，建设中国特色社会主义法治体系

依法治国，是坚持和发展中国特色社会主义的本质要求和重要保障，是实现国家治理体系和治理能力现代化的必然要求，事关我们党执政兴国，事关人民幸福安康，事关党和国家长治久安。

全面建成小康社会、实现中华民族伟大复兴的中国梦，全面深化改革、完善和发展中国特色社会主义制度，提高党的执政能力和执政水平，必须全面推进依法治国。

我国正处于社会主义初级阶段，全面建成小康社会进入决定性阶段，改革进入攻坚期和深水区，国际形势复杂多变，我们党面对的改革发展稳定任务之重前所未有、矛盾风险挑战之多前所未有，依法治国在党和国家工作全局中的地位更加突出、作用更加重大。面对新形势新任务，我们党要更好统筹国内国际两个大局，更好维护和运用我国发展的重要战略机遇期，更好统筹社会力量、平衡社会利益、调节社会关系、规范社会行为，使我国社会在深刻变革中既生机勃勃又井然有序，实现经济发展、政治清明、文化昌盛、社会公正、生态良好，实现我国和平发展的战略目标，必须更好发挥法治的引领和规范作用。

我们党高度重视法治建设。长期以来，特别是党的十一届三中全会以来，我们党深刻总结我国社会主义法治建设的成功经验和深刻教训，提出为了保障人民民主，必须加强法治，必须使民主制度化、法律化，把依法治国确定为党领导人民治理国家的基本方略，把依法执政确定为党治国理政的基本方式，积极建设社会主义法治，取得历史性成就。目前，中国特色社会主义法律体系已经形成，法治政府建设稳步推进，司法体制不断完善，全社会法治观念明显增强。

同时，必须清醒看到，同党和国家事业发展要求相比，同人民群众期待相比，同推进国家治理体系和治理能力现代化目标相比，法治建设还存在许多不适应、不符合的问题，主要表现为：有的法律法规未能全面反映客观规律和人民意愿，针对性、可操作性不强，立法工作中部门化倾向、争权诿责现象较为突出；有法不依、执法不严、违法不究现象比较严重，执法体制权责脱节、多头执法、选择性执法现象仍然存在，执法司法不规范、不严格、不透明、不文明现象较为突出，群众对执法司法不公和腐败问题反映强烈；部分社会成员尊法信法守法用法、依法维权意识不强，一些国家工作人员特别是领导干部依法办事观念不强、能力不足，知法犯法、以言代法、以权压法、徇私枉法现象依然存在。这些问题，违背社会主义法治原则，损害人民群众利益，妨碍党和国家事业发展，必须下大气力加以解决。

全面推进依法治国，必须贯彻落实党的十八大和十八届三中全会精神，高举中国特色社会主义伟大旗帜，以马克思列宁主义、毛泽东思想、邓小平理论、“三个代表”重要思想、科学发展观为指导，深入贯彻习近平总书记系列重要

讲话精神，坚持党的领导、人民当家作主、依法治国有机统一，坚定不移走中国特色社会主义法治道路，坚决维护宪法法律权威，依法维护人民权益、维护社会公平正义、维护国家安全稳定，为实现“两个一百年”奋斗目标、实现中华民族伟大复兴的中国梦提供有力法治保障。

全面推进依法治国，总目标是建设中国特色社会主义法治体系，建设社会主义法治国家。这就是，在中国共产党领导下，坚持中国特色社会主义制度，贯彻中国特色社会主义法治理论，形成完备的法律规范体系、高效的法治实施体系、严密的法治监督体系、有力的法治保障体系，形成完善的党内法规体系，坚持依法治国、依法执政、依法行政共同推进，坚持法治国家、法治政府、法治社会一体建设，实现科学立法、严格执法、公正司法、全民守法，促进国家治理体系和治理能力现代化。

实现这个总目标，必须坚持以下原则。

**——坚持中国共产党的领导。**党的领导是中国特色社会主义最本质的特征，是社会主义法治最根本的保证。把党的领导贯彻到依法治国全过程和各方面，是我国社会主义法治建设的一条基本经验。我国宪法确立了中国共产党的领导地位。坚持党的领导，是社会主义法治的根本要求，是党和国家的根本所在、命脉所在，是全国各族人民的利益所系、幸福所系，是全面推进依法治国的题中应有之义。党的领导和社会主义法治是一致的，社会主义法治必须坚持党的领导，党的领导必须依靠社会主义法治。只有在党的领导下依法治国、厉行法治，人民当家作主才能充分实现，国家和社会生活法治化才能有序推进。依法执政，既要求党依据宪法法律治国理政，也要求党依据党内法规管党治党。必须坚持党领导立法、保证执法、支持司法、带头守法，把依法治国基本方略同依法执政基本方式统一起来，把党总揽全局、协调各方同人大、政府、政协、审判机关、检察机关依法依章程履行职能、开展工作统一起来，把党领导人民制定和实施宪法法律同党坚持在宪法法律范围内活动统一起来，善于使党的主张通过法定程序成为国家意志，善于使党组织推荐的人选通过法定程序成为国家政权机关的领导人员，善于通过国家政权机关实施党对国家和社会的领导，善于运用民主集中制原则维护中央权威、维护全党全国团结统一。

**——坚持人民主体地位。**人民是依法治国的主体和力量源泉，人民代表大会制度是保证人民当家作主的根本政治制度。必须坚持法治建设为了人民、依靠人民、造福人民、保护人民，以保障人民根本权益为出发点和落脚点，保证人民依法享有广泛的权利和自由、承担应尽的义务，维护社会公平正义，促进共同富裕。必须保证人民在党的领导下，依照法律规定，通过各种途径和形式管理国家事务，管理经济文化事业，管理社会事务。必须使人民认识到法律既是保障自身权利的有力武器，也是必须遵守的行为规范，增强全社会学法尊法守法用法意识，使法律为人民所掌握、所遵守、所运用。

**——坚持法律面前人人平等。**平等是社会主义法律的基本属性。任何组织和个人都必须尊重宪法法律权威，都必须在宪法法律范围内活动，都必须依照宪法法律行使权力或权利、履行职责或义务，都不得有超越宪法法律的特权。必须维护国家法制统一、尊严、权威，切实保证宪法法律有效实施，绝不允许任何人以任何借口任何形式以言代法、以权压法、徇私枉法。必须以规范和约束公权力为重点，加大监督力度，做到有权必有责、用权受监督、违法必追究，坚决纠正有法不依、执法不严、违法不究行为。

**——坚持依法治国和以德治国相结合。**国家和社会治理需要法律和道德共同发挥作用。必须坚持一手抓法治、一手抓德治，大力弘扬社会主义核心价值观，弘扬中华传统美德，培育社会公德、职业道德、家庭美德、个人品德，既重视发挥法律的规范作用，又重视发挥道德的教化作用，以法治体现道德理念、强化法律对道德建设的促进作用，以道德滋养法治精神、强化道德对法治文化的支撑作用，实现法律和道德相辅相成、法治和德治相得益彰。

**——坚持从中国实际出发**。中国特色社会主义道路、理论体系、制度是全面推进依法治国的根本遵循。必须从我国基本国情出发,同改革开放不断深化相适应,总结和运用党领导人民实行法治的成功经验,围绕社会主义法治建设重大理论和实践问题,推进法治理论创新,发展符合中国实际、具有中国特色、体现社会发展规律的社会主义法治理论,为依法治国提供理论指导和学理支撑。汲取中华法律文化精华,借鉴国外法治有益经验,但决不照搬外国法治理念和模式。

全面推进依法治国是一个系统工程,是国家治理领域一场广泛而深刻的革命,需要付出长期艰苦努力。全党同志必须更加自觉地坚持依法治国、更加扎实地推进依法治国,努力实现国家各项工作法治化,向着建设法治中国不断前进。

## 二、完善以宪法为核心的中国特色社会主义法律体系,加强宪法实施

法律是治国之重器,良法是善治之前提。建设中国特色社会主义法治体系,必须坚持立法先行,发挥立法的引领和推动作用,抓住提高立法质量这个关键。要恪守以民为本、立法为民理念,贯彻社会主义核心价值观,使每一项立法都符合宪法精神、反映人民意志、得到人民拥护。要把公正、公平、公开原则贯穿立法全过程,完善立法体制机制,坚持立改废释并举,增强法律法规的及时性、系统性、针对性、有效性。

**(一)健全宪法实施和监督制度**。宪法是党和人民意志的集中体现,是通过科学民主程序形成的根本法。坚持依法治国首先要坚持依宪治国,坚持依法执政首先要坚持依宪执政。全国各族人民、一切国家机关和武装力量、各政党和各社会团体、各企业事业组织,都必须以宪法为根本的活动准则,并且负有维护宪法尊严、保证宪法实施的职责。一切违反宪法的行为都必须予以追究和纠正。

完善全国人大及其常委会宪法监督制度,健全宪法解释程序机制。加强备案审查制度和能力建设,把所有规范性文件纳入备案审查范围,依法撤销和纠正违宪违法的规范性文件,禁止地方制发带有立法性质的文件。

将每年十二月四日定为国家宪法日。在全社会普遍开展宪法教育,弘扬宪法精神。建立宪法宣誓制度,凡经人大及其常委会选举或者决定任命的国家工作人员正式就职时公开向宪法宣誓。

**(二)完善立法体制**。加强党对立法工作的领导,完善党对立法工作中重大问题决策的程序。凡立法涉及重大体制和重大政策调整的,必须报党中央讨论决定。党中央向全国人大提出宪法修改建议,依照宪法规定的程序进行宪法修改。法律制定和修改的重大问题由全国人大常委会党组向党中央报告。

健全有立法权的人大主导立法工作的体制机制,发挥人大及其常委会在立法工作中的主导作用。建立由全国人大相关专门委员会、全国人大常委会法制工作委员会组织有关部门参与起草综合性、全局性、基础性等重要法律草案制度。增加有法治实践经验的专职常委比例。依法建立健全专门委员会、工作委员会立法专家顾问制度。

加强和改进政府立法制度建设,完善行政法规、规章制定程序,完善公众参与政府立法机制。重要行政管理法律法规由政府法制机构组织起草。

明确立法权力边界,从体制机制和工作程序上有效防止部门利益和地方保护主义法律化。对部门间争议较大的重要立法事项,由决策机关引入第三方评估,充分听取各方意见,协调决定,不能久拖不决。加强法律解释工作,及时明确法律规定含义和适用法律依据。明确地方立法权限和范围,依法赋予设区的市地方立法权。

**(三)深入推进科学立法、民主立法**。加强人大对立法工作的组织协调,健全立法起草、论

证、协调、审议机制，健全向下级人大征询立法意见机制，建立基层立法联系点制度，推进立法精细化。健全法律法规规章起草征求人大代表意见制度，增加人大代表列席人大常委会会议人数，更多发挥人大代表参与起草和修改法律作用。完善立法项目征集和论证制度。健全立法机关主导、社会各方有序参与立法的途径和方式。探索委托第三方起草法律法规草案。

健全立法机关和社会公众沟通机制，开展立法协商，充分发挥政协委员、民主党派、工商联、无党派人士、人民团体、社会组织在立法协商中的作用，探索建立有关国家机关、社会团体、专家学者等对立法中涉及的重大利益调整论证咨询机制。拓宽公民有序参与立法途径，健全法律法规规章草案公开征求意见和公众意见采纳情况反馈机制，广泛凝聚社会共识。

完善法律草案表决程序，对重要条款可以单独表决。

**（四）加强重点领域立法。**依法保障公民权利，加快完善体现权利公平、机会公平、规则公平的法律制度，保障公民人身权、财产权、基本政治权利等各项权利不受侵犯，保障公民经济、文化、社会等各方面权利得到落实，实现公民权利保障法治化。增强全社会尊重和保障人权意识，健全公民权利救济渠道和方式。

社会主义市场经济本质上是法治经济。使市场在资源配置中起决定性作用和更好发挥政府作用，必须以保护产权、维护契约、统一市场、平等交换、公平竞争、有效监管为基本导向，完善社会主义市场经济法律制度。健全以公平为核心原则的产权保护制度，加强对各种所有制经济组织和自然人财产权的保护，清理有违公平的法律法规条款。创新适应公有制多种实现形式的产权保护制度，加强对国有、集体资产所有权、经营权和各类企业法人财产权的保护。国家保护企业以法人财产权依法自主经营、自负盈亏，企业有权拒绝任何组织和个人无法律依据的要求。加强企业社会责任立法。完善激励创新的产权制度、知识产权保护制度和促进科技成果转化的体制机制。加强市场法律制度建设，编纂民法典，制定和完善发展规划、投资管理、土地管理、能源和矿产资源、农业、财政税收、金融等方面法律法规，促进商品和要素自由流动、公平交易、平等使用。依法加强和改善宏观调控、市场监管，反对垄断，促进合理竞争，维护公平竞争的市场秩序。加强军民融合深度发展法治保障。

制度化、规范化、程序化是社会主义民主政治的根本保障。以保障人民当家作主为核心，坚持和完善人民代表大会制度，坚持和完善中国共产党领导的多党合作和政治协商制度、民族区域自治制度以及基层群众自治制度，推进社会主义民主政治法治化。加强社会主义协商民主制度建设，推进协商民主广泛多层制度化发展，构建程序合理、环节完整的协商民主体系。完善和发展基层民主制度，依法推进基层民主和行业自律，实行自我管理、自我服务、自我教育、自我监督。完善国家机构组织法，完善选举制度和工作机制。加快推进反腐败国家立法，完善惩治和预防腐败体系，形成不敢腐、不能腐、不想腐的有效机制，坚决遏制和预防腐败现象。完善惩治贪污贿赂犯罪法律制度，把贿赂犯罪对象由财物扩大为财物和其他财产性利益。

建立健全坚持社会主义先进文化前进方向、遵循文化发展规律、有利于激发文化创造活力、保障人民基本文化权益的文化法律制度。制定公共文化服务保障法，促进基本公共文化服务标准化、均等化。制定文化产业促进法，把行之有效的文化经济政策法定化，健全促进社会效益和经济效益有机统一的制度规范。制定国家勋章和国家荣誉称号法，表彰有突出贡献的杰出人士。加强互联网领域立法，完善网络信息服务、网络安全保护、网络社会管理等方面的法律法规，依法规范网络行为。

加快保障和改善民生、推进社会治理体制创新法律制度建设。依法加强和规范公共服务，完善教育、就业、收入分配、社会保障、医疗卫生、食品安全、扶贫、慈善、社会救助和妇女儿童、老年人、残疾人合法权益保护等方面的法律法规。加强社会组织立法，规范和引导各类社会组织健康发展。制定社区矫正法。

贯彻落实总体国家安全观，加快国家安全法治建设，抓紧出台反恐怖等一批急需法律，推进公共安全法治化，构建国家安全法律制度体系。

用严格的法律制度保护生态环境，加快建立有效约束开发行为和促进绿色发展、循环发展、低碳发展的生态文明法律制度，强化生产者环境保护的法律责任，大幅度提高违法成本。建立健全自然资源产权法律制度，完善国土空间开发保护方面的法律制度，制定完善生态补偿和土壤、水、大气污染防治及海洋生态环境保护等法律法规，促进生态文明建设。

实现立法和改革决策相衔接，做到重大改革于法有据、立法主动适应改革和经济社会发展需要。实践证明行之有效的，要及时上升为法律。实践条件还不成熟、需要先行先试的，要按照法定程序作出授权。对不适应改革要求的法律法规，要及时修改和废止。

## 三、深入推进依法行政，加快建设法治政府

法律的生命力在于实施，法律的权威也在于实施。各级政府必须坚持在党的领导下、在法治轨道上开展工作，创新执法体制，完善执法程序，推进综合执法，严格执法责任，建立权责统一、权威高效的依法行政体制，加快建设职能科学、权责法定、执法严明、公开公正、廉洁高效、守法诚信的法治政府。

**（一）依法全面履行政府职能。**完善行政组织和行政程序法律制度，推进机构、职能、权限、程序、责任法定化。行政机关要坚持法定职责必须为、法无授权不可为，勇于负责、敢于担当，坚决纠正不作为、乱作为，坚决克服懒政、怠政，坚决惩处失职、渎职。行政机关不得法外设定权力，没有法律法规依据不得作出减损公民、法人和其他组织合法权益或者增加其义务的决定。推行政府权力清单制度，坚决消除权力设租寻租空间。

推进各级政府事权规范化、法律化，完善不同层级政府特别是中央和地方政府事权法律制度，强化中央政府宏观管理、制度设定职责和必要的执法权，强化省级政府统筹推进区域内基本公共服务均等化职责，强化市县政府执行职责。

**（二）健全依法决策机制。**把公众参与、专家论证、风险评估、合法性审查、集体讨论决定确定为重大行政决策法定程序，确保决策制度科学、程序正当、过程公开、责任明确。建立行政机关内部重大决策合法性审查机制，未经合法性审查或经审查不合法的，不得提交讨论。

积极推行政府法律顾问制度，建立政府法制机构人员为主体、吸收专家和律师参加的法律顾问队伍，保证法律顾问在制定重大行政决策、推进依法行政中发挥积极作用。

建立重大决策终身责任追究制度及责任倒查机制，对决策严重失误或者依法应该及时作出决策但久拖不决造成重大损失、恶劣影响的，严格追究行政首长、负有责任的其他领导人员和相关责任人员的法律责任。

**（三）深化行政执法体制改革。**根据不同层级政府的事权和职能，按照减少层次、整合队伍、提高效率的原则，合理配置执法力量。

推进综合执法，大幅减少市县两级政府执法队伍种类，重点在食品药品安全、工商质检、公共卫生、安全生产、文化旅游、资源环境、农林水利、交通运输、城乡建设、海洋渔业等领域内推行综合执法，有条件的领域可以推行跨部门综合执法。

完善市县两级政府行政执法管理，加强统一领导和协调。理顺行政强制执行体制。理顺城管执法体制，加强城市管理综合执法机构建设，提高执法和服务水平。

严格实行行政执法人员持证上岗和资格管理制度，未经执法资格考试合格，不得授予执法

资格，不得从事执法活动。严格执行罚缴分离和收支两条线管理制度，严禁收费罚没收入同部门利益直接或者变相挂钩。

健全行政执法和刑事司法衔接机制，完善案件移送标准和程序，建立行政执法机关、公安机关、检察机关、审判机关信息共享、案情通报、案件移送制度，坚决克服有案不移、有案难移、以罚代刑现象，实现行政处罚和刑事处罚无缝对接。

**（四）坚持严格规范公正文明执法。**依法惩处各类违法行为，加大关系群众切身利益的重点领域执法力度。完善执法程序，建立执法全过程记录制度。明确具体操作流程，重点规范行政许可、行政处罚、行政强制、行政征收、行政收费、行政检查等执法行为。严格执行重大执法决定法制审核制度。

建立健全行政裁量权基准制度，细化、量化行政裁量标准，规范裁量范围、种类、幅度。加强行政执法信息化建设和信息共享，提高执法效率和规范化水平。

全面落实行政执法责任制，严格确定不同部门及机构、岗位执法人员执法责任和责任追究机制，加强执法监督，坚决排除对执法活动的干预，防止和克服地方和部门保护主义，惩治执法腐败现象。

**（五）强化对行政权力的制约和监督。**加强党内监督、人大监督、民主监督、行政监督、司法监督、审计监督、社会监督、舆论监督制度建设，努力形成科学有效的权力运行制约和监督体系，增强监督合力和实效。

加强对政府内部权力的制约，是强化对行政权力制约的重点。对财政资金分配使用、国有资产监管、政府投资、政府采购、公共资源转让、公共工程建设等权力集中的部门和岗位实行分事行权、分岗设权、分级授权，定期轮岗，强化内部流程控制，防止权力滥用。完善政府内部层级监督和专门监督，改进上级机关对下级机关的监督，建立常态化监督制度。完善纠错问责机制，健全责令公开道歉、停职检查、引咎辞职、责令辞职、罢免等问责方式和程序。

完善审计制度，保障依法独立行使审计监督权。对公共资金、国有资产、国有资源和领导干部履行经济责任情况实行审计全覆盖。强化上级审计机关对下级审计机关的领导。探索省以下地方审计机关人财物统一管理。推进审计职业化建设。

**（六）全面推进政务公开。**坚持以公开为常态、不公开为例外原则，推进决策公开、执行公开、管理公开、服务公开、结果公开。各级政府及其工作部门依据权力清单，向社会全面公开政府职能、法律依据、实施主体、职责权限、管理流程、监督方式等事项。重点推进财政预算、公共资源配置、重大建设项目批准和实施、社会公益事业建设等领域的政府信息公开。

涉及公民、法人或其他组织权利和义务的规范性文件，按照政府信息公开要求和程序予以公布。推行行政执法公示制度。推进政务公开信息化，加强互联网政务信息数据服务平台和便民服务平台建设。

## 四、保证公正司法，提高司法公信力

公正是法治的生命线。司法公正对社会公正具有重要引领作用，司法不公对社会公正具有致命破坏作用。必须完善司法管理体制和司法权力运行机制，规范司法行为，加强对司法活动的监督，努力让人民群众在每一个司法案件中感受到公平正义。

**（一）完善确保依法独立公正行使审判权和检察权的制度。**各级党政机关和领导干部要支持法院、检察院依法独立公正行使职权。建立领导干部干预司法活动、插手具体案件处理的记录、通报和责任追究制度。任何党政机关和领导干部都不得让司法机关做违反法定职责、有碍司法公正的事情，任何司法机关都不得执行党政机关和领导干部违法干预司法活动的要求。对干预司法机关办案的，给予党纪政纪处分；造成冤假错案或者其他严重后果的，依法追究刑事责任。

健全行政机关依法出庭应诉、支持法院受理行政案件、尊重并执行法院生效裁判的制度。完善惩戒妨碍司法机关依法行使职权、拒不执行生效裁判和决定、藐视法庭权威等违法犯罪行为的法律规定。

建立健全司法人员履行法定职责保护机制。非因法定事由,非经法定程序,不得将法官、检察官调离、辞退或者作出免职、降级等处分。

**(二)优化司法职权配置。**健全公安机关、检察机关、审判机关、司法行政机关各司其职,侦查权、检察权、审判权、执行权相互配合、相互制约的体制机制。

完善司法体制,推动实行审判权和执行权相分离的体制改革试点。完善刑罚执行制度,统一刑罚执行体制。改革司法机关人财物管理体制,探索实行法院、检察院司法行政事务管理权和审判权、检察权相分离。

最高人民法院设立巡回法庭,审理跨行政区域重大行政和民商事案件。探索设立跨行政区划的人民法院和人民检察院,办理跨地区案件。完善行政诉讼体制机制,合理调整行政诉讼案件管辖制度,切实解决行政诉讼立案难、审理难、执行难等突出问题。

改革法院案件受理制度,变立案审查制为立案登记制,对人民法院依法应该受理的案件,做到有案必立、有诉必理,保障当事人诉权。加大对虚假诉讼、恶意诉讼、无理缠诉行为的惩治力度。完善刑事诉讼中认罪认罚从宽制度。

完善审级制度,一审重在解决事实认定和法律适用,二审重在解决事实法律争议、实现二审终审,再审重在解决依法纠错、维护裁判权威。完善对涉及公民人身、财产权益的行政强制措施实行司法监督制度。检察机关在履行职责中发现行政机关违法行使职权或者不行使职权的行为,应该督促其纠正。探索建立检察机关提起公益诉讼制度。

明确司法机关内部各层级权限,健全内部监督制约机制。司法机关内部人员不得违反规定干预其他人员正在办理的案件,建立司法机关内部人员过问案件的记录制度和责任追究制度。完善主审法官、合议庭、主任检察官、主办侦查员办案责任制,落实谁办案谁负责。

加强职务犯罪线索管理,健全受理、分流、查办、信息反馈制度,明确纪检监察和刑事司法办案标准和程序衔接,依法严格查办职务犯罪案件。

**(三)推进严格司法。**坚持以事实为根据、以法律为准绳,健全事实认定符合客观真相、办案结果符合实体公正、办案过程符合程序公正的法律制度。加强和规范司法解释和案例指导,统一法律适用标准。

推进以审判为中心的诉讼制度改革,确保侦查、审查起诉的案件事实证据经得起法律的检验。全面贯彻证据裁判规则,严格依法收集、固定、保存、审查、运用证据,完善证人、鉴定人出庭制度,保证庭审在查明事实、认定证据、保护诉权、公正裁判中发挥决定性作用。

明确各类司法人员工作职责、工作流程、工作标准,实行办案质量终身负责制和错案责任倒查问责制,确保案件处理经得起法律和历史检验。

**(四)保障人民群众参与司法。**坚持人民司法为人民,依靠人民推进公正司法,通过公正司法维护人民权益。在司法调解、司法听证、涉诉信访等司法活动中保障人民群众参与。完善人民陪审员制度,保障公民陪审权利,扩大参审范围,完善随机抽选方式,提高人民陪审制度公信度。逐步实行人民陪审员不再审理法律适用问题,只参与审理事实认定问题。

构建开放、动态、透明、便民的阳光司法机制,推进审判公开、检务公开、警务公开、狱务公开,依法及时公开执法司法依据、程序、流程、结果和生效法律文书,杜绝暗箱操作。加强法律文书释法说理,建立生效法律文书统一上网和公开查询制度。

**(五)加强人权司法保障。**强化诉讼过程中当事人和其他诉讼参与人的知情权、陈述权、辩护辩论权、申请权、申诉权的制度保障。健全落实罪刑法定、疑罪从无、非法证据排除等法律原则的法律制度。完善对限制人身自由司法措施和侦查手段的司法监督，加强对刑讯逼供和非法取证的源头预防，健全冤假错案有效防范、及时纠正机制。

切实解决执行难，制定强制执行法，规范查封、扣押、冻结、处理涉案财物的司法程序。加快建立失信被执行人信用监督、威慑和惩戒法律制度。依法保障胜诉当事人及时实现权益。

落实终审和诉讼终结制度，实行诉访分离，保障当事人依法行使申诉权利。对不服司法机关生效裁判、决定的申诉，逐步实行由律师代理制度。对聘不起律师的申诉人，纳入法律援助范围。

**（六）加强对司法活动的监督。**完善检察机关行使监督权的法律制度，加强对刑事诉讼、民事诉讼、行政诉讼的法律监督。完善人民监督员制度，重点监督检察机关查办职务犯罪的立案、羁押、扣押冻结财物、起诉等环节的执法活动。司法机关要及时回应社会关切。规范媒体对案件的报道，防止舆论影响司法公正。

依法规范司法人员与当事人、律师、特殊关系人、中介组织的接触、交往行为。严禁司法人员私下接触当事人及律师、泄露或者为其打探案情、接受吃请或者收受其财物、为律师介绍代理和辩护业务等违法违纪行为，坚决惩治司法掮客行为，防止利益输送。

对因违法违纪被开除公职的司法人员、吊销执业证书的律师和公证员，终身禁止从事法律职业，构成犯罪的要依法追究刑事责任。

坚决破除各种潜规则，绝不允许法外开恩，绝不允许办关系案、人情案、金钱案。坚决反对和克服特权思想、衙门作风、霸道作风，坚决反对和惩治粗暴执法、野蛮执法行为。对司法领域的腐败零容忍，坚决清除害群之马。

## 五、增强全民法治观念，推进法治社会建设

法律的权威源自人民的内心拥护和真诚信仰。人民权益要靠法律保障，法律权威要靠人民维护。必须弘扬社会主义法治精神，建设社会主义法治文化，增强全社会厉行法治的积极性和主动性，形成守法光荣、违法可耻的社会氛围，使全体人民都成为社会主义法治的忠实崇尚者、自觉遵守者、坚定捍卫者。

**（一）推动全社会树立法治意识。**坚持把全民普法和守法作为依法治国的长期基础性工作，深入开展法治宣传教育，引导全民自觉守法、遇事找法、解决问题靠法。坚持把领导干部带头学法、模范守法作为树立法治意识的关键，完善国家工作人员学法用法制度，把宪法法律列入党委（党组）中心组学习内容，列为党校、行政学院、干部学院、社会主义学院必修课。把法治教育纳入国民教育体系，从青少年抓起，在中小学设立法治知识课程。

健全普法宣传教育机制，各级党委和政府要加强对普法工作的领导，宣传、文化、教育部门和人民团体要在普法教育中发挥职能作用。实行国家机关“谁执法谁普法”的普法责任制，建立法官、检察官、行政执法人员、律师等以案释法制度，加强普法讲师团、普法志愿者队伍建设。把法治教育纳入精神文明创建内容，开展群众性法治文化活动，健全媒体公益普法制度，加强新媒体新技术在普法中的运用，提高普法实效。

牢固树立有权力就有责任、有权利就有义务观念。加强社会诚信建设，健全公民和组织守法信用记录，完善守法诚信褒奖机制和违法失信行为惩戒机制，使尊法守法成为全体人民共同追求和自觉行动。

加强公民道德建设，弘扬中华优秀传统文化，增强法治的道德底蕴，强化规则意识，倡导契约精神，弘扬公序良俗。发挥法治在解决道德领域突出问题中的作用，引导人们自觉履行法定义务、社会责任、家庭责任。

**（二）推进多层次多领域依法治理。**坚持系统治理、依法治理、综合治理、源头治理，提高社会治理法治化水平。深入开展多层次多形式

法治创建活动，深化基层组织和部门、行业依法治理，支持各类社会主体自我约束、自我管理。发挥市民公约、乡规民约、行业规章、团体章程等社会规范在社会治理中的积极作用。

发挥人民团体和社会组织在法治社会建设中的积极作用。建立健全社会组织参与社会事务、维护公共利益、救助困难群众、帮教特殊人群、预防违法犯罪的机制和制度化渠道。支持行业协会商会类社会组织发挥行业自律和专业服务功能。发挥社会组织对其成员的行为导引、规则约束、权益维护作用。加强在华境外非政府组织管理，引导和监督其依法开展活动。

高举民族大团结旗帜，依法妥善处置涉及民族、宗教等因素的社会问题，促进民族关系、宗教关系和谐。

**（三）建设完备的法律服务体系。**推进覆盖城乡居民的公共法律服务体系建设，加强民生领域法律服务。完善法律援助制度，扩大援助范围，健全司法救助体系，保证人民群众在遇到法律问题或者权利受到侵害时获得及时有效法律帮助。

发展律师、公证等法律服务业，统筹城乡、区域法律服务资源，发展涉外法律服务业。健全统一司法鉴定管理体制。

**（四）健全依法维权和化解纠纷机制。**强化法律在维护群众权益、化解社会矛盾中的权威地位，引导和支持人们理性表达诉求、依法维护权益，解决好群众最关心最直接最现实的利益问题。

构建对维护群众利益具有重大作用的制度体系，建立健全社会矛盾预警机制、利益表达机制、协商沟通机制、救济救助机制，畅通群众利益协调、权益保障法律渠道。把信访纳入法治化轨道，保障合理合法诉求依照法律规定和程序就能得到合理合法的结果。

健全社会矛盾纠纷预防化解机制，完善调解、仲裁、行政裁决、行政复议、诉讼等有机衔接、相互协调的多元化纠纷解决机制。加强行业性、专业性人民调解组织建设，完善人民调解、行政调解、司法调解联动工作体系。完善仲裁制度，提高仲裁公信力。健全行政裁决制度，强化行政机关解决同行政管理活动密切相关的民事纠纷功能。

深入推进社会治安综合治理，健全落实领导责任制。完善立体化社会治安防控体系，有效防范化解管控影响社会安定的问题，保障人民生命财产安全。依法严厉打击暴力恐怖、涉黑犯罪、邪教和黄赌毒等违法犯罪活动，绝不允许其形成气候。依法强化危害食品药品安全、影响安全生产、损害生态环境、破坏网络安全等重点问题治理。

## 六、加强法治工作队伍建设

全面推进依法治国，必须大力提高法治工作队伍思想政治素质、业务工作能力、职业道德水准，着力建设一支忠于党、忠于国家、忠于人民、忠于法律的社会主义法治工作队伍，为加快建设社会主义法治国家提供强有力的组织和人才保障。

**（一）建设高素质法治专门队伍。**把思想政治建设摆在首位，加强理想信念教育，深入开展社会主义核心价值观和社会主义法治理念教育，坚持党的事业、人民利益、宪法法律至上，加强立法队伍、行政执法队伍、司法队伍建设。抓住立法、执法、司法机关各级领导班子建设这个关键，突出政治标准，把善于运用法治思维和法治方式推动工作的人选拔到领导岗位上来。畅通立法、执法、司法部门干部和人才相互之间以及与其他部门具备条件的干部和人才交流渠道。

推进法治专门队伍正规化、专业化、职业化，提高职业素养和专业水平。完善法律职业准入制度，健全国家统一法律职业资格考试制度，建立法律职业人员统一职前培训制度。建立从符合条件的律师、法学专家中招录立法工作者、法官、检察官制度，畅通具备条件的军队转业干部进入法治专门队伍的通道，健全从政法专业毕业生中招录人才的规范便捷机制。加强边疆地区、民族地区法治专门队伍建设。加快建立符合职业特点的法治工作人员管理制度，完善职业保障体系，建立法官、检察官、人民警察专业职务序列及工资制度。

建立法官、检察官逐级遴选制度。初任法官、检察官由高级人民法院、省级人民检察院统一招录，一律在基层法院、检察院任职。上级人民法院、人民检察院的法官、检察官一般从下一级人民法院、人民检察院的优秀法官、检察官中遴选。

**（二）加强法律服务队伍建设。**加强律师队伍思想政治建设，把拥护中国共产党领导、拥护社会主义法治作为律师从业的基本要求，增强广大律师走中国特色社会主义法治道路的自觉性和坚定性。构建社会律师、公职律师、公司律师等优势互补、结构合理的律师队伍。提高律师队伍业务素质，完善执业保障机制。加强律师事务所管理，发挥律师协会自律作用，规范律师执业行为，监督律师严格遵守职业道德和职业操守，强化准入、退出管理，严格执行违法违规执业惩戒制度。加强律师行业党的建设，扩大党的工作覆盖面，切实发挥律师事务所党组织的政治核心作用。

各级党政机关和人民团体普遍设立公职律师，企业可设立公司律师，参与决策论证，提供法律意见，促进依法办事，防范法律风险。明确公职律师、公司律师法律地位及权利义务，理顺公职律师、公司律师管理体制机制。

发展公证员、基层法律服务工作者、人民调解员队伍。推动法律服务志愿者队伍建设。建立激励法律服务人才跨区域流动机制，逐步解决基层和欠发达地区法律服务资源不足和高端人才匮乏问题。

**（三）创新法治人才培养机制。**坚持用马克思主义法学思想和中国特色社会主义法治理论全方位占领高校、科研机构法学教育和法学研究阵地，加强法学基础理论研究，形成完善的中国特色社会主义法学理论体系、学科体系、课程体系，组织编写和全面采用国家统一的法律类专业核心教材，纳入司法考试必考范围。坚持立德树人、德育为先导向，推动中国特色社会主义法治理论进教材进课堂进头脑，培养造就熟悉和坚持中国特色社会主义法治体系的法治人才及后备力量。建设通晓国际法律规则、善于处理涉外法律事务的涉外法治人才队伍。

健全政法部门和法学院校、法学研究机构人员双向交流机制，实施高校和法治工作部门人员互聘计划，重点打造一支政治立场坚定、理论功底深厚、熟悉中国国情的高水平法学家和专家团队，建设高素质学术带头人、骨干教师、专兼职教师队伍。

## 七、加强和改进党对全面推进依法治国的领导

党的领导是全面推进依法治国、加快建设社会主义法治国家最根本的保证。必须加强和改进党对法治工作的领导，把党的领导贯彻到全面推进依法治国全过程。

**（一）坚持依法执政。**依法执政是依法治国的关键。各级党组织和领导干部要深刻认识到，维护宪法法律权威就是维护党和人民共同意志的权威，捍卫宪法法律尊严就是捍卫党和人民共同意志的尊严，保证宪法法律实施就是保证党和人民共同意志的实现。各级领导干部要对法律怀有敬畏之心，牢记法律红线不可逾越、法律底线不可触碰，带头遵守法律，带头依法办事，不得违法行使权力，更不能以言代法、以权压法、徇私枉法。

健全党领导依法治国的制度和工作机制，完善保证党确定依法治国方针政策和决策部署的工作机制和程序。加强对全面推进依法治国统一领导、统一部署、统筹协调。完善党委依法决策机制，发挥政策和法律的各自优势，促进党的政策和国家法律互联互动。党委要定期听取政法机关工作汇报，做促进公正司法、维护法律权威的表率。党政主要负责人要履行推进法治建设第一责任人职责。各级党委要领导和支持工会、共青团、妇联等人民团体和社会组织在依

法治国中积极发挥作用。

人大、政府、政协、审判机关、检察机关的党组织和党员干部要坚决贯彻党的理论和路线方针政策，贯彻党委决策部署。各级人大、政府、政协、审判机关、检察机关的党组织要领导和监督本单位模范遵守宪法法律，坚决查处执法犯法、违法用权等行为。

政法委员会是党委领导政法工作的组织形式，必须长期坚持。各级党委政法委员会要把工作着力点放在把握政治方向、协调各方职能、统筹政法工作、建设政法队伍、督促依法履职、创造公正司法环境上，带头依法办事，保障宪法法律正确统一实施。政法机关党组织要建立健全重大事项向党委报告制度。加强政法机关党的建设，在法治建设中充分发挥党组织政治保障作用和党员先锋模范作用。

**(二)加强党内法规制度建设。**党内法规既是管党治党的重要依据，也是建设社会主义法治国家的有力保障。党章是最根本的党内法规，全党必须一体严格遵行。完善党内法规制定体制机制，加大党内法规备案审查和解释力度，形成配套完备的党内法规制度体系。注重党内法规同国家法律的衔接和协调，提高党内法规执行力，运用党内法规把党要管党、从严治党落到实处，促进党员、干部带头遵守国家法律法规。

党的纪律是党内规矩。党规党纪严于国家法律，党的各级组织和广大党员干部不仅要模范遵守国家法律，而且要按照党规党纪以更高标准严格要求自己，坚定理想信念，践行党的宗旨，坚决同违法乱纪行为作斗争。对违反党规党纪的行为必须严肃处理，对苗头性倾向性问题必须抓早抓小，防止小错酿成大错、违纪走向违法。

依纪依法反对和克服形式主义、官僚主义、享乐主义和奢靡之风，形成严密的长效机制。完善和严格执行领导干部政治、工作、生活待遇方面各项制度规定，着力整治各种特权行为。深入开展党风廉政建设和反腐败斗争，严格落实党风廉政建设党委主体责任和纪委监督责任，对任何腐败行为和腐败分子，必须依纪依法予以坚决惩处，决不手软。

**(三)提高党员干部法治思维和依法办事能力。**党员干部是全面推进依法治国的重要组织者、推动者、实践者，要自觉提高运用法治思维和法治方式深化改革、推动发展、化解矛盾、维护稳定能力，高级干部尤其要以身作则、以上率下。把法治建设成效作为衡量各级领导班子和领导干部工作实绩重要内容，纳入政绩考核指标体系。把能不能遵守法律、依法办事作为考察干部重要内容，在相同条件下，优先提拔使用法治素养好、依法办事能力强的干部。对特权思想严重、法治观念淡薄的干部要批评教育，不改正的要调离领导岗位。

**(四)推进基层治理法治化。**全面推进依法治国，基础在基层，工作重点在基层。发挥基层党组织在全面推进依法治国中的战斗堡垒作用，增强基层干部法治观念、法治为民的意识，提高依法办事能力。加强基层法治机构建设，强化基层法治队伍，建立重心下移、力量下沉的法治工作机制，改善基层基础设施和装备条件，推进法治干部下基层活动。

**(五)深入推进依法治军从严治军。**党对军队绝对领导是依法治军的核心和根本要求。紧紧围绕党在新形势下的强军目标，着眼全面加强军队革命化现代化正规化建设，创新发展依法治军理论和实践，构建完善的中国特色军事法治体系，提高国防和军队建设法治化水平。

坚持在法治轨道上积极稳妥推进国防和军队改革，深化军队领导指挥体制、力量结构、政策制度等方面改革，加快完善和发展中国特色社会主义军事制度。

健全适应现代军队建设和作战要求的军事法规制度体系，严格规范军事法规制度的制定权限和程序，将所有军事规范性文件纳入审查范围，完善审查制度，增强军事法规制度科学性、针对性、适用性。

坚持从严治军铁律，加大军事法规执行力

度，明确执法责任，完善执法制度，健全执法监督机制，严格责任追究，推动依法治军落到实处。

健全军事法制工作体制，建立完善领导机关法制工作机构。改革军事司法体制机制，完善统一领导的军事审判、检察制度，维护国防利益，保障军人合法权益，防范打击违法犯罪。建立军事法律顾问制度，在各级领导机关设立军事法律顾问，完善重大决策和军事行动法律咨询保障制度。改革军队纪检监察体制。

强化官兵法治理念和法治素养，把法律知识学习纳入军队院校教育体系、干部理论学习和部队教育训练体系，列为军队院校学员必修课和部队官兵必学必训内容。完善军事法律人才培养机制。加强军事法治理论研究。

**（六）依法保障“一国两制”实践和推进祖国统一。**坚持宪法的最高法律地位和最高法律效力，全面准确贯彻“一国两制”、“港人治港”、“澳人治澳”、高度自治的方针，严格依照宪法和基本法办事，完善与基本法实施相关的制度和机制，依法行使中央权力，依法保障高度自治，支持特别行政区行政长官和政府依法施政，保障内地与香港、澳门经贸关系发展和各领域交流合作，防范和反对外部势力干预港澳事务，保持香港、澳门长期繁荣稳定。

运用法治方式巩固和深化两岸关系和平发展，完善涉台法律法规，依法规范和保障两岸人民关系、推进两岸交流合作。运用法律手段捍卫一个中国原则、反对“台独”，增进维护一个中国框架的共同认知，推进祖国和平统一。

依法保护港澳同胞、台湾同胞权益。加强内地同香港和澳门、大陆同台湾的执法司法协作，共同打击跨境违法犯罪活动。

**（七）加强涉外法律工作。**适应对外开放不断深化，完善涉外法律法规体系，促进构建开放型经济新体制。积极参与国际规则制定，推动依法处理涉外经济、社会事务，增强我国在国际法律事务中的话语权和影响力，运用法律手段维护我国主权、安全、发展利益。强化涉外法律服务，维护我国公民、法人在海外及外国公民、法人在我国的正当权益，依法维护海外侨胞权益。深化司法领域国际合作，完善我国司法协助体制，扩大国际司法协助覆盖面。加强反腐败国际合作，加大海外追赃追逃、遣返引渡力度。积极参与执法安全国际合作，共同打击暴力恐怖势力、民族分裂势力、宗教极端势力和贩毒走私、跨国有组织犯罪。

各级党委要全面准确贯彻本决定精神，健全党委统一领导和各方分工负责、齐抓共管的责任落实机制，制定实施方案，确保各项部署落到实处。

全党同志和全国各族人民要紧密团结在以习近平同志为总书记的党中央周围，高举中国特色社会主义伟大旗帜，积极投身全面推进依法治国伟大实践，开拓进取，扎实工作，为建设法治中国而奋斗！

# 关于深化“四风”整治、巩固和拓展党的群众路线教育实践活动成果的指导意见

习近平总书记在党的群众路线教育实践活动总结大会上发表重要讲话，对巩固和拓展教育实践活动成果、加强党的作风建设、全面推进从严治党作出战略部署，提出明确要求。现就深化“四风”整治、巩固和拓展教育实践活动成果提出如下指导意见。

## 一、充分认识巩固和拓展教育实践活动成果的重要意义

**1. 坚持不懈抓好作风建设。**各级党组织必须充分认识作风建设的长期性复杂性艰巨性，牢固树立持续整改、长期整改的思想，切实把作风建设紧紧抓在手上，坚持抓常、抓细、抓长，以锲而不舍、驰而不息的决心和毅力，持续努力、久久为功，推进集中反“四风”改作风转为经常性的作风建设，形成作风建设新常态。

**2. 始终保持反“四风”高压态势。**要清醒地看到，教育实践活动取得的成效还是初步的，基础还不稳固。要采取有力措施抓好整改落实，防止曲终人散，使活动期间形成的反“四风”改作风良好势头戛然而止，改作风成为一阵风；防止束之高阁，对活动中作出的公开承诺、制定的整改措施不再过问、不再落实；防止推诿扯皮，对整改任务无单位认领或者虽认领了却不牵头沟通、有解决方案却迟迟没有行动；防止反弹反复，活动一过一切照旧，“四风”卷土重来。

**3. 总结运用好教育实践活动宝贵经验。**坚持教育与实践并重，一手抓“四风”整治，一手抓经常性教育；坚持问题导向，经常分析党员、干部作风状况和本地区本部门本单位群众反映强烈的“四风”问题，有什么问题就解决什么问题，什么问题突出就重点解决什么问题；坚持领导带头，牢牢抓住县处级以上领导机关、领导班子、领导干部这个重点，督促他们以上率下、作出示范、树立标杆；坚持最讲认真精神，严格标准不降格，严抓落实不懈怠，严肃执纪不手软；坚持开门改作风，经常听取群众意见建议，及时公布整改落实情况，自觉接受群众评价监督；坚持围绕中心、服务大局，以优良作风促进经济社会科学发展，以科学发展检验作风建设成效。

## 二、切实兑现承诺，持续深入抓好整改落实

**4. 认真落实整改任务。**对领导班子整改方案和领导干部整改措施落实情况进行盘点分析，真实掌握整改落实的进展、效果和存在问题，有针对性地拿出对策。定期公开后续整改进展情况，群众认可一件、销号一件，绝不允许出现“烂尾工程”或“形象工程”。

**5. 深入推进专项整治。**各地区各部门各单位要扭住党中央确定的21项专项整治任务，进一步把责任明确到位、措施落实到位、问题解决到位。各牵头单位要成立专门工作班子，制定实施方案，细化分解具体任务，加强协调和调度；参与单位要按照职责分工，主动配合、抓好落实。专项整治工作纳入落实中央八项规定督促检查内容。

**6. 上下联动推进整改。**各行业系统要聚焦基层和群众反映强烈的政风行风问题，确定需要上下联动整改的重点项目，制定专门方案，上下互动、挂牌督办。各省区市党委要统筹抓好省、市、县三级联动整改，认真梳理基层需要上

级牵头解决的问题，列出联动整改项目清单，明确责任单位和具体措施，抓好组织实施。

## 三、强化源头治理，健全和落实改进作风常态化制度

**7. 切实加强制度建设。**认真执行中央出台的《党政机关厉行节约反对浪费条例》等文件精神，针对存在问题，修订完善或制定相应配套措施，坚决防止上有政策下有对策、无视制度规定的行为。各地区各部门各单位要按照作风建设要求、体现机关和干部管理规律、反映行业和领域特点，搞好制度承接，抓好新旧制度衔接，确保出台的每项制度行得通、有效果、管长久。

**8. 围绕权力运行扎紧织密制度笼子。**中央和国家机关要围绕规范权力运行，带头建立权力清单制度，梳理职权目录，厘清权力边界，依法公开权力运行流程。地方各级党政机关及其工作部门，要加快建立并公布本级权力清单，完善重大事项、重大决策民主协商和咨询制度，健全党务公开、政务公开和各领域办事公开制度。执法监管部门要针对权责交叉、多头执法、自由裁量权过大等问题，着力理顺执法体制、完善执法程序。窗口单位和服务行业要围绕改进服务态度、简化办事流程、提高服务效能，着力完善便民服务、高效服务、优质服务制度规定。国有企业要建立健全经营投资责任追究机制，完善企业管理人员薪酬制度，规范履职待遇和业务支出。高等学校要完善内部治理结构，健全考试招生制度，规范科研经费和设备管理办法。

**9. 强化正风肃纪维护制度严肃性。**加大制度执行监督检查力度，明确违规处理的具体办法，始终坚持对踩“红线”、闯“雷区”的零容忍，触犯法律的及时移交司法机关处理。坚持“一案双查”，既要追究当事人责任，也要追究监管领导责任，防止以集体责任代替个人责任。对顶风违纪、影响恶劣的典型案例，要指名道姓予以通报曝光。

## 四、严肃党内政治生活，坚决克服自由主义、分散主义、好人主义、个人主义

**10. 严格执行党内政治生活制度。**各级领导班子要坚持民主集中制，完善并严格执行民主决策机制、集体领导与个人分工负责相结合的制度、请示报告制度。各级党组织要着力解决不按规定开展党内活动，党内生活质量不高、流于形式、难以发挥作用的问题，切实提高党内政治生活的政治性原则性战斗性。党员领导干部要严格执行双重组织生活会制度，既要认真参加领导班子民主生活会，又要以普通党员身份参加所在党支部的组织生活会。要坚持“三会一课”、民主评议党员、党员党性定期分析等制度，结合实际开展主题党日、警示教育等活动。结合年度考核，对各级领导班子和领导干部贯彻执行党内政治生活有关规定情况进行检查，各级领导班子要在自查基础上向上级党组织专题报告。

**11. 用好批评和自我批评武器。**要将开门听取意见、认真撰写对照检查材料并报上级审核把关、深入谈心交心、严肃开展批评、上级党组织点评并严格督导等有效做法固定下来，促进批评和自我批评常态化；按照教育实践活动专题民主生活会标准，切实开好2014年度领导干部民主生活会。基层党组织组织生活会要明确组织学习、谈心谈话征求意见、撰写简要对照检查材料、召开支部委员会开展批评和自我批评、召开党员大会进行民主评议等方法步骤，确保组织生活会有质量地召开、党员都能参加。

**12. 坚持党性原则基础上的团结。**每一名党员、干部都必须站在党和人民立场上，坚持个人服从组织、少数服从多数、下级服从上级、全党服从中央，坚决维护中央权威，坚决维护党的集中统一。各级领导班子要大力提倡掏心见胆、并肩奋斗的真团结，领导班子成员要坚持大事讲原则、小事讲风格，多沟通、勤补台，正确处理权力行使、利益分配、沟通

协调上的分歧，营造心往一处想、劲往一处使的生动局面。

## 五、充分发挥领导带头表率作用，继续保持作风建设以上率下态势

**13. 不断推进领导机关作风建设。**各级党政机关要结合实际，持续开展作风建设专题活动，每年确定一个方面的作风问题，集中攻坚解决。全面推行机关联系基层、干部联系群众"双联系"制度，落实党员干部直接联系群众制度，开展在职党员到社区报到为群众服务工作。中央和地方机关工委牵头负责，继续开展机关作风和行风评议监督工作。

**14. 加强领导班子领导干部作风教育。**把作风教育纳入各级党委（党组）中心组学习和集体学习内容，每年至少集中开展一次专题学习。党员领导干部要联系思想、工作和作风建设实际，每年至少为基层党员、干部讲一次党课。各级党校、行政学院、干部学院要开设作风教育专门课程，各类主体班次都要把作风教育作为学员必修课。

**15. 严格考核领导班子领导干部作风。**坚持选拔看作风、考核考作风、监督管作风。建立领导班子领导干部作风状况定期分析机制，制定实施领导班子领导干部作风建设考核办法，把作风状况作为年度考核和干部考察重要内容，结合干部考察、工作检查、专项巡视、重点督查等方式，多渠道了解干部作风情况。

## 六、着力夯实基层基础，建强联系群众组织体系、服务体系、监督体系、保障体系

**16. 加强基层服务型党组织建设。**建立健全基层组织体系，强化基层党组织政治功能，充分发挥战斗堡垒作用。严把党员队伍入口、疏通出口，加强党员教育管理，稳妥有序处置不合格党员，推动党员立足本职岗位发挥先锋模范作用。继续整顿软弱涣散党组织，建立常态化机制，每年按一定比例倒排，滚动开展整顿。

**17. 完善基层为民服务平台。**强化县级行政服务中心、乡镇和街道一站式服务大厅、村和社区便民服务站点三级平台服务功能，推广为民服务全程代理、一站式服务、网络服务等做法。全面清理部门延伸到村、社区的公共事务，着力整改基层牌子多、检查评比多等问题。

**18. 健全基层民主管理机制。**在村和社区普遍推行"四议两公开"等民主管理制度。全面建立村务监督委员会，进一步规范监督内容、权限和程序，保证村级各项事务公开、公平、公正。

**19. 推动人财物向基层倾斜。**充实加强基层干部队伍，选派党政机关年轻干部到基层工作。认真落实基层党组织工作经费、服务群众专项经费、基层干部报酬待遇和基本养老医疗保险。注重从基层培养选拔干部，加大从村、社区干部和优秀大学生村官中考录公务员力度，适当提高基层干部待遇，逐步改善工作生活条件。建立健全市、县、乡党委书记基层党建工作三级联述联评联考机制，结合年度考核每年开展一次述职评议考核。

## 七、加强组织领导，落实作风建设各项责任

**20. 明确作风建设责任。**各级党委（党组）必须树立正确政绩观，把抓好党建作为最大政绩，切实做到真管真严、敢管敢严、长管长严。党委担负着抓作风建设的主体责任，党委（党组）书记担负着第一责任。各级党委（党组）要认真履职尽责，党委（党组）书记要成为从严治党的书记。对各级各部门党组织负责人特别是党委（党组）书记的考核，首先要看抓党建的实效，考核其他党员领导干部工作也要加大这方面的权重。

**21. 形成作风建设合力。**要充分发挥职能部门作用，明确和落实相关责任，形成作风建设齐抓共管的整体格局。要把思想教育、纪律约

束、监督查处融为一体，坚持正面教育与警示惩戒并重、立规与执纪并举、自律与他律结合，打好作风建设“组合拳”。要加强宣传和舆论引导工作，继续营造抓作风树新风的良好舆论氛围。

**22. 加强作风建设督查**。建立健全作风建设督查机制。2014 年年底，各级党委（党组）要结合年度工作总结，对整改落实情况进行一次“回头看”。2015 年适当时机，各地区各部门各单位要对整改落实工作以及巩固和拓展教育实践活动成果情况组织专项检查，党中央将进行专项检查。

（此《意见》由中共中央办公厅印发，新华社 2014 年 11 月 18 日发布）

# 关于规范国歌奏唱礼仪的实施意见

国歌是国家的象征和标志。我国宪法明确规定,中华人民共和国国歌是《义勇军进行曲》。国歌凝结着中国共产党领导人民争取民族独立、人民解放和实现国家富强、人民富裕的全部奋斗,是鼓舞人民奋勇前进的强劲旋律,是进行爱国主义教育的鲜活教材。热爱、尊重国歌,学唱、传唱国歌,规范、普及国歌奏唱礼仪,对于激发人们爱国报国情感、培育和践行社会主义核心价值观,具有重要作用。为更好发挥国歌在推进社会主义核心价值观建设中的教育引导作用,现就规范国歌奏唱礼仪提出如下意见。

## 一、国歌奏唱场合

1. 国歌可以在下列场合奏唱。重要的庆典活动或者政治性公众集会开始时,正式的外交场合或者重大的国际性集会开始时,举行升旗仪式时,重大运动赛会开始或者我国运动员在国际体育赛事中获得冠军时,遇有维护祖国尊严的斗争场合,重大公益性文艺演出活动开始时,其他重要的正式场合。

2. 国歌不得在下列场合奏唱。私人婚丧庆悼,舞会、联谊会等娱乐活动,商业活动,非政治性节庆活动,其他在活动性质或者气氛上不适宜的场合。

## 二、国歌奏唱礼仪

1. 一般要求。奏唱国歌时,应当着装得体,精神饱满,肃立致敬,有仪式感和庄重感;自始至终跟唱,吐字清晰,节奏适当,不得改变曲调、配乐、歌词,不得中途停唱或者中途跟唱;不得交语、击节、走动或者鼓掌,不得接打电话或者从事其他无关行为。国歌不得与其他歌曲紧接奏唱。

2. 外事活动。除遵守一般要求外,着装应当符合外事活动要求;遇接待国宾仪式或者国际性集会时,可以连奏有关国家国歌或者有关国际组织会歌。

3. 运动赛会。除遵守一般要求外,国歌奏唱仪式开始前应当全体起立;比赛中遇奏国歌的情况,在不违反竞赛规则的前提下,应当遵循裁判指示暂停比赛活动。

4. 学校活动。除遵守一般要求外,少先队员应当行队礼。

## 三、开展宣传教育

1. 普及国歌内容。各类学校要将国歌歌词和曲谱作为教育教学的重要内容,小学、幼儿园要组织学生学唱国歌。各类新闻媒体和宣传文化阵地要加大国歌内容的宣传力度,从历史和现实的结合上解读国歌的深刻内涵和蕴含的精神,使人们理解国歌、记住国歌、唱好国歌。各地要广泛组织群众学唱国歌,开展国歌传唱活动,让国歌的旋律在全社会响亮起来。

2. 普及国歌奏唱礼仪知识。要综合运用多种方式进行国歌奏唱礼仪宣传普及,使人们知晓国歌适宜奏唱的场合和应当遵守的礼仪规范。要广泛开展国歌奏唱礼仪体验活动,让人们在参与中感悟国歌的真谛和力量,增强对国歌的礼敬感。

3. 开展对违反国歌奏唱礼仪行为的监督。地方各级人民政府对本行政区域内的国歌奏唱行为实施监督管理。对在不适宜的场合违规奏唱国歌并造成不良社会影响的现象,对奏唱国歌时不合礼仪的行为,要批评教育,严肃纠正,增强国歌奏唱的严肃性和规范性。

(此《意见》由中共中央办公厅、国务院办公厅印发,新华社2014年12月12日发布)

# 中国共产党第十八届中央纪律检查委员会第五次全体会议公报

（2015 年 1 月 14 日中国共产党第十八届中央纪律检查委员会第五次全体会议通过）

中国共产党第十八届中央纪律检查委员会第五次全体会议，于 2015 年 1 月 12 日至 14 日在北京举行。出席会议的中央纪委委员 125 人，列席 365 人。

中共中央总书记、国家主席、中央军委主席习近平出席全会并发表重要讲话。李克强、张德江、俞正声、刘云山、王岐山、张高丽等党和国家领导人出席会议。

这次全会的主要任务是：高举中国特色社会主义伟大旗帜，以邓小平理论、“三个代表”重要思想、科学发展观为指导，深入学习贯彻习近平总书记系列重要讲话精神，回顾总结 2014 年党风廉政建设和反腐败工作，研究部署 2015 年任务。全会由中央纪律检查委员会常务委员会主持，审议通过了王岐山同志代表中央纪委常委会所作的《依法治国依规治党，坚定不移推进党风廉政建设和反腐败斗争》的工作报告。

全会认真学习了习近平总书记的重要讲话。一致认为，讲话站在党和国家全局高度，全面总结一年来党风廉政建设和反腐败斗争取得的新成效。2014 年，党中央以强烈的历史责任感、深沉的使命忧患感、顽强的意志品质推进党风廉政建设和反腐败斗争，坚持无禁区、全覆盖、零容忍，严肃查处腐败分子，着力营造不敢腐、不能腐、不想腐的政治氛围。讲话深刻分析反腐败斗争依然严峻复杂的形势，明确提出当前和今后一个时期的总体要求和主要任务，强调党风廉政建设和反腐败斗争永远在路上，要坚守阵地、巩固成果、深化拓展，打赢这场攻坚战、持久战。严肃责任追究，强化党风廉政建设主体责任；横下一条心纠正“四风”，常抓抓出习惯、抓出长效；保持高压态势不放松，坚决遏制腐败蔓延势头；深化党的纪律检查体制改革，强化党内监督。讲话着重强调，要加强纪律建设，严明政治纪律和政治规矩，特别是对遵守政治规矩进行了全面阐释。指出要全面深化改革，推进反腐倡廉制度建设。讲话充分肯定了一年来纪律检查工作取得的成绩，对纪检监察干部队伍建设提出明确要求、寄予殷切期望。习近平总书记的重要讲话，体现了崇高的党性品格、担当精神，对加强新形势下党的建设具有十分重要的指导意义。学习宣传、贯彻落实好习近平总书记重要讲话精神，是全党的重要政治任务。各级党组织和广大党员、干部要密切联系思想实际，深刻学习领会，融会贯通；紧密结合工作实践，认真贯彻落实。

全会总结 2014 年党风廉政建设和反腐败工作，认为过去的一年，在党中央坚强领导下，党风廉政建设和反腐败斗争不断深入，“四风”问题和腐败蔓延势头得到一定遏制，严肃查处周永康、徐才厚、令计划、苏荣等严重违纪案件，深得党心民心。各级纪检监察机关聚焦中心任务，强化监督执纪问责，转职能、转方式、转作风，清理省一级纪委参与的议事协调机构，解决职能越位、错位、不到位问题。坚持立行立改，扎实推进纪律检查体制改革，落实党风廉政建设主体责任。完成对 31 个省区市和新疆生产建设兵团巡视全覆盖，对 19 个部门和中央企事业单位开展专项巡视，巡视强度力度全面提升、效果显著。推进双重领导体制具体化、程序化、制度化。深化派驻机构改革，强化党内监督。

严明政治纪律、组织纪律，坚持巩固深化落实中央八项规定精神成果，持之以恒纠正“四风”。加大纪律审查力度，处理好“树木与森林”的关系，治病树、拔烂树，形成震慑，深入开展国际追逃追赃，保持高压态势。严格教育监督管理，以铁的纪律建设过硬纪检监察队伍。

全会指出，党风廉政建设和反腐败斗争取得新成效，得益于党中央旗帜鲜明、立场坚定、意志品质顽强、领导坚强有力，得益于各级党组织和广大党员、干部的共同努力，得益于人民群众支持和参与，得益于纪检监察干部付出的辛劳和智慧。全会总结了两年来的工作体会。一是党中央从严治党的鲜明立场、坚决态度和强有力措施，是我们做好工作的根本保证。习近平总书记就从严治党、严明纪律，改进作风、惩治腐败发表一系列重要讲话，为加强党风廉政建设提供了强大思想武器。二是坚定立场方向，聚焦目标任务。我们党进行的党风廉政建设和反腐败斗争，立场是以零容忍的态度惩治腐败，当前任务是坚决遏制腐败蔓延势头。惩治腐败，重点查处十八大后不收敛、不收手，问题线索反映集中、群众反映强烈，现在重要岗位且可能还要提拔使用的领导干部；纠正“四风”，重点查处十八大后、中央八项规定出台后、群众路线教育实践活动开展后仍然顶风违纪的行为。要保持坚强政治定力，有静气、不刮风，不搞运动、不是一阵子，踩着不变的步伐，把握节奏和力度，把工作一步步引向深入。三是紧紧抓住落实党风廉政建设主体责任这个“牛鼻子”，以上率下，层层传导压力。在党中央坚强有力的领导下，必须落实各级党委从严治党的政治责任。只要全党共同努力，我们就一定能从严峻复杂的形势中走出来。四是必须聚焦聚焦再聚焦，强化监督执纪问责，确保党的纪律刚性约束。从严治党首要的是严明党纪，要坚决克服组织涣散、纪律松弛现象，永葆党的先进性和纯洁性。五是紧紧依靠人民参与支持，释放群众和媒体监督正能量，使监督无处不在。六是冷静清醒判断形势，客观审视面对的挑战，树立必胜信心。要加大惩治力度，强化“不敢”；坚持标本兼治，选对人用好人，深化改革、健全制度，加强管理监督，完善激励和问责机制，强化“不能”；加强党性修养，增强宗旨意识，弘扬优秀传统文化，确立“三个自信”，强化“不想”。

全会强调，2015 年工作的总体要求是：深入贯彻党的十八大和十八届三中、四中全会精神，认真贯彻习近平总书记系列重要讲话精神，保持政治定力，坚持全面从严治党、依规治党，严明政治纪律和政治规矩、加强纪律建设，深化纪律检查体制改革、完善党风廉政建设法规制度，落实“两个责任”、强化监督执纪问责，持之以恒落实中央八项规定精神，坚决遏制腐败蔓延势头，以更严的纪律管好纪检监察干部，坚定不移推进党风廉政建设和反腐败斗争。

全会要求，纪检监察机关要巩固深化“三转”成果，进一步解决组织、形式转变后思想认识的深化和工作的到位问题。深入推进市级纪委清理议事协调机构，重点研究探索县及县以下纪检机构职能定位、工作方式和作风转变问题。

**第一，从严治党、依规治党，加强党的纪律建设。**强化对四中全会精神落实情况的监督检查，确保中央政令畅通。纪律是党的生命，纪律建设就是治本之策。我们党是肩负着历史使命的政治组织，必须有严明的政治纪律和政治规矩。党员领导干部特别是高级领导干部，必须遵守政治规矩，以更强的党性意识、政治觉悟和组织观念要求自己。守纪律是底线，守规矩靠自觉。我们党决不容忍结党营私、拉帮结派；决不允许自行其是、阳奉阴违。要强化对纪律执行情况的检查，抓紧修改党风廉政建设党规党纪和相关法律，保证党内监督权威、有效。

**第二，深化纪律检查体制改革，推动组织和制度创新。**实行下级纪委向上级纪委报告线索处置和案件查办情况制度，制定实施省区市、中管企业纪委书记、副书记提名考察办法。围绕“四个着力”，聚焦突出问题，创新方式方法，深入开展专项巡视，提高频次、机动灵活，扩大巡视覆盖面。对已巡视过的地方或部门开展回头看。今年要加大对国有企业的巡视力度，实现对中管国有重点骨干企业巡视全覆盖。加强派驻监督，新设8家中央纪委派驻机构，完成对保留派驻机构的改革和调整，实现派驻全覆盖。

**第三，深入落实主体责任，强化责任追究。**要巩固成果，推动地市一级和国有企业党组织落实主体责任。没有问责，责任就落实不下去。今年开始，尤其要突出问责。坚持"一案双查"，对违反政治纪律和政治规矩、组织纪律；"四风"问题突出，发生顶风违纪问题；出现区域性、系统性腐败案件的地方、部门和单位，既追究主体责任、监督责任，又严肃追究领导责任。

**第四，深入落实中央八项规定精神，驰而不息纠正"四风"。**要在坚持中深化，在深化中坚持，锲而不舍、狠抓节点、扩大成果。紧盯"四风"问题新形式新动向，坚决查处公款吃喝、旅游和送礼等问题。加强对中央关于厉行节约、公务接待、公车配备等规定执行情况的监督检查，把违反中央八项规定精神列入纪律审查重点，对顶风违纪者所在地区、部门和单位党委、纪委进行问责。以优良党风带动民风社风，倡导时代新风。

**第五，持续保持高压态势，坚决遏制腐败蔓延势头。**突出纪律审查重点，严肃查办发生在领导机关和重要岗位领导干部中插手工程建设、土地出让，侵吞国有资产，买官卖官、以权谋私、腐化堕落、失职渎职案件。把违反政治纪律、组织纪律等行为作为审查重点，对转移赃款赃物、销毁证据，搞攻守同盟、对抗组织审查的行为，必须纳入依规惩处的重点内容。加大对群众身边不正之风和腐败问题查处力度。

**第六，加强国际合作，狠抓追逃追赃，把腐败分子追回来绳之以法。**健全追逃追赃协调机制，强化与有关国家、地区司法协助和执法合作，突破重大个案，形成威慑。加强法规制度建设，推动落实《北京反腐败宣言》，做好防逃工作，布下天罗地网。

**第七，落实监督责任，建设忠诚、干净、担当的纪检监察干部队伍。**坚决克服不想监督、不敢监督、不作为、乱作为问题，对尸位素餐、碌碌无为的干部，该撤换的撤换、该调整的调整。对不敢抓、不敢管，监督责任缺位的坚决问责。打铁还需自身硬，信任不能代替监督。要充分发挥纪检监察干部监督机构的作用，完善自我监督机制，健全内控措施，严肃查处跑风漏气、以案谋私行为，坚决防止"灯下黑"。

全会审议并通过了中央纪律检查委员会常务委员会关于申维辰、梁滨严重违纪问题的审查报告，确认中央纪律检查委员会常务委员会之前作出的给予申维辰、梁滨开除党籍处分的决定。

全会号召，全党要紧密团结在以习近平同志为总书记的党中央周围，扎实工作、锐意进取，不断取得党风廉政建设和反腐败斗争新成效，为实现两个百年奋斗目标、实现中华民族伟大复兴的中国梦提供有力保证。

# 关于加强中国特色新型智库建设的意见

为深入贯彻落实党的十八大和十八届三中、四中全会精神，加强中国特色新型智库建设，建立健全决策咨询制度，现提出如下意见。

## 一、重大意义

**（一）中国特色新型智库是党和政府科学民主依法决策的重要支撑。**决策咨询制度是我国社会主义民主政治建设的重要内容。我们党历来高度重视决策咨询工作。改革开放以来，我国智库建设事业快速发展，为党和政府决策提供了有力的智力支持。当前，全面建成小康社会进入决定性阶段，破解改革发展稳定难题和应对全球性问题的复杂性艰巨性前所未有，迫切需要健全中国特色决策支撑体系，大力加强智库建设，以科学咨询支撑科学决策，以科学决策引领科学发展。

**（二）中国特色新型智库是国家治理体系和治理能力现代化的重要内容。**纵观当今世界各国现代化发展历程，智库在国家治理中发挥着越来越重要的作用，日益成为国家治理体系中不可或缺的组成部分，是国家治理能力的重要体现。全面深化改革，完善和发展中国特色社会主义制度，推进国家治理体系和治理能力现代化，推动协商民主广泛多层制度化发展，建立更加成熟更加定型的制度体系，必须切实加强中国特色新型智库建设，充分发挥智库在治国理政中的重要作用。

**（三）中国特色新型智库是国家软实力的重要组成部分。**一个大国的发展进程，既是经济等硬实力提高的进程，也是思想文化等软实力提高的进程。智库是国家软实力的重要载体，越来越成为国际竞争力的重要因素，在对外交往中发挥着不可替代的作用。树立社会主义中国的良好形象，推动中华文化和当代中国价值观念走向世界，在国际舞台上发出中国声音，迫切需要发挥中国特色新型智库在公共外交和文化互鉴中的重要作用，不断增强我国的国际影响力和国际话语权。

智力资源是一个国家、一个民族最宝贵的资源。近年来，我国智库发展很快，在出思想、出成果、出人才方面取得很大成绩，为推动改革开放和社会主义现代化建设作出了重要贡献。同时，随着形势发展，智库建设跟不上、不适应的问题也越来越突出，主要表现在：智库的重要地位没有受到普遍重视，具有较大影响力和国际知名度的高质量智库缺乏，提供的高质量研究成果不够多，参与决策咨询缺乏制度性安排，智库建设缺乏整体规划，资源配置不够科学，组织形式和管理方式亟待创新，领军人物和杰出人才缺乏。解决这些问题，必须从党和国家事业发展全局的战略高度，把中国特色新型智库建设作为一项重大而紧迫的任务，采取有力措施，切实抓紧抓好。

## 二、指导思想、基本原则和总体目标

**（四）指导思想。**深入贯彻党的十八大和十八届三中、四中全会精神，高举中国特色社会主义伟大旗帜，坚持以马克思列宁主义、毛泽东思想、邓小平理论、“三个代表”重要思想、科学发展观为指导，深入贯彻习近平总书记系列重要讲话精神，以服务党和政府决策为宗旨，以政策研究咨询为主攻方向，以完善组织形式和管理方式为重点，以改革创新为动力，努力建设面向现代化、面向世界、面向未来的中国特色新型智库体系，更好地服务党和国家工作大局，为实现中华民族伟大复兴的中国梦提供智力支撑。

**（五）基本原则。**

——坚持党的领导，把握正确导向。坚持

党管智库，坚持中国特色社会主义方向，遵守国家宪法法律法规，始终以维护国家利益和人民利益为根本出发点，立足我国国情，充分体现中国特色、中国风格、中国气派。

——坚持围绕大局，服务中心工作。紧紧围绕党和政府决策急需的重大课题，围绕全面建成小康社会、全面深化改革、全面推进依法治国的重大任务，开展前瞻性、针对性、储备性政策研究，提出专业化、建设性、切实管用的政策建议，着力提高综合研判和战略谋划能力。

——坚持科学精神，鼓励大胆探索。坚持求真务实，理论联系实际，强化问题意识，积极建言献策，提倡不同学术观点、不同政策建议的切磋争鸣、平等讨论，创造有利于智库发挥作用、积极健康向上的良好环境。

——坚持改革创新，规范有序发展。按照公益服务导向和非营利机构属性的要求，积极推进不同类型、不同性质智库分类改革，科学界定各类智库的功能定位。加强顶层设计、统筹协调和分类指导，突出优势和特色，调整优化智库布局，促进各类智库有序发展。

**（六）总体目标。**到 2020 年，统筹推进党政部门、社科院、党校行政学院、高校、军队、科研院所和企业、社会智库协调发展，形成定位明晰、特色鲜明、规模适度、布局合理的中国特色新型智库体系，重点建设一批具有较大影响力和国际知名度的高端智库，造就一支坚持正确政治方向、德才兼备、富于创新精神的公共政策研究和决策咨询队伍，建立一套治理完善、充满活力、监管有力的智库管理体制和运行机制，充分发挥中国特色新型智库咨政建言、理论创新、舆论引导、社会服务、公共外交等重要功能。

中国特色新型智库是以战略问题和公共政策为主要研究对象、以服务党和政府科学民主依法决策为宗旨的非营利性研究咨询机构，应当具备以下基本标准：(1)遵守国家法律法规、相对稳定、运作规范的实体性研究机构；(2)特色鲜明、长期关注的决策咨询研究领域及其研究成果；(3)具有一定影响的专业代表性人物和专职研究人员；(4)有保障、可持续的资金来源；(5)多层次的学术交流平台和成果转化渠道；(6)功能完备的信息采集分析系统；(7)健全的治理结构及组织章程；(8)开展国际合作交流的良好条件等。

## 三、构建中国特色新型智库发展新格局

**（七）促进社科院和党校行政学院智库创新发展。**社科院和党校行政学院要深化科研体制改革，调整优化学科布局，加强资源统筹整合，重点围绕提高国家治理能力和经济社会发展中的重大现实问题开展国情调研和决策咨询研究。发挥中国社会科学院作为国家级综合性高端智库的优势，使其成为具有国际影响力的世界知名智库。支持中央党校、国家行政学院把建设中国特色新型智库纳入事业发展总体规划，推动教学培训、科学研究与决策咨询相互促进、协同发展，在决策咨询方面发挥更大作用。地方社科院、党校行政学院要着力为地方党委和政府决策服务，有条件的要为中央有关部门提供决策咨询服务。

**（八）推动高校智库发展完善。**发挥高校学科齐全、人才密集和对外交流广泛的优势，深入实施中国特色新型高校智库建设推进计划，推动高校智力服务能力整体提升。深化高校智库管理体制改革，创新组织形式，整合优质资源，着力打造一批党和政府信得过、用得上的新型智库，建设一批社会科学专题数据库和实验室、软科学研究基地。实施高校哲学社会科学走出去计划，重点建设一批全球和区域问题研究基地、海外中国学术研究中心。

**（九）建设高水平科技创新智库和企业智库。**科研院所要围绕建设创新型国家和实施创新驱动发展战略，研究国内外科技发展趋势，提出咨询建议，开展科学评估，进行预测预判，促进科技创新与经济社会发展深度融合。发挥中国科学院、中国工程院、中国科协等在推动科技创新方面的优势，在国家科技战略、规划、布局、

政策等方面发挥支撑作用,使其成为创新引领、国家倚重、社会信任、国际知名的高端科技智库。支持国有及国有控股企业兴办产学研用紧密结合的新型智库,重点面向行业产业,围绕国有企业改革、产业结构调整、产业发展规划、产业技术方向、产业政策制定、重大工程项目等开展决策咨询研究。

**(十)规范和引导社会智库健康发展**。社会智库是中国特色新型智库的组成部分。坚持把社会责任放在首位,由民政部会同有关部门研究制定规范和引导社会力量兴办智库的若干意见,确保社会智库遵守国家宪法法律法规,沿着正确方向健康发展。进一步规范咨询服务市场,完善社会智库产品供给机制。探索社会智库参与决策咨询服务的有效途径,营造有利于社会智库发展的良好环境。

**(十一)实施国家高端智库建设规划**。加强智库建设整体规划和科学布局,统筹整合现有智库优质资源,重点建设50至100个国家亟需、特色鲜明、制度创新、引领发展的专业化高端智库。支持中央党校、中国科学院、中国社会科学院、中国工程院、国务院发展研究中心、国家行政学院、中国科协、中央重点新闻媒体、部分高校和科研院所、军队系统重点教学科研单位及有条件的地方先行开展高端智库建设试点。

**(十二)增强中央和国家机关所属政策研究机构决策服务能力**。中央和国家机关所属政策研究机构要围绕中心任务和重点工作,定期发布决策需求信息,通过项目招标、政府采购、直接委托、课题合作等方式,引导相关智库开展政策研究、决策评估、政策解读等工作。中央政研室、中央财办、中央外办、国务院研究室、国务院发展研究中心等机构要加强与智库的沟通联系,高度重视、充分运用智库的研究成果。全国人大要加强智库建设,开展人民代表大会制度和中国特色社会主义法律体系理论研究。全国政协要推进智库建设,开展多党合作和政治协商制度、社会主义协商民主制度理论研究。人民团体要发挥密切联系群众的优势,拓展符合自身特点的决策咨询服务方式。

## 四、深化管理体制改革

**(十三)深化组织管理体制改革**。按照行政管理体制改革和事业单位分类改革的要求,遵循智库发展规律,推进不同类型智库管理体制改革。强化政府在智库发展规划、政策法规、统筹协调等方面的宏观指导责任,创新管理方式,形成既能把握正确方向、又有利于激发智库活力的管理体制。

**(十四)深化研究体制改革**。鼓励智库与实际部门开展合作研究,提高研究工作的针对性实效性。健全课题招标或委托制度,完善公开公平公正、科学规范透明的立项机制,建立长期跟踪研究、持续滚动资助的长效机制。重视决策理论和跨学科研究,推进研究方法、政策分析工具和技术手段创新,搭建互联互通的信息共享平台,为决策咨询提供学理支撑和方法论支持。

**(十五)深化经费管理制度改革**。建立健全规范高效、公开透明、监管有力的资金管理机制,探索建立和完善符合智库运行特点的经费管理制度,切实提高资金使用效益。科学合理编制和评估经费预算,规范直接费用支出管理,合规合理使用间接费用,发挥绩效支出的激励作用。加强资金监管和财务审计,加大对资金使用违规行为的查处力度,建立预算和经费信息公开公示制度,健全考核问责制度,不断完善监督机制。

**(十六)深化成果评价和应用转化机制改革**。完善以质量创新和实际贡献为导向的评价办法,构建用户评价、同行评价、社会评价相结合的指标体系。建立智库成果报告制度,拓宽成果应用转化渠道,提高转化效率。对党委和政府委托研究课题和涉及国家安全、科技机密、商业秘密的智库成果,未经允许不得公开发布。加强智库成果知识产权创造、运用和管理,加大知识产权保护力度。

**（十七）深化国际交流合作机制改革。**加强中国特色新型智库对外传播能力和话语体系建设，提升我国智库的国际竞争力和国际影响力。建立与国际知名智库交流合作机制，开展国际合作项目研究，积极参与国际智库平台对话。坚持引进来与走出去相结合，吸纳海外智库专家、汉学家等优秀人才，支持我国高端智库设立海外分支机构，推荐知名智库专家到有关国际组织任职。重视智库外语人才培养、智库成果翻译出版和开办外文网站等工作。简化智库外事活动管理、中外专家交流、举办或参加国际会议等方面的审批程序。坚持以我为主、为我所用，学习借鉴国外智库的先进经验。

## 五、健全制度保障体系

**（十八）落实政府信息公开制度。**按照政府信息公开条例的规定，依法主动向社会发布政府信息，增强信息发布的权威性和及时性。完善政府信息公开方式和程序，健全政府信息公开申请的受理和处置机制。拓展政府信息公开渠道和查阅场所，发挥政府网站以及政务微博、政务微信等新兴信息发布平台的作用，方便智库及时获取政府信息。健全政府信息公开保密审查制度，确保不泄露国家秘密。

**（十九）完善重大决策意见征集制度。**涉及公共利益和人民群众切身利益的决策事项，要通过举行听证会、座谈会、论证会等多种形式，广泛听取智库的意见和建议，增强决策透明度和公众参与度。鼓励人大代表、政协委员、政府参事、文史馆员与智库开展合作研究。探索建立决策部门对智库咨询意见的回应和反馈机制，促进政府决策与智库建议之间良性互动。

**（二十）建立健全政策评估制度。**除涉密及法律法规另有规定外，重大改革方案、重大政策措施、重大工程项目等决策事项出台前，要进行可行性论证和社会稳定、环境、经济等方面的风险评估，重视对不同智库评估报告的综合分析比较。加强对政策执行情况、实施效果和社会影响的评估，建立有关部门对智库评估意见的反馈、公开、运用等制度，健全决策纠错改正机制。探索政府内部评估与智库第三方评估相结合的政策评估模式，增强评估结果的客观性和科学性。

**（二十一）建立政府购买决策咨询服务制度。**探索建立政府主导、社会力量参与的决策咨询服务供给体系，稳步推进提供服务主体多元化和提供方式多样化，满足政府部门多层次、多方面的决策需求。研究制定政府向智库购买决策咨询服务的指导意见，明确购买方和服务方的责任和义务。凡属智库提供的咨询报告、政策方案、规划设计、调研数据等，均可纳入政府采购范围和政府购买服务指导性目录。建立按需购买、以事定费、公开择优、合同管理的购买机制，采用公开招标、邀请招标、竞争性谈判、单一来源等多种方式购买。

**（二十二）健全舆论引导机制。**着眼于壮大主流舆论、凝聚社会共识，发挥智库阐释党的理论、解读公共政策、研判社会舆情、引导社会热点、疏导公众情绪的积极作用。鼓励智库运用大众媒体等多种手段，传播主流思想价值，集聚社会正能量。坚持研究无禁区、宣传有纪律。

## 六、加强组织领导

**（二十三）高度重视智库建设。**各级党委和政府要充分认识中国特色新型智库的地位和作用，把智库建设作为推进科学执政、依法行政、增强政府公信力的重要内容，列入重要议事日程。建立健全党委统一领导、有关部门分工负责的工作体制，切实加强对智库建设工作的领导。

**（二十四）不断完善智库管理。**有关部门和业务主管单位要按照谁主管、谁负责和属地管理、归口管理的原则，切实负起管理责任，建章立制，立好规矩，制定具体明晰的标准规范和管理措施，确保智库所从事的各项活动符合党的路线方针政策，遵守国家法律法规。加强统筹协调，做好整体规划，优化资源配置，避免重复建设，防止一哄而上和无序发展。

**（二十五）加大资金投入保障力度。**各级政府要研究制定和落实支持智库发展的财政、金融政策，探索建立多元化、多渠道、多层次的投入体系，健全竞争性经费和稳定支持经费相协调的投入机制。根据不同类型智库的性质和特点，研究制定不同的支持办法。落实公益捐赠制度，鼓励企业、社会组织、个人捐赠资助智库建设。

**（二十六）加强智库人才队伍建设。**各级党委和政府要把人才队伍作为智库建设重点，实施中国特色新型智库高端人才培养规划。推动党政机关与智库之间人才有序流动，推荐智库专家到党政部门挂职任职。深化智库人才岗位聘用、职称评定等人事管理制度改革，完善以品德、能力和贡献为导向的人才评价机制和激励政策。探索有利于智库人才发挥作用的多种分配方式，建立健全与岗位职责、工作业绩、实际贡献紧密联系的薪酬制度。加强智库专家职业精神、职业道德建设，引导其自觉践行社会主义核心价值观，增强社会责任感和诚信意识，牢固树立国家安全意识、信息安全意识、保密纪律意识，积极主动为党和政府决策贡献聪明才智。

各地区各有关部门要结合实际，按照本意见精神制定具体办法。

（此《意见》由中共中央办公厅、国务院办公厅印发，新华社2015年1月20日发布）

# 关于加大改革创新力度加快农业现代化建设的若干意见

2014年，各地区各部门认真贯彻落实党中央、国务院决策部署，加大深化农村改革力度，粮食产量实现“十一连增”，农民收入继续较快增长，农村公共事业持续发展，农村社会和谐稳定，为稳增长、调结构、促改革、惠民生作出了突出贡献。

当前，我国经济发展进入新常态，正从高速增长转向中高速增长，如何在经济增速放缓背景下继续强化农业基础地位、促进农民持续增收，是必须破解的一个重大课题。国内农业生产成本快速攀升，大宗农产品价格普遍高于国际市场，如何在“双重挤压”下创新农业支持保护政策、提高农业竞争力，是必须面对的一个重大考验。我国农业资源短缺，开发过度、污染加重，如何在资源环境硬约束下保障农产品有效供给和质量安全、提升农业可持续发展能力，是必须应对的一个重大挑战。城乡资源要素流动加速，城乡互动联系增强，如何在城镇化深入发展背景下加快新农村建设步伐、实现城乡共同繁荣，是必须解决好的一个重大问题。破解这些难题，是今后一个时期“三农”工作的重大任务。必须始终坚持把解决好“三农”问题作为全党工作的重中之重，靠改革添动力，以法治作保障，加快推进中国特色农业现代化。

2015年，农业农村工作要全面贯彻落实党的十八大和十八届三中、四中全会精神，以邓小平理论、“三个代表”重要思想、科学发展观为指导，深入贯彻习近平总书记系列重要讲话精神，主动适应经济发展新常态，按照稳粮增收、提质增效、创新驱动的总要求，继续全面深化农村改革，全面推进农村法治建设，推动新型工业化、信息化、城镇化和农业现代化同步发展，努力在提高粮食生产能力上挖掘新潜力，在优化农业结构上开辟新途径，在转变农业发展方式上寻求新突破，在促进农民增收上获得新成效，在建设新农村上迈出新步伐，为经济社会持续健康发展提供有力支撑。

## 一、围绕建设现代农业，加快转变农业发展方式

中国要强，农业必须强。做强农业，必须尽快从主要追求产量和依赖资源消耗的粗放经营转到数量质量效益并重、注重提高竞争力、注重农业科技创新、注重可持续的集约发展上来，走产出高效、产品安全、资源节约、环境友好的现代农业发展道路。

**1. 不断增强粮食生产能力**。进一步完善和落实粮食省长负责制。强化对粮食主产省和主产县的政策倾斜，保障产粮大县重农抓粮得实惠、有发展。粮食主销区要切实承担起自身的粮食生产责任。全面开展永久基本农田划定工作。统筹实施全国高标准农田建设总体规划。实施耕地质量保护与提升行动。全面推进建设占用耕地剥离耕作层土壤再利用。探索建立粮食生产功能区，将口粮生产能力落实到田块地头、保障措施落实到具体项目。创新投融资机制，加大资金投入，集中力量加快建设一批重大引调水工程、重点水源工程、江河湖泊治理骨干工程，节水供水重大水利工程建设的征地补偿、耕地占补平衡实行与铁路等国家重大基础设施项目同等政策。加快大中型灌区续建配套与节水改造，加快推进现代灌区建设，加强小型农田水利基础设施建设。实施粮食丰产科技工程和盐碱地改造科技示范。深入推进粮食高产创建和绿色增产模式攻关。实施植物保护建设工程，开展农作物病虫害专业化统防统治。

**2. 深入推进农业结构调整**。科学确定主

要农产品自给水平，合理安排农业产业发展优先序。启动实施油料、糖料、天然橡胶生产能力建设规划。加快发展草牧业，支持青贮玉米和苜蓿等饲草料种植，开展粮改饲和种养结合模式试点，促进粮食、经济作物、饲草料三元种植结构协调发展。立足各地资源优势，大力培育特色农业。推进农业综合开发布局调整。支持粮食主产区发展畜牧业和粮食加工业，继续实施农产品产地初加工补助政策，发展农产品精深加工。继续开展园艺作物标准园创建，实施园艺产品提质增效工程。加大对生猪、奶牛、肉牛、肉羊标准化规模养殖场（小区）建设支持力度，实施畜禽良种工程，加快推进规模化、集约化、标准化畜禽养殖，增强畜牧业竞争力。完善动物疫病防控政策。推进水产健康养殖，加大标准池塘改造力度，继续支持远洋渔船更新改造，加强渔政渔港等渔业基础设施建设。

**3. 提升农产品质量和食品安全水平。**加强县乡农产品质量和食品安全监管能力建设。严格农业投入品管理，大力推进农业标准化生产。落实重要农产品生产基地、批发市场质量安全检验检测费用补助政策。建立全程可追溯、互联共享的农产品质量和食品安全信息平台。开展农产品质量安全县、食品安全城市创建活动。大力发展名特优新农产品，培育知名品牌。健全食品安全监管综合协调制度，强化地方政府法定职责。加大防范外来有害生物力度，保护农林业生产安全。落实生产经营者主体责任，严惩各类食品安全违法犯罪行为，提高群众安全感和满意度。

**4. 强化农业科技创新驱动作用。**健全农业科技创新激励机制，完善科研院所、高校科研人员与企业人才流动和兼职制度，推进科研成果使用、处置、收益管理和科技人员股权激励改革试点，激发科技人员创新创业的积极性。建立优化整合农业科技规划、计划和科技资源协调机制，完善国家重大科研基础设施和大型科研仪器向社会开放机制。加强对企业开展农业科技研发的引导扶持，使企业成为技术创新和应用的主体。加快农业科技创新，在生物育种、智能农业、农机装备、生态环保等领域取得重大突破。建立农业科技协同创新联盟，依托国家农业科技园区搭建农业科技融资、信息、品牌服务平台。探索建立农业科技成果交易中心。充分发挥科研院所、高校及其新农村发展研究院、职业院校、科技特派员队伍在科研成果转化中的作用。积极推进种业科研成果权益分配改革试点，完善成果完成人分享制度。继续实施种子工程，推进海南、甘肃、四川三大国家级育种制种基地建设。加强农业转基因生物技术研究、安全管理、科学普及。支持农机、化肥、农药企业技术创新。

**5. 创新农产品流通方式。**加快全国农产品市场体系转型升级，着力加强设施建设和配套服务，健全交易制度。完善全国农产品流通骨干网络，加大重要农产品仓储物流设施建设力度。加快千亿斤粮食新建仓容建设进度，尽快形成中央和地方职责分工明确的粮食收储机制，提高粮食收储保障能力。继续实施农户科学储粮工程。加强农产品产地市场建设，加快构建跨区域冷链物流体系，继续开展公益性农产品批发市场建设试点。推进合作社与超市、学校、企业、社区对接。清理整顿农产品运销乱收费问题。发展农产品期货交易，开发农产品期货交易新品种。支持电商、物流、商贸、金融等企业参与涉农电子商务平台建设。开展电子商务进农村综合示范。

**6. 加强农业生态治理。**实施农业环境突出问题治理总体规划和农业可持续发展规划。加强农业面源污染治理，深入开展测土配方施肥，大力推广生物有机肥、低毒低残留农药，开展秸秆、畜禽粪便资源化利用和农田残膜回收区域性示范，按规定享受相关财税政策。落实畜禽规模养殖环境影响评价制度，大力推动农业循环经济发展。继续实行草原生态保护补助奖励政策，开展西北旱区农牧业可持续发展、农牧交错带已垦草原治理、东北黑土地保护试点。加大水生生物资源增殖保护力度。建立健全规划和建设项目水资源论证制度、国家水资源督察制度。大力推广节水技术，全面实施区域规模化高效节水灌溉行动。加大水污染防治和水生态保护力度。实施新一轮退耕还林还草工程，扩大重金属污染耕地修复、地下水超采区综合治理、退耕还湿试点范围，推进重要水源地生态清洁小流域等水土保持重点工程建设。大力推进重大林业生态工程，加强营造林工程建设，发展林产业和特色经济林。推进京津冀、丝绸之路经济带、长江经济带生态保护与修复。摸清底数、搞好规划、增加投入，保护好全国的天然林。提高天然林资源保护工程补助和森林生态效益补偿标准。继续扩大停止天然林商业性采伐试点。实施湿地生态效益补偿、湿地保护奖励试点和沙化土地封禁保护区补贴政策。加快实施退牧还草、牧区防灾减灾、南方草地开发利用等工程。建立健全农业生态环境保护责任制，加强问责监管，依法依规严肃查处各种破坏生态环境的行为。

**7. 提高统筹利用国际国内两个市场两种资源的能力。**加强农产品进出口调控，积极支持优势农产品出口，把握好农产品进口规模、节奏。完善粮食、棉花、食糖等重要农产品进出口和关税配额管理，严格执行棉花滑准税政策。严厉打击农产品走私行为。完善边民互市贸易政策。支持农产品贸易做强，加快培育具有国际竞争力的农业企业集团。健全农业对外合作部际联席会议制度，抓紧制定农业对外合作规划。创新农业对外合作模式，重点加强农产品加工、储运、贸易等环节合作，支持开展境外农业合作开发，推进科技示范园区建设，开展技术培训、科研成果示范、品牌推广等服务。完善支持农业对外合作的投资、财税、金融、保险、贸易、通关、检验检疫等政策，落实到境外从事农业生产所需农用设备和农业投入品出境的扶持政策。充分发挥各类商会组织的信息服务、法律咨询、纠纷仲裁等作用。

## 二、围绕促进农民增收，加大惠农政策力度

中国要富，农民必须富。富裕农民，必须充分挖掘农业内部增收潜力，开发农村二三产业增收空间，拓宽农村外部增收渠道，加大政策助农增收力度，努力在经济发展新常态下保持城乡居民收入差距持续缩小的势头。

**8. 优先保证农业农村投入。**增加农民收入，必须明确政府对改善农业农村发展条件的责任。坚持把农业农村作为各级财政支出的优先保障领域，加快建立投入稳定增长机制，持续增加财政农业农村支出，中央基建投资继续向农业农村倾斜。优化财政支农支出结构，重点支持农民增收、农村重大改革、农业基础设施建设、农业结构调整、农业可持续发展、农村民生改善。转换投入方式，创新涉农资金运行机制，充分发挥财政资金的引导和杠杆作用。改革涉农转移支付制度，下放审批权限，有效整合财政农业农村投入。切实加强涉农资金监管，建立规范透明的管理制度，杜绝任何形式的挤占挪用、层层截留、虚报冒领，确保资金使用见到实效。

**9. 提高农业补贴政策效能。**增加农民收入，必须健全国家对农业的支持保护体系。保持农业补贴政策连续性和稳定性，逐步扩大“绿箱”支持政策实施规模和范围，调整改进“黄箱”支持政策，充分发挥政策惠农增收效应。继续实施种粮农民直接补贴、良种补贴、农机具购置补贴、农资综合补贴等政策。选择部分地方开展改革试点，提高补贴的导向性和效能。完善农机具购置补贴政策，向主产区和新型农业经营主体倾斜，扩大节水灌溉设备购置补贴范围。实施农业生产重大技术措施推广补助政策。实施粮油生产大县、粮食作物制种大县、生猪调出大县、牛羊养殖大县财政奖励补助政策。扩大现代农业示范区奖补范围。健全粮食主产区利益补偿、耕地保护补偿、生态补偿制度。

**10. 完善农产品价格形成机制。**增加农民收入，必须保持农产品价格合理水平。继续执行稻谷、小麦最低收购价政策，完善重要农产品临时收储政策。总结新疆棉花、东北和内蒙古大豆目标价格改革试点经验，完善补贴方式，降低操作成本，确保补贴资金及时足额兑现到农户。积极开展农产品价格保险试点。合理确定粮食、棉花、食糖、肉类等重要农产品储备规模。完善国家粮食储备吞吐调节机制，加强储备粮监管。落实新增地方粮食储备规模计划，建立重要商品商贸企业代储制度，完善制糖企业代储制度。运用现代信息技术，完善种植面积和产量统计调查，改进成本和价格监测办法。

**11. 强化农业社会化服务。**增加农民收入，必须完善农业服务体系，帮助农民降成本、控风险。抓好农业生产全程社会化服务机制创新试点，重点支持为农户提供代耕代收、统防统治、烘干储藏等服务。稳定和加强基层农技推广等公益性服务机构，健全经费保障和激励机制，改善基层农技推广人员工作和生活条件。发挥农村专业技术协会在农技推广中的作用。采取购买服务等方式，鼓励和引导社会力量参与公益性服务。加大中央、省级财政对主要粮食作物保险的保费补贴力度。将主要粮食作物制种保险纳入中央财政保费补贴目录。中央财政补贴险种的保险金额应覆盖直接物化成本。加快研究出台对地方特色优势农产品保险的中央财政以奖代补政策。扩大森林保险范围。支持邮政系统更好服务“三农”。创新气象为农服务机制，推动融入农业社会化服务体系。

**12. 推进农村一二三产业融合发展。**增加农民收入，必须延长农业产业链、提高农业附加值。立足资源优势，以市场需求为导向，大力发展特色种养业、农产品加工业、农村服务业，扶持发展一村一品、一乡(县)一业，壮大县域经济，带动农民就业致富。积极开发农业多种功能，挖掘乡村生态休闲、旅游观光、文化教育价值。扶持建设一批具有历史、地域、民族特点的特色景观旅游村镇，打造形式多样、特色鲜明的乡村旅游休闲产品。加大对乡村旅游休闲基础设施建设的投入，增强线上线下营销能力，提高管理水平和服务质量。研究制定促进乡村旅游休闲发展的用地、财政、金融等扶持政策，落实税收优惠政策。激活农村要素资源，增加农民财产性收入。

**13. 拓宽农村外部增收渠道。**增加农民收入，必须促进农民转移就业和创业。实施农民工职业技能提升计划。落实同工同酬政策，依法保障农民工劳动报酬权益，建立农民工工资正常支付的长效机制。保障进城农民工及其随迁家属平等享受城镇基本公共服务，扩大城镇社会保险对农民工的覆盖面，开展好农民工职业病防治和帮扶行动，完善随迁子女在当地接受义务教育和参加中高考相关政策，探索农民工享受城镇保障性住房的具体办法。加快户籍制度改革，建立居住证制度，分类推进农业转移人口在城镇落户并享有与当地居民同等待遇。现阶段，不得将农民进城落户与退出土地承包经营权、宅基地使用权、集体收益分配权相挂钩。引导有技能、资金和管理经验的农民工返乡创业，落实定向减税和普遍性降费政策，降低创业成本和企业负担。优化中西部中小城市、小城镇产业发展环境，为农民就地就近转移就业创造条件。

**14. 大力推进农村扶贫开发。**增加农民收入，必须加快农村贫困人口脱贫致富步伐。以集中连片特困地区为重点，加大投入和工作力度，加快片区规划实施，打好扶贫开发攻坚战。推进精准扶贫，制定并落实建档立卡的贫困村和贫困户帮扶措施。加强集中连片特困地区基础设施建设、生态保护和基本公共服务，加大用地政策支持力度，实施整村推进、移民搬迁、乡村旅游扶贫等工程。扶贫项目审批权原则上要下放到县，省市切实履行监管责任。建立公告公示制度，全面公开扶贫对象、资金安排、项目建设等情况。健全社会扶贫组织动员机制，搭建社会参与扶贫开发平台。完善干部驻村帮扶制度。加强贫困监测，建立健全贫困县考核、约束、退出等机制。经济发达地区要不断提高扶贫开发水平。

## 三、围绕城乡发展一体化,深入推进新农村建设

中国要美,农村必须美。繁荣农村,必须坚持不懈推进社会主义新农村建设。要强化规划引领作用,加快提升农村基础设施水平,推进城乡基本公共服务均等化,让农村成为农民安居乐业的美丽家园。

**15. 加大农村基础设施建设力度。**确保如期完成"十二五"农村饮水安全工程规划任务,推动农村饮水提质增效,继续执行税收优惠政策。推进城镇供水管网向农村延伸。继续实施农村电网改造升级工程。因地制宜采取电网延伸和光伏、风电、小水电等供电方式,2015 年解决无电人口用电问题。加快推进西部地区和集中连片特困地区农村公路建设。强化农村公路养护管理的资金投入和机制创新,切实加强农村客运和农村校车安全管理。完善农村沼气建管机制。加大农村危房改造力度,统筹搞好农房抗震改造。深入推进农村广播电视、通信等村村通工程,加快农村信息基础设施建设和宽带普及,推进信息进村入户。

**16. 提升农村公共服务水平。**全面改善农村义务教育薄弱学校基本办学条件,提高农村学校教学质量。因地制宜保留并办好村小学和教学点。支持乡村两级公办和普惠性民办幼儿园建设。加快发展高中阶段教育,以未能继续升学的初中、高中毕业生为重点,推进中等职业教育和职业技能培训全覆盖,逐步实现免费中等职业教育。积极发展农业职业教育,大力培养新型职业农民。全面推进基础教育数字教育资源开发与应用,扩大农村地区优质教育资源覆盖面。提高重点高校招收农村学生比例。加强乡村教师队伍建设,落实好集中连片特困地区乡村教师生活补助政策。国家教育经费要向边疆地区、民族地区、革命老区倾斜。建立新型农村合作医疗可持续筹资机制,同步提高人均财政补助和个人缴费标准,进一步提高实际报销水平。全面开展城乡居民大病保险,加强农村基层基本医疗、公共卫生能力和乡村医生队伍建设。推进各级定点医疗机构与省内新型农村合作医疗信息系统的互联互通,积极发展惠及农村的远程会诊系统。拓展重大文化惠民项目服务"三农"内容。加强农村最低生活保障制度规范管理,全面建立临时救助制度,改进农村社会救助工作。落实统一的城乡居民基本养老保险制度。支持建设多种农村养老服务和文化体育设施。整合利用现有设施场地和资源,构建农村基层综合公共服务平台。

**17. 全面推进农村人居环境整治。**完善县域村镇体系规划和村庄规划,强化规划的科学性和约束力。改善农民居住条件,搞好农村公共服务设施配套,推进山水林田路综合治理。继续支持农村环境集中连片整治,加快推进农村河塘综合整治,开展农村垃圾专项整治,加大农村污水处理和改厕力度,加快改善村庄卫生状况。加强农村周边工业"三废"排放和城市生活垃圾堆放监管治理。完善村级公益事业一事一议财政奖补机制,扩大农村公共服务运行维护机制试点范围,重点支持村内公益事业建设与管护。完善传统村落名录和开展传统民居调查,落实传统村落和民居保护规划。鼓励各地从实际出发开展美丽乡村创建示范。有序推进村庄整治,切实防止违背农民意愿大规模撤并村庄、大拆大建。

**18. 引导和鼓励社会资本投向农村建设。**鼓励社会资本投向农村基础设施建设和在农村兴办各类事业。对于政府主导、财政支持的农村公益性工程和项目,可采取购买服务、政府与社会资本合作等方式,引导企业和社会组织参与建设、管护和运营。对于能够商业化运营的农村服务业,向社会资本全面开放。制定鼓励社会资本参与农村建设目录,研究制定财税、金融等支持政策。探索建立乡镇政府职能转移目录,将适合社会兴办的公共服务交由社会组织承担。

**19. 加强农村思想道德建设。** 针对农村特点，围绕培育和践行社会主义核心价值观，深入开展中国特色社会主义和中国梦宣传教育，广泛开展形势政策宣传教育，提高农民综合素质，提升农村社会文明程度，凝聚起建设社会主义新农村的强大精神力量。深入推进农村精神文明创建活动，扎实开展好家风好家训活动，继续开展好媳妇、好儿女、好公婆等评选表彰活动，开展寻找最美乡村教师、医生、村官等活动，凝聚起向上、崇善、爱美的强大正能量。倡导文艺工作者深入农村，创作富有乡土气息、讴歌农村时代变迁的优秀文艺作品，提供健康有益、喜闻乐见的文化服务。创新乡贤文化，弘扬善行义举，以乡情乡愁为纽带吸引和凝聚各方人士支持家乡建设，传承乡村文明。

**20. 切实加强农村基层党建工作。** 认真贯彻落实党要管党、从严治党的要求，加强以党组织为核心的农村基层组织建设，充分发挥农村基层党组织的战斗堡垒作用，深入整顿软弱涣散基层党组织，不断夯实党在农村基层执政的组织基础。创新和完善农村基层党组织设置，扩大组织覆盖和工作覆盖。加强乡村两级党组织班子建设，进一步选好管好用好带头人。严肃农村基层党内政治生活，加强党员日常教育管理，发挥党员先锋模范作用。严肃处理违反党规党纪的行为，坚决查处发生在农民身边的不正之风和腐败问题。以农村基层服务型党组织建设为抓手，强化县乡村三级便民服务网络建设，多为群众办实事、办好事，通过服务贴近群众、团结群众、引导群众、赢得群众。严格落实党建工作责任制，全面开展市县乡党委书记抓基层党建工作述职评议考核。

## 四、围绕增添农村发展活力，全面深化农村改革

全面深化改革，必须把农村改革放在突出位置。要按照中央总体部署，完善顶层设计，抓好试点试验，不断总结深化，加强督查落实，确保改有所进、改有所成，进一步激发农村经济社会发展活力。

**21. 加快构建新型农业经营体系。** 坚持和完善农村基本经营制度，坚持农民家庭经营主体地位，引导土地经营权规范有序流转，创新土地流转和规模经营方式，积极发展多种形式适度规模经营，提高农民组织化程度。鼓励发展规模适度的农户家庭农场，完善对粮食生产规模经营主体的支持服务体系。引导农民专业合作社拓宽服务领域，促进规范发展，实行年度报告公示制度，深入推进示范社创建行动。推进农业产业化示范基地建设和龙头企业转型升级。引导农民以土地经营权入股合作社和龙头企业。鼓励工商资本发展适合企业化经营的现代种养业、农产品加工流通和农业社会化服务。土地经营权流转要尊重农民意愿，不得硬性下指标、强制推动。尽快制定工商资本租赁农地的准入和监管办法，严禁擅自改变农业用途。

**22. 推进农村集体产权制度改革。** 探索农村集体所有制有效实现形式，创新农村集体经济运行机制。出台稳步推进农村集体产权制度改革的意见。对土地等资源性资产，重点是抓紧抓实土地承包经营权确权登记颁证工作，扩大整省推进试点范围，总体上要确地到户，从严掌握确权确股不确地的范围。对非经营性资产，重点是探索有利于提高公共服务能力的集体统一运营管理有效机制。对经营性资产，重点是明晰产权归属，将资产折股量化到本集体经济组织成员，发展多种形式的股份合作。开展赋予农民对集体资产股份权能改革试点，试点过程中要防止侵蚀农民利益，试点各项工作应严格限制在本集体经济组织内部。健全农村集体“三资”管理监督和收益分配制度。充分发挥县乡农村土地承包经营权、林权流转服务平台作用，引导农村产权流转交易市场健康发展。完善有利于推进农村集体产权制度改革的税费政策。

**23. 稳步推进农村土地制度改革试点。** 在确保土地公有制性质不改变、耕地红线不突破、农民利益不受损的前提下，按照中央统一部署，

审慎稳妥推进农村土地制度改革。分类实施农村土地征收、集体经营性建设用地入市、宅基地制度改革试点。制定缩小征地范围的办法。建立兼顾国家、集体、个人的土地增值收益分配机制，合理提高个人收益。完善对被征地农民合理、规范、多元保障机制。赋予符合规划和用途管制的农村集体经营性建设用地出让、租赁、入股权能，建立健全市场交易规则和服务监管机制。依法保障农民宅基地权益，改革农民住宅用地取得方式，探索农民住房保障的新机制。加强对试点工作的指导监督，切实做到封闭运行、风险可控，边试点、边总结、边完善，形成可复制、可推广的改革成果。

**24. 推进农村金融体制改革。**要主动适应农村实际、农业特点、农民需求，不断深化农村金融改革创新。综合运用财政税收、货币信贷、金融监管等政策措施，推动金融资源继续向"三农"倾斜，确保农业信贷总量持续增加、涉农贷款比例不降低。完善涉农贷款统计制度，优化涉农贷款结构。延续并完善支持农村金融发展的有关税收政策。开展信贷资产质押再贷款试点，提供更优惠的支农再贷款利率。鼓励各类商业银行创新"三农"金融服务。农业银行三农金融事业部改革试点覆盖全部县域支行。农业发展银行要在强化政策性功能定位的同时，加大对水利、贫困地区公路等农业农村基础设施建设的贷款力度，审慎发展自营性业务。国家开发银行要创新服务"三农"融资模式，进一步加大对农业农村建设的中长期信贷投放。提高农村信用社资本实力和治理水平，牢牢坚持立足县域、服务"三农"的定位。鼓励邮政储蓄银行拓展农村金融业务。提高村镇银行在农村的覆盖面。积极探索新型农村合作金融发展的有效途径，稳妥开展农民合作社内部资金互助试点，落实地方政府监管责任。做好承包土地的经营权和农民住房财产权抵押担保贷款试点工作。鼓励开展"三农"融资担保业务，大力发展政府支持的"三农"融资担保和再担保机构，完善银担合作机制。支持银行业金融机构发行"三农"专项金融债，鼓励符合条件的涉农企业发行债券。开展大型农机具融资租赁试点。完善对新型农业经营主体的金融服务。强化农村普惠金融。继续加大小额担保财政贴息贷款等对农村妇女的支持力度。

**25. 深化水利和林业改革。**建立健全水权制度，开展水权确权登记试点，探索多种形式的水权流转方式。推进农业水价综合改革，积极推广水价改革和水权交易的成功经验，建立农业灌溉用水总量控制和定额管理制度，加强农业用水计量，合理调整农业水价，建立精准补贴机制。吸引社会资本参与水利工程建设和运营。鼓励发展农民用水合作组织，扶持其成为小型农田水利工程建设和管护主体。积极发展农村水利工程专业化管理。建立健全最严格的林地、湿地保护制度。深化集体林权制度改革。稳步推进国有林场改革和国有林区改革，明确生态公益功能定位，加强森林资源保护培育。建立国家用材林储备制度。积极发展符合林业特点的多种融资业务，吸引社会资本参与碳汇林业建设。

**26. 加快供销合作社和农垦改革发展。**全面深化供销合作社综合改革，坚持为农服务方向，着力推进基层社改造，创新联合社治理机制，拓展为农服务领域，把供销合作社打造成全国性为"三农"提供综合服务的骨干力量。抓紧制定供销合作社条例。加快研究出台推进农垦改革发展的政策措施，深化农场企业化、垦区集团化、股权多元化改革，创新行业指导管理体制、企业市场化经营体制、农场经营管理体制。明晰农垦国有资产权属关系，建立符合农垦特点的国有资产监管体制。进一步推进农垦办社会职能改革。发挥农垦独特优势，积极培育规模化农业经营主体，把农垦建成重要农产品生产基地和现代农业的示范带动力量。

**27. 创新和完善乡村治理机制。**在有实际需要的地方，扩大以村民小组为基本单元的村民自治试点，继续搞好以社区为基本单元的村民自治试点，探索符合各地实际的村民自治有效实现形式。进一步规范村“两委”职责和村务决策管理程序，完善村务监督委员会的制度设计，健全村民对村务实行有效监督的机制，加强对村干部行使权力的监督制约，确保监督务实管用。激发农村社会组织活力，重点培育和优先发展农村专业协会类、公益慈善类、社区服务类等社会组织。构建农村立体化社会治安防控体系，开展突出治安问题专项整治，推进平安乡镇、平安村庄建设。

## 五、围绕做好“三农”工作，加强农村法治建设

农村是法治建设相对薄弱的领域，必须加快完善农业农村法律体系，同步推进城乡法治建设，善于运用法治思维和法治方式做好“三农”工作。同时要从农村实际出发，善于发挥乡规民约的积极作用，把法治建设和道德建设紧密结合起来。

**28. 健全农村产权保护法律制度。**完善相关法律法规，加强对农村集体资产所有权、农户土地承包经营权和农民财产权的保护。抓紧修改农村土地承包方面的法律，明确现有土地承包关系保持稳定并长久不变的具体实现形式，界定农村土地集体所有权、农户承包权、土地经营权之间的权利关系，保障好农村妇女的土地承包权益。统筹推进与农村土地有关的法律法规制定和修改工作。抓紧研究起草农村集体经济组织条例。加强农业知识产权法律保护。

**29. 健全农业市场规范运行法律制度。**健全农产品市场流通法律制度，规范市场秩序，促进公平交易，营造农产品流通法治化环境。完善农产品市场调控制度，适时启动相关立法工作。完善农产品质量和食品安全法律法规，加强产地环境保护，规范农业投入品管理和生产经营行为。逐步完善覆盖农村各类生产经营主体方面的法律法规，适时修改农民专业合作社法。

**30. 健全“三农”支持保护法律制度。**研究制定规范各级政府“三农”事权的法律法规，明确规定中央和地方政府促进农业农村发展的支出责任。健全农业资源环境法律法规，依法推进耕地、水资源、森林草原、湿地滩涂等自然资源的开发保护，制定完善生态补偿和土壤、水、大气等污染防治法律法规。积极推动农村金融立法，明确政策性和商业性金融支农责任，促进新型农村合作金融、农业保险健康发展。加快扶贫开发立法。

**31. 依法保障农村改革发展。**加强农村改革决策与立法的衔接。农村重大改革都要于法有据，立法要主动适应农村改革和发展需要。实践证明行之有效、立法条件成熟的，要及时上升为法律。对不适应改革要求的法律法规，要及时修改和废止。需要明确法律规定具体含义和适用法律依据的，要及时作出法律解释。实践条件还不成熟、需要先行先试的，要按照法定程序作出授权。继续推进农村改革试验区工作。深化行政执法体制改革，强化基层执法队伍，合理配置执法力量，积极探索农林水利等领域内的综合执法。健全涉农行政执法经费财政保障机制。统筹城乡法律服务资源，健全覆盖城乡居民的公共法律服务体系，加强对农民的法律援助和司法救助。

**32. 提高农村基层法治水平。**深入开展农村法治宣传教育，增强各级领导、涉农部门和农村基层干部法治观念，引导农民增强学法尊法守法用法意识。健全依法维权和化解纠纷机制，引导和支持农民群众通过合法途径维权，理性表达合理诉求。依法加强农民负担监督管理。依靠农民和基层的智慧，通过村民议事会、监事会等，引导发挥村民民主协商在乡村治理中的积极作用。

各级党委和政府要从全面建成小康社会、加快推进社会主义现代化的战略高度出发，进一步加强和改善对“三农”工作的领导，切实防止出现放松农业的倾向，勇于直面挑战，敢于攻坚克难，努力保持农业农村持续向好的局面。各地区各部门要深入研究农业农村发展的阶段

性特征和面临的风险挑战，科学谋划、统筹设计“十三五”时期农村改革发展的重大项目、重大工程和重大政策。加强督促检查，确保各项“三农”政策不折不扣落实到位。巩固和拓展党的群众路线教育实践活动成果，坚持不懈改进工作作风，努力提高“三农”工作的能力和水平。

让我们紧密团结在以习近平同志为总书记的党中央周围，开拓创新，扎实工作，加快农村改革发展，为全面建成小康社会作出新的贡献！

（此《意见》由中共中央、国务院印发，新华网 2015 年 2 月 1 日发布）

# 关于加强社会主义协商民主建设的意见

社会主义协商民主是中国社会主义民主政治的特有形式和独特优势，是党的群众路线在政治领域的重要体现，是深化政治体制改革的重要内容。为深入贯彻落实党的十八大和十八届三中、四中全会精神，推进协商民主广泛多层制度化发展，建设社会主义政治文明，推进国家治理体系和治理能力现代化，现就加强社会主义协商民主建设提出如下意见。

## 一、加强协商民主建设的重要意义

协商民主是在中国共产党领导下，人民内部各方面围绕改革发展稳定重大问题和涉及群众切身利益的实际问题，在决策之前和决策实施之中开展广泛协商，努力形成共识的重要民主形式。

**(1)发展历程**。社会主义协商民主是中国共产党和中国人民的伟大创造，源自中国共产党领导人民进行革命、建设、改革的长期实践。党的十八大和十八届三中全会深刻总结我国社会主义民主政治建设的经验和规律，作出健全社会主义协商民主制度、推进协商民主广泛多层制度化发展的重大战略部署。协商民主在我国具有深厚的文化基础、理论基础、实践基础、制度基础，为发展中国社会主义民主政治丰富了形式，拓展了渠道，增加了内涵。

**(2)重要意义**。当前，我国正处在全面建成小康社会的决定性阶段。面对改革开放进程中利益格局深刻调整的新形势，面对社会新旧矛盾相互交织的新变化，面对市场经济条件下思想观念多元多样的新情况，面对世界范围内不同政治发展道路竞争博弈的新挑战，加强协商民主建设，有利于扩大公民有序政治参与、更好实现人民当家作主的权利，有利于促进科学民主决策、推进国家治理体系和治理能力现代化，有利于化解矛盾冲突、促进社会和谐稳定，有利于保持党同人民群众的血肉联系、巩固和扩大党的执政基础，有利于发挥我国政治制度优越性，增强中国特色社会主义道路自信、理论自信、制度自信。

## 二、加强协商民主建设的指导思想、基本原则和渠道程序

**(3)指导思想**。加强协商民主建设，必须贯彻落实党的十八大和十八届三中、四中全会精神，高举中国特色社会主义伟大旗帜，以马克思列宁主义、毛泽东思想、邓小平理论、“三个代表”重要思想、科学发展观为指导，深入贯彻落实习近平总书记系列重要讲话精神，坚持和完善我国根本政治制度和基本政治制度，以保证人民当家作主为根本，构建程序合理、环节完整的协商民主体系，推进协商民主广泛多层制度化发展，为发展中国社会主义民主政治注入新的活力，为实现“两个一百年”奋斗目标、实现中华民族伟大复兴的中国梦凝聚智慧和力量。

**(4)基本原则**。加强协商民主建设，必须坚持党的领导、人民当家作主、依法治国有机统一，贯彻民主集中制，坚定不移走中国特色社会主义政治发展道路。坚持围绕中心、服务大局，促进经济持续健康发展，维护社会和谐稳定。坚持依法有序、积极稳妥，确保协商民主有制可依、有规可守、有章可循、有序可遵。坚持协商于决策之前和决策实施之中，增强决策的科学性和实效性。坚持广泛参与、多元多层，更好保障人民群众的知情权、参与权、表达权、监督权。坚持求同存异、理性包容，切实提高协商质量和效率。

**(5)协商渠道**。继续重点加强政党协商、

政府协商、政协协商，积极开展人大协商、人民团体协商、基层协商，逐步探索社会组织协商。发挥各协商渠道自身优势，做好衔接配合，不断健全和完善社会主义协商民主制度。各类协商要根据自身特点和实际需要，合理确定协商内容和方式。

**(6)协商程序**。从实际出发，按照科学合理、规范有序、简便易行、民主集中的要求，制定协商计划、明确协商议题和内容、确定协商人员、开展协商活动、注重协商成果运用反馈，确保协商活动有序务实高效。

## 三、继续加强政党协商

发挥中国特色社会主义政党制度优势，坚持长期共存、互相监督、肝胆相照、荣辱与共，加强中国共产党同民主党派的政治协商，搞好合作共事，巩固和发展和谐政党关系。

**(7)继续探索规范政党协商形式**。完善协商的会议形式，就党和国家重要方针政策、重大问题召开专题协商座谈会，由中共中央主要负责同志主持；就重要人事安排在酝酿阶段召开人事协商座谈会，由中共中央负责同志主持；就民主党派的重要调研课题召开调研协商座谈会，由中共中央负责同志主持，邀请相关部门参加；根据工作需要，召开协商座谈会，沟通思想、交换意见、通报重要情况，由中共中央负责同志或委托有关部门主持。完善中共中央负责同志与民主党派中央负责同志约谈形式。完善中共中央与民主党派中央书面沟通协商形式。

**(8)完善民主党派中央直接向中共中央提出建议制度**。民主党派中央每年以调研报告、建议等形式直接向中共中央提出意见和建议。民主党派中央负责同志可以个人名义向中共中央和国务院直接反映情况、提出建议。中共中央政治局常委、委员开展的国内考察调研以及重要外事活动，可根据需要、经统一安排邀请民主党派中央负责同志参加。

**(9)加强政党协商保障机制建设**。健全知情明政机制，有关部门定期提供相关材料，组织专题报告会，协助民主党派优化考察调研选题。加强政府有关部门、司法机关与民主党派的联系，视情邀请民主党派列席有关会议、参加专项调研和检查督导工作。完善协商反馈机制，中共中央将协商意见交付有关部门办理，有关部门及时反馈落实情况。支持民主党派加强协商能力建设。

无党派人士是政治协商的重要组成部分，工商联是具有统战性的人民团体和民间商会，有关部门要为无党派人士和工商联参加协商做好联络服务。

各省（自治区、直辖市）、市（地、州、盟）党委要结合实际，对开展政党协商作出具体安排。

## 四、积极开展人大协商

人民代表大会制度是保证人民当家作主的根本政治制度。各级人大要依法行使职权，同时在重大决策之前根据需要进行充分协商，更好汇聚民智、听取民意，支持和保证人民通过人民代表大会行使国家权力。

**(10)深入开展立法工作中的协商**。制定立法规划、立法工作计划，要广泛听取各方面的意见和建议。健全法律法规起草协调机制，加强人大专门委员会、工作委员会与相关方面的沟通协商。健全立法论证、听证、评估机制，探索建立有关国家机关、社会团体、专家学者等对立法中涉及的重大利益调整论证咨询机制。拓宽公民有序参与立法途径，健全法律法规草案公开征求意见和公众意见采纳情况反馈机制。对于法律关系复杂、意见分歧较大的法律法规草案，要进行广泛深入的调研、论证、协商，在各方面基本取得共识基础上再依法提请表决。

**(11)发挥好人大代表在协商民主中的作用**。健全法律法规规章起草征求人大代表意见制度，增加人大代表列席人大常委会会议人数，更好发挥人大代表在立法协商中的作用。提高代表议案建议质量，有关方面要加强与代表的沟通协商，增强议案建议办理实效。建立健全代表联络机构、网络平台等形式，密切代表同人民群众联系。

鼓励基层人大在履职过程中依法开展协商，探索协商形式，丰富协商内容。

## 五、扎实推进政府协商

围绕有效推进科学民主依法决策加强政府协商，增强决策透明度和公众参与度，解决好人民最关心最直接最现实的利益问题，推进政府职能转变，提高政府治理能力和水平。

**（12）探索制定并公布协商事项目录。** 政府根据法律法规规定和工作实际，探索制定并公布协商事项目录。列入目录的事项，要进行沟通协商。未列入目录的事项，根据实际需要进行沟通协商。

**（13）增强协商的广泛性针对性。** 坚持社会公众广泛参与，加强与人大代表、政协委员以及民主党派、无党派人士、工商联等的沟通协商。专业事项坚持专家咨询论证。涉及经济社会发展重大问题、重大公共利益或重大民生的，重视听取社会各方面的意见和建议，吸纳社会公众特别是利益相关方参与协商。涉及特定群体利益的，加强与相关人民团体、社会组织以及群众代表的沟通协商。

**（14）完善政府协商机制。** 做好政府信息公开工作，为各方面参与政府协商创造条件。完善意见征集和反馈机制，在立法、设定决策议题、进行决策时广泛听取意见，及时反馈意见采纳情况。规范听证机制，听证会依法公开举行，及时公开相关信息。建立健全决策咨询机制，完善咨询程序，提高咨询质量和公信力。完善人大代表议案建议和政协提案办理联系机制，建立和完善台账制度，将建议和提案办理纳入政府年度督查工作计划，办理结果逐步向社会公开。

## 六、进一步完善政协协商

充分发挥人民政协作为协商民主重要渠道和专门协商机构的作用，坚持团结和民主两大主题，推进政治协商、民主监督、参政议政制度建设，不断提高人民政协协商民主制度化、规范化、程序化水平。

**（15）明确政协协商的主要内容。** 主要包括国家和地方的大政方针以及政治、经济、文化和社会生活中的重要问题，各党派参加人民政协工作的共同性事务，政协内部的重要事务，以及有关爱国统一战线的其他重要问题等。

**（16）完善政协会议及其他协商形式。** 改进政协通过会议进行协商的形式，适当增加专题议政性常委会议和专题协商会次数，完善协商座谈会制度。更加灵活、更为经常地开展专题协商、对口协商、界别协商、提案办理协商，探索网络议政、远程协商等新形式。增加集体提案比重，提高提案质量，建立交办、办理、督办提案协商机制。通过协商会议、建议案、视察、提案、反映社情民意信息等形式提出意见和建议，积极履行民主监督职能。

**（17）加强政协协商与党委和政府工作的有效衔接。** 规范协商议题提出机制，认真落实由党委、人大、政府、民主党派、人民团体等提出议题的规定，探索由界别和委员联名提出议题。规范年度协商计划的制定，由党委常委会会议专题讨论并列入党委年度工作要点。健全知情明政制度，相关部门定期通报有关情况，为政协委员履职提供便利、创造条件。规范党委和政府领导及部门负责人参加政协协商活动。完善协商成果采纳、落实和反馈机制。

**（18）加强人民政协制度建设。** 政协全国委员会研究制定规范政治协商、民主监督、参政议政的具体意见。深入开展调查研究，在条件成熟时对政协界别适当进行调整。完善委员推荐提名工作机制，优化委员构成。研究制定政协委员管理的指导性意见。在政协建立健全委员联络机构，完善委员联络制度。

## 七、认真做好人民团体协商

围绕做好新形势下党的群众工作开展协商，更好组织和代表所联系群众参与公共事务，有效反映群众意愿和利益诉求，发挥人民团体作为党和政府联系人民群众的桥梁和纽带作用。

**(19)建立完善人民团体参与各渠道协商的工作机制。** 对涉及群众切身利益的实际问题,特别是事关特定群体权益保障的,有关部门要加强与相关人民团体协商。政协要充分发挥人民团体及其界别委员的作用,积极组织人民团体参与协商、视察、调研等活动,密切各专门委员会和人民团体的联系。

**(20)组织引导群众开展协商。** 人民团体要健全直接联系群众工作机制,及时围绕涉及所联系群众切身利益的问题开展协商。拓展联系渠道和工作领域,把联系服务新兴社会群体纳入工作范围,增强协商的广泛性和代表性。积极发挥对相关领域社会组织的联系服务引领作用,搭建相关社会组织与党委和政府沟通交流的平台。

## 八、稳步推进基层协商

涉及人民群众利益的大量决策和工作,主要发生在基层。要按照协商于民、协商为民的要求,建立健全基层协商民主建设协调联动机制,稳步开展基层协商,更好解决人民群众的实际困难和问题,及时化解矛盾纠纷,促进社会和谐稳定。

**(21)推进乡镇、街道的协商。** 围绕本地城乡规划、工程项目、征地拆迁以及群众反映强烈的民生问题等,组织有关方面开展协商。加强乡镇、街道对行政村、社区协商活动的指导。跨行政村或跨社区的重要决策事项,根据需要由乡镇、街道乃至县(市、区、旗)组织开展协商。

**(22)推进行政村、社区的协商。** 坚持村(居)民会议、村(居)民代表会议制度,规范议事规程。积极探索村(居)民议事会、村(居)民理事会、恳谈会等协商形式。重视吸纳利益相关方、社会组织、外来务工人员、驻村(社区)单位参加协商。通过协商无法解决或存在较大争议的问题或事项,应提交村(居)民会议或村(居)民代表会议决定。

**(23)推进企事业单位的协商。** 健全以职工代表大会为基本形式的企事业单位民主管理制度。畅通职工表达合理诉求渠道,健全各层级职工沟通协商机制。积极推动由工会代表职工与企业就调整和规范劳动关系等重要决策事项进行集体协商。逐步完善以劳动行政部门、工会组织、企业组织为代表的劳动关系三方协商机制。

探索开展社会组织协商。坚持党的领导和政府依法管理,健全与相关社会组织联系的工作机制和沟通渠道,引导社会组织有序开展协商,更好为社会服务。

## 九、加强和完善党对协商民主建设的领导

党的领导是中国特色社会主义最本质的特征。加强协商民主建设,必须坚持党的领导,充分发挥党总揽全局、协调各方的领导核心作用,把握正确方向,形成强大合力,确保有序高效开展。

**(24)高度重视协商民主建设。** 各级党委要充分认识加强协商民主建设的重大意义,把协商民主建设纳入总体工作部署和重要议事日程,对职责范围内各类协商民主活动进行统一领导、统一规划、统一部署。要做到协商于决策之前和决策实施之中,根据各方面的意见和建议来决定和调整决策和工作,从制度上保障协商成果落地,使决策和工作更好顺乎民意、合乎实际。党委领导同志要以身作则,带头学习掌握协商民主理论,熟悉协商民主工作方法,把握协商民主工作规律,努力成为加强协商民主建设的积极组织者、有力促进者、自觉实践者,通过推进协商民主改善党的领导、加强党的领导、巩固党的执政地位。

**(25)建立健全党领导协商民主建设的工作制度。** 建立党委统一领导、各方分工负责、公众积极参与的领导体制和工作机制。各级党委要按照民主集中制原则,坚持民主基础上的集中和集中指导下的民主相统一,确保协商依法

开展、有序进行，防止议而不决、决而不行。加强统筹协调，认真研究制定协商计划，解决协商民主建设的重大问题，支持人大、政府、政协、党派团体、基层组织和社会组织依照法律法规和各自章程开展协商，有计划有步骤地推进协商活动。加强对协商民主建设落实情况的监督检查。

**（26）支持鼓励协商民主建设探索创新。**协商民主建设是一个不断发展的过程。各级党委要加强领导和组织协调，鼓励探索创新，通过各种途径、各种渠道、各种方式进行广泛协商，建立健全提案、会议、座谈、论证、听证、公示、评估、咨询、网络、民意调查等多种协商方式。尊重群众首创精神，注重实践经验提炼总结，并适时上升为制度规范。加强中国特色新型智库建设，建立健全决策咨询制度。加强协商民主理论研究，不断丰富和发展社会主义协商民主理论体系。研究制定协商民主建设党内法规。

**（27）营造协商民主建设良好氛围。**各级党委要自觉把协商民主建设贯穿于各领域，坚持有事多协商，遇事多协商，做事多协商。健全党内民主制度，以党内民主带动和促进协商民主发展。党委宣传部门和主要新闻媒体，要加强正确舆论引导，普及协商民主知识，宣传协商民主理论和实践，树立协商民主建设先进典型，发挥好示范引领作用。

各地区各相关部门要根据本意见，结合实际，制定具体实施办法。

（此《意见》由中共中央印发，新华网 2015 年 2 月 9 日发布）

# 第二部分

# 政工大事纪实

# 2014年3月

## 中央党校举行春季学期开学典礼

3月1日，中共中央党校举行2014年春季学期开学典礼，刘云山出席典礼并讲话。

刘云山指出，习近平总书记系列重要讲话深刻回答了新的历史条件下党和国家发展的重大理论和现实问题，为推进伟大事业、伟大工程提供了强大思想武器。深入学习贯彻习近平总书记系列重要讲话精神，是全党的重要政治任务。习近平总书记系列重要讲话贯穿着强烈的担当意识，反复强调领导干部要敢于担当。敢于担当是中国共产党人的鲜明品格，是领导干部的时代责任。党的十八大对未来发展做出战略部署，十八届三中全会开启全面深化改革的新征程，面对繁重而艰巨的历史任务，领导干部必须有为党尽责、为国奉献、为民分忧的担当精神。各级党委要把学习讲话作为中心组学习的重要内容，更好地把思想和行动统一到中央精神上来，把力量凝聚到落实中央决策部署上来。党校、行政学院、干部学院要把学习讲话作为干部培训的必修课，引导党员干部深刻领会讲话的重大意义和丰富内涵，自觉用讲话精神武装头脑、指导实践、推动工作。

## 中央社会主义学院举行春季开学典礼

3月1日，中央社会主义学院举行2014年春季开学典礼。严隽琪出席并讲话，叶小文主持开学典礼。

严隽琪强调，民主党派要深入领会中共十八届三中全会精神，不断凝聚改革共识，积极履职尽责，为全面深化改革献计出力。要不断以改革创新的精神加强自身建设，努力把中国特色社会主义参政党建设提高到一个新的水平。林智敏希望统一战线广大成员牢牢把握方向，适应时代要求，为全面深化改革总目标的实现巩固制度基础，贡献智慧和力量。龚建明代表各民主党派中央、全国工商联和无党派人士讲话。

## 中央人才工作协调小组第三十九次会议召开

3月1日，中央人才工作协调小组第三十九次会议在北京召开，赵乐际主持并讲话。

赵乐际指出，要把握人才发展形势，突出人才工作重点，大力推进人才发展体制机制改革和政策创新，打通人才流动、使用、发挥作用中的体制机制障碍，打通科技和经济转移转化的通道。要完善人才顺畅流动的制度体系，加大对革命老区、民族地区、边疆地区、贫困地区的人才支持力度。要围绕服务国家重大发展战略，以更大力度推进“千人计划”“万人计划”，统筹推进各类人才队伍建设。要增强服务意识、搭建创新平台，营造尊重劳动、尊重知识、尊重人才、尊重创造的社会环境，最大限度地激发人才的创造能量和活力。要坚持党管人才原则，完善协调小组工作机制，保持抓落实的力度和恒心，充分发挥各地各部门和社会各方面的积极性，形成推动人才发展的强大合力。

## 第四期省部级干部学习贯彻习近平总书记系列讲话精神研讨班举行

3月1日至5日，第四期省部级干部学习贯彻习近平总书记系列讲话精神研讨班在中央党校举行。160多名学员围绕深入学习贯彻习近平总书记系列重要讲话精神，认真听课、坦诚交流。

学员们一致认为，通过这次研讨班的学习讨论，进一步深化了认识，统一了思想，对习近平总书记系列重要讲话精神的认识更加深入，更加系统化，可以说是受到了一次精神洗礼。同时进一步坚定了信仰，明确了前进方向，提高了破解难题、实干兴邦的勇气和能力。回去后要继续学习讲话精神，进一步把思想和行动统一到讲话精神上来。同时从自己做起，以更饱满的精神和更严谨的作风，进一步做好实际工作，为实现中华民族伟大复兴的中国梦作出自己的贡献。

## 中宣部举办第十一届中国公民道德论坛

3月2日，中央宣传部在北京举办第十一届中国公民道德论坛，刘奇葆出席并讲话。

刘奇葆指出，培育和践行社会主义核心价值观，必须在国家发展总的目标下与各方面工作紧密结合起来，围绕国家、社会、公民三个层面开展宣传教育。首先要在全社会叫响"三个倡导"24个字，同时要全面系统、分层面、有重点地开展宣传教育，引导人们不断加深理解认同，成为人们的精神追求和自觉行动。要弘扬中华优秀传统文化和传统美德，加强道德教育实践，深化学雷锋志愿服务活动，开展孝敬、诚信、勤劳节俭教育。要在抓好融入上下功夫，推动社会主义核心价值观融入各行各业实际工作，融入大众日常生活，融入政策制度、法律法规的制定实施，把培育和践行社会主义核心价值观的任务落到实处。

## 国家行政学院举行春季开学典礼

3月2日，国家行政学院2014年春季开学典礼暨省部级领导干部政府职能转变专题研讨班举行开班式，杨晶出席并讲话。

杨晶指出，加快转变政府职能、深化行政体制改革是完善社会主义市场经济体制的必然要求，是推进国家治理体系和治理能力现代化的重要举措，是全面深化改革的关键环节，也是防治腐败的釜底抽薪之策。要按照党中央、国务院决策部署，切实抓好加快转变政府职能各项工作。要继续减少和规范行政审批事项，进一步加大简政放权力度。要加强和改进监管方式，完善事中事后监管，提高监管成效。要创新公共服务内容和方式，推进公共服务提供主体多元化。要推动政府依法履职、职权法定，让权力在阳光下运行。

## 全国政协十二届二次会议召开

3月3日至12日，中国人民政治协商会议第十二届全国委员会第二次会议在北京召开，习近平等中央领导出席。

开幕会上俞正声代表政协第十二届全国委员会常务委员会向大会报告工作。他说，2013年是全面贯彻落实中共十八大精神的开局之年，也是人民政协事业在继承中创新、在创新中发展的一年。一年来，在以习近平同志为总书记的中共中央坚强领导下，人民政协高举爱国主义和社会主义旗帜，坚持团结和民主两大主题，围绕党和国家中心工作，认真履行政治协商、民主监督、参政议政职能，充分发挥协调关系、汇聚力量、建言献策、服务大局作用，思想理论建设取得新成效，服务改革发展取得新成绩，推进协商民主取得新进展，改进工作作风取得新突破，实现了本届政协工作的良好开局。韩启德向大会报告政协十二届一次会议以来的提案工作情况。截至2014年2月20日，已办复提案5396件，办复率为99.8%。

会议通过了政协第十二届全国委员会第二次会议关于常务委员会工作报告的决议、政协第十二届全国委员会提案委员会关于政协十二届二次会议提案审查情况的报告、政协第十二届全国委员会第二次会议政治决议。

俞正声在闭幕会上说，会议开得圆满、成功，充分发挥了人民政协作为协商民主重要渠道作用，生动体现了社会主义民主政治的生机与活力。全面深化改革的伟大征程已经开启。

在新的时代条件下全面深化改革，尤其需要我们始终坚定正确方向，自觉把思想和行动统一到中共中央决策部署和习近平同志系列重要讲话精神上来，不断夯实共同思想政治基础；尤其需要集思广益、汇集众智，克服一个又一个困难，解决一个又一个问题，稳扎稳打地前进；尤其需要广泛凝聚共识、协调利益关系、化解社会矛盾，汇聚强大正能量。改革的本质是创新。人民政协要大力弘扬与时俱进、锐意进取、勤于探索、勇于实践的改革创新精神，发展协商民主，加强履职能力建设，发挥协调关系、汇聚力量、建言献策、服务大局重要作用，更好服务全面深化改革总目标，为推动经济持续健康发展、促进保障改善民生、维护社会和谐稳定作出新贡献。

## 十二届全国人大二次会议召开

3月5日至13日，第十二届全国人民代表大会第二次会议在北京召开。习近平、李克强、俞正声、刘云山、王岐山、张高丽等党和国家领导同志出席会议。

开幕会由张德江主持，全体与会人员为3月1日晚在云南昆明火车站被暴力恐怖分子杀害不幸遇难群众表示沉痛哀悼。

李克强代表国务院向大会作政府工作报告。他说，一年来，我们坚持稳中求进工作总基调，统筹稳增长、调结构、促改革，坚持宏观政策要稳、微观政策要活、社会政策要托底，创新宏观调控思路和方式，采取一系列既利当前、更惠长远的举措，稳中有为，稳中提质，稳中有进，各项工作实现了良好开局。2014年经济社会发展的主要预期目标是：国内生产总值增长7.5%左右，居民消费价格涨幅控制在3.5%左右，城镇新增就业1000万人以上，城镇登记失业率控制在4.6%以内，国际收支基本平衡，努力实现居民收入和经济发展同步。加强对增长、就业、物价、国际收支等主要目标的统筹平衡。李克强从9个方面报告了2014年的重点工作：推动重要领域改革取得新突破；开创高水平对外开放新局面；增强内需拉动经济的主引擎作用；促进农业现代化和农村改革发展；推进以人为核心的新型城镇化；以创新支撑和引领经济结构优化升级；加强教育、卫生、文化等社会建设；统筹做好保障和改善民生工作；努力建设生态文明的美好家园。

经表决，会议通过了关于政府工作报告的决议。批准关于2013年国民经济和社会发展计划执行情况与2014年国民经济和社会发展计划草案的报告，批准2014年国民经济和社会发展计划；批准关于2013年中央和地方预算执行情况与2014年中央和地方预算草案的报告，批准2014年中央预算。通过了关于全国人大常委会工作报告的决议。通过了关于最高人民法院工作报告的决议、关于最高人民检察院工作报告的决议，决定批准这两个报告。

大会完成各项议程后，张德江发表讲话。他说，十二届全国人大二次会议充分发扬民主，严格依法办事，必将进一步鼓舞和动员全国各族人民更加奋发有为地投身坚持和发展中国特色社会主义伟大事业。会议期间，代表们肩负全国各族人民的重托，认真履行宪法和法律赋予的职责，围绕大局、讲求实效，畅所欲言、集思广益，使会议批准的报告和通过的决议充分体现了党的主张和人民意志的统一。全面深化改革，是时代赋予我们的光荣任务。依法治国是党领导人民治理国家的基本方略。全国人大及其常委会在社会主义民主法治建设中责任重大。改革开放新的伟大征程召唤着我们，人民对美好生活的向往鞭策着我们。让我们更加紧密地团结在以习近平同志为总书记的党中央周围，高举中国特色社会主义伟大旗帜，以邓小平理论、“三个代表”重要思想、科学发展观为指导，万众一心、锐意进取，扎实工作、攻坚克难，为全面建成小康社会、不断夺取中国特色社会主义新胜利、实现中华民族伟大复兴的中国梦而努力奋斗。

## 中央军委深化国防和军队改革领导小组召开第一次全体会议

3月15日，中央军委深化国防和军队改革领导小组第一次全体会议在北京召开，习近平主持会议并讲话。会议宣布了中央军委深化国防和军队改革领导小组人员组成和机构设置，审议通过了有关工作规则和改革重要举措分工方案，研究了近期工作。

习近平指出，国防和军队改革是全面改革的重要组成部分，也是全面深化改革的重要标志。要继续加强教育和引导工作，使全军从全局和战略高度认识和把握深化国防和军队改革的重大意义和丰富内涵，把思想和行动统一到中央和军委的决策部署上来，形成深化国防和军队改革的强大合力。要着眼实现强军目标，正确把握深化国防和军队改革的指导原则。要牢牢把握坚持改革正确方向这个根本。深化国防和军队改革是中国特色社会主义军事制度自我完善和发展，是为了更好发挥中国特色社会主义军事制度的优势。改革是要更好坚持党对军队的绝对领导，更好坚持人民军队的性质和宗旨，更好坚持我军的光荣传统和优良作风。要牢牢把握能打仗、打胜仗这个聚焦点。坚持以军事斗争准备为龙头，坚持问题导向，把改革主攻方向放在军事斗争准备的重点难点问题上，放在战斗力建设的薄弱环节上。要牢牢把握军队组织形态现代化这个指向。没有军队组织形态现代化，就没有国防和军队现代化。要深入推进领导指挥体制、力量结构、政策制度等方面改革，为建设巩固国防和强大军队提供有力制度支撑。要牢牢把握积极稳妥这个总要求。该改的就要抓紧改、大胆改、坚决改。同时，重大改革举措牵一发而动全身，必须稳妥审慎。改革举措出台之前，必须反复论证和科学评估，力求行之有效。领导小组要履职尽责，对改革工作实施坚强领导。要强化集中统一领导，搞好总体设计、统筹协调、整体推进、督导落实，确保各项改革工作统一谋划、统一部署、统一推进、统一实施。要坚持科学议事决策，坚持走群众路线，充分发扬民主，广泛听取各方面意见。

## 2014年中央巡视工作动员部署会召开

3月15日，中央巡视工作动员部署会议在北京召开，王岐山出席并讲话。中央巡视组将对北京、天津、辽宁、福建、山东、河南、海南、甘肃、宁夏、新疆、新疆生产建设兵团开展常规巡视，同时对科技部、复旦大学、中粮集团开展专项巡视。

王岐山说，巡视是党要管党、从严治党的重要手段。面对依然严峻复杂的反腐败斗争形势，要始终保持冷静清醒。巡视发现的问题印证了党中央对形势的判断。重点领域和关键环节腐败问题依然多发，有的地方和部门选人用人问题突出，一些党组织对反腐败斗争形势认识不到位，党风廉政建设主体责任和监督责任不落实。落实中央八项规定精神，“四风”问题有所好转，要不断坚持、巩固和深化，坚决防止反弹。要把思想和行动统一到中央对形势的判断和任务要求上来，扎扎实实做好巡视工作。要落实党的十八届三中全会精神，改进中央和省区市巡视制度，逐步做到对地方、部门、企事业单位全覆盖。要实施组织制度创新，机动灵活开展专项巡视，使之成为高悬的达摩克利斯之剑。要创新方式方法，经过实践探索，逐步完善成熟形成制度。

权力就是责任，责任就要担当。要加强对巡视工作的统一领导，各地区、各部门党委（党组）要坚决落实中央要求，层层传导压力。中央巡视组要坚持党性原则，认真履职。对重大问题应该发现而没有发现就是失职，发现问题没有客观汇报就是渎职，必须依纪依规追究责任。要认真落实中央八项规定精神，严格遵守政治纪律、组织纪律、工作纪律和保密纪律，密切联系群众，展现优良作风，不负重托，不辱使命。

## 全军和武警部队各级党委(支部)会议室统一悬挂毛泽东邓小平江泽民胡锦涛习近平重要题词指示

新华网3月16日报道，经习近平主席和军委领导批准，全军和武警部队各级党委(支部)会议室统一悬挂毛泽东、邓小平、江泽民、胡锦涛、习近平重要题词指示。

毛泽东同志的题词是："坚定正确的政治方向，艰苦朴素的工作作风，灵活机动的战略战术。"邓小平同志的题词是："为把我军建设成为一支强大的现代化正规化革命军队而奋斗。"江泽民同志的题词是："政治合格 军事过硬 作风优良 纪律严明 保障有力"。胡锦涛同志的重要指示是："忠诚于党 热爱人民 报效国家 献身使命 崇尚荣誉"。习近平同志的重要指示是："努力建设一支听党指挥能打胜仗作风优良的人民军队。"

## 中共中央、国务院印发《国家新型城镇化规划(2014—2020年)》

新华社3月16日报道，中共中央、国务院近日印发了《国家新型城镇化规划(2014—2020年)》，并发出通知，要求各地区各部门结合实际认真贯彻执行。

通知指出，《规划》是今后一个时期指导全国城镇化健康发展的宏观性、战略性、基础性规划。城镇化是现代化的必由之路，是解决农业农村农民问题的重要途径，是推动区域协调发展的有力支撑，是扩大内需和促进产业升级的重要抓手。制定实施《规划》，努力走出一条以人为本、四化同步、优化布局、生态文明、文化传承的中国特色新型城镇化道路，对全面建成小康社会、加快推进社会主义现代化具有重大现实意义和深远历史意义。各级党委和政府要进一步提高对新型城镇化的认识，全面把握推进新型城镇化的重大意义、指导思想和目标原则，切实加强对城镇化工作的指导，着重解决好农业转移人口落户城镇、城镇棚户区和城中村改造、中西部地区城镇化等问题，推进城镇化沿着正确方向发展。各地区各部门要科学规划实施，坚持因地制宜，推进试点示范，既要积极、又要稳妥、更要扎实，确保《规划》提出的各项任务落到实处。

## 在第二批教育实践活动中专题培训基层党组织书记

新华网3月17日报道，近日，中央党的群众路线教育实践活动领导小组办公室印发《关于在第二批教育实践活动中开展基层党组织书记专题培训的通知》，进一步提高基层党组织书记参加和组织开展党的群众路线教育实践活动的自觉性和能力。

《通知》指出，第二批党的群众路线教育实践活动有330多万个基层党组织、6900多万党员参加。基层党组织书记既是参与者，又是组织者，他们对中央开展教育实践活动的总体要求、目标任务是否认识深刻、把握准确，对本地区本单位开展教育实践活动的方法步骤、基本要求和办法措施等是否全面掌握、了然于胸，对于教育实践活动在基层扎实有序开展、取得实效至关重要。专题培训的对象是乡镇、街道、村、社区、企事业单位、非公有制经济组织和社会组织等基层党组织书记，在村、社区等基层党组织教育实践活动启动前分期分批进行，每期2天左右。

专题培训要重点组织学习党的十八大、十八届三中全会精神，学习习近平总书记系列重要讲话精神，学习中央八项规定精神，学习中央关于开展教育实践活动的重要文件以及本地区本单位的部署要求，让基层党组织书记明确开展教育实践活动的重要意义、总体要求、重点任务和方法步骤，切实肩负起组织开展教育实践活动的责任。同时，组织学习中央关于加强服务型基层党组织建设、整顿软弱涣散基层党组织、严格党内生活、民主评议党员等有关政策规定，以及本地区本单位联系服务群众的好做法好经验，帮助基层党组织书记理清工作思路，找准工作着力点。少数民族地区要结合改革发展稳定实际,把党的民族政策、宗教政策等列为学习培训内容。要以好的作风开展专题培训,防止简单以专家授课代替领导干部现身说法,防止以培训名义变相搞参观旅游,防止有关部门搭车培训冲淡主题,防止以培训为名滥发资料,确保专题培训主题集中、重点突出、有效管用。中央巡回督导组和地方各级督导组要把专题培训工作列为督导内容,对培训任务不落实、甚至走过场的,要及时提醒,促其改正。中央有关部门和单位,要根据本《通知》精神,结合实际,抓好所属基层党组织书记的学习培训。

## 中组部和中央党校第五期省部级干部研讨班举行

3 月 17 日至 21 日,第五期省部级干部学习贯彻习近平总书记系列重要讲话精神研讨班在中央党校举行。

180 多位学员利用这次宝贵机会,勤奋学习、深入研讨、端正学风,深入学习领会习近平总书记系列重要讲话精神的科学内涵和精神实质。学员们表示,学习贯彻习近平总书记系列重要讲话精神是一个逐步深化的过程,研讨班结束后还要坚持深入持久地学、全面系统地学,同时在今后的实际工作中,要以新的理念、新的方法、新的思路寻求解决突出矛盾和问题的具体办法,努力在攻坚克难中不断打开工作新局面。

## 习近平在兰考县调研指导党的群众路线教育实践活动

3 月 18 日,习近平在兰考县调研指导党的群众路线教育实践活动。

习近平指出,标准决定质量,有什么样的标准就有什么样的质量,只有高标准才有高质量。教育实践活动要确立一个较高标准,并严格按标准抓部署、抓落实、抓检查。要整合好组织资源、人力资源、社会资源、政策资源,使与活动相关的各种因素同向着力、相互协调。要把握好节律,解决复杂矛盾先行探索,用成功经验和管用办法示范带动。要用好批评和自我批评武器,有一点"辣味",让每个党员干部都能红红脸、出出汗。要坚持开门搞活动,让群众大胆提意见、评头品足,特别是对群众提出的一些具体问题,能够解决的要抓紧解决,一时解决不了的要耐心细致做好解释工作,需要上级决策或制定政策的要及时反映。要严格督导把关,及时发现和帮助解决工作推进中的苗头性、倾向性问题。

教育实践活动的主题与焦裕禄精神是高度契合的,要把学习弘扬焦裕禄精神作为一条红线贯穿活动始终,做到深学、细照、笃行。要特别学习弘扬焦裕禄同志"心中装着全体人民、唯独没有他自己"的公仆情怀,凡事探求就里、"吃别人嚼过的馍没味道"的求实作风,"敢教日月换新天"、"革命者要在困难面前逞英雄"的奋斗精神,艰苦朴素、廉洁奉公、"任何时候都不搞特殊化"的道德情操。要组织党员、干部把焦裕禄精神作为一面镜子,从里到外、从上到下反复照一照自己,深入查摆自己在思想境界、素质能力、作风形象等方面存在的问题和不足,努力向焦裕禄同志看齐,从今天做起,从眼前做起,从小事做起,像焦裕禄同志那样对待群众、对待组织、对待事业、对待同志、对待亲属、对待自己,像焦裕禄同志那样生命不息、奋斗不止,努力做焦裕禄式的好党员、好干部。

作风问题本质上是党性问题。抓作风建设,就要返璞归真、固本培元,重点突出坚定理想信念、践行根本宗旨、加强道德修养。他为此提出 4 点要求:一是正确认识和处理人际关系,做到既有人情味又按原则办,特别是当个人感情同党性原则、私人关系同人民利益相抵触时,必须毫不犹豫站稳党性立场,坚定不移维护人民利益。二是下决心减少应酬,保持健康的工作方式和生活方式,多学习充电、消化政策,多下基层调查研究、掌握第一手情况,多系统思考和解决存在的突出问题,自觉远离那些庸俗的东西。三是实实在在做人做事,做到严以修身、严以用权、严以律己，谋事要实、创业要实、做人要实，堂堂正正、光明磊落，敢于担当责任，勇于直面矛盾，善于解决问题，不搞“假大空”。四是对一切腐蚀诱惑保持高度警惕，慎独慎初慎微，做到防微杜渐。

## 中办国办印发《关于依法处理涉法涉诉信访问题的意见》

新华网3月19日报道，中共中央办公厅、国务院办公厅近日印发了《关于依法处理涉法涉诉信访问题的意见》，并发出通知，要求各地区各部门切实加强协调配合，健全涉法涉诉信访工作机制，努力形成依法解决涉法涉诉信访问题的合力。

《意见》包括充分认识依法处理涉法涉诉信访问题的重要意义、改革涉法涉诉信访工作机制、进一步提高执法司法公信力、依法维护涉法涉诉信访秩序、加强和改进对依法处理涉法涉诉信访问题的组织领导5个部分。

## 中央军委印发《关于提高军事训练实战化水平的意见》

新华网3月20日报道，中央军委日前印发《关于提高军事训练实战化水平的意见》。

《意见》紧紧围绕实现党在新形势下的强军目标、不断提高部队能打仗打胜仗能力，系统提出当前和今后一个时期提高军事训练实战化水平的指导思想、总体思路、主要任务和措施要求，为全军和武警部队从实战需要出发从难从严训练提供重要依据。

## 中央政法委员会召开第十次全体会议

3月21日，中央政法委员会第十次全体会议在北京召开，孟建柱主持并讲话。

孟建柱指出，促进社会公平正义是政法工作的核心价值追求。要高度重视代表委员的意见建议，积极吸纳、改进工作，真正把人民赋予的权力用来为人民谋利益。要顺应人民群众对公平正义的新期待，从推进国家治理体系和治理能力现代化的高度，扎实推进司法体制改革，倒排时间、顺排工序，不折不扣抓好每一项司法体制改革任务的落实，为促进社会公平正义提供体制保障。保障人民安居乐业是政法工作的根本目标。要坚持问题导向、民意引领，坚持源头治理、依法治理，下大气力解决好人民反映强烈的治安问题，依法严厉打击严重危害社会秩序的犯罪活动，保障人民生命财产安全，维护社会大局稳定。中央政法各单位特别是领导干部要求真务实、真抓实干，确保取得人民满意的效果。要各负其责、密切配合，做到协调不包办、配合不推责、帮忙不替代，形成政法工作合力。要提高与社会沟通能力，及时回应社会关切、百姓呼声，凝聚推动政法事业发展的正能量。

## 中国浦东、井冈山、延安干部学院举行开学典礼

3月21日，中国浦东、井冈山、延安干部学院举行春季开学典礼，赵乐际出席并讲话。赵乐际还主持召开了党的群众路线教育实践活动调研座谈会，听取党员干部和基层同志的意见建议。

赵乐际指出，整风精神凸显了我们党为民求是的优秀品格，体现了居安思危的强烈忧患，蕴含着以民族复兴为己任的使命担当。要全面把握贯彻整风精神的实践要求，以民主集中制为核心维护党的集中统一，坚决同以习近平同志为总书记的党中央保持高度一致。以批评和自我批评为武器开展积极健康的思想斗争，动真碰硬、找准问题、抓好整改。以严格组织生活为载体纯洁党的队伍，坚持“三会一课”、主题党日等制度，加强薄弱领域，创新方式方法。以坚持党性原则为基础增强党的团结，坚决反对好人主义、庸俗之风。以解决问题为导向整治组织涣散、纪律松弛现象，严格制度执行、强化日常管理、严肃责任追究。贯彻整风精神，必须坚持认真、一以贯之，做到既严以修身、严以用权、严以律己，又谋事要实、创业要实、做人要实。

## 中央党的群众路线教育实践活动领导小组召开会议

3月22日，中央党的群众路线教育实践活动领导小组召开会议，刘云山主持并讲话。

刘云山指出，教育实践活动的首要任务是学习教育，教育实践活动不走过场首先是学习教育不走过场。各级党委要把学习教育摆在突出位置，组织广大党员干部认真学习习近平总书记系列重要讲话特别是在兰考县调研指导时的讲话，学习中央规定的必读书目。要原原本本地学，认认真真地研读原著，不能舍本逐末、重形式不重内容、重方式不重效果。要联系实际学，把自己摆进去，结合工作实际和思想实际，弄清楚自身差距在哪里、努力方向是什么，不能空对空、大而化之。要分层分类组织学，结合市县领导机关、乡镇街道、社区、村各层级各单位的不同特点，采取不同方式、提出不同要求，不能一锅煮、一刀切。要通过学习更好地固本培元，引导党员干部进一步坚定理想信念、加强党性修养，增强宗旨意识，切实解决好群众立场、群众感情问题，解决好世界观、人生观、价值观这个“总开关”问题。

教育实践活动的重点对象是领导干部，市县乡镇领导班子成员特别是一把手要切实履行双重责任，既当指挥员又当战斗员，既带头深入学习又组织好党员干部的学习。要按照习近平总书记的要求，把学习弘扬焦裕禄精神作为一条红线贯穿始终，向焦裕禄同志看齐，在深学、细照、笃行上下功夫，努力做焦裕禄式的好党员、好干部。要以历史先贤、革命先烈、时代先锋为镜，善于从他们的先进事迹和崇高品德中汲取精神养分，见贤思齐、奋发向上，更好发挥先锋模范作用。学习教育要与听取意见、解决问题同步推进，做到边学边改、边查边改。要坚持开门搞活动，深入基层一线听取群众意见，以虚心诚恳的态度向群众请教，问政于民、问计于民、问需于民。要持续聚焦“四风”，对群众反映强烈的突出问题，对自身查摆出来的作风问题，要积极主动地改，动真碰硬地改，切实解决关系群众切身利益的问题，解决联系服务群众“最后一公里”的问题，坚决纠正发生在群众身边的不正之风。

## 中国发展高层论坛2014年年会开幕

3月23日，由国务院发展研究中心主办的中国发展高层论坛2014年年会在北京开幕。这次年会的主题是“全面深化改革的中国”。张高丽出席并致辞。

张高丽指出，改革开放是决定当代中国命运的关键抉择，全面深化改革的蓝图已经绘就，“一分部署，九分落实”，下一步关键在于行动、在于落实、在于效果。我们将坚持依法治国基本方略，致力于推进法治中国建设。坚持以经济体制改革为重点，让市场这只“看不见的手”放得更开，让政府这只“看得见的手”用得更好，使市场在资源配置中起决定性作用和更好发挥政府作用。深化财税体制改革，建设法治财政、民生财政、稳固财政、阳光财政、效率财政，建立现代财政制度。积极推进社会领域改革，让发展成果更多更公平惠及全体人民，促进社会公平正义。加强生态环境保护制度建设，实施科技创新驱动发展战略，加快调整优化经济结构，努力建设美丽中国。着力构建开放型经济新体制，进一步扩大沿海沿边内陆开放，形成全方位开放新格局。

中国经济具有稳健发展的基础，具备在相当长时期保持中高速增长的综合条件，特别是全面深化改革将极大激发全体人民的创新创造创业热情，增强市场主体活力，形成新的内生增长动力。我们将坚持稳中求进、改革创新，促进经济持续健康发展和提质增效升级。不断推进改革开放的中国将会焕发新的生机和活力，也将为世界经济发展提供新的空间和机遇。我们将一如既往地欢迎和鼓励境外企业来华投资兴业，实现互利共赢、共同繁荣发展。

24日，李克强在人民大会堂会见来华出席年会的境外代表并同他们座谈。

## 中央党的群众路线教育实践活动领导小组通知要求认真学习贯彻习近平兰考调研指导教育实践活动重要讲话精神

央视网3月24日报道，中央党的群众路线教育实践活动领导小组近日印发《关于认真学习贯彻习近平总书记在河南省兰考县调研指导党的群众路线教育实践活动时讲话的通知》，要求各级党委（党组）把学习贯彻习近平总书记重要讲话精神摆在突出位置，纳入学习教育的重要内容，切实加强组织指导和督促检查，确保学深悟透、落到实处，推进教育实践活动深入开展，推动全党学习弘扬焦裕禄精神。

## 党委中心组学习贯彻习近平总书记系列重要讲话精神座谈会召开

3月24日，中宣部、中组部在北京召开党委中心组学习贯彻习近平总书记系列重要讲话精神座谈会，刘奇葆出席并讲话，赵乐际主持会议。

会议强调，各级党委中心组要把学习贯彻习近平总书记系列重要讲话精神作为重大政治任务，着力在武装头脑坚定理想信念上下功夫，在全面系统掌握科学理论上下功夫，在指导实践推动实际工作上下功夫，更好地用讲话精神统一思想、凝聚力量，为实现"两个一百年"奋斗目标和中华民族伟大复兴的中国梦提供有力思想保证。

刘奇葆指出，习近平总书记系列重要讲话是坚持和发展中国特色社会主义的最新理论成果，是新的历史起点上实现新的奋斗目标的强大思想武器。各级党委中心组要坚持原原本本学、联系实际学，深入把握讲话的科学内涵和精神实质，自觉用讲话精神指导改革发展实践。要把学习讲话精神同学习马克思主义哲学、党史国史和社会主义发展史结合起来，进一步深化对讲话精神的理解和把握。要发挥党委中心组示范作用，带动全党全社会深入学习。

赵乐际在主持会议时指出，要增强学习贯彻习近平总书记系列重要讲话精神的自觉性主动性坚定性，确保这一重大政治任务落到实处、取得实效。

## 第二期全军高级干部学习贯彻习主席系列重要讲话精神研讨班举办

3月24日，第二期全军高级干部学习贯彻习主席系列重要讲话精神研讨班举办，许其亮出席并讲话，张阳、吴胜利、马晓天、魏凤和出席。

许其亮指出，习主席系列重要讲话，高扬马克思主义真理和共产主义远大理想，坚持中国特色社会主义信念和社会主义核心价值观，植根中华优秀传统文化，汲取时代文明精华，展现了中国智慧、中国风范、中国气派，极大提振和凝聚了国家民族的精气神，无愧是时代的精神旗帜。在当代中国必须把中国特色社会主义理论伟大旗帜高高举起，坚持以邓小平理论、"三个代表"重要思想和科学发展观为指导，把学习贯彻习主席系列重要讲话精神突出出来，作为科学指南和根本遵循牢固确立起来，作为信仰信念和精神支柱牢固确立起来。习主席系列重要讲话博大精深，必须原原本本、全面系统学习，重点学好习主席关于国防和军队建设重要论述，同时要系统地实践运用，在学用相长中融会贯通。高级干部要立起标杆，作至诚笃信、务实践行的模范，努力创造经得起历史、实践和战场检验的业绩。

## 全国文化体制改革工作会议召开

3月24日至25日，全国文化体制改革工作会议在北京召开，刘奇葆、刘延东出席并讲话。

刘奇葆强调，要认真学习贯彻中央精神，明确目标方向，增强责任担当，加快完善文化管理体制和生产经营机制，促进基本公共文化服务标准化、均等化，提高文化产业规模化、集约化、专业化水平，重视和发展民族民间文化，提高文化开放水平，努力实现中央确定的改革任务。

刘延东要求，要高举改革旗帜，增强改革信心决心，把思想和行动统一到中央精神上来。认真落实《深化文化体制改革实施方案》，统筹推进各项重点任务，全面深入推进文化改革发展。进一步加强组织协调、深入调查研究、释放政策红利，真抓实干，形成推动改革发展的强大合力。

## 中央巡视组2014年首轮巡视开始进驻

3月25日，根据中央统一部署，2014年首轮中央巡视工作于近日展开。

此轮巡视中，中央巡视组将对北京、天津、辽宁、福建、山东、河南、海南、甘肃、宁夏、新疆、新疆生产建设兵团开展常规巡视，同时对科技部、复旦大学、中粮集团开展专项巡视。

## 中央党的群众路线教育实践活动领导小组通知要求做好第二批教育实践活动学习教育、听取意见工作

新华网3月26日报道，中央党的群众路线教育实践活动领导小组近日印发《关于做好第二批教育实践活动学习教育、听取意见工作的通知》，要求采取务实有效办法抓好学习教育，在直接听取群众意见上下功夫，把学习教育、听取意见与解决突出问题结合起来，以好的作风推进教育实践活动。

## 中国社会科学院举行首批100名马克思主义理论专业博士生开学典礼

3月28日，中国社会科学院举行集中招收的首批100名马克思主义理论专业博士生开学典礼，刘奇葆出席并讲话。

刘奇葆指出，党的思想理论建设，关键在人才、在队伍。坚定的理想信念、高尚的道德情操、扎实的理论功底、突出的创新能力、优良的学风文风，是党和人民对高素质马克思主义理论人才的基本要求。广大马克思主义理论工作者要按照这个要求，全面系统学习马克思列宁主义、毛泽东思想、邓小平理论、“三个代表”重要思想、科学发展观，学习习近平总书记系列重要讲话精神，自觉践行和弘扬社会主义核心价值观，坚定马克思主义、共产主义信仰，坚定中国特色社会主义信念。要立足中国特色社会主义伟大实践，发扬理论联系实际的马克思主义学风，树立创新思维，勇于破解难题，努力创造体现时代精神、符合实践要求的学术精品。

## “全国党建云平台”上线

《人民日报》3月30日报道，由人民网·中国共产党新闻网自主研发的全国党建云平台正式开通，同时基于移动互联网的全国党建云平台（移动版）——安徽安庆移动党建平台也于当日试点上线。

平台将实现网站、手机、视频多媒体等各平台间的互联互通和立体互动，搭建了面向“PC+移动终端”的“云信息、云服务、云管理”新型互动式党建宣传管理模式。

## 中共中央政治局常委到第二批党的群众路线教育实践活动联系点调研指导工作

3月30日，按照中央开展党的群众路线教育实践活动安排，中共中央政治局常委近日分别到各自的第二批教育实践活动联系点调查研究、了解情况，指导教育实践活动扎实开展。

3月17日至18日，习近平到河南省兰考县调研指导教育实践活动。此后，李克强到内蒙古自治区翁牛特旗，张德江到福建省上杭县，俞正声到云南省武定县，刘云山到陕西省礼泉县，王岐山到山东省蒙阴县，张高丽到吉林省农安县调研指导。常委们实地考察执法部门、窗口单位，深入村庄、社区、企业，走访农户、学校和卫生院，面对面听取基层干部群众意见建议。常委们还分别听取了联系点所在省（区）、市教育实践活动开展情况和下一步安排的汇报，并

出席联系点县(旗)党委常委扩大会议,对进一步开展好教育实践活动提出要求。常委们强调,要认真学习贯彻习近平总书记重要指示特别是在兰考调研时的重要讲话精神,坚持为民务实清廉的主题,贯彻落实"照镜子、正衣冠、洗洗澡、治治病"的总要求,聚焦"四风"问题、对照"三严三实"、发扬认真精神,确保第二批教育实践活动高起点开局、高质量开展、高标准推进,使党员干部在思想认识上得到提高、在工作作风上明显转变。

## 中央党的群众路线教育实践活动领导小组发出通知在教育实践活动中学习弘扬焦裕禄精神、践行"三严三实"要求

新华网3月31日报道,中央党的群众路线教育实践活动领导小组近日印发《关于在教育实践活动中学习弘扬焦裕禄精神、践行"三严三实"要求的通知》,要求各级党委(党组)认真落实习近平总书记讲话精神,推动党员干部大力学习弘扬焦裕禄精神、自觉践行"三严三实"要求,确保教育实践活动取得实效。

## 中央军委巡视组完成首次巡视

3月31日,中央军委巡视组完成了对北京军区、济南军区党委班子及其成员的巡视。

巡视组坚决贯彻习主席和中央军委的决策指示,围绕党风廉政建设和反腐败工作这个中心,把发现问题、形成震慑作为主要任务,紧紧依靠军区党委开展工作,全面了解掌握情况,在领导干部廉洁自律、干部选拔任用、工程建设、土地转让、经济适用住房建设和出售、医疗卫生系统等方面,发现一批重要问题线索,并进行深入了解核实,发挥了震慑作用。北京军区、济南军区党委把接受巡视作为严肃的政治任务,自觉接受监督,积极支持配合,客观反映情况,主动纠治问题,为巡视工作顺利开展创造了良好条件。

## 中宣部向社会公开发布"时代楷模"朱彦夫先进事迹

3月31日,中央宣传部会同中央党的群众路线教育实践活动领导小组办公室、民政部和总政治部向全社会公开发布"时代楷模"朱彦夫的先进事迹。

朱彦夫同志14岁参军入伍投身革命,在抗美援朝战场上失去了四肢和左眼。在和平建设时期,他主动放弃荣军休养所的特护待遇,回到家乡山东省沂源县担任村党支部书记长达25年,把一个贫穷落后的小山村,建成远近闻名的先进村。退休后,他用嘴衔笔、残肢抱笔,创作完成了自传体长篇小说《极限人生》和《男儿无悔》。他的先进事迹生动诠释了共产党员为民务实清廉的价值追求,诠释了社会主义核心价值观的深刻内涵。

# 2014年4月

## 中央国家机关党的工作会议召开

4月1日上午，中央国家机关党的工作暨纪检工作会议在北京召开，李克强接见全体代表并讲话。

李克强说，中央国家机关直接参与党和国家重大决策、政策措施的制定和实施，肩负重责，使命光荣。机关党的建设在其中发挥着重要支撑作用。过去一年，中央国家机关党建工作开新局、树新风，紧扣政府简政放权和职能转变，在密切联系群众、发挥党员作用、惩治和预防腐败等方面，取得了新成效。当前和今后一个时期，经济稳定增长和提质增效升级任务繁重，改革到了攻坚夺隘的重要关口，基本民生“安全网”、社会公正“天平秤”有待加快完善和铸造，必须全力推进法治政府、创新政府、廉洁政府建设。李克强对机关党建工作提出几点希望：一是秉持改革和法治精神。二是弘扬实干廉洁的作风。三是练就攻坚克难的本领。

## 中宣部开展“纪念先烈·报效祖国·圆梦中华”活动

新华网4月2日报道，中央宣传部、中央文明办、民政部、教育部日前下发通知，于2014年清明期间在全社会广泛开展“纪念先烈·报效祖国·圆梦中华”活动。

通知指出，在中国革命、建设、改革各个历史时期，无数烈士为民族独立、人民解放和国家富强、人民幸福矢志奋斗、英勇牺牲。缅怀革命烈士，弘扬烈士精神，是培育和践行社会主义核心价值观的内在要求，对于进一步凝聚全面深化改革的力量，实现中华民族伟大复兴中国梦，具有重要意义。

## 中央教育实践活动办公室要求认真组织学习《习近平关于党的群众路线教育实践活动论述摘编》

新华网4月3日报道，中央党的群众路线教育实践活动领导小组办公室近日印发通知，要求各地区各部门各单位认真组织学习《习近平关于党的群众路线教育实践活动论述摘编》。

为配合开展好第二批党的群众路线教育实践活动，便于基层党组织和广大党员干部学习领会习近平总书记一系列重要讲话和指示精神，经中央同意，中央文献研究室和中央教育实践活动办公室编辑了《习近平关于党的群众路线教育实践活动论述摘编》，作为参加第二批教育实践活动的基层党组织和党员干部的学习用书。该书集中反映了习近平总书记2012年11月15日至2014年3月18日期间关于教育实践活动的一系列重大战略思想、重大理论观点、重大决策部署。这些重要论述，主题突出、思想深邃，目标明确、要求具体，丰富了马克思主义群众观点、党的群众路线的理论内涵和实践内涵，体现了我们党加强新形势下党的自身建设、保持党的先进性和纯洁性的思想自觉和行动自觉，反映了我们党顺应人民群众期盼、锲而不舍抓作风改作风的鲜明态度和坚定决心，为扎实深入开展教育实践活动提供了重要遵循，为我们党进行具有许多新的历史特点的伟大斗争做好思想上组织上作风上的准备，提供了有力思想武器和科学行动指南。

## 中宣部民政部总政举行烈士公祭活动

4月4日，中央宣传部、民政部、总政治部在河北省石家庄市华北军区烈士陵园隆重举行清明烈士公祭活动，深切缅怀为民族独立、人民解放和国家富强、人民幸福而英勇牺牲的烈士。

李立国宣读祭文，正是无数烈士和先贤的艰难探索、前仆后继和不屈抗争，建立了人民当家作主的新中国，实现了几代中国人梦寐以求的民族独立和人民解放；正是无数烈士热爱祖国、忠于人民、无私奉献、敢于牺牲的精神，激励和鼓舞全国亿万军民，保家卫国、维护和平，坚定不移地走社会主义道路，坚定不移地推进改革开放，国家建设取得了举世瞩目的伟大成就，人民的福祉获得了前所未有的发展。我们将紧密团结在以习近平同志为总书记的党中央周围，继承烈士遗志，高举中国特色社会主义伟大旗帜，大力弘扬社会主义核心价值观，以人为本、深化改革，凝心聚力、推动发展，朝着全面建成小康社会，实现中华民族伟大复兴的中国梦奋勇前进！

## 部分省区市党委组织部长座谈会召开

4月8日，部分省区市党委组织部长座谈会在北京召开，刘云山出席并讲话，赵乐际主持座谈会。

刘云山说，选人用人始终是关系党和国家事业发展的根本性问题，各级党委要认清形势发展的新要求，充分发挥干部工作“指挥棒”作用，为推进伟大事业、伟大工程提供强有力的组织保证。选人用人贵在导向正确，要坚持用党和人民需要的好干部标准选人用人，无论是选拔使用干部还是评价考核干部，都要注重看干部是否做到了信念坚定、为民服务、勤政务实、敢于担当、清正廉洁，真正把德才兼备、以德为先的要求落到实处，把那些党和人民需要的好干部选出来、用起来。要坚持从事业发展出发选人用人，立足岗位需要、注重实践导向，做到人岗相宜、人尽其才，引导干部把心思和精力用在做工作、干实事上。要坚持五湖四海选人用人，拓宽视野渠道，加大交流力度，打破干部部门化地域化，使干部在不同环境不同岗位增长才干。实现干部工作的风清气正，必须坚持党管干部原则，强化党组织在选人用人中的把关责任。要切实把好资格关，严格选拔任用条件，防止放松标准、降格以求；切实把好程序关，严格选人用人的组织程序，防止程序空转、违规违纪；切实把好廉政关，严格核查廉洁自律情况，防止带病提拔、带病上岗。要着力抓好选人用人突出问题的专项治理，对超职数配备领导干部、冒充人头吃空饷、编造假履历假档案、党政领导干部违规兼职等问题进行集中整治，对跑官要官、买官卖官、打招呼干预下级干部任用、违规破格提拔干部等问题认真严肃查处，狠刹歪风邪气、树立新风正气。

## 博鳌亚洲论坛2014年年会召开

4月8日至11日，博鳌亚洲论坛2014年年会在海南省博鳌举行，李克强出席开幕式并发表题为《共同开创亚洲发展新未来》的主旨演讲。本届年会的主题是“亚洲的新未来：寻找和释放新的发展动力”。论坛理事会理事长福田康夫致欢迎辞，澳大利亚总理阿博特、韩国总理郑烘原、老挝总理通邢、纳米比亚总理根哥布、巴基斯坦总理谢里夫、东帝汶总理沙纳纳、俄罗斯副总理德沃尔科维奇、越南副总理武德儋先后致辞。

李克强在演讲中指出，当今世界正处于深刻变化之中，全球经济复苏进程缓慢艰难。亚洲是最具活力的地区之一，也处在发展的关键时期，亚洲大多是发展中国家，发展经济、改善民生的任务依然艰巨。李克强就新形势下如何发掘亚洲发展动力提出三点看法：第一，坚持共同发展的大方向，结成亚洲利益共同体。亚洲国家要继续同舟共济、共克时艰，把经济的互补性转化为发展的互助力，不断扩大利益交汇点。第二，构建融合发展的大格局，形成亚洲命运共同体。积极推进基础设施互联互通,促进产业深度合作、优势互补。第三,维护和平发展的大环境,打造亚洲责任共同体。积极探讨建立亚洲区域安全合作架构。中国将继续坚持走和平发展道路,奉行睦邻友好的周边外交政策,我们维护本国领土主权的意志是坚定的,愿通过和平手段解决争端的主张也是明确的。对加强海上合作的积极行动,我们都会倾力支持;对破坏南海和平稳定的挑衅行为,我们将给予果断回应。中国珍爱和平,愿与周边国家一道,维护地区的繁荣稳定。

## 中组部对学习贯彻习近平总书记“三严三实”要求作出部署

新华网4月9日报道,中央组织部近日发出通知,对全国组织系统学习贯彻习近平总书记“三严三实”要求作出部署。

通知指出,习近平总书记关于“严以修身、严以用权、严以律己,谋事要实、创业要实、做人要实”的重要论述,是广大党员干部特别是各级领导干部的为政之道、成事之要、做人准则,也是做好新形势下组织工作的重要遵循。各级党委组织部门要认真学习、深刻领会“三严三实”的精神实质,充分认识“三严三实”对于加强党的建设和组织工作的重要意义,以更加严格的标准、更加扎实的作风,推动组织工作取得更大成绩,为全面深化改革、推动经济社会持续健康发展提供坚强有力的组织保证。要突出重点、抓住关键,切实把“三严三实”要求贯穿领导班子和干部队伍建设全过程。要夯实基础、完善措施,切实把“三严三实”要求落实到基层党组织和党员队伍建设各方面。要加强引领、激发活力,切实把“三严三实”要求融入人才工作和人才队伍建设中。

## 刘延东接见践行焦裕禄精神好校长张伟家属

4月9日,刘延东在郑州接见张伟同志家属时指出,张伟同志是新时期“践行焦裕禄精神的好校长”。张伟同志生前是河南省周口市郸城县秋渠一中校长,20年来坚守农村教育教学一线,2014年3月17日因过度劳累倒在工作岗位上,年仅42岁。

刘延东说,张伟同志忠诚于党的教育事业,扎根基层、以校为家,鞠躬尽瘁、无私奉献,心中装着全体师生,把教书育人当作毕生追求,将学生成长作为最大幸福,使一所农村薄弱学校进入优质学校行列,用实际行动践行了焦裕禄精神,是广大教师和教育工作者学习的楷模。在开展群众路线教育实践活动、学习弘扬焦裕禄精神过程中,全国教育战线要以张伟同志为榜样,学习他献身教育、爱岗敬业的崇高追求,对事业满腔热忱,对工作精益求精,在平凡的岗位上创造不平凡的业绩。学习他关爱学生、言传身教的师德风范,以立德树人为根本任务,以真情真心真诚教育和影响学生,努力成为学生的良师益友。学习他甘于清贫、淡泊名利的道德情操,严于律己,一心为公,始终保持艰苦奋斗的优良作风。学习他开拓进取、勤于钻研的拼搏精神,求真务实,迎难而上,积极投身教育改革发展实践,不断提升办学治校、教书育人水平。

## 中宣部、山东省委召开推广善行义举榜现场会

4月11日,中央宣传部、山东省委在曲阜市召开推广善行义举榜现场会,学习贯彻《关于培育和践行社会主义核心价值观的意见》和中央领导同志重要指示精神,探索借助善行义举榜加强先进模范人物学习宣传的经验做法,部署安排推广善行义举榜有关工作。

善行义举榜是中国传统教化资源的创造性转化和创新性发展,是弘扬人间真善美、传递社会正能量的很好平台,是推动社会主义核心价值观落细、落小、落实的有效抓手。在全国城乡基层广泛设立善行义举榜,是推动社会主义核心价值观建设的重要载体。设立善行义举榜要体现庄重感和光荣感,体现社会主义核心价值

观要求和内涵，体现群众参与和群众评议原则。要充分发挥善行义举榜的作用，融入日常工作生活、行业行风建设和各类道德实践活动，推动社会主义核心价值观在基层落地生根。要高度重视、统筹推进设立善行义举榜工作，加强分类指导、扎实有效推进，加强宣传报道、注重以文化人，加强测评考核、抓好建章立制，加强关爱帮扶、积极奖励嘉许，在全社会推动形成“人人做好人、好人做好事、好事就上榜、好人有好报”的良好氛围。

## 2014 全国道德模范故事汇基层巡演启动

4 月 11 日，由中央文明办、中国文联、中国曲协主办，首都文明办、中共海淀区委、海淀区人民政府承办的“讲述道德故事 弘扬中国精神——2014 全国道德模范故事汇基层巡演活动启动仪式暨首场演出”在北京举行。

道德模范故事汇基层巡演活动自 2007 年以来已经举办了三届，社会反响热烈，深受群众欢迎。2014 道德模范故事汇基层巡演活动以“讲述道德故事、弘扬中国精神”为主题，选取了 9 个第四届全国道德模范的感人故事，运用大众喜闻乐见的评书、西河大鼓、二人转、莲花落等曲艺形式，生动再现道德模范纯洁的心灵、崇高的思想和优秀的品质，刘兰芳、田连元、翁仁康、佟长江、阎淑平、杨子春、李立山、杨鲁平、温玉娟等老中青曲艺家的精湛表演，感动了全场。

## 《关于加强维护国防利益和军人军属合法权益工作的意见》印发

新华网 4 月 13 日报道，中央政法委、总政治部日前联合印发《关于加强维护国防利益和军人军属合法权益工作的意见》。

《意见》指出，维护国防利益和军人军属合法权益，是党和国家的一贯政策和优良传统。做好这项工作，是保持部队高度集中统一和安全稳定，促进社会和谐的必然要求；是建设巩固国防和强大军队，保证实现党在新形势下强军目标的现实需要；是贯彻落实依法治国基本方略和依法治军、从严治军方针，推动国家和军队法治建设的实际举措，对于巩固党的执政地位、维护国家安全、促进军政军民团结，实现中华民族伟大复兴的中国梦，具有重要意义。各级要始终坚持把涉军维权工作的重点放在解决对国防安全和社会稳定有重大影响的涉法问题上，严厉打击窃取出卖军事秘密、破坏军事设施、盗窃军用物资、冒充军人招摇撞骗等刑事犯罪活动，积极维护国防利益和军事安全；妥善处理涉及部队战备执勤、训练演习、国防工程建设、国防科研实验、军用土地权属及非战争军事行动等方面的纠纷及历史遗留问题，有效保障部队战备、训练和管理秩序；及时解决军人军属在婚姻家庭、人身损害、土地征用、拆迁补偿等方面的纠纷和案件，切实维护军人军属的合法权益。政法机关要开辟“绿色通道”，依法对涉军纠纷和案件优先立案、优先办理、优先结案、优先执行，尤其对执行重大军事行动任务部队官兵及家庭遇到的涉法问题，要急事急办、特事特办，及时解除官兵后顾之忧。

## 第七期省部级干部学习贯彻习近平总书记系列重要讲话精神研讨班举行

4 月 14 日至 18 日，第七期省部级干部学习贯彻习近平总书记系列讲话精神研讨班在中央党校举行。

学员们普遍反映，研讨班的学习是一次大容量、高水准的理论武装，是一次登高望远、强化定力的升华洗礼，收获很大。通过这次学习，深化了对中央举办这次研讨班必要性和重要性的认识，深化了对习近平总书记系列重要讲话重大意义和丰富内涵的理解，深化了对党员领导干部必须敢负责、勇担当的认识。研讨班虽然结束了，但大家表示，学习贯彻习近平总书记系列重要讲话精神是一个逐步深化的过程，是一项长期的任务，返回工作岗位后，将坚持不懈地学习贯彻习近平总书记系列重要讲话精神，坚持深入持久学，坚持联系实际学，真正学懂弄通，更好地武装头脑、指导实践、推动工作，不断夯实履职尽责的思想政治基础，不断开创改革发展的新局面。

## 中央国家安全委员会召开第一次会议

4月15日，中央国家安全委员会第一次会议在北京召开，习近平主持会议并讲话。李克强、张德江出席会议。

习近平在讲话中指出，党的十八届三中全会决定成立国家安全委员会，是推进国家治理体系和治理能力现代化、实现国家长治久安的迫切要求，是全面建成小康社会、实现中华民族伟大复兴中国梦的重要保障，目的就是更好适应我国国家安全面临的新形势新任务，建立集中统一、高效权威的国家安全体制，加强对国家安全工作的领导。

当前我国国家安全内涵和外延比历史上任何时候都要丰富，时空领域比历史上任何时候都要宽广，内外因素比历史上任何时候都要复杂，必须坚持总体国家安全观，以人民安全为宗旨，以政治安全为根本，以经济安全为基础，以军事、文化、社会安全为保障，以促进国际安全为依托，走出一条中国特色国家安全道路。贯彻落实总体国家安全观，必须既重视外部安全，又重视内部安全，对内求发展、求变革、求稳定、建设平安中国，对外求和平、求合作、求共赢、建设和谐世界；既重视国土安全，又重视国民安全，坚持以民为本、以人为本，坚持国家安全一切为了人民、一切依靠人民，真正夯实国家安全的群众基础；既重视传统安全，又重视非传统安全，构建集政治安全、国土安全、军事安全、经济安全、文化安全、社会安全、科技安全、信息安全、生态安全、资源安全、核安全等于一体的国家安全体系；既重视发展问题，又重视安全问题，发展是安全的基础，安全是发展的条件，富国才能强兵，强兵才能卫国；既重视自身安全，又重视共同安全，打造命运共同体，推动各方朝着互利互惠、共同安全的目标相向而行。

## 《学习习近平总书记重要讲话》发行逾100万册

新华社4月15日报道，由人民出版社出版的《学习习近平总书记重要讲话》自2013年8月出版以来，社会反响强烈，目前发行已突破100万册。

读者普遍反映，从这本书中更加感受到总书记系列重要讲话集中体现了新一届党中央的执政理念、治国方略和信念意志，是武装头脑、指导实践、推动工作的科学指南，解渴管用，常学常新，是一本出色的学习辅导读物。2014年2月，该书出版了增订本，增加了作者最新发表的相关文章。

## 省部级干部学习贯彻习近平总书记系列重要讲话精神研讨班召开学员代表座谈会

4月16日，省部级干部学习贯彻习近平总书记系列重要讲话精神研讨班在北京召开学员代表座谈会，刘云山主持并讲话。

座谈会上，学员们踊跃发言，谈思想认识，谈收获体会，大家一致认为习近平总书记系列重要讲话内涵丰富、思想深邃，既有谋划全局的宏观思考，又有解决问题的具体思路，丰富和发展了党的科学理论，是改造主观世界、客观世界的有力思想武器，通过集中学习讲话精神，进一步认清了发展方向和任务要求，增强了做好工作的信心和底气。

刘云山听取发言后说，深入学习贯彻习近平总书记系列重要讲话精神，要着眼固本培元，坚定理想信念，增强政治定力，不断提高在中国特色社会主义道路上实现中国梦的思想自觉和行动自觉。要着力增强宗旨意识、树立为民情怀，认真落实“三严三实”要求，大力弘扬党的优良传统和作风。要强化实践导向，增强问题意识，深入研究解决改革发展稳定中的重大问题、干部群众普遍关心的热点难点问题、党的建设面临的紧迫课题，把学习贯彻的成效转化为全面深化改革、促进发展进步的强大动力。

## 国办印发《关于印发文化体制改革中经营性文化事业单位转制为企业和进一步支持文化企业发展两个规定的通知》

新华网4月16日报道，国务院办公厅近日发布《关于印发文化体制改革中经营性文化事业单位转制为企业和进一步支持文化企业发展两个规定的通知》，修订完善一系列推动文化改革发展的重要经济政策，为新一轮文化体制改革提供有力支撑，激发内在动力，促进繁荣发展。

《通知》包括《文化体制改革中经营性文化事业单位转制为企业的规定》和《进一步支持文化企业发展的规定》两个文件，主要涉及财政税收、投资融资、资产管理、土地处置、收入分配、社会保障、人员安置、工商管理等多方面支持政策。主要内容包括：一是保留和延续原有给予转制企业的财政支持、税收减免、社保接续、人员分流安置等多方面优惠政策，特别是保留了免征企业所得税政策，支持力度不减，确保转制规范到位的文化企业轻装上阵，早改革、多受益、快发展。二是调整和增加有关政策规定，提出建立党委和政府监管国有文化资产的管理机构，强调国有文化企业要健全协调运转、有效制衡的公司法人治理结构，探索实行特殊管理股试点和股权激励试点。三是进一步提高政策含金量，强调扩大文化产业发展专项资金规模，将有线数字电视增值税免税政策重新明确再延长3年，新增对农村有线电视、城市电影放映等增值税优惠政策；进一步明确划拨土地转增国有资本的程序和方式，鼓励利用划拨存量土地兴办文化产业；鼓励和引导社会资本以多种形式投资文化产业，创新金融产品和服务方式，推动实现融资渠道多元化；支持企业建立补充养老保险、补充医疗保险，将中央出版单位京外工作人员纳入当地社会保障体系等，切实增强政策针对性实效性。

## 部委企业高校深化整改工作座谈会召开

4月18日，部委企业高校深化整改工作座谈会在北京召开，刘云山出席并讲话，赵乐际主持会议，赵洪祝出席会议。

座谈会上，国家发展改革委、教育部、财政部、人力资源社会保障部、全国总工会、中国农业银行、中国建筑工程总公司、天津大学等8个部门和单位负责同志作了发言。大家反映，第一批教育实践活动坚持收尾不收场，整改工作取得明显成效，但与中央要求和群众期待相比还有不小差距，作风建设永远在路上，整改工作不能有丝毫放松。

刘云山听取发言后说，第一批教育实践活动单位深化整改工作，要认真贯彻“三严三实”要求，严格对照中央规定进行整改，不折不扣地落实，不搞法不责众、下不为例；严格对照各项承诺进行整改，建立台账一项一项地改，实行销号式管理；严格对照先进典型的标尺进行整改，自觉检视在思想境界、作风形象等方面的不足，切实增强深化整改的内在动力。深化整改工作，要针对群众反映强烈的突出问题，向旧习惯说不，向潜规则叫板，严厉查处违规违纪行为，真正把改作风改到群众心坎上。部委机关要重点解决特权思想、衙门作风等问题，坚决纠正部门不正之风；国有企业要重点解决社会责任感不强、服务意识淡薄等问题，进一步加强内部管理、规范企业服务；高等院校要重点解决办学理念偏差、学风教风校风不正等问题，营造立德树人、风清气正的良好环境。

## 第二批党的群众路线教育实践活动推进会召开

4月20日，第二批党的群众路线教育实践活动推进会在沈阳召开，刘云山出席并讲话，赵乐际主持会议，赵洪祝出席会议。

会上，辽宁、北京、天津、河北、吉林、黑龙江、上海、江苏、浙江、福建、山东等11个省市党委负责同志和所属市县委书记代表，以及中央

第二巡回督导组组长先后发言。大家认为第二批教育实践活动开局良好，学习教育、听取意见扎实推进，一些问题得到初步解决，但进展还不平衡，存在重视不够、大而化之、走形式赶进度等问题。要进一步深化思想认识、强化工作措施，把活动切实抓紧抓好。

刘云山在讲话中说，教育实践活动，学习教育是前提，必须始终摆在突出位置，要组织党员干部认真学习习近平总书记系列重要讲话，学习中央确定的必读书目，以先进典型为镜，触及思想灵魂、加强党性修养。“四风”问题各级各层都有，关键是要积极主动找、联系实际找，找出来的问题要具体化、像自己。专题民主生活会是一个关键步骤，要出以公心、开门见山、敢于交锋，克服和避免“怕”的思想、“绕”的现象、“空”的问题，多一点“辣味”，确保开出质量和水平。第二批活动同群众关系更直接，更需要开门搞活动，要真开门、开大门、全过程开门，畅通群众参与的渠道，鼓励群众讲真心话、提真意见，各个环节都让群众来评判、来监督。要坚持从严督导、从严把关，突出对领导班子和领导干部的督导，突出对学习教育、专题民主生活会、突出问题专项治理等重点环节的督导，督到关键处、导在点子上。开展教育实践活动，目的是把党建设得更加坚强有力，更好地促进改革发展，要把开展活动与推动各项工作结合起来，以作风建设的新成效开创改革发展的新局面。遵守规矩不是无所作为，“为官不易”不能“为官不为”，要引导党员干部增强深化改革的思想自觉，增强攻坚克难的责任担当，增强一心为民的公仆情怀，保持昂扬向上的进取心，保持干事创业的精气神。

## 推进志愿服务制度化电视电话会议召开

4月21日，推进志愿服务制度化电视电话会议在北京召开，刘奇葆出席并讲话。

刘奇葆指出，志愿服务是社会文明程度的重要标志，是加强思想道德建设、培育和践行社会主义核心价值观的重要载体。要大力弘扬奉献、友爱、互助、进步的志愿精神，在弘扬中华传统美德上下功夫，在营造社会氛围上下功夫，在融入上下功夫，培育“我为人人、人人为我”的社会风尚。要加强制度设计，完善志愿服务队伍建设、活动运行、激励回馈、政策法律保障机制，健全社区志愿服务长效机制。要把抓制度落实作为推进工作的重点，严格执行制度，严格按制度办事，切实提高制度执行力，推动志愿服务持续健康发展。

## 全国五一劳动奖状、奖章和全国工人先锋号评选揭晓

4月21日，2014年全国五一劳动奖状、奖章和全国工人先锋号评选揭晓，共评选出奖状单位305个、奖章个人1218个、工人先锋号集体1081个。其中，在奖章个人中，一线职工和专业技术人员784名，占64.37%，为近年来最高。

## 中央教育实践活动办公室要求学习收看《践行群众路线的好榜样》

4月21日，中央党的群众路线教育实践活动领导小组办公室印发通知，要求各地区各部门各单位结合实际组织学习收看电视系列片《践行群众路线的好榜样——100部优秀党员教育电视片》。

为在第二批教育实践活动中进一步抓好基层党员的学习教育，中央组织部党员教育中心制作了电视系列片《践行群众路线的好榜样——100部优秀党员教育电视片》。该电视系列片每部介绍一位优秀党员牢记宗旨、为民服务的先进事迹，涵盖农村、街道社区、机关、国有企业、事业单位、高校、非公有制经济组织和社会组织等领域，是开展教育实践活动、学习先进典型和身边榜样的生动教材。

## 政法干部学习贯彻习近平总书记重要讲话精神专题培训班举行开班式

4月22日，第一期政法领导干部学习贯彻

习近平总书记重要讲话精神专题培训班举行开班式，孟建柱出席并讲话，郭声琨主持开班式。

孟建柱说，要善于运用法治思维和法治方式领导政法工作，提高政法工作法治化水平。要信仰法治、坚守法治，严格依照法律授权行使权力，谨慎地恪守正当程序，防止权力滥用。要把打击犯罪与保护人民、保障人权统一起来，用法治保护公民法人合法权益。越是复杂疑难问题，越要用法治思维和法治方式探寻解决之道。要善于把握矛盾发展趋势，增强预防化解矛盾主动性。要善于运用大数据，提升维护稳定工作现代化水平。要善于做不同类型群众的工作，最大限度地把群众凝聚在党和政府周围。要善于运用新媒体，增强维护稳定工作效果。

## 第二批党的群众路线教育实践活动推进会中、西部片会召开

4月23日，第二批党的群众路线教育实践活动推进会中部、西部片会分别在长沙、重庆召开，赵乐际出席并讲话。

赵乐际指出，要真正把习近平总书记系列重要讲话和中央规定的书目学深学透，读原著、学原文、悟原理，坚定理想信念、增强宗旨意识。要大力弘扬焦裕禄精神，对照先进、查找差距、解决问题。要真心诚意听取群众意见，深刻剖析存在问题，严肃认真开展批评和自我批评，坚持边学边改、边查边改、立行立改。市县领导班子、领导干部要把自己摆进去，树立标杆、当好示范。要建立一把手抓一把手的推进机制，加强领导和分类指导。督导组要坚持标准、严格把关。要坚持两手抓、两促进，以改进作风的新成效，汇聚起全面深化改革的强大力量，推进党的建设新的伟大工程，促进经济社会持续健康发展。

## 全国检察机关队伍建设座谈会召开

4月23日，全国检察机关队伍建设座谈会在北京召开，孟建柱出席并讲话。

孟建柱强调，要始终把思想政治建设放在首位，强化科学理论武装，做有信仰、有理想的检察干部。要加强党性修养，做坚持原则、敢于担当的检察干部，抵得住干扰、抗得住诱惑，秉公执法，坚决同消极腐败现象作斗争。要以专业化、职业化为方向，做有较高法律素养和专业水平的检察干部。要提高法律监督能力，敢于监督、善于监督、依法监督、规范监督，及时发现、监督纠正执法不严、司法不公问题，维护人民群众合法权益，提升执法司法公信力。要加强党风廉政建设，做有高尚情操、清正廉洁的检察干部。要加强思想道德修养，牢固树立正确的世界观，管住心中的“老虎”，守住党纪国法的底线。要树立监督者更要接受监督的观念，敢于用比监督别人更严的要求监督自己，确保检察权依法正确行使。要完善工作机制，及时受理符合要求的网络举报，及时公布查处的违法违纪和腐败案件，以实际行动取信于民。

## 学习习近平总书记关于机关党建重要论述座谈会举行

4月24日，中央国家机关学习习近平总书记关于机关党的建设重要论述座谈会暨工委中心组学习（扩大）会在北京召开，国办、民委、公安部、气象局等4个部门机关党委主要负责同志进行了交流发言。

李智勇表示，学习习近平总书记系列重要讲话精神是当前和今后一个时期的重大政治任务，专兼职党务干部要首先学好总书记关于机关党的建设重要论述。要全面把握总书记重要论述的精神实质，重点把握12个方面内容；要把握总书记重要论述贯穿的科学思想方法，把握以人为本的基本思维、务实重干的实践思维、抓主要矛盾的重点思维、依靠制度的法治思维、把握规律的理性思维；要用重要论述指导实践，谋划好推动好机关党建工作，统筹推进机关党的各项建设。要通过学习习近平总书记关于机关党建的重要论述，认真抓好重点工作的落实，贯彻落实好中央国家机关第二十八次党的工作会议暨第二十六次纪检工作会议精神，围绕服

务、推动全面深化改革和经济社会发展做好机关党建工作，抓好教育实践活动深化整改工作，加强典型案件的警示教育工作，进一步开创中央国家机关党建工作新局面。

## 中共中央政治局召开会议 研究当前经济形势和经济工作

4月25日，中共中央政治局召开会议，研究当前经济形势和经济工作，习近平主持会议。

会议认为，今年以来，全党全国按照党中央决策部署，坚持稳中求进、改革创新，积极应对困难和挑战，推动解决深层次矛盾，各方面工作扎实推进，经济发展开局总体平稳，经济运行保持在合理区间。经济形势总体符合宏观调控和发展预期。当前经济工作面临不少困难和压力，我国经济发展外部环境仍然存在较大不确定性，经济增长下行压力依然存在，一些困难不容低估，潜在风险需要高度关注。我国经济发展的基本面没有改变，要继续坚持稳中求进工作总基调，统筹处理好稳增长、促改革、调结构、惠民生、防风险的关系，保持宏观政策的连续性和稳定性，财政政策和货币政策都要坚持现有政策基调，创造良好发展预期和透明宏观政策环境。要坚持宏观政策要稳、微观政策要活、社会政策要托底的基本思路，根据形势变化适时调整其内涵，努力实现全年经济社会发展各项预期目标。

## 全军和武警部队表彰一批先进

4月25日，总政治部下发通报，表彰全军和武警部队19个团委、36个团支部(总支)、35名共青团干部和18个旅团党委、政治机关。

通报要求，全军和武警部队各级党委、政治机关和共青团组织要深入学习贯彻习主席系列重要讲话精神，紧扣中国梦强军梦时代主题，聚焦能打仗、打胜仗，扎实推进基层党建带团建工作，努力提高部队共青团建设科学化水平。深入开展学习成才活动、爱军精武活动和学雷锋活动，广泛开展“中国梦·强军梦·我的梦”系列主题团日活动，激励引导青年官兵牢记强军目标，坚定强军信念，献身强军实践，在强军兴军伟大征程中放飞青春梦想。广大共青团干部要大力学习弘扬焦裕禄精神，进一步强化使命意识和责任意识，积极创新工作方式方法，不断增强团的吸引力凝聚力，扩大团的工作有效覆盖面，团结凝聚广大团员青年为实现中国梦强军梦作出新的更大贡献。

## 中共中央政治局进行第十四次集体学习

4月25日，中共中央政治局就切实维护国家安全和社会安定进行第十四次集体学习，习近平主持学习，中央政法委汪永清同志就这个问题进行讲解并谈了意见和建议。

习近平在主持学习时发表了讲话。他指出，改革开放以来，我们党始终高度重视正确处理改革发展稳定关系，始终把维护国家安全和社会安定作为党和国家的一项基础性工作。我们保持了我国社会大局稳定，为改革开放和社会主义现代化建设营造了良好环境。同时，必须清醒地看到，新形势下我国国家安全和社会安定面临的威胁和挑战增多，特别是各种威胁和挑战联动效应明显。

反恐怖斗争事关国家安全，事关人民群众切身利益，事关改革发展稳定全局，是一场维护祖国统一、社会安定、人民幸福的斗争，必须采取坚决果断措施，保持严打高压态势，坚决把暴力恐怖分子嚣张气焰打下去。要建立健全反恐工作格局，完善反恐工作体系，加强反恐力量建设。要坚持专群结合、依靠群众，深入开展各种形式的群防群治活动，筑起铜墙铁壁，使暴力恐怖分子成为“过街老鼠、人人喊打”。要发挥爱国宗教人士作用，加强对信教群众的正面引导，既满足他们正常宗教需求，又有效抵御宗教极端思想的渗透。要加强新形势下反分裂斗争，高举各民族大团结的旗帜，坚持各民族共同团结奋斗、共同繁荣发展的主题，深入开展民族团结宣传教育，打牢民族团结的思想基础，最大限度团结各族群众。要加强基层组织和基层政权建设，多做深入细致的群众工作。要正确把握党的民族、宗教政策，及时妥善解决影响民族团结的矛盾纠纷，坚决遏制和打击境内外敌对势力利用民族问题进行的分裂、渗透、破坏活动。

维护国家安全，必须做好维护社会和谐稳定工作，做好预防化解社会矛盾工作，从制度、机制、政策、工作上积极推动社会矛盾预防化解工作。要增强发展的全面性、协调性、可持续性，加强保障和改善民生工作，从源头上预防和减少社会矛盾的产生。要以促进社会公平正义、增进人民福祉为出发点和落脚点，加大协调各方面利益关系的力度，推动发展成果更多更公平惠及全体人民。要完善和落实维护群众合法权益的体制机制，完善和落实社会稳定风险评估机制，预防和减少利益冲突。要全面推进依法治国，更好维护人民群众合法权益。对各类社会矛盾，要引导群众通过法律程序、运用法律手段解决，推动形成办事依法、遇事找法、解决问题用法、化解矛盾靠法的良好环境。

## 纪念任弼时同志诞辰110周年座谈会举行

4月26日，纪念任弼时同志诞辰110周年座谈会在北京人民大会堂举行。刘云山出席并讲话，许其亮出席座谈会，栗战书主持座谈会。冷溶、曲青山、徐守盛先后发言。

任弼时同志是伟大的马克思主义者，杰出的无产阶级革命家、政治家、组织家，中国共产党和中国人民解放军的卓越领导人，是以毛泽东同志为核心的中国共产党第一代中央领导集体的重要成员。

刘云山在讲话中全面回顾了任弼时同志的生平业绩和卓越贡献。他说，任弼时同志16岁参加革命，46岁英年早逝，为中华民族独立和中国人民解放事业奋斗了一生，贡献出了自己的一切。任弼时同志作为新民主主义革命时期党的主要领导人之一，参与了党的一系列重大决策的制定和实施；是人民军队政治工作的杰出领导人，为创建我们党领导下的政治坚定、纪律严明的新型军队作出了重要的历史贡献；始终站在青年运动的前列，被誉为中国青年运动的导师。任弼时同志的一生，是光辉的一生、战斗的一生，为党和人民事业奉献了自己全部心血。他以坚强的革命意志、高尚的思想品格、真挚的为民情怀，诠释了一位模范共产党员的崇高风范，铸就了一座不朽的精神丰碑。他的丰功伟绩，深深铭刻在中华民族解放斗争的史册上；他的革命精神，永远激励着我们为党和人民的事业努力奋斗。

## 中央党的群众路线教育实践活动领导小组召开会议

4月27日，中央党的群众路线教育实践活动领导小组召开会议，刘云山主持并讲话，赵乐际、赵洪祝参加会议。

刘云山在讲话中说，第二批活动单位特别是市、县机关将于5月中下旬陆续进入查摆问题、开展批评环节，这是检验学习教育成效、打牢整改落实基础的关键。要严格按照规定的程序和要求，精心组织实施，不折不扣做好每一项工作，使查摆问题真正到位、开展批评见到实效。学习教育、听取意见效果不好的地方和单位要进行“补课”、“回炉”，不急于进入下一环节。把问题找准找实是开展批评和自我批评的重要前提。要认真贯彻“三严三实”要求，聚焦“四风”找问题，不散光跑偏、避重就轻，使查找出来的问题与事对接、与人见面。要坚持分层分类找问题，针对不同层级、不同类型单位，分别提出查摆问题的具体内容和要求，不流于形式、大而化之。要敞开大门找问题，真心听取群众意见，使查摆出来的问题让群众认可。

## 庆祝“五一”国际劳动节大会举行

4月28日，庆祝“五一”国际劳动节暨全国五一劳动奖状奖章表彰大会在北京人民大会堂举行，李建国出席并讲话。共有305个先进集体荣获全国五一劳动奖状，1218名先进个人荣获全国五一劳动奖章，1081个先进集体荣获全国工人先锋号。

李建国向全国各族工人、农民、知识分子和其他各阶层劳动群众致以节日的问候，并向获奖集体和个人表示祝贺。他说，工人阶级是我国先进生产力和生产关系的代表，要牢牢把握我国工人运动的时代主题，登高望远，认清形势，不怕困难，勇于担当，做全面深化改革的支持者、推动者、参与者；围绕今年经济社会发展目标任务，立足本职岗位、争创一流业绩；自觉践行社会主义核心价值观，并以此作为自己日常工作生活的基本遵循。要把维护职工合法权益工作放在党和国家工作全局中去把握，用依法维权的实际作为回应职工群众的期待和诉求，运用法治思维和法治方式开展工作。他还指出，各级党委和政府要把全心全意依靠工人阶级的根本方针贯彻到制定政策、推进工作的全过程，落实到企业经营管理各个方面、各个环节，在推进全面深化改革中重视保护和调动广大职工群众的积极性，维护和发展广大职工群众的利益。

## 第二批党的群众路线教育实践活动中央巡回督导组组长座谈会召开

4 月 28 日，第二批党的群众路线教育实践活动中央巡回督导组组长座谈会在北京召开，赵乐际出席并讲话，赵洪祝主持座谈会。

赵乐际指出，严格督导是实现教育实践活动高标准的重要保障。要在督促深化认识上下更大功夫，促使党员、干部在深入学习中、在向先进看齐中、在听取群众意见中，增强思想自觉和行动自觉。要在督促查找和解决问题上下更大功夫，真正把批评和自我批评开展起来，把民主生活会开出高质量、好效果，切实解决“四风”突出问题、关系群众切身利益的问题、联系服务群众“最后一公里”问题，特别是发生在群众身边的不正之风。要在督促重点对象上下更大功夫，推动形成一把手抓一把手的机制，以“一把手效应”促进活动开展。要在督促两手抓、两促进上下更大功夫，把开展活动与全面深化改革、促进科学发展结合起来，与夯实基层基础结合起来，与提高党员、干部素质和能力结合起来，以作风转变的成效，更好地促进改革发展稳定，不断改善人民生活。

## 中宣部发布“时代楷模”苏和、塞罕坝机械林场的先进事迹

4 月 28 日，中央宣传部会同国家林业局向全社会公开发布“时代楷模”苏和、塞罕坝机械林场的先进事迹。

苏和是内蒙古自治区阿拉善盟原政协主席，2004 年从领导岗位退休后，回到家乡额济纳旗沙化最严重的黑城地区，克服许多难以想象的困难，坚持植树造林，为当地的生态文明建设作出了突出贡献。塞罕坝机械林场位于河北省承德市围场境北，52 年来，一代代林场干部职工始终牢记使命、不畏牺牲，成功营造出世界上面积最大的人工林，夺取了治沙造林的重大胜利，创造了沙漠变绿洲、荒原变林海的人间绿色奇迹。他们的先进事迹，体现了忠诚于党、热爱祖国的坚定信念，艰苦创业、迎难而上的拼搏精神，一心为民、无私奉献的高尚情操，生动诠释了社会主义核心价值观的深刻内涵。

## 《十八大以来廉政新规定》出版

新华社 4 月 28 日报道，为更好地学习贯彻习近平同志关于作风建设的一系列重要讲话精神，进一步推进党风廉政建设制度化，人民出版社出版了《十八大以来廉政新规定》一书。

党的十八大以来，以习近平同志为总书记的党中央高度重视、全面推进党风廉政建设，使党风、政风为之一新，得到了全国人民的衷心拥护和高度评价。《十八大以来廉政新规定》收录了党中央、国务院等部门近一年多来所出台的一系列关于廉政建设的重要规定，这些规定涉及强化干部监管、引导示范带头、提倡厉行节约、规范公务接待、严禁公款送礼等方面，具有极强的指导性、针对性、示范性和可操作性，是

全面改进工作作风的基础。

## 中央党校举行2014年春季学期第一批进修班毕业典礼

4月29日，中共中央党校举行2014年春季学期第一批进修班毕业典礼，刘云山出席典礼并为学员颁发毕业证书。

中央党校本期毕业学员共217人。学员们反映，通过认真学习习近平总书记系列重要讲话，进一步增强了政治定力，认清了党和国家工作的新要求，强化了敢于担当的责任和使命；系统学习马克思主义基本理论特别是中国特色社会主义理论体系，进一步加深了对马克思主义中国化创新成果的认识，坚定了理想信念；认真听课读书，积极开展课题研究，完善了知识结构，提高了分析问题和解决问题的能力；认真贯彻中央八项规定精神，自觉转作风、正学风，增强了党性修养。

何毅亭在毕业典礼上讲话，希望学员们坚持深入学习贯彻习近平总书记系列重要讲话精神，打好履职尽责的思想政治基础；认真学习贯彻党的十八届三中全会精神，勇于担当起全面深化改革的历史重任；坚持不懈改作风，抓好群众路线教育实践活动。

## 习近平接见劳动模范和先进工作者、先进人物代表

4月30日，“五一”国际劳动节前夕，正在新疆考察工作的习近平在乌鲁木齐接见新疆28名劳动模范和先进工作者、先进人物代表，之后同他们进行了座谈。

习近平发表热情洋溢的讲话。他表示，很高兴在这里同大家见面。你们当中，有的是老模范、有的是新先进，事迹都很感人。看到你们精神焕发，我很受鼓舞。明天就是“五一”国际劳动节。我代表党中央、国务院，向你们并通过你们，向全国劳动模范和先进工作者、先进人物，向全国各族工人、农民、知识分子和其他劳动群众，致以节日的祝贺和诚挚的问候！

一代又一代的劳动模范和先进工作者、先进人物，是我国劳动人民的杰出代表，是祖国和人民的骄傲。你们大家以强烈的主人翁责任感，立足本职，争创一流，集中体现了伟大的时代精神、创业精神、奉献精神，为国家和民族增添了绚丽光彩。党和人民感谢你们。在座各位获得的荣誉，既是大家辛勤劳动的回报，也是党和人民对劳动者的敬重。广大劳动模范和先进工作者、先进人物要把取得的荣誉作为新的起点，努力在新的征途上再创新业、再立新功。对劳动模范和先进工作者、先进人物，各条战线广大职工和各族人民群众要向他们学习，各级党委和政府要热情关心他们的工作、学习、生活，为他们的健康和幸福、为他们更好发挥作用创造良好环境和条件。

# 2014年5月

## 第十八届“中国青年五四奖章”揭晓

5月2日，共青团中央、全国青联决定，授予王红兵等30名（组）同志第十八届“中国青年五四奖章”；授予中国人民解放军71426部队88分队等2个青年集体“中国青年五四奖章集体”；授予孔令媛等7名同志第十八届“中国青年五四奖章”提名奖。

荣获第十八届“中国青年五四奖章”的分别是：河南省尉氏县红兵禽业专业合作社理事长王红兵，中国人民武装警察部队内蒙古自治区总队阿拉善盟支队副参谋长王慧成，太原钢铁（集团）有限公司不锈钢股份有限公司冷轧厂班长牛国栋，国家电网新疆电力公司博尔塔拉供电公司运维检修部检修班长艾沙江·尼扎木丁（维吾尔族），中央人民广播电台记者白宇，中国人民解放军96165部队72分队政治指导员乐焰辉，安徽艾可蓝节能环保科技有限公司董事长、总经理刘屹，新疆维吾尔自治区喀什市残友科技有限公司董事长刘勇，深圳光启高等理工研究院院长刘若鹏，中国船舶重工集团公司第七一九研究所型号副总设计师刘春林，上海交通大学医学院附属上海儿童医学中心党委书记江帆（女），西藏自治区江孜县拉则寺管委会科员次仁曲宗（女，藏族），中国第一汽车股份有限公司技术中心汽车电子部主查兼控制开发三室室主任李素文（女），江苏省盐城市城乡建设局市政设施管理处下水道班班长李智慧（女），辽宁省海城市后英集团董事长何宪昶（满族），吉林财经大学管理科学与信息工程学院学生辅导员张爽（女，满族），宁夏正丰建筑工程有限公司工程部部长张晓炜，广州广船国际股份有限公司船舶电焊工陈庆城，中国科学院化学研究所分子识别与功能重点实验室主任助理罗三中，海南大学政治与公共管理学院教师赵红亮，山东机客网络技术有限公司董事长徐瑞明，辽宁省辽阳市宏伟区宏大生态创业园创业者爱新觉罗陈子一（女，满族），安徽省利辛县新农民养猪专业合作社理事长、安徽浩翔农牧有限公司总经理高亚飞，天津航空有限责任公司服务部乘务员郭佳（女），青海省邮政公司格尔木市邮政局投递员葛军，四川省成都市广播电视台主持人雷庆瑶（女），湖南省泸溪县红山柑桔专业合作社理事长谭永峰（苗族），广西壮族自治区防城港市公安消防支队特勤中队中队长助理谭忠能、三班副班长农本豪（壮族），中国人民解放军77110部队副参谋长黎登贵，清华大学医学院教授、博士生导师颜宁（女）。

荣获“中国青年五四奖章集体”的分别是：中国人民解放军71426部队88分队、沈阳机床（集团）有限责任公司中捷立式加工中心事业部青年团队。此外，孔令媛（女）、祁峰、杨苗苗（女）、吴艳（女）、陈伦、郭鑫（藏族）、黄茂兴等7人荣获“中国青年五四奖章”提名奖。

同时，共青团中央决定，授予宗佳等193名同志2013年度“全国优秀共青团员”称号，授予李岩等138名同志2013年度“全国优秀共青团干部”称号，授予北京汽车集团有限公司团委等390个基层团组织2013年度“全国五四红旗团委（团支部）”称号。

## 习近平给河北保定学院西部支教毕业生群体代表回信

5月3日，在五四青年节即将到来之际，习

近平给河北保定学院西部支教毕业生群体代表回信，向青年朋友致以节日的问候，勉励青年人到基层和人民中去建功立业，在实现中国梦的伟大实践中书写别样精彩的人生。

2000 年，响应国家西部大开发的号召，河北保定学院的 15 名毕业生毅然放弃多家用人单位的录用及继续深造的机会，带着户口选择到万里之遥的新疆且末县中学任教。截至 2013 年，这所学校已有 97 名毕业生在新疆、西藏、贵州、重庆、四川等地基层工作。虽然条件艰苦，但十几年来没有一人退缩，全部扎根在西部大地，参与见证了西部的改变和发展。他们的事迹经《光明日报》报道后引起广泛关注。近日，这批西部支教毕业生群体代表给总书记写信，汇报了他们的工作和生活情况，表示，一个人的选择只有契合时代要求、符合人民需要，才会有意义有价值。西部需要我们这样的普通劳动者，我们愿像一棵棵红柳、一株株格桑花一样，扎根西部、坚韧不拔、甘于吃苦、平实做人，为广袤的土地带去无尽的生命力。

## 习近平在北京大学师生座谈会上发表重要讲话

5 月 4 日，习近平到北京大学考察，并参加北京大学师生座谈会。在听取了大家发言后，习近平发表了关于“青年要自觉践行社会主义核心价值观”的重要讲话。他指出，当代大学生是可爱、可信、可贵、可为的。时间之河川流不息，每一代青年都有自己的际遇和机缘，都要在自己所处的时代条件下谋划人生、创造历史。青年是标志时代的最灵敏的晴雨表，时代的责任赋予青年，时代的光荣属于青年。广大青年对五四运动的最好纪念，就是在党的领导下，勇做走在时代前列的奋进者、开拓者、奉献者，同全国各族人民一道，担负起历史重任，让五四精神放射出更加夺目的时代光芒。

习近平强调，每个时代都有每个时代的精神，每个时代都有每个时代的价值观念。一个民族、一个国家的核心价值观必须同这个民族、这个国家的历史文化相契合，同这个民族、这个国家的人民正在进行的奋斗相结合，同这个民族、这个国家需要解决的时代问题相适应。

习近平指出，确立反映全国各族人民共同认同的价值观，关乎国家前途命运，关乎人民幸福安康。我们提出要倡导富强、民主、文明、和谐，倡导自由、平等、公正、法治，倡导爱国、敬业、诚信、友善，积极培育和践行社会主义核心价值观。社会主义核心价值观把涉及国家、社会、公民的价值要求融为一体，既体现了社会主义本质要求，继承了中华优秀传统文化，也吸收了世界文明有益成果，体现了时代精神。中华文明绵延数千年，有其独特的价值体系，我们提倡和弘扬社会主义核心价值观，必须从中汲取丰富营养，否则就不会有生命力和影响力。要在全社会牢固树立社会主义核心价值观，全体人民一起努力，通过持之以恒的奋斗，把我们的国家建设得更加富强、更加民主、更加文明、更加和谐、更加美丽，让中华民族以更加自信、更加自强的姿态屹立于世界民族之林。

习近平强调，青年的价值取向决定了未来整个社会的价值取向，而青年又处在价值观形成和确立的时期，抓好这一时期的价值观养成十分重要。这就像穿衣服扣扣子一样，如果第一粒扣子扣错了，剩余的扣子都会扣错。人生的扣子从一开始就要扣好。核心价值观的养成绝非一日之功，要坚持由易到难、由近及远，努力把核心价值观的要求变成日常的行为准则，进而形成自觉奉行的信念理念。广大青年树立和培育社会主义核心价值观，要在勤学、修德、明辨、笃实上下功夫，下得苦功夫、求得真学问，加强道德修养、注重道德实践，善于明辨是非、善于决断选择，扎扎实实干事、踏踏实实做人，立志报效祖国、服务人民，于实处用力，从知行合一上下功夫。

习近平强调指出，党中央作出了建设世界一流大学的战略决策，我们要朝着这个目标坚定不移前进，不断深化教育体制改革。办好中国的世界一流大学，必须有中国特色。各级党委和政府要高度重视高校工作，始终关心和爱护学生成长。要全面深化改革，营造公平公正的社会环境，不断激发广大青年的活力和创造力。要强化就业创业服务体系建设，支持帮助学生们迈好走向社会的第一步。教师承担着最庄严、最神圣的使命，要时刻铭记教书育人的使命，以人格魅力引导学生心灵，以学术造诣开启学生的智慧之门。

## 2014 年大学生和高校辅导员年度人物座谈会召开

5 月 4 日，2014 年大学生和高校辅导员年度人物座谈会在北京召开，刘延东出席并讲话。

刘延东指出，多年来广大青年学生不负党和国家期望和重托，立志成才，爱国奉献，涌现出一大批自强不息、见义勇为、创新创业的先进典型，高校辅导员成为引导学生健康成长的重要力量，广大青年师生值得信赖、大有可为、堪当重任。当前我国已站在新的历史起点上，为青年成才报国提供了广阔舞台，赋予了更大责任。希望广大青年师生把个人梦想与国家梦结合起来，在服务国家和人民的伟大事业中书写多彩人生。要把知识储备与社会实践结合起来，到基层和群众中丰富阅历、建功立业。要把学习传承与创新创造结合起来，既学习传承中华民族优秀文化传统，又敢于突破陈规，勇于创新创业。要把自立自强与团队协作结合起来，既要彰显个性、发挥专长，又要依靠团队、加强协作，凝聚事业发展合力。要把家国情怀与世界眼光结合起来，为世界和平、为中国与各国的人民友谊、合作共赢做出应有贡献。

## “我的中国梦——奋斗的青春最美丽”优秀青年座谈会召开

5 月 4 日，在五四青年节之际，共青团中央在北京召开“我的中国梦——奋斗的青春最美丽”优秀青年座谈会，李源潮出席并讲话，秦宜智主持座谈会。第十八届“中国青年五四奖章”获得者和“中国青年五四奖章集体”“全国优秀共青团员”“全国优秀团干部”“全国五四红旗团委”的代表参加了座谈会。

李源潮认真听取了优秀青年代表的发言。他说，当代青年要坚定跟党走中国特色社会主义道路的信念，把青春追求融入国家富强、民族复兴、人民幸福的中国梦，把中国梦化为自己的学业梦、事业梦、家庭梦。要艰苦创业、大胆创新、争先创优，勇于到基层一线和艰苦地方干事创业，围绕国家急需勇攀科技高峰，立足岗位把工作干到最优。要自觉走在改革前列，支持改革、参与改革、探索改革。当代青年要把社会主义核心价值观作为基本遵循，向先进模范看齐，加强道德修养，注重道德实践，学习担当社会责任。要用正确的世界观、人生观、价值观看待社会、看待人生，大力弘扬奉献、友爱、互助、进步的志愿服务精神，促进全社会树立新风正气。

## 中央党的群众路线教育实践活动领导小组发出通知做好第二批教育实践活动查摆问题开展批评工作

新华网 5 月 4 日报道，中央党的群众路线教育实践活动领导小组近日印发《关于做好第二批教育实践活动查摆问题、开展批评工作的通知》，要求从严从实找准突出问题，以整风精神开展批评和自我批评，确保不走过场、取得实效。

## 全军党的群众路线教育实践活动领导小组通报第一批活动单位解决问题情况

新华社 5 月 5 日报道，全军党的群众路线教育实践活动领导小组近日通报了第一批活动单位解决问题情况，对军级以上党委机关清理违规住房用车、超配超占人员，以及离退休军职以上领导干部和遗属执行生活待遇规定等情况逐一进行通报，强调要按照“三严三实”要求，做到真改、实改、彻底改。

通报认为，第一批党的群众路线教育实践活动开展以来，四总部和各大单位党委坚决贯彻习主席和军委决策部署，聚焦反对“四风”，突出问题导向，围绕军委明确的9个方面问题开展清理整治，运用“说清楚”“交明白账”的办法督导整改兑现，清理违规住房用车、超配超占人员等问题取得重要阶段性成果。各级要发扬钉钉子精神，坚持高标准严要求，加大力度、加快进度，真改、实改、彻底改，确保解决问题见底见效。要逐人逐项抓好整改。对列入整改的事项、领导干部作出的承诺要紧盯不放，按照目标、时限和责任，一项一项抓，一人一人清，达不到整改要求的决不能放过。今年军级以上党委常委召开民主生活会，要认真分析教育实践活动整改落实情况，班子成员都要对个人兑现承诺情况作出说明，尚未落实的要认真进行自我批评，书记、副书记要指名道姓进行批评帮助，并限期整改到位。大单位党委常委民主生活会情况报告，要将本级整改落实情况作为重要内容。要从严从实督导检查。各单位对整改落实情况特别是清房清车清人情况，要定期进行检查通报，对清退率低的单位要责令主要领导说明原因，督促整改见底归零，决不能久拖不改，搞成“半拉子工程”。总部督导检查组和大单位巡回督导组，要把第一批活动整改落实情况作为督导检查的重要内容，适时进行抽查检查。同时，利用明察暗访、信访举报等多种形式，加大对公款吃喝旅游、公车私用、过节送礼、大操大办婚丧喜庆等问题的监督检查力度，坚决防止故态萌发、风过回潮。要上下联动深化整改。军级以上党委机关对选人用人、训风演风考风、“五多”等重点难点问题，要逐项研究拿出实招硬招，尤其要注重建立行得通、指导力强、能长期管用的制度机制，扎紧制度的笼子，切实用制度管权管事管人。同时要以基层为镜，透过第二批活动查找出的问题，反思反查领导作风、工作指导、制度建设等方面的不足，把需要本级解决的问题纳入整改，推动问题整治不断深入。要严肃处理违纪问题。对有问题不整改、大问题小整改、边整改边再犯的，要及时提醒、给予批评。尤其是对那些不如实报告个人有关事项的领导干部，要采取纪检监察、审计监督和巡视等措施调查核实，发现一起、查处一起、通报一起，严肃追究党委主要领导和当事人的责任。

## 中央党的群众路线教育实践活动领导小组召开视频会议

5月6日，中央党的群众路线教育实践活动领导小组召开视频会议，刘云山出席并讲话，赵乐际主持会议。

刘云山说，第二批教育实践活动将陆续进入查摆问题、开展批评的关键环节，必须严格标准要求，按照中央确定的程序步骤做好工作。查摆问题要深入实在，具体到事、具体到人；专题民主生活会前谈心交心要充分到位，主要负责同志与班子每个成员必谈，班子成员相互之间必谈，班子成员与分管部门负责同志必谈，督导组与班子成员必谈，力求把问题谈透、思想谈通；对照检查材料要见事见人见思想，做到真深实、杜绝假大空；批评和自我批评要动真格有辣味，不为人际关系所累，敢于向好人主义说不，真正红红脸、出出汗，从内心深处受到触动。同时要强化问题导向，立说立改、正风肃纪，对顶风违规违纪的要“零容忍”，发现一起、查处一起。第一批活动单位要继续深化整改工作，认真听取第二批活动单位意见抓整改，以上带下、以下促上，不断巩固扩大教育实践活动成果。

## 政法领导干部学习贯彻习近平总书记重要讲话精神第二期专题培训班举行开班式

5月6日，政法领导干部学习贯彻习近平总书记重要讲话精神第二期专题培训班举行开班式，孟建柱出席并讲话，郭声琨主持开班式。

孟建柱要求，要适应推进国家治理体系和治理能力现代化的新要求，善于把握社会矛盾产生发展趋势，充分运用现代信息技术，不断提高防范化解不安定风险和预防打击犯罪的能力。要下大气力落实中央反恐怖工作一系列重要部署，开展打击暴力恐怖活动专项行动，整体谋划、抓住要害，出重手、下重拳，坚决把暴力恐怖分子嚣张气焰打下去，切实保障人民安居乐业。要一把钥匙开一把锁，善于做好不同类型群众的工作，促进群众工作与依法治理相结合，依靠群众维护社会和谐稳定。要善于运用新媒体，最大限度地凝聚维护社会和谐稳定的正能量。政法领导干部在政治上要有严格的要求，提高思想政治和法治素养，履行好党和人民赋予的职责使命。要坚定理想信念，以党和人民利益为重，担国家之大任、当时代之先锋。要带头信仰法治、坚守法治，严格依照法定权限和程序行使权力，防止权力滥用，确保清正廉洁。

## 部分中央国家机关中央企业国有金融机构负责同志座谈会召开

5月6日至12日，部分中央国家机关和中央企业、国有金融机构负责同志座谈会召开，王岐山主持座谈会，赵洪祝参加座谈。

王岐山强调，中央国家机关是国家治理体系的中枢，中央企业和国有金融机构是中国特色社会主义市场经济的骨干力量，其党组织和党员肩负着重要政治责任，一言一行均关乎党的形象，要增加而不能透支党的信用。权力意味着责任，责任就要担当。要紧密联系实际，深化对党风廉政建设和反腐败斗争严峻复杂形势的认识，准确把握加强党的建设与实现国家治理能力现代化、推动经济社会全面发展的关系，把党的领导充分体现在“五位一体”建设之中。党要管党、从严治党不是空洞的口号，主体责任就是党委切实加强对党风廉政建设和反腐败工作的领导，党委书记是第一责任人。中央国家机关、中央企业和国有金融机构负责人不能忘记自己的党内职务和责任。要守土有责、守土尽责，牢固树立不抓党风廉政建设就是失职的意识，决不能只重业务不抓党风、只看发展指标不抓惩治腐败。对落实主体责任和监督责任不力的要严肃问责。中央国家机关首先要抓好机关党的建设，充分发挥机关党委的作用，把机关党风廉政建设抓好，把班子带好，把人用好，继承和弘扬党的优良传统和作风，切实发挥示范带动作用。落实主体责任不是简单表态、不能务虚，必须务实，要抓作风建设、抓严明纪律、抓惩治腐败。要掌握本部门、本单位党风廉政建设情况，持之以恒落实八项规定精神，检查党的纪律执行情况，增强党的观念。党的观念一旦淡漠，就必然导致组织涣散、纪律松弛，必须加强组织纪律性。要分析研判处置反映党员领导干部涉嫌违反党纪和国法的问题线索，对典型案例深入剖析，举一反三。要领班子、带队伍，坚持抓早抓小，决不能出现“灯下黑”。要加大案件查处力度，坚决遏制腐败蔓延势头，使之“不敢腐”。通过全面深化改革和制度创新，把权力关进制度的笼子，对干部加强日常监督管理，逐步实现“不能腐”。

## 纪念叶飞同志诞辰100周年座谈会召开

5月7日，纪念叶飞同志诞辰100周年座谈会在北京召开。张德江出席座谈会并会见了叶飞同志亲属。

叶飞同志是第六、七届全国人大常委会副委员长，海军原第一政委、司令员。1955年被授予上将军衔，荣获一级八一勋章、一级独立自由勋章和一级解放勋章。第一至三届国防委员会委员。李建国在座谈会上回顾了叶飞同志光辉业绩和卓越贡献，并强调要继承和发扬老一辈无产阶级革命家的光荣传统，锐意进取、攻坚克难、开拓创新，谱写改革开放伟大事业历史新篇章。

## 习近平指导兰考县委常委班子专题民主生活会

5月9日，习近平在兰考县指导县委常委班子党的群众路线教育实践活动专题民主生活会。

习近平到会后，首先听取了县委常委班子对照检查、常委个人对照检查及开展相互批评情况的汇报、省委督导组和中央巡回督导组对这次专题民主生活会的评价。在听取汇报后发表了讲话，对兰考教育实践活动前一段工作和县委常委班子专题民主生活会给予充分肯定。他指出，兰考教育实践活动落实了中央要求，把学习弘扬焦裕禄精神作为主线，分层分类抓好学习，广开言路汇集民意，原汁原味反馈意见，规定动作做得实，对群众反映强烈的突出问题即知即改、立行立改，注重教育实践活动和经济社会发展有机结合，活动进展顺利，取得了阶段性成效。兰考县委常委班子批评和自我批评，做到了干部群众提问题、班子成员相互点问题、班子成员个人找问题相统一，班子集体查摆的问题与班子成员个人查摆的问题相统一，班子成员心里想提的意见、会前谈心沟通时提的意见、会上相互批评时提的意见相统一，人人都红了脸、出了汗，开出了好的氛围、好的效果。

教育实践活动的成效说明，"四风"问题虽然有多种表现形式及其复杂成因，但只要有严格的尺度来衡量、有坚定的决心来纠正，就能看得清楚、认识明白、解决到位。无论是正在开展第二批活动的单位还是已经告一段落的第一批活动的单位，都要在改进作风上讲认真，做到善始善终、善作善成。作风建设已经采取的措施、形成的机制要扎根落地，已经取得的成效要巩固发展，关键是要在抓常、抓细、抓长上下功夫。作风建设是立破并举、扶正祛邪的过程，立什么，破什么，需要好好把握。要坚定共产党人理想信念，对错误思想和言论理直气壮批评教育；要坚持求真务实，察真情、说实话，出真招、办实事，下真功、求实效，让埋头苦干、真抓实干的干部真正得到重用、充分施展才华，让作风飘浮、哗众取宠的干部无以表功、受到贬责；要坚持清正严明，形成正气弘扬的大气候，让那些看起来无影无踪的潜规则在党内以及社会上失去土壤、失去通道、失去市场。形成作风建设的长效机制，需要严格的党内政治生活来规制和引导。各级党组织都要坚持党要管党、从严治党，认真贯彻执行党章和党内各项制度规定，努力提高党内政治生活的原则性和战斗性。任何一名党员，不论职务高低、资历深浅、成就大小，都必须自觉遵守党内政治生活准则，各级党员领导干部要率先垂范。

兰考县委常委班子同志纷纷表示，总书记两次来兰考调研指导，既对搞好教育实践活动作出重要指示，又亲自出席指导县委常委班子民主生活会，总书记讲话语重心长，大家深受教育、终身难忘，决心苦干实干拼命干，把中央精神和总书记指示落实到位，向老百姓交上一份满意的答卷。

## 中央统战部召开<br>党外人士专题调研座谈会

5月9日，中央统战部在北京召开党外人士专题调研座谈会，邀请民革中央、民盟中央、民建中央、九三学社中央交流专题调研情况，俞正声主持并讲话。

座谈会上，民革中央主席万鄂湘提出，司法体制改革要紧紧围绕"内去行政化、外去地方化"两个核心问题，理顺省以下司法机关人财物统管体制，推进审判责任制和检察官办案责任制改革，完善我国专门法院制度。民盟中央主席张宝文说，解决当前大学生就业创业问题，需要全社会共同努力、优化环境，深化高等教育改革，调整高等教育结构，更加注重培养适应社会需求特别是产业发展急需的实用型人才，同时要落实好大学生创业优惠政策。民建中央主席陈昌智说，解决产能过剩，必须从加大改革力度着手，特别注意通过市场手段加强调节，从干部科学考核、落后产能企业退出、支持企业技术创新等方面，研究建立统筹兼顾、标本兼治的长效机制。九三学社中央副主席赖明建议，尽快将大数据等现代技术应用上升为国家战略，同时把数据主权纳入国家核心利益范畴，制定专项发展规划，引导大数据技术和产业快速发展，以提升政府治理能力现代化。

座谈会气氛活跃，俞正声就一些问题与大家深入交流研讨。他指出，开展专题调研，是党外人士参政议政的重要途径，也是推进政党协商的重要方法，要形成制度、坚持下去。当前，全面深化改革的新形势新任务，对发挥党外人士优势作用提出了新要求。要围绕经济社会发展的重大问题和涉及人民群众切身利益的实际问题，结合民主党派各自的特点和优势，开展专题调研，切口要小、视野要宽、对策要实，为中共中央决策提供参考。希望各部门注意搭建知情平台，定期通报情况、解读政策、回应问题，帮助党外人士提高选题的针对性和调研的实效性。

## 2014 年度国家社科基金项目评审工作会议召开

5 月 12 日，2014 年度国家社科基金项目评审工作会议在北京召开，刘奇葆出席并讲话。

刘奇葆强调，要把研究阐释好习近平总书记系列重要讲话精神作为一项重大政治任务，增强人们对讲话的思想认同、理论认同和情感认同，促进用讲话精神武装头脑、指导实践、推动工作。要加强中国道路、社会主义核心价值观、社会主义民主等重大理论问题研究，加强全面深化改革、维护国家战略利益和安全等重大现实问题研究，积极推进中国特色新型哲学社会科学智库建设，更好服务党和国家事业发展。要加强基础学科研究，推进学术话语体系建设，增强我国学术的生命力、创造力和影响力。要加强国家社科基金管理工作，创新选题规划、立项资助、成果评估和推广应用机制，健全坚持正确导向、符合科研规律、充满生机活力的工作机制，发挥好基金对繁荣发展哲学社会科学的示范引导作用。

## 中国国际友好大会暨中国人民对外友好协会成立 60 周年纪念活动举行

5 月 15 日，中国国际友好大会暨中国人民对外友好协会成立 60 周年纪念活动在人民大会堂举行，习近平出席并讲话。中国人民对外友好协会成立于 1954 年 5 月 3 日，是从事民间外交事业的全国性人民团体。目前已设立 46 个中外地区和国别友好协会，与 157 个国家 500 多个民间团体和组织机构建立了友好合作关系，协调中国与 133 个国家建立了 2106 对友好省州、城市关系。

习近平代表中国政府和人民对大会召开表示热烈祝贺，并向珍视友谊、热爱和平的国际友人，向长期同情和支持中国革命、建设、改革事业的各国朋友们致以崇高敬意。习近平指出，人民友好是促进世界和平与发展的基础力量，是实现合作共赢的基本前提。面对复杂多变的国际形势和严峻突出的全球性问题，各国人民需要加强友好交流，携手合作，同舟共济。中国将在实现中华民族伟大复兴的过程中，同世界各国一道，推动各国人民更好实现自己的梦想。中国将继续全面对外开放，推进同世界各国的互利合作，推动建设丝绸之路经济带和 21 世纪海上丝绸之路，实现各国在发展机遇上的共创共享。中国将大力开展中外文化交流，为推动人类文明进步作出贡献。中华民族历来是爱好和平的民族，一直追求和传承和平、和睦、和谐的坚定理念。中华民族的血液中没有侵略他人、称霸世界的基因，中国人民不接受“国强必霸”的逻辑，愿意同世界各国人民和睦相处、和谐发展，共谋和平、共护和平、共享和平。中国将坚持走和平发展道路，同时也将推动各国共同坚持和平发展。

李小林回顾了中国人民对外友好协会 60 年发展历程，表示将继续高举“友好、和平、合作、发展”的旗帜，续写民间友好事业的新篇章。汤加公主图伊塔，日本前首相鸠山由纪夫，圣马力诺中国友好协会主席泰伦齐，非盟委员会前主席、加蓬前外长让·平，美国前总统尼克松外孙考克斯等分别致辞。

## 中央党校举行春季学期第二批进修班开学典礼

5 月 15 日，中共中央党校举行 2014 年春季学期第二批进修班开学典礼，刘云山出席并就深入学习贯彻习近平总书记系列重要讲话精神提出要求。

刘云山指出，习近平总书记系列重要讲话回答了新的历史条件下党和国家发展面临的一系列重大理论和现实问题，贯穿着强烈的问题意识、问题导向，体现了共产党人求真务实的科学态度。在新的时代条件下全面深化改革、开创事业发展新局面，领导干部必须有发现问题的敏锐、正视问题的清醒、解决问题的自觉。问题是客观存在的，增强问题意识首先要敢于正视问题，始终保持头脑清醒，有一双洞察问题的眼睛，善于在国际国内相互联系中发现问题，在改革发展实践中发现问题，在总结经验教训中发现问题。要自觉用辩证唯物主义和历史唯物主义方法科学分析和研究问题，坚持具体问题具体分析，弄清问题性质、找到症结所在；坚持透过现象看本质，见微知著、由表及里，掌握规律、抓住根本；坚持胸怀大局、把握大势、着眼大事，深入研究思考事关全局、事关长远发展、事关人民福祉的紧要问题。

问题绕不开躲不过，有没有解决问题的责任担当是对领导干部的最好检验。有真本领就不怕有问题，关键是要通过学习提高驾驭和解决问题的能力。领导干部要带着问题学习，对照遇到的问题找知识上的不足、找能力上的差距，不熟悉的东西要努力去掌握。要带着问题思考，对工作和学习中碰到的问题要刨根问底、举一反三，多问一问是什么、为什么，多想一想怎么看、怎么办，把学习成果体现在解决问题的成效上。要带着问题调研，多到基层接地气，多到现场摸实情，从基层一线和人民群众的实践创造中总结规律性认识，寻找解决问题的钥匙。

## “推动中华文化走出去”座谈会召开

5月15日，“推动中华文化走出去”座谈会在深圳召开，刘奇葆出席并讲话。

刘奇葆指出，推动中华文化走出去要把内容建设放在第一位，突出思想内涵和价值观念。要注重对外宣传阐释中国梦，讲清楚中国梦是追求和平的梦、追求幸福的梦、奉献世界的梦，引导国际社会客观认识中国梦。要积极传播当代中国价值观念，充分展示优秀传统文化的独特魅力，让国外民众触摸中华文化脉搏，感知当代中国发展活力，使中国的形象在世界上不断树立和闪亮起来。要多措并举、多方发力，广泛开展对外文化交流与传播，加强国际传播能力和对外话语体系建设，大力发展对外文化贸易与投资，加大政策扶持力度，综合运用大众传播、群体传播、人际传播方式，着力构建全方位、多层次、宽领域的文化走出去格局，不断增强中华文化的国际影响力。

## 第五次全国自强模范暨助残先进集体和个人表彰大会召开

5月16日，第五次全国自强模范暨助残先进集体和个人表彰大会在北京召开，习近平会见受表彰代表，他说，残疾人是社会大家庭的平等成员，是人类文明发展的一支重要力量，是坚持和发展中国特色社会主义的一支重要力量。希望各位自强模范再接再厉，希望广大残疾人从自强模范身上汲取力量，自尊、自信、自强、自立，更加勇敢地迎接生活的挑战，更加坚强地为实现人生梦想、为实现我们的共同梦想而努力，推动我国残疾人事业在新的征程中不断迈上新台阶。

张高丽出席大会并讲话。他说，残疾人事业是中国特色社会主义事业的重要组成部分。我们一定要认真学习领会、全面贯彻落实习近平总书记重要讲话精神，深入开展学习宣传全国自强模范和助残先进活动，在实现中国梦的伟大实践中，团结带领、支持帮助广大残疾人创造更加幸福美好的新生活。全国自强模范、助残先进集体和个人的事迹，平凡中蕴含着伟大，为社会主义核心价值体系建设注入了强大的正能量。残疾人是一个特别困难、特别需要帮助的群体，我们要坚持改革创新，推动残疾人事业加快发展，努力让残疾人共享我国经济社会发展成果。要进一步动员全社会力量参与残疾人事业，营造全社会理解、尊重、关心、帮助残疾人的浓厚氛围；进一步完善残疾人权益保障制度，实现残疾人政治、经济、社会、文化等平等权利；进一步做好残疾人基本公共服务，完善中国特色残疾人基本救助、社会福利、康复服务、教育就业等制度；进一步激励残疾人自强精神，促进残疾人的广泛参与、充分融合和全面发展；进一步健全中国特色残疾人事业的体制机制，努力开创残疾人工作新局面。

中国残疾人联合会负责人介绍了全国“自强与助残”活动开展情况，决定授予朱彦夫、周月华等165名残疾人“全国自强模范”称号，表彰中央人民广播电台新闻节目中心专题部《残疾人之友》栏目组等100个全国助残先进集体、孙茂芳等100名全国助残先进个人、哈尔滨道里区残疾人联合会等100个“残疾人之家”和张扬等33名全国残联系统先进工作者。

## 中央教育实践活动办公室印发《关于河南省兰考县委专题民主生活会情况的通报》

新华网5月16日报道，中央党的群众路线教育实践活动领导小组办公室近日印发《关于河南省兰考县委专题民主生活会情况的通报》，要求各地区各部门各单位组织广大党员干部认真学习、深入贯彻习近平总书记出席指导兰考县委常委班子专题民主生活会时的重要讲话精神，学习借鉴兰考县委常委班子专题民主生活会的经验做法，高质量地开好专题民主生活会。

## “中国梦与中国人权”研讨会召开

5月17日，由中国人权研究会主办，山东大学法学院承办的“中国梦与中国人权”理论研讨会在济南市召开。来自全国有关高校和人权研究机构的近50名专家学者围绕实现中华民族伟大复兴中国梦的人权内涵进行了讨论。

与会专家学者认为，中国梦为中国人权事业的发展提供了新的理论指导。实现中国梦，其实质是为了更好地保障人民的各项基本权利，促进中国人权事业的全面发展。中国梦的提出，必将进一步推动中国人权事业向更好更高的水平迈进。

## 中央党的群众路线教育实践活动领导小组印发通知要求认真学习贯彻习近平总书记指导兰考县委常委班子专题民主生活会时的重要讲话精神

新华社5月19日报道，中央党的群众路线教育实践活动领导小组近日印发《关于认真学习贯彻习近平总书记指导兰考县委常委班子专题民主生活会时的重要讲话精神的通知》，要求各级党组织和广大党员、干部把认真学习贯彻习近平总书记在河南兰考参加并指导县委常委班子专题民主生活会时的重要讲话精神，作为当前的一项重要政治任务抓紧抓好，以无私无畏的坦诚态度和担当精神切实开好专题民主生活会。

## 中央国家机关工委召开部门党组（党委）落实主体责任交流会

5月19日，中央国家机关工委在人民大会堂召开部门党组（党委）落实主体责任交流会。杨晶出席并讲话，李智勇主持会议，7个部门党组（党委）主要负责同志作了交流发言。

杨晶指出，部门党组（党委）落实主体责任，要把本部门本单位本系统的党风廉政建设和反腐败工作真正抓起来、管起来，切实履行好用人责任、纠正责任、监督责任、支持责任、管理责任。要严明党的纪律特别是政治纪律和组织纪律，严格执行中央八项规定和“约法三章”，通过简政放权、深化改革扎紧惩治腐败的制度笼子。要建立健全部门党组（党委）落实主体责任的责任体系，明确责任分工，层层抓好落实。

## 深入学习贯彻习近平总书记系列重要讲话精神暨《干在实处 走在前列》理论实践研讨会召开

5月20日，由中央党校科研部主办的深入学习贯彻习近平总书记系列重要讲话精神暨《干在实处 走在前列》理论实践研讨会在中央党校召开。何毅亭在研讨会上致辞，冷溶、曲青山、王伟光、王晓晖、赵长茂、邬书林、葛慧君等在会上发言。

与会专家一致认为，党的十八大以来习近平总书记系列重要讲话充分反映了新一届中央领导集体的执政理念和治国方略，体现了旗帜上的鲜明性、理论上的创新性、思想上的前瞻性、方向上的指引性，给人信念、给人智慧、给人力量，是坚持和发展中国特色社会主义的最新理论成果，是指导我们在新的历史起点上实现新的奋斗目标的强大思想武器。学习贯彻习近平总书记系列重要讲话精神，从政治上讲是与党中央保持一致的思想基础，从理论上讲是用科学理论武装全党的现实需要，从实践上讲是推进党和国家各项工作的内在要求，从精神状态上讲是凝聚党心、提振民心的政治前提，具有重大的政治意义、理论意义和实践意义。

《干在实处 走在前列》一书作为习近平总书记担任浙江省委书记期间的重要文稿辑录，从历史的大视野、发展的大趋势来发现、分析和解决问题，通篇展现出历史的厚重感和纵深感，体现出马克思主义哲学的理论魅力，是理论性与实践性有机统一的生动典范。认真研读这本书，有助于我们深刻理解习近平总书记系列重要讲话精神的丰富内涵、理论渊源和实践基础，更加自觉、更加深入地用讲话精神统一思想、指导实践、解决问题、推动工作。

## 《青年要自觉践行社会主义核心价值观》出版

新华社5月23日报道，习近平2014年5月4日在北京大学师生座谈会上的讲话《青年要自觉践行社会主义核心价值观》单行本由人民出版社出版。

习近平总书记的重要讲话，深刻阐释五四精神的当代价值，热情鼓励广大青年勇担时代重任，对于广大青年自觉践行社会主义核心价值观，努力在实现中国梦的伟大实践中创造精彩人生，具有重要的思想指引和现实指导意义。

## 第十六届中国科协年会开幕

5月24日，第十六届中国科协年会在昆明开幕，赵乐际出席开幕式并讲话。此届年会的主题为“开放、创新与产业升级”。

赵乐际指出，十八届三中全会吹响了全面深化改革的新号角，开辟了科技事业发展的新空间，科技工作者施展才能、建功立业，机遇前所未有、舞台无比宽广。广大科技工作者要在实施创新驱动发展战略、服务经济社会发展中建功立业，在基础前沿、战略高技术、社会公益技术研究中勇攀高峰，在多学科、多领域交流融合中群体跃进，在推进大科普事业中积极作为。科协要抓住改革机遇、服务国家战略，努力打造高端、前沿、跨学科的学术交流平台，切实加强科研诚信和科学道德建设，大力宣传举荐优秀科技团队和人才，进一步建设好科技工作者之家。

## 学习中共中央政治局常委同志第二批教育实践活动联系点经验座谈会召开

5月25日，学习中共中央政治局常委同志第二批教育实践活动联系点经验座谈会在北京召开，赵乐际出席并讲话。

赵乐际指出，要把好思想发动关，解决思想深处的问题，进一步提高认识、增强自觉。要把好查摆剖析关，对照标尺，严格程序，查准查实、深刻剖析“四风”突出问题。要把好谈心谈话关，上级领导要主动谈，对问题反映比较多的班子和个人要重点谈，把问题谈透、思想谈通。要把好开展批评关，克服脸谱化、表面化、程式化等现象，真正使心灵受到洗礼和震撼。要把好即知即改关，建立整改台账、抓好专项整治，下功夫解决存在的突出问题。

## 中共中央政治局召开会议研究新疆社会稳定和长治久安工作

5月26日，中共中央政治局召开会议，研究进一步推进新疆社会稳定和长治久安工作，习近平主持会议。

会议认为，新疆工作在党和国家工作全局中具有特殊重要的战略地位。新疆发展稳定，事关全国改革发展稳定大局，事关祖国统一、民族团结、国家安全。目前，新疆发展势头良好，社会大局稳定。实践证明，中央关于新疆工作的大政方针完全正确。同时，要深刻认识新疆反分裂斗争的长期性、复杂性、尖锐性，充分认识维护新疆社会稳定和实现长治久安的重要性和紧迫性，把新疆工作的着眼点和着力点放到社会稳定和长治久安上来。全党同志要深刻认识维护新疆社会稳定和实现长治久安是我们党治疆方略的方向目标，是新疆各族干部群众的迫切期盼，是实现新疆跨越式发展的重要保障。要坚决反对和依法打击民族分裂主义活动，切实维护民族团结和祖国统一。要把严厉打击暴力恐怖活动作为当前斗争的重点，使宗教极端势力渗透蔓延和暴力恐怖活动得到遏制，坚持长期作战，坚定必胜信心，扎实做好新疆长治久安各项工作。

要全面贯彻执行党的民族政策，把民族团结作为各族人民的生命线，贯穿到新疆工作各个方面，加强和创新民族团结工作，大力推进双语教育，推动建立各民族相互嵌入的社会结构和社区环境，促进各民族交往交流交融，巩固平等团结互助和谐的社会主义民族关系。要坚持党的宗教工作基本方针，坚持保护合法、制止非法、遏制极端、抵御渗透、打击犯罪，加大爱国宗教人士培养力度，努力促进宗教和谐。要围绕民生推进科学发展，坚持就业第一，确保零就业家庭至少有一人就业；坚持教育优先，全面提高新疆各级各类学校教育质量，加快农牧区和偏远地区寄宿制学校建设，在南疆全面实行高中阶段免费教育；坚持发展成果惠及各族群众，加大民生建设力度，加快推进惠及各族群众的重大项目建设，在资源开发利用转化过程中提高地方参与程度，加快新疆对外开放步伐；坚持可持续发展，着重水土资源合理配置、集约节约利用与生态建设、环境保护；坚持开放战略，着力打造新疆丝绸之路经济带核心区。要加强和创新社会治理，加强社会面防控，强化网络安全监管，深入开展法制宣传教育，集中开展专项打击行动，保持对“三股势力”严打高压态势，有效遏制恐怖活动在新疆多发频发和向内地蔓延。要加强意识形态工作，用社会主义核心价值体系构筑新疆各民族共有精神家园，坚定占领宣传、文化、教育阵地。要采取特殊措施支持南疆发展，加大以贫困群体为重点的民生改善力度。要加强兵团维稳戍边能力建设，切实发挥好维护祖国统一、维护民族团结、维护新疆稳定的特殊重要作用。

## 中共中央政治局进行第十五次集体学习

5月26日，中共中央政治局就使市场在资源配置中起决定性作用和更好发挥政府作用进行第十五次集体学习，习近平主持学习。学习由中央政治局同志自学并交流工作体会，孙春兰、孙政才、汪洋、韩正就这个问题作了重点发言。

习近平在主持学习时指出，准确定位和把握使市场在资源配置中起决定性作用和更好发挥政府作用，必须正确认识市场作用和政府作用的关系。党的十八届三中全会将市场在资源配置中起基础性作用修改为起决定性作用，对市场作用是一个全新的定位。提出使市场在资源配置中起决定性作用，其实就是贯彻了问题导向。我们要坚持社会主义市场经济改革方向，从广度和深度上推进市场化改革，减少政府对资源的直接配置，减少政府对微观经济活动的直接干预，加快建设统一开放、竞争有序的市场体系，建立公平开放透明的市场规则，把市场机制能有效调节的经济活动交给市场，把政府不该管的事交给市场，让市场在所有能够发挥作用的领域都充分发挥作用，推动资源配置实现效益最大化和效率最优化，让企业和个人有更多活力和更大空间去发展经济、创造财富。科学的宏观调控，有效的政府治理，是发挥社会主义市场经济体制优势的内在要求。更好发挥政府作用，就要切实转变政府职能，深化行政体制改革，创新行政管理方式，健全宏观调控体系，加强市场活动监管，加强和优化公共服务，促进社会公平正义和社会稳定，促进共同富裕。

## 第六次全国军转表彰大会暨2014年军转安置工作会议召开

5月27日，第六次全国军转表彰大会暨2014年军转安置工作会议在北京召开，习近平会见受表彰代表，李克强、刘云山参加会见。

习近平发表讲话时表示，见到大家感到十分亲切，因为我也是一名军转干部，代表党中央、国务院、中央军委，向受到表彰的单位和同志们表示热烈的祝贺，向关心、支持、从事军转安置工作的同志们表示衷心的感谢，向全国广大军转干部表示诚挚的慰问。我们的事业就是靠英雄模范、先进人物作为生力军和骨干来推进的。在我国革命、建设、改革各个历史时期，各条战线各个领域的英雄模范人物都发挥了重要作用。军转战线也群英荟萃，这次表彰的模范军转干部、先进单位和先进个人，就是我们英雄模范人物群体的重要组成部分，是值得全党全国各族人民学习的榜样。

刘云山在表彰大会讲话，他说，做好新形势下的军转安置工作，要认真学习贯彻习近平总书记重要讲话精神，大力弘扬军转安置工作光荣传统和军转干部优秀品质，始终坚持为经济社会发展服务、为国防和军队现代化建设服务的基本方针，牢固树立大局观念，努力实现军转安置工作的更大发展进步。要深入把握军转安置工作的方针原则，认真落实政策，坚持以人为本，设身处地为军转干部着想，为他们排忧解难。要深入贯彻党的十八届三中全会精神，以中央关于全面深化改革的总体要求为统领，以建立和实施军官职业化制度为牵引，以形成一整套完善的退役军官安置政策制度为目标，以解决军转安置工作突出矛盾问题为导向，积极推进中国特色退役军官安置制度的改革创新，促进军转安置工作可持续发展。要强化组织领导、强化协同配合、强化工作落实，动员各方面力量共同做好军转安置工作，形成党委领导、政府主管、军队参与、社会支持的良好工作局面。刘云山说，军转干部是党和国家的宝贵财富，是建设中国特色社会主义的重要力量，希望广大军转干部继续保持和发扬人民军队优良传统和作风，坚定正确的理想信念，树立崇高的人生追求，到国家最需要的地方建功立业，为国家富强、民族振兴、人民幸福贡献力量。

赵乐际宣读表彰决定，授予161名同志“全国模范军队转业干部”荣誉称号，授予145个单位“全国军队转业干部安置工作先进单位”荣誉称号，授予142名同志“全国先进军转工作者”荣誉称号。

## 节俭养德全民节约行动电视电话会议召开

5月27日，由中宣部、国家发改委主办的节俭养德全民节约行动电视电话会议在北京召开，刘奇葆出席并讲话。

刘奇葆指出，勤劳节俭是中华民族的优良品德，是国家发展、社会进步的精神需求和实际需要，是社会主义核心价值观的重要内容。要加强勤俭节约传统美德教育、党的艰苦奋斗优良作风教育、基本国情教育，培育崇尚节约的文化，倡导健康文明的生活方式和消费理念。要广泛开展全民性节粮、节水、节电、节约钱物等活动，把节俭节约落实到生产建设各领域、体现到社会生活各方面。要重点抓好面向党员干部和青少年的节约活动。党员干部特别是各级领导干部要修身律己、带头节约，展示为民务实清廉的良好形象。要把群众发动起来，让群众参与进来，形成全民节约、全面节约的生动局面。

## 中央党的群众路线教育实践活动领导小组通知要求加强和改进教育实践活动督导工作

新华网5月27日报道，中央党的群众路线教育实践活动领导小组近日印发《关于加强和改进教育实践活动督导工作的通知》，要求各地区各单位切实加强和改进督导工作。

## 中宣部发布赵亚夫、徐克成先进事迹

5月27日，中央宣传部向全社会公开发布“时代楷模”赵亚夫、徐克成的先进事迹。

赵亚夫是江苏省镇江市人大常委会原副主任、镇江农科所原所长、党委书记。他53年如一日，与老区人民保持血肉联系，扎根农村、服务农民，退休后，依然坚守信仰、牢记使命，用全部精力发展高效农业，带领农民致富，探索出一条科技兴农、以农富农的新型农村小康之路，是毕生惠农兴农的“大地活雷锋”。徐克成是广州复大肿瘤医院院长，他行医半个世纪，始终坚持“厚德行医、医德共济”，竭尽全力为患者服务，年过花甲创办了广州复大肿瘤医院，以高尚的医德、笃行的诚信和精湛的医术，赢得了海内外无数患者的信赖，被誉为“雷锋式好院长”。他们的先进事迹体现了爱党爱国、一心为民的理想信念，助人为乐、敬业奉献的高尚情操，勇攀高峰、不断创新的进取精神，生命不息、奋斗不止的人生境界，诠释了社会主义核心价值观的深刻内涵，谱写了新时代的雷锋故事。

## 全国电视栏目节目深化社会主义核心价值观宣传工作现场会召开

5月27日，中央宣传部、国家新闻出版广电总局在北京召开全国电视栏目节目深化社会主义核心价值观宣传工作现场会，总结、推广中央电视台成功经验。

近年来，中央电视台深耕中华文化沃土，先后推出《中国汉字听写大会》《中国谜语大会》《中国成语大会》等原创文化类节目，社会反响强烈；创新表现形式，推出《中国好歌曲》《开门大吉》《舞出我人生》《出彩中国人》等一批突出公益性、贯穿中国梦和社会主义核心价值观的文艺栏目，观众互动热烈；发挥价值引领，以《道德观察》《从我做起》《感动中国》等日常栏目和品牌节目宣传中华美德，并以“最美乡村医生”“最美村官”“最美孝心少年”“最美消防员”等系列公益活动在社会上掀起“最美热”；坚持打造精品，以《远方的家》《客从何处来》《寻宝》《舌尖上的中国》等探寻传统文化历史根源的品牌栏目，成功向海内外展示中华文化魅力。同时，以在黄金时段播出“文明礼仪”“关爱老人”等公益广告，在中国网络电视台推出《图说中国人的生活》《影响一生的24个字》栏目等方式，有效拓展了核心价值观传播范围。

## 《习近平关于全面深化改革论述摘编》出版

新华社5月28日报道，由中共中央文献研究室编辑的《习近平关于全面深化改革论述摘编》一书由中央文献出版社出版。

党的十八大以来，习近平总书记围绕全面深化改革、扩大开放发表了一系列重要论述，对贯彻落实党的十八届三中全会提出的全面深化改革各项举措具有重要指导意义。强调改革开放是实现中华民族伟大复兴的关键一招；改革开放是有方向、有立场、有原则的；全面深化改革的总目标是完善和发展中国特色社会主义制度、推进国家治理体系和治理能力现代化；要把握全面深化改革的内在规律，坚持正确的方法论；要坚持社会主义市场经济改革方向，使市场在资源配置中起决定性作用，更好发挥政府作用；要坚定不移走中国特色社会主义政治发展道路，不断推进社会主义政治制度自我完善和发展；要深化文化体制改革，加强社会主义核心价值体系建设；要改革创新社会体制，促进公平正义，增进人民福祉；要建立体现生态文明要求的目标体系、考核办法、奖惩机制；要构建中国特色现代军事力量体系；要实行更加积极主动的开放战略，完善互利共赢、多元平衡、安全高效的开放型经济体系；要领导好全面深化改革这场攻坚战。认真学习贯彻这些重要论述，对于深刻理解全面深化改革的历史必然性和现实紧迫性，充分认识全面深化改革的重要性和艰巨性，系统把握全面深化改革的内在规律和重点任务，深入推动党的十八届三中全会精神的落实，具有十分重要的意义。

全书共分12个专题，收入274段论述，摘自习近平同志2012年11月15日至2014年4月1日期间的讲话、演讲、批示、指示等70多篇重要文献。

## 中办印发《关于加强基层服务型党组织建设的意见》

新华社5月28日报道，中共中央办公厅近日印发《关于加强基层服务型党组织建设的意见》，并发出通知，要求各地区各部门结合实际认真贯彻执行。

《意见》指出，党的基层组织是党全部工作和战斗力的基础，是团结带领群众贯彻党的理论和路线方针政策、落实党的任务的战斗堡垒。党的十八大作出创新基层党建工作，加强基层服务型党组织建设的重大部署。建设基层服务型党组织，是建设学习型、服务型、创新型马克思主义执政党的基础工程，对于密切党同人民群众的血肉联系，提高党的执政能力、夯实党的执政基础，具有重要意义。随着我国经济社会深刻变革，群众服务需求日益增多，基层党组织要转变工作方式、改进工作作风，把服务作为自觉追求和基本职责，寓领导和管理于服务之中，通过服务贴近群众、团结群众、引导群众、赢得群众。各级党组织要充分认识加强基层服务型党组织建设的重要性紧迫性，以服务型党组织建设引领基层党建工作，使服务成为基层党组织建设的鲜明主题，推动基层党组织在强化服务中更好发挥领导核心和政治核心作用。

## 中央教育实践活动办公室通知要求进一步整治“会所中的歪风”

人民网5月28日报道，中央党的群众路线教育实践活动办公室近日发出通知，要求继续把整治“会所中的歪风”作为教育实践活动反“四风”重要内容，进一步明确整治范围和纪律要求，坚决刹住“会所中的歪风”。

## 第二次中央新疆工作座谈会举行

5月28日至29日，第二次中央新疆工作座谈会在北京举行，习近平出席并讲话，李克强就新疆经济社会发展工作讲话，俞正声在会议结束时作讲话，张德江、刘云山、王岐山、张高丽出席会议。会议全面总结了2010年中央新疆工作座谈会以来的工作，科学分析了新疆形势，明确了新疆工作的指导思想、基本要求、主攻方向，对当前和今后一个时期新疆工作作了全面部署。

习近平在讲话中指出，做好新疆工作是全党全国的大事，必须从战略全局高度，谋长远之策，行固本之举，建久安之势，成长治之业。党中央历来高度重视新疆工作，作出一系列重大决策部署，推动新疆改革发展、民族团结、社会进步、民生改善、边防巩固取得了历史性成就。实践证明，我们党的治疆方略是正确的，必须长期坚持，保持战略定力。同时，我们要结合新疆形势充实和完善党的治疆方略，坚持长期建疆，多管齐下，久久为功，扎实做好打基础利长远的工作，为社会稳定和长治久安打下坚实基础。社会稳定和长治久安是新疆工作的总目标。必须把严厉打击暴力恐怖活动作为当前斗争的重点，高举社会主义法治旗帜，大力提高群防群治预警能力，筑起铜墙铁壁、构建天罗地网。要并行推进国内国际两条战线，强化国际反恐合作。新疆的问题最长远的还是民族团结问题。民族分裂势力越是企图破坏民族团结，我们越要加强民族团结，筑牢各族人民共同维护祖国统一、维护民族团结、维护社会稳定的钢铁长城。要精心做好宗教工作，积极引导宗教与社会主义社会相适应，发挥好宗教界人士和信教群众在促进经济社会发展中的积极作用。要坚定不移推动新疆更好更快发展，同时发展要落实到改善民生上、落实到惠及当地上、落实到增进团结上，让各族群众切身感受到党的关怀和祖国大家庭的温暖。要在各族群众中牢固树立正确的祖国观、民族观，弘扬社会主义核心价值体系和社会主义核心价值观，增强各族群众对伟大祖国的认同、对中华民族的认同、对中华文化的认同、对中国特色社会主义道路的认同。做好新疆工作，关键是要发挥党总揽全局、协调各方的领导核心作用，全面加强和改进党的建设，为新疆社会稳定和长治久安提供坚强政治保证。

## 习近平参加北京民族小学庆祝“六一”国际儿童节活动

5月30日，在“六一”国际儿童节即将到来之际，习近平来到北京市海淀区民族小学，参加学校少先队主题队日活动。

习近平发表讲话指出，一个民族的文明进步，一个国家的发展壮大，需要一代又一代人接力努力。中华民族要继续前进，就必须根据时代条件，继承和弘扬我们的民族精神和民族优秀文化，特别是包含其中的传统美德。我们倡导的社会主义核心价值观，体现了古圣先贤的思想，体现了仁人志士的夙愿，体现了革命先烈的理想，也寄托着各族人民对美好生活的向往，要在全国人民中培育和弘扬，特别要注重从少年儿童抓起。少年儿童培育和践行社会主义核心价值观，要适应自身年龄和特点，做到记住要求、心有榜样、从小做起、接受帮助。要把社会主义核心价值观的基本内容熟记熟背，融化在心灵里，铭刻在脑子中，结合学习和生活等实践不断加深理解。要学习英雄人物、先进人物、美好事物，在学习中养成好的思想品德追求。要从自己做起、从身边做起、从小事做起，一点一滴积累，养成好思想、好品德。要听得进意见，受得了批评，在知错就改、越改越好的氛围中健康成长，努力做最好的我、在自己最好的方面。让社会主义核心价值观在少年儿童中培育起来，家庭、学校、少先队组织和全社会都有责任。家长要时时处处给孩子做榜样，用正确行动、正确思想、正确方法教育引导孩子。学校要把德育放在更加重要的位置，全面加强校风、师德建设，根据少年儿童特点循循善诱、春风化雨，努力做到每一堂课不仅传播知识、而且传授美德，每一次活动不仅健康身心、而且陶冶性情。少先队要坚持开展组织教育、自主教育、实践活动，把广大少年儿童团结好、教育好、带领好。全社会都要了解少年儿童、尊重少年儿童、关心少年儿童、服务少年儿童，为少年儿童提供良好社会环境。

## 中央单位党的群众路线教育实践活动专项推进会召开

5月30日，中央各部门各单位党的群众路线教育实践活动专项推进会在北京召开。刘云山出席并讲话，赵乐际主持会议。交通运输部、海关总署、国家税务总局、国家工商总局、国家质检总局、民政部、中国银行、中国航空集团公司负责同志在会上先后发言。

刘云山指出，教育实践活动自上而下分两批进行，是一个有机整体，各部门各单位特别是实行垂直管理或以行业为主管理的部门和单位，要在抓好自身深化整改的同时，充分发挥行业系统优势，加大对基层单位教育实践活动的指导推动力度，保证工作力量，健全工作机制，从严督促检查，形成抓作风与促工作的良性循环。要在落实中央要求上加强指导，通过教育培训、专项检查、行风评议、典型示范等多种方式，把中央对活动的部署和要求落实到位；在找准找实突出问题上加强指导，联系第一批活动查摆出的问题，认真梳理行业系统的共性问题，引导基层单位找准“四风”问题的具体表现；在明确努力方向上加强指导，完善行业服务和考核评价标准，健全职业道德规范和行业自律机制，提高行业系统的社会公信力和群众满意度。当前要切实加强对本行业系统基层单位专题民主生活会的指导把关，确保开出质量、开出成效。教育实践活动关键是要解决问题，要始终聚焦和对准“四风”，细化整改措施，切实解决党政机关、执法监管部门、窗口单位和服务行业存在的突出问题，真正实现行业作风好、群众事好办。要坚持以上带下、以下促上，对联系和服务群众“最后一公里”问题基层单位要认真整改、抓紧解决，对根子在上面的问题上级部门和单位要从源头上采取措施。要把推进教育实践活动同稳增长、促改革、调结构、惠民生、防风险结合起来，更好地推动经济社会发展、造福广大人民群众。

## 全国大学生村官工作座谈会召开

5 月 30 日，全国大学生村官工作座谈会在北京召开，赵乐际出席并讲话。

赵乐际充分肯定了大学生村官工作取得的明显成效，强调选聘优秀高校毕业生到村任职，是党中央作出的一项重要决策，是一项重要的人才培养工程。要着眼培养了解国情、熟悉基层、心贴群众、实践经验丰富的干部、人才，着眼强基层组织、促农村发展、让农民受益，严格标准、严把入口、好中选优。要合理规划总量，科学把握流量，注重分布的合理性，鼓励优秀高校毕业生到党和人民最需要的地方、到条件相对艰苦的地方干事创业。要把选调生工作与大学生村官工作衔接起来，完善相关政策，规范操作办法，形成良性互动机制。要坚持从严要求，严格教育培训、考核评价、管理监督，使大学生村官更好地锻炼成长。要真情关心大学生村官，多交任务、多压担子，帮助解决工作、学习、生活等方面的实际问题，为他们扎根基层、造福百姓、实现梦想创造条件。

## “核心价值观百场讲坛”举行首场报告会

5 月 30 日，由中宣部指导，光明日报、中国人民大学、中国伦理学会共同主办，光明网承办的“核心价值观百场讲坛”在中国人民大学举行首场报告。叶小文作了题为《民族复兴中国梦的文化根基与价值支撑》的报告。

叶小文说，中国在现代化的浪潮中崛起，各种问题扑面而来，让人应接不暇。要保持持续、良性发展，整个国家就必须始终保持振奋的民族精神和旺盛的创新活力。核心价值观的建设，对任何一个国家都非常重要。无论东方西方，都面临市场经济条件下的道德调节问题，尤以“信用缺失症”为重。弘扬社会主义核心价值观要对症下药、对症施治，在道德问题上聚焦，从中华优秀传统文化中汲取丰厚营养，化解市场经济中的道德悖论，使道德成为市场经济的正能量。推动形成“我为人人，人人为我”的良好社会风尚。他强调说，要让社会主义核心价值观接地气，与现代化市场体系以及相应的社会结构更加紧密契合，成为根治信用缺失症的良药。

## 柯善梅同志先进事迹报告会举行

5 月 30 日，江西省庐山管理局公安局原政委柯善梅同志先进事迹报告会在北京人民大会堂举行。孟建柱会见了柯善梅同志亲属和先进事迹报告团成员。

孟建柱说，柯善梅同志从警 26 年，始终对党的事业无限忠诚，忠于职守、勤勤恳恳；始终把人民放在心中最高位置，心系百姓、一心为民；始终坚持清正廉洁，秉公执法，从不计较个人名利得失，在平凡的岗位上做出了不平凡的业绩，是全国政法干警的榜样。广大政法干警要向柯善梅同志学习，深入开展好群众路线教育实践活动，坚定理想信念，爱岗敬业、忠于职守，关键时刻冲得上、急难险重勇担当，努力创造一流工作业绩。要把人民群众的事当作自己的事，全心全意为人民服务。要始终牢固树立正确的人生观、价值观，正确对待手中的权力，严于律己、清正廉洁。

# 2014 年 6 月

## 中央人才工作协调小组召开第四十次会议

6 月 3 日，中央人才工作协调小组第四十次会议在北京召开，赵乐际主持会议并讲话。

赵乐际指出，要加快建立集聚人才体制机制，遵循社会主义市场经济规律、人才成长规律、人才流动规律，完善人才评价、流动、激励机制，充分激发人才创新创业活力。要加快实施更加开放的人才政策，打开大门、敞开胸怀，择天下英才而用之。要更大力度推进重大人才工程，“千人计划”要更加突出“高、精、尖、缺”导向，进一步优化引才结构、提升引才质量，“万人计划”要落实各项特殊支持政策。要大力培育高技能人才，解决好制约我国制造业提升竞争力、向产业链高端攀登的瓶颈问题。要多同人才交朋友，多听取意见建议，多帮助解决实际困难，大力宣传各类优秀人才创新创业、报效国家的事迹，营造尊重劳动、尊重知识、尊重人才、尊重创造的良好社会氛围。要加强统筹协调，充分调动各方面的积极性，形成做好人才工作的强大合力。

## 《习近平关于实现中华民族伟大复兴的中国梦论述摘编》多语种翻译出版

新华社 6 月 5 日报道，《习近平关于实现中华民族伟大复兴的中国梦论述摘编》经中共中央编译局翻译成英、法、西、俄、日、阿等六种语言，由外文出版社出版发行。

习近平同志关于中国梦的论述生动形象表达了全体中国人民的共同理想追求，描绘了国家富强、民族振兴、人民幸福的美好前景，为坚持和发展中国特色社会主义注入新的内涵和时代精神。《习近平关于实现中华民族伟大复兴的中国梦论述摘编》外文版是第一次系统对外翻译习近平同志关于中国梦的重要论述，有助于国际社会更全面地了解中国梦提出的背景、内涵和意义。

## 中央全面深化改革领导小组召开第三次会议

6 月 6 日，中央全面深化改革领导小组第三次会议在北京召开，习近平主持会议并讲话。李克强、刘云山、张高丽出席会议。会议审议了《深化财税体制改革总体方案》和《关于进一步推进户籍制度改革的意见》，建议根据会议讨论情况进一步修改完善后按程序报批实施。会议审议通过了《关于司法体制改革试点若干问题的框架意见》、《上海市司法改革试点工作方案》和《关于设立知识产权法院的方案》。

习近平在讲话中指出，财税体制改革不是解一时之弊，而是着眼长远机制的系统性重构。主要目的是明确事权、改革税制、稳定税负、透明预算、提高效率，加快形成有利于转变经济发展方式、有利于建立公平统一市场、有利于推进基本公共服务均等化的现代财政制度，形成中央和地方财力与事权相匹配的财税体制，更好发挥中央和地方两个积极性。推进人的城镇化重要的环节在户籍制度，加快户籍制度改革，是涉及亿万农业转移人口的一项重大举措。总的政策要求是全面放开建制镇和小城市落户限制，有序放开中等城市落户限制，合理确定大城市落户条件，严格控制特大城市人口规模，促进有能力在城镇稳定就业和生活的常住人口有序实现市民化，稳步推进城镇基本公共服务常住人口全覆盖。完善司法人员分类管理、完善司法责任制、健全司法人员职业保障、推动省以下地方法院检察院人财物统一管理、设立知识产权法院，都是司法体制改革的基础性、制度性措施。试点工作要在中央层面顶层设计和政策指导下进行，改革具体步骤和工作措施，鼓励试点地方积极探索、总结经验。

## 中国科学院第十七次院士大会、中国工程院第十二次院士大会开幕

6月9日，中国科学院第十七次院士大会、中国工程院第十二次院士大会在人民大会堂开幕。习近平出席并讲话，李克强、刘云山、张高丽出席会议。

习近平在讲话中首先代表党中央、国务院，对两院院士大会的召开表示衷心的祝贺，向两院院士和全国广大科技工作者表示诚挚的问候，向前来参加会议的外籍院士和国际科学界的朋友们表示热烈的欢迎。中国科学院院士、中国工程院院士是我国科学技术界、工程技术界的杰出代表，是国家的财富、人民的骄傲、民族的光荣。

今天，我们比历史上任何时期都更接近中华民族伟大复兴的目标，比历史上任何时期都更有信心、有能力实现这个目标。而要实现这个目标，我们就必须坚定不移贯彻科教兴国战略和创新驱动发展战略，坚定不移走科技强国之路。科技是国家强盛之基，创新是民族进步之魂。中华民族是富有创新精神的民族。党的十八大作出了实施创新驱动发展战略的重大部署，强调科技创新是提高社会生产力和综合国力的战略支撑，必须摆在国家发展全局的核心位置。这是党中央综合分析国内外大势、立足我国发展全局作出的重大战略抉择。自力更生是中华民族自立于世界民族之林的奋斗基点，自主创新是我们攀登世界科技高峰的必由之路。科学技术是世界性的、时代性的，发展科学技术必须具有全球视野。要准确把握重点领域科技发展的战略机遇，选准关系全局和长远发展的战略必争领域和优先方向，通过高效合理配置，深入推进协同创新和开放创新，构建高效强大的共性关键技术供给体系，努力实现关键技术重大突破，把关键技术掌握在自己手里。实施创新驱动发展战略是一个系统工程。要深化科技体制改革，破除一切制约科技创新的思想障碍和制度藩篱，处理好政府和市场的关系，推动科技和经济社会发展深度融合，打通从科技强到产业强、经济强、国家强的通道，以改革释放创新活力，加快建立健全国家创新体系，让一切创新源泉充分涌流。创新的事业呼唤创新的人才。实现中华民族伟大复兴，人才越多越好，本事越大越好。知识就是力量，人才就是未来。我国要在科技创新方面走在世界前列，必须在创新实践中发现人才、在创新活动中培育人才、在创新事业中凝聚人才，必须大力培养造就规模宏大、结构合理、素质优良的创新型科技人才。

## 中办印发《中国共产党发展党员工作细则》

新华社6月10日报道，中共中央办公厅近日印发《中国共产党发展党员工作细则》，并发出通知，要求各地区各部门遵照执行。

## 培育和践行社会主义核心价值观交流会召开

6月12日，共青团中央、全国妇联、中国科协、中国侨联在北京召开培育和践行社会主义核心价值观交流会，李源潮出席并讲话。

李源潮说，要立足人民团体实际，抓好重点群体培育和践行社会主义核心价值观工作。带好青年，开展理想信念教育和志愿服务等活动，使广大青年身体力行社会主义核心价值观。从娃娃抓起，通过少先队的组织教育、自主教育、实践活动，用形象化、榜样化、行动化的方式，帮助少年儿童从小养成好思想好品格。融入家庭，引导广大妇女主导文明家庭建设，弘扬家庭美德、树立良好家风。发挥科技工作者示范作用，影响

带动全社会崇尚科学、追求进步。要充分体现群众性特点，知行合一、重在实践、广泛动员，把社会主义核心价值观变成广大群众的具体实践；积极鼓励、典型引路、创优争先，使社会主义核心价值观深入人心、深入家庭、深入社会。

## 中央党的群众路线教育实践活动领导小组印发通知要求在第二批教育实践活动中深化“四风”突出问题专项整治

新华网6月12日报道，中央党的群众路线教育实践活动领导小组近日印发《关于在第二批教育实践活动中深化“四风”突出问题专项整治的通知》，要求紧紧扭住“四风”突出问题不放，继续深化专项整治，确保教育实践活动取得人民群众满意的成效。

## 《习近平总书记在河北、兰考两地调研指导党的群众路线教育实践活动报道集》出版

新华社6月12日报道，《习近平总书记在河北、兰考两地调研指导党的群众路线教育实践活动报道集》由人民出版社出版。

本书收录了习近平总书记调研指导两地教育实践活动的四篇权威报道以及中共中央政治局常委出席指导专题民主生活会的两篇报道，对于广大党员干部更好地坚持党的群众路线，深入开展第二批教育实践活动，具有重要的指导参考意义。

## 中央财经领导小组召开第六次会议

6月13日，中央财经领导小组第六次会议在北京召开，习近平主持并讲话，李克强、张高丽出席会议。会议听取了国家能源局关于我国能源安全战略的汇报。

习近平在讲话中指出，经过长期发展，我国已成为世界上最大的能源生产国和消费国，形成了煤炭、电力、石油、天然气、新能源、可再生能源全面发展的能源供给体系，技术装备水平明显提高，生产生活用能条件显著改善。尽管我国能源发展取得了巨大成绩，但也面临着能源需求压力巨大、能源供给制约较多、能源生产和消费对生态环境损害严重、能源技术水平总体落后等挑战。我们必须从国家发展和安全的战略高度，审时度势，借势而为，找到顺应能源大势之道。就推动能源生产和消费革命提出5点要求。第一，推动能源消费革命，抑制不合理能源消费。第二，推动能源供给革命，建立多元供应体系。第三，推动能源技术革命，带动产业升级。第四，推动能源体制革命，打通能源发展快车道。第五，全方位加强国际合作，实现开放条件下能源安全。要抓紧制定2030年能源生产和消费革命战略，研究“十三五”能源规划。抓紧修订一批能效标准，只要是落后的都要加快修订，定期更新并真正执行。继续建设以电力外送为主的千万千瓦级大型煤电基地，提高煤电机组准入标准，对达不到节能减排标准的现役机组限期实施改造升级，继续发展远距离大容量输电技术。在采取国际最高安全标准、确保安全的前提下，抓紧启动东部沿海地区新的核电项目建设。务实推进“一带一路”能源合作，加大中亚、中东、美洲、非洲等油气的合作力度。加大油气资源勘探开发力度，加强油气管线、油气储备设施建设，完善能源应急体系和能力建设，完善能源统计制度。积极推进能源体制改革，抓紧制定电力体制改革和石油天然气体制改革总体方案，启动能源领域法律法规立改废工作。

## 中央巡视办开展巡视工作专项检查

6月15日，根据中央巡视工作领导小组部署，中央巡视工作领导小组办公室组建5个专项检查小组，配合中央巡视组对北京等10个省区市和新疆生产建设兵团开展巡视工作的情况进行了专项检查。

专项检查有四项内容：一是检查领导小组及其他有关会议记录，了解巡视工作组织领导情况；二是检查巡视报告及其他工作报告，了解围绕“一个中心、四个着力”发现问题情况；三是检

查巡视成果运用情况，看反馈、移交是否及时规范，整改工作是否到位；四是检查巡视制度和队伍建设情况，看制度是否完备，领导小组和巡视办设置、巡视干部配备等是否符合工作需要。

## 全国公安机关视频会议召开

6月16日，全国公安机关视频会议召开，郭声琨出席并讲话。

郭声琨说，要进一步强化底线思维，始终把工作基点放在随时应对各种风险挑战上，认真检查落实反恐维稳各项措施。要进一步加强情报信息工作，做到预知预警预防，打早打小打苗头、防微防渐防端倪，严防形成现实危害。要进一步推进严厉打击暴力恐怖活动专项行动，建立健全举报奖励制度，广泛发动群众举报线索，以"零容忍"的态度依法严厉打击暴恐分子，始终保持高压震慑态势。要进一步抓好网络管理，坚决切断宗教极端思想传播渠道和煽动策划暴恐行动的勾联渠道。要进一步强化社会面整体防控，坚决不给暴恐分子以任何可乘之机，坚决防止发生影响公共安全的重特大案事件。

## 空军第十二次党代会召开

6月17日，空军第十二次党代会在北京召开，习近平接见参会代表，代表党中央、中央军委，对会议的召开表示热烈的祝贺，向各位代表和空军全体官兵致以诚挚的问候。范长龙、许其亮、常万全、房峰辉、张阳、赵克石、吴胜利、马晓天、魏凤和参加接见。

习近平指出，这次空军党代会总结过去5年工作，部署今后5年任务。我为你们取得的成绩和进步感到高兴，对空军未来发展充满信心。建设空天一体、攻防兼备的强大人民空军，是时代赋予空军的重大使命，是新形势下维护国家主权、安全、发展利益的必然要求。加强党的领导是完成这个庄严使命的根本保证。空军党委要按照党中央、中央军委的要求，切实抓好空军党的建设。要坚持党要管党、从严治党，重点在铸牢党对军队绝对领导的军魂上下功夫，在坚定理想信念上下功夫，在培养战斗精神、提高战斗力上下功夫，在强化党的组织上下功夫，在改进作风、弘扬正气上下功夫，为实现强军目标提供可靠保证。

## 纪念黄埔军校建校90周年座谈会召开

6月17日，由全国政协办公厅、中央统战部联合召开的纪念黄埔军校建校90周年座谈会在北京人民大会堂举行，俞正声出席并讲话。

俞正声指出，黄埔精神是黄埔军校给后人留下的宝贵精神财富，其核心是为统一中国、振兴中华而矢志不渝、顽强奋斗的爱国主义。今天我们传承弘扬黄埔精神，最主要的就是致力于祖国统一和民族复兴。尽管当前两岸关系仍然面临一些困难和挑战，前进征程上还会有各种艰难险阻，但两岸关系和平发展的道路是正确的，是谁也阻挡不了的历史趋势。我们将继续坚持推动两岸关系和平发展的方针政策，巩固两岸双方坚持"九二共识"、反对"台独"的共同基础，全方位促进两岸交流合作，让更多的台湾同胞在交流中受益，推动"两岸一家亲"理念深入人心。

## 《信访条例》执法检查重点抽查动员会召开

6月17日，《信访条例》执法检查重点抽查动员会在北京召开，部署安排对相关重点省份和中央国家机关部委进行抽查。

本次执法检查从5月上旬至7月底分阶段进行，其中6月下旬至7月中旬为重点抽查阶段，主要是在前期各地各有关部门自查基础上，由国家信访局、人力资源社会保障部、国土资源部、住房城乡建设部、民政部、国务院法制办等部门组成5个执法检查组，分赴信访工作任务较重的15个省份和10个部委开展实地执法检查。重点抽查将围绕强化信访工作责任、创新群众工作方法解决信访突出问题、全面推行依法逐级走访和诉访分离、实行网上信访和"阳光信访"等10项内容展开。

## 电视政论片《百年潮·中国梦》研讨会召开

6月18日，中宣部召开研讨会，研讨《百年潮·中国梦》对于深化中国特色社会主义和中国梦宣传教育的重要功能。该片紧紧围绕党的十八大以来以习近平同志为总书记的党中央团结带领全国各族人民为实现中国梦而奋斗的理论探索和实践历程，通过回顾中华民族一个半世纪的屈辱与抗争、中国共产党90多年的苦难与辉煌、中华人民共和国60多年的探索与追寻、改革开放30多年的光荣与梦想，多维度、全方位宣传阐释了什么是中国梦、为什么要实现中国梦、怎样实现中国梦等重大理论和实践问题，用一个个生动可感的"中国故事"讲述了实现中国梦必须坚持中国道路、弘扬中国精神、凝聚中国力量的深刻道理和根本路径。

与会专家、学者围绕《百年潮·中国梦》的思想内涵、价值导向、艺术风格、表现手法等进行了深入研讨。认为这部政论片追思历史、观照当下、憧憬美好未来，多维度诠释了中国梦的历史成因和时代内涵，是一部全面、生动解读中国梦的精品力作。这部政论片条理清晰，论理精辟，深入浅出，全方位地解读了中国梦的内涵与实质，拓宽了中国梦的价值诠释空间，有利于人们正确认识中国梦、充分了解中国梦。这部政论片以其"壮阔、雄浑、豪迈"的创作风格，起到了凝聚人心、鼓舞士气的宣传作用。电视语言内涵丰富，表现手法精到优美，富有现代风韵，散发着"大片"的气息，给人以视觉上的冲击力与震撼力，是当前影视政论片创作的一次重要收获，将对实现中国梦的价值和意义进行"最大的普及"，具有强烈的现实针对性，并富有文献价值。《百年潮·中国梦》的隆重播出，是激励全体中华儿女全身心投入实现中国梦宏伟事业的进军号角和奋力前行的火炬。

## 共产党员志愿服务工作座谈会召开

6月19日，中央文明办、民政部、中央党的群众路线教育实践活动领导小组办公室、中国志愿服务联合会在贵阳市召开共产党员志愿服务工作座谈会。

会议指出，共产党员参加志愿服务，是践行党的根本宗旨、巩固深化党的群众路线教育实践活动成果的必然要求，是发挥党员榜样作用、培育和弘扬社会主义核心价值观的有效途径。近年来，各级党组织通过多种形式组织党员参与志愿服务，密切了党同人民群众的联系。要大力弘扬党的优良传统和作风，积极倡导奉献、友爱、互助、进步的志愿精神，教育引导广大共产党员坚守共产党人的精神追求，增强对志愿服务的情感认同和行动自觉。要坚持把社区作为经常性志愿服务活动的主要场所，扎根基层、立足社区，广泛开展形式多样的共产党员志愿服务活动，扎扎实实为群众做好事、办实事、解难事，以志愿服务的实际行动彰显共产党人的人格力量。要大力推动共产党员志愿服务制度化，加强长效工作机制和活动运行机制建设，积极构建以党组织为核心、以党员为骨干、全社会共同参与的志愿服务工作格局，形成有时间做志愿者、有困难找志愿者的良好社会风尚。

## 中央统战部召开党外人士专题调研座谈会

6月20日，中央统战部在北京召开党外人士专题调研座谈会，邀请民进中央、农工党中央、致公党中央、台盟中央、全国工商联、无党派人士代表交流专题调研情况。俞正声主持会议并讲话。

座谈会上，民进中央主席严隽琪建议，设立长江上游经济带经济体制和生态文明体制综合改革试验区，作为生态文明建设的优先地区，依托黄金水道加强长江上游与中下游的经济交流与产业互动。农工党中央主席陈竺说，卫生立法是医药卫生体制改革顶层设计的法制体现，建议制订《基本医疗卫生法》，探索一条符合中国特色社会主义本质特征的医药卫生体制改革道路。致公党中央主席万钢提出，解决装备制造业面临的突出问题，需要着力教育、培养和造就各类创新人才，落实好普惠、普适性创新政策，坚持自主创新，推动产业走向高端。台盟中央主席林文漪建议，落实好首都城市战略定位，要以首都社会治理现代化为抓手，注重处理好人口调控与水资源保障的关系，推进落实创新驱动战略，着力转变城市发展和管理方式。全国工商联主席王钦敏提出，激发中小微企业技术创新活力，必须从充分发挥市场配置创新资源的决定性作用和更好发挥政府的支持引导作用着手，营造鼓励技术创新的良好环境，实行普惠式税收政策。无党派人士代表徐济超建议，推动省以下地方法院、检察院人财物统一管理，以强化法官检察官的选任和管理为重点，建立符合法官检察官职业化、专业化、正规化特点的保障制度。

俞正声指出，党外人士要自觉承担起为党和政府分忧、为国家发展尽力的责任，关注全面深化改革的重点难点问题，深入调查研究，提出真知灼见，为中共中央决策提供参考。要认真总结经验，不断改进提高，使专题调研选题与党和国家中心工作结合得更紧密，意见建议更具有操作性，使专题调研座谈会更加富有成效。

## 《习近平总书记系列重要讲话读本》出版发行

新华社6月23日报道，中央宣传部编写的《习近平总书记系列重要讲话读本》由学习出版社、人民出版社联合出版。

《读本》分十二个专题，全面准确阐述了习近平总书记系列重要讲话的重大意义、科学内涵、精神实质和实践要求，阐述了讲话提出的一系列重大战略思想和重大理论观点。该书框架结构是在深入领会和梳理习近平总书记系列重要讲话基础上设计的，全书主要观点和论述忠实于原著。《读本》为广大党员、干部、群众学习讲话精神提供了重要辅助材料。

## 全国职业教育工作会议召开

6月23日至24日，全国职业教育工作会议在北京召开。习近平就加快职业教育发展作出重要指示。他强调，职业教育是国民教育体系和人力资源开发的重要组成部分，是广大青年打开通往成功成才大门的重要途径，肩负着培养多样化人才、传承技术技能、促进就业创业的重要职责，必须高度重视、加快发展。

李克强接见与会全体代表并讲话，向全国职业教育工作者和关心支持职业教育发展的各界人士表示感谢。他说，改革开放以来，我国职业教育取得长足发展，培养了大规模的技能人才，为经济发展、促进就业和改善民生作出了不可替代的贡献。职业教育大有可为，也应当大有作为。要把提高职业技能和培养职业精神高度融合，不仅要围绕技术进步、生产方式变革、社会公共服务要求和扶贫攻坚需要，培养大批怀有一技之长的劳动者，而且要让受教育者牢固树立敬业守信、精益求精等职业精神，让千千万万拥有较强动手和服务能力的人才进入劳动大军，使“中国制造”更多走向“优质制造”、“精品制造”，使中国服务塑造新优势、迈上新台阶。要用改革的办法把职业教育办好做大。统筹发挥好政府和市场作用，既要加大政府支持，又要通过政府购买服务等方式，更多促进社会力量参与，形成多元化的职业教育发展格局。要走校企结合、产教融合、突出实战和应用的办学路子，依托企业、贴近需求，建设和加强教学实训基地，打造具有鲜明职教特点、教练型的师资队伍。

## 中央党的群众路线教育实践活动领导小组召开会议

6月24日，中央党的群众路线教育实践活动领导小组在北京召开会议，刘云山主持会议并讲话。

刘云山指出，参加第二批教育实践活动的基层党组织将陆续召开专题组织生活会、开展民主评议党员工作，这是严格党内生活、加强党性锻炼的重要举措，要认真贯彻中央要求，坚持从严从实，扎扎实实做好各项工作。无论是谈心谈话、对照检查、开展批评，还是个人自评、党员互评、民主测评，都要严格按照党内生活标准来展开，防止形式主义、作表面文章。要回应群众关切、坚持问题导向、强化正风肃纪，把解决群众反映强烈的突出问题作为重要着力点，对基层党员干部不正之风和违法违纪行为进行专项治理，该批评教育的批评教育，该组织处理的组织处理，该依法查处的依法查处，尽快让群众看到变化。第二批教育实践活动在市、县、乡镇和基层单位开展，为加强基层党组织建设提供了有利契机。要树立强基固本、重视基层的鲜明导向，把基层党组织建设作为重要内容，把整顿软弱涣散基层组织作为紧迫任务，认真落实党建工作责任制，不断增强基层党组织的凝聚力战斗力。要以基层服务型党组织建设为抓手，着力健全基层组织体系，选好、用好、管好基层党组织带头人，使基层基础工作真正强起来；着力完善基层组织民主管理制度，确保正确行使权力，防止暗箱操作、损害群众利益；着力加强对基层的扶持保障，全面推行驻村联户、结对帮扶制度，引导党员干部在直接联系服务群众中转变作风、受到教育。

## 《李鹏回忆录(1928—1983)》出版发行

新华网6月24日报道，《李鹏回忆录(1928—1983)》近日由中央文献出版社、中国电力出版社联合出版发行。

《李鹏回忆录(1928—1983)》是李鹏同志亲自撰写的一部自传体书籍，详细记述了李鹏同志从1928年至1983年的学习、工作和生活经历。全书16章，48万余字，收入了130余张珍贵的历史照片。

《李鹏回忆录(1928—1983)》内容丰富、翔实，感情真挚，语言质朴，从一个侧面为读者展现了中国革命、建设、改革事业波澜壮阔的历史，是进行革命传统教育的生动教材，对党史、国史研究具有重要史料价值。

## 全国党报开展社会主义核心价值观宣传工作现场会召开

6月25日，中央宣传部在上海召开全国党报开展社会主义核心价值观宣传工作现场会，认真学习贯彻习近平总书记关于培育和践行社会主义核心价值观的重要讲话精神，总结交流解放日报社会主义核心价值观宣传工作经验，不断把社会主义核心价值观宣传阐释工作引向深入。

会议强调，各地党报党刊要在已有工作基础上，加大工作力度，全力以赴做好社会主义核心价值观宣传阐释工作。要发挥自身优势，创新宣传方式，拿出自己的拳头产品。要立足中华优秀传统文化，用优秀传统文化滋养和传播当代价值。要强化结合融入，做到全栏目覆盖。要以高度的政治自觉和行动自觉，切实肩负起传播社会主义核心价值观的使命和责任。

## 中宣部发布“时代楷模”孙波、河南邓州“编外雷锋团”的先进事迹

6月25日，中央宣传部向全社会公开发布“时代楷模”孙波、河南邓州“编外雷锋团”的先进事迹。

孙波同志是黑龙江省鹤岗市工农区法院刑事审判庭审判员，他以铁肩担道义、用信仰铸忠诚，把办好案、办铁案视为天职，忠实履行公正司法的神圣职责，与生命赛跑、与病魔抗争，在忘我工作中追求生命价值，守得住节操、经得起诱惑，在秉公办案中坚定职业操守，为百姓着想、为群众解难，在司法为民中彰显公仆情怀，被誉为新时期人民法官的优秀代表。河南省邓州市“编外雷锋团”由雷锋生前所在团560名邓州籍退伍战士组成，他们始终铭记“雷锋战友”的光荣称号，把传承弘扬雷锋精神作为崇高追求，坚持不懈开展学雷锋志愿服务活动，积极吸纳社会各界共1万余人参加，成为中原大地传承弘扬雷锋精神的一面鲜艳旗帜。

## 中直机关举办“中国梦·我的梦”演讲

6月26日，中直工委在人民大会堂举办中直机关青年“中国梦·我的梦”演讲活动。“中国梦·我的梦”主题演讲活动是中直工委为扎实推进习近平总书记系列重要讲话精神学习贯

彻工作，引导中直机关青年进一步坚定理想信念，增强做好中直机关各项工作的政治责任感和历史使命感，为实现中国梦增添青春正能量的一项具体举措。

来自中央办公厅等单位的12名青年同志紧密联系自身成长经历和工作实际，围绕学习贯彻习近平总书记系列重要讲话精神、争做“三个表率”的体会和实践，讲述了自己心目中的强国梦和青春梦。

### 中组部新创办两个党员教育平台

6月27日，共产党员微信、共产党员易信正式上线发布。这是继远程教育平台、共产党员网、共产党员电视栏目、共产党员手机报后，中央组织部创办的两个党员教育新平台。

共产党员微信、易信采用“一套内容、双网发布、同步更新、分别管理”的机制运行，设置党建要闻、创新视点、先进典型、特色栏目4个一级菜单，分设党性党风、重要言论、今日关注、群众路线、干部人才、基层党建、党务百科、党员先锋、国学经典、历史人文、心灵驿站等若干子栏目，努力提供党员喜欢、基层欢迎的精品内容。共产党员微信公众账号：gcdyweixin，共产党员易信公众账号：gcdyyx。

### 和平共处五项原则发表60周年纪念大会举行

6月28日，和平共处五项原则发表60周年纪念大会在人民大会堂举行，习近平出席并发表题为《弘扬和平共处五项原则 建设合作共赢美好世界》的主旨讲话，李克强主持大会。

习近平表示，60年前，中国、印度、缅甸顺应历史潮流，共同倡导了互相尊重主权和领土完整、互不侵犯、互不干涉内政、平等互利、和平共处五项原则。这是国际关系史上的重大创举，为推动建立公正合理的新型国际关系作出了历史性贡献。和平共处五项原则传承了亚洲人民崇尚和平的思想传统，生动反映了联合国宪章宗旨和原则并赋予可见、可行、可依循的内涵，体现了各国权利、义务、责任相统一的国际法治精神。60年来，和平共处五项原则走向亚洲、走向世界，历经国际风云变幻的考验，具有强大生命力。和平共处五项原则作为一个开放包容的国际法原则，集中体现了主权、正义、民主、法治的价值观，已经成为国际关系基本准则和国际法基本原则，有力维护了广大发展中国家权益，为推动建立更加公正合理的国际政治经济秩序发挥了积极作用。

当今世界正在发生深刻复杂的变化，和平、发展、合作、共赢的时代潮流更加强劲，维护世界和平、促进共同发展，依然任重道远。我们共同纪念和平共处五项原则发表60周年，就是要探讨新形势下如何更好弘扬这五项原则，推动建立新型国际关系，共同建设合作共赢的美好世界。为此提出六点：第一，坚持主权平等。第二，坚持共同安全。第三，坚持共同发展。第四，坚持合作共赢。第五，坚持包容互鉴。第六，坚持公平正义。中国政府决定设立“和平共处五项原则友谊奖”和“和平共处五项原则卓越奖学金”。

吴登盛表示，和平共处五项原则经受住时间的考验，日臻成熟，已经成为国际关系的基本准则，也是缅甸外交政策的基石。在和平共处五项原则基础上，缅中印三国睦邻友好合作关系全面发展，缅中两国和平解决了边界问题。我们倡议各国都遵循和平共处五项原则，共同致力于促进世界和平、稳定、发展。安萨里表示，和平共处五项原则具有永恒的生命力。印中缅三国发展阶段不同，本着和平共处五项原则，可以聚同化异，交流互鉴，加强合作，共同发展。国际社会应该践行和平共处五项原则，携手应对各种全球性挑战，推动建立和平、稳定、繁荣、安全的世界。

### 《关于在第二批党的群众路线教育实践活动中进一步加强基层党组织建设的通知》印发

新华网6月28日报道，中央组织部、中央

党的群众路线教育实践活动领导小组近日印发《关于在第二批党的群众路线教育实践活动中进一步加强基层党组织建设的通知》，要求各级党组织认真贯彻落实习近平总书记重要批示精神，把加强基层党组织建设作为整改落实的重要任务，着力解决联系服务群众“最后一公里”问题。

### 中央党的群众路线教育实践活动领导小组印发通知要求确保党员经受严格党内生活锻炼

人民网6月29日报道，中央党的群众路线教育实践活动领导小组近日印发《关于在第二批党的群众路线教育实践活动中基层党组织召开专题组织生活会并开展民主评议党员工作的通知》，要求基层党组织以严肃认真的态度开好专题组织生活会并做好民主评议党员工作，确保广大党员经受一次严格的党内生活锻炼，受到一次马克思主义群众观点和党的群众路线教育。

### 中组部追授王胜、于海河、毕世祥、文朝荣同志“全国优秀共产党员”称号

新华社6月29日报道，中央组织部日前印发《关于追授王胜、于海河、毕世祥、文朝荣4名同志“全国优秀共产党员”称号的决定》。

王胜，男，汉族，河北内丘人，1955年11月出生，1975年9月入党，生前系河北省内丘县柳林镇西石河村党支部书记。2014年2月20日，因积劳成疾，病倒在工作一线，经抢救无效去世，终年59岁。1975年，王胜同志立志改变家乡落后面貌，毅然放弃上大学的机会，回村挑起带领群众脱贫致富的重担，一干就是39年。他带领群众打水井、修水库，把全村1000多亩“靠天收”的沙岗地变成水浇田，彻底解决群众的温饱问题。他带领群众大力发展村集体经济，推动建成固定资产1800多万元的天然矿泉水厂和投资近亿元的生态农业庄园，村民人均收入居全县前列。他热心为群众办实事，修建教学楼、通村路，把昔日的穷村建设成一个环境优美、文明和谐的社会主义新农村。

于海河，男，汉族，辽宁康平人，1962年8月出生，1981年3月参加工作，1987年9月入党，生前系黑龙江省双鸭山市宝清县政协副主席兼农业园区管委会主任。2013年11月6日，因带病坚持工作致阑尾炎病情恶化引发败血症，经抢救无效去世，终年51岁。于海河同志从事“三农”工作23年，足迹遍及全县145个行政村。他引导农民走致富路，推广农业科技，起早贪黑跑项目，推动建成投资1.86亿元的现代农业科技示范园。他真心实意为群众办好事，拖着患有严重关节炎的病腿，历时1年多、奔波5000多公里，为农户挽回因假种子造成的损失124万元。他驻村入户了解农民诉求，化解矛盾纠纷，被称为“救火队长”。他时刻牢记自己是农民的儿子，一生勤俭质朴，家庭生活拮据却接济多名贫困群众。

毕世祥，男，藏族，四川甘孜人，1960年6月出生，1982年7月参加工作，1984年8月入党，生前系四川省甘孜州委常委、宣传部部长。2013年12月16日，下乡途中遭遇车祸不幸殉职，终年53岁。毕世祥同志信守“要把所有的爱毫无保留地奉献给养育自己的党和人民”的诺言，在藏区工作30多年，坚决捍卫民族团结，与分裂势力进行针锋相对的斗争。他致力于推动藏区科学发展，为将一批生态文化旅游景区建成国际知名景区、将一批藏区特色农副产品推向国际市场尽心竭力。2010年“4·14”玉树地震后，他冒着余震、滑坡危险，迅速赶赴甘孜州受灾地区开展抗震救灾，一年17次深入灾区指导重建。他曾两次因公遭遇车祸并留下后遗症，仍不顾山高路险，奔走在牧区草甸，不通公路的地方就骑马甚至步行前往，被群众称为“马背上的局长”。他经常入户走访，同群众结对认亲，拿出工资接济困难群众，殉职时衣兜里还装着为孤儿买新衣的记事便条。

文朝荣，男，彝族，贵州赫章人，1942年3月出生，1971年10月入党，生前曾任贵州省赫

章县海雀村党支部书记。2014年2月11日，因积劳成疾医治无效去世，终年72岁。几十年来，文朝荣同志不向困难低头，不为贫穷折腰，带领群众向荒山要绿地，推广良种良法，把全村1.3万亩荒山从风沙四起的“和尚坡”变成了万亩林海，把“苦甲天下”的少数民族贫困村带上林茂粮丰的致富路，被群众誉为“搬动贫穷大山的老愚公”。他心中只有群众唯独没有自己，困难时期卖掉自家猪牛换来口粮接济贫困户，自己掏钱为村民购买种子。他从村党支部书记岗位退下来后，坚持义务巡山护林，20多年从未发生过一起火灾、偷盗案。

为表彰先进、弘扬正气，激励广大党员、干部胸怀理想、坚定信念，牢记宗旨、为民奉献，在全面建成小康社会、加快推进社会主义现代化进程中作出新的更大贡献，经中央领导同志同意，中央组织部决定，追授王胜、于海河、毕世祥、文朝荣等4名同志“全国优秀共产党员”称号。

## 中共中央政治局进行第十六次集体学习

6月30日，中共中央政治局就加强改进作风制度建设进行第十六次集体学习，习近平主持学习。陈希就群众路线教育实践活动总的情况作了汇报，周本顺就突出领导这个重点、抓好作风制度建设，赵克志就夯实基层基础、加强改进作风建设制度建设，徐绍史就推进体制机制改革、加强“四风”源头治理，张茅就锤炼过硬作风、强化制度执行谈了认识和体会。

在中国共产党成立93周年之际，习近平首先代表党中央，向全国广大共产党员和党务工作者致以节日的问候。他指出，党的群众路线教育实践活动正式启动以来，取得了重要阶段性成果，提高了全党对加强作风建设重要性和必要性的认识。党的作风就是党的形象，关系人心向背，关系党的生死存亡。我们党作为一个在中国长期执政的马克思主义政党，对作风问题任何时候都不能掉以轻心。作风问题核心是党同人民群众的关系问题。加强作风建设，必须坚持马克思主义群众观点、贯彻党的群众路线，把出发点和落脚点归结到实现好、维护好、发展好最广大人民根本利益上来，归结到为民务实清廉上来，使改进作风的过程成为贯彻执行党的理论和路线方针政策的过程，成为推动改革开放和社会主义现代化建设顺利进行的过程。

我们共产党人的忧患意识，就是忧党、忧国、忧民意识，这是一种责任，更是一种担当。要深刻认识党面临的执政考验、改革开放考验、市场经济考验、外部环境考验的长期性和复杂性，深刻认识党面临的精神懈怠危险、能力不足危险、脱离群众危险、消极腐败危险的尖锐性和严峻性，深刻认识增强自我净化、自我完善、自我革新、自我提高能力的重要性和紧迫性，坚持底线思维，做到居安思危。要教育引导全党同志特别是各级领导干部坚持“两个务必”，自觉为党和人民不懈奋斗。中国特色社会主义最本质的特征就是坚持中国共产党的领导，中国的事情要办好首先中国共产党的事情要办好。加强党的建设，必须营造一个良好从政环境，也就是要有一个好的政治生态。要坚持高标准、严要求，善始善终加强领导和指导，确保活动取得实效并经得起历史检验。贯彻执行党的群众路线是一项长期任务，解决作风问题是一项经常性工作，必须在抓常、抓细、抓长上下功夫。要体现改革精神和法治思维，把中央要求、群众期盼、实际需要、新鲜经验结合起来，努力形成系统完备的制度体系，以刚性的制度规定和严格的制度执行，确保改进作风规范化、常态化、长效化，切实防止“四风”问题反弹。

## 中共中央政治局召开会议 审议通过了三项改革方案

6月30日，中共中央政治局召开会议，审议通过了《深化财税体制改革总体方案》、《关于进一步推进户籍制度改革的意见》、《党的纪律检查体制改革实施方案》。习近平主持会议。

会议指出，财政是国家治理的基础和重要支柱，财税体制在治国安邦中始终发挥着基础性、制度性、保障性作用。深化财税体制改革的目标是建立统一完整、法治规范、公开透明、运行高效，有利于优化资源配置、维护市场统一、促进社会公平、实现国家长治久安的可持续的现代财政制度。重点推进3个方面的改革：改进预算管理制度，强化预算约束、规范政府行为、实现有效监督，加快建立全面规范、公开透明的现代预算制度；深化税收制度改革，优化税制结构、完善税收功能、稳定宏观税负、推进依法治税，建立有利于科学发展、社会公平、市场统一的税收制度体系，充分发挥税收筹集财政收入、调节分配、促进结构优化的职能作用；调整中央和地方政府间财政关系，在保持中央和地方收入格局大体稳定的前提下，进一步理顺中央和地方收入划分，合理划分政府间事权和支出责任，促进权力和责任、办事和花钱相统一，建立事权和支出责任相适应的制度。新一轮财税体制改革2016年基本完成重点工作和任务，2020年基本建立现代财政制度。

加快户籍制度改革是涉及亿万农业转移人口的一项重大措施。要坚持以人为本，着力促进有能力在城镇稳定就业和生活的常住人口有序实现市民化，稳步推进城镇基本公共服务常住人口全覆盖。户籍制度改革是一项十分复杂的系统工程，要坚持统筹谋划，协同推进相关领域配套政策制度改革。要完善农村产权制度，维护好农民的土地承包经营权、宅基地使用权、集体收益分配权。要区别情况、分类指导，由各地根据中央的总体要求和政策安排，因地制宜地实行差别化落户政策。要促进大中小城市和小城镇合理布局、功能互补，增强中小城市和小城镇经济集聚能力，为农业转移人口落户城镇创造有利条件。

党的纪律检查体制改革是全面深化改革的重要组成部分，深化党的纪律检查体制改革，关键在落实党风廉政建设主体责任和监督责任。要推动党的纪律检查工作双重领导体制具体化、程序化、制度化，落实查办腐败案件以上级纪委领导为主，各级纪委书记、副书记提名和考察以上级纪委会同组织部门为主，强化上级纪委对下级纪委的领导。各级纪委要聚焦中心任务，监督执纪问责，更好履行党章赋予的职责。要逐步落实中央纪委向中央一级党和国家机关派驻纪检机构，派驻机构要全面履行监督职责。实现巡视工作对地方、部门和企事业单位全覆盖，探索开展专项巡视，突出发现问题、强化震慑作用。

## 中共中央决定给予徐才厚开除党籍处分

6月30日，习近平主持召开中央政治局会议，听取中央军委纪律检查委员会《关于对徐才厚严重违纪案的审查报告》，并根据《中国共产党章程》、《中国共产党纪律处分条例》有关规定，决定给予徐才厚开除党籍处分，对其涉嫌受贿犯罪问题及问题线索移送最高人民检察院授权军事检察机关依法处理。

2014年3月15日，中共中央依照党的纪律条例，决定对徐才厚涉嫌违纪问题进行组织调查。经审查，徐才厚利用职务便利，为他人晋升职务提供帮助，直接和通过家人收受贿赂；利用职务影响为他人谋利，其家人收受他人财物，严重违反党的纪律并涉嫌受贿犯罪，情节严重，影响恶劣。

会议认为，对徐才厚严重违纪问题的查处，进一步体现了党中央从严治党、从严治军的鲜明态度，表明了我们党坚决反对腐败、以零容忍态度惩治腐败的坚定决心。全党全军必须充分认识反腐败斗争的长期性、复杂性、艰巨性，把反腐倡廉建设放在更加突出的位置，坚决查处违纪违法案件。任何人不论权力大小、职务高低，只要触犯党纪国法，都要严肃查处，决不姑息、决不手软。人民军队是执行党的政治任务的武装集团，在党风廉政建设上要坚持高标准、严要求。党内决不允许有腐败分子藏身之地，军中也决不允许有腐败分子藏身之地。

# 2014年7月

## 中办印发《2014—2018年全国党员教育培训工作规划》

新华社7月2日报道，中共中央办公厅近日印发《2014—2018年全国党员教育培训工作规划》，并发出通知，要求各地区各部门结合实际认真贯彻执行。

## 中央政法委员会召开第十一次全体会议

7月4日，中央政法委员会第十一次全体会议在北京召开，孟建柱出席并讲话。

孟建柱指出，要把政法队伍作风建设和反腐倡廉建设摆在更加突出的位置，努力营造良好的从政环境。各级政法领导干部要严于律己，以身作则，严格要求自己，守住党纪国法底线。要敢于坚持原则，对各种不良倾向和违纪违法行为要敢于批评、敢于斗争。对于发生的严重违纪违法问题，一定要严肃查处，绝不手软、绝不护短。要加强制度建设，完善内部监督制约机制，强化对党员干部的监督，发现问题及时纠正，始终保持政法队伍风清气正。

## 中央党的群众路线教育实践活动领导小组召开会议

7月5日，中央党的群众路线教育实践活动领导小组在北京召开会议，刘云山主持并讲话。

刘云山指出，当前第二批教育实践活动正处在关键阶段，越往后越需要持续用劲。要坚持高标准严要求，树立作风建设永远在路上的思想，保持锲而不舍的韧劲，防止前紧后松、防止矛盾积压、防止简单粗糙、防止短期效应，确保活动不虚不空不偏、不走过场。要坚持问题导向，持续聚焦“四风”，及时发现倾向性苗头性潜在性问题，及时解决群众反映强烈的突出问题，通过问题倒逼推动整改落实，决不让整改方案挂在墙壁上、停留在口头上。要从具体事情抓起，从具体问题改起，把整治“会所中的歪风”、调整清理“裸官”、清理整顿培训中心、查处基层党员干部不正之风和违法违纪行为以及整治干部“走读”、收“红包”、“吃空饷”、“为官不为”等纳入整改范围，上下联动解决问题，做到真改、实改、彻底改，努力根除作风顽瘴痼疾，确保取得人民满意的实效。

## 中央纪委监察部网站开设党风政风监督举报曝光专区

7月7日，中央纪委监察部网站开设党风政风监督举报曝光专区，并同步在“每月e题”栏目推出7月主题“起底隐蔽在培训中心里的享乐和奢靡”。

党风政风监督举报曝光专区主要设立三块内容：一是“作风建设”，介绍地方和部门加强作风建设的好经验好做法，指导和推动工作；二是“作风监督举报”，直接受理对“四风”等问题的举报投诉，设立纠正“四风”直通车，引导和方便党员、群众和媒体积极参与监督，当反“四风”的“千里眼”，深挖“四风”问题的“隐身”“变种”“反弹”“回潮”；三是“点名曝光”，发布全国查处违反八项规定精神的情况，曝光违反八项规定精神的典型案例，持续形成震慑。

## 首都各界纪念全民族抗战爆发77周年

7月7日，首都各界在中国人民抗日战争

纪念馆隆重集会，纪念全民族抗战爆发 77 周年。习近平出席并发表讲话，俞正声主持纪念仪式。

习近平首先为“独立自由勋章”雕塑揭幕并发表讲话。习近平说，今天，我们在这里隆重举行纪念全民族抗战爆发七十七周年仪式，目的是铭记历史、缅怀先烈、珍视和平、警示未来，坚定不移走和平发展道路，坚定不移维护世界和平。1937 年 7 月 7 日，日本侵略者为了达到以武力吞并全中国的罪恶野心，悍然炮轰宛平城，制造了震惊中外的卢沟桥事变。从卢沟桥事变肇始，平津危急，华北危急，中华民族危急，中华民族到了最危险的时候。在此民族危难之际，中国共产党秉持民族大义，担负起民族救亡的历史重任，呼吁建立以国共合作为基础的抗日民族统一战线，以抵抗日寇侵略、驱逐日寇出中国。

伟大的中国人民抗日战争，是中国人民近代以来争取独立自由史册上可歌可泣的一页，是中华民族历史发展进程中饱经沧桑的一章。伟大的中国人民抗日战争，使中华民族的觉醒和团结达到了前所未有的高度。伟大的中国人民抗日战争，开辟了世界反法西斯战争的东方主战场，为挽救民族危亡、实现民族独立和人民解放，为争取世界和平的伟大事业，作出了彪炳史册的贡献。历史就是历史，事实就是事实，任何人都不可能改变历史和事实。付出了巨大牺牲的中国人民，将坚定不移捍卫用鲜血和生命写下的历史。任何人想要否认、歪曲甚至美化侵略历史，中国人民和各国人民绝不答应。

中国人民抗日战争的胜利证明，中华民族是具有顽强生命力和非凡创造力的民族，只要我们紧密团结起来，就没有克服不了的困难。新的历史条件下，全党全国各族人民要大力弘扬伟大抗战精神，不断增强团结一心的精神纽带、自强不息的精神动力，继续朝着中华民族伟大复兴的中国梦奋勇前进，不断以坚持和发展中国特色社会主义的新成就告慰我们的前辈和英烈。

## 中央党的群众路线教育实践活动领导小组印发通知要求认真学习贯彻习近平总书记重要讲话精神深入推进教育实践活动

新华社 7 月 8 日报道，中央党的群众路线教育实践活动领导小组近日印发《关于认真学习贯彻习近平总书记重要讲话精神深入推进教育实践活动的通知》，要求各级党组织认真学习领会习近平总书记在中央政治局第十六次集体学习时的重要讲话精神，以强烈的问题意识和忧患意识，动真格打硬仗，努力根除“四风”顽瘴痼疾。

## 第三次全国人民法庭工作会议召开

7 月 8 日，第三次全国人民法庭工作会议在济南召开，孟建柱出席并讲话，周强主持会议。

孟建柱指出，各级人民法院要深刻认识做好新形势下人民法庭工作的重要性，进一步开创人民法庭工作新局面。要在人民法庭首先探索实行主审法官办案责任制，加强审判活动监督管理，深化司法公开，提升司法公信力。要积极探索新形势下司法为民的有效形式，巡回审理、就地办案，方便当事人诉讼，让人民群众打明白、方便、有尊严的官司。要积极参与基层社会治理创新，依法化解矛盾纠纷，通过以案说法开展法治宣传教育，维护社会和谐稳定。各级党委政法委要支持人民法庭依法独立公正行使审判权，落实向基层一线倾斜政策。各级人民法院要进一步改进司法作风，加强纪律作风建设，坚决查处违法违纪和腐败问题，坚决纠正损害群众利益、损害司法形象的不正之风。

## 中央军委举行晋升上将军衔仪式

7 月 11 日，中央军委在北京八一大楼隆重举行晋升上将军衔仪式，习近平向晋升上将军衔的军官颁发命令状。常万全、房峰辉、张阳、赵克石、张又侠、吴胜利、马晓天、魏凤和出席晋衔仪式。

这次晋升上将军衔的4位军官是：副总参谋长戚建国，沈阳军区司令员王教成、政治委员褚益民，广州军区政治委员魏亮。

## 全国优秀年轻干部培养选拔工作座谈会召开

7月14日，全国优秀年轻干部培养选拔工作座谈会在北京召开，刘云山出席并讲话，赵乐际主持会议。

刘云山指出，培养优秀年轻干部，坚定理想信念是第一位要求，要坚持不懈抓好理论武装，引导年轻干部打牢思想根基、补足精神之"钙"，增强道路自信、理论自信、制度自信，做社会主义核心价值观的践行者引领者。实践是培养干部的有效途径，要强化实践导向，坚持必要台阶、递进式历练，让年轻干部多"墩墩苗"，到基层一线和艰苦地区经风雨见世面，在急难险重任务中锻炼提高，在改革发展稳定实践中增强担当，始终走与人民群众实践相结合的成长道路。好干部是教育培养出来的，也是管理监督出来的，好人主义培养不出好干部，要坚持从严管理，加强监督约束，引导年轻干部强化规矩意识、增强纪律观念，心存敬畏、手握戒尺，清白做官、踏实做事。选人用人体现着干部工作导向，要按照拓宽来源、优化结构、改进方式、提高质量的要求，切实改进创新优秀年轻干部选拔工作。要坚持五湖四海、唯贤是举，促进优秀年轻干部跨条块跨领域交流，注意从企业、高校、科研院所选拔优秀年轻干部进入党政机关，注重选用在基层特别是艰苦地区经受住考验的优秀年轻干部。对各层级领导班子年轻干部配备，要统筹把握、符合实际，不搞一刀切，不搞任职年龄层层递减。要坚持重在平时考察年轻干部，多看干部的一贯表现和综合素质，多从群众口碑中了解干部，用多双眼睛看人选人。要严格选拔标准和程序，狠刹选人用人不正之风，加大对跑官要官、买官卖官、拉票贿选、说情打招呼、违规破格提拔干部问题的查处力度，使选人用人风气真正清朗起来。

## 中央党校举行2014年春季学期毕业典礼

7月15日，中共中央党校举行2014年春季学期毕业典礼，刘云山出席典礼并为学员颁发毕业证书。

中央党校本期毕业学员637人。学员们反映，在党校培训期间，通过认真学习党的十八大和十八届三中全会精神，认真学习习近平总书记系列重要讲话精神，进一步加深了对党中央精神的理解，增强了问题意识，强化了责任担当；通过系统学习马克思主义基本理论特别是中国特色社会主义理论体系，提高了理论素养和党性修养；通过勤学善思，充实了知识，提高了能力。

何毅亭在毕业典礼上讲话，希望学员们坚持深入学习贯彻习近平总书记系列重要讲话精神，打牢履职尽责的思想政治基础；坚持深入学习贯彻十八届三中全会精神，在全面深化改革中敢于担当、勇于作为；坚持改进作风，按照中央要求抓好群众路线教育实践活动。

## 中宣部等发出通知开展社会主义核心价值观主题文艺活动

新华网7月15日报道，中央宣传部、中央文明办、中国文联日前印发通知，在全国开展社会主义核心价值观主题文艺活动。

通知指出，开展社会主义核心价值观主题文艺活动，要坚持思想性、艺术性、观赏性相统一，注重以文化人、以文育人，突出寓教于乐、寓理于情，弘扬主旋律、凝聚正能量，陶冶道德情操，引领时代风尚，推动社会进步，巩固全党全国人民团结奋斗的共同思想基础。要切实围绕"国是家""勤为本""俭养德""诚立身""孝当先"开展导向鲜明、形式多样的文艺活动，大力传播社会主流价值，传递积极人生追求、高尚思想境界和健康生活情趣。要加强对中华优秀传统文化、民族民间文化和革命传统文化的挖掘、阐发和弘扬，做到贴近性、对象化、接地气，努力创作出反映人民主体地位和现实生活、体现当代中国价值观念和群众喜闻乐见的优秀文艺作品。要发挥好文艺轻骑兵的示范作用，注重运用评书、故事、快板、鼓曲唱曲等深受群众喜爱的艺术样式，着力组织好我们的价值观——曲艺走基层全国百场巡演，宣传最美人物，讲好最美故事，赞颂最美精神。

## 全国干部监督工作会议召开

7月15日，全国干部监督工作会议在北京召开，赵乐际出席并讲话。

赵乐际指出，加强干部监督，是党依靠自身力量解决自身问题的重要体现，是解决干部队伍和选人用人突出问题的重要途径。要强化领导干部日常管理监督，经常性地深入谈话，运用巡视成果有针对性地提醒教育，持续用力抓好教育实践活动整改落实，着力提高监督制度执行力，实现抓常抓细抓长。要坚决整治选人用人不正之风，严格执行《党政领导干部选拔任用工作条例》，对违反干部任用标准、程序，跑官要官、买官卖官、说情打招呼等问题，开展专项整治、严肃认真查处、纯洁用人风气。要监督领导班子和领导干部认真贯彻民主集中制、严格落实组织生活制度，增强党内生活的政治性原则性战斗性。要坚持严以修身、严以用权、严以律己，谋事要实、创业要实、做人要实，自觉做到面对矛盾问题敢于迎难而上，面对歪风邪气敢于坚决斗争，切实以好的作风把干部监督工作抓出实效。

## 中组部印发在干部教育培训中加强理想信念和道德品行教育的通知

新华网7月20日报道，中央组织部近日印发《关于在干部教育培训中加强理想信念和道德品行教育的通知》，要求各地区各部门加强理想信念和道德品行教育，引导和帮助干部始终坚定共产主义理想和中国特色社会主义信念，始终坚守共产党人的精神家园。

## 部分省区市教育实践活动工作座谈会召开

7月23日，部分省区市教育实践活动工作座谈会先后在西宁、上海召开，刘云山出席并讲话，赵乐际主持座谈会。

刘云山在讲话中指出，整个教育实践活动正处于关键时期，乡镇和街道领导班子专题民主生活会、基层党组织专题组织生活会和民主评议党员工作将逐步铺开，第二批活动整改落实将提上日程，第一批活动整改任务也要继续深化，各方面工作是最需要上劲的时候。开展教育实践活动，重在解决问题。要强化问题导向，持续聚焦“四风”，把解决实际问题与作风问题、共性问题与个性问题、眼前问题与长远问题、上面问题与下面问题结合起来，全面落实好已有整改部署。对会所中的歪风、培训中心的腐败、裸官问题、奢华浪费建设、领导干部参加天价培训等要专项整顿、严肃查处，出重拳、下狠劲，不达目的不罢休；对基层党员干部不正之风和违法违纪行为，干部走读、收红包、吃空饷等，要采取有力措施，进行深入治理。要继续做好整顿软弱涣散基层党组织的工作，使基层党组织凝聚力战斗力有一个大的提升。要坚持开门搞活动，紧紧依靠群众，让群众愿意说出心里话、敢于讲出真意见。无论是查摆问题还是整改落实，都要问计于民、问需于民，主动接受群众监督和评判，积极动员群众出主意想办法。

## 第十二届全国见义勇为英雄模范表彰大会召开

7月25日，第十二届全国见义勇为英雄模范表彰大会在人民大会堂召开，孟建柱会见见义勇为英雄模范代表。郭声琨参加会见并在大会上讲话。

孟建柱向受到表彰的同志表示热烈祝贺，向英勇牺牲的见义勇为烈士表示深切哀悼，向负伤致残的见义勇为英雄及其家属表示亲切慰问。他说，见义勇为英雄模范以实际行动维护了国家、集体和人民群众的利益，他们的英雄行为和崇高精神，集中展示了当代中国人民的良好精神风貌，生动诠释了社会主义核心价值观，为全社会树立了榜样。要大张旗鼓地宣传见义勇为英雄模范的先进事迹，在全社会积极倡导、大力弘扬见义勇为精神，引导和激励更多的人民群众投身见义勇为的崇高事业。见义勇为是中华民族的传统美德，见义勇为事业是一项崇高的事业。我们要大力推动见义勇为事业发展。要关心爱护见义勇为人员及其家庭，帮助他们解除后顾之忧，依法保障见义勇为人员合法权益，更好地鼓舞人心、弘扬正气。

## 《军队奖励和表彰管理规定》印发

新华网7月27日报道，由解放军总参谋部、总政治部、总后勤部、总装备部制定的《军队奖励和表彰管理规定》近日印发全军和武警部队，并将于8月1日起施行。这是我军首部将奖励和表彰两种褒扬形式作为整体进行系统规范的专门法规，将对健全完善我军激励机制和荣誉制度体系，更好地发挥奖励和表彰的导向作用提供更加有力的法制化保障。

《规定》共5章42条，明确军队所称奖励，是依照《中国人民解放军纪律条令》规定的对单位和个人给予嘉奖，记一、二、三等功，授予荣誉称号；所称表彰，是指团以上单位、各级机关以通报形式对单位和个人给予褒扬。总政治部主管全军奖励和表彰工作，总政治部组织部承办全军奖励和表彰管理有关工作。

## 中宣部发布“时代楷模”贾立群、“金凤”乘务组先进事迹

7月28日，中央宣传部向全社会公开发布“时代楷模”贾立群、中国国际航空股份有限公司“金凤”乘务组的先进事迹。

贾立群是北京儿童医院超声科主任、党支部书记，我国著名儿科超声专家。他坚守门诊一线36年，医德高尚、医风严谨，接诊患儿30多万，挽救了2000多名危重患儿的生命，被誉为“为民爱民的好医生”。“金凤”乘务组成立近20年来，始终秉承爱国信念，爱岗敬业。她们以感人肺腑的生动事迹，体现着对国家和人民的无比忠诚，不愧为“蓝天上的雷锋班组”。

## “大学校训传播社会主义核心价值观”研讨会举行

7月28日，由中宣部、教育部、光明日报社联合主办，清华大学承办的“大学校训传播社会主义核心价值观”研讨会在清华大学举行。来自中宣部、教育部以及20所高校的有关负责人汇聚一堂，围绕以校训为载体传播和滋养社会主义核心价值观进行深入研讨。

杜玉波表示，各高校要加强研究，把弘扬校训精神同培育和践行社会主义核心价值观结合起来，使校训所蕴含的中华优秀传统文化、时代精神、价值理念成为涵养社会主义核心价值观的重要源泉。何东平指出，校训不仅展现了大学精神，也从不同角度阐释着社会主义核心价值观的内涵，是师生员工在精神传承和价值认同上的最大公约数。

## 中共中央政治局召开会议决定召开十八届四中全会

7月29日，中共中央政治局召开会议，决定今年10月在北京召开中国共产党第十八届中央委员会第四次全体会议，主要议程是，中共中央政治局向中央委员会报告工作，研究全面推进依法治国重大问题。习近平主持会议。

会议认为，依法治国，是坚持和发展中国特色社会主义的本质要求和重要保障，是实现国家治理体系和治理能力现代化的必然要求，事关我们党执政兴国、事关人民幸福安康、事关党和国家长治久安。全面建成小康社会、实现中华民族伟大复兴的中国梦，全面深化改革、完善和发展中国特色社会主义制度，提高党的执政能力和执政水平，必须全面推进依法治国。上半年经济运行保持在合理区间，主要指标符合年度预期目标，经济运行保持平稳，改革开放活

力增强，发展质量稳步提升，民生保障扎实有力。做好下半年经济工作，要坚持稳中求进工作总基调，坚持宏观政策要稳、微观政策要活、社会政策要托底的基本思路，保持宏观政策连续性和稳定性。针对经济运行中的突出问题，更加注重定向调控，有效实施一些兼顾当前和长远的政策措施，加快深化改革开放，着力推动结构调整，妥善防范化解风险，不断改善民生工作，促进经济持续健康发展，努力实现全年经济社会发展预期目标。

会议强调，正确看待经济增长速度，对做好经济工作至关重要，对做好各方面工作影响很大。实现"两个一百年"奋斗目标、实现中华民族伟大复兴的中国梦，必须坚持以经济建设为中心，坚持发展是党执政兴国的第一要务，坚定不移推动经济持续健康发展，这是国家繁荣、社会稳定、人民幸福的重要基础。坚持把改革放在重中之重位置，坚持问题导向，围绕稳增长、调结构、惠民生、防风险，加快推进改革，激发市场内在动力和活力。要增大简政放权的含金量，加紧深化投资体制改革，尽快放开自然垄断行业的竞争性业务，加快服务业有序开放，放宽制造业准入限制，同时放管结合，加强市场监管。

## 中共中央召开党外人士座谈会

7月29日，中共中央在中南海召开党外人士座谈会，就当前经济形势和下半年经济工作听取各民主党派中央、全国工商联负责人和无党派人士代表的意见和建议。习近平主持并发表讲话。李克强、俞正声、刘云山、张高丽出席座谈会。李克强通报了上半年经济工作有关情况，介绍了中共中央、国务院关于做好下半年经济工作的考虑。

座谈会上，民革中央主席万鄂湘、民盟中央主席张宝文、民建中央主席陈昌智、民进中央主席严隽琪、农工党中央主席陈竺、致公党中央主席万钢、九三学社中央主席韩启德、台盟中央主席林文漪、全国工商联主席王钦敏、无党派人士代表林毅夫先后发言。他们赞同中共中央、国务院对当前我国经济形势的分析和下半年经济工作的考虑，并就推进农村土地制度改革、支持企业技术创新、发展资本市场、规范和发展互联网金融、防范和化解金融风险、大力发展服务贸易、加大医保体制改革力度、推进城镇化健康发展、提高公共投资效益、重视引进外国高端人才、推进农民工市民化、支持大学生就业创业、强化水生态承载力等内容提出意见和建议。

习近平听取大家发言后表示，今年以来，各民主党派中央、全国工商联和无党派人士紧紧围绕党和国家中心工作，聚焦全面深化改革目标任务、经济社会发展重大问题、人民群众关注的重点难点问题，主要负责同志亲自带队，深入10余个省市200多家基层一线单位，就化解过剩产能、装备制造业结构调整、大数据技术运用、生态环境保护、大学生就业创业环境优化、中小微企业技术创新、医卫和司法体制改革等问题进行深入调研，为中共中央决策提供了重要依据。习近平对民主党派、工商联和无党派人士提出4点希望。一是把思想和行动统一到中共中央决策部署上来，正确认识我国经济发展的阶段性特征，进一步增强信心，适应新常态，共同推动经济持续健康发展。二是紧紧围绕全面深化改革和下半年经济社会运行中的重大问题，深入调查研究，讲真话、献良策、出实招。三是开展富有成效的教育引导工作，把理解改革、投身改革、支持改革、参与改革的人搞得多多的，为深化改革凝聚广泛共识、汇聚强大力量。四是把一切可以团结的力量广泛团结起来，把一切可以调动的积极因素充分调动起来，为全面深化改革、全面建成小康社会、实现中华民族伟大复兴中国梦贡献更大力量。

## 中共中央决定对周永康严重违纪问题立案审查

7月29日，鉴于周永康涉嫌严重违纪，中共中央决定，依据《中国共产党章程》和《中国共产党纪律检查机关案件检查工作条例》的有关规定，由中共中央纪律检查委员会对其立案审查。

## 中央党的群众路线教育实践活动领导小组召开会议

7月30日，中央党的群众路线教育实践活动领导小组在北京召开会议，刘云山主持并讲话。

刘云山指出，市、县党委领导班子专题民主生活会已大体开完，第二批教育实践活动陆续进入整改落实、建章立制环节，这是活动出成果、见实效的关键所在。整改承诺作出了，就要言而有信、说到做到，如果光说不练，就是不讲诚信，就会失信于民。要坚持即知即改、立行立改，认真回应征求到的群众意见，回应对照检查材料查摆的突出问题，回应专题民主生活会和专题组织生活会上提出的批评意见，回应上级党组织和督导组点明的问题，一项一项列出整改清单、建立台账，明确整改的目标和责任，明确整改的措施和时限。整改落实、解决问题关键是具体化，坚持从具体事情抓起。要把握第二批活动在基层开展的特点，认真整治群众办事难的问题，整治乱收费乱罚款乱摊派的问题，整治落实惠民政策缩水走样的问题，整治拖欠群众钱款克扣群众财物的问题，坚决纠正发生在群众身边的不正之风。对第一批活动中部署的专项整治重点任务要继续抓住不放、深入推进；对在活动中群众反映强烈的突出问题，如会所中的歪风、培训中心的腐败、裸官问题、奢华浪费建设，以及干部走读、吃空饷、收红包及购物卡，党员干部参赌涉赌，领导干部参加天价培训等，要纳入整改范围、认真整治。

## 推进诚信建设制度化工作座谈会召开

7月30日，推进诚信建设制度化工作座谈会在北京召开，刘奇葆出席并讲话。

刘奇葆指出，国以诚立心，人以诚立身。加强诚信建设是培育和践行社会主义核心价值观的重要内容，是完善社会主义市场经济体制的重要基础，是加强和创新社会治理的重要举措。要大力弘扬重信践诺的传统美德，积极倡导诚实守信的价值准则，广泛开展主题教育实践活动，加大正反两方面典型宣传和曝光力度，营造守信光荣、失信可耻的良好风尚。加强诚信建设，关键在于制度化。要大力加强制度建设，建立健全覆盖全社会的征信系统，不断完善政务诚信、商务诚信、社会诚信、司法公信管理制度，完善守信激励和失信惩戒机制，建立诚信“红黑榜”发布制度，推动形成有利于诚信建设的法治环境和政策导向，积极构建不愿失信、不能失信、不敢失信的体制机制，建设诚信社会、诚信中国。

## “核心价值观百场讲坛”走进武警基层部队

7月30日，由光明日报社、中国人民大学、中国伦理学会共同主办的“核心价值观百场讲坛”第四场在武警交通第九支队北京延庆驻地举行，这是“讲坛”首次走进基层连队，与现场官兵、网友零距离探讨中华民族与核心价值观。公方彬教授为基层官兵作题为《核心价值观与中华民族的崛起》的精彩报告。

公方彬指出，能不能在大国博弈中成为胜者，关键看文化的先进性，进而看是否有一种先进的核心价值观注入其中。“核心价值观对我们的价值目标、价值取向起引领作用，对多元价值观起整合作用，对社会的意志和力量起凝聚作用，对我们的精神提升起奠基作用。失去核心价值观支撑的经济繁荣不可持续。”

## 党的群众路线教育实践活动中央巡回督导组召开工作座谈会

7月31日，党的群众路线教育实践活动中央巡回督导组工作座谈会在北京召开，刘云山出席并讲话，赵乐际主持座谈会。会上，14位中央巡回督导组负责同志介绍了第二批教育实践活动督导工作情况，普遍认为活动进展顺利，特别是专题民主生活会开出了高质量，改作风改出了新气象。同时指出，有的地方和单位也存在松口气的情绪、整改不力的现象以及重形式轻效果等问题。

刘云山指出，做好下一步督导工作，要坚持严字当头、注重实效，聚焦当前重点任务抓好督导。要督促各地开好乡镇领导班子专题民主生活会，做好基层党组织专题组织生活会和民主评议党员工作，无论是谈心谈话、对照检查、开展批评，还是个人自评、党员互评、民主测评，都要严格标准、严格要求，让每一名党员、干部都受到严肃的党内生活锻炼。要加强整改落实、建章立制工作的督导，督促各地区各部门各单位强化问题导向，认真抓好各项专项整治重点任务的落实，着力解决群众反映强烈的突出问题，建立改进作风的常态化长效化机制。要督促推动各级党委一把手既把自己摆进去、带头兑现整改承诺，又切实履行第一责任人的职责，确保教育实践活动深入推进。

## 中央巡视组2014年第二轮巡视已全部进驻

7月31日，中央第七巡视组巡视陕西省工作动员会和中央第十巡视组专项巡视中国科学院工作动员会召开。至此，中央巡视组今年第二轮巡视已经全部进驻到位。

经中央批准，中央巡视组将对广西、上海、青海、西藏、浙江、河北、陕西、黑龙江、四川、江苏等10个省区市开展常规巡视，同时对国家体育总局、中国科学院、一汽集团开展专项巡视。本轮巡视的动员会从7月27日开始，最早进行动员的是西藏自治区。在巡视工作动员会上，各地区和部门一般由党委书记或党组书记主持会议并作动员讲话，由巡视组组长就即将开展的巡视工作发表讲话，最后由中央巡视工作领导小组办公室有关负责同志就配合做好巡视工作提出要求。

# 2014年8月

## 国防部举行招待会<br>庆祝解放军建军87周年

8月1日，国防部在人民大会堂举行招待会，热烈庆祝中国人民解放军建军87周年。常万全致祝酒辞，张阳、赵克石、张又侠出席招待会。

常万全首先代表党中央、国务院、中央军委，向中国人民解放军指战员、武装警察部队官兵、预备役军人和广大民兵，致以节日祝贺；向辛勤工作在国防科技工业战线的同志们，致以诚挚问候；向为中国人民解放军建设作出重要贡献的离退休老同志、转业退伍军人、革命伤残军人和烈军属，表示亲切慰问；向长期关心支持国防和军队建设的各级党委和政府、社会团体，向全国各族人民，表示衷心感谢；向出席招待会的各国驻华武官和夫人及各位来宾，表示热烈欢迎。他说，87年来，中国人民解放军在党的正确领导下，为建立新中国，为捍卫国家主权、安全、领土完整，为国家经济发展、社会进步、民族团结，建立了不朽功勋。87年来，中国人民解放军参加世界反法西斯斗争，参与联合国维和、国际反恐合作、国际护航和救灾等行动，深化同各国军队交流合作，共同营造互信互利的国际安全环境，为维护世界和平、促进人类进步事业作出重要贡献。和平与发展仍是当今时代的主题，但天下并不太平。中国人民和军队历来爱好和平，始终是维护和平的坚定力量。我们要坚持贯彻总体国家安全观，坚定不移走和平发展道路，一如既往同各国加强军事交流合作，参与国际和地区安全事务，为人类和平与发展贡献力量。台湾和大陆同属一个中国。我们将继续秉持两岸一家亲的理念，积极推进两岸关系和平发展，坚决反对和遏制任何形式的“台独”分裂图谋，为维护中华民族根本利益、完成祖国统一大业作出积极努力。我们要紧密团结在以习近平同志为总书记的党中央周围，深入贯彻党的十八大和十八届三中全会精神，以邓小平理论、“三个代表”重要思想、科学发展观为指导，深入学习贯彻习近平总书记系列重要讲话精神，为建设一支听党指挥、能打胜仗、作风优良的人民军队而努力奋斗！

## 中央党的群众路线教育实践活动<br>领导小组通知要求全面清理<br>整治奢华浪费建设

新华网8月4日报道，中央党的群众路线教育实践活动领导小组近日印发通知，要求各地区各部门各单位把清理整治奢华浪费建设纳入教育实践活动整改范围，进行全面清理。

## 中央党的群众路线教育实践活动领导<br>小组通知要求做好第二批教育实践<br>活动整改落实、建章立制工作

新华网8月5日报道，中央党的群众路线教育实践活动领导小组近日印发《关于做好第二批教育实践活动整改落实、建章立制工作的通知》，要求各级党组织认真贯彻落实习近平总书记系列重要讲话精神，扎实做好整改落实、建章立制工作，确保第二批教育实践活动取得实效，推动第一批活动整改任务落地生根，形成反“四风”、改作风，自觉践行党的群众路线的长效机制。

## 刘云山看望慰问北戴河暑期休假专家

8月6日，受习近平委托，刘云山在北戴河看望参加今年暑期休假活动的专家，并同大家进行座谈，代表党中央、国务院向各方面优秀人才致以亲切问候。马凯参加慰问活动，赵乐际主持座谈会。

座谈会上，中国科学院院士赵忠贤、郑晓静，西南石油大学教授赵金洲，北京大学教授林毅夫，中国社会科学院研究员李景源，中国工程院院士杨小牛先后发言。大家结合工作实际和个人经历，介绍科研情况，畅谈心得体会，就加强基础研究、实施创新驱动发展、繁荣人文科学、培养青年人才等提出意见建议。

刘云山在听取发言后说，人才的意义和价值，从来都与国家和民族的命运联系在一起。实现“两个一百年”奋斗目标、实现中华民族伟大复兴的中国梦，关键在人才，优秀人才越多、作用发挥得越好，事业发展就越充满希望。专家人才作为“梦之队”的成员，作为富有活力和创造力的群体，应始终走在时代前列，把爱国之情、报国之志转化为实际行动，更好地用自己的聪明才智助力中国梦。创新者进、创新者胜、创新者强，面对新一轮科技革命和产业变革，谁能抓住机遇加快科技创新步伐，谁就能赢得发展的优势和主动。希望各方面专家人才进一步增强机遇意识、创新意识，围绕关系国家长远发展的关键领域，瞄准科技变革的前沿，积极融入实施创新驱动发展战略的伟大实践，推出更多“中国智造”“中国创造”。要弘扬求实、探索、协作的科学精神，敢为天下先，敢走别人没有走过的路，发挥好团队优势、综合优势，努力攀登世界科技高峰。要自觉遵守学术道德，像爱护眼睛一样珍惜学术声誉，做践行社会主义核心价值观的楷模。

## 中央党的群众路线教育实践活动领导小组办公室要求面向社会设立专项整治工作监督举报电话和网站

新华网8月13日报道，中央党的群众路线教育实践活动领导小组办公室近日印发通知，要求各地区各部门各单位加大力度、加快进度，高标准、严要求推动“四风”突出问题专项整治工作，既要向中央教育实践活动办公室定期报送整治进展情况，又要及时公布整治结果，面向社会设立监督举报电话等，自觉接受人民群众监督。

## 纪念邓小平诞辰110周年暨百色起义85周年图片展举行

8月14日至15日，由广西百色市委、百色市人民政府、广州市委宣传部、深圳市委宣传部联合主办的《纪念百色起义 缅怀世纪伟人——纪念邓小平诞辰110周年暨百色起义85周年图片展》分别在深圳和广州启动。

展览分《伟人足迹》《百色风雷》《春天的故事》《千姿百色》4个部分，用452幅图片展示一代伟人邓小平一生风采和百色革命老区以及改革开放前沿——广州、深圳的发展变化。其中，《伟人足迹》讲述的是邓小平波澜壮阔的一生；《百色风雷》讲述的是邓小平领导发动了震惊中外的百色起义的历史；《春天的故事》主要展示改革开放前沿——广州、深圳发生翻天覆地的巨大变化；《千姿百色》则从经济、民生、文化教育、生态建设等方面，展现革命老区百色改革开放以来取得的巨大成就。

## 马克思主义理论研究和建设工程专家开展2014年国情调研

8月15日，马克思主义理论研究和建设工程组织专家学者分3批赴陕西、吉林、广西等省区开展国情调研。

专家们亲身感受到各地干部群众凝神聚气、攻坚克难、奋发有为的精神风貌，切身体会到各地改革创新、稳中求进的良好态势。在长春净月国家高新技术产业开发区、西安高新技术产业开发区、广西凭祥综合保税区和东兴试验区，专家们加深了对创新驱动发展重要性的认识。在陕西杨凌高新农业产业示范区、吉林昌邑大荒地村和卡伦镇，专家们了解了农业产业合作社的发展思路，对党和国家一系列惠农支农政策和国家粮食安全的重要性有了更深理解。在陕西照金，专家们重温了陕甘边革命根据地艰苦奋斗的岁月，也为照金以红色文化为中心、结合生态旅游和农村城镇化建设为一体的发展之路所欣喜。在广西钦州保税港区和中国—马来西亚产业园，专家们对北部湾开发开放战略的前景更加充满信心。在吉林长影集团，专家们了解了长影通过体制改革实现扭亏为盈的发展历程，对深化文化体制改革、推动文化产业创新发展有了更多的认识。

专家们反映，此次国情调研很接地气，既大开眼界又引发思考，受益匪浅。要把这次调研的收获转化到重大问题研究、教材编写和课堂教学中去，积极主动地做好工程工作，不断增强哲学社会科学教学科研的针对性实效性，为当代中国马克思主义的创新发展作出贡献。

## 中央全面深化改革领导小组召开第四次会议

8 月 18 日，中央全面深化改革领导小组第四次会议在北京召开，习近平主持并发表讲话。李克强、刘云山、张高丽出席会议。

会议审议了《中央管理企业主要负责人薪酬制度改革方案》《关于合理确定并严格规范中央企业负责人履职待遇、业务支出的意见》《关于深化考试招生制度改革的实施意见》，建议根据会议讨论情况进一步修改完善后按程序报批实施。审议通过了《关于推动传统媒体和新兴媒体融合发展的指导意见》《党的十八届三中全会重要改革举措实施规划（2014—2020 年）》《关于上半年全面深化改革工作进展情况的报告》。

习近平说，国有企业特别是中央管理企业，在关系国家安全和国民经济命脉的主要行业和关键领域占据支配地位，是国民经济的重要支柱，在我们党执政和我国社会主义国家政权的经济基础中也是起支柱作用的，必须搞好。改革开放以来，中央管理企业负责人薪酬制度改革取得积极成效，对促进企业改革发展发挥了重要作用，同时也存在薪酬结构不尽合理、薪酬监管体制不够健全等问题。合理确定并严格规范中央企业负责人履职待遇、业务支出，是改作风的深化，也是反“四风”的深化，国有企业要做贯彻落实中央八项规定精神、厉行节约反对浪费的表率。要合理确定并严格规范中央企业负责人履职待遇、业务支出，除了国家规定的履职待遇和符合财务制度规定标准的业务支出外，国有企业负责人没有其他的“职务消费”，按照职务设置消费定额并量化到个人的做法必须坚决根除。

考试招生制度是国家基本教育制度。深化考试招生制度改革，总的目标是形成分类考试、综合评价、多元录取的考试招生模式，健全促进公平、科学选才、监督有力的体制机制，构建衔接沟通各级各类教育、认可多种学习成果的终身学习立交桥。考试招生制度改革要在充分论证搞好顶层设计的基础上，试点先行，分步实施，有序推进。

推动传统媒体和新兴媒体融合发展，要遵循新闻传播规律和新兴媒体发展规律，强化互联网思维，坚持传统媒体和新兴媒体优势互补、一体发展，坚持先进技术为支撑、内容建设为根本，推动传统媒体和新兴媒体在内容、渠道、平台、经营、管理等方面的深度融合，着力打造一批形态多样、手段先进、具有竞争力的新型主流媒体，建成几家拥有强大实力和传播力、公信力、影响力的新型媒体集团，形成立体多样、融合发展的现代传播体系。要一手抓融合，一手抓管理，确保融合发展沿着正确方向推进。

党的十八届三中全会重要改革举措实施规划（2014—2020 年），对未来 7 年的改革实施工作作出整体安排，突出了每项改革举措的改革路径、成果形式、时间进度，是指导今后一个时期改革的总施工图和总台账。中央有关部门要认真组织好规划的实施工作，统筹衔接关联改革，合理安排改革进度，实化细化改革成果，处理好改革与相关法律立改废的关系，及时解决实施中的矛盾问题，力争把改革任务做实。

## 中央财经领导小组召开第七次会议

8月18日，中央财经领导小组在北京召开第七次会议，研究实施创新驱动发展战略，习近平主持并讲话。李克强、刘云山、张高丽出席会议。

习近平说，改革开放30多年来，我国实现了科技水平整体跃升，已经成为具有重要影响力的科技大国，科技创新对经济社会发展的支撑和引领作用日益增强。当前，新一轮科技革命和产业变革正在孕育兴起，全球科技创新呈现出新的发展态势和特征，新技术替代旧技术、智能型技术替代劳动密集型技术趋势明显。我国依靠要素成本优势所驱动、大量投入资源和消耗环境的经济发展方式已经难以为继。我们必须增强紧迫感，紧紧抓住机遇，及时确立发展战略，全面增强自主创新能力，掌握新一轮全球科技竞争的战略主动。习近平在阐述了实施创新驱动发展战略的基本要求后提出4点意见：一是紧扣发展，牢牢把握正确方向。二是强化激励，大力集聚创新人才。三是深化改革，建立健全体制机制。四是扩大开放，全方位加强国际合作。要抓紧出台实施创新驱动发展的政策和部署，抓紧实施国家重大科技专项，再选择一批体现国家战略意图的重大科技项目和重大工程，集中力量、协同攻关。要加快研究提出创新驱动发展顶层设计方案，研究提出中央财政科技资金管理改革方案。要抓紧修改完善相关法律法规，实施更加积极的创新人才引进政策。要研究在一些省区市系统推进全面创新改革试验，形成几个具有创新示范和带动作用的区域性创新平台。

## 中共中央举行纪念<br>邓小平同志诞辰110周年座谈会

8月20日，中共中央在人民大会堂举行座谈会，纪念邓小平同志诞辰110周年，习近平发表讲话。李克强、张德江、俞正声、王岐山、张高丽出席座谈会，刘云山主持座谈会。冷溶、曲青山、张阳、王东明在会上发言。

习近平在讲话中回顾了邓小平同志一生的丰功伟绩，总结了邓小平同志为我国革命、建设、改革作出的卓越贡献，强调邓小平同志为中华民族独立、繁荣、振兴和中国人民解放、自由、幸福奋斗的辉煌人生和伟大贡献，将永远书写在祖国辽阔的大地之上。邓小平同志始终在人民中间，也始终在人民心间。

习近平指出，像我们党的其他老一辈革命家一样，邓小平同志之所以能够为祖国和人民建立彪炳史册的功勋，就在于他看清了世界和中国的发展大势，深刻了解中国人民和中华民族的深沉愿望，把握住中国发展的历史规律，紧紧依靠党和人民建立了前所未有的历史性伟业。信念坚定，是邓小平同志一生最鲜明的政治品格，也永远是中国共产党人应该挺起的精神脊梁。热爱人民，是邓小平同志一生最深厚的情感寄托，也永远是中国共产党人应该坚守的力量源泉。实事求是，是邓小平同志一生最重要的思想特点，也永远是中国共产党人应该遵循的思想方法。开拓创新，是邓小平同志一生最鲜明的领导风范，也永远是中国共产党人应该具有的历史担当。邓小平同志留给我们的最重要的思想和政治遗产，就是他带领党和人民开创的中国特色社会主义，就是他创立的邓小平理论。邓小平同志最鲜明的思想和实践特点，就是从实际出发、从世界大势出发、从国情出发，始终坚持我们党一贯倡导的实事求是、群众路线、独立自主。中国特色社会主义是适合中国国情、符合中国特点、顺应时代发展要求的理论和实践，所以才能取得成功，并将继续取得成功。我们的国权，我们的国格，我们的民族自尊心，我们的民族独立，关键是道路、理论、制度的独立。

中华民族创造了具有5000多年悠久历史的辉煌文明，中国人民在中国共产党领导下创造了建设社会主义的辉煌成就，我们应该在这个基础上继续创造。邓小平同志离开我们17年来，国际形势风云变幻，国内改革发展任务艰巨繁重，在以江泽民同志为核心的党的第三代中央领导集体、以胡锦涛同志为总书记的党中央领导下，我们党团结带领全国各族人民，坚持党的十一届三中全会以来的路线方针政策不动摇，推动党和国家各项事业不断取得新的伟大成就。今天，历史的接力棒传到了我们手里，责任重于泰山。全党一定要紧密团结起来，敢于担当、埋头苦干，团结带领全国各族人民，以与时俱进、时不我待的精神不断夺取新胜利，不断完善和发展中国特色社会主义，不断为人类和平与发展的崇高事业作出新的更大的贡献。

## 全国纪念邓小平同志诞辰110周年学术研讨会召开

8月21日，由中央宣传部、中央党校、中央文献研究室、中央党史研究室、教育部、中国社会科学院、解放军总政治部联合举办的全国纪念邓小平同志诞辰110周年学术研讨会在北京召开，刘云山出席并讲话，刘奇葆主持会议。

刘云山指出，邓小平理论是中国特色社会主义理论体系的开创之作，是指引我们胜利前进的伟大旗帜。新形势下深化邓小平理论研究，要紧紧围绕中国特色社会主义这个主题，引导人们增强道路自信、理论自信、制度自信，坚定实现中华民族伟大复兴的中国梦的信念信心；始终坚持党的思想路线，解放思想、实事求是、与时俱进、求真务实，不断推进实践基础上的理论创新；深入总结改革开放的成功实践和宝贵经验，更好地凝聚全面深化改革的共识，坚定不移把改革开放伟大事业推向前进；着眼于巩固全党全国各族人民团结奋斗的共同思想基础，推动全社会大力培育和弘扬社会主义核心价值观，更好地凝魂聚气、强基固本；准确把握马克思主义执政党建设规律，深入研究党的建设面临的新情况新问题，全面推进党的建设新的伟大工程。深化邓小平理论研究，要与研究马克思列宁主义、毛泽东思想结合起来，与研究“三个代表”重要思想、科学发展观结合起来，与研究阐释习近平总书记系列重要讲话精神结合起来，推动用马克思主义中国化最新成果武装全党、教育人民。要紧密结合全面深化改革新的伟大实践，深入研究阐释党的十八大和十八届三中全会提出的重大理论观点、重大决策部署，推出一批高质量的研究成果，为全面深化改革提供理论支撑。要坚持以实际问题为中心，敢于正视问题、敏锐发现问题、主动聚焦问题，研究回答全局性、战略性、前瞻性重大问题，在推动解决问题过程中不断取得新的认识成果。

## 全国农村精神文明建设工作经验交流会召开

8月22日至23日，中央宣传部、中央文明办在银川市召开全国农村精神文明建设工作经验交流会。

会议提出，美丽乡村建设，契合中央的要求、国家新型城镇化发展战略和农民群众的殷切期盼，要牢牢把握培育和践行社会主义核心价值观这个根本任务，以美丽乡村建设为重要载体，以民风建设和环境整治为重点，坚持思想先行，坚持教育为先，坚持重在建设，坚持问题导向，坚持以文化人，坚持统分结合，深化文明村镇创建活动，着力提升农村精神文明建设工作水平，以美丽乡村建设的卓越成就扮靓美丽中国。要把美丽乡村建设作为为民办实事的民生工程、农村精神文明建设的龙头工程，坚持数年，抓紧抓好，抓出成效；作为各级文明委工作的重要职责，采取有力措施，落实工作任务，形成共同关心、支持、参与美丽乡村建设的强大合力。

## 《习主席国防和军队建设重要论述读本》出版

新华社8月26日报道，总政治部编写的《习主席国防和军队建设重要论述读本》，近日由解放军出版社出版。总政治部日前发出通知，要求全军和武警部队认真组织好《读本》的学习。

《读本》分十个专题，全面准确地阐述了习主席国防和军队建设重要论述的重大意义、科学内涵、精神实质和实践要求，深入阐发了习主席围绕强军兴军提出的一系列重大战略思想、重大理论观点、重大决策部署，是部队官兵和院校学员学习贯彻习主席国防和军队建设重要论述的重要辅助材料。

## 学习贯彻习近平总书记关于媒体融合发展重要讲话精神座谈会召开

8月26日，学习贯彻习近平总书记关于媒体融合发展重要讲话精神座谈会在北京召开，刘奇葆出席并讲话。

刘奇葆指出，习近平总书记的重要讲话，深刻阐述了媒体融合发展的工作理念、实现路径、目标任务和总体要求，体现了我们党对新闻传播规律和新兴媒体发展规律的深刻把握，表明了我们党主动适应媒体发展趋势和应对时代挑战的高度自觉。传统媒体和新兴媒体的融合发展，是一项重大改革。要牢固树立一体化发展观念，强化互联网思维，坚持先进技术为支撑、内容建设为根本、机制创新为动力、重点项目为抓手、队伍建设为基础，把各项工作抓到位，加快推动传统媒体和新兴媒体深度融合。中央主要新闻媒体要走在融合发展前列，努力成为拥有强大实力和传播力、公信力、影响力的新型媒体集团，巩固宣传思想文化阵地、壮大主流思想舆论。

## 中宣部发布“时代楷模”刘伦堂等先进事迹

8月26日，中央宣传部在中央电视台向全社会公开发布“时代楷模”刘伦堂、湖南省长沙市望城区公安消防大队的先进事迹。

刘伦堂同志生前是湖北省黄石市下陆区老鹳庙社区书记。25年来，他始终践行党的群众路线，始终保持艰苦朴素的优良作风，扎根基层、默默奉献，清廉如水、一心为民，与社区群众同甘共苦，辛勤创业、共奔小康，成为当地群众的贴心人，为广大基层党员干部树立起一面高高飘扬的精神旗帜。湖南省长沙市望城区公安消防大队组建于1978年。36年来，全体官兵以雷锋家乡为荣，立足岗位学雷锋，用雷锋精神建队育警，脚踏实地履行责任，满腔热情服务群众，先后参加灭火救援战斗6000余次，组织社会救助3000余次，长年开展扶贫帮困、捐资助学等活动，累计捐款捐物100多万元，在社会上叫响了“雷锋家乡消防兵”这一品牌。

## 深入学习习近平总书记关于党的群众路线的重要论述理论研讨会召开

8月27日，求是杂志社在北京召开深入学习习近平总书记关于党的群众路线的重要论述理论研讨会。

会议认为，党的十八大以来，特别是在全党深入开展党的群众路线教育实践活动以来，习近平总书记就贯彻党的群众路线发表一系列重要讲话，深刻阐述了新形势下贯彻党的群众路线的重大意义、根本要求、时代内涵和基本途径，从理论上和实践上丰富和发展了马克思主义群众观点和党的群众路线。

与会同志认为，习近平总书记强调坚持群众路线，就要坚持全心全意为人民服务的根本宗旨，保持党同人民群众的血肉联系；强调以为民务实清廉为教育实践活动的主题，就要切实增强党的创造力凝聚力战斗力；强调加强和改进作风建设是保持党同人民群众血肉联系的有效途径，把反对“四风”作为教育实践活动的主要任务，体现了我们党对解决好人民群众所思所盼问题的坚定决心；强调把学习弘扬焦裕禄精神作为一条红线贯穿教育实践活动始终，就要以焦裕禄为榜样，自觉践行“三严三实”；强调作风建设要抓常抓细抓长，建立健全坚持群众路线的长效机制，就要在提高认识的基础上适时建章立制，巩固思想教育成果。

## 《军队党员领导干部参加党的组织生活若干规定》印发

新华网8月28日报道，经中央军委主席习近平批准，解放军总政治部近日印发《军队党员领导干部参加党的组织生活若干规定》。

制定《规定》，是贯彻习主席关于严格党内生活重要指示精神，贯彻党要管党、从严治党方针的重要举措，对于加强党员领导干部的教育管理监督，增强党员领导干部的党员意识、党的意识和党性观念具有重要意义。《规定》明确，每名党员领导干部，必须编入党的一个支部、小组，以普通党员身份参加党的组织生活，不允许有任何不参加党的组织生活、不接受党组织和党内外群众监督的特殊党员。党员领导干部应当按照规定过好双重组织生活，除参加本级党委民主生活会外，还必须参加所在党支部或党小组的民主生活，向所在党支部或党小组汇报思想、学习、工作和廉洁自律情况，参加所在党支部的党课教育或主题党日活动，主动参加所在党支部民主评议党员。党员领导干部应当按规定由本人按月向所在党小组交纳党费。党员领导干部应当把参加党支部的组织生活情况作为民主生活会、述职述廉的一项重要内容，接受监督和评议。《规定》要求，各级党委、纪委和政治机关应当加强对党员领导干部参加党的组织生活情况的指导和检查，每年对党员领导干部参加党的组织生活情况进行讲评或通报，对无故不参加的及时提醒和批评教育。

## 甲午战争120周年研讨会召开

8月28日，甲午战争120周年研讨会在北京召开，范长龙、吴胜利出席并讲话。

范长龙指出，要以服务党和国家的战略目标，服务军队现代化建设为根本着眼点，运用马克思主义历史观和方法论，全面深入研究这场战争。客观辩证分析历史教训，认识把握民族兴衰、国家存亡、战争胜负的历史规律，认清腐败和落后必然被动挨打、丧权辱国，认清没有共产党就没有新中国，进一步增强道路自信、理论自信、制度自信，坚定实现中国梦的决心和信心。要把改革创新作为推进强军实践的动力源，加快构建现代军事力量体系，进一步解放和发展军队战斗力，增强军队活力。要大力弘扬我党我军光荣传统，以优良作风为实现强军目标提供坚强保证。

吴胜利指出，要坚定不移地走向海洋、经略海洋，牢固树立符合时代要求的新型海洋观，坚定不移地维护海权、拓展海权，创新发展具有中国特色的海权思想，坚定不移地发展海军、用好海军，努力建设一支强大海军。

## 文学界召开培育和践行社会主义核心价值观座谈会

8月28日，中国作家协会在北京举行文学界培育和践行社会主义核心价值观座谈会。

铁凝在会上宣读《倡议书》，倡议全国文学工作者自觉肩负起文学工作者的神圣使命，坚持以人民为中心的创作导向，努力奉献更多的优秀精神食粮，积极做核心价值观的模范践行者。号召全国文学工作者共同行动起来，用手中的笔书写民族百年梦想，用文学的力量激励每个人奋发前进，为中华民族共有精神家园不断注入生机与活力。

座谈会上，60余位文学界人士在倡议书签名板上签名，签下文学工作者对文学事业和社会公众的庄严承诺。

## 中共中央政治局召开会议审议通过了一批改革方案

8月29日，中共中央政治局召开会议，审议通过了《深化党的建设制度改革实施方案》、《中央管理企业负责人薪酬制度改革方案》、《关于合理确定并严格规范中央企业负责人履职待遇、业务支出的意见》、《关于深化考试招生制度改革的实施意见》。习近平主持会议。

会议指出，党的建设制度改革，必须把握好正确政治方向，充分发挥党总揽全局、协调各方的领导核心作用，确保党始终成为中国特色社会主义事业的坚强领导核心。要紧紧围绕提高党科学执政、民主执政、依法执政水平深化党的建设制度改革，更好团结带领全国各族人民实现“两个一百年”奋斗目标、实现中华民族伟大复兴的中国梦。

国有企业特别是中央管理企业，在关系国家安全和国民经济命脉的主要行业和关键领域占据支配地位，是国民经济的重要支柱，在我们党和我国社会主义国家政权的经济基础中也是起支柱作用的，必须搞好。深化中央企业负责人薪酬制度改革是中央企业建立现代企业制度、深化收入分配体制改革的重要组成部分，对促进企业持续健康发展和形成合理有序收入分配格局具有重要意义。要从我国社会主义初级阶段基本国情出发，适应国有资产管理体制和国有企业改革进程，逐步规范企业收入分配秩序，实现薪酬水平适当、结构合理、管理规范、监督有效，对不合理的偏高、过高收入进行调整。

制定《关于合理确定并严格规范中央企业负责人履职待遇、业务支出的意见》，是贯彻党的十八届三中全会精神，对中央企业负责人履职工作保障和必要业务支出进行系统规范的总体要求，将进一步推进中央企业负责人履职待遇和业务支出制度体系建设和严格规范管理。要按照依法依规、廉洁节俭、规范透明的原则，对中央企业负责人公务用车、办公用房、培训、业务招待、国内差旅、因公临时出国（境）、通信等设置上限标准，明确禁止性规定，进行严格规范。要严肃财经纪律，严禁公款用于个人支出。

考试招生制度是国家基本教育制度，是人才培养的枢纽环节，关系到国家发展大计，关系每一个家庭的切身利益，关系亿万青少年学生前途命运。要通过深化改革，形成分类考试、综合评价、多元录取的考试招生模式，健全促进公平、科学选才、监督有力的体制机制，构建衔接沟通各级各类教育、认可多种学习成果的终身学习“立交桥”。要改进招生计划分配方式，提高中西部地区和人口大省高考录取率，增加农村学生上重点高校人数，完善中小学招生办法破解择校难题。要改革考试形式和内容，完善高中学业水平考试，规范高中学生综合素质评价，加快推进高职院校分类考试，深化高考考试内容改革。要改革招生录取机制，减少和规范考试加分，完善和规范自主招生，完善高校招生选拔机制，改进录取方式，拓宽社会成员终身学习通道。要改革监督管理机制，加大违规查处力度。要统筹规划，试点先行，分步实施，有序推进。

## 中国文联召开带头践行社会主义核心价值观座谈会

8 月 29 日，中国文联在北京召开文艺工作者带头践行社会主义核心价值观座谈会。

赵实、左中一、夏潮和各艺术门类的艺术家代表，全国文艺家协会和文联机关有关部室的负责同志参加座谈会。尚长荣宣读了《文艺工作者践行社会主义核心价值观倡议书》，与会艺术家在倡议书上签名。

## 中央国家机关践行社会主义核心价值观先进典型报告会暨第二届“创建文明机关 争做人民满意公务员”先进集体表彰大会召开

8 月 29 日，中央国家机关践行社会主义核心价值观先进典型首场报告会暨第二届“创建文明机关 争做人民满意公务员”先进集体表彰大会在北京召开。

全国人大常委会机关人民大会堂管理局、最高人民法院审判监督庭等 120 个“创建文明机关 争做人民满意公务员”活动先进集体受到表彰。近年来，中央国家机关围绕践行社会主义核心价值观这个主题，开展“创建文明机关 争做人民满意公务员”活动，在牢固树立执政为民意识、努力改进工作作风、保持清正廉洁等方面都取得了长足进步，涌现出一批具有时代特色和中央国家机关特点的先进集体和个人。

## 中共中央政治局进行第十七次集体学习

8 月 29 日，中共中央政治局就世界军事发展新趋势和推进我军军事创新进行第十七次集体学习，习近平主持学习并讲话。国防大学战略教研部肖天亮教授就这个问题进行讲解。

习近平指出，研究军事问题，首先要科学判断世界发展大势，准确把握世界军事发展新趋势。当前，国际形势正处在新的转折点上，各种战略力量加快分化组合，国际体系进入了加速演变和深刻调整的时期。这场军事领域发展变化，以信息化为核心，以军事战略、军事技术、作战思想、作战力量、组织体制和军事管理创新为基本内容，以重塑军事体系为主要目标，正在推动新军事革命深入发展，其速度之快、范围之广、程度之深、影响之大，为第二次世界大战结束以来所罕见。这场世界新军事革命是全方位、深层次的，覆盖了战争和军队建设全部领域，直接影响着国家的军事实力和综合国力，关乎战略主动权。这场新军事革命，不仅反映在军事科技突飞猛进上，也反映在军事理论不断创新上，还反映在军事制度深刻变革上。

面对世界新军事革命的严峻挑战和难得机遇，只有与时俱进、大力推进军事创新，才能尽快缩小差距、实现新的跨越。我军87年的发展史就是一部创新史。在马克思主义军事理论、中国革命战争和人民军队建设实践、中华传统兵法相结合的过程中，我们党靠不断创新，逐步形成了一整套建军治军的原则和制度，创造了人民战争的战略战术，形成了我军的特有优势。我们比以往任何时候都更加需要继承和发扬军事创新这个优良传统，努力建立起一整套适应信息化战争和履行使命要求的新的军事理论、体制编制、装备体系、战略战术、管理模式。军事创新任务繁重，需要做的工作很多，在加强总体筹划的同时，应该重点把握以下原则要求。一是要坚持强军目标、积极引领。二是要坚持解放思想、转变观念。三是要坚持抓住重点、整体推进。四是要坚持突出特色、自主创新。

我们的国防是全民的国防，推进国防和军队建设改革是全党全国人民的共同事业。要调动全党全国力量，齐心协力做好工作。要坚定不移走军民融合式创新之路，在更广范围、更高层次、更深程度上把军事创新体系纳入国家创新体系之中，实现两个体系相互兼容同步发展，使军事创新得到强力支持和持续推动。地方各级党委和政府在国防和军队建设改革中负有义不容辞的重要责任，都要以积极主动的精神支持军事创新，为推进国防和军队建设改革作出贡献。

## 新闻工作者践行社会主义核心价值观座谈会召开

8月30日，中国记协在北京召开新闻工作者践行社会主义核心价值观座谈会，翟惠生主持会议。来自人民日报、新华社、中央人民广播电台、中央电视台、浙江日报、人民网等中央和地方媒体代表参加座谈会。中国记协在座谈会上向全国新闻工作者发布《新闻工作者践行社会主义核心价值观倡议书》。

倡议书指出，社会主义核心价值观是凝聚和引领全体人民团结奋斗的精神旗帜，传播和践行社会主义核心价值观是新闻工作者光荣而神圣的使命。倡议书号召全国新闻工作者，学习好、宣传好、践行好社会主义核心价值观，做社会主义核心价值观建设的排头兵。

## 全国人大常委会决定将9月30日设立为烈士纪念日

8月31日，十二届全国人大常委会第十次会议经表决，通过了关于设立烈士纪念日的决定，以法律形式将9月30日设立为烈士纪念日，并规定每年9月30日国家举行纪念烈士活动。

决定指出，近代以来，为了争取民族独立和人民自由幸福，为了国家繁荣富强，无数的英雄献出了生命，烈士的功勋彪炳史册，烈士的精神永垂不朽。为了弘扬烈士精神，缅怀烈士功绩，培养公民的爱国主义、集体主义精神和社会主义道德风尚，培育和践行社会主义核心价值观，增强中华民族的凝聚力，激发实现中华民族伟大复兴中国梦的强大精神力量，十二届全国人大常委会第十次会议作出设立烈士纪念日的决定。

# 2014年9月

## 中央党校举行秋季学期开学典礼

9月1日，中共中央党校举行2014年秋季学期开学典礼，刘云山出席并讲话。

刘云山指出，"三严三实"是着眼解决当前作风方面突出问题提出来的，彰显了马克思主义执政党的政治品格，体现了党要管党、从严治党的基本要求，是世界观和方法论的有机统一、内在自律和外在约束的有机统一。每一位党员干部都应当自觉把"三严三实"作为修身做人的基本遵循，作为为官用权的警世箴言，作为干事创业的行为准则。做官先做人，做人必修身，党员干部修身做人就是做合格的共产党员，按照"三严三实"要求加强党性锻炼和自身修养。要把立德摆在首要位置，牢记入党誓言，铸牢理想信念这个主心骨；把实践作为砥砺品质的课堂，在完成急难险重任务、处理复杂矛盾问题中培养"三严三实"作风；把慎独慎微作为严格律己的操守，努力自觉改造主观世界。对各级领导干部来说，能否正确为官用权是最经常、最现实的考验。每一个党员领导干部在对待权力问题上，都要认识到手中的权力是人民赋予的，切实摆正自己的位置，正确处理个人同群众的关系、同组织的关系；对权力要有敬畏之心，始终保持战战兢兢、如临深渊、如履薄冰的谨慎，决不能把公共权力异化为牟取个人私利的工具。党员干部作为党和人民事业的骨干，在其位就谋其政、尽其责，就能干事、干成事。要树立正确事业观政绩观，切实解决好"为谁干事、怎么干事"和"追求什么政绩、如何追求政绩"的问题；树立敢于担当的精神，弘扬正气、坚守正道，坚决纠正只当官不干事、只揽权不担责的现象。

## 中央社会主义学院举行秋季开学典礼

9月1日，中央社会主义学院2014年秋季开学典礼在北京举行，严隽琪出席典礼并讲话，叶小文主持。

严隽琪强调，民主党派要深入学习贯彻习近平总书记系列重要讲话精神，领会思想精髓，凝聚政治共识，提高履职能力，投身全面深化改革事业。要以改进作风为突破口，全面加强民主党派自身建设。

## 国家行政学院举行秋季开学典礼

9月2日，国家行政学院2014年秋季开学典礼暨省部级领导干部社会事业改革创新专题研讨班开班式在北京举行，杨晶出席并讲话。

杨晶指出，社会建设是中国特色社会主义建设的重要组成部分。大力推进社会建设，是全面建成小康社会的客观要求，是推动经济提质增效升级的有力支撑，是推进国家治理体系和治理能力现代化的必然要求。他强调，要按照党的十八届三中全会对推进社会事业改革创新、创新社会治理体制作出的战略部署，深刻把握新时期加强社会建设的新思路、新要求。要坚持底线思维，保障基本民生；依靠市场机制，调动各方力量参与；创新社会治理，促进社会和谐有序；维护公平正义，使发展成果更多更好惠及全体人民；强化法治意识，推进社会建设领域依法行政。要注意处理好各方面的关系，为社会建设提供有力保障。

## 科技界践行社会主义核心价值观座谈会召开

9月2日，中国科协在北京举办"科技界践

行社会主义核心价值观”座谈会，围绕科技界如何践行社会主义核心价值观展开讨论，尚勇出席并讲话。

中国科学院院士欧阳自远、王乃彦、刘嘉麒，中国工程院院士刘德培，原中国科协副主席刘恕，北京大学教授饶毅等科技界代表联系科技工作实际和日常生活，从不同侧面就如何学习好、宣传好、践行好社会主义核心价值观，谈了自己的体会和意见。

## 纪念中国人民抗日战争暨世界反法西斯战争胜利69周年座谈会召开

9月3日，中共中央、国务院、中央军委在人民大会堂举行座谈会，纪念中国人民抗日战争暨世界反法西斯战争胜利69周年，习近平出席并讲话。李克强出席座谈会，刘云山主持座谈会。

习近平指出，69年前的今天，中国人民经过艰苦卓绝的浴血奋战，打败了穷凶极恶的日本军国主义侵略者，赢得了近代以来中国反抗外敌入侵的第一次完全胜利。中国人民抗日战争的伟大胜利，为中华民族由近代以来陷入深重危机走向伟大复兴确立了历史转折点。这一伟大胜利，将永载中华民族史册，永载人类和平史册。习近平代表中共中央、国务院、中央军委，向全国参加过抗日战争的老战士、爱国人士和抗日将领，向为中国人民抗日战争胜利建立了历史功勋的海内外中华儿女致以崇高的敬意，向支援和帮助过中国人民抗日战争的外国政府和国际友人，表示衷心的感谢。

习近平指出，中华民族是一个有着5000多年文明史的伟大民族，为人类文明进步作出了不可磨灭的贡献。进入近代以后，由于列强的入侵和封建统治的腐败，中国落伍了，一步步成为半殖民地半封建社会。特别是由于日本军国主义的野蛮入侵，中华民族濒临亡国灭种的境地。日本军国主义的野蛮侵略，激起中国人民的奋勇抵抗。九一八事变成为中国人民抗日战争的起点，并揭开了世界反法西斯战争的序幕。七七事变成为中国全民族抗战的开端，由此开辟了世界反法西斯战争的东方主战场。在中国共产党倡导建立的以国共合作为基础的抗日民族统一战线旗帜下，全国人民义无反顾投身到抗击日本侵略者的洪流之中。经过长达8年的全国抗战，中国人民打败了日本侵略者，宣告了日本军国主义的彻底失败，宣告了中国人民抗日战争和世界反法西斯战争的最后胜利。

中国政府和人民将一如既往致力于发展中日关系，愿意在中日四个政治文件的基础上推动中日关系长期稳定健康发展。正确对待和深刻反省日本军国主义的侵略历史，是建立和发展中日关系的重要政治基础。近代以后日本军国主义发动的侵略战争给中国人民及广大亚洲国家人民带来了惨绝人寰灾难。这些都是铁的事实，是不容否认的，也是否认不了的。日本方面应该本着对历史、对人民、对未来负责的态度，从维护中日友好、维护亚洲地区稳定与发展的大局出发，以慎重态度严肃对待和妥善处理历史问题，认真记取历史教训，坚持走和平发展道路。

## 纪念中国人民抗日战争暨世界反法西斯战争胜利69周年首都各界向抗战烈士敬献花篮

9月3日，是中国人民抗日战争暨世界反法西斯战争胜利69周年纪念日，党和国家领导人习近平、李克强、张德江、俞正声、刘云山、王岐山、张高丽等来到中国人民抗日战争纪念馆，与首都各界代表一起，向抗战烈士敬献花篮。

中共中央、全国人大常委会、国务院、全国政协、中央军委和抗战老战士老同志、首都各界群众分别敬献的7个花篮一字排开，摆放在纪念馆前平台上。花篮的红色缎带上写着“在中国人民抗日战争中英勇牺牲的烈士们永垂不朽”。

纪念仪式后，习近平等党和国家领导人和各界代表走进展厅，参观《伟大贡献——中国与世界反法西斯战争》专题展览。展览通过150余件套文物、200余幅照片和视频资料，全面展现了中国人民为世界反法西斯战争胜利作出的不可磨灭的贡献。

## 中国出版协会召开践行社会主义核心价值观座谈会

9月4日，中国出版协会在北京召开出版工作者践行社会主义核心价值观座谈会。来自中央宣传部、国家新闻出版广电总局、中国出版协会、韬奋基金会以及部分出版单位代表出席会议。柳斌杰主持会议，在会上发布《出版工作者践行社会主义核心价值观倡议书》。

倡议书号召全国出版工作者高扬社会主义核心价值观的精神旗帜，努力做好社会主义核心价值观的践行者、推动者、引领者。

## 庆祝全国人民代表大会成立60周年大会举行

9月5日，中共中央、全国人大常委会在人民大会堂隆重举行庆祝全国人民代表大会成立60周年大会，习近平出席并讲话。李克强、俞正声、刘云山、王岐山、张高丽出席，张德江主持大会。

习近平指出，在中国实行人民代表大会制度，是中国人民在人类政治制度史上的伟大创造，是深刻总结近代以后中国政治生活惨痛教训得出的基本结论，是中国社会100多年激越变革、激荡发展的历史结果，是中国人民翻身作主、掌握自己命运的必然选择。人民代表大会制度是中国特色社会主义制度的重要组成部分，也是支撑中国国家治理体系和治理能力的根本政治制度。新形势下，我们要高举人民民主的旗帜，毫不动摇坚持人民代表大会制度，也要与时俱进完善人民代表大会制度，坚定不移走中国特色社会主义政治发展道路，继续推进社会主义民主政治建设、发展社会主义政治文明。中国特色社会主义政治制度之所以行得通、有生命力、有效率，就是因为它是从中国的社会土壤中生长起来的。中国特色社会主义政治制度过去和现在一直生长在中国的社会土壤之中，未来要继续茁壮成长，也必须深深扎根于中国的社会土壤。

## 中央党的群众路线教育实践活动领导小组印发《关于认真学习贯彻习近平总书记在听取兰考县委和河南省委党的群众路线教育实践活动情况汇报时重要讲话精神的通知》

新华网9月5日报道，中央党的群众路线教育实践活动领导小组近日印发《关于认真学习贯彻习近平总书记在听取兰考县委和河南省委党的群众路线教育实践活动情况汇报时重要讲话精神的通知》，要求各级党委（党组）认真学习贯彻习近平总书记重要讲话精神，集中精力抓好教育实践活动收尾工作，防止前紧后松、防止矛盾积压、防止简单粗糙、防止短期效应，确保活动取得人民满意的成效。

## 肖颖彬同志先进事迹报告会举行

9月5日，第三军医大学第二附属医院心血管外科主任肖颖彬同志先进事迹报告会在北京人民大会堂举行，刘延东接见报告团成员并讲话。

刘延东说，肖颖彬同志对医术精益求精，对事业高度负责，对患者关怀备至，谱写了新时期人民军医为人民的动人乐章，为构建和谐医患关系树立了榜样，是军队卫生系统又一名医德高尚、医术高超的好医生，是广大医务工作者学习的楷模。要大力宣传学习肖颖彬同志的先进事迹，引导广大卫生计生工作者把爱岗敬业、乐于奉献作为精神追求，弘扬刻苦钻研突破医学难关的进取意识、心系患者勇于担当的职业精神、立足本职践行为民宗旨的高尚情怀，想患者所想，急患者所急，用良好医德医术赢得患者的尊敬和信赖，为办好人民满意的卫生计生事业贡献力量。

## 《核心价值观童谣100首》出版使用座谈会召开

9月5日，中宣部宣教局、中央文明办三

局、教育部基础教育一司、团中央少年部联合在京召开《核心价值观童谣100首》出版使用座谈会。

围绕社会主义核心价值观24字要求，在7000多首童谣中精选，全国少工委主编、中国少年儿童新闻出版总社编辑出版了《核心价值观童谣100首》。

## 庆祝第三十个教师节暨全国教育系统先进集体和先进个人表彰大会举行

9月9日，庆祝第三十个教师节暨全国教育系统先进集体和先进个人表彰大会在北京举行。习近平在人民大会堂亲切会见受表彰代表，代表党中央、国务院，向受到表彰的先进集体和先进个人表示热烈祝贺，向全国广大教师和教育工作者致以节日的问候。李克强、刘云山、张高丽参加会见。会上，人力资源和社会保障部、教育部联合表彰了500个“全国教育系统先进集体”，797名“全国模范教师”和“全国教育系统先进工作者”。教育部表彰了1998名“全国优秀教师”和“全国优秀教育工作者”，授予1320项“2014年国家级教学成果奖”。此前，教育部等还推选了10位“全国教书育人楷模”。

刘延东讲话说，教师节设立30年来，尊师重教的社会氛围日益浓厚，广大教师为学生成才、教育发展和现代化建设作出了重要贡献。希望广大教师认真学习贯彻习近平总书记关于高度重视教育、切实加强教师队伍建设的重要讲话精神，肩负教书育人的光荣使命，为人师表、爱岗敬业，关爱学生、勇于创新。各地各有关部门要高度重视教师队伍建设，吸引和鼓励优秀人才长期从教、终身从教，激发广大教师的积极性主动性创造性。

## 中国浦东井冈山延安干部学院举行秋季开学典礼

9月10日，中国浦东、井冈山、延安干部学院举行秋季开学典礼，赵乐际出席并讲话。

赵乐际指出，营造良好从政环境，是我们党实现历史使命的必然要求、实现自我净化的应有之义、引领社会风尚的客观需要。领导干部要把自己摆进去，增强问题意识，明白坚持什么、反对什么、改进什么。要坚定正确的政治方向，在制度自信、重大理论和实践问题、贯彻执行中央决策部署、践行为民宗旨上始终坚定不移。要涵养高尚的道德情操，以检身正己修德，以见贤思齐立德，以良好心态践德。要保持奋发有为的精神状态，把真干作为本分，把实干作为责任，把苦干作为追求。要具有高度自觉的责任担当，敢于担责、敢于亮剑、敢于改革、敢于抵制违反组织人事纪律的行为。要恪守清正廉洁的为政本色，正确对待权力、名利、人情和家庭。要立明规则、硬规则，破潜规则、陋规则，健全营造良好从政环境的制度体系，防范和查处不良从政行为。

## 《关于加强战斗精神培育的意见》印发

新华社9月11日报道，经中央军委主席习近平批准，解放军总政治部日前印发《关于加强战斗精神培育的意见》。《意见》就贯彻落实习主席指示要求，深入推进战斗精神培育，建立战斗精神培育长效机制，作出部署安排。

《意见》指出，战斗精神培育，是战斗力建设的重要内容，是锻造能打胜仗部队的基础工作和永恒课题。我军的战斗精神集中体现为“一不怕苦、二不怕死”，这是我军宝贵的精神财富和克敌制胜的重要法宝，无论什么时候决不能丢。新形势下加强战斗精神培育，就是要教育引导官兵继承发扬我军大无畏的英雄气概和英勇顽强的战斗作风，强化信息化条件下不畏强敌、敢打必胜的信心勇气，树牢随时准备打仗的思想和枕戈待旦的战备意识，确保部队召之即来、来之能战、战之必胜。各级要充分认清加强战斗精神培育的重要性紧迫性，切实作为强军兴军、备战打赢的战略举措，紧贴实战抓强训，加强规范促经常，确保战斗精神培育持续深入、富有实效。

各级党委要把抓好战斗精神培育作为重要职责，列入议训议教内容，统筹各方力量，解决矛盾问题，确保培育工作有力有效落实。机关各部门要结合职能任务细化落实措施，政治部门要发挥牵头协调作用，其他部门要积极配合、密切协作，形成齐抓共管的培育工作格局。要加强分类指导，坚持循序渐进，既有长远目标又有阶段性要求，既有总体性安排又有针对性举措，务求取得实效。要坚持从新兵、新学员和国防生抓起，突出抓好领导干部和一线带兵人的战斗精神培育。要加强对战斗精神培育新情况新问题的研究，注重运用新技术新手段拓宽培育方法路子，充分发挥信息网络的助推作用，努力增强培育工作的时代感实效性。

## 培育和践行社会主义核心价值观工作经验交流会召开

9月12日至13日，培育和践行社会主义核心价值观工作经验交流会在北京召开，刘云山出席并讲话。

刘云山指出，价值观自信是保持民族精神独立性的重要支撑，自信才有执着的坚守和自觉的践行。我们的价值观自信来自于马克思主义的正确指引，来自于中华优秀传统文化的丰厚滋养，来自于中国特色社会主义的成功实践，来自于对人类文明优秀成果的吸收借鉴。要始终高扬社会主义核心价值观旗帜，充分展现核心价值观的道义力量、真理力量，强化核心价值观的导向作用、引领作用，更好地凝聚实现中国梦的强大力量。

刘奇葆在总结时强调，要认真贯彻《关于培育和践行社会主义核心价值观的意见》，抓好贯穿结合融入，努力实现工作全领域覆盖、全方位推进。要在工作内容、领域、载体上抓好贯穿结合融入，广泛开展主题教育，大力培育传承优良家风、校训、企业精神和乡贤文化，切实抓好党员干部“三严三实”教育，打造培育践行核心价值观工作载体，综合运用舆论宣传、理论阐释、文化传播、社会宣传、政策法规制度等，把核心价值观建设各项任务落到实处。要在工作对象上抓好贯穿结合融入，着力抓好党员干部、公众人物、青少年、先进模范等重点人群，发挥他们的影响和带动作用，推动社会主义核心价值观建设取得新的更大成效。

## 第十三届精神文明建设“五个一工程”表彰座谈会召开

9月13日，第十三届精神文明建设“五个一工程”表彰座谈会在北京召开，揭晓本届“五个一工程”评选结果，刘奇葆出席并讲话。《中国合伙人》《周恩来的四个昼夜》等27部电影，《毛泽东》《历史转折中的邓小平》等30部电视剧，《焦裕禄》等33部戏剧，《重整河山待后生》等22部广播剧，《我们的中国梦》等31首歌曲，《兴国之魂——社会主义核心价值体系释讲》等28部图书等脱颖而出，共186部作品获得“优秀作品奖”，浙江省委宣传部、云南省委宣传部等25个单位获得“组织工作奖”。

刘奇葆说，要始终坚持以人民为中心的创作导向，把人民作为表现主体和服务对象，双脚踩在大地上、自觉走进群众中，更加自觉主动地写人民演人民。要坚持以社会主义核心价值观为引领，聚焦实现中国梦的时代主题，坚守中华文化立场，文以载道、以文化人，传递向上向善的正能量。要坚持思想性艺术性观赏性相统一，提倡题材多样化，既大中取材又小中见大，抓住好的创意精雕细刻、深入发掘，提高原创能力，创作经得起历史和实践检验的精品力作。要弘扬真善美，贬斥假恶丑，始终把社会效益放在首位，自觉抵制低俗之风。要加强文艺创作生产的组织引导，健全科学合理的评价标准，发挥“五个一工程”的龙头作用，多出精品、多出人才，推动文艺事业繁荣发展。

## 全国外宣工作会议召开

9月14日，全国外宣工作会议在北京召开，刘奇葆出席并讲话。

刘奇葆说，要深化中国梦对外宣传，传播当

代中国价值观念，阐释我坚持和平发展、促进共同发展的理念，着力扩大认知、增进理解。要大力宣传我国经济发展成就和对世界经济发展的重要贡献，介绍我国民主政治、社会进步、民生改善、民族团结和科技创新，讲述中国人、中国家庭的精彩故事，引导国际社会全面客观认识当代中国。要大力推介中华优秀传统文化和当代文化创新成果，展示中华文化独特魅力。要坚持国家站位、全球视野，加强国际传播能力和对外话语体系建设，强化数字传播能力，打造报道中国的权威媒体，加强重大主题对外宣传，创新方式方法，增强对外宣传工作的针对性实效性权威性。要树立大宣传工作理念，整合力量资源，切实推动内宣外宣一体化发展。

## 庆祝全国人民代表大会成立60周年理论研讨会召开

9月15日，庆祝全国人民代表大会成立60周年理论研讨会在北京举行。张德江出席并讲话，李建国主持会议。

张德江指出，人民代表大会制度始终同党和人民进行的艰苦奋斗和作出的不懈探索紧密联系在一起，始终同党和人民创造的辉煌成就和形成的重要经验紧密联系在一起，具有强大的生命力和巨大的优越性，发挥了极为重要的制度功效。面向未来，在坚持和发展中国特色社会主义、实现中华民族伟大复兴的中国梦的历史新征程中，我们必须坚定人民代表大会制度自信，增强政治定力，走好自己的路，把国家根本政治制度坚持好、完善好、发展好。实行人民代表大会制度的重要经验：一是坚持党的领导，切实保证党领导人民有效治理国家；二是坚持人民主体地位，支持和保证人民通过人民代表大会行使国家权力；三是坚持实现民族振兴的历史使命，集中力量进行社会主义现代化建设；四是坚持依法治国，建设社会主义法治国家；五是坚持从国情和实际出发，推动人民代表大会制度完善发展；六是坚持民主集中制，充分发挥人民代表大会制度的特点和优势。他强调，这六条重要经验，也是我们面向未来推进人大制度和人大工作完善发展所遵循的重要原则，必须在新的实践中长期坚持并不断丰富和完善。

张德江说，习近平总书记的重要讲话为我们指引了前进方向、提出了明确要求，是我们做好新形势下人大工作的基本遵循和行动纲领。我们要切实增强政治责任感和历史使命感，坚定坚持党的领导、人民当家作主、依法治国有机统一，紧紧围绕党和国家工作大局依法行使职权，按照总结、继承、完善、提高的原则，不断推动人大工作完善发展。

## 党的群众路线教育实践活动理论研讨会召开

9月15日，党的群众路线教育实践活动理论研讨会在北京召开，刘云山出席并讲话。刘奇葆、赵洪祝出席会议，赵乐际主持会议。

刘云山指出，这次党的群众路线教育实践活动紧紧围绕为民务实清廉的主题，认真贯彻"照镜子、正衣冠、洗洗澡、治治病"的总要求，针对形式主义、官僚主义、享乐主义和奢靡之风，开展严肃批评和自我批评，进行突出问题专项整治，坚决扫除作风之弊、行为之垢，有力促进了党风政风好转，取得了重要的实践成果、制度成果、理论成果。实践表明，党的群众路线是永不褪色的生命线和永不过时的传家宝，必须坚持不懈贯彻到党治国理政全部实践之中。贯彻党的群众路线是一个从认识到实践不断深化的过程，要牢牢把握世界观人生观价值观这个总开关，从思想源头解决问题，自觉改造主观世界，牢固树立马克思主义群众观点；牢牢把握作风建设这个重要突破口，始终扭住"四风"，以抓铁有痕、踏石留印的劲头持之以恒抓作风改作风；牢牢把握实现好维护好发展好最广大人民根本利益这个出发点和落脚点，着力解决群众反映强烈的突出问题，让群众多受益、让群众真满意；牢牢把握党员领导干部这个关键，按照"三严三实"要求加强教育、管理和监督，发挥领导干部示范作用,推动形成风清气正的良好政治生态;牢牢把握制度机制这个重要保障,坚持标本兼治,落实各级党委领导责任和主体责任,对违反制度规定的做到零容忍;牢牢把握推动党和国家事业发展这个目的,强化党员干部的责任担当,更好凝聚促进改革发展稳定的强大力量。

总结阐释好这次教育实践活动成功经验是理论工作者的重要责任,要弘扬理论联系实际的学风,善于从基层的探索创新中获得启发,对鲜活的实践经验作出理论概括,加强对党的群众路线基本内涵、实践要求和实现途径的研究阐释,为深入贯彻党的群众路线提供有力的理论支撑。

## 青年文明号开展20周年交流展示活动举办

9月16日,青年文明号开展20周年交流展示活动在北京举办。青年文明号是在基层一线岗位开展的青年职业文明创建活动,20年来全国30多个行业30余万个青年集体积极参加,涌现出先进集体1.3万个。

李源潮出席交流展示活动并讲话,充分肯定青年文明号活动20年来取得的成绩,希望积极推广、持之以恒,使青年文明号成为广大青年追求职业理想的标兵、争创最优岗位的标兵、践行职业道德的标兵、积极服务社会的标兵,为实现中华民族伟大复兴的中国梦作出更大贡献。

## 2014年首都高校科学道德和学风建设宣讲教育报告会举行

9月16日,2014年首都高校科学道德和学风建设宣讲教育报告会在北京举行,邀请著名建筑学家吴良镛院士、著名基础数学家杨乐院士和固体力学家杨卫院士作精彩报告。韩启德出席报告会并讲话。

韩启德指出,开展科学道德和学风建设宣讲教育工作,对于培养造就大批德才兼备的一流人才,营造执着攀登科学新高峰的科研环境具有重要意义。

## 中央党的群众路线教育实践活动领导小组召开会议

9月20日,中央党的群众路线教育实践活动领导小组召开会议,刘云山主持并讲话。赵乐际、赵洪祝出席会议。

刘云山指出,在全党深入开展党的群众路线教育实践活动是坚持党要管党、从严治党的一次生动实践。教育实践活动开展以来,作风建设扎实推进、成效显著,取得了重要的实践成果、制度成果、理论成果,形式主义、官僚主义、享乐主义和奢靡之风得到遏制,贯彻群众路线、改进党的作风长效机制和刚性约束初步形成,党的创造力、凝聚力、战斗力进一步增强。同时要看到,用达到作风建设的理想状态来衡量还有差距,一定要坚定信心、保持清醒,不断把作风建设引向深入。

现在人们最担心的是不良作风反弹,最盼望的是把改进作风的好态势坚持下去。要树立常态化长效化的思想意识,坚持不懈开展作风教育,坚持不懈严格党内政治生活,坚持不懈强化宗旨意识。要健全常态化长效化的工作措施,把教育实践活动中的有效措施办法固化下来,融入党的建设经常性工作之中。党委管党建义不容辞,党委抓作风责无旁贷。要强化各级党委抓党建强作风的主体责任,充分发挥各级领导干部的示范带动作用,推动形成风清气正的良好政治生态。教育实践活动到了盘点交账的关键时刻,要发扬钉钉子精神,带着高度责任深化整改工作,言而有信落实整改任务,努力取得更多实实在在的成果。要对整改任务进行一次全面梳理,明确了整改期限的要坚决如期完成,需要较长时间解决的问题要持续抓住不放,不达目的不罢休。

## 中国人民政治协商会议成立65周年大会举行

9月21日,中共中央、全国政协在全国政

协礼堂隆重举行庆祝中国人民政治协商会议成立65周年大会，习近平出席并讲话。李克强、张德江、刘云山、王岐山出席会议，俞正声主持大会。

习近平指出，回顾人民政协65年的发展历程，我们更加深刻地认识到，人民政协植根于中国历史文化，产生于近代以后中国人民革命的伟大斗争，发展于中国特色社会主义光辉实践，具有鲜明中国特色，是实现国家富强、民族振兴、人民幸福的重要力量。我们有充分的理由相信，人民政协创造了辉煌的历史，也必将创造更加辉煌的未来！

人民政协是人民民主的重要形式。人民政协要适应推进国家治理体系和治理能力现代化的要求，坚持改革创新精神，推进人民政协理论创新、制度创新、工作创新，丰富民主形式，畅通民主渠道，有效组织各党派、各团体、各民族、各阶层、各界人士共商国是，推动实现广泛有效的人民民主。社会主义协商民主，是中国社会主义民主政治的特有形式和独特优势，是中国共产党的群众路线在政治领域的重要体现。实行人民民主，保证人民当家作主，要求我们在治国理政时在人民内部各方面进行广泛商量。在中国社会主义制度下，有事好商量，众人的事情由众人商量，找到全社会意愿和要求的最大公约数，是人民民主的真谛。我们要坚持有事多商量，遇事多商量，做事多商量，商量得越多越深入越好，推进社会主义协商民主广泛多层制度化发展。

## 2014·海峡两岸中华传统文化与现代化研讨会举行

9月21日，由中国民主促进会中央委员会、河南省人民政府主办的2014·海峡两岸中华传统文化与现代化研讨会在河南新乡举行，来自海峡两岸的80余位文化教育界专家学者以“现代化进程中中华优秀传统文化的继承与发展”为主题，深入研讨。

严隽琪在闭幕式上指出，中华传统文化是中华民族生生不息的根本，也是中华儿女共同的精神家园。如何使中国传统文化中的精华与现今的时代相融合，是重大的理论和实践问题，海峡两岸有许多可以相互学习、相互合作之处，可以一起去实现中华文化的新发展和新超越，为世界文化做出新的贡献。

## 全军参谋长会议召开

9月21日，全军参谋长会议在北京召开。这次会议是专题研究新形势下司令机关建设的一次重要会议，是在新的历史起点上推进司令机关建设的深入动员和战略部署。会议的主要内容是深入学习贯彻习主席重要指示和中央军委部署要求，围绕实现党在新形势下的强军目标，深入研究信息化条件下司令机关建设问题，讨论修订司令部建设有关法规，就加强新型司令机关建设作出部署。

22日习近平接见会议代表，代表党中央、中央军委向会议代表、受表彰的全军优秀参谋人才和参演部队表示诚挚问候。他指出，司令部门作为军队的指挥中枢，在推进军事建设和军事斗争准备中肩负着重要职责。近年来，全军各级司令部门认真贯彻党中央、中央军委决策指示，精心筹划组织军事建设和军事行动，有效完成了各项重大任务，自身建设也取得显著进步。要强化号令意识，坚定理想信念，对党绝对忠诚，坚决听从指挥，确保政令军令畅通，确保党中央、中央军委决策指示有效贯彻落实。要强化善谋打仗，树立战斗力标准，培育战斗精神，不断提高训练实战化水平，着力解决战斗力建设中的突出问题，一门心思谋打仗、聚精会神抓准备。认真分析国际战略格局和国内安全形势，认真研究世界新军事革命态势，争当学习型参谋。要强化作风建设，巩固党的群众路线教育实践活动成果，扎扎实实做好各项整改工作，严格整肃军纪，加强教育管理，促进部队全面建设向更高水平发展。要强化改革创新，自觉解放思想、转变观念，服从服务于改革大局，自觉拥护改革、支持改革、投身改革，在深化国防和军队改革中身体力行，交出合格答卷。

## 庆祝人民政协成立65周年理论研讨会举行

9月22日，庆祝人民政协成立65周年理论研讨会在北京举行，俞正声出席并讲话。会前俞正声接见中国人民政协理论研究会新一届组成人员并合影。研讨会上，全国政协副主席、农工党中央常务副主席刘晓峰，中央社会主义学院党组书记、第一副院长叶小文，浙江省政协主席乔传秀，全国政协办公厅研究室主任刘佳义，中共中央党校原副校长李君如，中国人民大学教授周淑真围绕“人民政协与中国协商民主”主题发言。

俞正声指出，习近平总书记在庆祝人民政协成立65周年大会上的重要讲话，全面回顾人民政协光辉历程，深刻总结65年来人民政协工作的宝贵经验，明确提出进一步做好人民政协工作的具体要求，深刻阐述了社会主义协商民主的重大战略思想。这是中共十八大以来，习近平总书记就人民政协工作作出的一次全面系统阐述，具有很强的理论性、实践性、指导性，是推进人民政协事业发展的根本遵循，是发展社会主义民主政治的重要文献。我们要全面认识社会主义协商民主是中国特色民主政治的特有形式和独特优势这一重大判断，深刻把握社会主义协商民主是中国共产党的群众路线在政治领域的重要体现这一基本定性，切实落实推进协商民主广泛多层制度化发展这一战略任务。各级政协组织和广大政协委员要深入学习贯彻习近平总书记重要讲话精神，将学习作为改进提高政协工作的重要契机和强大武器，用讲话精神切实指导实践，推动工作。

## 第五届全国杰出专业技术人才表彰大会举行

9月22日，第五届全国杰出专业技术人才表彰大会在北京举行。刘云山会见与会代表并讲话。中央组织部、中央宣传部、人力资源社会保障部、科技部联合表彰了99名全国杰出专业技术人才和96个专业技术人才先进集体。

刘云山指出，我国改革开放30多年来发生翻天覆地变化，经济社会持续快速发展，很重要的是与科技事业进步分不开，与广大专业技术人才潜心研究、作出贡献分不开，今天受到表彰的99名先进个人和96个先进集体就是其中优秀代表。希望受到表彰的同志珍惜党和人民给予的荣誉，再接再厉，更好发挥表率作用。广大专业技术人员要以杰出专业技术人才为榜样，认清肩负使命，增强责任担当，做科学精神的弘扬者、科技创新的引领者、先进生产力的开拓者、社会主义核心价值观的践行者，为实现国家富强、民族振兴、人民幸福贡献聪明才智。各级党委、政府要认真贯彻党的十八大和十八届三中全会精神，深入推进科技体制和人才体制改革创新，充分调动各类专业技术人才的积极性主动性创造性。各有关部门要充分发挥职能作用，更好地团结人才、关心人才、服务人才，把各类专业技术人才集聚到党和国家事业中来。

## 中央党校新疆民族干部培训班创办60周年座谈会召开

9月23日，中央党校新疆民族干部培训班创办60周年座谈会在北京召开，刘云山出席并讲话。培训班自1954年9月创办以来，先后举办高中级干部轮训班、理论宣传干部班、中青年干部培训班等共82期，培训学员3885人次，为推动新疆经济社会发展、促进民族团结、维护社会稳定发挥了重要作用。

刘云山指出，党的十八大以来，以习近平同志为总书记的党中央坚持从战略和全局高度审视谋划新疆工作，召开第二次新疆工作座谈会，明确提出做好新形势下新疆工作的指导思想、基本原则、目标任务和重要保障，为维护新疆社会稳定和实现长治久安提供了基本遵循。新形势下新疆工作大政方针确定后，干部就成为决定性因素。维护新疆社会稳定和实现长治久安，推动新疆更好更快发展，建设一支高素质干部队伍成为整个新疆工作的关键环节和紧迫任务。

做好新疆民族干部培训工作，要紧紧围绕维护新疆社会稳定和实现长治久安的总目标不断推进，更好服务新疆工作大局。要始终贯穿政治强、能力强、作风强的基本要求，着力抓好政治素质培养，加强理想信念教育，加强社会主义核心价值观教育，加强正确祖国观、民族观、宗教观教育，增强对伟大祖国的认同、对中华民族的认同、对中华文化的认同、对中国特色社会主义道路的认同；着力抓好能力培训，不断提升促改革谋发展惠民生的能力、做好群众工作的能力、驾驭复杂局面的能力；着力抓好作风培育，认真落实“三严三实”要求，进一步强化党性观念、宗旨意识，强化政治纪律、组织纪律，强化奉献精神、担当精神，努力锻造为民务实清廉的过硬作风。要认真总结新疆民族干部培训班60年办学经验，把握干部成长规律，加强师资队伍建设，改进创新教学培训方式，突出特色、发挥优势，不断提高培训质量和水平。

## 纪念孔子诞辰2565周年国际学术研讨会暨国际儒学联合会第五届会员大会开幕

9月24日，纪念孔子诞辰2565周年国际学术研讨会暨国际儒学联合会第五届会员大会在人民大会堂举行开幕会，习近平出席并讲话。

习近平指出，这次会议以“儒学：世界和平与发展”为主题，体现了关注世界前途、人类命运的人文情怀，是一个很有现实意义的题目。世界各国人民都希望生活在祥和的氛围之中，期盼战争、暴力远离人类。世界各国人民也都希望生活在安康的环境之中，期盼饥饿、贫困远离人类。然而，现实世界并不像人们希望的那么美好，连绵战火、极度贫困依然在威胁着众多人们的生命和生存，特别是许多妇女儿童依然在战争和贫困的阴影下苦苦挣扎。维护世界和平，促进共同发展，需要多管齐下、多方共济，其中很重要的一个方面就是要从思想上确立和平发展的理念。中华民族历来是一个爱好和平的民族，爱好和平的思想深深嵌入了中华民族的精神世界，今天依然是中国处理国际关系的基本理念。

今年是孔子诞辰2565周年。孔子创立的儒家学说以及在此基础上发展起来的儒家思想，对中华文明产生了深刻影响，是中国传统文化的重要组成部分。儒家思想同中华民族形成和发展过程中所产生的其他思想文化一道，记载了中华民族自古以来在建设家园的奋斗中开展的精神活动、进行的理性思维、创造的文化成果，反映了中华民族的精神追求，是中华民族生生不息、发展壮大的重要滋养。中华文明，不仅对中国发展产生了深刻影响，而且对人类文明进步作出了重大贡献。当今世界，人类文明无论在物质还是精神方面都取得了巨大进步，特别是物质的极大丰富是古代世界完全不能想象的。同时，当代人类也面临着许多突出的难题。要解决这些难题，不仅需要运用人类今天发现和发展的智慧和力量，而且需要运用人类历史上积累和储存的智慧和力量。正确对待不同国家和民族的文明，正确对待传统文化和现实文化，是我们必须把握好的一个重大课题。我们应该注重坚持以下原则。一是要维护世界文明多样性。二是要尊重各国各民族文明。三是要正确进行文明学习借鉴。四是要科学对待文化传统。在21世纪的今天，几千年来人类积累的一切理性知识和实践知识依然是人类创造性前进的重要基础。只有不断发掘和利用人类创造的一切优秀思想文化和丰富知识，我们才能更好认识世界、认识社会、认识自己，才能更好开创人类社会的未来。

## 中直机关深入学习贯彻习近平总书记关于“五个坚持”重要讲话精神报告会召开

9月24日，中直工委召开中直机关深入学习贯彻习近平总书记关于“五个坚持”重要讲话精神报告会。

会议要求，中直机关各级党组织要采取有力措施，进一步把学习贯彻总书记重要讲话精神引向深入，自觉做“五个坚持”的忠实践行者和模范贯彻者。深入学习贯彻总书记重要讲话精神，必须强化党性原则，始终做到对党绝对忠诚，把牢政治方向，坚定理想信念，严守党的纪律，始终强化党的意识、党员意识、政治意识和纪律意识，始终在思想上政治上行动上同以习近平同志为总书记的党中央保持高度一致。必须坚定思想自觉，始终做到服从服务大局，切实做到中央的指示就是工作方向，中央的需要就是工作重心，中央的要求就是工作任务，中央的满意就是工作标准。必须弘扬优良作风，始终做到对党极端负责，以求真务实的工作态度，勇于负责的担当精神，紧抓快办的执行力，高标准、高质量、高效率做好各项工作，确保每一项工作都能落到实处。必须坚守精神高地，始终做到无怨无悔奉献，自觉弘扬绿叶精神，注重关心干部职工，凝聚形成做好中直机关工作的强大动力和整体合力。必须注重廉洁自律，始终做到重品行守规矩，把好思想道德关口，筑牢自省自律防线，强化自我修炼、自我约束、自我塑造，做到慎独、慎初、慎微、慎交友。

## 《十八大以来重要文献选编》(上册)出版

新华社9月25日报道，中共中央文献研究室编辑的《十八大以来重要文献选编》(上册)，日前由中央文献出版社出版，并在全国发行。

本书收入自2012年11月党的十八大至2014年3月十二届全国人大二次会议这段时间内的重要文献，共70篇，约55万字。其中，中共中央、全国人大、国务院、中央军委作出的决议、决定等25篇，中央领导同志的报告、讲话等45篇。有17篇重要文献是第一次公开发表。本书的出版，为全党深入学习习近平总书记系列重要讲话精神，掌握我们党理论创新的最新成果提供了基本教材，对于进一步统一思想、振奋精神，为实现“两个一百年”奋斗目标和中华民族伟大复兴的中国梦而奋斗，努力开创中国特色社会主义事业新局面，具有重要意义。

## 中办印发《关于加强乡镇干部队伍建设的若干意见》

新华网9月25日报道，中央办公厅近日印发《关于加强乡镇干部队伍建设的若干意见》。

乡镇是我国最基层的政权组织，是我们党执政的基础层级。乡镇干部是党在农村基层的执政骨干、联系群众的桥梁和纽带。长期以来，广大乡镇干部扎根基层、艰苦奋斗、默默奉献、为民造福，作出了重要贡献。各地区各部门要认真贯彻落实中央重视基层、关心基层、支持基层的要求，努力建设一支数量充足、结构合理、素质优良、作风扎实、精干高效、适应农村工作需要的乡镇干部队伍。要拓宽来源渠道、改善乡镇干部队伍结构。要加强培养锻炼、提高乡镇干部能力素质。要严格管理监督、促进乡镇干部履职尽责。要强化激励保障、激发乡镇干部队伍活力。

各省、市、县党委要将乡镇干部队伍建设摆上重要议事日程，党委组织部门要因地制宜，分类指导，充分发挥牵头抓总作用，协调有关部门，形成加强乡镇干部队伍建设的工作合力。要注重培养乡镇干部先进典型，引导社会舆论和新闻媒体客观公正评价和宣传乡镇干部，在全社会形成重视、尊重、关心、支持乡镇干部的氛围。

## 中宣部向全社会公开发布“时代楷模”柴生芳和王继才、王仕花夫妇先进事迹

9月25日，中央宣传部向全社会公开发布“时代楷模”柴生芳和王继才、王仕花夫妇的先进事迹。

柴生芳生前是甘肃省定西市临洮县委副书记、县长。十几年来，他始终牢记立党为公、执政为民的政治责任，始终把群众冷暖、百姓疾苦放在心头，生活在群众中。工作在第一线，躬身为民、夙夜在公，直到生命的最后一刻，书写了

对党和人民的无限忠诚，在群众心中树起一座丰碑，不愧为新时期广大基层党员干部的优秀代表。江苏省灌云县开山岛民兵哨所所长王继才和守岛民兵王仕花夫妇，为了五星红旗每天冉冉升起，二十八年如一日，以海岛为家、与海水为邻、和孤独为伴，在没有淡水、没有电、面积不足20亩的小岛上，默默坚守、矢志不渝，把人生的青春年华奉献给了祖国的海防事业，用信念和执着书写了精彩人生，不愧为践行社会主义核心价值观的优秀代表。

## 中组部授予龚全珍、杭兰英和追授刘伦堂“全国优秀共产党员”称号

新华网9月26日报道，新时期以来，特别是党的群众路线教育实践活动开展以来，各地不断涌现为民务实清廉的党员、干部先进典型。江西省莲花县南陂小学原校长龚全珍同志、浙江省绍兴市上虞区崧厦镇祝温村党总支书记杭兰英同志、湖北省黄石市下陆区老鹳庙社区党总支原书记刘伦堂同志是其中的优秀代表。

经中央领导同志同意，中央组织部决定，授予龚全珍、杭兰英同志和追授刘伦堂同志“全国优秀共产党员”称号。中央组织部号召全国各条战线的共产党员和广大干部向龚全珍、杭兰英、刘伦堂同志学习，把学习他们的崇高精神转化为为民务实清廉的自觉行动，努力为党和人民事业创造一流业绩。

## 习近平致信祝贺全球孔子学院建立10周年暨首个全球“孔子学院日”

人民网9月27日报道，全球孔子学院建立10周年暨首个全球“孔子学院日”来临之际，习近平致信向全球孔子学院全体师生表示热烈祝贺和诚挚问候。李克强也致信祝贺。

习近平在信中表示，值此全球孔子学院建立十周年之际，我收到来自90个国家和地区286名孔子学院校长、院长的来信。你们在来信中谈到，孔子学院是中国为世界和平与国际合作而不懈努力的象征，是连接中国人民和世界人民的纽带，并对孔子学院的光明未来充满信心。我对此深表赞赏。10年来，孔子学院积极开展汉语教学和文化交流活动，为推动世界各国文明交流互鉴、增进中国人民与各国人民相互了解和友谊发挥了重要作用。你们为促进文化知识传播、人民心灵沟通倾注了大量热情和心血，这是一项十分有意义的工作。世界各国人民创造的灿烂文化，是人类共同的宝贵财富。我们应该通过交流互鉴和创造性发展，使之在当今世界焕发出新的生命力。孔子学院属于中国，也属于世界。中国政府和人民将一如既往支持孔子学院发展。让我们一起努力，推动人类文明进步，推动人民心与心的交流，共同创造人类更加美好的明天。

李克强在贺信中希望孔子学院坚持中外合作办学模式，不断提高办学质量和水平，加深中外文化交融，让“和为贵”、“和而不同”的理念得到传承和发扬，为促进世界文明多样性和各国人民和谐共进作出更大贡献。

## 《关于做好烈士纪念日纪念活动的通知》印发

新华网9月27日报道，第十二届全国人民代表大会常务委员会第十次会议8月31日作出关于设立烈士纪念日的决定，将9月30日设立为烈士纪念日。为做好烈士纪念日纪念活动，近日，中共中央办公厅、国务院办公厅、中央军委办公厅下发了《关于做好烈士纪念日纪念活动的通知》。

《通知》强调，在全面深化改革、全面建成小康社会、实现中华民族伟大复兴中国梦的进程中，深入开展烈士纪念日纪念活动，缅怀烈士功绩，弘扬烈士精神，对于培养公民的爱国主义、集体主义精神和社会主义道德风尚，培育和践行社会主义核心价值观，增强中华民族的凝聚力，激发实现中华民族伟大复兴中国梦的强大精神力量，具有重要现实意义和深远历史意义。各地区各部门各单位要精心组织安排烈士纪念日各项纪念活动。一要举行公祭烈士活

动。烈士纪念日当天，国家将举行公祭烈士活动，地方各级党委、政府和有我烈士纪念设施国家的我驻外使领馆，都要举行公祭烈士活动，深切缅怀烈士的不朽功绩，表达继往开来、接续奋斗的坚定信心。二要向烈士墓敬献鲜花。烈士纪念日当天，各地要动员和组织党政机关干部、学校师生、部队官兵以及社会各界群众向烈士墓敬献鲜花；我驻外使领馆要动员和组织使领馆工作人员、华人华侨、留学生、中资机构代表等向我在境外的烈士墓敬献鲜花，永远铭记烈士的英名和壮举，进一步增强历史责任感和使命感。三要开展网上纪念烈士活动。烈士纪念日前后，各地要充分运用现代信息技术手段，开辟网上缅怀纪念烈士栏目，倡导社会各界群众特别是青少年通过网络缅怀纪念烈士，学习烈士英雄事迹，继承烈士遗志，进一步激发爱国热情、凝聚奋进力量。四要关怀慰问烈士遗属。烈士纪念日前后，各地要组织走访慰问烈士遗属，积极为他们解决实际困难，同时动员社会力量为烈士遗属送温暖献爱心，让他们切实感受到全社会的尊重，进一步增强荣誉感。

## 中央民族工作会议暨国务院第六次全国民族团结进步表彰大会举行

9 月 28 日至 29 日，中央民族工作会议暨国务院第六次全国民族团结进步表彰大会在北京举行。习近平出席表彰会并发表讲话，李克强、张德江、刘云山、王岐山出席会议，俞正声作总结讲话。会议的主要任务是：准确把握新形势下民族问题、民族工作的特点和规律，统一思想认识，明确目标任务，坚定信心决心，提高做好民族工作能力和水平。会议对 1496 个全国民族团结进步模范集体和模范个人进行了表彰，习近平等为受表彰的模范集体和模范个人代表颁奖，刘延东宣读了《国务院关于表彰全国民族团结进步模范集体和模范个人的决定》。

会议指出，多民族是我国的一大特色，也是我国发展的一大有利因素。各民族共同开发了祖国的锦绣河山、广袤疆域，共同创造了悠久的中国历史、灿烂的中华文化。我国历史演进的这个特点，造就了我国各民族在分布上的交错杂居、文化上的兼收并蓄、经济上的相互依存、情感上的相互亲近，形成了你中有我、我中有你，谁也离不开谁的多元一体格局。中华民族和各民族的关系，是一个大家庭和家庭成员的关系，各民族的关系，是一个大家庭里不同成员的关系。处理好民族问题、做好民族工作，是关系祖国统一和边疆巩固的大事，是关系民族团结和社会稳定的大事，是关系国家长治久安和中华民族繁荣昌盛的大事。全党要牢记我国是统一的多民族国家这一基本国情，坚持把维护民族团结和国家统一作为各民族最高利益，把各族人民智慧和力量最大限度凝聚起来，同心同德为实现“两个一百年”奋斗目标、实现中华民族伟大复兴的中国梦而奋斗。

## 中央全面深化改革领导小组召开第五次会议

9 月 29 日，中央全面深化改革领导小组召开第五次会议，习近平主持并讲话。李克强、张高丽出席会议。会议审议了《关于引导农村土地承包经营权有序流转发展农业适度规模经营的意见》、《积极发展农民股份合作赋予集体资产股份权能改革试点方案》、《关于深化中央财政科技计划（专项、基金等）管理改革的方案》，建议根据会议讨论情况进一步修改完善后按程序报批实施。

习近平指出，现阶段深化农村土地制度改革，要更多考虑推进中国农业现代化问题，既要解决好农业问题，也要解决好农民问题，走出一条中国特色农业现代化道路。我们要在坚持农村土地集体所有的前提下，促使承包权和经营权分离，形成所有权、承包权、经营权三权分置、经营权流转的格局。发展农业规模经营要与城镇化进程和农村劳动力转移规模相适应，与农业科技进步和生产手段改进程度相适应，与农业社会化服务水平提高相适应。要加强引导，不损害农民权益，不改变土地用途，不破坏农业综合生产能力。要尊重农民意愿，坚持依法自愿有偿流转土地经营权，不能搞强迫命令，不能搞行政瞎指挥。要坚持规模适度，重点支持发展粮食规模化生产。要让农民成为土地适度规模经营的积极参与者和真正受益者。要根据各地基础和条件发展，确定合理的耕地经营规模加以引导，不能片面追求快和大，更不能忽视了经营自家承包耕地的普通农户仍占大多数的基本农情。对工商企业租赁农户承包地，要有严格的门槛，建立资格审查、项目审核、风险保障金制度，对准入和监管制度作出明确规定。积极发展农民股份合作、赋予集体资产股份权能改革试点的目标方向，是要探索赋予农民更多财产权利，明晰产权归属，完善各项权能，激活农村各类生产要素潜能，建立符合市场经济要求的农村集体经济运营新机制。

我们的科技计划在体系布局、管理体制、运行机制、总体绩效等方面都存在不少问题，突出表现在科技计划碎片化和科研项目取向聚焦不够两个问题上。要彻底改变政出多门、九龙治水的格局，坚持按目标成果、绩效考核为导向进行资源分配，统筹科技资源，建立公开统一的国家科技管理平台，构建总体布局合理、功能定位清晰、具有中国特色的科技计划体系和管理制度，以此带动科技其他方面的改革向纵深推进，为实施创新驱动发展战略创立一个好的体制保障。政府部门主要负责科技计划(专项、基金)的宏观管理，不再直接具体管理项目，通过统一的国家科技管理平台，建立决策、咨询、执行、评价、监管各环节职责清晰、协调衔接的新体系。要根据国家战略需要和科技创新规律，构建新型科技计划(专项、基金)管理体系，避免重复申报和重复资助。科技布局上既要注重全面布局，也要讲究重点突破、非对称发展，坚持有所为有所不为的方针，形成聚焦重点任务配置资源、集成攻关的新体制。

## 中共中央政治局召开会议

9月30日，中共中央政治局召开会议，研究全面推进依法治国重大问题，总结全党深入开展党的群众路线教育实践活动，研究部署巩固扩大教育实践活动成果工作，习近平主持会议。

会议决定，中国共产党第十八届中央委员会第四次全体会议于10月20日至23日在北京召开。中共中央政治局听取了《中共中央关于全面推进依法治国若干重大问题的决定》稿在党内外一定范围征求意见的情况报告，决定根据这次会议讨论的意见进行修改后将文件稿提请十八届四中全会审议。

党的群众路线教育实践活动从2013年6月开始，到2014年9月底基本结束。教育实践活动贯彻“照镜子、正衣冠、洗洗澡、治治病”总要求，围绕保持党的先进性和纯洁性，以为民务实清廉为主要内容，以县处级以上领导机关、领导班子和领导干部为重点，加强全体党员马克思主义群众观点和党的群众路线教育，把贯彻落实中央八项规定精神作为切入点，进一步突出作风建设，坚决反对形式主义、官僚主义、享乐主义和奢靡之风，着力解决人民群众反映强烈的突出问题，提高做好新形势下群众工作的能力，为全面深化改革、全面建成小康社会、全面推进中国特色社会主义伟大事业提供坚强保证。各级党组织决不能因为活动结束而对作风建设有丝毫放松，必须把活动中没有解决和尚未完全解决的问题继续解决好，积极巩固扩大活动成果，着力推进集中反“四风”改作风转为经常性的作风建设。要坚持不懈开展作风教育，持续保持整治“四风”高压态势，坚持和落实党内政治生活制度，深化领导干部、领导班子、领导机关作风建设，建立健全规范制约权力运行制度，落实管党治党主体责任，为作风建设常态化长效化提供坚强保证。

## 国务院举行国庆招待会 庆祝中华人民共和国成立65周年

9月30日，国务院在人民大会堂举行国庆招待会，热烈庆祝中华人民共和国成立65周年。习近平、李克强、张德江、俞正声、刘云山、王岐山、张高丽等党和国家领导人与3000余名中外人士欢聚一堂，共庆佳节。

习近平代表党中央、国务院，向全国各族人民、全体共产党员，向中国人民解放军指战员和武警部队官兵，向各民主党派和无党派人士致以崇高的敬意；向香港特别行政区同胞、澳门特别行政区同胞、台湾同胞和广大海外侨胞致以诚挚的问候；向支持和帮助新中国建设事业的友好国家和国际友人致以衷心的感谢。他强调，我们要加强中国共产党全党的团结，加强中国共产党同各民主党派的亲密合作，保持党同人民群众的血肉联系。我们要巩固和发展全国各族人民的大团结，加强海内外中华儿女的大团结，大力培育和践行社会主义核心价值观，用共同理想信念凝聚民族意志，用中国精神激发中国力量，动员全体中华儿女共同创造中华民族新的伟业。

## 烈士纪念日向人民英雄 敬献花篮仪式隆重举行

9月30日，是国家设立的首个“烈士纪念日”，党和国家领导人习近平、李克强、张德江、俞正声、刘云山、王岐山、张高丽等来到北京天安门广场，与首都各界代表一起，出席向人民英雄敬献花篮仪式，深切缅怀近代以来为了反对内外敌人、争取民族独立和人民自由幸福，为了国家繁荣富强英勇献身的烈士们，表达沿着中国特色社会主义道路奋勇前进的坚定决心。

# 2014 年 10 月

## 中宣部、全国妇联向全社会公开发布“全国孝老爱亲最美家庭”

10 月 2 日，中央宣传部、中华全国妇女联合会向全社会公开发布任全来家庭等 10 户“全国孝老爱亲最美家庭”的先进事迹。

任全来、赵永华、房泽秋、胡金凤、郭欣欣、赵伏妮、李永忠、李昌女、代琼兰、地丽胡玛尔·阿不都卡德尔等 10 户家庭敬老爱老、奉行孝道，倾心孝顺父母公婆，倾情照顾孤寡老人，志愿服务困难群体，以强烈的社会责任感、家庭责任感和道德责任感，为社会的和谐稳定作出了贡献。他们的孝行感天动地，他们的精神令人景仰，不愧为传承中华民族传统美德的典范，不愧为践行社会主义核心价值观的楷模。

## 《习近平总书记系列重要讲话读本》少数民族文字版出版发行

新华社 10 月 3 日报道，为使少数民族地区的广大干部群众及时准确了解和掌握习近平总书记系列重要讲话精神，切实用讲话精神武装头脑、指导实践、推动工作，民族出版社与广西民族出版社、四川民族出版社联合翻译出版了《习近平总书记系列重要讲话读本》蒙古、藏、维吾尔、哈萨克、朝鲜、彝、壮等 7 种少数民族文字版，面向全国公开发行。

## 庆祝新疆生产建设兵团成立 60 周年大会举行

10 月 7 日，庆祝新疆生产建设兵团成立 60 周年大会在新疆人民会堂隆重举行。中共中央、国务院、中央军委发贺信。刘延东出席大会并讲话。

为巩固西北边陲，开发建设新疆，促进各族人民团结、维护祖国统一和新疆社会稳定，1954 年党中央、中央政府决定在新疆成立生产建设兵团。60 年来，新疆生产建设兵团白手起家，艰苦奋斗，忠实履行国家赋予的屯垦戍边的光荣使命，为推动新疆发展、增进民族团结、维护社会稳定、巩固国家边防作出了不可磨灭的历史贡献。房峰辉宣读中共中央、国务院、中央军委致新疆生产建设兵团成立 60 周年贺信。

刘延东讲话指出，60 年来，兵团发展的每一步，都凝聚着党中央的远见卓识、执政智慧和亲切关怀，凝聚着全国人民特别是新疆各族人民的大力支持，凝聚着全体兵团人的团结奋斗。60 年弹指一挥间，兵团发挥了开发建设边疆、推动新疆经济社会发展，增进民族团结、共同维护新疆稳定，巩固祖国边防、维护国家安全统一的重要作用。站在新的历史起点上，兵团要以第二次中央新疆工作座谈会特别是习近平总书记重要讲话精神为指引，发挥好稳定器、大熔炉、示范区的战略作用，在维护祖国统一和民族团结、维护新疆社会稳定和实现长治久安中争取更大作为。一是忠于职守，牢记维稳戍边光荣使命，不断增强维稳戍边、安边固疆这一看家本领。二是模范引领，着力促进民族团结、兵地团结，促进各民族交往交流交融。三是改革创新，不断提升兵团综合实力，让发展成果更好惠及各族群众。

## 党的群众路线教育实践活动总结大会召开

10 月 8 日，党的群众路线教育实践活动总结大会在北京召开，习近平出席并讲话。李克强、张德江、俞正声、王岐山、张高丽出席会议，刘云山主持会议。

习近平在讲话中指出，在全党开展以为民务实清廉为主要内容的党的群众路线教育实践活动，是党的十八大作出的一项战略决策。从2013年6月开始，活动自上而下分两批开展，目前已基本结束。各级党组织和广大党员、干部积极响应党中央号召，高度重视、踊跃参与，广大人民群众热烈响应、热情支持，整个活动进展有序、扎实深入，达到了预期目的，取得了重大成果。广大党员、干部受到马克思主义群众观点的深刻教育，贯彻党的群众路线的自觉性和坚定性明显增强；形式主义、官僚主义、享乐主义和奢靡之风得到有力整治，群众反映强烈的突出问题得到有效解决；恢复和发扬了批评和自我批评优良传统，探索了新形势下严肃党内政治生活的有效途径；以转作风改作风为重点的制度体系更加完善，制度执行力和约束力得到增强；影响群众切身利益的症结难点得到突破，党的执政基础更加稳固。党中央向全党承诺，一定要精心组织、确保实效，做到善始善终、善作善成。在全党共同努力下，这个承诺已经兑现。

经过这次活动，全党改进作风有了一个良好开端，但取得的成果还是初步的，基础还不稳固。这一次党的群众路线教育实践活动基本结束了，但贯彻党的群众路线、保持党同人民群众的血肉联系的历史进程永远不会结束。活动收尾绝不是作风建设收场，必须以锲而不舍、驰而不息的决心和毅力，把作风建设不断引向深入，把目前作风转变的好势头保持下去，使作风建设要求真正落地生根。就新形势下坚持从严治党提出8点要求。一是落实从严治党责任，各级各部门党委（党组）必须树立正确政绩观，把从严治党责任承担好、落实好，坚持党建工作和中心工作一起谋划、一起部署、一起考核，把每条战线、每个领域、每个环节的党建工作抓具体、抓深入。二是坚持思想建党和制度治党紧密结合，思想教育要结合落实制度规定来进行，使加强制度治党的过程成为加强思想建党的过程，也要使加强思想建党的过程成为加强制度治党的过程。坚持制度面前人人平等、执行制度没有例外，不留“暗门”、不开“天窗”，使制度成为硬约束而不是橡皮筋。三是严肃党内政治生活，从严治党必须从党内政治生活严起，提高党内政治生活的政治性、原则性、战斗性，全党同志要在党言党、在党忧党、在党为党，把爱党、忧党、兴党、护党落实到工作生活各个环节，敢于同形形色色违反党内政治生活原则和制度的现象作斗争。四是坚持从严管理干部，从严治党重在从严管理干部，坚持以严的标准要求干部、以严的措施管理干部、以严的纪律约束干部，使广大干部既廉又勤，既干净又干事。五是持续深入改进作风，不正之风离我们越远，群众就会离我们越近，作风建设必须抓常、抓细、抓长，持续努力、久久为功。六是严明党的纪律，纪律面前一律平等，党内不允许有不受纪律约束的特殊党员，党的各级组织要积极探索纪律教育经常化、制度化的途径。七是发挥人民监督作用，人民群众中蕴藏着治国理政、管党治党的智慧和力量，从严治党必须依靠人民，要织密群众监督之网，开启全天候探照灯，各级党组织和党员、干部的表现都要交给群众评判。八是深入把握从严治党规律，深入基层、深入实际，深入研究管党治党实践，使从严治党的一切努力都集中到增强党自我净化、自我完善、自我革新、自我提高能力上来，集中到提高党的领导能力和执政能力、保持和发展党的先进性和纯洁性上来。

## 《习近平谈治国理政》多语种版首发式在法兰克福举行

10月8日，由中国国务院新闻办公室会同中共中央文献研究室、中国外文局编辑的《习近平谈治国理政》，由外文出版社以中、英、法、俄、阿、西、葡、德、日等多语种向全球出版发行，在法兰克福国际书展上举行首发式，向国际社会更好地介绍中国的治国理念和执政方略。

书中收入了习近平在2012年11月15日至2014年6月13日期间的讲话、谈话、演讲、答问、批示、贺信等79篇，分为18个专题，还收入习近平各个时期照片45幅。

## 全国党委秘书长会议召开

10月10日至11日，全国党委秘书长会议在北京召开。习近平作出重要批示，他指出，崇尚实干、狠抓落实是我反复强调的。如果不沉下心来抓落实，再好的目标，再好的蓝图，也只是镜中花、水中月。党的十八大以来，党委办公厅系统为落实中央决策部署做了大量工作，发挥了重要作用，这次全国党委秘书长会议又专题研究抓落实问题。希望各级党委办公厅（室）更好地发挥基本职能作用，投入更大的力量、采取更有力的措施推动中央精神的贯彻落实，确保中央政令畅通、决策落地生根。

栗战书在会上讲话强调，推动中央决策部署贯彻落实，坚决维护中央权威，保证中央政令畅通，是全党共同的责任，更是党委办公厅（室）工作的基本职责、核心任务。当前抓落实的任务十分艰巨繁重，各级党委办公厅（室）要按照习近平总书记重要指示要求，把抓落实放在更加突出位置，主动谋事、勇于担当，锲而不舍、一抓到底，确保中央决策部署得到不折不扣贯彻执行。围绕抓落实，党委办公厅系统要继续组织推动学习贯彻习近平总书记系列重要讲话精神，进一步端正学风、务求实效；继续深入推动中央八项规定精神贯彻落实，深入整治“四风”，坚决打好改进作风的攻坚战和持久战；继续以习近平总书记在中办视察调研时的重要讲话为指导，扎实抓好办公厅（室）各项建设，真正把办公厅（室）建设成为中央和各级党委的坚强前哨和巩固后院；切实协调、督查、组织和推动中央各项重大工作部署的落实。

## 全军党的群众路线教育实践活动总结大会召开

10月11日，全军党的群众路线教育实践活动总结大会在北京召开。会议任务是学习贯彻习主席在党的群众路线教育实践活动总结大会上的重要讲话精神，总结军队教育实践活动，对巩固拓展活动成果，在新的起点上全面贯彻从严治党要求、深入推进军队作风建设进行部署。范长龙、许其亮出席会议并讲话。常万全、房峰辉、赵克石、张又侠、吴胜利、马晓天、魏凤和出席，张阳主持会议。

范长龙强调，习主席的重要讲话，系统总结教育实践活动的成果和经验，对加强作风建设、坚持从严治党作出全面部署，具有很强的思想性、针对性和长远指导意义，是一篇加强党的建设的纲领性文件。全军和武警部队要深入学习贯彻习主席重要讲话精神，围绕实现强军目标，把从严治党的要求落实到位，把改作风的好势头保持下去。要继续贯彻好中央八项规定和军委十项规定精神，坚决防止松劲松懈。要持续用力纠治“四风”方面的重点难点问题，巩固清房清车清人成果，端正选人用人风气，严格经费管理使用，改进训风演风考风。要坚定不移地反对腐败、惩治腐败，保持高压态势，加强监督、查案惩腐，落实党风廉政建设责任制，坚决铲除滋生腐败的土壤，坚决惩处腐败分子。要用依法治军、从严治军保证作风建设常态长效。各级领导机关要牢固树立法治观念，提高依法治军素养，使好作风成为好习惯、新常态。

许其亮强调，习主席的重要讲话，高度概括全党教育实践活动的重大成果和成功经验，对新形势下坚持从严治党作出战略部署，是推进党的建设新的伟大工程的纲领性文献。特别是习主席把作风建设上升到从严治党的战略高度，把纠“四风”拓展到全面整治党风，体现了从严管党治党的强烈忧患和使命担当，彰显了打好党风建设这场硬仗的决心意志。全军和武警部队要认真用讲话精神统一思想和行动，坚持不懈抓好作风建设，推动党的建设实现新发展。要深刻领悟习主席治党治国治军的大方略；要认清作风问题依然突出，保持驰而不息的韧劲耐心；要把习主席的决心要求变成全军自党行动。要坚决落实从严治党从严治军要求，着力推动作风建设形成常抓长治的新常态。总的是按照党中央、习主席全面推进从严治党的决策部署，常态化抓建、法治化推进，形成崇清尚德、厉行法治、正气充盈、务实干事的新风尚新生态。

## 中央党的群众路线教育实践活动领导小组召开会议

10月12日，中央党的群众路线教育实践活动领导小组召开会议，刘云山主持会议，对深入学习贯彻习近平总书记在党的群众路线教育实践活动总结大会上的重要讲话精神进行研究部署。

刘云山说，习近平总书记重要讲话是在新的起点上深化作风建设、坚持从严治党的纲领性文献。学习贯彻讲话精神，要充分认识教育实践活动重大成果，增强抓作风改作风的信心和动力，锲而不舍、驰而不息加以推进，使党中央关于作风建设部署落地生根；深入把握教育实践活动成功经验，不断深化作风建设规律性认识，把成功经验融入作风建设经常性工作之中，固化为务实管用的制度机制；深刻领会坚持从严治党各项要求，把严的意识立起来，把严的规矩建起来，把严的风气树起来，增强党自我净化、自我完善、自我革新、自我提高能力，更好保持和发展党的先进性和纯洁性。教育实践活动取得成效不易、巩固成果更难，集中活动收尾不是作风建设收场，必须坚守如初、始终如一，按照抓常、抓细、抓长要求，把作风建设进行到底。中央将颁发关于深化“四风”整治、巩固和拓展党的群众路线教育实践活动成果的指导意见，各级党组织要认真贯彻落实，始终保持久久为功的韧劲，保持抓铁有痕的力度，保持正风肃纪的高压态势。教育实践活动确定了21项专项整治任务，各地区各部门各单位都作出了整改承诺、立下了军令状，必须扭住不放、一抓到底，确保责任到位、措施到位、落实到位。各级教育实践活动领导小组办公室保留一段时间，要继续发挥组织协调作用，督促抓好整改落实工作。应当十分明确，整改决不能出现“烂尾工程”和“形象工程”，决不能让“四风”问题反弹回潮。各级党委要进一步强化从严治党的思想观念，树立认真的态度、发扬认真的精神，把党建工作和中心工作一起谋划、一起部署、一起考核，切实做到真管真严、敢管敢严、长管长严。要坚决落实从严治党的主体责任，把管党治党责任扛在肩上，把抓好党建作为最大政绩，党委书记必须成为从严治党的书记，真正负起第一责任人的责任。要建立健全党要管党、从严治党的考评机制，确保一级抓一级、层层抓落实，形成一心一意谋发展、聚精会神抓党建的生动局面。

## 中共中央政治局进行第十八次集体学习

10月13日，中共中央政治局就我国历史上的国家治理进行第十八次集体学习，习近平主持。中国社会科学院历史研究所卜宪群研究员就这个问题进行讲解。

习近平发表讲话说，历史是最好的老师。在漫长的历史进程中，中华民族创造了独树一帜的灿烂文化，积累了丰富的治国理政经验，其中既包括升平之世社会发展进步的成功经验，也有衰乱之世社会动荡的深刻教训。我国古代主张民惟邦本、政得其民，礼法合治、德主刑辅，为政之要莫先于得人、治国先治吏，为政以德、正己修身，居安思危、改易更化，等等，这些都能给人们以重要启示。中国的今天是从中国的昨天和前天发展而来的。要治理好今天的中国，需要对我国历史和传统文化有深入了解，也需要对我国古代治国理政的探索和智慧进行积极总结。

要重视中华传统文化研究，继承和发扬中华优秀传统文化。实现中华民族伟大复兴的中国梦，必须要有中国精神，而中国精神必须在坚持社会主义核心价值体系的前提下，积极深入中华民族历久弥新的精神世界，把长期以来我们民族形成的积极向上向善的思想文化充分继承和弘扬起来，使之为培育和践行社会主义核心价值观服务，为建设社会主义先进文化服务，为党和国家事业发展服务。中华优秀传统文化是我们最深厚的文化软实力，也是中国特色社会主义植根的文化沃土。每个国家和民族的历史传统、文化积淀、基本国情不同，其发展道路必然有着自己的特色。一个国家的治理体系和治理能力是与这个国家的历史传承和文化传统密切相关的。解决中国的问题只能在中国大地上探寻适合自己的道路和办法。数千年来，中华民族走着一条不同于其他国家和民族的文明发展道路。我们开辟了中国特色社会主义道路不是偶然的，是我国历史传承和文化传统决定的。我们推进国家治理体系和治理能力现代化，当然要学习和借鉴人类文明的一切优秀成果，但不是照搬其他国家的政治理念和制度模式，而是要从我国的现实条件出发来创造性前进。实现“两个一百年”奋斗目标、实现中华民族伟大复兴的中国梦，需要充分发挥全党全国各族人民今天所具有的伟大智慧，也需要充分运用中华民族5000多年来积累的伟大智慧。中华民族的历史智慧是中国人民世世代代形成和积累的，我们要总结发扬，使之服务于实现中华民族伟大复兴的伟大事业。

## 全国县级文明城市创建现场会召开

10月13日，中央文明办在张家港市召开全国县级文明城市创建工作现场会，学习推广张家港经验，部署以培育和践行社会主义核心价值观为根本、以国家新型城镇化为契机、大力推动县级文明城市创建的活动。

会议指出，抓好县（市）精神文明建设，具有重要意义。要坚持以人为本、创建为民，突出思想内涵，强化道德要求，着力抓好思想理论武装、核心价值导向、基础设施建设、环境综合整治、美丽乡村建设、文化引领乡风等六项重点工作，着力创造优美环境、优良秩序、优质服务，提高群众文明素质，营造良好社会风尚，使县级文明城市走在县域两个文明协调发展的前列。各地要落实县（市）主体责任，抓好基层基础，确保工作举措落到实处。每年要为群众办几件好事实事，把社会影响大、普惠性高、群众需求强烈的项目作为着力点，把群众评价作为衡量工作的最高标准，使县级文明城市创建成为惠民工作、民心工程。

## 中央党的群众路线教育实践活动领导小组通知要求认真学习贯彻习近平总书记在党的群众路线教育实践活动总结大会上的重要讲话

新华社10月14日报道，中央党的群众路线教育实践活动领导小组近日印发《关于认真学习贯彻习近平总书记在党的群众路线教育实践活动总结大会上的重要讲话的通知》，要求各级党委（党组）把学习贯彻习近平总书记重要讲话精神作为当前的一项重要政治任务抓紧抓好，不断深化思想认识、增强党性观念，破除思想障碍、增强行动自觉，为深入推进作风建设增添动力，把从严治党要求落到实处。

## 全军老干部工作暨“三先”表彰会议召开

10月15日，全军老干部工作暨先进干休所、先进离退休干部、先进老干部工作者表彰电视电话会议在北京召开。习近平发来贺信。会议总结了过去5年全军老干部工作，明确了当前和今后一个时期主要任务，表彰了全军97个先进干休所、170名先进离退休干部、144名先进老干部工作者。

习近平在贺信中代表党中央、国务院、中央军委，向受到表彰的全军先进干休所、先进离退休干部和先进老干部工作者表示热烈的祝贺，向全军广大离退休干部和老干部工作者致以崇高的敬意和诚挚的问候。他说，军队离退休干部为党领导的革命、建设、改革事业作出了重要贡献，是党、国家、军队的宝贵财富。今天，党和人民事业蓬勃发展的大好局面，是包括军队离退休干部在内的一代又一代共产党人接续奋斗的成果。对军队离退休干部建立的历史功绩和作出的巨大贡献，党和人民永远不会忘记。要在全军广泛宣传先进离退休干部的先进事迹。各级党委和机关要高度重视老干部工作，坚持思想上关心、生活上照顾、精神上关怀，满腔热情为老干部办实事、办好事。要加强离退休干部党组织建设、提高老干部服务管理工作水平、丰富老干部精神文化生活，让所有老干部都能安享晚年。希望广大军队离退休干部向先进学习，永葆革命本色，在弘扬我党我军光荣传统和优良作风、支持国家和军队建设改革、关心教育下一代等方面继续发挥作用，为实现中国梦强军梦作出新的贡献。

## 文艺工作座谈会召开

10 月 15 日，文艺工作座谈会在北京召开，习近平主持并讲话，刘云山出席。铁凝、尚长荣、阎肃、许江、赵汝蘅、叶辛、李雪健在会上先后发言。

在认真听取大家发言后，习近平作了重要讲话，他首先表示，文艺事业是党和人民的重要事业，文艺战线是党和人民的重要战线。长期以来，广大文艺工作者致力于文艺创作、表演、研究、传播，在各自领域辛勤耕耘、服务人民，取得了显著成绩，作出了重要贡献。在大家共同努力下，我国文艺园地百花竞放、硕果累累，呈现出繁荣发展的生动景象。推动文艺繁荣发展，最根本的是要创作生产出无愧于我们这个伟大民族、伟大时代的优秀作品。文艺工作者应该牢记，创作是自己的中心任务，作品是自己的立身之本，要静下心来、精益求精搞创作，把最好的精神食粮奉献给人民。必须把创作生产优秀作品作为文艺工作的中心环节，努力创作生产更多传播当代中国价值观念、体现中华文化精神、反映中国人审美追求，思想性、艺术性、观赏性有机统一的优秀作品。

繁荣文艺创作、推动文艺创新，必须有大批德艺双馨的文艺名家。我国作家艺术家应该成为时代风气的先觉者、先行者、先倡者，通过更多有筋骨、有道德、有温度的文艺作品，书写和记录人民的伟大实践、时代的进步要求，彰显信仰之美、崇高之美。文艺工作者要自觉坚守艺术理想，不断提高学养、涵养、修养，加强思想积累、知识储备、文化修养、艺术训练，认真严肃地考虑作品的社会效果，讲品位，重艺德，为历史存正气，为世人弘美德，努力以高尚的职业操守、良好的社会形象、文质兼美的优秀作品赢得人民喜爱和欢迎。中华优秀传统文化是中华民族的精神命脉，是涵养社会主义核心价值观的重要源泉，也是我们在世界文化激荡中站稳脚跟的坚实根基。要结合新的时代条件传承和弘扬中华优秀传统文化，传承和弘扬中华美学精神。

各级党委要把文艺工作纳入重要议事日程，贯彻好党的文艺方针政策，把握文艺发展正确方向。要选好配强文艺单位领导班子，把那些德才兼备、能同文艺工作者打成一片的干部放到文艺工作领导岗位上来。要尊重文艺工作者的创作个性和创造性劳动，政治上充分信任，创作上热情支持，营造有利于文艺创作的良好环境。要通过深化改革、完善政策、健全体制，形成不断出精品、出人才的生动局面。要高度重视和切实加强文艺评论工作，运用历史的、人民的、艺术的、美学的观点评判和鉴赏作品，倡导说真话、讲道理，营造开展文艺批评的良好氛围。

## 中办印发《关于坚持和完善普通高等学校党委领导下的校长负责制的实施意见》

新华社 10 月 15 日报道，中共中央办公厅近日印发了《关于坚持和完善普通高等学校党委领导下的校长负责制的实施意见》，并发出通知，要求各地区各部门结合实际认真贯彻执行。

通知指出，党的十三届四中全会以后，党中央确定高等学校全面实行党委领导下的校长负责制。实践证明，这一制度符合我国国情和高等教育发展规律，必须毫不动摇、长期坚持并不断完善。各地区各有关部门和各高等学校要认真贯彻落实本意见精神，切实把这项工作抓紧抓好。要坚持党委的领导核心地位，保证校长依法行使职权，建立健全党委统一领导、党政分工合作、协调运行的工作机制；认真贯彻执行民主集中制，坚持集体领导和个人分工负责相结合，集体决定了的事情，领导班子成员要按照分工分头落实；严肃党内组织生活，反对独断专行和软弱涣散两种倾向。上级党委和有关部门要加强检查和指导，及时研究解决高等学校贯彻执行本意见中出现的问题。

## 《军队领导干部经济责任审计规定》发布

新华社10月16日报道，经中央军委主席习近平批准，解放军总参谋部、总政治部、总后勤部、总装备部日前联合发布新修订的《军队领导干部经济责任审计规定》，为做好新形势下军队领导干部经济责任审计工作提供了基本依据，对于健全权力运行制约和监督体系，确保军队领导干部依法行使经济权力，促进军队作风纪律建设和反腐倡廉建设，将发挥重要作用。

## 全国社会扶贫工作电视电话会议召开

10月17日，全国社会扶贫工作电视电话会议在北京召开。习近平对扶贫开发工作作出批示。他强调，我国将每年10月17日设立为“扶贫日”，并于今年第一个扶贫日之际表彰社会扶贫先进集体和先进个人，进一步部署社会扶贫工作，对于弘扬中华民族扶贫济困的传统美德，培育和践行社会主义核心价值观，动员社会各方面力量共同向贫困宣战，继续打好扶贫攻坚战，具有重要意义。消除贫困，改善民生，逐步实现全体人民共同富裕，是社会主义的本质要求。改革开放以来，我国扶贫开发取得了举世瞩目的成就，为人类减贫事业作出了巨大贡献。全面建成小康社会，最艰巨最繁重的任务在贫困地区。全党全社会要继续共同努力，形成扶贫开发工作强大合力。各级党委、政府和领导干部对贫困地区和贫困群众要格外关注、格外关爱，履行领导职责，创新思路方法，加大扶持力度，善于因地制宜，注重精准发力，充分发挥贫困地区广大干部群众能动作用，扎扎实实做好新形势下扶贫开发工作，推动贫困地区和贫困群众加快脱贫致富奔小康的步伐。

李克强作出批示强调，当前扶贫已进入新的攻坚期，要通过进一步深化改革、创新机制、完善政策，增强贫困地区“造血”功能和发展后劲，实行更科学更有效的扶贫。坚持把集中连片地区作为主战场，注重整体推进与精准到户、加快发展与保护生态、各方支持与贫困地区自身奋斗相结合，汇聚强大力量，努力啃下扶贫攻坚的“硬骨头”，戮力同心打赢这场硬仗。

汪洋在会上讲话，就学习贯彻习近平总书记、李克强总理的重要批示精神作出部署，要求各地健全组织动员机制，搭建社会参与平台，培育多元社会扶贫主体，完善政策支撑体系，营造良好环境，让社会扶贫人人皆愿为、人人皆可为、人人皆能为。

## 党的群众路线教育实践活动<br>中央巡回督导组召开工作总结会

10月17日，党的群众路线教育实践活动中央巡回督导组工作总结会议在北京召开，刘云山出席并讲话，赵乐际主持会议。会上，14位中央巡回督导组组长介绍了第二批教育实践活动督导工作情况，交流了经验做法和认识体会，普遍认为教育实践活动取得重大成果，集中学习教育使党员干部受到精神洗礼，“四风”问题整治带来了全党全社会风气明显变化，建章立制将对作风建设产生深远影响。

刘云山指出，教育实践活动取得重大成果，最根本的来自以习近平同志为总书记的党中央的高度重视、从严要求、坚强领导和率先垂范，来自各级党组织和广大党员干部的积极响应和自觉参与，来自人民群众的热情支持和监督评判，同时与严肃认真、扎实有力、卓有成效的督导工作密不可分。一年多来，中央督导组和中央巡回督导组认真贯彻党中央统一部署，围绕教育实践活动的总体目标、重要环节、基本要求和重点工作，严督实导、严格把关，圆满完成各项任务，为确保活动不虚不空不偏、不走过场发挥了有力推动和保障作用。这次教育实践活动督导工作充分借鉴历次集中教育活动有效做法，紧密结合新的实际创造性开展工作，积累了新的宝贵经验。中央的要求和部署是根本遵循，只有狠抓贯彻落实，确保中央政令畅通，督导工作才能保持正确方向；从严要求是做好一切工作的重要保障，只有坚持严督实导，树立严的标准，敢于唱黑脸、当包公，督导工作才能取得实效；"四风"是群众反映强烈的问题，只有坚持问题导向、聚焦突出问题，督导工作才能找准切入点、着力点；一把手带头是关键所在，只有督促一把手示范带动，一级抓一级、层层抓落实，督导工作才能更好传导压力；打铁还需自身硬，只有严于律己，以良好的作风抓督导，督导工作才能增强说服力。各地区各部门各单位要把教育实践活动督导工作经验运用到今后工作之中，推动党的建设各项工作不断开创新局面。

## 中央社会治安综合治理委员会召开全体会议

10月17日，中央社会治安综合治理委员会全体会议在北京召开，孟建柱出席并讲话。

孟建柱指出，要更加注重运用法治思维和法治方式解决平安建设中的问题，越是复杂疑难问题，越要用法治思维和法治方式去探寻解决之道。要更加注重党委领导、政府主导、社会各方面参与社会治理，实现政府治理与社会自我调节、居民自治良性互动，确保社会既充满活力又和谐有序。要更加突出源头治理、综合施策，建立调处化解矛盾纠纷综合机制，积极推进网格化管理和基层综合服务管理平台建设，及时反映和协调人民群众各方面各层次利益诉求。创新社会治理、深化平安建设，必须充分发挥综合治理优势。各级综治部门要统筹协调，切实履行责任。要进一步完善齐抓共管、协作配合的长效机制，做到问题联治、工作联动、平安联创、实绩联考。

## 纪念民族区域自治法颁布实施30周年座谈会举行

10月17日，纪念《中华人民共和国民族区域自治法》颁布实施30周年座谈会在人民大会堂举行，张德江出席。

李建国在座谈会上讲话。他说，举行座谈会，纪念民族区域自治法实施30周年，就是要认真学习贯彻习近平总书记在中央民族工作会议上的重要讲话精神，回顾民族区域自治制度建立和发展的历程，总结民族区域自治法实施的经验，全面正确贯彻党的民族政策，坚持和完善民族区域自治制度，凝聚各族人民大团结的力量，为实现中华民族伟大复兴的中国梦而奋斗。实践充分证明，民族区域自治法是一部符合国情、符合实际、符合时代发展要求的好法律，是充分体现各民族共同意志和根本利益、充分保障少数民族和民族地区各项权利的好法律，是维护国家统一和领土完整、加强民族平等团结、促进民族地区发展，增强中华民族凝聚力的好法律，是各族人民始终沿着中国特色社会主义道路前进的法制保证。要认真学习好、贯彻实施好、宣传普及好民族区域自治法，监督检查好民族区域自治法的实施，加强对民族区域自治相关法规和制度的研究，坚定中国特色社会主义道路自信、理论自信、制度自信，坚持中国特色解决民族问题的正确道路，坚持和完善民族区域自治制度，把民族区域自治法的贯彻实施提高到一个新的水平。

## 中央军委印发《中国人民解放军总部机关二级部党组织工作规定（试行）》

新华社10月19日报道，经习近平主席批准，中央军委近日印发《中国人民解放军总部机关二级部党组织工作规定（试行）》。这是第一部系统规范总部机关二级部党组织的党内法规，为总部机关管党治党提供了重要遵循。

《规定》坚决贯彻习主席系列重要讲话精神，紧紧围绕实现党在新形势下的强军目标，以党章和政治工作条例为依据，从总部机关党组织的特点出发，着眼建设对党绝对忠诚、善于战略谋划、精通作战指挥、富有战斗精神的领率机关，明确了二级部党组织的设置和组成、基本职责，对二级部党组织在加强教育管理、党内监督、作风建设以及落实党内生活制度等方面提出了要求。

## 中宣部、最高人民法院向全社会公开发布“最美基层法官”

10月20日，中央宣传部、最高人民法院向全社会公开发布刘黎等10位“最美基层法官”的先进事迹。

刘黎、王宝胜、孙波、彭文忠、姜霜菊、黄志丽、朱正栩、郭兴利、春强、才让旺杰等10位基层法官来自不同地方、不同单位，他们牢记使命、扎根基层，追求法律公平公正；清正廉洁、秉公办案，捍卫法治权威尊严；辨法析理、倾情为民，化解群众矛盾纠纷，为维护社会和谐稳定、促进社会公平正义、保障人民权益作出了重要贡献。在他们身上，集中展现了当代基层法官的良好精神风貌，他们不愧为全面推进依法治国的代表，践行社会主义核心价值观的楷模。

## 中共十八届四中全会举行

10月20日至23日，中国共产党第十八届中央委员会第四次全体会议在北京举行。全会由中央政治局主持，习近平作重要讲话。

全会听取和讨论了习近平受中央政治局委托作的工作报告，审议通过了《中共中央关于全面推进依法治国若干重大问题的决定》。习近平就《决定（讨论稿）》向全会作了说明。

全会充分肯定党的十八届三中全会以来中央政治局的工作。高度评价长期以来特别是党的十一届三中全会以来我国社会主义法治建设取得的历史性成就，研究了全面推进依法治国若干重大问题，认为全面建成小康社会、实现中华民族伟大复兴的中国梦，全面深化改革、完善和发展中国特色社会主义制度，提高党的执政能力和执政水平，必须全面推进依法治国。

全会提出，全面推进依法治国，总目标是建设中国特色社会主义法治体系，建设社会主义法治国家。这就是，在中国共产党领导下，坚持中国特色社会主义制度，贯彻中国特色社会主义法治理论，形成完备的法律规范体系、高效的法治实施体系、严密的法治监督体系、有力的法治保障体系，形成完善的党内法规体系，坚持依法治国、依法执政、依法行政共同推进，坚持法治国家、法治政府、法治社会一体建设，实现科学立法、严格执法、公正司法、全民守法，促进国家治理体系和治理能力现代化。实现这个总目标，必须坚持中国共产党的领导，坚持人民主体地位，坚持法律面前人人平等，坚持依法治国和以德治国相结合，坚持从中国实际出发。

全会明确了全面推进依法治国的重大任务，这就是：完善以宪法为核心的中国特色社会主义法律体系，加强宪法实施；深入推进依法行政，加快建设法治政府；保证公正司法，提高司法公信力；增强全民法治观念，推进法治社会建设；加强法治工作队伍建设；加强和改进党对全面推进依法治国的领导。

全会分析了当前形势和任务，强调全党同志要把思想和行动统一到中央关于全面深化改革、全面推进依法治国重大决策部署上来，审时度势、居安思危，既要有抓住和用好重要战略机遇期推进改革发展的战略定力，又要敏锐把握国内外环境的变化，以钉钉子精神，继续做好保持经济持续健康发展工作，继续做好改善和保障民生特别是帮扶困难群众工作，继续做好作风整改工作，继续做好从严治党工作，继续做好保持社会和谐稳定工作，为明年开局打好基础。

全会决定递补马建堂、王作安、毛万春为中央委员会委员。审议并确认中央政治局之前作出的给予李东生、蒋洁敏、杨金山、王永春、李春城、万庆良开除党籍的处分。

## 国务院召开党组会议

10月24日，李克强主持召开国务院党组

会议，学习贯彻党的十八届四中全会精神，研究部署推进依法行政建设法治政府工作。

会议指出，党的十八届四中全会审议通过了《中共中央关于全面推进依法治国若干重大问题的决定》，明确了全面推进依法治国的指导思想、总体目标、五大原则、主要任务，对建设中国特色社会主义法治体系、建设社会主义法治国家，具有重要而深远的意义。要按照十八届四中全会的决策部署和习近平总书记重要讲话精神，重点抓好以下工作。一是依法推进政府职能转变。继续大力推进简政放权、放管结合，加快建立权力清单、责任清单和负面清单，让政府法无授权不可为、法定职责必须为，提高行政效能和服务水平。二是加强和改进政府立法，健全政府依法决策机制，主动适应改革和经济社会发展的需要，坚持立改废释并举，推动重点领域立法，做到重大改革于法有据、决策和立法紧密衔接。三是深化行政执法体制改革，梳理各部门执法权，推进综合执法，着力解决权责交叉、多头执法问题。全面推进政务公开，实现决策、执行、结果公开透明，增强政府公信力。

政府的一切权力来自人民、源自法授。要严格规范公正文明执法，所有行政行为都依法办事、程序正当。各级政府及工作人员要带头遵守宪法和法律，不断提高法治意识和依法行政能力，用法治引领改革发展破障闯关、推动民生改善和社会公正。要强化权力制约和监督，筑牢法治“篱笆”、遏制权力“越线”。以更加奋发有为的精神状态，在法治轨道上推动政府各项工作迈上新台阶。

## 全国人大常委会党组召开会议

10 月 24 日，中共十二届全国人大常委会党组召开会议，专题学习贯彻党的十八届四中全会精神，张德江主持会议并讲话。

会议认为，全会通过的《中共中央关于全面推进依法治国若干重大问题的决定》，着眼全局长远，总结实践经验，坚持问题导向，提出了全面推进依法治国的指导思想、总目标、基本原则、总体部署和重大举措，具有很强的思想性、指导性、针对性和可操作性，是新形势下全面推进依法治国、加快建设社会主义法治国家的重要纲领性文献，必将对党和国家事业产生重大而深远的影响。

全国人大及其常委会作为最高国家权力机关，在全面推进依法治国中担负着重要职责。要切实增强责任感和使命感，把坚持依法治国、维护宪法法律权威作为重要任务，依法行使职权、积极开展工作，充分发挥人大在建设社会主义法治国家中的重要作用。健全宪法实施和监督制度，加强宪法实施，维护宪法权威。完善以宪法为核心的中国特色社会主义法律体系，抓住提高立法质量这个关键，完善立法体制，深入推进科学立法、民主立法，加强重点领域立法，努力使每一项立法都符合宪法精神、反映人民意愿、得到人民拥护。加强和改进人大监督工作，加强对法律实施情况的监督检查，推动“一府两院”严格执法、公正司法，维护社会公平正义。在依法行使职权、开展工作中加强法治宣传教育，弘扬法治精神，建设法治文化，在全社会营造良好法治氛围。

## 全国政协党组召开会议

10 月 24 日，中共全国政协党组召开会议，专题学习贯彻党的十八届四中全会精神，俞正声主持会议并讲话。

会议指出，党的十八届四中全会通过的《中共中央关于全面推进依法治国若干重大问题的决定》，明确提出了全面推进依法治国的指导思想、总体目标、基本原则，提出了关于依法治国的一系列新观点、新举措，回答了党的领导和依法治国关系等一系列重大理论和实践问题，是加快建设社会主义法治国家的纲领性文件。会议强调，人民政协要把学习贯彻全会精神作为重大政治任务，切实把思想和行动统一到全会精神上来，开拓创新、扎实工作，为建设社会主义法治国家作出贡献。

要紧密结合实际，把全会精神贯彻落实到

人民政协履行职能的全过程。一是始终坚定不移走中国特色社会主义法治道路，坚持中国共产党的领导、坚持人民主体地位、坚持法律面前人人平等、坚持依法治国和以德治国相结合、坚持从中国实际出发，牢牢把握正确政治方向。二是发挥政协优势和作用，围绕全面推进依法治国重大问题认真履行政治协商、民主监督、参政议政职能。三是教育和引导广大政协委员争做社会主义法治的模范践行者，自觉学法、尊法、信法、守法、用法、护法，增强法治理念，树立法治信仰。四是大力加强政协制度建设，不断提高履行职能的制度化、规范化、程序化水平。五是政协委员中的共产党员特别是领导干部要严守政治纪律和政治规矩，切实做到政治信仰坚定不移、政治立场旗帜鲜明、政治定力坚如磐石。

## 中央统战部向党外人士传达中共十八届四中全会精神

10月24日，受中共中央委托，中央统战部向各民主党派中央、全国工商联领导人和无党派人士传达中共十八届四中全会精神。

杜青林发表讲话指出，中共十八届四中全会是在全面深化改革、全面建成小康社会决定性阶段召开的一次十分重要的会议。全会首次以全面推进依法治国为主题，全面勾画法治中国建设宏伟蓝图，标志着中共中央对社会主义法治建设重要性和规律性认识达到前所未有的新高度，治国理政进入法治化新境界。要把学习贯彻全会精神作为当前和今后一个时期统一战线的重大政治任务，深刻认识习近平总书记重要讲话和全会决定是加快建设社会主义法治国家的纲领性文献，深刻领会全面推进依法治国的指导思想、总体目标、基本原则和重大任务，切实把思想和行动统一到全会精神上来。

要坚持中国特色社会主义法治道路，支持各民主党派、工商联和无党派人士把依法治国作为议政建言的重要内容，围绕法治建设涉及的重大问题，结合各自优势开展专题调研，提出真知灼见。关注了解全会确定的重大举措落实和目标任务完成情况，针对存在的问题进行民主监督，提出改进意见。引导统一战线广大成员树立法治观念，形成自觉守法、遇事找法、解决问题靠法的习惯，通过合法方式表达利益诉求、行使民主权利，促进社会和谐。自觉践行社会主义核心价值观，弘扬中华优秀传统文化，强化规则意识，倡导契约精神，遵守公序良俗，成为社会主义法治的忠实崇尚者、自觉遵守者、坚定捍卫者。

## 学习宣传贯彻党的十八届四中全会精神工作会议召开

10月25日，学习宣传贯彻党的十八届四中全会精神工作会议在北京召开。刘云山出席并讲话，刘奇葆主持会议。

刘云山指出，学习宣传贯彻四中全会精神，要紧紧围绕全会《决定》，围绕习近平总书记重要讲话，深刻领会、深入宣传全面推进依法治国的重大意义，更好发挥法治的引领和规范作用；深刻领会、深入宣传中国特色社会主义法治道路的根本要求，牢牢把握全面推进依法治国的正确方向；深刻领会、深入宣传全面推进依法治国总目标，更好建设中国特色社会主义法治体系、建设社会主义法治国家；深刻领会、深入宣传全面推进依法治国的重大任务，坚持依法治国首先要坚持依宪治国，坚持依法执政首先要坚持依宪执政，推动法治中国建设不断取得新进展。

四中全会精神宣传工作政治性政策性很强，必须坚持正确导向，准确把握全面推进依法治国与全面深化改革、坚持党的领导与依法治国等重大关系，做到全面准确、扎实深入。要统筹抓好媒体宣传和社会宣传、网上宣传和网下宣传、对内宣传和对外宣传，既发挥各自优势又形成宣传合力。全会精神的宣传要坚持接地气、重实效，多讲老百姓听得懂、听得进的话，努力把专业术语转化为群众话语，做到深入浅出、入脑入心。要组织力量深入研究阐释全会提出的重大理论观点、重大工作部署,有针对性地回答社会关注的焦点问题、干部群众的深层次思想问题,更好地析事明理、解疑释惑。要加大普法宣传和法治文化建设力度,把法治教育纳入精神文明创建活动,大力弘扬社会主义法治理念和法治精神,在全社会营造尊法、信法、守法、用法、护法的浓厚氛围。

## 中国共产党第十八届中央纪律检查委员会第四次全体会议举行

10月25日,中国共产党第十八届中央纪律检查委员会第四次全体会议在北京举行。全会的主要任务是,认真学习贯彻党的十八届四中全会精神,对纪检监察系统落实全会精神进行部署,推动党风廉政建设和反腐败斗争深入开展,为全面推进依法治国提供坚强有力保证。

王岐山在讲话中指出,四中全会是在中国特色社会主义事业发展进程中召开的一次十分重要的会议。全会审议通过的《中共中央关于全面推进依法治国若干重大问题的决定》,是新形势下全面推进依法治国、加快建设社会主义法治国家的纲领性文件。习近平总书记作重要讲话,对贯彻落实全会精神、做好当前党和国家各项工作提出明确要求。贯彻落实四中全会精神是全党的重大政治任务。广大纪检监察干部要迅速行动起来,原原本本学习全会文件,深刻领会四中全会精神,结合贯彻十八大、十八届二中、三中全会和习近平总书记系列重要讲话精神,融会贯通,真正把思想和行动统一到全会的部署上来。思想认识的提高最终要体现在行动上。各级纪检监察机关要紧密结合自身实际,全面履行党章赋予的职责,加强对四中全会精神落实情况的监督检查,强化监督执纪问责,确保中央政令畅通。

党风廉政建设和反腐败斗争永远在路上。党中央旗帜鲜明、立场坚定、意志品质顽强、领导坚强有力,党风廉政建设和反腐败斗争取得的新成效提振了全党的信心,增强了党的威信,赢得人民群众的信任和拥护。当前党风廉政建设和反腐败斗争形势依然严峻复杂,"四风"病根未除,防止反弹任务艰巨;在惩治腐败的高压态势下,仍有一些党员干部不收敛不收手、甚至变本加厉。我们必须始终做到冷静清醒,保持政治定力,坚定信心决心。要持之以恒纠正"四风"、驰而不息正风肃纪,使作风建设落地生根、成为新常态。谁在这样的形势下仍敢我行我素、依然故我,就要为党改进作风付出代价!要持续保持高压态势,治病树、拔烂树,坚决遏制住腐败蔓延势头,不断加大治本力度,逐步形成不敢腐、不能腐、不想腐的有效机制。

## 中央全面深化改革领导小组召开第六次会议

10月27日,中央全面深化改革领导小组第六次会议在北京召开,习近平主持并讲话。李克强、刘云山出席会议。会议审议了《关于加强社会主义协商民主建设的意见》、《关于中国(上海)自由贸易试验区工作进展和可复制改革试点经验的推广意见》、《关于加强中国特色新型智库建设的意见》,审议通过了《关于国家重大科研基础设施和大型科研仪器向社会开放的意见》,建议根据会议讨论情况进一步修改完善后按程序报批实施。

习近平指出,社会主义协商民主在我国有根、有源、有生命力,是中国共产党人和中国人民的伟大创造,是中国社会主义民主政治的特有形式和独特优势,是党的群众路线在政治领域的重要体现。我们坚持有事多商量,遇事多商量,做事多商量,商量得越多越深入越好,就是要通过商量出办法、出共识、出感情、出团结。加强社会主义协商民主建设的目标是构建程序合理、环节完整的协商民主体系,为我国社会主义民主政治注入新的活力。加强协商民主建设,要坚持党的领导、人民当家作主、依法治国有机统一,坚定不移走中国特色社会主义政治发展道路,有组织、有重点、分层次积极稳妥推进各方面协商。

上海自由贸易试验区成立以来,在党中央、

国务院领导下，在中央有关部门和上海市委、市政府共同努力下，以制度创新为核心，以形成可复制可推广经验为要求，在简政放权、放管结合、加快政府职能转变、体制机制创新、促进贸易投资便利化以及营造市场化、国际化、法治化营商环境等方面，进行了积极探索和大胆尝试，取得了一系列新成果，为在全国范围内深化改革和扩大开放探索了新途径、积累了新经验。上海自由贸易试验区取得的可复制可推广的经验，能在其他地区推广的要尽快推广，能在全国推广的要推广到全国。

总体上看，现在一些地方和部门，科技资源配置分散、封闭、重复建设问题比较突出，不少科研设施和仪器重复建设和购置，闲置浪费比较严重，专业化服务能力不高。要从健全国家创新体系、提高全社会创新能力的高度，通过深化改革和制度创新，把公共财政投资形成的国家重大科研基础设施和大型科研仪器向社会开放，让它们更好为科技创新服务、为社会服务。推进这项改革要细化公开有关实施操作办法，加强统筹协调，一些探索性较强的问题可先试点。

智力资源是一个国家、一个民族最宝贵的资源。我们进行治国理政，必须善于集中各方面智慧、凝聚最广泛力量。改革发展任务越是艰巨繁重，越需要强大的智力支持。近些年来，我国智库发展很快，在出思想、出成果、出人才方面取得了很大成绩，为推动改革开放和现代化建设作出了重要贡献。同时，随着形势发展，智库建设跟不上、不适应的问题也越来越突出，尤其是缺乏具有较大影响力和国际知名度的高质量智库。要从推动科学决策、民主决策，推进国家治理体系和治理能力现代化、增强国家软实力的战略高度，把中国特色新型智库建设作为一项重大而紧迫的任务切实抓好。要统筹推进党政部门、社科院、党校行政学院、高校、军队、科技和企业、社会智库协调发展，形成定位明晰、特色鲜明、规模适度、布局合理的中国特色新型智库体系，重点建设一批具有较大影响和国际影响力的高端智库，重视专业化智库建设。

科学立法是处理改革和法治关系的重要环节。要实现立法和改革决策相衔接，做到重大改革于法有据、立法主动适应改革发展需要。在研究改革方案和改革措施时，要同步考虑改革涉及的立法问题，及时提出立法需求和立法建议。实践证明行之有效的，要及时上升为法律。实践条件还不成熟、需要先行先试的，要按照法定程序作出授权。对不适应改革要求的法律法规，要及时修改和废止。要加强法律解释工作，及时明确法律规定含义和适用法律依据。

## 全国公安机关爱民模范先进事迹报告会举行

10 月 28 日，全国公安机关爱民模范先进事迹报告会在北京举行，习近平会见模范集体代表和爱民模范并讲话。李克强，刘云山参加会见。全国公安系统 100 个爱民模范集体和 100 名爱民模范受到表彰。

习近平讲话指出，公安部表彰全国公安机关爱民模范，这是对全国公安机关开展党的群众路线教育实践活动取得成果的集中检阅，对激励广大公安民警忠诚实践全心全意为人民服务的宗旨、为党和人民事业而奋斗具有重要意义。习近平代表党中央、国务院和中央军委，向受到表彰的爱民模范表示热烈的祝贺，向战斗在维护国家安全和社会稳定第一线的全国广大公安民警和公安现役部队官兵致以崇高的敬意和诚挚的问候。

人民警察来自人民，心系人民、植根人民、服务人民是公安机关的优良传统。长期以来，全国公安机关和广大公安民警牢记宗旨、忠诚使命，围绕中心、服务大局，顽强拼搏、无私奉献，为国家安全、社会稳定、人民幸福作出了重要贡献。长期以来，广大公安民警在群众需要的关键时刻挺身而出，在为民服务的平凡岗位默默耕耘，涌现出一大批扎根基层一线、深受群众爱戴、事迹感人至深的爱民模范，今天受到表彰的先进集体和个人就是其中的优秀代表。你们用实际行动兑现了“人民公安为人民”的庄严承诺，弘扬了正气，发挥了榜样作用，不愧为党的群众路线的忠实践行者，不愧为人民群众的贴心人，党和人民感谢你们。希望同志们珍惜荣誉、砥砺奋进，牢记使命、不负重托，坚持严格规范公正文明执法，践行社会主义核心价值观，在全面推进依法治国中发挥生力军作用，努力在各自岗位上为党和人民再立新功。

## 全军政治工作会议召开

10 月 30 日至 11 月 2 日，全军政治工作会议在福建省上杭县古田镇召开，习近平出席并讲话。会议主要任务是，贯彻整风精神，研究解决新的历史条件下党从思想上政治上建设军队的重大问题。

习近平指出，在长期实践中，我军政治工作形成了一整套优良传统，主要包括：坚持党指挥枪的根本原则和制度，坚持全心全意为人民服务的根本宗旨，坚持实事求是的思想路线，坚持群众路线的根本作风，坚持用科学理论武装官兵，坚持围绕党和军队中心任务发挥服务保证作用，坚持公道正派选拔使用干部，坚持官兵一致、发扬民主，坚持实行自觉的严格的纪律，坚持艰苦奋斗、牺牲奉献的革命精神，坚持党员干部带头、以身作则，等等。这些优良传统是我军政治工作的根本原则和内容。我们一定要深刻认识我军政治工作的重要地位和重大作用，把先辈们用鲜血和生命铸就的优良传统一代代传下去。

必须正视军队建设特别是思想政治建设方面存在的突出问题，特别要高度重视和严肃看待徐才厚案件，深刻反思教训，彻底肃清影响。习近平结合近年来军队案件查处、巡视工作、党的群众路线教育实践活动情况，深刻剖析了部队中特别是领导干部在思想政治和作风上存在的 10 个方面的突出问题。习近平指出，出现这些问题原因是多方面的，最根本的还是理想信念、党性原则、革命精神、组织纪律、思想作风等方面出了问题，要从政治工作的角度进行反思，认真总结教育者本身受教育不够，对领导干部管理失之于宽、失之于软，监督体系功能没有得到有效发挥，制度建设存在漏洞的教训，认真研究怎么认识、怎么解决这些问题，回应全军上下的关切，把我军政治工作的优良传统恢复和发扬起来，把军队各项建设和工作更好推向前进。当前最紧要的是把 4 个带根本性的东西立起来：要把理想信念在全军牢固立起来，适应强军目标要求，把坚定官兵理想信念作为固本培元、凝魂聚气的战略工程，把握新形势下铸魂育人的特点和规律，着力培养有灵魂、有本事、有血性、有品德的新一代革命军人。要把党性原则在全军牢固立起来，坚持党性原则是政治工作的根本要求，必须坚持党的原则第一、党的事业第一、人民利益第一，在党言党、在党忧党、在党为党，把爱党、忧党、兴党、护党落实到工作各个环节。要把战斗力标准在全军牢固立起来，把战斗力标准作为军队建设唯一的根本的标准，聚焦能打仗、打胜仗，健全完善党委工作和领导干部考核评价体系，探索政治工作服务保证战斗力建设的作用机理，形成有利于提高战斗力的舆论导向、工作导向、用人导向、政策导向，把政治工作贯穿到战斗力建设各个环节。要把政治工作威信在全军牢固立起来，从模范带头抓起，从领导带头抓起，引导各级干部特别是政治干部把真理力量和人格力量统一起来，坚持求真务实，坚持公道正派。加强和改进新形势下我军政治工作，当前要重点抓好以下 5 个方面：第一，着力抓好铸牢军魂工作。第二，着力抓好高中级干部管理。第三，着力抓好作风建设和反腐败斗争。第四，着力抓好战斗精神培育。第五，着力抓好政治工作创新发展。

# 2014年11月

## 第三次中老两党理论研讨会开幕

11月1日，以“建设社会主义法治国家的经验”为主题的第三次中老两党理论研讨会在万象开幕。刘奇葆和老挝人革党中央政治局委员、中央书记处书记、中央纪委书记本通出席开幕式并作主旨报告。

刘奇葆指出，中国共产党高度重视法治建设，中共十八届四中全会研究部署了全面推进依法治国重大问题，意义重大而深远。我们将坚持党的领导、人民当家作主、依法治国有机统一，坚定不移走中国特色社会主义法治道路，建设中国特色社会主义法治体系、建设社会主义法治国家。中方愿同老方加强治国理政经验交流，不断提高党的执政能力和执政水平。本通表示，老方愿与中方互学互鉴，加强社会主义法治建设。

## 高校专家学者学习贯彻党的十八届四中全会精神座谈会召开

11月1日，教育部、人民日报社联合召开“高校专家学者学习贯彻党的十八届四中全会精神座谈会”。来自北京大学、清华大学、中国人民大学、北京师范大学、中国政法大学、南开大学、复旦大学、浙江大学、华东政法大学、西南政法大学等高校负责人和专家学者参加座谈。袁贵仁、李宝善出席并讲话，卫红主持座谈会。

专家学者纷纷表示，高校要认真学习贯彻四中全会精神，团结引导广大师生把思想和行动统一到中央关于全面推进依法治国的重大决策部署上来，积极投身法治中国建设的伟大实践。高校在推进依法治国中担负着重大责任。要全面落实四中全会对教育工作的部署和要求，大力推进依法治教、依法治校，切实把法治教育纳入国民教育体系，着力创新人才培养机制，努力满足全面推进依法治国对法治人才的需求。要加强对全会精神的研究阐释和宣传引导，有针对性地回答法治热点问题，积极为法治建设、法治教育和法治人才培养建言献策，努力构建中国特色社会主义法学理论体系，为全面推进依法治国提供智力支持和学理支撑，营造良好思想舆论氛围。

## 深化平安中国建设会议召开

11月3日，深化平安中国建设会议在武汉召开。习近平就深入推进平安中国建设作出重要指示，法治是平安建设的重要保障。政法综治战线要认真学习贯彻党的十八届四中全会精神，把政法综治工作放在全面推进依法治国大局中来谋划，深入推进平安中国建设，发挥法治的引领和保障作用，坚持运用法治思维和法治方式解决矛盾和问题，加强基础建设，加快创新立体化社会治安防控体系，提高平安建设现代化水平，努力为建设中国特色社会主义法治体系、社会主义法治国家作出更大贡献。

## 第五届“我最喜爱的人民警察”举行颁奖典礼

11月3日，第五届“我最喜爱的人民警察”评选活动在武汉揭晓评选结果并举行颁奖典礼。在会见全体获奖民警时，孟建柱即席发表了讲话。他说，你们的事迹感人至深，我们都是饱含着感动的泪水在看、在听你们的故事。你们虽然岗位不同，但都心中始终装着党和人民利益，始终把服务人民作为永恒的价值追求，忠诚使命、默默奉献，在平凡的岗位上做出了不平凡的业绩，忠实践行了“人民公安为人民”的庄严承诺。你们的事迹就是活生生的人生教科书。你们无愧为党和人民的忠诚卫士，是政法公安战线真正的英雄。

广大政法干警要以“我最喜爱的人民警察”为榜样，学习英雄模范的崇高品质和先进事迹，永葆坚定的理想信念和高尚的道德情操，对党忠诚、献身使命，牢记宗旨、一心为民，为全面建成小康社会、实现中华民族伟大复兴的中国梦作出新贡献。

## 中央财经领导小组召开第八次会议

11 月 4 日，中央财经领导小组在北京召开第八次会议，习近平主持并讲话，李克强、刘云山、张高丽出席会议。会议研究丝绸之路经济带和 21 世纪海上丝绸之路规划、发起建立亚洲基础设施投资银行和设立丝路基金，听取了国家发展改革委、财政部、中国人民银行关于“一带一路”规划、发起建立亚洲基础设施投资银行、设立丝路基金的汇报。

习近平指出，“一带一路”贯穿欧亚大陆，东边连接亚太经济圈，西边进入欧洲经济圈。无论是发展经济、改善民生，还是应对危机、加快调整，许多沿线国家同我国有着共同利益。“一带一路”倡议，有利于扩大和深化对外开放。推进“一带一路”建设，要诚心诚意对待沿线国家，做到言必信、行必果。要本着互利共赢的原则同沿线国家开展合作，让沿线国家得益于我国发展。要实行包容发展，坚持各国共享机遇、共迎挑战、共创繁荣。要做好“一带一路”总体布局，尽早确定今后几年的时间表、路线图，要有早期收获计划和领域。推进“一带一路”建设要抓落实，由易到难、由近及远，以点带线、由线到面，扎实开展经贸合作，扎实推进重点项目建设，脚踏实地、一步一步干起来。要抓住关键的标志性工程，力争尽早开花结果。要帮助有关沿线国家开展本国和区域间交通、电力、通信等基础设施规划，共同推进前期预研，提出一批能够照顾双边、多边利益的项目清单。要高度重视和建设一批有利于沿线国家民生改善的项目。要坚持经济合作和人文交流共同推进，促进我国同沿线国家教育、旅游、学术、艺术等人文交流，使之提高到一个新的水平。要做好统筹协调工作，正确处理政府和市场的关系，发挥市场机制作用，鼓励国有企业、民营企业等各类企业参与，同时发挥好政府作用。要重视国别间和区域间经贸合作机制和平台建设工作，设计符合当地国情的投资和贸易模式，通过机制化安排推进工作。要加大对外援助力度，发挥好开发性、政策性金融的独特优势和作用，积极引导民营资本参与。要统筹好部门和地区关系，各部门和各地区要加强分工合作、形成合力。

要以创新思维办好亚洲基础设施投资银行和丝路基金。发起并同一些国家合作建立亚洲基础设施投资银行是要为“一带一路”有关沿线国家的基础设施建设提供资金支持，促进经济合作。设立丝路基金是要利用我国资金实力直接支持“一带一路”建设。要注意按国际惯例办事，充分借鉴现有多边金融机构长期积累的理论和实践经验，制定和实施严格的规章制度，提高透明度和包容性，确定开展好第一批业务。亚洲基础设施投资银行和丝路基金同其他全球和区域多边开发银行的关系是相互补充而不是相互替代的，将在现行国际经济金融秩序下运行。

## 第十次中越两党理论研讨会举行

11 月 4 日，以“建设社会主义法治国家的经验”为主题的第十次中越两党理论研讨会在越南大叻市开幕。刘奇葆和越共中央政治局委员、中央书记处书记、中央宣教部部长、中央理论委员会主席丁世兄出席开幕式并作主旨报告。

刘奇葆指出，中国共产党高度重视法治建设，中共十八届四中全会通过了《中共中央关于全面推进依法治国若干重大问题的决定》，回答了全面推进依法治国的一系列重大问题，提出了全面推进依法治国的指导思想、总目标、基本原则，部署了法治建设各方面的重点任务。他强调，我们将坚持党的领导、人民当家作主、依法治国有机统一，坚定不移走中国特色社会主义法治道路，建设中国特色社会主义法治体系、建设社会主义法治国家。中方愿意同越方加强治国理政经验交流，推动中越全面战略合作伙伴关系提升到新水平。

丁世兄介绍了越南加强法治建设的经验和做法，高度评价中共十八届四中全会取得的成果和中国推进依法治国的进展，表示愿意与中方互学互鉴、共同发展。会上，中越双方专家学者围绕依法治国进行了深入研讨。

## 全国政法委书记座谈会召开

11 月 4 日，全国政法委书记座谈会在武汉召开，孟建柱主持会议并讲话。

孟建柱指出，要深入学习、深刻领会全会精神，把思想和行动统一到中央决策部署上来，全面贯彻落实全会确定的各项任务。要加强调查研究，在联系实际、解决问题、推动工作上下功夫。要按照先易后难、统筹兼顾、依法有序的原则，积极稳妥地推进各项改革措施的落实。要坚持党的领导，遵循司法规律，加快建设公正高效权威的社会主义司法制度。

政法委员会是党委领导政法工作的组织形式，要适应全面推进依法治国新形势，不断提高工作能力和水平。要把握政治方向，善于抓大事、议大事，提高协调解决工作难题的能力。要善于运用法治方式推动工作，创造公正司法环境。要扎实推进司法体制改革，做到既接地气、又有理想，促进政法事业长远发展。要加强队伍建设，努力建设一支忠于党、忠于国家、忠于人民、忠于法律的政法队伍。

## 全国信访工作专题会议召开

11 月 4 日，全国信访工作专题会议在武汉召开，杨晶出席会议并讲话。

杨晶指出，各地各有关部门要全面落实依法行政，加大整治行政不作为、慢作为、乱作为力度，健全完善重大决策和行政执法责任追究机制，使各级干部适应在约束中工作、习惯在监督下干事，切实从源头上预防和减少信访问题发生；要强化法律在维护群众权益、化解社会矛盾中的权威地位，坚持法定途径优先，健全完善行政调解、行政复议、行政仲裁、行政诉讼等方式有机衔接的矛盾纠纷化解机制，着力解决好群众反映强烈的信访突出问题。

## 中央党校举行 2014 年秋季学期第一批进修班毕业典礼

11 月 5 日，中共中央党校举行 2014 年秋季学期第一批进修班毕业典礼，刘云山出席并为学员颁发毕业证书。

中央党校本期毕业学员共 316 人。学员们反映，通过深入学习习近平总书记系列重要讲话精神，学习党的十八届三中、四中全会精神，进一步深化了思想认识，坚定了理想信念，增强了践行“三严三实”的自觉性；通过系统学习马克思主义基本理论特别是中国特色社会主义理论体系，提高了理论素养和党性修养；通过深入交流，集中研讨，开阔了视野，充实了知识，提高了能力。

张伯里在毕业典礼上讲话，希望学员们深入学习贯彻习近平总书记系列重要讲话精神，打牢履职尽责的思想政治基础；认真学习贯彻党的十八届四中全会精神，把中央确定的全面推进依法治国的各项任务落到实处；坚持改进作风，做党的建设新常态的积极拥护者、践行者。

## 全国研究生教育质量工作会议召开

11 月 5 日，全国研究生教育质量工作会议暨国务院学位委员会第三十一次会议在北京召开，刘延东出席并讲话。

刘延东指出，改革开放特别是教育规划纲要实施以来，我国研究生教育学科整体水平显著提高，服务国家需求能力持续增强，国际影响力不断扩大，实现了历史性跨越。要深刻把握全球经济科技竞争新趋势，坚定不移推动改革，使研究生教育成为高端人才的聚集器、国家科技创新的倍增器和中华优秀文化传承创新的推进器。要树立科学的质量观，解决好培养什么人、为谁培养人的问题，围绕经济社会需求优化结构，坚持质量为核心的内涵式发展，着眼提升创新与实践能力改革培养模式，把握好规模与质量、借鉴与弘扬的关系。要按照“四有”标准建设一支造诣精湛、德学双馨的导师队伍，突出科教结合和产学结合，不断提升研究生教育的国际化水平。要健全法律法规、完善制度规范、强化监督责任，建立完善内部质量保障与外部评估体系，努力开创研究生教育改革发展新局面。

## 中国新闻奖、长江韬奋奖颁奖报告会举行

11月7日，第二十四届中国新闻奖、第十三届长江韬奋奖颁奖报告会在北京举行，刘云山会见获奖代表并讲话。

刘云山首先向获奖代表表示祝贺，向全国新闻工作者表示节日问候，向为我国新闻事业做出贡献的老一辈新闻工作者表示崇高敬意。他指出，讲好中国故事，重要的是解决好讲什么、怎么讲和怎样讲好的问题。讲什么，就是要把握时代脉搏、关注发展大势，聚焦“两个一百年”奋斗目标和中华民族伟大复兴的中国梦，把当代中国发展进步的主流展示好，把中国人民蓬勃向上的风貌展示好。怎么讲，就是要真实、生动、鲜活地讲，真实的故事最精彩，百姓的故事最生动，要坚持实事求是，不断改进创新，努力出新出彩，做到见人见事见思想见精神。怎样讲好，就是要走出办公室、走出高楼大厦，在路上心中才会有时代，在基层心中才会有群众，在现场心中才会有感动。要深化“走转改”，多到基层一线，采写接地气、有温度的好新闻。

## 亚太经合组织第二十二次领导人非正式会议举行

11月11日，亚太经合组织第二十二次领导人非正式会议在北京怀柔雁栖湖国际会议中心举行。各成员领导人围绕“共建面向未来的亚太伙伴关系”主题深入交换意见，共商区域经济合作大计，达成广泛共识。中国国家主席习近平主持会议。会议发表了《北京纲领：构建融合、创新、互联的亚太——亚太经合组织领导人宣言》和《共建面向未来的亚太伙伴关系——亚太经合组织成立25周年声明》。

习近平指出，亚太经合组织成立25年来，见证了亚太发展的历史成就，亚太发展也赋予亚太经合组织新的使命。面对新形势，我们应该深入推进区域经济一体化，打造有利于长远发展的开放格局，大力推进亚太自由贸易区进程。我们应该全力推动改革创新，挖掘新的增长点和驱动力，通过结构调整释放内生动力。我们应该加快完善基础设施建设，打造全方位互联互通格局，让脚下之路、规则之路、心灵之路联通太平洋两岸全体成员。就此提出4点主张。第一，共同规划发展愿景，把在启动亚太自由贸易区进程、推进互联互通、谋求创新发展等方面达成的重要共识转化为行动。第二，共同应对全球性挑战，妥善应对流行性疾病、粮食安全、能源安全等全球性问题。第三，共同打造合作平台，将亚太经合组织打造成推进一体化的制度平台，加强经验交流的政策平台，反对贸易保护主义的开放平台，深化经济技术合作的发展平台，推进互联互通的联接平台。中方将捐款1000万美元，用于支持亚太经合组织机制和能力建设，开展各领域务实合作。第四，共同谋求联动发展，加大对发展中成员的资金和技术支持，扩大联动效应，实现共同发展。

各经济体领导人围绕主题，就“推动区域经济一体化”，“促进经济创新发展、改革与增长”，“加强全方位基础设施与互联互通建设”3项重点议题展开讨论。

习近平指出，要为亚太区域经济一体化规划新愿景，为实现亚太自由贸易区采取务实行动，发挥亚太经合组织引领和协调作用，不断加大对经济技术合作和能力建设的投入。要拓宽战略视野，展现政治勇气，把握好平衡，积极采取行动，推动实现亚太经济创新发展、改革、增长，巩固全球经济引擎地位。要推进基础设施建设，加强政策沟通和规制衔接，促进人民友好往来，深化双边、区域、国际各层面合作，共同致力于实现亚太全方位互联互通。开展互联互通合作是中方“一带一路”倡议的核心。中方欢迎志同道合的朋友积极参与有关合作，共同将“一带一路”建设成为大家的合作之路、友好之路、共赢之路。

各经济体领导人一致认为，在当前全球经济形势下，要加快亚太自由贸易区建设，积极推进区域经济一体化，加强基础设施建设，促进互联互通。各方赞同习近平主席提出的有关倡议和主张，高度评价中国为促进亚洲和世界经济繁荣、推动亚太经合组织发展发挥的重要作用，感谢中方为举办本次会议所做的出色工作。

## 全国政协举行仪式<br>纪念孙中山诞辰148周年

11月12日，全国政协在北京中山公园中山堂举行仪式，纪念中国民主革命的伟大先行者孙中山先生诞辰148周年。

全国政协、民革中央、中共中央统战部、北京市政府分别向孙中山先生塑像敬献了花篮。参加纪念仪式的各界人士在孙中山先生塑像前肃立并三鞠躬。

## 中央党校举行2014年<br>秋季学期第二批进修班开学典礼

11月14日，中共中央党校举行2014年秋季学期第二批进修班开学典礼，刘云山出席并讲话。

刘云山说，领导干部带头学法尊法守法用法，是党领导全面推进依法治国的题中应有之义，能否在法治建设上作表率，直接关系法治权威的树立、法治秩序的形成、法治实践的成效。要适应建设社会主义法治国家的新要求，在学法上更加全面深入，做到先学一步、高出一筹；在尊法上更加坚定自觉，真正内化于心、外化于行；在守法上更加严格自律，时时处处以宪法法律为准绳；在用法上更加积极主动，养成遇事找法、办事依法、解决问题靠法的行为习惯，努力做法治型领导干部。领导干部要带头树立和弘扬社会主义法治理念、法治精神，着力增强坚持中国特色社会主义法治道路的自觉性坚定性，始终保持高度自信和坚强定力；着力增强在党的领导下全面推进依法治国的自觉性坚定性，把党领导立法、保证执法、支持司法、带头守法贯穿法治建设全过程；着力增强法治建设为了人民、依靠人民、造福人民、保护人民的自觉性坚定性，把维护人民权益、增进人民福祉落实到法治建设各方面；着力增强坚持宪法法律至上、法律面前人人平等的自觉性坚定性，牢记法律红线不可触、法律底线不可越。

处理好权和法的关系是对各级领导干部最经常、最直接的考验，要坚持依法用权、秉公用权、廉洁用权，准确把握权力边界，按照法律法规履行职责，按照权力清单行使权力，坚决防止不作为、乱作为。公平公正是法治的生命线，必须始终牢记法律的天平任何时候都不能倾斜，切实做到不因私利抛公义、不因私谊废公事。公开才有公平，透明才会清明，领导干部要自觉接受党和人民监督，坚持以公开为常态、不公开为例外原则，习惯于在“聚光灯”下开展工作，确保权力在阳光下运行。

## 纪念中国共产党与德国社民党<br>建立党际关系30周年研讨会召开

11月17日，纪念中国共产党与德国社会民主党建立党际关系30周年研讨会在北京召开，赵乐际出席并讲话。

赵乐际指出，30年前，中国共产党和德国社民党本着“超越意识形态差异、谋求相互了解与合作”的精神建立党际关系。30 年来，两党开展了多渠道、多层次、多领域的交流合作，积极服务国家、造福民众，形成了党际交往的新模式。当前，中德交流的紧密程度前所未有，两党关系站在新的历史起点上。中方愿与德方一道，坚持相互尊重，加强战略规划，深化交流合作，巩固两党政治互信，不断推动两党关系向新的高度迈进、向新的领域拓展，努力为两国人民谋取更大福祉。

参加研讨会的德国社民党副主席君贝尔表示，当前德中双边关系发展日益深入，两党交流合作的形式和内涵不断拓展。德国社民党希望增进两党相互信任交往，推动德中政治、经济、教育、科技、可持续发展等领域的务实合作，为两党发展和两国关系注入新的动力。

## 中央党内法规和规范性文件集中清理工作完成

新华社 11 月 17 日报道，《中共中央关于再废止和宣布失效一批党内法规和规范性文件的决定》日前发布。根据《决定》，纳入第二阶段清理范围的新中国成立至 1977 年期间中共中央制定的 411 件党内法规和规范性文件中，160 件被废止，231 件宣布失效，20 件继续有效。《决定》的发布，标志着中央党内法规和规范性文件集中清理工作全部完成。

这次集中清理工作由中央办公厅牵头组织实施，中央纪委机关、中央组织部、中央宣传部、中央统战部等 50 多个中央和国家机关共同参与，前后历时两年。通过对新中国成立至 2012 年 6 月期间出台的 2.3 万多件中央文件进行全面筛查，共梳理出规范党组织工作、活动和党员行为的党内法规和规范性文件 1178 件。经过清理，废止 322 件，宣布失效 369 件，二者共占 58.7%；继续有效的 487 件，其中 42 件需适时进行修改。通过清理，摸清了中央党内法规制度的家底，一揽子解决了党内法规制度中存在的不适应、不协调、不衔接、不一致问题，有力维护了党内法规制度的协调统一，有利于党内法规制度的遵守和执行。

## 中央巡视工作动员部署会召开

11 月 18 日，中央巡视工作动员部署会在北京召开，王岐山出席并讲话。

王岐山指出，党中央高度重视加强和改进巡视工作。十八大以来，中央政治局常委会多次听取巡视情况汇报，习近平总书记每次都作出重要指示，为巡视工作指明方向、提出要求。中央巡视工作领导小组狠抓工作落实，中央巡视组用不到两年时间完成了对 31 个省区市和新疆生产建设兵团的全覆盖，巡视的强度、力度和效果前所未有，形成有力震慑，赢得党心民心。巡视是党内监督的利剑，是有效、管用的制度。

实现巡视全覆盖就要创新方式方法，使党内监督不留空白。下一阶段工作重点转向专项巡视。专项巡视要害在“专”，可以围绕一件事、一个人、一个下属单位、一个工程项目、一笔专项经费开展巡视。监督不是一阵子，要针对已巡视过的地方或部门杀个回马枪，强化震慑、不敢、知止的氛围。与常规巡视不同，专项巡视要目标清晰，循着问题线索而去，聚焦问题、突出重点、挖深吃透，不求面面俱到。要加强与纪检、组织等部门的协调，捋出问题线索、掌握巡视对象情况，使专项巡视指向更加明确。要机动灵活、方法多样、加快进度，一个月内完成任务。专项巡视不仅要就事论事，还要见微知著，把握被巡视对象的特点，分析其历史沿革和文化，善于从一个问题线索中，发现被巡视对象在腐败、作风、纪律、选人用人等方面的普遍问题。要用好巡视成果，解剖麻雀、以点带面，针对共性问题，推动问题整改。

## 中办印发《关于深化“四风”整治、巩固和拓展党的群众路线教育实践活动成果的指导意见》

新华社 11 月 18 日报道，中共中央办公厅近日印发了《关于深化“四风”整治、巩固和拓展党的群众路线教育实践活动成果的指导意见》，并发出通知，要求各地区各部门结合实际认真贯彻执行。

《意见》共七部分，分别为：充分认识巩固和拓展教育实践活动成果的重要意义；切实兑现承诺，持续深入抓好整改落实；强化源头治理，健全和落实改进作风常态化制度；严肃党内政治生活，坚决克服自由主义、分散主义、好人主义、个人主义；充分发挥领导带头表率作用，继续保持作风建设以上率下态势；着力夯实基层基础，建强联系群众组织体系、服务体系、监督体系、保障体系；加强组织领导，落实作风建设各项责任。

## 文艺界召开“深入生活、扎根人民”实践活动电视电话会议

11月19日，文艺界“深入生活、扎根人民”主题实践活动电视电话会议在北京召开，刘奇葆出席并讲话。

刘奇葆强调，广大文艺工作者要解决好“为了谁、依靠谁、我是谁”这个根本问题，树立马克思主义文艺观、鲜明的群众观点、强烈的时代观念、正确的价值理念，打牢投身“深入生活、扎根人民”主题实践活动的思想基础。要通过主题实践活动，采撷文化养分、在深入人民生活中汲取创作营养；创作文艺精品，推出更多打动人心、有筋骨有道德有温度的优秀作品；送去文化服务，丰富基层群众精神文化生活；播撒文化种子，通过教、学、帮、带，培养一支不走的文化队伍。作家、艺术家要沉下心来、扑下身子，踏踏实实走进群众、深入生活，真正同群众打成一片，锤炼作风意志，提升创作水平，确保活动取得实实在在的成效。

## 中宣部、全国老龄办发布邬沧萍等“最美老有所为人物”的先进事迹

11月20日，中央宣传部、全国老龄工作委员会办公室向全社会公开发布邬沧萍等17位“最美老有所为人物”的先进事迹。

邬沧萍、运起荣、尉凤英、李贺、姚梅芳、喻朝芬、岗祖、杨格桑、魏世杰、陆良八老等17位老人来自不同地域、不同行业，他们奋发有为、发挥余热，有的耄耋之年奋战在教学科研一线，有的为老服务维护老年人合法权益，有的心系边陲支援新疆医疗事业，有的坚持不懈植树造林绿化荒山。在他们身上，集中展现了当代老年人的良好精神风貌，他们不愧为全国广大干部群众学习的榜样，不愧为践行社会主义核心价值观的楷模。

## 从严治党、从严管理干部调研座谈会召开

11月22日，就全面推进从严治党、从严管理干部，刘云山在北京主持召开两个调研座谈会，听取有关部门、地方负责同志和专家学者意见。

座谈会上大家认为，党的十八大以来，以习近平同志为总书记的党中央出台实施八项规定，组织开展群众路线教育实践活动，一系列严明纲纪、严肃吏治的举措推动党的建设开创了新局面。作风建设有了一个好的开端，但把党管好治好任重道远，党的建设永远在路上，一定要在抓常抓细抓长上下功夫。巩固党的建设良好态势，必须认真落实中央部署，坚持思想建党与制度建党相结合，坚持治标与治本相结合，使从严要求成为管党治党的新常态。

刘云山指出，全面推进从严治党，关键是落实党委的主体责任。有了责任，才会有压力、有动力，才会以讲认真、敢碰硬的精神做好工作。落实责任首先要明确责任、细化责任，让各级党委、党委书记和相关部门具体而不是抽象地、认真而不是敷衍地履职尽责。落实责任还要强化责任考核，对不能履行从严治党责任的，要严肃追责问责。群众路线教育实践活动取得重要成果，为全面推进从严治党提供了经验和启示。只要认认真真管、实实在在严，就能把党管好管到位，我们应当有以严兴党强党的自信心。要认真贯彻中央关于深化“四风”整治、巩固拓展

活动成果的指导意见，落实整改任务、深化专项整治，把作风建设引向深入。要按照教育实践活动专题民主生活会的标准，以整风精神开好年度领导干部民主生活会，真正使党内政治生活严肃起来。要弘扬改革精神，运用法治思维，解决管党治党面临的新问题，做到严格标准不降格、严肃执纪不手软，推动形成良好政治生态。

## 首届国家网络安全宣传周举行启动仪式

11 月 24 日，首届国家网络安全宣传周启动仪式在北京中华世纪坛举行，刘云山在仪式上讲话，并参观了网络安全公众体验展。国家网络安全宣传周定于每年 11 月最后一周举行。今年宣传周的主题是“共建网络安全，共享网络文明”。

刘云山说，互联网的互联互通，给我国经济发展提供强劲动力，给社会进步注入巨大活力。越来越多的人通过互联网获取信息、学习交流、购物娱乐、创业兴业，上网用网、在线互动已成为许多人的生活状态。在充分享受互联网种种便利的同时，要清醒看到网络攻击、网络诈骗、网络侵权时有发生，网上黄赌毒、暴力恐怖以及网络谣言等有害信息屡禁不止，严重危害国家安全、损害人民利益。维护网络安全、规范网络秩序、净化网络环境，已成为广大群众的共同呼声。网络安全、网络发展相辅相成，离开了安全堤坝，网络就不可能健康发展、持续发展。依法维护网络安全，是全面推进依法治国的重要内容。要进一步完善互联网建设管理的法律法规，着力健全国家网络安全保障体系，坚决打击网上违法犯罪活动，切实增强网络安全工作的主动性有效性。要积极参与互联网的国际对话合作，促进解决网络安全面临的突出问题，共同构建和平、安全、开放、合作的网络空间，推动建立多边、民主、透明的国际互联网治理体系，确保网络信息既自由流动又安全流动、有序流动，更好维护国家网络空间安全和发展利益，维护人民群众网络信息合法权益。

## 2014 年中央第三轮巡视组开始进驻

11 月 24 日，中央第六巡视组巡视中国石化工作动员会召开，傅成玉主持会议并作动员讲话，赵文波就即将开展的专项巡视工作作了讲话，黎晓宏就配合做好巡视工作提出要求。中央纪委监察部网站开设“2014 年中央第三轮巡视进驻专栏”，集中公布中央第三轮巡视的进驻情况。

经中央批准，2014 年中央第三轮巡视将对文化部、环保部、中国科协、全国工商联、中国国际广播电台、南方航空、中国船舶、中国联通、中国海运、华电集团、东风汽车、神华集团、中石化等 13 个单位进行专项巡视。

## 中央督导组工作部署会召开

11 月 24 日，中央督导组督促指导 2014 年度省部级单位党员领导干部民主生活会工作部署会在北京召开，赵乐际出席并讲话。

赵乐际指出，2014 年度省部级单位党员领导干部民主生活会，是教育实践活动基本结束后的第一次民主生活会，对保持整治“四风”的好势头、推动改进作风常态化、营造良好政治生态具有重要作用。要督导突出“严格党内生活，严守党的纪律，深化作风建设”主题，抓好深入学习、征求意见、谈心谈话等准备工作，搞好对照检查、真正找准问题。要督导开展严肃的批评和自我批评，以爱党、忧党、兴党、护党的政治担当，进行积极健康的思想斗争。要督导深化整改落实，坚持务实为本、真改实改，一条一条兑现承诺，改出效果、改出变化。中央督导组要严字当头、坚持认真，敢于负责担当、敢于动真较真、敢于指出问题，促使党员领导干部的思想认识得到提高，存在的问题得到切实解决，扎扎实实推动全面建成小康社会、全面深化改革、全面推进依法治国各项工作。

## 中央纪委清理党内法规和规范性文件 626 件

11 月 24 日，经过两个阶段的工作，中央纪委共对626件党内法规和规范性文件进行了清理。其中，建议废止或废止108件，失效或宣布失效120件，修改31件，继续有效367件。

在本次清理工作中，第一阶段对由中央纪委起草或者牵头起草、以中共中央文件或者中共中央办公厅文件形式发布的82件中央党内法规和规范性文件，建议废止9件、失效4件、修改4件、继续有效65件；对394件中央纪委制定或者牵头制定的党内法规和规范性文件，废止37件、失效28件、修改27件、继续有效302件。第二阶段对中央纪委（中央监委）代中央起草、以中央名义发布的30件中央党内法规和规范性文件，建议废止16件、宣布失效14件；对120件中央纪委（中央监委）制定的党内法规和规范性文件，废止46件、宣布失效74件。

## 全国离退休干部先进集体和先进个人表彰大会召开

11月26日，全国离退休干部先进集体和先进个人代表表彰大会在北京召开，会前习近平会见代表并发表讲话。刘云山、张高丽参加会见。450位离退休干部先进个人和150个先进集体受到表彰。

习近平讲话指出，这次全国离退休干部先进集体和先进个人表彰大会，是一次十分重要的会议。代表党中央、国务院、中央军委，向受到表彰的先进集体和先进个人表示热烈的祝贺，向全国离退休干部致以崇高的敬意和诚挚的问候，向广大老干部工作者和在第一线辛勤服务的同志们表示诚挚的慰问和衷心的感谢。广大离退休干部是党和国家的宝贵财富。中央组织部去年在老同志中组织开展了“我看这一年”、今年开展了“我看党的建设”调研活动，从中可以感受到，老同志对党中央的大政方针给予了普遍认可、高度评价，对党的领导和中国特色社会主义制度是坚定拥护的，对改进作风、坚决惩治腐败是坚定支持的。这充分体现了老同志对党的深厚感情和对党的事业的无比忠诚。要广泛宣传老同志的先进事迹，在全社会广泛形成尊重老同志、爱护老同志、学习老同志的良好社会氛围。要发挥老同志的政治优势、经验优势、威望优势，组织引导老同志讲好中国故事、弘扬中国精神、传播中国好声音，推动全党全社会更好培育和践行社会主义核心价值观。要切实解决好老同志的实际困难，让老同志安享幸福晚年。

刘云山在表彰大会上讲话。他说，习近平总书记重要讲话充分体现了党中央对老干部工作的高度重视和对离退休干部的亲切关怀，体现了党和人民对老同志历史贡献的充分肯定。要认真学习贯彻习近平总书记重要讲话精神，深刻认识做好老干部工作的特殊意义，落实好党中央关于离退休干部的各项政策，把工作做到广大老同志心坎上。不忘本来才能开辟未来，要始终牢记老干部的历史功绩，倍加珍惜老同志创造的宝贵精神财富，在历史接续奋斗中把握正确的前进方向，在继承先辈优良传统中坚定走向未来的信念。要大力弘扬尊老敬老的光荣传统，对老同志保持敬重之心、倾注关爱之情、多做务实之事，推出更多利老、便老的具体措施，周到细致地做好服务老干部工作。老同志有着丰富经验智慧和人生阅历，要支持老同志在自觉自愿、量力而行的基础上继续发挥作用，为全面建成小康社会、全面深化改革、全面推进依法治国贡献力量。特别要鼓励广大老同志积极参与关心下一代工作，向青少年讲历史讲传统、传思想传精神，帮助青少年扣好人生的“第一粒扣子”、树立正确的世界观人生观价值观。要切实加强离退休干部党组织建设，结合老干部队伍特点，丰富活动内容、创新工作方式，更好地发挥党组织凝聚老同志、服务老同志的作用。各级党委和政府要把老干部工作摆在重要位置，加强领导、强化指导，研究解决工作中的重要问题，调动各方面力量做好老干部工作，推动形成敬老、爱老、为老、助老的社会氛围。

## 中宣部发布“时代楷模”吴亚琴和马善祥的先进事迹

11 月 28 日，中央宣传部向全社会公开发布“时代楷模”吴亚琴和马善祥的先进事迹。

吴亚琴是吉林省长春市宽城区团山街道长山花园社区党委书记、居委会主任，她二十年如一日，模范履行基层党组织带头人职责，创新基层思想政治工作方式方法，探索化解社会矛盾有效途径，竭尽全力为群众谋幸福，帮助群众解决了大量实际困难，用自己的行动诠释了共产党员的崇高理想和价值追求，受到当地干部群众的广泛赞誉。马善祥是重庆市江北区观音桥街道“老马工作室”负责人，从事基层群众工作 26 年，他始终把为基层群众服务视为终生事业，在推动解决实际问题的过程中，引导人们用社会主义核心价值观认识分析问题、正确看待利益关系，为促进人际和善、邻里和睦、社会和谐发挥了重要作用，赢得了当地干部群众的信任。他创造的“老马工作法”，为加强和改进基层思想政治工作提供了有益经验。

## 中央外事工作会议举行

11 月 28 日至 29 日，中央外事工作会议在北京召开，习近平出席会议并讲话，李克强主持会议。张德江、俞正声、刘云山、王岐山、张高丽出席会议。

习近平指出，党的十八大以来，党中央统筹国内国际两个大局，在保持外交大政方针连续性和稳定性的基础上，主动谋划，努力进取，对外工作取得显著成绩。习近平在深入分析了世界发展态势和国际格局变化后强调，认识世界发展大势，跟上时代潮流，是一个极为重要并且常做常新的课题。中国要发展，必须顺应世界发展潮流。要树立世界眼光、把握时代脉搏，要把当今世界的风云变幻看准、看清、看透，从林林总总的表象中发现本质，尤其要认清长远趋势。要充分估计国际格局发展演变的复杂性，更要看到世界多极化向前推进的态势不会改变。要充分估计世界经济调整的曲折性，更要看到经济全球化进程不会改变。要充分估计国际矛盾和斗争的尖锐性，更要看到和平与发展的时代主题不会改变。要充分估计国际秩序之争的长期性，更要看到国际体系变革方向不会改变。要充分估计我国周边环境中的不确定性，更要看到亚太地区总体繁荣稳定的态势不会改变。当今世界是一个变革的世界，是一个新机遇新挑战层出不穷的世界，是一个国际体系和国际秩序深度调整的世界，是一个国际力量对比深刻变化并朝着有利于和平与发展方向变化的世界。我们看世界，不能被乱花迷眼，也不能被浮云遮眼，而要端起历史规律的望远镜去细心观望。综合判断，我国发展仍然处于可以大有作为的重要战略机遇期。我们最大的机遇就是自身不断发展壮大，同时也要重视各种风险和挑战，善于化危为机、转危为安。中国必须有自己特色的大国外交。我们要坚持合作共赢，推动建立以合作共赢为核心的新型国际关系，坚持互利共赢的开放战略，把合作共赢理念体现到政治、经济、安全、文化等对外合作的方方面面。要坚持正确义利观，做到义利兼顾，要讲信义、重情义、扬正义、树道义。要坚持不干涉别国内政原则，坚持尊重各国人民自主选择的发展道路和社会制度，坚持通过对话协商以和平方式解决国家间的分歧和争端，反对动辄诉诸武力或以武力相威胁。

习近平就新形势下不断拓展和深化外交战略布局提出要求，强调要切实抓好周边外交工作，打造周边命运共同体，秉持亲诚惠容的周边外交理念，坚持与邻为善、以邻为伴，坚持睦邻、安邻、富邻，深化同周边国家的互利合作和互联互通。要切实运筹好大国关系，构建健康稳定的大国关系框架，扩大同发展中大国的合作。要切实加强同发展中国家的团结合作，把我国发展与广大发展中国家共同发展紧密联系起来。要切实推进多边外交，推动国际体系和全球治理改革，增加我国和广大发展中国家的代表性和话语权。要切实加强务实合作，积极推进“一带一路”建设，努力寻求同各方利益的汇合点，通过务实合作促进合作共赢。要切实落实好正确义利观，做好对外援助工作，真正做到弘义融利。要切实维护我国海外利益，不断提高保障能力和水平，加强保护力度。

李克强在主持会议时指出，习近平总书记的重要讲话，对我国当前和今后一个时期对外工作具有很强的针对性和重要的指导意义。为此，必须坚持从我国社会主义初级阶段和发展中大国的国情出发，努力维护和用好我国发展的战略机遇期，使对外工作更好服从服务于全面建成小康社会、实现中华民族伟大复兴中国梦的战略大局；必须坚持努力建设中国特色社会主义，以经济建设为中心，把中国自己的事办好，不断增强国家的经济竞争力、文化影响力和综合实力，为实现对外工作的战略目标提供强有力支撑；必须坚持独立自主的和平外交方针，走和平发展道路，维护国际正义，推动国际关系民主化，倡导互利共赢，推进经济外交，共同应对全球面临的诸多挑战，促进人类文明进步事业的发展，不断开创我国对外工作新局面。

# 2014年12月

## 中共中央召开党外人士座谈会

12月1日，中共中央在中南海召开党外人士座谈会，就今年经济形势和明年经济工作听取各民主党派中央、全国工商联负责人和无党派人士代表的意见和建议，习近平主持座谈会并讲话。李克强、俞正声、刘云山、张高丽出席座谈会。李克强通报了今年经济工作有关情况，介绍了中共中央关于做好明年经济工作的考虑。万鄂湘、张宝文、陈昌智、严隽琪、陈竺、万钢、韩启德、林文漪、王钦敏、林毅夫先后发言。

在认真听取大家发言后，习近平指出，今年以来，各民主党派中央、全国工商联和无党派人士围绕党和国家中心工作，适应我国经济发展新常态，发挥各自特点和优势，深入基层一线，就化解产能过剩、推进新型城镇化、确保粮食安全、加强水资源保护、深化司法体制改革、促进大学生就业创业、发展健康服务业等问题进行了调研，提出的很多意见和建议很有见地，为我们决策提供了重要依据。我国已经进入了经济发展新常态，我们要继续坚持稳中求进工作总基调。稳的重点要放在稳住经济运行上，进的重点是深化改革开放和调整结构。稳和进有机统一、相互促进。经济社会平稳才能为深化改革开放和经济结构调整创造稳定的宏观环境。要继续推进改革开放，为经济社会发展创造良好预期和新的动力。实现经济发展目标，关键要保持稳增长和调结构平衡，坚持宏观政策要稳、微观政策要活、社会政策要托底的总体思路。中共十八大提出全面建成小康社会的奋斗目标，中共十八届三中全会对全面深化改革作出顶层设计，中共十八届四中全会对全面推进依法治国作出部署，这三个“全面”具有内在逻辑关系，是有机统一的。全面深化改革为进一步解放和发展社会生产力提供动力，全面推进依法治国为全面深化改革提供法治保障，两者的目的都是为了推动更好完成全面建成小康社会奋斗目标。各民主党派、工商联和无党派人士要积极引导所联系的广大成员，把思想和行动统一到中共中央决策部署上来，既要理解改革、支持改革、参与改革，也要树立法治思维、运用法治方式、依法参政议政，共同为全面建成小康社会奋斗目标作出贡献。

## 中央全面深化改革领导小组召开第七次会议

12月2日，中央全面深化改革领导小组第七次会议在北京召开，习近平主持并讲话。李克强、刘云山、张高丽出席会议。

会议审议了《关于农村土地征收、集体经营性建设用地入市、宅基地制度改革试点工作的意见》、《关于加快构建现代公共文化服务体系的意见》、《关于县以下机关建立公务员职务与职级并行制度的意见》、《关于加强中央纪委派驻机构建设的意见》，审议通过了《最高人民法院设立巡回法庭试点方案》和《设立跨行政区划人民法院、人民检察院试点方案》，建议根据会议讨论情况进一步修改完善后按程序报批实施。

## “深入开展宪法宣传教育　大力弘扬宪法精神”座谈会举行

12月3日，中央宣传部、全国人大常委会

办公厅、司法部在北京举行“深入开展宪法宣传教育 大力弘扬宪法精神”座谈会。习近平作出指示，张德江出席并讲话。

习近平指示强调，宪法是国家的根本法，是治国安邦的总章程，是党和人民意志的集中体现，具有最高的法律地位、法律权威、法律效力。我国宪法是符合国情、符合实际、符合时代发展要求的好宪法，是我们国家和人民经受住各种困难和风险考验、始终沿着中国特色社会主义道路前进的根本法制保证。坚持依法治国首先要坚持依宪治国，坚持依法执政首先要坚持依宪执政。要坚持党的领导、人民当家作主、依法治国有机统一，坚定不移走中国特色社会主义法治道路，坚决维护宪法法律权威。要以设立国家宪法日为契机，深入开展宪法宣传教育，大力弘扬宪法精神，切实增强宪法意识，推动全面贯彻实施宪法，更好发挥宪法在全面建成小康社会、全面深化改革、全面推进依法治国中的重大作用。

张德江指出，新形势新任务迫切要求我们加强宪法宣传教育，推动宪法宣传教育常态化、长效化，使宪法精神深入人心，以宪法精神凝心聚力。深入开展宪法宣传教育，要紧密结合中国近现代历史特别是中国共产党领导人民长期奋斗的光辉历程，深刻认识我国宪法形成和发展的过程和历史必然性，深刻认识我国宪法的深厚根基和丰富内涵；要紧密结合我国改革开放和社会主义现代化建设取得的辉煌成就，深刻认识我国宪法的巨大功效和重大现实意义，深刻认识我国宪法与改革开放同相伴、共命运的相辅相成关系；要紧密结合我国全面推进依法治国的实践成果，深刻认识我国宪法在法治体系中的至上地位和最高权威，深刻认识“坚持依法治国首先要坚持依宪治国，坚持依法执政首先要坚持依宪执政”的重大现实意义；要紧密结合实现中华民族伟大复兴的中国梦，深刻认识宪法同国家的未来方向和发展目标紧密相连，深刻认识恪守宪法原则、弘扬宪法精神、履行宪法使命的重大意义和重大责任。深入开展宪法宣传教育，大力弘扬宪法精神，目的是为了牢固树立宪法法律权威，推动全面贯彻实施宪法。一要坚持党的事业、人民利益、宪法法律至上，切实增强公职人员宪法观念；二要完善以宪法为核心的中国特色社会主义法律体系，通过完备的法律法规推动宪法实施、加强宪法实施；三要健全宪法实施和监督制度，切实保证宪法法律有效实施；四要坚持党的领导，更加注重改进党的领导方式和执政方式。

## 全军装备工作会议召开

12 月 3 日至 4 日，全军装备工作会议在北京召开，习近平出席并讲话。

习近平在讲话中充分肯定了我军装备事业发展取得的历史性成就。他指出，武器装备是军队现代化的重要标志，是国家安全和民族复兴的重要支撑。建设一支掌握先进装备的人民军队，是我们党孜孜以求的目标。面对新形势新任务，装备建设战略指导必须应时而变、顺势而为。要坚持作战需求的根本牵引，建立健全具有我军特色的作战需求生成机制，增强装备发展的科学性、针对性、前瞻性。要坚持体系建设思想，统筹各军兵种装备发展，统筹各类装备发展，加强标准化、系列化、通用化建设，不断完善和优化装备体系结构，在填补体系空白、补齐短板弱项上下功夫，以网络信息体系为抓手，推动我军信息化建设实现跨越式发展。要坚持创新驱动发展，紧跟世界军事革命特别是军事科技发展方向，超前规划布局，加速发展步伐。要坚持质量至上，把质量问题摆在关系官兵生命、关系战争胜负的高度来认识，贯彻质量就是生命、质量就是胜算的理念，建立质量责任终身追究制度，着力构建先进实用的试验鉴定体系，确保装备实战适用性。要坚持实战化运用，各级指挥员要带头学装、知装、用装，教育引导官兵大胆操作和使用装备，真正让装备活起来、动起来，在体系运用中检验性能、发掘潜能，推动新装备成建制成体系形成作战能力和保障能力。要坚持军民融合深度发展，结合深化改革，加快建立推动军民融合发展的统一领导、军地协调、需求对接、资源共享机制，扎实推动国防科技和装备领域军民融合深度发展。要坚持人才队伍建设优先，放开视野选人才、不拘一格用人才，把国防科技和装备领域打造成国家创新人才的高地、人才成长兴业的沃土，形成各类人才创造活力竞相迸发的生动局面。

习近平对当前装备战线需要重点关注并抓好的工作提出要求，强调要搞好装备建设顶层设计，切实把规划计划制定好，努力形成科学完备的发展规划体系。要稳妥推进装备领域改革，坚定深化改革的决心和信心，通过调整改革加强集中统一领导，着力激发创新活力，大力提高建设发展效益。要持续抓好作风建设，树立持续整改、长期整改的思想，坚持问题导向，强化源头治理，做到既去病灶、又去病根，让新风正气充盈起来。要加强思想政治建设，教育引导广大官兵坚定理想信念，加强党性修养，提高能力素质，强化责任担当，谱写我军武器装备发展新篇章。

## 中共中央政治局召开会议分析研究2015年经济工作

12月5日，中共中央政治局召开会议，分析研究2015年经济工作，习近平主持会议。

会议认为，今年以来，党中央、国务院团结带领全国各族人民贯彻落实去年中央经济工作会议决策部署，牢牢把握发展大势，全面深化改革，保持宏观政策连续性和稳定性，创新宏观调控思路和方式，有针对性进行预调微调，扎实做好各项工作，实现了经济社会持续稳步发展，经济发展形势总体是好的。我国进入经济发展新常态，经济韧性好、潜力足、回旋空间大，为明年和今后经济持续健康发展提供了有利条件。

会议指出，2015年是全面完成“十二五”规划的收官之年，是全面深化改革的关键之年，也是全面推进依法治国的开局之年，做好经济工作意义重大。要保持稳增长和调结构平衡，坚持宏观政策要稳、微观政策要活、社会政策要托底的总体思路，保持宏观政策连续性和稳定性，继续实施积极的财政政策和稳健的货币政策。要推进新型工业化、信息化、城镇化、农业现代化同步发展，逐步增强战略性新兴产业和服务业的支撑作用，着力推动传统产业向中高端迈进，促进大众创业、大众创新，积极发现培育新增长点。要稳定粮食和主要农产品产量，加快转变农业发展方式，从主要追求产量增长和拼资源、拼消耗的粗放经营，向数量质量效益并重、注重提高竞争力、注重可持续的集约发展转变。要优化经济发展空间格局，继续实施区域总体发展战略，推进“一带一路”、京津冀协同发展、长江经济带建设，积极稳妥推进城镇化，坚持不懈推进节能减排和生态环境保护。要加强保障改善民生工作，更加注重保障基本民生，更加关注低收入群众生活，更加重视社会大局稳定，特别要重视做好就业和扶贫工作。要坚定不移推进经济体制改革，推出既有年度特点、又有利于长远制度安排的改革举措，提高经济体制改革方案质量，抓好经济体制改革措施的落地。要释放内需潜力，促进进口和出口平衡、引进外资和对外投资平衡，逐步实现国际收支基本平衡。

## 中共中央决定给予周永康开除党籍处分

12月5日，中共中央政治局会议审议并通过中共中央纪律检查委员会《关于周永康严重违纪案的审查报告》，决定给予周永康开除党籍处分，对其涉嫌犯罪问题及线索移送司法机关依法处理。

经查，周永康严重违反党的政治纪律、组织纪律、保密纪律；利用职务便利为多人谋取非法利益，直接或通过家人收受巨额贿赂；滥用职权帮助亲属、情妇、朋友从事经营活动获取巨额利益，造成国有资产重大损失；泄露党和国家机密；严重违反廉洁自律规定，本人及亲属收受他人大量财物；与多名女性通奸并进行权色、钱色交易。调查中还发现周永康其他涉嫌犯罪线索。周永康的所作所为完全背离党的性质和宗旨，严重违反党的纪律，极大损害党的形象，给党和人民事业造成重大损失，影响极其恶劣。

## 中共中央政治局进行第十九次集体学习

12月5日，中共中央政治局就加快自由贸易区建设进行第十九次集体学习，习近平主持学习。商务部国际贸易经济合作研究院李光辉研究员就这个问题进行讲解。

习近平发表讲话指出，加快实施自由贸易区战略，是我国新一轮对外开放的重要内容。党的十七大把自由贸易区建设上升为国家战略，党的十八大提出要加快实施自由贸易区战略。党的十八届三中全会提出要以周边为基础加快实施自由贸易区战略，形成面向全球的高标准自由贸易区网络。多边贸易体制和区域贸易安排一直是驱动经济全球化向前发展的两个轮子。现在，全球贸易体系正经历自1994年乌拉圭回合谈判以来最大的一轮重构。我国是经济全球化的积极参与者和坚定支持者，也是重要建设者和主要受益者。我国经济发展进入新常态，妥善应对我国经济社会发展中面临的困难和挑战，更加需要扩大对外开放。“机者如神，难遇易失。”我们必须审时度势，努力在经济全球化中抢占先机、赢得主动。

加快实施自由贸易区战略是一项复杂的系统工程。要加强顶层设计、谋划大棋局，既要谋子更要谋势，逐步构筑起立足周边、辐射“一带一路”、面向全球的自由贸易区网络，积极同“一带一路”沿线国家和地区商建自由贸易区，使我国与沿线国家合作更加紧密、往来更加便利、利益更加融合。要努力扩大数量、更要讲质量，大胆探索、与时俱进，积极扩大服务业开放，加快新议题谈判。要坚持底线思维、注重防风险，做好风险评估，努力排除风险因素，加强先行先试、科学求证，加快建立健全综合监管体系，提高监管能力，筑牢安全网。要继续练好内功、办好自己事，加快市场化改革，营造法治化营商环境，加快经济结构调整，推动产业优化升级，支持企业做大做强，提高国际竞争力和抗风险能力。

## 全军高级干部学习贯彻<br>全军政治工作会议精神研讨班开班

12月8日，全军高级干部学习贯彻全军政治工作会议精神研讨班在国防大学开班。

许其亮出席开班动员时指出，全面、深入理解领会和贯彻落实全军政治工作会议和习主席重要讲话精神，要联系时代背景，深刻理解领会习主席亲自决策、亲自出席全军政治工作会议并发表重要讲话的深远用意，切实增强学习贯彻的自觉性。要深刻理解领会习主席重要讲话的内涵要义，把蕴含其中的一系列立场观点方法转变为我们自己的立场观点方法。要深刻理解领会新形势下军队政治工作的时代主题，深入思考如何在强军兴军征程中发挥政治工作生命线作用。要深刻理解领会在全军政治工作会议上通报徐才厚案件的警示意义，认真反思周永康、徐才厚案件给我们党特别是高级领导干部敲响了什么样的警钟，应该吸取哪些深刻教训。要深刻理解领会习主席要求以整风精神召开全军政治工作会议，以整风整改为基调贯彻会议精神的意图，切实纠治突出问题，改进工作作风，推进政治工作创新发展。要深刻理解领会认识论和实践论的关系，以改造主观世界和客观世界的实际成果，体现学习贯彻全军政治工作会议和习主席重要讲话精神的实际成效。

## 中宣部召开专题会议<br>深入推进“走转改”大型主题采访活动

12月8日，中央宣传部召开专题会议，对在全国新闻战线开展“走转改”大型主题采访活动“行进中国·精彩故事”进行动员部署。

会议指出，“走转改”是马克思主义新闻观在当代中国的鲜活实践，是新时期我国新闻战线的一次重大实践创新。“走转改”活动开展三年多来，新闻宣传工作呈现出清新务实之风，社会各界广泛赞誉、人民群众衷心拥护。各地各新闻单位要以“行进中国·精彩故事”主题采访活动为契机，努力打造“走转改”升级版，在讲好中国故事的实践中推动新闻宣传工作改进创新迈出更大步伐。各新闻单位要把“行进中国·精彩故事”主题采访活动作为年终报道的重点，精心策划、周密安排，用真实具体的事例、有血有肉的人物、引人入胜的情节，用富于时代感、现实感的新闻语言和细腻鲜活的表达方式，生动讲述当代中国发展成就、发展道路、发展理念，展示中国社会发展进步的主流，展示中国人民蓬勃向上的风貌，把中国故事讲得愈来愈精彩，让中国声音愈来愈洪亮，激励广大干部群众继续沿着中国道路前进的信心和勇气，加深国际社会对中国的认识。

## 中央经济工作会议举行

12 月 9 日至 11 日，中央经济工作会议在北京举行。习近平、李克强、张德江、俞正声、刘云山、王岐山、张高丽出席会议。习近平发表讲话分析了当前国内外经济形势，总结 2014 年经济工作，提出 2015 年经济工作的总体要求和主要任务。李克强在讲话中阐述了明年宏观经济政策取向，对明年经济社会发展重点工作作出具体部署，并作总结讲话。

会议指出，今年以来，面对复杂多变的国际环境和艰巨繁重的国内改革发展稳定任务，我们贯彻落实去年中央经济工作会议决策部署，加强和改善党对经济工作的领导，牢牢把握发展大势，坚持稳中求进工作总基调，全面深化改革，保持宏观政策连续性和稳定性，创新宏观调控思路和方式，有针对性进行预调微调，扎实做好各项工作，实现了经济社会持续稳步发展，全年主要目标和任务可望较好完成，经济运行处在合理区间，经济结构调整出现积极变化，深化改革开放取得重大进展，人民生活水平提高。同时，我国经济运行仍面临不少困难和挑战，经济下行压力较大，结构调整阵痛显现，企业生产经营困难增多，部分经济风险显现。世界经济仍处在国际金融危机后的深度调整期，明年世界经济增速可能会略有回升，但总体复苏疲弱态势难有明显改观，国际金融市场波动加大，国际大宗商品价格波动，地缘政治等非经济因素影响加大。要趋利避害、顺势而为，防范各类风险。2015 年是全面深化改革的关键之年，是全面推进依法治国的开局之年，也是全面完成“十二五”规划的收官之年，做好经济工作意义重大。明年经济工作的主要任务是：一是努力保持经济稳定增长。二是积极发现培育新增长点。三是加快转变农业发展方式。四是优化经济发展空间格局。五是加强保障和改善民生工作。

面对对外开放出现的新特点，必须更加积极地促进内需和外需平衡、进口和出口平衡、引进外资和对外投资平衡，逐步实现国际收支基本平衡，构建开放型经济新体制。要完善扩大出口和增加进口政策，提高贸易便利化水平，巩固出口市场份额。要改善投资环境，扩大服务业市场准入，进一步开放制造业，推广上海自由贸易试验区经验，稳定外商投资规模和速度，提高引进外资质量。要努力提高对外投资效率和质量，促进基础设施互联互通，推动优势产业走出去，开展先进技术合作，稳步推进人民币国际化。

做好明年经济工作，要立足社会主义初级阶段基本国情，毫不动摇坚持以经济建设为中心，一心一意谋发展，咬定青山不放松，把我们自己的事办好。要精心谋划用好我国经济的巨大韧性、潜力和回旋余地，依靠促改革调结构，坚持不懈推动经济发展提质增效升级，努力做到调速不减势、量增质更优。要合理确定经济社会发展主要预期目标，保持区间调控弹性，稳定和完善宏观经济政策，继续实施定向调控、结构性调控。以政府自身革命带动重要领域改革，以大众创业、万众创新形成发展的新动力。要协调拓展内外需，同步推进新型工业化、信息化、城镇化、农业现代化，加强对实体经济的支持，大力加强生态环境保护，更加重视民生改善和社会建设，切实增强内需对经济增长的拉动力，实施新一轮高水平对外开放，保持经济中高速增长，推动经济发展迈向中高端水平。

## 中组部追授柴生芳“全国优秀共产党员”称号

新华网12月11日报道，中央组织部日前印发《中共中央组织部关于追授柴生芳同志“全国优秀共产党员”称号的决定》。

柴生芳，男，汉族，甘肃宁县人，1969年7月出生，2006年主动要求去贫困地区定西市工作，曾任陇西县副县长，定西市安定区委常委、副区长，临洮县委常委、副县长，临洮县委副书记、县长等职务。2014年8月15日凌晨，柴生芳同志因劳累过度诱发心源性猝死，在办公室不幸去世，年仅45岁。

柴生芳同志是用生命践行“三严三实”要求的好干部，是新时期共产党人的楷模。他信念坚定、胸怀大爱，立志让家乡的贫困百姓过上好日子，博士研究生毕业后，放弃在北京、上海、香港等地工作的机会，毅然回到生他养他的陇原大地，扎实干事，报效桑梓。他求真务实、推动发展，提出精准扶贫工作思路，为全县300多个村确定主导产业，立规划、跑项目、引资金、抓落实，使临洮县成为“全省精准扶贫示范县”。他贴近群众、深入基层，在临洮县工作期间，走访群众5000多人次，写下民情日记170多万字，千方百计解决群众吃水难、行路难、上学难、看病难等实际问题，不遗余力推进各项民生实事的落实。他殚精竭虑、夙夜在公，在定西工作的8年时间里，每天工作都在12小时以上，像一个上足发条的“陀螺”那样运转，去世前一天抱病工作近18个小时。他清正廉洁、严于律己，带头贯彻中央八项规定精神，从不搞特殊、讲特权，恪守自定的上班开门办公、公车里不能有“土特产”、爱人“收别人东西就离婚”的“铁规矩”，广大群众称他是“焦裕禄式的好干部”。

## 中办国办印发《关于规范国歌奏唱礼仪的实施意见》

新华社12月12日报道，中共中央办公厅、国务院办公厅近日印发《关于规范国歌奏唱礼仪的实施意见》，并发出通知，要求各地区各部门结合实际认真贯彻执行。

## 南京大屠杀死难者国家公祭仪式举行

12月13日，中共中央、全国人大常委会、国务院、全国政协、中央军委在南京隆重举行南京大屠杀死难者国家公祭仪式。习近平出席并讲话，张德江主持仪式。

1937年的12月13日，侵华日军侵入南京，对我同胞实施长达40多天灭绝人性的大屠杀，30万生灵惨遭杀戮，人类文明史上留下最黑暗的一页。2014年2月27日，十二届全国人大常委会第七次会议通过决定，以立法形式将12月13日设立为南京大屠杀死难者国家公祭日。

习近平在讲话中表示，今天，我们在这里隆重举行南京大屠杀死难者国家公祭仪式，缅怀南京大屠杀的无辜死难者，缅怀所有惨遭日本侵略者杀戮的死难同胞，缅怀为中国人民抗日战争胜利献出生命的革命先烈和民族英雄，表达中国人民坚定不移走和平发展道路的崇高愿望，宣示中国人民牢记历史、不忘过去，珍爱和平、开创未来的坚定立场。日本侵略者制造的南京大屠杀惨案震惊了世界，震惊了一切有良知的人们。第二次世界大战胜利后，远东国际军事法庭和中国审判战犯军事法庭，都对南京大屠杀惨案进行调查并从法律上作出定性和定论，一批手上沾满中国人民鲜血的日本战犯受到了法律和正义的审判与严惩，被永远钉在了历史的耻辱柱上。历史不会因时代变迁而改变，事实也不会因巧舌抵赖而消失。

我们为南京大屠杀死难者举行公祭仪式，是要唤起每一个善良的人们对和平的向往和坚守，而不是要延续仇恨。中日两国人民应该世代友好下去，以史为鉴、面向未来，共同为人类和平作出贡献。忘记历史就意味着背叛，否认罪责就意味着重犯。一切罔顾侵略战争历史的态度，一切美化侵略战争性质的言论，不论说了多少遍，不论说得多么冠冕堂皇，都是对人类和平和正义的危害。对这些错误言行，爱好和平与正义的人们必须高度警惕、坚决反对。

此时此刻，我们要告慰所有在南京大屠杀惨案中不幸罹难的同胞们，告慰所有在日本侵华战争中不幸死难的同胞们，告慰所有在近代以来中国抗击外来侵略中英勇牺牲的同胞们，告慰所有在为争取民族独立、人民解放和国家富强、人民幸福的伟大斗争中英勇献身的同胞们：今天的中国，已经成为一个具有保卫人民和平生活坚强能力的伟大国家，中华民族任人宰割、饱受欺凌的时代已经一去不复返了，中国人民正在意气风发地沿着中国特色社会主义道路，为实现“两个一百年”奋斗目标、实现中华民族伟大复兴的中国梦而奋斗。中华民族的发展前景无比光明。此时此刻，中国人民也要庄严昭告国际社会：今天的中国，是世界和平的坚决倡导者和有力捍卫者，中国人民将坚定不移维护人类和平与发展的崇高事业，愿同各国人民真诚团结起来，为建设一个持久和平、共同繁荣的世界而携手努力。

## 《习近平总书记系列重要讲话读本》发行突破 1500 万册

新华社 12 月 18 日报道，《习近平总书记系列重要讲话读本》出版发行以来，在干部群众中引起热烈反响，目前发行已突破 1500 万册，有力推动了习近平总书记系列重要讲话精神的学习贯彻持续深化。

各地干部群众表示，学习贯彻习近平总书记系列重要讲话精神，是一个持续推进、不断深化的过程，要在真学深学上下功夫，既领会基本观点，又把握精髓要义，更好地把思想统一到总书记讲话精神上来。要联系实际学、针对问题学，切实把讲话精神转化为做好工作、解决问题、提升思想的实际成效，积极投身到全面建成小康社会、全面深化改革、全面推进依法治国、全面从严治党的伟大事业中来。

## 全国组织部长会议召开

12 月 19 日，全国组织部长会议在北京召开，刘云山出席并讲话。

刘云山指出，全面从严治党，重点是从严治吏、从严选好管好干部。要按照好干部标准，严把选人用人动议关、考察关、程序关，把干部选准用好；切实加强干部日常管理监督，抓苗头抓预防，动真格敢碰硬，让干部心有所畏、言有所戒、行有所止；继续加强对裸官、吃空饷、档案造假、买官卖官、说情打招呼、超职数配备领导职务、领导干部在企业违规兼职等的治理。全面从严治党，重在落实责任。各级党委要强化主体意识，明确责任清单，经常问一问党委是不是真正做到了聚精会神抓党建，党委书记是不是真正成了从严治党的书记，班子成员是不是真正履行了分管领域从严治党的责任。要健全党建工作述职考评和问责机制，对管党治党不严致使问题频发、不正之风蔓延的要追究领导责任。

赵乐际主持会议并作工作报告，强调要深入学习贯彻习近平总书记系列重要讲话精神，抓好思想教育这个从严治党的根本；巩固拓展教育实践活动成果，持之以恒整治“四风”；聚神聚力深化党的建设制度改革，以最讲认真的态度和钉钉子精神抓好制度执行；推动从严管理监督干部常态化，重点防止干部带病提拔，切实改变重使用轻管理现象，开展突出问题专项整治，严肃纠正和查处违反政治纪律、政治规矩问题；进一步整顿软弱涣散基层党组织，抓好带头人队伍，发挥基层党组织的战斗堡垒作用；择天下英才而用之，为实施创新驱动发展战略、走出去战略提供人才支撑；组织部门要积极适应新常态，践行“三严三实”要求，增强专业化能力，不断提高工作水平。

## 庆祝澳门回归祖国 15 周年大会举行

12 月 20 日，庆祝澳门回归祖国 15 周年大会暨澳门特别行政区第四届政府就职典在澳门东亚运动会体育馆隆重举行，习近平出席并讲话。

习近平首先代表中央政府和全国各族人

民，向全体澳门居民致以诚挚的问候，向新就任的澳门特别行政区第四任行政长官崔世安和第四届政府主要官员、行政会委员表示热烈的祝贺，向所有关心澳门、为澳门繁荣稳定作出贡献的海内外同胞和国际友人表示衷心的感谢。

习近平指出，澳门回归祖国15年来，“一国两制”实践取得了丰硕成果。“一国两制”、“澳人治澳”、高度自治方针和澳门特别行政区基本法在澳门社会广泛深入人心、得到切实贯彻落实，宪法和基本法规定的澳门特别行政区宪制秩序得到尊重和维护，中央全面管治权有效行使，特别行政区享有的高度自治权受到充分保障。同时，澳门同祖国内地的交流合作日益密切，继续为国家改革开放和现代化建设作出独特贡献，分享祖国发展带来的机遇和成果。澳门同胞对国家的认同感和向心力不断加强，血浓于水的民族感情不断升华。作为中西文化荟萃的历史文化名城，澳门展示了活力四射的形象。在新的历史起点上，要把澳门经济社会发展的良好局面巩固好，发展好，必须再接再厉、开拓进取，为澳门长期繁荣稳定打下更为坚实的基础。他提出4点希望。第一，继续奋发有为，不断提高特别行政区依法治理能力和水平。第二，继续统筹谋划，积极推动澳门走经济适度多元可持续发展道路。第三，继续筑牢根基，努力促进社会和谐稳定。第四，继续面向未来，加强青少年教育培养。

“一国两制”是国家的一项基本国策。牢牢坚持这项基本国策，是实现香港、澳门长期繁荣稳定的必然要求，也是实现中华民族伟大复兴中国梦的重要组成部分，符合国家和民族根本利益，符合香港、澳门整体和长远利益，符合外来投资者利益。继续推进“一国两制”事业，必须牢牢把握“一国两制”的根本宗旨，共同维护国家主权、安全、发展利益，保持香港、澳门长期繁荣稳定；必须坚持依法治港、依法治澳，依法保障“一国两制”实践；必须把坚持一国原则和尊重两制差异、维护中央权力和保障特别行政区高度自治权、发挥祖国内地坚强后盾作用和提高港澳自身竞争力有机结合起来，任何时候都不能偏废。继续推进“一国两制”事业，是中央政府、特别行政区政府和包括港澳同胞在内的全国各族人民的共同使命，无论遇到什么样的困难和挑战，我们对“一国两制”方针的信心和决心都绝不会动摇，我们推进“一国两制”实践的信心和决心都绝不会动摇。

崔世安在致辞中说，我们感恩于中央政府的支持和信任，感恩于澳门居民的关爱和培育，我们定当牢记誓言，坚守信念，不辱使命，不负重托。当尽全力推进“一国两制”、“澳人治澳”、高度自治的伟大事业，全面、完整、正确理解和贯彻基本法，坚定不移维护国家的主权、安全、发展利益，全力维护澳门特区长期繁荣稳定。我们坚信，有中央政府强而有力的支持，有澳门居民同舟共济，我们定能携手奋进，共圆中华民族伟大复兴的中国梦，开创澳门明天更美好的未来。

## 2014年中国马克思主义论坛举行

12月20日，中央党校中国马克思主义研究基金会和中央党校培训部在北京共同主办“中国马克思主义论坛2014暨中央党校培训部学员论坛”。

论坛以“全面推进依法治国：目标、理念与路径”为主题。相关领域的知名专家和在中央党校培训部学习的党政领导干部，围绕“法治国家建设”“法治政府建设”“法治社会建设”三个论题分别发表专题演讲。与会者认为，中国特色社会主义法治道路是在我国国体政体、历史传承、文化传统、经济社会发展基础上长期发展的结果。全面推进依法治国，要坚持法治国家、法治政府、法治社会一体建设。

## 全国公安机关深化执法规范化建设工作会议召开

12月21日，全国公安机关深化执法规范化建设工作会议在北京召开，郭声琨出席并讲话。

郭声琨要求，要大力培育社会主义法治理念，教育引导广大民警信仰法治、崇尚法治，切实打牢严格规范公正文明执法的思想根基。要注重运用法治思维和法治方式处理问题，不断提升公安工作和维护稳定工作法治化水平。要坚持以问题为导向，进一步加强执法制度建设、改进决策机制、完善执法权力运行机制，确保公安工作每一个方面、每一个环节都充分体现法治精神和民意要求。要进一步深化队伍正规化建设，着力提升执法能力、职业素养和专业水平，坚定不移地做全面推进依法治国的践行者、推动者、保障者。

## 令计划涉嫌严重违纪，接受组织调查

新华社12月22日报道，中国人民政治协商会议第十二届全国委员会副主席、中共中央统战部部长令计划涉嫌严重违纪，目前正接受组织调查。

## 中共中央、国务院印发《关于加强和改进新形势下民族工作的意见》

新华社12月22日报道，中共中央、国务院近日印发《关于加强和改进新形势下民族工作的意见》，从坚定不移走中国特色解决民族问题的正确道路、围绕改善民生推进民族地区经济社会发展、促进各民族交往交流交融、构筑各民族共有精神家园、提高依法管理民族事务能力、加强党对民族工作的领导六个方面提出25条意见，旨在切实加强和改进新形势下民族工作，团结带领全国各族人民共同推进全面建成小康社会、努力实现中华民族伟大复兴的中国梦。

## 中央农村工作会议召开

12月22日至23日，中央农村工作会议在北京举行，李克强出席并讲话，张高丽出席会议。汪洋主持会议并作总结讲话。会议讨论了《中共中央国务院关于进一步深化农村改革加快推进农业现代化的若干意见（讨论稿）》。

会议指出，今年以来，在党中央、国务院正确领导下，经过全党全国上下共同努力，粮食产量实现“十一连增”，农民增收实现“十一连快”，农村民生改善取得重大进展，农村改革加快推进，农村社会和谐稳定，为做好全局工作提供了支撑、增添了底气。农业现代化是国家现代化的基础和支撑，目前仍是突出“短板”，全面建成小康社会的重点难点仍然在农村。我国经济发展进入新常态，加快推进农业现代化，对稳增长、调结构、惠民生意义重大。挖掘农民这个最大群体的消费潜力，可以更好发挥消费的基础作用；农业农村基础设施和公共服务落后，有巨大新增投资需求，用好这个空间，可以更好发挥投资的关键作用；做大做强农业产业，可以形成很多新产业、新业态、新模式，培育新的经济增长点。

发挥好新型城镇化对农业现代化的辐射带动作用。着力解决好现有“三个1亿人”问题，创新以城带乡、以工促农方式，引导城市现代生产要素向农业农村流动，多渠道促进农民增收。积极稳妥推进新农村建设，加快改善人居环境，提高农民素质，推动“物的新农村”和“人的新农村”建设齐头并进。继续向贫困宣战，促进区域开发与精准扶贫相结合，加快贫困地区脱贫致富步伐。

要深刻认识新常态下农业农村外部环境和自身内部发生的重大变化，善于在变化中捕捉机遇、逆境中创造条件，不断挖掘新潜力、培育新优势、拓展新空间。要按照稳粮增收、提质增效、创新驱动的总要求，努力完成明年农村改革发展各项任务。要积极推进结构调整，加快转变发展方式，不断提高农业综合效益和竞争力。进一步深化农村改革，完善顶层设计，抓好试点试验，确保改有所进、改有所成。结合新一轮村“两委”换届，选好用好管好村“两委”带头人，不断增强农村基层服务型党组织的创造力、凝聚力、战斗力，为农村改革发展稳定提供有力保障。

## 全国政府秘书长和办公厅主任会议召开

12月22日至23日，全国政府秘书长和办公厅主任会议在北京召开，杨晶出席并讲话。

杨晶指出，抓好落实是提升政府公信力的关键环节，也是衡量政府办公厅执行力的重要标准。各地区、各部门要根据党的十八大和十八届二中、三中、四中全会确定的重大任务，突出中央经济工作会议、明年《政府工作报告》确定的重点工作和政策措施的落实，分解任务，明确责任，及早部署。要突出抓好经济发展各项目标、深化改革各项任务、民生保障各项政策和依法行政各项工作的落实。在新的形势下，要把抓落实作为一项硬任务和一门科学来对待，既要强化硬的约束，又要研究客观规律，创新方式方法。要以更全面的视角谋划、以更有效的方式组织、以更严格的考核督促、以更完善的制度保障、以更过硬的作风推进抓落实，确保政令畅通、政策落地。

## 全国行政学院院长会议召开

12 月 23 日，全国行政学院院长会议暨纪念国家行政学院建院 20 周年大会在北京召开。杨晶出席并讲话，陈宝生主持会议。

杨晶指出，20 年来各级行政学院围绕党和国家工作大局，及时把党和政府重大理论观点、方针政策和工作部署作为教学培训中心内容和科研咨询主攻方向，各项工作取得长足发展。面对新形势新要求，行政学院要把学习中国特色社会主义理论体系和习近平总书记系列重要讲话精神作为首要任务，着力提高学员思想政治素质。贴近党和政府工作实际开展培训，推动广大学员心系群众、为民尽责、务实进取，不断提高解决实际问题的能力。努力建设中国特色新型智库，在党和政府决策咨询事业中发挥更大作用。坚持依法治院、从严治院，抓好院风学风建设。

## 中办印发《2014—2018 年全国党政领导班子建设规划纲要》

新华网 12 月 24 日报道，中共中央办公厅近日印发《2014—2018 年全国党政领导班子建设规划纲要》，并发出通知，要求各地区各部门结合实际认真贯彻执行。《规划纲要》对当前和今后一个时期全国各级党政领导班子建设进行了全面规划和部署，是新形势下从严管党治党、加强和改进党政领导班子建设的指导性文件。

《规划纲要》指出，要紧紧围绕完善和发展中国特色社会主义制度、推进国家治理体系和治理能力现代化，紧紧围绕建设中国特色社会主义法治体系、建设社会主义法治国家，坚持从严治党、思想建党、制度治党，以坚定理想信念、增强党性观念、保持高尚道德情操为重点，以严肃党内政治生活、从严管理监督干部、持续深入改进作风、严明党的纪律为抓手，全面加强领导班子思想、组织、作风、反腐倡廉和制度建设，为全面深化改革、全面推进依法治国、实现"两个一百年"奋斗目标、实现中华民族伟大复兴的中国梦提供坚强组织保证。要把坚定理想信念作为第一位任务，扎实开展理论学习培训，大力加强党性党风教育，严明党的纪律特别是政治纪律、组织纪律，学习践行社会主义核心价值观，推动形成良好政治生态。要着眼提高领导班子推动改革发展稳定的能力，开展经济体制、政治体制、文化体制、社会体制、生态文明体制和党的建设制度改革等方面的培训，开展依规治党、依法治国等方面的培训，加大在基层实践中培养锻炼干部力度。要推进改进作风常态化，严格执行反对"四风"制度规定，完善直接联系服务群众制度，创新反腐败体制机制。要选优配强各级领导班子，加强党政正职培养选拔，保持领导班子合理年龄结构，优化领导班子知识专业经历结构，合理配备女干部、少数民族干部和非中共党员干部。要完善和落实民主集中制各项制度，严肃党内政治生活，切实解决发扬民主不够、正确集中不够、开展批评不够、严肃纪律不够的问题。

各级党委（党组）要严格落实从严治党责任，认真履行抓班子带队伍职责，坚持以严的标准要求干部、以严的措施管理干部、以严的纪律约束干部，加强对主要领导干部行使权力的制约和监督，健全和落实日常从严管理监督制度，建立领导班子分析研判制度。对各级各部门党组织负责人特别是党委（党组）书记的考核，首先要看抓党建、抓领导班子和干部队伍建设的实效，考核其他党员领导干部也要加大这方面的权重。对履行职责不到位，导致领导班子软弱涣散、不正之风长期滋生蔓延的，要严肃追究主要负责人和相关责任人的责任。

## 中组部通知部署两节期间开展走访慰问生活困难党员、老党员和老干部活动

新华网12月26日报道，中共中央组织部近日下发通知，对在元旦春节期间开展走访慰问生活困难党员、老党员和老干部活动进行部署。

通知指出，关心爱护党员，特别是关怀帮扶生活困难党员、老党员和老干部，是我们党的优良传统，也是各级党组织的重要职责。各地各部门（系统）要充分认识开展走访慰问活动的重要意义，把这项工作作为贯彻落实党的十八大、十八届三中、四中全会和习近平总书记系列重要讲话精神，巩固和拓展党的群众路线教育实践活动成果，增强党组织凝聚力和影响力的一项重要措施来抓，周密安排，精心组织，及时把党的关怀和温暖送到生活困难党员、老党员和老干部心坎上，让他们度过一个欢乐祥和的节日。

## “毛泽东与中国道路”研讨会召开

12月26日，“毛泽东与中国道路”学术研讨会暨“毛泽东思想生平研究会2014年年会”在北京召开。来自中央有关部门和高等院校的专家学者及毛泽东亲属代表共100余人参加会议。

与会者指出，这次研讨会把主题确定为“毛泽东与中国道路”，是为了进一步学习习近平总书记重要讲话精神，深切缅怀毛泽东同志的丰功伟绩，深入研究毛泽东同志为探索适合中国国情的社会主义革命和建设道路付出的艰苦努力以及取得的理论成果。

## 全国高等学校党的建设工作会议召开

12月28日至29日，第二十三次全国高等学校党的建设工作会议在北京召开。习近平作出指示。

习近平指出，办好中国特色社会主义大学，要坚持立德树人，把培育和践行社会主义核心价值观融入教书育人全过程；强化思想引领，牢牢把握高校意识形态工作领导权；坚持和完善党委领导下的校长负责制，不断改革和完善高校体制机制；全面推进党的建设各项工作，有效发挥基层党组织战斗堡垒作用和共产党员先锋模范作用。各级党委和宣传思想部门、组织部门、教育部门要加强对高校党的建设工作的领导和指导，坚持党的教育方针，坚持社会主义办学方向，加强和改进思想政治工作，切实把党要管党、从严治党落到实处。

刘延东作主报告。她指出，要认真贯彻落实习近平总书记关于高校党建工作重要指示精神，切实加强和改进高校党建工作，充分发挥高校党委在深化综合改革、建设中国特色现代大学制度中的领导核心作用。坚持正确办学方向，深化改革创新，加强制度建设，夯实基层基础，狠抓作风建设，推动制度治党和依法治校有机结合，扎实开展党风廉政建设，不断凝聚高校内涵发展的强大动力，努力开创高校党的建设工作新局面。

## 中共中央政治局召开会议

12月29日，中共中央政治局召开会议，听取中央纪律检查委员会2014年工作汇报，研究部署2015年党风廉政建设和反腐败工作；审议通过《关于加强社会主义协商民主建设的意见》、《关于加强和改进党的群团工作的意见》，习近平主持会议。

会议指出，2014年，党中央根据对党风廉政建设和反腐败斗争严峻复杂形势的分析判

断，站在党和国家前途命运的高度，坚持党要管党、从严治党，以猛药去疴、壮士断腕的决心，旗帜鲜明推进党风廉政建设和反腐败斗争，持之以恒纠正“四风”，坚定不移惩治腐败，取得新的成效，赢得党心民心。当前“四风”问题和腐败现象蔓延势头得到一定遏制，但全党要冷静清醒认识反腐败斗争依然严峻复杂的形势，把思想和行动统一到中央对形势的判断和任务部署上来，保持高压态势，持续遏制不正之风和腐败现象蔓延势头，坚定不移抓好明年的党风廉政建设和反腐败斗争各项工作。

社会主义协商民主是中国共产党和中国人民的伟大创造，是中国社会主义民主政治的特有形式和独特优势，是党的群众路线在政治领域的重要体现，具有鲜明的中国特色。加强协商民主建设，有利于听群言、集民智、增共识、聚合力、促和谐，有利于促进科学决策、民主决策，有利于更好实现人民当家作主的权利，有利于增强中国特色社会主义道路自信、理论自信、制度自信。

群团事业是党的事业的重要组成部分，党的群团工作是党治国理政的一项经常性、基础性工作，是党广泛组织和动员广大人民群众为完成中心任务而奋斗的重要法宝。新形势下党的群团工作更为重要和紧迫，只能加强、不能削弱，只能改进提高、不能停滞不前。必须更好发挥群团组织作用，把广大人民群众更加紧密地团结在党的周围，汇聚起实现“两个一百年”奋斗目标、实现中华民族伟大复兴中国梦的强大正能量。

## 中央全面深化改革领导小组召开第八次会议

12 月 30 日，中央全面深化改革领导小组召开第八次会议，习近平主持并讲话。李克强、刘云山、张高丽出席会议。会议审议通过了《关于 2014 年全面深化改革工作的总结报告》、《中央全面深化改革领导小组 2015 年工作要点》、《贯彻实施党的十八届四中全会决定重要举措 2015 年工作要点》。

会议指出，2014 年领导小组确定的 80 个重点改革任务基本完成，此外中央有关部门还完成了 108 个改革任务，共出台 370 条改革成果。明年是全面深化改革的关键之年，气可鼓而不可泄。各地区各部门都要认真回顾开局之年的工作，总结经验、找出不足、摸索规律，为今后改革工作创造良好条件。要强化责任意识、问题意识、攻坚意识，加强组织领导。要抓好改革任务统筹协调，更加注重改革的系统性、整体性、协同性，重点提出一些起标志性、关联性作用的改革举措，把需要攻坚克难的硬骨头找出来，把需要闯的难关、需要蹚的险滩标出来，加强对跨区域跨部门重大改革事项协调，一鼓作气、势如破竹地把改革难点攻克下来。

会议审议通过了《关于进一步规范刑事诉讼涉案财物处置工作的意见》。会议指出，规范刑事诉讼涉案财物处置工作，是一件事关正确惩治犯罪、保障人权的大事，是一项促进司法公正、提高司法公信力的重要举措。涉案财物处置涉及不同诉讼领域、不同执法司法环节，是一项跨部门、跨地方的复杂工作，政策性、操作性要求都很高，各地区各部门要牢固树立大局意识，加强协作配合，尽快探索建立涉案财物集中管理信息平台，完善涉案财物处置信息公开机制。各级党政部门要率先尊法守法，不得干预涉案财物处置过程。要加强境外追赃追逃工作，抓紧健全境外追赃追逃工作体制机制，运用法治思维和法治方式开展追赃追逃工作。有关部门要对涉案财物的定义、认定标准和范围等进行明确，增强各地和各司法机关执行政策的统一性。

## 习近平发表二〇一五年新年贺词

12 月 31 日，习近平通过中国国际广播电台、中央人民广播电台、中央电视台，发表了 2015 年新年贺词。全文如下：

时间过得真快，2014 年就要过去了，2015 年正在向我们走来。在这辞旧迎新的时刻，我向全国各族人民，向香港特别行政区同胞和澳门特别行政区同胞，向台湾同胞和海外侨胞，向世界各国和各地区的朋友们，致以新年的祝福！

2014 年是令人难忘的。这一年，我们锐意推进改革，啃下了不少硬骨头，出台了一系列重大改革举措，许多改革举措同老百姓的利益密切相关。我们适应经济发展新常态，积极推动经济社会发展，人民生活有了新的改善。12 月 12 日，南水北调中线一期工程正式通水，沿线 40 多万人移民搬迁，为这个工程作出了无私奉献，我们要向他们表示敬意，希望他们在新的家园生活幸福。这一年，我们着力正风肃纪，重点反对形式主义、官僚主义、享乐主义和奢靡之风，情况有了很大改观。我们加大反腐败斗争力度，以零容忍的态度严惩腐败分子，显示了反腐惩恶的坚定决心。这一年，我们加强同世界各国的合作交往，主办了北京亚太经合组织领导人非正式会议，我国领导人多次出访，外国领导人也大量来访，这些活动让世界更好认识了中国。

为了做好这些工作，我们的各级干部也是蛮拼的。当然，没有人民支持，这些工作是难以做好的，我要为我们伟大的人民点赞。

这一年，我们通过立法确定了中国人民抗日战争胜利纪念日、烈士纪念日、南京大屠杀死难者国家公祭日，举行了隆重活动。对一切为国家、为民族、为和平付出宝贵生命的人们，不管时代怎样变化，我们都要永远铭记他们的牺牲和奉献。

这一年，我们也经历了一些令人悲伤的时刻。马航 MH370 航班失踪，150 多名同胞下落不明，我们没有忘记他们，我们一定要持续努力、想方设法找到他们。这一年，我国发生了一些重大自然灾害和安全事故，不少同胞不幸离开了我们，云南鲁甸地震就造成了 600 多人遇难，我们怀念他们，祝愿他们的亲人们都安好。

新年的钟声即将敲响。我们要继续努力，把人民的期待变成我们的行动，把人民的希望变成生活的现实。我们要继续全面深化改革，开弓没有回头箭，改革关头勇者胜。我们要全面推进依法治国，用法治保障人民权益、维护社会公平正义、促进国家发展。我们要让全面深化改革、全面推进依法治国如鸟之两翼、车之双轮，推动全面建成小康社会的目标如期实现。

我国人民生活总体越来越好，但我们时刻都要想着那些生活中还有难处的群众。我们要满腔热情做好民生工作，特别是要做好扶贫开发和基本生活保障工作，让农村贫困人口、城市困难群众等所有需要帮助的人们都能生活得到保障、心灵充满温暖。

我们要继续全面推进从严治党，毫不动摇转变作风，高举反腐的利剑，扎牢制度的笼子，在中国共产党领导的社会主义国家里，腐败分子发现一个就要查处一个，有腐必惩，有贪必肃。

我们正在从事的事业是伟大的，坚忍不拔才能胜利，半途而废必将一事无成。我们的蓝图是宏伟的，我们的奋斗必将是艰巨的。全党全国各族人民要团结一心，集思广益用好机遇，众志成城应对挑战，立行立改破解难题，奋发有为进行创新，让国家发展和人民生活一年比一年好。

中国人民关注自己国家的前途，也关注世界的前途。非洲发生了埃博拉疫情，我们给予帮助；马尔代夫首都遭遇断水，我们给予支援，许许多多这样的行动展示了中国人民同各国人民同呼吸、共命运的情怀。当前世界仍很不安宁。我们呼唤和平，我真诚希望，世界各国人民共同努力，让所有的人民免于饥寒的煎熬，让所有的家庭免于战火的威胁，让所有的孩子都能在和平的阳光下茁壮成长。

谢谢大家。

## 全国政协举行新年茶话会

12 月 31 日，中国人民政治协商会议全国委员会在全国政协礼堂举行新年茶话会。习近平、李克强、张德江、俞正声、刘云山、王岐山、张高丽等同各民主党派中央、全国工商联负责人和无党派人士代表、中央和国家机关有关方面负责人以及首都各族各界人士代表欢聚一堂，共迎2015年元旦。

习近平代表中共中央、国务院和中央军委，向各民主党派、工商联和无党派人士、各人民团体，向全国广大工人、农民、知识分子、干部和各界人士，向人民解放军指战员、武警官兵和公安干警，向香港特别行政区同胞、澳门特别行政区同胞、台湾同胞和海外侨胞，向关心和支持中国现代化建设的国际友人，致以节日的祝福，祝大家新年好。

他强调，问题是时代的声音，人心是最大的政治。推进党和国家各项工作，必须坚持问题导向，倾听人民呼声。我们的目标越伟大，我们的使命越艰巨，就越需要所有人拧成一股绳去干事创业。让我们更加紧密地团结起来，向着我们共同的奋斗目标、向着更加辉煌的明天奋勇前进。

# 2015年1月

## 全国宣传部长会议召开

1月5日，全国宣传部长会议在北京召开，刘云山出席并讲话。

刘云山指出，做好宣传思想工作，最根本的是用中国特色社会主义凝聚思想共识。宣传思想工作服务大局，要紧紧围绕“四个全面”战略部署，把握正确舆论导向，加强宣传阐释、营造良好氛围，推动中央决策部署贯彻落实。要深入推进社会主义核心价值观建设，注重典型引领、注重以文化人、注重制度规范，不断巩固各族人民团结奋斗的思想道德基础。要坚持以人民为中心的创作导向，推动作家艺术家更好扎根人民、扎根生活，创作更多充满真情、打动人心的文艺作品，尤其要提高作品质量、讲求社会效益，防止唯票房、唯收视率、唯点击量。要着眼提升国家文化软实力，主动精彩讲好中国故事，加强国际传播能力建设，推动文化走出去提质增效，努力营造良好国际舆论环境。

做好宣传思想工作，要坚持党管宣传、党管意识形态，切实掌握工作的领导权和主动权。各级党委要对意识形态工作负总责，履行好把握正确方向、部署指导工作、加强督促检查、抓好队伍建设等责任；党委书记要承担起第一责任人的责任，带头履职尽责；各相关部门和单位要结合各自职能，把应尽的责任细化、实化、具体化。

刘奇葆主持会议并作工作部署，强调要把握正确导向、坚持价值引领、讲好中国故事、强化依法管理、奋力创新求进。要深入学习宣传贯彻习近平总书记系列重要讲话精神，深化中国特色社会主义和中国梦学习宣传教育；强化党委领导意识形态工作责任制，牢牢掌握意识形态领域的领导权主动权；推进社会主义核心价值观学习教育实践具体化系统化，努力在全社会形成共同的价值追求；提高舆论引导能力和水平，巩固壮大积极健康向上的主流舆论；推动文艺工作者深入生活繁荣创作，抓好文化体制改革任务落实，真实生动鲜活地讲好中国故事，提升国家文化软实力；加强基层宣传思想文化工作，推动各项任务落地见效。

## 纪念陈锡联同志诞辰100周年座谈会举行

1月5日，纪念陈锡联同志诞辰100周年座谈会在北京举行，张高丽出席座谈会并会见了陈锡联同志亲属。

陈锡联同志是中国共产党第九届、十届、十一届中央政治局委员。曾任沈阳军区司令员、北京军区司令员，中央军委常委，国务院副总理。

范长龙在讲话中深切缅怀了陈锡联同志的革命业绩和崇高风范，强调要紧紧围绕党在新形势下的强军目标，继承发扬我党我军光荣传统和优良作风，开拓进取，扎实工作，为维护国家主权、安全和发展利益，为实现“两个一百年”奋斗目标，实现中华民族伟大复兴的中国梦作出应有贡献。

## 《二〇一五年全军主题教育活动和专题教育整顿的意见》印发

新华社1月7日报道，经中央军委主席习近平批准，总政治部日前印发《二〇一五年全军主题教育活动和专题教育整顿的意见》，就全军“学习践行强军目标，做新一代革命军人”主题教育活动和团以上党委机关“三严三实”专题教育整顿作出部署。

《意见》明确要求，2015 年全军开展“学习践行强军目标，做新一代革命军人”主题教育活动，团以上党委机关开展“三严三实”专题教育整顿。各级要认真贯彻党中央、中央军委和习主席决策指示，围绕政治工作时代主题，贯彻整风整改基调，突出领导干部这个重点，坚持正面教育与纠治问题相结合、弘扬传统与改进创新相统一，着力凝魂聚气、正本清源、革除积弊、激发动力，为推进军队建设、改革和军事斗争准备提供坚强思想政治保证。

## 国家科学技术奖励大会举行

1 月 9 日，中共中央、国务院在北京隆重举行国家科学技术奖励大会。习近平、李克强、刘云山、张高丽出席大会并为获奖代表颁奖。李克强代表党中央、国务院在大会上讲话。张高丽主持大会。

2014 年度国家科学技术奖励共授奖 318 项成果、8 位科技专家和 1 个外国组织。其中，国家最高科学技术奖 1 人；国家自然科学奖 46 项，其中一等奖 1 项、二等奖 45 项；国家技术发明奖 70 项，其中一等奖 3 项、二等奖 67 项；国家科学技术进步奖 202 项，其中特等奖 3 项、一等奖 26 项、二等奖 173 项；授予 7 名外籍科学家和 1 个外国组织中华人民共和国国际科学技术合作奖。

李克强在讲话中代表党中央、国务院，向全体获奖人员表示热烈祝贺，向全国广大科技工作者表示崇高敬意和诚挚问候，向参与中国科技事业的外国专家表示衷心感谢。他指出，创新是中华民族生生不息的秉性、发展进步的动力，人民是创新的主体。我国现代化建设正处于关键时期，经济发展进入新常态，要保持中高速增长、向中高端水平迈进，必须依靠创新支撑。国家繁荣发展的新动能，就蕴涵于万众创新的伟力之中。我们将坚定不移地走创新驱动发展之路，进一步解放思想，解放和发展社会生产力、激发和增强社会创造力，促进社会公平正义，使人人皆可创新、创新惠及人人，在全社会兴起万众创新的热潮，使中华大地处处充满无限生机和创造活力。

张高丽在主持大会时说，党中央、国务院隆重奖励在我国科学技术事业发展中作出杰出贡献的科技工作者，充分体现了党和国家对我国科学技术事业发展的高度重视和对广大科技工作者的亲切关怀。希望广大科技工作者以获奖者为榜样，胸怀报国为民的理想追求，牢固树立敢为天下先的志向和信心，带动全社会创新创业的热潮，在攻坚克难中追求卓越，努力创造出无愧于时代的业绩，为实现“两个一百年”奋斗目标、实现中华民族伟大复兴的中国梦作出新的更大贡献。

## 《习近平关于党风廉政建设和反腐败斗争论述摘编》出版发行

新华社 1 月 11 日报道，中共中央纪律检查委员会、中共中央文献研究室编辑的《习近平关于党风廉政建设和反腐败斗争论述摘编》日前由中央文献出版社、中国方正出版社出版。

《论述摘编》共分 9 个专题，收入 216 段论述，摘自习近平同志 2012 年 11 月 15 日至 2014 年 10 月 23 日期间的讲话、文章、批示等 40 多篇重要文献。其中许多论述是第一次公开发表。

## 习近平同中央党校县委书记研修班学员座谈

1 月 12 日，习近平在北京主持召开座谈会，同中央党校第一期县委书记研修班学员进行座谈并讲话。刘云山出席座谈会。

从 2014 年 11 月起，中央党校举办县委书记研修班，主要目的是对县委书记进行系统理论培训和党性教育，引导县委书记用党的最新理论成果武装头脑、指导实践、推动工作，计划到 2017 年底将全国县（市、区、旗）委书记轮训一遍。

习近平在讲话中指出，在我们党的组织结构和国家政权结构中，县一级处在承上启下的关键环节，是发展经济、保障民生、维护稳定、促进国家长治久安的重要基础。焦裕禄同志为县委书记树立了榜样，大家要自觉学习和弘扬焦裕禄精神，努力成为党和人民信赖的好干部。全心全意为人民服务是我们党的根本宗旨。县委书记是直接面对基层群众的领导干部，必须心系群众、为民造福。大家心中要始终装着老百姓，先天下之忧而忧，后天下之乐而乐，做到不谋私利、克己奉公。对个人的名誉、地位、利益，要想得透、看得淡。要着力解决好人民最关心最直接最现实的利益问题，特别是要下大气力解决好人民不满意的问题，多做雪中送炭的事情。干事创业一定要树立正确政绩观，做到"民之所好好之，民之所恶恶之"，求真务实、真抓实干。要把调查研究作为基本功，坚持从实际出发谋划事业和工作，使想出来的点子、举措、方案符合实际情况。县委书记对一方党风政风具有示范作用，要按照中央要求，继续把作风建设抓好、把群众路线教育实践活动成果巩固好，做到勤政、务实、为民，自觉抵制和纠正"四风"问题。

我们的权力是党和人民赋予的，是为党和人民做事用的，只能用来为党分忧、为国干事、为民谋利。要正确行使权力，依法用权、秉公用权、廉洁用权，做到心有所畏、言有所戒、行有所止，处理好公和私、情和法、利和法的关系。要带头执行民主集中制，按照程序进行决策，做到总揽不包揽、分工不分家、放手不撒手。要注意听取班子成员意见，带头增进和维护县委班子团结。依法治国的根基在基层。县委书记要做学法尊法守法用法的模范，做决策、开展工作多想一想法律的依据、法定的程序、违法的后果，自觉当依法治国的推动者、守护者。要始终严格要求自己，自觉弘扬和践行社会主义核心价值观，加强道德修养，追求健康情趣，把好权力关、金钱关、美色关，做到清清白白做人、干干净净做事、坦坦荡荡为官，引导全县形成健康向上的社会风尚。

## 中国共产党第十八届中央纪律检查委员会第五次全体会议开幕

1月12日，中国共产党第十八届中央纪律检查委员会第五次全体会议在北京开幕。习近平在全会上发表讲话。李克强、张德江、俞正声、刘云山、张高丽出席会议，王岐山主持会议并代表中央纪律检查委员会常务委员会作了题为《依法治国依规治党，坚定不移推进党风廉政建设和反腐败斗争》的工作报告。

习近平指出，2014年，党风廉政建设和反腐败斗争成效明显。我们党从关系党和国家生死存亡的高度，以强烈的历史责任感、深沉的使命忧患感、顽强的意志品质推进党风廉政建设和反腐败斗争，坚持无禁区、全覆盖、零容忍，严肃查处腐败分子，着力营造不敢腐、不能腐、不想腐的政治氛围。中央纪委贯彻党中央决策部署，聚焦中心任务，发挥职能作用，创造性开展工作，各项工作取得新成效。我们进一步加大反腐败斗争力度，加强党的纪律建设，聚焦"四风"强化执纪监督，增加巡视组数量和巡视频率，加大治本力度，锐意推进纪律检查体制改革。我们坚决查处了周永康、徐才厚、令计划、苏荣等严重违纪违法案件，向世人证明中国共产党敢于直面问题、纠正错误，勇于从严治党、捍卫党纪，善于自我净化、自我革新。全党必须牢记，反对腐败是党心民心所向。有党心民心作力量源泉，反腐败斗争必定胜利。就做好今年党风廉政建设和反腐败工作提出4个重点要求。第一，严肃责任追究，强化党风廉政建设主体责任，各级党委（党组）要切实把党风廉政建设当作分内之事、应尽之责，进一步健全制度、细化责任、以上率下。各级党组织要深入开展理想信念和宗旨教育，筑牢思想上拒腐防变的堤坝。第二，横下一条心纠正"四风"，常抓抓出习惯、抓出长效，在坚持中见常态，向制度建设要长效，强化执纪监督，把顶风违纪搞"四风”列为纪律审查的重点。第三，保持高压态势不放松，查处腐败问题，必须坚持零容忍的态度不变、猛药去疴的决心不减、刮骨疗毒的勇气不泄、严厉惩处的尺度不松，发现一起查处一起，发现多少查处多少，把反腐利剑举起来，形成强大震慑。第四，深化党的纪律检查体制改革，加强制度创新，强化上级纪委对下级党委和纪委的监督，推动纪委双重领导体制落到实处。

讲规矩是对党员、干部党性的重要考验，是对党员、干部对党忠诚度的重要检验。遵守政治纪律和政治规矩，必须维护党中央权威，在任何时候任何情况下都必须在思想上政治上行动上同党中央保持高度一致；必须维护党的团结，坚持五湖四海，团结一切忠实于党的同志；必须遵循组织程序，重大问题该请示的请示，该汇报的汇报，不允许超越权限办事；必须服从组织决定，决不允许搞非组织活动，不得违背组织决定；必须管好亲属和身边工作人员，不得默许他们利用特殊身份谋取非法利益。各级党组织要把严守纪律、严明规矩放到重要位置来抓，努力在全党营造守纪律、讲规矩的氛围。各级领导干部特别是高级干部要牢固树立纪律和规矩意识，在守纪律、讲规矩上作表率。各级党委要加强监督检查，对不守纪律的行为要严肃处理。

王岐山在主持会议时指出，习近平总书记的重要讲话，站在党和国家全局高度，深刻分析了党风廉政建设和反腐败斗争形势，明确提出当前和今后一个时期工作的总体要求和主要任务。讲话旗帜鲜明、立场坚定，激浊扬清、振聋发聩，展示出全面从严治党的坚强意志，体现了崇高的党性品格和担当精神。学习宣传、贯彻落实习近平总书记重要讲话精神，是全党的重要政治任务。各级党委和纪委要迅速传达学习，紧密联系实际，学深悟透、融会贯通，指导实践、推动工作。要坚决落实习近平总书记要求，切实担负起党风廉政建设主体责任和监督责任，加强纪律建设，严明党的政治纪律和政治规矩，坚决纠正“四风”，遏制腐败蔓延势头，加强制度建设，强化党内监督，不断把党风廉政建设和反腐败斗争引向深入。

## 全军纪律检查工作会议召开

1月14日，全军纪律检查工作会议在北京召开，许其亮出席并讲话，张阳主持会议。

许其亮指出，习主席在中央纪委五次全会上发表重要讲话，深刻分析了党风廉政建设和反腐败斗争形势的严峻性和复杂性，明确了新形势下党风廉政建设和反腐败斗争的总体思路、主要任务和标准要求，是对全面从严治党的深入动员和再部署。各级党委、纪委要深刻领悟习主席决心意图，切实把思想和行动统一到习主席对形势的判断上来，统一到中央的部署安排上来，统一到对军队的特殊要求上来，统一到扎扎实实抓好军队党风廉政建设和反腐败工作上来，不断强化正风反腐的责任担当。要打好党风廉政建设和反腐败斗争的攻坚战持久战。要在严峻复杂形势面前保持清醒头脑。要坚决维护和落实军委主席负责制，一切行动听从党中央、中央军委和习主席指挥。要聚焦重点对象重点领域纠风反腐。要融入全军工作布局提供纪律保证。要强化党委的主体责任和纪委的监督责任。要推动纪检监察工作科学化法治化，增强依纪依法办案的意识和能力，用新的理念、用改革的思路办法来破解矛盾问题。

## 中央党校举行2014年秋季学期毕业典礼

1月15日，中共中央党校举行2014年秋季学期毕业典礼，刘云山出席典礼并为学员颁发毕业证书。

中央党校本期毕业学员828人。学员们普遍反映，习近平总书记同中央党校第一期县委书记研修班全体学员座谈并发表重要讲话，既是对县委书记的谆谆嘱托，也是对党校全体学员和全国党员领导干部的殷切期望。在党校培训期间，通过学习深化了对党的基本理论特别是习近平总书记系列重要讲话精神的理解，提升了理论素养；深化了对党校开展党性教育必要性重要性的认识，增强了党性修养；深化了对党中央大政方针和重大决策部署的认识，增强了贯彻落实的自觉性和坚定性；深化了对教学相长、学学相长的认识，学到了经验，收获了友谊。

### 纪念遵义会议80周年大会召开

1月15日，中央宣传部、中央文献研究室、中央党史研究室、解放军总政治部、贵州省委在遵义举行纪念大会，隆重纪念遵义会议召开80周年，刘奇葆出席并讲话。

刘奇葆在讲话中强调，遵义会议形成的革命传统、孕育的宝贵精神，是推动党和国家事业发展的强大力量。要继承发扬遵义会议革命传统，深入学习贯彻习近平总书记系列重要讲话精神，大力推进马克思主义中国化时代化大众化，坚定人们的中国特色社会主义自信。要发扬红色传统、传承红色基因，用革命文化传播和滋养社会主义核心价值观。要弘扬独立自主、改革创新精神，主动适应和引领新常态，奋力开拓中国特色社会主义更为广阔的发展前景。要坚持全面从严治党，严守政治纪律和政治规矩，保持党的先进性和纯洁性，使我们党始终走在时代前列、引领发展进步。

### 中共中央政治局常务委员会召开会议听取全国人大常委会、国务院、全国政协、最高人民法院、最高人民检察院党组工作汇报

1月16日，中共中央政治局常务委员会召开会议，专门听取全国人大常委会、国务院、全国政协、最高人民法院、最高人民检察院党组汇报工作。习近平主持会议并发表讲话。

会议指出，中国共产党是执政党，党的领导是中国特色社会主义最本质的特征，是做好党和国家各项工作的根本保证。坚持党的领导，首先是要坚持党中央的集中统一领导，这是一条根本的政治规矩。加强党中央的集中统一领导，支持全国人大常委会、国务院、全国政协、最高人民法院、最高人民检察院依法依章程履行职责、大胆工作、发挥作用，这两个方面是统一的，两个方面哪一方面都不能偏。党中央对全国人大常委会、国务院、全国政协、最高人民法院、最高人民检察院的统一领导，很重要的一个制度就是在这些机构成立党组。中央政治局常委会听取全国人大常委会、国务院、全国政协、最高人民法院、最高人民检察院党组汇报工作，是保证党中央集中统一领导的制度性安排，意义十分重大，对全党也具有十分重要的示范意义。

今年是全面深化改革的关键之年，是全面推进依法治国的开局之年，也是全面完成“十二五”规划的收官之年。全国人大常委会、国务院、全国政协、最高人民法院、最高人民检察院党组，要带头遵守党的政治纪律和政治规矩，自觉在思想上政治上行动上同以习近平同志为总书记的党中央保持高度一致，在贯彻落实党中央重大决策部署上凝神聚焦发力，确保政令畅通，确保在各自工作中坚持正确方向。要观大势、掌全局、议大事、抓大事，围绕中心、突出重点，履职尽责、奋发有为，充分发挥职能作用。要着力加强党组自身建设，健全相关制度机制，严格党内政治生活，加强党风廉政建设，切实担负起全面从严治党的责任。

### 习近平电贺朱立伦当选中国国民党主席

1月17日，朱立伦当选中国国民党主席。当晚，习近平总书记向中国国民党主席朱立伦发出贺电。

习近平在贺电中表示：“值此先生当选中国国民党主席之际，谨致祝贺。近年来，国共两党和两岸双方共同努力，携手开创两岸关系和平发展之良好局面，两岸同胞获益良多，更对两岸关系发展充满期待。冀望两党秉持民族大义，巩固坚持‘九二共识’、反对‘台独’之共同政治基础，加强交流，增进互信，推动两岸关系和平发展继续前行，造福两岸民众，共成民族复兴之伟业。”

## 中办国办印发《关于进一步加强和改进新形势下高校宣传思想工作的意见》

新华社1月19日报道，中共中央办公厅、国务院办公厅最近印发《关于进一步加强和改进新形势下高校宣传思想工作的意见》。

《意见》指出，意识形态工作是党和国家一项极端重要的工作，高校作为意识形态工作前沿阵地，肩负着学习研究宣传马克思主义，培育和弘扬社会主义核心价值观，为实现中华民族伟大复兴的中国梦提供人才保障和智力支持的重要任务。做好高校宣传思想工作，加强高校意识形态阵地建设，是一项战略工程、固本工程、铸魂工程，事关党对高校的领导，事关全面贯彻党的教育方针，事关中国特色社会主义事业后继有人，对于巩固马克思主义在意识形态领域的指导地位，巩固全党全国人民团结奋斗的共同思想基础，具有十分重要而深远的意义。《意见》分七个部分：一、加强和改进高校宣传思想工作是一项重大而紧迫的战略任务；二、指导思想、基本原则和主要任务；三、切实推动中国特色社会主义理论体系进教材进课堂进头脑；四、大力提高高校教师队伍思想政治素质；五、不断壮大高校主流思想舆论；六、着力加强高校宣传思想阵地管理；七、切实加强党对高校宣传思想工作的领导。

加强和改进新形势下高校宣传思想工作的指导思想是：高举中国特色社会主义伟大旗帜，以马克思列宁主义、毛泽东思想、邓小平理论、“三个代表”重要思想、科学发展观为指导，深入贯彻落实党的十八大和十八届二中、三中全会精神，深入贯彻落实习近平总书记系列重要讲话精神，全面贯彻党的教育方针，强化政治意识、责任意识、阵地意识和底线意识，以立德树人为根本任务，以深入推进中国特色社会主义理论体系进教材进课堂进头脑为主线，以提高教师队伍思想政治素质和育人能力为基础，以加强高校网络等阵地建设为重点，积极培育和践行社会主义核心价值观，不断坚定广大师生中国特色社会主义道路自信、理论自信、制度自信，培养德智体美全面发展的社会主义建设者和接班人。

加强和改进新形势下高校宣传思想工作的基本原则是：(1)坚持党性原则、强化责任。切实担负起政治责任和领导责任，提高领导水平，增强驾驭能力，敢抓敢管、敢于亮剑，做到守土有责、守土负责、守土尽责。(2)坚持育人为本、德育为先。把坚定理想信念放在首位，始终坚持用中国特色社会主义理论体系武装师生头脑，确保社会主义办学方向。(3)坚持标本兼治、重在建设。强化依法管理，着力加强制度建设，把高校建设成为学习研究宣传马克思主义的坚强阵地。(4)坚持改革创新、注重实效。准确把握师生思想状况，创新工作理念和方式方法，把解决思想问题与解决实际问题结合起来，不断增强针对性实效性。(5)坚持齐抓共管、形成合力。推动校内外协同配合、全社会支持参与，构建高校宣传思想工作新格局。

加强和改进新形势下高校宣传思想工作的主要任务是：(1)坚定理想信念，深入开展中国特色社会主义和中国梦宣传教育，加强高校思想理论建设，加强具有中国特色、时代特征的高校哲学社会科学学术理论体系和学术话语体系建设，进一步增强理论认同、政治认同、情感认同，不断激发广大师生投身改革开放事业的巨大热情，凝心聚力共筑中国梦。(2)巩固共同思想道德基础，大力加强社会主义核心价值观教育，把培育和弘扬社会主义核心价值观作为凝魂聚气、强基固本的基础工程，弘扬中国精神，弘扬中华传统美德，加强道德教育和实践，提升师生思想道德素质，使社会主义核心价值观内化于心、外化于行，成为全体师生的价值追求和自觉行动。(3)壮大主流思想舆论，切实加强高校意识形态引导管理，做大做强正面宣传，加强国家安全教育，加强国家观和民族团结教育，管好导向、管好阵地、管好队伍，坚决抵御敌对势力渗透，牢牢掌握高校意识形态工作领导权、话语权，不断巩固马克思主义指导地位。

(4)推动文化传承创新,建设具有中国特色、体现时代要求的大学文化,培育和弘扬大学精神,把高校建设成为精神文明建设示范区和辐射源,继承和发扬中华优秀传统文化,促进社会主义先进文化建设,增强国家文化软实力。(5)立足学生全面发展,努力构建全员全过程全方位育人格局,形成教书育人、实践育人、科研育人、管理育人、服务育人长效机制,增强学生社会责任感、创新精神和实践能力,全面落实立德树人根本任务,努力办好人民满意教育。要切实推动中国特色社会主义理论体系进教材进课堂进头脑。要大力提高高校教师队伍思想政治素质。要不断壮大高校主流思想舆论。要着力加强高校宣传思想阵地管理。要切实加强党对高校宣传思想工作的领导。

## 第二十八次全国“扫黄打非”工作电视电话会议召开

1月19日,第二十八次全国“扫黄打非”工作电视电话会议在北京召开,刘奇葆出席并讲话。

刘奇葆说,要强化源头治理,坚持关口前移,深入打击非法出版活动,严密封堵各类有害出版物和信息。要严格落实网站责任,强化行业自律、规范行业行为,严厉打击网络淫秽色情信息,推动网络风气和干净程度进一步好转。要严打新闻敲诈,保持高压态势,加大曝光力度,坚决清除假媒体假记者站假记者,推动新闻传播秩序有更大改观。要开展“护苗”行动,深入打击有害及非法少儿出版物,净化少儿文化市场,保护青少年身心健康。要查办大案要案,坚决遏制非法出版活动和淫秽色情信息的反弹,推动专项行动向纵深发展。要强化法治思维,完善相关法律法规,加强文化市场综合执法,不断提高“扫黄打非”工作法治化水平。

## 中央政法工作会议召开

1月20日,中央政法工作会议在北京召开,习近平就政法工作作出指示。

习近平指出,2014年,政法战线认真贯彻党中央决策部署,深入推进平安中国、法治中国、过硬队伍建设,各项工作特别是改革工作取得新成效。全国政法机关要继续深化司法体制改革,为严格执法、文明执法、公正司法和提高执法司法公信力提供有力制度保障。要坚持从严治警,严守党的政治纪律和组织纪律,坚决反对公器私用、司法腐败,着力维护社会大局稳定、促进社会公平正义、保障人民安居乐业。各级党委要切实担负起维护一方稳定的政治责任,把政法工作摆到经济社会发展全局中来谋划,积极研究解决影响政法工作的重大问题。要带头依法办事,支持人民法院、人民检察院依法独立公正行使审判权、检察权,支持政法各单位依照宪法法律独立负责、协调一致开展工作,为政法机关依法履行职责创造良好环境。要加强和改进对政法工作的领导,选好配强政法机关领导班子,不断提高政法队伍思想政治素质和履职能力,培育造就一支忠于党、忠于国家、忠于人民、忠于法律的政法队伍,确保刀把子牢牢掌握在党和人民手中。

会议提出,全国政法机关要用习近平总书记重要指示统一思想、指导工作,深入学习贯彻党的十八大和十八届三中、四中全会及中央经济工作会议精神,深入学习贯彻习近平总书记系列重要讲话精神,按照全面建成小康社会、全面深化改革、全面依法治国、全面从严治党的要求,主动适应形势新变化,切实增强工作前瞻性、主动性,推动政法工作向善于运用法治思维和法治方式转变、向着力解决深层次问题转变、向善于运用信息化手段转变、向更加开放转变,促进社会既有秩序又有活力,提高服务大局的能力和水平。要坚持以法治为引领,深化司法体制改革,深入推进平安中国、法治中国、过硬队伍建设,有效防控各类风险,忠实履行好维护社会大局稳定、促进社会公平正义、保障人民安居乐业的职责使命,为全面建成小康社会创造安全稳定的社会环境、公平正义的法治环境、优质高效的服务环境。

## 中办国办印发《关于加强中国特色新型智库建设的意见》

新华社1月20日报道，中共中央办公厅、国务院办公厅近日印发《关于加强中国特色新型智库建设的意见》，并发出通知，要求各地区各部门结合实际认真贯彻执行。

## 全国统战部长会议召开

1月20日，全国统战部长会议在北京召开，俞正声出席并讲话。孙春兰主持会议并作工作报告。

俞正声对统战工作取得的成绩给予充分肯定。他指出，过去一年，各级统战部门紧紧围绕党和国家工作大局，不断巩固共同思想政治基础，着力服务经济社会发展，切实维护民族宗教领域和谐稳定，统筹开展重点工作，各方面工作都取得了新的成绩。统战部门贯彻落实《中共中央关于加强社会主义协商民主建设的意见》精神，重点是协助党委搞好政党协商的组织和落实，始终坚持党对政党协商的领导，营造宽松民主的氛围，不断提高政党协商的水平。全面落实中央民族工作会议和第二次中央新疆工作座谈会精神，要准确把握新形势下民族工作怎么看、怎么办，切实找准要解决的突出问题，提出要采取的有效措施，以问题的解决推动会议精神的落实。要适应研究新情况、解决新问题、开创新局面的要求，切实加强统战干部队伍建设，严守党的政治纪律和政治规矩，树立责任意识和担当精神，努力做到政治上坚定、精神上振奋、业务上精通、作风上过硬。各级党委一定要增强统战意识，特别是党委负责同志要亲自主持研究统一战线重大问题，亲自做统一战线重要人士的工作。

## 中央人才工作协调小组召开会议

1月21日，中央人才工作协调小组第41次会议在北京召开，赵乐际主持会议并讲话。

赵乐际指出，经济发展进入新常态，人才事业站在新起点，要进一步明确人才工作的方向、布局和抓手。要遵循社会主义市场经济规律、人才成长规律，深化人才发展体制机制改革，完善人才使用、流动、激励和成果转化机制。要进一步健全留学人员回国服务、外国人永久居留等政策，充分发挥市场需求的导向作用和用人单位的主体作用，广泛汇聚海外英才。要分析人才形势、把握人才需求，进一步改善结构、提升质量，有效服务国家重大发展战略。要发挥党政部门、高校、科研院所、企业等各方面优势，共同做好人才工作。要重视对人才的团结引导服务，加强思想联系，在全社会大兴识才、爱才、敬才、用才之风，使人才更感光荣、更受尊重。

## 全国政法委书记会议召开

1月21日，全国政法委书记会议在北京召开，孟建柱出席并讲话。

孟建柱指出，要深入学习领会习近平总书记重要指示和中央政法工作会议精神，把思想和行动统一到中央决策上来，把党对政法工作的领导体现到各项具体工作中，确保政法工作沿着正确方向前进。要结合本地实际，认真研究把握政法工作的新趋势、新变化，破除陈旧的工作理念，与时俱进地做好工作。党委政法委要善于谋全局、议大事、抓关键，把握好思想导向、改革取向，支持和保障政法各单位依法履职，严格执法、公正司法。党委政法委要充分发挥统筹协调优势，抓好司法体制改革任务落实，把中央关于改革的原则、要求与各地实际结合起来，只争朝夕、知难而进，做好司法体制改革这篇大文章。

## 全国公安厅局长会议召开

1月21日，全国公安厅局长会议在北京召开，郭声琨出席并讲话。

郭声琨要求，要密切跟踪国际反恐形势新变化，全面推进反恐怖斗争各项措施的落实，坚决维护国家安全和社会稳定。要紧紧围绕群众反映强烈的突出治安问题，有的放矢地组织开展打击整治行动，不断增强人民群众安全感。要以群众关注期盼的户籍制度、驾考制度、执法制度等领域的改革为重点，全面深化公安改革，积极回应社会关切。要清醒认识公安队伍中存在腐败问题的危害性，坚持从严治警方针，严肃查处违法违纪现象，坚决清除害群之马。要严格遵守党的政治纪律和政治规矩，勇于担当负责、狠抓工作落实，切实担负起守护一方平安、确保一方稳定的责任。

## 高德荣同志先进事迹报告会举行

1月22日，由中央宣传部、中央组织部和云南省委联合举办的高德荣同志先进事迹报告会在人民大会堂举行，刘云山看望报告团成员。

高德荣曾任云南省贡山独龙族怒族自治县县长，长期坚守在条件艰苦的独龙江畔，全身心致力于家乡建设发展，被当地群众誉为“一心为民的好县长”。从怒江州人大常委会副主任岗位转任后，他主动返乡扎根独龙江，一心扑在群众脱贫致富上。

刘云山在看望时说，高德荣同志作为时代楷模，不仅是独龙族的带头人，也是全国党员干部的一面旗帜。高德荣同志的先进事迹，生动诠释了习近平总书记提出的心中有党、心中有民、心中有责、心中有戒的要求，展现了共产党人的精气神，传递了向上向善的正能量。党员领导干部向高德荣同志学习，就要认真践行“四有”要求，做到不忘恩、不忘本、不懈怠、不妄为，努力做高德荣式的好干部。要增强党的意识，忠诚党的信仰、党的宗旨、党的事业，在党言党、在党忧党、在党为党，勤勤恳恳干事创业，不辜负党的教育培养。要把人民放在心里、把百姓当作亲人，切实解决好“为了谁、依靠谁、我是谁”的问题，多为群众办实事解难事，带领群众实现小康生活的美好梦想。要牢记职位就是责任，当干部就必须尽职尽责、敢于担当，以奋发有为的精神，以“功成不必在我”的境界，肩负起促进改革发展、维护和谐稳定的重任。要树立正确的权力观，敬畏组织、敬畏人民、敬畏法律，守纪律、讲规矩、有戒惧，清清白白做人，干干净净做事，坦坦荡荡为官，坚守共产党人的精神高地。

## 全国社会主义学院院长会议召开

1月22日，第十次全国社会主义学院院长会议在北京召开，孙春兰接见代表并讲话。

孙春兰指出，中央社会主义学院是在党中央亲切关怀下创办发展起来的，发挥了人才培养基地、理论研究基地、方针政策宣传基地的重要作用，体现了党外代表人士教育培训主阵地、民主党派和无党派人士联合党校、党政干部培训重要组成部分的定位，为经济社会发展、为统一战线事业发展作出了重要贡献。希望社会主义学院围绕中央“四个全面”的战略部署，进一步发挥自身优势特色，挖掘人才智力资源，开展统一战线理论政策研究，充分发挥智库作用，总结经验和规律，全面提升教学质量和培训水平。

## 中共中央政治局召开会议<br>审议通过《国家安全战略纲要》

1月23日，中共中央政治局召开会议，审议通过《国家安全战略纲要》；听取全国人大常委会、国务院、全国政协、最高人民法院、最高人民检察院党组向中央政治局常委会汇报工作的综合情况报告；听取关于2014年贯彻执行中央八项规定情况的汇报，研究部署下一步改进作风工作。习近平主持会议。

会议认为，当前，国际形势风云变幻，我国经济社会发生深刻变化，改革进入攻坚期和深水区，社会矛盾多发叠加，各种可以预见和难以预见的安全风险挑战前所未有，必须始终增强忧患意识，做到居安思危。制定和实施《国家安全战略纲要》，是有效维护国家安全的迫切需要，是完善中国特色社会主义制度、推进国家治理体系和治理能力现代化的必然要求。在新形势下维护国家安全，必须坚持以总体国家安全观为指导，坚决维护国家核心和重大利益，以人民安全为宗旨，在发展和改革开放中促安全，走中国特色国家安全道路。要做好各领域国家安全工作，大力推进国家安全各种保障能力建设，把法治贯穿于维护国家安全的全过程。坚持正确义利观，实现全面、共同、合作、可持续安全，在积极维护我国利益的同时，促进世界各国共同繁荣。运筹好大国关系，塑造周边安全环境，加强同发展中国家的团结合作，积极参与地区和全球治理，为世界和平与发展作出应有贡献。

会议听取了全国人大常委会、国务院、全国政协、最高人民法院、最高人民检察院党组向中央政治局常委会汇报工作的综合情况报告，对其2014年工作给予充分肯定。会议认为，全国人大常委会、国务院、全国政协、最高人民法院、最高人民检察院党组向中央政治局常委会、中央政治局汇报工作，是我们党长期以来形成的一个传统和制度，是保证党中央集中统一领导的制度性安排，要不断完善这方面的制度，自觉遵循并长期坚持。

## 中共中央政治局进行第二十次集体学习

1月23日，中共中央政治局就辩证唯物主义基本原理和方法论进行第二十次集体学习，习近平主持学习。吉林大学孙正聿教授就这个问题进行讲解。

习近平指出，要学习掌握世界统一于物质、物质决定意识的原理，坚持从客观实际出发制定政策、推动工作。当代中国最大的客观实际，就是我国仍处于并将长期处于社会主义初级阶段，这是我们认识当下、规划未来、制定政策、推进事业的客观基点，不能脱离这个基点。既要看到社会主义初级阶段基本国情没有变，也要看到我国经济社会发展每个阶段呈现出来的新特点。经过30多年改革开放，我国社会生产力、综合国力、人民生活水平实现了历史性跨越，我国基本国情的内涵不断发生变化，我们面临的国际国内风险、面临的难题也发生了重要变化。我们提出要准确把握、主动适应经济发展新常态，就是适应国际国内环境变化、辩证分析我国经济发展阶段性特征作出的判断。准确把握我国不同发展阶段的新变化新特点，使主观世界更好符合客观实际，按照实际决定工作方针，这是我们必须牢牢记住的工作方法。辩证唯物主义并不否认意识对物质的反作用，而是认为这种反作用有时是十分巨大的。我们党始终把思想建设放在党的建设第一位，强调“革命理想高于天”，就是精神变物质、物质变精神的辩证法。我们必须毫不放松理想信念教育、思想道德建设、意识形态工作，大力培育和弘扬社会主义核心价值观，用富有时代气息的中国精神凝聚中国力量。

## 李克强主持召开座谈会<br>听取对《政府工作报告》意见和建议

1月26日，李克强主持召开座谈会，听取专家学者和企业界人士对《政府工作报告》的意见建议。

会上，发展研究中心吴敬琏、中国（海南）改革发展研究院迟福林、国务院参事室姚景源谈到，当前增长放缓，部分企业经营困难，建议把更多精力放在改革上，用结构性改革破解结构性矛盾，通过发展现代服务业等高端产业，提高经济效率。清华大学吴晓灵、银河证券左小蕾、中国银行曹远征提出，要实施松紧适度的货币政策，加快推进金融改革，稳定市场预期。百度公司李彦宏、联想集团杨元庆、中关村集团于军、中建材集团宋志平分别从激励创新、发展创业金融、促进企业“走出去”和国有企业改革等方面提了建议。

李克强发表讲话。他说，当前中国经济发展进入新常态，必须按下全面深化改革的“快进键”，用好政府和市场这“两只手”，打造“双引擎”，让传统产业加快升级、新兴生产力加快成长，实现新常态下稳增长与调结构的平衡，使保持中高速增长、迈向中高端水平成为中国经济发展的主旋律。当前多重矛盾叠加，宏观调控难度加大，必须继续创新调控思路和方式，宏观政策既要坚持基本取向，又要动静相宜、主动作为,围绕区间调控实施更加及时精准、有力有效的定向调控。今年要进一步深化财税金融等重点改革,在强实体、促创新、惠民生、防风险等方面更大发力。解放和发展生产力,当前就是要促进大众创业、万众创新。为此简政放权不能停步,放管结合要落到实处,营造宽松、公平的竞争环境,让千万人的创意与市场需求结合,把"草根原创"迸发出的新元素、新模式汇聚成驱动经济发展的新动力。国有企业要紧扣提高活力和竞争力深化改革,在看准的领域抓紧"破题",努力走在创新发展、升级发展的前列。

## 两节期间中组部下拨党费6670万元送给生活困难党员和老党员

1月26日,为充分体现党中央对生活困难党员和老党员的关怀,中央组织部从代中央管理的党费中下拨6670万元给各省(区、市)党委组织部和中央有关部门(系统)党委(工委)组织部,用于2015年元旦春节期间走访慰问生活困难党员和老党员,重点是农村生活困难党员和老党员,城市下岗失业人员党员和老党员,灾区因灾致困、因灾致残的党员和抗灾救灾中因公牺牲党员的家属。

## 2015年对台工作会议召开

1月26日至27日,2015年对台工作会议在北京举行,俞正声出席并讲话。杨洁篪主持会议。张志军作工作报告。

俞正声强调,对台工作事关国家发展大局。我们要始终坚持从实现"两个一百年"奋斗目标和中华民族伟大复兴中国梦的战略高度,审视和谋划各项工作。要毫不动摇地继续坚持中央对台大政方针,广泛团结台湾同胞,维护台海局势稳定,坚决遏制"台独"分裂活动,坚定推动两岸关系和平发展,为解决台湾问题、实现祖国统一不断积累和创造条件。

会议要求,新的一年,各地各部门要切实按照中央要求,把各项工作落到实处,积极有为,奋发进取,努力保持两岸关系和平发展势头。在坚持"九二共识"、反对"台独"的共同政治基础上,继续增进两岸政治互信、保持良性互动,巩固两岸关系和平发展制度化成果。积极推进两岸经济合作框架协议后续议题等制度化协商,深化协议执行成效,惠及更多民众。推进两岸经济融合发展,促进两岸产业合作总体规划布局,深化两岸金融合作,努力扩大台中小企业、农渔民参与面受益面。支持福建自由贸易园区、平潭综合实验区和昆山深化两岸产业合作试验区对台扩大开放、加强合作。切实帮助大陆台商解决实际困难。采取积极措施促进两岸人员往来,扩大两岸青少年和基层交流,深化两岸各领域交流合作。完善涉台法律法规和工作机制,加强两岸执法司法合作,维护台胞合法权益。各地各部门要高度重视对台工作,增强政治责任感和使命感,加强领导,发挥好协调机制的作用,抓好队伍建设,为推动两岸关系和平发展作出新贡献。

## 中央全面深化改革领导小组召开第九次会议

1月30日,中央全面深化改革领导小组召开第九次会议,习近平主持并发表讲话。李克强、刘云山、张高丽出席会议。

会议审议通过了《关于贯彻落实党的十八届四中全会决定进一步深化司法体制和社会体制改革的实施方案》《省(自治区、直辖市)纪委书记、副书记提名考察办法(试行)》《中央纪委派驻纪检组组长、副组长提名考察办法(试行)》《中管企业纪委书记、副书记提名考察办法(试行)》。

会议指出,党的十八届四中全会着眼于解决影响司法公正、制约司法能力的深层次问题,着眼于破解影响法治社会建设的体制机制障碍,对深化司法体制和社会体制改革作出了全面部署,专门制定一个实施方案非常必要。实施方案明确了各项改革任务的政策取向、责任分工、时间进度、成果要求,特别是注意把握了三中全会、四中全会有关司法体制和社会体制改革举措的内在联系，注重统筹政策、方案、力量、进度，以确保改革任务相互协调、改革进程前后衔接、改革成果彼此配套。各有关部门要自觉支持改革，主动把配套政策和保障措施落实到位。要抓住在司法体制和社会体制改革全局中居于基础性和制度性地位、牵一发而动全身的重点事项进行攻坚，以重点事项突破带动改革全面开展。要及时检查、及时评估，把解决了多少突出问题、群众对问题解决的满意度作为检验司法体制和社会体制改革成效的标准。

推进纪检体制改革的3个具体举措，既有利于坚持党对反腐败工作的领导，又有利于增强纪委监督权的相对独立性和权威性。当前，反腐败斗争形势依然严峻复杂，必须深化党的纪律检查体制改革，强化上级纪委对下级党委和纪委的监督，推动纪委双重领导体制落到实处。反腐败斗争要不断深入，关键在党，关键在人。纪委书记、副书记和纪检组长、副组长是纪检干部队伍的骨干，必须坚持高标准、严要求，把那些敢于担当、敢于监督、敢于负责的好干部选出来、用起来。要拓宽选人用人渠道，纪委书记、副书记人选既可以从纪检系统内产生，也可以从纪检系统外产生。各级党委、纪委和组织部门要认真落实这3个办法，推动建设一支思想上、政治上、作风上、能力上过硬的纪检干部队伍。执法者必先守纪，律人者必先律己。纪检干部尤其要严守政治纪律，对党忠诚、严格履职、敢于担当、守住底线，要牢记使命，把责任扛起来，用铁的纪律打造全党信任、人民信赖的纪检监察干部队伍。

## 中共中央转发《关于新形势下军队政治工作若干问题的决定》

新华网1月30日报道，中共中央近日转发《关于新形势下军队政治工作若干问题的决定》。2014年10月习近平在古田召开的全军政治工作会议发表重要讲话，为加强和改进新形势下我军政治工作指明了方向，根据讲话精神，在会议讨论的基础上，中央军委就新形势下军队政治工作若干问题作出决定。

在长期革命、建设、改革历程中，我军坚持古田会议确立的思想建党、政治建军原则，形成了政治工作一整套优良传统。主要包括：坚持党指挥枪的根本原则和制度，坚持全心全意为人民服务的根本宗旨，坚持实事求是的思想路线，坚持群众路线的根本作风，坚持用科学理论武装官兵，坚持围绕党和军队中心任务发挥服务保证作用，坚持公道正派选拔使用干部，坚持官兵一致、发扬民主，坚持实行自觉的严格的纪律，坚持艰苦奋斗、牺牲奉献的革命精神，坚持党员干部带头、以身作则，等等。这些优良传统，是我军政治工作的根本原则和内容，是我军特有的政治优势和克敌制胜的法宝。必须把先辈们用鲜血和生命铸就的优良传统一代代传下去，不断发扬光大。军队政治工作的时代主题是，紧紧围绕实现中华民族伟大复兴的中国梦，为实现党在新形势下的强军目标提供坚强政治保证。军队政治工作实质上是党领导和掌握军队的工作，是我军的最大特色、最大优势。在新的形势任务和机遇挑战面前，政治工作只能加强不能削弱，只能前进不能停滞，只能积极作为不能被动应对。全军必须充分认清我军政治工作的重要地位和重大作用，深刻认识加强和改进政治工作的极端重要性、极端必要性、极端紧迫性，坚决纠正一切轻视、放松、损害政治工作的思想和行为，坚持把思想政治建设摆在军队各项建设首位不动摇，坚持政治工作永远是我军生命线不动摇，着力整顿思想、整顿用人、整顿组织、整顿纪律，在革弊鼎新、正本清源中焕发政治工作的蓬勃生机和强大威力。

新形势下加强和改进军队政治工作的总体要求是：坚持以马克思列宁主义、毛泽东思想、邓小平理论、“三个代表”重要思想、科学发展观为指导，深入贯彻习近平总书记系列重要讲话精神，紧紧围绕军队政治工作的时代主题，大力弘扬优良传统，积极推进改革创新，坚持依法治军、从严治军，充分发挥政治工作对强军兴军的生命线作用。为实现强军目标提供坚强政治保证，最紧要的是把理想信念在全军牢固立起来，把党性原则在全军牢固立起来，把战斗力标准在全军牢固立起来，把政治工作威信在全军牢固立起来。

全军必须把坚定官兵理想信念作为固本培元、凝魂聚气的战略工程，坚持教育者先受教育，突出高级干部这个关键，扭住立身、立志、立德基本问题，努力培养有灵魂、有本事、有血性、有品德的新一代革命军人。必须坚持用战斗力标准辨是非、判优劣，形成有利于提高战斗力的舆论导向、工作导向、用人导向、政策导向，推动战斗力标准在部队建设各个领域各项工作中贯彻落实。必须把匡正选人用人风气作为重大政治和组织原则问题，强化事业取人的政治责任、组织选人的把关作用、制度用人的刚性约束，确立和落实对党忠诚、善谋打仗、敢于担当、实绩突出、清正廉洁的军队好干部标准，建设一支能够担当强军重任的高素质干部队伍。必须贯彻从严治党、从严治军要求，坚持领导带头、以上率下，坚持问题导向、立行立改，坚持标本兼治、综合施策，坚持久久为功、善作善成，实现作风风气根本好转。必须把增强党组织的原则性战斗性作为紧要问题来抓，纯洁思想以强化党性，纯洁队伍以坚强组织，纯洁风气以巩固团结，增强党组织的创造力凝聚力战斗力，把党的政治优势和组织优势转化为强军兴军的力量优势。全军政治机关和政治干部必须强化政治意识、阵地意识、大局意识，坚持直面问题、真抓实改，坚持言行一致、以身作则、以上率下，把真理力量和人格力量统一起来，按照对党绝对忠诚、聚焦打仗有力、作风形象良好的目标要求加强自身建设，提高政治工作信息化、法治化、科学化水平。把对党忠诚作为政治机关和政治干部的首要政治本色，铸就唯一的、彻底的、无条件的、不掺任何杂质和水分的绝对忠诚。建设学习型政治机关、培养学习型政治干部，着力提高政治素养、军事素养、信息素养、人文素养，增强掌握思想、抓建组织、服务中心、帮带解难、言传身教的能力。适应信息化要求创新发展政治工作，完善依法运行工作机制，培养和塑造良好作风形象。

## 中央国家机关党的工作会议召开

1月30日，中央国家机关第二十九次党的工作会议暨第二十七次纪检工作会议在北京召开。杨晶出席并讲话，李智勇作工作报告。

杨晶指出，中央国家机关地位重要、责任重大，必须紧紧围绕“四个全面”战略部署，始终把从严治党摆在突出位置，强化落实党建工作主体责任，为统筹做好稳增长、促改革、调结构、惠民生、防风险工作提供坚强组织保证。中央国家机关各级党组织和广大党员干部必须严守党的政治纪律和政治规矩，坚决维护党中央权威。要持续深入改进作风，严肃党内政治生活；大力推进简政放权，着力铲除滋生腐败的土壤；坚持党建工作与中心工作并重，加强考核监督，确保各项工作落到实处。

## 全军外事工作会议召开

1月30日至31日，全军外事工作会议在北京召开。范长龙、常万全、杨洁篪出席并讲话。房峰辉作总结讲话。

范长龙指出，要深入研究新形势下军事外交工作特点规律，把握工作重点，抓好大国外交和周边交往，抓好服务大局和行动协同，抓好重大外交活动和新的增长点，抓好应急处置和舆论引导，积极主动作为，有力配合国家总体外交大局，服务于军队建设和军事斗争准备。

常万全指出，军事外交战线的同志要总结好、学习好中央对外工作的新成果新经验，坚决贯彻党中央、习主席的战略意图，在新的起点上推进军事外交工作全面发展，更好服务于国家政治外交大局和党在新形势下的强军目标。

杨洁篪指出，在新形势下，军事外交职责更加重大，舞台更加广阔，必将为维护国家利益、促进安全合作，为实现中国梦强军梦作出更加重要的贡献。

# 2015 年 2 月

## 中共中央、国务院印发《关于加大改革创新力度加快农业现代化建设的若干意见》

新华社 2 月 1 日报道，中共中央、国务院近日印发《关于加大改革创新力度加快农业现代化建设的若干意见》。

## 省部级主要领导干部学习贯彻十八届四中全会精神全面推进依法治国专题研讨班举行

2 月 2 日至 6 日，省部级主要领导干部学习贯彻十八届四中全会精神全面推进依法治国专题研讨班在中央党校举行。习近平在开班式上讲话，李克强主持开班式，张德江、俞正声、刘云山、王岐山、张高丽出席。刘云山出席结业式并作总结讲话。

习近平指出，改革开放以来特别是党的十五大提出依法治国、建设社会主义法治国家以来，我国社会主义法治建设取得了重大成就，各级领导干部在推进依法治国进程中发挥了重要作用。同时，在现实生活中，一些领导干部法治意识比较淡薄，有的存在有法不依、执法不严甚至徇私枉法等问题，影响了党和国家的形象和威信，损害了政治、经济、文化、社会、生态文明领域的正常秩序。所有领导干部都要警醒起来、行动起来，坚决纠正和解决法治不彰问题。领导干部都要牢固树立宪法法律至上、法律面前人人平等、权由法定、权依法使等基本法治观念，对各种危害法治、破坏法治、践踏法治的行为要挺身而出、坚决斗争。对领导干部的法治素养，从其踏入干部队伍的那一天起就要开始抓，加强教育、培养自觉，加强管理、强化监督。学法懂法是守法用法的前提。要系统学习中国特色社会主义法治理论，准确把握我们党处理法治问题的基本立场。首要的是学习宪法，还要学习同自己所担负的领导工作密切相关的法律法规。各级领导干部尤其要弄明白法律规定我们怎么用权，什么事能干、什么事不能干，心中高悬法律的明镜，手中紧握法律的戒尺，知晓为官做事的尺度。各级党委要重视法治培训，完善学法制度。

中国共产党是中国特色社会主义事业的领导核心，处在总揽全局、协调各方的地位。社会主义法治必须坚持党的领导，党的领导必须依靠社会主义法治。法是党的主张和人民意愿的统一体现，党领导人民制定宪法法律，党领导人民实施宪法法律，党自身必须在宪法法律范围内活动，这就是党的领导力量的体现。党和法、党的领导和依法治国是高度统一的。我们就是在不折不扣贯彻着以宪法为核心的依宪治国、依宪执政，我们依据的是中华人民共和国宪法。

党的十八大以来，党中央从坚持和发展中国特色社会主义全局出发，提出并形成了全面建成小康社会、全面深化改革、全面依法治国、全面从严治党的战略布局。这个战略布局，既有战略目标，也有战略举措，每一个“全面”都具有重大战略意义。全面建成小康社会是我们的战略目标，全面深化改革、全面依法治国、全面从严治党是三大战略举措。要把全面依法治国放在“四个全面”的战略布局中来把握，深刻认识全面依法治国同其他 3 个“全面”的关系，努力做到“四个全面”相辅相成、相互促进、相得益彰。

研讨班期间，全体学员围绕贯彻十八届四

中全会精神，认真学习领会习近平总书记在开班式上的重要讲话，结合实际、深入研讨，对领导干部在全面依法治国中的关键作用有了更深刻的认识，对全面依法治国的正确方向有了更清醒的把握，对领导干部做尊法学法守法用法的模范有了更自觉的追求，对在统筹"四个全面"战略布局中推进全面依法治国有了更深入的理解。

## 中组部授予高德荣"全国优秀共产党员"称号

新华网2月2日报道，中央组织部日前印发《中共中央组织部关于授予高德荣同志"全国优秀共产党员"称号的决定》。

高德荣同志是党的群众路线教育实践活动中涌现出来的先进典型，是新时期共产党人的优秀代表，是践行"三严三实"要求的光辉典范，是广大党员干部特别是边疆少数民族干部的学习楷模。他数十年如一日扎根边疆山区，怀着对党和人民事业的满腔热情，积极为教育奔波、为环保呼吁、为乡亲解难，带领广大党员干部群众抓机遇、谋发展、搞建设、兴产业，改变了独龙江交通闭塞、基础设施落后、发展迟缓的面貌。他爱民至深、为民至诚，视百姓为父母、待群众如亲人，坚守独龙江，扎根群众中，为造福一方百姓倾注了心血和汗水，受到广大群众的热切欢迎。他做人坦荡磊落、为官清正廉洁，从不利用手中权力为自己和亲属谋取好处，一辈子不图名利、不求回报，展现了共产党人为民务实清廉的良好形象。

为表彰先进、弘扬正气，激励广大党员、干部胸怀理想、坚定信念，牢记宗旨、为民奉献，在推进中国特色社会主义伟大事业中作出新的更大贡献，经中央领导同志同意，中央组织部决定，授予高德荣同志"全国优秀共产党员"称号。

## 中共中央印发《关于加强和改进党的群团工作的意见》

新华网2月3日报道，中共中央近日印发《关于加强和改进党的群团工作的意见》。

《意见》指出，群团事业是党的事业的重要组成部分，党的群团工作是党治国理政的一项经常性、基础性工作，是党组织动员广大人民群众为完成党的中心任务而奋斗的重要法宝。工会、共青团、妇联等群团组织联系的广大人民群众是全面建成小康社会、坚持和发展中国特色社会主义的基本力量，是全面深化改革、全面推进依法治国、巩固党的执政地位、维护国家长治久安的基本依靠。新形势下，党的群团工作只能加强，不能削弱；只能改进提高，不能停滞不前。必须更好发挥群团组织作用，把广大人民群众更加紧密地团结在党的周围，汇聚起实现"两个一百年"奋斗目标、实现中华民族伟大复兴中国梦的强大正能量。

加强党的领导是做好群团工作的根本保证。各级党委要明确对群团工作的领导责任，健全组织制度，完善工作机制，从上到下形成强有力的组织领导体系。要推动群团组织团结动员群众围绕中心任务建功立业，自觉培育和践行社会主义核心价值观，支持群团组织加强服务群众和维护群众合法权益工作，支持群团组织在社会主义民主中发挥作用，支持群团组织参与创新社会治理和维护社会稳定，推动群团组织改革创新、增强活力，加大对群团工作的支持保障力度，加强群团组织领导班子和干部队伍建设，全面提高党的群团工作水平。

## 中央直属机关党的工作会议召开

2月4日，中央直属机关党的工作会议在北京召开，栗战书出席并讲话。

栗战书指出，要加强思想理论武装，着眼于世界观的改造和党员干部政治素质的提升，紧紧抓住对党绝对忠诚、坚定理想信念这个核心，努力在更高更深层次上提高思想理论水平，切实增强同以习近平同志为总书记的党中央保持高度一致的思想自觉和行动自觉。要严明党的政治纪律和政治规矩，始终把讲政治作为最基本和第一位要求，抓好对党组织和党员干部遵守政治纪律和政治规矩的监督检查，切实做到政治上讲忠诚、组织上讲服从、行动上讲纪律。要进一步严格党内政治生活，认真组织开展“三严三实”专题教育，加强党员领导干部党性修养，确保党的先进性和纯洁性。要更好履行党委的主体责任和纪委的监督责任，以零容忍态度惩治腐败，严肃查处违纪违法案件。要继续深入开展作“三个表率”活动，各级党组织和广大共产党员要切实在深入学习贯彻习近平总书记系列重要讲话精神上作表率，在同以习近平同志为总书记的党中央保持高度一致上作表率，在贯彻落实党中央各项决策部署上作表率。

## 中央精神文明建设指导委员会召开第三次全体会议

2月7日，中央精神文明建设指导委员会召开第三次全体会议，刘云山主持会议并讲话。刘延东、刘奇葆出席会议。

刘云山指出，推进精神文明建设，根本的是巩固思想道德基础、激发团结奋进力量、弘扬社会新风正气。要着眼于实现中华民族伟大复兴的中国梦，深入进行理想信念教育，引导人们坚定道路自信、理论自信、制度自信。要主动适应经济发展新常态，针对改革发展中的矛盾和问题，做好思想引导工作，更好地坚定信心、鼓舞士气。要大力弘扬社会主义核心价值观，广泛开展面向群众的宣传教育和富有特色的主题实践活动，发挥好党员干部、道德模范、公众人物的引领作用，推动人们更好践行核心价值观。要切实加强青少年思想道德教育，发挥学校主阵地和主渠道作用，统筹学校教育、家庭教育、社会教育，引导青少年崇德向善、知行合一。要深化文明城市、文明村镇、文明单位和文明家庭创建，突出价值引领、强化道德内涵，开展普法宣传教育和群众性法治文化活动，不断提升公民文明素养和社会文明程度。要高度重视基层文化建设，推出更多面向基层和农村的优秀文化产品和服务，抓好基本公共文化服务，改善文化民生。

精神文明建设是人民群众的事业，必须坚持为了人民、依靠人民、造福人民。要树立群众观点、贯彻群众路线，顺应群众意愿开展工作，多办群众看得见摸得着的好事实事，防止形式主义、不做表面文章。要强化问题导向、树立法治思维，聚焦人民群众反映强烈的突出问题，深入开展诚信缺失、环境污染、旅游不文明、网络有害信息等专项治理。要以钉钉子精神抓好工作落实，对认准的事情和确定的任务，要狠狠地抓，一天不放松地抓，保持抓铁有痕的力度和一抓到底的韧劲。要把精神文明建设与经济社会发展贯通起来，与行业管理、社会治理结合起来，把两手抓、两手都要硬的要求落到实处。

## 刘云山看望文化界知名人士

2月8日和9日，刘云山代表习近平总书记和党中央看望文化界知名人士，向他们致以诚挚问候，向广大文化工作者致以新春祝福。

刘云山首先来到中国人民大学教授、著名马克思主义哲学专家陈先达家中，关切询问陈先达的生活和工作情况，对他为党的思想理论建设作出的贡献给予肯定，陈先达就深化马克思主义理论研究、加强哲学社会科学教材教学工作提出建议。在中国文联荣誉委员、著名书法家沈鹏家中，刘云山悉心了解书法艺术传承发展情况，希望老一辈书法家继续发挥传帮带作用、为弘扬中华优秀传统文化贡献力量。在看望中国舞协名誉主席、著名芭蕾舞表演艺术家白淑湘时，刘云山赞赏她为芭蕾舞民族化进行的探索，白淑湘建议加强青年艺术人才培养、加大对代表国家水准的艺术门类扶持力度。在看望原新闻出版署署长、著名出版家宋木文时，刘云山与他就出版业现状和前景进行交流，认真听取他关于提高出版质量、加强版权保护、重视社会效益等建议。在中国作协名誉委员、著名少数民族作家玛拉沁夫家中，刘云山赞扬玛拉沁夫为民族文学发展做出的成绩，并与他就加强少数民族文艺创作、繁荣中华民族文艺园地进行探讨。

## 中共中央印发《关于加强社会主义协商民主建设的意见》

新华网2月9日报道，中共中央近日印发《关于加强社会主义协商民主建设的意见》。

《意见》明确了社会主义协商民主的本质属性和基本内涵，阐述了加强社会主义协商民主建设的重要意义、指导思想、基本原则和渠道程序，对新形势下开展政党协商、人大协商、政府协商、政协协商、人民团体协商、基层协商、社会组织协商等作出全面部署，是指导社会主义协商民主建设的纲领性文件。

## 中央军委举行慰问驻京部队老干部迎新春文艺演出

2月9日，中央军委慰问驻京部队老干部迎新春文艺演出在北京举行，习近平向在场的军队老同志和全军离退休老干部致以新春的祝福。

回顾过去的一年，大家深切感到，在党中央、习主席坚强领导下，中央军委加强军事战略指导，召开全军政治工作会议，研究论证深化国防和军队改革，推进整风肃纪反腐，军队建设取得显著成绩。在新的一年里，要深入学习贯彻习近平总书记系列重要讲话精神，深入学习贯彻习主席国防和军队建设重要论述，围绕实现党在新形势下的强军目标，锐意进取、扎实苦干，努力开创强军兴军新局面。

## 国务院召开第三次廉政工作会议

2月9日，国务院召开第三次廉政工作会议，李克强出席并讲话。

李克强指出，过去一年，各级政府和各部门深入推进党风廉政建设和反腐败工作，转政风，改机制，强监管，严政纪，取得明显成效。但同时要看到，纠正“四风”不彻底，一些领域腐败问题易发多发，权力寻租空间仍然存在。有的干部为官不为，对改革发展重大决策部署落实不到位。要切实增强忧患意识和责任感、使命感，坚持一手抓改革发展，一手抓反腐倡廉，以更坚定的决心和更有力的举措，毫不松懈地把政府系统党风廉政建设和反腐败工作推向深入。

李克强对今年政府系统党风廉政建设和反腐败工作提出了五点要求：一是放权限权，坚决打掉寻租空间。二是严管公帑，确保资金安全运行。三是勤政有为，推动重大决策落实。四是标本兼治，坚定不移惩治腐败。五是坚持“一岗双责”，认真落实党风廉政建设责任制。

## 中央财经领导小组召开第九次会议

2月10日，中央财经领导小组召开第九次会议，习近平主持并讲话。李克强、刘云山、张高丽出席会议。

习近平指出，城镇化是一个自然历史过程，涉及面很广，要积极稳妥推进，越是复杂的工作越要抓到点子上，突破一点，带动全局。推进城镇化的首要任务是促进有能力在城镇稳定就业和生活的常住人口有序实现市民化。保障粮食安全，要加快转变农业发展方式，推进农业现代化，既要实现眼前的粮食产量稳定，又要形成新的竞争力，注重可持续性，增强政策精准性。保障水安全，关键要转变治水思路，按照“节水优先、空间均衡、系统治理、两手发力”的方针治水，统筹做好水灾害防治、水资源节约、水生态保护修复、水环境治理。保障能源安全，要明确责任、狠抓落实、抓出成效，密切跟踪当前国际能源市场出现的新情况新变化，趋利避害，加快完善石油战略储备制度，推进能源价格、石油天然气体制等改革，大力发展非常规能源。

疏解北京非首都功能、推进京津冀协同发展，是一个巨大的系统工程。目标要明确，通过疏解北京非首都功能，调整经济结构和空间结构，走出一条内涵集约发展的新路子，探索出一种人口经济密集地区优化开发的模式，促进区域协调发展，形成新增长极。思路要明确，坚持改革先行，有序配套推出改革举措。

## 全国政协邀请已故知名人士和党外全国政协委员夫人茶话迎春

2月10日，全国政协在政协礼堂举行春节茶话会，邀请已故知名人士和部分在京党外全国政协委员夫人共贺新春，俞正声出席。

杜青林在茶话会上回顾了2014年党和国家事业发展取得的新成绩和新气象，介绍了十二届全国政协2014年在继承中创新、在创新中发展取得的新进展。他说，各位老大姐始终与至亲至爱的伴侣相濡以沫、并肩战斗，为我国革命、社会建设和改革事业奉献毕生心血，为统一战线和人民政协事业发展作出重要贡献。各位老大姐永远是党和国家的宝贵财富，永远都是推动人民政协事业发展的重要力量。关心好、照顾好、爱护好各位老大姐，是全国政协义不容辞的责任，希望大姐们继续关心和支持政协事业，多回政协这个民主之家、团结之家，多提宝贵意见和建议。

## 2015年军民迎新春茶话会举行

2月11日，由全国双拥工作领导小组、民政部、解放军总政治部联合举办的2015年军民迎新春茶话会在北京举行。习近平、李克强、刘云山、张高丽等同全国双拥模范代表、首都干部群众和驻京部队官兵代表欢聚一堂，共话双拥美好前景。

张高丽在茶话会上致辞，代表党中央、国务院、中央军委，向为保卫祖国、建设祖国作出巨大贡献的人民解放军指战员、武警官兵、民兵预备役人员、部队职工表示诚挚的慰问，向全体烈军属、伤残军人、转业复员退伍军人和军队离退休干部表示亲切的问候，向关心支持国防和军队建设的广大干部和各族人民表示衷心的感谢。

## 中央巡视工作动员部署会召开

2月11日，中央巡视工作动员部署会在北京召开，王岐山出席并讲话。

会议传达了习近平总书记关于巡视工作的重要指示精神。会议指出，中央决定今年完成对中管国有重要骨干企业和金融企业巡视全覆盖。国有企业是我国公有制为主体的经济基础的重要体现，是中国特色社会主义的基石，为推动经济社会发展、提高我国综合实力作出了重要贡献。但是，从巡视、审计、信访反映的问题以及审查案例引出的问题线索看，国有企业在管党治党、党风廉政建设上也存在一些普遍性问题，有的问题相当突出。2015年第一轮巡视要紧扣全面从严治党，聚焦突出问题、创新方式方法，实行“一托二”：每轮一个组巡视两家，13个组同类同步安排、分批集中汇报。要专注目标，盯住重点人、重点事、重点问题，机动灵活、闻风而动，提高发现问题的精准度。围绕“四个着力”，重点发现企业在作风、纪律、腐败、选人用人方面的普遍性问题，尤其要把落实“两个责任”、政治纪律和政治规矩执行情况作为巡视重要内容。要总结运用专项巡视已经掌握的工作规律，对照教育实践活动整改总结和督导报告查找问题。要深入研究企业的历史文化和行业特点，依其主要业务、资产资源，查找靠山吃山、利益输送问题。对于违反中央八项规定精神问题，只要查实就要交被巡视企业党委。

2015年中央第一轮巡视将对中国核工业集团公司、中国核工业建设集团公司、中国石油天然气集团公司、中国海洋石油总公司、国家开发投资公司、中国东方电气集团有限公司、中国电子科技集团公司、中国电子信息产业集团有限公司、中国电力投资集团公司、国家核电技术有限公司、中国中化集团公司、中国五矿集团公司、中国华能集团公司、中国建筑工程总公司、国家电网公司、中国南方电网有限责任公司、中国船舶重工集团公司、中国远洋运输(集团)总公司、中国机械工业集团有限公司、中国通用技术(集团)控股有限责任公司、中国大唐集团公司、中国国电集团公司、中国电信集团公司、中国移动通信集团公司、宝钢集团有限公司、武汉钢铁(集团)公司等26家央企进行专项巡视。

## 习近平同党外人士共迎新春

2月11日，春节即将到来之际，习近平在人民大会堂同各民主党派中央、全国工商联负责人和无党派人士代表欢聚一堂，共迎新春。俞正声、张高丽出席。民革中央主席万鄂湘、民盟中央主席张宝文、民建中央主席陈昌智、民进中央主席严隽琪、农工党中央主席陈竺、致公党中央主席万钢、九三学社中央主席韩启德、台盟中央主席林文漪、全国工商联主席王钦敏和无党派人士代表林毅夫等应邀出席。

万钢代表各民主党派中央、全国工商联和无党派人士致辞。他表示，过去一年是我们国家十分不平凡的一年，中共十八届四中全会开启了全面推进依法治国的新征程，全面深化改革按下“快进键”，正风肃纪、激浊扬清的成效前所未有。作为与中国共产党肝胆相照、风雨同舟的民主党派和党外人士，我们将努力提高自身能力素质，识民情、接地气，讲真话、建诤言，不负重托、不辱使命，为全面建成小康社会、全面深化改革、全面依法治国、全面从严治党贡献力量。他还就制定“十三五”规划等提出了意见和建议。

习近平讲话时指出，2014年，统一战线紧紧围绕党和国家工作大局开展工作，发挥了积极作用。各民主党派中央、全国工商联和无党派人士发挥各自特点和优势，就一些重大问题进行调研，参与重大改革举措贯彻落实，为维护和发展改革发展稳定大局作出了积极贡献。2015年是全面深化改革、全面推进依法治国关键之年，是全面完成“十二五”规划收官之年。要着力服务全面建成小康社会、全面深化改革、全面依法治国、全面从严治党的战略布局。要着力推动政党协商深入开展。中共中央制定了《关于加强社会主义协商民主建设的意见》，对指导和推进我国协商民主广泛多层制度化发展具有重要意义。搞好政党协商，需要中国共产党和各民主党派共同努力。要着力推动统一战线巩固和发展。巩固和发展最广泛的爱国统一战线，是我们战胜困难、夺取胜利的重要法宝。统一战线追求的团结，是广泛的团结，也是坚强的团结，是沿着正确政治方向、向着共同目标前进的团结。希望大家把坚持和发展中国特色社会主义学习实践活动、理想信念教育实践活动持续深入开展下去，不断增强广大成员和所联系群众的中国特色社会主义道路、理论、制度自信。

## 刘云山看望著名科技专家

2月11日，刘云山代表习近平总书记和党中央，登门看望国家最高科技奖获得者于敏、张存浩，向他们致以诚挚问候，向科技工作者致以新春祝福。

刘云山首先来到我国著名核物理学家、“两弹一星”元勋、中国科学院院士于敏家中，悉心询问他的身体和生活状况，祝贺他获得2014年度国家最高科技奖，对他为我国国防科技事业作出的卓越贡献表示钦佩。于敏谈到要重视自主创新、掌握核心技术、实现科技赶超，推动中国制造向中国创造转变。刘云山指出，广大科技工作者要学习老一辈科学家求真务实的钻研精神，淡泊名利、潜心科研，把个人理想与国家前途命运结合起来，努力创造更多一流科研成果。

在看望著名物理化学家、中国科学院院士张存浩时，刘云山对他上世纪50年代初毅然回国参加新中国建设表示敬意，赞誉他急国家之所需、三次转换科研主攻方向致力报效国家。张存浩对我国科技创新取得重大成就深感欣慰，就把握人才成长规律、加强青年科技人才长期培养等提出建议。刘云山说，创新型青年人才代表着科技发展的希望，要敢于让优秀青年人才担重任、挑大梁，也希望老一辈科学家继续当好伯乐、做好传帮带工作。

于敏、张存浩衷心感谢习近平总书记和党中央的关心关怀，高度评价党和国家推动科技创新的决策部署，表示要继续发挥好作用，为建设创新型国家再作贡献。

## 中共中央政治局召开会议讨论《政府工作报告》

2月12日，中共中央政治局召开会议，讨论国务院拟提请第十二届全国人民代表大会第三次会议审议的《政府工作报告》稿，审议《关于巡视31个省区市和新疆生产建设兵团情况的专题报告》，习近平主持会议。

会议指出，2014年，我国发展面临的国际国内环境复杂严峻，全球经济复苏曲折乏力，国内经济下行压力持续加大，多重困难和挑战相互交织。在以习近平同志为总书记的党中央坚强领导下，我们科学把握大势，坚持稳中求进，继续创新宏观调控思路和方式，统筹稳增长、促改革、调结构、惠民生、防风险，全面完成经济社会发展主要目标任务，全面深化改革实现良好开局，全面推进依法治国开启新征程，全面建成小康社会迈出坚实步伐。一年来，我国经济社会发展总体平稳，稳中有进，经济运行处于合理区间，经济结构有新的变化，发展质量有新的提升，对外开放有新突破，人民生活有新的改善，发展的协调性和可持续性增强。这些成绩来之不易，是全党全国各族人民团结奋斗、迎难而上的结果，坚定了我们奋勇前行的信心。完成今年经济社会发展主要预期目标和任务，关键是稳和进相互促进，要着眼于实现经济中高速增长和迈向中高端水平，坚持稳政策稳预期、促改革调结构，激励大众创业、万众创新，增加公共产品、公共服务，推动经济发展调速不减势、量增质更优。要稳定和完善宏观经济政策，继续实施积极的财政政策和稳健的货币政策，坚持区间调控，更加注重预调微调和定向调控。要深化改革扩大开放，深入推进简政放权和投融资、价格、财税、金融等体制改革，构建开放型经济新体制。要扩大居民消费和增加有效投资，加快推进农业现代化和新型城镇化，拓展区域发展新空间，推进产业结构优化升级。要加强以改善民生为重点的社会建设，做好教育、就业、社会保障、医药卫生等工作，打好节能减排和环境治理攻坚战。要加强政府自身建设，坚持依宪施政、依法行政，创新管理、强化服务，切实做到勤政为民。

党中央高度重视巡视工作，对加强和改进巡视工作作出重大部署，明确了中央巡视工作方针。党的十八大以来，中央巡视组巡视了66个地区和单位，实现对31个省区市和新疆生产建设兵团全覆盖，工作成效显著。全党要清醒认识反腐败斗争依然严峻复杂的形势，深刻认识全面从严治党的重大意义，担负起管党治党的责任。从严治党，关键在治、要害在严。巡视工作必须巩固成果、深化拓展，做到利剑高悬、震慑常在，用最坚决的态度减少腐败存量，用最果断的措施遏制腐败增量。要把巡视监督作为党风廉政建设和反腐败斗争的重要平台，作为上级党组织对下级党组织监督的重要抓手，作为党内监督和群众监督结合的重要方式，为全面从严治党提供有力支撑。

## 中央督导组召开工作总结座谈会

2月13日，中央督导组督促指导2014年度省部级单位党员领导干部民主生活会工作总结座谈会在北京召开。赵乐际出席并讲话，赵洪祝主持会议。

赵乐际指出，这次省部级单位党员领导干部民主生活会，各地区各部门各单位高度重视，中央督导组严督实导、从严要求，开出了高质量、好导向。他强调，要坚持用习近平总书记系列重要讲话精神武装头脑、指导实践，做到学而信、学而用、学而行。要横下一条心纠正“四风”，保持常抓的韧劲、长抓的耐心，聚焦突出问题，深化专项整治，原有问题深入整改、新发现问题立行立改、建章立制彻底整改，绝不允许出现“烂尾”工程，决不能让“四风”问题反弹回潮。要把全面从严治党具体起来、落实下去，把党内政治生活严肃起来、坚持下去。要践行“三严三实”要求，严明政治纪律、政治规矩，坚决同以习近平同志为总书记的党中央保持高度一致，确保中央各项决策部署落地生根。

## 《关于全面深化公安改革若干重大问题的框架意见》及相关改革方案将印发实施

《人民日报》2月16日报道,近日,《关于全面深化公安改革若干重大问题的框架意见》及相关改革方案,已经中央审议通过,即将印发实施。

全面深化公安改革的总体目标是:完善与推进国家治理体系和治理能力现代化、建设与中国特色社会主义法治体系相适应的现代警务运行机制和执法权力运行机制,建立符合公安机关性质任务的公安机关管理体制,建立体现人民警察职业特点、有别于其他公务员的人民警察管理制度。到2020年,基本形成系统完备、科学规范、运行有效的公安工作和公安队伍管理制度体系,实现基础信息化、警务实战化、执法规范化、队伍正规化,进一步提升人民群众的安全感、满意度和公安机关的执法公信力。

全面深化公安改革共有七个方面的主要任务、100多项改革措施。一是健全维护国家安全工作机制,二是创新社会治安治理机制,三是深化公安行政管理改革,四是完善执法权力运行机制,五是完善公安机关管理体制,六是健全人民警察管理制度,七是规范警务辅助人员管理。

全面深化公安改革坚持以问题为导向,将改革的指向聚焦在三个方面:一是着力完善现代警务运行机制,提高社会治安防控水平和治安治理能力,提高人民群众的安全感。二是着力推进公安行政管理改革,提高管理效能和服务水平,从政策上、制度上推出更多惠民利民便民新举措,提高人民群众的满意度。三是着力建设法治公安,确保严格规范公正文明执法,提高公安机关执法水平和执法公信力,努力让人民群众在每一项执法活动、每一起案件办理中都能感受到社会公平正义。

## 中央领导同志看望老同志

2月16日,习近平等党和国家领导人分别看望或委托有关方面负责同志看望了江泽民、胡锦涛、李鹏、万里、乔石、朱镕基、李瑞环、吴邦国、温家宝、贾庆林、宋平、尉健行、李岚清、曾庆红、吴官正、李长春、罗干、贺国强和张劲夫、田纪云、迟浩田、姜春云、钱其琛、王乐泉、王兆国、回良玉、刘淇、吴仪、郭伯雄、曹刚川、曾培炎、王刚、王汉斌、张震、何勇、王丙乾、邹家华、王光英、布赫、铁木尔·达瓦买提、彭珮云、周光召、曹志、李铁映、司马义·艾买提、何鲁丽、丁石孙、成思危、许嘉璐、蒋正华、顾秀莲、热地、盛华仁、路甬祥、乌云其木格、华建敏、陈至立、周铁农、司马义·铁力瓦尔地、蒋树声、桑国卫、唐家璇、梁光烈、戴秉国、肖扬、韩杼滨、贾春旺、叶选平、杨汝岱、任建新、宋健、钱正英、孙孚凌、万国权、胡启立、陈锦华、赵南起、毛致用、王忠禹、李贵鲜、张思卿、罗豪才、张克辉、郝建秀、徐匡迪、张怀西、李蒙、廖晖、白立忱、陈奎元、阿不来提·阿不都热西提、李兆焯、黄孟复、张梅颖、张榕明、钱运录、孙家正、李金华、郑万通、邓朴方、厉无畏、陈宗兴、王志珍等老同志,向老同志们致以诚挚的节日问候,衷心祝愿老同志们新春愉快、健康长寿。

## 中共中央、国务院举行春节团拜会

2月17日,中共中央、国务院在人民大会堂举行2015年春节团拜会。习近平发表讲话,代表党中央、国务院,向全国各族人民,向香港特别行政区同胞、澳门特别行政区同胞、台湾同胞和海外侨胞拜年。李克强、张德江、俞正声、刘云山、王岐山、张高丽出席,李克强主持团拜会。

习近平在讲话中指出,过年是盘点旧岁的时刻。过去的一年,是辛勤耕耘的一年,也是岁物丰成的一年。这一年是我国全面深化改革元年,国内改革发展稳定任务繁重艰巨,国际形势风云变幻。全党全国各族人民团结一心、众志成城,坚持稳中求进工作总基调,蹄疾步稳深化改革,持续有力推动发展,扎实有效改善民生,全面加强国防和军队建设,积极开展对外工作,聚精会神管党治党，对全面推进依法治国作出部署，改革开放和社会主义现代化建设各方面都取得新的重大进展。我们为伟大的祖国而自豪，为伟大的人民而自豪。我们要向勤劳勇敢的中国人民道一声辛苦，对他们焕发出来的非凡创造精神、创造的非凡业绩表示崇高的敬意。

## 关于加强军队干部选拔任用工作监督管理的五项制度规定印发

新华社2月25日报道，经习近平主席批准，中央军委近日印发《关于加强新形势下选人用人工作监督的意见》《军队领导干部秘书管理规定》，总政治部印发《关于严格落实军队干部任职回避制度若干问题的规定（试行）》《军队后备干部工作规定（试行）》《作战部队指挥军官任职资格规定（试行）》，要求全军和武警部队认真抓好制度贯彻落实，严格按原则按政策按规矩按程序选用干部，为实现党在新形势下的强军目标提供坚强组织保证。

习主席在选人用人上突出强调“两个坚持”“三个注重”“四个反对”，特别是在全军政治工作会议上鲜明提出军队好干部的五条标准，严肃指出当前选人用人的突出问题，着重强调从严管理干部、整肃用人风气，坚决纠治选人用人上的不正之风。制定颁发干部选拔任用五项制度，根本目的是为了贯彻落实习主席重要指示和军委决策部署，更好地弘扬古田会议奠基的党指挥枪、党管干部、组织选人的优良传统，贯彻从严治党、从严治军、从严治官的政治要求，以改革和整风精神研究解决干部选拔任用的重大现实问题，努力建设能够担当强军重任的高素质干部队伍。五项制度在制定过程中广泛听取意见、深入研究论证，力求把强军目标要求和军队好干部标准转化为制度安排，在干部选拔任用工作中真正立起来、落下去。

加强干部选拔任用工作监督管理的五项制度规定，充分贯彻中央有关文件精神，注重吸纳近些年实践探索的新鲜经验，着眼解决部队反映的突出矛盾问题，重点对构建选人用人工作监督体系提出思路举措，对领导干部秘书选拔配备和教育管理监督等作出明确规范，对领导干部亲属和身边工作人员严格任职回避作出具体规定，对后备干部遴选条件、数量结构、选拔培养和动态管理等加以调整完善，对作战部队指挥军官任职年限、任职经历、专业资质、任职培训等作出明确规定，为适应强军兴军要求正确选人用人提供制度保证。

## 关于新形势下深入推进依法治军从严治军的决定印发

新华网2月26日报道，经习近平主席批准，中央军委日前印发关于新形势下深入推进依法治军从严治军的决定。

《决定》对深入贯彻党的十八届四中全会精神和习主席依法治军从严治军重要论述、加强军队法治建设作出全面部署，要求全军用强军目标引领军事法治建设，强化法治信仰和法治思维，按照法治要求转变治军方式，形成党委依法决策、机关依法指导、部队依法行动、官兵依法履职的良好局面，提高国防和军队建设法治化水平。

## 中央全面深化改革领导小组召开第十次会议

2月27日，中央全面深化改革领导小组召开第十次会议，习近平主持并发表讲话。李克强、刘云山、张高丽出席会议。会议审议通过了《中国足球改革总体方案》、《关于领导干部干预司法活动、插手具体案件处理的记录、通报和责任追究规定》、《深化人民监督员制度改革方案》、《上海市开展进一步规范领导干部配偶、子女及其配偶经商办企业管理工作的意见》。

发展振兴足球是建设体育强国的必然要求，也是全国人民的热切期盼。发展振兴足球，必须克服阻碍足球发展振兴的体制机制弊端，为足球发展振兴提供更好体制保障。要遵循足球运动发展规律，坚持立足国情和借鉴国际经验相结合、着眼长远和夯实基础相结合、创新重建和问题治理相结合、举国体制和市场体制相结合，持续研究推动，不断总结改进。发展振兴足球事业关键是把路子走对，长期努力、久久为功，注重打好群众基础、夯实人才根基，从娃娃抓起，从基层抓起，从基础抓起，从群众性参与抓起。要让校园足球、新型足球学校、职业俱乐部、社会足球等各种培养途径衔接贯通，使足球事业发展动力更足、活力更强。体育界特别是足球界要抓住时机，大胆改革，大胆探索，不仅要为我国足球发展振兴探索新体制，而且要趟出一条深化体育管理体制改革的新路来。

建立领导干部干预司法活动、插手具体案件处理的记录、通报和责任追究制度，主要目的是通过创新制度、加强监管，制约领导干部违法违规干预司法活动、妨碍司法公正的行为，对促进司法公正、抑制司法腐败具有制度性意义。出台这个规定，就是要为领导干部干预司法划出“红线”，建立防止司法干预的“防火墙”和“隔离带”，为司法机关依法独立公正行使职权提供制度保障。各级领导干部在推进依法治国方面肩负着重要责任，要牢固树立法律红线不能触碰、法律底线不能逾越的观念，不能违法干预司法活动、插手具体案件处理，不能对司法机关工作进行不当干预。各级党组织和领导干部要正确处理好坚持党的领导和确保司法机关依法独立公正行使职权的关系，保证司法机关积极主动、独立负责、协调一致开展工作。

深化人民监督员制度改革目的是进一步拓宽人民群众有序参与司法渠道，健全确保检察权依法独立公正行使的外部监督制约机制，对保障人民群众对检察工作的知情权、参与权、表达权、监督权具有重要意义。要认真总结人民监督员监督范围、监督程序试点和人民监督员选任管理方式改革试点经验做法，在人民监督员选任方式、监督范围、监督程序、知情权保障等方面深化改革。

按照中央全面深化改革领导小组工作部署，中央有关方面将完善领导干部亲属经商办企业、担任公职和社会组织职务方面的规定。上海市委提出了进一步规范领导干部配偶、子女及其配偶经商办企业管理的意见，这是贯彻落实党要管党、从严治党要求的一个实际步骤。对规范领导干部配偶、子女及其配偶经商办企业问题，国家法律和党内法规都有明确规定，关键是要落实到位，让规矩起作用。对上海进行这项工作试点，中央有关部门要给予支持，跟踪进展，总结经验，在试点基础上扩大试点、逐步全面推开。

## 习近平为第四批全国干部学习培训教材作序

新华社2月27日报道，习近平为近日由全国干部培训教材编审指导委员会组织编写，人民出版社、党建读物出版社出版发行的第四批全国干部学习培训教材作序。

习近平指出，中国共产党人依靠学习走到今天，也必然要依靠学习走向未来。各级领导干部要勤于学、敏于思，坚持博学之、审问之、慎思之、明辨之、笃行之，以学益智，以学修身，以学增才。要努力学习各方面知识，努力在实践中增加才干，加快知识更新，优化知识结构，拓宽眼界和视野，着力避免陷入少知而迷、不知而盲、无知而乱的困境，着力克服本领不足、本领恐慌、本领落后的问题。

习近平要求各地区各部门各单位认真组织干部学好用好这批教材，帮助广大干部不断增强中国特色社会主义道路自信、理论自信、制度自信，不断提高知识化、专业化水平，不断提高履职尽责的素质和能力。

## 全国精神文明建设工作表彰暨学雷锋志愿服务大会召开

2月28日，全国精神文明建设工作表彰暨学雷锋志愿服务大会在北京召开，会前习近平会见了第四届全国文明城市、文明村镇、文明单位和未成年人思想道德建设工作先进代表，并发表讲话。刘云山参加会见并出席大会。

习近平讲话指出，改革开放之初，我们党就创造性地提出了建设社会主义精神文明的战略任务，确立了“两手抓、两手都要硬”的战略方针。30多年来，我国亿万人民不仅创造了物质文明发展的世界奇迹，也创造了精神文明发展的丰硕成果，涌现出一大批精神文明建设的优秀人物和先进典型，你们就是其中的代表。一个国家，一个民族，要同心同德迈向前进，必须有共同的理想信念作支撑。我们要在全党全社会持续深入开展建设中国特色社会主义宣传教育，高扬主旋律，唱响正气歌，不断增强道路自信、理论自信、制度自信，让理想信念的明灯永远在全国各族人民心中闪亮。要坚持“两手抓、两手都要硬”，以辩证的、全面的、平衡的观点正确处理物质文明和精神文明的关系，把精神文明建设贯穿改革开放和现代化全过程、渗透社会生活各方面，紧密结合培育和践行社会主义核心价值观，大力倡导共产党人的世界观、人生观、价值观，坚守共产党人的精神家园；大力加强社会公德、职业道德、家庭美德、个人品德建设，营造全社会崇德向善的浓厚氛围；大力弘扬中华民族优秀传统文化，大力加强党风政风、社风家风建设，特别是要让中华民族文化基因在广大青少年心中生根发芽。要充分发挥榜样的作用，领导干部、公众人物、先进模范都要为全社会做好表率、起好示范作用，引导和推动全体人民树立文明观念、争当文明公民、展示文明形象。

刘云山在会议上指出，做好新形势下的精神文明建设工作，重要的是用习近平总书记系列重要讲话精神统一思想和行动，增强“两手抓、两手都要硬”的自觉，弘扬主旋律、汇聚正能量、树立新风尚，为实现“两个一百年”奋斗目标和中华民族伟大复兴的中国梦提供精神力量。要紧紧围绕“四个全面”战略布局推进精神文明建设，多做凝聚共识、坚定信心、鼓舞士气的工作，树立科学统筹的思想方法，弘扬改革创新的时代精神，强化法治引领的实践指向，推动精神文明建设工作改进创新。要持之以恒地抓好社会主义核心价值观建设，在发挥党员干部和公众人物示范作用、加强青少年教育引导的同时，注重家庭、注重家教、注重家风，发扬光大中华民族传统家庭美德。要深入推进群众性精神文明创建，深化思想内涵，强化敦风化俗，坚持为民惠民，着力解决群众反映强烈的突出问题。要推动学雷锋志愿服务常态化，大力弘扬雷锋精神，宣传先进典型的感人事迹和崇高品格，形成志愿服务长效机制，激发人们向善向上的美好愿望。精神文明建设，建设的是理想信念，建设的是思想道德，建设的是文明风尚，最需要虚功实做、最忌流于形式，要大兴求实、务实、落实之风，努力创造经得起实践、人民、历史检验的实绩。

## 《习近平用典》出版发行

新华社2月28日报道，由人民日报社组织编写的《习近平用典》一书，近日由人民日报出版社出版发行。

《习近平用典》由人民日报社社长杨振武作序，人民日报社副总编辑卢新宁组织撰写解读文字。全书26万字，从习近平总书记数百篇讲话和文章中遴选出使用频率高、影响深远、最能体现他治国理政理念的典故135则，分敬民、为政、立德、修身、任贤、天下、信念、法治等13个篇章，推陈出新，将“故纸堆”里的典故赋予了“新生命”，把古人治理智慧运用于治理现代化的当代实践。针对每则典故，解读部分阐述了总书记用典的现实意义，释义部分诠释了古典名句的深邃寓意。

## 第四批全国干部学习培训教材出版座谈会召开

2月28日，第四批全国干部学习培训教材出版座谈会在北京召开，赵乐际出席并讲话。

赵乐际指出，习近平总书记为这一批教材所作的《序言》，深刻阐明了全党加强学习、增强本领的重大意义、目标任务、重点要求，是推进学习型政党建设的“再动员”，是当代中国共产党人的“劝学篇”。要认真落实《序言》重要精神，深入学习贯彻党的十八大和十八届三中、四中全会精神，深入学习贯彻习近平总书记系列重要讲话精神，跟进学、持续学。要努力学习各方面知识，加快知识更新、优化知识结构、拓宽眼界和视野；要勤于学、敏于思，结合大局、结合问题、结合职责、结合自己来思考，把学习思考作为改造的过程、修养的过程、提高的过程；要在学中干、干中学，做到学以致用、学用相长，不断提高履职尽责的素质和能力。干部提高政治修养、练就过硬本领，既靠自身好学上进，又靠组织实抓紧促。要坚持从严教育干部，从严治学、从严治教、从严治校，大力弘扬务实之风、简朴之风、清正之风。

# 第三部分

# 学习十八届四中全会精神

# 深化党的建设制度改革与推进国家治理现代化

中共中央组织部党建研究所

党的十八届三中全会提出了全面深化改革的总目标，即“完善和发展中国特色社会主义制度，推进国家治理体系和治理能力现代化”，十八届四中全会对全面推进依法治国作出部署，体现了我们党对治国理政规律的深刻认识和系统把握。推进国家治理体系和治理能力现代化，规定了全面深化改革的鲜明指向，同时也为新时期深化党的建设制度改革，加强和改善党的领导指明了方向。

## 一、深化党的建设制度改革是推进国家治理现代化的重要保证

办好中国的事情，关键在党。《决定》指出：“全面深化改革必须加强和改善党的领导，充分发挥党总揽全局、协调各方的领导核心作用，建设学习型、服务型、创新型的马克思主义执政党，提高党的领导水平和执政能力，确保改革取得成功。”我们党是中国特色社会主义事业的领导核心，自然也是全面深化改革的坚强领导核心。把全国各族人民的思想和力量统一凝聚起来，齐心协力推进全面深化改革、发展中国特色社会主义，没有中国共产党的坚强统一领导是不可能的。坚持党的领导，是推进国家治理现代化的基本前提和根本保证。当前，改革进入攻坚期和深水区，全面深化改革的艰巨性复杂性前所未有。始终保持改革开放的正确方向，最核心的问题就是毫不动摇地加强和改善党的领导。

全面深化改革，关键也在党。党领导和推动的改革事业越是向纵深发展，越需要加强党的建设；党的自身建设越是向前推进，就越需要深化党的建设制度改革。推进国家治理现代化对我们党是一个新任务，也是一个新考验。完成这个任务，应对这个考验，需要我们解放思想、锐意进取、不断创新，使党的制度更加成熟、更加定型，党的领导体制和执政方式更加科学、更加完善。通过深化党的建设制度改革，形成稳定成熟的党的制度体系，完善党总揽全局、协调各方的领导体制和工作机制，必将更好地坚持党的领导，更好地贯彻落实党的路线方针政策，把党的领导体现到治国理政各方面。同时，也必将进一步调动各级党组织和广大党员干部投身全面改革的积极性主动性创造性，强化敢于担当、攻坚克难的导向，形成同心协力推进国家治理现代化的强大力量。

伟大事业需要伟大工程，伟大工程支撑伟大事业。实践反复证明，中国特色社会主义伟大事业同党的建设新的伟大工程是密切联系在一起的。坚持党的领导，不断深化党的建设制度改革，是我国改革开放30多年取得巨大成就的根本保证。伟大事业不断发展，要求伟大工程不断跟进。党的十八大以来，以习近平同志为总书记的新一届中央领导集体，紧紧围绕提高科学执政、民主执政、依法执政水平深化党的建设制度改革，党的自我净化、自我完善、自我革新、自我提高能力不断增强，为全面深化改革、推进国家治理现代化奠定了良好的党建基础。党的十八届三中全会将“党的建设制度改革”与“五位一体”的体制改革并列为全面深化改革的六大部署，凸显了新的历史条件下党的建设制度化、规范化的重要性。推进国家治理现代化，必须把党的建设制度改革贯穿其中，为完成推进国家治理现代化这一历史任务提供坚强保证。

## 二、深化党的建设制度改革是推进国家治理现代化的重要内容

深化党的建设制度改革是推进国家治理体系现代化的题中应有之义。国家治理现代化包含国家治理体系和治理能力的现代化。国家治理体系和治理能力是一个国家的制度和制度执行能力的集中体现,两者相辅相成,是一个有机整体。国家治理体系是党领导下的管理国家的制度体系,包括政治经济、文化社会、生态文明和党的建设等各领域的体制机制、法律法规安排,是一整套紧密相连、相互协调的国家制度。推进国家治理体系现代化,是一场全方位的改革,包括经济体制、政治体制、文化体制、社会体制、生态文明体制改革,国防和军队改革,党的建设制度改革。推进国家治理体系现代化,形成一套更加稳定、更加成熟的国家治理制度,其中必然包括改革党的建设制度,使党的制度更加科学化、规范化、程序化。党在国家治理中的领导地位,决定了党的建设制度改革在国家治理体系现代化中的关键地位和作用,它不仅关系到党的建设本身,而且关系到整个国家治理制度安排的基本方向、运转方式和总体效能,关系到国家治理体系现代化的成效。

提高党的执政能力是提高国家治理能力的重要任务。国家治理能力是运用社会主义制度有效治理国家的能力。提高国家治理能力,要适应国家现代化的总进程,提高党科学执政、民主执政、依法执政水平,提高国家机构履职能力,提高人民群众依法管理国家事务、经济社会文化事务、自身事务的能力。国家治理能力的主体是党和政府。我们党作为执政党,党的执政能力是国家治理能力的一个核心能力。党的执政能力强不强,最重要的是看治理国家的能力强不强。党的十八届三中全会明确提出,必须"提高党的领导水平和执政能力,确保改革取得成功","全面深化改革,需要有力的组织保证和人才支撑",这深刻揭示了党的执政能力与国家治理能力之间的内在联系,揭示了推进国家治理能力现代化必须提高党的执政能力的客观要求。按照这个要求,我们需要进一步提高各级干部、各方面管理者的思想政治素质、科学文化素质和工作本领,进一步增强他们的制度意识、法治意识,提高他们依法办事,自觉在法治轨道上想问题、做决策、办事情的能力,不断提高运用法治思维和法治方式深化改革、推动发展、化解矛盾、维护稳定的能力。使国家治理体系运转更加有效,使社会主义制度优势更加充分发挥。

提高国家治理能力必须加强党的制度建设。改革开放以来,我们党不断推进制度建设,制度建设成效斐然。从 1978 年到 2012 年,以中央名义制定颁发了 700 多件党内法规和规范性文件。党的十八大以来,以习近平同志为总书记的党中央高度重视党的制度建设,制定颁发了《中央党内法规制定工作五年规划纲要(2013—2017 年)》,并针对新情况新问题,在思想、组织、作风、反腐倡廉建设等方面出台一系列制度规定。这些制度规定都内含和体现了党的制度改革的要求,具有很强的针对性、操作性,在实践中已经取得明显成效。但是,党的建设制度改革任务仍然任重道远,与形成更加成熟更加定型的制度体系还有较大差距,制度建设滞后、制度执行不力等问题还相当突出。这就要求我们增强使命感和紧迫感,抓紧推进党的建设制度改革。要根据党的十八大、十八届三中、四中全会和习近平总书记系列重要讲话精神,统筹伟大事业与伟大工程,紧紧围绕提高科学执政、民主执政、依法执政水平,以改革创新精神研究解决党的建设面临的新情况新问题,加强民主集中制建设,完善党的领导体制和执政方式,依据党章从严治党、依据宪法治国理政,保持党的先进性和纯洁性,不断增强党的创造力凝聚力战斗力,为全面深化改革和社会主义现代化建设提供坚强政治保证。

## 三、紧扣国家治理现代化深化党的建设制度改革

**要根据全面深化改革的总目标、总要求来**

**谋划和推进党的建设制度改革。**在全面深化改革过程中,涉及的问题错综复杂、相互勾连,牵一发而动全身。所有这些问题,往往最后都会归结到"执政党如何执政"的问题上。因此,要把党的建设制度改革放到全面改革大局中去思考、去推进,在改革创新中提升党的制度建设水平,在推动改革发展中体现党的制度建设成效,在深化党的建设制度改革过程中不断加强和改善党的领导。要紧扣全面深化改革定任务、添措施、建机制,紧扣推进国家治理现代化来出主意、想办法、抓落实,不断深化党的建设制度改革。同时,还需要注意增强改革的整体性、协同性,在同频共振中实现新的伟大革命与新的伟大工程的有机统一;要注意改革的关联性和耦合性,使党的建设制度改革与党章国法、与经济政治文化社会各领域改革措施相匹配。

**要把握好党的建设制度改革的重点和着力点。**党的十八届三中全会决定之所以强调"党的建设制度改革",而不是笼统地提党的建设其他方面的改革,主要就是为了突出党的建设制度改革这个重点。通过深化改革,使党的建设制度更加成熟定型。党的十八届四中全会提出依法治国的总目标,指出要"形成完善的党内法规体系,坚持依法治国、依法执政、依法行政共同推进"。这对深化党的建设制度改革提出了新的要求:要维护党章的严肃性;党规党纪要严于国家法律;要与时俱进加强党内法规建设;实现党内法规与国家法律的有机衔接。深化党的建设制度改革,既要有清醒的政治头脑和坚定的政治勇气,又要有科学得当的方式方法,统筹好改革发展稳定的关系,增强改革的系统性协调性科学性。要树立法治思维,用法治精神全面深化改革,依靠法治来凝聚改革共识、分担改革风险、推动改革深化、巩固改革成果。要注重稳妥有序,做到脚踏实地。把握好改革的力度、时机和节奏,把锐意改革的勇气和科学求实的态度结合起来,既不失时机地推进改革,又考虑现实条件与可能。要注重探索实践,勇于开拓创新。进一步解放思想、更新观念,既坚持和发扬好的传统,又勇于推陈出新、有所突破,在把握规律中有所创新、有所创造。要注重制度执行,强化刚性约束。强化制度意识、制度观念,坚持制度面前人人平等、执行制度没有例外。强化制度执行的督促检查,对违规违纪、破坏制度的现象和行为严厉查处,维护制度的权威。

**要贯彻落实好《深化党的建设制度改革实施方案》的要求。**党的建设制度改革必须应势而谋、应势而动、深入研究,构建内容协调、程序严密、配套完备、有效管用的制度体系,持之以恒抓好组织落实,实现四个"不断完善":党的组织制度不断完善,民主集中制有效落实,党内生活严格规范,全党在思想上政治上行动上高度一致;干部人事制度不断完善,选人用人机制科学有效,信念坚定、为民服务、勤政务实、敢于担当、清正廉洁的各方面优秀干部充分涌现;党的基层组织建设制度不断完善,基层组织体系更加严密,基层党组织战斗堡垒作用和党员先锋模范作用有效发挥;人才发展体制机制不断完善,人才流动配置、评价激励等制度基本健全,形成具有国际竞争力的人才制度优势。从而不断促进党的建设制度改革向前发展,国家治理现代化水平不断提升,更好团结带领全国各族人民实现"两个一百年"奋斗目标、实现中华民族伟大复兴的中国梦。

# 在全面推进依法治国中更好地肩负起实践者推动者的责任

## ——学习贯彻党的十八届四中全会精神

孟建柱

党的十八届四中全会通过的《中共中央关于全面推进依法治国若干重大问题的决定》(以下简称《决定》),是我们党历史上第一个关于加强法治建设的重要决定。《决定》明确提出了全面推进依法治国的指导思想、总目标、基本原则和主要任务,科学回答了在当今中国建设什么样的社会主义法治国家、怎样建设社会主义法治国家等一系列重大理论和实践问题,是我们党坚定不移走中国特色社会主义法治道路的庄严宣示,是指导新形势下全面推进依法治国的纲领性文件。政法机关作为执法司法机关,要把学习好、宣传好、贯彻好全会精神作为一项重要政治任务,进一步掀起学习贯彻全会精神的热潮,切实把思想和行动统一到全会精神上来,把智慧和力量凝聚到实现《决定》提出的各项任务上来,确保在全面推进依法治国、建设社会主义法治国家中更好地肩负起实践者、推动者的责任。

### 一、深入推进司法体制改革,加快建设公正高效权威的社会主义司法制度

深化司法体制改革,建设公正高效权威的社会主义司法制度,既是全面推进依法治国的重要内容,也是建设社会主义法治国家的重要保障。当前,司法不公、司法公信力不高问题比较突出,深层次原因在于司法体制不完善、司法职权配置和权力运行机制不科学、人权司法保障制度不健全。解决这些问题,根本途径在于改革。各级政法机关要按照《决定》的要求,坚持问题导向、改革取向,积极稳妥地推进司法体制改革,完善司法管理体制和司法权力运行机制,规范司法行为,加强对司法活动的监督,确保司法公正,提高司法公信力,努力让人民群众在每一个司法案件中感受到公平正义。

**完善确保依法独立公正行使审判权和检察权的制度。**人民法院、人民检察院依法独立公正行使审判权、检察权,是宪法的明确规定,是国家法律统一正确实施的制度保障。要建立领导干部干预司法活动、插手具体案件处理的记录、通报和责任追究制度,为司法机关依法独立公正行使职权提供制度保障。健全行政机关依法出庭应诉、支持法院受理行政案件、尊重并执行法院生效裁判的制度。完善惩戒妨碍司法机关依法行使职权、拒不执行生效裁判和决定、藐视法庭权威等违法犯罪行为的法律规定,在全社会形成维护司法权威的良好氛围。建立健全司法人员履行法定职责保护机制,从法律制度上为司法人员秉公司法撑起“保护伞”,解除他们的后顾之忧。

**优化司法职权配置。**按照司法规律配置司法职权,完善司法权力运行机制,是公正高效廉洁司法的体制机制保障。要健全公安机关、检察机关、审判机关、司法行政机关各司其职,侦查权、检察权、审判权、执行权相互配合、相互制约的体制机制,完善和发展我国司法管理体制。推动实行审判权和执行权相分离的体制改革试点,着力解决执行难问题。完善刑罚执行制度,统一刑罚执行体制,更好地发挥刑罚教育人改造人的功能。探索实行法院、检察院司法行政事务管理权和审判权、检察权相分离,推动建立符合我国国情的司法机关人财物管理体制。推动最高人民法院设立巡回法庭,审理跨行政区

域重大行政和民商事案件，方便当事人诉讼，就地解决纠纷，促进最高人民法院集中精力制定司法政策和司法解释、审理对统一法律适用有重大指导意义的案件。探索设立跨行政区划的人民法院和人民检察院，平等保护当事人合法权益，保障人民法院和人民检察院依法独立公正行使审判权、检察权，维护法律公正实施。改革法院案件受理制度，变立案审查制为立案登记制，着力解决群众诉讼难问题，保障当事人诉权。完善刑事诉讼中认罪认罚从宽制度，节约司法资源，提高司法效率。完善审级制度，充分发挥各个审级功能。探索建立检察机关提起公益诉讼制度，维护国家和社会公共利益。推进以审判为中心的诉讼制度改革，确保侦查、审查起诉的案件事实证据经得起法律的检验，保证庭审在查明事实、认定证据、保护诉权、公正裁判中发挥决定性作用。

**加强人权司法保障。**尊重和保障人权，是我国宪法确立的一项重要原则，是中国特色社会主义司法制度的本质属性。要完善对涉及公民人身、财产权益的行政强制措施实行司法监督制度，维护公民合法权益。强化诉讼过程中当事人和其他诉讼参与人的知情权、陈述权、辩护辩论权、申请权、申诉权的制度保障，健全落实罪刑法定、疑罪从无、非法证据排除等法律原则的法律制度，健全冤假错案有效防范、及时纠正机制。进一步规范查封、扣押、冻结、处理涉案财物的司法程序，加快建立失信被执行人信用监督、威慑和惩戒法律制度，依法保障胜诉当事人及时实现权益。健全落实终审和诉讼终结制度，实行诉访分离，保障当事人依法行使申诉权利。

**加强对司法活动的监督。**司法权承担着判断是非曲直、解决矛盾纠纷、制裁违法犯罪、调节利益关系等重要职责，加强对司法活动的监督，是防止司法权滥用的重要举措。要健全司法机关内部监督制约机制，让司法权在制度的笼子里规范运行。完善检察机关行使监督权的法律制度，发挥好检察机关在诉讼活动中的法律监督职能作用，维护和促进司法公正。完善人民陪审员和人民监督员制度，确保人民司法为人民，依靠人民推进公正司法，通过公正司法维护人民权益。依法规范司法人员与当事人、律师、特殊关系人、中介组织的接触、交往行为，坚决惩治司法掮客行为，促进司法公正廉洁。

司法体制改革难度大，社会关注度高。各级政法机关要以自我革新的胸襟，把解决了多少实际问题、人民群众对问题解决的满意度作为评价改革成效的重要标准，敢于啃硬骨头，一个一个问题解决，一项一项抓好落实。正确处理党的领导和依法独立公正行使审判权、检察权的关系，坚持在党的统一领导下，从基本国情出发，遵循司法活动的客观规律，走出一条中国特色社会主义的司法体制改革之路。正确处理接地气和有理想的关系，既解决好当前面临的实际问题，又着力突破深层次的体制性、机制性障碍，促进司法事业长远发展进步。正确处理局部和全局的关系，牢固树立改革的大局观，跳出地方和部门框框，从党和国家事业发展全局出发，从最广大人民根本利益出发，谋划改革思路，提出改革举措。正确处理注重顶层设计和鼓励基层探索的关系，在加强顶层设计，确保司法体制改革的方向、思路、目标符合中央精神的同时，尊重基层首创精神，鼓励各地根据中央统一部署和要求，积极探索实践，创造可复制、可推广的经验。正确处理整体推进和重点突破的关系，按照先易后难、统筹兼顾、依法有序的原则，分清轻重缓急，从人民群众最期盼的领域改起，从影响司法公正、制约司法能力最突出的问题改起，从各方面已经形成共识的环节改起，确保司法体制改革取得实实在在的成效。

## 二、坚持严格执法、公正司法，促进宪法法律全面有效实施

宪法法律的生命力在于实施，宪法法律的权威也在于实施。中国特色社会主义法律体系已经形成，现阶段全面推进依法治国的重点是保证宪法法律实施。把纸面上的法律变为现实

生活中活的法律，政法机关起着关键作用，能否做到严格执法、公正司法，事关宪法法律全面有效实施。

**把法治作为核心价值追求。**法治兴则国家兴，法治衰则国家乱。执法司法人员带头崇尚法治、坚守法治，对全社会增强法治意识具有极大的示范作用；反之，就会产生极大的破坏作用。坚持教育引导、典型引领、实践养成相结合，努力使执法司法人员牢固树立法律权限不能突破、法律底线不能逾越的观念，真正把法治内植于心、外践于行。抓住政法领导干部这个关键，健全学法用法制度，努力使他们带头增强法治意识、践行法治原则，真正做到以身作则、以上率下，带动执法司法人员信仰法律、坚守法治，坚决维护宪法法律权威。

**把依法办事作为根本要求。**法律是衡量是非的标准和规范行为的准则，只有依法办事，才能实现保障人民权益与维护社会秩序相统一。人民群众评价政法工作好不好，最根本的是看政法机关能否依法办事。要以提高执法司法公信力为目标，以政法领导干部和基层一线干警为重点，健全执法司法制度，完善执法司法程序，落实执法司法责任，确保严格执法、公正司法。对群众反映强烈的问题，要敢于担当，妥善协调各种关系，依法维护群众合法权益，维护正常社会秩序。建立重大决策合法性审查机制和责任倒查机制，建立执法司法权制约和监督体系，深化执法司法公开，防止滥用执法司法权侵犯公民合法权益。正确处理打击犯罪与保障人权、实体公正与程序公正、严格执法与文明执法的关系，促进严格公正文明规范执法。

**把运用法治思维和法治方式开展工作、解决问题作为基本遵循。**法治既有协调社会关系、规范社会行为的“显功效”，也有引领社会预期、凝聚社会共识的“潜功效”。运用法治思维和法治方式开展工作、解决问题，最具权威性，也最少后遗症。政法机关既要做守法的模范，又要做用法的“行家”。按照依法治理的思路，善于从法律层面思考政法工作中遇到的实际问题，在法律框架内研究解决办法，提高政法工作法治化水平。对已经进入法律渠道的社会矛盾，严格依据事实、法律，公正处理，让当事人感受到依法律按程序就能公正有效解决问题。越是复杂疑难问题，越要用法律上的事实分清是非，用权利义务思维判别对错，让当事人在法律框架内主张权利、确定义务。

**把营造良好法治环境作为重要保障。**人民权益要靠法律保障，法律权威要靠人民维护。要把全民普法和守法作为依法治国的长期基础性工作，紧紧围绕在全社会培育法治信仰、倡导契约精神、树立规则意识这个目标，持续努力，推动形成办事依法、遇事找法、解决问题用法、化解矛盾靠法的良好法治环境。健全普法宣传教育机制，推动落实“谁执法谁普法”的普法责任制，建立政法干警、律师等以案释法制度，加强对以国家工作人员和青少年为重点的法治宣传教育，广泛开展群众性法治文化建设，增强法治宣传教育实效。完善守法诚信褒奖机制和违法失信行为惩戒机制，使守法者依法办事畅通无阻、违法者违法行为处处受限，确保崇法向善、循法而行成为全体人民自觉行动。

## 三、切实加强政法队伍建设，为全面推进依法治国提供组织和人才保证

全面推进依法治国，建设一支德才兼备的高素质法治工作队伍至关重要。政法队伍是法治工作队伍的重要组成部分，在全面推进依法治国中担负着重要使命。各级政法机关要把队伍建设放在更加突出的位置来抓，切实提高思想政治素质、业务工作能力、职业道德水准，确保执法人员忠于法律、捍卫法律，严格执法、敢于担当；确保司法人员信仰法律、坚守法治，端稳天平、握牢法槌，铁面无私、秉公司法，努力建设一支忠于党、忠于国家、忠于人民、忠于法律的政法队伍。

**坚持把思想政治建设摆在首位。**坚定的理想信念是政法队伍的政治灵魂，敢于担当是政

法队伍必须具备的基本品质，纪律严明是政法队伍的光荣传统和政治优势。要毫不放松地加强理想信念教育，确保政法干警严格遵守政治、组织纪律，进一步打牢高举旗帜、忠诚使命的思想基础。政法机关手中掌握的执法司法权，关系百姓生死荣辱，关乎社会公平正义，也时刻面对错综复杂的人情关系干扰和各种诱惑。要深入开展社会主义核心价值观、社会主义法治理念和职业道德教育，确保政法干警坚持原则、挺直脊梁，善于拒绝、敢于抵制各种诱惑和干扰，树立惩恶扬善、执法如山、公平如度、清廉如水的浩然正气。

**坚持以正规化、专业化、职业化为方向。**执法司法权是对案件事实和适用法律的判断权、裁决权。这就要求执法司法人员必须具有良好的法律素养和专业水平。要推动完善法律职业准入制度，健全国家统一法律职业资格考试制度，建立法律职业人员统一职前培训制度，把好政法队伍入口关。健全政法部门和法学院校、法学研究机构人员双向交流机制，建立从符合条件的律师、法学专家中招录法官、检察官制度，增强政法队伍活力。建立法官、检察官、人民警察专业职务序列及工资制度，建立法官、检察官逐级遴选制度，增强政法干警职业荣誉感。着力构建社会律师、公职律师、公司律师等优势互补、结构合理的律师队伍，加强思想政治建设，完善执业保障机制，规范执业行为，发挥好律师队伍在全面推进依法治国中的积极作用。

**坚持以作风建设为保证。**执法司法人员手握执法利器，执掌法律天平，只有做到刚直不阿、清正廉洁，才能维护社会公平正义，增强人民群众对法治的信心。要巩固和拓展党的群众路线教育实践活动成果，加大正风肃纪力度，努力形成风清气正的政治生态环境。政法领导干部要坦荡做人、清白做事、正派做官，学会在法治轨道上用权，善于在监督下工作，始终保持清廉本色。要认真履行“一岗双责”，敢管敢严、长管长严。要坚决破除潜规则，任何执法司法机关都不得执行党政机关和领导干部违法干预执法司法活动的要求，执法司法机关内部人员不得违反规定干预其他人员正在办理的案件，绝不允许法外开恩，绝不允许办关系案、人情案、金钱案。对违纪违法问题，坚持零容忍的态度不变、严厉惩处的尺度不松，发现一起、严肃查处一起，绝不姑息迁就。对因违法违纪被开除公职的执法司法人员、吊销执业证书的律师和公证员，终身禁止从事法律职业，构成犯罪的要依法追究刑事责任。针对容易发生违法违纪问题的重点领域和关键环节，进一步完善制度规定，健全监督制约机制，从源头上预防和减少司法腐败。

蓝图已经绘就，关键在于落实。各级政法机关要坚持以法治引领、推进政法工作，不断提升政法工作法治化水平，为建设中国特色社会主义法治体系、建设社会主义法治国家作出更大贡献。

（作者：中共中央政治局委员、中央政法委书记）

# 形成高效的法治实施体系

周 强

党的十八届四中全会通过的《中共中央关于全面推进依法治国若干重大问题的决定》(以下简称《决定》),通篇贯穿了党的十八大、十八届三中全会提出的全面推进依法治国和全面深化改革的精神,充分体现了习近平总书记系列重要讲话精神,具有里程碑意义。《决定》针对我国法治建设长期存在的突出问题,提出了180多项重大改革举措,力度之大、措施之多,令人鼓舞。《决定》首次提出全面推进依法治国的总目标,并在总目标中首次提出建设中国特色社会主义法治体系,对中国特色社会主义法治体系的内涵作了全面深刻阐述,即在党的领导下,形成完备的法律规范体系、高效的法治实施体系、严密的法治监督体系、有力的法治保障体系和完善的党内法规体系。《决定》提出的建设中国特色社会主义法治体系,是建设社会主义法治国家的骨干工程和重要抓手,具有十分重大的理论、制度和实践意义。各级人民法院要深入学习贯彻这次全会精神,结合工作实际,推动形成高效的法治实施体系。

## 一、形成高效的法治实施体系,是建设中国特色社会主义法治体系的重点难点

建设中国特色社会主义法治体系,是一个从立法到执法司法再到守法、从理论到制度机制再到实践的伟大系统工程,需要付出长期艰苦努力。建设高效的法治实施体系,无疑是其中的重点难点。古往今来,把制定的法律付诸实施始终是法制建设的最大难点。习近平总书记多次引用古人“世不患无法,而患无必行之法”和“天下之事,不难于立法,而难于法之必行”的名言,并强调指出:“如果有了法律而不实施,束之高阁,或者实施不力、做表面文章,那制定再多法律也无济于事。”改革开放以来,我们党领导人民建设社会主义法治国家,形成了中国特色社会主义法律体系。但把这个法律体系以及新制定的法律实施到位,永远没有完成时,法治建设永远在路上。从实践来看,人民群众对法治建设意见最大的地方,就是有法不依和执法不严,就是法律实施问题。我们要在党中央的坚强领导下,紧紧抓住法治实施这个重点难点,加强法治实施能力建设,不断完善法治实施制度机制,着力构建以法律规范实施为核心,以党内法规实施、人民团体和社会组织规范实施、道德伦理规范实施以及乡规民约等社会生活规范实施构成的法治实施体系。

## 二、形成高效的法治实施体系,需要全体公民和组织共同努力形成合力

《决定》强调,要坚持人民主体地位。人民群众是法治实施的主体和力量源泉,必须坚持法治实施为了人民、依靠人民、造福人民、保护人民,以保障人民根本权益为出发点和落脚点。法治实施体系包括执法、司法和守法等诸多环节。必须在党中央的坚强领导下,广泛动员全体人民和全部社会组织的力量,共同建设法治实施体系,并使之高效运行。首先,要充分发挥各级党组织在建设法治实施体系中的领导核心作用。党在率先垂范建设好党内法规实施体系的同时,坚持依法执政和在宪法法律范围内活动,发挥好保证执法、支持司法和带头守法的重要作用。其次,行政机关要承担起法律实施的重要职责任务。大部分法律法规要靠行政机关通过行政执法实施,各级行政机关要切实履行

法律实施职责，坚持依法行政，在推进法治政府建设的进程中大力加强行政执法工作。要全面落实行政执法责任制，严格确定不同部门及机构、岗位执法人员执法责任和责任追究机制，坚决排除对执法活动的非法干预，防止和克服地方和部门保护主义。要抓紧推进行政执法体系建设，以科学高效的行政执法体系促进法治实施体系建设。再次，要充分发挥司法的职能作用。司法机关既要严格司法，把属于自己实施的法律实施到位，又要充分发挥司法对法律实施的支持和保障作用。要坚决落实四中全会提出的健全行政执法和刑事司法衔接机制的要求，确保行政执法体系与刑事司法体系无缝对接、形成合力。最后，要在党员带头守法、领导干部带头守法的基础上，着力培育公民和社会组织自觉守法的意识和责任感，充分调动全社会自觉守法的积极性主动性，严惩各类违法犯罪行为，营造全社会共同守法的良好氛围，夯实建设法治实施体系的社会根基。

## 三、形成高效的法治实施体系，必须深化执法司法体制改革

法治实施体系建设涉及制度、体制、机制建设，法治实施活动要依法进行，法治实施体系要依法构建。必须坚持以创新为动力，以改革为突破口，以只争朝夕、敢于担当的精神，把十八届三中全会和四中全会提出的有关法治实施的改革举措一一尽快落实到位，治理法治实施的疲软现象，打破法治实施的樊篱羁绊，铲除法治实施的痼弊顽疾。就行政执法而言，要尽快落实减少层次、整合队伍、提高效率的原则要求，合理配置执法力量，科学使用有限的执法资源；要推进综合执法，大幅减少市县两级政府执法队伍种类，在重点领域内推行综合执法，有条件的要推行跨部门综合执法，着力解决执法乱和执法散的问题；要完善市县两级政府行政执法管理，加强统一领导和协调，有效解决“九龙治水”等多头执法问题；要理顺行政强制执行体制和城管执法体制，加强城市管理综合执法机构建设，提高执法和服务水平及现代城市管理水平；要严格实行行政执法人员持证上岗和资格管理制度，不断提高执法人员能力素质，建设高素质的执法队伍，等等。

就司法而言，要优化司法职权配置，完善司法管理体制和司法权力运行机制，建设公正高效权威的司法制度和确保法律有效实施的司法体系。要以完善诉讼程序和执行程序为落脚点，以解决立案难、诉讼难和执行难为着力点，推动党的十八届三中全会和四中全会提出的各项司法改革举措贯彻落实。要改革完善确保人民法院、人民检察院依法独立行使职权的制度机制，坚决排除领导干部、行政机关、公民个人或社会组织对司法活动的干扰和干预，切实树立司法权威；要推进以审判为中心的诉讼制度改革，加强人民法院、人民检察院和公安机关在刑事诉讼中的相互配合和相互制约，切实解决一些案件配合有余、制约不足影响司法公正甚至造成冤假错案的问题；要充分发挥审判程序特别是庭审的最后把关作用，确保侦查、审查起诉的案件事实证据经得起法律的检验，保证庭审在查明事实、认定证据、保护诉权、公正裁判中发挥决定性作用；最高法院要尽快设立巡回法庭，审理跨行政区域重大行政和民商事案件，就地化解矛盾纠纷，方便当事人诉讼，提高诉讼效率，减轻最高法院本部的压力，维护首都地区社会治安和谐稳定；要及时设立跨行政区划的人民法院和人民检察院，办理跨地区案件，防止地方保护主义对相关案件的干扰；要完善行政诉讼体制机制，合理调整行政诉讼案件管辖制度，有效解决行政诉讼程序在一些地区、一些案件中存在的空转现象；要健全行政机关负责人依法出庭应诉制度，行政机关支持法院受理行政案件、尊重并执行法院生效裁判的制度，切实解决行政诉讼立案难、审理难、执行难等突出问题；要以制定强制执行法为契机，大力推进执行体制机制改革，完善拒不执行判决、裁定罪的司法程序和定罪量刑标准，加大对拒不执行判决、裁定行为的刑事制裁力度，将人民法院在执行实践中创造的统一强制执行体制、统一执行案

件管辖、统一执行案件管理及建立失信被执行人信用记录、限制被执行人高消费等配套、威慑机制上升为法律，适时探索推动执行权与审判权相分离的体制改革试点。

## 四、形成高效的法治实施体系，必须坚持以公开透明为特色，以信息化为支撑

我们建立的法治实施体系，必须以快速发展的网络信息技术为支撑、为平台，以不断满足人民群众和社会各界对法治实施的需求、参与和监督为依归。要按照《决定》要求，构建开放、动态、透明、便民的阳光法治实施机制，大力推进行政执法公开、审判公开、检务公开、警务公开、狱务公开和其他法治实施活动的公开，依法及时公开法治实施的依据、程序、流程、结果和理由。要以信息化为依托，向信息化要效率，打造法治实施公开平台，实现法治实施信息系统内畅通、系统间共享。要着力打造法治实施流程平台，让法治实施活动全过程公开透明，保障人民群众对法治实施的知情权、有效行使监督权，保障法治实施活动公开公正运行，杜绝暗箱操作；要着力打造法治实施过程中各类生效法律文书统一上网和公开查询平台，展示法治实施结果和理由，实现法治实施信息全社会共享，充分发挥其宣传法治、教育公民法人和其他组织以及引领社会风尚的重要作用；要着力打造法治实施强制执行平台，对于违反法治规范受到相应处理，但拒不执行执法机关处罚决定或者司法机关生效裁决，或者拒不执行有关社会组织（如行业协会、工会等人民团体）作出处理决定的行为，要探索统筹纳入强制执行平台范畴，该曝光的要曝光，该强制执行的要强制执行。以法治实施体系内的各种机制共同发力，形成强大的社会合力，实现良好的法治实施效果。

## 五、形成高效的法治实施体系，必须坚持严格执法公正司法

形成高效的法治实施体系，是为了法治实施更快捷，避免正义迟到，更好地维护社会公平正义。一要牢固树立高效与公正相统一的法治实施理念。高效必须以公正为前提、为基础，没有公正就不可能有高效，错误裁判和执行造成的损失和影响会更大。公正必须以高效为支撑，迟到的正义会使正义大打折扣，同样影响法治实施的权威和公信。二要健全严格执法公正司法的制度机制。建立行政自由裁量权基准制度，规范司法自由裁量权统一行使，把每一项司法权力都关进制度的笼子里，做到有权必有责，用权受监督，违法必追究，坚决纠正有法不依、司法不严、违法不究行为，保证执法、司法机关依法行使职权，公正处理每一起案件。三要完善司法解释制度和案例指导制度。要紧紧围绕让人民群众在每一个司法案件中感受到公平正义的要求，适应建设公正高效权威的社会主义司法制度的需要，加大司法解释和案例指导工作力度，适时发布高质量的司法解释和指导性案例，统一执法办案的尺度，为严格执法公正司法提供明确细致统一的依据。四要建立健全执法司法办案责任制。贯彻落实《决定》提出的办案质量终身负责制和错案责任倒查问责制等工作机制。司法人员对案件质量终身负责，就是终身对法律负责，对历史负责和对人民负责。必须针对各类司法人员职责和各类案件的具体情况，建立科学合理、切实可行的案件质量终身负责制度，将“让审理者裁判、由裁判者负责”这一要求落实到执法办案的具体工作之中。五要建立健全错案责任倒查问责制。建立错案倒查制度，确保错案发生以后，倒查程序立即启动，保障错案的责任人和错案发生的原因及时查明。建立错案问责制度。对错案的性质、危害后果、社会影响以及责任人的责任承担等，进行客观公正评估，为错案追究提供依据。对于社会广泛关注的错案，要向社会公开有关信息，及时回应社会关切，确保谁办案谁负责，谁违法谁担责全面落实。

（作者：最高人民法院党组书记、院长，首席大法官）

# 全面提升国家安全工作法治化水平

耿惠昌

党的十八届四中全会作出的《中共中央关于全面推进依法治国若干重大问题的决定》(以下简称《决定》),是我们党坚定不移走中国特色社会主义法治道路的重要宣示,事关党和国家事业发展,事关国家长治久安,事关人民幸福安康,必将开创社会主义法治建设新局面。国家安全机关要从中国特色社会主义事业发展全局出发,以高度的政治责任感和历史使命感,学习好、领会好、贯彻好党的十八届四中全会精神,全面提升国家安全工作法治化水平。

## 一、充分认识全会的重大意义

《决定》从我们党执政兴国、坚持和发展中国特色社会主义的全局高度,明确提出了全面推进依法治国的指导思想、总体目标、基本原则和主要任务,对全面推进依法治国作出了重大战略部署,是我们党历史上第一个关于加强法治建设的专门决定,是指导新形势下全面推进依法治国的纲领性文件,意义重大而深远。

**实现党和国家长治久安的战略部署。**全面推进依法治国,是我们党深刻总结我国社会主义法治建设成功经验和教训作出的重大抉择,是全面建成小康社会和全面深化改革的重要保障,是着眼于实现中华民族伟大复兴中国梦的长远考虑,是立足于党执政兴国的全局性问题,以及社会发展和国家治理的客观规律,深思熟虑作出的重大战略部署。充分体现了我们党对依法治国的认识和实践达到了新的历史高度,体现了中国特色社会主义事业各领域改革发展对提高法治水平的要求,为解决党和国家事业发展面临的一系列重大问题,确保党和国家长治久安,提供了制度化方案。

**全面深化改革的重要保障。**全面深化改革,必须把改革精神和法治思维统一起来,实现立法和改革决策相衔接,做到重大改革举措于法有据,立法主动适应改革和经济社会发展需要。以法治方式凝聚改革共识,统筹社会力量、平衡社会利益、调节社会关系、规范社会行为,解决各种社会矛盾和问题,把全面深化改革的成果固化为法律制度,在法治化的进程中实现全面深化改革的目标。《决定》提出了一系列改革要求,为全面深化改革提供了坚实保障。

**实现国家治理体系和治理能力现代化的基石。**法律是国家治理的制度基础,法治是治国理政的基本方式,国家治理的现代化必然包含国家治理的法治化。全面推进依法治国的过程,就是塑造国家和社会立规矩、讲规矩、守规矩的过程,就是在法治的轨道上,坚持依法治国、依法执政、依法行政共同推进,坚持法治国家、法治政府、法治社会一体建设,实现科学立法、严格执法、公正司法、全民守法,促进国家治理体系和治理能力现代化的过程,使法治成为党和国家事业发展中根本性、全局性、长期性的基石,推进各项工作法治化。

## 二、深刻领会全会的精神实质

党的十八届四中全会精神内容丰富,内涵深刻,具有很强的思想性、理论性、实践性、指导性。国家安全机关在学习贯彻过程中,要抓住关键、把握重点,全面准确领会精神实质。

**准确把握全面推进依法治国的核心要义。**全面推进依法治国,最关键的是要坚持正确的政治方向,坚定不移走中国特色社会主义法治道路。其核心要义是:坚持中国共产党的领导,坚持中国特色社会主义制度，贯彻中国特色社会主义法治理论。党的领导是社会主义法治最根本的保证，中国特色社会主义制度是全面推进依法治国的根本制度保障，中国特色社会主义法治理论是全面推进依法治国的行动指南。这三个方面规定和保证了中国特色社会主义法治体系的制度属性和前进方向。全面推进依法治国，首先要坚持道路自信，坚持对中国特色社会主义法治道路的自信。

**准确把握全面推进依法治国的总目标。**建设中国特色社会主义法治体系，建设社会主义法治国家，是全面推进依法治国的总目标。要在中国共产党领导下，坚持中国特色社会主义制度，贯彻中国特色社会主义法治理论，形成完备的法律规范体系、高效的法治实施体系、严密的法治监督体系、有力的法治保障体系，形成完善的党内法规体系，坚持依法治国、依法执政、依法行政共同推进，坚持法治国家、法治政府、法治社会一体建设，实现科学立法、严格执法、公正司法、全民守法，促进国家治理体系和治理能力现代化。这一总目标，明确了全面推进依法治国的性质和方向，突出了全面推进依法治国的工作重点和总抓手。

**准确把握全面推进依法治国的总原则。**坚持中国共产党的领导，坚持人民主体地位，坚持法律面前人人平等，坚持依法治国和以德治国相结合，坚持从中国实际出发，是依法治国的总原则。这五个坚持，既是社会主义法治建设经验的集中体现，又是走中国特色社会主义法治道路必须长期坚持的基本原则。

**准确把握全面推进依法治国的工作布局和重点任务。**坚持依法治国、依法执政、依法行政共同推进，法治国家、法治政府、法治社会一体建设，是全面推进依法治国的工作布局。在这一基本格局下，要着力推进科学立法、严格执法、公正司法、全民守法、法治工作队伍建设、加强和改进党对全面推进依法治国的领导等重点任务。全面推进依法治国，是一项艰巨复杂的系统工程，必须准确把握工作布局和重点任务，扎实有序推进。

## 三、全面提升国家安全工作法治化水平

国家安全机关要把思想和行动切实统一到中央精神上来，把智慧和力量凝聚到实现全面推进依法治国各项任务上来，深入抓好贯彻落实。

**旗帜鲜明坚持党的领导和中国特色社会主义道路。**国家安全机关要深刻认识党的领导是中国特色社会主义最本质的特征，把党的领导贯彻到依法治国的全过程和各方面，坚定不移走中国特色社会主义道路。特别要着力提高政治敏锐性和政治鉴别力，充分认清意识形态领域一些噪音杂音的本质，保持战略自信和战略定力，始终在道路和方向上旗帜鲜明、绝不含糊，要坚持巩固党的执政地位，捍卫社会主义国家政权，维护国家安全和社会政治稳定，为全面建成小康社会、全面深化改革、全面推进依法治国提供坚强保障。

**善于运用法治思维和法治方式开展工作。**国家安全机关要坚持用中国特色社会主义法治理论武装头脑、指导实践，充分发挥法治在工作中的重要引领和推动作用。要善于运用法治思维和法治方式打击敌人、保护人民、惩治犯罪，提高对敌斗争水平，取得政治效果、社会效果和法律效果的统一。要主动适应社会环境的新变化，积极探索在法治化条件下谋划、创新工作的方式方法，善于依法化解矛盾、依法破解难题。

**全力推进中国特色国家安全法律制度体系建设。**国家安全机关要增强使命感、责任感，按照中央的要求，积极参与反恐怖、境外非政府组织管理、互联网管理等国家安全工作重点领域的立法工作，推进中国特色国家安全法律制度体系建设。最近颁布实施的《反间谍法》，是维护国家安全领域的一部重要法律，也是我国第一部全面规范和保障反间谍工作的专门法律。我们要遵循立法工作规律，会同立法部门，抓紧健全与《反间谍法》配套的法规规章。要坚持

科学立法、民主立法，坚持职权法定、权责一致，实事求是，开拓创新，切实提高立法质量，确保法律的可操作性。要继续推进司法体制改革工作，依法促进国家安全机关的专业化建设。

**坚持依法履职，严格规范执法。**国家安全机关是人民民主专政的重要部门，国家安全机关的人民警察是武装性质的维护国家安全和利益的行政力量和刑事司法力量，依法行使行政执法权和刑事侦查权。要把严格规范执法作为国家安全机关工作的生命线，依法行使各项职权，使每一项工作、每一起案件，都做到事实清楚、证据确实充分、适用法律正确，都经得起历史、人民和法律的检验。要认真贯彻实施《反间谍法》和其他维护国家安全的法律法规，严密防范、严厉打击间谍情报机关和各种敌对势力危害我国家安全的违法犯罪活动，坚决捍卫国家主权、安全和发展利益。要进一步提高执法规范化水平，提高广大干警的法律意识，做到学法、懂法、守法、护法，严格按照法定程序、期限办案，坚决维护法律权威与尊严。要进一步完善执法标准，严密执法程序，强化执法指导管理、执法监督和执法检查，确保国家安全机关执法履职，为维护国家安全和社会政治稳定大局作出贡献。

**推动新形势下专群结合工作。**专群结合是我们党的历史经验和宝贵财富，也是国家安全工作的一项重要原则。《反间谍法》不仅明确规定了国家安全机关是反间谍工作的主管机关，还充分体现了我国宪法规定，明确公民有维护国家的安全、荣誉和利益的义务，不得有危害国家的安全、荣誉和利益的行为，要求一切国家机关和武装力量、各政党和各社会团体及各企业事业组织，都有防范、制止间谍行为，维护国家安全的义务。国家安全机关要在认真履行法定职责的同时，以普法宣传等工作为抓手，主动适应社会环境的新变化，着力提高全党全社会的国家安全法治意识，探索实践新形势下专门工作与群众路线相结合、专门机关与有关部门相结合的新内涵、新形式、新举措，共筑维护国家安全的人民防线。

**严格依法依规，加强国家安全机关干部队伍建设。**国家安全机关要认真学习贯彻落实习近平总书记在党的十八届四中全会上的重要讲话精神和对有关国家安全机关工作的重要批示精神，进一步严格政治纪律、组织纪律和业务工作纪律，在积极参与、推动形成法律规范体系、法治实施体系、法治监督体系和法治保障体系的同时，积极参与完善、自觉贯彻实施党内法规体系，绝不允许任何人违背党的大政方针、自行其是，绝不允许任何人违反党的政治纪律、胡作非为，绝不允许任何人凌驾于宪法法律之上、徇私枉法，绝不允许任何人把执法权作为私器牟取私利、满足私欲，绝不允许任何人有超越职权、滥用职权的行为。要始终将政治建警作为立警之本、建警之魂，善于运用法治思维和法治方式管人管权管事。要加强党风廉政建设，教育引导干部队伍自觉做社会主义法治的忠实崇尚者、自觉遵守者、坚定捍卫者，着力建设一支忠于党、忠于国家、忠于人民、忠于法律的国家安全干部队伍，切实履行好中国特色社会主义事业建设者和捍卫者的职责使命。

（作者：国家安全部部长）

# 在新的起点上加快建设法治政府

杨 晶

党的十八届四中全会对全面推进依法治国作出战略部署，对建设什么样的法治政府、怎样建设法治政府这一依法治国的重大问题作了鲜明回答，为新形势下深入推进依法行政、加快建设法治政府指明了前进方向。

## 一、深刻认识加快建设法治政府的重大意义

**加快建设法治政府是全面推进依法治国的重要内容。**《中共中央关于全面推进依法治国若干重大问题的决定》（以下简称《决定》）指出，全面推进依法治国，总目标是建设中国特色社会主义法治体系，建设社会主义法治国家。政府是法治建设、法律实施的重要主体。无论是建设中国特色社会主义法治体系这一工作总抓手，还是“坚持依法治国、依法执政、依法行政共同推进，坚持法治国家、法治政府、法治社会一体建设”的工作布局，以及“科学立法、严格执法、公正司法、全民守法”的法治工作新16字方针，都突出彰显了深入推进依法行政，加快建设法治政府在全面推进依法治国中的重要分量。一定意义上讲，能否建成法治政府，决定着法治国家建设的成败。各级政府必须将依法行政作为基本准则，将建设法治政府作为重要任务，依法管理经济社会事务，保证宪法法律在政府工作领域全面正确实施。

**加快建设法治政府是全面建成小康社会和全面深化改革的必然要求。**当前，全面建成小康社会进入决定性阶段，改革进入攻坚期和深水区。应对各种矛盾风险挑战，解决改革发展稳定面临的种种问题，保持宏观经济稳定、保障和改善民生、完善公共服务、加强社会治理、保护生态环境等，迫切需要以法治思维和法治方式破解深层次矛盾。加快建设法治政府，依法履行宏观调控职能，解决对微观经济干预过多和监管不到位等问题，以法治手段保护市场主体合法权益、维护公平竞争的市场秩序，有利于营造良好的营商环境、激发市场活力，为经济长期持续健康发展提供法治“护航”。政府以法治的理念、体制、程序解决各种社会矛盾和问题，依靠法治统筹社会力量、平衡社会利益、调节社会关系、规范社会行为，有利于更好地维护人民群众合法权益、实现社会公平正义、保障社会和谐稳定。

**加快建设法治政府是加强政府自身建设、更好履行政府职能的迫切需要。**政府是执法主体，行政执法是履行政府职能、管理经济社会事务的主要方式。当前，一些地方和部门在执法过程中不同程度存在懒政、怠政现象，存在失职、渎职行为，一些政府工作人员不作为、乱作为。对执法领域存在的有法不依、执法不严、违法不究甚至以权压法、权钱交易、徇私枉法等突出问题，人民群众深恶痛绝。这些问题严重损害了政府的公信力，严重影响着政府职能的发挥。没有规矩不成方圆。政府必须严守法律这个最大的“规矩”，自觉把权力关进法律和制度的笼子，大力推进工作规范化、程序化、法治化，严格按照法定权限和程序履行职责、公正执法。

## 二、全面准确把握加快建设法治政府的主要任务

《决定》提出，各级政府必须坚持在党的领导下、在法治轨道上开展工作，创新执法体制，完善执法程序，推进综合执法，严格执法责任，建立权责统一、权威高效的依法行政体制，加快

建设职能科学、权责法定、执法严明、公开公正、廉洁高效、守法诚信的法治政府。

**一要依法全面履行政府职能，加快政府职能转变。**职能科学、权责法定是法治政府的重要标准。各级政府要完善行政组织和行政程序法律制度，推进机构、职能、权限、程序、责任法定化，坚持法定职责必须为、法无授权不可为。继续大力推进简政放权、放管结合，处理好政府与市场、政府与社会的关系，把该放的权力放下去，把该管的事项管住管好。加快推行权力清单、责任清单和负面清单制度，严禁行政机关法外设定权力，坚决消除权力设租寻租空间，减少政府对企业生产经营活动的直接干预，保证市场主体法无禁止皆可为。

新一届国务院组成后，把政府职能转变作为开局的第一件大事，把深化行政审批制度改革作为重要抓手和突破口。一年多来，先后取消和下放7批共632项行政审批等事项，全国新登记注册各类市场主体1982万户，进一步激发了全社会的创新创业活力。各级政府要继续深化行政审批制度改革，做实行政审批、市场壁垒和各种“路障”的“减法”，做好开拓市场空间、扩大创业天地的“加法”。同时要创新行政管理方式，切实加强事中事后监管，加强和改进公共服务，维护公平竞争的市场秩序，提高政府效能和公信力。

**二要加强和改进政府立法，健全政府依法决策机制。**法律是治国之重器，良法是善治之前提。完善行政管理法律法规、提高政府立法质量是加快建设法治政府的基础，推进科学民主立法是提高政府立法质量的关键。要加强和改进政府立法制度建设，完善行政法规、规章制定程序，完善公民参与政府立法机制，使政府立法更好反映客观规律、凝聚社会共识、体现人民意愿，防止部门利益和地方保护主义法律化。坚持立改废释并举，下大力气对现有行政法规、规章和规范性文件进行自查自纠，凡是于法无据、有损群众合法权益的，都要抓紧废止或进行修改。今后制定出台任何行政法规、规章和规范性文件，都要进行严格的合法性审查，确保符合法治精神，做到重大事项于法有据、决策与立法紧密衔接。主动适应改革和经济社会发展需要，加强重点领域政府立法，增强法律法规的及时性、系统性、针对性、有效性，为经济发展、政治清明、文化昌盛、社会公正、生态良好提供有力法治保障。

决策是行政权力运行的起点，是规范行政权力的重点。要健全政府依法决策机制，把公众参与、专家论证、风险评估、合法性审查、集体讨论决定确定为重大行政决策法定程序，确保决策制度科学、程序正当、过程公开、责任明确，不断提高决策质量和水平。建立行政机关内部重大决策合法性审查机制，积极推行政府法律顾问制度，为依法决策、依法行政再加一道“安全围栏”。建立重大决策终身责任追究制度及责任倒查机制，对决策严重失误或者依法应该及时决策但久拖不决造成重大损失、恶劣影响的，要层层追查，严格追究法律责任。

**三要深化行政执法体制改革，严格规范公正文明执法。**行政执法是法律实施的关键环节。要根据不同层级政府的事权和职能，合理配置执法力量，积极推进综合执法，完善市县两级政府行政执法管理，加强统一领导和协调，着力解决权责交叉、多头执法等问题，提高行政执法效能。理顺城管等执法体制，严格实行行政执法人员持证上岗和资格管理制度，坚决防止“临时工”执法和顶责现象。严格执行罚缴分离和收支两条线管理制度，严禁收费罚没收入同部门利益直接或者变相挂钩。健全行政执法和刑事司法衔接机制，完善案件移送标准和程序，实现行政处罚和刑事处罚无缝衔接。

坚持严格规范公正文明执法，依法惩处各类违法行为，加大关系群众切身利益的重点领域违法案件执法力度，坚决做到有法必依、执法必严、违法必究。完善执法程序，建立执法全过程记录制度，建立健全行政裁量权基准制度，严格执行重大执法决定法制审核制度，重点规范行政许可、行政处罚、行政强制、行政征收、行政收费、行政检查等执法行为。全面落实行政执法责任制，严格确定不同部门及机构、岗位执法人员执法责任和责任追究机制。加强执法监督,执法依据和结果要向社会公开公示,排除对执法活动的干预,防止和克服地方和部门保护主义,惩处执法腐败现象。

**四要全面推进政务公开,强化对行政权力运行的规范和监督。**要认真执行《政府信息公开条例》,坚持以公开为常态、不公开为例外原则,推进决策公开、执行公开、管理公开、服务公开和结果公开。依据权力清单,向社会全面公开政府职能、法律依据、实施主体、职责权限、管理流程、监督方式等事项。重点推进财政预算、公共资源配置、重大建设项目批准和实施、社会公益事业建设等领域的政府信息公开,打牢政府透明度和公信力的“底盘”。

加强对行政权力的制约和监督,必须筑牢筑密法治的“铁篱笆”。以加强对政府内部权力制约为重点,对财政资金分配使用、国有资产监管、政府投资、政府采购、公共资源转让、公共工程建设等权力集中的部门和岗位实行分事行权、分岗设权、分级授权,定期轮岗,强化内部流程控制,防止权力滥用。完善政府内部层级监督和专门监督,完善审计监督,完善纠错问责机制,健全问责方式和程序。把政府内部监督与党内监督、人大监督、民主监督、司法监督、社会监督、舆论监督结合起来,努力形成科学有效的政府权力运行制约和监督体系,增强监督合力和实效,大力建设廉洁政府。

## 三、为加快建设法治政府提供坚强保障

各地区、各部门要加强领导、完善机制、落实责任,创造性地开展工作,全力把党的十八届四中全会关于深入推进依法行政、加快建设法治政府的决策部署落到实处。

**加快建设法治政府必须坚持党的领导。**党的领导是中国特色社会主义最本质的特征,是社会主义法治最根本的保证。必须把党的领导贯彻到深入推进依法行政全过程和各方面,确保法治政府建设的正确方向。各级政府要在党委统一领导下,谋划和落实好法治政府建设的各项任务,主动向党委报告法治政府建设中的重大、突出问题,及时消除制约法治政府建设的体制机制障碍。各级政府的党组织要坚决贯彻党委决策部署,领导和监督本单位模范遵守宪法法律,坚决查处执法犯法、违法用权等行为。

**建立健全法治政府建设工作机制。**《决定》明确要求,党政主要负责人要履行推进法治建设第一责任人职责。各级政府及其工作部门主要负责人要切实担负起第一责任人职责,建立健全由主要负责人牵头的领导协调机制,把法治政府建设与改革发展稳定任务一起规划、一起部署、一起落实。要把法治政府建设成效作为衡量各级领导班子和领导干部工作实绩重要内容,纳入政府绩效考核指标体系的“账单”。要加强政府法制机构建设,充分发挥其参谋助手和在法治政府建设工作中的统筹规划、综合协调、督促指导作用。

**切实提高依法行政、依法办事能力。**政府工作人员要牢固树立以人为本、执法为民的宗旨意识,努力做深入推进依法行政的组织者、推动者、实践者,做社会主义法治的忠实崇尚者、自觉遵守者、坚定捍卫者。要认真学习掌握法律知识,强化法律意识,树立敬畏法律、崇尚法治的信念,提高运用法治思维和法治方式深化改革、推动发展、化解矛盾、维护稳定能力。要带头依法行政,努力推动形成办事依法、遇事找法、解决问题用法、化解矛盾靠法的良好法治环境。要用法治引领改革发展破障闯关、推动民生改善和社会公正,以更加奋发有为的精神状态,在法治轨道上推进政府各项工作迈上新台阶。

建设法治政府使命光荣、任重道远。我们要紧密团结在以习近平同志为总书记的党中央周围,深入贯彻党的十八大和十八届二中、三中、四中全会精神,解放思想,开拓进取,凝聚力量,久久为功,推动法治政府建设一步一个脚印向前迈进,为落实全面推进依法治国战略部署、建设社会主义法治国家作出扎扎实实的贡献。

(作者:中共中央书记处书记、国务委员兼国务院秘书长)

# 大力推进法治社会建设

吴爱英

党的十八届四中全会《决定》对全面推进依法治国，建设社会主义法治国家作出全面部署，强调要"增强全民法治观念，推进法治社会建设"。司法行政机关要认真学习贯彻习近平总书记重要讲话精神和党的十八届四中全会精神，切实履行司法行政职责，大力推进法治社会建设，充分发挥司法行政工作在全面推进依法治国中的重要职能作用。

## 一、充分认识法治社会建设在全面推进依法治国中的重大意义

习近平总书记强调，全面推进依法治国，要坚持依法治国、依法执政、依法行政共同推进，坚持法治国家、法治政府、法治社会一体建设。这指明了法治社会建设在全面推进依法治国中的重要地位和作用，丰富和发展了马克思主义法学思想和中国特色社会主义法治理论。

法治社会，通常是指法律在全社会得到普遍公认和遵从的一种社会状态。广义的法治社会，指立法机关科学立法，行政机关依法行政，司法机关公正司法，执政党依法执政，公民和社会组织、团体在宪法和法律范围内活动。狭义的法治社会，更多强调的是公民、社会组织和社会团体等社会主体行为的法治化。法治社会一般具有以下基本特征：全社会对法治普遍信仰；宪法和法律得到有效实施和普遍遵从；社会依法规范运行；公平正义得到切实维护和实现；权利救济及时充分。

法治社会建设在全面推进依法治国中具有重要地位和作用。在法治中国建设"三位一体"工作格局中，法治社会是法治国家、法治政府建设的重要基础和基本前提，法治国家、法治政府是法治社会建设的重要保障。只有实现全社会对法治的普遍信仰，才能为全面推进依法治国提供坚实的思想基础。只有不断打造整个社会尊法、信法、守法、用法的法治环境，才能为全面推进依法治国提供广泛的社会基础。只有公平正义得到切实维护，公民权利得到有效保障，广大群众才会发自内心地崇尚和拥护法治，才能为全面推进依法治国打牢群众基础。

## 二、深入开展法治宣传教育，推动全社会树立法治意识

深入开展法治宣传教育，推动全社会树立法治意识，是法治社会建设的基本前提。《决定》提出，要坚持把全民普法和守法作为依法治国的长期基础性工作，深入开展法治宣传教育，推动全社会树立法治意识。这深刻揭示了法治宣传教育在全面推进依法治国中的地位作用，明确了法治宣传教育工作的目标任务，为深入开展法治宣传教育进一步指明了方向。

法治宣传教育是传播法律知识、培育法治信仰的重要途径。1985 年以来，我国已制定实施六个五年普法规划，今年是"六五"普法规划实施第四年。近 30 年来，法制宣传教育不断深化，潜移默化、润物无声地改变了人民群众对法律的认知，公民法律意识和法律素质明显增强，全社会法治化管理水平不断提高。

《决定》第一次明确提出"深入开展法治宣传教育"。法治宣传较之法制宣传，内涵发生了深刻变化，既包括对法律体系和法律制度的宣传，也包括对立法、执法、司法、守法等一系列法律实践活动的宣传，突出了法治理念和法治精神培育，突出了运用法治思维和法治方式能

力的培养。

开展法治宣传教育，要深入学习宣传宪法，深入学习宣传中国特色社会主义法律体系。要坚持把领导干部带头学法、模范守法作为树立法治意识的关键，认真做好并不断深化领导干部学法用法工作。完善国家工作人员学法用法制度，把宪法和法律列入党委（党组）中心组学习内容，列为党校、行政学院、干部学院、社会主义学院的必修课，增强领导干部和国家工作人员的法治观念和法律素质。积极推动把法治教育纳入国民教育体系，从青少年抓起，在中小学设立法治知识课程，保证在校学生都能得到基本法律知识教育和法治观念熏陶。积极推动把法治教育纳入精神文明创建内容，广泛开展群众性法治文化活动，健全媒体公益普法制度。努力推进普法教育工作创新，树立服务大局、以人为本和普及法律知识与培育法治观念并重的理念，加强新媒体新技术在普法中的运用，提高普法实效。积极推动健全普法宣传教育机制，推动落实国家机关“谁执法谁普法”的普法责任制，建立法官、检察官、行政执法人员、律师等以案释法制度。加强普法讲师团和普法志愿者队伍建设，提高普法工作者的法律素质和工作水平。牢固树立和自觉践行社会主义核心价值观，把道德建设融入法治建设各环节，用良好的道德风尚引领全体公民自觉守法、维护法律权威。

## 三、推进多层次多领域依法治理，提高社会治理法治化水平

依法治理是法治社会建设的有效途径。《决定》提出，要坚持系统治理、依法治理、综合治理、源头治理，提高社会治理法治化水平；强调深入开展多层次、多形式法治创建活动，深化基层组织和部门、行业依法治理，发挥人民团体和社会组织在法治社会建设中的积极作用。依法治理，就是要强化社会治理的法律之治，使社会建设走上法治化轨道。我们要积极推进多层次多领域依法治理，努力使依法办事成为执政党、国家机关、社会组织和全体公民的基本行为方式，使法治成为社会治理的一种常态。

深化基层组织和部门、行业依法治理。开展基层组织、部门、行业等依法治理工作，是我国法治建设中一项重要的实践创新和理论创新。近年来，各地和部门、行业等依法治理工作全面开展，取得明显成效。《决定》关于依法治理的新部署新要求，为深化依法治理带来了新机遇，也提出了新要求。要高度重视依法治理在法治社会建设中的作用，积极推动基层组织和部门、行业依法治理纳入各级党委政府的目标管理，明确任务，分解责任，抓好落实，使依法治理不断拓展，不断深化。要充分调动人民群众参与依法治理的积极性，尊重人民群众的主体地位，依法规范各类公权力行使，支持各类社会主体自我约束、自我管理。

深入开展多层次多形式法治创建活动。开展法治创建活动，是推进依法治理的重要载体和有效途径。2008 年以来，司法部、全国普法办在全国组织开展了法治城市、法治县（市、区）创建活动，目前已覆盖 93% 的地（市、州、盟）和 86.6% 的县（市、区、旗），同时积极开展“民主法治示范村”、“民主法治社区”创建活动，全社会依法治理水平明显提高。要深入开展法治创建活动，拓展领域，创新形式，增强实效。要健全完善科学完备的法治建设指标体系和考核标准，推进法治创建活动制度化、规范化。

## 四、建设完备的法律服务体系，推动法律服务更好地惠及人民群众

完备的法律服务体系是法治社会的必备要素。《决定》明确提出建设完备的法律服务体系，强调推进公共法律服务体系建设，完善法律援助制度，发展律师、公证等法律服务业，统筹城乡、区域法律服务资源，发展涉外法律服务，健全统一司法鉴定管理体制。我们要积极拓展和规范法律服务，努力建设规模适度、结构合理、服务优良、运行有序的法律服务体系。

近年来,我国法律服务事业取得长足发展,法律服务领域进一步拓展,服务规模日益扩大,服务制度逐步完善,服务质量不断提升。随着全面深化改革、全面推进依法治国和公民法律意识、法律需求不断增强,人民群众的法律需求日益增长,对法律服务的要求越来越高,建设完备的法律服务体系重要而紧迫。

要加快推进覆盖城乡居民的公共法律服务体系建设,抓好《关于推进公共法律服务体系建设的意见》的贯彻落实,整合律师、公证、基层法律服务、司法鉴定等法律服务资源,将公共法律服务纳入政府公共服务体系,不断满足人民群众的基本法律需求。大力加强法律援助工作,推动落实法律援助政府责任,扩大援助范围,提高援助质量,保证群众在遇到法律问题或者权利受到侵害时获得及时有效的法律帮助。大力发展律师法律服务业,加强涉外法律服务,努力提升我国律师业的国际竞争力。大力发展公证服务业,健全完善公证执业规范体系,加强公证执业管理,不断提高公证公信力。统筹城乡、区域法律服务资源,制定完善法律服务发展规划,推动法律服务业均衡发展。继续深化司法鉴定管理体制改革,进一步加强司法鉴定监督管理,提高司法鉴定质量。

## 五、健全社会矛盾纠纷预防化解机制,促进社会和谐

依法预防化解社会矛盾纠纷是法治社会的重要保障。《决定》提出要健全社会矛盾纠纷预防化解机制,完善调解、仲裁、行政裁决、行政复议、诉讼等有机衔接、相互协调的多元化纠纷解决机制;加强行业性、专业性人民调解组织建设,完善人民调解、行政调解、司法调解联动工作体系;完善仲裁制度;健全行政裁决制度。我们要积极运用法治思维和法治方式,依法预防化解社会矛盾纠纷,促进社会和谐。

人民调解是化解社会矛盾纠纷的“第一道防线”。目前,我国已经形成包括行政复议、诉讼、仲裁、调解等方式的多元化纠纷解决机制。人民调解具有贴近群众、程序便捷、互谅互让,成本低、效率高的特色。我国现有人民调解组织 81.7 万个,每年调解各类矛盾纠纷 900 多万件,调解成功率达 90% 以上。其中,行业性、专业性人民调解组织 3 万多个,人民调解员近 13 万人,每年调解行业性、专业性矛盾纠纷 130 万件,为有效化解矛盾纠纷、促进社会和谐做出了积极贡献。随着改革进入攻坚期和深水区,发展进入转型期,社会矛盾纠纷多样多发将成为常态,调解任务日益繁重。要深入贯彻实施人民调解法,全面提高人民调解工作制度化、规范化水平。健全完善人民调解组织网络,巩固发展乡镇(街道)、村(居)、企(事)业单位人民调解组织,切实提高人民调解员素质。健全矛盾纠纷排查调处机制,开展矛盾纠纷排查调解工作,把更多矛盾纠纷化解在基层,解决在萌芽状态。健全完善人民调解、行政调解、司法调解联动工作体系,充分发挥人民调解在矛盾纠纷调解工作体系中的基础性作用。

开展行业性、专业性人民调解工作,是新时期人民调解工作的创新发展。司法部制定了《关于加强行业性专业性人民调解委员会建设的意见》、《关于进一步加强行业性专业性人民调解工作的意见》,指导各地普遍建立行业性、专业性人民调解组织,有效化解了一大批矛盾纠纷。要大力加强组织建设,推动在行业性、专业性领域设立人民调解委员会或依托现有人民调解委员会设立人民调解工作室,通过政府购买服务等方式配备专职人民调解员,扩大人民调解工作覆盖面。加强调解工作法制化、规范化建设,健全人民调解委员会内部管理制度,完善调解工作机制。积极引导人民调解组织和人民调解员,运用专业知识、借助专业力量化解矛盾纠纷,提高调解成功率、协议履行率和群众满意度。

(作者:中华人民共和国司法部部长)

# 更好发挥法治的引领和规范作用

孟祥锋

党的十八届四中全会通过的《中共中央关于全面推进依法治国若干重大问题的决定》鲜明提出，面对新形势新任务，我们党要更好统筹国内国际两个大局，更好维护和运用我国发展的重要战略机遇期，更好统筹社会力量、平衡社会利益、调节社会关系、规范社会行为，使我国社会在深刻变革中既生机勃勃又井然有序，实现经济发展、政治清明、文化昌盛、社会公正、生态良好，实现我国和平发展的战略目标，必须更好发挥法治的引领和规范作用。这“四个更好”，深刻揭示了法治在国家和社会治理中的重要作用，深刻阐明了法治对于提高我们党执政能力的重要意义。

## 一、全面准确理解法治的引领和规范作用

引领和规范是法治发挥作用、显示价值的两种重要形式。法治的引领和规范作用主要体现在以下几个方面：

**一是指引国家发展方向。**宪法是国家的根本法，规定了国家的国体、政体和经济、政治、文化、社会、生态文明等领域的基本制度及活动准则，规定了党和国家发展的根本任务和奋斗目标，是治国安邦的总章程，具有最高的法律地位、法律权威、法律效力，具有根本性、全局性、稳定性、长期性。宪法反映了全体人民的共同意志和根本利益，反映了社会发展的根本要求，是一个历史时期党和国家中心工作、基本原则、基本方针、基本政策在法制上的体现。因此，法治的作用首先体现在保持国家制度稳定，引领和确保国家始终沿着正确方向前进。

**二是确立行为规则。**治理国家、治理社会，必须立规矩、讲规矩、守规矩。没有规矩不成方圆。法律就是国家的最大规矩，规定了每个公民、法人、政党、社团必须遵守的基本行为规范，赋予国家管理的权力并明确其边界。法治最基本的功能，就是明确告知人们，国家希望社会成员做什么不能做什么，哪些行为是允许并受到保护的，哪些行为是禁止并将受到惩罚的，并要求所有社会成员必须遵守这些行为规则。

**三是整合社会利益。**我国法律是人民意志的集中体现，是人民利益的根本保障。一方面，法律是社会关系和人的行为的调节器和平衡器，通过法定程序制定法律能够最大限度凝聚各方面利益诉求，最大限度达成共识；另一方面，社会主义法律的基本属性是平等，社会主义法律的基本功能在于平等保护每个人的合法权益，以法律为准绳协调各种利益关系、维护社会公平正义，有利于在尊重个人权益基础上构筑全社会利益共同体和命运共同体。实践证明，法治是整合社会利益的最有效机制，法律制定和实施的过程实质上就是社会利益的整合过程。

**四是化解社会矛盾。**一个国家、一个社会，任何时候都会存在利益冲突和矛盾纠纷，关键在于怎么去解决。法律是定分止争的最有效手段。这是因为，法律明确规定了社会成员的行为和利益边界，是社会利益关系的最大公约数，能够被全体社会成员普遍认同和遵守。以法律为依据构建冲突解决机制，在法治轨道上解决矛盾和纠纷，可以避免或减少矛盾激化和社会冲突，确保社会正常秩序。

**五是凝聚社会力量。**宝剑和天平作为法律的象征，向人们昭示了法律惩恶扬善的功能。

惩恶，就是对违法行为进行惩处，防止违法行为造成更大危害，同时也警示人们不能逾越法律红线、触碰法律底线，从而维护社会公正、弘扬社会正气。扬善，就是清晰告知人们法律是保障自身权利的有力武器，只要遵守法律，就能在法律保护下实现自身利益、保障自身权益不受侵犯。充分发挥法律惩恶扬善的功能，有利于在全社会树立守法者得利、违法者吃亏、犯罪者必惩的价值导向，扶正祛邪，增强社会凝聚力、向心力。

**六是保障经济发展。**引导和推动经济社会发展，既靠政策又靠法律。法律和政策本质上是一致的，两者相辅相成、互联互动，都反映了一个国家一定阶段经济社会发展的客观要求，都是人民意志的体现，都是为经济社会发展指明方向、营造环境、提供保障。但相对于政策而言，法律更具稳定性、长期性，成熟的政策可以上升为法律，使之发挥更为长远的指导作用。同时，法律和政策一样，也要与时俱进，只有适时制定新的法律，及时修改和完善现行法律，才能适应经济社会发展需要。因此，健全的法治能规范经济行为，创造公平公正、公开透明的社会环境，提供稳定的社会预期，引领和保障经济社会持续健康发展。

## 二、充分认识新形势下更好发挥法治的引领和规范作用的极端重要性

法治是人类文明进步的重要标志，是治国理政的基本方式。更好发挥法治的引领和规范作用，是我国社会主义法治在国家和社会治理中地位和作用的重要体现，是全面推进依法治国的必然要求。无论是完善和发展中国特色社会主义制度、推进国家治理体系和治理能力现代化，还是加强党的执政能力建设、巩固党的执政地位；无论是推动经济社会持续健康发展，还是维护社会公平正义、确保党和国家长治久安，都需要更好发挥法治的引领和规范作用。

**第一，更好发挥法治的引领和规范作用是我们党提高执政能力的迫切要求。**长治久安靠法治。历史发展到今天，我们党已不再是在计划经济条件下和对外封闭环境下执政的党，而是在社会主义市场经济迅猛发展、对外开放不断扩大的时代背景下执政的党，所处的执政环境比以往任何时候都要复杂，面临的执政任务比以往任何时候都要艰巨，面临的矛盾风险挑战之多前所未有。我们党要在一个地域辽阔、人口众多、国情复杂的大国执好政、掌好权，统筹整合好利益多元的社会力量，团结带领亿万人民为实现“两个一百年”目标努力奋斗，必须把法治摆到治国理政更加突出的位置，更好发挥法治的引领和规范作用。从执政思维上讲，必须增强法治意识，摒弃人治思维，善于运用法治思维分析处理国家和社会治理中的各种问题，以法律为依据研究制定方针政策、作出决策部署。从执政方式上讲，必须坚持依法执政，带头遵守宪法法律，自觉在宪法法律范围内活动，提高运用法治思维和法治方式深化改革、推动发展、化解矛盾、维护稳定的能力，更多运用法治方式统筹社会力量、平衡社会利益、调节社会关系、规范社会行为。必须处理好党的政策和国家法律的关系，善于使党的主张通过法定程序成为国家意志，体现和贯彻到治国理政的各环节，贯彻到经济社会发展各方面。

**第二，更好发挥法治的引领和规范作用是实现经济持续健康发展的迫切要求。**社会主义市场经济本质上是法治经济。法治既是市场经济发展的结果，也是市场经济健康发展的重要保障。加快完善社会主义市场经济体制，推动经济持续健康发展，关键是要确保使市场在资源配置中起决定性作用和更好发挥政府作用真正落到实处。这两个方面都需要有健全的法律法规加以引导、调节、保障，既避免因市场自发性、逐利性造成尔虞我诈、坑蒙拐骗、无序混乱，又避免因政府政策随意、权力滥用、官商勾结破坏市场规则，损害市场主体权益。因此，必须以保护产权、维护契约、统一市场、平等交换、公平竞争、有效监管为基本导向，加快完善社会主义市场经济法律制度，确立社会主义市场经济运

行的基本规则，使法治规范市场行为、促进合理竞争、维护市场秩序的作用得到更好发挥，确保各类市场主体依法平等使用生产要素、公平参与市场竞争、同等受到法律保护，确保政府依法加强和改善宏观调控、市场监管、反对垄断，为各类市场主体创造自由公平、规范有序、安全稳定的环境，推动社会主义市场经济健康发展。

**第三，更好发挥法治的引领和规范作用是维护社会公平正义的迫切要求。**公平正义是中国特色社会主义的内在要求，是法治的生命线。要增强人民群众对中国特色社会主义的道路自信、理论自信、制度自信，必须在维护社会公平正义上付出更大努力，让人民群众更加真切地感受到社会公平正义就在身边。应该说，随着我国经济社会不断发展，民主法治建设不断推进，人民群众的公平意识、民主意识、权利意识不断增强，对社会公平正义的要求越来越迫切。更好发挥法治的引领和规范作用，越来越成为新形势下维护社会公平正义、促进社会和谐的基本方式和重要途径。法治作为维护社会公平正义的坚固防线，是社会和谐的稳定器、安全阀。必须加快法治建设，逐步建立以权利公平、机会公平、规则公平为主要内容的社会公平保障体系，促进人人获得平等发展机会。必须运用法治手段构筑协调和解决社会冲突、维护社会稳定的机制，通过一整套完整、系统的实体和程序规则平衡利益关系、解决利益冲突、消除社会不公、促进社会公平正义。必须弘扬法治精神，引导人们以法律为依据正确处理国家、集体、个人的利益关系，理性表达个人利益诉求，妥善处理涉及个人切身利益的问题，自觉维护社会和谐稳定。

**第四，更好发挥法治的引领和规范作用是保障人民权益的迫切要求。**人民是国家的主人，是我们党的立党之本、执政之基、力量之源。人民的权益是具体的、现实的，不但体现在经济、政治、文化、社会、生态等各个领域，而且体现在人们工作、生活、学习等各方面，体现在每一个人的生命全过程。法治是保护人民权益的有力武器，法治建设以保障人民根本权益为出发点和落脚点。必须加快建设社会主义法治，推动社会主义民主政治制度化、规范化、程序化，保证人民依法享有广泛的权利和自由、承担应尽的义务，在党的领导下，依照法律规定，通过各种途径和形式管理国家事务，管理经济文化事业，管理社会事务。必须以法治为引领，建立健全有利于保障人民各方面权益的体制机制，制定实施有利于维护和促进人民权益的政策措施，依法惩处各种侵犯人民权益的行为，为人民充分行使自身权利、保障自身权益提供有力保障。

## 三、更好发挥法治的引领和规范作用的基本途径

更好发挥法治的引领和规范作用，必须围绕全面推进依法治国的总目标和总抓手，突出工作重点，为实现“两个一百年”奋斗目标、实现中华民族伟大复兴的中国梦提供有力的法治保障。

**第一，加快建设中国特色社会主义法治体系。**法治体系是更好发挥法治的引领和规范作用的前提和基础。必须加快形成完备的法律规范体系、高效的法治实施体系、严密的法治监督体系、有力的法治保障体系，形成完善的党内法规体系。加强这五大体系建设是完善中国特色社会主义法治体系的主要内容，是全面推进依法治国的内在要求，是建设法治中国的制度支撑。五大体系相辅相成、相得益彰，必须一体建设、整体实施。要切实增强五大体系的及时性、系统性、针对性、有效性，进一步健全制度体制和工作机制，不断丰富和完善中国特色社会主义法治体系，为更好发挥法治的引领和规范作用提供基本遵循、创造良好条件。

**第二，大力推进法律实施。**法律实施是更好发挥法治的引领和规范作用的必由之路。法律的生命力在于实施，法律的权威也在于实施。实现法治的引领和规范作用，良法是前提，善治是关键。既要重视科学立法，实现有法可依，更要重视法律的实施，做到“法之必行”，真正发

挥法治的引领和规范作用。要在坚持科学立法前提下,大力推进严格执法,确保法律得到正确实施,做到有法必依、执法必严、违法必究;大力推进公正司法,确保审判机关、检察机关依法独立公正行使审判权、检察权,努力让人民群众在每一个司法案件中感受到公平正义;大力推进全民守法,使全体人民都成为社会主义法治的忠实崇尚者、自觉遵守者、坚定捍卫者。

**第三,扎实推进社会主义法治文化建设。**法治文化是更好发挥法治引领和规范作用的重要支撑。要坚持一手抓法治、一手抓德治,深入推进公民道德建设和诚信体系建设,把法治建设和道德建设紧密结合起来,把他律和自律紧密结合起来,实现法律和道德相辅相成、法治和德治相得益彰。要大力培育和弘扬社会主义核心价值观,加快构建充分反映中国特色、民族特性、时代特征的社会主义核心价值体系。要大力弘扬社会主义法治精神,积极培育社会主义法治文化,不断推进社会主义法治理念创新,为全面推进依法治国提供强大正能量。要大力开展法治宣传教育,努力提高人民群众的法律意识和法治观念,引导全体公民自觉尊重法律、敬畏法律、维护法律,使法律内化为每个人的价值观念和行为准则,在全社会形成守法光荣、违法可耻的良好氛围。

**第四,努力建设高素质法治工作队伍。**法治工作队伍是更好发挥法治的引领和规范作用的组织和人才保障。要加强法治工作队伍建设和管理,着力打造一支忠于党、忠于国家、忠于人民、忠于法律的社会主义法治工作队伍,为全面推进依法治国提供坚强保证。要坚持以正规化、专业化、职业化为方向,加强源头管理、分类管理,加大正风肃纪力度,强化职业道德建设,提高法治工作队伍的职业素养和专业水平,切实维护法治公信力和权威性。

**第五,加强和改善党对法治建设的领导。**党的领导是更好发挥法治的引领和规范作用最根本的保证。必须坚持依法执政,各级领导干部要带头遵守法律,带头依法办事。必须旗帜鲜明地坚持党对法治建设的领导,坚决纠正把党的领导同法治建设对立起来,把党的政策、党内法规和国家法律割裂开来的错误思想,充分发挥党总揽全局、协调各方的领导核心作用,确保社会主义法治建设沿着正确的政治方向前进。必须坚持党领导立法、保证执法、支持司法、带头守法,提高党科学执政、民主执政、依法执政水平,健全党领导法治建设的制度和工作机制,切实把党的领导贯彻到法治建设的全过程和各方面。

(作者:国家保密局局长)

# 坚持和发展中国特色社会主义法治理论

李　林

党的十八届四中全会通过的《中共中央关于全面推进依法治国若干重大问题的决定》(以下简称《决定》)强调,要"围绕社会主义法治建设重大理论和实践问题,推进法治理论创新,发展符合中国实际、具有中国特色、体现社会发展规律的社会主义法治理论,为依法治国提供理论指导和学理支撑"。中国特色社会主义法治道路、中国特色社会主义法治理论、中国特色社会主义法治体系"三位一体",共同构成了全面推进依法治国、加快建设社会主义法治国家的道路指引、理论支撑和制度保障,充分体现了我们党对中国特色社会主义法治的道路自信、理论自信和制度自信。

## 一、中国特色社会主义法治理论是马克思主义法学中国化的最新成果

全面推进依法治国,建设中国特色社会主义法治体系,建设社会主义法治国家,必须在中国共产党领导下,坚持中国特色社会主义制度,贯彻中国特色社会主义法治理论。《决定》明确提出,要坚持用马克思主义法学思想和中国特色社会主义法治理论全方位占领高校、科研机构法学教育和法学研究阵地,加强法学基础理论研究,形成完善的中国特色社会主义法学理论体系、学科体系、课程体系。

《决定》还在其他不同的部分和主题下使用了与中国特色社会主义法治理论直接相关的一些概念或者提法。例如:以道德滋养法治精神、强化道德对法治文化的支撑作用;弘扬社会主义法治精神,建设社会主义法治文化;深入开展社会主义核心价值观和社会主义法治理念教育;推动全社会树立法治意识;坚持把领导干部带头学法、模范守法作为树立法治意识的关键;对特权思想严重、法治观念淡薄的干部要批评教育;在中小学设立法治知识课程;使每一项立法都符合宪法精神;强化官兵法治理念和法治素养,加强军事法治理论研究;汲取中华法律文化精华,但决不照搬外国法治理念和模式,等等。这表明,《决定》在推动中国特色社会主义法治理论的观念更新和理论发展方面有许多新观点新建树。

《决定》提出的中国特色社会主义法治理论,是中国特色社会主义理论体系的重要组成部分,是中国共产党人根据马克思主义国家与法的基本原理,在借鉴吸收古今中外人类法治文明有益成果的基础上,从当代中国国情、现代化建设和依法治国的实践出发,深刻总结我国社会主义法治建设的成功经验和沉痛教训,逐步形成的具有中国特色的社会主义法治理论体系。中国特色社会主义法治理论是对马克思主义法律观的继承、创新和重大发展,是推进马克思主义法学思想中国化的最新成果,是全面推进依法治国、加快建设社会主义法治国家的重要理论指导、思想基础和学理支撑。

中国特色社会主义法治理论的核心要义,是以马克思列宁主义、毛泽东思想、邓小平理论、"三个代表"重要思想、科学发展观为指导,深入贯彻习近平总书记系列重要讲话精神,坚持党的领导、人民当家作主、依法治国有机统一,坚定不移走中国特色社会主义法治道路,坚决维护宪法法律权威,依法维护人民权益、维护社会公平正义、维护国家安全稳定,为实现"两个一百年"奋斗目标、实现中华民族伟大复兴的中国梦提供有力法治保障。

## 二、中国特色社会主义法治理论的主要内容

中国特色社会主义法治理论是以中国特色社会主义法治道路、中国特色社会主义法治体系和全面推进依法治国的中国实践为基础的科学理论体系，它由以下主要部分构成。

**一是中国特色社会主义法治的价值理论思想。**涉及政治哲学、法哲学和中国特色社会主义理论体系的有关范畴和内容，主要包括五个方面的内容：(1)马克思主义国家与法的学说，马克思主义的国家观、政党观、民主观、法律观、法治观、人权观、平等观、正义观和权力观，马克思主义法学思想等；(2)社会主义法治精神、社会主义法治意识、社会主义法治观念、社会主义法治价值、社会主义宪制和法治原则、社会主义法治思想、社会主义法治理念、社会主义法治文化、社会主义法治学说等；(3)中国特色社会主义法学的理论体系、学科体系、课程体系等；(4)公民和国家公职人员的法治态度、法治心理、法治偏好、法治情感、法治认知、法治立场、法治信仰等；(5)关于法和法治的一般原理、价值、功能、原则、学说、方法和知识等的理论。

**二是中国特色社会主义法治的制度规范理论。**涉及法治的基本制度、法律规范、法律体系、法治体系、法治程序、法治结构等范畴和内容，主要包括四个方面的内容：(1)关于国家宪法和宪制的理论，如宪法规定的社会主义根本政治制度和基本政治制度的理论，我国基本经济制度、基本社会制度、基本文化制度的理论，社会主义民主选举制度、人权保障制度、立法体制、中国特色社会主义法律体系等的理论；(2)关于中国特色社会主义法治体系的理论，如宪法实施监督体系、法律法规体系、法治实施体系、法治监督体系、法治保障体系、党内法规体系等的理论；(3)关于中国特色社会主义法治政府、依法行政和行政执法制度的理论，司法权、司法体制、司法程序、法律监督体制、公正司法制度、依法执政体制等的理论；(4)关于法治的一般制度、体系、程序、规则、规范和架构等的基本原理。

**三是中国特色社会主义法治的实践运行操作理论。**涉及法治原理的应用、法治行为、法治实践和法律制度运行等范畴和内容，主要包括五个方面的内容：(1)科学立法、严格执法、公正司法、全民守法等法治建设各个环节的理论；(2)依法治国、依法行政、依法执政、依法治军、依法办事等法治实施各个方面的理论；(3)法治国家、法治政府、法治社会、法治经济、法治政治、法治文化等法治发展各个领域的理论；(4)执政党在宪法和法律范围内活动，领导立法、保证执法、支持司法、带头守法等依规治党和依法执政的理论；(5)关于法治运行实施的一般规律、特点、机制、行为、方式等的基本理论。

**四是中国特色社会主义法治的相关关系理论。**涉及法治存在发展的外部关系，涉及法治与若干因素的相互作用、彼此影响、共同存在等现象及其内容，主要包括七个方面的关系：(1)中国特色社会主义法治与中国特色社会主义、中国特色社会主义道路、中国特色社会主义理论、中国特色社会主义制度、全面深化改革、全面从严治党、全面建成小康社会、实现中华民族伟大复兴中国梦的关系；(2)中国特色社会主义法治与社会主义市场经济、民主政治、和谐社会、先进文化和生态文明的关系；(3)中国特色社会主义法治与道德、纪律、政策、党内法规、习俗、乡规民约、社会自治规范等其他社会规范的关系；(4)中国特色社会主义法治与民主、自由、人权、平等、公正、安全、秩序、尊严、和谐、权威、平安、幸福等的关系；(5)中国特色社会主义法治与促进发展、维护稳定、构建秩序、化解矛盾、解决纠纷等的关系；(6)中国特色社会主义法治与政党、宗教、以德治国、依规治党、国家治理现代化、良法善治等的关系；(7)中国特色社会主义法治与人类法治文明、西方法学理论、中华法系文明、国际法治理论、全球化法治进程等的关系。

## 三、坚持和发展中国特色社会主义法治理论意义重大

中国特色社会主义法治理论是服务和支持中国特色社会主义法治道路和中国特色社会主义法治体系的直接理论依据，是引领和指导全面推进依法治国、加快建设社会主义法治国家的科学理论体系，是中国特色社会主义法治话语权的重要体现，是构建国家法治软实力、硬实力和巧实力的重要学理支撑。坚持和发展中国特色社会主义法治理论，构建中国特色社会主义法治理论体系，具有十分重要的理论价值和实践意义。

**其一，中国特色社会主义法治理论深刻回答了我国法治建设和全面推进依法治国的性质和方向的重大问题。**我国的法治和依法治国，是人民在党的领导下，依照宪法和法律管理国家和社会事务，管理经济和文化事业，从政治、经济、文化和社会等各个方面实现人民当家作主，保证政治文明、经济发展、社会稳定和国家长治久安的中国特色社会主义法治。坚持走中国特色社会主义法治道路，建设中国特色社会主义法治体系，始终不渝地坚持全面推进依法治国事业的社会主义性质和正确方向，始终不渝地坚持中国共产党对中国特色社会主义法治建设和依法治国的政治领导、组织领导和思想领导，把党的领导贯彻到依法治国的全过程和各方面，是中国特色社会主义法治理论的内在要求和本质特征，也是中国特色社会主义法治理论的时代使命和理论品格。

**其二，中国特色社会主义法治理论深刻回答了我国法治建设和全面推进依法治国走什么道路的重大问题。**习近平总书记指出，道路问题是最根本的问题。道路决定命运，道路决定前途。中国特色社会主义法治理论，从理论与实践的结合上回答了我国法治体系的根本性质，指明了我国法治的前进方向，标识了我国法治发展的基本道路，保证我国法治建设沿着正确方向和道路顺利前进。我国的法治体系建设和依法治国事业，是在中国共产党的领导下，从中国国情和实际出发，立足于社会主义初级阶段，具有中国风格、中国气派和中国特色的社会主义法治。我们建设的是中国特色社会主义法治体系，而绝不照搬照抄西方国家的法治理论和法治体系；我们走的是一条坚持中国共产党领导、人民当家作主、依法治国有机统一的中国特色社会主义法治道路，而绝不照搬照抄西方的宪政制度和法治模式。

**其三，中国特色社会主义法治理论深刻回答了我国法治建设和全面推进依法治国的总目标、指导思想、基本原则、主要任务等重大理论和实践问题。**《决定》对中国特色社会主义法治道路、中国特色社会主义法治体系、中国特色社会主义法治文化等依法治国的重大理论命题进行科学界定和阐释。坚持中国特色社会主义法治理论，有利于自觉坚持党的领导、坚持人民主体地位、坚持法律面前人人平等、坚持依法治国与以德治国相结合、坚持从中国实际出发全面推进依法治国等基本原则，有利于正确理解和处理依法治国与坚持党的领导、法治与德治、依法治国与全面深化改革、依法治国与依法执政、依宪治国与依宪执政、从国情出发与学习借鉴等重大关系，为全面推进依法治国、建设中国特色社会主义法治体系、建设社会主义法治国家提供科学的理论指导和强有力的学理支撑，不断引领和推动依法治国的理论创新、制度创新和实践创新，努力开创中国特色社会主义法治建设的新局面。

（作者：中国社科院学部委员、法学研究所所长，中国法学会副会长）

# 坚定不移走中国特色社会主义法治道路

汪永清

道路问题关系全局，决定成败。党的十八届四中全会通过的《中共中央关于全面推进依法治国若干重大问题的决定》（以下简称《决定》）向国内外明确宣示，我们要坚定不移走中国特色社会主义法治道路。习近平总书记指出："中国特色社会主义法治道路，是社会主义法治建设成就和经验的集中体现，是建设社会主义法治国家的唯一正确道路。"在实现中华民族伟大复兴的历史进程中，我们必须厉行法治，坚定不移走中国特色社会主义法治道路，同时又必须把人类法治文明发展的一般规律创造性地运用于我国社会主义法治国家建设的伟大实践，以创造更高水平的法治文明。学习贯彻党的十八届四中全会精神，最重要的就是要在坚持和拓展中国特色社会主义法治道路上增强自信、保持定力。

中国特色社会主义法治道路的核心要义，是坚持中国共产党的领导，坚持中国特色社会主义制度，贯彻中国特色社会主义法治理论。党的领导是中国特色社会主义最本质的特征，是社会主义法治最根本的保证；中国特色社会主义制度是中国特色社会主义法治体系的根本制度基础，是全面推进依法治国的根本制度保障；中国特色社会主义法治理论是中国特色社会主义法治体系的理论指导和学理支撑，是全面推进依法治国的行动指南。这三个方面规定和确保了建设中国特色社会主义法治体系、建设社会主义法治国家的制度属性和前进方向。

**坚定不移走中国特色社会主义法治道路，是由我国社会主义制度决定的。**法律制度与政治制度紧密相连，有什么样的政治制度，就必须实行与之相适应的法律制度。坚定不移走中国特色社会主义法治道路，是坚持和发展中国特色社会主义制度的必然要求，是中国特色社会主义道路在法治建设领域的具体体现。

**坚定不移走中国特色社会主义法治道路，是由我国基本国情决定的。**由于历史、文化等方面差别，没有任何国家的法治道路是完全相同的。凡是法治搞得比较成功的国家，无一不是创造性地把本国国情和法治规律结合起来。中国特色社会主义法治道路，植根于我国社会主义初级阶段的基本国情，生发于我国改革开放和社会主义现代化建设的具体实践，是具有中国特色、实践特色、时代特色，富于民族性、开放性、包容性的法治道路。

**坚定不移走中国特色社会主义法治道路，是我们党深刻总结社会主义法治建设经验教训得出的根本结论。**新中国成立初期，我们党积极运用新民主主义革命时期根据地法制建设的成功经验，抓紧建设社会主义法治，初步奠定了社会主义法治的基础。后来，党在指导思想上发生"左"的错误，我国法制建设走了弯路，特别是"文化大革命"十年内乱，社会主义法制遭到严重破坏，付出了沉重代价。党的十一届三中全会以来，我们党把依法治国确定为党领导人民治理国家的基本方略，把依法执政确定为党治国理政的基本方式，开辟了中国特色社会主义法治道路。

坚持和拓展中国特色社会主义法治道路是一个深入探索和不断实践的过程，但基本的东西必须长期坚持，不能动摇。动摇了，就会迷失方向、失去特色，路就会走错。学习贯彻党的十八届四中全会精神，坚定不移走中国特色社会主义法治道路，必须做到"五个坚持"。

**——坚持中国共产党的领导。**党和法治的关系是法治建设的核心问题。我国宪法确立了中国共产党的领导地位，这是历史的选择、人民的选择。坚持党的领导，是社会主义法治的根本要求，是全面推进依法治国的题中应有之义。党的领导和社会主义法治是一致的。一方面，社会主义法治必须坚持党的领导。只有在党的领导下厉行法治，人民当家作主才能充分实现，国家和社会生活法治化才能有序推进。只有在党的领导下，宪法法律才能更好地反映人民意志、符合客观规律、解决实际问题。同时，党自身在宪法法律范围内活动，党员干部带头依法办事，宪法法律的实施才能够得到切实保证。另一方面，党的领导必须依靠社会主义法治。我们党要保证国家统一、法制统一、政令统一、市场统一，实现经济发展、政治清明、文化昌盛、社会公正、生态良好，必须秉持法律这个准绳、用好法治这个方式，更好发挥法治的引领和规范作用。只有依靠社会主义法治，才能使党的主张通过法定程序成为国家意志，为巩固党的执政地位，为国家兴旺发达和长治久安提供法治保障。

坚持党的领导，不是一句空的口号，必须具体体现在党领导立法、保证执法、支持司法、带头守法上。我们党通过65年来治国理政的探索实践，找到了党领导依法治国的有效方法。这就是《决定》所总结的“三统一”、“四善于”：把依法治国基本方略同依法执政基本方式统一起来，把党总揽全局、协调各方同人大、政府、政协、审判机关、检察机关依法依章程履行职能、开展工作统一起来，把党领导人民制定和实施宪法法律同党坚持在宪法法律范围内活动统一起来；善于使党的主张通过法定程序成为国家意志，善于使党组织推荐的人选通过法定程序成为国家政权机关的领导人员，善于通过国家政权机关实施党对国家和社会的领导，善于运用民主集中制原则维护中央权威、维护全党全国团结统一。“三统一”、“四善于”，富于政治智慧、法治思维，既符合法治规律，也符合中国实际。只有把这些要求落实好，才能够很好地实现党的领导、人民当家作主、依法治国有机统一。

在全面推进依法治国中坚持党的领导，既要求党依据宪法法律治国理政，又要求党依据党内法规管党治党。邓小平同志1978年曾指出：“国要有国法，党要有党规党法。党章是最根本的党规党法。没有党规党法，国法就很难保障。”《决定》提出，党规党纪严于国家法律。这里的“严”，不是指党规党纪比国家法律处罚严，也不是指党规党纪比国家法律效力高，而是指它的标准和要求更严。公民有履行法律的义务，而共产党员除了有履行法律的义务，还要遵守党规党纪，承担履行法律和党规党纪规定的双重义务。我们党是执政党，国家权力大都掌握在党员干部手中，用党规党纪规范和约束党员干部手中的权力，实际上是在用法律约束权力的同时又增加了一道约束，有助于更好地把权力关进制度的笼子。从这一意义上讲，党规党纪既是管党治党的重要依据，也是建设社会主义法治国家的有力保障。

**——坚持人民主体地位。**《决定》指出：“人民是依法治国的主体和力量源泉”。我国社会主义制度保证了人民当家作主的主体地位，同时保证了人民在全面推进依法治国中的主体地位。这是我们的制度优势，也是中国特色社会主义法治区别于其他国家法治的根本所在。

坚持人民主体地位，就是要把体现人民利益、反映人民意愿、维护人民权益、增进人民福祉落实到依法治国全过程，使法治建设真正做到为了人民、依靠人民、造福人民、保护人民。在我国，人民不是法律的被动接受者，而是法律的制定者、实践者，是法律的主人。立法、执法、司法都要以保障人民根本权益为出发点和落脚点，保证人民依法享有广泛的权利和自由、承担应尽的义务，维护社会公平正义，促进共同富裕。保证人民在党的领导下，依照法律规定，通过各种途径和形式管理国家事务，管理经济文化事业，管理社会事务。同时，要让人民认识到法律既是保障自身权利的有力武器，更是必须遵守的行为规范，增强全社会学法尊法守法用法意识，使法律为全体人民所掌握、所遵守、所运用。

**——坚持法律面前人人平等。**“上下贵贱皆从法”、“不别亲疏，不殊贵贱，一断于法”，这是古今法治通则。平等是社会主义法律的基本属性，是社会主义法治的基本要求。

坚持法律面前人人平等，是我国宪法确定的重要原则，是维护社会公平正义的内在要求。实现社会公平正义是我们党的一贯主张。法治是维护社会公平正义最重要的手段和最有效的方式。法治不仅要求完备的法律规范体系、高效的法治实施体系、严密的法治监督体系、有力的法治保障体系，更要求公平正义在立法、执法、司法各环节得到维护和实现。老百姓讲“一碗水端平”，如果不端平、端不平，久而久之，人民群众对法治就会失去信心。《决定》提出，任何组织和个人都必须尊重宪法法律权威，都必须在宪法法律范围内活动，都必须依照宪法法律行使权力或权利、履行职责或义务，都不得有超越宪法法律的特权。这是对法律面前人人平等含义的完整诠释，既突出了制约权力这一重点，也重申了平等守法的原则。

坚持法律面前人人平等，本质是权利平等、义务平等。在我国，一切权力都来自于人民，是由体现人民意志的法律赋予的。这一性质也决定了权力的行使必须按照法定权限和程序进行。法治就是通过设定权力行使的边界，将权力运行公开，对权力设定监督，明确权力相应责任，以确保权力运行符合人民的期待。现在，有的党员干部仍然存在人治思想和长官意识，认为依法办事条条框框多、束缚手脚，凡事都要自己说了算，无视法律的存在。这种现象不改变，依法治国就难以真正落实。全面推进依法治国，就是要抓住领导干部这个“关键少数”，以规范和约束权力为重点，加大监督力度，坚决纠正有法不依、执法不严、违法不究行为。各级领导干部和国家公职人员对法律要始终怀有敬畏之心，牢记法律红线不能触碰、法律底线不可逾越，不能在法外行使权力，更不能以言代法、以权压法、徇私枉法。不管什么人，不管涉及谁，只要违反法律就要依法追究责任，不允许出现执法和司法的“空挡”。

**——坚持依法治国和以德治国相结合。**《决定》指出：“国家和社会治理需要法律和道德共同发挥作用。”法律是成文的道德，承载着社会的价值理想和共同追求；道德是内心的法律，守护着人类良心和自律的价值。没有道德的法律难成良法，没有法律推行的道德难成善治。法律和道德都具有规范社会行为、维护社会秩序的作用。纵观历史，“礼法合治，德主刑辅”，是我国古代治国理政的精髓。依法治国和以德治国相结合的治国之道，是中国创造。依法治国和以德治国在国家和社会治理中各自起着独特的、不可替代的作用，法律调整行为、道德调整内心，只有两者紧密结合、相辅相成，国家才能治理有序，社会才能健康运行。

一方面，要以法治体现道德理念、强化法律对道德建设的促进作用。要通过法律对人的行为的指引、评价、教育、预测、惩罚功能，促进和褒奖人的高尚的道德行为。要发挥法治在解决道德领域突出问题中的作用，依法加大对见危不扶、见利忘义、制假售假等行为的整治力度，引导人们自觉履行法定义务、社会责任、家庭责任。要加强社会诚信建设，健全公民和组织守法信用记录机制，完善守法诚信褒奖机制和违法失信行为惩戒机制，用法律保证政府诚信、社会诚信、商业诚信、司法公信。

另一方面，要以道德滋养法治精神、强化道德对法治文化的支撑作用。法律的价值取向要契合道德的价值取向，只有这样，法律才能为公众所认同，法律的要求才能内化为人们的自觉行动。要大力弘扬社会主义核心价值观，弘扬中华传统美德，培育社会公德、职业道德、家庭美德、个人品德，增强法治的道德底蕴，强化规则意识，倡导契约精神，为依法治国创造良好的人文环境。法律的制定修改要充分考虑道德因素和道德风险，对有违道德要求的法律要及时废止或修改，确保中国特色社会主义法律体系更加彰显道德的价值和力量。要准确把握法律规范所体现的价值取向，确保法律的实施不违背立法宗旨、不偏离道德取向。

需要说明的是，坚持依法治国和以德治国相结合，不是说二者可以并列、地位相同，而是强调在依法治国这个基本方略的基础上，更好地发挥道德在全面推进依法治国中的作用。

**——坚持从中国实际出发。**走什么样的法治道路、建设什么样的法治体系，归根到底是由一个国家的基本国情决定的。中国有不同于别国的历史文化传统、地理资源禀赋、独特的发展阶段、自成一体的行为习惯和思维方式。全面推进依法治国，就要从这些实际出发，既不能罔顾国情、超越阶段，也不能因循守旧、墨守成规。

坚持从实际出发，就是要突出中国特色、实践特色、时代特色。我们要总结和运用党领导人民实行法治的成功经验，围绕社会主义法治建设重大理论和实践问题，不断丰富和发展符合中国实际、具有中国特色、体现社会发展规律的社会主义法治理论，为依法治国提供理论指导和学理支撑。

我国春秋战国时期就有了自成体系的成文法典，秦代形成全国统一的法律，汉律开始礼法结合，唐律成为世界上封建时期法典的最高代表，以其为基础形成了在世界几大法系中独树一帜的中华法系。我们要研究我国古代法制的成败得失，挖掘和传承中华法律文化精华，汲取营养、择善而用。延安时期，毛泽东同志与谢觉哉同志讨论边区宪法时曾说过：宪法必须请边区同志多研究，多提意见，成为边区自己的东西，要冒出泉水才有用，泼的水是无用的。外来同志尽泼水之力是需要，但必待它自己冒出泉水。这揭示了法治建设必须从实际出发，走自己的路的深刻道理。

当然，坚持从我国实际出发，不等于关起门来搞法治。法治是人类文明的重要成果之一，法治的要旨对于各国的国家和社会治理具有普遍意义，我们要学习借鉴世界上优秀的法治文明成果。但是，学习借鉴不等于是简单的拿来主义，必须坚持以我为主、为我所用，认真鉴别、合理吸收，不能照搬照抄，不能用别国的法治模式、法治标准来衡量我国法治的成败得失。

全面推进依法治国是一场广泛而深刻的革命，前进道路上会遇到这样那样的风险挑战。只要我们坚定不移走中国特色社会主义法治道路，不为任何风险所惧，不被任何干扰所惑，就一定能建成法治中国，实现中华民族伟大复兴的中国梦。

（作者：中央政法委秘书长）

# 全面深化改革必须全面推进依法治国

穆　虹

党的十八大提出全面建成小康社会的奋斗目标,并作出全面深化改革、全面推进依法治国的战略部署。党的十八届三中全会指出,全面深化改革的总目标是完善和发展中国特色社会主义制度、推进国家治理体系和治理能力现代化,并将推进法治中国建设作为全面深化改革的重要任务。党的十八届四中全会指出,全面推进依法治国的总目标是建设中国特色社会主义法治体系,建设社会主义法治国家。全面深化改革必须全面推进依法治国。可见,全面深化改革和全面推进依法治国是目标方向一致、相辅相成、并行不悖的,党的十八届三中全会决定和四中全会决定是贯彻落实党的十八大战略部署的姊妹篇。

通过全面深化改革,推进体制机制创新,进一步解放和发展生产力,促进社会公平正义,可以为建设中国特色社会主义法治体系创造条件;通过全面推进依法治国,确保改革沿着法治轨道有序推进,及时巩固、发展改革成果,可以为推进国家治理体系和治理能力现代化提供有力的法治保障。

## 一、全面深化改革,必须自觉运用法治思维和方式,坚持重大改革于法有据

党的十八届四中全会强调依法治国是党领导人民治理国家的基本方略,依法执政是党治国理政的基本方式。当前,我国正处于全面建成小康社会的决定性阶段,全面深化改革进入攻坚期和深水区,改革发展稳定任务之重前所未有,迫切需要更好发挥法治的引领和规范作用,确保在法治轨道上推进改革,使改革蹄疾而步稳,既生机勃勃又井然有序。习近平总书记提出的凡属重大改革都要于法有据,是正确处理改革与法治关系的基本原则。立法也要主动适应改革和经济社会发展需要。

**坚持改革决策与立法决策紧密结合。**这是我们党在20世纪90年代初期提出来的,全国人大随后将其作为一条重要立法原则,其基本含义是:把国家的立法决策、立法规划、立法项目、立法草案等与执政党的改革决策紧密结合起来,使党的主张通过法定程序成为国家意志,把改革实践证明行之有效的,及时上升为法律。对于执政党的改革决策来说,遵循宪法精神,就是要使改革决策有利于维护党的领导、有利于维护中国特色社会主义制度、有利于维护最广大人民的根本利益。坚持改革决策与立法决策紧密结合,在全面深化改革总体框架内全面推进依法治国各项工作,可以保证法治建设不偏离正确方向,推进改革不偏离法治轨道。

**坚持“破”与“立”的辩证统一。**一是处理好深化改革与现行法律的关系。中国特色社会主义法律体系形成以后,国家和社会生活的各个方面总体上已经有法可依。全面深化改革,首先要求坚持依法推进,把现行法律执行好、实施好。坚持在宪法和法律框架内进行改革,充分利用宪法和法律提供的制度空间和条件,大胆探索和创新。二是要在改革进程中,针对法治建设还存在的不适应、不符合问题,实事求是、与时俱进地分类做好相关法律立改废工作。需要修改法律的应当先修改法律,先修后改;需要通过法律解释来解决问题的应当及时释法,先释后改;需要废止的

法律要依法废止,先废后改;需要新制定法律的要及时列入立法计划,深入调研论证,广泛征求意见,履行立法程序,先立后改。三是对立改废条件不成熟而改革实践又迫切需要的,要按照法定程序作出特别授权的方式进行先行先试。这就需要立法部门密切关注改革实践,使立改废工作同改革开放不断深化相适应。各项改革牵头部门要与立法部门主动衔接,相向而行、同步推进。

**坚持按照法治方式推进改革。**坚持重大改革于法有据,不仅要求改革决策必须遵循宪法精神和法治原则,还要坚持改革过程依法办事、遵守法定程序、维护正当权益,把法治方式作为推进改革的行为准则。在改革实施过程中,自觉践行法治原则,自觉维护法律尊严,不让部门利益和地方保护主义、利益集团或个人意志干扰影响改革举措的落实,这是对操作执行层面的基本要求。通过严格执行法律法规来规范改革者的行为,让各项改革沿着法治轨道推进,才能提高全社会对改革的公信度和参与度,使改革获得广大人民的支持。

## 二、全面深化改革,必须坚持依法行政,致力于推进国家治理体系和治理能力现代化

完善和发展中国特色社会主义制度,推进国家治理体系和治理能力现代化是全面深化改革的总目标,全面推进依法治国则是实现这一目标的必然要求和重要保障。党的十八届四中全会提出,深入推进依法行政,加快建设法治政府。政府既是行政执法的主体,又是改革的实施者和执行者。依法行政不仅关系依法治国能否实现,也关乎改革的成败。

**用法律授权明确界定政府职能,是全面深化改革的基本要求。**"法定职责必须为,法无授权不可为"是法治政府管理经济社会事务的基本准则。全面深化改革的大多数任务,都涉及政府职责和行政方式的重大调整。2013 年以来,新一届中央政府开始了以"清权、减权、制权"为核心内容的行政管理体制改革,探索实行负面清单管理,清单之外的审批一律取消,是在转变政府职能方面的一项重要举措。随着改革的深入推进,政府如何正确履行保持宏观经济稳定,提供优质公共服务,保障公平竞争,加强市场监管,维护市场秩序,推动可持续发展,促进共同富裕,弥补市场失灵的职能,一个重要的前提就是通过完善立法科学界定政府与市场、市场主体之间的关系,及时作出法律授权和调整,使政府不越位、不缺位,把权力关进制度的笼子。

**通过严格执法正确履行政府职能,是全面深化改革的必要条件。**行政执法是行政机关履行政府职能的重要方式,我国大约 80% 的法律、90% 的地方性法规和几乎所有的行政法规都是由行政机关执行的,很多改革任务也是借助行政执法方式实现的。严格、规范、公正、文明执法,有利于增强社会对政府管理能力的信心,增强对改革的信心。当前,有法不依、执法不严、违法不究现象比较严重,人民群众反映强烈,也是深化改革需要特别注意和着力解决的问题。建设法治政府需要改革行政执法体制,推行综合执法,整合执法主体,提高执法效率。需要完善行政执法程序和方法,制定并公开执法依据、裁量标准和操作流程。需要严格行政执法人员管理,健全激励约束机制,强化法律制约和监督。这些工作既是建设法治政府的重要内容,也是深化政治体制改革的题中之义。

**推进依法行政提高治理能力和治理水平,是全面深化改革的主要目标。**政府履行职责需要通过法律方式明确权责、方式和程序,同时也要依靠法律的权威性、规范性、强制性提高行政能力和效率。一方面,要简政放权,用法律法规取代和减少"红头文件",消灭模糊地带和减少自由裁量权,避免人为干扰和随意性,这是解决以权代法、降低行政成本、提高效能和预防腐败的治本之举。另一方面,依靠法律法规来保障行政行为规范化、公开化、法治化,促进治理体系和治理能力的现代化。

## 三、全面深化改革，必须坚持公正司法，让改革中各种利益关系的调整获得应有的法律保障

公正司法在维护社会稳定、平衡社会利益、调节社会关系、实现社会公平正义等方面具有无可替代的作用。促进和保证公正司法是全面深化改革的重要内容之一。改革中涉及的各方权益需要得到公正司法的保护，改革对利益关系的影响很多时候也是通过具体的司法案例传递到社会和个人。党的十八届四中全会鲜明提出保证公正司法，提高司法公信力的任务。

**全面深化改革，把促进公正司法作为司法体制改革的主要任务。**定分止争是司法的基本功能之一。受现行司法体制自身缺陷和传统观念等因素影响，"人情大于法"、"明规则不如潜规则"等深深影响着人们的价值取向，遇事"托熟人、找关系、钻空子"的不良风气削弱了司法的公信力和效力。党的十八届四中全会《决定》明确提出，必须完善司法管理体制和司法权力运行机制，规范司法行为，加强对司法活动的监督，努力让人民群众在每一个司法案件中感受到公平正义。中央已批准出台的深化司法体制改革的意见，明确把确保依法独立公正行使审判权、检察权、保障人民群众参与司法、加强人权司法保障机制、加强对司法活动的监督等，作为深化司法体制改革的主要任务。

**全面深化改革，要坚定维护公正司法守住社会公平正义的底线。**促进社会公平正义、增进人民福祉是全面深化改革的出发点和落脚点。公正司法是维护社会公平正义的最后一道防线，司法公正对社会公正具有重要引领作用，司法不公对社会公正具有致命破坏作用。守好这道防线，核心是增强司法的公信力，让受到侵害的权利得到保护和救济，让违法犯罪活动受到制裁和惩罚。要通过深化改革推动司法机关依法独立行使审判权和检察权，推进审判公开、检务公开，加强对司法行为的内外部监督，提高司法公信力和权威。司法体制改革落实到位了，公平正义的底线才守得住。

**全面深化改革，要通过落实公正司法保护好各方合法权益。**全面深化改革，意味着社会经济关系发生深刻变化，利益格局发生深刻调整。在改革过程中，社会利益如何平衡？新的利益关系怎样维系？合法权益谁来保护？都需要司法改革同步跟进。从经济领域看，围绕使市场在资源配置中起决定性作用和更好发挥政府作用，基本经济制度、现代市场体系、转变政府职能等改革举措正在相继推出，亟待完善与经济活动和市场交易相关的法律规范，特别是民事、商事法律规范，并同步完善司法手段，才能及时有效地保护改革中各利益主体的合法权益。例如设立知识产权法院等改革方案的出台，就是在这方面进行的创新。从社会领域看，随着人民群众的公平意识、民主意识、维权意识不断增强和社会管理体制机制的变革，要加快推进完善人权司法保障制度，把群众合理合法的利益诉求解决好。今年以来，继废除劳教制度后，又推出了社区矫正制度、国家司法救助制度、法律援助制度等改革举措，都是为维护人权所开展的新的司法实践。把改革相关方的利益平衡好、合法权益维护好，各类利益纷争能够通过正当合法渠道得以有序化解，改革才会得以顺利推进。

## 四、全面深化改革，必须增强全民法治观念，使改革在良好的法治氛围中推进

广大人民群众是改革的主体，也是依法治国的主体。改革实施不仅要求国家机关和公职人员依法办事，更需要每个社会组织和个人自觉维护、捍卫和践行社会主义法治。增强全民法治观念，形成自觉守法、遇事找法、解决问题靠法、化解矛盾用法的良好社会环境，是改革顺利推进的重要保障。党的十八届四中全会提出增强全民法治观念、推进法治社会建设的任务。

**加强宣传教育，营造全民学法知法的氛围，夯实全面深化改革的社会基础。**建立法治社会

首先要让每个公民了解法的存在、掌握法律知识。要充分利用国民教育体系、全民普法活动和新闻、文艺等方式，宣传增强对全面依法治国重要性的认识，提高全社会依法推进改革、保护合法权益、维护社会稳定的意识。特别是随着改革不断深化，必然涉及利益关系调整及相关法律的修改完善，应及时做好宣传解读和舆论引导工作，让广大群众第一时间知晓，引导干部群众自觉投身改革，正确理解改革，积极支持改革。

**树立守法意识，倡导全民守法的社会风尚，为全面深化改革营造良好的法治环境。**全民守法是改革实施必需的法治环境。要增强全民法治观念，共同维护宪法法律权威，法律既是公民保障自身权利的武器，也是必须遵守的行为规范，形成公民权利义务对等的法治理念。要把严守契约、尊重规则、诚实守信、公序良俗作为公民道德教育的内容。要破除“法不责众”、“法外施恩”等错误观念，任何人都必须依照宪法法律行使权利、履行义务，人人守法才能实现社会和谐。

**增强用法理念，形成全民用法的行为方式，为全面深化改革创造可持续的法治条件。**当每个公民都自觉地把法律作为规范自身活动的基本行为准则、用法律方式维护自身权益时，改革才能步入真正良性运行的轨道。在推进改革中，肯定会遇到一些涉法的问题，要引导群众有问题循法律途径来解决，使群众相信只要是合法的诉求，通过法律程序就能得到合法的结果。各级党员领导干部和公职人员率先垂范是必不可少的，自觉提高运用法治思维和法治方式的能力，坚定维护国家法制统一、尊严和权威。

党的十八届三中全会提出336项重要改革举措，四中全会又提出依法治国的180多项重要改革举措，需要纳入改革总台账，一体部署、一体落实、一体督办。社会主义市场经济本质上是法治经济，社会主义和谐社会必定是法治社会，社会主义现代化国家必然是法治国家。全面推进依法治国和全面深化改革，两者有机结合，互相促进，推动国家治理走向长治久安。用法治的思维和方式推进改革，用改革成果丰富法治的内涵，中国特色社会主义道路必将越走越广阔，步伐越来越稳健。

（作者：中央改革办常务副主任，国家发展和改革委员会副主任）

# 认清我国依宪治国、依宪执政与西方宪政的本质区别

梁　鹰

党的十八届四中全会强调，“坚持依法治国首先要坚持依宪治国，坚持依法执政首先要坚持依宪执政。”这一重要论断，对依法治国与依宪治国、依法执政与依宪执政的关系作出明确阐释，体现了我们党对宪法尊严和权威的维护，是党领导人民长期探索治国理政之道的经验总结，我们要深刻领会、全面把握。

## 一、充分运用宪法治国理政，是中国共产党执政的基本方式

宪法是党和人民意志的集中体现，是通过科学民主程序制定的根本法，是治国安邦的总章程。我国宪法以国家根本法的形式，确立了中国特色社会主义道路、中国特色社会主义理论体系、中国特色社会主义制度的发展成果，反映了我国各族人民的共同意志和根本利益，成为党和国家中心工作、基本原则、重大方针、重要政策在国家法制上的最高体现。宪法还明确规定了国家的根本制度和基本制度，规定了人民的根本政治地位和各项基本权利，规划和构建了中华人民共和国的经济秩序、政治秩序、社会秩序和法律秩序。

宪法作为国家的根本法，具有一般法律所不具备的重要功能：一是调整和规范人民与国家政权之间的关系，为人民当家作主提供根本法律保障。二是调整和规范国家公权力机关之间的关系，保证公权力的有效行使，防止公权力的滥用和腐败。三是调整和规范中央与地方之间的关系，充分调动两个积极性。四是调整和规范公民和国家、政府、社会之间的关系，实现公民权利与义务的统一。

宪法在中国特色社会主义法律体系中居于统帅和核心地位，具有最高法律效力和法律权威。依法治国，首先要做到依宪治国；实现国家各项工作法治化，首先要贯彻落实宪法的各项原则和制度；树立法治思维，首先要树立宪法思维。习近平总书记强调指出，全面贯彻实施宪法，是建设社会主义法治国家的首要任务和基础性工作。维护宪法权威，就是维护党和人民共同意志的权威。捍卫宪法尊严，就是捍卫党和人民共同意志的尊严。保证宪法实施，就是保证人民根本利益的实现。

依法执政是新的历史条件下我们党执政的基本方式。实现依法执政，关键是坚持依宪执政。这是因为，执政党行使的执政权本质上是一种依宪行使的政治领导权和政治决策权，中国共产党的执政行为是具有宪法意义的政治行为。依法执政所实施的、对重大方针政策和事项的决策和领导，需要宪法的制度依据和保障。坚持依宪执政，就是党在宪法和法律范围内领导人民治国理政，实现共产党执政的各项政策和目标。我们要深刻理解宪法是党的执政地位和执政活动最具权威性的根本依据，党的执政行为必须表现为依宪办事。

坚持依宪治国、依宪执政，就是我们党领导人民制定宪法和法律，使党的主张通过法定程序成为国家意志，充分体现党的领导、人民当家作主、依法治国有机统一；就是坚持宪法确立的社会主义民主政治制度，保证人民依照宪法和法律规定，通过各种途径和形式，管理国家事务，管理经济和文化事业，管理社会事务，实现社会主义民主制度化、法律化。宪法作为国家根本法，是党和人民意志的集中体现，是党的主张的最高法制体现。坚持依宪治国、依宪执政，

就是按照集中了最广大人民意志的党的根本主张来治国、来执政。

## 二、我国依宪治国、依宪执政与西方宪政的本质区别

**首先，制度基础不同。**法治作为上层建筑，建立于经济基础之上，其性质根本上取决于经济基础的性质，取决于国家政治制度和经济制度的性质。西方宪政建立在资本主义宪法基础上，本质上是资产阶级统治的工具，是以保护个人基本权利的名义，保障资产阶级财产权神圣不可侵犯，从而确保资产阶级在国家经济、政治生活中的统治地位。西方宪政尽管标榜“主权在民”，实际上却是金钱主导选举和决策，资本家及其利益集团的代言人掌管政权，国家政策的制定和实施主要为资产阶级服务。我国宪法庄严宣告，中华人民共和国是工人阶级领导的、以工农联盟为基础的人民民主专政的社会主义国家。我国社会主义经济制度的基础是生产资料的社会主义公有制。我们党依据这样的宪法治国理政，出发点和落脚点都是实现好、维护好、发展好最广大人民的根本利益，实现国家富强、民族振兴、人民幸福的中华民族伟大复兴中国梦。

**其次，领导力量不同。**表面上看，西方宪政民主通过每隔几年的选举，让不同政党轮流执政，实现各自执政理念和主张。其实，无论两党制还是多党制或其他形式，资产阶级政党在本质上并无实质区别，都是资本和资产阶级利益的代言人，他们都是极力通过竞选、大选谋取议席来控制国家机器，以实现自身利益最大化。中国特色社会主义法治最基本的特征，就是旗帜鲜明地坚持中国共产党的领导。我国宪法以根本法的形式反映了党带领人民进行革命、建设、改革取得的成果，确立了在历史和人民选择中形成的中国共产党的领导地位，庄严宣告我国的政党制度是“中国共产党领导的多党合作和政治协商制度”，从根本上解决了党的领导与社会主义法治的关系问题。根据宪法，工人阶级是我国的领导阶级，中国共产党是中国工人阶级的先锋队，工人阶级的领导主要通过党的领导来实现。党的领导是社会主义法治最根本的保证。全面推进依法治国是国家治理领域一场广泛而深刻的革命，只有在党的坚强领导下，才能最大程度地发挥强大的组织动员能力，凝聚起全社会的共识和力量，这是我国独特的制度优势。离开党的领导，社会主义法治建设就会偏离正确方向。苏联东欧社会主义国家取消宪法中关于共产党领导地位的规定，导致亡党亡国的惨痛教训，我们决不能忘却。

是否坚持中国共产党的领导，是区分我国依宪治国、依宪执政与西方宪政的分水岭。依宪治国、依宪执政，是在坚持党的领导的前提下，通过尊重宪法权威、维护宪法尊严、推进宪法实施、加强宪法监督，实现党治国理政和管党治党的各项政策和目标。一些别有用心者故意把党和法对立起来，诘问“党大还是法大”，提出人民民主就应该是人民自己做自己的主，不需要由谁来领导。其目的是企图从“宪政”、“法治”问题上打开缺口，蛊惑人心，进而否定党的领导和社会主义制度，把中国引向邪路。对此，我们一定要有清醒的认识，要有战略思维和政治定力，善于明辨是非，自觉坚持党的领导，坚定不移走中国特色社会主义法治道路。

**第三，权力主体不同。**从表面上看，西方宪政民主依据“普遍平等”、“一人一票”原则进行的民主选举，体现了民主公平。但实际上，选举背后真正起决定作用的是各种资本力量、利益集团或少数精英群体力量，广大民众根本无法决定国家和社会生活重大事项，选票无法真正有效地反映选民意愿。我国宪法庄严宣告，中华人民共和国的一切权力属于人民。人民行使国家权力的机关是全国人民代表大会和地方各级人民代表大会。全国人民代表大会和地方各级人民代表大会都由民主选举产生，对人民负责，受人民监督，按照民主集中制原则，统一管理国家事务。广泛的民主性是人民代表大会制度的一大特色。人民依照宪法和法律的规定，

通过各种途径和形式，管理国家事务，管理经济和文化事业，管理社会事务。这样的制度安排，有利于保证人民当家作主，实现最广大人民的根本利益。

**第四，权力行使方式不同。**西方资本主义宪政民主实行“三权分立”，其主要功能就是基于宪法规定，通过立法权、司法权、行政权分权制衡方式来维护资本和资产阶级利益，维持资本主义统治。我国在权力结构上，实行的是人民代表大会制度。根据我国宪法，人民代表大会是国家权力机关，国家行政机关、审判机关、检察机关都由人民代表大会产生，对它负责，受它监督。可见，这是一种不同于横向平行模式的纵向权力结构模式，有利于形成治国理政的强大合力，切实防止出现相互掣肘、内耗严重的现象。这一制度正确处理了中央和地方的关系，确保国家权力掌握在人民手中，符合人民当家作主的宗旨，适合我国的国情。

**最后，具体历史条件不同。**马克思主义认为，民主是历史的、具体的。一个国家或民族要根据社会发展面临的主要任务和社会条件选择适合自己的民主形式。一个国家法治道路的选择，是由这个国家的历史传承、文化传统、经济社会发展以及最广大人民的根本利益追求等共同作用的结果。我们所坚持的依宪治国、依宪执政，是中国特色社会主义实践的产物，是基于中国国情，基于我国处于并将长期处于社会主义初级阶段的实际，总结中华文明5000年的历史经验和新中国60多年来的法治经验，同时学习借鉴世界上优秀的法治文明成果，而成功探索出的中国特色社会主义法治道路。实践证明，这种制度模式植根于中国土壤，适合中国民主法治发展，与全面推进依法治国各项要求相适应，具有旺盛的生命力。

## 三、进一步坚定道路自信、理论自信、制度自信

坚持党的领导、人民当家作主、依法治国有机统一，是我国政治制度区别于西方政治制度的本质特征。西方宪政民主发展到现在，弊端丛生，出现了许多问题。一方面，西方国家的三权分立、多党制和两院制，已将政党之间的政治角逐变成了党派间的利益博弈。在西方国家的宪政民主下，权力的相互制约已经异化为党派间的彼此扯皮和相互掣肘，严重影响了国家机器的运行效率。另一方面，选民只有投票的权利而没有广泛参与的权利，只有在投票时被唤醒、投票后就进入休眠期。号称最民主的美国，总统大选中的“钱权联姻”已是公开的秘密。德国学者哈贝马斯就尖锐指出，资本主义民主只是在形式上保障每一个公民拥有平等的机会使用他们的权利，而这种权利最后带来的结果，是一切人都拥有“在桥梁下睡觉”的平等的权利。鉴于西方宪政民主存在的先天价值缺陷，西方资本主义国家近年来也在探索协商民主、对话民主等新的民主形式，但都不能从根本上解决固有的矛盾和问题。

西方大肆宣扬三权分立、多党制、两院制是“普世价值”，强势输出宪政民主。对此，我们一定要清醒坚定，保持应有的道路自信、理论自信和制度自信。事实胜于雄辩。看看世界上一些西方直接或间接用武力扶植起来的所谓民主国家动荡不安、民不聊生的现状，看看那些盲目照搬西方宪政民主的国家服用西方药方后产生的水土不服、乱象丛生后遗症，再看看西方国家自身当下出现的一系列难以克服的经济和社会问题，不难得出这样一个结论：西方宪政民主非但不具有普适性，而且很可能还是携带各种致命病菌的病原体。反观中国，却是风景这边独好。现在，国际上越来越多的人对中国的认知更趋全面、客观、积极、深入，开始认同我们的制度优势。

我们要深刻认识依宪治国、依宪执政与西方宪政的本质区别，增强政治敏锐性和政治鉴别力，决不照搬外国法治理念和法治模式，坚定不移走中国特色社会主义法治道路，坚决维护宪法法律的权威和尊严。

（作者：全国人大常委会法制工作委员会研究室主任）

# 推进依法治国迈向历史新高度

马一德

党的十八届四中全会通过的《中共中央关于全面推进依法治国若干重大问题的决定》指出，依法治国是坚持和发展中国特色社会主义的本质要求和重要保障，是实现国家治理体系和治理能力现代化的必然要求。习近平总书记指出："全面推进依法治国是关系我们党执政兴国、关系人民幸福安康、关系党和国家长治久安的重大战略问题，是完善和发展中国特色社会主义制度、推进国家治理体系和治理能力现代化的重要方面。"党的十八届四中全会明确提出了关于依法治国的一系列新观点、新举措，回答了一系列重大理论和实践问题，必将有力推进依法治国迈向历史新高度。

## 一、坚定不移走中国特色社会主义法治道路

道路决定命运，方向引领未来。全面推进依法治国，必须走对路。全面推进依法治国，要立足我国国情，从实际出发，坚持走中国特色社会主义法治道路，既与时俱进、体现时代精神，又不照抄照搬别国模式。党的十八届四中全会决定贯穿全篇的红线，就是坚持和拓展中国特色社会主义法治道路。全面推进依法治国，切实推进各领域深化改革，必须坚持走中国特色社会主义道路，建设中国特色社会主义法治体系。世界上没有内涵和外延完全相同的法律制度，也没有意义和价值完全相同的法律条文。每个国家都有自己特定的政治文化背景和社会条件，同样的法律概念和条文，在不同的国家，其适用的环境和范围可能完全不同；同样的法治理念和原则，在不同的国家，其贯彻施行也会各具特点。如果背离了一国政治、经济、文化发展的实际，再好的模式和道路，也会如"南橘北枳"一样走样变形，必然会使民主和法治建设陷入困境和僵局。

中国特色社会主义法治道路，是我们在长期治国理政反复实践中探索出的一条道路，是吸收世界先进经验、立足中国历史经验和基本国情的选择。我们要坚定道路自信、理论自信和制度自信，坚持沿着中国特色社会主义法治道路前行，既不罔顾国情、背离历史，也不因循守旧、墨守成规，更不全面移植、照搬全抄。当前，中国特色社会主义法治建设仍有待于依法治国实践和社会主义法治理论的不断发展和完善，但是，必须坚定不移地走中国特色社会主义法治道路，必须长久坚持业已确立的基本原则：坚持中国共产党的领导，坚持人民主体地位，坚持法律面前人人平等，坚持依法治国和以德治国相结合，坚持从中国实际出发。

## 二、开创法治工作新格局

在全面建成小康社会进入决定性阶段的今天，依法治国肩负着前所未有的历史使命。习近平总书记强调：以宪法为最高法律规范，维护社会主义法制的统一和尊严，全面推进科学立法、严格执法、公正司法、全民守法进程，维护社会公平正义。全面推进依法治国，应当从当前法治基本格局出发，立法、执法、司法、守法多向度共同推进，开创科学立法、严格执法、公正司法、全民守法的法治工作新格局。

**科学立法，完善以宪法为核心的中国特色社会主义法律体系，加强宪法实施。**依法治国必须坚持立法在改革中的引领和推动作用。良法是善治之前提，全面推进依法治国，要深入推

进科学立法、民主立法，不断完善立法体制和程序，扩大公众有序参与，充分听取各方面意见，使立法准确反映各方利益需求，合乎规律、顺乎民意。同时，要突出重点领域立法，提高立法的针对性、及时性和系统性，实现立法和改革决策相衔接，做到重大改革于法有据、立法主动适应改革和经济社会发展需要。科学立法归根结底要依靠宪法效力予以评价和保障。宪法是党和人民意志的集中体现，是通过科学民主程序形成的根本法，坚持依法治国首先要坚持依宪治国，坚持依法执政首先要坚持依宪执政。

**依法行政，加快建设法治政府。**“天下之事，不难于立法，而难于法之必行。”习近平总书记指出：“如果有了法律而不实施、束之高阁，或者实施不力、做表面文章，那制定再多法律也无济于事。”全面推进依法治国，必须根治执法领域有法不依、执法不严、违法不究的问题，严惩以权压法、权钱交易、徇私枉法的现象。以法律为权力设定牢笼，不断推进机构、职能、权限、程序、责任法定化，保证依法决策、依法执行，真正做到“法立，有犯而必施；令出，唯行而不返。”

**公正司法，提升司法公信力。**公正是法治的生命线，纸面上的法律变成实践中的法律需要司法的转换，没有司法的保障，不可能有现实的法治。当前，司法公正性正遭受一定质疑，面临着公信力不足的危机，根本原因在于司法体制不完善、司法职权配置和权力运行机制不科学、人权司法保障制度不健全。重塑司法公信力亟需深化司法制度改革。一方面，要破除司法权独立行使的层层阻碍，健全司法人员履行法定职责保护机制，优化司法权力配置，加强司法活动责任制度，真正做到“让审理者裁判，由裁判者负责”。另一方面，要不断完善人权司法制度，构建开放、动态、透明、便民的阳光司法机制，真正让人民群众在每一个司法案件中都能感受到公平正义。

**全民守法，推进法治社会建设。**法律的权威源自人民的内心拥护和真诚信仰。当前，中国社会法律很多，法治效果却不甚理想，许多人“信访不信法”、“走关系”强于“走程序”，主要原因在于法律未得到信仰。法治社会需以全民守法为保障。促进全民守法，要以领导干部守法带动全民守法，不断完善法治宣传教育，在全社会树立尊崇法治的意识环境。同时，要建立多层次的法律治理体系，向全社会提供完备的法律服务，引导公民依法维权和化解纠纷，让法律成为人民群众触手可及而又切实有效的维权武器，逐步建立起全民对法律的尊重、信任乃至信仰。确保社会生活的每一个参与者、社会关系的所有领域都能够形成良好的守法意识，敬畏法治的权威，共同创造一个稳定和谐的法治社会。

## 三、加强法治工作队伍建设

习近平总书记在全国政法工作会议上指出：“要顺应人民群众对公共安全、司法公正、权益保障的新期待，全力推进平安中国、法治中国、过硬队伍建设。”古语曰：“得其人而不得其法，则事必不能行；得其法而不得其人，则法必不能济。人法兼资，而天下之治成。”良好的法律制度欲落地生根，必有赖于专业化团体进行解释、实施和续造，以维系其制度目标、延续其价值理念，充分释放制度效能。全面推进依法治国，必须建设一支忠于党、忠于国家、忠于人民、忠于法律的高素质法治工作队伍。

**对党、国家、人民和法律忠诚，是社会主义法治工作队伍的灵魂。**建设高素质法治工作队伍，必须把思想政治建设摆在首位，牢牢把握社会主义核心价值观，坚持党的事业至上、国家利益至上、人民利益至上、宪法法律至上，永葆忠于党、忠于国家、忠于人民、忠于法律的政治信仰。

**法律专业素养是社会主义法治工作队伍的根基。**建设高素质法治工作队伍，要求加强立法队伍、执法队伍、司法队伍、法律服务队伍建设，推进法治专门队伍正规化、专业化、职业化，提高以法治思维和法治方式处理问题的职业素养，最终升华为一切依法办事的精神，按照法律的普遍规则和程序，将一般问题转化为明确的权利义务关系处理，绝不容忍灰色交易和无原则的妥协。

**创新人才培养机制是社会主义法治工作队伍的活力源泉。**要加快建立完善的中国特色社会主义法学理论体系、学科体系、课程体系，形成立足中国国情的法学教育模式，为建设社会主义法治国家提供强有力的人才保障。

## 四、加强和改进党对全面推进依法治国的领导

全面推进依法治国，必须始终坚持党的领导。法治作为一种国家治理形态，离不开一个国家的历史和国情。中国共产党领导地位的确立是历史和人民的选择。习近平总书记指出："党的领导是中国特色社会主义最本质的特征，是社会主义法治最根本的保证。"坚持党的领导，是党和国家的根本所在、命脉所在，是全国各族人民的利益所系、幸福所系。中国共产党的领导地位已明确载入宪法，宪法和法律由党领导全国人民制定，是党和人民意志统一的结果，坚持党的领导是全面推进依法治国的题中应有之义。

把党的领导贯彻到依法治国全过程和各方面。最重要的是保持党的领导和社会主义法治的一致性，做到社会主义法治必须坚持党的领导，党的领导必须依靠社会主义法治。党的领导与依法治国不存在非此即彼的关系，二者可以而且必然统一于中国特色社会主义法治进程之中。实现社会主义法治，要求改进党的领导；加强党的领导，必须依靠社会主义法治。要善于使党的主张通过法定程序成为国家意志，善于使党组织推荐的人选通过法定程序成为国家政权机关的领导人员，善于通过国家政权机关实施党对国家和社会的领导，善于运用民主集中制原则维护中央权威、维护全党全国团结统一。

加强和改进党对全面推进依法治国的领导。要深化党自身的法治化建设，完善党内法规建设机制，形成配套完备的党内法规制度体系。运用与国法相协调又严于国法的党纪党规，确保全党意志统一、步调一致，肃清不正之风，严惩腐败行为。不断提高党员干部法治思维和依法办事能力，把法治建设成效纳入政绩指标考核体系，提升全党科学执政、民主执政、依法执政水平。

（作者：北京市社会科学院法学所研究员、博士生导师）

# 宪法凝聚共识

## ——从设立国家宪法日谈起

王　旭

党的十八届四中全会在新的历史高度作出"坚持依法治国首先要坚持依宪治国,坚持依法执政首先要坚持依宪执政"的重大政治判断。依宪治国关键在于有力推动宪法实施,确保宪法始终成为中国特色社会主义法治道路的根本指引,成为全面深化改革的基本制度框架和依据,成为党、国家和社会的普遍共识。

### 一、依宪治国需要精神土壤

宪法的有效实施首先需要制度性保障,如高效的宪法解释机制与有力的宪法监督机制。然而,机制、程序与措施能否真正有效运转,不仅仅取决于国家机构维护宪法、遵守宪法的行为,更取决于宪法是否真正成为国家和社会深厚的精神文化,取决于国家公职人员与社会民众是否真正将宪法奉为共同体生活的最高规范,取决于人民是否愿意真正守护宪法、拥护宪法、践行宪法,让宪法成为价值判断与行动选择的主要依据,成为全社会的共识。

《中共中央关于全面推进依法治国若干重大问题的决定》将每年12月4日设定为国家宪法日,第十二届全国人民代表大会常务委员会第十一次会议随后也以决定的形式确立了这一制度安排,赋予国家宪法日以正式的法律效力。应该说,这正是党的意志通过法定程序转化为国家意志的生动体现,是党培育依宪治国精神土壤,提高宪法实施文化软实力,建构国民尊崇宪法、敬畏宪法心灵秩序的深远努力。

从历史经验来看,依宪治国的精神土壤至关重要。以我国现行宪法为例,在其全面修订的过程中,就十分注重培育取得最大程度认同的观念土壤。1982 年 4 月第五届人大常委会第二十三次会议决定公布宪法修改草案,向全国人民征求意见,历时 4 个月,累计 1 亿人参加。征求意见的前两个月,全国人大常委会就收到各方来信 1538 封。正是通过这种参与讨论、参与修宪的最高政治生活形式,全国人民对于新的历史条件下现行宪法在拨乱反正、确立公民基本权利和国家机构权力边界、组织国家正常有序的政治生活等方面,有了切实了解与感受,激发出尊重宪法、维护宪法的热情。现行宪法能够为中国 30 多年的改革开放提供最基本的法治框架,能够在改革的过程中对于协调日益多元的利益、化解日益复杂的矛盾提供基础共识,应该说与这种精神土壤的培育密不可分。从另一方面看,也正是对于宪法具有最高权威和最高法律效力认识不够的原因,我国出现过个人意志凌驾于宪法之上的悲剧,整个社会和民众也因宪法意识薄弱而无力对"无法无天"的政治局面加以抵制。设立国家宪法日,正是一种通过特定的时间、场景和仪式来培育宪法精神土壤的重要制度设计。

### 二、国家宪法日与宪法共识的培养

设立国家宪法日是世界上多数实施宪法国家的重要制度安排。世界上不同国家设立宪法日的原因与内容是不同的,大体有三种类型:一种是庆祝立宪建国。例如美国的宪法日定在美国宪法正式签署之日,主要是为了纪念联邦国家的建构。一种是纪念政体转型。例如丹麦的宪法日主要是纪念 1849 年君主立宪活动,标志着专制政体的结束。一种是庆祝民族独立。例如挪威的宪法日就选定在脱离瑞典所属的盟国、取得独立的那一天。从内容来看,宪法日既可以举行特定宪法仪式，例如游行、阅兵、国家元首发表致辞等；也可以展开某种宪法生活的场景，例如国家机构的公众开放，国家公职人员义务宣讲普及宪法知识等；还可以是启动实质的宪法实施机制，例如发布宪法解释案，作出典型的宪法裁判，公职人员宣誓就职等。

一个国家的制度归根结底是由这个国家自身的历史传承、文化传统、经济社会发展水平决定的，因此我国设立国家宪法日自然有自己的法理考量和内容设定。从根本上说，设立国家宪法日是我国宪法实施的一种方式，它是通过不断展现宪法体现的中国特色社会主义法治道路共识来实施宪法，也是通过中国宪法生活的仪式、场景和程序来不断凝聚共识，增进国民对宪法内容的认同来实施宪法，从而确保宪法在全面深化改革的过程中始终成为社会多元利益的底线共识，在保障公民权利和约束国家权力的过程中始终成为国家的最高规范。

设立国家宪法日有利于体现宪法确立的中国特色社会主义法治道路。以宪法为核心的中国特色社会主义法律体系，为中国 30 多年的改革、发展、稳定提供了最基本的法治共识，这些宪法成就需要通过特定的仪式和场景让国民感受、体会，知晓宪法对于政治清明、经济发展、社会和谐、文化繁荣、生态文明提供的国家基本制度保障，从而增强人们对中国特色社会主义法治道路的信心，更好为全面深化改革和全面推进依法治国凝聚共识，提供宪法需要的权威和引领作用。

设立国家宪法日有利于体现宪法确立的人权保障和法治原则。宪法日是公民基本权利清单的展现日，也是国家作出重要的宪法解释、宪法监督、纠正违宪行为等刚性制度的契机。宪法为多元利益和价值的社会凝聚共识，归根结底取决于它对每一个公民权利的有效保障和对违宪行为的坚决纠正。宪法日的设定，正是通过实实在在的宪法行动为进一步扩大共识、凝聚共识创造条件，确保宪法成为多元利益与价值的社会底线共识。

## 三、通过宪法凝聚共识的基本内容

设立宪法日是促进宪法凝聚共识的重要契机，那么它具体应该包含什么内容呢？这实际上是探讨宪法本身究竟包含了哪些基本共识，需要我们通过特定的时间节点加以强调和提炼。概括而言，我国现行宪法包含如下重要基本共识。

**一是中国道路认同。**中国特色社会主义法治道路是全面推进依法治国的根本方向。现行宪法为这条道路提供了最基本的共识：宪法序言明确了中国共产党的领导地位，为中国特色社会主义法治道路提供了根本保障；宪法序言通过设定指导思想、基本原则和国家目标，确立了中国特色社会主义法治理论体系的基础；宪法规定的人民代表大会制度的根本政治制度、中国共产党领导的多党合作和政治协商制度、民族区域自治制度以及基层群众自治制度等基本政治制度，公有制为主体、多种所有制经济共同发展的基本经济制度，确立了中国特色社会主义法律制度的基本内容。宪法第二章确立的国家尊重和保障人权原则以及公民各项基本权利，第三章规定的国家机构性质、地位、职权等，共同为实现国家治理体系和治理能力现代化提供了价值目标与具体要素。可以说，认同宪法首先就要认同宪法文本所确定的中国特色社会主义法治道路，宪法日的各种宣传教育普及活动，也必须紧紧围绕上述各项具体内容展开。

**二是宪法权威认同。**宪法序言明确记载："本宪法以法律的形式确认了中国各族人民奋斗的成果，规定了国家的根本制度和根本任务，是国家的根本法，具有最高的法律效力。"宪法第五条进一步确立了法治国家原则："一切法律、行政法规和地方性法规都不得同宪法相抵触。一切国家机关和武装力量、各政党和各社会团体、各企业事业组织都必须遵守宪法和法律。一切违反宪法和法律的行为，必须予以追究。任何组织或者个人都不得有超越宪法和法律的特权。"因此，认同宪法就必须认同宪法具有最高的权威和法律效力，任何人不得有超越宪法的行为，任何社会利益调整、改革方案厘定也不能违背宪法的精神与原则。从这个意义上说，宪法日还需要创造更多的实质内容来体现对宪法权威与尊严的维护。

**三是中华文明认同。**宪法序言指出："中国是世界上历史最悠久的国家之一。中国各族人民共同创造了光辉灿烂的文化。"这意味着宪法包含着对中国文明具有连续性、整体性的基本判断和认同。宪法意义上的中国不仅是一个政治国家，也是一个文明国家，不仅是靠现实的政治制度连接的利益共同体，也是靠共同的历史记忆和文化心理组成的价值共同体、命运共同体。宪法序言同时指出，"中华人民共和国是全国各族人民共同缔造的统一的多民族国家"，并在公民义务部分规定"中华人民共和国公民有维护国家统一和全国各民族团结的义务"，这些都是宪法维护文明的整体性与连续性的重要制度安排。因此，维护宪法尊严就必须增进国民的文明认同，增进"一部宪法，一个文明，一个命运"的生命体验。在宪法日那一天，我们也必须并能够创造出更多增进文明认同的形式和途径，让宪法成为民族团结、族群融合的共识平台。

**四是国家制度认同。**宪法第二条即明确"中华人民共和国的一切权力属于人民。"同时规定，国家通过人民代表大会的根本政治制度组建国家机构，遵循民主集中制行使国家权力。在中央和地方的关系上遵循中央统一领导下，充分发挥地方积极性、主动性的原则。因此，宪法通过国体、政体和国家结构形式的制度设计作出了符合中国国情的政治安排，打造了统一的国家制度。维护国家统一和宪法政治制度的有效性是公民的基本宪法义务，也是培养对宪法的感情与认同的基本要求。因此，宪法日还需要进一步培育国家认同，增强公民遵守和维护国家基本政治制度的自觉性。

**五是党的领导认同。**宪法序言明确了中国共产党的领导地位。党的十八届四中全会指出，党的领导是中国特色社会主义最本质的特征，把党的领导贯彻到依法治国全过程和各方面，是我国社会主义法治建设的一条基本经验。党的领导与宪法权威具有内在的一致性，宪法赋予了党的执政地位，为党的领导和活动奠定了最坚实的基础，党的领导不断丰富着宪法实践，完善着宪法制度，提高着宪法权威。认同宪法、遵守宪法就必须增强政党认同，必须坚持党在依法治国中总揽全局、协调各方的地位，将依法治国和依法执政有机统一起来。因此宪法日的内容设定，也必须突出政党认同的价值目标，通过各种形式生动地展示党的领导、依法治国与人民当家作主的有机统一与强大生命力。

宪法的生命在于实施，宪法的权威也在于实施。宪法实施需要不断增强宪法蕴含的基本共识并创造实现共识的机制和途径。宪法日的设定正是一个重要的方案。只有宪法真正成为社会的基本共识，依宪治国才能真正成为国家长治久安的方略，为人民提供永久的福祉。

（作者单位：中国人民大学法学院）

# 形成完备的法律规范体系

李适时

党的十八届四中全会通过的《中共中央关于全面推进依法治国若干重大问题的决定》(以下简称《决定》),把形成完备的法律规范体系,作为建设中国特色社会主义法治体系的重要任务。习近平总书记强调,法律体系必须随着时代和实践发展而不断发展。这对进一步加强和改进立法工作,不断完善中国特色社会主义法律体系,提出了新的更高的要求。我们要认真学习、深刻领会、全面贯彻、抓好落实。

## 一、坚持党的领导是根本

党的领导是中国特色社会主义最本质的特征,是社会主义法治最根本的保证。习近平总书记明确指出,要充分发挥党总揽全局、协调各方的领导核心作用,善于使党的主张通过法定程序成为国家意志。加强党对立法工作的领导,对于保证立法正确的政治方向,推动中央重大决策部署贯彻落实至关重要。

**一是立法涉及重大体制和重大政策调整等重大问题的,必须报党中央讨论决定。**只有这样,才能确保重大立法决策体现党的主张和人民的共同意愿。比如,制定立法法、物权法、公司法、企业破产法,修改选举法、预算法、刑法、刑事诉讼法等法律,都是由全国人大常委会党组就有关重大问题向党中央报告,由党中央讨论决定的。有的问题虽不涉及重大体制和重大政策调整,但社会关注度高,各方面意见分歧较大,难以协调形成共识,须由全国人大常委会党组向党中央报告,由党中央决策。全国人大常委会编制的每届立法规划,涉及一个时期通过立法贯彻落实党中央重大方针政策和重大战略决策的安排和部署,应当报党中央批准。按照《决定》要求,要完善党对立法工作中重大问题的决策程序,使之制度化、规范化。

**二是党中央向全国人大提出宪法修改建议,依照宪法规定的程序进行宪法修改。**宪法修改是国家重大政治活动,必须在党中央领导下依照法定修宪程序进行。新中国成立以来,修改宪法的建议历来都是由中共中央提出的。比如,1982 年宪法的四次修改,都是由中央政治局提出修改宪法意见,提请中央全会讨论通过后,以中央委员会名义向全国人大提出修改宪法的建议,经法定程序由全国人大常委会向全国人民代表大会提出宪法修正案草案的。

## 二、完善立法体制是重点

为落实立法先行,发挥立法的引领和推动作用,加强和改进立法工作,提高立法质量,《决定》明确提出了完善立法体制的主要任务和一系列举措。

**一是发挥人大在立法中的主导作用。**《决定》要求,健全有立法权的人大主导立法工作的体制机制,发挥人大及其常委会在立法工作中的主导作用。首先,把握立项工作主导。要完善立法项目征集和论证制度。人大常委会编制立法规划和立法工作计划,应当围绕党和国家工作大局,加强重点领域立法,广泛征求意见,科学论证评估,通盘考虑、总体设计。其次,把握立法进度主导。对涉及综合性、全局性、基础性法律草案的起草,由全国人大相关专门委员会、全国人大常委会法制工作委员会组织有关部门参与起草。由有关部门起草的法律草案，全国人大相关专门委员会、全国人大常委会有关工作委员会可以提前参与。对专业性较强的法律法规草案，可以探索委托第三方起草。再次，把握立法决策主导。要抓住每一部法律中“关键的那么几条”，积极督促有关部门下决心、想办法解决。对争议较大但实践迫切需要的法律案，由决策机关引入第三方评估，充分听取各方意见、研究清楚后，及时作出决策，不能久拖不决。

**二是明确立法权力边界。**要坚持依法立法，严格依照立法法规定的立法原则和立法权限制定法律法规及规章，从体制机制和工作程序上防止部门利益和地方保护主义法律化。要通过立法法的修改，进一步明确不同立法主体的立法权限。要完善授权立法制度，全国人大及其常委会的授权决定应当明确授权的目的、事项、范围、期限、被授权机关实施授权决定方式和应当遵循的原则。要进一步明确国务院部门规章的权限和范围，没有法律、行政法规依据，部门规章不得增加公民、法人和其他组织义务，不得扩大本部门的权力、减少本部门的法定职责。要进一步明确地方立法权限和范围，地方立法要确保中央方针政策和国家法律、行政法规在本地区的有效实施，加强对本地区事务的统筹协调，强化执行和执法监管职责。

**三是依法赋予设区的市地方立法权。**要遵循在中央的统一领导下，充分发挥地方主动性和积极性的原则，通过修改立法法赋予设区的市地方立法权。同时，这项工作政治性强，涉及面广，需要积极稳妥推进。具体实施步骤和时间，可由省、自治区的人大常委会根据所辖设区的市的人口数量、地域面积、经济社会发展情况及其立法工作能力等因素确定。

**四是加强法律解释工作。**及时明确法律规定含义和适用法律依据。法律解释具有针对性强、反应及时、便于操作的特点，可以及时对法律规定的含义和适用予以明确，保证法律有效实施和重大改革依法有序进行。要在总结实践经验的基础上，深入研究法律解释的特点和规律，健全方法科学、程序完备的法律解释工作机制。

## 三、科学立法、民主立法是途径

《决定》指出，建设中国特色社会主义法治体系，必须抓住提高立法质量这个关键。深入推进科学立法、民主立法，是提高立法质量的根本途径。

**加强人大对立法工作的组织协调。**既要发挥人大在立法中的主导作用，又要充分发挥人大代表在立法中的重要作用。我国有各级人大代表260多万人，他们绝大多数在基层工作，最了解人民群众所思所想所盼。要建立健全人大代表议案、建议和立法规划、立法计划的衔接机制，认真研究采纳代表议案提出的立法建议。要拓宽代表参与立法的途径和渠道，更多吸收人大代表参加立法调研和审议等立法活动。还要健全向下级人大征询立法意见机制，探索人大代表跨级、多层参与立法工作的制度化。

**完善立法协调沟通机制。**这有利于充分发挥立法在表达、平衡、调整、规范社会利益关系方面的重要作用。首先，要加强立法协商。立法进程中要就法律草案的内容，通过各种渠道，充分听取政协委员、民主党派、工商联、无党派人士、人民团体、社会组织的意见。其次，要探索建立国家机关、社会团体、专家学者等对立法中涉及的重大利益调整论证咨询机制，使立法能够准确把握最广大人民根本利益、现阶段群众共同利益、不同群体特殊利益的关系，在法律中统筹兼顾社会不同方面的利益。再次，要拓展公民有序参与立法途径，健全法律法规规章草案公开征求意见和公众意见采纳情况反馈机制，增强法律实施的社会基础。

**完善法律案表决程序。**《决定》提出，对重要条款可以单独表决。法律草案一般经三次审议后交付表决，通常是就整个法律案进行表决。在有些情况下，就整个法律案进行表决不一定能充分反映人大代表或者常委会组成人员对法律案所涉及的关键问题的看法和主张。对重要条款单独表决，有利于立法机关权衡利弊，也有利于立法过程更加公开透明。

## 四、发挥立法的引领和推动作用是驱动

《决定》提出，要坚持立法先行，发挥立法的引领和推动作用，实现立法和改革决策相衔接，做到重大改革于法有据、立法主动适应改革和经济社会发展需要。

**一要坚持在法治框架内推进改革。**当前，中央高度重视将立法工作纳入改革总体布局，在研究总体改革方案和具体改革措施时，都注重同步考虑改革涉及的立法问题。制定中长期改革实施规划，明确要求相关单位提出配套立法的需求和建议。对立法工作而言，要主动适应改革发展需要，对各方面、各地方提出的改革创新需求，要从立法上积极研究可行路径和解决办法。改革举措涉及法律立改废的，要及时启动立法程序。实践证明行之有效的，要及时上升为法律。法律立改废条件暂不成熟又需要先行先试的，可建议有关方面提请全国人大常委会通过授权方式先行先试。对不适应改革要求的法律法规，要及时修改和废止。

**二要增强立法的及时性、系统性、针对性、有效性。**增强立法及时性，就是立法要做到又好又快，针对突出问题，及时启动立法程序。增强立法系统性，就是要综合运用制定、修改、废止、解释、清理、备案审查等多种形式，组合协同，做到各项制度相互衔接、统筹协调、形成合力。增强立法针对性，就是要坚持问题导向，紧紧围绕经济社会发展中迫切需要解决的现实问题开展立法工作，深入调查研究，把握客观规律，做好制度设计。增强立法有效性，就是要研究清楚法律所调整的社会关系，科学严密地设计法律规范，对于能够在法律法规中规定清楚的，要尽可能详尽规定，确保法律规范严谨周密、有效管用。

## 五、加强重点领域立法是基础

《决定》从中国特色社会主义事业五位一体总体布局出发，提出了加强重点领域立法的要求。

**一是内容全面。**既包括市场经济、民主政治、文化事业、保障和改善民生、推进社会治理体制创新、保护生态环境等方面的法律制度建设，又突出强调了保障公民权利法律制度，以有利于实现公民权利保障法治化。

**二是任务明确。**在六大重点领域，都提出了立法任务。

**三是项目具体。**《决定》作为中央全会通过的文件，第一次用较大篇幅提出了很多具体立法项目。比如，编纂民法典，制定国家勋章和国家荣誉称号法、社区矫正法等。

**四是要求更高。**在立法工作中，要做到立法主动适应改革和经济社会发展需要，还要做到坚持立改废释并举，健全备案审查制度，保证法律体系的现实有效性、内部统一性。要按照《决定》要求和中央部署，明确任务，落实责任，做好贯彻落实工作，推动各项立法工作顺利开展。

## 六、加强立法队伍建设是支撑

全面推进依法治国，建设一支德才兼备的高素质法治队伍至关重要。《决定》强调，要着力建设一支忠于党、忠于国家、忠于人民、忠于法律的社会主义法治工作队伍。立法工作是一项政治性、实践性、专业性都很强的工作，高素质的立法队伍是党领导人民制定宪法和法律、实施依法治国基本方略、建设社会主义法治国家的重要力量。面对新形势新任务新挑战，要切实增强紧迫感和责任感，下大气力在思想政治素质、业务工作能力、职业道德水准等方面加

强立法工作队伍建设。要抓好立法队伍领导班子建设，推动干部和人才交流，建立从符合条件的律师、法学专家中招录立法工作者制度，完善立法工作人才选拔任用、激励保障等机制，努力推进立法工作队伍正规化、专业化、职业化，为完善中国特色社会主义法律体系、全面推进依法治国提供强有力的人才保障。

《决定》提出，要增加有法治实践经验的专职常委比例，依法建立健全专门委员会、工作委员会立法专家顾问制度。这是加强人大及其常委会履职能力建设的重要举措，也是加强立法队伍建设、增强立法能力、提高立法质量的客观要求，要从组织制度上予以落实。

（作者：全国人大常委会法工委主任）

# 中国特色社会主义法治理论的重大发展

周叶中

党的十八届四中全会通过的《中共中央关于全面推进依法治国若干重大问题的决定》(以下简称《决定》),制定了全面推进依法治国的新蓝图,明确回答了当今中国建设什么样的法治国家、怎样建设社会主义法治国家等重大理论和实践问题。《决定》关于依法治国的一系列新思想、新论断、新部署,是对我国社会主义法治建设经验的理论总结,标志着中国特色社会主义法治理论的重大创新和发展。

## 一、关于党的领导与依法治国的关系

《决定》深刻阐述了党的领导与依法治国的关系,明确指出:“党的领导是中国特色社会主义最本质的特征,是社会主义法治最根本的保证”,“党的领导和社会主义法治是一致的,社会主义法治必须坚持党的领导,党的领导必须依靠社会主义法治”,“把党的领导贯彻到依法治国全过程和各方面,是我国社会主义法治建设的一条基本经验。”这抓住了法治建设的核心问题。

从中国的历史经验来看,中国共产党领导全国各族人民在不同的历史时期,进行革命、建设和改革,取得了伟大成就。中国各项事业的伟大成功,都离不开党的领导。全面推进依法治国,建设社会主义法治国家,同样必须在党的领导下进行。把党的领导贯彻到依法治国全过程和各方面,是社会主义法治的根本要求,是社会主义法治建设的一条基本经验。

从执政党与宪法法律的关系来看,我国宪法以国家根本法的形式,确立了在历史和人民选择中形成的中国共产党的领导地位。我国宪法明确赋予中国共产党执政党的地位,一切政党和个人都必须严格遵守宪法和法律。宪法序言和党章序言的相关表述,清晰地体现了深层次的宪法逻辑和政治逻辑:党的领导和社会主义法治是一致的,社会主义法治必须坚持党的领导,党的领导必须依靠社会主义法治。可以说,坚持在党的领导下全面推进依法治国,是社会主义法治与资本主义法治的本质区别,如果离开党的领导,就会迷失中国特色社会主义法治道路的正确方向,就难以保证法治中国建设的社会主义性质。那种将党的领导与依法治国对立起来、提出“党大还是法大”命题并认为全面推进依法治国必须脱离党的领导的观点,是极端错误和有害的。

从党内法规与国家法律的关系来看,党内法规与国家法律本质上是一致的。我们党的政策和国家法律都是人民根本意志的反映,在本质上是一致的。依据《决定》的表述,要发挥政策和法律的各自优势,促进党的政策和国家法律互联互动。党内法规体系是社会主义法治体系的重要组成部分,加强党内法规建设,健全和完善党内法规体系,实现党内法规体系与国家法律的有机协调统一,是全面推进依法治国的内在要求。

从执政党领导与执政的实践来看,执政党必须依据宪法法律治国理政,必须依据党内法规管党治党。一方面,党领导人民制定宪法和法律,党领导人民执行宪法和法律,党自身必须在宪法和法律的范围内活动,真正做到党领导立法、保证执法、带头守法;另一方面,要发挥党总揽全局、协调各方的作用,坚持通过国家机关实施党对国家和社会的领导,支持国家权力机关、行政机关、司法机关以及各级政府部门严格依照宪法和法律的规定,独立负责、协调一致地开展工作。推进中国法治建设,要形成全社会的普遍法治共识,形成统一的意志和行动,推行强力有效的法治举措,这些都离不开党的坚强领导。

## 二、关于坚定不移走中国特色社会主义法治道路

"党的领导、人民当家作主、依法治国有机统一"是法治中国建设的基本指导方针。全面推进依法治国,不可能简单移植西方法治的"飞来峰",中国特色社会主义法治道路的探索,必须符合法治发展普遍规律、契合中国具体实际,既要借鉴人类法治文明的优秀成果,也要继承中国优秀的传统文化,规划自己的法治蓝图,铺就自己的法治道路。

我们党领导人民在长期的治国理政实践中,探索出了中国特色社会主义法治道路,《决定》对此进行了深刻总结。《决定》明确指出,要实现"建设中国特色社会主义法治体系,建设社会主义法治国家"的总目标,必须坚定不移地走中国特色社会主义法治道路。中国特色社会主义法治道路,是社会主义法治建设成就和经验的集中体现,是建设社会主义法治国家的唯一正确道路。其核心要义有三:"在中国共产党领导下,坚持中国特色社会主义制度,贯彻中国特色社会主义法治理论",这个核心要义规定和确保了中国特色社会主义法治体系的制度属性和前进方向。只有坚持这个要义,才能立足中国国情,建设好社会主义法治国家。

**党的领导是中国特色社会主义最本质的特征,是社会主义法治最根本的保证。**只有坚持党的领导,才能确保中国特色社会主义法治道路的正确前进方向。坚持党的领导,是社会主义法治的根本要求,是党和国家的根本所在、命脉所在,是全国各族人民的利益所系、幸福所系,是全面推进依法治国的题中应有之义。党始终坚持实事求是,遵循社会主义革命、建设与发展的普遍规律,把握中国不同历史时期的具体实际,探索出了中国特色社会主义道路,包括中国特色社会主义法治道路。

**中国特色社会主义制度是中国特色社会主义法治体系的根本制度基础,是全面推进依法治国的根本制度保障。**中国特色社会主义制度是由根本政治制度、基本政治制度和具体制度构成的制度体系。法治是规则之治、制度之治,规则是制度的具体构成,而制度则是规则的统一体,建设中国特色社会主义法治国家,必须坚持中国特色社会主义制度。人民代表大会制度是我国的根本政治制度,中国共产党领导的多党合作和政治协商制度、民族区域自治制度、基层群众自治制度是我国的基本政治制度,以这些制度为核心所构建起来的一系列制度体系组成了中国特色社会主义制度。中国特色社会主义制度是适合中国国情、从实践中经过不断总结提炼、发展完善所形成的,是全面推进依法治国的根本制度保障。

**中国特色社会主义法治理论是中国特色社会主义法治体系的理论指导和学理支撑,是全面推进依法治国的行动指南。**中国特色社会主义法治理论是马克思主义法学中国化的最新成果,是我们党领导人民对法治国家理论和马克思主义国家与法的学说的重大贡献。它立足中国国情,适应全面深化改革的形势要求,总结和运用党领导人民实行法治的成功经验,鲜明回答了中国特色社会主义法治国家建设进程中面临的重大理论与实践难题,是对社会主义法治的性质、功能、价值取向以及实现途径等基本问题的集中体现和系统认识,丰富了法治的理论内涵,为建设中国特色社会主义法治国家提供理论支撑。我们应从我国基本国情出发,同改革开放不断深化相适应,总结和运用党领导人民实行法治的成功经验,围绕社会主义法治建设重大理论和实践问题,推进法治理论创新,发展符合中国实际、具有中国特色、体现社会发展规律的社会主义法治理论,为依法治国提供理论指导和学理支撑。汲取中华法律文化精华,

借鉴国外法治有益经验,但决不照搬外国法治理念和模式。

我国法治发展的实践经验与伟大成就充分表明:中国特色社会主义法治道路,是符合法治发展的基本规律、切合中国具体实际、为实践所证明的正确道路,是代价最小、速度最快和成功系数最大,富含理性与智慧、容纳改革与创新的探索之路。我们应当毫不动摇地坚定立场、辨清方向、扫除干扰,坚定不移地走中国特色社会主义法治道路。

## 三、关于全面推进依法治国的总目标总抓手

全面推进依法治国,总目标是建设中国特色社会主义法治体系,建设社会主义法治国家。全面推进依法治国涉及很多方面,在实际工作中必须有一个总揽全局、牵引各方的总抓手,这个总抓手就是建设中国特色社会主义法治体系,其中包括形成完备的法律规范体系、高效的法治实施体系、严密的法治监督体系、有力的法治保障体系和完善的党内法规体系。

**完备的法律规范体系。**《决定》指出,建设中国特色社会主义法治体系,必须坚持立法先行,发挥立法的引领和推动作用,抓住提高立法质量这个关键。这表明,坚持立法先行,发挥立法的引领和推动作用,是实现全面推进依法治国的总目标、落实"建设中国特色社会主义法治体系"这个总抓手的重要任务。提高立法质量,要依靠民主立法和科学立法。民主立法,要坚持为了人民、依靠人民,体现人民意志。科学立法,要坚持尊重和体现客观规律,把公正公平公开的原则贯彻到立法全过程,实现立法与改革决策相衔接,做到重大改革于法有据。

**高效的法治实施体系。**《决定》提出,要深入推进依法行政,加快建设法治政府。各级政府必须坚持在党的领导下、在法治轨道上开展工作,创新执法体制,完善执法程序,推进综合执法,严格执法责任,建立权责统一、权威高效的依法行政体制,加快建设职能科学、权责法定、执法严明、公开公正、廉洁高效、守法诚信的法治政府。《决定》围绕行政权力的边界及运行、对行政权力的监督与制约等方面,提出了要依法全面履行政府职能、健全依法决策机制、深化行政执法体制改革、坚持严格规范公正文明执法、强化对行政权力的制约和监督、全面推进政务公开六项具体举措。

**严密的法治监督体系。**司法是维护社会公平正义的最后一道防线,因此,司法监督无疑是整个法治监督体系中最为基本的监督方式。为完善确保依法独立公正行使审判权和检察权的制度,《决定》就司法管理体制与司法权力运行机制的完善进行了系统规划,提出了具体改革方案。针对党政领导干部干预司法的行为,《决定》提出要"建立领导干部干预司法活动、插手具体案件处理的记录、通报和责任追究制度"。同时提出,对干预司法机关办案的,给予党纪政纪处分;造成冤假错案或者其他严重后果的,依法追究刑事责任。

**有力的法治保障体系。**加强法治社会建设和法治队伍建设,是建立有力法治保障体系的重要方面。《决定》提出要"增强全民法治观念,推进法治社会建设",并就领导干部的学法守法用法机制、青少年的法治教育机制、普法宣传教育机制和社会诚信建设等方面作出部署。全面推进依法治国必须依靠法治工作人员的具体实施和推动。《决定》提出,要建设高素质法治专门队伍,加强法律服务队伍建设,创新法治人才培养机制,为加快建设社会主义法治国家提供强有力的组织和人才保障。

**完善的党内法规体系。**《决定》指出,党内法规既是管党治党的重要依据,也是建设社会主义法治国家的有力保障。党章是最根本的党内法规,全党必须一体严格遵行。要注重党内法规同国家法律的衔接和协调,还需积极研究法治与社会主义核心价值观的对接问题。

(作者:武汉大学副校长、教授)

# 中国特色社会主义法治道路的核心要义

汪亭友

习近平总书记在《关于中共中央关于全面推进依法治国若干重大问题的决定的说明》(以下简称《说明》)中指出:"全面推进依法治国这件大事能不能办好,最关键的是方向是不是正确、政治保证是不是坚强有力,具体讲就是要坚持党的领导,坚持中国特色社会主义制度,贯彻中国特色社会主义法治理论。"这三个方面实质上是中国特色社会主义法治道路的核心要义,是我们党领导全国人民全面推进依法治国方略、建设社会主义法治国家的根本遵循,必须牢牢把握,始终坚持。

## 一、必须坚持中国共产党的领导

我们党一贯强调坚持和改善党对社会主义法治工作的领导。在党的领导下全面推进依法治国、建设社会主义法治中国,把党的领导、人民当家作主、依法治国有机统一起来,把党的领导贯彻到依法治国全过程和各方面,是我国社会主义法治建设的基本经验。

党的十八届四中全会通过的《中共中央关于全面推进依法治国若干重大问题的决定》(以下简称《决定》)深刻阐明了党的领导和依法治国的关系,指出,全面推进依法治国,必须坚持中国共产党的领导。党的领导是社会主义法治最根本的保证,是社会主义法治的根本要求,是全面推进依法治国的题中应有之义。党的领导和社会主义法治是一致的,社会主义法治必须坚持党的领导,党的领导必须依靠社会主义法治。只有在党的领导下依法治国、厉行法治,人民当家作主才能充分实现,国家和社会生活法治化才能有序推进。习近平总书记在《说明》中不仅重申了这些重要原则和精神,而且旗帜鲜明地指出,对于坚持党的领导这一点,"要理直气壮讲、大张旗鼓讲。要向干部群众讲清楚我国社会主义法治的本质特征,做到正本清源、以正视听"。

**党的领导是社会主义法治最根本的保证,是由党在国家和社会中的领导地位决定的。**中国共产党是中国特色社会主义事业的领导核心,社会主义法治是中国特色社会主义事业的重要组成部分。办好中国的事情关键在党,全面推进依法治国关键也在党。党的领导是中国特色社会主义最本质的特征,同样也是中国特色社会主义法治最本质的特征。党对法治的领导体现在党领导立法、保证执法、支持司法、带头守法。离开了党总揽全局、协调各方的坚强领导,离开了党对人大、政府、政协、审判机关、检察机关的坚强领导,离开了党对建设法治中国的坚定信念和先锋模范、战斗堡垒作用,离开了党对各项事业的坚强领导、对国家治理体系和治理能力现代化的坚强领导,要全面推进依法治国这项既要顶层设计也要末端治理的系统工程,完成国家治理领域这场广泛而深刻的革命,是不可想象的。

**党的领导是社会主义法治的根本要求,源于党的主张、人民的意志同法治的精神和要求是完全一致的。**法从来就不是抽象的,法治就是统治阶级依照自己制定的法律治理国家、管理社会,统筹社会力量、平衡社会利益,调节社会关系、规范社会行为,是现代国家治国理政的基本方式。社会主义法治就是社会主义国家的人民在共产党的领导下,按照反映并维护人民群众利益的宪法法律治理国家、管理社会。我们提出依法治国,就是指党领导人民依照宪法和法律规定，通过各种途径和形式，管理国家事务，管理经济文化事业，管理社会事务。为了人民、依靠人民、造福人民、保护人民，是我国社会主义法治建设的出发点和落脚点。要深刻认识到，维护宪法法律权威就是维护党和人民共同意志的权威，捍卫宪法法律尊严就是捍卫党和人民共同意志的尊严，保证宪法法律实施就是保证党和人民共同意志的实现。坚持党的领导、人民当家作主和依法治国本质上是一致的，都是为了维护和实现广大人民群众的共同意志和根本利益。这就决定了党同法治不是对立的关系，也不是谁大谁小的关系，而是根本一致、内在统一的关系。

**党的领导是全面推进依法治国的题中应有之义，是依法治国的内涵和要求决定的。**依法治国首先是依宪治国，依法执政关键是依宪执政。依据宪法治国理政也是社会主义法治的核心。我国宪法以根本法的形式反映了党带领人民进行革命、建设、改革取得的成果，确立了在历史和人民选择中形成的中国共产党的领导地位。全面推进依法治国理所当然要坚持中国共产党的领导。这是我国宪法赋予中国共产党的执政权利，也是我们党必须履行好的法定义务。坚持党的领导决不意味着党可以拥有凌驾宪法法律之上或游离宪法法律之外的特权。习近平总书记指出，党领导人民制定宪法和法律，党领导人民执行宪法和法律，党自身必须在宪法和法律范围内活动，真正做到党领导立法、保证执法、带头守法。这就明确了党同宪法法律、党同法治的关系。全会《决定》还指出，党坚定支持司法，完善确保司法机关依法独立公正行使审判权和检察权的制度，任何党政机关和领导干部都不得让司法机关做违反法定职责、有碍司法公正的事情。这些充分彰显了党保障司法公正、提高司法公信力的坚定决心。

然而近年来，围绕党的领导和依法治国的关系，也有一些人否定党对社会主义法治的领导，把党的领导同依法治国割裂开来、对立起来，声称坚持党的领导就不能做到依法治国，要实行依法治国就必须像西方那样搞以多党轮流执政、三权分立、司法独立、军队国家化等为核心的所谓“宪政”。一些敌对势力也趁机蛊惑，企图以法治为“武器”、以“宪政”为目标，为否定中国共产党的领导和我国社会主义制度打开缺口。要看到，一些人主张“宪政”，把党的领导置于依法治国的对立面，无非是认为法治国家不允许任何政党拥有领导法治这个高于法权的权力。这是完全不能成立的。就世界范围来看，没有哪个国家的法律、法治不是在执政党或掌权的政治势力的领导下制定并实施的。掌握了政权的阶级必然通过代表其利益的政党制定并实施符合本阶级利益的宪法法律，资产阶级及其政党如此，工人阶级及其政党也是如此。一些人不接受我们党对法治的领导地位，无非是以西方的政党制度为衡量标准，认同多党竞选产生的执政党有资格领导法治，而宪法规定长期执政的党，如中国共产党就没有这个资格。这种盲目以西方宪政模式为圭臬，完全不顾中国国情和人民意愿的观点，是时下较为流行的“洋教条”的一种典型表现。对此，我们要保持警惕。

## 二、必须坚持中国特色社会主义制度

习近平总书记在《说明》中指出：“中国特色社会主义制度是中国特色社会主义法治体系的根本制度基础，是全面推进依法治国的根本制度保障。”这个重要论断深刻阐明了中国特色社会主义法治道路同中国特色社会主义制度的关系，既澄清了脱离社会制度抽象谈论法治和法治建设的现象和问题，也点明了我国的法治道路同西方的“宪政民主”道路的根本区别。

法治同一个社会的制度存在密切联系。法治属于上层建筑范畴，决定于经济基础，并为经济基础服务，归根结底是为社会的政治、经济、文化等制度服务的，是为社会的制度合法化、稳定性提供重要支撑。而社会的根本制度、基本制度、具体制度、运行机制等，需要以法治为依托，通过法治予以确立并保障实施。现代法治国家无不通过法治道路巩固和完善自己的社会制度、国家制度。中国特色社会主义制度也不例外。

**中国特色社会主义制度是中国特色社会主义法治体系的根本制度基础。**我国现行宪法以国家根本法的形式，确立了我国的国体、政体、社会的根本制度、基本制度，确立了中国特色社会主义道路、理论体系和制度的发展成果。而以宪法为统帅、以部门法律为主干、以行政法规地方性法规为重要内容的我国法律法规体系，则确立了中国特色社会主义的具体制度和社会各领域的运行机制。以宪法为核心的中国特色社会主义法律体系，就是对以中国共产党的领导为核心的中国特色社会主义制度法律化、法制化。可见，中国特色社会主义制度是中国特色社会主义法治体系的根本制度基础。如果没有这个制度基础，我国的法律、法治建设就会失去服务的对象，社会主义法律体系、法治体系也就没有存在的必要。

**中国特色社会主义制度是全面推进依法治国的根本制度保障。**我国实行工人阶级领导的、以工农联盟为基础的人民民主专政的国体，实行人民代表大会制度的政体，实行中国共产党领导的多党合作和政治协商制度、民族区域自治制度、基层群众自治制度，实行中国特色社会主义法律体系，实行公有制为主体、多种所有制经济共同发展的基本经济制度，以及建立在这些制度基础上的经济体制、政治体制、文化体制、社会体制等各项具体制度。中国特色社会主义制度是党领导人民90多年奋斗、创造、积累的根本成就之一，集中体现了中国特色社会主义的特点和优势，它既是当代中国一切事业发展进步的根本制度保障，也是党领导人民全面推进依法治国的根本制度保障。脱离了中国特色社会主义制度这个根本，失去了党的领导和人民的支持，就不能实现科学立法、民主立法，就不能保证执法、解决司法领域的突出问题，就不能完善和发展中国特色社会主义事业。全面推进依法治国，就成为无源之水、无根之木，就变成空中楼阁、一句空话。坚持、完善和发展中国特色社会主义制度，是对社会主义法治建设的根本要求，是关系全面推进依法治国这件大事能否办好、关系国家长治久安和兴旺发达能否实现的一个关键所在。

**中国特色社会主义制度是中国特色社会主义法治道路的核心要义，表明我国的法治道路同西方的宪政道路有着原则区别。**法治作为现代文明国家治国理政的基本方式，是人类政治文明发展进步中的一个重要成果，其价值得到不同国家、不同社会、不同民族的普遍认同。然而还要看到，不同的阶级、不同的社会、不同的国家对法治的理解又是不一样的，尤其对资本主义国家的法治要有正确的认识。一方面要看到，资本主义几百年的发展历程，积累了不少可资借鉴的法治文明成果。积极借鉴吸收人类政治文明有益成果，包括西方发达国家对我有益的民主法治经验，是社会主义赢得与资本主义相比较的优势的必然要求，也是我们党需要长期坚持的重要方针。另一方面，资本主义社会的法治虽然把所有人包括政党组织、国家机构都纳入法治的范畴，还规定法律面前人人平等，但资本拥有法律之上之外的特权却是众所周知的事实。资本主义宪政的本质是维护资本的权益和资产阶级的统治秩序，说到底是维护和完善资本主义制度的法治。我国的社会主义法治虽然还需要在实践中完善和发展，但其本质是要维护和发展最广大人民群众的利益，维护和发展中国特色社会主义制度。坚持中国特色社会主义制度是中国特色社会主义法治道路区别于西方资本主义宪政道路的根本标志之一。

要把我国的法治同西方所谓“宪政”区分开来。法治作为治国理政的手段、方式，存在于一切有法并依法治理的社会，可以为不同性质的社会的统治阶级利益服务。人类至今的历史就出现过奴隶制时代的法治、封建社会的法治、资本主义的法治以及社会主义的法治。西方“宪政”则是资本主义社会特有的政治法律制度，是法治同资本主义制度相结合的产物，旨在维护资本主义的剥削制度和统治秩序，实质是资产阶级专政。社会主义法治是为社会主义制度服务的，目的是维护发展人民当家作主的权利，维护发展中国特色社会主义事业。法治同社会主义制度相结合无需再搞有着特定制度属性和阶级内涵的资本主义“宪政”。我们强调的依宪执政、依宪行政，是社会主义法治的范畴，根本不是什么西方式的“宪政”。

## 三、贯彻中国特色社会主义法治理论

坚定不移走中国特色社会主义法治道路离不开科学理论的指引。我们党把马克思主义基本原理同当代中国法治实际相结合，紧密围绕选择什么样的法治道路和建设什么样的法治体系这个主题，提出了关于依法治国的一系列重要思想，形成了中国特色社会主义法治理论。全会《决定》指出：发展符合中国实际、具有中国特色、体现社会发展规律的社会主义法治理论，为依法治国提供理论指导和学理支撑。汲取中华法律文化精华，借鉴国外法治有益经验，但决不照搬外国法治理念和模式。这是对中国特色社会主义法治理论的系统总结和科学提升，是指导中国特色社会主义法治道路的纲领性文献。

**贯彻中国特色社会主义法治理论，要坚持马克思主义法学思想的指导。**马克思主义是党和国家各项事业的根本指导思想。中国特色社会主义法治理论是在马克思主义指导下取得的，其进一步完善和发展也要以马克思主义为指导。高校、党校、行政学院、科研院所是研究传播马克思主义和马克思主义法学思想的重要阵地，又是培养各类法学人才和社会主义法治工作队伍的摇篮。要坚持用马克思主义法学思想和中国特色社会主义法治理论全方位占领高校、科研机构法学教育和法学研究阵地，形成完善的中国特色社会主义法学理论体系、学科体系、课程体系，推动中国特色社会主义法治理论进教材进课堂进头脑，严格论坛、讲座、研讨会以及法学类期刊的管理，决不给反马克思主义法学思想提供传播渠道。

**贯彻中国特色社会主义法治理论，要立足我国国情，坚持从实际出发，既与时俱进、体现时代精神，又决不照搬外国法治理念和模式。**《决定》指出：“必须从我国基本国情出发，同改革开放不断深化相适应，总结和运用党领导人民实行法治的成功经验，围绕社会主义法治建设重大理论和实践问题，推进法治理论创新。”实践是法律的基础，法律是实践经验的总结和提升。形成和发展社会主义法治理论，必须符合中国发展实际，体现社会发展规律，在解决中国法治建设问题的过程中体现中国特色。必须从我国长期处于社会主义初级阶段这个最大国情和最大实际出发，以改革开放和社会主义现代化建设的伟大实践为基础，紧紧围绕实现“两个一百年”奋斗目标和任务要求，同全面深化改革、全面建成小康社会、全面推进依法治国相适应，顺应时代前进潮流，构建和发展具有中国特色的社会主义法治理论。我们需要积极借鉴吸收人类法治文明成果和有益经验，但绝不是也绝不能照抄照搬别国经验。那些否定中国法治道路、全盘引进西方法治理念和模式的言论和主张是同中国特色社会主义法治道路背道而驰的，是同贯彻中国特色社会主义法治理论的精神和要求相悖的。

坚持党的领导，坚持中国特色社会主义制度，贯彻中国特色社会主义法治理论，三者紧密联系，构成一个有机的整体，不仅言简意赅、高屋建瓴地指出了中国特色社会主义法治道路的领导力量、制度基础与制度保障、理论指导和学理支撑，而且科学阐明了中国特色社会主义法治道路的本质特征，指明了全面推进依法治国的性质和方向，从根本上划清了我国社会主义法治与西方所谓“宪政”的本质区别，彰显了我们党的道路自信、理论自信、制度自信，对于全党全国各族人民在走什么样的法治道路问题上统一认识和行动具有重大指导意义。

（作者单位：中国人民大学马克思主义学院）

# 第四部分

# 学习习近平同志系列重要讲话精神

# 把学习贯彻习近平总书记系列重要讲话精神引向深入

刘奇葆

党的十八大以来，以习近平同志为总书记的党中央，高举中国特色社会主义伟大旗帜，统筹国内国际两个大局，统筹伟大事业伟大工程，以中国梦凝聚力量，以抓改革激发活力，以改作风振奋人心，励精图治、攻坚克难，推动党和国家取得了新成就、树立了新风气、开创了新局面。习近平总书记发表的系列重要讲话，深刻回答了新形势下党和国家事业发展的一系列重大理论和现实问题，提出许多富有创见的新思想、新观点、新要求，深入阐释了党的十八大精神，丰富发展了党的科学理论，进一步升华了我们党对中国特色社会主义规律和马克思主义执政党建设规律的认识。讲话是新一届中央领导集体执政理念、工作思路和信念意志的集中反映，是新的历史条件下我们党治国理政的行动纲领，是坚持和发展中国特色社会主义的最新理论成果，凝结了全党智慧，闪耀着马克思主义真理的光辉，为在新的历史起点上实现新的奋斗目标提供了强大思想武器。

深入学习贯彻习近平总书记系列重要讲话精神，是全党一项重大政治任务。中央对此高度重视，采取一系列有力举措加以推动，举办7期省部级干部学习贯彻讲话精神研讨班，并对县处级以上领导干部进行集中轮训。经中央批准，中宣部、中组部下发《通知》对党委中心组学习作出具体部署，中宣部会同有关部门举办学习贯彻讲话精神交流会。组织各级各类媒体包括网络媒体广泛宣传，编辑出版系列学习读物，举办系列报告会，开展面向基层的宣讲活动，在全社会深入宣传阐释讲话精神。各地各部门党委中心组按照中央要求，把学习讲话精神摆在突出位置，精心组织安排，主要负责同志亲自抓、带头学、作表率，推动学习迅速展开、层层跟进，兴起了学习贯彻讲话精神的热潮。通过前一段的学习宣传贯彻，有力地统一了思想、振奋了精神、凝聚了力量，推动了党风政风转变，促进了党和国家各方面工作，开辟了中国特色社会主义事业新境界。

习近平总书记系列重要讲话是一个不断发展的、开放的理论体系，学习贯彻讲话精神是一个持续推进、逐步深化的过程。我们要从全党统一意志、统一行动的高度，从把握前进方向、开创事业发展新局面的高度，从提高党员干部素养、保持党的先进性纯洁性的高度，充分认识讲话精神的重大政治意义、理论意义、实践意义和方法论意义，充分认识深入学习贯彻讲话精神的极端重要性，进一步增强学习贯彻的自觉性坚定性。

各级党委中心组要在已有工作基础上，进一步加大工作力度，推动讲话精神学习贯彻向纵深发展。要着力在武装头脑、坚定理想信念上下功夫，切实用讲话精神统一思想、统一意志，树立远大理想，明确前进方向，增强中国特色社会主义自信，坚决贯彻中央决策部署，坚定自觉地同以习近平同志为总书记的党中央保持高度一致。要着力在全面系统掌握科学理论上下功夫，把学习讲话精神同学习马克思列宁主义、毛泽东思想结合起来，同学习邓小平理论、"三个代表"重要思想、科学发展观结合起来，准确把握党的科学理论一脉相承又与时俱进的内在联系，增强对讲话精神的思想认同、理论认同、情感认同。要着力在指导实践、推动实际工作上下功夫，坚持真学真懂、真信真用，服务科学决策、提升工作本领，解决突出问题、推动改革发展，切实把讲话精神贯彻到改革开放和社会主义现代化建设各领域，体现到党的建设各方面。要通过扎实深入的学习，更好地用讲话精神统一思想、凝聚力量，为实现“两个一百年”奋斗目标和中华民族伟大复兴的中国梦提供有力思想保证。

## 一、坚持原原本本学，深入把握习近平总书记系列重要讲话的科学内涵和精神实质

习近平总书记系列重要讲话，涉及经济、政治、文化、社会、生态文明建设和党的建设等各领域，贯通改革发展稳定、内政外交国防、治党治国治军等各方面，内涵丰富、思想深刻、论述精辟。全面深入把握讲话精神，有一个怎么学、如何学好的问题。原文是最权威的，精髓都蕴含在原著里。可以说，学习讲话精神，最直接、最管用的方法是读原文。要坚持原原本本地学，细细品读、如琢如磨，做到学深学透、把握真谛、入脑入心。

**一要加深对讲话基本内涵的理解。**书读百遍，其义自现。习读原著，只有沉潜反复，才能识得堂奥。习近平总书记系列重要讲话，围绕坚持和发展中国特色社会主义、实现中华民族伟大复兴的中国梦，围绕全面深化改革、推动经济持续健康发展、发展社会主义民主政治和依法治国、建设社会主义文化强国、改善民生和创新社会治理、推进生态文明建设，围绕加强国防和军队建设、推进“一国两制”实践和祖国统一、建立新型国际关系，围绕坚持党要管党、从严治党，全面提高党的建设科学化水平，等等，作出了一系列重要论述。我们要通过认真研读习近平总书记的讲话原文，系统掌握讲话的基本内容和丰富内涵，深刻领会蕴含其中的新思想新观点，做到全面理解、准确把握。

**二要加深对讲话贯穿的立场观点方法的理解。**习近平总书记系列重要讲话，充分体现了中国共产党人的政治立场、价值追求和思想风范，贯穿了辩证唯物主义和历史唯物主义的世界观、方法论。学习讲话精神，关键是要把握精神实质、领会精髓要义，做到知其言更知其意，知其然更知其所以然。要深刻把握讲话贯穿的坚定信仰追求，解决好世界观、人生观、价值观这个“总开关”问题，增强政治定力，站稳政治立场。深刻把握讲话贯穿的历史担当精神，把使命铭记心中，把责任扛在肩上，担负起国家富强、民族振兴、人民幸福的重任，努力创造经得起实践、人民、历史检验的新业绩。深刻把握讲话贯穿的真挚为民情怀，坚持以民为本、以人为本，解决好“为了谁、依靠谁、我是谁”这个根本问题，始终把人民对美好生活的向往作为我们的奋斗目标。深刻把握讲话贯穿的务实思想作风，坚持求真务实、真抓实干，发扬钉钉子精神，以抓铁有痕、踏石留印的劲头，奋力推进党和国家各项工作。深刻把握讲话贯穿的科学思想方法，善于运用战略思维、辩证思维、系统思维、创新思维、底线思维分析解决问题，不断增强工作的科学性、预见性、创造性。

**三要加深对讲话的内在联系和科学体系的理解。**习近平总书记系列重要讲话，围绕坚持和发展中国特色社会主义、全面建成小康社会、实现中华民族伟大复兴中国梦这个主题，从党和国家事业发展的各个领域、各个方面展开，阐发的一系列思想观点是彼此联系、相互贯通的，是一个有机统一的整体。学习贯彻讲话精神，要全面地学、系统地学，把握内在逻辑和基本精神。要把讲话精神作为一个科学体系来把握，通过深入的学习思考，全面理解讲话的重大意义、科学内涵、实践要求，准确把握讲话提出的一系列重大战略思想和重大理论观点，努力把零散的感性理解上升为系统的理性认识，真正在深层次上提高思想理论水平。

## 二、坚持联系实际学，着力用习近平总书记系列重要讲话精神指导改革发展稳定实践

“为学之实，固在践履”。学习的目的全在于应用，应用的过程促进学习深化，也检验学习

成效。学习习近平总书记系列重要讲话，要大力弘扬理论联系实际的优良学风，坚持学用结合、知行统一，把学习成效体现到促进主观世界和客观世界改造上，使思想真正有所提高，使工作切实得到改进和加强。

**一要联系工作实际抓学习，在推动改革发展上取得新成效。**习近平总书记系列重要讲话，既是思想上的强大武器，又是行动上的科学指南。各地区各部门党委中心组学习讲话精神，就要以我们正在做的事情为中心，用讲话精神研究谋划工作、指导推动工作，把学习成果转化为切实可行的政策举措，转化为推动经济社会持续健康发展的进展成效。今年是贯彻党的十八届三中全会精神、全面深化改革的第一年。要通过学习贯彻讲话精神，增强进取意识、创新意识、责任意识，牢牢把握改革正确方向，凝聚改革共识，大胆探索实践，正确、准确、有序、协调推进改革，起好步、开好局，一步一个脚印把全面深化改革的宏伟蓝图变为现实。

**二要带着问题抓学习，提高发现问题、分析问题、解决问题的能力。**问题是时代的声音，是理论和实践的结合点。当前，我国正处在发展关键期、改革攻坚期、矛盾凸显期，长期积累的老问题集中显现，同时又遇到许多新情况新问题，需要我们在学习中去不断认识、研究和解决。习近平总书记系列重要讲话，对我们面临的许多重大问题作出了科学回答，既部署“过河的任务”、又指导如何解决“桥或船”的问题，为我们提供了破解难题的钥匙。学习讲话精神，要增强问题意识，树立问题导向，直面改革发展稳定中的重大问题，直面干部群众关心的热点难点问题，直面党的建设的突出问题，不回避、不绕开，善于以讲话精神为科学武器分析解决问题，找到攻坚克难的新思路、新方法、新举措，不断打开工作新局面。

**三要联系思想实际抓学习，加强党性修养和作风锤炼。**学习习近平总书记系列重要讲话精神，既是改造客观世界的过程，也是改造主观世界的过程。要坚持不懈用讲话精神武装头脑，增强党性观念和宗旨意识，补足我们精神上的“钙”，炼就金刚不坏之身，坚决守住理想信念的主线，守住为民服务的生命线，守住道德操守的底线，彰显共产党人的政治品格和价值追求，做共产主义远大理想和中国特色社会主义共同理想的坚定信仰者和忠实践行者。在今年全国“两会”上，习近平总书记提出各级领导干部都要树立和发扬好的作风，既严以修身、严以用权、严以律己，又谋事要实、创业要实、做人要实。这是党的领导干部的为官之道和行为准则。各级党委中心组要按照总书记的要求，引导党员干部加强党性修养，增强宗旨意识，树立正确的政绩观，自觉践行“三严三实”，在作风建设上不断取得新成效。当前，第二批党的群众路线教育实践活动正在深入开展。要把学习讲话精神与开展教育实践活动结合起来，把讲话精神作为一面“镜子”，对照检视我们的思想和作风，查找自身不足、明确努力方向，切实解决形式主义、官僚主义、享乐主义和奢靡之风问题，让人民群众感受到党员干部作风的新气象新变化。

## 三、坚持拓展内容学，把学习习近平总书记系列重要讲话精神同学习马克思主义哲学、党史国史和社会主义发展史结合起来

习近平总书记指出：“哲学是人类的智慧之学，历史是前人的实践和智慧之书。所以，各级领导干部要注重加强对马克思主义哲学的学习和对历史的学习。”党委中心组要在重点学好习近平总书记系列重要讲话精神的同时，抓好马克思主义哲学的学习，抓好党史、国史和社会主义发展史等的学习，推动领导干部不断增强理论思维、完善知识结构、提升精神境界，进一步深化对习近平总书记系列重要讲话精神的理解和把握。

**一要把马克思主义哲学作为看家本领。**马克思主义哲学深刻揭示了客观世界特别是人类社会发展的一般规律，是指导共产党人前进的

有力思想武器。学哲学、用哲学是我们党的一个好传统,也是领导干部的基本功。习近平总书记系列重要讲话本身,就是用马克思主义立场观点方法认识问题、分析问题、解决问题的典范,蕴含着精深的马克思主义哲学素养。要把学习习近平总书记系列重要讲话精神与学习马克思主义哲学贯通起来,相互参照、用心体会、活学活用。要结合实际认真研读马克思主义哲学经典著作,努力掌握科学的思想方法和工作方法,更好认识党和国家事业发展大势,更好认识历史发展规律,更加能动地推动工作。

**二要把党史、国史的学习作为必修课。**历史是最好的教科书,中国革命历史是最好的营养剂。学好党史国史,不仅仅是学点历史知识的问题,而是一个重大而现实的政治问题。现在,敌对势力往往拿中国革命史、新中国历史来做文章,大肆宣扬历史虚无主义,竭尽攻击、丑化、污蔑之能事,妄图以此来搞乱人心。各级党委中心组要认真组织党史国史的学习,引导党员领导干部牢固树立正确的历史观,确立历史唯物主义观点,深刻认识历史和人民选择中国共产党、选择马克思主义、选择社会主义道路、选择改革开放的历史必然性,坚决反对历史虚无主义,反对任何歪曲和丑化党的历史、新中国历史的错误思想观点。要科学认识和把握党情、国情,认识和把握革命、建设、改革各个历史时期创造的丰富经验,知史爱党、知史爱国、知史爱民,继承和发扬共产党人建树的优良传统,在对历史的深入思考中做好现实工作,更好地走向未来。

**三要把社会主义发展史的学习作为重要内容。**中国特色社会主义,是党和人民90多年奋斗、创造、积累的根本成就,凝结着实现中华民族伟大复兴这个近代以来中华民族最根本的梦想,也体现着近代以来人类对社会主义的美好憧憬和不懈探索。去年年初,习近平总书记在新进中央委员会的委员、候补委员学习贯彻党的十八大精神研讨班上的讲话,透过500年大跨度和6个时间段,从理论和实践的结合上,深刻阐明了世界社会主义发展的曲折历史,阐明了中国特色社会主义发展的历史,对学习了解社会主义发展史提出了明确要求。各级党委中心组要高度重视学习社会主义发展史,进一步深化对社会主义历史必然性的认识,深化对中国特色社会主义规律的认识,深刻理解只有社会主义才能救中国、只有中国特色社会主义才能发展中国,更加坚定道路自信、理论自信、制度自信,肩负起坚持和发展中国特色社会主义的历史责任。要深刻理解改革开放前和改革开放后是两个相互联系又有重大区别的历史时期,本质上都是我们党领导人民进行社会主义建设的实践探索,不能用改革开放后的历史时期否定改革开放前的历史时期,也不能用改革开放前的历史时期否定改革开放后的历史时期。

## 四、发挥党委中心组示范带动作用,推动习近平总书记系列重要讲话精神学习向广度深度发展

党委中心组是领导干部开展理论学习的重要形式,是加强领导班子思想政治建设的有效途径,对推动全党学习有着重要导向和示范作用。抓好习近平总书记系列重要讲话精神的学习,首先要抓好各级党委中心组学习,把党委中心组打造成学习的"排头兵"、"模范班",以此带动全党全社会深入学习。

**要在真学深学上作示范。**党委中心组成员都是领导干部,要把学习习近平总书记系列重要讲话精神作为一种政治责任,带着执着的信念学,带着实践的要求学。要坚持高标准严要求,以身作则、率先垂范,做到在学习上深一步、认识上高一筹、实践上先一着,力求对讲话精神领会得更全面、把握得更准确、贯彻得更坚决。要主动深入到党员、干部、群众中去,讲党课、作辅导,宣讲讲话精神,把学习延伸拓展到基层,形成一级抓一级、一级带一级的良好局面。

**要在创新学习方法上作示范。**学习方法对头了,才能事半功倍,收到更好效果。要积极拓

展党委中心组学习习近平总书记系列重要讲话精神的形式和渠道，把学习搞得生动活泼、有声有色，努力在提升学习质量和效果上下功夫。要更好地把个人自学与集体研讨结合起来，以抓好个人自学为基础，精心组织集体学习和专题研讨，鼓励民主讨论、碰撞思想，做到相互启发、共同提高。要更好地把理论学习与调查研究结合起来，“白天走干讲，晚上读写想”，深入基层、深入一线，了解真实情况，解决实际问题。要善于运用网络新技术新应用，积极搭建开放兼容的网络学习平台，不断拓展学习渠道，丰富学习手段，提高学习效率。

**要在健全学习制度上作示范。**这些年，中央对党委中心组学习有很多制度性规定，比如，对党委中心组的人员组成、学习组织、学习管理，对领导干部个人自学、集中学习、专题调研等，都有明确具体的要求。对这些有效制度和明确要求，要严格执行、落到实处，确保党委中心组学习规范有序运行。在实际工作中，各地各部门还创造了不少好的做法和经验，要及时用制度的形式固定下来、坚持下去。同时，要结合形势的发展变化，加大制度创新力度，探索新的学习机制，不断提高党委中心组学习的科学化水平。

科学安排和精心组织好中心组学习，是各级党委必须认真抓好的一项重要工作。要加强组织领导，各级党委要把这项工作摆在突出位置，列入重要议事日程，党委一把手要切实担负起领导责任，以高度负责的精神抓好中心组学习，以自己的模范行为带动中心组成员认真学习。要加强指导服务，上级党委要经常了解下级党委中心组的学习情况，针对存在的薄弱环节和问题提出改进的具体要求，推动各级党委重视和加强中心组学习。要加强检查考核，完善考核办法，定期组织督查，把考核结果纳入领导干部综合评价体系和领导班子建设目标管理体系，作为考核领导班子和使用干部的重要依据，推动党委中心组学习的深入开展。总之，要把习近平总书记系列重要讲话精神的学习贯彻不断引向深入，推进全党理论武装工作，更好地用讲话精神统一思想、凝聚力量，为全面深化改革、夺取中国特色社会主义新胜利作出更大贡献。

（作者：中共中央政治局委员、中央书记处书记、中央宣传部部长）

# 学好强军理论　干好强军事业

## ——深入学习贯彻习主席关于国防和军队建设重要论述

许其亮

中国人民解放军从八一南昌起义走来，一路血火风雨、披荆斩棘，为民族独立、人民解放和社会主义中国繁荣发展，建立了卓越功勋。87 年的光辉历程证明，我军不愧为党和人民高度信赖的人民军队，不愧为捍卫国家和民族利益的钢铁长城。党的理论是阳光雨露，一部人民军队历史就是一部在党的理论引领下的战斗史发展史。党的十八大以来，习近平主席在领导党和国家事业继往开来的伟大实践中，对国防和军队建设亲抓实抓、运筹帷幄，作出一系列重要论述，在毛主席、邓主席、江主席和胡主席奠定的基础上，指引我军开启了强军新征程。我们要把学习贯彻习主席关于国防和军队建设重要论述作为重大政治任务，坚持学用结合、知行统一，真信真学真转化真运用，凝聚起同心共筑强军梦的意志力量，奋力书写强军兴军的壮美篇章。

### 一、伟大时代呼唤伟大理论，强军实践必须以强军理论引领

当前，党和国家事业发展站在新的历史起点上。习主席接过历史的接力棒，以纵览风云的时代眼光、强军兴邦的历史担当、锐意改革的创新精神，对国防和军队建设作出深邃思考和战略筹划，形成具有鲜明时代性实践性创新性的军事思想，开辟了当代中国军事发展的新境界。我们要以至诚的信仰、真挚的情感，把习主席系列重要讲话精神及其“军事篇”，作为引领全军思想和行动的指南牢固确立起来。

**实现中国梦是共产党人的庄严使命，以强军梦支撑中国梦需要强军理论指引。**实现中华民族伟大复兴的中国梦，承载着一个在近代史上饱受屈辱的古老民族的百年夙愿，是当代中国共产党人的历史担当和不懈追求。中国梦的实现不是一帆风顺的，必将面对各种阻力、挑战和风险，注定要进行具有许多新的历史特点的伟大斗争。党的任务决定着军队的使命。作为党绝对领导下的人民军队，我军肩负着实现强军梦，为中国梦提供坚强力量保证的重大责任。习主席把国防和军队建设放在实现民族复兴的大目标下来考量，放在世界前所未有的大变局中来运筹，放在中国特色社会主义事业发展总体布局中来把握，提出一系列富有创见的重大思想理论观点和决策部署，深刻回答了在我国由大向强、走向世界舞台中心的进程中，建设什么样的军队、怎样建设军队，打什么仗、怎样打仗的根本问题。学习贯彻好习主席重要论述，我们就能找准历史方位、把握根本遵循，建设强大人民军队就有了思想灯塔和“导航仪”，更好地肩负起维护国家和民族最高利益的历史重任。

**实现强军兴军任重道远，需要与时俱进的强大思想武器攻坚破难。**强军事业是壮阔伟业，征程充满艰辛与挑战。这一征程中，面临世界新军事革命加速发展，战争形态加快向信息化战争演变；各种安全威胁叠加凸显，国内外安全形势更加严峻复杂；军队现代化建设正加紧战略转型，思想观念、组织形态、作战理论都面临变革和重塑，制约我军建军打仗的重大问题亟待破解。面对新的形势任务，如何着眼建设与我国国际地位相称、与国家安全和发展利益相适应的巩固国防和强大军队，科学规划强军兴军的目标任务、方针原则、建设重点、强大动力和根本保证，是我们面临的时代性课题。习

主席深刻总结我们党建军治军经验，坚持和发展毛泽东军事思想、邓小平新时期军队建设思想、江泽民国防和军队建设思想、胡锦涛国防和军队建设思想，鲜明提出党在新形势下的强军目标等一系列战略思想，对新的历史条件下为什么强军、强军强什么、怎样强军作出系统阐述，为我们解决强军实践课题提供了"金钥匙"，引领我军在强军之路上阔步前进。党的十八大以来，我军建设发展呈现新气象新面貌，强军目标深入人心，聚焦打仗导向鲜明，重大任务完成出色，改进作风成效明显。国防和军队建设的精彩开局和崭新成就，充分彰显了习主席重要论述的强大实践威力。

**汇聚强军兴军的意志力量，必须立起时代的精神旗帜。**思想强才是内在的强，精神强才是真正的强。一个国家、一个民族、一支军队，没有精神旗帜就会思想混乱、一盘散沙。习主席重要论述，既高扬共产主义远大理想，又擘画中国梦强军梦宏伟蓝图，把国家梦民族梦与个人梦统一起来，熔铸起全军官兵团结奋斗的信念根基和思想基础；大力倡导培塑社会主义核心价值观和当代革命军人核心价值观，传承弘扬中华优秀传统文化和我党我军光荣传统，构筑起当代革命军人的价值坐标和精神家园；饱含当代共产党人和中国军人的道路自信、理论自信、制度自信，立起了与西方意识形态较量的"主心骨"和"定海神针"，给人以强大信念和内在定力。在强军兴军征程中，把习主席重要论述作为精神旗帜高高举起，我们就有了凝心聚力的强大精神内核，就能在各种复杂环境和伟大斗争考验中知所趋赴、奋勇前行，坚定向着强国强军目标迈开步、齐步走。

## 二、老老实实学习钻研，准确把握强军兴军时代要求

习主席强调，要老老实实、原原本本学习马克思主义。这道出了共产党人的优良学风和看家本领。马克思主义是老老实实的学问，没有老老实实的学风，就没有老老实实的作风。学理论不是为了武装嘴巴，决不能耍滑头、浅尝辄止。习主席关于国防和军队建设重要论述，是当代中国马克思主义军事理论，内涵意蕴丰厚，实践特色鲜明，必须沉得下心钻得进去，如琢如磨、潜心领悟，才能真正把强军兴军的大战略大思路内化于心、外化于行。

**深刻把握和牢固确立党在新形势下的强军目标。**这是学习贯彻习主席重要论述必须把握的核心要求，指明了强军兴军的前进方向。习主席提出的强军目标，深刻回答了在意识形态斗争尖锐、战争形态深刻演变、社会环境日趋复杂和部队长期不打仗、官兵成分重大变化的大背景下，我军还能不能始终做到坚决听党指挥、能打胜仗、保持人民军队本色作风的历史性课题。这抓住了建军治军的要害，拎起了国防和军队建设的总纲。习主席重要论述就是围绕这个鲜明主题展开的，我们学习贯彻要牢牢把握和聚焦这一目标，切实铸牢听党指挥这个强军之魂，扭住能打仗打胜仗这个强军之要，夯实依法治军从严治军这个强军之基，努力建设党绝对领导下的强国军队、一流军队。

**深刻把握和全面贯彻积极防御战略方针。**这指明了强军兴军必须坚持的根本战略指导。在我国实现"两个一百年"奋斗目标、由大向强的历史进程中，在世界军事竞争加剧、我国安全问题范围和领域不断扩大的战略环境下，如何正确建设和运用军事力量，是必须高度关注和解决的重大战略问题。习主席亲任中央国家安全委员会主席，提出总体国家安全观，推动创新发展军事战略指导，着眼为国家和平发展塑造有利战略态势，把预防危机、遏制战争、打赢战争统一起来，把备战和止战、威慑和实战、战争行动和和平时期军事力量运用作为整体加以运筹，推动军队现代化战略转型。我们要深刻领悟积极防御战略方针新的时代内涵，切实用以统揽军队建设、改革和军事斗争准备，使军事战略更好地服务于党和国家战略目标。

**深刻把握和坚定不移推进国防和军队改革。**这指出了强军兴军的关键一招和必由之

路。这些年我军改革的步伐从来没有停止，但一些深层次矛盾问题还没有得到有效解决，不改革就打不了仗、打不了胜仗。习主席把国防和军队改革纳入全面深化改革总体布局，上升为党的意志和国家行为，要求必须抓住难得的机会窗口，进一步解放和发展战斗力、解放和增强军队活力，下决心在领导指挥体制、力量结构编成、政策制度调整等重点领域进行突破，构建中国特色现代军事力量体系。特别强调无论怎么改，党对军队绝对领导的根本原则、全心全意为人民服务的根本宗旨永远不能变。这轮改革是军队"上层建筑"的重塑，我们要冲破思想观念障碍和利益固化藩篱，以坚定的决心推进改革，积极拥护支持改革，向历史交出合格答卷。

**深刻把握和做好军民深度融合这篇大文章**。这明确了强军兴军融入强国兴邦的基本方略和现实路径。随着新一轮科技革命、产业革命和军事革命蓬勃发展，信息网络、人才技术、基础设施等领域军地通用性更强、融合度更高，建设信息化军队、打赢信息化战争，更离不开国家和社会力量支撑。习主席把军民融合发展作为一项国家战略加以推进，要求统筹经济建设和国防建设，在国家层面建立统一领导、军地协调、需求对接、资源共享机制，形成全要素多领域高效益的军民融合深度发展格局。这就把富国与强军有机统一起来，既是兴国之举，又是强军之策，体现了依靠人民建设国防、打赢战争的崭新要求。我们要深入贯彻这个大方略，厚植国防和军队建设的社会土壤，从而获得更加深厚的战争伟力。

## 三、眼睛向内改造思想，真正做到有灵魂有本事有品德

理论的第一落脚点在于改造人的思想，内化才能转化，改造人才能改造世界。学习贯彻习主席重要论述，首先要领悟贯穿其中的立场观点方法，掌握活的思想精髓，修炼共产党人的"金刚不坏之身"，涵养我们的内心世界，真正做大写的人、优秀的共产党人、合格的革命军人。

**核心是坚定信仰信念**。习主席重要论述充满对党和人民的大忠大爱，对共产主义理想的执着追求，对中国特色社会主义的坚定自信，强调理想信念是共产党人精神上的"钙"，缺了钙就会得软骨病，对一些党员干部不信马列信鬼神进行尖锐批评，要求在各种风浪考验面前坚如磐石。军人的信仰信念是革命军人意志上的"钢"，核心之点是对党忠诚。我们要坚持用中国特色社会主义理论体系武装头脑，浇灌信仰之树，真正把信仰的种子植根灵魂。特别是高级干部要做对党忠诚的楷模，言行一致、表里如一，与党同心同德，决不做政治上的"两面人"。

**紧要的是有抱负敢担当**。习主席强调，强军的责任历史地落到我们肩上，要求时刻以党和人民为念，以国家主权、安全、领土完整为念，以国防和军队建设为念，在遇到重大挑战时针锋相对、寸土必争。我们要深刻感悟习主席励精图治、继往开来，引领中国走向复兴的雄心抱负，做到胸怀大局、为党分忧，心头想着国家安危，肩上扛着军人责任，不做和平官和平兵，厉兵秣马、枕戈待旦，时刻准备为祖国和人民去战斗。

**关键是内化为先进思维理念**。习主席重要论述展示了宽广的战略视野、深远的战略谋划，是我们打开视野、提高素养的"教科书"、"营养剂"。要善于从中汲取战略智慧，从传统机械化战争思维、传统守土卫疆思维中走出来，树立起与强军目标相适应的思维方式和思想观念。站在时代前沿军事前沿科技前沿，坚持从政治、经济、军事、外交全局上观察处理问题，坚持用发展的眼光、对手的眼光审视自己，钻研信息化战争，掌握制胜机理，提升信息化素养和带兵打仗指挥打仗能力。

**基础的是锤炼党性修养**。习主席率先垂范，在立德、修德、践德上为我们树立了光辉榜样。要把立言与立行统一起来，把做人与做官统一起来，把修身养性作为立身之本和终生课题。一个人精神追求多一点，物质欲望就会少

一点；追求越高尚，形象越高大，越有感染力号召力。反之，官位再高，群众也不信服，迟早要出问题。大力弘扬焦裕禄、杨业功精神，以徐才厚、谷俊山案件为警示，对照“三严三实”要求清除思想之垢、作风之弊，做官要干净，做人要本分，行为要检点，以人格魅力取信官兵，以一身正气带出部队清风正气。

## 四、用理论之矢射部队建设之的，在解决问题、推动工作、履行使命中落地生根

马克思主义理论最本质特征是实践性，检验学习成效最终要看实践。我们要带着问题学论述，学好论述促工作，使党的军事理论在强军兴军实践中开花结果。

**坚持问题导向、破解重大问题。**问题是理论通向实践的桥梁，是发展进步的台阶。习主席重要论述的一个鲜明特征，就是以问题为中心，直面问题、解决问题。当前，军队建设处在战略转型的关键期、深化改革的攻坚期、改进作风的较劲期，遇到的矛盾问题非常多。我们要牢固树立“揭露问题多是勇气，解决问题多是成绩”的观念，把是否真正解决问题作为衡量学习贯彻成效的重要尺度。运用习主席重要论述这一思想武器，找准问题症结，破到问题深处，拿出真招实策，通过一个个问题解决，一步步把部队建设向前推进。

**紧密联系实际、抓好转化运用。**理论要变成改造世界的物质力量，重在转化、难在转化，这是一个“落花生”的过程，就是落地、生根、开花、结果。要把强军目标转化为具体思路举措，结合各单位各领域实际形成贯彻落实的目标图、路线图、展开图；转化为更高的标准要求，坚持瞄准一流、追求卓越、走在前列，用强军之魂、强军之要、强军之基来检验各项建设和工作；转化为投身强军实践的自觉行动，引导官兵在强军路上你追我赶、创先争优，形成百舸争流的生动局面。

**坚决完成任务、不负期望重托。**当前和今后一个时期，军队工作的重心就是铸魂固本、练兵备战、深化改革、改进作风。要以学习贯彻习主席重要论述焕发出的政治热情和激情干劲，搞建设、务打仗，大力加强和改进军队政治工作，更好地发挥生命线作用；拓展深化军事斗争准备，把信息化条件下战斗力标准真正立起来落下去；全力以赴推进国防和军队改革，集聚全军智慧搞好研究论证，确保改革顺利进行、官兵思想稳定、部队战斗力稳步提高；善始善终抓好军队党的群众路线教育实践活动，以“零容忍”将反腐败斗争进行到底，推动作风建设持久深入。全军和武警部队要以邓小平理论、“三个代表”重要思想、科学发展观为指导，坚决落实习主席一系列决策指示，坚决听从党中央、中央军委和习主席指挥，一心一意谋强军练打仗，在党和人民需要的时候上得去、打得赢，坚决维护国家主权、安全和发展利益。

（作者：中共中央政治局委员、中央军委副主席）

# 努力推进国家治理体系和治理能力现代化

王伟光

完善和发展中国特色社会主义制度，推进国家治理体系和治理能力现代化，是党的十八届三中全会提出的全面深化改革总目标。在省部级主要领导干部学习贯彻十八届三中全会精神全面深化改革专题研讨班开班式上，习近平总书记以广阔的世界历史眼光，纵观近代以来我国社会变革的历史过程，对全面深化改革的总目标作了精辟论述。深刻领会和贯彻落实习近平总书记重要论述精神，努力推进国家治理体系和治理能力现代化，是当前党和国家面临的一项重要任务，也是哲学社会科学界必须深入研究的一个重大课题。

## 一、充分认识推进国家治理体系和治理能力现代化的重要性和紧迫性

明确提出完善和发展中国特色社会主义制度、推进国家治理体系和治理能力现代化，集中反映了我们党对领导中国人民建设中国特色社会主义所面临的形势和任务作出的新判断，是对我们党治国理政思想的重大创新，是对中国特色社会主义理论宝库的重要贡献，是对马克思主义国家学说的丰富和发展，标志着我们党对人类社会发展规律、社会主义建设规律和共产党执政规律的认识达到了一个新的高度。这是我们党总结近代以来特别是上世纪 80 年代末 90 年代初以来国际国内在国家治理问题上的经验教训得到的深刻启示，也是我们党领导中国人民历经革命、建设、改革进程得出的必然结论。

100 多年来，中华民族在寻找适合中国国情的国家治理体系方面走过了艰难曲折的历史过程。辛亥革命后，各种社会力量在建立什么样的国家治理体系问题上进行了激烈的斗争和较量。一些人企图复辟帝制，一些人尝试建立君主立宪制、议会制、多党制、总统制，但最终都以失败而告终。在中国社会各阶级、各政党迷茫、困惑和彷徨之际，俄国爆发了十月社会主义革命。这场革命不仅开辟了人类历史的新纪元，而且给中国送来了马克思列宁主义，同时也向中国人民展现了一种全新的国家治理理念。选择以马克思列宁主义为指导思想的中国共产党，肩负历史赋予的实现中华民族伟大复兴的重任，深刻分析中国社会状况，深入思考中国前途命运，认为只有社会主义才能解决中国的问题，才是真正实现民族独立和人民解放、国家富强和人民幸福的正确道路。以毛泽东同志为代表的中国共产党人在领导中国革命的进程中，一直在思考未来建立什么样的国家治理体系问题。特别是在新中国成立前夕，这一问题已经现实而紧迫地摆在了中国共产党人面前。新中国成立后，我们党在建设社会主义的实践中继续坚持不懈地探索这一问题并取得重要成果。但是，后来由于对全面建设社会主义的思想准备不足，在对国际国内形势的认识上和指导思想上出现偏差，导致发生十年“文化大革命”这样全局性的、长时间的严重错误，使新中国成立初期开始的这一实践探索没有坚持下去。因此，直到改革开放前，我们并没有真正找到完全符合我国实际的治理国家的制度模式和制度体系。

实行改革开放后，党和国家进入一个新的历史时期，以邓小平同志为代表的中国共产党人开始以全新的角度思考国家治理体系问题。邓小平同志曾经明确指出，我们进行社会主义

现代化建设，是要在经济上赶上发达资本主义国家，在政治上创造比资本主义国家的民主更高更切实的民主，并且造就比这些国家更多更优秀的人才。他一再强调，领导制度、组织制度问题更带有根本性、全局性、稳定性和长期性，关系到党和国家是否改变颜色，必须引起全党的高度重视。1992 年在南方谈话中，邓小平同志曾经预计，再有 30 年的时间，中国将在各方面形成一整套更加成熟、更加定型的制度，在这个制度下的方针、政策也将更加定型化。邓小平同志之所以反复强调制度问题，反复强调要使我们的制度更加成熟、更加定型，不仅是要解决好制约党和国家事业发展的体制机制弊端问题，而且更重要的是要解决好事关党和国家长治久安的制度现代化问题。

国家治理体系的完善程度及治理能力的强弱，是一个国家综合国力和竞争力的重要标志。从世界上看，不同国家的治理体系各不相同，治理能力也存在差异。但是，对任何一个国家来说，如果没有比较完善的国家治理体系和比较强大的国家治理能力，就不可能有效地解决各种社会矛盾和问题，就不可能形成国家建设和发展所必需的向心力、凝聚力，就会导致社会动荡、政权更迭等严重政治后果。在这方面，一些国家和政党给我们留下了非常惨痛的经验教训。

今天，我们党已经从领导人民为夺取全国政权而奋斗的党，成为领导人民掌握全国政权并长期执政的党；已经从受到外部封锁和实行计划经济条件下领导国家建设的党，成为对外开放和发展社会主义市场经济条件下领导国家建设的党。我们党所面临的一项重大历史任务，就是坚持和完善中国特色社会主义制度，为党和国家事业发展、为人民幸福安康、为社会和谐稳定、为国家长治久安提供一整套更完备、更稳定、更管用的制度体系。在继承邓小平同志战略思想及对新的历史方位和历史任务作出正确判断的基础上，党的十八大从经济、政治、文化、社会、生态文明五个方面提出了全面深化改革开放的制度目标，并强调全面建成小康社会，必须构建系统完备、科学规范、运行有效的制度体系。党的十八届三中全会进而把完善和发展中国特色社会主义制度、推进国家治理体系和治理能力现代化确定为全面深化改革的总目标。正如习近平总书记指出的，这是坚持和发展中国特色社会主义的必然要求，也是实现社会主义现代化的应有之义。

## 二、准确把握国家治理体系和治理能力现代化的科学内涵

以习近平同志为总书记的党中央继承和发展我们党关于社会主义现代化建设的理论，明确提出推进国家治理体系和治理能力现代化，实现从工业、农业、国防和科学技术现代化向全面现代化目标的历史跨越。需要指出的是，这不是简单的概念或范畴的变化，不是在工业、农业、国防和科技现代化之后附加的第五“化”，而是蕴含着全新内容的政治理念。它不仅反映了我们党对国家现代化认识的深化和系统化，而且体现了我们党对改革认识的深化和系统化。

习近平总书记明确指出：“国家治理体系和治理能力是一个国家制度和制度执行能力的集中体现。国家治理体系是在党领导下管理国家的制度体系，包括经济、政治、文化、社会、生态文明和党的建设等各领域体制机制、法律法规安排，也就是一整套紧密相连、相互协调的国家制度；国家治理能力则是运用国家制度管理社会各方面事务的能力，包括改革发展稳定、内政外交国防、治党治国治军等各个方面。”这一重要论述，对国家治理体系和治理能力的内涵作出了科学的界定。正确理解和准确把握两个概念的科学内涵，是在实践中推进治理体系和治理能力现代化的思想认识基础。

国家治理体系和治理能力是一个相辅相成的有机整体，有了好的国家治理体系才能真正提高治理能力，提高国家治理能力才能充分发挥国家治理体系的效能。作为治理体系核心内

容的制度，其作用具有根本性、全局性、长远性，但是没有有效的治理能力，再好的制度和制度体系也难以发挥作用。经过36年的改革开放，我们已经走出了一条不同于其他国家特别是西方发达资本主义国家的成功发展道路，取得了举世瞩目的经济社会发展成就，而且形成了一套不同于西方国家的成功制度体系。事实雄辩地证明，治理一个国家，推动一个国家实现现代化，并不是只有一种模式、一条道路，各国完全可以走出适合自己国情的道路来。中国特色社会主义的成功实践，为人类社会开辟了一种新的发展前景，也向其他国家和民族提供了一种新的制度模式和道路选择，同时也宣告了“历史终结论”、“中国崩溃论”等的破产。

从总体上讲，我们的国家治理体系和治理能力是好的，是有独特优势的，是适合我国国情和发展要求的，得到国际上越来越多人的肯定和赞扬。但是，也必须清醒认识到，与我国经济社会发展的要求相比，与人民群众的期待相比，与当今世界日趋激烈的国际竞争相比，与实现国家长治久安的历史任务相比，我们在国家治理体系和治理能力方面还有许多不足，还有许多亟待改进的地方；我们的制度还没有达到当年邓小平同志提出的更加成熟、更加定型的要求，有些方面甚至已经成为影响和制约发展稳定的重要因素；我们已经有了比较完善的制度体系，但制度的效能和作用还没有得到充分发挥。因此，必须适应时代的变化和国家现代化的总进程，从各个领域推进国家治理体系和治理能力现代化，保持国家治理体系的有效运转，在着力提高国家治理能力上下功夫。既要改革不适应实践发展要求的体制机制、法律法规，又要不断构建新的体制机制、法律法规，使各方面制度更加科学、更加完善，实现党、国家、社会各项事务治理制度化、规范化、程序化。要不断提高党科学执政、民主执政、依法执政水平，提高国家机构履职能力，提高人民群众依法管理国家事务、经济社会文化事务和自身事务的能力；把各方面的制度优势转化为国家治理的实际效能，不断提高运用中国特色社会主义制度有效治理国家的水平。

## 三、始终坚持推进国家治理体系和治理能力现代化的正确方向

习近平总书记指出，推进国家治理体系和治理能力现代化，必须完整理解和准确把握全面深化改革的总目标。这个总目标是由两句话组成的一个整体，即完善和发展中国特色社会主义制度、推进国家治理体系和治理能力现代化。前一句话是根本前提、根本性质和根本方向，就是国家治理体系和治理能力现代化必须在中国特色社会主义制度的框架内进行，必须坚持走中国特色社会主义道路，而不是其他什么道路，既不能走封闭僵化的老路，也不能走改旗易帜的邪路。后一句话讲的是实现形式和基本途径，就是说完善和发展中国特色社会主义制度，必须不断完善国家治理体系和提升国家治理能力，或者说，推进国家治理体系和治理能力现代化的根本目的是完善和发展中国特色社会主义。这两句话必须一起讲，如果只讲推进国家治理体系和治理能力现代化，不讲完善和发展中国特色社会主义制度，就是不完整、不全面的，就会迷失推进国家治理体系和治理能力现代化的正确方向。

推进国家治理体系和治理能力现代化，必须切实解决好制度模式的选择问题。一个国家选择什么样的治理体系，是由这个国家的历史传承、文化传统、经济社会发展水平决定的，是由这个国家的人民决定的。世界上没有放之四海而皆准的发展模式，也没有一成不变的发展道路。一种制度模式在一个国家是适用的，在其他国家则不一定适用。历史和现实一再昭示我们，世界上没有哪个国家或民族是可以完全依赖外部力量、跟在他人后面亦步亦趋实现发展、强大和振兴的。不顾国情照抄照搬别人的制度模式和发展道路，从来都不会成功，不仅不能真正解决实际问题，还会造成经济停滞、政权更迭、社会动荡、主权丧失等严重后果。在这方

面，同样有深刻的经验教训值得我们汲取。

中华民族是一个兼容并蓄、海纳百川的民族，在漫长历史进程中，不断学习他人的好东西，把他人的好东西转化成我们自己的东西，从而形成我们的民族特色。这也就是中华民族绵延五千年而始终充满生机和活力的秘密所在。我国今天的国家治理体系，是在我国历史传承、文化传统、经济社会发展的基础上长期发展、渐进改进、内生性演化的结果。我们的国家治理体系无疑需要改进和完善，但怎么改、怎么完善，我们自己要有主张，要有定力。我们需要借鉴包括政治文明在内的人类文明的一切有益成果，但绝不照搬西方的制度模式和别国的发展道路，当然也绝不把自己的制度模式和发展道路强加给他人。中国的事情必须由中国人民自己作主张、自己来处理，否则就必然遭遇失败，成为他人的附庸。

在纪念毛泽东同志诞辰120周年座谈会上，习近平总书记曾经指出："站立在960万平方公里的广袤土地上，吸吮着中华民族漫长奋斗积累的文化养分，拥有13亿中国人民聚合的磅礴之力，我们走自己的路，具有无比广阔的舞台，具有无比深厚的历史底蕴，具有无比强大的前进定力。"这充分显示出当代中国共产党人对中国特色社会主义制度的坚定自信。没有坚定的制度自信，就不可能有全面深化改革的勇气，当然，离开不断改革和完善，制度自信不可能彻底，也不可能久远。全面深化改革，推进国家治理体系和治理能力现代化，是为了更好地完善和发展中国特色社会主义制度，而不是削弱、改变或放弃这个制度。坚定制度自信不是要固步自封，而是要不断革除体制机制弊端，让我们的制度更加成熟而持久。不讲或淡化完善和发展中国特色社会主义制度，只讲推进国家治理体系和治理能力现代化，是对全面深化改革总目标的误读和曲解。坚持中国共产党的领导，完善和发展中国特色社会主义制度，是我们治国理政的根本，不容有任何含糊和动摇。必须始终坚持推进国家治理体系和治理能力现代化的正确方向，在思想上进一步明确，我们的国家治理体系和治理能力现代化也要吸纳人类文明的一切优秀成果，但不是接受西方发达资本主义国家的政治理念和话语体系，不是实行西方的多党轮流执政、三权鼎立、两院制，不是实行经济私有化、政治自由化、军队国家化等等。一句话，推进国家治理体系和治理能力现代化，绝不是西方化和资本主义化。

## 四、不断巩固推进国家治理体系和治理能力现代化的价值体系基础

习近平总书记从把握正确方向、汇聚强大力量的战略高度明确指出，推进国家治理体系和治理能力现代化，要大力培育和弘扬社会主义核心价值体系和核心价值观，加快构建充分反映中国特色、民族特性、时代特征的价值体系。这一重要论述，深刻阐明了社会主义核心价值体系和核心价值观对于推进国家治理体系和治理能力现代化的极端重要性。

一个国家的治理体系和治理能力是与这个国家的历史传承、文化传统密切相关的，任何政治制度、经济制度、社会制度和对外政策，都无不蕴含着特定国家和民族的核心价值观。马克思主义认为，世界上的任何事物都是普遍性和特殊性的统一，普遍性寓于特殊性之中，特殊性包含着普遍性，不存在只有普遍性而没有特殊性或者只有特殊性而没有普遍性的东西。所有价值观念都是历史的、具体的，都是由社会经济关系决定的，不存在永恒的、不变的、抽象的价值观念。自由、民主、人权、公平、正义等价值观念也都不是抽象的，而是有着具体的社会政治内容，也是随着经济社会条件的变化而变化的。从这个意义上说，所谓"普世价值"实际上是一个伪命题，它在现实生活中是不存在的。正如一位美国学者所说的，普世主义是西方对付非西方社会的意识形态。西方某些国家把他们的那套价值观念标榜为"普世价值"，把他们诠释的自由、民主、人权等说成是放之四海而皆准的标尺，极力在世界范围内叫卖和推销，台前幕后

策动了一场又一场“颜色革命”，其目的就在于渗透、破坏和颠覆别国政权。国内外一些敌对势力假借“普世价值”之名，抹黑中国共产党，抹黑中国特色社会主义制度，抹黑我国主流意识形态，企图用西方价值观念改造中国，其目的也就在于让中国人民放弃中国共产党的领导，放弃中国特色社会主义制度，使中国再次沦为某些发达资本主义国家的殖民地。

社会主义政治文明批判继承了包括资本主义政治文明在内的一切人类政治文明成果。自由、民主、人权是资产阶级在推翻封建专制制度的革命中所确立的观念，具有巨大的历史进步意义；同时，由于资产阶级民主是建立在私有制基础之上的，它从一开始就是以少数人对多数人的统治为前提，是形式上的民主、“资本”的民主。中国共产党人借用了资产阶级自由、民主、人权等概念，但赋予其完全不同的政治涵义。作为社会主义核心价值观的有机组成部分，民主、自由、平等、公正、法治已经鲜明地写在中国共产党人的旗帜上。社会主义核心价值体系不仅决定着中国特色社会主义的发展方向，而且也是顺利推进国家治理体系和治理能力现代化的重要基础。对于一个国家和民族来说，如果不坚持自己的价值体系和价值观，如果没有自己的精神独立性，那么，其政治、思想、文化、制度等方面也就失去了自主性和独立性的根基。我们要理直气壮地继承和弘扬中华民族传统美德，坚守在中国大地上形成和发展起来的价值体系，努力抢占价值体系的制高点，实现中华传统美德的创造性转化和创新性发展，使中华民族最基本的文化基因与当代文化相适应、与现代社会相协调。要把跨越时空、超越国度、富有永恒魅力、具有当代价值的文化精神弘扬起来，把继承优秀传统文化又弘扬时代精神、立足中国又面向世界的当代中国文化创新成果传播出去，向世界展示中华文化的独特魅力。要认真学习借鉴世界各国人民创造的优秀文明成果，不断增强国家文化软实力，使我们的文化成为抵御西方价值观念渗透的强大思想武器。

推进国家治理体系和治理能力现代化，是一项极为宏大的系统工程，在一定意义上可以说是一场国家治理领域的革命。它涉及经济、政治、文化、社会、生态文明和党的建设等各领域，需要全党全社会的共同努力。哲学社会科学界要认真学习、深刻领会党的十八届三中全会决定和习近平总书记重要论述精神，发挥自身优势，围绕相关重大理论和现实问题，组织精干力量开展深入研究，努力推出高水平的研究成果，及时提供有价值的决策建议，为全面深化改革，完善和发展中国特色社会主义制度，推进国家治理体系和治理能力现代化作出应有的贡献。

（作者：中国社会科学院院长、党组书记）

# 推进社会治理创新　加快平安安徽建设

## ——深入学习贯彻习近平同志关于创新社会治理的重要论述

张宝顺

党的十八大以来，习近平同志从党和国家发展全局的高度，围绕创新社会治理，提出了一系列新观点新论断新要求。这些新思想，既与“完善和发展中国特色社会主义制度，推进国家治理体系和治理能力现代化”的改革总目标相呼应，又与我国经济转轨、社会转型的新形势和人民群众的新期待相适应，是我们党社会建设理论和实践的新发展。我们认真学习贯彻习近平同志重要讲话精神，坚持把平安安徽建设置于经济社会发展全局中来谋划，积极创新社会治理，探索建立科学有效的社会治理体制，努力使社会既充满活力又和谐有序。

### 一、坚持以人为本，着力从源头上预防和化解社会矛盾

习近平同志指出，加强和创新社会治理，关键在体制创新，核心是人，只有人与人和谐相处，社会才会安定有序。他还指出，社会管理主要是对人的服务和管理，说到底是做群众的工作。一切社会管理部门都是为群众服务的部门，一切社会管理工作都是为群众谋利益的工作，一切社会管理过程都是做群众工作的过程。从这个意义上说，群众工作是社会管理的基础性、经常性、根本性工作。这些重要论述，阐明了社会治理的本质要义和改进社会治理方式的着力点，指明了社会领域制度创新的实践路径。

全心全意为人民服务是党的根本宗旨，群众路线是党的生命线和根本工作路线，离开了人民群众，我们将一事无成。推进社会治理体制机制创新，必须走群众路线，坚持以人为本。以人为本是科学发展观的本质和核心，也是社会治理必须坚持的根本原则。必须始终把最广大人民的根本利益作为党和国家一切工作的出发点和落脚点，把最广大人民的根本利益实现好、维护好、发展好，不断满足人民群众日益增长的物质文化需要，做到发展为了人民、发展依靠人民、发展成果由人民共享，促进人的全面发展。

在加强和创新社会治理中以人为本，就是要求我们走群众路线，做好群众工作。必须深入研究形势和任务的发展变化对群众工作提出的新要求，积极探索加强和改进群众工作的新途径新办法，把群众工作贯穿到社会治理各个方面、各个环节，从源头上化解社会矛盾、维护社会稳定、促进社会和谐。民生连着民心，当前，影响社会和谐稳定的突出问题大多是由民生问题引发的。因此，推进社会治理创新，最根本的是保障和改善民生，加快推进以改善民生为重点的社会建设，把群众生活保障好，让人民群众更多更公平地共享发展成果。同时，要把治理工作重心从治标转向治本、从事后救急转向源头疏导，建立健全畅通有序的诉求表达、心理干预、矛盾调处、权益保障机制，解决好群众最关心最直接最现实的利益问题，使群众问题能反映、矛盾能化解、权益有保障，真正从源头上把好关口。

近年来，安徽高度重视民生工作，去年民生支出达到 3487 亿元，占财政总支出的 80%，2012 年开始把美好乡村建设作为惠及千万农民的最大民生工程，去年又以“三线三边”为突破口开展城乡环境整治，深入推进“抓金寨、促全省”扶贫开发战略，广大群众幸福指数不断提高。坚持关口前移、防范在先，深入开展“五级书记带头大走访”活动，扎实推进党的群众

路线教育实践活动，有效预防和减少了一大批社会矛盾，确保了社会和谐稳定。

## 二、坚持多方参与，努力形成社会治理的强大合力

党的十八届三中全会指出，要坚持系统治理，加强党委领导，发挥政府主导作用，鼓励和支持社会各方面参与，实现政府治理和社会自我调节、居民自治良性互动。习近平同志强调，“看不见的手”和“看得见的手”都要用好，努力形成市场作用和政府作用有机统一、相互补充、相互协调、相互促进的格局。这些部署安排和重要论述，充分体现了党领导下多方参与、共同治理的理念和主张，充分反映了社会治理的重要特点。

十八届三中全会提出了全面深化改革的总目标，这就是完善和发展中国特色社会主义制度，推进国家治理体系和治理能力现代化。社会治理体制是中国特色社会主义制度的重要组成部分，也是国家治理体系的重要组成部分，社会治理能力是国家治理能力的重要体现，没有社会治理能力现代化就没有国家治理能力现代化。社会是由方方面面的要素构成的有机整体，综合性、系统性是社会的重要特征。社会治理既是对全社会的治理，也是全社会共同参与的治理，社会治理体制的创新离不开参与治理的各组成要素的创新。

中国是共产党领导的社会主义国家，社会治理离不开党的领导。坚持党的领导，发挥党总揽全局、协调各方的领导核心作用，才能确保社会治理的正确方向。党坚强有力的领导也是政府发挥作用的根本保证，没有党坚强有力的领导，就凝聚不起社会治理的强大力量。社会治理又是政府的基本职能之一，必须发挥政府在社会治理中的主导作用，转变政府职能，深化行政体制改革，创新行政管理方式，健全宏观调控体系，加强市场活动监管，加强和优化公共服务，促进社会公平正义和社会稳定，促进共同富裕。各级政府要切实履行职责，加快建设服务型政府。该管的事一定要管好、管到位，不能推给市场、社会，该放的权一定要放够、放到位，交给市场、社会，不能大包大揽，不能职能错位、越位、缺位。在社会治理上，既要充分发挥政府作用，也要充分发挥社会力量作用，调动政府和社会力量两个积极性。当前，要强化企事业单位、人民团体、社会组织在社会治理中的职责，充分发挥基层自治组织作用，提高群众自治能力，有效组织动员群众，努力形成社会和谐人人有责、和谐社会人人共享的生动局面。

社会组织是社会治理的重要主体和依托。近年来，我们出台扶持政策，大力培育发展公益性、社区服务性社会组织，积极探索政府购买公共服务措施，引导社会组织协助政府做好社会服务治理工作，有效激发了社会组织活力。基层是社会治理的第一道防线，也是加强和创新社会治理最基本、最直接、最有效的力量。我们积极整合基层社会服务管理资源，探索建立乡镇（街道）、村（社区）为民服务、综治维稳信访“两个中心、两个工作站”，让群众“进一扇门、办所有事”，把服务工作做到群众身边。2010年以来，在铜陵、芜湖等市积极推进社区治理体制改革试点，撤销街道并组建社区公共服务中心，整合信息化服务体系，实现治理层级扁平化、网格化，使社区治理服务达到了全方位、无缝隙、全覆盖。我们注重发挥城乡社区自治功能，动员群众积极参与“打更放哨”、“十户联防”等群防群治活动，集民智于治安，化民力为警力，把社会治理触角延伸到社会末梢，使城乡社区成为社会治理的稳固基石。

## 三、坚持依法治理，不断提高社会治理科学化水平

习近平同志强调，推进国家治理体系和治理能力现代化，要高度重视法治问题，采取有力措施全面推进依法治国，建设社会主义法治国家，建设法治中国。他还强调，要强化法律在化解矛盾中的权威地位，使群众由衷感到权益受到了公平对待，利益得到了有效维护。要坚持

法制教育与法治实践相结合，广泛开展依法治理活动，提高社会管理法治化水平。这些重要论述，突出强调了法治在社会治理中的重要作用，阐明了推进社会治理的实践路径和目标要求，为我们运用法治思维和法治方式开展社会治理指明了方向。

邓小平同志曾在总结“文革”教训的基础上深刻指出，制度问题更带有根本性、全局性、稳定性和长期性，这种制度问题，关系到党和国家是否改变颜色。他总结新加坡等国家社会治理的经验，认为，“还是要靠法制，搞法制靠得住些”。法律是制度的重要体现，依法治国、依法执政、依法行政，建设法治国家、法治政府、法治社会，是我们党一直以来的不懈追求。改革开放30多年来，我国取得了举世瞩目的发展成就。这不仅意味着我国走出了一条不同于西方国家的成功发展道路，而且形成了一套不同于西方国家的成功制度体系。中国的实践说明，治理一个国家，推动一个国家实现现代化，并不只有西方制度模式这一条道路，各国完全可以走出自己的道路来。但是也必须看到，相对于实现国家长治久安来说，我们在国家治理体系和治理能力方面还有许多亟待改进的地方，制度还没有达到更加成熟、更加定型的要求。目前来看，制度和法律都已经比较完善，但是在制度和法律的执行上、在领导干部和公民尊法守法依法办事的意识上都还存在问题，影响着国家和社会治理现代化的进程。

依法治国是治理国家的基本方略，依法治理是现代社会治理的基本方式。推进依法治理，首先要弘扬法治精神，培育法治文化，增强以法治方式推进社会治理的思想自觉，逐步培育起全社会崇尚法律、敬畏法律、遵守法律的坚定信仰，进一步形成办事依法、遇事找法、解决问题用法、化解矛盾靠法的法治环境，用法治思维谋划社会治理，用法治方式破解治理难题，使社会治理各项工作纳入法治化轨道。严格执法、公正司法是依法治理的重要环节，人民群众对司法工作最期盼的是公正，最不满的是裁判不公。要牢固树立执法为民理念，坚持“一碗水端平”，公正对待群众诉求，依法审理各类案件，坚决防止和依法纠正冤假错案，努力让人民群众在每一个司法案件中都感受到公平正义。

近年来，我们大力推进法治安徽建设，加强和改进社会领域立法，深入开展“江淮普法行”活动，扎实推进法治城市、法治县区创建等工作，全社会学法尊法守法用法氛围日益浓厚。深化司法体制改革是推进依法治理、维护公平正义的重要途径。我们紧紧围绕提高司法公信力，积极稳妥推进司法体制改革，着力解决影响司法公正、制约司法能力的深层次问题，让司法真正发挥维护社会公平正义最后一道防线的作用。长期以来，人民群众通过信访渠道反映问题的意愿强烈，“信访不信法”、“以访代法”等问题比较突出。今后，要引导群众依法表达诉求、维护权益，特别是对涉法涉诉信访要纳入法治轨道解决，建立依法终结制度，让当事人切实感觉到依照法律程序就能公正有效解决问题。

创新社会治理体制是一项重大课题和系统工程，只有起点，没有终点。我们要认真学习贯彻习近平同志重要讲话精神，切实加强和改进新形势下的社会治理工作，不断提高社会治理水平，确保人民安居乐业、社会安定有序，为打造“三个强省”、建设美好安徽营造良好的社会环境，为实现中华民族伟大复兴的中国梦作出应有贡献！

（作者：中共安徽省委书记）

# 认真学习贯彻习近平总书记系列重要讲话精神<br>确保全面深化改革各项部署落到实处

赵正永

党的十八大以来，以习近平同志为总书记的党中央高举中国特色社会主义伟大旗帜，牢牢抓住改革发展稳定、治党治国治军、内政外交国防中带有根本性、战略性、全局性的重大现实问题，继往开来、励精图治，开创了党和国家事业发展的新局面，营造了全社会积极向上的新风气，得到了全党全国人民的衷心拥护和国际社会的普遍赞誉。特别是一年多来，习近平总书记围绕坚持和发展中国特色社会主义、实现中华民族伟大复兴的中国梦，围绕推进经济建设、政治建设、文化建设、社会建设、生态文明建设，围绕推进国防和军队建设、祖国统一、外交工作，围绕全面提高党的建设科学化水平，发表了一系列重要讲话，提出了许多新思想、新观点、新论断、新要求，为我们在新的历史起点上实现新的奋斗目标提供了基本遵循。

学习好、领会好、贯彻好习近平总书记系列重要讲话精神，对于全党始终保持思想上政治上行动上的高度团结和统一、齐心协力推进中国特色社会主义事业，对于推进我省的改革开放和现代化建设意义重大。去年以来，我们结合学习贯彻党的十八大精神和开展党的群众路线教育实践活动，认真组织了学习习近平总书记系列重要讲话精神的活动，取得了明显成效。按照中央要求和省委十二届四次全会安排，这次开展学习贯彻习近平总书记系列重要讲话精神集中轮训，重点是推动各级领导干部学习更加系统、贯彻更加深入，通过大家带头示范、作出表率，来推动全省学习贯彻不断向基层单位延伸、向普通党员群众延伸，引导和促进全省上下进一步增强和以习近平同志为总书记的党中央保持高度一致的自觉性、坚定性，自觉地把中央的精神、部署转化为我们的行动。这里，我就深入学习贯彻习近平总书记系列重要讲话精神，结合自己的学习感悟，谈几点认识和体会，同大家一起交流。

## 一、站在向中央基准看齐的高度，充分认识学习贯彻习近平总书记系列重要讲话的重大意义

全党向中央看齐，是党带领全国各族人民取得一个又一个胜利的根本所在，是实现经济社会发展、国家长治久安的重要保证。延安时期，毛泽东同志在党的七大预备会议上曾精辟指出："要知道，一个队伍经常是不大整齐的，所以就要常常喊看齐，向左看齐，向右看齐，向中间看齐。我们要向中央基准看齐，向大会基准看齐。看齐是原则，有偏差是实际生活，有了偏差，就喊看齐。"69年后的今天，我们讲"向中央基准看齐，向大会基准看齐"，就是要向党的十八大精神看齐，向以习近平同志为总书记的党中央看齐。要做到这一点，就必须全面把握十八大精神，深刻学习和领会好习近平总书记系列重要讲话，把思想和行动统一到习近平总书记系列重要讲话精神的基准上来。

**习近平总书记系列重要讲话精神，是我们及时跟进中央要求、维护党的团结统一的政治基准。**我们党是按照统一政治纲领和严格组织纪律建立起来的马克思主义政党，全党团结一心是党的光荣传统，也是力量所在。习近平总书记系列重要讲话集中全党智慧，科学回答了党带领人民进行新的伟大斗争进程中的一系列

重大理论和现实问题，集中反映了新一届党中央的执政理念、治国方略、工作思路和信念意志，既充分体现党的最高理想、最终目标，又充分体现党在现阶段的历史使命、行动纲领，为各级党组织和广大党员树起了统一思想认识、保持步调一致的“帅旗”。学习好、贯彻好讲话精神，准确领会核心要义，自觉落实部署要求，必将进一步坚定理想信念，更好地坚持中国道路、弘扬中国精神、凝聚中国力量；必将炼就政治上的“金钟罩”，增强咬定青山不放松、任尔东西南北风的政治底气，确保在任何时候都不为困难风险所惧、不为杂音噪音所扰，始终高擎中国特色社会主义伟大旗帜。

**习近平总书记系列重要讲话精神，是我们武装头脑、提升素养的理论基准。**实践发展永无止境、理论创新永无止境。习近平总书记系列重要讲话站在时代的制高点上，深入阐释党的十八大精神，就如何续写中国特色社会主义新篇章、如何在中国特色社会主义道路上实现民族复兴等重大问题作出全面深刻透彻的回答，显示了对世情、国情、党情的准确把握，展现了宽广的政治视野、深厚的历史意识、巨大的理论勇气、强烈的责任担当。习近平总书记系列重要讲话同马克思列宁主义、毛泽东思想、邓小平理论、“三个代表”重要思想、科学发展观既一脉相承又与时俱进，是对中国特色社会主义理论体系的丰富和发展，是对共产党执政规律、社会主义建设规律和人类社会发展规律认识的深化和升华，是马克思主义中国化、时代化和大众化的最新成果。学习好、贯彻好讲话精神，是在新的实践基础上践行当代中国马克思主义的内在要求，必将极大地促进广大党员认祖归宗、正本清源，更加坚定对马克思主义科学原理的立场自信、观点自信和方法自信。

**习近平总书记系列重要讲话精神，是我们以人为本、执政为民的情感基准。**我们党的根基在人民，血脉在人民，力量在人民。习近平总书记系列重要讲话坚持人民主体地位，始终把人民放在心中最高位置，反复强调人民对美好生活的向往就是我们的奋斗目标和不懈追求，要求各级组织和党员干部对人民群众要有真感情，同人民群众干在一起、苦在一起、累在一起，要像人民的好书记焦裕禄那样，永不脱离群众，始终保持党同人民的血肉联系；强调实现中华民族伟大复兴的中国梦必须紧紧依靠人民，充分调动最广大人民的积极性主动性创造性，全面深化改革要充分发挥人民主体作用，等等。这些重要论述既是对我们党全心全意为人民服务根本宗旨的精辟阐释，又是对人民是真正英雄历史观的生动解读。学习好、贯彻好讲话精神，深刻把握蕴含其中的亲民重民、爱民为民的真挚情怀，对于引导广大党员干部清醒认识作风建设永远在路上，始终以赤诚之心服务群众、以敬畏之心对待权力，更好地凝聚全国各民族团结一致、攻坚克难的强大正能量具有重要意义。

**习近平总书记系列重要讲话精神，是我们增强推动科学发展本领、建设“三个陕西”的实践基准。**习近平总书记系列重要讲话深刻洞察当前国内外大势，直面改革发展的诸多现实困难，针对制约发展的主要矛盾和人民群众反映强烈的突出问题，提出了一系列具有战略性、前瞻性的理念、思路和方法，为我们全面深化改革、全面建成小康社会提供了科学指引。特别是讲话中贯穿的永不动摇的坚定信念、戮力复兴的担当精神、实事求是的务实作风以及辩证唯物主义和历史唯物主义的世界观和方法论，更是激励和指导我们干事创业的强大思想武器和实践指南。学习好、贯彻好讲话精神，把握精神实质和深刻内涵，更好地结合我省实际，认清省情特点、谋划发展措施，就能够真正把党的十八大描绘的宏伟蓝图具体为陕西实践，加快建设“三个陕西”，团结和带领全省人民创造自尊自信、幸福安康的美好生活。

## 二、深刻把握习近平总书记系列重要讲话的精髓要义，自觉在思想上政治上行动上看齐

习近平总书记系列重要讲话思想深邃、博

大精深，是马克思主义基本原理与当代中国改革发展实践相结合的成果，是一个全面系统又与时俱进的理论体系。因此，学习贯彻习近平总书记系列重要讲话，必须系统学、反复学，不断在实践中加深对讲话精神的理解，切实做到内化于心、外化于行。去年底，在省委十二届四次全会上，我结合学习体会归纳了习近平总书记系列重要讲话的八个基本观点。这次培训班，我想着重就习近平总书记系列重要讲话中贯穿的科学思想方法谈一些自己的理解和思考。

**第一，强化历史思维，把握历史脉搏。**习近平总书记系列重要讲话纵论古今、以史为镜，从世界社会主义500年发展史，从中华民族5000年文明史、170多年近现代史，从我们党成立90多年、执政60多年、改革开放30多年的奋斗史出发，深刻阐明了中国特色社会主义是怎么来的、将怎样往前走，讲清了我们党在中华民族文明进步史中处于怎样的历史方位、担负着怎样的历史责任、要沿着怎样的历史轨迹前进，给人鼓舞、给人启迪、给人信心。当前，社会上泛滥着一种历史虚无主义的错误思潮，一些人以“重新评价”为名，歪曲党史、国史，否定已有定论的历史事件和历史人物，最具代表性的就是将改革开放前后30年割裂开来、相互否定。对此，习近平总书记精辟指出，“历史、现实、未来是相通的。历史是过去的现实，现实是未来的历史”，“一切向前走，都不能忘记走过的路；走得再远、走到再光辉的未来，也不能忘记走过的过去。”他强调，“对改革开放前的历史时期要正确评价，不能用改革开放后的历史时期否定改革开放前的历史时期，也不能用改革开放前的历史时期否定改革开放后的历史时期。”这些重要论述，集中体现了我们党对重大历史问题的根本立场和鲜明态度，有力地廓清了人们思想认识上的迷雾。我理解，历史是一个民族、一个国家、一个政党过往发展奋斗历程的生动概括，也是其不可分割的精神脐带。历史演进有其内在逻辑和必然性，而对历史的认知则具有鲜明的阶级属性和意识形态印记。我们要牢固树立马克思主义历史观，加强对党史、国史、世界史的学习，自觉从正反两方面历史经验中汲取智慧营养。要强化历史思维，自觉把现实问题放到历史长河中去考察，冷静客观地剖析事物的产生根源、发展现状和未来走向，不因一时的成功而沾沾自喜，也不因一时的挫折而灰心丧气，始终做到找准方位、遵循规律、顺势而为。

**第二，强化辩证思维，科学分析问题。**所谓辩证思维，就是运用矛盾分析的方法，坚持“两点论”、“重点论”，区分主流和支流，抓住主要矛盾和矛盾的主要方面，辩证地、一分为二地看待问题。研读习近平总书记系列重要讲话，可以说处处闪耀着辩证唯物主义的理论光辉。比如，在方向问题上，他强调既不走封闭僵化的老路，也不走改旗易帜的邪路，而要坚定不移走中国特色社会主义道路；在发展问题上，强调“增长速度很重要，没有一定的速度，就很难说经济工作做得好。但是，速度不是越快越好，关键在于质量和效益，否则速度也难以为继”；在改革问题上，强调要加强顶层设计和摸着石头过河相结合，整体推进与重点突破相结合，并指出起跑决定后程，抓好今年改革具有标志性、关键性、引领性作用；在民生问题上，强调“既尽力而为、又量力而行”，等等。这些重要论述，既牵住了改革发展中一系列重大问题的“牛鼻子”，也为我们运用辩证思维指导实践提供了生动范例。当前，我国发展正处在社会转型期、利益调整期、矛盾凸显期，各种声音众说纷纭，各种利益相互交织，各种困难不断显现。我们必须不断提高辩证思维能力，弄清楚事物的内在联系和变化，搞明白矛盾的对立和统一，透过纷繁复杂的表象看清问题本质、保持清醒头脑、拿出应对良策，坚决避免孤立地、静止地、片面地、形而上学地看待问题，坚决防止生搬硬套、断章取义、顾此失彼地推动政策落实。

**第三，强化战略思维，着眼大势全局。**习近平总书记指出，要善于观大势、谋大事，正确认识和积极顺应中国和世界发展大势，正确认识和妥善处理党和国家面临的大势，善于把握和平、发展、合作、共赢的国际大势，善于把握富强、民主、文明、和谐的国内大势。他多次引用孙中山先生的话告诫全党："世界潮流，浩浩荡荡，顺之者昌，逆之者亡。"他反复强调，"现阶段推进改革，必须识得水性、把握大局、稳中求进"，"全党同志特别是各级领导干部要有自我革新的勇气和胸怀，跳出条条框框限制，正确处理中央和地方、全局和局部、长远和当前的关系，正确对待利益格局调整，坚决克服地方和部门利益的掣肘。"这些重要论述，充分彰显了新一届中央领导集体强烈的历史自觉和宏阔的大局视野，是我们做好一切工作必须牢牢把握的战略基点。经过多年努力，陕西积累的发展势能正在释放，区位、文化、科教、资源等优势更加凸显，全省发展"战车"驶入了上升通道。特别是随着国家深入推进西部大开发、实施向西开放战略、建设丝绸之路经济带，陕西在全国的战略地位进一步提升。我们必须强化大局意识和机遇意识，牢固树立全国一盘棋思想，自觉把全省发展放在全国乃至全球大格局中来思考、来谋划，进一步明确发展的方向和着力点，切实抓住和用好各种现实机遇，巩固心齐气顺劲足的良好局面，加快建设富裕陕西、和谐陕西、美丽陕西，为实现中华民族伟大复兴的中国梦作出我们应有的贡献。

**第四，强化创新思维，坚持问题导向。**问题是时代的声音、实践的向导，是矛盾在现实中的具体表现。矛盾无处不在，问题总会产生。古往今来，人类社会就是在不断发现问题、分析问题、解决问题的过程中向前发展的。对一个执政党而言，愿不愿意承认面临的现实问题、能不能用创新思维攻坚克难，不仅是学习方法、认识水平的体现，更是政治品质、执政能力的体现。学习习近平总书记系列重要讲话，一个突出的感受就是不回避矛盾、不遮掩问题，始终贯穿着强烈的忧患意识、政治勇气和责任担当。他指出，"每个时代总有属于它自己的问题，只要科学地认识、准确地把握、正确地解决这些问题，就能够把我们的社会不断推向前进"，"一个马克思主义政党对自己的错误所抱的态度，是衡量这个党是否真正履行对人民群众所负责任的一个最重要最可靠的尺度"，"坚持原则、敢于担当是党的干部必须具备的基本素质"，敢于担当就是"面对大是大非敢于亮剑，面对矛盾敢于迎难而上，面对危机敢于挺身而出，面对失误敢于承担责任，面对歪风邪气敢于坚决斗争。"特别是习近平总书记指出的许多"四风"突出问题，直言不讳、切中时弊，一针见血、直击心底，令人深受触动和警醒。现在改革已经进入深水区、攻坚期，许多难啃的硬骨头和现实的"拦路虎"躲不开也绕不过。如果我们没有正视问题的魄力，没有敢闯敢试的勇气，热衷于做"好老人"、当"太平官"，那改革最终将会一事无成。因此，我们必须强化创新思维，大胆实践探索，善于把中央要求与陕西实践相结合，善于运用新理念新知识新办法破解前进道路上遇到的新难题，以解放思想的深度增强改革的力度、拓展改革的广度，把我们这一代人的历史责任担当好、履行好。

**第五，强化底线思维，敢于发声亮剑。**坚持底线思维，是中央领导集体治国理政的一个重要思维方法，习近平总书记系列重要讲话中多次进行过阐述。比如，关于经济增长，他强调要"防范增长速度滑出底线"，"坚决守住不发生系统性和区域性金融风险的底线"；关于保障民生，强调"社会政策要托底"，"不要做过多过高的承诺"，"政府不能包打天下"；关于改革，强调"怎么改、改什么，有我们的政治原则和底线，要有政治定力"；关于国际外交，强调"我们不惹事，但也不怕事，任何外国不要指望我们会拿自己的核心利益做交易，不要指望我们会吞下损害我国主权、安全、发展利益的苦果"；关于党风廉政建设，强调"干部廉洁自律的关键在于守住底线。只要能守住做人、处事、用权、交友的底线，就能守住党和人民交给自己的政治责任，守住自己的政治生命线，守住正确的人生价值”，等等。这些重要论述，从不同角度阐述了党和国家大政方针的底线，鲜明宣示了我们党的立场和观点。我理解，“凡事预则立，不预则废”。无论是想问题还是作决策，只有坚持底线思维，从最坏处准备、努力争取最好结果，未雨绸缪、防患未然，才能真正掌握工作的主动权。如何来运用底线思维？我认为，一方面要知底、守底，严格划定制度约束的边界线、政策调控的预警线、风险防控的触发点，研判预见可能的困难有哪些、最坏的情形是什么、应对的时候怎么办，只要在可控范围内，就要冷静观察、沉得住气，尽量避免盲目出招造成被动。只要明白底线是什么，做到守住底线，就不会越规越矩，就不会滑出底线。另一方面要托底、保底，一旦事物发展偏离了规则、突破了底线，就要按照既定预案积极介入、果断出手，决不能犹犹豫豫、等待观望、贻误战机，更不能“脚踩西瓜皮，滑到哪里算哪里”。特别是在事关大是大非和政治原则问题上，一定要敢于发声、敢于亮剑，该引导的积极引导、该打击的决不手软，理直气壮地宣示党和政府的态度、主张和政策，旗帜鲜明地与消极思想、错误言论、敌对势力作斗争。

## 三、认真贯彻党的十八届三中全会精神，确保全面深化改革各项部署落到实处

改革开放是新的历史条件下新的伟大革命，是当代中国最鲜明的时代特色。党的十八大以来，从“改革不停顿、开放不止步”到两个“关键一招”，习近平总书记反复强调的一个重大问题，就是坚定不移深化改革开放。特别是在党的十八届三中全会上，习近平总书记系统阐释了推进新一轮改革的重大意义和现实要求，向全党发出了全面深化改革的动员令，集中阐述了中央领导集体的施政方针和工作重点。从这个角度讲，我们学习贯彻习近平总书记系列重要讲话，最核心的一条就是按照党的十八届三中全会精神，统一思想认识、凝聚工作合力，圆满完成我省全面深化改革各项任务。为此，省委及时跟进中央部署，出台了我省全面推进各项改革的《意见》，确定了全面深化改革三个原则，提出了当前改革 12 个方面的任务，成立了省委改革领导小组及其办公室，并设立 8 个专项小组，统筹推进全省全面深化改革工作。这里，我想再强调四个问题。

**一是紧盯目标、把牢方向。**在改革这样的重大问题上，方向比方法更重要。全面深化改革，方向是什么？中央《决定》已经给出了答案，总目标是完善和发展中国特色社会主义制度，推进国家治理体系和治理能力现代化。前不久，在中央举办的省部级主要领导干部全面深化改革专题研讨班上，习近平总书记专门阐释了这个总目标的历史背景、现实根据、科学内涵，深刻指出我们的方向就是中国特色社会主义道路。为什么要坚持这个方向？回顾 30 多年来的改革开放历程，我国经济总量增长了 142 倍，城乡居民收入分别增加了 71 倍和 59 倍，取得了前所未有的历史性成就。其中最根本的原因，就在于我们始终坚持正确的改革方向和改革立场，独立自主地走中国特色社会主义道路，把社会主义基本制度与市场经济有效结合，避免了其他发展中大国在资本主义制度下掉入的“依附性”陷阱。但是，改革到今天，仍然有一些敌对势力和别有用心的人在煽阴风点鬼火，试图把改革定义为往西方政治制度的方向改，以“民主”、“宪政”为题，否定党的领导，否定社会主义制度，否定我们所走的道路。如果我们为了迎合这些人的“掌声”，方向稍有动摇和偏离，就可能在根本性问题上出现颠覆性错误，造成无法挽回的严重后果。因此，我们要增强政治敏锐性和鉴别力，在改什么、怎么改的问题上始终保持清醒头脑，进一步提高推进我国社会主义制度自我完善和发展的战略定力，努力实现国家治理体系和治理能力现代化，赋予中国特色社会主义新的生机和活力。

**二是整体推进、重点突破。**全面深化改革，重在“全面”。作为一项庞大的系统工程，改革

涉及各个领域,新旧问题交织、利益主体多元,零敲碎打、单兵突进式的改革往往事倍功半。比如,户籍制度、公共服务、社会福利不公平,农民工就难以融入城市;工资制度、税收调节、公共财政体系不协同,收入分配改革必然步履维艰;法制规范、职能整合、信息公开不到位,食品安全就还会出现“七八个部门管不了一只鸡,十几个单位管不好一桌菜”的怪事。因此,我们要坚持全面深化改革,强化顶层设计和综合考量,深入研究各领域、各环节之间的关联和耦合关系,更加注重改革的系统性、整体性、协同性,真正使各项措施在政策取向上相互配合、在实施过程中良性互动、在改革成效上相得益彰。

全面深化改革,难在“深化”。改革进入深水区,每一次向纵深推进都是一场攻坚战,如果缺少重点、没有先后,新一轮改革就有可能网撒得大、鱼收得少。所以,我们讲整体推进,并不是“眉毛胡子一把抓”,而是要注重在“牵一发而动全身”的节骨眼和要害处用力,实现“一子落”激发“全盘活”的效果。在这方面,中央强调要发挥经济体制改革的牵引作用,省委也明确了要优先推进的改革,这些都是经过反复研究确定的重点任务。各级各部门要按照中央和省委的要求,坚持整体谋划、分步实施,抓住时机推进重要领域和关键环节改革,该改的坚决要改,该快的一定要快,不断积小胜为大胜,尽快把全面深化改革的蓝图变为现实。

**三是胆子要大、步子要稳。**习近平总书记多次强调,对改革进程中已经出现和可能出现的问题,要既敢于出招又善于应招,做到“蹄疾而步稳”。我理解,敢于出招,就是要大胆探索、开拓进取。要看到,与过去在物质条件匮乏时期的普惠性改革相比,现在的改革无论是简政放权,还是调节收入、资源整合,难免触动一些人的奶酪,碰到各种复杂关系的羁绊,不可能皆大欢喜、一帆风顺。在这种情况下,如果心存胆怯不敢改、心有私利不愿改、心中茫然不会改,是迈不开步子、趟不出新路的。参加这次培训班的同志,都是各地各部门各单位改革的领导者,大家要有“朝受命、夕饮冰”的责任感,以一往无前的改革勇气,一个一个地啃下硬骨头,一步一步地迈过险滩,真正让各项改革措施顺利落地。要摒弃私心杂念,分清楚什么是小利、什么是大利,舍得向自己开刀、舍得割自身的肉,下决心破除利益固化的藩篱,最大限度地释放各种发展要素的活力。

善于应招,就是要权衡利弊、稳步推进。我们鼓励有闯的劲头,但并不等于允许蛮干,蛮干一定会导致瞎折腾,而且再要扭过来很不容易。现实中,这样的例子屡见不鲜。比如,有些国家搞所谓“休克疗法”,结果引起了剧烈政治动荡和社会动乱。再比如,一些地方在发展上急于求成,争相上马“形象工程”、“政绩工程”,短期来看取得了一定成效,但却导致了产能过剩、社会矛盾丛生。还比如,要大力发展混合所有制,特别是国有企业改制,需要规范市场配置,而不是一哄而上、或少数人暗箱操作,让国有资产流失。因此,我们推进改革,一定要按规律办事,按市场规则办事,在政策出台前反复论证、科学评估,对没有把握的改革,采取试点探索、投石问路的方法,及时总结经验、调整政策,确保各项改革措施切合实际、行之有效、行之久远。

**四是加强领导、狠抓落实。**过去的一年,我们抓作风的实践证明,只要敢于动真格、做实功,积弊就会破除,风气就能好转,人民就真心拥护。在全面深化改革进程中,我们一定要充分借鉴和运用抓作风的成功经验,在三个方面狠下功夫。一个是领导带头。现在,全社会对改革高度关注,这种关注很大程度上集中在领导干部身上,只有看到领导干部有决心,干部群众才会有信心。各级领导干部特别是“一把手”要以身作则、从我做起,拿出足够的时间和精力研究改革,吃透弄懂政策,掌控工作进展,及时解决好改革过程中出现的各种问题。一个是形成合力。改革的阻力往往来自于体制内,来自于“宁当鸡头、不当凤尾”的思想,来自于领导层的思想认识程度。各市各部门都要进一步提高对改革的认识,围绕中央和省委已经明确和部署的改革，确立实施改革的措施和方法，形成推动合力，落实改革责任，切不可推着走，更不能消极顶着干。各级组织部门要把对改革的认识和行动作为干部考核的内容，建立定期评估机制，强化对改革措施执行的监督检查和跟踪督办。一个是加强宣传。“大鹏之动，非一羽之轻也；骐骥之速，非一足之力也。”没有人民支持和参与，任何改革都不可能取得成功。要加强对改革政策的宣传解读，及时总结群众创造的新鲜经验，充分调动群众的参与热情，营造支持改革的舆论环境，保证改革始终有众志成城的民意支撑、始终有破浪前行的民众动力。

## 四、自觉践行“三严三实”，善始善终、善作善成地推进党的作风建设

3月9日，习近平总书记在参加全国人大二次会议安徽代表团审议时明确指出，各级领导干部都要树立和发扬好的作风，既严以修身、严以用权、严于律己，又谋事要实、创业要实、做人要实。这个要求言简意赅、语重心长，从基本操守、行为准则、责任担当层面，鲜明提出了党员干部做人、从政、为官的基本底线，既是对全党同志的谆谆告诫和殷切期望，也为我们加强作风建设提供了行动指南。如何深刻把握这一重要论述、真正做到“三严三实”？我在全国两会陕西代表团专题学习时提出了五条贯彻意见，在省委常委会专题讨论时提出了以“三严三实”为镜的要求。这里再谈四点体会。

**一是牢牢把握作风建设永远在路上的基本规律。**习近平总书记反复强调，作风问题具有顽固性和反复性，抓一抓有好转，松一松就反弹；作风建设永远在路上，如果前热后冷、前紧后松，就会功亏一篑。这些重要论述，充分体现了我们党对作风建设艰巨性、长期性的清醒认识，充分体现了我们党持之以恒抓党风、转作风的坚定决心。作风建设作为党的建设的永恒课题，最重要的就是防微杜渐，不能温水煮青蛙。当前，我们在转作风方面取得了一定成效，人民群众也给予了肯定，但我们确实不能估计过高，还要看到作风建设的艰巨性，看到不少群众对我们作风建设还持观望态度，对我们能否长期坚持下去心存疑虑。这就要求我们，要深刻把握作风建设的基本规律，清醒认识作风建设不可能一蹴而就、一劳永逸，清醒认识作风建设没有完成时、没有休止符，唯有突出“常”、“长”二字，经常抓、长期抓，日积月累才能形成习惯、才能收到实效。要始终保持抓铁有痕、踏石留印的劲头，切实摒弃搞形式、走过场的错误思想，坚持不懈贯彻中央八项规定，深入推进党的群众路线教育实践活动，锲而不舍地加强作风建设，不断巩固和深化转党风促政风带民风的工作成果。

**二是牢牢把握党性修养这个根本。**习近平总书记多次强调革命理想高于天、永不动摇信仰，强调在作风问题上起决定作用的是党性，强调打铁还需自身硬、己不正焉能正人，强调知和行是相辅相成的，只有把道理真正弄懂了，行动才能自觉持久，只有行动上落实了，对道理的领悟才能更深入。这些重要论述，既是共产党人的道德修养观，也体现了中华民族修齐治平的传统思想。我们要坚定理想信念，必须不断学习、深入学习、联系实际学习，始终把解决好世界观、人生观、价值观这个总开关问题作为锤炼坚强党性的首要任务。要自觉强化宗旨意识和群众观点，严格遵守党的政治和组织纪律，提升自己的道德品质，带头践行社会主义核心价值观，带头自重自省自警自励，自觉追求高尚情操，努力为全体社会成员作出表率。

**三是牢牢把握从严从实这个标尺。**从严治党是马克思主义政党建设的重要原则。习近平总书记反复强调党要管党、从严治党，强调从严治党关键是从严治吏，必须从严教育、从严管理、从严监督干部；同时强调一分部署、九分落实，强调作风建设最重要的是要抓好落实，言必信、行必果。这些重要论述，都抓住了作风建设的关键。我理解，“三严三实”最核心的，是“严”和“实”两个字。严是根本，我们只要守住严、防止松，就能坚守共产党人标准，做到全心

全意为人民服务；实是基础，只要突出实、防止虚，就能不断塑造共产党人的人格和品质，就能成为党和人民需要的干部。因此，我们一方面要从严上要求，坚持从小事、从具体事做起，严而又细，按规则行使手中权力，靠制度推动工作落实，以零容忍态度加强反腐倡廉建设，一条一条把中央的要求落到实处，把中央的基准外化于我们的行为。另一方面要向实处着力，立党为公，事事出于公心，不谋个人名利，不做表面文章，不阳奉阴违、口是心非，把心思和精力用在干事创业上，做到当老实人、说老实话、办老实事。

**四是牢牢把握低调务实不张扬、埋头苦干的基本要求。**低调务实不张扬、埋头苦干，是党的十八大后习近平总书记对陕西工作提出的明确要求。去年12月底，习近平总书记再次听取我省汇报，充分肯定陕西工作，并作出重要指示。他强调“桃李不言、下自成蹊”，要干实事、沉住气，有点心得也不要多宣传；强调“两个一百年”、实现中华民族伟大复兴目标崇高明确、任务十分艰巨，要靠大家团结一心、同舟共济、攻坚克难，才能夺取胜利；强调要按照科学发展观的要求，坚持主题主线，结合省情、因地制宜搞好发展；强调不要过高估计第一批教育实践活动成果，第一批活动的成效要体现在第二批活动上，第二批的效果才是整体效果的体现；强调延安精神是党的宝贵财富，一定要很好地总结、理解，很好地继承、发扬，等等。这些重要指示充分体现了习近平总书记对家乡人民的深情厚谊和殷切期望，为我们搞好陕西工作指明了方向。我们一定要牢记教诲、不忘嘱托，始终保持低调务实不张扬、埋头苦干的精神状态，弘扬和运用好延安精神这个“压舱之宝”，全面推进经济社会发展和党建工作，把习近平总书记的重要指示落实到全省工作的方方面面。要发扬“钉钉子”精神，强化“功成不必在我”的理念，紧盯建设“三个陕西”的目标，积极实施稳中有为、提质增效战略，保持定力、保持力度、保持韧劲，一任接着一任干、一张蓝图干到底，用全省发展的优异成绩回报党中央和人民群众的期望。

总之，学习贯彻习近平总书记系列重要讲话精神，是一项长期而艰巨的任务。我们一定要认认真真学、踏踏实实学，不断用讲话精神武装头脑、指导实践、推动工作，努力开创全面建成小康社会、加快建设“三个陕西”的崭新局面！

（作者：中共陕西省委书记）

# “赶考”在继续　党性要加强

## ——学习习近平同志关于新形势下加强党性修养的重要论述

刘　源

党性是我们党区别于其他政党的鲜明标志，是共产党人立身、立业、立言、立德的基石。党的十八大以来，习近平同志着眼我们党正在进行的具有许多新的历史特点的伟大斗争，对新形势下加强党性修养作出一系列重要论述，丰富发展了马克思主义党建理论，为我们锤炼党性、纯正修养提供了根本遵循和行为指南。

### 一、新形势下加强党性修养，要时刻铭记“党面临的赶考远未结束”，着力强化跑好“接力赛中我们这一棒”的历史自觉

我们党始终注重加强党性修养。古田会议上，毛泽东同志提出从思想上建党的著名论断。1938年10月，毛泽东同志在党的六届六中全会上首次提出“我们党的马克思列宁主义的修养”的命题，随后，张闻天、陈云同志先后发表《论青年的修养》、《怎样做一个共产党员》，从不同角度论述了共产党员的修养问题。1939年7月，刘少奇同志在延安马列学院作《论共产党员的修养》演讲，对加强共产党员修养问题，作了全面系统的阐述，并将演讲稿整理成文发表，成为当时延安党员党性教育的必读书籍。1941年，中央作出《关于增强党性的决定》，确立了全党统一的党性标准。延安整风运动，开辟了我们党加强党性修养的新途径。新中国成立后，我们党始终重视开展全党普遍的教育整顿，保证了党的战斗力凝聚力。改革开放以来，我们党先后开展了全面整党和“三讲”教育、保持共产党员先进性教育活动、学习实践科学发展观活动、党的群众路线教育实践活动，使党的先进性和纯洁性不断加强。实践证明，加强党性修养，是我们党依靠自身力量坚持真理、修正错误的重要法宝。我们要坚定不移地把这个“传家宝”接力传承下去，不断发扬光大。

当前，世情国情党情发生深刻变化，精神懈怠危险、能力不足危险、脱离群众危险、消极腐败危险更加尖锐地摆在全党面前，党的建设特别是党员干部的党性修养方面，还存在一些严重问题。思想上突出表现为，不信马列信鬼神，理想信念滑坡，精神上“缺钙”，得了“软骨病”；政治上突出表现为，对上级决策指示打折扣、搞变通、做选择，党的意识淡薄了，党性原则讲得少了；组织上突出表现为，本来很好的制度成了摆设，党内积极的思想斗争讲得少了，批评和自我批评难以开展起来，民主生活会很多成了评功摆好会；作风上突出表现为，形式主义、官僚主义、享乐主义和奢靡之风见怪不怪，甚至觉得理所当然，“久入鲍肆而不闻其臭”。解决这些问题，必须把加强党性修养牢牢抓在手上，切实抓出成效。

当年，毛泽东同志带领全党进京“赶考”，告诫要牢记“两个务必”，决不当李自成。现在，历史的接力棒传到我们这一代共产党人手中，“赶考”还在继续，我们要更加重视加强党的自身建设，更加突出抓好党员的党性修养，更加负责地跑好我们这一程，把人民对我们党的“考试”，把我们党正在经受和将要经受的各种“考试”考好，努力交出优异的答卷。

### 二、新形势下加强党性修养，要真正掌握“登高望远的思想阶梯”，切实弄清“打铁还需自身硬”的时代要求

习近平同志关于加强党性修养的重要论

述，科学回答了新的历史条件下党性修养抓什么、怎么抓、达到什么目的等一系列重大问题，实现了马克思主义党建理论的与时俱进。

**坚持远大理想与现实目标的统一。**习近平同志指出，没有远大理想，不是合格的共产党员；离开现实工作而空谈远大理想，也不是合格的共产党员。强调在坚定共产主义信仰上，既不能"庸俗化"，天天高喊共产主义口号，去干"跑步进入共产主义"那种事；也不能"神秘化"，认为崇高信仰、坚定信念是高不可攀的，共产主义是可望而不可及的；而是要"具体化"，把能否坚持全心全意为人民服务的根本宗旨，能否吃苦在前、享受在后，能否勤奋工作、廉洁奉公，能否为理想而奋不顾身去拼搏、去奋斗、去献出自己的全部精力乃至生命，作为衡量的标准。强调在坚持中国特色社会主义共同理想上，既要有很强的战略定力，增强道路自信、理论自信、制度自信，又要有很实的工作作风，矢志不移地做好当前每一项工作。

**坚持组织入党与思想入党的统一。**习近平同志指出，党性不可能随着党龄增加而自然增强，也不可能随着职务升迁而自然增强，必须在严格的党内生活锻炼中不断增强。强调组织管理从严，严格日常教育和管理，疏通党员队伍出口，对丧失党员条件的及时进行组织处置，对道德败坏、蜕化变质的坚决清除出党。强调党内生活从严，坚决反对自由主义、好人主义，下大力解决党内生活不经常、不认真、不严肃的问题。强调个人修炼从严，强化党的意识、组织意识、讲规矩意识，始终把党放在心中最高位置，永远忠诚于党、与党同心同德。

**坚持党性原则与人情感情的统一。**习近平同志指出，我国是个人情社会，亲属圈、朋友圈、同事圈比较热络，要正确认识和处理人际关系，做到既有人情味又按原则办。强调要有警觉，领导干部有权，一旦掉进关系网、人情陷阱而不能自拔，就很容易出问题，要警惕宗派主义、山头主义、小圈子。强调要有尺度，明确哪些是应当有、应当讲的人情，哪些是不应当有、不应当讲的人情，既要真诚待人、乐于助人，更要讲党性、讲原则，守住自己的政治生命线。强调要有立场，旗帜鲜明地同陈规陋习、顽瘴痼疾作斗争，当个人感情同党性原则、私人关系同人民利益相抵触时，要毫不犹豫站稳党性立场。

**坚持"有字"理论与"无字"实践的统一。**人无信不立，党无信更不立。习近平同志指出，我们党作为马克思主义执政党，不但要有强大的真理力量，而且要有强大的人格力量。党的十八大以来，以习近平同志为总书记的党中央从作风切入，拿"四风"开刀，以上率下，持续用力，抓一件成一件，打一仗进一步，始终保持作风建设永远在路上的良好态势。习近平同志带头传承党的优良传统和作风，对自己、对亲属、对身边工作人员要求十分严格，从不搞半点特殊化；带头改进调查研究，深入基层了解实情，不封路、不扰民、不作秀，坐百姓炕、吃战士灶，与人民群众打成一片，真正起到了"其身正不令而从"的示范和引领作用。

## 三、新形势下加强党性修养，要笃定"革命理想高于天"的追求，始终坚守"共产党人安身立命的根本"

加强党性修养，首先必须把理想信念立好铸牢，坚持从科学理论中汲取营养，在日常践行中锤炼磨砺，做到活到老、学到老、改造到老。

**深学深悟，从本源上坚定共产党人的信仰信念。**现在，信息技术高度发达，社会全面开放，国内国外各种思潮、各种观点甚至各种奇谈怪论众说纷纭、泥沙俱下，坚定理想信念面临的考验越来越直接。要全面提高马克思主义理论素养，掌握辩证唯物主义和历史唯物主义思想武器，学懂弄通中国特色社会主义道路、理论、制度的历史起点和逻辑关系，搞清楚历史怎样走来、又怎样走下去，使对党绝对忠诚在思想上政治上行动上坚如磐石、不可动摇。

**细照细查，在内省中端正共产党人的价值追求。**敢照镜子、勤照镜子，多往深处照、细处照，是党员、干部修身正己的有效办法。要用理论理想之镜看看是否具有坚持真理的定力，解决好信仰迷失、本色丢失、诚信缺失、道德丧失的问题；要用党章党纪之镜看看是否具有在党为党的自觉，解决好个人主义、本位主义、小团体主义的问题；要用民心民声之镜看看是否具有恪尽职守的担当，解决好有心做官无心做事、有心揽权无心担责、有心作秀无心问效、有心浮夸无心实干、有心唯上无心唯下的问题；要用先辈先进之镜看看是否具有无愧于心的从容，解决好动力不足和措施不力的问题，真正做到“无私心，除开关心党和革命的利益以外，没有个人的得失和忧愁”。

**笃行笃信，以严要求昭示共产党人的心志操守。**要敢亮身份，牢记自己的第一身份是共产党员，第一职责是为党工作，以实际行动喊响“看我的”、“跟我来”。要甘当公仆，始终站在党和人民的立场上想问题、搞研究，作决策、办事情，真正扑下身子抓落实，放下架子搞服务，甩开膀子干事业。要心存戒惧，牢记“从善如登、从恶如崩”的古训，保持高度警惕，守住情操防线，把住为官“命门”，做到修身慎行、怀德自重、敦方正直、清廉自守。

## 四、新形势下加强党性修养，要真正拿起“批评与自我批评这个利器”，切实在严肃的党内生活中“抵抗政治灰尘和政治微生物”

党内生活是锻炼党性、提高思想觉悟的熔炉。党员、干部要切实以整风精神严格党内生活，通过积极健康的思想斗争，不断洗涤思想、净化灵魂，淬火回炉、百炼成钢。

**党内生活要有针对性地解决问题。**党内生活松一寸，党员队伍就散一尺。要在加强制度约束上下功夫，坚持“三会一课”制度，过好双重组织生活，向党组织汇报思想、学习和工作情况，接受党员和群众监督，切实用党的制度把每个党员管起来。要在坚持问题导向上下功夫，每次党内生活都要围绕实质性内容展开，抓住一两个倾向性问题会诊，真正使党员、干部在党内生活中红红脸、出出汗。要在推动活动创新上下功夫，采取传统手段和现代手段相结合的方法，探索主题党日、警示教育的新路子，激发党内生活的生机活力。

**批评与自我批评要有“辣”味。**批评和自我批评是我们党防身治病的有力武器。要敢于开展批评，坚决打消批评上级怕穿小鞋、批评同级怕伤和气、批评下级怕丢选票的顾虑，敢于揭露矛盾，敢于思想交锋，切实触及党性和灵魂。要勇于自我批评，主动查找学习、工作、生活中的问题，自觉清洗思想和行为上的灰尘，及时修正错误、纠正缺点，不断完善自我。要善于顾全大局，维护团结，勤沟通、多补台，一把尺子待人、一个标准行事，把班子团结建立在党性原则基础上，营造披肝沥胆、并肩奋斗的和谐氛围。

**党内同志要做诤友挚友。**坚强的党性修养，既要靠严格的党内生活历练，也要靠同志间的互相帮助。要摒弃你好、我好、大家好的“一团和气”，对同志身上出现的苗头性、倾向性问题，及时“咬咬耳朵”、“扯扯袖子”，“使他们改变到正确的方面来”。要反对背后嘀咕、说闲话的“歪风邪气”，防止带着假面具，会上会下、桌上桌下、人前人后各说一套、各做一套的现象，自觉做到言行一致、表里如一。要弘扬大事讲原则、小事讲风格，既按规矩办事、又肝胆相照的“新风正气”，本着对同志、对班子、对党高度负责的精神，坚持说真话、实话、心里话，使爱党、忧党、兴党、护党成为各级党组织和广大党员的自觉行动。

（作者：总后勤部政治委员）

# 坚持和发展中国特色社会主义的最新理论成果

## ——学习《习近平总书记系列重要讲话读本》

曲青山

党的十八大以来，在治国理政新的实践中，习近平总书记发表一系列重要讲话，提出了许多富有创见的新思想新观点新论断新要求，集中反映了新一届中央领导集体执政理念、工作思路和信念意志。习近平总书记系列重要讲话，是坚持和发展中国特色社会主义的最新理论成果，为我们在新的历史起点上实现新的奋斗目标提供了科学指南和基本遵循。近日，中共中央宣传部组织编写的《习近平总书记系列重要讲话读本》出版了，这是一件可喜可贺的事。该书是在深入领会和梳理习近平总书记系列重要讲话基础上设计框架结构的，全书的主要观点和论述忠实于原著，这就为广大党员、干部、群众学习领会习近平总书记系列重要讲话精神提供了重要辅导材料。

### 一、鲜明的特色

在马克思主义中国化进程中，党的每一个理论创新成果都具有鲜明的特色。毛泽东思想是如此，邓小平理论、“三个代表”重要思想、科学发展观是如此，习近平总书记系列重要讲话也是如此。这个鲜明的特色就是我们党对党的理论创新成果所总结和概括的四个特色，即实践特色、理论特色、民族特色、时代特色。

习近平总书记系列重要讲话的实践特色，就是坚持以改革开放和社会主义现代化建设的实践为基础，以我们正在做的事情为中心，树立问题导向意识，善于在实践中提出问题，分析问题，解决问题；善于在人民群众的实践探索中总结经验，认识事物，把握规律。讲话的理论特色，就是坚持以马克思列宁主义、毛泽东思想、邓小平理论、“三个代表”重要思想、科学发展观为指导，既承前启后，又与时俱进；既不丢弃老祖宗，又敢于说新话；既继承以往，又突破陈规。讲话的民族特色，就是坚持弘扬中华民族优秀传统文化，汲取其精华，站在中国的坚实大地上，想中国事，说中国话，尤其是说中国老百姓喜欢听、听得懂和管用的话，体现了中国风格、中国气派。讲话的时代特色，就是坚持世界眼光、战略思维，顺应时代潮流，善于从当代世界的大势大事中把握发展趋势和走向，未雨绸缪，增强定力，从而在国际风云变幻中，处变不惊，在纷繁复杂的形势下，赢得主动。

正是由于习近平总书记系列重要讲话具有如此鲜明的特色，因此产生了极大的吸引力、冲击力和感召力，以其真理的力量、情感的力量、逻辑的力量、历史的力量，说服人、教育人、启迪人、激励人。

### 二、突出的主题

主题是理论的动脉和树干。我们党的理论创新成果，尽管不同时期和阶段具有不同的内容，担负着不同的历史使命和任务，但都有其突出的主题。

毛泽东思想的主题，是创立党的新民主主义革命理论，走出一条中国特色的革命道路和探索在中国建设社会主义的问题。包括邓小平理论、“三个代表”重要思想、科学发展观在内的中国特色社会主义理论体系的主题，是开创和发展中国特色社会主义，走出一条中国特色的社会主义道路。习近平总书记系列重要讲话的主题，仍然是坚持和发展中国特色社会主义，具体内容就是续写好中国特色社会主义的新篇章。习近平总书记强调指出：“坚持和发展中国特色社会主义是贯穿党的十八大报告的一条主线。我们要紧紧抓住这条主线，把坚持和发展中国特色社会主义作为学习贯彻党的十八大精神的聚焦点、着力点、落脚点。”他还分六个时间段对社会主义五百年的历史进行了系统回顾和梳理，展现了中国特色社会主义的历史渊源和发展进程，并明确指出：“坚持和发展中国特色社会主义是一篇大文章，邓小平同志为它确定了基本思路和基本原则，以江泽民同志为核心的党的第三代中央领导集体、以胡锦涛同志为总书记的党中央在这篇大文章上都写下了精彩的篇章。现在，我们这一代共产党人的任务，就是继续把这篇大文章写下去。”

可以说，坚持和发展中国特色社会主义，续写好中国特色社会主义的新篇章，是习近平总书记系列重要讲话的突出主题，是贯穿系列重要讲话的一条红线。这个主题和这条红线，体现和反映在习近平总书记系列重要讲话的方方面面。

## 三、创新的内容

习近平总书记系列重要讲话，内容丰富，涉及改革发展稳定、内政外交国防、治党治国治军各个领域、各个方面。这些内容在继承前人的基础上，在马克思列宁主义、毛泽东思想、邓小平理论、“三个代表”重要思想、科学发展观的指导下，面对新的实践、新的发展，面对新的情况、新的问题，提出了一系列具有创见的新思想新观点新论断新要求。

比如，在中国未来走向问题上，讲话提出了实现中华民族伟大复兴的“中国梦”，强调了“中国梦”的本质和基本内涵，指出了“中国梦”的实现路径和力量来源，阐明了“中国梦”与世界各国梦的辩证统一关系。在坚持和发展中国特色社会主义问题上，讲话强调指出了中国特色社会主义的时代背景、实践基础、理论渊源、基本内涵和根本特征。在全面深化改革问题上，讲话强调了改革面临的形势、改革的重要地位、改革的方向和性质、改革的时机和重要领域、改革的关键环节和主攻方向、改革的策略和路径选择。在推动科学发展上，讲话强调指出了科学发展的重要性，提出了我国经济社会发展的主题、主线和战略举措。在建设社会主义法治国家问题上，讲话强调了坚定不移走中国特色社会主义政治发展道路的重要性，提出了国家治理体系和治理能力现代化的目标，指出了依法治国的基本原则、主要程序和具体要求。在国防和军队建设问题上，讲话提出了党在新形势下的强军目标，强调了强军之魂、强军之要和强军之基，阐述了经济建设与国防建设、富国与强军的辩证关系，强调了发扬艰苦奋斗精神的重要性和必要性。在“一国两制”和祖国统一问题上，讲话强调和重申了中央对香港、澳门方针政策的长期性、稳定性和连续性，阐述了海峡两岸的形势、走向和应采取的策略、立场和态度。在加强党的建设问题上，讲话强调了党要管党、从严治党的方针，强调了加强干部队伍建设，选好人、用好人，严格党员教育和管理，做好抓基层、打基础的工作，强调了反对“四风”，深入扎实开展好党的群众路线教育实践活动，加强反腐倡廉建设，把权力关进制度的笼子，等等。

习近平总书记系列重要讲话，坚持马克思主义的立场观点方法，贯穿马克思主义世界观、方法论，闪耀着辩证唯物主义和历史唯物主义的光辉，体现出高度的政治责任、崇高的使命担当、坚定的人民立场和严谨求实的科学精神。

## 四、有机的整体

习近平总书记系列重要讲话，博大精深，逻辑严密，思想严谨，论述精辟，我们要把讲话作为有机统一的整体加以把握。

《习近平总书记系列重要讲话读本》从整体上呈现出习近平总书记系列重要讲话的丰富内涵。大致由以下 12 个方面组成：(一)发展中国稳定中国的必由之路，即关于坚持和发展中国特色社会主义的论述；(二)全体中华儿女的共同向往，即关于实现中华民族伟大复兴的中国梦的论述；(三)敢于啃硬骨头，敢于涉险滩,即关于全面深化改革的论述;(四)实现实实在在没有水分的增长,即关于促进经济持续健康发展的论述;(五)充分发挥我国社会主义政治制度优越性,即关于发展社会主义民主政治和依法治国的论述;(六)创造中华文化新的辉煌,即关于建设社会主义文化强国的论述;(七)让老百姓过上好日子,即关于改善民生和创新社会治理的论述;(八)绿水青山就是金山银山,即关于大力推进生态文明建设的论述;(九)建设一支听党指挥能打胜仗作风优良的人民军队,即关于加强国防和军队建设的论述;(十)建立新型国际关系,即关于国际关系和我国外交战略的论述;(十一)打铁还需自身硬,即关于党要管党、从严治党的论述;(十二)掌握工作制胜的看家本领,即关于科学的思想方法和工作方法的论述。《读本》第一、第二、第三部分是系列重要讲话中的总论,是围绕坚持和发展中国特色社会主义、实现中华民族伟大复兴的中国梦和全面深化改革的内容而展开的。第一部分讲的是理论主题,第二部分讲的是奋斗目标,第三部分讲的是发展动力。第四至第八部分是系列重要讲话中的分论,是按照中国特色社会主义总布局的"五位一体"即经济建设、政治建设、文化建设、社会建设、生态文明建设的内容来展开的。第九、第十部分是系列重要讲话中的国防和军队建设、国际关系和我国外交战略。第十一部分是系列重要讲话中的党的建设。第十二部分是系列重要讲话中的科学的思想方法和工作方法。这些部分阐述的内容都是为总论和分论的实施和实现提供各种条件和保障的,所有这些部分都是彼此联系、相互贯通的,是一个有机统一的整体。

## 五、强大的威力

马克思说:"理论只要说服人,就能掌握群众;而理论只要彻底,就能说服人。所谓彻底,就是抓住事物的根本。"党的十八大以来,在短短一年多的时间里,以习近平同志为总书记的党中央,深入贯彻党的十八大精神和十八届三中全会精神,高举中国特色社会主义伟大旗帜,以邓小平理论、"三个代表"重要思想、科学发展观为指导,统筹国内国际两个大局,统筹伟大事业伟大工程,以中国梦凝聚力量,以抓改革激发活力,以改作风振奋人心,励精图治,攻坚克难,带领全党全国各族人民取得了新成就,形成了新风气,开创了新局面。

我们深深地感到,习近平总书记系列重要讲话,给了我们智慧,给了我们力量,为我们起到了指明方向、明确任务、坚定信心、振奋精神的引领作用。习近平总书记系列重要讲话,已经对中国社会历史发展进程产生了巨大影响,随着时间的推移,还必将产生更大的作用和影响。我们要学习好贯彻好习近平总书记系列重要讲话精神,用讲话精神武装头脑、推动工作、指导实践。只有这样,我们才能在思想上政治上行动上同以习近平同志为总书记的党中央保持高度一致,坚定主心骨,更好地坚持中国道路、弘扬中国精神、凝聚中国力量;才能进一步增强战略思维和战略定力,更好地观大势、谋大事,排除各种干扰,不动摇、不懈怠、不折腾,续写好中国特色社会主义新篇章;才能进一步增强发展信心,把握发展规律,拓展发展空间,推动经济社会持续健康发展,加快推进社会主义现代化;才能更好地保持党的先进性和纯洁性,保持党的蓬勃生机和旺盛活力,切实承担起党所肩负的历史责任和历史使命,全力推进中国特色社会主义伟大事业,早日实现"两个一百年"奋斗目标和中华民族伟大复兴的中国梦。

(作者:中共中央党史研究室主任)

# 学习习近平总书记关于意识形态工作重要讲话精神的体会

雒树刚

意识形态工作是党和国家工作的重要组成部分，在中国特色社会主义事业全局中具有重要地位。党的十八大以来，习近平总书记对意识形态工作作出了一系列重要论述，深刻阐述了事关意识形态工作长远发展的一系列重大理论和实践问题。在意识形态工作的地位作用上，强调意识形态工作是党的一项极端重要的工作，事关党的前途命运，事关国家长治久安，事关民族凝聚力和向心力。党的群众基础和执政基础包括物质和精神两个方面，精神上丧失群众基础，最后也要出问题。在集中精力进行经济建设的同时，一刻也不能放松和削弱意识形态工作。在意识形态工作的目标任务上，强调宣传思想工作就是要巩固马克思主义在意识形态领域的指导地位，巩固全党全国人民团结奋斗的共同思想基础。在意识形态工作的基本职责上，强调要把围绕中心、服务大局作为意识形态工作的基本职责，胸怀大局、把握大势、着眼大事，找准工作切入点和着力点。在意识形态工作的方针原则上，强调要处理好中心工作和意识形态工作、远大理想和现实目标、党性和人民性、正面宣传和舆论斗争、总结经验和改革创新、中国特色和国际比较、全党动手和部门负责等重大关系，把意识形态工作的领导权、管理权、话语权牢牢掌握在手中，等等。这些重要论述具有很强的思想性、指导性，为我们做好意识形态工作提供了基本遵循，指明了方向。

## 一、关于理论工作

理论是意识形态的核心和灵魂，决定了意识形态的性质和方向。高度重视理论建设和理论指导，是我们党的一个鲜明特点和独特优势。习近平总书记指出，我们党在中国这样一个有着13亿人口的大国执政，面对着十分复杂的国内外环境，肩负着繁重的执政使命，如果缺乏理论思维的有力支撑，是难以战胜各种风险和困难的，也是难以不断前进的。

**第一，推进理论创新。**理论创新是先导，要使党和国家的发展不停顿，首先理论上不能停顿。推进理论创新，“老祖宗不能丢”，就是要把握理论创新的正确方向，不能偏离马克思主义基本原理。习近平总书记反复强调“两个基本”：马克思主义基本原理不能丢，丢了就丧失根本；科学社会主义基本原则不能丢，丢了就不是社会主义。“又要讲新话”，就是不断推进马克思主义中国化、时代化、大众化。马克思主义有一个重要特征，就是始终随着时代、实践和科学的发展而发展。毛泽东思想、邓小平理论、“三个代表”重要思想、科学发展观，就是我们党在不同历史时期、回答不同的时代课题，大力推进理论创新的重大成果。党的十八大以来，习近平总书记立足新的实践，围绕改革发展稳定、内政外交国防、治党治国治军，提出许多富有创见的新思想、新观点、新论断，为中国特色社会主义理论体系注入了新的内容和鲜活力量。

**第二，深化理论武装。**理论创新每前进一步，理论武装就要跟进一步。用科学的理论武装头脑，以理论上的清醒来保证政治上的坚定，是我们党一条重要政治经验。现在，我们正在进行具有许多新的历史特点的伟大斗争，习近平总书记强调，全党同志特别是领导同志都要有加强学习的紧迫感，大兴学习之风，坚持学习、学习、再学习。为此，一要抓住理想信念这个核心。习近平总书记多次强调，理想信念是共产党人精神上的“钙”，理想指引人生方向，信念决定事业成败。崇高理想信念不会自发产生，要炼就“金刚不坏之身”，必须用科学理论武装头脑，把理想信念建立在对科学理论的理性认同上，建立在对历史规律的正确认识上，建立在对基本国情的准确把握上，决不能“嘴上无杂音、心中有问号”“嘴上讲马列、心中信鬼神”。二要抓住中国特色社会主义和中国梦这个重点。中国特色社会主义和中国梦的宣传教育目前面临着极好的机遇。一方面，改革开放30多年来我们创造了中国奇迹，人们纷纷探寻奇迹背后的制度原因和理论支撑，对我国发展理念的认同感越来越强。另一方面，经历国际金融危机，人们对资本主义制度的弊端看得越来越清楚。习近平总书记指出，当今世界，要说哪个政党、哪个国家、哪个民族能够自信的话，我们是最有理由自信的，对“三个自信”要刻骨铭心。三要抓住马克思主义理论这个看家本领。习近平总书记多次强调，要把学习马克思主义理论作为必修课，这是我们做好一切工作的看家本领。学习马克思主义，关键是要掌握其立场观点方法。立场观点方法是马克思主义科学思想体系的精髓所在，只要掌握了这个东西，我们就能坚定理想的“主心骨”、筑牢信念的“压舱石”，保持强大的战略定力。

**第三，加强理论引导。**要坚持用马克思主义立场观点方法，对一些社会思潮进行科学辨析，帮助人们划清是非界限，澄清模糊认识，自觉抵制错误思想的侵蚀。一是引导什么。要围绕根本性问题来引导，主要是划清四个重大界限：划清马克思主义同反马克思主义的界限，划清以公有制为主体、多种所有制共同发展的基本经济制度同私有化和单一公有制的界限，划清中国特色社会主义民主同西方资本主义民主的界限，划清社会主义思想文化同封建主义、资本主义腐朽思想文化的界限。要围绕倾向性社会思潮来引导，社会思潮五花八门，抓住了倾向性问题就抓住了关键、把住了脉。二是如何引导。现在，国际上西强我弱、资强社弱的格局依然没有改变，国内意识形态领域情形复杂，社会思想意识多元多样多变，各种思想文化交流交融交锋。要注意区分问题。正确区分政治问题、学术问题、思想认识问题。对学术问题，要发扬民主、平等讨论，做到研究无禁区、宣传有纪律；对思想认识问题，要摆事实、讲道理，加强正面教育引导；对重大政治原则和大是大非问题，支持什么、反对什么，必须旗帜鲜明、态度坚定。要及时发音定调。按照中央要求和统一部署，在关键时刻、重要关头及时发出权威声音，掌握主动。对挑战我们根本政治原则、政治制度、政治底线的思想观点，要有正确的立场、鲜明的观点、坚定的态度。要敢抓敢管。习近平总书记指出，要建立责任制，对违反四项基本原则的，所在地方和单位要切实管起来，决不能让这些人在那里舒舒服服造谣生事、浑水摸鱼、煽风点火、信口雌黄。

## 二、关于舆论工作

我们经常讲，意识形态工作“两论起家”“两论当家”，一个是理论，另一个就是舆论。新闻舆论处在意识形态的前沿，是意识形态领域最活跃、最敏感的部位。意识形态工作做得如何，很重要的是看能否把握大局要求，营造良好舆论氛围。

**第一，坚持党管媒体原则。**这是由我们国家的性质和我们党的领导地位决定的。我国是社会主义国家，我们党是马克思主义执政党，是各项事业的领导核心。新闻事业作为党的事业的组成部分，必须无条件接受党的领导，必须充分体现党的意志、宣传党的主张。这是由我们媒体的性质决定的。我们的媒体是党和人民的媒体，是党和人民的喉舌，不是私人媒体，这与西方国家的媒体有着本质区别。要坚持政治家办报、办刊、办台、办新闻网站，在思想上坚持马克思主义新闻观，在政治上同以习近平同志为总书记的党中央保持一致,在组织上确保新闻宣传工作的领导权牢牢掌握在忠于马克思主义、忠于党、忠于人民的人手里。对所有宣传思想文化阵地,做到可管可控,决不能游离于党的领导之外。

**第二,做大做强正面宣传。**一个前进的时代总有一种昂扬的精神,一个发展的社会总有一种积极的主流。正面宣传就是要弘扬主旋律、唱响最强音。一要坚持宏观真实与具体真实的统一。具体真实是每篇报道都符合事实、准确无误,宏观真实就是要把握国家发展的主流、社会发展的大势。要引导广大群众多看主流,不受支流支配;多看光明面,不受阴暗点影响;多看本质,不受表面现象迷惑。不要把点上的问题说成是面上的问题,不要把个别问题说成是整体问题,不要把局部问题说成是全局问题。二要提高正面宣传的质量。习近平总书记强调,坚持正面宣传为主,关键是要提高质量和水平,增强吸引力感染力。要改进形势宣传、成就宣传、典型宣传、主题宣传等,让群众爱听爱看、产生共鸣,充分发挥正面宣传鼓舞人、激励人的作用。三要加强和改进舆论监督。坚持科学监督、依法监督、建设性监督,立足点是服务党和国家工作大局,有利于改进工作、解决问题、维护稳定。

**第三,积极引导社会舆论。**社会热点问题是舆论引导的重点。要讲清楚怎么看,又要讲清楚怎么办,疏导社会心理,平衡社会情绪,决不能火上浇油、推波助澜。突发事件是国内外关注的焦点,也是舆论引导的难点。要坚持及时准确、公开透明、有序开放、有效管理、正确引导,全面、客观发布权威信息,有效回应社会关切,做到在重大问题上不缺位,在关键时刻不失语。

**第四,提高舆论引导能力。**一是抢占时机的制高点,解决好“什么时候说”的问题。如果引导不及时、不到位,让负面舆论起来了,正面舆论就会被负面舆论绑架。要贵在早、贵在快,力求先人一步、先声夺人。二是抢占道义的制高点,解决好“说什么”的问题。要主动设置议题、话题,多讲能够产生认同、引起共鸣的事实,多讲给人启发、启迪的观点主张,做到以理服人、以情感人,真正让人入耳、入脑、入心。三是抢占表达的制高点,解决好“怎么说”的问题。要避免两个极端:一方面,有些媒体表达过度。主要是解决好片面迎合、公信度不高的问题。另一方面,有些媒体表达生硬、形式单调。主要是改变文风,解决好亲和力不够的问题。

## 三、关于互联网工作

当今时代,互联网技术的裂变式发展,正在给媒体格局、舆论生态带来全方位的深刻影响。对此,习近平总书记有三句很重要的话,一是互联网已经成为舆论斗争的主战场。我们能否顶得住、打得赢,直接关系我国意识形态安全和政权安全。二是把网上舆论工作作为宣传思想工作的重中之重来抓。现在,我国网民已有6.18亿人,很多人特别是年轻人大部分信息都从网上获取。必须正视事实,加大投入,尽快掌握这个舆论战场上的主动权。三是使我们的网络空间清朗起来。把互联网建设成为社会主义先进文化的新阵地、公共文化服务的新平台、人们精神文化生活的新空间。

**第一,加强网络管理。**加强互联网管理,正能量是总要求,管得住是硬道理。一方面要提高依法管理水平,另一方面要强化技术管理能力。党的十八大以来,我们在规范互联网管理、治理网上突出问题方面做了不少工作。全国人大常委会出台《关于加强网络信息保护的决定》,对实行网络实名制作出规定。最高法、最高检联合发布《关于办理利用信息网络实施诽谤等刑事案件适用法律若干问题的解释》,对网络传谣行为进行明确界定和规范。公安机关部署打击网络谣言专项行动,依法惩治一批不法“网络大谣”,有效遏制了网络谣言,净化了网络环境。今后,要进一步理顺互联网管理体制,加快形成法律规范、行政监管、行业自律、技术保障、公众监督、社会教育相结合的互联网管理体系。

**第二,开展网上舆论引导和舆论斗争。**习近平总书记指出,要开展网上正面宣传,对模糊认识进行引导,对错误言论进行驳斥。要着眼于增强主动性、掌握主动权、打好主动仗,有理有利有节开展网上舆论斗争。一是主动占领网络阵地。对红色地带要巩固和拓展,不断扩大其社会影响。对黑色地带要勇于进入,逐步推动其改变颜色。对灰色地带要大规模开展工作,加快使其转化为红色地带,防止其向黑色地带蜕变。二是讲究网络舆论斗争的战略策略。习近平总书记指出,要讲究战略战术,人家打运动战、游击战,我们也不能只打正规战、阵地战,要机动灵活,针锋相对,出奇制胜,做到魔高一尺、道高一丈。

**第三,做好网络意见领袖工作。**做好网络舆论引导工作,必须紧紧抓住网上意见领袖。要区别对待,分类引导。好的要鼓励,不好的要管束,不能放任自流。同时,要注意培养一批坚持正确导向、熟悉网络语言、掌握网络传播技巧的网络意见领袖,不断强化网上主流舆论。

## 四、关于加强社会主义核心价值体系建设

提出建设社会主义核心价值体系,至少有三个意义:一是表明我们党已经清醒认识到社会思想文化多元多样这个现实;二是表明我们党的态度,即不管思想文化怎样多元多样,核心部位、核心理念不能变;三是表明我们党有信心也有能力用核心理念引领多元多样的思想文化,在多元中立主导、在多样中求共识。推进社会主义核心价值体系建设,我们面临着一些现实挑战,比较突出的是:工作对象发生重大变化,占绝大多数的社会人员成为主体;解决思想问题的难度越来越大,思想认识问题与现实利益问题相互交织,合理诉求和不合理表达方式相互交织,主流与非主流价值观念相互交织,整合社会思想意识面临着很多困难。为此,要重点抓好三个方面。

**第一,抓核心价值观。**社会主义核心价值观是核心价值体系的高度凝练和集中表达。党的十八大提出了“三个倡导”“24 个字”。其中,“富强、民主、文明、和谐”是国家层面的价值目标,“自由、平等、公正、法治”是社会层面的价值取向,“爱国、敬业、诚信、友善”是公民个人层面的价值准则。培育和践行社会主义核心价值观,关键要在结合、融入上下功夫,使“三个倡导”内化于心、外化于形,融入人们工作,融入大众生活。

**第二,抓传统文化。**习近平总书记指出,中华优秀传统文化积淀着中华民族最深沉的精神追求,包含着中华民族最根本的精神基因,代表着中华民族独特的精神标识。要认真汲取中华优秀传统文化的思想精华和道德精髓,大力弘扬以爱国主义为核心的民族精神和以改革创新为核心的时代精神,深入挖掘和阐发中华优秀传统文化讲仁爱、重民本、守诚信、崇正义、尚和合、求大同的时代价值,使中华优秀传统文化成为涵养社会主义核心价值观的重要源泉。

**第三,抓重点人群。**主要是领导干部、公众人物和青少年。领导干部具有较强的行为导向和风气引领作用,要在培育和践行社会主义核心价值观方面带好头,以身作则、率先垂范,以人格力量感召群众、引领风尚。公众人物出镜率高、关注度高,一言一行对社会特别是青少年有很强的示范带动作用,要引导他们规范自身言行、树立社会责任感,积极给社会增添正能量。青少年是祖国的未来,要适应青少年身心特点和成长规律,深化未成年人思想道德建设和大学生思想政治教育,做好社会主义核心价值体系“进教材、进课堂、进头脑”工作,引导他们从小养成良好的道德行为习惯。

## 五、关于推动文化繁荣发展

社会主义核心价值观是文化之魂,文化事业产业是文化之体,我们的目标就是“强魂健体”“形神兼备”。党的十八届三中全会就全面深化改革包括文化体制改革作出了战略部署。

习近平总书记指出，要继续大胆推进改革，推动文化事业全面繁荣和文化产业快速发展，建设社会主义文化强国。

**第一，统筹好三个关系。**一是“两个属性”，文化产品具有意识形态属性和商品属性。习近平总书记指出，文化体制改革要在大胆推进的同时，把握好意识形态属性和产业属性的关系，无论改什么、怎么改，导向不能改，阵地不能丢。二是“两个业态”，即文化事业和文化产业的关系。对文化事业主要采用公益性运行模式，主要靠政府投入；对文化产业则主要采用市场的运行模式，在市场竞争中生存发展。三是“两个效益”，即社会效益和经济效益的关系。所有文化单位和文化工作者，都要认真考虑自己产品的社会效益，始终把社会效益摆在首位，强化社会责任，努力实现社会效益与经济效益的有机统一。当经济效益同社会效益发生冲突时，经济效益要服从社会效益。

**第二，解决好三个问题。**一是文化覆盖问题。就是要建立覆盖全社会的公共文化服务体系。公共文化服务是保证人民群众基本文化权益的，城乡群众都应享有同等的看电视、听广播、读书看报、参与公共文化活动等权益。要以标准化、均等化为目标，解决城乡、区域之间文化发展不平衡问题，让群众广泛享有免费或优惠的基本公共文化服务。二是文化实力问题。就是要从文化大国变成文化强国。增强文化实力，对内要做大做强文化事业产业，对外要提高国际传播能力，推动文化走出去，扩大中华文化的影响。三是文化塑造问题。文化产品是内容产业，一定要坚持内容为王、质量至上、精品取胜，给人以思想的启迪、审美的提升、知识的传授。如果说过去文化建设的主要任务是解决文化产品“有没有”的问题，那么现在主要是解决文化产品“好不好”的问题，多推出一批叫得响、传得开、留得住的文化产品。

## 六、关于加强组织领导

做好新形势下的意识形态工作，关键是强化和落实领导责任。习近平总书记强调，要坚持全党动手和部门负责相结合，树立大宣传的工作理念，扎扎实实做好意识形态工作。

**第一，各级党委要亲自抓。**习近平总书记强调，党委主要负责同志和分管领导应该旗帜鲜明站到意识形态工作第一线，责无旁贷承担起政治责任，决不能让领导权旁落。习近平总书记特别提出，党委主要负责同志要做到“四个带头”，带头抓意识形态工作，带头阅看本地区本部门主要媒体的内容，带头把住本地区本部门媒体的导向，带头批评错误观点和错误倾向。在事关坚持还是否定四项基本原则的大是大非和政治原则问题上，在事关党和国家命运的政治斗争中，所有领导干部都不能做旁观者。

**第二，宣传思想工作部门要强起来。**习近平总书记对宣传思想部门特别是领导班子和领导干部提出了明确要求。总的要求是“三个强起来”。一是政治上强起来。要旗帜鲜明坚持党性原则，如果在这个根本问题上没有明确观点和立场，那就是政治不合格，就没有做党的宣传思想工作最起码的资格。二是责任感使命感强起来。要守土有责、守土负责、守土尽责。领导干部要敢于站在风口浪尖上进行斗争，敢抓敢管，敢于亮剑。三是业务能力强起来。担任宣传思想部门领导工作的干部，除政治上可靠之外，总是需要在理论上、笔头上、口才或其他专才上有“几把刷子”，成为让人信服的行家里手。

**第三，要加强意识形态人才队伍建设。**要按照政治强、业务精、作风正的要求，建设一支高素质的人才队伍。其中，很重要的一方面就是做好知识分子工作。知识分子是文化的承载者、传播者，是意识形态工作的重要参与者。习近平总书记指出，对广大知识分子，重要的是团结，同时要加强引导，特别是要加强政治引领和政治吸纳。要关注那些具有特殊性的知识分子，下功夫做好网络意见领袖、网络作家、签约作家、自由撰稿人、独立演员歌手等群体的工作，最大限度把他们团结凝聚在党的周围。

（作者：中共中央宣传部常务副部长）

# 正确把握全面深化改革的方向、总目标和方法论

——学习《习近平关于全面深化改革论述摘编》

孙业礼

中央文献研究室编辑的《习近平关于全面深化改革论述摘编》近日出版发行。这本书分12个专题，摘录了习近平同志2012年11月15日至2014年4月1日期间关于全面深化改革的重要论述274段。这些论述涵盖广泛，思想深邃，对于我们深刻理解全面深化改革的历史必然性和现实紧迫性，系统把握全面深化改革的内在规律和重点任务，贯彻落实好党的十八届三中全会提出的全面深化改革各项举措具有重要指导意义。其中习近平同志对于全面深化改革的方向、总目标和方法论的论述有许多新思想、新观点、新论断和新要求，事关全面深化改革的全局和根本原则。认真学习这些重要论述，领会其精髓，对于我们打好全面深化改革这场攻坚战意义重大。

## 一、改革开放是有方向、有立场、有原则的

方向决定道路，道路决定命运。改革开放是一场深刻革命，必须坚持正确方向，沿着正确道路推进。30多年来的改革历程不是那么一帆风顺的，也经历过曲折，但由于方向正确、驾驭得当，有了问题能及时纠正，所以取得了历史性成就。现在，我国改革面临十分复杂的国内国际环境，各种思想观念和利益诉求相互激荡。要从纷繁复杂的事物表象中把准改革脉搏，在众说纷纭中开好改革药方，没有很强的战略定力是不行的。因此，在方向问题上我们头脑必须十分清醒。习近平同志强调，我们的改革开放是有方向、有立场、有原则的。我们的方向就是不断推动社会主义制度自我完善和发展，而不是对社会主义制度改弦易辙。我们要坚持四项基本原则这个立国之本，既以四项基本原则保证改革开放的正确方向，又通过改革开放赋予四项基本原则新的时代内涵，排除各种干扰，坚定不移走中国特色社会主义道路。

改革是社会主义制度的自我完善和发展，不实行改革开放死路一条，搞否定社会主义方向的“改革开放”也是死路一条。面对新形势新任务新要求，我们要始终明确，全面深化改革，目的是完善和发展社会主义制度。要做到这一点，关键是要进一步形成公平竞争的发展环境，进一步增强经济社会发展活力，进一步提高政府效率和效能，进一步实现社会公平正义，进一步促进社会和谐稳定，进一步提高党的领导水平和执政能力。就是要靠通过不断改革创新，使中国特色社会主义在解放和发展社会生产力、解放和增强社会活力、促进人的全面发展上比资本主义制度更有效率，更能激发全体人民的积极性、主动性、创造性，更能为社会发展提供有利条件，更能在竞争中赢得比较优势，把中国特色社会主义制度的优越性充分体现出来。这里面最核心的是坚持和改善党的领导、坚持和完善中国特色社会主义制度，偏离了这一条，那就南辕北辙了。

现在，社会上有很多意见和建议值得我们深入思考，但也有些意见和建议偏于极端。一些敌对势力和别有用心的人也在那里摇旗呐喊、制造舆论、混淆视听，把改革定义为往西方政治制度的方向改，对此，习近平同志鲜明地指出：这是偷换概念，曲解我们的改革，他们是醉翁之意不在酒，我们要洞若观火，保持政治坚定性，明确政治定位。我们当然要高举改革旗帜，但我们的改革是在中国特色社会主义道路上不

断前进的改革，既不走封闭僵化的老路，也不走改旗易帜的邪路。我们党领导的改革历来是全面改革。问题的实质是改什么、不改什么，有些不能改的，再过多长时间也是不改的。我们不断推进改革，是为了推动党和人民事业更好发展，而不是为了迎合某些人的“掌声”，不能把西方的理论、观点生搬硬套在自己身上。治国者，圆不失规，方不失矩，本不失末，为政不失其道，万事可成，其功可保。面对复杂形势和各种风险考验，我们既要有冒的勇气、闯的劲头，又要始终坚持以我为主，应该改又能够改的坚决改，不应改的坚决守住。要从我国国情出发、从经济社会发展实际出发，有领导有步骤推进改革，不求轰动效应，不做表面文章，始终坚持改革开放正确方向。

## 二、深刻理解和准确把握全面深化改革的总目标

党的十八届三中全会提出的全面深化改革的总目标，就是完善和发展中国特色社会主义制度、推进国家治理体系和治理能力现代化。我们讲过很多现代化，包括农业现代化、工业现代化、科技现代化、国防现代化等，国家治理体系和治理能力现代化是第一次讲。深刻理解和准确把握这个总目标，是贯彻落实各项改革举措的关键。

全面深化改革，全面者，就是要统筹推进各领域改革，就需要有管总的目标，也要回答推进各领域改革最终是为了什么、要取得什么样的整体结果这个问题。总目标立起来了，才能统领全局，才能“立治有体，施治有序”。过去，我们也提出过改革目标，但大多是从具体领域提的。比如，我们讲过，政治体制改革总的目标是巩固社会主义制度，发展社会主义社会的生产力，发扬社会主义民主，调动广大人民的积极性。党的十四大提出，我国经济体制改革的目标是建立社会主义市场经济体制。党的十八届三中全会提出全面深化改革的总目标，并在总目标统领下明确了经济体制、政治体制、文化体制、社会体制、生态文明体制和党的建设制度深化改革的分目标。这是改革进程本身向前拓展提出的客观要求，体现了我们党对改革认识的深化和系统化。

全面深化改革的总目标体现了我们党对社会主义建设规律认识的深化。怎样治理社会主义这样全新的社会，在以往的世界社会主义运动中没有很好解决。马克思、恩格斯没有遇到全面治理一个社会主义国家的实践；列宁在俄国十月革命后不久就过世了，没来得及深入探索这个问题；苏联在这个问题上进行了探索，取得了一些实践经验，但也犯下了严重错误，没有解决这个问题。我们党在全国执政以后，不断探索这个问题，虽然也发生了严重曲折，但在国家治理体系和治理能力上积累了丰富经验、取得了重大成果，改革开放以来的进展尤为显著。同时我们必须看到，相比我国经济社会发展和人民群众的要求，相比当今世界日趋激烈的国际竞争，相比实现国家长治久安，我们在国家治理体系和治理能力方面还有许多亟待改进的地方，我们的制度还没有达到更加成熟更加定型的要求。制度执行力、治理能力已经成为影响我国社会主义制度优势充分发挥、党和国家事业顺利发展的重要因素。

从形成更加成熟更加定型的制度看，我国社会主义实践的前半程已经走过了，前半程我们的主要历史任务是建立社会主义基本制度，并在这个基础上进行改革，现在已经有了很好的基础。后半程，我们的主要任务就是完善和发展中国特色社会主义制度，为党和国家事业发展、为人民幸福安康、为社会和谐稳定、为国家长治久安提供一整套更完备、更稳定、更管用的制度体系。这项工程极为宏大，零敲碎打调整不行，碎片化修补也不行，必须是全面的系统的改革和改进，是各领域改革和改进的联动和集成，在国家治理体系和治理能力现代化上形成总体效应、取得总体效果。邓小平同志在1992年提出，再有30年的时间，我们才会在各方面形成一整套更加成熟更加定型的制度。党

的十八届三中全会提出要推进国家治理体系和治理能力现代化，就是邓小平同志这一战略思想的继承发展和延伸。这是完善和发展中国特色社会主义制度的必然要求，是实现社会主义现代化的应有之义。

全面深化改革的总目标体现了新一届党中央治国理政的新方略。从长远看，真正实现社会和谐稳定、国家长治久安，还是要靠制度，靠我们在国家治理上的高超能力。没有有效的国家治理体系和治理能力，就不能有效解决社会矛盾和问题，各种社会矛盾和问题日积月累、积重难返，必然带来严重政治后果。

习近平同志对国家治理体系和治理能力有明确的论述和界定：国家治理体系和治理能力是一个国家制度和制度执行能力的集中体现。国家治理体系是在党领导下管理国家的制度体系，包括经济、政治、文化、社会、生态文明和党的建设等各领域体制机制、法律法规安排，也就是一整套紧密相连、相互协调的国家制度；国家治理能力则是运用国家制度管理社会各方面事务的能力，包括改革发展稳定、内政外交国防、治党治国治军等各个方面。

怎样推进国家治理体系和治理能力建设，主要应该抓些什么工作呢？对此习近平同志也有明确要求：推进国家治理体系和治理能力现代化，就是要适应时代变化，既改革不适应实践发展要求的体制机制、法律法规，又不断构建新的体制机制、法律法规，使各方面制度更加科学、更加完善，实现党、国家、社会各项事务治理制度化、规范化、程序化。要更加注重治理能力建设，增强按制度办事、依法办事意识，善于运用制度和法律治理国家，把各方面制度优势转化为管理国家的效能，提高党科学执政、民主执政、依法执政水平。

## 三、推进全面深化改革必须坚持正确的方法论

全面深化改革是一场深刻而全面的社会变革，既包括经济体制又包括政治体制、文化体制、社会体制、生态体制，既涉及生产力又涉及生产关系，既涉及经济基础又涉及上层建筑。对于如何更好地推进全面深化改革这样一项前无古人的崭新事业，习近平同志进行了深入的思考，并结合我国改革开放的历史经验和新的实践，对推动全面深化改革的方法作了全面系统的论述。他在广东考察时提出了“坚定信心，凝聚共识，统筹谋划，协同推进”这样四句话。这四句话既体现了总要求，也体现了方法论。

坚定信心，就是要坚定不移推进改革开放。改革开放是决定当代中国命运的关键一招，也是决定实现“两个一百年”奋斗目标、实现中华民族伟大复兴的关键一招。实践发展永无止境，解放思想永无止境，改革开放也永无止境，停顿和倒退没有出路。现在，推进改革矛盾多、难度大，但不改不行。我们要拿出勇气，坚持改革开放正确方向，敢于啃硬骨头，敢于涉险滩，既勇于冲破思想观念的障碍、又勇于突破利益固化的藩篱，做到改革不停顿、开放不止步。

凝聚共识，就是要形成推进改革开放的合力。人心齐，泰山移。没有广泛共识，改革难以顺利推进，推进了也难以取得全面成功。现在，经济体制深刻变革，社会结构深刻变动，利益格局深刻调整，思想观念深刻变化，凝聚改革共识难度加大，统筹兼顾各方面利益任务艰巨而繁重。这就更需要下功夫去凝聚共识。凝聚共识很重要，思想认识不统一时要找最大公约数。把最大公约数找出来，在改革开放上形成聚焦，做事就能事半而功倍。

统筹谋划，就是要提高改革决策的科学性。不谋全局者，不足谋一域。改革推进到现在，必须在深入调查研究的基础上提出全面深化改革的顶层设计和总体规划，提出改革的战略目标、战略重点、优先顺序、主攻方向、工作机制、推进方式，提出改革总体方案、路线图、时间表。

协同推进，就是要增强改革措施的协调性。现在，重大改革都是牵一发而动全身的，需要全面考量、协调推进。不能畸轻畸重，也难以单刀

突进。

全面深化改革，任务纷繁而复杂，必须坚持辩证法，用辩证的观点分析和处理问题。必须把握全面深化改革的内在规律，特别是要把握全面深化改革的重大关系。正是从辩证的观点出发，习近平同志对于全面深化改革的一系列重大关系作出了深刻论述。比如，他特别强调，要坚持改革的正确路径，处理好顶层设计和摸着石头过河的关系。他指出：摸着石头过河，是富有中国特色、符合中国国情的改革方法。摸着石头过河就是摸规律。实行改革开放，发展社会主义市场经济，我们的老祖宗没有讲过，其他社会主义国家也没有干过，只能通过实践、认识、再实践、再认识的反复过程，从实践中获得真知。我国改革开放就是这样走过来的，是先试验、后总结、再推广不断积累的过程，是从农村到城市、从沿海到内地、从局部到整体不断深化的过程。这种渐进式改革，避免了因情况不明、举措不当而引起的社会动荡，为稳步推进改革、顺利实现目标提供了保证。摸着石头过河，符合人们对客观规律的认识过程，符合事物从量变到质变的辩证法。我们是一个大国，决不能在根本性问题上出现颠覆性失误，一旦出现就无可挽回、无法弥补。要采取试点探索、投石问路的方法，取得了经验，形成了共识，看得很准了，感觉到推开很稳当了，再推开，积小胜为大胜。当然，摸着石头过河也是有规则的，要按照已经认识到的规律来办，在实践中再加深对规律的认识，而不是脚踩西瓜皮，滑到哪里算哪里。摸着石头过河和加强顶层设计是辩证统一的，推进局部的阶段性改革开放要在加强顶层设计的前提下进行，加强顶层设计要在推进局部的阶段性改革开放的基础上来谋划。我们要加强宏观思考和顶层设计，更加注重改革的系统性、整体性、协同性，同时也要继续鼓励大胆试验、大胆突破，不断把改革开放引向深入。

再比如，关于正确处理改革发展稳定的关系，习近平同志指出：我们要坚持把改革的力度、发展的速度和社会可承受的程度统一起来，把改善人民生活作为正确处理改革发展稳定关系的结合点，在保持社会稳定中推进改革发展，通过改革发展促进社会稳定。“稳”也好，“改”也好，是辩证统一、互为条件的。一静一动，静要有定力，动要有秩序，关键是把握好这两者之间的度。此外，习近平同志对于正确处理好整体推进和重点突破的关系、全局和局部的关系、尊重客观规律和发挥主观能动性的关系等也都作了精辟的论述。

当前，全面深化改革已经进入爬坡过坎、攻坚克难的新阶段。习近平同志关于全面深化改革的一系列重要论述，体现了新一届党中央坚定的信念和责任担当，体现了巨大的政治勇气和丰富的政治智慧，为我们指明了方向，明确了目标，也为我们坚定了信念，鼓足了勇气，阐明了方法。只要我们坚定不移地沿着习近平同志这些论述所指明的方向，坚持正确的方法论，锲而不舍地朝着全面深化改革的目标前进，就一定能够达到我们的目的。

（作者：中共中央文献研究室副主任）

# 把爱国主义作为文艺创作的主旋律

## ——学习习近平总书记在文艺工作座谈会上的重要讲话

李　冰

习近平总书记在文艺工作座谈会上的重要讲话,回答了什么是中国特色社会主义文艺和如何繁荣发展中国特色社会主义文艺等根本问题,提出了一系列富有创见的新思想、新观点、新论断、新要求,是指导文艺工作和文化建设的纲领性文献。习近平总书记在讲话中强调,"文艺是铸造灵魂的工程,文艺工作者是灵魂的工程师。"还提出"要把爱国主义作为文艺创作的主旋律,引导人民树立和坚持正确的历史观、民族观、国家观、文化观,增强做中国人的骨气和底气。"习近平总书记的论述高屋建瓴,精辟深邃,具有很强的针对性和指导性,我们要深入学习领会,认真贯彻落实。

### 一、爱国主义是中华民族文艺创作永恒的主题

爱国主义体现的是个人对祖国的依存关系,是饱含着归属感、认同感、尊严感与荣誉感的意识观念,是千百年来巩固起来的对自己祖国的深厚感情。爱国主义是中华民族文艺创作永恒的主题,历代仁人志士和诗人作家留下了灿若星河的爱国主义篇章,展示了崇高的爱国情怀。班固"爱国如饥渴"的赤心,陆游"位卑未敢忘忧国"的担当,顾炎武"天下兴亡,匹夫有责"的志向,秋瑾"粉身碎骨寻常事,但愿牺牲保国家"的气节,吉鸿昌"恨不抗日死,留作今日羞,国破尚如此,我何惜此头"的豪言,表达的都是炽热的爱国主义的情怀,在今天依然动人心魄。这些爱国主义经典是中华优秀传统文化的重要基因。

新中国成立以来,在党的文艺方针的阳光沐浴下,我国文艺园地呈现繁花锦簇的景象,爱国主义题材的精品力作争奇斗艳。改革开放以来,我国文学艺术迎来新的春天,广大作家谱写了激越、铿锵、雄壮、优美的爱国主义的主旋律,以自己的笔触深切表达对自己的民族、国家、人民、文化、历史深情的热爱。当然,不可否认,近年来,文艺创作领域也出现了一些刻意背离爱国主义主流价值、贬低爱国主义经典作品、随意颠覆历史、解构民族文化的不良倾向。面对喧嚣和嘈杂,我们更应该高举起爱国主义旗帜,发扬优良传统,弘扬爱国主义主旋律,传播正能量,以有筋骨、有道德、有温度的文艺作品,彰显信仰之美、崇高之美,让人们的灵魂经受洗礼,激励人们昂扬奋进。

### 二、全身心书写中华民族伟大复兴的中国梦

爱国主义承载梦想、张扬梦想。把爱国主义作为文艺创作的主旋律,就要全身心地书写中华民族伟大复兴的中国梦。这就要求我们树立和坚持正确的国家观和民族观,弘扬作为社会主义文艺灵魂的中国精神,增强做中国人的骨气和底气。

实现中华民族伟大复兴,实现国家富强、民族振兴、人民幸福,是中华民族近代以来最伟大的梦想。中国梦浓缩着中华民族的价值追求,凝聚了一代又一代中国人的美好理想,更是当代中国的民族精神和时代精神。在五千多年的历史中,中华民族形成了以爱国主义为核心的伟大民族精神。在幅员辽阔、山川秀美、人杰地灵的中华大地上,无数中华儿女万众一心、英勇斗争、自强不息、争取民族振兴和国家富强的伟大实践,是中国精神的光辉写照,是文艺创作的重要资

源。文艺是民族精神的火炬，是人民奋进的号角，奋笔抒写“历史中国”百年的追梦理想，泼墨描绘“当代中国”的圆梦图景，是时代赋予文学的神圣使命，也是当代作家的历史责任。

书写中国梦，必须着力讲好中国故事。文艺作品一定要讲究艺术性和感染力，避免贴标签、模式化、概念化、标语口号化。要遵循文学艺术创造规律，从人民群众的实践中寻找创作灵感。文艺创作既要有对远大理想的憧憬表达，又要有对现实生活的生动呈现；既要抒写群体追梦的业绩，又要叙写百姓个人的生活经历，透过个体独特的体验映现时代；既要谱写出人民奔向美好未来的激越旋律，又要高奏起人民除恶祛邪的奋进交响。艺术作品要直面真善美与假恶丑、光明与黑暗、先进与落后并存的现实，敢于描写社会的矛盾和冲突，用光明驱散黑暗，用美善战胜丑恶，让人们看到美好，看到希望，看到梦想就在前方。

## 三、为人民抒写、为人民抒情、为人民抒怀

人民是国家之本，没有人民国将不存，离开人民何谈爱国。人民是创造历史的真正英雄。社会主义文艺，从本质上讲，就是人民的文艺。文艺来自人民，服务人民。爱国主义作为文艺创作的主旋律，就要为人民抒写、为人民抒情、为人民抒怀。要把人民作为创作的源头活水，自觉与人民同呼吸、共命运、心连心，虚心向人民学习，从群众的火热生活中汲取营养，欢乐着人民的欢乐，忧患着人民的忧患，做人民的孺子牛。现在，一些作品不感人，没有生命力，就是因为文艺工作者脱离生活、脱离群众，取不到生活的真经，触不到群众的脉搏。如果置人民群众需求于不顾，把文艺创作仅仅看作是表达个人志趣的工具，囿于私人话语、个体情调的樊篱，“总是咀嚼个人身边的小悲欢，并把小悲欢当大世界”，文艺创作就会蜕变成自娱自乐的清供，创作必会苍白和空洞，离真正的艺术越来越远。习近平总书记告诫我们：“一旦离开人民，文艺就会变成无根的浮萍、无病的呻吟、无魂的躯壳。”

人民既是文艺的创造者，也是文艺作品的鉴赏家和评判者，文艺作品只有获得人民的认可，才能最终实现它的价值。文艺工作者要把人民放在心中最高的位置，自觉把人民群众是否满意作为评价文艺作品的重要标准。要把社会效益放在首位，自觉追求社会效益和经济效益的统一、创作自由和社会责任的统一，努力创作出思想性、艺术性、观赏性相统一的优秀作品。绝不能让文艺创作在市场经济大潮中迷失方向，以至于陷入低俗化和庸俗化的泥潭，使文艺沾满铜臭气，成为市场的奴隶。

## 四、树立和坚持正确的文化观，弘扬中国精神，凝聚中国力量

爱国主义是一种深沉的文化追求。闻一多说：“我爱中国固因他是我的祖国，而尤因他是有那种可敬爱的文化的国家。”中国是举世公认的世界文明古国，创造了灿烂辉煌的中华文化，对世界文明作出了不朽的贡献。中华优秀传统文化是中华民族的精神命脉，是我们在世界文化激荡中站稳脚跟的坚实根基。我们树立正确的文化观，弘扬中国精神，要结合新的时代条件传承和弘扬中华优秀传统文化，传承和弘扬中华美学精神。

文化反映了一个民族特有的信仰追求、价值取向、文明准则、思维方式和生活方式。文化是难以割舍的，文化的损伤是人们心灵深处最难以忍受的痛。记得法国作家都德曾创作一部反映法国人民深厚爱国主义感情的名篇《最后一课》。小说从阿尔萨斯省某小学的最后一堂法语课反映法国领土被侵占这一重大事件，把爱祖国和爱文化有机联系在一起，给读者留下了深刻印象。中华民族经过千百年淘洗，形成了博大精深、底蕴深厚的中华文化，使之成为维系中华民族生生不息的精神家园。我们要自觉运用马克思主义的立场、观点和方法，审视中华优秀传统文化的现代意义和价值，取其精华，去

其糟粕，凝聚促进民族振兴、国家富强、人民幸福的强大文化力量。

中华优秀传统文化丰富的思想内涵和深厚的文化底蕴，很多寓于文学艺术之中。从我国第一部诗歌总集《诗经》开始，历经先秦散文、两汉辞赋、魏晋南北朝文学、唐诗、宋词、元曲、明清小说等多个文学艺术发展阶段，中国文学艺术煌煌大观的典籍，涵蕴了中华优秀传统文化独有的美学精神。文艺工作者必须下一番焚膏继晷的苦读功夫，下一番含英咀华的深研功夫，塑造自己成熟的文化人格。中华传统文化要经过创造性转化，才能在传承基础上发展。要正确处理传统与现代的关系，既保持文化的民族性，又体现文化的时代性。要正确处理传承与创新的关系，既葆有传统文化优秀特质，又实现传统文化的开拓创新。文艺作品要弘扬中华民族优秀文化传统，讲好中国故事、传承中国文化、表达中国价值。

## 五、树立和坚持正确的历史观，热情书写国家与人民的历史

历史是民族成长的足迹。俄国文豪列夫·托尔斯泰在其巨著《战争与和平》中说过："历史是国家和人类的传记。"每个国家都有自己的历史，爱我们的国家必对我们国家的历史有敬畏感和自豪感。把爱国主义作为文艺创作的主旋律，就要树立和坚持正确的历史观，热情书写国家与人民的历史。一段时间以来，社会上出现了歪曲历史、消解历史的错误思潮，甚至还出现了按照西方标准重写中国历史、重评中国历史人物等历史虚无主义现象。龚自珍曾有一段警世名言："灭人之国，必先去其史；隳人之枋，败人之纲纪，必先去其史；绝人之材，湮塞人之教，必先去其史；夷人之祖宗，必先去其史。"这段话至今读来，仍振聋发聩。一个民族、一个国家，如果不知道自己是谁，从哪里来，到哪里去，就不知道如何选择前进道路；不知道如何对待过去，就不知道如何对待未来。

文学作品固然不是历史教科书，但严肃的作家必须对历史具有客观、理性的认知，向历史负责。我们要自觉学习并运用马克思主义的世界观和方法论分析历史过程、历史事件、历史人物，不能一叶障目或盲人摸象。如果不是从整体上、从联系中去掌握历史事实，把一些零碎的事实随意挑出来随意渲染，那只能是游戏历史。作家要全面地而不是片面地认知社会历史，辩证地而不是形而上学地分析历史现象，发展地而不是静止地认识历史事件，深入地而不是肤浅地评价历史人物，这样才能分清主流与支流，辨明表象与本质。

把爱国主义作为文艺创作的主旋律，不是对创作题材的限制，而是树立起一种高尚的精神追求，具有广阔的表现空间。不能认为只有描写民族战争、革命斗争等重大事件的作品才是爱国主义，才是主旋律。吟咏祖国山河、怀念故土乡愁、描绘百姓生活的作品，同样可以成为爱国主义的主旋律作品。也不能认为爱国主义的主旋律作品，必是长篇巨制。事实上，中短篇小说、散文、诗歌等各种体裁，无不可以创作出爱国主义的主旋律作品，这是被反复证明了的、无须赘论的道理。

（作者：中国作家协会党组书记）

# 把创作生产优秀作品作为文艺工作的中心环节

## ——学习习近平总书记在文艺工作座谈会上的重要讲话

蔡赴朝

习近平总书记在文艺工作座谈会上的重要讲话，既高屋建瓴，提出了文艺工作的新思想、新观点、新论断、新要求；又春风化雨，赋予广大文艺工作者神圣的责任和使命。讲话发表以来，激发起广大文艺工作者的奋发豪情，召唤出创作优秀文艺作品的巨大力量。国家新闻出版广电总局承担着引导和管理影视文艺创作和文艺类图书出版的重要职能，是社会主义文艺事业的重要组成部分，在文艺作品的社会化传播中，负有重要的职责和使命。创作是中心任务，作品是立身之本，习近平总书记的重要讲话使我们明确了创作生产优秀的影视文艺作品和出版高质量的文艺类图书是当前工作的中心环节。我们需要从以下几个方面深刻领会，重点把握，着力推进。

### 一、创作生产优秀文艺作品，要以中国精神为魂，以人民群众为根

“盖文章，经国之大业，不朽之盛事。”任何文艺作品要想经得起时代和历史的检验，唯有紧扣其魂才能成其大，依傍其魄才能成其盛。文艺创作之魂魄决定了作品的生命力，魂魄相依，神气相从，是优秀文艺作品的根本所在。

习近平总书记在讲话中指出，每个时代都有每个时代的精神。中国精神就是我们当前这个时代的精神，是社会主义文艺的灵魂。这些重要论述旗帜鲜明地提出了文艺创作的精神引领和价值引导，是中国特色社会主义文艺创作的起点和归宿，也是文艺作品能够跨越时空、成为旷世经典的前提和要领。

中国精神内涵丰富，意旨深远，包含了中华民族从古至今一切优秀的、先进的、符合人民根本利益和价值的精神成果。在中国特色社会主义道路探索和创造实践过程中，又形成了富强、民主、文明、和谐的国家理念，自由、平等、公正、法治的社会图景，爱国、敬业、诚信、友善的道德情怀，凝聚成为社会主义核心价值观。这是对以爱国主义为核心的民族精神和以改革创新为核心的时代精神的高度总结，是中华民族的精神灯塔，是中华儿女的精神血脉。影视创作和文艺类图书出版必须大力弘扬中国精神，鲜活塑造中国形象，生动讲好中国故事。

对于文艺创作来说，讲好中国故事是传递中国精神最有效的载体。中国精神不是抽象的概念，而是具体的形象。文艺创作要善于以科学理论为指导，以习近平总书记重要讲话为根本遵循，运用深邃的目光、敏锐的触觉、丰富的感受，从宏大场景和日常细节中去捕捉和发现蕴藏在中国大地上的创造性实践和美好生活。五千年以来的中国文明史让我们巍然屹立于世界民族之林，其博大精深的精神底蕴和文化气质，是文艺工作者取之不尽、用之不竭的丰厚矿藏，这就是文艺创作中的“思接千载”；新中国建立以来特别是改革开放和社会主义现代化建设的伟大实践，再次创造了中国崛起的世界性传奇，形成了人类进步史上难能可贵的发展经验，这也必然成为文艺创作形成灵感、抒发情怀、寄托希望的宝贵资源，这就是文艺创作中的“视通万里”。中华民族已经创造了璀璨的五千年文明史，我们文化工作部门和广大文艺工作者必须要有信心、有能力去弘扬和发掘；伟大祖国正在奋力于前无古人的中国特色社会主义事业，文艺创作也必须要有情怀、有高度地去传达和表述。讲好中国故事就是对中国精神最好

的弘扬，是优秀文艺作品的灵魂所在。习近平总书记语重心长地说："我们有本事做好中国的事情，还没有本事讲好中国的故事？我们应该有这个信心！"我们文化部门和文艺工作者要在讲好中国故事上下大力气、大功夫。一度曾在少数文艺创作中所出现的去历史化、去中国化，试图用西方文明、西方价值、西方精神来抹杀和取代中华文明、中国价值、中国精神的创作偏颇，都是侵蚀文艺创作健康发展的病毒，我们要高度警惕，决不容许其侵蚀社会主义文艺的健康肌体。

无论是古代还是当代，人民群众都是活跃于其中的主体力量，中国精神之魂寄托于人民群众的创造力和生命力之中。习近平总书记在讲话中指出，社会主义文艺，从本质上讲，就是人民的文艺；文艺要反映好人民心声，就要坚持为人民服务、为社会主义服务这个根本方向；要坚持以人民为中心的创作导向，把满足人民精神文化需求作为文艺和文艺工作的出发点和落脚点，把人民作为文艺表现的主体，把人民作为文艺审美的鉴赏家和评判者，把为人民服务作为文艺工作者的天职。

当我们强调把中国精神作为社会主义文艺的灵魂时，必须强调文艺创作的人民性，中国精神是魂，人民群众是根，人民群众之根是支撑中国精神之魂的全部力量。文艺只有和人民水乳交融，休戚与共，才能够根深叶茂，结出硕果。这就要求文艺创作必须扎根人民、扎根生活：要把创作者的身份认同和人民保持一致，在认识、理解和尊重人民的过程当中认识和理解创作者自身，在书写人民情怀的同时表达自我追求；要把人民群众作为创作对象的主体，让人民群众成为故事的主人、情感的主宰、思想价值的主旨；要把文艺作品的最终完成与人民群众的口碑评价高度融合，在人民群众的流传和检验中获得价值实现。文艺创作和人民群众的一体化关系，既解决了文艺工作者"我是谁、依靠谁、为了谁"的根本性问题，也找到了优秀作品的灵魂和根源。

习近平总书记在讲话中还指出，追求真善美是文艺的永恒价值。对此我们要加深理解。人民群众是真善美的创造者、呈现者、传播者。坚持以人民为中心的创作导向，就会表达出更多让人动心的真善美的力量，把更多自然美、生活美、心灵美传达出来，把向上向善的价值观传递下去，真正做到"其言情也必沁人心脾，其写景也必豁人耳目"。以中国精神为魂，以人民群众为根，以真善美为体，就会使文艺工作者始终不失其赤子之心。

## 二、创作生产优秀文艺作品，要以提高质量为本，勇攀艺术高峰

近年来，我国影视文艺创作生产和文艺类图书出版取得了显著成绩，已经成为影视生产和图书出版大国。但是，习近平总书记指出的"有数量缺质量，有'高原'缺'高峰'"的问题，仍然突出存在。在每年生产的大约600部电影、15000集电视剧和25.6万种出版物中，精品力作仍然欠缺，能够影响当代、留给历史的经典之作更为稀少。虽然数量是某个历史阶段艺术生产力活跃的直观显示，但也不可回避影视文艺创作和文艺类图书出版当中存在着产能过剩、质量平庸的结构性矛盾。习近平总书记指出的"抄袭模仿、千篇一律的问题，机械化生产、快餐式消费的问题"可谓切中肯綮、一语中的。集中全部精力和优质资源，重点打造优秀文艺作品，提高质量、提高学养、提高审美能力是当前文艺创作生产当中的重要任务，是响应习近平总书记提出的实现中华民族伟大复兴的中国梦需要文艺繁荣兴盛的核心课题。

提高质量，就是要牢固树立精品意识，以思想精深、艺术精湛、制作精良为目标，把精美的精神食粮奉献给人民群众。要树立文艺创作的长远意识和终极意识，以影响当代、亘古流传为远大志向，精心研磨、精雕细刻、精益求精，摒弃急功近利、粗制滥造的浮躁心态；要集中优质资源打造优秀作品，努力挖掘最生动、最鲜活、最富有生命力的题材和素材，精心配置创作力量，

着力完成由题材素材向优秀作品的转化与实现，克服平均用力、散而不聚的创作生态；要提倡文艺创作有感而发、以情动人，真正做到文由胸中出，心以文为表，以生活为实，以精诚为核，杜绝闭门造车、空洞无物的创作形态。

提高学养，就是要提高文化部门工作人员特别是领导干部和文艺工作者自身的精神境界、文化底蕴和艺术修养。习近平总书记指出，文艺创作不仅要有当代生活的底蕴，而且要有文化传统的血脉。文艺工作者要自觉坚守艺术理想，不断提高学养、涵养、修养，加强思想积累、知识储备、文化修养、艺术训练。这些重要论述指明了创作优秀文艺作品的必由之路。当前影视文艺创作和图书出版中之所以出现大量质量平庸、品位不高的情况，与文化部门组织协调、引导管理不力不无关系，与文艺工作者的学养、修养不足不无关联。要想创作生产出优秀的文艺作品，必须植根于中华传统文化的深厚沃土，置身于文明进程中革新嬗变的历史潮头，放眼于世界艺术发展进步的宏阔背景，真正做到"观古今于须臾，抚四海于一瞬"。

提高审美能力，就是要做到对中国精神和人民性的高雅表达、优美表达和有效表达。应该看到，我们有些文艺作品立意和初衷都是好的，但在作品传播过程中却难以奏效，形成作品与受众之间的隔阂，使其所蕴含的思想价值难以通过艺术的形式得以实现。因此，文艺创作在正确的世界观、价值观、人生观之外，必须要充分尊重艺术规律，不断提高审美能力，找到传播的最佳方式和最佳途径，如恩格斯所指出的"较大的思想深度和意识到的历史内容，同莎士比亚剧作的情节的生动性和丰富性的完美的融合"，真正达到"春风化雨、润物无声"的效果。

古人云，"诗者，根情，苗言，华声，实义。"古往今来，优秀文艺作品的标准都是思想性、艺术性、观赏性的和谐统一。只有坚持这个统一，才能创作出无愧于时代的精品力作，才能为中华优秀文明成果的积淀作出我们的当代贡献，才能攀登上艺术创作的高峰。

## 三、创作生产优秀文艺作品，重在加强引导和激励促进

正如习近平总书记在分析文艺创作现状时指出的，文艺不能在市场经济大潮中迷失方向，不能在为什么人的问题上发生偏差，低俗不是通俗，欲望不代表希望，单纯感官娱乐不等于精神快乐。要实现影视文艺创作和文艺类图书出版的繁荣发展，要按照习近平总书记的要求，切实从加强引导和激励促进两个层面展开工作。

习近平总书记强调，一部好的作品，应该是社会效益放在首位，同时也应该是社会效益和经济效益相统一的作品。作为依法行政的文化管理部门，要正确理解并忠实履行好职责，寓管理和引导于服务之中。要引导影视文艺创作和文艺类图书出版准确把握两个效益、两个价值的辩证关系。文艺作品是具有独特属性的精神产品，决定了文艺作品不能被市场一味地牵着鼻子走，"当市场的奴隶"。但这并不意味着影视作品不需要观众，文艺图书不需要读者，而是要用高尚的灵魂、充沛的情感、生动的形象去吸引、感染、征服观众和读者，从而实现社会效益和经济效益的有机统一。要破除唯收视率、唯票房论、唯点击量、唯发行量为唯一判断标准的偏颇倾向，坚决把社会效益放在首位，把艺术魅力放在首位，把观众口碑放在首位，把经得起历史和时间检验作为文艺创作的目标，达到习近平总书记在讲话中所指出的：优秀的文艺作品，最好是既能在思想上、艺术上取得成功，又能在市场上受到欢迎。

在影视文艺创作和文艺类图书出版的管理引导上，要把握正确的政治导向、价值导向、行为导向，防止低俗之风、颓靡之风、拜金主义、拜物主义的蔓延。

激励和促进创作生产更多更好的影视文艺作品和文艺类图书出版，要按照习近平总书记在讲话中指出的，坚持百花齐放、百家争鸣的方针，发扬学术民主、艺术民主，营造积极健康、宽

松和谐的氛围，提倡不同观点和学派充分讨论，提倡体裁、题材、形式、手段充分发展，推动观念、内容、风格、流派切磋互鉴。新闻出版广播影视管理部门要努力为创作生产更多优秀文艺作品创造更好的环境、条件和氛围。

当前我国电影、电视剧和文艺类图书出版整体呈现出健康良好的发展状态。我国已成为世界最大的电视剧生产国和受众国；国产电影也在激烈的国际竞争中经受了考验，站稳了脚跟，赢得了越来越多的观众欢迎；文艺类图书品种繁多、读者广泛。这种来之不易的良好局面，我们要倍加珍惜，要努力调动广大文艺工作者的创作热情和积极性，努力激发文艺创作生产力，真正依靠广大文艺工作者，实现社会主义文艺的大繁荣大发展。

要真正与广大文艺工作者打成一片，与他们做知心朋友，在正确引导的前提下，关心他们的创作和生活，为广大文艺工作者解决后顾之忧。同时，尊重艺术个性和艺术劳动，发扬学术民主、艺术民主，形成互相探讨、共同进步的良好氛围。

要充分利用电影精品创作资金、电视剧剧作扶持资金、精品图书出版扶持政策，为优秀作品的脱颖而出提供政策优惠和扶持保障。好马配好鞍，好钢用在刀刃上，对优秀作品要实行资金倾斜。

还要看到，当前影视创作和图书出版界有大量人员身处体制外，要在政治上给予信任和呵护，在创作上给予激励和扶持，在生活上予以关心和爱护，团结一切可以团结的力量，共同打造人才辈出、佳作叠现的繁荣局面。

习近平总书记在文艺工作座谈会上的重要讲话，既是对当前文艺界的总动员，又是对今后一段时期文艺工作的总部署，为我们做好新时期文艺工作指明了前进方向，奠定了思想基础，提供了工作遵循。党和人民的殷切期望，是创作生产优秀文艺作品的动力源泉；中国特色社会主义建设的伟大实践，是创作生产优秀文艺作品的巨大空间；实现中华民族伟大复兴的中国梦，是创作生产优秀文艺作品的崇高理想。伟大的时代一定会催生出伟大的文艺作品，我们有信心、有力量和广大文艺工作者一起，志在兼济，行在独善，创作出更多更好的优秀作品，无愧于时代，无愧于人民。

（作者：中共中央宣传部副部长、国家新闻出版广电总局局长）

# 对重大执政问题的科学回答

## ——学习习近平总书记系列重要讲话精神的体会

谢国明

中国共产党长期执政对不对？中国共产党治国理政行不行？中国共产党的执政承诺可信不可信？中国共产党人有没有担当精神？这些重大而紧迫的问题，实质上是对中国共产党的执政根基、执政能力、执政资源和执政意志的回答。对此，我们不能含糊其辞，更不能躲闪逃避，而要旗帜鲜明、有理有据地给出令人信服的答案。学习习近平总书记系列重要讲话精神，我们对这些重大执政问题的思考就会不断深入，就能得出关于这些问题的科学回答。

习近平总书记指出，我一直在思考一个问题，这就是：我们中国共产党人能不能打仗，新中国的成立已经说明了；我们中国共产党人能不能搞建设搞发展，改革开放的推进也已经说明了；但是，我们中国共产党人能不能在日益复杂的国际国内环境下坚持住党的领导，坚持和发展中国特色社会主义，这个还需要我们一代一代共产党人继续作出回答。

党的十八大以来，习近平总书记以马克思主义者的定力和智慧，科学及时地回答了这些重大紧迫的执政问题，为中国共产党长期执政、有效执政廓清了理论上的迷雾，扩大并深化了中国共产党的执政资源，强化并优化了中国共产党的执政意志。

### 第一个问题，中国共产党长期执政对不对？这是事关执政根基的问题。

近年来，社会上有一些杂音怪论，对中国共产党长期执政提出质疑，在社会思想上造成了一些困惑乃至混乱。习近平总书记说过，鞋子合不合脚，自己穿了才知道。这种形象而深刻的比喻，说明一个国家选择什么样的发展道路，实行什么样的主义，关键要看是否适合这个国家的国情，能否解决这个国家面临的历史性课题。历史和现实都告诉我们，正是在中国共产党的带领下，饱经苦难的中华民族才能完成和推进革命、建设和改革三件大事，中国人民才能真正站起来，开创自己的幸福生活。

人民选择中国共产党执政，有其历史渊源。习近平总书记全方位回顾社会主义500年来从无到有、从空想到科学、从理论到实践、从外国到中国，尤其是中国特色社会主义从艰辛探索到破浪前进的历史进程，深刻阐明了中国共产党在领导革命、建设、改革进程中，是怎样经过反复比较和总结，历史地选择了马克思主义、选择了社会主义的；是怎样把马克思主义基本原理同中国实际和时代特征结合起来，独立自主地走自己的路的；是怎样历经千辛万苦，付出各种代价，开创和发展了中国特色社会主义的。历史连着未来，历史通向未来。重温这段历史就会发现，中国共产党领导、马克思主义指导、改革开放和中国特色社会主义道路，都是历史和人民的选择。中国共产党长期执政有着深厚的历史根基。

人民是否选择一个政党执政，关键在于这个政党能否解决国家面临的历史性课题。从1840年到1949年，从1949年至2049年，中华民族贯穿两个百年的历史命题，前为救亡，后为复兴。中国共产党对中国人民最大的贡献，就是既解决了救亡这个历史性课题，又解决了并正在进一步解决复兴这个历史性课题，圆满回答了“中国向何处去”的问题，彻底改变了占世界五分之一人口的命运。人民信赖这样的政党，坚定选择中国共产党作为中华民族复兴伟业的领导核心，跟着党为"两个一百年"的目标而奋斗。

人民是否选择一个政党执政，关键在于道路制度的选择是不是反映了人民的意愿、是不是符合国情。习近平总书记指出："中国特色社会主义，是科学社会主义理论逻辑和中国社会发展历史逻辑的辩证统一，是根植于中国大地、反映中国人民意愿、适应中国和时代发展进步要求的科学社会主义，是全面建成小康社会、加快推进社会主义现代化、实现中华民族伟大复兴的必由之路。"事实无可置疑地证明了中国特色社会主义道路的正确性、适合性。人民赞成这条道路，愿意沿着这条道路前进，也就坚定选择了开创并不断拓展这条道路的中国共产党执政。

只有社会主义才能救中国，只有中国特色社会主义才能发展中国，这是历史的结论、人民的选择。看不到历史事实和人心所向，罔顾现实国情，拿西方的政治制度模式作为标准，来评价中国共产党的执政地位，拿别人的鞋套自己的脚，这不仅不科学，而且还有害。在中国这样一个人口众多和经济文化落后的东方大国进行革命和建设的国情与使命，决定了我们只能走自己的路。随着中国特色社会主义不断发展，我们的制度必将越来越成熟，我国社会主义制度的优越性必将进一步显现，我们的道路必将越走越宽广。我们就是要有这样的道路自信、理论自信、制度自信，真正做到"千磨万击还坚劲，任尔东西南北风"。

## 第二个问题，中国共产党治国理政行不行？这是事关执政能力的问题。

执政能力建设，一直是中国共产党人执政后十分重视的课题。从毛泽东同志提出"进京赶考"的历史性课题以来，一代又一代共产党人都在为提高执政能力而努力。

有些人一直对中国共产党的执政能力横挑鼻子竖挑眼。建国之初，面对中国人民解放军摧枯拉朽的强大攻势，有人声称，共产党军事100分，政治80分，经济零分。改革开放以来，我们把经济搞上去了，又有人散布形形色色的"中国崩溃论"，或者拿环境问题、腐败问题等说事，对我们党治国理政的能力和成效表示怀疑。事实上，在中国共产党的领导下，我们这个曾经连铁钉和火柴都要进口的国家，改革开放前仅仅用了20多年，就初步建立起自己的现代工业体系；改革开放后仅仅用了30多年，就走过了其他国家一二百年走过的现代化历程，从一个贫穷落后的中国，发展成为世界第二大经济体。达沃斯论坛主席施瓦布曾经对中国领导人说："过去，我们在不同的发展阶段对中国的发展打了很多问号，但每次这些问号都被你们用漂亮的成绩回答了；这一次，尽管我也有问号，但我不怀疑中国会交出一份漂亮的答卷。"

当然，执政能力不是一成不变、一劳永逸的，过去有不等于现在有，现在有不等于将来有，关键看有没有"持续能力"。邓小平同志说过，"发展起来以后的问题不比不发展时少"。我们虽然用30多年时间走完西方发达国家百年的现代化进程，也把困难和问题集中突显了出来，我们创造了中国经济奇迹，也遭遇了前所未有的时代挑战，推进改革的复杂程度、敏感程度、艰巨程度，一点都不亚于30多年前。党的十八大以来，无论用"中国梦"凝聚激发起13亿人民的巨大活力，还是以"打铁还需自身硬"的政治勇气赢得党内外信任；无论是以"抓铁有痕、踏石留印"的劲头抓作风建设提振信心，还是以涉险滩、啃硬骨头的政治勇气坚定不移全面深化改革；无论是"五位一体"新布局，还是使市场在资源配置中起决定性作用和更好发挥政府作用的重要思路；无论是"既不走僵化封闭的老路、也不走改旗易帜的邪路"的大方向，还是完善和发展中国特色社会主义制度、推进国家治理体系和治理能力现代化的总目标，短短一年多时间，以习近平同志为总书记的新一届中央领导集体所展现出来的政治定力、战略定力和改革魄力，让人们对中国共产党的新时期执政能力、治理能力满怀信心。

习近平总书记指出，党领导人民已经取得

举世瞩目的成就，我们完全有理由因此而自豪，但我们自豪而不自满，决不会躺在过去的功劳簿上。中国特色社会主义制度是特色鲜明、富有效率的，但还不是尽善尽美、成熟定型的。中国特色社会主义事业不断发展，中国特色社会主义制度也需要不断完善。如果说事实已经证明我们党具有治理中国的高超能力和智慧，那么随着改革的深化、治理现代化的推进，我们党的治理能力和水平还会有更大的提升，中国特色社会主义制度的优势和活力还会有更大的释放。中国奇迹，更精彩的篇章还在后面。

**第三个问题，对中国共产党的执政承诺信不信？这是事关人民群众对党的信任度的问题，也就是执政资源、执政基础的问题。**

一个执政党的承诺，体现的是执政理念，宣示的是政治目标，争取的是民意民心。执政党的承诺切中人民之所望、深得人民信服，执政党就有了深厚的执政资源和坚实的执政基础。

习近平总书记指出："一个政党，一个政权，其前途和命运最终取决于人心向背。如果我们脱离群众、失去人民拥护和支持，最终也会走向失败。"以民为本、以人为本，是中国共产党的执政理念。人民群众始终是党坚实的执政基础，是党的力量源泉。服务人民，既是党的根本宗旨，也是党的执政承诺，还是党的执政资源和执政基础。

一个政党的执政承诺，不仅体现在根本宗旨上，而且体现在奋斗目标上。这个奋斗目标要让人民群众看得见、摸得着，这样才能记得住、传得远。在十八届中央政治局常委同中外记者见面时，习近平总书记代表中国共产党明确承诺：人民对美好生活的向往，就是我们的奋斗目标。这就把党的执政承诺具体化了。

一个执政党的承诺，必须能够为社会各界广泛接受，才会赢得最深厚的执政资源和最广泛的执政基础。习近平总书记提出实现中华民族伟大复兴的中国梦这一伟大号召。"中国梦"这样一种形象的表达，不仅把党的承诺具体化，而且已经成为海内外中华儿女的最大公约数和最大共识，成为激励全国人民团结奋进的精神旗帜和高昂旋律。实现中国梦，就是要让生活在我们伟大祖国和伟大时代的中国人民，共同享有人生出彩的机会，共同享有梦想成真的机会，共同享有同祖国和时代一起成长与进步的机会。这就有利于把13亿中国人的智慧和力量汇集起来，易于为群众所接受，深化党的执政资源，固化党的执政基础。

一个执政党的承诺，要让群众感到可信，不仅要有一份美好的蓝图，而且要有实现蓝图的路线图、时间表。习近平总书记亲自主持起草了全面深化改革的决定，亲自领导全面深化改革领导小组，使实现中国梦的承诺具体化，提高了承诺的可信度。

一个执政党的承诺，要让群众感到可信，需要具有良好的执政形象。党的十八大以来，以习近平同志为总书记的党中央，以改进作风开局起步，以反腐倡廉取信于民，社会出现了人心振奋思进之潮。

一个执政党的承诺，要让群众感到可信，自身必须具备坚定的理想信念。如果执政党本身理想信念缺失，没有政治定力，立场左右摇摆，立身东倒西歪，即使有最好的承诺，也无法得到人民群众的信任。

习近平总书记特别强调理想信念的作用。他强调指出，理想信念就是共产党人精神上的"钙"，没有理想信念，理想信念不坚定，精神上就会"缺钙"，就会得"软骨病"。世界观、人生观、价值观的"总开关"问题没有解决好，这样那样的出轨越界、跑冒滴漏就在所难免。而那些得了"软骨病"的人，那些出轨越界、跑冒滴漏的人，那些很实惠、很世故、很圆滑、很低级趣味的人，怎么可能对人民群众有号召力！怎么可能让人民群众相信我们的承诺！

习近平总书记在河南兰考调研指导群众路线教育实践活动时强调，作风问题本质上是党性问题。抓作风建设，就要返璞归真、固本培元，重点突出坚定理想信念、践行根本宗旨、加强道德修养。俗话说，打铁还需自身硬。筑牢理想信念基座，才有干事创业的动力，才有为政清廉的敬畏。我们不妨多想一想“为了谁、依靠谁、我是谁”，多问一问“入党为什么、当干部做什么、为后人留下什么”，在学习和思考中坚定信仰、增强党性。

有崇高的理想信念，有优良的人格魅力，有具体的形象承诺，就会得到人民群众的信任，就会拥有坚实的执政基础，就会拥有深厚的执政资源。习近平总书记指出：“有了坚定的理想信念，站位就高了，眼界就宽了，心胸就开阔了，就能坚持正确的政治方向，在胜利和顺境时不骄傲不急躁，在困难和逆境时不消沉不动摇，经受住各种风险和困难考验，自觉抵御各种腐朽思想的侵蚀，永葆共产党人政治本色。”有了这样的党员领导干部，我们的执政基础就会十分牢固，我们的执政资源就会十分深厚，我们就能够得到人民群众的完全信任。

## 第四个问题，中国共产党人有没有担当精神？这是事关执政意志的问题。

习近平总书记在十八届中央政治局常委同中外记者见面时，庄严地提出“三个责任”：对民族的责任、对人民的责任、对党的责任。这是中国共产党人的大担当。他多次强调共产党员，尤其是党员领导干部要有担当精神，并把“有没有责任感、有没有担当精神”作为衡量领导干部的一条重要标准。在索契冬奥会接受俄罗斯电视台主持人专访时，他明确说：我的执政理念，概括起来说就是“为人民服务，担当起该担当的责任”。

什么是“担当”？从大处着眼，就是一种责任感和使命意识。从小处着墨，就是不怕困难，敢承担，能扛事。可以说，共产党人的担当精神，就是一种执政意志。

敢于担当需要勇气，更需要定力。习近平总书记多次要求领导干部要有政治定力、战略定力，“任凭风浪起，稳坐钓鱼船”。

习近平同志担任总书记以后，明确提出中国梦这个具有最大共识的民族复兴伟大目标，大力推进全面深化改革，在改革发展稳定、内政外交国防、治党治国治军等方面，率先承担起我们这一代共产党人的历史担当，提出了新方略、开辟了新局面、达到了新境界、取得了新成就，体现了当代共产党人坚强的执政意志和高超的执政能力，展示了灿烂的执政前景。

面临改革大潮，我们要有强烈的历史担当精神。这种担当精神，在革命战争年代是冲锋陷阵、英勇献身，现在，就是要勇于改革、善于改革，勇于直面矛盾，善于解决问题，破除“改革与我无关，开放离我很远”等错误意识，就是要强化进取意识、机遇意识、责任意识。

有没有担当精神，既是一个勇气问题、能力问题，更考验着党员干部的政治自觉、使命责任。担当大小，体现着干部的胸怀、勇气、格调，有多大担当才能干多大事业。面对日益紧迫的“发展起来以后的问题”，面对“四大危险”与“四种考验”，我们党所承担的领导责任，比历史上任何时期都更为艰巨繁重，这一代共产党人、这一代领导干部必须有更大的历史担当。倘若只计个人得失，遇到矛盾绕着走，碰到问题不敢抓，面对风险不敢闯，不敢作为做庸官；倘若热衷表面文章，大张旗鼓弄虚，花团锦簇作秀，不愿作为做昏官；倘若在其位不谋其政，上不能利党，下无以益民，无所作为做懒官；甚至弄公权以谋其私，贪赃枉法，胡乱作为做贪官，则不仅损害党和政府形象，更会让人民丧失信心，引发执政危机。

担当的标准是什么？为官避事平生耻。共产党的干部必须坚持原则、认真负责，面对大是大非敢于亮剑，面对矛盾敢于迎难而上，面对危机敢于挺身而出，面对失误敢于承担责任，面对歪风邪气敢于坚决斗争，面对工作始终能够任劳任怨、尽心竭力、善始善终、善作善成。领导就是责任，领导就要担当，就应当先之劳之、以身作则，就应当敢于负责、敢于担当。

（作者：人民日报社副总编辑）

# 新形势下强军兴军的科学指南

## ——深入学习贯彻习近平主席在全军政治工作会议上的重要讲话

中国人民解放军总政治部

党的十八大以来，以习近平同志为总书记的党中央带领全党全军全国人民，踏上了实现中国梦的新征程。新的历史条件下，我军处在什么历史方位，下一步要往哪里走，要干成什么样子，是时代提出的重大课题。最近，习近平主席亲率全军高级干部到古田召开全军政治工作会议并发表重要讲话，对这一重大历史课题作了清晰响亮的回答。习主席重要讲话，站在政治和全局的高度，回望历史，直面现实，规划未来，深刻阐明我们党从思想上政治上建设军队的一系列重大问题，确立了党在强国强军进程中政治建军的大方略，闪耀着马克思主义的真理光芒、时代光芒。我们要深入学习贯彻习主席重要讲话精神，紧紧围绕时代主题加强和改进我军政治工作，充分发挥政治工作对强军兴军的生命线作用。

## 一、深刻认识习主席重要讲话巨大而深远的指导意义

习主席重要讲话，对强军兴军作出了新的“政治擘画”，政治立意高远、理论分量厚重、实践指向鲜明，为加强和改进新形势下政治工作、推动军队建设开创新局面提供了科学指南和根本遵循。

**坚持思想建党政治建军的政治宣示。**古田是我们党确立思想建党、政治建军原则的地方，是我军政治工作奠基的地方，是新型人民军队定型的地方。习主席在古田这个革命圣地发表讲话，本身有着深厚的政治意蕴和丰厚的历史承载。习主席重要讲话，寻根溯源，正本清源，深情回顾我们党创建和领导人民军队的艰辛历程，阐明我军政治工作的重要地位和重大作用，向国内外郑重宣示我军必须传承红色血脉、永葆政治本色，郑重宣示我军必须始终坚持党对军队的绝对领导、始终在党的领导下行动和战斗，郑重宣示必须以刮骨疗毒的勇气解决军队存在的突出问题，为强军兴军提供坚强政治保证。习主席重要讲话，旗帜鲜明地弘扬优良传统，旗帜鲜明地抨击沉疴流弊，旗帜鲜明地批驳错误政治观点，进一步明确了军队建设发展的正确方向，增进了在党的领导下强军兴军的政治自信、历史自信、传统自信，必将指引我军沿着坚定正确的政治方向胜利前行。

**党的军事指导理论的重大创新发展。**习主席重要讲话，从实现强军目标的高度审视谋划军队政治工作，提出许多带根本性方向性引领性的战略思想，是一篇马克思主义纲领性文献。习主席重要讲话，深刻揭示强国强军背景下政治工作的生命线地位和作用，深化了我们对政治工作极端重要性、极端必要性、极端紧迫性的认识；深刻阐明新形势下政治工作的挑战考验、时代主题、指导原则、重点任务和实践要求，为我们党从思想上政治上建设和掌握部队提供了科学指导；鲜明提出培养有灵魂、有本事、有血性、有品德的新一代革命军人，树立对党忠诚、善谋打仗、敢于担当、实绩突出、清正廉洁的军队好干部标准，努力建设对党绝对忠诚、聚焦打仗有力、作风形象良好的政治机关和政治干部队伍等新思想新观点新要求，为政治工作创新发展指明了努力方向。习主席重要讲话，进一步深化了我们对建设什么样的军队、怎样建设军队的认识，丰富发展了毛泽东、邓小平、江泽民、胡锦涛关于政治建军思想，凝结着十八大以来习主席建军治军的实践经验，是习主席国防

和军队建设重要论述在思想政治领域的“展开篇”。

**加强和改进军队政治工作的行动纲领**。形势的发展，实践的深化，使我军政治工作面临许多新问题新课题。比如，如何在意识形态领域斗争尖锐复杂、官兵成分结构发生很大变化的情况下，确保官兵坚定信念、铸牢军魂；如何在长期处于相对和平环境的情况下，打造强军文化、激发军人战斗精神；如何在部队建设内外环境发生深刻变化的情况下，始终保持人民军队的本色和作风；如何在军队建设特别是思想政治建设方面存在突出问题的情况下，重塑政治工作威信威力等。习主席重要讲话，集我们党领导人民军队80多年实践的历史精华，开政治建军、强军兴军的时代新篇，对政治工作领域的重大现实问题作出深刻回答，明确了新形势下政治工作的路线图、展开图。

**凝聚强军兴军意志力量的精神引领**。伟大事业需要伟大精神作支撑。当前，国家现实安全威胁上升，军队改革进入攻坚阶段，改作风、反腐败到了关键时候。特别是徐才厚的所作所为，给党和军队的声誉、政治工作形象、官兵信仰信念造成了不可估量的损害。在这个历史关口，尤其需要把意志力量凝聚起来，齐步走、攻难关、开新局。习主席重要讲话，动员全军为实现强军目标而团结奋斗，体现了党和人民建设强大军队的夙愿；明确要坚持什么、反对什么，立起了是非标准，注入了强大正能量；贯彻整风精神、坚持问题导向，回应全军上下关切，释放了整纲肃纪的强烈信号。尤其是党中央重拳反腐，坚决铲除腐败分子，充分展示了我们党有案必查、有贪必肃的决心意志，极大提振了全军官兵的精气神，进一步树立了党和军队的光辉形象。

## 二、全面准确领会习主席重要讲话的内涵要求

习主席重要讲话主题重大、内涵丰富，提出一系列重大战略思想、重大理论观点和重大工作部署，体现了科学性、创新性和指导性的高度统一。学习贯彻讲话精神，首先要理解好把握好讲话的科学内涵、精神实质和基本要求，做到了然于胸、铭记在心。

**深刻把握政治工作生命线的地位作用**。习主席深刻指出，政治工作实质上是党领导和掌握军队的工作，是我军的看家本领和最大特色、最大优势，是我军同一切其他性质军队的最大区别，也是我军保持人民军队性质宗旨本色的重要保障。这深刻揭示了政治工作对人民军队生存发展的决定性作用。习主席以强军视角回眸历史、观照现实，从保证听党指挥、提供不竭力量、保持本色作风三个维度，对生命线意义第一次作出系统阐述，道出了政治工作永远是我军生命线的真谛。新形势下，面对意识形态领域尖锐复杂的斗争，面对艰巨繁重的军事斗争准备任务，面对深化国防和军队改革这场考试，政治工作只能加强不能削弱，只能前进不能停滞，只能积极作为不能被动应对。

**深刻把握政治工作的时代主题**。党和军队的中心任务决定我军政治工作的任务。习主席鲜明提出，军队政治工作的时代主题是，紧紧围绕实现中华民族伟大复兴的中国梦，为实现党在新形势下的强军目标提供坚强政治保证。这一重要论断，明确了党和军队中心任务对政治工作的总规定，深刻回答了新形势下政治工作如何加强、往哪前进、怎么作为的根本问题，指明了政治工作在强军兴军中的方位和坐标，赋予政治工作新的使命任务。政治工作只有聚焦这个主题来展开，围绕这个主题来进行，才能发挥强大推力和助力作用，为实现中国梦强军梦提供可靠政治保证、强大精神动力、有力人才支撑。

**深刻把握政治工作的优良传统**。不忘本来才能开辟未来。习主席重要讲话从“根”处入手，精辟概括了我军政治工作优良传统：坚持党指挥枪的根本原则和制度，坚持全心全意为人民服务的根本宗旨，坚持实事求是的思想路线，坚持群众路线的根本作风，坚持用科学理论武

装官兵，坚持围绕党和军队中心任务发挥服务保证作用，坚持公道正派选拔使用干部，坚持官兵一致、发扬民主，坚持实行自觉的严格的纪律，坚持艰苦奋斗、牺牲奉献的革命精神，坚持党员干部带头、以身作则等。这些优良传统，是我军政治工作的根本原则和内容，是历史长河淘出的"真金"，是永不褪色的传家宝。如果丢掉这些传统，生命线就将割断血脉、命之不存。我们必须倍加珍惜、牢牢坚持，让生命线不断线、接力传。

**深刻把握政治工作需要重视和解决的突出问题。**我们党历来注重在正视问题、解决问题中推动事业发展。古田会议从肃清8种错误思想破题，确立了人民军队建设的原则和方向。习主席重要讲话，尖锐指出部队中特别是领导干部中存在的10个方面突出问题，深刻剖析原因和教训，给军队做了全面体检，为不良政治生态画了像。特别指出要高度重视和严肃看待徐才厚案件，深刻反思教训，彻底肃清影响。这充分体现了习主席忧党忧军的使命意识和强军兴军的责任担当，体现了我们党猛药去疴的政治勇气和革弊鼎新的坚强意志。我们必须以认真老实的态度对待问题、壮士断腕的决心解决问题，不断纯洁人民军队的肌体。

**深刻把握政治工作的根本性要求。**"秉纲而目自张，执本而末自从。"习主席强调，当前最紧要的是把理想信念、党性原则、战斗力标准、政治工作威信在全军牢固立起来。这"四个牢固立起来"，把握了政治建军的本质和规律，抓住了正本清源的要害，是发挥政治工作生命线作用的关键。其中，理想信念是灵魂，坚定理想信念是固本培元、凝魂聚气的战略工程；党性原则是根本政治品格，坚持党性原则是政治工作的根本要求；战斗力标准是核心尺度，保障战斗力标准的贯彻落实是政治工作的价值指向；政治工作威信是内在要求，提升威信威力是当前的紧迫任务。立起这四个带根本性的东西，才能找准政治工作的方向，树好人民军队的样子。

**深刻把握当前政治工作的重点任务。**抓住重点才能带动全盘。习主席强调，加强和改进新形势下的政治工作，当前要着力抓好铸牢军魂、高中级干部管理、作风建设和反腐败斗争、战斗精神培育、政治工作创新发展五个方面重点工作。这"五个着力"，直指当前思想政治领域挑战最严峻、最需要加强改进的问题，反映了重点突破的领导方法，是政治工作必须牢牢把握的着力点。围绕这五个方面，习主席重要讲话既揭示问题的本质，又作出具体部署，提出一系列创造性的思路、举措、方法，为新形势下政治工作抓什么、怎么抓提供了遵循。落实好这些任务要求，政治工作就能抓住"牛鼻子"，实现新突破。

## 三、切实用习主席重要讲话精神指导实践推动工作

现在，强军兴军的宏伟蓝图已经绘就，政治工作的大政方针已经明确，关键要行动起来、真抓实干。新形势下军队政治工作，要紧紧围绕时代主题谋划布局，贯彻整风整改基调，强化问题导向，积极加强改进，推动讲话精神全面进入工作、扎实落地生根。

**以强烈责任感把学习贯彻讲话精神作为首要政治任务来抓。**学习贯彻讲话精神，关系强军伟业的实现，检验党委领导的党性。要把学习宣传贯彻讲话精神作为头等大事，统筹设计，周密部署，持续推进。加强学习教育，把学习贯彻讲话精神纳入理论武装、部队教育和院校教学，与学习习主席系列重要讲话精神特别是国防和军队建设重要论述结合起来，真正融会贯通、把握精髓。举办全军高级干部研讨班，分级分批抓好干部轮训，全军围绕践行强军目标、争做"四有"新一代革命军人，开展主题教育活动，推动讲话精神入脑入心。加强研究阐释，对讲话提出的重大思想观点、重大课题和各项任务，逐个研究探索，拿出对策办法。加强舆论宣传，组织推出一批重头报道和言论评论，总结宣传新鲜经验和先进典型，开展践行强军目标标

兵评选表彰活动。加强指导督导，及时分析学习贯彻形势，研究解决矛盾问题，搞好检查和跟踪问效，推动学习贯彻讲话精神步步深入、落到实处。

**以整风精神解决部队中特别是领导干部中存在的突出问题。**习主席重要讲话发出了向积弊开战的战斗号令。要坚持把整风整改贯穿学习贯彻全过程，围绕习主席指出的10个方面突出问题，以"三严三实"教育为载体，以高中级干部为重点，坚持眼睛向内，边教育边清理边规范。要整顿思想，以查处的重大案件为反面教材，开展警示教育，着力解决信仰缺失、道德滑坡、表里不一等问题，防范和克服特权思想、个人主义、本位主义。要整顿用人，开展干部工作大检查，集中抓好违规提升任用干部、"裸官"、干部档案"三项清理"，纠正选人用人不正之风。要整顿组织，认真检查组织生活制度落实情况，严肃开好民主生活会，严格高中级干部管理。要整顿纪律，认真贯彻党员领导干部纪律约束有关规定，加大纪检、监察、巡视、审计工作力度，对发现的问题最后要落实到组织措施上，落实到人头上。要深刻反思徐才厚案件的教训危害，从严从紧整改本单位和个人存在的问题，从思想上、组织上、作风上坚决肃清其流毒影响。

**以践行时代主题为牵引推动政治工作创新发展。**政治工作的时代主题是党赋予我军政治工作的新使命，各项工作聚焦这一主题展开，就能不断增强时代性感召力。思维理念要突围，确立与时代主题相适应的思想观念，树立互联网思维、大数据思维、大政工理念等新的思维理念，使政治工作跟上时代发展步伐。工作布局要优化，紧扣时代主题搞好政治工作体系设计，为强军兴军深扎思想根基，筑好组织堡垒，提供人才支撑，纯正作风环境，繁荣先进军事文化。运行模式和指导方式要转变，依据法规制度指导开展工作，提高政治工作信息化、法治化、科学化水平。方法手段要更新，把部队、社会、家庭衔接起来，把军内军外、网上网下结合起来，推动形成全方位、宽领域、军民融合的政治工作大格局。

**以求真务实作风狠抓各项工作落实。**求真务实是政治工作的生命所系、力量所在。要端正工作指导思想，坚持把是否有利于坚持党对军队绝对领导、是否有利于巩固提高战斗力、是否有利于部队全面建设、是否有利于官兵成长进步，作为检验工作成效的具体标尺，走出自我设计、自我循环、自我检验的怪圈，从根子上铲除"假大虚空"的土壤。注重落细落小落实，认真贯彻《关于新形势下军队政治工作若干问题的决定》部署要求，问题一个一个纠治，工作一项一项抓实，干部一批一批用好，积小成为大成。建强政治机关和政治干部队伍，研究制定加强政治机关和政治干部队伍建设的《意见》，组织开展"争创先进政治机关、争当优秀政治干部"活动，树立政治工作良好形象。各级党委特别是正副书记要认真履行抓政治工作的重要职责，组织广大党员、干部一起来做，动员广大官兵积极参与，形成齐心协力抓落实的强大合力。全军和武警部队要通过深入学习贯彻习主席重要讲话精神，不断提高思想政治建设水平，确保部队绝对忠诚、绝对纯洁、绝对可靠，坚决听从党中央、中央军委和习主席指挥，坚决完成党和人民赋予的使命任务。

# 激活红色基因　焕发生机活力

## ——学习贯彻习近平总书记系列重要讲话精神

强　卫

习近平总书记在新疆军区某红军师考察时指出，要把红色基因融入官兵血脉，让红色基因代代相传。这一重要论述，对于传承和弘扬党的优良传统、深入推进党的建设具有重要指导意义。党的红色基因，就是党在长期奋斗中锤炼的先进本质、思想路线、光荣传统和优良作风。江西要实现与全国同步全面建成小康社会的奋斗目标，就必须以习近平总书记的重要论述为指引，激活红色基因，焕发生机活力，以更强的凝聚力和战斗力闯关夺隘、胜利前进。

### 一、红土地孕育了红色基因

在艰苦卓绝的革命斗争中，江西这片红土地上诞生了伟大的井冈山精神、苏区精神和苏区干部好作风等一系列宝贵的精神财富，为我们党孕育和发展红色基因作出了突出贡献。

**信念坚定，纪律严明。**习近平总书记指出，我们党是靠革命理想和铁的纪律组织起来的马克思主义政党。回顾艰苦的革命斗争年代，我们党靠什么团结起来党领导的军队靠什么打胜仗？一靠理想、二靠纪律。这种理想，就是无论遇到多大困难，都坚信革命一定会胜利，共产主义一定能实现。井冈山斗争时期，毛泽东同志撰写革命雄文《中国的红色政权为什么能够存在?》，极大地鼓舞了军民革命到底的信心。南方三年游击战中，陈毅同志的《梅岭三章》，表达了革命者坚贞不屈的信念。“边界的红旗始终不倒”，除了坚定的信念支撑，还有严明的纪律保障。在“三湾改编”中，我们党确立了“支部建在连上”的原则，确保了党对军队的绝对领导。在井冈山斗争实践中形成的“三大纪律、六项注意”，后来演变为我们熟悉的“三大纪律、八项注意”。有了共同的理想和铁的纪律，我们党就能够从胜利走向新的胜利。

**对党忠诚，一心为民。**习近平总书记多次强调，领导干部要对党忠诚老实，对群众忠诚老实。永远忠诚于党、忠诚于人民、忠诚于共产主义事业，是共产党人鲜明的政治本色。1934年，江西省苏维埃政府裁判部长江善忠被敌人包围，弹尽粮绝，咬破手指写下血书“死到阴间不反水！保护共产党万万年！”然后毅然纵身跳下山崖。这展现了共产党人视死如归的英雄气概和忠贞不渝的革命壮志。我们党干革命是为劳苦大众打天下，搞建设更是为全体人民谋利益。毛泽东同志提出，每个共产党员要像和尚叨念“阿弥陀佛”一样，时刻叨念争取群众。当年苏区开展土地革命，使农民真正成为土地的主人；广大干部自觉关心群众生产生活，帮助农民学文化。群众说，“共产党真正好，什么事情都替我们想到了”。

**艰苦奋斗，勇于牺牲。**习近平总书记指出，艰苦奋斗是中华民族的光荣传统，是我们党的立业之本、取胜之道、传家之宝。一不怕苦、二不怕死的革命精神，是共产党人独有的标识，铸就了我们的党魂和军魂。秋收起义部队上井冈山后，缺粮少盐，生活十分艰苦。到了中央苏区，由于国民党的严密封锁，生活更是艰辛。中央主力红军长征后，留下的红军游击队长期被困在深山老林，只能以野菜、野果充饥。但不管怎么苦，红军战士的革命意志不仅没有被摧垮，反而磨练得更加坚强。更为可歌可泣的是冲锋陷阵时勇于牺牲的精神。为保卫井冈山革命根据地，红军战士经常同几倍于我的敌军殊死搏斗。当时，红军指战员的脖子上都系有红带子，取名“牺牲带”，表明为革命献身的决心。赣南13个苏区总人口约240万，青壮年有50万，参加红军的有33万余人，其中有名有姓的烈士10.8万余人。红军万里长征，每一公里就倒下一名江西兴国籍烈士。

**实事求是，勇闯新路**。习近平总书记强调，我们党是靠实事求是起家和兴旺发展起来的。一切从实际出发，是马克思主义的精髓，也是共产党人不断取得胜利的法宝。1927年，以毛泽东同志为代表的中国共产党人，独辟蹊径，率领部队上井冈山，为中国革命开辟了“建立农村根据地、以农村包围城市、最后夺取城市”的道路。1931年，我们党在瑞金成立了中华苏维埃共和国，开启了中国共产党局部执政的伟大尝试，积累了治国理政的历史经验。一定意义上可以说，我们党实事求是的思想路线，就是从江西这片红土地开始，并不断延伸的。

**清正廉洁，无私奉献**。习近平总书记鲜明地指出，为政清廉才能取信于民，秉公用权才能赢得人心。清廉与奉献，是共产党人应有的政治品格，是党的先进性和纯洁性的重要体现，也是我们党苏区执政时最显著的特征之一。当时，从中央政府主席到伙夫马夫，一律没有薪饷。1934年春，中央土地部副部长胡海、江西省苏维埃政府主席刘启耀，带头从家中背米到机关，不要公家发伙食费，带动一大批干部自带干粮去办公。中央红军主力长征后，刘启耀在游击战争中被敌人打散，只能乞讨度日，但腰间藏匿的金条却丝毫未动，直至交与党组织。苏区军民都说，“只有苏维埃是空前的真正的廉洁政府”。

## 二、新时代需要激活红色基因

激活红色基因，就是要把党的光荣传统、优良作风，与我们正在进行的奋斗相结合，让党的宝贵精神财富彰显出新的时代价值。

**提高党的战斗力需要激活红色基因**。习近平总书记反复强调，我们正在进行具有许多新的历史特点的伟大斗争，面临的挑战和困难前所未有。要完成好历史赋予的使命，我们党就要焕发出战斗的精神、拼搏的劲头去闯关夺隘、夺取新的胜利。“加强纪律性，革命无不胜。”过去，我们靠铁的纪律打败了敌人。新的历史条件下，更要上下同心、步调一致、统一行动，使我们党成为一支“铁军”，使组织的力量倍增。

**增强党的免疫力需要激活红色基因**。习近平总书记告诫我们，现实生活中，一些党员、干部出这样那样的问题，说到底是信仰迷茫、精神迷失。当前，一些领导干部因为理想信念不坚定、思想防线不牢、警惕性不高、意志力不坚定，沾上“酒色财气”，被“糖衣炮弹”击中。只有激活红色基因，才能增强体内抗体，从根本上保证党的思想纯洁、组织纯洁、作风纯洁。

**强化党的创新力需要激活红色基因**。习近平总书记强调，我们一定要始终把改革创新精神贯彻到治国理政各个环节。现在一些党员干部暮气沉沉，遇到矛盾绕道走，遇到阻力便退缩，缺乏当年革命者那股子冲劲和干劲。要进一步激活红色基因，让那种敢闯新路、敢于担当的血性重新昂扬起来，坚决克服惰性、去除暮气，使党员干部永葆革命斗志，使我们党永葆向上进取的活力。

## 三、争先锋传承红色基因

传承红色基因，要以焦裕禄、龚全珍等先进模范人物为标杆，争当有信仰、有担当、有情怀、有气节的好党员、好干部。

**要有信仰，咬定青山不放松**。习近平总书记指出，坚定理想信念，坚守共产党人精神追求，始终是共产党人安身立命的根本。建党90多年来，一代代共产党人前赴后继、勇往直前，为的就是心中永不磨灭的信仰。越是困难时期、越是面临考验，革命意志越坚定，即使牺牲生命也在所不惜。传承红色基因，首先就要坚定理想信念，为实现共产主义奋斗终身。要深入学习贯彻习近平总书记系列重要讲话精神，与以习近平同志为总书记的党中央保持高度一致，不断增强中国特色社会主义道路自信、理论自信、制度自信，无论何时都不改立场、不变本色、不丢信仰。要志存高远，胸怀大局，为党的事业奋力拼搏、鞠躬尽瘁。特别是在党和人民需要的关键时刻，要豁得出来、顶得上去，用实际行动展现对党和人民的忠诚。

**要有担当，敢教日月换新天。**习近平总书记提出，坚持原则、敢于担当是党的干部必须具备的基本素质。以毛泽东同志为代表的共产党人从中国国情出发，坚定不移走自己的路，翻开了中国革命的新篇章。以邓小平同志为代表的共产党人拨乱反正，坚持解放思想、实事求是，作出了以经济建设为中心、实行改革开放的历史性决策。习近平总书记庄严地提出"三个责任"：对民族的责任、对人民的责任、对党的责任。这些，就是共产党人的大担当。传承红色基因，应当不怕困难、不惧风险，知难而进、迎难而上，真正把重任扛起来，把工作干出色。当前，一项重要任务就是推进改革，努力成为改革发展的急先锋和实干家。要强化改革自觉，坚定改革信心，勇于担当，大刀阔斧改，放开手脚干，勇于冲破思想观念障碍，突破利益固化藩篱，奋力迈出改革的更大步伐。

**要有情怀，俯首甘为孺子牛。**习近平总书记强调，人民对美好生活的向往就是我们的奋斗目标；检验我们一切工作的成效，最终都要看人民是否真正得到了实惠，人民生活是否真正得到了改善。回顾历史，我们党紧紧依靠人民一步步走了过来。无论到了什么时候，我们都不能忘记，人民永远是我们的衣食父母。习近平总书记在山东考察时念了一副对联："得一官不荣，失一官不辱，勿道一官无用，地方全靠一官；穿百姓之衣，吃百姓之饭，莫以百姓可欺，自己也是百姓。"他语重心长地说，封建时代官吏尚有这样的认识，今天我们共产党人应该比这个境界高得多。这给我们以深刻的启迪：党的干部是官又不是官。说是官，因为我们担负一定职责权力；说不是官，是因为我们自己也是百姓，没有任何特权。要俯下身子去当人民的"勤务员"，张开双臂去做百姓的"遮阳伞"，真正成为群众心中的好党员、好干部。

**要有气节，只留清白在人间。**习近平总书记强调，我们党作为马克思主义执政党，不但要有强大的真理力量，而且要有强大的人格力量。清正廉洁是共产党人的政治本色。我们党之所以能够由弱到强，党的事业之所以能够发展壮大，很重要的就是廉洁奉公的基因起作用。现在，党员干部面临的诱惑确实多了，能不能做到拒腐蚀、永不沾，经受住权力、金钱、美色的考验，是对党员干部思想品格、人生境界的极大考验。孟子说："富贵不能淫，贫贱不能移，威武不能屈，此之谓大丈夫。"我们共产党员理应成为这种顶天立地的人。在任何时候任何情况下，都要以党的事业为重，做到秉公用权、公私分明、公而忘私、大公无私，在廉洁从政中收获健康、感受快乐、体验幸福。要始终坚持民主集中制、坚持批评与自我批评，坚持不懈反"四风"、树新风，做贯彻落实"三严三实"的表率，永葆共产党人的高尚情操和革命气节。

（作者：中共江西省委书记）

# 必须抓好的重大政治任务

## ——深入学习宣传习近平总书记系列重要讲话精神

赵　凡

党的十八大以来，以习近平同志为总书记的党中央高举中国特色社会主义伟大旗帜，带领全党全军全国各族人民，开启了全面建成小康社会、全面深化改革、全面依法治国、全面从严治党的新征程。伟大事业需要科学理论来引领。习近平总书记强调，做好宣传思想工作必须全党动手。要着力增强思想政治教育的时代性和感召力，用真理说服人、用真情感染人、用真实打动人。我们要深入学习领会，切实抓好落实，建立宣传先进思想的“舆论场”，主动发声，弘扬主旋律，传播正能量，凝聚精气神。

### 一、深入把握习近平总书记系列重要讲话科学内涵和精神实质

纵观党的历史，不断推动实践基础上的理论创新，坚持用理论创新成果武装全党、教育人民，是我们党推动事业发展的一条宝贵经验。习近平总书记系列重要讲话深刻回答了党和国家事业发展的一系列重大理论和实践问题，是中国特色社会主义理论体系的最新成果，是指导具有许多新的历史特点的伟大斗争最鲜活的马克思主义。讲话内涵丰富、思想深邃、博大精深，充分体现了马克思主义的理论特征、政治立场、价值追求和思想风范。

**强烈的使命担当。**习近平总书记以实现中华民族伟大复兴的中国梦为己任，指出我们比历史上任何时期都更有信心、有能力实现这个目标。强调要牢记对民族的责任、对人民的责任、对党的责任，接过历史的接力棒，继续为实现中华民族伟大复兴而努力奋斗。中国梦，反映了近代以来一代又一代中国人的美好夙愿，进一步揭示了中华民族的历史命运和当代中国的发展走向，指明了全党全国各族人民共同的奋斗目标。

**坚定的政治定力。**习近平总书记系列重要讲话，通篇贯穿着对共产主义的坚定信仰，对中国特色社会主义的坚定信念。他强调，道路决定命运，找到一条正确道路是多么不容易。他指出，站立在960万平方公里的广袤土地上，吸吮着中华民族漫长奋斗积累的文化养分，拥有十三亿中国人民聚合的磅礴之力，我们走自己的路，具有无比广阔的舞台，具有无比深厚的历史底蕴，具有无比强大的前进定力。要坚定道路自信、理论自信、制度自信，不断开创中国特色社会主义事业新局面，不断交出坚持和发展中国特色社会主义的合格答卷。

**鲜明的改革精神。**习近平总书记强调，改革开放是我们党最鲜明的旗帜，是决定当代中国命运的关键一招。改革只有进行时，没有完成时。在整个社会主义现代化进程中，我们都要高举改革开放的旗帜，决不能有丝毫动摇。全党要坚定改革信心，以更大的政治勇气和智慧、更有力的措施和办法推进改革。他指出，应对当前我国发展面临的一系列矛盾和挑战，关键在于全面深化改革。党的十八届三中全会把完善和发展中国特色社会主义制度、推进国家治理体系和治理能力现代化作为全面深化改革的总目标。

**科学的法治理念。**习近平总书记强调，法律是治国之重器，法治是国家治理体系和治理能力的重要依托。全面推进依法治国是关

系我们党执政兴国、关系人民幸福安康、关系党和国家长治久安的重大战略问题，是完善和发展中国特色社会主义制度、推进国家治理体系和治理能力现代化的重要方面。我们要全面建成小康社会、实现中华民族伟大复兴的中国梦，全面深化改革、完善和发展中国特色社会主义制度，就必须在全面推进依法治国上作出总体部署、采取切实措施、迈出坚实步伐。从提出依法治国到全面推进依法治国，是我们党在治国理政上的自我完善、自我提高，体现了我们党执政理念的升级、执政方式的更新。

**真挚的为民情怀**。习近平总书记强调，人民对美好生活的向往，就是我们的奋斗目标。让人民群众过上好日子，是我们一切工作的出发点和落脚点。人民群众在我们心中，应当置于最高位置。他指出，推进任何一项重大改革，都要站在人民立场上把握和处理好涉及改革的重大问题，都要从人民利益出发谋划改革思路、制定改革举措。党的十八大以来，党中央坚持以民为本、以人为本的执政理念，高度重视、大力推进民生工作，改革发展成果更多更公平地惠及全体人民。

**从严的治党方针**。习近平总书记强调，从严是我们做好一切工作的重要保障。从严治党必须具体地而不是抽象地、认真地而不是敷衍地落实到位。他要求全党落实从严治党责任，坚持思想建党和制度治党紧密结合，严肃党内政治生活，坚持从严管理干部，持续深入改进作风，严明党的纪律，发挥人民监督作用，深入把握从严治党规律。从严治党的重点，在于从严管理干部，要做到管理全面、标准严格、环节衔接、措施配套、责任分明。习近平总书记关于全面从严治党的重要论述，为全面推进党的建设新的伟大工程进一步指明了方向。

## 二、推动习近平总书记系列重要讲话宣传教育扎根落地

思想的力量是最为持久的力量。深入学习宣传习近平总书记系列重要讲话精神，必须旗帜鲜明地讲清楚中国道路、中国制度、中国改革开放、中国共产党选人用人、从严治党等党内外关注的热点话题。全面从严治党，首先要抓牢思想教育，重点做到“四个坚持”。

**坚持分类指导**。党员、干部由于经历、关注点、文化程度等不同，要获得他们的认同和接受，必须根据需要，分类施教、分层施教、因人施教。要建设“思想高地”，对高中级干部、优秀人才，要特别强调读原著学原文悟原理，培养一批忠诚的马克思主义者；要填补“思想洼地”，对基层干部、普通党员，从ABC抓起，使宣传教育工作更贴近实际、贴近生活、贴近群众，增强针对性、实效性和感染力。

**坚持城乡一体**。城市是宣传教育资源的富集区，机关、企事业单位是思想教育的聚焦点。我国农村人口多、分布广。农村思想教育水平不提高，全国思想教育水平难跃升。近些年来，一些宗教、邪教和非法组织等纷纷从农村开始渗透，这一事实从一个侧面提醒我们，必须进一步加强农村宣传教育工作，推动讲话精神进万家，巩固党的执政根基。要实行共育共管，推动城乡在党员日常管理、教育培训等方面互动融合，建立健全城乡一体的党员教育管理机制。要实行资源共享，推动城市和机关优势资源向农村流动，建立健全城乡互促的工作机制。

**坚持虚实并进**。当前，新兴媒体生成舆论、影响舆论的能力日渐增强，成为人们特别是青年一代获取信息的主要渠道。西方敌对势力把意识形态渗透重点转向互联网，极力通过网络与我争夺阵地、争取人心。互联网已经成为舆论斗争的主战场，网上斗争成为新形势下舆论斗争的重要方式。必须加强网络、数字和音像制品出版的管理，把宣传教育对现实社会的要求延伸到网络领域，掌握网上教育引导的主动权。

**坚持制度推动**。制度是可靠的保证。要坚持党委（党组）中心组学习制度，把习近平

总书记系列重要讲话作为长期的、重要的学习内容，推动领导干部带头学。要健全述学制度，把学习情况作为民主生活会自查、年度述职等的重要内容，促进党员干部认真学。要健全学习制度，由强化约束转向完善治理，督促党员干部自觉学。要把各地各部门创造的好做法和好经验，及时用制度的形式固定下来、坚持下去，并上升为党内法规，增强制度的保障力。

（作者单位：中共中央组织部）

# 大力实施人才强国战略

## ——深入学习习近平总书记关于人才工作的重要论述

尹蔚民

党的十八大以来，习近平总书记关于做好人才工作、实施人才强国战略的一系列重要论述，体现了党中央对各级各类人才的关心和重视，突出了人才工作在全局中的重要战略地位，极大地丰富了中国特色社会主义人才理论内涵。深入学习领会习近平总书记关于人才工作的重要论述，努力推进我国由人口大国向人才强国转变，是当前和今后一个时期现实而紧迫的重要任务。

### 一、习近平总书记的重要论述是强大思想理论武器

习近平总书记关于人才工作的一系列重要论述，是在科学分析人才成长规律、准确把握国际国内发展大势的基础上作出的重要论断，视野开阔、思想深刻、内涵丰富。既有深邃的历史眼光，又有深刻的时代洞察力；既有立足于国家发展全局的战略把握和宏观指导，又有着眼于人才工作的具体部署；既有思想理论创新，又有管用务实的思想方法、工作方法和工作要求，是指导我们扎实做好各项人才工作、实现由人口大国向人才强国转变的强大思想理论武器。

习近平总书记深刻指出，国家的强盛，归根到底必须依靠人才；我们比历史上任何时期都更接近实现中华民族伟大复兴的宏伟目标，我们也比历史上任何时期都更加渴求人才；没有一支宏大的高素质人才队伍，全面建成小康社会的奋斗目标和中华民族伟大复兴的中国梦就难以顺利实现。这些重要论述，将人才作为我们党治国理政的关键资源，深刻揭示了人才对于民族振兴、国家富强的重大现实意义和深远历史意义，吹响了全面推进人才强国战略的战斗号角。深入学习领会习近平总书记重要讲话精神，就是要从党和国家战略全局出发，切实增强人才工作的机遇意识和忧患意识，加快确立人才优先发展的战略布局，更好发挥人才资源对经济社会发展的基础性、战略性、决定性作用。

习近平总书记反复强调，要树立强烈的人才意识，寻觅人才求贤若渴，发现人才如获至宝，举荐人才不拘一格，使用人才各尽其能；要择天下英才而用之；不唯地域引进人才，不求所有开发人才，不拘一格用好人才；人是科技创新最关键的因素，创新的事业呼唤创新的人才；创新驱动实质上是人才驱动。这些重要论断，进一步阐释了做好人才工作的战略思维和科学理念，是进一步做好人才工作的重要遵循。深入学习领会习近平总书记重要讲话精神，就是要把服务发展作为人才工作的方向，以强烈的人才意识，善于培养人才、凝聚人才、使用人才，促进经济社会可持续发展。

习近平总书记要求，要用好用活人才，建立更为灵活的人才管理机制，打通人才流动、使用、发挥作用中的体制机制障碍；要着力破除束缚人才发展的思想观念，推进体制机制改革和政策创新；各级党委、政府要继续完善凝聚人才、发挥人才作用的体制机制，进一步调动优秀人才创新创业的积极性；为了加快形成一支规模宏大、富有创新精神、敢于承担风险的创新型人才队伍，要重点在用好、吸引、培养上下功夫。这些新要求，紧紧抓住制约人才工作的瓶颈和要害，科学分析了亟待破除的体制壁垒和政策障碍，进一步明确了人才事业改革发展的目标任务。深入学习领会习近平总书记重要讲话精

神，就是要进一步解放思想，牢固树立责任担当意识，把改革创新体制机制作为政府人才工作的着力点，创造人尽其才的政策环境。

## 二、向人才强国转变是时代赋予的重要使命

实施人才强国战略，实现由人口大国向人才强国转变，是形势发展的必然要求，是以习近平同志为总书记的党中央站在党和国家事业发展全局的高度作出的重大战略部署。

**从全球范围看，日趋激烈的国际竞争对加快建设人才强国提出新挑战。**随着经济全球化深入发展，世界范围内创新要素加速流动，知识创造和技术创新进程不断加快，新的科技革命和产业变革呈现加速态势，正在深刻影响和改变着世界经济格局。为在新一轮全球产业结构调整中抢占制高点，赢得未来发展先机，许多国家都把大力引进开发高端人才、增强核心领域创新能力提升到国家发展战略的核心层面。世界主要国家制定了新型产业发展战略，启动了百余项专门计划，各国对人才的争夺日趋白热化，这对我国参与国际人才竞争、引进和留住人才形成巨大挑战。深入实施人才强国战略，加快向人才强国转变，统筹开发利用国际国内人才资源，打造更具国际竞争力的人才制度优势，是增强国家核心竞争力的必然选择。

**从国内发展看，经济发展新常态对加快建设人才强国提出新的更高要求。**随着人口和劳动力结构的逐步变化，人口红利和要素驱动力减弱，传统产业供给能力大幅超出需求，我国经济结构亟需调整优化，向中高端迈进。经济发展要实现新动力、优结构、可持续，将更多依靠人力资本质量和技术进步，必须让创新成为驱动发展的新引擎。人才是创新的根基，是创新的核心要素，我们必须坚持人才优先发展，创新人才体制机制，主动调整人才培养结构，做好人才培养、评价、使用工作，全面提升人力资源素质，加快建设一支规模宏大、结构合理的高层次创新创业人才队伍和高素质技能人才队伍，最大限度释放创新活力，积极推动人才强国建设。

**从人才工作自身看，加快实现向人才强国转变是我们面临的重要课题。**人才特别是科学家、科技人才、企业家和技能人才等创新型人才是实施创新驱动战略的主力军。这些年我国的人才队伍规模日益壮大，人才体制机制改革和政策创新稳步推进，人才环境日益优化，重大人才工程引领示范作用不断增强，人才服务体系逐步健全，各项人才工作取得积极进展。但也必须清醒地看到，我国人才发展总体水平与世界先进水平相比仍有较大差距，人才队伍的整体规模、素质能力、结构分布与经济社会发展需求还不相适应。我国科技创新人才分布失衡，企业科技人员比例较低；创业创新能力不强，许多人才难以实现技术与商业之间的对接；科技人才供给与经济发展需求脱节，“科学家和工程师的可获得性”在全球排名靠后；科技人力资源大而不强，创新产出低下、转化不足；产业发展急需的实用型技能人才普遍缺乏，高技能人才占比较低。同时，制约人才发展和发挥作用的体制机制障碍尚未消除，人才公共服务体系还不健全。这些都是制约我国向人才强国转变的难点，需要我们在工作中深入研究，着力破解。

## 三、着力推进人口大国向人才强国转变

做好新形势下人才工作，推动我国由人口大国向人才强国转变，必须坚持党管人才原则，尊重劳动、知识、人才、创造，加快确立人才优先发展战略布局，扎实推进人才工作迈上新台阶。

**以高层次、高技能人才为重点建设一支高素质人才队伍。**这是整个人才队伍建设的战略重点，要紧紧围绕创新驱动发展战略，主动跟进和对接经济结构调整，大规模开发培养“两高”人才，进而带动整体人才队伍不断发展壮大。要以经济社会发展需求为导向，围绕产业链、科技链打造人才培养链，增强企业自主创新能力，完善产学研协同创新体系，着力打造一批能够

突破关键技术、引领学科发展、带动产业转型的领军人才。加大高技能人才培养力度，健全和完善以企业行业为主体、职业院校为基础、学校教育与企业培养紧密联系、政府推动与社会支持相互结合的高技能人才培养体系，加快培育支撑中国制造、中国创造的高技能人才队伍。

**扎实推进人才体制机制和政策创新。**要坚持以用好用活人才为核心，紧紧围绕重点领域和关键环节推进改革创新，破除人才成长和发挥作用的体制机制障碍。改革人才评价机制，破除论资排辈、头衔崇拜，加快分类推进职称制度改革步伐，将科技成果转化运用实施纳入考评范围；继续改革完善职业资格管理，深化事业单位人事制度改革，进一步推行技师、高级技师聘任制度，探索建立企业首席技师制度；完善人才流动机制，打破地域、所有制、身份等制度性障碍；完善激励保障机制，推动工资收入分配制度改革，推动知识、技术、管理、技能等生产要素按贡献参与分配，完善人才评选表彰制度；完善各类人才创新创业扶持政策，改善基层人才工作、生活条件，拓展职业发展空间。

**建立健全人才公共服务体系。**强化人才公共服务是转变政府职能的基本要求，也是人才工作的本质属性。要推动政府人才管理职能向创造良好环境、提供优质服务、营造创新生态体系转变。建立健全人力资源市场服务体系，培育专业化人才服务机构，开发公共服务产品。围绕重点领域人才需求，制定发布紧缺急需人才目录。加强人才创业技能培训和创业服务指导，提高创业成功率。积极打造以留学人员创业园、博士后工作站和流动站、专家服务基地、继续教育基地为主体的高层次人才服务平台，加快国家级高技能人才培训基地、公共实训基地、技能大师工作室等高技能人才服务平台建设。健全职业技能鉴定公共服务体系。建立健全全国一体化的人才公共服务网络，为各类人才提供全方位、个性化、便捷性的服务。

**加大国外人才和智力引进工作力度。**坚持高端引领、需求导向、以用为本，重点引进能够带动突破关键技术、发展高新技术产业、带动新兴学科的战略型人才和创新创业的领军人才，大力引进一批重点领域急需紧缺的高层次人才和专门人才。抓紧研究制定引进国外人才和智力工作的指导意见，坚持实施更加开放的人才政策，研究提出引进国外人才和智力工作的总体思路、主要目标、重点任务、保障措施和实施机制，加快制定中国特色的人才签证、绿卡和居留政策，探索制定技术移民法律制度，逐步形成国际人才竞争制度优势。完善引进国外人才和智力的政策体系和服务体系，制定并定期调整外国人在中国境内工作指导目录。树立人才引进柔性观念，不断拓宽吸引国外人才和智力的渠道。

**不断提高政府人才工作综合管理水平。**坚持党管人才原则，加强与党委组织部门的配合，围绕国家创新驱动发展战略和经济结构优化升级，充分发挥人力资源社会保障部门作为政府人才工作综合管理部门的职能作用。实施更加积极的人才政策，正确处理政府与市场的关系，以发挥各类创新主体作用为核心，加强政府人才工作的顶层设计和总体规划，加快制定人才政策法规，深化人才管理制度改革，构建人才公共服务体系，培育和发展人力资源市场，积极破解人才工作重点领域和关键环节的重大问题和难点问题。加强政府部门的密切配合，加快建立健全上下贯通、系统联动、部门协作的政府人才工作机制。

（作者：人力资源和社会保障部部长）

# 党员干部要始终做到忠诚干净担当

## ——深入学习习近平总书记关于好干部标准的重要论述

李纪恒

党的十八大以来，习近平总书记在不同场合多次提出“好干部”标准问题，认真学习、深刻领会这一重要思想，把人民需要的好干部选拔出来、使用起来，我们党的事业就会朝气蓬勃、生生不息，党领导的中国特色社会主义伟大事业就会薪火相传、蒸蒸日上。

### 一、深刻理解习近平总书记关于“好干部”标准的丰富内涵

好干部的标准，从大的方面说就是德才兼备。同时，好干部的标准又是具体的、历史的。不同历史时期，对干部德才的具体要求又有所不同。革命战争年代，对党忠诚、英勇善战、不怕牺牲的干部，就是好干部。社会主义革命和建设时期，懂政治、懂业务、又红又专的干部，就是好干部。改革开放初期，拥护党的十一届三中全会确定的路线方针政策，有知识、懂专业、锐意改革的干部，就是好干部。在全面建成小康社会进入决定性阶段、改革进入攻坚期和深水区的今天，我们则需要建设一支适应“新的历史特点”的好干部队伍，为实现“两个一百年”奋斗目标和中华民族伟大复兴中国梦提供坚强组织保证。

在2013年全国组织工作会议上，习近平总书记明确提出了“信念坚定、为民服务、勤政务实、敢于担当、清正廉洁”的好干部标准，赋予了好干部新的时代内涵，是新时期干部的实践准则和奋斗方向。同时，在不同场合，习近平总书记对不同战线、不同领域的好干部也提出过具体要求。让我记忆犹新、刻骨铭心的是，2014年10月，习近平总书记对云南工作作出重要指示，要求党员干部要“对党忠诚、个人干净、敢于担当”。这“三句话”是对好干部标准的高度概括和朴素表达，为我们加强新时期干部队伍建设指明了方向。

“对党忠诚、个人干净、敢于担当”与我们党的好干部标准是一脉相承的。尽管各个历史时期党对干部的要求不同，尽管不同时代的优秀干部各有特点，但信念坚定、为民服务、勤政务实、敢于担当、清正廉洁是始终不变的价值底色，德才兼备是始终贯穿的价值主线。“对党忠诚、个人干净、敢于担当”体现了做人做事做官的高度统一，对党忠诚是党员干部的政治品格，个人干净是党员干部做人的底线，敢于担当是党员干部为官的职业素质，“三句话”实质上是党员干部安身立命、做人做官做事的“三要素”，缺一不可。这“三句话”既朴素又简洁、既好记又易懂、既有现实性又有针对性，要求明确、掷地有声。“对党忠诚、个人干净、敢于担当”是辩证统一的整体，涵盖了政治建设、思想建设、业务建设、作风建设、品德建设等各个方面，更加突出了对党员干部的政治品格要求、党性修养要求和职业素质要求，是对新时期好干部标准的丰富和发展。每一位党员干部特别是领导干部，都要按照习近平总书记提出的“信念坚定、为民服务、勤政务实、敢于担当、清正廉洁”五条标准和“三严三实”要求，把“对党忠诚、个人干净、敢于担当”作为座右铭，作为修身之本、为政之道、成事之要，融入党性修养全过程，贯穿于工作各方面，内化于心、外化于行，做让党放心、让人民满意的好干部。

### 二、党员干部要忠实践行“对党忠诚、个人干净、敢于担当”要求

云南党员干部队伍总体上是好的，但也要

看到，党员干部队伍中也存在一些问题，有的还相当严重。习近平总书记对党员干部提出“对党忠诚、个人干净、敢于担当”的要求，是提到根子上、戳在麻骨上、点在要穴上。强化忠诚意识、干净要求、担当精神，是当前和今后一个时期云南干部队伍建设的紧迫课题。

**锤炼党性，坚定对党忠诚的政治品格。**习近平总书记指出：“全党同志要强化党的意识，始终把党放在心中最高位置，牢记自己的第一身份是共产党员，第一职责是为党工作，做到忠诚于组织，任何时候都与党同心同德。”对党忠诚，是党的事业顺利发展的坚强政治保证，也是云南建设好干部队伍必须解决的重大原则问题。对党忠诚，就是要在党言党、在党忧党、在党为党，绝对忠于党、忠于祖国、忠于人民，不管面临什么艰难险阻，不管遇到什么大风大浪，都要始终坚持中国共产党的领导，始终坚守共产党人的精神追求，始终坚定马克思主义的信仰，始终坚定共产主义理想和中国特色社会主义信念。建国初期，云南 26 个民族代表与地方党政军领导人一起宣誓立碑，留下了见证历史的“民族团结誓词碑”，同心同德跟党走，一生一世颂党情。在新的历史时期，云南边疆民族地区广大党员干部更要自觉在思想上、政治上、行动上同以习近平同志为总书记的党中央保持高度一致，始终一心向党，齐心协力做好改革发展稳定各项工作。要以焦裕禄和身边的典型杨善洲为榜样，彻底的、无条件的、不掺任何杂质的、没有任何水分的忠诚于党，永不背叛自己的入党誓词和神圣使命。要坚持“革命理想高于天”，随时准备为党和人民利益牺牲一切，言行一致、表里如一，对党、对组织、对同志讲真话、讲实话、讲心里话，绝不能说一套做一套、阳奉阴违、口是心非。要把系统掌握马克思主义基本理论作为看家本领，切实加强对马克思列宁主义、毛泽东思想的学习，加强对中国特色社会主义理论体系的学习，加强对习近平总书记系列重要讲话精神的学习，进一步坚定道路自信、理论自信、制度自信，做到虔诚而执着、至信而深厚。

**管住自己，守住个人干净的为官底线。**习近平总书记指出：“一个人能否廉洁自律，最大的诱惑是自己，最难战胜的敌人也是自己”，“贪如火，不遏则燎原；欲如水，不遏则滔天”。党员干部贪污腐化，就是对党和人民事业的背叛。个人干净是领导干部立身之本，云南广大党员干部，任何时候都要“三省吾身”，自觉做到敬畏人民、敬畏法纪、敬畏组织、敬畏权力，始终坚守个人干净的为官底线，守住自己的政治生命线。一是思想上必须清醒。要树立正确的世界观、人生观、价值观和正确的权力观、地位观、利益观，坚定崇高理想信念，任何时候都把党和人民利益放在第一位。要思想纯正，品行端正，在各种诱惑面前把握住自己，守得住清贫、耐得住寂寞、稳得住心神、经得住考验，严守党纪国法，牢记规章制度，时时处处严格约束自己。二是经济上必须清白。要正确看待利与义的关系，算清腐败七笔账，算清“政治账”——断送政治前途，算清“经济账”——人财两空，算清“名誉账”——身败名裂，算清“家庭账”——妻离子散，算清“亲情账”——众叛亲离，算清“自由账”——身陷牢笼，算清“健康账”——终日人心惶惶。让头脑冷静下来，刹住车、掉转头、找新路、走对路。三是生活上必须清新。倡导高尚正派、恬淡健康的生活方式，做到慎言、慎行、慎权、慎独、慎微、慎友，时刻防止“贪欲缠身”、“人情腐败”、“权力寻租”和“温水煮青蛙”陷阱，切实管住嘴、管住手、管住脚，筑起防线、抗拒诱惑。

**责任上肩，坚持敢于担当的从政准则。**习近平总书记指出：“担当大小，体现着干部的胸怀、勇气、格调，有多大担当才能干多大事业。”当前，云南改革进入攻坚期和深水区，既面临难得的发展机遇，也面临风险更大、难题更为集中的挑战，这就要求云南各级领导干部勤于履责、勇于担责、敢于负责，在敢于担当中历练提高，在真抓实干中建功立业，创造经得起实践、人民、历史检验的业绩。要敢想敢做敢当，牢固树立责任重于泰山的意识,自觉消除私心杂念,坚持党的原则第一、党的事业第一、人民利益第一,面对大是大非敢于亮剑,面对矛盾敢于迎难而上,面对危机敢于挺身而出,面对失误敢于承担责任,面对歪风邪气敢于坚决斗争,平常时候看得出来、关键时刻豁得出来、危急关头顶得上去,做时代的劲草、真金。无私才能无畏,无私才敢担当。党员干部要有无私情怀,大公无私、公私分明、先公后私、公而忘私,把宗旨深深烙在"心"里,用人民赋予的权力全心全意为人民服务,切实做到为党分忧、为国尽责、为民奉献,绝不能打着"公"字的旗号谋私利之实。担当需要勇气,更需要能力。要善于用战略思维、辩证思维、系统思维、创新思维、底线思维和法治思维观察分析问题,以踏石留印、抓铁有痕的劲头干工作,靠实招实干实绩树形象、聚民心、促发展。要提高群众工作能力,深入群众,摸实情、听真话、解难题。要提高调查研究能力,使各项决策和各方面工作更加符合实际情况、符合客观规律、符合人民意愿。要把全部心思和精力用在干事创业上,用心用情用力做好工作,真正做到敬业、勤业、精业。

## 三、建设一支忠诚、干净、担当的执政骨干队伍

"对党忠诚、个人干净、敢于担当",既为党员干部成长成才指明了方向,也为选用干部、从严管理干部树立了风向标。云南省委将忠实践行习近平总书记的重要指示精神,选贤任能,选对人、用好人,从严监督管理干部,努力建设一支政治坚定、能力过硬、作风优良、奋发有为的执政骨干队伍。

**深入开展"对党忠诚、个人干净、敢于担当"主题教育活动。**2014 年 11 月底,举办了全省优秀中青年干部专题研讨班,对"忠诚、干净、担当"进行了深入研讨。在此基础上,省委决定从 2015 年 1 月开始,用半年时间,在全省范围内组织开展"对党忠诚、个人干净、敢于担当"主题教育活动,作为党的群众路线教育实践活动的拓展和延伸,像整治"四风"那样,对党员干部身上存在的顽疾进行大排查、大扫除,对一些突出问题,集中时间和精力,实行重点整治,使"对党忠诚、个人干净、敢于担当"要求在云南深深扎根,进一步提升全省党员干部队伍的党性、品格、境界和素质。

**鲜明树立"对党忠诚、个人干净、敢于担当"的选人用人导向。**坚持党管干部原则,健全干部考核评价体系,按照"对党忠诚、个人干净、敢于担当"的要求培养人、选拔人、使用人,坚持五湖四海、四面八方,公道正派用人、用公道正派的人,让作风正、敢担当、肯干事、能成事的干部有机会、有舞台,让阿谀逢迎、弄虚作假、不干实事、会跑会要的干部真正没市场、受惩戒,彰显用人正气,以用人导向引领干事导向。

**把"对党忠诚、个人干净、敢于担当"贯穿干部监督管理全过程。**健全干部经常性管理机制,加强对党员干部尤其是"一把手"的监督,让干部时刻感到身边有一把戒尺,脑中有盏"红绿灯"。坚持党规党纪严于国家法律,通过刚性约束严格执纪,强化他律和自律结合、道德教化和法治手段兼施,让党员干部心有所畏、言有所戒、行有所止。

**把制度治党放在突出位置。**管党治党,少数人靠觉悟,多数人靠制度。既要选对人、用好人,又要坚持用制度管事管权管人,形成不想腐、不能腐、不敢腐的有效机制。始终绷紧作风建设这根弦,"木鱼"天天敲、"紧箍咒"天天念,持之以恒、久久为功,推动全省党风政风持续好转。加大正风肃纪、严明纪律力度,始终保持惩治腐败的高压态势。认真剖析前些年腐败案件高发多发原因,强化法纪观念、廉洁观念。抓好权力规范和约束这个核心环节,深化重点领域建章立制,筑牢法治"篱笆"、遏制权力"越线",把权力关进制度的笼子里。

(作者:中共云南省委书记)

# 人民政协事业发展的根本遵循

## ——深入学习习近平总书记关于人民政协的重要论述

孙怀山

党的十八大以来,习近平总书记站在时代发展和中国特色社会主义事业全局的高度,运用马克思主义辩证唯物主义和历史唯物主义,对发展人民政协事业作出系列重要论述。这些重要论述,拓展了人民政协工作理论视野和实践深度,体现了时代性、规律性、创新性的有机统一,丰富和发展了党的人民政协理论,为推进人民政协事业发展进一步指明了方向。

### 一、立足新的时代实践要求的科学理论

习近平总书记关于人民政协的重要论述,是着眼实现“两个一百年”奋斗目标、实现中华民族伟大复兴的中国梦,加强人民政协建设的科学理论。

**立足坚定中国特色社会主义政治制度自信的科学理论。**人民通过选举、投票行使权利和人民内部各方面在重大决策之前进行充分协商,尽可能就共同性问题取得一致意见,是中国社会主义民主的两种重要形式。事实雄辩地证明,我国社会主义民主政治具有强大的生命力,中国特色社会主义政治发展道路是符合中国国情、保证人民当家作主的唯一正确道路。人民政协作为人民民主的重要形式,是适应中国国情、具有鲜明中国特色的制度安排。在中国共产党领导下,人民政协积极投身建立新中国、建设新中国、探索改革路、实现中国梦的伟大实践,走过了辉煌的历程,建立了历史的功勋,发挥了不可替代的历史作用。学习习近平总书记关于人民政协的重要论述,人民政协必须更加坚定地坚持和完善中国共产党领导的多党合作和政治协商制度,积极引导各族群众增强对伟大祖国的认同、对中华民族的认同、对中华文化的认同、对中国特色社会主义道路的认同,更加紧密地团结起来,高举中国特色社会主义伟大旗帜,团结奋进、开拓创新,不断谱写人民政协事业新篇章。

**立足推进国家治理体系和治理能力现代化的科学理论。**党的十八届三中全会明确提出我国全面深化改革的总目标。完善和发展中国特色社会主义制度,推进国家治理体系和治理能力现代化,就要加大人民治国理政、管理社会力度,广泛凝聚社会正能量,实现党、国家、社会各项事务治理的制度化、规范化、程序化。人民政协具有代表性强、联系面广、包容性大的优势,能够最大限度调动一切积极因素、团结一切可以团结的人,有效协调关系、化解矛盾、凝聚人心,促进国家科学决策、民主决策。习近平总书记明确指出,人民政协是国家治理体系的重要组成部分,是实现国家富强、民族振兴、人民幸福的重要力量。这是对人民政协发挥作用的新定位和新要求。学习习近平总书记关于人民政协的重要论述,人民政协必须立足自身独特优势,努力在推进国家治理体系和治理能力现代化中发挥更大作用。

立足新方位推进人民政协建设创新的科学理论。党的十八大以来,十二届全国政协在新一届党中央的领导下,坚持在继承中发展、在发展中创新,人民政协事业亮点纷呈、创新发展。当前,我国发展进入新阶段,改革进入攻坚期和深水区,思想多元、价值多元、利益多元,成为现实社会的一种新常态。新形势新任务赋予人民政协更重的历史责任和更大的发展空间,人民政协必须乘势而上,积极作为,有效履职。习近

平总书记指出，我们的目标越伟大，我们的愿景越光明，我们的使命越艰巨，我们的责任越重大，就越需要汇聚起全民族智慧和力量，就越需要广泛凝聚共识、不断增进团结。学习习近平总书记关于人民政协的重要论述，人民政协必须坚持以改革创新精神，推进人民政协理论创新、制度创新、工作创新，丰富民主形式，畅通民主渠道，为推动实现广泛有效的人民民主做出新贡献。

## 二、开拓人民政协指导理论新境界的宝贵成果

习近平总书记关于人民政协的重要论述，对人民政协的性质定位、职能作用、重要原则、基本任务、能力建设等作了系统阐发，深刻回答了新形势下建设什么样的人民政协、怎样建设人民政协的重大理论和现实问题，是中国共产党关于人民政协指导理论的最新成果。

**关于人民政协性质定位。**人民政协的性质定位，是人民政协建设发展的基础性、根本性、方向性问题。习近平总书记明确指出，人民政协是统一战线的组织，是多党合作和政治协商的机构，是人民民主的重要实现形式，体现了中国特色社会主义制度的鲜明特点。人民政协要在依照宪法法律和政协章程准确定位的基础上，大力推进自身各项工作和各项事业不断向前发展。这就进一步为人民政协建设发展指明了方向。

**关于人民政协职能作用。**习近平总书记明确指出，社会主义协商民主是我国人民民主的重要形式，是中国社会主义民主政治的特有形式和独特优势，是中国共产党的群众路线在政治领域的重要体现。强调要发挥人民政协作为协商民主重要渠道的作用、专门协商机构的作用，把协商民主贯穿履行职能全过程，推进政治协商、民主监督、参政议政制度建设，不断提高人民政协协商民主制度化、规范化、程序化水平。要求构建程序合理、环节完整的社会主义协商民主体系，确保协商民主有制可依、有规可守、有章可循、有序可遵，并提出了开展社会主义协商民主的渠道、形式和方式。这就进一步拓展了人民政协的职能作用，为人民政协履职提供了更加宽广的空间、注入了新的活力。

**关于人民政协工作原则。**习近平总书记提出人民政协工作“四个必须”的重要原则，即必须坚持中国共产党的领导，必须坚持人民政协的性质定位，必须坚持大团结大联合，必须坚持发扬社会主义民主。这“四个必须”是新形势下推进人民政协事业健康发展的基本遵循。

**关于人民政协工作任务要求。**中国共产党在不同历史时期，总是根据形势任务变化，适时提出人民政协的工作任务要求。习近平总书记站在新的历史起点上，对人民政协工作提出“五个坚持”的任务要求：坚持中国特色社会主义制度优势和特点，坚持紧扣改革发展献计出力，坚持发挥人民政协在发展协商民主中的重要作用，坚持广泛凝聚实现中华民族伟大复兴的正能量，坚持推进履职能力建设。这“五个坚持”是新形势下完成人民政协工作任务的重要指导。

**关于人民政协履职能力建设。**提高履职能力，是人民政协加强自身建设、履行职责使命的前提条件和永恒主题。习近平总书记对人民政协履职能力提出新要求，指出人民政协要继承光荣传统，提高履职能力现代化水平。要求人民政协以改革思维、创新理念、务实举措大力推进履职能力建设，着力提高政治把握能力、调查研究能力、联系群众能力、合作共事能力。这就进一步赋予人民政协履职能力建设以新的时代内涵。

## 三、运用贯穿其中的马克思主义立场观点方法推进人民政协事业新发展

学习贯彻习近平总书记关于人民政协的重要论述，要深刻把握贯穿其中的马克思主义立场观点方法，深刻领悟其政治立场和价值追求，把握开启人民政协事业新征程的金钥匙。

**坚持中国共产党的领导。**中国共产党的领

导是中国特色社会主义最本质的特征,也是人民政协事业发展进步的根本保证。要把坚持和发展中国特色社会主义作为巩固共同思想政治基础的主轴,坚决抵制西方政治模式影响,坚定不移走中国特色社会主义政治发展道路。要着力强化思想理论武装,深入学习习近平总书记系列重要讲话精神,巩固党领导各族各界人士团结奋进的共同思想政治基础。要自觉把中国共产党的决策部署贯彻到人民政协工作中去,在思想上政治上行动上同以习近平同志为总书记的党中央保持高度一致,确保人民政协事业沿着正确方向前进。要把政治上可靠作为选人用人的鲜明导向,真正把那些信念坚定、为民服务、勤政务实、敢于担当、清正廉洁的好干部选拔使用起来,为人民政协事业发展提供坚实的组织基础。要研究探索加强政协党组织和党员队伍建设的特点规律和有效途径,充分发挥政协委员和政协机关中共产党员的先锋模范作用。

**坚持保证和支持人民当家作主。**中国共产党领导人民实行人民民主,就是保证和支持人民当家作主。要牢固树立马克思主义群众观,坚持一切为了群众、一切依靠群众,从群众中来、到群众中去,把群众当主人、视群众为亲人,做到有事好商量,众人的事情由众人商量,推动实现广泛有效的人民民主。要牢固树立正确的权力观,专题调研、提案、视察等各项工作都要把群众关切作为第一选择,做到为民发声、为民议政。要牢固树立正确的利益观,把实现和维护最广大人民根本利益作为根本出发点和落脚点,把权力和精力服务于人民,把智慧和能力奉献于人民,把情感和爱心倾注于人民。要改进和创新群众工作方式方法,认真研究社会不同群体的利益诉求,善于运用微博、微信、移动客户端等开展在线访谈、网评帖文、网络评论等,在政协与社会之间、委员与大众之间构建互动平台,最大限度地发展民主、集思广益,汇聚起共襄伟业、保证和支持人民当家作主的强大力量。

**坚持大团结大联合。**人民政协作为最广泛的爱国统一战线组织,必须坚持大团结大联合,为实现中国梦凝聚强大正能量。要健全同各民主党派和无党派人士经常性联系沟通机制,为民主党派和无党派人士在政协履行职责创造便利条件。积极做好民族宗教界代表人士工作,及时反映少数民族群众和信教群众意见要求,促进民族团结与宗教和睦。密切与爱国爱港爱澳社团及代表人士的联系和来往,促进内地同港澳交流合作和港澳地区长期繁荣稳定。坚持“两岸一家人”,拓展同台湾岛内有关党派团体、社会组织、各界人士的联系和沟通,推动两岸关系和平发展。加强同海外侨胞、归侨侨眷特别是华裔新生代的联系,引导他们积极参与和支持祖(籍)国现代化建设与和平统一大业。加强同国外相关机构、重要智库、主流媒体、知名人士等的对话交流,增进国际社会对中国的了解。

**坚持统筹协商、积极作为。**人民政协要坚持党的领导,主动争取党委对政协工作的重视和支持,健全政协重大工作主动报告、重要事项及时反映等制度,完善政协工作与党政工作对接机制,促成人民政协政治协商作为重要环节纳入决策程序。要加强人民政协民主监督,完善民主监督的组织领导、权益保障、知情反馈、沟通协调机制。要推进人民政协参政议政更加深入务实开展,聚焦推动科学发展、全面深化改革中的重大问题和群众最为关切的问题,积极协调政府受托开展重大课题调研,政协委员参与重大项目研究论证,完善参政议政成果采纳落实机制,更好发挥人民政协建言资政作用。要坚持求真务实、真抓实干,不装饰、真协商,存小异、求大同,言之有物、言之有据、言之有理,用真知灼见增进共识、汇聚力量,在新的起点上奋力谱写人民政协事业发展的新篇章。

(作者:全国政协机关党组书记、常务副秘书长)

# 新形势下政治建军的纲领性文献

## ——深入学习贯彻习近平主席在全军政治工作会议上的重要讲话

毕京京

不久前在古田召开的全军政治工作会议，是一次极为重要的会议，是我军建设发展史上的又一座里程碑。习近平主席在会议上的重要讲话，从时代发展和战略全局高度，深刻阐明了党从思想上政治上建设军队的一系列重大问题，确立了党在强国强军征程中政治建军的大方略，丰富和发展了我们党思想建党、政治建军原则，是又一篇光辉的马克思主义纲领性文献。深入学习贯彻习主席重要讲话，对于加强和改进新形势下我军政治工作，开创强军兴军新局面，具有重大而深远的意义。

### 一、确立了党从思想上政治上建设军队的新起点

任何伟大事业的发展，都是一个继往开来、固本开新的过程。习主席意味深长地指出："古田是我们党确立思想建党、政治建军原则的地方，是我军政治工作奠基的地方，是新型人民军队定型的地方。"并强调："在古田会议召开85周年之际，我们来到这里，目的是寻根溯源，深入思考我们当初是从哪里出发的、为什么出发的，重温我党我军光荣历史，缅怀老一辈革命家的丰功伟绩，接受思想洗礼，以利于更好前进。"习主席重要讲话一个非常鲜明的政治意向，就是要通过寻根溯源、正本清源，确立起党从思想上政治上建设军队的新起点，进一步解决好面向未来"再出发"的问题。

长期以来，经过全军上下共同努力，我军思想政治建设不断发展进步。但是，由于复杂的社会历史原因，军队思想政治建设方面也存在和积累了诸多问题，特别是忘本问题十分突出，一些优良传统和作风被淡忘了，一些体现人民军队性质宗旨的根本原则、根本方针和根本制度被弱化了。忘本，就意味着背叛，不仅会迷失前进方向，而且会丧失开拓未来的能力，甚至在新潮流新挑战新考验面前自乱阵脚，处处打被动仗。现实警示我们，军队思想政治建设必须打破现状，确立起新的历史起点。这个新的历史起点，是以固本开新为重要取向的。固本，就是要强固人民军队的优良传统、红色基因和革命血脉。开新，就是要锐意进取、开拓创新、永葆活力。固本与开新是互为一体的，本质上就是一个把我军优良传统与新的时代条件紧密结合的问题。习主席的重要讲话，特别是强调把"四个带根本性的东西牢固立起来"、"五个着力抓好"，既体现了固本的要求，又体现了开新的要求，堪称我军思想政治建设的"固本开新篇"。确立以固本开新为重要取向的党从思想上政治上建设军队的新起点，对于我军继续沿着当年古田会议所指明的方向胜利前行，具有重大战略意义。

### 二、开拓了政治工作服务保证强军兴军的新境界

习主席在讲话中指出："党的方向就是我军政治工作的方向，党和军队新形势下的中心任务决定我军政治工作的任务。"当前，我们党领导的民族复兴伟业正处于关键跃升期，奋力一跃，梦想成真；稍一懈怠，百年梦碎。在这个至关紧要的特殊时期，尤其要有强大的军队作为民族复兴的战略支撑。而要建设一支强大的军队，必须更好地发挥政治工作的服务保证作用。习主席强调，要把"紧紧围绕实现中华民族伟大复兴的中国梦，为实现党在新形势下的

强军目标提供坚强政治保证”，作为军队政治工作的时代主题。这个战略决断着眼党和国家工作大局，着眼民族复兴对安全保障的现实需求，开拓了政治工作服务保证强军兴军的新境界。

担负起服务保证强军兴军的重任，既给军队政治工作提出了新的更高要求，也为它的创新发展带来了历史性机遇，政治工作自身必须有个大调整大改进：一要更加注重时代化。强军兴军本来就是当今时代赋予我们的中心任务。政治工作为之提供服务保证，理所当然要感应时代脉搏，顺应时代潮流，紧跟时代步伐，不断研究新情况解决新问题。二要更加注重实效化。强军兴军是需要扎扎实实推进的系统工程。政治工作为之提供服务保证，必须跳出自我循环、自我服务、自我保障、自我评价的误区，彻底摒弃搞空忙空转的陈规陋习，深入贯彻战斗力这个唯一的根本的标准，在求实务实落实上下功夫见成效。三要更加注重法治化。强军兴军是同依法治军、从严治军融为一体的。政治工作为之提供服务保证，必须建立形成法治化规范化的运行方式，做到工作循于法、秩序统于法、忙乱止于法。四要更加注重科学化。强军兴军本身就是一项科学性很强的宏伟事业。政治工作为之提供服务保证，必须弘扬科学精神、讲究科学方法、运用科学机制，更好地按照客观规律有效发挥生命线作用。

## 三、吹响了加强和改进军队政治工作的新号角

当前，我们前所未有地接近实现中华民族伟大复兴的目标，国家发展进入由大向强的关键阶段，意识形态领域斗争尖锐复杂，军事斗争准备任务艰巨繁重，深化国防和军队改革进入攻坚期，强军兴军对加强和改进军队政治工作提出了新的更高要求。适应形势发展、实践深化提出的新要求，成为我军政治工作必须研究回答的新课题。比如，如何在意识形态领域斗争尖锐复杂、官兵成分结构发生很大变化的情况下，确保官兵坚定信念、铸牢军魂；如何在长期处于相对和平环境的情况下，打造强军文化、激发军人战斗精神；如何在部队建设内外环境发生深刻变化的情况下，始终保持人民军队的本色和作风；如何在军队建设特别是思想政治建设方面存在突出问题的情况下，重树政治工作威信威力等。习主席重要讲话，郑重作出“我军政治工作只能加强不能削弱，只能前进不能停滞，只能积极作为不能被动应对”的科学论断，鲜明提出军队政治工作的时代主题和任务要求，对政治工作领域的重大现实问题作出深刻回答，明确了新形势下政治工作的路线图、展开图。

习主席重要讲话，提出一系列重大战略思想、重大理论观点和重大工作部署，是加强和改进新形势下军队政治工作的行动纲领。强调政治工作实质上是党领导和掌握军队的工作，是我军的看家本领和最大特色、最大优势，是我军同一切其他性质军队的最大区别，也是我军保持人民军队性质宗旨本色的重要保障，深刻揭示了政治工作对人民军队生存发展的决定性作用；明确了军队政治工作的时代主题，举起了加强和改进军队政治工作的总纲；精辟概括了我军政治工作的优良传统，坚持和发展了我军政治工作的根本原则和内容；指出当前最紧要的是把理想信念、党性原则、战斗力标准、政治工作威信在全军牢固立起来，确定了政治工作的根本性要求，抓住了发挥政治工作生命线作用的关键；强调加强和改进新形势下的政治工作，当前要着力抓好铸牢军魂、高中级干部管理、作风建设和反腐败斗争、战斗精神培育、政治工作创新发展五个方面重点工作，明确了加强和改进政治工作的切入点、关节点、聚力点。“五个着力抓好”反映了重点突破、推动全盘的鲜明指向，提出了一系列破解难题的大方略。抓军魂，扭住了政治工作之核心；抓干部，扭住了强军兴军之骨干；抓作风，扭住了保持本色之根本；抓精气神，扭住了固本打赢之底气；抓创新，扭住了政治工作之活力。以“五个着力抓好”

破局,向“五个着力抓好”问效,就能把加强和改进政治工作这盘大棋走开、走好、走活。

## 四、揭开了我军以整风精神革弊鼎新的新篇章

回顾历史可以看出,我们这支脱胎于以农民为主要成分的不同于旧式军队的新型人民军队,历来是在自我检讨、自我革新、自我净化、自我完善中发展壮大的,是在不断坚持真理、修正错误中成长进步的。建军以来历次整党整军,都可以说是我军的自我更新和超越。一个时期以来,由于相对和平环境容易使官兵忘战懈怠,由于市场经济条件下军营容易受腐朽思想文化侵蚀,由于军队体制机制不够健全容易使腐败因素在内部滋长,加之军队政治工作不够有力有效,我们军队的沉疴流弊已积累到相当可怕的程度,历史已把我们逼到了疗治顽瘴痼疾的紧迫期。习主席对这个问题的思考非常深刻,在讲话中深刻剖析徐才厚案件对军队建设造成的严重危害,全方位揭露了军队的沉疴流弊,表达了要把这场以整风精神革弊鼎新的伟大斗争进行到底的坚定决心和态度。我们相信,习主席在这次全军政治工作会议上的重要讲话,必将像邓小平同志1978年在全军政治工作会议上的重要讲话一样,产生重大而深远的影响,成为我军在新形势下政治建军的伟大宣言书。

这次全军政治工作会议,以习主席的重要讲话为指针,开启了我军用整风精神系统研究解决思想政治领域突出问题的“当代版”。会议坚持问题导向有五个突出特点:一是查找问题,不留死角。以彻底的唯物主义态度,对问题进行大盘点、大排查、大曝光,真正做到和盘托出,不打埋伏、不留死角。二是揭露问题,一针见血。是什么问题就指明什么问题,问题严重到什么程度就披露到什么程度,不搞隔靴搔痒式的“弯弯绕”。我们平时想讲的问题,这次都点透了;我们平时不敢捅破的问题,这次都挑明了。三是剖析问题,直击要害。越是敏感问题,就越是往病灶处剖析;越是复杂问题,就越是往症结处剖析;越是棘手问题,就越是往穴位处剖析。四是反思问题,刀锋向己。不搞拿手电筒照别人那一套,以主体意识把本单位、本部门及本人摆进去,着重从世界观、人生观和价值观上找病因,从工作指导思想和领导作风上找教训,从思维方式和思想方法上找短板,从立身、立志、立德上找差距。五是破解问题,抓根治本。不搞头痛医头、脚痛医脚,而是立足根本、立足整体、立足长远,注重从根子上对症下药,从源头上拨乱反正,从全局上综合施策,尤其着眼于用制度管出一个好的环境、好的风气、好的生态和好的局面来。以整风精神革弊鼎新是一个过程,这次全军政治工作会议只是进行了示范、拉开了战幕。从习主席讲话所蕴含的政治意向来看,如果把我军以整风精神革弊鼎新比做一台大戏,那么戏的高潮还在后头,对此要有足够的思想准备。

毫无疑问,习主席在全军政治工作会议上的重要讲话,为我军政治工作定了向、铸了魂,固了本、强了基,明了理、立了规,是我们安身立命、建功立业的“主心骨”、“定盘星”、“航标灯”和“指南针”。这一重要讲话,标示着我军发展史上又一次历史性的正本清源和革弊鼎新。

(作者:国防大学副校长,国防大学中国特色社会主义理论体系研究中心领导小组组长)

# 以高度的文化自信推动中华文化繁荣发展

## ——学习习近平总书记关于中华优秀传统文化的重要论述

庄　严

习近平总书记在文艺工作座谈会重要讲话中指出，中华优秀传统文化是中华民族的精神命脉，是涵养社会主义核心价值观的重要源泉，也是我们在世界文化激荡中站稳脚跟的坚实根基。认真学习领会习近平总书记有关文化发展的一系列重要论述，必须以高度的文化自觉和文化自信推动中华优秀传统文化的创造性转化和创新性发展，推进马克思主义与中华优秀传统文化相结合，提升文化在国家治理体系和治理能力现代化中的价值引领作用，用文化的力量托起实现中华民族伟大复兴的中国梦。

### 一、推动中华优秀传统文化的创造性转化和创新性发展

文化是孕育梦想的精神家园，是民族强盛的重要支撑。习近平总书记指出："实现中华民族伟大复兴的中国梦，是中国各族人民的共同愿景。"这一共同愿景蕴含着国家富强、民族振兴、人民幸福的价值理想，成为当下中华民族共同的理想信念和价值追求。实现中华民族伟大复兴，必然伴随着中华文化的繁荣发展，而中华文化的繁荣发展，又引领和支撑中国梦的不断实现。推动中华文化繁荣发展，需要我们站在时代高度，礼敬和传承中华优秀传统文化，实现其创造性转化和创新性发展。

中华优秀传统文化是中华民族的突出优势，积淀着中华民族最深沉的精神追求，为中华民族生生不息、发展壮大提供了丰厚滋养。中华文化绵延5000年，有其独特的价值体系，已成为中华民族的基因，植根于中国人内心，潜移默化影响着中国人的思想方式和行为方式。至今仍具有鲜活的时代价值。中华优秀传统文化蕴含着丰富的思想资源和强大的精神力量，历久弥新，是我们最深厚的文化软实力。充分发挥中华优秀传统文化优势，展示中华文化独特魅力，实现中华文化的伟大复兴，是我们义不容辞的责任。

中华文化的繁荣发展重在转化和创新。发挥中华优秀传统文化的突出优势，需要以马克思主义为指导，做好转化和创新这篇大文章。中华文化有着强劲的生命力，但在近代迫于西方列强的外来冲击而转型，今天我们仍处在这个文化转型进程中。从传统社会到现代社会，从农业文明到工业文明，从计划经济到社会主义市场经济，社会结构发生了深刻变化，随着全面深化改革的不断推进，中华文化必将重现勃勃生机，成为实现中国梦的坚实根基。我们必须整理和挖掘中华传统文化，提炼中华传统文化的时代内涵和当代价值，使中华优秀传统文化成为涵养社会主义价值观的重要源泉。坚持古为今用、以古鉴今，着眼于时代的新发展新要求，进行文化创新，不断丰富和发展中华文化。大力弘扬中华文化的包容开放气度，推进人类各种文明的交流交融、互学互鉴，以高度的文化自信实现中华传统文化的创造性转化和创新性发展，使人类文明中的优秀文化基因与当代中国文化相适应、与现代社会相协调，把跨越时空、超越国度、富有永恒魅力、具有当代价值的文化精神弘扬起来，努力用中华民族创造的一切精神财富支撑中国梦的实现。

### 二、推进马克思主义与中华优秀传统文化相结合

马克思主义与中国实际相结合，使中国人

民的面貌、社会主义中国的面貌、中国共产党的面貌为之一新，开拓了中国特色社会主义道路，彰显了中华文化发展的时代走向和恢宏气势。实现中华民族伟大复兴中国梦，需要不断推进马克思主义中国化，在马克思主义指导下不断发展中华文化。

马克思主义之所以能够为中国共产党人所掌握，并为中国人民所认同，关键就在于马克思主义中国化。正如习近平总书记指出的那样："马克思主义也好，社会主义也好，能够在中国取得胜利，关键就是我们不断推进其中国化，紧密结合中国实际加以运用。"马克思主义与中华优秀传统文化的结合，既不是词汇概念上的诠释注解，也不是形式和话语上的简单模拟，而是促进马克思主义中国化、提升中华优秀传统文化的现代性，使二者互为作用、互相促进，真正在文化精神上融为一体。在这个意义上，马克思主义中国化既是理论和实践的中国化，也是文化的中国化。在这个历史进程中，我们党反对教条主义、本本主义，坚持马克思主义活的灵魂，让马克思主义说中国话，形成马克思主义中国化的理论成果。毛泽东思想中的很多重要内容，比如实事求是、群众路线、独立自主等，既继承了中华优秀传统文化，又与马克思主义基本原理相一致。同样，中国特色社会主义理论体系作为马克思主义中国化的理论成果，也在于我们党反对历史虚无主义、文化虚无主义，既不走老路，也不走邪路，而是坚持中国特色社会主义，因为它植根于中华文化沃土，反映中国人民意愿，适应中国和时代发展进步要求，有着深厚历史渊源和广泛现实基础，就是说，中国特色社会主义道路、理论体系、制度源于中华优秀传统文化的深厚历史积淀，也与马克思主义基本原理相一致。

独特的文化传统、独特的历史命运、独特的基本国情，注定了中国必然要走适合自己特点的发展道路。中国的发展道路是在把脉中国现实、关照中国文化、回答时代课题、解决中国问题的过程中走出来的，并形成中国特色社会主义理论体系。这一理论体系既是中国道路的理论总结，也是中国道路的理论反思，蕴含着中华文化的深厚底蕴和精神气质，凝结着当代中国理论创新与实践创新的新成果，是我们党一脉相承的理论优势，具有强大的真理的力量和道义的力量，是当代中国的马克思主义。它是历史的必然选择，符合中华文化发展的内在逻辑，是实现中华民族伟大复兴找寻到的唯一正确道路。未来中国的发展，必然越来越依赖于中华文化的发展活力，需要更加自觉地把握马克思主义与中华文化的内在联系、发展脉络和未来走向，不断推进马克思主义理论创新，不断概括出理论联系实际的、科学的、开放融通的新概念、新范畴、新表述，使之具有更加鲜明的中国特色、中国风格、中国气派。而脱离中国的历史和现实，脱离了中国的文化，脱离了中国人的精神世界，都不会有正确的认识，更不会有坚定的道路自信、理论自信、制度自信。

## 三、提升文化在国家治理体系和治理能力现代化中的价值引领作用

习近平总书记指出，推进国家治理体系和治理能力现代化，要大力培育和弘扬社会主义核心价值体系和核心价值观，加快构建充分反映中国特色、民族特性、时代特征的价值体系。就是要把制度建设和价值观培育内在统一起来，更好地发挥文化的价值引领作用。

**发挥文化在国家治理体系和治理能力建设中的定向导航作用。**价值体系是国家治理之基，决定着国家治理的方向。国家治理体系既包括制度层面，也包括价值层面。在我国的国家治理体系中，既包括制度层面的中国特色社会主义制度，也包括价值层面的社会主义核心价值观。只有制度层面，缺少价值层面，就不是完整的国家治理体系，二者相得益彰、相辅相成。国家治理能力也包括制度执行力和精神凝聚力，只有制度缺少精神不行，因为价值认同是制度执行的基础。一个好的国家治理，既要讲制度安排，又要讲精神力量，既要严格执行法

律，又要善于道德教化。我国历史上强调礼法合治、德主刑辅，形成了中国传统治理的文化思维。推进国家治理体系和治理能力现代化，仍需要把依法治国与以德治国有机结合起来，把加强法治文化建设与发挥道德教化作用内在统一起来，既要见物也要见人，既要有制度自信也要有文化自觉。随着改革进入啃硬骨头的攻坚期和涉险滩的深水区，亟需构建反映中国特色、民族特性和时代特征的价值体系，在制度取向、制度整合、制度评价、制度修正等方面发挥定向导航、凝心聚力、评价判断、调节规范作用，推进国家治理体系和治理能力现代化。

**把社会主义核心价值观融入国家治理体系和治理能力现代化建设。**习近平总书记指出，培育和弘扬核心价值观，有效整合社会意识，是社会系统得以正常运转、社会秩序得以有效维护的重要途径，也是国家治理体系和治理能力的重要方面。我们要从国家、社会、公民三个层面着手，把社会主义核心价值观灌注到国家治理体系和治理能力建设之中。在国家层面，倡导富强、民主、文明、和谐的价值目标，把社会主义核心价值观纳入国家总体战略布局，渗透到国家权力运行各个层面之中，全力推进经济、政治、文化、社会、生态文明建设，增进人民福祉，让全体人民共享发展成果。在社会层面，倡导自由、平等、公正、法治的价值取向，充分调动各方面积极性，把社会主义核心价值观基本要求，融入行业规章制度、社会行为准则、日常生活，成为人们的基本遵循，发挥自我约束、自我监督的作用，人人讲道德、尊道德、守道德，建设充满活力又和谐有序的现代社会。在公民层面，倡导爱国、敬业、诚信、友善的价值准则，使社会主义核心价值观深入人心，内化为精神追求，外化为实际行动，人人崇善向上，人人见贤思齐。让社会主义核心价值观“顶天”、国家治理体系“立地”，制度与文化融为一体。

**以文化之力提升领导干部的人格精神。**实现国家治理体系和治理能力现代化，关键在人。领导干部应始终坚持把党性锻炼与人格修养贯穿于改革发展全过程，自觉以弘扬中华文化为己任，以中华优秀文化精神立身行事，引领世道人心。自觉涵养为政以德的政治品格，按照习近平总书记的要求，明大德、守公德、严私德。做到明大义、悟深远、抵诱惑、有定力，立党为公、执政为民，正确对待权力、对待名利、对待群众，在全心全意为人民服务中彰显党性光辉。领导干部必须坚定信仰、志存高远，坚信中国特色社会主义事业的正义性和信仰的科学性，在为党和人民建功立业中实现人生价值。发扬夙夜在公的实干精神，刚健笃行，身体力行，勇于攻坚克难、锲而不舍、埋头苦干，以钉钉子精神谋改革、促发展，为实现中华民族伟大复兴的中国梦努力奋斗。

（作者：中共吉林省委常委、宣传部长）

# 在新的历史起点上推进军队党的建设的科学指南

## ——学习习主席关于新形势下加强军队党的建设重要论述

秦　利

党的十八大以来，习近平主席高度重视军队党的建设，作出一系列决策指示，指导推动军队党的建设创新发展。在接见全军党的建设工作会议代表时，习主席深刻阐述了新形势下加强军队党的建设的重大理论和实践问题，提出了“四个始终坚持”的重要指示和总体要求，明确了抓好军队党的建设的方针原则、目标任务和基本要求，为在新的起点上推进军队党的建设提供了科学指南和强大思想武器。各级党组织和广大党员必须认真学习领会，深化认识理解，把握思想要义，坚决贯彻落实，以更加强烈的责任意识和扎实的工作举措做好军队党的建设各项工作，为实现党在新形势下的强军目标提供坚强思想和组织保证。

### 一、准确把握军队党的建设的新起点新要求

以党的十八大为标志，党和军队建设步入一个新的发展阶段，军队党的建设也相应站到新的历史起点上。习主席指出，当前，我们正在进行具有许多新的历史特点的伟大斗争，这对全面推进党的建设新的伟大工程提出了更高要求，必须把军队党的建设摆在更加突出的位置。搞好军队党的建设，是军队建设发展的核心问题，是军队全部工作的关键，关系到党的执政地位，关系到我军性质宗旨，关系到部队战斗力。这一重要论述，深刻揭示了新形势下军队党的建设的历史方位和阶段性特点，揭示了军队党的建设的地位作用和根本要求。军队党的建设是根本性建设，是人民军队固本制胜的传家之宝。新形势下，党领导全党全军全国人民朝着实现中国梦强军梦而努力奋斗，正在进行具有许多新的历史特点的伟大斗争，使军队党的建设的历史方位更加显著，地位作用极端重要，根本任务非常明确。我军建设内外形势环境的深刻变化，思想文化领域斗争的激烈复杂，对加强党员干部的思想理论武装，坚定官兵的理想信念，确保从思想上政治上牢牢掌握部队，提出了新的课题和严峻挑战。作为执行党的政治任务的武装集团，我军要肩负起巩固党的执政地位、维护改革发展稳定大局、捍卫国家主权安全和发展利益的重大历史责任，军队党的建设必须坚决贯彻党的意志主张，始终与党中央、中央军委和习主席保持高度一致，确保坚决完成党和人民赋予的神圣使命。实现党在新形势下的强军目标，赋予了军队党的建设新的时代要求，从根本上规定着军队党的建设的方向任务，明确了军队党的建设的更高标准要求。军队党的建设自身存在一些不相适应不相符合的矛盾问题，直接影响到党的建设的质量成效，直接影响到军队党的建设科学化水平的全面提高，要求以改革创新精神下大气力研究解决。形势的发展，任务的需要，问题的倒逼，要求我们必须清醒认识和准确把握新形势下军队党的建设的历史方位和阶段性特点，清醒认识和准确把握军队党的建设的极端重要和根本任务，清醒认识和准确把握军队党的建设亟待解决的矛盾问题，坚持把军队党的建设作为军队建设发展的核心问题，摆在更加突出的位置，紧紧围绕实现党在新形势下的强军目标，深化改革，全面推进。

### 二、始终做到坚定理想信念、坚决听党指挥

毫不动摇地坚持党对军队绝对领导，是军

队党的建设的根本目的和根本任务。习主席指出，我军之所以能够战胜各种艰难困苦、不断从胜利走向胜利，最根本的就是坚定不移听党话、跟党走。这是我军的军魂和命根子，永远不能变，永远不能丢。这一重要论述，在科学总结历史经验的基础上深刻揭示了军队党的建设的首要任务和根本要求。我军是党缔造和领导的人民军队，我军从诞生之日起，就天然地置身于党的绝对领导下，以党的旗帜为旗帜、以党的任务为任务，坚定不移地听党的话、跟党走，为实现党在不同历史时期的政治任务和最广大人民的根本利益建立了卓越功勋。我军的一切成就，都是在党领导下取得的。我军的发展与进步、光荣与辉煌，都是在党的正确领导下取得的。坚持党对军队绝对领导，是党经过长期艰辛探索得出的真理性认识，是党和人民对军队的最高政治要求，是我军生命之根基、力量之源泉、胜利之保证，是历经锤炼而铸就的永远不变的军魂，任何时候都必须毫不动摇地坚持下去。这些年来，各种敌对势力一直把我军作为西化、分化的重点目标，竭力兜售“军队非党化、非政治化”和“军队国家化”，蓄意制造思想混乱，使一些人被扑朔迷离的乱象所迷惑，被似是而非的观点所左右，在理想信念上不够坚定，在政治信仰上不够清醒和自觉，甚至有的盲目崇拜西方国家的建军治军之道，对坚持党对军队绝对领导的根本原则和制度产生这样那样的模糊认识。我军是党绝对领导下的人民军队，是党实现自己政治任务的有力工具，这就要求我们必须坚定理想信念，扎深思想根子，坚守根本制度，把确保党对军队绝对领导作为军队党的建设的首要任务和根本要求，始终不渝地坚持，不折不扣地贯彻执行。深化军魂教育，深入开展党史军史教育，充分认识党对军队绝对领导的历史必然性、科学真理性和极端重要性，把听党指挥融入世界观人生观价值观的塑造之中，内化为钢铁般的政治信念。坚持党对军队绝对领导的一系列根本制度，不管军队建设怎么发展，军队改革怎么推进，军队的编制体制怎么调整，在贯彻落实党委制、政治委员制、政治机关制和“支部建在连上”等一整套根本制度问题上，都不能有任何的动摇或变通。切实选好用好真正听党指挥的人，把忠诚党的事业、具有很强思想政治素质摆在选拔使用各级领导干部的第一位，真正把那些对党忠诚老实、有抱负有才干、组织放心官兵满意的干部用起来，确保枪杆子始终掌握在忠于党的可靠的人手里，确保任何时候任何情况下坚决听从党中央、中央军委和习主席指挥。

## 三、紧紧围绕战斗力标准抓好军队党的建设

围绕中心任务加强党的建设，既是党的建设规律的体现，也是抓好党建工作的思路举措。习主席指出，军队党的建设必须紧紧围绕能打仗、打胜仗来展开，成为部队战斗力的增强剂和功放器。这一重要论述，深刻揭示了军队党的建设的出发点和落脚点，彰显了军队党的建设的检验标准。加强军队党的建设，必须贯穿于军队各项建设之中，融入到各项工作之中，为有效履行职责使命、完成党和人民赋予军队的各项任务提供坚强保证。打仗是军队的使命所在，统兵打仗是军队党组织的基本职责。我军已有几十年没有打过大仗，特别是近二十多年来连小仗也没有打过，长期处于和平环境容易淡化战斗队意识、模糊战斗力检验标准，也容易滋生精神懈怠、训风演风考风不严等“和平病”。面对日益严峻的安全环境和现实威胁，面对未来战争对军队作战能力的紧迫需求，按照打仗的要求搞建设、抓准备，确保我军招之即来、来之能战、战之必胜，要求军队党的建设必须向战斗力聚焦，为能打仗、打胜仗服务，为提高战斗力提供思想、政治和组织保证，并以部队遂行任务能力和战斗力提高的实际成效来检验。要始终扭住能打仗、打胜仗这个强军之要，强化战斗队思想，强化官兵当兵打仗、带兵打仗、练兵打仗思想，牢固树立战斗力这个唯一的根本的标准，把战斗力标准贯彻到军队党的建设各个方面。要聚精会神抓建设，一心一意谋打赢。带兵打仗是党委的第一要务，指挥作

战是领导干部的第一职责，战斗骨干是共产党员的第一身份。能打仗、打胜仗既是党委工作内容，也是衡量班子建设的核心尺度，更是党员干部的合格标准，不断提高善谋打仗、能打胜仗的能力与本领。按照能打胜仗要求造就高素质干部队伍，真正把那些真正谋打仗、抓打仗、会打仗的人用起来，把官兵的激情和干劲聚焦到能打仗、打胜仗上。

## 四、真正把党要管党、从严治党要求落到实处

坚持党要管党、从严治党，事关人民军队的性质、宗旨和本色，事关部队的战斗力。习主席指出，我军是执行党的政治任务的武装集团，军队党的建设必须高标准、严要求，努力走在全党前列。这一重要论述，深刻揭示了军队党的建设的基本方针，对军队党的建设提出了更高的标准和要求。历史经验表明，坚持党要管党、从严治党，是我党我军发展壮大的重要保证，是强健党的肌体的治本之策。我们党不是一个松散的俱乐部，而是有着严格的组织和纪律；我军是党绝对领导下的坚强团结的战斗集体，如果没有更为严格的组织标准和纪律要求，就会成为一盘散沙，毫无战斗力可言。当前，部队建设和党的建设存在的一些突出问题，特别是作风方面的问题，大都与管党标准不高、治党要求不严直接相关。加强军队党的建设，必须贯彻从严治党要求，坚持“严”字当头，做好表率，始终走在全党前列，使这一标准和要求成为军队各级党组织和广大党员干部的基本标准和自觉行动。严格贯彻执行民主集中制，严格执行党委统一的集体领导下的首长分工负责制，规范完善党委决策程序和机制，切实开展批评与自我批评，纠治个人说了算的“家长制”和党内生活庸俗化的“好人主义”，增强班子的原则性战斗性。善始善终、善做善成地抓好作风建设，着力解决在训风演风考风、选人用人、“五多”等方面存在的重点难点问题和深层次矛盾问题。从严教育管理党员干部特别是各级主官，强化普通党员意识，加强考察考评和述职述廉，强化党委集体领导，扩大群众监督，严肃党的纪律规范，着力解决执纪不严的问题。旗帜鲜明反对腐败，坚决反对特权思想、特权现象，加大巡视力度，从严查处违法违纪案件，绝不能让腐败分子在军中有藏身之地。

## 五、积极推进新形势下军队党的建设创新发展

改革创新是我们党永葆生机与活力的源泉，是党的生命力所在，是党的建设不断推进的强大动力。习主席指出，现在，党的建设面临的社会条件、党员队伍成分结构都发生了深刻变化，要继承我军党建工作优良传统，也要推进新形势下军队党的建设创新发展。这一重要论述，深刻揭示了军队党的建设的基本要求，为军队党的建设更加适应新的形势需要指明了前进方向。从一定意义上说，我党我军的光辉历史，军队党的建设的历史，就是不断推进改革创新的历史。历史经验表明，党的建设的改革创新，涉及面广，影响深刻，风险也大，军队党的建设的改革创新，尤为如此。贯彻落实党的十八届三中全会精神，积极推进军队党的建设创新发展，要坚持解放思想、改革创新的方针，克服和纠正在军队党的建设要不要改革创新问题认识上的偏差，解决不能改、不必改、不敢改、不愿改等保守思想和畏难情绪。坚持继承与创新相统一，对反映我军性质、宗旨和本色的优良传统，对军队党的建设长期实践证明行之有效的做法和经验，应毫不动摇地坚持和发扬。深入研究新形势下军队党的建设的特点和规律，推进制度创新，改进方式方法，不断增强各级党组织的创造力凝聚力战斗力。积极探索运用现代管理学、组织学、心理学等科学方法和信息网络技术开展工作，不断丰富军队党的建设的载体和手段，不断增强军队党建工作的时代感和科学性。借鉴吸收地方党建工作有益经验，使军队党的建设更加具有生机和活力。

（作者：国防大学军队党史党建研究中心办公室主任，教授）

# 制约与监督:关住权力的笼子

## ——深入领会习近平讲话暨三中全会精神的治腐视阈

侯少文

十八届三中全会作出的《中共中央关于全面深化改革若干重大问题的决定》的第十个大问题的标题,鲜明醒目:强化权力运行制约和监督体系。文内强调:“坚持用制度管权管事管人,让人民监督权力,让权力在阳光下运行,是把权力关进制度笼子的根本之策。必须构建决策科学、执行坚决、监督有力的权力运行体系,健全惩治和预防腐败体系,建设廉洁政治,努力实现干部清正、政府清廉、政治清明。”由此可以理解,“管权管事管人”的制度,就是权力运行制约和监督体系。而强化权力运行制约和监督体系,“是把权力关进制度笼子的根本之策”。这是当前中国改革发展不容回避、必须切实解决的重大课题。

## 一、权力的本质与特点

在我国的主流话语中,最早提出把权力关进笼子里,是在习近平同志 2013 年 1 月在中纪委二中全会的重要讲话之中。讲话中提出,要加强对权力运行的制约和监督,把权力关进制度的笼子里,形成不敢腐的惩戒机制、不能腐的防范机制、不易腐的保障机制。把权力关进笼子里的说法很快得到了广泛认同并深入人心,之后又被郑重地载入了三中全会的决定之中,其语话效力得到了进一步提升。人们普遍地期待这样管用好用的笼子能够早日铸成。

这种热切的期待,不应该仅仅止于对腐败现象的深恶痛绝,而更应该深入到认识权力的本质与属性,从理论上进一步提高强化权力制约和监督体系的自觉性,增强设计构筑关住权力笼子的科学性、有效性。

首先应该搞清楚,权力究竟是什么?

在北京大学王浦劬教授主编的《政治学基础》中,没有先说什么是权力,而是直接说明什么是政治权力,这是可以理解的,政治生活中所指的权力实质就是政治权力。该书认为:“政治权力实际上是在特定的力量对比关系中,政治权力主体为了实现和维护自身的利益而拥有的对政治权力客体的制约能力。政治权力本质上是特定的力量制约关系,形式上是特定的公共权力。”这里,强调的是权力是力量制约关系。

中国人民大学杨光斌教授主编的《政治学导论》认为:“不管如何解释权力,都离不开强制力、作用和结果三个方面。因此,政治权力就是在政治关系中,权力主体依靠一定的政治强制力,为实现某种利益而作用于权力客体的一种政治力量。”此书突出了权力依靠一定的政治强制力,与上书没有冲突。它认为权力是政治关系的中介,政治权力要实现的目的主要是利益,权力主体能否达到目的取决于政治力量的大小。

中共中央党校王仲田教授主编的《政治学导论》中说:“权力是人们根据自己的意志影响他人行为的能力。这种能力是一种影响和支配的力量,是形成权力关系的基础。”

近查百度百科,其认为:权力是影响他人政策的一种过程,在这一过程中,使那些不服从政策的人受到损失。政治权力就是在政治关系中,权力主体依靠一定的政治强制力,为实现某种利益而作用于权力客体的一种政治力量。

凡上种种,虽然表述的详略与风格有所不同,但对权力解释的大意却相近。依据以上的解释和我们的经验,可以认识到:第一,权力是一种强制性的影响力、控制力,不可违逆,权力有大小强弱、直接间接、显性隐性之分。第二,权力是由它的占有方向它的非占有方发出的,前者具有某种优势、强势的地位。第三,权力行使的目的,是为了维护和获取某种利益,权力总是挟利益而行之,无论其正当与否。由此,我把权力定义为:权力是某机构或个人为谋利而以自身意志强制性地控制他人行为的影响力。

其次,这个权力有什么特点?

特点之一,权力具有强制性。强制性是权力之所以具有威力、效力的根本属性。无此不称其为权力。在权力的影响所及,只能与权力指向同向而动、顺势而为,而不允许有所拂逆、相悖而行。所谓"令行禁止、赏罚严明","顺之者昌、逆之者亡","上有所好、下必甚焉"盖因于此。

特点之二,权力具有独占性。任何权力一经形成并被人格化为某一机构或个人,就会具有持久的独占性倾向,放权与分权难以成为自觉的行为。那些所谓的"分权制衡"、"政党轮替"、"限期制"等等都是不得已而为之之举。如果不是迫于压力,它当然愿意权力永掌、江山永固。

特点之三,权力具有膨胀性。受强制性、独占性的驱使,权力还会具有膨胀性、扩张性的显著特点。无论什么权力,都会行使到它的最大边际,直到无法逾越的边界才会止步。机构周而复始地处于精简、膨胀、再精简、再膨胀的循环之中,原因就在于附着于机构的权力之魂没有受到实质性的控制、限制,它一定会伺机再行扩张。这种机构病没有什么姓社姓资之分。

特点之四,权力具有腐蚀性。"权力趋向腐败,绝对权力绝对腐败",这是政治学的常识,也是政治生活中的公理。任何社会、国家、团体都离不开权力,没有权力的社会、国家、团体是无法想象的,甚至无法存在。但是掌握权力的人不是天使也教化修行不成天使,禁得起诱惑的只能是个别的、一时的现象,而不具有普遍性、长久性,离开法律、制度的有力规制,占有欲、支配欲是难以不作祟的。因此,权力趋向腐败,绝对权力绝对腐败。

上述种种说明,权力必须得到有效的控制,用笼子将它关住,只允许它规规矩矩、健康运行、服务公众、造福社会,而决不允许它恣意妄为、危害社会。

在我们讨论如何有效地控制权力之前,有必要对权力与权利的关系再作一点说明,因为权力与权利不分、混用的现象屡见不鲜,而生活中前者侵犯后者的现象也屡见不鲜。而在现代社会中,权力来自于人民的授予。权利是权力之母、权力之源,也是权力的"克星"。不讲权利,不张权利,用什么来构筑关住权力的笼子?关住权力的笼子的基本元素不是别的,正是人民大众的基本权利。

那么,什么又是权利?

于此,北京大学沈宗灵教授的见解十分深刻,在他主编的《法理学》中提出,法律意义上的权利与义务有自己特定的含义。"法律上的权利是指法律所允许的权利人为了满足自己的利益而采取的、由其他人的法律义务所保证的法律手段。"可以这样理解:一是,权利来自法律规范的规定,得到国家的确认和保证;二是,它是保证权利人利益的法律手段,权利与利益有着密切联系,但权利并不等于利益,权利人实现自己利益的行为是法律权利的社会内容,而权利则是这一内容的法律形式;三是,它是与义务相关联的概念,离开义务就无法理解权利,它得到义务人的法律义务保证,否则权利人的权利不可能行使;四是,它确定权利人从事法律所允许的行为的范围,在一定范围内,权利人满足自己利益的行为或者要求义务人从事或不从事一定行为是合法的,而超过这一范围,则是非法的或不受法律保护的。注意,这里所说的"离开义务就无法理解权利",其"义务"和"权利"的主体不是同一的。和我们不时所言,享有某种权利的同时就承担了相应的义务的含义是不同的。我把上述定义试稍做改动,所谓权利,即法律规定的受益人为实现其利益而采取的、并由相关人提供法律义务的法律手段。例如宪法和法律规定的公民权利。

现在,我们来分析一下权力与权利两者的关系。

这里应该有一个前提,谈权力与权利的关系,所设定的环境应该是一个民主和法治的社会。在专制和人治的社会里,恐怕只有权力而没有权利可言,权力是不受任何限制和制约的。在民主和法治的社会里,才会有这样一个权利与权力两者的问题。首先两者是有严格区别的:

第一,它们的主体不同。狭义而言,权力的主体一般具有国家机构、领导机构或者领导者的身份,而权利则不同,它的主体虽然也可以是群体(团体、协会),但更多的是在个体的意义上使用,比如公民权利、党员权利以及职工权利、消费者权利等等,这些权利的主体一般不具有国家机构、领导机构或者领导者的身份。权利人与权力人之间存在某种相互对立的关系。

第二,它们的客体关系不同。权力的主体与客体并不对等,两者是服从关系、领导关系、支配关系、控制关系,客体必须服从主体的意志。而权利的主客体之间没有这种关系,权利的主体是要求自己的客体履行法律规定范围内的相应义务,同时自己又必须以承担某种相应的义务为前提,这种义务实质上是对自己的义务人承担的义务。就是说,如果没有法律的具体设定和切实保障,权利的主客体之间就不存在某种强制性的关系,而只存在某种对等性的关系。

第三,它们实现的手段也不同。权力的实现靠国家强制力或者其他的某种强制力,简单地说,它本身就是某种强制力。而权利本身不是一种强制力,没有强制的功能,恰恰相反,它却要得到国家权力或者别的强制力的确认和保证,比如宪法中对公民权利的规定,公民的权利受到侵犯,政府、法院就要替公民伸张正义。

在民主、法治的语境下,两者的联系又是紧密的,相互影响、相辅相成,这里讲两者关系,指谓国家权力与公民权利应该更加准确。

首先,在一个民主法治的社会中,权利是权力之母,权力来自于权利。广大公民通过行使自己的选举权,形成了公共权力、国家权力,组织了政府,政府权力的合法性、权威性来自于公民的承认和拥戴。没有经过公民的承认拥戴,政府或许也能掌握权力于一时,但却是没有权威可言的,也难以长久维持。公民授权的公共权力一旦形成,它的最大职责就是实现它对公民的承诺,实现公民的权利。用我们传统的语言,叫做人民政府来自人民为人民服务。政府能不能做到这一点,要靠监督,即公民监督政府,所以说权力应该是受制于权利的。

同时,权利又受保障于权力,只有得到公共权力确认的权利才是政治和法律意义上的权利,只有在公共权力的保障下,权利才能得到切实的实现。所以在民主和法治的社会里,没有离开权利的权力,也没有离开权力的权利。从根本上说,权力和权利是不应该发生矛盾的。权力来自权利,应该为权利服务。但是公共权力一旦形成,也就会具有一定的独立性,受托行使权力的人很容易形成自身某种独立的利益,而这个利益与公众的利益很可能是相矛盾的。这种矛盾是客观存在,应该将它调整在一定的范围之内。还要说明,单个权利是很难与权力抗衡的。为了减少这样的情况,仍然需要诉诸公共权力,比如依据法律向审判机关起诉,向监察机关举报、投诉、申诉等等。如果公共权力严重违背了民意,与公众处于严重对立的地位,那么它的合法性必然会受到挑战,就会出现政府危机。

## 二、两种不同的控权模式

由上所述,加强权力控制,防止权力滥用、权力腐败,是当代政治文明建设的必修课。政治文明是政治发展和进步的成果,是对政治规律及特点的科学把握。政治资源的配置、运作、控制机制本身没有姓社姓资之分,就如同经济资源的配置机制一样。人类发展史表明,无论是经济资源的配置机制还是政治资源的配置机制，都没有完美无缺的。一般而言，合乎本国国情、能够促进本国经济社会发展的经济资源、政治资源的配置机制就是比较好的制度安排。就政治资源的控制而言，大致是两种模式，一种是制约机制也叫制衡机制，民主法治的先行国家基本都采用了这种模式。一种是监督机制，从巴黎公社到前苏联的苏维埃以及后来的一些社会主义国家，无例外地实行了这种模式。我国的监督模式尚在完善之中。

两种模式追求的控权目的是一致的，但机理却是不同的。

先看权力制约机制。2002 年 6 月，本文笔者在与美国耶鲁大学法学院教授、中国法律研究中心主任保罗·杰沃兹一行的会谈中颇有领教。当笔者向美国学者讨教：你们美国人自己是怎样看待美国“三权分立”的体制时，客人们连声摆手说“no, no, no”，接着反复说明他们不是“三权分立”，而是权力制衡，又对权力制衡作了解释。事后考虑，权力制衡确实比“三权分立”更准确地表述了美国政治体制的实质与特征。因为，“三权分立”容易造成误解，以为人家的三权是彼此分离和孤立的，果真如此，那就没有权力的制约和制衡可言了。

权力制约或者制衡，是说任何一个权力在没有得到其他权力支持的情况下，其单独的行使都难以实现权力目的，同时任何一个权力的存在和行使又都会对其他的权力构成牵制。因此权力制约是以分权为前提的，权力经过分解后由不同的主体来行使，彼此形成一种制掣、均衡的关系，权力集于一体是不可能形成对权力制约的。分权很有讲究，不是“切豆腐”，而是有粘连，适度重叠。分权并且要考虑公正与效率的平衡。而且权力制约不是单向的，而是双向的、多向的。在权力制衡的规则下，不仅总统制是如此，议会内阁制也是如此，只不过形式有所不同而已。

再看监督机制。什么是监督？有人说，监督就是监察与督促。这是字面的解释，并未道出监督的实质所在。实际上，监督是一种政治机制，政治权力的运作机制，准确地说是一种政治权力运行的控制机制。试从政治学的意义上作解释：监督，就是权力的拥有者当其不便或者不能直接行使权力，而把权力委托给他人行使以后，控制后者按照自己的意志和利益行使权力的制度安排和行为过程。监督孕育于权力的委托与受托的过程之中，是权力的拥有者、委托者与权力的受托者、行使者之间的权利义务关系。委托授权并不改变到底谁是权力的所有者，授权者始终是权力的拥有者。简单说，监督就是权力的委托人对权力的受托人的控制行为。所以，权力监督是单向的，是权力的所有者、委托者对权力的受托者、行使者的一种控制，后者对前者没有反向的牵制权、控制权，只能说“yes”，不能说“no”。

有必要强调，民主监督与专制监督不能混为一谈。至少有这些不同：一是，主体不同。民主监督的主体是人民，国家的一切权力属于人民，国家的监督权同样也属于人民。而专制监督的主体就是君主，国家的权力包括监督权都为君主所独享。二是，路径不同。在民主制下，监督与选举是同向的，基本路径是自下而上，自上而下的监督也是以自下而上的授权与监督为前提的。而专制的监督则只有自上而下的管道。三是，范围不同。民主政治要求，上至最高领导人，下到最小的“芝麻官”，都无例外地要接受监督。专制监督则不然，君主可以监督任何“命官”，而他本人则不受任何监督。四是，保障不同。民主监督靠法治，依据国家的法律和制度实施监督，所以具有公正性和稳定性。专制的监督是人治，监督的办法和结果以最高统治者的改变而改变，以最高统治者看法和注意力的改变而改变。

以上我们比较严格地区分了两种控权机制，是为了避免在制度设计上进入误区，与人们通常理解中将“制约”和“监督”几乎等同连用是有所不同的。“制约”和“监督”等同连用，是广义而言的，是出自于控权的共同性。

在如何控权的问题上我们选择了监督机制，从理论上说，是秉承了马克思的监督理论。毛泽东坚持把马克思主义与中国具体实际相结合的成果之一，就是创建了中国人大制度，而这个制度的控权机制就是权力监督而不是权力制衡。说加强权力的制约，从整体上是不可行的，权力监督是宪法设定的控权机制。邓小平强调，中国的政治体制改革必须坚持全国人民代表大会制度。我们不能改弦易辙、另起炉灶。我们必须坚持人大制度，在推进人大制度与时俱进中加强和完善监督制度。实际上我国的监督制度尚有很大的发展空间，我们应该下可以下的功夫还远远不够。如果宪法设计的人大制度真正做实，人大制度的优越性得到充分发挥，我国的民主监督还至于薄弱吗？

理想的监督，应该是既能防止权力被滥用，又能保证权力有效行使的监督。切实有效的监督，应该满足这样一些条件：

一是，以权制权，即用权力监督权力。对权力的监督当然有多种手段，但最重要的是以权制权。被监督对象的性质决定了监督手段的性质。这大概也可以叫做批判的武器不能代替武器的批判。监督权大致又可以分解为知情权、审议权、问责权（质询权）、弹劾权和罢免权。这些权力都是构成监督权所不可或缺的基本要素。离开了这些具体的相互关联的权力设置，监督权就会因其空洞而苍白无力。

二是，监督权与被监督权适当分离。如果监督权和被监督权由同一机构或者同一个人掌控，再如果监督权与被监督权形式上是分设的，但事实上两者之间却有紧密的利益关系或者前者隶属于后者，监督权就必然会软化、虚化，不可能对被监督权实施严格的监督。历史的经验可以借鉴，我国古代的监察系统原先就是与行政系统同一设置的，地方的监察官员与行政官员难免有纠缠不清的利益关系，汉武帝时打破了地方监察与行政一一对应设置的体制，把全国划分为若干个监察区，分别监察一些郡县，设地方监察官刺史一名，并制定了《刺史六条》的监察法规。世界上有些国家司法区的设置，蕴含的也是这种权力分离的机制，不过是司法权与行政权的分离而已。现在央行和国土部门下设机构的设置也是循此道理。纪检派出机构的负责人不宜直接参与分管所在部门的业务，置身部门副职之列。

三是，监督权与被监督权效力相当。权力有大小强弱之分。假如我们要实现以权制权，即用权力监督权力的目的的话，那么我们所设置的监督权的大小强弱即它的“权力量”，应当与被监督权大致相当。就是说，监督权所占有和能够使用的各种政治资源、强制性影响力之充分程度，足以阻止和纠劾被监督权发生违规行为。一个弱小的权力是难以抗御比之强大的权力的滥用的。当然，监督权的“权力量”过大亦非理想的设计。因为，监督的目的是管好被监督权，而不是管死被监督权。当下监督权设置中的常见问题，并不是监督权设计的过分强大而是比较弱小，以至于形不成真正的监督机制。这次三中全会在健全党内权力监督问题上，强化监督权的意向就非常强烈。当前也确有这种需要。

四是，监督权不替代被监督权。政治权力有所分工、各司其职，是现代国家权力配置的一般趋势。监督权是控制权力的权力，而不是代替权力的权力。如果监督权越俎代庖，包揽被监督权的职能，那么监督权本身也就失去了存在的意义。监督权的泛用、误用和滥用问题，尽管在我们今天的政治生活中还不突出，还未形成一种普遍性的倾向，但同样是我们在健全监督机制的过程中需要加以警惕和避免的。

五是，监督权本身必须受到监督。监督权既然是权力，那么权力的强制性、膨胀性、独占性、腐蚀性的属性它也会样样具有，所以监督权本身必须同样受到监督。监督权不能弱于被监督权，不能遏制不住权力滥用，但也不能凌驾于其他权力之上，成为权上之权。包括监督权在内的任何权力都应该被置于监督之下，无有例外。这个问题应该引起我们的警惕。

## 三、探索健全监督机制的路径

健全监督机制事关全局，涉及权力运行的各个方面各个环节，这里择其要，仅着重强调以下几点：

### （一）扩大公民的选举权

监督薄弱、缺位是不争的事实，但问题的根源并不在监督自身，而出在它的上游。上游的问题，就是权力的赋予问题。赋权在前，监督在后。作为主人的人民本来应该是最有力的监督者，但现在他们往往监督无方、监督乏力，原因就在于他们并不是事实上的主人、事实上的委托授权者。权力的受托者从来就是只向权力的委托方负责的。只有真正使人民成为了国家和社会的主人，成为了权力的所有人，他们对权力的监督才是真正切实有效的。倘若权力赋予的实际机制是民主不足的，权力监督岂会有民主充足的？有其因必有其果。民主赋权的问题解决了，民主监督的问题便可迎刃而解。

因此，必须充实和扩大公民的选举权。选举权是人民当家作主的最重要的权利。一是扩大直接选举范围。我们不能否认直接选举比间接选举更民主，我们最终也一定要实现全国范围的直选。直选的范围应该逐步扩大，稳步扩大。“衡阳贿选”事件的出现，表明扩大直选已经提到了日程之上。二是完善现有的选举制度。要更加充分地尊重和保障选民和代表的选择权，适度引入竞争机制。选择性和竞争性是选举的内在属性。选举人与候选人之间是选择与被选择的关系，选举人自主选择候选人，候选人之间是平等的竞争的关系。可先行的做法，就是逐步扩大差额选举的差额率。三是改革完善投票的技术规范。现在农民选举村委会已经设置了秘密划票间，这个做法的好处自不待言，应该在更大范围里实行。我们要尊重选举的规律，依靠健全法律和制度，循序渐进地完善我们的选举制度。

### （二）进一步扩大公开性

权力必须在阳光下运行，阳光之下鲜有罪恶。列宁早就指出，实行民主必须具备两个条件，完全的公开性和普遍的选举制。列宁说：“每一个人大概都会同意‘广泛民主原则’要包含以下两个必要条件：第一，完全的公开性；第二，一切职务经过选举。没有公开性而谈民主制是很可笑的，并且这种公开性还要不仅限于对本组织的成员。”他接着说：“既然整个政治舞台都公开摆在大家面前，就像戏剧舞台摆在观众面前一样，……对于党员在政治舞台上的一举一动进行普遍的（真正普遍的）监督，就可以造成一种能起生物学上所谓‘适者生存’的作用的自动机制。”人民民主是社会主义的生命。重大情况让人民知道，重大问题经人民讨论，重大决策有人民参与，这是发展社会主义民主的一项基本要求。决策过程不透明是政府公信力不足的一个重要原因，改变这种状况正在受到重视，近年来各级政府在扩大公开化方面已经取得了一定的进展，但发展还不平衡不持续不规范，需要在法治化、制度化、常态化的层面上作出进一步的努力。

### （三）加强人大对“一府两院”的监督

十八届三中全会《决定》提出：“健全‘一府两院’由人大产生、对人大负责、受人大监督制度。健全人大讨论、决定重大事项制度，各级政府重大决策出台前向本级人大报告。加强人大预算决算审查监督、国有资产监督职能。落实税收法定原则。”这一段话的主旨是强化人大对“一府两院”的监督。第一句是重申了现行宪法关于人大与“一府两院”的关系。第二句是强调了在人大对政府的监督方面，要健全人大讨论、决定重大事项制度，各级政府重大决策出台前向本级人大报告。这一要求切中了人大工作中的一个薄弱环节，即在重大决策的问题上人大对政府监督不力，形同虚设甚至被边缘化、被置于决策圈外，所以才有“各级政府重大决策出台前向本级人大报告”的规定。但什么是“重大决策”？在现行的组织法中，对各级人大及其常委会的重大事项决定权的规定就比较原则，不易于遵循。比如规定地方人大及其常委会“讨论、决定本行政区域内的政治、经济、教育、科学、文化、卫生、民政、民族工作的重大事项”。然而具体在一个省、市、县，什么才算是“重大事项”，组织法没有列举，其他的法律性规定也没有作补充说明。这就给重大事项决策主体不明、范围不明的问题留下了法律缺口。看看，一些地方华而不实、劳民伤财的作秀工程，有几个是经过人大法定程序民主科学作出的决定？近几年有些地方人大制定了讨论决定重大事项的规范。这些地方人大用立法权保障和规范重大事项决定权，既有利于坚持和改善党的领导，又能体现人民当家作主，而且还做到了依法决策。这种做法值得肯定，并需要进一步规范并严格执行。上述引自《决定》这段话的最后两句突出强调了人大加强监督政府的三个重要方面，即加强预算决算审查监督、国有资产监督职能，落实税收法定原则。这三个方面的监督确实更具有关键性，也是社会各界越来越强烈关注的。其核心是保护、发展和用好人民的财富。这三个方面得到显著加强，一定会给强化人大的监督职能起到提纲挈领、纲举目张的作用。

**（四）探索建立宪法监督制度**

民主政治是宪法保障和规范的民主，法治是宪治。没有健全有力的宪法保障机制，再好的宪法也只是一纸空文。习近平总书记强调，宪法的生命在于实施，宪法的权威也在于实施。三中全会决定明确提出“建立健全全社会忠于、遵守、维护、运用宪法法律的制度”。各国通行的做法是建立违宪审查制度也叫司法审查制度，即由司法机关审查立法机关、行政机关的规范性文件以及其组成人员的职务行为是否违宪的制度。违宪的法律不是法律。违宪审查的职权基本上被赋予司法机关，普通法院或者宪法法院。在我国，宪法规定全国人大监督宪法的实施，全国人大常委会解释宪法，监督宪法的实施。从实际运作看，全国人大常委会已经对备案的地方性法规进行了审查工作。但是由于没有建立专司宪法监督的机构，宪法监督实际上没有很好地开展起来。建立专门的宪法监督机构正在逐步成为共识。比较务实可行的做法还是在全国人大设立宪法监督委员会，专司宪法监督职能，受全国人大领导但不受全国人大常委会领导，这样至少可以把全国人大常委会纳入宪法监督的范围，而比起全国人大来，人大常委会的立法活动是大量的。我们应该有解决这个问题的紧迫感，也具有解决这个问题的智慧。

**（五）加强党内监督**

执政党党内监督，对于国家和全社会的民主监督建设具有重要的示范与带动作用。党内监督是党内民主的重要组成部分。如果党内监督不力，那就不会有真正的健全的党内民主。党内民主是党的生命，从这个意义上说党内监督也是党的生命。在我国这样的政治制度和政党制度的具体环境下，执政党党内监督建设确实是关系党的生死存亡的大事。加强党内监督，应该着重解决的问题是：用具体的完备的制度实现和保障广大党员的民主权利包括监督权利；完善党的代表大会制度，充分发挥各级党的代表大会的领导作用和监督作用，研究创设代表的提案权、质询权、弹劾权，树立党代表大会的监督权威；改革完善党内的选举制度和干部制度，用制度将各级领导干部置于党组织与广大党员的严格监督之下；改革完善党内的监督体制，从体制和制度上保证党的各级监督机构能够铁面无私地行使监督权；加强党内监督的规范建设，全面提高党内监督的制度化、程序化、规范化水平。我们注意到，此次中央全面深化改革领导小组在下设的6个专项小组里单列了一个纪律检查体制改革小组，本来照着常理这个组是可以归入党的建设小组里，现在把它并列为6个小组之一，可见对党的纪检体制改革的重视程度。人们期待，在加强中国特色社会主义民主监督建设、锻造具有中国特色的权力笼子的进程中，党内监督率先作出新的重大贡献。

（作者：中共中央党校教授、博士生导师）

# 中国精神是社会主义文艺的灵魂

## ——学习习近平总书记在文艺工作座谈会上的重要讲话

张　江

习近平总书记在文艺工作座谈会上的重要讲话中指出，中国精神是社会主义文艺的灵魂。这一重要论断，为中国文艺指明了前进方向。认真学习、深刻领会习近平总书记的这一论断，对于纠正当前文艺发展中的一些不良偏向，解决中国文艺前进过程中面临的诸多困惑，更加坚强有力地推进文艺事业发展，充分发挥文学艺术的功能和作用，具有重要意义。

### 一、文艺是铸造灵魂的工程

文艺是铸造灵魂的工程，文艺工作者是灵魂的工程师。千百年来，正因为文艺自觉承担了这样的光荣使命，在漫漫征程中坚定了人的意志，增益其所不能，在苦苦求索中指引了方向，点燃前进的灯火，文艺才拥有了至高无上的地位，文艺工作者才获得了人民大众的爱戴和尊崇。文以载道，文以化人，这是文艺的天然使命。

好的文艺作品就应该像蓝天上的阳光、春季里的清风一样，能够启迪思想、温润心灵、陶冶人生，能够扫除颓废萎靡之风。题材可以千种万种，风格可以千差万别，手法可以不断创新，但是，文学艺术的终极目的，必须是完善人、提升人，维护公德良俗，推动文明进步。作家和艺术家必须通过文艺作品传递真善美，鞭挞假恶丑，在春风化雨、润物无声中，使人们的情操得到陶冶，灵魂得到涤荡，境界得到提升。

反观当下的文艺创作，铸造灵魂的神圣使命在某些人那里正被日渐淡化和忘却。少数创作者为了金钱名利，不分善恶美丑，混淆是非观念，为了博取眼球，在作品中肆意展示暴力、欲望以及所谓的“人性之恶”。还有一些创作者，宣称自己的创作只是为了自我宣泄，“为自我写作”、“为快感写作”成为时髦的口号。文艺创作当然需要有自我，没有自我体验，没有深刻感知，只能陷入观念化的演绎之中。但是，文艺创作不仅仅是一种个体行为。作品一旦发表出去，呈现在受众面前，就不可避免地要影响他人，有些作品可能还会影响千千万万的人，而罔顾社会影响，只求忠于自我，只能是不负责任的表现。也有一些创作者，将艺术与道德对立起来，号称只为艺术负责，不承担社会使命。文艺的特征是审美，这固然不错。但是，世界上不存在绝对的、纯粹的美。在人类社会发展史上，美从来都是与诸多社会性因素交织在一起的。文学艺术圆润的结构、优美的旋律、诗意的语言，终究是为了更好地表情达意，更生动有效地将内在的精神意蕴传达给受众。

“文艺是时代前进的号角，最能代表一个时代的风貌，最能引领一个时代的风气。”习近平总书记的这两个“最能”，既是对文艺功能和地位的至高评价，也是对当前和未来文学艺术的巨大期待。我们的文艺工作者，必须明确责任和义务，抛除私心杂念，胸怀大义，不辱使命，通过创作更多无愧于时代的优秀作品，为文明助力，为国家和社会发展发挥更大作用。

### 二、用中国精神铸就文艺之魂

文艺是铸造灵魂的工程，那么，我们用什么去铸造文艺的灵魂？那就是中国精神。

当前，我们正处在一个思想大活跃、观念大碰撞、文化大交融的时代。现代科技的突飞猛进，人类生活的快速变迁，全球经济一体化格局的日益凸显，导致文化领域出现了异常复杂的情况。各国家、各民族之间文化的交流互融已成为常态。在这种情况下，各种思潮、各种观念，此起彼伏，令人目眩。我们迎来了一个前所未有的开放世界，也迎来了一个必须在众声喧哗中有所选择、有所坚守的时代。那么，我们靠什么立足和坚守呢？

放眼世界，无论过去还是现在，任何一个国家的文化，其根脉都深植在它的民族精神之中，并以这种民族精神建立起它的独特性，在世界多元文化中抢占一席之地。丧失了精神独特性，一个国家的文化就失去魂魄，无以立足。对中国文艺而言，坚守中国精神，弘扬中国精神，是理所当然的选择。

当前，中国文艺迫切需要中国精神来支撑。文学艺术具有民族属性，这是不容否定的客观事实。这种民族属性，当然可以体现在语言、形式、题材、体裁等诸多外在方面，但更重要、也更为隐蔽的，是体现在内核里的价值观念、精神气质。中国的文学艺术，源远流长，特色鲜明，在世界文艺构成中占有重要地位，有其特有的精神徽记，有其生生不息、薪火相传的精神传统。几千年的中国文艺，根植于斯，生长于斯，壮大于斯。新的时代条件下，我们拥有了更多选择，但是，中国文艺的根本不能丢。中国的人民大众，即便在今天这样一个开放和繁荣的市场环境中，仍然对本民族的文学艺术情有独钟，痴心不改，核心就在于，这是他们的精神家园，他们能在这里触摸到自己民族的灵魂，寻找到精神的安放之所。丧失了中国精神，中国的文学艺术就失去了血脉之源、魂魄之根，即使形式再华丽、技巧再高超，也终究是徒有其表的躯壳。从这个意义上说，中国文艺需要中国精神，离不开中国精神。

那么，中国精神的核心是什么呢？当代中国，社会主义核心价值观就是中国精神的高度概括和凝练总结，中国文艺坚守和弘扬中国精神，就是要坚守和弘扬社会主义核心价值观。习近平总书记在讲话中强调，“广大文艺工作者要高扬社会主义核心价值观的旗帜，把社会主义核心价值观生动活泼、活灵活现地体现在文艺创作之中，用栩栩如生的作品形象告诉人们什么是应该肯定和赞扬的，什么是必须反对和否定的，做到春风化雨、润物无声。要把爱国主义作为文艺创作的主旋律，引导人民树立和坚持正确的历史观、民族观、国家观、文化观，增强做中国人的骨气和底气。”当前，中华民族正大踏步行进在锐意进取的征程中。“两个一百年”奋斗目标的实现，中华民族伟大复兴的中国梦的实现，需要社会主义核心价值观提供精神保障和动力支持，这是我们取得胜利、实现梦想的充分必要条件。事实上，一切文学艺术，都具有塑造人心、积聚力量、引领风尚的伟力。尤其时代发展到今天，文学艺术已成为人民大众生活不可缺少的内容，人民对文艺的要求越来越高。努力创作生产更多传播当代中国价值观念、体现中华文化精神、反映中国人审美追求，思想性、艺术性、观赏性有机统一的优秀作品，让中国精神在生动的形象、优美的旋律、诗意的笔触中落地生根、遍地开花，这是民族和时代对中国文艺的期待，也是中国文艺逐浪前行、成就自身之大的重要契机。

## 三、正确处理古今中外的关系

准确、完整地理解中国精神，弘扬中国精神，必须处理好古与今、中与外各种文化资源的关系。

弘扬以社会主义核心价值观为内核的中国精神，必须处理好继承传统与创新发展的关系。正如习近平总书记指出的，“中华优秀传统文化是中华民族的精神命脉，是涵养社会主义核心价值观的重要源泉，也是我们在世界文化激荡中站稳脚跟的坚实根基。”这就意味着，中国精神与中华优秀传统文化是一脉相承、一以贯之的。弘扬中国精神，要结合新的时代条件传承和弘扬中华优秀传统文化，传承和弘扬中华美学精神。

在文艺领域，我们现存的问题是，有的轻视传统，肆意亵渎经典；有的歪曲传统，刻意挖掘传统文化中落后的、阴暗的东西。这些年，传统文化经典再度风行。这本是好事，值得提倡。但有些人却只把这些文化经典当作赚钱牟利的工具，任意涂抹，肆意消费。一些翻拍的影视作品、动漫作品，将四大名著中的人物重新演绎，甚至杜撰出孙悟空与白骨精眉目传情的桥段。还有少数人将一些具有文化符号意义的古代人物翻捡出来调侃、嘲弄，什么“包公很忙”、“李清照是酒鬼”、“岳飞不识时务”等等。凡此种种，都是对传统文化的亵渎。另外一种趋向，是热衷于传统文化的糟粕部分。尤其是一些影视剧，动辄帝王将相、才子佳人，穷奢极欲、放荡滥情被津津乐道。一些后宫题材剧，更是将尔虞我诈、争风吃醋、心狠手辣当作重要看点推向极端。毋庸讳言，几千年的中国历史留给我们的，必然有精华，有糟粕。传承和弘扬中华优秀传统文化，就是要继承和弘扬其中的优秀部分，而不是那些陋习、糟粕。

我们需要正确处理的另外一种关系，是中外两种文化资源的关系。对此，习近平总书记在讲话中也有清晰阐述：“我们社会主义文艺要繁荣发展起来，必须认真学习借鉴世界各国人民创造的优秀文艺。”但他同时指出，“只有坚持洋为中用、开拓创新，做到中西合璧、融会贯通，我国文艺才能更好发展繁荣起来。”

的确，文艺的繁荣发展，必须秉持开放姿态。世界上各民族的文化都有自己的优长、特点，不同民族的文化平等包容、交流互鉴、彼此砥砺、相互促进，是文明共同进步的强大动力。新时期以来，中国的文学艺术能够有今天这样繁荣的气象，其中一个重要原因，就是文化领域的对外开放，包括西方在内的其他国家和民族文艺作品、文艺理论的引介，拓宽了中国文艺家的思路和视野，对中国文艺发展功不可没。但是需要注意，对一切外来文化，只能是“学习借鉴”，而不能简单移植和取代本国文化。

当下的文艺界，一些人唯西方文艺是从，将中西两种文艺传统、文艺经验归结为落后与先进的关系，总以为西方的东西才高明、才进步。于是我们看到，在一些作家、艺术家那里，对西方的生硬移植和照搬照抄蔚为时尚，在小说创作中，将西方小说的手法和技巧套进中国的故事框架中。在电影创作中也存在这种现象，镜头尚未开启，先做一番功课，研究研究外国人喜欢什么风格，外国导演如何拍摄，然后依法炮制。生搬硬套的后果，不是创作水准的提高，而是催生了一批非中非西、不伦不类的文艺怪胎。这种现象早已被社会各界所诟病。

对中国文艺而言，一切外来资源都仅仅是一种参照。中国文艺走向世界，凭借的只能是中国作风、中国气派，而不可能是我们对外来文艺摹仿得有多高超、有多逼真。这就要求我们的文艺工作者，在敞开胸怀兼收并蓄的同时，必须坚持以我为主、洋为中用。将一切外来的创作技巧、风格手法中国化、民族化，与本土经验融会贯通，融入我们自己的文化中，它才有价值、有意义。否则，数典忘祖，邯郸学步，只能是扭曲自我、迷失自我，得不偿失。

几千年来，中国文艺凭借中华民族特有的精神品格卓尔不群，傲然挺立，创造了辉煌灿烂的历史。新的时代条件下，中国文艺仍然需要以中国精神为魂魄，砥砺品格，锻造风骨，更加刚劲有为地汇入时代前进和民族复兴的滚滚洪流。

（作者：中国社会科学院党组成员、副院长）

# 推动形成从严治党新常态

## ——学习领会习近平总书记在党的群众路线教育实践活动总结大会上的重要讲话

国防大学中国特色社会主义理论体系研究中心

习近平总书记在党的群众路线教育实践活动总结大会上的重要讲话，充分肯定和深刻总结了教育实践活动取得的重大成果及成功经验，对新形势下坚持从严治党作出全面部署、提出明确要求，体现了我们党坚持党要管党、从严治党的坚定意志和决心。我们要深入学习贯彻习近平总书记的重要讲话精神，积极巩固拓展教育实践活动新成果，把作风建设不断引向深入，在新的起点上全面贯彻从严治党要求，推动形成从严治党新常态。

### 一、深刻认识形成从严治党新常态的重大意义

推动形成从严治党新常态，是一个具有重大现实意义和深远历史意义的战略命题。这一新常态的形成，是以习近平同志为总书记的党中央在从严治党方面的一系列开拓创新、锐意进取的新思想、新实践的必然结果，是新形势下推进党的建设新的伟大工程的伟大创造。

**实现中华民族伟大复兴中国梦的必然要求。**中国梦，归根到底是人民的梦，是人民追求自身利益和幸福的梦。从现实看，利益主体多元化、利益群体多极化、利益关系复杂化、利益诉求多样化的趋势凸显，统筹兼顾各方面利益的难度前所未有、世所罕见。面对这样的新形势，只有坚持立党为公、执政为民的马克思主义政党，才能最大限度地听取不同方面、不同群体、不同阶层的利益诉求，找到各方利益的"最大公约数"，并转化为改革发展的正确决策。只有坚持从严治党，确保党的性质宗旨不变，才能赢得民心、赢得公信，把全国各族人民团结在党的周围，凝聚起万众一心共筑中国梦的磅礴力量。

**巩固党的执政地位的必然要求。**党的执政地位和领导地位并不是自然而然就能长期保持下去的，不管党、不抓党，就有可能出问题甚至出大问题，结果不只是党的事业不能成功，还有亡党亡国的危险。破解"其兴也浡、其亡也忽"的历史周期律，是我们党始终高度重视并致力回答好的重大课题。从以毛泽东同志为代表的中国共产党人"进京赶考"开始，我们党就始终保持警醒，不断强化自觉，努力交出优异答卷。新的历史条件下，"四风"等可能导致"亡党亡国"的消极腐败因素，对我们党造成严重危害，构成严重威胁。只有坚持从严治党，持久深入推进作风建设，通过治标进一步为治本赢得时间，坚持标本兼治，使中国特色社会主义制度更加成熟、更加定型，才能实现党长期执政和国家长治久安。

**全面深化改革取得实质性突破的必然要求。**从严治党是冲破改革羁绊的锐利武器，是优化政治生态的强大法宝。我国改革已经进入攻坚期和深水区，必须以更大的政治勇气和智慧，不失时机深化重要领域改革。当前改革需要解决的问题格外艰巨，都是难啃的硬骨头，必须一鼓作气，瞻前顾后、畏缩不前不仅不能前进，而且可能前功尽弃。只有坚持从严治党，形成风清气正的良好环境，才能冲破利益固化的藩篱，打掉遮遮掩掩、推三阻四、阳奉阴违的改革阻力，保证改革爬坡过坎、闯关夺隘，沿着正确方向顺利推进；才能使人民群众相信深化改革会给他们带来切身利益，从而积极拥护、支持改革，形成推动改革发展的强大正能量。

**推进新的伟大斗争的必然要求。**这次教育

实践活动，为我们党进行具有许多新的历史特点的伟大斗争作了思想上组织上作风上的重要准备，其重大意义必将随着时间的推移不断显现出来。从严治党既是新的伟大斗争的重要组成部分，为新的伟大斗争的推进作了重要准备、提供有力抓手，又是新的伟大斗争的坚强保证，为推进新的伟大斗争注入生机和活力。面向未来，我们党要进一步推进新的伟大斗争，战胜前进道路上的各种艰难险阻，就必须继续推进从严治党，坚决清除阻碍历史进步的绊脚石，为夺取新的伟大斗争的最终胜利而不懈奋斗。

## 二、准确把握从严治党新常态的时代特征

从严治党的新常态，是以习近平同志为总书记的党中央管党治党的新风貌，是新形势下党中央在科学总结以往作风建设经验教训基础上，精心打造的管党治党升级版。这个新常态的时代特征主要表现在以下几个方面。

**突出重点、聚焦问题。**坚持把作风问题作为影响贯彻落实党的群众路线的要害，突出改进作风这个主题。以反“四风”为突破口，以点带面、集中发力、持续用劲，集中开展专项整治。高度警惕“四风”变异问题，防止回潮反弹，坚持露头就打，加大查处顶风违纪的力度，真正找准靶子、点中穴位、戳到痛处。

**领导带头、以上率下。**坚持打铁就靠自身硬，从中央做起，各级主要领导干部亲自抓、作表率。党中央制定八项规定等一系列作风建设的制度，中央政治局常委带头践诺，建立联系点并全程指导，为全党树立了标杆。各级领导干部以向我看齐的姿态听意见、摆问题、管自身、抓督查，敢于拿自己开刀，以正己一点带正人一片，以正己之效立正人之威。

**以知促行、以行促知。**坚持教育和实践两手抓、两结合，把学习教育贯穿始终，加强理论武装，促进思想认识提高和党性增强，为解决实际问题增添精神动力，破除思想障碍。把解决问题贯穿始终，深入进行查摆剖析和落实整改措施，提高思想认识，加强党性锻炼。

**严字当头、务求实效。**坚持严的标准、采取严的措施，重要节点一环紧扣一环抓。以钉钉子精神反“四风”，始终贯彻整风精神，高标准、严要求，坚决防止搞形式、放空炮、走过场。严格党内政治生活，对专题民主生活会和组织生活会提出明确要求，脱去“隐身衣”，捅破“窗户纸”，相互批评不留情面，敢于揭短亮丑、真刀真枪。对存在的问题明察暗访，及时查处并公开曝光违纪案件，拒绝说情风、关系网、利益链。建立整改台账，实行台账动态管理，完成一个销号一个。督导组敢当“黑脸包公”，严督实导、持续用劲。

**层层压紧、上下互动。**坚持层层压紧、环环相扣、扎实推进，一环紧着一环拧，一锤接着一锤敲，积小胜为大胜。把上题下答、下题上答、同题共答结合起来，上面的问题需要下面配合解决的就上题下答，下面的问题根子在上面的就下题上答，需要地方和地方、地方和部门、部门和部门联合会诊的就同题共答。全盘摸清问题，通盘解决问题，前后照应、左右衔接，使整改纵向到底、横向到边、不留死角。

**相信群众、敞开大门。**在坚持自我教育为主的同时，注重强化外力推动，坚持真开门、开大门，充分相信和依靠群众，让群众参与，让群众监督，恳请群众评判。注重对比宣传，既发挥先进典型示范引领作用，又发挥反面典型警示震慑作用，做到不虚不空不偏。

## 三、进一步巩固和拓展从严治党新常态

从严治党新常态是与时俱进不断发展的动态过程，只有进行时，没有完成时。要主动适应从严治党新常态的新要求，不断强化对从严治党新常态的思想认同、理论认同、情感认同，以高度的政治自觉和行动自觉，积极投身巩固和拓展从严治党新常态的实践之中，为坚持和发展中国特色社会主义、实现中华民族伟大复兴中国梦提供坚强保证。

**把聚精会神抓党建与一心一意谋发展结合起来。**发展是党执政兴国的第一要务，要抓好抓实；党的建设是确保党始终成为中国特色社会主义事业领导核心的伟大工程，同样要抓好抓实。抓好发展与抓好党建，两者互相依存，互为前提。历史使命越光荣，奋斗目标越宏伟，执政环境越复杂，越要增强忧患意识，越要从严治党。正如习近平总书记所指出的："如果我们党弱了、散了、垮了，其他政绩又有什么意义呢?"要树立正确政绩观，坚决克服只重视抓发展不重视抓党建的错误认识和做法，坚持从巩固党的执政地位的大局看问题，把抓好党建作为最大的政绩。要坚持党建工作和中心工作一起谋划、一起部署、一起考核，把每条战线、每个领域、每个环节的党建工作抓具体、抓深入，坚决防止"一手硬、一手软"。

**把思想建党与制度治党结合起来。**从严治党靠教育，也靠制度。教育解决的是思想认识问题和价值观念问题，制度解决的是治理规则和行为规范问题，两者相辅相成。加强教育，升华思想境界，增强自律力量，强化制度自觉，有助于形成按制度办事的良好秩序。完善制度，强化监督制约，有助于在潜移默化中巩固教育成果，形成常态长效。教育和制度同向同时发力，就可以产生从严治党的系统聚合效应。要把思想建党和制度治党紧密结合起来，联动推进。思想教育要突出重点，加强党性和道德教育，引导党员、干部经常打扫思想灰尘，坚定理想信念，坚守共产党人精神追求。制度建设要精、要务实管用，突出针对性和指导性，搞好配套衔接，增强整体功能，使制度成为硬约束而不是橡皮筋，变牛栏关猫为铁笼锁虎。

**把严肃党内政治生活与发挥人民监督作用结合起来。**党内政治生活是教育管理党员干部和党员干部进行党性锻炼的主要平台，从严治党必须首先从党内政治生活严起，把严肃党内政治生活与发挥人民监督作用结合起来。要增强党员意识和政治担当，在党言党、在党忧党、在党为党，把爱党、忧党、兴党、护党落实到党内生活各个环节，敢于同形形色色违反党内政治生活原则和制度的现象作斗争，增强党内政治生活的政治性、原则性、战斗性。发挥人民监督作用，听取群众的真实想法，欢迎群众的批评意见，织密群众监督之网，为群众举报违纪违法问题提供安全畅通的渠道。

**把攻坚战与持久战统一起来。**作风问题具有顽固性和反复性，形成优良作风不可能一劳永逸，克服不良作风也不可能一蹴而就，必须既打攻坚战又打持久战。多年来，作风问题一直在抓，但很多问题不仅没有解决，反而愈演愈烈，症结就在于对作风问题的顽固性和反复性估计不足，缺乏常抓的韧劲、严抓的耐心，缺乏管长远、固根本的制度。作风建设永远在路上，必须抓常、抓细、抓长，持续努力、久久为功。要把作风建设紧紧抓在手上，持续抓好各项整改任务的落实，绝不允许出现"烂尾"工程，决不能让"四风"问题反弹回潮。要从解决"四风"问题延伸开去，努力改进党员干部的思想作风、工作作风、领导作风和生活作风，努力改进学风、文风、会风，使党员干部不仅不敢沾染歪风邪气，而且不能、不想沾染歪风邪气，使党的作风真正纯洁起来。

（执笔：马占魁　赵周贤　刘光明）

# 实现中国梦的行动指南

## ——学习习近平总书记关于“四个全面”的重大战略思想

罗志军

习近平总书记在江苏调研考察时指出，要协调推进全面建成小康社会、全面深化改革、全面推进依法治国、全面从严治党，推动改革开放和社会主义现代化建设迈上新台阶。“四个全面”的重大战略思想，是我们在新的历史起点上坚持和发展中国特色社会主义，实现“两个一百年”奋斗目标和中华民族伟大复兴中国梦的行动指南。

### 一、马克思主义中国化的最新成果

马克思主义是不断发展着的理论，与时俱进是马克思主义的重要理论品质。习近平总书记在省部级主要领导干部学习贯彻十八届四中全会精神全面推进依法治国专题研讨班开班式上发表重要讲话强调，党的十八大以来，党中央从坚持和发展中国特色社会主义全局出发，提出并形成了全面建成小康社会、全面深化改革、全面依法治国、全面从严治党的战略布局。这个战略布局，既有战略目标，也有战略举措，每一个“全面”都具有重大战略意义。全面建成小康社会是我们的战略目标，全面深化改革、全面依法治国、全面从严治党是三大战略举措。要把全面依法治国放在“四个全面”的战略布局中来把握，深刻认识全面依法治国同其他三个“全面”的关系，努力做到“四个全面”相辅相成、相互促进、相得益彰。我们要认真学习领会习近平总书记的重要论述，深刻理解“四个全面”的重大战略思想，坚持马克思主义基本原理，坚持和发展中国特色社会主义，赋予了马克思主义新的时代内涵，回答了关系党和国家事业发展全局的战略性、前瞻性问题，升华了对社会主义发展规律、改革开放和现代化建设规律、马克思主义执政党建设规律的认识，彰显了理论逻辑、实践逻辑、历史逻辑的辩证统一。

“四个全面”是新一届党中央治国理政方略的顶层设计，涵盖了新形势下党和国家全局工作的关键环节、重点领域，主攻方向更加清晰，内在逻辑更加严密。全面建成小康社会，准确把握了我国发展的新阶段新特征，顺应了人民对美好生活的向往，以更健康、更高质量、更可持续的发展，为实现中华民族伟大复兴奠定坚实基础。全面深化改革，适应了我国发展新要求和人民新期待，进一步解放思想、进一步解放和发展社会生产力、进一步解放和增强社会活力，为实现中国梦增添了新动力。全面依法治国，坚持走中国特色社会主义法治道路、建设中国特色社会主义法治体系，护航实现中国梦的新征程。全面从严治党，永葆党的先进性和纯洁性，确保党在实现中国梦进程中始终成为坚强领导核心。“四个全面”构成了一个有机统一的整体，相互联系、相互贯通，相辅相成、同步同向，具有宏大的全局性、科学的系统性、创新的协同性。全面建成小康社会是总目标，全面深化改革与全面依法治国是实现总目标的两个轮子，全面从严治党则是各项工作顺利推进、各项目标顺利实现的根本保证，只有协调推进“四个全面”，才能引领党和国家各项工作，不断开创改革开放和社会主义现代化建设的新局面。

### 二、坚持和发展中国特色社会主义的强大思想武器

当前，我们正在进行具有许多新的历史特点的伟大斗争。赢得伟大斗争的胜利，需要理

论武装、理论支撑、理论引领。“四个全面”的重大战略思想，反映了历史的要求，回应了时代的呼唤，积极面对前进中遇到的矛盾和问题，为坚持和发展中国特色社会主义提供了新的思想武器。

实现中国梦必须走中国道路，这就是中国特色社会主义道路。这条道路来之不易，具有深厚的历史渊源和广泛的现实基础。“四个全面”的重大战略思想，指明了坚持和发展中国特色社会主义的前进方向。全面建成小康社会充分彰显了中国特色社会主义道路的时代主题，全面深化改革深度激发了中国特色社会主义道路的活力之源，全面依法治国系统绘就了中国特色社会主义道路的法治蓝图，全面从严治党深刻阐发了中国特色社会主义道路的党建保障。我们的发展，我们的改革，我们的法治，都是在中国特色社会主义道路上进行的，都是在中国共产党领导下进行的。只有坚持“四个全面”，才能站稳政治立场、把好政治方向、增强政治定力，不为任何风险所惧，不被任何干扰所惑，坚定不移沿着中国特色社会主义道路前进，让中国特色社会主义道路越走越宽广。

当代中国最大的客观实际，就是我国仍处于并将长期处于社会主义初级阶段，既要看到社会主义初级阶段基本国情没有变，也要看到我国经济社会发展每个阶段呈现出来的新特点。立足这个最大国情，协调推进“四个全面”是当前党和国家事业发展必须解决好的主要矛盾。“四个全面”的重要战略思想坚持重点论和两点论的有机结合，强调协调推进，既注重总体谋划又注重抓主要矛盾，既体现了尊重客观规律的要求又强调发挥主观能动性，既部署“过河”的任务又指导如何解决“桥或船”的问题，闪耀着辩证唯物主义方法论的思想光芒。

中国梦归根到底是人民的梦。“四个全面”的重大战略思想，贯穿了马克思主义群众观点和人民立场。全面建成小康社会着眼于人民福祉，通过发展生产力，满足人民日益增长的物质文化需要，促进人的全面发展；全面深化改革把实现好、维护好、发展好最广大人民根本利益作为推进改革的出发点和落脚点，改革为了人民、改革依靠人民、改革成果由人民共享；全面依法治国始终坚持人民主体地位，着力保障人民根本权益，保证人民依法享有广泛的权利和自由、承担应尽的义务；全面从严治党顺应广大人民的期盼和意愿，密切党同人民群众的血肉联系，践行全心全意为人民服务的宗旨，把赢得人民群众拥护和支持作为最根本的标准，筑牢党执政的坚实根基。“四个全面”深刻诠释了立党为公、执政为民的执政理念，充分体现了历史唯物主义的根本立场。

现在，我们比历史上任何时期都更接近实现中华民族伟大复兴的目标，比历史上任何时期都更有信心、更有能力实现这个目标。事业越前进，任务越艰巨，就越需要用“四个全面”这一锐利思想武器开拓创新、攻坚克难。只有以高度的政治自觉和理论自信协调推进“四个全面”，勇毅笃行，驰而不息，才能拓展中国特色社会主义更加广阔的发展空间，才能使中国特色社会主义得到最广大人民的衷心拥护，才能使中国特色社会主义事业具有坚强领导核心，才能续写好中国特色社会主义这篇大文章。

## 三、实现中华民族伟大复兴中国梦的必由之路

道虽迩，不行不至；事虽小，不为不成。幸福不会从天而降，梦想不会自动成真。空谈误国，实干兴邦，实干才能梦想成真。“四个全面”的重大战略思想，顺应历史潮流，紧扣时代脉搏，确立了实现“两个一百年”奋斗目标和中华民族伟大复兴中国梦的路线图、任务书，为亿万人民同心共筑中国梦提供了科学路径。只有坚持以“四个全面”统领党和国家各项工作，才能为“中国梦”照进现实打下坚实基础、提供根本保障。

**实现中国梦，必须以“四个全面”引领经济发展新常态。**认识新常态，适应新常态，引领新常态，是当前和今后一个时期我国经济发展的

大逻辑。新常态要有新追求、新动力、新作为，能不能更好地引领新常态，关键取决于观念更新的程度、改革创新的力度。要按照"四个全面"的新要求，牢牢抓住发展第一要务不动摇，尊重经济规律、自然规律、社会规律，准确把握改革发展稳定的平衡点、近期目标和长期发展的平衡点、经济社会发展和改善人民生活的结合点，聚焦新常态下的科学发展、可持续发展、包容性发展。大力推动经济发展方式从规模速度型粗放增长转向质量效益型集约增长，经济结构从增量扩能为主转向调整存量、做优质量并举的深度调整，经济发展动力从传统增长点转向新的增长点，切实解决发展中的突出矛盾和问题，制定务实管用的对策措施，牢牢把握经济工作主动权，增创发展新优势，推动新常态下各方面工作获得新提升、取得新成效。

**实现中国梦，必须以"四个全面"引领国家治理体系和治理能力现代化。**国家治理体系和治理能力是一个国家的制度和制度执行能力的集中体现。今天摆在我们面前的一项重大历史任务，就是推动中国特色社会主义制度更加成熟，为国家长治久安提供一套更完备、更稳定、更管用的制度体系。要以"四个全面"为指针，适应国家现代化总进程，提高党科学执政、民主执政、依法执政水平，提高国家机构履职能力，提高人民群众依法管理国家事务、经济社会文化事务、自身事务的能力，实现党、国家、社会各项事务治理制度化、规范化、程序化。通过全面系统推进各领域改革和改进的联动和集成，在国家治理体系和治理能力现代化上形成总体效应、取得总体效果。

**实现中国梦，必须以"四个全面"引领精神文明建设。**做好各项工作，必须有强大的价值引导力、文化凝聚力、精神推动力的支撑。只有物质文明建设和精神文明建设都搞好，国家物质力量和精神力量都增强，人民物质生活和精神生活都改善，中国特色社会主义事业才能顺利向前推进。要牢牢把握"四个全面"总框架，站在全局和战略的高度，深刻领会和把握精神文明建设的主心骨，坚守前进方向、坚守理想信念、坚守正义良知，最大限度地凝聚共识，巩固马克思主义在意识形态领域的指导地位，巩固广大人民团结奋斗的共同思想基础。进一步深化精神文明建设的目标内涵，更大力度培育和践行社会主义核心价值观，在融入贯穿结合、落细落小落实上下功夫；进一步注重文化滋养，在用好用活历史资源、传承中华优秀传统、赓续民族精神基因上下功夫；进一步把握精神生活新特点新需求，在深化文化体制改革、提升公共文化服务、丰富文化生活上下功夫；进一步发挥文艺作品真善美的力量，在把牢创作导向、推出精品力作、传递精神正能量上下功夫，提升文化软实力，弘扬中国精神，振奋起筑梦圆梦的精气神。

**实现中国梦，必须以"四个全面"引领党的建设新的伟大工程。**办好中国事情，关键在党。治国必先治党，治党务必从严。要按照"四个全面"的要求，增强管党治党意识，落实管党治党责任，坚持思想建党和制度治党紧密结合，提高党内政治生活的政治性、原则性、战斗性。坚持以严的标准要求干部、以严的措施管理干部、以严的纪律约束干部，使干部心有所畏、言有所戒、行有所止。只有增强从严治党的系统性、预见性、创造性、实效性，增强自我净化、自我完善、自我革新、自我提高能力，才能靠"自身硬"凝聚起为实现中国梦而奋斗的不可战胜的磅礴力量，创造无愧于时代、无愧于历史、无愧于人民的辉煌业绩。

（作者：中共江苏省委书记）

# 学讲话 作表率 走在前

## ——深入学习贯彻习近平总书记系列重要讲话精神

刘 涛

习近平总书记系列重要讲话系统回答了新的历史条件下党和国家事业发展的一系列重大课题，体现了对世界大势的清醒认知、对治党治国治军实践的深刻总结、对党的建设规律的全面把握，为全面建成小康社会、全面深化改革、全面依法治国、全面从严治党提供了基本遵循。学习贯彻习近平总书记系列重要讲话精神，领导干部必须从严要求、率先垂范，守纪律、讲规矩，坚决维护以习近平同志为总书记的党中央的集中统一领导，坚定不移贯彻中央各项决策部署。

### 一、作坚定理想信念的表率

习近平总书记深刻指出："一个国家、一个民族、一个政党，任何时候任何情况下都必须树立和坚持明确的理想信念"，"对马克思主义的信仰，对社会主义和共产主义的信念，是共产党人的政治灵魂"。习近平总书记还形象地把理想信念比作共产党人精神上的"钙"，告诫我们要防止"缺钙"，防止得"软骨病"。这些论述为我们胸怀共产主义远大理想、坚持和发展中国特色社会主义注入了强大精神力量。领导干部更应该在坚定理想信念上走在前、作表率。

**要时刻把坚定理想信念作为自己党员身份的第一要求。**人是要有一点精神的，党员的精神就是崇高的共产主义信仰，就是全心全意为人民服务的理念。理想信念立在了我们的脑中，人民群众就装在了我们的心中。立牢了这个根本，人民群众的安危冷暖、寻常人家的柴米油盐、普通百姓的所思所盼，就会成为我们一切工作的出发点、着力点、落脚点，我们就能用实际行动践行立党为公、执政为民的神圣誓言。

**要时刻把坚定理想信念作为防治腐败的第一武器。**理想信念滑坡是最危险的滑坡，丧失理想信念就意味着蜕化变质的开端。当前，意识形态领域的环境和斗争更加复杂。有的领导干部在矛盾面前畏缩不前，在困难面前悲观失望，在诱惑面前不能洁身自好，其根本原因还是"三观"的总阀门没有拧紧，出现了"跑冒滴漏"的现象。"打铁还需自身硬"。只有把坚定理想信念、加强党性修养、培养道德情操作为党员干部一生的必修课，筑牢思想根基，守好精神家园，才能炼就"金刚不坏之身"，在大是大非面前旗帜鲜明、在风浪考验面前无所畏惧。

**要把坚定理想信念作为奋发有为工作的第一推力。**现在，我们比历史上任何时期都更接近中华民族伟大复兴的目标，一代代共产党人为之奋斗的理想正一步步变为现实。有了坚定的理想信念，我们的领导干部就会像"一团火焰"，浑身充满着活力，给人以信心和力量，在面对改革发展的繁重任务和人民群众的热切期盼时，能够拿出逢山开路的闯劲儿、甩开膀子的干劲儿、久久为功的韧劲儿，直面挑战、顽强拼搏，朝着实现中华民族伟大复兴中国梦的目标，奋勇前行、矢志不渝。

### 二、作敢于担当的表率

"为官避事平生耻。"担当大小，体现着干部的胸怀、勇气和格调，有多大担当才能干多大事业。正如习近平总书记系列重要讲话中指出的，坚持原则、敢于担当是党的干部必须具备的基本素质。对领导干部来说，担当精神体现着党性和觉悟，责任无处不在，担当义不容辞。

**要努力锤炼敢于担当的勇气和魄力。**担当意味着付出、奉献甚至牺牲,意味着为了党的事业、人民的利益而不顾个人的利害得失。领导干部作表率带好头,就是要敢于负责,在急难险重任务面前,不回避、不推诿、不扯皮,主动靠前请命,勇挑重担,为党分忧、为民解难;就是要遵守原则,严明纪律、不打折扣,敢于较真碰硬,不怕得罪人,坚持严于律己、秉公用权;就是要迎难而上,顶着压力冲,不懈怠、不退缩,真正把组织的重托、人民的期待转化为夙夜在公的职业操守,把为官一任、造福一方作为人生价值的追求取向。

**要不断增强敢于担当的素质与能力。**素质是敢于担当的资本,能力是敢于担当的底气。习近平总书记多次强调,领导干部既要有激情、有韧劲,更要办事管用。这就要求我们下大气力苦练内功,提升履职尽责能力。能博学多思,做"知全局、懂本行"的行家里手,善于分析问题、思考问题,努力把学习成果转化为谋划工作的思路、推动工作的举措、领导工作的本领和应对危机的对策。能勤抓落实,发扬认真精神、务实作风,靠实干开创新局面,靠实干凝聚广大群众。能巧弹钢琴,善于从实际出发,做事讲究方式方法,统筹兼顾各方利益,把政策性和灵活性相结合,有所为有所不为,创造性地开展工作。

**要始终保持敢于担当的胸怀与气度。**"心底无私天地宽",无私才能无畏、无私才敢担当。领导干部要秉承无私奉献的精神,不计较个人的名利、前途,时时刻刻体现共产党人应有的政治情怀。要正确对待失误和挫折。干事难免出错,领导干部应有的觉悟和境界是,在荣誉面前不争功、在失误面前不推过,把挫折作为党性修养的历练、成长进步的财富。敢于直面质疑和批评,善于从失误中汲取教训,举一反三、改进提高。

## 三、作干事创业善作善成的表率

习近平总书记强调,好干部要善始善终、善作善成。对于领导干部,"会干事"、"干成事"是一种能力,是领导干部政策理论水平、文化专业知识、综合决策能力、组织指挥能力和协调配合能力的体现。

**要善于谋划,决胜千里。**古往今来,运筹帷幄都是领导干部的一项基本功。所谓矛盾有主次,诉求有缓急。我们的事业越是向纵深发展,就越要不断增强辩证思维能力。领导干部既要深谋远虑观大势,提前预见、准确定位,充分考虑各项工作之间的关联性、耦合性,努力做到眼前和长远相统筹、全局和局部相配套,协调各方利益关系,最大限度减少阻力,也要立足全局抓大事,善于抓住"牛鼻子",在牵一发而动全身的关键点上集中发力,以点带面,环环相扣,最终达到"四两拨千斤"的效果,形成"一子落下满盘皆活"的良好局面。

**要善于变通,顺势成事。**一个优秀的领导干部,必是在难题面前善于变通的人,而不会"循规蹈矩"、"甘于平庸"。当前,改革已经进入攻坚期和深水区,许多工作处于爬坡过坎的阶段,全面深化改革的各项工作任重道远。因循守旧,只能固步自封,灵活应变,才能顺利畅通。有些领导干部在工作中有一种求稳怕错的心态,墨守成规,结果把好事办成了坏事,走上教条主义弯路。善于因势利导,就是寻找巧妙方法将困难化解于无形,用变通缔造双赢。

**要善于创新,敢为人先。**领导干部作为"排头雁"、"领头羊",开展工作光有干劲和愿望还不够,还要敢为人先,能创新、善创新。譬如,作为从事机关党建工作的领导干部,面对工作内容、方式方法单一的问题,如何让组织生活与时俱进?面对一些单位党务工作与业务工作相分离的现象,如何完善运行机制?面对干部队伍素质、结构参差不齐,如何稳定人心、提高能力?这一个个问号,都需要我们强化问题意识,以创新精神直面最突出的矛盾,以创新能力的不断提升凝聚共识,寻找破解难题的"两全"之策。

## 四、作践行"三严三实"的表率

习近平总书记告诫我们:"作风建设永远

在路上。”领导干部必须时刻把“三严三实”的要求作为一面镜子，认真对照检查，自我净化、自我完善、自我革新、自我提高，不断强壮筋骨，畅通血脉；必须时刻牢记“两个务必”，自觉把权力关进制度的“笼子”，真正做到立身不忘做人之本、当官不移公仆之志，管得住非分之想，守得住道德防线、廉洁底线和法纪红线。

**要在“真”字上下功夫，带头做到真信真用。**要把“三严三实”落实到位，最可贵的是实干，最难得的是躬行。领导干部不能做到身体力行，再崇高的理想也只能变成空谈妄想。我们不仅要敢于把自己的言行置于“阳光”之下，接受方方面面的监督，更要把“认真”二字贯彻到底，言必信、行必果，自觉做到条件变了艰苦奋斗的作风不丢，环境变了吃苦耐劳的精神不减，时代变了甘于奉献的传统不变，永远保持共产党人的政治本色。

**要在“细”字上下功夫，带头做到深查细究。**习近平总书记反复强调，抓作风建设要从小事做起，从具体事情抓起，让群众看到实实在在的成效。风起于青萍之末。只有抓早、抓细、抓实，才能防微杜渐。领导干部要带头把“三严三实”要求细化到做事、做官的全过程，具化到接人待物的每一个环节。严格遵照中央“八项规定”，执行起来不走形式、不走过场，从我做起、小处着手，切实认识小错误的大危害，在最司空见惯、最细微之处树立起看得见、摸得着的清正形象。在细微之处增强与人民群众的血肉联系，让人民群众感受到“三严三实”不是大道理，而是一个个具体的行动。

**要在“长”字上下功夫，带头做到持之以恒。**作风问题是顽疾，具有顽固性、反复性，是执政党不可回避且长期面临的风险隐患。抓好作风建设非一日之功。作为领导干部，必须在抓“常”、“长”二字上作表率，按照习近平总书记的要求发扬“钉钉子”精神，不仅能打赢作风建设的攻坚战，还要能打赢作风建设的持久战。对于查摆问题要不厌其烦，经常“回头看”，常念“紧箍咒”，及时做到祛顽疾、除新弊，把“三严三实”要求内化为信念追求、固化为行动准则，在常抓不懈中不断升华自己，砥砺品行。

学习贯彻习近平总书记系列重要讲话精神是一项长期的重要政治任务，是一个持续推进、不断深化的过程。实践发展永无止境，解放思想永无止境，改革开放永无止境。要赶上时代步伐，推进我们的事业，学习同样永无止境。作为党的领导干部，我们必须充分认识深入学习贯彻习近平总书记系列重要讲话精神的极端重要性，在学习上深一步、认识上高一筹、践行上先一着，坚持经常学、反复学、持续学，让讲话精神入脑入心，真正成为各项工作实践的行动指南。

（作者：中央国家机关工委委员、宣传部长）

# 充分发挥政治工作对强军兴军的生命线作用

## ——深入学习贯彻习近平主席在全军政治工作会议上的重要讲话

徐远林

不久前在古田召开的全军政治工作会议，是一次具有里程碑意义的重要会议。习近平主席在会上发表重要讲话，强调要紧紧围绕我军政治工作的时代主题，加强和改进新形势下政治工作，充分发挥政治工作对强军兴军的生命线作用。讲话深刻揭示了政治工作的生命线地位作用，深刻阐明了新形势下加强和改进政治工作的努力方向、目标任务和实践要求。我们一定要深入学习领会、坚决贯彻落实，切实以强烈的历史担当强力推动政治工作创新发展。

### 一、进一步坚定加强和改进政治工作的政治自觉

习主席在讲话中重申，“共产党领导的革命的政治工作是革命军队的生命线”，深刻指出，政治工作是我军的看家本领和最大特色、最大优势，是我军同一切其他性质军队的最大区别，也是我军保持人民军队性质、宗旨、本色的重要保障。习主席对政治工作本质的科学揭示、对生命线地位作用的深刻阐释，深化了我们对政治工作极端重要性、必要性、紧迫性的认识。

**在领悟生命线地位作用中坚定政治自觉。**习主席从保证听党指挥、提供不竭力量、保持本色作风方面，系统阐述了政治工作生命线的重要地位和重大作用。新形势下，面对意识形态领域尖锐复杂的斗争，面对艰巨繁重的军事斗争准备任务，面对深化国防和军队改革这场大考，政治工作只能加强不能削弱，只能积极作为不能被动应对。要切实把部队政治工作抓紧抓实抓好，做到领导部队把思想政治领导作为首要，建设部队把思想政治建设摆在首位，履行职责把抓思想政治工作作为首责，充分发挥政治工作对强军兴军的生命线作用。

**在把握政治工作时代主题中坚定政治自觉。**习主席在讲话中鲜明提出，军队政治工作的时代主题是，紧紧围绕实现中华民族伟大复兴的中国梦，为实现党在新形势下的强军目标提供坚强政治保证。这一重要论断，深刻阐明了党和军队中心任务对我军政治工作任务的决定作用，深刻回答了新形势下如何发挥政治工作生命线作用这一根本性方向性问题。这就要求政治工作必须着眼时代主题来布局，聚焦时代主题来展开，围绕时代主题来推进，牢固确立与时代主题相适应的思想观念，紧扣时代主题搞好政治工作体系设计、转变运行模式和指导方式、创新工作内容和方法手段，确保政治工作始终与时代同行，更富有时代性和感召力。

**在传承政治工作优良传统中坚定政治自觉。**习主席把我军政治工作在长期实践中形成的一整套优良传统概括为“11个坚持”，强调指出，这些优良传统是我军政治工作的根本原则和内容，一定要把先辈们用鲜血和生命铸就的优良传统一代代传下去。习主席的重要论述，深刻揭示了军队政治工作的客观规律，充分体现了政治工作在我军生存发展中的生命线作用。丢掉这些传统，生命线就会割断血脉，政治工作就会失去生命力。新形势下，继承发扬优良传统遇到前所未有的新情况新问题和新挑战。我们必须倍加珍惜、长期坚持我军政治工作优良传统，推动红色基因代代薪火相传、融入官兵血脉。

## 二、进一步增强政治工作的针对性和实效性

问题是时代的声音，问题是工作的导向。习主席在讲话中尖锐指出部队中特别是领导干部中存在的10个方面突出问题，并从4个方面深刻剖析了原因和教训。指出问题的根源是理想信念、党性原则、革命精神、组织纪律、思想作风等方面出了问题，说明政治工作没有做好做实做到位。讲话振聋发聩、语重心长，饱含着对军队存在问题的忧心和革弊鼎新的决心。我们必须增强紧迫感责任感，从严从紧把思想政治建设方面存在的突出问题研究透、解决好。

**高度重视着力解决思维理念跟不上的问题。**新形势下政治工作面临一系列新情况新问题，迫切需要我们紧跟时代发展、紧贴形势任务，更新思维理念，探寻解决问题的新途径新办法。重点要把握和处理好政治工作虚与实的关系，解决以形式代替内容、以内容代替效果等问题，做到虚实结合、虚功实做；处理好高与低的关系，解决眼界狭窄、认识肤浅，脱离实际、言之无物等问题，做到既坚持高格调又能够接地气；处理好大与小的关系，解决大道理不敢讲、小道理不会讲，搞调查不深入、做工作不细致等问题，做到大小道理都能讲好，大小工作都做到位；处理好远与近的关系，解决做工作只管当下、不管长远，只顾围绕完成任务鼓劲、忽视端正价值追求引导等问题，做到眼前与长远相统一、跟形势与打基础相结合；处理好软与硬的关系，解决形式上习惯居高临下、发号施令，落实制度打折扣、绕弯子等问题，做到原则性与灵活性相统一，切实以科学思维理念把政治工作谋划好、布局好。

**高度重视着力解决方法手段不合拍的问题。**当前，部队开展政治工作，有的存在方法手段与时代要求不合拍、甚至出现脱节的现象。比如，在网络运用方面，一些军营建了互联网吧，因为防止网上失泄密而不怎么使用，使网络这一开展政治工作的重要平台、重要手段，不仅没有很好地发挥作用，反而成为部队安全管理的一个难题；在力量运用方面，有的对政治干部这个主要力量摆位不够恰当，对官兵这个主体力量调动不够充分，存在政治工作缺乏活力的问题；在服务战斗力生成方面，有时政治工作跟不上趟、踩不到点，尤其是在一些重大演训活动中，存在军事活动热火朝天、政治工作冷锅冷灶的现象，等等。

**高度重视着力解决制度规定不合理的问题。**政治工作有些制度规定存在不合时宜的问题。比如，用全面深化改革总目标审视，有的制度规定还存在一些与履行军队担负的使命任务结合不紧的问题；用强军目标要求衡量，有的制度规定还存在一些与强军兴军的高标准不相适应的问题；用军队建设的铁律衡量，有的制度规定还存在一些对坚持依法治军从严治军把握不够的问题。同时，还存在一些土政策土规定土办法的问题，制度规定执行不好等问题。

**高度重视着力解决能力素质不适应的问题。**目前，政治干部队伍的能力素质与做好新形势下政治工作要求还有一定差距。具体表现为：理论素养不够，主要是对马克思主义理论缺乏系统学习掌握，主动学习钻研政治理论的兴趣不浓、劲头不足，直接影响了理论水平、工作能力的提高。实际能力较弱，主要是"先天"培养不足、实践锻炼不够，业务素质不强、专业化水平不高，搞调查、做工作不研究官兵的思想、心理和行为特点，不了解官兵的现实需求和实际困难，抓不住官兵的活思想。自身形象不好，主要是在政治工作原则问题上，存在心口不一、说做脱节等问题，有的虽然平时表现不错，但在关乎切身利益时却"判若两人"，等等。

## 三、进一步把政治工作各项任务落到实处

习主席明确指出，当前最紧要的是把理想信念、党性原则、战斗力标准、政治工作威信牢固立起来，强调要着力抓好铸牢军魂工作、抓好高中级干部管理、抓好作风建设和反腐败斗争、

抓好战斗精神培育、抓好政治工作创新发展。要紧紧围绕政治工作的时代主题，按照“四个牢固立起来”“五个着力抓好”要求，紧密结合部队实际，扎实推进政治工作创新发展，真正把官兵思想统一起来、信心提振起来、力量凝聚起来。

**扭住铸牢军魂这个根本。**习主席强调，铸牢军魂是我军政治工作的核心任务，任何时候都不能动摇。要坚持把学习贯彻习主席重要讲话精神作为首要政治任务和长期战略任务，抓好各级党委中心组理论学习和团以上干部理论轮训，探索专题化学习、课题式调研、对策性研讨的有效途径，深入部队搞好宣讲辅导，引导官兵学深悟透讲话精神。着眼培养“四有”新一代革命军人，研究把握新形势下铸魂育人的特点规律，组织开展“学习践行强军目标，做新一代革命军人”主题教育活动，加强思想舆论工作特别是打好网上意识形态斗争主动仗，坚决抵制各种错误政治观点影响，确保部队绝对忠诚、绝对纯洁、绝对可靠。

**聚焦能打胜仗这个中心。**习主席强调，政治工作必须保障战斗力标准在军队建设各个领域、各项工作中贯彻落实。要强化“围绕中心、服务大局”意识，紧贴“三个确保”和使命任务，加强政治工作实战化课题研究演练。按照打赢信息化局部战争要求，探索政治工作服务保证战斗力建设的作用机理，把政治工作融入战斗力建设各环节和军事斗争准备全过程。着力培育和强化战斗精神，注重思想教育、氛围熏陶、实践磨砺相结合，培养官兵“一不怕苦、二不怕死”的血性虎气，同时注重发挥政策制度的调节作用，增强军人使命感荣誉感。

**抓好作风建设这个保证。**习主席强调，要坚持抓常、抓细、抓长，保持高压态势，抓好各项整改任务落实，确保“四风”问题不反弹、不回潮，确保改进作风规范化、常态化、长效化。要坚决贯彻落实党中央和中央军委加强作风建设各项规定，积极执行新出台的制度规定，健全和落实改进作风长效机制。巩固拓展教育实践活动成果，抓好团以上党委机关“三严三实”专题教育，突出领导干部这个重点，从严从紧整顿思想、整顿用人、整顿组织、整顿纪律，重塑政治工作威信，形成良好政治生态。

**把握队伍建设这个关键。**习主席强调，政治机关和政治干部队伍是政治工作的主体力量，要做到对党绝对忠诚、聚焦打仗有力、作风形象良好。要锻造绝对忠诚的政治品格，加强系统理论学习培训，突出政治上的训练和考察，严格党内政治生活历练和组织生活制度落实，广泛开展“忠诚党的事业、热爱政治工作”事业观教育，引导政治干部带头坚信党的领导、做好党的工作。增强履职尽责的实际本领，把各级政治机关和政治工作岗位干部选准配强，潜心学理论、学传统、学法规、学业务，使政治干部成为政治工作和军事工作的行家里手。培树求真务实的良好作风，按照“真理说服人、真情感染人、真实打动人”的原则，把真理力量和人格力量统一起来，做到敢讲真话实话、拿出真招实策、务求真绩实效。

**激活开拓创新这个动力。**习主席强调，要积极推进政治工作思维理念、运行模式、指导方式、方法手段创新，提高政治工作信息化、法治化、科学化水平。创新政治工作，要着力用活用好信息网络，注重盘活网络资源、拓展教育功能，丰富工作新载体、开辟工作新领域，提升信息素养、筑牢思想防线，加强网上舆论引导、抢占思想文化阵地，增强政治工作覆盖面渗透力。加大中华民族优秀文化和党史军史学习教育力度，深入推进“红色基因代代传”工程建设主题实践活动向基层延伸、向岗位拓展、向社会辐射。充分调动和用好部队、社会、家庭三方力量，围绕强军目标树立大政工理念，把军内军外、网上网下结合起来，完善思想文化、人才培养等军地协作机制，形成全方位宽领域的政治工作新格局。

（作者：兰州军区政治部主任）

# 核心价值观是最持久、最深沉的力量

## ——学习习近平同志关于社会主义核心价值观的重要论述

孙业礼

最近一段时间，习近平同志发表了一系列重要讲话，对培育和弘扬社会主义核心价值观的问题进行了集中阐述。这些讲话围绕为什么要建设社会主义核心价值观、怎样培育和弘扬社会主义核心价值观等问题，提出了一系列新思想、新观点、新论断、新要求。

### 一、为什么要建设社会主义核心价值观

习近平同志的重要论述，深刻阐明了社会主义核心价值观建设的重大意义。梳理这些重要论述，以下几个方面特别需要我们进一步深刻领会。

**（一）核心价值观是一个民族赖以维系的精神纽带，是推动一个民族、一个国家发展进步的最深沉的力量。**核心价值观，承载着一个民族、一个国家的精神追求，体现着一个社会评判是非曲直的价值标准。物以类聚，人以群分，一个民族之所以能长久凝聚在一起，除了共同的历史，共同的语言，共同的生活习俗，最重要的就是他们有着共同的价值追求和价值体认，有着共同的是非标准。如果没有这些东西，人们就没有交流的基础，一个民族就很难长久维系在一起。习近平同志深刻指出："要把全社会意志和力量凝聚起来，必须有一套与经济基础和政治制度相适应、并能形成广泛社会共识的核心价值观。否则，一个民族就没有赖以维系的精神纽带，一个国家就没有共同的思想道德基础。"这是观察中国历史和人类发展进步的历史得出的一个结论。为什么中华民族能够在几千年的历史长河中经历了无数的曲折、磨难，没有被打散、打垮而顽强生存和不断发展呢？很重要的一个原因，是我们这个民族有一脉相承的精神追求、有着牢固的核心价值观。我国是一个有着13亿多人口、56个民族的大国，在新的历史条件下，使全体人民同心同德、团结奋进，就必须确立反映全国各族人民共同认同的价值观最大公约数，建设和坚守我们的核心价值观。

核心价值观也是推动一个民族、一个国家发展进步的最深沉的力量。国无德不兴，人无德不立。如果一个民族、一个国家没有共同的先进的核心价值观，莫衷一是，行无依归，不能崇德向善，那这个民族、这个国家就无法前进。习近平同志指出："一个民族的文明进步，一个国家的发展壮大，需要一代又一代人接力努力，需要很多力量来推动，核心价值观是其中最持久最深沉的力量。"

**（二）核心价值观是一个国家的重要稳定器。**培育和弘扬核心价值观，有效整合社会意识，是社会系统得以正常运转、社会秩序得以有效维护的重要途径，也是国家治理体系和治理能力的重要方面。习近平同志指出："历史和现实都表明，核心价值观是一个国家的重要稳定器，能否构建具有强大感召力的核心价值观，关系社会和谐稳定，关系国家长治久安。"

我们的先人很早就提出了"礼义廉耻，国之四维"的思想，"仁义礼智信"为主要内容的价值观，在巩固我国封建制度、维系封建社会2000多年统治秩序和社会秩序中，起到了精神支撑作用。在西方，资产阶级在反对封建统治的斗争中，提出自由、平等、博爱等价值观念，形成了一套以个人主义为基础的价值体系，对建立和巩固资本主义制度发挥了重要作用。这些都值得我们研究。同时，这方面的教训也十分深刻。近年来一些国家发生社会动荡、政权更

迭，很重要的一个原因就是其核心价值体系混乱了，核心价值观受到了怀疑和否定。当前，我国正处在大发展大变革大调整时期，国际国内形势的深刻变化使我国意识形态领域面临着空前复杂的情况。面对这种思想文化多元多样的情况，我们必须把培育和弘扬社会主义核心价值观作为凝魂聚气、强基固本的基础工程，作为一项根本任务，切实抓紧抓好。

**（三）核心价值观是文化软实力的灵魂。**文化软实力的竞争是当今国际竞争中深层次的较量。习近平同志指出："文化软实力的灵魂是什么？文化软实力建设的重点是什么？就是核心价值观，这是决定文化性质和方向的最深层次要素。一个国家的文化软实力，从根本上说，取决于其核心价值观的生命力、凝聚力、感召力。"

价值观念在一定社会的文化中是起中轴作用的，文化的影响力首先是价值观念的影响力。世界上各种文化之争，本质上是价值观念之争。因此，要应对激烈的国际竞争特别是文化竞争，首先要打好价值观念之争这场硬仗。一些西方国家把他们的那套价值观念推崇为"普世价值"，目的是要推广他们的社会制度。值得警惕的是，国内一些人的认识也发生了偏差，盲目跟风，对我国发生的一切事情都用西方那一套来评判，看什么都不顺眼。这里，关键就是评断是非的标准发生了变化，心里没有了准星。要引导人们正确地看待问题，评判是非，增强凝聚力，我们就必须大力培育和弘扬社会主义核心价值体系和核心价值观，加快构建充分反映中国特色、民族特性、时代特征的价值体系，努力抢占价值体系的制高点。

**（四）核心价值观是中国特色社会主义道路、理论、制度自信的重要支撑。**建设富强民主文明和谐的社会主义现代化国家，实现中华民族伟大复兴，是鸦片战争以来中国人民最伟大的梦想，是中华民族的最高利益和根本利益。经过几代人的努力，我们已经走出了一条通往梦想的道路，这条道路就是中国特色社会主义道路。实践证明，我们的道路、理论、制度是成功的。现在的关键是增强全国各族人民对于中国特色社会主义的道路自信、理论自信、制度自信。而这"三个自信"，正如习近平同志所说，需要我们对核心价值观的认定作支撑。

一个民族、一个国家，必须知道自己是谁，是从哪里来的，要到哪里去，想明白了、想对了，就要坚定不移朝着目标前进。社会主义核心价值观把涉及国家、社会、公民的价值要求融为一体，既体现了社会主义本质要求，继承了中华优秀传统文化，也吸收了世界文明有益成果，体现了时代精神。坚定了这样的价值追求，我们走自己的路，就具有了无比广阔的舞台，具有了无比深厚的历史底蕴，具有了无比强大的前进动力。

## 二、怎样培育和弘扬社会主义核心价值观

社会主义核心价值观决不能只停留在字面上，停留在口号上，要使社会主义核心价值观真正成为中国特色社会主义的价值支撑，成为引领风尚的时代精神，成为人们日常生活的行为准则，还需要我们花大力气去培育和弘扬。习近平同志关于培育和弘扬社会主义核心价值观的一系列精彩论述，为我们做好这方面的工作指明了方向。

**（一）培育和弘扬社会主义核心价值观必须立足中华优秀传统文化。**牢固的核心价值观，都有其固有的根本。抛弃传统、丢掉根本，就等于割断了自己的精神命脉。中华文明绵延数千年，有其独特的价值体系。中华优秀传统文化已经成为中华民族的基因，潜移默化影响着中国人的思想方式和行为方式。因此，培育和弘扬社会主义核心价值观，必须立足中华优秀传统文化。习近平同志多次强调："要认真汲取中华优秀传统文化的思想精华和道德精髓，大力弘扬以爱国主义为核心的民族精神和以改革创新为核心的时代精神，深入挖掘和阐发中华优秀传统文化讲仁爱、重民本、守诚信、崇正义、尚和合、求大同的时代价值，使中华优

秀传统文化成为涵养社会主义核心价值观的重要源泉。”当然，对先人传承下来的文化和道德规范，不能盲目崇拜，不能“迷古”，要在去粗取精、去伪存真的基础上，采取兼收并蓄的态度，坚持古为今用、推陈出新的方法，有鉴别地加以对待，有扬弃地予以继承。

**（二）要把社会主义核心价值观日常化、具体化、形象化、生活化。**一种价值观要真正发挥作用，必须融入社会生活，让人们在实践中感知它、领悟它，达到“百姓日用而不知”的程度。习近平同志强调：“培育和践行社会主义核心价值观，贵在坚持知行合一、坚持行胜于言，在落细、落小、落实上下功夫。要注意把社会主义核心价值观日常化、具体化、形象化、生活化，使每个人都能感知它、领悟它，内化为精神追求，外化为实际行动，做到明大德、守公德、严私德。”在这方面，我国古代可以说做到了极致，道德教育渗透到衣食住行、言谈举止各个方面。我们要吸取历史的经验和先人的智慧，注意把我们所提倡的价值观念与人们日常生活紧密联系起来，使社会主义核心价值观成为人们日常工作生活的基本遵循，使核心价值观的影响像空气一样无所不在、无时不有。

**（三）培育和弘扬社会主义核心价值观要突出道德价值的作用。**核心价值观，其实就是一种德，既是个人的德，也是一种大德，就是国家的德、社会的德。习近平同志强调：“在核心价值体系和核心价值观中，道德价值具有十分重要的作用。国无德不兴，人无德不立。一个民族、一个人能不能把握自己，很大程度上取决于道德价值。”在培育和弘扬社会主义核心价值观的过程中，我们要特别注意继续加强社会公德、职业道德、家庭美德、个人品德建设，激发人们形成善良的道德意愿、道德情感，培育正确的道德判断和道德责任，提高道德实践能力尤其是自觉践行能力，激励人们崇德向善、见贤思齐，鼓励全社会积善成德、明德惟馨，培育知荣辱、讲正气、作奉献、促和谐的良好风尚。

**（四）教育引导是培育和弘扬社会主义核心价值观的基础性工作。**社会主义核心价值观，只有被普遍理解和接受，才能为人们自觉遵守奉行。习近平同志指出，要通过教育引导、舆论宣传等，使社会主义核心价值观内化为人们的精神追求，外化为人们的自觉行动。“少成若天性，习惯之为常。”习近平同志特别强调，培育和弘扬社会主义核心价值观，必须从小抓起、从学校抓起。要把社会主义核心价值观的基本内容和要求渗透到学校教育教学之中，体现在学校日常管理之中，做到进教材、进课堂、进头脑，让社会主义核心价值观的种子在学生们心中生根发芽。同时，要运用各类文化形式，生动具体地表现社会主义核心价值观，用高质量高水平的作品形象地告诉人们什么是真善美，什么是假恶丑，什么是值得肯定和赞扬的，什么是必须反对和否定的。

**（五）培育和弘扬社会主义核心价值观，要用体制机制来保障。**培育和弘扬社会主义核心价值观，不仅要靠思想教育、实践养成，而且要用体制机制来保障。这是历史的经验，也是一些国家的通行做法。我国古代传统价值观念能够相对稳定的传承，并成为人们内心的律条，除了重视修养以外，最重要的是这些价值观念与国家的制度法律紧密结合在一起。西方国家在这方面也是很下功夫的，他们的制度设计、政策法规制定、司法行政行为等都置于核心价值理念的统摄之下。因此，习近平同志强调，要发挥政策导向作用，使经济、政治、文化、社会等方方面面政策都有利于社会主义核心价值观的培育。要把社会主义核心价值观的要求转化为具有刚性约束力的法律规定，用法律来推动核心价值观建设。各种社会管理要承担起倡导社会主义核心价值观的责任，注重在日常管理中体现价值导向，使符合核心价值观的行为得到肯定、鼓励，使违背核心价值观的行为受到制约、惩罚。另外，各级党委要从思想上重视核心价值观建设，加强组织领导，增强责任担当，发挥表率作用，形成社会主义核心价值观建设的强大合力。

（作者：中共中央文献研究室副主任）

# 以党的军事理论最新成果引领军队政治工作

## ——深入学习贯彻习近平主席国防和军队建设重要论述

张　阳

党的十八大以来，习近平主席着眼坚持和发展中国特色社会主义、实现中华民族伟大复兴中国梦，在建军治军实践中作出一系列重要论述，深刻阐明了国防和军队建设带根本性方向性全局性的重大问题，鲜明回答了新形势下建设一支听党指挥能打胜仗作风优良的人民军队的重大课题。这些重要论述是习主席系列重要讲话精神的"军事篇"，开辟了党的军事指导理论的新境界，为在新的历史起点上加快推进国防和军队现代化提供了根本指导。我军政治工作肩负着确保党从思想上政治上建设和掌握军队的根本职责，必须自觉用习主席国防和军队建设重要论述引领发展进步，在实现强军目标中更好地发挥生命线作用。

### 一、自觉把习主席重要论述作为科学指南牢固确立起来

习主席国防和军队建设重要论述，在强军兴军中彰显出巨大理论价值和实践威力。政治工作必须充分认清习主席重要论述的根本指导作用，切实用以指导全部工作实践，把握发展大势、提升起点标准、保持正确方向。

**——集中体现了党在军事领域的意志主张，为政治工作指明了前进方向。**习主席站在我国由大向强的历史交汇点谋划推进国防和军队建设，发出实现强军目标的伟大号召，要求军队为实现中华民族伟大复兴中国梦提供坚强力量保证。必须深刻认识习主席重要论述充分体现了国家和民族最高利益对人民军队的历史重托，体现了党的执政使命对军队建设的时代要求，也从根本上规定着新形势下军队政治工作的方向和任务。政治工作只有高举实现中国梦强军梦的时代旗帜，才能筑牢官兵团结奋斗的共同思想基础；只有紧紧围绕党、国家和军队工作大局思考筹划，才能科学确立发展目标和思路；只有准确把握新的伟大事业赋予的使命责任，才能更好地适应新形势、经受新考验、实现新发展。

**——丰富发展了党的军事指导理论，为政治工作提供了理论引领。**习主席围绕建设巩固国防和强大军队，提出许多富有创见的新思想新观点新论断新要求，与毛泽东军事思想、邓小平新时期军队建设思想、江泽民国防和军队建设思想、胡锦涛国防和军队建设思想既一脉相承又与时俱进，续写了马克思主义军事理论中国化的新篇章。必须深刻认识习主席重要论述为党的军事指导理论注入新的时代内涵，丰厚了政治工作的直接理论依据；贯穿强军目标这条红线，拎起了政治工作的"魂"和"纲"；蕴含科学的立场观点方法，为政治工作提供了有力思想武器，切实作为科学理论深入学习贯彻好。

**——包含着新形势下政治建军的战略运筹，为政治工作拓展了发展空间。**习主席对军队政治工作极为重视，作出许多重要指示，特别强调政治工作永远是我军的生命线，必须把思想政治建设摆在首位，围绕强军目标加强思想政治建设，为全面加强我军革命化现代化正规化建设提供可靠政治保证、强大精神动力、有力人才支持。这些重要指示涵盖军队政治工作的方方面面，科学阐明了政治工作的地位作用、方针原则、内容任务和基本要求，把我军政治工作的理论和实践推进到新的发展阶段，为保持和发展我军特有政治优势、加强和改进政治工作提供了根本遵循。

**——凝结着当代革命军人的价值追求，为政治工作集聚了强大动力。**习主席重要论述高扬中国特色社会主义的精神旗帜，为政治工作铸牢官兵信念根基构筑了精神家园；承载全党全军全国人民建设强大军队的热切期盼，为政治工作聚合强军兴军正能量创造了良好条件；体现中国梦强军梦与官兵个人梦想的高度契合，为政治工作发展进步注入了力量源泉；立起合格军人、优秀党员、好干部的时代标准，为政治工作解决官兵立身做人问题提供了行为准则；展现理论真理力量与领袖人格力量的高度统一，为政治工作树立了光辉典范。

## 二、围绕强军目标这个核心思想把握政治工作的作用机理

党在新形势下的强军目标，是习主席国防和军队建设重要论述的核心思想。政治工作为实现强军目标提供推力和助力，必须以强军理论为引领，把服务保证强军兴军的内在机理研析透、把握准、落实好。

**在掌握思想领导中确保强军方向。**掌握思想领导是政治工作发挥作用的核心要求和基本途径。面对意识形态领域斗争的复杂形势，要把这项工作作为第一位政治责任紧紧抓在手上。抓住党的科学理论武装这个首要任务，坚持突出重点抓领导干部、扭住大头抓基层官兵、着眼长远抓院校学员，把学习贯彻习主席系列重要讲话精神不断引向深入，做到常学常新、常用常新。抓住确保听党指挥这个根本职责，以强化军魂培育为基础，以落实制度体系为根本，以增强实际能力为关键，以严明党的纪律为保证，确保部队绝对忠诚、绝对纯洁、绝对可靠，坚决听从党中央、中央军委和习主席指挥。抓住思想政治教育这个中心环节，围绕强军目标优化教育布局，盯着现实问题和活思想开展教育，发挥真理真情真实的力量，特别要加强网络思想政治教育，使教育入脑入心。抓住拥护支持改革这个时代课题，有针对性地做好思想政治工作，加强改革教育、政策解读、舆论管控，为改革顺利推进营造良好氛围。

**在激发精神动力中汇集强军力量。**推进强军实践，离不开磅礴精神力量。要充分发挥政治工作凝军心、励士气的功能，持续抓好基础工程，大力培育社会主义核心价值观和当代革命军人核心价值观，引导官兵勤学、修德、明辨、笃实，在强军征程中创造精彩人生；繁荣发展强军文化，注重运用红色革命文化滋养官兵，活跃军营文化生活，在以文化人中塑造中国心、民族魂、强军志；常态培树战斗精神，深化我军根本职能教育，发挥军事训练和重大任务磨砺作用，深入开展战斗力标准大讨论，着力锻造一不怕苦、二不怕死的军人血性，大力弘扬爱国主义和革命英雄主义；建立健全激励机制，完善聚焦打赢的表彰奖励机制、凸显强军的工作评价机制、崇军尚武的社会支持机制，树立起强军打赢的鲜明导向。

**在打造人才方阵中壮大强军骨干。**治军之道，要在得人。政治工作要担负起坚固强军人才支撑的重任，努力造就大批高素质新型军事人才。着眼推进强军事业需要选贤任能，贯彻习主席“两个坚持”、“三个注重”、“四个反对”要求，下气力把用人导向和风气搞端正，营造有利于优秀干部脱颖而出、施展才干的政治生态。突出军事斗争准备急需培养人才，紧盯打赢明天战争、紧盯军队现代化转型、紧盯人的全面发展，加快推进人才战略工程，构建军队院校教育、部队训练实践、军事职业教育“三位一体”人才培养体系，形成大规模培养强军人才的生动局面。积极稳妥推进干部政策制度调整改革，以建立军官职业化制度为牵引，以完善军官和文职人员管理基本法规为基础，以健全选拔任用、培训交流、退役安置、福利待遇机制为重点，逐步构建科学规范、系统配套的干部制度体系。

**在发挥组织优势中坚固强军中枢。**强军的主体责任在各级党组织，组织强才是真的强。要按照“四个始终坚持”要求加强军队党的建设，把党的政治优势和组织优势转化为强军兴

军的强大力量。着力把好政治方向，在多元思想文化中保持政治定力，在重大原则问题上站稳政治立场，在贯彻执行命令指示上强化政治自觉，特别要高度警惕和抵制“军队非党化、非政治化”和“军队国家化”等错误政治观点影响，见微知著、防患未然。着力提高打赢能力，认真落实议训制度，开展岗位练兵活动，研究现代战争制胜机理，钻研信息化知识和联合作战理论，做到平时能组织部队练精兵、战时能指挥部队打胜仗。着力强化集体领导，加强民主集中制学习培训，严格按程序、按规则、按集体意志办事，提高科学决策水平。着力弘扬优良作风，在抓常抓细抓长上下功夫，坚持立破并举、扶正祛邪，持续反“四风”改作风，注重纠治发生在士兵身边的不良风气，巩固扩大党的群众路线教育实践活动成果，推动作风建设常态化长效化。着力纯洁党的肌体，把反腐肃贪作为关系党和军队生死存亡的一场硬仗，高举反腐败大旗，以零容忍态度惩治腐败，严格高中级干部教育管理和监督，健全惩治和预防腐败体系，充分发挥巡视作用，绝不让腐败分子在军队有藏身之地。运用徐才厚、谷俊山等案件搞好警示教育，引导党员干部把“三严三实”作为为官之道和行为准则，在强化党性锻炼、正确使用权力、严格遵纪守法、纯洁对外交往、培育良好家风等方面作表率，以人格魅力取信官兵，以一身正气带出部队清新风气。

## 三、运用科学的世界观方法论增强政治工作时代性和感召力

习主席国防和军队建设重要论述，体现了共产党人的政治立场、价值追求和思想风范，闪耀着马克思主义真理光芒。必须深刻把握蕴含其中的精髓要义，着力改造主客观世界，把政治工作抓得更加富有成效。

**以坚定信仰追求保持政治定力。**坚定信仰信念，是习主席重要论述贯穿的核心和灵魂。必须坚持马克思主义指导地位不动摇，强化共产主义远大理想和中国特色社会主义共同理想；坚持党对军队绝对领导不动摇，把听党指挥作为最高政治原则来坚持、最高政治要求来落实、最高政治纪律来遵守；坚持人民军队性质宗旨不动摇，把维护人民利益作为根本出发点和归宿，实现党的军队、人民的军队、社会主义国家的军队高度统一。

**以历史担当意识强化党性原则。**习主席重要论述，贯穿着强烈的忧患意识、使命意识、进取意识。政治工作具有鲜明的党性，必须坚持大是大非面前敢于亮剑，旗帜鲜明批驳各种错误思潮，在根本原则问题上保持底气硬气正气；矛盾难题面前敢于攻关，勇于应对各种考验，积极研究新情况解决新问题；歪风邪气面前敢于斗争，对不讲原则的现象敢抓善管，对无视纪律的行为严肃纠治，对以权谋私的问题铁规治理。政治干部要带头坚持原则、捍卫真理，言行一致、表里如一，树好“党代表”形象。

**以真挚为民情怀树牢群众观点。**一切为了群众、一切相信群众、一切依靠群众，是习主席重要论述的根本立场。政治工作必须解决好“为了谁、依靠谁、我是谁”这个根本问题，把以民为本、以人为本要求落到实处。一方面，引导部队弘扬拥政爱民优良传统，发挥战斗队工作队生产队作用，在维护社会大局稳定、支援地方经济建设、完成急难险重任务上积极作为；另一方面，注重促进官兵全面发展，尊重官兵主体地位和创造精神，帮助官兵排忧解难，搭建官兵成长平台，提高官兵综合素质。

**以务实思想作风增强工作实效。**求真务实是习主席重要论述的鲜明特色。政治工作要发挥作用，必须端正工作指导思想，在求实务实落实上下功夫。重心下移接地气，把真情实况摸清楚，把群众意见集中好，使工作指导更加贴近实际；盯着问题做工作，调查研究重在找准问题，筹划部署紧紧围绕问题，组织实施着力破解问题；扭住基础钉钉子，树牢功成不必在我的理念，各项工作都要久久为功、善作善成；踏石留印抓落实，定下的事情抓紧实施，部署的任务一抓到底，确保工作见底见效。

**以科学思想方法谋划开展工作。**深入把握习主席重要论述蕴含的基本观点和方法，以战略眼光观察形势，把政治工作放在国际战略格局深刻调整大背景、实现中国梦强军梦大目标、全面深化改革大环境下来运筹把握；以辩证方法分析事物，准确把握社会深刻变革和高度开放环境下政治工作面临的矛盾和问题，坚持“两点论”、“两分法”，透过现象看本质，因事制宜、趋利避害；以系统观念谋划全局，围绕实现强军目标，统筹铸牢强军之魂、聚力强军之要、夯实强军之基各项工作；以创新理念推动发展，克服对过时观念固守不放的僵化思想，对习惯做法机械套用的教条主义，对新生事物消极防范的鸵鸟心态；以底线思维应对挑战，立足最复杂情况，做好拒腐防变、转改作风、军事斗争政治工作准备等，确保措置裕如。

## 四、适应时代发展推进政治工作运行模式和指导方式改革创新

习主席国防和军队建设重要论述，站在进行具有许多新的历史特点的伟大斗争高度，创造性回答我军建设发展面临的时代课题。政治工作必须紧跟时代发展步伐，顺应国家治理体系和治理能力现代化要求，使生命线在创新发展中焕发新活力。

**适应信息技术革命新浪潮，提高政治工作信息化水平。**把握信息化这个最鲜明的时代特征，注重用数据链加固生命线，以信息力强化生命力。把运用信息化作为基本指导方式，强化信息意识、网络思维、共享观念，推动信息手段在政治工作领域广泛运用；把开展网络政工作为重要引擎，加强网络平台建设，开发和用好大数据，赋予传统做法新的实现形式；把提升信息素养作为重要支撑，培养熟练运用信息技术手段开展工作的政治干部队伍。

**适应依法治国治军新要求，提高政治工作法治化水平。**坚持完善法规与严格执纪并重，规范职权与有序运转并行，强化自觉与监督惩戒并举，把各项工作纳入依法决策、依法指导、依法落实的轨道。树立法治思维，注重学法用法，使敬畏法治、坚守法治成为重要理念和行为习惯；坚持依法指导，部署任务恪守法治要求，解决问题运用法治手段，工作落实依靠法治保障；强化制度约束，把依法指导开展工作作为作风建设的重要方面、干部考核的重要指标、行政监察的重要内容，防止发生“破窗效应”。

**适应军事力量运用新拓展，提高政治工作实战化水平。**坚持平战一致原则，深刻把握信息化战争的特点规律，始终着眼打仗谋划推进各项工作特别是军事斗争准备中政治工作，做到一旦有事拿得出、用得上、有作为；围绕多样用兵行动，做好政治攻略、舆论攻心、法理攻势等工作，发挥政治工作的威力；紧贴国家利益拓展，探索完善与之相适应的组织模式和运行方式，做到军事实践延伸到哪里，跟进结合渗透工作就做到哪里。

**适应军民融合深度发展新趋势，提高政治工作开放化水平。**充分利用社会资源，最大限度吸纳社会文明进步成果，丰富内容形式和方法手段；积极拓宽协作领域，总结军地协作有益做法，探索更广范围、更高层次、更深程度的军民融合；健全共建共享机制，形成军地资源共享、工作共融、发展共赢的政治工作格局。

（作者：中央军委委员、总政治部主任）

# 学好用好辩证法

## ——学习习近平总书记系列重要讲话

杨桂华

习近平总书记系列重要讲话，论及内政外交国防、治党治国治军，总结历史，展望未来，紧紧围绕坚持和发展中国特色社会主义，提出了许多新思想、新观点、新论断，是当代马克思主义的重大理论创新，是我们建设中国特色社会主义的行动指南。其中，特别需要我们研究和学习的是贯穿于这些理论之中的方法论，这对于各领域各项改革具有普遍指导意义。

### 一、用对立统一的方法把握"两难"问题

对立统一是唯物辩证法的根本法则，也是我们解决"两难"问题的有效方法。马克思主义哲学认为，当事物处在相对静止的量变阶段时，事物内部的矛盾性往往不那么明显，而当事物处在激烈变动的质变阶段时，事物内部的矛盾性及其特质就特别突出地表现出来。改革开放的伟大实践一再证明这一论断的真理性。30多年前，当我们打破计划经济体制走向市场经济时，产生了许多新的矛盾。恰如邓小平同志所言，发展起来以后的问题不比不发展时少。今天，当我们在改革开放成果的基础上，实行全面深化改革的时候，又产生了不同于以往的新矛盾。正如习近平总书记指出的，我国进一步的发展面临着一系列突出的矛盾和挑战，必须要坚持两点论，一分为二地看问题。

党的十八届三中全会指出，全面深化改革的重点仍然是经济体制改革，核心是处理好政府和市场的关系。历史表明，这是社会结构转型的核心内容，是走向现代化的国家普遍要解决的重大问题。政府和市场是对立统一的。习近平总书记指出，深化改革既要发挥市场的决定性作用，又要发挥好政府的作用，使"两只手"厘清各自的领域和功能：在经济社会的协调上，市场更多地调节经济，政府则强化社会管理和公共服务的职能；在经济运行上，市场调节具体的经济活动，政府则制定游戏规则，进行宏观调控；在公平和效率上，市场更多地激活效率，政府更多地关注公平，等等。这些论述深刻阐述了政府和市场在配置资源中的不同作用和辩证关系。

在全面深化改革中，我们面对的公平与效率的关系是现代化进程中面临的又一个两难选题。有的国家片面强调公平，实施"高福利"政策，影响了效率；有的国家片面强调效率，任由差距拉大，导致了社会动荡。我们目前也进入了一个关键时期，经济体制深刻变革，社会结构深刻变动，利益格局深刻调整，思想观念深刻变化，不同的地方、阶层，不同的领域、方面，有着不同的利益和价值追求。无视利益的差异，压抑对自身利益的追求，就不能激发社会创造财富的积极性，降低整个社会的效率。相反，一味地任由差异拉大，只强调效率，忽视公平的机会和过程，导致不公平的环境，贫富差距过大，就会导致社会的动荡，最终也会影响效率。面对这样的两难选项，习近平总书记指出：面对不同的需求，要分析出哪些是"求同"的，哪些是可以"存异"的，把最大"公约数"找出来，最大限度地把党内外一切可以团结的力量广泛团结起来，把国内外一切可以调动的积极因素充分调动起来，汇成推进改革开放的强大力量。以市场提供效率，以政府保证公平，以总体受益为原则，使大多数人成为改革成果的受益者，推动社会财富的增值，实现社会的健康持续发展。

人与自然、经济与环境的关系，也是现代化过程中必须要面对的两难选项。相当多的国家走的是“先污染后治理”的道路，人和环境都付出了惨重代价；有的国家特别是一些自然环境优越的国家，发展绿色工业，缩小产业链，选定产业点，如文化、旅游、贸易等，保住了“绿水青山”。我国在经济高速发展的阶段，有的地区一度盲目追求GDP，片面发展，在获得“金山银山”的同时，失去了绿水青山。面对这“两座山”，习近平总书记指出，它们之间是有矛盾的，但又是辩证统一的。在实践中，这“两座山”之间的关系经过了三个阶段：第一个阶段是用绿水青山去换金山银山，不考虑或者很少考虑环境的承载能力。第二个阶段是既要金山银山，但也要保住绿水青山，这时候经济发展与资源匮乏、环境恶化之间的矛盾开始凸显，人们意识到环境是我们生存发展的根本，要留得青山在，才能有柴烧。第三个阶段是认识到绿水青山可以源源不断地带来金山银山，绿水青山本身就是金山银山，种的常青树就是摇钱树，生态优势变成经济优势，形成了一种浑然一体、和谐统一的关系。这一阶段是一种更高的境界，体现了科学发展观的要求，体现了发展循环经济、建设资源节约型和环境友好型社会的理念。按照这样的辩证法解决经济发展与环境保护之间的矛盾，就会加快完成生态文明制度建设的各项任务，促进我国经济发展、生态文明、人民健康目标的早日实现。

## 二、用发展的观点诠释中国特色社会主义特征

唯物辩证法认为，事物是运动、发展和变化的，运动是有规律的，发展是由低级向高级、由简单到复杂的运动，是波浪式前进和螺旋式上升，是由量变到质变的过程，表现为连续性和间断性、前进性和曲折性的统一。

怎样认识社会主义，如何建设社会主义，一直是共产党人的一个重点课题。如何向世界说明中国特色社会主义，怎样展示我们的立场、观点和目标，一直是我们党的一项重要工作。党的十八大以来，习近平总书记运用唯物辩证法，研究中国历史文化，分析国际共运，把握党史国史，澄清了一些重大思想理论是非问题，理直气壮地向世界说明了中国自己选择道路的合理性。

习近平总书记在布鲁日欧洲学院演讲时说，观察和认识中国，历史和现实都要看，物质和精神都要看。中华民族5000多年文化史，中国人民近代以来170多年斗争史，中国共产党90多年奋斗史，中华人民共和国60多年发展史，改革开放30多年探索史，这些历史一脉相承，不可割裂。脱离了中国的历史，脱离了中国的文化，脱离了中国人的精神世界，脱离了当代中国的深刻变革，是难以正确认识中国的。中国独特的文化传统，独特的历史命运，独特的国情，注定了中国必然走适合自己特点的发展道路。习近平总书记从中国大历史的高度，从物质和精神多个层面，精辟论证了中国特色社会主义的特征，揭示了中国特色、中国道路的深厚历史依据、文化内涵和精神实质，真实表达了历史发展的辩证法。

如何看待社会主义500年，如何看待我们党同国际共产主义运动的关系，始终是我们党认真研究的问题，也是学术界一直关注的课题。习近平总书记在新进中央委员会的委员、候补委员学习贯彻党的十八大精神研讨班上，梳理了社会主义思想和运动发展的六个阶段，阐述了从空想社会主义思想家批判资本主义的罪恶，到马克思、恩格斯创立科学社会主义的过程；从列宁领导建立第一个无产阶级政权，到斯大林苏联模式形成、最终走向僵化和解体的过程；从我们党对社会主义的探索和实践，到作出进行改革开放的历史性的决策、开创和发展中国特色社会主义的过程。通过这些论述，说明社会主义是由低级到高级、由简单到复杂的探索过程，展示了科学社会主义由思想到行动、由革命到建设、由学习到创新的前进性，也展示了它在不同阶段遇到的问题和挫折。理解这个过

程的前进性和曲折性的统一，有助于我们无论遇到什么情况，都不会动摇我们的理想信念，都不会动摇我们走中国特色社会主义道路的坚强决心。

改革开放后，我们取得了举世瞩目的伟大成就，但是，如何看待改革开放前后30年的关系，成为一个争议颇多的问题。习近平总书记站在历史的高度，运用唯物辩证法，深刻全面地阐述了新中国成立后两个历史阶段的关系，说明社会主义在中国的成功，是马克思主义科学性的证明，是中国共产党人把马克思主义与中国实际相结合的成果。习近平总书记从历史观的高度，把前后30年称为“独立探索30年”和“改革开放30年”，实事求是地分析了两个阶段的连续性和间断性，并没有因为探索阶段的错误和挫折而否认其探索的价值。相反，正是因为它的积极成果，为改革开放新时期提供了宝贵经验、理论准备和物质基础，从而论证了中国特色社会主义探索发展的整体性，说明我们是在发展马克思主义的过程中继承了马克思主义，用无可辩驳的伟大成果，回答了如何在一个经济文化落后的国家建立和发展社会主义这样一个历史性课题。这说明，继承不是照抄“本本”、照搬“模式”，而是根据中国国情，实事求是，解放思想，既符合社会进步的发展逻辑，又符合马克思主义发展的理论逻辑。

## 三、用普遍联系的观点指导系统性改革

唯物辩证法认为，事物是普遍联系的，联系的形式多种多样。相互联系的事物，依据一定的条件构成相对独立的系统，系统具有整体性、结构性、层次性和开放性等特征。把握事物的普遍联系就是要认识联系的客观性和多样性，就是要把事物、对象看作一个系统，运用整体性思维、系统性思维来分析问题、解决问题。

习近平总书记运用唯物辩证法，特别强调改革的系统性，指出：“改革开放是一个系统工程，必须坚持全面改革，在各项改革协同配合中推进。”把握改革的系统性，首先要牢牢把握改革的方向这个最根本问题。他多次强调，方向决定道路，道路决定命运。我们的改革开放是有方向、有立场、有原则的。有的人把改革开放定义为向西方政治制度的方向改，这是偷换概念，曲解我们的改革。我们的方向是不断推动社会主义制度的自我完善和发展，而不是对社会主义制度的改弦更张，我们既不走封闭僵化的老路，也不走改旗易帜的邪路。苏联的教训，从反面说明习近平总书记反复强调改革的方向性是多么重要、多么正确。

把握好改革的系统性，不仅需要战略方向的正确性，也需要战术上的合理性。在这个层面，习近平总书记提出了很多论断，闪耀着辩证法的光辉。关于推进改革的主体，提出要处理好解放思想与实事求是的关系，胆子要大与步子要稳的关系。关于推动改革的方法，提出要处理好整体推进和重点突破的关系，顶层设计与摸着石头过河的关系。关于制定改革政策，提出要注意不同层面政策的性质，宏观政策要稳定，微观政策要放活，社会政策要托底。关于机构改革，提出要处理好大和小、收和放、政府和社会、管理和服务的关系。关于对改革创新效果的评价，提出要坚持全局和局部相配套，治标与治本相结合，渐进与突破相促进，等等。这些论述科学地揭示了客观事物之间的辩证关系，反映了改革的整体性和辩证性，使我们党对于改革的指导建立在牢固的唯物辩证法基石之上。

（作者：天津日报社党委书记、社长）

# 党的群众路线理论和实践的创新发展

## ——学习习近平总书记关于党的群众路线的重要论述

秋　石

党的十八大以来，在全党深入开展党的群众路线教育实践活动，是我们党在新形势下坚持党要管党、从严治党的重大举措。习近平总书记聚焦"为民务实清廉"的主要内容，聚焦切实克服"四风"突出问题，就贯彻党的群众路线发表一系列重要讲话，立意高远，思想深邃，提出了许多富有创见的新思想新观点新要求，深刻阐述了新形势下贯彻党的群众路线的重大意义、根本要求、时代内涵和基本途径，从理论上实践上丰富和发展了马克思主义群众观点和党的群众路线，为深入开展教育实践活动提供了重要遵循。深入学习贯彻这些重要论述，不仅对于搞好教育实践活动、全面深入推进党的建设新的伟大工程有直接指导意义，而且对于做好全党各方面工作、实现中华民族伟大复兴中国梦都有长远指导意义。

### 一、深刻揭示新形势下坚持和发展党的群众路线的极端重要性

中国共产党从建党之日起，扎根群众、依靠群众、发动群众、带领群众，在领导中国革命、建设和改革的各个历史时期形成、坚持、发展了党的群众路线。这就是："一切为了群众，一切依靠群众，从群众中来，到群众中去，把党的正确主张变为群众的自觉行动。"党的群众路线，把马克思主义的唯物史观和辩证唯物论的认识论紧密结合，把党的根本工作路线和党组织群众、宣传群众的工作优势紧密结合，成为我们党须臾不可离开的生命线，成为贯穿马克思列宁主义、毛泽东思想和中国特色社会主义理论体系的一条红线。

党的十八大以来，习近平总书记强调"群众路线是我们党的生命线和根本工作路线，是我们党永葆青春活力和战斗力的重要传家宝"，将切实改进党的作风、密切党同群众的血肉联系作为党要管党、从严治党的关键环节，在系列重要讲话中深刻阐明坚持和发展群众路线的重大意义。

**坚持和发展群众路线，是实现党的奋斗目标的需要。**党的十八大确定了"两个一百年"的奋斗目标。党的十八大后，以习近平同志为总书记的党中央又提出实现中华民族伟大复兴的中国梦。习近平总书记反复强调，党正在进行具有许多新的历史特点的伟大斗争，必将面临前所未有的风险和挑战，党的作风建设始终是摆在我们面前的一项重大而紧迫的任务，抓作风建设一丝都不能放松、一刻都不能停顿。执政党的党风关系党的形象，关系人心向背，关系党和国家生死存亡；加强和改进党的作风建设，核心问题是保持党同人民群众的血肉联系；马克思主义执政党的最大危险就是脱离群众。历史和现实都告诉我们，党风问题、党同人民群众联系问题是关系党生死存亡的问题。密切联系群众，是党的性质和宗旨的体现，是中国共产党区别于其他政党的显著标志，也是党发展壮大的重要原因；能否保持党同人民群众的血肉联系，以优良作风把人民紧紧凝聚在一起，决定着党的事业的成败。

**坚持和发展群众路线，是经受"四大考验"、战胜"四大危险"的需要。**党与群众的联系、党的群众路线与党的事业兴衰成败，息息相关，紧密相连。它犹如一条生命线，贯穿于我们党长期执政、兴旺发达的过去时、现在时、将来时之中。我们党来自人民、植根人民、服务人

民，党的根基在人民、血脉在人民、力量在人民。失去了人民拥护和支持，党的事业和工作就无从谈起。当前，党要继续经受住执政考验、改革开放考验、市场经济考验、外部环境考验，继续战胜精神懈怠的危险、能力不足的危险、脱离群众的危险、消极腐败的危险，就必须始终密切联系群众。在任何时候任何情况下，与人民同呼吸共命运的立场不能变，全心全意为人民服务的宗旨不能忘，群众是真正英雄的历史唯物主义观点不能丢，始终坚持立党为公、执政为民。

**坚持和发展群众路线，是党顺应人民群众新期盼的需要。**人民对美好生活的向往，就是我们的奋斗目标。我们的党是全心全意为人民服务的政党。党领导人民已经取得了举世瞩目的成就，我们完全有理由因此而自豪，但我们自豪而不自满，决不会躺在过去的功劳簿上。责任重于泰山，事业任重道远。新形势下，我们党面临着许多严峻挑战，党内存在着许多亟待解决的问题。尤其是一些党员干部中发生的贪污腐败、脱离群众、形式主义、官僚主义等问题，必须下大气力解决。全党必须警醒起来。打铁还需自身硬。我们的责任，就是同全党同志一道，坚持党要管党、从严治党，切实解决自身存在的突出问题，切实改进工作作风，密切联系群众，使我们的党始终成为中国特色社会主义事业的坚强领导核心。

## 二、丰富和发展了新形势下党的群众路线理论内涵

群众路线本质上体现的是马克思主义关于人民群众是历史的创造者这一基本原理。只有坚持这一基本原理，我们才能把握历史前进的基本规律。只有按历史规律办事，我们才能无往而不胜。历史反复证明，人民群众是历史发展和社会进步的主体力量。人民是历史的创造者，群众是真正的英雄。人民群众是我们力量的源泉。

习近平总书记系列重要讲话丰富和发展了马克思主义群众观，为在新形势下坚持和发展党的群众路线指明了方向。

**在改革发展的根本动力和根本方向上，始终坚持人民是决定我们前途命运的根本力量。**习近平总书记指出，坚持人民主体地位，充分调动人民积极性，始终是我们党立于不败之地的强大根基。要紧紧依靠人民推进改革，坚持把实现好、维护好、发展好最广大人民根本利益作为推进改革的出发点和落脚点，做到发展依靠人民、发展为了人民、发展成果由人民共享。改革开放之所以得到广大人民群众衷心拥护和积极参与，最根本的原因在于我们一开始就使改革开放事业深深扎根于人民群众之中。改革开放积累的宝贵经验，其中很重要的一条就是强调必须坚持以人为本，尊重人民主体地位，发挥群众首创精神，紧紧依靠人民推动改革。没有人民支持和参与，任何改革都不可能取得成功。无论遇到任何困难和挑战，只要有人民支持和参与，就没有克服不了的困难，就没有越不过的坎。我们要贯彻党的群众路线，提高改革决策的科学性，很重要的一条就是要广泛听取群众意见和建议，及时总结群众创造的新鲜经验，充分调动群众推进改革的积极性、主动性、创造性，把最广大人民智慧和力量凝聚到改革上来，同人民一道把改革推向前进。中国要飞得高、跑得快，就得依靠13亿人民的力量，与人民心心相印、与人民同甘共苦、与人民团结奋斗。

**在改革发展的出发点和落脚点上，始终坚持全心全意为人民服务的根本宗旨。**习近平总书记指出，全心全意为人民服务，是我们党一切行动的根本出发点和落脚点，是我们党区别于其他一切政党的根本标志。党的一切工作，必须以最广大人民根本利益为最高标准。面对人民过上更好生活的新期待，我们不能有丝毫自满和懈怠，必须再接再厉，使发展成果更多更公平惠及全体人民，朝着共同富裕方向稳步前进。"政之所兴在顺民心，政之所废在逆民心。"推进任何一项重大改革，都要站在人民立场上把握和处理好涉及改革的重大问题，都要从人民利益出发谋划改革思路、制定改革举措。在全

面深化改革进程中，遇到关系复杂、难以权衡的利益问题，要认真想一想群众实际情况究竟怎样？群众到底在期待什么？群众利益如何保障？群众对我们的改革是否满意？要把群众观点、群众路线深深植根于全党同志思想中，真正落实到每个党员行动上，下最大气力解决党内存在的问题特别是人民群众不满意的问题，使我们党永远赢得人民群众信任和拥护。

**在改革发展的成效检验上，始终坚持真正让人民来评判我们的工作。**习近平总书记指出，“知政失者在草野”。我们党的执政水平和执政成效都不是由自己说了算，必须而且只能由人民来评判。人民是我们党的工作的最高裁决者和最终评判者。如果自诩高明、脱离了人民，或者凌驾于人民之上，就必将被人民所抛弃。任何政党都是如此，这是历史发展的铁律，古今中外概莫能外。以人为本、执政为民是检验党一切执政活动的最高标准。检验我们一切工作的成效，最终都要看人民是否真正得到了实惠，人民生活是否真正得到了改善，人民权益是否真正得到了保障。任何时候都要把人民利益放在第一位，始终与人民心连心、同呼吸、共命运，始终依靠人民推动历史前进。坚持实干富民、实干兴邦，敢于开拓、勇于担当，多干让人民满意的好事实事。我们要珍惜人民给予的权力，用好人民给予的权力，自觉让人民监督权力，紧紧依靠人民创造历史伟业，使我们党的根基永远坚如磐石。

**把群众路线贯彻到干部培养选拔标准之中，努力造就政治上靠得住、工作上有本事、作风上过得硬、人民群众信得过的干部队伍。**习近平总书记指出，好干部的标准，大的方面说，就是德才兼备。同时，好干部的标准又是具体的、历史的。不同历史时期，对干部德才的具体要求有所不同。在新的历史条件下，好干部的时代内涵概括起来说，要做到信念坚定、为民服务、勤政务实、敢于担当、清正廉洁。党的干部必须坚定共产主义远大理想，真诚信仰马克思主义，矢志不渝地为中国特色社会主义而奋斗，坚持党的基本理论、基本路线、基本纲领、基本经验、基本要求不动摇；必须做人民公仆，忠诚于人民，以人民忧乐为忧乐，以人民甘苦为甘苦，全心全意为人民服务；必须勤勉敬业、求真务实、真抓实干、精益求精，创造出经得起实践、人民、历史检验的实绩；必须坚持原则、认真负责，面对大是大非敢于亮剑，面对矛盾敢于迎难而上，面对危机敢于挺身而出，面对失误敢于承担责任，面对歪风邪气敢于坚决斗争；必须敬畏权力、管好权力、慎用权力，守住自己的政治生命，保持拒腐蚀、永不沾的政治本色。

**把群众路线贯彻到治国理政全部活动之中，保持党的先进性和纯洁性、巩固党的执政基础和执政地位。**习近平总书记指出，保持党的先进性和纯洁性、巩固党的执政基础和执政地位靠什么？最重要的就是靠坚持党的群众路线、密切联系群众。党的先进性和党的执政地位都不是一劳永逸、一成不变的，过去先进不等于现在先进，现在先进不等于永远先进；过去拥有不等于现在拥有，现在拥有不等于永远拥有。这是用辩证唯物主义和历史唯物主义观察问题得出的结论。任何政党的前途和命运最终都取决于人心向背。“人心就是力量。”我们党的党员人数，放在人民中间还是少数。我们党的宏伟奋斗目标，离开了人民支持就绝对无法实现。得民心者得天下，失民心者失天下，人民拥护和支持是党执政的最牢固根基。人心向背关系党的生死存亡。群众路线是我们党永葆青春活力和战斗力的重要传家宝。开展党的群众路线教育实践活动，就是要把为民务实清廉的价值追求深深植根于全党同志的思想和行动中，夯实党的执政基础，巩固党的执政地位，增强党的创造力凝聚力战斗力，使保持党的先进性和纯洁性、巩固党的执政基础和执政地位具有广泛、深厚、可靠的群众基础。

## 三、丰富和发展了新形势下党的群众路线实践内涵

党的群众路线教育实践活动以为民务实清

廉为主要内容,赋予群众路线以新的时代内涵。习近平总书记指出,开展党的群众路线教育实践活动,要“以为民务实清廉为主要内容,切实加强全体党员马克思主义群众观点教育”。“为民”是践行群众路线的根本立场。要坚持人民创造历史、人民是真正英雄,坚持以人为本、人民至上,坚持立党为公、执政为民,坚持一切为了群众、一切依靠群众,从群众中来、到群众中去。“务实”是践行群众路线的时代精神。要求真务实、真抓实干,发扬理论联系实际之风;坚持问政于民、问需于民、问计于民,发扬密切联系群众之风;谦虚谨慎、戒骄戒躁,厉行勤俭节约、反对铺张浪费,发扬艰苦奋斗之风。“清廉”是践行群众路线的必然要求。要自觉遵守党章,严格执行廉政准则,主动接受监督,自觉净化朋友圈、社交圈,带头约束自己的行为,增强反腐倡廉和拒腐防变自觉性,严格规范权力行使,把权力关进制度的笼子,坚决反对一切消极腐败现象,做到干部清正、政府清廉、政治清明。“为民”、“务实”、“清廉”既是群众路线内在的要求,又是需要解决的突出问题,是新的历史条件下改进作风建设的紧迫任务。只有广大党员干部真正做到“为民务实清廉”,我们的工作才能真正体现人民群众的意愿,经得起实践、历史和人民的检验。

**党的群众路线教育实践活动以反对“四风”为主要任务,聚焦践行群众路线面临的突出问题。**十八大以来,以习近平同志为总书记的党中央高度重视作风建设,把作风建设作为推进党的建设新的伟大工程的重要切入点和着力点。中央作出改进工作作风、密切联系群众的“八项规定”,从中央政治局带头做起,在全党深入开展党的群众路线教育实践活动,着力解决人民群众反映强烈的突出问题。习近平总书记指出:“工作作风上的问题绝对不是小事,如果不坚决纠正不良风气,任其发展下去,就会像一座无形的墙把我们党和人民群众隔开,我们党就会失去根基、失去血脉、失去力量。”他提出要把党的群众路线教育实践活动的主要任务聚焦到作风建设上,集中解决形式主义、官僚主义、享乐主义和奢靡之风这“四风”问题。这“四风”是当前群众深恶痛绝、反映最强烈的问题,也是损害党群干群关系的重要根源。在这里,把群众反映强烈的“四风”问题作为目标,可谓找准了穴位、抓住了要害,明确了新形势下坚持群众路线迫切需要解决的突出问题,体现了我们党对人民群众反映强烈的问题的积极回应、对解决好人民群众所思所盼问题的坚定决心。

**党的群众路线教育实践活动以“照镜子、正衣冠、洗洗澡、治治病”为总要求,为解决践行群众路线突出问题找到有效途径。**习近平总书记指出,教育实践活动要以“照镜子、正衣冠、洗洗澡、治治病”为总要求。照镜子,就是“要坚持对照理论理想、党章党纪、民心民声、先辈先进‘四面镜子’”。我们要通过照镜子,对照党章,对照改进作风要求,在理想信念、宗旨意识、工作作风、廉洁自律上摆问题、找差距、明方向。正衣冠,主要是在照镜子的基础上,按照为民务实清廉的要求,勇于正视缺点和不足,严明党的纪律特别是政治纪律,敢于触及思想、正视矛盾和问题,从自己做起,从现在改起,端正行为,自觉把党性修养正一正、把党员义务理一理、把党纪国法紧一紧,保持共产党人良好形象。洗洗澡,主要是以整风的精神开展批评和自我批评,深入分析发生问题的原因,清洗思想和行为上的灰尘,既要解决实际问题,更要解决思想问题,保持共产党人政治本色。治治病,主要是坚持惩前毖后、治病救人方针,区别情况、对症下药,对作风方面存在问题的党员、干部进行教育提醒,对问题严重的进行查处,对不正之风和突出问题进行专项治理。这 4 句话、12 个字,概括起来就是要自我净化、自我完善、自我革新、自我提高,为新的历史条件下坚守群众路线、解决突出问题指明了方向。

**党的群众路线教育实践活动以学习弘扬焦裕禄精神作为贯穿始终的红线,形成“三严三实”作风建设新要求。**习近平总书记指出:“各级领导干部都要树立和发扬好的作风,既严以修身、严以用权、严以律己,又谋事要实、创业要实、做人要实。”这“三严三实”的重要论述,语重心长,寓意深刻,既是对领导干部的谆谆告诫,指明了新的历史条件下领导干部的为政之道、成事之要、做人准则,又是对新时期党的作风建设的新要求。他又指出:“焦裕禄同志是人民的好公仆,是县委书记的榜样,也是全党的榜样。”从贯彻党的群众路线的角度看,我们要重点学习弘扬焦裕禄同志“‘心中装着全体人民、唯独没有他自己’的公仆情怀”,“凡事探求就里、‘吃别人嚼过的馍没味道’的求实作风”,“‘敢教日月换新天’、‘革命者要在困难面前逞英雄’的奋斗精神”,“艰苦朴素、廉洁奉公、‘任何时候都不搞特殊化’的道德情操”。焦裕禄精神“过去是、现在是、将来仍然是我们党的宝贵精神财富”。要把学习弘扬焦裕禄精神作为一条红线贯穿活动始终,教育引导党员干部深学、细照、笃行,努力做焦裕禄式的好党员、好干部。在这里,习近平总书记强调弘扬焦裕禄精神,提出“三严三实”,就是要进一步给全党树立一个榜样,确立一个高的标准,为加强和改进作风建设进一步指明了方向。

**党的群众路线教育实践活动以“抓常抓细抓长”为作风建设新常态,建立健全坚持群众路线的长效机制。**习近平总书记指出:“抓作风既要着力解决当前突出问题,又要注重建立长效机制”;“作风建设已经采取的措施、形成的机制要扎根落地,已经取得的成效要巩固发展,关键是要在抓常、抓细、抓长上下功夫。抓常,就是要把作风建设时刻摆上位置、有机融入日常工作,做到管事就管人,管人就管思想、管作风。推动各项工作,都要落实作风建设具体要求,形成抓作风促工作、抓工作强作风良性循环。抓细,就是要对干部群众特别是基层群众反映的作风问题一一回应、具体解决。要透过现象看本质,在解决个别具体问题的同时,着力解决面上的普遍性问题。抓长,就是要反复抓,不能三天打鱼两天晒网,集中抓的时候雷霆万钧,平时放任自流。要认真落实作风建设各项制度,做到有章必循、违规必究。要通过深化改革,从体制机制层面进一步破题,为作风建设形成长效化保障。”这就为我们指明了新形势下加强和改进作风建设的方向路径。在推进作风建设中,我们不仅需要加强思想教育,更需要建立健全体制机制。制度问题更带有根本性、全局性、稳定性和长期性,因为制度作为根本的规范,对发扬优良作风具有促进和保证作用,对不正之风具有防范和纠正作用。只有在提高认识的基础上适时建章立制,在教育领先、制度跟进的基础上再进一步建立健全机制,才能巩固思想教育的成果。

以群众路线为主题在全党进行集中教育活动,这在我们党的历史上是第一次,是加强和改进党的建设创新之举,是践行为民务实清廉的一次生动实践,把党的作风建设推进到崭新境界,使党的群众路线在理论和实践层面实现了新的飞跃。教育实践活动有期限,但贯彻群众路线没有休止符,作风建设永远在路上。让我们更加紧密地团结在以习近平同志为总书记的党中央周围,深入学习贯彻习近平总书记关于党的群众路线的重要论述,牢牢把握群众路线这条生命线和根本工作路线,始终把作风建设作为推进党的建设新的伟大工程的重要切入点和着力点,持之以恒抓作风建设,努力以作风建设新成效汇聚起推动改革发展的正能量,为坚持和发展中国特色社会主义、实现中华民族伟大复兴中国梦而奋斗。

(此文载《求是》2014 年第 17 期)

# 践行宗旨　勇于担当

## ——深入学习领会习近平同志的执政理念

张又侠

党的十八大以来，习近平主席围绕改革发展稳定、内政外交国防、治党治国治军，发表了一系列重要讲话，为团结带领全党全军全国各族人民进行新的伟大斗争，提供了强大思想武器和科学指南。习主席在索契冬奥会接受专访时谈到，"我的执政理念，概括起来说就是：为人民服务，担当起该担当的责任。"这两句话既是习主席执政理念的"两大基石"，也是学习理解习主席系列重要讲话精神的线索和路径，我们要认真学习领会，贯彻落实到实践中去。

### 一、"为人民服务"是马克思主义政党的本质属性，是我们党赖以生存发展的红色基因

我们党90多年的奋斗历程、60多年的治国理政实践证明，党的一切奋斗，归根到底都是为了人民。我们党在革命、建设、改革各个历史时期，始终坚持全心全意为人民服务的根本宗旨，始终把人民群众放在心中最高位置，从而始终得到人民群众的拥护和支持，推动党的事业不断蓬勃发展。党的十八大以来，以习近平同志为总书记的党中央，坚持民之所望就是施政所向，人民群众期盼什么就努力实现什么、人民群众拥护什么就始终坚持什么、人民群众反对什么就坚决改进什么，形成了亲民爱民为民的执政风格和政治导向。

**把人民对美好生活的向往作为我们的奋斗目标。**"人民对美好生活的向往，就是我们的奋斗目标"。这是新一届中央领导集体对全体人民的郑重承诺，是对党和国家未来发展的政治宣言。在习主席系列重要讲话中，既有把国家、民族和个人紧紧联系起来，表达中华民族万众一心、接续奋斗的"中国梦"，又有让人民共享人生出彩的机会，让劳动者实现体面工作，以及学有所教、劳有所得、病有所医、老有所养、住有所居等现实目标。我们党以立党为公、执政为民的理论和实践，回应和满足广大人民群众的需求，引导人民群众向往美好生活，既有憧憬有超越，又看得见摸得着，实实在在接地气。

**把党性和人民性相统一作为我们的基本立场。**习主席针对当前在这一重大问题上存在的思想困惑和错误观点，旗帜鲜明地指出，"坚持党性就是坚持人民性，坚持人民性就是坚持党性。"强调要把体现党的主张和反映人民心声统一起来，要求"各级领导干部要和老百姓一起干、一起苦，坐在一条板凳上"。这些重要论述，表明了鲜明立场，回应了时代关切，是新的历史条件下对党的全心全意为人民服务根本宗旨的坚定捍卫和创新发展。

**把群众路线作为我们的根本工作路线和生命线。**习主席着眼于防止和克服脱离群众这个党执政后面临的最大危险，从事关党和国家前途命运的战略高度，就进一步密切党群、干群关系，保持党同人民群众的血肉联系，作了许多重要论述。党的十八大以来，中央在加强党的自身建设上立的第一个规矩，就是改进工作作风、密切联系群众的"八项规定"；在全党自上而下开展的第一个重大活动，就是群众路线教育实践活动；新一届中央政府的"第一件大事"，就是转变政府职能，简政放权，保障和改善民生。正是一切为了人民、紧紧依靠人民的实际行动，树立了形象，提振了精神，增强了信心，凝聚起磅礴的正能量。

**把为民务实清廉作为为官从政的行为准**

则。习主席在这方面作了很多深刻阐述，针砭时弊、振聋发聩。强调加强党的先进性、纯洁性建设，共产党人要补好精神之"钙"，"炼就金刚不坏之身"；强调着力培养选拔党和人民需要的好干部，好干部要做到信念坚定、为民服务、勤政务实、敢于担当、清正廉洁；强调要深入群众，打掉隔在党和群众之间无形的"墙"；强调要反对腐败、建设廉洁政治，把权力关进制度的笼子里，对腐败"零容忍"，坚持"老虎"、"苍蝇"一起打，任何人都没有凌驾于法律之上的特权。这些重要论述，从理论和实践层面为保持共产党人公仆本色，保持党和人民群众的血肉联系，明确了新标准，提出了新要求。

## 二、"担当起该担当的责任"是对党对国家对人民高度负责的政治品格，是共产党人崇高的思想境界

习主席说："是否具有担当精神，是否能够忠诚履责、尽心尽责、勇于担责，是检验每一个领导干部身上是否真正体现了共产党人先进性和纯洁性的重要方面。""担当大小，体现着干部的胸怀、勇气、格调，有多大担当才能干多大事业。"党中央和习主席以跑好历史接力赛的冲锋姿态，开启了中华民族伟大复兴的新征程，这是中国共产党人大胸怀、大气魄、大担当的鲜明展示，也是习主席领袖风范、执政品格和人格魅力的集中体现。

**担当体现为高举旗帜的坚定信念。**习主席秉持"我们的目的一定要达到，我们的目的一定会达到"的坚定信念和历史担当，强调新民主主义革命的胜利成果决不能丢，社会主义革命和建设的成就决不能否定，改革开放和社会主义现代化建设的方向决不能动摇；要求全党始终坚定中国特色社会主义道路自信、理论自信、制度自信，不走封闭僵化的老路，不走改旗易帜的邪路；强调要牢牢掌握意识形态工作主动权，抢占主阵地，打好主动仗。这些重要思想，反映了习主席作为党的领袖、军队统帅的政治自信和政治定力。

**担当体现为应对"大考"的清醒忧患。**进京赶考，绝不当李自成，是建国前夕毛主席离开西柏坡时对全党发出的谆谆教诲。去年，习主席踏着老一辈赶考的足迹来到西柏坡，指出"党面临的'赶考'远未结束，要努力交出优异的答卷"。尤其是针对我国由大到强前进道路上遇到的风险和绕不过的坎，要求全党"强化底线思维，凡事从坏处准备，努力争取最好的结果"。告诫全党"要高度警惕国家被侵略、被颠覆、被分裂的危险，高度警惕改革发展稳定大局被破坏的危险，高度警惕中国特色社会主义进程被打断的危险"，避免苏共垮台、甲午惨败的历史悲剧重演。我们党大抓作风建设、强力反腐肃贪、全面深化改革，都是应对"大考"的生动实践，我们只有始终警醒清醒，不断强化自觉，才能交出优异答卷。

**担当体现为大无畏的胆识气魄。**在全面深化改革上，提醒全党时刻牢记邓小平同志不改革开放"只能是死路一条"的嘱托，聚焦全面深化改革总目标，向顽瘴痼疾开刀，向利益藩篱宣战，攻坚克难，闯关夺隘，坚定不移地把改革开放继续推向前进；在维护国家利益问题上，决不拿国家核心利益作交易，决不屈服于任何压力而吞下损害我国主权、安全和发展的苦果；在大是大非问题上，强调要敢于亮剑、敢于发声，不当"墙头草"、不当"圆滑官"、不当"开明绅士"；在纠治歪风邪气问题上，以雷霆万钧之势，激浊扬清、惩恶扬善，踏石留印、抓铁有痕，不达目的绝不收兵。这些都充分展示了习主席公而忘私、爱憎分明、敢做敢为、知行合一的革命精神和硬气骨气。

**担当体现为建设强大军队的坚强决心。**习主席对国防和军队建设高度重视，寄予厚望，倾注大量心血。他着眼实现中国梦的战略全局，提出党在新形势下的强军目标，把深化国防和军队改革上升为党和国家意志，对国防和军队改革的重大问题亲自谋划推动，担任中央军委深化国防和军队改革领导小组组长。强调"军队要有军队的样子"，要勇敢承担起我们这一

代革命军人的历史责任，坚决反对训风演风考风不正问题，坚决反对各种利益链条和搞人身依附的“小山头”、“小团体”，坚决反对跑官要官、买官卖官等用人上的不正之风，坚决反对奢靡松散、消极腐败。按照习主席指引的方向奋勇前进，建设强大军队的目标一定能够实现。

## 三、学习贯彻习主席系列重要讲话精神核心问题是“要跟上”，必须在真学真懂、真信真用、真抓真改上下功夫见成效

我们要自觉循着“为人民服务、担当起该担当的责任”这两条脉络深刻理解习主席系列重要讲话精神，把蕴含其中的立场方法和责任担当学到手、掌握住，真正做到跟得上、跟得紧，不断推动武器装备和部队建设创新发展。

**要在坚定政治信仰上下功夫。**坚定正确的政治信仰是共产党人的精神支柱。要毫不动摇地高举旗帜，在坚持中国共产党的领导、坚持社会主义制度上做到“千磨万击还坚劲、任尔东西南北风”；坚决听从党中央、中央军委和习主席指挥，任何时候任何情况下都做到绝对忠诚、绝对纯洁、绝对可靠；在大是大非面前立场坚定，牢固树立社会主义核心价值观，培育当代革命军人核心价值观，做到守土有责、守土尽责；加强组织纪律性，做守纪律的老实人，对党中央和中央军委的决策部署，对习主席的命令指示，必须不折不扣地贯彻执行。

**要在改造世界观上下功夫。**学习习主席讲话，说到底就是要用讲话精神武装头脑、改造思想。思想观念要跟上，不能停留在“唯上、唯书”的僵化观念上，准确深刻领会习主席的决策意图，坚决完成好军委赋予的各项任务；思想方法要跟上，善于运用讲话中蕴含的马克思主义世界观方法论来认识问题、分析问题、解决问题，坚决剔除那些与客观实际相悖的形式主义、弄虚作假、好大喜功等，始终围绕能打仗打胜仗想问题、做决策、抓落实；思想作风要跟上，严格按照习主席提出的“严以修身、严以用权、严以律己，谋事要实、创业要实、做人要实”的要求，老老实实做、认认真真改、扎扎实实干，让好的作风落地生根。

**要在联系实际上下功夫。**坚持学以致用，推动习主席系列重要讲话精神进入强军兴军实践。进入党委议事决策，以习主席重要讲话特别是“军事篇”和“装备篇”作为根本遵循，决不能学归学、用归用，甚至是穿新鞋走老路，拿老黄历说事，凭老经验办事。进入评价体系，从制度机制层面把习主席指示要求细化、量化、具体化，使之进入工作评价体系、进入选人用人标准，成为检验工作落实的硬杠杠。进入末端落实，防止层层递减，通过接地气、上下联动，把习主席重要讲话精神不折不扣落实到强军实践中。

**要在解决问题上下功夫。**联系总装实际，当前要高度关注以下几点：要着力增强思想政治工作的时代性感召力，深入思考研究新的历史条件下，如何发挥好政治工作生命线作用，如何抢占意识形态领域制高点，如何使优良传统代代相传等，努力提高思想政治建设的质量效益。加快推进军事斗争装备准备，打好高新技术装备建设攻坚战，尽快补齐武器装备建设的瓶颈短板。不断提高总装部队建设整体水平，对各级党委领导来讲，关键是把班子建设好、把中心任务完成好、把部队建设的基础打好、把部队风气抓好。深化装备领域改革，坚决完成军委赋予的各项改革任务。扎实抓好第二批群众路线教育实践活动，认真落实习主席“三个贯穿始终、两个确保”的指示要求，强化问题导向，坚持上下联动，加大督导检查力度，抓好“五查”专项整治，真正让党员干部受教育，基层官兵得实惠。

（作者：中央军委委员、总装备部部长）

# 加强党的纪律建设 维护党的团结统一

## ——深入学习贯彻习近平同志关于加强党的纪律建设的重要论述

李玉赋

我们党是靠革命理想和铁的纪律组织起来的马克思主义政党，纪律严明是我们党的光荣传统和独特优势。党的十八大以来，习近平同志就加强新形势下党的纪律建设作出一系列重要论述。这些重要论述，既与马克思列宁主义、毛泽东思想和中国特色社会主义理论体系关于纪律建设的思想一脉相承，又在中国特色社会主义新的伟大实践中丰富和发展了党的纪律建设理论，具有鲜明的中国特色和与时俱进的理论品质，标志着我们党对纪律建设规律认识的进一步深化，是新形势下从严管党治党的行动指南。深入学习贯彻习近平同志关于加强党的纪律建设的重要论述，对于提高党的领导水平和执政能力，推动党和国家各项事业发展，实现党的十八大确定的目标任务，具有十分重要的意义。

### 一、党肩负的任务越艰巨繁重，越要加强纪律建设

党的纪律是维护党的团结统一、完成党的任务的重要保证。习近平同志深刻指出："党面临的形势越复杂、肩负的任务越艰巨，就越要加强纪律建设，越要维护党的团结统一，确保全党统一意志、统一行动，步调一致前进。"

始终重视并加强纪律建设是我们党区别于其他政党的显著标志之一，是党的事业取得成功的一个重要条件。毛泽东同志说过："加强纪律性，革命无不胜。"90 多年来，我们党栉风沐雨、历经坎坷，之所以能够从小到大、由弱变强，发展成为一个拥有 8600 多万名党员、400 多万个基层党组织的世界第一大执政党，组织严密、纪律严明是一个必不可少的重要保证。

党的十八大以来，以习近平同志为总书记的新一届中央领导集体坚持立党为公、执政为民，从改进作风入手，颁布实施八项规定，深入开展党的群众路线教育实践活动，坚决反对形式主义、官僚主义、享乐主义和奢靡之风，身体力行、以上带下，为全党作出了表率。面对依然严峻复杂的反腐败斗争形势，始终保持清醒和警觉，坚持以深化改革推进党风廉政建设和反腐败斗争，把权力关进制度的笼子，切实加强对权力运行的制约和监督；全面加强党的作风建设和纪律建设，采取有力措施坚决遏制腐败蔓延势头，以优良的党风政风带动社风民风，营造风清气正的良好环境。中央纪委认真贯彻落实党中央的决策和部署，聚焦中心任务，强化党内监督，严明党的纪律特别是政治纪律，坚持不懈正风肃纪，不断加强巡视工作、形成有力震慑，加大监督执纪和惩戒问责力度，坚决维护党纪的权威性和严肃性，坚决维护党的团结统一，保证中央政令畅通。

当前，全党上下正在深入学习贯彻党的十八大和十八届二中、三中全会精神，围绕全面深化改革的总目标，开启完善和发展中国特色社会主义制度、推进国家治理体系和治理能力现代化的新征程。法治是我们党治国理政的基本方式，法治思维是深化改革、化解矛盾的有力武器。在建设法治中国的新形势下，改革必须在法治的轨道上推进，任何重大改革都要于法有据。不断革除体制机制弊端，提高党的科学执政、民主执政、依法执政水平，提高运用中国特色社会主义制度有效治理国家的能力，凝聚起建设社会主义民主法治国家的磅礴力量，必须严明党的纪律。

## 二、严明党的政治纪律，确保全党同党中央保持高度一致

政治纪律是党的各级组织和全体党员在政治方向、政治立场、政治言论和政治行为方面必须遵守的行为准则，是维护党的团结统一的根本保证。习近平同志指出，“政治纪律是最重要、最根本、最关键的纪律，遵守党的政治纪律是遵守党的全部纪律的重要基础”，“严明党的纪律，首要的就是严明政治纪律”。

**严明政治纪律，最根本的是要严格遵守和维护党章。**习近平同志指出：“党章就是党的根本大法，是全党必须遵循的总规矩。”党员、干部特别是各级领导干部要牢固树立党章意识，不论担任何种职务、从事何种工作，都要牢记自己是一名在党旗下宣过誓的共产党员，时刻用入党誓词约束自己；坚持以党章为镜，对照党的纪律、群众期盼、先进典型，对照改进作风要求，在宗旨意识、工作作风、廉洁自律上查问题、找差距、明方向，自觉用党章规范自己的一言一行；对党章规定的党员义务、权利和领导干部基本条件要了然于胸，并作为必须遵守的根本行为规范，不断加强党性修养和党性锻炼，永葆共产党人政治本色。

**严明政治纪律，核心要求是同党中央保持高度一致。**习近平同志强调：“遵守党的政治纪律，最核心的，就是坚持党的领导，坚持党的基本理论、基本路线、基本纲领、基本经验、基本要求，同党中央保持高度一致，自觉维护中央权威。”判断一名党员、干部的政治纪律意识强不强，关键要看他能否自觉与党中央保持高度一致。党的各级组织和党员领导干部要牢固树立大局观念和全局意识，任何具有地方特色的工作部署，都必须以贯彻中央精神为前提；任何时候任何情况下都要自觉维护中央权威，做到政治信仰不变、政治立场不移、政治方向不偏，决不允许有令不行、有禁不止，决不允许各自为政、阳奉阴违。党员、干部要坚持正确的原则，敢于同一切损害党和人民利益的思想和行为作坚决斗争，决不允许散布违背党的理论和路线方针政策的意见，决不允许公开发表违背中央决定的言论，决不允许泄露党和国家秘密，决不允许参与各种非法组织和非法活动，决不允许制造、传播政治谣言及丑化党和国家形象的言论。这些都是不可逾越的红线，是党的政治纪律的基本要求，必须不折不扣地得到遵守。我们要更加紧密地团结在以习近平同志为总书记的党中央周围，坚决维护党的团结统一。

## 三、切实抓好组织纪律，加强全党的组织纪律性

组织纪律是处理各级党组织之间以及党组织和党员之间关系的行为规范，是增强组织纪律性的重要保证。习近平同志指出，“如何在新形势下加强全党的组织纪律性，是需要我们认真思考和回答的重大课题”，“要好好抓一抓组织纪律，加强全党的组织纪律性”。

列宁曾经说过，党是“组织的总和”，党的力量来自组织，“组织能使力量增加十倍”。我们党是领导中国特色社会主义事业的核心力量。党的领导的一个重要体现，就在于有严密的组织体系和强大的组织能力，而这些又必须以严明的组织纪律作保证。否则，党就有可能变成一盘散沙，领导作用也就无从谈起。

从总体上看，全党遵守组织纪律的情况是好的。但随着改革开放和发展社会主义市场经济，计划经济时期的资源配置方式和组织管理模式发生了改变，各种复杂的人际关系和利益关系对党内生活带来不可低估的影响，党内组织涣散、纪律松弛现象比较突出，有的还相当严重。要解决这些问题，就必须使组织观念、组织程序、组织纪律都严起来，切实加强全党的组织纪律性。

**抓好组织纪律，增强党性是前提。**党性决定组织纪律性，党性强组织纪律性就强。作为一名党员、干部，要坚持党性原则，始终站在最广大人民根本利益的立场上，而不能把个人利益放在第一位。要强化党的意识，切实增强对

党的认同感、归属感、责任感，真正做到在党爱党、在党为党、在党忧党。要强化组织意识，时刻想到自己是党的人，是组织的一员，相信组织、依靠组织，自觉接受组织安排和纪律约束，坚决做到党员个人服从党的组织，少数服从多数，下级组织服从上级组织，全党各个组织和全体党员服从党的全国代表大会和中央委员会。

**抓好组织纪律，落实制度是保证。**长期以来，我们党形成了许多好的组织制度，但现在一些制度没有得到很好的落实，损害了组织纪律的严肃性。要严格执行民主集中制，认真落实民主生活会制度、党员领导干部双重组织生活制度、基层党组织“三会一课”制度，加强基层党组织建设，健全完善党内生活常态化机制，有效整治软弱涣散问题。要在全党进一步强化组织观念、程序观念，严格执行请示报告制度，明确必须报告的事项和程序，该请示的必须请示，该报告的必须报告，决不能我行我素、自行其是，决不能遮遮掩掩，甚至隐瞒不报。

**抓好组织纪律，强化管理是关键。**党组织功能的实现、作用的发挥要靠有效管理。党的各级组织及主要负责人要坚持原则，敢抓敢管，敢于板起脸来开展批评，努力在全党形成敢于批评、善于批评的氛围，不断增强党内生活的政治性、原则性、战斗性。党员领导干部特别是主要负责同志要自觉防止用个人决定代替组织决定、个人凌驾于组织之上。党员、干部要正确处理个人与组织的关系，对党组织要忠诚老实，说实话、道实情。党内应该平等相待，决不能搞人身依附关系，决不能搞小山头、小圈子、小团伙。

党的纪律要求是多方面的，除了政治纪律、组织纪律之外，还要强调财经纪律、工作纪律和生活纪律等。比如，有的领导干部连社保基金、扶贫资金、惠民资金等关系千家万户切身利益的钱也敢贪污挪用，造成的危害和负面影响不可低估。必须严格执行财经纪律，加强对各项资金使用情况的管理和监督，加强审计工作特别是对重点领域、重大项目、重要资金的审计监督，防止贪污、挪用、截留等问题发生。工作纪律和生活纪律也绝不是小事。从近年来查处的腐败案件看，一些党员、干部就是从不遵守工作纪律和生活纪律开始，一步一步走上违纪违法道路的。所以，强化工作纪律和生活纪律约束同样重要和必要。

## 四、不断完善党的纪律，切实增强党员、干部的纪律自觉

党的纪律之所以具有强大的生命力，关键在于我们党始终根据时代的发展和形势的需要不断完善各项纪律规范，关键在于制定的纪律能够得到党的各级组织和广大党员、干部自觉遵守。习近平同志强调，“不完善的制度要抓紧完善，筑起最严密的篱笆墙”；“要增强纪律观念，把纪律的外在约束力转化为内在的自制力”。

**党的纪律是一个动态开放的制度体系，必须在实践中不断发展完善。**要处理好连续性与创新性的关系，对历史上形成的好的纪律规范要继续执行和完善，对不适应形势发展需要的要抓紧修订或废止，对急需出台的要抓紧研究制定。要处理好必要性与可行性的关系，完善纪律要从实践需要着眼，从工作要求入手，突出针对性和可操作性，在实践探索中坚持由浅入深、由易到难、循序渐进，努力形成严格、完善的纪律规范。要围绕党风廉政建设和反腐败斗争，加强实践探索和改革创新，逐步形成使领导干部不想腐、不能腐、不敢腐的有效机制。

**党的纪律是自觉的纪律，身为党员、干部，就要牢固树立纪律观念，自觉遵守党的纪律。**我们党是按照自己的政治纲领、政治路线，为实现自己的政治目标而组织起来的马克思主义政党。广大党员、干部都是来自五湖四海，为着共同的奋斗目标和理想信念走到一起来的。这就决定了党员、干部的行动是自觉的行动，党的纪律也是自觉的纪律。党的各级组织应当开展经常性的理想信念和纪律教育，进一步增强党员、干部遵守纪律的自觉性，使接受纪律约束成为一种习惯，并把习惯升华成一种文明素养。要

督促党员、干部带头学习践行社会主义核心价值观，补好精神上的“钙”，讲修养、讲道德、讲廉耻，追求积极向上的生活情趣，做到慎独、慎微、慎权、慎友，积小德养大德，不断增强辨别是非和抵御诱惑的能力。要教育引导党员干部，认真领会落实习近平同志提出的要求，学习弘扬焦裕禄精神，切实做到严以修身、严以用权、严以律己，谋事要实、创业要实、做人要实，以优良作风促进纪律自觉。要通过开展经常性的纪律知识讲解、案例剖析等形式，促使党员、干部学习纪律、知晓纪律、敬畏纪律，坚持一切从党性原则出发，始终在纪律规定的范围内活动，经受考验，克己自律，作严守党的纪律的楷模。

## 五、严格执行党的纪律，使纪律真正成为带电的高压线

纪律能否取得实效，关键取决于执行力。党的十八大以来，习近平同志多次强调提高纪律执行力的重要性。他指出：“党的规矩，党组织和党员、干部必须遵照执行，不能搞特殊、有例外。各级党组织要敢抓敢管，使纪律真正成为带电的高压线。”要深入落实中央八项规定精神，持之以恒纠正“四风”，坚决防止反弹。

**党的纪律是铁的纪律，必须无条件遵守。**习近平同志指出：“遵守党的纪律是无条件的，要说到做到，有纪必执，有违必查，而不能合意的就执行，不合意就不执行，不能把纪律作为一个软约束或是束之高阁的一纸空文。”纪律从来都是具有强制性的，不允许搞变通、做选择。每一名党员、干部都应无条件地遵守党的纪律，即使个人意见正确、工作能力强、地位比较高、资格比较老，都不能作为不服从纪律的借口，必须按照党的纪律行事。不自觉遵守的，必须强制执行。

**切实维护党的纪律，使纪律真正成为带电的高压线。**党的纪律是不可触碰的高压线，但时间久了，在执行和维护上松懈了，一些“高压线”变成了“低压线”，有的甚至根本就不带电。只有敢于对违反纪律的行为亮剑，使党的各项纪律都严起来，才能形成震慑，使党员、干部对纪律心存敬畏和戒惧，不敢越雷池半步。党的各级组织要按照中央要求，自觉担负起执行和维护党的纪律的政治责任，切实做到纪律面前人人平等、遵守纪律没有特权、执行纪律没有例外。党的各级纪律检查机关要铁面执纪，坚守责任担当，敢于动真碰硬，不讲情面、不怕得罪人，加强对纪律执行情况的监督检查，坚决查处违反党纪的行为，从而保持党的先进性和纯洁性，使我们党始终走在时代前列、始终成为中国特色社会主义事业的坚强领导核心，致力于实现中华民族伟大复兴的中国梦。

（作者：中央纪委副书记）

# 努力做焦裕禄式的好党员好干部

## ——学习习近平总书记调研指导兰考县党的群众路线教育实践活动重要讲话精神

中共河南省委

在焦裕禄同志逝世50周年之际,习近平总书记先后两次到河南兰考县调研指导党的群众路线教育实践活动并发表重要讲话,充分体现了习近平总书记对焦裕禄故乡人民的亲切关怀和殷切希望。讲话紧扣全党全国工作大局,联系兰考和河南实际,着眼未来和长远发展,号召全党结合时代特征大力学习弘扬焦裕禄精神,为第二批党的群众路线教育实践活动指明了正确方向。河南省委把学习贯彻习近平总书记重要讲话精神作为一项重要政治任务,印发了《关于深入持久学习弘扬焦裕禄精神的决定》,要求深入持久学习弘扬焦裕禄精神,真心实意为人民服务,努力做焦裕禄式的好党员、好干部。

### 一、弘扬伟大精神,坚定理想信念

习近平总书记强调,亲民爱民、艰苦奋斗、科学求实、迎难而上、无私奉献的焦裕禄精神,同井冈山精神、延安精神、雷锋精神、红旗渠精神等革命传统和伟大精神一样,过去是、现在是、将来仍然是我们党的宝贵精神财富,永远不会过时。焦裕禄精神发源于河南,是推进党和人民的事业发展、实现中华民族伟大复兴中国梦的强大正能量。我们要深入持久学习弘扬焦裕禄精神,坚定理想信念,凝聚起干事创业的强大精神力量。

**坚持学习提高,坚守共产党人的精神追求。**理想信念是共产党人精神上的“钙”。焦裕禄同志是广大党员干部的榜样和表率。他之所以能够炼就“金刚不坏之身”,根本原因就在于他始终用科学理论武装头脑,坚定理想信念。党员干部要坚持用中国特色社会主义理论体系武装头脑,深入学习习近平总书记系列重要讲话精神,提高政治敏锐性、政治鉴别力和政治定力,坚定道路自信、理论自信、制度自信,做共产主义远大理想和中国特色社会主义共同理想的坚定信仰者和忠实践行者。

**严守党的纪律,带头践行“三严三实”。**遵守党的纪律是无条件的,要说到做到,有纪必执,违纪必查。焦裕禄同志不仅严于律己、洁身自好,而且亲自起草了《干部十不准》,规定任何干部在任何时候都不能搞特殊化。要按照习近平总书记“三严三实”的要求,严以修身、严以用权、严以律己,自觉加强党性修养,切实增强纪律观念,严格遵守党的纪律,讲党性、重品行、做表率,确保政令畅通、令行禁止。

### 二、恪守公仆情怀,真心实意为民

习近平总书记指出,焦裕禄同志与老百姓心相连、情相依,全心全意为人民谋利益,不求名利,不图报答,有一种骨子里的爱民情怀。开展教育实践活动,就是为了坚持全心全意为人民服务的宗旨,恪守公仆情怀,进一步密切党同人民群众的血肉联系,真心实意服务群众。

**在推动发展中善谋益民之策。**群众到底想什么、要什么,是摆在党员干部面前的首要问题。河南建设中原经济区,加快中原崛起河南振兴,说到底就是要为全省人民谋福祉,让亿万父老乡亲过上更加幸福美好的生活。学习弘扬焦裕禄精神,就要着力在保障改善民生上想对策、出实招、求突破。要持续加大民生投入,加大扶贫开发力度,努力让改革发展的成果更多更公平地惠及全省人民。

**在实际行动中统筹利民之举。**焦裕禄同志躬身实践，从眼前做起，从小事做起，把大事办好，把小事办实，得到了广大群众的拥护。党员干部无论面对改革发展稳定的大事，还是老百姓日常生活中的“小事”，都应该像焦裕禄同志那样主动思考、及时回应。要始终兼顾最大多数人的利益，扎实推进社会领域制度创新和基本公共服务均等化，把“双治”（法治、德治）作为基本途径，把“双基”（抓好基层、打牢基础）作为基本保障，努力实现“双安”（社会安定有序、人民安居乐业）基本目标，真正把为民落到实处。

## 三、倡导求实作风，做到勤政务实

习近平总书记把焦裕禄的求实作风概括为凡事探求就里、“吃别人嚼过的馍没味道”，准确而生动地揭示出焦裕禄求实作风的本质特征，为党员干部做人做事，提供了参照和遵循。省委要求每位党员干部都要做到勤政务实，努力创造经得起实践、群众和历史检验的实绩。

**务实重干，善作善成。**空谈误国，实干兴邦。我们国家能从一穷二白发展到经济总量居世界第二，靠的是务实重干；河南能从一个贫穷落后的省份发展成为全国重要的经济大省，靠的是务实重干；兰考的“三害”能在较短时间内得到有效治理，靠的是焦裕禄同志带领全县人民务实重干。没有真抓实做，善作善成，再好的政策也会落空，再宏伟的目标也实现不了。我们要自觉对照焦裕禄精神，问一问自己是否做到了尽其职、负其责、出其力，以更加务实的作风做好本职工作，推动教育实践活动取得实效。

**把握规律，科学谋划。**凡事预则立，不预则废。只有从实际出发谋划事业和工作，使政策、措施、方案符合实际情况、符合客观规律、符合科学精神，不好高骛远，不脱离实际，才能找到解决问题的最佳途径。当年，焦裕禄同志靠着尊重群众、尊重客观规律的求实作风，实施了治理“三害”的正确决策。当前，广大党员干部要像焦裕禄同志那样，坚持凡事探求就里的工作作风，解放思想，实事求是，遵循规律，大胆地闯、大胆地试，不断增强运用规律科学决策的本领，努力做到不走错路、少走弯路，不断实现突破、取得成效。

## 四、牢记奋斗精神，敢于担当负责

习近平总书记明确指出，要学习弘扬焦裕禄同志“敢教日月换新天”、“革命者要在困难面前逞英雄”的奋斗精神。始终保持敢于担当的精神，善于在挑战面前捕捉和把握发展机遇，是每位党员干部结合新的实际需要继续发扬的革命英雄主义。

**敢于攻坚，把困难踩在脚下。**攻坚克难，从根本上考验党员干部的价值取向和精神状态。迎难而上、知难而进，是中国共产党人的宝贵品格。面对兰考自然灾害肆虐和贫困落后的实际，焦裕禄同志带领全县人民谱写了一曲改天换地的英雄壮歌。当前，河南正处于爬坡过坎、攻坚转型的紧要关口，只有坚定不移地全面深化改革，才能破除障碍和束缚、释放动力激发活力，才能创造优势、实现更好更快发展。面对新形势新任务，省委召开九届七次全体（扩大）会议，对全省全面深化改革进行了动员和部署，要求紧紧围绕打造富强河南、文明河南、平安河南、美丽河南“四个河南”和推进社会主义民主政治制度建设、提高党的执政能力制度建设“两项建设”，全面深化经济体制、政治体制、文化体制、社会体制、生态文明体制和党的建设制度改革，争取到2020年完成中央和省委确定的各项改革任务。

**善于开拓，把发展抓在手中。**开拓创新是领导干部必备的基本素质。焦裕禄同志以“敢教日月换新天”的开拓精神，带领兰考人民创造性地开展工作，在重重困难中闯出了一片新天地。学习弘扬焦裕禄精神，很重要的一点就是要发扬开拓创新精神，推动科学发展。对河南而言，就是要坚持调中求进、变中取胜、转中促好、改中激活，着力稳增长、调结构、保态势，努力保持经济平稳增长。要理清思路，主动对接，积极实施好粮食生产核心区、中原经济区、郑州航空港经济综合实验区三大国家战略规划，着力扩大需求稳增长，着力优化结构促转型，着力改革创新增后劲，着力创造优势强支撑，着力改善民生促和谐，切实提高经济发展质量和效益，促进经济持续健康发展、社会和谐稳定。

## 五、严守道德情操，保持清正廉洁

习近平总书记强调，要学习弘扬焦裕禄同志艰苦朴素、廉洁奉公、“任何时候都不搞特殊化”的道德情操。省委把学习弘扬焦裕禄精神纳入“文明河南”建设，与培育和践行社会主义核心价值观结合起来，推动党员干部把共产党人应有的道德情操体现在时时处处，真正做到甘于清贫、正气在身、为政以廉、洁身自好。

**坚决厉行勤俭节约。**习近平总书记多次告诫全党牢记“奢靡之始，危亡之渐”的古训，在兰考调研指导期间再次提出要学习焦裕禄同志生活简朴、勤俭办事的精神。目前，河南经济总量居全国第五，但全省还有近一千万贫困人口。我们决不能自满、决不能懈怠，必须继续保持艰苦奋斗、勤俭节约的优良作风。近期，省委出台了一系列措施，制定减少行政审批事项、严格控制“三公”经费支出、停止新建楼堂馆所和清理办公用房等方面的制度和办法，决心以实际行动促进党风政风好转。

**切实做到廉洁自律。**省委要求全省党员干部，“对一切腐蚀诱惑保持高度警惕，防微杜渐”，坚决反对腐败，加强权力制约监督，严明党的纪律，落实责任体系，像焦裕禄同志那样带头廉洁自律。坚持不懈纠正“四风”，加大查办违纪违法案件力度，保持惩治腐败高压态势，着力形成不想腐、不能腐、不敢腐的有效机制，坚决把党风廉政建设和反腐败斗争进行到底。

## 六、贯穿一条红线，深学细照笃行

习近平总书记提出，要准确把握教育实践活动实践载体，把学习弘扬焦裕禄精神作为一条红线贯穿始终，并强调要“深学、细照、笃行”。省委要求全省党员干部，要以学习贯彻习近平总书记重要讲话精神为动力，把学习弘扬焦裕禄精神贯穿于教育实践活动全过程，坚持高标准、严要求，统筹搞好教育实践活动和深化改革、促进发展、维护稳定等各项工作。

**坚持深学，真正触及灵魂。**把学习弘扬焦裕禄精神作为一项长期的政治任务、常态化的活动，不断丰富内容、创新形式，深入持久、驰而不息地抓下去。突出学习焦裕禄的公仆情怀、求实作风、奋斗精神、道德情操，使之与教育实践活动紧密结合起来，从相互融通中把握群众路线的本质要求，不断增强践行群众路线的自觉性。把焦裕禄精神学习好、学习透，使心灵受到洗礼、思想得到升华、信念更加坚定，解决好理想信念、群众观点、思想方法、精神状态、执政能力等问题，打牢真心实意为人民的思想基础。

**坚持细照，主动查摆问题。**把焦裕禄精神作为一面镜子，从里到外、从上到下反复照一照。照一照有没有公仆情怀，能否做到与老百姓心相连、情相依，全心全意为人民谋利益；照一照求实作风好不好，能否做到尊重群众、按客观规律办事；照一照奋斗精神强不强，能否做到知难而进、迎难而上、勇于担当；照一照道德情操高不高，能否做到艰苦朴素、廉洁奉公、严于律己、洁身自好。照出差距、照出不足、照出动力，真改、实改、彻底改。

**坚持笃行，做到躬身实践。**深入思考习近平总书记提出的“焦裕禄同志给我们留下了那么多、我们能为后人留下些什么”这一人生课题，努力向焦裕禄同志看齐，从今天做起，从眼前做起，从小事做起，像焦裕禄同志那样对待群众、对待组织、对待事业、对待同志、对待亲属、对待自己，真正做到生命不息、奋斗不止。始终把焦裕禄精神内化于心、外践于行，以焦裕禄同志为标杆，带头学习理论、带头听取意见、带头查摆问题、带头开展批评和自我批评、带头整改落实、带头推进制度建设，努力做焦裕禄式的好党员、好干部。

# 坚守政法工作的生命线

## ——学习贯彻习近平总书记在中央政法工作会议上的重要讲话精神

邱水平

习近平总书记在中央政法工作会议上的重要讲话，对政法工作提出了一系列新思想、新论断和新要求，为做好新形势下的政法工作提供了科学指南。他指出：公平正义是政法工作的生命线，司法机关是维护社会公平正义的最后一道防线。这一重要论断，明确了政法机关的核心价值追求，强调了政法机关在维护社会公平正义中的重要作用，寄托了对政法工作的殷切希望，是我们推进政法事业发展的重要遵循。北京作为首都，做好政法工作责任更大、要求更高，学习贯彻习近平总书记这一重要讲话精神，必须始终坚守政法工作生命线，努力做到“五个更加注重”，让人民群众在每一个司法案件中都感受到公平正义。

### 一、更加注重公正执法的思想基础

习近平总书记明确要求，政法战线的同志要肩扛公正天平、手持正义之剑，以实际行动维护社会公平正义。要做到这一点，必须首先端正执法理念、打牢思想根基。

切实解决好“权从何来、为谁执法”的问题。身为人民法官、人民检察官、人民警察，我们手中的权力是人民赋予的，只能为人民谋利益。必须牢固树立群众观念和公仆意识，把群众当亲人，把群众的事当作自己的事，把群众的小事当作自己的大事，克服特权思想、官僚习气、衙门作风，对群众深恶痛绝的事零容忍，对群众急需急盼的事不懈怠。

始终坚定法治信仰。公正是法治精神的真谛，对法治的坚守就是对公平正义的最有力维护。习近平总书记把法治上升到信仰的高度，对各级领导干部和国家工作人员的法治观念、法律意识提出了更高要求。政法干警执掌着国家法律武器，必须把法治精神作为主心骨，始终信仰法治、崇尚法治，发自内心地认同、敬畏、遵守和捍卫法律。必须有坚守法治的定力，坚持法律面前人人平等，在权势、金钱、人情、关系等因素的干扰和诱惑面前，始终站稳脚跟、挺直脊梁，只服从事实、只服从法律，以实际行动捍卫法律的权威和尊严。

时刻恪守职业良知。一些案件判决有失公正，一个重要原因在于执法干警在职业操守上出了问题。司法机关是社会公正的最后一道防线，公正廉洁是政法干警的最基本操守。如果政法机关不能对人民群众公平对待、平等保护，社会公正的最后一道防线就失守了。中国有句古话，叫“身在公门好修行”。身在政法机关，更应注重修行，因为我们管的是“人命关天”的大事。政法干警要树立高尚的职业追求，自觉用职业道德约束自己，把不公不廉作为最大耻辱，始终保持惩恶扬善、执法如山、公平如度、清廉如水的浩然正气。

### 二、更加注重执法规范化建设

习近平总书记明确指出，对政法机关而言，严格执法就是一种重要担当。对各种违法犯罪行为，一定要严格尺度、依法处理，否则执法公信力、法律权威就难以形成。应当看到，执法失之于宽、失之于软的问题，在一定范围内比较突出。比如，对于一些涉嫌经济犯罪、环境污染、危害食品药品安全犯罪等案件，存在以罚代刑，使当事人逃避刑事追究的现象。又如，对一些涉及人数较多的群体性事件和案件，存在不敢执法、草率执法问题，等等。面对违法行为不敢执法，政法机关还怎么谈得上是执法司法机关？政法机关和政法干警必须切实增强担当意识，严格按照法律精神执行法律，对违法犯罪的，不论涉及哪个群体、不论涉及哪些方面，都要坚决依法处理。

执法司法是一项系统工程，每一个环节的瑕疵和疏漏都会对最后结果产生直接影响。我们必须狠抓执法办案规范化，保证过硬的办案质量。新修订的刑事诉讼法、民事诉讼法进一步强化了对诉讼全过程的规范和制约，对执法办案提出了比以往更高更严的标准。程序正义是实体正义的基础。对政法机关来说，必须牢固树立实体与程序并重思想，强化程序意识，切实扭转重实体轻程序、重结果轻过程的惯性思维，把程序正义的要求落实到执法司法全过程。强化证据意识，坚持依照法定程序、通过合法手段收集、固定和审查证据，坚决落实非法证据排除有关规定，努力使每一个案件都做到事实清楚、证据确实充分。强化执法管理，充分借助信息化手段，实现对执法司法活动全流程、实时化、信息化管理，确保每个执法环节、执法岗位都处于严密的管理控制之下，严格把好程序、证据、事实、法律适用的每一道关口。

严格执法、规范执法，不是单纯的“法条主义”，不是机械执法、就案办案，我们的法官、检察官、警官不能成为“法律自动售货机”。政法干警要设身处地从社会的视角、群众的角度考虑问题，更加贴近生活、走近群众，让裁判结果既符合法理，又考虑事理、照顾情理，实现群众心目中的公正。坚持“法结”、“心结”一块解，每个干警都要有基层“片警”、司法所长的本事，与群众拉得上话、谈得上心，善于用群众听得懂的语言、接受得了的方式做好耐心细致的释法说理工作，把法理讲透，把事理摆明，把情理说通，让当事人赢得明白，输得服气，把执法司法工作做到群众的心坎上，努力实现定分止争、案结事了。

## 三、更加注重执法公开化、信息化建设

公平正义不仅要实现，而且要以看得见的方式实现，这已经成为整个社会的共识。公开是让社会消除疑虑、增强认知，让司法取信于民的最直接、最有效措施。执法司法越公开，就越有权威和公信力。现在，人民群众的权利意识、监督意识明显增强，我们不主动回应，就谈不上是合格的执法者；信息时代网络新媒体的发展如此迅猛，一些案件社会关注度高，不及时主动公开就容易引发社会质疑、误解和舆论炒作。要让干部和干警从内心深处树立主动公开、主动接受监督的意识，除法律规定的特殊情况外，把各项工作制度、办事规则都置于阳光之下，把各项执法司法活动全部对社会公开。

要推进执法信息化建设，善于运用现代科技手段特别是信息技术，总结推广社区网上警务、数字法庭等为民服务的机制和经验，积极搭建服务群众的有效平台，尤其是大力推行网上受理、查询、审批、办公、咨询、引导，使互联网真正成为了解群众诉求的窗口、方便群众办事的平台、接受群众监督的渠道。主动适应信息化时代人民群众对司法公开的要求，更加注重利用微博、微信等新媒体工具，畅通公开渠道、拓宽公开范围，积极主动回应群众关切，努力让暗箱操作没有空间，让司法腐败无法藏身。

## 四、更加注重强化执法责任

权力对应责任。责任若缺失，权力就容易被滥用，公正也就难以保证。产品质量出现问题可以追究，执法办案出现问题应当也必须受到追究。深化司法体制改革的一项重点任务，就是建立法官、检察官、警察办案责任制。我们要按照中央统一部署，因地制宜，积极推进，着力建立科学完善的执法责任制。当前，尤其要重点探索解决好追责制度的统一性和系统性、办案人员的主体地位、追责程序的严肃性和可操作性、责任主体的认定以及监督机制的长效

性等问题。同时,要加快完善执法考评、案件复查等工作机制,与办案责任制一并形成有权必有责、用权受监督、失职要问责、违法要追究的严密管理体系。

坚决纠正和防范冤假错案,是维护社会公平正义的底线,是政法机关执法办案的基本标准和要求。执法司法中万分之一的失误,也会对当事人造成百分之百的伤害,冤假错案更是对当事人和社会公平正义的极大伤害。一桩冤案,就个人来说可能毁掉一生,就社会来说可能毁掉许多干警辛辛苦苦累积下的司法公信。要坚决及时纠正冤假错案,发现一起、查实一起、纠正一起,对受害人该赔偿的赔偿,该致歉的致歉,这是政法机关的应有担当。冤假错案的产生有其客观因素,但有的却是由执法者主观恶意造成的,对此,必须严肃进行责任追究、一纠到底,深挖背后的司法腐败与违法犯罪行为,坚决清除害群之马。要深入开展"关系案、人情案、金钱案"专项整治,一个阶段一个重点地抓清理、抓查摆、抓追责,解决执法办案中的突出问题,管住权力集中的岗位和环节,铲除司法腐败产生的土壤。要通过对冤假错案的纠正,真正起到教育警示作用,在干警心中树立起不能触碰的"高压线"。

## 五、更加注重为公正执法创造良好环境

政法干警不是生活在真空中,难免受到来自方方面面的干扰和诱惑。应当积极为执法司法者创造依法独立行使司法权的环境。各级领导干部和国家工作人员要牢固树立法治观念,增强法治思维,不去行使依法不由自己行使的权力,不去过问不该过问的正在处理中的案件。要积极推动建立健全违反法定程序干预司法的登记备案报告制度和责任追究制度,严密防范、坚决处理违法违规干预司法的行为。党委政法委要发挥思想领导、政治领导、组织领导作用,注重帮助司法机关协调解决政策上、保障上的困扰,指导统一执法思想和尺度,不能在具体案件的定性、量刑上越俎代庖。

我们处在一个新媒体时代,执法司法活动的每一个细节都处在"闪光灯"、"放大镜"之下。对司法案件的关注,是媒体和公众应有的权力,也是推动法治建设的积极因素。但是,对案件的关注和监督不能逾越法律的边界。有的对案件报道充斥猎奇的意味,有的毫无顾忌地触及当事者的隐私,有的则直接对定罪量刑指手画脚,在舆论上给司法机关带来压力,形成"舆论审判",这就让社会关注和舆论监督走了调、变了味。法治社会的舆论监督,应该是公正客观理性的监督。全社会都应为政法机关营造依法独立公正行使职权的外部环境,无论报道还是评论都该以事实为根据,切实尊重当事人权益,要客观而不能主观臆断,要理性而不能偏激。给执法司法创造好的舆论环境,就是给公平正义创造好的舆论环境,全社会都应尊重司法机关依法依职权对案件的调查、审理,尊重法律裁判结果,推动公正的实现,维护法治的尊严。

（作者:中共北京市委副秘书长、政法委常务副书记）

# 第五部分

# 中国梦研究

# 十八大以来"中国梦"研究述评

朱宗友　季正矩

中共十八大后,习近平总书记率领新一届中央领导集体在参观"复兴之路"展览时提出中国梦这个重大战略思想,之后他在国内外不同场合对这一战略思想又作了进一步阐发,提出了一系列新思想、新观点、新论断。中国梦提出后,逐渐为社会普遍关注,并成为学界理论界研究的热点。学界理论界围绕什么是中国梦、如何实现中国梦等问题展开了研究和探讨,产生了丰硕的研究成果。本文就十八大以来"中国梦"研究所取得的重要成果作一归纳梳理和简要评述,为以后进一步研究提供一定的参考和借鉴。

## 一、总体研究概况

中国梦提出后,学界理论界的研究热情逐渐高涨,发表了大量研究文章,出版了许多著作,举办了多场研讨会,有些杂志开辟专栏聚焦中国梦问题,全国哲学社会科学规划办把中国梦作为重大研究课题进行立项资助。

### (一)关于中国梦的研究文章呈"井喷式"涌现

仅从中国知网检索发现,到目前为止已经有6100余篇题目中含有"中国梦"的文章。此外,《人民日报》、《光明日报》等主流报纸刊发一大批有分量的关于中国梦的研究文章,人民网、光明网、求是网等主流网络也发表了不少关于中国梦的研究文章。人民网理论频道设有"中国梦"专栏,刊发专家学者关于中国梦的研究文章。在互联网上以"中国梦"为关键词,利用百度搜索引擎,可以搜索出相关文章1亿多篇。

### (二)关于中国梦的著作如雨后春笋出版

2013年以来,关于中国梦研究的著述大量出版。大体分两类:一是选编摘编类作品。代表性的作品有中共中央宣传部理论局编写的《中国梦》(学习出版社2013年2月)、《中国梦我们的梦》(学习出版社2013年4月)、《奋力谱写共筑中国梦的新篇章(学习习近平总书记一系列重要讲话文章选)》(学习出版社2013年9月),中共中央对外联络部研究室编写的《中共十八大(中国梦与世界)》(外文出版社2013年8月),中共中央文献研究室编写的《习近平关于实现中华民族伟大复兴的中国梦论述摘编》(中央文献出版社2013年12月)。二是专家学者撰写的著作。主要有:周天勇的《中国梦》(国家行政学院出版社2013年3月)、姚晓宏的《中国梦:未来国家战略与中国崛起》(当代中国出版社2013年4月)、石国亮的《解读中国梦》(人民日报出版社2013年4月)、汪玉奇等的《中国梦:昨天·今天·明天》(社会科学文献出版社2013年5月)、钟华卿的《民族复兴中国梦学习教育读本》(经济管理出版社2013年5月)、公茂虹的《读懂中国梦》(人民出版社2013年6月)、陈秀梅的《让梦想照进现实:解读中国梦》(中国方正出版社2013年7月)、任晓驷的《中国梦:谁的梦?》(新世界出版社2013年9月)。这些作品助推了中国梦的学习研究和宣传。

### (三)学术研讨交流十分活跃

围绕中国梦这一主题,学界理论界举办了一系列研讨交流活动。这些学术研讨交流活动既有全国性的,也有地方性的,还有国际性的。有的研讨会直接以中国梦为主题,有的则把中国梦作为一项重要议题。2013年11月1日,由中央文献研究室主办的“中国梦与中国道路”理论研讨会在中央文献研究室举行。会上，中央文献研究室主任冷溶介绍了《中国梦与中国道路》丛书的写作情况和体会，与会专家就中国梦与中国道路问题进行了深入研讨。2013 年 6 月，由山东省委党校主办的“山东社科论坛——中国特色社会主义道路与中国梦”理论研讨会在济南召开。9 月 21 日，华中师范大学政治学研究院、华中师范大学中国特色社会主义研究中心、《社会主义研究》编辑部联合举办“中国特色社会主义与中国梦”高层论坛。还有不少论坛、研讨会，尽管不是以“中国梦”为主题，但都把“中国梦”作为一项重要议题。2013 年 5 月 10 日—12 日在湖南大学召开的全国第六届《思想理论教育导刊》论坛、9 月 26 日—27 日在西安召开的第十届全国马克思主义论坛、11 月 30 日在湘潭举行的首届“全国马克思主义理论博士后论坛”、2014 年 1 月在上海举办的第一届当代世界与社会主义学术研讨会等，都把“中国梦”作为一项重要议题。12 月 7 日—8 日由国务院新闻办公室主办，中国外文局、上海社科院承办的中国梦国际研讨会在上海举行。

**（四）主流学术期刊、国家社科规划办助推中国梦研究**

国内主流权威学术刊物开辟专栏发表有关“中国梦”的研究论文。《马克思主义研究》、《社会主义研究》以及人大报刊复印资料《中国特色社会主义理论》等期刊设专栏刊发有关“中国梦”的研究论文。《马克思主义研究》在“本刊特稿”栏目、“中国梦”与民族复兴栏目，《社会主义研究》在“理论热点聚焦”栏目，《中国特色社会主义理论》在“‘中国梦’专题”栏目都发表了一些关于“中国梦”的研究文章。此外，国家哲学社会科学规划办还委托、评审了关于中国梦的课题予以资助。闽南师范大学朱志明教授的“弘扬中国精神促进中国梦实现”课题被列为 2013 年度国家社会科学基金特别委托项目。2013 年度国家社会科学基金重大项目（第一批）立项两项。一项是清华大学李捷主持的“中国梦理论与实践研究”，一项是武汉大学孙来斌主持的“实现中华民族伟大复兴中国梦的基本问题研究”。2014 年度国家社会科学基金项目课题指南显示：马列 · 科社、党史 · 党建、哲学、政治学、国际问题研究等学科均把中国梦作为研究内容。

以上关于中国梦研究的著作和论文，从不同角度深入研究了中国梦的内涵、提出背景、特征、意义、实现路径和基本要求等，内容广泛，视野开阔，为进一步研究提供了重要参考和借鉴。举办研讨会、期刊杂志开辟“中国梦”专栏等，为中国梦研究提供了重要的学习交流平台。把中国梦问题作为重大研究课题进行立项资助，为中国梦研究提供了十分重要的资金支持。所有这些都为中国梦的研究向纵深发展起到了积极的推动作用。

## 二、研究的主要内容

概览十八大以来关于中国梦的文献、著作、论文等主要研究成果，学界理论界主要围绕着中国梦的提出、中国梦的内涵与特征、实现中国梦面临的机遇与挑战及其对策、中国梦与世界的未来及其理论定位等问题的研究取得了重大进展。体现为以下几个方面：

**（一）关于中国梦的提出**

1. 中国梦提出的意义

中国梦重大战略思想的提出，具有重大的现实指导意义和理论创新意义，给世界带来和平发展的机遇。从实践意义上看，中国梦是我们各项工作的遵循和重要引领，激发了中国人民的奋斗热情和意志，形成了推动深化改革的巨大力量。李君如认为，“中国梦”在党与群众之间架起了一座直通的桥梁，“中国梦”用目标来凝聚人心、动员人民、组织队伍。

从理论意义上看，中国梦为党的理论创新开辟了新的话语空间，实现了话语体系的创造性转换，为在世界范围内掌握一定的话语权提供了绝佳机会。黄相怀认为，中国梦蕴涵着重大的理论创新意义。首先,中国梦为我们党的理论创新开辟了新的话语空间。其次,中国梦为我们党的理论创新拓展了新的思考视角。第三,中国梦为我们党的理论创新创造了新的内容素材。辛鸣提出,“中国梦”在保持中国特色社会主义精神实质与科学价值的同时,从话语体系上对其进行了创造性转换,给当代中国社会和中国人一个既能有憧憬、有超越,又能看得见摸得着的目标,一个既科学崇高又喜闻乐见的理想,让中国特色社会主义更加亲和、更加清晰、更加具体。从世界意义上看,中国梦对世界是重大“利好”,有助于世界的和平与发展。黄力之认为,第一,中国梦引领中华民族获得独立和解放,增强了维护世界正义与和平的力量。第二,中国梦勾画的是一个崇尚和平的民族复兴之梦,必然给世界带来和平发展的机遇。国防大学中国特色社会主义理论体系研究中心提出,中国梦为探索人类文明多样化发展道路开辟了更加光明的前景,为人类社会向更高级的文明形式演进提供了新范式。

2. 中国梦提出的背景及其演变过程

中国梦的提出源于中国特色社会主义不断深化发展的必然要求,源于对中国历史与现实的深刻把握。中国社科院课题组认为,中国梦的基础是中国特色社会主义,其强大影响力和感染力源自中华民族不断发展壮大、走向伟大复兴的历史实践,以及由此而形成的道路自信、理论自信和制度自信。史文清认为,中国梦源于对近代中华民族百年历史的深刻把握,源于对改革发展实践问题的清醒认识,源于对最广大人民群众脉搏的真切感知。

荣开明探讨了中国梦的演变过程。认为中国梦以1840年作为起点,到目前为止,已经历经了173年。在这173年里,中国梦的演变发展经历了四个过程,有过四次重大历史性飞跃,其中三次飞跃是在中国共产党的领导下实现的。第一个过程是1840—1919年,在这70多年里实现了从对封建制度的维护和改良到革命变革的飞跃。第二个过程是1919—1949年,在这30年里实现了从旧的资产阶级民主主义革命向新民主主义革命的飞跃。第三个过程是1949—1978年,在这近30年里实现了从新民主主义革命到社会主义革命的飞跃,建立起社会主义基本制度,并对中国社会主义建设道路作了艰辛的探索。第四个过程是从1978年至今,这30多年来实现了从社会主义建设的艰辛探索到中国特色社会主义连续高速发展的飞跃。

**(二)关于中国梦的内涵、特征**

什么是中国梦,其内涵和特征是什么?由于各人经历、视野和文化底蕴不同,其解读众说纷纭,见仁见智,琳琅满目。

1. 如何解读中国梦

解读中国梦首先要确立正确的思想方法,否则就可能出现偏差甚至产生误读。对此,学者们进行了探讨。侯惠勤认为,解读中国梦必须坚持历史唯物主义的观点,在新的时代环境和时代主题下,实现历史唯物主义和中国实际的新的结合,让中国梦在历史唯物主义的肥沃土壤中开花结果。郝立新认为,对中国梦的探讨必须遵循历史唯物主义的自觉,也就是对社会实践观点、人民群众观点、历史辩证法观点的自觉。这三个观点是民族复兴的哲学依据,指引着中国的民族复兴之路。

2. 中国梦的内涵

第一,中国梦的理论渊源和现实基础。中国梦植根于毛泽东思想,是中国特色社会主义理论体系的组成部分,因而中华民族伟大复兴的实现也必须坚持以马列主义、毛泽东思想和中国特色社会主义理论体系作为依托。许志功指出,毛泽东思想是在以战争和革命为主题的时代条件下实现中国梦的理论真谛,企图在毛泽东思想之外去寻求实现中国梦的任何其他理论都是错误的。郭杰忠认为,中国梦的现实基础是新中国成立以来社会主义现代化建设取得的伟大成就所奠定的经济基础,以及近代以来中华民族渴望富强崛起、恢复大国风采的热切愿望所凝聚的心理基础。

第二,“中国梦”本质上是中国特色社会主

义。什么是“中国梦”？侯惠勤等提出，中国梦的基础是中国特色社会主义。是否坚持中国共产党的领导，也就成为辨别中国梦和借中国梦兜售“西化梦”的根本界限。离开了中国共产党的领导，中华民族走向复兴的伟大梦想只会越来越远。

第三，“中国梦”就是实现中华民族伟大复兴。习近平同志在不同场合阐述中国梦，都是围绕实现中华民族伟大复兴这个目标。他指出，现在，大家都在讨论中国梦，我以为，实现中华民族伟大复兴，就是中华民族近代以来最伟大的梦想。这个梦想，凝聚了几代中国人的夙愿，体现了中华民族和中国人民的整体利益，是每一个中华儿女的共同期盼。实现中华民族伟大复兴的中国梦，就是要实现国家富强、民族振兴、人民幸福。实现中华民族伟大复兴，是近代以来中国人民最伟大的梦想，我们称之为“中国梦”，基本内涵是实现国家富强、民族振兴、人民幸福。中国梦要实现国家富强、民族复兴、人民幸福，是和平、发展、合作、共赢的梦，与包括美国梦在内的世界各国人民的美好梦想相通。学界主要是根据习近平关于中国梦的阐述来解读中国梦。朱继东认为，“中国梦”的本质内涵是实现国家富强、民族复兴、人民幸福，也就是让国家更强盛、人民更幸福，中华民族对世界作出更大贡献。史文清认为，中国梦是强国梦，就是要实现国家富强。中国梦是复兴梦，就是要实现民族复兴。中国梦是幸福梦，就是要实现人民幸福。

第四，中国梦与中国共产党肩负的历史使命和奋斗目标紧密相连，亦与近代以来中华民族的奋斗历史紧密相连。王春玺认为，中国梦与中国共产党肩负的历史使命和奋斗目标紧密相连。实现中华民族伟大复兴一直是中国共产党矢志不渝的奋斗目标。中国共产党人从纵向上将社会主义目标划分为不同的阶段性目标。习近平总书记将中国共产党在社会主义不同阶段的奋斗目标形象而生动地概括为“中国梦”。辛向阳认为，中国梦的出现是与近代以来中华民族的奋斗历史紧密相连的。鸦片战争以后，中国逐步成为半殖民地半封建社会，争取民族独立、人民解放，实现国家富强、人民富裕，成为中国人民必须完成的历史任务。中国共产党带领人民进行不懈奋斗，建立了新中国，为中国梦的实现找到了可靠的保障。改革开放后，中国特色社会主义为民族复兴、国家富强、人民幸福的中国梦奠定了道路、理论、制度基础。

第五，从多个维度解读中国梦。韩庆祥认为，从世界维度看，中国梦是强国之梦，和平之梦；从国家或民族维度看，中国梦就是民族之梦，人民之梦；从民众维度看，中国梦就是公平正义之梦，是每个人的机会之梦。陈晋认为，“中国梦”就是现代化之梦，社会主义之梦，民族复兴之梦。在“中国梦”的三种含义里，现代化是形态，社会主义是灵魂，民族复兴是主体。

3. 中国梦的特征

学界普遍认为，中国梦具有多方面的特征。韩振峰认为，中国梦有十个特征，主要包括整体性、时代性、科学性、导向性、人民性、共享性、历史性、现实性、发展性、实践性等。秦宣认为，中国梦具有广泛性和包容性、科学性和长远性等特点。孟东方等学者认为，中国梦具有统一性，这种统一体现为多方面的统一。

### （三）实现中国梦面临的机遇与挑战及其对策

1. 实现中国梦面临的机遇与挑战

实现中国梦既面临难得机遇，也面临诸多挑战和风险。胡宗山从国际关系视角探讨了实现中国梦的国际机遇与挑战。认为总体和平与稳定的国际环境、日益提高的国际影响力和国际地位以及中国梦在话语方面具有的国际可通约性优势是实现中国梦的国际机遇。与此同时，中国综合国力的不平衡性及其在国际社会的外溢、国际形势的复杂多变、世界主要大国战略东移以及中西、中外在政治制度、历史文化以及意识形态等方面的客观差异都构成对中国梦的重大国际挑战。王建国等学者认为，中国梦的实现面对诸多挑战。

2. 如何实现中国梦

学界普遍认为,实现"中国梦"是一项伟大的系统工程,要统筹考虑各种因素。

实现中国梦必须坚持党的领导。邓纯东认为,实现中华民族的伟大复兴,实现中国人民的伟大梦想,只有在党的领导下,努力做好"马克思主义中国化"这篇文章。"中国梦"的最终实现,中华民族的伟大复兴,只有在中国共产党领导下才有可能。把党建成中国特色社会主义的坚强领导核心是实现中国梦的关键。

不少学者提出,实现中国梦要做到"四个必须"。不过,"四个必须"所指有所不同。史文清认为,实现中国梦必须始终怀有深刻的"忧患意识",必须立足于社会主义初级阶段基本国情,必须依靠"中国精神"指导,必须依赖"中国力量"。有的则认为,必须求真务实,必须改革攻坚,必须强化制度约束,必须加强党的领导。石仲泉提出,实践中国梦必须坚持四大基石:一定要坚持信仰宗旨,一定要坚持改革开放,一定要坚持反腐倡廉,一定要坚持艰苦奋斗。

努力实现社会公平正义。付长珍认为,只有社会的公平正义,才有个人的梦想成真。在追逐中国梦的道路上,需要创造一个人人公平发展的空间。权利公平、机会公平、规则公平,是每个人实现梦想的前提,也是实现中华民族伟大复兴的磅礴正能量。

实现中国梦必须继续解放思想。孙来斌等学者认为,中国梦的实现,首要条件在于必须解放思想,冲破保守、僵化等落后思想观念的束缚。

实现中国梦必须妥善处理好若干关系。一是要辩证地看待国强民富的关系;二是要辩证地看待国家与整个社会的关系;三是要处理好经济发展和环境保护的关系;四是要处理好国际国内的辩证关系。

## 三、几点思考

十八大以来,学术界虽然从不同的角度和层面对中国梦进行了深入探讨,取得了许多理论成果,但仍有一些问题需要作进一步深入研究。

### (一)应关注对中国梦的整体性和阶段性研究

整体性研究主要是对中国梦的历史实践进行宏观描述,从总的方面研究中国梦的发展轨迹。阶段性研究主要是指将中国梦置于党的历史发展长河中进行考察,根据我国革命、建设和改革的不同时期中国梦的旨向、内容、任务和特点划分为不同阶段进行研究。从目前学界研究看,有学者对中国梦的发展轨迹进行了宏观描述,也有学者对中国梦在不同时期的旨向、内容、任务和特点进行了探讨,而把两者结合起来的研究成果鲜见。事实上,不同历史时期,我们党和国家领导人对中国梦都作过深刻阐述,虽然侧重点不一样,但就总体而言,构成了中国梦的一个有机的动态发展整体。鉴于此,系统梳理中国梦的发展轨迹,深刻剖析其在各个阶段所蕴涵的丰富内涵、本质特征、运行机制和规律,努力揭示其内在的统一性、差异性和时代性特征及蕴涵的理论价值,是今后学术界要关注的一个重要研究方向。

### (二)应加强中国梦的域外研究

中国梦作为新一届中央领导集体的治国理政新理念,不仅要能够让国内各阶级阶层认可接受,统一思想,凝聚实现中华民族复兴的正能量,还要能够让国外不同民族所接纳,为实现中华民族复兴提供良好的外部舆论环境。中国梦提出后,国内学界进行了热烈讨论,迅速成为理论热点。国外也给予了一定关注,但褒贬不一,往往出现误读、误解、误判的现象。比如,有人就把中国梦看成是中国试图恢复昔日的疆域,也有人把实现中国梦看成是对现有国际秩序的挑战,是对世界的威胁。这很大程度上成了"中国威胁论"的佐证。有学者指出了目前学界理论界对中国梦的"八大认识误区":一是把中国梦当成"标签"到处生搬硬套;二是把中国梦简单理解为"中国的梦"而不是"中国人的梦",是"国家梦"、"民族梦"而不是"个人梦"、"民众梦";三是把中国梦简单理解为狭隘的民族梦，把中华民族伟大复兴与其他民族和国家的发展对立起来；四是把中国梦简单理解为民族复古梦，认为实现中国梦就是要回归中国历史上“曾经的辉煌”，使今日中国回归历史上的“盛世”时期；五是把中国梦简单理解为超级大国梦，个别人特别是西方国家的一些人甚至认为实现中国梦就是要超越其他国家和民族去“称霸”世界；六是把中国梦简单理解为是在中国特色社会主义现代化战略任务和目标之外又确立的一种“新目标”、“新任务”；七是把实现中国梦简单理解为让人到“理想国”中去寻求所谓“幸福”梦境，希望人们超脱现实去寻求寄托和安慰；八是把中国梦的政治内涵简单归结为“宪政梦”。可以说，这些方面的认识误区，在国外不同程度地存在。因此，必须加强对中国梦的域外研究，只有这样才能了解国外对中国梦的认识状况，我们也才能采取有针对性的措施予以应对，以便增强中国梦在国际上的话语权。从现有文献看，虽然国内已有研究者从国际比较的角度来探讨“中国梦”，但是无论是从文献量还是研究的侧重点来看，在这一方面的研究力度还有待加强。

**(三)应深化中国梦的理论体系研究**

“中国梦”提出以来，学界理论界有关研究在内容上涵盖“中国梦”的思想渊源、理论内涵、现实意义等方面，研究成果快速增多，研究视野不断开阔。但是，由于真正开展研究的时间不长，目前研究尚处于起步阶段，因而不可避免地出现宣传性研究成果较多、基础性研究较少的情况。基于此，要把研究着力点放在“中国梦”理论框架的建构与完善方面，为增强道路自信、理论自信、制度自信提供坚实的学理支撑。科学阐述“中国梦”是现阶段国内“中国梦”研究的首要任务。研究者确实要对党和国家主要领导人关于“中国梦”的系列重要论述进行及时、科学的解读与宣传，更要营造学术研究氛围，把研究的着力点放在“中国梦”理论框架的创建与完善上，完善“中国梦”的宣传教育路径和打造“中国梦”的话语体系，以此提升“中国梦”的国内认同度与世界影响力。

另外，戴雪梅还提出，对于中国梦的研究需要学者们从经济、政治、文化、社会、生态、军事、国际关系等角度进行跨学科研究，并有意识地把定性研究和定量研究结合起来，建立全方位、多层面的研究方法体系。

（作者单位：阜阳师范学院思想政治理论课教学部；中央编译局马克思主义研究部）

# “中国梦”进程中的道路选择及其博弈

郇沈青　韦定广

著名近代史专家胡绳先生曾经指出：“在近代中国前面摆着两个问题：即一、如何摆脱帝国主义的统治和压迫，成为一个独立的国家；二、如何使中国近代化。这两个问题显然是密切相关的。”胡绳先生所说的“近代化”，就是工业化和现代化；而这两个问题实际上就是一个问题，即如何实现民族伟大复兴的“中国梦”。梦想的实现需要工业化、现代化，而工业化、现代化则存在不同的道路选择。因此，正确的道路选择对于“中国梦”的实现有着至关重要的作用。在历史上，中华民族为实现“中国梦”曾有过不同的道路选择；道路不同，效果与影响迥异。回顾近代以来不同道路的博弈与选择，对于我们深入体会习近平总书记的“道路决定命运”思想，更加坚定走中国特色社会主义道路的信心与决心，无疑具有十分重要的意义。

## 一

回顾中国近代以来，民族独立、国家富强始终是一代又一代仁人志士矢志不渝的“光荣与梦想”。第一次鸦片战争结束不久，魏源提出了“师夷长技以治夷”的口号。“夷”之“长技”者，发达国家的工业化成就；所谓“治夷”，也就是要能够借助先进的科学技术、机器生产，有效抵御外来侵略，维护民族的独立、尊严与领土完整。后来洋务派奋力推行的洋务运动，便是这一口号的具体实施。作为洋务派的领袖，李鸿章的思想与行动存在不可克服的阶级局限与时代局限，然而他那种努力让中国重新振兴、跻身世界强国之林的急切愿望，同样体现了广大人民共同拥有的“中国梦”情怀：“中国在五大洲中，自古称最强大，今乃为小邦所轻视。……若非朝廷力开风气，破拘挛之故习，求制胜之实济，天下危局，终不可支。日后乏才，且有甚于今日者。以中国之大，而无自强自立之时，非惟可忧，抑亦可耻！”在魏源及李鸿章为代表的洋务派对“中国梦”的渴望与追求之后，有康有为、梁启超等人组织的变法图强运动；运动失败之后，则是孙中山领导的辛亥革命……“振兴中华”口号是孙中山第一个提出来的。孙中山在中国成为地球上“最贫弱之国”时，提出要将中国建成“世界第一富强之国”，并且号召四万万同胞都要立下这样的志愿。

梦想背后是对道路的艰辛探索、选择以及大博弈。著名学者罗荣渠先生认为：自鸦片战争到1949年，“在这一百年中，中国几乎对西方出现过的各种现代化模式都进行过快速的试选择，这是各国现代化进程中罕见的记录”。择其要者：洋务派试图在传统制度和权力结构范围内实现工业化。李鸿章认识到，当时中国所面对的是“数千年未有之强敌”，因而竭力推动朝廷兴办新式军事工业以图自强。然而，在高度集中的“巨型帝国”式金字塔权力结构制约下，新生的经济力量与社会力量很难有发展空间；往往是刚刚诞生还没有形成一定的影响，便会遭到封建保守势力的疯狂摧残与扼杀。洋务运动的失败大体缘于此。美国学者吉尔伯特·罗兹曼曾经分析：“晚清政府在各种危机面前所采取的那些犹豫不决、立足防守的特殊政策，对现代化的实现几乎一无所助。对19世纪的中国统治者来说，进行重大的社会变革已越来越成为不可思议的事情，更不要说将它付诸实施了。现行政府体制与实现现代化的果断行动极不适应，这一缺陷是中国现代化起步缓慢的主要原因。”

吸收洋务派的教训，康有为、梁启超主张学习英国、日本的资产阶级君主立宪道路。康有为很自信地认为：“变法三年可以自立”，“二十年而为政于地球”。然而事实上，“维新”只存百日，康有为、梁启超等维新派最终落得一个被晚清统治者赶尽杀绝的下场。究其原因，康有为等人既要维护民族独立，又对帝国主义存有幻想；既反对封建顽固势力，又试图依靠旧政权实现政治变革。正如美国著名的中国问题专家费正清一针见血指出的：“1898 年的维新派仅仅是改良派，不是革命派。他们仍然只是要求‘传统范围内的变革’。”

“百日维新”的失败充分证明：中国要实行政治变革、社会变革，走不通改良主义道路。在此背景下，有了孙中山的资产阶级革命道路。

辛亥革命的重要贡献是推翻了极端腐朽、反动的晚清朝廷，但革命后的中国并没有如孙中山所设想的那样，效仿美国，顺利走上以三权分立、财产私有为基础的资本主义工业化现代化道路。从理论上分析，孙中山提出的“三民主义”确实是一个具有现代化内涵的纲领性架构：“民族”即按照平等原则建立现代意义的民族国家；“民权”即遵循人民主权原则，建立能够为“一般平民所共有”的民主共和国（“民国”）；“民生”就是要在平均地权基础上，推动经济的工业化现代化。然而问题在于，孙中山所依靠的革命党或民族资产阶级不但力量过于薄弱，而且政治上也不够坚强。结果害得孙中山将到手的总统职位，转眼又拱手让给了袁世凯；而袁世凯既是晚清旧政权的代表性人物，同时思想深处也完全是封建主义的。中国近代史专家蒋廷黻先生指出：“我们 20 世纪所需要的，是一个认识新时代而又能领导我们向近代化那条路走的伟大领袖。袁世凯绝不是个这样的人，他不过是我国旧环境产生的一个超级大政客。”由此导致 20 世纪初的中国出现一种非常奇特的景观：一方面工业化有所发展，现代物质文明开始渗透于社会生活的各个领域；另一方面在制度层面，虽然不断在形式上有所变动，但究其基本精神、社会意义甚至具体架构而言，却仍然是传统的。

在非西方国家工业化现代化过程中，经常会出现“政治衰败”现象，即“尽管在不同的制度性领域特别是在政治领域已经建立了初步现代的框架，但现代化的进展不仅缓慢，而且它们的宪政统治也摇摇欲坠，让位给五花八门的独裁统治和权威主义的半权威主义的统治”。著名以色列学者艾森斯塔德的这一观点，是他在 20 世纪 60 年代从对印度尼西亚、巴基斯坦、缅甸和苏丹等国的考察中得出的结论。然而，在 20 世纪五六十年代集中发生于亚洲、非洲国家的政治衰败现象，中国则早在辛亥革命后的民国初期就已经发生。在当时，伴随“中华民国”的成立，各种各样的现代政治框架也都被大量移植至中国。例如：短短十余年间，宪法就先后有过四个不同的版本（1912 年的临时约法、1914 年的袁世凯约法、1917 年流产了的安福宪法以及 1923 年的曹锟宪法）；国会时存时亡、政党则多至 300 以上；具体政治制度更是复杂多变，诸如总统制、国会制、内阁制、地方自治制等这些在西方资本主义国家中有过的，中国也都试验过……但是，恰如美国学者罗兹曼所分析的，“政治上的改革，形式是从国外学来的，而做法和内容却仍然是保守的中国式的”。因此，即使在民国之后，整个国家依然处于封建独裁专制制度统治下；无论早期的袁世凯，还是后来的各路军阀以及蒋介石政权，都是中国封建专制主义在现代形式下的延伸。

## 二

进入 20 世纪 30 年代，中国的工业化现代化逐渐形成了三种不同的道路：一是以国民党统治集团为代表的官僚资本主义或国家资本主义道路，二是以共产党为领导的新民主主义或社会主义道路，三是由帝国主义侵略而形成的殖民地型道路。三条道路界限分明、区别清楚，同时也就意味着搏斗激烈而残酷。

从20世纪20年代中后期到1936年即抗日战争前夕，中国曾经有过一个民族资本主义大发展时期。例如1920—1927年的八年间，民族资本主义工业和矿业的年均增长率约为8.5%—8.6%；在1928—1936年间，国民经济年均增长率达到8.4%，为1949年以前的最好阶段。然而也正是在此期间，蒋介石政权凭借手中的权力，采取超经济手段逐步建立起以四大家族为核心的国家官僚垄断资本。这个资本的形成，一方面是以筹措军费为名，大量增加税收和举借债务，例如1927—1931年，税收在财政收入中的比重高达60%—95%；另一方面，则是利用建立中央银行兼并其他大银行，并对工矿、交通和商业进行控制或垄断。由此造成中国的工业化现代化在国统区开展的一个历史悖论："在国民党政权未巩固之前，有限的多元化趋势促进了资产阶级力量较快增长；而国民党政权巩固并强化国家官僚机器之后，资产阶级的发展反而受到抑制。"在民族资本主义工商业得不到发展的同时，是官僚垄断资本的极度膨胀；最后不但完全控制了中国的经济命脉，而且聚集起约100亿—200亿美元的巨额财富，其所控制资产已相当于中国两到三年的国民收入。这种膨胀的官僚垄断资本既阻碍民族工业发展，又不具备经济上的活力与生命力，从而在蒋介石统治集团的保护下，成为中国现代经济成长道路上的不治之症。

所谓殖民地型道路，首先是指各帝国主义国家的在华投资，起初以欧美国家为主，接着是日本后来居上(1930年超过英国跃为首位)，其次是指日本对东北三省以及其他地区经济发展的殖民垄断。无论帝国主义各国的在华投资还是日本对东北以及台湾的殖民垄断，最后的结果轻则造成中国经济的依附性或畸形化，重则成为典型的殖民地型发展。

在世界"两百年的进程中，各国现代化走过的道路形形色色，但按其经济形态则大致可归纳为三大发展类型，即资本主义类型、社会主义类型、混合类型"。20世纪初的中国，东望日本，是资本主义道路；西眺俄国，是社会主义道路；而南看印度，则是带有混合型特点的殖民主义道路。三条道路对于中国人各有企盼与诱惑，怀揣不同理想或者说对于"中国梦"的追求与理解不同，则存在对不同道路的向往与选择。"十月革命一声炮响"，不但给中国送来了马克思主义，推动产生了中国共产党，而且也送来了"俄国人的路"；以苏俄为榜样，走社会主义道路，成为中国共产党人的坚定选择。

社会主义道路"不是传统社会向现代化过渡的自发形式，而是原生的资本主义发展模式的对抗发展形势。它不可能随着新生产力的发展自发地形成，而是在资本主义世界体系已经形成的特殊历史条件下的模式创新。它形成的历史条件大致是：(1)传统社会结构老化，但传统的权势集团仍牢固把持政权，经历过不成功的或流产的初始现代化尝试；(2)由于社会贫困化或特殊原因造成严重的国内危机；(3)外国资本的渗透，经济不独立，并长期受到'边缘化'的威胁；(4)一般具有较长的专制或中央集权制(包括统制经济)传统；(5)强有力的领导现代化的政治组织的确立与形成"。应该承认，其中第1—4条在20世纪初的中国完全具备，第5条则随着中国共产党的不断成长壮大也逐渐成为现实。

1921年中国共产党初成立时，只是一个小党；然而自诞生之日起，就紧扣中国近代以来面临的"两大问题"，自觉担负起了率领全中国人民实现中华民族伟大复兴的历史使命。中华民族复兴首先表现为反抗帝国主义对中国的压迫，结束由于殖民侵略所造成的社会分裂局面，建立一个以实现独立、解放和民族平等为标志的民主共和国。因此，中国共产党在第二次全国党代表大会上，就将"推翻国际帝国主义的压迫"、"统一中国本部为真正的民主共和国"确立为基本纲领。中国共产党诞生时只有几十名党员，虽然不断遭受各种反动政权、黑暗势力的无情打击、镇压和残酷追杀，但在革命战争中越战越强，并很快在全国获得广大的农民、工人、青年学生和知识分子的拥护和支持。根本原因之一，是中国共产党所制定的最低纲领符合中华民族的根本利益和要求。

另外有一点也很值得注意，即中国共产党除了政治上坚强有力，所选择的社会主义方向也很符合当时中国人民普遍的价值追求。1933年7月，上海的《申报月刊》曾经刊出过一个“中国现代化问题号”特辑，特辑由事先向社会各界知名人士约写的专题征文组成，共有10篇短论和16篇专论，作者包括了当时学术界的名流如陶孟和、金仲华等人。《月刊》事先交代着重讨论两个问题：第一，中国现代化的困难和障碍是什么；第二，中国现代化应该走哪一条道路，是个人主义的或社会主义的，还是由外国资本所促成的或国民资本所自发的。刊载情况表明：完全赞成走私人资本主义道路的文章，只有1篇；而主张社会主义方式的则有5篇；主张混合方式的约有9篇。这说明，在当时的背景下，资本主义至少不再被多数人认可。知识界尚且如此，更何况工农大众乎？

学习英国“光荣革命”、日本明治维新的道路失败了，学习法国、美国资产阶级革命的孙中山道路也失败了，又兼之在20世纪30年代，西方资本主义暴露出深刻的政治危机与经济危机。于是，灾难深重的中华民族在中国共产党的领导下，义无反顾地学习苏联、走上了社会主义的现代化道路。

## 三

1949年10月，共产党领导建立中华人民共和国无疑是中国现代化进程的一个重要转折点：它不但宣告结束了鸦片战争以来“屈辱的一个世纪”，而且“最重要的，乃是全国统一在一个中央政府的领导下，该政府具有在全国范围内实施政策的权威”。在通过新民主主义革命实现国家的独立和统一的基础上，如党的十八大报告所指出，又“进行了社会主义改造，确立了社会主义基本制度，成功实现了中国历史上最深刻最伟大的社会变革”，从而“为当代中国一切发展进步奠定了根本政治前提和制度基础”。

毛泽东曾经对新中国成立之初的国情有过一个形象而简略的概括：“一穷二白”。“穷”者，广大人民连最基本的生存问题都无法获得很好解决。根据联合国“亚洲及太平洋社会委员会”的统计分析，1949年中国人均国民收入不及整个亚洲平均水平的23%，不足印度的一半。“白”者，工业化的“家底”实在是过于薄弱。当时中国人均钢铁占有量是0.58市斤（只够打一把菜刀），而美国是中国的1628.7倍，英国为1082.7倍，苏联为453.6倍。新中国的建设就是在此基础上起步的，这就是中国社会主义现代化道路所必须接受的历史遗产与现实起点。因此，新中国成立后的最重要任务是领导人民实现工业化现代化，这一点在20世纪50年代，对于毛泽东及其中央领导集体来说非常清楚。1956年9月，《中国共产党第八次代表大会关于政治报告的决议》明确提出：由于国内的主要矛盾已经是人民对于建立先进的工业国要求同落后的农业国现实之间的矛盾，因此，“党和全国人民的当前的主要任务，就是要集中力量来解决这个矛盾，把我国尽快地从落后的农业国变为先进的工业国”。

目标是明确的，然而“路”该如何走？社会主义工业化现代化在中国史无前例，在世界范围当时最为成功的就是“苏联老大哥”。因此，中国社会主义现代化在起步阶段处处模仿苏联、学习苏联是顺理成章的事情。社会主义的“苏联道路”在经济制度或体制方面具有非常鲜明的特点：一是实行高度集权的国家统制经济体制；二是实行指令性的计划经济；三是以行政手段作为经济管理的主要方法。反映于具体发展模式，“苏联道路”又存在两个显著的特点：一是以“赶超”西方发达国家作为战略选择；二是优先发展重工业，并将之当作社会主义工业化道路与资本主义工业化道路的重要区别。事实上，这些做法在一定的历史条件下，也确实极大地促进了中国的工业化进程和对迅速提升经济发展水平作出重要贡献。例如，1979年工业总产值较1949年增长了32倍，工业企业固定资产30年的积累相当于旧中国近百年积累之和的近40倍；1949年，我国只有12万个生产规模小、设备也相当简陋的工业企业，但到1979年，我国工业企业近40万个，增加28万；和1949年比较，1979年的发电量增加了65倍、原煤产量增加了近19倍、原油产量增加了884倍、钢产量增加了211倍……更为重要的是，建立起比较完整的工业体系，使更高水平的工业化具有了比较雄厚的物质基础。

然而，工业化的“苏联道路”既帮助了中国，同时也为中国现代化或经济的进一步发展埋下多重隐患：首先，高度集中和计划化的管理模式使地方与企业积极性受到严重压抑。在经济落后、生产社会化程度较低的情况下，高度集中和计划化有助于发挥“全国一盘棋，集中力量办大事”的优越性。然而，完全排斥市场和商品生产的作用，必然使经济丧失一定的活力。其次，“一大二公”的所有制模式导致劳动者与劳动产品的分离，使劳动者从事生产的动力处于不断衰竭的状态。再次，片面发展重工业，国民经济比例严重失衡，尤其是农业生产遭到不应有的忽视。从“一五”计划起到20世纪70年代末，中国对重工业的投资额占工业总投资额的89%，而轻工业投资只占总投资额的11%。忽视轻工业和农业，最终使广大人民群众最基本的衣食住行、生老病死等生存问题都难以获得很好解决。另外，还存在整个经济管理与运行中过于强调人的主观能动性、不按规律办事，在赶超性战略指导下积累过高、导致人民生活水平长期得不到应有改善等严重缺陷。

其实，毛泽东以及当时的中央领导集体对“苏联道路”的上述问题已经有所认识，并且在理论上有所阐述或思考。例如：明确提出过要改善农轻重关系以及发展经济要与改善人民生活相联系的思想；在社会主义工业化现代化是否需要商品生产问题上，毛泽东明显不赞同斯大林关于生产资料不是商品的观点，强调“现在要利用商品生产、商品交换和价值法则，作为有用的工具，为社会主义服务”；围绕过度集中与高度计划化导致的问题，毛泽东主张“给地方更多的独立性，让地方办更多的事情”……无论从马克思主义发展史还是社会主义思想史角度审视，上述无疑都属于“独创性的理论成果”，是为中国工业化现代化能够摆脱苏联影响、开辟崭新道路所作的“理论准备”。然而，由于头脑深处的思想禁锢没有打开，特别是“姓资姓社”问题没有搞明白，所以尽管有了基本认识，想法也很多，却没有能够很好地付诸实践。直到经历了“文革”这一极为惨痛的教训之后，中国共产党人才在恢复实事求是思想路线的基础上，放心大胆地重新开始对“道路”的探索与思考。

纵览世界各国的现代化，凡属比较成功的都有一个共同的经验，就是独立自主地选择适合本民族的发展道路；而盲目照搬别国模式或仿效别国道路，鲜有不遭受挫折甚至失败者。这是因为各国国情不同，开始现代化的时间起点、历史前提不同，道路也就不可能一致。历史经验充分证明：中国的工业化现代化既不可能走西方国家历史上走过的道路，无论英国、日本的还是法国的、美国的；也不能跟着苏联跑或仿效其他发展中国家；而必须立足本国国情，创造性地探索具有中国特色的发展道路。痛定思痛，1982年9月，邓小平代表中国共产党人在党的第十二次全国代表大会开幕词中庄严宣布：“我们的现代化建设，必须从中国的实际出发。……照抄照搬别国经验、别国模式，从来不能得到成功。这方面我们有过不少教训。把马克思主义的普遍真理同我国的具体实际结合起来，走自己的道路，建设有中国特色的社会主义，这就是我们总结长期历史经验得出的基本结论。”这是对新中国30余年经验的总结，是党带领人民经历半个多世纪奋斗所取得的思想结晶；同时也是中国自洋务运动开始，工业化现代化百年追求后所得出的重要结论。

（作者单位：解放军南京政治学院上海校区）

# “中国梦”与高校党建之责任

周　菲

习近平总书记提出，实现中华民族伟大复兴，就是中华民族近代以来最伟大的梦想。“中国梦”是百年来中华民族一直渴望和追寻的梦，是实现中国人民对未来期望的民族复兴之梦。中国共产党的发展壮大与“中国梦”有着不可分割的历史联系。回顾过去，追梦，使中国共产党付出了最大牺牲和最大努力；追梦，使中国共产党成为了世界上党员数量最多，执政时间最长的政党。展望未来，追梦，仍将成为中国共产党未来的重要责任与重大使命。当前，中华民族比历史上任何时候都更接近民族复兴的伟大梦想，但同时，我们也面临着形势复杂、问题重大、挑战严峻的局面，需要全党和全国人民共同应对。实现“中国梦”的路程有多远，时间有多长，以及在实现“中国梦”的过程中每个中国共产党人要承担哪些责任与义务，都是我们当下要认真思考的问题。

在中华民族追梦的过程中，高等教育发挥着重要作用。高校作为历史进步和社会发展的引领者和助推器，在“中国梦”的实现历程中承担着繁荣哲学社会科学、引领科学技术进步、培养输送专业人才的重要职责。大学精神和大学文化是孕育“中国梦”厚重底蕴、培养德才兼备的人力资源的基础，是“中国梦”的实现载体。当前，“中国梦”正在内化为中国人的理念自觉和行动自觉。“大学担当起更多的社会责任，这是一种精神。是一种勇于承担的责任感与一种为他人服务的贡献精神。这种精神体现了大学人对人类终极价值的关怀、对高品位文化的蓄养和对理想主义的追求。”在高校，“中国梦”也正在成为师生的共同价值理想。高校师生有梦想的目标，有逐梦的勇气，有将梦想变为现实的努力，也有为伟大复兴的“中国梦”集力奋斗的行动。

实现“中国梦”是高校党建工作面临的新形势、新任务与新挑战，“中国梦”的提出也为加强高校党建工作提供了难得的机遇，搭建了广阔的平台，增添了丰富的内涵。做好高校党建工作关系到我们党在高等学校中的核心领导地位，关系到党的教育方针、政策在高校的落实，关系到高校的社会主义办学方向，直接影响人才培养的质量。因此，高校党建工作在高校以育人为中心的各项工作中起着核心保障作用，理应承担起中华民族追梦、逐梦的历史责任。对于高校党建工作来说，这一历史责任主要体现在三个方面：

**一是政治责任。**党建工作是中国共产党为实现所制定的奋斗目标，紧密围绕党的基本路线，不断加强党的思想建设、组织建设、作风建设、制度建设和反腐倡廉建设，努力提高党的凝聚力和战斗力，逐步把党建设成为领导全国人民不断取得革命和建设胜利的坚强领导核心所开展的工作，核心是党的思想建设、组织建设、作风建设、制度建设和反腐倡廉建设，其中思想建设是第一位的，是党的各项建设工作的基础。高校党建是党的建设的重要组成部分。党对高校的领导始于1990年中共中央发布的《关于加强高等学校党的建设的通知》，第一次明确了高等学校实行党委领导下的校长负责制。此后，党委领导下的校长负责制不断健全和完善。1996年《中国共产党普通高等学校基层组织工作条例》的颁布，对党委领导下的校长负责制及高校党的基层组织建设做出了具体规定。1998年通过的《中华人民共和国高等教育法》，以法律的形式确定了高校的领导体制。2010年修订的《中国共产党普通高等学校基层组织工作条例》，再次重申了党委领导下的校长负责制。这一系列政策法规的建立和完善，有效保证了党对高校的领导，确立了党在高校的核心地位。同时，这一基本制度也规定了高校党建工作应主要围绕三个方面开展工作：一是完善与创新高校基层党组织的自身建设及其工作机制；二是实现高校基层党组织工作的基本目标，即培养社会主义事业的合格建设者与可靠接班人；三是围绕大学职能搭建高校党建工作对学校中心工作的支撑平台。

正是在这个制度平台和工作目标的引领和支持下，高校党建工作在实现“中国梦”的过程中能够有所担当，即以坚定的政治责任感和使命感，坚持社会主义办学方向，办好人民满意的大学，为“中国梦”的实现打好政治基础。因此，我们必须通过高校党建工作，将“家事、国事、天下事、事事关心”的爱国理念，“先天下之忧而忧，后天下之乐而乐”的民族责任感和中国特色社会主义的理论体系传递给大学生。通过教育教学，形成大学生优秀的人格品质和创新意识，提高“中国梦”的内涵和逐梦的美好体验。

**二是育人责任**。人才的本质是“人”，有“才”而无“人”，则失去了大学的真谛。高校党建工作的对象是整体素质较高的知识分子（教师与学生），这个群体受教育程度高，知识面广，有独立人格，有较强的分析判断能力。特别是目前的大学生群体，他们朝气蓬勃，对新鲜事物敏感易接受，但思想不够成熟，容易受消极因素影响，意志易动摇。因此，高校党建工作必须根据实际情况，贯彻党对知识分子的政策，尊重知识、尊重人才，充分发挥高校教师党员在人才培养中的作用，加强对大学生进行党的基本路线方针政策、党的基本理论教育以及社会主义价值体系教育，引导他们尽快适应从中学到大学、从精英教育到大众化教育、从应试教育到素质教育的转变。在进行知识储备的同时，培养他们正确的世界观、人生观、价值观，增强服务社会的责任感和使命感。从这个意义上讲，高校党建工作是为国家培养合格建设者和可靠接班人的重要环节。可以说，每一个青年学生的梦想都是国家梦、社会梦、教育梦的重要构成。高校党建工作就是要通过加强和改进大学生思想政治教育助力每个学生的个体梦，并将个体梦与国家梦紧密结合，坚持以人为本、立德树人，在实现国家梦的进程中承担起高校党建工作的育人责任，为国家建设发展培养和输送一批理想信念坚定、文化知识丰富、品德人格优秀的青年学子。

**三是文化传承创新责任**。人类的历史是文化传承与创新历史，大学是优秀文化传承的重要载体和思想文化创新的重要源泉。大学“象牙塔”般的性格，表现在它是学术的殿堂，是人类精神的净土，是推动社会发展的动力，是真善美的发源地。大学的文化传承创新首先体现在育人这个核心职能上，因为文化传承创新最根本的是要通过人才培养来实现，通过人才培养将先进文化一代一代地传承下去并发扬光大，实现人的可持续发展和社会的不断进步。高校的党建工作就是要使大学生形成对真善美的价值认同，形成对人类精神的价值认同并形成优秀的人格品质。在任何国情下，大学都不可能远离政治，都是在政治与文化的交融中实现对大学生进行价值观的传授。这个过程就是文化传承与创新的过程，也是一个国家构建先进文化与民族文化自觉的过程。文化的先进性使“中国梦”蕴含着中华民族伟大复兴的精神境界、理想目标和价值追求，它促使人们追求真善美、抵制假恶丑，渴求幸福和谐、厌恶无序混乱，追求公平正义、反对腐败特权，为建设社会主义现代化强国而不懈奋斗。“中国梦”的实现需要中国人的文化自觉，更需要大学人的文化自觉。文化的自觉性不仅使中国人在“中国梦”的实现过程中充分展示民族素质的优秀与特色，展示中国人对现代文明的认同与向往，更要展示在多元文化的格局下，中国人对自己政治信仰的维护与坚定。

“空谈误国,实干兴邦”这是我们实现“中国梦”最重要的精神状态。高校党建工作如何为实现“中国梦”践行其责任,笔者认为途径有三:

**一是明确高校党建工作的基本目标,为“中国梦”的实现搭建人才平台。**高校党建工作的基本目标即建设高素质教师队伍、培养高质量人才、创造高水平科研成果、提供高质量社会服务。高校党建工作的对象是三支队伍:教师、学生和行政干部。在依托高校党建工作共筑“中国梦”的过程中,要通过提升师资队伍建设水平,加大科研成果产出,服务社会发展需求;创新人才培养模式,加强大学生思想政治教育工作,提高人才培养质量;培养高素质的管理干部队伍,提高行政部门的服务意识与工作质量。为实现高校的各项建设目标搭建好人才平台,畅通“中国梦”的实现途径。

**二是提高党建工作的科学化水平,为“中国梦”的实现搭建制度平台。**党的十七届三中全会提出了“提高党的建设科学化水平”这一重大命题和重大任务。党建工作科学化的内涵就是以科学的理论指导党的建设,以科学的方法推进党的建设,以科学的制度保障党的建设,按照科学规律谋划党的建设。我们只有提高了党的建设科学化水平,才能切实加强党的思想、组织、作风、制度和反腐倡廉建设,提高党作为“两个先锋队”的生机活力。提升高校党建科学化水平最根本的是以科学发展观为指导,运用科学发展观所体现的马克思主义的立场、观点、方法来谋划和推进党的建设,建章立制,把科学发展观落实到高校党的建设的各个方面。因此,提高高校党建工作的科学化水平是办好社会主义大学、推进科教兴国战略、实现教育强国梦的重要保障。

高校党建工作科学化水平主要体现在制度建设方面,如党委领导下的校长负责制、党政联席会议制、干部选拔与培养制度、基层党组织建设制度、加强党员作风建设制度、加强基层党支部战斗堡垒作用以及反腐倡廉建设制度等。党建工作的制度建设之所以能够为“中国梦”实现提供保障,其关键在于制度化的党建工作是科学化的体现,能够保障党建工作不偏离规范。只有党建工作规范化,“中国梦”的实现过程才规范化,只有党建工作科学化,“中国梦”的实现过程才科学化。

**三是以大学文化建设促进高校党建工作,为“中国梦”的实现搭建文化平台。**实现“中国梦”的质量与品位,靠的是国家的文化发展与国民的文明程度。大学文化是国家文化和民族文化的组成部分,是现代大学的精神和灵魂。大学的精神文化表现为大学人共有的价值追求与行为方式,是大学文化的核心和根本;大学的物质文化表现在教学、科研及师生员工所需的物质设施与环境中,是大学存在的基础;大学的制度文化体现在学校的各种规章制度之中,是大学得以发展的保障。大学文化对学生在校期间形成正确的世界观与人生观有着潜移默化的影响,这对高校党建工作实现育人修德有重要的促进作用。有了这个文化平台,才能提高“中国梦”的文化内涵,才能使中国人拥有文化的自信,才能使我们的国家与发达国家一样站在同样的文化高度去追寻现代化。

(作者:辽宁大学党委副书记,教授、博士生导师)

# 海外华文媒体与中国梦

何亚非

2014年6月，习近平主席在会见第七届世界华侨华人社团联谊大会代表时指出，当前，中国人民正在为实现“两个一百年”奋斗目标、实现中华民族伟大复兴的中国梦而奋斗，在这个伟大进程中，广大海外侨胞一定能够发挥不可替代的重要作用。作为连接中国与世界的独特纽带和重要桥梁，海外华文媒体不仅在历史上为中国革命、建设、改革事业作出了重要贡献，而且在当前向世界阐释、传播中国梦过程中正发挥着积极作用。

## 一、海外华文媒体发展壮大与中国和时代发展同步

自1815年第一份华文报纸《察世俗每月统记传》在马六甲诞生起，海外华文媒体至今已有200年历史，累计出现约5000种。

回望历史，在海外发芽、得风气之先的华文媒体，自诞生起就举起了革命与爱国两面旗帜，为传播先进理念和知识、争取民族独立和解放、支援中国革命和建设发挥了独特的启蒙、动员和宣传作用，成为世界范围内中华民族信息、文化、思想传播的一道独特风景。

辛亥革命先驱办报120家，其中多数在海外。1912年，梁启超在谈到辛亥革命成功原因时说：“报馆鼓吹之功最高，此天下公言也。”在民族危亡系于一线的抗战时期，海外华文媒体积极鼓励动员华侨华人或踊跃归国从戎或慷慨捐资捐物。新中国成立以来，广大海外华文媒体始终与祖（籍）国同呼吸、共命运、齐发展。

随着新中国建设、改革、发展的步伐不断加快和人类传播技术不断革新，海外华文媒体自20世纪后半叶以来得到极大发展和壮大。目前海外华文媒体分布在61个国家和地区，总数达1019家，其中报纸390家、杂志221家、广播电台81家、电视台77家、网站250家，已成为国际舆论不可或缺的组成部分。

随着时代的进步和传播技术的创新，海外华文媒体呈现出“三个转变”的发展趋势：一是随着互联网时代到来，华语报刊、广播、电视、网络等媒体形态由各自独立发展向融合发展转变，逐步走向全媒体时代。二是随着华人经济实力增强、华人社会乃至住在国主流社会需求增大，海外华文媒体逐渐由单一的地方媒体向多地联动、媒体平台齐备的传媒集团转变。三是由侧重华文内容向兼顾住在国主流语言及其关心议题的本土化转变，有些还开始与住在国主流媒体开展内容交换、共享发行渠道等合作，进一步凸显本土化趋势。

海外华文媒体发展壮大与中国发展振兴的关联度越来越高。许多新移民创办的华文媒体不仅报道家乡的一草一木，而且更加关注中国整体经济社会发展，并大量采用中国主流媒体的信息。

## 二、海外华文媒体是沟通中国与世界的特殊纽带

西方媒体长期主导国际舆论格局，但由于历史认知、语言差异、宗教传统等跨文化因素及意识形态的偏见，报道中国时表面、片面、负面现象严重。而海外华文媒体因其跨文化、跨国界的特殊地位，在报道中国新闻、传播中华文化和沟通中外关系时，有着独特的优势。

海外华文媒体发挥着塑造中国国家形象的功能。植根住在国社会的海外华文媒体，长期浸润、深入了解中外历史、政治、经济、民族、宗教等状况，又熟悉住在国政治制度、法律环境、民风乡俗、文化心理、阅读习惯，十分有利于推介、塑造易为当地民众理解和主流社会接受的中国国家形象和话语体系。同时，海外华文媒体立足中华优秀传统文化，在华侨华人社会倡导团结和谐、和睦共赢、守法诚信、举止文明、关爱社会等价值理念，有利于帮助塑造华侨华人的良好形象和中国的国家形象。

海外华文媒体具有聚合海外中华儿女的功能。国运兴，侨运兴。随着广大华侨华人在海外整体地位不断提升和族群意识日益觉醒，海外华文媒体更加自觉和重视维护和促进祖(籍)国统一、推动华人参政议政、维护侨胞合法权益，进一步强化了对华侨华人群体的影响力。近年来，海外华文媒体在全球"反独促统"、北京奥运圣火传递等重大事件中的表现，充分表明他们有意愿、有热情、有能力汇聚海外中华儿女力量，为推动中国发展与进步、促进中国与各国友好合作、维护和促进祖(籍)国的统一大业作出新贡献。

海外华文媒体具有促进中外友好合作的功能。华侨华人的生存环境同中国、住在国发展状况以及双边关系息息相关。中国的强大与中外关系的融洽，将会提升他们在住在国的影响力；一旦中国与住在国关系出现紧张、对抗乃至恶化，他们的生活和生存难免会受到牵连。整体而言，海外华文媒体期盼中国繁荣富强，希望住在国社会稳定、经济发展，大多乐见双方构建友好合作牢固基础。它们拥有全球信息采集和研判能力、深厚的中外政商学研人脉网络、兼容并蓄的跨文化视野等独特优势，对促进中外合作发挥着重要作用。

## 三、推动海外华文媒体为传播和实现中国梦发挥积极作用

海外华文媒体因其独特优势，对向世界传播中国梦、推动中国梦的实现大有裨益。中国作为祖(籍)国有必要进一步关心和重视海外华文媒体，支持其健康发展不断壮大。

**一是要广泛团结。**可以同圆共享中国梦为引领，广泛团结海外华文媒体，积极倡导登高望远、求同存异的合作发展理念，加强交流和联谊工作。继续举办短、中期业务培训班并扩大范围，增强海外华文媒体从业人员业务能力和对祖(籍)国感情，推动国内媒体与海外华文媒体之间人员交流和内容共享，以此提升海外华文媒体从业者的水平与共识。

**二是要积极引导。**可以共享信息等合作方式，积极引导海外华文媒体全面客观报道中国，深入宣传解读中国梦，讲好中国故事，传播好中国声音。特别要鼓励华文媒体：阐释好中国梦和改革开放新举措、经济发展新思路、对外交往新理念；介绍好改革开放以来中国经济社会发展巨大成就和中国人民精神面貌深刻变化；讲清楚中国向何处发展、未来前景如何等国际社会关切的问题；讲透彻中华民族伟大精神和优秀文化等。

**三是要用心涵养。**海外华文媒体当前大都面临媒体转型、人才匮乏、经营困难等重大挑战，要加强对其服务，推动其整合资源，设身处地帮助他们解决困难。支持海外华文媒体与中国知名媒体、智库、企业合作并一道发展壮大，共同构建融通中外与公正、平衡、合理的国际话语新体系。

通过海外华文媒体这个独特纽带和重要桥梁，向世界传播中国梦，必然会是一条现实可行的成功路径。

（作者：国务院侨办副主任）

# 践行群众路线:同心共筑中国梦的内核与灵魂

李建华 牛 磊

中国梦的建设口号与奋斗目标,是习近平总书记在2012年11月29日带领新一届中央领导班子的全体成员在国家博物馆参观了民族复兴展览之后正式提出的,是党和国家从现在开始到本世纪中叶的中长期规划的核心与指南。按照总书记的观点,中国梦的本质是中华民族的伟大复兴,其目标指向是全面建成小康社会。在中国发展格局从四位一体上升到十八大提出的政治、经济、文化、社会、生态五位一体的宏观背景下,中国梦要得以最终顺利实现,其内容是广泛的,难度也是可想而知的。这就需要全体人民为了全面小康梦、民族复兴梦,苦心戮力、迎难而上、同心共筑中国梦。不过,我们也发现尽管中国梦的宣传与发动已经将近一年,但依然有少数干部不得要领,甚至不知道该从何着手。这对于我们全体民众共同梦想的实现是消极的,也是不利的。

我们认为,对于这些领导干部的困惑与不解,党的十八大报告就已经给出了答案,即"必须增强宗旨意识,相信群众,依靠群众,始终把人民放在心中最高位置"。毋庸置疑,所谓增强宗旨意识就是让我们增强服务群众、依靠群众的意识;换言之,就是要认真践行群众路线——我们党从革命战争时期以来一以贯之的根本工作路线——一切为了群众、紧密依靠群众、相信群众,从群众中来、到群众中去。无独有偶,在2013年4月19日和6月18日,习近平总书记先后两次召开政治局会议,商讨如何在全党的领导干部群体中广泛开展群众路线的教育实践活动。中央对于群众路线的着重强调,显然不是简单的新瓶装旧酒,而是给我们的干部队伍指出了破解当前建设中国梦困惑的金钥匙。表面上看起来,群众路线教育活动与中国梦并无太大关联,然而如果深入了解和分析群众路线的发展历程与重大现实意义,就会发现二者之间不但有着千丝万缕的关联,而且深入践行群众路线还是构筑中国梦的内核与灵魂。

## 一、群众路线:中国梦实现的前提和基础

中国梦的前提和基础所要解决的是为谁筑梦、实现谁的梦想的问题。群众路线的第一个基本原则便明白无误地告知了我们答案:一切为了群众。尽管这是我们党一贯的路线和方针,但是随着改革开放的进行,一些干部渐渐淡漠了群众观,反而患上了严重的"权力依赖症",认为自己手中掌握的权力不是为了让群众,而是为了让自己和周围的亲戚朋友过上幸福的生活,因此脱离群众的危险出现了,享乐主义、奢靡之风等不正之风也渐渐出现了。甚至还有极个别干部面对记者的采访竟然说出了"你是为党说话还是为老百姓说话"这样违背基本常识和我们党的优良传统、人为地将党和人民群众的关系割裂开来的雷人言语。殊不知,这样的干部虽然是少数,可是带来的影响却是极坏的,因为它不但抹杀了我们党建立之初领导工农闹革命的艰辛历史,也抹杀了我们党作为工人阶级先锋队的本质,更将党置于与人民群众相对立的地位。这样的后果只能让人民群众感受不到"中国梦就是我的梦"的坚定立场,感受不到"中国梦就是全面小康梦"的美好未来。这些干部构筑"中国梦"的出发点,不是群众路线要求的一切为了群众,一切从群众的

利益出发,而是为了一己私利,一切从自己的权力出发。

显而易见,"权力依赖症"引导下的中国梦是万万要不得的。要让全体人民心甘情愿、满怀信心跟着党一起在中国梦的道路上阔步前行,必须时刻牢记群众路线所要求的"一切为了群众"。我们党从成立伊始,一直秉承着群众路线要求的群众观,对于脱离群众的现象和不良风气一直保持着高度警惕。1942 年延安整风期间,毛泽东同志在《对晋绥日报编辑人员的谈话》中指出:"我们党二十几年来,天天做群众工作,近十几年来,天天讲群众路线。但是在有些同志工作中间,群众路线仍然不能贯彻,他们还是只依靠少数人冷冷清清地做工作,事情怎么能够办好……总之,一切群众的实际生活问题,都是我们应当注意的问题,我们就真正成了群众生活的组织者,群众就会真正围绕在我们周围,热烈地拥护我们。"由此不难理解,为什么我们党一直强调党没有自己的独立的利益,党的利益和人民的利益是一致的。党的十三届六中全会通过的《中共中央关于加强党同人民群众联系的决定》郑重指出:"共产党员如何对待群众,是一个根本的立场问题,世界观问题,党性问题。要通过教育,使广大党员特别是各级领导干部懂得,历史活动是群众的事业,生机勃勃的创造性的社会主义是由人民群众自己创立的。"这是中国共产党自七大之后,第一次以中央《决定》的名义,对群众路线和党员领导干部应该持何种群众观作出的新的概括。

不难理解,持何种群众观关系着人心向背甚至是生死存亡。唯有摆脱"权力依赖症",深刻认识到自己掌握的权力是人民赋予的,才能够真正践行群众路线,把群众的利益和幸福作为管理和服务的核心与宗旨;也唯有如此,才能获得人民群众发自内心的拥护和支持,我们党的执政才能具有扎实的群众基础,中国梦才能够真正成为全民盼望的小康梦。

## 二、群众路线:中国梦实现的动力所在

按照中央的部署,中国梦的实现分为三个阶段。第一,到公元 2020 年的时候,全体人民的收入实现翻番;第二,到建党 100 周年的时候,全面建成小康社会;第三,到建国 100 周年的时候,将我国建设成为具有中上等发达水平的国家。这与小平同志在我国改革开放之初确立的"三步走"规划具有异曲同工之妙。客观而言,中央的这一战略部署既体现了群众路线所要求的"一切为了群众"的建设方针,也反映了我国社会主义现代化建设"最终实现共同富裕"的总目标,更是基于当下我国社会公共财富分配体系不公而进行的战略性调整。

改革开放 30 多年所取得的辉煌成就早已成为公论。但是我们也必须看到成就的背后是社会收入差距越来越大,公共财富分配体制距离公正的要求始终存在一定的偏离。因此早在 2008 年纪念改革开放 30 周年的讲话中,胡锦涛同志就敏锐地意识到了这个问题,提出如果改革开放前 30 年的重点是经济建设,那么第二个 30 年乃至更多的 30 年的重点便是要以社会的公平正义建设为中心。在此背景下,要实现中国梦,就必须要让改革开放的成果惠及全体人民,要让改革开放的红利更多的落到全体老百姓的头上。换言之,中国梦的实现不能仅凭空洞的口号,必须要在以人为本的基础上,让我们的党真正成为一个代表最广大人民的根本利益的、以"利为民所谋"为执政指南的执政党。

毛泽东早在延安时期就深刻地指出:"我们的第一个方面的工作并不是向人民要东西,而是给人民以东西。……一切空话都是无用的,必须给人民以看得见的物质福利。"可见,唯有这样,才能够符合中国梦所提出的全面小康的要求,才能够满足民众的利益诉求,也才能够保证人民的主体性地位,也才能够全面激发人民的积极性、主动性和创造性,中国梦的建设才能够拥有强大的动力机制,推动着中国梦

“三步走”战略的顺利实施。诚如有学者指出的那样，群众路线是实现中国梦的力量源泉。没有人民群众的智慧和力量，中国梦的实现就失去了依托。漠视群众的力量和智慧，不把群众的作用当回事，长此以往，一切依靠群众会成为一句空话，也将妨碍中国梦的实现。可见，只有踏踏实实，一步一个脚印，努力提高人民群众的收入水平和幸福指数，才能够让中国梦的建设避虚就实，真正走好每一步，也才能体现出党的十八大报告中对群众路线所做的“为民务实清廉”六字总结中的“务实”的题中之义。

不过值得关注的是，在满足群众利益诉求的过程中，要坚持马克思主义具体问题具体分析的基本观点。因为总体上看，借用奚洁人教授的观点，现阶段的群众利益及其诉求呈现多样化的趋势，有的是合理的，也易于解决；有的可能是合理的，但一下子难以办到；有些可能是不合理的。群众利益的诉求方式可能是理性的、合法的，也可能是情绪化的，甚至是冲动的、无序的、不合法的。这就对党的干部的思想工作能力提出了新要求，即要区别不同对象和情况分别处理。

## 三：群众路线：中国梦实现的技术指南

中国梦的“三步走”战略加之以十八大确立的“五位一体”的发展新格局，构成了一个非常复杂的图景，也使得中国梦的构筑面临着无处着手、眉毛胡子一把抓的尴尬与困惑。如果要描绘出一幅清晰的图像，我们需要运用马克思主义哲学善于抓主要矛盾的基本观点。

如前文所述，党的十八大报告中对于群众路线有一个非常精炼的总结：为民务实清廉。“为民”要求我们遵循的根本工作路线和方法即群众路线，反映了中国梦实现的前提和基础；“务实”体现了党对于各级领导机关和干部的工作态度要求；“清廉”则是此次群众路线教育实践活动的主体与核心内容。进一步分析，中国梦要得以实现，则要求广大领导干部必须自发自觉地将手中所掌握的公共权力限制在法律法规的范围之内，有效抑制乃至彻底杜绝以权谋私、中饱私囊、贪污腐败、奢侈浪费等诸种违法乱纪的情况。只有这样，才能够建设一个公平正义的外部环境，广大人民群众的切身利益才能够得到有效保障，群众的福祉才能够有效避免被政府二次干预或剥夺的隐患。中央党史研究室原副主任石仲泉认为，最大的病、难治之症就是腐败。反腐如果能有一定效果，老百姓比较认可，就不仅解决了工作作风的“务实”，也实现了这次教育活动的“务实”。否则，还是误党误国的“空谈”。只有通过新一轮反腐败的大力推行，澄清吏治，才能够让我们的领导干部认识到公共权力并非是可以为非作歹的“个人私器”，而是为人民服务的“天下公器”。

其次，群众路线向我们昭示了在中国梦的构筑过程中该具体如何使用公共权力。党的十八大报告中明确指出要“保证人民依法享有广泛权利和自由”；倡导人民群众是实践主体，指出要“坚持问政于民，问需于民，问计于民，从人民伟大实践中汲取智慧和力量”。之所以要在全国广泛推行和开展“三问”，是因为人民群众中蕴藏着巨大的智慧与力量。毛泽东早在很多年以前就指出，“人民，只有人民，才是创造世界历史的动力。”不仅如此，他还通过对群众路线方针的理解，提出了如何问计于民的工作机制。延安整风期间，毛泽东于1943年写了《关于领导方法的若干问题》，对党的群众路线从哲学认识论角度进行了科学概括，指出：“在我党的一切实际工作中，凡属正确的领导，必须是从群众中来，到群众中去。这就是说，将群众的意见（分散的无系统的意见）集中起来（经过研究，化为集中的系统的意见），又到群众中去做宣传解释，化为群众的意见，使群众坚持下去，见之于行动，并在群众行动中考验这些意见是否正确。然后再从群众中集中起来，再到群众中坚持下去。如此无限循环，一次比一次地更正确、更生动、更丰富。这就是马克思主义的认识论。”这里，毛泽东一方面把马克思主义认识论、辩证法、历史观转化为党的群众路线;另一方面又把群众路线提到马克思主义哲学的高度作了理论概括,被认为是党的群众路线趋于成熟的主要标志。

## 四、群众路线:中国梦实现的矫正器

如前所述,中国梦的实现需要全体领导干部按照群众路线的要求,将民众利益放在最重要的位置,积极为广大人民群众提供优质、高效的公共服务,使改革开放的成果更多惠及全体人民;同时为社会的发展与和谐创造公平正义的法治环境。事实上,中国梦作为中华民族空前远大的一个梦想,作为全国人民热切盼望的奋斗目标,其实现的困难何其多,难度何其大。如果用一辆火车来形容的话,车头就是我们的党,后面的车厢就是广大人民群众,前面要抵达的目标就是中国梦,公平与效率、自律与他律、法治与道德、领导与公仆、领导与服从都是火车两端的轮子。作为一项空前的伟业,在高速行驶的铁轨上面,如果火车两端的轮子不能够同速前进、保持在一个节奏上,那就不可避免地将要出现走弯路的现象;如果在出现弯路的情况下不能够及时调整轮子的行进幅度,那弯路就会越走越远,距离中国梦的共同目标同样越来越远;甚至如果走到了沙丘和泥沼中,就会无法前进甚至有翻车的危险。因此,对于中国这趟开往中国梦方向的火车,如果要确保顺利到达目的地,就必须要具备防止两侧的轮子处在不同行进节奏上的矫正器。对于时下的中国梦的构筑而言,这个矫正器就是坚持"紧紧依靠群众,从群众中来到群众中去"的群众路线。换言之,只有认真践行群众路线,我们才能够有效减少乃至避免在中国梦的前进道路上走弯路的隐患。

紧紧依靠群众是群众路线的重要一环,但要实现这一点,必须首先意识到前面潜在的一环,即相信群众;同样的道理,相信群众这一环前面也有潜在的一环,即尊重群众。党的十八大报告在如何更好地推进社会发展与建设方面提出了"八个必须"的方针。其中,必须坚持人民的主体性地位排在了第一位,而坚持党的领导排在了第八位。毫无疑问,这样的排列顺序并非说明党的领导不重要,恰恰说明了长期以来由于我们过多地强调党的领导使得一些干部将坚持党的领导作为拒绝推进人民的主体性地位的挡箭牌,导致人民的主体性地位在过去一段时期有名无实。中央敏锐地发现了这一问题的关键所在,"八个必须"方针提出的重要意义就在于在坚持党的领导的基础上,强调人民的主体性地位必须加以认可和保障。唯有如此,才能够真正地尊重群众;只有尊重群众,才能够相信群众;也只有相信群众,才能够谈得上紧紧依靠群众。只有深刻领会和践行群众路线的这一要求,才能够充分了解民众的诉求、发挥民众的才智、提高民众的积极性和主动性,才能够在市场经济的发展中避免过度强调效率而忽略公平正义的建设以及基本的社会保障和社会福利,也才能够在公共管理制度的建设和改革上避免只强调领导干部的自律而忽略了强制性的他律尤其是广大人民群众的政治参与和政治监督权保障下的他律,才能够以法律作为治国的基本国策并促进道德水平的提高,也才能够使得领导干部既能够领导人民阔步前进又能够心甘情愿地做人民的公仆。

## 五、群众路线:中国梦实现的评估依据

中央为中国梦的"三步走"战略勾勒了一幅幅美好的画卷,我们认为,评估中国梦实现水平和程度的依据依然是群众路线——毕竟我们的奋斗目标是为了实现全面小康,人民群众显然是感受最深、最具有发言权的。邓小平同志早在改革开放之初就明确提出要把"人民拥护不拥护"、"人民赞成不赞成"、"人民高兴不高兴"、"人民答应不答应"作为考虑和处理一切问题的出发点和归宿。江泽民同志提出的"三个代表"重要思想,尤其是始终"代表着中国最广大人民的根本利益",是对党的群众路线的

继承和发展；并提出要"全心全意为人民服务，立党为公，执政为民"的新要求。

习近平总书记说：中国梦归根到底是人民的梦。中国梦的最大特点，就是把国家、民族和个人作为一个命运共同体，把国家利益、民族利益和每个人的具体利益紧紧联系在一起。老百姓对幸福生活的追求，构成了中国梦最坚实的基础。老百姓期盼有更好的教育、更稳定的工作、更满意的收入、更可靠的社会保障、更高水平的医疗卫生服务、更舒适的居住条件、更优美的环境，期盼孩子们能成长得更好、工作得更好、生活得更好。从党的群众路线的角度来看，实现中国梦必须以人民利益为最高准绳，把最广大人民群众的切身利益实现好、维护好、发展好，把中国梦落实到老百姓的幸福生活上，落实到解决老百姓关心的一件一件具体事情上。

综上，群众路线的践行与中国梦的构筑有着千丝万缕的联系，群众路线所蕴含的群众观、权力观、利益观等思想，对于中国梦的顺利实现具有重要的保障和促进作用；群众路线不仅是我们党根本的工作路线和方针，亦是我们在实现中国梦的前进过程中必须加以坚持的重要方法和指南。

（作者单位：中南大学）

# 实现中国梦的支撑体系

姚宏志

党的十八大以来,以习近平同志为总书记的党中央,围绕着什么是中国梦、怎样实现中国梦这一重大问题,明确提出并深刻阐述了中国梦的一系列战略思想,创造了马克思主义中国化历史进程中的又一标志性成果。在怎样实现中国梦的问题上,习近平同志分别从中国道路、中国制度、中国精神、中国力量四个方面,建立起相互联系、相互作用的支撑体系,并对它们在该体系中的作用作了科学分析,使中国梦的实现有了更加坚强的保证。

## 一、中国道路支撑

中国梦是习近平同志于2012年11月29日在国家博物馆参观"复兴之路"展览时首次明确提出来的,是在中国共产党推进中国特色社会主义的历史进程中概括和提炼出来的,是着眼于坚持和发展中国特色社会主义提出的重大战略思想。中国梦与中国特色社会主义道路之间,有着须臾不可分的内在关联。一方面,中国梦丰富和发展了中国特色社会主义道路的科学内涵,提升了中国特色社会主义道路的理论境界,增强了中国特色社会主义道路的自觉与自信,为坚持和发展中国特色社会主义道路注入了新的精神能量;另一方面,中国特色社会主义道路是实现中国梦的唯一正确道路,只有坚持和发展这条道路,中华民族伟大复兴的中国梦才能变成活生生的现实。

中国特色社会主义道路,是改革开放新时期以邓小平同志为核心的党的第二代中央领导集体,在深刻总结我国社会主义建设和世界社会主义运动正反两方面经验教训的基础上,在中国特色社会主义建设的崭新实践中成功开创的,并在20世纪80年代取得了突飞猛进的发展。20世纪90年代以来,以江泽民同志为核心的党的第三代中央领导集体,在国内外形势十分复杂、世界社会主义出现严重曲折的严峻考验面前,成功地捍卫了这条道路,将中国特色社会主义伟大事业全面推向21世纪。新世纪新阶段,以胡锦涛同志为总书记的党中央,紧紧抓住重要战略机遇期,在全面建设小康社会的历史进程中成功地坚持和发展了这条道路,在新的历史起点上将中国特色社会主义伟大事业继续全面推向前进。改革开放30多年来中国特色社会主义道路的丰富实践,不仅使中国经济快速发展起来,综合国力迅速增强起来,中国人民生活水平快速提高起来,而且使中国人民和中华民族为世界和平与发展作出了杰出贡献。事实雄辩地证明,中国特色社会主义道路是一条符合中国国情、强国富民的道路。要发展中国、繁荣中国,要全面建成小康社会、加快推进社会主义现代化、实现中华民族伟大复兴的中国梦,必须"坚定不移高举中国特色社会主义伟大旗帜,既不能走封闭僵化的老路,也不能走改旗易帜的邪路"。中国已经在中国特色社会主义道路上走过了波澜壮阔的30多年,还要沿着这条康庄大道矢志不渝地走下去。

实现中国梦要以中国特色社会主义道路为支撑,不仅体现在改革开放以来中国特色社会主义的崭新实践中,而且体现在近代以来中国先进分子对中华民族伟大复兴的苦苦探求中。鸦片战争之后,中国一步步地沦为半殖民地半封建社会的深渊,国家积贫积弱,战乱不已,民不聊生。为了拯救中华民族于水深火热之中,一代代中国先进分子心怀民族复兴的梦想,进行了前赴后继的奋斗。他们曾经尝试过“自强”、“求富”的洋务之路，曾经尝试过君主立宪的维新变法之路，曾经尝试过“三权分立”的资本主义宪政之路，曾经尝试过国共两党之外的“第三条道路”……但是，这些道路在中国均走不通。正如毛泽东所指出的：“帝国主义的侵略打破了中国人学西方的迷梦。很奇怪，为什么先生老是侵略学生呢？中国人向西方学得很不少，但是行不通，理想总是不能实现。多次奋斗，包括辛亥革命那样全国规模的运动，都失败了。”为什么会出现这种状况呢？原因就在于，这些道路并不适合于中国国情，它们不是指引中华民族走向复兴的现实道路。客观形势的发展迫切需要新的阶级探索新的道路。中国共产党正是肩负着这一艰巨使命登上历史舞台。为了实现梦想，中国共产党制定了中国道路的“两步走”战略：先进行民族民主革命，结束半殖民地半封建社会的历史，实现民族独立和人民解放；然后再进行社会主义革命，建立社会主义制度，建设社会主义社会，实现国家繁荣富强和人民共同富裕。中国共产党成立 90 多年来的历史，中华人民共和国成立 60 多年来的历史，正是沿着这一相互衔接、前后继起的道路奋勇前进的，中华民族伟大复兴的事业日益展现出光明的前景。当然，中国道路的探索总是充满着复杂和艰辛。正如中国特色的新民主主义革命道路是在历经千辛万苦、付出各种代价之后才艰难找到的一样，中国特色社会主义的建设道路也是在历经多年的曲折反复之后才摸索出来的，其中承载着几代中国共产党人的理想和追求，寄托着无数仁人志士的意愿和期盼，凝聚着千千万万革命先烈的奋斗和牺牲，凝聚着全国各族人民的思考和实践。

总之，中国特色社会主义道路不限于改革开放 30 多年来中国共产党对中国特色社会主义的开创、坚持和发展中，还体现在中华人民共和国成立 60 多年来中国共产党对社会主义革命、建设、改革道路的持续探索中，还体现在中国共产党成立 90 多年来带领人民群众为争取民族独立、人民解放、国家富强和人民共同富裕道路的艰辛求索中，同时体现在近代以来 170 多年中国先进分子对中华民族伟大复兴道路的苦苦摸索中。在此过程中，中国先进分子（后来是中国共产党）对中华民族伟大复兴的中国梦的追求与对中国道路的探求，总是紧密地联系在一起，充满着一波三折，使中国特色社会主义道路充盈着光荣的中国梦的理想，使中国梦的实现有了中国特色社会主义道路的坚强支撑。

## 二、中国制度支撑

所谓中国制度，是指中国特色社会主义制度，由根本制度、基本制度、具体制度三个层面构成。具体说来，中国制度“就是人民代表大会制度的根本政治制度，中国共产党领导的多党合作和政治协商制度、民族区域自治制度、基层群众自治制度等基本政治制度，中国特色社会主义法律体系，公有制为主体、多种所有制经济共同发展的基本经济制度，按劳分配为主体、多种分配方式并存的分配制度，以及建立在这些制度基础上的经济体制、政治体制、文化体制、社会体制等各项具体制度”。经过多年的建设、发展和完善，中国特色社会主义制度在政治、经济、文化、社会等各个方面，已经基本形成了一整套相互衔接、相互联系的制度体系，为实现中国梦建立起系统的制度保证。

**实现中国梦，需要中国特色社会主义制度作支撑。**如果说中国特色社会主义道路为实现中国梦指明了前进方向的话，那么，中国特色社会主义制度为实现中国梦提供了坚强的制度保障。邓小平同志曾经说过，制度问题更带有根本性、全局性、稳定性和长期性。在中国这样一个人口众多、经济文化基础比较落后的东方大国搞社会主义现代化建设，将无数代人寄于中华民族伟大复兴的梦想变成现实，如果没有根本制度作保证，这一梦想就会失去存在的根基；如果没有中国特色社会主义制度作保障，这一梦想同样只能是空中楼阁。中国特色社会主义制度是在对形形色色的封建主义制度、资本主义制度的批判中建立和发展起来的，自然也吸取了其中的一些有益的养分。中国特色社会主义制度对实现中国梦的支撑作用主要体现在：可以最大限度地整合社会资源，集中力量办大事，有效应对前进道路上的各种风险和挑战，维护民族团结、社会稳定、国家统一；可以最大限度地发扬人民民主，调动广大人民群众的积极性、主动性和创造性，激发全社会的创造活力和人民进取精神；可以最大限度地维护社会公平正义，促进社会和谐，实现全体人民的共同富裕；可以最大限度地凝聚社会共识、形成共同理想、构建中华民族的共有精神家园。中国特色社会主义制度的这些特色和优势，以及这些特色和优势所组成的制度合力，是其他社会制度不具备或不完全具备的，为实现中国梦提供了科学、合理的制度安排和依托。

**实现中国梦，需要坚定中国特色社会主义制度自信。**中国特色社会主义制度是马克思主义基本原理同当代中国实际和时代特征相结合的结晶体，是中国共产党在实现中国梦的历史进程中深谋远虑的结果。中国共产党从新民主主义革命时期开始，就孜孜以求地探索和设计中国的社会主义制度，并在新中国成立后逐步付诸实践。到20世纪50年代中期，随着社会主义改造的基本完成，我国基本确立起社会主义基本制度，从而为当代中国的一切发展进步、为实现中国梦奠定了根本制度基础。新时期以来，中国特色社会主义制度的坚持、创新和发展，均是从这一坚实基础上展开和深化的。我们为什么必须坚持人民代表大会制度，而不能搞“三权分立”的政治制度？我们为什么必须坚持中国共产党领导的多党合作和政治协商制度，而不能搞西方的多党制？我们为什么必须坚持以公有制为主体、多种所有制经济共同发展的基本经济制度，而不能搞私有化和单一公有制？经过30多年改革开放和社会主义现代化建设的实践，中国共产党已经对这些问题作出了明确而坚定的回答：中国特色社会主义制度不是“中国特色资本主义”制度，不是“中国特色封建主义”制度，不是“封建特色资本主义”制度，它既坚持和发展了科学社会主义的基本原则，又根据中国实际和时代特征赋予其鲜明的中国特色，具有巨大的优越性和强大的生命力。一个经济繁荣、政治民主、文化发展、社会稳定、生态良好的中国正在崛起，已经成为世界现代化进程中一个举世瞩目的“世界历史性的事实”。现在，我们可以自信地说：我们比历史上任何时期都更接近实现中华民族伟大复兴的中国梦的目标，比历史上任何时期都更有信心、更有能力实现这个目标。我们有理由相信：中国特色社会主义制度是实现中国梦的最好制度，必须始终不渝地坚持而不能偏离这一制度，我们就是要有这样的制度自信。只有坚定起这样的制度自信，中国梦的实现才有了可靠的政治保证。

**实现中国梦，需要坚持中国特色社会主义制度创新。**实现中华民族的伟大复兴，不是一蹴而就的，而是一个长期的奋斗过程。与此相适应，中国特色社会主义制度的坚持、发展和创新，同样是一项长期的艰巨任务。经过几十年的探索和发展，中国特色社会主义制度已经彰显出它的效率、特色和优势，但还不成熟、不完善、不健全，特色和优越性还有待于进一步发挥。为此，需要不断加强制度建设，推进制度创新，不断丰富和完善它。1992年春，邓小平同志曾在南方谈话时指出：“恐怕再有三十年的时间，我们才会在各方面形成一整套更加成熟、更加定型的制度。在这个制度下的方针、政策，也将更加定型化。”按照邓小平同志的设想，到2020年前后，我们通过实践基础上的理论创新推动制度创新，在坚持现有制度的同时还要健全和完善它，根据实际情况及时建立新制度，废除不适应时代发展的旧制度，逐步构建起系统完备、科学规范、运行有效的制度体系，使中国特色社会主义制度更加完善、更加成熟、更加定型。这一时间节点与目标任务，正好与中共十八大明确提出的“两个一百年”奋斗目标中的第一个百年目标——在中国共产党成立100年时全面建成惠及十几亿人口的小康社会紧密地联系起来,两者之间相辅相成,相得益彰。完善的中国特色社会主义制度为全面建成小康社会的目标提供强有力的支撑,全面建成小康社会的目标为中国特色社会主义制度的完善奠定了坚实的社会基础,两者统一于实现中华民族伟大复兴的中国梦的丰富实践中。

## 三、中国精神支撑

中国精神主要包括民族精神和时代精神两方面。民族精神构成了中国精神的空间维度,时代精神构成了中国精神的时间维度。作为对中国社会精神生活的高度概括和深入提炼,民族精神与时代精神在本质上是有机统一的,两者互为条件。民族精神的传承和发展,需要结合时代变迁和社会进步的要求,不断地纳入时代特色的元素;而时代精神的继承和丰富,也需要结合民族传统和民族文化的内容,不断地融入民族特色的因子。因此,脱离了时代特色的民族精神,正如脱离了民族特色的时代精神一样,都是没有生命力的,是不能恒久的。只有将民族精神和时代精神相互结合起来,将民族精神的时代化和时代精神的民族化相互交融起来,这样的中国精神,才能为实现中国梦提供丰厚的精神底蕴和强大的精神支撑。

**爱国主义始终是民族精神的核心。**在中华民族几千年的历史长河中,爱国主义始终是高昂的主旋律。特别是历史进入近代以后,中华民族饱受外来民族的欺凌,所遭受的剥削之苦、压迫之重、灾难之深、牺牲之大,在世界近现代历史上都是十分罕见的。为了实现中华民族的独立和解放,中国人民不甘屈服和欺侮,不断奋起斗争,终于掌握了自己的命运,洗刷了中华民族的百年耻辱,建立起中华人民共和国,充分展示了以爱国主义为核心的民族精神在实现中华民族的独立、自由、统一中的重要作用。新中国成立后,以美国为首的西方国家对中国长期采取政治上不承认、经济上封锁禁运、军事上包围威胁、外交上孤立的敌对政策,企图将新中国扼杀在摇篮之中。中国人民不为困难所压倒,而是咬紧牙关,艰苦奋斗,全力追赶,不仅基本上建立起独立的、比较完整的工业体系和国民经济体系,为中国之后的发展奠定了牢固的物质技术基础,而且顶住了霸权主义和强权政治的压力,提升了中国的国际地位。所有这些,充分展示了以爱国主义为核心的民族精神在赢得经济独立、维护国家主权、捍卫民族尊严中的历史地位。新时期以来,在中国共产党的领导下,经过全国各族人民的共同努力,我们胜利地实现了现代化建设"三步走"发展战略的前两步目标,大幅度提高了国家的综合国力和人民的生活水平,用了短短几十年的时间就走完了西方发达国家用几百年、上百年时间才走完的发展历程,为全面建成小康社会、基本实现现代化开辟了广阔的前景。这是中华民族发展史上的一个新的里程碑,同时以无可辩驳的事实再一次充分展示了以爱国主义为核心的民族精神在实现中华民族伟大复兴的中国梦中的支撑作用。

**改革创新始终是时代精神的核心。**中华民族历来具有开拓进取、革故鼎新、自强不息、团结奋斗的思想品格和精神风貌。正是这些变革与创新,使得中华民族在几千年的沧桑岁月中,经年而不衰、历久而弥新,始终走在时代和世界的前列。但是自明清以降,中华民族却大大地落伍了。究其原因,主要是腐朽的社会制度阻滞了社会前进的步伐,限制了人们"睁眼看世界"的能力,阻断了中华民族通向伟大复兴的桥梁。为此,从19世纪后期直至20世纪初,围绕着现存社会制度问题,中国社会相继爆发了要不要洋务、要不要维新变法、要不要革命的激烈争论。中国先进分子在这些争论中所持的思想武器,以及围绕这些思想武器所展开的社会实践和武器批判,充分展现了以改革创新为核心的时代精神在推动近代中国制度变迁、社会转型以及人们思想解放方面的突出作用。中国共产党成立后,这种时代精神并没有丢,而是得到批判的继承和发展。在新民主主义革命阶段，在帝国主义战争和世界无产阶级革命的时代，以改革创新为核心的时代精神主要表现为中华民族反帝反封建的革命精神。正是在这种革命精神的激励和鼓舞下，中国彻底结束了半殖民地半封建社会的屈辱历史，扫清了中华民族复兴道路上的制度障碍。不仅如此，这种革命精神在新中国成立后继续得到发扬，并迅速转化为建设新国家、新社会的强大精神力量。十一届三中全会后，中央作出了改革开放的伟大战略决策。30多年来的实践充分表明，改革开放已成为这个时代最鲜明的特征，改革创新永无止境。在改革中创新，在创新中改革，已经成为这个时代精神上最显著的标识。如果没有改革创新，没有在改革创新中坚持和发展马克思主义、坚持和发展中国特色社会主义，不仅中华民族伟大复兴的中国梦必然要落空，就是中国的社会主义红旗也会轰然倒地。这不是危言耸听，苏联和东欧社会主义国家覆亡的历史已经充分地说明了这一点。

总之，以爱国主义为核心的民族精神和以改革创新为核心的时代精神，始终是把中华民族坚强团结在一起的精神力量，始终是激励全国各族人民自强不息的强大力量，始终是鞭策我们在改革开放中与时俱进的精神力量。一个没有精神力量的民族难以自立、自强于世界民族之林，中国梦需要中国精神来支撑。中国精神已经在中华民族的团结和复兴过程中发挥了重要作用，得到了充分的展现，在中华民族为中国梦继续奋斗的历史征程中，中国精神的作用和特色将会更加彰显，因而更需要大力弘扬中国精神。只有振奋起全民族的“精气神”，才能不断增强团结一心的精神纽带、自强不息的精神动力，永远朝气蓬勃迈向中华民族伟大复兴的未来。

## 四、中国力量支撑

中华民族伟大复兴的中国梦，承载着亿万中国人民对美好未来的憧憬和期待，具有历史的沧桑感、现实的厚重性。实现中国梦，不是一件轻而易举的事情，而是要经历一个长期的、复杂的、艰苦的奋斗过程，同时需要通过各种途径和形式以积聚智慧和力量。如前所述，以爱国主义为核心的民族精神和以改革创新为核心的时代精神，为实现中国梦积聚起强大的精神支撑。但是，仅有这些精神动力还是远远不够的，还需要掌握和运用中国精神的主体——人的力量来推动和实现。因为人是实现中国梦的最基本、最活跃、最能动的因素。虽然每个人都应该是中国梦的实现者，但这里所说的人，不是特指某个人物或某几个人物，也不是特指某个阶级、阶层或社会集团，而是泛指全体中国人，特别是广大的人民群众。他们构成了中国梦的实践进程中最强大的中国力量。

**其一，主体性。**马克思主义认为，历史活动是人民群众的事业。人民群众的利益、意志、愿望和要求，从根本上体现了社会历史发展的方向。中国梦是国家的梦、民族的梦，也是每个中国人的梦，是国家和民族的富强梦与个人的幸福梦的有机统一。只有真正为了人民群众，切实相信人民群众，紧紧依靠和团结人民群众，成果由人民群众共享，中国梦的实现才能够获得源源不断的力量来源。因此，中国梦无论从内涵、立场、结果还是路径上看，都离不开人民群众，都要尊重人民群众的主体地位，都要发挥人民群众的主体作用。人民群众不仅是中国梦的构筑主体、拥有主体，而且是中国梦的依靠主体、实现主体，同时也是中国梦的分享主体、受益主体。

**其二，创造性。**人民群众是历史的创造者，是社会物质财富和精神财富的创造者，是推动社会前进和历史发展的决定性力量。人民群众中蕴藏着无穷的智慧和丰富的创造力。实现中国梦，必须尊重人民群众的劳动和实践，不断激发、动员和提高人民群众参与劳动和深入社会实践活动的主动性、积极性和创造性，从中汲取营养和力量。革命年代如此，社会主义建设新时期同样也不例外。1992年7月，邓小平在审阅党的十四大报告送审稿时强调指出：“改革开放中许许多多的东西，都是群众在实践中提出来的”；“报告中讲我的功绩，一定要放在集体领导范围内”，“绝不是一个人脑筋就可以钻出什么新东西来”。“这是群众的智慧，集体的智慧。我的功劳是把这些新事物概括起来，加以提倡。”改革开放以来，人民群众的主动性、积极性和创造性得到进一步发挥。从本质上讲，中国共产党所提出的一系列关乎中华民族前途和命运的重要思想观点、重大战略决策，无不出自人民群众的生动实践和创造活动，并在充分总结和概括这些实践经验的基础上提出来的。中国力量的创造性特色使中国梦在践行过程中充满着无限生机与活力。

**其三，广泛性。**人民群众并非一个高度同质化的集体，而是包含着不同的民族、阶级、阶层、政党、社会集团等，个体之间的立场、职业、地位、信仰、教育程度等也千差万别。为了将这些不同群体、差异性明显的个体紧密地团结起来，共同为中华民族的独立和复兴而奋斗，中国共产党发明了统一战线这一重要“法宝”。新民主主义革命时期，中国共产党充分利用这一“法宝”，最大限度地团结了一切可以团结的力量，团结了千百万真心实意拥护革命的群众，从而构筑起中华民族反帝反封建的“真正的铜墙铁壁，什么力量都打不破的，完全打不破的”。新时期以来，中国共产党继续发挥“法宝”作用，不断激发蕴藏在每个中华儿女身上的潜能，不断化解中国梦推进过程中的困难和不利因素，营造更加良好的社会氛围，凝聚更加广泛的中国力量。

主体性、创造性、广泛性，是中国力量在实现中国梦进程中展现出来的三个特色，三个重要的特色。但是，这些特色是就中国力量中的基本力量、依靠力量、团结力量而言的，除此之外，实际上中国力量还包括领导力量。它是其他各种力量能否以及在多大程度上发挥主体性、创造性、广泛性作用的关键，是其他力量能否发动起来并汇聚成汪洋大海般的中国力量的核心。在近现代中国，这种领导力量就是中国共产党。中国共产党的领导，是实现中国梦的历史进程中中国力量所呈现出来的最大特色。中国共产党的这种领导地位，不是自封的，是在领导人民为中华民族伟大复兴而长期奋斗的革命、建设、改革实践中逐步形成、确立和巩固起来的，是历史和人民选择、坚持的必然结果。在近代中国的政治舞台上，只要哪个政党或政治力量能够把中国人民从帝国主义和封建主义的双重羁扼下解放出来，能够找到中华民族伟大复兴的前途和出路问题，它就必然会成为中国社会、中国人民的领导者。在中国共产党成立以前，中国的各种政治力量曾为此努力过，较量过，但屡屡碰壁。其中原因固然很多，但根本的一条，就是没有能够真正唤起民众，没有能够团结最广大的人民群众共同奋斗。这是包括孙中山在内的中国先进分子总结历史经验得出的深刻教训。而中国共产党之所以能够带领人民不但完成反帝反封建的任务，建立起新中国和社会主义制度，而且开辟出一条中国特色社会主义新道路，原因同样很多，但根本的一条，就是最广泛地发动人民群众，充分发挥人民群众的主体性、创造性、广泛性的特色和优势，使人民群众心往一处想、劲往一处使，用全体中国人的智慧和力量汇集起不可战胜的磅礴力量。在长期的奋斗历程中，中国共产党正是始终坚持人民群众在革命、建设、改革中的作用和地位，才始终赢得广大人民群众的拥护、支持和信赖，推动了中国社会在中华民族伟大复兴的道路上奋勇前进。

（作者：安徽师范大学马克思主义研究中心教授、博士生导师）

# 意识形态分析框架下的中国梦

唐爱军

自2012年11月习总书记在《复兴之路》展览上提出"中国梦"以来，中国梦就成为学术界热议话题。目前，学术界相关研究成果颇多，从本质内涵、重大意义、实现路径等多个方面深化中国梦的研究。但普遍存在的问题就是学理性不够。我们尝试在意识形态视域中研究中国梦：以马克思主义关于意识形态的理论框架为方法论，从学理上探讨中国梦。

## 一、意识形态的三大分析框架

马克思、恩格斯等经典作家关于意识形态的论述众多，研究意识形态问题的主要方法论是三个分析框架：认识论、结构论和利益论。

### (一)认识论框架

马克思意识形态理论的起源有"两个传统"：英法唯物主义和德国观念论。借助于这两个传统，马克思不断构建自己的意识形态理论。英法唯物主义传统为马克思理解意识形态概念、意识形态批判提供了社会学方法和唯物主义基础。托拉西以法国唯物主义的启蒙精神为指导，主张将宗教神学从认识论中驱逐出去。他提出建立一种"观念科学"即意识形态：研究认识的起源与边界、认识的可能性与可靠性等认识论中的基本问题。托拉西的"观念学"影响到了马克思。马克思首先把意识形态当作一个认知性概念，在认识论框架中研究它。但与托拉西不同的是，马克思把意识形态理解为科学的对立面。马克思把以黑格尔哲学和青年黑格尔派为代表的哲学和神学诠释为"德意志意识形态"。它们是"从天上降到地上"，走的是一条从思想观念到客观现实的唯心主义道路。马克思把这样的意识形态定性为"虚假意识"。虚假意识是对社会现实的颠倒、歪曲和虚幻的反映。马克思用"照相机隐喻"形象地揭示其本质："如果在全部意识形态中，人们和他们的关系就像在照相机中一样是倒立成像的，那么这种现象也是从人们生活的历史过程中产生的，正如物体在视网膜上的倒影是直接从人们生活的生理过程中产生的一样。"作为一个认知性概念，虚假意识是一种脱离实际的理论学说，它错误地认为思想观念是独立自主的，完全是概念的构造，它根本上是一个错误的观念学。恩格斯晚年在致梅林的信中指出，意识形态是崇拜思维独立性的思想家以虚假的意识完成的过程。与虚假意识对立的是"科学"即唯物史观。马克思通过批判宗教哲学等意识形态，建构了科学的、唯物主义观念学即唯物史观。它主张从物质实践出发理解意识形态，将意识形态归结为意识了的社会存在。

可见，在认识论框架中，马克思把意识形态理解为"虚假意识"，"唯心史观"。与意识形态对立的概念是"实证科学"、唯物史观。但我们要意识到，马克思当年主要任务是清算"意识形态家"的唯心主义，因此，他过多强调了意识形态的虚假性。但马克思同时也指出意识形态在某种情况下可能是"正确意识"、"理性话语"。当某种统治阶级处于上升时期，它代表社会普遍利益，能够客观反映社会现实及其发展趋势，它的意识形态就是"正确意识"。在推翻封建统治的时期，资产阶级意识形态就包含了真理性因素。马克思的这些思想被列宁进一步发展了。列宁在中性化意义上使用意识形态概念，他指出，意识形态并不必然是虚假意识，也可能是科学理论。列宁在1908年的《唯物主义和经验批判主义》一文中指出："一句话，任何思想体系都是受历史条件制约的，可是，任何科学的思想体系（例如不同于宗教的思想体系）都和客观真理、绝对自然相符合，这是无条件的。"这里的"思想体系"就是意识形态。科学的意识形态概念表明，不能简单地把意识形态等同于虚假意识，意识形态也可以是真实意识、是科学：只要它反映社会历史发展趋势，真实反映人们的利益和需要，它就是真实的。列宁认为，马克思主义反映了社会历史发展的根本趋势，满足了人民群众的根本利益，它是"科学的意识形态"。

在认识论框架下分析意识形态，不仅涉及社会意识与社会存在的反映关系，而且也涉及理论与实践的关系。这里的实践，主要指社会大众的生活实践。意识形态具有很强的实践性，它与人们的日常生活息息相关。一方面，意识形态起源于社会大众的实践经验及其日常生活意识。"在不同的占有形式上，在社会生存条件上，耸立着由各种不同的、表现独特的情感、幻想、思想方式和人生观构成的整个上层建筑。"另一方面，意识形态为了发挥自身功能，必须采取生活世界的"通俗逻辑"，实现意识形态的大众化、生活化和通俗化。马克思曾指出，宗教由于其世俗化、大众化和生活化等特征，使其成为典型的"通俗"版本的意识形态。

**（二）结构论框架**

历史唯物主义的社会结构论是马克思讨论意识形态问题的总体性理据。马克思采取了"空间隐喻"（经济基础—上层建筑公式）的表述方式，明确了意识形态在整个社会系统中的结构定位。"人们在自己生活的社会生产中发生一定的、必然的、不以他们的意志为转移的关系，即同他们的物质生产力的一定发展阶段相适合的生产关系。这些生产关系的总和构成社会的经济结构，即有法律的和政治的上层建筑竖立其上并有一定的社会意识形式与之相适合的现实基础。……一种是人们借以意识到这个冲突并力求把它克服的那些法律的、政治的、宗教的、艺术的或哲学的，简言之，意识形态的形式。"马克思描绘出经济结构—政治结构—意识形态结构之间的"立体关系"，并揭示了意识形态的社会要素本质："观念上层建筑"。

意识形态的结构论框架就是探讨经济结构、政治结构和文化结构之间的因果互动机制、交互作用。第一，意识形态是经济基础的"观念上层建筑"。经济基础是意识形态自身建构的"本源"，经济结构的变迁也会带来意识形态的变迁或转型。作为社会生活的结构性的话语，意识形态是经济基础的"反映维度"。这种反映维度既包括否定性要素，也包括肯定性要素。马克思社会结构理论更为强调的是意识形态与社会经济结构之间的同一性逻辑，而不是差异性逻辑。第二，意识形态是思想型的国家机器。与经济结构相比，意识形态与政治上层建筑的关系更为密切。一方面，国家机器直接规定了意识形态的建构方向和基本内涵。另一方面，意识形态主动论证和设计国家制度，是关于政治法律制度的国家机器理论，即观念化的国家机器。马克思深刻揭示出资本主义意识形态与国家机器的同构性："现在我们知道，这个理性的王国不过是资产阶级的理想化的王国；永恒的正义在资产阶级的司法中得到实现；平等归结为法律面前的资产阶级的平等；被宣布为最主要的人权之一的是资产阶级的所有权；而理性的国家、卢梭的社会契约在实践中表现为而且也只能表现为资产阶级的民主共和国。"意识形态既对国家机器进行"事后"辩护，也进行"事前"的规划与建构。第三，意识形态具有一定的"相对独立性"。第二国际将"经济基础—上层建筑"的结构论关系扭曲为单线的经济决定论，完全否认了意识形态的自主性和相对独立性。恩格斯在晚年特别强调意识形态对经济基础和政治上层建筑的"反作用"。这种"反作用"体现为意识形态对经济基础和社会发展的促进或阻碍作用；对国家政权和制度的辩护或批判作用。

在社会结构框架中研究意识形态，要反对

两种错误倾向：一是对“经济基础—上层建筑”的庸俗化解释。庸俗唯物主义立足于经济决定论立场，完全把意识形态理解为经济基础的“衍生物”，否定意识形态的自主性和能动性。二是对“经济基础—上层建筑”的唯心论解释。这种解释模式过分强调意识形态的独立性，消解了意识形态存在的现实基础。我们既要认识到意识形态受经济基础、政治结构制约的从属性，也要意识到意识形态的相对独立性和主动建构性。

### (三)利益论框架

美国意识形态理论家格尔茨指出，在意识形态理论研究上，马克思主义传统是利益论的主要代表。马克思主义将意识形态与阶级斗争、政治权力紧紧地结合起来。“利益论将政治思想与政治斗争融合在一起，所依靠的是指出：思想是武器，而且将有关现实的特殊看法——集团、阶级或政党的看法——制度化的最出色的方法，是抓住政治权力并强制使用它。”马克思恩格斯最初在《德意志意识形态》把意识形态的产生与扩散同阶级关系联系起来。他们说道：“统治阶级的思想在每一时代都是占统治地位的思想。这就是说，一个阶级是社会上占统治地位的物质力量，同时也是社会上占统治地位的精神力量。”马克思把意识形态看作是取决于和来自于经济条件与阶级关系。意识形态是一种观念体系，它表达的是统治阶级的阶级意志，维护的是统治阶级的利益。阶级性是意识形态的本质，任何意识形态都不是空洞的抽象，而是饱含“阶级的意向的意识形态”。阶级利益成为意识形态涵指要素，意识形态是统治阶级对自身权益的合法性论证。这是意识形态根本的政治功能。意识形态为了发挥政治合法化功能，必然采取“虚假意识”的形式。这是因为，意识形态本身表达的是统治阶级的特殊利益，而为了将自己的特殊利益获得社会的普遍认同，它“赋予自己的思想以普遍性的形式，把它们描绘成唯一合乎理性的、有普遍意义的思想”。意识形态在表达统治阶级特殊利益的时候是真实的，在表达社会普遍利益的时候才是虚假的。只要在阶级社会里，统治阶级的特殊利益与社会普遍利益就存在矛盾，意识形态就要掩盖这一矛盾。两者之间的契合程度越低，意识形态的合法化任务就越重，意识形态的虚假性就越多。由此可见，虚假意识的存在不仅仅是认识论问题，更有着深刻的阶级根源和利益根源。作为一种虚假意识，意识形态以一种幻想的、虚幻的形式实现了自己的阶级辩护功能。“意识形态以一种幻想的形式代表阶级关系，这些观念并不准确地描述有关阶级的性质与相对地位，而是以赞同统治阶级利益的方式来歪曲这些关系。”

列宁、卢卡奇和葛兰西等人进一步发展了马克思的阶级利益论框架。意识形态不仅是维护统治阶级统治和利益的思想体系，同时也有可能是反映被统治阶级意志和利益的思想体系。列宁等人认为，任何阶级都有反映自己阶级意识和利益的意识形态，被统治阶级同样如此。

## 二、三大分析框架下的中国梦

我们要坚持马克思主义在意识形态问题上的根本原则和方法论，运用认识论、结构论和利益论等框架分析一切意识形态和社会思潮等现象。作为当代中国的主流意识形态，中国梦同样需要在马克思主义理论框架中被审视。

### (一)认识论框架下的中国梦

有些人认为，“梦”是一个虚无缥缈的东西，因此，中国梦是一个虚幻的，甚至是虚假的政治口号。其实不然，作为一种主流意识形态，中国梦是一个科学的概念，它建立在对历史和现实的客观判断上，是对中国社会现实的正确反映。马克思主义认为，只有那些正确反映社会发展趋势、符合人民利益的思想观念才是科学的意识形态。中国梦由于正确把握了中国社会现实的“三大逻辑”，而成为主流意识形态的“理性话语”。

第一，中国梦反映了中国人自近代以来追

求民族独立和人民解放的“历史逻辑”。中华民族有着灿烂的五千年文化，它走在世界文明的前列。中国古代文明是中国梦的历史缘起，是实现中国梦的丰厚资源。但更为重要的是，近代以来中国人面对民族屈辱展开的抗争构成了中国梦深厚的“历史逻辑”。自1840年以来，近代中国人就不断探索民族独立和国家富强的现代化道路。“救亡图存”成为近代中国探索发展道路的历史起点和原动力。一部中国近代史就是中国人为实现民族复兴中国梦而奋斗的历史。中国的先进分子为实现中国梦提出了诸多方案。例如，洋务派试图在不改变封建制度的基础上学习西方先进科技，维新派主张变法走君主立宪的道路，资产阶级革命派主张通过革命走资产阶级民主共和国的道路。所有这些方案都蕴含着摆脱压迫和剥削的民族复兴的梦想。可见，中国梦是贯穿近代中国的核心线索和根本逻辑。中国共产党人提出中国梦，实际上是对近代以来中国的“历史逻辑”的提炼和概括。

第二，中国梦反映了中国共产党带领人民进行社会主义现代化建设的“实践逻辑”。从1840年算起，到1949年，中国人足足用了一个多世纪的时间，实现了民族独立和人民解放的梦想。中国人民在共产党领导下继续向“国家富强、人民富裕”的梦想奋进。社会主义现代化建设特别是中国特色社会主义道路的开辟与发展构成了中国梦坚实的实践基础。中国梦不是建立在浪漫主义上的，而是以新中国特别是改革开放以来中国巨大的发展成就为基础的。习近平同志指出，今天我们比任何时候都接近梦想，就是因为社会主义现代化建设为我们实现梦想打下了坚实基础。与此同时，我们之所以说，中国梦不是虚幻的，还在于我们在实践过程中找到了一条能够实现国家富强、民族复兴和人民幸福的正确道路——中国特色社会主义道路。中国梦将中国道路涵盖其中，实际上是切中了当代中国现实及其不断发展的“实践逻辑”。

第三，中国梦反映了人民群众追求自身发展的“理想逻辑”。马克思在揭示资产阶级意识形态虚假性的时候指出，资产阶级总是把自己的主张说成是符合所有人的普遍真理。社会主义意识形态的科学性表现之一在于，它正确反映了人民群众的普遍利益和理想愿望。中国梦的客观性和科学性就在于它把握到人民群众的“理想逻辑”，将国家梦、民族梦和人民梦有机统一起来。中国梦不是专属于某个政党或某个社会集团的梦想，而是每一个中国人的梦。中国梦使每个人的梦有了广阔成长的空间，实现中国梦也就是人民群众人生理想和价值的实现。离开历史主体（人民群众）的基本诉求和理想目标建构的意识形态必然是虚假意识。与此相反，中国梦抓住了历史主体的“理想逻辑”，使其自身适应了社会发展的趋势，成为人民群众拥护的“价值宣言”。

马克思指出，意识形态具有很强的现实指向性，并且它只有深入到人们的生活实践中，才能转化为日常意识或社会心理，从而更好地发挥作用。从认识论角度看，意识形态建设就是通过各种宣传方式将政党意识形态和国家意识形态转化为社会的意识形态、民众的日常意识。中国梦用通俗化、大众化、生活化的语言诠释了执政党的意识形态，将国家层面的意识形态与民众的实践诉求很好地结合起来了，切实增强了主流意识形态的吸引力和影响力，使执政党的意志和价值观深入人心。第一，在内容上，中国梦摆脱抽象空洞的意识形态教条，贴近百姓的生活世界和日常需求，成为人民群众“生活逻辑”的真实表达。马克思认为，脱离实际、脱离人民群众生活的意识形态不管多么高深莫测，都是虚假意识。中国梦之所以是人民群众拥护的“理性话语”，就在于它反映了人民群众的生活实践、关切了人民群众对美好生活的向往。习近平同志指出：“我们的人民热爱生活，期盼有更好的教育、更稳定的工作、更满意的收入、更可靠的社会保障、更高水平的医疗卫生服务、更舒适的居住条件、更优美的环境，期盼着孩子们能成长得更好、工作得更好、生活得更好。人民对美好生活的向往,就是我们的奋斗目标。"第二,在形式上,中国梦摆脱了"曲高和寡"的概念化形式,采用了老百姓喜闻乐见的、通俗易懂的语言表达形式。从话语体系研究意识形态,同样是马克思主义分析意识形态的认识论框架的重要环节。社会主义意识形态不仅要提升理论说服力,而且要通过各种形式向民众宣传它,将"理性话语"转化为老百姓能够接受的"感性话语"、"大众话语"。列宁曾说过,最高限度的马克思主义=最高限度的通俗化。中国共产党人意识到主流意识形态大众化、通俗化的要义,通过中国梦这样的群众语言,来增强当代中国马克思主义的感召力和亲和力。

**(二)结构论框架下的中国梦**

马克思主义结构论的精神实质在于:既反对庸俗唯物论,也反对抽象唯心论,以一种辩证的、总体性思维把握经济基础—上层建筑的结构关系。在结构论视野中分析中国梦,就是既要认识到中国经济社会现实对中国梦的决定作用,也要充分意识到中国梦所具有的"相对独立性"。

第一,中国的经济基础和国家性质决定了中国梦的根本属性。唯物史观一个基本原理就是经济基础决定上层建筑、社会存在决定社会意识。作为一种意识形态,中国梦同样是建立在当代中国的经济社会基础上的,受其制约的。马克思主义作为社会主义国家的意识形态在中国占据主导地位,这是由社会主义公有制主导地位所决定的。社会主义公有制的主导地位决定了中国梦作为国家意识形态的"社会主义属性"。中国梦不是大唐雄风的帝国梦,也不是资本逻辑下的"成功梦",而是马克思主义指导下的理想信念。也正是由于我国的经济基础和国家性质,使得中国梦摆脱了资本主义的、个体式的梦想模式,建构起社会主义的、共同体式的梦想模式——共同富裕。

第二,中国梦的核心目标在于对当代中国的发展道路和国家制度的论证与辩护。作为一种"观念的上层建筑",意识形态与政治上层建筑的关系最为紧密,两者呈现一种相互重构的结构性关系。中国梦虽然与民众的社会意识相互交融,但它始终与执政党的政治合法性、国家发展战略和国家制度高度一致。当代中国的发展道路和国家制度论证的关键是:坚持和发展中国特色社会主义。中国特色社会主义是道路、理论体系和制度的三者统一。习近平同志强调,实现中国梦,必须走中国道路,非常明确地将中国特色社会主义道路提炼为中国梦的灵魂。对当代中国"政治上层建筑"的辩护,转化为对中国道路的辩护;对中国道路的辩护,转化为对人们易接受的中国梦的阐释与宣传。

第三,作为一种主流意识形态,中国梦的"相对独立性"集中体现在精神动力、价值引导和统一思想等方面。精神动力。我们找到了一条实现民族复兴的正确之路,也具备了一定物质基础和政治基础,但在民族复兴的路上还存在很多困难,在这种情况下,需要全体中国人攻坚克难。中国梦就是一种政治动员,为社会主义现代化建设注入精神动力。特别是随着市场经济的发展,物化生存状态日益蔓延,一些人(特别是党员干部)出现精神懈怠、精神迷茫等现象。提出中国梦就是要消除精神懈怠、精神迷茫等负能量,从而为经济社会发展提供正能量。价值引导。在结构论框架下,我们既要看到意识形态对经济基础的适应性,也要看到意识形态相对于经济基础的超前性和引导性。中国梦作为一种理想信念,它对中国社会和人们的行为方式具有引导和规范的维度。人们在市场经济环境中,容易自发产生功利主义、享乐主义、个人主义等行为方式和思想观念。中国梦以社会主义核心价值观为旗帜,对这些"市场自发意识"有规范引导的功能。统一思想。社会存在决定社会意识,当代中国的"社会存在"呈现三种状态:全球化、市场化和网络化。在这样的社会存在场域下,人们的利益诉求、生活方式、思想观念必然多元化。在这样的背景下,主流意识形态的"独立性"和"自主性"就体现为对"多元化"的整合与引领。中国梦是获得"多样性”认同、进而整合和引领“多元化”的最有效方式。因为实现中国梦凝聚了国家、民族、人民、个人的共同理想，是所有中华儿女的共同追求和共同期盼。

**（三）利益论框架下的中国梦**

阶级利益论是马克思主义意识形态的核心分析框架。如上所述，意识形态的本质特征是阶级性，它总是从属于特定阶级，为这个阶级的利益服务的。社会主义意识形态是无产阶级和人民群众的阶级意识和阶级利益的理论表达，它最终是维护无产阶级和人民群众根本利益的。我们党自成立以来就重视马克思主义意识形态建设，始终坚持人民群众利益至上的价值取向。毛泽东思想抓住了人民群众要求阶级解放、当家作主这一根本诉求；邓小平理论回应了人民群众摆脱贫困、追求富裕的愿望；“三个代表”重要思想以立党为公、执政为民的理念构建了一切工作的出发点和落脚点；科学发展观顺应了人民群众要求和谐生活、公平正义的新期盼。现阶段，围绕中国梦的意识形态创新进一步关切人民群众的根本利益，将人的全面发展和幸福生活作为意识形态建构和宣传的根本基点。中国梦是国家利益、民族利益、人民利益的有机统一，但落脚点是人民利益。习近平总书记指出：“中国梦归根到底是人民的梦”，“是每个中国人的梦”。要言之，作为社会主义意识形态，中国梦是人民群众利益的理性表达。离开人民群众根本利益这一基点，再美妙的、再崇高的理想信念也都是狭隘的、缥缈的。

在研究、宣传中国梦的过程中，必然涉及中国梦与“他国梦”的比较。其中，中国梦与美国梦的比较最为普遍。马克思主义的阶级利益论框架同样是我们正确看待美国梦、中国梦与美国梦关系的根本理论原则。美国梦凝结了新自由主义意识形态主张。西方一些人士总是把自由、民主和人权说成“普世话语”，认为美国梦具有普遍意义，可以在全世界进行推广。根据马克思主义的阶级利益论，我们发现以美国梦等各种形式呈现的西方意识形态都有自己的阶级性和国家利益性。马克思说过，资产阶级总是通过“普遍话语”将自己的特殊利益说成是全社会的普遍利益。西方一些反华势力同样采用这种手段，试图将中国当作西方特殊价值观的试验场。我们当然要吸收美国梦的有益成分，但也要充分意识到它背后的阶级属性和利益立场。事实上，西方各种社会思潮倚仗话语霸权，通过媒体、网络等各种形式进行意识形态渗透，冲击了我国主流意识形态阵地。因此，宣传中国梦，讲好中国故事就是要牢牢掌握意识形态领导权。从利益论来看，意识形态领导权的巩固取决于“建构”和“批判”两个方面：一方面，坚持人民利益至上的价值取向，以人民利益为轴心展开中国梦的理论建构和学理阐释。另一方面，坚持马克思主义阶级利益分析方法，揭露西方“普世话语”背后的阶级属性和利益诉求，批判其在“普遍利益”上的虚假性。

## 三、简单的结语

作为新一届中央领导集体提出的政治话语，中国梦升华了我们党的执政理念和治国方略，为坚持和发展中国特色社会主义注入新的内涵。中国梦成为当代中国主流意识形态的最强音，这也要求我们从意识形态角度，加深对中国梦的理论阐释和学理探讨。本文提出的意识形态三大框架只是对中国梦的尝试性解释，还有许多问题需要进一步拓展甚至是修正。

（作者：中共中央党校马克思主义理论教研部讲师）

# 中国梦、世界梦与新国际主义
## ——关于中国梦的几个理论问题的探讨

郭树勇

## 一、从国际政治的角度理解中国梦

自2012年底以来,习近平总书记提出了关于中国梦的一系列重要论述。这是中国领导人在新的历史起点上统筹国际国内两个大局、进一步坚定道路自信、制度自信和理论自信的重要思想成果和理论成果。它为新时期中国现代化建设与和平发展提供了重要的指导,从软实力的角度向国际社会展示了中国的精神面貌。当前,深入研究中国梦的内涵和外延,完整地理解中国梦理论的精神,对于丰富外交理论、落实大政方针、争取全国各族人民拥护和国际社会支持,进而实现中华民族的伟大复兴十分有意义。党的十八大报告关于"倡导人类命运共同体意识"、"增进人类共同利益"、"发挥负责任大国作用"等重要命题,为做好这种研究和解读工作提供了很好的指导。与此同时,人文科学与社会科学的发展也为理解中国梦提供了重要的工具。笔者认为,从国际政治学的角度对"中国梦"的内涵进行研究是必要而可行的。

**首先,中国梦不是自我实现的。**国家富强、民族振兴和人民幸福的含义都是在国际社会语境中发生的,它们的界定不仅需要历史的、现实的参照,也需要国际的参照。如果仅仅从历史比较出发,那么改革开放前甚至解放前的国力和生活水平可能要比唐宋时期高得多。但是,我们却不能讲我们实现了中华民族的伟大复兴。中国梦的实现标准显然要包含国际对比和国际认同的环节。如果国际社会普遍认为中国已经崛起为富强国家,而且中国人民也拥有这种自我认同,那么中国梦就真正地实现了。如果只是我国宣布实现了民族复兴,但未得到世界上的普遍承认,那么,这种复兴其实只能是一种自我认同,而未上升为国际认同的层面。在第二次世界大战结束后的不长时间内,不少革命后国家在建国之后都宣布了自己的雄伟复兴蓝图,有的甚至干脆把民族复兴写进了自己政党的名称中或者执政纲领中,但是真正实现这个梦想的过程却是艰难的。得到国际社会普遍赞誉的国家并不多,新中国是为数甚少的成功大国之一。经历几代人的努力,全面实现中国梦的机遇直到今天才出现。

**其次,中国梦不是孤立的。**习近平总书记表示,中国梦要实现国家富强、民族复兴、人民幸福,是和平、发展、合作、共赢的梦,与包括美国梦在内的世界各国人民的美好梦想相通。这种相通性,一方面表明人类文明发展有着共同的方向,人类文明进化过程中各民族国家之间有着物质和精神上的交集,对于美好的东西世界各国拥有共同的梦想。为此,国际社会能够进行语言上的沟通,达成共同的认识,形成共同的规范,制造出彼此互用的产品;另一方面也应该包含这层内容:中国梦虽然与世界人民的梦是相通的,但却通而不同,各有千秋,五彩缤纷。由于民族文化和历史情况各异,经济社会发展水平不同,政治制度与政治生活有别,国家发展的国际定位和时空定位也不太一样。因此,世界各国人民的梦想无论形式还是内容都有着多样性的特点,这是人类文明发展多样性规律的重要体现。由于世情和国情的复杂性,各国梦想之间有着小通小同、小通大同、大通大同、大通小同等几种模式之分。其中,从国际政治经济学和国际政治社会学的角度看,小通小同、大通大同的例子比比皆是，而小通大同和大通小同的现象也非常值得研究。小通大同模式是指，那些国家战略目标或者价值取向相近的国家，由于历史、文化或者政治上的原因，却出现了国家交往和民族交往上的隔阂，甚至成为了敌对国家。而大通小同是指，那些经济相互依赖度较高、国家间交往比较充分的国家，反而在价值观、政治制度和国际定位方面出现了明显的互补性，有的还发展成为潜在的竞争者。当然，总的趋势是，国际社会化的程度越高，各国通而致同的现象就越多。

**第三，中国梦的实现需要内外统筹。**中国梦从某种意义上讲就是中国人关于未来国家愿景的理想或目标，属于大众心理中的大战略目标，它的实现无疑面临其他国家历史性大战略目标的竞合与碰撞。如果这个大战略目标是确定无疑的，那么，它的实现过程中不可避免要与世界有关大国进行必要的国际政治斗争。然而，战略目标上的冲突并不一定意味着战略思想、战略方针和战略手段上的冲突。一方面，不同国家的战略目标可以在错时实现，而不必同时实现，这里面有一个国家兴衰的自然规律的问题；另一方面，在一定的国际法治之下，适当的战略思想和战略方针可以减少国家间的冲突，增进国家间的合作，并且在国家富强、民族振兴和人民幸福之间达到一种均衡。比如，欧盟的兴起实际上调整甚至调和了英德法等大国的梦想，欧盟的发展提升了三大国的梦想实现水平，这种实现符合人民幸福和国家富强这两个基本目标。但是，它一定程度上牺牲了民族振兴这个目标，因为，一体化的步伐往往是以压制一部分民族主义为前提的。对于我国而言，当前需要考虑的是如何确定对外交往的战略方针？如何协调民族振兴与国家富强、人民幸福之间的关系？如何在国际关系民主化与和平、发展、共赢、合作的旗帜下开展外交，减少或弱化国际战略性冲突和结构性冲突，对于实现中国梦是至关重要的。正因为如此，对于中国外交思想和方针进行顶层设计是必要的。

因此，理解中国梦，不能不研究它的国际含义。从中国外交思想史以及当前国际政治现实看，有两个相关概念需要作一番论说，即世界梦与国际主义。沿着两分法的逻辑，人们不禁要问，中国人既有了中国梦，那么世界梦又是什么？中国梦与世界梦到底是什么关系？人们也要问，如果中国梦离不开国际视野，那么中国梦的国际视野是什么？过去常讲的国际主义与中国梦是什么关系？在中华民族复兴的过程中，国际主义给中国崛起带来了什么经验？实现中国梦过程中如何对待国际主义与爱国主义？……这些都需要作进一步的阐述。

## 二、如何看待中国梦和世界梦的关系

### （一）从中国梦解读世界梦

中国梦扎根于民族性之中，但有着与生俱来的国际取向。众所周知，在国际政治中，民族国家仍然是主要的国际关系行为体。人类文明发展到现代，分析世界经济、政治和社会的最基本单位仍然是民族国家。民族主义进而爱国主义是近代以来中国政府民族国家建设的重要内容，也是支持和保障中华文明复兴的强大精神力量。任何自觉或不自觉地压制民族主义旗帜的政治作为都会遇到重大挫折，因此，就不难理解中国梦的本质含义中国家富强和民族振兴为何居于重要的地位。然而，正如上文所述，离开了国际角度，中国梦的意义就无法界定和实现。更重要的是，在中华民族的政治文化中，国际性与世界性可谓是一个基本的底色。离开世界哲学的中国哲学是不完整的，离开世界向度的中国梦也是不完整的。中国人从来讲究齐家治国平天下，中国人视野中的国与中国文化所及的天下密不可分。因此，理解中国梦不妨持这样两点论的观点，即其基本含义是由民族主义的理想所界定的，但是其核心之处有着国际主义甚或世界主义的材质。问题是，后一种含义能否简单地被称之为“世界梦”吗？

从语义学的角度看，当下我们不时提及的

"世界梦"，以中国梦观之，可以有三种解读。第一种解读是，世界梦包含于中国梦之中。如果把中国梦作较为宽泛的理解，称之为"作为集合的中国或中国人的梦想"即中国或中国人关于未来目标的憧憬和志向的话，那中国梦的外延是很大的。它不仅包括中国对于自强的要求，还包含关于中国人所认知的世界的秩序安排与发展理想。这样，世界梦的定义也是明确的，即以中国观天下的角度。世界梦不是别的国家的梦想，而是中国人关于世界秩序和人类文明发展的理想状态。对于这种理解方法，我们并不陌生。这是因为在几千年的古代历史上中国关于世界的看法，与关于自我的看法是分不开的。在一个在世界上占有主导地位的国家那里，其国家利益、价值观念和战略目标的界定并不局限于一国之内，而是随着国力所及的范围伸缩而作相应的调整变化。如果作这种解读的话，那我们只需要中国梦这个词汇，而不必再去研究世界梦这个词汇，中国关于世界秩序的理想本身就构成了中国梦的一部分。

第二种解读是，中国梦与世界梦是并列的关系。如果把中国梦理解为"中国或中国人关于中国未来发展的梦想"，那么中国人除了拥有中国梦，还有世界梦，即关于世界未来和平与发展的梦想。如此，中国梦与世界梦就具备了相提并论的地位。笔者认为，尽管每一个国家都可以讲既有本国梦又有世界梦，但是将本国梦与世界梦同日而语的话，对于梦想的主体以及历史阶段而言，还是有特定的所指。在国际关系历史上，有一些中等国家出现过这种情况，这些民族国家在本区域内充满了生气，本来其民族的梦想就是成为一个有影响力的地区大国，但是随着资本主义的大发展、国家战略的得当、民族精神的高涨，特别是其领袖抓住了历史机遇等因素，这类国家迅速崛起，面临着地区国家向世界国家转变的可能性。在这个历史关节点上，这个民族国家的生存与发展具备了世界影响力，其意识形态、民族精神等出现了转型的可能性，国家政策也出现了向世界政策转向的可能性，其关于世界秩序和发展的理想也具备了实在意义。因此，如果在中国梦之外再使用世界梦这个词汇，就容易被认为中国的对外政策从过去的周边面向或地区面向为主，向着世界面向为主转变，中国形成了关于国际政治经济新秩序的系统主张，并有能力也准备付诸实施。

第三种解读是，中国梦与世界梦是特殊与普遍的关系。中国梦与各国人民的梦想共同构成了世界梦。世界梦是世界各国人民共同拥有的关于世界美好未来的愿景，它是各国人民梦想的最大公约数，是国际社会的基本价值取向，是对于特殊性之上的普遍性。不过，这显然是一种理想主义的界定。虽然整体上很难归纳，并大量体现在一些正式或非正式的国际约定中，比如《世界人权宣言》、《联合国家宣言》、《日内瓦公约》等，但是体现为普遍性的世界梦，仍有一个是纯粹的普遍性还是历史的普遍性的问题。就纯粹的普遍性而言，世界各民族共同的梦想中最核心的部分是相对稳固的，大致集中在第一次轴心时代所沉淀的价值追求中。有一些表述为文化经典，有些表述为宗教教义，有不少超越了民族、种族和国家的界线。就历史实践的普遍性问题而言，世界梦又是发展变化的，在不同的历史阶段由当时的生产力、生产关系、斗争实践和科学认识水平所限定；而且其内容主要由在那个历史阶段起着主导地位的文明或民族的价值目标所定义。因此，我们既不能一概否定纯粹普遍性意义上的世界梦，又不能忽视唯物史观指导下的世界梦内涵，而且后者往往起决定的作用。

如果持第一种观点，就有必要不断丰富和完善中国梦的内涵；如果持第二种观点，则需要厘清中国人的中国梦与世界梦的关系；如果持第三种观点，则需要深入研究各国人民的不同梦想，并归纳出国际社会公认的世界梦想的内涵。就当前中国的发展阶段和外交实践来看，持第一、二种观点主要从中国这个主体出发，对于研究现阶段的中国外交较有现实意义；而对于不断成长的大国责任而言,借鉴第三种观点是非常有必要的。

(二)中国梦与世界梦的关系

本文采取中国主体的观点,认为不论丰富和完善“中国梦”的国际内涵,还是开展进一步的世界梦研究,都需要理顺中国梦与世界梦的关系。首先,中国梦与世界梦的历史起点不同。中国梦主要是指近代以来中国人民渴望中华民族伟大复兴、屹立于世界东方之林的梦想。它的历史起点是在以鸦片战争为标志的近代,它的对照物是古代中国的光荣与辉煌。而中国人的世界梦则不同,它既有中国人的特殊性,又有世界性的普遍性。由于中华民族比较早熟,因此它的天下观或世界观成型也较早。早在中国前秦时期,中国人就形成了关于世界未来的一系列比较成熟的看法,比如和而不同、天下大同等理想。它的历史起点是古代中国,但在当前条件下又赋予了新的含义。然而由于这些含义多是原则性的表述,有着上文中所讲纯粹普遍性和历史普遍性的双重特征,反映了人类关于共同生存与发展的美好愿景。因此,它的时间性、地域性、民族性并不明显。从某种意义上讲,中国人的世界梦是当今所有大国中较早成型,而且最为稳固的类型,较美国、俄罗斯、欧盟等都更能代表世界梦的本质。当然由于人类文明和国际社会的发展变化,世界梦可能被赋予现代的内容,这也需要作认真的研究,以弥补古代中国基本定型的天下观念中的世界梦成分。但是,中国梦内涵的研究更具紧迫性和实践性。从这个意义上讲,阐述中国梦概念的国际内涵,而不是研究世界梦概念的主要构成,才是当代中国理论界的主要任务。

其次,中国梦与世界梦内容有交集,实现上无先后。中国梦与世界梦是密切相关的。对于习惯于以“世界衡量世界”的天下思维以及以德治国、以礼治天下的中华民族而言,中国梦与世界梦似乎难分彼此。但这多是基于古代中国范式的哲学推理。世界体系形成之后,中国从属于世界。中国梦与世界梦成为既有联系也相对分离的关系,其共有部分主要是人民幸福、和平稳定、公正交往等等。一个紧跟的问题是,中国梦与世界梦在实现顺序上是否有明确的先后顺序?从历史的经验看,如果循着内外有别、先内而外、先局部后整体、先易后难的思维定势,中国梦的主要方面可能会先于世界梦的主要方面实现。这也是很容易理解的,因为中国梦更加具体一些,世界梦更加抽象一些。越具体的目标越容易实现,而抽象的目标范围较大,更难实现。实现中国梦的主要力量在中国,而实现世界梦的主要力量是国际社会,个体行动往往先于集体行动;世界经济政治社会的发展仍然呈现出不平衡的特点,那些比较发达的地区和国家一般更具备实现国强民富的目标,全世界一起实现共同富强的梦想,则要具备相当高的政治经济条件。可是,如果从国际社会发展变化的角度看,中国梦与世界梦的实现并没有必然的谁先谁后的顺序。这主要有两方面的原因:一个原因是理论性的,比较简单。即世界梦由于比较抽象和纯粹,因而对其界定的主观性较强,很大程度上依附于世界各国特别是大国与强国的梦想的实现。第二个原因是实践性的,它源于国际社会的整体性发展。

当前,在国家建设与国际社会发展高度融合、国家日益重视统筹兼顾国内与国际两个大局的历史条件下,已经不可能出现在国家体系与世界体系分离情况下先内后外、各自发展的局面。民族复兴不仅是一个自然的历史过程,而且是一个内外互动的社会运动。和而不同、和平发展、合作共赢等既是中华民族伟大复兴的结果,也是中国民族伟大复兴过程中的条件。也就是说,在实现中国梦的过程中,应当立足国内,努力实现国家富强、民族复兴、人民幸福,将国家利益的实现作为外交的根本。与此同时,也不可放弃国际义务,而应当将实现国家利益与实现国际利益结合起来,努力推进国际和平与世界稳定的人类大业。没有国际的和平与发展,根本不可能真正实现民族复兴的目标。中国梦的实现与世界梦的实现不是两件事,而是一件事的两个方面或两种表述。也许会出现这样的局面,中国梦的实现之日,也是中国人世界梦的实现之日。

第三,中国梦与世界梦能够连通,主要的桥梁是和平发展的道路与国际主义的精神。实现中国梦,主要是依靠本国人民的奋斗,同时也要争取世界人民的认同与支持;实现世界梦,主要依靠中国人民与世界人民的紧密团结与共同奋斗。中国梦与世界梦的连通与对接,关键在于中国在发展理念、公共物品和世界交往等方面走符合世界潮流的道路。就发展道路而言,和平发展是一个基本的对接点。从新中国成立以来的历史看,我们探索了不少道路,最经得起检验的还是和平发展的道路。这条道路吸纳了古代中国人的先礼后兵、怀柔为上等外交智慧,与和平共处五项原则一脉相承,在实践中,对外能够减轻世界各国对于中国迅速崛起的担心,展示中国人民的道路自信与和平友好的国际形象,适应了国际社会和平合作的历史潮流,符合大国社会性成长的规律;对内能够保障将党和国家的工作中心转移和坚持在经济建设和社会建设上来,集中精力建设社会主义市场经济,全面推进依法治国,着力解决民主难题,走科学发展、民主发展和依法发展的新路。从某种意义上讲,和平发展与科学发展是相辅相成的关系。就外交理念而言,国际主义是一个重要的对接点。如果说中国梦主要是民族的梦,实现中国梦主要是依靠爱国主义的话,那么,实现世界梦就得依靠全世界所有具有世界视野和世界观念的民族的共同奋斗,依靠世界各地存在的、超越国家利益的世界主义的精神。众所周知,世界社会远未到来,当前仍然处在主权民族国家为主要行为体的国际社会阶段。在这个历史阶段,为人类共同利益贡献力量的主要精神取向是国际主义。国际主义是对民族主义的超越,但又是世界主义的初级阶段,它是通向世界大同的必由之路。讲究国际责任和国际义务,在实现国家利益的同时兼顾国际利益,既是实现中国梦的重要方面,也是未来实现世界梦的必由之路。

## 三、中国梦中的国际主义与爱国主义的问题

中国梦属于意识形态的范畴,爱国主义和国际主义既是其重要组成部分,又是其实现方式。如果说中国梦的最终指向是中华民族的伟大复兴,那么,国际主义就是实现这个目标的思想武器。如果说中国梦是围绕实现中华民族伟大复兴的一系列目标系统、价值系统和工具系统的话,那么国际主义本身也成为中国梦的组成部分。国际主义是连接中国梦与世界梦的观念桥梁,阐述国际主义在中国梦中的含义及其实现系统中的意义,显得尤其重要。对于中国梦的理解不同,对国际主义的效用认识也不同。长期以来,我们一直认为爱国主义是与无产阶级国际主义相结合的、旨在实现合理的民族国家利益的、具有积极意义的民族主义,加强爱国主义教育对加强国家建设具有十分重要的意义。在中国梦的国际构成中,国际主义具有独特的地位。实现中国梦需要国际主义,关键在于经济全球化的大背景下中国实现国家梦想不仅必须在开放的形势下才能做到,还在于诸如和平发展道路这样的战略方针与国际主义息息相关。在中国近代以来民族历史形成的当代特殊政治语境之下,国际主义不能作为一个独立的变量,它受到爱国主义的极大影响。强调中国梦中的国际主义元素,不能不认真对待国际主义与爱国主义相结合的问题。

**首先,爱国主义是中国梦的出发点,而国际主义则是中国梦的条件,两者不可分离。**实现中国梦从本质上看是实现中华民族的伟大复兴,爱国主义是中国梦的精神支撑。在过去的百余年里,民主革命的胜利、社会主义新中国的建立以及改革开放的成功都较好地依靠了全国人民爱国主义的精神力量。中国梦的最终实现仍然需要这支力量。理论建设的一个重要工作便是不断地培育新形势下的爱国主义的力量,小心地引导爱国主义的走向,积极有序地开展

爱国主义的运用。同时，由于民族复兴是在开放时代展开的，爱国主义或者积极的民族主义就必须呈现出更多的开放性、包容性和国际性。极端的、庸俗的和狭隘的民族主义必须被抛弃或者被加以改造，以推动民族复兴大业获得国际社会的支持和认同。如果做不到这一点，就会成为中国和平发展的障碍和威胁。因此，在中国梦的实现过程中，国际主义成了爱国主义的同盟军，爱国主义是中国梦的起点，国际主义成为爱国主义的条件和方向。与国际主义相比，中国梦更加侧重于民族利益，更加接近民族主义的范畴。但是，没有国际主义的爱国主义是不符合世界潮流的、狭隘自私的民族主义，对于中国梦的实现百害无益。

**其次，国际主义发源于爱国主义却又指引爱国主义，它以爱国主义为基础**。国际主义虽然与古代中国的天下主义有一定相似性。但终究两者的出发点和目的都不一样。只是在民族国家出现之后，中国才有了现代意义上的国际主义。无论是清末民初的仁人志士，还是中国共产党人，都以建立追求自由平等的民族国家为己任。民族国家的建立，意味着瓦解后的帝国进入了世界体系之中，作为主权国家的中国在追求自身国家利益的同时也兼顾一定程度的国际合作，这才有了国际主义的萌芽。中国共产党人领导新民主主义革命后，无产阶级国际主义真正地登上历史舞台，这样，一种比资产阶级国际主义更加纯粹的国际主义形态出现在中国外交之中。国际主义是带着历史使命进入中国意识形态的，它代表着民族国家的某种前进方向，也是现代性与中国外交相结合的必然结果。可以这么说，从世界历史发展的观点看，国际主义是高于民族主义的观念形态。适当地主张国际主义，不但符合从国际社会向世界社会发展的历史潮流，也符合与之相联系的中国软实力战略的需求，中国共产党人在推动国际主义方面比国民党人更具阶级的先进性和理论上的自觉，国际主义的历史使命要求它应该也能够指引爱国主义。

新中国建国前后，中国共产党的领袖们再三强调，国际主义并不是一种策略的需要，而是中国巩固政治独立与提高国际地位的逻辑使然。周恩来在1952年就指出，新中国的外交工作要有七条指导思想，第一条就是“坚持国际主义，反对狭隘民族主义”。“社会主义的爱国主义不是狭隘的民族主义，而是在国际主义指导下的加强民族自信心的爱国主义”。离开了以国际义务和国际情怀等为主要内容的国际主义，中国梦就容易被曲解为不顾及他国利益、缺乏公共精神、令人望而生畏的重商主义、经济扩张主义，中国的大国成长就是一种物质性成长；而不是社会性成长，它的成长过程会充满国际疑虑、国际误解和国际敌视。只有坚持了国际主义的视野和情怀，实施以国际社会化为核心内容的软实力战略，中国的民族复兴才有了理想主义的精神面貌，才能使得爱国主义有了反映人类共同利益、凝聚人类共同认识的精神升华。当然，这种升华必须是以爱国主义为基础，丧失了爱国主义的依托，国际主义就会成为断了线的风筝，到头来损害的还是本国的国家利益。二十世纪六七十年代中苏之间的多次论战和武装冲突就很好地说明了这一点。

**第三，爱国主义与国际主义都是中国梦的形态**。一方面，爱国主义是中国梦的基本形态。无论从融入国际社会、组织现代化建设、实现祖国统一等任何一个角度考虑，中国共产党人都必须高举爱国主义的旗帜。从中国近代之前的辉煌历史看，中国长久地奉行一种东方特色的世界主义，故并不缺乏国际主义的元素，相反却缺乏西方社会土壤中培育出来的民族主义。在主权国家构成的国际社会中，不讲爱国主义就难以建立起与民族国家规则体系相称的国家制度。中国人口众多，资源不均衡，又是多民族国家，在近代以来几次形成一盘散沙的局面。如果不去弘扬爱国主义而去照搬西方地方自治和个人主义的道路，就很难凝聚人心，更无法形成民族复兴的强大力量。从现实来看，中国仍然是一个分裂的国家，实现包括台湾等地区回归祖国仍然是中国共产党人的历史使命，也是中国进行社会主义现代化的政治基础。另一方面，国际主义是中国梦的重要形态。中国共产党人注意发扬国际主义的问题，是因为中国梦的实现过程，正值中国国力迅猛发展，国际社会急需诸如中国之类的大国提供公共物品的时代。提供国际公共物品，履行与本国实力相称的国际义务，是国际社会赋予中国崛起的国际主义责任。履行与国力相当、与国际社会期望相适的国际义务，不但减少国际敌对势力和存有疑虑的组织及个人的“中国威胁论”，进一步树立中国和平、合作、发展、共赢、负责任的国际形象，营造对我国改革开放和社会主义现代化有利的国际环境，还可以增强中国在国际事务中的发言权和影响力，提升坚持中国特色社会主义道路的自信心和自觉性，团结全国人民以一种更加理性、开放的方式向国际社会展示中国力量，使中国外交更好地为中国的国家利益服务，为世界和平与发展的人类利益服务。同时，还使得中国不断增长的国家实力得到国际社会的认可，中华民族的伟大复兴得到国际社会的尊重。

## 四、中国梦实现过程中的国际主义经验

近代以来实现中华民族伟大复兴的过程中，无论是爱国主义，还是国际主义，都被赋予了重要的历史使命，充任了民族精神力量重要源泉的角色。对于前者，我们已经耳熟能详；对于后者，我们比较熟悉的主要是二十世纪六七十年代以来新中国对不少民族解放国家和发展中国家的支持。实际上，中国的革命、建设和改革不仅得益于世界进步力量的国际支持；而且也极大地支持了世界进步力量，以不同的方式推动了世界各地的和平稳定、民族解放和经济社会的健康发展，最终赢得了世界人民的尊重、同情和支持。最主要的经验主要有以下几点。

**经验之一，坚持融入世界体系，在开放中谋自强是实现中国梦的起点。**鸦片战争是中国沦为半殖民地半封建社会的重要节点。自那以降的近200年，是中国人民反抗内外双重压迫的过程，也是追求民族复兴的过程。在晚清的半个世纪里，中国人民进行了各种各样的反帝反封建斗争，成为那个时期维护中华民族生死存亡利益的主力军。与此同时，统治阶级中的一部分有识之士也掀起了富国强兵的洋务运动，得到了一定范围的各阶层人士的支持，客观上提升了中华民族的自卫力量，也维护了中华民族的长远利益。但是，洋务运动囿于其历史局限，即使拥有一定的国际眼光，也谈不上开启中华民族的开放自觉。它既没有参加国际社会的正义行动，也不可能履行可称道的正当国际义务。这个时期的“国际主义”没有“族国”依托，最多体现为大清帝国加入国际组织之后的对外合作以及对于个别附属国抵抗侵略的军事支持，成果乏善可陈。即使这样，它开始了外来压迫之下的富国强兵之路，对于中华民族的延续仍有一定的历史意义，为日后中华民族的复兴准备了初始的条件。

**经验之二，实现中国梦不能沿袭传统的权力政治，要发掘和运用“硬的一手”中的合法性资源，其中包括运用合法性战争。**权力政治是国际政治中的固有准则，曾经在欧洲政治舞台上驰骋五百年，被誉为维护民族国家世界体系的法宝。但是，这个法宝在二十世纪之后逐渐被国际社会所鄙视，时代的发展已经不允许后加入世界体系的国家像昔日列强那样尽情地享用权力政治模式带来的收益。中国加入世界体系有几个特点：一是加入的时间比较晚，比较慢，过程比较长。步英、法、俄、美、日等大国的后尘，历时百余年。二是被迫加入。即先是在外来殖民战争的炮火威逼之下被迫打开了国门，后为了保国保种、自强革新等需要逐渐变被动为主动，适应国际化的大势。三是经由帝国转为民族国家，伴随着半殖民地半封建国家转变为新民主主义国家和社会主义国家。在这个过程中，就国内而言，文化变革没有步入理性的轨道；就国外而言，信奉理想主义的国际社会已

经摈弃了秘密外交、分而治之、殖民战争等做法。古代中国外交传统中的和平主义思维模式和文化模式，并没有经历其他资本主义列强所经历过的“现实主义化”，而是在社会主义新文化的培育下，接受了国际社会中理想主义潮流下主导的一系列国际法原则，形成了一种更为坚定的和平主义外交文化。对于战争这个人类历史的“恶的杠杆”，作为世界体系中后来者的中国，不能延续列强当年崛起时惯用的权力政治传统，只能取“恶”中之“善”，高举合法性战争这个武器。运用合法性战争这个手段，与和平主义外交文化并不矛盾，它符合国际法原则，符合国际正义，是国际社会以小恶取大善的公益性行动。

中华民族无愧于伟大民族的称号，在存亡攸关的危急关头，以自强不息的精神，在自力更生的前提下，寻求国际支援，紧紧抓住各类国际合法性资源，包括正确地运用了战争合法性资源。辛亥革命之后，“中华民国”成立，中国通过建立现代政治体制等方式融入世界性民族国家体系，中华民族朝着实现伟大复兴之梦迈出了重要一步，国际合作也呈现出国际主义的特征。中国政府谴责德国开展无限制潜艇战，积极参与或筹建国际联盟、联合国，倡议建立世界反法西斯统一战线，向缅甸等地派出远征军打击日本法西斯等等，都是中国支持或者参与合法性战争的重要形式，也是管理国际公共事务的重要行动，体现了某种程度上的国际主义。但是，由于北京政府和南京政府自身政治腐败，国家力量与国家态度均十分软弱，资产阶级并不能担负起民族复兴的历史责任，对于法西斯国家长期存有幻想。因此，只能在有限的范围内关注救亡图存、修改废除不平等条约，对于国际正义斗争的支持并不彻底。虽然中国人民通过反法西斯战争等方式为世界和平做出了巨大的贡献，为中国赢得了崇高的国际地位，但由于政府的阶级局限性和历史局限性，国际主义与爱国主义结合得不够，制约了中国梦的进一步实现。这种局面直到新中国建立之后才有了根本上的改变。

**经验之三，将中国梦与世界各国人民求解放、求独立、求平等的梦想连接起来，以一定的方式支援世界性民族解放运动和国际社会主义运动等是实现中国梦的方面。**将中国梦从天上拉到地下，不能不认真对待它的基本国情。这个基本国情包括，它的实现必须依靠一群中华民族优秀分子来凝聚民族的力量，并正确指引其前进；它的实现要正视比较薄弱的国内物质基础以及比较落后的社会发展基础；它正处在世界历史的伟大变革中，世界性民族解放运动、国际社会主义运动都在经历着新的变化，社会主义制度与资本主义的制度竞争将长期存在，等等。选择了中国特色社会主义制度，新中国就必须从如何巩固自身政权，在国际政治体系中立足并能够不断发展等立场进行考虑。这无论对于一个新兴的社会主义大国，还是对于中华民族的伟大复兴，都具有极端重要的意义。毛泽东曾讲过，“在帝国主义存在的时代，任何国家的真正的人民革命，如果没有国际革命力量提供各种不同方式上的援助，要取得自己的胜利是不可能的”。新中国成立之后，极大地解放了生产力。中国短时期内成为了一个举足轻重的社会主义大国，中国梦有了坚实的制度保障和物质基础。由于积极加入以苏联为首的社会主义阵营，反对帝国主义对于朝鲜人民民主共和国的侵略，参加亚非会议，支持世界人民的和平运动，支持亚洲、非洲、拉丁美洲各国人民反殖民主义和保卫民族主权的斗争（以支援埃及反抗英法侵略为代表），支持各国工人阶级和劳动人民的社会主义运动，中国赢得了独立自主、和平共处的国际形象。中国不但获得世界人民与友好国家的经济援助与精神鼓舞，国际地位大大提高，而且也增长了国民士气与民族自信心，激发了建设社会主义祖国的热情，反过来促进了国内的生产建设。可以讲，这个时期的国际主义在相当大的程度上促进了综合国力的增长。在二十世纪末，世界性民族解放运动的历史性任务已经完成，维护各民族国家的主权与领土完整已成为首要的国际准则。个别国家或地区中某些政治势力对民族自决的不适当鼓吹和支持，已经偏离了国际社会的主流，逐渐演化成极端主义和分离主义，并与恐怖主义等勾连起来，对国际安全构成了威胁，引起了国际社会的共同抵制和讨伐。中国也加入了反对极端主义、分离主义和恐怖主义的国际运动，赢得国际社会的尊重，提升了国际软实力。

**经验之四，和平发展是当前最大的国际主义，坚持和平发展是实现中国梦的重要的道路保障、理论保障和制度保障。**二十世纪七十年代之后，随着经济全球化的急速发展、世界殖民统治体系的彻底瓦解、资本主义世界内部的自我调整，国际政治也进入了重大的调整期和转折期，和平与发展成为时代主题越来越成为国际社会的共识。中国也大幅度调整内政外交的基本方针，并通过改革开放坚定地融入国际社会。相应地，对于很长一段时期执行的无产阶级国际主义理念也进行了调整。党的十二大之后，中国以一种不言明国际主义的新国际主义姿态履行着国际义务，着力推进融入国际社会、团结国际社会和完善国际体系的各种进程，取得了几个方面的国际主义贡献。一是明确提出了建立国际经济政治新秩序。邓小平同志讲过，“在国际问题上无所作为不可能，还是要有所作为。作什么？我看要积极推动国际政治经济新秩序。”应该讲，推动新秩序的建立直接服务于第三世界，间接服务于发达资本主义国家，对于整个国际社会都有利。二是反对各种形式的霸权主义，特别是通过对越自卫反击战等行动，捍卫了国际社会的主权原则，团结了绝大多数国家，显现了中国对于世界事务的大国责任。三是采取了搁置主权、共同开放的新思维。在实现共同的国家利益的同时维护了国际和平与共同发展，探索了一种新时代要求下的低程度的国际主义。四是在反对恐怖主义和反对核扩散等方面坚决地站在国际社会一边，旗帜鲜明地维护世界秩序和世界和平，成为新世纪维护国际社会基本共识的重要力量，为新国际政治文化的形成奠定了坚实的基础。五是明确地提出和平发展作为中国的发展道路，使得传统的和平主义文化再次落实到中国的对外战略上，符合了时代发展的潮流，也使得国际社会对于和平的向往有了更大的支持。六是积极参与国际金融危机管理、国际气候问题应对和维持国际和平行动等国际公共事务，承担了与国力相符合的国际责任，树立了大国的良好国际形象。

**经验之五，实现中国梦需要承担适当的国际义务，但不能超出国力所承受的范围。**国际主义更多地与理想主义相联系，民族主义更多地与现实主义相联系。不能超出时代的要求、民族利益的范围、国家的承受能力去推行国际主义的外交政策，否则就会损害民族复兴的根本国家利益。二十世纪五十年代以后，特别是六十年代到七十年代，国际政治发生了很大变化。国际政治的主题也在发生变化，民族解放运动与帝国主义、殖民主义的矛盾不再是主要矛盾。由此，以无产阶级意识形态为主要内容的国际主义不应当在中国外交路线中占据过去时代的地位。但是，出于中苏冲突、国内政治斗争以及中国硬实力片面发展的种种困难和不平衡状况等因素的考虑，新中国把国际主义置于了不恰当的位置，奉行既反帝、又反修、大力支援第三世界地区人民的外交路线，给中国的崛起带来了波折。中苏论战中，中共把国际主义置于爱国主义之上，明确指出中国外交的基本路线是，“在无产阶级国际主义的原则下，发展社会主义阵营各国间的友好合作关系；在五项原则的基础上，争取和社会制度不同的国家和平共处，反对帝国主义的侵略政策和战争政策；支援一切被压迫人民和被压迫民族的革命斗争”。这种国际主义路线直接或间接造成的负面作用，是使中国未能与主流国际社会建立良好的互动，失去了发展市场经济、提高国民福利的大好时光。同时，还增强了国内阶级斗争的烈度，使中国濒于国民经济崩溃的边缘，在国际上与主流国际社会处于某种对立或者疏远状态，不利于中国的现代化建设。

## 五、关于中国梦的世界历史意义

实现中国梦，中国需要新的国际主义面貌。国际主义是个历史的范畴，它在阶级性、民族性和人类性之间摇摆，是社会历史实践的要求。新中国一段时期实行的无产阶级国际主义，既有经验也有教训，这与社会主义阵营与资本主义的集团对抗有关，也与我们对时代主题的认识与把握有关。改革开放之后中国在正式的外交场合不再主张国际主义，而更加注重国际合作和国际义务，实际上实行了一种新国际主义的政策。即以和平共处五项原则为基本的指导方针，履行一定的国际责任，但必须符合国际关系基本准则，适应社会主义中国的综合国力；立足点不是社会主义国家而是第三世界或者发展中国家；不是建立一种与现有的世界体系相对立的社会主义体系，而是为融入世界经济体系、发展社会主义生产力服务。它是对无产阶级国际主义的超越，也是一种初级形态的社会主义国际主义。进入新世纪的新国际主义，应当更加积极有为，不但要保持过去好的做法，而且还要有所发展。具体地讲，在指导思想上注意研究三个转向，即价值论上由“用”转向“体”，客观上由国家转向地方及社会力量，领域上由政治经济转向文化和法治；在操作原则上注意研究三个底线，即不追求霸权、不超出国力所及、不超出权利范围；在实践形式上注意要为中国的社会性成长、地区性协调、全球性参与创造条件，特别要注意与美国就亚洲太平洋地区的共同体建设加强协调，这关系中国梦与美国梦的协调，也是两个大国关于未来世界秩序安排的重要领域。这样的国际主义不但会与爱国主义紧密相合，直接服务于国家的软实力战略利益；而且使得国家利益实际的国际化、社会化、法治化程度大为提高，为今后中国成为真正世界强国奠定价值、道德和法治基础。

实现中国梦，中国需要新的世界主义的眼光。中华民族正处于从国家崛起向民族复兴过渡的重要关头，它的成功将具有世界历史的意义。它将向世界宣布一个昔日强大的文明古国可以实现从帝国向现代国家的成功转型。同时，非但可以实现这个转型，它还要实现民族的振兴，重铸历史上的辉煌，重新成为对于人类和平与发展有着重要贡献的主要大国，这在世界历史上还将是第一次。我们不相信救世主义，不相信单个国家或文明能够独享人类的责任；但是，在阅过近代史上英法冲突之后的德国的崛起，现代史上英德冲突之后的美国崛起，当代史上美苏冲突之后的中国崛起，是否可以把握近代以来大国兴衰的逻辑从而对中华民族复兴有一种新的期待。试想，如果这个伟大的国家能够与世界同呼吸、共命运，能够因为它的复兴而促进西方文明与东方文明的良性互动，促使世界更加和平、和谐、富强、民主、文明；而没有它的和平发展则可能会导致世界更加无序，陷入晚期资本主义带来的世界安全危机怪圈，那么，我们有什么理由不去憧憬这种美好的未来呢？这难道不是中国梦与世界梦的融通吗？如果我们站在世界历史的高度去看待中国梦，它必然要上升为世界梦。爱国主义只与国际主义相结合还不够，还需要一定的世界主义。

（作者：上海交通大学国际与公共事务学院教授）

# 中国梦的精神实质与制度建设

严国萍

2012 年 11 月 29 日，习近平总书记在参观“复兴之路”展览时发表的讲话中首次正式提出了“中国梦”，并且指出：“实现中华民族伟大复兴，就是中华民族近代以来最伟大的梦想。这个梦想，凝聚了几代中国人的夙愿，体现了中华民族和中国人民的整体利益，是每一个中华儿女的共同期盼。”此后，习近平总书记多次将“民族的梦”与“每个中国人的梦”并列使用来阐明中国梦。每个人的梦与民族的梦是什么关系？中国梦是一个“个人本位”、每个人得以拥有广阔空间实现的梦想，还是一个“国家（民族）本位”的关于社会秩序的梦，抑或两者兼而有之，相互贯通？实现中国梦，需要怎样的制度创新与体制改革予以保证？回答这些争论，马克思、恩格斯《共产党宣言》中关于“每个人的自由发展是一切人的自由发展的条件”的论述可以提供重要的指导意义。

## 一、每个人的自由发展与一切人的自由发展

马克思、恩格斯的《共产党宣言》是在论述未来理想社会时阐述每个人的自由发展与一切人的自由发展的关系的。他们是这样说的：“代替那存在着阶级和阶级对立的资产阶级旧社会的，将是这样一个联合体，在那里，每个人的自由发展是一切人的自由发展的条件。”

马克思、恩格斯关于“自由人的联合体”的向往属于典型的现代性思想。在古代社会中，社会、国家被看作是先于、大于个人的概念。柏拉图说，国家大于个人。正义是用较大的字体写在国家上面，而且更容易辨认。个人不能孤立地而只能在社会中取得至善。对于个人来说，善即是承担自己的职责义务。亚里士多德说，人是趋向于城邦生活的动物，不能产生城邦或不需要它的不是人，是野兽或神祇。也就是说，城邦从本质上来说先于个人。近代化进程改变了人们对个人与社会、国家关系的理解。近代自由主义、个人主义、人道主义主张个人至上，认为社会、国家必须服从个人。

近代自由主义、个人主义、人道主义发展了个体性、主体能动性方面，具有重要的历史进步意义。认识不到个人与社会、国家关系的时代特征，就不能对马克思、恩格斯关于“自由人的联合体”的思想作出正确解读。事实也是这样，马克思恩格斯关于“每个人的自由发展是一切人的自由发展的条件”的论述，长期以来在我国没有得到应有的重视，有些人甚至认为马克思恩格斯把话说反了，应该把这句话颠倒过来。

但是，自由主义、个人主义关于个人与国家、社会关系的理解并没有达到真理。马克思恩格斯批判了这种个人主义的自由主义，指出个人、个人权利都不可能先于社会而存在。他们说，个人“是什么样的，这同他们的生产是一致的——既和他们生产什么一致，又和他们怎样生产一致。因而，个人是什么样的，这取决于他们进行生产的物质条件”。而生产以交往为前提，因此，个人在其现实性上，是“一切社会关系的总和”。这些社会关系，在阶级社会中，突出地表现为阶级关系。相应地，个人要获得全面发展，就必须消灭这些人剥削人、人压迫人的阶级关系，构建起自由人的联合体。马克思恩格斯在“自由人的联合体”概念中，体现了他们对“每个人的自由发展”与“一切人的自由发

展”的统一性追求。“每个人的自由发展”，指的是个人重新驾驭由于私有制和异化而转化为统治力量的社会关系，在这一意义上，每个人的自由发展才是一切人的自由发展的条件。同时，必须构建真正的共同体，因为每个人只有在联合中并通过这种联合才能获得自己的自由，那些存在着阶级和阶级对立的社会，只是“虚假的”、“冒充的”共同体，它们是实现每个人的自由发展的桎梏。

## 二、每个人的梦与民族的梦

马克思主义创始人关于“每个人的自由发展是一切人的自由发展的条件”的论述，对于我们今天领会中国梦的精神实质，具有重要的指导意义。

**首先，中国梦必然是每个中国人的梦，而且，实现每个中国人的梦是实现“国家富强、民族振兴、人民幸福”的条件与具体内容。**根据马克思、恩格斯的看法，社会结构和国家是从那些“从事活动的，进行物质生产的，因而是在一定的物质的、不受他们任意支配的界限、前提和条件下活动着的”现实个人中产生的。相应地，民族、国家的梦就不可能是抽象的，它必然是这些现实个人的梦。而且，民族、国家的梦也不是每个人的梦的简单集合体，每个人的梦必须类于马克思恩格斯社会理想中的“每个人的自由发展”，它才能通往“国家富强、民族振兴、人民幸福”。如果每个人的梦相互抵消甚至相互对立，就不可能实现“国家富强、民族振兴、人民幸福”；如果每个人的梦没有体现近代意义上的个体性、主体性发展，而是古代意义上的“臣民”的梦，那么它们的结果可能通往愚昧、封闭甚至专制极权。因此，这里的“每个人”指的是得到了个体性、主体性发展了的“每个人”。也是在这样的意义上，实现每个中国人的梦，才是实现国家、民族的梦的条件与具体内容。

2013 年 3 月 17 日，习近平总书记在十二届全国人大一次会议上的讲话中指出：“中国梦是民族的梦，也是每个中国人的梦。”2013 年 5 月 4 日，在同各界优秀青年代表座谈时，习近平总书记说：“中国梦是国家的、民族的，也是每一个中国人的。”2014 年 3 月 27 日，在中法建交 50 周年纪念大会上，习近平总书记进一步指出：“中国梦是中华民族的梦，也是每个中国人的梦。我们的方向就是让每个人获得发展自我和奉献社会的机会，共同享有人生出彩的机会，共同享有梦想成真的机会，保证人民平等参与、平等发展权利，维护社会公平正义，使发展成果更多更公平惠及全体人民，朝着共同富裕方向稳步前进。”在这里，习近平总书记将中国梦阐述为让每个人获得发展自我和奉献社会的机会，共同享有人生出彩的机会，共同享有梦想成真的机会，并且把每个人的奋斗看作是实现中国梦的力量源泉，从而生动阐明了每个人的梦之于国家、民族的梦的意义。

**其次，中国梦也是一个关于社会秩序、社会制度的梦。**如前所述，马克思、恩格斯继承了黑格尔对自由主义、个人主义的批判，强调没有共同体，个人的自由发展是不可能实现的。而且，他们将“真正的共同体”与“虚假的”、“冒充的”共同体相区分，认为资产阶级国家只是“虚假的”、“冒充的”共同体，因而在阶级消灭和国家消亡之前，每个人的自由发展是不可能实现的。马克思恩格斯的理想：“在真正的共同体的条件下，各个人在自己的联合中并通过这种联合获得自己的自由。”

马克思、恩格斯对资产阶级国家的批判以及对理想社会的追求给我们的启示在于，中国梦必须同时被看作一个关于社会秩序、社会制度的梦，即建立完善能够实现个人自由发展、幸福生活的好秩序、好制度。习近平总书记把中国梦的实现与“保证人民平等参与、平等发展权利，维护社会公平正义，使发展成果更多更公平惠及全体人民，朝着共同富裕方向稳步前进”联系起来，体现出对于实现中国梦的制度基础的关注。

党的十八届三中全会提出了全面深化改革

的目标与任务，并且将全面深化改革的总目标确定为完善和发展中国特色社会主义制度，推进国家治理体系和治理能力现代化。这次全会将"让一切劳动、知识、技术、管理、资本的活力竞相迸发，让一切创造社会财富的源泉充分涌流，让发展成果更多更公平惠及全体人民"载入全面深化改革的目标和任务之中。可以看到，完善和发展中国特色社会主义制度，推进国家治理体系和治理能力现代化，将成为实现中国梦的制度基础，它本身也构成中国梦的重要组成部分。

## 三、中国梦与世界梦

在论述了每个人的梦与民族的梦的关系后，我们还需要考察中国梦与域外的梦的关系。这是领会中国梦精神实质的重要组成部分。

2013 年 6 月 7 日，习近平总书记在美国会晤奥巴马总统时说，中国梦要实现国家富强、民族复兴、人民幸福，是和平、发展、合作、共赢的梦，与包括美国梦在内的世界各国人民的美好梦想相通。此前，习近平总书记在访问坦桑尼亚时发表的演讲中指出，13 亿多中国人民正致力于实现中华民族伟大复兴的中国梦，10 亿多非洲人民正致力于实现联合自强、发展振兴的非洲梦。中非人民要加强团结合作、加强相互支持和帮助，努力实现我们各自的梦想。就在这个演讲中，习近平总书记还提出了"世界梦"：我们还要同国际社会一道，推动实现持久和平、共同繁荣的世界梦，为人类和平与发展的崇高事业作出新的更大的贡献！此外，在不同场合，习近平总书记还指出中国梦不仅与印尼梦密切关联，而且与包括印尼梦在内的整个东盟梦密切关联；中国和拉美共同追求美好梦想；中国梦是法国的机遇，法国梦也是中国的机遇；等等。

习近平总书记强调中国梦与美国梦、世界梦、非洲梦、印尼梦、东盟梦、拉美梦、法国梦等等相连相通，对于我们深刻领会中国梦的精神实质具有重要意义。

**首先，中国梦是现代文明世界的梦。**中华民族的伟大复兴并不是要回到秦汉帝国或者成为"列强"之一，更不是"民族复仇"，而是面向未来共同发展，建设一个强大的现代文明国家。现代国家不是自然的产物，而是价值认同的结果。2012 年 11 月，党的十八大报告首次概括了社会主义核心价值观，即在国家层面的"富强、民主、文明、和谐"，社会层面的"自由、平等、公正、法治"，个人层面的"爱国、敬业、诚信、友善"。这一概括与中华优秀传统文化和人类文明优秀成果相承接，具有鲜明的科学性、时代性、先进性、民族性和开放性。毫无疑问，中国梦的基本要素就是社会主义核心价值观，践行社会主义核心价值观是实现中国梦的必由之路。

**其次，中国梦是中国融入世界的梦，是走上人类文明发展道路的梦。**中国的发展离不开世界，世界的发展也需要中国。相应地，中华民族的伟大复兴，必须超越"自我的梦"，必须嵌入到世界秩序变迁的过程中，并成为世界秩序演进的一部分。当前，中国向世界开放的过程，就是接受当前西方世界所主导国际法、国际组织和国际制度、规范的过程。同时，中国崛起也正在产生全球性影响，中国要加强话语权，参与游戏规则制定和修改。实现中华民族伟大复兴的中国梦，不仅仅需要提升经济和军事这样的硬实力，还需要甚至更需要提升文化和理念方面的软实力，以获得国际影响力，屹立于世界民族之林。

**最后，中国梦的实现，不仅造福中国，而且造福世界。**在 2013 年 6 月习近平总书记访美之际，美国哈佛大学学者阿里森（Graham T. Allison Jr.）在《纽约时报》发表文章，认为中国和美国面临着一个所谓"修昔底德陷阱"。"修昔底德陷阱"说法源自古希腊著名历史学家修昔底德的观点，意指一个新崛起的大国必然要挑战现存大国，而现存大国也必然来回应这种威胁，因此战争变得不可避免。2014 年 1 月 22 日，美国《赫芬顿邮报》子报《世界邮报》创刊号刊登了对习近平总书记的专访。针对中国迅速崛起后,必将与美国、日本等旧霸权国家发生冲突的担忧,习近平指出:“我们都应该努力避免陷入‘修昔底德陷阱’,强国只能追求霸权的主张不适用于中国,中国没有实施这种行动的基因。”“中国梦是追求和平的梦。中国梦需要和平,只有和平才能实现梦想。……历史将证明,实现中国梦给世界带来的是机遇不是威胁,是和平不是动荡,是进步不是倒退。拿破仑说过,中国是一头沉睡的狮子,当这头睡狮醒来时,世界都会为之发抖。中国这头狮子已经醒了,但这是一只和平的、可亲的、文明的狮子。”

## 四、实现中国梦的制度保证

中国梦的实现,不仅造福中国人民,而且造福世界各国人民。中国梦的实现过程,将是开创超越西方资本主义现代化模式、探索人类新文明的过程,这也是中国对于世界、对于人类文明的贡献。无论是实现每个中国人的梦,还是超越西方资本主义现代化模式、探索人类新文明,都向我们提出了制度建设的要求。这一要求从根本上说,就是通过全面深化改革,完善和发展中国特色社会主义制度,推进国家治理体系和治理能力现代化。

在2014年省部级主要领导干部学习贯彻十八届三中全会精神全面深化改革专题研讨班开班式上,习近平总书记指出:“改革开放以来,我们党开始以全新的角度思考国家治理体系问题,强调领导制度、组织制度问题更带有根本性、全局性、稳定性和长期性。今天,摆在我们面前的一项重大历史任务,就是推动中国特色社会主义制度更加成熟更加定型,为党和国家事业发展、为人民幸福安康、为社会和谐稳定、为国家长治久安提供一整套更完备、更稳定、更管用的制度体系。这项工程极为宏大,必须是全面的系统的改革和改进,是各领域改革和改进的联动和集成,在国家治理体系和治理能力现代化上形成总体效应、取得总体效果。”这一重要讲话系统论述了实现中国梦的制度保证,那就是,中国梦的实现,寓于中国特色社会主义制度更加成熟更加定型,寓于一整套更完备、更稳定、更管用的制度体系。

这既是我们具有坚定的制度自信的宣言,也是全面深化改革的宣言。没有坚定的制度自信就不可能有全面深化改革的勇气,而坚定制度自信,不是要固步自封,而是要不断革除体制机制弊端,让我们的制度成熟而持久。

2013年3月17日,新任总理李克强在回答中外记者提问时列出了本届政府要解决的问题:持续发展经济、不断改善民生、促进社会公正。李克强总理同时指出,实现三项任务,需要有三大保障。一是建设创新政府,依靠改革开放使经济社会充满活力;二是建设廉洁政府,增强政府的公信力、执行力和效率;三是建设法治政府,这尤为根本,我们要用法治精神来建设现代经济、现代社会、现代政府。在这里,李克强总理既指明了政府建设的方向,也指明了实现中国梦的具体制度要求,即建设创新政府,为实现中国梦提供前进动力;建设廉洁政府,为实现中国梦凝聚群众力量;建设法治政府,为实现中国梦提供法治保障。

人类对理想社会的追求几乎与人类历史一样久远。与形形色色的空想主义不同,马克思主义创始人从人类历史的实际发展中提出社会理想,并且科学地论证了实现这一社会理想的途径、手段、主体力量等。也是在这个意义上,马克思主义创始人的理论才得以以“科学社会主义”行名。道路、手段的有效性制约着目标、原则的科学性。如同不能把中国梦理解为抽象的民族、国家的梦,而是认识到民族、国家的梦也是每个中国人的梦,实现每个中国人的梦,才是实现国家、民族的梦的条件与具体内容;通过制度建设来实现中国梦,同样关涉到中国梦的具体性。通过全面深化改革,建设创新政府、廉洁政府、法治政府,实现党、国家、社会各项事务治理制度化、规范化、程序化,中国梦的实现就具有了完备的制度保证。

(作者:中共浙江省委党校副教授)

# 第六部分

# 纪念邓小平同志诞辰 110 周年

# 沿着小平同志开辟的中国特色社会主义道路前进

## ——纪念邓小平同志诞辰110周年

胡春华

邓小平同志是全党全军全国各族人民公认的享有崇高威望的卓越领导人，伟大的马克思主义者，伟大的无产阶级革命家、政治家、军事家、外交家，是我国社会主义改革开放和现代化建设的总设计师。党的十一届三中全会以后，他领导全党开辟了中国特色社会主义道路，继承和发展了马克思列宁主义和毛泽东思想，创立了邓小平理论。广东是小平同志亲自倡导的改革开放"试验田"。30多年来，在党中央的正确领导下，广东沿着小平同志开辟的中国特色社会主义道路奋勇前进，南粤大地发生了翻天覆地的历史巨变。在纪念小平同志诞辰110周年之际，广东人民深情回忆他对广东改革开放伟大实践的亲切关怀和有力指导，重温他的光辉思想，缅怀他的崇高风范，进一步坚定了沿着中国特色社会主义道路前进，实现习近平总书记对广东"三个定位、两个率先"总目标和新要求的信心。

## 一

**广东人民永远不会忘记，是小平同志亲自倡导创建经济特区，鼓励广东先行一步、大胆探索。**1977年11月，第三次复出重新走上领导岗位的小平同志，外出视察的第一站就来到广东。当年，广东还是一个落后的农业省份，经济发展水平与毗邻的香港差距很大，边境地区农民逃港问题十分突出。小平同志听了广东省委负责同志汇报这一情况后，明确指出：逃港，主要是生活不好，差距太大。生产生活搞好了，可以解决逃港问题。他还说："说什么养几只鸭子就是社会主义，多养几只就是资本主义，这样的规定要批评。"1979年1月，一份关于香港厂商要求回家乡广州开设工厂的来信摘报送到小平同志办公室，他以超凡的政治魄力和战略眼光作出批示："这种事，我看广东可以放手干。"同年4月在北京召开的中央工作会议上，习仲勋同志代表广东省委向党中央建议批准广东利用临近港澳的优势，实行特殊政策和灵活措施创办出口加工区。小平同志听后指出："还是叫特区好，陕甘宁开始就叫特区嘛！中央没有钱，可以给些政策，你们自己去搞，杀出一条血路来。"这一语重心长的嘱托，凝聚了小平同志对于办好特区的殷切期望。从此，广东在全国先行一步，拉开了改革开放的序幕，成为全国改革开放的前沿阵地。

**广东人民永远不会忘记，是小平同志对广东改革开放的起步探索给予充分肯定、定位导航，坚定了我们探索前进的信心和决心。**1984年，广东的改革开放刚刚起步不久，国内外对此很关注，同时也引发了一些疑虑和不解，在这关键时刻，小平同志再一次亲临广东视察指导工作。从深圳到珠海，一路走来，看到经济特区一片热火朝天的兴旺景象，小平同志的心里有了底。在珠海，他欣然提笔，写下了"珠海经济特区好"七个大字；随后，他又为深圳特区题词："深圳的发展和经验证明，我们建立经济特区的政策是正确的。"回到北京后，小平同志随即召集中央几位负责同志开会，明确指出："我们建立经济特区，实行开放政策，有个指导思想要明确，就是不是收，而是放。"同时给特区功能定位："特区是个窗口，是技术的窗口、管理的窗口、知识的窗口，也是对外政策的窗口。"小平同志对深圳、珠海经济特区的肯定，极大地鼓舞了广东广大干部群众，也为全国的改革开放指明了方向。在小平同志的支持和关怀下,中央决定把广东作为全国改革开放的综合试验区,广东不辱使命,大胆探索,在全国率先进行了市场导向的经济体制改革,推动物价“闯关”改革、投资管理体制改革,培育发展各类市场主体,经济体制改革取得重大突破性进展,极大激发了人们的生产积极性和社会的创造力,广东成为投资创业的一片热土。

**广东人民永远不会忘记,是小平同志在广东改革开放面临严峻考验的关键时刻,视察广东并发表南方谈话,为我们拨开思想迷雾,指明前进方向。**1992年,国际风云变幻激荡,中国改革开放面临严峻考验,在这个紧要历史关头,88岁高龄的小平同志又一次亲临广东视察,发表极其重要的南方谈话,谈话言简意赅,振聋发聩,使我们倍感振奋鼓舞。“深圳的建设成就,明确回答了那些有这样那样担心的人。特区姓‘社’不姓‘资’。”“计划多一点还是市场多一点,不是社会主义与资本主义的本质区别。计划经济不等于社会主义,资本主义也有计划;市场经济不等于资本主义,社会主义也有市场。”“判断的标准,应该主要看是否有利于发展社会主义社会的生产力,是否有利于增强社会主义国家的综合国力,是否有利于提高人民的生活水平。”“要坚持两手抓,一手抓改革开放,一手抓打击各种犯罪活动。这两只手都要硬。打击各种犯罪活动,扫除各种丑恶现象,手软不得。”小平同志的南方谈话,从理论上深刻回答了长期困扰和束缚人们思想的许多重大认识问题,提出了对整个社会主义现代化建设具有现实和深远指导意义的重要思想,为推动我国改革开放和社会主义现代化建设进入新阶段作出了重大贡献。在小平同志南方谈话精神指引下,广东和全国一样,朝着建设社会主义市场经济体制的目标,掀起新一轮改革开放热潮,为广东发展走在全国前列注入了强大动力。

从党的十一届三中全会小平同志倡导解放思想、改革开放,到如今已经30多年过去了;敬爱的小平同志离开我们也已经17年了。可以告慰小平同志的是,在党中央的正确领导下,历届省委牢记小平同志的谆谆教诲,团结带领全省人民开拓进取,广东改革开放和现代化建设取得了辉煌成就。综合经济实力实现了历史性跨越,地区生产总值从1978年的185.85亿元,增长到2013年的6.22万亿元,约占全国的19%;来源于广东的财政收入从1978年的41.82亿元,增长到2013年的16964.40亿元,约占全国的18%;进出口贸易总额从1978年的15.92亿美元,增长到2013年的1.09万亿美元,约占全国的14%。人民生活水平实现了历史性提升,2013年广东城镇居民人均可支配收入达到3.31万元,比1978年名义增长70多倍,农村居民人均纯收入达到1.12万元,比1978年名义增长50多倍。社会文明实现了历史性进步,社会事业长足发展,民主法治切实加强,社会大局和谐稳定,公民素质全面提高,人民权益得到有效保障。广东的发展巨变,得益于党的改革开放的伟大决策,得益于党中央和小平同志的关怀和指导,同时也雄辩地证明:我们党实行改革开放的历史决策是完全正确的,邓小平理论是完全正确的,中国特色社会主义的发展道路是完全正确的!

## 二

抚今追昔,广东人民永远感谢小平同志,爱戴小平同志,怀念小平同志!小平同志留给我们的最宝贵的财富,就是他创立的邓小平理论和开辟的中国特色社会主义道路。今天,我们对小平同志的最好纪念,就是继续沿着他开辟的中国特色社会主义道路前进,把广东改革开放和现代化建设事业发展好。

党的十八大后,习近平总书记对广东提出了“三个定位、两个率先”的总目标,要求广东努力成为发展中国特色社会主义的排头兵、深化改革开放的先行地、探索科学发展的实验区,为率先全面建成小康社会、率先基本实现社会主义现代化而奋斗。今年全国“两会”期间,习近平总书记又对广东提出了新要求,要求广东在全面深化改革中走在前列，努力交出物质文明和精神文明两份好的答卷。我们要高举中国特色社会主义伟大旗帜，以邓小平理论、“三个代表”重要思想和科学发展观为指导，深入贯彻落实习近平总书记系列重要讲话精神，努力实现习近平总书记对广东工作提出的总目标和新要求，当好发展中国特色社会主义的排头兵。

**沿着小平同志开辟的中国特色社会主义道路前进，我们要扎实推进广东全面深化改革。**改革开放是坚持和发展中国特色社会主义的必由之路。30多年前，小平同志提出“正确地改革同生产力迅速发展不相适应的生产关系和上层建筑”。在1992年的南方谈话中，他强调“社会主义基本制度确立以后，还要从根本上改变束缚生产力发展的经济体制，建立起充满生机和活力的社会主义经济体制，促进生产力发展，这是改革，所以改革也是解放生产力”。这些重要论述，深刻阐述了改革开放与社会主义现代化建设的关系，建设社会主义现代化是改革的目的，改革是建设现代化的重要动力，必须以改革开放促发展。党的十八大后，习近平总书记首次到地方考察调研就选择广东，进一步宣示了在新的历史起点上把改革开放继续向前推进的决心，并要求广东成为深化改革开放的先行地。今年全国“两会”期间，习近平总书记在参加广东团审议时又明确要求广东要在全面深化改革中走在前列。我们要按照中央关于全面深化改革的决策部署和习近平总书记对广东提出的要求，正确、准确、有序、协调地推进改革；要坚持问题导向，找准深化改革的突破口，推动重点领域和关键环节改革取得突破性进展；要不断建立健全体制机制，加快形成系统完备、科学规范、运行有效的制度体系，使广东在新一轮改革中走在前列，继续发挥排头兵作用。

**沿着小平同志开辟的中国特色社会主义道路前进，我们要大力推进广东科学发展。**解放和发展社会生产力是中国特色社会主义的根本任务。小平同志反复强调要以经济建设为中心，强调发展才是硬道理。他指出，抓住时机，发展自己，关键是发展经济，有条件的地方要尽可能搞快点。他特别强调，要先富帮后富，逐步实现共同富裕。在新的发展阶段，坚持发展是硬道理的本质要求就是坚持科学发展。我们要以习近平总书记对广东提出的“三个定位、两个率先”总要求统揽全局，勇于正视广东自身发展的不足，加快转变经济发展方式，进一步推动广东科学发展。要大力推动产业转型升级，积极实施创新驱动发展战略，推动产业向价值链的高端发展，建设广东特色的现代产业体系，全面提升产业的国际竞争力。要积极推进区域协调发展，大力实施珠三角优化发展战略和粤东西北加快发展战略，以实现“九年大跨越”为目标，加大传统产业的技术改造，抓好重点项目建设和重大平台建设，大力培育大型骨干企业，不断提高科技创新能力，把珠三角地区发展提高到一个新的水平。要扭住加快交通基础设施建设、产业园区建设、中心城区扩容提质“三大抓手”，推动粤东西北地区发展提速提质。要大力推进珠三角和粤东西北对口帮扶工作，探索建立区域协调发展机制，以先富地区帮助带动欠发达地区加快发展，走共同富裕道路。要着力保障和改善民生，加快推进城乡基本公共服务均等化，落实提高底线民生保障水平的实施方案，健全外来务工人员管理和服务工作，让广大人民群众共享改革发展成果。

**沿着小平同志开辟的中国特色社会主义道路前进，我们要始终坚持物质文明和精神文明两手抓两手硬。**两个文明都搞好，才是中国特色社会主义。早在改革开放初期，小平同志就强调“在建设具有中国特色的社会主义社会时，一定要坚持发展物质文明和精神文明”。在1992年的南方谈话中，他要求“广东二十年赶上亚洲‘四小龙’，不仅经济要上去，社会秩序、社会风气也要搞好，两个文明建设都要超过他们，这才是有中国特色的社会主义”。广东人民牢记小平同志的嘱托，把精神文明建设摆在改革开放和现代化建设的重要地位，在加快经济发展的同时，切实加强精神文明建设。党的十八大后，以习近平同志为总书记的党中央高度重视两个文明建设。今年全国“两会”期间，习近平总书记在参加广东团审议时，要求广东坚持物质文明和精神文明两手抓两手硬，努力交出物质文明和精神文明两份好的答卷。我们深刻体会到，广东地处改革开放前沿，精神文明建设的任务十分艰巨，抓精神文明建设丝毫不能放松。我们要深入学习中国特色社会主义理论，学习习近平总书记系列重要讲话精神，加强思想武装，坚定理想信念，提振精神状态，大力培育和弘扬社会主义核心价值体系和核心价值观，打牢全省人民团结奋斗的共同思想基础。要进一步加快文化事业发展，提高基本公共文化服务水平，努力挖掘保护好岭南文化资源，积极鼓励和引导创作群众喜闻乐见的文化精品，为人民群众提供更多更好的精神食粮。要坚决扫除黄赌毒等社会丑恶现象，让真善美的思想和行为在全社会蔚然成风。

**沿着小平同志开辟的中国特色社会主义道路前进，我们要全面加强党的建设**。党的建设是中国特色社会主义事业发展的根本保障。小平同志深刻指出：“中国的事情能不能办好，社会主义和改革开放能不能坚持，经济能不能快一点发展起来，国家能不能长治久安，从一定意义上说，关键在人。”他反复强调，要“聚精会神地抓党的建设”。党的十八大以来，习近平总书记高度重视加强党的建设，指出“实现党的十八大确定的各项目标任务，进行具有许多新的历史特点的伟大斗争，关键在党，关键在人”。他在广东考察调研时，对全面加强党的建设，特别是建设高素质干部队伍等提出了一系列具体要求，为我们加强党的建设指明了方向。我们要切实加强广大党员特别是领导干部思想理论武装，提高党性修养，坚定理想信念，树立远大目标。要坚持德才兼备、以德为先的选人用人导向，按照“信念坚定、为民服务、勤政务实、敢于担当、清正廉洁”的好干部标准，把党和人民需要的好干部选拔出来、使用起来。要树立基层一线导向，在改革发展的主战场、维护稳定的第一线、服务群众的最前沿发现和培养干部。要坚持不懈地抓作风建设，深化和巩固第一批党的群众路线教育实践活动的成果，扎扎实实开展第二批教育实践活动，深入学习弘扬焦裕禄精神，教育引导广大党员干部自觉践行“三严三实”要求，把解决“四风”问题作为聚焦点，强化问题导向，坚持用结果说话，弘扬实干精神，真正在转变作风上见到实效，不断扩大作风建设的成果，为推进党的事业发展提供强有力的保证。

铭记小平同志嘱托，再创改革开放辉煌。广东人民将始终坚持党的基本路线不动摇，高举中国特色社会主义伟大旗帜，坚定不移走中国特色社会主义道路，在以习近平同志为总书记的党中央坚强领导下，振奋精神，开拓创新，扎实进取，努力实现“三个定位、两个率先”总目标，谱写广东改革开放和现代化建设新篇章。

（作者：中共中央政治局委员、广东省委书记）

# 重温邓小平理论　开创改革发展新局面

## ——纪念邓小平同志诞辰110周年

曾培炎

今年是中国改革开放总设计师邓小平同志诞辰 110 周年。1978 年以邓小平同志为核心的中央领导集体以巨大的政治勇气和智慧，开启了改革开放的新航程，逐步在实践中形成了邓小平理论。2012 年 12 月，习近平同志在广东考察时指出："我们来瞻仰邓小平铜像，就是要表明我们将坚定不移地推进改革开放，奋力推进改革开放和现代化建设取得新进展、实现新突破、迈上新台阶。"邓小平理论坚持将马克思主义基本原理同中国具体情况相结合，精辟回答了"什么是社会主义、怎样建设社会主义"这一根本问题，探索出了一条建设中国特色社会主义的道路。当前，我国经济社会发展面临新情况新形势，经济转型任重道远，改革攻坚如箭在弦，社会矛盾易发多发，国际形势错综复杂。重温邓小平理论，特别是学习邓小平同志关于发展、改革、开放的一系列重要思想，对贯彻落实党的十八大和十八届三中全会精神，与时俱进做好当前经济工作，实现中华民族伟大复兴的中国梦，具有十分重要的意义。

### 一、发展才是硬道理

发展才是硬道理，是邓小平同志提出的一个简单而深刻的真理，是对我们党近半个世纪以来社会主义建设经验的高度总结，凝聚着对我国未来发展战略的深刻思考。

**社会主义的本质是解放生产力，发展生产力，消灭剥削，消除两极分化，最终达到共同富裕。**邓小平同志的这一概括，把发展生产力和社会主义生产关系、根本任务和发展目标有机统一起来。一方面，生产力是社会发展最根本的决定性因素，社会主义的根本任务是发展生产力。正如邓小平同志所指出的，"贫穷不是社会主义"，"中国解决所有问题的关键是要靠自己的发展"，必须始终扭住经济建设这个中心不放。另一方面，公有制为主体和共同富裕是社会主义的根本原则。在坚持公有制为主体的前提下，允许和鼓励非公有制经济发展。收入分配上坚持按劳分配为主体、多种分配方式并存的制度。允许和鼓励一部分人、一部分地区先富起来，先富带动后富，逐步达到共同富裕。党的十八大报告再次明确指出，解放和发展生产力是中国特色社会主义的根本任务，必须坚持发展是硬道理的战略思想。要以科学发展为主题，以加快转变经济发展方式为主线，把推动发展的立足点转到提高质量和效益上来，要着力解决收入分配差距较大问题，使发展成果更多更公平惠及全体人民。这是我国现代化建设进入新阶段的新要求，为今后经济社会发展指出了明确方向。

**一切从社会主义初级阶段的实际出发。**中国式的现代化，必须从中国的特点出发。邓小平同志科学分析当代中国国情，得出了我国仍处在社会主义初级阶段的重要判断。党的十三大报告充分论述了社会主义初级阶段理论，确立了以经济建设为中心，坚持四项基本原则，坚持改革开放的基本路线。这使我们真正回到了理论联系实际、实事求是、一切从实际出发的马克思主义思想路线。改革开放 30 多年来，我国国民经济保持高速发展，经济总量跃升到世界第二位，成为全球第一大货物贸易国和第二大吸引外资国，多项经济指标名列世界前列，人民生活水平大踏步提高，综合国力大幅跃升，国际地位和影响力显著提升。一个很重要的原因，就是我们的路线、方针和政策完全建立在对国情正确认识的基础之上。党的十八大报告强调,我国仍处于并将长期处于社会主义初级阶段的基本国情没有变,人民日益增长的物质文化需要同落后的社会生产之间的矛盾这一社会主要矛盾没有变,我国是世界最大发展中国家的国际地位没有变。因此,我们研究任何问题都要牢牢把握社会主义初级阶段这个最大国情,推进任何方面的改革发展都要牢牢立足社会主义初级阶段这个最大实际。

**分"三步走"基本实现社会主义现代化。**这是邓小平同志对我国发展战略目标和步骤的生动概括。第一步,从1981年至1990年国民生产总值翻一番,解决人民的温饱问题;第二步,从1991年到20世纪末再翻一番,人民生活达到小康水平;第三步,到21世纪中叶,人均国民生产总值达到中等发达国家水平,人民生活比较富裕,基本实现现代化。经过不懈努力,2000年我们已经实现了"三步走"战略的前两步目标。党的十五大把第三步战略目标分解为"两个一百年"目标。党的十八大重申了"两个一百年",明确提出在中国共产党成立一百年时全面建成小康社会,在新中国成立一百年时建成富强民主文明和谐的社会主义现代化国家。党的十八大以来,习近平同志深刻阐述了实现中华民族伟大复兴的中国梦,强调实现中国梦必须走中国道路,弘扬中国精神,凝聚中国力量。这为我国未来发展勾画了更为清晰的蓝图,极大地感召和鼓舞了全体人民为实现国家富强、民族振兴、人民幸福而努力奋斗。

我国经历30多年经济高速增长后,已进入到经济发展的转换期,经济增速开始趋缓,这实质上是经济发展驱动力的转换。党的十八大报告提出,实施创新驱动发展战略,把科技创新摆在国家发展全局的核心位置,坚持走中国特色自主创新道路,加快建设国家创新体系;坚持教育优先发展方针,培养全面发展的社会主义建设者和接班人。当前世界经济进入深度调整期,国际竞争更加激烈,核心就是科技和人才的竞争。应当注重解决科技和教育更好地与经济发展相结合的问题,加大科研和人力资本投入,加快推进创新型国家建设。

## 二、改革也是解放生产力

邓小平同志提出的一系列社会主义改革思想,打破了长期束缚人民思想的藩篱,指明了改革的方向。他深刻指出:"革命是解放生产力,改革也是解放生产力。"

**社会主义也可以搞市场经济。**1992年初,邓小平同志在南方谈话中精辟地指出:"计划经济不等于社会主义,资本主义也有计划;市场经济不等于资本主义,社会主义也有市场。"这一论断突破传统观念和模式,丰富和发展了马克思主义基本原理,为深化经济体制改革提供了坚实的理论依据。党的十四大报告明确将建立社会主义市场经济体制作为我国经济体制改革的目标,提出要使市场在社会主义国家宏观调控下对资源配置起基础性作用。党的十八届三中全会进一步提出,使市场在资源配置中起决定性作用。这是市场经济的一般规律,健全社会主义市场经济体制必须遵循这条规律,推动资源配置依据市场机制实现效益最大化和效率最优化;同时要更好发挥政府作用,弥补市场失灵,保持宏观经济稳定,加强和优化公共服务。这一重要论述体现了鲜明的时代特征,进一步明确了改革的方向,对我国成功跨越"中等收入陷阱"、保持经济持续健康发展具有重要意义。

**改革是中国的第二次革命。**邓小平同志认为,改革是解放和发展生产力的必由之路。改革作为一场新的革命,不是对原有经济体制的细枝末节的修补,而是经济体制的根本性变革。当然,这种变革不是要抛弃已经建立起来的社会主义基本制度,而是社会主义制度的自我完善和发展。党的十八届三中全会提出,全面深化改革的总目标是完善和发展中国特色社会主义制度,推进国家治理体系和治理能力现代化。这是我国社会主义实践走过前半程后,摆在我们面前的一项重大历史任务。这项工程极其宏大，零敲碎打调整不行，碎片化修补也不行，必须搞好顶层设计，全面系统地推进，在国家治理体系和治理能力现代化上形成总体效应、取得总体效果。只有理解了这一点，才能牢牢把握改革的正确方向，才能使我们既不走封闭僵化的老路，也不走改旗易帜的邪路，不断增强经济社会发展的战略定力和坚定信心。

**“三个有利于”是判断改革得失成败的标准。**邓小平同志明确提出，判断改革得失成败的标准，应该主要看是否有利于发展社会主义社会的生产力，是否有利于增强社会主义国家的综合国力，是否有利于提高人民生活水平。“三个有利于”标准的提出为改革提供了强有力的思想武器。正是因为有了这个标准，我们才能大胆地推进各项改革，那些有利于生产力发展的经济制度才能在中国成长壮大。当前，改革进入攻坚期和深水区。习近平同志指出，要做好承受改革压力和改革代价的思想准备，对党和人民事业有利的，对最广大人民有利的，对实现党和国家兴旺发达、长治久安有利的，该改的就要坚定不移改，这才是对历史负责、对人民负责、对国家和民族负责。这一论述与“三个有利于”标准一脉相承，应当坚持用这一标准来衡量各项改革的得失成败，不断解放思想，大胆地试，大胆地闯，不失时机地推进重要领域改革，坚决破除一切妨碍科学发展的思想观念和体制机制弊端，构建系统完备、科学规范、运行有效的制度体系。

**处理好事关改革全局的重大关系。**邓小平同志指出，要正确处理改革发展稳定的关系，在维护政治和社会稳定中推进改革和发展，在推进改革和发展中实现政治和社会长期稳定。他还提出了“两手抓、两手都要硬”的思想，一手抓物质文明，一手抓精神文明，两个文明都搞好，才是中国特色的社会主义。全面深化改革的进程中，我们要坚持这些重要思想，注重协调改革力度、发展速度与社会可承受程度的关系，加强顶层设计和摸着石头过河相结合，整体推进和重点突破相促进，提高改革决策科学性，广泛凝聚共识，避免一些转型国家出现过的经济严重衰退和社会剧烈震荡；更加注重改革的系统性、整体性、协同性，坚持把经济改革同政治、文化、社会、生态等领域改革紧密结合起来，努力做到相互促进、协调推进，形成五位一体的总体布局；坚持“两手抓”思想，在发展经济的同时，注重培育和弘扬社会主义核心价值观，发挥社会主义先进文化的引领作用，增强国家文化软实力，发展社会主义民主政治，推进法治中国建设，维护社会公平正义，确保社会稳定有序、国家长治久安。

## 三、坚定不移地实行对外开放

邓小平同志深刻洞察时代特征和国际局势，提出实行对外开放的基本国策，坚持独立自主的和平外交政策，为国内经济发展创造有利的外部环境，使我国抓住了重要的战略机遇期。

**中国的发展离不开世界。**邓小平同志指出：“对外开放具有重要意义，任何一个国家要发展，孤立起来，闭关自守是不可能的，不加强国际交往，不引进发达国家的先进经验、先进科学技术和资金，是不可能的。”实践证明，只有实行对外开放，才能充分利用国际国内两个市场、两种资源，增强参与国际竞争的能力。党的十八大报告指出，适应经济全球化新形势，必须实行更加积极主动的开放战略，完善互利共赢、多元平衡、安全高效的开放型经济体系，全面提高开放型经济水平。在经济全球化深入发展的今天，我们必须坚定不移地在更大范围、更广领域、更高水平上推进对外开放，加快培育国际经济合作竞争新优势，同时积极推动多边贸易谈判，参与国际经济治理体系改革，树立负责任的大国形象。

**分步骤实现全方位对外开放。**兴办经济特区，作为改革的“试验田”和对外开放的“窗口”，在此基础上逐步扩大对外开放，是邓小平同志倡导和支持的崭新事业，拉开了我国全方位对外开放的序幕。他指出：“我们建立经济特区的政策是正确的”，“要扩大对外开放，现在开放得不够”。30多年来，从设立经济特区到不断扩大对外开放地域，从单方面引进来到实施走出去战略，从被动接受国际贸易规则到成功加入世界贸易组织（WTO），我国逐步形成了全方位、宽领域、多层次的对外开放格局，开放型经济水平不断提升，国际竞争力和影响力显著增强。当前，我国进入了全面建成小康社会的决定性阶段，必须抓住机遇进一步扩大开放。要改革投资管理体制，探索对外商投资实行准入前国民待遇加负面清单的管理模式，确立企业及个人对外投资主体地位，允许发挥自身优势到境外开展投资合作。放宽投资准入，推进金融、教育、文化、医疗等服务业领域有序开放。在进一步扩大内陆沿边开放的基础上，加快实施自贸区战略，推动亚洲基础设施互联互通建设，谋划“一带一路”开放新布局。中央批准设立的上海自由贸易试验区，是新形势下推进改革开放的重大举措。随着一系列新举措的实施，我国将逐步构建开放型经济新体制。

**现代化建设需要和平的国际环境。**邓小平同志指出，和平与发展是当今时代主题。他一再强调，中国特色社会主义是“主张和平的社会主义”，要“在争取和平的前提下，一心一意搞现代化建设，发展自己的国家”。党的十八大报告重申必须继续高举和平、发展、合作、共赢的旗帜，坚定不移地致力于维护世界和平、促进共同发展。当前，世界多极化、经济全球化深入发展，各国经济之间的相互依赖不断加深，新兴市场国家和发展中国家整体实力增强，亚洲地区成为世界经济重要引擎。面对世界格局的深刻调整，我们将始终不渝地走和平发展道路，改善和发展与发达国家的关系，推动建立新型大国关系，秉承“亲、诚、惠、容”的理念，积极发展同周边国家的睦邻友好和同广大发展中国家的团结合作，打造休戚与共的命运共同体，反对各种形式的霸权主义和贸易保护主义，维护和平、公正、包容的国际秩序，为我国赢得更长战略机遇期营造良好的外部环境。

**推进改革开放伟大事业不断取得新突破、新成就，必须加强和改善党的领导。**正如邓小平同志1987年所说：“我们说的社会主义是具有中国特色的社会主义，而要建设社会主义，没有共产党的领导是不可能的。我们的历史已经证明了这一点”，“为了坚持党的领导，必须努力改善党的领导”。在全党集中精力进行改革开放和现代化建设的过程中，必须充分发挥党总揽全局、协调各方的作用，坚持党要管党、从严治党，建设学习型、服务型、创新型的马克思主义执政党，提高党的领导水平和执政水平，增强拒腐防变和抵御风险能力，确保党始终成为中国特色社会主义事业的坚强领导核心。党的十八大以来，我们坚持“打铁还需自身硬”，不断加强和改进党的建设，制定出台了改进工作作风、密切联系群众的八项规定，在全党深入开展党的群众路线教育实践活动，推进行政体制改革，坚决把党风廉政建设和反腐败斗争进行到底，密切党同人民群众的血肉联系，夯实党的执政基础。

邓小平理论是马克思主义中国化的典范，“三个代表”重要思想、科学发展观与其一脉相承，共同构成了中国特色社会主义理论体系。当前，我国经济社会发展正面临一系列新的机遇与挑战，我们要继承和发扬邓小平理论的精神实质，进一步增强道路自信、理论自信、制度自信，紧密团结在以习近平同志为总书记的党中央周围，坚定信念，锐意进取，为全面建成小康社会、实现中华民族伟大复兴的中国梦而不懈奋斗。

（作者：此文载《求是》2014年第16期）

# 邓小平与中国社会主义的命运

## ——为纪念邓小平诞辰110周年而作

逄先知

中国特色社会主义道路，是在以毛泽东同志为核心的党的第一代中央领导集体创立的社会主义制度基础上走出来的，是以邓小平同志为核心的党的第二代中央领导集体成功开辟的。"文化大革命"结束以后，中国向何处去，中国的社会主义事业在经历曲折和挫折后如何向前发展？这个问题严峻地摆在中国共产党和中国人民面前。中国应该坚持走什么道路，中国的社会主义事业应该选择什么样的发展道路？解决这个问题的历史责任，落在以邓小平同志为核心的党的第二代中央领导集体身上。

## 一

经历了十年"文化大革命"，人们的思想被"以阶级斗争为纲"的"左"的指导思想严重地束缚住了，思想僵化、迷信盛行的现象相当严重。而"文化大革命"在政治、经济、文化、社会等方面留下的问题堆积如山，党和国家面临的工作局面错综复杂。要改变这种状况，推动中国社会主义事业继续向前发展，从何处着手呢？邓小平首先抓住端正思想路线这个关键问题。我们党的全部历史证明，思想路线正确与否，是决定一切的。思想路线是确定政治路线、组织路线的基础。邓小平针对当时党内的思想状况，认为必须"打破精神枷锁"，使大家的思想"来个大解放"。他尖锐地指出："一个党，一个国家，一个民族，如果一切从本本出发，思想僵化，迷信盛行，那它就不能前进，它的生机就停止了，就要亡党亡国。"他从批评"两个凡是"和支持关于真理标准问题的大讨论入手，强调要完整地准确地理解毛泽东思想，强调毛泽东思想的精髓是实事求是，必须重新恢复和坚持实事求是的思想路线。这就为正本清源、拨乱反正，开辟中国社会主义事业新的发展道路，奠定了正确的思想基础。

党的十一届三中全会果断地纠正了"以阶级斗争为纲"的"左"的指导思想，决定将党和国家的工作中心转到经济建设上来，确立了以经济建设为中心、一心一意搞社会主义现代化建设的政治路线。邓小平是制定这条政治路线的主要领导人之一。他要求全党抓住现代化建设这个根本环节，扭住不放，认为这是"最根本的拨乱反正"，"是决定祖国命运的千秋大业"。他向全党和全国人民提出了一个极为重要的问题：要搞清楚什么是社会主义，如何搞社会主义，社会主义的根本任务是什么。这是涉及马克思主义的根本的重大理论问题。邓小平的回答明确而肯定："社会主义阶段的最根本任务就是发展生产力。"本来党的八大就已明确提出了这个思想，但是没有坚持，后来一步一步走上"以阶级斗争为纲"的路子。我们说，社会主义时期在一定范围内还存在着阶级斗争，这是对的；但是"以阶级斗争为纲"，把阶级斗争扩大化、绝对化，那是完全错误的。邓小平恢复和发展了党的八大路线，并从理论上进行了深入的阐述。

党的思想路线、政治路线确立了，那么由什么样的人去执行，这个非常现实而紧迫的组织路线问题，摆到了全党的面前。邓小平说：党的思想路线和政治路线已经确立了。"现在我们还没有解决的问题是什么呢？是组织路线问题。这是一个很重要的问题。政治路线确立了，要由人来具体地贯彻执行。由什么样的人来执行，是由赞成党的政治路线的人，还是由不赞成的人，或者是由持中间态度的人来执行，结果不一样。”他认为，“中国的稳定，四个现代化的实现，要有正确的组织路线来保证，要有真正坚持马克思列宁主义、毛泽东思想和党性强的人来接班才能保证。”后来，关于实现干部队伍的“革命化、年轻化、知识化、专业化”等一系列解决组织路线问题的政策措施，就相继提了出来并迅速加以实施。

## 二

思想上、政治上、组织上的拨乱反正，从根本上否定“文化大革命”，都是纠正党内长期存在的“左”的错误。而随着纠“左”工作的深入，右的思潮又趁机冒了出来，这股思潮的矛头所向和政治实质，就是反对四项基本原则，特别是反对共产党的领导和社会主义道路。在这样的大是大非面前，邓小平毫不含糊，如同纠“左”一样，充分表现出他的政治洞察力和政治坚定性。他旗帜鲜明地提出，必须在思想政治上坚持四项基本原则，对反对四项基本原则的右的思潮必须进行批判。他指出，四项基本原则是实现社会主义现代化的根本政治保证，如果动摇了其中的任何一项，那就动摇了整个社会主义事业，整个现代化建设事业。坚持四项基本原则，主要是坚持社会主义道路，特别是坚持中国共产党的领导。坚持四项基本原则成为我国的立国之本，为开辟新道路奠定了政治基础。

要进行党的思想路线、政治路线和组织路线的拨乱反正，不能不对建国以来的历史，特别是“文化大革命”的历史进行反思和总结。《关于建国以来党的若干历史问题的决议》，就是由邓小平等老一辈革命家提出并在他们的主持下作出的。《决议》对建国以来一些重大历史问题，进行了全面的实事求是的分析，达到了分清是非、正确总结历史经验的目的。既指出了社会主义建设中发生的失误，又肯定了取得的巨大成就；特别是既指出了毛泽东晚年所犯的严重错误，又科学地确立了毛泽东和毛泽东思想的历史地位。经历了改革开放以来30多年的历程，《决议》经受住了历史的考验，对于保持全党在思想上政治上的统一，维护国家和社会的安定团结，发挥了至关重要的作用。

如果说，党的第一个历史决议为党的七大的顺利召开奠定了思想基础；那么，党的第二个历史决议则为党的十二大的顺利召开提供了良好的思想政治条件。就在党的十二大开幕词中，邓小平提出“建设有中国特色的社会主义”这个极为重要的思想。他说：“把马克思主义的普遍真理同我国的具体实际结合起来，走自己的道路，建设有中国特色的社会主义，这就是我们总结长期历史经验得出的基本结论。”建设有中国特色的社会主义，成为党和国家在新的历史时期建设社会主义的伟大旗帜，成为中国社会主义事业发展的新的正确道路。

进行拨乱反正，否定“文化大革命”，开辟建设有中国特色的社会主义的新道路，充分体现了邓小平巨大的政治勇气和政治智慧；提出并亲自主持《历史决议》的起草，在纠正毛泽东晚年所犯错误的同时，坚定不移地维护毛泽东的历史地位和毛泽东思想在全党的指导地位，同样充分体现了邓小平巨大的政治勇气和政治定力。这两件大事，都关系着中国社会主义的前途和命运。

## 三

自从党的十一届三中全会决定将工作中心转移到经济建设上来，邓小平就开始规划我国社会主义现代化建设的发展战略，逐步形成了分三步走的战略。第一步，20世纪80年代的10年，国民生产总值翻一番，达到温饱水平。第二步，20世纪90年代的10年，国民生产总值再翻一番，达到小康水平。第三步，再花30年到50年时间，达到中等发达国家水平，基本实现现代化。

“三步走”的发展战略，涉及一个实现中国社会主义现代化的时间问题。党的十一届三中全会以后，邓小平考虑到中国人口多、底子薄和经济文化比较落后的实际情况，认为20世纪末实现四个现代化是不可能的。他解释说："我们开了大口，本世纪末实现四个现代化。后来改了个口，叫中国式的现代化，就是把标准放低一点"。后来又改称"小康水平"、"小康社会"。在"小康"目标实现后，再用几十年到中华人民共和国成立100周年时，达到第三步目标，基本实现现代化。而这个现代化是全面的现代化，不仅仅是四个现代化。这样就使我们党的奋斗目标既有雄心壮志又有充分的实现条件和保证，这也充分表现出了邓小平实事求是的精神。

现在，第一步、第二步目标都已经提前实现了，正在向着第三步目标稳步前进。完全可以预料，第三步目标也是可以提前实现的。这种自信心，来自我们党领导下的中国人民的奋发图强精神和伟大创造力，来自社会主义制度的优越性。

## 四

党和国家的工作中心和实现社会主义现代化的奋斗目标确定了，发展战略作出了，那么采取什么政策去实现它呢？邓小平根据建国以来的历史经验和当代国际形势发展的大势，提出了一个全新的政策，这就是改革开放。改革开放，党的十一届三中全会就提出来了，而系统阐述、设计、决策并指导全力推进的是邓小平。他以宽广的世界眼光和长远的历史视角，立足于中国国情，排除来自"左"的和右的干扰，推进改革开放事业大胆而稳步地、有领导有秩序地前进。他指出："如果现在再不实行改革，我们的现代化事业和社会主义事业就会被葬送"，"不开放不改革没有出路，国家现代化建设没有希望"。

改革，是全面的改革，包括经济、政治、文化、科技、教育等各方面的改革。它是对体制、机制和其他具体制度的改革，而不只是作一些细枝末节的修修补补，目的是要改变那些不适应并已经妨碍生产力发展和经济社会进步的体制、机制以及革除其他具体制度中存在的弊端，以利于进一步解放和发展生产力，更好地促进经济和社会的进步。所以这种改革是革命性的变革，是为了使我国社会主义制度得到自我完善和发展。正因为如此，邓小平把改革称为中国的"又一次革命"或者说"第二次革命"。

开放，是全方位的开放，对世界所有国家都开放。开放的方式也是多样化的，从兴办经济特区，到开放沿海城市，再到扩大对外开放区域，分阶段、分层次地逐步展开。邓小平对我国的开放政策作了很多深刻阐述。他说："社会主义要赢得与资本主义相比较的优势，就必须大胆吸收和借鉴人类社会创造的一切文明成果，吸收和借鉴当今世界各国包括资本主义发达国家的一切反映现代社会化生产规律的先进经营方式、管理方法。"

实行改革开放，是我国社会主义事业发展新时期的最鲜明的特点，是中国特色社会主义一个基本的特色。对内改革与对外开放，是紧密相连、相辅相成的，二者缺一不可，目的都是为了解放和发展生产力，并在此基础上促进中国经济、政治、文化、社会的全面进步，最终达到国家的繁荣富强和人民的共同富裕。事实已经证明，通过改革开放，我们国家的上上下下和各行各业充满了生机和活力。如果不搞改革开放，我们国家就不可能有今天这样繁荣昌盛的局面，就不可能有今天这样的国际地位。

党的十三大阐述了社会主义初级阶段的理论，把党的十一届三中全会以来邓小平提出的一系列方针、政策概括为"一个中心、两个基本点"，作为我国社会主义初级阶段的基本路线，即"以经济建设为中心，坚持四项基本原则，坚持改革开放"。从此，我国的改革开放进入快速发展的时期。

毫无疑义，改革开放有一个沿着什么方向、遵循什么指导思想进行的问题。方向问题、指导思想问题，极为重要。方向不明确或不正确，指导思想不明确或不正确，就会走到邪路上去。我们的国家是社会主义国家，我们进行的改革开放是社会主义的改革开放。这就决定了它必须坚持社会主义的方向,必须坚持马克思主义的指导思想。在这个根本问题上,我们党是非常清醒非常明确的。邓小平反复说:“在改革中坚持社会主义方向,这是一个很重要的问题。”又说:“我们执行对外开放政策,学习外国的技术,利用外资,是为了搞好社会主义建设,而不能离开社会主义道路。”

关于改革开放的性质、目的、原则、条件等,邓小平都有明确的意见和精确的语言。第一,改革的性质,是为了扫除发展社会生产力的障碍,是社会主义制度的自我完善。第二,改革总的目的是:“要有利于巩固社会主义制度,有利于巩固党的领导,有利于在党的领导和社会主义制度下发展生产力。”第三,改革的原则,在经济制度方面,“始终坚持两条根本原则,一是以社会主义公有制经济为主体,一是共同富裕”。他多次讲:“一个公有制占主体,一个共同富裕,这是我们所必须坚持的社会主义的根本原则。”在政治制度方面,基本原则是决不能照搬西方的政治制度、政治体制。第四,保证中国改革开放的政策不会导致资本主义必须有两个条件,一个是经济上发展多种经济成分但社会主义的比重必须始终占优势,一个是思想政治上必须始终教育人民坚持四项基本原则。一个是经济基础方面的保证,一个是上层建筑方面的保证,缺少哪一个方面都不行。

在讲到中国改革开放的意义时,邓小平曾经豪迈地说:“现在我们干的是中国几千年来从未干过的事。这场改革不仅影响中国,而且会影响世界。”事实已经证明了这一点,而且还会继续证明这一点。反观当年苏联的改革,他们走的路子,采取的指导思想和方法,完全是违背社会主义制度、社会主义方向的,最后落得一个制度变质、国家解体的境况,同我们国家形成了强烈的对比。这是很值得国人深刻思考和总结的。

## 五

在我国改革开放和社会主义现代化建设过程中,始终存在着四项基本原则同资产阶级自由化的矛盾和斗争。邓小平指出:我们搞四个现代化建设,是社会主义的四个现代化。“有些人脑子里的四化同我们脑子里的四化不同。我们脑子里的四化是社会主义的四化。他们只讲四化,不讲社会主义。这就忘记了事物的本质,也就离开了中国的发展道路。这样,关系就大了。在这个问题上我们不能让步。这个斗争将贯穿在实现四化的整个过程中。”1989年春夏之交出现的政治风波,矛头直指中国共产党的领导和社会主义制度,正是四项基本原则同资产阶级自由化矛盾和斗争尖锐化的集中表现。在邓小平和其他老一辈革命家的坚定支持下,我们党果断而坚定地平息了那场政治风波,捍卫了社会主义,避免了一场大灾难,这才有了今天我国这样一个安定团结、繁荣昌盛的局面。从这里我们得到了两条重要启示。

第一,中国要发展,必须有一个稳定的政治环境和安全的舆论环境。邓小平讲发展是硬道理,党中央也一再强调发展是第一要务,但是如果没有稳定的政治环境,发展就无从谈起,发展起来的成果也会丧失掉。可以设想,中国这样一个拥有13亿人口和960万平方公里国土面积的大国,一旦出现动乱,并任其发展,不仅对自身会造成灾难,而且会影响到世界。

第二,中国要发展,必须坚持“一个中心、两个基本点”的基本路线。坚持党的基本路线,要始终坚持以经济建设为中心不动摇。除非发生大规模外敌入侵,无论在什么情况下都不能动摇这个中心。这是鉴于在我们党和国家的历史上,曾经发生过由于没有能够清醒对待国际国内某些事件,而离开经济建设这个中心的失误的严重教训。坚持党的基本路线,还必须处理好改革开放和四项基本原则这两个基本点的关系,把它们统一起来。按照邓小平的说法,它们是“互相依存的”。就是说,二者缺一不可,不能偏废。要在坚持四项基本原则的前提下实行改革开放,而改革开放又赋予四项基本原则以新的时代内容。只坚持四项基本原则,不搞改革开放,就会回到封闭僵化的老路。只搞改革开放,不坚持四项基本原则,就会走上改旗易帜的邪路。这些,都会危害中国的社会主义事业。

## 六

上世纪80年代末90年代初,我们党和国家经受了国际国内政治风波的严峻考验。现实向人们提出了许多问题,主要是中国改革开放和社会主义现代化建设应当怎样继续向前发展。在这个重要历史关头,邓小平发表了南方谈话。在南方谈话精神的指导下,我们党召开了十四大。这次大会对邓小平关于建设有中国特色社会主义理论的主要内容进行了概括,同时确定以建立社会主义市场经济作为我国经济体制改革的目标。以邓小平发表南方谈话和党的十四大为标志,我国改革开放和社会主义现代化建设进入一个新的阶段,我国的经济发展走上了又好又快的发展轨道。

在邓小平逝世那一年召开的党的十五大,将邓小平关于建设有中国特色社会主义的理论定名为邓小平理论,同马克思列宁主义、毛泽东思想并列为党的指导思想,并提出用邓小平理论武装全党的任务。江泽民同志在大会的报告中,对邓小平理论的历史地位和指导意义作了系统阐述。他说:马克思列宁主义同中国实际相结合有两次历史性飞跃,产生了两大理论成果。第一次飞跃的理论成果是毛泽东思想,第二次飞跃的理论成果是邓小平理论。“实践证明,作为毛泽东思想的继承和发展的邓小平理论,是指导中国人民在改革开放中胜利实现社会主义现代化的正确理论。在当代中国,只有把马克思主义同当代中国实践和时代特征结合起来的邓小平理论,而没有别的理论能够解决社会主义的前途和命运问题。”

## 七

从党的十一届三中全会到党的十四大,是中华人民共和国历史上极其重要的一个阶段。作为改革开放和社会主义现代化建设总设计师的邓小平,在这段历史的进程中起着关键的作用。每到一个历史节点和重要时刻,他总能抓住对全局有决定意义的一着,破解历史难题,作出重大决策,打开新局面,推动改革开放和社会主义现代化建设向前发展,使中国的经济发展和社会进步呈现出日新月异的面貌。开辟中国特色社会主义道路,创立邓小平理论,这在我们党和国家进行改革开放和现代化建设的进程中,是具有深远意义的大事。邓小平作为总设计师和核心领导人,为此做出了主要的不可磨灭的历史贡献。他创造性地发展了科学社会主义的理论和实践,创造性地发展了马克思列宁主义、毛泽东思想。中国社会主义现代化建设事业正在阔步前进中。邓小平理论同其他科学理论一样,也在随着实践的发展而发展,已经成为中国特色社会主义理论体系的有机组成部分。现在,我们党和全国人民,正在以习近平同志为总书记的党中央带领下,满怀信心地沿着中国特色社会主义道路,为实现中华民族伟大复兴的中国梦而努力奋斗。中国人民和中华民族的前程是十分光明的。

(作者:中共中央文献研究室原主任)

# 邓小平同志的革命风范激励我们实现中国梦

## ——学习习近平总书记在纪念邓小平同志诞辰110周年座谈会上的讲话

冷　溶

今年是一代伟人邓小平同志诞辰110周年。这是党和国家政治生活中的一件大事。8月20日,党中央在人民大会堂隆重举办了诞辰纪念座谈会,习近平总书记发表了重要讲话。讲话高度评价了邓小平同志和邓小平理论的历史地位和历史功绩,深刻阐述了邓小平同志的崇高精神风范,号召全党全国各族人民把邓小平同志开创的中国特色社会主义继续推向前进。讲话饱含着对邓小平同志的深厚感情,饱含着继往开来推进党和国家事业发展的责任担当,令人感动,使人鼓舞,催人奋进。

一

习近平总书记的讲话对邓小平同志波澜壮阔的一生,对他在革命、建设、改革各个历史时期的贡献作出了高度概括和精辟论述。指出,在新民主主义革命时期,邓小平同志为党领导的民族独立和人民解放事业建立了卓越功勋,是中华人民共和国的开国元勋;在社会主义革命和建设时期,邓小平同志为胜利完成社会主义革命、探索我国社会主义建设道路作出了杰出贡献;在改革开放新时期,邓小平同志成为党的第二代中央领导集体的核心,为开创中国特色社会主义作出了历史性贡献。

对邓小平同志的评价,我们党在多个重要会议上都作过,比如江泽民同志在邓小平同志追悼大会上作的悼词,胡锦涛同志在纪念邓小平同志诞辰100周年大会上的讲话等。这些讲话都对邓小平同志的一生作出高度评价,而且都有一些重要的新的概括。这次习近平总书记的讲话也是这样的。讲话结合时代的新发展和改革开放的新实践,在以往的认识基础上,对邓小平同志的评价作了一些新概括、新论断,把我们对邓小平同志和邓小平理论历史地位的认识提高到一个新高度、新境界。比如,突出强调邓小平同志开创中国特色社会主义的历史贡献,指出:邓小平同志是“中国社会主义改革开放和现代化建设的总设计师,中国特色社会主义道路的开创者,邓小平理论的主要创立者”。

二

学习习近平总书记这篇重要讲话,给人印象最深的是他关于邓小平同志崇高风范的六个方面概括。即:信念坚定、热爱人民、实事求是、开拓创新、战略思维、坦荡无私。这六个方面,是邓小平同志精神的高度凝练和集中反映,一下子把邓小平同志的伟人形象立了起来。习近平总书记对这六个方面一一作了阐述,强调邓小平同志这些“崇高鲜明又独具魅力的革命风范”,永远是我们当代中国共产党人应当具备的政治品格。

习近平总书记这样强调邓小平同志的革命风范,从这样六个方面做出概括,一个很重要的原因,是邓小平同志的这些精神品格对我们今天继续推进改革开放具有重要指导意义。温故而知新。邓小平同志是改革开放的总设计师,他在领导和推进改革开放的过程中表现出的精神、形成的思想方法、积累的宝贵经验,永远值得我们学习和借鉴。今天的全面深化改革是一个新的起点,这与邓小平同志当年开启改革开放的意义是一样的,其难度也不亚于当年。现在,改革的基本思路和原则已经非常清楚了,关键是落实。要继续取得改革的成功,就要看看当年邓小平同志是以一种什么样的精神和方法来领导改革的。习近平总书记概括的这六条精神,就是邓小平同志能够成功的原因所在。我们要学习和发扬邓小平同志的这些精神风范,奋力推进改革继续向前发展。这就是习近平总书记阐述和强调邓小平同志革命风范的意义所在。

## 三

习近平总书记讲邓小平同志的革命风范,第一条就是信念坚定。这是邓小平同志一生最鲜明的政治品格。他曾这样讲,“我们建立的社会主义制度是个好制度,必须坚持。我们马克思主义者过去闹革命,就是为社会主义、共产主义崇高理想而奋斗。现在我们搞经济改革,仍然要坚持社会主义道路,坚持共产主义的远大理想,年轻一代尤其要懂得这一点”。如果改革导致了放弃社会主义、共产主义,那还有什么意义?所以,在改革开放一开始,他就同时提出要坚持四项基本原则。这是高压线、压舱石。邓小平同志在这方面是钢铁公司,绝对碰不得。他说,“四项基本原则首先要求坚持社会主义,难道我们能够不坚持社会主义吗?不坚持社会主义,还有什么安定团结,还有什么社会主义的四个现代化?”现在回过头来看,邓小平同志是多么的英明!在上世纪八十年代末九十年代初世界社会主义运动出现严重挫折的情况下,中国的社会主义能够坚持下来,马克思主义的旗帜能够继续举起来,首先就在于邓小平同志的信念坚定。

那么,这种坚定的马克思主义信念具体表现在哪里呢?就是习近平总书记后面讲的这几条精神品格。

关于群众立场。这是衡量一个马克思主义者的首要标准。邓小平同志始终以人民利益为最高准则,他孜孜以求的是增进人民福祉。他多次讲:“贫穷不是社会主义,社会主义要消灭贫穷。不发展生产力,不提高人民的生活水平,不能说是符合社会主义要求的。”“社会主义经济政策对不对,归根到底要看生产力是否发展,人民收入是否增加。这是压倒一切的标准。空讲社会主义不行,人民不相信。”“我们一定要根据现在的有利条件加速发展生产力,使人民的物质生活好一些,使人民的文化生活、精神面貌好一些。”

关于实事求是。这是马克思主义的精髓,是从根本上说明什么是马克思主义、怎样理解马克思主义的。邓小平同志曾这样说:“我们讲了一辈子马克思主义,其实马克思主义并不玄奥。马克思主义是很朴实的东西,很朴实的道理。”“我读的书并不多,就是一条,相信毛主席讲的实事求是。”实践是检验真理的唯一标准。“三个有利于”是“判断一切工作是非得失的标准”。

关于开拓创新。这是马克思主义的生命力所在。马克思主义是不断随着实践的发展而发展的科学,生命力就在于它在实践中能够不断创新。习近平总书记指出:“综观邓小平同志70多年的革命生涯,可以清楚地看到,他身上始终洋溢着一种革故鼎新、一往无前的勇气,一种善于创造性思维、善于打开新局面的锐气。”邓小平同志能够成功领导我们搞改革开放,靠的就是身上的这股精气神、这股活力、这股闯劲。

关于战略思维。这是马克思主义的必然要求。马克思主义集中了人类先进文化的精华,是博大的、开放的理论体系。因此,必须具有战略思维、世界眼光。这是邓小平同志一贯强调的。他说:“最重要的问题是要胸襟开阔。要从大局看问题,放眼世界,放眼未来,也放眼当前,放眼一切方面。”眼界太窄,不了解世界的变化,是过去的一个重要教训。他提出的“三步走”发展战略、和平与发展时代主题的判断等,都是事关党和国家事业长远发展的重大战略决策。

关于坦荡无私。这是马克思主义者的崇高精神境界。共产主义是为全人类的解放而奋斗的事业,共产党人没有任何私利。邓小平同志领导改革开放,开创新道路,是非常不容易的,必须要不怕被打倒,不怕扣帽子、打棍子,不怕被误解。能做到这些,最关键的就是无私!无私才能无畏,才能在复杂困难的情况下排除任何干扰,一往无前地奋力推进改革。所以,习近平总书记最后一条讲的就是无私。他说,坦荡无私是邓小平同志一生最光辉的人格魅力。邓小平同志始终把党和国家前途命运放在心中最高的位置,从不计较个人得失,真正做到了心底无私天地宽。

在阐述了这六个方面的精神品格后,习近平总书记指出:“邓小平同志最鲜明的思想和实践特点,就是从实际出发、从世界大势出发、从国情出发,始终坚持我们党一贯倡导的实事求是、群众路线、独立自主。”这是对邓小平同志的精神最为深刻的概括。只有像邓小平同志这样做了,发扬了他的这些精神,才能算得上是一个坚定的马克思主义者,才能把我们党的事业继续推向前进。

## 四

习近平总书记这篇讲话有着重大意义。现在,社会上不时有人肆意攻击和污蔑毛泽东同志,也有人攻击和污蔑邓小平同志,把毛泽东同志与邓小平同志对立起来。他们的目的只有一个,就是要处心积虑地丑化我们党领袖的形象,否定我们党的历史,干扰我们的发展方向。对这一点,我们一定要有清醒认识,必须在这两位伟人的问题上做到旗帜鲜明、一心一意。从毛泽东到邓小平,再到今天,我们党的历史是一个连续的、不断发展的整体。对我们党的辉煌历史要维护好,对我们党的领袖要维护好,对老一辈无产阶级革命家们要维护好。不管哪一个方面做不好,都会对我们党的事业造成损失。这就是习近平总书记深刻阐述改革开放前后两个三十年的关系,强调要高度重视宣传和维护党的领袖形象工作的深远考虑。就像他指出的那样,这不只是一个历史问题,更主要的是一个政治问题。这个重大政治问题处理不好,就会产生严重政治后果。去年,在纪念毛泽东同志诞辰120周年座谈会上,习近平总书记发表重要讲话,旗帜鲜明地高度评价了毛泽东同志。今年,在纪念邓小平同志诞辰110周年座谈会上,他再次发表重要讲话,又旗帜鲜明地高度评价了邓小平同志。这两篇讲话的发表,是对有关毛泽东和邓小平同志的各种错误观点的有力回击,对统一全党思想、凝聚共识起到重要作用。

邓小平同志和他那一代共产党人,用毕生的实践诠释了什么是共产党人的精神追求,为全党树立了典范。邓小平同志的革命风范同他开创的中国特色社会主义和创立的邓小平理论一样,都是他留给我们的政治遗产,是他留给我们最宝贵的精神财富。今天,我们纪念邓小平同志,第一位的就是要坚持、继承和发扬好这些政治遗产和精神财富。

只要我们紧密地团结在以习近平同志为总书记的党中央周围,把邓小平同志的崇高风范作为精神动力,沿着他开创的中国特色社会主义道路坚定不移地走下去,就一定能实现我们既定的奋斗目标,实现伟大的中国梦。

(作者:中共中央文献研究室主任)

# 邓小平社会主义市场经济理论的丰富内涵及重大贡献

魏礼群

邓小平作为伟大的马克思主义者、中国改革开放的总设计师，以巨大的政治智慧和理论勇气，创立了中国特色社会主义理论，在这一科学理论体系的宝库中，社会主义市场经济理论是极具创新意义、极具重大作用的重要部分。在纪念邓小平诞辰110周年之际，重温他创立的社会主义市场经济理论的丰富内涵，回顾我国实行社会主义市场经济改革取得的巨大成就，对于在新的历史条件下更好地推进全面深化改革、发展中国特色社会主义事业，有着极为重要的现实意义和深远意义。

## 一、邓小平社会主义市场经济理论的丰富内涵

邓小平关于社会主义市场经济的理论，是对马克思主义基本原理的丰富和发展，为马克思主义理论宝库增添了崭新内容。这一重大理论围绕着市场作用、计划与市场、社会主义与市场经济的关系等社会主义现代化建设中一系列重要问题，形成了诸多相互联系的重大思想和观点，构成了系统完备、内涵丰富的理论体系，其基本内容包括以下方面。

### （一）社会主义可以实行市场经济

长期以来，传统观念认为，市场经济是资本主义特有的经济形式，计划经济是社会主义的基本特征。邓小平突破传统的观念和模式，早在1979年11月26日，他在会见美国不列颠百科全书出版公司编委会副主席吉布尔和加拿大麦吉尔大学东亚研究所主席林达光等人时说："说市场经济只存在于资本主义社会，只有资本主义的市场经济，这肯定是不正确的。社会主义为什么不可以搞市场经济，这个不能说是资本主义。"这是邓小平对社会主义也可以搞市场经济的最早论述。尽管当时还是讲计划经济为主，但毕竟把市场经济同社会主义联系了起来，肯定了市场经济在社会主义制度下存在的必要性，这对于理论探索和改革进程起到了极为重要的推动作用。

1992年初，邓小平在南方谈话中，明确而系统地表达了他长期以来形成的对计划经济和市场经济的看法，指出："计划多一点还是市场多一点，不是社会主义与资本主义的本质区别。计划经济不等于社会主义，资本主义也有计划；市场经济不等于资本主义，社会主义也有市场。计划和市场都是经济手段。""不要以为，一说计划经济就是社会主义，一说市场经济就是资本主义"。这些精辟论断，从根本上解除了把计划经济和市场经济看作属于社会基本制度范畴的思想束缚，从而为我们党决定实行社会主义市场经济，奠定了思想和理论基础。

### （二）计划和市场都得要，并做到有机结合

1982年，邓小平指出："社会主义同资本主义比较，它的优越性就在于能做到全国一盘棋，集中力量，保证重点。缺点在于市场运用得不好，经济搞得不活。计划和市场的关系问题如何解决？解决得好，对经济的发展就很有利，解决不好，就会糟。"他后来又说："实际工作中，在调整时期，我们可以加强或者多一点计划性，而在另一个时候多一点市场调节，搞得更灵活一些。"在实行社会主义市场经济中，计划与市场两种手段相结合的范围、程度和形式，在不同时期、不同领域和不同地区可以有所不同。1985年10月，邓小平在会见美国高级企业家代表团、回答美国时代公司总编辑格隆瓦尔德

的提问时指出:“多年的实践证明,在某种意义上说,只搞计划经济会束缚生产力的发展。把计划经济和市场经济结合起来,就更能解放生产力,加速经济发展。”在邓小平看来,计划和市场对经济活动的调节各具优势,又各有不足。两种手段的有机结合,可以做到优势互补,扬长避短。1990年12月,邓小平在一次谈话中又强调:“社会主义也有市场经济,资本主义也有计划控制……不要以为搞点市场经济就是资本主义道路,没有那么回事。计划和市场都得要。”社会主义市场经济,既可以发挥市场配置资源有效的重要作用,又可以发挥计划宏观调控导向的重要作用,应当把计划和市场有机地结合起来。

#### (三)实行社会主义市场经济体制

传统的社会主义经济体制是以高度集中的计划经济为特征的,党的十二届三中全会通过的《中共中央关于经济体制改革的决定》,突破了把社会主义和商品经济对立起来的传统观念,第一次肯定了社会主义经济是商品经济。这个决定受到了邓小平的高度评价,认为是写出一部马克思主义基本原理和中国社会主义实践相结合的政治经济学。1992年初,邓小平在南方谈话中进一步阐述了社会主义也可以实行市场经济的思想。党的十四大召开前夕,在研究确立一个什么样的经济体制改革目标时,邓小平明确表示赞成使用“社会主义市场经济体制”这个提法。根据这一意见,党的十四大明确提出,我国经济体制改革的目标是建立社会主义市场经济体制,十四届三中全会又通过了《中共中央关于建立社会主义市场经济体制若干问题的决定》,这个《决定》成为我国实行社会主义市场经济体制改革的重要行动纲领。

#### (四)正确处理市场作用和宏观调控的关系

实行社会主义市场经济,要发挥市场作用的长处,也要防止市场作用的弱点和消极方面,同时要发挥宏观调控的作用。邓小平认为:“不搞市场,连世界上的信息都不知道,是自甘落后。”要使我国经济富有活力和效率,必须充分发挥市场机制的作用。邓小平强调,实行社会主义市场经济也要有计划控制,加强宏观管理。“中央要有权威。”“宏观管理要体现在中央说话能够算数。”“不能搞‘你有政策我有对策’”,“中央定了措施,各地各部门就要坚决执行,不但要迅速,而且要很有力”。邓小平还多次指出,要适应新的形势,采用新的办法加强宏观管理。他说:“我们讲中央权威,宏观控制,深化综合改革,都是在这样的新的条件下提出来的。过去我们是穷管,现在不同了,是走向小康社会的宏观管理。不能再搬用过去困难时期那些方法了。现在中央说话,中央行使权力,是在大的问题上,在方向问题上。”这些都清楚表明,邓小平把充分发挥市场机制作用和加强宏观调控都作为社会主义市场经济的基本要求,两者缺一不可,决不能把它们割裂开来,甚至对立起来。

以上看出,邓小平关于社会主义市场经济的理论是一个完整的科学体系,这些深刻论述为建立和完善社会主义市场经济体制、建设和发展中国特色社会主义事业奠定了重大理论基础。近20年来,随着改革开放和现代化事业的不断发展,邓小平社会主义市场经济理论也在伟大的实践中不断得到丰富和发展。

### 二、邓小平社会主义市场经济理论的主要依据

邓小平关于社会主义市场经济的理论,是马克思列宁主义、毛泽东思想的继承和发展,是着眼于建设中国特色社会主义、立足于当代中国实际、总结国内外经验教训的重大成果。

#### (一)邓小平社会主义市场经济理论是深刻认识中国基本国情的重大成果

邓小平早在1979年就指出:要使中国实现现代化,至少有两个重要特点是必须看到的:一个是底子薄,一个是人口多,耕地少。1980年4月,他又强调:“中国是一个大国,又是一个穷国”,“不要离开现实和超越阶段采取一些‘左’

的办法”。我国正处在社会主义初级阶段，人口多，底子薄，人均资源少，社会生产力水平低，进行社会主义现代化建设，“一切要从这个基本国情出发”。中国要在这样特殊的国情中去实现工业化和经济的社会化、市场化、现代化，必须充分利用市场这个手段和市场经济这种形式来大力发展经济。这是中国历史发展进程的一个必然选择。

**（二）邓小平社会主义市场经济理论是科学认识社会主义本质和根本任务的重大成果**

长期以来，传统观点脱离生产力抽象地谈社会主义。邓小平反对对科学社会主义作教条式的理解，他明确提出：“社会主义和市场经济之间不存在根本矛盾。问题是用什么方法才能更有力地发展社会生产力。”“社会主义的本质，是解放生产力，发展生产力，消灭剥削，消除两极分化，最终达到共同富裕。”关于社会主义的任务，邓小平认为，“社会主义的任务很多，但根本一条就是发展生产力”，社会主义阶段的最根本任务就是发展生产力。只要按照“三个有利于”标准，即有利于发展社会主义社会的生产力，有利于增强社会主义国家的综合国力，有利于提高人民群众的生活水平，各种方法和手段都可以利用。计划和市场两者“都是方法”、“都是手段”，当然都可以用来发展社会主义经济。

**（三）邓小平社会主义市场经济理论是全面总结中国社会主义建设正反经验教训的重大成果**

新中国成立以后的一个较长时期，我国在完成社会主义改造、建立社会主义制度、开展经济建设等方面取得很大成就，但是，社会主义制度优越性没有得到应有的发挥，一个重要原因就是形成了一种同社会生产力发展要求不相适应的计划经济体制，严重束缚和影响了广大企业和人民群众的积极性、主动性和创造性。邓小平说：“不改革就没有出路，旧的那一套经过几十年的实践证明是不成功的。”实行改革开放以后，市场作用范围逐步扩大，市场作用发挥比较充分的地方，经济活力就比较强，发展态势也比较好。正是多年经济体制改革的进展和成效，为中国实行社会主义市场经济提供了实践基础。

**（四）邓小平社会主义市场经济理论是充分吸收和借鉴国际上有益做法的重大成果**

世界上发展市场经济已有几百年历史，一些发达国家实行市场经济实现了现代化，创造和积累了大量物质财富。实践证明，市场经济是进行资源配置的有效方式。邓小平提出：“必须大胆吸收和借鉴人类社会创造的一切文明成果，吸收和借鉴当今世界各国包括资本主义发达国家的一切反映现代社会化生产规律的先进经营方式、管理方法。”这其中就是大胆吸收和借鉴利用市场经济加快我国发展。

## 三、实行社会主义市场经济取得历史性的巨大成功

邓小平社会主义市场经济理论有力地指导着我国改革开放和社会主义现代化建设的历史进程，具有特殊的重大贡献。30多年来，我们始终坚持实行社会主义市场经济的理论和实践，坚定不移地推进改革开放伟大事业，充分地调动了亿万人民的积极性、创造性，使我国成功地实现了从高度集中的计划经济体制到充满生机活力的社会主义市场经济体制、从封闭半封闭到全方位开放的伟大历史转折，极大地解放和发展了社会生产力，一个面向现代化、面向世界、面向未来的社会主义中国巍然屹立在世界东方。

**（一）社会主义市场经济体制基本确立**

社会主义市场经济体制的确立主要表现在：一是社会主义初级阶段基本经济制度已经确立。所有制结构从全民所有制和集体所有制经济占绝对优势，到逐步形成以公有制为主体、多种所有制经济共同发展的格局。毫不动摇地巩固和发展了公有制经济，积极推行公有制多种实现形式，通过深化改革增强了国有经济的活力、控制力、影响力；毫不动摇地鼓励、支持和

引导个体、私营等非公有制经济发展，非公有制经济的比重大为提高。2013年，非公有制经济对国民生产总值的贡献率已超过60%。在收入分配领域，打破了平均主义“大锅饭”，建立起以按劳分配为主体、多种分配方式并存，实行劳动、资本、技术、管理等生产要素按贡献参与分配的制度。二是企业微观经济主体活力显著增强。大多数国有企业实行了股份制改造，现代企业制度逐步建立，转换经营机制，成为自主经营、自负盈亏、自担风险的市场竞争主体。扩大市场准入，创造公平竞争的市场环境，使非公有制企业快速发展。三是现代市场体系逐步建立。市场在资源配置中的作用越来越大。持续推进价格体系改革，基本建立起以市场决定价格为主的机制。全国统一的消费品和生产资料市场已经建立，劳动力、土地、资本、技术等生产要素市场得到迅速发展。四是全方位对外开放格局已经形成。坚持实施互利共赢的开放战略，打开国门搞建设，充分发挥两种资源、两个市场的作用，积极扩大进出口贸易，不断吸收外商投资，努力发展对外投资，形成了全方位、宽领域、多层次的对外开放格局，开放型经济水平不断提升，中国市场成为世界市场的重要组成部分。五是宏观调控体系不断完善。通过持续深化计划、财政、金融、投资等方面的改革，实现了宏观调控由直接调控向间接调控为主的转变，主要运用经济、法律手段并辅之以必要的行政手段，促进经济总量平衡和结构调整，推动经济与社会协调发展，基本形成了市场经济和开放条件下较为健全的宏观调控体系。随着社会主义市场经济体制的逐步建立，也有力地推动了政治体制、文化体制、社会体制、生态文明建设体制等各方面体制改革，中国特色社会主义制度不断完善和发展。

**（二）社会主义现代化建设成就斐然**

建立和完善社会主义市场经济体制，极大地激发了经济社会发展蕴藏的巨大潜力，我国在经济、政治、文化、社会、生态文明建设各个领域、各个方面都取得了巨大进步，综合国力大幅跃升，人民生活大为改善，国际地位和影响力显著提高。改革开放36年来，国民经济保持了高速增长，经济总量跃居世界第二位，创造了世界经济史上无与伦比的奇迹。2013年，全国国民生产总值达56.9万亿元，人均国民生产总值超过6000美元，进入中等收入国家。我国已成为全球第一大贸易国、第二大吸引外资国和重要的资本输出国，外汇储备世界第一，进出口总额突破4万亿美元。财政收入从1978年的1100亿元增加到2013年的12.9万亿元，国家经济调控能力显著增强。交通能源电信水利等基础设施长足发展，门类齐全的现代工业体系基本建立，钢铁、煤炭、水泥、棉布等200多种重要工业品产量稳居世界第一位。高科技产业蓬勃兴起，创新型国家建设方兴未艾，取得一大批具有自主知识产权的科技成果。服务业比重明显提高，国民经济和社会信息化水平不断提升。城乡面貌大为改观，城镇化率接近52%。人民生活大幅度改善，用占世界7%的耕地解决了世界1/5人口的吃饭问题，使近5亿人口摆脱了贫困。全国人均寿命由1978年的68岁提高到2013年的76岁。实行社会主义市场经济体制也大大推动了其他领域发展，民主法治、文化教育、社会建设、生态文明等各项事业蓬勃发展。这些成就，充分展现了实行社会主义市场经济的强大力量，也充分证明建立社会主义市场经济体制的改革是完全正确的。

## 四、继续推进社会主义市场经济方向的改革

伟大的实践产生伟大的理论，实践发展永无止境，理论创新永无止境，改革开放永无止境。面对新形势新任务，以习近平为总书记的党中央继承发展邓小平社会主义市场经济理论，在党的十八届三中全会上作出了全面深化改革的决定，特别强调坚持社会主义市场经济改革方向，按照“使市场在资源配置中起决定性作用和更好发挥政府作用”的要求，全面深化改革特别是经济体制的改革。我们要全面、

准确、完整地学习领会和贯彻落实邓小平社会主义市场经济理论，全面、准确、完整地学习领会和贯彻落实党的十八大和十八届三中全会决定精神，坚定不移地推进各方面改革，特别是要全面深化经济体制改革和行政体制改革。

### （一）正确发挥市场作用和政府作用

正确认识和处理市场和政府关系，一直是贯穿我国改革开放进程的重大课题。党的十八届三中全会提出："经济体制改革是全面深化改革的重点，核心问题是处理好政府和市场的关系，使市场在资源配置中起决定性作用和更好发挥政府作用。"这既是对我国过去改革发展历史经验的高度概括，也是对邓小平社会主义市场经济理论的继续和发展，为今后进一步处理好市场和政府关系、深化以经济体制改革为重点的全面改革确定了方向。

坚持社会主义市场经济的改革，需要正确认识市场与政府两者的功能与长处，以及两者的缺陷与不足。事实证明，市场是配置资源最有效率的机制，是发展社会生产力和实现现代化的必然途径。市场决定资源配置是市场经济的一般规律，市场经济本质上就是市场决定资源配置的经济。"使市场在资源配置中起决定性作用"，其实质就是让价值规律、竞争规律和供求规律等市场经济规律在资源配置中起决定性作用，这有利于推动我国经济发展更有活力、更有效率和更有效益。同时也要看到，市场调节有着某些自发性、盲目性、局限性和事后性等特点，不能把所有资源配置统统交给市场，不能使全部社会经济活动市场化。

政府作为公共权力的行使者、社会经济活动的管理者，最重要的职能是从宏观上引导方向，促进整个经济社会持续健康发展。它的主要长处是，政府能够从社会整体利益和长远利益来引导市场和社会经济发展的方向，从宏观层次和全局发展上配置重要资源，促进经济总量平衡，协调重大结构关系和生产力布局，提供非竞争性公共产品和公共服务，促进社会公平正义，逐步实现共同富裕，以及弥补市场的缺陷和失灵的方面。但政府也有信息掌握和认知能力的局限性，也会有主观偏颇、迟滞甚至决策失误的毛病，不利于增进社会经济的活力、效率和效益。

理论和实践都告诉我们，在处理市场和政府关系中，需要注意三个方面：一是明确市场和政府各自的功能与长处，使它们在不同社会经济层次、不同领域发挥应有作用，都不越位、错位。二是充分行使两者的功能作用，市场是一只"看不见的手"，政府是一只"看得见的手"，"两只手"都要用好，并有效配合。三是市场和政府应当有机结合、相互统一而不是板块连接，政府应尊重市场经济规律，自觉按经济规律办事，市场要在政府引导、监管和制度规范下运行。只有这样，才能实现市场与政府各自长处充分发挥和两者作用的相互补充、相互协调、相互促进，推动经济社会持续健康发展。

### （二）继续推进市场化改革，加快完善现代市场体系

这是使市场在资源配置中起决定性作用的必然要求。要从广度和深度上推进市场化改革，推动资源配置依据市场规则、市场竞争实现效益最大化和效率最优化。加快形成企业自主经营、公平竞争，消费者自由选择、自由消费和要素自由流动、平等交换的现代市场体系，提高资源配置效率和公平性。一是建立公平开放透明的市场规则。要实行统一的市场准入制度，探索实行负面清单准入管理方式，健全优胜劣汰的市场化退出机制。二是完善主要由市场决定价格的机制。坚持把主要由市场决定价格作为价格形成的常态机制，凡是能够通过市场形成价格的、包括生产要素价格都要放手由市场形成价格；必须由政府定价的产品和服务，也要改革政府定价机制，改进政府定价方法，规范政府定价行为，提高政府定价的科学性、公正性和透明度。三是改革市场监管体系，废除妨碍全国统一市场和公平竞争的各种规定和做法，反对地方保护，反对垄断和不正当竞争。同时，要建立城乡统一的建设用地市场，完善金融市场

体系，加快推进科技体制改革。这些是推进市场化改革的重要方面。

**（三）坚持和完善基本经济制度，着力深化企业改革**

公有制为主体、多种所有制经济共同发展，是中国特色社会主义制度的重要支柱，也是社会主义市场经济的根基。我们搞的是社会主义市场经济，必须始终坚持“两个毫不动摇”，即毫不动摇巩固和发展公有制经济，发挥国有经济主导作用，不断增强国有经济活力、控制力、影响力；毫不动摇鼓励、支持、引导非公有制经济发展，激发非公有制经济活力和创造力。坚持推进和深化企业改革，其中关键是要完善产权保护制度，保证各种所有制经济依法平等使用生产要素、公开公平公正参与市场竞争、同等受到法律保护。必须推动国有企业完善现代企业制度，提高企业效率，增强企业活力。废除对非公有制经济各种形式的不合理规定，消除各种隐性壁垒。鼓励非公有制企业参与国有企业改革，积极发展混合所有制经济。

**（四）深化行政体制改革，健全宏观调控体系**

科学的宏观调控，有效的政府治理，是社会主义市场经济运行的重要特征，也是发挥社会主义市场经济体制优势的内在要求。一要切实转变政府职能。创新行政管理方式，增强政府公信力和执行力，建设法治政府和服务型政府。深化行政审批制度改革，进一步简政放权，切实减少审批事项，向企业放权，向市场放权，向社会放权，特别是要深化投资体制改革，确立企业投资主体地位。最大限度地激发市场和各类社会主体的创造活力，增强社会经济发展的内生动力。二要健全宏观调控体系。宏观调控的主要任务是保持经济总量平衡，促进重大经济结构协调和生产力布局优化，减缓经济周期波动影响，防范区域性、系统性风险，稳定市场预期，保障经济安全。要合理界定中央和地方政府的职能，充分发挥“两个积极性”。中央政府要进一步改善和加强宏观管理，强化发展规划制定、经济发展趋势研判、制度机制设计、全局性事项统筹管理、体制改革统筹协调等方面职能，促进全国范围内的法制统一、政令畅通和经济社会的平稳健康发展。三要加强地方政府在公共服务、市场监管、社会管理、环境保护等方面的职责，以更好地服务于广大人民群众。按照公开、公平、公正原则，将适合市场化方式提供的公共服务事项，交由具备条件、信誉良好的社会组织、机构和企业等承担，推动公共服务提供主体的多元化，建设现代化服务型政府。

坚持社会主义市场经济的改革，不仅是经济体制改革的方向，也必然涉及其他方面体制机制，各方面改革也要与之相适应、相协调。要把坚持社会主义市场经济改革方向贯穿到政治体制、文化体制、社会体制、生态文明体制以及各方面体制机制改革之中，推动各方面改革围绕完善社会主义市场经济体制的目标来展开、来推进。因此，必须统筹设计、整体谋划经济、政治、文化、社会、生态文明等各个领域、各个方面的调整和改革。这样才能产生综合效应，才能更好地推动生产关系与生产力、上层建筑与经济基础相适应。

实行社会主义市场经济，把社会主义与市场经济体制结合起来，是人类社会的空前壮举，也是需要不懈探索的重大课题。这方面，我们已经进行了30多年的理论探索和实践创新，也积累了不少经验，但是仍有许多未被认识的“必然王国”，还有一系列棘手的矛盾和问题需要深入研究解决。我们一定要坚持从国情出发，解放思想、实事求是、与时俱进，勇于改革创新，敢于攻坚克难，更好地把握改革规律，以顺利推动社会主义市场经济的改革进程并取得更大的成功！

（作者：中国行政体制改革研究会会长，国家行政学院原党委书记、常务副院长）

# 光辉的业绩　不朽的功勋

曲青山

邓小平同志伟大的一生几乎贯穿整个20世纪。作为一位世纪伟人,他为中华民族的独立和解放,为中国社会主义制度的建立、巩固和发展,特别是为开创中国特色社会主义,倾注了毕生的心血和精力,建立了永不磨灭的历史功勋,为我们留下了极其丰富、极其宝贵的精神遗产。

## 一、为中华民族的独立、解放和新中国的诞生立下赫赫战功

当邓小平同志走上政治舞台的时候,中华民族正陷于半殖民地半封建社会的深渊。中国的志士仁人在黑暗中苦苦寻找适合中国国情的正确道路,可以说当时是"山穷水尽"诸路不通。最后,一批中国的先进分子选择了马克思主义,决定走俄国人的路,向社会主义方向前进。邓小平同志是其中的一员。他自少年时代起就立志匡扶社稷,救国救民。1920年,他赴法国勤工俭学,亲身体验了工人阶级受压迫受剥削的苦难处境,耳闻目睹了西方帝国主义列强对中国的欺凌和压迫,"工业救国"的幻想变成泡影。这驱使他阅读了大量宣传马列主义和俄国十月革命的书刊,确立了共产主义信仰,成为一名中国共产党党员,开始了自己的革命生涯。此后,他为实现这一崇高理想而一往无前、矢志不移。

在旧中国这样一个半殖民地半封建的东方大国,共产党人要领导革命取得胜利,没有现成的答案,必须在实践中开辟自己的道路。邓小平同志坚定支持毛泽东同志领导我们党开辟新民主主义革命道路。他始终坚持正确路线,土地革命时期,由于执行以毛泽东同志为代表的正确路线,被批判为江西罗明路线的头子;抗日战争时期,较早提出毛泽东思想即中国化的马克思列宁主义,党的事业要以毛泽东思想作指导;解放战争时期,提出重要建议,为新解放区农村工作政策转变作出贡献,受到党中央和毛泽东同志的肯定和称赞。他始终坚决贯彻党中央一系列重大战略决策,从领导百色起义到参加二万五千里长征,从率领一二九师转战太行山到创建晋冀鲁豫抗日根据地,从指挥上党战役、邯郸战役到千里跃进大别山,从领导淮海战役到指挥渡江战役,从率军进军大西南到参加领导和平解放西藏,总是不畏艰险,勇挑重担,站在革命军事斗争的最前沿,为新民主主义革命的胜利和新中国的诞生,立下了赫赫战功,成为中华人民共和国的开国元勋。

## 二、为中国社会主义制度的建立、巩固和发展进行了艰辛探索

中华人民共和国成立后,我们党面临着怎样从新民主主义向社会主义过渡,以及探索一条在经济文化比较落后的条件下建设社会主义道路的任务。邓小平同志积极、务实地参与了这一探索的全过程。新中国建立之初,他领导了西南全区的政权建设、社会改造和经济恢复,开创了西南地区稳定、发展的新局面。1952年他调到北京参加中央领导工作,先后担任政务院副总理、党中央秘书长、国务院副总理等。他在党的八大上作关于修改党章的报告,提出和深刻论述了党在执政条件下加强自身建设的任务,要求全党坚持群众路线和民主集中制,健全各级党组织的集体领导。在党的八届一中全会上,他当选为中共中央政治局常委、总书记,成

为以毛泽东同志为核心的党的第一代中央领导集体的重要成员。他主持中央书记处工作10年,为社会主义制度的建立和社会主义建设的展开,为探索适合中国情况的建设社会主义的道路,为克服主要由于"左"的错误而出现的三年经济困难,进行了卓有成效的工作,提出了许多正确主张。1962年,许多农村的干部和群众要求实行包产到户,他对此明确指出:哪种生产关系的形式在哪个地方能够比较容易比较快地恢复和发展农业生产,就采取哪种形式;群众愿意采取哪种形式,就应该采取哪种形式。这一论断符合马克思主义关于生产关系必须适合生产力发展要求的原理,同他以后推行改革开放的指导思想一脉相承。

"文化大革命"中,在受到错误的批判和斗争后,邓小平同志直接感受到基层社会的情况和人民群众的意愿,再一次冷静地思考中国社会主义发展道路问题。他于1973年复出,1975年主持党、国家和军队的日常工作。针对"文化大革命"以来造成的严重混乱局面,他强调敢字当头,横下一条心,进行了大刀阔斧的整顿。这次整顿实际上是纠正"文化大革命"的错误,成为新时期全面拨乱反正的预演和改革开放的试验,在短时间内就取得显著成效,受到全国人民的衷心拥护。虽然他又被指责为搞"右倾翻案风",再度被错误地撤职、批判,但是,整顿的业绩和他在整顿中表现出来的风骨,为粉碎"四人帮",实行改革开放,奠定了深厚的群众基础。

## 三、为开辟中国特色社会主义道路建立不朽功勋

粉碎"四人帮"、结束"文化大革命"后,中国处在向何处去的重大历史关头。在广大党员干部和人民群众的迫切要求下,邓小平同志再次复出。十年内乱造成的灾难性后果、中国发展落后的状况和当时的国际形势,特别是在"文化大革命"中的起落,引起了他的全面反思,最集中的一个问题是"什么是社会主义、怎样建设社会主义"。他指出,我们的经验教训有许多条,最重要的一条,就是要搞清楚这个问题。他以马克思主义政治家的巨大政治勇气和理论勇气,领导拨乱反正,推动改革开放,对这个问题作出了科学回答,成功开创了中国特色社会主义。

邓小平同志从拨乱反正入手,推动历史的大转折。他面对"文化大革命"造成的严峻局面,在千头万绪中首先抓住端正思想路线这一决定性环节,强调实事求是是毛泽东思想的精髓,旗帜鲜明地反对"两个凡是"的错误观点,支持和领导开展真理标准问题的讨论。在他指导下,党的十一届三中全会重新确立了党的实事求是的思想路线,实现了党的思想路线的拨乱反正;确定把党和国家的工作中心转移到经济建设上来,实现了党在政治路线上的拨乱反正;形成以邓小平同志为核心的党的第二代中央领导集体,取得了组织路线拨乱反正的最重要成果。这次全会实现了党的历史上具有深远意义的伟大转折,开启了改革开放的新时期。随后,他以一个伟大马克思主义政治家的眼界和胸怀,坚持科学地评价毛泽东同志的历史地位和毛泽东思想的科学体系,根本否定了"文化大革命"的错误实践和理论,同时坚决顶住否定毛泽东同志和毛泽东思想的错误思潮。他亲自领导和推动各条战线拨乱反正的全面展开,平反了一系列冤假错案,妥善解决了大量遗留的历史问题,使中国逐步从"文化大革命"造成的混乱局面中摆脱出来,为进行社会主义现代化建设、实行全面改革开放创造了必要的前提条件。

邓小平同志着眼于对时代、形势发展的新认识,发出了"走自己的道路,建设有中国特色的社会主义"的响亮号召,领导我们党成功地走出了一条建设中国特色社会主义的新道路。他始终坚持以经济建设为中心,坚持四项基本原则,坚持改革开放,确立了党在社会主义初级阶段的基本路线;正确认识我国所处的发展阶段和根本任务,制定现代化建设"三步走"发展

战略，分阶段、有步骤地推进各方面体制改革，勇敢地打开对外开放的大门，提出“一国两制”构想促进祖国和平统一，推动国防和军队现代化建设，打开外交工作新局面；强调加强党的领导必须改善党的领导，聚精会神抓党的建设，使党和国家走在时代潮流的前面，使我国社会主义事业和党的建设充满新的生机和活力。20世纪80年代末90年代初，国际国内发生政治风波，中国再次面临着向何处去的重大历史关头。1992年初，邓小平同志视察南方并发表重要谈话，科学总结了党的十一届三中全会以来的实践和经验，从理论上深刻回答了长期困扰和束缚人们思想的许多重大认识问题。以此为标志，中国更加坚定地迈开了改革开放的新步伐，更加坚定地举起了中国特色社会主义的伟大旗帜。

## 四、为创立邓小平理论作出历史性贡献

邓小平同志留给我们的最可宝贵的精神财富，就是他创立的邓小平理论和在这个理论指导下制定的党在社会主义初级阶段的基本路线。邓小平理论是在和平与发展成为时代主题的历史条件下，在我国改革开放和社会主义现代化建设的实践中，在总结我国社会主义胜利和挫折的历史经验并借鉴其他社会主义国家兴衰成败历史经验的基础上，形成和发展起来的。在党的十一届三中全会和十二大、十三大特别是十四大的基础上，党的十五大把邓小平理论确立为党的指导思想。这是我们党作出的历史性决策。

邓小平同志以其高瞻远瞩的政治远见和深厚的马克思主义理论修养，抓住“什么是社会主义、怎样建设社会主义”这个根本问题，第一次比较系统地初步回答了在中国这样经济文化比较落后的国家如何建设社会主义、如何巩固和发展社会主义的一系列基本问题，用新的思想观点，继承和发展了马克思主义，开拓了马克思主义新境界，把对社会主义的认识提高到新的科学水平，创立了邓小平理论。他提出：我国还处在社会主义初级阶段，巩固和发展社会主义制度需要我们几代人、十几代人，甚至几十代人坚持不懈地努力奋斗；社会主义的本质是解放生产力，发展生产力，消灭剥削，消除两极分化，最终达到共同富裕；发展才是硬道理，必须抓住时机，发展自己；科学技术是第一生产力，必须尊重知识、尊重人才；在农村实行联产承包责任制；允许一部分地区、一部分人先富裕起来，先发展起来的地区带动和帮助后发展的地区；计划和市场都是经济手段，计划多一点还是市场多一点，不是社会主义与资本主义的本质区别；没有民主就没有社会主义，就没有社会主义现代化，必须使民主制度化、法律化；必须推进党和国家领导制度的改革，废除干部领导职务终身制；统一战线是一个重要法宝，要团结一切可以团结的力量，为把我国建设成为社会主义现代化强国、为完成祖国统一大业而共同奋斗；用“一国两制”的科学构想解决台湾问题和香港问题、澳门问题；和平与发展是当代世界两大主题，必须坚持独立自主的和平外交政策，为我国现代化建设争取有利的国际环境；以现代化建设为中心，走有中国特色的精兵之路；党必须适应改革开放和现代化建设的需要，不断加强和改善对各方面工作的领导，加强和改善自身建设等。

邓小平理论是马克思列宁主义基本原理同当代中国实际和时代特征相结合的产物，是对毛泽东思想在新的历史条件下的继承和发展，是中华民族振兴和发展的强大精神支柱。邓小平理论永远是中国共产党人理论宝库的重要组成部分，是我们党必须长期坚持的指导思想。

## 五、为党和人民事业不懈奋斗树立了光辉榜样

邓小平同志波澜壮阔的革命生涯，“三落三起”的传奇经历，充分展现了一位世纪伟人的崇高风范，给我们树立了光辉榜样。

邓小平同志始终坚持解放思想、实事求是，

一切从实际出发。他强调:马克思主义必须是同中国实际相结合的马克思主义,社会主义必须是切合中国实际的有中国特色的社会主义。他既继承前人又突破陈规,既借鉴世界经验又不照搬别国模式,总是从中国的现实和当代世界发展特点出发,不断开拓马克思主义和中国特色社会主义事业发展的新境界,充分表现出了一个彻底的唯物主义者的崇高风范。

邓小平同志热爱人民、心系人民,始终对人民群众怀着无比深厚的感情。他说:我是中国人民的儿子,我深情地爱着我的祖国和人民。他坚持人民是推动历史发展的根本力量的观点,坚持以人民的利益为最高准则,坚持人民的事业必胜的信念,充分反映了一名真正共产党人的世界观、人生观、价值观。

邓小平同志崇尚实干、英勇果敢,关键时刻更是表现出非凡的胆略和勇气。他强调:领导者必须多干实事。在国家和民族发展的重大关头,他总是勇挑重担、顽强拼搏,奋力打开党和人民事业的新局面,充分反映了一个真正的党的领导干部埋头苦干、敢于担当的精神。

邓小平同志目光远大、襟怀宽广,始终站在国际国内大局相互联系的高度审视中国和世界的发展问题。他提出应当把发展问题提到全人类的高度来认识,要从这个高度去观察问题和解决问题,这充分反映了一位世界伟人的深邃战略眼光和恢弘政治气魄。

邓小平同志无私无畏、光明磊落,始终把为党和人民的事业顽强奋斗作为执着的人生追求。他在受到错误打击、处于逆境时,从不消沉,总是由此更加深入地思索中国革命和建设的经验教训和根本规律问题,进而有新的更大作为,充分反映了一位世纪伟人心底无私天地宽的品格和坚韧不拔的意志。邓小平同志的崇高品德、博大胸怀、卓越胆识和风格,已经并将永远鼓舞我们始终保持党的先进性和纯洁性,战胜前进道路上的一切困难。

道路决定命运。90多年来,我们党独立自主探索并形成了符合中国实际的新民主主义革命道路、社会主义改造道路、中国特色社会主义道路,从根本上改变了中国人民和中华民族的前途命运。找到一条正确道路是多么不容易,坚持和发展这条道路同样不容易。邓小平同志为中国特色社会主义这篇“大文章”确定了基本思路和基本原则。以江泽民同志为核心的党的第三代中央领导集体、以胡锦涛同志为总书记的党中央在这篇“大文章”上写下了精彩的篇章,以习近平同志为总书记的新一届党中央正在接力书写这篇“大文章”。今天,我们纪念邓小平同志,就是要永远铭记他的历史功勋,学习研究他的光辉思想,继承弘扬他的崇高风范,更加紧密地团结在以习近平同志为总书记的党中央周围,高举中国特色社会主义伟大旗帜,为全面建成小康社会,实现中华民族伟大复兴的中国梦而努力奋斗!

(作者:中共中央党史研究室主任)

# 第七部分

# 党的群众路线教育实践活动

# 新形势下党的建设的创新之举

## ——论党的群众路线教育实践活动在党的建设史上的重要地位

中共中央党史研究室

在全党深入开展党的群众路线教育实践活动,是党的十八大作出的一项重大决策,是新形势下加强党的建设的创新之举。目前,第一批教育实践活动圆满结束,第二批教育实践活动已经开始。在以习近平同志为总书记的党中央坚强领导下,活动开展得扎扎实实并取得重要阶段性成果,群众广泛认同,党内外积极评价。这一活动使党对群众路线的理论和实践达到新高度,党开展集中教育活动这一党的建设的独特优势发挥新水平,党的作风建设呈现新气象。党的群众路线教育实践活动为马克思主义政党建设的思想理论宝库增添了新内容,在党的历史及党的建设史上具有重要地位和深远影响。

### 一、开展党的群众路线教育实践活动,是新形势下党对群众路线优良传统的创新和发展

群众路线是党的优良传统,是党的生命线和根本工作路线,是党永葆青春活力和战斗力的重要传家宝。密切联系群众,是党的性质和宗旨的体现,是中国共产党区别于其他任何政党的显著标志,是党发展壮大并带领人民不断走向胜利的重要原因。加强党与人民群众的血肉联系,是党的建设的本质要求。党能不能始终保持与人民群众的血肉联系,关系党的性质、生机和活力,关系党的执政基础和执政地位的巩固,关系国家的长治久安,关系中华民族伟大复兴的中国梦的实现。

党的优良传统和作风,是在以毛泽东同志为核心的党的第一代中央领导集体培育下形成的,是在以邓小平同志为核心的党的第二代中央领导集体、以江泽民同志为核心的党的第三代中央领导集体、以胡锦涛同志为总书记的党中央领导下坚持和发展起来的。党的十八大以来,党的历史的接力棒传到了以习近平同志为总书记的党中央手里。如何使包括群众路线在内的党的优良传统和作风发扬光大,永葆共产党人的政治本色,保证党领导人民长期奋斗的成果决不丢失,是新一届中央领导集体面对的重大问题。

在新的历史起点上推进中国特色社会主义伟大事业,党面临的风险和挑战严峻复杂、承担的任务艰巨繁重,必须准备进行具有许多新的历史特点的伟大斗争。“打铁还需自身硬”,如何保持和发展党的先进性和纯洁性,不断增强党的创造力、凝聚力、战斗力,确保党始终成为中国特色社会主义事业的坚强领导核心,是摆在党面前的重大课题。这其中一个重要方面,就是在新的历史条件下坚持和发展党的群众路线,进一步加强与人民群众的血肉联系,解决人民群众反映强烈的突出问题,使党以良好形象把人民紧紧团结和凝聚在一起。

党的优良传统和作风的传承与新的形势任务的要求交织在一起。在党的90多年的历程中,群众路线的贯彻执行是党的历史一以贯之的红线。根据形势任务的变化,党的群众路线的内涵不断丰富发展,贯彻落实的制度机制和方式方法在探索中不断创新;围绕解决存在的突出问题,曾多次开展全党集中教育活动。但以群众路线为主题在全党进行集中教育活动,在改革开放以来是第一次,在党的历史上也是第一次,这不仅是新形势下党加强自身建设的创新之举,也是党90多年自身建设史上的创新之举,马克思主义政党建设史上的创新之举。

在指导开展党的群众路线教育实践活动中及活动期间，以习近平同志为总书记的党中央集中提出了一系列关于群众路线的新思想、新观点、新论断。

**一是进一步深入阐述了坚持群众路线的极端重要性。**以习近平同志为总书记的党中央鲜明地强调群众路线是党的“生命线”，以强烈的忧患意识深刻论述了群众路线对党的生命和执政地位的决定性作用。习近平同志深刻指出：密切党群、干群关系，保持同人民群众的血肉联系，始终是我们党立于不败之地的根基。如果自诩高明、脱离了人民，或者凌驾于人民之上，就必将被人民所抛弃。任何政党都是如此，这是历史发展的铁律，古今中外概莫能外。这些掷地有声的警示，充分体现了以习近平同志为总书记的党中央爱党爱民、忧党忧国的情怀，表达了党决心猛药去疴、刮骨疗毒，坚决解决人民群众反映强烈突出问题的坚定决心。

**二是进一步系统论述了群众路线理论和基本要求。**活动期间，习近平同志在纪念毛泽东同志诞辰120周年座谈会上的讲话中，通过阐述毛泽东思想活的灵魂，进一步系统论述了党的群众路线理论，提出了坚持党的群众路线的基本要求，即坚持群众路线，就要坚持人民是决定我们前途命运的根本力量；坚持群众路线，就要坚持全心全意为人民服务的根本宗旨；坚持群众路线，就要保持党同人民群众的血肉联系；坚持群众路线，就要真正让人民来评判我们的工作。这些重要论述，丰富发展了马克思主义群众观点和党的群众路线。

**三是深刻揭示了群众路线的时代内涵。**不同时期不同条件下党贯彻执行群众路线的要求不同。在新的形势下，贯彻执行党的群众路线以“为民务实清廉”为主要内容，这也是群众路线教育实践活动的主要内容。进入新世纪以来，党对党员和干部提出了“为民务实清廉”的要求，但将其作为群众路线及教育实践活动的主要内容则是党的十八大。习近平同志在多次讲话中重申了这一问题。2013年5月，中央在下发的《关于在全党深入开展党的群众路线教育实践活动的意见》中，对在活动中落实为民务实清廉的内容要求作了进一步的规定。“为民务实清廉”时代内涵的确定，以简洁明了的语言指出了实现群众路线的根本指向、基本途径和形象要求，具有鲜明的现实针对性。

**四是明确指出了坚持群众路线迫切需要解决的突出问题。**群众路线涉及党的生活的方方面面，但最直接影响党与群众血肉联系的是作风问题。以习近平同志为总书记的党中央，不是就作风谈作风，而是认为解决作风问题是解决党的其他问题的重要条件。党内脱离群众的现象大量存在，一些问题还相当严重，集中表现在形式主义、官僚主义、享乐主义和奢靡之风这“四风”上。以习近平同志为总书记的党中央决心通过开展党的群众路线教育实践活动，对群众反映强烈的“四风”积弊进行一次大排查、大检修、大扫除，坚决遏制其蔓延势头，以此为切入点，进一步解决党的建设中的其他问题。由于作风问题具有顽固性和反复性，抓一抓有好转，松一松就反弹，必须以踏石留印、抓铁有痕的劲头抓下去，善始善终、善作善成。

总之，群众路线教育实践活动的开展，进一步推动了党从多方面集中深入思考解决党与人民群众关系的许多重大问题，使党对群众路线这一优良传统的认识达到了新水平。

## 二、开展党的群众路线教育实践活动积累的新经验、展现的新特点，使在全党开展马克思主义集中教育活动这一党的建设的独特优势得到新的强化和发挥

在全党开展马克思主义集中教育活动，是党在延安时期加强自身建设的一个伟大创举。在不同时期开展不同内容和任务的集中教育活动，在不同的背景和条件下，有不同的特点和做法。历次集中教育活动积累的新经验，形成的新做法，既不断把党的自身建设推向前进，又不断为下次及以后党开展集中教育活动确定新的基点和参照。

这次开展的党的群众路线教育实践活动，在继承以往集中教育活动经验的基础上，进行了许多新探索、新创造、新发展。习近平同志在党的群众路线教育实践活动第一批总结暨第二批部署会议上的讲话中，对第一批教育实践活动取得的重要成果、采取的行之有效的做法、积累的宝贵经验进行了全面总结。这次党的群众路线教育实践活动在做法上呈现许多鲜明特点。

**一是坚持领导带头，以上带下，充分发挥表率作用。**中央和领导干部带头示范是活动取得重要成果的关键所在。以习近平同志为总书记的党中央强调，抓改进作风，必须从中央政治局抓起。新的中央领导集体形成不久，2012年12月，中央政治局就审议通过了《关于改进工作作风、密切联系群众的八项规定》。中央政治局同志身体力行，率先垂范，取得了贯彻落实的积极成效。2013年6月，按照中央关于党的群众路线教育实践活动率先在中央政治局开展的精神，中央政治局召开专门会议，开展批评与自我批评。活动开始后，中央政治局常委同志建立联系点，全程指导联系点教育实践活动，为面上活动树立了标杆。各地区各部门各单位党委（党组）主要负责同志以身作则，履行第一责任人责任，有力指导和推动了活动的健康发展。

**二是始终贯彻"讲认真"的要求，以整风精神开展教育实践活动。**历史经验表明，集中教育活动能不能取得应有的成效，重在"认真"二字。这些年，中央就作风建设出台了不少制度规定。为什么还存在那么多问题？一个重要原因就是贯彻执行过程中讲认真不够，抓落实不够。这次活动提出的"照镜子、正衣冠、洗洗澡、治治病"的总要求，充分体现了"讲认真"精神。"讲认真"的具体参照是党的历史上的整风。活动要求把整风精神贯彻始终，借鉴延安整风经验，重重地给患病者一个刺激，使患者为之一惊，出一身汗，然后好好叫他们治疗。始终贯彻"讲认真"、抓落实的要求和整风精神，是党具备"自我净化、自我完善、自我革新、自我提高"基本能力的重要表现，是教育实践活动取得成果的重要原因。

**三是运用批评和自我批评的有力武器，开展积极健康的思想斗争。**批评和自我批评是我们党的优良传统，是解决党内矛盾的有力武器，也是清除党内各种政治灰尘和政治微生物的有力武器。我们党能够依靠自身力量解决自身问题，靠的就是批评和自我批评。在党的历史上曾有一段时间，在运用批评和自我批评武器上出现了随意上"纲"、"过火斗争"的偏向。进入改革开放和社会主义现代化建设新时期后，在全党开展的集中教育活动中，党虽明确要求"正确运用批评和自我批评的锐利武器"，而实际上，这些年来，批评和自我批评开展得并不好，有的把自我批评变成了自我表扬，有的把批评变成了相互吹捧。通过认真总结历史经验，这次教育实践活动从一开始就要求，要在批评和自我批评上好好下一番功夫。活动期间，特别是在民主生活会上，大家坦诚相见、深刻反思问题，既有红红脸、出出汗的紧张和严肃，又有加加油、鼓鼓劲的宽松与和谐，这是多年来所少见的。这次教育实践活动和以往历次党内集中教育活动的实践证明，批评和自我批评是保证党的创造力、凝聚力、战斗力的重要法宝。

**四是坚持开门搞活动，让群众有序参与到活动中来。**在党的建设及集中教育活动中如何真正发挥群众的作用，党既有经验，也有教训。进入改革开放新的历史时期后，党要求不要再搞群众运动式的整党及政治教育活动。在上世纪80年代进行的全面整党中，提出"整党中的一切问题，都必须由有关党组织讨论解决，不能重复过去'群众整党'，由非党群众决定党内问题的错误做法"。如何既不走搞群众运动的老路，又在集中教育活动中真正发挥群众作用，是党的建设及党的集中教育活动需要进一步探索研究和思考解决的重要问题。这次开展的教育实践活动，中央明确要求要坚持开门搞活动，一开始就听取群众意见和建议，每个环节都组织群众积极有序地参与，让群众监督和评议，切忌"自说自话、自弹自唱"，不搞闭门修炼、体内循环。第一批教育实践活动的经验表明，开门搞活动确保教育实践活动取得了让群众看得见、让群众真满意的效果。这一成功实践，使党初步找到了在不搞群众运动的前提下发挥群众作用的新办法。

**五是自始至终着力解决问题，更加注重建立健全巩固活动成果的长效机制。**坚持问题导向、解决突出问题，是这次教育实践活动的鲜明特点。活动自始至终着力解决问题，边学边改，边查边改，立说立改，立说立行，以问题整改开局亮相，以问题整改注入动力，以问题整改交出答卷，以回应群众期盼，赢得群众信任。为了进一步巩固教育实践活动的成果，避免改作风"闯关"和"一阵风"，党把制度建设、建立健全长效机制放在更为突出的位置。中央仅在《关于在全党深入开展党的群众路线教育实践活动的意见》中要求建立健全的制度机制及办法规定就多达12项。党要求不管建立和完善什么制度，都要本着于法周延、于事简便的原则，注重实体性规范和保障性规范的结合和配套，确保针对性、操作性、指导性强。党的十八届三中全会通过的《关于全面深化改革若干重大问题的决定》进一步提出了要"健全改进作风常态化制度"。这对于巩固活动成果，进一步加强党的作风建设将发挥长远的重要作用。

总之，党的群众路线教育实践活动在充分吸收以往集中教育活动成功经验基础上，又形成了许多新认识、新经验、新做法，展现了鲜明的时代特色，弘扬了在全党开展马克思主义集中教育活动的优良传统，进一步强化了党的政治优势。

## 三、开展党的群众路线教育实践活动带来的新变化新气象，是新的历史条件下党在作风建设上交出的一份新的合格答卷

回顾党的建设的历史，党的优良传统和作风的培育和发展，党内不良倾向的克服、党内矛盾的解决，与党的集中教育活动紧密相连。党在不同时期进行的集中教育活动，尽管其解决问题的指向、重点不同，但都对党的作风建设起到了重要作用。党的群众路线教育实践活动，作为专门解决党内"四风"问题的集中教育，尽管还正在进行之中，但在党的作风建设上发挥的作用、取得的成效，已经突出地显现出来。

**一是教育和实践两手抓，使党员干部贯彻执行群众路线的意识和能力普遍提高。**教育实践活动，是教育和实践的统一。在活动中，习近平同志要求必须做到教育和实践两手抓、知行合一。既解决认识提高问题，又解决行动自觉问题。理想信念是精神之"钙"，"四风"问题归根到底是理想信念出现动摇所致。在教育实践活动中，党紧紧围绕解决世界观、人生观、价值观这个"总开关"问题，突出抓好理想信念教育，抓好群众观点、宗旨意识教育，抓好党性党风党纪教育和道德规范教育，引导党员干部补精神之"钙"、筑思想之魂，切实解决好入党为什么、当干部做什么、身后留什么的问题，解决好权力观、地位观、利益观的问题，解决好"为了谁、依靠谁、我是谁"的问题，牢固树立为民务实清廉的价值追求。通过学习教育，促使党员、干部得到党性锻炼，醒了脑、明了目、提了神，思想上补了课，精神上补了"钙"，贯彻执行群众路线的意识和能力普遍提高，同人民群众同呼吸、共命运、心连心的自觉性普遍增强。在活动期间，党采取了一系列加强宣传思想工作的重大举措，进一步巩固了马克思主义在意识形态领域的指导地位，巩固了全党全国人民团结奋斗的共同思想基础。从一定意义上说，这次教育实践活动，是新形势下又一次全党规模的马克思主义教育活动。

**二是从大处着眼，从小处入手，初步刹住了"四风"蔓延的势头。**"四风"问题积习甚深。一些问题如大吃大喝，改革开放以来就在抓，有一段时间规定公务接待"四菜一汤"，但后来发展到只要想得到的、弄得到的都上了。小洞不补、大洞吃苦。"针尖大的窟窿能透过斗大的风"。习近平同志要求，在作风问题上，要突出

重点，聚焦“四风”，一个问题一个问题地抓，一项问题一项问题地解决，积小胜为大胜。针对调查研究、新闻报道、出国访问、干部住房、办公用房、配车上牌、秘书配备、公务接待、警卫规格、楼堂馆所、公款消费、铺张浪费、礼品礼券等方面存在的问题持之以恒地抓，取得了明显进展。在元旦、春节、五一、中秋、国庆等重要节点开展检查、抽查，狠刹公款送月饼、贺卡、烟花爆竹、鲜花、烟酒等节礼年货，及公款吃喝、公款旅游和铺张浪费等不正之风。2013 年中央国家机关“三公”经费减少 35%，31 个省份本级公务接待费减少 26%；纪检监察机关查处违反中央八项规定精神的违规问题 2.4 万起，处理 3 万多人，其中给予党纪政纪处分 7600 多人。中央纪委分 4 次对 32 起违反中央八项规定精神的典型问题进行通报。贯彻群众路线的长效机制和刚性约束也初步形成。“四风”蔓延势头的初步遏制，得到了广大干部群众大力支持和衷心拥护。

**三是坚持“老虎”“苍蝇”一起打，在“常”“长”二字上下功夫，党风廉政建设和反腐败斗争取得了新进展。**腐败是不正之风发展的恶果和突出表现。教育实践活动的开展和“四风”的整治，要求进一步加大反腐败力度。习近平同志在十八届中央纪委二次全会上发表的重要讲话中要求，不论什么人，不论其职务多高，只要触犯了党纪国法，都要受到严肃追究和严厉惩处。要坚持“老虎”“苍蝇”一起打，既坚决查处领导干部违纪违法案件，又切实解决发生在群众身边的不正之风和腐败问题。这鲜明地表达了党对腐败的零容忍态度。2013 年，中央纪委对涉嫌违纪违法的中管干部已结案处理和正在立案检查的 31 人，其中涉嫌犯罪被移送司法机关处理 8 人；全国检察机关共立案侦查贪污贿赂、渎职侵权等职务犯罪 5.1 万人；全国法院系统审结一审贪污贿赂案件 2.3 万件。这形成了对腐败分子的高压态势。反腐败斗争是一项长期的、复杂的、艰巨的任务，不可能毕其功于一役。关键就在“常”“长”二字，一个是要经常抓，一个是要长期抓。反腐倡廉的核心是制约和监督权力，必须把权力关进制度的笼子里。针对反腐败机构职能分散、形不成合力，有些案件难以坚决查办，腐败案件频发却责任追究不够等问题，党的十八届三中全会对加强反腐败体制机制创新和制度保障进行了重点部署。这是党风廉政建设和反腐败斗争走向深入的必然要求。

**四是通过抓党风政风带社风民风，促进了社会风气的整体好转。**党风政风与社风民风紧密相连、相互影响、相互作用。党风是政风之本、民风之根，党风正则政风清，政风清则民风淳。邓小平同志曾深刻指出：“端正党风，是端正社会风气的关键。”这次教育实践活动给党风政风带来的新变化新气象，牵引了社风民风的变化。一些根深蒂固的不良习俗逐步被社会唾弃，社会更加崇尚实干、节俭、廉洁、简约，勤俭持家、廉荣贪耻、诚实守信、克己奉公的氛围逐步形成。社风民风的整体好转，又为党风建设及廉洁从政营造了良好政治生态。从这个意义上说，群众路线教育实践活动不仅是新形势下党改进自身作风的重大举措，实际上也是新形势下移风易俗的社会改造活动。

在这么短的时间里，通过一次集中教育活动，党的作风建设就取得这样明显的成效，在党的历史上、在我国改革开放的进程中，都是极为突出的，这是在新的历史条件下，以习近平同志为总书记的党中央从严治党交出的一份合格答卷。

教育实践活动有期限，但贯彻群众路线没有休止符，作风建设永远在路上。人民群众对包括党的作风在内的党的建设和工作不断有新期待。党面临的“赶考”远未结束。第一批教育实践活动取得的成果是初步的，还有待在第二批中深化和巩固。我们坚信，在以习近平同志为总书记的党中央的坚强领导下，第二批教育实践活动一定会按照中央的部署和要求扎实推进，取得更多更大的成果，党和人民的事业一定会不断取得新的成就，党一定会向人民不断交出一个个“考试”的新的合格答卷。

# 党的群众路线教育实践活动的成功经验与重要启示

秋　石

在全党深入开展党的群众路线教育实践活动，是以习近平同志为总书记的党中央贯彻党要管党、从严治党，使党始终走在时代前列、永葆先进性和纯洁性的重大战略举措，也是全面深化改革、坚定不移坚持中国特色社会主义、实现“两个一百年”战略目标和中华民族伟大复兴中国梦的重大战略举措。坚持以党的建设新的伟大工程推动中国特色社会主义伟大事业，是改革开放新时期以改革创新精神全面加强和改进党的建设的一条基本经验。实践充分证明，这次教育实践活动指导明确、领导有力、主题突出、特色鲜明、成效显著，为新时期全面加强和改进党的建设增添了许多新鲜经验，提供了许多重要启示。

初步回顾总结党的群众路线教育实践活动，有哪些新鲜经验和重要启示呢？

## 一、党的建设一定要抓住作风建设这个关键

贯彻群众路线、加强作风建设，事关人心向背，事关夯实党的执政根基，事关党的生死存亡。以群众路线为主题在全党进行集中教育活动，这在我们党的历史上是第一次，是加强和改进党的建设的创新之举。通过教育实践活动，全党的群众观点进一步增强，作风进一步转变，党群干群关系进一步密切，为民务实清廉形象进一步树立，基层基础进一步夯实。这次教育实践活动的成功经验证明，抓作风建设，必须自上而下，从中央作表率开始，才能充分发挥正能量的传导效应，带动各级，带动基层，用党风政风好转带动社会风气好转；必须立破并举，从中央立规矩开始，用中央八项规定严明纪律、彰显正气、扶正祛邪、取信于民；必须知行合一，做到教育和实践两手抓，认识到了的就一定认真做，知道错了的就一定彻底改，使马克思主义群众观点深深植根于思想中、真正落实到行动上；必须敞开大门，确保每个环节、每项工作都让群众参与、受群众监督、请群众评判，使作风建设在党员干部同人民群众的互动中有效加强，让群众感受到作风建设取得的实实在在的成效；必须讲认真，认真提高认识，认真查摆问题，认真剖析原因，认真改正克服，否则就会马虎敷衍，即使问题摆在眼前也看不到、识不透，就容易虚晃一枪，即使花了很大精力也可能搞形式、走过场；必须善作善成，作风建设是永恒课题，作风建设永远在路上，克服不良作风不可能一蹴而就，形成优良作风也不可能一劳永逸，要使作风建设在抓常、抓细、抓长中形成新常态。这次教育实践活动再一次证明，加强和改进作风建设是保持党同人民群众血肉联系的有效途径，要以作风建设新气象迎来党群关系的新阶段，以作风建设新成效汇聚起推动改革发展的正能量。

## 二、党的建设一定要抓住坚定理想信念和世界观人生观价值观这个总开关

共产主义远大理想和中国特色社会主义信念，是共产党人精神上的“钙”。这次党的群众路线教育实践活动以为民务实清廉为主要内容，在全党进行了一次深刻的理想信念教育、世界观人生观价值观教育、全心全意为人民服务宗旨教育。通过教育实践活动，党员干部进一步筑牢思想防线，保持和发扬蓬勃朝气、昂扬锐气、浩然正气，党员干部得到了党性锻炼，醒了

脑、提了神，思想上补了课，精神上补了"钙"，贯彻执行群众路线的意识和能力普遍提高，保持同人民群众血肉联系的自觉性普遍增强。这次教育实践活动的成功经验证明，一定要夯实筑牢共产党人的理想信念堤坝。坚定的理想信念，始终是党员、干部站稳政治立场、抵御各种诱惑的决定性因素。没有理想信念，或者理想信念不坚定，精神上就会缺"钙"，就会得"软骨病"，就可能导致政治上变质、经济上贪婪、道德上堕落、生活上腐化；一定要解决好"为了谁、依靠谁、我是谁"这个根本问题。解决好"为了谁"，关键是要牢固树立全心全意为人民服务的宗旨，心里装着群众的安危冷暖，同群众坐在一条板凳上。解决好"依靠谁"，关键是要坚持从群众中来、到群众中去的根本工作方法，尊重人民的主体地位，维护人民当家作主的权利。解决好"我是谁"，关键是要树立正确的权力观、利益观、政绩观，甘当人民群众的"孺子牛"。这次教育实践活动再一次证明，在任何时候任何情况下，与人民同呼吸共命运的立场不能变，全心全意为人民服务的宗旨不能忘，群众是真正英雄的历史唯物主义观点不能丢，始终坚持立党为公、执政为民。

## 三、党的建设一定要抓住人民群众反映强烈的突出问题

党的建设同样要以问题为导向。面对世情、国情、党情的深刻变化，长期执政考验、改革开放考验、市场经济考验、外部环境考验，精神懈怠危险、能力不足危险、脱离群众危险、消极腐败危险更加尖锐地摆在全党面前，党内脱离群众的现象大量存在，一些问题还相当严重，集中表现在形式主义、官僚主义、享乐主义和奢靡之风这"四风"上。这次党的群众路线教育实践活动聚焦"四风"，做的是正本清源、发扬传统的工作，对作风之弊、行为之垢来一次大排查、大检修、大扫除，以改进党风政风的良好开局取信于民。这次教育实践活动的成功经验证明，必须突出问题导向，以问题整改开局亮相，以问题整改注入动力，以问题整改交出答卷，坚持标准，严格把关，不断拧紧螺丝、上紧发条，保证活动不走过场；必须聚焦"四风"问题，对准焦距、找准穴位、抓住要害，不能"走神"，不能"散光"，不能表面上热热闹闹，实际上用形式主义反对形式主义，影响活动健康发展；必须区分轻重缓急，从实际出发，抓住主要矛盾，什么问题突出就着重解决什么问题，什么问题紧迫就抓紧解决什么问题，找准靶子，有的放矢，务求实效。这次教育实践活动再一次证明，"四风"问题虽然有多种表现形式及其复杂成因，但只要有严格的尺度来衡量、有坚定的决心来纠正，就能看得清楚、认识明白、解决到位。

## 四、党的建设一定要抓住领导干部以身作则这个牛鼻子

榜样的力量是无穷的，党的领导作用要通过领导者的表率作用来实现。从中央到部门和地方主要领导亲自抓、负全责、作表率，是这次党的群众路线教育实践活动的一大鲜明特色和成功经验。在这次教育实践活动中，中央和领导干部带头示范。中央政治局召开专门会议，围绕保持党的先进性和纯洁性，以为民务实清廉为主要内容，回顾总结贯彻落实中央八项规定情况，联系思想实际和所分管地方部门单位的工作实际，分析在"四风"方面存在的问题，开展批评和自我批评，研究提出加强作风建设的措施及有关制度规定。这种严肃认真的态度和高度负责的精神，为全党成功开展教育实践活动作出了表率。中央政治局常委同志建立联系点，全程指导联系点教育实践活动，为面上活动树立标杆。习近平总书记率先垂范、悉心指导，每逢活动的关键时候、重要节点，都及时作出重要指示，为搞好活动给予正确指引。在党中央的坚强领导、示范带动和有力推动下，各地区各部门各单位精心组织、精心实施。主要领导同志以身作则、履行第一责任人责任，有力指导和切实推动。领导干部带头认真学习、带头查找问题、带头抓好整改，广大党员积极参与，

一级抓一级、一级带一级，树立标杆、向我看齐，层层抓落实，保证了教育实践活动不虚不空不偏，取得实效。

## 五、党的建设一定要抓住批评和自我批评这个有力武器

批评和自我批评，始终是党的优良传统作风，是坚持民主集中制、增强党组织战斗力、坚持党性原则基础上团结统一的有效武器，也是清除党内政治灰尘和政治微生物的有力武器。以整风精神纠正党内存在的种种不良作风和现象，是我们党的创造，是党加强自身建设的一个成功做法和宝贵经验。这次党的群众路线教育实践活动，借鉴延安整风经验，明确提出"照镜子、正衣冠、洗洗澡、治治病"的总要求，充分运用批评和自我批评这个武器，创造出许多好的经验，证明要真正解决问题，就要有抛开面子、揭短亮丑的勇气，有动真碰硬、敢于交锋的精神，有深挖根源、触动灵魂的态度。自我批评敢于触及思想深处，触及问题实质，不遮掩问题、不回避矛盾。相互批评知无不言、言无不尽，动真碰硬、敢于交锋，勇于指出问题，真诚帮助提高。通过开展批评和自我批评，既揭短亮丑，又互相提醒；既刺刀见红，又肝胆相照，红了脸、出了汗，加了油、鼓了劲，党员干部思想灵魂受到震撼洗礼，取得了自我净化、自我完善、自我革新、自我提高的实效，领导班子发现和解决自身问题的能力得到提高。

## 六、党的建设一定要抓住严格党内政治生活这个关口

党内生活是党员干部锻炼党性、提高思想觉悟的熔炉。严格党内政治生活，是增强党性锻炼的重要环节。党员干部只有在严格的党内生活中反复锻炼，才能坚强党性、百炼成钢。这次党的群众路线教育实践活动，高度重视开好高质量民主生活会，习近平总书记和每一位中央政治局常委亲自到联系点指导，党的群众路线教育实践活动领导小组不断提出具体要求。各地区各部门各单位以整风精神严格党内政治生活，对党内生活现状作出全面调查和评估，总结经验、梳理问题、制定对策，大力提倡和弘扬掏心见胆、并肩奋斗的真团结，坚决反对和纠正表面一团和气、实际上相互较劲设防的假团结，坚决反对党内政治生活庸俗化，确保活动不走过场、不走样，增强了党内政治生活的政治性、原则性、纯洁性、战斗性。

## 七、党的建设一定要抓住确立高标准、确保高质量这个环节

标准决定质量，只有高标准才能高质量。党的群众路线教育实践活动，把结合时代特点大力学习弘扬焦裕禄精神、践行"三严三实"要求作为一条红线贯穿始终，深学细照笃行焦裕禄同志对群众的那股亲劲、抓工作的那股韧劲、干事业的那股拼劲，努力做到严以修身、严以用权、严以律己，谋事要实、创业要实、做人要实。教育实践活动强调抓铁有痕、踏石留印，把认真精神体现到党内生活和干事创业方方面面，一个环节一个环节地抓，一个节点一个节点地抓，用问题倒逼抓，坚持调动领导干部和广大群众两个积极性，打牢学习教育和查摆问题两个基础，抓住整改落实和建章立制两个关键，在对标立规中查找差距，在上下互动中解决问题，在攻坚克难中提振信心，在思考辨析中把握规律。从中央到地方强化外力推动，加大督导力度，保证活动不走过场。教育实践活动的成效证明，只要坚持高标准、高质量，再大的顽症也能破解，再大的困难也能攻克。

## 八、党的建设一定要抓住制度建设这个长远之举、战略之举

制度建设，更具有全局性、长远性。保持党同人民群众的血肉联系是一个永恒课题，作风问题具有反复性和顽固性，不仅要经常抓、长期抓，而且要高度重视制度建设。这次党的群众路线教育实践活动，高度重视整改落实，努力建立健全促进党员、干部坚持为民务实清廉的长

效机制。不断强化制度意识，从体制机制层面进一步破题，把围绕为民务实清廉建立健全工作制度、管理制度、考核监督制度作为重要内容，对已有相关制度进行梳理，经实践检验行之有效、群众认可的予以重申，继续坚持、抓好落实，形成刚性约束；不适应新形势新任务的，该修订完善的就修订完善，该废止的就废止。同时，及时总结新的实践经验，建立新的制度，制度执行力明显提高，权力运行进一步规范，贯彻群众路线的长效机制和刚性约束初步形成，为进一步改进工作作风、密切联系群众常态化长效化提供了制度保障。

当前，全党开展教育实践活动总体形势是好的，广大党员干部认识正确、态度认真、行动坚决，在解决“四风”问题上取得了扎扎实实的成效。党的群众路线教育实践活动给党风政风带来的新变化新气象，人民群众看在眼里、记在心上，极大地增强了党的崇高威信和凝聚力、战斗力。实践证明，开展党的群众路线教育实践活动，是在新的时代条件下弘扬党的优良传统作风、践行群众路线的创造性实践，是进一步推动伟大工程与伟大事业相互促进、同步发展的创造性实践，为我们党进行具有许多新的历史特点的伟大斗争从思想上组织上作风上做了重要准备。同时也要始终保持清醒头脑和清醒估计。贯彻群众路线没有休止符，作风建设永远在路上。我们要按照习近平总书记的要求，集中精力抓好教育实践活动收尾工作，敬终如始、一鼓作气、善作善成，切实做到防止前紧后松、防止矛盾积压、防止简单粗糙、防止短期效应，确保活动取得人民满意的成效。我们要切实巩固和发展教育实践活动取得的丰硕成果，坚持不懈开展作风教育，始终绷紧作风建设这根弦，做得好的，要不骄不躁，继续做下去；做得不到位的，要不怕阵痛，痛改前非，而且不要再复发。只有这样，我们党才能始终保持同人民群众的血肉联系，始终成为中国特色社会主义事业的坚强领导核心，始终成为带领全国各族人民实现中华民族伟大复兴中国梦的主心骨和中流砥柱。

（此文载《求是》2014 年第 19 期）

# 贯彻党的群众路线贵在知行合一

中共山东省委

群众路线是党的生命线和根本工作路线，是永葆党的生机活力的重要法宝。习近平总书记强调，贯彻党的群众路线，“知”是基础、是前提，“行”是重点、是关键，必须以“知”促“行”，以“行”促“知”，做到知行合一。我们在党的群众路线教育实践活动中，认真学习领会和落实习近平总书记的这一要求，坚持学习与实践并重，着重推动理论武装、历史教育和实践活动相统一，既解决思想认识问题，又解决行动自觉问题，努力做到深学、细照、笃行，推动活动取得实实在在成效。

## 一、以理论武装提升认识境界，打牢贯彻党的群众路线的思想根基

思想是行动的先导。贯彻党的群众路线，促进工作作风转变，前提在于思想理论自觉。只有广大党员干部在思想认识上真正弄清“我是谁、为了谁、依靠谁”，为民务实清廉的价值追求，才能内化于心、外化于行。

**坚持正本清源，提高思想认识。**根正苗壮，源清流长。群众观点与良好党性党风，是“源”和“流”的关系。树立良好的党性党风，必须强化宗旨意识、增强群众观点。在党的群众路线教育实践活动中，我们把强化思想理论武装作为第一位的任务，把树立宗旨意识、增强群众观点作为思想理论武装的重点，围绕学习习近平总书记系列重要讲话精神，切实抓好各级党委中心组学习，组织县处级以上干部进行轮训，邀请专家学者和先进模范人物进行专题辅导，使党员干部充分认识到，群众观点是马克思主义政党的根本观点，人民群众是推动社会变革的决定性力量；群众观将唯物史观与唯心史观、马克思主义政党与非马克思主义政党鲜明区分开来；我们党在马克思主义中国化、推进理论创新进程中，丰富和发展了马克思主义群众观；党的一切工作的出发点和落脚点就是实现好维护好发展好人民群众的根本利益。同时，引导党员干部将宗旨意识、群众观点贯穿于各项工作，不断在深化认识和实践锤炼中，增强贯彻党的群众路线的自觉性坚定性。

**补足精神之“钙”，增强政治定力。**“革命理想高于天”。坚定的理想信念，是党的纯洁性、先进性的本源，也是共产党人安身立命、经受住各种考验的精神支柱。今天，面临“四大考验”、“四种危险”，有些党员干部出现这样那样的问题，损害了党的形象，危害了党的事业，其根源就在于脱离群众、理想信念动摇。崇高信仰、坚定信念不会自发产生，要炼就“金刚不坏之身”，必须用科学理论武装头脑，不断培育我们的精神家园。在党的群众路线教育实践活动中，我们坚持老祖宗不能丢、大道理还要讲，要求党员干部特别是领导干部把系统掌握马克思主义基本理论作为看家本领，围绕学习马列主义经典著作、党的创新理论特别是习近平总书记系列重要讲话精神，各级领导班子采取轮流领读、中心发言、互动交流、专题讨论等形式，集中精力学原文、读原著，联系实际讲认识、谈体会，同时结合党性党风党纪教育，组织开展向焦裕禄、朱彦夫等先进典型学习。通过系统深入学习，帮助广大党员干部掌握马克思主义立场、观点、方法，切实补足精神之“钙”、筑牢思想之“魂”。

**强化责任担当，加强党性锻炼。**习近平总书记强调：担当就是责任，好干部必须有责任重

于泰山的意识，坚持党的原则第一、党的事业第一、人民利益第一，敢于旗帜鲜明，敢于较真碰硬，对工作任劳任怨、尽心竭力、善始善终、善做善成。同时，把“敢于担当”作为好干部的重要标准，为全党确立了鲜明的价值导向。我们教育引导党员干部强化责任担当，首先要提高素质能力，增强战略思维、创新思维、辩证思维、底线思维，不断提高推动全面深化改革、促进科学发展的本领，增强为民服务的能力。要具有敢于碰硬的品质，对一切损害党的形象、危害群众利益的原则问题要旗帜鲜明、敢于亮剑，对一切损害党群关系的歪风邪气要敢抓善管，做到坚持原则不退缩、敢作敢为不推诿、尽心竭力不懈怠。要掌握科学的方法，不光要有认真的态度、负责的精神，还必须准确把握群众工作规律特点，掌握化解矛盾、解决问题的科学方法，做到能干事、会干事，能作为、善作为。

## 二、从党的光荣历史中汲取政治营养，强化贯彻党的群众路线的行动自觉

历史是最好的教科书，是丰富的营养剂。习近平总书记在视察山东时强调指出，山东是革命老区，有着光荣传统，军民水乳交融、生死与共铸就的沂蒙精神，对我们今天抓党的建设仍然具有十分重要的启示作用。我们在开展党的群众路线教育实践活动中，把学习党的光荣历史传统贯穿始终，立足实际大力弘扬沂蒙精神，不断增强践行党的群众路线的高度自觉。

**重温党带领人民群众团结奋斗的光辉历史。**党领导人民进行的革命、建设和改革的历史，就是一部党同人民血肉相连、鱼水相依、共同奋斗的历史。历史充分证明，什么时候党群关系密切，什么时候就能赢得人民群众的支持和信赖，我们的事业就能顺利推进，党的领导地位就能巩固和加强；反之，什么时候党群关系受到损害，我们的事业就遭受挫折。东欧剧变、苏联解体的惨痛教训也时时警醒着我们。我们组织广大党员干部，通过系统学习党史、国史和社会主义发展史，更加清醒地认识到党的根基在人民、血脉在人民、力量在人民，党的事业兴衰成败也在人民；更加清醒地认识到党最大的优势是密切联系群众，最大的危险是脱离群众；更加清醒地认识到历史成就的取得源于党团结带领人民群众一起奋斗，全面深化改革、实现“两个一百年”目标，需要党和人民群众勠力同心、攻坚克难。

**弘扬党与人民群众共同创造的宝贵精神。**习近平总书记在山东考察时指出，沂蒙精神与延安精神、井冈山精神、西柏坡精神一样，是党和国家的宝贵精神财富。在教育实践活动中，山东把用好红色资源、弘扬沂蒙精神作为重要抓手，开展了一系列特色鲜明的活动。省委常委集体到沂蒙红色教育基地上了第一课；党员干部分期分批赴红色教育基地接受教育；省里拍摄了以沂蒙精神与党的群众路线为主题的专题片《永恒》、《力量》，组织党员干部集中观看。通过深入挖掘、大力弘扬沂蒙精神，广大党员干部对人民群众为什么倾其所有支援革命和建设、为什么坚定不移跟党走这个问题进行了认真思考，进一步领会了沂蒙精神所蕴含的鲜明群众观点、科学工作方法，深刻认识到人民群众是胜利之本、力量之源，党的作风关系人心向背、关系党的生死存亡，切实增强了做好新形势下群众工作的使命感责任感。

## 三、坚持问题导向，推动教育实践活动取得实效

习近平总书记指出：“搞好教育实践活动，说一千道一万，还得看解决问题。”贯彻党的群众路线，关键在于遵循习近平总书记“三严三实”的要求，把中央和省委的部署转化为党员干部的具体行动，着力解决群众反映强烈的突出问题，让人民群众看到党员干部作风的新变化，看到改革发展的新成效，增强人们对党和政府的信任、对中国特色社会主义的信心，凝聚起实现中国梦的强大正能量。

**着力解决突出问题。**离开了对理论问题的思考和对现实问题的解决，教育实践活动就会

流于形式。我们不断强化问题意识、突出问题导向,紧紧围绕当前经济社会发展中存在的突出问题、深化改革开放面临的难点问题、干部群众普遍关注的热点问题,深入研究思考,以查找问题开局亮相,以整改问题注入动力,以解决问题交出答卷。一方面,出重拳用重典,对“四风”问题进行大排查、大扫除。省委提出“三个摆进去”,即班子查摆的问题,班子成员摆进去;下级查摆的问题,上级摆进去;业务部门查摆的问题,分管领导摆进去。省委常委率先在公车使用、秘书配备、办公用房等方面自查自纠,把10个方面55项整改内容及措施分解落实到每个常委;成立专项清理整顿领导小组,启动了33项专项清理整顿任务,一项一项抓落实。截至2013年底,全省比上年同期精简会议7703个,精简文件13737个,清理评比达标表彰项目652个;处置违规公务用车5395辆;批准因公出访团组同比下降22.6%和31.4%。另一方面,着力解决群众最关心、最直接、最现实的利益问题,切实解决群众生产生活中的实际困难。我们从全省信访突出问题中筛选出涉及房屋拆迁、环境保护、涉法涉诉等群众关注度高、解决难度大的信访积案,省委常委分头包案负责解决,带动和督促各地各部门集中化解矛盾。2013年,全年民生投入占地方财政支出的比重达到57.2%,承诺的民生实事全部兑现。

**严肃认真正风肃纪**。我们党是靠革命理想和铁的纪律组织起来的马克思主义政党,纪律严明是党的光荣传统和独特优势。党的群众路线教育实践活动坚持“把正风肃纪一抓到底”,充分体现了我们党转变作风的鲜明态度和坚强决心。我们坚持“严”字当头,强化党的纪律的权威性、严肃性。对违反党章党纪特别是党的政治纪律、组织纪律、财经纪律的,绝不放过、绝不放纵;对存在一般性作风问题的,立足于批评教育、督促改正;对群众意见大、不能认真查摆问题、没有明显改进的,坚决进行组织调整;对顶风违纪尤其是明显违反中央“八项规定”以及“庸懒散”问题的,严肃查处、绝不姑息。2013年全省各级纪检监察机关共查处违反中央“八项规定”问题1876起,处理2127人,给予党政纪处分437人;查处“庸懒散”直接责任人2064人,问责337人,给予党政纪处分406人,通报796起,曝光483起。

**完善作风建设长效机制**。作风问题具有反复性、顽固性,抓一抓就变好,松一松就反弹。只有着眼“长”、“常”二字,在抓教育实践的同时扎紧制度“笼子”,依靠制度机制把教育实践活动成果巩固下来,才能有效防止一阵风、走过场。省委常委会带头建立了自身作风建设8项制度,研究制定了贯彻《党政机关厉行节约反对浪费条例》有关规章。对省委开展的33项专项清理整顿措施,坚持完成一项任务、建立一项制度。全省第一批活动单位共确定废止不适用制度1314项,修改完善3695项,新制定2573项。这一系列制度建设成果,使制度成为转变作风的硬约束,确保了教育实践活动长效化常态化。

**更好促进经济社会持续健康发展**。开展党的群众路线教育实践活动,最终要以作风建设的新成效推动经济社会科学发展。我们坚持把开展活动与深入贯彻落实党的十八大和十八届二中、三中全会提出的目标任务结合起来,与深入贯彻习近平总书记系列重要讲话特别是视察山东时的重要讲话精神结合起来,推动了进一步解放思想,为坚决打好转方式调结构这场攻坚战,切实做好保障和改善民生、创新社会治理这篇大文章,加快经济文化强省建设、谱写山东人民美好生活新篇章奠定了坚实基础。

# 密切党群干群关系的可行之路

## ——四川开展党员干部“走基层”活动的实践与思考

王东明

密切党群干群关系，保持党同人民群众的血肉联系，是我们党治国理政的根基。作为人口大省、西部欠发达地区，四川的发展稳定在相当程度上关系着全国的发展稳定大局。党的十八大以来，我们立足四川长治久安，立足四川科学发展、加快发展，坚持把密切党群干群关系作为一切工作的基础和前提，着力从党的群众路线教育实践活动中凝聚力量，在全省上下300多万党员干部中组织开展了“走基层、解难题、办实事、惠民生”活动，倡导干部亲力亲为、到一线服务群众的时代理念，落实想群众所想、急群众所急、帮群众所需的宗旨要求，追求让老百姓看得见、摸得着、感受得到的务实效果，用与人民群众联系的实效检验作风建设成果，努力为建设美丽繁荣和谐四川注入强大力量。经过半年多的实践，党员干部走进基层，走入群众，走出了密切党群干群关系的新局面。

### 一、用脚步缩短距离、丈量作风，用真心换真情，在心灵上贴近群众

习近平总书记在党的群众路线教育实践活动工作会议上指出：党的根基在人民、血脉在人民、力量在人民。并强调，党要继续经受住执政考验、改革开放考验、市场经济考验、外部环境考验，就必须始终密切联系群众。这启示我们，一切工作都要有利于增进党同人民群众的血肉联系，有利于坚实党的执政根基，使党始终带领人民，同心同德，满怀豪情踏上实现“中国梦”的伟大征程。

审视四川，近年来全省经济持续健康发展，民生持续改善，但总有那么一堵堵“玻璃墙”横亘于党员干部与人民群众之间，拉开党员干部同人民群众的距离，疏远党员干部与人民群众的感情。距离只有走近才能缩短，感情只有培养才能升华。在第一批教育实践活动后期，借力活动营造的良好氛围，我们及时启动“走基层”活动，让全体党员干部特别是机关党员干部走进全省农村和社区、走进城乡居民家中，一起聊、一起想、一起干，用真心换真情，用实干换信任，用行动展示作风。

从一开始，我们就把“走基层”活动定位为全省动员、全体参与，不分上级下级，不分城市农村，不分行政事业，所有党员干部一律把脚步踏进群众家门，接地气，养正气，得民气。推动由过去的基层党员干部走基层向领导干部带头走基层转变。坚持打铁还需自身硬，从省级领导干部带头抓起，一级带着一级干，一级干给一级看，每名班子成员都到联系点群众家中看看厨房、聊聊家常、听听困难，给予帮助。推动由过去的个别地区走基层向全省一起走基层转变。组织省市县乡各级机关党员干部走进基层联系点，走进困难群众家中，为民谋事，实在干事，真心实意帮助群众解决困难问题。推动由过去的例行式走基层向带着问题走基层转变。坚决执行中央“八项规定”，制定全省党员干部“走基层”规范要求，严令各级党员干部下基层一律不搞层层陪同，不搞形式主义，不给基层和群众增加负担，树立党员干部队伍“清新”形象。成立督导组，明察暗访，先后两轮深入全省市（州），督查到县乡村，确保“走基层”不打折扣落实到底，与群众血肉联系不断加强。

“走基层”活动开展半年多来，群众普遍反映“党的好作风又回来了”，党员干部也感到工作好开展了，过去一些地区“敞半天门、露半张

脸、说半句话”的现象已成为历史。这印证了一个道理:过去转作风靠的是号召,现在转作风靠的是制度和示范,领导干部行动起来,带动全体党员干部全心参与、全力投入,才能得到群众的认可和好评。作风建设永远在路上,唯有与群众同行、为群众服务、引群众前进,并接受群众的检验,才能有效联系群众,获得群众的信任和拥护。

## 二、把精力放在基层、排忧解难,忙到群众心坎上,以真情付出温暖群众

习近平总书记强调:要着重解决在人民群众利益上不维护、不作为的问题,教育引导党员干部深入实际、深入基层、深入群众,坚持民主集中制,虚心向群众学习,真心对群众负责,热心为群众服务,诚心接受群众监督,坚决整治消极应付、推诿扯皮、侵害群众利益的问题。这启示我们,必须深入基层和群众,把党的群众路线教育实践活动和维护实现群众利益结合起来,关心群众冷暖,解决群众困难,用群众得实惠来检验教育实践活动成效。

回头看四川干部队伍状况,我们感到,实现由经济大省向经济强省跨越,由总体小康向全面小康跨越的奋斗目标,最需要的是求真务实、埋头苦干、强化执行和落实,最需要的是增进干群感情、赢得民心、与民协力并进,最需要的是推动科学发展、加快发展。在“走基层”活动中,我们让党员干部倾听群众意见,体察群众疾苦,解决群众困难,让人民群众真正体会到作风建设给干部队伍带来的积极变化,让群众真正感受到党员干部就在身边,党员干部就是亲人。

活动中,我们始终秉持“到基层关心群众,到基层服务群众,到基层为群众解难题办实事”的理念,着力推动党员干部带着关怀、带着责任走进群众,实现“四去四来”。

坚持干部到群众中去,工作意见建议从群众中来。认真搭建起民心沟通的桥梁,全省党员干部分期分批走访群众400多万户、1578万人次,问卷调查370余万人,收集意见建议近67万条。许多意见进入党委、政府决策。

坚持党的政策到群众中去,和谐稳定局面从群众中来。学习推广“枫桥经验”,大力开展化解信访积案专项行动,集中力量分层分类排查矛盾纠纷。全省各级领导干部特别是市(州)、县(市、区)、乡镇(街道)党政主要负责同志带头接访、带案下访和包案处理信访案件,一大批群众反映强烈的信访突出问题得到解决,切实把矛盾化解在基层、纠纷调解在基层、感情融洽在基层。目前,全省县级以上领导干部信访包案达10617件,党员干部下访接访近65万人次,处置信访积案近4万件,处理初信初访近4.3万件。

坚持项目资金到群众中去,惠民方案从群众中来。始终把重点民生问题摆在突出位置,全面走访了解群众上学、看病、就业、安居、饮水、行路、用电、通讯等难题,列出办实事好事项目责任人和时间表,对特别困难和急需的马上解决,涉及面广和投入量大的积极纳入规划加快解决。目前,全省已投入资金26.8亿元,解决民生难题20多万件。

坚持帮助服务到群众中去,成效评价从群众中来。把贫困群体作为重点关爱对象,结成联系帮扶对子220余万个,切实关爱受灾群众、空巢老人、留守儿童、残疾人、孤寡老人等特殊困难群体。大力开展春节期间的“暖冬”行动和日常走访,把党和政府的温暖送到困难群众家中。积极组织送文化、法律、科技、政策到乡村、街道社区,不断丰富基层精神文化生活。

半年多来,在基层与群众同甘共苦,与群众风雨相携,与群众心手相连,我们深深体会到,群众在我们心里的分量有多重,我们在群众心里的分量就有多重。近70年前的“黄炎培之问”仍不过时,打破历史“周期律”靠的是民心,靠的是与群众紧紧在一起。只要解决好世界观、人生观、价值观这个“总开关”问题,解决好与群众心理和感情上“最后一公里”的差距问题,民心就如水行渠,所向在我。

## 三、以制度搭建平台、畅通渠道，经常与群众联系，坚持群众利益至上的价值取向

习近平总书记指出：既要立足当前、切实解决群众反映强烈的突出问题，又要着眼长远、建立健全促进党员干部坚持为民务实清廉的长效机制。这启示我们，必须始终从大处着眼、小处着手，从长远着眼、从当前着手，在解决具体问题的同时，长短结合，标本兼治，不断完善长效机制，不断提高服务群众和治理社会的制度化科学化水平。

多年来，四川各级在贯彻党的群众路线、密切联系群众方面形成了一整套比较系统的办法，这些办法还需在实践中不断改进和完善、丰富和健全。在走基层活动中，我们始终坚持“一项制度长期坚持才能见效”的理念，把工作部署与长效机制建设紧密结合起来，努力让教育实践活动的好经验好办法留得下来、坚持下去、巩固下去。

紧紧把握问题导向、党群干群联系两个核心，积极规范，努力践行，使密切联系群众的机制建立健全起来。一是建台账。在广大农村，既让党员干部走下去，又让民声民情聚上来，以乡镇、村为单位，建立民生诉求、困难群众和稳定工作“三本台账”，做到村情社情、户情民情、期盼愿望、问题困难“四个知晓”。对入账问题立说立行、即知即改，并及时将建账问题办理情况向社会公开、请群众评议。全省共建台账12万本，登记各类问题60万个，解决近50万个，农村群众对解决问题的满意度在90%以上。二是双报到。在城市社区，开展省、市、县三级机关党组织到单位所在地社区报到、在职党员到居住地社区报到的“双报到”活动，推行“居民点单、支部下单、党员接单”的“三单制”服务模式，组织开展志愿服务、结对服务和组团式服务。同时，着力推动机关优势党建资源向基层倾斜汇聚，组织全省机关党员干部深入12.7万个基层党组织指导帮助完成换届工作，加强“三分类三升级”，选派近40万人次干部进村入社蹲点帮助工作，更好地发挥基层组织在推动发展、服务群众、凝聚人心、促进和谐中的作用。三是结对认亲。针对藏区反分裂维护稳定的特殊形势，安排省级部门和16个市1377名干部，对口支援32个藏区县，组织全省藏区6万多名干部与25万多户农牧民结对认亲，把群众工作落实到每个农牧民家庭、寺庙和人头，做到有重病住院必访、有子女辍学或待业必访、有意外灾害必访、有家人去世必访、有思想异常必访，构筑起藏区坚实的民心基础。四是联村帮户。针对近年来四川先后遭受的两次大地震和多轮特大暴雨洪涝灾害，组织参加第一批教育实践活动的168个单位的党员干部深入760个重灾村开展“联村帮户”活动，帮助受灾地区兴修水利、铺设道路、重建家园、组织生产，推动发展产业项目684个，开展技能培训15000余人次，广大灾区的建设发展翻开了新的篇章。

通过建立健全“走基层”机制，全省党员干部走进基层群众，丢掉官气、骄气、傲气，与群众面对面交心、手拉手交往，真正了解了民情、增进了感情、深化了亲情。活动时间虽然不长，但践行群众路线的主题永恒不变。我们将长期坚持这些机制，把党的智慧力量之根深深扎进群众，为干部队伍作风建设注入永远流淌的源头活水，努力实现干部与人民群众常联常新、常走常亲，为建设美丽繁荣和谐四川提供有力支撑。

（作者：中共四川省委书记）

# 打通联系服务群众"最后一公里"

## ——谈基层干部坚持正确权力观利益观是非观政绩观

秦光荣

习近平总书记强调，要解决好联系服务群众"最后一公里"问题。"最后一公里"表面看是距离，实质反映的是隔阂，是对群众缺乏感情。在党的群众路线教育实践活动中，基层党员干部要在思想深处、党风党纪、政风政纪等方面认真查找问题，特别是认真对照正确权力观、利益观、是非观、政绩观，来一次大排查、大检修，补好精神之"钙"，去掉行为之垢，把我们党同人民群众的鱼水深情传承好，把群众家门口的事情办好，坚决纠正发生在群众身边的不正之风，切实解决脱离群众的问题、服务群众不到位的问题、侵害群众利益的问题。

### 一、牢固树立正确的权力观利益观是非观政绩观，铲除"四风"顽症产生的思想根源，解决联系服务群众"最后一公里"的思想问题

党的事业根基在基层，关键在干部。基层干部身处服务群众的最前沿，是贯彻党的方针政策的骨干，是党联系群众的纽带，也是群众了解党和政府的窗口，是打通联系服务群众"最后一公里"的关键环节。基层干部的工作作风如何，服务群众、造福一方的观念和本领如何，决定着能否解决好联系服务群众"最后一公里"问题，直接关系到党的执政能力，关系到一个地方的经济社会发展和人民群众的福祉。

**"四风"问题是联系服务群众"最后一公里"的拦路虎。**近年来，我省大批优秀基层干部与群众打成一片，为群众办实事、做好事、解难事，以扎根基层来发展基层，以服务基层来凝聚基层。特别是党的群众路线教育实践活动开展以来，全省许多基层单位不等不靠、先行先改，"四风"问题明显改观。但也要清醒看到，作风方面的问题由来已久，"四风"问题还不同程度存在，有的基层干部不关心群众冷暖，落实惠民政策缩水走样，有的基层组织软弱无力，服务群众的意识和能力不强等等。这些问题严重阻碍"最后一公里"的通畅，挫伤群众积极性，损害群众根本利益，长此以往，必将侵蚀党的执政基础。

**从纠正"四风"入手破解联系服务群众"最后一公里"问题，关键是要端正权力观、利益观、是非观和政绩观。**从实际情况看，"最后一公里"问题产生的思想根源，往往是忽视和放松了对主观世界的改造，在权力观、利益观、是非观、政绩观上出现偏差。一些基层干部不能正确对待手中的权力，把党和人民赋予的权力当成以权谋私的工具，特权思想发酵，身上散发着浓重的官僚主义气味，与群众的距离越来越远。一些基层干部不能正确对待利益问题，把个人利益置于群众利益之上，滋生享乐主义和奢靡之风，守不住清贫，经不起诱惑，挖空心思谋位子、捞票子，对群众的利益诉求置若罔闻。一些基层干部不能正确对待大是大非问题，理想信念动摇，在原则问题上立场模糊、态度暧昧、消极躲避、不敢亮剑。一些基层干部不能正确对待政绩问题，搞各种形式主义，急功近利，热衷于做表面文章，群众十分反感，直接败坏党风政风。解决联系服务群众"最后一公里"问题，必须从源头上铲除"四风"问题的思想病灶，牢固树立正确的权力观、利益观、是非观、政绩观。

## 二、牢固树立正确的权力观利益观是非观政绩观，把握“三严三实”新要求，是解决联系服务群众“最后一公里”问题的根本遵循

习近平总书记提出的“三严三实”新要求，即“严以修身、严以用权、严以律己，谋事要实、创业要实、做人要实”，是作风建设的新标杆，基层干部要始终遵循这一要求，紧紧扭住反对“四风”不松劲，着力打通联系服务群众“最后一公里”。

**把握好党性要求的高度，提升思想境界。**“三严三实”新要求，从方法论角度看，就是要求党员干部对党性的认识和把握必须有高度，将密切同群众的血肉联系与党性修养和锻炼紧密结合起来。作为基层干部，能否正确使用权力、对待利益、判断是非、做出政绩，关系到人民群众的利益，直接影响党与群众的关系。处理不好，党在群众中的形象就会受损，凝聚力就会降低。在实践中，首要的就是要时刻注重党性修养和锻炼，处处培养爱民为民的高尚情怀。

**坚守好个人修养的标准，培养道德情操。**“三严三实”新要求，从个人操守看，就是要求党员干部注重工作生活方方面面的修养，注重树立学习标杆，恪守用权、律己和做人等方面廉洁奉公的道德情操。基层党员干部应该努力向焦裕禄、杨善洲等好干部看齐，始终不忘“为了谁、依靠谁、我是谁”，对各种腐蚀诱惑保持高度警惕，把群众利益作为正确决策的基本出发点，襟怀坦白、公道正派。

**承担好干事创业的责任，倡导求真务实。**“三严三实”新要求，从工作实践看，就是要求党员干部发扬求真务实精神，把党的群众路线贯穿到干事创业始终。基层干部谋划事业和工作，要落到实处，坚持从实际出发，知行合一，而不是纸上谈兵；真抓实干，而不是好高骛远；脚踏实地创业，敢于直面矛盾，善于解决问题。只有求真务实，才能用群众观点、群众利益这杆秤校正与群众的关系，始终以公仆情怀和实干精神对待群众、干事创业。

## 三、牢固树立正确的权力观利益观是非观政绩观，坚决打通各种阻断点，变联系服务群众“最后一公里”为“零距离”

从观念到行动，非一日之功。我们的基层干部要对照正确权力观、利益观、是非观、政绩观，严字当头、实处着手，立规矩、定底线，推动思想认识进一步提高、作风进一步转变、党群干群关系进一步密切、为民务实清廉形象进一步树立、基层基础进一步夯实，切实做到联系服务群众“零距离”，为全面深化改革打牢过硬的作风基础。

**理想信念动摇不得，要永葆政治本色。**能否坚持正确权力观、利益观、是非观、政绩观，首先要看理想信念这一“总开关”拧得紧不紧。现在一些基层党员干部联系服务群众不是出于自觉自愿，而是迫于形势、迫于任务不得不这样做，形势一旦改变，任务一旦完成，立刻“班师回营”，远离群众。我们的基层干部要坚定理想信念，全面把握党的群众路线的精髓要义，激发联系服务群众的自觉性主动性。要仔细想一想，在思想深处和工作实践中，是否真正解决了“为谁执政”的问题，是否存在言行不一致、做的没有说的好等问题；“公仆”意识强不强，在对待群众的感情、态度问题上有没有差距，是不是能够做到心中装着老百姓，想问题、办事情、作决定都为人民群众着想，从人民满意的事情做起，从人民不满意的问题改起。要一点一滴梳理整改，清洗掉思想上的灰尘，始终拧紧理想信念这个“总开关”。

**为政清廉马虎不得，要守得住本分。**“历览前贤国与家，成由勤俭败由奢”。坚持正确权力观、利益观、是非观、政绩观，必须做到清正廉洁。清正廉洁是我们党的优良传统，许多身居高位的领导干部，生活俭朴，艰苦创业，与群众同甘共苦。近年来，云南涌现的杨善洲、高德荣等先进典型，整天与群众摸爬滚打在一起，踏踏实实地为群众办实事，不为自己谋半点私利。我们的

基层干部要向先进典型看齐，结合第二批党的群众路线教育实践活动，把整风精神贯彻始终，以实打实、硬碰硬的精神，开展批评和自我批评，找准自己存在的问题，切实加以整改。要做到慎独慎初慎微，穿好“防弹衣”、系好“安全带”，筑牢廉洁自律的“防火墙”。要克服“好人主义”，对那些讲排场、摆阔气、比豪华、挥霍浪费之事，敢于揭短亮丑，不怕刺、不怕痛。

**干事创业虚假不得，要练就真本事。**坚持正确权力观、利益观、是非观、政绩观，最终要体现在实实在在的干事创业上。基层干部必须在“实”字上下功夫，练就“鸬鹚的功夫”，沉到水底抓活鱼。解决“最后一公里”问题，就要切实做到“务实”，做老实人干老实事，实实在在转变好工作作风和思路，踏实走近百姓，走稳群众路线，把群众关心的事办牢靠，搞实诚。要积极探索干部直接联系服务群众的方式方法，下基层、接地气、解难题，真正感知老百姓的思想感情和他们的状况及诉求，更好地把各种矛盾解决好，把经济发展好，把人民群众利益维护好，把社会稳定好。要掌握为群众服务的本领，学习掌握各方面知识，锻炼提高自己的逻辑思维能力、综合分析能力、语言表达能力和依法办事能力，提高组织协调群众的能力、及时化解矛盾的能力、处理实际问题的能力和感召带动群众的能力，学会与群众沟通思想感情。要放下架子，善于向群众学习，坚持问政于民、问需于民、问计于民，甘当小学生，多跟群众交朋友，多向群众请教，从而摸清底数，科学决策，更好地服务群众，推动发展。

**宗旨意识偏离不得，要竭诚为民服务。**我们党与人民血脉相通、鱼水相依，一刻没有离开过人民群众的支持和拥护，一刻没有忘却过群众的安危冷暖和群众利益。现在，党群关系好不好，关键要看宗旨意识强不强，我们所做的工作群众满不满意，我们制定的各项政策是否利民惠民，符不符合群众的意愿。近年来，我省从制度层面入手，大力推行干部直接联系服务群众制度，在县以上机关全面实行领导蹲点联户、部门挂钩联户、干部结对联户、建卡经常联户的“四联户”制度，推进了干部工作作风改进，密切了党群干群关系。基层干部要切实增强宗旨观念，真正做到同广大人民群众同甘苦、共患难，赢得人民群众真诚的信赖；要强化责任意识，夙兴夜寐地为人民工作，把执政为民的理念深入落实到各项工作中去。

打通联系服务群众“最后一公里”，就要把人民群众作为权力来源的“根子”，把倾听人民群众的呼声作为时刻反省自己的“镜子”，把维护好实现好发展好最广大人民的根本利益作为行动方向的“哨子”，把经得起实践、人民、历史的检验作为最终评价的“尺子”，始终不忘党的宗旨，立足本职岗位，以更加优良的作风凝聚改革精气神，更好地调动和激发群众智慧，凝聚起团结奋进的强大合力，把改革发展的宏伟蓝图化为云岭大地的美好现实。

（作者：中共云南省委书记、省人大常委会主任）

# 以焦裕禄精神为标杆　着力解决突出问题

青海省委党的群众路线教育实践活动办公室

习近平总书记在兰考县调研指导党的群众路线教育实践活动时指出：要把学习弘扬焦裕禄精神作为一条红线贯穿活动始终，做到深学、细照、笃行。这既为党员干部树立了标杆，又为教育实践活动指明了方向。焦裕禄精神与教育实践活动主题高度契合，本质是为民利民，核心是党性修养。衡量教育实践活动的成效，说一千道一万，关键还是看解决问题。

## 一、以焦裕禄同志为榜样，聚焦突出问题

把焦裕禄精神作为红线贯穿教育实践活动始终，首先要解决好为什么要学，以什么样的态度学的问题。牢固树立问题导向，自觉从思想深处学起、补精神之"钙"，从灵魂深处学起、除"四风"之害，从实践深处学起、去行为之垢，严于用权律己、立为民之制，就找准了穴位，对准了要害，抓住了关键，确保教育实践活动不虚不空不偏，取得实实在在的成效。

**党性修养是党员干部立身、立业、立德的基石。**焦裕禄同志对党无限忠诚，心里有党性支撑，为党和人民的事业鞠躬尽瘁，体现了革命理想高于天的党性修养。随着时代条件和社会环境的深刻变化，一些党员干部信仰缺失、信念滑坡，精神上缺"钙"，得了"软骨病"，导致政治上变质、经济上贪婪、道德上堕落、生活上腐化。"四风"问题的根子是理想信念动摇，世界观、人生观、价值观这个"总开关"出了问题。只有像焦裕禄同志那样，切实解决好入党为什么、当干部做什么、为后人留下什么的问题，解决好为了谁、依靠谁、我是谁的问题，才能增强政治定力，不为错误观点干扰所左右，在任何情况下都做到政治信仰不变、政治立场不移、政治方向不偏；才能自觉锤炼党性，在党爱党、在党言党、在党为党、在党忧党，与党同心同德、为党不懈奋斗，始终保持共产党人的蓬勃朝气、昂扬锐气、浩然正气。

**密切联系群众，是党的性质、宗旨的体现，是党的事业兴旺发达的根本保证。**焦裕禄同志与老百姓心相连、情相依，靠一辆自行车和一双铁脚板走访调研，体现了骨子里的爱民情怀和尊重群众、尊重规律的求实作风。面对世情、国情、党情的深刻变化，"四种危险"更加尖锐地摆在全党面前，党内脱离群众的现象大量存在，一些问题还相当严重，集中体现在"四风"上。"四风"问题危害极大，党内存在的其他问题大多与"四风"有关。只有聚焦"四风"，抓住主要矛盾，才能解决工作不实的问题，在大是大非面前敢于担当，真正把心思用在干事创业上，把功夫下到察实情、出实招、办实事、求实效上；才能着重解决在人民群众利益上不维护、不作为的问题，虚心向群众学习，真心对群众负责，热心为群众服务，诚心接受群众监督，克己奉公，勤政廉政，始终保持昂扬向上、奋发有为的精神状态。

**以整风精神解决党内存在的突出问题，是我们党保持优良作风的重要法宝。**焦裕禄同志生活简朴、勤俭办事，严于律己、洁身自好，吃苦在前、享受在后，体现了任何时候都不搞特殊化的道德情操。在新的历史条件下，我们党面临的"四大考验"是长期的、复杂的、严峻的，党内知行不一、不求实效，脱离实际、脱离群众，精神懈怠、不思进取，铺张浪费、挥霍无度等现象不同程度地存在。只有以整风精神去歪风、压邪

气，倡新风、树正气，才能刹住“四风”蔓延势头，净化党的肌体，纯洁党的队伍，涤新党风政风，带动社会风气整体好转；才能开展积极健康的思想斗争，红脸出汗，鼓劲加油，醒脑提神，补课补“钙”，思想灵魂受到震撼洗礼；才能听民声、顺民意、解民忧，让群众得到实惠，更好地凝心聚力。

**扫除“四风”之弊、清除思想和行为上的灰尘，制度最管用、最有效。**焦裕禄同志亲自起草了《干部十不准》，对干部廉洁自律作出具体规定，非常具有针对性和可操作性。经过多年的探索和实践，我们在贯彻群众路线、密切联系群众方面有了比较系统的制度规定，大多行之有效、群众认可。但不可否认，有些制度已不适应形势和任务的要求，有的制度笼而统之、大而化之，有的制度缺乏刚性约束，变成了纸老虎、稻草人。建立健全促进党员干部坚持为民务实清廉的长效机制，确保形成的制度行得通、指导性强、能长期管用，才能把权力关进制度的笼子里，用好的体制机制管人、管事、管权，从源头上防止不正之风；才能杜绝“破窗效应”，产生倒逼机制，遏制和根治作风之弊、行为之垢，纠正有令不行、有禁不止的各种行为，助力清风正气的养成，使贯彻党的群众路线真正成为党员干部的自觉行动。

## 二、以焦裕禄精神为镜子，找准突出问题

焦裕禄精神是党员、干部的一面镜子。把焦裕禄精神作为红线贯穿教育实践活动始终，就是要对照这面镜子，从里到外、从上到下反复照一照自己，深入查摆自己在思想境界、素质能力、作风形象等方面存在的问题和不足，找准穴位，抓住要害，有的放矢，对症下药。

**注重从理想信念方面查问题、找根源。**有的党员干部意志消沉、信念动摇，认为“理想是空的，政治是假的，吃喝玩乐才是真”；有的在大是大非面前立场不稳，态度暧昧，墙头草随风倒，当绅士不当战士；有的奉行及时行乐的人生哲学，“今朝有酒今朝醉”，追求吃得好、玩得痛快、住得舒服，享受所谓的“人间乐趣”。坚定的理想信念是保持优良作风的根本支撑。查找“四风”问题的根源，就是要以焦裕禄精神为镜，看一看自己的信仰、信念是否坚定，坚持党的基本理论、基本路线、基本纲领、基本经验、基本要求是否一以贯之，世界观、人生观、价值观这个“总开关”是否牢固。

**注重从宗旨意识方面查问题、找根源。**有的党员干部服务意识淡化，高高在上、不接地气，对反映的问题推诿扯皮，久拖不决，只对上级负责不对群众负责；有的在“审批”上做加法，服务上做减法，有利的就办，无利的就拖，不给好处不办事，给了好处乱办事；有的报喜不报忧，掩盖问题和矛盾，工作方法简单粗暴。作风与宗旨意识密切相关。查找“四风”问题的根源，就要以焦裕禄精神为镜，看一看自己的群众立场稳不稳、群众感情深不深，是不是善于换位思考、真心实意同群众坐在一条板凳上，是不是真正做到了立党为公、执政为民。

**注重从党性修养方面查问题、找根源。**有的党员干部轻视理论，学习蜻蜓点水，浅尝辄止，不求甚解，无心也无力在实践中认真运用；有的为了捞资本、谋升迁，大搞劳民伤财的“形象工程”、“政绩工程”，弄虚作假、欺上瞒下；有的任人唯亲、任人唯利，以权谋私、贪赃枉法，甚至到了欲壑难填的地步。查找“四风”问题的根源，就要以焦裕禄精神为镜，看一看自己的党性意识强不强、先进性纯洁性保持得如何，是否保持了健康的生活情趣、高尚的道德情操，是否在各种诱惑面前经受住了各种考验。

**注重从政治纪律方面查问题、找根源。**少数党员干部政治定力不强，在一些重大政治问题上说三道四、我行我素，甚至捕风捉影，编造传播谣言，造成恶劣影响；有的贯彻执行中央和上级的政策决策时打折扣、搞变通，打擦边球；有的组织观念淡薄、纪律松弛，搞“家族势力”，“拜把子”、“结兄弟”，“老板干政”。查找“四风”问题的根源，就要以焦裕禄精神为镜，认真

查一查是不是自觉维护了中央权威，做到了严守纪律、令行禁止，是不是做到了为党和人民的事业敢于担当、敢于负责、敢于同不良风气作斗争，以实际行动维护党的形象。

## 三、向焦裕禄精神看齐，解决突出问题

深学、细照的目的在于笃行。把焦裕禄精神作为红线贯穿教育实践活动始终，就要从现在做起，从眼前做起，从小事做起，像焦裕禄同志那样对待群众、组织、事业、同志、亲属和自己，生命不息、奋斗不止，努力做焦裕禄式的好党员、好干部；就要在教育实践活动中聚焦"四风"不走神、不散光，边学边改，边查边改，做到思想不放松、标准不降低、工作不松动，回应群众期盼，赢得群众信任，确保教育实践活动善始善终、善作善成。

**把学习教育、提高思想认识贯穿始终。**群众路线的贯彻、工作作风的转变，前提是思想认识的提高，靠思想理论的自觉。要始终把学习教育、理论武装摆在首位，带着问题学，照着镜子学，在解决好世界观、人生观、价值观这个"总开关"上下功夫，拧紧螺丝，醒脑提神，做到在任何时候任何情况下，与人民同呼吸共命运的立场不能变，全心全意为人民服务的宗旨不能忘，群众是真正英雄的历史唯物主义观点不能丢，始终坚持立党为公、执政为民。

**把开门搞活动、让群众参与贯穿始终。**让群众提意见、来监督、来评判，既是群众教育实践活动的重要原则和方法，也是活动取得成效的重要保证。干部作风怎么样，存在哪些问题，改得怎么样、改得如何，群众看得最清楚，也最有发言权。如果搞闭门修炼、体内循环，避重就轻、回避矛盾，问题整改遮遮掩掩、以自我感觉代替群众评价，活动就会走样变形。无论是查摆问题、剖析问题，还是解决问题，都要敞开大门听意见，让群众把脉、让群众监督，欢迎群众评头论足，这样才能听到真心话、找到真问题。

**把整改落实、解决实际问题贯穿始终。**开展教育实践活动，教育是基础，整改落实、解决实际问题是目的。问题摆出来，根源找到了，如果只"知"不"行"，只"查"不"改"，或者只有改的方向而没有改的具体措施，那就等于走过场，等于劳民伤财，不仅达不到活动的预期目的，还可能适得其反，使群众失去信心。不避实就虚、不避重就轻，向问题"叫板"、较真，制定任务书和时间表、路线图，把整改落实在具体行动上。及时组织"回头看"，看学习教育是否扎实、查摆问题是否到位、自我剖析是否深刻、边学边改是否做到，对有问题的拾遗补缺、有不足的补火加温、有遗憾的回炉返工，不达标准不收兵。

**把建章立制、标本兼治贯穿始终。**"四风"问题具有顽固性、复杂性，解决"四风"问题既要治标更要治本。治标靠力度，须下大力、用猛药；治本靠制度，须建章立制、堵塞漏洞。没有科学管用的制度机制作保障，问题就容易反弹、反复，改作风就很可能成为"一阵风"。要注重解决一些制度设计不科学、不务实管用的问题；注重解决上下"一般粗"，只治流行病、不治地方病，缺乏权威和刚性约束的问题，形成相互衔接、系统配套，易于操作、便于检查的制度体系，为反对"四风"、实现改进作风常态化提供制度保障。坚持"令在必信、法在必行"，对违反制度、踏"红线"、闯"雷区"的行为，对顶风违纪案件"零容忍"，发现一起查处一起，坚决杜绝"破窗效应"。

焦裕禄精神穿越时空，历久弥新，永不过时。教育实践活动有期限，贯彻群众路线没有休止符，作风建设永远在路上。要始终把学习弘扬焦裕禄精神作为主线，严以修身、严以用权、严以律己，谋事要实、创业要实、做人要实，以作风建设新成效汇聚起强大的正能量。

# 清源固本方能勇毅笃行

## ——对党的群众路线的认识和思考

孙守刚

坚持群众路线、重视群众工作是党的优良传统和政治优势，是解决“四风”顽疾、巩固执政基础的根本要求。实践一再证明，群众路线永远是我们党的生命线和根本工作路线，始终坚持这条生命线和根本工作路线，我们党就一往无前、永葆活力。党的群众路线教育实践活动越是深入开展，越是需要深化思想认识、提升理论指引，加深对群众路线基本观点和基本问题的认识，使群众路线真正成为党员干部的永恒遵循和力量源泉，从思想深处确立群众观念、铸牢宗旨意识，更加自觉自信、坚决彻底地贯彻党的群众路线。

### 一、群众路线是认识问题，必须打牢思想根底，牢固树立群众观点、站稳群众立场

马克思主义认为，人民是真正的英雄，是历史的创造者，是推动社会变革的决定力量。我们党作为无产阶级政党，承继了马克思主义群众观这一政治基因，像“舟和水”、“鱼和水”、“公仆和主人”、“学生和老师”等生动描述，都形象地反映了我们党对“人民”这个重大概念的根本认知。回顾党的历史，什么时候群众路线执行得好，党群关系密切，党的事业就顺利推进；什么时候群众路线执行得不好，党群关系受到损害，党的事业就遭受挫折。我们必须深刻认识坚持群众路线的重大意义，始终保持为民服务的赤诚情怀，把服务人民、奉献人民作为终生追求，永葆共产党人的政治本色。

群众观点、群众感情，并非与生俱来，也不会自然产生。树立群众观点、增进群众感情，是一个认识不断深化、实践反复锤炼的过程。这次党的群众路线教育实践活动，把搞好学习教育作为首要环节，贯穿活动始终，目的就是摆正“源”与“流”的关系，解决好世界观、人生观、价值观这个“总开关”问题。深化学习教育，要同学习贯彻习近平总书记系列重要讲话精神结合起来，同学习贯彻党的十八大和十八届三中全会精神结合起来，同开展中国特色社会主义宣传教育结合起来，同加强干部理想信念和道德品行教育结合起来，引导党员干部不断增强做好群众工作的自觉性坚定性。领导班子和领导干部要带头作表率，把坚持群众路线作为学习的根本任务和基本内容，带着执着信念学，带着实践要求学，力求领会全面、准确，确保贯彻不变形、不走样。积极拓展学习教育的方法途径，把群众路线学习教育作为党委中心组学习的重要内容，列入各级党校、行政学院、干部学院干部教育培训必修课程。围绕学习贯彻群众路线，组织好基层宣讲活动，深入组织开展向焦裕禄、孔繁森、朱彦夫等先进典型学习，汲取政治营养、增强精神动力，使群众观点、群众路线在党员干部思想深处扎下根来，体现到工作、生活、作风的方方面面，树立起良好形象。

### 二、群众路线是政治问题，必须以勇于担当态度，坚定不移贯彻到党的各项工作始终

群众路线解决的是“为了谁、依靠谁、我是谁”的根本政治问题。人心向背关系党的生死存亡。90多年来，我们党始终保持先进性和纯洁性，不断巩固执政基础和执政地位，靠的就是坚持党的群众路线，密切联系群众。失去了人民群众的拥护和支持，党的事业和工作就根本

无从谈起。苏联解体至今已有23年。对于苏共亡党亡国的反思，在我国从未停止。可以说，对于精神懈怠、能力不足、脱离群众、消极腐败的危险，对于执政考验、改革开放考验、市场经济考验、外部环境考验，防得住经得起，我们就能涉险过关，实现长治久安；防不住经不起，形式主义、官僚主义、享乐主义、奢靡之风盛行，由此带来的必然是“载舟覆舟”的千古警思。历史事实证明，一个被人民群众认为并不代表他们利益的党，不管它有过多么辉煌的历史，其最终垮台是必然的。在这一关系党的生死存亡的重大考验面前，每一位党员干部都应当牢记使命，担当责任，在党为党、在党忧党、在党兴党，做党和人民的忠诚战士。

当前，我国正处在发展关键期、改革攻坚期、矛盾凸显期，长期积累的问题集中显现，“两难”问题明显增多，统筹协调利益关系难度越来越大。在这种情况下，更需要我们牢牢把握群众路线这一锐利武器，增强忧患意识，把为民务实清廉的价值追求深深植根于党员干部思想行动中，打造形成更为广泛、深厚、可靠的群众基础。有了广大人民群众的信赖支持，我们就有了战胜一切困难风险的力量源泉。党的全部工作和战斗力，最终都要体现到组织凝聚群众，为实现党的目标而奋斗上。宣传思想工作讲“三贴近”，即贴近实际、贴近生活、贴近群众，其实就是一个如何做群众工作的问题。比如理论工作，就是要解决理论如何为广大群众彻底掌握的问题，高高在上、空洞说教是不行的，必须解决好理论大众化问题，让群众听得进、听得懂、用得上；比如舆论引导，就是要解决为谁代言、为谁喝彩、为谁鼓劲的问题，进一步提高舆论引导能力，在提倡什么、反对什么的问题上旗帜鲜明，凝聚起人民群众团结奋进的强大力量；比如文艺工作，就是要解决为谁写、给谁看、让谁听的问题，坚持以人民为中心的创作导向，坚决抵制低俗、庸俗、媚俗文化，为人民群众提供更多更好的精神食粮；再比如精神文明创建，就是要解决为谁创建、谁是主体、依靠什么力量、最终让谁受益的问题，等等。这些问题的核心，就是要突出人民群众主体地位，出发点和落脚点都是为了人民大众，而不是为了小众，更不是为了哪一个特殊群体或阶层。我们做任何工作，都要始终坚持这一出发点，努力实现这一落脚点，牢牢把握这个大方向。

### 三、群众路线是实践问题，必须坚持问题导向，在解决问题、为民利民中贯彻群众路线

习近平总书记强调，贯彻党的群众路线，“知”是基础、是前提，“行”是重点、是关键，必须以“知”促“行”，以“行”促“知”，做到知行合一。贯彻这一要求，就要坚持学习与实践并重，既解决思想认识问题，又解决行动自觉问题，努力做到深学、细照、笃行。总体上看，当前山东全省贯彻执行党的群众路线情况是好的，但同时也要看到脱离群众的问题仍突出存在。这次党的群众路线教育实践活动查摆“四风”方面存在的问题和中央巡视组指出的问题，对各级领导干部的思想触动很大，有些问题尖锐严重、令人警醒。开展好党的群众路线教育实践活动，查清问题是基础，解决问题是根本。我们严格落实中央“八项规定”精神，持之以恒整治“四风”，认真做好中央巡视组反馈意见的整改落实，对存在的突出问题敢于亮剑，敢于斗争，充分体现了省委立说立行、说到做到的鲜明态度和坚强决心。

贯彻党的群众路线是一项长期任务，解决作风问题是一项经常性工作。要按照习近平总书记提出的“三严三实”、“四个防止”的要求，在抓常、抓细、抓长上下功夫，确保改进作风、联系群众的常态化长效化。抓常，就是要把群众工作、作风建设作为经常性工作来抓，牢记“认真”二字，落实主体责任，纳入党委重要议事日程，经常听取工作情况汇报，及时研究解决问题，将作风建设与党委工作大局结合起来，使贯彻群众路线、改进作风的过程成为贯彻执行党的理论和路线方针政策的过程，成为推动改革

开放和社会主义现代化建设顺利进行的过程。抓细，就是要从事关群众利益的点滴事情抓起，紧紧盯住作风问题不放，从小事做起，从具体事情抓起，抓住关键、找准要害、坚持不懈，一项一项抓，一件一件改，积小胜为大胜，汇细流为江河，党风政风社会风气必将更加清新。抓长，就是要着眼于作风问题的反复性、顽固性，长期抓、持续抓，进一步建立健全各种规章制度，深化各方面体制机制改革，针对薄弱环节，堵塞制度漏洞，用好的体制机制管人、管事、管权，从源头上防止不正之风。习近平总书记告诫全党：教育实践活动有期限，但贯彻群众路线没有休止符，作风建设永远在路上。形成风气不在一朝一夕，改变风气也不可能一蹴而就，必须着力推动长效机制建设，把作风建设当成永恒课题一直抓下去。

## 四、群众路线是方法问题，必须“解决桥或船的问题”，使之常做常新、充满生机活力

贯彻群众路线，还要有好的方法。毛泽东同志曾形象地把方法比作过河的“桥”或“船”，强调“不解决桥或船的问题，过河就是一句空话”。我们必须认真研究把握新特点、新变化和新要求，在总结运用成功经验做法的基础上，不断创新方式方法，提高群众工作的针对性实效性。群众工作包罗万象，群众工作方法千条万条，如何掌握规律、把握根本、提升效果，是需要深入研究思考的问题。有三点非常重要。

一是“打铁还需自身硬”。习近平总书记在谈到党的建设时，反复强调“打铁还需自身硬”。做群众工作首要的也是这一条。“风成于上、俗形于下”。贯彻群众路线、转变作风，必须从自身抓起、从自身做起，充分发挥领导干部示范引领作用。党的十八大以来，中央政治局带头落实“八项规定”，以上率下、示范全党，在党内外引起强烈反响，产生了强大示范效应。这次党的群众路线教育实践活动以县处级以上领导机关、领导班子、领导干部为重点，抓住了问题的关键。各级领导干部坚持正人先正己，用严格的尺子衡量自己，用高标准要求自己，用无私无畏的勇气对照检查、改进提高自己，才能革除积久沉疴、扭转顽固积弊，解决一些群众“老不信”的问题。这是我们做好群众工作的前提和基础。

二是“将心比心”。习近平总书记在浙江工作时期，在谈及如何解决好干群关系的问题时，总结了两条经验，其中一条就是“将心比心，换取真心”。在中央政治局第一次会议上，习近平总书记又强调，现在我们的条件变了，但我们要和群众一块干、一块过，一块干事业、干工作，一块过日子，这样才能和群众心连心，真正和群众打成一片。习近平总书记这种以真情换真心，将心比心、以心换心的方法，道出了群众工作的一个基本规律。如果我们高高在上，不愿心入、更不敢深入，想问题、做事情不以人民利益为中心，不与群众交心谈心、“掏心窝”，就根本谈不上与群众“处”得来、赢得信任支持，更谈不上群众工作的效果了。

三是“润物无声”。习近平总书记讲，“上乘的宣传看起来要像从未进行过一样”，讲的就是要善做“看不见的宣传”，淡化“说教味”、摆脱“宣传腔”。要注意把我们所提倡的与人们日常生活紧密联系起来，在落细、落小、落实上下功夫，多讲群众听得懂、愿意听的大实话、大白话，多运用平等交流、民主讨论等方法，加强人文关怀、心理疏导、精神抚慰，帮助群众提高认识、化解疑虑、增进共识。当今以互联网、手机等为代表的新兴媒体，已成为人们表达意见诉求、参政议政的重要渠道。要高度重视新兴媒体传播平台建设管理，学会并善于运用群众喜闻乐见的诸如微博、微信等互动方式，掌握民情、回应民意、汇聚民智。

（作者：中共山东省委常委、宣传部长）

# 围绕解决民生问题开展党的群众路线教育实践活动

秦 宣

群众是真正的英雄,这是马克思主义的一条基本原理;一切为了群众、一切依靠群众,从群众中来、到群众中去,这是我们党的群众路线,也是党的根本工作路线。以人为本、执政为民是检验党一切执政活动的最高标准。“必须坚持人民主体地位”,这是党的十八大提出的建设中国特色社会主义的第一条要求。在新的历史条件下,到底该如何继续贯彻党的群众路线,做好群众工作,这是关系到中国共产党执政地位的重大理论问题和现实问题,也是关系到中国特色社会主义事业成败的重大问题。我们认为,在新世纪新阶段,我们党必须始终围绕着解决重大民生问题贯彻党的群众路线,必须把解决民生问题作为开展群众路线教育实践活动的重要内容。

## 一、关注民生问题,是中国共产党的优良传统,也是党取得合法性资源的一条宝贵经验

所谓民生问题,一般是指百姓的基本生计问题。孙中山先生曾对民生问题有较为经典的解释,他认为,“民生就是人民的生活——社会的生存,国民的生计,群众的生命。”“民生就是政治的中心,就是经济的中心和种种历史活动的中心。”“民生是社会一切活动的原动力。”今天,我们谈的民生,主要是从社会建设层面着眼的。从这个角度看,所谓民生,主要是指民众的基本生存和生活状态,以及民众的基本发展机会、基本发展能力和基本权益保护的状况,等等。换句话说,民生问题就是人民群众最关心、最直接、最现实的利益问题。如果说政治就是众人之事,那么民生问题就成了最大的政治。

世界政党政治发展的一般常识告诉我们:一个执政党能否长期执政,在很大程度上取决于执政的合法性,即民众对执政党的认可程度。而民众对执政党的执政是否认可,又与民生问题的解决有密切关系。需要说明的是,“合法性”(legitimacy)是国外政治学普遍使用的一个概念,它并非指法学意义上的符合法律规范或法律原则,而是指在政治上实现有效治理的必要基础,即民众对既定的政治制度或政治秩序的认同、支持和拥护。其内涵既包括政治统治能否以及怎样以社会大多数人所认可的方式运行,也包括政治统治有效性的范围、基础与来源。从世界政党政治的发展历程看,影响执政党合法性的因素主要有如下几个方面:一是执政党的执政理念和其领导的政府的施政理念是否获得民众认同;二是执政党的路线方针政策是否公正合理,是否得到民众的拥护;三是执政党和及其政府的执行力是否到位,是否得到了民众的肯定;四是执政党及其政府公共形象是否具有德望,是否得到民众的信任。

虽然资本主义国家和社会主义国家的政党政治明显不同,资本主义国家的政党虽然更多地关注选民,但实质只代表资产阶级的利益。而社会主义国家政党本身就代表最广大人民的利益。但在社会主义国家,执政党执政同样面临着合法性问题。社会主义国家执政党的合法性,从根本意义上讲,就是指执政党凭借其自身力量从国家和社会中所获得的领导基础和执政基础。在这里,合法性不仅仅体现为执政党从国家和社会中所获得的支持程度,而且体现为执政党执政权力的合法性和治理的有效性。历史经验表明,合法性的流失必然导致政治不稳

定，最后危及政治的整合和政权的生存。苏东剧变的深刻根源就在于执政的苏联共产党失去了人民的支持，丧失了执政甚至存在的合法性。因此，如何通过解决人民群众关心的切身利益问题，通过改善民生获得人民支持，从而维护和加强合法性，是无产阶级政党必须认真对待的问题。邓小平提出的“三个有利于”标准，其中“是否有利于人民生活水平的提高”就体现了党对这一问题的关注。我们党再三强调的人民拥护不拥护、赞成不赞成、高兴不高兴、答应不答应的标准，也体现出对这一问题的深切关注。

中国共产党是以实现国家独立、民族解放和国家富强、人民幸福为目标登上历史舞台的。从成立之日起，中国共产党就十分重视群众工作，强调代表无产阶级的利益，为实现人民群众的利益而斗争。1934 年，毛泽东在江西瑞金召开的第二次全国工农兵代表大会曾专门谈到如何关心群众生活问题，即我们今天所说的民生问题。他指出：“领导农民的土地斗争，分土地给农民；提高农民的劳动热情，增加农业生产；保障工人的利益；建立合作社；发展对外贸易；解决群众的穿衣问题，吃饭问题，住房问题，柴米油盐问题，疾病卫生问题，婚姻问题。总之，一切群众的实际生活问题，都是我们应当注意的问题。”正是由于我们党始终坚持从群众的利益和愿望出发，从解决人民群众关心的民生问题出发，我们党才赢得了人民的信任和支持，才带领人民群众夺取了新民主主义革命的胜利。中国革命的实践证明：我们党来自于人民群众，密切地联系着广大的人民群众，因而“能够取得广大人民群众的信任，人民群众把他们当作最亲近和最可爱的朋友”。

在改革开放新时期，邓小平自称为“人民的儿子”，把人民群众关心的问题当作“最大的政治”，把是否“有利于提高人民的生活水平”当作检验一切工作是非得失的重要标准。他强调：“一定要努力帮助群众解决一切能够解决的困难。”江泽民也强调：“对群众提出和反映的问题，必须满腔热情地加以处理，切实帮助群众解决生产生活中的实际困难，绝不能漠然视之，更不能粗暴地对待群众，激化矛盾。”进入新世纪，胡锦涛继续将解决民生问题当作贯彻群众路线、解决人民内部矛盾的重要内容，将民生问题作为社会建设的重要任务，强调要“积极解决劳动就业、社会保障、医疗卫生、教育收费、收入分配、土地征用、房屋拆迁、库区移民、企业改制、安全生产、环境污染和社会治安等方面群众反映的突出问题，努力避免因为决策失误和工作不当引起群众不满，注重从源头上减少人民内部矛盾的发生”。正因为我们党奉行全心全意为人民服务的宗旨，把实现好维护好发展好最广大人民的利益当作一切工作的出发点和归宿，党关于改革开放的一系列方针政策才得到了人民群众的拥护、支持和认同，党的执政地位才得到了巩固。

然而值得注意的是，在不同的社会生态环境下，政党执政地位的合法性基础与获得方式，是不断发展和转换的。在现代化变迁中，随着体制改革的不断深化，社会利益格局多元化趋向越来越明显，社会阶层的分化更加剧烈，不同利益群体的矛盾愈来愈大，社会整合的难度也相应扩大。社会生态环境的这种快速变化，向执政党提出了更高的要求，执政党如果不能适时提高执政能力，适时汲取新的合法性资源，就有可能出现合法性危机，进而丧失执政地位。中国共产党已经清醒地认识到这个问题，曾一再强调：我们“党的执政地位不是与生俱来的，也不是一劳永逸的。”党的十七届四中全会指出：“全党必须牢记，党的先进性和党的执政地位都不是一劳永逸、一成不变的，过去先进不等于现在先进，现在先进不等于永远先进；过去拥有不等于现在拥有，现在拥有不等于永远拥有。”

回顾中国共产党成立 90 多年的历史，可以这样说，我们党领导人民进行革命、建设和改革，都是围绕着如何实现最广大人民群众的根本利益这个社会主义的根本目的的。这与资产阶级政党只关注有产者，新自由主义只关注银行家、企业家,前苏联东欧共产党脱离人民群众是根本不同的。这也是我们党带领人民夺取革命胜利,赢得人民群众支持并能长期执政的一条重要经验。正如胡锦涛同志在庆祝中国共产党成立90周年讲话中所说:"90年来党的发展历程告诉我们,来自人民、植根人民、服务人民,是我们党永远立于不败之地的根本。……全党同志必须牢记,密切联系群众是我们党的最大政治优势,脱离群众是我们党执政后的最大危险。"

## 二、解决复杂的民生问题,必须依靠人民群众,这是贯彻党的群众路线的根本要求

中国地域辽阔,民族多样,人口众多。广大人民群众的利益构成十分复杂,民生问题涉及人民群众生活的方方面面。在人民中间,共产党员始终只占少数。中国共产党现有8500多万党员,相当于德国一个国家的总人口,但也只是占中国全部人口的6%多一点。中国共产党在执政过程中遇到的问题,就是广大人民群众共同面对的问题。中国共产党要解决的民生问题,就是广大人民群众自身的问题。中国共产党自身并不具有什么特殊的力量、特殊的本领,她的力量源泉就是广大人民群众。还有必要说明的是,在任何一个国家,党和政府从来不是社会财富创造主体,而是营造环境的主体。执政党只是通过制定正确的路线方针政策把握社会发展方向,政府也只是通过一系列改革给社会提供有序的社会环境,给社会提供一个公平竞争的市场环境,企业、公民个人才是社会财富创造主体。因此,解决民生问题,只能走群众路线,只能依靠广大人民群众。

从理论上说,人民群众是真正的英雄,是推动历史发展的动力。我们党所领导的人民革命、建设和改革事业,都是人民自己的事业。人民群众既是先进生产力和先进文化的创造主体,也是实现自身利益的根本力量。人民群众中蕴藏着无穷的力量和智慧,我们的一切工作只有依靠人民,相信人民,汲取人民的智慧,尊重人民的创造力,并且接受人民的监督,才能取得成功。对此,我们党有非常清醒的认识。早在1938年,毛泽东就曾明确指出:"依靠民众则一切困难能够克服,任何强敌能够战胜,离开民众则将一事无成。"新中国成立后,毛泽东还特别强调:"共产党基本的一条,就是直接依靠广大革命人民群众。"进入改革开放新时期,邓小平明确指出:"我们党提出的各项重大任务,没有一项不是依靠广大人民的艰苦努力来完成的。"江泽民强调:"我们的改革和建设,只有得到人民群众的理解、支持和参与,充分发挥人民群众的积极性和创造性,才能顺利推进。"进入新世纪,胡锦涛也强调:"中国共产党执政,就是领导、支持、保证人民当家作主,维护和实现最广大人民的根本利益。"

从历史经验来说,回顾中国共产党90多年的历史,我们可以清楚地看到,中国革命、建设和改革的顺利进行,都是依靠人民群众完成的。正因为如此,在每一次纪念党的生日或者总结党的历史经验时,我们党都特别强调,我们的一切成就,应该归功于全国各民族的人民群众,都要感谢全国各族人民。在纪念建党70周年和80周年时,江泽民反复强调了依靠最广大人民群众的重要性。在70周年讲话中,江泽民指出:"中国革命和建设的一切成就,是全国各族人民共同奋斗的结果。"在庆祝建党80周年讲话中,江泽民强调:"八十年的实践启示我们,必须始终紧紧依靠人民群众,诚心诚意为人民谋利益,从人民群众中汲取前进的不竭力量。"在纪念中国共产党成立90周年的讲话中,胡锦涛强调:"90年来,我们党取得的所有成就都是依靠人民共同奋斗的结果,人民是真正的英雄,这一点我们永远不能忘记。"党的十八大以来,习近平同志强调:"改革开放在认识和实践上的每一次突破和发展,改革开放中每一个新生事物的产生和发展,改革开放每一个方面经验的创造和积累,无不来自亿万人民的实践和智慧。"

从现阶段要实现的目标和任务来看，中国特色社会主义事业是亿万人民自己的事业，中国梦归根到底是人民的梦，必须发挥人民主人翁精神，凝聚起中国力量。现在中国改革进入攻坚期和深水区，面临着各种复杂的矛盾和问题，要顺利实现“两个一百年”奋斗目标、实现中华民族伟大复兴的中国梦，就必须尊重人民首创精神，最广泛地动员和组织人民依法管理国家事务和社会事务、管理经济和文化事业、积极投身社会主义现代化建设。正如习近平同志所说：“改革发展稳定任务越繁重，我们越要加强和改善党的领导，越要保持党同人民群众的血肉联系，善于通过提出和贯彻正确的路线方针政策带领人民前进，善于从人民的实践创造和发展要求中完善政策主张，使改革发展成果更多更公平惠及全体人民，不断为深化改革夯实群众基础。”

当前，以为民务实清廉为主题的群众路线教育实践活动正在全党自上而下开展，目的就是要让广大党员干部明白，“群众路线是我们党的生命线和根本工作路线。实现党的十八大确定的奋斗目标，实现中华民族伟大复兴的中国梦，必须紧紧依靠人民，充分调动最广大人民的积极性、主动性、创造性。”

## 三、围绕民生问题贯彻党的群众路线，必须把握重点

中国共产党成立90多年来，中国社会发生了翻天覆地的变化，我们已经取得了举世瞩目的成就，但我国仍处于并将长期处于社会主义初级阶段的基本国情没有变，初级阶段的主要矛盾没有变，我国是世界上最大的发展中国家的国际地位没有变。按照国际标准，中国仍然有几千万人没有摆脱贫困，中国的小康仍然是低水平、不全面的小康，广大民众的民生问题仍然很严重。党的十八以来，习近平同志多次强调改善民生问题的重要性，他在河北阜平看望慰问困难群众时明确指出：“消除贫困、改善民生、实现共同富裕，是社会主义的本质要求。”因此，开展群众路线教育实践活动，必须明确保障和改善民生的重要性，着力解决好人民最关心最直接最现实的利益问题。当前，尤其要关注以下几个方面：

**第一，要通过群众路线教育实践活动，让我们的党员充分认识围绕民生问题贯彻党的群众路线的重要性。**要通过学习和教育，使广大党员充分认识到：群众路线是党的生命线，保持党同人民群众的血肉联系，是我们党不断获取合法性资源、永远立于不败之地的根本保证。要通过教育引导党员干部牢固树立宗旨意识和马克思主义群众观点，切实改进工作作风，赢得人民群众信任和拥护，夯实党的执政基础。要使大家明白，关注民生、重视民生、保障民生、改善民生同中国共产党的性质、宗旨和目标是一脉相承的；始终把人民利益放在第一位，把实现好、维护好、发展好最广大人民根本利益作为一切工作的出发点和落脚点；要充分认识到群众是历史的创造者，是真正的英雄，始终把依靠人民群众的智慧和力量作为我们推进事业的根本工作路线。要把为民务实清廉落到实处，按照习近平同志要求的那样：“把群众的安危冷暖时刻放在心上，把党和政府的温暖送到千家万户。”

**第二，要教育我们的人民，使他们认识到自己的利益，并团结起来为实现自己的利益奋斗。**我们认为，开展群众路线教育实践活动，不仅仅是教育党员干部，也应该教育广大群众。毛泽东曾指出：“马克思列宁主义的基本原则，就是要使群众认识自己的利益，并且团结起来，为自己的利益而奋斗。”因此，在新的历史条件下，要用中国特色社会主义理论教育人民，用中国梦激励人民，让广大人民群众自觉把人生理想、家庭幸福融入国家富强、民族振兴的伟业之中，把个人梦与中国梦紧密联系在一起，为坚持和发展中国特色社会主义作出贡献。

**第三，尊重人民群众的主体地位，发挥人民群众的首创精神。**不论是推进中国特色社会主义事业，推动科学发展，还是实现国家富强、人民幸福，都要发挥人民主人翁精神。要广泛联

系群众、依靠群众、宣传群众、动员群众、组织群众、团结群众，做到谋划发展思路向人民群众问计，查找发展中的问题听人民群众意见，改进发展措施向人民群众请教，落实发展任务依靠人民群众努力，衡量发展成效由人民群众评判。要像群众路线教育实践活动要求的那样："坚持问政于民、问需于民、问计于民、发扬密切联系群众之风。"

**第四，要加强社会建设，切实解决好民生问题。**要按照推动经济社会协调发展的要求，加快以改善民生为重点的社会建设，调整国民收入分配结构，增加城乡居民收入，加强和改善公共服务，加快构建覆盖全体居民的终身教育体系、就业服务体系、社会保障体系、医疗保障体系、住房保障体系，努力满足人民群众在教育、劳动就业、社会保障、医疗卫生、住房等方面的基本需求，促进社会公平正义，真正使全体人民学有所教、劳有所得、病有所医、老有所养、住有所居。

**第五，要加强党的作风建设，集中解决形式主义、官僚主义、享乐主义和奢靡之风这"四风"问题。**因为这"四风"是违背我们党的性质和宗旨的，是当前群众深恶痛绝、反映最强烈的问题，也是损害党群干群关系的重要根源。要按照党的群众路线教育实践活动提出的要求，以整风精神开展批评和自我批评、着力解决作风方面存在的突出问题、建立促进党员干部坚持为民务实清廉的长效机制。

（作者：中国人民大学马克思主义学院院长，教授、博士生导师）

# 用好批评和自我批评这个利器

## ——党的群众路线教育实践活动的经验与启示

王庭大

在党的群众路线教育实践活动中，广大党员干部以整风精神开展批评和自我批评，特别是在专题民主生活会和组织生活会上，自我批评揭短亮丑、反思深刻，相互批评直击痛处、见筋见骨，体现了党内政治生活的原则性和严肃性，批评和自我批评这个“钝器”又成了“利器”，其主要做法和成功经验值得认真梳理总结。

### 一、打牢开展批评和自我批评的坚实基础

**认真学习，把提高认识、增强素质作为思想前提。**学习教育是基础，是前提。学习教育抓不好，批评和自我批评就无从谈起。大家普遍反映，通过学习教育，明确了标准，找到了差距，提高了觉悟，查出了问题，为开展批评和自我批评奠定了牢固的思想基础。一是领导干部带头学，切实发挥表率和示范作用。二是针对重点问题学，分析查找“四风”现象及其思想根源，重点学习习近平总书记重要讲话和其他指定篇目，组织专题教育。三是交流研讨相互学，在研讨中相互学习，共同进步。四是创新形式深入学，扩大学习教育的效果。

**消除顾虑，把放下包袱、轻装上阵作为先决条件。**实践证明，开展批评和自我批评必须卸掉思想包袱，变压力为动力。民主生活会召开之前，一些同志心里有顾虑：怕不说成绩、只检查问题，会被认为毛病多，在领导面前留下不好的印象；怕把问题谈多了、说深了，不好收场，查摆问题的分寸不好把握；怕给别人提意见，说浅了不符合要求，说深了得罪人，等等。针对这些思想顾虑，党组织从解决认识问题入手，不断加强学习，反复做思想工作，使党员干部认识到，开展批评和自我批评不是整人，而是加强党性锻炼的自我教育，经常检查自己的不足和缺点，及时加以改进和纠正，提高自身的觉悟和素质。大家普遍增强了抛开面子的勇气，及时发现缺点，勇于纠正错误，从而主动开展批评和自我批评。

**坚持正确方向，把惩前毖后、治病救人作为重要原则。**从团结的愿望出发，采取正确的原则和方法，帮助同志认识和改正错误，是为了惩前毖后、治病救人，是对同志的真正爱护关心。很多地方在活动中坚持“三个有利于”标准，达到了预期效果。一是有利于增进团结。将批评和自我批评作为增进团结的重要手段，既感到“脸红了”、“出汗了”，又感受到集体的温暖和同志的关怀，达到了“团结—批评—团结”的目的。二是有利于改进工作作风。通过召开高质量的民主生活会，进行积极健康的思想交锋，深挖了“四风”的深层次根源。三是有利于增强党性。把批评和自我批评作为增强党性修养、加强党性锻炼的有效手段，以坚强的党性抵御“四风”的侵袭。

### 二、营造开展批评和自我批评的良好氛围

**个人层面强调消除思想顾虑。**很多同志谈到，过去担心批评同志伤感情，自我批评伤自尊，现在看来只要心底坦荡、消除杂念，批评和自我批评武器并没有想象中那么难。大家说，批评意见虽然听着有些刺耳，但说开了、说透了，反而拉近了距离，心里敞亮了。活动中，有的党委书记承认自己存在“家长制”、“一言堂”

问题，研究工作时，定调子、不给别人说话机会，特别是听到不符合自己想法的意见时，就脸色难看，甚至不让人家把话说完，这样的氛围怎能让大家畅所欲言，更不要说提批评意见了。真诚地开展自我批评，才能消除大家的思想顾虑，使党员干部放下思想包袱，勇敢拿起批评和自我批评有力武器。

**组织层面强调上级正确引导**。上级党委普遍做到了“三个正确看待”：正确看待敢于批评和自我批评的党组织，把愿不愿、敢不敢揭露矛盾作为衡量一级组织是否讲政治、讲党性的标志；正确看待批评和自我批评中暴露出的问题，不因开展批评提到的问题轻易下“班子不团结、作风不过硬”的结论；正确看待坚持原则开展批评的党员干部，对他们的热情给予充分保护。参加下级民主生活会时，引导大家争先恐后发言，查问题、谈实情、讲教训，形成人人敢讲话、人人讲真话的正确导向和良好氛围。事实证明，只要氛围好，大家就能做到畅所欲言，知无不言，言无不尽；如果氛围不好，就是撬开他的嘴，他也不会发声。

**环境层面强调舆论适度配合**。中央和地方党组织用好报刊、电视、广播和网络等多种舆论工具，宣传中央政治局常委带头开展批评和自我批评，全程参加亲自指导一个县的常委班子专题民主生活会，省、市、县各级领导分别向下延伸两个层级参加民主生活会，为下级党组织把关定向。宣传各级领导干部层层带头示范，为下级党组织作出表率。宣传各地拿起并用好批评和自我批评武器，推动党员干部特别是领导干部改进作风、服务群众、推动发展的实际成效。在全社会营造自觉接受批评、真诚欢迎批评、勇于自我批评的良好舆论氛围，使批评和自我批评真正成为保持党的生机与活力的强大动力。

## 三、注重开展批评和自我批评的方式方法

**谈心谈话是有效步骤**。谈心谈话，是党员过民主生活的一种重要方法，也是用好批评和自我批评武器的一个有效步骤。实践表明，“拉拉袖子”提个醒，“亮剑揭短”喝一声，都是出于对同志的关心爱护，只要双方开诚布公，敞开心扉，就能把批评和自我批评真正开展起来。活动中，有的提出谈心不受时间限制，要掰开揉碎地谈；有的虚心接受其他同志的批评，心悦诚服地将批评转化成为自我批评；有的在谈心中修正了原来的批评意见，使之更准确，更有说服力。这些做法都丰富和完善了谈心谈话的方式方法，效果很好。

**主要领导干部自我批评是关键环节**。领导带头、以上率下，既是活动成功的关键，也是以整风精神开展批评和自我批评取得实效的关键。活动中，主要领导干部带头剖析自己，营造敞开心扉亮思想、推心置腹论长短的氛围，起到了很好的带头示范作用。“一把手”有了向我看齐、向我开炮的勇气，敢于先揭自己的“短”、亮自己的“丑”，敢于先说自己的“问题”、查找自己的“毛病”，打消了班子成员的顾虑。实践证明，只要“一把手”自觉拿起批评和自我批评这一武器，特别是主动自觉真诚地进行自我批评，本地区、本单位、本部门就能形成讲真话、讲实话的良好环境和氛围，批评和自我批评就能真正开展起来。

**相互批评讲究方式方法**。只有从团结的愿望出发开展积极的批评，才有团结和谐的党内关系。一是区分轻重。原则问题上分清是非，又不纠缠细枝末节。二是全面客观。既不能把具体问题说成是原则问题，也不能把偶然的、个别的错误说成是一贯的、系统的错误，做到有理有据，让被批评者心悦诚服。三是区别对象。对承受能力较弱的同志，更重视会前的谈心；对身陷迷途的同志，进行警醒式批评，使其悬崖勒马。

**见人见物见思想是开好民主生活会的重要标志**。民主生活会开得好不好，关键是看能不能拿起并用好批评和自我批评这个武器，做到见人见物见思想。一是开门见山。直接提出批

评意见，举事例说明，不穿靴戴帽，不拐弯抹角。二是实事求是。开展批评实打实、不夸大、不缩小，有什么问题就说什么问题，有多少问题就说多少问题。三是坦诚深刻。自我批评既开门见山、直奔主题，又讲具体表现和典型事例，还分析了主观认识和思想根源；相互批评不留情面、辛辣坦诚，既红了脸、出了汗，又加了油、鼓了劲，有的同志还流了泪。

## 四、以整风精神开展批评和自我批评的有益启示

**坚持认真精神是基本要求。**“四风”具有很强的顽固性，很容易复发，只能靠认真较劲才能纠正。一是坚持认真的态度，以踏石留印、抓铁有痕的标准和劲头，直面作风建设中的矛盾和问题，对大是大非敢于“亮剑”，对困难危机敢于挺身而出，对失误错误敢于承担责任，对歪风邪气敢于坚决斗争。二是坚持严肃的党内生活，用好批评和自我批评有力武器，通过积极健康的思想斗争，触及每一个党员干部的思想灵魂，既“红脸”、“出汗”，又治病救人。三是坚持认真的精神，拿出钉钉子、拧螺丝的劲头，一锤一锤地敲、一扣一扣地拧，把承诺当成军令状，立说立行，即知即改。

**坚持开门整风是有效手段。**群众的眼睛是雪亮的，党员干部身上的问题，群众看得最清楚、最有发言权。一是广泛参与。各级党组织坚持开门搞活动，每个环节都组织群众有序参与，让群众监督和评议，不搞闭门修炼、体内循环。二是形式多样。通过走访座谈、信息直通车等多种途径，真正敞开大门，请群众帮助找准、找实问题。三是借助外力。各级党组织加大督导力度，坚持标准，严格把关；各级督导组严督实导，保证活动不走过场。

**坚持问题导向是基本原则。**坚持问题导向，从问题出发，由问题入手，针对“四风”问题，回应群众关切，是这次活动始终把握的一条基本原则，也是活动取得成功的重要经验。一是找准问题。各地不用笼统的抽象问题代替具体的实际问题，不用工作差错问题代替“四风”方面的突出问题，也不用形式主义、官僚主义问题代替享乐主义、奢靡之风问题。二是抓住主要问题。强调实效性，什么问题突出就着重解决什么问题，什么问题紧迫就抓紧解决什么问题。三是强调解决问题。以突出问题为导向，自始至终着力解决问题。

**坚持边整边改是重中之重。**在教育实践活动中，各地普遍注重发现问题、研究问题和解决问题。一是认真查摆问题。查摆问题是为了解决问题，指出不足是为了改正不足。不能只查找不整改，只有唱功没有做功。只有言行一致，言必信行必果，才能承诺兑现。二是聚焦“四风”问题。这次活动始终围绕作风问题，始终聚焦“四风”查找问题、解决问题，在全党全社会弘扬了正气。三是边整边改。如果只查摆问题不解决问题，那查摆就没有丝毫意义。无论你怎么脸红出汗，不进行整改，群众还是不会满意的。因此，必须回应征求到的群众意见、回应查摆出的突出问题、回应生活会上的批评意见、回应上级和督导组点明的问题，立行立改，以实际行动取信于民。

教育实践活动的经验表明，党内政治生活是否健康和严肃，靠的就是批评和自我批评。我们党能否依靠自身力量解决自身问题，同样取决于是否真正拿起并用好批评和自我批评这个利器。

（作者：中央纪委驻中国科学院纪检组原组长）

# 抓好第二批教育实践活动组织部门怎么做

赵爱明

习近平总书记在全国组织工作会议和党的群众路线教育实践活动第一批总结暨第二批部署会议上的讲话，为开展第二批教育实践活动提供了重要遵循，为组织部门认真履行组织指导教育实践活动的职责指明了方向。我们要切实贯彻落实总书记重要讲话精神，以认真的态度、过硬的措施，高起点高标准高质量抓好第二批教育实践活动，努力取得群众满意的更好实效。

## 一、把握从严要求，严格管理监督党员干部

习近平总书记强调，第二批教育实践活动，要更加注重严格要求，思想上、整改上、正风肃纪上都要严起来。从严要求既要贯穿于教育实践活动各环节，更要落实到党员干部队伍建设全过程，以从严管理监督的实效检验第二批教育实践活动的成效。

**严格执行组织纪律。**增强组织纪律性是坚持党要管党、从严治党的要求。第二批教育实践活动要把政治纪律教育作为党员干部教育培训的重点内容，切实加强组织管理，把严格党内生活、遵守组织制度纳入领导班子、领导干部考核的重要内容，加强对民主集中制等党的组织制度执行情况的监督检查，严格执行请示报告制度，严格执行组织纪律。处理问题必须以中央精神为遵循，开展工作必须讲规矩、讲程序、听指挥，决不能自行其是、违规乱纪。

**强化党员干部监督。**加强党员干部队伍建设，既靠自觉自律，也需外力监督。坚持开门搞活动，开门纳谏、开门会诊、开门整改，全过程强化群众监督、组织监督和舆论监督。深入贯彻落实重新修订颁布的《党政领导干部选拔任用工作条例》等法规文件，进一步完善干部监督制度机制，突出抓好领导干部个人事项报告抽查核实等工作，加强干部日常监督管理。通过听取群众反映问题、开展民主测评会等途径加大监督力度，发现问题及时处理。

**狠抓反“四风”制度落实。**第二批教育实践活动更多涉及具体执行单位，反“四风”重点在于切实提高制度执行力，抓好制度落实。狠抓地方政府考核评价、数据及工作造假问责等制度的落实，切实解决形式主义方面的突出问题；狠抓“民情家访”、党员“先锋创绩”等制度的落实，切实解决官僚主义方面的突出问题；狠抓八项规定等系列政策规定的落实，切实解决享乐主义方面的突出问题；狠抓《党政机关厉行节约反对浪费条例》等制度的落实，切实解决奢靡之风方面的突出问题。强化问责制，推动作风建设长效化、常态化。

## 二、树立求实作风，着力解决各种突出问题

习近平总书记强调，搞好教育实践活动，说一千道一万，还得看解决问题。组织部门在活动中要坚持求真务实，更加注重解决实际问题，把改进作风的要求真正落实到基层，真正让群众受益。

**着力解决关系群众切身利益的实际问题。**第二批教育实践活动在群众家门口开展，群众普遍反映强烈的，主要是教育、就业等基本需求问题以及生态环境、食品药品安全等损害群众利益的问题。组织部门要把解决关系群众切身利益的实际问题作为重要考核指标，加大考核

权重。强化离任责任审计，对拍脑袋决策、拍胸脯蛮干，损害群众利益造成恶劣影响的，视情节轻重给予组织处理和党纪政纪处分，已离任的同样追究责任。坚持走群众路线，树立群众公认导向，真正把群众信任和满意的干部选准用好。

**着力解决基层组织服务能力不强的问题。**基层组织是贯彻群众路线的主阵地，必须把加强基层服务型党组织建设作为活动的基础工程和重要载体，推动基层党组织“建设达标、功能转型、服务升级”。进一步加强基层党员干部队伍建设，将党性强、能力强、改革和服务意识强的党员充实到领导岗位。进一步强化基层党建工作保障，建立稳定的基层组织运转和基本公共服务经费保障制度，推动人、财、物向基层倾斜。进一步健全基层组织建设制度机制，着力解决好联系服务群众“最后一公里”问题，把基层党组织建设成为领导班子坚强有力、骨干队伍本领过硬、服务场所功能实用、服务载体形式多样、制度机制健全完善、服务业绩群众满意的战斗堡垒。

**着力解决基层干部存在的“四风”问题和实际困难。**第二批教育实践活动对象大多是基层党员干部，直接与群众打交道多，受到群众反映投诉也较多。要进一步完善党员民主评议等制度，探索实行以“严把入口、优化结构，严肃处置、纯化队伍”为主要内容的“双严双化”制度，研究制定不合格党员的标准和处置程序。同时也要看到，基层党员干部工作任务重、压力大、条件差，难免有社会不理解、群众不信任、上级不关心等担忧。组织部门对他们既要严格管理，也要给予更多的关心关爱，“松绑减压”。切实防止基层干部被“污名化”，真正让他们工作有条件、干事有平台、发展有空间。

## 三、弘扬认真精神，切实形成敢于担当的风气

习近平总书记指出，讲认真是我们党的根本工作态度，必须做到无私无畏、敢于担当，把认真精神体现到党内生活和干事创业方方面面。在第二批教育实践活动中，组织部门要带头贯彻落实，进一步形成敢于担当、认真负责的风气。

**把抓好活动与考察班子识别干部深度融合。**深入分析群众反映的问题和意见建议，了解领导班子和领导干部中哪些受到群众肯定、哪些存在问题。认真审阅对照检查材料，从中研判领导班子推动科学发展的能力水平，以及理想信念、政治纪律、党性修养、道德品行等方面情况。全程参与专题民主生活会，考量领导班子团结情况以及发现和解决自身问题的能力。督促检查整改措施的落实情况，从实际工作成效看干部担当精神，从民主评议结果看群众满意程度，发现先进典型加强总结宣传，发现问题不足及时纠正处理。

**把抓好活动与加强组织部门自身建设深度融合。**利用组织部门抽调人员组织指导教育实践活动的机会，深化组织系统“建设学习型服务型创新型部门、争创为民务实清廉表率”活动，加强组织部门自身建设。把学习教育贯穿始终，牢固树立为民务实清廉的价值追求，以先烈先辈为镜铸信仰之基，以理想理论为镜补精神之“钙”，以党章党纪为镜除“四风”之害，以民心民声为镜办为民之事。把实践锻炼贯穿始终，让组工干部积极参与教育实践活动的组织指导、沟通协调、督促检查等工作，深入基层一线听取群众意见建议，深入活动单位借鉴工作理念方法。

**把抓好活动与推动组织工作落实深度融合。**开展教育实践活动和做好组织工作密不可分。要通过开展专题调研、深入基层督导等途径，发现组织工作在推进落实中存在的问题和薄弱环节，了解干部群众对组织工作的评价和期盼，总结基层组织工作创新的典型经验。在此基础上，顺应形势发展、回应群众期待，研究提出改进组织工作的办法，实现开展教育实践活动与落实各项组织工作相互促进。

（作者：中共江西省委常委、组织部长）

# 党的群众路线在新形势下的坚持和发展

## ——关于党的群众路线教育实践活动的思考

张景荣

党的十八大以来，以习近平同志为总书记的党中央坚持贯彻十八大精神，围绕保持党的先进性和纯洁性，在全党深入开展以为民务实清廉为主要内容的党的群众路线教育实践活动，在新的形势下坚持和发展了党的群众路线。

### 一、强调群众路线在党的建设中的重要地位和作用，结合当前实际阐明了群众路线的重大现实意义

坚持党要管党、从严治党，永葆党的先进性和纯洁性，不断增强党的创造力、凝聚力、战斗力，是摆在中国共产党面前的重大课题。面对这个重大课题，以习近平同志为总书记的党中央谋局开篇，以党的群众路线教育实践活动作为加强和改进党的建设的切入点，鲜明地突出了群众路线在党的建设中的重要地位和作用。习近平总书记强调，群众路线是我们党的生命线和根本工作路线，是永葆党的青春活力和战斗力的重要传家宝。

习近平总书记指出，开展党的群众路线教育实践活动，是我们党在新形势下坚持党要管党、从严治党的重大决策，是顺应群众期盼、加强学习型服务型创新型马克思主义执政党建设的重大部署，是推进中国特色社会主义的重大举措，对保持党的先进性和纯洁性、巩固党的执政基础和执政地位，对全面建成小康社会，具有重大而深远的意义。他从三个方面阐述了这种意义：第一，开展党的群众路线教育实践活动，是实现党的十八大确定的奋斗目标的必然要求。我们要实现党的十八大确定的奋斗目标和中国梦，必须紧紧依靠人民，充分调动最广大人民的积极性、主动性、创造性。开展党的群众路线教育实践活动，就是要使全党同志牢记并恪守全心全意为人民服务的根本宗旨，以优良作风把人民紧紧凝聚在一起，为实现党的十八大确定的目标任务而努力奋斗。第二，开展党的群众路线教育实践活动，是保持党的先进性和纯洁性、巩固党的执政基础和执政地位的必然要求。保持党的先进性和纯洁性、巩固党的执政基础和执政地位靠什么？最重要的就是靠坚持党的群众路线、密切联系群众。人民拥护和支持是党执政的最牢固根基。人心向背关系党的生死存亡。开展党的群众路线教育实践活动，就是要把为民务实清廉的价值追求深深植根于全党同志的思想和行动中，夯实党的执政基础，巩固党的执政地位，增强党的创造力凝聚力战斗力，使保持党的先进性和纯洁性、巩固党的执政基础和执政地位具有广泛、深厚、可靠的群众基础。第三，开展党的群众路线教育实践活动，是解决群众反映强烈的突出问题的必然要求。总体上看，当前各级党组织和党员、干部贯彻执行党的群众路线情况是好的，党群干群关系也是好的。这是主流，必须充分肯定。同时，我们必须看到，面对世情、国情、党情的深刻变化，精神懈怠危险、能力不足危险、脱离群众危险、消极腐败危险更加尖锐地摆在全党面前，党内脱离群众的现象大量存在，一些问题还相当严重。我们一定要牢记“奢靡之始，危亡之渐”的古训，对作风之弊、行为之垢来一次大排查、大检修、大扫除，切实解决人民群众反映强烈的突出问题。

## 二、以为民务实清廉作为党的群众路线教育实践活动的主要内容，紧紧把握住了党的群众路线的基本点

党中央强调，党的群众路线教育实践活动，以为民务实清廉为主要内容。其实质，是让全党紧紧把握党的群众路线的基本点。

**为民是党的群众路线的核心内容。**中国共产党在领导中国革命、建设和改革的长期历程中，形成并发展了“一切为了群众、一切依靠群众，从群众中来、到群众中去”的群众路线。中国共产党形成、发展了这样一条路线，并要坚持和贯彻这样一条路线，目的是什么？从党的工作的角度，可以说，是为了保证党的决策的正确性和决策实施的有效性。中国共产党作为领导中国革命、建设和改革事业的核心力量，有两件大事必须做好：一是正确决策，二是有效实施决策。怎样才能做好？中国共产党人认为，群众是真正的英雄，人民群众的伟大实践是认识的真正源泉。要正确决策，就必须深入群众，深入实际，问计于民，问政于民。同时，中国共产党人更深深懂得，人民是历史的创造者，是改造世界的主体和力量源泉。中国的革命、建设和改革是中国人民的伟大事业。中国共产党只有把从群众中集中起来的意见、办法，拿到群众中去，使正确的决策为群众所掌握，充分调动和发挥人民的积极性和创造性，将决策转化为广大群众改造世界的实际行动，才能保证决策实施的有效性。从党的建设的角度，可以说，是为了提高党的决策能力和工作水平，以赢得人民群众的信任和拥护；在执政的条件下，则是为了夯实党的执政基础，巩固党的执政地位。人民群众是看实际的。中国人民对中国共产党的信任和拥护，从根本上说，是因为中国共产党在复杂的历史条件下，紧紧依靠人民，制定了一系列正确的路线、纲领、方针和政策，开辟了中国革命、建设和改革的正确道路，团结带领全国各族人民为国家的独立、民族的复兴、人民的幸福而努力奋斗，取得了举世瞩目的历史成就。中国共产党作为中国的马克思主义执政党，是历史的选择，人民的选择。而从党的宗旨的角度，则应该说，是为民，即为中国最广大的人民群众谋取根本利益。党的群众路线开宗明义：“一切为了群众”。也就是说，党的群众路线与党的全心全意为人民服务的宗旨是完全一致的。在党与人民群众的关系上，中国共产党人一贯坚持人民至上，人民的利益高于一切。党的一切工作，党的自身建设，归根结底，都是为了实现党的宗旨。所以，为民，是党的群众路线的根本目的，是党的群众路线的最高价值取向，是党的群众路线的出发点和落脚点，并贯穿于群众路线贯彻落实的全过程，从而构成了群众路线的核心内容。坚持和贯彻群众路线，作为一个过程，在任何时候任何环节上都要紧紧围绕、而不允许以任何方式偏离为民这个根本目的。习近平总书记说：“在任何时候任何情况下，与人民同呼吸共命运的立场不能变，全心全意为人民服务的宗旨不能忘，群众是真正英雄的历史唯物主义观点不能丢，始终坚持立党为公、执政为民。”

**务实是党的群众路线的基本要求。**这个要求体现在两个方面：一是要求中国共产党人想问题、作决策、办事情必须遵循实事求是的思想路线。马克思主义的认识论要求中国共产党人制定决策、实施决策都要从实际出发，而不是从本本出发，不是从脱离实际的主观意愿出发，因此党员干部必须深入实际，深入群众，通过调查研究，系统全面地了解世情、国情、民情的历史与现实，集中群众的智慧，作出符合客观规律、符合群众意愿的正确决策，并在依靠群众实施决策的过程中，根据决策实施的结果和实情的变化，检验和完善决策的内容，不断提高党的理论和实践的水平。在这点上，党的群众路线与党的思想路线实现了高度的统一。二是要求中国共产党人必须具有脚踏实地的品格和工作作风，讲老实话、办老实事、做老实人，做到讲实情、出实招、办实事、求实效。习近平总书记指出：“讲实情，就是讲事物的本来面貌，讲真话、

讲真理……出实招，就是按照实际情况决定工作方针，不提不切实际的口号，不提超越阶段的目标，不做不切实际的事情。办实事，就是从点滴入手、从具体事做起，力戒形式主义、官僚主义，力戒空谈。求实效，就是要求雷厉风行、狠抓落实，不抓则已、抓则必成，做出实实在在的业绩，不好大喜功、不做表面文章、不搞花架子。"没有这样的品格和工作作风，就很难深入群众、把握实情，就做不出符合客观规律和群众意愿的正确决策，就办不出让人民群众满意的事情，就达不到为民的根本目的。

**清廉是坚持和贯彻党的群众路线的基础条件。**坚持和贯彻群众路线，是党同人民群众互动的过程。党在人民群众心目中的清廉形象是实现党同人民群众良性互动的基础条件。清廉是中国共产党人的政治本色。广大群众往往首先是从这个层面来认识中国共产党，来审视中国共产党与其他鱼肉百姓的党派的区别。党只有始终保持清廉本色，人民群众才能将中国共产党人看作自己人，将中国共产党看作为自己谋利益的党，党才能得到人民群众的信任与拥护。有了这个基础条件，中国共产党人在群众中就会受到欢迎，群众就愿意向他们讲真话、诉真情；中国共产党集中群众智慧所制定的路线、纲领、方针、政策就能得到群众的衷心拥护，广大人民群众就会紧密团结在党的周围，为党所领导的伟大人民事业而奋斗。丢掉了这个基础条件，坚持和贯彻党的群众路线就会成为空谈。这个道理，在革命时期是如此，在建设和改革时期同样是如此。习近平总书记指出，得民心者得天下，失民心者失天下，人民拥护和支持是党执政的最牢固根基。人心向背关系党的生死存亡。党只有始终与人民心连心、同呼吸、共命运，始终依靠人民推动历史前进，才能做到哪怕"黑云压城城欲摧"、"我自岿然不动"，安如泰山、坚如磐石。

为民务实清廉，为民是核心，为民才肯务实，为民才能清廉；务实是途径，务实才能真正达到为民的目的；清廉则是检验党员干部是否为民、是不是真正的共产党人的试金石。我们把握住党的群众路线的核心内容和基本要求，以及坚持和贯彻党的群众路线的基础条件，也就把握住了党的群众路线的基本点。

## 三、要求教育和实践两手抓，指明了坚持和贯彻群众路线的具体途径，强调无论是教育还是实践都要坚持领导带头

如何才能坚持和贯彻党的群众路线？习近平总书记明确指出，必须做到教育和实践两手抓，使马克思主义群众观点深深植根于思想中、真正落实到行动上。对党的群众路线教育实践活动，中央反复要求，要坚持教育实践并重，坚持边学边查边改，把学习教育贯穿始终，把整改落实贯穿始终，使教育实践活动各个环节工作有效衔接、相互贯通。

**教育，是要解决思想认识问题，使党的群众路线在全体党员、干部中深深扎根，使践行党的根本宗旨成为党员、干部的普遍自觉。**具体说，就是要结合实际抓学习教育，采取多种形式，组织党员、干部认真学习党的十八届三中全会精神和习近平总书记系列讲话精神，学习中央规定的一系列学习内容，学习党的光辉历史和优良传统，开展理想信念、党性党风党纪和道德品行教育，开展马克思主义群众观点和党的群众路线专题学习讨论；向群众学习，拜群众为师，直接到群众中去广泛听意见，特别听取工作对象和服务对象的意见。习近平总书记特别强调，理想信念是共产党人的精神之"钙"，必须加强思想政治建设，解决好世界观、人生观、价值观这个"总开关"问题。

**实践，则要突出问题导向和整风精神，通过整改将群众路线落到实处。**党中央决定，把这次教育实践活动的主要任务聚焦到作风建设上，集中解决形式主义、官僚主义、享乐主义和奢靡之风这"四风"问题。因为这"四风"是违背我们党的性质和宗旨的，是当前群众深恶痛绝、反映最强烈的问题，也是损害党群干群关系

的重要根源。党内存在的其他问题都与这“四风”有关，或者说是这“四风”衍生出来的。“四风”问题解决好了，党内其他一些问题解决起来也就有了更好条件。解决“四风”问题，应对准焦距、找准穴位、抓住要害，不能“走神”，不能“散光”。反对形式主义，应着重解决工作不实的问题。反对官僚主义，应着重解决在人民群众利益上不维护、不作为的问题。反对享乐主义，应着重克服及时行乐思想和特权现象。反对奢靡之风，应着重狠刹挥霍享乐和骄奢淫逸的不良风气。解决“四风”问题，要从实际出发，抓住主要矛盾，什么问题突出就着重解决什么问题，什么问题紧迫就抓紧解决什么问题，找准靶子，有的放矢，务求实效。习近平总书记多次强调，要突出问题导向，紧紧扭住反对四风，聚焦“四风”查找问题、解决问题，以问题整改开局亮相，以问题整改注入动力，以问题整改交出答卷，坚持标准，严格把关，不断拧紧螺丝、上紧发条，保证活动不走过场。要以严的标准、严的措施、严的纪律坚决反对“四风”，推动思想认识进一步提高、作风进一步转变、党群干群关系进一步密切、为民务实清廉形象进一步树立、基层基础进一步夯实。要以踏石留印、抓铁有痕的劲头抓下去，善始善终、善做善成，防止虎头蛇尾，让全党全体人民来监督，让人民群众不断看到实实在在的成效和变化。

**而无论是教育还是实践，都要坚持领导带头。**习近平总书记指出，脱离群众的种种问题，主要表现在领导机关、领导干部中。这次活动要以县处级以上领导机关、领导班子、领导干部为重点。常言道，先禁己身而后人，打铁还需自身硬。党中央决定中央政治局先行开展这次活动，目的就是要起示范带动作用。县处级以上各级领导机关、领导班子、领导干部一定要当好表率。各级领导干部既是活动的组织者、推进者、监督者，更是活动的参与者，要以普通党员身份把自己摆进去，力争认识高一层、学习深一步、实践先一着、剖析解决突出问题好一筹。各级领导干部要放下架子，虚心听取下级、基层和党员、群众的意见，以树立标杆、向我看齐的态度检查自己，认真查摆个人、领导班子、本地区本部门在作风方面存在的突出问题，深刻剖析问题症结和原因，把整改的方向和具体措施明确亮出来，切忌查摆问题见事不见人、对人不对己、避重而就轻。有了这样的底气和决心，批评和自我批评就能开展起来，解决突出问题就会有好效果，一级做给一级看就能落到实处。

## 四、提出“照镜子、正衣冠、洗洗澡、治治病”总要求，并要求开门搞活动，创造了加强和改进作风建设、保持党同人民群众血肉联系的新形式

习近平总书记指出，这次教育实践活动借鉴延安整风经验，明确提出“照镜子、正衣冠、洗洗澡、治治病”的总要求。这4句话、12个字，概括起来就是要自我净化、自我完善、自我革新、自我提高。照镜子，主要是以党章为镜，对照党的纪律、群众期盼、先进典型，对照改进作风要求，在宗旨意识、工作作风、廉洁自律上摆问题、找差距、明方向。正衣冠，主要是在照镜子的基础上，按照为民务实清廉的要求，勇于正视缺点和不足，严明党的纪律特别是政治纪律，敢于触及思想、正视矛盾和问题，从自己做起，从现在改起，端正行为，自觉把党性修养正一正、把党员义务理一理、把党纪国法紧一紧，保持共产党人良好形象。洗洗澡，主要是以整风的精神开展批评和自我批评，深入分析发生问题的原因，清洗思想和行为上的灰尘，既要解决实际问题，更要解决思想问题，保持共产党人政治本色。治治病，主要是坚持惩前毖后、治病救人方针，区别情况、对症下药，对作风方面存在问题的党员、干部进行教育提醒，对问题严重的进行查处，对不正之风和突出问题进行专项治理。

习近平总书记特别强调，要以整风精神开展批评和自我批评。批评和自我批评是我们党的优良传统，是增强党组织战斗力、维护党的团结统一的有效武器。为什么说要以整风精神来抓？因为党内脱离群众的种种问题特别是“四风”问

题都是顽症，要真正解决问题，就要有抛开面子、揭短亮丑的勇气，有动真碰硬、敢于交锋的精神，有深挖根源、触动灵魂的态度。要开好民主生活会。无论批评还是自我批评，都要实事求是、出于公心、与人为善，不搞“鸵鸟”政策，不马虎敷衍，不文过饰非，不发泄私愤。忠言逆耳，良药苦口。对批评意见，要本着有则改之、无则加勉的态度，决不能用“批评”抵制批评，搞无原则的纷争。

习近平总书记指出，群众的眼睛是雪亮的。党员、干部身上的问题，群众看得最清楚、最有发言权。要坚持开门搞活动，一开始就扎下去听取群众意见和建议，每个环节都组织群众有序参与，让群众监督和评议，切忌“自说自话、自弹自唱”，不搞闭门修炼、体内循环。尤其是第二批教育实践活动在群众家门口开展，必须坚持开门搞活动，确保每个环节、每项工作都让群众参与、受群众监督、请群众评判，态度真诚，加强引导，讲究方法，把党的正确主张变为群众的自觉行动。要更加强化问题导向，盯住作风问题不放，从小事做起，从具体事情抓起，让群众看到实实在在的成效，有利于百姓的事再小也要做，危害百姓的事再小也要除，不等不靠，立行立改。

党中央提出的“照镜子、正衣冠、洗洗澡、治治病”总要求，以及开门搞活动的要求，创造了新形势下加强和改进作风建设、保持党同人民群众血肉联系的一种新形式。党的群众路线第一批教育实践活动所取得的群众充分认同，党内外积极评价的阶段性成果，证明这是行之有效的一种新形式。

## 五、强调坚持和贯彻群众路线的长期性，要求着眼长远、建立健全促进党员、干部坚持为民务实清廉的长效机制

习近平总书记指出，保持党同人民群众的血肉联系是一个永恒课题，作风问题具有反复性和顽固性，不可能一蹴而就、毕其功于一役，更不能一阵风、刮一下就停，必须经常抓、长期抓。我们既要立足当前、切实解决群众反映强烈的突出问题，又要着眼长远、建立健全促进党员、干部坚持为民务实清廉的长效机制。他强调，纠风之难，难在防止反弹。教育实践活动有期限，但贯彻群众路线没有休止符，作风建设永远在路上。

习近平总书记指出，经过多年探索和实践，我们在贯彻群众路线、密切联系群众方面有了比较系统的制度规定，大多行之有效、群众认可，要继续坚持。中央对这次教育实践活动有一些新的要求，各地区各部门也会创造出一些新鲜经验，要把中央要求、实际需要、新鲜经验结合起来，制定新的制度，完善已有的制度，废止不适用的制度。不管建立和完善什么制度，都要本着于法周延、于事简便的原则，注重实体性规范和保障性规范的结合和配套，确保针对性、操作性、指导性强。制度一经形成，就要严格遵守，坚持制度面前人人平等、执行制度没有例外，坚决维护制度的严肃性和权威性，坚决纠正有令不行、有禁不止的各种行为，使制度真正成为党员、干部联系和服务群众的硬约束，使贯彻党的群众路线真正成为党员、干部的自觉行动。

总之，党的十八大以来，以习近平同志为总书记的党中央领导全党开展党的群众路线教育实践活动，在新的形势下坚持和发展了党的群众路线。这对今后长期的党的作风建设、对党始终保持同人民群众的血肉联系这个最大的政治优势，具有重要的意义。

（作者：天津社会科学院中国特色社会主义理论学科首席专家，马克思主义研究所研究员）

# 群众路线教育实践活动的民生导向与实效研究

韩喜平　尤绪超

保障和改善民生是中国共产党的执政使命。新中国成立以来,共产党一直以改善民生作为最基本的执政目标。当前开展的以为民务实清廉为主要内容的党的群众路线教育实践活动发挥的作用是多方面的。从解决民生问题的角度理解,党的群众路线教育实践活动有助于推动民生问题的解决,并具体地、系统地体现了民生导向,产生了积极的实效。

## 一、人民群众始终是党的坚实执政基础,人民对改善民生的期待要求全面深化改革,推动了党的群众路线教育实践活动的开展

群众路线是党的生命线和根本工作路线,也是党的优良传统和政治优势所在。“党是为人民的利益而存在和奋斗的,但是党永远只是人民的一小部分;离开人民,党的一切斗争和理想不但都会落空,而且都要变得毫无意义。我们党要坚持革命,把社会主义事业推向前进,就必须坚持群众路线”。坚持群众观点,走群众路线,从根本上来说就是践行“人民利益高于一切”,就是在实现好、维护好、发展好最广大人民群众的根本利益。民生作为人民群众利益的基本内容,其解决程度如何直接关系到人民群众的利益的实现程度。保障和改善民生是解决群众最关心、最紧迫的现实问题。而坚持党的群众路线,必须把人民利益摆在最为重要的位置,必须把民生问题解决好。中国共产党自诞生之日起,就把全心全意为人民服务作为自己的根本宗旨,党的一切奋斗和工作都是为广大人民群众谋利益。新中国成立以来,我们党尤为重视民生建设。党的十八大报告提出,“加强社会建设,必须以保障和改善民生为重点”。中国特色社会主义建设和发展的过程,就是不断满足和丰富人民群众民生诉求的过程,就是不断保障和改善民生事业、增进人民福祉的过程。当前,全党深入开展以为民务实清廉为主要内容的党的群众路线教育实践活动就是要全体党员深化“一切为了群众、一切相信群众、一切依靠群众”的群众观点,坚持“从群众中来、到群众中去”、“密切联系群众”的工作方法,走“以人为本”、“立党为公、执政为民”的群众道路,把“全心全意为人民服务”、“一心一意为人民谋福祉”的宗旨贯彻到具体工作之中,从而使党的工作更好地为人民群众服务,使改革发展的成果更多更公平地惠及全体人民,切实提高新形势下党保障和改善民生的能力。

保障和改善民生事业的现实诉求推动了党的群众路线教育实践活动的开展。改革开放以来,我国的经济建设取得了举世瞩目的成就,成为世界第二大经济体。然而,在取得巨大成就的同时,也存在一些亟待解决的重大问题,尤其是事关人民群众福祉的民生问题。如居民收入差距不断拉大;“看病难、看病贵”、入托难、上学难、教育不公、校车安全等教育问题迟迟不能得到有效的解决;老龄化、养老金缺口、就业、住房等社会保障问题挑战着社会的承受能力。这些民生问题导致了社会关系的不和谐,并传导到社会建设上来,滋生了严重的社会矛盾。群体性事件、上访事件急剧上升,局部地区也出现了比较严重的社会治理危机,社会不稳定的政治风险的系数也在增加。同时,民生问题也传导到经济发展上,降低了人民群众生产的积极性和创造性,影响了生产力的发展。当前,中国

民生中的这些问题主要是由于经济发展的成果没有及时同步地反映到民生改进过程中造成的，导致民生福祉增进的步伐严重滞后于经济发展的速度，并成为社会矛盾的主要来源，具有了复杂性、交互性、累积性、结构性的特点。民生需求成为推动开展党的群众路线教育实践活动的理论必然性与现实紧迫性的关键因素。

解决人民群众反映强烈的民生问题，必然会回到群众去。马克思主义唯物史观告诉我们，“人民，只有人民，才是创造世界历史的动力”。人民是改善和建设民生事业的实践者，是推动民生问题解决的动力源泉，而“只要我们依靠人民，坚决地相信人民群众的创造力是无穷无尽的，因而信任人民，和人民打成一片，那就任何困难也能克服，任何敌人也不能压倒我们，而只会被我们所压倒”。当前，深入开展党的群众路线教育实践活动，无疑是解决错综复杂民生问题的有效手段，是把民生保障与改善问题置于与中国特色社会主义改革事业相联系的政治高度来认识，是在准确把握当前民生建设阶段性特征、深刻分析民生与群众路线关系、系统总结新中国成立以来民生发展实践经验的基础上，对当前民生改善路径作出的科学判断，是对民生发展理论、发展方向认识的进一步升华，对于教育引导党员干部牢固树立宗旨意识和马克思主义群众观点，夯实党的群众基础，巩固党的执政地位，赢得人民群众信任和拥护，统一思想、形成合力、凝聚力量，加快推进民生事业发展具有重大的现实指导意义和深远的历史影响。

## 二、党的作风建设事关民心向背，党的群众路线教育实践活动强化了密切联系群众的作风，激发了党员干部的民生情怀

党的作风建设事关民心向背，关系到党的生死存亡，也关系到民生事业建设的快与慢、好与坏、成与败。党的作风通过干部作风呈现出来。历史经验表明，党的作风建设搞得好，干部队伍务实高效，人民群众就拥护和支持；反之，人民就会反对和疏离，党的事业就失去了群众之基、力量之源。“求木之长者，必固其根本。欲流之远者，必浚其泉源”，要让人民群众看得到、摸得着、听得到党的事业，要让人民群众相信党、拥护党、依靠党，党的干部首先要改善工作作风，倾听群众呼声，关心人民疾苦，相信、尊重和敬畏人民群众，以更大的政治智慧向人民群众学习，把事关人民群众核心利益的民生问题解决好、维护好和发展好。只有怀着对人民群众无比深厚的感情，深入群众之中，同群众打成一片，植根人民并造福人民，才能赢取人民群众的信任与支持，党才能始终立于不败之地，民生问题才能解决好。当前，开展党的群众路线教育实践活动，本质上是要在全党系统来一次大排查、大检修、大扫除。领导干部要以身作则，先禁己身而后人，率先垂范，当好表率，要按照“照镜子、正衣冠、洗洗澡、治治病”的总要求，本着严正的、彻底的、尖锐的但又应该是诚恳坦白的、实事求是的、与人为善的态度，坚持正确的而不是歪曲的、认真的而不是敷衍的原则，“讲真理，不讲面子，红红脸、出出汗”，有效地开展好党的民主生活会。通过批评与自我批评的方法，找到问题，清除侵害党的肌体的腐朽的、堕落的思想，提高党员干部坚持党性原则的自觉性，弘扬求真务实、清正廉洁的优良作风，重塑勤俭节约、艰苦朴素的传统美德，最大限度地克服精神懈怠、能力不足、脱离群众、消极腐败四大危险，有效地根治形式主义、官僚主义、奢靡之风和享乐主义四大毒瘤，彻底清除党员干部队伍中门难进、脸难看、事难办的歪风邪气。正本清源，拨开挡在党和人民群众之间的乌云，拉近党与人民群众的距离，密切党同人民群众的联系，真正做到“立身不忘做人之本、为政不移公仆之心、用权不谋一己之私”，切实提高党员干部为民服务的意识。

全面深入开展党的群众路线教育实践活动应通过调查研究了解并解决群众的实际问题。毛泽东指出，要了解情况，唯一的方法是向社会

作调查。胡锦涛曾指出，调查研究是我们的谋事之基、成事之道，领导干部必须深入基层，深入群众，特别是要到较困难的地方去，到群众意见多的地方去，到工作推不开的地方去。习近平总书记在党的群众路线教育实践活动工作会议上的讲话明确强调："要深入调查研究，要深入基层、深入群众，广泛听取意见。"自党的群众路线教育实践活动开展以来，在全党、全国形成了进村入户到田间地头办公的社会风气。广大党员干部结合工作实际，带着课题下基层、带着任务做调研，深入到人民群众中去了解群众，熟悉群众，与群众交流生产生活，虚心向群众学习，热心为群众服务，不断发现新情况，研究新问题，探索新思路，提高了调查研究的社会效果，切实拉近了党员干部与基层人民群众的距离，提高了党在人民群众中的威望，密切了党群关系。同时，通过实践调研，帮助干部纠正和破除了教条主义、主观主义的束缚，确立了一切从实际出发，理论联系实际的学风，不仅向书本学习获得间接经验，更要向实践学习获得直接经验，大大提高了全体党员对民生问题的认识水平。在对待人民群众的态度上，改进了政绩观、权力观、地位观，端正了对待群众的态度，提高了主动联系群众的热情，思想上关心群众，感情上贴近群众，物质上帮扶群众，尊重人民主体地位，尊重人民首创精神，把政治智慧的增长、执政本领的增强深深扎根于人民的创造性实践之中。在方法上，创新和改进联系群众的方式方法，拓宽反映社情民意的渠道，采取更多的方式、方法广泛听取人民群众的呼声、意见和建议，真诚倾听群众诉求，真实反映群众愿望，真情关心群众疾苦，既了解和掌握群众需要什么，更把解决问题付诸实践中；既坚持工作重心下移，走基层、接地气、察民生，又入眼、入脑、入心，办理了大量顺民意、解民忧、惠民生的实事，做到了民有所盼，我有所应。始终把人民利益放在第一位，把实现好、维护好、发展好最广大人民根本利益作为一切工作的出发点和落脚点，做到权为民所用、情为民所系、利为民所谋。

开展群众路线教育实践活动就是要在党员队伍中形成强化群众观念、提高群众意识、夯实群众基础的社会风气。这就需要直指群众最关心、最直接、最现实的民生问题，要在价值观念和思想意识上树立正确的、系统的、科学的、清晰的民生情怀，把群众路线教育实践活动与民生改善工作紧密联系起来，把党的先进性、纯洁性与"为民务实清廉"有机统一起来，把人民群众满意不满意、答应不答应作为评价和衡量党的群众路线教育实践活动成效的重要标准，使党的群众路线教育实践活动与民生改善工作成为相辅相成、互为一体、协同推进、高度统一的有机体。

## 三、人民是否真正得到了实惠是检验一切工作成效的标准，党的群众路线教育实践活动取得了显著的民生建设实效

民生连着民心，民心关系国运。开展党的群众路线教育实践活动，核心在民、功夫在民生。从概念的内涵和外延的角度看，党的群众路线教育实践活动是民生保障与改善的有效途径，党的群众路线教育实践活动的实践过程，就是一个了解、发现民生问题，发展、建设民生事业，总结、吸收民生教训的过程，二者是一脉相承、互为一体、协同推进、高度统一、不可剥离的互动关系，其耦合的最佳状态应该是在群众路线教育实践活动中发展和改进民生，在民生优化和提升过程中深化群众路线教育实践活动。剥离民生实践的群众路线教育实践活动是片面的、孤立的、错误的。也就是说，党的群众路线教育实践活动通过民生这一载体，达到了教育党员干部，加强党的作风建设，纯洁党的队伍的目的，同时，也发展和改善了民生。反过来，党员队伍素质的提高增强了党员的民生服务能力和水平，促进了民生事业的进一步发展，集中体现了党性与人民性的统一。正如毛泽东在《论联合政府》中所言："我们共产党人区别于其他政党的又一个显著的标志，就是和最广大的人

民群众取得最密切的联系。全心全意地为人民服务，一刻也不脱离群众；一切从人民的利益出发，而不是从个人或小集团的利益出发；向人民负责和向党的领导机关负责的一致性；这些就是我们的出发点。”

民生问题在实践中产生，也必将在实践中得以解决。开展党的群众路线教育实践活动，有利于强化党员干部的民生关怀行为，把解决好、发展好、改善好民生工作作为第一要务。实践作为党的群众路线教育实践活动的核心关键词，是党员干部了解和掌握群众最关心、最直接、最现实问题的教育机会，也是各级党委着力解决和改善民生问题的良好契机。从实践维度看，党的群众路线教育实践活动释放的民生效果是显著的，也是多维的，为民生事业的发展提供了群众基础、组织基础和物质支持，全方位地体现了以人为本的发展理念。自党的群众路线教育实践活动开展以来，从中央到地方，各级党委在十八大精神的指导下，本着以人为本、科学发展的原则，从公共文化服务、教育改革、就业创业、收入分配、社会保障制度、医药卫生改革等方面制定了一系列反映社情民意、体现国情特点的民生政策，极大程度地释放了经济发展的红利，并在国家可承受范围内最大限度地提高了人民群众的社会福利。严控政府公共消费，为财政性民生发展支持挤出福利空间。通过专项整治政府公共消费，严格控制“三公”经费支出，为增加财政性民生支出提供空间和可能性。自党的群众路线教育实践活动开展以来，中央多措并举，系统地清理了政府公共消费中存在的一系列不合理行为和不必要的浪费，为国家公共财政支出节省了一大笔开支，深得百姓的欢迎和叫好，具有明显的社会效益。在干部管理上，改进领导班子和省管干部考核工作，严格规范领导干部配备，建立财产公示制度，压缩出访规模总量、制止考察性、照顾性出访及变相公款出国旅游，进一步清退办公用房、各类会员卡，治理“吃空饷”问题；在公务活动上，建立公务接待审批控制制度，严格执行公务接待规定，压缩“三公”经费，严控车辆运行经费，整治公款送礼、公款吃喝、奢侈浪费等不正之风，压缩节庆、论坛、展会、体育运动会的规模、减少各类检查评比表彰活动，精简会议活动、控制发文数量、治理简报过多过滥问题，不搞文山会海，规范文风会风。教育部门针对择校难、乱办班、乱收费等问题，加强监督管理，杜绝滥用教育行政权力等行为，有效整治考风考纪，针对问题攻坚突破、兑现承诺、整建并举、务求实效，保证了教育公平。住建部门针对城乡困难群体的住房问题，加大力度推进惠民政策落实，加强力度推进制度保障，让老百姓“居住安心”、“生活舒心”。通过这一系列治理措施，使得群众路线查摆问题做到有的放矢，整改落实取得实质性、阶段性的效果，干部作风进一步转变，干群关系进一步密切，为民务实清廉形象进一步树立，党员干部的创造力、凝聚力、战斗力不断增强，服务和改善民生的能力和水平不断提高，党的群众路线教育实践活动取得了实质性进展。

### 四、党的群众路线教育实践活动把制度建设贯穿始终，建立“为民务实清廉”长效机制，推动了增进民生福祉的体制机制构建

“制度问题更带有根本性、全局性、稳定性、长期性。”群众路线教育实践活动把制度建设贯穿始终。把制度设计作为党的作风建设系统工程中一个根本性、基础性环节，把制度建设作为党员干部和广大群众共同参与全面深化改革的有力措施，更把体制机制的完善作为务实为民、改善民生的根本保障。总体上，制度可以为提升公民参与社会竞争的能力提供切实保障，特别是能够保障公民平等地享有教育、就业、医疗等方面的权利，也可以为处在社会弱势地位的公民提供特殊保障，使他们生活得更幸福、更美好、更有尊严。由此可见，用制度来巩固和提高民生建设成果是党的群众工作的基本经验。夯实党的群众路线教育实践活动，既要

在政策制定和完善上坚持民生导向，又要把民生建设成果上升到制度的高度进行保障，应将那些经过实践检验的、正确的民生政策上升到制度的高度，通过制度建设夯实、巩固和提高党的群众路线教育实践活动成果。

民生建设是一个系统性的工程，必须建立长效的、常态的、可持续发展的民生改善机制。深化党的群众路线教育实践活动，必须把“自下而上”的民生倒逼机制和“自上而下”的相机抉择机制有机结合起来，建立倒逼机制的识别、诊断机制，在倒逼机制中快速反应、相机抉择，科学、准确地作出判断；在相机抉择中深化倒逼机制，建立倒逼机制与相机决策机制的联动、协调机制，寓“倒逼机制”于“相机抉择机制”之中。通过机制创新，顺应群众期盼，把党的群众路线实践教育活动真正融入民生建设工作中，确保时刻保持党同人民群众“同呼吸、共命运”的血肉联系。群众路线教育实践活动还注重为民决策的科学化、人性化、民主化，合理处理调研、决策、执行、监督四个环节。制度设计要力求把原则方针具体化、把笼统要求明晰化，在内涵上要清晰而明确、执行标准上要具体而量化、监督措施上要配套而严密。群众工作制度要突出制度的硬约束和“刚性”。在加强作风建设过程中，注意解决干部不作为、少作为的情况，力争解决办事条件和标准模糊、自由裁量权过大、罚则不力等问题，把服务群众的思想理念、方式方法、基本措施用制度的形式固定下来。

党的群众路线教育实践活动推动了民生评价机制和政绩考核机制的形成。群众路线教育实践活动中，习近平多次强调“人民对美好生活的向往，就是我们的奋斗目标”，“要把满意作为标准”。让人民过上更好生活是中国共产党执政的价值取向。坚持群众路线，就要真正让人民来评判我们的工作。“知政失者在草野。”我们党的执政水平和执政成效都不是由自己说了算，必须而且只能由人民来评判。人民是我们党的工作的最高裁决者和最终评判者。在新修订的《干部任用条例》中，明确将民生指标纳入了干部考核范围，这是政绩考核标准转变的关键一步，改变了以往单纯以GDP的增长和企业利润等经济指标的衡量标准，更加重视社情民意等社会指标，这也是群众路线的成果之一。群众路线把建设“服务型政府”、“民生型政府”作为政府行政管理体制的重要目标。不断规范政府行为、推进政务公开、不断完善决策问责制度、有效遏制贪污腐败行为，加快民生制度建设，将民生问题的解决提到政治的高度。形成群众路线成果评判标准，也是干部作风和政绩考核评价标准。坚持成绩由群众评判，作风好不好，能力强不强，政绩大不大，群众最有发言权。完善了接受群众监督、批评与自我批评、公开公正公平透明办事、扩大公民有序参与的监督评价机制。把强化为民宗旨、树立务实理念、发扬清廉作风统一起来，将科学有效的工作体制和健全完善的工作机制贯穿到解决民生问题的始终，形成增进民生福祉的发展机制，保证各项民生措施贯彻落实。

（作者单位：吉林大学马克思主义学院）

# 第八部分

# 培育和践行社会主义核心价值观

# 发挥组织优势　体现群众特点<br>积极培育和践行社会主义核心价值观

李源潮

党的十八大提出积极培育和践行社会主义核心价值观的重大任务，党中央对人民团体引导各自所联系的群众培育和践行社会主义核心价值观高度重视。共青团、妇联、科协、侨联要按照党中央和习近平总书记要求，发挥组织优势，体现群众性特点，为推动培育和践行社会主义核心价值观作出贡献。

## 一、人民团体和群众组织要把培育和践行社会主义核心价值观作为一项重大任务抓紧抓实抓好

培育和践行社会主义核心价值观，是我们党集中全党全国人民共同意愿作出的重大决策，是推进中国特色社会主义伟大事业、实现中华民族伟大复兴中国梦的战略任务。党的十八大提出，倡导富强、民主、文明、和谐，倡导自由、平等、公正、法治，倡导爱国、敬业、诚信、友善，积极培育和践行社会主义核心价值观。党的十八届三中全会强调，坚持中国特色社会主义文化发展道路，培育和践行社会主义核心价值观，巩固马克思主义在意识形态领域的指导地位，巩固全党全国各族人民团结奋斗的共同思想基础。2013 年 12 月，中央下发《关于培育和践行社会主义核心价值观的意见》。今年 2 月，习近平总书记主持中央政治局集体学习，强调把培育和弘扬社会主义核心价值观作为凝魂聚气、强基固本的基础工程。

培育和践行社会主义核心价值观，人民群众是主体。习近平总书记对在人民群众中培育和践行社会主义核心价值观高度重视，并对青年、妇女、少年儿童、科技工作者等群体提出了特别的要求。去年与全国妇联新一届领导班子谈话时，要求注重发挥妇女在弘扬中华民族家庭美德、树立良好家风方面的独特作用。去年“五四”与各界优秀青年代表座谈时，希望广大青年自觉树立和践行社会主义核心价值观，带头倡导良好社会风气。今年“五四”与北大师生座谈时，强调青年的价值取向决定未来整个社会的价值取向，要求广大青年要自觉践行社会主义核心价值观，在勤学、修德、明辨、笃实上下功夫。“六一”前夕参加北京市海淀区民族小学主题队日活动时，要求各方面共同努力，让社会主义核心价值观的种子在少年儿童心中生根发芽。对少年儿童培育和践行社会主义核心价值观提出记住要求、心有榜样、从小做起、接受帮助四点希望。在刚刚召开的“两院”院士大会上，希望广大院士发扬我国科技界爱国奉献、淡泊名利的优良传统，以身作则、严格自律，在攻坚克难、崇德向善中做到学为人师、行为世范，带动科技界乃至全社会践行社会主义核心价值观。

党中央在中国工会十六大、共青团十七大、中国妇女十一大上的祝词中，对广大职工、青少年、妇女培育和践行社会主义核心价值观也有明确要求。在共青团十七大上的祝词中，号召青年一代勇开风气之先，树立和践行社会主义核心价值观，以实际行动促进社会文明进步。在中国妇女十一大上的祝词中，号召广大妇女传承美德，促和谐树新风，尊老爱幼、勤俭持家、自立自强、科学教子，树立家庭文明新风尚，践行社会主义核心价值观，为继承和弘扬中华民族优秀文化贡献力量。

党中央书记处对人民团体抓好培育和践行

社会主义核心价值观工作作出了明确部署，要求全国妇联引导广大妇女自觉践行社会主义核心价值观，树立良好道德风尚，推动社会文明进步；要求团中央切实抓好培育和践行社会主义核心价值观这一重要任务，不断提高广大青少年思想道德品质。

各级群团组织都要深刻领会党中央和习近平总书记的要求，切实把培育和践行社会主义核心价值观作为一项重大任务抓紧抓实抓好。

## 二、发挥人民团体的组织优势，抓好在重点群体中培育和践行社会主义核心价值观工作

人民团体是党联系群众的桥梁纽带，要立足各自实际，发挥组织优势，在所联系的群众中大力开展培育和践行社会主义核心价值观工作。比较而言，涉及四个方面的群众工作要更为重视。

**一是要带好青年。**这是党中央和习近平总书记最关心、强调最多的。青年是价值观确立的关键时期，青年是领风气之先的生力军。抓好青年社会主义核心价值观的培育和践行，关系青年一代的价值取向。共青团要切实肩负起引导青年培育和践行社会主义核心价值观的重任。要发挥教育引导优势，在青年中树立实现中华民族伟大复兴中国梦的理想信念，引导广大青年坚定不移跟党走中国特色社会主义道路；扎实开展中华优秀文化和传统美德教育，引导广大青年做民族精神和时代精神的传承者、弘扬者；加强民族团结教育，引导各民族青年树立正确的祖国观、民族观，做民族团结和祖国统一的坚定维护者。要发挥实践育人优势，深入开展青年志愿服务活动、科技创新活动、勤工俭学活动，引导广大青年身体力行社会主义核心价值观。

**二是要从娃娃抓起。**“三岁看大，七岁看老”。十年树木，百年树人。一个民族的未来，取决于今天对娃娃的培养。让社会主义核心价值观的种子在少年儿童心中生根发芽，需要各方面共同努力。作为少年儿童自己的组织，少先队要坚持开展多种形式的组织教育、自主教育、实践活动，用形象化、榜样化、行动化的方式，帮助少年儿童记住社会主义核心价值观的基本内容，向先进模范学习，从小做起，一点一滴积累养成好思想好品格。

**三是要融入家庭。**家庭是价值观交流的第一场所，是道德养成的第一学校，父母的言传身教，兄弟姊妹的耳濡目染，对一个人价值观的形成有着深刻影响。中国自古把齐家作为治国平天下的重要基础。培育和践行社会主义核心价值观，要融入家庭、深入家庭，以家庭文明进步推动社会文明进步。妇女是家庭文明的建设力量，母亲的思想品德对子女的影响更大、更久、更基本。妇联作为广大妇女的“娘家”，要积极引导广大妇女主导文明家庭建设，在弘扬家庭美德、树立良好家风中发挥独特作用。

**四是要发挥科技工作者的示范作用。**科技工作者是建设创新型国家的骨干力量，也是多数青少年尊崇的榜样。他们的道德品行不仅对学术风气，而且对社会风气尤其是对青少年的风尚有极大的示范影响。各级科协要大力倡导科学道德，引导科技工作者弘扬爱国奉献精神，坚定学术操守和道德理念，把学问和人格融合在一起，以德修身、以德立学、以德育人，引领示范社会风气。鼓励支持科技工作者积极传播科学知识和科学精神，推动形成爱科学、学科学、用科学的良好社会氛围。

以上四个方面，都是打基础、求长远的事，是日积月累、润物无声的工作，要抓细、抓小、抓实。此外，还要发挥广大归侨侨眷和海外侨胞在继承、传播、弘扬中华优秀文化方面的独特作用，努力建设中华民族共有的精神家园，凝聚海内外中华儿女为实现中华民族伟大复兴的中国梦共同奋斗。

## 三、体现群众组织的群众性特点，激发广大群众践行社会主义核心价值观的内在动力

培育和践行社会主义核心价值观，要充分

体现群众性特点，激发广大群众积极参与，让社会主义核心价值观深入人心、深入家庭、深入社会，成为人们普遍的精神追求和行为习惯。

**一要知行合一，重在实践。**群众是天然的实践派，日用而不觉的道德尺度，都是在生活实践中潜移默化形成的。群团组织在群众中培育和践行社会主义核心价值观，更要坚持知行合一，突出实践。对青少年来说，理论和知识的灌输是十分必要的，但“纸上得来终觉浅”，光靠口头教育不可能把社会主义核心价值观的根扎牢。华中农大本禹志愿服务队十几年接力服务西部，就是靠实实在在做事，聚集起越来越多的志愿者。对妇女群众来说，肩负工作家庭两副担子，每天忙里忙外，最讲务实，光给她们讲大道理很难入脑入心。要设计务实管用、群众欢迎的活动载体，把社会主义核心价值观的要求变成看得见、感得到、行得通的具体实践。

**二要组织动员，广泛参与。**群众对自己所属的组织有天然的亲近感、认同感，能参加组织的活动感觉光荣受尊重，谁都不想当后进。共青团、妇联、科协、侨联有完善的组织体系和基层阵地，要广泛动员所联系的群众参与到社会主义核心价值观的培育和践行中来。今年以来，全国妇联开展寻找“最美家庭”活动，利用遍布城乡的“妇女之家”和网上评选，吸引广大妇女和家庭踊跃参加，对全社会弘扬家庭美德、树立文明新风产生了积极影响。要贴近基层实际，积极开展群众便于参与、乐于参与的精神文明创建活动，更好地吸引群众。要积极运用互联网发动群众、引导群众，使培育和践行社会主义核心价值观在网上网下有机融合、广泛覆盖。

**三要积极鼓励，导向鲜明。**当今社会是一个开放的社会，各种思想观点众说纷纭，特别是自身生活、学业、情感、就业等方面的困惑，都会影响群众的价值判断和价值取向。共青团、妇联、科协、侨联等群团组织要根据党的方针政策，联系群众的思想实际，加强正面引导，显化正面价值、放大正面能量，把明辨真假、是非、善恶、美丑、优劣作为培育和践行社会主义核心价值观的重中之重。要充分利用各自影响，对群众中弘扬社会主义核心价值观的模范事迹和新风正气，予以大力表扬，树立正确导向；对群众中存在的糊涂认识和不良风气，及时批评纠正、亮明态度，抑制歪风邪气，鼓励群众向上向善。

**四要典型引路，创优争先。**榜样的力量是无穷的，选树先进典型是群众工作的重要法宝。全国五一劳动模范、青年五四奖章获得者、三八红旗手、求是科技奖获得者、侨界杰出人物等，都是各领域的先进典型。要广泛宣传他们的事迹和精神，激励广大群众向先进看齐。这次全国高考前夕，江西宜春两名高三学生勇斗持刀砍人歹徒，被称为“夺刀少年”，要在青少年乃至全社会大张旗鼓地宣传。要大力选树群众身边的先进典型，让群众推荐、群众评选，让群众在参与中受教育，在对比中找差距，激励群众学习先进、追赶先进、争当先进。一些地方开展美德大讲堂、家庭故事会，让群众讲评身边的好媳妇、好公婆、好邻居，经常座无虚席。要注意培养群众中的积极分子，发挥表率带动作用，一带十、十传百，把培育和践行社会主义核心价值观的好做法好经验普及到整个群体，推广到全社会。

培育和践行社会主义核心价值观关乎国家前途命运，关乎社会稳定和谐，关乎人民幸福安康。各级群团组织要在党委、政府领导下，以强烈的责任感和使命感扎实做好各项工作，为培育和践行社会主义核心价值观作出应有的贡献。

（此文是李源潮同志2014年6月12日在共青团中央、全国妇联、中国科协、中国侨联培育和践行社会主义核心价值观交流会上的讲话，发表时略有删节）

# 倡导社会主义核心价值观的理论前提

兰久富

每个社会都有一些核心价值观,这些价值观起着引导和统帅其他价值观的作用。倡导核心价值观是社会文化建设的一项重要内容,通过倡导核心价值观,使核心价值观得到更多人的理解和认同,成为人们共同的行动准则和价值目标。在倡导某种价值观之前需要回答一个具有前提性的理论问题,即这种价值观应否以及能否成为社会多元主体的价值共识,倡导社会主义核心价值观也不能回避这个理论问题,也要问一问它应否以及能否成为社会多元主体的价值共识。只有肯定社会主义核心价值观不仅应该而且能够成为价值共识,倡导社会主义核心价值观才有充分的理由。

## 一

价值共识是指“不同主体对价值(主要指公共价值)达成基本或根本一致的看法,也即对价值形成基本或根本一致的观点和态度”。对于什么事物有价值,什么事情应该做,不同的人持有相同的观点就是价值共识。价值共识可以是对任何价值的一致看法,但通常指的是对公共领域重大价值的一致看法,如在伦理价值、政治价值上的一致看法。私人领域的价值只属于个人,无需取得价值共识,而公共领域的价值涉及许多人,达成价值共识就是必要的。价值共识的理想状态是社会全体的一致认同,但在现实中只要取得大多数成员的同意和认可就称得上是价值共识。

价值共识的实质是价值观的一致。只要价值观一致,对事物价值的看法就会相同,而价值观相互对立则会作出完全不同的价值评价。价值观表达的是对重要价值的理解和追求,它既是对价值的判断,也是对价值的选择。价值观的重要性不仅在于使人形成关于事物价值的认识,更在于让人作出价值选择,从而确定行动的目标和方向。人们在价值观上达成一致,对事物的价值就会有相同的看法,减少价值上的冲突,并且会追求共同的价值,在同一方向上产生更大的合力。

价值判断是关于价值的认识,与事实判断关于事实的认识有明显的区别。休谟最先区分以“是”为系词的事实判断和以“应该”为系词的价值判断,指出这是两种不同性质的判断,无法从前者推论出后者。人们在事实判断上比较容易达成一致,但是对于价值,不同的人往往作出不同的判断。因为价值是对于特定人的价值,人都是按照自己的需要衡量价值,所以不同的人有不同的价值判断是很正常的。当价值判断的差异反复地出现在一些重大价值上时就成为价值观的分歧和对立。在那些只涉及私人选择的价值观上产生分歧无关紧要,应该允许这样的价值观多元并存的局面;可是在公共领域涉及共同利益的价值观上产生冲突就不能等闲视之,如果缺乏良好的协调机制有可能导致社会的混乱。在价值观上出现分歧时不能简单地用一种价值观压制另一种价值观,这样做不仅不能消除分歧,还会加剧因对抗而产生的社会冲突。在公共领域出现价值观的多样化时,寻求价值共识就变得非常必要,只有在价值共识中才能有效地化解价值观的分歧和冲突,保持社会内部的和谐。可是形成价值共识不是一件简单的事情,比起达成事实认知的一致要复杂得多,因为在价值观背后总是有利益的差异,而没有共同的利益就很难达成价值共识。

价值观都是特定主体的价值观，是从某个人的角度对价值的判断和选择。这一点也与事实认知不同。事实认知的主体不是特定的人，它不是只有从特定的人的角度才能看到的结果。这种适合任何人的知识没有具体的主体，没有个体的独特视角，具有最大的普遍性。价值观则是有特定主体的独特视角，不可避免地表现出个体性和特殊性。在谈论价值观时必须问是谁的价值观，就像谈论价值时要问是对谁而言的价值一样。如果不确定价值观的主体，泛泛地谈论某种价值观，那么这种价值观就是抽象的价值观。即使对于作为价值共识的价值观也不能忽略其主体，应该明确拥有价值共识的每个人都是这种价值观的主体，每个人都是从自己的角度作出价值判断和价值选择的。只有当不同的主体从各自的角度作出一致的价值判断和价值选择时，才有真正的价值共识。

价值观的主体是现实的人，而现实的人是处在具体社会关系中追求自身利益的人。现实的人在社会中处于不同的境地，追求不同的利益，具有不同的愿望。每个人都从自己的利益和愿望出发判断和选择价值，成为多元的价值观的主体。任何价值观都是现实的人所持有的价值观，没有一个价值观是由抽象的“群体”所掌握的价值观。价值观的主体是多元的，并不意味着价值观必定就是多元的。不同的人可以有同样的价值观，而每个人都是这个价值观的主体。如果多元主体分享同一个价值观，这就是价值共识。在较小的群体中，当人们的处境相当、利益一致时，在价值观上比较容易达成共识，能够形成大家一致认可的价值判断和价值选择。但是在整个社会中形成价值共识是一件非常困难的事情，多元主体在处境、利益上很难保持完全一致，当差异胜于一致时就无法形成广泛的价值共识。在由存在各种差异的诸多个体构成的社会里，不是任何价值观都能成为价值共识，只有那些适合各种处境、指向共同利益的价值观才能为大多数人所认可和接受。

## 二

有一部分价值共识是在社会交往中自然形成的，还有一部分价值共识是通过社会的主动倡导形成的。每个社会都以各种形式倡导主流的价值观，力图使这种价值观成为全体成员的共同价值观。但是倡导价值观与传播科学知识不一样，传播科学知识的合理性是毋庸置疑的，而倡导价值观是否合理却是个问题，如果倡导的价值观是错误的，那么倡导价值观的举措也是错误的。因此在倡导某种价值观之前需要回答这样一个问题：这种价值观应否成为价值共识，即成为价值共识能否产生积极的作用。不论什么样的价值观，只要成为价值共识都能发挥一定的社会整合作用，它可以使社会成员之间形成共同的价值标准和价值目标，从而产生凝聚力，维系社会的团结和稳定。社会是由不同阶层、不同地区、不同民族的追求各自利益的个人构成的，多元主体之间在对价值的看法上不可避免存在一些分歧。当社会中有许多彼此冲突、相互否定的价值观时，人们对什么是好的、什么是坏的，什么是应该做的、什么是不应该做的，持有完全不同的看法，无法形成共同的标准和目标。这样会导致人与人的冲突和对抗，在极端情况下会造成社会的分裂。如果社会中的一些基本价值观被大家所接受，成为价值共识，那么就可以避免严重的冲突，保持社会的团结和稳定。从社会整合的作用来看，倡导价值观使之成为价值共识具有积极的意义。

可是，还有一种情况需要考虑，价值共识把整个社会引向什么方向。某些价值观成为价值共识的确可以带来团结和稳定的效果，然而团结和稳定也许使整个社会更加封闭和保守，陷入长久的停滞状态。因此，是否应该倡导某种价值观还要看由此形成的价值共识是否对个人的福利和社会的进步产生积极的作用，只有产生积极作用的价值共识才是值得追求的。

任何价值观都有可能成为价值共识，但是只有合理的价值观成为价值共识才能产生积极的作用。合理的价值观是符合人的要求、体现真善美的价值观。价值观的合理性不同于知识的真理性，知识的真理性以事实为依据，价值观的合理性则以人的生活为尺度。与人的生活的要求一致，能够产生积极有益的效果，这样的价值观才是合理的。确定价值观是否合理比较复杂，因为人的生活要求是多样的，适合不同要求的价值观都有合理性，而且人的生活在变化，价值观的合理性也在变化。在社会的不同发展阶段倡导不同的价值观是合理的，相反固守一种落后于时代发展的价值观是不合理的。在特定的社会生活中，价值观合理与否是相对确定的，因而应该倡导什么价值观也是相对确定的，并不像价值相对主义所说的那样倡导什么价值观都合理或倡导什么价值观都不合理。

回答应否倡导社会主义核心价值观首先要判断这些价值观在现实生活中能否产生积极作用，只有确信它们能够产生积极作用才有必要使之成为价值共识。社会主义核心价值观以富强、民主、文明、和谐为价值目标，以自由、平等、公正、法治为价值原则，以爱国、敬业、诚信、友善为价值规范。这些价值观运用于公共生活，不仅不会损害任何人的利益，而且会增进每个人的利益。富强、民主、文明、和谐成为共同价值目标，有助于增强社会的凝聚力，促进社会的繁荣；自由、平等、公正、法治成为共同价值原则，有利于保障人们的权利，推动社会的进步；爱国、敬业、诚信、友善成为共同的价值规范，有益于建立合理的社会关系，发挥每个人的积极性。这些价值观成为价值共识能够产生积极的作用，既能推动社会的进步，又能增进个人的福利。因此可以对应否倡导社会主义核心价值观的问题给出肯定的回答。

## 三

倡导价值观是否合理还涉及另一个问题：这种价值观能否成为价值共识，即是否具有成为价值共识的现实可能性。只有具备成为价值共识的现实可能性，倡导价值观才能取得实际的成效。有一些看上去非常美好的价值观，成为价值共识将会产生毋庸置疑的积极作用，从理想目标来说倡导这样的价值观是合理的。但是它们在现实社会中缺乏相应的基础，即使下大力气宣传和教育也很难取得成效，从效果来说倡导这样的价值观就没有实际意义。在倡导某种价值观之前还需要考察价值观的现实基础，为价值观能够成为价值共识提供可行性证明。

任何一种价值观成为价值共识都需要一定的条件，不具备相应的条件不论怎么宣传也不能成为价值共识。在价值上形成共识不同于在事实上形成共识，对事实的认识只要符合逻辑和经验就能得到大家的接受，但对价值的认识却受到地位、利益等诸多非认知因素的影响。价值观正确与否不是单凭逻辑推理就能确定的，诉诸经验也会面临此种境遇下合理而他种境遇下不合理的情况。另外，承认一种价值观正确并不等于接受了这种价值观。许多时候人们承认那些高尚的价值观是正确的，可是在实践上未必按这些价值观的指引去行动。接受一种价值观，不仅仅是接受一种价值判断，更重要的是接受一种价值选择。只有在行动上切实地践行价值观，才是真正接受了价值观。合理的价值观理应成为价值共识，但要真正成为价值共识还必须具备使之落实于行动的现实条件。

对于多元主体如何形成价值共识有很多研究和讨论。有一种观点认为无法形成价值共识，其理由是每个人都有自由意志，而价值又是完全主观的东西。但是更多的人相信能够形成价值共识，至少在某些基本价值观上可以达成一致。对于哪些价值观可以成为价值共识以及如何成为价值共识也有各种各样的看法。例如把“底线伦理”“公共美德”“正义原则”等看作价值共识的内容，把“重叠共识”“视域融合”“交往理性”等作为形成价值共识的途径。不论以什么价值观为价值共识的内容，不论通过什么途径达到价值共识的目标，形成价值共识都需要两个基本的条件：一是共同的生活，二是共同的利益。只有具备这两个条件才有可能在多元主体之间达成价值共识。

共同的生活是形成价值共识的现实基础。每个人的价值观与其生活都密不可分，脱离生活的价值观是没有实际作用的价值观。价值观不同于那些用来解释世界的知识，它是用来指导生活的，若不能指导生活就没有存在的必要。价值观是关于生活的意识，遵循意识与生活的基本关系，“不是意识决定生活，而是生活决定意识”。(《马克思恩格斯选集》第1卷，第73页)人有什么样的生活就会有什么样的价值观，生活在宗法社会中就会重视家庭和亲情，生活在商品社会中就会重视金钱和效益。人们在彼此关联的共同生活中形成相同主题的价值观，也许对价值的理解有很大差异，但都是面对共同生活中的价值。例如，在政治生活中，不论站在什么立场上理解正义，都会有一种正义观；在日常生活中，不论是否维护传统道德，都会有处理人际关系的伦理观。价值观有相同的主题还不等于形成了价值共识，然而这是形成价值共识的前提。如果价值观是纯粹私人的价值观，或者是某个阶层特有的价值观，就不会受到其他人和其他阶层的关注，无法成为价值共识。只有在相同的价值观主题中，才可能形成相同立场的价值观，而一旦形成相同立场的价值观就达成了价值共识。

共同的生活只为形成价值共识提供了基本前提，形成共同的价值观还需要有共同的利益。在共同的生活中指导人们行动的价值观都离不开利益，因为“人们为之奋斗的一切，都同他们的利益有关”。(《马克思恩格斯全集》第1卷，第187页)在共同生活中多元主体发生利益冲突几乎是不可避免的。每个利益主体都维护自己的利益，都从自己的角度看待事物的价值，由于利益冲突而导致价值观的分歧是常见的事情。不过多元主体之间也有一些共同的利益。例如，社会和谐、法律公正、人人友爱，对于社会中的任何人都有好处，属于共同利益。在共同利益上对事物价值比较容易达成一致的看法，从而形成价值共识。在贫富两极分化的社会里，平均主义的观念无法成为价值共识，而等价交换的观念可以成为共同的价值观。前一种观念只符合一部分人的利益，后一种观念符合所有人的利益。共同的利益是形成价值共识的重要条件，缺少这个条件很难形成价值共识，即使形成价值共识也不稳定，很难成为维系社会整体的精神力量。

倡导社会主义核心价值观就是在国家层面上追求富强、民主、文明、和谐的价值目标，在社会层面上维护自由、平等、公正、法治的价值原则，在个人层面上奉行爱国、敬业、诚信、友善的价值规范。这些目标、原则和规范都是关于公共生活的，没有哪一项是对私人生活的约束和要求。国家层面的价值目标指向全社会的共同利益，而不是专属某个阶层的狭隘利益。社会层面的价值原则维护的是每个人的利益，而不是把某些人的利益排除在外。个人层面的价值规范是对所有人的要求，遵守这些规范不会给个人带来损害，相反会增进个人的利益，特别是有助于个人的自我实现。社会主义核心价值观有共同生活作为基础，更重要的是这些价值观体现了全体社会成员的共同利益，国家的富强、民主、文明、和谐，社会的自由、平等、公正、法治，个人的爱国、敬业、诚信、友善，这些符合每个人的利益。因为这些价值观具有共同的生活和共同的利益，所以能够成为指导人们判断和行动的共同价值观。

(作者单位：北京师范大学价值与文化研究中心)

# 核心价值观的文化自主性与根基性

陈泽环

本文拟以《青年要自觉践行社会主义核心价值观》的文本为中心，结合习近平近年来的相关论述，从核心价值观的文化自主性、根基性、坚持文化的自主性与根基性三个方面，就培育和弘扬社会主义核心价值观必须立足中华优秀传统文化的问题，谈一些粗浅的看法。

## 一、核心价值观的文化自主性

在《青年要自觉践行社会主义核心价值观》的讲话中，习近平首先参照儒学经典《大学》阐发了社会主义核心价值观三个层面的基本框架，并强调："价值观是人类在认识、改造自然和社会的过程中产生与发挥作用的。不同民族、不同国家由于其自然条件和发展历程不同，产生和形成的核心价值观也各有特点。一个民族、一个国家的核心价值观必须同这个民族、这个国家的历史文化相契合，同这个民族、这个国家的人民正在进行的奋斗相结合，同这个民族、这个国家需要解决的时代问题相适应。世界上没有两片完全相同的树叶。一个民族、一个国家，必须知道自己是谁，是从哪里来的，要到哪里去，想明白了、想对了，就要坚定不移朝着目标前进……我们要虚心学习借鉴人类社会创造的一切文明成果，但我们不能数典忘祖，不能照抄照搬别国的发展模式，也绝不会接受任何外国颐指气使的说教。"笔者认为，这一论断不仅从理论上阐发了核心价值观的民族和国家之文化自主性问题，而且从实践上明确了坚持社会主义核心价值观立足中华优秀传统文化的文化自主性对于实现中华民族伟大复兴之目标的极端重要性。

值得注意的是，关于核心价值观的民族和国家之文化自主性问题，自改革开放以来，同样也已经为我国不少文化学者所认识到了。例如，汤一介就说过：我们要重建道德和价值观念，不能抛弃自己的传统。"我们当然要吸收其他的优秀文化，你民族的根扎得越深，你的吸收能力就越强。"此外，楼宇烈、姜义华等也对此发表过类似的看法。这一切说明，尽管各位学者的视角有所差别，但都认同核心价值观的民族和国家之文化自主性。至于这些学者为什么如此坚定地倡导在坚持民族和国家之文化自主性的基础上充分吸收其他各民族的优秀文化，这是与近代以来中华民族历经磨难、逐步走向伟大复兴的曲折道路和光明前景密切相关的。毋庸讳言，一百多年来，面对西方强势文化的挑战，我国曾经出现过一种"民族文化主体性"消失的过程，导致在今天的中国人中，懂得自己民族文化精髓的人越来越少。当然，另一方面，近代以来的中国志士仁人，在奋斗中也很快地开始觉悟，在本民族和文明中找错，是必需的，但只是找错，又是不行的。特别令人欣慰的是，随着改革开放历史性成就的取得，中国人的文化自觉、自信和自强意识已经大为增强。

进一步说，关于坚持核心价值观的民族和国家之文化自主性的重要性，我们还可从20世纪西方世界的一位文化和道德伟人施韦泽（Albert Schweitzer，1875—1965）的论述中获得有益启示："尽管孔子与一个时代的潮流不相一致，但未来仍然属于他……由孔子一手创造的思想还没有达到它最完全的发挥……如果设想一下中国思想的明天，那么它必然是一个从孔子学说出发的通过实现其开始具有的各种可能性并将其中蕴含的所有生机和活力都淋漓尽致地发挥出来的有所革新的思想……对孔子精神做符合时代精神的革新意味着精神和伦理文化对于物质主义文化的一次胜利，它将不仅对于中国，甚至对于全世界都有着重大的意义。”要知道，施韦泽写下这些话语的岁月正是“中华民族到了最危险的时候”的1939/1940年，不太容易引起国人共鸣。而在中华文化已经出现复兴曙光的今天，我们必须承认：这确实是一种高瞻远瞩的预见！

有了这么一个背景，我们就能够更好地理解习近平的论断：“建设富强民主文明和谐的社会主义现代化国家，实现中华民族伟大复兴，是鸦片战争以来中国人民最伟大的梦想，是中华民族的最高利益和根本利益。今天，我们13亿多人的一切奋斗归根到底都是为了实现这一伟大目标……实现我们的发展目标，实现中国梦，必须增强道路自信、理论自信、制度自信，‘千磨万击还坚劲，任尔东南西北风’。而这‘三个自信’需要我们对核心价值观的认定作支撑。”这就是说，道路自信、理论自信、制度自信的根基在于“文化自信”、核心价值观自信，特别是对于中华优秀传统文化的自信，即对核心价值观的民族和国家之文化自主性的自信。对国家、民族或政党而言，文化自信不仅是文化软实力的重要标志，是国家综合国力的重要构成因素，而且是民族自尊心、自信心和自豪感的集中体现。改革开放历史性成就的取得，就文化和价值观建设而言，可以说正是这一自信的成果。当然，由于“民族文化主体性”消失过程的长期影响，导致许多人还不能够及时地认识到这一点。而必须明确的是，现在的实践和理论条件已经允许并不断要求我们，在加强社会主义核心价值观建设的过程中自觉地同中华民族的历史文化相契合，同中国人民正在进行的奋斗相结合，同中国需要解决的时代问题相适应。

必须指出的是，在近年来关于社会主义核心价值观四个支点（社会主义本质要求、中华优秀传统文化、世界文明有益成果、时代精神）的论述中，习近平重点和反复强调了“立足中华优秀传统文化”的“精神独立性”问题：“坚守我们的价值体系，坚守我们的核心价值观，必须发挥文化的作用。民族文化是一个民族区别于其他民族的独特标识。”“一个国家和民族的文明是一个国家和民族的集体记忆。”“一个国家文化的魅力、一个民族的凝聚力主要通过语言表达和传递。”笔者认为，这些阐发是中国特色社会主义理论自信的集中体现，是一种具有深远意义的文化现象。这么说的根据在于，在当代全球化的生活和思想语境中，我们不仅应该从中华民族和国家的以道德价值为核心的精神独立性的角度来理解坚持核心价值观之文化自主性的重要性，而且应该自觉地认识到，坚持核心价值观的文化自主性对于实现中华民族伟大复兴的目标具有根本性意义。因为经过一百多年的艰难曲折和奋斗牺牲，尽管我们已经比历史上任何时期都更接近实现“中国梦”的目标，但在这关键时刻，如果不能坚持和发扬光大“在我国大地上形成和发展起来的道德价值”、“自己的精神独立性”，我们就仍然有可能丧失大好的历史性机遇。

## 二、核心价值观的文化根基性

习近平对培育和弘扬社会主义核心价值观必须立足中华优秀传统文化的民族和国家之文化自主性的强调不仅在理论上是极为深刻的，而且对于全球化条件下的我国核心价值观建设也具有极明确的现实针对性。毫无疑问，在西方文化以“普世价值”的强势“横决”世界的时代，中国人如果缺乏“文化自信”，特别是缺乏对民族和国家之文化自主性的自信，那么是不可能确立为实现中华民族伟大复兴所必需的道路自信、理论自信、制度自信的。就像一个人如果缺乏中华优秀传统文化的自主性信念，那么其脑子就会一片空白，成为西方思想的“跑马场”，或者为这种西方思想所支配，或者为那种西方思想所支配，或者一辈子禁锢在某种西方思想中，而不可能自觉地吸收世界文明的有益成果，做到“西为中用”、“洋为中用”。一个多世纪以来，我国在这方面的教训是极为惨痛的。现在，习近平强调“三个自信”需要我们以对核心价值观的认定作支撑，而“培育和弘扬社会主义核心价值观必须立足中华优秀传统文化”非常坚定和明确地强调了坚持核心价值观的民族和国家之文化自主性的重要性和必然性，标志着近代以来中国人合理地处理“古今中外”思想之关系的努力进入了一个崭新的历史阶段。

如果说，对于核心价值观的民族和国家之文化自主性的强调，主要目的在于解决社会主义核心价值观的主体性和独特性，即中国人“自己的精神独立性”问题；那么，对于社会主义核心价值观立足中华优秀传统文化的民族和国家之文化根基性的强调，则是为了解决培植其“生命力”和发挥其“影响力”问题：“中华文明绵延数千年，有其独特的价值体系。中华优秀传统文化已经成为中华民族的基因，根植在中国人内心，潜移默化影响着中国人的思想方式和行为方式。今天，我们提倡和弘扬社会主义核心价值观，必须从中汲取丰富营养，否则就不会有生命力和影响力。”众所周知，在现代世界中，各种社会生活既有世界性和人类性的一面，也有国家性和民族性的一面；与科学技术、经济（器物文化）和政治（制度文化）生活等相比，以道德为核心的价值生活（精神文化）与本国和本民族传统的联系显然是最为紧密的。这就是说，以道德为核心的价值生活当然有其世界性和人类性，但由于与国家和民族的生活习俗、礼仪举止、价值观念以及心理语言和信仰认同等直接和深度相关，以道德为核心的价值生活的国家和民族相关性则又是科学技术、经济和政治生活中的引进、借鉴和移植等所不可比拟的。因此，为培植社会主义核心价值观的“生命力”和发挥其“影响力”，就要特别关注其民族和国家之文化根基性。

“中华民族有着五千多年的文明史，创造和传承下来丰富的优秀文化传统。一方面，随着实践发展和社会进步，我们要创造更为先进的文化。另一方面，在历史进程中凝聚下来的优秀文化传统，决不会随着时间推移而变成落后的东西。我们决不可抛弃中华民族的优秀文化传统，恰恰相反，我们要很好地传承和弘扬，因为这是我们民族的‘根’和‘魂’，丢了这个‘根’和‘魂’，就没有根基了。”联系习近平2013年11月下旬考察曲阜孔府、视察孔子研究院的里程碑意义：“我这次来曲阜，就是表明中央对传统文化的高度重视。”作为一次对传统寻根问道的文化之旅，中国共产党领导人首次在孔子家乡以最鲜明的姿态和话语表明了对孔子儒学和中华文化的敬重、热爱与深刻理解，对中华优秀传统文化作出了高度的评价，大大提高了人们对坚持社会主义核心价值观的民族和国家之文化根基性的认识。因此，在经历了一百多年的苦难和奋斗之后，在比历史上任何时期都更接近实现中华民族伟大复兴目标的关键时刻，我们要更自觉地认识到“我们生而为中国人，最根本的是我们有中国人的独特精神世界，有百姓日用而不觉的价值观”的道理。

关于核心价值观的文化根基性之重要性，如果我们考察一下中国著名思想家的一些论述，就可以看得更加清楚。例如，梁启超早在写作《新民说·论私德》时就指出：“今欲以一新道德易国民，必非徒以区区泰西学说所能为力也，即尽读梭格拉底、柏拉图、康德、黑智儿（黑格尔）之书，谓其有‘新道德学’也则可，谓其有‘新道德’也则不可……苟欲行道德也，则因于社会性质不同，而各有所受，其先哲之微言，祖宗之芳躅，随此冥然之躯壳，以遗传于我躬，斯乃一社会所以为养也。一旦突然欲以他社会之所养者养我，谈何容易耶?”联想到我国当代社会道德建设和伦理学的发展过程，尽管有些做法和说法也坚持了核心价值观的文化根基性，并取得了相当的效果，但毋庸讳言，由于对“中华优秀传统文化已经成为中华民族的基因”的认识不够，当前整个道德建设之努力的效果还是不能令人满意。至于伦理学学科的建设，在开始摆脱苏联伦理学教科书模式的影响之后，不少学者又受制于以美国教科书为代表的西方伦理思维框架。在习近平倡导中华优秀传统文化的根基性和灵魂性之后，道德建设和伦理学工作者就应该自觉地为确立核心价值观的文化根基性而努力了。

为坚持文化的自主性与根基性，我们首先必须明确中华优秀传统文化的基本内涵。对此，习近平从五千年前延续发展至今的悠久文明之“独特性”，从体现在人与人、人与社会、人与自然（看待人生、看待社会、看待世界）的基本关系方面的独特价值体系，如讲仁爱、重民本、守诚信、崇正义、尚和合、求大同，还有孝悌忠信、礼义廉耻、仁者爱人、与人为善、天人合一、道法自然、自强不息等，即“天人合一的宇宙观、协和万邦的国际观、和而不同的社会观、人心和善的道德观”的“和谐性”来界定中华优秀传统文化的基本内涵，这不仅为我们在为实现中华民族伟大复兴而努力的过程中，与当代中国学术界对中华优秀传统文化基本内涵所作的各种解读汇合在一起，为把握和突出社会主义核心价值观的民族和国家之文化自主性和根基性开辟了广阔的道路，而且也为我们真正做到立足中华优秀传统文化培育和弘扬社会主义核心价值观，提供了典范的方法。

## 三、坚持文化的自主性与根基性

鉴于这些年来随着中国的快速发展国际上一些人提出了所谓“中国威胁论”的情况，习近平庄严宣告：中华民族的血液中没有侵略他人、称霸世界的基因，愿意同世界各国人民和睦相处、和谐发展，共谋和平、共护和平、共享和平。“中华民族是爱好和平的民族。一个民族最深沉的精神追求，一定要在其薪火相传的民族精神中来进行基因测序。有着五千多年历史的中华文明，始终崇尚和平，和平、和睦、和谐的追求深深植根于中华民族的精神世界之中，深深溶化在中国人民的血脉之中。中国自古就提出了‘国虽大，好战必亡’的箴言。‘以和为贵’‘和而不同’‘化干戈为玉帛’‘国泰民安’‘睦邻友邦’‘天下太平’‘天下大同’等理念世代相传。中国历史上曾经长期是世界上最强大的国家之一，但没有留下殖民和侵略他国的记录。我们坚持走和平发展道路，是对几千年来中华民族热爱和平的文化传统的继承和发扬。”显然，如此阐发和坚持“协和万邦的国际观”，不仅在实践上有利于当今世界和平，而且在理论上有利于我们在宇宙观、社会观、道德观的基础上加上国际观这一环节，形成完整把握中华优秀传统文化基本内涵的观念系统。

就培育和弘扬社会主义核心价值观立足中华优秀传统文化的方法问题而言，在微观个人方面比较明确，应该以习近平在《青年要自觉践行社会主义核心价值观》讲话中关于广大青年树立和培育社会主义核心价值观，要在以下几点上下功夫的要求为准。一是要勤学，下得苦功夫，求得真学问。知识是树立核心价值观的重要基础。要勤于学习、敏于求知，形成自己的见解，既要专攻博览，又要关心国家、关心人民、关心世界，学会担当社会责任。二是要修德，加强道德修养，注重道德实践。道德之于个人、社会，都具有基础性意义，做人做事第一位的是崇德修身。修德，既要立意高远，又要立足平实。三是要明辨，善于明辨是非，善于决断选择。是非明，方向清，路子正，人们付出的辛劳才能结出果实。关键是要学会思考、善于分析、正确抉择，做到稳重自持、从容自信、坚定自励。四是要笃实，扎扎实实干事，踏踏实实做人。道不可坐论，德不能空谈。于实处用力，从知行合一上下功夫，核心价值观才能内化为人们的精神追求，外化为人们的自觉行动。显然，上述四点要求不仅适用于青年人，特别是青年学生，而且其精神实质也适用于我国各年龄段和各阶层的人士。

至于如何在宏观社会方面培育和弘扬社会主义核心价值观的过程中立足中华优秀传统文化，由于涉及多方面的问题，其方法就比较复杂，习近平也看到了这一问题。为此，2013 年 8

月 19 日他提出了“四个讲清楚”的基本方法：“宣传阐释中国特色，要讲清楚每个国家和民族的历史传统、文化积淀、基本国情不同，其发展道路必然有着自己的特色；讲清楚中华文化积淀着中华民族最深沉的精神追求，是中华民族生生不息、发展壮大的丰厚滋养；讲清楚中华优秀传统文化是中华民族的突出优势，是我们最深厚的文化软实力；讲清楚中国特色社会主义植根于中华文化沃土、反映中国人民意愿、适应中国和时代发展进步要求，有着深厚历史渊源和广泛现实基础。中华民族创造了源远流长的中华文化，中华民族也一定能够创造出中华文化新的辉煌。独特的文化传统，独特的历史命运，独特的基本国情，注定了我们必然要走适合自己特点的发展道路。对我国传统文化，对国外的东西，要坚持古为今用、洋为中用，去粗取精、去伪存真，经过科学的扬弃后使之为我所用。”笔者认为，这里的关键在于讲清楚：源远流长、博大精深的中华优秀传统文化积淀着中华民族最深层的精神追求，包含着中华民族最根本的精神基因，是社会主义核心价值观的深厚源泉。

进一步说，作为培育和弘扬社会主义核心价值观立足中华优秀传统文化基本方法的“四个讲清楚”原则的提出，实际上涉及一个强调核心价值观的民族和国家之文化自主性与根基性的历史观问题。近代以来，随着西方“进化”、“演进”、“发展”历史观的引进，启发了中国人追赶现代性、实现中华民族伟大复兴的进程。但种种西方中心论历史观的流行也导致了我国“民族文化主体性”的消失，至今仍然困扰着我国的文化建设，特别是核心价值观的建设。因此，为了真正做到在培育和弘扬社会主义核心价值观过程中立足中华优秀传统文化，我们就有必要反思和批判近代以来支配了许多人历史思考的西方中心论历史观。十分值得重视的是，习近平已经对这一问题作了深刻的阐发：“世界是多向度发展的，世界历史更不是单线式前进的。中国不能全盘照搬别国的政治制度和发展模式，否则的话不仅会水土不服，而且会带来灾难性后果。”显然，习近平强调不能脱离中国的历史、中国的文化、中国人的精神世界、当代中国的深刻变革去认识中国，强调世界是多向度发展的，世界历史更不是单线式前进的观念，确实为我们坚持“四个讲清楚”的基本方法提供了历史观基础。

有了这一否定西方中心论的单线式前进的近代世界历史观的思想观念，自觉地基于中国的历史、文化、中国人的精神世界、当代中国的深刻变革去认识中国，即基于中华民族过去、现在和面向可大可久之未来的独一无二、连绵不断的生存发展的命运去认识中国，我们就有可能比较容易地掌握“四个讲清楚”的基本方法，并通过实现社会主义核心价值观四个支点之间的有机统一（社会主义本质要求是指导和目标，中华优秀传统文化是主体和根基，世界文明有益成果是借鉴和手段，时代精神是标志和趋势），真正做到立足中华优秀传统文化，培育和弘扬社会主义核心价值观，即真正做到“对历史文化特别是先人传承下来的价值理念和道德规范，要坚持古为今用、推陈出新，有鉴别地加以对待，有扬弃地予以继承，努力用中华民族创造的一切精神财富来以文化人、以文育人……要处理好继承和创造性发展的关系，重点做好创造性转化和创新性发展”。

（作者：上海师范大学哲学学院教授、博士生导师）

# 继承和弘扬中华民族优秀传统核心价值观

戴木才

## 一、中华民族传统核心价值观的形成历程

一个人的成败,一个家庭的兴衰,一个国家和民族的存亡,无不与核心价值观息息相关。历史一再证明,一个国家、一个民族,不能没有核心价值观,因为它是一个国家、一个民族思想上和精神上的一面旗帜,是一个国家、一个民族治国安邦的精神之魂。

中华民族传统核心价值观,是中华民族屹立于世界民族之林的精神旗帜。在我国五千多年的文明发展,尤其是两千多年的封建社会发展进程中,中华民族的生存、延续和发展,积淀了深厚的思想文化根基,形成了中华民族的传统核心价值观和优秀道德精神。正心诚意、格物致知、修身齐家、治国平天下,中华民族的传统核心价值观,紧紧地与培育中华儿女的优秀道德精神联系在一起,贯穿到个人、家庭、社会、国家等各个方面。中华民族传统核心价值观的一个重要特点,就是重视个人道德品质的锤炼,重视道德规范的践行,重视整体利益价值的追求,既是中华儿女安身立命、为人处世、事业成就的价值标准和品德基础,又是中华民族进步、社会发展、国家稳定的价值追求和精神支柱,它陶冶出一代代志士仁人,推动中华民族不断走向文明、进步。

其中,“三纲五常”和名教观念是核心范畴,集中反映了中华民族的传统核心价值观。所谓“三纲”,即君为臣纲,父为子纲,夫为妻纲;所谓“五常”,即“仁义礼智信”;所谓名教观念,即把符合封建地主阶级统治利益的政治观念、价值追求、道德规范等立为名分,定为名目,号为名节,制为功名,用它对百姓进行教化,称为“以名为教”,其内容主要是“三纲五常”。

中国封建社会的统治者,向来十分重视核心价值观和伦理道德的规范作用。“三纲五常”的出现,使他们如获至宝,《后汉书·曹褒传》称“三纲五常”是“救世俗,致祯祥,为万姓获福于皇天者也”。于是,把它作为封建社会的根本思想、核心价值观念和最高道德原则,著书立说,办学兴教,教育百姓;用它去设官分职,取士选官,奖励名节;把它写进封建家谱族规中,转化为风俗习惯和民间文化,渗透到社会生活的各个方面,从而起到教化、规范、禁锢人们思想、行为的作用。

“三纲五常”和名教观念,为封建主义专制统治和等级秩序的神圣性和合理性作辩护,为历代封建统治阶级所维护和提倡,不仅在理论上发挥了巨大威力,而且在实践中产生了深远的历史影响。它维护了封建君主专制政治的等级制度和统治秩序,规范了人伦关系,极大地巩固了封建主义社会制度,在我国封建社会两千多年的历史发展中,起到了核心价值观的重要作用。即使处在动乱不已的魏晋南北朝时期,“政变频繁,间有战乱,但君主政治秩序大体稳定”,其主要原因之一,即在于代表“儒家政治思想与政治原则”的“三纲五常”——作为核心价值观的相对稳定及其在思想上、精神上发挥着巨大的统领作用。

“三纲五常”和名教观念,作为我国封建社会的核心价值观,内涵丰富、自成体系、高度概括、简洁明了,易记易懂易传,便于普及推广。它具有基础性和系统性,“三纲”明确规定了封建社会中君臣、父子、夫妇三种最基本的伦理关

系，“仁义礼智信”被认为是用以调整、规范君臣、父子、兄弟、夫妇、朋友等人伦关系的行为价值准则和五种永恒的道德规范，名教观念明确规定了道德践行的基本法则，即通过上定名分教化天下；它具有根源性和主导性，“三纲五常”和名教观念牵动着整个社会的核心价值体系和道德规范体系，推动着整个社会的价值导向和道德教化，其他许多价值观念和道德规范，都是从它引申、推论而来的，在历史上对培育中华文化、促进社会发展、塑造国民性格，发挥了十分重要的作用。

当然，我们也应该充分看到，“三纲五常”和名教观念，既包含丰富的精华内容，也掺杂着封建的思想糟粕，我们把它作为积极培育和践行社会主义核心价值观的基本价值资源，并不是不加分析、不加批判地全盘吸收，而必须汲取其精华、剔除其糟粕，尤其要结合时代要求进行创造性转化。从总体上看，在“三纲五常”和名教观念中，“三纲”和名教观念，多属于封建糟粕，“仁义礼智信”则包含丰富的精华元素。我们要站在社会主义发展的时代要求和人类文明发展进步的时代潮流的高度，剔除其封建糟粕，汲取其精华元素，赋予其新的时代内涵，使其与社会主义发展相适应，与人类文明发展相承接，在批判中传承，在传承中创新，在创新中弘扬，在弘扬中发展。

## 二、中华民族传统核心价值观在我国近代的传承

自1840年以后，我国逐渐沦为半封建半殖民地社会，中华民族从此面临着实现国家独立、民族解放和实现国家强盛、人民富裕的两大历史任务。

外国侵略者的炮声，清政府的没落腐朽、不堪一击和屡遭失败，唤醒了中华民族的仁人志士。一些开明的思想家，不仅从经济、技术层面寻找中华民族贫穷落后挨打的原因，同时也从价值观念、道德精神和思想文化等层面，寻找中华民族贫穷落后挨打的原因。他们寻找先进的理论，比较与中华民族不同的思想价值观念，对中华民族的传统核心价值观注入新的时代要求，阐发新的时代内涵。民族资产阶级的思想价值观念，开始逐渐酝酿、形成和发展。

一方面，晚清封建统治阶级极力维护封建纲常名教在思想文化领域的统治地位；另一方面，农民阶级和资产阶级中的进步分子，运用传播进来的西方近现代思想价值观念，对封建纲常名教给予猛烈抨击。他们吸收近代以来西方资产阶级的思想价值观念，建立新的核心价值观和核心价值体系，认为人人都有天赋的自然权利，大家都是平等的，要打破封建宗法等级制度，无所谓大人、小人；人人都是生而自由的，这是人们相爱、相助的人性基础；主张确保人权、平等、独立；主张建立一个没有不平等现象、至治至仁的、自由平等博爱的大同世界；主张“开民智”、“新民德”，以科学文化和资产阶级思想道德改造国民性。

维新志士谭嗣同，虽然仍把传统的“仁道”作为根本的价值观念和道德规范，但却赋予了它完全不同的新内容。他认定，“仁”是天地万物的本源，是宇宙的普遍规律，但他说的“仁”，已加进了新兴资产阶级思想价值观念的内容，把资产阶级的商业活动看成是最“仁道”的行为，与“五常”之一的“仁”有很大区别，已经具有平等、博爱的内涵。他把“仁”看成“通”，认为“上下通、中外通、人我通、男女内外通”，就是“相仁之道”。

宣传资产阶级启蒙思想的先驱严复，大力宣传资产阶级的民主、民权思想，提倡尊今叛古，尊民叛君，把片面强调“仁义”而否定“功利”的思想价值观念，看成是阻碍社会进步、祸害天下“仁义”的浅薄之道，认为只有“义利合一”的价值观，才是最合乎人类长久真实之利的最“仁义”、最道德的行为。

梁启超则把中国的旧道德与西方的新道德进行比较，并在此基础上，对旧的封建道德，尤其是对束身寡过和存心养性的道德修养方法进行猛烈批判，认为我国传统的道德修养方法偏

重于私德而缺乏公德，而西方的思想道德观念更重视社会伦理和国家伦理。他认为，应该把私德和公德有机地结合起来，据此塑造新国民，建立新国家。

在我国近代重新诠释中华民族传统核心价值观的潮流中，我国民族资产阶级革命领袖孙中山、章太炎，是走在最前列、最典型的代表。孙中山、章太炎对孔孟的“仁学”思想给予了新的解释，强调要发扬救世之仁、救国之仁。他们将资产阶级的人道主义加进中国传统的“仁德”思想中，对传统的“仁德”观念进行了扬弃式的继承。他们以西方资产阶级的核心价值观——“自由、平等、博爱”为旗帜，猛烈批判封建旧道德，提出“道德革命”、“三纲革命”、“家庭革命”，认为要革封建道德的命，首先必须打倒孔圣人的权威，提倡“民权主义”，使人民享受平等和自由的幸福；提倡“民族主义”，反抗异族和帝国主义的压迫，为国家争自由；提倡“民生主义”，要求经济平等、节制资本，平均地权、发展国家资本，实行博爱，图谋民众之幸福。

孙中山深刻地认识到，大凡一个国家所以能够强盛，“起初的时候都是由武力的发展，继之以种种文化的发扬，便能成功”，非常强调中华民族“固有的道德和智能”。他认为，因为我们民族的道德高尚，故国家虽亡，民族还能够存在，并且有力量同化外来民族。要复兴中华民族的地位，穷本极源，“除了大家联合起来做成一个国族团体以外，就要把固有的旧道德先恢复起来。有了固有的道德，然后固有的民族地位才可以图恢复”。他认为，中华民族的传统核心价值观，不是为封建制度所专有的，应该对之加以改进，做出新解释，赋予其新的时代内涵。他提倡确立忠于国家、忠于人民的新道德，认为“无道德便不能革命，人人不具有好人格便不能造成一个好国家”；革命党人要具备知耻、重厚、耿介、必信，不求做大官、只想做大事等好的品质。

更为可贵的是，孙中山还对中华民族传统核心价值观进行了高度概括和改造，并赋予其资产阶级民主主义的新内容，使之成为“三民主义”思想体系的重要组成部分。他提出“八德”——“忠孝仁爱信义和平”，并将其作为“中华民国”的核心价值观，以期恢复中华民族“固有的精神”。同时，他还提出，中华民族“固有的智能”，即人生对于国家的观念——格物致知、诚意正心、修身齐家、治国平天下，“也应该恢复起来”。他认为，中国政治落后是因为受外国的政治经济压迫，而推究其根本原因，还是由于中国人不讲修身，告诫国人要注意自身的思想道德修养。

1934 年，时任国民政府军事委员会委员长的蒋介石，发起“新生活”运动，确立了“礼义廉耻”为“国之四维”的地位，并解释：“礼是规规矩矩的态度，义是正正当当的行为，廉是清清楚楚的辨别，耻是切切实实的觉悟。”在抗日战争时期，又把“礼义廉耻”的解释改为：“礼是严严整整的纪律，义是慷慷慨慨的牺牲，廉是实实在在的节约，耻是轰轰烈烈的奋斗。”“四维”和“八德”，即“礼义廉耻”和“忠孝仁爱信义和平”，被列为“新生活”运动所倡导的国民道德的两大主题。

孙中山提出的“忠孝仁爱信义和平”，作为“中华民国”时期的核心价值观，传承了中华民族的传统核心价值观，充分发挥了中华民族“固有的道德”的积极意义，为深入挖掘中华民族传统核心价值观中的优秀价值元素，提供了有益借鉴，具有重要启迪意义。

当然，我们也应该看到，由于缺乏辩证唯物主义和历史唯物主义的科学世界观与方法论，孙中山提出的“忠孝仁爱信义和平”的核心价值观，对我国传统核心价值观维护封建宗法等级制度和封建主义专制政治统治的实质，不可能作出科学的辨析和彻底的批判，因而在一定程度上是简单化的，甚至最终还出现了对封建社会核心价值观的沿袭和妥协。同时，尽管孙中山也力图把我国传统核心价值观融入世界文明发展的时代潮流，但由于民族资产阶级思想的局限性和对资本主义核心价值观的机械理解,尤其是没有与当时最先进的社会主义思想及其时代潮流结合起来,因而不可能站上人类社会文明发展的制高点,最终归于失败。

## 三、仁义礼智信:中华民族传统核心价值观的精髓

经过近代以来资产阶级启蒙思想的宣传、改良和革命的洗礼,我国先进的知识分子倡导的"反对旧道德、提倡新道德,反对旧文学、提倡新文学"的新文化运动开始兴起,并逐步发展成为反对封建孔教和旧文化、提倡民主和科学的全面冲击封建主义文化的潮流。五四时期,我国一些激进思想家提出了"打倒孔家店"的鲜明口号。中华民族在救亡图存的过程中,学习西方新思想,批判封建旧道德,体现了历史的进步,但同时也出现了全面否定我国传统文化和传统核心价值观的倾向。这是我们今天积极培育和践行社会主义核心价值观需要冷静分析、辩证对待的。

在革命到来时期,随着社会经济基础和生产关系的剧烈变化,符合时代发展潮流的社会先进的价值观念、意识形态和道德精神,必然强烈地冲击和涤荡一切落后的、腐朽的价值观念、意识形态和道德精神,给社会带来天翻地覆的变化。这是社会发展和社会思想意识形态发展变化的必然规律。在革命过后,对旧有文化遗产、核心价值观和道德精神进行重新清理、调整和提升,也是社会思想意识形态建设的客观需要。1949 年中华人民共和国成立后,我们党根据马克思主义基本原理与中国具体实际相结合的成功经验,提出了对我国古代文化进行批判继承的思想,确立了"吸收其精华、剔除其糟粕"的"古为今用"的方针,正确地解决了如何对待我国传统文化的态度和方法论问题。

毛泽东同志说:"学习我们的历史遗产,用马克思主义的方法给以批判的总结,是我们学习的另一任务。我们这个民族有数千年的历史,有它的特点,有它的许多珍贵品。对于这些,我们还是小学生。今天的中国是历史的中国的一个发展,我们是马克思主义的历史主义者,我们不应当割断历史。从孔夫子到孙中山,我们应当给以总结,承继这一份珍贵的遗产。""清理古代文化的发展过程,剔除其封建性的糟粕,吸收其民主性的精华,是发展民族新文化提高民族自信心的必要条件;但是决不能无批判地兼收并蓄。"如果按照这个方针和方法坚持去做的话,那么到今天,对我国传统文化的继承和弘扬工作,也许会有一个很了不起的景象。但遗憾的是,新中国成立后一段时期,由于存在着来自"左"的和右的思想影响,我们对我国传统文化的认识、挖掘和整理工作,经历了一个曲折的过程,对我国传统文化批判的多、继承的少,一概而论的多、具体分析的少,否定的多、肯定的少。尤其是在"文化大革命"期间,甚至把我国整个传统文化都看成是维护封建专制统治和等级社会秩序的旧思想旧道德,曾一度在社会上形成了"全盘否定"的氛围。

改革开放以来,我们党拨乱反正,解放思想,实事求是,运用辩证唯物主义与历史唯物主义的科学世界观和方法论,正确地对待我国传统文化问题,使我国传统文化得到重新认识和评价,其符合民族精神与时代精神的文化精神和优秀价值元素,逐步得到了肯定、发掘和弘扬。

"仁义礼智信"这五个价值理念,是一个完整的价值系统,在中华民族传统核心价值观中,"一以贯之"地起着价值导向和道德规范作用,居于核心地位,是中华民族传统核心价值观的高度概括和集中体现。

"仁",可以表述为对人类的内在关怀、尊重与热爱,是万物共生的根基;

"义",可以表述为超越自我,面向现实世界的正义,是人间正道的准则;

"礼",是处理人伦关系与现实秩序的行为规范,是社会和谐的保障;

"智",是认识世界和处理人际矛盾的理性原则,是人类进步的源泉;

"信",是保证人类自由交往活动的道德责

任和精神纽带，是立身兴国的根本。

因此，“仁义礼智信”是我国传统价值观中五个最核心的价值理念和五种最重要的伦理道德规范，其价值内涵都带有很强的价值引导力、道德影响力和文化辐射力，可以对其他传统价值观念和道德规范进行规定、限制和补充。其他传统价值观念和道德规范，诸如勇、忠、孝、公等，多是单向性的，各自表达一种价值取向和具体品质，规范一种单纯的行为，能够为它们找到一种相反的价值取向和具体品质，或单纯行为，如勇对应怯，忠对应贰，公对应私，等等。要正确判断这些单向性传统价值观念和道德规范的价值内涵，常常需要得到“仁义礼智信”的支撑，如《论语·泰伯》所说“恭而无礼则劳，慎而无礼则葸，勇而无礼则乱，直而无礼则绞”，又如《论语·阳货》所说“君子义以为上，君子有勇而无义为乱，小人有勇而无义为盗”。离开了“仁义礼智信”，就很难正确理解中华民族其他传统价值观念和道德规范的价值内涵，也很难对中华民族的传统文化做出正确的价值判断。由此也进一步可见，“仁义礼智信”是中华民族的传统核心价值观。

在我国数千年的文明发展进程中，“仁义礼智信”始终是中华民族传统核心价值观之根本，牵动、影响和辐射着我国传统社会的价值观念体系和道德规范体系，推动着我国传统社会思想道德的教化与进步，提升着我国传统社会的思想道德水平和精神文明水平。这五个核心价值理念，对于确定中华民族文化发展路向，锤炼民族性格，培育民族精神，起到了重要历史作用。其中，“仁”与“义”，在“仁义礼智信”五个核心价值理念中，又占据主导地位，在中华民族传统核心价值观中居于第一层面，尤其具有核心作用。

正是由于“仁义礼智信”，尤其是“仁义”这一中华民族传统核心价值观的思想力量、道德力量和精神力量，中华民族才得以长存不亡，衰而复兴，在多灾多难中始终奋进不止。我们完全有理由把“仁义礼智信”作为积极培育和践行社会主义核心价值观的基础性、民族性内容，从社会主义的实践需要和人类文明的发展趋势出发，把历史与时代、中国与世界连接起来，赋予其符合时代要求的新内涵、新诠释，建构既与中华民族传统核心价值观相传承、为中华儿女所普遍认同和遵循、高度体现中国风格和中国气派，又与社会主义价值本质相一致、与人类文明发展趋势相承接的核心价值观。

## 四、对待中华民族优秀传统核心价值观的科学态度

批判、继承和弘扬中华民族传统核心价值观，从微观上讲，涉及如何看待我国传统价值观中的一些具体价值理念和道德规范问题。例如，除了“仁义礼智信”五常之外，还有“智仁勇”（天下通行的美德）、“忠孝廉耻”、“恭宽信敏惠”、“温良恭俭让”等具体价值理念和道德规范。从宏观上讲，涉及如何对待我国传统思想文化的问题，这是自近代以来我国一直争论不休的问题。因此，批判、继承和弘扬中华民族传统核心价值观，既离不开对我国传统价值观中一些具体价值理念和道德规范的具体分析，更离不开对我国传统思想文化产生、发展的经济、政治和社会背景的宏观分析。

思想、道德和文化在世界文明中的存在，是以不同民族、国家和区域来分布的。不同民族、国家和地区的思想、道德和文化，由于形成、发展的自然环境、社会环境和历史传统等的不同，因而具有各自的民族特色和区域特色，从而也就形成了区别于其他国家、民族或地区的价值观念、道德精神和传统文化。例如，日本人崇尚“武士道”，印度人有着根深蒂固的种姓意识，西方人爱说“自由”、“民主”、“平等”、“博爱”，阿拉伯人则严格遵守伊斯兰教义，如此等等。这种价值观念、道德精神和传统文化的民族性、地域性，是民族识别和自识的重要标志。世界上各个民族、国家和地区，正是以不同的价值观念、道德精神和传统文化区别开来，其中尤以核心价值观为根本标志。人类文明与世界文化的

传承和发展，都要以各民族、各国家、各地区各具特色的民族文化、核心价值观和道德精神作为载体和基础，人类共同的文明成果与道德财富的积淀、发展和进步，与各民族、各国家和各地区的价值观念、道德精神和传统文化的发展并行不悖，相辅相成。

一个民族的价值观念、道德精神和传统文化，是该民族在长期的共同生活与历史发展中积淀起来的。中华民族是一个具有五千年文明历史的伟大民族，如何对待中华民族的价值观念、道德精神和传统文化，尤其是传统核心价值观，在今天全球化的背景下和建设中国特色社会主义的伟大进程中，就成为一个非常重要而迫切的课题。

在如何对待中华民族传统文化问题上，不仅中国存在许多争议，而且在世界上也存在不同的看法。例如，20 世纪世界两大著名的文化学（史）家——阿诺德·约瑟夫·汤因比和塞缪尔·亨廷顿，都把目光聚焦在中华民族的传统文化和核心价值观上。

汤因比从“文化形态史观”的角度，认为中华文明的复兴，是 21 世纪世界文明未来发展的走向和世界和平、繁荣的希望。他说：“西方目前的优势很有可能被一种混合而统一的文化所取代，那么西方文化的活力就很有可能与中国的稳定性恰当地结合起来，从而产生全人类的生活方式。”因而，汤因比主张一种“中华文明优越论”。汤因比预言：“以中华文化为主的东方文化和西方文化的相结合，将是人类最美好和永恒的文化。”“人类要想解决 21 世纪的问题，必须要到中国的孔子思想和大乘佛法中汲取智慧。”“19 世纪是英国人的世纪，20 世纪是美国人的世纪，而 21 世纪就是中国人的世纪。”汤因比认为，以中华文化为主的东方文化和西方文化相结合的产物，将是人类未来最美好和永恒的新文化。

亨廷顿则从“文明冲突论”的角度，把中国的儒教文明同伊斯兰文明一道，列为 21 世纪对西方文明构成最严重挑战的两种文明，认为在 21 世纪，将会发生一场以“一个文明的核心国家（美国）干预另一个文明的核心国家（中国）与该文明成员国之间的争端”为起因的全球战争，主张“中华文明威胁论”。1996 年，亨廷顿出版了《文明冲突和世界秩序重建》一书，系统地提出了他的“文明冲突论”。他认为，冷战后的世界，冲突的根源不再是意识形态，而是文化方面的差异，主宰全球的将是“文明的冲突”。他提出，冷战后世界格局的决定因素表现为七大或八大文明，即中华文明、日本文明、印度文明、伊斯兰文明、西方文明、东正教文明、拉美文明，还有可能存在的非洲文明。亨廷顿明显地将儒家文明列为未来文明冲突中最可能“惹麻烦”的文明，言明中国文明将对世界构成挑战。

马克思曾说：“人们自己创造自己的历史，但是他们并不是随心所欲地创造，并不是在他们选定的条件下创造，而是在直接碰到的、既定的、从过去承继下来的条件下创造。”中华民族传统核心价值观，正是我们今天积极培育和践行社会主义核心价值观“直接碰到的、既定的、从过去承继下来的条件”。今天，我们如何看待和评估这种“条件”，如何在批判、继承和创新的基础上弘扬和发展中华民族的传统核心价值观，是我们首先碰到并需要正确面对的问题。“五四”时期，曾有人提出过“全盘西化”的主张。建国后，也曾出现过一种否定一切传统文化的倾向，曾出现过一股“蓝色文明”的思潮，它们都以极端的态度来否定这种“条件”的价值，表现出一种民族虚无主义、历史虚无主义。或者，还有这样一种态度，认为凡是祖先承传下来的东西，都是神圣不可侵犯的，是完美无缺的“国粹”，因而应该原封不动地予以“复兴”，表现出一种国粹主义、复兴主义。

民族虚无主义、历史虚无主义断绝了历史与传统的联系，主要是指对一个民族传统的价值观念、道德精神和传统文化予以全盘否定。其中，尤其是对传统核心价值观的全盘否定，把传统与今天截然对立起来，否定历史的承传性。国粹主义、复兴主义则主张全面复古，主张全面恢复一个民族传统的价值观念、道德精神和传统文化,认为现代社会的价值观问题、道德问题和文化问题,都是否定和丢失民族传统价值观念、道德精神和传统文化的结果。显然,民族虚无主义、历史虚无主义和国粹主义、复兴主义,都是以一种极端的态度对待一个民族传统的价值观念、道德精神和传统文化,不是我们正确对待中华民族传统核心价值观的科学的、应有的态度。

同时,社会主义是人类社会发展到今天最进步的社会制度,因而社会主义核心价值观也应该是人类社会最进步的核心价值观,是顺应人类社会未来发展趋势的核心价值观。今天,我们不仅应该站在中华民族的伟大历史进程中来看待中华民族的传统核心价值观,而且应该站在人类文明发展的历史进程中和相互激荡的过程中来看待中华民族的传统核心价值观,必须具有世界眼光和全球视野,积极进行价值创新,做到与人类文明发展趋势相承接。

因此,对待中华民族传统核心价值观,我们必须进行这样的"处理",即真正做到党的十六大报告所说的:"立足改革开放和现代化建设的实践,着眼于世界文化发展的前沿,发扬民族文化的优秀传统,汲取世界各民族的长处,在内容和形式上积极创新。"只有这样,才能真正使积极培育和践行社会主义核心价值观既体现社会主义价值本质的时代要求和时代精神,又体现中华民族的民族风格和人类文明的发展大势。

这种"处理",有两重含义:一是把积极培育和践行社会主义核心价值观真正植根于中华民族传统核心价值观的深厚价值资源的基础之上;二是使批判、继承和弘扬中华民族传统核心价值观的过程成为自觉地克服和剔除封建糟粕,积极地汲取人类文明、世界文化尤其是各民族核心价值观的有益成果的过程。前者是使积极培育和践行社会主义核心价值观真正具有中国特色的必要条件;后者则是保证积极培育和践行社会主义核心价值观能够代表世界先进核心价值观的基本前提。就社会主义核心价值观而言,它与封建的核心价值观在性质上是根本对立的,但这并不排斥我们应该批判地继承和弘扬我国传统核心价值观的精髓;它与人类文明和世界文化尤其是核心价值观发展的历史趋势,是根本一致的,需要我们积极地汲取人类文明和世界文化,尤其是核心价值观发展所获得的一切有益成果。

在积极培育和践行社会主义核心价值观的过程中,对中华民族传统核心价值观的批判、继承、创新、弘扬和发展,既不是原封不动地照搬照抄,也不是不加分析地全盘否定,而是适应社会发展的变化、适应历史时代的变迁、适应现实生活的需要,取其精华,去其糟粕,并进行创造性转化,赋予其新的时代内涵,做到"古为今用"。具体地说,对待中华民族的传统核心价值观,有三个方面的工作需要我们加以重视。

正确分析中华民族传统核心价值观的本质。我们应该认识到,中华民族传统核心价值观,在本质上是一种以农为本、自给自足的自然经济基础的产物,是一种与自然经济社会相适应、与专制政治相协调、以天道神意为核心的一元化价值观念体系,与世界现代化进程中产生的现代价值观念体系,有本质区别。现代价值观念,是一种以工为本、商品交换的市场经济基础的产物,是一种与市场经济社会相适应、与民主政治相协调、以崇尚理性与尊重个性为核心的多元化、多层次的价值观念体系。"仁义礼智信"作为封建社会最基本的价值观念,是同"三纲"紧密联系在一起的,是受"三纲"制约并从属于"三纲"的。因此,在本质上,是为维护封建专制统治和等级社会秩序服务的,其精神实质包含了大量过时的、落后的、腐朽的封建糟粕。例如,传统核心价值观讲的"仁",是受封建宗法等级所限制的亲爱之情;"义",是以封建国家利益为核心的价值准则;"礼",是直接反映封建宗法等级制度、等级秩序的行为规范;"智",是封建道德观念的确立;"信",是对等级社会的社会职责和道德义务的忠诚、践行。所有这些,我们在分析“仁义礼智信”的传统核心价值观时,必须具有清醒的认识。但是,我们也要看到,“仁义礼智信”作为中华民族传统核心价值观的基本内容,其中又确实包含着人类文明价值观念中许多一般性、共同性、普适性的有益成分,反映了人类价值认识中的许多价值共识。这些内容,构成“仁义礼智信”的精华,其中的合理因素,可供我们今天批判地继承和弘扬,以时代精神予以改造,从而使之成为积极培育和践行社会主义核心价值观的深厚价值资源。

科学对待人类文明和世界文化尤其是核心价值观发展中共通的有益成果。人类文明和世界文化的多样性,是人类社会发展的基本特征,也是人类文明和世界文化进步的动力。多样的人类文明和世界文化长期共存,在相互激荡中取长补短,在交流交锋中相互融合,在求同存异中共同发展。例如,在价值观念和道德精神的发展史上,西方文化和我国文化就有很大的不同。以对人的德性价值认识为例,西方文化认为,培养人的德性,就是使人成为一个肉体与心灵和谐统一的道德上完善的人,古希腊柏拉图提出智慧、勇敢、节制、正义“四大德”。在《欧洲伦理生活史》一书中,英国学者莱基将人的德性分为严肃的德性,如庄敬、虔诚、贞操、刚正等;壮烈的德性,如勇敢、牺牲、忠烈、义侠、坚毅等;温和的德性,如仁慈、谦虚、礼貌、宽和等;实用的德性,如勤劳、节俭、信用、坚韧、谦和,其德性认识的价值前提,是人与人的平等,是一种公民品德的传统,以个体为本,强调个体的内在品质,与民主和法治社会相适应。我国传统价值观和道德规范,强调“三纲五常”、“三从四德”,提出“仁义礼智信”、“智仁勇”(天下通行的美德)、“忠孝廉耻”、“恭宽信敏惠”、“温良恭俭让”等德性规范,其德性认识的价值前提,是人与人的等级,是一种臣民品德的传统,以社会为本,强调个体的外在规范,与专制和人治社会相适应。此外,西方价值观念中的一些概念,含义比较明确,人们也容易理解和接受,如“自由、平等、民主、法治、博爱”等等,我国传统价值观念中的一些概念,含义则比较模糊和多义,人们一时难以理解其内涵。这种差别,与现代社会的适应性及其对社会发展和人类文明进步的作用,具有很大不同,需要相互借鉴,取长补短。

科学区别中华民族传统核心价值观的原义、他义和今义。中华民族传统核心价值观的产生、形成和发展,已经绵延两千多年,其内容、结构和功能屡有变化,可以说,在不同时代都有所不同。尽管对“仁义礼智信”的理解都遵循大体一致的理论框架,有着相似的思维方法和相同的问题意识,在根本的理论根源上彼此认同,但在漫长的发展历程中,难免发生变异。

因此,我们今天要研究、评估、改造、继承和弘扬中华民族的传统核心价值观,要赋予其以新的时代内涵,就要进行谨慎而细致的辨别真伪的工作,要明确原来意义上的“仁义礼智信”的含义是什么?在漫长的历史发展进程中,又发生了什么变异?如何用当代的视野去观照“仁义礼智信”的时代含义?也就是要辨析中华民族传统核心价值观的原义、他义和今义。

所谓原义,是指由孔孟确立、由董仲舒完善的、体现在原始儒家经典著作中的“仁义礼智信”的基本理论形态和思想内涵;

所谓他义,是指“仁义礼智信”在历史发展的进程中,由于对原义的修正和趋附,在思想、政治和社会诸层面发生的不同于原义,产生了变异的理论形态和思想内涵;

所谓今义,是指以今天积极培育和践行社会主义核心价值观的时代视角,观照“仁义礼智信”的“原义”和“他义”,并从时代的需要和实践出发,把历史与时代、民族与世界连接起来,赋予其以新的时代内涵。

从核心价值观建设的规律看,积极培育和践行社会主义核心价值观,要从多方面汲取养料,其基本途径主要包括以下三个方面:

第一,批判地继承和弘扬中华民族传统核心价值观的精髓,变“古为今用”;

第二，大胆地吸收人类文明和世界文化尤其是核心价值观发展进程中所取得的一切有益成果，变“洋为中用”；

第三，积极探索体现社会主义价值本质和价值理想、代表先进文化发展方向的核心价值观，积极创新社会主义核心价值观。

（作者：中共中央宣传部思想政治工作研究所副所长，教授、博士生导师）

# 价值自觉、价值自信与价值实践

## ——践行社会主义核心价值观的三个维度

朱　哲　薛　焱

党的十八大报告明确提出，“倡导富强、民主、文明、和谐，倡导自由、平等、公正、法治，倡导爱国、敬业、诚信、友善，积极培育社会主义核心价值观”。这一论述，首次完整、清晰和深刻地表达了中国共产党人对社会主义核心价值观的理论探索与思考总结。社会主义核心价值观不仅需要积极培育，更需要积极践行。价值自觉、价值自信和价值实践是践行社会主义核心价值观的三个基本维度，应当从战略性的宏观层面加以综合把握。

### 一、价值自觉：践行社会主义核心价值观的根本前提

卓有成效的实践首先需要理论自觉。同样，社会主义核心价值观的践行首先需要价值自觉。所谓价值自觉是指对社会历史进程中逐步凝练的文化精髓的理性把握与认识，是对能够反映特定民族生活方式、理想信念等的自我提炼与总结。当代中国社会主义核心价值观确立的背后，是充满艰辛和激烈交锋的价值自觉历程。

一方面，自近代以来持续了170多年的政治革命和社会变革的急剧性、复杂性和多样性，决定了我国社会价值观变革和演进的急剧性、复杂性和多样性。从封建主义价值观到半殖民地、半封建社会带有一定资产阶级性质的价值观，从中国共产党人革命时期的价值观到社会主义建设时期的价值观，从计划经济时代的价值观到市场经济时代的价值观，从东方价值观到西方价值观甚至资本主义价值观，从中华民族传统价值观到世界各民族价值观，这些各式各样、纷繁复杂的价值观在全球化进程日益深化、当代中国社会急剧变迁和嬗变中同时并存，构成一幅壮丽的价值观景观。这给生活在当今时代的中国人带来了多元的价值取向和多样的价值选择。

但是，传统的与现代的、正确的与错误的、先进的与落后的、积极的与消极的各种价值观相互交织、相互激荡，也导致社会上出现种种价值裂变、价值冲突和价值矛盾。对具有悠久历史积淀的中华民族而言，这170多年持续不断的社会大变革，新中国60多年的发展，改革开放30多年的巨大变化，从深层次看则是价值观的大变革过程。在革命与变革的过程中，人们在经历因价值观急剧变化所带来的困惑、不适、扭曲和痛苦的同时，不得不对各种各样的价值观进行辨别、比较、选择和思考。这种基于社会大变革的持续不断的辨别与比较、选择和思考正是价值自觉的有力体现和高度强化。从历史演变来看，这一过程尽管充满艰辛且交锋激烈，但对于社会主义核心价值观的最终确立而言，确是历史发展的必然逻辑。

另一方面，自东欧剧变和冷战结束以来的20多年，整个世界发生了急剧的转型和深刻的变化。在美国全面调整自身全球战略、更加注重运用“软实力”影响和塑造世界格局的背景下，来自外部世界的多元价值取向和价值渗透正在对整个社会产生着隐蔽但却越来越大的深刻影响。这表现为近些年流行的“价值中立”、“历史虚无主义”、“躲避崇高”、“怎么都行的价值多元主义”和世界主义等社会观念和风潮。在这些观念和风潮的影响下，高雅与庸俗、高尚与卑鄙、诚信与伪善、廉洁与腐败的界限不再清晰、甚至是发生了颠倒，美与丑、真与假、正义与

邪恶、圣洁与污浊、爱国与叛国的衡量尺度不再重要、甚至是被取消，由此造成的消极后果正在对整个社会造成持续不断的强大冲击。它们不但混淆了人们的正常思维和价值判准，而且正越来越剧烈地撼动着维系整个社会正常运行的深层价值体系。

如果一个社会特别是社会主义社会，把高雅与庸俗、高尚与卑鄙、诚信与伪善、清廉与腐败并置，把美与丑、真与假、正义与邪恶、圣洁与污浊、爱国与叛国同视，那它就失去了对社会大众的精神上的感召。说到底，上述种种思潮都是试图瓦解社会主义的价值观念。比如，“怎么都行的价值多元主义”的观点实际源自科学哲学家费耶阿本德的“怎么都行”的方法论，这表面上似乎很是公正，但实际上，这种不讲条件、不讲场合的“怎么都行”，就等同于不讲原则。毫无原则、不分良莠地对待一切文化现象和观念，难道不是对平庸、恶俗、有害的文化现象和观念的放纵吗？同时这也不正是对富于创新意识、高雅的、健康的文化现象和观念的侵害或伤害吗？当然，在全球化、多元化的今天，我们必须面对价值取向的多样性。今天的中国社会确有多元价值取向，因为每一个个体会有自己的价值选择，但作为社会应当有明确的一元价值导向。我们当然明白，不同观点的切磋、不同社会思潮的碰撞，有利于激发我们的创造活力。而任何国家、政府，不论其经济结构和社会思想多么复杂多样，都会有占主导地位的意识形态和价值导向。正是因为社会存在多元的价值取向，所以我们才需要一元的价值导向，当代中国社会主义核心价值体系与社会主义的核心价值观的提出就是因应这种需要。其实，我们每一个人也是如此。而所谓“世界主义”思想不过是西方右翼政要借以迷惑社会主义者的一种手段，如美国前中情局长杜勒斯就曾明确提出要把“世界主义”作为迷惑共产党人、瓦解苏联社会主义制度的手段。

随着现代化网络信息传播技术的进步，各种价值观念的传播、扩散更加迅速便捷，来自外部世界的各种价值渗透也更加隐蔽、高效，由此造成的对整个社会主流价值观念的冲击强度和瓦解力度更大。可以说，当代中国不同价值观之间的交锋和斗争错综复杂、异常激烈。基于社会核心价值观所面对的上述状况，迫切要求我们必须有价值自觉。只有坚持价值自觉，才能保持价值清醒，并拥有强大的价值甄别能力和价值批判能力，从而有效实现社会主义核心价值观对整个社会的主导、统领和整合作用，统一思想，达成共识，凝聚力量。

认识来源于实践，而科学的理论观念来自对纷繁复杂的长期实践及其经验的认真总结和提炼。社会主义核心价值观是中国共产党人对自近代以来的社会变革实践和社会价值观演变历程的深刻反思和科学总结，更是对新的世界形势和时代价值特点深刻把握与综合权衡后的全面概括。因此，社会主义核心价值观潜在地内含着中国共产党人的价值自觉这一基本维度。只有时刻保持价值自觉，才能保持清晰的价值思维、缜密的价值逻辑、深刻的价值分析和强大的价值综合把握能力，从而实现对社会主义核心价值观践行的坚强、有力的科学指引，真正全面推动社会主义核心价值观的培育与践行。

总之，在全球化日益深化的今天，在我们这个急剧转型的社会里，是非、善恶、美丑的界限不能混淆，坚持什么、反对什么；追求什么、摒弃什么；倡导什么、抵制什么，都应当旗帜鲜明。这是我们应当有的价值原则。实际上，越是在价值多样化的社会里，越需要优良的道德价值原则来澄清观念，净化人们的精神世界。在“多”中求“一”，这是规律发展的要求，也是人的需要。

## 二、价值自信：践行社会主义核心价值观的重要保障

践行社会主义核心价值观不仅需要理性的价值自觉，还需要强大的价值自信。所谓价值自信是指对社会核心价值观念的自我认可及在

此基础上的价值信奉态度。这种信奉不仅源于长期以来面对社会大转型和价值观大变革时的价值自觉，更源于对社会主义核心价值观本身先进性的坚定信念。党的十八大报告所倡导的社会主义核心价值观，虽然只有短短的24个字，却内涵丰富、立意高远，不仅具有鲜明的逻辑性、层次性和现实针对性，而且“三个倡导”相互之间又密切相关、彼此支撑。而最根本的方面在于，社会主义核心价值观从实质内涵上成功实现了价值观层面的超越，在继承传统的同时又超越传统，在大胆肯定源自西方历史文化的价值遗产的同时又有所超越和创新，从而真正在成功整合本土价值与外来价值的过程中，实现了中国特色社会主义核心价值的先进性。而这也正是我们积极践行社会主义核心价值观的强大价值自信的力量源泉。

**（一）社会主义核心价值观既继承了传统价值观中的优秀部分，又针对现实、结合时代特点，实现了对传统优秀价值观的超越**

具体而言，爱国主义是中华民族的优良传统，更是传统价值观中的精华部分，几千年的漫长历史，没有爱国主义价值观的精神凝聚和激励，中华文明不可能绵延至今。倡导富强、民主、文明、和谐，倡导爱国，就是对中华民族传统价值观中精华部分的坚决继承，深刻反映了全体中华儿女热爱国家、共建美好家园的深层心理诉求和精神愿景。同时，传统价值观层面的爱国主义，主要强调忠君爱国，专制主义集权体制的消极影响相当明显，而社会主义核心价值观所倡导的爱国在继承传统爱国价值观的同时，不仅抛弃了其中封建成分和专制主义集权因素的消极影响，而且实现了对传统爱国价值观的超越。社会主义核心价值观所倡导的爱国主义，不仅要求爱国，更隐含着倡导热爱社会主义的必然要求；在明确提出建设富强国家的同时，也提出建设民主的国家；既倡导文明、和谐的国家，也强调自由、平等、公正、法治在国家发展和建设中的重要意义；既倡导爱国，也为如何爱国、怎样爱国提出了明确的公民素质要求和价值判准。又如，立足于小农经济基础的传统价值观强调和谐和公平，但这种对和谐、公平的强调，虽然能够有助于社会的稳定和良好秩序的维持，但在小农经济条件下，却也往往使得整个社会缺乏借助竞争来充分发挥人的积极性和创造性的体制机制，从而不利于社会生产力的发展，并容易造成社会的僵化和对社会向前发展的束缚。社会主义核心价值观所倡导的和谐和公正，不仅是对传统和谐、公平价值观对社会良好秩序诉求的继承，而且有力回应了现代市场经济条件下因利益高度多元和复杂所带来的对社会秩序和稳定的挑战。同时，社会主义核心价值观又通过对自由和平等的倡导，实现了对传统价值观的补充和超越。倡导自由和平等，能够充分激发公民个人的内在潜力和创造热情，有助于公民个人的全面发展，这就能够在保证社会稳定的同时，激发和保持整个社会的活力，有效避免社会的僵化，推动社会不断向前发展。总体而言，社会主义核心价值观既有对中国传统优秀价值观的继承，又有对传统优秀价值观的综合性超越，既具有中国特色，又具有鲜明的社会主义属性。

**（二）社会主义核心价值观在吸收和借鉴源于西方特定历史文化的现代性价值观念的同时，又实现了对这些价值观念的整体性超越和创新**

具体而言，民主、自由、平等、法治这些源自西方社会长期演变、反映资本主义发展的内在要求的价值观，不仅体现了对个人权利的尊重和保护，而且旗帜鲜明地体现出对个体自身价值的弘扬与彰显。这种对个体独立性、主体性和内在价值性的充分重视和保护，不仅有助于公民个人潜质的发挥，更能够激发整个社会的创造活力，有助于社会的进步。对此，自近代以来的世界历史进程，及其间人类社会生产力水平和文明程度的巨大进步已经充分证明。社会主义核心价值观明确倡导民主、自由、平等和法治，不仅充分反映出中国共产党人在社会核心价值观领域，对现代社会历史进程中具有进步意义的价值观念的肯定，而且充分体现出中国共产党人在社会核心价值培育和践行上的开放胸襟。同时，中国共产党人对基于西方历史文化发展逻辑且在一定程度上能够反映现代人类社会发展共性的价值观念也保持着充分的理性分析和价值思辨，在充分肯定其重要进步意义的同时，也深刻认识到其对社会发展的负面影响，如民主自身潜在的“多数人的暴政”和“民主悖论”，因过度彰显自由而引发的极端个人主义、对社会责任的漠视和种种无政府主义等，因缺乏对机会平等与结果平等、政治平等与经济平等等具体平等类型的细致分析和综合把握而导致的种种不平等，因过度强调法治而导致的社会“原子化”、个体关系紧张和“讼累”等。为此，社会主义核心价值观通过倡导和谐、公正、诚信和友善，来对上述具有一定历史进步意义的价值观加以补充和矫正，以此实现对源自西方历史文化并能反映现代人类社会发展共性的价值观念的超越。同时，作为社会主义核心价值观的“三个倡导”，具有相当的层次性和系统性，主要侧重国家层面的富强、民主、文明、和谐的价值观，以及主要侧重于公民个人层面的爱国、敬业、诚信、友善的价值观，分别为民主、自由、平等和法治的价值观的培育和践行提供了宏观性的环境前提和微观性的责任基础，这就有效化解了单纯强调民主、自由、平等所可能引发的消极影响，充分实现了对现代西方主流价值观念的整体性超越。

简言之，“三个倡导”不仅继承传统、总结现实，而且指向未来；不仅高度概括和集中反映了社会主义的本质要求，而且呈现出未来社会发展的美好愿景；既考虑到不同层面社会主体价值愿望的一致，又充分体现了不同层面社会主体价值追求的差异，很好地实现了多元社会主体不同价值诉求的多样性的统一。最根本的是，社会主义核心价值观不仅实现了对中国传统优秀价值观与源自异质文明的价值观念的完美整合，更实现了对二者的整体性超越。这就使得社会主义核心价值观具有极为明显的先进性特征。价值自信正是源于此种先进性。也正是此种基于社会核心价值先进性的价值自信，从精神动力和信念支持层面，充分保障着社会主义核心价值观的积极有效践行。

## 三、价值实践：践行社会主义核心价值观的根本路径

社会主义核心价值观要得到充分培育和全面贯彻，根本途径在于积极的价值实践。所谓价值实践是指主体将社会价值观与社会实践相结合并最终实现对社会实践的改造的各种活动。毕竟，“批判的武器当然不能代替武器的批判，物质力量只能用物质力量来摧毁；但是理论一经掌握群众，也会变成物质力量。”社会主义核心价值观要起到达成共识、凝聚力量的作用，实现对多元价值和不同社会群体的引领与整合，就必须通过多个层面、借助多种方法，大力实施价值实践。

### （一）践行社会主义核心价值观需要借助媒介载体和传播平台，强化宣传教育和舆论引导

践行社会主义核心价值观，首先应引导广大党员特别是领导干部率先垂范、以身作则，用自己的模范行为和高尚人格带动全社会学习和践行社会主义核心价值观；应广泛运用新闻媒体、报刊杂志、互联网等传播载体，广泛运用形式多样的社会宣传，大力开展贴近实际的教育实践活动，通过先进人物的示范引领和遍布各地的爱国主义教育基地，借助各具特色的文艺作品和文化活动等，深化社会主义核心价值观的宣传和教育，使之不但家喻户晓、深入人心，而且真正走进群众、深入社会，从而成为整个社会的群体意识和人们的自觉行动；应把社会主义核心价值观的基本要求具体落实到学科教材、课堂教学、校园文化、家庭教育等公民教育全过程。同时，社会主义核心价值观要为人民群众喜闻乐见、善纳好行，离不开宣传教育方式方法的创新发展和精细建构。因此，对社会主义核心价值观的宣传教育和引导，要注重方式

方法的创新，通过精巧有效的传播取得最广泛的大众共识。在此过程中，要敏锐把握人民群众思想活动的新规律新特点，洞悉人民群众精神文化需求的新变化新趋势；要善于将社会主义核心价值观结合人们常思的问题、常见的事例、常用的语言讲明白讲透彻；要善于借助平凡生活中的小事鼓励和引导人们从生活细节中感知意义、体验崇高、增进认同。只有在宣传教育和舆论引导的具体方式方法上认真研究、缜密设计、巧妙配置，才能够真正让社会主义核心价值观的作用得以发挥。

**（二）践行社会主义核心价值观需要大力推进理论研究，强化学理支撑**

党的十八大报告关于社会主义核心价值观的表述尽管简短，但意蕴丰富。这就需要理论界、学术界对化约于24字中的核心内涵开展深度阐发、全面解读和细致研究。通过深入的理论阐释、解读和研究，把富强、民主、文明、和谐的基本目标讲清楚，把自由、平等、公正、法治的基本理念讲透彻，把爱国、敬业、诚信、友善的基本要求讲充分，从而推进整个社会价值取向和价值追求的自觉形成。

**（三）践行社会主义核心价值观需要积极推进制度建设，提供坚强有力的制度保障**

只有将社会主义核心价值观镶嵌并融入到相关制度设计中，才能有效引导人们逐步形成对社会主义核心价值观的坚定信念与忠诚坚守。制度与核心价值观相背离，只会导致人们对核心价值观的质疑和对制度的否定与抛弃。因此，践行社会主义核心价值观，应大力推进和完善制度设计，将社会主义核心价值观嵌入和落实于包括教育制度、医疗制度、社会福利制度、婚姻制度、劳动就业制度、住房制度、社会保障制度等关涉民生福祉的相关制度之中，并通过制度的实施让人们切实感受到国家发展进步所带来的实惠。借助制度固化核心价值观及相应的民生改善成果，力求逐步做到制度设计与核心价值观的基本要求相符合，制度落实与核心价值观的基本要求相符合；应建立健全相关的监督机制、评价机制和示范机制和惩罚机制，为践行社会主义核心价值观提供制度保障；应通过法律法规和各项制度的严格执行，使符合社会主义核心价值观的行为得到鼓励、违背社会主义核心价值观的行为受到惩罚。

**（四）践行社会主义核心价值观需要贴近生活，符合实际，积极促进有效的实践转化**

社会主义核心价值观在被凝练和提出后，只有将其日常化、生活化、大众化和社会化，贴近生活和群众、符合实际，才能转化为人们的日常自觉行为和生活实践，并落实于个人品德、社会公德、职业道德和家庭美德中；才能转化为机关准则、企业准则、乡规民约和组织规范等，并渗透到社会生活的方方面面；才会真正被广大人民群众所认同、所信服、所接受，并逐渐转化为人民群众自觉的内在信念、成为人民群众行为的理性指南，从而最终保持社会主义核心价值观的旺盛生机与活力。在此过程中，要注重优秀传统文化的弘扬对促进社会主义核心价值观的有效转化的作用。党的十七届六中全会指出，“优秀传统文化凝聚着中华民族自强不息的精神追求和历久弥新的精神财富，是发展社会主义先进文化的深厚基础，是建设中华民族共有精神家园的重要支撑。”在践行社会主义核心价值观的过程中，大力弘扬优秀传统文化能够最大限度地获得社会文化心理的认同和支持，减少核心价值观实践转化的环节和阻力，从而有助于社会主义核心价值观更好地融入社会和日常生活。

价值自觉、价值自信和价值实践，三者紧密围绕社会主义核心价值观的践行这一核心，相互联系、相互配合、相互支撑，共同构成践行社会主义核心价值观的三个基本维度。价值自觉是根本前提，是强大价值自信的动力源泉，是有效的价值实践的理性指引；价值自信是重要保障，是价值自觉的逻辑必然，是价值实践的强大精神支柱和坚定信念支撑；价值实践是社会主义核心价值变为现实的根本路径，是价值自觉和价值自信在实践层面的充分体现和逻辑展示。如果说价值自觉回答了究竟什么是社会主义核心价值观这一本体论问题,而价值自信回答了为什么要践行社会主义核心价值观这一认识论问题的话,那么,价值实践主要回答了如何践行社会主义核心价值观这一实践性与方法论问题。从本体到认识到实践,围绕着践行社会主义核心价值观这一核心,价值自觉、价值自信和价值实践,这三个维度相互之间形成了具有内在一致性和严密逻辑性的统一整体,共同服务于中国特色社会主义核心价值观的践行。

(作者单位:武汉理工大学马克思主义学院)

# 论社会核心价值观在公民身份建构中的作用

冯周卓　钟红敏

公民身份是当代世界政治的核心概念之一，其本身也富含争议。然而公民身份的历史可谓源远流长，能直接追溯到古希腊城邦时代，由于其重要的政治、社会意义，学者们围绕其进行了诸多研究，并在曲折坎坷的理论演化过程中形成了不同的流派和理论模式。国内学术界对公民身份理论研究的重视并运用公民身份的理论模式研究中国的政治和社会问题只是近年来才兴起和发展的。目前，统观国内外的研究论述，关于公民身份的理论比较多地集中于从公民身份的传统理论来源、民族国家的理论背景、女性主义的独特视角、多元主义的综合视域、全球化的外在大环境等来进行研究，对社会核心价值观在公民身份建构中的作用研究得比较少，或者论述不够集中系统，显得缺乏重视。不同学者对公民身份有不同定义，但一般都认为公民身份规定了公民与国家的关系，自由主义理论强调公民身份所具有的权利的规定，共和主义理论则重视公民德性和公共义务。我们认为，社会核心价值观在公民身份建构中自古以来就发挥着重要的作用，对此进行深入的研究，将有助于建构适合我国国情的、能够促进政治社会发展、并深入人心的中国公民身份，这最终将有利于国家的稳定和统一。

## 一、社会核心价值观是公民的行为规范和准则

价值观是指人们对客观事物于人而言所具有的意义的总评价和总认识，它对人们的意识和行为起着导向和制约作用。“社会”本质上是指人与人之间相互交往的场合，这个场合是与国家领域和私人领域相区别，与经济、政治、文化、生态环境相并列的领域。所以，社会价值观就是指关于社会场合中人与人之间相互交往关系的总评价和总认识，它表现为一套社会行为规范和准则。一个社会的价值观往往呈现出多元化，具有多样性和层次性，社会核心价值观是其中反映一个时代最基本的、核心的社会关系的价值观，它贯穿于整个社会发展历史，具有长期稳定性和普适性，它面向全体社会，对社会有凝聚作用。每个社会在不同的时代都有与之相应的社会核心价值观作为人们的社会行为规范和准则。

社会核心价值观是社会文化的核心部分，是对社会历史文化的凝练和反映。王钧林认为，当代中国社会的价值观主要出自三大思想系统：一是社会主义文化，二是外来欧美文化，三是本土固有文化。我们认为，社会主义文化与欧美文化一样，都是外来的文化，其中优秀的文明成果都值得我国借鉴，尤其是马克思倡导的社会主义作为中国共产党的意识形态，成为中国当代社会引领社会意识的主流价值观，它与作为中国社会文化之根基的传统文化融合组成了当代中国社会的核心价值观。中国共产党第十八次全国代表大会会议的开幕报告中提出的社会主义核心价值观“倡导富强、民主、文明、和谐，倡导自由、平等、公正、法治，倡导爱国、敬业、诚信、友善”，充分反映了马克思主义、中国传统价值观和世界其他民族优秀价值观的融合。这一价值观的融合也为中国与其他民族和国家达成价值观交叠共识奠定了基础。

在进行核心价值观的宣传教育中，应当区分社会核心价值观和社会主义核心价值观。社会核心价值观是一个更为一般性的概念，凡人

类社会的一个实体在一定的时期，都有其核心价值观，在当代中国，社会主义核心价值观就是这一时期的社会核心价值观的主要内容。社会主义本身就是一种意识形态，所以，社会主义核心价值观本质上是一种我国执政党的意识形态。马克思认为意识形态就是“那些使某一个阶级成为统治阶级的关系在观念上的表现，因而这也就是这个阶级的统治的思想”，统治阶级“调节着自己时代的思想的生产和分配”。社会核心价值观并不等同于党的意识形态，也不是空洞的信仰，而是面向全体公民的、被社会大众普遍认同的、在多元价值观体系中处于主导地位的社会行为规范和准则。但是社会核心价值观与党的意识形态又不是完全无关的，二者都可以通过法定程序上升为国家意志并发生交集，对国家的大政方针、法律制度产生影响，其中，党的意识形态发挥着对各种价值观特别是对核心价值观的协调、引领作用。这在习近平总书记在纪念现行宪法公布施行30周年大会上的讲话中能够得到很好的体现，他强调，“我们要坚持党总揽全局、协调各方的领导核心作用，坚持依法治国基本方略和依法执政基本方式，善于使党的主张通过法定程序成为国家意志”；“党领导人民制定宪法和法律”；“维护宪法权威，就是维护党和人民共同意志的权威”。我们由此认为，当代中国的社会核心价值观既要坚持执政党的意识形态，又要在宣传上有所突破，以民族国家为背景，以传统文化为联结点，引导公民对整个中华民族的认同、对中华人民共和国的认同，这样才有利于台湾的回归以及国家的稳定和统一，这应该成为党和政府统战宣传的题中之义。

中国共产党第十八次全国人民代表大会会议的报告中提出的社会主义核心价值观符合当代中国社会核心价值观的要求：首先，它涵盖了国家、社会、公民三个层面的价值观要求，覆盖面广，包容性强；其次，它是在党的意识形态的引领下通过全体公民的意志形成的，既体现党的意志，又体现全体公民的意志和要求，具有社会核心价值观的普适性特征，有利于广大公民转变为自身行为规范和准则；最后，它跨越中国传统社会与当代社会两种社会特征的价值语境，科学合理地扬弃了传统的价值观，能够适应转型时期的社会要求。因此，报告中倡导的中国社会主义核心价值观能够作为当代中国的社会核心价值观，作为中华民族的核心价值观。

## 二、社会核心价值观影响公民权利意识

“公民”在西方古代的基本含义是指在城市的居住者，不同时期的公民有着不同的权利和对国家（城邦）的义务。“公民身份关系到国家和公民的关系，尤其是有关权利与义务的关系。”显然，公民是一个表达事实的超历史概念，而公民身份则是一个建构性的历史概念，是在实践中动态形成的，不同时代、不同国家、不同的文化精神将会建构出不同的公民身份。

公民身份是一个建构性的历史概念，其建构会受到许多因素的作用影响，那么，社会核心价值观为何能够在公民身份建构中产生作用？可以从两个方面给予回答。一方面，通过国籍可以确定一个人的公民身份，表明公民身份关涉到国家通过法律制度赋予公民一系列权利和义务关系。而社会核心价值观作为贯穿于社会发展历史的、反映最基本的、核心的社会关系的价值观，能够面向全体公民并被社会大众普遍认同，在我国，中国共产党领导人民制定的宪法和法律必然要体现人民的意志，因而要考虑和体现社会核心价值观，使其通过法定程序上升到法律制度的高度，最终在公民身份的建构中产生作用。另一方面，公民身份是从公民的角度出发对个体—公民—民族国家共同体的相互关系的总描述。从个体方面来说，公民身份实际上是个体在共同体中的一种政治角色，关系到个体在共同体中的行为规范和准则，它必然受到作为一套社会行为规范和准则的社会核心价值观的导向和制约作用；从共同体方面来说，公民身份是共同体中个体的身份地位，共

同体是公民身份的生长环境和空间，为公民身份的建构提供了土壤条件，因此，社会核心价值观作为社会共同体的主导价值观，通过社会共同体为公民身份的建构提供了营养成分，对公民身份的建构方式、过程和目的都产生了作用。

现代公民身份理论的主要创始人马歇尔把公民身份看作是对公民权利的规定，而且这种公民权利是不断进化的，受到政治制度和经济制度的影响。按照社会学家涂尔干的说法，公民身份是一种长期的集体意识。这种集体意识就是社会的普遍价值观，它成为对人们应当具有什么权利和责任的根本看法。从马歇尔和涂尔干的说法可以明确，社会核心价值观对公民身份的进化有着重要的影响，在历史上，每一次新的文化繁荣，都会产生新的城市公民，当然也离不开产生新的公民精神。如果在一个民族国家内，因为激烈的阶级斗争导致不同阶级和社会群体坚持各自的意识形态而无法达成关于公民权利和义务的共识，就无法形成稳定的公民身份。

事实也证明公民身份的建构受到社会核心价值观的作用和影响。从历史上来说，公民身份的建构自古以来就包含着共和主义、自由主义两种主要的价值观传统，由于这两种价值观对权利与义务的认识和观点不同，导致对公民身份权责关系的侧重点不同，形成了共和主义传统的公民身份与自由主义传统的公民身份两种类型。从现实上来说，美国发生恐怖袭击的“9·11”事件后，欧美发达国家加强了对移民等社会问题的关注，尤其重视对本国移入民的价值观考核。这是一种新的转向，即从过去单纯地考察准移民的家庭、语言能力和政治关系转向于更加重视基本价值观、道德水准以及对移入国文化和政治制度的认同。今年最新的英国移民入籍考试试题内容的核心部分就是作为英国人所应具备的价值观和原则，英国内政部移民部长马克·哈珀认为新版试卷和手册把重点放在英国价值观和原则问题的做法很正确。

## 三、社会核心价值观在公民身份建构中发挥作用的历史考察

探究社会核心价值观如何在公民身份建构中发挥作用，最好先从考察西方共和主义传统的公民身份和自由主义传统的公民身份这两种类型入手。

### （一）西方共和主义传统的公民身份

历史上最早产生的是共和主义的公民身份，其产生背景是古希腊城邦民主制度。古希腊用“公民”一词表示个人对城邦的隶属关系，获得公民身份意味着可以参与城邦的民主制生活，但并非每个住在城邦的人都能获得公民身份，只有那些拥有独立财产，并保证有充足时间投入到城邦民主制生活，在战时能献身保家卫国的人才能获得城邦的公民身份。因为财产的限制，妇女是没有公民身份的；因为出身的不同，如果父母都是公民的公民被认为是最正宗的公民；奴隶和外邦人则不能成为公民。具有公民身份之后，公民最重要的就是必须积极参与城邦的公共生活，谋求共同体的共同利益，私人事务和私人利益则被排在后位。因此，必须强调公民对共同体的忠诚和奉献。参与城邦的公共生活既是城邦赋予公民的权利，也是公民应对城邦履行的义务，公民对义务的积极履行既要求公民具有勇气、审慎、无私奉献、忠贞不移、爱国主义等美德，也是公民具有美德的体现。公民的美德不是天生就有的，可以通过公民美德教育、宗教熏陶等方式培养。

可见，公民身份的获得是个人的一种荣誉，而获得公民身份的个人要求具备公民美德，美德是共和主义公民身份的核心价值体现，具有美德的公民会以积极参与公共事务、履行对共同体的责任和义务为首要价值体现。这源于共和主义的价值观立场，即共同体本位观，它把共同体的公共事务和公共利益置于个体的私人事务和私人利益之上，强调个体对共同体的责任和义务的优先性，“整个共和主义传统建立在下述前提之上：公民认识和理解他们的责任是

什么,同时还具有完成这些责任的道德义务。如果公民没有完成该负的责任,的确,他们就很难配得上公民的称号。”

从根本上来说,共和主义价值观的最终旨趣仍然是自由。共和主义学者卢梭认为,人生来自由,但为了保障自身的安全与财富,所有人自愿放弃其外在的自由,由“自然状态”转向“公民状态”,结成国家共同体,由于公民的意志就是国家的意志,因此人们在国家内仍然是自由的。如前文指出,德里克·希特认为共和主义公民身份的最终目的就是使个体能够享受到真正的自由,“个体只有在共和国中才能享受到真正的自由,共和国也只有通过公民的支持才能够存在。”

由于对自由的不同理解,自由主义学者立足自由主义价值观提出了另一种类型的公民身份理论。

**(二)西方自由主义传统的公民身份**

主张自由主义公民身份理论的学者认为,建立在共和主义价值观基础上的公民身份理论实质上限制了公民的自由,不符合人类追求自由的天性。原因在于:一是国家对公民身份的授予设置了许多条件,使公民身份具有强烈的排他性,无产者、奴隶、妇女和外邦人被排除在公民身份之外,违背公民身份应有的平等之义,剥夺了人的自由选择权;二是强调个体需要积极投身于公共生活,公共事务和公共利益优先于私人事务和私人利益,在一定程度上带有强制性,严重影响公民的私人生活,剥夺了公民选择自由、自主生活的权利。因此,自由主义学者主张立足自由主义价值观重新建构公民:身份的内容。

自由主义者从自然法学说出发,强调个人权利的首要性,由此来建构起与共和主义公民身份的共同体本位观相对立的自由主义公民身份的个体本位观。约翰·洛克对此做出了重大的贡献。他指出,在国家和政府产生以前,人类处于一种完整无缺的自由和平等状态,强调生命、自由和财产的自然权利是每个人与生俱来、不可让渡的,国家和政府的目的是要保护人们的权利。这种对公民权利的强调在 T. H. 马歇尔(Marshall)那里得到了进一步强化,他甚至把公民身份直接等同于公民权利,认为公民身份就是共同体成员所拥有的各项权利,共同体有责任和义务为公民提供各项权利。

可见,自由主义者运用权利至上的个人本位主义价值观建构出的公民身份范式,认为公民身份就是指公民在共同体中享有的权利,共同体则为公民提供权利并予以保障。究其根本,公民追求权利实质上是为了保障个人自由。只不过与共和主义的公民身份认为个人只有在共同体中才能达到自由的观点不同,自由主义的公民身份追求的是个人自由,共同体提供的公民权利即公民身份只是达到自由的手段,由此得出结论认为个人权利优先于责任和义务,私人利益优先于公共利益,公民仅须履行最低限度的义务,包括纳税、服兵役等。

共和主义的公民身份和自由主义的公民身份似乎是传统中建构公民身份的两种相互对立的范式,但刨根问底后会发现它们的出现都伴随着社会变迁后社会普遍认同的核心价值观的转变这个重大的历史变化。在封建社会中,国家为了维护封建特权和阶级统治,倡导共同体对个体的支配权,要求个体服从和忠诚于共同体,共和主义的价值观正是这种理念的代表,此时受这一核心价值观影响和作用的公民身份就表现为共和主义的公民身份。在资本主义社会兴起和发展后,社会的核心价值观转而强调个体自由参与市场和交换、平等地竞争,自由主义价值观对自由和平等的追求在自由主义的公民身份上得到了淋漓尽致的表现。因此,学术界基本赞同共和主义的公民身份范式支配了 18 世纪以前的公民身份历史,自由主义的公民身份范式则支配了 18 世纪以后直到当代的公民身份历史。但从根本目的来说,两种公民身份的解释范式都把自由作为最终的目标,只是由于解释方法不同而产生了不同的解释途径。因此,在全球化背景下,公民身份的建构表现为共和主义和自由主义两种价值观交织在一起发生作用和影响，并与女性主义、多元主义、文化主义等多种价值观协同作用。

总的来说，自公民身份产生以来，社会核心价值观在公民身份的建构过程中一直扮演着重要的角色。具体说来，西方社会共和主义和自由主义两种传统价值观主要是通过规定权利与义务、个体与共同体的不同地位和关系来建构公民身份。

### （三）中国古代的臣民身份

中国有着两千多年的农业文明国历史，表现为自给自足的小农经济特征，社会上层建筑是封建宗法制度和君主专制制度，整个社会是一个有等级、分尊卑的阶级体系，除了最高的统治者皇帝之外，所有人都是依附于王权的臣民，《诗经·小雅·北山》对此一语道破："普天之下，莫非王土，率土之滨，莫非王臣。"孔子强调等级，提倡周礼，主张"君君，臣臣，父父，子子"的宗法伦理思想，迎合了统治者的需要。儒家思想后来经由西汉董仲舒"罢黜百家，独尊儒术"，成为中国两千多年的正统思想，儒家的价值观也成为中国古代社会的核心价值观。结合臣民思想、王权特征，董仲舒还发展出"三纲五常""君权神授"等价值模式，中国古代社会的核心价值观形成一套完整的体系。到了宋明时期，臣民观念更升级为"君要臣死，臣不得不死"的绝对准则。然而，在统治阶级的统治政策中得到具体体现的这一套社会核心价值观塑造的并不是真正意义上的公民身份，而是臣民身份，其特征是强烈依赖封建君主、以君主为本位、丧失独立人格意志、绝对服从君主、缺乏政治权利，表现为民为王的奴隶，民依附于王而失去独立人格，民没有参与政治的权利。臣民身份与需要具备独立意志和自由、自主的政治判断力的公民身份本义相对立。在中国古代，整个社会结构呈"差序格局"，不存在平等的公民身份，所谓"民"不是"治国"的主体，不具有政治参与权利，因而也就不具备西方社会"团体格局"中明确的权利和义务关系，臣民身份与民族国家中表述权利与义务关系的公民身份不相符。

臣民身份与中国家天下的社会特征相联系。中国古代的特征是作为老百姓主要活动场所的社会极度萎缩，国家机器却非常庞大，国家压制着社会领域的发展，导致社会自发生成的价值观受到挤压，发育不良，而官方或者为官方辩护的学者提出的价值观则在国家机器的护航下不断发展壮大，最终演变为所谓的社会核心价值观。所以，中国古代社会的核心价值观本质上不属于民众，不反映民众的实质需求，相反，其根本目的在于维护阶级统治和君主专制制度，并以此规定臣民身份的价值取向，在如此建构的臣民身份中臣民就像统治者的棋子任由摆布而毫无独立和自由可言。近代以来由于西方一些价值观的引入，又通过一系列革命运动颁布《中华民国宪法》，提出了国民身份，但这显然是一次失败的中国身份建构运动，原因在于西方的价值观毕竟是借来之物，属于非主流，敌不过本土的处于主流、统治地位的核心价值观。

## 四、当代中国以社会核心价值观建构公民身份的途径

新中国成立以后，于 1954 年颁布了第一部宪法《中华人民共和国宪法》，基本确立了中国公民身份制度。到目前为止，中国一共颁布了四部宪法，第四部宪法又经过了四次修正，并沿用至今。随着宪法的修改和完善，中国公民身份制度也更加详细和完善。例如宪法关于公民的基本权利与义务的规定中有关妇女权利的表述：1954 年的宪法仅强调妇女有同男子平等的选举权和被选举权；1975 年的宪法则强调妇女在各方面享有同男子平等的权利；1978 年的宪法更进一步强调妇女在政治的、经济的、文化的、社会的和家庭的生活各方面享有同男子平等的权利，男女婚姻自主、男女同工同酬首次列入宪法；1980 年的宪法还补充了国家保护妇女的权利和利益、培养和选拔妇女干部两则表述。

从表述的变化中可以看出，宪法中关于妇女权利的修改和完善是随着社会核心价值观对男女平等观念的不断深入而深入的。此外，宪法对私有财产保护规定的完善，对尊重和保障人权规定的增加，都反映了社会核心价值观对宪法的影响。随着国家越来越重视在宪法对公民身份的规定中反映社会核心价值观，公民身份的内容逐渐丰富和充实；文明价值观越深入人心，就越重视公民受教育的权利和义务，重视发展科教文卫事业；自由价值观越深入人心，就越重视公民的人身自由和宗教信仰自由；民主观念越深入人心，就越重视全国人民代表大会制度的建立健全。

虽然公民身份在宪法和法律上得到了完善和充实，但在现实中还不能达到深入人心的程度，在日常生活和政治生活中也缺乏保护和巩固，容易受到政治环境和制度的限制，根深蒂固的臣民身份的影响也没有消除，中国公民身份的实质发展一波三折。“中国公民拥有很多宪法上规定的公民权利。但是由于公民身份意识的淡薄，由于公民参与维权行动的不足，使得很多公民权利都仅仅是纸上的权利而没有得到有效的落实。也正由于公民维权意识的薄弱，使得一旦发生了公共权力针对公民个体的侵权行为时，公民们往往选择默认与接受，降低了公共权力侵权行为的舆论成本与社会风险，从而在一定程度上助长了公共权力的侵权行为，甚至客观上成了公共权力侵权行为的帮凶。”这是一种消极公民身份，任由其发展下去将会带来灾难性的后果，德里克·希特预言：“如果公民整体太过冷淡，国家——公民身份的结构也就存在着崩溃的危险。”中国公民身份的现实发展凸显出公民对国家、社会的义务和责任意识的淡薄。近年来互联网的飞速发展拓宽了公民表达诉求和意见的渠道，但表现出的公民承担义务和责任的自觉性却不强。生活中的例子更多：有人宁愿放弃劳动的权力和义务甚至人格尊严而去乞讨；有人代领别人的社会保障金；有人花完了政府给的拆迁补偿金之后还去向政府讨要生活费；更别提那些偷税漏税者；等等。许多人受到自由主义思潮的影响，过于强调公民权利，忽视对国家、社会的义务，在国家利益面前不肯让步，认识不到作为公民不仅享有国家赋予的权利，还应当履行对国家和社会的义务和责任，应保持权利与义务二者的平衡。

党的十八大报告中提出的“社会主义核心价值观”作为当代中国社会核心价值观分别从国家、社会、公民三个层面进行概括，并且公民身份的建构来自两个方面，一个方面是公民的自我建构，另一方面是共同体的塑造，而共同体又分为国家和社会两种。因此，可以把这三个层面作为社会核心价值观在公民身份建构中发挥作用的三条途径进行探索。

在国家层面，充分发挥社会核心价值观对公民身份的制度设计的导向作用，使公民身份不仅在法律制度上不断充实和完善，还要能深入人心；科学合理地扬弃传统文化，彻底清除臣民身份观念对公民身份建构的毒素，为公民身份的健康成长打好基础；通过社会核心价值观教育发挥其对社会的凝聚作用，增强人们对公民身份的认同感，培育公民的奉献意识和责任意识，引导公民积极参与国家事务管理和公共活动，发展公民教育，培养公民参与国家事务管理和公共活动的能力，充分提供公民成为积极公民的条件并给予保障。

在社会层面，社会核心价值观要积极引导公民社会的良性发展，为公民身份建构提供良好的生长环境和成长空间。改革开放以来中国的社会真正得到了历史性的发展和进步，各种社会组织不断兴起，但是，中国的社会边界仍然存在很多模糊地带，政府在一些领域过多地介入到社会中，干预了社会的正常发展。因此，公民社会要发展壮大，必须明确政府和社会各自的职能边界，让各种社会组织充分获得成长和发展的空间。但又要注意公民社会与政府之间不是对立的关系，而应该是合作关系。所以，社会核心价值观要为公民社会的成长和发展提供引导，为社会与政府的关系提供界定标准，为社会组织提供行为规范和准则，最终通过社会组织的健康发展，培养公民的志愿精神，从而增强公民的社会责任感。同时，使公民在参与社会组织的过程中锻炼其参与公共活动、管理公共事务的能力。

在公民层面，主要从公民意识和公民行为两方面的教育着手，使社会核心价值观内化为公民的思想和行为准则。在公民意识方面，发挥社会核心价值观在培养公民的权利意识、责任意识、平等意识、诚信意识中的导向作用，使公民自觉把社会核心价值观作为自身的行为准则；在公民行为方面，通过社会核心价值观引导公民对权利和义务关系的理解，促进公民对理性公民身份、积极公民身份的认同，并将其作为身体力行的标准，使公民自觉成为践行社会核心价值观的主体。

（作者单位：中南大学公共管理学院）

# 论社会主义的核心价值

骆郁廷

当前,加强社会主义核心价值体系建设,必须深入研究社会主义核心价值体系、社会主义核心价值观与社会主义核心价值的关系。社会主义核心价值体系蕴含着社会主义核心价值观,核心价值观是社会主义核心价值体系中的一组核心的观念群。社会主义核心价值观蕴含着社会主义核心价值,社会主义核心价值是社会主义核心价值观中最根本、最核心的价值。所以,我们不仅要在构建社会主义核心价值体系的基础上凝练出社会主义核心价值观,还要在凝练社会主义核心价值观的基础上凝练出社会主义的核心价值。这是在价值认知与践行上逐步深化的过程。只有深刻揭示社会主义核心价值的根源,把握社会主义核心价值的实质,大力弘扬社会主义核心价值,才能不断深化社会主义的核心价值体系建设,培育、践行和弘扬社会主义核心价值观,奠定全国人民团结奋斗的共同思想基础。

探索、把握和弘扬社会主义核心价值,最重要的是要探讨清楚三个问题。

## 一、社会主义核心价值的根源

深入凝练社会主义核心价值,是深化社会主义核心价值体系建设和培育、弘扬社会主义核心价值观的重要任务。科学凝练社会主义核心价值,固然要研究和借鉴古今中外价值观的理论、思想和观点,但不能局限于此,更重要的是要立足于实践,立足于社会,立足于人们生活的社会关系特别是经济关系,始终以我国当代社会实践和现实经济关系为基础。只有这样,才能深刻揭示社会主义核心价值的根源,科学凝练社会主义核心价值。

### 1. 一切价值观念都根源于经济关系

按照马克思主义的观点,人们的价值观念实际上总是产生于人们社会地位所依据的经济关系,人们总是从自己所处的经济关系特别是所有制关系中,提出和形成自己的伦理观念和价值观念。恩格斯在《反杜林论》中指出:"如果我们看到,现代社会的三个阶级即封建贵族、资产阶级和无产阶级都各有自己的特殊的道德,那么我们由此只能得出这样的结论:人们自觉地或不自觉地,归根到底总是从他们阶级地位所依据的实际关系中——从他们进行生产和交换的经济关系中,获得自己的伦理观念。"这就告诉我们,人们的价值观念总是一定社会经济关系和社会地位的反映,人们的价值观念总会随着一定的经济关系的产生而产生,也会随着一定经济关系的变化而变化,离开了一定的经济关系就不可能形成一定的价值观念。

在原始社会,只有原始公有制,没有私有制,因而原始社会的人们也就只能产生出一种维护氏族部落利益的朴素的公有观念,而没有私有观念。达尔文在环球考察中曾经发现,处于原始生活状态的部落成员,即使抓到一条鱼,捡到一块布,也不会据为己有,而会交给部落共同分配。奴隶社会、封建社会和资本主义社会则是以私有制为基础的社会,因而只能形成反映这种私有制为基础的经济关系的价值观念,这种价值观念最集中的就是一种私有观念,所谓"人不为己,天诛地灭"就成了私有制社会共同的价值准则。由于历史上私有制的形式及其产生的经济关系有所不同,因而产生的私有的价值观念也就有所不同,分别打上了奴隶社会、封建社会、资本主义社会私有制及其经济关系的烙印。

社会的核心价值观和核心价值，根源于一定社会的经济关系，凝练、概括和总结一定社会的核心价值观和核心价值，也只能立足于一定的社会实践，立足于一定社会实践基础上的社会经济关系。正确的路径应该是：立足于社会实践，立足于社会经济关系，同时参考和借鉴关于价值观念的思想资源，来凝练社会的核心价值观和核心价值。

**2. 社会主义核心价值源于社会主义公有制为主体的经济关系**

社会主义核心价值从根本上来源于社会主义社会生产力发展基础上的经济关系，这种经济关系最根本的是公有制为主体的所有制关系。社会主义核心价值，实质上是社会主义公有制为主体的经济关系的反映。正如邓小平所说："社会主义的经济是以公有制为基础的，生产是为了最大限度地满足人民的物质、文化需要，而不是为了剥削。由于社会主义制度的这些特点，我国人民能有共同的政治经济社会理想，共同的道德标准。"以公有制为基础的社会主义经济关系是社会主义社会人们共同理想和共同道德形成的经济基础，也是社会主义社会人们共同的价值追求形成的经济基础。既然社会主义的经济关系是以公有制为主体的经济关系，那么它在价值追求上必然要以维护和实现"公有"价值为核心和主导。社会主义的核心价值来自社会主义的经济关系，要提炼社会主义核心价值，就必须以社会主义公有制的经济关系为基础，这是最根本的一条。事实上，经济关系的不同，决定了人们在所有制关系中实际地位的不同，决定了人们经济利益的不同，也决定了人们价值观念的不同。对于一个社会来说，社会的核心价值总是来源于一定社会的经济基础中特别是整个社会最根本、最基础的所有制关系。社会主义社会的核心价值也是这样。我们固然要从各种思想资源包括从社会主义的核心价值体系中凝练社会主义的核心价值观，从社会主义的核心价值观中凝练社会主义核心价值，但是，最根本的是要遵循从经济关系中凝练价值观念的路径，从社会主义公有制为主体的经济关系中凝练出社会主义的核心价值。况且，社会主义的核心价值体系与社会主义核心价值观，归根到底也是来源于社会主义以公有制为基础的社会经济关系。因此，我们在凝练、概括社会主义的核心价值时，既要吸取各种价值观念的思想资源，尤其是社会主义核心价值体系与核心价值观的思想资源，更要始终坚持以社会主义社会公有制为基础的经济关系为根本，从中发掘、总结、概括、凝练出社会主义的核心价值。

**3. 社会主义核心价值的凝练基于社会主义经济关系的发展和完善**

社会主义核心价值的凝练不仅要立足于现实，而且要着眼于长远，把握社会主义经济关系即公有制为主体的经济关系的本质，还要体现社会主义经济关系特别是所有制关系发展的必然趋势和客观要求。

有人会说，我国社会虽然是公有制为主体，但我国实行的是公有制为主体、多种所有制经济共同发展的基本经济制度。现实社会中存在着多种经济成分，多种经济成分就必然产生多种经济关系、特别是多种所有制关系。既然有多种经济成分，多种所有制形式，就必然有多种所有制基础上的经济关系，也就必然会产生反映多种经济成分、多种所有制形式和多种经济关系尤其是经济利益关系的多种价值观念。是否在价值观上非要坚持某种主导价值观呢？这就涉及一个问题，就是主导与从属的经济关系问题。在一定的经济关系、经济结构、经济基础中，占主导地位的经济关系特别是占主导地位的所有制形式，决定着一定经济关系、经济结构、经济基础的性质，也决定着一定社会占主导地位价值观念的本质，甚至决定着反映这种占主导地位所有制性质的价值观念上升为社会占主导地位的核心价值观念。所以，我们既要看到社会主义社会多种经济成分对人们价值观念形成的影响，更要看到占主导地位的经济关系特别是公有制为主导的经济基础对人们价值观念形成的决定性影响。否则,我们就会在主导价值观产生的根源及其性质上,产生曲解。

同时,社会主义公有制为主体、多种所有制经济共同发展的基本经济制度,还要在实践中不断地改革、发展和完善,这种改革、发展和完善的根本依据是生产力发展的实际状况,生产关系特别是所有制关系总是要随着生产力的发展而不断发展的,社会主义公有制也会随着生产社会化和社会生产力的发展而不断发展。因此,我们凝练社会主义核心价值观既要从现实的经济关系,特别是所有制结构入手,把握现实所有制结构和现实经济关系的本质,还要依据社会主义社会基本矛盾运动的规律,从经济关系特别是所有制关系的发展趋势入手,把握社会主义社会经济关系特别是所有制关系的发展趋势,把握这种发展趋势对社会主义核心价值的本质要求。只有这样,才能真正把握社会主义核心价值产生的根源,科学地总结、概括和凝练出社会主义的核心价值。

## 二、社会主义核心价值的实质

深入探究社会主义核心价值,不仅要揭示社会主义核心价值形成的根源,透析社会主义核心价值同社会主义公有制为基础的经济关系之间的本质联系,还要深刻揭示社会主义核心价值的内涵,把握社会主义核心价值的实质,弄清社会主义核心价值同西方社会所谓普世价值的本质区别。这是牢固确立社会主义核心价值的关键。

### 1. 集体主义是社会主义的核心价值

社会主义核心价值实质上是集体主义,这种集体主义是公有制为主导的经济关系的本质反映。公有制把大家的利益联结到了一起,形成一个利益共同体,即具有共同利益的集体。反映这种具有共同利益的集体的根本价值观念,就是一种集体主义的价值取向,而这种集体主义正是社会主义的核心价值。党的十四届六中全会的决定明确指出:社会主义道德建设要以为人民服务为核心,以集体主义为原则。党的十六大报告进一步指出:认真贯彻公民道德建设实施纲要,弘扬爱国主义精神,以为人民服务为核心,以集体主义为原则,以诚实守信为重点,加强社会公德、职业道德和家庭美德教育。

为什么说集体主义是社会主义的核心价值呢?

一是集体主义反映了社会主义公有制的本质要求。社会主义生产资料公有制是与生产资料私有制完全不同的所有制形式,是适应现代社会化大生产发展的需要而建立起来的、与现代社会生产力发展相适应的先进的生产资料所有制形式,是高于资本主义私有制的新型的社会经济制度。社会主义生产资料公有制表明了生产资料属于人民和集体共同所有,不是哪一个个人的私有财产,而是全体社会成员或集体成员共同拥有的财产,是"公有",而不是"私有"。在社会主义生产资料公有制为基础组成的集体中,每一个人除了依靠自己的劳动谋生之外,不可能依靠其他的手段来获得自己的生活资料。这种集体是每一个集体成员共同组成的真实的集体,是每一个个体生存和发展的基础。每一个成员必须与其他成员相互合作、相互支持、相互扶助,才能在集体中生存和发展,获得共同生存和自由发展的条件。离开了集体,个人就丧失了生存的基础和发展的自由。

二是集体主义反映了社会成员的共同利益。个人主义往往反映和维护的是个人的利益,集体主义反映和维护的则是社会或集体成员共同的利益。私有制使社会成员的利益相互分离、分裂和对立,少部分人拥有众多的财产和利益,多数人拥有极少的财产和利益,甚至缺乏维持劳动力再生产的起码条件,社会两极分化严重,社会矛盾尖锐。公有制使社会成员的利益相互联结、结合和融合,逐步消除了阶级、阶层和社会成员利益分化、分裂和对立、冲突的基础,使生活在公有制为基础的社会共同体的成员的利益成为社会共同体的共同利益,使大家成为一个密切互动、利益攸关的利益共同体,使社会成员走向共同富裕逐步由可能变为现实，集体主义则反映了这种社会共同体成员的共同利益的本质和利益融合的趋势。

三是集体主义凝聚了社会成员的价值共识。在不同所有制为基础的社会里，人们形成的价值观念和价值追求是不一样的。在私有制为基础的社会里，与人们的利益分化、分裂和对立相一致，人们的价值观念、价值追求和价值目标也是分化、分裂和对立的。“人人自扫门前雪，休管他人瓦上霜”、“宁可我负天下人，休叫天下人负我”、“人人为自己，上帝为大家”，就成了这种价值观念和人生信条的真实体现。公有制为基础的社会则与此完全不同。在公有制为基础的社会里，与人们的利益相互联结、融合、共生相一致，人们的价值观念、价值追求和价值目标也是联结、融合与共生的，形成了一种反映集体成员共同利益、凝聚集体成员价值共识的核心价值观念，即集体主义的价值观念。这种价值观念的实质，不是从个人利益出发，而是从集体利益出发，形成一种“人人为我、我为人人”，团结协作、共同富裕的价值观念和价值追求。只有集体主义才能从反映和实现社会共同体成员的共同利益和价值诉求出发，凝聚社会共同体成员的价值共识，聚集社会共同体成员的整体力量，形成社会共同体成员的社会合力，增强推动社会实践的强大的精神力量，实现社会成员共同富裕的共同利益。

**2. 集体主义的精神实质是集体利益与个人利益的结合**

集体主义体现的是一种社会主义核心价值，实质上是个人利益与集体利益相结合。

这是毛泽东在中国农村的社会主义高潮一书的按语中早就明确指出的。毛泽东在《〈中国农村的社会主义高潮〉按语选》中写道：“反对自私自利的资本主义的自发倾向，提倡以集体利益和个人利益相结合的原则为一切言论行动的标准的社会主义精神，是使分散的小农经济逐步地过渡到大规模合作化经济的思想的和政治的保证。”在这一讲话中，毛泽东明确指出，小农经济基础上产生的“自私自利”，是一种资本主义的自发倾向；集体利益和个人利益相结合是一种社会主义精神；这种集体主义的社会主义精神是衡量人们一切言论行动的标准；坚持和提倡以集体利益和个人利益相结合的原则为核心的社会主义精神，是实现分散的小农经济向合作的集体经济转变的思想基础。今天，重温毛泽东的讲话，对于我们了解生产资料社会主义改造特别是农村社会主义集体经济建立和发展的历史，把握个人利益和集体利益相结合的社会主义社会集体主义精神的实质，指导和推动中国特色社会主义事业的发展，增强“道路自信、理论自信、制度自信”，坚持走共同富裕的中国特色社会主义发展道路，发挥社会主义制度的优越性，实现“国家富强、民族振兴、人民富裕”的中华民族伟大复兴的中国梦，无疑具有重大价值。

理解和坚持毛泽东关于“社会主义精神”的这一重要讲话，关键是要把握以下几点。

一是提倡集体利益与个人利益相结合。注意找准个人利益和集体利益的结合点，把个人利益融入集体利益，在实现集体利益的过程中实现个人利益，保障和实现集体成员的共同利益，也就是要做到共同富裕。这是社会主义社会集体主义精神的实质，是社会主义精神的实质，是社会主义的核心价值。

二是反对集体利益和个人利益相对立。在集体利益和个人利益的关系上，要始终反对两种“错误倾向”：既要反对以集体利益否定个人利益的倾向，更要反对把个人利益凌驾于集体利益和国家利益之上的倾向。在公有制为基础的社会主义社会里，集体利益和个人利益虽然存在着差异，但从根本上来说是一致的，所以不能把两者简单对立起来，甚至相互否定。

要把集体利益同“整体至上”划清界限，也要把个人利益同“个人主义”划清界限。在维护和实现集体利益的过程中，维护和实现正当的个人利益，不仅是必要的、正当的，而且是社会主义社会共同富裕的本质要求，是社会主义社会集体主义精神的题中应有之义。

三是区别虚幻的集体和真实的集体。集体有虚幻的集体和真实的集体之分，这是马克思恩格斯在《德意志意识形态》中明确提出来的，马克思恩格斯指出，“只有在共同体中，个人才能获得全面发展其才能的手段，也就是说，只有在共同体中才可能有个人自由。在过去的种种冒充的共同体中，如在国家等等中，个人自由只是对那些在统治阶级范围内发展的个人来说是存在的，他们之所以有个人自由，只是因为他们是这一阶级的个人。从前各个人联合而成的虚假的共同体，总是相对于各个人而独立的；由于这种共同体是一个阶级反对另一个阶级的联合，因此对于被统治的阶级来说，它不仅是完全虚幻的共同体，而且是新的桎梏。在真正的共同体的条件下，各个人在自己的联合中并通过这种联合获得自己的自由。”

社会主义公有制基础之上的集体是建立在共同利益基础上的真实的集体，在这种真实的集体的基础上，每个集体成员才有可能获得个人自由，才能维护和实现集体成员的共同利益，也才可能真正倡行和弘扬集体主义的核心价值。

## 三、集体主义的核心价值与西方普世价值的比较

我国社会倡导和实行的社会主义核心价值，与西方国家在全球强势倡导和推行的普世价值有着根本的区别，这种区别实质上是集体主义与个人主义的本质区别。

集体主义作为社会主义核心价值构成社会主义的核心价值体系和核心价值观的内核，它规定和制约着社会主义核心价值体系和核心价值观，决定了社会主义实践中人们应秉持的价值立场、观点和态度。社会主义的核心价值体系和核心价值观，归根到底，贯穿和体现的都是社会主义社会集体主义的核心价值。党的十八大报告指出：社会主义核心价值体系是兴国之魂，决定着中国特色社会主义发展方向。广泛开展理想信念教育，把广大人民团结凝聚在中国特色社会主义伟大旗帜之下。大力弘扬民族精神和时代精神，深入开展爱国主义、集体主义、社会主义教育，丰富人民的精神世界，增强人民精神力量。倡导富强、民主、文明、和谐，倡导自由、平等、公正、法治，倡导爱国、敬业、诚信、友善，积极培育和践行社会主义核心价值观。社会主义核心价值体系是全党全国各族人民团结奋斗的共同思想基础。它包括四个方面的基本内容，即马克思主义指导思想、中国特色社会主义共同理想、以爱国主义为核心的民族精神和以改革创新为核心的时代精神、以“八荣八耻”为主要内容的社会主义荣辱观。这四个方面的基本内容贯穿了一个核心思想，就是集体主义这一社会主义的核心价值。马克思主义指导思想揭示了人类社会发展的规律，特别是社会主义必然代替资本主义的基本规律，这一代替实质上是社会主义公有制对资本主义私有制的代替，是共同致富对个人富裕的代替。它实质上昭显了集体主义的核心价值。中国特色社会主义共同理想是要实现社会主义现代化和中华民族的伟大复兴，实现国家富强、民族振兴和人民的共同富裕，从根本上体现了集体主义的社会主义核心价值。以爱国主义为核心的民族精神和以改革创新为核心的时代精神实质上也是集体主义精神在爱国实践和时代发展中的体现。“八荣八耻”的社会主义荣辱观中“以热爱祖国为荣，以危害祖国为耻”等等同样是社会主义集体主义精神的体现。

不仅社会主义核心价值体系体现了集体主义的核心价值，社会主义核心价值观同样体现了集体主义的核心价值。无论是“倡导富强、民主、文明、和谐”，“倡导自由、平等、公正、法治”，还是“倡导爱国、敬业、诚信、友善”，都不是仅仅从个人出发的，而是从个人与他人、个人与集体、个人与社会的关系出发的，体现的也正是集体主义这一社会主义的核心价值。这种价值不同于资本主义以个人主义为核心的价值观念。即使我们讲到自由、民主、平等，字面上与

西方所讲的自由、民主、平等相同,但实质不同。我们讲的是社会主义民主、自由、平等,是以社会主义公有制为基础、以社会主义法律作保障的民主、自由、平等,本质上是以现实社会中的社会化的人为基础的,而不是以抽象的、孤立的个人为基础的,这种民主是多数人的民主,而不是少数人的民主;这种自由是一种社会共同体中每一个人共同享有的自由,而不是脱离社会共同体及其纪律约束的个人自由;这种平等也是建立在公有制基础上的人与人之间的社会地位上的平等,是一种社会平等,而不是一种建立在私有制基础上的虚假的平等。因而,它实质上也是一种体现集体主义的社会主义核心价值的民主、自由、平等的价值观。

西方国家宣扬的自由、民主、人权,从根本上说,是来源于资本主义社会的私有制经济基础,这种自由、民主、人权实质上讲的是一种孤立的个人的抽象的自由、民主、人权,这种所谓的自由、民主、人权的“普世价值”背后,隐藏着一种更深层次的资本主义的核心价值,这种核心价值实际上就是“个人至上”,这是资本主义社会最根本的价值观。这种“个人至上”的资本主义核心价值,也就是一种自私自利的“个人主义”的核心价值,它本质上是资本主义社会私有制为基础的经济关系的反映,其实质是把资产者个人的利益置于他人和社会之上,损害作为社会大多数成员的劳动者的利益,保护极少数富人的利益。民主、自由、人权等是资产阶级在反对封建主义的斗争中提出来的价值范畴,它反映的是一种私有制为基础的资本主义市场经济的平等交换基础上的民主,贸易自由中的自由,个人“天赋”的权利而非集体享有的权利。只不过资本主义赋予了资产阶级民主、自由、人权以普遍性的外衣。马克思对此有过深刻的揭示:“如果说经济形式,交换,在所有方面确立了主体之间的平等,那么内容,即促使人们去进行交换的个人和物质材料,则确立了自由。可见,平等和自由不仅在以交换价值为基础的交换中受到尊重,而且交换价值的交换是一切平等和自由的生产的、现实的基础。作为纯粹观念,平等和自由仅仅是交换价值的交换的一种理想化的表现;作为在法律的、政治的、社会的关系上发展了的东西,平等和自由不过是另一次方上的这种基础而已。而这种情况也已为历史所证实。这种意义上的平等和自由恰好是古代的自由和平等的反面。古代的自由和平等恰恰不是以发展了的交换价值为基础,相反地是由于交换价值的发展而毁灭。”马克思深刻地揭示了平等自由价值内容的历史性、阶级性及其与经济形式的关系。民主、自由、人权等资产阶级价值观念的提出和践行,在推动资本主义社会的建立和发展中发挥了巨大作用,但这种价值观念并不是什么永恒的人类普世价值,它本质上就是以资本主义私有制为基础、以个人主义为核心的反映资产阶级利益需要的价值观念,但资本主义社会为了掩盖其价值观的阶级属性,达到稳固阶级统治的目的,将资本主义所谓的自由、民主、人权等概念高度抽象化和普遍化为所谓“普世价值”,借以在全世界推行资产阶级的价值观念,维护和实现资产阶级的特殊利益。社会主义的核心价值与资本主义的核心价值不仅有着本质的区别,而且是根本对立的。社会主义核心价值的主体是广大劳动人民,而不是少数有产阶级。因此,我们要透过自由、民主、人权的观念背后存在的集体主义与个人主义的对立,看到西方资产阶级所谓的普世价值的个人主义的立场,以及与资本主义私人占有制相联系的本质,始终坚持以集体主义反对个人主义,以社会主义的核心价值反对西方资产阶级所谓的“普世价值”。

## 四、社会主义核心价值的弘扬

社会主义核心价值是国家之魂、民族之魂、集体之魂,也是社会主义之魂。只有坚持和弘扬社会主义核心价值,才能达成共识,凝聚人心,增强团结,聚集力量,维护稳定,促进发展,奠定全国人民团结奋斗的共同思想基础,增强我国社会主义现代化的精神动力,实现中华民族伟大复兴的中国梦。

当前，弘扬社会主义核心价值，着重应抓住以下几个关键环节。

**1. 深入凝练社会主义核心价值**

社会主义核心价值的凝练是社会主义核心价值弘扬的前提，是社会主义核心价值建设的重要内容。社会主义除了通过生产力来体现自身的优势外，还应发掘社会主义内在的价值诉求，凝练社会主义的核心价值，发挥核心价值在社会主义建设中的导向和推动作用。目前我国正处于社会转型的关键时期，社会利益分配格局和社会利益结构出现重大变动，社会利益主体出现分化，这种变化必然带来价值观念的差异化，加上西方的价值渗透，导致人们价值选择与价值认同出现多样化趋势。在这种情况下，凝练社会主义核心价值显得尤为重要。

凝练社会主义核心价值要把社会主义公有制为基础的经济关系作为凝练社会主义核心价值的基础，分清本质与现象，分清主导与多样，分清核心与边缘。在一定的经济关系、经济结构、经济基础中，占主导地位的经济关系特别是占主导地位的所有制形式，决定着一定社会占主导地位价值观念的本质。只有反映占主导地位所有制性质的价值观念才能上升为社会占主导地位的核心价值观念。社会主义社会同样如此。我国尚处在社会主义初级阶段，尽管有多种经济成分和多种经济关系存在，对人们价值观念的形成具有重要影响，社会上也自然会形成反映多种经济成分的价值观念，包括个人主义乃至极端利己主义的价值观。但是，我国社会实行的是以公有制为主体、多种经济成分共同发展的基本经济制度，社会主义公有制是我国经济关系的基础，它决定着我国经济关系的性质和方向，也决定着我国社会价值取向的根本性质和方向，决定着我国社会的核心价值要与社会主义公有制为主体的经济关系相适应，这种核心价值只能是反映社会主义公有制本质要求的核心价值。

因此，我们凝练社会主义核心价值要立足于现实，从现实的经济关系，特别是所有制结构入手，既要看到多种经济成分对人们价值观念形成的客观影响，更要看到占主导地位的公有制经济关系对人们价值观念形成的决定性影响，自觉遵循从经济关系中凝练价值观念的根本路径，始终坚持从社会主义公有制为主导的经济关系中凝练出社会主义的核心价值。我国社会主义社会初级阶段实行的社会主义公有制为主体、多种经济成分共同发展的基本经济制度，是与我国社会现阶段的生产力发展水平相适应的，公有制之外的多种经济成分，对我国社会生产力的发展来说，固然有其产生的根源和存在的价值，但它们都是建立在社会主义公有制的基础之上的，社会主义公有制是我国当前社会主义基本经济制度的主体，它不仅主导和制约着多种经济成分的发展，而且决定着整个社会主义基本经济制度的性质和方向。社会主义公有制是适应现代社会生产社会化的要求而产生发展起来的，并且是与生产社会化的发展状况和趋势相适应的，生产社会化的程度越高，生产关系社会化特别是生产资料所有制形式公有化的程度也会相应提高，社会主义生产资料公有制的发展水平和实现程度也会不断提高。因此，只有始终坚持从在社会主义经济关系中占主体地位的社会主义公有制出发，才能把握社会主义公有制为主体的经济关系的本质要求，科学地揭示社会主义核心价值，这种核心价值只能是社会主义的集体主义。邓小平指出："社会主义的本质，是解放生产力，发展生产力，消灭剥削，消除两极分化，最终达到共同富裕。"集体主义正是这种社会主义本质的集中体现，而共同富裕又是集体主义这一社会主义核心价值的生动表达。所以，无论是从我国社会主义基本经济制度的本质还是发展趋势来看，我们都要始终不渝地把集体主义作为我国社会主义社会的核心价值。

**2. 精心培育社会主义核心价值**

凝练社会主义核心价值不是目的，凝练的目的是培育和弘扬社会主义核心价值。社会主义核心价值凝练出来以后，还要进行培育，只有精心培育，才能得到有效弘扬。培育的过程是将核心价值转化为人们的价值认同和本质力量的过程。人们作为社会主义的价值主体，其对核心价值的认同程度决定了社会主义核心价值弘扬的成效。社会主义核心价值被认同，需要一个“培育和内化”的过程，也就是说一个国家主导价值被社会接受，往往有一个从被动到主动、从自发到自觉、从了解到认同、从认同到弘扬、从少数人认同和弘扬到多数人认同和弘扬的过程。核心价值的培育和内化，既受社会现实经济关系的制约，又受人的主观能动性的制约。核心价值的培育、内化和形成是客观性与主观性相统一的过程，客观存在的社会环境特别是经济关系对人们的价值取向的形成具有决定性的作用。但个人作为价值主体，在培育、内化和形成自己的价值取向的过程中，具有巨大的能动作用。在价值多元时代，一个人选择、接受、形成什么样的价值取向在很大程度上取决于其价值判断能力的高低。培育既是有组织地通过改变外部环境对人们的主观认识施加价值影响的过程，又是有组织地教育人们能动地认识和适应环境，主动建构自己的价值理念的过程。培育的意义在于提高人的价值判断、选择和建构能力，使人从感性认识逐渐上升到理性认识，提高价值认知、认同和内化的自觉性，形成坚定的价值立场和创造性的价值实践活动。

社会主义核心价值的培育，有赖于广泛深入的思想政治教育，特别是价值教育。价值教育是社会主义核心价值从理论形态走向实践形态不可或缺的环节，是实现核心价值传播与培育的重要方式。培育社会主义核心价值，要把社会主义集体主义的核心价值纳入国民教育全过程，纳入社会各个方面。只有将社会主义核心价值与中国特色社会主义的经济、政治、文化和社会建设等各项工作结合起来，与社会现实、人们工作和思想的实际结合起来，与培育、树立、宣传、学习各种体现社会主义核心价值的先进典型结合起来，在分析培育社会主义核心价值外部环境的基础上，引导人们把理论与实践结合起来，把学习全国先进典型和学习身边的典型结合起来，把实现中国梦和个人梦结合起来，深刻认识、理解和把握社会主义核心价值的内涵，才能使社会主义核心价值获得广泛的社会认同，并在潜移默化中确立、传播和实践社会主义核心价值，逐渐形成清晰、稳定、正确的社会价值共识，并自觉将集体主义作为人们追求的核心价值和行为准则。当然，培育并不是否定价值取向的多样性，而是要在尊重差异、包容多样的基础上，以人们能够接受的方式进行培育，在多元中突出主导，在多样中寻求统一，在多变中把握方向，牢固确立社会主义核心价值的主导地位。

**3. 注重价值交锋中的价值引领**

当今世界呈现出价值多元化的特征。社会主义市场经济的发展和经济全球化、社会信息化的相互交织，使价值的分化、差异、分歧和冲突不断加大，现实社会尤其是互联网上不同价值的激荡和交锋日趋激烈，社会主义核心价值的弘扬不能忽视各种价值相互碰撞和相互激荡的现实。马克思主义认为，人的一切观念的形成和变化，都与其所处的社会环境有直接关系。人们的社会存在决定人们的社会意识。当前人们处在全球化、信息化的社会环境中，现代网络技术的发展，改变了人类交往实践活动的形式，拓展了人们活动的空间，建立了一种新的社会秩序，形成了没有地理国界范围的空间，冲击了国家的核心价值主导能力。网络空间是各种价值碰撞和思想交锋的主要阵地和新型平台，价值存在不再止于地理疆域，而取决于“信息疆域”，也就是价值存在的空间取决于国家信息传播力和影响力所能达到的无形空间。“信息边界”的安全，关系到一个民族、一个国家在信息时代的兴亡。当代社会，没有一个国家会忽视价值引领和思想领导的先导作用，“掌握思想领导是掌握一切领导的第一位”。社会主义与资本主义在思想领域的斗争从未停止过，并已将这种斗争延伸至网络空间。网络对人们的思想价值的影响越来越凸显，在一定意义说，谁掌握了网络主导权，控制了网络话语权，谁就取得了价值传播的制高点。

社会主义核心价值引领必须能够适应各种思想、价值激烈碰撞这种现实，在承认多种价值存在的现实性的同时，重视网络的社会表达所蕴含的思想、价值与情绪，敏锐地感受和把握由社会各种矛盾引发的种种社会事件背后的价值问题，特别要警惕西方打着信息自由、网络自由的幌子，利用自己的技术优势、传媒优势和话语优势，传播西方资产阶级的所谓普世价值和拜金主义、享乐主义、极端利己主义的价值观念。列宁曾指出，无产阶级思想政治工作的首要任务"就是用我们的真话来揭穿资产阶级的'真话'，并使人们承认我们讲的是真话"。毛泽东指出："正确的东西总是在同错误的东西作斗争的过程中发展起来的。真的、善的、美的东西总是在同假的、恶的、丑的东西相比较而存在，相斗争而发展的。"因此，在现实社会存在价值冲突，特别是互联网成为价值交锋的主战场的情况下，培育中国特色社会主义核心价值的过程，将不可避免地与资本主义的价值渗透展开交锋，我们要勇于面对和积极参与这种价值交锋，与西方社会的价值渗透及干扰社会主义价值认同的各种思想观点，开展积极的、针锋相对的思想斗争和价值交锋，并在这种交锋中自觉进行价值比较、判断和引领，从而在与各种错误价值思潮的鉴别和批判中牢固确立和巩固社会主义核心价值的主导地位。

**4. 大力践行社会主义核心价值**

社会主义核心价值不仅要内化于心，形成对社会主义核心价值的自觉认同，更要外化于行，形成践行社会主义核心价值的自觉行为。弘扬社会主义核心价值的意义在于践行，而只有真正践行，才能切实有效地弘扬社会主义核心价值。践行社会主义核心价值，关键是要坚持以集体主义的社会主义核心价值为指导，引导人们正确处理个人、集体和国家的利益关系，正确处理个人价值和社会价值的关系，坚持实现自我价值与服务祖国人民相统一，在服务祖国人民、实现社会价值的过程中，实现自己的人生价值。

社会主义核心价值的践行动力来自两个方面，一方面是对于核心价值的自觉认同，另一方面是制度的约束。通过价值自觉与价值约束的结合，实现价值践行效果的最大化。在践行社会主义核心价值的过程中，既要激发人们价值自觉的作用，同时也要发挥制度在价值矛盾和冲突解决中的规范作用和价值选择行为的养成作用。价值自觉使得人们的价值实践活动具有更大的主动性和能动性。人们作为价值的主体，因其所处的地位、受教育的程度及其认识水平的不同，价值自觉的程度不同，践行社会主义核心价值的实际表现也不同。因此，践行社会主义核心价值，要把先进性和广泛性结合起来，用社会先进分子践行社会主义核心价值的示范作用，带动广大群众共同遵循和践行社会主义核心价值。

共产党员尤其是领导干部在践行社会主义核心价值方面须自觉发挥引领带动作用。马克思在《哥达纲领批判》中指出：一步实际运动胜过一打纲领。邓小平曾反复强调："领导干部，特别是高级干部以身作则非常重要。群众对干部总是要听其言、观其行的。"古人云："其身正，不令而行；其身不正，虽令不从。"培育和践行社会主义核心价值，是兴国铸魂的战略工程。共产党员尤其是领导干部，是否能在践行社会主义核心价值中知行统一，以身作则，直接关系到这项战略工程的成败。共产党员和领导干部只有自己率先垂范，身体力行，才能让大多数人们信奉并践行社会主义核心价值。因此，当前弘扬社会主义核心价值，最重要的，就是要发挥党员领导干部的引领示范作用，团结和带领广大人民群众，自觉遵循和深入践行社会主义核心价值。

（作者：武汉大学党委副书记，教授、博士生导师）

# 论社会主义核心价值观、中国精神与社会主义意识形态

李忠军

意识形态作为“观念的上层建筑”，是系统反映社会主导经济形态和政治制度的思想理论体系，集中体现着特定利益集团的价值尺度和精神追求，是巩固国家政权、维护社会稳定、促进文明发展的根本思想保障。近代以来，随着意识形态日益成为构架国家制度的观念基础和增强国家“软实力”的核心内容，意识形态建设也相应地成为了世界各民族国家建设倍加重视的重要内容。中国共产党历来注重开展社会主义意识形态建设，在把马克思主义基本原理同中国具体实际相结合的九十多年革命建设事业中，成功开创和发展了中国特色社会主义意识形态，形成了毛泽东思想和中国特色社会主义理论体系两大理论成果，实现了社会主义意识形态建设从“革命论”到“两手论”和“先进文化论”，再到“软实力论”的不断跃升。尤其是党的十六大以来，建设社会主义核心价值体系、培育和践行社会主义核心价值观以及弘扬中国精神等重大决策的先后提出，标志着党对社会主义意识形态“一体两翼”建设规律的逐步掌握和科学运用，进一步提升了社会主义意识形态建设的整体水平。确证社会主义意识形态建设的“价值”和“精神”两翼，梳理从社会主义核心价值体系到社会主义核心价值观再到中国精神发展演进的内在逻辑，培育践行社会主义核心价值观、弘扬中国精神对于加强社会主义意识形态建设的重要价值，有助于进一步认识和运用社会主义意识形态“一体两翼”的建设规律，不断增强社会主义意识形态的凝聚力和吸引力，牢牢掌握意识形态领域的领导权和主导权。

## 一、价值和精神是社会主义意识形态建设的“两翼”

按照马克思主义社会存在决定社会意识的观点，意识形态是一定社会集团基于自身的经济基础和利益诉求对社会关系进行自觉反映而形成的思想观念系统，达到在思想观念层面对人们的价值取向和行为准则施加影响的目的。可见传递主流价值观念和形成普遍的精神诉求是有效落实意识形态影响力的重要途径和方式。价值和精神构成了意识形态的核心内容，形成了不同意识形态相互区别的本质内涵，规定了社会存在发展的利益本质、价值规范、信仰追求和精神力量。

任何意识形态都是以利益表征为内在逻辑、围绕价值和精神这两个本质向度构筑发展起来的。意识形态（Ideologie）由表示“理念”、“观念”的 ideo - 加上表示“逻各斯”、“逻辑”、“学说”的 logie 构成，是指以一定理念、理性为逻辑基础的思想观念体系。意识形态理论在政治上和学理上的研究是由马克思推动的，但在词源学上，“意识形态”一词可以追溯到法国学者德·特拉西的观念学，特指基于特定理解方式对时代发展特征的理性判断以及对未来社会发展的理想信念，前者表达了一种价值认知，后者体现出一种精神指向。在始源意义上，价值和精神就构成了意识形态的两重本质内涵。此后意识形态理论在西方社会无论是体现为马尔库塞意义上的“政治社会学”，还是伊格尔顿的“工程学”，抑或齐泽克“铸模”的形象表述，都可以看到其一方面体现为规范性的价值观念，另一方面体现为精神熔铸的过程。意识形态理

论的集大成者马克思在意识形态的观念史上构筑了最为丰富的理论成果,并在其作品中实现了系统的表达。马克思对意识形态理论的研究可以分为两个层面:其一,在《德意志意识形态》中将"意识形态"理解为虚假的阶级观念,认为其是构筑于一定经济基础之上的"表达独特的情感、幻想、思想方式和人生观"的"观念的上层建筑"。对统治阶级根本利益的维护发展是意识形态"调节着自己时代的思想的生产和分配",把统治阶级的利益"说成是社会全体成员的共同利益",赋予自己思想的"普遍性的形式",将其"描绘成唯一合理的、有普遍意义的思想"的主要关切和出发点,也是意识形态构筑发展的根本动力和逻辑基础。因此马克思这样表达:"如果在全部意识形态中,人们和他们的关系就像在照相机中一样是倒立成像的,那么这种现象也是从人们生活的历史过程中产生的,正如物体在视网膜上的倒影是直接从人们生活的生理过程中产生的一样。"其二,在《政治经济学批判序言》中将意识形态理解为任何社会历史条件下变革实现的一般方式。马克思指出,在考察社会变革的时候,必须将两重因素区分开来:"一种是生产的经济条件方面所发生的物质的、可以用自然科学的精确性指明的变革,一种是人们借以意识到这个冲突并力求把它克服的那些法律的、政治的、宗教的、艺术的或哲学的,简言之,意识形态的形式。"可见意识形态一方面体现为经济基础变革的结果,另一方面也构成了变革的形式和内容。综合马克思对意识形态的双重理解,无论是对德意志意识形态的虚假性批判,还是对一般意义上意识形态对经济基础的依赖,都表达了对意识形态相对统一的理解:经济利益是贯彻意识形态生成发展全过程的内在线索,利益逻辑是意识形态内容生成、功能发挥、发展演变的元理念和起始逻辑;意识形态是经济利益的直接表达和呈现,就其呈现的方式体现为"人们意识到冲突",并在意识领域内"实现克服和解决"。也就是说意识形态在表达经济利益要求的过程中需要一方面对人们意识当中的冲突起到价值引导的作用,用经济上占统治地位的阶级的价值标准规范和引导其他社会意识的实现方式;另一方面应将统治阶级的在经济、政治和文化领域中的精神诉求表达为整个社会成员共有的精神诉求。

价值尺度和精神追求如同硬币的两面,承载着意识形态的根本逻辑:既把利益逻辑转化成为思想观念领域当中的价值诉求和精神追求,使其成为居于意识形态的核心内容;又通过把利益逻辑现实化为内容要旨,使价值规范和精神力量成为渗透、连接、凝结诸种意识形式的思想形式。由此,其他意识形式才有了环绕生成的中心、附着其上的基础以及发展的线索和向度。在意识形态构筑发展过程中,利益逻辑是根本动力和内在线索,价值和精神是经济基础和利益要求生成展开的两重核心内容和本质向度。

其中,作为价值向度的核心价值观规定着意识形态构筑发展的价值标准、价值目标和价值规范。价值之所以成为意识形态构筑发展的本质向度,从根本上说是因为意识形态需要对人们关于自己和社会存在发展的共识性价值体认进行观念表征和方向引领。人的存在是一种体认自己存在发展价值的意义性存在。"全部人类历史的第一个前提无疑是有生命的个人的存在。""人的本质不是单个人所固有的抽象物,在其现实性上,它是一切社会关系的总和。"人对自己存在发展价值的体认既是对个体在与自然界、他人、社会关系互动中价值生成的自我体认,也是对所属集团、民族、国家在存在发展中价值生成的社会体认。由于主体和对象差异,人们的自我价值体认和社会价值体认不尽一致,导致社会生活领域往往弥散、混杂着各种不同性质和程度的价值体认,容易造成人们在社会生活中的价值混乱、价值迷失,进而威胁到意识形态把特定利益顺利上升为普遍利益,阻碍意识形态凝聚和引领社会成员的共识性价值体认。这就要求,意识形态要自觉地凝练、整合各种价值体认，不断培育生成体现特定集团根本利益的价值体认，使之成为全体社会成员普遍认同的共识性价值体认。这个共识性价值体认经过自我意识和社会意识的观念化、理论化和系统化处理，就成为一定社会的核心价值观。核心价值观是反映一定社会存在和发展价值本质的核心理念，体认着人们关于社会现实和社会发展的普遍价值尺度与广泛价值追求。任何意识形态都会努力赋予本集团利益观念以“普遍的形式”和“核心地位”，在培育生成核心价值观、凝聚价值共识的同时，构筑发展自身的思想理论体系。这就使得，一定社会的核心价值观往往体现着该社会统治阶级的根本利益，规定着意识形态构筑发展的价值标准、价值目标和价值规范。在价值标准的规定上，核心价值观确立了社会成员关于社会存在发展价值判断的基本依据，也明确了意识形态在自身构筑发展过程中进行价值判断所需参照的价值依据；在价值目标的规定上，核心价值观指明了社会发展进步的奋斗目标，也预设了意识形态构筑发展、努力达成的价值追求；在价值规范的约束上，核心价值观区别了社会生活中价值事实的可为与不可为，也规定了意识形态在自身构筑发展过程中所需遵循的价值准则。总之，价值作为意识形态构筑发展的本质向度，通过核心价值观这种思想形态表征出人们关于自己和社会存在发展价值的普遍体认与广泛凝聚，从而奠定了意识形态构筑发展的价值基础。

作为精神向度的国家精神规定着意识形态构筑发展的信仰追求和精神力量。精神之所以是意识形态构筑发展的本质向度，从根本上讲是因为意识形态需要确立和表征人们关于社会未来发展的信仰追求和精神力量。价值追求虽然也具有一定程度上的理论预设的作用，但价值预设更多体现阶段性作用，其本身必然随着社会历史条件的跃迁而实现不断转换。精神的引导性则体现出相对稳定性和长期性，能够作为内在的驱动力量与社会历史条件相互结合推动价值的不断生成。与价值性更多体现出与经济利益的关联性相比，精神性则更本真地体现为人特有的存在方式和精神属性。正是人们对精神的追求，建构出人们生活的意义世界，“人的意义照亮了人的存在”。一方面，精神指引人们寻获关于自己和社会未来发展的信仰追求。追问自己和社会的未来存在“应当是什么”，是人的天性和禀赋。人们总是渴望预设一个关于自己和社会未来发展的具有终极意义的美好图景，期望在对这个美好图景的每一步接近中都获得许诺和召唤的神圣意义，也就是寻获来自终极信仰的意义启示和使命感召。人们对这种信仰意义的追求当然是在精神的指引下进行的，并以精神信仰的观念形式位居人们意义世界和精神生活的高处，“使人们能够在一个从某种意义上说无根据的世界中为自己定向”。另一方面，精神创生出人们追求和建设美好生活的精神力量。精神作为“使人的社会实践变得有意识和有活力”的思想观念，既有“启发思想、改变思想之力”，又有“改造物质环境、改变社会生活，使之与自己的理想愿望相协调的力量”，为人们追求和建设美好生活凝聚力量、慰藉心灵、创生动力。人总是需要点精神，一个民族，一个国家更是如此。精神在每个人存在发展过程中所寻获的信仰意义和动力意义，对于民族、国家建设而言同样重要，它在人格化的国家生活中凝结为“国家精神”。国家精神特指民族国家在长期历史发展和现代化文明进程中生成发展起来的、融汇着该民族国家的民族品格和时代风貌，反映着该民族国家的民族血脉和时代镜像，以民族精神与时代精神为主要内容的精神综合体。国家精神是民族国家根据自身存在的物质生活条件及发展需要而进行的创造性意识活动的结晶。正如江泽民同志曾强调的那样，“一个民族，一个国家，如果没有自己的精神支柱，就等于没有灵魂，就会失去凝聚力和生命力”。国家精神是国家建设发展的精神支撑和内在灵魂，通过弘扬民族精神和时代精神，凝聚人心、鼓舞士气，在描绘国家未来发展理想确立信仰追求的同时，不断创生和增强实现这些理想信仰的强大动力。我们知道，意识形态为了维护发展好特定集团的根本利益，不仅要把短期利益说成长远利益，更要把利益“概念化为一批价值观和信仰”，“它们服务于复制社会秩序，保证人们忠诚于它”，将之变成“社会集团对社会中的社会管理所持的在常规情况下被证明为正确的世界观、信念体系或信条”。这就要求，意识形态在自身构筑发展过程中必须要兼顾精神这个本质向度，着力培育和壮大国家精神，为全体社会成员确立国家发展进步的信仰追求和创生团结奋进的精神力量。

在意识形态构筑发展过程中，价值向度更侧重表征人们关于自己和社会存在发展的价值体认，倾向于对人们现实生活“是什么”、“应当是什么”进行意义追问和价值认定，是意识形态立足于当前社会现实的“此岸世界”所构筑的价值规范；精神向度更侧重表征人们关于自己和社会存在发展的精神信仰，倾向于对人们未来生活“是什么”、“应当是什么”进行意义追问和信仰确证，指向意识形态为社会成员构筑的、指引人们奋发进取的“彼岸世界”。立足于现实“此岸世界”的价值和立足于未来“彼岸世界”的理想本身就是彼此交融、相互作用的。价值构成精神形成的现实依据，精神构成价值呈现的方向引导；前者体现为现实性和当下性，后者体现为长远性和稳定性，两者共同统一于意识形态的构筑发展。

因此，构筑发展意识形态，既要尊重价值向度和精神向度的“同一性”，又要明晰价值向度和精神向度的“异质性”。意识形态本身正是承载发展这种“同一性”的“体”，“两翼”则是分别表征价值和精神的双重向度。意识形态整体与核心价值观、国家精神之间形成了“一体两翼”的内在结构。这个内在结构是意识形态保持本质、平稳发展的关键。构筑发展意识形态，应当牢牢抓住这个关键，在“一体两翼”的整体布局、结构发展中充分认识和运用意识形态建设规律。

社会主义意识形态也必须“服从于同样的规律”，在利益逻辑的意义上，社会主义意识形态体现为社会全体成员的共同利益；在现实的表达上，应把“一体两翼”当作“理论思维的不自觉的和无条件的前提”。就是说，价值和精神是社会主义意识形态的“两翼”，建设社会主义意识形态要注重培育践行社会主义核心价值观和弘扬发展中国精神。

## 二、社会主义核心价值观是社会主义意识形态建设的“价值之翼”

在任何社会，培育核心价值观都是意识形态构筑发展其思想理论体系的重要向度和内在要求。在当代中国，社会主义核心价值观反映着最广大人民的根本利益，是对中国特色社会主义价值本质的理念揭示，表征和兑现着社会主义意识形态建设的价值承诺，是社会主义意识形态建设的“价值之翼”。

所谓价值承诺，也叫价值许诺、价值约定，是一定主体向一定对象作出的关于将要实现的某种价值的预设、约定和许诺。意识形态作出的价值承诺实质是统治阶级向社会成员作出的关于社会发展进步的价值许诺，包含着规范和指引该社会发展进步的价值标准、价值规范、价值目标和价值追求等价值内涵。代表统治阶级向社会成员作出关于社会发展进步的价值承诺是每个意识形态的重要使命。恩格斯曾经指出，“国家一旦成了对社会来说是独立的力量，马上就产生了另外的意识形态。”“国家作为第一个支配人的意识形态力量出现在我们面前。社会创立一个机关来保护自己的共同利益，免遭内部和外部的侵犯。”这里的“共同利益”当然是指该国家统治阶级的根本利益，但这种“共同利益”却一定要通过意识形态的确证和倡导，“被说成是体现社会发展方向的利益代表”，使全体社会成员都把统治阶级的“共同利益”当作自己的价值追求，当作全社会的共同发展目标，并相信统治阶级能带领自己实现这个发展目标，进而自觉地维护和发展这种“共同利益”。简单地说,就是要把体现统治阶级共同利益的价值观念转化为全体社会成员的价值共识。为此,代言统治阶级利益观念的意识形态就不得不作出价值承诺,广泛凝聚社会价值共识,从而赢得社会成员的普遍拥护和信任,增强自身物质统治和精神统治的吸引力、控制力及发展力。但是价值承诺一经作出却无法兑现,意识形态就会遭到质疑、反对,甚至崩溃解体、危及政权。这就是马克思所说的,“如果从观念上来考察,那么一定的意识形式的解体足以使整个时代覆灭”。从人类历史实践来看,决定着意识形态价值承诺是否成为“空头支票”、导致意识形态解体的关键要素有两个:一是价值承诺的科学性,关涉意识形态作出的价值承诺本身是否科学,是否存在兑现的可能;二是价值承诺的现实性,关涉意识形态作出的价值承诺在何种程度上被兑现。前者受制于意识形态进行价值承诺的合理性,后者取决于意识形态以及为其代言的统治阶级兑现价值承诺的可行性。正如前文所言,核心价值观表征着人们关于自己和社会存在发展价值的普遍体认与广泛凝聚,奠定了意识形态构筑发展的价值基础。因此,意识形态能否作出兼具科学性和现实性的价值承诺,并使之切实成为凝聚价值共识、赢得价值信任的意识形态力量,关键在于能否凝练生成一种优秀的核心价值观,并在对这种优秀核心价值观的培育践行中表征和兑现自己的价值承诺。正是在此意义上,社会主义核心价值观应当并也正在以自己的价值理念形态表征和兑现着社会主义意识形态建设的价值承诺。

申言之,社会主义意识形态是反映当代中国最广大人民根本利益的思想理论体系,其所作出的价值承诺是当代中国人民关于民族复兴、人民幸福的价值设定,它在终极承诺上体现为实现人的自由全面发展,在现实承诺上体现为实现中华民族伟大复兴。党的十八大报告以“24 字”理念形式把社会主义意识形态的这种价值承诺通过价值观念形态表征出来,并保证了这种价值承诺的科学性和现实性。在关于国家发展的目标设定上,社会主义核心价值观把“富强、民主、文明、和谐”作为中国特色社会主义现代化建设追求实现的价值目标,体现了社会主义意识形态引领当代中国人民奋力建设社会主义现代化国家的价值承诺。在关于社会发展的目标设定上,社会主义核心价值观把“自由、平等、公正、法治”作为中国特色社会主义社会建设的价值目标,体现了社会主义意识形态关于建设美好社会的价值承诺。在关于个人发展的价值规定上,社会主义核心价值观把“爱国、敬业、诚信、友善”确立为人们开展社会行为的价值准则,体现了社会主义意识形态关于弘扬优秀传统文化、引领道德风尚的价值承诺。这三个层面的价值理念是密切联系、内在融通的,对于表征社会主义意识形态价值承诺而言,每个层面都是缺一不可的。正是这三方面价值理念紧密结合、交互发展、共同表征价值承诺,社会主义核心价值观才得以成为兼具科学与人文相统一、世界与民族相统一、理想与现实相统一的优秀核心价值观,从而保证社会主义意识形态价值承诺的科学有效。今天,在全社会积极培育和践行社会主义核心价值观,也就是党领导全国各族人民以自己的优秀价值观念进行思考,并以现实行动努力兑现社会主义意识形态的价值承诺。社会主义核心价值观正是在表征和兑现社会主义意识形态价值承诺的过程中,拓展了社会主义意识形态构筑发展的价值向度,夯实了社会主义意识形态构筑发展的价值基础,进而壮大发展了社会主义意识形态建设的“价值之翼”。

### 三、中国精神是社会主义意识形态建设的“精神之翼”

国家精神作为意识形态建设的内在向度和重要内容,既是意识形态构筑发展的精神基础,也是支撑民族国家凝心聚力、发展进步的强大精神力量。中华民族在长期历史发展和现时代改革开放过程中形成了表征自己文化血脉与时代镜像的国家精神，即中国精神。民族精神是中华民族绵延更续的文化血脉，时代精神是中华民族发展创新的时代镜像，二者密切联系、交互作用，共同构成了中国精神的核心内容。爱国主义在民族精神这个统一体中处于核心地位，渗透在中华民族精神的各个领域。团结统一是爱国主义在协调处理中华民族内部各兄弟民族之间、各民族成员之间关系上的集中体现，爱好和平则是爱国主义在处理本民族国家与世界其他民族国家之间关系上的基本原则。此外，勤劳勇敢、自强不息是爱国主义对个人精神状态的明确要求，这五种精神内在关联，共同服务于国家富强、民族复兴和人民生活幸福这一主题，铸就着伟大的中华民族之魂。与民族精神相比，时代精神的内涵更为丰富，呈现出时代变迁的精神风貌和社会风尚，其中改革创新精神居于核心地位。改革创新作为人们突破常规、积极探索、敢于创造的思想观念，体现着人们不甘落后、奋勇争先、追求进步的社会责任感和时代使命感，更是一种坚忍不拔、自强不息、锐意进取的社会精神状态，贯穿在改革开放的全部实践之中，体现于时代精神的各个方面，是国家兴旺发达的不竭动力。在全面实现中国梦的伟大历史进程中，民族精神和时代精神相辅相成、缺一不可，交融在培育弘扬中国精神的筑魂事业中。民族精神承载着中国精神的中华民族的文明血脉和当代特质，离开了民族精神，时代精神难以找寻现实民族载体，也就会丧失应有的中华民族特色气质，进而使得中国精神的培育和弘扬无从谈起。时代精神构成了中国精神时代特征，离开时代精神，民族精神就难以及时地从火热的时代实践中吸取鲜活的发展力量，就会失去时代价值，中国精神的培育和弘扬同样也无从谈起。中国精神作为集中表征当代中国人民精神风貌和民族品格、推动中国特色社会主义建设不断前进的强大精神力量，是社会主义意识形态精神向度的衍生拓展，构成着社会主义意识形态建设的“精神之翼”，这是因为：

中国精神寄托着社会主义意识形态建设的精神信仰。精神信仰是人类精神生活的高级范畴，是人们寻获自己和社会存在发展终极精神意义的精神追求。精神信仰寄托着人们对未来生活的理想和憧憬，创设着人们安身立命的终极关怀。个人和国家都可以是精神信仰的主体。正如美国诗人惠特曼所说：“没有信仰，就没有名副其实的品行和生命；没有信仰，就没有名副其实的国土。”一个人如果没有了精神信仰，就失去了意义世界的精神依托和发展愿景，从而丧失人类精神生命本性的基本表征；一个民族国家如果没有精神信仰，就会失去指引人们孜孜以求的方向和鼓舞人们奋发进取的动力，就会解构社会共有精神家园。所以我们才说“没有信仰是孤独的，是最可怕的”。从某种意义上说，意识形态本身就是一种精神信仰体系。如果一种社会意识不能有效转化为全体民众的精神信仰，也就不可能获得意识形态的地位。尤其在当代中国，正处于传统社会向现代社会的转型和过渡时期，利益为本的市场经济和日渐浮躁的社会生活冲击着人们的精神生活，消解着人们的意义世界，使得人们越来越处于“生命不能承受之轻”和“生命不堪承受之重”的煎熬中，影响到人们对社会主义和共产主义精神信仰的追求，影响到人们对实现民族复兴“中国梦”的信心。在此背景下提出弘扬中国精神，正是要在全社会引导人们通过中国精神进一步加强对社会主义意识形态的信仰。但是，精神信仰不是盲目的，而是需要以一定的理性精神为指导，并在人类精神家园中不断寻获、确证和凝练。中国精神之所以寄托着社会主义意识形态建设的精神信仰，根本原因在于中国精神所昭示的精神信仰是科学的、人民的、民族的和时代的。就科学性而言，中国精神以马克思主义科学理论为指导，它引领人们信仰科学、科学地信仰，指引当代中国人民看到了美好未来世界，也掌握了走向美好未来世界的科学理论、科学道路和科学制度，即中国特色社会主义理论体系、中国特色社会主义道路和中国特色社会主义制度。就人民性而言，中国精神是当代中国人民的精神信仰，反映着当代中国人民建设中国特色社会主义、实现中华民族伟大复兴"中国梦"的信仰追求。正如习近平强调"中国梦是人民的梦，是每个人的梦"那样，中国精神也是人民的精神信仰，是每个人的精神信仰。就民族性而言，中国精神是中华民族的精神信仰，表征着中华民族对未来美好世界的憧憬和追求。强调中国精神的民族性，意在说明中华民族的精神信仰既不是域外民族强加的，也不会强加给域外民族。就时代性而言，中国精神是当代中国人民的精神信仰，体现中国传统文化精神与当代中国时代精神的高度融汇。可见，中国精神体现着社会主义意识形态建设中华民族精神信仰的内在要求，表征着社会主义意识形态精神信仰的现实形态。

中国精神创生着社会主义意识形态建设的精神力量。正如马克思恩格斯强调人类精神生产具有与物质生产同样的重要性，精神是人们认识和改造现实世界的动力之源。中国精神作为包含民族精神和时代精神的"兴国之魂"、"强国之魄"，在中国特色社会主义建设进程中发挥着精神纽带和精神动力的重要作用。建设社会主义意识形态同样需要中国精神创生强大精神力量。其中，以爱国主义为核心的民族精神是把中华民族团结在一起的精神力量。"爱国主义是反映个人对祖国依赖关系的感情系统，是调整个人与祖国之间关系的行为准则体系，也是支撑民族繁荣发展的民族精神的核心。"在社会主义意识形态建设中弘扬以爱国主义为核心的民族精神，就是要提高社会主义意识形态凝心聚力的水平，激发人们热爱中国共产党、热爱社会主义、热爱中国的深厚情感；就是要以社会主义意识形态的内在准则规范调整人们在处理个人与祖国关系时的行为选择，引导人们在个人与集体之间保持平衡；就是要通过社会主义意识形态的精神感召，引领人们为建设富强美好祖国而团结奋斗。与此同时，以改革创新为核心的时代精神是激励中国人民在时代发展中与时俱进的精神力量。"一切划时代的体系的真正的内容都是由产生这些体系的那个时期的需要而形成起来的"。当代中国，改革没有"完成时"，站在新起点上的中国，无论是冲破思想观念障碍，还是打破利益固化藩篱；无论是破解发展难题，还是释放改革红利，都需要继续发扬改革创新精神，逢山开路、遇水搭桥，迈过沟沟坎坎、越过发展陷阱，才能赢得更加光明的前景。弘扬以改革创新为核心的时代精神，就是要以理论创新为先导，以文化创新为载体，以制度创新为保障，以科技创新为推动，为加强社会主义意识形态建设、推动中国特色社会主义事业发展进步提供不竭动力。

## 四、协调推进社会主义意识形态建设的"一体两翼"

社会主义意识形态建设是"一体两翼"的整体布局。作为"价值之翼"的社会主义核心价值观和作为"精神之翼"的中国精神，是密切联系、交互发展的两个观念系统。加强社会主义意识形态建设，应当注重保持培育践行社会主义核心价值观和弘扬发展中国精神的协调并进。

社会主义核心价值观为弘扬发展中国精神提供价值导向。作为一种社会意识形式，国家精神致力于为民族国家实现一定的社会发展目标凝聚精神力量。因而，国家精神总是按照一定的社会发展要求来弘扬发展自身的精神内涵，瞄准一定的社会发展目标组织力量、创生动力。从而，体现着一定社会发展总体目标和原则的核心价值观，自然就会贯穿在弘扬发展国家精神的各环节要素之中，为国家精神的凝结、形成和发展提供价值导向，规约着弘扬发展国家精神的根本立场和基本方向。社会主义核心价值观规定着中国特色社会主义的价值本质和总体目标，回答了"建设什么样社会主义"的问题，也就回答了弘扬发展何种中国精神的问题，为弘扬发展中国精神提供了科学的价值导向。首先，社会主义核心价值观明确了弘扬发展中国精神的中国特色社会主义方向。马克思曾经指出:“物质生活的生产方式制约着整个社会生活、政治生活和精神生活的过程。不是人们的意识决定人们的存在,相反,是人们的社会存在决定人们的意识。”国家精神作为一种集团性的社会意识,反映着该国家社会生活、政治生活和精神生活的历史发展过程。不同的国家精神也就反映出不同国家的发展道路和历史发展状况,从而,每个国家都会根据自己的发展道路弘扬符合这种道路发展需求的国家精神。走中国特色社会主义道路,就要弘扬发展中国精神。社会主义核心价值观科学预设了中国特色社会主义道路的发展前景,明确了弘扬发展中国精神的中国特色社会主义方向。这是因为,社会主义核心价值观规定了弘扬发展中国精神所要追寻的国家、社会和个人三个层面的价值诉求。只有追寻富强民主文明和谐的国家发展目标,弘扬发展中国精神才能赢得全体中华儿女的普遍共识,最大范围地凝聚力量,才能构筑发展出强大的、属于中国人民的现代国家精神。只有确立自由平等公正法治的社会发展愿景、弘扬发展中国精神,才能获取强劲的内生力量和良好的外在保障,才能构筑发展出充满活力的中国精神。只有坚持爱国敬业诚信友善的个体价值准则,才能在各行各业、各群体中贯穿和彰显中国精神,才能构筑发展出切实可感、具体有为的中国精神。其次,社会主义核心价值观明确了弘扬发展中国精神的民族立场和世界意义。正如一百多年前马克思揭示的那样,随着资本主义生产方式的扩张,“过去那种地方的和民族的自给自足和闭关自守状态,被各民族的各方面的互相往来和各方面的互相依赖所代替了。物质的生产如此,精神的生产也是如此。各民族的精神产品成了公共的财产。民族的片面性和局限性成为不可能,于是由许多种民族的和地方的文学形成了一种世界性的文学”。尤其在全球化已经深入国际社会政治经济文化各个领域方方面面的当代背景下,已经不再有完全民族意义上的文化样式了,相反,每一种民族属性的文化样式往往都熏染着国际属性的文化因素。由此来看,中国精神也应当既是中国的,也是世界的。社会主义核心价值观不仅包含着中华民族的根本价值理念,也内含着反映当今世界整体价值追求和变迁的价值共识。社会主义核心价值观表征着当代中国人寻求民族价值和世界意义的双重努力,这种努力体现在弘扬发展中国精神过程中,就是要用社会主义核心价值观的民族性价值追求和世界性价值观照来明确弘扬发展中国精神的民族立场和世界意义,确保构筑发展中国精神既不走向“民粹主义”,也不落入资本主义的“普世价值”陷阱。就前者而言,弘扬发展中国精神要以社会主义核心价值观所包含的反映人类普遍价值追求的价值观念为基础,妥善处理好“国际与国内”、“传统与现代”两个转换大局,通过理性爱国主义的强大感召,为建设真正富强民主文明和谐社会主义中国和实现社会的真正自由平等公正法治,聚合人心、创生动力,注重兼容并包,广泛吸收借鉴当今世界的优秀精神元素,杜绝用中国精神作幌子发起的在文化交流中的极端行为。就后者而言,弘扬发展中国精神要坚持社会主义核心价值观对国家发展目标、社会发展愿景和个人价值准则的完整科学阐释,不为资本主义意识形态标榜和强推的“普世价值”所蛊惑,自觉抵制和消除资本主义意识形态、其他国家精神的消极影响,确保中国精神的纯洁性、民族性、时代性和科学性。

中国精神为培育践行社会主义核心价值观凝聚人心、创生动力。党的十八大报告在以“三个倡导”的形式提出培育和践行社会主义核心价值观这一重大课题的同时,也表明了这样一个理论取向,并且这种理论取向已经在社会各界达成了共识。这就是,培育和践行社会主义核心价值观是未竟事业,社会主义核心价值观的本身内涵也处于不断的凝练发展中。从根本上来说,社会主义核心价值观是中国特色社会主义建设实践的产物,是以思想观念的形式把握的当代中国现实。这就要求,培育和践行社会主义核心价值观要放置于中国特色社会主义建设实践,促进社会主义核心价值观在实践发展中变化跃升。正所谓进行伟大的事业,需要伟大的精神,在中国特色社会主义伟大实践中培育践行社会主义核心价值观,需要不断弘扬发展中国精神,广泛调动全国各族人民的积极性和自觉性,发挥人民群众的巨大能量,以现实行动培育和践行社会主义核心价值观。爱国主义作为中国精神的本质意涵,有效地把"国"与"家"、"民"与"族"融为了国家民族,把"你"、"我"、"他"整合为了"大家",并将个人的奋斗发展与全体人民、全民族的奋斗发展统一起来,把爱国之情、强国之志和报国之行有机结合起来,为在全社会积极培育和践行社会主义核心价值观凝聚人心,动员力量。

马克思曾经指出:"人们自己创造自己的历史,但是他们并不是随心所欲地创造,并不是在他们自己选定的条件下创造,而是在直接碰到的,既定的、从过去承继下来的条件下创造。"正如一定社会意识形态总要遭遇来自内部的传统意识形态、非意识形态要素和外部的意识形态的共同干扰冲击那样,任何核心价值观的形成发展都不是顺其自然的,它总是在斗争中确证和充实,在现实检验中逐步凝结展开的。在中国特色社会主义建设实践中积极培育和践行社会主义核心价值观,既不会是一帆风顺的,也不会是一劳永逸的,而会是需要破解各种困难、历经各个阶段的突破创新过程。完成这个过程,离不开中国精神的动力支撑。这种动力支撑源自中国精神所蕴涵的改革创新精神。改革创新作为鞭策全国人民在改革开放中与时俱进的精神力量,要求人们树立突破陈规、大胆探索、勇于创造的思想观念,要有一种与时俱进、不甘落后、奋勇争先、求真务实的责任感和使命感,更要有一种坚忍不拔、自强不息、开拓进取的精神状态。改革创新对培育和践行社会主义核心价值观的精神助力主要表现为:一是为培育和践行社会主义核心价值观提供创新理论,不断验证、充实和拓展社会主义核心价值观的理论内涵,永葆社会主义核心价值观的理论魅力。二是为培育和践行社会主义核心价值观提供创新科技,一方面使社会主义核心价值观的精神内涵为广大群众熟知共信,另一方面对培育和践行社会主义核心价值观的成功实践、典型案例、先进事迹进行长期跟踪、信息提取、分析反馈和总结推广,为在全社会积极培育和践行社会主义核心价值观创造客观条件。三是为培育和践行社会主义核心价值观提供创新制度,保障培育和践行社会主义核心价值观的长期有效开展。四是为培育和践行社会主义核心价值观提供创新人才,为培育和建设社会主义核心价值观不断注入新鲜血液,从而不断增强社会主义核心价值观的时代感和生命力。

(作者:东北师范大学党委副书记兼副校长,马克思主义学部部长、教授、博士生导师)

# 论社会主义核心价值体系与中华优秀传统文化的对接路径

王福生

## 一、为什么要对接？

习近平总书记指出："中华文明绵延数千年，有其独特的价值体系。中华优秀传统文化已经成为中华民族的基因，植根在中国人内心，潜移默化影响着中国人的思想方式和行为方式。今天，我们提倡和弘扬社会主义核心价值观，必须从中汲取丰富营养，否则就不会有生命力和影响力。"中华传统文化本应是我们民族生生不息的根，但过去被破坏的深度，已经超出了人们的想象力。同时，苏式理想道德教育已失效的程度，也超出了人们的想象力。在原有的信仰与道德被打破的历史条件下，亟待培育和树立新的民族精神，使之与时代相契合。

### （一）内部要求

1. 社会道德沦丧并蔓延的严重性到了不能不正视的时候

在中国社会面向现代化而经历前所未有的历史转型之际，我们原有的信仰与道德正在失去作为社会稳定和安全的堤防的作用。社会公德和包括商德、医德、师德、官德的职业道德，无一例外地在滑坡。

最直观的是商德沦丧，假冒伪劣、坑蒙拐骗盛行。最深层的危害则是医德、师德、官德的滑坡。医院演变成了营利企业，医生开大处方、吃药品回扣、收红包，变成了卖药的另类商人，救死扶伤的信念被许多医生抛诸脑后。教育乱收费长期以来屡禁不止，教师敬业精神下降，一些教师甚至以推销教辅材料、课外辅导等形式，把学生作为谋利的对象，有损人类灵魂工程师的形象。更严重的是干部队伍中的官僚主义和腐败现象得不到有效扼制，带坏了民德民风。

迈向现代化过程中出现的这些价值观和道德混乱的现象，每个人都看到了，每个人都在指责；每个人也不例外都身陷其中，既是受害者，也是制造者。

2. 传统思想文化被破坏的后果到了不能不正视的时候

如果不是持历史虚无主义的态度，就应该承认，历史上我们是有全民族的共同思想信仰和价值观的，那就是以儒家思想为主体的传统道德文化，就是我们曾在两千多年里作为"国之四维"的礼、义、廉、耻教育。

近现代以来，中国传统文化曾经遭到过严重破坏。尤其是"文化大革命"期间，对儒家思想进行了彻底的不加选择的批判，对孔子、孟子等文化先哲进行了彻底的人格污蔑，在砸烂"孔家店"，破除"封、资、修"的口号下，摧毁了思想先圣的历史形象，也破坏了我们民族的道德文化积淀。本来若是能够持一种相对客观的立场，就会看到，传统道德文化有利有弊。对产生于漫长的封建社会并在一定程度上阻碍了社会进步的传统文化，通过批判去其糟粕是必要的；但在动手术革除思想文化积弊的同时，也应该保留和弘扬其精华，使其与新的时代精神相融，进而用来弥补我们民族的精神空间。如同"君君臣臣"没有了，但父子亲情这样的伦常关系还存在，至少儒家关于个人礼仪、修身养性的思想是有好处的，对家庭稳定、社会和谐是有益处的。而纵观当今社会，对父母至亲的"孝道"，对中华民族文化先圣的敬仰，人际关系中的"温、良、恭、俭、让"，中国人两千年做人准则的“礼、义、廉、耻”这些传统文化中有益的伦理道德规范似乎得不到彰显，甚至与深受中华文明影响的东亚其他国家，例如韩国相比，都显得不够。在世界各国愈来愈重视弘扬本民族文化，将其作为宝贵精神财富的今天，如果我们不能找回真正体现民族特色的文化之根，那就不可能实现中华民族的伟大复兴。

3. 苏式理想道德教育已失效的现实到了不能不正视的时候

新中国成立后，引进了苏式理想道德教育体系，使大公无私的共产主义理想信念曾经成为一代人的共同信仰。但一场场狂热的政治运动，使无数人遭受磨难的同时，也使无数人为之憧憬的理想道德破碎。特别是“文革”造成的不仅仅是物质的大破坏，更为严重的是信仰的大破坏。任何信仰的产生都有其特定的社会背景。苏式理想道德教育有它产生并相适应的历史条件，20 世纪五六十年代，在计划经济、绝对公有制、平均主义、对外封闭的体制环境下，在否决了一切私产、私念、私利及“私”字的社会环境中，倡导大公无私、公而忘私的理想与道德，应该说是相得益彰。但改革开放以来，在现代化的世界潮流和地球村的网络时代中，我们的经济日益走向市场化和混合所有制，思想文化和社会日益走向多元化，对外开放度愈来愈大。今天再搞封闭式的苏式理想教育，其结果就是“鸡同鸭讲”了。任何思想理论都需要与时俱进，苏式理想道德教育有它合理的一面，也有它不合理的一面，问题的关键，在于能不能以科学的态度汲取其合理的一面，摈弃其不合理的一面。

任何信仰与道德和价值观也是密不可分的。信仰、道德、价值观是相互作用的一个整体，它包括对待历史、社会、人生等事物的认知观念和态度。当人们具体的道德与价值观发生变化的时候，信仰也就出现了质的变化。在当今，如果发现人们的道德行为已经明明白白普遍发生变化了，而又要坚持说传统信仰仍然普遍存在，那就是自欺欺人了。比如说，原来我们倡导无私奉献、助人为乐，不计较报酬，但当我们的价值观发生变化了，不仅把报酬作为“劳动所得”，以至于以报酬来决定工作取舍的时候，事实上原来纯而又纯的信仰就已经不存在了。

**（二）外部要求**

1. 促进祖国统一的要求

维系一个民族除了共同的血缘与历史，需要有共同文化与价值观的根，而且后者更为关键和重要。在国家统一问题上，按照“一国两制”战略构想，20 世纪 90 年代解决了香港、澳门的回归，并正致力于对台湾的和平统一。但是，首先，港澳的回归仍然是“两制”下的政治统一。中央政府对港澳给予了经济上的巨大扶持和帮助，加深了港澳与内地的经济联系与融合，保证了回归后的经济繁荣，但同时也应看到，港澳与内地在文化与社会价值观上，仍然存在很大差别。共同文化与价值观的作用如同共同的 DNA。为有效促进国家和平统一事业，今后除了加快与台港澳经济融合，更需要探索文化与价值观融合的路径，逐步找到相通相似的社会价值观。特别是对台关系上，在两岸经济走向融合，人均收入差距缩小的情况下，如果未来能够推动文化和社会价值观的接近，增加民族的共性，两岸人民的融合和政治统一，可能会自然形成。

2. 提升世界影响和地位的要求

一个国家的世界地位，除了依靠经济、军事硬实力，也需要有文化软实力。中国的经济总量已居世界第二，欠缺的是思想文化的影响力。近些年，中国在世界各国开办了 300 多所“孔子学院”，通过这种方式向世界传播中华文明，已经收到很好的效果。中国若要真正成为世界大国，需要重建我们的思想文化优势。从历史看，中国传统思想文化在东亚、东南亚有深远影响，在全世界也有亲和力与影响力。关键是能否发挥这一历史优势，让孔子奠基的中国优秀思想文化经过现代解读与改造，伴随孔子学院更多、更远、更深地走向世界。

## 二、对接一个什么样的价值体系?

推动社会主义核心价值体系与中华优秀传统文化的对接,就是要重构社会的信仰、价值观和道德,再造整棵“树木”。过去针对道德滑坡的现实,曾有几种解决主张。一种是主张回到改革开放前,此路显些不通,除非是时光倒流,回到改革开放前的封闭时代。一种是主张国学治国,全面复古,这肯定也行不通。还有一种做法是从苏式理想道德教育和中国传统道德思想中搞搞编组合,仍然行不通。

在为适应时代发展而进行的信仰与道德变革中,需要有整体性、可操作的办法。既不能泥古不化,也不能把属于传统文化的东西统统斥为愚昧;既不能把凡是西方文化的东西统统抛弃,也不能盲目照搬西方模式;既不能坚持封闭的苏式理想道德教育不变,也不能完全抛弃我们的政治底线。需要寻找行得通的现实的对接路径,建立一种既与历史、又与现代接轨的价值体系。在政治上坚持马克思主义的前提下,一方面,恢复和吸收中国传统思想道德的合理内核,摒弃其封建政治糟粕;另一方面,吸收借鉴人类文明的优秀成果。唯其如此,才是辩证唯物主义的立场和方法,也才能真正建立起符合时代要求、顺应世界潮流、反映人民需要的社会主义核心价值体系。

如果把社会主义核心价值体系与中华优秀传统文化的对接路径作一简单概括就是:深入挖掘和阐发中华优秀传统文化的思想精华,并进行符合时代要求的创造性转化、创新性发展。在坚持马克思主义道德观和立足传统优秀文化基础上,培育和弘扬社会主义核心价值观。

**(一)在政治上坚持与时俱进的中国特色社会主义,以更加重视民生、民权的经济政治社会改革,使人民看到我们在追求人人平等、人人富裕的共产主义信仰**

改革开放以来,通过不断的理论创新,推动了建设有中国特色的社会主义。没有“左倾”冒进,没有右倾混乱,实践证明,指导思想和道路是正确的。

在今后的社会主义核心价值体系的重构上,政治思想仍然应该是坚持与时俱进的中国特色社会主义。汲取苏式理想道德教育合理的一面,即对共产党员,应该继续要求坚定共产主义信仰。作为执政党的党员们,必须坚定为群众谋福利、为人民服务的崇高信念,仍然需要为实现一个没有压迫、没有剥削的平等社会而努力,致力于让老百姓过上好日子。对普通民众,在进行社会主义和爱国主义教育的同时,着力解决公共服务、社会保障、教育医疗等民生问题,改变让其不满的贫富差距拉大的现状。应该让老百姓看到,改革开放之初实行的让一部分人先富裕起来、然后带动更多人富裕起来的政策,并不是要放弃实现人人平等、人人富裕的共产主义的理想。为此,需要适时调整分配政策,加大收入分配制度改革力度,以保持社会的和谐稳定。

**(二)在道德教育上重建中国传统的礼、义、廉、耻教育,弘扬剔除了封建糟粕内容的儒家道德思想,找回我们民族的精神家园**

扬弃苏式理想道德教育不合理的一面,即教条化的不合时宜的伦理说教,将剔除了封建糟粕的儒家道德思想纳入社会主义核心价值体系的内涵中去。通过弘扬其教化心灵、修身养性内容,剔除其倡导专制、封建等级等政治内容,重新构建起民族道德理想基石,树立起民族文化自豪感,凝聚起民族精神力量。

在这个问题上需要有历史眼光和世界眼光。如果开眼看世界,不单中国,其他民族在2000年前都出现了自己的文化先哲和宗教与道德思想体系。犹太人传承了其悠久的摩西十诫和犹太教文化,印度有古老的印度教文化,欧洲国家承继了古希腊罗马文明和基督教文明,埃及等中东国家沿袭了伊斯兰文明。作为文明古国的中国,竞相辉映的代表性的文化先哲及道德思想体系,就是孔子和儒家。孔子在2500多年前的春秋时代,为中国人确立了走出原始与野蛮的“仁义礼智信,温良恭俭让”道德规范。孔子等先哲创立的儒家思想，曾经是中国人两千多年来所信奉的道德规范和安身立命的精神力量，曾经代代相传地维持着社会的和谐和稳定。而中国人目前蔓延的道德精神危机，很大程度上就是因为思想文化的断层，把传统道德像切阑尾一样的切掉了。所以，我们有必要弥补我们文化与道德根基的历史缺陷。

作为社会主义核心价值体系道德重建的主要内容，就是将中国传统的礼、义、廉、耻教育进行现代解读。正如习近平指出：中华文化强调"民惟邦本""天人合一""和而不同"，强调"天行健，君子以自强不息""大道之行也，天下为公"；强调"天下兴亡，匹夫有责"，主张以德治国、以文化人；强调"君子喻于义""君子坦荡荡""君子义以为质"；强调"言必信，行必果""人而无信，不知其可也"；强调"德不孤，必有邻""仁者爱人""与人为善""己所不欲，勿施于人""出入相友，守望相助""老吾老以及人之老，幼吾幼以及人之幼""扶贫济困""不患寡而患不均"，等等。像这样的思想和理念，不论过去还是现在，都有其鲜明的民族特色，都有其永不褪色的时代价值。在今天社会急剧转型的新时期，我们更需要旗帜鲜明地提倡这些美德，弘扬仁义、孝亲、尊师、忠信、诚信、善良、纯朴等与现代社会相契合的道德精神，培养个人和家庭新伦理，使之发扬光大成为民众生活的一部分，成为人们在日常生活中自觉遵守的行为规范与道德理念。

## 三、如何对接？

### （一）从幼儿园、中小学教育抓起

重构信仰、价值观和道德，教育为先，教育是道德重构的希望和未来。由于重构必定是一个渐进的、漫长的过程，十年树木，百年树人，需要从孩子们抓起，教育好我们的下一代、下下一代。从教育开始正本清源，一是需要对传统儒家道德经典进行有选择的新的诠释、解读。如《论语》《孟子》《大学》《中庸》《诗经》《三字经》《二十四孝诗选》等等，依据教育对象的不同，由教育行政部门主持或指导编撰相适合的读物。二是从幼儿园、小学、中学至大学，将传统文化尤其是儒家道德思想中的优秀内容作为思想品德课教学的一部分。三是扭转各级学校向钱看、商业化的趋势，保障教育经费和教师待遇，避免因教育内容与教育环境相左，在学生中造成思想混乱。

### （二）先修官德以育民德，各级政府带头倡导、带头践行

由于我们民族有两千多年积淀形成的"以吏为师"心理传统，重构信仰、价值观和道德，有赖于政府倡导和干部队伍带头。"社会倡导的主流道德价值能否实现，能否真正起到以德治国和'化育万民'的作用，官员阶层的'公正廉明'是关键，官员的道德高度就是整个社会的道德高度。这也是古人所说的'治大国者先治吏'的深刻历史内涵。"

应该说，道德重构责任最大的是政府，最迫切的是干部队伍带头践行。为了从党风、政风上为群众创造良好的道德环境，一是需要继续深化干部人事制度改革，加强对公共权力运行的有效监督，把人民群众"民主选举、民主决策、民主管理、民主监督"的权利真正落到实处。二是完善廉政建设，在反腐败体制机制上采取更大步骤。"通过制度约束官员的权力，使官员不想贪、不敢贪、不能贪，形成好的'官风'，用'官德'来引导和'化育民德'。"三是在各行各业树立良好的职业道德规范。每个行业都是社会的细胞，如果每个行业都出现职业道德问题，道德滑坡的事态会出现传播、叠加和蔓延，积少成多而难以收拾。四是推动核心价值观的教育进街道社区。在经济发展到一定水平的今天，有必要在社区建立活动中心，通过活动中心为市民提供聚会、讨论、讲座等平台，使人们找到精神的寄托。借鉴欧美宗教教育的方式，欧美国家到处设立的教堂都具有宣道、促进人际交流、心理感化、举办讲座等功能，成为进行社区教育的重要形式。

### （三）推动民主法制建设，建立公平正义

社会

重构社会的信仰、价值观和道德，从根本上讲，还须依靠民主法制的进步和保障。因为道德的最底线就是社会的法制与平等，没有了这道底线，任何信仰和道德的宣传与灌输活动，都会被当成欺骗与愚弄。世界上除了极个别小国寡民，基本没有民主法制水平低，而道德水平高的社会；也没有民主法制水平高，而道德水平低的社会。

现在对社会主义民主法制的追求和推动，已经成为现代化建设的重要内容。尽管还有一部分民众对于民主法制的概念并不是那么清楚，但不可否认的是它已经成为社会的主流追求。今后在向一个真正意义上的民主法制社会前进的过程中，一是需要深化对民主法制的认识，从而使依法去统治，逐步走向法律在统治。二是推动建立公平公义，一个真正意义的法制社会，应该是一个国家所有权力、人们所有行为都受法律约束，社会弱势群体基本权利得到保障的社会。三是需要有效提升依法行政的水平和力度，进而不断提高政府的公信力，让国家秩序和人民生活秩序能够健康的运行。四是需要加大治理司法腐败的力度，司法公正是社会的最后一道防线，没有了司法公正，民众的信仰与道德就会坍塌。

**（四）媒体积极作为，传播主流价值观**

大众传媒需要树立道德责任感，在信息传播涉及核心价值观时，一定要"政治正确"。比如，媒体在涉及学术问题时可以争论，但不能打着还原历史的幌子去拆毁民族的精神殿堂，如戏说思想先圣孔子，恶搞民族英雄岳飞；媒体也不应为追求收视率，过分搞"抓眼球"的东西，更要抵制低级庸俗。只有媒体加强自律，做到该扬的扬，该抑的抑，才能对扼制社会不良现象发挥应有的作用，才能助推社会主义核心价值体系与中华优秀传统文化的对接，使之成为主流。

（作者：甘肃省社会科学院院长）

# 培育和践行社会主义核心价值观的基本路径

袁银传　田　亚

## 一、探寻培育和践行社会主义核心价值观基本路径的历史唯物主义视角

根据历史唯物主义的基本原理，核心价值观作为意识形态的内核，与意识形态一样，属于思想上层建筑的范畴，它的内涵与实质是由该社会的经济关系及其政治法律制度所决定的。马克思对资本主义社会的“核心价值观”做过经典的论述：“那里占统治地位的只是自由、平等、所有权和边沁。自由！因为商品例如劳动力的买者和卖者，只取决于自己的自由意志。他们是作为自由的、在法律上平等的人缔结契约的。契约是他们的意志借以得到共同的法律表现的最后结果。平等！因为他们彼此只是作为商品占有者发生关系，用等价物交换等价物。所有权！因为他们都只支配自己的东西。边沁！因为双方都只顾自己。”事实上，“任何一个时代的统治思想始终都不过是统治阶级的思想”，而“‘思想’一旦离开‘利益’，就一定会使自己出丑”。综合马克思的这些论述，我们可以得出如下三点启示：第一，核心价值观是在一个社会中占统治地位的思想，它所反映的是统治阶级的意志和要求，并不是所有思想都能上升为“核心价值观”；第二，核心价值观作为一种占统治地位的思想，是由该社会统治阶级的核心利益决定的；第三，统治阶级的利益并不能自动实现，它必须借助一定的经济制度以及建立在此基础上的政治法律制度，核心价值观所反映的实际上是一个社会的经济关系和政治法律制度的本质要求。因此，通过制度设计、制度供给和制度变迁整合多样性的利益诉求最终达成价值共识，是历史唯物主义的基本理论旨归。

培育和践行社会主义核心价值观的基本路径，是指在实现培育和践行社会主义核心价值观的目的和任务过程中所要经历的基本过程和采取的基本方法。它是对培育和践行社会主义核心价值观具体方法的抽象，是选择与运用培育和践行社会主义核心价值观载体的基本渠道。党的十八大以来，党和政府以及社会各界高度重视社会主义核心价值观的培育和践行。然而，在经济全球化背景下、在社会主义市场经济条件下、在多种利益和价值观并存的格局下，如何整合并形成社会成员的价值共识，使社会主义核心价值观入脑、入心，真正内化于心、外化于行，成为社会成员的主导性价值信仰，仍然是一个亟待解决的问题。

培育和践行社会主义核心价值观，必须以历史唯物主义为指导。历史唯物主义认为，社会存在决定社会意识，经济基础决定上层建筑。如果以历史唯物主义的视角来审视社会主义核心价值观，那么，它实质上是由社会主义的经济关系和政治法律制度所决定的，所反映的是广大人民群众的根本利益，也是中国共产党所代表的人民群众根本意志和愿望的体现。也就是说，社会主义核心价值观“不是飘浮在天上，也不是在思辨的云雾中，其深刻根源存在于社会主义的经济实践中，存在于社会主义鲜活的实践及其内在的逻辑中，存在于广大人民群众的根本利益及其价值诉求的表达中”。对培育和践行社会主义核心价值观基本路径的探寻，同样需要遵循历史唯物主义的一般原理，即“思想—制度—利益”的有机统一。社会主义核心价值观要想在全社会范围内培育和践行，就必须围绕三条逻辑主线：在思想层面，将培育

和践行社会主义核心价值观融入国民教育全过程，坚守马克思主义在意识形态领域的主导地位，以社会主义核心价值观引领当代社会思潮，凝聚价值共识；在制度设计和社会治理层面，始终将人民群众的切身利益作为制度设计、社会治理和政策选择的出发点和落脚点，确保制度的供给与变迁符合社会主义核心价值观的基本原则；在实际生活层面，推动社会主义核心价值观向广大人民群众靠拢，使社会主义核心价值观"接地气"，落小、落细、落实，真正贴近人民群众的实际生活，反映人民群众的利益需求，尊重人民群众的主体地位，保障人民群众的基本权益。必经从整体上将三者有机统一起来，在增强思想认同的基础上，开展理性的制度设计，保障人民群众利益的均衡发展，而在利益整合的过程中，又会增进对社会主义核心价值观的认同，以此形成一个良性循环系统，体现理论与实践、过程与方法、合规律性与合目的性的统一。这是培育和践行社会主义核心价值观的基本路径。

## 二、融入国民教育全过程，增进社会主义核心价值观认同

无论是微观层面还是宏观维度，无论是顶层设计还是底层推动，积极培育和践行社会主义核心价值观都需要全方位、多角度地加强国民教育工作，使社会主义核心价值观在全社会范围内形成思想共识。思想共识的形成是我们开展制度设计、制度供给以及促进制度变迁，保障人民群众的基本权益，促使利益格局朝着均衡的方向演进，进而提高社会治理能力的基础，是培育和践行社会主义核心价值观的起点。美国学者霍华德·谢尔曼指出："一旦一种思想站住脚并占领人们的头脑，不管是作为一种辩护思想还是作为一种批判思想，它对于制度是至关重要的。一种制度如果其自己的思想辩护不居支配地位，那么这种制度就不能存在下去。"社会主义核心价值观与中国特色社会主义制度体系的内在联动关系启示我们，必须在培育和践行社会主义核心价值观与完善中国特色社会主义制度体系方面同时着力，国民教育始终都是培育和践行社会主义核心价值观的基础性工作。就目前的情况而言，理论界在培育和践行社会主义核心价值观基本路径的研究上，关于如何加强国民教育的研究成果可谓极为丰富，围绕着国民教育的对象、载体、方法及其相关规律的探索和研究，极大地开拓了我们的视野，丰富了我们的理论认知。

人脑中的各种思想、观念、价值观的获得，主要来自四个方面，即正规系统的理论教育、亲身经历、群体之间相互交往的影响、大众传媒和文化娱乐四种基本渠道。因此，培育和践行社会主义核心价值观的一个基本途径就是将其融入包括理论教育、实践教育和自我教育等在内的国民教育系统。根据当前培育和践行社会主义核心价值观所出现的新特点和新挑战来看，我们尤其需要重视理论教育和传播教育在国民教育系统中的功能性发挥。

理论教育通常也叫理论灌输，是教育主体有目的、有计划地向教育对象系统传播社会主义核心价值观，使全社会对其产生正确认识和理解的过程。理论教育旨在解决社会主义核心价值观的认知问题，其基本途径主要包括社会教育、学校教育和家庭教育等。社会教育要重点研究各级党委(党组)中心学习组学习、各级党委讲师团经常性宣讲和各级各类党校教育教学等理论教育途径。学校教育要重点研究中小学德育课和高校思想政治理论课等显性课程以及校园文化活动等隐性课程等理论教育途径。要深入探讨如何把社会主义核心价值观学习教育融入学习型政党建设之中，纳入各级党委(党组)中心组学习计划，纳入各级党委讲师团经常性宣讲内容，融入各级各类党校教育教学全过程，充分发挥党委(党组)中心学习组、讲师团和党校在社会主义核心价值观学习教育中的作用。要深入探讨如何把社会主义核心价值观贯穿于基础教育、高等教育、职业技术教育、成人教育各领域，覆盖所有学校和受教育者，特

别要重视发挥中小学德育课和高校思想政治理论课在社会主义核心价值观教育中的主渠道作用。

要精心打造全民性的社会主义核心价值观理论教育载体，要特别重视网络媒体在培育和践行社会主义核心价值观中的正面导向作用。网络媒体具有信息覆盖广、更新和传播速度快、受众广、价值倾向性显著等特点，对社会舆论有着极大的影响力。毋庸置疑，针砭时弊、社会批判是网络媒体的本质功能，但其负面的导向作用也不能忽视。当社会成员利用网络媒体表达自身诉求成为时尚、针砭时弊蔚然成风时，会严重干扰公众的理性判断，行之有效的政策措施得不到真正落实，导致公共权力的正义性、合法性和权威性不断地被侵蚀、弱化甚至消解，因此抢占网络媒体的道义制高点对培育和践行社会主义核心价值观至关重要。要深入探讨如何将社会主义核心价值观内容寓于网络、电视、电影、广播、报纸、杂志等传播媒介之中，使受众在接受广泛的社会信息的同时接受社会主义核心价值观教育。必须加强对网络媒体的引导和监管，提倡“尖锐而不极端”、“建设而非破坏”的批评，将网络媒体纳入对培育和践行社会主义核心价值观具有建设性意义的轨道上来，形成国民教育体系的合力。

## 三、寓于社会治理，强化社会主义核心价值观的制度保障

习近平总书记指出：“培育和弘扬核心价值观，有效整合社会意识，是社会系统得以正常运转、社会秩序得以有效维护的重要途径，也是国家治理体系和治理能力的重要方面。”既然培育和践行社会主义核心价值观寓于社会治理之中，那么社会的良性运行就会对其产生至关重要的影响，而一个社会的良性运行又往往取决于支撑该社会的制度体系。培育和践行社会主义核心价值观的路径在于强化社会主义核心价值观的制度保障，因为“效率和公平的概念对经济政策的设计以及对可能的政策结果的判断都是十分重要的。但必须记住，效率和公平作为分析的概念，它们本身是由制度体系定义的”。对社会主义制度体系的道德及伦理评价是社会主义核心价值观的本质功能，而社会主义核心价值观本身则是该制度的规范性内容。从这个意义上讲，培育和践行社会主义核心价值观必须将社会主义核心价值观统一于社会主义制度之内，依靠社会主义制度来保障人民群众的利益和价值诉求的均衡发展，使社会主义核心价值观成为全体社会成员的思想共识。社会主义制度，从其应然的制度设计上讲，毫无疑问是以建立一个公平正义、以人为本、共建共享的共同富裕的社会作为其核心价值诉求的。在马克思、恩格斯的视域中，这些“核心价值”是内生于社会主义制度的，而“资产阶级的灭亡和无产阶级的胜利是同样不可避免的”，因此“一切社会变迁和政治变革的终极原因，不应当到人们的头脑中，到人们对永恒的真理和正义的日益增进的认识中去寻找，而应当到生产方式和交换方式的变更中去寻找；不应当到有关时代的哲学中去寻找，而应当到有关时代的经济中去寻找”。因此，社会主义目标的实现以社会主义制度为中介，“核心价值”的形成以社会主义制度的建立和完善为必要条件。

道格拉斯·C.诺思认为，“制度是一系列被制定出来的规则、守法程序和行为的道德伦理规范，它旨在约束追求主体福利或效用最大化利益的个人行为”，并且“制度变迁决定了人类历史中的社会演化方式，因而是理解历史变迁的关键”。因此，制度一方面是微观意义上的行为规范，对社会成员的行为选择具有约束作用。另一方面，制度还是一种宏观意义上的经济、政治框架，对于整个社会的发展演进具有决定性影响。但目前很多学者忽视了制度对社会治理和价值共识形成的全局性影响，没有真正立足于制度作为经济、政治框架对社会成员利益关系格局调整的功能进行分析。结合过去社会主义建设的历史经验教训，有三点我们必须清醒地认识到：第一，社会主义制度是具体

的，它受到一国的具体国情，特别是生产力发展状况的制约，不能任凭主观臆断作出超越历史发展阶段的制度安排。第二，社会主义制度是宏观的基础制度，其在现实中发挥作用还必须借助具体的体制、机制安排，形成制度体系共同发挥作用。第三，社会主义制度本身也有一个不断完善的过程。丹尼尔·W. 布罗姆利指出："当经济和社会条件发生变化时，现存的制度结构就会变得不相适宜。为对新的条件作出反应，社会成员就会尽力修正制度安排（或者是惯例或者是所有权），以至于使它们与新的稀缺性、新的技术性机会、收入或财富的新的再分配和新的爱好与偏好保持一致。"我们不能寄希望社会主义制度在短时间内解决所有的社会问题，它只能在其动态的发展过程中解决当时所面临的最主要的问题。因此，社会主义制度对社会成员利益关系格局的调整及其对社会治理的优化效应必然是一个渐进性的过程，进而要在全社会范围内培育和践行社会主义核心价值观也必然是一个长期的过程，不可能一蹴而就、立竿见影，必须克服急躁的心态。

当前，侵犯人民权益、暴力执法、践踏人的尊严、公权腐败以及收入分配不公等现象的大面积存在，构成了培育和践行社会主义核心价值观的巨大障碍。因此，当前培育和践行社会主义核心价值观最为紧迫也最为重要的任务是优化社会治理方式，尽快扭转制度的功利主义倾向，使其回归到社会主义制度的"正义"轨道上来。正如约翰·罗尔斯所说："正义是社会制度的首要价值，正像真理是思想体系的首要价值一样。一种理论，无论它多么精致和简洁，只要它不真实，就必须加以拒绝或修正；同样，某些法律和制度，不管它们如何有效率和有条理，只要它们不正义，就必须加以改造或废除"。而这需要我们立足于既有的社会主义制度，根据社会主义核心价值观的基本原则，通过制度创新的方式来完善社会主义制度。"我们自己创造着我们的历史，但是第一，我们是在十分确定的前提和条件下创造的。其中经济的前提和条件归根到底是决定性的。"在当代中国，这一确定的"前提和条件"就是中国特色社会主义制度体系，通过制度创新的方式来完善社会主义制度就是要优化社会治理模式，为培育和践行社会主义核心价值观强化制度保障。

## 四、立足实际生活，增强社会主义核心价值观的实践养成

马克思说过："人们奋斗所争取的一切，都同他们的利益有关。"个体思想和行为背后的动机，都与其深层次的利益有关。关于思想与利益的内在联动，马克斯·韦伯在谈及西方理性主义的独特起源时说："鉴于经济因素的基本重要性，任何作此说明的尝试，皆必须尤其顾虑到经济上的条件。不过，因果关系的另一方面亦不该被忽略。因为，经济的理性主义的形成，不仅有赖于理性的技术与理性的法律，亦且（一般而言）也取决于人们采取某种实用—理性的生活样式的能力与性向。"培育和践行社会主义核心价值观必须找准人民群众利益的交汇点，否则单纯的"舆论宣传"是起不到应有的作用的。因为随着改革开放和市场经济的深入推进，社会的思想意识呈现出多元化的发展趋势，人们对充斥于社会中的各种价值观的接受有一个经验感知和理性鉴别的过程，倘若社会主义核心价值观能够以人民群众的福祉为导向，满足人民群众日益增长的物质文化需要，就一定能增强人民群众在培育和践行社会主义核心价值观过程中的积极性、主动性和创造性。因为"革命只有对于那样一些群众来说才是'不合时宜的'，那些群众认为在政治'思想'中并没有体现关于他们的现实'利益'的思想"。这样，培育和践行社会主义核心价值观就不再是简单的自上而下式的"舆论宣传"，而是"上行下效"，顶层与底层相互联动，在全社会范围内形成合力。

培育和践行社会主义核心价值观必须关注人民群众的现实生活，尊重人民群众的主体地

位和首创精神。当前,一方面,人民群众除了物质生活需要以外,更多的是谋求自身的全面发展、过一种有尊严的生活,以及人与人之间诚信友爱、和谐相处的生活环境。“发展是基本途径和手段,是首要价值观,是指社会的发展,更指人的自由全面发展。富强是发展的经济目标,和谐是发展的社会目标,仁爱是发展的人际或群际的目标。”另一方面,随着人们维权意识的增强、维权能力的提高以及维权渠道的拓宽,人们对现实社会中的侵权行为、社会不公现象的容忍度在不断下降,这也是为什么我们在过去30多年里创造了如此巨大成就的同时,社会的不和谐之声反而增多的原因。只有不断解决涉及人民群众切身利益的问题,保障社会的公平正义,满足人民群众日益多样化的价值诉求,并时刻关注人民群众利益和价值诉求的动态变化,培育和践行社会主义核心价值观的过程就必然体现出理想性与现实性、合规律性与合目的性的统一,而这种“统一”也正是其实效性的重要来源。

“一步实际运动比一打纲领更重要。”社会主义核心价值观能否在实际生活中养成,取决于我们能否创造一个真正体现社会主义核心价值理念的客观生活环境,取决于我们能否在教育、收入分配、住房、医疗、社会保障、生态环境、基本权益保障以及文化软实力建设等问题上取得实质性进展。

(作者单位:武汉大学马克思主义学院)

# 培育和践行社会主义核心价值观的几个基本问题

冯秀军　王　森

核心价值观是一个社会的灵魂所在，它为社会及其个体提供奋斗的方向、发展的动力和行动的尺度。培育和弘扬社会核心价值观，是从深层次上整合社会意识，维护社会秩序，凝聚社会力量的重要途径。社会主义核心价值观是社会主义本质的价值表达。培育和践行社会主义核心价值观，是推进中国特色社会主义事业凝魂聚气、强基固本的基础工程，也是一个涉及多个方面的系统工程。其中，深刻理解社会主义核心价值观的科学内涵是思想前提；确立对社会主义核心价值观的内在信仰是最高目标；不断扩大社会共同利益是增进社会主义核心价值观认同的现实基础；国家治理体系现代化为其提供制度保障，这四个方面对于培育和践行社会主义核心价值观具有基础性意义。

## 一、深刻理解社会主义核心价值观的科学内涵是培育和践行社会主义核心价值观的思想前提

深刻理解社会主义核心价值观的科学内涵既是社会主义核心价值观建设的理论任务，也是其思想前提。《关于培育和践行社会主义核心价值观的意见》（以下简称《意见》）指出，富强、民主、文明、和谐是国家层面的价值目标，自由、平等、公正、法治是社会层面的价值取向，爱国、敬业、诚信、友善是公民个人层面的价值准则。《意见》明确指出 24 字社会主义核心价值观的基本内容，为培育和践行社会主义核心价值观提供了基本遵循。然而，对社会主义核心价值观的理解不能满足于对这 24 字的浅表解读，还应在更深层次上理解其科学内涵。

全面理解和准确把握社会主义核心价值观事实上包含两个层次：一是什么是社会主义核心价值观，二是社会主义核心价值观是什么。前者是指社会主义核心价值观的本质与内涵，后者指其表象与外延，关于本质与内涵的准确回答是解决后一问题的前提和基础。也就是说，要解决“社会主义主义核心价值观是或应该是什么”的问题，首先要回答“什么是社会主义核心价值观”。因此，深刻理解社会主义核心价值观，关键在于准确把握社会主义核心价值观的本质内涵。

准确把握社会主义核心价值观的本质内涵，首先要准确把握社会主义及其价值关系的本质。价值是客体对主体生存、发展、完善的效应，价值观是主体对客体价值及主客体之间价值关系的根本观念，核心价值观是价值观体系中反映价值关系本质、居于核心地位、起主导作用的价值观，社会主义核心价值观则是在社会主义社会的价值体系中反映社会主义的价值关系本质、居核心地位、起主导作用的价值观。由此可见，对社会主义本质的认识将在根本上决定对社会主义价值关系本质的认识，并由此影响人们对社会主义核心价值观本质内涵的理解。

我们对社会主义本质的认识经历了一个由“理论形态”到“社会形态”、“制度形态”再到“价值形态”四个层面步步深入的过程。社会主义核心价值观的提出，标志着我们对社会主义本质问题在价值形态上的认识深化。社会主义本质属性反映在社会主义的基本价值关系上，就是社会主义作为一种“理论形态”、“社会形态”和“制度形态”，相对于社会主体即广大社会成员的生存与发展的价值效用。从这一角

度讲，社会主义核心价值观作为社会主义核心价值体系的“核心”，就是对什么是社会主义、为什么选择社会主义、建设什么样的社会主义、怎样建设社会主义等根本问题在价值论层次上的本质反映。社会主义核心价值观既反映人们对社会主义与其他“主义”在理论形态、社会形态、制度形态等方面“孰好孰坏、孰优孰劣”的价值比较，也体现人们对怎样才是理想的社会主义、怎样实现社会主义的理想等问题的价值评判和价值追求。社会主义核心价值观的24字，事实上就是要向人们明确：我们所认同和追求的社会主义理想是一个国家富强、民主、文明、和谐，社会自由、平等、公正、法治，公民爱国、敬业、诚信、友善的美好社会，坚持社会主义的道路、理论和制度则是实现这一美好社会理想的最优路径选择。正如习近平总书记在北京大学“五四”师生座谈会上的讲话所指出的：“这个概括，实际上回答了我们要建设什么样的国家、建设什么样的社会、培育什么样的公民的重大问题。”

因此，党的十八大报告提出培育和践行社会主义核心价值观的重大课题，其价值和意义不仅仅在于提出了一套引领和凝聚社会价值共识的方案，还在于它标志着中国共产党人对中国特色社会主义的探索在本质问题上的创新思考和认识飞跃。而一段时间以来人们对社会主义核心价值观凝练问题上的诸多论争，其深层根源不是逻辑是否合理周延、语言是否优美精炼等问题，而是在对社会主义本质属性及其基本价值关系等深层问题的认识上还存在一定模糊和歧见。比如，社会主义的本质规定和根本属性体现在其根本价值目标和价值标准上到底是什么？社会主义核心价值观、资本主义核心价值观的本质区别与社会主义制度、资本主义制度的本质区别之间存在怎样的对应关系？社会主义核心价值观与“普世价值观”论争的问题实质是什么？等等。不能在这些深层问题上形成科学认识与普遍共识，而只满足于对社会主义核心价值观进行“美德袋”式的概念解读，对社会主义核心价值观科学内涵的理解就难免流于浅表。

因此，对社会主义核心价值观科学内涵的理解关键在“准”，即准确把握和反映社会主义的本质属性和根本问题，并从价值论的层次对这一根本问题做出科学回答。社会主义核心价值观内涵理解的“准度”，反映着人们对社会主义本质问题认识的“深度”和“高度”，并将进一步影响社会主义核心价值观建设的“信度”和“效度”。

## 二、树立对社会主义核心价值观的内在信仰是培育和践行社会主义核心价值观的最终目标

社会学家埃米尔·涂尔干认为，只有当个体成功地融入社会群体，并且接受一套共享的价值和习俗的调整时，团结才得以维持。社会主义核心价值观能否成为当代中国凝聚民心、民智和民力的合力与动力，取决于它能否为人们所共享。所谓共享，就是能为绝大多数的社会成员所认同、信奉和践行，其关键在于“信”。

一种社会价值观能否“取信”于民众，在根本上取决于其自身的科学性与先进性。社会核心价值观作为一种社会共同价值观，集中体现着人们向往和追求的社会理想、政治理想、道德理想、生活理想等，它反映的是人们在评判“好社会”、“好国家”、“好制度”、“好生活”、“好公民”等问题上的价值目标和价值标准。一种社会核心价值观能否成为人们追求的理想、坚守的信念、乃至委身的信仰，要看它是否提供了一套具有价值吸引力与实现可能性的理想和目标。也就是说，要看它所提出的社会理想、政治理想等是不是既符合历史的规律，又引领文明的进步，同时亦符合人们的价值期待。

具体到社会主义核心价值观而言，它在实质上是对马克思主义的科学性、社会主义的优越性、改革开放的必然性、中国共产党执政的合法性等问题的价值判断与选择。其价值评判的结果，将直接影响人们对马克思主义的信仰、对

社会主义的信念、对改革开放和现代化建设的信心,以及对党和政府的信任。

因此,社会主义核心价值观要"取信于民",就必须对上述价值判断的根据做出阐释和回答。如果不能充分回答马克思主义何以是科学反映人类社会发展规律的真理,就难以让人们在价值上认同、信奉、追随乃至信仰马克思主义;如果不能充分认识和回答社会主义制度较之于资本主义制度的合理性、优越性,人们对西方社会所倡导的"普世价值观"的虚伪和诱惑就难以识别和拒绝,人们对社会主义事业的信念就难以坚定;如果不能充分说明历史与现实如何选择了中国共产党、只有中国共产党才能救中国、发展中国,人们就难以正确认识和对待中国共产党对于中国社会历史发展的伟大功绩以及在现实与未来发展中不可替代的价值,一些人就会对中国共产党执政的合法性提出质疑,就会因这样、那样的问题而动摇对党和政府的信任;如果不能充分回答为什么改革开放对于中国特色社会主义事业发展是生死攸关的选择,就难以正确认识和理解改革开放进程中面临的种种困难和问题,人们对坚持改革开放的信心就难免犹疑和动摇,就难免会误入封闭僵化的"老路"或"全盘西化"的"邪路"。质言之,如果在马克思主义与其他思潮、理论、主义,社会主义与资本主义,坚持中国特色社会主义与生搬硬套其他国家道路模式,坚持中国共产党的领导与机械模仿西方国家民主制度,坚持改革开放与封闭僵化等各项价值比较之后,不能得出前者更科学、更优越、更符合中国国情、更有利于中国社会的科学发展的结论,那么社会主义核心价值观就会失去其凝心聚力、引领方向的社会前提和实践基础,对其他各种价值观念和社会思潮的引领和主导作用也难以实现。

因此,培育和践行社会主义核心价值观,在更深层次上是一个树立和培养"信心、信任、信念、信仰"的问题,其关键归根结底就在于一个"信"字。其中,"信仰"作为"信"的最高境界,作为人们世界观、人生观和价值观的集中体现,构成了社会主义核心价值观建设的思想制高点,是培育和践行社会主义核心价值观的最终目标。只有站在信仰的高度来透视和理解社会主义核心价值观问题,才能把握住社会主义核心价值观建设的理论关键和问题实质。只有深入研究社会主义核心价值观内化为信仰的本体论基础与认识论基础,全面认识社会主义核心价值观转化为信仰所面临的价值挑战,科学把握社会主义核心价值观从"可信"到"确信"的质变机制,才有可能为社会主义核心价值观内化为全社会的共同理想信念与科学信仰奠定坚实基础。

## 三、不断扩大和增进社会共同利益是培育和践行社会主义核心价值观的现实基础

价值认同是确立信仰的基础和起点,促进人们建立对社会主义核心价值观的认同则需要深入研究其价值认同的形成机制。简要来说,促进价值认同有两种主要的路径,一是思想的路径,二是实践的路径。所谓思想的路径主要是指通过宣传、教育等方式在思想的领域引导人们价值观念的确立或改变。应该说,这一途径有其重要的作用和影响,这也是《意见》中提出"把培育和践行社会主义核心价值观融入国民教育全过程"要求的依据所在。

价值认同的建立既属于思想领域的观念问题,同时,从根本上讲,价值观念的最终形成或根本改变更是一个实践的问题。价值观念的形成或改变只能依靠和经过现实环境中的实践中介来完成。并且,真正的、彻底的思想变化,在最终意义上必须要通过改造思想观念赖以产生的环境才能实现。马克思、恩格斯曾深刻地阐明了这个观点。他们在批判青年黑格尔派脱离现实的历史环境,以抽象的理论词句来曲解历史的唯心主义倾向时,一针见血地指出,全部问题只在于从现存的现实关系出发,来说明这些理论词句,要真正地、彻底地消灭这些词句,从

人们的意识中消除这些观念，就要靠改变了的环境而不是靠理论上的演绎来实现。马克思、恩格斯曾深刻地批判青年黑格尔派对德国哲学批判的不彻底性："这些哲学家没有一个想到要提出关于德国哲学和德国现实之间的联系问题，关于他们所作的批判和他们自身的物质环境之间的联系问题。"因此，促进人们对社会主义核心价值观认同的建立，实践路径更具有根本性和决定性，这也是马克思主义唯物史观的基本要求。

以实践路径促进社会主义核心价值观认同的建立，最根本的在于建构有利于促进价值认同形成的现实利益机制。这是因为，在任何情况下，个体总是"从自己出发"去认识世界和改造世界，"任何人如果不同时为了自己的某种需要和为了这种需要的器官而做事，他就什么也不能做"。个体的需要就是个人的利益所在。而"'思想'一旦离开'利益'，就一定会使自己出丑"。人们的价值取向归根结底是由自身的利益取向所决定的。人们所有的价值观念都能够在现实生活和实践中找到其物质的和利益的根源。仅仅寄希望于头脑里的革命，仅仅依赖于口头的价值灌输，仅仅满足于用"好"的概念和词句来代替"不好"的概念和词句，是不能从根本上解决价值观建设问题的。建立社会主义核心价值观认同在根本上不能脱离人们价值观念得以形成的现实生活和利益基础，如果离开这些根源去试图影响人们的价值认同，难免会陷入唯心主义的误区，而难以从根本上影响和引导人们的价值取向。

只有在共同利益的基础上才有建立价值共识的现实可能性。建立对社会主义核心价值观的价值认同，其关键和根本就在于不断扩大、增进社会各群体各阶层的共同利益，并努力健全不同利益群体之间的利益协调机制。扩大和增进社会共同利益，实质上就是努力朝向"共同富裕"的奋斗目标迈进。"共同富裕"是社会主义的本质规定和奋斗目标。"富裕"是社会生产力发展水平的集中体现，"共同"反映了社会成员对财富的占有方式，是社会生产关系性质的集中体现，"共同富裕"则体现了生产力与生产关系协调发展的社会主义价值诉求。如何在不断解放和发展生产力，将社会财富的"蛋糕"做大的同时，不断健全和完善社会分配机制，让人民共享改革和发展的成果，从而不断夯实社会共同利益的基石，将是扩大社会价值共识的重要物质基础。

当然，必须看到，社会主义初级阶段的基本国情决定"共同富裕"价值目标的实现必然是一个艰辛、漫长的过程，从"一部分人先富起来"到"先富带后富"乃至"共富"之间还需要艰难曲折的实践探索。随着全面深化改革的进程渐次展开，改革必将在更深刻、更复杂、更多元的层次上触及各方利益的调整和分配，同时也必然面对更为尖锐、激烈的利益冲突。这种复杂、多元、深刻的利益冲突反映在思想领域就是复杂、多元、尖锐的价值冲突。从这一意义上讲，社会主义核心价值观建设意义重大，影响深远，但也任务艰巨，挑战严峻。因此，在"共富"条件尚不具备的现实基础上，建立健全不同利益群体之间的利益协调机制、利益表达机制、利益补偿机制、利益导向机制，引导人们正确认识个体利益和集体利益、局部利益和整体利益、眼前利益和长远利益之间的关系，对于扩大人们对共同利益的预期认同，从而夯实社会主义核心价值观认同的物质和思想基础，具有极为重要的现实意义。

党的十八届三中全会公报强调坚持和完善基本经济制度，加快完善现代市场体系，加快转变政府职能，深化财税体制改革，健全城乡发展一体化体制机制，构建开放型经济新体制，加强社会主义民主政治制度建设，推进法治中国建设，强化权力运行制约和监督体系，推进文化体制机制创新，推进社会事业改革创新，创新社会治理体制，加快生态文明制度建设，等等。所有这些战略举措从根本上就是要通过全方位的深度改革，促进当代中国经济社会的科学发展、和谐发展，其目标就在于努力消除贫富差距，化解社会矛盾，实现发展成果更多更公平惠及全体人民，解决好人民最关心最直接最现实的利益问题，从而不断扩大和增进全体人民的共同利益和福祉。惠及全体人民的共同利益的不断扩大和增进，为建立和巩固社会主义核心价值观主导的社会价值共识奠定了最坚实的物质和利益基础，这正是我们对社会主义核心价值观建设的信心和希望之所在。

## 四、现代化的国家治理体系是培育和践行社会主义核心价值观的制度保障

党的十八届三中全会指出，全面深化改革的总目标是“完善和发展中国特色社会主义制度，推进国家治理体系和治理能力现代化”。在社会政治和治理实践中，国家治理体系的本质现实地体现为“国家治理制度体系主导、国家治理行动体系和价值体系与之匹配、紧密相连、三位一体的系统”。因此，全面地看，国家治理体系应由国家治理的制度体系、行动体系和价值体系三大部分构成。制度体系是政治权力确立和运行的规则，行动体系是政治权力主体与公民权利主体之间的双向互动体系，价值体系则是政治权力确立、维护和运行的思想理念、价值规范和道德规范的总体构成。在三位一体的国家治理体系中，价值体系是制度体系和行动体系的价值基础、方向和目标；制度体系是行动体系的规则依据和价值体系的制度载体；行动体系则是制度体系和价值体系的实践和实现。完善的现代国家治理体系，其制度体系、行动体系应与其价值体系具有内在一致性，价值体系作为系统的价值内核，辐射、渗透和体现于制度体系和行动体系之中，并在根本上规定着制度体系和行动体系的性质和方向。“社会同一性”是社会存在的基础，它是“存在同一性”、“意识同一性”与“制度同一性”的统一。意识同一性就是社会在存在同一性和制度同一性的基础上，“拥有一种统摄人心、整合社会，具有普遍意义的价值观念”。因此，所谓国家治理体系的现代化，其根本任务即是在促进和提升中国特色社会主义制度体系、行动体系与社会主义核心价值体系的各自同一性基础上，进一步达成三者间的统一，实现三者在根本性质、方向与目标上的一致。其中，社会主义核心价值观作为社会意识同一性的核心，作为社会主义核心价值体系的抽象提炼、高度概括和“总纲领”，为国家治理体系的有机统一提供了最高价值指导。

因此，国家治理体系现代化的过程，就是一个我国国家治理的制度体系和行动体系以社会主义核心价值观为目标指向、价值参照和价值动力的实践过程，社会主义核心价值观在完善和发展中国特色社会主义制度、推进国家治理体系和治理能力现代化的进程中具有灵魂性、方向性作用。习近平总书记在省部级主要领导干部“学习贯彻十八届三中全会精神全面深化改革专题研讨班”开班式上的重要讲话指出：“一个国家选择什么样的治理体系，是由这个国家的历史传承、文化传统、经济社会发展水平决定的，是由这个国家的人民决定的。我国今天的国家治理体系，是在我国历史传承、文化传统、经济社会发展的基础上长期发展、渐进改进、内生性演化的结果。”可以看出，在影响国家治理体系选择的诸多影响因素中，历史与文化传统是一个重要因素。价值观是文化的内核，决定着文化的性质和方向，并通过文化的载体在制度性质、目标和方向等根本问题上影响和决定着一个国家治理体系的选择。中国特色社会主义制度是一个有机、复杂的制度体系，其政治制度、经济制度、文化制度、社会制度、生态制度等虽然具体内容各不相同，但在制度精神、制度性质、价值目标等方面应具有内在的一致性，均服务于、统一于中国特色社会主义的根本性质和理想目标，这一理想目标集中体现在社会主义核心价值观的内容之中。也即是说，推进国家治理体系和治理能力现代化，目的和归宿就是完善和发展中国特色社会主义，全面建成小康社会，建成经济发达、共同富裕、公平正义、民主法治、自由平等、诚信友善、文明和谐的

社会主义现代化强国,实现国家富强、民族振兴和人民幸福的伟大“中国梦”。

社会主义核心价值观的培育和践行,离不开国家治理体系与治理能力现代化的制度保障和依托。公平正义是制度的首要价值原则,公正的制度则是社会价值共识得以达成的前提和保障。罗尔斯在其《正义论》中强调制度安排对于正义感、善观念产生的作用:“由于一个组织良好的社会是持久的,它的正义观念就可能稳定,就是说,当制度公正时,那些参与着这些社会安排的人们就会获得一种相应的正义感和努力维护这种制度的欲望。”反之,在一个公平正义缺失,特别是社会制度安排明显失去公平正义的社会中,社会的是非、善恶、美丑、荣耻等价值标准将被严重扭曲,社会价值共识将被严重撕裂,社会价值秩序将陷入失范和混乱,并从社会精神秩序的深处诱发社会物质秩序的动荡和裂变。正如尼布尔所言,在一个“不道德的社会”中难以培养出“道德的人”。因此,对于社会主义核心价值观的培育和践行来讲,公平正义既是其重要任务和内容,也是其前提和保障,以公平正义为最高原则的制度体系建设将为其提供根本性的制度前提和保障。

国家治理体系的建构过程对于社会价值秩序的建构与整合具有结构性的影响。它主要表现为国家制度体系按照自身所蕴含与负载的价值标准来要求和引导社会成员形成对是非、善恶、美丑等基本价值取向的认同。作为全体社会成员所共同遵循的基本行为规范与准则,国家制度体系不仅向每一位社会成员传播与推行具体的规范,更重要的是将制度中所蕴含的价值观念表现为社会的价值共识和共同精神品质。它是对社会成员原有的、与制度价值取向一致的价值观念的肯定和强化,对欠缺价值观念的补充和激发,也是对那些与制度价值取向背离的价值观念的抑制和排除。由此可见,国家制度体系对于社会价值秩序的整合,即是以制度中所蕴含的核心价值观为准则,对社会价值体系中的价值要素进行有区别的扶植、培育或抑制、克服。在制度规范下,与社会核心价值观相冲突的价值观念往往在制度规范中受到压制和排斥,与之一致的则得到承认和激励。这一整合过程以确立和维护社会主导价值观念为核心,以形成社会成员的情感、意志、信仰、道德等精神性要素与核心价值观相协调和匹配的价值秩序为最终目标。通过社会价值秩序的整合,共同的价值观念与思维模式在全体社会成员的思想领域得到逐渐的认同与强化,一种普遍、和谐的社会价值秩序得以化育和生成。

因此,作为当代中国社会思想观念领域最大公约数的价值共识,社会主义核心价值观的培育和践行要扎根于中国特色社会主义建设的伟大实践,并充分依托于现代国家治理体系的制度支持和保障。这种制度支持和保障既体现在“静态”的制度规则体系之中,即制度体系的内容必须与社会主义核心价值观的价值方向、价值标准和价值目标相一致;同时也体现在“动态”的依据制度体系的治理实践中,即制度体系的贯彻、运行要与社会主义核心价值观保持一致。这种一致性通过制度的“禁止”或“许可”、“激励”和“惩戒”、“保障”和“防范”等形式体现出来。简言之,凡是符合社会主义核心价值观的均应得到国家治理体系的“许可”、“激励”和“保障”,反之则应以相应制度加以“禁止”、“防范”和“惩戒”,从而为社会主义核心价值观的培育和践行提供、创造良好的社会制度环境。

(作者单位:中央财经大学马克思主义学院)

# 培育和践行社会主义核心价值观与中国价值观构建

江 畅

党的十八大明确提出了社会主义核心价值观的概念，对其基本含义作出了界定，并要求积极培育和践行社会主义核心价值观。2013 年 12 月，中共中央办公厅印发了《关于培育和践行社会主义核心价值观的意见》(以下简称《意见》)，阐明了社会主义核心价值观与社会主义核心价值体系的关系，并就如何培育和践行社会主义核心价值观作出了战略部署。最近，习近平同志又强调，要“把培育和弘扬社会主义核心价值观作为凝魂聚气、强基固本的基础工程，继承和发扬中华优秀传统文化和传统美德，广泛开展社会主义核心价值观宣传教育，积极引导人们讲道德、尊道德、守道德，追求高尚的道德理想，不断夯实中国特色社会主义的思想道德基础”。培育和践行社会主义核心价值观，是推进中国特色社会主义伟大事业、实现中华民族伟大复兴中国梦的战略任务，也是构建当代中国价值观的历史必然和现实要求。

## 一、构建中国价值观势在必行

伴随着全球化和文化多元化时代的到来，世界各国都不仅致力于构建自己国家的价值观，而且努力扩大自己价值观的国际影响力。那些在经济、政治、文化上实力强大的国家，更是借助其实力强力推行其价值观。20 世纪以来，伴随着美国的强大，美国在世界各地大肆推行美国价值观，并将美国价值观在世界范围内的推行与经济渗透紧密地结合起来，对当代世界发展的进程产生了重大影响。苏东剧变之后，俄罗斯针对美国价值观的冲击，也致力于俄罗斯价值观的重塑。俄罗斯契科夫基金会主席科宁这样对记者说：“西方一直想利用他们的宗教向俄罗斯推行他们的民主模式和政策，这是俄罗斯所不能接受的。我们有自己独特的宗教和文化传统，我们有不同于西方的价值观。因此，俄罗斯要建立的是具有俄罗斯特色的民主。”当代世界的经济、政治、文化的竞争从根本上可以说是不同国家、不同区域价值观之间的竞争。在这种竞争面前，国家、民族、区域的文化意识、价值观意识普遍觉醒。一些小国、弱国，一些发展中国家甚至发达国家由于在经济文化实力方面不能与大国抗衡，于是不仅在经济上结盟，而且协力打造区域价值观，构建具有自己特色的区域文化。今天已经产生影响的区域价值观和文化有：欧共体文化和价值观、东盟文化和价值观、非洲文化和价值观、拉美文化和价值观等。今天整个世界已经形成了多元文化和价值并存、分立、对峙、冲突的错综复杂的交织局面。面对世界范围内思想文化交流交融交锋形势下价值观较量的新态势，我们也要全力打造对全世界有竞争力、影响力、吸引力和凝聚力的中国价值观。

世界各国、各民族、各区域在当前纷纷构建、宣扬、推销自己的文化和价值观，与抵制美国在世界各地强力推行自己的价值观有直接的关系，但更深刻的原因则在于全球化。孙伟平研究员认为，全球化从来没有像今天这样深刻地改变世界，并引起人们的广泛重视。在他看来，全球化的实质在于，全球各价值主体之间相互依存、相互影响、相互作用关系的强化，甚至在一定程度上趋于一体化。全球化意味着“世界在空间和时间上被压缩”，人类社会成为一个即时互动、利害攸关的社会；各个地域、各个民族国家之间彼此分隔的封闭自守状态日渐打破，全球性的人类活动不断增加，世界范围内全方位的联系、沟通、交流与互动不断加强；全球各层次主体的相互依存度不断提高；全球同质性不断增强，一些共同的全球性观念正在形成；传统的民族国家的地位受到前所未有的挑战，逐渐丧失了以往对各种社会力量的控制，一个新的国际治理体系正在酝酿过程之中，一个全球性社会正在初步形成之中。当代世界各国、各民族极力张扬自己的价值观，从根本上说是对全球化带来的世界同质化以及对自己本土文化挑战的反应。它们不仅力图在全球化的冲击和大国文化霸权主义渗透面前为自己的民族文化争得一席之地，更试图借鉴大国的国际文化战略，以攻为守，千方百计张扬和扩散本土文化和价值观。于是，世界各国各地价值观竞相登上世界舞台，出现了今日世界价值观"百舸争流"的激烈竞争格局。中国无论在人口、经济、科技、政治、文化上都是一个大国，在这种价值观激烈竞争格局中，不能没有自己的强势影响力，更不能没有自己的旗号和声音，没有自己的一席之地。

我们要构建和在世界上推出中国价值观，有十分充足的理由，其中以下四个方面是最明显的：首先，中国是人口大国。中国人口占世界总人口近五分之一，是美国的四倍多，欧共体的近三倍，拉美的两倍多，非洲的近两倍。作为这样一个人口众多的超级人口共同体，不仅应有自己独树一帜的价值观，而且在世界多元价值的格局中应有中国人的强音，至少应使自己的价值观得到世界其他五分之四人口的认可和尊重。其次，中国已经成为经济大国。中国已经成为世界第二大经济体，要使中国经济进一步走向全世界，不仅需要中国价值观作支撑，而且需要中国价值观为之开辟道路。再次，中国有着在世界上历史悠久、最独具特色的传统文化。在整个人类生活日益物质化、低俗化、浅表化，整个世界充满着各种矛盾、冲突，恐怖活动、政变、战乱频发的今天，中国传统文化不失为当代人类走出困境可资借鉴的不可替代的宝贵资源。这种资源也需要以今天中国文化的强大、中国价值观作为载体传送到世界各地。最后，中国是目前世界上最强大的社会主义国家。苏东剧变后，中国无疑成为世界上最强大的社会主义国家，不仅承担着在新的历史条件下从理论和实践上构建社会主义价值观的任务，而且肩负着在全世界传播社会主义价值观的责任。一般意义的社会主义价值观只能是理论的、抽象的，只有它现实化为某国的价值文化或意义文化，才真正有影响力。例如，中国的新民主主义革命就是在俄国十月革命的影响下发生的，十月革命就是一次马克思列宁主义的社会主义价值观的成功实践。我们要扩大社会主义价值观的影响，需要中国的社会主义价值观的践行，也需要打出中国价值观的旗帜。

近代以来发达国家的经验告诉我们，当一个国家在经济上走向强大的时候，它的价值观必须与之配套；在向其他国家推销其产品和技术的时候，也必须推广它的价值观。只有两者相互促进、相得益彰，它才会走向更加强大，它的实力才会为更多的国家所认同，也才会在世界事务中有更大的话语权。近代的西班牙、葡萄牙、法国、德国，特别是英国等西方列强是如此，20世纪以来的美国更是如此。社会主义中国爱好和平，永远不称霸，但在世界经济政治文化竞争日益激烈的今天，特别是在包藏称霸世界祸心的超级大国总是力图将其价值观强加给世界各国的情况下，日益崛起的社会主义中国有责任承担起构建与之相抗衡并能在竞争中取胜的价值观。只有这样，中国才能为世界人民的和平幸福和人类文明的发展繁荣作出更大的贡献。完善并在全世界推广强有力的先进中国价值观，应成为中国未来发展的最重要国际战略。如果说中国价值观对于中国来说是国家精神和民族命脉，那么，对于世界来说它则是中国声音和大国形象。在中国经济迅速发展、中国硬实力不断增强的今天，构建并推广具有强大正能量的中国价值观，不仅是中国走向现代化和强大的需要，而且也是中国作为大国所应承担的世界责任。因此，无论是从对内来看还是从对外来看，构建中国价值观都是极其重要的。

我们所要构建的中国价值观是中国的主流价值观。对于当代中国社会存在的其他价值观来说，它是占主导地位的，是引导其他所有价值观并用其所长的主流价值观；对于当代中国文化来说，它是其深层结构和内在精神；对于当代中国人民来说，它不仅是其共同理想和信念，而且是其行为准则和文化氛围。我们要向外推广中国价值观，但其前提是要构建中国价值观。不将中国价值观构建起来，谈不上将它推向全世界。不过，这两项工作是密不可分的，是相互促进、同步进行的。这两个过程实际上就是同一个过程。从逻辑上看，构建是前提，但在实践上，我们不可能先构建好然后再推广，而且构建本身事实上也是一个不断持续的过程，没有终止之日。因此，在当代世界格局之下，我们需要在构建过程中推广，在推广过程中构建，将推广作为构建的一个必要组成部分和不可缺少的重要环节。

## 二、中国价值观与社会主义核心价值观的关系

在当代的语境中，我们所说的一个国家、民族或区域的价值是指其主流价值观，而不指那些非主流的价值观，也不是指其中某个方面、某个层次或某个组织的价值观。例如，当我们说美国价值观时，指的是美国这个国家的主流价值观，而不指美国经济价值观或美国中产阶级价值观。同样，我们所说的中国价值观，也不是指中国经济价值观、汉民族的价值观、中国道教价值观等，而是指中国国家的价值观，对中国社会有普遍而深刻影响的价值观。但值得注意的是，中国价值观与美国价值观有一个明显的区别。美国价值观是指自 18 世纪美国立国以来美国的主流价值观，当然它的历史还可以追溯得更早一点，即从英国向美洲殖民开始。这种价值观虽然有一个形成、发展和完善的过程，但总体上是同一个价值观体系，即以自由、平等、民主、法治为核心内容，以实用主义为其独特个性的价值观。与美国不同，中国有悠久的历史，因而中国价值观这个概念的含义比较复杂。从广义上看，至少它既可以指传统的中国价值观，也可以指当代的中国价值观，当然也可能同时指这两者。本文所讨论的中国价值观不是广义上的，而是指当代中国社会的主流价值观。它不是中国的传统价值观，也不是当代中国社会现实存在的各种价值观的总称，而是中华人民共和国价值观，是体现中华人民共和国根本性质和基本特征的中国特色社会主义价值观。这种意义上的中国价值观实际上是“当代中国价值观”的简称，它虽然与传统中国价值观有着渊源关系，而且应当吸收传统中国价值观的精华和合理内容，但两者之间存在着本质上的区别。这种价值观是一种全新的国家价值观，是社会主义性质的价值观，或者说是中国特色社会主义价值观。

价值观，特别是文化的价值观通常是成体系的，价值观也可以说是观念的价值体系。作为当代中国的价值观，中国价值观不是单一的，而是一个价值观体系，其内核和灵魂是社会主义核心价值观。中国价值观的这种内核和灵魂是使它区别于所有其他价值观的根本规定性，也是它不同于所有其他价值的主要标志。显然，中国价值观与社会主义核心价值观又不是完全等同的。了解两者之间的不同，有助于我们正确理解中国价值观，也有助于我们正确理解社会主义核心价值观及其体系。具体地说，两者之间的不同体现在以下三个方面：

首先，社会主义核心价值观是中国价值观的内核和灵魂，中国价值观作为价值观体系则除了这一内核和灵魂之外，还包括其他的价值观子系统。社会主义核心价值观本身也是中国价值观的一个子系统，但它是其中的轴心系统。除此之外，中国价值观作为价值观体系，还包括不同维度的价值观（如经济价值观、政治价值观、文化价值观）、不同层次的价值观（如就目的或目标、手段、规则或社会控制而言的价值

观)。所有这些不同维度、不同层次的价值观都是社会主义核心价值观的具体化和展开,是体现社会主义核心价值观并为其贯彻落实服务的。我们说社会主义核心价值观是中国价值观的内核,所指的就是社会主义核心价值观是中国价值观的轴心、目的和根本原则。中国价值观的所有其他子系统和内容都是围绕社会主义核心价值观的,是服从并服务于它的,是以它作为正当与否、合理与否的根本准则。我们说社会主义核心价值观是中国价值观的灵魂,是指社会主义核心价值观的精神渗透于整个中国价值观的方方面面,中国价值观是社会主义核心价值观的展开和体现。从实践的角度看,社会主义核心价值观是中国价值观的根本原则和最高原则,而其他子系统的原则则是不同层次、不同维度的具体原则。所有这些具体原则都是根本原则派生的,都受根本原则制约,当它们之间发生矛盾和冲突时,也是以根本原则作为调解的最终依据和最高标准的。

其次,社会主义核心价值观作为中国价值观的根本规定性,更体现了与传统价值观和域外价值观之间的区别,而中国价值观作为一个国家的价值体系,则需要更多地吸收这些价值观的合理内容。社会主义核心价值观不是无中生有的,也需要继承中国思想文化的合理内容,但更侧重于基本精神方面,而在本质上是与它们相区别的。中国价值观作为价值观体系,包含丰富的内容,这些内容会更多地继承、吸收、借鉴传统价值观、域外价值观中有价值的、能为我所用的内容,这尤其体现在经济技术和日常生活方面。例如,虽然社会主义核心价值观与资本主义核心价值观存在着本质区别,但中国价值观要将资本主义国家价值观中包含的市场经济规律吸收到中国价值观中来。同样,社会主义核心价值观与传统核心价值观存在着本质区别,但中国价值观可以从传统价值观中汲取诸多合理内容,如“己所不欲,勿施于人”的推己及人原则、“恭宽信敏惠”等日常生活规范。当然,这种继承、吸收和借鉴都是批判性的,不能照搬照抄。从这种意义上看,中国价值观是当代中国社会完整系统的主流价值观,其本质和精髓是社会主义的,同时它又具有深厚的中国传统文化底蕴和丰富的中国时代精神,而且是与当代世界文明发展的总趋势相一致并相衔接的。

再次,在价值多元的当代中国,社会主义核心价值观与其他非主流价值观之间存在着实质性的区别,而中国价值观则要与这些价值观共存共荣,将其纳入主流价值观体系之中。当代世界的开放国家都存在着价值多元的情形,但对非国家推行的价值观有两种不同的态度:一种态度是允许其他价值观存在,而同时对它们加以控制、引导,使之从属于国家推行的价值观。这样就会形成推行的价值观与非推行的价值观共存共荣的局面,也就会使国家推行的价值观真正成为主流价值观。其他价值观并不与主流价值观相对立、相排斥,更不会与主流价值观争夺主流的地位,相反它能为主流价值观提供养料、借鉴,并能起到某种补充作用。另一种态度则相反,除了国家推行的价值观之外,对其他的价值观一律采取打压政策。其结果,其他价值观不仅消灭不了,相反千方百计与推行的价值观相敌对、相抗衡,甚至力图取而代之。这样,推行的价值观也成不了真正意义上的主流价值观,因为其他价值观不是支流的,而是时刻与推行的价值观争夺统治地位的。显然,我国的文化发展战略只能作出前一种选择,而要作出这一种选择,不仅要宽容,更需要允许非推行的价值观的存在和发展,使它起到提供养料、借鉴的作用。如此,这些非主流价值观就会从属于、服务于主流价值观,甚至成为主流价值观的有益补充,我国所推行的价值观也就会成为真正意义上的主流价值观。

## 三、培育和践行社会主义核心价值观与构建中国价值观的同一性

今天,构建中国价值观早已不是从无到有,而是从有到优,使之不断完善。至少自中华人

民共和国成立以来,我们就在致力于构建当代中国价值观。60多年来,中国价值观的构建取得了巨大的成就,当然也有一些不足和教训。改革开放以来,尤其是党的十六届六中全会提出建设社会主义核心价值体系以来,中国价值观的构建更加自觉、更加主动、更加强有力。提出建设社会主义核心价值体系,并进而提出培育和践行社会主义核心价值观,不仅抓住了构建中国价值观的重点,而且也抓住了构建的要害。中国价值观构建的过程,就是作为其内核的社会主义核心价值观具体化、现实化、贯彻落实、推广应用的过程,也是作为其核心结构的社会主义核心价值体系转化为文化的过程。

如前所述,中国价值观作为价值观体系,有其内在的结构,这个结构就是中国价值体系,即社会主义价值体系。但是,这种价值体系还是观念的价值体系,从文化的角度看,它属于观念文化。要使这种观念文化成为社会现实的文化,就要使观念的价值体系现实化,使它成为整个社会现实的价值体系,成为我国社会生活和我国文化的深层结构。当中国价值观实现了这种现实化的时候,中国价值观就成为中国社会的主流文化。社会主义核心价值观是中国价值观的内核和灵魂,它本身就是一个系统。这个系统作为一种观念的系统有其内在的结构,这个结构就是观念的核心价值体系。两者之间的关系是,社会主义核心价值观是社会主义核心价值体系的凝练和表达,而核心价值体系则是核心价值观的体现和结构。《意见》指出:“社会主义核心价值观是社会主义核心价值体系的内核,体现社会主义核心价值体系的根本性质和基本特征,反映社会主义核心价值体系的丰富内涵和实践要求,是社会主义核心价值体系的高度凝练和集中表达。”由此看来,如果说社会主义核心价值观是中国价值观的内核和灵魂,那么社会主义核心价值体系就是中国价值体系的精髓和核心结构。实际上,核心价值观和观念的核心价值体系在实质上、在内容上是同一的,只是看同一对象的角度不同而已:核心价值观是从实质的角度看的,而核心价值体系是从结构的角度看的。

从构建的角度,我们要构建中国价值观,首先就要构建社会主义核心价值观,构建观念的社会主义核心价值体系。但是,既然这种价值观和价值体系是核心的,它就必须有外围的结构,即非核心的价值观和价值体系,即前文所说的其他子系统。只有当这些子系统构建起来了,社会主义核心价值体系才真正成为了核心。这还是价值观和观念价值体系构建的过程,要使这种价值观成为我国社会的主流价值观,使这种价值体系成为中国社会文化和社会生活的深层结构,还需要使之成为社会的法律制度,成为社会公众的共同信念,并得到非主流价值观心悦诚服的认同。因此,不仅中国价值观构建过程与社会主义核心价值观、观念的社会主义核心价值体系构建过程是同一个过程,而且这个过程是从构建核心价值观到构建核心价值体系再到构建中国价值观的逻辑递进过程。

构建中国价值观虽然有很多工作要做,但关键是要培育和践行社会主义核心价值观。习近平同志要求:“要利用各种时机和场合,形成有利于培育和弘扬社会主义核心价值观的生活情景和社会氛围,使核心价值观的影响像空气一样无所不在、无时不有。”这里所说的“培育”不只是对公民特别是学生进行社会主义核心价值观教育,也指从理论上进行建构。这种构建的任务不仅在于要使社会主义核心价值观本身进一步走向完善,更要以社会主义核心价值观为指导、为基本原则构建完整系统的社会主义价值观,即中国价值观。这里需要特别注意的是,我们不能将培育社会主义核心价值观理解为社会主义核心价值观已经成熟了,现在的任务只是要宣传和教育。笔者认为,从理论观念上构建社会主义核心价值观比从实践上构建社会主义核心价值观的难度更大、任务更重。我国的社会主义核心价值体系一直在构建,社会主义核心价值观也不断地在践行。因此,我们不可能也没有必要等到中国价值观在理论观念上构建好了再去践行，像一项工程那样，得有了完整的设计蓝图然后再施工。我们必须在理论观念构建的同时进行实践上的构建。当然，这样的构建由于理念观念的准备不够充分完备而有可能走弯路，但也可以不断根据实践的要求修正和完善理论观念的构建。党的十八届三中全会通过的《中共中央关于全面深化改革若干重大问题的决定》在谈到如何全面深化改革时提出，要“加强顶层设计和摸着石头过河相结合，整体推进和重点突破相促进，提高改革决策科学性，广泛凝聚共识，形成改革合力”。这一要求对于践行社会主义核心价值观和社会主义核心价值体系、构建中国价值观和中国特色社会主义价值体系同样适用。

习近平同志指出：“核心价值观是文化软实力的灵魂、文化软实力建设的重点。这是决定文化性质和方向的最深层次要素。一个国家的文化软实力，从根本上说，取决于其核心价值观的生命力、凝聚力、感召力。”《意见》深刻阐明了培育和践行社会主义核心价值观的重大意义：“积极培育和践行社会主义核心价值观，对于巩固马克思主义在意识形态领域的指导地位、巩固全党全国人民团结奋斗的共同思想基础，对于促进人的全面发展、引领社会全面进步，对于集聚全面建成小康社会、实现中华民族伟大复兴中国梦的强大正能量，具有重要现实意义和深远历史意义。”我们要按照《意见》的总体部署，深入贯彻落实党的十八大和十八届三中全会精神，积极培育和践行社会主义核心价值观。在培育和践行社会主义核心价值观的过程中，更加自觉地把这一过程与中国价值观构建有机结合起来，在培育和践行社会主义核心价值观的过程中完善和推广中国价值观，使中国价值观成为具有中国特色、中国优势、中国风格和中国气派，并对全世界具有强大影响力和吸引力的先进价值观。

（作者：湖北大学哲学学院教授、博士生导师）

# 社会主义核心价值观:从必要性向可行性的飞跃

叶小文

2013年岁末,中央发布了《关于培育和践行社会主义核心价值观的意见》(以下简称《意见》),标志着我国社会主义核心价值观从“必要性”的热烈讨论和统一认识,进入到“可行性”的切实操作和走向落实的新阶段。从必要性到可行性,从认识世界到改造世界,从凝聚共识到自觉行动,从先进的觉醒到全民的迈步,是一个伟大的飞跃。

## 必要性:统一认识

我们党在90多年奋斗征程中始终保持昂扬向上的精神风貌,得到广大人民群众的拥护和爱戴。但执政时间长了、执政环境变了,成绩鲜花掌声和诱惑多了,精神懈怠、意志衰退的现象以及形式主义、官僚主义、享乐主义和奢靡之风难免相伴而来。如任其蔓延,会瓦解党员干部的斗志,动摇执政根基。从全国来看,致富是大家的期盼,但富,也会富出病来。改革开放极大地根治了穷病,但不能“富得丢掉了魂,穷得只剩下钱”,搞得心浮气躁不思进取、心烦意乱不知所从、心高气盛欲壑难填。

在中国还相对贫困的30多年前,邓小平就强调:“我们要建设的社会主义国家,不但要有高度的物质文明,而且要有高度的精神文明”。在中国经济总量跃居世界第二的当下,我们必须进一步强调,中国特色社会主义是全面发展、全面进步的事业,是物质文明和精神文明相辅相成、协调发展的事业。物质贫乏不是社会主义,精神空虚也不是社会主义。

在心灵和信仰的荒漠上,立不起一个伟大的民族。培育和践行核心价值观,是任何一个向着现代化迈进的国家和民族都必须解决的问题。现代化使人们的物质生活水平普遍提高,可精神世界却缺少了关照。很多人拥挤在快节奏、充满诱惑的现代生活中,人心浮动,没有片刻安宁。现代化和市场经济不断刺激、放任个体对物质享受的过度追求,欲望在吞噬理想,多变在动摇信念,心灵、精神、信仰在被物化、被抛弃,大家好像得了一种“迷心逐物”的现代病。信仰的动摇是危险的动摇,信念的迷茫是最大的迷茫,理想的摇摆是根本的摇摆,思想的滑坡是致命的滑坡。

百年来,中华民族为了从积贫积弱走向民族复兴,多少仁人志士前仆后继,经历过多少苦难、挣扎和悲伤!现在离民族复兴越来越近,距离已可以丈量。正是因为越来越近,每一步都是惊险一跳。国际经验表明,人均GDP在3000至10000美元的阶段,既是中等收入国家向中等发达国家迈进的机遇期,又是矛盾增多、爬坡过坎的敏感期。这一阶段,经济容易失调,社会容易失序,心理容易失衡,步子容易迈错,机遇容易丢失!前车之鉴不可覆,拉美陷阱不可入。我们已经走到了这一步,接下去走不好可惜,走好不易。走好了就能实现中华民族伟大复兴的中国梦。梦想让人激动,步子更当稳健。我们更需要打牢精神支柱,坚定理想信念,扩大正能量,万众一心,众志成城,这就必须大力培育和践行社会主义核心价值观。

## 可行性:走向落实

《意见》特别突出了切实可行的操作,强调要“坚持联系实际,区分层次和对象,加强分类指导,找准与人们思想的共鸣点、与群众利益的交汇点,做到贴近性、对象化、接地气。”

**(一)“体系”升华出“观”,为切实可行的操作打开通道**

社会主义核心价值体系,有严谨周密的设计,是在“什么是社会主义,怎样建设社会主义”“什么是社会主义的中国特色,怎样坚持和发展中国特色社会主义”的探索中,凝练出的包括四个方面,内含社会主义基本价值观念和价值目标,囊括社会主义政治、社会和道德价值的内容丰富的体系。这无疑是认识的飞跃和理论的创新。但社会主义核心价值体系的“价值”,不仅在于它是个内涵丰富、外延开放的“体系”,更在于它是核心、基本、主心骨、精气神,是国之魂。因此,需要提炼出整个社会的“社会主义核心价值观”,不能“讲得出社会主义核心价值体系的‘体系’,却讲不出社会主义核心价值体系的‘核心’”。

《意见》指出:“社会主义核心价值观是社会主义核心价值体系的内核,体现社会主义核心价值体系的根本性质和基本特征,反映社会主义核心价值体系的丰富内涵和实践要求,是社会主义核心价值体系的高度凝练和集中表达。”这就把“观”从“体系”中升华出来了。

**(二)扣紧三个层次,为切实可行的操作厘清主线**

党的十八大报告对核心价值观进行了提炼,提出:“倡导富强、民主、文明、和谐,倡导自由、平等、公正、法治,倡导爱国、敬业、诚信、友善,积极培育和践行社会主义核心价值观。”三个层次的归纳,覆盖了全国各方面关于社会主义核心价值观表述的意见,反映了现阶段全国人民的最大公约数。“富强、民主、文明、和谐是国家层面的价值目标,自由、平等、公正、法治是社会层面的价值取向,爱国、敬业、诚信、友善是公民个人层面的价值准则,这 24 个字是社会主义核心价值观的基本内容,为培育和践行社会主义核心价值观提供了基本遵循。”这一归纳,是凝聚全党全社会价值共识作出的重要论断,是立足社会主义核心价值体系建设实践的理论创新。

无论哪个社会的核心价值观,其核心都要扣住全部社会关系的主线,都是对国家、社会、个人三者关系的规范。传统社会,在东方,典型的是“己所不欲,勿施于人”“己欲立而立人,己欲达而达人”;在西方则是“无论何事,你们愿意人怎样待你们,你们也要怎样待人。”现代社会,如新加坡,其核心价值观是:国家至上,社会为先;家庭为根,社会为本;社会关怀,尊重个人;求同存异,协商共识;种族和谐,宗教宽容。社会主义社会,也需要对国家、社会、个人三者关系的规范。

**(三)回应利益关切,为切实可行的操作切中要害**

一个国家的社会价值体系,必须回应全社会的利益关切。对于发展市场经济过程中出现的道德沦丧、信任缺失现象,如果整个社会的核心价值观不能对症下药,那么它就没有说服力,缺乏生命力。核心价值观,一旦成为人们自觉的利益诉求和价值愿望,就可以潜移默化;内化为人们的世界观、人生观、价值观,就可以无所不至;对准人们思想的共鸣点、群众利益的交汇点,就有生生不息的地气;增强对广大群众的吸引力和感染力,就有生动活泼的灵气。

贯穿个人、家庭、种族、社会的基本的价值冲突,就是“公”与“私”的矛盾,提炼“核心价值观”不能不涉及这个问题。大公无私是圣人,公而忘私是贤人,先公后私是善人,公私兼顾是常人;私字当头是小人,假公济私是痞人,损公肥私是坏人,徇私枉法是罪人。我们要提升常人,提倡善人,学习贤人,向往圣人;也要教育小人,揭露痞人,改造坏人,惩治罪人。鉴于日常的、多数的是常人,要做的“常事”,就是勤勉做事,平实做人;要说的“常理”,就是让大家奉行的价值观,把崇高的信仰和每个人对现实利益的追求、把集体主义和个人追求对接起来。

**(四)深入市场经济,为切实可行的操作融入主流**

我们全面深化改革,要使市场在资源配置中起决定性作用,但不是要使市场在社会生活中也起决定性作用。我们搞市场经济,不是也要搞

"市场社会"。必须正视,在市场经济中,每一个"经济人"都追求利益最大化。但如果一切向钱看,就会把精神、信仰一概物化,把诚信、道德统统抛弃。手持利益这把"双刃剑",身处社会这个共同体,需要坚守底线,明晰边界,有所为,有所不为。西方学者也认为,一个有效率的市场制度,除了需要一个有效的产权和法律制度相配合之外,还需要在诚实、正直、合作、公平、正义等方面有良好道德的人去操作这个市场。

在社会主义市场经济条件下,如何回应全社会的利益关切,培育社会主义核心价值观?邓小平指出:"不讲多劳多得,不重视物质利益,对少数先进分子可以,对广大群众不行,一段时间可以,长期不行。革命精神是非常宝贵的,没有革命精神就没有革命行动。但是,革命是在物质利益的基础上产生的,如果只讲牺牲精神,不讲物质利益,那就是唯心论。"《意见》要求:"与人们生产生活和现实利益密切相关的具体政策措施,要注重经济行为和价值导向有机统一,经济效益和社会效益有机统一,实现市场经济和道德建设良性互动。建立完善相应的政策评估和纠偏机制,防止出现具体政策措施与社会主义核心价值观相背离的现象。"我们必须建立现代市场经济发展所需要的"市场伦理",把"资本"的冲动与"诚信"的建构成功结合,形成勤勉做事、平实做人,守信光荣、失信可耻的社会氛围,构建适应社会主义市场经济的道德行为规范。

**(五)形成社会风气,为切实可行的操作涵养基础**

《意见》要求:"开展涵养社会主义核心价值观的实践活动""形成我为人人、人人为我的社会风气"。我为人人,在物质条件匮乏的历史阶段有其合理性,但随着时代发展,人人为我的合理诉求也应逐步满足。总是忽视个人正当利益追求,必然影响个人活力和创造力的发挥,最终影响经济社会的整体发展。

列宁说过:"我们要努力把'大家为一人,一人为大家'和'各尽所能,按需分配'的准则渗透到群众的意识中去,渗透到他们的习惯中去,渗透到他们的生活常规中去"。在社会主义市场经济条件下,个体利益与社会整体利益从根本上并不矛盾冲突,反而可以实现双赢。正如马克思所说,要实现人的自由、解放和全面发展,也要求"每个人的自由发展是一切人的自由发展的条件"。

经过了个人利益的觉醒、市场经济的洗礼,如何把经济冲动与道德追求、把物质财富与精神高度成功结合起来,检验着社会的文明程度。社会关爱人人,人人感恩社会。每一个社会成员都充分感受社会的温暖与和谐,反过来"滴水之恩,涌泉相报",守望相助,蔚然成风。如此良性循环,不就是"我为人人、人人为我的社会风气"吗?此中,激扬着社会主义核心价值观的感召力与生命力。

**(六)依托中华文化,为切实可行的操作丰厚滋养**

《意见》指出:"中华优秀传统文化积淀着中华民族最深沉的精神追求,包含着中华民族最根本的精神基因,代表着中华民族独特的精神标识,是中华民族生生不息、发展壮大的丰厚滋养。"文化是民族的根。一个民族的崛起或复兴,常常以民族文化的复兴和民族精神的崛起为先导。一个民族的衰落或覆灭,则往往以民族文化的颓废和民族精神的萎靡为先兆。传统是民族的本。时代精神强调时代的理性认同,而民族精神却立足于民族的情感认同。民族认同不是逻辑推理或理性构造的结果,而是民族传统中长期的历史和文化积淀的产物。现代化呼唤时代精神,民族复兴呼唤民族精神。时代精神要在全民族中弘扬,民族精神就要从传统文化的深厚积淀中重铸。

《意见》的发布,必将使社会主义核心价值观如源头活水,源源不断地注入和渗透到我们社会的各个方面,为实现民族复兴中国梦,提供持续迸发、永不衰竭的正能量。

(作者:中央社会主义学院党组书记、第一副院长)

# 社会主义核心价值观的二重超越性

孙熙国

文化是民族的灵魂和血脉，是人民的精神家园。价值观是各种价值观念的总称，是人们对事物价值的总的看法和根本观点。如何培育和弘扬社会主义核心价值观？如何认识中华优秀传统文化在培育和弘扬社会主义核心价值观的过程中的作用？如何实现中华优秀传统文化的创造性转化和创新性发展？如何理解以“富强、民主、文明、和谐，自由、平等、公正、法治，爱国、敬业、诚信、友善”为基本内容的社会主义核心价值观同资本主义价值观的关系？本文就此作一些探讨。

## 一、中国特色社会主义实践是培育和弘扬社会主义核心价值观的源泉

从最根源的意义上讲，任何时代的思想和价值观都来自时代的生活和实践。社会主义核心价值观源于中国特色社会主义实践。培育和弘扬社会主义核心价值观要围绕“建设社会主义”这一主题展开，围绕实现中华民族伟大复兴的时代任务和历史使命展开。离开了时代任务和时代主题，没有“开新”的“返本”，没有“创新”的“继承”，都无法形成时代的思想文化，也不可能培育出属于我们这个时代的价值观。

对中国传统文化我们究竟应当继承哪些、抛弃哪些，怎样继承，如何发展，归根到底是由这个时代的任务和需要决定的，也就是由这个时代的生活实践决定的。中国特色社会主义文化是对我们正在进行着的中国特色社会主义实践的反映，我们当下的生活和实践是中国特色社会主义文化建设和发展的唯一真正动力和源泉。因此，我们必须立足于当今时代的生活实践来建设和发展中国特色社会主义文化。

对历史文化特别是先人传承下来的价值理念和道德规范，要坚持古为今用、推陈出新，有鉴别地加以对待，有扬弃地予以继承。简单地说，每一时代的思想文化和价值观念都必须对以往的时代有所超越，都要在原有文化的基础上，进一步思考和回答所处时代的问题，完成所处时代的任务，最终形成关于所处时代问题和任务的一个形上或理论的阐释和解答，这是实现当代理论和文化创新的根本和关键，也是培育和弘扬社会主义核心价值观的根本和关键。

有人认为，当代中国文化或当代中国价值观应当是中华传统文化和价值观的自然延续，因此，中华传统文化应该是当代文化的母体来源和源泉动力。同时，由于中华传统文化的主流是儒家文化，因此，当代文化的重建、当代价值观的培育应当依赖于儒家文化，在儒家文化中寻找人类文化和价值观念发展的各种“基因”。按照这种观点，社会主义思想文化发展的源泉不是中国特色社会主义的实践，而是中华传统文化，因此，中华传统文化是当代文化建设与发展的唯一源泉和动力。这一观点的实质就是观念自己产生自己，而不是从社会的物质生活实践中寻找观念产生和发展的动力。海外一些新儒家的代表人物在对待当代中国文化发展的态度上大多因循这样一种思维模式。

立足中华传统文化弘扬和培育社会主义核心价值观，并不意味着传统文化是社会主义核心价值观的源泉和动力，更不意味着社会主义核心价值观可以从中华优秀传统文化中自发产生。道理很简单，一切认识都来源于实践。时代的实践是一切思想文化的真正动力和源泉。正是在此意义上，我们才说哲学是时代问题的

形上解答,文化则是时代的经济和政治的反映。一个时代的文化和价值观,必须要回答和关注这个时代的问题,完成这个时代的任务,否则就不是这个时代的文化和价值观。如果我们把中华传统文化和传统价值观原封不动地照搬过来,就不是我们今天所需要的文化和价值观,而是古代中国的文化和价值观;如果我们把西方文化和西方文化中的价值观原封不动地搬过来,那也不是我们今天所需要的文化和价值观,而是西方社会的文化和价值观。只有运用马克思主义理论回应和解决了当代中国的问题,提出了解决当代中国社会问题的理论,形成一种回答中国社会问题和时代任务的新理论,才是我们今天需要的文化,才是我们今天培育出来的价值观念。

## 二、社会主义核心价值观既立足又超越中华优秀传统文化

中华优秀传统文化是涵养社会主义核心价值观的重要土壤和资源。习近平同志在中共中央政治局第十三次集体学习时指出:“培育和弘扬社会主义核心价值观必须立足中华优秀传统文化。”这里的“立足中华优秀传统文化”应该理解为以中华优秀传统文化为资源和土壤来建设和发展我们当代的价值观,立足时代任务和问题形成关于我们这个时代的任务和问题的社会主义新型价值观,而不能简单理解为回到中华传统文化那里去,或者是把中华传统价值观通俗化。有了土壤和资源,并不意味着社会主义核心价值观可以从这些土壤和资源中自然而然地长出来。关键和根本的问题是创新和发展,任何一个社会的文化和价值观念的发展都必须植根于已有的文化传统的土壤,这是毫无疑义的。同样,任何一个社会的文化和价值观念的发展,都不可能是对古代文化和外来文化的简单承袭或照抄照搬,而是经过一番加工改造和熔旧铸新的工作后,才能予以吸取。

任何一种价值观不仅取决于该社会的生产力发展状况,同时还取决于该社会的思想文化土壤。马克思主义之所以能够在中国生根发芽、开花结果,归根结底是由于中国的马克思主义者在中国革命和建设的实践中,在介绍和传播马克思主义的过程中,以中国人所特有的思维习惯和思维方式、用中国老百姓所熟知的语言词汇,把马克思主义融入了中国革命和建设的实际中,融入了中国文化发展的大系中。马克思主义如果不与中华文化相结合,那么,它作为一种外来文化就难以在中国人民中间产生广泛的共鸣和形成普遍的心理基础,因而也就无法为广大民众所接受,更谈不上发展和壮大。同样道理,今天要培育和弘扬社会主义核心价值观,也必须立足于包括中华优秀传统文化在内的基本国情。

文化发展具有历史继承性,这是社会意识具有相对独立性的一种具体表现。任何一个民族,只要它的独立性没有遭到颠覆和破坏,其文化的发展就是连续的。核心价值观也是一样,牢固的核心价值观,都有其固有的根脉。抛弃传统、丢掉根本,就等于割断了自己的精神命脉。正如习近平同志所说,不忘本来才能开辟未来,善于继承才能更好地创新。中华优秀传统文化积淀着中华民族最深层的精神追求,代表着中华民族独特的精神标识,为今天培育和弘扬社会主义核心价值观提供了丰厚滋养。具体来说,中华优秀传统文化中的仁爱民本精神、明道正义精神、尚诚守信精神、合和大同精神,是涵养社会主义核心价值观的重要土壤和资源。

一是仁爱民本精神。以人为本的思想最早见于《管子・霸言》:“夫霸王之所始也,以人为本;本理则国固,本乱则国危。”但是,第一次发现人并把人从天命神学思想中解放出来的思想家是孔子。《吕氏春秋・不二篇》说:“老聃贵柔,孔子贵仁。”《荀子・解蔽篇》也说:“孔子仁知且不蔽。”在儒家思想中,仁和人具有直接统一性,仁存在,人就存在;仁德完全丧失了,也就不能称其为人了。孔子用“仁”来规定人,提出

了“仁者爱人”的思想，从对“仁”的思考中发现了人的本质属性。孟子说：“仁也者，人也。”《中庸》曰：“仁者，人也。”朱熹则明确地说：“仁者，人之所以为人之理也。”这是把“仁爱”精神和人的存在直接联系在一起，没有仁爱精神，也就丧失了人之为人的基本依据。孟子说：“恻隐之心，仁之端也。无恻隐之心，非人也”，就是在这一意义上讲的。《易经》开篇就讲“元亨利贞”，把“元”（开始和创建一番事业）解释为“仁”，认为有仁爱精神，有使命意识和为民情怀，才能真正开创一番事业。中国传统文化所特有的这种讲仁爱、重民本的思想传统，是今天所倡导的爱国、友善等社会主义核心价值观的丰富思想资源。

二是明道正义精神。中国文化是一种“义利双行”（陈亮语）的文化，它把“利”置于“义”的调节控制之下，用“义”来规范“利”，主张以义求利、以道求功，既讲“博施于民而能济众”（《论语·雍也》）、“制民之产”（孟子语），又讲“以仁安人，以义正我”（董仲舒语），要求物质文明与精神文明的协调发展。孔子明确提出说：“义以生利，利以平民。”（《左传·成公二年》）南宋哲学家朱熹甚至说：“正其义则利自在，明其道则功自在。专去计较利害，定未必有利，未必有功”，又说：“利是从那义里面生出来底。凡事处置得合宜，利便随之”（《朱子语类》）。中国文化理论是在更高层次上对社会经济发展的观照，是沟通物质文明与精神文明、市场经济与道德进步的桥梁纽带。正是在此意义上，明道正义精神为今天在市场经济条件下培育文明、和谐的社会主义核心价值观，提供了宝贵的文化资源。

三是尚诚守信精神。尚诚守信是儒家伦理的基本精神和价值观念。从《易传》开始，我们的祖先就把“贞”（牢固、持久）解释为“信”，认为诚信友善就能使得自己的事业牢固持久、不倒闭。孔子说：“宽则得众，信则人任焉”，“上好信，则民莫敢不用情”，“主忠信”，“与朋友交，言而有信”，“自古皆有死，民无信不立”。《大学》讲：“与国人交，止于信。”有鉴于信之于人的重要意义，孔子又说：“人而无信，不知其可也”。意谓做人而不讲信用，不知道那怎么可以。晋人傅玄在《傅子·义信》中也说：“以信待人，不信思信。不信待人，信思不信”，并要求君应“以信训其臣”，若君不信以待臣，臣也就“不信以奉君”，如是则“君臣相疑于朝”，“祸莫大焉”。我们现在呼唤良知和德性，倡导诚信精神，在这方面中华传统文化可以提供丰厚土壤和养分。

四是合和大同精神。“同”有“大同”，也有“小同”。小同就是绝对的“同”，比如孔子说“小人同而不和”，这个“同”就是“小同”。他又说：“君子和而不同”，这就是“大同”。费孝通先生言：“各美其美，美人之美，美美与共，天下大同。”费老说的“大同”，就是“和”，就是“和而不同”。“和”是以承认无限多样和丰富多彩的事物存在为前提，“和”的要义是差别和对立。《国语》记载了史伯对“和”的解释：“以他平他谓之和”，“若以同裨同，尽乃弃已”。就是说互斥者方能互补，相反者相成，这就是“和”；相同的两个事物在一起，什么都不会产生，不能叫作“和”。所以，“夫和实生物，同则不继。”“和”才会产生万物，“同”就会因失去了差别和对立从而什么也产生不了。可见，“合”与“和”二字，关键在“和”，而不在“合”，故应写作“合和”，而非“和合”。《周易》讲“保合太和”、“天下和平”，《尚书》中讲“协和万邦”、“和恒四方民”，司马迁讲“百姓昭明，合和万国”，其思想重心皆落脚于“和”。因此，“合和”这一表述明显地要优于“和合”。张岱年先生说：“中国文化有两个基本精神，具有高度的理论价值，一是‘以人为本’，一是‘以和为贵’。”中国传统文化的“合和大同”精神，要求我们处事待人，要宽厚、包容、友善，视民众为同胞，以万物为朋友，所谓“民吾同胞，物吾与也”。这些思想经过创造性转换以后，可以为当今倡导友善精神提供丰厚的土壤和滋养。

## 三、社会主义核心价值观是对西方资本主义价值观的超越

党的十八大报告提出，倡导富强、民主、文明、和谐，倡导自由、平等、公正、法治，倡导爱国、敬业、诚信、友善，积极培育和践行社会主义核心价值观。其中，富强、民主、文明、和谐是国家层面的价值目标，自由、平等、公正、法治是社会层面的价值取向，爱国、敬业、诚信、友善是公民个人层面的价值准则。这24个字是社会主义核心价值观的基本内容。

现在的问题是，这24个字究竟能不能体现社会主义核心价值体系的根本性质和基本特征，究竟能不能反映社会主义核心价值体系的丰富内涵和实践要求，究竟是不是社会主义核心价值体系的高度凝练和集中表达。对这些问题，学界还有较大的分歧，一些人还存有疑虑，担心这24个字不能从根本上和资本主义价值观划清界限。产生怀疑和分歧的根本原因是没有真正理解和弄清这24个字所包含着的社会主义的思想内容，没有看到这24个字中所包含着的中华优秀传统文化的思想元素和实现中华民族伟大复兴的时代内容。

国家层面的价值目标，即富强、民主、文明、和谐。有人说，"富强"、"民主"怎么成为价值观呢？的确，仅仅从字面上看，"富强"实质上就是一个国家的富裕和强大，似乎不是价值观，但是，中国人对"富强"的追求，对"国家富强、民族振兴、人民幸福"的无限向往和热切期盼，就是一种价值观。毫无疑问，培育和践行社会主义核心价值观必须围绕社会主义这一主题进行。什么是社会主义？按照恩格斯在《共产主义原理》中的说法："共产主义是关于无产阶级解放的条件的学说。"用今天的话说，共产主义就是研究如何实现劳动者的自由、发展和解放的学说，更通俗地说就是如何让劳动者过上好日子。邓小平同志说过："社会主义与资本主义不同的特点就是共同富裕，不搞两极分化。"他把社会主义的本质概括为："解放生产力，发展生产力，消灭剥削，消除两极分化，最终达到共同富裕。"解放生产力，发展生产力，就是实现国家的富强；消灭剥削，消除两极分化，最终达到共同富裕，就是实现社会的民主、文明、和谐。可见，富强、民主、文明、和谐，充分体现了社会主义的本质特性。

中国共产党在社会主义初级阶段的基本路线是：领导和团结全国各族人民，以经济建设为中心，坚持四项基本原则，坚持改革开放，自力更生，艰苦创业，为把我国建设成为富强、民主、文明、和谐的社会主义现代化国家而奋斗。实现富强、民主、文明、和谐的现代化目标，是全国人民的共同理想和信念追求，也是党的基本路线的落脚点。以这样一个奋斗目标中的关键词"富强"、"民主"、"文明"、"和谐"作为我们国家层面的价值目标，和资本主义的价值观显然有着原则的不同和根本的区别。

社会层面的价值取向，即自由、平等、公正、法治。的确，自由、平等、公正等思想和观念，并不都是马克思和恩格斯的发明。在文艺复兴时期，资产阶级的学者已经在讲这些问题了，甚至是讲得很多很透。但是，马克思认为资产阶级的自由、平等、博爱、民主等是虚伪骗人、不真实的。马克思恩格斯也讲自由、平等、解放，并且要实现真正的自由和平等，实现劳动者的真正的发展和解放。因为马克思看透了资产阶级所讲的自由、平等和解放仅仅是在政治意义上的自由、平等和解放。比如，选举权的平等，每个人都有投票权，都有被选举权。你有被选举为总统的权利，我也有被选举为总统的权利。具有讽刺意味的是，资产阶级压根不会也不可能谈经济上的平等和经济上的解放，他不会考虑也不愿意考虑自己有巨额的财富，也应该让别人有巨额财富。这就是经济上的平等。只有在经济平等的基础上，才有可能实现政治和精神上的平等。在马克思看来，离开了经济谈自由、平等和解放，就只是单纯的政治自由、政治平等、政治解放。但是，只有政治解放还是不彻底的解放。马克思在《论犹太人问题》中曾经对

单纯“政治解放”的观点进行了批评,阐述了政治解放与人类解放的区别,认为政治解放本身还不是人类解放,政治解放是不彻底的解放,而真正彻底的解放是以经济解放为基础,在经济解放的基础上,摆脱自然界的奴役和压迫,摆脱社会的奴役和压迫,摆脱思想的奴役和压迫,成为自然的主人、社会的主人和自身的主人。这就是恩格斯在《社会主义从空想到科学的发展》一文中所说的未来社会,人们将“成为自然界的主人”、成为“自己的社会结合的主人”、“成为自身的主人——自由的人”。

马克思主义的自由平等观和资产阶级自由平等观的另一个重大区别是,马克思要实现的自由、平等和解放是劳动者的自由、平等和解放,而资产阶级要实现的自由、平等和解放是有产者的自由、平等和解放。马克思主义就是一门研究如何实现人民群众自由、平等和解放的科学。资产阶级离开经济解放单讲政治解放,是虚伪、不真实的解放;离开经济平等单讲政治平等,是虚伪、不真实的平等。我们要实现的是劳动者在经济、政治和思想各个方面的自由、平等和解放,是一种真正意义上的自由、平等和解放。社会主义500年,就是实现劳动者和全人类真正解放的500年,是掀开了人类历史辉煌一页的500年。因此,马克思对于资产阶级的平等和自由不是“照着讲”,而是“接着讲”。归根结底,资产阶级的自由平等仅仅是有产者的特权,而马克思恩格斯揭示并阐明了社会经济发展在人类自由中的地位和作用,把人类的自由置于社会经济的基础之上,弥补了资产阶级自由观的缺陷。

最后来看公民个人层面的价值准则,即爱国、敬业、诚信、友善。其中爱国、敬业的价值取向集中体现了我们的民族精神和时代精神。爱国是我们民族精神的核心内容。党的十六大报告指出:“在五千多年的发展中,中华民族形成了以爱国主义为核心的团结统一、爱好和平、勤劳勇敢、自强不息的伟大民族精神。”社会主义核心价值观中的“爱国”,就是我们民族精神的核心在当今时代的集中体现。敬业是我们的时代精神的基本要求。时代精神是一个时代的任务和要求的反映,在当今这个时代最迫切、最关键的任务就是改革创新,因此,改革创新就成为我们时代精神的核心。实现改革创新的关键是敬业,一个人的能力再强,如果精神懈怠,不能敬业爱岗,要实现改革创新、完成时代赋予我们的使命,就是一句空话。诚信友善的价值取向则是社会主义荣辱观的集中体现。2013 年 12 月中共中央办公厅印发的《关于培育和践行社会主义核心价值观的意见》指出,“广泛开展道德实践活动。以诚信建设为重点,加强社会公德、职业道德、家庭美德、个人品德教育,形成修身律己、崇德向善、礼让宽容的道德风尚”。这一活动的核心内容,就是努力让每一个公民持守最基本的价值准则,做到知荣辱,明是非,诚信待人,宽容友善。诚信友善反映了社会主义荣辱观的基本要求。

总之,国家层面的价值目标——富强、民主、文明、和谐,体现了社会主义核心价值体系的主题,即社会主义的共同理想;社会层面的价值取向——自由、平等、公正、法治,体现了社会主义核心价值体系的灵魂,即马克思主义指导思想;个人层面的价值准则——爱国、敬业,体现了社会主义核心价值体系的精髓,即民族精神和时代精神,诚信、友善体现了社会主义核心价值体系的基础,即社会主义荣辱观。在此意义上,以这 24 个字为基本内容的社会主义核心价值观体现了社会主义核心价值体系的根本性质和基本特征,反映了社会主义核心价值体系的丰富内涵和实践要求,是社会主义核心价值体系的高度凝练和集中表达。社会主义核心价值体系是社会主义中国的精神旗帜,是社会主义意识形态的本质体现。

综上所述,社会主义核心价值观来源于中国特色社会主义实践,是当代中国共产党人和中国人民对时代生活和实践的价值认识,是当代中国共产党人和中国人民以马克思主义为指导、运用中西文化的思想资源对时代任务和时代问题的价值阐释。社会主义核心价值观同中国传统价值观、资本主义价值观有着重大区别，具有二重超越性。它既立足于中华传统文化，汲取中华传统价值观的思想精华，又抛弃了中华传统价值观中的糟粕，从而实现了对中华传统价值观的创造性转化和创新性发展；既吸收了西方资本主义价值观的合理内容，又克服了西方资本主义价值观的历史和思想的局限，从而实现了对西方资本主义价值观的超越。

（作者：北京大学马克思主义学院教授）

# 社会主义核心价值观认同路向研究

郭建新

社会主义核心价值观要得到公众的认同，必须在理论上进行科学的建构和阐释，在现实性上说服公众，在实践中印证价值理念，在价值认同中实现“物质利益激励、优越制度推进、官员示范引领”三大机制齐头共进的作用。同时，在价值认同主客体互动的过程中，尤其要紧紧抓住“人”的因素，加强主体自身的美德培育，以公民德性内化和守望获得认同。

## 一、理论来源于生活，以说服力奠定认同的基础

如何使“倡导富强、民主、文明、和谐，倡导自由、平等、公正、法治，倡导爱国、敬业、诚信、友善”的社会主义核心价值观真正渗入公众大脑，被公众内化，并指导公众的实践，关乎社会主义核心价值观在现实中能否内化为主体的精神追求及其行为动力。任何一种理论，如果不能够以真实的依据、严密的逻辑、科学的论证让公众接受和认同，最终都将流于形式而失去阐释力和说服力。社会主义核心价值观也是如此。“马克思的学说具有无限力量，就是因为它正确。”它之所以“打不倒，并不是因为大本子多，而是因为马克思主义的真理颠扑不破”。相反，一旦理论背离了科学性、真理性的轨道，理论认同度就会大打折扣，甚至产生完全相反的效果。曾经相当一个时期，我们的社会主义核心价值观只讲集体不讲个人，只讲奉献不讲索取，只讲精神境界不讲物质利益，只讲先进性不讲广泛性……诸如此类的宣传教育，受到了群众的怀疑，被群众斥之为“假、大、空”。它不仅没有取得预计好的效果，反而进一步影响了社会主义社会的形象，损害了政府的威信。因此，要强化社会主义核心价值观的认同，首先必须对社会主义核心价值观认同方面存在的问题进行正本清源。

**第一，科学的要诀在于求真务实。**“装腔作势的东西不能反映真理，而是妨害真理的。”公众对社会主义核心价值观的真正认同，关键要落实到公众的日常社会实践之中，理论工作者必须在理论探讨和实证研究相结合的基础上，检验各类传播方式、方法、策略的认同度和实效性，找到公众认同的规律和途径，准确把握公众价值观现状，从社会整体利益出发，切实反映公众的心声和根本利益，从而真正使公众在观念上认同、情感上接受、行为上自觉实践。唯有这样，社会主义核心价值观才会具有无限的生命力。

**第二，“学术研究作为现实的‘一面镜子’，是对时代问题的‘折射’，也是对时代问题的破解。**”对社会主义核心价值观的认同只有经过严密的推导和充分的论证，形成逻辑上“自圆”的完备体系，才会有说服力。毛泽东在谈到用政策动员群众的时候曾经指出，“根据经验，任何政策，如果只作简单的说明，而不作系统的说明，即不能动员党与群众，从事正确的实践”。理论工作者要在深入研究和分析当今各种社会思潮的思想内容和表现形式，解剖社会思潮的基本观点、来源和实质的基础上，着力回答好社会主义核心价值观“三个倡导”之间的密切联系，从历史和现实、理论和实践的结合上，讲清楚社会主义核心价值观“是什么”，为什么“必须坚持”以及“怎样坚持”，从而使公众不仅“知其然”，更“知其所以然”。

**第三，目前，大众文化的广泛崛起已是不争**

的事实。社会主义核心价值观要想通过传播深入人心，就“再也不能像过去那样通过政治化、教条化的刻板说教方式让受众接受，而是在相当程度上必须适应市场机制的运行规律，考虑市场的需要，贴合大众的口味”。也就是说，只有运用老百姓喜闻乐见的语言、生动活泼的形式，使社会主义核心价值观融入公众文化生活、融入社会热点问题，与公众“面对面”、“心贴心”，才能引起公众共鸣，让公众听得进、记得住、用得上，从而实现社会主义核心价值观的自觉认同。

## 二、现实印证理论，实践达成共识

随着公众的民主政治意识和理性判断能力的不断提升，公众对于社会主义核心价值观的认同早已经不再“照单全收”，他们会“听其言，观其行”，根据理论在现实实践中是否得到印证，进行真假辨识，并最终确定认同的取舍。“如果一种思想状况与它所处的现实状况不一致，则这种思想状况就是乌托邦。”因此，要确保社会主义核心价值观在公众中引起共鸣，并达成最终的认同和共识，政府必须着眼于当前社会公众最关心、最直接、最现实的利益问题，“从维持经济繁荣、维护社会公平公正、确保官员清正廉洁”三方面入手，回应公众对政府和社会主义社会更多更高的期望，实现以物质利益激励认同，以优越制度推进认同，以示范引领认同。

**第一，确保经济繁荣，以物质利益激励认同。**“民众无论是对执政党的价值认同或制度认同，最后都要落脚到对执政党的政绩认同上，没有政绩，即使价值体系再先进、政治制度再科学也无济于事。”换句话说，能否发展经济，促进经济繁荣，是公众评价政府能力的首要指标，是认同政府及政府主张的关键。“如果经济循环一直进展顺利，那么对在职者的支持增加；如果经济表现不好，那么对在职者的支持下降。”

改革开放三十多年来，中国社会经济发展取得了举世瞩目的辉煌成就，实现了世界少有的年均9.8%的增长速度，国民生产总值已从1978年的第十位上升到目前的世界第二位。经济繁荣极大地改善了国民的物质生活水平，公众充满了对政府的信心以及对更加美好幸福生活的期待。但是，中国人均GDP还排在世界第一百位之后，这说明我们的人均富裕程度还远远不如世界上大多数国家，尤其在物价上涨的今天，还有相当一部分人生活在贫困之中，基本的医疗、住房、教育等得不到保障。因此，作为社会主义核心价值观的价值载体，社会主义社会只有继续坚持以经济建设为中心，始终保持经济繁荣发展，不断满足群众日益增长的物质生活需要，才能使人民群众真切感受到，这些理论是他们自己的理论、自己的心声，社会主义核心价值观才能得到人民群众客观的认同。恰如马克思所说，“人们所奋斗的一切都同他们的利益有关”，他们“不会以高深严密的理论思维而是以直接的利益满足度来评判一种社会价值观的科学性，离开了人民群众利益实现，再精致的语言描述，再巧妙的宣传都毫无意义”。在“没有扎扎实实的发展成果，没有人民生活不断改善”的情况下“空谈理想信念、空谈党的领导、空谈社会主义制度优越性、空谈思想道德建设”，人们只会报以反感和冷漠。

**第二，维护社会公平公正，以优越制度推进认同。**“正义是社会制度的首要价值，就像真理是思想体系的首要价值。”公正的价值主要体现在社会基本结构和主要的社会制度安排，它表征着在一定的社会基本制度下，对自然资源与社会资源、对社会成员的基本权利与义务、对由集体合作所产生的利益与负担的分配进行合理的规定与操作，并由此形成的一种社会成员整体的满意程度。当前中国社会核心价值观认同难以形成普遍共识的最主要原因，并非是作为社会主义核心价值观本身的科学性问题，也不在于经济发展的持续性与速度上，而在于社会存在严重的不公。据2012年《人民日报》微博推出的“我期待”系列调查，选择最多的是“进一步促进社会公平正义”，占被调查人数的

59%。目前，中国的经济总量位居世界第二，政府的财税收入总量也是世界第二。但是，在中国经济实现飞速增长的同时，普通居民收入增长的速度却十分有限。三十多年来居民最终消费占 GDP 比重下降，由改革开放之初的45%下降到了近年的35%左右，全国大约有一半的职工近些年的工资没有增长或出现负增长，而与此形成鲜明对比的是，国有企业管理层薪资水平是普通职工的几十倍甚至上百倍。“富者愈富，贫者愈贫”的马太效应进一步扩大了下层民众的“被剥夺感”。据《人民论坛》杂志社在新浪网进行的“公众公平感调查”，共有 6227 人参与，其中 72% 的人认为，中国现在贫富差距太大；有近 50% 的人认为，中国的贫富差距有固定化倾向；68% 的人觉得自己目前的付出和收入不成正比。经济增长与民生需求满足之间日益呈现出“有增长，无发展”的特征。

公平正义是衡量一个国家或社会文明发展的标准，也是中国特色社会主义的重要特征之一。特权横行、教育不公、阶层固化、财富日益集中等社会不公现象不仅拉开了公众经济上的差距，而且破坏了社会成员之间的共识，在人们的心理上埋下了“一道不可跨越的鸿沟”。面临民生困扰的公众越来越形成“社会发展、经济增长与我无关”的心理，抱怨与不满逐渐开始显化，社会的整体性遭到了破坏。公众没有了基本的社会共识，没有了一致的社会需求，自然也就没有了共同的社会价值认同。因此，要推进社会主义核心价值观的认同，必须把构建社会主义公平正义放在首要的位置。一方面，积极建立公正的经济分配制度，通过合理设计和完善收入分配改革方案，科学有效地协调分散的、多元化的利益群体，实现“所有人共同享受大家创造出来的福利”。另一方面，坚持把法制建设作为首要任务，切实把权力运行置于有效的制约和监督之下，依法保障公民参与有关切身利益的各种决策及拥有平等的基本权利。坚持把保障基本民生作为重中之重，积极推进惠及全体国民的基本公共服务均等化，实现全体人民，尤其是弱势群体住有所居、学有所教、劳有所得、病有所医、老有所养的基本愿望，从而解决民众的“现实困境”，避免引发“预期性的焦虑”。

**第三，官员清正廉洁，以示范引领认同。**“其身正，不令而行；其身不正，虽令不从。”（《论语・子路》）在现代社会，官员作为社会公众观念与行为的指导者，作为国家管理的实际执行人，其言行对于全社会来说有着重要的指导意义和符号意义，它直接决定着整个社会核心价值的取向。一方面，“以吏为师”是社会公众普遍的道德心理习惯。人们通常把官职大小、官位高低作为衡量人的政治、经济、社会地位以及人生价值的标准。官职越高、权力越显赫，人们就越渴望倚重，甚至相信他们在道德上也具有优越性。因此，各级“政府是一个感染力极强的以身示教的教师，不论教好教坏，它总在以自己的楷模行为教育整个民族”。如果官员在日常工作中言行一致、身体力行、自觉践行社会主义核心价值观，这种价值观就会有生命力与权威性，进而在公众中扩展和效仿。相反，如果官员队伍中弄虚作假成风、黑白颠倒、善恶不分、潜规则盛行，公众感知到社会所宣传的核心价值观与官员自身实践相去甚远时，就会有一种被欺骗、被愚弄之感，一种从理想中跌落的失重之感，一种由激动而平静、由平静而麻木之感，进而怀疑和否认这种社会核心价值的合理性与真实性。另一方面，政府和官员是依靠公众的支持来统治和管理国家的，政府的存在得益于公众的一致拥护，如果政府和官员的公信力丧失，就会在自身与公众之间筑起一道道由高度“不信任”砌成的“社会墙”，从而影响自身在推进社会核心价值观认同中的地位和能力。“任何一种政治制度，如果它抓不住合法性，那么它就不可能永久地保持住群众（对它所持有的）忠诚心，这也就是说，就无法永久地保持住它的成员们紧紧地跟随它前进。”而一旦以强制性为手段，公众对政府和官员的抵触情绪则有可能增加“逆向选择”的风险，进一步引发公众与政府的对抗。

应该说，国家在社会主义体制的改革和建构、核心价值观的引领和践行上，出台了一系列措施，尤其在出重拳抑制腐败方面，明显的价值导向和效果已得到公众的认同。但是，在现实中，作为社会楷模、公众标杆的官员群体失德现象，还是严重影响着党和政府的形象，因此，必须重视从消除腐败滋长和蔓延的土壤上遏制其向集团化、社会化发展，以拉近与公众期望的距离，避免公众的不满情绪由积累到发酵，进而形成激烈的社会冲突。据中国社会科学院2013年《社会蓝皮书》显示，中国近年来每年发生的群体性事件可达十余万起。据全国总工会统计，2012年1—8月，全国共发生围绕工资纠纷、规模在百人以上的集体停工事件120多起，发生在19个省、规模在30人以上的270多起。面对如此严峻的情势，我们必须进一步从制度上进行根本性的反思，切实“把权力关进制度的牢笼里”。只有形成官员公正廉洁的社会风尚，才能弘扬社会主义核心价值观，推进公众的认同与信仰。

## 三、理论超越现实，以公民德性内化和守望获得认同

从当前公众最关心、最直接、最现实的利益问题入手，通过强化公民社会中的制度设计和治理模式，回应公众对政府和社会主义社会更多更高的期望，对于推进社会主义核心价值观认同固然非常重要，但是，人自身的因素也不容忽视。“正义的秩序是由人来制定并由人去践行的。没有‘人’这个内在基础，换言之，没有人的正义德性或没有具备正义德性的人，任何正义的秩序和规则都是无法真正落实的。”恰如当前我们所困惑的：虽然我们为了缓解交通压力修建了越来越宽阔的道路，制定了越来越详细的交通规则，安装了越来越多的红绿灯监控，但因不遵守交通规则引发的事故仍居高不下；虽然我们安放了越来越密集的垃圾桶，但我们城市的垃圾照旧随处可见。很显然，推进社会主义核心价值观认同，公民自身的“德性”培育尤其重要，社会的现代化首先是“人”自身的现代化。

从一般意义上来说，公民德性就是公民道德。但从“公民”概念的公共性和政治性上理解，公民“德性”又可以区分为个体品德和公民美德。公民美德是社会公民个体在参与社会公共生活的实践过程中，所应当具备的社会公共伦理质量或实际展示出来的卓越的、具有公共示范意义的社会美德。政治性和公共性是公民美德的基本取向，它是与“人格（私人）品德”相互对照和相互区别的。一个人可能是一个好教师、一个好父亲、一个虔诚的基督教徒，但他不一定是具有良好的公民美德的个体。

**第一，培育个人品德，促进核心价值外化于行。**个体只有具备较高的道德自觉和自律，才能把社会主义核心价值观的基本原则、规范和要求内化于身，从而形成稳定的道德品质、道德人格，并自觉外化于行，使社会主义核心价值观真正落到实处。相反，一旦主体缺失道德自律，在道德认知、道德内省、道德责任以及道德约束等方面丧失清醒的认识与自主意识，个人私欲就会无限膨胀，所谓的认同均是“虚伪的表达”，而不可能变成实际的道德行为和社会风尚。因此，我们在推进社会主义核心价值观认同的过程中，必须把公民的个人品德培育作为一项基础性的工作来抓。公民个人品德的形成一般需要经过三个阶段：一是学习，即要把个人品德培育融入国民教育。学习是个人品德形成的起点和基础，它包括道德知识、道德典范、道德经验的学习，“在这方面，上一代人要起到表率作用”，“只有经过艰苦的历程才能习得”。二是自省，这是将外在道德规范内化的必经之路。一个具备了道德责任感和使命感的人，会努力促使自己按照社会公共的道德规范和要求去行动，并不断反省自己，及时调整行为的方向以确保正确。可以说，学会自省是道德主体成熟的表现。这就要求我们在个人品德的培育中加强“耻感文化”教育，寻回在经济大潮中日渐

丧失的“廉耻羞恶”之心。其中，尤其要注重发挥宗教道德教育的作用。三是践履。人的道德修养并不是脱离具体实践“闭门造车”的结果，只有在丰富的社会实践中，才能锻造出高尚的人格。因此，我们要结合“实践的生活世界”，将核心价值观融入和渗透到普通百姓的生活点滴之中，以培育和增强公众对社会主义核心价值观的情感认同。

**第二，培育公民美德，弥合核心价值认同裂痕。**社会主义核心价值观所表达的是公众对社会主义社会美好生活的向往和追求，它本身就包含着对现实“是”的超越。在现实的社会实践过程中，社会主义核心价值观的应然与实然、整体利益与个体利益、目标认同与实际行动之间必然会出现一定的差距甚至矛盾。正如马克思所言，现实中的私人利益，“就其本性说是盲目的、无止境的、片面的，一句话，它具有不法的本能”。要弥合这种认识间的裂痕，就要求作为社会或国家之公民的个体，在社会公共生活中，逐渐养成具有公共性意义的公民美德。

“人格（私人）品德”一般是指个人基于自身人生目的的道德修养和私人生活领域内的道义承诺，限于个人人格自我和自然人伦关系的道德伦理范畴，诸如父慈子孝、夫妻之间相敬如宾、自觉尽人伦义务，等等；而公民美德是在公民个体履行公民责任与义务中逐渐养成的适应公域的伦理品质，它是在公共领域中所展示的美德素养，是维护和促进公共利益，为公共利益效力的美德，包括正义感、社会责任感、诚信、包容、互助、仁慈、爱国、爱护公物、遵守公德，等等。公民美德对于人们正确认识现实和理想的差距，明晰自身对于社会的责任感和使命感，理性地参与公共事务，达成价值之间的共识，推动现实社会的和谐发展具有非常重要的意义。

首先，理性与包容是理解现实和理想的差距、达成社会价值共识的基础。价值认同实现的过程就是价值主体与社会之间的价值诉求互动，其实现程度与价值认同主体的素质紧密相依。因此，价值主体必须具备与价值认同活动相适应的理性认知和包容沟通能力，包括在处理公共事务中具有全局观念，能够接纳不同的价值取向，包容不同的观点；凡事能够独立思考，不轻信，不盲从，不轻易受个人主观偏激情绪所左右，不被他人的偏狭意见所蛊惑，等等。

其次，正义感与责任感是维持社会共同体的重要因素。作为公民美德的正义，它表现为公民对权利和义务的均衡践履——得其应得，付其应付。这意味着公民在参与公共事务中必须成为“责任公民”。责任是与社会角色或某种资格相联系的职责，包括对自己的责任和对“社会”的责任。对自己的责任是人格完善程度的体现，属于公民自身品德；对社会的责任是具有公共性的公民美德，它是对自己的责任的合理延伸。“凡是肯思考的人必然会意识到自己对他人的义务，一定会承担自己同他们的联系；他会研究自己的性格，了解自己的需要和愿望，弄清自己对决定他本身的幸福的那些存在物的义务。”在社会公共生活中，“只有拥有正义美德的人才可能了解如何运用法则”。可以说，这种源于“正义感”的对自我和社会的责任感，共同构成了维持社会共同体的发展、实现社会和谐的重要因素，如“米勒提出，民族国家中公民应该以相互承担的责任为基础来形成共同认可的社会正义”。

最后，爱国精神和公共参与是实现社会公共利益、形成核心价值观认同的有效途径。爱国是一种情感，同样也是一种行动，它不是要求我们无条件地对政府的行为说好话、唱赞歌，而是要求我们用实际行动支持善政，参与公共治理，以此推动我们的国家走向民主而不是走向专制，让国民走向自由而不是成为“木偶”。

传统的中国社会，民族文化中积淀了太多的臣民和小农意识，在公民行为中表现出更多的被动和自我的利益。而源于爱国精神的公共参与则要求公民从内心认同自己是国家或社会共同体的一部分，在参与社会公共生活时，对“共在他者”具有普遍的尊重、理解、善待、关怀、公正、奉献、责任等美好德性，能够在正视自己的个人正当利益的同时，超越一己之私，关怀他人，自觉维护公共利益和社会公共秩序，努力求得个人利益与公共利益协调一致，实现“个人善”与“公共善”的结合。相反，如果在这个“陌生人的时代”，人们对国家不再怀有深厚的感情，“在公共生活中互相说谎欺骗，互相提防戒备，彼此无信用，不信任，对公共事务冷淡麻木，对他人遭遇漠不关心，幸灾乐祸，待人处事以邻为壑，急功近利，这样的群体中不具备有实质意义的群体认同”。自然，也不能共同守望社会主义核心价值观这一最终的“理想价值”。

（作者单位：南京审计学院思想政治理论教学部）

# 社会主义核心价值体系的政治功能浅论

黄蓉生　白显良

党的十八大报告指出，“社会主义核心价值体系是兴国之魂，决定着中国特色社会主义发展方向”，把社会主义核心价值体系提到“兴国之魂”的战略高度加以强调，赋予了社会主义核心价值体系以崇高的政治使命。社会主义核心价值体系既体现了党和国家的发展理念、发展路径的基本选择，又反映了对广大人民群众精神追求和道德规范的基本要求。建设社会主义核心价值体系，对于丰富和发展马克思主义价值学说，引领整合多样化社会思潮，推动社会主义核心价值观的培育和践行，以及应对西方价值观的冲击和挑战，都具有十分重要的战略意义。加强社会主义核心价值体系建设，推进中国特色社会主义事业深入发展，为全面建成小康社会而奋斗，实现中华民族伟大复兴，是摆在全党全国人民面前最大的政治。社会主义核心价值体系的政治功能就在于引领中国特色社会主义发展方向，彰显中国特色社会主义制度优势，提升中国特色社会主义综合国力。

## 一、引领中国特色社会主义发展方向

社会主义核心价值体系的提出反映了当代中国政治发展的现实要求，体现了中国特色社会主义在价值层面的本质规定，是党领导推进中国特色社会主义发展进程中取得的重要政治文明成果，深刻回答了中国特色社会主义如何发展的根本问题，深化了党关于人类社会发展规律、社会主义建设规律和共产党执政规律的认识，为党推进事业发展树立起了一面精神旗帜。

旗帜问题至关重要，它昭示一个政党的行动目标和行动纲领，关系一个国家、民族、政党的奋斗目标和前进方向。同任何一个政党一样，中国共产党历来十分重视理论建设，强调旗帜问题。在新民主主义革命时期，毛泽东曾明确提出：“主义譬如一面旗子，旗子立起了，大家才有所指望，才知所趋赴。”中国共产党自成立之日起就把马克思主义写在自己的旗帜之上，紧紧依靠人民完成了新民主主义革命任务，实现了民族独立、人民解放。进入社会主义革命、建设和改革时期，中国共产党始终坚持以马克思主义为指导，把马克思主义的基本原理与中国实际相结合，开辟了中国特色社会主义道路，形成了中国特色社会主义理论体系，确立了中国特色社会主义制度。自党的十一届三中全会以来的历次党代会都强调“旗帜就是方向，旗帜就是形象”。党的十七大将建设社会主义核心价值体系作为一项重大战略任务提出，并把马克思主义指导思想、中国特色社会主义共同理想、以爱国主义为核心的民族精神和以改革创新为核心的时代精神、社会主义荣辱观确定为社会主义核心价值体系的基本内容，鲜明地回答了在新的历史条件下，中国共产党用什么样的精神旗帜团结带领全体人民开拓前进、中华民族以什么样的精神风貌屹立于世界民族之林的重大问题。从这个意义上讲，社会主义核心价值体系是党的一面精神旗帜，引领中国特色社会主义的发展方向，担负着为党所领导的事业“举旗定向”的重要使命。

**马克思主义指导思想引领中国特色社会主义发展的理论航向。**坚持用马克思主义引领中国特色社会主义发展，解决的是中国共产党和国家举什么旗、走什么路、实现什么目标的问题，体现了党和国家的价值追求。换言之，以什么样的思想理论为指导，是中国特色社会主义发展的首要问题，也是一个政党、国家和民族推进事业发展的根本问题。马克思主义没有过时，依然具有鲜明的科学真理性，这就是坚持以马克思主义为指导的依据。实践也证明，能否以科学的理论为指导，是革命、建设和改革事业取得胜利的关键所在。近代中国，从19世纪中叶到20世纪初，饱受西方列强的侵略、掠夺、瓜分和凌辱；到了19世纪末20世纪初，中国被人称为“东亚病夫”，不少人担忧中国会亡国灭族。面对空前深重的民族危机和社会危机，中国人民艰苦求索，不懈斗争，无数仁人志士抛头颅、洒热血，探索救国救民的真理。各种主义和主张纷纷粉墨登场，但无一不以失败而告终。唯有中国共产党以马克思主义为指导，才救民于水火之中，救国于危亡边缘，拯救了国家，挽救了民族，取得了胜利。中国共产党以马克思主义理论为指导，是人民的选择、历史的选择。马克思主义指导思想是社会主义核心价值体系的灵魂，推进中国特色社会主义发展必须坚定不移地以马克思主义科学理论为指导，高举马克思主义的伟大旗帜。然而在现实生活中，总有一些别有用心的人用各式各样的手段试图否定马克思主义的科学真理性，动摇马克思主义作为党的指导思想的地位。比如，借口马克思主义是产生于19世纪欧洲的革命理论鼓吹马克思主义“过时论”、“不适论”，借口苏东剧变宣扬马克思主义“不灵论”、“无用论”，肢解、曲解、误解马克思主义，人为制造早年马克思与晚年马克思对立、马克思与恩格斯对立、毛泽东思想与中国特色社会主义理论体系对立，等等，其根本意图就是否定和动摇马克思主义的指导地位。因此，当代中国要毫不动摇地坚持马克思主义，坚持马克思主义的立场和批判力，最根本的就是要坚持中国特色社会主义理论体系，同各种非马克思主义划清界限，切实增强马克思主义的说服力和战斗力，确保中国特色社会主义的理论航向。

**中国特色社会主义共同理想引领中国特色社会主义发展的奋斗目标。**在中国共产党领导下，中国人民行进在中国特色社会主义道路上，推进中国特色社会主义事业，取得了举世瞩目的成就。走中国特色社会主义道路，实现中华民族的伟大复兴，是现阶段我国各族人民的共同理想。这一共同理想，反映了全体中国人民的根本利益和共同愿望，描绘了人们美好生活的蓝图，展示了中华民族伟大复兴的光明前景，明确了社会主义建设应该走什么道路、实现什么目标，指出人民的前进方向，是社会主义核心价值体系的主题。党的十八大报告指出：“中国特色社会主义是当代中国发展进步的根本方向，只有中国特色社会主义才能发展中国。”强调“中国特色社会主义道路，中国特色社会主义理论体系，中国特色社会主义制度，是党和人民九十多年奋斗、创造、积累的根本成就，必须倍加珍惜、始终坚持、不断发展”。当前，中国共产党面临的危险之一就是源于理想信念缺失的精神懈怠。理想信念是“总开关”。理想信念是人们精神上的“钙”，没有理想信念，理想信念不坚定，精神上就会“缺钙”，就会得“软骨病”。对马克思主义的信仰，对社会主义和共产主义的信念，是共产党人的政治灵魂，是共产党人经受住任何考验的精神支柱。因此，推进中国特色社会主义发展，要以中国特色社会主义共同理想为引领，以中国特色社会主义道路为实现途径，以中国特色社会主义理论体系为行动指南，以中国特色社会主义制度为根本保障，矢志不渝地为实现中国特色社会主义发展目标而奋斗。

**民族精神和时代精神引领中国特色社会主义发展的精神风貌。**事实表明，任何国家都需要民族精神和时代精神。以爱国主义为核心的民族精神，是团结人民、支撑国家生存发展的精神支柱，植根于民族文化传统，历经实践的洗礼，深深熔铸在中华民族的民族意识、民族品格、民族气质之中，熔铸在民族的生命力、凝聚力和创造力之中，成为各族人民齐心协力、共同奋斗的价值取向和力量源泉。民族精神应和时代精神相结合,中国共产党在长期奋斗历程中所形成的井冈山精神、长征精神、延安精神、西柏坡精神、红岩精神、雷锋精神、铁人精神、两弹一星精神等都已融入伟大的民族精神中。时代精神体现了社会发展方向,引领时代进步潮流。以爱国主义为核心的民族精神和以改革创新为核心的时代精神相辅相成,相融相生,二者共同绘就推动当代中国发展的精神图谱,为中国特色社会主义事业发展提供不竭的力量源泉和精神支撑。民族精神和时代精神是社会主义核心价值体系的精髓,这种精神承继民族传统,顺应时代潮流,充分体现了传统与现代的结合、历史与现实的统一,激励着中华儿女努力解放思想,不断改革创新,以良好的精神状态和精神风貌推进中国特色社会主义事业发展。

**社会主义荣辱观引领中国特色社会主义发展的行为规范。**社会主义荣辱观是公民道德底线,底线缺失就会丧失国格人格。以"八荣八耻"为主要内容的社会主义荣辱观,与社会主义市场经济相适应,与社会主义法律规范相协调,与中华民族传统美德相承接,涉及社会政治、经济、文化、生活各个领域,涵盖了个人、集体、国家各个层面,概括了当代中国社会最基本的价值取向和行为准则,是对社会主义思想道德体系全面系统、准确通俗的表达,为全体社会成员审视善恶美丑,判断行为得失,作出道德选择提供了价值遵循。社会主义荣辱观是社会主义核心价值体系的基础,确立了人们行为的基本价值尺度。践行社会主义荣辱观,对于当代中国来说具有很强的现实针对性,有助于引领全体社会成员在建设中国特色社会主义事业中的基本行为规范,倡导良好的行为价值取向。

需要指出的是,社会主义核心价值体系作为政治文明成果,仅提出了社会主义核心价值的框架体系,用它引领中国特色社会主义发展方向,必须坚持以人为本,在实践中将体现党的主张与反映人民群众的心声统一起来,与心理疏导和人文关怀相结合,善于用民族的大众的时代的话语体系加以表达,做好认知疏导和情感疏导工作,切实把社会主义核心价值体系融入国民教育全过程,做到不动摇、不游离、不偏废。

## 二、促进社会主义制度的巩固发展和优势彰显

任何社会的核心价值体系都是该社会居于核心地位、起主导作用和统领作用的价值观念体系,隶属上层建筑,是其意识形态的本质体现。社会主义核心价值体系也不例外,它是社会主义意识形态的核心内容和最重要组成部分,在社会主义社会的价值观念体系中居于核心地位,起支配和统领作用,决定着社会主义意识形态的性质和方向。社会主义核心价值体系作为马克思主义价值观与中国传统价值思想有机统一的成果,既坚持了马克思主义价值观的精髓,又承继了中华民族传统价值思想的精华,把中国共产党倡导的基本理论、思想观念和价值取向系统地整合在一起,集社会主义价值理念之大成。建设社会主义核心价值体系,是社会主义制度在价值层面的内在规定,是传统文化价值精髓在当代的客观要求。社会主义核心价值体系的另一现实政治使命就是促进我国社会主义制度的巩固发展和优势彰显。

**社会主义核心价值体系建设回应我国意识形态领域复杂斗争的现实挑战。**当今世界正在发生广泛而深刻的变化,世界范围内各种思想文化相互交织、相互激荡,彼此交流、交融、交锋,对我国社会主义意识形态建设构成严重冲击。当代中国正在发生广泛而深刻的变革,经济体制深刻变革、社会结构深刻变动、利益格局深刻调整、思想观念深刻变化,意识形态建设面临严峻挑战。意识形态领域一直处在西方敌对势力对我实施西化、分化的前沿,从来就不曾风平浪静。我国同西方敌对势力在意识形态领域的斗争,本质上是社会主义价值体系与资本主义价值体系的较量。长期以来,西方敌对势力一直对我国进行意识形态的渗透,输送和灌输

以自由、民主、平等、人权等为主要内容的资产阶级价值观,企图引导认同其价值观念,进而实现其和平演变的战略图谋。进入21世纪,西方敌对势力在意识形态领域渗透的手段愈加隐蔽,主要借助文化消费、影视作品、学术讲座、宗教活动等途径,通过学术思想、社会思潮、生活话语等加以影响。近些年来,新自由主义思潮、历史虚无主义思潮、民主社会主义思潮、普世价值思潮、宪政民主思潮等此起彼伏,反映了意识形态领域斗争的复杂性。多样化社会思潮的存在,是当代中国社会思想意识领域的一个基本现实。需要强调的是,在这一基本现实背景里,不同程度地存在"政治冷漠"现象,即公众在有选择权的条件下,丧失政治的意识和信心,缺乏政治的责任和兴趣,政治参与热情与参与程度滞后于现有民主政治的发展需要和发展水平。这种现象固然有其深刻的历史和认识根源,并早已有之,但从本质上讲,反映了与社会主流意识相冲突的消极行为态度。这就要求建设社会主义核心价值体系,用社会主义核心价值体系引领社会思潮、凝聚社会共识,用一元化的指导思想引领多样化的社会意识,引导人们认识社会主义的价值取向,牢固确立社会主义核心价值观念,实现意识形态斗争由被动的应付到主动建设的转变,以有效应对资本主义的价值渗透,培育公众参与政治的自觉主动意识,激发公众参与政治的热情,消除"政治冷漠",夯实建设中国特色社会主义的思想基础。

**社会主义核心价值体系建设促进社会主义制度的巩固与发展**。巩固与发展社会主义制度,需要全社会对社会主义有高度的价值认同,这也正是社会主义在实践发展中遭遇挑战最集中的方面。建设社会主义核心价值体系,无疑将从社会主义深层的价值属性上统一人们的思想认识,坚定人们的理想信念,推进社会主义制度的巩固与发展。中国特色社会主义在制度层面有多重属性与规定,内含着统一的价值取向和价值标准。在经济制度方面,坚持和发展社会主义市场经济,坚持和完善公有制为主体、多种所有制经济共同发展的基本经济制度,坚持和完善按劳分配为主体、多种分配方式并存的分配制度。在政治制度方面,坚持党的领导、人民当家作主和依法治国的有机统一,坚持和完善人民代表大会制度这一根本政治制度,坚持中国共产党领导的多党合作和政治协商制度、民族区域自治制度以及基层群众自治制度等构成的基本政治制度。在体制层面,坚持建立在根本政治制度、基本政治制度、基本经济制度基础上的经济体制、政治体制、文化体制、社会体制等各项具体制度。这些制度,符合我国国情,顺应时代潮流,体现了社会主义的根本价值取向,有利于解放和发展社会生产力,有利于维护和促进社会公平正义,有利于实现最广大人民群众的根本利益,必须加以巩固和发展。社会主义核心价值体系,反映了我国社会主义基本制度的本质要求,渗透于经济、政治、文化、社会建设的各个方面,在所有社会主义价值目标中处于支配地位,为中国特色社会主义的发展提供了价值导向,构成我国社会主义制度的内在精神之魂。有了这个"魂",既不会走封闭僵化的老路,也不会走改旗易帜的邪路,只会更坚定地巩固和发展社会主义制度。

**社会主义核心价值体系建设充分彰显社会主义制度的优越性**。社会主义制度在前进中巩固,在发展中完善。党的十一届三中全会以来,中国特色社会主义阔步向前,中国特色社会主义道路越走越宽阔,中国特色社会主义理论体系与时俱进不断开辟新境界,中国特色社会主义制度不断完善且日益彰显出无比优势。建设社会主义核心价值体系,既促进了社会主义的制度化建设,又使社会主义制度的优越性得以充分彰显,维护了社会稳定。党的十八大报告强调,坚持走中国特色社会主义政治发展道路和推进政治体制改革,"要把制度建设摆在突出位置,充分发挥我国社会主义政治制度优越性"。社会主义制度之所以具有优越性,根本原因在于社会主义制度在价值取向上始终坚持人民立场,制度的核心价值区别于资本主义或别的社会制度。推进社会主义核心价值体系建设,在坚持和完善社会主义制度的建设实践中凸显社会主义核心价值,必然会推进社会主义制度优越性的发挥和体现。以推进社会主义民主制度建设为例,资本主义的价值观中有民主,我国社会主义制度也十分重视民主,强调“人民民主是社会主义的生命”,把民主作为社会主义的核心价值取向之一,但我国社会主义的民主同资本主义的民主有质的区别。资产阶级的民主形式上是选举民主、议会民主,实质上是金钱民主、少数人的民主。我国社会主义民主实质上是人民民主、绝大多数人的民主,是真正的民主。我国社会主义民主在实践中既充分借鉴人类历史上各种民主形式的合理因素,同时又探索出社会主义协商民主等体现社会主义特色和优势的民主形式。协商民主对于广纳群言、广集民智,充分协商、增进共识、增强合力有重要意义,体现了社会主义民主的优势和特色。自新中国成立以来,我国始终坚持和完善中国共产党领导的多党合作和政治协商制度,充分发挥人民政协作为协商民主重要渠道的作用,围绕团结和民主两大主题,推进了政治协商、民主监督、参政议政制度建设,充分发挥了协商民主在协调关系、汇聚力量、建言献策、服务大局方面的作用,体现出社会主义民主制度的优势。总结历史经验,可以得出,正是因为中国共产党十分珍视民主,始终强调人民民主是社会主义的生命,坚持国家一切权力属于人民,不断推进政治体制改革,探索符合中国国情的社会主义民主制度,才成功开辟和坚持了中国特色社会主义政治制度,为实现最广泛的人民民主确立了方向,充分彰显了社会主义在实现民主方面的制度优势。

## 三、支撑中国特色社会主义综合国力和文化强国建设

文化是民族的血脉,是人民的精神家园。当今时代,文化越来越成为民族凝聚力和创造力的源泉,越来越成为综合国力竞争的重要因素。加强文化建设,提升一个国家的文化实力,是参与和应对激烈的国际竞争的必然要求。中国共产党十分重视文化建设,始终代表中国先进文化的前进方向,努力建设体现社会主义价值属性,富有中国特色、中国气派、中国风格的社会主义文化。社会主义核心价值体系就是党在推进文化建设,尤其是推进社会主义价值文化建设方面取得的重要成果之一。党的十七大立足于提高国家文化软实力,对推进社会主义文化大发展大繁荣作出部署,并在其中提出建设社会主义核心价值体系。党的十八大在部署扎实推进社会主义文化强国建设具体任务时再次强调要加强社会主义核心价值体系建设,全面提高公民道德素质,丰富人民精神文化生活,增强文化整体实力和竞争力,要以高度的文化自觉和文化自信建设社会主义文化强国。是否文化强国,根本是要看国家和国民的精神面貌与状态,要看国家和民族是否具有共同的理想信念。是否有向心力和凝聚力,关键是看国家民族核心价值体系的建设水平。可见,提升文化软实力,增强综合国力,建设文化强国,是社会主义核心价值体系建设的又一政治使命所在。

**社会主义核心价值体系建设能增强中华民族的凝聚力和提高中华民族的创新力。**国家文化软实力在很大程度上表现为民族凝聚力,这种凝聚力主要来自人们对核心价值体系的认同与追求。从哲学意义上讲,文化的核心就是价值观。一个国家、一个民族要把人民团结起来,凝聚起来,必须有共同的思想基础、理想追求、行为准则和价值观念。当代中国,要把全国各族人民凝聚起来,全面建成小康社会,实现国家富强、民族振兴、人民幸福的“中国梦”,必须形成统一的指导思想、共同的理想信念、强大的精神支柱和基本的道德规范,即一致的价值观,使人们超越民族、血缘、语言、地域的差异,超越阶层、行业、职业、利益的区分,增强中华民族大家庭的向心力和归属感,不断巩固民族团结和睦的精神纽带,凝聚实现“中国梦”的中国精神与中国力量。同时,社会主义核心价值体系建设

能提高中华民族的创新力。创新是一个民族进步的根本前提，是一个国家兴旺发达的不竭动力。一个没有创新力的国家，难以拥有强大的文化软实力，不可能占据综合国力竞争的制高点。而文化的力量，归根到底来自核心价值体系力量，因为社会主义核心价值体系是维系全民族团结和睦的精神纽带和激励全民族奋发向上的精神力量。文化的竞争，根本上是不同价值体系的竞争。一个国家、民族的形象，很大程度上取决于核心价值体系的吸引力、感染力。努力建设社会主义核心价值体系，树立创新理念，培育创新文化，必将有助于让一切创造的源泉充分涌流，让一切创新的热情充分焕发，使中华民族始终走在时代前列，在激烈的国际竞争中立于不败之地。习近平总书记针对一些人淡化、否定改革的社会主义方向强调指出，有人把改革定义为往西方普世价值、西方政治制度方面改，否则认为就不是改革。这是偷换概念，曲解我们的改革。我们当然要高举改革旗帜，但我们的改革是在中国特色社会主义道路上不断前进的改革，“科学社会主义基本原则不能丢，丢了就不是社会主义”。毋庸置疑，背离马克思主义的指导，背离科学社会主义的基本原则，任何改革创新都会误入歧途。

**社会主义核心价值体系建设能扩大中华文化的影响力和增强中华文化的吸引力。**文化影响力的强弱，是衡量一个国家文化软实力的重要标志。中华民族是一个文化历史悠久的民族，也是对世界文化发展作出过重大贡献的民族，中华民族的文化自古以来富有独特魅力。但时至今日，中华文化的国际影响力与我国的发展中大国地位和世界渴望了解中华文化的愿望还不相适应。如何在传统文化与现代文化、民族文化与异域文化、社会主义文化与资本主义文化等多元文化的交汇与碰撞中扩大中华文化的影响力，增强我国文化软实力，这是我国文化建设面临的重大时代课题。建设社会主义核心价值体系，有利于充分挖掘和弘扬中华传统文化的有益价值，不断从丰富的实践中汲取营养，努力展现我国文化的中国特色、中国风格、中国气派，更好地推动中华文化走向世界，并且维护我国文化安全、抵制文化渗透，扩大我国文化影响力。同时，社会主义核心价值体系建设能增强中华文化的吸引力。提出“软实力”概念的美国学者约瑟夫·奈在阐发软实力时曾指出：“何谓软实力？它是一种依靠吸引力，而非通过威逼或利诱的手段来达到目标的能力。这种吸引力源于一个国家的文化、政治理念和政策。当一个国家的政策被外界视为合理时，其软实力也会相应增强。”这就是说，软实力本质上就是一种吸引力，文化软实力必然意味着文化的吸引力。提升文化软实力，要义之一就是要增强文化吸引力。近些年来，中国共产党在治国理政中注重提升文化软实力，提出并推进社会主义核心价值体系建设就是最为鲜明的体现。社会主义核心价值体系作为文化软实力的核心内容，其建设实践不容置疑能增进中华文化的吸引力。比如，和谐是中国传统文化的重要价值取向，也是社会主义核心价值体系建设倡导的基本价值理念。中国致力于构建社会主义和谐社会，推进和谐发展，在国际战略关系调整中倡导世界各国和谐共处，坚持走和平发展之路。和谐的价值理念以及转化而成的爱好和平、维护和平的外交政策，为中国在国际社会赢得普遍赞誉，增进了中国在世界范围的国际亲和力与影响力。事实证明，建设社会主义核心价值体系，是增强中华文化吸引力的现实之需和必由之路。

**社会主义核心价值体系建设以培育和践行社会主义核心价值观助推文化强国建设。**党的十八大提出坚定不移走中国特色社会主义文化发展道路，建设社会主义文化强国。何为文化强国？缺乏文化国际影响力的国家不能算是文化强国，仅有文化产业，但文化没有转化成为一种影响、塑造国民的力量，也不能称之为文化强国。文化强国的建成，不仅是文化事业的繁荣，文化产业的壮大，更重要的是要看有无自由、平等、公正、法治的文化环境，有无爱国、敬业、诚信、友善的文明素养,有无自尊、自信、理性、平等、包容、开放的社会心态。换言之,看一个国家是否文化强国,不是看其文化的历史悠久程度,也不是看其文化样式种类的多少、文化产品的数量多寡,本质上是看其主流文化是否深入国民的灵魂深处,是否确立为社会的核心价值,民众是否认同这样的核心价值。例如,要克服“政治冷漠”现象,就要加强参与型政治文化建设,为公众的政治参与提供文化氛围。因为政治文化的状况直接影响公众的政治参与,对公众的政治生活具有强大的精神支配作用。公众一旦认同这样的文化,就能增强政治参与意识,激发政治参与热情,提升政治参与能力,进而推动民主政治的发展。可见,推进文化强国建设,不能就文化建设本身谈文化建设,而是要抓住文化建设与发展的根本和内核。

同时,提升文化软实力必须积极培育和践行社会主义核心价值观。因为,在任何一个文化体系中,价值观都是文化的核心所在,从根本上决定着文化的性质,制约着文化的发展。也正是立足于此,党的十八大报告提出:加强社会主义核心价值体系建设,“倡导富强、民主、文明、和谐,倡导自由、平等、公正、法治,倡导爱国、敬业、诚信、友善,积极培育和践行社会主义核心价值观”。社会主义核心价值观是社会主义核心价值体系的内核,体现社会主义核心价值体系的根本性质和基本特征,反映社会主义核心价值体系的丰富内涵和实践要求,是社会主义核心价值体系的高度凝练和集中表达。这24个字是社会主义核心价值观的基本内容、现阶段人们对于社会主义核心价值观认知的最大公约数,表明了国家层面的价值目标、社会层面的价值取向和公民个人层面的价值准则,为培育和践行社会主义核心价值观提供了基本方向。培育和践行社会主义核心价值观,并使之成为全体人民的共同价值追求,必将有助于牢固掌握意识形态工作领导权和主导权,防止因中国历经数千年发展形成的根深蒂固的传统政治文化影响而产生的各种各样的“政治冷漠”,推动中国特色社会主义理论体系进教材进课堂进头脑。我们要将社会主义核心价值观融入“改进工作作风、密切联系群众的八项规定”等若干政治要求和党的群众路线教育实践活动中,切实增强文化整体实力和竞争力,扎实推进文化强国建设。

总之,社会主义核心价值体系肩负着不断巩固社会主义意识形态、发展中国特色社会主义事业的重要政治使命,这种使命是通过“深入开展社会主义核心价值体系学习教育,用社会主义核心价值体系引领社会思潮、凝聚社会共识”逐步实践和彰显的。美国学者约翰·罗尔斯认为,共识的目标即政治的正义观念,本身就是一个道德观念。从这个意义上讲,社会主义核心价值体系实际上是以社会主义主导价值观念体系存在的一种政治态度,凝聚社会共识就是社会成员基于社会主义核心价值体系而对其政治制度合法性的政治认同,这也就是社会主义核心价值体系现实政治使命得以存在和发展的客观依据。

(作者:西南大学马克思主义理论研究中心教授、博士生导师;西南大学马克思主义理论研究中心教授)

# 提高国家文化软实力要努力传播社会主义核心价值观

冯　刚

习近平总书记在中共中央政治局第十二次和第十三次集体学习时，对社会主义核心价值观与文化软实力的关系作出许多重要论述，我们要认真学习和研究。习近平同志的这些论述对我们进一步理解核心价值观对于国家文化软实力建设的意义，对于如何在实践中以社会主义核心价值观引领文化软实力发展，都有着重要的指导意义。

## 社会主义核心价值观是文化软实力的灵魂

习近平总书记在中共中央政治局第十三次集体学习时指出，“核心价值观是文化软实力的灵魂、文化软实力建设的重点。这是决定文化性质和方向的最深层次要素。一个国家的文化软实力，从根本上说，取决于其核心价值观的生命力、凝聚力、感召力”。这里面包含了三层意思，即社会主义核心价值观是我国文化软实力之“魂”，赋予其精神气质；是我国文化软实力之“核”，构成其最深层次内容；是我国文化软实力之“源”，为其发展提供动力。

社会主义核心价值观提出的“三个倡导”，蕴含了马克思主义价值观和中国特色的发展理念，与中国特色社会主义发展要求相契合，明确了国家的价值目标、表达了社会价值取向、确立了公民价值准则，是我们党凝聚全党全社会价值共识作出的重要论断，反映了现阶段全国各族人民在价值追求上的“最大公约数”，体现了中国特色社会主义文化的发展进步。国家文化软实力正是在这个“最大公约数”的基础上得以构建，没有这个“最大公约数”，文化软实力建设就会根基不牢。

社会主义核心价值观支配着国家文化软实力的生命力，决定着文化软实力的性质和发展道路，是文化软实力之“钙”。任何社会都有自己的核心价值观，即在该社会占主导地位的价值观，它是一个社会意识形态的主体和灵魂，作用于经济、政治、文化和社会生活的各个方面，从根本上制约、规范着社会的发展方向和发展道路。文化软实力最终还是要体现在人的精神状态、理想追求上，社会主义核心价值观体现着人们心中最美好、最执着的向往和愿景，并促使人们为这美好的向往和愿景而努力奋斗、不懈前进，这是国家文化软实力发展的动力和活力之所在。社会主义核心价值观烛照人心、烛照人生，为文化软实力建设提供着强大的内在支撑。

社会主义核心价值观是我们国家文化软实力的灵魂，是引领其发展的鲜明旗帜和不熄灯塔。有了核心价值观，我们的文化软实力才有主心骨和方向感，才有凝聚力和感召力，才能在我们国家的综合国力和整体实力中发挥其应有的功能和作用。

## 提高国家文化软实力必须把社会主义核心价值观融入社会生活

习近平同志强调，“一种价值观要真正发挥作用，必须融入社会生活，让人们在实践中感知它、领悟它。要注意把我们所提倡的与人们日常生活紧密联系起来，在落细、落小、落实上下功夫”。他还指出，“要切实把社会主义核心价值观贯穿于社会生活方方面面。要通过教育引导、舆论宣传、文化熏陶、实践养成、制度保障等，使社会主义核心价值观内化为人们的精神追求，外化为人们的自觉行动”。这表明，没有落实，价值观念再先进，也是抽象的，也是虚的；只有使价值观念成为人们心灵中的精神力量，才能真正地、现实地发挥作用，也才能真正地、现实地形成国家文化软实力。

文化软实力建设不是三五项文化建设工程就可以完成的，提高国家文化软实力必须在人民群众的日常生活中下功夫，循序渐进，潜移默化，使核心价值观念转化为公序良俗。这就要求利用各种时机和场合，形成有利于培育和弘扬社会主义核心价值观的生活情景和社会氛围，使核心价值观的影响像空气一样无所不在、无时不有。我们常说，国强在于民富，也常说要藏富于民，文化软实力建设也是如此。如果核心价值观没有走入民心，没有在人民群众中生根发芽，那么，再多、再庞大的文化建设工程也不会对提高文化软实力有所助益。

青年的价值取向决定了未来整个社会的价值取向，而青年又处在价值观形成和确立的时期，抓好这一时期的价值观养成十分重要。那么，对于青年学子来说，如何实现把核心价值观融入他们的生活呢？这同样需要在落细、落小、落实上下功夫，形成课堂教学、校园文化和社会实践多位一体的育人平台，注重宣传教育、示范引领、实践养成相统一。使青年学生在耳闻目睹、潜移默化中感悟核心价值观，从而内化为精神追求，外化为自觉行动。

## 提高国家文化软实力要特别强调社会主义核心价值观的本土性和当代性

习近平总书记在中共中央政治局第十二次集体学习时强调，“提高国家文化软实力，要努力传播当代中国价值观念。当代中国价值观念，就是中国特色社会主义价值观念，代表了中国先进文化的前进方向”。这一精辟论断深刻阐明了，提高国家文化软实力，传播社会主义核心价值观，必须正确把握其本土性和当代性。

首先，我们倡导的社会主义核心价值观是中国的，而不是西方的。我们在把握和传播核心价值观时，一定要把中、西区别开来。不能拿西方意义上的价值观念，来理解或对接中国的社会主义核心价值观。只有我们努力传播中国的核心价值观，着眼于社会主义核心价值观的本土特质，才会提高国家文化软实力；如果我们只是传播西方的价值观念，不仅不会提高我们的软实力，反而会大大地削弱它。在社会主义核心价值观的建构上，我们可以吸收、借鉴西方文明成果，但绝不能照搬照抄，失去自我。

其次，我们倡导的社会主义核心价值观是当代中国的，而不是古代中国的或近代中国的。习近平总书记指出，“培育和弘扬社会主义核心价值观必须立足中华优秀传统文化。牢固的核心价值观，都有其固有的根本。抛弃传统、丢掉根本，就等于割断了自己的精神命脉。博大精深的中华优秀传统文化是我们在世界文化激荡中站稳脚跟的根基”。同时，他还强调，“对历史文化特别是先人传承下来的价值理念和道德规范，要坚持古为今用、推陈出新，有鉴别地加以对待，有扬弃地予以继承”，要求“要处理好继承和创造性发展的关系，重点做好创造性转化和创新性发展”。这些精辟的论述表明，虽然古代可以涵养当代，古代是当代的固有根本，但古代并不就是当代，传统文化一定要经过“扬弃”，着眼于今天中国的时代特征，经过“创造性转化和创新性发展”，才能做到推陈出新，古为今用。

再次，社会主义核心价值观是需要努力传播的。我国有两句谚语，一句是“好事不出门，坏事传千里”，在今天这句话也还适用，特别是在国际关系上，这样的事例可以说是不胜枚举。另一句是“酒香不怕巷子深”，今天这句话在某种程度上已经有些不适用了，有人把它改为“酒香也怕巷子深”，是有一定道理的，这可能是由于古代是卖方市场，而现在是买方市场的缘故吧。我们倡导社会主义核心价值观是好事、是散发着浓郁香味的美酒，可是这样的好事传播出去不容易，这样的美酒不吆喝也没人光顾。因此，我们必须加强国际传播能力建设，精心构建对外话语体系，发挥好新兴媒体作用，积极拓展对外传播平台和载体，把社会主义核心价值观贯穿于国际交流和传播的方方面面。

总之，提高国家文化软实力，要努力提高国际话语权，讲好中国故事，传播好中国声音，阐释好中国特色。这里的中国故事、中国声音、中国特色，都应当蕴含社会主义核心价值观，社会主义核心价值观始终决定着它们的内在本质和精神。显然，这是国家文化软实力建设须臾不可偏离的发展方向。

（作者：教育部思想政治工作司司长）

# 论社会主义核心价值观的几个基本问题

荣开明

为了实现扎实推进社会主义文化强国建设的目标，党的十八大报告提出了积极培育和践行“三个倡导”社会主义核心价值观的战略任务，中共中央办公厅近期又印发了《关于培育和践行社会主义核心价值观的意见》。《意见》在深刻总结近年来建设社会主义核心价值体系、培育和践行社会主义核心价值观实践经验的基础上，基于新的发展，全面阐述了践行和弘扬社会主义核心价值观的意义、内容、依据、原则、途径和方法，对铸塑国魂民魂宏伟工程作出了一系列新的系统化的概括和阐述，提供了理论和实践上的重要遵循。基于这两个重要文件和当前实践的发展，本文拟就社会主义核心价值观的几个基本问题，如它的内涵与结构、形成和发展历程、培育和践行的重大意义以及怎样在新的实践中培育和弘扬等，谈些个人学习后的探讨性意见。

## 一、社会主义核心价值观的基本内涵和结构

依据党的十八大报告和《意见》的相关论述，社会主义核心价值观的基本内涵可以简要地概括为：三个倡导、12 个关键词、24 个字；其结构可以简要地概括为三个层次；而贯穿其中的主线是：正确认识和处理国家、集体、个人三者之间的关系；核心是：扣住全社会的利益关切，处理好公和私的利益矛盾。这一内涵和结构的把握，显示出我们对社会主义核心价值体系的认识上升到一个新的境界，反映了社会主义制度的本质规定，体现了中国特色社会主义事业的发展要求，昭示了中国共产党长期奋斗的一贯主张，继承了中华民族传统文化的精华，汲取了人类文明的优秀成果，做到了价值目标、价值导向和价值准则的统一，普遍性和特殊性的结合，形成了全国各族人民和诸多价值观中的最大公约数，既是当今中国诸多价值观的“核”，又是社会有机体的“心”，为我们培育和践行社会主义核心价值观提供了基本遵循。

“三个倡导”中的第一个倡导是：富强、民主、文明、和谐。它是国家层面的价值目标，是国家经济、政治、文化、社会、生态文明建设的基本价值准则，反映了当代中国实现中华民族伟大复兴，追求国家富强、民族振兴、人民幸福的共同愿景。它在社会主义核心价值观中居于最高层次，对其他层次的价值理念具有统领作用。

富强，即国富民强，是社会主义现代化国家经济建设的应然状态，是中华民族梦寐以求的美好夙愿。落后就要挨打，富强才能振兴，这是历史给我们的深刻启示。社会主义的根本任务是解放和发展社会生产力，不断改善人民生活，实现人民的共同富裕。改革开放以来，我们坚持以经济建设为中心，把发展作为党执政兴国的第一要务，聚精会神搞建设、一心一意谋发展，大踏步地走上了富强之路。今天，我们还将按照科学发展观的要求，以综合国力的强大为基础，以全体人民的共同富裕为追求，以持续健康的发展为方向，使一个强大的中国巍然屹立于世界东方。

民主，是人类社会的美好诉求。我们追求的民主是人民民主，其实质和核心是人民当家作主。它是社会主义的本质要求，也是创造人民美好幸福生活的政治保障。没有民主就没有社会主义，就没有社会主义现代化。发展社会主义民主政治，建设社会主义政治文明，既是建

设中国特色社会主义和全面建成小康社会的重要目标,也是它的实现途径。中国共产党和中国人民一定能够不断发展具有强大生命力的中国特色社会主义民主政治。

文明,其语源出自拉丁文"Ciris",意思是"公民的"、"组织的",用以表示国家和社会的开化程度和进步水平。文明作为人类一种永恒的价值追求,体现的是社会进步和成就合乎社会发展规律性与合乎社会主体发展目的性的统一。文化是文明的基础,文明是文化的升华。中华民族曾经创造了辉煌灿烂的文明,为人类发展进步作出了巨大贡献。而今全面深化改革,必将迎来中国文化的大发展大繁荣,使中华文明的进步形象更加灿烂地展现在世界人民面前。

和谐,是中国传统文化的基本理念,也是中华民族在长期融合中形成的民族性格。在我国文化中,"和"是保留差别的多样性的统一,是万物生存、发展的基础。中华民族的和谐理念包含着人与自然天地的和谐、人与社会的和谐、人与人的和谐、身与心的和谐等多重内涵。在当代,社会和谐是中国特色社会主义的本质属性,是国家富强、民族振兴、人民幸福的重要保证。我们要构建的社会主义和谐社会,是中国共产党领导全体人民共同建设、共同享有的社会,它不仅意味着国内社会民主法治、公平正义、诚信友好、充满活力、安定有序、人与自然和谐相处,同时也意味着在国际关系中保持平等互信、包容互鉴、合作共赢。

"三个倡导"中的第二个倡导是:自由、平等、公正、法治。这是社会层面的价值取向,是社会主义社会全面发展进步的基本价值准则。它构成了社会主义社会承接与超越以往社会形态的价值跃升,集中地反映了中国特色社会主义社会的基本属性和价值追求,是中国特色社会主义道路、理论、制度自我发展、自我完善的价值内核。

自由,是指人的意志自由、存在和发展的自由,是人类社会的美好向往,也是马克思主义追求的社会价值目标。马克思主义是关于无产阶级和全人类解放的完整学说,每个人全面而自由的发展是这一学说的价值主旨和根本追求。自由是具体的历史的。人的自由而全面发展是一个逐步实现的长期过程。在社会主义初级阶段,我们倡导和践行自由,既要理直气壮、旗帜鲜明,又要从实际国情出发,与生产力发展水平、生产关系变革程度、社会发展阶段相适应,量力而为,尽力而行,稳步发展,逐步提升。

平等,是人的最基本权利,是人类社会的理想价值追求。但是平等也和民主、自由一样,是具体的、历史的,而不是抽象的、绝对的。恩格斯深刻指出:"平等的观念,无论以资产阶级的形式出现,还是以无产阶级的形式出现,本身都是一种历史的产物。"在存在着剥削制度和剥削阶级的社会里,平等不可能真正实现。只有在社会主义社会,消灭了剥削制度和剥削阶级,全体人民当家作主,共同享有对生产资料的所有权和支配权,并在此基础上共同享有管理国家的权力,才有可能实现实质上的平等。社会主义制度为实现平等奠定了制度基础,提供了有利条件。当前,我们倡导的平等,既不是重蹈"不患寡而患不均"的绝对平均主义,也不是照搬西方资本主义社会的平等观,而是要创造与中国特色社会主义伟大事业相适应、有利于调动广大社会成员积极性、能给广大人民带来更多机会与利益的平等价值观。

公正,即公平和正义,它是一个社会大多数人的社会行为和社会制度应该奉行的合理准则或价值标准。它以人的解放、人的自由平等权利的获得为前提,是社会的根本价值理念,是古往今来人们不断追求的理想价值目标。公正的实现程度是衡量社会文明进步的重要尺度。公正作为中国特色社会主义的基本价值目标和核心价值观念,既继承了人类历史进步的公正思想精华,又体现了一定的时代特色和制度特征。在我国现阶段实现公正,最为主要的是"要在全体人民共同奋斗、经济社会发展的基础上,加紧建设对保障社会公平正义具有重大作用的制度，逐步建立以权利公平、机会公平、规则公平为主要内容的社会公平保障体系，努力营造公平的社会环境，保证人民平等参与、平等发展权利”。

法治，是治国理政的基本方式，依法治国是社会主义民主政治的基本要求。它通过法制建设来维护和保障公民的根本利益，是实现自由平等、公平正义的制度保证。法治就是依法治国、依法行政、依法办事。它强调法律面前人人平等，任何个人或团体都没有超越法律而享受的特权。倡导法治，就要做到科学立法、严格执法、公正司法、全民守法；要充分相信法律，自觉运用法律，弘扬法治精神，培育法治文化。加强法治，保证国家各项工作依法进行，实现社会主义民主的制度化、法律化，是实现中国梦的法律基础和制度保障。

“三个倡导”中的第三个倡导是：爱国、敬业、诚信、友善。这是对公民之国家认同、职业操守、个体德行和人际交往所提出的基本道德规范。它体现了社会主义价值追求和公民道德行为的本质属性，涵盖了社会主义公民道德行为的各个环节，贯穿了社会公德、职业道德、家庭道德、个人品德等方面，体现了以爱国主义为核心的民族精神和以改革创新为核心的时代精神，集成了中华民族传统美德、中国共产党人革命道德和社会主义新时期道德的精华，构成了中国人的道德形象。

爱国，是基于个人对祖国依赖关系的深厚情感，也是调节个人与祖国关系的行为准则。它同社会主义紧密结合在一起，要求人们以振兴中华为己任，促进民族团结、维护祖国统一、自觉报效祖国、为国奉献。国和家一样，都是人的归属地。爱国与爱家一样，都是人必须履行的道德义务和责无旁贷的道德责任。邓小平说得好：“以热爱祖国、贡献全部力量建设社会主义祖国为最大光荣，以损害社会主义祖国利益、尊严和荣誉为最大耻辱。”“必须发扬爱国主义精神，提高民族自尊心和民族自信心。否则我们就不可能建设社会主义，就会被种种资本主义势力所侵蚀腐化。”

敬业，是对公民职业行为准则的价值评价，要求公民忠于职守、克己奉公、服务人民、服务社会，充分体现了社会主义的职业精神。职业既是人谋生的手段，又是人发挥聪明才智、实现人生价值的场所。以虔诚的心灵，专心致志、勤恳耐劳的精神对待职业，珍惜和热爱本职工作，尽心尽力地履行好岗位职责，是从业人员的天职。社会成员忠于职守的敬业精神，既是个人幸福生活的保障，也是社会经济发展的保障。

诚信，即诚实守信，是人类社会千百年传承下来的道德传统，也是社会主义道德建设的重点内容。它是中华民族的传统美德，强调诚实可信、诚恳待人、信守承诺、履行契约、相互信任、言行一致、表里如一。诚信是人的基本德性，是个人心神愉悦、幸福生活的道德基础，是社会合作、人与人之间相互交往、求得信任与发展的道德凭藉，因此也是社会主义市场经济的主要道德诉求。

友爱，是善良与宽容凝聚的一种宽厚的德性，是人与人相处必须具有的基本道德准则。友爱注重团结互助、贬抑损人利己。它要求人们心地善良、与人为善、尊重他人、善于包容、友好待人、正当谋利。团结就是力量，互助互爱产生和谐；损人利己则伤害他人，破坏社会安定。我们倡导每一个公民多为他人着想，关心扶持老弱病残、鳏寡孤独，热心社会公益事业，在他人遇到困难的时候，给予力之所及的帮助，以形成友爱的良好人际关系，使社会充满温情。

上述三个层面的社会主义核心价值观，倡导什么，反对什么，十分鲜明，始终坚持了自身的民族性、人民性、科学性、先进性、时代性，每一个层面的基本内容与各个层次之间的关系，都是紧密联系、相互依存、相互补充、相互贯通的，构成了一个结构严谨的有机统一整体。在这个有机整体中贯穿着一条主线，那就是正确认识和处理国家、集体、个人三者之间的关系。这三者之间的关系，既是全部社会关系的主线，也是社会主义核心价值观的主线。正确认识和处理三者关系的核心是紧扣住全社会的利益关切,处理好公和私的利益矛盾。叶小文认为,具体到公与私的矛盾:大公无私是圣人,公而忘私是贤人,先公后私是善人,公私兼顾是常人;私字当头是小人,假公济私是痞人,以公肥私是坏人,徇私枉法是罪人。我们要提升常人,提倡善人,学习贤人,向往圣人;也要教育小人,揭露痞人,改造坏人,惩治罪人。鉴于日常的、多数的是常人,要做的是常事,因此就需要修身律己,平实做人;要说的是常话,因此让大家奉行的价值观,就只能“去掉一个最高分,去掉一个最低分”,把崇高的信仰和每个人对现实利益的追求,把集体主义和个人追求对接起来,把先进性和包容性统一在一起。也就是说,扣住全社会利益关切的价值观的核心,应该是“我为人人,人人为我”。恰如“十二五”规划建议所提出:“提倡修身律己、尊老爱幼、勤勉做学、平实做人,推动形成我为人人、人人为我的社会氛围。”我同意这种看法,并认为无论是传统社会还是当今中国,倡导和践行核心价值观,都要规范好处理好国家、集体(社会)、个人(公民)三者之间的关系。处理好了三者之间的关系,社会就能和谐、安定。否则就要闹出乱子,以至不可收拾。这可以说是人类社会发展的一条铁的规律,也是当今中国社会全面深化改革遇到的深层次矛盾的症结。正如习近平所说,“作为党的干部,就是要讲大公无私、公私分明、先公后私,只有一心为公、事事出于公心,才能坦荡做人、谨慎用权,才能光明正大、堂堂正正”,“公款姓公,一分一厘都不能乱花;公权为民,一丝一毫都不能私用”。

## 二、社会主义核心价值观的形成和发展

有人认为,社会主义核心价值观是党的十八大提出来的,此前我们党无有这一问题的探讨。这种看法,我以为是不正确的。概念的正式提出恰恰是不断探索的结果。比如构建社会主义和谐社会的概念,是2006年党的十六届六中全会决定正式提出来的,但这一思想的探讨却在马克思主义形成时期就存在,毛泽东、邓小平等领导人也早已作过探讨,有过论述。《意见》指出:十八大提出的“三个倡导”的社会主义核心价值观,“与中国特色社会主义发展要求相契合,与中华优秀传统文化和人类文明优秀成果相承接,是我们党凝聚全党全社会价值共识作出的重要论断”。这就明确地告诉我们,社会主义核心价值观虽然提出的时间比较晚,却是在总结我们党长期重视弘扬正确主流核心价值体系的基础上、坚持和发展中国特色社会主义的历程中逐步形成和发展起来的,经历了一个长期的探索过程。

纵观我们党90多年来对社会主义核心价值观的探索,大体上经历了三个发展阶段。

**一是新民主主义革命时期的探索。**在这一时期,我们党从中国的具体国情和世界发展的趋势出发,实行的是新民主主义革命。这个革命之所以是“新”的,并不是因为其内容——其内容仍然是旧的反对帝国主义、封建主义及其走狗反动派,推倒压在人民大众头上的“三座山”,而是因为其革命的领导者和革命的目标是全新的。中国革命的领导者也不是原来的旧式资产阶级,即中国民族资产阶级——中国民族资产阶级由于生存在帝国主义、封建主义的双重压迫下,既具有革命性又具有软弱性,势力比较弱,无法充当革命的领导者,而是中国工人阶级的革命先锋队、中国人民和中华民族的先锋队——中国共产党。在中国共产党领导下的新民主主义革命,其目标也不是实行资本主义,而是通过新民主主义革命,为资本主义的发展扫清道路,并过渡到社会主义。这就决定了指导新民主主义革命的马克思列宁主义,以及马克思列宁主义的理论与中国革命的实践相结合的毛泽东思想构成了当时的核心价值体系和理想追求;而这一核心价值观的根本内容则是“全心全意为人民服务”:“我们这个队伍完全是为着解放人民的,是彻底地为人民利益工作的。”全心全意为人民服务是中国共产党的宗

旨，其实践主题是中国共产党确立的中国新民主主义革命总路线：工人阶级经过自己的先锋队中国共产党领导的、人民大众的、反帝反封建反官僚资本主义的革命，“建立独立、自由、民主、统一和富强的新中国”。同时党在新民主主义革命时期一直强调，广泛深入地对党员干部进行社会主义和共产主义思想道德教育。号召党员和干部加强共产主义道德修养，做“高尚的人”、“纯粹的人”、“有道德的人”、“脱离了低级趣味的人”、“有益于人民的人”，做“有无产阶级的思想意识和道德品质修养的人”。这就为我们在残酷激烈的复杂斗争中提供了价值评判、理论指导、思想道德支撑和巨大的精神动力。

**二是社会主义革命和建设时期的探索**。新中国的成立标志着我们党胜利地完成了国家独立、民族解放的第一大历史任务，为进一步实现国家繁荣富强、人民共同富裕的第二大历史任务扫清了障碍，创造了必要的前提。为了更加顺利地实现第二大历史任务，以毛泽东为核心的第一代中央领导集体，领导我们实现了从新民主主义革命向社会主义革命和社会主义建设的转变，建立和巩固了社会主义的根本制度和基本的经济制度、政治制度、文化制度，确立了以马克思主义为指导思想的社会主义意识形态，为这一时期的社会主义核心价值观奠定了制度基础以及物质、政治、文化前提。因此，社会主义革命和建设时期的的核心价值观实质上是在继承新民主主义革命时期社会主义核心价值观的基础上的深化和扩展。其最主要的成就是：(1)新民主主义革命的胜利，以及新中国成立后革命与建设的成就，证明了马克思列宁主义和毛泽东思想的正确，使之得到了广泛深入的传播，从而奠定了马克思列宁主义毛泽东思想、社会主义意识形态在全党全民意识形态中的指导地位。(2)从上世纪 60 年代中期起提出了“把我国建设成为一个具有现代农业、现代工业、现代国防和现代科学技术的社会主义强国”的宏伟目标，确立了实现现代化的步骤和途径，并在纠正急于求成的失误后，认识到现代化任务的完成，“五十年不行，会要一百年，或者更多的时间”。这就给全党和全国各族人民树立了一面动员、凝聚、鼓舞团结奋斗的伟大旗帜。(3)广泛深入地开展了以爱国主义、社会主义和为人民服务为主要内容的社会主义思想道德建设，形成了爱祖国、爱人民、爱劳动、爱科学、爱社会主义和大公无私、服从大局、艰苦奋斗、廉洁奉公、勤俭建国、勤俭办一切事业等优良社会风气，培育出了具有伟大的民族精神和时代精神的光辉群体，涌现出了雷锋、王进喜、焦裕禄、南京路上好八连、红旗渠、“两弹一星”等一批社会主义思想道德的先进典型。

**三是改革开放新时期的探索**。这一时期是我们党从十一届三中全会以来，进行拨乱反正，大力推行改革开放的时期，也是社会主义价值体系和价值观探索成就最为突出的一个时期。早在上世纪 80 年代初，我国学术理论界就开始了价值观的研究，形成了一批研究成果，并通过人生观的大讨论，引起了人生价值追求的热议，出现了价值观的概念，带来了理论上的轰动和突破。在 1996 年十四届六中全会《关于加强社会主义精神文明建设若干重要问题的决议》中我们党首次将世界观、人生观、价值观三者并列在一起。21 世纪以来，面对世界范围各种思想文化的相互激荡，我们党对如何形成公民主流价值观，如何加强道德建设作了反复研讨。2001 年，中共中央印发的《公民道德建设实施纲要》指出，要坚持以为人民服务为中心，以集体主义为原则，以爱祖国、爱人民、爱劳动、爱科学、爱社会主义为基本要求，在全社会倡导“爱国守法、明礼诚信、团结友善、勤俭自强、敬业奉献”的基本道德规范。2006 年 3 月，胡锦涛同志代表中共中央提出了以“八荣八耻”为主要内容的社会主义荣辱观。同年十六届六中全会《关于构建社会主义和谐社会若干重大问题的决定》中首次提出社会主义核心价值体系，认为“社会主义核心价值体系是建设和谐文化的根本”，“马克思主义指导思想，中国特色社会主义共同理想，以爱国主义为核心的民族精神和以改革创新为核心的时代精神，社会主义荣辱观，构成社会主义核心价值体系的基本内容”。党的十七大报告强调：“社会主义核心价值体系是社会主义意识形态的本质体现。要巩固马克思主义指导地位，坚持不懈地用马克思主义中国化最新成果武装全党、教育人民，用中国特色社会主义共同理想凝聚力量，用以爱国主义为核心的民族精神和以改革创新为核心的时代精神鼓舞斗志，用社会主义荣辱观引领风尚，巩固全党全国各族人民团结奋斗的共同思想基础。”2011 年党的十七届六中全会《关于深化文化体制改革 推进社会主义文化大发展大繁荣若干重大问题的决定》进一步指出：“社会主义核心价值体系是兴国之魂，是社会主义先进文化的精髓，决定着中国特色社会主义发展方向。”并强调，一个国家综合国力的强大，不能光有经济、国防等硬实力，还要有文化这个软实力。此后我国学术理论界包括新闻界又在这一基础上，研讨了如何将我国社会主义核心价值体系升华、概括为简明扼要的社会主义核心价值观。十八大前的两年，这方面的研讨十分热烈，据大体统计，升华、概括出的提法约有七八十种。十八大将社会主义核心价值观概括为“三个倡导”，就是吸收了研讨中各方面不同看法而形成的共识。“这一表述反映了我国社会主义制度的本质规定，体现了中国特色社会主义事业的发展要求，昭示了中国共产党长期奋斗的一贯主张，继承了中华民族传统文化精华，汲取了人类文明优秀成果，既坚持了马克思主义的共性又涵盖着中国特色社会主义的个性，既坚守国家社会的目标又张扬了人的主体性，既有深厚的传统底蕴又有鲜明的时代特征，符合历史、合乎实践、贴近民情、顺乎民意，能够发挥出广泛的号召力、强大的凝聚力和持久的引导力。”“在当前认识不尽一致、观点不尽相同的情况下，这种表述是一种务实而明智的选择，可以避免思想上的混乱，最大限度地统一思想、凝聚共识，形成社会主义核心价值体系建设的强大合力。”还可以为往后在实践、认识、再实践、再认识过程中，进一步提出更加完善和成熟的新表达创设前提。

## 三、培育和践行社会主义核心价值观的重大意义

《意见》指出：“培育和践行社会主义核心价值观，是推进中国特色社会主义伟大事业、实现中华民族伟大复兴中国梦的战略任务。”这不仅是一个重大的实践课题，同时也是一个重大的理论课题，具有重要的现实意义和深远的历史意义。这些意义是基于对国内外多个方面的要求而作出的回应，其中最为主要的有四个方面。

**一是坚持和发展中国特色社会主义、实现中国梦的内在要求。**实现社会主义现代化和中华民族伟大复兴是建设中国特色社会主义的总任务，包含着物质文明和精神文明的多重维度，既有富强、民主的目标，也有文明、和谐的理想；既意味着经济繁荣、政治清明和法治昭彰的社会建制，也意味着遵纪守法、崇德尚礼的社会生态。后者更为前者提供精神归宿和价值依托。培育和践行社会主义核心价值观，高举中国特色社会主义精神旗帜，能使社会主义核心价值观纳入到制度建设中，贯彻到依法治国的方略中，融入到公共文化服务中，深化到群众性的精神文明活动中，从而凝聚改革共识，在国家层面深化对中国特色社会主义道路、理论、制度的信念，在社会层面助推公序良知和文明风尚的形成，在个人层面培育良好的个人价值追求和道德准则，为促进人的全面发展、引领社会的全面进步、实现中国梦而奋勇前进。

**二是引领和整合社会多样化思潮，化解社会矛盾的现实需要。**随着我国经济体制改革深刻变革、社会结构深刻变动、利益格局深刻调整，人们在思想认识上的独立性、选择性、多变性、差异性日益增强，各种价值观念和社会思潮频繁变换。特别是当前我国改革处于深水区、攻坚期，矛盾错综复杂，与之伴随的文化激荡、

思想交锋、价值碰撞更加明显和激烈，迫切需要我们培育和践行社会主义核心价值观，巩固马克思主义在社会意识形态领域的指导地位、巩固全党全国人民团结奋斗的共同思想基础，用以引领整合多样化的思潮，把不同阶层、不同认识水平的人们团结起来、凝聚起来，形成精神上的有力支撑，最大程度地为全面深化改革带来的利益调整减震和抗压。

**三是有效应对西方某些势力企图西化分化中国图谋的客观需要。**当今世界，各种思想文化交流交融交锋日益频繁激烈，各种价值观的冲击和挑战十分明显。一些西方国家正是利用这一点，千方百计地攻击社会主义意识形态，攻击社会主义先进文化，企图通过推行资本主义意识形态和价值观，达到其西化、分化中国的图谋。培育和践行社会主义核心价值观，从本质上说就是要使我们的社会主义价值体系和价值观在与资本主义价值体系和价值观的较量中确立优势，就是要形成全体人民自身特有的共同价值追求，提升我们国家的文化软实力、国际竞争力，推动中华文化更好地走向世界，抵御西方资产阶级腐朽思想文化的渗透和侵蚀，切实维护我国文化安全。

**四是坚持和发展马克思主义价值学说，推进社会主义核心价值体系通俗化、大众化的迫切需要。**历史上的封建主义社会和资本主义社会都经过一段时期的总结，提出了适应自身制度形成和发展需要的核心价值观。比如我国封建社会的仁义礼智信；某些发达资本主义国家的自由、民主、人权；某些新兴发展国家，如新加坡的“国家至上，社会为先；家庭为根，社会为本；关怀扶持，尊重个人；求同存异，协商共识；种族和谐，宗教宽容”等等。科学社会主义思想产生发展的历史已经有了160多年，从一国实践到多国实践也已经有了90多年，理应形成与自身发展进程相适应的社会主义核心价值体系和核心价值观。我国社会主义制度的确立和中国特色社会主义的实践，已经为深化社会主义核心价值体系和核心价值观的认识提供了根本前提，并作出了初步回答，这无疑是对马克思主义价值学说的坚持和发展、继承和创新。将社会主义核心价值体系高度提炼和集中表达为24字的社会主义核心价值观，更是推进社会主义核心价值体系大众化的有益尝试和重大创新，它以群众喜闻乐见、易记易背的语言，在各族人民、各层次群众中宣传、推广、普及，将产生长远的号召力、凝聚力、影响力。

## 四、培育和践行社会主义核心价值观是一个巨大的系统铸魂工程

培育和践行社会主义核心价值观是一个长期的社会历史过程，是一项巨大的系统铸魂工程。《意见》不仅对实施这一工程的指导思想、基本原则、重大意义作了清晰的表达，还用较大篇幅说明了实现路径、职责要求，确立了培育和践行社会主义核心价值观的行动纲领。《意见》强调从国民教育体系、经济社会实践和社会治理体系、宣传文化体系、实践养成体系四个方面制定规划，加快实施，提高工作实效性。依我看来，其中最为关键的是长期坚持，长久培育和践行，真正做到“内化于心”、“外化于行”、“固化于制”。

**所谓“内化于心”，就是要通过理性上的认知、情感上的认同，将社会主义核心价值观春风化雨般地润入人们的心田，变为每一个公民想问题、做事情、为人处世、与人交往的灵魂导向、情感寄托、行为准则。**为此就要深化宣传教育，增强认知认同，营造良好的气氛和环境。要把培育和践行社会主义核心价值观纳入各级党委(党组)中心组学习计划，纳入各级党委讲师团宣讲内容；要发挥新闻媒体、网上传播的主渠道作用，发挥精神产品育人化人的功能；要把社会主义核心价值观纳入国民教育总体规划，贯穿于基础教育、高等教育、职业技术教育、成人教育各领域，落实到教育教学和管辖服务各环节，覆盖到所有学校和受教育者，形成课堂教学、社会实践、校园文化多位一体的教育平台，并使学校教育和家庭教育、社会

教育相结合，循序渐进地通过课程体系和教材体系及其相关的实践活动，积极推进社会主义核心价值观进教材、进课堂、进头脑，把培育和践行社会主义核心价值观落实到经济社会发展实践和社会治理中。

**所谓"外化于行"，就是要在深化宣传教育，增强认知认同的基础上，增强人们的价值判断和道德责任感，使人们成为社会主义核心价值观的自觉践行者。**增强认知认同是内化于心的前提和基础，落实到行动是外化于行的关键。没有实践中的行动、真实的感受、经验的反思，再好的价值观也难以在实践中扎根。这就要求我们增强全社会的价值判断力和道德责任感，引导人们辨别什么是真善美、什么是假恶丑，自觉做到常修善德、常怀善念、常做善举。"现在突出问题是，在一些领域和一些人中，价值判断没有了界限、丧失了底线，甚至以假乱真、以丑为美、以耻为荣。"这就必须正视问题，把正面教育与舆论监督结合起来，把热点问题引导与群众道德评价结合起来，旗帜鲜明地弘扬真善美、贬斥假恶丑，树立正确价值导向、澄清模糊认识、匡正失范行为，形成激浊扬清、抑恶扬善的思想道德舆论场，引导人们自觉做良好价值观和道德风尚的建设者，做社会文明进步的推动者，党员、领导干部尤其要发挥先锋和引领作用，成为培育和践行社会主义核心价值观的表率，成为社会主义国家价值目标的奋斗者，社会主义社会价值导向的引领者，社会主义个人道德准则的践行者。

**所谓"固化于制"，就是要让社会主义核心价值观全面指导和推进我国经济、政治、文化、社会、生态文明各个领域的改革，消除影响其实施的体制、机制、制度障碍，形成有利于培育和践行社会主义核心价值观的一整套制度、体制和机制。**邓小平曾经指出："不是说个人没有责任，而是说领导制度、组织制度问题更带有根本性、全局性、稳定性和长期性。""这方面的制度好可以使坏人无法任意横行，制度不好可以使好人无法充分做好事，甚至会走向反面。"制度承载着价值，传递着理念，是价值体系建设的有效载体、重要保障。将培育和践行社会主义核心价值观固化于制，就是要将历史上和现实生活中的成功经验和有效做法上升为制度、体制和机制，使其系统完备、成熟定型、更加稳定、更加实用。我们要以社会政策作保障，制度作规范，法律作约束，通过制度、政策和法规等奖惩手段，鼓励正确的价值取向，抑制消极的价值取向，抵制腐朽的价值取向，惩罚错误的价值取向。对符合社会主义核心价值观的行为要表扬鼓励，对违背社会主义核心价值观的行为要批评和惩戒，形成好人好报、恩将德报的正向效应。要把社会主义核心价值观贯彻到科学立法、严格执法、公正司法、遵纪守法等依法治理的各个环节，用法律法规、市民公约、村规民约、学生守则、行业规范，增强人们践行社会主义核心价值观的自觉性、积极性，进而成为一种习惯性的自觉行动。

（作者：湖北省社会科学院研究员）

# 第九部分

# 廉政建设与反腐败斗争

# 坚定不移走中国特色反腐败之路

中国反腐败司法研究中心

中国特色反腐败之路，是我们党领导反腐败斗争成就和经验的集中体现，是以习近平同志为总书记的党中央重拳反腐的路径选择。反对腐败、建设廉洁政治，是我们党一贯坚持的鲜明政治立场，是人民关注的重大政治问题。党的十八届四中全会通过的《中共中央关于全面推进依法治国若干重大问题的决定》指出："深入开展党风廉政建设和反腐败斗争，严格落实党风廉政建设党委主体责任和纪委监督责任，对任何腐败行为和腐败分子，必须依纪依法予以坚决惩处，决不手软。"在十八届中央纪委五次全会上，习近平总书记强调，要按照全面建成小康社会、全面深化改革、全面依法治国、全面从严治党的要求，坚定不移推进党风廉政建设和反腐败斗争。坚持中国特色反腐败道路，必须始终保持惩治腐败的高压态势，善于用法治思维和法治方式，以"零容忍"态度彻底反腐败，不断以反腐败的实际成效推进廉洁政治建设，做到干部清正、政府清廉、政治清明。

## 一、始终保持惩治腐败高压态势

党的十八大以来，我们党用道道禁令严反"四风"，以"零容忍"态度严惩腐败，以强化制度约束严管干部，形成了抑制腐败、惩治腐败的社会氛围和高压态势。我们要继续保持这种高压态势不放松，坚决遏制住腐败蔓延势头，不断加大治本力度，推动全面从严治党常态化。

**坚持有案必查、有腐必惩。**凡发现腐败案件，都必须依纪依法严肃查处。查办腐败案件，严惩腐败分子，历来是我们党治理腐败的基本途径。改革开放以来，我们党不断加大反腐败斗争力度，但腐败频发、多发的势头仍未有效遏制。究其原因，与反腐力度不够直接相关，难以遏制腐败势头，标本兼治状况下，治标力度不够，治本难以到位。党的十八大以来，党中央强调有案必查、有腐必反、有贪必肃，明确提出以治标为主，为治本赢得时间。反腐治标的力度之大、范围之广、进展之速、效果之巨，营造着风清气正的政治生态，赢得了全党全社会的拥护。每个干部特别是领导干部都应心存敬畏，不应心存侥幸，谁要以身试法，必将身败名裂。

**坚持惩防并举、以惩促防。**惩治与预防是反腐败斗争的两个基本要素，两者相辅相成。从总体上看，反腐败斗争是以惩治为基本特征的执纪执法活动，其内在逻辑是以惩促防，以防固惩。反腐治标与反腐治本是惩与防的关系，只有充分发挥查办案件的治标功能，制度建设等治本措施才能落到实处。以惩促防，就是通过执纪执法建议，帮助发案单位分析犯罪成因，总结监管漏洞，建立健全相关制度，完善廉政措施，通过对腐败分子的惩治及腐败个案的剖析，强化党纪国法的警示教化功能，使有犯罪动机的人及早刹车，悬崖勒马，使党员干部特别是领导干部心灵受到洗礼，从而实现"办理一案，教育一片，治理一方"的目的。

**坚持自律与他律结合。**"伸手必被捉"，是党员干部自律防腐的警言，蕴含丰富的人生哲理。但是，当道德防线被私利的欲望冲破之后，"伸手必被捉"，就必须靠人民群众的有效监督、职能部门的有力查处才能实现。党的十八大以来，我们党高度重视人民监督，广大人民群众通过各种方式和渠道将腐败问题和有关情况提供给职能部门，极大提高了腐败的发现机率。群众监督和及时查处所产生的冲击效应，释放出“天网恢恢，疏而不漏”的正能量，营造着“伸手必被捉”的反腐氛围。提高腐败发现机率的人民监督和职能部门的有效查处，必须持之以恒、常态发力。

## 二、坚持用法治思维和法治方式反腐败

法治是一种理性的办事原则、理性的社会秩序、理性的法律精神和民主的法制模式。实践证明，用法治思维和法治方式反腐败，应具有以下特征：

**以程序正义为基础。**只有通过正义程序的演绎，才能有效实现实体公正。要强化依法履职的责任感，并通过改进执纪执法办案评价标准，完善执纪执法人员行为规范，强化违反规范执纪执法行为的惩戒等措施，坚决杜绝乱作为，有效防止不作为，切实规范执纪执法行为，确保查办腐败案件工作在法治轨道上运行。要完善查办腐败违纪违法案件的程序措施和工作机制，转变调查、侦查、审判理念，坚持办案工作重心前移，强化案件初查工作；完善初查措施，规范初查程序，遵循调查、侦查工作规律，准确把握立案条件；完善调查、侦查手段，提高调查、侦查工作科技含量；完善侦查指挥体制，规范侦查指挥机构设置，实现线索统一管理、侦查统一指挥、资源统一调配。检察机关与纪检监察机关配合协助，明晰各自的法定职责，构建纪检监察与职务犯罪侦查各司其职、相互配合、相互制约的依法反腐运行机制。

**以实体公正为核心。**实体公正强调纪律法律面前人人平等，不论什么人，不论其职务多高，只要触犯了纪律法律，都要受到纪律法律追究和惩处。要坚持查办贪污贿赂与查办渎职犯罪并重，查办发生在领导机关、领导干部中的要案与发生在群众身边损害群众切身利益的案件并重，查办受贿案件与行贿案件并重，查办贪贿数额大的案件与贪贿数额虽然较小但情节恶劣、后果严重的案件并重；办案活动以纪律法律为准绳，重事实，重证据，重调查研究，客观公正地查办案件，尊重和保障嫌疑人的合法权利；严格区分犯罪嫌疑人与证人和普通群众的界限，不能把证人和普通群众当作犯罪嫌疑人来对待；认真研究和正确把握法律政策界限，严格区分工作失误与渎职犯罪，经济纠纷与经济诈骗，正常合法收入与贪污、受贿，资金合理流动与徇私舞弊造成国有资产流失，企业依法融资与非法吸收公众存款等罪与非罪的界限。对进入司法程序的腐败案件，依法保障律师的会见权和知情权，在与律师的良性互动中提高案件侦查质量，增强办案的客观性和准确性，确保案件经得起历史检验。

**以执法效能为关键。**我国反腐败查办案件包括党内执纪、行政执纪、检察执法、审判司法等职能活动。其中，党内执纪和行政执纪，是党和政府对腐败的非刑罚惩治；检察与审判的执法司法，是依照国家刑事法律对腐败的刑罚惩治。提高反腐败执法效能，就是要提高反腐败非刑罚惩治和刑罚惩治的能力和水平。增强执法效能，必须打造忠诚、干净、担当的专业化执纪执法队伍，健全完善反腐败执纪执法体制机制，提高发现和证实腐败行为机率，提高惩治和防控腐败违纪违法效率。为此，要增强初核初查能力，为立案调查、立案侦查工作启动打下坚实基础；增强询问、讯问能力，注重法理情并用，注重教育感化；增强运用信息化平台全面取证能力，推进侦查信息、执法信息共享和公共信息快速查询机制建设；增强反腐败国际合作能力，在境外取证、追逃、追赃、遣返、引渡以及预防等方面开展务实合作。

**以强化监督为保障。**要切实加强自身监督制约机制建设，着力解决执法办案不文明、不规范问题，严肃查处关系案、人情案、金钱案，切实做到自身正、自身硬、自身净，确保执纪执法权依法规范行使，违纪必惩，违法必究，权益得到保护，正义得到伸张。要尊重人民群众在反腐败中的主体地位，健全民意收集、研究与转化机制，探索建立群众投诉及时受理与查究反馈机制；高度重视人民群众的控告、申诉、举报，及时

发现和解决执纪执法活动中存在的突出问题,最大限度满足人民群众的知情权、参与权、表达权与监督权,增强执法透明度,借助互联网搭建沟通、互动和监督平台,实现办案人员网上交流、网上对话,广泛接受社会各界对办案工作的监督,让群众从办案中沐浴到法律公正的阳光。

## 三、以"零容忍"态度彻底反腐败

彻底反腐败,必须立足于查办案件,着眼于制度建设。把权力关进制度的笼子里,形成不敢腐的惩戒机制、不能腐的防范机制、不想腐的保障机制,是反腐败新常态的基本走向。

**完善反腐败国家立法,强化"不敢腐"的威慑力。**完善反腐败国家立法,要将现行党委、政府、国家多元化惩治腐败制度整合为一元化反腐败国家立法,建立融实体法与程序法一体、非刑事处罚与刑事处罚结合、与世界反腐败公约接轨的反腐败基本法律,切实做到让"制度的笼子"通上"高压电"。增强惩治腐败的必然性,坚持制度面前人人平等,制度面前没有特权,不管什么人,"出笼"必受惩,"老虎"、"苍蝇"一起打,不搞"网开一面"和"下不为例"。增强惩治腐败的及时性,对"出笼"行为露头就打,快速处理,及时纠正。增强惩治腐败的严厉性,综合运用法律、组织、经济等处罚措施,加大惩治力度,特别是对严重损害公众利益的滥用权力行为,要予以重罚,以有力的惩治保证权力规范运行。

**健全防腐制度体系,强化"不能腐"的防范力。**一方面,优化权力结构,合理配置公共权力。建立健全决策权、执行权、监督权既相互制约又相互协调的权力结构和运行机制,遵循精简、统一、高效原则,对决策权、执行权、监督权适度分解与平衡,使三者之间既相互统一,又相互制约。在厘清权力事项的基础上,合理分解配置一把手的权力、重点岗位的权力、上一层级的权力,从制度机制上防止权力过分集中和扩张甚至滥用。另一方面,制定科学严密的"制度笼子"。从实际出发制定制度,注重解决实际问题,使制度既在理论上站得住,又在实践中行得通。当前要围绕限定权力范围、厘定权力界限、减少自由裁量、规范权力运行等建立健全制度,合理设计权力行使流程,杜绝权力寻租,使权力授予、行使、监督全过程和各环节都有制度规范,形成用制度管权、按制度办事、靠制度管人的有效机制,特别要围绕问题易发多发的重点领域和关键环节,及时对现有制度查漏补缺,把行使权力的漏洞彻底堵死。

**加强纪律作风建设,强化"不想腐"的自律力。**坚持警示教育与法纪监督相结合。通过"抓大"、"严小",出重拳、下猛药,使"抓大"形成威慑,同时从小问题抓起,使"严小"成为习惯。坚持制度教育与制度建设相结合。每项制度规定都要明确具体,把"大力提倡"变为"硬性规定",将"自由裁量"化为"具体标准",不仅有要求,还要有罚则,压缩弹性空间,增强刚性制约;注重运用法治思维和法治方式完善制度、制约权力,做到依法确权、依法限权、依法用权,用法律监督制约权力。注重预防腐败的制度设计,从公务人员日常的细微行为出发,作出详细、具体的规定,明确违反行为准则的严重后果,从"前端"杜绝腐败发生的可能。坚持作风教育与行权公开相结合。深入推进党务、政务、司法等公开,不断扩大公开领域、内容和范围,凡是经济社会发展重大事项、群众普遍关注事项、涉及群众切身利益事项、易发生腐败问题领域和环节的事项,都要做到及时公开,提高权力运行的透明度。建立健全公众参与、专家咨询、公示、听证等重大事项决策制度,畅通监督渠道,广泛听取民意,保障群众知情权、参与权、表达权、监督权,让权力在群众监督下运行。发挥舆论监督、网络监督作用,使权力运行"出笼"行为及时暴露在公众监督的阳光之下。

(执笔:吴建雄　廖永安)

# 勇于担当主体责任　坚定不移反腐倡廉

## ——认真学习贯彻习近平总书记关于党风廉政建设主体责任的重要论述

王宪魁

习近平总书记在十八届中央纪委第三次全会上强调,反腐败体制机制改革,一个很重要的方面是厘清责任、落实责任。党风廉政建设是党委工作的重要组成部分,必须坚持党要管党、从严治党,狠抓主体责任和责任主体,深入落实中央八项规定精神,坚决纠正“四风”,以零容忍态度惩治腐败,坚持有错必究、有腐必惩、有贪必肃、有责必问,使广大党员干部不敢腐、不能腐、不易腐,促进全省党风廉政建设和反腐败斗争深入开展。

### 一、强化履职尽责,种好“责任田”,牢牢把党风廉政建设放在心上抓在手上

党委能否落实好主体责任,直接关系党风廉政建设成效。教育干部廉洁自律、监督干部廉洁从政,是对干部的最大关心爱护。放弃了这方面责任,就是对党和人民、对干部的极大不负责任。履行好党风廉政建设主体责任,关键是责任主体要知其职、明其责、尽其力,旗帜鲜明、态度坚决、毫不含糊地贯彻落实中央各项决策部署。

**各级党委必须切实落实好主体责任。**党委要高度重视党风廉政建设,发挥统揽全局、协调各方作用,坚持和完善反腐败领导体制和工作机制,保证各级纪委监督权的相对独立性和权威性,切实把党风廉政建设和反腐败工作摆上重要日程,定期听取情况汇报,研究解决重大问题,建立责任传导机制,畅通下达上传渠道,严格监督检查、责任追究,决不允许有责任不落实、有制度不执行、有问题不追究,确保工作有人抓、问题有人管、责任有人担。

**各级党委主要负责人必须履行好第一责任人职责。**牢固树立不抓党风廉政建设就是严重失职的责任担当意识,管好班子、带好队伍,定期分析研究职责范围内党风廉政建设状况,及时解决存在的问题,对重大问题亲自过问,对重点环节亲自协调,对重要案件亲自督办,做到常研究、常部署,抓领导、领导抓,抓具体、具体抓,特别是要当好廉洁从政的表率,管好自己、管好家人、管好身边工作人员,守住做人、处事、用权、交友的底线,守住党和人民交给自己的政治责任,守住自己的政治生命线,守住正确的人生价值,永葆共产党人的政治本色。

**领导班子成员必须对分管工作和部门党风廉政建设担负起领导责任。**有权就有责、权责要对等。如果有权用不好、有责不担当,就会滋长不正之风,出现腐败问题。每一名班子成员都要在党爱党、在党为党、在党忧党,严格执行“一岗双责”,制定岗位责任细则,层层分解任务,层层传导压力,对承担党风廉政建设责任“签字背书”,做到工作职责和掌握的权力管到哪里,党风廉政建设的职责就延伸到哪里。

### 二、坚持从严治吏,践行“三严三实”,努力建设务实干事、清正廉洁的干部队伍

党要管党首先是管好干部,从严治党关键是从严治吏。培养干部既要大胆使用压担子,又要时常帮助提提醒。坚持关口前移、标本兼治,把“三严三实”要求贯穿干部队伍建设全过程,形成事前有预防、事中有管控、事后有监督的常态化制度体系,使党员干部懂规矩、守底线、作表率,绝不能再出现一个人出事、一批人倒下那样令人惋惜和痛心的事情。

**坚持从严教育**。深入开展理想信念、党风党纪和廉洁自律教育，运用反面案例进行警示教育，开展内容丰富、形式多样的廉政文化创建活动，不断增强党性观念和宗旨意识，切实补足精神之“钙”，筑牢拒腐防变思想防线，使党员干部做到公私分明、克己奉公、严格自律。

**坚持从严选拔**。树立正确用人导向，坚持德才兼备标准，完善选人用人机制，严格标准、严格程序、严格把关，不唯票、不唯分、不唯年龄、不唯 GDP，切实把信念坚定、为民服务、勤政务实、敢于担当、清正廉洁的好干部选拔出来，坚决防止和纠正选人用人上的不正之风和腐败问题。

**坚持从严管理**。发挥党组织和领导班子成员之间相互关心、相互爱护、相互提醒的作用，对苗头性、倾向性问题抓早抓小、查早查小、处早处小，经常拽拽袖子、咬咬耳朵、拍拍肩膀，有病就马上治，发现问题就及时处理，绝不能遮丑护短、姑息迁就、养痈遗患，做到防患于未然之时、除祸在萌芽之中。

**坚持从严监督**。切实加强党内监督，严格执行民主集中制，严肃党内政治生活，深化领导干部经济责任审计，发挥人大监督、政协监督、司法监督、社会监督、舆论监督作用，加强对领导干部特别是一把手行使权力的监督，做到位高不擅权、权重不谋私。严格实行“一案双查”、“一问三责”，对发生重大腐败案件和不正之风长期滋生蔓延的地方、部门和单位，既要追究当事人责任，也要追究相关领导的责任，还要追究纪委监督不到位的责任。

## 三、狠抓作风建设，汇聚“正能量”，促进教育实践活动深入开展

党的作风关系党的形象，关系人心向背，关系党的生命。党的十八大作出深入开展以为民务实清廉为主要内容的党的群众路线教育实践活动的重大部署，从贯彻落实中央八项规定入手，加强和改进作风建设，切实维护群众利益，抓住了根本，切中了要害。贯彻群众路线没有休止符，党的作风建设永远在路上，必须从经受“四大考验”、应对“四种危险”的高度，镜头不换、力度不减、温度不降，抓常、抓细、抓长，持之以恒改作风，不断巩固教育实践活动成果，切实以优良党风取信于民。

**着力解决“四风”突出问题**。“四风”是违背我们党的性质和宗旨的，是当前群众深恶痛绝、反映最强烈的问题，也是损害党群干群关系的重要根源。反“四风”，就是把不该拥有的特权、不该得到的利益、不该享受的待遇拿下来、限制住。要严格执行中央反“四风”的各项规定，敢于向旧习惯说不，向潜规则叫板，向违法违纪行为开刀。有什么问题就整治什么问题，什么问题突出就重点整治什么问题，坚决防止“四风”变种、反弹、回潮，真正让群众看到教育实践活动带来的新气象新变化。

**集中整治损害群众利益行为**。大力开展“解决群众反映突出问题”专项活动，着力解决克扣侵占群众款物，疑难信访积案、涉法涉诉，城镇管网老旧、农村脏乱差，社会保障工作不规范不公正，困难群众生活，基层党组织软弱涣散等问题。整改效果请群众评判，让老百姓不再难心、愁心、烦心。

**建立健全作风建设常态化机制**。一阵风式的改作风本身不是好作风，也改不出好作风。要认真落实作风建设各项制度，推动作风建设成果固化为制度约束，坚决维护制度的严肃性和权威性，使制度成为党员干部联系和服务群众的硬杠杠，使贯彻党的群众路线成为党员干部的自觉行动。从源头上遏制不正之风，从根本上治愈作风顽疾，务求群众路线教育实践活动取得实效。

## 四、注重源头治腐，扎紧制度“铁笼子”，不断强化权力运行制约监督

权力不论大小，职务不论高低，没有制度的制约和监督，权力就有可能被滥用，就很容易产生腐败。从源头上预防腐败行为发生，必须始终坚持标本兼治、综合治理、惩防并举、注重预

防方针，进一步加强反腐倡廉法规制度建设，最大限度堵塞制度漏洞，强化制度执行和责任追究，防止制度成为“纸老虎”、“稻草人”。

**严格落实党风廉政建设责任制。**创新检查考核方式，由党委常委带队，把党风廉政建设责任制检查与领导班子考核同步进行，组织开展党政主要领导向“两委委员”述责述廉，带着问题线索约谈领导干部，向社会公开通报检查考核结果，充分发挥廉政建设责任制在预防腐败中的重要作用。

**紧紧依靠改革堵塞体制机制漏洞。**注重改革的系统性、整体性、协同性，把深化改革同防范腐败同步考虑、同步部署、同步实施。推行权力清单制度，公开权力运行流程。加快转变政府职能，进一步减少审批事项。既通过改革打破利益固化的藩篱、把权力关进制度的笼子里，又防止借改革之机捞取好处、出现新的腐败现象。

**着力构建科学的权力结构和运行机制。**积极开展主要领导干部不直接分管人、财、物等重大事项试点。合理分解权力，科学配置权力，不同性质的权力由不同部门、单位、个人行使。推进权力运行程序化和公开透明，让权力在阳光下运行。同时切实改进巡视工作方式方法，注重巡视成果运用，提高巡视质量和水平，做到纪委派驻监督对党和国家机关监督全覆盖，巡视监督对地方、部门、企事业单位全覆盖。形成决策科学、执行坚决、监督有力的权力运行体系。

## 五、严格执纪执法，架设“高压线”，始终以零容忍态度惩治腐败

坚决反对腐败，防止党员干部在长期执政条件下腐化变质，是我们必须高度重视并全力抓好的重大政治任务。严惩腐败分子是党心民心所向，党内决不允许有腐败分子的藏身之地，惩治这一手无论如何都不能放松，必须始终保持惩处腐败的高压态势，认真查办违纪违法案件，坚决遏制腐败蔓延势头。

**严明党的纪律。**纪律面前人人平等、遵守纪律没有特权、执行纪律没有例外。必须严格执行党的政治纪律、组织纪律、工作纪律、财经纪律和生活纪律等各项纪律。一把尺子量到底，做到有纪必依、执纪必严、违纪必究，坚决维护中央权威，坚决克服组织涣散、纪律松弛现象，使纪律真正成为党员干部廉洁从政的硬约束，使党员干部真正敬畏法纪、敬畏组织、敬畏群众，始终保持党的先进性纯洁性，增强党的凝聚力战斗力。

**支持纪检监察机关履行监督责任。**贯彻落实中央关于改革党的纪律检查体制的决策部署，积极推动纪委转职能、转方式、转作风。整合纪委内设机构，强化办案和内部管理监督力量，清理牵头和参与的议事协调机构，配好配强各级纪委领导班子。稳定纪检监察队伍，纪委书记（纪检组长）任期内一般不调动工作，原则上干满一届，不再分管其他业务工作，使其心无旁骛、集中精力履行监督责任，切实把职能聚焦到主业上来，把更多力量调配到主业上来，真正把中心任务抓起来。

**坚决查处大案要案。**严肃查办发生在领导机关和领导干部中贪污贿赂、买官卖官、徇私枉法、腐化堕落、失职渎职案件，严肃查办发生在重点领域、关键环节和群众身边的腐败案件。不管是谁，不管什么级别，不管涉及多少人，“老虎”、“苍蝇”一起打，决不网开一面、法外施恩、法不治众。

（作者：中共黑龙江省委书记）

# 以改革的办法坚决铲除滋生腐败的土壤

马勇霞

党的十八大以来，习近平总书记高度重视党风廉政建设和反腐败斗争，多次强调要把权力关进制度笼子里，以深化改革推进党风廉政建设和反腐败斗争，健全权力运行制约和监督体系，形成不敢腐的惩戒机制、不能腐的防范机制、不易腐的保障机制。习近平总书记关于党风廉政建设和反腐败斗争的重要论述，深刻揭示了权力的本质属性、制度的重要作用和权力运行的客观规律，标志着我们党对反腐倡廉规律乃至执政规律的认识达到了一个新高度，对于坚决遏制腐败蔓延的势头，建设廉洁政治，完善中国特色社会主义制度，推进国家治理体系和治理能力现代化，具有重大现实意义。

坚决反对腐败，建设廉洁政治，防止党在长期执政条件下腐化变质，始终保持先进性和纯洁性，是我们党一贯坚持的鲜明政治立场。早在改革开放之初，邓小平同志就反复告诫全党："风气如果坏下去，经济搞成功又有什么意义?"必须"一手抓改革开放，一手抓惩治腐败"，"整个改革开放过程中都要反对腐败"。江泽民同志指出：反腐倡廉是把经济搞上去的重要保证，那种把党风廉政建设和反腐败斗争，同经济建设和改革开放对立起来或割裂开来，认为抓了党风廉政建设和反腐败斗争，就会冲击、影响经济建设和改革开放的认识，是没有根据的。胡锦涛同志指出：一个政党在执政过程中虽然把经济搞上去了，但如果自身腐败问题严重而又无力克服，导致社会风气败坏，最终也会丧失民心，带来灾难性后果。党风廉政建设和反腐败斗争，关系到人心向背，关系到党的生死存亡。每个党员领导干部都应当深刻领会习近平总书记"在党爱党、在党为党、在党忧党"的明确要求，深刻认识履行党风廉政建设主体责任不是可以商量和选择的，而是必须担当的政治责任，必须完成的政治任务，必须遵守的政治纪律。

腐败是社会的毒瘤。因腐败而丧失执政地位或造成国家经济崩溃和社会动荡的实例，古今中外不胜枚举。对于腐败带来的危害，世界银行和国际货币基金组织进行了大量调查，国际货币基金组织顾问瓦特·坦茨等人根据1997年世界银行在97个国家的调查资料得出结论：腐败程度与按人均GDP计算的经济发展水平、经济年均增长速度都有消极的联系，腐败程度越深，经济发展水平越低，人均GDP增长越慢。而最为可怕的是，腐败给一个执政党、一个国家造成的更大损失，在于无形的"内伤"，它损害执政党的执政能力，严重破坏执政党和人民群众的血肉联系，直至动摇执政根基。上世纪90年代初，苏共的垮台和苏联的解体，其原因之一，就是苏共自身的严重腐败搞垮了党、搞垮了国家，是自己打败了自己。

一般说来，腐败问题的产生要有三个条件：一是腐败动机。一个有崇高理想和坚定信念的党员领导干部，坚守廉洁自律底线，掌握再大的公共权力也不会腐败。二是腐败机会。体制机制有漏洞，决策不公开不透明，可以搞暗箱操作。三是公共权力。没有公共权力就没有腐败的本钱，绝对的权力导致绝对的腐败。有诱惑就会产生动机，有漏洞就会有机会，掌握公共权力且不受制约监督，这些就是滋生腐败的土壤和条件。

长期以来，我们党和国家一直旗帜鲜明地反对腐败，取得的成绩有目共睹。但目前反腐败形势依然严峻复杂，滋生腐败的土壤依然存在，一些不正之风和腐败问题影响恶劣、亟待解决。从查处的大案要案来看，大都发生在资源和权力较集中的领域和岗位，体制机制的缝隙和漏洞为一些人提供了权力寻租、权钱交易的机会，这正是为什么反腐败反不胜反、按下葫芦浮起瓢的根源所在。“扬汤止沸，不如釜底抽薪”。只有把惩治和预防腐败的要求体现在各项改革举措之中，深化腐败问题多发领域和环节的改革，堵塞一切可能出现腐败的制度漏洞，消除体制机制的障碍和弊端，不断铲除腐败现象滋生的土壤，才能有效地遏制腐败。

完善社会主义市场经济体制机制。着力解决市场体系不完善、市场秩序不规范、政府审批权力过大、对市场干预过多和监管不到位等问题。理顺政府与市场、社会三者的关系，使市场在资源配置中起决定性作用，进一步转变政府职能，简政放权，大幅度减少行政审批事项，减少用行政手段对资源的直接配置，减少行政权力对微观经济活动的干预。高度重视改革措施的配套和衔接，做到改革和预防同谋划、同部署、同实施，避免改革过程中出现制度真空和漏洞。严格规范行政权力审批程序和行为，压缩自由裁量权空间，加强绩效管理，突出责任落实，确保权责一致，最大限度杜绝“权力寻租”机会。

强化权力运行制约和监督体系。如何避免干部犯错误呢？正确的选择是：真正把权力关进制度笼子里，用制度管权管人管事，使好人不能犯错误，坏人不能肆意妄为。要强化制约，规范各级党政领导干部职责权限，科学配置权力和职能，明确职责定位和工作任务，不同权力由不同部门和个人行使，形成决策权、执行权、监督权相互制约、相互协调的权力结构和运行机制。要强化监督，用制度创新解决“上级监督太远、同级监督太软、下级监督太难”的监督难题。健全民主集中制，完善议事决策制度，通过党内监督、行政监察、审计监督和巡视监督，抓早抓小，对党员干部身上的苗头性倾向，早提醒早纠正，防止小问题变成大腐败。要强化公开，推行地方各级政府及其工作部门权力清单制度，明白自己该做什么、不该做什么，严格规范权力行使。依法公开权力运行流程，完善党务、政务、司法和各个领域办事公开制度，推进决策公开、管理公开、服务公开、结果公开，使权力在法治的框架内阳光运行，让广大干部群众在公开中监督权力。

加强反腐败体制机制创新和制度保障。着力解决目前反腐败机构职能分散、形不成合力，有些案件难以得到坚决查办，有的地方案件频发却追究责任不力，影响反腐败成效的问题。强化党委主体责任和纪委监督责任，各级地方或部门的党政主要领导干部要对具体承担的党风廉政建设责任进行签字背书，做到守土有责、守土尽责，保证党风廉政建设责任制落到实处。对领导不力、不抓不管而导致不正之风长期滋生蔓延，或者屡屡出现重大腐败问题而不制止、不查处、不报告的，要追究责任。强化各级反腐败协调小组职能，整合优化审计、公检法机关等各类机构资源，做到目标同向、人员同心、信息同享、工作同步、成果同用，形成反腐败工作的强大合力。推动党的纪律检查工作双重领导体制具体化、程序化、制度化，聚焦党风廉政建设和反腐败斗争中心任务，加强监督执纪问责，坚持用法治思维和法治方式反对腐败，为坚决遏制腐败蔓延势头提供有力的制度保障。

（作者：中共海南省委常委、纪委书记）

# 惩治腐败与国家治理能力建设

胡　键

有观点认为,腐败是现代化进程中的必经阶段。也有观点认为,集权体制必然导致腐败,而民主制不会产生腐败。对此,笔者不敢苟同。笔者认为,腐败与现代化进程没有关系。西方现代化进程中确实曾经产生过严重腐败,但它们也探索出了治理腐败的有效措施。后发国家不应步其腐败的后尘,而要借鉴其成功治理的经验。腐败与政治体制也没有关系。美国作为民主国家的典范也不乏严重腐败现象,新加坡虽是集权制国家却长期保持较高的清廉指数。那么,腐败与什么有关呢? 笔者认为,腐败与国家治理能力有直接的关系。国家治理能力低下会导致腐败,反之腐败也会进一步降低国家治理能力。

## 一、改革进程中国家治理能力下降导致腐败

改革不应该产生腐败,但一个不容忽视的问题是,在中国改革进程中腐败现象也日益严重。当然,也有一种观点认为,中国的腐败程度被夸大了,认为"透明国际"的腐败指数并不客观,它是一个认知指数,是主观上认知的结果,这一指数并不能真正体现一个国家的腐败程度。但是,中国的腐败现象的确在蔓延。腐败呈现出向一些关键领域扩散的趋势,高中级干部违纪违法现象日益严重,一些腐败分子集政治蜕变、经济腐败、生活腐化于一身,案件类型多样化,作案手段日趋复杂,呈现隐蔽化、智能化的特点。中国权力腐败情况自改革开放以来就一直呈上升趋势。这一趋势表明,中国当前最大的危险是腐败,而这些腐败正是由于改革过程中国家治理能力下降所导致的。那么,改革进程中国家治理能力为何下降呢?

第一,社会加速转型客观上要求国家治理能力也要相应得到提升,但国家治理能力的提升滞后于社会转型的速度,因而表现为国家治理能力的短缺。虽然改革开放历经了30多年,但中国仍然处于社会转型期,新旧社会整合机制仍然处于交替阶段。新旧社会整合机制的长时段交替意味着对国家治理能力提出了更高的要求。然而,由于执政者缺乏应对新形势下的新情况的经验和准备,从而使得国家治理能力无法迅速得到提升。最典型的表现就是执政者无法很快地建立起新的社会整合机制。因此,新旧社会整合机制交替过程中不仅出现了交替的"时间差",而且也产生了一个新旧两种整合机制都难以覆盖的"规制真空地带"。腐败正是利用这个"时间差"而盯上了这一"规制真空地带",并通过这一"规制真空地带"迅速蔓延开来。

第二,改革客观上要求既要谋求经济增长也要防止腐败,但国家治理能力的低下导致人们无法充分认识到改革的双重任务,结果只要经济增长了,腐败往往被大众所容忍甚至严重的腐败也被"赦免"。诚然,中国在改革进程中始终注重廉政建设。早在1982年改革开放之初邓小平就指出:"对外开放,资本主义那一套腐朽的东西就会钻进来的;对内搞活,活到什么程度,也是有问题的。我们必须坚持对外开放、对内搞活经济这一手。但是为了保证这个政策在贯彻执行过程中能够真正有利于四化建设,能够不脱离社会主义方向,就必须同时还有另一手,这就是打击经济犯罪活动。没有这一手,就没有制约。"因此,邓小平在跟中央负责同志

谈话中指出:“我们一手抓改革开放,一手抓惩治腐败,这两件事结合起来,对照起来,就可以使我们的政策更加明朗,更能获得人心。”但是,由于中国启动改革的主要目的甚至唯一目的就是要消除经济贫困。于是,着力于以经济发展和消除贫困为目的的改革,长期以来忽视了防止腐败的任务。在广大民众中也普遍存在着这样一种观念:宁愿要腐败做事的官员而不愿要贪权不做事的官员。在政策的实施过程中,也同样是专注于经济发展而很少关注官员腐败,只有在官员腐败确实引起民愤的情况下,惩治腐败才成为一件重要的政治任务。即便如此,惩治腐败也并非作为一项改革的任务,只是因为腐败妨碍了改革才成为惩治的对象。

第三,国家治理能力低下也表现为制度设计的严重缺陷。中国的政治伦理是把领导干部视为具有高尚道德的人,这样的人“不应该”腐败,即便出现一些腐败现象,那也是个别官员的例外现象,是个别官员缺乏道德修养的原因,而很少考虑加强外部制度的建设。由于经济增长是中国改革的头等大事,所以制度设计上都是围绕着经济建设这个中心,而且在围绕经济建设这个中心的同时,制度在选拔人才时首先考虑的是能够实现经济增长的人才。尽管中国共产党在选拔人才时也强调德才兼备,但强调的是经济建设的才,而一个人一旦在经济建设方面展现出与众不同的才,且被委以重任,这个人往往就被简单地视为道德高尚的人。把国家的权力置于一种被认可的高尚道德之上并且这种道德事实上没有任何外在的制度约束,甚至还希望所有拥有权力的人都拥有这种道德和在运用权力方面能够坚持道德原则。这显然是把人善的一面人为地扩大了,而把恶的一面无限地缩小了。把人的内部品德置于外部的制度之上,必然使权力运行的风险人为地放大。在没有外在制度的情况下,当然不乏道德高尚之人能够廉洁奉公,但难保道德藩篱不被物欲所击溃、摧毁;同时,也难保所有位高权重的人能够始终保持品德高尚。我们决不能指望有缺陷的人来代替制度,而应该用制度来弥补人的缺陷。

第四,国家治理能力低下还表现为制度变迁中的“惰性”。社会转型应该是在保持社会稳定的前提下优先发展新制度。但是,长期以来中国改革采取的是双轨制。双轨制最大的优势在于避免大起大落的社会动荡。也正因为如此,中国在过去30多年的改革中保持着相对稳定,并在这种稳定的环境下实现了经济增长。双轨制本应是一种过渡性的制度安排,但因为它给中国经济带来的增长效应而成为中国制度变迁的秩序性的制度安排。结果,双轨制被无限期地延续下去并且使制度变迁产生了“惰性”。双轨制给权力腐败与寻租提供了制度空间,从而催生了一个“劣政府”,而“劣政府”又刺激一些市场行为主体采取“抄近路”的方式进行贿赂以提高其市场效率进而谋取竞争优势。于是,一些地方就形成了这样一个恶性循环机制:双轨制——腐败与寻租——“劣政府”——以行贿、受贿为主的腐败。因此,双轨制可以理解为是中国过去30多年经济成就的金钥匙,也是中国腐败滋生的制度性土壤。

## 二、腐败对国家治理能力的影响

国家治理能力低下会导致腐败,腐败反过来也会进一步降低国家治理能力。二者存在着互为因果的关系。美国学者苏珊·艾克曼从成本与收益的关系提出了腐败的根源在于国家治理能力,并分析了产生腐败的四种情况:其一,政府本来被赋予依照合法标准而非行贿意愿来为个人和企业配置稀缺资源的责任。但是,当政府不能发挥这种功能的时候,贿赂就会像价格一样使政府提供的稀缺资源的供求趋于平衡。其二,在现有的工资水平和内部监督水平下,政府官员可能根本没有动力做好本职工作,他们可能会拖延事务或者设置其他障碍。在这种情形下,贿赂对这些官员就能起到一种激励性奖金的作用。其三,那些从事合法生意的企业或个人力图降低政府以税收(包括关税)和管制等方式向其施加的成本。而贿赂能降低这些成本。其四,从事非法经营的企业经常从国家手中“购买”腐败性的收益。在某些极端的情况下,非法企业和犯罪集团的头目甚至能够通过贿赂和恐吓手段把警察部门和其他国家部门置于其控制之下。在这种情况下,贿赂助长了犯罪活动。上述四种情形就是国家治理能力存在问题而导致的。那么,腐败在哪些方面导致国家治理能力低下呢?

从政治方面来看,腐败对政治最大的影响是导致政治上出现“软政权”现象。所谓“软政权”现象就是指社会缺乏立法和具体法律的遵守与实施的意识,各级公务员普遍不遵从规章和指令,并且常常和那些他们本应管束其行为的有权势的人们与集团串通一气。在20世纪90年代中期,中国学者萧功秦把“软政权”的基本特征概括为四个方面:一是“反法制的互利性”,即社会成员各自运用自己掌握的某种稀缺资源,如权力、金钱等,在违反和抵制法规的基础上,为一己的私利进行交换;二是对法规的遵守与解释的松弛性与随意性;三是它对包括下层阶层在内的社会各阶层的广泛渗透性和普遍性;四是贪污、腐败等各种属于软政权的行为模式彼此的互诱性和积累效应。中国政治生活的“软政权”现象至少表现在以下方面:

一是“一把手”问题。由于一把手职位高、权力大,为他吹喇叭、抬轿子的人多,在这种环境下,一把手极易成为各种势力腐蚀的对象。对于“一把手”问题,邓小平在改革之初就注意到了,并且要求加强对“一把手”的教育和监督。他曾指出:“权力过分集中,就是在加强党的一元化领导的口号下,不适当地、不加分析地把一切权力集中于党委,党委的权力又往往集中于几个书记,特别是集中于第一书记,什么事都要第一书记挂帅、拍板,党的一元化领导,往往因此而变成了个人领导。”邓小平还指出,“一把手”的家长制作风,“除了使个人高度集权以外,还使个人凌驾于组织之上,组织成为个人的工具。家长制是历史非常悠久的一种陈旧社会现象,它的影响在党的历史上产生过很大危害”。因此,邓小平要求处于现代化建设中的中国共产党“要有群众监督制度,让群众和党员监督干部,特别是领导干部。凡是搞特权、特殊化,经过教育而又不改的,人民就有权依法进行检举、控告、弹劾、撤换、罢免”。但是,从历年查出的腐败案件来看,涉及党政一把手的案件所占的比例仍呈上升趋势。

二是公权力私有化现象。《中华人民共和国宪法》明确规定了“一切权力属于人民所有”的基本原则。人民被赋予了“公仆”的行政管理权、资源配置权、经济管辖权、人事任用权、司法执行权、财物审批权等管理国家事务的公共权力。但是,在上级不易监督、同级不好监督、下级不敢监督、人民不能监督的情况下,某些掌握着国家权力的人把手中掌握的公权力转化为谋取私利的工具。这就是所谓的公权力私有化现象。公权力私有化在大多数情况下都是堂而皇之地被冠以“组织”或者是“制度”的名义。在当今中国改革过程中,公权力私有化现象表现为:(1)通过制定有利于自己或自己所代表的利益群体的制度、政策,从而能够以“国家政策”即“制度”的名义获得普通群体难以获得的社会资源。(2)人为地改变地区、部门的某些规章制度,特别是改变地区、部门的分配制度,并以“改革”的名义获得最大利益。(3)提拔干部任人唯亲,不遵守程序,或者打破正常的程序提拔自己的亲人、亲信,从而导致公务员“家仆化”。(4)以“组织”的名义合法性地占有社会资源,或者是提拔自己的亲信,或者是享有某些特殊资源。改革开放30多年极大地促进了中国的现代化进程,但公权力私有化也恰恰是在改革开放的进程中日益严重。

三是公权力市场化,导致买官卖官现象。权力市场化是指权力作为市场交易的客体而成为掌握一定公权力的人谋取社会资源的一种方式。它既表现为权钱交易,也表现为权物交易,归根结底是用公权力与其他利益进行交换以换取更大的收益。公权力市场化在中国封建政治制度中比较普遍,但封建的政治传统并没有被革命彻底根除，而是作为一种“社会基因”在当今中国政治发展中发挥着某种影响。因此，即便在当今，中国政治体制内买官卖官的现象也时有发生。

四是公权力运行潜规则化、暗箱操作。公权力运行的潜规则化是廉政建设中最大的问题。过去30年来，中国在廉政建设方面建立了一系列的制度，但这些主要是关于内部（道德、品格）建设的制度，而不是外在建设的制度，即不是关于制度建设的制度，而只是检验人的道德的制度，很少有关于权力运行以及关于权力与没有掌握权力的人的关系的制度。而权力运行过程恰恰是腐败产生的最大空间。缺乏外部制度的规制，其结果必然是权力运作的暗箱操作，正式的制度被潜规则排挤，潜规则成为正常社会的规制手段。这种情形下，很容易导致黑社会性质的组织和群体性事件的泛滥。

从经济方面来看，腐败对经济的影响主要表现在三个方面：一是腐败影响资源配置；二是腐败抑制经济增长；三是腐败会导致低效。

关于腐败影响资源配置的情况，美国学者苏珊·罗斯·艾克曼从贿赂对稀缺资源配置的影响进行了阐述。她用了一系列的案例证明贿赂扭曲资源配置，导致资源配置倾向于行贿的市场主体。她认为行贿会导致腐败的政府公务员的收入提升，而政府公务员出售的是稀缺资源。政府对稀缺资源的合理配置，目的是要落实政府的计划，但在贿赂的干扰之下，政府的计划往往会落空。国内也有学者对这一问题进行了研究。例如，任建明、杜治洲认为：“腐败的官员在分配资源时是根据关系和影响，根据对方支付贿赂的数额来作出决定，而不是根据企业的实际能力作出决定，从而对资源的合理配置产生严重的消极影响。同时，在资源计划分配和市场配置同时并存或存在黑市交易的情况下，腐败的政府官员往往为计划价格和市场价格（包括黑市价格）之间的巨大差额所吸引，从事资源的转手倒卖活动。”此类情况的结果使腐败的官员获得最大收益，而资源配置则因扭曲而无法实现最佳化。作为一种公共品，当它遭遇到腐败时，运行的成本无疑会提升，也会降低服务社会的质量。

关于腐败与经济增长的关系，一种观点认为，腐败可以带来经济增长，但笔者认为这是非常荒谬的。即便有增长，那也是由于个别市场主体通过贿赂的方式优先获得稀缺资源而获得短期性的增长。这种增长是畸形的、不可持续的。这种增长由于是通过贿赂而实现的，它必须通过进一步的贿赂来维持，而且也不能带来社会整体福利的提升。而从长期的情况来看，腐败必然会导致投资减少，从而使经济增长减缓。这是一般规律。有学者研究表明，一个国家如果能够把它的腐败指数（按0—10分打分，0是腐败最严重的，10是腐败最轻微的）从6提高到8，那么就能把它的外国直接投资率提高4个百分点，国内生产总值的人均增长率提高0.5个百分点。这就是说，腐败会直接影响经济增长。

关于腐败与效率的关系，有学者认为腐败必然导致低效。笔者非常赞同。艾克曼指出，“腐败市场”不会像合法市场那样有效率。这是因为，其一，贿赂的非法性质迫使双方必须消耗一定的资源来隐藏其非法交易；其二，一些潜在的非法交易者可能由于良心上的不安或畏惧惩罚而拒绝进入“腐败市场”；其三，为了避免交易内容泄露，政府官员仅仅同内部人士和信得过的亲信进行交易。所以，腐败的资源分配系统不仅降低全社会的效率，而且还使经济发展中的竞争面临不确定性。

从社会方面来看，腐败对社会的影响也是非常明显的。这至少表现在以下几个方面：

一是腐败会破坏社会公平。改革是中国现代化的必由之路，但改革也产生了不少“副产品”。例如，“让一部分人、一部分地区先富起来”本来是改革所体现的“梯度发展”思想，但实际上先富起来的是掌握着权力的一部分人通过权力资本化而获得了先机性的富裕；同样一部分地区则是依靠中央政策的扶持而获得发展的优势。这两种情形，都造成了社会不公正。特别是前一种情形，权力资本化实际上就是一种权力寻租。通过这种情况富裕起来的人，无论如何不能寄望他们能够带动其他人走向富裕，相反他们会通过权力不断地集中社会资源，以至于那些没有权力支撑的市场主体在改革中无法获得发展机遇而产生严重的挫败感和被剥夺感。

二是腐败会破坏法治。法治是治理国家的根本手段，法治能否得以维护是国家治理能力的一个重要标志。前文所说的“软政权”现象，也反映出腐败已经使法治成为苍白无力的一种摆设。虽然中华人民共和国宪法明确规定“法律面前人人平等”，但在实际的国家治理过程中，权力常常凌驾于法律之上。当法律的权威被践踏之后，权力就常常会被滥用，权力腐败也就泛滥。

三是腐败导致社会道德严重滑坡。领导干部一向被视为道德楷模，因为中国共产党干部选拔的标准就是“德才兼备”。领导干部的道德对社会具有导向的作用。而干部的腐败对社会风气产生了直接的冲击。社会的道德楷模出了问题，社会道德就跟着滑坡，社会风气就难以匡扶。邓小平就曾指出：“为了促进社会风气的进步，首先必须搞好党风，特别是要求党的各级领导同志以身作则。”“如果党的领导干部自己不严格要求自己，不遵守党纪国法，违反党的原则，闹派性，搞特殊化，走后门，铺张浪费，损公利私，不与群众同甘苦，不实行吃苦在先、享受在后，不服从组织决定，不接受群众监督，甚至对批评自己的人实行打击报复，怎么能指望他们改造社会风气呢！”反过来，党风不好就会直接影响社会风气，党内干部的腐败就会直接导致社会道德的滑坡。

四是腐败危害社会心理健康。腐败对社会心理有直接的作用，主要表现为：(1)腐败引起社会的“仇官”心理。官与民的关系本是鱼水之情，但因官员的腐败且腐败又没有得到法律的惩罚的时候，社会就会对官员存在一种普遍的仇视心理。近些年来，官民关系、党群关系在某些方面比较紧张，而且“仇官”现象也比较突出，一个相当重要的原因就是干部腐败，以及由干部腐败引起的一种不健康的社会心理。(2)干部腐败导致社会上对官员和政府以及对相应的制度产生严重的不信任感。特别是不少安全事故、食品卫生事故等在相当大程度上与干部腐败有关系，结果政府、政府官员所说的话无法获得社会的信任，以至于政府陷入“塔西佗陷阱”之中。(3)干部腐败还导致年轻一代产生一种畸形的心理，即认为事业成功必须靠欺骗。在传统的成功教育中，我们一直提倡诚实守信、勤奋刻苦等积极向上的价值取向，但年轻人所目睹的事实与我们的传统教育大相径庭，特别是他们看到的是社会靠坑蒙拐骗、欺诈而成功的一面。结果，他们内心之中就产生了一种错误的成功心理。

总之，腐败从政治、经济、社会各个方面对国家治理能力提出了严峻的挑战。有学者把腐败视为改革的结果，这种认识无疑是错误的。众所周知，转型只能向更好的社会秩序发展，如果转型导致社会秩序倒退，那么我们就不应该推进这种社会转型。因此，把腐败视为改革的结果，实际上就是在否定改革。当然，腐败的确是改革的“副产品”，提高国家治理能力必须通过进一步深化改革来克服和消除过去的改革所带来的“副产品”，使深化改革的正能量能够充分地释放出来。

## 三、提升国家治理能力的国际比较

腐败是世界各国普遍存在的问题，但各国在治理腐败方面受诸多因素的影响而治理的方式是不一样的，同样其治理绩效也大相径庭。美国、俄罗斯是两个完全不一样的大国，治理腐败的方式也不一样，这两个大国在治理腐败和提升国家治理能力方面采取的措施值得中国借鉴。

美国曾经是一个腐败严重的国家，特别是在19世纪至20世纪初，其腐败达到了顶峰。

美国在19世纪的主要腐败类型大致分为四种：第一种可以称为"项目回扣"型的损公肥私；第二种叫做"权力资本化"；第三种可以称为"权力俘获"；第四种则是指在战争中敛财。

通过大量的工程项目进行损公肥私的现象，在1826年伊利运河竣工以后的美国可以说是司空见惯的。伊利运河修建以后，其他州也仿效纽约市兴修运河，或者向运河公司贷款。各州资助了大量公共项目以确保它们在竞争中不处于劣势。各级政府支出范围的扩大，增加了政府官员贪污的机会。美国学者对此进行了详细的研究，但由于不知道其账本，无法知道究竟有多少实际用于工程，究竟有多少装进了私人腰包。但是，从项目预计成本与实际支出的比较来看，当时美国的工程项目腐败确实相当严重。

"权力资本化"现象一般在社会转型时期最为突出。美国从建国初期的"铁腕"时代向"看不见的手"的时代转型的过程中也出现了这种现象，即权力作为一种市场资本直接参与市场竞争。例如，19世纪中期，联邦法律要求国会拨款赔偿在革命战争中遭受财产损失的人，于是各地的人们都涌入国会要求得到养老金补偿。由于从美国全国各地到华盛顿来提出赔偿要求既耗费时间，又开销太大，那些有赔偿要求的人通常求助于一些在华盛顿有影响的朋友或代理人来进行起诉。在这种情况下，许多国会议员趁机挂牌营业，帮助这些人向国会、财政部和其他政府部门提出赔偿要求。他们公开打广告称有各种关系可以帮助这些人尽快得到赔偿，而他们自己也会从中获得丰厚的报酬。这实际上就是权力作为一种市场要素进入了市场。虽然这里只是涉及一个案例，但在当时，美国社会经济也处于转型过程中，"权力资本化"的现象是普遍存在的。

政府官员被市场主体收买的现象，我们称之为"权力被俘获"。收买的方法众多，但主要形式有：(1)收买官员掌握的政府的特许经营权；(2)收买官员掌握的政府配额；(3)收买国会议员使国会立法有利于自己所在的利益集团。关于特许经营权的腐败租金问题的研究和关于政府配额的研究，霍华德·博登霍恩指出，在19世纪初以前的美国，银行还在实行特许经营权制度，由于各州一般都限制银行特许权的发放，因此特许权的潜在租金规模特别大，那些试图获得特许权的未来银行家往往不惜血本；沃纳·特勒斯肯则对美国19世纪公用制度规制的历史进行了研究，指出特许权和配额导致腐败盛行于公用事业。至于收买国会议员的设租型腐败，在19世纪的美国就更为司空见惯了。

美国从建国始就建立了美国式的民主制度，但19世纪的美国却十分腐败。可见，腐败与政治体制类型没有直接的关系。任何政治体制只要监督机制、预防机制不健全，都会产生腐败。即便是专制制度，如果它的监督机制和预防机制健全，也可以避免腐败。

美国对腐败的治理并非一朝一夕就取得功效的，而是在长期的国家治理实践中不断完善其治理体系的。首先是建立相应的法律约束机制。例如，针对当时银行特许权的腐败问题，1929年颁布了《安全基金法》。该法案规定了一般特许权条件并建立了美国最早的银行监管机构。后来又通过了《自由银行法》，这样银行制度用"法治"取代了出于特殊利益的立法，用相对固定的行政程序和政策代替了特殊、易变、个人化的特许权条件。在这种情形下，执行规则的监管者就不那么容易腐败了。其次是在政治权力运行的过程中逐渐形成了一个政党约束机制。在美国历史上也曾有过一党长期执政的情况，正是一党长期执政，政府腐败现象才愈演愈烈。政治腐败也是美国历史上政党轮替的最重要原因。政党轮替制度在相当大的程度上遏制了美国社会的权力腐败。再次是美国从建国开始就一直倡导新闻自由并在长期的实践中形成了一套成熟的媒体监督机制。美国《独立宣言》起草者之一的杰斐逊曾经说，宁愿要没有政府的媒体，而不愿要没有媒体监督的政府。

诚然，即便是在被视为新闻自由的美国也并没有真正意义上的新闻自由。然而，随着政治腐败的日益严重，以及媒体本身要吸引读者，媒体越来越倾向于通过揭露社会丑恶一面来争取更多的读者。尤其是19世纪70年代出现的“扒粪运动”，在美国掀起了大规模的立法运动，这些立法涉及美国社会生活的方方面面。这对遏制腐败发挥了非常重要的作用。

下面我们再来看俄罗斯的情况。俄罗斯是典型的转型国家，由于原有制度的知识存量被摧毁，腐败和犯罪就像流行性病毒一样在俄罗斯社会生活中蔓延开来。在苏联时期，腐败和犯罪问题本来已经比较严重，但在中央集权体制下，它们基本上都隐藏在社会的背后。而在转型年代，由于国家衰弱、社会混乱以及人们从过去的禁锢中突然解放出来产生的自由冲动而使欲望全面释放出来，从而冲击着脆弱的国家系统。结果，俄罗斯像一个免疫力被彻底破坏的病人一样，感染上了这种流行性病毒。据研究，在20世纪90年代的激进转型中，俄罗斯70%—80%的中小企业和商业银行向黑社会交保护费，而这一比例一般都要占到其收入的10%—20%，有的甚至高达其利润收入的一半。国家已脆弱得根本无法向民众提供基本的法律秩序，更无法提供确保市场开放和市场诚信所需要的法律框架和规范……以至于在社会生活中合法与非法已经完全变得模糊了。腐败的产生有很多原因，但是几乎所有的腐败都有一条普遍的规律，即最初通过一些潜制度规则获得收益，最后就只能通过进一步使用潜制度规则来保护这种收益，通过腐败而获得的收益，只能通过进一步的腐败才能获得保护。

俄罗斯最典型的形式是设租型腐败即立法腐败。寡头对国家资产的掠夺主要依靠立法的形式获得，也就是通过对政府部门的俘获而使国家制定相关法律对过去已经攫取的国家财产合法化，或使国家的立法有利于自己进一步攫取国家的财产。与许多其他转型国家相比，俄罗斯的政府俘获现象最大的特点是，寡头对政权进行“俘获”所付出的成本是比较低的。一方面是因为俄罗斯的寡头主要来自于原苏联时期苏共内部的特权阶层，他们在转型过程中可以直接控制“立法委托人”来实现自己利益的最大化，包括直接制定转型过程中的游戏规则，尤其是制定关于私有化方面的各种法律和规章。另一方面，由于俄罗斯在“十月事件”后建立了“总统集权制”，总统是政治决策的关键，总统决定了的事，几乎没有更改的可能。因此，寡头对政权机构实施“俘获”时，往往直接针对总统本人，要么说服叶利钦总统吸收本集团的某人进入政府，从而影响政府的政策；要么直接收买并影响或操纵叶利钦总统。既然俄罗斯的寡头集团是凭借政权而崛起的，那么，它们对政权就有天然的依赖性，因而他们对现有政权的干预也就不可避免。早在苏联时期，政治腐败就已经相当严重，但转型时期腐败已经严重地腐蚀了俄罗斯的国家机器，也腐蚀了俄罗斯年轻一代。据俄罗斯一家媒体在21世纪初的调查显示，76%的年轻人认为“生活成功”归功于“不诚实”，只有39%的人认为是“努力工作”。更有甚者，俄罗斯的年轻一代认为贿赂是通向成功的唯一之路。因此，一些学者认为腐败已经像癌症一样深深地渗透到国家的机体之中，以至于它在摧毁社会免疫系统的过程中对社会不再产生什么症状和痛感。即便是在普京执政后，俄罗斯的腐败现象仍然十分严重，其特点如下：腐败范围广，层次深，几乎涵盖了社会政治、经济以及日常生活的方方面面；腐败程度深，总体呈现长期严重腐败并且有越来越严重的势头；腐败手段多种多样，且不断翻新，呈现出明显的地域性特点；腐败数额的多寡与城市大小、经济发展程度呈明显的正相关关系；腐败呈现公开化的特点，往往与社会上的黑恶势力相勾结。

面对这种情形，无论是普京还是梅德韦杰夫都极力推行反腐败措施。普京执政后就主张严厉惩治私有化过程中的严重腐败，采取措施打击金融寡头的违法掠夺，促使俄罗斯长期萧条后出现了经济复苏。普京甚至是将反腐败视为一项国家计划，这表明反腐败的政治意义不仅仅在于是否可以促进行政效率的提高，更主要是为了确保国家创新发展战略能顺利进行。梅德韦杰夫政府也大力推行反腐败措施，相继出台了《俄罗斯联邦反腐败计划》和《国家反腐败法》。内容包括：建立完善反腐败法律法规，从根本上遏制腐败行为；严格规范政府各部门权限，加强反腐败的制度建设；强化国家和社会对腐败行为的监督；加大对腐败的打击力度，确保腐败官员难以逃脱惩罚。这些法律法规构建了反腐败的法律基础和预防机制，也赢得了俄罗斯舆论界的广泛称赞，但并未解决深层次矛盾，腐败仍然继续盛行。此外，根据《国家反腐败法》，俄罗斯建立了官员财产申报和公开制度，强化公众对政府官员的监督力度，甚至规定所有公务员和国营企业的负责人不得拥有海外账号。这些措施对俄罗斯的腐败治理有一定的积极作用，也预示着俄罗斯国家治理能力的未来提升。

从美国、俄罗斯治理腐败的情况来看，我们至少可以获得以下几点启示：第一，腐败的确难以清除，但并非没有治本之策。美国经过近百年的腐败治理过程，腐败治理才取得成效。相比之下，俄罗斯因时间短，而且在社会转型过程中，利益格局进行重构，问题复杂；而且，俄罗斯官僚系统对反腐败措施的执行力不强，往往是政策出来并没有真正执行。但是治理腐败绝非可以毕其功于一役的，而是要常抓不懈，长期坚持、执行有力。第二，美国对腐败的治理是多管齐下的，而且是不断完善的。由此可以看出，反腐败的确是一个系统工程，必须进行综合治理。从美国的情况来看，它的确是从法律、规章、媒体、政治力量和社会力量同时推进的。因而，美国反腐败措施才产生成效。俄罗斯反腐败的方式往往带有打击政治对手的色彩，而且只有政策性的宣示，一旦遏制了政治对手，反腐败的举措往往就会暂告一段落。所以，它不可能具有持久性的成效。第三，公众的力量是非常重要的。当时，美国社会已经形成了一股巨大的公民社会力量，通过发起各种社会运动，把矛头直指权力腐败。因此，公民社会的力量对反腐败具有重要的意义。俄罗斯主要是在政治精英当中自上而下地反腐败，缺乏公民社会的支持，更缺乏公民社会的参与。尤其是俄罗斯社会有相当部分民众已经对权力腐败产生了冷漠感，这种冷漠感所体现出来的是对政府的失望和绝望。因此，民众认为腐败是正常的，不腐败才是不正常的。这样的社会心理实际上就是纵容权力腐败。

## 四、建立健全廉政制度，提高中国的国家治理能力

中共十八届三中全会指出，全面深化改革的总目标是完善和发展中国特色社会主义制度，推进国家治理体系和治理能力现代化。国家治理体系实际上是“五位一体”建设体系的一个概括性表述。国家治理的具体执行者是政府，因此国家治理能力实际上就是指政府治理能力。如果说，过去30多年的改革发展，我们先后回答了什么是社会主义、怎样建设社会主义，建设什么样的执政党、怎样建设执政党，需要什么样的发展、怎样发展三大历史性的课题；那么，我个人认为，三中全会的要旨就在于，在未来深化改革进程中，我们需要着力回答好建设什么样的政府、怎样建设政府的问题。中国过去30多年的改革实践中，一方面经济增长迅速，另一方面则是腐败程度越来越严重。一个重要的原因就在于政府角色出现了缺位、越位和错位现象，归根到底则是权力的问题。

所谓廉政包含四个要素：“廉正”，指政府及其官员在履行公务、处理问题的过程中廉洁而公正，不贪污、不受贿、不枉法；“廉朴”，指政府及其官员取之于民者少而用之于民者多；“廉节”，指政府及其官员在国家管理活动和处理与社会公共事务有关的活动中具有清廉无私的品德或节操，也称廉德；“廉制”，即有关廉政的制度。从四个方面来看，前三者主要是道德

操守的内容，这三个方面中国都做得非常不错。但是，廉政建设的关键是廉制建设，这方面中国做得非常不够，廉政的制度存在着严重的缺陷。

廉政制度至少包括掌握权力的人与权力之间的关系的制度，权力运行的制度和没有掌握权力的人与权力之间的关系的制度。这三种制度比较完备的是关于掌握权力的人与权力之间的制度。例如，干部任期、回避、交流制度，干部问责制，在任、离任审计制度，述职述廉制度等，这些制度都是关于掌握权力的人与权力之间的制度。但是，很少制定也没有认识到制定关于权力运行的制度和没有掌握权力的人与权力之间的关系的制度的重要性。因此，建立健全廉政制度，就必须进一步完善掌握权力的人与权力之间的关系的制度，尽快建立权力运行的制度和没有掌握权力的人与权力之间的关系的制度。

关于掌握权力的人与权力之间的关系的制度，要对两方面的问题进行规制。一方面，任何人获得权力的方式必须是法律认可的，不能让权力进入市场，力避出现买官卖官的现象。人民将权力授予了执政党并通过法律的形式确认下来，并不意味着掌握权力的人可以将公权力视为私有，可以随意进行交易。买官卖官现象本来是封建专制时代的产物，“家天下”时代就把权力视为一己之私。当今中国在社会大转型时代，如果没有法律的规制，封建陋习就会像被激活的遗传 DNA 一样迅速在中国社会的机体中活跃起来。另一方面，关于握有权力的人与权力的关系的制度，要求所有握有权力的人必须在宪法和法律的范围内活动，而不允许任何超越法律甚至凌驾于法律之上的特权。改革开放以来，个别领导凌驾于法律之上的情况时有发生。有鉴于此，中共十八大报告明确指出：“党领导人民制定宪法和法律，党必须在宪法和法律范围内活动。任何组织或个人都不能有超越宪法和法律的特权，绝不允许以言代法、以权压法、徇私枉法。”这实际上就是强调法律对权力的规制作用。

关于权力运行的制度，其功能在于对以下几个方面进行规制：其一，权力决策前的预防；其二，权力决策方式的科学性；其三，决策失误的追责。决策前的预防主要是防止决策的盲目性，也就是要做到决策具有科学性。长期以来，民众没有参与决策的机会，民众只是在领导干部决策之后而被迫接受某种决策。而领导干部则常常是过度消耗权力而盲目决策：一是只为了自己的政绩来决策，一切以政绩为目标；二是不求创新只求稳定；三是缺乏相应的能力又不愿意搞调查研究，不愿意听取群众意见，导致错误决策。盲目决策这三个方面的表现带来的结果是，践踏国家法制，给国家造成极大浪费，导致社会不稳定。盲目决策最大的问题就是把自己的权力凌驾于法律之上，形式上表现为个人英雄主义，实质上是无视法律的威严。事实表明，对国家来说，最大的浪费不是在生产上，而是在决策上。生产上的浪费可能只是某些项目的问题，但决策失误造成的浪费则是全局性的。另外，决策失误或者决策错误也会危害社会稳定。因此，建立权力运行的科学制度就是防范权力被过度使用和错误使用。

关于权力与没有掌握权力的人的关系的制度，一是要明确权力的法律责任，即权力是人民授予的，那么权力对人民的利益具有天然的保护责任；二是要明确人民对被授予者有要求透明的权力运作的权力；三是要明确人民对权力具有“二次授予”的权力。人民将权力授予一批人不是让被授予者随心所欲地使用权力，而是让权力真正服务人民，使权力向人民负责。也就是说，人民信任一个政党才将权力授予这个政党，授予这个政党的先进分子，使人民的利益能够在权力的安全保护之下。被授予权力的人，对人民来说就没有个人的特权，更没有秘密使用权力的特权。另外，由于人都会犯错误，有的错误是可以原谅的，但在权力运行的过程中造成的重大错误是不可以原谅的，因此人民第一次授予其权力就需要“自我纠错”，重新选择授予的对象，也就是

“二次授予”的权力。这样就能够确保权力在人民的监督下运行。

要建立上述“廉制”，就必须不断深化改革。有学者认为，苏联是因戈尔巴乔夫的改革而亡党亡国的。但是，从深层的原因和历史的眼光来看，则是不断被拖延了的改革葬送了苏联，戈尔巴乔夫的错误改革不过是加速了其亡党亡国的进程。苏共亡党亡国的历史并不遥远，我们为苏共的丧权而惋惜，更重要的是要引以为戒。中国共产党十八大明确提出了要深化改革。在十八大之后，一系列的改革举措已初见端倪，尤其是关于预防腐败和惩治腐败的举措正在实践中产生积极成效。通过这些举措我们至少可以看出，中国共产党正在通过自己的努力不断提升治党治国的能力。

（作者：上海社会科学院研究员、博士生导师）

# 构建系统反腐的长效机制和社会基础

邵景均

党的十八大以来,党中央高度重视党风廉政建设和反腐败斗争,提出了一系列新的理念、思路和举措。全党同志坚决贯彻落实党中央决策部署,各级党委的主体责任和纪委的监督责任不断强化,形成了反腐败的高压态势,全党全社会反腐倡廉建设的信心增强。但正如党中央明确指出的,滋生腐败的土壤依然存在,反腐败形势依然严峻,一些不正之风和腐败问题影响恶劣、亟待解决。从根本上解决这些问题,必须坚持整体设计、系统规划、跟进监督,从政治、经济、文化、社会各方面,着力构建党员干部不想腐、不能腐、不敢腐的长效机制,夯实反腐倡廉的社会基础。

## 一、反腐败斗争具有长期性、复杂性、艰巨性,必须坚持整体设计、系统规划、跟进监督,在解决突出问题的同时,系统推进反腐倡廉建设

整体设计、系统规划、跟进监督,是十八大以来党中央领导党风廉政建设和反腐败工作的显著特点,也是新形势下反腐倡廉建设的重大战略。

2013年底,党中央印发了《建立健全惩治和预防腐败体系2013—2017年工作规划》。建立健全惩治和预防腐败体系是国家战略和顶层设计。这一指导性文件的显著特点,就是系统反腐,强调在解决突出问题的同时,系统推进反腐倡廉建设。在总的工作原则上,该文件提出"紧紧围绕全面推进中国特色社会主义伟大事业和党的建设新的伟大工程,紧紧围绕全面深化改革的总体部署,坚持标本兼治、综合治理、惩防并举、注重预防,以改革精神加强反腐败体制机制创新和制度保障,坚定不移转变作风,坚定不移反对腐败";党风廉政建设和反腐败工作"与经济建设、政治建设、文化建设、社会建设、生态文明建设和党的建设一起部署、一起落实、一起检查"。在具体工作部署上,该文件既强调坚决查处腐败案件,坚持有腐必反、有贪必肃,"老虎""苍蝇"一起打,又强调做好预防腐败工作,把权力关进制度的笼子里,形成不想腐、不能腐、不敢腐的有效机制;既强调加强党的作风建设,深入落实中央八项规定精神,坚持不懈纠正"四风",又强调坚持改革党的纪律检查体制,完善反腐败体制机制,以深化改革端正党风政风;既要求加强对党员干部的思想政治教育,筑牢廉洁从政思想基础,又要求严明党的纪律,坚决克服组织涣散、纪律松弛现象;既强调充分依靠人民群众的力量推进党风廉政建设和反腐败斗争,又强调发挥执纪执法专门机关的作用,加强巡视工作,强化监督;既要做好党内国内的反腐倡廉建设,又要做好国际追逃工作,不使外国成为一些腐败分子的"避罪天堂"……这一切清楚地表明,党中央坚持把党风廉政建设和反腐败斗争作为一个系统工程来对待,因而特别强调"整体设计、系统规划"。只有坚持整体设计、系统规划,才能在宏观指导方面保持正确,避免发生"顾此失彼"、"挂一漏万"式的错误,才能做到"纲举目张",有效带动反腐倡廉的各项工作整体推进。

整体设计、系统规划、跟进监督,是反腐败斗争长期性、复杂性、艰巨性的必然要求。

党的十八大以来,尽管全国形成了反腐败的高压态势,但巡视情况表明,一些地方、部门和单位的腐败现象仍然恶劣。如广东省,"一些领导干部与私营企业主勾肩搭背搞权钱交易,插手土

地转让、矿产资源开发、工程建设项目招投标，利用职权和职务影响为配偶、子女、亲属及特定关系人谋取不正当利益；一些领导干部以收受红包形式受贿。”江西省，“有的领导干部及其亲属存在插手工程建设项目、谋取私利、节假日收送红包礼金等问题；在执行中央八项规定和作风建设方面，一些干部思想认识仍有差距，工作中存在形式主义，有的甚至顶风公款吃请；在干部选拔任用方面，存在超编制配备干部，个别干部‘带病提拔重用’等问题。此外，干部群众还反映，一些地方在矿产资源保护、开发、管理工作中存在漏洞。”湖南省，“党政机关办企业、利用行政权力参与经营较为普遍，政府审批事项多、机关乱收费，一些干部索拿卡要、收受红包问题比较突出，有些领导干部与私营业主搞权钱交易，插手工程项目建设和国有土地出让，利用职权和职务影响为亲属子女经商提供便利。”透过这些问题，我们能够进一步看到：第一，反腐败斗争是长期的，腐败现象的产生有着深刻的现实原因和历史原因，不可能靠一两年、三五年的高压态势就能够解决；第二，反腐败斗争是复杂的，腐败行为有“公开”也有“私下”，有“直接”也有“间接”，有“现货”也有“期权”，有权钱交易也有权权交易、权色交易，不可能只用某一种或几种反腐败方法就能够有效解决；第三，反腐败斗争是艰巨的，其中有不同思想、观念、文化的交锋，有新旧体制、机制、制度的碰撞，更有各种不同利益的纠结与博弈，不可能仅靠温情和说教来解决。所以，结论只能是，运用系统思维方式和系统工作方法，通过整体设计和系统规划，从治标与治本、惩治和预防两个方面作出努力。这才是解决腐败问题的根本途径。

## 二、坚持以零容忍的态度，以猛药去疴、重典治乱的决心，以刮骨疗毒、壮士断腕的勇气，从政治、经济、文化、社会各方面构建党员干部不想腐、不能腐、不敢腐的长效机制

对于反腐败来说，态度问题、决心问题、勇气问题，历来至关重要。尤其当腐败易发多发、反腐败斗争形势严峻的时候，执政党的态度、决心、勇气如何，往往成为决定反腐败斗争胜负的关键。有鉴于此，党中央明确提出，必须以猛药去疴、重典治乱的决心，以刮骨疗毒、壮士断腕的勇气，以零容忍的态度反腐败。所谓反腐败零容忍，就是对腐败现象毫不忍受、毫不宽容，有腐必反、有贪必肃；对腐败分子发现一个、坚决查处一个，对腐败行为发现一起、坚决纠正一起；坚持“露头即打”，不准滋生蔓延。这样的态度、决心、勇气，不仅要体现在查办腐败案件上，更要体现在系统反腐长效机制的建立上。用系统的观点看反腐败，惩治腐败只是冰山水面上的事，大量的预防腐败的基础性工作在水下。如果系统反腐的基础工作做不好，一系列不想腐、不能腐、不敢腐的有效机制建立不起来，那么“零容忍”就可能等于零。

**在政治领域，重在建立健全防止权力滥用的有效机制。**腐败的本质，是滥用公共权力谋取私利，属于政治范畴。从查处的腐败案件看，权力不论大小，只要不受制约和监督，都可能被滥用。在反腐败的系统工程中，防止权力滥用处于核心地位。党的十八届三中全会提出“必须构建决策科学、执行坚决、监督有力的权力运行体系”，突出强调“强化权力运行制约和监督体系”，并为此确立了“形成科学有效的权力制约和协调机制”与“加强反腐败体制机制创新和制度保障”两条路径。建立防止权力滥用的有效机制，一是合理分解权力，科学配置权力，强化权力的有效制约。明确规范职权、事权，特别是各级党政主要领导干部职责权限，实行权力清单，公开运行流程，使权力的行使，依法合规有边界。不同性质的权力由不同部门、单位、个人行使，形成科学的权力结构和运行机制。二是改革反腐败体制机制，进一步加强党委反腐败的主体责任和纪委的监督责任。这要求，着力改进对领导干部特别是一把手行使权力的监督，加强领导班子内部监督，加强行政监察、审计监督、巡视监督。纪委派驻监督应对党和

国家机关全覆盖，巡视监督应对地方、部门、企事业单位全覆盖。三是强化公开。阳光是最好的防腐剂。正如马克思、恩格斯所讲，一切公职人员必须在公众监督之下进行工作，这样能可靠地防止人们去追求升官发财和追求自己的特殊利益。应尽快推行地方各级政府及其工作部门权力清单制度，依法公开权力运行流程，让权力在阳光下运行，让广大干部群众在公开中监督，保证权力正确行使。四是强化责任追究。在政治领域，权责是对等的，谁用权谁负责。党组织及党的干部，必须有敢于担当的精神。出了问题，就要追究责任。对每一个具体问题都要分清党委负什么责任、有关部门负什么责任、纪委负什么责任，健全责任分解、检查监督、倒查追究的完整链条，有错必究，有责必问。对那些领导不力、不抓不管而导致不正之风长期滋长蔓延，或者屡屡出现重大腐败问题而不制止、不查处、不报告的，无论是党委还是纪委，不管是谁，只要有责任，都要追究责任。只有把这些机制建立起来、长期坚持下去，才能保证权力的正确行使，才能使我们党在政治上保持廉洁、立于不败。

**在经济领域，重在建立健全防治违法和违背商业道德行为的有效机制。**一般地说，腐败总是同经济利益紧密相连的。在我国反腐败的大系统中，不仅要加强权力监督，防止官员以权谋私，而且要防治“市场腐败”，切断腐败的经济“脐带”。如果说政治腐败是公权力的滥用，表现为公职人员背弃人民的信赖和自己的诺言，违背对公共财产、公共事务妥善管理的义务，那么，市场腐败就是私权利的滥用，表现为经营者或其雇员背弃市场或权利人的信赖和自己的诺言，违背对他人财产或事务妥善管理的义务，谋取不正当利益的行为。市场腐败的具体表现包括商业贿赂、侵吞或非法占用他人财产及其他市场欺骗行为。其危害不仅是造成市场秩序混乱、市场功能失灵，而且会严重侵蚀政治领域的正常秩序和清正廉洁，把官员拉进腐败的泥潭。《联合国反腐败公约》把腐败领域分为公共部门和私营部门，前者属于政治腐败，后者属于经济腐败。公约明确规定，反腐败必须坚决打击私营部门内的贿赂行为和侵吞财产行为。在我国，构建反腐败的大系统，必须建立健全防治违法和违背商业道德行为的有效机制。一是深化经济体制改革，健全市场运行规则，完善社会主义市场经济体制。二是综合运用宣传、教育、行政、法律、经济等手段，大力整肃市场秩序，使企业牢固树立诚信经营的意识、树立重契约、重信用、重法治、重廉洁的价值观。建议制定和实施商业道德准则、职业道德准则、反商业贿赂自律准则等规范，完善反商业贿赂相关法规。三是统一执法体系，加大处罚力度，公布行业、协会范围内商业行贿者的黑名单，对有商业贿赂方面道德污点的自然人和法人在全社会进行充分曝光，公开谴责其行贿行为，以建立清廉的市场经济秩序。四是在目前社会主义市场经济体制尚不够完善的情况下，应从制度上规范政府与市场的关系，迫使政府搞好宏观调控并从微观经济领域中退出来，使党政领导干部无法干预具体的经济活动。

**在文化领域，重在建立健全崇廉鄙贪的有效机制。**廉洁或腐败，既是一种从政行为，又是一种文化现象。从查办腐败案件的实际情况看，凡是腐败现象易发多发的地方，都是廉政文化建设薄弱、缺乏崇廉文化氛围的地方。如果整个社会都对官员的腐败疾恶如仇，有“人人得而诛之”的心态，腐败就终有根除的一天；如果腐败成为人们接受了的一种思维定式，见腐不怪，恨骂只是因为自己沾不了腐败的光，那么，根除腐败就只能是镜花水月。建立崇廉鄙贪的有效机制和文化氛围，首先，要健全廉政文化教育机制，打牢教育的基础。为此，应按照惩治和预防腐败体系建设的要求，推动廉政文化进社区、家庭、学校、企业和农村。教育的重点，是帮助各级领导干部树立正确的人生观、价值观、权力观。充分发挥思想道德教育、职业道德教育、社会公德教育、家庭美德教育的整体效能，进一步扩大廉政文化的覆盖面、影响面、教育面。积极挖掘廉政文化资源，倡导与中华民族优秀文化相承接、与时代精神相统一的廉政文化，在全社会形成以廉为荣、以贪为耻的良好风尚。其次，建立健全廉洁与腐败的评价机制，使广大干部群众明辨廉洁与腐败，区分清正廉洁的好干部与背弃人民的腐败分子。再次，建立健全崇廉鄙贪的奖惩机制。对那些优秀的廉洁干部要表彰、嘉奖，给予适当提拔重用；对受到非议、诬告、陷害或遭到打击的廉洁干部，要为他们澄清是非、消除不良影响，支持和鼓励他们继续保持廉洁；对有不廉洁行为的干部要及时批评、教育，帮助改正错误，阻止其滑向腐败的泥潭；对已经堕落为腐败分子的必须加大惩处力度。总之，应通过各种机制、办法，使廉洁的干部得到社会承认，受到人民的尊敬和组织的信任，使腐败的人只能得到社会的唾弃和法律的制裁。

**在社会领域，重在建立健全广大群众积极参与反腐倡廉的有效机制。**“社会”的主体是人民群众。人民群众历来是反腐败斗争的主力军。在社会领域讲反腐败，最重要的是健全广大群众积极参与反腐倡廉的有效机制，充分发挥其主力军作用。这就要求各级领导牢固树立正确的群众观，摆正与人民群众的关系，为人民群众参与反腐倡廉建设开辟广阔渠道；既充分发挥人大代表、政协委员的监督作用，又鼓励和奖励群众举报和舆论监督，充分发挥舆论监督鞭笞腐败和警示教育的双重功能。应建立健全定期协商和评议制度。凡是与群众有直接服务关系的机关领导和干部，都要同服务对象定期见面，直接听取群众评议，包括对廉洁自律情况的评议。只要将人民群众反腐败的积极性充分发动起来，并以有效机制保持下去，系统反腐就有了不竭动力，防治腐败就有了根本保证。

## 三、立足社会的整体进步和全面发展，着力改造腐败“基因”，构筑系统反腐的社会基础

反腐败的整体设计、系统规划，前提在于对腐败现象产生原因的透彻分析、对社会基础的深刻认识。腐败与反腐败，从来就不是孤立的社会现象，而是与社会发展状况紧密相连的。

进入改革开放新时期后，我国的反腐败斗争呈现出许多新特点新情况，腐败这股风来的很猛。分析其现实原因，一是我国处于社会主义初级阶段，处于经济体制深刻变革、社会结构深刻变动、利益格局深刻调整、思想观念深刻变化和各种社会矛盾凸显的历史时期，各方面体制机制还不完善，有着不少缺陷和漏洞，存在着滋生腐败现象的土壤和条件；二是在全方位对外开放的条件下，西方资本主义腐朽思想文化影响乘机而人，同我国历史上遗留下来的封建残余思想影响相结合，侵蚀着党员干部的思想，造成一些党员干部理想信念动摇、宗旨意识淡薄，拜金主义、享乐主义、极端个人主义思想滋长；三是多元利益主体在我国市场上的竞争日趋激烈，不法分子通过商业贿赂攫取非法利益、拉拢腐蚀公职人员；四是反腐倡廉建设存在薄弱环节，一些地方和单位管理失之于软、失之于宽，教育不够扎实、制度不够健全、监督不够得力、预防不够有效，加上不少中青年干部缺少严格党内生活锻炼和重大政治风浪考验，容易受腐败病毒感染。事实如美国学者亨廷顿所说，“一个国家的腐败程度与社会和经济迅速现代化有关”。

从系统反腐的观点进行反腐败的整体设计，更需要分析腐败现象产生的历史原因。其实人类自进入阶级社会以来，就有了腐败现象，而且从未消停。今日的腐败现象，并不是今日才有的，而是历史上腐败的延续和变种，有着几千年的“遗传基因”和“家族病史”。历史学家吴晗说过，一部二十四史就是一部腐败史。为什么腐败会一直存在并周而复始地影响着社会发展与进步呢？通过研究我国历史可以发现，导致腐败产生的深层次“基因”主要有三个：一是社会生产落后，可供消

费的资源有限,利益争夺激烈。这是最重要的经济原因。二是私有制的存在。马克思主义科学地说明了,私有制及其国家的存在,是腐败的总根源,"是一切龌龊事物的温床"。三是专制制度的存在。专制制度必然导致权力的绝对化,而"绝对的权力必然导致绝对的腐败"。虽然我国已经进入社会主义社会,但仔细分析就会看到,这三方面的影响仍然存在。

从腐败产生的上述现实原因和历史原因分析中,我们能更加清晰地看到,造成目前这种腐败"易发多发"状况的原因是多方面的、多层次的;在如何反腐败问题上,不能"就腐败讲反腐败",而必须着眼于社会的整体进步和全面发展。要做好反腐败斗争的整体设计、系统规划,从根本上解决腐败问题,不仅需要从政治、经济、文化、社会各领域建构一系列反腐败的有效机制,还要打好社会整体进步和全面发展的基础。基础不牢,腐败难消。

**第一,坚持科学发展**。发展是解决当前中国一切重大社会矛盾和问题包括党风廉政问题的基础。这里所讲的发展,必须以人为本,坚持社会发展与人的发展相统一;核心是先进生产力的发展,始终如一地坚持以经济建设为中心;是经济、政治、文化、社会的协调发展、全面发展;又是人与自然的和谐发展、可持续发展。在具有核心地位的先进生产力发展方面,必须贯彻落实党中央、国务院的重大决策,以深化改革为强大动力、以调整结构为主攻方向、以改善民生为根本目的,统筹兼顾、突出重点、务求实效。要把创新摆在国家发展全局的核心位置,促进科技与经济社会发展紧密结合,推动我国产业向全球价值链高端跃升。只有坚持科学发展,实现经济又好又快发展,才能为解决腐败问题创造最重要的经济基础和物质条件。

**第二,发展民主政治**。在人类历史上,以"少数人说了算"为基本特征的封建专制制度是产生腐败的制度性根源。实践证明,"绝对的权力导致绝对的腐败"。铲除"绝对的权力",根本途径是建立民主政治,实现全体人民依法共同管理国家。没有民主就没有社会主义,也不可能有反腐败斗争的根本胜利。虽说党的十一届三中全会以来我们的民主逐渐多了起来,但是,这与我们党所确立的建设"高度的社会主义民主"的宏伟目标相比,与惩治和预防腐败的要求相比,社会主义民主还建设得远远不够。我们深知,民主建设需要一个过程。一个有着几千年封建专制历史的国家,难以用几十年时间就完成民主政治建设的任务。我们要积极地"创造民主的条件",不失时机地把民主推向新的高度。发展社会主义民主,必须遵循民主建设的一般规律和我国社会主义初级阶段民主建设的特殊规律。一要从我国实际情况出发。我们应该而且必须吸收人类民主建设的文明成果,但是对别人的东西不能照抄照搬。二要有改革创新精神。民主政治只能在民主的创造性实践中实现。既要慎重,又要敢于"大胆地试,大胆地闯",更加注重健全民主制度、丰富民主形式,从各层次各领域扩大公民的有序政治参与,这样才能走出一条中国民主化的好路、新路。三要在健全和完善民主的根本制度、基本制度方面下功夫,如选举制度、轮换制度、监察制度、罢免制度、决策制度等。四要坚持民主的法律化、制度化。党领导人民群众"争得民主"的成果只有靠相关的法律、制度才能巩固下来、推广开去,必须大力而又全面地贯彻依法治国的基本方略。五要牢牢坚持中国共产党的领导,这样才能保证民主进程的健康、有序。民主政治局面的形成,将从根本上起到预防腐败作用。

**第三,建设先进文化**。腐败是人类优秀文化的深重的污染源,又以腐朽文化为滋生地。腐败是腐朽没落思想的反映,历来与先进文化格格不入。即使在中国的传统文化中,腐败也是在被谴责和排斥的范围内,不入主流。

在今天，腐朽文化像病毒一样腐蚀干部的思想和作风，严重地败坏着党风和社会风气。这方面的建设任重道远，要做长期艰苦的努力。

**第四，构建和谐社会。**社会发展又公平正义才能和谐。如果整个社会具有民主法治、公平正义、诚信友爱、充满活力、安定有序、人与自然和谐相处这样的良性景象，那么个别人的腐败就很容易打击。当前，构建社会主义和谐社会的任务既明确又艰巨，同样是任重道远，同样需要持久努力。

（作者单位：中共中央纪律检查委员会研究室）

# 关于治理公权力腐败的深层思考

杨兴林

规范公权力，治理腐败，事关党和人民事业发展的长远大计。解决不好，就会对党造成致命伤害，甚至亡党亡国。在中国共产党第十八届中央纪律检查委员会第二次全体会议上，习近平指出，要加强对权力运行的制约和监督，把权力关进制度的笼子里，形成不敢腐的惩戒机制、不能腐的防范机制、不易腐的保障机制。党的十八届三中全会作出的《中共中央关于全面深化改革若干重大问题的决定》进一步强调："要形成科学有效的权力制约和协调机制，加强反腐败体制机制创新和制度保障。"立足权力本质，总结历史经验，使权力不敢腐、不能腐、不易腐，需要加强公权力体制内监督，更需要加强社会监督，大力压缩公权力监督的"空白地带"，具体就是要充分发挥社会公众的监督主体作用，将公权力时时、处处、事事置于社会公众的监督之下，最大限度地消除公权力监督"死角"，既有效防止腐败病毒入侵，又有效杀死入侵病毒，保证公权力切实服务社会，造福公众。本文试从公权力存在腐败可能的内在机理入手对这一问题展开阐述。

## 一、公权力腐败的内在机理

反腐防腐、建设廉洁政治是保持人民政权纯洁性的重大问题。早在1949年3月，毛泽东就在中国共产党七届二中全会上向全党敲响警钟。进入改革开放和社会主义现代化建设新时期，随着改革开放和社会主义市场经济建设与发展，我国公权力内部的贪腐现象也越来越突出。面对这种情况，党和国家坚持不懈地抓廉政建设，惩处各种腐败分子，学术界也对公权力腐败原因作了多维度分析，但笔者认为公权力之所以总有腐败的可能，深层原因就在于公权力内在机理。只有深入把握公权力腐败的内在机理，才能够切实加强社会监督，将公权力运行完全置于阳光之下，有效治理腐败发生。

### （一）公权力的特殊支配性内蕴腐败可能

权力是一种支配性力量。权力作用的发挥，只能在人与人的相互关系中实现。权力的行使者与行使对象是一个矛盾的统一体，缺少任何一方都没有权力可言。一个人对另一个人、一些人对另一些人、一个集团对另一个集团行使权力，意味着对其行使支配性力量，要求其必须做什么或绝对不做什么，必须怎么做或绝对不能怎么做。如果一方要求另一方做什么或不做什么，另一方拒绝照办，要求的一方也无法使其照办，权力就不复存在。权力的支配性是权力的本质特征，没有支配性，就没有权力。

现实所言公权力，通常是指国家层面的政治权力及公共管理权力，尤其具有很强的支配性。这是由于国家是"从社会中产生但又自居于社会之上并且日益同社会相异化的力量"，它的基本功能是缓和社会冲突，把冲突保持在"秩序"的范围内，避免经济利益相互冲突的阶级、阶层在无谓的斗争中把社会毁灭。公权力行使，无论是以组织形式，还是个人形式，背后都以国家的强制手段为支撑，拒绝公权力支配，意味着势必受到制裁或惩罚。公权力的这种特殊支配性，对于维护社会秩序，保证社会正常运转，组织社会活动，进行社会建设必不可少，但是公权力握有者也完全可以利用这种特殊支配性，背离公权力的本质要求，为个人或小集团谋利。具体形式，可以是避开公众注意力隐蔽进行，也可以是明目张胆地为所欲为。

尤其应当看到的是,公权力对社会关系的支配,集中体现为对利益关系,特别是对经济利益关系的支配。这种支配作用行使得当,会有效地促进社会和睦,增强社会向心力和凝聚力,推动经济社会健康发展,反之则难免成为社会发展的消极因素,甚至是破坏因素。恩格斯曾经指出,国家权力对经济发展的反作用有三种:可以沿着同一方向起作用,促进经济发展;可以沿着相反方向起作用,导致经济逐步崩溃;可以阻止经济发展沿着既定的方向走,而给它规定另外的方向。在后两种情况下,国家权力都会给经济发展带来巨大损害,并造成人力、物力的巨大浪费。不过,公权力在具体经济关系调节,特别是社会财富分配中究竟起何作用,固然受多重因素影响,但是公权力使用者的意志和品质无论如何都是最为重要的因素。其品质廉洁,遵从公众意志,公权力在他们手中就是服务公众、造福公众的工具,社会财富分配自然公平、公正,即使具体过程中出现某些失误,也会或迟或早通过相应方式得到弥补或矫正;其品质贪腐,无视公众要求与意志,公权力则极易演变成谋取私利的工具。

**(二)所有权与使用权相分离为公权力腐败提供可乘之机**

在本源意义上,公众是公权力的所有者,官员是执行公众意志的公权力使用者。在理论上,公众作为权力所有者,既然有权授予各级官员以相应的权力,就有权监督其使用,也有权收回所授的权力,但是实际情况却是公权力一旦让渡,所有权与使用权就在事实上相分离,呈现出相对独立性,进而在使用过程中形成事实上无法消除的监督“空白地带”,以至于为各级官员灵活使用公权力谋取私利提供了可能。这也正是当代发达国家公权力监督网络十分严密,但是公权力腐败现象仍然时有发生的重要原因。

公权力在现实中变质腐败,形式多种多样,并且随时间、空间、条件变化而变化,可以亦公亦私,公私兼顾;可以瞒天过海,假公济私;可以欺上瞒下,偷天换日;可以鱼目混珠,巧取豪夺;可以恣意抢占,无所顾忌;可以权权交换,投桃报李;可以权钱交易,各得其所;可以权色交易,互有所好;可以单兵作战,我行我素;可以团伙齐心,互保互联;可以做而不说,好处尽捞;可以集体研究,“光明正大”;可以钻法律、政策、制度空档,堂而皇之;可以现实交换,获取即时利益;可以寻租经营,期货交易。总而言之,只要有条件、有机会,就会有人利用公权力谋取私利,甚至于即使没有条件和机会,一些精明者也会巧妙地创造条件和机会来达到谋取私利的目的。

公权力的性质和特点使其存在腐败的可能,促使这种可能变为现实的条件多种多样,但是最为基本的就是利用公权力的所有权与使用权相分离所导致的监督“空白地带”规避监督。一般而言,无论在何种制度下,国家政治高层为了维护自身统治,总会在体制内开展各种形式的反腐败,遏制公权力越轨,维护国家整体利益。我国明代的朱元璋、清代的嘉庆皇帝都曾使用铁腕手段反腐,但到最终腐败却成了官僚体系的常态,无法治愈。究其深层原因,这些制度的本质本来就是为少数人服务,其权力虽然在本源上也由公众所让渡,实际却被扭曲为少数剥削者服务的工具。在这种情况下,统治者虽然想通过反腐防止权力滥用,但出发点却建立在敌视公众、远离公众的基础上,只能通过体制内进行,由于缺失了公众监督,体制内官员通常因切身利益官官相护,为避免“拔出萝卜带出泥”,彼此相互包庇,反腐败自然失去了坚实的社会基础。即使政治上层强力反腐,中下层也会“歪和尚念经”,扭曲变样,最后不了了之。公权力腐败的可能性在社会主义制度下同样存在,并且如果没有广泛的社会监督,仅仅依靠体制内监督,依然难免流于形式,最后导致腐败毁掉政权。在这方面,前苏联和东欧社会主义国家留有惨痛的教训。

## 二、我国现实中公权力腐败态势严峻

公权力的所有权与使用权相分离导致的监

督"空白地带"为公权力腐败提供了可乘之机，现实中如果社会再对这种"空白地带"的监督重视不够或疏于监督，公权力腐败的可能性就极易转化为现实。新中国成立以来，特别是改革开放30多年来，虽然我们的党和国家一直注重建设廉洁政治，惩治贪腐分子，但社会发展中存在的一系列极其复杂原因，还是为公权力机体中蕴藏的腐败可能向现实转化提供了大量机会，以至于现阶段公权力腐败形势极为严峻，必须采取得力措施来治理。

**（一）公权力腐败高位运行**

这一态势仅从中纪委2009年以来通报的有关信息中即可窥斑见豹：

一是腐败案件总量高位运行。2009年，各级纪检监察机关立案115420件，结案101893件，处分106626人，为国家挽回经济损失44.4亿元。2010年全国纪检监察机关立案139621件，结案139482件，处分146517人，为国家挽回经济损失89.7亿元。2011年，全国纪检监察机关立案137859件，结案136679件，处分142893人，为国家挽回经济损失84.4亿元。2012年，各级纪检监察机关立案155144件，结案153704件，处分160718人，为国家挽回经济损失78.3亿元。另据2013年最高人民法院工作报告，五年来共审结贪污贿赂、渎职犯罪案件13.8万件，判处罪犯14.3万人。

二是领导干部腐败案件高位运行。2009年处分县处级以上干部3743人，移送司法机关县处级以上干部764人。2010年处分县处级以上干部5098人，移送司法机关县处级以上干部804人。2011年处分县处级以上干部4843人，移送司法机关县处级以上干部777人。2012年受处分县处级以上干部4698人，移送司法机关县处级以上干部961人。

三是违背中央重大决策部署顶风作案高位运行。2008年11月至2010年8月，全国纪检监察机关共立案查办扩大内需政策落实中违纪违法案件314件，处分430人；核查抗震救灾资金物资管理使用案件9258件，处分689人。2011年查处违法违规强制征地拆迁问题1480个，责任追究509人；查处食品安全问题5975件，责任追究3895人，药品安全问题9084件，责任追究3680人；查处保障性住房项目违纪违法问题307件。2012年，工程建设领域违纪违法立案5956件，查实5022件，3780名党员干部受到党纪政纪处分，1097名党员干部被移送司法机关；纠正土地和矿产资源开发中违法违规问题2.75万个，3891人受到党纪政纪处分；纠正环境保护违法违规问题2.21万个，305人受到党纪政纪处分；查处违法违规强制征地拆迁案件427件，437人受到责任追究；保障性住房项目查处违纪违法问题340件，382人受到责任追究。此外，这些年商业贿赂、"小金库"、失职渎职案件同样居高不下。

**（二）公权力腐败特点突出**

改革开放以来，随着反腐败不断深化，腐败与反腐败之间博弈激烈，腐败分子不断变换手法，逐步呈现出许多新的特点：（1）腐败领域转移。腐败现象从经济热点领域、资金高密度领域、垄断性行业领域向社会领域扩散，腐败高发区逐渐向改革尚未到位领域转移。（2）腐败团体化。腐败分子利用关系形成利益集团，共谋侵占公共资源。（3）腐败手法升级。腐败分子利用体制内漏洞，通过高科技手段逃避监管和制裁，治理腐败的难度和成本越来越大。（4）金额数量急剧攀升。贪污受贿金额早已超越十万、百万甚至千万，动辄上亿，数十亿也不少见。（5）腐败资本化。腐败分子从大量谋取现实利益逐渐转向占有生产资料、股权，获取长期效益。（6）腐败活动境外化。腐败分子利用对外开放政策及法律，与境外不法分子勾结，或共同损害国家利益，或通过境外渠道转移非法所得。（7）腐败心理承受力增大。有关问卷调查显示，在履行职务之外是否可以收受礼品、礼金和接受招待问题上，21%的公职人员认可在控制标准前提下接受管理对象的馈赠和招待；40.1%的公职人员认可在控制标准前提下接受非管理对象馈赠、招待；39.9%的公职人员认可对外做与业务有关的报告、讲演收取报酬，还有18.4%的公职人员认为可以从事营利性兼职。

**（三）公权力腐败的有利条件在发展**

改革开放以来，党和国家为治理腐败制定出台了大量政策、文件、法律和法规，规范党和国家机关及公职人员行为。然而，或由于理论准备不够、经验缺乏，或由于“内部人”控制等原因，政策、文件、法律、法规中存在各种各样的漏洞，诸如有原则性规定，无相应性惩罚；政策、文件、法律、法规对同样问题的规定相互矛盾，使腐败者总能找到有空可钻的机会，堂而皇之地谋取私利而无须付出高昂的代价。然而，现实中除这方面一直存在的问题外，还有两个方面有利于腐败的条件在发展：

一个方面是经济社会活动高度复杂，为公权力腐败提供了遮蔽之机。我国改革开放和现代化建设的过程，是一个从简单经济社会活动到高度复杂多样发展的过程，一个从封闭半封闭发展到充分参与国际经济社会发展的过程。基于社会发展规律，当经济社会活动发展到高度复杂后，公权力特别是政府权力必须退出对经济社会活动的直接干预，集中精力于定规立制，充当宏观调控者和裁判员，否则公权力就很容易利用其中的人脉网络、技术规范等，谋取不当之利。但是，较长时间内我国改革却停留在这一“深水区”，公权力可以直接参与经济社会活动，这也正是为什么我国现代化建设越发展，经济社会活动越复杂，公权力腐败案件越是居高不下的重要原因。

另一个方面是社会公众对腐败的容忍度提高，感觉域限增大。改革开放30多年来，廉政建设在坚定不移地进行，公权力腐败程度也有日趋加重之势，在这一过程中，公众容忍腐败的感觉域限在无形中逐渐增大，对许多腐败现象习以为常，甚至以接受的心态来对待。如上所述问卷关于这方面的调查表明：在公职人员履行职务之外是否可以收受礼品、礼金和接受招待问题上，35.5%受调查公众认为在控制标准前提下可以接受；46.2%受调查公众认可公职人员在控制标准前提下接受；43.6%受调查公众认可公职人员对外做与业务有关的报告、讲演可以收取报酬。调查还同时显示，公众在看病就医、子女入学、就业求职、工作调动、打官司等方面遇到疑难时，多数倾向于请托送礼解决问题。

## 三、大力压缩监督“空白地带”，有效治理公权力腐败

应当说，我们的党和国家对公权力存在的腐败现象一直保持高度警惕，特别是进入改革开放新时期以来，公权力监督体系逐步健全、完善，但是由于体制内监督毕竟是官员监督官员，容易形成一荣俱荣、一损俱损的局面，以至于官官相护。中央领导层反腐决心再大，腐败分子也总能找到机会相互包庇，逃避监督。现实中存在的“上级监督太远、同级监督太软，下级监督太险”的现象，反映的正是公权力体制内监督的困境与无奈。鉴于公权力腐败的内在机理在于所有权与使用权相分离导致公权力的使用出现监督“空白地带”，为其机体中内蕴的腐败可能转化为现实提供了条件，有效遏制和治理现实中严峻的公权力腐败态势，必须大力加强社会监督，“让人民监督权力，让权力在阳光下运行”，尽其可能地压缩公权力监督的“空白地带”。

**（一）充分发挥人民群众作为公权力所有者的监督主体作用**

人民群众是社会历史的主体，也是公权力的所有者，党和国家各级领导机关及公职人员的权力皆由人民群众所赋予，这样的历史地位自然决定了人民群众是我国公权力监督的当然主体，其监督是我国公权力监督体系中最具本质意义的监督。一些国家和地区成功的反腐经验也表明，公权力体制内自身监督与公权力体制外公众监督相辅相成，缺一不可。只有上层领导人的政治决心和反腐败法律、制度、机制的完善，人民群众却毫不关心，无论如何都无法形成强大的反腐合力。同时，社会公众监督本身

也具有多方面的特殊作用和优势：一是人员分布面广，监督能够在社会的各个角度、各个层面展开，易将监督触角延伸至体制内监督不易达到的“死角”；二是人数众多，有利于形成监督公权力的社会文化，生成强大的反腐心理基础；三是社会公众生产、生活的许多方面都受公权力影响，对这一过程中公权力是否有腐败行为以及会有怎样的腐败形式感受最直接，当然也最清楚怎样监督更有效。

现阶段，我国社会中关于人民群众的监督主体地位尚有不少糊涂认识，严重影响了社会公众监督作用的发挥，如有些领导者或管理者摆不正自己与人民群众的位置，甚至认为领导者、管理者的任务就是领导和管理群众，群众监督领导，会影响领导或管理；有人认为，现代化建设需要安定的社会环境，公众都来监督领导，势必影响社会秩序；还有人甚至认为公众监督会导致类似“文化大革命”时期的“大民主”。前两种看法，颠倒了公权力的所有权与使用权之间的关系，公权力的所有者与委托使用者之间的关系。后一种看法是严重的误解。“文化大革命”时期的“大民主”，名为大民主，实为大动乱，是砸烂一切、冲击一切，毫无社会主义民主和法制可言。社会公众监督本身是社会主义民主和法制建设的重要内容，遵循的是社会主义民主、法制要求，价值追求集中在避免公权力侵害公民合法权利，保障公权力切实服务社会公众，造福社会公众，本身就是民心安定、社会稳定的根本保证，与“大民主”格格不入。

党的十八届三中全会提出：“全面深化改革的总目标是完善和发展中国特色社会主义制度，推进国家治理体系和治理能力现代化。”国家治理与国家管理的重大不同之一，就在于国家管理强调的是国家或广义的政府为管理主体，而国家治理的主体却是多元的，广大人民群众是多元主体之一。在国家治理的经济、政治、文化、社会发展等方面，人民群众都应当也必须参与。遏制公权力腐败，实现“干部清正、政府清廉、政治清明”，是我国国家治理的重要内容，当然更是广大人民群众参与治理的重要内容。邓小平曾言，制度具有根本性和长远性，“制度好可以使坏人无法任意横行，制度不好可以使好人无法充分做好事，甚至会走向反面”。广大人民群众监督既是有效遏制公权力腐败变质的好制度，也是健全我国国家治理体系、提升治理能力的好制度，必须不断地健全和完善。

**（二）充分保障人民群众的知情权**

社会监督的前提是知情，加强社会监督，大力压缩公权力监督“空白地带”，首先必须保障人民群众的知情权，这也是社会主义政治开放性的本质要求。向社会公开公权力运行信息，本身就是一种监督，它既能够尽可能地将腐败病毒拒之于公权力机体之外，防止公权力机体感染，又能够及时发现公权力使用越轨的苗头或事实，随时杀死腐败病毒，纯洁机体。公开政治信息，保障公众知情权，可以有许多方式，适应信息化发展要求和公众信息素质不断提高的现实，切实建设各级党委、政府及其他公务部门的电子政务、公务，无疑是极其重要的途径。就内容而言，理论上凡属于公权力运行的所有信息都应在公开之列。从具体可行性而言，按照国家保密法规定不能公开者除外，都应在公开之列。从我国现实看，尤其应当公开五大方面信息：

一是公开党政及其他公务部门的工作职能、负责人员、办事规则及流程，便于公众日常办事过程中随时监督这些部门和公务人员是否依法、依规、依程序办事，是否热心、耐心、诚心为公众办事，是否有超越正当程序、规则之外的越轨行为发生。

二是公开有关重大建设等项目的决策背景、依据、程序、实施、监督等信息，既便利社会公众及时提供意见和建议，通过各种形式参与决策过程，也便于公众依据相关信息对整个决策和实施进行全方位监督，有效避免“政绩工程”以及重大项目执行过程中可能发生的腐败，使国家所有投入都得到合理使用，创造最大化的经济效益和社会效益。

三是公开政府的财政预、决算信息，各级政府不仅要向同级人民代表大会报告各财年预、决算情况，而且要面向社会公开财政预、决算信息，内容要求清晰、明白、全公开，不能有“埋伏”，技术上要避免术语过于专业，力争清楚、通俗，让人一看便知、一听便懂，能够弄清楚来龙去脉，不能让人看后似懂非懂、似是而非。民主参与的质量取决于参与的广度与深度，信息公开深入、明白，是公众深度参与的本质要求。

四是公开干部选拔、任用标准、过程、要求等重要信息，保证不让老实人吃亏，不让投机钻营者得利，也确保不唯 GDP 数字用人。干部问题事关党和人民事业大局，改革开放以来，我国干部选拔、任用逐渐形成了民主选拔制度和程序，包括民意测验、任前公示、公布举报电话等，但是选拔过程中公开性远远不够，参与者、知情者仍是少数，以至于一些地方出现了严重的唯 GDP 数字用人，甚至于买官卖官现象，败坏了党的干部制度，影响了党的干部队伍建设。

五是公开官员收入及财产详细信息。对此，有人持不同看法，认为官员也是合法公民，也有保护自身财产的合法权利。但是，官员毕竟不是一般的公民，而是受社会公众委托，手握公权力的“特殊”公民，为防止公权力成为官员获取不义之财的工具，官员收入、财产信息必须向社会公开。这在我国贪污腐败趋势严峻的现阶段，尤其重要而迫切。

**（三）在注重视多种监督形式的同时高度重视现代媒体的监督优势**

社会监督有多种形式，有新闻媒体的舆论监督，公民的批评、建议、检举、揭发、申诉、控告，网络监督等。每种形式各有特点，综合运用，有利于建立广覆盖的公权力社会监督网络，有效遏制公权力腐败。但是，随着电子技术快速发展，一些现代媒体往往可以综合传统平面媒体的优点，发挥出极大的优越性。其中，主要有两个方面：

一是电视媒体。这是以电视为宣传载体的信息传播媒介。与传统平面媒体相比，电视媒体信息传播及时，传播画面直观易懂、形象生动，传播覆盖面广、受众不受文化层次限制，互动性强……观众可参与其中，因而在传达公共政策、引导社会舆论等方面起着举足轻重的作用。在我国，电视媒体的监督作用十分显著，电视新闻节目对社会问题的报道，往往能够引起社会及公权力部门的广泛关注，不少疑难问题因电视媒体曝光而解决。在这方面，中央电视台的“焦点访谈”是其突出代表。它对一些社会热点问题，包括公权力滥用的深度调查、新颖的观察，直指问题实质的评析及其报道事件的后续关注等，都在公权力监督方面发挥了特殊作用，不少报道在中央有关领导同志关注和批示下得到解决，还社会以公道。现阶段，我国的电视媒体监督还受到许多因素制约，电视新闻媒体人员有按照新闻法自由采访的权力，但在一些地方却因为触犯了公权力机关或公职人物的利益神经，往往受到各种限制，甚至是人身威胁，还有公权力人物公开质问电视媒体到底应该为老百姓说话，还是应该为领导说话。有效发挥电视媒体的特殊监督作用，类似问题必须在加强法制建设的轨道上切实解决。

二是网络监督。所谓网络监督，就是政府或大众通过互联网对某一件事情的了解、关注、研究，提供信息或介入支持，实现对公权力的监督。与传统媒体监督相比，网络监督具有其独特优势和强烈的时代特征。从 BBS、博客，到各新闻网站和门户网站的相关频道，再到个人维权网站，甚至是专门舆论监督网站的出现，不仅快速、便捷，而且廉价、有效；网络的海量信息，为纪检监察以及司法部门提供了丰富、直接且不易灭失的反腐败线索，同时网民参与的普遍性和不受控制，使监督无时不在、无处不在，也极大地拓展了社会公众监督的时间和空间。现阶段，网络监督在我国已经受到官方重视。2003 年最高人民检察院开始建立网络举报平台。2005 年 12 月中纪委、监察部向社会公布中纪委信访室、监察部举报中心网址。新华社

2009年通过新华网公布了中央和地方网络举报方式。党的十七届四中全会正式提出健全反腐倡廉网络和受理机制、网络信息收集和处置机制。如今,全国已经有10多个省级监察机关相继开通举报网站。最高检察院提供数字显示:全国网上举报案件数量年均达3万多件,网上举报已经成为举报人向检察机关提供线索的主要途径。民间反腐网站也开始建立,如"中国舆论监督网"、"中国正义反腐网"等。由于我国网络监督尚处于初级阶段,还存在不少问题,如有网民在网络上散布谣言,侵犯他人合法权益,宣泄对社会的不满情绪等,为保障网络监督在我国社会监督中发挥其特殊作用,有关部门应当更加积极地推动网络监督建设,通过各种引导和规范对网络监督的形式与内容、权利与保障等作出明确规定,以便网络监督有章可循、有法可依,为广大群众参与反腐败提供畅通渠道。

**(四)为公众主动监督提供坚实的制度保障**

对此,在坚持依法治国方略前提下,特别需要加强三个方面的法律法规建设:

一是加强党和国家信息公开法律法规建设,切实保证公务信息公开。应当看到的是"为了保障公民、法人和其他组织依法获取政府信息,提高政府工作的透明度,促进依法行政,充分发挥政府信息对人民群众生产、生活和经济社会活动的服务作用",国务院已于2007年1月颁布《中华人民共和国政府信息公开条例》,并于2008年5月1日起施行。《条例》的付诸实施,为公众监督政府提供了重要条件,但从具体实施情况看,还存在不少问题,如有关什么信息确属保密信息不能公开,什么信息能够在一定范围内公开等,都还需要进一步明确规定,以避免政府及其公职人员以保密为名,拒绝向公众提供,逃避监督。还有,公众依法向有关政府机关申请公开信息,政府机关以种种理由搪塞或拒绝公开的,公民向有关执法单位举报后,情况属实者,当事人怎样才能受到实实在在的处罚等,同样需要进一步研究、建设和完善。再者,党委、群众、事业团体等公务部门事关公众利益和廉政建设的有关信息,如何有序地对社会公开或在一定范围内公开,也应当通过相应法律法规的建设、完善来落实。

二是加强公众监督合法权益保护的法律法规建设,消除公众监督的后顾之忧,使其敢于监督。公众是公权力的所有者,但是公民个人,面对公权力总是处于弱势地位。监督者总有可能受到公权力使用者的威胁、打击或报复。为有效保护公民的合法监督权,国外已经有了专门立法,如英国早在1892年就颁布了《证人保护法》、美国1984年制定出台《证人安全改革法案》,香港、台湾地区也都制定有相关法律。我国现行有关法律,虽然有关于公民合法权益,特别是保护举报人合法权益的零散规定,但是仍然没有专门法律出台,尚不能为公众监督公权力提供有效保护。适应我国加强社会监督、有效遏制公权力腐败的需要,这方面的法律建设亟须加强。

三是加强激励公众监督的法律法规建设,及时褒奖公众监督行为,使其主动监督。公众监督公权力腐败面临种种风险,调动公众监督反腐积极性,不能仅仅诉诸他们对社会的责任与良心,或者仅仅诉诸他们对公权力腐败的不满或义愤,而应当对其反腐行为予以充分的肯定和褒奖,其中,精神层面要大力宣传和报道,对于反腐突出贡献者,尤其应当给予高规格表彰,授予高规格荣誉称号,以此不断提升社会正义感,培养充满正义感的社会文化。在此基础上,还应根据反腐者的实际贡献给予物质奖励,特别是对于因反腐遭到恶势力报复、受到重大伤害的,国家尤其应有物质补偿措施,以解除其后顾之忧,绝不能让人反腐一阵子,痛苦一辈子;委曲几个人,冰冷众人心。邓小平曾言,不重视物质利益,对少数先进分子可以,对广大群众不行,一段时间可以,长期不行。这个重要思想对激励社会公众积极反腐一样适用。

(作者:北京信息科技大学高教研究室教授)

# 加强反腐败体制机制创新和制度保障的新思路

张晓燕

反对腐败，建设廉洁政治，是中国共产党一贯坚持的鲜明政治立场，是人民关注的重大政治问题。这个问题解决不好，就会对党造成致命伤害，甚至亡党亡国。这是党的十八大向全党敲响的警钟。一年来，党中央高度重视和决策部署反腐倡廉工作，狠抓作风转变，查处腐败案件，加大执行力度，效果明显，风气在变。在此基础上，党的十八届三中全会提出加强反腐败体制机制创新和制度保障的任务。十八届中纪委三次全会把加强反腐败体制机制创新和制度保障确定为2014年五大工作任务的首要任务。紧接着，中共中央就印发和颁布修订后的《党政领导干部选拔任用工作条例》，从选人用人上落实从严治党、从严管理干部的要求和相关的制度规定。体现出新一届中央领导集体加强反腐败体制机制创新和制度保障的新思路。

## 第一，在党章制度框架下改革党的纪律检查体制，推动党的纪律检查工作双重领导体制具体化、程序化、制度化

通过纪委的纪律监督检查反腐败，是中共反腐败体制机制上一个特点。1982年党章规定党的地方各级纪委和基层纪委实行双重领导体制，即在同级党委和上级纪委双重领导下进行工作。可是，双重领导怎么领导？党章只对查处党委委员和党委常委作了规定，即各级纪委发现同级党委委员有违纪的行为，可以先进行初步核实，如果需要立案检查的，应当报同级党委批准，涉及常务委员的，经报告同级党委后报上一级纪委批准。这项规定对同级纪委受同级党委领导体现得淋漓尽致，但也存在着同级纪委监督同级党委委员特别是常委会成员的局限性，因为同级纪委只有对党委委员违纪行为的初步核实权，没有直接立案检查权，同级党委批准是同级纪委行使立案检查权的前置条件，如果同级党委不批准，同级纪委就不能进行立案检查，在立案查办反腐败工作的核心程序上受到同级党委的牵绊，给同级党委瞒案不查和压案不报提供了可能和机会。同时，党章对纪委查处其他党员领导干部违纪行为如何体现双重领导没有规定。从各地实践情况看，基本上形成了“以地方党委领导为主、以上级纪委领导为辅”的套路和做法，导致地方同级纪委监督同级党委普遍形同虚设的严重后果。

党的十六大报告首次提出改革党的纪律检查领导体制的任务，并在实践中进行探索，2003年12月，中共中央颁布施行的《中国共产党党内监督条例（试行）》首次规定：“党的地方和部门纪委、党组纪检组可以直接向上级纪委报告本地区、本部门、本单位发生的重大问题。”这一规定在下级纪委和上级纪委之间建立一个报告制度通道，但是，基本上下级纪委不会这样做，主要原因是下级纪委在人财物上受同级党委领导。党的十七大召开前的省委换届，党中央采取省一级纪委书记由中央“空降”或异地调任的做法，一直延续到十八大召开前。这实际上是党中央在一定程度上掌握了省级纪委书记的提名权和任命权，打破了过去长期由地方党委常委会提名纪委书记的惯例。

党的十八届三中全会总结以往经验，以解决突出问题为导向，提出“推动党的纪律检查

工作双重领导体制具体化、程序化、制度化，强化上级纪委对下级纪委的领导。查办腐败案件以上级纪委领导为主，线索处置和案件查办在向同级党委报告的同时必须向上级纪委报告。各级纪委书记、副书记的提名和考察以上级纪委会同组织部门为主。”这些规定既没有突破党章规定的原则框架（这一点非常必要），又明晰和补充了党章规定留有的弹性空间，提高了地方各级纪委的“相对独立性”，形成了对同级党委主要领导的有效制约，有利于提高查办案件效率。各级纪委书记、副书记的提名权和考察权“上收”也有助于打消他们监督同级党委的后顾之忧，保障纪委加强对同级党委特别是常委会成员监督责任的落实。

### 第二，明确党委和纪委在党风廉政建设中的责任定位，落实党风廉政建设责任制

党委负主体责任，纪委负监督责任，这是党的十八届三中全会对党委和纪委在党风廉政建设的责任定位。这是对过去长期实行“坚持党委统一领导，党政齐抓共管，纪委组织协调，部门各负其责，依靠群众的支持和参与”的领导体制和工作格局的深化和调整。它直接明了地回答了党要管党靠谁来管、从严治党靠谁来治的问题。管党治党需要靠人民民主监督、需要靠法治保障。同时，执政的中国共产党自身不能缺位。党又是具体的，从这个角度说，加强党风廉政建设，所有党组织和党员领导干部都有责任，其中，各级党委是党风廉政建设的主体，负主要责任。党要管党、从严治党，就是把党风廉政建设的责任层层分解到各级党委分担和落实，党风廉政建设是各级党委责无旁贷的重要职责。明确各级党委对党风廉政建设负主体责任，符合领导权力与领导责任对等原则，符合现行中国政治体制下以党风促政风带民风的内在逻辑。它意味着推动从责任机制上彻底解决党委成员权力与责任相脱节的问题，担任职务就要履行责任。党的组织、宣传、统战、政法等部门要把党风廉政建设的要求融入各自工作，人大、政府、政协和法院、检察院的党组织都要按照中央要求，履行党风廉政建设主体责任。它要求各级党委特别是主要领导必须树立不抓党风廉政建设就是严重失职的意识，主要领导是第一责任人，既要管好自己，还要对班子和队伍严格要求、严格管理，发现有不良倾向和苗头及时约谈提醒，有问题及时纠正。领导班子成员对职责范围内的党风廉政建设负领导责任。明确了党委和纪委在党风廉政建设中的主体责任和监督责任，为制定党风廉政建设责任追究制度创造了必要条件。

明确纪委对党风廉政建设负监督责任，突出监督主业，会促进纪委更好发挥党内监督专门机关作用。在过去形成的党风廉政建设工作格局中，把纪委职能定位在组织协调上，造成两个方面的突出问题：一方面，各级纪委把主要时间和精力都用在党风廉政建设和反腐败的协调工作上，纪委作为党内专门监督机关的监督作用的发挥受到严重影响；另一方面，从党章第四十四条规定的精神来看，组织协调反腐败工作的主体是党委，纪委是党委组织协调反腐败工作的协助者。可是，从实践情况看，都是各级纪委书记任反腐败协调小组组长。反腐败的艰巨性、复杂性决定了需要反腐败的组织协调，成立反腐败协调小组的目的是在党委领导下有纪检、法院、检察、监察、审计等单位主要领导参加在查办腐败案件中统筹力量，整合资源，部门配合，相互协作，系统联动，形成反腐败合力，彰显惩治腐败的“组合拳”效应。但同时也带来一些新情况新问题，比如，各部门职责边界不清；纪检监察机关执行党纪、政纪和检察院依法行使职权的关系问题，等等。因此，党的十八届三中全会《决定》提出改革和完善各级反腐败协调小组职能的要求。从十八届中纪委三次全会新闻发布会上，我们得知中纪委从更好地履行监督职责出发，明确职责定位，转变职能，突出监督主业，将工作重心聚焦反腐败，已经采取两大措施：一是清理调整参加的各类议事协调机

构，由125个清理调整为14个，对确需纪检监察机关参加的予以保留，属于其他部门职责范围的不再参与，避免出现纪委职能“越位”、“错位”等问题。各地纪检监察机关也对内设机构和议事协调机构进行了调整，31个省（区、市）和新疆生产建设兵团纪委、监察厅（局）参与的议事协调机构平均减少60%以上，办案人员数占到总数的22%。二是整合优化中央纪委监察部机关内设机构，撤销党风室、纠风室、执法室、绩效室，新设立党风政风监督室、执法和效能监督室，增设2个纪检监察室。通过调整，减少机构重叠和职能交叉，机构设置、人员配置进一步向办案和监督工作倾斜。因此，笔者建议对2010年12月中共中央、国务院印发的《关于实行党风廉政建设责任制的规定》进行必要的修改。三是各级纪委普遍建立约谈制度，2013年中央和地方各级纪委共约谈干部42739人次。四是探索开展领导干部个人有关事项报告材料抽查核实工作。五是解决对各级纪委监督“灯下黑”问题。强化纪委的监督权力十分必要，可是，谁来监督纪委呢？这是近年来党员干部关注和反映的一个问题。中纪委按照“打铁还需自身硬”的要求，正在通过制度创新规范和约束纪检干部。比如，“2013年10月21日，国资委纪委书记强卫东做客中纪委监察部网站，就中国铁建8.37亿元业务招待费检查情况进行通报时透露一个细节，中纪委书记王岐山要求国资委纪委书记强卫东和中国铁建纪委书记齐晓飞在核查报告上签字背书报结果。指名道姓要求两名纪委书记在相关事件上签字背书，传递的信号很明确，如果不公正履职，就要承担连带责任。‘签字背书’意味着承诺和责任，既是压力、更是动力。”2014年第一季度，中纪委监察部网站已经公布了几起长期在中央和省级纪检监察部门工作的省部级领导干部涉嫌严重违纪违法，正在接受组织调查的信息，发出了纪检监察系统正风肃纪的强烈信号和勇气决心。

### 第三，修订和完善选人用人制度，把从严治吏、从严管理干部的要求具体化、细节化，解决选人用人方面的腐败问题

吏治腐败，是危害最烈的腐败，也是干部群众最痛恨的腐败。用人上的歪风邪气刹不住，党在人民群众中就站不住脚，党的执政地方就有丧失的危险。2014年1月16日颁布新修订的《党政领导干部选拔任用工作条例》，把从严治吏、从严管理干部的要求具体化、细节化。比如，破格提拔干部从严掌握并加以细化。旧条例对破格提拔干部只笼统规定“特别优秀的年轻干部或者工作特殊需要的，可以破格提拔。”导致一些地方领导干部和工作部门在执行此规定时的自由裁量权过大，出现了把破格变成“出格”的一些案例，这些案例基本上演绎了从破格任用开始到“出格”处理收场的“闹剧”。为了解决“出格”问题，新条例对什么叫“特别优秀”和“工作特殊需要”作出明晰的规定，破格提拔的特别优秀干部，应当德才素质突出、群众公认度高，并且符合下列条件之一：在关键时刻或者承担急难险重任务中经受住考验、表现突出、作出重大贡献；在条件艰苦、环境复杂、基础差的地区或者单位工作实绩突出；在其他岗位上尽职尽责，工作实绩特别显著。对因工作特殊需要破格提拔的干部，必须符合下列情形之一：领导班子结构需要或者领导职位有特殊要求的；专业性较强的岗位或者重要专项工作急需的；艰苦边远地区、贫困地区急需引进的。破格选拔干部必须从严掌握，意味着不得突破本条例规定的选拔任用干部的基本条件和资格要求，要有这样的底线思维。还明确规定了三种不得提拔的情况，防止频繁破格提拔或“火箭式晋升”，包括任职试用期未满或者提拔任职不满一年的，不得破格提拔；不得在任职年限上连续破格；不得越两级提拔。再比如，对“裸官”的规定更为严格。近年来，一些地方探索出台“裸官”管理办法，往往规定官员配偶和子女都已移居国（境）外，不得被提拔为上一级正

职领导职务，暂且称为“全裸官员”。新条例则规定配偶已移居国(境)外，或者没有配偶，子女均已移居国(境)外的领导干部不得列为选拔考察对象。这一规定意味着“半裸”官员在正职和副职领导职务都不能被提拔了。对于被破格提拔的干部，还应当说明破格的具体情形和理由，并进行公示，公示结果不影响任职的，才能办理任职手续。

## 第四，抓好组织管理和组织纪律的执行，严格遵守组织制度，为加强党风廉政建设和反腐败凝聚组织力量

在十八届中纪委三次全会上，习近平总书记讲话明确提出当前和今后一个时期的总体思路和主要任务，要求严明党的组织纪律，增强组织纪律性。按照这一要求，各级党组织应当组织党员和党员领导干部，采取集中学习辅导和自学的方式，了解、掌握和熟知党的组织原则、组织制度要求和组织程序、组织纪律规定，增强组织意识和组织观念。各级党组织要采取组织措施解决党内存在的组织观念薄弱、组织纪律松弛、组织涣散问题。领导班子要贯彻执行民主集中制，严格遵守党内组织生活制度，认真开展批评与自我批评。遵守纪律没有特权，执行纪律没有例外。2014 年 3 月 15 日，中央政治局常委、中纪委书记、中央巡视工作领导小组组长王岐山出席中央巡视工作部署会议并讲话，提出要加强对组织纪律执行情况的监督检查，并对被巡视单位党组织的整改情况向党内公开的同时向社会公开，接受党内、群众和媒体的监督。

## 第五，健全反腐倡廉法规制度体系，善于运用法治思维和法治方式推进廉洁政治建设

反腐倡廉要依靠党内法规和制度推动和保障，但也不能仅限于党内法规和制度领域和层面，还应当依靠国家法律法规制度体系，因为国家法律法规制度更具有稳定性、权威性和普遍约束力，可是，相对于比较系统和完善的党内法规和制度而言，目前我国反腐倡廉法律法规则比较分散且数量不多，反腐倡廉法律法规制度体系还没有形成，需要由中央全面深化改革领导小组负责进行顶层设计和总体规划，重点解决立法部门化、部门利益化、利益法制化问题，完善惩治和预防腐败、防控廉政风险、防止利益冲突、领导干部报告个人有关事项、任职回避等方面法律法规，推行新提任领导干部有关事项公开制度试点，健全民主监督、法律监督、舆论监督机制，运用和规范互联网监督的法律法规，使网络反腐成为新媒体时代人民群众有序参与、依法反腐的有效渠道和制度平台。

## 第六，健全和完善巡视制度

建立巡视制度的提出始于十六大报告。2003 年中共中央颁布《中国共产党党内监督条例(试行)》，以党内法规的形式把巡视制度确定为党内监督的十项制度之一。2007 年党的十七大又把“党的中央和省、自治区、直辖市委员会实行巡视制度”写入党章。中央巡视机构成立以来，发挥了积极作用，一些省部级官员案件的部分线索就是中央巡视组发现的。同时，也存在着一些需要改进的问题。党的十八大以来，党中央对加强和改进巡视工作作出一系列决策部署，巡视制度监督作用效果明显。根据中纪委副书记、监察部部长黄树贤在十八届中纪委三次全会召开新闻发布会上的说明，以及中纪委网站发布的信息，其主要思路和特点包括：一是改变原来中央巡视组分为地方组、企业组和金融组的分类做法，成立中央第一至第十巡视组，组建巡视组组长库、一次一授权，实行“三个不固定”，即实行巡视组组长不固定、巡视的地区和单位不固定、巡视组与巡视对象的关系不固定，从制度设计上促进巡视组成员客观公正行使职权，防止被巡视对象和巡视组成员搞权钱交易。二是加大了中央巡视组承担责任的力度。根据王岐山对巡视工作提出的“重要问题应该发现而没有发现就是失职，发现问

题没有客观汇报就是渎职”的要求，增强了中央巡视组的责任感和使命感，在第一轮巡视中发现有价值的问题线索比过去增加5倍。三是当好中央“千里眼”，工作职责和任务就是发现问题，对违纪违法的，及时报告、及时移交，形成强大震慑。比如，第一轮巡视结束后，中央纪委根据中央巡视组移交的线索，立案检查了6起中管干部违纪违法案件。有关部门也在抓紧办理中央巡视组移交的其他问题线索，确保巡视成果落到实处。中央组织部根据巡视建议已经对有的被巡视党组织领导班子成员作出调整。最近，中央巡视组向社会公开反馈第二轮巡视结果的报告，拓展了党务公开的内容和范围，也是贯彻落实党的十八届三中全会《决定》提出的完善党务公开的结果公开的重要步骤。四是拓宽了巡视对象的范围，做到了对地方、部门、企事业单位全覆盖，发出了接受巡视监督不留死角、没有例外的强烈信号。

（作者：中共中央党校党建教研部思想政治工作教研室主任，教授、博士生导师）

# 健全权力运行制约和监督体系研究

桑学成 周义程 陈 蔚

“一切有权力的人都容易滥用权力，这是万古不易的一条经验。”为了防止权力滥用，必须对权力运行进行制约和监督。有鉴于此，党的十八大第一次明确提出“健全权力运行制约和监督体系”，党的十八届三中全会进一步提出“必须构建决策科学、执行坚决、监督有力的权力运行体系”，“形成科学有效的权力制约和协调机制”。这些重要论述深刻阐明了健全权力运行制约和监督体系的重要性，并从顶层设计的高度提出了明确的改革方向和目标要求，对于深化政治体制改革，把权力关进制度的笼子里，具有十分重要的意义。

## 权力运行制约和监督体系的构成

所谓权力运行制约和监督体系，是指由若干个对权力主体分配和行使权力的过程进行约束、限制、观察和纠正的机制相互联系而构成的一个整体。因此，这些权力运行制约和监督机制是权力运行制约和监督体系的基本构成要件。

权力运行制约和监督体系的基本架构是什么，是我们党一直高度关注的时代性课题。2001 年，党的十五届六中全会审议通过《中共中央关于加强和改进党的作风建设的决定》，提出要“建立结构合理、配置科学、程序严密、制约有效的权力运行机制”。2002 年，党的十六大报告再次强调：“建立结构合理、配置科学、程序严密、制约有效的权力运行机制，从决策和执行等环节加强对权力的监督，保证把人民赋予的权力真正用来为人民谋利益。”2004 年，党的十六届四中全会通过的《中共中央关于加强党的执政能力建设的决定》，从加强党的执政能力建设的战略高度，进一步明确了建立结构合理、配置科学、程序严密、制约有效的权力运行机制的重要性，并提出“坚持标本兼治、综合治理，惩防并举、注重预防，抓紧建立健全与社会主义市场经济体制相适应的教育、制度、监督并重的惩治和预防腐败体系”。2007 年，党的十七大报告要求“完善制约和监督机制，保证人民赋予的权力始终用来为人民谋利益。确保权力正确行使，必须让权力在阳光下运行。要坚持用制度管权、管事、管人，建立健全决策权、执行权、监督权既相互制约又相互协调的权力结构和运行机制”。2009 年，党的十七届四中全会通过的《中共中央关于加强和改进新形势下党的建设若干重大问题的决定》强调，要健全权力运行制约和监督机制，以加强领导干部特别是主要领导干部监督为重点，建立健全决策权、执行权、监督权既相互制约又相互协调的权力结构和运行机制，推进权力运行程序化和公开透明。2012 年，党的十八大报告强调，健全权力运行制约和监督体系，坚持用制度管权、管事、管人，保障人民知情权、参与权、表达权、监督权，是权力正确运行的重要保证。要确保决策权、执行权、监督权既相互制约又相互协调，确保国家机关按照法定权限和程序行使权力。至此，我们党首次提出了“权力运行制约和监督体系”这一概念，不过从十八大报告的这些表述来看，对于权力运行制约和监督体系的基本架构并未做出明确阐述，尚待进一步探索。2012 年 12 月 4 日，习近平总书记在《在首都各界纪念现行宪法颁布施行 30 周年大会上的讲话》中强调：“要健全权力运行制约和监督体系，有权必有责，用权受监督，失职要问责，违法要追究，保证人民赋予的权力始终用来为人民谋利益。”2013 年 1 月，习近平总书记在十八届中央纪委二次全会上强调：“要加强对权力运行的制约和监督，把权力关进制度的笼子里，形成不敢腐的惩戒机制、不能腐的防范机制、不易腐的保障机制。”党的十八届三中全会通过的《中共中央关于全面深化改革若干重大问题的决定》明确提出，“坚持用制度管权管事管人，让人民监督权力，让权力在阳光下运行，是把权力关进制度笼子的根本之策。必须构建决策科学、执行坚决、监督有力的权力运行体系，健全惩治和预防腐败体系，建设廉洁政治，努力实现干部清正、政府清廉、政治清明”，形成科学有效的权力制约和协调机制。

综上所述，在党的报告和文件中，结构合理、配置科学、程序严密、公开透明、责任到位、制约有效是论述权力运行时常用的表述，“失职要问责，违法要追究”是习近平总书记做出的进一步阐发。这些论述为我们构建权力运行制约和监督体系提供了依据。综合党的报告和文件中的相关论述，可以将权力运行制约和监督体系架构的总体思路设定为：按照“结构合理、配置科学、程序严密、公开透明、责任到位、制约有效”的总体目标，以机制建设为抓手，构建起由权力配置、程序控制、信息公开、综合监督、责任追究五大机制组成的权力运行制约和监督体系。其中，权力科学配置是制约和监督权力运行主体的有效途径，程序有效控制是制约和监督权力运行过程的基本保障，信息充分公开是制约和监督权力运行过程的重要抓手，监督多元并举是制约和监督权力运行的必然选择，责任严格追究是制约和监督权力运行后果的根本手段。

## 权力运行的权力配置机制

制约和监督权力，首先要在权力内部形成科学的配置机制，即在科学分解并相互制约基础上形成稳定而高效的权力结构。这是因为，只有将制约权力问题转化为一个权力的结构问题，对权力的制约才成为可能。

要建立科学合理的权力配置机制，就要从决策权、执行权、监督权划分这个角度出发，来探索三权如何在现有的党、政、社会权力主体和架构基础上进行重新调整，以实现既有权力机构的不同权力之间既相互制约又相互协调。三权运行协调有余、制约不足是现行权力结构最大的弊端，具体表现在：(1)权力过分集中，各级、各部门党政领导在“一把手”问责制下，几乎集中所有的权力，而缺乏有效的制约和监督。(2)纪律监督、行政监督、法律监督等专门监督机关被置于监督对象的领导之下，导致各级纪检监察、审计和检察监督虚置，而新闻舆论监督、网络监督、群众监督既缺乏法律保障又主要取决于党政领导和专门监督机关的回应，在客观上加剧了监督权与党委、政府的决策权和执行权之间的失衡。(3)各级党委和人大实行“议行监合一”的权力配置结构，决策权、执行权和监督权集中于同一个机构，缺乏权力的合理分解和相互制约，使得对决策失误的外部监督无从进行，对执行权的监督也难以展开。各级党委常委会通常由来自党务系统、人大、政府、政协的主要领导组成，党委常委会作为领导核心担负着集体决策的职能，集体决策后各位常委分头负责执行，对执行结果的监督也是由党委常委会负责的，党内监督、人大监督、政协监督都是在党委领导下进行的。我国人大实行的也是“议行合一”的领导体制。人大作为法理上的最高权力机关，拥有立法权、人事任免权、重大事项决定权、监督权，既是立法者又是监督者，还拥有自己的执行机关。从制度设计的法理看，它的权力是一种广泛的、无限的、不可挑战的权力，将所有权力集中于同一机构与集中于同一人一样，缺乏制衡的专断权力，都可能被滥用。(4)缺乏自下而上的选举问责制。迄今为止，只有人大代表直选到县(市、区)一级，差额选举仍然局限于党政副职领导，缺乏必要的竞争性和自由选择的余地。自上而下的任命制仍然是权力授予的主渠道，自上而下的监督问责仍然是最强有力的问责手段。

因此，对于党和国家政权机关权力整体分权制衡，实行各种权力彼此分离和相互制约，是防止一权独大、不受制约的有效途径。党的十七大和十八大对三权之间制约、协调关系的要求，为建立中国特色的分权制约结构指明了方向：在不打破现有的权力主体格局基础上，通过划分和调整决策权、执行权、监督权在党和国家权力机关之间的具体界限和行使轨道，实现三权的相互制约和相互协调。具体来说，各级党委、政府、人大、政协以及民主党派和政协可以在人事和政策的提议权、参议权、审议权、执行权、评议权、审查权、调整权等方面进行合理划分并明确各自的职责，使各种权力之间既相互依赖又相互牵制。

首先，各级党委作为决策者享有人事和政策提议权以及调整权。这种人事和政策的提议权和调整权，保证了各级党委作为决策者和协调者的领导地位。作为对决策权的一种制衡，民主党派和政协应享有对党委决策的参与权和发言权即参议权，人大应享有对党委通过政府提交的政策和法案的审议否决权。这些对于保证决策的正确性和防止决策权的滥用必不可少。其次，政府享有政策执行权，是行使公共权力的重要主体。作为对执行权的一种制衡，民主党派和政协应享有对政策执行情况的评议权，评议结果应当作为党委进行政策修正和人事调整的重要参考。第三，人大享有对政策和预算的审查监督权，同时为了提高审查监督权的专业性和效力，有必要将行政监察机关和审计机关划归人大，使行政监察机关在人大领导下受理民众信访投诉并调查处理不良行政行为，使审计机关代表人大对行政机关和其他公共权力机关进行独立审计并直接向人大报告审计结果。

### 权力运行的程序控制机制

从世界各国制约和监督权力的经验来看，程序是控制权力的有力工具。因此，必须改变国内长期存在的重实体、轻程序的传统观念，注重以程序制约权力，着力加强权力运行的程序控制机制建设。

目前，我国党政机关的权力运行还存在程序不够规范、不够明确、不够严密等问题，从而导致权力行使过程中主观色彩浓厚，权力滥用、侵权越权行为时有发生。一是权力运行的程序不够规范。科学合理的权力运行程序应该是公开、公正、透明的，对权力的监督程序也应该是公开、公正、透明的。但现实生活中，权力运行却并不总是公开透明，给人民群众参政议政、监督党和政府带来困难，也给权力制约主体制约地方党政机关的权力带来困难。这种暗箱理政侵犯了权力制约主体的知情权，使得事前制约和事中制约成为空谈，只能在问题严重的情况下，由人民群众检举揭发之后，纪检监察机关才匆忙介入，即使制裁了权力滥用的腐败现象，仍然给国家利益造成了伤害。二是权力运行的程序不够明确和严密。目前，权力运行存在的突出问题之一，就是缺乏清晰、严密的程序性规定，未形成决策、执行、监督等环节在时间和功能上相互衔接、环环相扣的权力和责任网络，权力主体行使权力时自由裁量权过宽、过大。有的虽然规定了权力运行程序，但是刚性不足，在权力运行过程中可随意取舍。有的实施细则不具体，没有细化到权力运行过程中每一位工作人员的岗位职责及其工作程序和规则中。

针对权力运行程序不够规范和不够明确问题，要进一步推进权力运行程序的科学化、制度化和透明化，通过建立健全权力运行程序规则，精简工作程序，规范使用自由裁量权，有效地制约减免、超越甚至改变程序和规则的权力行为。权力运行程序的设立应该遵循透明化原则，在提高规范性和可操作性的基础上，对权力行使的方式、顺序和时限等做出明确、具体而严密的规定。要大力推行政务公开，增加权力运行程序的透明度，做到规则公开、程序公开、结果公开，建立相应的听证制度、查询和咨询制度、公开发布信息制度等，并积极推进电子政务建设，利用信息网络技术公布政务信息，充分体现公开性和可预见性。要完善行政程序立法，贯彻民主集中制原则、行政公开原则，提高权力运行的公开性和透明度，加强人民群众、社会团体对权力运行过程的监督和制约，提高权力运行的时效性。

针对权力运行程序不够严密问题，应努力细化规则，严密权力运行程序。(1)重大的经济决策实行人民群众听证制度、专家学者论证制度，形成重大决策没有两种以上意见或方案就不能研究的决策制度。(2)尽快建立决策责任制，加快决策责任的立法，完善错“案”追究制度，从立法上明确权力行使的责任制度。(3)完善党的各级代表大会及党代表的权力运行程序。这可从以下方面进行试点：一是试行党的代表大会常任制度；二是试行党的代表大会期间党代表议事、提案和建议制度；三是试行换届大会时本届党委向大会报告执行党代表大会决议情况的制度；四是试行党的代表大会差额直选党的委员会全体委员的制度；五是试行党代表日常工作制度。(4)完善党的各级委员会全体会议及全体委员的权力运行程序。为使党章关于“凡属重大问题都要由党的委员会集体讨论，做出决定”的规定得以切实执行，可做如下改革：一是中央委员会全体会议每年一般举行两次，地方各级党委全委会每年一般举行3—4次(各级党委委员人数相对稳定，不宜增加过多)，以便为全委会集体决策创造必要的条件。二是中央和地方各级党委全委会在召开之前，应将会议主要议题及主要文件草案送交各委员，会议期间应安排必要时间由委员发表意见。对重大事项如重要人事任免，应严格按规定实行全体委员无记名投票表决。

## 权力运行的信息公开机制

信息公开机制是保障公民的知情权和监督权，加强权力制约与监督的一项基础性制度，其根本目的是让权力在阳光下运行，从源头上消除权力腐败。经过二十多年的实践探索，我国权力运行信息公开的制度化、规范化程度日益提高，但仍然存在一些不容忽视的问题。(1)信息公开的主体缺乏积极性和主动性。多年来形成的相对封闭的权力运行机制具有很强的惯性，加之封建思想余毒的影响，使得一些领导干部权力私有化观念根深蒂固，他们习惯于权力封闭运行和“暗箱操作”，习惯于信息内部化，不能真正理解信息的权利归属，导致对政务公开工作积极性和主动性不强，缺乏内在的使命感和驱动力。(2)信息公开的内容易流于表面化和形式化。这主要表现在两个方面：一是避重就轻，不少部门公开的信息大部分局限于职能、机构设置、业务办理须知等事务性、程序性内容，而人民群众关心的干部人事权的行使、资金的使用、重大项目的决策等内容难以做到公开透明。二是公开的环节少，办事结果的公开做得尚可，事前、事中和事后整改的公开较少。诚然，信息公开主要是办事结果的公开，但绝不仅仅限于结果的公开。(3)信息公开的保障机制尚待健全，如缺乏专门的管理机构和人员、经费没有专门保障、工作队伍能力有待加强等。

针对我国信息公开存在的问题，为了进一步完善权力运行信息公开机制，应着重从以下几个方面着手：首先，加快信息公开的立法进程。从各国信息公开的实践看，用政府条例的形式对信息公开进行规范，层次较低，缺乏权威性，因此应当加快制定我国的《信息公开法》，扩大信息公开内容和范围，对公示、听证、会议公开、新闻发言人等制度从程序上进行规范。进一步明确信息公开的主体、客体等事项，使公民的知情权制度化、具体化。同时，对《宪法》的相关内容进行修订，并制定相应的《隐私权法》，保护公民隐私权，规范信息公开限制的范围。

其次，完善信息公开的考核评价机制。把信息公开的考核评价纳入民主评议政风行风的范围，纳入干部考核体系中，并与党风廉政建设责任制的考核相结合。信息公开的考核评价体系应包括：(1)评价的标准。对信息公开的范围、内容、形式、程序、时间和责任等做出细致、科学的规定,公开内容既要有定性要求,更要有量化标准,并明确每个工作人员的责任。(2)评价的方法。要将群众评议和组织考核结合起来,进行定期和不定期考核,同时要结合部门性质和行业特点,做到各有侧重。(3)评价结果的使用。要把评价结果作为部门工作完成情况和干部任职、奖惩的重要依据,及时向有关部门提出整改意见并将结果向社会公开,对评价较差、不合格的部门严格进行责任追究,促使各部门不断增强信息公开的自觉性,提高信息公开的质量。

再次,健全信息公开的责任追究机制。(1)完善信息公开责任制度体系。建立健全各部门信息公开责任制度、部门一把手信息公开责任追究制度、政府部门职能处室负责人信息公开连带责任制度以及具体行为人行政处分及行政赔偿制度,并建立信息公开责任向社会通报制度。(2)完善责任追究制度。建立切实可行的责任追究制度,明确各种责任追究的情形、程序以及实行责任追究的主体等,对不认真执行信息公开制度或在信息公开工作中弄虚作假的单位领导和责任人,视情节给予诫勉谈话、组织处理和纪律处分,对工作不力、搞形式主义的,要严肃批评,限期整改;对弄虚作假、侵犯公民民主权利、损害公民合法利益、造成严重后果的,要严肃查处。

最后,完善信息公开的保障机制。(1)不断完善信息公开的领导体制和工作机制。要在坚持党委统一领导的基础上,发挥人大、政协在信息公开中的作用,逐步建立以人大为主推进信息公开的工作机制,把推进信息公开作为建设廉洁、勤政、务实、高效机关的一项重大任务,列入重要议事日程。党政主要领导是信息公开的第一责任人,分管领导具体负责,实现信息公开层层负责,逐级落实到部门和个人。(2)健全信息公开的办事机构。建立以人大负责组织协调、纪检监察部门负责监督检查、相关机构共同参与的专门机构,明确工作责任,完善机构职能,确保信息公开工作有序开展。(3)建立资金保障机制。各级财政要设立信息公开的专项经费,为信息公开有序进行提供必要的资金保障。

## 权力运行的综合监督机制

坚持用制度管权、管事、管人,让人民监督权力,让权力在阳光下运行,是把权力关进制度笼子的根本之策。我国现行的权力监督体系,从一开始并没有按照全面系统的原则和法治原则来设计,而是根据实际需要采取的一些应急性措施,是基于事后汲取教训而构建的,常常陷入头痛医头、脚痛医脚的被动境地。为了克服现行监督机制的流弊,需要构建起权力运行的综合监督机制,综合运用党内监督、民主监督、法律监督、舆论监督等各种监督方式对权力的运行进行全过程监督。

第一,完善党内监督。(1)创建党风廉政巡查制度。目前在市县以下没有巡视机制,对基层干部监督缺少一项重要抓手,有时存在监督弱化和监督不到位问题。为此,可借鉴党内巡视制度的做法,建立党风廉政巡查制度。江苏省徐州市在这方面进行了积极探索,并取得了显著成效。徐州市委、市政府专门出台《徐州市党风廉政巡查工作实施办法》,将县处级党政领导班子、党政"一把手"及班子其他成员作为巡查的主要对象,而党政"一把手"则作为巡查的重点。巡查工作要相对独立,做到明察与暗访相结合,并适时开展隐形监督。(2)改革党的各级纪律检查委员会的领导体制。进一步加强垂直领导的力度,"完善派驻机构统一管理",既要加强对已派驻机构的统一管理和协调,又要在适合设立但还未设立的地区和部门设立派驻机构,其业务工作和领导任职由派出机构直接负责,逐步使党内监督机关派驻制成为主要的监督形式。江苏省宿迁市在派驻机构统一管理方面进行了大胆探索。该市在市级机关 49 个部门全部设立纪检组(纪委、纪工委)、监察室,派驻纪检监察机构全部由市纪委、市监察局直接领导和统一管理，实现了对市直单位的全覆盖。而针对派驻人员工作精力分散、职能难以发挥，派驻机构与驻在部门同体监督难以到位，派驻机构工作力量薄弱等问题，可借鉴江苏省无锡市派驻（出）机构管理体制改革的经验。该市在保留部门派驻机构的基础上，从纳入统一管理的109个纪检监察编制中集中31个，成立5个跨部门派出纪工委（工作室），并将全市80家市直单位和16家省垂直单位按工作性质划分为五个大口，每个跨部门派出纪工委（工作室）负责一个大口的15～20个部门。部门派驻机构和跨部门派出纪工委（工作室）由市纪委统一管理，编制单列。5个跨部门派出纪工委（工作室）集中办公，人员关系、后勤保障与驻在部门完全脱离。

第二，加强民主监督。（1）强化政协民主监督的地位。在法律制度上对政协民主监督进行规范，对政协民主监督的组织实施、结果的运用等进行明确规定，并明确被监督对象对政协民主监督意见不采纳或不整改时提请党委、人大、司法机关实施监督的程序。（2）不断完善民主监督的工作程序。规范化、程序化是民主监督取得成效的保障，因此应根据新形势的需要制定具有可操作性的程序规定，如设立调查了解、发现问题与选定课题、决定特定问题专项调查的联系程序，设立调研结果与提出具体监督提案的衔接程序，设立基层组织日常民主监督活动与上级组织监督工作的转换程序及专项助理人员的配备程序等。

第三，改进法律监督。（1）尽快出台《公职人员财产申报法》，对申报对象、财产范围、申报时间、申报程序、申报监督等做出明确规定。从申报对象看，除县（处）级以上的公务员外，还应当增加法院、检察院、公安、税务、证券、工商、海关等特殊部门的所有公职人员以及乡镇党政负责人，同时对于非公务员序列的人员如军事机构中的师级以上（含师级）军官、大中型股份制企业和中外合资企业中由政府委派或批准的处级以上（含处级）负责人等，可以参照适用公务员财产申报制度。从申报登记的财产范围看，必须包括个人收入中的固定收入和非固定收入两部分，必须包括公务员本人的财产和直系亲属的财产，必须包括财产收入剧增和剧减的变化情况。从申报时间看，应借鉴国外的相关立法经验，规定任职申报、每年定期申报、离职申报，从而将职前申报、职中申报和职后申报有机结合起来。从申报程序看，申报人应按国家统一制定的“公职人员财产申报表”的内容和要求如实填写，并按时将申报表提交给主管机关；申报主管机关负责接受申报表，并对其进行严格审核。从申报监督看，要借鉴国际经验，健全处罚措施，加大处罚力度。如果申报不实，或无理由拒绝申报，或查出申报之外的巨额财富，要予以相应的纪律、行政处分，构成犯罪的严格追究刑事责任。（2）严格执法，加大处罚力度。现行法律对于腐败现象的处罚并不重，权力滥用的代价过低，使得一些权力行使者抱有侥幸心理。为了维护法律的尊严，防止权力行使者滥用权力，必须加大对权力滥用者的处罚力度，立法要严、内容要全、处罚要狠、量刑要准。只有这样，法律才能对于权力的异化和权力的滥用起到预防和抑制作用。

第四，完善舆论监督。（1）推进舆论监督的法制化。尽快出台《舆论监督法》及配套的法规，对新闻出版机构及其从业人员的地位、职责、权利、义务做出明确规定，使新闻出版机构及其从业人员的行为真正有法可依；明确舆论监督的程序，对舆论监督进行规范，确保监督的科学性、合理性和准确性，最大限度地发挥舆论监督的作用；明确舆论监督的保障措施，对严重阻挠采访活动或围攻殴打记者、非法限制记者人身自由的，要追究其法律责任；明确舆论监督和新闻侵权的界限，对侵害名誉权的行为做出较为详细的列举性规定。（2）运用新媒体监督工具。通过新媒体监督权力运行，既是新媒体发展、公民参与中的一个新生事物，也是党风廉政建设的新形式、新平台。运用新媒体监督权力运行，对于实现更好的权力监督，已被实践证明是一种有益并有效的形式。

第五，构建权力运行监督的新媒体网络平台并创新权力监控平台对接的技术设计。一是实现网络舆论监督与党内监督、民主监督、行政监督、审计监督以及其他形式社会舆论监督的相互结合，促进新媒体与传统媒体有机结合，将体制外监督引入体制内处理的轨道，增强网络反腐工作的可控性和可预见性。二是深入研究网络公共参与和网络舆论形成的规律，分析曝料（网络民间表达及其输入）、网民评论（网络问责议题的形成）、围观（舆论压力的积聚）、责任部门对舆论压力的反应（政策、行动的输出）、公布结果（效果反馈）等不同阶段的舆情特点。在此基础上，完善网络舆情信息收集处理机制和舆情研判机制，增强党政部门在网络反腐工作中的自觉意识和主导性。三是研究网络公共舆论监督体制改革路径，将网络反腐纳入规范化、制度化轨道。建立网络举报受理机制、核查联动机制、快速反馈机制、安全管理机制等，确保网络举报制度发挥效用；整合网络反腐资源，将网络反腐举报线索尽可能引导到官方专门平台，提高网络反腐的效率；实现网络反腐与现行制度的有机衔接，如加强对群众监督的法律保障、改革新闻媒体管理制度等。

在权力的内部监控机制上，基于“以权力制约权力”的思路，研究决策权、执行权、监督权既相互制约又相互协调的权力结构和运行机制，实现公共权力的科学配置，在横向关系上实现决策、执行与监督的分离与制约。在此基础上，利用现代信息技术，把电子监察、风险预警等科技手段融入廉政风险防控、规范权力运行的制度设计和管理流程之中，实现电子监察系统和预警监控系统并网运行，将廉政风险、风险分级和防范措施等嵌入业务运行流程，使权力行使与电子预警、技术监控、行政监察、社会监督融为一体。在权力的外部监督机制上，基于“以权利制约权力”的思路和权力运行公开透明的理念，探索在新媒体时代以网络新媒体为平台的社会监督与传统监督模式有效对接的社会监督机制的创新，为网络反腐提供制度化的入口和出口，使其与体制内反腐机制良性互动，提高防腐、反腐的科学化水平。

## 权力运行的责任追究机制

世界各国反腐倡廉的经验表明，让权力与责任相生相伴，是促使权力规范运行的有效途径。建立健全权力运行的责任追究机制，是加强权力制约、遏制权力腐败的一把“倚天剑”。责任追究机制是特定的问责主体对权力主体在工作中由于不履行或者不适当履行法定职责，造成重大损失或者恶劣影响而追究责任的制度。“这种权力责任可分为两种：一种是不作为的责任，即权力行使者依法应当行使权力，以实现公众利益的目标，但没有行使权力，因失职而应当承担的责任；一种是不当行使权力的责任，即权力行使者没有严格依法办事，渎职、玩忽职守、滥用权力而应当承担的责任。”建立健全责任追究机制，以责任来约束权力，是对权力运行进行制约和监督的重要方式。当前，必须坚持“有权必有责，用权受监督，失职要问责，违法要追究”，用创新的精神推进责任追究机制的完善。

第一，探索实行异体责任追究的方法和途径。与同体责任追究相比，异体责任追究无疑是一种更有效、更符合民主政治要求的责任追究机制。一是加强权力机关问责。我国《宪法》明确规定，各级行政机关、审判机关、检察机关由人大选举产生，要对人大及其常委会负责，并且必须接受同级人大及其常委会的监督。应建立健全人大对政府进行监督，行使审查权、建议权和否决权的方式和运行机制，并建立对行政首长不信任投票制、质询制及弹劾制等，以切实增强人大监督问责的手段和力度。二是畅通新闻媒体问责的渠道。加强新闻立法，发挥舆论监督作用，以法律形式明确规定新闻媒体的监督权、批评权、报道权、调查权以及侵权责任等，为新闻媒体问责提供法律保障。三是完善政协及民主党派问责途径。政协及民主党派具有民主监督权，可以通过设立专门组织形式和专门办事机构实施监督与问责，并明确具体的问责权力、形式、途径和程序。四是完善社会公众问责机制。健全公众问责的程序，明确规定问责谁、谁处理、答复时限、处理过程、赔偿标准等，确保公众问责作用的发挥。

第二，建立健全国家机关权责体系。清晰明确的权责体系是实施问责的前提和基础。一是明确各级权力的边界。理顺国家机关各部门的职责分工，合理划分党政之间、中央与地方之间、正副职之间、集体与个人之间的责任和权限，有针对性地调整职责分工，减少职能交叉、责任不清、权责分离现象，形成完整的责任链条，并对领导干部应承担的领导责任做出完备、细致的规定。二是健全岗位责任。按照"有权必有责、权责相统一"的要求，建立健全岗位责任制，将各部门的职责和工作任务、工作目标分解落实到各个岗位和承办人员，使上下级之间、部门之间、岗位之间的权责规范化，并准确界定有关人员的政治责任、行政责任、法律责任，从而建立真正的责任体系。

第三，制定明确的责任追究标准。各级党政机关应制定党政领导干部责任追究机制的实施细则，对原则性的规定进行细化，既便于追究责任，也便于被问责对象申诉，同时便于群众监督。在规定应追究责任的情形时，要按照权责一致的原则，考虑不同党政机关和工作人员的工作内容、职责权限、考评标准的差异，采用定性和定量、原则和具体相结合的办法，既尽可能涵盖全面，使之有普遍的应用性，又体现一定的量化依据，使之有较强的可操作性。对于责任的认定应当有统一的标准，即以过错责任原则为主，以违法责任原则、过错推定责任原则和公平原则为补充，综合考虑下列因素：(1)是否存在法定职责，对于公职人员来说，履行法定职责是一种义务；(2)问责对象是否有不履行或者不正确履行法定职责的行为；(3)责任人主观上是否存在过错；(4)责任行为与损害事实之间是否存在因果关系。

第四，健全责任追究的救济制度。应明确责任追究过程中被问责对象申辩的方式和程序，明确被问责对象对责任追究结果不服申诉的方法、途径以及对申诉答复不满意再申诉的方法、途径，切实保障被问责对象的权利。同时，应对被问责对象重新任职的方式和程序进行明确，要综合考虑违纪违法行为的性质、应承担责任的大小、个人对问题的认识以及一贯工作表现等，规定问责复出的条件和程序。对于有重大过错并对公共利益造成重大损害的，不予重新任用；对于有轻微过失并未造成公共利益损害且确有较强工作能力的，应严格考察后酌情任用。同时，应将被问责对象复出的情况及时向社会公开，消除人们对被问责对象复出的质疑。这样，既能保障被问责对象的权利，又能保障社会公众的知情权和监督权。

（作者：中共江苏省委党校副校长，教授；苏州大学政治与公共管理学院副教授；中共江苏省委党校科学社会主义教研部教授）

# 强化权力运行制约和监督　推进反腐治理能力现代化

杨根乔

党的十八届三中全会强调必须构建决策科学、执行坚决、监督有力的权力运行体系，形成科学有效的权力制约和协调机制。对于我们深化政治体制改革，着力规范权力行使，从源头上防治腐败，推进反腐治理能力现代化，具有十分重要的意义。

## 一、当前权力运行制约和监督体系存在的主要问题

当前，权力运行制约和监督体系并不完善，在权力运行制约与监督实践中还存在着一些缺位现象。

**权力结构之间制约的规范性和权力配置的科学性不够，决策权、执行权和监督权之间有的没有形成相互制约。**主要表现为党的领导机关和政府机关之间，政府机关和其他政权机关之间，政府机关和企业组织之间，政府机关和人民团体之间，很多职能活动的规范性不强，相互之间的分工不够科学。从党委看，权力划分不科学，各级党委权力过于集中，党内权力配置失衡，党委既是决策机关，又是执行机关，同时党内监督机关也受其领导。此外，党代会虽然是同级党的最高权力机关，但在日常政治生活中也很难起到实际领导作用。从政府看，政府内部各职能部门和岗位掌握的权力过于集中，缺乏必要的权力分解，权力配置不合理，职权划分不明确，交叉、重叠现象比较突出，存在不少不受制约和监督的权力“真空”地带，致使行政管理中错位、越位、失位以及相互推诿、扯皮现象大量存在。从人大和政协看，作为权力主体，人大和政协在依法行使职权职能、对党委、政府实施制约和监督等方面，尚缺乏有力的制度保障，处于事实上的弱势地位。如人大对“一府两院”如何制约和监督，现行制度没有具体规定。宪法、地方人大和政府组织法规定各级人大对本地区内的重大事项有决定权，而《中国共产党地方党委会工作暂行条例》却把这项权力赋予了地方各级党委。

**权力运行的程序化程度不高，权力运行过程不够公开透明，暗箱操作和“潜规则”问题比较突出。**程序是行使权力的方式、步骤、顺序和时限，它在权力运行中的地位是极为重要的。长期以来，在我国公共权力运行中，对权力运行的程序关注不够，存在着重实体轻程序、重结果轻过程的倾向。具体表现为缺乏严密而准确的程序性规定和依据，未能形成相互衔接、环环相扣的权力运行程序；有的虽然规定了权力运行程序，却不遵守程序，或者随意减免程序、改变程序；一些规章制度制定得较好，而程序性规定却相对较少，导致这些制度进入不了运行程序，不能有效地发挥作用，这直接影响着权力的有效制约与监督，为一些人的渎职行为留下了漏洞。同时，公共权力运行的民主化、透明化程度不高，权力主体往往只对权力运行中的事项、内容和结果等最基本信息进行公开，权力运行程序和规则对外公开不够，民众知情权、参与权和监督权难以保障，从而使暗箱操作与“潜规则”盛行，权力“寻租”、幕后交易、权力垄断、以权谋私等腐败现象频现。

**权力往往过分集中于主要领导干部手中，存在少数主要领导干部独断专行和个人说了算的现象。**我国原有政治体制的权力结构延续了战争年代军事集权和计划经济时代党政集权的权力结构模式，形成了一套自上而下单向走向

的二维权力结构。这个权力结构，从纵向看，存在着领导向群众集权，上级向下级集权的倾向；从横向看，存在着党政一体化、政经一体化与政社一体化的问题。权力过于集中必然会使一些主要领导者视权力为私有物，用个人意志代替法律，以言代法，一人说了算。近年来，被查处的腐败案件中各级党政"一把手"约占总数的1/3甚至更高，成为腐败的"高发群"和"重灾区"，就说明权力制约和监督尤为重要。

**制度的威慑力和制约力不强，存在着障碍和漏洞，"牛栏关猫"现象时有发生。**从纪律和条例等制度规定看，一是有些已建立的制约与监督制度，大多是原则性条文，内容比较空泛和笼统，理论的要求多于行为的约束，可操作性不强。如"严禁跑官要官"、"严禁用公款相互宴请"、"严禁用公款、公车外出旅游"等规定，由于没有具体的执行程序，也没有具体的执行主体和监督检查措施，所以实行起来"严禁"就成为"言禁"。二是有的制度虽然建立了，但还不完全适应新形势新任务的要求，装饰性功能太强，实际制约力太小，有的为不遵守制度者留下"缺口"。如《党员领导干部廉洁从政若干准则》中规定：不准"接受可能影响公正执行公务的礼物馈赠和宴请"，这就给违反者留下了可钻的空子，即"不影响公正执行公务的礼物馈赠和宴请就可以接受"。三是有些原有的制度不管用，新制度尚未建立，致使制约与监督实践中无规可循、无矩可蹈。四是有些制度执行不力，在具体处理违规事件时，因人而异、因事而异，迁就和原谅多，使制度失去了威慑力和生命力。从法律制度看，一是立法工作不平衡，权力立法过于膨胀而公民合法的政治权利立法相对短缺；管理立法的数量远多于监督立法的数量；经济立法和行政立法的法律法规占总数的60%，而民主政治方面只占4%。二是行政执法不尽如人意，执法部门和执法人员有法不依、执法不严、违法不究现象时有发生，徇私枉法、执法犯法等滥用权力的行为也屡见不鲜。三是我国的宪法监督和违宪审查制度处于空白状态。

**现有的民主监督体系在实践中缺乏合理的分工与合作，其作用和功能的综合效应没有得到应有的发挥。**目前，我国已经形成了同级党委、纪律检查机关，人大、政协以及隶属政府的行政监察、审计监督和检察机关、审判机关监督等主体多元、形式多样、渠道多种的制约监督体系。然而，在实践中各监督主体虽各有其监督制约重点，但因各监督机构缺乏明确的职责分工和协调配合的规范体系，使得互相脱节、各自为战，或者相互扯皮推诿现象时有发生，权力运行制约和监督并未达到预期效果。从党内监督看，制约监督下级较多，制约监督上级较少；现行的纪委双重领导体制，是以横向领导为主，纵向领导为辅，各级纪委既是同级党委的被领导者，又是同级党委的监督者，其干部配备、任免调动、经费开支等都由同级党委掌控，其监督很难到位。从人大和政协的制约监督看，各级人大的决定权往往让位于各级党委，其监督权和决定权处于"虚置"状态；民主党派对执政党及其政权机关存在着较大的依附性，缺少独立的制约监督载体，制约监督作用也相对有限。从行政监察与审计监督和检察机关、审判机关的监督看，行政监察与审计监督一样，其监督机构独立性不强，在人事、行政、财力、物力等诸多方面要受当地党政机关的领导，受权力部门干扰和各种利益牵制，不敢、不能和不便监督；司法机构的监督侧重于事后监督，主要依据法律来处理公安机关移交的案件或其他组织与个人的申诉，具有一定的被动性。

**公民权利对公共权力的监督十分有限，多数处于自发的、零散的、被动的状态，难以形成整体合力。**公民权利对公共权力的监督，主要包括舆论监督、群众性组织监督、人民群众监督和信访监督等。从舆论监督看，有些舆论监督时有时无，近年来因新闻媒体舆论监督引发的新闻官司屡屡败诉，导致新闻媒体舆论监督不力和不易问题并存。从群众性组织监督看，由于政治体制原因，工会、妇联和共青团等群众性组织对执政党及政权机关存在着较大的依附性，缺少独立性，这决定了其制约监督乏力。从群众监督看，由于缺乏对公共权力进行有效监督的信息来源机制和监督权利保障机制，党务政务公开不到位，信息不对称，人民群众不能很好地履行自己的知情权、参与权和监督权，影响了群众监督的积极性。同时，群众监督多数也是处于自发的、零散的、被动的状态，难以形成整体合力。从信访监督看，由于信访制度存在缺陷又缺乏立法保障，信访部门本身的独立性、权威性不高，不具备独立彻底解决问题的功能，其发挥监督作用也十分有限。

## 二、强化权力运行制约和监督体系的对策思考

强化权力运行制约和监督体系，不仅是推进国家治理体系和治理能力现代化的重要内容，也是推进党的反腐倡廉建设的根本举措。只有积极探索健全权力运行制约和监督体系多种路径，切实做到让人民监督权力，让权力在阳光下运行，才能从源头上预防和惩治腐败。当前，按照党的十八届三中全会《决定》提出的构建决策科学、执行坚决、监督有力的权力运行体系要求，必须做好以下工作。

**强化适应全面深化改革要求的权力构成体系。**一是要健全权力授予，强化对权力代行者产生方式的制约和监督。在权力的获得环节上保障权力所有者对权力代行者的选择权。应完善党和国家的选举制度，逐步实行各级党代表、人民代表的直接选举，进一步扩大各级党代表、人大代表和领导人差额选举的范围和比例，逐步实行党政正职领导干部差额选举，同时在候选人的提名方式上，更加注重民意和公认度，引入候选人竞争机制，切实体现选举人的意志。二是要改革权力配置，强化对权力运行过程的制约和监督。改变权力过于集中的状况，通过权力的适当分解和科学配置，明确权力界限，使一个地方的决策权、执行权、监督权分离开来，形成互相制衡的机制；使一级党政领导班子内部职权有明确的边界，将权力限制在一定范围之内；使各级党政主要领导干部职责权限进一步规范，职责定位和工作任务更加明确，防止个人专断、大权独揽。三是要采用综合手段，强化对权力运行后果的制约和监督。主要是综合运用法律、纪律和经济手段等，对在权力运行过程出现的违法乱纪等行为进行制约和监督。

**强化适应时代化要求的权力制衡体系。**制度是对权力运行的最好制衡。按照与时俱进的要求，不断建立健全具体制度，改革和创新制度，使制度管用和有效，并提高制度的执行力。一是健全规范各级党政主要负责人权力行使制度。制定加强对主要领导干部监督的制度，适当分解主要领导干部的权力和责任，实行“一把手”不直接分管人、财、项目等具体事务的制度和末位发言制度，形成领导班子成员内部相互制约和协调的权力运行闭环系统；完善上级党委或纪委常委成员同下级主要领导干部谈话制度；推行新提任领导干部有关事项公开制度；规范并严格执行领导干部工作生活等保障制度，完善并严格执行领导干部亲属经商、担任公职和社会组织职务、出国定居等相关制度规定。二是健全规范重点领域和关键环节权力行使制度。健全完善重大决策的形成机制和程序，建立决策的考核评价、失误纠错和终身追责制度；转变政府职能，加快行政审批制度改革，简政放权，合理划分、科学配置党政部门及其内设机构的权力和职能，对直接掌管人、财、物等高风险部门和岗位的权力进行规范。加强行政监察和审计监督，把行政监察渗透到行政管理的各个环节和层面，深入开展执法监察、效能监察和廉政监察；发挥审计机关熟悉财政财务、精通查账等专业优势，加强对领导干部在经济决策、经济管理等经济责任方面的审计监督。三是健全决策与管理公开、服务公开和结果公开制度。实行权力清单制度，让权力在阳光下运行，制定地方各级政府及其工作部门权力清单制度，依法公开权力运行流程，使隐性权力公开化、显性权力规范化。完善党务、政务和各领域办事公开

制度，推进决策公开、管理公开、服务公开、结果公开。四是健全改进作风常态化制度。首先，加强对作风建设的领导和监督，加快作风建设领导体制和工作机制改革和建设。其次，健全领导干部带头改进作风、深入基层调查研究机制，完善联系和服务群众各项制度，完善选人用人专项检查和责任追究制度。第三，改革会议公文制度，减少会议、文件，着力改进会风文风。第四，健全严格的财务预算、核准和审计制度，着力控制“三公”经费支出和楼堂馆所建设。第五，完善选人用人专项检查和责任追究制度，着力纠正跑官要官等不正之风，坚决查处买官卖官的腐败案件。第六，改革政绩考核机制，把民生改善、社会进步、生态效益、作风转变等指标和实绩作为重要考核内容，着力解决“形象工程”、“政绩工程”以及不作为、乱作为等问题。

**强化适应法制化要求的权力运作保障体系。**加强党对党风廉政建设和反腐败工作统一领导，一是改革党的纪律检查体制，健全反腐败领导体制和工作机制，改革和完善各级反腐败协调小组职能，充分发挥好纪检、法院、检察、公安、监察、审计等机关和部门的职能作用。二是落实党风廉政建设责任制，明确要求党委负主体责任，纪委负监督责任，同时要制定实施切实可行的责任追究制度，以保证责任追究到位，切实发挥党内监督专门机关作用。三是完善党的纪律检查工作双重领导体制，制定强化上级纪委对下级纪委领导的规定，明确查办腐败案件以上级纪委领导为主，线索处置和案件查办在向同级党委报告的同时，必须向上级纪委报告。四是改革派驻机构和创新巡视制度，着力加强纪检监察派出机构建设，逐步落实中央纪委向中央一级党和国家机关派驻纪检机构，省、市、县纪检监察机关向同级党政机关派驻纪检监察机构，实行统一名称、统一管理。派驻机构对派出机关负责，履行监督职责。改进中央和省区市巡视制度，做到对地方、部门、企事业单位全覆盖，不断增强巡视监督的威慑力和实效性。五是健全反腐倡廉法规制度体系，完善惩治和预防腐败、防控廉政风险、防止利益冲突、领导干部报告个人有关事项、任职回避等方面法律法规。六是制定和完善有关行政实体法和程序法，明确规定权力的授予范围、方式，权力运行的程序和界限，确保权力的合法性、权威性与规范性。研究制定《反贪污贿赂法》、《廉政法》、《举报法》、《监督法》等有效约束权力运作、防止腐败的专项法律法规，把对权力运行的有效约束纳入国家法律体系。要严格依法行政，及时查处各类违法违纪案件，维护法律的权威，不允许存在法律以外的特权，真正做到法律面前人人平等。

**强化适应社会化要求的权力监督合力体系。**加强监督的总体规划，避免各种监督主体的相互碰撞，使各种监督机制既能发挥积极性、主动性和创造性，又能发挥整体效能，增强监督系统的合力。一要加强党内民主监督。把党组织的严格监督与党员干部的自律结合起来。拓宽党员参与党内事务的渠道，切实保障党员的知情权、参与权和监督权。二要发挥好人大监督作用。围绕对重点权力的制约和监督，加强法规建设和对“一府两院”及重要权力部门的监督，运用工作视察、工作检查、工作述职等形式，通过实行代表质询制、代表视察制、提案答复制等，发挥各级人大作为权力授予机关的监督作用，并就重大决策、改革发展稳定的热点难点问题和关系群众切身利益问题依法行使监督权。三要支持和保证政协的民主监督。各级政协要广开言路，充分运用协商会议、提案、视察、建议案、反映社情民意等形式，不断探索民主监督的新办法、新途径，拓宽监督渠道，扩大监督范围，丰富监督内容，充分发挥民主党派和各界人士民主监督优势。四要壮大社会组织监督力量。当前，在社会组织不断发展壮大的新形势下，要在宪法、法律的范围内，充分发挥社会组织在推动政府决策的民主化、对党和政府民主监督等方面的积极作用。五要加强群众监督和舆论监督。进一步发展社会主义民主，保障群众知情权、参与权和监督权，拓宽群众对施政行为的监督渠道，扩大群众有序的政治参与，增强群众的监督意识和能力。要规范新闻舆论的监督，尽快出台《新闻监督法》，依法保障新闻媒体的调查、报道、批评和评论权利，使舆论监督工作逐步走上制度化、规范化的轨道。

（作者：安徽省社会科学院马克思主义研究所副所长，研究员）

# 使反腐成为推动改革的强大助力

黄苇町

党的十八大以来，我们党打“老虎”、拍“苍蝇”、落实八项规定、加强制度建设的力度前所未有，党风和社会风气变化之大，也超出大多数群众预期。党和政府公信力进一步提高，全党全社会凝聚力进一步增强。但近些日子，党内和社会上也出现了一种声音：担心在经济下行时，如果反腐败和纠风动作太大，会影响宏观经济稳定。其中美林银行关于中国会为当前的反腐败付出 1000 多亿美元经济代价、GDP 增速下降超过 1% 的测算数字，被不少媒体转载。而高档酒店、餐饮等行业的经营惨淡，富人移民、资金外逃，还有一些干部为“避嫌”而无所作为等现象，也被人多次列举。如何看待这个问题，对于正确认识当前的改革和反腐败形势非常重要。

## 反腐背景下高消费行业萎缩，代表社会消费和分配结构更加合理

无论从当前经济生活的表层，或者从一个短的经济周期来看，美林银行的测算数字和人们列举的现象，都不能说是空穴来风。但如果从经济生活的深层或者一个长的经济周期看，这种暂时性困难，恰恰为我们提供了一个推动改革的重要机遇期。“八项规定”公布后，首先受到重大冲击的是豪华酒店、高档餐饮旅游业、高端烟酒和奢侈品销售。据中国旅游饭店业协会的数据，2013 全国 680 家五星级酒店的全行业营业额同比下降 25% 左右，其中的餐饮、会议收入下降将近 20%。人们这才更清楚地认识到，过去这些行业的生意火爆，很大一部分是建立在畸形的公款消费之上的，是对属于全体纳税人的公共财富的虚耗。世界上很少有哪个国家，能靠公款支撑起这些行业。如果我们靠放宽公款消费标准，走回头路来“拉动消费”“救市”，就如同一个人靠啖自己的血、食自己的肉来解渴充饥一样。

因此，根本的办法是通过落实“八项规定”形成的倒逼机制，促使这些行业和企业的进一步市场化转型，由过去主要瞄准政府购买力转向社会购买力，努力拉动起中国老百姓的消费。现在很多五星级酒店由依赖会议消费和公款宴请转向婚宴和接待旅游团队；高端烟酒茶行业从 100% 的暴利降到 30% 甚至 20% 以下。这一切都说明，短期的阵痛才能带来行业的长期健康发展。这也是一种转变发展方式的改革。与高端消费场所营业额下降相伴随的，是党政机关和国有企事业单位“三公支出”的急剧减少。李克强总理讲，2013 年中央国家机关“三公”经费减少 35%，31 个省份本级公务接待费减少 26%。与此同时，当年中央预算对民生的投入明显增加：教育支出增长 9.3%，医疗卫生支出增长 27.1%，社会保障和就业支出增长 13.9%，企业退休人员基本养老金提高 10%……尽管由于二者的规模不同，虽并不能说后者之所得就是前者之所失，但公款高消费行业的萎缩和与民生关系密切的行业得到更多资金支持、更快发展，都会促进社会消费和分配结构更加合理化，使之更加接近市场经济比较规范国家的政府支出结构。

因此，只强调某些畸形发展的行业经营惨淡，一叶障目、不见泰山，不是科学态度。而且，这种变化也在倒逼政府传统行为方式的变革。这都要求我们去进一步探寻“廉价政府”和“高效政府”相结合的制度创新模式，因此，“八项

规定”不仅是加强党风廉政建设和反腐败斗争的重要措施，也是推动政府改革的重要措施。

## 以反腐败保障改革，以改革来深化反腐

改革开放的三分之一世纪，是中国发展最快、人民群众得实惠最多的时期。但如同邓小平同志所说，发展以后的问题，并不比发展前少。尤其是在经济社会转型期，一些公共权力还过多地介入市场，“设租”和“寻租”，不仅严重影响了经济效益，还导致腐败蔓延，社会收入差距扩大，招致群众严重不满，成为引发很多群体性事件的重要因素。而在财政体制和干部考核机制尚未根本改革情况下，靠卖地弥补财政缺口，靠举债上项目创造 GDP，尽管是一些地方政府的无奈选择，但有的也隐含着制造腐败机会的强烈动机。他们先以低地价拿走农民的地，再以高房价挖光居民的积蓄，这个差价又在房地产商和有关部门间层层分配。许多建设资金还被暗中剥离、流入某些人私囊。因此为压低实际造价而偷工减料和无资质施工，又导致桥断、路毁、楼塌、地陷等飞来横祸，不知会在何时何地发生。

显然，公共权力一旦和资本结合，其最大的神奇之处，就是能在极短时间内完成一个海外家族企业几代人才能完成的积累。商场上难免有笑有哭，有赔有赚，但他们永远只赚不赔、大小通吃。这就决定了能够攀上中国财富金字塔尖的，除了熟谙商场与国情的经营奇才外，还有另外两种人：一种是依靠权力暴富的，另一种是靠收买权力即对权贵者进行利益输送上位的“草根富豪”。以致“一个富豪出了事，上百个干部倒下去”的现象一再重演。而通过移民把非法聚敛的财产移到海外，也成为一些人正迫不及待要做的事。

因此，中国经济社会要想健康发展，离不开反腐，也离不开改革。十八届三中全会以后，我们党和政府在提出简政放权后，又加快推进权力清单制度，界定权力的边界，防止滥用权力。并在大幅度取消行政审批事项后，强调还要取消 200 项含金量高的行政审批事项。这样可以大大增加地方和企业的经济活力，鼓励了群众的创业热情，也削弱了一些部门赖以谋取利益的权力基础。李克强总理说，这是削权，是自我革命，会很痛，甚至有割腕的感觉，但这是发展的需要，是人民的愿望，要“言出必行，说到做到”。

还有，在向市场经济转型的过程中，权力过多地介入资源分配，为权力的滥用提供了可能，而公共权力行使的个人化和缺乏制约监督、则使权力的滥用成为必然。有位学者说得好，如果不能把官员手中掌握的公权力关进制度的“笼子”，就会有更多官员被关进“笼子”。因此，完善反腐败体制机制创新，最根本的还是要从领导制度上加强对权力运行的制约监督，也就是习近平强调的要“把权力关进制度的笼子”。大量事实证明，从严执纪固然可以遏制腐败，但腐败的实质是以权谋私，如果管不住权力，仅针对各种具体的以权谋私行为发禁令，必然堵不胜堵、防不胜防，迫使纪律越订越多、条款越订越细，而相比随着形势变化不断出现的各种花样翻新的以权谋私活动，我们永远至少慢半拍。

因此，要从根本上铲除腐败滋生蔓延的土壤，管住权力是根本。包括在领导体制改革中，除了坚持民主选拔干部、健全民主集中制原则外，还要对“一把手”过大的权力进行适当分解，这既是加强权力制约监督的需要，也是保护我们的主要领导干部，不要让一些心怀叵测的人以为“搞定一把手”就搞定了一切，从而把他们作为用糖弹密集轰击、千方百计拉下水的对象。

此外，十八届三中全会以后我们的各项改革举措，也要体现惩治和预防腐败要求。过去我们的改革，单兵突进的多，成龙配套的少，改革发展的不平衡造成很多腐败机会。例如改革开放初期的生产资料价格“双轨制”，产生了很多“官倒”，而一些地方国企改制的匆忙推进，

更造成了很多“经理人自肥”现象。等制度规范了、法制健全了,已经有一批人钻空子暴富起来了。结果“跑在前面的砍了尾巴,跟在后面的掉了脑袋”。这不奇怪,因为改革往往是从一个方面首先突破,必然打乱原有的制度配套,却不一定能马上形成新的配套制度,这时最容易出现腐败漏洞和机会。

因此,在三中全会要求改革要加强顶层设计的同时,习近平总书记特别强调,改革必须同防范腐败同步考虑、同步部署、同步实施。也就是说,如果做不到基本同步,我们宁可先缓一缓,也不要莽撞行事,才能保障改革健康扎实地推进。这里,不仅要及时查处改革过程中产生的腐败,尤其是要严惩以改革为名的腐败,才能维护改革的尊严与权威,保证改革能在风清气正中进行。

## 既要坚决惩治腐败,也要最大限度地教育挽救干部

关于当前反腐败和纠风工作的走向,应该说,体现了“刮骨疗毒、壮士断腕”“猛药治疴、重典治乱”的精神。一年多来,无论查处的中管干部、国企高管的违纪违法问题的数量都是改革开放以来前所未有的。包括中纪委对自己的一线办案人员的违纪问题也公开查处,改变了所谓“自己的刀不会削自己的把”的说法,体现了不管涉及什么人都一查到底的决心。而因违反“八项规定”被通报处理的党员干部数量之多,也是前所未有的。有人担心会导致更多的消极怠工,有人更呼吁要以“有条件赦免”腐败官员的“原罪”,来换取他们对改革的支持。这些都不符合我们党反腐败和整治“四风”的工作思路。

我们常说要让人们“不敢腐”,而领导干部“敢不敢腐”,主要不是源于惩罚多重能把他们吓住。如果100个人违纪违法,我们其实只能揭露和惩处七八个,惩罚再重也会有很多人有侥幸心理,如果在其违纪阶段我们能及时处理上百分之七八十,即使只是给以党纪政纪处置了,也能产生很大的威慑力。因为党员干部也是很要面子的。如果被点名道姓地通报曝光,会认为是脸皮被当众扒下来了,而感到无地自容。而在一些想收买权力的人眼里,也会认为他的政治前途黯淡了,从“潜力股”变成了“垃圾股”,这样反而可能挽救一些有缺陷干部,使他们不至于发展到惊天大案的地步。

同样,对于或多或少有各种不廉行为的干部,也不是统统要算老账,不是惩处的人越多越好。例如,过去领导干部的配偶子女在该领导干部个人任职地区经商办企业的,没有发现大的违法问题,可以有两个处理办法:一是配偶子女退出,二是领导干部本人辞职,当官发财只能选一条;对于家人都办了移民的“裸官”,也不是一律免职,而是把他从管人财物的重要岗位调整到“不容易犯经济错误”的其他工作;过去在一定风气下收了私人老板给的各种会所的会员卡,甚至也进去消费过,只要求现在能够做到“零持有”,以后不再进入会所消费;而部队领导干部过去多占的房子、车子,只要按规定腾退,也不再追究了。也就是说,在治本的正式制度出台之前,中央已经给了各级党政干部纠错的时间和空间,要求他们认清大势,今后走廉洁从政的道路。反之,如果他们置若罔闻、依然我行我故,那就“老账新账一起算”。这也是王岐山同志为什么把“不收敛不收手”作为重点查处的四类干部之首的重要原因。

从这里,我们已经可以看到中央反腐败的一个重要思路:既要坚决惩治腐败,也要最大限度地教育挽救干部。而党的群众路线教育实践活动,也必将进一步振奋绝大多数党员干部的精神状态,使利国利民的改革得到不断深化。因此,我们不能就反腐谈反腐,就改革谈改革,把二者当做互不相干的两条线,而是要将它们紧密结合起来。以反腐败保障改革,以改革来深化反腐,以改革和反腐来促进经济社会健康发展。

(作者:红旗出版社原副总编辑)

# 以权力制约和民主监督克服腐败

顾　肃

政治的核心问题是如何运用权力来为民众服务。执政为民，权为民所用，情为民所系，利为民所谋，权为民所赋，要求执政者随时想着人民的利益，知道自己的权力来自人民，为了人民。这是人民对执政者的根本要求，也是良善政治的基本前提。凡是得民心的开明的善政，都是认真履行这些要求和承诺，从而赢得人民的认可和赞赏。但是当权力脱离民众的监督，自成体系，自行运作，变成了少数人谋取私利的工具时，腐败必然发生，甚至会导致执政危机。

防止权力腐败，实现执政为民，是一项长期的艰巨任务。中外政治积累了大量的经验，需要认真总结。关键是从制度上保障执政者用好权，实现不同权力部门之间的牵制制约，真正实现对权力的民主监督。

## 一、权力产生腐败的根本原因

权力运作的一个现实危险是由于权力垄断带来的腐败，即执政者以权谋私，中饱私囊，把权力当作私家的摇钱树；实行权钱交易，以权力寻租，换取不义之财。英国艾克顿勋爵有句名言："权力产生腐败，绝对的权力绝对地导致腐败"，指的就是不受制约的绝对权力与腐败之间的必然联系。

国家政权的一个特征是其对于公共事务决策权的垄断性和强制性，在有关公共安全（包括国家对外防御和内部安全）、公共资源的配置和社会福利的提供等方面，不可能像自由市场一样可以有多种主体加入进行竞争。国家政权是高居于社会之上具有强制力的机器，虽然其本来职能是服务社会，维护社会秩序，但由于其掌握权力的垄断性和执行权力的强制性，如果没有必要的制约和监督，掌握国家政权的官僚们就很可能自成一体，脱离民众，损害公共利益，成为漠不关心人民利益的高高在上的权势者。执政党如果长期执政而缺少必要的监督和纠错机制，就可能影响执政党成员的心态和倾向，以为自己是天然的执政者，权力像魔杖一样被其玩弄于股掌之间，驱使一些人把官场当成秀场，当成自己为所欲为、与民争利的运动场，背离了权力为人民服务的根本宗旨。

这种"权力魔杖效应"很值得反思和警惕。当权力成了少数人手中任意玩弄的工具时，它所保护的就不是民众的利益，而是少数人谋取私利、疯狂攫取公共资源，腐败必然而生。2013年济南市中级人民法院经过对薄熙来案件的审理，核实了这些违法违纪的事实，并给予其严厉的惩罚。此案的典型性就在于，一个政府官员从负责县、市到省、部的领导工作，20多年里累计犯下了滥用职权、利用职权为他人谋利，直接和通过家人收受巨额贿赂，违反组织人事纪律，用人失察等多项错误，所有这些错误都与其利用职务进行寻租活动直接相关，却并无正常的监督制止机制，一路被提拔晋升，直到其直接领导的一个副省级官员出逃外国领事馆申请政治庇护，才被揭露出来，受到中央政治局的处理。而此前来自下级和群众的检举揭发均如泥牛入海，各级人代会的任命次次都顺利通过，实际上并无多少监督作用。这至少说明，我们对官员的政治监督机制存在重要的缺陷。

类似的腐败案件相当引人注目。中共中央的纪律检查委员会加强了对官员腐败案件的调查和审理，仅2013年，就有近20名省部级官员因为违法违纪而被调查，受到党纪处理和司法审判。而省部级以下被查处的干部数量更大。所涉及的范围之广、贪污受贿的金额之大，均令人惊奇，可谓空前。纪检部门认真查处，加大惩罚力度，看起来将会有更多的腐败案被揭露。正如中共中央纪律检查委员会副书记、监察部长黄树贤在2014年初总结反腐败的任务时所指出的："在看到成绩的同时，我们也要清醒地认识到，滋生腐败的土壤依然存在，反腐败形势依然严峻复杂，一些不正之风和腐败问题影响恶劣、亟待解决。比如，监管薄弱、权力集中、资金资源密集的领域和部门仍是违纪违法的'重灾区'，'一把手'腐败案件多发，一些案件涉案金额巨大、作案手段隐蔽，一些腐败案件与多种社会矛盾相互交织，一些基层部门和基层干部违纪违法案件增多，'小官巨贪'问题比较突出，等等。"

这些腐败案件表明，产生腐败的土壤仍然深厚而普遍。拥有公共权力的人与利益相结合，形成了利益共同体，为少数人的私利服务。而监管不力，权力集中、资金资源密集的地方，问题尤其严重。这种权钱结合的极端情况可以发展成黑社会猖獗，得到政府官员的保护，影响政府的权力运作。2014年初公布的四川刘汉案，即显示了这种情况的危险性。在10多年里，刘汉黑社会性质犯罪组织涉嫌实施故意杀人、故意伤害、非法拘禁等严重刑事犯罪案件数十起。该集团通过行贿骗取政治资本、寻找"保护伞"。其影响力涉及政界、商界、司法界。如此政商一体，使得刘汉敛财更加便利，甚至能够左右当地人事安排。对于能带来利益的官员，刘汉可以帮忙提拔升迁；对于挡他财路的干部，不择手段予以清除，他可以把不给他项目的县长、镇长调离现职、降职。有了解情况的人称，刘汉因为在当地政坛这种超级能量而被称为"第二组织部长"，干部想进步，找刘汉比找领导还好使。

上面引用这些经纪律检查部门和司法机构查明证实的腐败案件，显示官员在运用权力过程中出现的腐败现象之严重。尽管这是纪律检查部门的工作业绩，但需要反思的是，为什么腐败现象屡禁不止，在某些方面甚至有愈演愈烈之势？实践证明，不受制约的权力是相当危险的，它与各级政府权力高度集中于个人之手相结合，往往会出现个人专断：主观随意的统治，甚至法治也对其无能为力。不受监督制约的权力在任何社会条件下均可能导致腐败堕落，与人民的根本利益相对立。西方社会曾经长期存在专制的权力，其日积月累的腐败违背人民的意愿和期望，最终被革命所推翻。而东方长期的官本位文化，更助长了权力拜物教，一些人以为有了权力就有了一切，就可以为所欲为，尽情谋私。为了取得权力而不择手段，不顾公德和道义，把执政变成了虐政，权力成了贪污腐败的工具。脱离人民的结果是众叛亲离，落花流水。这样的历史教训贯穿古今。

## 二、以权力制约权力的基本原则

关于如何防止因权力高度集中引起的腐败和导致公民丧失自由，政治理论家们进行过精心的研究，并提出了克服的途径。英国革命的理论家洛克特别强调如何监督和限制政府权力，以避免其滥用。他指出，"生命、自由和财产"的天赋权利对于社会和政府都是不可取消的权利，社会和政府的存在是为了保护已经存在的对财产的私有权利，而对一个人天赋权利的任何限制都必须以保护另一个人或一些人同样重要的权利为理由。因此，政治社会和政府的起源就只能产生于其成员的同意。为了保护人们的权利不受侵犯，为了社会的繁荣与安全，人们便互相协议，自愿放弃一部分自然权利，主要是可以做他认为合适的任何事情的权力，以及单独行使处罚别人侵权行为的权力，而把这些权力交由专门的人，按照社会一致同意或授权代表一致同意的规则来行使。这正是立法和行政权力产生的缘由，政府和社会本身的起源也在于此。洛克强调人们仅仅放弃一部分权利,这种部分让渡权利的情况“只是出于各人为了更好地保护自己、他的自由和财产的动机……所以,谁握有国家的立法权或最高权力,谁就应该以既定的、向全国人民广泛公布的、总是有效的法律,而不是以临时的命令来实现统治;应该由公正无私的法官根据这些法律来裁判纠纷;并且只是对内为了执行这些法律,对外为了防止或索偿外国所造成的损害,以及为了保障社会不受入侵和侵犯,才可动用社会的力量。而这一切都没有别的目的,只是为了人民的和平、安全和公众福利。”

洛克强调,为了防止政府滥用权力而违背人民的意愿,就需要以权力监督和制约权力。洛克把国家权力分为三种,即立法权、执行权和对外权。立法权是指可用来指导国家力量的运用以保障这个社会及其成员的权力;执行权是负责执行所制定出的法律和继承有效法律的权力,故也称作司法权;对外权则是关于负责决定战争与和平、联合与联盟,以及同国外开展一切事务的权力。在这三种权力中,立法权是最高权力,前面已经详细地介绍了这种权力。它不是专断的权力,因而必须受自然权利和其他条件的制约。区别国家政府形式的依据也是看由多数还是少数人或个人行使立法权。洛克特别强调这三种权力不能集中于一个人或一个团体之手。对此他从各种角度作了论述。“只要有人被认为独揽一切,握有全部立法和执行的权力,那就不存在裁判者;由君主或他的命令所造成的损失或不幸,就无法向公正无私和有权裁判的人提出申诉,通过他的裁决本可以期望得到救济和解决。”君主独揽一切权力,既是立法者又是执法者,那就没有公正的裁决者,难以摆脱营私偏袒的弊端,每个人在法律面前的平等就难以实现。这仍然是洛克对反封建专制制度的革命所作的深刻的理论总结。

洛克提出分权思想的目的显然是为了防止政府出现专制,他特别提出了政府解体的原因有三种:第一,君主以个人的专断意志来代表立法机关制定的法律,阻止立法机关自由地行使其权力,或者变更选举制度,从而导致立法机关的变更。第二,君主玩忽或放弃他的职责,以致已经制定的法律无法执行。第三,立法机关或君主这两者的任何一方在行动上违背人民对他们的委托,即侵害了人民的生命、自由、财产权利,政府便不存在了。这些在相当程度上是对权力魔杖现象的深刻总结,需要通过政治分权来避免腐败和滥权。法国启蒙思想家孟德斯鸠积极宣传了洛克的学说,系统地论述了权力分立原则,提出了“不分权就没有自由”的口号。防止这种绝对腐败的发生,只能通过权力之间的牵制和制约,人民通过立法权监督政府行政权,司法独立行使裁判权,包括对行政权的公正裁决。

马克思主义的创始人生活于西方资本主义社会,所设想的未来社会在他们生前并未实现过。但他们在总结存续时间短暂的巴黎公社时,特别强调了防止国家及其机关公职人员从社会公仆变成社会主人的问题。恩格斯说:“为了防止国家和国家机关由社会公仆变为社会主人——这种现象在至今所有的国家中都是不可避免的——公社采取了两个可靠的办法。第一,它把行政、司法和国民教育方面的一切职位交给由普选选出的人担任,而且规定选举者可以随时撤换被选举者。第二,它对所有公务员,不论职位高低,都只付给跟其他工人同样的工资。公社所曾付过的最高薪金是6000法郎。这样,即使公社没有另外给代表机构的代表签发限权委托书,也能可靠地防止人们去追求升官发财了。”这就是说,为了防止因滥用权力而把社会公仆变为社会主人,其根本的制度保障是定期选举并且在不称职时及时撤销政府官员,而且给官员所支付的工资与工人并无差别。这后一条也许随着实践的发展而不需要严格的执行,但其基本精神却仍然有效,也就是密切联系民众,不刻意享受严格区别于民众的高高在上的特权。根据巴黎公社几十天的短暂经验,马克思主张建立议行合一的政府,这与洛克所主张的分权制衡是不同的。马克思特别注意防止公职人员由社会公仆变成社会主人，也就是防止腐败的发生，因而坚决主张定期选举政府官员的民主制度。

中国传统的儒家主张的王道和仁政希望以德治国，而不是仅靠强制的权力来施虐政和霸道。它把希望寄托在人的善良本性之上，教导统治者与人民感同身受，同甘共苦。但是，当执政者痴迷于权力，其私欲膨胀，压倒了公德心时，如何从制度上加以约束和制裁，就一直是个难题。中国古代的官制也设置过监察制度，用以监督政府官员，为国家利益和皇帝利益而服务，维护既有的统治秩序。传统上也强调公正执法，防止徇私枉法。但是，仅仅相信执政者的道德心，同样是不够的，需要制度的约束。总的来看，由于缺少自下而上的民主监督，行政权和司法权合一，司法不独立，监察制度仅限于为皇权服务，作为最高立法者和主权者的皇帝决不能成为弹劾的对象，因而对官员的监督体制在总体上都比较弱。

## 三、加强人民代表大会的权力监督机制

由此可以看出，为了防止公共权力的滥用，对执政者的道德约束固然重要，但这还是不够的，还需要进行制度上的系统约束。其主要原则是限制政府权力，不同的权力部门之间相互制约即分权制衡，坚持法治，依法治理掌权者，实行政治民主，定期选举执政者，以及执政信息的公开透明，通过舆论监督执政者。这里针对我国现有政治体制进行分析，并提出体制改革的具体制度和措施。

目前我国政府的体制结构，各个部门之间的制约监督虽有形式上的设置，但实施的力度和具体举措并不充分。以立法与行政部门间的权力分置为例。中华人民共和国宪法第二条明确规定：“中华人民共和国的一切权力属于人民。人民行使国家权力的机关是全国人民代表大会和地方各级人民代表大会。人民依照法律规定，通过各种途径和形式，管理国家事务，管理经济和文化事业，管理社会事务。”这项基本规定肯定了主权在民的根本原则。宪法还规定了全国和各地方人民代表大会拥有立法、创制、复决、选举、罢免之权，如第101条规定：“地方各级人民代表大会分别选举并且有权罢免本级人民政府的省长和副省长、市长和副市长、县长和副县长、区长和副区长、乡长和副乡长、镇长和副镇长。”这些都规定了全国和地方人大的权力，拥有全权选举和罢免政府的行政官员，表明立法和行政权力的分立和相互牵制、监督。

但在政府权力的实际运作中，行政权力还是太大太广，几乎涵盖一切公权力，所受到的制约和约束相当有限。我们看到，人民代表大会包括其常设机构常委会并不能像行政部门那样具有足够的监督力。各级政府的行政部门拥有广泛的权力，从维持治安、征税、财政拨款、公共事业，甚至到土地批租、国有企业的运作，等等，均属于行政部门掌管或支配。对于如此重大而广泛的行政权力，需要有足够大的立法机关的权力来进行制约监督，并在其出现问题时及时予以纠正。但目前全国和地方人民代表大会的实际操作上的权力却与此并不相称。

先从人员组成来看，目前的人民代表和人大常委会成员的组成能否体现这种足够的监督权力呢？以第十二届全国人民代表大会代表为例，在全体2987名人民代表中，党政干部占35%，专业技术人员610名，占20%，工人农民401人，占13%，其他人员（包括工商界人士、企事业单位管理者、文艺界等代表）934名，占32%。这当中的工人农民、专业技术人员和其他人员的代表，相当程度上属于行政官员，或者是企事业单位的负责人，而不是专职的代表。担任重要行政职务的工人农民代表占据了相当的比例。

上述全国人大代表统计中35%的党政干部，均是各省市重要党政部门的直接领导者，包括重要行政部门的负责干部，而且各省市代表团均由他们中的主要官员担任团长或召集人，对于人大开会期间的主要活动（如开会讨论、

提案、各项投票包括干部任免的投票）都具有重要的影响。在此情况下，如何让人民代表大会监督行政部门，就成了一个难题。以重庆市为例，市委书记的权力比市长还大，最重要的决定均由市委书记召开常委会来作出，市长在相当程度上执行市委书记的决定。但市委书记既是重庆市人民大会常委会的主任，也是全国人民代表大会重庆代表团的团长，对所有相关的提案和表决行为均有重要的影响力。假如市委书记违法乱纪（薄熙来即是一例）、滥用职权、作出错误的决定，人民代表大会如何行使监督权及时提议，经投票予以罢免呢？对于重庆市委书记薄熙来从停职到罢免，均不是重庆市人民代表大会作出的，而是中共中央政治局作出的。由于薄拥有的是党内职务，这样的决定符合党章的规定。但薄的实际权力又如此之大，甚至远高于市长，而人民代表大会的现有权力几乎无法触及到他。这就构成了人大权力当中的一个重要的漏洞。至于担任实际行政职务的省市长县长，大多是上一级人民代表大会的代表和重要领导人员，而同级人大常委会通常由同级党委书记任主任，同级的副职行政领导（副省长、副市长、副县长）任副主任。如此形成了一个重要的问题：人大监督的对象本身就是人大的重要领导人和行政权力的主要负责者。由这样的人大构成来对行政权力实行监督制衡，实际效力是相当低的。

这里就提出了人民代表大会如何有效地监督政府行政部门的问题。可以借鉴一下各国的经验。关于议会成员是否担任政府行政职务，各国的政治制度有所区别。在美国这样严格权力分立的体制中，行政首长均不得担任议员，因此，总统和内阁成员都不是国会成员。只有副总统担任参议院议长，但仅当参议院出现赞成与反对票相等的罕见情况时，副总统才参与投票。这样，国会监督行政部门的权力运作起来较为彻底。在欧洲国家比如英国的政治体制中，责任内阁制要求内阁对议会负责，接受议会监督。但在实际上，内阁成员从议员中产生，首相是内阁多数党的领袖，内阁对议会、主要是对下院的控制力较强。绝大多数议案来自内阁，并总是在议会优先讨论，得到通过。这样，内阁既参与立法，又负责行政，看起来权力很大。但是，这种体制下的行政部门仍然受到相当程度的制度制约。主要包括：议会有复数政党竞争，反对党随时借议会讲坛进行批评，监督政府，尤其是通过定期的竞选竞争多数党位置，当形不成多数党时，需要数党组成联合政府。议员大多专职，领取固定的薪水，除了部长以外，其他人均不兼任其他公职，每年参加议会的时间至少在170天以上，多的更达到250天，还需要花时间进行社会调研。议会开会审议立法议案，审查政府预算和开支，质询甚至弹劾政府官员。所有这些都在制度上保证议会对政府行政权力的监督力度。

中国的人民代表大会制度不简单地等同于西方的议会。但在政府权力部门的牵制平衡，通过立法机构来监督行政部门上，仍然需要借鉴其有成效的经验。目前需要在人民代表大会制度上加强其权力运作的力度。首先在人员构成上大幅度地减少行政官员的比例。关于会期，全国人民代表大会开会时间通常每年只开一次，每次约十五天，在人大常委会认为必要或五分之一以上代表提议时可以临时召集全国人大会议，但在实际操作上极少有临时会议。这样一个全国最高权力机关，每年只开会15天时间，用以审议政府工作，任免上百个部委的官员和检察院及法院的负责人，可谓匆匆忙忙，时间太短，连掌握必要信息的准备时间都不够。全国人民代表大会常务委员会是全国人民代表大会的常设机关，在全国人大闭会期间，由其代行全国人大职权。全国人大常委会有成员160余人，与全国人民代表大会近3000名代表相比，这样的人员规模比较适合召开会议，进行议事和通过决议。但其开会时间通常也只是每两个月开一次，会期5天左右，这样全年会期加起来一个月左右的时间，远远低于世界各国议会的会期。各省市自治区人民代表大会及其常委会的会期也与全国的相仿,略短一些。因此,与行政部门一年密集行使诸多权力的情况相比,人民代表大会及其常委会的会期相当短,完全不成比例,也就大大削弱了其监督行政权的力度和成效。

人大会期的短暂与人大常委的非专职相对应。不仅每年只开半个月左右的人民代表大会代表不是专职的,连常委也非专职。以第十二届全国人大常委会委员为例,仅有委员长、副委员长和秘书长是专职的,161 名委员中,有部长、大学校长、企业总经理、文艺体育界等各界代表,他们均各有自己的本职工作,包括在行政部门的重要工作。地方人代会的情况也与此类似。这样,委员们每年仅用一个月左右的时间审议和监督如此多的议案和政府各类工作,几乎没有时间就自己的人民代表工作进行调查研究,尤其是深入监督行政部门大量的工作。因而有必要加长人大的会期,常委专职化以后,常委会的会期每年不应少于半年时间。

因此,为了加强人民代表大会权力的运作,应当让人民代表实行专职化。在目前的条件下,由于全国和各级代表大会代表人数均相当大,专职化并不现实,但可以让人大常委会委员专职化,即除了少数担任政府部长或省市厅局长的委员以外,其他委员均专门任职,成为职业的议员。全国和各省市人大常委会的规模最好是数百人,委员专门任职,有固定的工资和经费,有独立的办公室,配备秘书或助理,让其专职行使人民代表的职权。经费主要是供其进行调查研究,了解民情,以便更好地进行立法,监督行政部门的工作。由于数十个政府部门各司其职,人大的常委们也需要分成若干个专门委员会,对与其对口的各个政府部门实行监督。比如法制、公共安全、交通运输、工业生产(国企)、对外事务、文化教育卫生,均可设立专门委员会,由一定数量的常委担任,分别管理监督。这样,在审议这些部门的首长任免、立法议案和监督方面就可在委员中进行对口的专业分工,以便于行使其议会权力。目前我国人大常委会也设置了若干个专门委员会,但由于委员们几乎都不是专职的,那些无投票权的工作人员是专职的助理,其权力相当有限。

人民代表和人大常委对行政部门的监督,其力量来自人民,人民通过选举自己的代表来替自己行使权力。因此,人大代表包括常务委员与选民的联系是最重要的。应该让专职的委员们有足够的时间和精力联系民众,倾听群众的意见和建议,反映其心声。因此,需要广泛开辟委员与选民联系的渠道,包括公布其联系方式,提供广泛接触选民的机会,并提供协商民主的渠道。代表监督政府的权力最终来自选民,因此,各级人民代表和委员应当通过竞选方式由选民直接选举产生(目前仅在区一级的人民代表是直接选举产生的,在此上级别的代表均为间接选举产生),定期改选,可以连选连任。这就需要改革目前的代表提名和选举方式。

当然,代表和委员由于拥有一定的权力,也有可能出现腐败,脱离人民的监督而自成体系,出现以权谋私、贿选等违法违纪行为。比如,2012 年 12 月 28 日至 2013 年 1 月 3 日,湖南省衡阳市召开第十四届人民代表大会第一次会议。在差额选举湖南省人大代表的过程中,发生了以贿赂手段破坏选举的严重违纪违法案件。现初步查明,共有 56 名当选的省人大代表存在送钱拉票行为,涉案金额人民币 1.1 亿余元,有 518 名衡阳市人大代表和 68 名大会工作人员收受钱物。面对这种人大代表违法违纪的情况,需要对代表和委员的行为进行监督(如果各级代表均由选民直接选出,贿选的可能性仍然存在,但要小得多)。也就是说,行政机关和司法机关也应介入对立法机关的监督,包括检察院起诉违法的代表和委员。这样,立法机关与行政和司法机关相互进行权力牵制,以防止腐败的发生。

人民代表大会需要实行言论信息公开,以保障其监督权力的有效实施。应允许公民旁听代表大会包括常委会的会议。会议上的辩论,除了必须保密的内容以外,均应该公开进行,尤其是应该有固定的时间对行政部门的首长进行质询,就重要的议题召开听证会。国家和地方的税收应该全部由人民代表大会及其常委会来决定,行政部门不得单方面决定税收计划,包括增设税种、决定税率,等等。从税收到政府预算开支,国有企业的运作,均应置于人代会的监督之下。这是防止政府滥用纳税人钱款,防止腐败的重要举措。目前各级政府的多项税种和收费,大多不经人大批准即得到通过并实施,对政府预算和开支的详细审查监督也相当有限。公共事业的开支均取自税收,其中相当一部分用于公共服务,但也包括政府机关本身的巨额开支。政府转移支付的款项越多,就越容易出现寻租的空间,越需要人代会的用心审计监督。西方民主革命的进程中,出现过“无代表,不纳税”的要求,即国王如不允许国民选举自己的代表召开国会进行立法和监督政府,国民就有权不予缴税。可见,公民在税收上的民主权利直接关系到政权的合法性。

以政府机关的公共开支为例。长期以来,有关方面均曾有过一些规定,包括哪些级别的干部能够享受怎样的待遇,以及公务接待各方面的开支限度。但在实际执行中,却由于监督不力而经常超出标准,以致严重时相当奢侈,诸如摆阔气、讲排场,浪费严重,豪华装修、超标准的办公用房,官员们出没于高档会所。中共十八次全国代表大会以后,政治局具体提出八项规定、六项禁令,并且通过纪律检查部门进行监督检查。从一年多的执行情况来看,奢靡之风受到了一定程度的抑制,政府公务开支经费得到了压缩。人们自然希望这些规定能够持之以恒地执行下去,不会随最高领导人的关注重点的改变而改变。

## 四、进一步强化司法独立

不言而喻,执政党本身的反腐任务是相当艰巨的。当一个执政团体内部的官员出现了违纪违法的腐败问题时,其执法或纪委检查部门能否公正无私地进行调查和处理,这肯定是一个严峻的考验。应该说,执政党本身的反腐是一个长久的课题。中共领导人也多次提到这是一项关涉亡党亡国的艰巨任务。目前执政党在反腐败上主要采取自上而下的监督方式,即通过党组织包括其纪律检查委员会从上级对下级实行监督。中央一级纪委部门监督省级干部,省级监督市级,以此类推。当然,这主要是针对党员干部进行的监督。对于同级党员干部的违法违纪行为,纪律检查部门在原则上也接受来自下级的揭发和举报,进行调查处理。但是,同级纪委对同级党委干部的监督检查成效并不突出。其中一个重要的原因是纪委要受党委会的领导。目前,中纪委除了根据各种检举揭发的材料来办案以外,也派遣中央巡视组到省级相关的部门和单位进行巡视,发现问题后进行通报,并报请相关党组织进行处理。这种反腐方式近年取得了相当的成效,但难免有疏漏。毕竟全国的省部级单位(包括大型国有企业)太多,中纪委能够派出的巡视组每年至多数十个,面对全国的众多政府部门和干部,中纪委反腐的人力和精力显然是有限的。

正因如此,需要进一步强化司法独立。司法部门独立行使裁判权,任何人不得拥有高居于宪法和法律之上的特权,凡侵害公民权利、贪赃枉法、违法乱纪者,都要受到法律的制裁,均属于法治和司法独立的内容。当前需要扩大司法部门的权限,执政党自己设立的纪律检查部门不能代替司法,司法部门只要发现党员干部出现违法违纪的问题,就应该依法立案查处。司法应该独立判案,无需区别党内与党外,谁违法就处理谁。检察院应当是独立的机构,可对任何人的违法违纪行为进行调查,提起公诉。对于涉及最高层次领导干部的问题,可以设立独立检察官,赋予其全权进行调查,供人民代表大会进行职务任免时采纳,对于涉及违法的案件,向法院提起公诉。为了有效地打击官员的腐败,还可以借鉴类似香港廉政公署的经验,反贪部门直接对最高检察院负责,拥有独立调查的特权，可以检查任何人的银行账目、财产、收入、经济往来等情况，任何部门不得随意干涉阻止。

综上所述，只有通过不同权力部门间的相互制约和监督，最终来自人民的民主制约，有了这些制度性的保障之后，才能从根本上解决执政者滥用权力和腐败的问题，才能建立高效清廉的政府，实行良善的治理。

（作者：南京大学哲学与法学教授、博士生导师）

# 政治稳定视阈下腐败官员和资产外逃的惩防追缴机制建设

肖　克

腐败官员与资产外逃，造成了国有资产的大量流失，严重损害了我国的国际形象，是人民群众反响强烈的一种腐败形式。腐败官员指进行以贪污或者受贿为代表的公权私用行为的公务员或其他国家公职人员，主要包括党政领导干部和国企的负责人等。外逃指逃到境外。如何看待和处理这一问题，不仅关乎廉洁政治建设的成败，也关乎国家政治稳定的实现。

## 一、政治稳定与惩防腐败

腐败的根源在于人性，腐败的本质是公权私用，是权力与权利关系的异化。自我利益的实现与最大化满足天然地成为个体行为的动力，也意味着个体的任何行为都无可避免地将直接或潜在地对他人造成影响，而将这种对他人的影响中负面成分限制到最小，恰恰也就构成了整个惩防腐败制度建构的逻辑起点。

### （一）政治稳定是政治学的核心关切之一

美国政治学者亨廷顿认为，政治稳定有两个基本要素，即秩序性和继承性。秩序性意即没有政治暴力、压抑，或体系解体。继承性则指未发生政治体系关键要素的改变、政治演进的中断、主要社会力量的消失，以及全国导致政治体系根本改变的政治运动。亨廷顿认为，政治稳定正如合法性一般，只有其丧失时，才容易分辨出来。在我国理论界，关于政治稳定的理解大多基于政治发展的角度。郑慧认为，政治稳定主要是指在特定社会，有利于巩固政权有秩序的政治状态和有规则的政治运作和政治运行。吴志成认为，政治稳定指“政治系统在运行中所呈现的有序性和连续性。所谓有序性，指系统内部各要素排列秩序的合理性；所谓连续性，指系统功能的发挥不受阻碍，保持正常运转。”

总结以上观点，笔者认为政治稳定指政权性质与国家基本制度稳定前提下的政治运行有序。政治稳定的特征在于政权合法性得到认同，政治权力在制度框架内有序透明流转，政治参与渠道顺畅且对政策结果具重要影响，全社会政治共识明显。对于政治稳定的衡量指标，大致从五方面选取：第一，政治结构。主导阶级掌握权力，控制局势，政治合法性获高度认同，权力传承具稳定性制度化；政治制度稳固度高弹性空间大；央地关系良性互动。第二，政治过程。利益博弈结果经过充分政治协商，各方利益在政治系统内有自己的代表，政治政策制定遵循法治、公平、正义等程序性要求，权力行使高效廉洁，政策反馈良好，政府在调节利益分化资源分配方面具有正能量。第三，政治参与。民众政治参与渠道畅通，对政策与人事结果具有重大影响；政治社团在国家政治生活中具有重要作用，公民社会健康成熟；跨阶层、领域、地区流动性障碍少，社会屏蔽不严重，且屏蔽标准为集体排他而非个体排他。第四，国家性。对民族国家的认同先于对所属族群的认同，至少对两者的认同不矛盾。第五，政治文化。主流意识形态认同感高，政治发展方向具共识，对国家在国际社会定位与行动具共识。

### （二）政治稳定与惩防腐败息息相关

政治稳定意味着政治风险因素处于可控与低发状态，意味着整个政治系统在政治价值共享与国家认同、政治制度运行效果与效率、政治纠错与改革机制、公民权利维护与权力有序流转等方面都处于良好状态与动态平衡。对于政治稳定来说，其中最关键点就是权力与权利的博弈互动处于有序、稳定、平衡的状态。公权力及其承担者恪守自我约束的宪政原则，以民众福祉作为自身行动的指向，以民众权利作为不可逾越的禁区；权利在追求实现自身的同时，恪守宪法与法律的程序性规定，不以他人和社会的损失为代价，不以权力运行的瘫痪与政治的失序为手段。腐败是政治关系的异化，对权力与权利双方均有严重负面影响，自然也就对政治稳定威胁巨大。健康的政治系统意味着权力与权利关系处于平衡的状态，而腐败就是破坏政治稳定的病毒。一方面，腐败使得权力主体突破“服务于权利”这一最基本的伦理底线，攫取资源谋取私利，使权力的行使面临丧失存在合法性的危险；另一方面，权利的主体（民众）受到腐败造成的社会整体道德沦丧和腐败对个体私利实现诱惑的双重影响，采取非法或非常规政治参与行为破坏政治秩序，使社会呈现原子化趋势，并向政治秩序崩溃和无政府状态演化。从腐败影响的角度来说，政治不稳定始于公权力的腐败与异化，进而引发权利主体对于公权力的不信任，继而采取自发破坏性政治参与行为维护自身利益，最终造成政治不稳定。

具体而言，按照政治稳定指标体系来衡量，惩防腐败对政治稳定的获致也可谓事关重大。对“政治结构”指标而言，腐败直接影响执政党和政权的合法性；对“政治过程”指标而言，腐败严重违背权力行使程序的公平、正义与透明要求；对“政治参与”指标而言，腐败阻碍民众常规参与渠道，容易导致体制外抗争等非常规参与；就“国家性”指标而言，腐败的影响主要是间接的，少数族群对主流政治与政策存在疏离感，腐败将会加重这种感觉；就“政治文化”指标而言，腐败将会引发利益团体极端对立，社会资源分配极端分化等后果，这对以建立主流意识形态认同为核心任务的政治文化来说将是灾难性的。

反过来，政治稳定对治理腐败的成效也同样有巨大影响。政治稳定是廉洁政治的基础性价值。廉洁政治的特征是“干部清正、政府清廉、政治清明”，相对于“政治稳定”来说，“政治廉洁”属于更高层面的政治生态，只有在政治系统稳固的前提下，才谈得上建设廉洁政治。政治风险较大或者政治不稳定的政治系统很难做到政治廉洁。

## 二、目前我国腐败官员和资产外逃的危害与特征

关于我国腐败官员外逃规模，很难获得精确的统计数字，根据2011年的《中国青年报》报道，自2002年来，仅全国公安机关经侦部门抓获的经济犯罪嫌疑人就超过500名，其中部分为国家公职人员；另外，据2004年商务部调查报告《离岸金融中心成中国资本外逃中转站》数据，外逃官员约4000人。以上两种是关于外逃贪官数目的较小和较大值估计，实际数目应该位于两者之间。与外逃贪官数量相比，外逃资产规模更能反映腐败程度。根据“中国惩治和预防腐败重大对策研究”课题组成果显示，自1988年到2002年间，资金外逃额1913.57亿美元，年均127.57亿美元。从1990年开始，资金外逃额在每年100亿美元上下波动，总体呈上升趋势。据其他统计资料表明，2001年最高人民检察院在追逃公布会上说有4000多名贪污贿赂犯罪嫌疑人携公款50多亿元在逃；2004年全国检察机关境外追逃工作会议初步核实，外逃贪官涉及款项3500亿元，其中涉及1000万元以上者占92%；国家审计署发布的消息称，截至2006年5月，我国外逃经济犯罪嫌疑直接涉案金额700多亿元人民币。

### （一）腐败官员携款外逃的危害

第一，腐败官员携款外逃对政治稳定的负面影响。目前一种损害较大、影响极坏的腐败行为就是腐败官员外逃出境，并转移携带大量腐败资产。此种腐败对国家的政治稳定产生较大的负面影响。首先，腐败官员和资产外逃会

形成"示范效应"。由于腐败官员的外逃往往经过精心准备,一旦成功逃脱法律和制度的惩处将会对其他腐败官员和潜在腐败人员形成"示范效应",使他们存在侥幸心理,无形中增强了腐败行为三要素中最重要的"腐败机会"要素。其次,此类腐败行为严重影响国内民众对党和政府的信任度和满意度,腐败官员和腐败资产外逃往往是媒体和民众关注的焦点,此类事件频发会严重降低民众对党和政府反腐工作成效的判断。再次,腐败官员掌握较多政府内部信息,为了逃避来自于国内的惩处,有可能被国外势力甚至是反华势力所利用,威胁国内政治稳定和国家安全。最后,相较于国内腐败现象的治理,引渡外逃腐败人员与追缴境外腐败资产还涉及复杂的法律、金融、国际关系和外交问题。

第二,腐败官员与腐败资产出境外逃已成为当今困扰我国腐败治理的重点和难点问题之一。经济全球化与市场化的建立与完善,以及通讯、交通技术水平的飞速发展给腐败官员及资产的外逃提供了相对便利的途径,我国反腐力度的加强也促使外逃成为规避腐败风险的一种新型手段,对其他潜在的可能腐败者产生外部负效应。政治上,对内降低了政府的政治合法性、降低了政府的行政效率;对外抹黑国家形象,为国际上一些别有用心的势力提供了攻击我国政治制度和体制的口实。经济上,造成国有资产和人民财产巨额损失,影响经济发展。社会上,造成信任缺失,"社会资本(social capital)"降低,违反公平公正规则,而且引发国内社会对权力腐败严重程度的关切与担忧,侵蚀了改革开放与市场经济的成果。

**(二)腐败官员携款外逃的特征**

第一,外逃官员腐败行为的结构性转型。当前,随着市场经济的发展、公务员选拔制度的改变、审计制度的进步、地方财政监管的加强以及反腐法律法规的陆续施行,诱发中国腐败问题的因素有了明显的减弱,贪污和挪用公款等纯粹在行政系统内部进行的腐败案件数量大幅度下降,而将行政系统内部与外部联系在一起的贿赂类案件数量和比例猛增。这种腐败行为的结构性转型使其更具隐蔽性。通过刚性的制度手段来遏制发生在行政系统内部的腐败行为,尽管也会存在少量盲点,但只要制度合理且执行有力,就能起到预防遏制腐败的作用的。然而,当腐败行为越过行政体系的界限与社会发生联系,呈现为以贿赂为主的腐败方式时,主要针对系统界限内发挥作用的行政体系的自身反腐败制度的边际效益就会大打折扣,相应边际成本却会激增(由于贿赂的隐蔽性,且给交易双方均会带来益处的特点),这必然给惩防腐败官员与追缴外逃资产带来更大困难。

第二,外逃时机经过精心选择,腐败潜伏期越来越长,外逃成功率较高。由于腐败问题日益受到党和政府的重视,腐败风险越来越大。随着制度的健全,腐败成本也越来越高,因此腐败收益的临界点也水涨船高,大案要案占腐败案件比例呈上升态势,腐败者的反腐败知识技巧也愈发"熟练"。这表现在腐败外逃"三步走":首先,子女留学和配偶移民,自己在国内"裸官";然后,通过注册空壳公司、直接投资等方式境外转移资产,有的甚至直接在境外收受贿赂;最后,利用"外出考察"等机会逃离出境。结果就是往往该官员出国不返,国内才怀疑并调查证实其腐败事实。这也反映出事前防范的重要性。

第三,外逃官员职位级别以厅级处级正职领导居多。外逃官员职位级别以厅级处级居多,且多为各自单位正职领导——"一把手",年龄由以前接近退休降至40多岁为主,金融系统腐败官员外逃比例增加。如河南高速公路发展有限责任公司原总经理、董事长童言白,贵州省交通厅原厅长、省高速公路开发总公司原董事长卢万里,海南省计划厅原厅长李永生,海南省财税厅原厅长刘桂苏,海南省工商管理局原局长富荣武等。这也反映了人事制度与干部问责制度的不完善,权责的不匹配,现行监督体系存在漏洞。

第四，外逃去向分散且难以确定，资产转移方式更加多样。以前，外逃腐败资产多为现金或者境外存款、投资等形式，近些年，腐败资产的转移方式更加多元，追缴难度很大，一般逃往地法律或者政治情况也会造成对追缴的障碍。利用信用卡境外大额消费或者取款、向境外慈善机构虚假捐款、通过买卖古董和高价艺术品并携带出境，或者和国际犯罪集团联系进行洗钱等有组织有计划多人参与的腐败资产转移方式日益增多。在资金转移目的地方面，也更加曲折隐蔽，一些离岸金融中心，比如英属维京群岛、萨摩亚、百慕大等逐渐成为腐败官员转移腐败资产的踏板，然后利用上述国家地区宽松的金融环境和自由的出入境制度，以及西方发达国家对这些国家地区的特殊政策辗转进入西方国家。

## 三、腐败官员和资产外逃的结构性因素

腐败官员与资产外逃具有主客观两方面的原因。一些领导干部的理想信念动摇、世界观与人生观出现偏差，进而导致精神颓废与贪欲放纵是主观原因。相较于主观原因，政治与社会等方面的客观因素才是结构性的。具体而言，腐败官员与资产外逃的结构性因素主要有以下四点。

### （一）社会转型带来制度风险和利益冲突

社会转型是一个全方位、系统化的复杂过程，社会转型是为了获得动力，进而推动社会的全面发展。其中，政治发展是社会全面发展的重要内容之一。然而，社会转型在推动政治发展，为政治发展创造条件的同时，也对政治发展具有潜在的消极影响，并可能反过来阻碍自身的转型。换言之，社会转型会凸显和增加政治风险，并放大政治风险的破坏力。社会转型过程中最大的风险是政治风险，最突出的政治风险之一就是制度风险。制度风险指制度调整或者建立落后于社会转型，且存在制度盲点的状况。正是社会转型期的制度盲点给腐败创造了大量机会，也相应降低了腐败风险成本。如果该转型是政府主导的，那么政府在主导转型的同时，必须赋予行政系统以较大权力。同时，制度规范性与监督机制有可能落后于转型形势的发展，给了腐败以可乘之机。正如亨廷顿指出的："某个国家处于变革时期的腐化现象比该国在其他时期的腐化现象更为普遍。大致看来，有理由认为，腐化程度与社会和经济迅速现代化有关。"

### （二）权力结构存在问题

权力结构指权力的组织体系、权力的配置及权力间的相互关系。权力发展的历史告诉我们，只有从权力内部对权力进行分解，并在此基础上建立一个稳定的、相互制约的权力体系，以权力间的关系来制约权力，才能有效地控制权力，维持政治稳定状态。换句话说，只有将对腐败的控制问题转化为对权力的制约问题，进一步将制约权力的问题转化为权力结构的问题，对权力的制约才是可能的，对腐败的控制也才有可能性。党的十八大报告特别强调"健全权力运行制约和监督体系"的重要性，"要确保决策权、执行权、监督权既相互制约又相互协调，确保国家机关按照法定权限和程序行使权力"。然而，尽管我们认识到了恰当权力结构的重要性，并且做出了很大努力去改进去完善，但是在权力下放的同时，并没有改变权力集中的旧有特征，权力制衡机制很不健全。仅仅放权并不对权力结构的优化具有多么大的意义，制衡与监督缺位的放权客观上会制造出更多的制度盲区，制造出更多的腐败机会。

### （三）政治过程中的腐败机会过多，责权不匹

"一把手"权力过大，对政策制定往往具有决定权，"集中"多于"民主"。严格地说，我国没有一整套严格的决策制度和决策程序，没有完善的决策支持系统、咨询系统、评价系统、监督系统和反馈系统；我国的决策研究也缺乏公开性和民主性，政府决策往往被神秘化，在一项决策出台之前，几乎很少有公开讨论。此外，责

任追究制度和机制不健全，责任追究缺乏具体规范和操作程序，追究力度有限；人民代表大会的监督职能没有很好地发挥，这些过程性因素对腐败的形成与泛滥也要负有责任。

**（四）相关法律法规不健全**

惩防腐败的制度依据——《反腐败法》迟迟没有出台，致使我国惩防腐败的制度规范不健全，与国际法接轨也不够。腐败官员与资产外逃不仅仅涉及国内法的适用问题，还涉及与国际法的接轨及与其他国家的配合问题。目前中国主要通过刑事程序打击贪官外逃，进而追缴贪官外逃赃款。但司法实践证明，由于各国关于人权的认知存在不同，致使与我国签订相互引渡条约的国家名单不能涵盖很多腐败官员外逃的目的地，利用刑事程序追缴贪官外逃赃款的效果并不理想。此外，在反腐实践中，司法体系更加独立也显得越来越迫切。

## 四、有效构建腐败官员和资产外逃的惩防追缴机制

正如上文所述，腐败是一个普遍问题，其根源在于社会，与政治稳定息息相关，与特定的社会制度与政治体制无关。正如政治稳定的条件需要外在的社会基础与内在的制度核心两方面都具备，腐败官员与资产外逃的惩防追缴机制也要从更为长远的根本的社会条件完善与当务之急的制度设计两方面考虑。

**（一）完善反腐败的社会基础**

第一，廉洁的道德人格与政治人格的重建。廉洁的政治体系依赖于廉洁的个体，健全的个体构成健全的国家。从根本上说，腐败的根源在于社会在于人性，尽管最终通过公权力反映出来，但仅仅针对顶层权力的制度制约永远解决不了腐败的痼疾。减少腐败的最好方法就是让廉洁政治的观念内化为每个公民自觉的伦理约束。必须承认仅仅依靠内在伦理不可能取得反腐的胜利，只有承认并践行“腐败绝不是生活一部分”的认知，追求廉洁、公平、诚信的道德人格，对腐败的战役才能获胜，而不是与己无关时才站在道德的高地高呼反腐的洪亮口号；或者当自己的利益因腐败受损时才痛恨腐败的发生，或者置身事内时却经常为腐败推波助澜，或者提供腐败生存的社会土壤。

第二，公民社会的发展。公民人格的塑造有赖于公民社会的发展，成熟健康的公民社会能够提供政治参与和政治社会化的途径，也会培养具有负责精神的公民。集权容易带来腐败，对公权力制约分解应该来源于权力体系外，而公民社会在其中起到很大的作用。从政治稳定的角度来说，公民社会可以成为权力与权利、政府与民众之间的缓冲器，有利于政治稳定。根据国际上较有影响力的民间组织“透明国际”公布的全球清廉指数（corruption perceptions index）显示，公民社会较发达的国家腐败问题相对较轻（也有例外）。私权不彰，公权膨胀，当体制担负了太多的责任，民众的幸福太多地依赖于权力的运作时，腐败的幽灵也就被赋予了过多无孔不入的机会，侵蚀了政治稳定的地基。

第三，民主政治的发展。从长远看民主是政治稳定不可或缺的条件，民主也是解决腐败问题的终极利器。公民社会只是提供了体制外公民命运自决的途径，尽管具有长远意义，但面对迫近的腐败幽灵，显然国家政治权力的运作与政治制度的完善应该担当更为重要的角色。党的十八大报告也强调“人民民主是社会主义的生命”。然而，如何在现实中真正落实贯彻民主才是真正的着力点。民主意味着竞争，通过竞争获得民众的认可，并在民主的监督中履行民主的承诺，完成权力的制度性流转，自然赋予官员以远离腐败的动力和压力。当然，关于民主与腐败的关系，学界尚存争议，现实中印度等所谓“民主政体”频发的腐败事件也昭示民主与腐败的复杂关系，但很难否认政治民主化的努力对控制腐败的正面作用。

**（二）加强反腐败的制度设计**

第一，将惩防跨境腐败上升到法治高度，加快《反腐败法》的立法工作。一部反腐败法典

的出台是反腐败体系初步建成的重要标志。我国反腐败的权威文件虽然很多,但主要是廉政建设的党纪或政规。现在所要做的是将已有的这些文件进行系统的梳理或整理,提升到法的层面,汇集为一部反腐败法律。《反腐败法》应该具有这样一些内容:官员财产申报制度;接受礼品、接受馈赠的最高限;官员禁止从事第二职业的规定;官员离任以后禁入领域的规定;亲属回避规定;反腐败的权威机构及其相互关系。与反腐败法律出台相伴而生的还应该有反腐败方面的司法独立,这也是将法治作为反腐最高境界的必然要求。建国以来我国反腐的经验已经证明,运动式反腐和政策性反腐并没有从根本上遏制腐败的发生,只能取得短期效果。只有法治性反腐才能从根本上遏制腐败。此外,可以通过立法的方式将惩防腐败官员与资产外逃上升到政治稳定与国家安全维护的高度,为治理此类腐败行为获得立法基础。

第二,完善并落实我国政府官员家庭财产申报制度。这涉及确定申报主体、明确申报范围、确立登记机关和法律依据以及将申报结果向社会公开等一系列问题。我国现存财产申报制度的申报主体范围过于狭窄,仅限于党政机关、事业单位、社会团体县处级以上领导及国有大中型企业负责人,且缺乏系统性规定,法律位阶不高,导致很多外逃官员都是利用规则漏洞,将腐败资产附属于其家庭成员名下。此外,现行申报受理机构往往为本单位组织人事部门,很难起到实质性的监督作用。

第三,在国际法和国际条约框架内,加强国际司法合作,收益分享,并考虑适当调整某些法律使之与国际接轨,完善中国追缴腐败犯罪所得的法律制度,确立缺席审判制度;确立民事没收制度;注重民事诉讼和刑事诉讼的结合,在刑事诉讼法中明确针对腐败资产追回程序的民事诉讼性质,并力求民事诉讼与刑事诉讼程序的平行运行;建立我国腐败资产追回机制相对合理的立法模式,重视证人的培训;借鉴并利用相应国际公约的举证责任倒置机制,并将腐败资产追回的突破点放在洗钱罪指控上,增加追缴成功率。

第四,完善户籍管理、护照管理和出入境管理等制度,严格执行“特殊身份人员出境报备制度”,建立官员亲属出境报备制度,推广禁止“裸官”担任党政部门“一把手”和较重要领导职位的做法,完善建立遗产税、赠与税等税收制度。

(作者单位:东北师范大学政法学院)

# 中国腐败治理结构变迁与纪检监察机关职能定位审视

王希鹏　胡　扬

构建合理的腐败治理结构是健全中国反腐败运行机制的基础和前提。在我国,中国共产党在国家治理中担任着制度设计者和实践领导者的角色。这一特征决定了中国腐败治理结构呈现出党纪监督、行政监督、法律监督三方分工负责、互相配合的“三位一体”特征。在我国半个多世纪的腐败治理进程中,“三位一体”的治理结构和治理逻辑也内在地发生着适应性变革。改革开放以前,突出表现为“党政合一型”腐败治理结构,改革开放以后,逐步发展为“政党嵌入型”腐败治理结构。

中国共产党第十八届三中全会从推进国家治理体系和治理能力现代化的高度,要求进一步明确纪检监察机关职责定位,推进反腐败体制机制创新和制度保障。按照《中共中央关于全面深化改革若干重大问题的决定》对反腐倡廉建设的具体部署,我国的腐败治理结构应当逐步从“政党嵌入型”向“政党主导共治型”模式转变,这是加强我国反腐败体制机制创新的必然要求,是实现国家腐败治理体系和治理能力现代化的内在动力,具有极为重要的里程碑意义。

## 一、“党政合一型”腐败治理结构的缘起与变迁:历史过程的经验抽象

“党政合一型”腐败治理结构的实质,是党以治理主体的方式直接介入国家腐败治理过程,党纪监督、行政监督和法律监督处于高度融合状态。它具有两个基本特质:一是党政不分,党的纪检机关既是国家反腐败政策、方针的制定者,又是具体的执行者、监督者和行动者;二是以党代政,党的纪检机关不仅负责维护党章、党纪,而且扩展到维护国家法律、法令,对政府的内部事务,乃至国有企事业单位的具体管理和经营行为的监管也由各级党内监察组织包办代替,政府监察的功能和职责被彻底虚化,执政党在国家腐败治理中的政治领导功能也难以有效发挥。

### (一)在治理主体地位上,党内监督处于绝对优先地位

1949年10月至11月,中央纪律检查委员会、最高人民检察署、人民监察委员会相继成立。在这个时期,党纪监督、行政监督、法律监督三者的地位相对独立和平等。纪律检查委员会的职责主要侧重于维护党规党纪,“检查中央直属各部门及各级党的组织、党的干部及党员违犯党的纪律的行为”。人民监察委员会作为当时政务院下设的政治法律委员会、财政经济委员会、文化教育委员会、人民监察委员会四大委员会之一,在法律地位上高于普通的国家部委,行使“监察全国各级国家机关和各种公务人员是否违反国家政策、法律、法令或损害人民及国家的利益,并纠举其中违法失职的机关和人员”的职责。人民检察署作为“国家的最高审判机关及检察机关”,行使一般监督权,“负责对政务院所属各部门、地方各级国家机关、国家机关工作人员和公民是否遵守法律,行使检察权”。但是,随着政治运动的开展,党内监察优先地位凸显。1955年3月党的全国代表会议通过的《关于成立党的中央和地方监察委员会的决议》,提升了监察机关在党内的地位,明确“本届党的中央监察委员会由本次全

国党代表会议选举，并由中央委员会全体会议批准，党的地方各级监察委员会由各地方最新召集的党的代表大会或代表会议选举，并由上一级党委批准”。监察机关在职能定位上也从原纪律检查委员会的“检查违犯党的纪律的案件”扩展到“检查违犯党章、党纪和国家法律、法令的案件”，在党的八大党章中，又进一步扩展至检查“违反党的章程、党的纪律、共产主义道德和国家法律、法令的案件”。与此同时，人民监察委员会的职责却步步紧缩，1954 年，人民监察委员会改为国务院下设的监察部，由原来的高于各部委变为与各大部委同等地位。特别是在 1957 年的反右派斗争扩大化中，监察机关自身受到错误批判，被指责为同党“闹独立”，后于 1959 年被撤销。在这个过程中，党的监察机关的职责进一步调整和扩大。1962 年 9 月，党的八届十中全会作出了《关于加强党的监察机关的决定》，对各级监察机关的人员组成、职能定位、工作方法作出了规定和加强，特别是规定“党的各级监察委员会，应当加强对同级国家机关的党员的监督工作。中央监察委员会可以派出监察组常驻国务院所属各部门”。此时，党内监察机关地位进一步凸显，原监察部、检察院在国家腐败治理中的职责已基本被党内监察机关替代。

**（二）在治理协同关系上，党内监察控制性包揽一切**

新中国成立初期，在制度设计上，党纪监督、行政监督、法律监督初步形成了科学分工、有效配合、相互制约的协同关系。如 1949 年 12 月通过的《中共中央纪律检查委员会工作细则》明确规定：“凡党的组织、党员、干部违犯党纪，经检查属实，认为须给以处分者，即应依照党章规定作出书面决定，并得视其错误的性质和影响，在党内或报纸上公布之。除党内的处分外，凡涉及行政处分及刑事处分者，则建议由中央人民政府监察机关或司法机关处理。”1950 年 2 月，中共中央批转该细则时，也特别强调“党内党外的处分，必须严格分开，不得混淆”。而对检察机关与监察机关的分工合作问题，1950 年 8 月最高人民检察署副检察长李六如在全国司法会议上的报告《人民检察的任务及工作报告大纲》中作了详细阐述：“监察委员会的主要任务，在于监察政府机关公务人员，有无官僚主义、命令主义，是否违法失职，有无浪费贪污，决议计划等是否实施。但不能涉及刑法制裁范围。明白些说，监察委员会与检察署的工作，虽有某些共同之点——调查、访问、检查与受理控告，——然而，须分别其案件性质，是否违犯刑法；处分程度是否要用刑法制裁，例如同一贪污案件或同一损害国家权益案件，如果情节轻微，只需予以行政处分，如批评、警告、记过、撤职等，不管何方发觉，均须交由监察委员会处理。如果须予以刑法制裁，如处徒刑、死刑、剥夺公权等，也同样不管何方发觉，应交由检察署处理。”但是随着阶级对抗理念的滥觞，官员的腐败行为随之被打上了阶级斗争的烙印，一个官员出现贪污或腐败行为往往被视为“受到资产阶级腐朽生活方式的腐蚀”而被划入剥削阶级的阵营。在这种对抗性反腐败思维下，行政监督和法律监督完全成为被动服从的非自主性客体。随着行政监察因“党委认为监察委员会的活动对其活动构成了阻遏”被撤销。人民检察院也逐渐将法律监督的重心落在了镇压反革命的斗争上，而把宪法赋予的检察机关“对于地方国家机关的决议、命令和措施是否合法，国家机关工作人员和公民是否遵守法律，实行监督”的一般监督职权视为右倾行为，进行了错误的批评。1957 年 12 月 9 日，时任最高检察长张鼎丞在全国省、市、自治区检察长会议上，严厉批判所谓右派分子主张和宣扬的“检察机关要对国家机关和国家机关工作人员实行‘最高的监督’、‘监督的监督’、‘二线监督’和‘最后监督’”，认为他们“企图把检察机关这个专政武器的锋芒指向党和国家机关。他们把自己所领导的单位当做独立王国，和党分庭抗礼”。

**（三）在治理纵向关系上，自上而下的高度**

**集中式反腐体制逐步形成**

在这个历史阶段,三机关都在经历过短暂的“垂直管理”后转变为“双重管理”模式。1949年颁布的《关于成立中央及各级党的纪律检查委员会的决定》规定,各地党的纪律检查委员会“在各该党委会指导之下进行工作”。3个多月后,中共中央发出的《关于各级党的纪律检查委员会与党委关系的指示》中指出:“各级党的纪律检查委员会是各级党委的一个工作部门,犹如各级党的宣传部和组织部一样。各级党的纪律检查委员会是直接在各级党委的领导下进行工作。”人民监察委员会在1951年的全国第一次监察工作会议上确认各级监察机关均实行“双重领导”,即上级监察部门和同级党政的领导,以同级的党政领导为主。当然监察机关在“双重领导”的基础上也根据实际情况需要,作了灵活变通,特别是1955年第四次全国监察工作会议上决定对铁道部监察局、财政部监察局、商业部监察局三个机构比较健全、工作比较有基础的监察局(室)试行垂直领导,其他绝大多数监察局(室)仍保持双重领导。检察机关1949年12月颁布的《中央人民政府最高人民检察署试行组织条例》中规定:“全国各级检察署均独立行使职权,不受地方机关干涉,只服从最高人民检察署之指挥。”1951年颁布的《各级地方人民检察署组织通则》则规定:“(一)各级地方人民检察署受上级人民检察署的领导;(二)各级地方人民检察署(包括最高人民检察署分署)为同级人民政府的组成部分,同时受同级人民政府委员会之领导。”

总之,“党政合一型”腐败治理结构是民主革命特定历史条件下的产物。在较长的一段时间内,已经成为执政党的中国共产党仍然以革命党的思维来治理腐败,惩治和预防腐败并没有因为政党掌握国家政权而从政党行为变为国家行为。此时,腐败治理的重心仍是加强对阶级敌人的破坏活动和党内不良倾向的斗争以巩固无产阶级专政权力,而不是国家制度层面的建设和发展。

## 二、“政党嵌入型”腐败治理结构:改革开放以来腐败治理的逻辑变化

“政党嵌入型”腐败治理结构的核心是党的纪律检查机关不再直接替代政府监察机关的监督职责和司法机关的法律监督功能,而是通过主体性嵌入、制度性嵌入、功能性嵌入、过程性嵌入等方式介入国家腐败治理过程。

主体性嵌入,是指党的纪律检查组织和政府的廉政机构有机地融合为一个整体,将执政党的廉政意志内化为政府和其他公共权力机构的廉政意志,当前包括政府机构、国有企业和事业单位在内的所有公共部门都设立了不同层级的纪检监察组织;制度性嵌入,强调在国家反腐败制度设计层面中,纪律检查机关作为“协助党的委员会加强党风建设和组织协调反腐败工作”的专职机构负有加强对反腐败立法规划和重大立法项目的参与协调作用;功能性嵌入,是指党的纪律检查组织在不直接介入政府监察事务的同时,仍然承担着重要的政府性腐败治理功能,突出表现是中央纪委与监察部合署办公后,行政监察工作安排一般都是通过纪委全会的形式进行部署;过程性嵌入,是指整个国家权力运作的全过程都要贯穿着党的存在,党的纪律检查工作嵌入公共权力决策、执行、管理等各个环节之中,对发现的问题及时纠正、对违纪违法者实施严惩,权力运行到哪里,监督就到达哪里。

嵌入型反腐败合作治理结构的渐进式形成,可以从改革开放三十多年来党纪监督、政纪监督和法律监督三者关系改革和变迁的实践历程中得到充分验证。

### (一)不同治理主体“分工负责”的地位权限不断规范化

“分工负责”意味着党纪检查、行政监察、法律监督三类监督主体有不同的权力范围和专属性,三者互相独立,各司其职,通过各自功能的发挥达到惩治腐败、推进廉洁政治的目的,而不是以一种权力监督取代另一种权力监督。根

据党章规定，党的各级纪律检查委员会的主要任务是严明党的纪律，查处腐败行为，维护党的集中统一。行政监察主要负责“对监察对象执法、廉政、效能情况进行监察”，它的监察对象不仅是具体的行政行为，而且针对抽象的行政行为，即要裁判行政机关所制定和发布的决定、命令是否正确或是否适合继续执行。1992年年底，中共中央、国务院决定按照“三个有利于”的原则，让纪检、监察机关合署办公。当然合署不等于合并，更不是取消某个方面，而是减少不必要的重复交叉，将职能相同的机构进行合并，使两个职能形成合力。另外，根据《宪法》第一百二十九条“检察院是国家的法律监督机关”的规定，检察机关担负着依法追究刑事犯罪、侦查国家工作人员贪污贿赂和渎职侵权等职务犯罪、预防职务犯罪、代表国家向人民法院提起公诉等职能。在惩治方式上，党纪检查只能对“党组织和党员违反党章和其他党内法规，违反国家法律、法规，违反党和国家政策、社会主义道德，危害党、国家和人民利益的行为”给予党纪处分。行政监察只对国家公职人员的一般轻微违法行为进行调查处理。法律监督则对公职人员违法达到犯罪程度的行为侦查起诉。党纪检查和行政监察处理的违反党纪政纪的案件，需要追求法律责任的，应当移送司法机关依法处理。

**（二）不同治理主体“相互配合”的程序衔接不断顺畅化**

互相配合以分工负责为前提。由于分工负责体现了三种权力相互独立的要求，互相配合的体现便应当是以独立为基础的工作程序上的衔接关系。虽然党章规定纪委负有“组织协调反腐败工作”的职责，但是，不存在谁迁就谁、谁服从谁的问题，它们共同服从且只服从于党章、宪法和法律。改革开放以来，纪检监察机关和检察机关相继出台了一系列协调办案的工作机制和组织模式，如1993年，中共中央纪律检查委员会、最高人民检察院、监察部联合下发了《关于纪检监察机关和检察机关在反腐败斗争中加强协作的通知》；2010年中纪委、中央政法委、中共中央组织部、最高人民法院、最高人民检察院、监察部等9部门联合出台了《关于加大惩治和预防渎职侵权违法犯罪工作力度的若干意见》。三种监督权力的相互配合既遵循了宪法和法律规定，也体现了“公平优先，兼顾效率”的原则，有力推进了反腐败国家权力运转的有效性，实现了反腐败合作治理结构的良性运行。据统计，2008年1月至2013年8月，全国检察机关立案侦查的惩治贪污贿赂犯罪案件中，检察机关自行发现53532件，占35.4%；纪检监察机关移送14354件，占9.5%。另外，在反腐败合作治理结构中，纪委的牵头作用不断凸显，特别是对大案要案的惩治力度不断加大。2008年，纪检监察机关移送司法机关的县处级以上干部801人，占检察院查办的涉嫌犯罪县处级以上国家工作人员的29.81%。且这个比例呈现出逐年提升的趋势，2009年为28.61%，2010年为29.52%，2011年为30.78%，2012年则达到了37.4%。

**（三）不同治理主体“相互制约”的价值理念不断明确化**

互相制约是三种监督权关系的核心，如果没有这种制约功能，所谓的分工负责就失去了意义，互相配合也会严重变质。制约本身不是目的，根本目的在于通过制约来保证党规国法适用的公正性，实现各种监督权的有效制衡，特别是防止共谋性腐败和共谋性不作为现象的发生。可以说，如何强化对监督者的监督，特别是建立监督者之间的相互监督制约机制是理顺我国腐败治理结构面临的重大难题。应当肯定，在我国当前的腐败治理模式中，纪检监察机关和检察机关在查办案件过程中的相互制约关系是存在的。比如，在反腐败实践中，没有检察机关的批准或决定，纪律检查和行政监察移送审查起诉权的实体效力就处于有可能被否决的不确定状态。行政监察机关对检察机关的制约同样如此，复议、复核权的启动，使得检察机关的不捕、不诉权的实体效力同样处于不确定状态。

但是，这种制约主要还是针对腐败案件的查处过程，忽略了对三种监督权消极不作为或者发生共谋性腐败行为的监管。2010年中央纪委等9部委联合下发的《关于加大惩治和预防渎职侵权违法犯罪工作力度的若干意见》中虽然笼统规定了“对行政执法机关徇私舞弊不移交刑事案件的，依法依纪严肃处理，涉嫌犯罪的依法追究刑事责任”，但是并没有具体规定监管的主体，在现实操作中很难把握。实际在文义上，“互相”一词体现了双向而非单向制约关系，即“每一机关都对其他机关形成一定制约，同时它也成为其他机关制约的对象”。因此，在下一步的纪检监察体制改革中，如何建立三种监督权的“双向制约”关系应当是改革的一个重点。当然，对“双向制约”可以作出多种解释，符合宪法原理的理解是，双向并非制约权能上的等量齐观，而应强调不同机关制约效力的不均等性，以避免制约效果的互相抵消；双向亦非三机关以数学上“排列组合”的方式建立直接制约关系，而应强调制约的递进性。理想的相互监督模式应当是：纪委组织协调，检察院主导制约行政监察，法院主导制约检察院。

应当肯定，“政党嵌入型”腐败治理结构对提升我国反腐倡廉建设科学化水平发挥了重要作用。但是这种治理结构突出的是政党纪律和意识形态性，它在发挥了执政党的意识形态主导性和在动员社会大众上的独特优势性的同时，却弱化了政府以及其他公共权力机构的主动性和能动性。

## 三、“政党主导共治型”腐败治理结构：未来中国反腐败的行动逻辑

十八届中央纪委三次全会强调，“纪检监察机关要在国家治理体系中发挥重要作用，探索实现治理能力现代化”，“治理是个人、公共或私人机构用来管理他们共同事务的诸多方式的总称。它是一个连续不断的过程，它使相互矛盾和各不相同的利益群体彼此容纳并且可以实现合作”。按照实现腐败治理体系和能力现代化的要求，“政党主导共治型”腐败治理结构的基本出发点是，实现政党反腐和国家反腐两种治理模式在价值取向、制度安排和行动方向上的“无缝隙对接”。它强调在党风廉政建设和反腐败斗争中党委负主体责任，党在强化反腐倡廉建设领导责任的同时，应当以制度化的方式科学分解纪委、政府及其他公共权力机构的反腐败职责，整个国家腐败治理体系制度化、科学化、规范化和程序化，各个治理主体彼此之间相互协调、共同发生作用，善于运用法治思维和法治方式治理腐败，把中国特色社会主义各方面的制度优势转化为治理腐败的效能。

### （一）发挥党委的主体性作用

党的十八届三中全会明确提出，“落实党风廉政建设责任制，党委负主体责任，纪委负监督责任”。党要管党、从严治党不是空洞的口号，主体责任就是党委切实加强对党风廉政建设和反腐败工作的领导，党委书记是第一责任人。亨廷顿高度肯定了政党在国家腐败治理中的主导性作用，他认为，政党是现代政治中能履行这一职责的主要机构，“混乱、集团之间缺乏稳定的关系、没有公认的权威模式，都是滋生繁衍腐化的温床。政治组织能够行使有效的权威并促使集团利益——如‘党派机器’、‘组织’、‘党派’——得以组织起来，超越个人和社会小圈子的利益。政治组织发展了，就能减少腐化的机会”。

党委主体责任的内在规定性体现在以下方面：第一，树立主体意识。各级党委必须切实担负起全面领导党风廉政建设和反腐败工作的主体责任，班子主要负责人要认真履行好第一责任人的职责，班子其他成员要根据工作分工，对职责范围内的党风廉政建设负起主要领导责任，切实做到“一岗双责”。第二，明确主体职责。通过制度化的方式，根据层级化的原则，对各级党委应当承担的反腐倡廉职责作出明确规定，明晰界定不同层级党委的反腐败职责界限。各级党委要以制度建设为根本，通过制度化、法治化和规范化的方式，科学分解各地区各部门

的廉政事务与廉政职责，完善工作运行机制，引导政府性和社会性廉政参与在有序、规范和法制的轨道上进行。第三，提高主体能力。顺应时代发展趋势，增强政治意识、大局意识、责任意识、忧患意识和纪律观念，树立正确的业绩观和利益观，不断完善腐败治理组织架构、监控体系和运行方式。第四，完善主体责任追究机制。完善“签字背书”制度，强化领导责任人的担当意识，如果发现领导班子和领导干部在重大廉政问题上有失职等领导责任问题，必须采取倒查的办法予以追究，决不能以集体名义敷衍了事。进一步完善党风廉政建设的责任内容、实施机制、考核内容及责任追究制度，制定切实可行的责任追究案件的启动程序。

**（二）发挥纪委的监督性作用**

纪检监察机关要按照党中央的决策部署，聚焦党风廉政建设和反腐败斗争这个中心任务，深挖内涵、盘活存量，明确职能定位、突出主业主责，改变纪检监察机关涉足一般行政部门的事务，混同一线业务部门工作，“种了别人的田，荒了自己的地”的状况，做到不越位、不错位、不缺位。纪律检查机关要强化作为党内专门监督机关的监督地位，全面履行监督执纪问责的专职，明确派驻纪检组长、纪委书记不分管主业以外的其他业务，继续推进议事协调机构的清理和内设机构的调整工作，加强监督和办案力量，把主要力量配备到党风廉政建设和反腐败斗争主业上来，以“瘦身”促“强身”，以“减负”带“增力”。要按照监督的再监督、检查的再检查的职能定位，从直接参与部门日常性业务检查中摆脱出来，把工作的切入点转变到督促有关责任部门依法依规履行职责上来；放在对其他监督主体的监督结果的延伸查处上来；放在督促监督主体落实监督责任上来。

目前我国纵向的纪律检查部门之间“职责同构”，上下级纪委之间职责不清、权责不明，制约与监督难以到位。当前必须按照党的十八届三中全会提出的“推动党的纪律检查工作双重领导体制具体化、程序化、制度化”的具体要求，强化上级纪委对下级纪委的领导，既要防止地方权力的违法干涉，又要防止上级权力的违法指令。上级纪委对下级纪委领导行为必须依法合规，要制订上级纪委对下级纪委履行指挥指导、监督管理、协调整合、组织保障等方面领导职能的具体规范和工作程序，规范上级纪委的自由裁量权。科学分解不同层级纪委之间的反腐败职责权限、工作任务、责任追究，规范不同层级地方性反腐败党内法规的制定权限、制定程序、适用范围。创新派驻纪检监察机关的设置和工作机制，完善点派驻模式，积极探索片派驻模式，实现纪委监督向基层的合理延伸。积极探索对违纪违法线索的异地管辖、移交管辖制度。

**（三）发挥政府等权力行使部门的主动性作用**

十八届中央纪委三次全会强调：“各级政府及所属部门要充分履行行政监管职责。”近年，似乎存在这样一种误区，认为反腐倡廉是纪委的工作，政府负责行使权力、纪委负责监督权力。这种职责错位导致了纪检监察机关的反腐败工作“心有余而力不足”，政府则“力有余而心不足”。

党的十八届三中全会明确提出，“必须构建决策科学、执行坚决、监督有力的权力运行体系”。从权力的运行过程来看，决策、执行、监督是权力结构“三位一体”的组成部分，也是权力运行体制相辅相成的重要环节，其中决策是核心，执行是关键，监督是保障。也就是说，任何权力行使主体在权力行使过程中设立专门的制度、程序和规范进行自我监管，这是任何一项公共权力行使合法化的基本要求，而且它在完善反腐败制度建设、保证公共权力的良性运行等方面具有先天优势。比如政府有关部门举办一项公开招投标项目，通过有效措施保证整个项目运作过程的客观公正是其内在的职责，不能把这个“预防腐败”责任推给纪检监察机关。在预防腐败方面，纪检监察机关应当主要承担顶层设计和监督落实职责。要通过监督检查、明察暗访,分析职能部门预防腐败的薄弱环节、权力行使的不规范程序以及腐败的易发多发点,提出意见,形成决策,监督有关职能部门去执行,即对“权力监管过程”进行监督,而非对“权力行使过程”进行监督。“惩治”是纪检监察机关的专属权力,如果发现相关职能部门不能正确履行职责,甚至出现失职渎职等问题时,纪检监察机关则应当加强执纪监督,对相关职能部门和工作人员进行调查处理,对违法违纪人员执纪问责。因此,各级政府、人大、政协、法院、检察院以及党的组织、宣传、统战、政法等权力行使部门都必须充分发挥腐败治理的主动性作用,把党风廉政建设的要求融入各自工作,深化改革,构建科学有效的权力运行制约机制,不断消除滋生腐败的体制弊端,而不能把监督责任推给纪委。

**(四)发挥司法机关的保障性作用**

司法公正是社会正义的最后一道屏障,更是腐败的防火墙。检察机关作为国家专门的法律监督机关,职务犯罪侦查是检察机关的法定职责之一。当前,要进一步理顺纪委与检察机关的案件管辖关系问题。如果检察机关先于纪检监察机关获取了案件线索,并立案侦查,必须确保侦查活动的独立性与延续性;如果纪检监察机关先于检察机关开展违纪调查,一旦发现构成涉嫌职务犯罪,必须及时移交检察机关;当检察机关和纪检监察部门同时掌握了涉嫌职务犯罪案件的具体情况,检察机关应当享有调取纪委卷宗材料的权限。一旦检察机关启动立案程序,纪检监察部门就不能再使用“双规”手段,检察机关则启动法律程序采取拘留或逮捕等措施。另外,逐步建设侦查一体化机制。“贪污贿赂犯罪和渎职侵权犯罪是两种不同的罪行,有各自的犯罪构成要件,但具体的犯罪行为则不一定是泾渭分明的,往往是几种犯罪行为交织在一起,在两个部门分设的情况下,各部门各自为政,容易造成案件线索的流失。”当前应当将检察院内部的反贪污贿赂、渎职侵权和预防职务犯罪机构等合并成一个统一行使侦查权起诉权的机构,成立统一的反贪污贿赂局,建立和实行纵向指挥有力、横向协作紧密、运转高效有序的侦查一体化机制。逐步扩大反贪污贿赂局的独立性,提升行政职级和规格,使之成为检察机关主管的相对独立的反贪污贿赂专门司法机构。

“法院是法律帝国的首都,法官是帝国的王侯。”司法判决的公正性对惩治腐败具有重要意义。“官员的廉政与否并不必然地取决其道德修养或法律知识,而是取决于司法公正,这不是一个道德问题,而是理智判断问题,他判断的根据来源于‘习惯’,即对其他官员的贪污行为是否受到法律处罚的经验总结上。”当前,必须切实保障人民法院的独立审判权,不受任何行政机关、团体和个人的干涉,坚决纠正以言代法、以权压法、以罚代刑等现象。要按照《中共中央关于全面深化改革若干重大问题的决定》的要求,推动省级以下地方法院、检察院人财物统一管理,探索建立与行政区划适当分离的司法管辖制度,保证国家法律统一正确实施。

**(五)发挥民众的参与性作用**

尽管中国的政治发展进程应当是基本国家制度建设在先,民主化随后,但是公民社会的监督具有人民主权的性质,只有把政治权力置于强大公民参与的压力之下,权力使用者才会时刻警醒自己是公仆而非主人。发挥好民众的参与性作用,需要开展几项配套性工作:一是进一步强化行政公开,推行地方各级政府及其工作部门权力清单制度,依法公开权力运行流程。二是不断提高监督权行使的组织化程度,加快社会组织立法,完善社会组织治理结构,拓展社会组织政治参与的渠道,将公民监督的外部动力与党政机关的内在责任有机结合起来。三是逐步引入行政公益诉讼制度,特定的国家机关(如检察机关)、社会团体和公民,以维护国家和社会的公共利益为目的,针对行政主体的违法行为,可以依法向法院提起行政诉讼。

(作者单位:中国纪检监察学院)

# 权力人腐败的机会主义动因及其矫治

刘俊祥

在我国,关注反腐败问题的人中,有一个公式化的说法,认为腐败即权力腐败,且由于"权力导致腐败,绝对权力导致绝对腐败"(阿克顿),所以,"要防止滥用权力,就必须以权力约束权力"(孟德斯鸠)。按照这种简单的逻辑,似乎腐败的发生只在于权力本身,因此,防止权力腐败的唯一绝招就是以权制权。实际上,这是对腐败发生动因及其矫治办法的片面化和简单化理解,至少也是对阿克顿和孟德斯鸠有关腐败发生和防治思想的断章取义或错误理解。为了指明误读并阐明正理,本文将首先探寻阿克顿和孟德斯鸠反腐败思想的本意,并且,为了弥补他们在理论论证上的不足,通过引进机会主义人性和"败德"行为的解释理论,对权力人腐败的动因、表现及其矫治,进行解释性的分析和建构性的论述。

## 一、防止权力人腐败的法律"界限"

如果全面认识阿克顿和孟德斯鸠的思想,就可以发现他们的真实观点是:腐败即是权力人的腐败;权力人腐败的"界限"是法律;防治腐败的基本方法是法治,以权制权是法治的重要方面。

**首先,腐败必然是掌权者的腐败,权力腐败实质上是权力人的腐败。**

阿克顿所讲的"绝对权力"实际上是人对权力的不受制约的绝对享有和行使,即"只要条件允许,每个人都喜欢得到更多的权力,并且没有任何人愿意投票赞成通过一项旨在要求个人自我克制的条例",而且,"主张权力的理由是:在某些地方你总得需要权力来为自己增强信心、撑腰打气嘛,因为你无法避免人性的软弱给你造成的困难啊!"而孟德斯鸠也是很明确地说到,使用权力是"有权力的人们",滥用权力也是"有权力的人",即"一切有权力的人都容易滥用权力,这是万古不易的一条经验,有权力的人们使用权力一直到遇有界限的地方才休止。"由此可见,在腐败问题上,我们不能见物不见人,只注重"权力",而忽视了"权力人"。虽然所谓的"腐败",原指物质的一种化学运动状态,即某些事物腐朽衰败后所产生的质变,从这个意义上讲,权力腐败就是权力的腐化变质。但实际上,没有人享有和行使的"客观性"权力,不同于一般的"物质",其自身是不会腐化变质的。如果发生了权力的腐化变质,也是"权力人"所导致的。实际上,权力也就是某人强制性影响支配他人的能力或力量,是人的强力意志的外在表现,由此也表明,权力腐败即是权力人的腐败。

**其次,判定权力人是否腐败的"界限"是法律。**

一般而言,权力掌握者不遵从法律规则或者非制度规则地使公共权力,是权力腐败的一个重要评判标准。正如美国学者约翰斯顿所说,"腐败是为了私人利益而对公共角色或公共资源的滥用,这种滥用可以根据构成一个社会的公共秩序系统的法律或社会的准则来判定"。实际上,孟德斯鸠就是在论述政治自由时以法律的"界限"来界定权力的滥用和腐败及其防治的。具体地说,其论述包含了以下几层意思:(1)孟德斯鸠认为,"政治自由并不是愿意做什么就做什么。在一个国家里,也就是说,在一个有法律的国家里,自由仅仅是:一个人能够做他应该做的事情,而不被强迫去做他不应该做的事情”。由此可见,在法治国,人们能否自由行为的标准就是法律。(2)他据此所说“有权力的人们使用权力一直到遇有界限的地方才休止”的“界限”就是法律。这句话的意思是指,有权力的人们可以自由地使用权力一直到遇有法律界限的地方才休止。因此,权力人在法律范围内可以自由地行使权力,一旦超越法律界限就是滥用权力。(3)在他看来,一切有权力的人都容易违法滥用权力,这是万古不易的一条经验。(4)人们的“品德”并不能成为防止权力滥用的“界限”。因为,在孟德斯鸠看来,“说也奇怪,就是品德本身也是需要界限的!”首先,他所谓的“品德”,即政治品德,是指爱祖国、爱法律以及爱民主政治、爱平等和爱俭朴的德性。他所谓的“说也奇怪”,意指爱祖国、爱法律以及爱民主政治、爱平等和爱俭朴的品德,按理应该作为限制权力滥用和权力腐败的“界限”,权力人会道德自律,但这种政治道德却难以尽责。他的理由是,“品德本身也是需要界限的”,即政治品德要有效地发挥作用也必须法律化,由法律来确立道德的“界限”,因为,“在一个共和国里,如果要让人爱平等和俭朴的话,就应把这二者订入法律”,而“当一个社会把平等和俭朴规定在法律里的时候,平等和俭朴本身就能够大大地激起对平等和俭朴的爱”。(5)要限制权力的滥用和权力腐败,就要实行法治。孟德斯鸠据此进一步说,根据“事物的本性”即“它们的法”,“要防止滥用权力,就必须以权力约束权力”。这种以权力约束权力的“政制”,就是法治国家,要求“不强迫任何人去作法律所不强制他做的事,也不禁止任何人去作法律所许可的事”。实际上,阿克顿也是主张以法治权,要求“把绝对权力放到责任的集中营里吧!”

由此可见,在阿克顿和孟德斯鸠看来,权力腐败实质上是权力人的腐败,要防治权力人腐败,不能依靠爱祖国、爱法律以及爱民主政治、爱平等和爱俭朴的德性本身,只能依靠法律,实施法治下以权制权的“政制”。不过,对于为什么权力人都容易违法滥用权力而走向权力腐败,孟德斯鸠却只简单地归结为“万古不易的一条经验”,阿克顿甚至没有说出明确的道理来。为了弥补这种理论论证的不足,下文将引进机会主义人性和“败德”行为的解释理论,对权力人腐败的动因、表现及其矫治,进行解释性的分析和建构性的论述。

## 二、权力人腐败的机会主义动因

根据机会主义人性行为分析,可以发现,权力人的腐败与权力人的机会主义,具有同质性。即是说,权力人机会主义的外在表现即是权力人腐败,权力人腐败则是本源于权力人的机会主义人性。

在现实上,权力人机会主义的外在表现即是权力人腐败。众所周知,权力的滥用和腐败往往与利益有关,是权力人为了利用公权谋取私利。即是说,权力腐败是权力人违法滥用公共权力而损公肥私和以权谋私利的行为。换一个角度讲,权力腐败行为就是权力人的机会主义“败德”行为。所谓机会主义行为,也称投机主义行为(Opportunism),是指行为人为了达到自己的目标而不择手段,特别是通过随机应变、投机取巧、算计、欺骗他人和钻空子等非规则性和无原则性手段,损人利己,损公肥私(假公济私),以谋取自己利益更大化的行为。在经济学者看来,机会主义行为是指在信息不对称的情况下人们不完全如实地披露所有的信息及从事其他损人利己的行为,这一般是用虚假的或空洞的、非真实威胁或承诺谋取个人利益的行为。美国学者威廉姆森(Oliver Williamson)就对机会主义作了如下界定,即“我说的投机指的是损人利己;包括那种典型的损人利己,如撒谎、偷窃和欺骗,但往往还包括其他形式”。柯武刚等人更明确地指出,机会主义即是“人们追求最大化满足的短期行为”,“它不顾及这类行为对他人的影响,也不顾及一个共同体内公认的行为规范。这种行为具有离心性的、从而有害的长期后果,它使人们的行为在长期内变得难以预见。例如,靠偷窃、赖账来满足一个人的欲望就是机会主义的行为”。由此看来,机会主义行为就是利己主义(无情地谋取私利)行为,即是追求最大化满足的短期行为。这种机会主义行为是与利他主义相对立的“败德”行为,也即是一种腐败行为。由此可以说,如果是权力人机会主义的行为,也就产生了权力人的腐败。

有人认为,对于官员来说,之所以出现贪污、受贿等机会主义行为,正是由于他们手中握有权力这个客观条件的存在而造成的。实际上,这只是看到了腐败的权力外因,而忽视了腐败的人性内因。于是,也有人指出,导致腐败行为发生的不健康心理主要表现为机会主义,其典型表现就是“机不可失”、“不捞白不捞”思想诱导自己使用各种手段把所掌握的权力转化为个人资本并以权谋私。正是由于人性的不可靠,人们手中的权力才容易变成一种极其危险的东西。基于经济人假设,威廉姆森认为机会主义行为就是一种源于人类本性的损人利己行为。即是说,人是有限理性且非常自私的,只要有机会就会损人利己或“敲竹杠”,这即人类的机会主义本性;在经济生活中,人会借助不正当手段谋取自己利益的最大化,即采取机会主义行为(Opportunism Behavior)。由此可见,权力人腐败应该是内在地本源于权力人的机会主义人性。一般来说,经济人假设对人性的设定包括:第一,利己。即每一个经济人都以自身利益的最大化为目标。第二,有限理性。即人对事物的认识由于生理和社会条件的局限性不可能作出完全理性的选择,而只能是较优。第三,损人利己。即经济人不但自私,而且只要能够利己,就会伺机去损人。第四,外部性。即一个人的一个行为会给其他人带来影响,这种影响可能是好的(正外部性)也可能是坏的(负外部性)。这种经济人假设说明,利己是人之本性,每个有限理性的人都追求自身利益的最大化,为了自身利益可以不惜伺机去损人,这不仅包括一般市场经济人,也包括那些权力人。而权力人的这种利己机会主义行为就具体表现为权力滥用和腐败。这种权力腐败作为一种行为是具有完全的负外部性的,因为,权力人的私有化利益引起的损失是由人民和国家承担的,即损人利己、损公肥私和以权谋私。

更具体地说,对权力人机会主义人性导致权力人腐败的作用机制,还可以作如下的概括和分析:权力人腐败即权力人机会主义,是源于人性矛盾——内耗的损人利己的社会现象;权力人机会主义是非正当的逐利行为;权力人机会主义会不择手段地追求自身利益的最大化;制度规制的缺失助推了权力人机会主义的现实生成。

**1. 权力人机会主义,是源于人性矛盾——内耗的损人利己的社会现象,是人性利己与利他矛盾内耗的外在表现。**自私和利己只是一种人性描述,人性自私或利己性经济人即使存在,也并非机会主义的人性根源,只有与利他主义相对立的利己主义才会导致机会主义。具体地说,是利己与利他的“人性矛盾——内耗效应”,促成了机会主义的生成。因为,人性不是单面性的,而是一种多元矛盾现象,是利己性与利他性、个人性与社会性、本能与理性、兽性(生物性)与人性(人类性)之间互相排斥又互相依赖的矛盾统一体。其中,在利己性与利他性之间,会出现利他不利己、利己并利他、不利己也不利他以及利己不利他的组合关系,而利己不利他的人性矛盾,即是损人利己的人性内耗,其外在表现就是机会主义。其实,各种权力人的机会主义腐败都可以从官员的经济人(利己性)与公共人(利他性)之间的这种人性矛盾——内耗效应追寻其本原。

**2. 权力人机会主义是非正当的逐利行为。**在识别和评价机会主义行为倾向时,应该将人的利己本性与利己主义区别开来:利己本性是对人性的一种基本假设,它是一个中性范畴,而利己主义则是对人的心理行为的贬义描述,属于伦理学的范畴。如果人们在法律道德等规则范围内,利己并利他或利己不损他地想方设法为自己谋取更大利益,则这种心理行为就不能称之为机会主义。因此,不论从目的性、实用性、道德性、艺术性、策略性甚至先进性等各种角度,为权力人机会主义提出多么实用主义的辩护理由,都不能否定权力人机会主义在现实上必定是一种非正当的逐利行为,即损人利己的道德缺失——规则缺失行为,或者说"败德行为"。

**3. 权力人机会主义会不择手段地追求自身利益的最大化**。权力人机会主义的行为方式和策略方法不尽相同,如有搭便车、投机取巧、不择手段、狡诈算计、阴谋诡计、欺骗他人、钻空子、偷懒(不作为)等无确定性的思想信仰和行为原则的权术行为或失德行为。但不论怎样,权力人机会主义的价值目的都是利己主义、不择手段地追求自身利益的最大化,这表现为行为成本外化并收益内化,即"好事"都是自己的,"坏事"都是别人的,利己不利他(即绝对自私自利、损人利己)、损公肥私(贪污受贿等官员腐败)地为自己谋利益。

**4. 权力人机会主义的现实生成与社会制度环境密切相关**。机会主义要从潜在的可能性,转化为现实的社会存在,还要具备一定的外在制度环境。譬如,在我国,由于传统的权治政治(非法治的权力人政治)和权术文化盛行,国民规则意识和法治观念淡薄,现代化过程中的激烈竞争和急功近利心理,道德水平的下滑,目的和结果导向的行为方式以及民主监督的不足等等因素,导致了利己与利他人性矛盾——内耗效应的激烈反应,助推着权力人机会主义的现实生成。西方制度经济学者则认为,由于人类对自身利己与利他人性矛盾——内耗效应认识上的有限理性,加之制度稀缺、外部性、合同不完备和信息不对称等原因,在制度不完善的市场化外部环境下,就极易刺激人的机会主义的心理和行为。总之,制度规制的缺失和失效推动了权力人机会主义的现实生成。

总之,之所以说权力必然腐败,绝对的权力必然绝对的腐败,其根本原因不在权力客体,而在权力主体即权力人。基于经济人假设,可以说,权力人腐败就是权力人的机会主义"败德"行为,它根源于权力人非规则性损人利己的机会主义人性,而制度规制的缺失则助推了权力人机会主义腐败的现实生成。

## 三、权力人机会主义的败德表现

在观念和实践中,基于人的机会主义本性而生成的机会主义"败德"行为,主要表现为官场机会主义,即权力人机会主义。在人类政治社会生活中,由于权力的主导性、支配性和普遍性,决定了只要存在政治权力关系,就会有权力人机会主义产生的可能性。下面,将选择在我国影响重大的"左"右倾机会主义、代理人机会主义和权术机会主义这三类权力人腐败的机会主义表现形式,进行具体的考察和分析。

### (一)"左"右倾机会主义也是一种利益追求上的机会主义腐败

所谓机会主义,其原意是指19世纪中叶法国的一些政党和政客在政治生活中没有固定政治见解、随意改变政治态度的现象。19世纪80年代起,马克思主义者借用这个词语,特指国际工人运动中背离无产阶级利益、主张同资产阶级实行阶级妥协的理论和实践。其后又引申为泛指各国工人运动中或共产主义政党内在思想政治路线上违背马克思主义基本原则的错误倾向。其表现形式有两种:"左"倾机会主义和右倾机会主义。从利益关系上讲,"左"右倾机会主义也就是宗派主义,是局部、小团体或个人对全体利益上的机会主义,就是为了利益而放弃原则。毛泽东曾指出:"小资产阶级在组织生活上的倾向,容易表现为脱离群众的个人主义和宗派主义。这种倾向反映到党内,就造成我们前面所说的'左'倾路线的错误的组织路线……这种倾向,不是自我牺牲地为党和人民工作,而是利用党和人民的力量并破坏党和人民的利益来达到个人和宗派的目的。"这就是典型的个人或宗派利益上的机会主义。对此,毛泽东作了形象的描述:"党内有相当一部分人遇到重要关头就要动摇。这种动摇分子就是机会主义。所谓机会主义，就是这里有利就干这件事，那里有利就干那件事，没有一定的原则，没有一定的章程，没有一定的方向，他今天是这样，明天又是那样。”其本质特点是：为眼前的利益而忘记根本利益，为运动的现在而牺牲运动的将来，为少数人的私利而背叛无产阶级的整体利益，为迎合资产阶级而实行阶级合作。总之，“左”右倾机会主义，不仅是认识信仰和方法策略的问题，不只是意识形态的机会主义，也还是一种利益追求上的机会主义，即是机会主义的权力人腐败。

**（二）政治代理人的机会主义腐败存在泛滥成灾的危险**

制度经济学者提出，当人们受雇于大企业或政府组织时，“委托——代理问题”常常会屡见不鲜。柯武刚等人认为，“每当人们按他人要求行动（我们称后者为委托人）且代理人比委托人更了解运营情况（信息不对称）时，就会产生委托——代理问题。这时，代理人有可能按自己的利益行事并忽略委托人的利益（偷懒、机会主义行为）。这个问题在大企业和大政府中普遍存在”。政府中存在的机会主义即政治代理人机会主义。在公共行动中，“与政治权力有关的另一个关键问题是政府代理人——不论其是世袭的统治者、民选议员、部长还是被任命的政府官员——都受诱惑而按其私利行事。换言之，委托——代理问题也适用于政治组织和行政组织”。这种委托——代理问题就是“政治机会主义”。柯武刚等人还认为，政治代理人机会主义有泛滥成灾的危险。“政府中存在着委托——代理问题泛滥成灾的危险。政治代理人（统治者、议员、行政官员）常常追求他们自己的目标，甚至损害普通公民的利益。”所以，在任何情况下，“不受监督的代理人的机会主义和低下的创新可能性是公共生产永远无法摆脱的长期危险”。而且，“委托——代理问题呈现在集体行动的所有层面上。它往往源于有组织利益集团与政府机构之间的共谋”。其原因之一是政府中通常不存在竞争，也缺少企业中的代理人通常所要面对的那些约束。原因之二是在政治集体行动中，相对于政治行动委托人的普通公民，“代理人（官僚、政治家），作为内部人，比他们的委托人，外部公民，更了解情况。然而，与代理人——经理要受竞争约束的企业不同，在政府里，对委托——代理问题缺少这样的自动监察。这造成了更大的信息不对称，并最终为代理人机会主义造成了更大的机会”。而更重要的原因在于，与私人选择相比，纯共享品和共同财产配置的公共选择存在更多的难题，就是公共选择的如下复杂性，使政治领域比经济领域更容易导致机会主义：一是由于集体决策牵涉到较多的参与者，要达成明确的决策会比较困难；二是集体决策难以满足个人欲望的多样性；三是集体选择牵涉多边的付出和获取，人们会受诱惑而选择不付钱，靠搭便车白享受其获益，产生“败德危害”；四是个人偏好的混合不可能靠表决程序来加总，从而不可能确保个人所偏好的选择也被集体决策所选中，因此，“集体意志”不可能得到完美的表现；五是除了极小的群体外，集体选择必须靠代表来进行，这很容易造成政治权力自身的委托——代理问题；六是“在一个复杂社会中，公民若想了解全部公共选择，要承受极其高昂的信息成本。他们更情愿停留于‘理性的无知’之中。……因此，对于委托人来讲，消极无为并容忍在一定程度与己不利的集体选择往往是合算的。尽管这种理性的无知是可以理解的，然而，它会助长对群体团结的侵蚀，助长不安全感和权利丧失感”。总之，运用政治权力会造成委托——代理问题，这就是“公民——委托人如何才能确保他们的代理人一旦被任命，真能言必信，行必果”的问题，即政治代理人机会主义问题。在柯武刚等看来，“当政治系统全都由追求其自己目标的政党组织、有组织的利益集团和谋求私利的官僚所占据时，这样的问题层出不穷”。由此看来，公共选择的复杂性，使政治领域比经济领域更容易导致机会主义的权力人腐败。

**(三)权术机会主义的败德行为逻辑**

对于权术机会主义现象,持肯定态度的人们提出了多种合理性辩护理由,如目的性、实用性、道德性、艺术性和策略性等。然而,不论怎样说,权术机会主义都是非正义的政治策略。根据新制度经济学的观念,当人们机会主义地行事时,就可以说他们沦入了“败德行为”或“道德风险”。实际上,权术机会主义就是政治领域的败德行为即权力人腐败行为。这种权术机会主义的败德行为者,往往奉行利己主义人生观,以利己作为人生的唯一目的,“为了自己,可以损公、损人,可以不择手段”。而且,他们还具有强烈的投机野心,为了私利丝毫不讲任何政治道德原则和政治信念气节。马基雅维里就认为,人类具有机会主义的利己本性,人们是“忘恩负义、容易变心的,是伪装者、冒牌货,是逃避危难,追逐利益的。当你对他们有好处的时候,他们是整个儿属于你的。……当需要还很遥远的时候,他们表示愿意为你流血,奉献自己的财产、性命和自己的子女,可是到了这种需要即将来临的时候,他们就背弃你了。……爱戴是靠恩义(di obligo)这条纽带维系的;然而由于人性是恶劣的(tristi),在任何时候,只要对自己有利,人们便把这条纽带一刀两断了”。正因为如此,马基雅维里强调,政治成功的背后,总是伪善与诡计,因此君主不必重视自己的诺言,不必顾忌道德的约束,欺骗是君主政治上第一等必须的事。“当遵守信义反而对自己不利的时候,或者原来使自己作出诺言的理由现在不复存在的时候,一位英明的统治者绝不能够,也不应当遵守信义。假如人们全都是善良的话,这条箴言就不合适了。但是因为人们是恶劣的,而且对你并不是守信不渝的,因此你也同样地无需对他们守信。一位君主总是不乏正当的理由为其背信弃义涂脂抹粉。关于这一点,我能够提出近代无数的实例为证,它们表明:许多和约和许多诺言由于君主们没有信义而作废和无效;而深知怎样做狐狸的人却获得最大的成功。但是君主必须深知怎样掩饰这种兽性,并且必须做一个伟大的伪装者和假好人。”总之,根据马基雅维里观念,尤其是最高权力人在政治上只应考虑有效与有害,不必考虑正当与不正当,为了达到治世的目的,可以机会主义地不择手段。按此逻辑,权力人为了实现自己的目的,当然可以机会主义地滥用权力和权力腐败。

综上所述,不论是“左”右倾机会主义和代理人机会主义,还是权术机会主义,都表明,基于人的机会主义本性,为了私利的最大化,权力人必然会利用机会甚至创造机会滥用权力,作出机会主义的“败德”行为。而且,在现实中,这种权力人的机会主义腐败,会以各种形式和方式生成和表现出来。由此可以说,如果没有有效的制度规则约束,权力人必然腐败,绝对的权力人绝对会走向腐败。

## 四、以多重制度设计矫治权力人腐败

既然我们认定腐败是权力人的腐败,而非单纯权力本身的腐败,那么,要防治权力人的腐败,就不能只重物(权力)而不重人(权力人),既要强化权力的运行制约和监督体系,也要矫治权力人的机会主义败德行为。这正是十八届三中全会所强调的健全惩治和预防腐败体系的要求,即“坚持用制度管权管事管人,让人民监督权力,让权力在阳光下运行,是把权力关进制度笼子的根本之策。”

所谓“用制度管权管事管人”,包括用制度直接管人、用制度管事而管人以及用制度管权而管人,即是把权力人关进制度笼子里。因此,为了防止权力人的腐败,就需要以多重制度设计抑制权力人的机会主义心理,约束权力人的败德行为,矫治权力人的权力滥用。

**首先,人类需要制度就是为了抑制权力人机会主义及其权力的滥用腐败。**

由于机会主义现实生成的核心助因是制度规则的缺失和失效,而制度规则的重要理由就在于抑制权力人（以及官员权力）机会主义。所以，人类所能采取的理性态度和现实主义做法，就应该是通过制度（当然是广义的制度规则）设计和规制努力抑制机会主义包括权力人机会主义。在柯武刚等人看来，制度是由人制定的规则，它们抑制着人际交往中可能出现的任意行为和机会主义行为。他们在《制度经济学——社会秩序与公共政策》一书的“中文版序言”中指出：“现在，人们越来越认识到，欧洲人能创造出现代技术文明的原因就在于他们开发并贯彻了一套人类交往的规则，它抑制了机会主义和权力滥用，这些规则被称为‘制度’。”这种制度的重要性在于，“人类的相互交往，包括经济生活中相互交往，都依赖于某种信任。信任以一种秩序为基础。而要维护这种秩序，就要依靠各种禁止不可预见行为和机会主义的行为规则”。

**其次，要防治权力人滥用和腐败，就要健全把权力关进制度的笼子里的法律制度。**

如同前述的阿克顿和孟德斯鸠以及制度经济学者所倡导的那样，在现代法治时代，人们一般都希望和相信法律与法治是抑制权力人机会主义腐败的有效制度。十八大报告和十八届三中全会决定都强调，法治是治国理政的基本方式，在我国，必须要坚持依法治国这个党领导人民治理国家的基本方略，提高党依法执政的水平，提高领导干部运用法治思维和法治方式深化改革、推动发展、化解矛盾、维护稳定能力，更加注重发挥法治在国家治理和社会管理中的重要作用，通过依法治国、依法执政和依法行政的共同推进，法治国家、法治政府和法治社会的一体建设，推进法治中国建设。同时，还要把制度建设摆在突出位置，强化对权力运行的制约和监督，构建决策科学、执行坚决、监督有力的权力运行体系，健全惩治和预防腐败体系以及反腐倡廉法规制度体系，完善惩治和预防腐败、防控廉政风险、防止利益冲突、领导干部报告个人有关事项、任职回避等方面法律法规，推行新提任领导干部有关事项公开制度试点，建设廉洁政治，努力实现干部清正、政府清廉、政治清明。从而，使我国的政治治理模式从权力至上的“权治政治”向法律至上的“法治政治”转化，这是通过法律制度规驯权力人并抑制权力滥用腐败的首要的和基本的方法。

**再次，抑制权力人的机会主义腐败必须依赖多重制度设计。**

我们不得不承认，正式的法律制度在控制权力人机会主义腐败上作用有限。即使在最好的情况下，“正式的宪法条款在控制公共政策中的代理人机会主义上也只能发挥有限的约束作用”。因此，国外的学者也特别强调，要通过确立道德权威、健全制度规则和增加开放性等多重制度设计，从总体上控制作为政治代理人的权力人。即是说，“抑制政治性机会主义须依赖多重设计，如对领导人的道德教育、权利分解和公民创议的全民公决一类宪法性约束、保证自由的信息流动、稽查官方领导人的惯例、选举制民主政体、对高标准公共生活的普遍承诺，以及各政区向其他政区的竞争开放”。基于西方国家的现实可能性，为了抑制政府中存在的委托——代理问题（即权力人的机会主义腐败）泛滥成灾的危险，柯武刚等人还强调，在可能的场合，可以“通过公司化、解除管制和私有化以减少政府的职能是很有益的。在难以做到这一点的场合，就要设法用其他手段来控制政治代理人。例如，通过宪法规则、层级控制、分解权力和定期的选举控制。然而，这样的控制并不能完全地约束政府代理人。要想更有效地增进公民——委托人的利益，在任何可能的场合，这些控制都必须有来自两个方面的补充：向其他政府的竞争开放和可公开获得的信息（新闻自由、可稽查性）”。他们据此得出的结论是，“单凭任何一种办法本身，都不足以有效抑制政府中的委托——代理问题。在许多时候，为了遏制这一问题，上述的所有办法都是必需的。即使这样，有时仍可能无法保证公民幸免于政治机会主义的有害后果”。总之，“只有当各种各样的规则形成一个恰当的和谐整体时，它们才能有效地造就秩序,并抑制侵蚀可预见性和信心的任意性机会主义行为”。这些反机会主义腐败的观察分析和对策建议,虽然源于并针对西方国家的情况,但对我国健全惩治和预防腐败体系和建设廉洁政治,也无不具有重要的启示意义。

综上所述,由于权力人的机会主义腐败源于人性利己与利他的矛盾内耗,因此,在人类社会要根除机会主义腐败,是极其困难的。并且,由于还存在守法上的“搭便车”和违法上的“法不责众”,这也会导致“守法机会主义”的产生,使“法律得到普遍的遵守”也存在风险。于是,抑制或矫治权力人机会主义的制度设计,就应该综合选择法律制度、道德规范(如官德官风规范)、人格声誉、理想信仰、正义观念以及民主监督和政绩考核制度等正式和非正式制度规制,公平地协调官员所面临的公私、群己等利益关系,减少官员权力行为的不确定性机会,多重性和针对性地抑制“左”右倾机会主义、政治代理人机会主义和政治权术机会主义等权力人机会主义。不过,即便如此,人类对权力人机会主义腐败的治理也将是一场需要战胜自我本性的持久战。要打赢这场反腐持久战,在现实上,就必须坚持不懈地推进国家反腐治理体系和治理能力的系统化、协同化与现代化。

(作者:武汉大学政治与公共管理学院教授、博士生导师)

# 预防选人用人腐败的路径探索

## ——基于杭州的经验分析

高国舫

在所有腐败现象中，“选人用人腐败”是最大的腐败。因为“选人用人腐败”不但会损及党的公信力和群众满意度，更会损及党的执政能力，危及党的各项事业的正常进行。因此，在推进干部人事制度改革过程中，我们必须把“预防选人用人腐败”当作一个核心问题来抓。

客观地说，为预防选人用人腐败，我们党在近年来推进干部制度改革时，已做了诸多有益的探索：在选任对象产生方面，开展了多样化的尝试，除组织推荐选任对象外，还允许自荐、联名推荐等；在选任方式方面，在继续保留委任方式的同时，积极推行公选、竞争上岗、公推直选、匿名票决等多种方式；在选任程序方面，增设了考察预告、任前公示、任职试用等环节；在选任责任方面，规定了首提负责制、票决责任、任用责任等；在选任制度建设方面，2010 年 3 月，中共中央办公厅印发了《党政领导干部选拔任用工作责任追究办法（试行）》。同时，中央组织部制定了《党政领导干部选拔任用工作有关事项报告办法（试行）》、《地方党委常委会向全委会报告干部选拔任用工作并接受民主评议办法（试行）》、《市县党委书记履行干部选拔任用工作职责离任检查办法（试行）》。

在国家探索预防选人用人腐败的大背景下，杭州市一方面认真贯彻落实党关于预防选人用人腐败的各项政策和制度，另一方面，解放思想、大胆创新，积极探索预防选人用人腐败的新路子、新方法。经过十多年的努力，杭州市在预防选人用人腐败的许多方面已走到了全国的前列。

### 一、杭州市预防选人用人腐败方面的创新实践

杭州市探索预防选人用人腐败，最初是在探索干部选拔任用机制的大题目下进行的，但很快，杭州的党建工作者就认识到，如果不能营造风清气正的选人用人环境，那么，任何科学的干部选任机制在实践中都可能产生变异。因此，杭州市开始集中精力研究如何保证选人用人公正的路径和举措，从而开始了一系列预防选人用人腐败的创新实践。

#### 1. 以规范“初始提名”作为预防选人用人腐败的切入点

“初始提名”是干部选拔任用最关键、最敏感的环节之一，是选人用人腐败的易发时段。如果对干部的“初始提名”能够进行严格规范，就等于扼住了选人用人腐败的咽喉。

杭州的规范“初始提名”主要有以下七个步骤：一是公布选拔的职位、职数和拟任人选的资格条件；二是进行多种方式提名推荐，包括领导干部会议民主推荐、街道和部门党组织推荐、区级领导干部署名推荐和 10 名以上党代表联名推荐等四种方式提名推荐；三是对提名推荐人选进行资格条件审核；四是召开全委会成员和部分区党代表会议，从初始提名推荐干部中，再差额推荐一定数量干部；五是对得票最多干部候选人进行组织考察，考察采取定性和定量相结合的方式进行；六是组织部按照每一岗位 3 名人选，提出差额人选方案；七是常委会讨论并差额票决，决定每一个岗位的任职人选，并进行公示。除了上述七个基本步骤之外，部分区、县（市）还实行一年一次干部大会定期推荐、任

前的各单位民主推荐和区、县(市)委全委会推荐,即以“定期一推”和“任前两推”完善干部“初始提名”。

**2. 以限制“一把手”对选人用人的干预权作为预防选人用人腐败的重点**

“一把手”的选人用人权力过大,极易引发选人用人的腐败,这是一个被无数案例反复证明的基本事实。因而,预防选人用人腐败的重点,就是要预防“一把手”选人用人权的无限延伸。

杭州限制“一把手”的选人用人权主要有四个方面:一是明确规定“一把手”不直接分管人事(同时也不分管基建,不直接签批财务)。二是制定完善常委会议事规则。按照“集体领导、民主集中、个别酝酿、会议决定”的原则,坚持重大事项集体决策,凡涉及重要干部任免等问题,均由常委会集体讨论决定,对提拔任用的干部实行常委会“票决制”。三是每年集中开展一次谈心谈话,由组织部部长和副部长同市管干部特别是基层单位“一把手”进行一次谈话,提出加强和改进民主集中制建设的指导意见。四是要求做到“一把手”在讨论干部选拔任用前充分征求班子成员意见,自己要“末位表态”。

**3. 以推进干部选任信息公开作为预防选人用人腐败的基本前提**

“神秘”是选人用人腐败的孪生兄弟,而“公开”则是用人腐败的天然克星。因此,推进干部选任信息的公开,乃是有效预防选人用人腐败的必要步骤。

杭州的干部选任信息公开包括四个方面内容:一是努力实现有足够的干部选任信息“可供公开”。为此,杭州实施干部选任“全程记实”。诸如干部基本信息(年龄、级别等)、选拔任用程序及过程和其他有关重要情况(如民主推荐得票不是最多但被确定为考察对象的情况等)都要全部由专人负责记实,载入《记实表》。二是规定干部的选任信息“应该公开”。为此,明确“三定”规则,以确保信息公开最大化。三是尽力保证干部选任信息“能够公开”。为此,杭州根据公开之信息的种类和紧迫程度,分别设立了“会议公开、新闻媒体公布、印发文件通知或工作通报、张贴公告”等四种信息公开形式。以最大程度保证公开信息的覆盖率。四是确保干部选任信息“正确公开”。一般信息由组织部科室负责人、分管副部长负责审核,重要信息公开由组织部主要负责人或报市委主要领导审核同意后予以公开,确保发布的信息准确无误。对应公开而未公开或发布失实的信息,应及时进行补充和更正,并视情况追究相关责任人的责任。

**4. 以强化对选人用人的监督作为预防选人用人腐败的关键**

把预防用人腐败寄希望于个人的自觉,终究是靠不住的。只有健全监督,提升用人腐败的难度系数,才是现实可行的路子。

杭州在强化对选人用人的监督方面主要采取了四方面举措:一是组织、纪委、公安、检察、法院等部门加强横向沟通联系,定期召开干部监督联席会议,形成监督合力。各方通过及时沟通情况,掌握干部中出现的新动向,研究和处理领导干部工作中出现的新问题,搞好对领导干部日常监督管理的研究。二是认真践行“一报告两评议”制度。即单位党组织向全体干部群众报告一年来干部选拔任用工作情况,然后让干部群众对当年新提拔的干部和选人用人工作进行评议。三是积极畅通监督渠道。健全信访举报、电话举报和网上举报“三位一体”的举报网络,进一步完善和落实举报查核工作责任制,做到线索清楚、内容具体的举报必查,实名举报必查,查实一起、处理一起、追究一起。四是在干部选拔任用过程中努力形成事前报告、事中监督、事后评议、离任检查、违规失责追究的“监督链”。环环相扣,消灭监督盲点。

**5. 以严厉查处不正之风作为预防选人用人腐败的保证**

不可否认,目前在各地的选人用人过程中,各种各样的不正之风还非常普遍。因此,严厉查处、提升用人腐败的违规、违法成本就变得非常有必要。

杭州在严厉查处选人用人上的不正之风方面,主要采取了四种做法:一是明确并不断充实各项关于选人、用人的政治纪律。如明确指出,参与提名推荐单位要严格按照规定的程序操作,做到"九个不准";各级领导干部、党组织和区党代表在推荐票决中要严格遵守组织纪律,做到"五个不准";被推荐者要严以律己,做到"十个不"。二是不断强调党员干部的组织人事纪律教育。在领导班子调整和民主推荐前,各级党委和组织人事部门要加强宣传教育,把防止拉票行为的有关纪律和违纪后果向干部群众进行宣讲,教育广大党员干部进一步提高对干部选拔任用工作严肃性和拉票危害性的认识,引导党员干部树立良好的民主意识,用优良的品质、正确的政绩赢得群众和组织的认可。三是对反映用人作风问题的核查工作实行责任制。各级党委、纪委和组织人事部门对情节比较具体、线索比较清楚的选人用人不公问题的举报件,要及时组织力量,认真进行核查,从快从严办理,限时办结,其中在考察期间收到的举报件,要在考察工作结束前办结。每一核查件都要明确具体负责人和责任人,核查情况报告要由具体负责人和责任人署名,不进行查核或敷衍塞责不进行认真查核的,要对具体负责人和责任人进行批评和处理。四是加大对选人用人不公的惩处力度。对查核属实有拉票行为的人员,予以严肃处理。对在推荐开始前发现有拉票行为的,不得列为被推荐人选;考察前或考察中发现并查实的,取消考察资格;考察结束后发现并查实的,不再纳入酝酿范围,不提交党委会讨论;已经提拔的坚决撤下来,在两年内不得提拔使用或重用;情节严重的,视情作免职、降职、调整等组织处理,或给予纪律处分。对参与、帮助他人拉票的,同样属于严重违反组织人事纪律的行为,比照为自己拉票的行为给予相应处理。对接受有拉票意图的宴请、收受拉票人礼品或参与拉票人安排的消费活动的,给予严肃的批评教育;情节严重的,视情作组织处理,构成违纪的,要进行纪律追究。

## 二、预防选人用人腐败需要实现的几点突破

营造风清气正的选人用人环境是一项复杂的系统工程,要完成这一项系统工程,今后至少在六个方面还需要实现质的突破:

**1. 从"抽象预防"到"具体预防"的突破**

所谓"抽象预防"是指在理念上虽然也知道要预防选人用人腐败,但一到对策设计阶段,则往往只能依据纯理论空谈"若干个基本原则",或者表决心似地强调"几个一定要",或者故作深沉地提出"要注意处理好几个关系"等等。"抽象预防"在预防选人用人腐败的最初阶段,对于统一认识、警醒大众固然不无裨益,但终究无法真正起到预防选人用人腐败的实际功效。而"具体预防"是指不但知道对选人用人腐败要预防,而且还要精心设计如何预防——如规定"哪些选任信息应该公开、如何分级公开";明确"干部选任提名要经过哪些环节";指出"哪些拉票行为属于违规、违纪"等等具体预防细节等等。

**2. 从"碎片化预防"到"系统化预防"的突破**

所谓"碎片化预防"是指在某一个方面的预防措施设计得固然不错,但缺乏整体性的通盘考虑。从而使得这一具体的预防措施,在实际操作中由于得不到相关配套举措的支持而举步维艰。而"系统化预防"就是在全面分析种种可能导致选人用人腐败之原因的基础上,通盘考虑,提出一个系统的对策方案。从而大大提高对策的可行性和实效性。理论界公认,营造风清气正的选人用人环境,要全面处理好几个关键环节:首先,要逐步扩大选人用人民主;其次,要不断推进选人用人过程的阳光化;再次,要加强选人用人工作的监督检查;最后,要严厉查处选人用人上的不正之风,提高选人用人方面的违规、违法成本。

**3. 从“单一主体式预防”到“多元主体式预防”的突破**

所谓“单一主体式预防”是指由一个主体负责选人用人的预防工作。这个唯一的主体一般就是党政部门（其具体责任部门往往就是组织、纪检部门）。由于党政部门的强势地位，这个单一主体虽然也能推进、实施预防选人用人腐败的工作，但单一主体的推动力量终究有限。而且单一主体的预防思路过于狭窄，很容易陷入“路径依赖”窠臼。而“多元主体式预防”就是在设计预防选人用人腐败的时候，会主动听取多方面的意见，吸纳多方面力量共同参与预防选人用人腐败的工程。这样做可以集思广益，设计一个更加科学的预防方案。同时有各方力量的共同参与，预防选人用人腐败的工程可以获得持续的动力。

**4. 从“运动型预防”到“制度型预防”的突破**

所谓“运动型预防”就是用“搞运动”的方式开展预防工作，这是一种常见、常用的工作方式。“运动型预防”开展的时候，领导重视、会议强调、媒体宣传紧密配合，声势惊人，短期效果相当可观。但“运动型预防”的致命弱点是“来得快、去得也快”，难以持久。而“制度型预防”的重点，则是专注于对预防选人用人腐败的每一个环节制定相应的规定，如《匿名票决制度》、《信息公开制度》等等。待制度体系确立后，以制度来推动预防选人用人腐败工作的持续进行。这种预防方式，虽不似“运动型预防”热闹、风光但却规范、稳定。

**5. 从“主观性预防”到“程序性预防”的突破**

“主观性预防”的基本观点是选人用人腐败出现的主要原因在于参与选人用人的人在主观思想上出现了问题，因此，相应的对策是要对选人用人的参与者加强教育和培训，对其的主观世界进行彻底的改造。但是，“主观性预防”忽略了一个基本事实，即每一个个人在选人用人问题上有一些自利的念头和想法，虽不符合党的要求，却是一个客观的现实。指望通过改造好选人用人参与者的主观世界，而后实现风清气正的选人用人局面，实际上是不切实际的。而“程序性预防”的基本理念则是承认参与者在选人用人问题上有一些自利的念头和想法是正常的，但相信只要设计出严格的选人用人程序，则可保证选人用人参与者的那些自利的念头和想法无法得到实现。即认为程序是保证选人用人公正的根本。显然“程序性预防”较之“主观性预防”更为现实可行。

**6. 从“泛责任类预防”到“清晰责任类预防”的突破**

所谓“泛责任类预防”是指在预防选人用人腐败时，要求各部门“齐抓共管，人人负责”。这个理论看似非常有道理，但仔细一分析，就会发现其中一个致命的弊端——“齐抓共管”往往谁都不管，“人人负责”往往人人无责。而“清晰责任类预防”虽然也常常要求各部门相互配合，多方共同参与，但同时会明确在预防选人用人腐败过程中，各方、各部门、各人在其中的具体分工和应负的具体责任，并会把这种具体的分工和责任用制度、文件的形式加以公布，作为以后考核各方、各部门、各人的依据和出现问题后追究责任的依据，从而保证了预防选人用人腐败工作有人管、有人负责。

## 三、进一步完善预防选人用人腐败举措的设想

在探索预防选人用人腐败工作机制的过程中，尽管杭州的党建工作者作了诸多努力，推出了不少颇具中国特色的预防选人用人腐败的做法和经验，但还存在许多亟待完善之处：

**1. 预防选人用人腐败的机制必须与整个中国的政治体制改革同步变迁方能生存、运行**

预防选人用人腐败的机制是政治体制的一个“子项目”，如果不改革宏观的政治体制，一开始，预防选人用人腐败的机制确实也能比较正常地运转，因为，一开始的预防选人用人腐败的机制比较初级，不会与既有的宏观政治体制

发生冲突。但是,只要预防选人用人腐败机制的实践一走向深入,势必会感受现存宏观政治体制对它的束缚和制约,势必提出改革宏观政治体制的要求。即只有改革政治体制,预防选人用人腐败的机制才能重新获得生机。具体而言,目前杭州对预防选人用人腐败机制的探索都是在现有的政治体制允许的范围内进行的,因而还是有待深化的。比如,虽然也强调通过组织信息公开来预防选人用人腐败,但仍然做不到向党员、群众公开全部组织信息,而只是主张"分层分类公开",而且哪些组织信息可以公开,要经过"内部审核";虽然也主张通过加大干部的竞争力度来预防选人用人腐败,但目前仍然只在几个干部层级中采用竞争模式,还没有在全部干部的选拔任用过程中一律开展竞争模式;虽然也强调以扩大选举民主来预防选人用人腐败,但民主的扩大对象仍然过窄,基本上只有体制内的党政干部和部分党代表、人大代表和政协代表才拥有参与干部选任的民主权利,广大群众在干部选任中的民主权利还远远不够。因此,要进一步深化杭州的预防选人用人腐败机制,必须对与预防选人用人腐败机制相关的"民主选举制"、"党务公开制"、"竞争选拔制"、"干部选拔问责制"等政治体制进行同步改革。

**2. 要为预防选人用人腐败工作建构多元化的动力体系**

预防选人用人腐败工作的动力,目前主要依赖的还是"行政推动力"。虽然也有一些来自民间力量、社会舆论的推动力,但还构不成预防选人用人腐败工作的主要动力。所谓"行政推动力",一般指的是来自上级党委、政府的行政性强制命令和本地区主要领导的行政性命令。目前杭州开展的预防选人用人腐败工作,正是在中央、省市直辖区一再要求改革干部选拔任用的大背景下,同时加上当地主要领导的高度重视,才得以取得如此成就的。"行政推动力"虽然具有见效快、操作简便的优点,但同时拥有两大致命缺点:其一是"不稳定"。即当主要领导发生人事变动时,或主要领导的关注点发生变化时,原有的"行政推动力"常常会随之消失或严重弱化。其二是"不易控制"。用行政推动方式,虽然可能收一时之效,但也会使行政权力"畸形增强",最终导致预防选人用人腐败工作被"行政权力"左右的结局。在预防选人用人腐败工作开展的初期,适当地借助"行政推动力"虽无可厚非,但随着预防选人用人腐败工作的深入,应该有意识地逐步削减"行政推动力",不断培养、加强"社会组织推动力"、"民众推动力"、"舆论推动力"等,这样做,一方面可使预防选人用人腐败工作获得持续的驱动源,另一方面也是希望通过多元化推动力间的相互制约,使"行政推动力"不能任意胡为,从而保证预防选人用人腐败工作的正确价值导向和运作的科学性。

**3. 探索预防选人用人腐败必须尽快完成必要的理论准备工作**

国外行政管理学对预防选人用人腐败的研究起步较早,经过几百年的探索和实践,欧美主要发达国家逐步形成了一套完整的预防选人用人腐败的理论:"基于詹姆斯·米尔利斯和威廉·维克里所创立的委托——代理理论认为,'代理人的行为都具有理性和自利的特征',选任'代理人'因此一定要接纳多方监督;基于马奇、奥尔森的新制度主义理论,主张官员选任应该制定严密的游戏规则;基于孟德斯鸠、'普布利乌斯'的'权力总是容易被滥用'理论,因此提出对选任权力必须加以制约;基于欧文、罗美泽克等人的责任政府理论,认为官员选任同样应该实行责任制……"正是在这些科学的理论指导下,欧美国家的预防选人用人腐败才取得了很大的成功。相比较而言,中国大部分地区虽然业已开始了预防选人用人腐败的探索,但对于科学的预防选人用人腐败理论要么所知甚少,要么虽知皮毛、不解精要。如果不尽快完成干部预防选人用人腐败所必需的理论准备,那么,业已开展的预防选人用人腐败工作探索,要么有可能因缺乏理论支持难以为继而中途夭折，要么有可能因缺乏科学理论引领而陷入歧路。为此，一方面要积极派遣一批批干部到发达国家挂职、实习，学习他们先进的预防选人用人腐败理论；另一方面要通过大规模的公共管理学知识、政治学知识和党建知识的培训，使广大干部熟悉预防选人用人腐败有关的基本理论。须知，“没有革命的理论就没有革命的行动”。

**4. 预防选人用人腐败应该廓清几个重要的细节问题**

关注预防选人用人腐败的整体设计固然重要，但预防选人用人腐败机制的有关细节问题同样不可忽视，有的时候，甚至“细节决定成败”。在当前预防选人用人腐败的工作过程中，有几个关键细节必须廓清。其一，在设计预防选人用人腐败时，虽然也反复指出要加强对选人用人的监督工作，但其中强调的监督多为“同体监督”，即由体制内的上级监督下级。“同体监督”的监督功效是有限的，必须以“异体监督”来弥补“同体监督”的不足。而“异体监督”（如来自民众的监督、来自媒体的监督、来自社会组织的监督等）应怎么搞，至今没有一个详细的设计，需廓清。其二，在设计预防选人用人腐败时，杭州要求“领导干部重大事项必须报告，拟提拔干部廉政情况也要报告”。这对于预防选人用人腐败确实非常重要。但问题是，对领导干部主动报告的重大事项和拟提拔干部报告的廉政情况如何核实，谁去核实，却缺乏详细的规定，这一点细节也需廓清。其三，在设计预防选人用人腐败时，杭州虽然也多次强调，对记录组织信息、参与民主选举、检查选人用人工作的责任人，一旦出现失误要进行追究责任。但是，对这类责任到底如何定性（是政治责任、纪律责任、还是法律责任），谁来问责，被问责者如何寻求行政救济和司法救济，均没有详细的说明。这一点细节也需廓清。其四，在设计预防选人用人腐败时，杭州要求扩大民主的参与力度。这是值得高度肯定的。但是，一旦组织意图和民主意图方式矛盾，如何调解两者的意见差异？如果调解不了，应通过何种行政途径和司法调解寻求仲裁、谁来仲裁？均没有明确的回答，这一点细节也需廓清。

（作者：中共杭州市委党校马克思主义基本理论教研部主任，教授）

# 双权共治:基层权力制衡新构想

张学新

30多年的改革开放使中国经济飞速增长,中国的快速崛起举世瞩目。然而,中华民族的伟大复兴还任重道远。当前一个十分严峻的挑战就是如何有效防治腐败。执政党和全社会都已经清楚地认识到,腐败问题愈演愈烈,最终必然会亡党亡国。十八大以后,党和政府以前所未有的决心和勇气发起了声势浩大的反腐倡廉活动,在遏制腐败上取得很大进展。

反腐是一项系统工程,需要采取多种措施,如加强教育、严峻刑罚、强化监督、增加公权力的运作透明度等。目前采取的主要措施还存在一定的局限性。比如,道德约束在巨大利益面前往往是软弱无力的。“乱世用重典”,而中国正走向昌明盛世,世界范围内,刑罚的轻缓化已经成为潮流,严峻刑罚有悖于人类整体的法治和文明进程。巡视制度较多体现了事后惩戒而不是事前预防,治本比较困难。开放舆论监督会赋予媒体极大的权力,但保证媒体的公正性并不容易。同样,司法独立强调了法治,但如何监督司法机构的权力又成为新的难题。财产公开看似立竿见影,但人们一般没有认识到,这个措施发挥效力的前提是社会已经实现较为成熟的法治,而且腐败现象的范围相对有限。换言之,必须先在基本层面上控制住中国的腐败,然后才能真正建立起财产公开制度,并利用这个制度有效保障官员清廉。

有些人把腐败问题归结为体制因素,认为只有采用多党议会制和“三权分立”才能抑制腐败。然而,中国同西方国家的腐败存在本质不同,照搬西方未必可行。腐败的本质是以权谋私。立法权力和执法权力构成社会公权力的两个基本类型。立法机关制定的法律必须反映广大人民的利益,而执法机关必须规约自己的行为,依法行事。如果立法者有意制定有利于自身的法律,或执法者有意违法行事以获取私利,他们都是在盗用公权力,以权谋私。前者是立法腐败,后者是执法腐败。

三权分立理论的奠基人之一、英国哲学家洛克说,“立法权是国家的最高权力”。资本主义制度下,议会声称代表民意,并依照人民的利益制定法律。但在少数人拥有大量财产的私有制下,国家的立法必然经常性地偏离大多数人的利益,导致严重的立法腐败。在社会主义制度下,公有制取代了私有制,就有可能铲除立法腐败的源头。立法腐败隐蔽性极强,民众往往没有能力去认清、更没有能力去改变立法腐败。民众关注更多的是自己的生活,而与他们生活息息相关的是负责行政管理的基层执法者。基层官员执法不公,直接损害了民众的切身利益,最容易引发民怨,带来社会的不稳定。

资本主义国家建立起了一套同社会化大生产相适应的管理体系,有效地遏制了执法腐败,它的难处在于如何抑制立法腐败。立法腐败反映了资本主义社会深刻的不公正性。中国社会主义公有制下,执政党一切从人民利益出发,原则上可以根除立法腐败,但在具体制度方面创新不足,导致严重的执法腐败,损害了社会公正性。

资本主义社会治理执法腐败,主要通过分权达到权力制衡,如在美国,立法权、行政权和司法权被分散到议会、总统和法院三个权力中心,互相约束。恩格斯说,“分权只不过是为了简化和监督国家机构而实行日常事务上的分工罢了。”行政管理中的分工防止了少数个人凌驾于其他人之上，是保障民主的一种科学、有效的手段。“三权分立”的科学性体现在权力的分散和两两权力之间的协调，而其中的“三”，却并不是一个神圣的数字。奥地利法学家凯尔逊指出：“国家的基本职权，不是三种，而只有两种：法律的创立与执行。”分权作为一个基本原则，虽然具有普适性，但在怎样分权的具体问题上，却并没有统一的模式。我国当前的腐败现象主要表现为执法腐败，与社会基本体制关系不大。过度关注体制因素，就会导致错失焦点。这就提示我们要树立自信心，摆脱对西方的机械模仿，从技术的角度进行大胆的制度创新，尽快找到切合中国社会体制的独特的权力制衡模式。

## 一、双权共治的基本特点

我国腐败问题的深层次原因是权力过于集中又得不到有效约束，一个突出表现是掌管一个单位最高权力的“一把手”权力过大，缺乏有效监督。一个化解方法是采用集体领导来分散权力。但集体领导存在决策迟缓，不能当机立断的缺点，无法适应现代社会快速多变的复杂局势，难以取代“一把手”负责的行政首长负责制。在我国基层行政管理的各个层次上，如科处级、厅局级等，基本都是首长负责制。

高层权力侧重宏观管理和决策，必须通过低层权力才能发挥作用。高层腐败也必须利用低层腐败才能够兑换权力，获得实利。高层官员腐败常常是因为被基层官员所腐蚀拉拢。基层腐败是高层腐败的温床。如果基层官员不能或不愿腐败时，高层官员想腐败就会受到很大的限制，更少受到诱惑，更容易保持清廉。如果能真正、彻底地控制低层腐败，就能大大压缩高层腐败的生存空间。从这个角度看，治理腐败应该“釜底抽薪”，即通过清理基层腐败来孤立、架空高层腐败。

相对于高层官员来说，科处、厅局级这样基层官员的人数要多得多，他们手中的权力同民众的生活更密切相关，执法腐败的直接影响在基层。如果能把基层的执法腐败控制住，对纾解民怨会有实质性的效果。基层清廉后，监管负担大大降低，高层人数少，目标集中，一旦腐败，基层不共谋隐瞒，也容易查证。所以，当前我国腐败治理的重心，应该是设计具有普遍意义的制度，对行政管理中基层官员的权力进行有效制衡。

本文提出一个“双权制”的新设想，尝试实现对基层“一把手”的有效监督。其核心思想是将一个行政单位的最高权力从时间上一分为二，使两者相互监督。以科机关为例，设立两个核心科长，四年任期中，第一年、第三年，由甲为正科长，乙为副科长，第二年、第四年，双方调换职务，由乙为正科长，甲为副科长。这个制度实际上是让两个核心领导轮流掌权，共同治理，又可称为“双权共治”或“双权轮值”。甲乙两人四年中各自执政两年，相比较当前的一人执政四年，权力被分掉一半。甲做“一把手”时，乙可以监督；乙做“一把手”时，甲可以监督。通过制度性的职务轮换，定期地使“一把手”离开最高权力，接受监督与约束。

邓小平同志说，“上级不是能天天看到的，下级也不是能天天看到的，同级的领导成员之间彼此是最熟悉的。”“双权制”有可能真正做到同级监督，抓住遏制腐败最及时、最有效的环节。在管理决策日益复杂化的情况下，靠监察部门和群众来觉察精心策划的腐败行为愈发困难。然而，“一把手”搞腐败，却很难瞒过朝夕相处的共事者的眼睛，往往刚露一点苗头，就被同级识破。然而，当前制度下，“一把手”的上级往往是提拔他的人，利益攸关之外，对他更多的是信任，而对别人更多的是怀疑。正直的同级副职因为害怕揭露不成，反遭打击报复，往往噤口不言。“双权制”保证“一把手”的同级中，有一个人能与“一把手”分庭抗礼，为发现腐败线索的人，提供了一条揭露和惩治腐败的有效途径，威慑力大、防范性强。

强有力的中央集权制，维系了大统一国家的稳定团结，促进了社会各方面的协调发展，从根本上是适合中国国情的。然而，在这样金字塔型的权力体系中，“一把手”掌控本单位大权，主要对直属上级单位的“一把手”负责，权力核心稳定，权力核心之间的关系也比较稳定，有时间、有机会形成权力和利益的交换网，出现很多集体性腐败现象。“双权制”下，各个单位的最高权力会定期转换，同级别和跨级别正、副职之间的权力关系变得相当复杂，难以秘密操弄。多层制约使每个想腐败的“一把手”都心存忌惮。“双权制”把反腐机制植根于部门本身，减少对外部监督机关清廉度的依赖，有助于形成防范腐败的网络，把腐败控制在局部，降低治理难度。

由于无需对官员的本职工作负责，外部监督往往导致官员工作效率的降低。“双权制”下，监督者与被监督者目标利益一致。在不谋私利的前提下，协商合作，保持轮换过程中的政策连续性，取得出色的成绩，是双方的最好选择。“一把手”责任重，压力也大，长期高高在上，容易脱离群众，角色固定，也会导致思维僵化。“双权制”下，责任定期转换，可以舒缓压力，官员放下身段，能更虚心听取别人意见，密切联系群众，视角转换，能更好地反思经验，克服惰性思维，保持思维的敏锐性与客观性。

“双权制”下，正、副职也可能会相互勾结，共同贪腐。但这样的情况在目前的制度中同样存在。如果正、副职中有一个保持清廉，在“双权制”下都能对另外一个想贪腐的官员形成有效制衡。所以，“双权制”事实上会减少正、副职共同腐败的可能性。“双权制”有可能引发正、副职之间的冲突、对立，导致行政效率的降低，但这是任何权力制衡机制都难以避免的。如能防止或减少腐败带来的巨大利益损失，在效率上做出部分牺牲就是有价值、有意义的。

## 二、当前权力运作模式下基层官民的心理特点

中国历史上，有很多重大改革都以失败告终，一个很重要的原因在于没有考虑到人们的心理因素。心理决定行为，心理观念变化了，行为变化才有自觉性、主动性和稳定性。心理看似无形，实则力量巨大。权力制衡要求官员和群众在行为上做出巨大的改变。“双权制”能否引导和促进人们心理观念的积极变化，取决于它是否切合中国基层权力运作下官员和群众的心理特点。

中国漫长的封建统治形成了“官本位”现象，官的社会地位、心理地位都非常高，不容挑战。官、民之间存在一整套完整的行为规范，体现官的高贵、威严、优越和特权。官和民在心理上存在巨大的不平等，官在民面前颐使气指，民在官面前唯唯诺诺。更重要的是，无论是官是民，在思想上都认可、接受这种不平等。当官员摆架子、显威风的时候，实际上是在昭示他的权力、能力等内在价值。大大小小的权力机构，每个里面都有“小朝廷”的影子，有个不容挑战的一方之主。

西方法制严密，官员依法办事，斟酌权不大，可以挑剔的空间也不多，受到挑战的常常是法律法规，官员个人不受威胁，自卫心理自然不强。西方基层负责执行，又强调小政府，很多事情交给市场，即便如此，也用了数百年的时间才建立起来较为严密的法制体系。中国国家大、情况复杂，没有强有力的中央政府，很难维护国家的统一，做到协调发展。地方差异巨大，法律必须顾及全国，很多时候不能一刀切，只有留给地方去斟酌。弱化政府权力，导致力量涣散，会导致无法防范严峻的外部威胁。这样，中国政府基层官员的斟酌权很大，很多时候没有条文可依，需要根据个人经验和智慧来决策，存在很大的人治色彩。如果放任挑战，就是合理的决策也会因为挑剔空间大，引发很多冲突，使行政陷入僵局。这是中国官员难以容忍挑战的最根本原因，也是在中国社会对官员权力进行监督和制约所面临的最困难的心理因素。

为了避免受到挑战，官员常常刻意保持自己的威严，让人难以接近，一是摆脱人情、利益

的纠缠；二是与不满者拉开距离，减少受到直接攻击的机会；三是维护自己的强势形象，避免暴露弱点，引发挑战。这种“高高在上”的行为规范，符合多数官员的生存和利益，是一种根本性的“潜规则”。对个别官员的挑战，往往构成对这个规则的挑战。发生挑战时，不少官员会互相支持，维护这个规范，出现百姓眼里的“官官相护”。下级和群众担心被误认为是挑战领导，不愿也不敢表达批评意见，只能投其所好，报喜不报忧。很多官员长期受到积极反馈的误导，自我膨胀、官气十足，甚至在部分官员中演变为霸道和专横。不少群众则在心理上产生很多压抑，自我感觉卑微，普遍对官员十分畏惧。

## 三、“双权制”铲除腐败行为的心理基础

“双权制”充分考虑上述分析所揭示的心理因素，从四个方面有利于铲除基层权力腐败的心理基础。

**（一）打掉权力的傲慢，打消民众对权力的畏惧。**当前制度下，以科级单位为例，科员乃至副科长都不敢挑战科长。副科长晋升时，正科长一般已经升至更高的级别，仍然有权力和关系影响到前者的仕途。副科长始终要对这位上司保持恭敬。然而，“双权制”下两个权力中心的并存，会给科室人员的心态带来极大的变化。副科长明年成为正职，今天不必对正科长有畏惧心理。对正科长而言，副科长是未来的上级，今天必须尊重。科员在两个平等的权力中心之间有选择的余地，也有了保持中立的空间。官员看到自己的权力有限，下级有可能不合作，就不敢以势压人，会更平易近人。

**（二）打消腐败者的侥幸心理。**风险决策中，人们不仅关注风险带来的后果，更关心风险发生的可能性。“一把手”在本单位权力大，又能串通上下有实权的人，其腐败行为很难暴露，暴露了也不易受到惩治。低发现率、低惩治率，导致一些官员心存侥幸，胆大妄为。“双权制”下，发现腐败的可能性很大。科员的不法行为很难同时瞒过两个科长和其他科员。两个科长存在一定的竞争性，都担心被对方抓住把柄，相互勾结的可能性降低。副科长发现了腐败，可能隐而不发，成为正职后再展开调查，能得到群众配合，下级很难掩饰，上级也很难庇护。这些都形成巨大的心理威慑，让官员不敢违法犯纪。正、副科长清廉了，单位里风气正，科员腐败被查处的风险更大，防范起来也更容易。

**（三）树立抵制腐败的心理屏障。**官员是社会精英，都想施展抱负，贡献社会，但无论在行为和心理上都难以抗拒贪腐的领导，不免被动参与腐败。“双权制”下，官员受到权力或人情压力时，也可以用监督严、容易暴露等客观理由加以拒绝，不得罪人，也不会产生对不起人的心理负担。“双权制”给官、民都提供了一道心理屏障，抵挡权力的压力，摆脱人情和利益的纠缠，避免了情与法的心理冲突。

**（四）促进心理舒畅，保障人格完整。**“双权制”下，每个具体的时段，“一把手”仍然大权在握，有充分的尊严，但必须慎用权力。正科长至少要跟副科长沟通、协商。正、副科长心理地位平等，可以带动群众，让不同的思想和观点得到坦诚讨论和充分交流。决策过程即使有斟酌，因为公开、透明、民主，也经得起挑剔。当权力的运作展示在大家面前，私利和潜规则会慢慢退去。群众不再畏惧官员之后，对官员的评估也更真实可信，可以作为官员提拔的重要参考。这也会进一步鼓励官员虚心待人，放低了同群众的心理落差，求得群众的认可和尊敬。群众的意见和意愿能够自由表达并得到充分重视，不再是人微言轻的“二等公民”，心理上也摆脱了压抑。官员贪腐，与组织教育和做人良心严重冲突，心理压力大，也会导致人格分裂、心理病态。“双权制”帮助官员抵御诱惑和腐蚀，让权力回归民主运作的本义，让官员能够公平执法，赢得群众的真心拥戴，实现自己的人生理想。总体上，官和民的心情都会更加舒畅，更能保持人格的完整。

## 四、结语

公正的社会既要有公正的法律，又要有对法律公正的执行。立法腐败虽然是更为根本性的腐败，但隐蔽性强，而执法腐败，涉及民众日常生活，容易引起关注。认识西方国家严重的立法腐败，避免对西方体制的片面美化，消除对中国体制的错误指责，有助于认清当前中国腐败问题的实质，用更为理性、现实而平和的心态去寻找解决方案。多党、普选等西方制度都针对整个国家体制，牵一发而动全身，在中国体量大、地区差异性大的具体国情下，其可操作性值得怀疑。法治是民主政治的一个终极目标，但不是治理腐败的具体方法。只有找到有效的反腐措施，才能实现法治目标。

三权分立方案把权力分成三份，同一个时间由三个不同机构各执其一，而“双权”方案把权力的有效期分成两段，由两个领导各占一段。前者侧重从空间上分割权力，后者强调在时间上轮换权力。事实上，轮换权力的观点在民主思想的发展史上先于分割权力的观点。古罗马民主中的首席执政官和瑞士当前“委员会制”中的主席都是逐年轮换。不同于西方的三权分立和中国古代的监察制度，“双权制”的新颖之处在于它强化了行政管理中基层单位内部的同级监督。行政级别越高，工作性质越侧重长期规划，权力影响面广，应该保持稳定，不适合短期轮值。基层权力局域性强，容易小范围试点。科处等基层单位以行政权力为主，不涉及党政关系问题，也降低了实施难度。行政机关之外，“双权制”也有可能在企业、医院等单位推行，避免权力滥用，增强决策民主。

官员是人民的一部分，官员的特殊心理很大程度上是长期性的制度不完善造成的，不能完全归罪于他们自己。惩治腐败，最终要消除官员不应有的优越感，但不考虑人的思想转变过程和心理承受能力，用强硬的措施让他们颜面扫地，是不科学的，也就难以顺利、平稳推行。有效的权力制衡，必须以渐进的方式消除官员和民众之间在心理上的不平等，在维护官员正当权威的同时，打消民众在官员面前的卑微和畏惧，打掉官员在民众面前的强势与骄横。如果“双权制”抓住了基层权力运作中腐败发生的症结，真正体现了权力制衡的科学性，它不仅会在一个科取得成功，还将能扩展到成千上万的科处级等基层单位，遏制腐败，保障清廉，给我国的基层行政管理带来一个新局面。

（作者：复旦大学社会发展与公共政策学院心理学系教授、博士生导师）

# 第十部分

# 基层党的建设

# 创建基层服务型党组织关键在于党组织自身转型升级

梁妍慧

党的十八大报告鲜明提出,加强基层服务型党组织建设。这既是执政党建设目标在基层的落实和体现,更是党的自身建设的转变与提升。各地各领域创建基层服务型党组织的实践也说明,党建自身的转变,既是坚持党的领导,发挥政治优势的前提与基础,也是服务群众、服务中心工作的过程与体现。那么,党建自身转型到底转什么?党建工作向什么方向提升?这需要我们结合实践,认真思考其中的要点及努力方向。

## 一、党组织怎么建

不断扩大党组织和党的工作的覆盖面,是实现党的领导的组织保障。而党组织建立的原则是:哪里有群众哪里就有党的组织,哪里有党的组织哪里就有党的作用的充分发挥。无论是战争年代"支部建在连上",还是执政后"支部建在单位中",我们党都牢牢把握了这一原则。发展社会主义市场经济以来,面对社会组织和人群的新变化,我们又把党组织建在了"产业链上、市场上、楼宇中"等社会领域,出现了党组织建设的第三次重大拓展。

### (一)党的领导对象和领域发生了重大转变

我们党的领导对象和领域大体经历了三次重大转变与拓展。第一次是在战争年代,由建党初期在工人、城市中建立党组织,转向在农村根据地,特别是军队中建立基层党组织,创立了"支部建在连上"的组织形式。其特点是依托军队这种直接指挥命令的组织结构,依赖高度集中的组织体系开展党的工作,形成了"党直接指挥管理枪"的领导体制和领导方式。第二次是在执政后的前30年,由以往在军队中建党,扩展到机关、企业、农村等各个单位中,创立了"支部建在单位中"的组织形式。其特点是依托行政组织建立党组织,依赖行政权力开展党的工作,形成了"党政一体化、行政命令制"的领导体制与领导方式。第三次是在发展社会主义市场经济以来,由以往的在纵向封闭的单位中建党组织,转向在横向开放的社会领域中建党组织,创立了"支部建在社会中"的组织形式。其特点是无法依托行政组织和行政权力建党组织并开展工作,要求探索不同于以往行政命令式的组织结构、领导体制与领导方式。

### (二)无行政权力依托建党组织面临的挑战

党组织从纵向封闭的单位制向横向开放的社会领域转变,此时,已无法依托行政组织和行政权力建党组织,只能依托社会场所和社会力量。这种依托社会场所和社会力量建党组织的重大转向,与原有的依托行政权力建党组织有什么不同?又对我们提出了什么新的要求和挑战?

一是党必须认清社会特点,构建区域化大党建。发展社会主义市场经济以来,社会作为独立于国家和政党的领域,已越来越显示出其独有的特征。如:流动人口、退休人员、下岗待业人员、低保群体等"单位人",日益变为"社会人",他们与原户籍地、原单位已无行政隶属关系。新经济组织和新社会组织,无论在产权、管理和人员上,都与政府无任何纽带、资产、任免关系。村民自治与居民自治等基层自治组织,更与党组织、政府机关无行政隶属关系。不仅上述新出现的人群与社会组织具有这些崭新的特点，就是原有的单位之间，也伸展出若干横向联系，如：社会治安、环境保护、公共卫生、社会风气、文体娱乐等公共事务，在各单位之间也出现了千丝万缕的联系。

社会领域的巨变和独立，要求党必须遵循社会运作的规律，建立适应社会需要的党组织结构。这种党组织结构的显著特点便是横向、开放、多维、平等。适应这种结构需求的区域化大党建便应运而生。所谓区域化大党建，就是指在一定的区域范围内，党组织对驻区行政单位、居民以及各类驻区组织实行全面引导与整合，推进党建工作由“垂直管理”向“区域整合”转变，由“条块分割”向“条块结合、以块为主”转变，实现党的组织和党建工作在本区域的全覆盖。比如：在领导体制上，探索由驻区单位、新社会组织党的负责人与街道、乡镇、社区党委共同建立的基层大工委制、大党委制、大总支委制等。在党组织设置上，把党小组建在楼、门、户里，把党支部建在居民区、商厦楼宇、市场一条街上，把党总支建在社区、新社会组织集中区、流动人口集中区等，形成横向到边、纵向到底的网络化党组织体系，为党引领社会、凝聚社会奠定强有力的组织基础。

二是党必须强化平等、互助、奉献精神，构建党群密切联系的根本支柱。区域化大党建和网络化党组织的构建，来源于社会领域新型关系的需求，来源于体现在这一新型关系中的最主要理念——民主、平等与奉献。这与依赖行政权力建党组织所体现的等级、管制和有偿观念完全不同，产生的结果也不同。在等级、管制和有偿观念下，极易产生官僚主义、主观主义和金钱至上等脱离群众的危险，而在民主、平等与奉献理念基础上建立的党组织结构，正适应了执政条件下密切党群联系的需要。比如：有的地方在楼、门、户设立“二长四员”，即党小组长、楼栋长、卫生委员、治安委员、文体委员、物业管理员。有的地方建立了专兼职党务工作者、党员志愿者队伍。有的地方要求在职党员到居住地党组织报道，带头参加志愿者队伍。有的地方设置流动党员活动站，为外来流动党员提供无偿服务。这些“二长四员”和兼职党务工作者、志愿者与服务对象之间，不存在上下级关系，而是平等的、互助的关系，是“我为人人、人人为我”的新型关系。在这种新型关系中，做党小组长、党员志愿者就是靠热心、爱心和责任感无偿奉献，毫无功利而言。这种理念的支撑和新型关系的确立，不正是执政党植根群众、融入社会的需要吗？不正是密切党群联系的持久动力吗？对此，强化党组织的服务功能，说到底就是强化共产党人的奉献精神，就是强化平等、互助、合作、协商的民主意识，就是强化执政党永葆党群密切联系的根本支柱。

## 二、党组织干什么

在社会领域中建党组织，其直接目的是为了保证党的领导作用的发挥，其根本目的是为了凝聚群众、吸引群众，巩固党的执政基础。那么，党在社会中发挥什么作用才能具有吸引力和感召力？

### （一）从管理到服务

社会上出现的新社会组织和社会人，虽然脱离了政府的行政隶属关系，但并不意味着他们不需要组织了，不需要关怀了，他们还需要向社会“组织人”发展，还需要一种新型的组织归属和关怀。这就对政党提出了发挥社会功能作用的迫切任务。政党本身来源于社会，是一个社会组织，然而又不同于一般的社会组织，它以控制、参与和影响国家权力为目标，成为连接国家与社会之间的纽带。这种一头连着社会、一头连着国家的双重角色，使它既具有政治性，又具有社会性。所谓政治性，是指政党以执掌、参与政权作为实现自己纲领的主要手段；所谓社会性，是指政党与社会有着密切的联系，有着广泛的群众基础。这种既相互联系又有所区别的双重角色，决定了政党除了在政治领域，发挥对政权组织、政府组织的“统揽全局、协调各方”

的作用外，还需要在社会领域，担当起对新社会组织和社会人的思想引领和组织协调作用。而这种社会作用发挥的最佳途径，就是提供群众所需所想的各种利益。战争年代，我党提出“打土豪、分田地”，赢得了90%以上农民的拥护；改革开放初期，实行联产承包责任制，唤起了广大农民的极大创造力；今天，为各类人群提供发展、民生和民权等事项，成为执政党凝聚、吸引和感召群众，赢得民心的根本之策。这就要求基层党组织转变以往只对上负责的做法，从单纯执行上级任务的管理型党组织，转向为群众提供各类需求的服务型党组织；从高高在上关门办公，靠文山会海开展工作，转向开门服务，深入群众、深入基层一线开展工作。以此吸引和凝聚广大群众，形成靠服务吸引群众的新型基层党组织。

**（二）服务的具体内涵**

从整个党的组织体系来看，各级党组织都具有服务功能，但由于地位不同，其职责有所侧重。中央组织、地方组织更多地体现在制定路线、方针和政策上，这种服务具有间接性。而基层党组织处于社会的最底层、最前沿，与群众直接相处，其服务更多地体现在：将党的路线、方针和政策，转化为群众的具体行动，并使群众得到看得见、摸得着的实惠。

这种直接性的服务都包括哪些内涵呢？首先，从内容上看，包括服务发展、服务民生和服务民权，它体现了党的服务内容从给予到服务需求的转变。服务发展、服务民生，是当前群众迫切需要的服务内容，然而怎样才能服务好发展、服务好民生，这就不仅需要倾听群众的呼声、了解群众的愿望，作出符合群众需求的决策，而且更需要尊重群众的知情权、畅通群众的表达权、引导群众的参与权和选择权，只有建立起群众表达和参与的民主机制，才能保障群众从物质到精神到政治的全面需求，才能避免党和政府给予式的服务。其次，从服务主体上看，包括从一元到多元，体现了党的领导理念从包办代替向执政为民、执政靠民的转变。服务主体由党、政府、干部、党员扩展到多种自治组织、民间组织、社会团体、志愿者组织，构建“我为人人服务，人人互相服务”的服务主体群。以往由“无限政府、万能政党”承担了全部社会事务和服务，以为包办代替就能执好政，然而却出现了官僚主义，群众既不满意也形成了依附思想。发展社会主义民主政治，要求建立党组织领导的充满活力的基层群众自治制度。这一基本制度，要求党的领导理念、服务理念，尽快从包办代替转向执政为民、执政靠民，把组织群众、发动群众、宣传群众，实行群众自我管理、自我服务、自我教育、自我监督作为执政靠民的主要内容。最后，从服务方式上看，包括从行政命令到引领、协调，体现了党的领导方式从行政化向社会化的转变。怎样领导多元化的服务主体？传统的领导方式是依赖行政权力，下达行政命令，形成行政化的领导方式。然而今天，出现了许多无法依托行政权力开展工作的社会组织和人群，这就需要党组织摆脱以往只会依赖行政权力开展工作的方式，回归社会化的领导方式。社会化的领导方式最显著的特征便是“柔性的非刚性”的工作方法，如：说服、协调、示范、合作等。

## 三、党组织怎么干

基层党组织要调动起全社会的资源和力量，履行服务功能，其实现方式是什么？服务社会的具体途径又是什么？

**（一）协调各方、引领群众**

基层党组织服务社会，可以用“协调各方、引领群众”来概括其实现方式。协调各方，主要指党组织在社会中发挥领导作用，不是靠自己单打独斗、包办代替，也不是高高在上、颐指气使，而是整合党政机关、市场机构、群团组织等各类资金、项目、人员，向基层倾斜、向党政服务的最后一公里聚合。以往，各个机构的资金、人员是各自为政的、封闭的，造成体制内外、城乡之间差距较大。党组织发挥领导核心作用，就是要调动、整合辖区内所有党政机关、市场机构、群团组织的资源，打破封闭、各自为政的行政化牢笼，实行城乡一体、体制内外一体的公共服务。这就需要党组织转变以往的行政命令工作方法，学会与大党委制相适应的对话、协商、说服、互利等工作方法。

引领群众，主要指发动群众、教育群众、组织群众，共同管理社会事务。这主要包括两方面，一是党组织要培育引导城乡基层群众自治组织。村代会、村民议事会和居代会、居民议事会等，已成为城乡基层群众自治组织的有效形式，成为我国基本政治制度的重要组成部分，它们在发挥参政议政、互助服务、利益协调、矛盾化解等方面起到了巨大作用。党组织要采用合理合法的方式，融入村代会和居代会之中，把党的领导作用变成组织引导群众讨论决定重大问题，实行自我管理、自我服务的民主过程，变成集中民智、凝聚民力、实现民意的过程，从而把党的主张变成群众的自觉行动。二是党组织要培育引导社会民间组织、非政府组织、各类慈善公益组织、志愿者协会等，使之发挥提供服务、反映诉求、规范行为等作用。由于社会利益主体多元，社会管理和服务主体也由单一走向多元。对此，党组织必须改变以往"重登记、轻管理"、"重行政管理、轻依法管理"的惯性思维与做法，制定社会组织管理法律法规，实行依法管理，建立起党组织、政府与社会组织三者共同服务社会的新局面。

**（二）构建社会化的服务平台与载体**

突破封闭、行政化的体制内服务，实施开放、社会化的服务，必须构建与之相适应的服务平台与载体。如各地建立的生活服务中心，为居住地群众提供"一刻钟生活服务圈"，群众在家门口就能享受到衣食住行等便民服务。建立卫生服务中心，为居住地群众提供基础预防、保健、康复、计划生育、医疗等服务。建立文化活动中心，为居住地群众提供文体娱乐、学生课外活动等场所和指导。建立事务受理中心，为居住地群众提供解决环保、建设、民政、劳动、工会、医保等方面事务的平台。建立综治工作中心，解决外来人口、流动人口、特殊人群的管理与服务，以及整个居住地的社会治安问题。建立代表工作室，为群众向党代表、人大代表、政协委员等反映意愿、表达诉求提供固定的场所。建立志愿者工作室，为群众自我服务提供场所。上述面向居住地全体居民的服务平台与载体，要求党组织的工作重心要从"工作场所"转向"居住场所"，从"条强块弱"转向"条块结合、以块为主"。这些转变，不是简单的场所移位，而是思想观念、工作作风、人员配置、资金投入、场所再造等重大变革。因而服务型党组织的创建，实质上就是基层党组织的转型升级。

（作者：中共中央党校党建教研部教授）

# 当前党政领导干部民主测评的深层困境及对策探析

刘　昕

党政领导干部民主测评，是指在考核和评价领导干部时，组织部门在一定范围内了解其他干部、群众对被考核对象评价意见的一种方法，也是民意调查的具体形式之一。民主测评是我国在党政领导干部考核任用的长期实践中不断总结和演变而来的，虽然在早期的文件中并没有出现民主测评的概念，但在对干部考核任用的过程中，党和政府一直倡导群众参与、领导与群众相结合以及个人检讨、小组讨论与领导审查相结合等做法，当时大多以民主评议、民意测验、民意调查等概念来表示。正式的民主测评概念在中组部于1998年下发的《党政领导干部考核工作暂行规定》中首次出现。这份文件第一次明确规定，民主测评是党政领导干部考核的一个基本程序。此后，民主测评陆续被运用于党政领导干部选拔任用、年度考核、换届以及任期考察等党政领导干部队伍建设的多项重要工作之中。例如，在2002年颁布的《党政领导干部选拔任用工作条例》（2014年修订）、2004年颁布的《公开选拔党政领导干部工作暂行规定》以及《党政机关竞争上岗工作暂行规定》、2006年颁布的《体现科学发展观要求的地方党政领导班子和领导干部综合考核评价试行办法》、2009颁布的《关于建立促进科学发展的党政领导班子和领导干部考核评价机制的意见》及其三个相关办法等多份重要文件中，都肯定了民主测评的重要意义，并且将其作为党政领导干部选拔任用以及考核、考察等的重要程序。

当前的党政领导干部民主测评的基本框架起源于1979年下发的《中共中央组织部关于实行干部考核制度的意见》，当时明确了对干部要从德、能、勤、绩四个方面进行考核。此后民主测评一直继承这样一种考核和评价模式，直到2006年中组部颁发《体现科学发展观要求的地方党政领导班子和领导干部综合考核评价试行办法》，增加了对党政领导干部的“廉”的考核。自此，党政领导干部民主测评就形成了以“德、能、勤、绩、廉”为基本内容的相对固定的考核和评价模式。

总的来看，党政领导干部民主测评制度的建立对于健全科学的党政领导干部选拔任用机制和监督管理机制，推进干部工作的科学化、民主化、制度化具有重要意义，不仅在党政领导干部队伍建设方面充分体现了发扬民主以及走群众路线的根本要求，而且在现实中也在一定程度上起到了准确评价干部、防止用人腐败以及促进领导干部队伍勤政廉洁的重要作用。

然而，很多研究者以及来自组织人事部门的实践者也发现，党政领导干部民主测评在实施过程中也存在很多问题。比如，民主测评内容过于抽象，测评结果容易出现偏差；民主测评的标准很难把握，参评人员的代表性难以保证，参评人员对情况了解不全面；在民主测评中存在“关系票”、“领导票”、“金钱票”、“随意票”等现象；民主测评存在形式简单化、测评过程庸俗化和盲目化、组织不科学等问题，不仅不能正确评价和考察干部，反而在一定程度上助长了歪风邪气，打击干部的工作积极性；民主测评结果和实际民意之间存在偏差，测评范围不当，测评的程序、方法不够规范等。

民主测评存在的问题也在实践中得到反映。习近平总书记在2013年6月召开的全国组织工作会议上指出，要把加强党的领导和充分发扬民主结合起来，发挥党组织在干部选拔任用工作中的领导和把关作用，坚决制止简单以票取人的做法，确保民主推荐、民主测评风清气正。中组部在2014年新修订的《党政领导干部选拔任用工作条例》中，也取消了“党政领导干部在年度考核、干部考察中若出现民主测评不称职票超过三分之一，且经组织考核认定为不称职的，一般应当予以免职”的规定。落马的各类官员的情况也表明，民主测评并未起到有效评价和监督干部的作用。这些情况都说明，党政领导干部民主测评在理论和实践方面还存在很多问题，亟需优化和改进。

## 当前党政领导干部民主测评存在的主要问题

为更全面地了解领导干部民主测评在实践中存在的问题，我们在对接受过民主测评的各类领导干部、负责实施民主测评的组织干部、参加过民主测评的公务员以及事业单位工作人员进行的访谈基础上，设计了一份调查问卷，对来自全国8个省的63位市、县级组织部部长进行了问卷调查。由于这些人是直接组织实施民主测评并且具体运用民主测评结果的组织部门的负责人，因此，他们的意见能够在相当大程度上反映出民主测评的真实状况。

我们首先询问了被调查者对于民主测评的总体看法，结果表明，大家对于民主测评的价值和意义还是认可的。对于“在设计合理的情况下，通过民主测评方式对领导干部的表现做出评价是有积极意义的”这一陈述，42%的组织部长表示非常同意，46%的表示同意。但与此同时，大家也表示，对当前的领导干部民主测评非常有进行优化和改进的必要。对于“当前的领导干部民主测评方式需要做较大的改进”这一陈述，58%的组织部长表示非常同意，还有38%的表示同意。此外，对“当前的领导干部民主测评对于组织部门选拔和使用人才非常有帮助”这一陈述，只有4%的组织部长表示非常同意，31%的表示同意，46%的表示不确定，8%的表示不太同意，12%的表示极不同意。

从具体问题层面来看，此次问卷调查发现，当前的党政领导干部民主测评主要存在以下四个需要加以完善和优化的具体问题。

**一是测评内容方面的问题。**民主测评的具体项目较多、评价项目定义模糊，评价要点比较抽象，缺乏明确的行为划分等级定义。在这种情况下，很容易导致不同的测评人员在实际打分时对评价标准的宽严把握不一致，存在较为明显的宽大误差或严格误差或居中趋势误差，即要么两极分化，要么平均主义。

现有的领导干部民主测评通常要求参评人员根据对被测评对象的了解，分别根据优秀、良好、一般和较差四个档次来对被测评者的德、能、勤、绩、廉几个方面做出评价。由于测评项目比较抽象，同时又缺乏清晰的分级参照标准，因此，不同的参评人员在实际打分时对测评项目的理解往往存在较大差异，在对同一项目进行评价时的标准把握难以保持相对一致，结果造成测评结果的一致性和准确性不足。

在问卷调查中，对“在当前的领导干部民主测评中，测评指标及其等级的定义过于笼统，容易导致不同打分者对评价标准的理解和把握不一致”，38%表示非常同意，58%表示同意。对于“当前的领导干部民主测评在测评内容上应当更加明确具体化，以提高测评的准确度”，38%表示非常同意，42%表示同意。

**二是测评主体方面的问题。**部分参评人员对测评对象的工作业绩、实际工作状况和能力等并不了解或了解不多；一些参加测评人员对民主测评的重要性或实际价值认识不到位，打分态度不端正，敷衍了事，从而导致测评分数与测评对象的实际情况关联度很低。

在实践中，民主测评往往要求很多干部群众参加，而其中一部分人与被测评的领导干部并无太多的工作接触甚至基本不接触，因此，他们对被测评者的实际工作表现以及工作能力和态度等无从判断，只能根据道听途说的信息或仅凭个人印象和偏好做出评价，这就很容易导致测评结果出现偏差。导致参评人员不认真对待的另一方面原因是，相当一部分被要求参加民主测评的人对民主测评的意义认识不足，尤其是对测评结果会在多大程度上被组织部门或上级领导采用持怀疑态度，认为组织是在走形式，自己的评价对被测评者的选拔任用等不会产生太大的影响，反而可能会因为提供真实的测评信息而对本人造成不利影响，从而抱着应付差事的想法来完成测评。

对“在当前的领导干部民主测评中，存在让对被测评者的实际工作状态并不了解的有些人来打分的问题”这一说法，38%的组织部长表示非常同意，54%表示同意。对于“在当前的领导干部民主测评中，打分者都很严肃认真”，8%的组织部长表示极不同意，31%表示不同意，35%表示不确定，表示同意的占23%，而表示非常同意的仅占4%。对“在当前的领导干部民主测评中，打分者对被测评者的实际表现都比较清楚”的说法，表示同意和非常同意的组织部长分别仅占8%，50%的人表示不确定，23%的人表示不同意，12%的人表示极不同意。

**三是测评过程方面的问题。**民主测评参加人员往往需要在短时间内完成对多位领导干部多项指标的民主测评，思考时间少，加上统一集中测评的保密性差以及接受测评的领导干部述职述廉不充分等原因，导致民主测评很难是在参评人员经过深思熟虑和心理安全的背景下完成的。

由于民主测评工作的阶段性，组织部门往往需要在较短的时间内完成对多位领导干部的测评。因此，通常要求一个单位中参加民主测评的人员集中在一起，短时间内同时对多位领导干部进行测评，为了节约时间，往往给被测评的领导干部留出的述职述廉时间不多，有时甚至干脆省略了这一环节，这就使得参评人员不得不在较短的时间内，在信息不充分的情况下仓促打分。另外，由于通常都是要求参评人员集中在同一会议室中完成，在空间不足的情况下，参评人员对于本人的打分是否能够被保密感到不确定，这也使一部分人抱着“多一事不如少一事”的心态参加测评，这就难以保证测评的准确性。

对于“当前的领导干部民主测评所得到的结果是客观、公正的，能够比较准确地评价出被测评者的实际表现”，没有人表示非常同意，表示同意的也只占23%，50%表示不确定，27%表示不太同意。

**四是测评结果运用方面的问题。**民主测评的结果往往不对参评人员正式公布，对接受测评的领导干部提供的反馈也不充分，这在一定程度上影响了参评人员和被测评领导干部对于民主测评的重视程度。

很多参加民主测评的干部群众之所以抱着无所谓的态度，原因之一在于民主测评的结果往往并不向大家正式公布，因而参评人员看不到民主测评结果在领导干部选拔任用或考核中到底起了多大作用，这在一定程度上会影响他们参加以后的民主测评的积极性。不仅如此，民生测评结果甚至也并不总是能够及时反馈给被测评的领导干部本人。除了测评结果较差的领导干部之外，大部分人对于自己的民主测评结果并不很知情。此外，由于民主测评的内容本身也比较模糊，缺乏实际的实例和证据佐证，因而测评结果对于被测评者的工作改进和能力提升也难以起到有效的指导作用。

对“当前的领导干部民主测评有利于帮助被测评者改进未来的工作”这一观点，只有4%的组织部长表示非常同意，35%表示同意，46%表示不确定，表示不同意和极不同意的各占8%。而对“民主测评的最终结果应当提供给接受测评的领导干部，以有利于他们今后的工作改进”，12%的组织部长表示非常同意，62%表示同意，19%表示不确定，仅有8%表示不同意。

## 产生问题原因的深层次分析

党政领导干部民主测评在实践中反映出来

的问题实际上源于民主测评在整体设计理念方面的不足。这种不足主要表现在三个方面。

**一是重形式，轻科学。**民主测评是一种以民主的形式展开的干部群众测评，其本质上是一种人才测评手段。而要进行人才测评，首先必须确保测评工具自身的信度和效度，其次要确保测评工具的使用者能够按照要求科学、准确地使用测评工具。如果测评工具本身存在缺陷，或者作为测评主体的参评人员缺乏科学正确使用测评工具的能力或动机，则人才测评就往往不可能达到理论上的有效性要求。如果基于这样的测评结果做出一些重要的人事决策，比如党政领导干部选拔任用方面的决策，其后果可想而知。

我国当前的党政领导干部民主测评的重点在于贯彻走群众路线以及发扬民主的优良传统，体现出干部选拔和使用方面的民主参与。然而，干部群众参与的广泛性是否有助于更为全面、客观、准确地对党政领导干部的能力、品行以及工作业绩等做出评价呢？或者说，是不是参评人数越多，测评结果就越准确？答案是否定的。这是因为，当人才测评需要通过参评人员根据测评工具中规定的标准做出自己的主观判断时，即使测评工具本身没有问题，参评人员的能力和动机也会对测评结果产生直接影响。这里的测评能力主要是指参评人员是否理解测评内容，能够正确把握测评标准，同时有足够多的信息做出判断。而测评动机则是指参评人员是否能在测评中保持客观和中立，不在测评过程中掺杂个人偏好或倾向。如果参评人员的能力不足或者动机不端正，就很难保证测评结果的准确性。而理论研究恰恰表明，在这种由多个不同来源的人对一个人进行评价时，由于信息、认知以及情感等方面的原因，带有偏见性的、不准确的甚至带有私人目的性的信息很可能会渗透到这一过程之中。

事实上，我国目前的党政领导干部民主测评中恰恰存在着这两个方面的明显缺陷：一是相当一部分参评人员对被测评者的工作能力、工作态度以及实际取得的工作成绩等并不是非常了解或了解不全面，因而没有能力做出准确而客观的评价；二是参评人员基本上都缺乏提供客观、准确的测评信息的强烈动机。这种动机问题在现实中主要表现在民主测评中存在的两种非常突出的现象：一是一些参评的干部群众抱着无所谓的态度，以明哲保身为出发点，将所有被测评者的各项测评指标都给出高分；二是一些参评人员与特定的被测评领导干部之间存在工作矛盾或私人恩怨，故意将所有测评项目都评低分。

**二是重模式，轻实用。**尽管民主测评被广泛运用于党政领导干部选拔任用以及考核评价等各个方面，适用的党政领导干部也包括不同的类型，但在测评内容上却始终坚守“德、能、勤、绩、廉”这样一种模式。从表面上看，“德、能、勤、绩、廉”五大民主测评维度非常简洁明确，但实际上，这五大维度却包含了非常复杂的测评内容，对每一个维度的测评都伴随着多种潜在的测评误差，因而是一个庞杂的测评体系。

首先，“德”所要测评的是一位党政领导干部的政治素养和道德品行方面的情况。然而，面对一个人的“德”做出评价往往是一件需要非常谨慎的事情，因为“德”是非常抽象的，这就要求必须是有机会较为全面而深入地观察和了解被测评者的工作甚至生活表现的人，才有可能做出相对较为准确的评价，否则就很难做到客观、公正。当前的民主测评体系显然也认识到对领导干部的“德”做出准确而全面的评价并不容易，因此也试图将“德”的标准加以细化，例如，在党政工作部门领导干部民主测评中，“德”被进一步细分为“党性修养、大局意识、坚持原则、道德品质”四大模块，而其中的每个模块又被进一步细分为一系列三级指标，比如“道德品质”这一个模块又被划分出“职业道德，社会公德，家庭美德，个人品德”四项指标。指标细化显然更有助于对“德”做出更为准确的评价，然而，它同时带来的一个不利影响在于：尽管一些人对其中的某些指标有能力做出评价,但能够同时对一位领导干部的所有"德"方面的指标进行评价的人却可能非常之少,甚至根本就没有。

其次,对于一位党政领导干部的"能"和"勤"做出评价也并非易事。要想准确评价一位党政领导干部的"能",一方面要求参评人员必须是对被测评干部真正有机会进行长期和全面观察的人,另一方面还需要将抽象的"能"更为深入地加以细分。然而,同样道理,对"能"的细分程度越高,能够对一位党政领导干部在所有各方面的能力都做出评价的人就越少。同样,对党政领导干部的"勤"做出评估也有一定的难度。比如,对党政工作部门领导干部的"勤"的评价中,在细分的"精神状态"和"工作作风"两大模块之下又具体罗列了"事业心、责任感,敬业精神"以及"注重落实,服务基层,联系群众"等指标,如果不是对被测评干部的日常工作表现有足够多机会观察和了解的人,同样难以完成测评。

再次,对一位领导干部的"廉"进行民主测评也有较高的难度。尽管一般干部群众或许有机会观察或了解领导干部的一些程度不严重的不廉洁行为,但较为严重或恶劣的腐败行为往往是一般干部群众很难了解到的,这种行为的隐蔽性往往非常强,除非有知情人举报以及纪委和司法机构的介入,很难被发现。因此,指望通过民主测评发现党政领导干部的不廉洁甚至腐败行为往往效果较差。

最后,对党政领导干部的"绩"进行评价,本身也是一种非常复杂的系统工程。一方面,在实践中,从领导干部的年度工作计划和目标的制定到最终的考核和评价,必须遵守一套严格的程序;另一方面,从理论上来说,党政领导干部的"绩"实际上不宜由一般干部群众进行评价,因为他们的工作主要是对上级领导和上级机关(或同级人民代表大会)负责的,一般的干部群众既没有能力也没有足够的信息对他们的"绩"做出评价。

综上所述,对"德、能、勤、绩、廉"中的任何一个维度进行准确的评估都需要选择正确的测评主体以及对测评内容进行充分细化,而当前的民主测评实际上是让未经科学选择的参评人员,在短时间内同时对多位党政领导干部的五大维度提供全方位的测评,这种大而全的模式看似面面俱到,实用性却很差。一方面,这种模式使对党政领导干部的评价失之笼统,无的放矢,原本是想对党政领导干部做出较为全面的评价,却因评估内容过于广泛,涉及的内容细节过多,反而导致对其中任何一项内容的测评都变得很粗糙,很难得出与测评目的相一致的测评结果。另一方面,这种民主测评模式还导致每次民主测评都包含过多的测评项目,参评人员如果每次都认真完成测评,就会耗费大量的时间,同时,由于每次民主测评的内容都基本相似,也会导致大量重复性测评的出现,久而久之,会引发参评人员的测评疲劳,不愿意认真对待,只能潦草行事。

**三是重评价,轻开发。**从测评目的的角度来说,民主测评既可以被运用于考核和评价目的,也可以被运用于培训和开发的目的。前者主要是指通过民主测评判断一位候选人是否符合党政领导岗位的需要,或者工作表现或业绩等是否达到了组织的要求,其主要作用在于帮助组织做出录用、晋升等直接重要人事决策。而后者则主要是为了通过测评帮助被测评者发现自己在能力等方面存在的不足,从而帮助他们按照组织要求不断提高能力,改进工作方式,提高工作绩效,这时的民主测评主要是一种人力资源开发手段,通常不直接用于决定被测评者的晋升等重要利益。

研究表明,当诸如民主测评主要被用于对被测评者做出评价的目的,尤其是当参评人员清楚地知道测评结果会对被测评者的使用、提拔等产生重要影响时,他们主观上就会产生较强的故意操纵测评结果的动机,会导致测评结果中混杂大量的测评误差。也正是由于民主测评主要被用于评价目的,组织人事部门相对忽视向参评人员以及被测评的党政领导干部提供积极的结果反馈。这种情况一方面不利于参评人员形成严肃的测评态度，另一方面也不利于接受测评者对测评结果的认可度，不利于他们严肃认真地反思自己的测评结果以便在今后的工作中予以提高和完善，从而起不到培养和开发党政领导干部的作用。

## 优化和改进民主测评的对策建议

根据党政领导干部民主测评存在的问题及其深层次原因，我们建议，可从以下四个方面对民主测评加以改进和优化。

**一是正确理解民主测评基本原理，科学运用民主测评，不简单地采取以票取人。**如前所述，民主测评是人才测评的一种形式，由于无论是作为测评对象的人，还是作为参评人员的人都是复杂的，具有主观能动性，因而在设计和操作不当的情况下，在人才测评尤其是民主测评过程中很容易出现各种主观和非主观性的误差，这就要求民主测评必须达到一系列的设计和实施要求，尽可能减少测评误差。在实践中，组织人事部门应当认真学习和掌握人才测评的一般原理及其要求，不能简单地认为只要在测评中发扬了民主，就能够客观和准确地对党政领导干部做出评价。只有正确了解了民主测评的适用对象、适用情境以及减少民主测评误差的必要方法，才能确保科学、正确地运用民主测评这样一种人才测评手段。此外，对民主测评的结果也需要慎重的解释和运用，不能简单、机械地运用民主测评结果，更不能搞以票取人。

从现代人力资源管理的原理上来说，在对组织中的各级干部进行评价时，尽管也会参考同级人员甚至下级的意见，但最主要评价者应当是他们的直接上级，因为上级是这些干部的使用者或提拔者，他们是为干部制定工作目标以及下达各种工作任务的人，因而是对干部的综合情况最为了解的人。因此，民主测评可以作为组织人事决策中的一种必要补充手段，但不应该成为人事决策的主导因素，上级党政机构及其负责人应当承担起对下级干部的考察、使用等方面的主要责任，这样才能在干部提拔和使用问题上真正落实领导责任，既避免把用人失误的责任推卸给民主测评，同时又避免一些领导干部打着民主测评的名义达到个人的用人目的。

**二是不过分追求民主测评模式上的统一和形式上的完美，提高民主测评的实用性和针对性。**从人才测评的角度来说，如果想得到客观、准确的测评结果，就必须根据不同的测评目的选择相应的测评要素以及测评的工具和方法，而不能不考虑作为测评对象或人事决策目的的差异，运用单一的测评方案。因此，组织人事部门应当认真分析哪些方面适合采取民主测评的方式评估，哪些方面不适合采用民主测评的方式来进行评估。

首先，对党政领导干部个人的“德、能、勤、廉”等可以进行民主测评，但对党政领导干部个人的“绩”进行评价时，就不适合进行民主测评。党政领导干部在实绩方面应当达成的目标和具体要求以及优先顺序等都是上级提出的，因而只有上级能够对他们的实绩做出更为全面而准确的评估，而同级和下级则没有这方面的信息和能力。

其次，在准备提拔党政领导干部时，需要根据准备提拔的岗位对任职者的能力要求来设计“能”的测评内容，因为此时需要判断的是候选人是否具备胜任新岗位的综合素质和能力，至于候选人在过去岗位上取得的业绩，尽管是重要的参考因素，却并非最主要的考虑因素，因为在下一级岗位上工作业绩突出的人未必就适合上一级岗位的需要。

再次，如果测评的目的是对党政领导干部进行年度考核，则评估重点应当放在实绩方面。实绩是党政领导干部实际运用知识能力所产生的结果。如果一个人的能力有问题，工作实绩通常也会较差，相反，工作能力且工作动机端正，则工作实绩相对就会较好，因此，在年度考核中持续关注对实绩的评价，对能力等的评价可以弱化甚至省略。

最后,当前的民主测评除了对党政领导干部实施,对党政领导班子也按照同样的框架进行民主测评,这种做法实际上是不科学的,因为党政领导班子的“绩”应当由上级评价,而“德、能、勤、廉”只适用于对个人进行评价,不适合对整个班子进行评价。比如,当党政领导班子中的有些人能力强,有些人能力相对较弱时,很难得出关于整个班子的“能”的测评结果。

**三是强化民主测评的开发功能,弱化其评价功能。**当前的民主测评主要被用来对党政领导干部进行评价的目的,这种情况下参评人员可能会通过操纵测评分数来达到自己想要的结果,而不是客观公正地做出评价。与此同时,理论研究表明,当民主测评主要被运用于改进和开发目的时,测评准确度以及被测评者对测评结果的接受度都会更高。因此,民主测评这种测评方式最好主要甚至仅仅被运用于开发和改进目的,而不是评价目的。

当上级、同级和下级知道对被测评者提供测评信息的主要目的是帮助被测评者发现在能力等方面存在的不足,从而通过制定相应的方案来帮助他们在未来持续改进时,参评人员提供真实测评信息的动机就会更强。这是因为,那些与被测评者关系较好的参评人员不必担心自己因为诚实地提供了关于被测评者的能力缺陷信息而影响他们的直接利益,而那些对被测评者存在某些方面不满意的参评人员也觉得没有必要提供报复性的测评,因为测评结果并不会直接被运用于晋升等重要的人事决策。不仅如此,在民主测评被主要运用于开发目的的情况下,一方面由于参评人员提供客观、准确信息的动机更强,另一方面也由于测评的主要目的是帮助被测评者在能力和绩效方面不断取得进步,因此必然会提高被测评者对测评结果的接受度和重视程度,使他们更愿意在今后的工作中主动进行自我提高与完善。

应当逐渐将党政领导干部民主测评的重心从评价目的转移到开发目的,真正发挥民主测评对于党政领导干部队伍建设的积极作用。为达到这种目的,组织人事部门还应当更为重视向党政领导干部提供客观而准确的测评结果反馈,帮助他们分析自己在能力、行为等方面与组织要求之间存在的差距,帮助他们了解可以借助哪些途径和方法来不断完善和提高自己,并且对改进过程加以监督。

**四是从技术层面优化民主测评工具的设计和使用,提高测评结果的真实性和可靠性。**首先,在测评内容方面对测评指标加以细化,提高测评标准的等级区分度,针对每一具体测评指标,列出可观察、可验证的结果或行为性分级定义,确保参加民主测评的人能够做出相对一致性的判断,同时也为被测评者将来更好地理解自己得到的测评结果以及做出有针对性的改善提供便利。

其次,在测评主体方面确保测评参加人员选取的合理性,同时注意端正他们的测评动机。注意选择对被测评领导干部的日常工作和表现有比较多的机会接触和了解的人参与测评,同时在开展民主测评之前,做好相关的沟通和培训工作,从而帮助强化测评参加者正确理解民主测评的作用和意义,端正态度,同时掌握正确运用民主测评工具的方法,从而确保测评的正确性。

再次,在测评过程方面注意确保测评程序的合理性、测评时间的充足性以及测评的匿名性。在这方面主要应当做好民主测评前的述职述廉工作,为参评人员完成测评留出充分的思考时间,同时尽可能确保参加测评人员的匿名性,以鼓励大家在一种宽松的心理环境下提供客观、公正的测评意见。

最后,在测评结果方面注重提供结果反馈。实际的民主测评结果不仅向参与测评的干部群众提供反馈,增强参评人员对民主测评的重视程度,更重要的是向接受测评的党政领导干部提供反馈,使被测评者清楚地了解自己的优点和不足,从而有利于他们在今后的工作中有针对地加以改进,从而取得更好的职业发展。

(作者:中国人民大学公共管理学院教授)

# 党内潜规则研究现状述评及前沿问题探讨

周敬青

从理论上讲,党内潜规则与党的制度即显规则完全背道而驰,在实践中却有存在的空间。党内潜规则潜伏在党组织的运行过程中,在党内意识形态、党内决策执行、党内选人用人、党内政治生活、党内腐败现象中无不有党内潜规则滋生并消解着党的制度。近年来,有关党内潜规则的研究逐渐成为学术界和媒体关注的热点问题。本文对党内潜规则的国内外研究现状进行考察,分析这方面需要进一步拓展和深化的若干前沿问题。

## 一、概念的提出:从"潜规则"到"党内潜规则"

为了能够清晰全面地认识党内潜规则,首先需要追根溯源,研究潜规则概念的来历。潜规则这一概念最初由学者吴思提出。此后,研究潜规则的成果越来越多,大多涉及官场潜规则、职场潜规则、社会潜规则等。吴思认为,在传统中国,支配社会运转的并不完全是公开宣称的道德法令即"正规则",而是存在另一套不便明说、隐匿在正式法规之下的规则系统,即潜规则。此类潜规则的内涵为:"1. 潜规则是人们私下认可的行为约束;2. 这种行为约束,依据当事各方的造福或损害能力,在社会行为主体的互动中自发生成,可以使互动各方的冲突减少,交易成本降低;3. 所谓约束,就是行为越界必将招致报复,对这种利害后果的共识,强化了互动各方对彼此行为的预期的稳定性;4. 这种在实际上得到遵从的规矩,背离了正义观念或正式制度的规定,侵犯了主流意识形态或正式制度所维护的利益,因此以隐蔽的形式存在,当事人对隐蔽形式本身也有明确的认可;5. 通过这种隐蔽,当事人将正式规则的代表屏蔽于局部互动之外,或者,将代表拉入私下交易之中,凭借这种私下的规则替换,获取正式规则所不能提供的利益。"

有学者把规则大致分为"显规则"和"潜规则"两类。前者指为社会主义主流意识形态所认可的、成文的、强制性的规范或制度规定;后者指社会生活中的不成文的章法。我们的社会有许多"显规则",如法律法规;还有许多潜规则,如官场的操作规则等。有学者认为,所谓潜规则是相对于正式规则而言,主要指官场中处理某些官与国(国家政权)、官与官、官与民的关系的实际通行规则。正式规则是那些法律、法规、规章、规定等成文的关于"为"与"不为"以及"如何为之"的规范;潜规则是那些虽无成文之规定却在实践中指导某些官员"为"与"不为"以及"如何为之"的另类规范。实际上,潜规则和正式规则一样,同属于指导官员职务行为的判断依据,但它们的功用有所不同:正式规则是公共利益的实现机制;而潜规则,从官员个体来讲是一种个人利益追逐或自我保护机制,从官员集团来看是一种共同利益的分配机制。潜规则反映着约束条件下即正式规则下某些官员对公共权力的实际运行机制,潜规则就是公共权力的黑市交易法则。在某种特定条件下,一个具有公益倾向的官员要么选择屈从于潜规则违心办坏事;要么选择或被迫选择出局——清官淘汰。潜规则是正式规则背后的另类规则,它像癌细胞一样寄生并不断地侵蚀着正式规则。潜规则的主旨和最终目的是实现官员自身和其所在利益集团既得利益或额外利益的最大化,因而潜规则就是一种登龙术、弄权术、掘金术、敷衍术，或者就是一种合法的伤害术，误国、误民、误事且最终误己，既践踏国家法度，戕害众生，又玷污道德人心，败坏社会风气。

有学者认为，潜规则可分为良性、中性和不良三种类型，但绝大多数关注的是与显规则相对、不良意义上的潜规则。现实生活中，人们一般是在不良意义上将潜规则作为贬义词。潜规则广泛地存在于社会生活的不同层面及不同时代、地域、行业、职业的群体、组织之中。不良潜规则的盛行缘于道德的滑坡和是非标准的降低，一些肮脏的东西受到追捧，一些糜烂的行为被看做是正常的行为，赤裸裸的权钱交易在某些人的眼里成了符合道德观念的行为，其复杂性就在于：谁要是违反了它，妨碍的不仅仅是这种秩序本身，更重要的是这种秩序的所有受益人，也就是不良潜规则背后的所有既得利益者群体。不良潜规则是一种典型的“群体共谋”，其行为学特征在于参与共谋的群体成员无须明确意识到他们参与了共谋。不良潜规则滋生往往与利益有关，而利益又往往与权力有关。如在官场中，裙带关系往往演变为“结党营私”的圈子，他们“心照不宣”地为了各自的利益相互利用、相互包庇、官官相护。易中天在《帝国的惆怅》一书中指出，潜规则现象是一种非典型腐败。所谓非典型腐败，就是看起来不像是腐败或不被认为是腐败的腐败，但它以权谋私的本质和普通腐败并无不同。

从制度经济学上分析，潜规则属于非正式制度。人类的社会经济活动总是在一定约束条件下进行的，这种条件包括正式制度安排和非正式制度安排。所谓正式制度安排，是人们有意识设计和供给的一系列规则，它们具有一定强制力，表现为制度规范。所谓非正式制度安排，是指人们在长期交往中无意识形成并得到社会普遍认可的价值观念、伦理规范、道德观念、风俗习惯、意识形态等。潜规则作为非正式制度的一种伦理规范，对于中国这样一个注重道德实践和价值优先的国家而言，它对经济社会生活的消极影响很大。非正式制度制约正式制度并影响后者的正常运行。正式制度安排只有在与非正式制度安排相容的情况下才能发挥良好的作用，如果不相容，再好的正式制度安排也有可能失效，甚至被扭曲。

国外没有潜规则的明确概念，但在一些领域有相关的研究。一是提出了与潜规则近似的概念。新制度学派的美国学者道格拉斯·C.诺斯（Douglass C North）在《制度、制度变迁与经济绩效》一书中区分了正式制度和非正式制度，非正式制度又被分为与正式制度相容的非正式制度和相悖的非正式制度，而与正式制度相悖的非正式制度其实质接近潜规则。美国学者阿弗纳·格雷夫在《历史制度分析》一书中，提出了缺乏集中的中央法律实施体制条件下的“自我实施制度”，其含义接近潜规则。二是从不同的视角展开研究。哈耶克在《法律、立法与自由》中阐述了内部规则和外部规则的“社会秩序规则二元观”，强调内部规则是分散的个体追求自身利益最大化，互相作用形成彼此认同的规则。约瑟夫·斯蒂格利茨（Joseph Stiglitz）在《正式非正式的制度》一文中则从社会资本的角度来研究非正式制度。青木昌彦（Masahiko Aoki）发展了相机治理（Contingent Governance）模型，并显示相机治理的有效性可以由互补的制度安排来得到提高。格·阿·阿尔巴托夫的《苏联政治内幕：知情者的见证》一书也从非制度化的角度探讨苏联政治走向败亡的原因，苏共在国家治理中主要依靠伦理道德、国家领导人的意志而非具有普遍意义的法律和制度。

把“潜规则”一词引入党内，就形成了党内潜规则的概念。靳连芳认为，党内潜规则是一种利益诱致型规则，是在错误观念的支配下在一些领导者中形成的一些普遍认同并以“组织”领导名义实际奉行的、不在民主制度之中而在制度之外、与制度原则精神相悖的运行规则。蔡霞主张把党内潜规则归类于“非正式制度”，认为党内潜规则的实质就是权力意志规则。有学者直接指出，潜规则就是非正式制度。

有的学者认为,在我国"官场潜规则"实际上就是党内潜规则,官场腐败基本上也就是党内腐败现象的反映。苗佳瑛认为,党内潜规则实际上是权力的异化。潜规则不是无规则,而是有规则,但它以不敢公开为特征,以对抗、破坏显规则为手段,以谋取私利为目的。林喆认为,潜规则是亚文化群体中一种特有的文化现象,遵循潜规则的行为不一定就是腐败行为,但从中极易滋生与主流社会所倡导的道德准则和社会主义风尚相悖的不正之风。朱卫华认为,党内潜规则基本上就是"官场潜规则",而我们所说的官场腐败,实际上就是党内腐败。黄明哲对党内潜规则做了静态和动态上的分类,认为目前在党内已形成了形形色色的潜规则,静态上表现在某些内部红头文件、指示、批示、通知、讲话、经验总结、惯例等中间,动态上表现为暗箱操作,如集体领导中的潜规则、官员考核潜规则、官员任免潜规则、官官相护内部解决的潜规则、托人找关系潜规则等。总之,关于党内潜规则的含义还没有形成一个党内统一认同的概念,仍处在研究探讨中。

## 二、关于党内潜规则的多维研究视角

近年来,国内一些学者从党内潜规则与反腐败、党内文化建设、党内民主运行、党内显规则的关系,党内潜规则的发展演进的历史趋势等不同角度对党内潜规则进行了研究。

**一是从反腐败的角度,认为党内潜规则是反腐败斗争最后也是最强大的一个堡垒。**党内潜规则作为一种规避显性规则而追逐不当利益的行为规则,其盛行已成为侵蚀改革开放成果、阻碍社会进步发展、危害国家长治久安的一大顽症。中国当前社会的一些腐败与不公正,在很大程度上应归因于显性规则机制不健全,同时不良潜规则对法律法规产生很大的离心力,使得法律法规难以准确无误地起到维护公正的作用。在党内潜规则的运行过程中,当事人进行私下交易时,为隐蔽这种交易,规避正式规则,必然要达成一个"分利联盟"。党内潜规则本身就是以滋生和维护腐败网络为己任,并形成一个由不同层级的权力和非法利益交织而成的具有派别性质的"利益集团"即"圈子",维持这个"圈子"则是利益均沾,通俗地称为"近亲繁殖、肥水分赃"。"圈子"中形成共同腐败的权力保护网,这既可以使"圈子"里的人拥有强大的"组织后盾",又可以分担个人腐败带来的风险。党内潜规则是政治运行中的一个痼疾,应采取有效措施破除,破除党内潜规则已经成为推动反腐败斗争有效深入开展的一个重要切入点和现实着力点。

**二是从党内文化建设的角度,认为廉政文化建设对治理党内潜规则具有不可替代的特殊作用。**首先,廉政文化建设能为治理党内潜规则提供正当合法的价值理念支撑。当前,党内潜规则能够存在、盛行和发挥作用,从根本上说是制度原因、风气原因、党员的价值理念异化等原因相结合并自发运作的必然产物。其次,廉政文化建设能为治理党内潜规则提供有利的社会环境。因为制度的灵魂是文化,没有文化观念做思想基础,制度难以制定,就是制定出来,也难以落实。制度发挥作用离不开文化的氛围和环境,而且文化本身就是无形的制度,具有制度的意义和作用。最后,廉政文化建设是治理党内潜规则的根本出路。潜规则从本质上讲是一种文化,文化问题的解决离不开文化的力量。有学者提出,应该正确对待我国目前潜规则泛滥的情况,努力消除潜规则对道德生活的影响,打破潜规则的运行机制和文化依赖是改善道德生活的必需选择。要达到根治党内潜规则的目标,必须使整个社会形成这样的文化氛围,即无论是政府官员还是普通市民都有强烈的规则意识,以显规则代替潜规则,使人们不是信奉而是普遍鄙视潜规则,这种显规则意识的养成就是廉政文化建设的过程。在一个有着丰厚潜规则积淀的古老国度里,没有文化观念的转变和文化素养的提高,要从根本上消除党内潜规则,只不过是一厢情愿而已。

**三是从党内民主运行的角度，认为党内潜规则严重影响了民主集中制的运行成效。**由于我们民主集中制中用于规范领导集体议事决策的规章制度建设一直存在着一些明显的不足，如某些制度弹性大、操作性不强，缺乏对家长制作风、一言堂等现象的制度防范机制，对集体领导成员决策行为缺乏有效的制约等弊端，这为党内潜规则的产生提供了有利的条件。因此，要制定完善贯彻民主集中制的具体行为规范，消除党内潜规则带来的暗箱操作等危害。

**四是对党内潜规则与党内显规则的关系，学者主要概括为五种存在形式。**第一，“显”“潜”互补。潜规则与显规则的互补性表现有两种情况。一方面，当显规则不能为人们提供充分的预期行动时，潜规则便自然而生，来填补显规则留下的空白。由于党内现行制度不可能面面俱到，制度空白、制度缺陷为潜规则留下用武之地。另一方面，由显规则的空白地带诱发而生的潜规则便显示出自身的强大的生命力。如“上有政策，下有对策”现象便是对潜规则最好的注解。第二，“显”“潜”并用。一些人为了自己的利益，惯于断章取义，为己所用，马列主义对人，自由主义对己，两边都有好处、都占便宜，翻手为云，覆手为雨。第三，“潜”存“显”亡。潜规则盛行时，自然挤占了显规则的空间，显规则有时名存实亡。第四，假“显”实“潜”。例如，一些腐败分子表面上并不排斥显规则，甚至表现出对显规则十分重视，大会小会讲并不断丰富显规则的内容，但他们的目的并非运用和维护显规则，而是为了用它来掩盖自己的腐败行为。第五，混淆“显”“潜”。混淆黑白，当显规则和潜规则搅和在一起，让人莫衷一是时，规则就变成一些人的手中玩物，乘机浑水摸鱼。

**五是从党内潜规则发展演进的历史趋势角度，有学者认为，用历史唯物主义的眼光看，潜规则属于历史范畴，其根源就在于社会经济基础。**中国封建社会自然经济是潜规则滋生和蔓延的经济基础。一方面，物质资料的生产方式对社会生活有决定性的影响，但决不排除文化传统、习俗等其他社会因素的影响力，在现代社会已经丧失经济基础的潜规则现象仍然有滋生和蔓延的可能；另一方面随着社会生产力的发展和时代的不断进步，党内潜规则现象自然会逐渐消亡。

## 三、党内潜规则的研究需要进一步拓展和深化的若干问题

对党内潜规则的研究是党建研究领域的新课题，系统性研究成果不多，在研究的内容上有待于进一步拓展和深化。

**一是界定党内潜规则的概念，分析其主要表现形式和特征。**潜规则实际上存在于各种社会关系中，某些领域的潜规则也折射出党内的一些潜规则。为了能够清晰全面地认识党内潜规则，需要对党内潜规则的概念给予界定。党内潜规则是指存在于党内的、与党的规章制度相对立的，以隐蔽性、实用性、功利性、排他性为特征的，被一些党员认可并实际奉行不可名状的非正式规则或制度。党内潜规则有种种表现形式，党的意识形态中潜规则的典型表现是理想信念的“不认主义认实惠”潜规则，政党认同的“不认组织认个人”潜规则等；党内决策和执行中潜规则的典型表现是只唯上不唯下型决策潜规则，“现实利益算计”的“玩程序”型决策潜规则，政策执行过程中的“上有政策，下有对策”潜规则等；党内选人用人潜规则的典型表现是选人用人的“少数人独掌用人权”潜规则，任人“唯钱、唯亲、唯顺”的利益优先潜规则，干部选任过程中的“平衡关系”、“带病提拔”潜规则，民主选举过程中的暗箱操作潜规则，干部考评中的“唯 GDP 原则”和“唯政绩论”潜规则等；党内政治生活中潜规则的典型表现是“小团体利益优先”潜规则，党内生活中的“家长制、一言堂”潜规则，“关系是第一生产力”潜规则等；腐败中公款滥用——“公家钱不花白不花”的潜规则等。

**二是探究党内潜规则产生的根源及危害。**需要深入分析党内潜规则产生的历史原因、社

会原因、经济利益原因、制度原因、人的主观原因等。如从党内潜规则的产生与利益的关系看,党内潜规则是一种利益诱导型的规则。如从党内潜规则产生的文化土壤看,封建主义思想残余侵入了党的肌体,为党内潜规则的滋生提供了思想基础。如从党内潜规则产生的组织环境看,党内民主发展不足是重要原因。如从党内潜规则的产生与党的制度缺陷的关系看,党内潜规则是党内显规则在某种程度上缺位或失效的产物,党内制度本身的漏洞和破绽给党内潜规则提供了生长的空间。要在深入分析党内潜规则产生原因的基础上,探讨党内潜规则的危害性。党内潜规则消解了党的制度,使党规党纪等显规则的效果大打折扣,使党内制度在执行过程中扭曲走形;党内潜规则与党的制度的价值理念大相径庭,扭曲党员的价值观念和是非标准,必然引起党员干部思想言行的混乱;党内潜规则败坏党风、政风和社会风气,致使现代社会应有的法治、公平、规则等基本理念难以得到彰显,整个社会的道德基础将因此变得脆弱;党内潜规则使党内政治生态环境恶化,诱发领导干部蜕化变质,党的反腐败失去公信力,影响党的执政能力的提高,动摇党的执政根基。

**三是针对党内潜规则在党内不同领域的种种表现形式,对如何治理这些领域的党内潜规则提出对策。**针对党的意识形态中的党内潜规则的治理途径是:提高理想信念教育有效性,建构理论认同;强化宗旨意识,增强价值认同;加强党性锻炼,巩固组织认同;开拓方法途径,推进实践认同。针对党内决策及其执行中的党内潜规则的治理途径是:营造良好的党内科学决策的文化和政治环境是前提;加强党内决策的制度设计和机制建设是核心;党内决策的信息公开与有效监督是关键。针对党内选人用人中的党内潜规则的治理途径是:树立科学的用人导向,使党员干部不想利用潜规则;完善党内选人用人机制,使党员干部不能利用潜规则;让党内选人用人在阳光下运行,使党员干部不易利用潜规则;切实加强选人用人的监督,使党员干部不敢利用潜规则。针对党内政治生活中的党内潜规则的治理途径是:健全党内民主集中制,防止和克服家长制作风;加强对党员干部的教育和监督,提高党内政治生活的质量;健全党内民主生活中的配套制度,合理设置公开透明的运行机制;加强组织行为文化建设,营造良好的党内生态环境。针对党内腐败中的党内潜规则的治理途径是:加强对党员干部的廉政教育,营造良好的党内风气;大力推进反腐倡廉制度建设,提高制度执行力;构建完善高效的反腐监督机制,增强监督合力;大力推进廉政文化建设,营造良好的社会风气。

由于党内潜规则渗透党内生活的各个领域,并涉及国家政治、经济、文化、社会生活的方方面面,牵一发而动全身;党内潜规则如网似雾,在党内无所不在,无孔不入,清除起来也往往如陷迷阵,如缠丝网,因此,治理党内潜规则是一项系统工程,具有长期性、复杂性、艰巨性。把党内潜规则纳入理论研究视野具有十分重要的理论和实践意义:有助于引起对党内潜规则危害性的重视,制定清除党内潜规则的有效对策;有助于加强党风廉政建设,弘扬廉政文化和社会主义核心价值体系,推动反腐倡廉建设进入新的理论和实践境界;有助于确立党的显规则即党的制度的权威性,保障党的制度的有效运行,提高党内走制度建党之路的意识;有助于增强党内认同和赢得群众的信任,从而巩固党的执政地位,夯实党的执政之基。

(作者:中共上海市委党校党史党建教研部副主任,政党研究所副所长,教授)

# 发挥基层一线党代表作用<br>是关系执政党建设的根本性任务

高建生

党的十八大明确地提出了"完善党的代表大会制度，提高工人、农民代表比例"的要求，并把要求放到"积极发展党内民主，增强党的创造活力"的战略高度提了出来。由于"党内民主是党的生命"，基层一线党员代表作用与党内民主具有直接的关联性，那么，面对改革开放和发展市场经济的环境，面对巩固党长期执政地位的任务，发挥基层一线党员代表的作用，就不仅体现的是对生产和基层一线党员代表的关心，更重要的是体现了马克思主义党的建设学说的基本精神，反映了党在长期执政条件下加强自身建设、巩固执政地位的内在要求，是关系执政党建设的带有根本性的任务。从这样的意义上，我们分析党的十八大代表中来自生产和基层一线的党员占全部代表总数的30.5%、一线党代表比例明显提高的情形，就更能够深刻地认识到，重视发挥基层一线党员代表作用对执政党建设具有的重要影响。同时，改革开放的环境和巩固党长期执政地位的任务，确实使基层一线党员代表作用的发挥面临许多新的情况与新的问题，如何在分析解决不断出现的新的矛盾与新的问题的过程中，更为突出地发挥基层一线党员代表的作用，就成为我们应当深入思考的现实课题。

## 一、重视基层党员代表作用是马克思主义党的建设要求中的题中应有之义

在马克思主义党的建设理论与实践中，重视发挥包括基层一线党员代表在内的党员代表的作用，是始终一贯的要求。

马克思、恩格斯在1847年创建世界上第一个共产党——共产主义者同盟时期，就在特别强调党的代表大会作用的同时，把发挥来自基层党代表和党员的作用，作为关系党内民主的大事来看待。在他们参加草拟的共产主义者同盟的章程中，一方面确立了党的代表大会是党的"最高权力机关"、党的"立法机关"，为发挥党代表和党员的作用创造了基本的前提；另一方面，这一章程又从党代表的产生、职责、作用等方面，对发挥党代表的作用提出了明确的要求。比如章程规定了党代会的代表必须从下而上由各地党员民主选举产生，党员不超过三十人的区部派代表一名，满六十人者派两名，以此类推；党代表必须把基层党员的意见带到党的代表大会上去，"各区部须赋予自己的代表以全权并给予详细的指示"；党代表在党代会上要各抒己见，畅所欲言，平等讨论，自由争辩，共同决策。当年恩格斯在党的"一大"、马克思在党的"二大"上，都曾经把来自基层党员的意见、建议提交会议讨论。恩格斯1885年在回忆马克思出席"二大"的情形时说过，通过这样的讨论和"长时间的辩论"，使"所有的分歧和怀疑终于都消除了"。马克思、恩格斯还对党代会闭会后党代表必须向全体党员通报会议精神、贯彻会议要求等作了阐述，"代表大会的成员有责任事后把会议的情况向你们公开，至少向你们提供我们讨论的概况。"

列宁在领导俄国革命的过程中，同样对发挥党代表的作用有深刻的阐述。列宁领导的布尔什维克党不仅明确确定"党的最高机关是党代表大会。代表大会由党中央委员会召开，每年一次。"并在实践中始终坚持党代表大会年

会制，他就领导从1918年至1923年先后定期举行了六次党代表大会，保证基层党员代表能够充分发挥作用，并对党代表的选举产生、职责作用提出要求。从党的七大到十二大，列宁都对党代会代表的产生、分类、意见与建议的提出与处理等精心安排。例如从1903年二大起党代表就分为有表决权代表和有发言权代表两类，通常前者多于后者。为保证党代表畅所欲言，反映来自基层的要求，中央机关报《真理报》还专门出版“争论专页”，党代会结束后除了由党代表向本地区党员口头传达大会具体情况外，还要尽快把大会全部文件汇编起来，把所有代表在大会上的发言速记记录整理出来，通常在当年就公开正式出版，以使全党党员和全国人民都能详尽了解党代会内情。

我们党对发挥基层党代表的作用一向十分重视。从党的一大到六大，都坚持了党代会的年会制，每次会议都高度重视基层党代表反映的基层组织建设和党员的情况。六大之后，尽管由于战争年代的特殊情况，党代会年会制难以坚持，但基层党代表的作用始终是党所重点关注的问题之一。1948年9月8日，毛泽东在总结党的历史经验时明确指出：“实现党内民主的办法，是实行代表大会及代表会议的制度。我们党内是有民主的，但是还不足或者缺乏，现在要增加。办法是用代表大会、代表会议代替干部会议。”新中国成立后，执政的地位为更好地发挥基层党代表作用提供了条件，我们党也对此予以高度重视。党的八大经毛泽东提议最终确定了党代会的常任制，邓小平指出，常任制的“最大好处，是使代表大会可以成为党的充分有效的最高决策机关和最高监督机关，它的效果，是几年开会一次和每次重新选举代表的原有制度所难达到的。”改革开放以来，发挥基层一线党员代表作用的认识与实践一直在逐步深入，围绕发挥党员代表作用形成了一系列党内法规，尤其是党的十六大在总结中组部自1988年开始在浙江、黑龙江、山西、河北、湖南等省12个县（市、区）进行的党代会常任制试点工作基础上，提出“积极探索党的代表大会闭会期间发挥代表作用的途径和形式”的要求，党的十七大作出了“实行党的代表大会代表任期制”的决定，并写入党章。在此之后，中央印发了《中国共产党全国代表大会和地方各级代表大会代表任期制暂行条例》，为党代表大会闭会期间发挥包括基层一线党员代表在内的党代表作用的途径和形式提供了制度保障。党的十八大不仅明确提出了“提高工人、农民代表比例”的要求，并且将之作为关系“完善党的代表大会制度”和“积极发展党内民主，增强党的创造活力”的重要问题作了阐述，发挥基层一线党员代表的作用与执政党建设本身的关联性进一步得到了明确。

由此可以看出，重视基层党员代表作用是马克思主义党的建设理论与实践的基本要求，以马克思主义党的建设理论指导改革开放条件下的执政党建设，必须把发挥基层党员代表的作用作为关系执政党建设的重大问题来看待。

## 二、发挥基层一线党代表作用是关系执政党建设的带有根本性的任务

基层党代表作用在马克思主义党的建设理论与实践中受到的高度重视，是与其对党的建设，特别是执政党建设具有的重要作用联系在一起的。

**——充分发挥基层一线党代表的作用，对执政党保持党的性质、维护党的宗旨具有现实的展示作用。**在执政的条件下，党作为中国工人阶级、中国人民和中华民族先锋队的性质如何体现，党全心全意为人民服务的宗旨如何维护，根本的要求，就是党的路线方针政策及其实施结果必须符合人民群众利益。同时，党的路线方针政策不会也不可能凭空产生、随意执行，需要在深入党的工作实践和人民群众生产生活实际的过程中，感知和把握广大群众的诉求与意愿。基层一线党代表是党与基层党员、群众联系的纽带和桥梁，一方面，通过自己作为党的路线方针政策的积极参与者、推动者、实践者和

带头执行者的履职行为，在实际工作中展示党的先锋队的性质；另一方面，基层一线党代表与广大党员、群众具有的天然联系性，使他们更容易体察和感悟基层组织与社会中党员、群众的诉求意愿、利益需求，并通过自己承担的参谋、决策、建议、监督等职责，使这些诉求意愿和利益需求体现于党组织的决策部署与政策选择中，体现于党的工作的各个方面与环节中。而基层一线党代表的这些作用，又很容易为广大基层和实际工作中的党员、群众所了解和感知，因此，他们所发挥的作用，就是对党的性质与宗旨在党的工作中的现实展示，具有非常真实可信的传导效应。

**——充分发挥基层一线党代表的作用，对执政党密切党群关系、巩固执政基础具有积极的推动作用。**马克思主义政党执政以后面临的最大危险，就是脱离群众。这样的道理，是不言而喻的。但是，在执政的条件下，掌握并调配执政资源的特殊地位和科层制的管理架构，使执政党如何保持同人民群众的密切联系，如何经常性能够从广大群众那里听到真实的民情民意，确实有一个具体的实现形式问题。党代表作为党的重要执政资源，基层一线党代表作为党联系人民群众最直接的桥梁与纽带，是联系广大人民群众的基础性链条，通过基层一线党代表上传下达、调查研究、帮贫助困和多种形式宣传群众、组织群众、服务群众、联系群众的活动，从决策的制定上有利于扩大决策的民意基础，从决策的传播上有利于强化决策的科学评判，从决策的执行上有利于决策实施的社会参与和决策实施的效果反馈，从权力的行使与运行上有利于民主监督，从执政党研判形势、前瞻规划上有利于顺应民意、把握发展大势，逐步摸索执政规律。所以，充分发挥基层一线党代表的作用不仅能保证党的路线方针政策的有效延伸，有利于党委各项工作建立在深厚的群众基础之上，而且也能够帮助党的组织和领导部门及时了解实际情况，化解基层矛盾，拉近党员干部与基层群众的距离，为基层群众提供与党的组织沟通联系的有效通道，保证执政党的执政基础更为厚实牢固。

**——充分发挥基层一线党代表的作用，对执政党发展党内民主、完善党内监督具有重要的促进作用。**党内民主的最高体现方式，是作为党的最高权力机构的党的全国代表大会能够代表绝大多数党员的利益，反映绝大多数党员的意志，党的全国代表大会的决定能够在党的各级组织和各项活动中得到贯彻。在这样的情形下，党的各级代表大会是实现党内民主的重要平台，包括基层一线党代表在内的各级党代表是这个平台上最直接的参与者。他们一方面通过在党的各级代表会议上发挥作用，努力使基层党员的要求与意愿转化为党的组织的要求与意志。从这样的意义上说，基层一线党员代表作为各级党代会的重要构成部分，他们在党代会和党内生活中作用的发挥程度，反映着各级党的代表大会制度的完善程度，也体现着党内民主和党的建设的总体水平。另一方面，更为重要的是通过他们在党代表会议以外的履职活动，基层党员民主参与、民主决策、民主管理和民主监督的意愿表达程度、权力行使情况和诉求满足与否，都可以通过基层一线党代表的履职活动得到反映并在党的代表会议上获得体现，这就保证了党内民主不再是几年一次的权力行使，而是经常性的民主建设，党内民主具有了常态化的实现形式。同时，基层一线党代表对领导干部选拔任用工作的参与，对领导干部的述职测评，对党内建设和重大决策进行质询，代表基层党员对一些领导干部进行不信任投票等方式，实际上使基层党员群众具体参与到了对党组织和领导班子决策、执行、人事等各种事项的监督进程，并能够在这样的参与中实施国法的监督。而基层一线党代表本身从产生，到具体的履职活动也受到基层党员群众的监督，这与基层一线党代表对党的活动的监督一道，明显地强化了党代表和党员群众的主体意识，加强了党内的监督，扩大了监督的主体和范围。所以，发挥好基层一线党代表的作用，就会更为充分地扩大党内民主与监督的参与主体和参与空间。

**——充分发挥基层一线党代表的作用，对执政党强化党的意识、增强党的凝聚力具有明显的激励作用。**发生于上世纪80年代末90年代初苏联东欧剧变留给马克思主义执政党的一个非常值得汲取的教训，就是大量党的基层组织和普通党员在内心深处游离于党的组织之外，缺乏党的意识，漠视党的事务，听任党的利益受到损害而无动于衷。这就告诉我们，增强党的意识和党的凝聚力对巩固执政党的地位极其重要。而在高度重视基层一线党代表作用的情形下，基层一线党代表本身无论是在党代会上充分履行代表职责，还是在党代会之外与广大党员群众联系中进行的调查研究，提出提案、提议，参与和监督干部工作，以及列席同级党委有关会议等活动，都无形中使自己和自己所联系的党员群众会更为自觉地关注并参与党的事务与活动，这种关注和参与进一步通过基层一线党代表的履职行为上升为党的一级组织的意志或决策，就更大程度上激发基层一线党代表和党员群众参与党的事务与活动，由此形成的良性循环很容易在党的基础层面的工作与活动中，在党员队伍最集中的人群中，事实上培育和营造某种关心党的事务，了解党的情况，参与党的活动，维护党的纪律的意识与氛围，进而在党的组织和党员队伍中强化党的意识、增强党的凝聚力。

**——充分发挥基层一线党代表的作用，对执政党破解时代课题、提高党的建设科学化水平具有深刻的启示作用。**更好地发挥基层一线党代表的作用，如同我们正在进行的党的代表大会常任制试点等工作一样，是一个实践的过程，也是一个探索的过程。一方面，这样的探索会不断地面临许多新的情况与新的问题，另一方面，这样的探索又会在不断分析、研究和解决各种新情况、新问题的过程中，为加强和改进党的建设提供新的思路与新的经验。而在这样两个方面的实践过程中，基层一线的党代表都处于实践探索的最基层和最前沿，所联系、接触的党员群众最广泛，面对、了解的新情况与新问题最直接，分析、把握新情况和解决新问题的办法与经验最丰富、最现实，同时，他们进行实践探索也具有更低的风险成本。所以，通过充分发挥基层一线党代表的作用，总结、提炼来自基层一线的经验与思路，对于破解党的建设面对的新情况与新问题，努力提高党的建设科学化水平能够产生重要的启示效应。

## 三、逐步构建完善有利于基层一线党代表作用发挥的制度机制

基层一线党代表作用与执政党建设的紧密关联性，决定了在面对“四大考验”和“四大危险”的现实环境中，充分发挥基层一线党代表的作用，既要科学认识新的实践与新的发展中发挥基层一线党代表作用所面临的新情况与新问题，又必须着力于从制度机制上为基层一线党代表发挥作用提供保障。

从发挥基层一线党代表作用所面临的新情况与新问题上看，改革开放与发展市场经济的环境，无论从加强基层党组织建设、发展党内民主、强化党内监督的意义上，还是就完善党的代表大会制度的要求上看，都增强了重视基层一线党代表作用的必要性与紧迫性，党的十八大从思想认识到实际落实上对发挥基层一线党代表作用进行的部署与践行，更为发挥好基层一线党代表的作用创造了有利的社会环境。同时，改革开放条件下基层党组织功能作用具有的新特点和基层一线党员结构及意愿发生的新变化，对基层一线党代表素质的提升提出了新要求；党内民主建设的渐进性增强了基层一线党代表服务基层党员、维护基层党员权利和反映基层党员意愿的复杂性；健全完善党的建设制度体系实践的探索性使基层一线党代表无论在依托常态性党代会发挥作用上，还是在保障基层一线党代表发挥作用的途径、载体与方式上，以及在对基层一线党代表作用发挥情况的考核监督等方面，都存在有实践操作上的较大

困难。而基层一线党代表产生的途径与方式，其作用发挥与自身权益保障的关联程度等问题的解决，也还有比较大的思考与拓展的空间。这些都是发挥基层一线党代表作用所必须面对并需要积极探索解决的现实课题。

从基层一线党代表发挥作用的制度机制上看，发挥基层一线党代表作用所面临的新情况与新问题，牵涉到思想认识、主体素质、社会环境等方面的因素，但从根本上说，“领导制度、组织制度问题更带有根本性、全局性、稳定性和长期性”，这也是党的十八届三中全会部署全面深化改革任务时把“深化党的建设制度改革”，作为“加强和改善党对全面深化改革的领导”基本要求的重要原因。所以，只有从制度机制上为发挥基层一线党代表作用提供保障，才能在不断分析、解决新出现的矛盾与问题的过程中，推进基层一线党代表作用有更好的发挥。

**首先，要逐步健全完善基层一线党代表作用发挥的党内法规体系。**党内法规是基层一线党员代表行使职权、发挥作用的法规依据和制度依托。改革开放以来，尽管我们围绕发挥基层一线党员代表作用、完善党的代表大会制度形成了一些党内规制，但进一步健全完善相关法规体系的任务依然艰巨。一方面，必须围绕《中国共产党全国代表大会和地方各级代表大会代表任期制暂行条例》，结合实践中面临的新情况、新问题和解决这些问题形成的新经验、新探索，使基层一线党代表的产生、地位、职责、构成、履职范围、履职程序、履职监督和考核评价等内容形成配套化的制度体系，维护党代表履职权益，规范党代表履职程序，严格党代表履职管理，保证基层一线党代表的履职行为有规可依、依规而行。另一方面，必须完善基层一线党代表履职的党内法规的实施细则。除了党代表总体性履职的操作性要求外，特别要结合农村、企业、机关、部队、学校等基层一线党组织和党员的实际工作特点，结合不同经济成分，不同区域范围基层一线党组织的不同组织形式与活动特点，通过相关法规的实施细则，使基层一线党代表能发挥的作用可操作、能检验、有成效。

**其次，要逐步健全完善基层一线党代表作用发挥的制度载体。**如同党代会的所有党代表一样，发挥基层一线党代表的作用，需要有必要的组织载体，其中特别是各级党代会的常设机构。而经过20多年的探索，全国从1988年开始的党代会常任制试点工作，已经积累了不少经验，可以在总结这些经验的基础上，切实落实党的十八大关于“落实和完善党的代表大会代表任期制，试行乡镇党代会年会制，深化县（市、区）党代会常任制试点”的要求，逐步扩大党代会常任制的实施层次和范围。一方面，可以结合政治体制改革和民主政治建设进程，积极稳妥地在地方和基层设立党代会常设机关及其工作机构，改变目前实践中程度不同存在的党代会常设机构和工作人员或者没有，或者基本是临时性的和由兼职组成的状况，使基层一线党代表能够通过定期不定期的会议作为作用发挥的基本载体。另一方面，要积极推进党代会常设机构工作的实际运行，其中特别是要着力推进党代会年会制的施行，通过年会制审议基层党组织工作报告，讨论、确定包括重要人事安排等在内的基层党建重大事项，以及推行党代表提案、质询、议论、表决等活动方式，体现基层一线党代表的功能，保证党代会的实效性，使年会成为基层一线党代表反映党员意愿、集中发挥作用的重要平台，由此促进党代会常设机关及其工作机构的常态运行。

**第三，要逐步健全完善基层一线党代表进入退出的竞争机制。**基层一线党代表作用的发挥状况，与党代表本身及党的组织选择、褒扬和激励什么样的党代表直接相关。这就必须从制度上建立完善严格党代表入口、畅通党代表出口的出入竞争机制。从入口机制上说，要根据基层党组织工作重心、特点和党员成分，扩大基层党员群众参与程度，从党代表产生的候选人提名方式、党代表候选人竞职承诺、党代表候选人的综合考察到扩大党代表选举的差额比例等环节，推进包括党代表“公推直选”、差额竞选等在内的竞争性选举方式，增强基层一线党代表的“代表”意识和责任意识。健全完善基层一线党代表的进入机制，要特别注重从制度规定和制度执行上保证基层一线党代表的真实性和比例性，以刚性的约束防止领导干部或其他方面人员以“基层”身份取一线党代表而代之、事实上减小了一线党代表比例这种情形的发生，保证一线党代表真正来自一线和能够真正反映一线党员的意愿。从出口机制上说，要在明确党代表权益职责定位的基础上，一方面，建立完善党代表履职行为考核制度、党代表向基层党组织和党员述职评议制度和党代表诫勉罢免制度，实现党代表的能出能进，保证不能履行党代表权利和义务的不合格代表及时退出。另一方面，建立完善常态化的党代表辞职、罢免、职务资格停止与终止，以及党代表空缺后的增补等工作制度，实现除由工作调动等原因终止代表资格的情形外，基层一线党代表不仅能够保持比例与数量上的稳定性，而且始终处于动态与竞争的过程中。

**第四，要逐步健全完善基层一线党代表作用发挥的管理机制。**发挥基层一线党代表的作用，对提高基层一线党代表的素质有了新的要求，也需要加强对基层一线党代表的管理。这就要求建立健全基层一线党代表日常活动机制，从制度上明确党代表活动的要求、内容、时间和方式，保证他们联系走访、调研视察、列席会议、提案质询等活动的正常开展。与此相关联，结合基层一线党代表了解资讯、熟悉政策、接受培训和活动经费等方面面临的实际困难，必须完善基层一线党代表履行职责的保障机制，在包括扩大党代表知情权、让党代表更多地参与有利于履行职责的活动、保证党代表的必要待遇和经费等方面形成制度性的保障。

**最后，要逐步健全完善基层一线党代表作用发挥的研判机制。**客观地说，马克思主义政党执政之后的组织设置与运行，特别是围绕权力监督与保持与人民群众的密切联系问题，是实践性和探索性非常强的课题，需要有探索的精神与创造的勇气，也必须有求实的态度与稳妥的步伐。基层一线党代表作用发挥的实践也是这样，必须在逐步探索实践的过程中分析新情况，总结新经验，摸索实践发展的规律。在这样的探索中，结合不断深入的实践发展进行相应的分析研究和发展判断，是必不可少的环节，而从机制上保证这一环节的不至缺位，对健全完善基层一线党代表作用发挥的制度机制至关重要。事实上，即使从我们党执政以后的实践上看，发挥基层一线党代表的作用，施行党的代表大会代表常任制度等方面的实践就始终在探索，也出现过认识与实践中的反复。胡乔木同志 1982 年在关于十二大党章修改的说明中，就曾经针对当时没有规定党代会常任制的问题指出：八大规定的年会制只召开了两次，“这就从实践上证明了这个规定是很难行得通的。”党的十三大后全国 12 个党代会常任制的试点中，也有一些没有坚持下去；党的十六大之后更广泛意义上进行的试点部门，在发展上也并不平衡。这都表明，认识与实践中的反复，如同认识与实践中的经验与教训一样，是健全完善基层一线党代表作用发挥问题所必须深入研究的课题。这就要求从基层一线党代表作用发挥所面临的新情况与新问题、影响其作用发挥的主要因素、实践发展中取得的新成效与提出的新问题等方面进行深入的实证调查、案例分析、情势判断、经验总结和对国内外的发展作出比较分析，形成围绕基层一线党代表作用发挥问题的分析研判机制，在深入总结、分析研究的基础上，努力形成一些具有规律性的认识，促进基层一线党代表作用发挥的制度机制不断完善。

（作者：中共山西省委党校副校长，教授、博士生导师）

# 新形势下创新党群工作制度的实践与思考

李传兵

新形势下，党面临着新的任务和挑战，党群关系也呈现了新的特点，这就决定了在密切联系群众的过程中，要以改革创新的精神创新党群工作制度。创新党群工作制度是防范党脱离群众走歪路，化解党群之间利益冲突的根本途径，也是构建和谐党群关系，消除党群关系隐患的必要措施。实践证明，只有在不断地反思和总结历史经验的基础上，创新党群工作制度，才能防患于未然，更好地从制度上理顺党群关系，探索出更适合时代发展要求的和谐的党群关系。

## 一、创新党群工作制度的具体策略

总体而言，改革开放以来党群关系得到了稳定的发展，从根本上起源于制度创新。需要引起我们重视的是，在党联系群众的过程中或多或少地存在着一些问题，致使制度创新得不到推进和落实。因此，努力创新党群工作制度，从理论和实践的视角来研究推进其具体策略，切实建立起符合社会发展，符合实际需要的工作规则和规范，并激发群众参与到制度创新中，显得尤为重要。

### （一）改进工作方法，提高群众对创新党群工作制度的认识和参与力

创新党群工作制度，方法创新是前提，同时需要党和群众双方共同参与和齐抓共管，才能不断推陈出新，形成党群关系良性互动的长期机制和效应。当前，新问题、新任务、新情况层出不穷，在借鉴以前的经验模式基础上，不断勇于开拓创新，努力改进工作方法，培养群众对创新党群工作制度的认识和参与力，这是目前推动党群工作不断发展的重要措施。

1. 运用好交流载体和沟通渠道，加大创新党群工作制度的力度。2013 年 6 月 18 日，习近平总书记在党的群众路线教育实践活动工作会议上的讲话中提出："制定新的制度，完善已有的制度，废止不适用的制度。制度一经形成，就要严格遵守，执行制度没有例外。"推进党群工作制度创新，首先要确立好工作制度创新的总体思路和定位，面向广大人民群众，提供党群工作的信息，然后充分借助网络、媒体传播等各种新的技术手段和交流工具，拓展群体，延伸触角，针对不同的群众对象，采取不同的交流沟通方式，满足不同群体多样化多层次的需求，从而实现交流载体和沟通渠道的创新和运行，使信息在党群之间的传递更加准确、更加便捷、更加广泛。

传统党群工作工作制度如定期接待来访群众、深入群众考察调研，这些对密切党和群众的关系起到了至关重要的作用。随着信息化和科技化的发展，党群工作制度要与之相适应，才能保持党群工作的持续性、便捷性和广泛性，不至于出现服务链脱节的现象。比如，可以通过网络平台、远程教育实现党群工作的互联互通，整合不同区域的信息资源开发；喜闻乐见的网络平台避免了传统工作制度中前呼后拥的形式主义，群众可以匿名反映真实情况，无障碍沟通，可以打消顾虑反映问题；领导在线上答疑群众，可以及时地与群众互动，解决群众的疑难问题；科学地运用网络监督，可以使沟通渠道更加畅通，同时引导群众合法监督，使党员干部在舆论压力下形成自律。

不可否认，现代技术手段的推陈出新使现代交流工具在党群工作制度创新中具有了不容

忽视的作用,从积极方面来说,通过运用恰当的交流载体和沟通渠道,能够积极发挥群众的主人翁作用,有效地推进党群工作制度创新,但如果运用不好,不成规范,也会适得其反。具体体现在:自以为是,在制度制定前,不争取群众的意见,在制度发布后强制执行,在网络上采取屏蔽群众意见等,这些做法严重损害了群众的利益,干涉了群众发表意见的权利,给党群工作带来不利影响。因此,党群工作制度要努力转向公开性、科学性、民主性,并逐步形成推进党群工作制度科学运行的体制。有关党群工作的制度源起、运行过程、评价反馈等信息应该及时在相关网站向群众发布,尽可能地避免信息屏蔽、修改、截留、失真。

2. 运用结合和渗透相结合的方法,推进党群工作制度的创新。在推进党群工作的过程中,在一些方面存在着和其他工作不相适应的问题,制约着党群工作制度的创新。主要是:党群工作制度相对滞后,使工作效能得不到很好地发挥,和其他工作也不能很好地衔接;党群工作制度过于单一呆板,党员和群众不能够理解和运用,使党群工作制度形同虚设;党群工作呈现出复杂性多样性,热点难点问题日益增多,党群工作制度墨守成规,不能满足工作任务的需要。因此,制度创新需要将党群工作制度与其他工作制度相结合,需要渗透到其他工作和其他行业中去。

结合和渗透相结合的途径是多方面的,比如,党群工作制度创新和监督制度、评价制度、绩效制度等工作制度创新相结合,与管理工作、生产经营工作、领导工作等相结合,与转变观念、思想教育、服务理念相结合,大胆突破原有规章制度的条条框框,不按部就班、墨守成规,使工作方式方法跟上市场经济新形势的变化。同时,党群工作制度要渗透到各阶层、各领域、各项目等,渗透到各个时期和各个方面、各个环节等。这样,结合和渗透两种方式相结合,具有全面性、广泛性、互补性、持久性,能够充分地将党群工作制度优势与其他工作制度、其他工作和行业优势有效地结合,从而实现优势互补,发挥出立体综合效应,从而保障党群工作制度创新的顺利进行。

在党群工作中,无论是组织制度、群团工作制度创新,其出发点都是要增强党和群众的凝聚力。这就需要认真研究党群工作制度,加强党和群众的互动,不断开辟党群工作的空间,保证党的群众工作方法与时俱进,不断探索党群工作的新形式和新路径。例如自觉接受群众监督、主动找群众谈心,正确对待和处理矛盾和冲突,认真掌握交流方式、善于了解群众心理、合理运用沟通技巧等,在这些活动中,具体体现党群工作的互动性、正义性、平等性,坚持交流和沟通的结果公开和透明,使双方都能信服,从而推动党群工作制度与社会发展的同步互动,进一步开创群众工作的新局面。

**(二)协调利益关系,增强群众对党群工作制度创新的理解和支持**

利益关系问题是社会和谐的本质问题,党群工作制度创新要以协调党群关系为己任,维护好党员和群众的利益。既要惩处腐败、又要教育群众,同时又要加强党和群众双方各自的自律,实现自律机制和相互监督的有机统一。从一定程度上来讲,党群工作也是协调利益关系的工作,缓解党群之间的矛盾冲突需要协调好利益关系,所以,创新党群工作制度也要从调整党群之间的利益关系出发。面对错综复杂的利益矛盾和冲突,党和政府切实有效地制定协调利益关系制度是当务之急。这些制度要能够综合运用多种协调手段和方式方法,对利益关系进行疏导协调,科学理性地处理利益冲突,从而达到满足最广大人民群众的根本利益,推进党群关系和谐发展。

协调利益关系,是党群工作制度创新的重要基础。目前,协调利益关系,需要从最广大人民群众的根本利益出发,找准广大人民群众利益共同点和契合点,最大限度满足人民群众的利益诉求,并采取切实有效的措施,运用法律、教育等综合手段加以贯彻落实。2012 年 3 月,贵州省启动的“部门帮县、处长联乡、干部驻村”活动，正是在创新党群工作制度方面作出的积极探索和有益尝试。在这项活动中，党员干部深入基层，密切了党和群众的关系，夯实了党员干部的群众基础。

协调利益关系也是党群工作制度创新的助推器。制度的创新可以有效地协调各种利益主体，协调整合利益关系可以促进适应新形势发展的制度创新，两者互为条件，相互促进。现阶段，社会利益关系的冲突日益凸显，协调和整合利益关系越来越迫切，制度创新的重要性也越来越重要。这也意味着整合和协调利益关系，会增强群众对制度创新的认同和支持，同时会促进党群工作制度创新的创设。特别是新的社会环境下，市场竞争越来越激烈，群众的竞争意识越来越强，各种利益主体都想在竞争中立于不败之地，于是，一方面竭尽全力去维护自己的利益不受损害，另一方面，又要做到适当的让步，不阻碍对方的进步发展，力求获得双赢的效果。据此，党群工作制度的创新在协调利益关系时需要建立党群关系的平衡机制、自立自律和宽容共存的制度机制，这样，作为利益主体的角色，就会自觉主动地去推动和维护群体之间的利益均衡，从而推进党群工作制度的创新，把党群工作制度调适成健全而合理的规范。

**（三）党群联合共建，调动群众参与制度创新的积极性**

党群联合共建，是党中央部署的以党员带群众、以党建带群建、党内带党外，党和群众都能够得到建设和发展的重要措施。党群联合共建工作制度，既能充分发挥党组织的作用，又能有效地开展群团活动，形成推动发挥党员和群众智慧和潜力、促进社会和谐的强大合力，进一步增强党群工作制度的实际成效。党群联合共建中，要发挥群众团体的领携作用，动员广大人民群众积极参与，借鉴以前往制度创设的好经验，认真筹划制度的主题和思路，设计出受群众欢迎，方便群众参加、注重实效的制度和规则，激发出群众参与党群工作的内在动力，共同参与到制度创新中。

党群联合共建是创新党群工作制度的有力抓手，是党组织引领群众、凝聚群众、服务群众，增强执行力的重要载体。在创新党群工作制度中，要加大联系群众的力度，要让群众明白，党群工作制度是党员和群众共同参与、共同执行的制度和规则。首先，要求党员深入到群众中去，扎根于群众，了解群众的需求和想法，在群众中有针对性地开展动员和征求意见工作，践行在群众中掌握情况，在群众中解决问题，在群众中调查研究，在群众中推动工作，在群众中融洽感情。其次，党员要起到模范带头作用，通过挂职锻炼、给群众做思想政治工作、解决群众矛盾、动员群众参政议政等活动，使党员成为群众的知心人。再次，在群众工作中，通过与群众的交流沟通，反馈评价，完善群众工作的规则和议事程序，想方设法地带动群众参与、支持和监督。最后，以党组织带动群众团体，以党员为主导，积极发挥共青团、工会、妇联等群众团体的作用，联动协同参与，让群众成为党群工作制度的主体。

需要注意的是，党群联合共建是发挥党的主导作用和社会参与的新路径。党是群众的领导组织者，也是为群众服务的公仆。党和群众同舟共济，以人为本，这是各种制度顺利进行，各项任务切实完成的重要保障。正如胡锦涛同志在庆祝中国共产党成立 90 周年大会上的讲话所述：“只有我们把群众放在心上，群众才会把我们放在心上；只有我们把群众当亲人，群众才会把我们当亲人。”党群联合共建中，统一认识，思想重视是关键，群众团体是党群工作制度中间桥梁，他们来自群众队伍，所以能清楚了解群众的需求，能搭准群众的思想脉搏，因而，党群联合共建是扩大党群工作社会影响力和群众基础的要求。在党群共建联合互动中，党只有带动和组织更多的群众团体，覆盖众多的群众成员，才能形成创先争优的社会风气，才能使党群工作制度具有强大的生命力。与此同时，通过党群联合共建，能够进一步团结群众，促进社会和谐，让人民群众在党群共建中体会到制度创新带来的新变化、新实惠。

**（四）改善社会环境，为党群工作制度创新提供健全的保障和良好的氛围**

党群工作制度创新的核心就是要建立和健全党密切联系群众的机制，为党联系群众工作提供有效的沟通渠道、完善的法律保障、有力的政策支持等，形成可持续发展的群众工作体制机制。

1. 改善社会环境和创新党群工作制度在理念上是一致的。改善社会环境是以可持续发展为动力，不仅要求政治、经济、文化等资源满足群众的需要，而且能够均衡各方的利益关系，创设群众满意的政治、经济、文化氛围，这与创新党群工作制度的理念是契合的。党群工作制度中，要求党群干部严格要求自己，从自身做起，提高党性修养和廉政意识，增强廉政监督意识和认可度，建立立党为公、执政为民的社会氛围。在创新党群工作制度中，必须遵循社会发展的客观规律，符合科学发展和持续发展的理念，做到维护群众利益的创新和党建工作自身的创新，从而创设一个求真务实、公平正义的社会环境。

2. 改善社会环境是创新党群工作制度的重要保障。第一，优化党群工作的政策环境，规范党群工作制度的创设和实施。以党风的廉政建设为例，惩治和预防腐败，制定教育、思想政治工作、监督并重的政策，是建设反腐倡廉制度体系的前提。十六届三中、四中全会强调，要加强党风廉政建设，建设反腐倡廉的制度体系。2008 年，中共中央印发了《建立健全惩治和预防腐败体系 2008—2012 年工作规划》，2013 年 1 月 22 日，习近平总书记在十八届中央纪委二次全会发表了重要讲话，提出："反腐倡廉必须常抓不懈，拒腐防变必须警钟长鸣，关键就在'常'、'长'二字。"这些政策的支持和政策环境的创设，把廉政建设融入社会建设的整体布局中，是反腐倡廉制度体系建设的有效保障。第二，优化党群工作的服务环境，加强工作制度的改革。胡锦涛同志在庆祝中国共产党成立 90 周年大会上的讲话中特别指出："要把基层一线作为培养锻炼干部的基础阵地，引导干部在同群众朝夕相处中增进对群众的思想感情、增强服务群众本领。"由此可知，服务群众被纳入了党群工作的重要环节。构建多方面、全方位的服务体系，优化服务质量，是加强党与群众联系，巩固党的群众基础的催化剂。第三，优化人文社会环境，扩展工作制度的发展思路。优化人文社会环境的一个重要的体现就是人本关怀的实现。党的十六大将人的全面发展与终极关怀作为思想政治工作的价值追求，在现阶段党群工作中，就要更加注重以人为本，尊重不同群众群体的个性差异，加强心理疏导，强调用社会主义核心价值观凝聚群众、引导群众，始终坚持尊重人，关心人，体贴人，把党群工作和实现人的发展结合起来，这对于扩展新形势下党群工作的思路，具有意义非凡的实践价值。

3. 改善社会环境是创新党群工作制度的重要途径。党联系群众的环境由诸多因素决定，改善社会环境，创新党群工作制度可以从以下几方面着手，具体包括民主环境改善，构建城乡统筹发展的制度格局，开展密切联系群众的活动环境，有效保障群众权益的社会管理环境和社会服务环境……社会环境的文明和谐，也是党群工作制度创新的趋势。改革开放以来，我国的社会环境得到了一定的改善，群众的民主意识得到增强，为民、务实、廉政建设初见成效，但还远远不够深入。党的群众路线得到全面贯彻实施，并建立起良好和谐的社会环境，是党群工作制度步入正规化并展现新的生命力的重要途径。

## 二、创新党群工作制度的支撑点和突破口

要使党群工作制度步入正轨，使制度创新得到实现，除了积极改进工作方法，改善社会环境外，还要深入进行党群工作理论研究，提高领导决策水平，改善民生，找到创新党群工作制度

的突破口，并使之成为创新党群工作制度的有力保证和支撑。

**（一）深化党群工作理论研究，为创新党群工作制度提供科学依据**

细致了解新形势的社会环境、文化背景，深入研究制度创新的内在规律趋势，紧密结合党群工作的特点，从而了解党群工作和制度创新的互动规律，这是关注党群工作，创新党群工作制度的重要措施。实践证明，对于党群工作而言，理论研究水平高低，从一些层面决定了党群工作的创新程度。党群工作制度只有在理论上有所突破，才能在工作创新中取得重大进展。

在服务群众、联系群众的同时，只有深入研究党群工作与社会发展的关系，不断研究防范党脱离群众的内在规律，为党群工作制度创新提供理论指导，才能进一步发挥工作制度的功能，拓展服务群众的空间。党群工作制度还有许多不完善的地方，需要探索的问题和实践的方面还很多。首先，在深入理论研究过程中，以科学发展观为指导是必要途径。要深入群众工作实践，站在时代发展的前沿，把解决党群工作中出现的苗头性问题与党群工作规律研究结合起来，为党群工作提供思路和方法指导，使党群工作与政治、经济、文化发展相适应。其次，在党群工作理论探索中，还需要学习运用心理学、教育学的相关知识，可以依据各阶层各阶段的群众心理状态来开展工作，准确了解群众需求，及时疏导不良心理倾向，缓解社会矛盾。再次，对党群工作制度的评价标准、平衡利益机制、反馈信息流程、人为因素等进行理论研究，可以使之成为改进党群工作，创新工作制度的有效基础。除此之外，加强理论研究的队伍建设也不容忽视。无论是党员干部还是群众成员，都可以群策群力，培养一批工作在第一线，又掌握理论知识的复合型人才，通过实践、教育、交流、培训等途径，实现理论知识的资源共享，发挥出党群工作制度的理论优势。最后，理论研究需要着重研究党群工作制度创新的趋向和发展的可能性。根据现阶段党群制度的研究来看，党群工作制度趋向民主化、经常化、科学化、效能化的方向发展，如何把握党群工作制度的趋向，有效地消除制度弊端，这是党群工作理论今后研究的重要任务之一。

**（二）提高领导决策水平，实现党群工作制度创新的民主化和科学化**

决策是贯穿制度确定、执行和反馈全过程的，党的领导决策正确与否、水平高低，直接关系到群众的切身利益，直接影响着党群关系。有学者认为，“确保决策和决策执行符合群众利益，是密切联系群众的主导环节”，这是不无道理的，在党群工作制度创新中也同样如此。如果决策符合群众利益，群众才能理解、支持、执行，反之不然，甚至会成为影响党群关系的导火索。提高领导决策水平，必须坚持不懈地走群众路线，建立能了解群众疾苦、反映群众问题、集中群众智慧、代表群众利益的决策机制，使决策过程能科学合理、有群众基础，集思广益，确保党群工作制度的正确性。

领导决策水平的提高，是建立在党和群众平等交流基础之上的。传统党群工作制度的运行是在单向“命令指示”机制下建立的，新形势下，党的诸多决策，需要借助平等交流方式来实现，缺乏民主、独断专行的决策往往会带来不可估量的损失，民主决策、群众参与、共同参与管理才是党群工作制度顺利实施的有效载体和形式。除此之外，领导决策水平还体现在充分地调查研究基础上，既要了解党员和群众双方的意见，又要实事求是地进行可行性论证，反对脱离现实意气用事、随机决策，这样才会保证决策的执行力度和正确性、严肃性。在决策形成以后，需要认真考虑决策的执行和贯彻，再好的决策，如果纸上谈兵，无疑是无益的。经过民主、考证、思虑的决策，经过到位的执行力，才能达到预期效果。

领导决策水平提高还取决于领导自身能力培养，用变化发展的眼光发现党群工作的新特点，增强对党群关系复杂局面的应对和驾驭能力，沉着应对各种利益冲突，以责任感和使命感充实自己的实践，提高总揽全局、科学决策、综合协调的能力，这样对推进党群工作制度的创新会大有裨益。

**（三）以法治思维为依托，实现党群工作制度创新的法理化**

在创新党群工作制度的过程中，需要以法治思维为依托，反对各式各样凌驾于法治之上的人治做法，充分发挥法治在创新党群工作制度中的特殊作用。习近平总书记在 2014 年 1 月中央政法工作会议重要讲话中指出："党委政法委要明确职能定位，善于运用法治思维和法治方式领导政法工作，在推进国家治理体系和治理能力现代化中发挥重要作用。"法治思维在很大程度上决定着法治的水平，党员干部必须树立公正、平等、客观、真实的思想，自觉坚持运用法治思维来规范党群工作制度，不断增强制度创新的法理化和有效性。密切联系群众，与群众保持血肉联系，以人为本，执政为民，构建党群之间的和谐关系，与之相应的法治思维可以为制度创新提供有力的保障。随着国家民主法治化进程的不断推进，单纯依赖行政开展党群工作显然是行不通的，而民主依法执政则是解决矛盾冲突，实现党群和谐的有效途径。因此，党员干部要积极转变思想，积极树立现代法治思维，自觉创新党群工作方式，确保法治在党群工作中的正确运用，真正从思想上解决"维护谁的利益，为谁服务"的问题，掌握党群工作规律，通过探究法治的要旨，注重法治的常识和程序，加强调查研究，深入了解群众，深入对法治的认识。树立民主法治的理念是制度创新的基本要求，要通过不断增强民主和法治意识，健全党群工作制度，提高党依法执政的能力，最大程度地维护最广大人民群众的根本利益。

在各种复杂多样的社会关系和多种利益冲突矛盾的现阶段，法治思想逐步为群众普遍接受，成为党群工作制度创新的重要保障。如何在多样纷繁的冲突中保障群众的利益已成为社会突出的问题，而法治可以为制度创新提供秩序和公正的保障，这样党和群众才能进行和谐有效的沟通。

**（四）改善民生，将党群工作制度创新体现在社会建设中**

现阶段，民生问题日益成为了影响党群关系的突出问题。区域发展不平衡，贫富差距、教育难就医难、房价物价高涨等，导致一些群众的生活困难、心理失衡。民生问题得不到很好地解决，就无法实现党群之间的血肉联系，党群工作制度也就无法推行。邓小平早就指出："分配不公，会导致两极分化，到一定时候问题就会出来。这个问题要解决。过去我们讲发展。现在看，发展起来以后的问题不比不发展时少。"关注民生，是群众的需要，也是党群工作的重要内容，绝不能因为这样那样的理由影响改善民生的步伐，也不能因为地区不发达就降低了为群众服务的标准，要保障群众政治、经济、文化利益，制定切实可行的改善民生计划并推动其落实实施。关注民生需要科学统筹区域发展，需要充分考虑群众尤其是农民工、外来劳务工的各方面需求，使农民工和城市居民享有同等的民主权利、生活保障，构建起以群众为对象的公共文化服务、技能培训、文化建设等保障机制。与此同时，切合时代的发展和要求，科学地制定改善民生的政策措施，保障民生，改善民生，从而让群众过上富足的生活，让党群关系达到和谐的状态。

针对我国现阶段发展的基本特征，顺应广大人民群众有尊严有体面生活的期待，在党群工作制度创新中需要体现保障和改善民生的具体措施安排，加大民生投入，让改革开放的成果更多更公平地惠及更多群众，把保障和改善民生作为党群工作考核评价的重要内容，从而进一步凝聚民众，密切党和群众关系，这对于创造良好的党群工作制度将起着促进和推动作用。

（作者：贵州大学马克思主义学院教授）

# 组织覆盖与工作有效：基层党建创新的对策思考

## ——基于上海基层党建状况的分析

刘宗洪　韩　洋

党建覆盖与工作有效是新形势下基层党组织建设的难点问题。基层党建的覆盖有组织体系的覆盖、工作对象的覆盖、政治功能的覆盖和工作成效的覆盖。基层党建四大覆盖是相互联系并相互作用的，是基层党组织改革创新的方向。为探索基层党建覆盖的科学性和党建工作的有效性，中共上海市委党校课题组近年来跟踪了解上海乡镇街道、城乡结合部、中介组织、两新组织、机关、国有企业等党组织建设的状况，并发放了1891份调查问卷进行广泛的调研。笔者认为，扩大基层党建的覆盖面，必须以改革创新的精神，把组织的覆盖与工作的有效性有机地联系起来，着眼于服务群众、服务发展、服务党员、服务民生和服务改革，在全面深化改革的过程中充分发挥战斗堡垒作用。

### 一、基层党组织的第一要务是服务群众，应把党的组织覆盖更多地转向政治功能的覆盖

依据政党学的原理，政党存在的价值就是联系群众，获得群众的心理认同。联系群众和服务群众是我们党的一贯作风，也是建设服务型党组织的核心内容。在以习近平为总书记的党中央领导下，我们党已经把服务群众作为基层党组织的核心功能。事实上，广大群众也把基层党组织作为工作生活的政治依靠和组织依靠。问卷调查显示，有53%的人在工作或生活上碰到了问题会找党组织，而找工会的只有10.8%。现在的问题是，我们如何理解“服务群众”的政治理念？毫无疑问，基层党组织应当与底层群众联系起来，帮助群众解决困难。但是，党组织不是慈善机构，也不是志愿者队伍，而是代表一定阶级和广大群众的政治组织。基层党组织作为政治组织，既要帮助群众解决困难，更要反映群众的利益诉求，把群众的合理愿望输入党和政府的决策系统，使自身成为党联系群众的桥梁。为此，实现党建覆盖，应当着眼于基层党组织能听到群众的呼声，而群众也能听懂和理解党的声音。在了解群众愿望的基础上，基层党组织还要善于化解各种利益矛盾，善于通过民主协商平台协调劳资矛盾，促进和谐社会建设。近年来，一些地方发生的群体性事件表明，基层党组织忽视自身政治功能的发挥，群众会把“同乡会”等组织作为自身的依靠。在新的历史条件下，扩大党建的覆盖面不应当拘泥于组织的覆盖，更不应当持“控制群众”的心理，而应当关注党的政治功能在全社会的渗透。事实上，群众对基层党组织发挥政治功能有着更多的期待。问卷调查显示，有62.2%的人认为基层党组织的核心功能是服务群众和凝聚人心；有29%的人认为是维护群众权益；有35.5%的人认为是协调各方关系、化解社会矛盾，而把基层党组织的核心功能定位在“下情上达，上情下达”和“监督干部”的分别只达14.4%、8.6%。随着我国市场经济的发展和改革开放的深化，基层党组织的政治功能将越来越凸显。党的十八大提出的建设服务型基层党组织，正是契合了时代的要求，也把基层党组织的政治功能充分彰显了出来。

### 二、稳定党务干部既要提高物质待遇，更要拓展政治发展空间

一支热心于党建工作的党务干部是实现党建覆盖和工作有效的重要组织保证。在新的历

史条件下，党务干部的学历、能力和人格魅力对提高党建工作有效性至关重要。党务干部有专职的，也有兼职的。我们应当在基层社会中培养专职党务干部，给他们以真实的编制，享受公务员待遇，但不宜多。我们应当让更多的优秀党员兼职做党务干部。我国已经不是突出政治的社会，社会精英不可能大规模地终身从事党务工作。目前，党务干部待遇过低，他们中的相当一部分人也不是社会精英。而且，党务干部是由选举产生，社会精英专职于党务工作也心存顾虑。笔者认为，党务岗位要吸引社会精英，一要提高专职党务干部的待遇，使党务干部成为人们羡慕的职业。二要鼓励技术骨干兼任党务干部。在两新组织中，技术骨干担任党务干部，有利于提高党组织的凝聚力和工作威望。上海浦东有一份7000人的调查显示，大部分技术骨干愿意兼职。因此，技术骨干兼职党务干部有现实的可能性。三要为党务干部提供政治发展的空间。为稳定党务干部队伍，一些党组织通过为党务干部提供健康等便利服务或给予各种荣誉来调动积极性。笔者建议，上级党委应当为党务干部提供政治发展的空间。调查表明，目前党务干部在党代表、人大代表和政协代表中只有很少的名额，令党务干部感到从事政治工作没有政治发展的前途。要稳定党务干部，党组织应当推荐优秀党务干部成为各级党代表、人大代表或政协委员，也可以推荐党务干部竞选政府和社会团体的相关职务。新加坡人民行动党选拔干部，就要求被选举人有从事社区工作的经历。让党务干部有政治发展的空间，有实现人生价值的机会，或许能为党务工作提供持久的工作动力。

## 三、构建党务与行政事务相兼容的工作机制，扩大党建工作的行政依托

有一种观点认为，建立基层党组织是为防止社会动乱或危机而储备的。在这种思想的指导下，一些基层党组织热衷于自娱自乐，只求党员在发生群体性事件时能与党保持一致。实践证明，基层党组织离开了行政事务就没有生命力，也不会得到行政部门的支持。只有基层党组织成为行政领导完成中心任务的必要力量时，党组织才能有自己的“一片天地”。为此，中央坚持把“服务发展”作为基层党组织的一项重要职能。上海杨浦区社区党组织开展科技沙龙，召开业主、院所和企业见面会，推动了本地区经济的发展。目前，不少基层党组织主动为地区或单位的中心工作服务，已经成为推动事业发展的内生机制。

党组织为行政事务服务，关键是要有行政依托，构建党务与行政事务相兼容的工作机制。一方面，党政干部要坚持交叉任职。要鼓励党务干部兼行政干部，行政干部兼党务干部，通过党政协调共同推动中心工作的开展。行政领导有支持党务工作的责任，而党务干部也有推动行政事务发展的义务，应当是基层党建工作的新理念。在上海浦东张江的两新组织中，不少总裁兼任了党委书记，党建工作就开展得有声有色。因此，基层党组织要培养党员成为技术或管理的骨干，同时，要把骨干中的先进分子发展为党员；另一方面，党政工作要有相契合的工作机制。党的工作为行政工作服务，而行政工作需要党务工作的参与。在这样的工作机制下，党政领导共同协商重大决策，共同决定重大事项，共同完成工作目标，形成党政相互支撑的工作体系。在一些没有行政依托的基层党组织，要通过政府的行政依托推进党的建设。如上海闸北党工委在年检时通过工商、税务和公安等部门过问小企业党建工作，力度大，效果十分明显。对执政党来说，党组织不利用自身的行政资源为本党服务，是一件不可思议的事情。在一些没有行政依托的基层党组织中，我们固然不能超越法律命令行政部门与党的工作融合，但我们也绝不能放弃合法合情的行政依托。笔者建议，小企业的党建工作，宜通过工商、税务等部门推进党建覆盖和提高工作的有效性。

## 四、党组织设置要以“支部建在连上”为主，以跨行业或跨地域的联合支部为辅

在多元的社会结构中，党组织的设置出现了多种形式，如楼宇党建、楼组党建、支部联建等。这些组织形式把不同地域、不同行业的党员编成一个支部，确实扩大了党组织的覆盖面。但调查显示，联合党支部开展工作与独立党支部开展工作有明显差距。在两新组织中，联合党支部的负责人很难召集党员开展正常的活动，而且缺少足够的党建资源。目前，一些联合党支部仅靠网络开展活动，普遍存在有效性不高的问题。但在体制性覆盖的党组织中，党建工作基本能按党章的要求开展工作。这是因为在单位建立党组织，党的活动能够与本单位的中心工作结合起来，可以通过企业文化凝聚人心，可以通过党员的教育管理发挥党员的先锋模范作用，同时还有相应的行政资源予以支撑。问卷调查显示，55.3%的人认为应当在两新组织的内部建立党组织，认为应当建立在外部的只占8.8%。所以，在有一定数量的区域人群中，应当积极发展先进分子入党，坚持把支部建在“连上”作为基层党组织覆盖的指导思想。上海不少地方的基层党组织通过“孵化器”机制不断培育先进分子，先打基础后派书记，不断扩大党建的覆盖面，取得明显成效。目前，广大青年群众有入党的积极性，不断扩大党组织覆盖面有客观的条件。问卷调查显示，有76.9%的非党员愿意加入党组织，没有考虑入党的只占10%；有11%的非党员表示，“如果党组织主动找我，就考虑入党”。上海浦东新区截至2010年党员总数已达1.34万人，比2003年增长了61.1%。他们提出“成熟一个，建立一个，巩固一个，提高一个”的工作要求，稳步推进党建覆盖面。上海浦东张江高科技园区综合党委从2000年成立的8个党支部、80多名党员扩大到目前的200个基层党组织、6100多名党员。因此，在成熟的条件下，联合党支部应当向独立党支部转化，按党章的要求发挥基层党组织的战斗堡垒作用。

## 五、鼓励党员“渗透”于社会领域，以“无形”的覆盖实现“有形”的覆盖

发展市场经济的直接后果是政府与社会的分离。中央强调社会管理，重要原因是社会“私域”的扩大，要求社会组织依照法律法规开展活动。在公民社会成长的过程中，对社会组织的管理不能简单地进行控制，而应当用“渗透”的方法进行引导。事实上，在社会组织中全部建立党组织也未必有好的效果。把党员派到社会组织或社会群体中活动，引导群众活动健康地发展，是巩固党的执政基础的一个重要路径。党员在社会组织中，既可以亮明身份，也可以用隐身的方法发挥作用。只要社会组织依法开展活动，从事有益于社会发展的工作，凝聚了群众，就算达到了党建覆盖的目的。因此，要开展管理型与活动型相结合的基层党组织研究，探讨党员在多个组织发挥作用的机制。要鼓励党员成为群众领袖在社会组织中发挥引领作用。同时，党组织也要把群众领袖发展为党员。随着经济社会的发展，群众领袖在凝聚群众中的影响力越来越大。巩固党的执政基础，需要探索把群众领袖纳入党的政治体系的机制和方法。要通过群众领袖，把基层党组织的“无形覆盖”转变为党建工作的“有形覆盖”，并以此增强党建工作的有效性。我们要总结“上海柏万青现象”，鼓励党员在社会领域发挥作用，不断扩大党员在社会发展的新空间。

## 六、按党的民主集中制原则构建新型组织体系，形成体制内党组织和体制外党组织互动的工作机制

基层党建坚持改革创新的精神，组织模式已经呈现多样性特征。一般说来，体制内的党建比较顺利，而体制外的党建则有一定的难度。在一些地区的城乡结合部，有乡村建立了外来人员的党支部；在社区，有片区党支部和楼组党

支部；在商业区，有一条街党支部或菜场党支部；在开发区，有联合党支部。有的村党组织管辖着7—8个党支部。上海闵行区九星市场就有7个党支部。有的外省市还在上海直接建立了基层党组织。各类形式的党支部虽然实现了党组织覆盖，但体制内党组织与体制外党组织之间的关系需要进一步理顺。两新组织的党支部书记是经过党员选举产生的，而领导“两新组织”的党务干部却是由上级组织任命的。综合党委与下属党组织没有授权关系，因而在领导关系上存在心理上的障碍。在中介组织，党组织是按“条”管理还是以“块”管理？目前，无论是“块”的管理还是“条”的管理，党组织之间都缺乏有机的工作联系，因而体制外党组织工作的有效性亟待增强。就政党的性质来说，体制内党组织与体制外党组织是没有差别的，都是党的组织体系的一部分。无论是体制内党组织还是体制外党组织，都应当受上一级党组织管理。因此，创新党的组织体系，一定要按民主集中制原则使体制外党组织与体制内党组织有内在的制度要素连接，形成上下之间的有机运作体系。其关键问题是，上级党组织与下级党组织有授权关系、互动关系和制约关系。目前，许多中介组织中的党组织归属地化管理，党组织之间呈现相对松散的运作状态，因而，中介组织享受着社区的党建资源，而社区党组织对中介组织却没有强大的政治动员力和制约力。笔者建议，中介组织的党组织一方面要受行业协会党组织管理，另一方面要与社区党组织开展党建联建。要把党建联建与党的组织体系创新有机结合，使党组织成为一个严密的整体，从而为提升党建的有效性奠定必要的组织基础。

## 七、发展党员既要注意一线的群众，更要关注关键岗位的骨干

有计划地发展党员是扩大党建覆盖面的必要条件。发展党员是关注一线的群众，还是关注关键岗位的骨干？一线党员，与群众工作、生活在一起，能直接在群众中发挥引领作用，因而，基层党组织必须坚持在一线把优秀分子发展为党员。但从调查的情况看，在关键岗位上发展党员更有利于增强基层党组织的战斗力。这是因为，党员在关键岗位更能影响群众和引导群众。在两新组织中，一线党员的文化较低，雇佣思想严重，尤其是50岁以上的党员能力有限，与老板说不上话，与白领也没有共同语言，因而走不进楼宇，在群众中没有影响。在上海黄浦区的中介机构中，不少党员是普通员工，群众称他们为“推动型党员”，即推一推才能发挥一点作用。反之，技术骨干或中层干部以党员居多，党组织则能更好地发挥战斗堡垒作用。上海浦东沪江网是一个民营企业，单位的关键人物都是党员，因而党的工作开展得有声有色。在两新组织中，如果老板是党员，更有助于党组织发挥战斗堡垒作用。调查显示，业主的政治态度直接关系到党组织的发展。具有党员身份的老板会给党组织活动提供党建资源和活动的空间。相反，如果企业老板没有政治觉悟，该企业建立党组织就困难重重，即使建立党组织，也难以开展正常的活动。近年来，上海不少基层单位坚持在骨干中发展党员，在党员中培养干部，大大提高了党建工作的有效性。从调查的情况看，一些民主党派也在积极发展优秀骨干入党，与党组织抢夺人才资源。笔者建议，扩大党建覆盖面和提高党建的有效性，应当主动争取优秀骨干和有政治觉悟的老板向党组织靠拢，做到成熟一个发展一个。

## 八、创新党的组织生活方式，实现政治追求、精神归宿、自我发展和生活娱乐的统一

扩大党组织覆盖后如何有效开展党的活动，是基层党建的一大难题。在社会急剧变革的条件下，人的价值观念和生活方式已经发生了巨大变化，党的组织生活如果简单沿用过去的方式，党建工作就难以达到有效性的目标。问卷调查显示，51.4%的人认为改善党的组织生活应当根据党员的需要选择内容和形式，

34%的人认为应当发挥党员的主体作用，25%的人认为应当丰富组织生活的内容。笔者根据中央对基层党建的要求以及上海基层党建的实践经验，认为党的组织生活创新应当实现政治追求、精神归宿、自我发展和生活娱乐的统一。

首先，要寻求党员的政治认同感。党是政治组织，有自己的纲领和政策。党员要了解党的纲领、理想和政策，认同党的主张，积极宣传党的主张和政策，并积极为党的主张而工作。因此，基层党组织建设要抓住党的政治追求，充分发挥党员的先锋模范作用。

其次，党组织生活要传递和实践社会主义核心价值观。维系社会需要崇高的价值观。任何社会都有相应的价值传递体系。我们应当赋予基层党组织新的功能，就是向社会传递社会主义核心价值体系。基层党组织要通过"服务群众"的载体弘扬公平正义、集体主义和奉献精神。基层党组织凝聚群众，绝不简单是做"善事"，而是要传播崇高信仰、人生哲学和行为规范。基层党组织应当成为党员和群众的精神归宿。同时，党组织还要发挥党员引领社会的作用，每一个党员应当成为社会主义核心价值观的实践者和示范者。把党的文化与企业文化、社会文化结合起来，应当是基层党组织的一个经常性活动。

再次，党组织生活要把互助机制常态化。基层党组织要成为共产党员和广大群众的温馨家园和安全港湾，能经常性地提供人文关怀和心理疏导。因此，基层党组织要帮助党员群众实现自身发展，帮助群众解决精神迷惑和生活困难。党员在党组织的熔炉中锤炼成长应当在政治上更成熟，在技能上更进步，在处事上更老练。上海浦东张江园区提出"党员个体、群众个体在党组织怀抱里才能成长"的理念值得提倡。只有党组织成为党员群众健康发展的共同体时，才能凝聚党员，才能吸引群众，才能发挥政治影响力。

最后，党组织生活要善于通过娱乐性活动实现政治意图。健康的娱乐活动是实现人的全面发展的一个载体。党组织开展经常性的娱乐活动不仅为党员联系群众提供了平台，而且能增加党的活动的趣味性和吸引力。在新的历史条件下，党的组织活动不都需要通过具有强烈政治色彩的活动体现出来。事实上，在大众化的娱乐活动中或许能更好地体现党的活动的政治性。调查也显示，开展党的活动，有32.2%的党员群众对娱乐体育活动感兴趣。上海浦东开发区的党组织活动集教育、健身、情趣、休闲于一体，适应了高学历青年党员的追求，极大地增强了党组织的影响力和凝聚力。把政治活动寓于娱乐活动之中，或许是党在执政条件下开展党的活动的一大特点。如何搞好党的组织生活，还需要在实践中创新。

## 九、社区党建对巩固党的执政基础至关重要，应把"群众幸福"作为党建有效的归属

社区是党员和群众集居的地方，因而，社区安全、生活方便、和谐幸福对巩固党的执政基础至关重要。可以说，社区安定，国家安定；社区不稳，隐患无穷。随着我国经济社会的发展，人民群众越来越注重身体健康、生活安全和精神愉悦。加强社区党建，应当着眼于群众生活的幸福和满意。上海闸北区的临汾街道和虹口区的曲阳街道开展党建工作，着眼于群众生活的方便和高质量的生活品质，因而得到了群众的高度认可。围绕"幸福社区"开展党建工作，党组织可以利用市场机制为居民提供方便，可以通过项目组打造群众需要的平台，可以成立各种社会团体丰富群众的精神文化生活，可以号召机关党员做社区的志愿者，还可以利用各种资源满足群众的需要。在西方一些发达国家，民众的居住环境优雅，生活方便，人际关系和谐，社会法制规范，因而基本消除了社会动乱的可能性。在新的历史条件下推进社区党的建设，要淡化政治色彩，不断满足群众在政治、文化和生活发展上的需要，把打造"幸福社区"作为社区基层党组织建设的归宿。

## 十、制定基层党建的科学考评体系，健全党建工作的激励机制

目前，基层单位普遍存在重业务、轻党建的问题。原因在于，党政干部认为，党务工作是软任务，而行政事务是硬指标。有些基层单位的领导认为，党建是虚的，因而不愿意在党建工作上投入更多的精力。非公有经济中的一些老板支持党建工作，常常是用来装门面的。实践证明，要使党建工作与业务工作双轮驱动，必须构建党建工作与业务工作的双重考核体系，以科学的政绩考核体系增强党政干部抓好党建的精神动力。上海黄浦区对社会组织的考核有八项党建指标，值得借鉴。只有党建考核指标明确，基层党政干部才会真正把党建工作提到议事日程。在党建工作考核上，上海闵行区古美社区党工委邀请独立调查机构对党建工作进行民意测验，也是一个大胆创新。调查显示，创建党务干部的激励机制对推动基层党建至关重要。上海中智集团党委设立党务干部年度成就奖，创造条件满足党务干部在学习、健康等方面的需求，不仅稳定了一批党务干部，而且使基层党建有持久活力。实践证明，把完善的考评体系与科学的激励机制结合起来，有助于基层党建走向制度化、规范化和常态化。

（作者单位：中共上海市委党校）

# 农村基层党组织边缘化及其权威重建

王晓荣

## 一、问题的提出

农村基层党组织作为中国共产党组织体系的末端和基础，在农村社会发展中应发挥深入社会、联系群众、整合乡村的作用。在党的历史上，农村党组织一直是党动员群众、组织群众、整合社会的坚强堡垒，为争取革命战争胜利发挥了不可替代的作用。新中国成立后，由于计划经济体制的确立和人民公社体制的逐渐形成，基层党组织支配着乡村中甚至包括农民家庭生活在内的方方面面，形成了农村党组织全能型行政化的绝对权威地位，农民的个人生存、发展资源都对党组织有着极大的依赖性。但这种与行政化权力相统一的党组织职能未能给乡村社会带来持续性的发展空间，在初期的短暂发展后，农村社会即陷入了发展停滞的困境。改革开放后，党中央坚持从实际出发，按照经济发展和社会进步的客观要求，在农村实行家庭联产承包责任制，确立起社会主义市场经济体制，由此创造了举世瞩目的发展奇迹，农村社会也由原来的停滞、衰败走向活跃、繁荣，基层党组织的权威地位在农村社会的巨大发展中得以巩固。但是，当我国农村在改革开放的浪潮中经过了三十多年的大发展后，伴随着社会转型的逐渐深入，农村的转型困境已成为不容忽视、亟待解决的问题，并集中表现为集体经济萎缩、政治权威模糊、思想价值迷茫、人才资源流失四个方面，而这些问题的出现都使农村核心治理主体——党组织在社会转型中陷入了边缘化的困境。

## 二、农村转型困境与党组织边缘化

当前，我国农村的转型问题涵盖了经济、政治、文化、社会等各个方面，并直接导致了农村党组织在各个领域的边缘化困境。

**（一）农村集体经济萎缩弱化了基层党组织的物质基础。**发展农村经济，是改变农村面貌的基础。改革初期，在以经济建设为中心的基本路线指引下，中国城乡都发生了翻天覆地的变化，农村社会更是迸发出前所未有的活力。不仅在家庭联产承包责任制的基础上，以家庭为单位的个体农民通过辛勤劳动逐步摆脱了困扰几十年的温饱问题，而且作为农村集体经济的重要创新，乡镇企业异军突起，带动了农村的工业化和现代化，此时农村基层党组织因物质基础雄厚、组织依托健全、功能发挥巨大而仍处于绝对权威地位。然而，随着工业化和城市化进程的加速，很多乡镇企业在发展中不能着眼于长远，管理方式粗放，以致难以适应企业转型要求，使曾经迅速崛起并创造出巨大财富的乡镇企业举步维艰，甚至停滞或解体，农村集体经济出现严重萎缩。

集体经济的萎缩对以其为物质基础的基层党组织冲击巨大。一方面，农村党组织的运行缺少了应有的物质保障。尤其是税费改革实行后，一些原本就缺乏长期固定收益的农村失去了集体收入来源，致使村党组织的正常活动经费都难以保证，限制了农村党组织的活动领域，出现相对消极的局面。另一方面，农村基础设施和公共事业缺乏保障，进一步削弱了基层党组织的凝聚力和战斗力。一些地方公共设施建设基本上处于无人管、无人问状态，影响群众生产生活，加上兴建基础设施及村办企业经营不善等原因而产生的借贷无力及时偿还，债务累积，更使得农村基层党组织难以有所作为。

**(二)农村政治权威模糊弱化了基层党组织的政治基础。**中国共产党作为执政党,作为我国社会主义事业的领导核心,在新中国成立后,依靠自身政策的正确及对人民群众极端负责的精神,在人民群众的心目中树立起了高大形象,成为中国社会不可替代的政治权威。当前,虽然党在整个社会的权威地位并未改变,但在部分农村地区,却出现了政治权威模糊,农村党组织政治地位边缘化的现象,并集中体现在基层党组织和村民自治机构的权限关系上。

我国《农村基层组织工作条例》规定:"村党支部是农村各种组织的领导核心,讨论决定经济建设和社会发展中的重要问题","领导和支持集体经济组织,管理集体资产,协调利益关系",在此同时,《村民委员会组织法》规定:"中国共产党在农村的基层组织……发挥领导核心作用;依照宪法和法律,支持和保障村民开展自治活动、直接行使民主权利",而该项法律对农村自治组织即村民委员会的规定则是:"村民委员会是村民自我管理、自我教育、自我服务的基层群众性自治组织","村民委员会办理本村的公共事务和公益事业","管理本村属于村民集体所有的土地和其他财产"。从这些相关规定中可以看出,尽管法律和相关规章对农村党组织和村委会的职权进行了原则性的规定,也指出党组织是农村中的领导核心,享有领导权,而村委会是农村自治组织,享有自治权。但是,在实际操作上,并未明确指出什么是领导权,什么是自治权,农村党组织在农村基层自治的政治环境下应该做什么,不应该做什么,且在这些条文中,对两者的职责规定又有交叉重叠,造成了"两委"权力边界模糊不清,这也就成为当前农村"两委"矛盾的原因所在。在部分农村地区,有些基层党组织尚未改变计划经济时期的思想及行为逻辑,仍习惯于将权力集中在自己手中,对农村事务大包大揽,使由村民选举产生的村委会不能发挥应有作用,同时也使党组织自身在各种具体琐碎的事务中忽视了党务工作,弱化了自身建设,不仅造成村民及村委会的不满,党组织自身也未获得应有发展。而在另一些地区,则是村委会认为自己是民主选举产生,且有较好的群众基础,不愿意接受党组织的领导,不支持党组织的相关活动,使党组织在村务决策中无法发挥领导核心作用。尽管当前很多农村为减少"两委"矛盾,实行"一肩挑",两委交叉任职,解决了这一矛盾,但大部分农村地区仍存在着党组织与村委会争夺权力,致使农村各项工作推进受阻,组织功能减弱,干部威信下降,内耗巨大。

**(三)农村人才资源流失弱化了基层党组织的组织基础。**党员是党组织的细胞,党组织的发展和功能发挥有赖于大批党员的踏实工作,而党组织作用的发挥程度和效果,更取决于党员素质和能力的高低。当前农村党组织的边缘化,与农村人才流失亦密切相关,主要表现为精英外流趋势及其离心倾向。

一方面,精英外流趋势使农村党组织后备力量不足。在市场经济及社会转型的双重作用下,农村已普遍出现"空心化"趋势,青壮年劳动力涌入城市,在给城市发展做出巨大贡献的同时,却使农村走向衰败和凋敝。青壮年劳动力作为农村发展和建设主力,作为农村知识文化程度较高,市场敏锐性和各方面能力较强的精英群体,亦是农村党组织重要的人才资源和后备力量,本应是党组织吸收的重点。但是,由于这一部分人才资源的流失,造成了农村基层党组织吸收有能力、高素质人才资源的困难,有些农村地区甚至多年未发展青年党员,党员年龄结构老化,后继乏力。同时,由于大批高素质群众和党员进城,更造成部分地区为发展党员以开展农村工作,降低党组织的进入门槛,吸收一些并不符合党员标准甚至存在问题的人入党,使农村党组织的整体素质下降,并直接造成了党组织不能体现且真正发挥先锋模范作用,甚至还出现了党员干部以权谋私、贪污腐化、横行乡里的现象,严重影响了党组织在基层群众中的良好形象,也削弱了党在农村的执政合法性。另一方面,精英离心倾向使农村党组织吸引力下降。农村党组织人才资源的流失除客观的人才外流以外,还表现为在村精英人物包括种粮大户、致富能手及各种农村经济、社会组织的组织者、领导者等在主观上的入党积极性不高。这主要也在于基层党组织在农村政治权威地位的弱化,部分农村党组织形象较差,党员身份并不能给农村精英带来归属感和荣誉感,甚至当前有些地区的农村党员还会受到来自群众的歧视和排挤,这都造成了农村精英入党积极性的下降,也由此引发农村党组织资源匮乏,并进一步加剧党组织的边缘化困境。

**(四)农村思想价值迷茫弱化了基层党组织的思想基础。**党在农村的思想领导,主要包括农村思想意识走向的引导、健康思想文化环境的营造以及教育文化事业的发展等方面。而当前农村党组织在经过计划经济时期掌握经济、政治权力基础上对农村思想文化的强力控制后,却出现了长期忽视思想文化建设的问题。有些农村地区一年的文化建设费用仅一两百元,而有些甚至没有精神文明建设的相关支出,这种对农村文化阵地的长期忽视给各种不良文化对农村的渗透提供了巨大空间,使党组织在农村思想价值领域边缘化。

改革开放后,农民的市场意识、竞争意识、民主意识和科学意识都有所提升,对教育、文化的重视程度也明显增强。但与此同时,与社会主义核心价值观不相适应的思想意识和价值观念却开始出现并有逐渐扩大蔓延之势。一些原有的封建落后思想在经过了长期潜伏后开始抬头,如重男轻女、多子多福思想在大量农村中不但未随着社会发展消失,很多地区的90后青年夫妇竟然仍在为生男孩而逃离农村;同时,农村在新中国成立后几十年形成的勤劳致富观念也不再那样深入人心,缺乏诚信意识、造假行骗行为却大量涌现;此外,一些地方传统陋俗也开始蔓延,农村的公益事业、公共服务设施建设无人问津,而盲目攀比大修豪华坟墓、红白喜事大操大办,修庙、祭祀等封建迷信活动却异常积极,且黄色文化、赌博现象泛滥,宗教势力、宗族派性及黑恶势力沉渣泛起,这些不仅使农村原有的纯朴民风不再,还使本来积极向上的农村社会风气消失、思想价值观念混乱迷茫,且在加重农民自身经济负担的同时,增加了农村社会的不稳定性,打乱了农村社会的原有秩序。这既是党思想意识权威地位在农村社会边缘化的表现,更是基层党组织对农村思想文化、意识形态阵地长期忽视的积累及爆发。

## 三、党组织权威重建与农村转型瓶颈的突破

在当前农村社会关系深刻变革、农业产业结构调整的转型时期,农村需要抓住机遇、突破瓶颈,党的农村基层组织也亟须摆脱边缘化,重塑权威。因此,要实现农村的可持续发展,必须将二者结合起来,在重建农村党组织的权威中推动农村走出转型困境。

**(一)推动农村经济发展,筑牢农村党组织核心地位的物质基础。**“人们奋斗所争取的一切,都同他们的利益相关。”当前,基层党组织要重建在农村社会的权威,仍然需要为推进农村经济的持续发展,保障农民利益、满足农民对现代生活的向往和追求、实现富裕生活的目标而奋斗。

首先,应加强农村党组织的经济服务功能,引领农村经济制度创新。农村党组织承担着大量公共服务职能,必须有一定经济实力作保证。实践证明,发展壮大村级集体经济,努力做到有钱干事,是增强农村基层党组织凝聚力、号召力、战斗力的物质基础。为此,一方面,在新城镇化建设中,农村党组织应发挥领导核心作用,与农村基层自治组织相配合,因地制宜制定出本地区的长期发展规划和短期发展目标,并提供具体、可操作的措施方法,为农村发展指明方向和路径。同时,应立足本地实际,在基础设施建设、公共服务、信息和技能培训等方面创新思路,积极反馈、调试制度政策,引导吸收社会资本参与集体经济发展,做到“以政策为保障、以社会为依托、以创新为突破、以服务为根本”,

提升农村党组织服务农村经济的能力，增强集体经济的竞争力；另一方面，基层党组织对农村新兴的经济组织如产业合作社、养殖合作社等应给予引导和支持，大力推进农村经济组织创新和制度创新，不断探索发展壮大集体经济的多种实现形式，探索集体资产保值增值的新路径，以增强集体经济实力，夯实农村党组织发展和功能发挥的物质基础。

其次，应发挥农村党员带头致富、扶贫帮困的先锋模范作用。党员作为群众中的先进分子，必须在农民群众中体现出党的先进性。当前，基层党员并非全部是农村中的精英分子，有些党员的能力和素质也与普通群众没有什么差别，甚至不如普通群众，且农村中还有为数不少的贫困党员，这样的状况会使群众对党员的先进印象大打折扣，不利于党的权威的建立，也不利于党在农村工作的开展。因此，就需要党组织在鼓励党员互帮互助实现党员自身脱贫致富的同时，将提高党员自身能力和素质作为党的建设中的一项重要任务，在生产活动中关注市场信息，根据市场需求提高科学文化和农业技术水平，使自己成为农村群众致富的榜样，并带领农民群众实现共同富裕。这样，才能增强党员身份的荣誉感和归属感，并将群众团结在党的周围，进而吸收先进分子加入党组织，增强党的影响力和号召力。

**（二）加强自身建设，增强农村党组织的凝聚力。**凝聚力是党组织地位的重要体现和重要标志，也是其战斗力的必要条件，而“党组织本身是否坚强有力，将直接影响到农村基层党组织的凝聚力”。因此，“打铁还需自身硬”，农村党组织要走出边缘化困境，重新确立起自身的权威地位，根本上还是要依靠党的自身建设来实现。

首先，应重视思想建设。农村基层党组织之所以出现边缘化的困境，并表现出凝聚力、号召力和动员力的降低，党组织自身建设问题是其重要原因之一。农村基层党组织在基层自治的政治生态环境下，不能明确自身的角色定位，也未能转换计划经济体制时期的思维和行动逻辑，使党组织自身的现代化滞后于农村经济社会发展及农村变化的新形势，党组织在农村的剧烈变化中表现出极大的不适应性，而要改变这一状况，首先就要在思想上实现转变。为此，基层党组织应加强对党员的教育和管理，增强农村党员的党员意识和责任意识，明确党员职责，严格党内纪律，定期开展党组织生活，使原本涣散的党组织重新恢复生机和活力。同时，要加强对党员在党的规章制度、法律法规、科学文化知识及农业技术知识的教育和培训，使农村基层党组织成为农村真正的先锋和模范。

其次，应重视组织建设。当前，农村普遍存在着党组织设置不适应农村经济和社会结构变化，党员年龄结构老化，性别结构不合理等问题，为此，农村基层党组织必须努力加强自身建设，使党的基层组织真正成为党在农村的战斗堡垒。一方面，农村党组织应改善组织结构设置，针对当前农村产业结构与社会结构的变化，改变过去以地域为依据设置党组织或党小组的习惯，可以根据行业和产业及党员的兴趣等并结合地域及开展组织活动的方便程度来设置党组织，这样不仅可以保证党的组织生活，还能加强行业间及各种经济及合作组织之间的交流，进而促进产业发展，也能够加强党对新兴行业及组织的领导。另一方面，针对党组织内部年龄结构及性别结构不平衡的问题，基层党组织应适时做出相应调整，在增强党组织吸引力和凝聚力的基础上，注重吸收农村中有知识、有见识，有责任心和奉献精神符合党员标准的青年及妇女加入党组织，发挥党组织在各个领域的核心作用。

再次，应重视作风建设。党有没有资格领导人民的事业，“决定于我们党的思想和作风”，邓小平同志的这一论述，说明了党的作风建设对于党的执政及权威巩固的重要意义。而农村党组织作为党的组织体系中最接近群众的末端，其作风的好坏直接决定了党在人民群众中的形象，因此，农村基层党组织应时刻注意作风建设,注重党员良好作风的培养和形成。近年来,由于基层党组织党员素质偏低及在吸收党员过程中把关不严,使一些并不符合党员标准的农村投机分子甚至是一些派性势力成员进入党组织,把持农村事务,给基层党组织在群众中的形象造成了恶劣影响,基于此,在加强农村党组织的作风建设中,除需要加强党组织对现有党员的作风教育及监督,在作风建设中倾听群众意见和建议,坚持走群众路线外,还应在吸收党员时,对吸收对象进行思想作风上的严格把关,这样才能使农村党组织获得农民群众的支持,重新树立起党组织在农村的权威,走出边缘化困境。

**(三)强化价值导向,增强农村党组织的思想文化话语权。**执政党对社会话语权的掌握是其执政地位的重要组成部分,由于基层党组织在话语权构建及意识形态、价值观念引导上的长期缺位,使党在农村社会意识形态领域开始出现主导地位下降,对健康思想价值观念构建不足,致使一些不符合社会主义核心价值观的思想观念开始挤压健康文化空间。在转型期矛盾凸显、人们价值观念迷茫的背景下,亟须农村党组织发挥执政党的宣传教育功能,实现农村文化和价值观的现代化。

首先,应注重宣传教育功能的发挥。一方面,农村党组织应注重提高农民的整体素质,倡导健康文明的生活方式。要真正实现农村思想文化的健康发展,首要的就是提高农民的整体素质,培养"有文化、懂技术、会经营"的新型农民,而这一目标的完成需要农村党组织发挥领导核心作用,大力发展农村的科教文卫事业,充分满足农民群众日益增长的精神文化生活需求,培养造就高素质的农业生产主体。当前,加强这方面的工作,可以通过巩固农村基础教育、发展农民业余文化教育、强化农业科学技能教育,帮助农民树立起科学理念,依靠科技脱贫致富等来实现。同时,可以创造条件组织农民开展形式多样的文体活动,积极营造健康文化空间,并加强对农村文化市场的管理,打击非法经营和不良文化,保证农村精神文明建设的健康发展。此外,还要积极倡导健康文明的生活方式,按照社会主义新农村建设的要求,将之与村容村貌建设相结合,统一规划、合理安排。将水、电、路、广播电视等基础设施的建设完善纳入工作目标,着力改善农村环境,彻底改变农村脏、乱、差及无人治理的局面,逐步实现村容村貌以及文化氛围的更新。另一方面,政党作为国家和社会的联系中介,其功能之一就是宣传党的政策,实现党的理念、政策大众化。而农民作为党自身政策宣传的重要群体,其对党政策的理解程度、支持与否都关系着党在基层社会的执政基础,因此,农村党组织还肩负着向广大农民宣传、解释党的方针、政策的责任和使命,使党的意识形态、价值理念深植于基层社会,让符合社会主义核心价值观的健康思想、价值观念占领农村的思想阵地。

其次,应注重引导农村思想意识走向。由于农村基层党组织在思想价值领域的长期缺位使各种思想文化都在农村中传播蔓延,尤其是一些与社会主义核心价值相悖的不良思想文化还直接导致了农村社会风气的恶化。因此,基层党组织应加强在农村的思想政治工作,引领农村思想意识走向,重新确立党的思想文化话语的权威地位。一方面,需要加强社会主义核心价值观的普及,并将之与农村实际相结合、与农民生产生活实践相结合、与农业产业升级及发展要求相结合,通过话语简明化、义理通俗化、形式多样化,宣传爱国主义、集体主义和社会主义思想,实现社会主义核心意识形态的有效下沉和内化。同时,还应注意对农村中实际存在的封建宗法观念、邪教迷信思想及各类非社会主义思想意识的辨析和抵制,以引导农村思想价值向健康方向发展。另一方面,需要发挥农村党员的示范表率作用,在诸如发展农村经济、实施帮贫济困、改善村容乡风、构建和谐社区等方面为群众做出榜样,以自身行动带动群众践行社会主义核心价值观,以农民熟悉并认可的道德化权威力量,引领农村思想意识的发展方向，使农村社会风气在潜移默化中实现转换，为党在文化领域的权威地位构建创造健康的思想文化环境，奠定良好的思想文化基础。

**（四）领导基层民主建设，协调外围组织关系，提升农村党组织的制度化执政水平。**当前，农村基层党组织所处的政治生态环境与计划经济时期已完全不同，农村党组织不可能再像从前一样以行政化的手段来掌控农村事务，而必须结合当前农村自治的实际情况，注重协调处理好与农村自治组织及其他新兴经济及社会组织的关系，发挥党组织的政治领导而不是政治控制功能，在与各群众自治组织的合作中激发出更大的组织合力，促进农村发展，也保障党在农村的核心领导地位。

首先，协调与基层自治组织即村委会的关系。我国农村实行的基层民主自治制度，符合广大农村的实际发展需要，也符合广大农民群众的利益要求。但农村基层自治，并不是要放弃、削弱党的领导核心地位，反而更需要加强党的权威及核心地位，这就需要协调好农村党组织与村民自治组织的关系。农村党组织的领导权与村民自治组织的自治权并不是水火不容的关系，相反，二者是辩证统一的。作为基层自治组织的村委会所享有的自治权必须是坚持党领导核心地位前提下的自治，而不可能是脱离党领导的完全自治，它体现的是党领导下人民当家作主的原则，是党坚持权力民主化在农村社会的延伸。而党的领导权也绝不是对村民自治权的否定和限制，而是对农村自治组织在国家法律和政策法规范围内正确行使权力的引导和监督。总之，无论是党的领导权还是村委会的自治权，其权力的发挥和行使都应该有一定的合理边界，党组织侧重于政策的制定、引领、指导和示范，村委会则侧重于对党的决策的贯彻和落实，只有这样，才能既保证党的领导地位不动摇，又保证村民自治的真正实现，并最大限度地发挥两者的优势功能。

其次，协调与农村新兴经济及社会组织的关系。农村的新兴经济及社会组织虽然是农民根据生产及生活需要自发组织起来的合作组织，具有民间团体的性质，但是，如果农村党组织不关注这些新兴组织的发展，不去争取在这些组织中发挥党的领导作用，就会使党的边缘化地位加剧。因为，当前农村合作化是社会发展的潮流和趋势，如果农村基层党组织未能将党员融入这些组织当中或是不能吸收这些组织中的优秀分子进入党内，就会丧失党的先进性和对农村的领导，进而在地位、影响力和号召力上进一步走向边缘化。为此，农村党组织应协调和处理好与这些合作组织的关系，不能包办代替或以行政化手段来管理这些组织的日常事务，阻碍合作组织发挥其促进经济发展和农村社会进步的作用，也不能对其放任自流，而应该为农村新兴的经济和社会组织提供政策指导、市场信息、法律法规培训、技术指导等各方面的服务，进而构建起党对这些组织的政治领导权威地位，使党组织与外围组织共同发挥作用，创造出更大的组织合力。

（作者：陕西师范大学政治经济学院教授、博士生导师）

# 党的建设制度改革运行机制研究

程　浩

党的十八届三中全会不仅首次提出了“深化党的建设制度改革”这一重要命题，而且指明了深化改革的核心、重点和目的。剖析党的建设制度改革的动力与阻滞因素，研究建构改革的运行机制，具有重要意义。

## 一、党的建设制度改革的动力与阻滞因素分析

变革成功与否，很大程度上取决于变革的动力与阻力相互作用的结果。剖析党的建设制度改革的动力与阻滞因素，有助于更好地把握改革的发展方向，找准改革的着力点，形成改革的合力，趋利避害，先易后难，建构改革的运行机制，从而有效推进党的建设制度改革健康、有序、深入。

### （一）动力因素分析

党的建设制度改革的动力是指推动执政党自身建设在制度机制层面进行变革的正向作用力。它是多方面的，既有来自于经济、社会、政治发展等党外“宏观”层面上的，也有来自于党的领导者重视和推动、党员民主权利诉求等党内“微观”层面的，归纳起来主要有：

第一，源于执政党执政要主动适应市场经济体制和现代社会管理需要而产生的动力。目前，中国正处于市场经济体制逐步完善、现代社会管理职能日益彰显的关键时期。为了更好地领导市场经济和社会发展，促进经济的平稳健康和社会的和谐稳定，执政党必须对自身的执政使命、执政战略、执政方式、领导方式以及相关的政策等进行全方位、制度性的改革。可以说，执政党主动提出并推进的这种改革，很大程度上是经济体制和社会管理体制改革的市场化取向及其利益驱动“倒逼”的结果。因此，党的建设制度改革最深层、最根本的动力，主要来自于经济体制和社会管理体制改革的市场化取向及其利益驱动，改革的目的和任务，就是要适应市场经济发展和现代社会管理的需求和要求。

第二，源于执政党要有效领导社会主义民主政治建设、深化政治体制改革而产生的动力。邓小平同志曾反复讲，“没有民主就没有社会主义”。十八届三中全会要求“紧紧围绕坚持党的领导、人民当家作主、依法治国有机统一深化政治体制改革，加快推进社会主义民主政治制度化、规范化、程序化”。中国共产党处于中国政治体制的核心，它不仅要领导社会主义民主政治建设、推进政治体制改革，而且要改善领导体制和执政方式，提升执政能力和水平。这是深化党的建设制度改革的直接动力。

第三，源于科技知识创新发展和执政党主动汲取国外长期执政政党制度建设的经验教训而产生的动力。以网络信息技术特别是社交网络新媒体技术为代表的新一代信息科技革命和知识创新，不仅极大地推动了人类社会经济、政治、文化领域的变革，而且深刻地影响了人们的交往方式、生活方式乃至思维方式，使人类社会生活和人的现代化向更深层次发展。这在一定程度上为党的建设制度改革提供了必要的物质技术条件，推动着党的建设制度改革朝着一个更加现代化、科学化的方向发展。另一个值得关注的外在动力性因素，是国外一些长期执政政党制度建设的得失成败及其经验教训，尤其是对苏共制度兴衰的深刻反思和对苏共高度集权模式的摒弃、对国民党在大陆丧失政权和在台湾选举失败的冷静观察、对国外其他长期执

政政党制度建设得失的谨慎反观和借鉴，为中国共产党深化自身建设的制度改革供给了必要的知识、经验和智慧。

第四，源于党的领导者重视并积极推动而产生的动力。中国共产党是一个有着坚强领导集体的长期执政政党，党的核心元素就是党的领导者，领导者的思想认识、态度取向，对问题的理解和把握、对工作的重视和安排等，都将对党的建设制度改革产生关键性影响。从组织和工作安排来看，中央成立了全面深化改革领导小组，负责改革总体设计、统筹协调、整体推进、督促落实，习近平总书记亲自任组长，李克强、刘云山、张高丽任副组长。领导小组下设6个专项小组，其中就有党的建设制度改革专项小组。这表明党的高层领导人在组织和工作安排上，也非常重视党的建设制度改革。党的其他各级领导者思想上重视、组织和工作安排上积极推动，更是党的建设制度改革的具体措施能否在不同层级落地生根的关键动力因素。

第五，源于党员民主权利意识增强和利益诉求增多而产生的动力。改革开放30多年来，随着市场经济和民主政治发展，社会利益主体多样化、利益诉求多元化趋势明显增强。特别是随着社交网络新媒体的兴起和发展，信息传播速度加快、互动增强，公民参与政治的能力和渠道增加，对参政议政的政治诉求也在不断增生。反映到党内来，广大党员民主意识、权利意识在不断增强，利益诉求不断增多，参与党内事务的积极性主动性不断提高，党员的民主素质和能力也得以不断提升。按照民主执政的要求，执政党不仅要领导建设社会主义民主政治、推进政治民主化进程，而且必须不断推进党内民主建设，做实党员民主权利，回应党员利益诉求。这必将成为推动党的建设制度改革的重要动力。

**（二）阻滞因素分析**

党的建设制度改革的阻力是指阻滞执政党自身建设在制度机制层面进行变革的反向作用力，主要有：

第一，缘于利益和权力的调整而产生的阻力。党的建设制度改革，意味着对既有利益和权力的再调整、再分配。这种调整和分配的任何举措，都会触及党内现存的利益格局和权力格局。尽管党内针对利益固化的问题进行过多次警示或试图消解，对权力配置试图进行体制性分解（决策权、执行权、监督权），对权力运行试图进行制度性规范与制衡，但最终还是形成了一些固化的既得利益集团，权力还没有真正在阳光下运作，也没有被彻底"关进制度的笼子里"。事实上，真正能够主导党的建设制度改革的，是党的各级领导阶层、管理阶层，他们都是属于利益和权力的既得利益集团，任何改革触及的对利益和权力的再调整、再分配，无疑会使他们丧失相当一部分既得利益或权力，因此，产生阻滞改革的反向作用力是必然的。

第二，缘于习惯和官本位意识而产生的阻力。党的建设制度改革本身，就是对既定模式和墨守成规的一种否定或修正，因此，它必然要受到习惯势力的阻挠和影响。一些党员干部习惯于干部身份和官位所带来的利益与特权，由此产生了形式主义、官僚主义、享乐主义和奢靡之风等"四风"，这"四风"实际上就是公共权力和社会利益日渐固化后出现的不良党风政风。这对党的建设制度改革无疑形成了一道阻力。

第三，缘于对改革不确定性的忧虑而产生的阻力。对党员干部来说，党的建设制度改革，尤其是对党的干部队伍建设、组织建设、作风建设、反腐倡廉建设等进行制度性改革，无疑会存在诸多不确定性因素。这种不确定性导致的忧虑，就会使一些党员干部对改革产生怀疑，进而产生消极态度和抵触性行为，妨碍或阻滞改革顺利推进。

第四，缘于对权力运行的"路径依赖"而产生的阻力。由于以往党的建设高度集权的后遗症，党的下级组织和人员往往容易形成对权力运行的"路径依赖"，工作缺乏创造性和主动性，事无巨细地仰仗、听命于上级的指示、指导和推动，由此可能造成"上动下不动、越动越被动”的局面,错失改革良机。

第五,缘于对制度改革的曲解而产生的阻力。对当前推进党的建设制度改革的目的、机制和前景,每个党员干部的理解和看法会有很大差异,其结果可能导致基于认识不清或理解混乱而抵制、干扰改革。这种因对制度改革的曲解而产生的阻力一般比较持久,具有顽固性,需要着力破除。

## 二、党的建设制度改革运行机制的建构

在90多年的建党实践中,中国共产党已经形成了比较丰富的制度改革理论成果和实践经验。继续深化党的建设制度改革,可从如下四个层面建构改革的运行机制:

### (一)动力机制

一是建立有效应对执政环境变化的应变动力机制。在新的历史条件下,中国共产党的执政环境发生了深刻变化。这种变化体现在国内外、党内外、多层次、多领域。执政环境的变化,给党继续长期执政带来了严峻的考验和风险挑战,要求执政党必须主动适应这种变化,改善并加强自身建设,特别是在执政理念、执政战略、执政方式、执政政策、保持先进性和纯洁性等方面,作出制度性变革,并为这种变革做好“顶层设计”、科学规划,建立有效应对执政环境变化的应变动力机制,分层、分步、有侧重地稳步推进,全面提高党的建设科学化水平。

二是建立充分发挥领导重视的推进动力机制。党的建设制度改革的关键动力,在于领导人的重视和推动,特别是最高层领导者思想认识上的重视,将成为推动党的建设制度改革的重要动力机制。以中央八项规定为例,习近平总书记特别强调,抓作风建设,首先要从中央政治局做起,要求别人做到的自己先要做到,要求别人不做的自己坚决不做,要以良好党风带动政风民风。中央政治局遂于2012年12月4日审议并一致通过关于改进工作作风、密切联系群众的八项规定,各地各部门也开始严格落实八项规定。正是高层领导人的这种思想认识和工作指引,对党的建设制度改革形成了重要的推动机制。

三是建立全面促进各方联动的协商动力机制。正是通过颇具中国特色的协商制度和机制,中国共产党按照科学执政、民主执政、依法执政的要求,与各民主党派、社会各界共同致力于这个超大社会中不同群体不同阶层的思想整合、利益协调和政治认同,将社会转型期不同声音和力量纳入政治体制中来,使得社会得以整合,政治得以良性发展。各方联动的协商还汇集到了不同阶层的意见和要求,对党的工作形成了有效监督,确保了党的决策科学化、民主化。党的建设制度改革,也需要建立起党内外联动的协商动力机制。

### (二)保障机制

一是建立有效坚持民主集中制的组织保障机制。改革开放以来,中国共产党不断改善并加强思想、组织、作风、反腐倡廉、党内民主等制度性建设,形成了以民主集中制为核心,涵盖党的领导制度、组织制度、工作制度、选举制度、监督制度、党内生活制度等方面的开放制度体系。这一开放制度体系将为深化党的建设制度改革提供更加有力、更加定型、更加科学的制度保障。就组织保障机制而言,民主集中制既是党的根本组织制度,也是党的建设制度改革必须遵守的基本原则。民主集中制的完善,将为党的建设制度改革的顺利运行提供有效的组织机制保障。

二是建立充分发挥智库参谋的人才保障机制。改革开放后,中国共产党日益重视智库在决策和舆论引导方面的重要作用。智库正在取代昔日的“幕僚”,逐渐成为党的“外脑”,成为影响决策过程的重要因素。在一些智库的参谋下,中国共产党结合实践,形成了包括党内法规制定、中央八项规定等在内的一系列最新制度成果,保证了党的组织和成员行动的一致性和各阶段目标的顺利实现。在深化党的建设制度改革中,特别要注重建立充分发挥智库参谋的

人才保障机制，多听不同意见和诉求。

三是建立全面夯实财力物力的物质保障机制。任何改革，除了要有先进的理论指导和具体的运行机制外，还要有充足的财力物力作保障，包括必要的经费，负责推进改革事务的机构及其人员的办公环境、设备和条件等。党的建设制度改革同样需要坚实的财力物力作保障。

（三）评估机制

一是建立改革必要性的论证机制。建立改革必要性的论证机制，是属于保障改革科学化运作的重要机制之一，它为凝聚改革共识、统一改革认识提供了必要的思想引领和理论支撑。对于党的建设制度改革的必要性，刘云山于今年2月19日在省部级主要领导干部专题研讨班上作《深化党的建设制度改革》专题报告时强调，党的建设制度改革是全面深化改革的重要内容和重要保障，党领导和推动的改革事业越是向纵深推进，越需要加强党的自身建设，深化党的建设制度改革。国家治理体系和治理能力现代化内含着党的执政能力现代化，党的建设制度改革成效如何、进展如何，直接关系着全面深化改革总目标的实现。因此，深化党的建设制度改革不仅重要，而且必要。

二是建立改革可行性的评估机制。可行性评估是通过对改革的主要内容和配套条件，从理论、经济、技术等方面进行调查研究和分析比较，并对改革以后可能取得的制度效益、经济效益以及社会环境影响等进行预测，从而提出该改革是否值得改和如何进行改的咨询意见，为改革决策提供依据。在十八届三中全会正式提出“深化党的建设制度改革”这一命题后，党政界、学术界等都对改革进行了深入的分析和探讨，正在逐渐形成改革可行性的评估机制。

三是建立改革有效性的考核机制。深化党的建设制度改革，还必须对其改革的有效性进行考核，从而对改革进行不断反思和总结，保证改革的稳步推进。关键点在于对党的干部的考核，因为干部人事制度是党的建设制度改革的重点之一，党的各方面改革都需要党的干部予以具体执行。由此，十八届三中全会强调，要改革和完善干部考核评价制度以适应全面深化改革新要求。

（四）自我纠错机制

一是建立定期检查的回溯机制。改革开放事业，从一开始就是“摸着石头过河”，在不断的试错、调整过程中，最终积累经验并不断取得成功。党的建设制度改革尤其如此，以党代表任期制为例，十七大以后，党代表任期制在全党正式推行。根据规定，各级党代表大会的代表在任期间，可以代表身份开展相关活动。然而，十七大以来的实践表明，任期制基本形同虚设，党代表的功能作用没有得到实质性体现。对此，党的十八大在回溯党代表任期制《暂行条例》和具体实践的基础上，首次明确提出“实行党代会代表提案制”，将党代表在任期内所应发挥、能够发挥的代表功能具体化、制度化、规范化了，这是党内民主实践的一次重要进步，也是定期检查、回溯制度实施情况、及时补充完善的一次生动再现。

二是建立适应发展的调节机制。与时俱进是中国共产党最重要的精神元素之一。以党的领导制度为例，十一届三中全会以来，党的领导制度改革实际上是以法制化为取向，逐步健全和完善民主集中制的法制系统，努力使党的领导、依法治国、人民民主通过多层次、多方面、多途径相统一，逐步形成以党章、宪法为根本大法，调整党和国家各种政治关系的法规体系。这在一定程度上形成了适应发展的制度调节机制，将一些不合时宜的制度规定进行及时调整，保障党的建设制度能与时俱进，保持制度发展的活力。

三是建立主动扬弃的修订机制。党的建设不少制度都经历过主动扬弃的修订实践。以党章为例，十二大修改制定的党章，吸取了历届党章正反两方面经验，主动废弃了突出阶级斗争的一系列表述，彻底清除了“左”的错误，首次将四项基本原则写入党章，第一次作出了“党必须在宪法和法律的范围内活动”的规定，具有里程碑意义。十八大最新修改通过的党章，是30年来接力探索集大成的一部党章，不仅充实完善了中国特色社会主义、改革开放等内容，而且充实完善了党的建设新的伟大工程，要求整体推进党的“五位一体”建设，全面提高党的建设科学化水平。

## 三、建构党的建设制度改革运行机制面临的考验与对策

党的建设制度改革运行机制在建构与实际运行、定型过程中，还将面临多重考验，主要表现在：

**一是面临应变执政环境能力和改革动力不足的考验。**全球化、信息化进程加速，客观上密切了中国与世界的联系，过去相对封闭的执政环境正越来越多地受到国际局势变化和国际规则的冲击。随着改革开放的不断深入，国内社会环境特别是党的群众基础也发生了深刻变化。如何在一个更为开放的执政环境中调整执政战略和政策，快速反应，并且应对得体，无疑是执政的一大挑战。

**二是面临人才智库供给不足和智力保障不力的考验。**近年来，中国智库出现了多元化发展趋势，成长较快，为民主政治建设和经济社会发展提供了强大的决策支持，但同时也面临着一些问题，如法律制度不健全、外部环境不完善、官本位现象严重、开放程度不够等，特别是各级党政军智库和社会科学院智库的行政依赖色彩还颇为浓厚，而民间智库作为推进决策民主化和科学化的重要力量，其研究成果相对更加独立、公正，但其发展相对滞后，其赖以生存的资金筹措机制和信息共享机制则较为欠缺，同时还面临信任度不高、缺少资金支持、自身能力不足等困境。党的建设制度改革同样面临着人才智库供给不足和智力保障不力的考验。

**三是面临制度运行环境复杂和改革评估不准的考验。**制度运行环境复杂多变，对于一些长期习惯于官本位思维的党员干部，特别是对于党员干部主要是向上司负责的这种纵向沟通模式来说，极易造成对改革评估不准的现象。因此，党的建设制度改革既面临国内外和党内外复杂的运行环境考验，又面临在这种复杂环境下对改革可行性、有效性评估不准的考验。

**四是面临制度路径依赖与自我纠错滞后的考验。**当前，制约党内民主发展的制度路径依赖，主要体现为三个方面的制度：党的代表大会制度——最基本的党内民主制度，党内民主的其他制度都受制和服务于这一制度；党内选举制度——虽然在内容和程序设计上都贯彻了民主原则，但差额选举的比例过低及规范化程度不高仍然是阻滞党内民主发展的因素之一；党内监督制度——党内民主建设的重要内容，是保持党的先进性、纯洁性的重要保证。党内民主建设制度改革主要受制于这三方面制度的路径依赖，其自我纠错也往往滞后。

为应对上述考验，笔者建议：

**一是以科学的领导体制为核心，充分调动各方改革主体参与党的建设制度改革的积极性，发挥群策群力的动力作用。**党的建设制度改革作为政治体制改革的重要组成部分，地位特殊且重要。改革的方向，不是要弱化党的领导，而是要通过改革，进一步加强和改善党的领导，发挥党在全面深化改革中的领导核心作用。这就要求在推进党的建设制度改革全过程中，必须始终坚持在党的领导下，以科学的领导体制为核心，充分调动各方改革主体参与党的建设制度改革的积极性，发挥群策群力的动力作用。惟其如此，党的建设制度改革才会有坚实的政治和组织保障。

**二是以丰富的人才智库为中心，组织必要的财力、物力，切实保障党的建设制度改革的平稳健康深入。**当下在中国最具影响力的智库，基本上都是官方智库或者半官方智库，虽不具有所谓的“独立性”，但却是直接推动决策、发挥实际效用的智库。无论是社会科学院和政策研究室，还是软科学研究机构，由于是“体制内”智库，能够与决策机构实现无缝对接，研究和咨询成果能够迅速而近乎完整地转化为决策

方案，进而应用到党的决策当中。这也形成了党的建设制度改革的坚实基础。十八届三中全会提出设立中央深化改革领导小组，可以说从党的建设制度改革的组织保证入手，预先突破了部门和地方利益的可能的掣肘障碍，为党的建设制度改革提供组织保障。因此，党的建设制度改革要以这些丰富的人才智库为中心，组织必要的财力、物力，切实保障党的建设制度改革的平稳、健康、深入。

**三是以改革绩效评估为突破口，及时发现和处理改革中遇到的问题，保证党的建设制度改革有力、有序进行。**可以预见，党的建设制度改革的成果表现形式，就是会有一系列规章制度的出台。要使这些即将出台的规章制度真正落地扎根，就必须加强制度执行情况的绩效评估。针对可能出现的执行不好的制度，通过落实评估机制，及时发现问题所在：制度执行得不好，要分析是执行力的问题还是制度设计的问题；如果是制度设计的问题，就要追问是程序设计的问题还是配套制度设计的问题。针对发现的问题，要及时修订完善，而不是制度制定完了，就无人过问了，或者成了摆设。尤其是对于一些拿不准的制度，可以选择在某个地方试点，或者在不同的地方试行不一样的制度，经过一个周期的比较，制度的优劣便能自然显现出来。由此，便能以评估改革绩效为突破口，及时发现和处理改革中遇到的问题，保证党的建设制度改革顺利向前推进。

（作者：深圳大学当代中国政治研究所副教授）

# 党要管党，从严治党

## ——习近平执政党建设讲话的中心思想

姚 桓

在习近平系列讲话中，关于执政党建设的内容十分丰富。习近平关于执政党建设讲话的中心，是强调“党要管党、从严治党”。他指出，“党要管党，才能管好党；从严治党，才能治好党。”这是对执政党建设规律的深刻阐述和自觉运用。习近平讲的党要管党、从严治党是建立在党的建设科学化基础上的，其基本含义是，围绕党的建设新的伟大工程这一总目标，围绕党的执政能力建设和先进性建设、纯洁性建设这一主线，在思想、组织、作风、反腐倡廉和制度建设上都提出明确、具体的要求；发挥党的自我提高、自我净化能力，解决长期以来各方面存在的问题。

### 一、在思想建设方面，强调共产党员特别是领导干部要做共产主义远大理想和中国特色社会主义共同理想的坚定信仰者和忠实执行者

思想建设历来是中国共产党的显著特点和重要优势。由于种种原因，多年来在一些方面，思想建设的要求尚未完全落实，一些党员思想既活跃又混乱，思想解放与思想混乱并存，是转型期党内思想状况的一个特点。因此，思想建设的重要目标，是通过解放思想达到统一思想，增强全党的凝聚力、战斗力。要解决的核心问题是理想信念问题。习近平指出，“共产党员特别是领导干部要做共产主义远大理想和中国特色社会主义共同理想的坚定信仰者和忠实执行者”。理想信念从来都是共产党人的精神支柱，是党员干部执行党的路线政策的思想基础和精神动力。习近平此时此刻提出理想问题具有重大现实意义。苏联、东欧发生剧变，共产党丧失执政地位，原因固然是多方面的，但问题主要出在共产党内。党的干部尤其是高级干部长期思想僵化，不思进取，固守教条化的理论和过时的模式，以致经济发展和人民生活水平落后于西方，而在匆忙进行的改革中又不能正确对待社会主义在前进道路中出现的问题，理想信念发生动摇，对社会主义失去信心，盲目崇拜西方模式，最终使改革扭曲为“改向”，可以说是极其重要的内因。美国前总统尼克松早在上世纪80年代就指出，东欧的共产党人早已丧失理想和斗志，多数是追名求利的官僚，从反面说出了问题的要害。从国内情况看，30多年改革开放成绩巨大，而积累的问题和矛盾也很多，值此国家发展的关键时刻，走哪条道路的问题又尖锐地摆在全党全国人民面前。党中央一再强调，不能改旗易帜，也不能僵化停滞，必须沿着中国特色社会主义道路前进，为此全党首先是党员干部、高级干部要有坚定的理想信念。全党思想政治上高度统一，才能做到“任凭风浪起，稳坐钓鱼船”，自觉坚定地执行党的基本路线和各项政策，把中国特色社会主义事业推向前进。共产党人不是空谈家而是实践者，共产党人理想的特点和可贵，就是言与行的统一，理想既是对未来的期盼、向往，是一种目标指向；更是一种精神动力，是指导、鼓舞人们改造社会的思想武器。习近平说，“革命理想高于天。没有远大理想，不是合格的共产党员，离开现实工作而空谈远大理想，也不是合格的共产党员”，这把坚持理想与完成现阶段任务联系在一起，使远大理想在共产党人全面建成小康社

会的实践中，迸发出巨大的精神动员力量。这就是习近平强调理想问题的强烈针对性和重大意义。抓住这一点，就是抓住了思想建设的灵魂。

## 二、在组织建设方面，强调从严治党要认真执行民主集中制，破除潜规则；从严治吏，严格管好干部；做好抓基层、打基础的工作

共产党是按照民主集中制原则建立起来的工人阶级政党，是个思想政治统一、组织团结、行动一致的战斗整体，能够把力量集中在一个攻击点上去战胜敌人、克服困难、不断取得胜利。所以民主集中制历来是共产党的强点和优势。问题在于，现实中由于种种原因，民主集中制在一些地方、一些方面执行的不够好，甚至存在潜规则。所谓潜规则，是与党章和公开颁布的各项原则、制度相对的在实际中通行的某些做法和习惯，是一些人心照不宣、加以默认，明知不对又不敢或者不愿打破的某些做法、习惯。如发扬民主走过场，批评、自我批评轻描淡写，彼此相安无事，对主要领导的意见“顺向思维”、报喜不报忧，汇报工作时首先揣摩上级意图，等等。潜规则的存在极大地破坏了民主集中制的严肃性和党内生活的原则性。习近平对此尖锐指出，“要让那些看起来无影无踪的潜规则在党内以及社会上失去土壤、失去通道、失去市场”。这是迄今为止，党的最高领导人明确提出清除潜规则，承认问题的严重性和表达解决问题的坚强决心，这一表态对贯彻民主集中制意义重大。从严治党必须落实到人。那么重点何在？毛泽东在新中国成立初期就指出，治国就是治吏。寥寥数语，凝聚了中国从古至今治国理政的宝贵经验。习近平继承发展了这一思想，明确指出，“党要管党，首先是管好干部；从严治党，关键是从严治吏”。各级干部掌握着权力，权力是双刃剑，既是为人民服务的工具，也可能异化为谋取私利的手段；权力也会产生可怕的腐蚀作用，这种腐蚀作用与权力大小有关，也与权力可能带来的私利成正比。在权力比较集中的体制下，这种腐蚀尤其需要警惕。所以执政党首先必须对自己的干部提出更高的要求；如果执政党不首先管好自己的干部，那么一切从严治党的要求都是一句空话。习近平讲的从严治吏包括的具体内容，就是要“把从严管理干部贯彻落实到干部队伍建设全过程，坚持从严教育、从严管理、从严监督，让每一个干部都深刻懂得，当干部就必须付出更多辛劳、接受更严格的约束”。应该看到，习近平讲的从严治吏，还有更深远的意义，它是与完成党的新的历史任务联系在一起的。他说，完成十八大确定的历史任务，“关键在党，关键在人。关键在党，就是要确保党在发展中国特色社会主义事业历史进程中始终成为领导核心。关键在人，就是要建设一支宏大的高素质干部队伍”。为此，习近平在党章关于干部标准的基础上又提出了新要求，“好干部要做到信念坚定、为民服务、勤政务实、敢于担当、清正廉洁”。如何把这样的干部选拔出来？他根据多年的组织工作经验，强调要把加强党的领导和充分发扬民主结合起来，发挥党组织在干部选拔任用工作中的领导和把关作用；要完善工作机制，推进干部工作公开，坚决制止简单以票取人的做法，确保民主推荐、民主测评风清气正。把好选拔任用干部这一关，就是做好了从严治吏的关键性工作。在强调从严治吏的同时，习近平还提出扎实做好抓基层打基础的工作，使每个基层党组织都成为坚强的战斗堡垒。中国共产党是由8000多万党员、几百万个基层组织组成的大党。基层组织的状况如何？党员的素质如何？对保持党的战斗力和纯洁性至关重要。因此习近平又指出，“党员是党的肌体的细胞。党的先进性和纯洁性要靠千千万万的党员的先进性和纯洁性来体现。党的执政使命要靠千千万万党员的卓有成效的工作来完成，党要管党、从严治党要落实到党员队伍的管理中去”。既重点管好干部，又抓好基层、管好党员，从严治党的原则就能够落实。

## 三、在作风建设方面，强调作风建设是永恒课题，要建立长效机制；要求领导干部带头发扬优良作风

习近平指出，“群众路线是党的根本工作路线和生命线”；“保持党同人民的血肉联系是一个永恒课题，作风问题具有反复性和顽固性，必须经常抓、长期抓，特别是建立健全促进党员、干部坚持为民务实清廉的长效机制”。所以强调这一点，一方面是由于，作风问题绝对不是小事，如果不坚决纠正不良风气，任其发展下去，就会像一座无形的墙把我们党和人民隔开。我们党就会失去根基、失去血脉、失去力量。另一方面，也因为执政和改革开放条件下的作风建设具有极大的复杂性、艰巨性，不可能毕其功于一役。事实上，改革开放以来，党十分重视作风建设，从上世纪80年代初提出“党风是关系党生死存亡的问题”，进行全面整党，到90年代进行“三讲”，新世纪开展保持共产党员先进性教育活动，再到十八大后进行群众路线教育实践活动等等，作风建设始终在紧锣密鼓地抓，效果也是明显的，问题在于，是否能够巩固和如何巩固。在一些地方，确实存在“两个抛物线现象”，即抓作风建设的活动呈现“发动——高潮——回落”；群众心理呈现“希望——振奋——失望”。之所以存在抛物线现象，一是由于作风建设本来就是长期的复杂的，旧的问题解决了，新的问题又会出现，而且是打着改革旗号出现的；另一方面也由于抓作风建设的要求不够严格，抓住了现象没有触及本质，没有解决深层次的干部思想问题和体制问题，更未能一以贯之地抓下去，时紧时松，活动一结束，有的干部旧病复发，搞不正之风变本加厉。习近平提出作风建设是永恒课题，要经常抓，建立长效机制，十分重要。机制与制度有联系又有区别，是以制度为依托建立的有明确目标、办法和保证措施的工作系统。健全的机制是防范不正之风的可靠屏障，是加强作风建设的载体。在作风建设方面，习近平还有一个可贵思想，即要求各级领导机关和领导干部，尤其是中央机关和中央国家机关、高级领导干部强化带头意识，时时处处严要求、作表率。十八大后不久，中央政治局就做出了关于转变作风、密切联系群众的八项规定。这不仅表明了以习近平为总书记的党中央严于律己，而且也是总书记治国理政政治智慧的表现。中国传统文化非常重视当权者言行对民众的榜样作用和鼓舞作用。领导者的榜样作用、带头作用是巨大的。在党中央带动下，各级党委都通过了整顿作风、密切联系群众的决定，在全党、全国范围内形成很大声势，造成强大舆论，不正之风成为“过街老鼠”：有些问题已经初步解决；少数一贯搞不正之风的人迫于形势，有所收敛；一些群众反映强烈、长期未能解决的问题在酝酿解决中。作风建设的良好势头使人们看到了希望，坚定了信心。

## 四、在反腐倡廉建设方面，强调有腐必反，有贪必肃，不断铲除腐败现象滋生的土壤，以实际成效取信于民

十八大后，对中国共产党的反腐败问题，国内外十分关注。这不仅因为现阶段腐败现象在一些方面确实比较严重，而且因为腐败现象严重影响党群关系，妨碍全面建成小康社会目标的实现。可以这样认为，当今对中国发展起作用的有三种力量，其中，改革是第一推动力、科技是第一生产力、腐败是第一破坏力；因此现代化的前途取决于三种力量的博弈，即能否在开启第一推动力、激发第一生产力的同时有效抑制腐败这个第一破坏力。习近平以极其严肃的态度指出，在反腐倡廉方面，“要有腐必反，有贪必肃，不断铲除腐败现象滋生的土壤，以实际成效取信于民”。他以历史思维和战略思维看待反腐败问题，引用历史经验讲述反腐败问题的极端重要性，指出“历史周期律问题至今有警示意义”。历史周期律的命题是民主人士黄

炎培在延安窑洞中对毛泽东讲的，希望中国共产党能够走一条新路，跳出历代统治者从艰苦创业到腐败灭亡这一历史的怪圈。毛泽东进一步提出靠民主打破历史周期律的宝贵思想。中国历史上周期律的发生是由多种因素造成的，主要由生产关系阻碍生产力发展和统治者与人民群众矛盾尖锐化所造成，但是腐败无疑成为历史周期律的驱动力，历届王朝垮台的速度总是同腐败的程度成正比的，这一点早有定论。实践反复证明，先进的共产党对于所谓历史周期律问题没有天生的免疫力，执政后同样要面对权力的腐蚀，要防止长期执政条件可能出现的生命力、创造力衰退，尤其要有效地防止和克服腐败，才能真正防止李自成的悲剧。习近平提出历史周期律的警示意义，就是把反腐败作为关系党的前途命运的重大政治问题，提到全党面前。然而，在反腐倡廉问题上，习近平既讲零容忍，又讲科学理性。讲零容忍，是要求“老虎苍蝇一起打”。这既反映了对一切腐败现象绝不妥协的态度，也是十分英明的措施。敢打老虎，就是反腐败敢于碰硬，任何腐败分子，无论职务、级别多高，都必须受到党纪国法处理，这是贯彻在党纪国法面前人人平等、彻底清除一切腐败的必要措施。强调打老虎，不意味着放过苍蝇。老虎固然危害甚烈，苍蝇的破坏作用也不能小视，有些腐败分子级别确实不高，但是贪腐数额巨大，又直接损害群众利益，是在党群关系纽带上打进的楔子。“小官大腐败”是值得警惕的现象。何况事物是发展的，不打老虎会贻害无穷，但仅仅打老虎而放过苍蝇，有的苍蝇也可能发展成为老虎。讲科学理性，是因为解决腐败问题不能仅仅靠义愤。现阶段我国存在着滋生腐败的土壤，只要土壤不铲除，腐败就会一再表现出来。习近平以战略家的眼光看待反腐败问题，提出解决腐败滋生的土壤问题，“形成不敢腐的惩戒机制、不能腐的防范机制、不易腐的保障机制”。这实际提出了通过改革和制度建设彻底解决腐败问题，对反腐倡廉具有重要指导意义。

### 五、在制度建设方面，强调要加强对权力运行的制约和监督，把权力关进制度的笼子里；强调制度一经形成，就要严格遵守，执行制度没有例外

习近平指出，“要加强对权力运行的制约和监督，把权力关进制度的笼子里”。这是从反腐败角度讲的，权力是一种政治上的强制力，是职责范围内的影响力和支配力。对权力而言，没有监督和制约是非常危险的，只有对这种权力加以限制和控制，为它设定法律和制度的边界，才可能防止权力的异化，保证权力运行的预期，即使人民赋予的权力用来为人民谋利益。习近平强调把权力关进制度的笼子里，是着眼于发挥制度对反腐倡廉的决定性作用，“制度的笼子”，意在强调制度的规范、制衡、约束、监督作用，强调制度的系统性、严密性；在空间上涵盖权力运行的各个领域，在时间上笼罩权力运行的各个环节。但是习近平讲制度，其意义又不限于反腐败，这个对党的建设都有指导意义。中国共产党的建设是个包括思想、组织、作风、反腐倡廉和制度建设的系统工程，这个工程是经过长期发展形成的。民主革命时期，党的建设一般分为思想、组织、作风三大建设；改革开放以来，邓小平根据“文革”教训，提出制度问题带有根本性、全局性、稳定性和长期性，党的建设由此形成思想、组织、作风和制度四个方面。当时讲反腐败，主要是从作风建设角度讲的。实践使人们认识到，反腐倡廉具有极大的艰巨性、长期性，在党的建设中有战略意义。仅仅从作风角度谈反腐败远远不够，需要从作风建设中抽出来，形成一项相对独立的工作加以部署，这样，党的建设就形成了思想、组织、作风、反腐倡廉和制度五位一体的格局。这五项任务关系如何呢？从实践看，思想、组织、作风和反腐倡廉这四项工作，最终都需要制度建设来保证和落实；或者可以说，思想、组织、作风和反腐倡廉四项建设中，每一项建设中都有制度建设

的内容，制度建设贯穿于上述四项建设中。制度建设带有根本的、综合的性质。例如在干部工作中，从干部的考察、培养、选拔、委任、晋升、调动、免职、退休、奖励和处分，都需要明确的制度规范。各项制度之间要实现“无缝对接”，并及时堵塞漏洞。在决策工作和其他工作中也是如此。制度建设重在执行，有了制度不去执行，往往比没有制度效果更坏。鉴于以往确实存在执行制度不严的现象，习近平明确要求：“制度一经形成，就要严格遵守，坚持制度面前人人平等、执行制度没有例外，坚决维护制度的严肃性和权威性，坚决纠正有令不行、有禁不止的各种行为”。

综上所述，习近平关于党要管党、从严治党的思想，体现在党的思想、组织、作风、反腐倡廉和制度建设各个方面，是以解决问题为导向讲的，有丰富的内容和强烈的针对性；是应该做到和能够做到的。贯彻这些讲话精神，中国共产党的自我提高、自我净化能力会进一步提高，党的凝聚力、战斗力会进一步增强，全面建成小康社会、实现中华民族伟大复兴中国梦就有了可靠保障。问题在于，如何采取扎实措施，真正落实讲话精神，在这方面，“一个行动比一打纲领还重要”。

（作者：中国延安干部学院兼职教授，首都师范大学兼职博士生导师）

# 共产党的执政软实力、公信力及制度化能力

上官酒瑞

## 一、软实力与执政软实力

在人类历史的很长时期内，国家之间的竞争主要表现为经济、军事实力的较量，占有土地、拥有财富的多少被视为国家强弱的重要标志。但随着时代进步与社会发展，特别是从1990年代起，世界格局发生了深刻变化，国家彼此间的依存度不断强化，和平与发展成为时代潮流，国家间的竞争单凭经济、军事等硬实力已越来越无法占据优势，而文化感召力、制度吸引力、政策创新力等在国力较量中的地位越来越重要。

显然，历史步入了软实力时代。当今世界各国的竞争是综合国力的较量，要依靠硬实力，更要施展软实力。正是在这样的背景下，美国学者约瑟夫·奈敏锐地提出了软实力概念，又称为软权力、软力量，并形成了软、硬实力的学术研究框架。其中，硬实力包括经济力、军事力和科技力，是一个国家的支配性或强制性力量；软实力是指由价值观念、政治制度、生活方式、发展模式而形成的影响力、感召力和吸引力，是一个国家的认同性或同化性力量。奈明确指出："这种力量——能让其他人做你想让他们做的事，我称之为软实力。它强调与人们合作而不是强迫人们服从你的意志。"

在以往的学术谱系中，软实力主要用来分析国际政治中国家竞争力的理论范畴，也被用于领导力研究，但很少用于探究国内政治特别是政党政治现象。国内有学者深入解读了奈的软实力概念，认为其包含四个向度，即内向与外向、现实与未来。确实，在奈看来，软实力主要是外向性的，力量指向是对他国或他者的吸引力和影响力，重点讨论的是美国如何发挥软实力的问题。但他并没有忽视软实力的内向性，毕竟软实力与一国内部的公共政策与社会治理密切相关，可以想象，一个国家的文化、制度、政策等对其内部民众无法产生影响力和吸引力，那对外自然也无法形成像样的软实力，一个没有内部软实力的国家不可能产生外部软实力。从政党政治看，西方国家的政党软、硬实力区分意义不大，如硬实力资源中最具标志性的军队与政党没有实质性的关系。但是，中国共产党对军队行使着绝对的领导权，其执政地位又是不容置疑的，共产党长期执政非常有必要区分硬、软实力。就此而言，软、硬实力可用来研究中国国内政治及政党现象，形成政党硬实力和软实力的概念，以及执政硬实力与软实力的分析框架。

如果说全球化时代，中国国家硬实力资源的生产和再生产可通过跨国投资、国际合作性技术开发等途径来实现，那么软实力的塑造和持续积累则更多要通过有效的国家治理来实现。从现实看，中国国家治理是通过共产党的领导和执政来完成，所以国家软、硬实力也就转化为共产党的软、硬实力，通过共产党执政软、硬实力来展示。其中，执政硬实力是共产党凭借对资源控制和国家政权掌控而形成的对社会的影响力和控制力，执政软实力是共产党通过政治理念、意识形态以及党员形象等对社会产生的吸引力和感召力。如果说执政硬实力是有形的，属于权力运行的显性模式，那么执政软实力则是无形的，属于权力运行的隐性模式。软和硬两种实力、两种权力虽然各有特征，但又密切联系、相互依赖，共同构成执政权力体系；虽

然两者会存在强弱之分、大小之别，但绝没有轻重之殊，既没有离开软实力的硬实力，也没有离开硬实力的软实力。理论上，硬实力是软实力的物化或载体，软实力则构成硬实力的无形延伸，能够形成硬实力难以达至的状态或无法释放的力量。所以，共产党治国理政要综合运用两种实力：一是硬实力，即运用经济、军事、科技，甚至是国家暴力机器等有形的物质性、强制性权力；一是软实力，即运用执政党的政治价值、治理模式、意识形态等无形的精神性、认同性权力。只有这样，才能真正掌好权、执好政，有效维护执政体系。

共产党执政六十多年来的治国理政中对软、硬实力都是比较重视的。如果没有硬实力作保障，国家与社会安定是无法维系的，自然也无法提高治理绩效。在新的历史条件下，共产党要长期执政并取得国家治理的进步，需要继续增强硬实力。但是，如果过分倚重硬实力，结果只能形成对权力的屈服而没有对实力的认同，通常无法凝聚人心、聚集民意，并会伤害执政权威和治理效能。比较而言，执政软实力的运用成本与代价可能低一些，而获得的效能则要更高一些、持久一些。因为软实力具有放大和外溢效应，能够使硬实力功能倍增，只要执政党软实力雄厚，具有吸引力、感召力，并能够通过潜移默化的方式发挥作用，为人们普遍接受，就可得到民众的自觉认同和支持，其硬实力也容易从小到大、从弱到强，整个执政能力就会强大起来。

应当承认，共产党的执政软实力建设也是富有成效的，甚至在一段时期内还对软实力形成了相当程度的“依赖症”。而且，改革开放以来有效国家治理与软实力结构功能的适应性变迁是分不开的，如刚性意识形态得到不断调整，更具有灵活性和包容性。但现实情况是：在全球化深度扩展、网络迅速兴起的环境中，在市场经济和民主政治发展的条件下，共产党执政遭遇的重大挑战和压力更主要来自软实力方面，而非硬实力领域。对此，人们的共识是：“软实力现状和未来均令人忧虑。”这种忧虑更多来自中国内部软实力不足。如在意识形态多元化和碎片化的条件下，如何掌握意识形态的领导权和主导性，增强说服力；在网络世界已形成的格局中，如何遵循政治传播规律，增强执政党先进文化和政策的感召力，等等。特别是权力腐败、贫富差距、环境污染等国家治理问题，极大地制约了共产党执政软实力的增强和提升。因此说，共产党必须在推动硬实力建设的同时，更加注重软实力建设。

不过，在不同的政党制度下，软实力在执政体系中的结构与功能是不同的，软实力建设的出发点、落脚点与着力点也会有所差异。但无论如何，任何致力于长期执政的政党，都必须把软实力作为执政能力建设的重要组成部分，否则没有出路。与西方国家竞争型政党政治相比，共产党软实力建设显得尤为重要。因为，共产党一身兼二任，是中国社会唯一的领导党和执政党，这是由特殊的国情、史情和党情规定的。虽然共产党的领导与执政分属两种不同性质的权力和行动，但两者在现实政治过程和治理格局中又必须有机统一起来、衔接起来。有学者研究指出：“党的政治角色的双重性决定了党的领导不论以何种方式来实现，都必须面对如何处理党的领导与党的执政之间的关系问题。由于主体是单一的，所以在这个问题上只能有一种选择——党的领导通过党的执政来体现，党的执政通过党的领导来实现。”无论是共产党的领导还是执政，都需要有完善的权力体系作保障，由硬实力与软实力共同支撑。

## 二、执政软实力与公信力

在共产党执政体系中，软实力是复杂多样的，也是发展变化的，其中非常重要的环节就是执政公信力。执政公信力也就是执政党构造民众政治信任的能力，是执政能力和执政软实力的重要内容。尽管说执政党可以运用暴力工具，通过监视、控制，甚至强制等途径来迫使民众支持；但那些试图推行高压政治来获取信任的独裁政权，结果都事与愿违，其获得的只能是不信任，且成本高、代价大，不信任还制造不信任，传染不信任，大大侵蚀政权公信力。事实上，任何形式的信任都不是通过强制或命令可以换来的。阿兰·佩雷菲特指出："信任是命令不来的，它源自我们心灵深处。把它视为社会的动力，就是求助于内心，就是断言社会不是机械制造的产物，而是内生增长的结果。"同理，政治信任也是一种软实力，"是通过吸引而非强迫或收买的手段来达己所愿的能力"，是执政党必须具备的能力。就共产党来说，要构造政治信任，需要在政党政治框架中，既成功运作国家政权，切实增强塑造民众信心和兑现承诺的能力，又能够建构有效的制度和机制，并在良性互动的基础上与民众之间形成长期稳固的政治信任关系。如果共产党赢得支持越多，执政公信力就越高，国家治理也就越有成效；执政公信力的缺乏也就是执政权威的缺失，自然无法赢得信任、获得支持。

当然，不同国家的政党政治格局不尽相同，执政党获得政治信任的意义也会有所差异。西方早发内生型的现代化进程与竞争型的政党制度，规定了执政党获得政治信任具有周期性与局部性，即便是治理绩效低下、公信力衰微，甚至在出现严重的治理危机和信任赤字情况下，民众收回信任带来的风险也是局部性的，主要针对政党组织，最经常的表现就是通过竞争性的选举实现执政党的制度化轮替，通常不会触及政治制度的合法性，整个国家政治信任的根基不会动摇。但在中国，共产党作为唯一执政党的公信力意义非同寻常，不仅影响其治理结构和治理绩效，关乎其领导和执政地位的稳固，而且还与整个国家政权体系的合法性密切相关。如果共产党执政公信力严重受损，造成的社会政治影响可能是全局性的，对国家和社会带来的危害和风险甚至可能是致命性、颠覆性的。

就共产党的长期执政来说，公信力的重要性可从历史与现实两个层面进行阐释。

### 1. 从历史看执政公信力

传统帝国崩解后，中国社会面临着两个密切相关的难题：一是民族国家建设，二是民主国家建设。这需要一个主导力量，并在现代政治条件下只能是政党。意大利思想家葛兰西认为，如果说古代政治离不开君主，那么现代政治就离不开政党，他把政党称为"现代君主"。革命先行者孙中山真切地意识到了这一点："国家必有政党，一切政治始能发达。""民主之国有政党，则能保持民权自由，治一致而无乱。君主之国有政党，亦能保持国家秩序，监察政府之举动。若无政党，则民权不能发达，不能保持国家，亦不能谋人民之幸福，民受其毒，国受其害。"孙中山自觉地将政党政治与中国现代国家建设有机结合起来，提出了在政党推动下，经过军政、训政和宪政，进而实现民主共和的战略。自此，中国走上了一条政党建设国家的道路。但近代以来中国的现代化并非源于自身历史的演进，而是在外部力量强行推动下嵌入的，属于一种外生后发型的现代化。换言之，中国是在现代社会基础和主体力量都缺乏的条件下开始走向现代国家的，并面临内忧外患的复杂环境。这意味着中国的政党必须具有高度的政治领导力、社会整合力与公信力，能够承担非常艰巨的历史责任和政治使命。共产党诞生后就非常强调政治信任的重要性，并通过组织机制、价值理想将中国基层社会的劳动大众整合成了强大的革命力量。毛泽东指出："一切问题的关键在政治，一切政治的关键在民众，不解决要不要民众的问题，什么都无从谈起。要民众，虽危险也有出路；不要民众，一切必然是漆黑一团。"正是在广大民众的信任和支持下，共产党取得了新民主主义革命胜利，建立了中华人民共和国，中国民族国家和民主国家建设获得了政治前提。在该历史进程中，共产党显示了强大的战斗力、组织力和公信力。从政党建设国家的逻辑看，"'没有共产党就没有新中国'不仅是一种意识形态话语和政治宣示，还是中国民族国家建设制度变迁历程的真实写照。"夺取政权后，共产党凭借组织网络、制度选择、政策供给、人才队伍和意识形态等，对国家和社会进行了全面改造，不仅实现了社会整合，而且通过组织嵌入和制度设计构造了一个具有中国特色的国家政权体系。这就是由历史“定制”、适应赶超发展战略的党治国家体制。在该体制推动下，中国虽然遭受了“文化大革命”的严重挫折，但在改革开放与现代化进程中国家建设取得了举世瞩目的成就，共产党也因此成为中国名副其实的政治中枢和人民的“主心骨”。

在共产党与国家政权之间历史地形成了一种密切而深刻的关系：党强则国强，党衰则国衰。从这个意义看，共产党的性质和价值理想决定着国家建设的性质和方向，共产党的领导力、创造力和生命力决定着国家治理的水平和进程，共产党的未来走向决定着中国政治的未来走向。治国必先治党。对此，邓小平的认识是非常深刻的，“关键是我们共产党内部要搞好，不出事，就可以放心睡大觉”；“关键在于中国共产党要有一个好的政治局，特别是好的政治局常委。只要这个环节不发生问题，中国就稳如泰山。”可以说，在政党国家体制下，共产党与中国国家政权的紧密度，与中国社会的契合度，是当今世界其他任何执政党所无法比拟的。斯考切波通过比较法国、俄国和中国的革命道路和模式后认为：“中共政权是一种‘政治化的官僚机构’，而不是法国那样的以市场引导的国民经济为背景的理性——法治行政国家，也就是说，中国的政权与苏联的一样，所有的政府组织都在党的控制之中，都要为实现党的高层领导所设定的全国性目标而协调一致。”从制度的结构看，当代中国政治制度主要由执政党领导制度和宪政制度两部分组成，它们紧密联系，有着相似的静态结构和动态结构，而国家机关中的领导干部又是双重制度整合的重要契合点。这样的政治结构决定了，在政党信任与政治信任之间势必产生很强的对冲和交叠，甚至说中国社会的政党信任与政治信任具有同一性。

**2. 从现实逻辑看执政公信力**

从现实看，推动国家建设、实现现代化是中国发展的必然选择。但是作为一个超大国家的现代化，必须是一个可控的、有序的过程，需要实现改革的力度、发展的速度和社会承受度之间的有机统一，从而避免在改革过程中出现重大危机与挫折。这既需要共产党为人民执好政、掌好权，也需要共产党提供组织资源、人才队伍、战略设计给予保障。邓小平明确指出：“事实上，离开了中国共产党的领导，谁来组织社会主义的经济、政治、军事和文化？谁来组织中国的四个现代化？”2005年发布的《中国的民主政治建设》白皮书认为，共产党的领导和执政，是推进社会主义现代化建设和实现中华民族伟大复兴的需要，是维护中国国家统一、社会和谐稳定的需要，是保证政权稳定的需要，是把亿万人民团结凝聚起来，共同建设美好未来的需要。有学者指出，作为中国的政治中枢，共产党在实践中可解决中国国家建设中的三个基本问题：改革的组织者和领导者，国家转型的支撑主体，改革风险的消解。十八大报告重申共产党的使命：“我们党担负着团结带领人民全面建成小康社会、推进社会主义现代化、实现中华民族伟大复兴的重任。党坚强有力，党同人民保持血肉联系，国家就繁荣稳定，人们就幸福安康。”共产党成功担当这些责任，必须赢得广大民众的信任和支持，具有相当的社会公信度与稳固的政治信任，否则将是一句空话。

特别是，改革开放以来中国社会的转型深刻地改变了执政公信力建设的环境、条件和基础，不同层面、不同程度地出现了执政权威动摇和公信力降低的现象。郑永年教授曾指出，中国虽然没有“柏林墙”，但在经济高速发展的同时却出现了一道道日益厚重的墙，即由高强度的不信任砌成的“社会墙”，这些墙不仅存在于劳动与资本之间，穷人与富人之间，而且存在于人民与政府之间。政治不信任已造成两种现象：一是突发性群体事件与民众政治不满的释放时有发生；二是公众由不信任转为离心倾向、体制疏远和政治冷漠。这种状况在基层社会表现得尤为突出。甚至有观点认为，中国已陷入“塔西陀陷阱”，即政府失去民众信任后，无论是说真话还是假话，做好事还是坏事，都会被认为是说假话、做坏事。这对执政公信力建设提出了更为紧迫的要求。

得民心者得天下，失民心者失天下，公信力是共产党执政能力的重要内容。一个富有创造力和生命力，具有高度权威性和公信力的执政党，关乎国家命运，事关人民福祉；一个权威丧失、政治信任缺失的执政党，势必直接影响治理绩效、破坏社会和谐，引发各种风险。公信力虽然是一种无形的、隐性的、软的力量，但优质的政治信任资源是共产党必须倍加珍惜并长期维护的软实力，能够释放有形的、显性的、硬的能量。从这个意义看，共产党适应社会变迁、推动公信力建设的过程，也就是软实力建设的过程，共产党获得民众信任和支持、增强公信力的过程也就是软实力施展的过程。

## 三、执政公信力与制度化能力

理论上，执政党的软实力是各种力量的要素集，主要由软性资源的共同效力所构成，当然有效的硬实力也能够转化为软实力。共产党的执政公信力建设同样如此，既与硬实力如经济绩效相关，也与执政软实力结构中的其他要素如意识形态的解释力相关，它们之间可相互借力，并形成公信力建设的助长体系。

从经济绩效看，改革开放以来的较长时期内，共产党软实力建设的重要策略就是将巨大的经济绩效转化为民众的政治信任基础和资源，进而提升并巩固公信力。事实说明，这是非常智慧并富有成效的选择。不过，奈明确指出，虽然物质财富“也可以产生软实力”，但“由于存在着大量的免费信息资源，加上可信度的重要性，软实力很可能与过去不一样，我们不能把它简单地视为物质资源的产物”。经过三十多年的经济增长，中国社会的利益多元化和贫富分化日益严重，“马太效应”明显，在这样的情景下，依靠持续的经济增长虽能赢得政治信任，但无疑是非常脆弱的。这甚至会出现一些国家发展中曾遭遇的困局，即：“由于它们的合法性是建立在政绩的标准之上，威权政权如果不能有好的政绩，将失去合法性，如果政绩好了，也将失去合法性。”这是政治合法性的困境，也是政治信任的困境。

从意识形态看，它可为共产党执政的正当性、合法性进行诠释和论证，将政治权力转换为政治权威，获得来自社会的散布性支持。德国政治学家格兰·特尔博恩在《政权的意识形态和意识形态的政权》一书中将意识形态运作归纳为三种基本模式：确认现实的意识形态，告诉人们“什么东西是存在着的”；表明应当的意识形态，告诉人们“什么东西是美好的”；指出可能的意识形态，告诉人们“什么是可能的”。这三方面构成既有权力格局的“防护线”，将现存秩序下的“好东西”展现给民众，由此让他们坚信现有秩序是值得信任和支持的。在改革开放前，在经济、政治和意识形态三个中心高度重合的总体性社会中，共产党执政公信力的塑造更多依靠的是意识形态的宣传教化，并在客观上取得了不错的效果。但是，在社会转型已经推动价值观念和思想文化多元性、多样性和多变性，并相当程度上造成意识形态“碎片化”的环境下，特别是在“众声喧哗”的网络已成为意识形态主战场的时代，如果依旧凭借“道德独白”和大剂量的意识形态“说教”，即使能够维系政治信任，也没有太多的生命力。

理论上，执政公信力和政治信任软实力，在传统与现代社会构造的逻辑有着本质差异。有学者提出了人格信任和制度信任的分析架构。其中，人格信任是传统政治信任的要核，即民众对政治体系的相信和期待主要指向政治角色的政治人格；制度信任是现代政治信任的根本，政治体系运行的确定性与可信性主要依靠制度的规范和约束。政治信任由传统向现代转型、现代政治信任成长，以及现代国家制度建设，三者是同一过程，是高度契合的。

制度乃国家之机体、社会之公器。在市场经济和现代政治条件下，执政党推动政治信任建设过程中，“一个关键问题是，如何把合法性从个人身上转移到政权上来”。这也就是如何实现政治角色人格的制度化问题，它需要通过制度化不信任来完成。“在一个民主政治制度中信任恰恰应归于民主制度的架构中制度化的不信任。”就制度化不信任的内涵，有人指出：“不意味着培养对制度的不信任，它是指运用合理的制度设计原则使制度能够监督其他机构的权力。”在现代国家，制度化不信任是一个结构体系，既包括合法化原则、公开选举和任期制度、分权制衡，也包括司法审查制度、行政诉讼制度、审计制度、问责制度，以及多数原则、信息公开、传媒自主等，它们共同构筑了塑造和维系民众政治信任的力量。

深刻透视这些原则和制度，可清晰发现它们都以不信任为前提、内化了不信任，具有制度化不信任属性，蕴涵着政治哲学的两个基本预设：权力的工具性与人性的不确定性。在西方社会，关于权力工具性与人性幽暗的思考，以及由此将政府视为必要的“祸害”、“无赖”等，已积淀为一种文化传统和民智习惯，形成了高度共识。这在事实上也应当成为一条基本规律，是任何形式的政治制度建设都必须遵循的，不管是哪个国度、什么样的执政党都应如此。正是基于对人性和权力的质疑、警惕、戒备和不信任，或是为避免、减少、防范权力之恶和人性之恶，现代国家建设才逐步形成了制度化不信任体系。其使命是：“帮助建构制度的确定性、组织的透明性、义务的强制性、秩序的稳定性，以及个人尊严、权利和利益的保障性，并对掌权者进行预防或追惩，来保障公共权力的确定性、责任性、可控性与可信性，进而确保民众施予政治体系的信任免受背叛。”可以说，由制度化不信任建构政治信任，是现代社会政治信任建设的根本原理和通律。

根据这样的原理，共产党提升执政公信力的能力，就根本性地转化为制度化不信任体系建设和有效运作的能力，也即政治制度化的能力。有人指出：“中国的软实力建设，一条可能有比较优势的路径是以政治制度建设为中心的全面整体推进的模式。”换言之，共产党推进政治信任软实力建设的方法是多样的，但最优的路径应当是政治制度化建设。在以民主法治为目标的国家建设中，共产党的政治制度化能力与国家治理体系和治理能力建设密切关联，政治制度是国家治理体系的核心，制度化能力是国家治理能力的关键。“改革开放以来，我们党开始以全新的角度思考国家治理体系问题，强调领导制度、组织制度问题更带有根本性、全局性、稳定性和长期性。今天，摆在我们面前的一项重大历史任务，就是推动中国特色社会主义制度更加成熟更加定型，为党和国家事业发展、为人民幸福安康、为社会和谐稳定、为国家长治久安提供一整套更完备、更稳定、更管用的制度体系。”确实，在改革开放进程中，中国国家治理体系建设摆脱了前苏联社会主义制度模式，以全新的角度开始探索并确立了中国特色社会主义制度。这其中就包括选举和任期制度、审计制度、问责制度、行政诉讼制度、政府信息公开制度等，都是具有制度化不信任属性的政治制度。

但要指出的是，由于制度设计问题及相关配套制度不健全等原因，一些具体制度和体制还很难充分发挥建构政治信任与执政公信力的作用，一些制度安排还处于缺席状态，制度整体上还不成熟、不定型。有人归纳了中国制度建设中存在的四大问题：制度虚置、制度异化、制度陷阱和制度架空。正因此，工具性权力“泛滥”，社会“潜规则”盛行，并出现了比较严重的腐败现象，耗散了民众的政治信任情感，极大地威胁了执政公信力。为此，共产党执政公信力建设的根本使命在于：根据制度化不信任的精神和理念建构一套适合于历史国情、契合于社情民智、植根于文化传统的制度体系，并通过激发制度活力、优化制度结构，让制度有效运转起来，充分释放制度能量，为民众表达不信任提供制度化通道。这也就是形成一整套更完备、更稳定、更管用民主法治体系，把权力关进制度的笼子里，依法治政、依法治权，增强执政组织、行为的可信性、消弭背信性，为民众施予政治信任形成激发机制，为执政党维系公信力形成压力机制。当然，把执政公信力建设的基础置于政治制度化能力，并不否认经济绩效和意识形态等执政硬、软实力资源的重要意义。甚至说，中国经济全面、协调、可持续的发展，意识形态领导权、管理权和话语权的增强，在新的历史条件下也都与国家制度和制度化能力密切联系在一起。

（作者：复旦大学国际关系与公共事务学院政治学博士后流动站研究员，中共上海市委党校政治学教研部副教授）

# 城乡统筹视域下城市边缘地带的基层党建
## ——困境、根源与路径探析

温　松

新中国成立尤其是改革开放以来,中国共产党根据自身历史方位和中心任务的变化,不断加强自身建设,提高领导水平和执政水平、提高拒腐防变和抵御风险能力,最大限度地完成了自己身上肩负的历史使命,带领全国人民实现了从高度集中的计划经济体制到充满活力的社会主义市场经济体制、从封闭半封闭到全方位开放的历史性转变。经过30多年的发展,我国的经济社会形势发生了天翻地覆的变化,新的形势不但给党提出了新的任务与使命,更带来了全新的问题和挑战,这就要求党必须更加重视加强与改进自身的建设,才能更好地应对这些问题与挑战。正是在这一背景下,党在十七届四中全会上适时通过了《中共中央关于加强和改进新形势下党的建设若干重大问题的决定》,其中更是专门提到了要"做好抓基层打基础工作,夯实党执政的组织基础,构建城乡统筹的基层党建新格局。"

"基层党组织作为党全部工作和战斗力的基础,也是落实党的路线方针政策和各项工作任务的战斗堡垒",无疑是党建工作的重中之重。在"构建城乡统筹的基层党建新格局"这一具体要求下,无论是农村还是城市社区的基层党建工作都必须做出相应的调整与转变,而其中最为必要与重要的,当属加强与改进对城市化进程中大量涌现的城市边缘地带基层党建工作的探索。首先,处于由乡村向城市社区过渡阶段的城市边缘地带,在城市化的冲击之下,既不再是传统的农村,又还未真正发展成为城市社区。党建工作也既不同于农村经验,又与成熟的城市社区模式存在很大差别,因此对于城乡统筹的党建格局有着最为迫切的需要;其次,由于城市边缘地带同时具备乡村与城市社区的特点,无论是在经济社会发展还是党的建设上,都自然地成为了城乡统筹发展的典型地带,因此做好这些地区的党建工作无疑能够为"构建城乡统筹的基层党建新格局"提供极为丰富的经验总结。正因如此,学术界近年来已经有越来越多的研究者注意到了城市边缘地带党建工作的重要性,做出了一些卓有成效的研究。

当前,学界对于"城乡统筹背景下城市边缘地带基层党建"这一主题的研究主要集中于两个面向。一方面,韦廷柒、王正宁、张书林等研究者从理论层面论述了"构建城乡统筹的基层党建新格局"的重要性、必要性、存在问题以及路径选择等问题;另一方面,史艺军、肖剑忠、马宝娟等学者基于各自所在地区的相关经验,总结了当地在"构建城乡统筹的基层党建新格局"方面所做的尝试,取得的成效以及存在的不足。这些研究起到了很好的开创性作用,为后续研究提供了必要的基础。不过,相对于这一问题的重要性,现有的研究仍然存在着较大的不足,不足之处一方面表现为,理论层面的探讨缺乏必要且丰富的经验材料的支撑;另一方面则表现为基于地方案例的经验研究往往局限在对当地个案的分析与总结,缺乏普遍性或一般性意义上的提炼与升华。总结起来,就是还未对以下四个问题做出较为全面的考察与梳理:首先,随着我国城市化进程的不断推进而大量涌现出的城市边缘地带,与传统的农村和成熟的城市社区相比,有着怎样独特的经济社会特征?其次,这些独特的经济社会特征又给党的建设工作在这些地区的展开带来了哪些具体的困难与挑战？再次，导致这些困难出现的根源又是什么？最后，化解这些问题与挑战可能的措施又是什么？因此，本文将基于对城市边缘地带经济社会环境特点的分析，综合梳理这些地区基层党建工作所面临的困境及挑战，考察导致这些困境与挑战的社会文化以及体制根源，并在此基础上探讨化解这些困难和挑战的出路。

## 一、城市边缘地带的社会样态特征

根据普里沃的经典定义，城市边缘地带是“一种在土地利用、社会和人口特征等方面发生变化的地带，它位于连片建成区和郊区以及具有几乎完全没有非农业住宅、非农业占地和非农业土地利用的纯农业腹地之间的土地利用转换地区。”正是这种特定的区位条件，导致这些地区相对于传统的乡村与成熟的城市社区，无论是在经济社会结构、人口构成、文化观念还是在制度机制等方面都呈现出独特的样态特征，具体表现在：

**1. 地域空间结构的动态性。**城市边缘地带的出现与城市化进程密切相关，随着城市化进程中各个具体城市在空间范围上的不断扩张，原本处于城市外围的传统乡村被逐渐纳入城市的范围之内，然而这些被纳入城市范畴中的乡村又不可能迅速转变为成熟的城市社区，城市边缘地带或城乡结合部由此产生。作为城市化这一动态进程的直接产物，城市边缘地带在地域空间结构上也呈现出明显的动态性。这首先表现为它们在区域位置上的变动性，随着城市的不断拓展，旧的城市边缘地带逐渐转变为真正的城市社区，而原本处于其外围的传统乡村则同样被纳入城市范围内而成为新的城市边缘地带。由此，城市边缘地带在区域位置上就随着城市化进程的逐步推进而由内向外不断地迁移。其次则表现为土地利用方式上的过渡性，原本用于农业生产的耕地不断地被开发为城市建设用地，而尚未被开发的土地要么被圈围起来成为待开发的荒地，要么暂时仍被用于农业生产，但随时可能被开发为城市建设用地。这种地域空间结构上的动态性意味着城市边缘地带的基层党建工作不仅要面临因土地开发而引起的诸多复杂矛盾所带来的挑战，还将是一项必须被长期重视的历史任务。

**2. 人口构成上的复杂性。**城市边缘地带在经历了一系列城市化进程的冲击后，人口构成上逐渐呈现出异常复杂的特征。除了在拆迁过程中未搬走或在建设工程完工后回迁的原住村民外，还存在着大量被这一地区相对较为低廉的生活成本（主要是房租及物价方面）所吸引过来的外地商品房购买人口、个体工商业主以及工作于城市中心却租住于此的流动人员，并且外来常住人口与流动人员在数量上已经远远超过了原住村民。这些规模庞大的外来人口与流动人员不但在身份特征上极其多元（既有刚刚毕业参加工作的学生群体、又有外来务工人员、甚至还有不少暂未找到工作或无所事事的社会闲散人员），职业分布上十分广泛（几乎涵盖了第二、第三产业的各个领域），而且在社会阶层属性上也非常复杂（既有纯粹的底层体力劳动者，又有具备一定技能的工厂企业蓝领，还包括少量入职时间不长的办公室白领）。外来人口与流动人员的大量涌入不但加剧了城市边缘地带的人口构成结构，同时也导致了“人户分离”与“空挂户”等现象的大量出现，这无疑给当前主要以户籍体制和单位体制为依托的党员管理工作增加了难度。

**3. 社会关系的异质性与利益格局的多元化。**随着城市化程度的日益深入，由这一地带原住村民之间基于血缘、亲缘及地缘关系形成的同质性的“熟人社会”，逐渐在大量涌入的外来人口和流动人员的冲击下被打破，开始向成熟城市社区中异质性的“陌生人社会”过渡。不过，由于这种转型尚未完成，这种异质性社会关系与成熟的城市社区之间又存在着很大的不同，具体表现为在这一地区活动的不同群体之间存在着较大的异质性社会关系，但在诸多次级群体，如仍然生活于此的原住村民，在原籍存在着同乡关系的外来人口之间仍然明显呈现出同质性的“熟人社会”关系。也就是说，这一地区社会成员之间所形成的，实际上是一种不同群体之间呈现出的异质性“陌生人社会”的同时，又在群体内部社会成员之间并存着同质性“熟人社会”的“半熟人”社会关系。这种“半熟人”社会关系的形成最直接的后果就是会导致这一地区不同群体间利益格局的极端复杂化与多元化。原住村民与村居委会、村居委会与城市开发者、城市开发者与原住村民、原住村民与外来人口、外来人口与村居委会等不同群体之间存在着极其多元复杂甚至是尖锐对立的利益格局，从而导致基层党组织在城市边缘地带的工作开展异常艰难。

**4. 行政与社会管理体制上的二元性。**作为一个由乡村逐步向城市过渡的特殊地区，城市边缘地带在经济社会样态上既呈现出明显的非农非城性，又表现出强烈的亦农亦城性。这种亦农亦城性在行政与社会管理体制上，则体现为适用于传统乡村的管理体制与应用于城市社区的管理体制同时并存于这一地区，甚至还间或存在着“村转居”正在进行的过渡性管理体制。传统农村的行政和社会管理体制一般分为县—乡、镇—村民委员会三级系统，而城市社区则一般分为市辖区—街道办事处—居民委员会三级系统。但在城市边缘地带，管理体制则往往“存在着区—镇—村三级行政管理体制和区—街道办事处—村、区—街道办事处—居委会两种管理模式并存叠置现象。”这种管理体制上的二元特征也给当地基层党建工作带来了诸多困扰与不便。

## 二、城市边缘地带基层党建工作面临的困境与挑战

城市边缘地带既区别于传统乡村又不同于成熟城市社区的独特经济社会样态，给长期以来主要专注于纯粹的乡村地区与城市社区的基层党建工作带来了全新的环境与挑战，导致这些地区基层党建工作在自身职能角色定位、党员管理与组织生活保障、领导干部选拔与腐败预防等诸多方面都陷入了极大的困境。

**1. 基层党组织自身职能定位困难，难以适应城市边缘地带居民群众的实际需求。**对于基层党组织在我国经济社会发展进程中的职能定位，中共中央有着十分明确的规定。依据党的十七届四中全会通过的《中共中央关于加强和改进新形势下党的建设若干重大问题的决定》中的界定，在职能与承担任务上，农村基层党组织的任务是“发展现代农业、培养新型农民、带领群众致富、维护农村稳定，发挥党组织在建设社会主义新农村中的领导核心作用”；而城市街道社区党组织的任务则是“服务群众、凝聚人心、优化管理、维护稳定，发挥党组织在建设文明和谐社区中的领导核心作用”。如此清晰明确的定位，无疑能够较好地指导基层党建在传统乡村地区与城市社区的实践工作开展。

然而城市边缘地带的基层党组织，中央却没有给出这样明确的职能定位，甚至现有的定位方式还会给这些地区基层党组织自身的职能定位带来一定的困难。处于由乡村向城市过渡阶段的城市边缘地区，既有尚未完成转型的由原住村民组成的农村社区，又存在着已经完成城市化进程的城市社区。对于前者，发展村集体经济，带领群众致富，仍然是原住村民对基层党组织的迫切期待；而对于后者，为社区居民提供更多更好的公共服务则成为了党组织不得不承担起来的工作。同时并存的双重任务显然极大地牵扯了这些脱胎于农村，且自身同样处于转型阶段的基层党组织的精力，从而导致它们疲于应对，任何一方面的工作都难以做好，进而引发当地群众的普遍不满，极大地影响了基层党组织的战斗力、执行力与凝聚力。

**2. 党员管理教育难度日益加大，党员的组织生活以及党的组织活动开展得不到保障。**随着我国经济社会环境的持续开放，开始有越来越多的人员因工作或学习在城市与乡村或城市与城市之间往返流动，这其中也包括大量的党员。而无论是从人口规模还是流动频率上看，都以城市边缘地带最为突出。受城市开发导致征地拆迁的影响，许多得到了相应补偿的原住村民离开了这一地带，搬入了成熟的城市社区生活。与此同时，在远低于城市中心生活成本的吸引之下，越来越多的外来人口和流动人员纷纷涌入这一地区。不过，这些大量流入的外来人口并未打算长期居住生活于此，他们往往是迫于生活的压力而暂住在这里，随着其工作的逐渐稳定，经济状况日趋好转，大部分人将会转入城市社区生活。取而代之的，则是新的刚刚来到这座城市不久，工作生活尚不稳定的外来人口。

如此规模庞大的流动人口，给传统上更多依据“属地原则”和“单位体制”管理党员的基层党组织带来了极大的困难。具体表现为当地的基层党组织联系不到原本归属于其管理但早已外迁他处的原住村民党员，而暂住于此的外来党员由于党组织关系并未随之迁入本地而找不到对其进行教育管理的党组织，于是出现了大量的“口袋党员”和“隐形党员”，导致基层党组织和党员正常组织生活的开展都得不到应有保障。如何能够将基层党组织与散布在其周围却找不到自己党组织的党员有效联系起来，无疑是城市边缘地带基层党建工作必须面对的一个全新挑战。

**3. 适合于城市边缘地带工作需要，具备相应综合素质的基层领导干部选拔配备困难，且一些地区的基层领导干部贪污腐败问题频发。**处于城乡交错地带的基层党组织不但要努力发展集体经济，还必须承担起向社区居民提供公共服务的职能。此外，随着越来越多的区域被纳入城市开发建设用地，大量的拆迁征地工程上马开工，基层党组织还不得不肩负起繁重的拆迁安置与维护社会稳定任务，这一切都对其领导班子成员的综合素质提出了极高的要求。然而，这些地区的党员绝大多数都是由当地原来的农村中过渡而来，不仅在年龄结构上老龄化严重，知识结构上文化程度不高，而且普遍视野不够开阔，缺乏能够适应上述工作任务需要的综合素质。这就导致基层党组织很难从当地现有党员中选拔配备出具备相应能力素质，能够有力肩负起各种高难度工作任务的领导班子。因此，如何选拔配备出能够满足城市边缘地带工作需要的高素质领导班子，将始终是城市边缘地区基层党建工作面临的一项重大挑战。

与此同时，在城市化进程不断推进的情况下，越来越多的征地拆迁、工程建设以及招商引资项目在城市边缘地带破土动工。而所有这些项目，尤其是那些涉及对由原住村民集体所有土地进行开发的项目的筹备与推进，都离不开当地基层党组织的协调配合，甚至是直接组织管理。这就在客观上导致了城市边缘地带基层领导干部所面对各种利益诱惑的增多，在监管不到位的情况下，就会极大地增加这些领导干部滑向贪污腐败的风险。在2013年广州市白云区开展的专项整治村干部腐败活动中，短短几个月时间，便立案查处了违纪违法村社干部43人；而在寸土寸金的广州市天河区冼村，纪检部门更是查出了一个村集体腐败窝案，在冼村当了30多年党支部书记的卢穗耕在被免职后潜逃国外，冼章铭等4名村干部集体落马。这些城市边缘地带基层干部腐败案的发生，无不与当地的征地拆迁、工程建设以及集体“三资”交易等事务密切相关。更为严重的是，这些基层干部的腐败行为，损害的基本上都是本该由当地全体居民共同所有的集体资产，因此极易引发群众与党委、政府之间的矛盾、对抗甚至是冲突，从而严重腐蚀中国共产党在基层地区的执政基础。由此,如何有效地预防与治理基层领导干部在开发与建设进程中的腐败问题,显然是城市边缘地区基层党建工作所必须严肃对待的一项严峻挑战。

## 三、城市边缘地带基层党建工作面临挑战的根源分析

通过前文分析发现,既不同于城市社区又区别于传统农村的独特社会样态,确实给城市边缘地带的基层党建工作带来了诸多挑战。不过,需要指出的是,城市化进程快速推进所产生的这些城市边缘地带本身,与这些地区中基层党建工作面临困境之间,却并不是真正的因果关系。问题的症结是基于传统农村和城市社区经验所形成的基层党建工作的体制机制,已经很难适应城乡结合地带全新的经济社会环境。而现行党建工作体制机制的形成与运行,显然离不开其所处经济社会结构以及制度环境的长期塑造。因此,导致当前基层党建工作不适应城乡结合地带新情况的根源,无疑隐藏于这些经济社会结构以及制度环境之中,也只有探寻到这些根源所在,才有可能找到真正化解当前城市边缘地带基层党建工作面临上述挑战可行的应对措施。总结起来,这些根源主要包括:

**1.经济社会的城乡二元结构**。新中国建立后,为了扭转百年以来由于工业化水平落后而导致的被动挨打局面,党和国家确定了优先发展重工业的经济发展思路,认为“只有依靠重工业,才能保证整个工业的发展,才能保证现代化农业和现代化交通运输业的发展,才能保证现代化国防力量的发展,并且归根结底,也只有依靠重工业,才能保证人民的物质生活和文化生活的不断提高。”然而,建国初期我国的经济形势在长期战争的破坏之下已经处于崩溃的边缘,可用于发展以资金密集型为主要特点的重工业的资本十分匮乏,因此只有通过一方面在城市尽力压低产业工人的工资福利水平,降低人工成本;另一方面尽可能地提高从农业生产中获取资本的力度两条途径获取可用于重工业发展的原始资金积累。对农业剩余产品的过度提取无疑会导致农村生活水平的降低,甚至是农村经济的凋敝,这就使得农民有了足够的动力脱离农村涌向城市,如此必然会影响重工业发展计划。为此,国家又制定了严格的户籍政策,通过属地化以及带有代际传承性质的户籍制度将一代又一代农民牢牢地禁锢在土地上面不准自由流动和迁徙,从而保证了国家工业化进程能够得以推进下去,同时也形成并固化了经济社会在城乡之间几乎完全不同的发展格局与模式,也就是城乡二元结构。

在城乡二元的经济社会结构之上,党的建设尤其是基层党建工作也分别在城市和农村发展出了两种不同的组织体制与运行机制。依托于严格的户籍制度和单位体制,城市的基层党组织管理着当地城市社区居民中的党员,而农村基层党组织则管理着本村村民中的党员,中央甚至也为农村和城市的基层党组织各自设置了不同的功能定位。改革开放后,随着经济社会的发展以及城市化进程的不断推进,我国城市与农村之间在经济社会活动中的交流日益密切,人口在城市与农村以及城市与城市之间的流动也日益频繁。然而,以户籍制度为基础的城乡二元的经济社会结构却并未发生根本改变,大量流入城乡结合地带的外来人口也并未成为真正意义上的当地居民,与此同时,依托于城乡二元结构形成的城乡迥异的基层党建体制也并未随着党员流动性的增加而进行相应调整。从而导致了一方面是大量涌入城市边缘地带的外来农村党员,因户籍和党组织关系未能迁到此地,而不能接受当地基层党组织教育和管理,难以参加正常的党组织生活;而另一方面是城市边缘地带的基层党组织因本地党员外迁而少有甚至没有党员可管理,却对于身边大量存在的流动党员却管理不到的尴尬局面的出现。显然,这种城乡区隔的基层党建体制也是导致城市边缘地带基层党组织自身职能定位困难的根本原因所在。

**2.“条块分割”的行政管理体制**。新中国

成立后,与城乡二元经济社会结构伴随形成的,还有高度集中的计划经济体制,这一体制最为显著的特征就是在中央集权的控制下,将经济计划指令由中央向地方纵向传递,从而实现中央政府对国民经济发展方向的整体计划与掌控。为此,国家就必须制定出一套严格的依据下级服从上级原则运转的行政管理体制,以保证中央制定的各种经济计划指令能够有效地传递到全国各地。这样,更多强调上下级机构与部门之间纵向的“条”状联系,而较少重视地区部门与机构之间横向的“块”状互动的“条块分割”的行政管理体制逐渐形成。行政管理体制上的“条块分割”,不但深刻地影响着我国的国家治理机制,也在客观上对党的建设尤其是基层党建方式带来了一定的负面影响。

中国共产党自成立以来尤其是新中国建立之后,基层党组织基本都是依据行政隶属和属地管理的原则建立起来的。这种组建方式有两个最基本特征,一是党委、党总支、党支部等党的各级组织机构依照行政层级分别设立,而每一地区或单位的基层党组织基本上都只与其所在地所属行政链条的上一级党总支、党委发生联系;二是不同地域或部门中的基层党组织受到行政管理体制的制约,相互之间很少或很难进行横向互动。经过30多年的改革开放,我国的经济体制已经基本完成了由计划经济向市场经济的转型,然而“条块分割”的行政管理体制却并未随之发生根本的转变,依托于行政管理体制的党建机制更未进行相应的调整。这就导致了基层党建工作在城乡之间互动频繁的城市边缘地带面临极大的困难。

**3. 基层干部教育、培养与监管机制的相对缺失。**长期以来,依据党章要求,我们党一直重视对基层党员干部的教育、培养、监督以及管理,要求各级党组织的书记必须努力抓好基层党的建设工作,尤其不能放松对基层党员干部进行不断地教育和培养,以提高其党性素养、学习并坚持党的各项方针政策,有力地保证了党在基层地区的执政基础。不过,随着改革开放的持续推进,市场经济的不断发展,部分地区尤其是经济活动异常活跃的城市边缘地带的基层党组织,逐渐出现了重视发展经济而轻视党员干部教育培养的观念与倾向。其结果就是经济发展虽然取得了较大进步,但党员干部的综合素质却并未得到明显的提高,从而导致城市边缘地带基层党员干部的综合素质与党性素养,越来越难以适应这些经济社会环境已经发生了巨大变迁地区党建工作的需要。

与此同时,相对于较高级别的领导干部,纪检监察机关对基层党组织领导干部的监察力度明显不足。其原因一方面在于随着经济的发展,各种利益诱惑的增加,许多地方出现了级别相对较高,涉案规模相对较大的腐败案件,“大老虎”几乎占据了各级纪检监察部门的主要精力,难以抽出精历对于基层出现的一些小“苍蝇”及时查办;另一方面则由于基层党组织的领导干部向来官微权小,普遍被认为即使出问题也不会出什么大问题,从而未能重视建立健全针对这些基层领导干部的检查机制。然而实际的情况却是,随着城市化进程的推进所带来的土地价值的急剧增加,城市边缘地带虽然级别不高但却能够影响当地集体土地使用的村支书或社区书记,也有可能卷入涉案规模庞大的腐败案件之中。

## 四、完善城市边缘地带基层党建工作的路径探析

随着城市化进程日益深化,城市边缘地带在社会结构、人口构成、社会利益格局以及管理体制等诸多方面呈现出的既不同于传统农村,又有别于城市社区的独特经济社会样态,给党的基层建设工作在这些地区的开展带来了不同面向的挑战与困难。而造成原有的基层党建机制难以适应新的经济社会环境的根源,则深藏于新中国建立后几十年来形成的经济社会结构、行政管理体制以及基层党员干部的教育、培养和监管机制中。通过对这些结构性根源的分析,我们认为化解当前基

层党建工作在城市边缘地带遭遇的上述困境与挑战，有必要从以下四个方面着手，切实加强城市边缘地带基层党的建设工作，以实现中央关于“构建城乡统筹的基层党建新格局”的要求。首先，要进一步打破城乡二元的经济社会结构，努力构建城乡一体化的经济社会发展格局；其次，要继续深化行政体制改革，打破基层党建工作在地域和单位间的“条块分割”，同时有必要通过合理利用现代信息技术，增强对流动党员的管理与服务；再次，要明确城市化进程中，城市边缘地带基层党组织的职能角色定位；最后，则要健全对城市边缘地带基层党组织领导干部的教育培训、选拔配备与监督管理机制，在努力提升其自身素质的同时，着力预防与遏制腐败现象的发生。

（作者：中共广东省委党校副教授）

# 第十一部分

# 思想政治工作研究与创新

# 把握大势 着眼大事<br>努力做好新形势下高校宣传思想工作

袁贵仁

近期，中共中央办公厅、国务院办公厅印发《关于进一步加强和改进新形势下高校宣传思想工作的意见》（以下简称《意见》）。这是深入贯彻落实习近平总书记关于意识形态工作系列重要指示精神、全面推进高校宣传思想工作的纲领性文件，是对新时期高校宣传思想工作的总部署总动员。学习贯彻落实好《意见》精神，是当前和今后一段时期教育战线的重要任务。

## 一、充分认识做好高校宣传思想工作的重大意义

《意见》指出，做好高校宣传思想工作，加强高校意识形态阵地建设，是一项战略工程、固本工程、铸魂工程，事关党对高校的领导，事关全面贯彻党的教育方针，事关中国特色社会主义后继有人，对于巩固马克思主义在意识形态领域的指导地位，巩固全党全国人民团结奋斗的共同思想基础，具有十分重要而深远的意义。贯彻落实好《意见》，需要从全局和战略高度深刻认识高校意识形态工作的极端重要性，进一步澄清思想上的模糊认识，切实增强做好高校宣传思想工作的责任感、使命感。

多年来，在党中央的坚强领导下，高校一手抓改革发展，一手抓意识形态工作，连续25年保持稳定，为办好人民满意教育、维护改革发展稳定大局作出了重要贡献。当前高校宣传思想领域主流积极健康向上，广大师生对党的领导衷心拥护，对以习近平同志为总书记的党中央充分信赖，对中国特色社会主义事业和实现中华民族伟大复兴的中国梦充满信心。

同时，我们必须清醒看到，高校作为意识形态的前沿阵地，一些苗头性、倾向性问题应当引起高度重视。面对日趋复杂的国内外环境，高校用社会主义核心价值观引领广大师生的任务更加艰巨；充分运用新型传播手段创新高校宣传思想工作，掌握网络舆论主动权的任务更加凸显；教育率先实现现代化、推动教育领域综合改革，落实好立德树人的根本任务更加紧迫。面对新形势新任务，我们必须不断强化政治意识、责任意识、阵地意识和底线意识，不断坚定广大师生中国特色社会主义道路自信、理论自信、制度自信，培养德智体美全面发展的社会主义建设者和接班人。

## 二、准确把握新形势下高校宣传思想工作的着力点

高校宣传思想工作点多线长面广，贯彻落实好《意见》提出的各项任务，必须从解决当前突出问题入手，统筹推进各方面工作。

**一是深化理论武装，强化正面引导。**做好高校宣传思想工作，全面落实立德树人根本任务，必须坚持党的领导，用中国特色社会主义理论体系武装师生头脑，用社会主义核心价值观凝聚人心。推进中国特色社会主义理论体系进教材进课堂进头脑是一项长期的工作，也是一项紧迫的、常抓常新的工作。高校要充分发挥学科优势、人才优势、智力优势，着力回答中国特色社会主义重大理论和实践问题，不断深化对马克思主义中国化最新成果，特别是习近平总书记系列重要讲话精神的研究阐释，坚持以党的理论创新成果武装师生头脑。深入实施马克思主义理论研究和建设工程，建设以马克思

主义为指导，充分反映党的理论创新成果，充分体现中国特色社会主义实践经验和生动案例，具有中国特色、中国风格、中国气派的哲学社会科学教材体系。实施好高校思想政治理论课建设体系创新计划，发挥好高校思政课的主渠道作用，把我们底气充足的思想理念讲深讲透，使我们想说的内容入耳入脑入心，不断增强青年大学生的道路自信、理论自信、制度自信。党的十八大以来，习近平总书记对学校培育和践行社会主义核心价值观发表一系列重要讲话。培育和弘扬社会主义核心价值观，是高校宣传思想工作的根本任务。中共教育部党组、共青团中央最近印发了《关于在各级各类学校推动培育和践行社会主义核心价值观长效机制建设的意见》，着力把核心价值观融入学校教书育人的各个环节，构建相互衔接、各有侧重、梯次推进的核心价值观教育体系。要更加注重社会主义核心价值观教育与中华优秀传统文化教育有机结合，不断增强大学生的文化自信和价值观自信，进一步发挥好社会主义核心价值观凝聚共识、弘扬正气、引领风尚的重要作用。

**二是直面突出问题，加强阵地建设与管理。**高校是意识形态工作的前沿阵地，青年师生是敌对势力对我进行渗透分化的重点人群。近年来，一些国家把中国的发展壮大看作是对其制度模式和价值观的挑战，加紧对我渗透分化，方法手段更加隐蔽多样，高校宣传思想阵地管理的难度进一步加大。落实好《意见》，必须不断增强阵地意识，加强阵地建设和管理。要在借鉴吸收一切人类文明成果的同时，防范对外开放条件下办学面临的各种意识形态风险，努力在斗争中把握主动，赢得优势。坚持课堂讲授有纪律，制定《课堂教学管理办法》，用马克思主义占领课堂主阵地。教材是国家主流意识形态的体现，也是加强社会主义核心价值观教育的基本途径。进一步加强教材建设，不断推进马克思主义学术话语体系创新，坚决抵制那些传播西方错误观点的教材进入我们的大学，打造以马克思主义为指导的教材体系，为壮大主流意识形态提供坚实支撑。坚持"抓源头、抓审批、抓场地"，进一步规范宣传思想阵地管理流程和工作机制，不断加强高校哲学社会科学报告会、研讨会、讲座、论坛等宣传阵地管理，不给错误言论以传播渠道。

**三是重视网络建设，壮大主流舆论。**互联网是我们面临的最大变量，必须坚持管建结合、善管善用，按照网络生态和运行规律，综合运用法律手段、技术手段加强网络治理，壮大主流思想舆论，使网络这个"最大变量"成为最大机遇。加强网络队伍建设，探索建立优秀网络文章纳入科研成果统计、列为职务职称评聘条件的办法，打造一支由学术大师、教学名师、优秀导师、辅导员班主任、优秀骨干学生组成的高校网络宣传工作队伍，引导他们用中国的理论、中国的学术解释中国的奇迹，把中国特色社会主义道路、理论、制度的特色和优势讲清楚说明白，让人民群众能够听懂和认同。加强网络平台建设，加强思想政治教育示范性网站长远规划，推出一批示范性思想理论教育资源网站、学生主题教育网站和网络互动社区，集中优势办出品牌。推进教师博客、校务微博、班级微博、校园微信公众账号建设，扩大网络主流舆论阵地。继续加强对校园网用户管理，与有关部门协同建设高校网络信息应急机制，提高网络管理水平，让网络空间成为激发正能量的坚强阵地。

**四是坚持德才兼备，建强工作队伍。**做好高校宣传思想工作，关键在人。要强化高校党委的政治责任和领导责任，建立意识形态工作责任制，把对意识形态工作重视不重视、抓得到位不到位，作为衡量高校党委领导能力的核心标准。加强队伍建设，首先，要解决好"信"的问题，让有理想的人讲理想、有信仰的人讲信仰。要把是否重视、是否善于做意识形态工作作为高校干部选拔、任用和考核的重要内容，对于在意识形态工作中出现重大问题的干部，要严肃追究责任。其次，要解决好"强"的问题，让搞马克思主义的人有尊严、有自信、有底气、有本事。进一步完善马克思主义理论人才培养体系，着力在大学生中培养一批坚定的马克思主义者，在青年教师中培养一批高水平的马克思主义理论教育人才。再次，要全面加强教师思想政治工作，把好教师聘用政治关，坚持把师德建设放在首位，引导广大教师真正成为学生成长成才的引路人。

## 三、不断提高做好新形势下高校宣传思想工作的能力

新形势下高校宣传思想工作的对象、条件、环境都发生了很大的变化，需要我们深入研究规律，不断增强方法自觉，注重方法创新，提高做好意识形态工作的本领。

**一是树立战略思维，提高把握大势能力。**平总书记强调，要站在战略和全局的高度观察和处理问题，从政治上认识和判断形势，透过纷繁复杂的表面现象，把握事物的本质和内在规律。做好高校宣传思想工作，必须树立战略思维，善于从全局和长远的高度思考问题。目前来看，我们所面临的大势，首先是经济全球化条件下，各种思想文化交流交融交锋日益频繁的大势。这就需要我们改变过去封闭状态下做意识形态工作的惯性思维，把意识形态斗争和各种思想文化碰撞作为一种新常态，善于从战略层面应对和思考。其次就是把握互联网发展的大势。意识形态工作说到底是做人的工作，人在哪儿重点就应该放在哪儿。青年大学生是网民的主要群体，高校意识形态很多问题也是因网而生、因网而兴，我们必须充分利用网络时代全媒体、大数据等特点，不断增强网络宣传思想工作能力，牢牢掌握网络舆论战场主动权。

**二是强化底线思维，提高应对难题能力。**习近平总书记多次强调，要善于运用底线思维的方法，凡事从坏处准备，努力争取最好的结果，这样才能有备无患，遇事不慌，牢牢把握主动权。做好新形势下高校宣传思想工作，必须充分估计到工作中存在的困难和问题，强化底线思维，把工作基点放在可能出现的最大风险上，准备好对策。当前高校意识形态工作面临的最根本问题就是如何赢得青年。正反两方面经验表明，执政的最大优势是赢得青年，执政的最大风险是失去青年，赢得青年就能赢得未来。从这一点看，高校宣传思想工作极端重要、任重道远。贯彻落实好《意见》的各项任务，要宁可把问题想得复杂一些，把形势想得严峻一些，拿出综合的、具体的、可操作、有效的实施方案，决不能以文件落实文件，走过场，走形式。

**三是增强系统思维，提高协同合作能力。**高校宣传思想工作是一项系统工程，涉及学校、家庭、社会各个方面，关涉教学、科研、管理各个领域，必须树立系统思维，善打组合拳，不断提高协同合作能力。目前，多部门协调配合、密切联动的管理工作机制有待完善，在一定程度上还存在各自为战、信息交流不畅等问题。要加强统筹协调，协同合作，建立各方面共同参与的工作机制，形成齐抓共管、协同推进的工作格局。

**四是运用法治思维，提高依法治理能力。**全面推进依法治国，要求我们善于运用法治思维，以法治方式推进高校宣传思想工作。要始终把维护宪法和法律尊严作为高校宣传思想工作的重要内容，加强对广大师生的法治教育，推进中国特色社会主义法治理论进教材进课堂进头脑。善于以法治方式处理高校意识形态中出现的各种问题，坚持教育引导和法律约束相结合，对于违反国家法律法规、违反校规校纪的言行，要依法依规处理。着力加强现代大学制度建设，善于用制度管人管事，坚持依法治教与推进意识形态工作制度化相结合，不断推动高校宣传思想工作法治化、规范化。

（作者：中共教育部党组书记、部长）

# 把思想政治工作“生命线”传承下去

杨建义

“生命线”论断是中国共产党在革命、建设和改革实践中对思想政治工作地位作用的高度概括和形象表达，也是对革命、建设和改革历史经验的科学总结。1932年7月，党中央《给苏区中央局及苏区闽赣两省委信》中第一次明确提出“政治工作是红军的生命线。”此后，随着形势的变化和经济社会的发展，“生命线”的内涵不断丰富。回顾“生命线”论断的源起、形成和发展过程，古田会议是一个重要的历史关节点。古田会议确立的“思想建党、政治建军”，犹如马克思所指出的，制定一个原则性纲领，这就是在全世界面前树立起一些可供人们用以判定党的运动水平的界碑。回顾古田会议的历史背景，重读《古田会议决议》(下文称《决议》)，我们能够深刻感受到古田会议在思想政治工作“生命线”论断形成过程中的独特意义和重要作用。

## 一、古田会议前围绕着政治工作在军事斗争中地位问题的争论及其解决，是对思想政治工作地位统一认识的过程，即是“生命线”论断的酝酿过程

在古田会议召开之前的较长时间里，对如何认识和解决当时红军中存在的非无产阶级思想，红四军尤其是红四军领导集体中有不同的看法，甚至出现严重的分歧和矛盾。中国红军第四军是中国共产党领导创建的第一支军级建制的正式红军，具有“铁军”美誉。此时的红四军战功赫赫。但是部分官兵不习惯做创建革命根据地的艰苦工作，不赞成红军宣传、组织群众和创建革命根据地，热衷于攻打城市，主张“走州过府”，四处游击；不习惯党对军事工作的领导，认为军事高于一切，提出“司令部对外”的口号，表现出严重的单纯军事观点；不习惯政治工作地位的提高，认为政治部妨碍了司令部的工作，是“卖狗皮膏药”的；不习惯民主集中制原则，一些人认为是搞家长制。同时，红四军领导集体内部也对组织发动群众、创建革命根据地、党的领导原则、政治工作的作用和地位等一些原则问题，产生了不同认识，存在着分歧。

1929年9月28日《中共中央给红四军前委的指示信》(即《九月来信》)，正确地分析了当时的政治形势，充分肯定了红四军两年来的斗争经验和正确做法。指出：“红军中政治部工作及宣传队组织（或如你们所称‘宣传兵’）是红军中政治命脉，其作用不减于战斗兵，如工作不好、组织不得法，那是另一问题，然决不能因此便摇动了根本路线。否则我们的红军，为着何来？红军对全国的政治影响又建立在哪种基础上去？”

古田会议前红四军及党内对军队中党的领导、政治工作地位等问题的统一思想认识的过程，是对“生命线”论断的思想动员和理论酝酿。正如《关于纠正党内的错误思想》一文的题注所说，中国红军从一九二七年八月一日南昌起义创始，到一九二九年十二月，经过了两年多的时间。在这个时期内，红军中的共产党和各种错误思想作斗争，学到了许多东西，积累了相当丰富的经验。毛泽东写的这个决议，就是这些经验的总结。

## 二、《古田会议决议》回答了政治工作的地位和作用问题，初步阐述了“生命线”论断的内涵

1929年12月28日，中国共产党红军第四

军第九次代表大会在古田召开，讨论通过了《中国共产党红军第四军第九次代表大会决议案》，即《古田会议决议》，确定了“思想建党、政治建军”的正确方向。《决议》作为我们党思想政治工作史上的第一篇纲领性文献，标志着思想政治工作的形成，初步揭示了思想政治工作“生命线”的内涵。具体来看，表现为以下几个方面：

**一是确立了政治机关、政治工作在红军队伍中的地位。**关于红军中政治机关的地位和作用问题，在古田会议召开前一直存在争论和分歧。其中有一种单纯军事的观点，认为军队以抓军事为主，军事好，政治自然会好；军事不好，政治也不会好，主张“司令部对外”，把政治机关隶属于军事机关，政治领导与教育应该处于从属地位。这实际上削弱了政治机关应有的地位和作用。《决议》批评了种种单纯军事的错误观点，指出这种思想发展下去，红军便会有离开无产阶级领导的危险，就会像国民党军队所走的军阀主义道路一样，有脱离群众、以军队控制政权的危险，明确指出中国的红军是一个执行革命的政治任务的武装集团。红军中的政治机关是对党员干部进行党性教育的专职工作机构。红军必须实行政治委员制度，把宣传工作作为“第一个重大工作”。这不仅确立了党对红军的绝对领导，而且确立了红军中的政治机关和政治工作的重要地位和作用，为切实有效地发挥思想政治工作的保证和服务作用创造了思想基础和组织基础。

**二是确立了思想政治工作服务于中心任务，与中心任务一同落实的基本原则。**针对把红军原来担负的打仗、做群众工作和筹款三项任务，缩小为单纯打仗的观点，《决议》进一步明确了党的政治任务，指出红军决不是单纯地打仗的部队，除了打仗消灭敌人军事力量之外，还要担负宣传群众、组织群众、武装群众、帮助群众建立政权以至于建立共产党的组织等项重大的任务。要求党员广泛地向群众进行宣传，把宣传党的政治任务作为一项重要工作来抓。《决议》指出，红军宣传工作的任务，就是扩大政治影响，争取广大群众。若忽视了这个工作，就是放弃了红军的主要任务，实际上就等于帮助统治阶级削弱红军的势力。可见，《决议》把政治工作与打仗、筹款等工作结合起来，而且是为后二者任务的完成提供政治保证和思想基础。

**三是确立了思想引导作为思想政治工作的重要任务和基本方法。**红军党内最迫切的问题，要算是教育的问题。为了红军的健全与扩大，为了斗争任务之能够负荷，都要从党内教育做起。从教育上提高党内的政治水平，有计划地进行党内的教育，纠正过去无计划的听其自然的状态，是党的重要任务之一。《决议》把“党内教育”作为单独的一部分写进了会议的决议，强调要有计划地对党员进行马列主义基本理论的教育和党的路线教育，使党员从理论上划清无产阶级同各种非无产阶级思想的界限，提高党员的思想水平和政治水平，使党员的思想和党的生活都政治化和科学化。古田会议决议总结探索出了一套思想教育的科学方法，开创了党内思想教育方法的先河。

## 三、古田会议的影响和革命形势的发展进一步证明了政治工作的独特作用，是“生命线”论断提出的实践基础，并促进了“生命线”论断的明确提出

古田会议的影响是深刻的。在统一思想上，古田会议结束后，红四军掀起了学习和贯彻古田会议精神的热潮。在革命实践中，红军再次焕发了新的战斗活力，重新开始了“风卷红旗过大关”的辉煌征程，连续击退国民党的第二次“会剿”和第一、二、三次“围剿”。在毛泽东、朱德指挥下，红一方面军主力在赣西南、闽西继续扩大战果，长期被分割的赣南和闽西两块革命根据地连成了一片，形成了以瑞金为中心的中央革命根据地，总面积达五万多平方公里，人口有二百五十多万，为建立中华苏维埃共和国奠定了坚实的基础。

1932年7月，党中央《给苏区中央局及苏区闽赣两省委信》中，一方面充分肯定了古田会议之后所取得的成绩，把这种成绩与党的领导和政治工作紧密联系起来。“根据着苏区工农群众的积极性的增长及工农红军的英勇善战，在中央局的正确的领导之下，中央苏区得到了许多光荣的成绩；苏维埃中央临时政府的成立及其对于全国革命运动领导的加强，苏区的扩大与漳州的占领，反革命组织的扑灭，土地重新分配，工人生活的初步改善，红军的强固与扩大，……绝对不能将这些胜利与成绩与苏区的党的组织及其领导机关的艰苦的为着国际与党的总路线的执行的斗争分离开来。”另一方面批评了不重视政治工作的现象。“在红军中的政治工作的惊人的薄弱，红军中的政治机关的工作的敷衍和对于党的路线的动摇（在总政治部的口号上有‘反对党包办一切’的口号），个别的同志甚至抵抗政治工作条例在军队中的实施，这样使着广大的赤色战斗员不能够在思想上武装（一部分战斗员甚至不知道苏联是什么，以及两条战线的争斗是一条在高兴圩，一条在老营盘等等）。”为着要进行大规模的革命战争——特别是将要到来的与帝国主义者的直接的武装战斗，要求“党和红军的领导要用一切力量来改造红军，准备红军中的指挥员与战斗员能够担任这个光荣的历史任务。这必须要政治上，技术上与组织编制上全部的改善与加强起来。”也正是在这封信中，第一次明确提出“生命线”的论断。指出，政治工作在红军中有决定的意义，每一个红军战斗员不仅要能够有充分的军事技术，而且最重要的是脑子的武装。必须充实现有军队中的政治工作，实现中央政治工作条例，政治工作不是附带的，而是红军的“生命线”。

## 四、思想政治工作“生命线”论断的确立和系统化

1934年2月7日至12日，红军全国第一次政治工作会议在瑞金召开。会议对红军政治工作的经验教训做了初步总结，确定了今后政治工作的方向、基本原则与具体的办法。总政治部主任王稼祥在开幕词中指出：“大家都明了，政治工作是我们红军的生命线，一切战争如果没有政治工作的保障是不能达到任务的。”“政治工作就是要提高红军战士与工农群众的积极性。政治工作是提高红军战斗力的原动力。”周恩来在大会的演讲中指出：“政治工作是红军的生命线。你们是领导者，每一战斗的胜利离不开你们，离不开政治工作。”并在《一切政治工作为着前线上的胜利》的长篇报告中，着重阐明怎样用政治工作来提高红军战斗力，保障上级命令的绝对执行与提倡和发扬新的战术。指出：“一切政治工作，要服从整个作战计划；一切政治工作，都要为着前线上的胜利。”朱德在致辞中强调：“政治工作是红军的生命线。我们不仅要加强前方兵团的政治工作，同样要加强预备队、游击队的政治工作。”“如果没有政治工作，没有党和无产阶级的领导，是不会有红军的。红军因有政治工作才能保证能为本阶级利益而牺牲，才是英勇无敌的百战百胜的红军。”这次会议要求大家都重视思想政治工作，标志着对思想政治工作“生命线”地位的认识有了统一的认识，有了新的发展。

会议对红军政治工作提出了五条重要原则：一是“政治工作是红军的生命线”，明确了红军政治工作的地位，反对轻视政治工作的倾向。二是“政治工作要保证作战的胜利”，要求政治工作要围绕整个作战计划开展各种活动，保证作战命令的绝对执行。三是“政治工作要保证提高部队的军事素养，政治干部要学习军事，要会指挥打仗”。四是“加强与改善政治教育工作”。政治教育要遵循三条原则：一要“从战士的切身问题说到长远问题”，二要“从现在的问题说到历史的问题”，三要“从具体问题说到抽象问题”。五是“反对工作中的官僚主义、平均主义和‘刻板’的工作方式”。要求政治机关和政治干部要深入实际，工作要分清主次，实行具体的面对面的领导。红军全国第一次政治

工作会议系统、全面地阐述了“政治工作是红军的生命线”的重要思想，使“生命线”论断得以系统化、理论化，从根本上确立了政治工作在红军建设中的地位和作用。

古田会议作为思想政治工作“生命线”论断形成的关键会议和重要时期，为我们加强和改进新时期思想政治工作留下了宝贵的经验。习近平总书记2014年10月31日在全军政治工作会议上强调，革命的政治工作是革命军队的生命线，我们一定要深刻认识我军政治工作的重要地位和重大作用，把先辈们用鲜血和生命铸就的优良传统一代代传下去。

（作者：福建师范大学马克思主义学院党委书记）

# 古田会议精神具有与时俱进历久弥新的品格

邵维正

人世间确有不少事受着时空的限制，时间是有效的淡忘剂，空间则把往事挤出局。然而也会有特例，85年前的古田会议决议经几代人薪火相传，跨越了时间和空间，与时俱进，历久弥新，彰显出导向性、持续性和创新性，成为人民军队成长发展的红色基因。

历史给人以智慧，是最好的教科书。把古田会议决议摆到我军80多年历程中加以考察和论证，可以更清晰地认识与把握其真谛和价值。

## 一、古田会议决议是创建新型人民军队的奠基石

大革命失败后，中国共产党领导军事斗争面临最急迫的问题：一是要不要开展武装斗争，八一南昌起义和八七会议已经作出回答；二是要建设一支什么样的军队，这是古田会议担当的历史责任；三是采取什么战略战术，这要留待通过反"围剿"战争的实践才能解决。扭转时局推进革命战争的关键在于如何建设一支党绝对领导的新型人民军队，这是一项开创性的事业，从上到下都没有经验，只能在实践中探索与造就。

古田会议正是创建新型人民军队决定性的标志，它的召开有着独特的历史背景。党开始把工作重心从城市逐步转移到农村，在封闭而又偏远的农村展开建党建军活动，必然使党员和军队的成分发生变化。党的五大时，党员的工人成分占53.8%、农民成分占18.7%，而到党的六大时，党员中农民和其他小资产阶级成分则占到84.3%。古田会议前的统计，红四军共有6000人，其中党员1600人，农民和其他小资产阶级成分占81.2%。在小生产者的汪洋大海中，各种非无产阶级思想反映到党内来就不足为奇了。加之红四军中有部分官兵是从旧式军队起义或投诚的，留存着比较浓厚的旧军人理念、习惯和作风，也在红军队伍里常有流露与表现。

毛泽东作为前委书记、红四军党代表，十分敏感地察觉到红四军中存在的单纯军事观点、极端民主化、流寇意识等各种非无产阶级思想。然而红四军内对这些问题的认识并不统一，存在着许多不同的看法。1929年5月，中央派刚从苏联回国的刘安恭到红四军工作，前委委任他为政治部主任、临时军委书记等职。刘安恭的到来使原已存在的分歧火上加油，他在党员大会作报告时，脱离中国实际，照搬外国的所谓经验，攻击前委是"家长制"，要限制前委的领导权，并在官兵中进行非组织活动，造成很大混乱，使红四军内的争论更加激烈进而公开化。毛泽东在6月14日的一封信中把红四军党内的争论概括为14个问题，表示极大的不满，并提出离开前委的想法。

6月22日，红四军召开了党的第七次代表大会。在这次会议上，不同意见的争论达到了顶点，会议否定了毛泽东提出的坚持党的集权制领导原则、反对不要根据地的流寇思想等正确意见，在几个主要问题上未能统一思想。七大在改选前委时，原来由中央指定的前委书记毛泽东没有当选，陈毅被选为前委书记。会后，毛泽东离开了红四军领导岗位，到闽西养病并指导地方工作。9月召开的红四军八大仍然争论不休，没有取得积极效果。在此前后，红四军对敌作战中也出现一些失利。这时红四军的建

设和生存环境处于迷茫而又危险的状态。

根据中央的通知，前委派陈毅去上海出席全国军事工作联席会议，并汇报红四军的真实情况。8月29日，中共中央政治局专门听取了陈毅关于红四军发展历史以及党内矛盾的详细报告，并决定成立周恩来、李立三、陈毅三人委员会，重新起草中央给红四军前委的指示信，即“九月来信”。之所以说“重新起草”，是因为前面还曾有过一个“二月来信”，当时远在上海的党中央，不了解红四军的实际情况，对红军力量作出悲观的估计，要求红四军分小分散，朱、毛离开部队，以免惹敌人注意。中央在“九月来信”中改变了“二月来信”的看法，肯定了红四军建立以来的成绩和经验，尤其是自井冈山斗争以来确立的建党建军原则，解决了红四军党内争论的主要问题，指出先有农村红军，后有城市政权，这是中国革命的特征，是中国经济基础的产物。来信对红四军工作任务作了明确的指示，强调一切权力集中于前委是正确的，并对红四军七大以及前委工作的缺点提出批评，要求加强红四军内部团结，维护朱、毛的威信，决定朱、毛两同志仍留前委工作，毛泽东应仍任前委书记。

10月22日，陈毅携中央“九月来信”由上海辗转回到红四军，立即向前委传达了中央的指示精神，并派专人将中央来信以及陈毅亲笔信送往上杭苏家坡给毛泽东，请他回红四军前委主持工作。11月中旬，红四军从广东的东江地区撤回闽西上杭，朱德、陈毅又致信毛泽东，请他立即回红四军主持前委工作，并派部队前去迎接。毛泽东回到离开五个月的红四军，与朱德、陈毅会合，重新担任前委书记。他们诚恳交谈，各自作了自我批评，对红四军的行动和建设取得了一致意见。

12月初，闽、粤、赣三省敌军发动对闽西根据地的第二次“会剿”，红四军主力撤离长汀开往连城新泉，并抽出10天时间展开新泉整顿。毛泽东不主张仓促召开九大，强调要作好充分准备，在此前后召开了多次各种类型的调查会，讨论红四军存在的各种错误思想及其表现，逐步统一思想认识。12月中旬，福建、广东、江西三省“会剿”的敌军准备分七路包围新泉，为了集中精力开好九大，红四军留下部分兵力与敌周旋，主力撤到上杭古田村，继续加紧九大的准备。前委召集各级党代表联席会议，毛泽东列举大量事实说明红四军党内存在的错误倾向，鼓励大家充分发表意见，找根源、论危害、提出纠正方法。他还根据中央“九月来信”，结合红四军实际情况，亲自起草了长达近三万字的八个决议案，完成了九大的准备工作。

12月28日和29日，中共红四军第九次代表大会在上杭古田召开，出席会议的代表120多人。毛泽东作政治报告，朱德作军事报告，陈毅传达中央“九月来信”精神。会议讨论了中央指示精神，总结了红四军前委工作的经验和教训，一致通过了毛泽东起草的八个决议案，即著名的古田会议决议，其核心部分是《关于纠正党内的错误思想》。古田会议决议的中心内容，是以无产阶级思想建设党和新型人民军队，在农村环境里保持无产阶级政党和军队的先进性。古田会议决议明确规定红军的性质和任务，肯定党对军队绝对领导的根本原则，强调实施马克思主义和党的正确路线教育，确立官兵一致、军民一致的原则，论述红军政治工作的地位、作用和方法，明文废止肉刑和优待伤病兵等问题。九大选举了11人为前委委员，毛泽东重新当选为前委书记。

古田会议决议回答了在共产党绝对领导下建设新型人民军队的一系列重大问题，在我军的创建过程中起到了奠基作用。正如《毛泽东选集》在《关于纠正党内的错误思想》一文的题解中所指出：“这个决议使红军肃清旧式军队的影响，完全建立在马克思列宁主义的基础上。这个决议不但在红军第四军实行了，后来各部分红军都先后不等地照此做了，这样就使整个中国红军完全成为真正的人民军队。中国人民军队中的党的工作和政治工作，以后有广大的发展和创造，现在的面貌和过去大不相同了，但是基本的路线还是继承了这个决议的路线。”古田会议决议是建党建军的纲领性文献,为整个红军的建设和发展奠定了基础,作出了不可替代的历史贡献,并以其独创性的理论与实践,丰富和发展了马克思主义军事学说。

## 二、古田会议决议是人民军队发展的动力源

马克思、恩格斯曾提出过一个重要论断:世界上的一切事物都是过程的集合体,存在于无止境地由低级上升到高级的发展过程之中。这就告诉我们任何事物的发展都是过程的转换,呈现出阶段性,不可能一蹴而就、一劳永逸。我军贯彻古田会议精神也同样,在不同时期、不同问题上持续践行着古田会议决议确立的建党建军基本原则和制度,从幼稚到成熟,由低级到高级,在前进的道路上竖起一个又一个标志着发展阶段的里程碑。

古田会议之后第5年,中央红军被迫撤离革命根据地开始举世闻名的二万五千里长征。红军连续突破国民党军设置的四道封锁线,于1935年1月7日占领遵义城,取得了长征以来第一次休整的机会。1月15至17日,中央政治局在遵义召开扩大会议,总结了第五次反“围剿”失败的教训,从军事上和组织上清算了第三次“左”倾路线的错误,确立了以毛泽东为代表的正确路线。遵义会议后中央红军继续北上,6月在懋功地区与西进的红四方面军会师。当时全军上下十分振奋,遵义会议诞生了新的中央领导,两大主力会师又增强了红军的力量,庆祝会师大会气氛非常热烈,广大官兵的斗志和信心更强了。但是好景不长,红四方面军主要领导人张国焘野心膨胀,又一次使红军陷入了危险境地。原来,会师以后两军的实力悬殊,中央红军经过8个月艰苦奋战,边走边打减员很大,兵力从8.6万人下降到不足3万人;而红四方面军从川陕苏区西征,尚未遭受多大损失,会师时仍有8万人。张国焘自恃兵多枪好,要求改组红军总部,公然向中央争个人兵权。为了顾全大局,维护两支主力红军的团结,中央委任他为红军总政委。后来又在北上还是南下的战略方针问题对抗中央,拒绝中央北上的正确决策,坚持南下的错误路线,甚至威胁中央的安全。中央不得已单独北上后,张国焘另立中央,走上分裂党和红军的罪恶道路。

张国焘的所作所为,恰恰重现了古田会议前红四军存在14个错误倾向的首要问题:个人领导与党的领导之争。中央和红军指战员坚定贯彻与维护古田会议决议确立的根本原则,坚持党对军队的绝对领导,毫不妥协地反对张国焘抓个人兵权的军阀主义和分裂行为,并在俄界召开政治局扩大会议,作出了《关于张国焘同志的错误的决定》,指出他用全力在红军中制造个人的系统,把军权看作高于党权,妄图以军队力量改组中央。由于中央的坚决斗争,广大指战员的抵制,加上共产国际表明态度,逼使张国焘北上,其篡夺红军领导权、分裂党的图谋终被粉碎。后来,毛泽东曾尖锐指出:“共产党员不争个人的兵权(决不能争,再也不要学张国焘),但要争党的兵权,争人民的兵权。”并强调“我们的原则是党指挥枪,而决不允许枪指挥党”。这一场斗争是坚持古田会议指明的建军原则的胜利,显示了古田会议决议的重大指导意义。

以1937年“七七事变”为标志,日本发动了全面侵华战争。鉴于民族矛盾已上升为主要矛盾,中国共产党以民族大义为重,捐弃前嫌,共赴国难,实行联蒋抗日的方针,推动了抗日民族统一战线的建立。根据国共两党的谈判协议,红军改编为国民革命军第八路军和新编第四军,如何在纳入国民革命军编制的特殊状态下坚持古田会议决议确定的建军原则,对人民军队又是一个重大的考验。在党中央的坚强领导下,经过艰苦细致的思想工作,红军改编得以顺利进行,并随即开赴抗日前线。党中央和毛泽东反复提醒全党全军在国共合作时期,必须坚持独立自主的原则,军队的指挥权必须由党掌握。红军改编前,国民党方面曾提出八路军、

新四军的各级副职由他们派军官担任,经我党坚决抵制,没有国民党的一兵一卒进入我军内部。因国民革命军编制未设政治委员和政治机关,改编初期八路军、新四军曾把政委改为本级副职,并撤消原来的政治机关。部队在运行中发现两长制变成了一长制,政治工作的地位明显下降,这不符合古田会议决议精神,两个月后即恢复了政治委员和政治机关,使红军的领导原则和制度优势重新确立起来。有些指战员把改编后的红军形象地称作"白皮红心",虽然使用国民革命军的番号,戴着"青天白日"的帽徽,但我们的内心永远向着共产党,坚决听党指挥。由此可见,只有在统一战线中坚持独立性,才能保持我党我军的无产阶级先进性。

红军改编为八路军、新四军之后,总体状况是好的,基本上保持了我军的制度和传统。但也出现了一些值得注意的不良现象,打骂体罚战士的军阀习气重新抬头,有些干部对国民党授予的军衔沾沾自喜,甚至还出现右倾交枪的严重事件。针对红军改编后出现的新问题,毛泽东亲自写信给军委总政治部,要求把古田会议决议多印几千份,发至部队连长以上干部,每人一份,当作教材熟读贯彻。延安整风时,规定把古田会议决议列为学习的重要文件,要求全党全军干部必须领会其精神实质,切实加强党和军队的政治思想建设,保持和发扬我党我军的无产阶级性质和优良传统作风,使古田会议决议在民族战争中发扬光大。

解放战争后期,经过战略决战,夺取新民主主义革命的胜利已成定局。为了促进革命在全国胜利并为新中国的建立作好准备,中共中央于1949年3月在西柏坡召开了七届二中全会。毛泽东在这次中央全会上所作的重要报告中赋予我军"两副重担":人民解放军永远是一个战斗队,人民解放军又是一个工作队。强调"我们必须准备把二百一十万野战军全部化为工作队。这样,干部就够用了,广大地区的工作就可以展开了。我们必须把二百一十万野战军看成一个巨大的干部学校。"这与古田会议决议"中国的红军是一个执行革命的政治任务的武装集团。特别是现在,红军决不是单纯的打仗,它除了打仗消灭敌人军事力量之外,还要负担宣传群众、组织群众、武装群众、帮助群众建立革命政权以至于建立共产党的组织等项重大的任务"的论断是一脉相承的,是古田会议决议在新的历史条件下的运用和发展。

这时,党的工作重心又由农村转移到城市,党和军队所处的环境已经不是偏僻的农村,而是繁华的城市;所受的思想影响主要也不是农民小生产者,而是资产阶级。党中央和毛泽东已经预见到:因为胜利,人民感谢我们,资产阶级也会来捧场,有些共产党人"在糖弹面前要打败仗。"为此严肃指出:"务必使同志们继续地保持谦虚、谨慎、不骄、不躁的作风,务必使同志们继续地保持艰苦奋斗的作风。"建军初期与建国初期的不良倾向虽然表现形式有所不同,其实质都是非无产阶级思想,如不及时纠正对执行党的正确路线也会有极大妨碍。"两个务必"打了预防针,提高了党和军队的免疫力。人民军队的长期实践表明,首先并着重从思想上政治上建党建军,这是古田会议决议的核心和亮点,也是古田会议精神昭示的无产阶级政党和人民军队建设的基本规律,无论什么时候、什么环境都要坚定这个方向,并努力践行。

## 三、古田会议决议是实现强军目标的定向仪

时光流转到新的历史起点上,人民军队建设又进入一个关键时期。在新形势下,建设一支与我国国际地位相称、国家安全和发展利益相适应的强大人民军队,是党和国家的一项重要战略任务。尽管国内外形势、军队所处的社会环境、承担的使命任务以及官兵成分都发生了重大变化,但是万变不离其宗,人民军队的性质和宗旨没有变也决不能变,古田会议决议指引的方向必须永远遵循。立足于对形势的准确把握与党和国家工作的全局,习近平主席提出了建设一支听党指挥、能打胜仗、作风优良的人

民军队这一强军目标,体现了新形势下对军队建设的总要求、建军治军的总方略,其丰富内涵里闪烁着古田会议决议的绚丽光芒,是在新的历史条件下对古田会议精神的继承、延伸和发展。

**听党指挥,体现了古田会议决议建设新型人民军队的根本原则。**古田会议决议的核心内容是正确处理军事与政治的关系,确立党对军队的绝对领导,形成人民军队永远不变的军魂。正因为这是我军建设的原则问题,习主席在强军目标中把听党指挥列上首要位置,铸牢听党指挥这个强军之魂,作为强基固本的根本举措。随着时代的变迁和官兵的更替,我军政治方向面临的挑战主要已经不是来自内部,更要警惕的是敌对势力西化分化的图谋,他们首先从军队入手,鼓吹"军队非党化、非政治化"和"军队国家化",妄想抽掉人民军队的主心骨,改变我军的性质。要不要坚持党对军队的绝对领导,历来是我们同各种敌对势力斗争的一个焦点。当代革命军人必须划清是非界限,澄清模糊认识,保持清醒头脑,毫不动摇地坚持党对军队绝对领导的根本原则,在思想上政治上行动上与党中央、中央军委保持高度一致,做到绝对忠诚、绝对纯洁、绝对可靠,成为古田会议决议的忠实执行者和捍卫者。

**能打胜仗,体现了古田会议决议对军队职能的必然要求。**我军作为执行政治任务的武装集团,打仗是基本职能和主要方式,是三大任务的首要一项。军队是为打仗而存在的,文无第一,武无第二,建设好人民军队就是为着打胜仗,只有打胜了才有筹款、做群众工作的条件。处于和平与发展为主题的时代,能战方能止战,准备打才可能不必打,越不能打越可能挨打。国家坚持和平发展道路,军队则必须决战决胜。我军要千方百计提高打胜仗的能力,牢固树立战斗力这个唯一的根本的标准,坚持把提高战斗力作为全军各项建设和工作的出发点和落脚点,扭住能打仗、打胜仗这个强军之要,推动军事战略的创新发展。强化练兵打仗的思想,深化改革,科学练兵,提高军事训练实战化水平,在履行多样化军事任务的实践中磨砺打胜仗的本领,确保部队招之即来、来之能战、战之必胜,成为英勇善战的红军传人。

**作风优良,体现了古田会议决议纠正错误倾向的目标所在。**作风是思想的外在表现,古田会议决议着力纠正红四军内各种错误思想和倾向,并提出切实的纠正方法,目的在于培育和树立优良作风,形成保证红军完成政治任务的无形力量。长期的和平环境,容易滋长注重物质享受,忽视精神追求,弱化作风养成,甚至销蚀战斗意志,对军队来说,这是一个现实危险。时至今日,军队的作风建设显得尤为重要,夯实依法治军、从严治军这个强军之基,已经是当前难以回避的迫切任务。应该看到,军队不是生活在社会之外,各种病菌已经侵入到部队的肌体,不良风气如果不采取果断的举措,任其发展下去,就会自毁长城。要下定刮骨疗伤、抓铁留痕的决心,通过群众路线教育实践活动,坚决纠正形式主义、官僚主义、享乐主义和奢靡之风,以优良作风保证强军目标的实现,使古田会议决议培育起来的人民军队优良作风代代相传。

听党指挥、能打胜仗、作风优良的强军目标,深刻反映出古田会议决议的精神内核,是古田会议决议在新的历史时期的发展和创新。作为当代革命军人就要准确把握、坚决落实习主席提出的强军目标,运用于统领军队建设、深化改革和军事斗争准备,努力把人民军队建设提高到一个新的水平。这就是对古田会议决议最好的继承,最实际的践行,使人民军队的建军纲领在新的历史条件下发扬光大,历久弥新。

## 四、古田会议决议与时俱进的几点启示

古田会议决议诞生至今已经整整85年了,历经几代人而不衰,成为人民军队的传家宝,世代传承,弥足珍贵,并随着时代发展而显示出顽强的生命力,千锤百炼愈益成熟。这一现象很值得深思,其规律性何在?对人们有哪些启示?

可以从不同角度探讨，也可以有不同的概括，笔者感到从已经做的或将要做的来看，主要有以下三个方面。

**一是认识上高度自觉，把古田会议决议贯穿于人民军队建设全过程。**贯彻执行古田会议决议贵在自觉，如果只是被动应付或者只在某一阶段实行，就难以做到与时俱进，历久弥新，而高度自觉来源于对古田会议决议的深刻领悟。我军创建时期面对着农村环境，以农民为主要成分的实际，如何建设无产阶级政党和新型人民军队，这在国际上也是绝无仅有的崭新课题。老一辈无产阶级革命家立足于中国特殊的国情和军情，作出了艰辛的探索。古田会议决议提出思想上建党、政治上建军的根本原则以及相应的一系列举措和制度，回答了在农村环境中保持党和军队无产阶级先进性的重大问题，显示出我党我军建设的特点和规律，有很强的真理性和感召力，成为马克思主义中国化的标志性成果和独创性理论。作为人民军队的一员，不论是高级指挥员还是普通战士，都要从党和国家的根本利益出发，以高度的政治责任感，自觉地贯彻和维护古田会议决议，没有例外的单位，没有特殊的时期，把古田会议决议贯穿于建党建军的全过程，代代相传，发扬光大。

**二是行动上求真务实，对古田会议决议要常抓不懈力求落实见成效。**古田会议决议不是坐而论道的抽象理论，而是从建军的实践中总结出来又用于指导人民军队建设的行动指南。这个光辉文献求国情军情之真，务建党建军之实，对每个重大问题都列出表现、分析来源、提出纠正方法，有很强的针对性和操作性。学习和贯彻决议决不能搞形式、走过场，要认认真真领会，扎扎实实执行，一点一滴做起，常抓不懈，努力践行，注重落实，逐步积累，在人民军队建设的实践中培植和养成古田会议决议开创的新型革命军队的优良传统，坚定不移地走中国特色的建军强军道路，使我军的政治优势充分发挥，见到实效。

**三是运作上锐意创新，随着形势的发展不断赋予古田会议决议新内涵。**时代在发展，社会在变革，军队在前进，任何事物都不可能是一成不变的。强调贯彻执行古田会议决议主要是指坚定建军方向，而不是照搬照抄具体做法，事实上当年红四军的一些错误倾向，如今已不复存在，纠正方法自然也不适时宜。这就要求我们坚持古田会议决议指引的方向，立足于时代特征，着眼于新的实践，敢于担当，勇于创新，创新才能发展，发展才有活力。要善于针对新形势下出现的新问题，深入分析主客观原因，以改革精神，创新思维，因时制宜，因势利导，把握发展规律，提高应变能力，拟订切实有效的应对举措和改进办法，努力解决好前进中的问题，不断赋予古田会议决议新的内涵，增强时代感和适应性，在新的历史起点上推进我军的全面建设。

以史为鉴，温故知新。古田会议决议具有与时俱进的品格，是人民军队的传家宝，经过几代人的实践，80 多年的检验，跨越时空，常学常新，彰显出强大的生命力和感召力，成为我军宝贵的精神财富。当代革命军人的历史责任在于沿着古田会议决议指引的正确道路，励精图治，锐意进取，在践行强军梦的拼搏中使古田会议决议永放光芒。

（作者：解放军后勤学院教授，中央马克思主义理论研究和建设工程主要成员、国家社会科学规划评审专家）

# 甲午之耻对部队政治工作的现实拷问

夏　平

习主席深刻指出:“甲午战争打断了中国发展进程,加深了民族苦难,也激励了民族觉醒。我们要用这段历史警示国人,教育官兵,勿忘国耻。”120 年前,以威海卫保卫战惨败为标志,号称亚洲第一的北洋水师全军覆没,拉开了日本军国主义掠夺中国的大幕。透过甲午战争博物馆内一幅幅沉痛的历史画卷,抚摸铁码头上历经沧桑的斑斑锈迹,我们不禁要问:倘若明天再发生中日海上对决,我们有没有必胜的信心和能力?在甲午战争的历史反思中,审视和拷问当下部队政治工作,应该会给我们许多深刻的警示和启迪。

## 拷问之一:北洋水师败就败在信仰缺失。面对多元价值观念的冲击,官兵舍身为国的忠诚信念培树起来没有?

甲午之败,首先是败在忠诚与信仰的缺失上。清兵普遍重家轻国,把当兵作为养家糊口的谋生之路,清军教育也多讲功名利禄,忽视对国家概念、民族气节、奉献精神的培养,“是故吾国民之大患,在于不知国家为何物”。反观日本,小学教育就灌输“皇国论”“大和魂”思想,其《军人训诫》更是处处充斥着天皇神权、国家利益,军人以效忠天皇、为国捐躯为荣耀。两相比较,一个扛枪为了家,一个扛枪为了国,两种价值观决定了两种军人在战场博弈之前胜负已分。

忠诚是最宝贵的品质,信仰是最牢固的支柱。人民军队自建军之日起,就把听党指挥、报效祖国作为最高准则,思想政治工作的根本职能也在于塑造信仰、培养忠诚。在当今改革开放复杂的社会文化和价值观念环境下,我们应时常扪心自问:一事当头,每名官兵是考虑国家和军队多,还是顾及家庭和个人多?对待是非问题,是旗帜鲜明,还是言行不一?奔赴战场,是义无反顾,还是瞻前顾后?这些问号不拉直,官兵忠诚和信仰的纯度就打了折,重蹈北洋水师覆辙的危险就多一分。忠诚和信仰,不是天生的,也不是一成不变的,只有反复灌输、教育、启发,才能将其牢牢根植在官兵心间。一是必须大力培树精忠报国的爱国情怀。我军建军 87 年来形成了一系列优良传统和作风,远的如长征精神、抗美援朝精神,近的像航天精神、抗震救灾精神等等,彰显了人民军队信念如炬、舍家为国的崇高担当。我们一定要用活用好这些丰厚的精神财富,引导官兵学军史、忆传统,颂英模、当先锋,大力强化爱国主义和革命英雄主义精神。二是必须始终铸牢听党指挥的军魂意识。党对军队的绝对领导是我们永远不变的军魂,越是社会思潮多样化,越要坚定军魂不动摇。必须高度关注意识形态领域斗争动向,注重从理论深度和历史维度,大讲旗帜的力量、真理的力量、道路的力量,批驳“军队非党化、非政治化”和“军队国家化”等错误观点,增强官兵始终不渝听党话、跟党走的赤诚信念。三是必须自觉坚定强军兴军的价值追求。紧紧围绕实现强军目标,把培育当代革命军人核心价值观作为根本任务,持续深化具有部队特色的思想政治教育,通过文化熏陶、典型激励、舆论引导、实践养成等多种手段,引导官兵牢记强军目标、坚定强军信念、献身强军实践。

## 拷问之二:北洋水师败就败在麻痹松懈。面对复杂严峻的安全形势,官兵枕戈待旦的战备观念树立起来没有?

眼中无敌、安不思危,是清军折戟沉沙的直

接原因。甲午战争爆发前一二十年,日军就不断侵犯台湾、朝鲜和琉球,其狼子野心路人皆知。但清军心存侥幸,以致在日军进犯朝鲜、战争一触即发之际,李鸿章还电告清军将领"日本并无他意"。更为可悲的是,在安东、金州、大连等重镇相继失陷之时,清军仍沉溺于歌舞升平之中。与之相比,日军则有强烈的危机意识。1886 年定远、镇远等 4 艘战舰停靠长崎,日本举国震撼,视为心腹大患,下决心赶超、打败北洋水师,就连小学生也玩起了"捕捉定远"的游戏。这就启示我们,一支军队越是看不到战争,就越会发生战争;越是不想打仗,就越会挨打。

作为军人,永远没有和平时期,只有战争和准备战争时期,所谓养兵千日、用兵千日。但从现实情况看,在长期的和平环境下,有些官兵思想走神、精力走偏,工作中出现了与打仗要求不相适应的"盛世危相":一是"忧"不起来,尽管狼烟四起,依然四平八稳;二是"实"不起来,以不打仗的心态准备打仗;三是"苦"不起来,习惯"居家过日子",乐享安逸生活;四是"紧"不起来,作风稀稀拉拉,工作空转内耗,等等。思想政治工作聚焦中心、服务打赢,一个重要方面就是引导官兵保持清醒、始终增强忧患意识,真正使随时准备打仗成为官兵的自觉行动。一是坚持用战斗队思想武装官兵。把"我军根本职能是什么、强化职能为什么、履行职能靠什么"作为主课贯穿军旅全过程,把职能教育融入主题教育常年抓,与战备训练一道去做,及时解决影响战斗队思想的各种现实问题,使官兵认清军队永远是一个战斗队,时刻准备打仗是军人的天职,激励官兵尚武精武、履职尽责。二是坚持用历史教训警示官兵。通过回顾鸦片战争以来我国近代落后挨打的历史,解析甲午战争中诸多战败的战例,认清日本军国主义者惯于不宣而战的特性,引导官兵牢固树立"天下虽安、忘战必危"的思想,不断拧紧随时准备打仗的发条。三是坚持用现实安全威胁警醒官兵。严格落实形势报告制度,定期分析研判当前情况,深入宣讲我国海洋国土权益面临的严峻形势,不断强化官兵练兵备战的责任感紧迫感,激发官兵敢打必胜的血性。

### 拷问之三:北洋水师败就败在视野狭隘。面对海军转型发展的时代要求,官兵敏锐前瞻的战略思维确立起来没有?

甲午战争清军惨败,与其思想陈腐、因循守旧,缺乏对时局整体把握,战略判断错误有着直接关系。其中有两点最为严重,一个是认为日本"弹丸小邦",不会也不敢与大清帝国开战;另一个是,假如一旦开战,西方列强也会从中调停、止戈和谈。反观日本,早在 1879 年便陆续派出大批间谍刺探中国军备、地理、民意等各方面情况,据此制定了详细的"征讨清国策",并提前展开一系列外交斡旋和勾联活动,为侵华战争做足了准备。对时局不同的把握和判断,导致了不同的战争结局、不同的国运走向。由此可见,国际政治博弈,战略判断至关重要。战略决策影响深远,要想赢得一场战争,必须在战略上掌握先机,赢得胜算。

海军作为国际性、战略性、综合性军种,一舰一机关乎大局,一兵一卒牵涉外交。一旦处理不慎,就会干扰牵扯国家政治外交大局,使军事问题政治化、国内问题国际化、简单问题复杂化。近年来,海军常态化组织海上联演、远航训练、战备巡逻、护航出访等重大任务,对广大官兵特别是各级领导干部的战略思维能力提出了更高要求。从现实情况看,我们在这方面还有很多差距,有的国际政治理论基础比较薄弱,有的战略视野还不够开阔,有的对外军特别是主要对手研究不够深透,也有的处置涉外突发情况能力弱,等等。思想政治工作必须着眼时代要求,把培养各级领导干部的国际政治头脑和战略思维作为一项重要任务。一是培养面向世界的国际政治素养。与海军走向深蓝、走向世界的步伐相适应,把学习海洋法、国际法、外交和外语知识等纳入团以上党委中心组学习、干部培训进修、首长机关训练，尤其要加强对相关国家国情、政情、军情的研究，不断开阔国际视野，增强指挥能力。二是培养科学先进的现代理念。海军作为高技术军种，构成复杂、知识密集，现代化程度越来越高。驾驭现代化装备、打赢信息化战争，必须注重加强现代化知识学习，培养引领强军实践的新型军事人才，为建设强大海军提供智力支撑。三是培养登高望远的领导能力。在理论武装与学习研究中进一步锻炼思维、提高层次，增强对复杂形势的判断力、危局险局的化解力、兵力行动的掌控力、涉外问题的处置力。尤其是组织指挥兵力行动，要多看宏观大局，多想内外因素，多思政治后果，善于抓要害、谋根本、控全局，维护服务好国家政治外交大局。

## 拷问之四：北洋水师败就败在将士无能。面对信息化条件下高技术战争，部队能打胜仗的人才方阵建立起来没有？

反思甲午战争，用人不当是一条致命的教训。在选拔将帅上，清军任人唯亲，重用嫡系，使得“贪鄙庸劣”者身居要职、“饰败为胜”者获得提拔。在人才培养上，日军参战将官全部接受新式军事教育，70 多人在欧美军舰实习过，100 多人留学西方国家；而清军仅各舰管带接受过新式学堂教育，多数将领缺乏先进作战理念。“兵熊熊一个，将熊熊一窝”，选人用人的失误是最大的失误，到了战场就要付出惨重代价。

能打仗是一支军队的最硬资本，打胜仗是一支军队的最大价值。军队是为打仗而存在的，必须用能打仗、打胜仗的标准选人用人。从部队实际情况看，有的单位选用干部强调老实听话多于打仗本领，经验型、管理型干部比较受欢迎；有的思想观念保守，对能干但有棱角的干部，有求全责备的倾向；还有的育人意识淡薄，对干部培养缺少个性化的成长路线规划。治军之道，要在得人；强军胜战，关键在人。一是必须加强规划，用前瞻的眼光培育人才。要本着对打赢明天战争负责的态度，着眼打仗所需、专业所缺、部队所急，制定人才培养规划，设计干部成长路线图，努力打造一支体系完备、梯次合理、管用顶用的人才队伍。二是必须打破常规，用非凡的胆识使用人才。辩证看待干部的长处和不足，力求做到用当其时、用其所长，使优秀人才脱颖而出。勇于破除按兵种、按专业、按岗位“单线培养”的传统路子，不断加大干部交流任职力度，走活复合培养、交叉任职、全面锻炼成长的路子。三是必须坚持原则，用优良的作风选拔人才。按照德才兼备、以德为先的原则，为战选才、选能战之才，让干部选拔任用在阳光下进行，切实把那些品质好、有本事、敢担当的干部用起来，确保枪杆子始终掌握在可靠的人手里。

## 拷问之五：北洋水师败就败在怯敌畏战。面对强敌挑起战争兵临城下，官兵勇于亮剑的血性胆魄激发起来没有？

甲午海战中，虽然有邓世昌、徐邦道等浴血奋战的将士，但也不乏临阵脱逃的懦夫败将，很多坚固的炮台是被日军徒手攀爬攻克的。黄海激战，3 艘战舰逃离战场；旅顺战役，7 名统领有 4 名潜逃；威海之战，10 艘鱼雷艇结伙逃遁；义州作战，日军一排机枪吓跑一城清军；战争后期更是纷纷投降，落得全军覆灭的悲惨结局。

狭路相逢勇者胜。我军素有以“气”胜“钢”的辉煌历史，今天必须继承发扬光大。日本有人曾在网上妄言，解放军都是独生子女“小皇帝”，打不赢第二场甲午战争，企图动摇我官兵能打胜仗的信心决心。现在部队使命任务越来越重，官兵结构成分变化很大，思想政治工作必须找准抓手、实化举措，强化官兵敢打必胜的血性。一是弘扬民族精神，汲取血性基因。组织官兵系统学习中国近代史、历代军旅诗词、民族英雄事迹等书籍，利用重大纪念日搞好仪式教育，引导官兵走进浴血战史，激发豪气胆识，培树尚武精神。二是学习军史传统，传承血性战魂。大力开展我党我军和人民海军光荣传统教育,引导官兵学习革命先烈事迹,培养"一不怕苦,二不怕死"的革命精神,永葆人民军队英雄本色。三是坚持真备实训,砺练血性铁骨。把战斗精神培育融入实战化训练,既要练指挥、练协同又要练意志、练作风,磨砺官兵过硬心理素质和压倒一切敌人的英雄气概。四是自觉以上率下,涵养血性胆识。注重引导各级领导带头强化血性,坚持吃苦在前、担当在前、冲锋在前,以自身的血性豪气,带出部队的虎狼之气。

**拷问之六:北洋水师败就败在精神文化落后。面对海军走向深蓝的历史使命,官兵与之相应的精神底蕴培育起来没有?**

甲午战争是中日两国的武力之战,也是两国的精神文化碰撞。中日两国同时"师从西方",清王朝"中学为体、西学为用",买到的只是器物,而日本却学到了西方精神文化的精髓。消极"海防"败给了积极"海权",守成状态输给了创新求变,一定意义上是国家和军队精神文化的较量与比拼的结果。敌胜我败的战争结局说明,先进精神文化可以缔造胜利之师,落后精神文化必将毁掉一个国家。

近些年,海军更加重视发展具有自身特色的先进军事文化,从设立"4·23"海军节到大规模纪念甲午战争120周年活动,从爱舰爱岛爱海洋到宣传核潜艇精神,都见证着人民海军精神文化的建设成就。但与海洋强国的战略目标相比,与海军担负的使命任务相比,我们的精神文化建设还不够完善,必须继往开来、创新发展。一要传承优秀传统文化。中华文化是世界上最有生命力的文化,有着深厚的历史渊源。人民海军文化根植于这片土壤,必须取其精华、弃其糟粕,大力发扬崇德尚武的优秀传统。要学习忠勇善战的历史名将,学习郑和七下西洋的旷世壮举,弘扬开拓海上丝绸之路的海洋意识,切实从历史文化中汲取正能量,在继承传统中形成人民海军精神文化的独特风骨。二要打造部队特色文化。海军是充满冒险、创造、开拓、拼搏的职业,必须有敢闯敢试、搏击大洋的精神文化品质。避战保船的北洋水师,缺乏的正是这样一种文化和力量。我舰队部队历来有先行先试的先锋传统,涌现了海上先锋舰、水下先锋艇、海空先锋大队、水下发射试验先锋艇等先锋模范,凝结形成了具有舰队特色的先锋精神。我们要珍惜和用好这笔宝贵财富,不断培树先锋文化品牌,以此激励和带动官兵争做强军先锋。三要转化催生精神文化战力。晚清社会不能说没有精神文化,但是国民不知有战、不愿参战;北洋水师也有大量制度规范,但是失之于宽、形同虚设。对军队来说,软实力支撑硬实力,文化力催生战斗力。发展精神文化,必须为打仗服务、向打赢聚焦。要把文化融入军事训练,把宣传鼓动做到甲板上、机翼下、舱室内;以文化感召人民群众,把人民战争的制胜法宝坚持好落实好;用文化直接参与作战,拓展和实际运用舆论战、心理战、法律战,切实依靠先进的精神文化引领部队向强军目标挺进。

(作者:北海舰队政治部副主任)

# 以强军梦为牵引推动军队院校创新发展

## ——深入学习领会习近平同志关于强军治校的重要论述

肖凤合

党的十八大以来，习近平主席着眼世界军事发展大势、未来军事斗争准备和我军现代化建设全局，提出了党在新形势下的强军目标。习主席在视察国防科技大学时强调，要“深入贯彻落实党在新形势下的强军目标，全面提高教学科研水平和人才培养质量”；在视察武警特种警察学院时又强调，要“牢记强军目标，严格训练、严格要求、严格管理”。这些重要论述，把军队院校教育的重要性、紧迫性提到了新的高度，为推进全军和武警部队院校创新发展提供了基本遵循，指明了前进方向。我们要深刻领会习主席关于强军治校的重要论述，为实现中国梦、强军梦提供坚强力量保证和人才支持。

### 推进军队院校创新发展是强军的必然要求

强军兴军，关键靠人才，基础在教育。军队院校教育是培养军事人才、提高官兵素质的主渠道，是部队建设发展的基石。实现党在新形势下的强军目标，加快推进国防和军队建设现代化，必须坚持院校优先发展、创新发展。

**重视院校建设是我党我军的光荣传统。**在革命、建设、改革各个历史时期，我党我军都高度重视院校建设。从毛泽东同志提出“有军必治校，要学会办校治军”，到邓小平同志提出“军队要把教育训练提高到战略地位”，江泽民同志提出“要把院校教育摆在优先发展的战略地位”，胡锦涛同志提出“军队院校要为切实履行新世纪新阶段军队的历史使命提供有力的智力支持和人才保证”，到习主席要求“军队院校要为实现中国梦和强军梦提供强有力的人才和科技支持”，这些重要论述既一脉相承又与时俱进，充分体现了我们党一以贯之的建军治校指导思想和方针原则，凸显了军队院校建设的战略地位和作用。

**实现强军目标对人才的需求更为迫切。**习主席明确指出，强军目标抓住了建军治军的要害，决定着军队发展方向，也决定着军队生死存亡。而培养高素质新型军事人才，是实现强军目标的关键，更是院校的职责和使命。当前，我们在人才培养和院校建设上距强军目标要求还有不小的差距，人才队伍素质能力与遂行多样化军事任务的要求不相适应，人才培养模式与加快转变战斗力生成模式的要求不相适应，特别是军政兼通指技合一的指挥人才、会管理善创新的科技领军人才、懂装备解疑难的专家人才短缺。可见，加强院校建设，加快人才培养，是部队现代化建设的重中之重，是强军兴军的当务之急。我们一定要从全局和战略的高度，充分认清面临的严峻形势和肩负的崇高使命，进一步增强加强院校建设、提高人才培养质量的责任感和紧迫感。

**军队院校面临难得的发展机遇和现实挑战。**党的十八届三中全会《决定》提出，要深化军队院校改革，健全军队院校教育、部队训练实践、军事职业教育三位一体的新型军事人才培养体系。军委颁布的军队院校教育改革和发展规划《纲要》明确，到 2020 年形成现代军队院校教育体制，构建军事创新教育机制，基本实现院校教育信息化。这些重大战略决策和部署，为新形势下加强院校建设提出了新的更高要求，带来了难得机遇和现实挑战。我们要充分认识院校建设的战略地位和作用，按照习主席指示要求,牢牢扭住思想政治建设这个根本建设,牢牢扭住培养高素质新型军事人才这个中心任务,牢牢扭住科研创新这个战略基点,牢牢扭住培育优良校风这个基础工程,以更大的决心和更加有力的举措,把院校建设和人才培养抓得更加科学扎实有效,努力打造托举强军兴军的人才方阵。

## 以改革精神推进军队院校创新发展

军事领域最富于竞争性和创造性。习主席多次强调,实现强军目标是一项具有很强开拓性的事业,面临大量新情况新问题,必须勇于探索、大胆创新、锐意改革。院校建设的实践表明,改革创新是保持院校教育发展动力和军事人才培养活力的本质要求。建设具有我军特色的世界一流军事院校,全面提高教学水平和人才培养质量,必须以强军目标引领院校改革发展,以院校改革发展助力实现强军兴军。

**改革教育理念**。中外一流的大学之所以具有可持续发展能力,源于具有与时俱进的办学理念。信息时代的飞速发展,国防和军队建设的深刻变革,部队履行使命的崭新实践,都要求院校不断更新教育理念、与时俱进。要坚持需求牵引、造就英才,突出抓好院校改革发展和人才培养顶层设计,部队现代化建设需要什么样的人才就培养什么样的人才,未来战争需要什么样的人才就培养什么样的人才。要坚持全面发展、人人成才,培养学员过硬的思想政治素质、深厚的科学文化素质、精湛的军事专业素质和良好的身体心理素质,发挥军事教育资源最大效益,为深化军官职业化改革铺平道路。要坚持超前教育、人才先行,跟踪研究国内外形势变化、信息网络高技术发展给军队履行职责使命带来的挑战,让新思想新理论新战法新技术进入课堂,转化成为学员带领部队有效履职尽责的能力素质。

**创新教育模式**。没有教育模式的重大突破,就不可能有人才质量和教育效益的全面提高。优化学科体系,要以全军重点学科建设为引领,带动其他相关学科的发展,统筹兼顾,协调共进,建设结构合理、重点突出、特色鲜明、水平一流的学科体系。更新教学内容,要突出以强军目标重要战略思想为指导,深化对习主席关于国防和军队建设一系列重要论述的研究,突出对建设现代化人民军队重大问题的教学与研究,保持教学内容的先进性针对性实效性。创新教学方法手段,要加强启发式、研究式、案例式教学,推广模拟演练、对抗演习教学,发展网络课程教学,提高学员自主获取、运用和创新知识的能力,培养学员的研究思维和创新精神。改革教学管理,要以严促学、以严助学,以有效的计划、施训、督导、评估和奖励机制保证优良教学质量。

**拓宽教育渠道**。现代军事教育是开放式教育,要在保持我军院校特色的基础上,不断拓展国内外、军内外交流合作渠道。构建面向部队、面向社会、面向世界的开放式教育平台,通过外训军官,接待外军来访、讲学和学术交流,发展与外军和院校的友好关系,提高我军院校在国内外的影响力和知名度。坚持全军办院校、合力育人才,继续完善院校和部队信息交流、资源共享的制度机制,探索建立以军队院校为内核,以重点建设部队、主要作战方向部队为辐射的"联合办学共同体",加大参观见学、交叉代职任职实践教学力度,切实形成院校教育、部队训练实践、军事职业教育三位一体的新型军事人才培养新路径。"走出去"与"引进来"相结合,逐步走开军队院校和地方高校融合式办学路子,充分利用国民教育优质资源助力人才培养,加快高层次人才、部队急需特种人才和青年英才的培养步伐,不断提高办学育人的质量和效益。

(作者:武警指挥学院院长)

# 论思想政治教育的内涵、外延与规范

郑永廷

思想政治教育的内涵、外延和规范，是三个具有内在联系的概念。思想政治教育的内涵，是各种类型、各种方式思想政治教育现象、活动的根据；思想政治教育的外延，是思想政治教育展开、延伸的边界；思想政治教育的规范，是思想政治教育必须遵循的规则和标准。思想政治教育的内涵决定思想政治教育的外延，思想政治教育的内涵和外延，限定思想政治教育的规范。研究思想政治教育的内涵、外延和规范及其关系，有利于深化思想政治教育本质和特点的认识，有利于推进思想政治教育及其学科的发展。

## 一、思想政治教育的内涵

所谓内涵，从词义上说是一个概念所反映的事物的本质属性的总和，也就是概念的内容。内涵是内在的而不是表面的，隐藏在事物的深处，需要探索、挖掘才能理解。正如毛泽东所说，战争的本质、规律这种全局性的东西，“眼睛看不见，只能用心思去想一想才能懂得，不用心思去想，就不会懂得”。也就是说，作为本质的内涵，不是感官把握的直接对象，而是思维把握的对象。

思想政治教育的内涵，是各种各样思想政治教育活动存在的根据。思想政治教育在不同时代和不同国家，尽管使用的概念不同，表现的样态不同，实现的目标不同，但各种内容和方式的思想政治教育现象是普遍存在的，我们可以用感官把握思想政治教育的客观存在。思想政治教育为什么是阶级社会普遍存在的现象，这正是要用思维去探索、把握的问题。思想政治教育系统各构成要素之间的关系，思想政治教育与社会环境、自然环境和当代社会虚拟环境之间的联系，构成了思想政治教育的复杂状况与特殊矛盾，分析这些现象与特殊矛盾，就是概括思想政治教育内涵的基本思路与方法。

**第一，思想政治教育的人本性。**任何思想政治教育，都是以人为主体和对象的活动，因而教育者与受教育者，是构成思想政治教育的两个基本要素，也是思想政治教育的主要关系。只有教育者与受教育者按照双方可以接受的思想政治教育目标、内容和方法互动，思想政治教育活动才能进行。教育者与受教育者包括阶级、政党、社会群体和个人等层次，这些层次具有相对性，在一定条件下可以相互转化。因而，思想政治教育是在一定社会中以人为基础的活动，既具有社会工具性价值，也具有个人目的性价值。胡锦涛在全国宣传思想工作会议上的讲话中，对思想政治教育的人本性进行过阐述，他说：“思想政治工作说到底是做人的工作，必须坚持以人为本。既要坚持教育人、引导人、鼓舞人、鞭策人，又要做到尊重人、理解人、关心人、帮助人。”也就是说，思想政治教育的对象是人，实施者也是人，因而坚持育人为本，则是思想政治教育的本质属性。

**第二，思想政治教育的意识形态性。**在不同的社会或国家，思想政治教育与社会或国家的主导意识形态的关系，是思想政治教育的基本关系。这种关系所体现的质的规定性，就是思想政治教育的意识形态性。因而，思想政治教育也可称之为一定社会或国家的意识形态教育。思想政治教育只有运用一定的意识形式，教育才能进行。意识形式包括哲学思想、政治思想、法律思想、道德思想，以及渗透了这些思想的历史知识,这些意识形式都是意识形态的重要组成部分。在阶级社会里,不同阶级、不同国家进行的思想政治教育,都具有鲜明的意识形态性或阶级性。这是因为,不仅“统治阶级的思想在每一时代都是占统治地位的思想”,而且统治阶级要进行“思想的生产和分配”。“思想的生产和分配”,就是为一定经济基础服务的观念上层建筑,包括各种形式的宣传思想教育。思想政治教育运用一定的“思想体系”进行“思想的生产和分配”,集中体现了思想政治教育的意识形态性。列宁也指出:“在为阶级矛盾所分裂的社会中,任何时候也不可能有非阶级的或超阶级的思想体系。”因而,在阶级社会里,不同社会或国家的思想政治教育,都要反映、维护统治阶级的利益要求,都要进行主导意识形态教育。在我国,思想政治教育要反映、代表广大人民群众的根本利益,要坚持进行社会主义意识形态教育,培养人们正确的世界观、人生观、价值观。

**第三,思想政治教育内容的规定性。**思想政治教育的本质属性,决定思想政治教育的内容。思想政治教育的基本内容,就是一定国家的哲学意识形式、政治意识形式、伦理意识形式。在我国,就是要坚持用马克思列宁主义、毛泽东思想和中国特色社会主义理论体系教育人们;就是要深入开展党的基本理论、基本路线、基本纲领和基本经验教育;就是要开展中国革命、建设和改革开放的历史教育;以及开展基本国情和形势政策教育。“思想教育是根本,政治教育是主导,道德教育是基础。”这三个方面不仅具有各自的相对独立性,而且相互联系、相互制约、相互渗透。思想政治教育的内容,虽然要随着时代、社会的发展而发展变化,但内容的思想、政治、道德的性质规定不会改变。把握思想政治教育内容的规定性,不仅能够充分发挥各种内容教育的作用,形成教育合力,而且能够满足社会和个体形成思想灵魂(国家为国魂,团体为群魂,个体为灵魂)、坚持正确方向、提供精神动力、维护社会秩序、推进人的发展需要。任何国家与社会的思想政治教育,正确内容缺失,错误思想泛滥,必定导致社会与个体的畸形发展,甚至造成思想混乱、行为冲突。

**第四,思想政治教育的目的性。**思想政治教育的意识形态性和内容的规定性,决定了思想政治教育的目的性。目的性是与现实性相对应的概念,也是思想政治教育的基本问题。思想政治教育不是为了满足现状,而是为了超越现实,推进社会发展和人的全面发展,实现一定的目标。因而,思想政治教育的目的性,就是价值取向性,是思想政治教育的鲜明特性。思想政治教育的目的,既要根据一定社会的生产力发展水平和经济、政治、文化发展水平,按照社会主义意识形态的要求,遵循社会发展趋势,坚持我国社会的发展目标并为实现目标服务;又要体现人的能动性特点和人的发展要求,形成理想信念,促进人们自觉、全面发展。

人们在社会中的发展,具有广泛选择的可能,呈现多样化发展状况,现代社会条件下更是如此。同样的客观条件,不同的人有不同的发展状况,这与人的不同价值取向、主观努力直接相关。在我国,只有选择与我国社会发展目标相一致的方向,才能坚持正确方向并获得发展动力,才能自觉发展。否则,不仅会陷入重重矛盾,而且缺乏精神动力。思想政治教育就是要通过人的自觉选择,把社会目标通过学习、教育、实践进行内化,形成理想信念,同社会发展形成互动。因此,社会的凝聚力、社会的共识性、社会发展与个人发展的协调性,在很大程度上是通过有目的的思想政治教育实现的。

## 二、思想政治教育的外延

外延是指一个概念所概括的思维对象的数量或者范围。一个概念表达的外延由它所适用的事物构成,它是相对于内涵而言的,内涵与外延,是两个相互对应的概念。思想政治教育的外延,是指思想政治教育的边界或范围,它受思想政治教育内涵的制约与调控,一般在个体、社会、内容、相关领域等几个层面展开。

**第一，思想政治教育覆盖的全员性。**所谓全员性，是指所有社会人员，包括工人、农民、军人、知识分子、干部、学生等，都要参与、接受思想政治教育，他们既是教育者，又是受教育者。其中，党政干部、青少年学生是思想政治教育的重点；各级党组织、共青团组织和工会组织，担当着思想政治教育的重要职责；各行各业形成了不同类型人员、不同行业的思想政治教育，并且都要坚持以德为先，开展自教自律活动。

**第二，思想政治教育过程的全程性。**全程性是指思想政治教育过程的不间断性，包括思想政治教育环节的连贯性和各个阶段实施思想政治教育的衔接性，以及把思想政治教育渗透到业务工作、知识学习、日常生活的各个方面，营造良好人文环境的持久性。为此，不仅各个领域、各个单位要坚持开展思想政治教育，而且新闻、出版、文艺等部门以及大众传播媒体，要不断为思想政治教育提供精神食粮，坚持正确的舆论导向，营造良好的社会氛围。各类互联网网站要遵守网络规则，注重网络道德，开展形式多样的网络思想政治教育。各类博物馆、纪念馆、展览馆、烈士陵园等爱国主义教育基地，要充分发挥励志、育人作用；各个单位要加强精神文明建设，优化育人环境，把思想政治教育渗透到业务工作中去。

**第三，思想政治教育的外延必须接受思想政治教育的性质、内容与目的制约。**思想政治教育的覆盖虽然广泛，过程虽然多样复杂，但其外延是有界限的。这个界限，就是要按照思想政治教育的内涵展开，要根据思想政治教育的根本目标、基本内容、主要任务综合确定。目标有层次、内容之分，有社会发展目标与个体追求目标，也有政治、经济、道德、职业等各种内容的目标，还有近期、中期、长远各个层次的目标。思想政治教育所确立、坚持的是思想政治教育目标，包括实现“中国梦”和实现共产主义，坚持人的全面发展和培育有理想、有道德、有文化、有纪律的新人，还包括各项思想政治教育活动的具体目标。内容包括哲学、政治、道德理论、历史知识等，也包括实践活动、客观事实、实际生活等。思想政治教育不必要也不可能运用所有的理论、知识内容，主要运用形成正确世界观、人生观、价值观的思想内容；坚持正确政治立场、政治观点、政治倾向的政治内容；形成良好道德品质、养成良好道德行为的道德内容。由一定的目标与内容所确立的任务，是各项工作都必须承担的职责，思想政治教育承担的主要任务是提高人们的思想政治素质，因而要坚持以理想信念教育为核心，爱国主义教育为重点，道德法制教育为基础，全面发展教育为目的。所以，思想政治教育的外延，必须坚持社会主义意识形态的主导，运用思想、政治、道德教育的内容，受思想政治教育目标和任务的制约。不能借口思想政治教育涉及广泛、过程多样，把业务工作、其他内容和任务作为思想政治教育的外延。否则，思想政治教育可能成为一种无边界或无所不包的活动，其结果既从外延上模糊了思想政治教育的界限，也从内涵上否定了思想政治教育的特性。

思想政治教育的外延与内涵，是具有内在联系的两个方面。思想政治教育的全员性、全程性，既是育人为本、以德为先的原则体现，也是开放环境、信息社会的客观要求。它冲破了传统思想政治教育的单一性与封闭性，使思想政治教育呈现高度开放性、社会化与发展性特征。思想政治教育的丰富内涵，既是人们健康成长、全面发展的需要，也是社会协调发展、可持续发展的需要。思想政治教育的外延与内涵，是不可分割地联系在一起的，外延的广泛性决定了思想政治教育内容的丰富性以及方式和特色的多样性；内涵的丰富性决定了思想政治教育的全员性、全程性与广泛的社会性。只有把思想政治教育的外延与内涵紧密结合起来，才能形成富有成效的思想政治教育。在现代社会背景下，思想政治教育的外延和内涵，呈现相辅相成的发展态势。思想政治教育的外延拓展，是指思想政治教育作用的时空范围扩大，即思想政治教育的领域发展。思想政治教育的领域拓展,既基于教育面向现代化、面向世界、面向未来的需要,也基于思想政治教育的内涵呈现出分化与综合相结合的发展趋势。思想政治教育的分化发展,就是思想政治教育向未知领域、宏观领域、微观领域的拓展,开辟新的教育、研究领域;思想政治教育的综合发展,就是各项思想政治教育的相互配合,以及思想政治教育向业务工作、环境领域的渗透,形成综合教育格局。思想政治教育的分化中有综合,综合中有分化,分化与综合相结合,形成了当代社会思想政治教育的立体发展态势。

## 三、思想政治教育的规范

规范这一概念,由规与范合成,规即尺规,范即模具。规范是指按确定的要求进行操作,使某一行为或活动符合一定的标准。所谓思想政治教育的规范,就是思想政治教育必须遵循的规则和标准。明确并遵循思想政治教育的规范,是有效开展思想政治教育的前提。思想政治教育的规范,主要有以下几个方面:

**第一,性质规范**。思想政治教育的性质,是指思想政治教育的固有属性,也可称之为思想政治教育质的规定性。思想政治教育包括思想、政治、道德方面的教育,是各个社会、各个国家在事实上都要开展的教育活动,只不过性质、目标、内容不同而已。因而,思想政治教育的性质,既有一般性质,也有不同社会、不同阶级的特殊性质。思想政治教育的性质规范,是思想政治教育最重要的规范。

思想政治教育的一般性质,主要是意识形态性,也可称之为阶级性或政治性,这是各个社会、各个国家思想政治教育都具有的特性。马克思、恩格斯在《德意志意识形态》一文中,阐述阶级社会中思想统治时提出了一个著名论断:“占统治地位的思想不过是占统治地位的物质关系在观念上的表现,不过是以思想的形式表现出来的占统治地位的物质关系。”统治阶级占统治地位的思想,主要是由政治思想、法律思想、哲学思想、道德思想构成的“思想体系”或意识形态。统治阶级为了维护思想上的统治地位,必定要进行“思想的生产和分配”,思想政治教育则是进行“思想的生产和分配”的重要途径与方式。也就是说,只要不同性质的统治阶级、不同性质的国家存在,反映、维护统治阶级的意识形态,就一定要发挥思想教育、政治教育、道德教育的作用,不管这种教育运用什么样的概念,采取什么样的方式,其实质是为统治阶级占统治地位的思想服务的。我国的思想教育、政治教育、道德教育,综合为思想政治教育,因而思想政治教育是我国社会的特定概念,是发挥社会主义意识形态主导作用的重要方式。坚持思想政治教育的社会主义意识形态性,就是要坚持马克思主义指导,运用社会主义意识形式开展思想政治教育,并继承、借鉴人类创造的优秀文化成果,丰富思想政治教育的内容。

我国思想政治教育具有社会主义性质,由我国社会主义制度所决定。这一性质,要求思想政治教育者及学科建设者,必须运用马克思主义的立场、观点、方法,研究和解决人们面临的思想问题与实际问题,推进改革开放和中国特色社会主义现代化建设向前发展。正如邓小平在总结我国社会主义建设历史经验时所指出的,我们“主要的是要用马克思主义的立场、观点、方法来分析问题,解决问题。马克思主义的活的灵魂,就是具体地分析具体情况。马列主义、毛泽东思想如果不同实际情况相结合,就没有生命力了。”邓小平把运用马克思主义的立场、观点、方法分析和解决实际问题,提到了生命力的高度。

所谓立场,就是人们观察、认识和解决问题的立足点。马克思、恩格斯以毕生的经历,号召全世界无产者和共产党人联合起来,反抗资产阶级的压迫与剥削,为无产阶级和劳动人民求解放。列宁的立场充分体现在以他为代表创立的列宁主义之中,集中表现就是坚决维护无产阶级和人民大众的根本利益。毛泽东强调人民的立场是每一个共产党员的政治立场,政治立场坚定不坚定，取决于是否站在人民立场上，共产党人必须坚持全心全意为人民服务的思想。邓小平时刻关注最广大人民群众的利益、愿望和要求，把人民“拥护不拥护”、“赞成不赞成”、“高兴不高兴”、“答应不答应”作为考虑一切问题的出发点和归宿。江泽民在“三个代表”重要思想中，强调中国共产党必须始终代表最广大人民根本利益。胡锦涛在党的十八大报告中指出：“为人民服务是党的根本宗旨，以人为本、执政为民是检验党一切执政活动的最高标准。任何时候都要把人民利益放在第一位，始终与人民心连心、同呼吸、共命运，始终依靠人民推动历史前进。”这些关于立场的观点，是一条既一脉相承又与时俱进的思想主线，其实质就是要把人民放在心中的最高位置，切实做到一切为了人民、一切相信人民、一切依靠人民，这既是马克思主义的根本出发点和落脚点，也是思想政治教育必须坚持的根本立场。

所谓观点，就是对人和事物的看法。坚持马克思主义观点，就是要坚持马克思列宁主义、毛泽东思想和中国特色社会主义理论体系的指导。马克思主义关于辩证唯物主义和历史唯物主义的基本观点；关于认识与实践的基本观点；关于社会主义必然代替资本主义的基本观点；关于社会主义本质和中国特色社会主义的基本观点；关于人的全面发展的基本观点等，都是思想政治教育必须坚持的基本观点。

所谓方法，是指为达到某种目的而采取的手段与行为方式。马克思主义方法，是指导我们正确认识和改造世界的根本思想方法和工作方法。我们是马克思主义世界观与方法论的统一论者，运用马克思主义理论，分析和解决实际问题，马克思主义理论就成为方法，所以恩格斯说：“马克思的整个世界观不是教义，而是方法。它提供的不是现成的教条，而是进一步研究的出发点和供这种研究使用的方法。”

总之，马克思主义的立场、观点、方法，是马克思主义思想体系的精髓所在。思想政治教育遵循性质规范，其集中体现就是坚持马克思主义的立场、观点、方法。

此外，思想政治教育的人本性、目的性、实践性，也是社会主义意识形态的特性，因而思想政治教育也应当遵循这些规范。

**第二，范围规范。**范围是指一定的时空限定。思想政治教育的范围，亦可称之为思想政治教育的边界限制。上面分析的思想政治教育的性质规范，是由思想政治教育的内涵决定的，而这里所说的思想政治教育范围规范，则由思想政治教育的外延限定。

思想政治教育及其学科建设的范围，要根据思想政治教育的性质、目标、内容等综合确定，也就是要由思想政治教育的内涵决定。任何思想政治教育，都是以人为主体的活动，教育者与受教育者是构成思想政治教育的两个基本要素，教育者与受教育者的关系也是思想政治教育的主要关系，两者运用一定的思想政治教育内容与方法，为实现一定的思想政治教育目标而互动，就是思想政治教育活动。显然，思想政治教育活动，是有特定主体、目标、内容和方法的活动。既不能把人与人之间的关系、活动，都视为思想政治教育关系和思想政治教育活动；也不能认为思想政治教育可以解决人的一切问题，诸如人的生理问题、业务问题、心理问题等。思想政治教育要结合业务工作来做，并要渗透到业务工作中去，但思想政治教育不能代替业务工作，更不能冲击业务活动。思想政治教育的目标、内容、任务，都是特定的、明确的，不能用思想政治教育去完成其他实践活动的任务，实现其他实践活动的目标。

在是否遵循思想政治教育范围规范上，存在着这样那样的问题，其中主要的问题是某些思想政治教育工作者或研究者，身在思想政治教育学科范围，从事的却不是思想政治教育工作，研究的也不是思想政治教育问题，有的做与思想政治教育无关的事情，有的进入其他学科领域进行研究，用形象的话说，就是“荒自己的地，耕别人的田”。还有些思想政治教育工作者或研究者，以思想政治教育具有综合性、交叉性特点为借口，超出思想政治教育的范围进行活动与研究，他们或避开我国思想政治教育的主要概念和内容，运用西方国家，特别是美国的思想、政治、道德教育的主要概念和内容，进行教育与研究，存在照搬、复制他国教育主要概念和内容的倾向；或回避思想政治教育的主要任务，诸如忽视理想信念教育、爱国主义教育、道德法制教育等，而以所谓“中性”、“边缘性”内容，作为教育的主要任务和研究方向。应当承认，思想政治教育与其他活动和某些学科，的确有一定程度的交叉，可以进行交叉领域的研究，也需要借鉴、吸收其他学科和国外的成果与经验，但思想政治教育工作者、研究者，必须依托思想政治教育学科，自觉遵循思想政治教育学科的规范，才具有交叉学科研究的基础，才能“坚持以我为主、为我所用的原则”，否则，交叉学科研究就是一句空话。突破思想政治教育及其学科的范围，进入其他学科范围并依托其他学科，既损害思想政治教育学科的形象与声誉，又不利于个人专长的提高和研究方向的凝练，长此下去，“不仅会受到同行们的非议，而且也会受到其他学科研究者、工作者的质疑。所以，思想政治教育工作者与研究者，一定要本着自尊、自重和珍惜思想政治教育及其学科的态度，遵循思想政治教育的范围规范。”

**第三，学科规范**。所谓学科，是按知识性质或学术领域的分类。学科理论或知识的性质，是学科内涵与外延的统一。在英文中，学科是用“subject”、“discipline”单词来表达的，具有主题、纪律的含义，并蕴含着规范。学科规范的标志，是学科的范畴体系或话语体系。

所谓范畴，列宁说，是“认识世界的过程中的梯级，是帮助我们认识和掌握自然现象之网的网上纽结。”范畴是涉及主观与客观的辩证统一概念，即作为思维形式是主观的，其内容则是客观的。范畴是对事物现象的本质概括，是主体和客体联系的纽结。

任何范畴都包含着诸种要素的概念系统。概念是事物本质特征的概括，正如毛泽东所说：“社会实践的继续，使人们在实践中引起感觉和印象的东西反复了多次，于是在人们的脑子里生起了一个认识过程中的突变（即飞跃），产生了概念。”范畴往往比概念更高，所涵盖的对象范围更大，其本质体现在构成它的各个要素之间的关系结构中。思想政治教育学科的范畴，反映和概括思想政治教育学科所研究领域中的各种现象之间最本质、最稳定、最普遍的特性和关系，提供思想政治教育学科的样式，为思想政治教育及学科研究限定框架和主题。思想政治教育学科范畴体系的形成，标志着思想政治教育学科的创立；思想政治教育学科范畴体系的系统性与科学性，体现思想政治教育学科的发展与成熟程度。

思想政治教育学科规范，是思想政治教育的综合性规范，即这一规范既有质的规定性，也有量的规定性，其中按照思想政治教育学科的范畴体系和主要概念，来表达思想政治教育和研究的目标、内容和价值，则是最基本的要求。突破思想政治教育学科的范畴体系、主要概念进行教育和研究，要么用其他学科的范畴体系和主要概念，要么范畴体系和主要概念混杂，那就不是真正开展思想政治教育和进行思想政治教育研究，因而难以获得思想政治教育的实际效果与研究成果。应当肯定，其他学科也可以运用学科知识，开展育人活动，但其他学科都各有自己的目标、内容与任务，因而也有相应的范畴体系和主要概念，来表达、实现该学科的目标、内容与任务。思想政治教育的主要任务是培养、提高人们的思想道德素质，如果思想政治教育工作者、研究者不以育人为主，就是丧失职责。

同时，还应当强调的是，思想政治教育学科的范畴体系与主要概念，是具有中国特色学科的特定体系与主要概念，体现着社会主义意识形态的性质。资本主义国家也有自己的思想教育、政治教育、道德教育的范畴体系与主要概念，这些范畴体系与主要概念是为推行资本主义意识形态服务的。有些教育者、研究者避开思想政治教育学的范畴体系与主要概念，盲目搬用资本主义国家思想教育、政治教育、道德教育的范畴体系与主要概念，以为这样做可以吸引受教育者。殊不知，任何范畴体系与主要概念的提出、运用，都要受社会政治制度、经济制度的制约，都是有文化背景和现实价值的，用资本主义国家的范畴体系与主要概念来进行我国的思想政治教育与研究，势必改变我国思想政治教育的性质，引起人们对我国思想政治教育的冷漠与质疑，冲击思想政治教育的地位与作用。我们应当坚持“洋为中用”的原则，遵循思想政治教育的学科规范，借鉴、吸收国外思想政治教育的有益经验与成果，推进我国思想政治教育的改进与发展。

（作者：复旦大学马克思主义研究院特聘教授，中山大学教授）

# 大学生思想政治教育发展的时代特色

## ——基于思想政治教育专业30年视域

黄蓉生

发展，意味着事物由小到大、由简单到复杂、由低级到高级的变化过程和状态。实践永无止境，发展永无止境。1984年4月13日，为了适应新的历史时期思想政治工作的需要，教育部下发了《关于在十二所院校设置思想政治教育专业的意见》，决定在部分高校设置思想政治教育专业，采取正规化的方法培养大专生、本科生和第二学士生等各种规格的思想政治工作专门人才，有条件的还可培养研究生。伴随着思想政治教育专业30年进程，大学生思想政治教育在探索中前进，在改革中发展，取得了显著的成绩，呈现出鲜明的时代特色。

### 一、主要任务更加明晰确定

大学生思想政治教育在不同历史时期担任着不同的工作、担负着不同的责任。30年来思想政治教育专业的实践发展，使大学生思想政治教育呈现出的最大特色便是主要任务更加明晰确定。

自在高校开设思想政治教育专业、培养思想政治工作的专门人才以来，大学生思想政治教育得到了不断的加强和改进，任务日渐明确。1986年5月，为了与建设现代化的，高度文明、高度民主的社会主义国家这个总任务相适应，中共中央、国务院批转《国家教委关于加强高等学校思想政治工作的决定》指出，高校思想政治工作面临的任务，是要紧紧围绕社会主义现代化建设这个中心，围绕和结合经济、科技、教育等方面的改革，进行社会主义、共产主义、爱国主义、集体主义教育，把全体师生员工的社会主义积极性调动起来，使他们正确理解党的十一届三中全会以来的路线、方针、政策，将他们的思想和行动引导到建设中国特色社会主义总目标上来，努力培养出一代善于在新的历史条件下坚持正确的政治方向和勇于开拓进取的知识分子。这一任务是面向全体师生员工的，并没有专门指出大学生的思想政治教育任务。此后，思想政治教育是一门科学，大学生思想政治教育是学校教育的重要组成部分逐渐成为共识。1987年5月，中共中央颁布的《关于改进和加强高等学校思想政治工作的决定》指出，要有的放矢地对学生进行马克思主义理论教育和形势政策教育，积极引导学生参加社会主义实践，对学生要严格要求，积极疏导，改善学生的学习、生活条件，认真培养学生骨干队伍，加强和改进研究生的思想政治工作，强调“要继续坚持对学生进行马克思主义理论教育，党的路线、方针、政策教育，爱国主义、国际主义和革命传统教育，理想、道德和纪律教育，社会主义民主和法制教育。”1994年8月，中共中央颁布《关于进一步加强和改进学校德育工作的若干意见》，明确要求“以邓小平同志建设有中国特色社会主义理论作为学校马克思主义理论教育的中心内容。深入持久地进行爱国主义、集体主义和社会主义思想教育。开展中华民族优良道德传统的教育。”1995年11月，国家教育委员会颁布的《中国普通高等学校德育大纲》明确了高校德育的任务，“是用马克思列宁主义、毛泽东思想和邓小平建设有中国特色社会主义理论教育学生坚持社会主义方向，树立科学的世界观和正确的人生观，形成良好的道德品质，把学生培养成为有理想、有道德、有文化、有纪律的一代新人”，这是在学校德育的总体框架下阐明对大学生的思想、政治和品德教育要求。

真正从完整意义上明确大学生思想政治教育的任务，是2004年8月中共中央、国务院《关于进一步加强和改进大学生思想政治教育的意见》（以下简称“中央16号文件”）。中央16号文件是新中国成立以来，第一个全面部署大学生思想政治教育的纲领性文件，它指出，大学生思想政治教育的主要任务是：“以理想信念教育为核心，深入进行树立正确的世界观、人生观和价值观教育。以爱国主义教育为重点，深入进行弘扬和培育民族精神教育。以基本道德规范为基础，深入进行公民道德教育。以大学生全面发展为目标，深入进行素质教育。”至此，以“四以”为主要内容的大学生思想政治教育主要任务进一步明晰，更加科学全面，富有整体性和系统性，为大学生思想政治教育提出了总体要求，指明了前进方向。为确保中央16号文件的贯彻落实，中共中央宣传部、教育部、卫生部、共青团中央等部门联合下发了系列配套文件，其中涉及大学生形势政策教育、心理健康教育、社会实践等，这是为完成大学生思想政治教育任务、实现大学生思想政治教育目标作出的安排和部署。

## 二、主渠道更加健全完备

从1984年设置思想政治教育专业以来，大学生思想政治教育逐步发展为由主阵地、主渠道两部分构成，即日常思想政治教育和以思想政治理论课为主的思想理论教育，其中主渠道建设持续健康推进，日臻健全完备，成为大学生思想政治教育的又一时代特色。

1984年9月，中共中央宣传部、教育部下发《关于加强和改进高等院校马列主义理论教育的若干规定》，强调马克思主义理论课“作为必修课”要坚持理论联系实际的方针，改革课程设置和教材内容；同时，教育部还印发了《关于高等学校开设共产主义思想品德课的若干规定》，对大学生开设共产主义思想品德课作出了若干规定。自1985年8月中共中央发出通知，要求改革学校思想品德和政治理论课程教学起，到1986年3月国家教育委员会颁布进一步贯彻中共中央通知的意见，提出在高校逐步开设“中国革命史”、“中国社会主义建设”、“马克思主义原理”、“世界政治经济和国际关系”等课程（高校思想政治理论课改革的“85方案”），再到1987年3月和10月国家教育委员会发文，就高校马克思主义理论课（公共课）教学和思想教育课程建设提出具体意见，高校马克思主义理论课程和思想品德课程，即“两课”课程，成为高校大学生思想政治教育的主要课程，在大学生思想政治教育中的地位和作用得以保证。1993年8月，中共中央组织部、中共中央宣传部、国家教育委员会印发《关于新形势下加强和改进高等学校党的建设和思想政治工作的若干意见》的通知，明确阐述了“马克思主义理论课和思想政治教育课是学生思想政治教育的主渠道，是社会主义学校的本质特征之一。”并就“两课”贯彻理论联系实际的方针和“少而精”、“要管用”等原则，改革教学内容和方法等提出具体要求。之后，各级党政教育部门和高校党政领导高度重视，把“两课”作为重点课程来建设，改革“两课”内容和方法取得了明显的效果。

1998年6月，中共中央宣传部发出通知，强调普通高校开设的“两课”，是对大学生系统进行思想政治教育的主渠道和主阵地，对高校“两课”课程设置进行了新的调整，要求本科马克思主义理论课开设“马克思主义哲学原理”、“马克思主义政治经济学原理”、“毛泽东思想概论”、“邓小平理论概论”、“当代世界经济与政治”等课程，本科思想品德课开设“思想道德修养”和“法律基础”等课程，形成了思想政治理论课的“98方案”。这一调整，要求贯彻党的十五大精神，增加马克思主义中国化理论成果内容，解决好邓小平理论“进教材、进课堂、进头脑”的重大问题，进一步丰富了大学生思想政治教育的主渠道。2005年2月中共中央宣传部、教育部《关于进一步加强和改进高等学校思想政治理论课的意见》强调，高校思想政治理论课承担着对大学生进行系统的马克思主义理论教育的任务，是对大学生进行思想政治教育的主渠道。同年3月，印发了《关于进一步加强和改进高等学校思想政治理论课的意见》实施方案，即“05方案”，规定本科课程设置为“马克思主义基本原理”、“毛泽东思想、邓小平理论和‘三个代表’重要思想概论”、“中国近现代史纲要”、“思想道德修养与法律基础”，另外开设“当代世界经济与政治”等选修课。这一新的方案，把马克思主义三大组成部分合并为一门课，体现了马克思主义的整体性，使大学生能够更好地掌握马克思主义基本原理；把马克思主义中国化理论成果合并为一门课，体现了中国化马克思主义的一脉相承性，使大学生能更好地认识马克思主义及其中国化理论成果与时俱进的理论品质；同时，增加“中国近现代史纲要”课程，满足大学生了解中国革命、建设和改革发展需求，形成了结构合理、功能互补、相对稳定的课程体系。2006年1月，中共中央宣传部、教育部、新闻出版总署发出了《关于加强高校思想政治理论课教材出版管理的通知》，同年4月，教育部办公厅下发《关于进一步加强高等学校思想政治理论课教材编写管理、规范教材使用的通知》。这一系列举措，使主渠道建设呈持续健康态势，不断得以健全完备，有力地推进了大学生思想政治教育。

## 三、教育队伍更加专业规范

大学生思想政治教育的又一时代特色是，队伍建设趋向专业规范。

大学生思想政治教育队伍，是完成大学生思想政治教育任务的组织保证。党和国家历来十分重视队伍建设。早在1984年11月中共中央宣传部、教育部《关于加强高等学校思想政治工作队伍建设的意见》就明确指出，高校的根本任务是为社会主义现代化建设培养德、智、体全面发展的又红又专的人才。为了完成这个任务，高校必须建设一支精干有力的专职和兼职相结合的思想政治工作队伍。专职人员，包括党、政、工、团各系统所必需的专职人员，是思想政治工作队伍的骨干，承担繁重的工作任务；同时，还应动员和组织一些教师、高年级大学生、研究生兼职做思想政治工作，这样既有利于密切与群众的联系，将思想政治工作更好地渗透到业务领域中去，也可以使这些师生得到锻炼。1986年4月，国家教育委员会作出决定，选配品学兼优的应届毕业生充实高校思想政治教育工作队伍，以解决不同程度存在的人员短缺问题。同年5月和12月，国家教育委员会提出，高校的思想政治工作应当由精干的专职人员与较多的兼职人员组成。思想政治工作是一门思想性、政策性很强的科学，必须有专职人员作为骨干，以保持工作的连续性，不断积累和总结经验，提高工作水平。从事学生思想政治工作的兼职人员，可以从政治品质好，有一定的思想理论水平和组织活动能力的教师、干部及品学兼优的研究生、高年级大学生中选拔。并规定，兼任学生思想政治工作的教师应根据承担思想政治工作的实际情况减免相应的教学工作量，考核情况纳入档案，作为评审任职资格、提职、调薪、奖惩和能否续聘或继续任命的依据。研究生、高年级大学生在学习期间从事学生思想政治工作的水平和能力、工作态度和成绩要记入考绩档案，作为今后培养和使用的依据。不仅如此，国务院批转的《国家教委关于加强高等学校思想政治工作的决定》指出：“高等学校中从事学生思想政治教育工作的人员是教师队伍的一个重要组成部分，应根据他们的水平、能力和实际贡献聘任为相应的教师或研究人员职务。”1987年5月，中共中央《关于改进和加强高等学校思想政治工作的决定》再次强调，要建设一支坚强的马克思主义理论队伍和思想政治工作队伍。思想政治教育是一门以马克思主义理论为基础、综合性和实践性都比较强的科学，必须有专职人员作为骨干，并且要培养和造就一批思想政治教育的专家、教授和理论家。有关院校要认真办好思想政治教育专业，办好第二学士学位班，并创造条件培养这方面的硕士和博士研究生，为造就从事思想政治教育的专门人才开辟一条新路。1993 年 8 月中共中央组织部、中共中央宣传部、国家教育委员会联合印发《关于新形势下加强和改进高等学校党的建设和思想政治工作的若干意见》指出，从事学生思想政治教育的专职人员和兼职教学、科研工作的党务、政工干部是教师队伍的一部分，是高校不可缺少的重要力量。要努力建立一支以精干的专职人员为骨干、专兼职相结合的政工队伍，培养一批又红又专的党务和政工干部骨干。2000 年 7 月，教育部党组《关于进一步加强高等学校学生思想政治工作队伍建设的若干意见》指出，要建设一支具有马克思主义理论素养、政治坚定、专兼结合、结构合理的精干、高素质的学生思想政治工作队伍。根据各高校的经验和实际工作的需要，原则上可按 1: 120—1: 150 的比例配备专职学生思想政治工作人员，制定并落实学生思想政治工作队伍建设的政策措施，从制度上解决好专职思想政治工作者的职务和待遇等问题。

一般来说，高校思想政治教育队伍主要由思想政治教育专业教师、思想政治理论课教师、日常思想政治教育教师（辅导员、班主任）等 3 部分组成。真正从各方面明确规定大学生思想政治教育队伍的是 2004 年 8 月颁布的中央 16 号文件及相关配套文件。“思想政治教育工作队伍是加强和改进大学生思想政治教育的组织保证。大学生思想政治教育工作队伍主体是学校党政干部和共青团干部，思想政治理论课和哲学社会科学课教师、辅导员和班主任。”其中学校党政干部和共青团干部负责学生思想政治教育的组织、协调、实施；思想政治理论和哲学社会科学课教师根据学科和课程的内容、特点，负责对学生进行思想理论教育、思想品德教育和人文素质教育；辅导员、班主任是大学生思想政治教育的骨干力量，辅导员按照党委的部署有针对性地开展思想政治教育活动，班主任负有在思想、学习和生活等方面指导学生的职责。所有从事大学生思想政治教育的人员，都要坚持正确的政治方向，加强思想道德修养，增强社会责任感，成为大学生健康成长的指导者和引路人。同时强调，要完善大学生思想政治教育工作队伍的选拔、培养和管理机制。按照政治强、业务精、纪律严、作风正的要求，坚持专兼结合的原则，研究和制定加强高校思想政治教育工作队伍建设的具体措施，吸引更多的优秀教师从事学生思想政治教育工作。2005 年 1 月教育部《关于加强高等学校辅导员班主任队伍建设的意见》进一步明确，辅导员、班主任是高校教师队伍的重要组成部分，是高校从事德育工作，开展大学生思想政治教育的骨干力量，是大学生健康成长的指导者和引路人。并就认真做好辅导员、班主任队伍的选聘配备工作，大力加强辅导员、班主任队伍的培养培训工作，切实为辅导员、班主任工作和发展提供政策保障，鼓励和支撑辅导员向职业化、专业化方向发展等提出了具体要求。2006 年 7 月教育部《普通高等学校辅导员队伍建设规定》明确指出，辅导员是开展大学生思想政治教育的骨干力量，是大学生日常思想政治教育和管理工作的组织者、实施者和指导者，提出了辅导员工作的要求，辅导员的主要工作职责。从“学校总体上要按师生比不低于 1: 200 的比例设置本、专科生一线专职辅导员岗位”，从“政治强、业务精、纪律严、作风正”等方面规定了辅导员队伍建设“配备与选聘”的要求，并对辅导员队伍的培养与发展、管理与考核等作了详细规定。经过多年的努力，大学生思想政治教育队伍建设规定清楚，目标明确，队伍在不断加强，辅导员已基本达到硕士学历要求，有力地强化了大学生思想政治教育组织基础，提升了大学生思想政治教育的实效。

## 四、学科支撑更加有力

实践证明，大学生思想政治教育的发展，离不开学科的支撑。新中国成立初期，沿袭旧制，全国高校只设院系，不设专业。1952 年全国院系调整,学习苏联经验,开始设置专业,高校大多设置了政治教育专业。1953 年教育部根据高等师范学校所设政治系科较少、无法满足中等学校政治教师需要的情况,决定发展政治系科,创造条件设立政治系科,有力地推动了政治教育专业发展。1984 年 4 月教育部决定设置思想政治教育专业、采取正规化的方法培养德智体全面发展、又红又专的思想政治工作专门人才,大学生思想政治教育在思想政治教育专业学科的支撑下得到长足发展。专业学科支撑的有力保障成为大学生思想政治教育发展的显著特色。

1984 年 6 月,教育部批准清华大学等 6 所高校开办思想政治教育专业第二学士学位班,以培养高校思想政治工作人员。同时决定在部分高校开办思想政治教育本科班,以培养和提高已具有专科毕业学历的专职思想政治工作干部。思想政治教育第二学士学位班和本科班的开办,为大学生思想政治教育课堂教学、科学研究和实践工作夯实了良好的队伍基础,对于推进大学生思想政治教育学科发展发挥了重要作用。1988 年,中国人民大学、武汉大学等 10 所院校设立思想政治教育硕士学位点,开始招收硕士研究生,培养思想政治工作的高级专门人才。这些举措极大地提升了大学生思想政治教育水平,促进了大学生思想政治教育科学发展。1993 年 10 月国家教育委员会《关于高等学校思想政治教育专业办学的意见》指出:“思想政治教育专业创办九年来,在办学层次、规模、课程体系和教师队伍以及学生培养等方面都取得了很大的成绩,积累了宝贵经验。思想政治教育专业要按照巩固、提高、深入改革、稳步发展的方针,继续加强专业建设,积极培养具有较高的思想政治觉悟和专业知识、技能的专门人才。”并提出思想政治教育专业培养学生总的规格要求是:“具有坚定正确的政治方向,坚持党的‘一个中心,两个基本点’的基本路线,具有科学的世界观和为人民服务的人生观,具有良好的道德品质,掌握马列主义、毛泽东思想基本原理、邓小平建设中国特色社会主义的理论和思想政治教育专业知识,有相当的哲学、社会科学和一定的自然科学知识,熟悉党和国家的重大方针政策以及思想政治工作必备的各种技能,体魄健全,德智体全面发展。”加强思想政治教育专业建设,培养思想政治教育专门人才,这就从专业上有力地支撑了大学生思想政治教育队伍建设。到 1995 年,获得马克思主义理论教育、思想政治教育学科硕士学位授予权的高校各有 35 所。1997 年专业目录调整,将马克思主义理论教育与思想政治教育两个学科合并为“马克思主义理论与思想政治教育”学科,并建立了博士点。国务院学位委员会批准清华大学等院校增列“马克思主义理论与思想政治教育”博士学位授权点,自 1997 年起招收博士研究生。至此,思想政治教育专门人才培养形成了具有中国特色的从学士、硕士到博士的完备学科体系,有力地推进了思想政治教育学科的发展,对培养大学生思想政治教育工作队伍提供了重要的学科支撑。

思想政治教育学科以马克思主义为理论指导,以党的思想政治工作为实践基础,经过 30 多年的建设,取得了丰硕成果。2005 年 12 月,为了加强马克思主义理论体系研究、思想政治教育研究,推进党的思想理论建设,建设思想政治教育工作队伍,国务院学位委员会、教育部作出“调整增设马克思主义理论一级学科及所属二级学科”的决定,新增设马克思主义理论一级学科,设置于“法学”门类内,下设“马克思主义基本原理、马克思主义发展史、马克思主义中国化研究、国外马克思主义研究、思想政治教育”五个二级学科,2008 年 4 月又增设了“中国近现代史基本问题研究”为二级学科,旨在加强马克思主义理论体系研究,完善马克思主义理论一级学科建设,逐步形成研究对象明确、功能定位科学的马克思主义理论学科体系。在马克思主义理论一级学科中,思想政治教育是唯一的实践性很强的学科,其他五个二级学科侧重于基础理论。这样的学科布局意味着思想政治教育的学科建设和专业人才培养必须以马克思主义为指导，用马克思主义的立场观点和方法分析研究把握思想政治教育的特点和规律。增设马克思主义理论一级学科后，思想政治教育本科点接近300个，硕士点发展到约350个，博士点达70个，实现了跨越式发展。马克思主义理论一级学科的设立，真正使大学生思想政治教育实践的理论与人才支撑得到切实保障。2006年7月，教育部发出“普通高等学校辅导员培训计划”通知，要求依托思想政治教育学科，以教育部举办的全国辅导员骨干示范培训为龙头，以辅导员培训和研修基地举办的培训为重点，以高校举办的系统培训为主体，与学习考察、学位进修、科学研究、研讨交流等多种形式相结合，构建分层次、多形式的培训体系，以提升辅导员工作水平，加强辅导员队伍建设。目前，21个高校辅导员培训与研修基地正在实施辅导员在职攻读思想政治教育专业博士学位专项计划，着力培养在思想政治教育方面有一定影响的专家。2008年3月，教育部决定实施“高校思想政治理论课教师在职攻读马克思主义理论博士学位”专项计划，2008年先行试点，之后逐步扩大规模。按照“计划专用、单独划线、择优录取”的原则进行招生录取，旨在不断提高高校思想政治理论课教师的政治素质、专业水平。为更好地打造大学生思想政治教育学科支撑平台，2008年9月中共中央宣传部、教育部《关于进一步加强高等学校思想政治理论课教师队伍建设的意见》明确提出，思想政治理论课依托的学科是马克思主义理论学科，要大力加强马克思主义理论学科建设，把为思想政治理论课教学服务作为学科建设的重要任务，努力建设一支政治坚定、业务精湛、师德高尚、结构合理的教师队伍，为马克思主义理论研究和思想政治理论课教学培养高水平的人才，为思想政治理论课提供对应支撑，确保思想政治理论课作为大学生思想政治教育主渠道作用的充分发挥。同时，要求大力加强高校思想政治理论课教学科研组织建设，“各高校应当建立独立的、专属学校领导的思想政治理论课教学科研二级机构。该机构是思想政治理论课教学部门和马克思主义理论研究机构，又是马克思主义理论学科点的依托单位。”有了这一改革举措和政策要求，各高校纷纷组建了以“马克思主义学院”等命名的教学科研组织机构。至此，支撑大学生思想政治教育的专业学科平台得以完整建构和充分保障，形成了思想政治教育专业建设、思想政治理论课主渠道与日常思想政治教育主阵地共建共赢、互动互促的良好发展态势。

（作者：西南大学党委书记，教授、博士生导师）

# 思想政治教育学科建设的新起点

## ——学习习近平系列重要讲话中阐发的思想政治教育思想

顾海良

党的十八大以来习近平系列重要讲话，对新的历史条件下坚持和发展中国特色社会主义作了系统阐释，从多方面丰富和发展了中国特色社会主义理论体系。在思想政治教育学科建设和发展的重要节点，认真学习和领会习近平系列重要讲话中阐发的思想政治教育思想，对凝聚力量形成思想政治教育发展的新起点、求真务实走向思想政治教育学科建设的新境界有着重要的指导意义。

### 一、确立“巩固马克思主义在意识形态领域的指导地位”和“巩固全党全国人民团结奋斗的共同思想基础”的观念，进一步认识学科的基本性质，把握学科建设的新定位

对学科的性质和定位的准确把握，是学科建设和发展的重要前提。作为马克思主义理论学科所属的二级学科，思想政治教育学科既具有马克思主义理论学科的基本属性，也具有思想政治教育特有的性质和定位。2003 年 8 月，习近平在全国宣传思想工作会议上提出的“两个巩固”的思想，即“宣传思想工作就是要巩固马克思主义在意识形态领域的指导地位，巩固全党全国人民团结奋斗的共同思想基础”的思想，直接旨向是宣传思想工作的性质和定位，但对思想政治教育学科建设同样具有现实针对性，是对思想政治教育学科性质和定位的深刻阐释。

马克思主义是我们立党立国的根本指导思想，是社会主义意识形态的旗帜。从历史、现实和未来的结合上，习近平认为，“能否做好意识形态工作，事关党的前途命运，事关国家长治久安，事关民族凝聚力和向心力”。这“三个事关”，阐明了以马克思主义为指导的意识形态工作的根本性质和战略地位，彰显了意识形态工作在引领社会、凝聚人心、推动发展中的强大推进作用。在意识形态领域巩固马克思主义的指导地位，是马克思主义理论学科的基本性质，也是思想政治教育学科的根本定位。

从思想政治教育学科定位上看，树立中国特色社会主义的“共同思想基础”，是马克思主义在意识形态领域指导地位的集中体现。习近平指出：“经过几千年的沧桑岁月，把我国 56 个民族、13 亿多人紧紧凝聚在一起的，是我们共同经历的非凡奋斗，是我们共同创造的美好家园，是我们共同培育的民族精神，而贯穿其中的、最重要的是我们共同坚守的理想信念。”“共同思想基础”的内核在于“共同坚守的理想信念”；“共同坚守的理想信念”是“共同思想基础”的集中体现。由“共同思想基础”到“共同坚守的理想信念”，凸显了思想政治教育的重要性，“理想指引人生方向，信念决定事业成败。没有理想信念，就会导致精神上‘缺钙’”。由此也明确了思想政治教育学科的定位，其中，重要的是确定如何“把理想信念建立在对科学理论的理性认同上，建立在对历史规律的正确认识上，建立在对基本国情的准确把握上”等等。

“胸怀大局、把握大势、着眼大事，做到因势而谋、应势而动、顺势而为。”这是习近平对宣传思想工作的总体要求，也是对思想政治教育学科建设的总体要求。思想政治教育学科要从“大局”、“大势”和“大事”上，确定新的发展起点，形成新的发展定位。

一是要深刻把握“经济建设是党的中心工作,意识形态工作是党的一项极端重要的工作”的内在联系及本质要求。党的十一届三中全会以来,以经济建设为中心,集中精力把经济建设搞上去、把人民生活搞上去,始终是我们党坚持的“大局”;坚持走中国特色社会主义道路,坚持“一个中心、两个基本点”的基本路线不动摇,始终是解决当代中国一切问题的“大势”;物质文明建设和精神文明建设都要搞好、国家物质力量和精神力量都要增强,始终是我们牢牢把握的“大事”。改革开放新时期,思想政治教育学科建设最显著的特点,就体现在服务中国特色社会主义的“大局”、坚守马克思主义意识形态的“大势”和树立中国特色社会主义共同思想基础的“大事”上。这些是镌留于思想政治教育学科发展历程中的深刻记忆和宝贵经验。

二是要从巩固马克思主义在意识形态领域指导地位的高度,明确学科建设巩固“共同思想基础”和“共同坚守的理想信念”的定位。从“大局”上,要深化为什么思想政治教育学科建设要以马克思主义为指导、如何以马克思主义为指导等重大问题的认识,增强学科建设的自觉性和责任感,深刻把握学科的特殊定位。从“大势”上,要认识提升“软实力”在提高国家综合实力上的重要作用,切实做好意识形态工作,筑牢中国特色社会主义的共同思想基础,坚守中国特色社会主义的共同理想信念。从“大事”上,要巩固思想理论和意识形态阵地,守土有责、守土负责、守土尽责,锤炼敢于“亮剑”、善于“亮剑”的本领和胆略,增强中国特色社会主义的道路自信、制度自信和理论自信。这些应是思想政治教育学科建设走向新的辉煌的基点和起点。

“两个巩固”阐释的“巩固马克思主义在意识形态领域的指导地位”和“巩固全党全国人民团结奋斗的共同思想基础”相统一的思想,既揭示了思想政治教育二级学科归属于马克思主义理论学科一级学科的内在逻辑和根据,也阐明了马克思主义理论一级学科要从整体上规划和统筹思想政治教育二级学科的根本要求和趋势。思想政治教育二级学科要同马克思主义基本原理等其他二级学科一起,相互结合、协同发展,增强学科建设的凝聚力和向心力,切实体现“两个巩固”的整体作用和综合力量,同时也彰显各自二级学科的特色和优势。思想政治教育学科特别要在对象、内容、形式、过程和方法上,昭示巩固“共同思想基础”和“共同坚守的理想信念”的学科性质、功能及学科建设定位。

## 二、实现“增强国家精神力量”的要求,进一步认识学科的发展目标,形成学科建设的总体布局

2013年3月,习近平在任中华人民共和国主席的庄严时刻,以实现中华民族伟大复兴的“中国梦”为主题,深刻阐释了与中国道路、中国力量结合为一体的中国精神的深刻寓意。中国精神就是以爱国主义为核心的民族精神和以改革创新为核心的时代精神,就是“不断增强团结一心的精神纽带、自强不息的精神动力”。同年8月,习近平提出了“增强国家精神力量”的新观点,阐释了“丰富人民精神世界,增强人民精神力量,满足人民精神需求”的新思想。思想政治教育在根本上就是精神文明建设的重要组成部分。从“中国精神”到“精神纽带”和“精神动力”,到“国家精神力量”,再到人民的“精神世界”、“精神力量”、“精神需求”的阐释,丰富了社会主义精神文明建设理论,拓展了思想政治教育学科建设的目标和布局。

“丰富人民精神世界”,如习近平所要求的,就是“要深入开展中国特色社会主义宣传教育,把全国各族人民团结和凝聚在中国特色社会主义伟大旗帜之下”。党的十二届六中全会在作出《关于社会主义精神文明建设指导方针的决议》时就明确提出:“社会主义精神文明建设,是关系社会主义兴衰成败的大事。”思想政治教育学科要加强中国特色社会主义理论和实践的研究,深刻把握道路开拓、制度发展和理

论创新的密切关联及其在实践中协同推进、交互作用的内在逻辑。思想政治教育要能够更为广泛地激励人民主体精神世界的发展和创新，更为深刻地激发实现中华民族伟大复兴“中国梦”的坚定信念，更为鲜明地激扬中国化马克思主义的时代精神和时代风格。

“增强人民精神力量”，如习近平所提出的，要“坚持巩固壮大主流思想舆论，弘扬主旋律，传播正能量，激发全社会团结奋进的强大力量”。思想政治教育要在弘扬主旋律和传播正能量的理论研究和现实践行中发挥更大的作用。在涉及人民群众关心关注的物质和精神生活问题上，要坚持以人为本的核心立场，坚持有针对性的思想教育和有实效性的舆论导向，引导社会情绪和社会心理朝着积极健康的方向发展；在事关坚持还是否定四项基本原则的大是大非和政治原则问题上，要增强主动性、掌握主动权、打好主动仗。弘扬主旋律，才能树立社会思想的主心骨；传播正能量，才能凝聚社会发展的动力源。

“满足人民精神需要”，如习近平所要求的，要“把握好时、度、效，增强吸引力和感染力，让群众爱听爱看、产生共鸣，充分发挥正面宣传鼓舞人、激励人的作用”。思想政治教育要真正地贴近、贴紧中国社会的实际，要“接地气”。思想政治教育学科建设的不竭动力同样在于创新，“惟创新者进，惟创新者强，惟创新者胜”。这里的“创新”，一是要有强烈的问题意识，以思想政治教育的重大问题为导向，紧扣关键问题，着力推动解决“两个巩固”中面临的一系列突出矛盾和问题。思想政治教育只有在有效地满足人民精神需要，特别是在“面对面”地解决人民群众在思想理论方面的具体问题中，才有真实意义上的创新。二是要突出思想政治教育与实现中华民族伟大复兴的“中国梦”教育的契合，发挥自身在实践中国道路、弘扬中国精神、凝聚中国力量中的推动力、作用力和影响力，思想政治教育学科只有深刻介入满足人民精神需要的大局中，才有真正意义上的学科创新。

围绕“增强国家精神力量”展开的“丰富人民精神世界，增强人民精神力量，满足人民精神需求”，确定了思想政治教育学科建设的新目标，也就形成了学科建设的新布局。新的目标和布局的关键就在于，如何从“增强国家精神力量”的高度，拓展思想政治教育学科新发展的视域，完善思想政治教育的内容和形式、过程和方法，在弘扬“中国精神”和“增强国家精神力量”中，在实现中华民族伟大复兴“中国梦”中发挥更显著的作用。

## 三、树立“积极培育和践行社会主义核心价值观”的目标，进一步认识学科的主要功能，坚守学科建设的根本任务

每个时代都有其时代精神，都有作为时代精神的共同思想基础的价值观念。社会主义核心价值观作为社会主义核心价值体系的内核力和聚焦点，深刻体现了社会主义先进文化的精髓和社会主义意识形态的本质。思想政治教育学科要在建设社会主义核心价值体系、培育社会主义核心价值观中发挥更大的理论引导和实践指向作用。

社会主义核心值观，反映了全国各族人民共同认同的价值观的“最大公约数”。在核心价值观中，有国家层面的富强、民主、文明、和谐的价值要求；有社会层面的自由、平等、公正、法治的价值要求；有公民层面的爱国、敬业、诚信、友善的价值要求。核心价值观的三个层面综合一体，交相辉映，凸显了一个大写的“德”字。习近平指出：“核心价值观，其实就是一种德，既是个人的德，也是一种大德，就是国家的德、社会的德。国无德不兴，人无德不立。”因此，核心价值观三个层面的要求，“实际上回答了我们要建设什么样的国家、建设什么样的社会、培育什么样的公民的重大问题”；核心价值观三个层面的遵循，就是“明大德、守公德、严私德”。

社会主义核心价值观对“明大德、守公德、

严私德”践行和遵循的要求，融国家、社会、公民的价值要求为一体，深刻体现了社会主义本质要求，传承了中华优秀传统文化，也体现了时代精神、彰显了中国精神。思想政治教育在社会主义核心价值观建设中的理论引导和实践指向作用，首先就体现在“明大德、守公德、严私德”的培育、践行和遵循中。

历来的思想政治教育，突出于“私德”的培育和践行问题。显然，“严私德”是以公民个人为主体的，其教育面最为宽泛、受教育者最为广大、教育层次最为基础、教育成效也最为直接，在培育和践行社会主义核心价值观中具有重要的地位。与“严私德”相比较，对“大德”、“公德”教育和践行还缺乏力度和深度，甚至多有缺失、缺位甚或时有忽视，存在着把“大德”、“公德”教育和践行完全公民个别化，从而为“私德”所覆盖，出现了以“私德”为单一教育层面的偏向。当然，“大德”、“公德”有细化、可归结为“私德”的一面，但也有其整体化、不可细化的一面。例如，在“大德”上，如习近平指出的，“建设富强民主文明和谐的社会主义现代化国家，是我们的目标，也是我们的责任，是我们对中华民族的责任，对前人的责任，对后人的责任。我们要保持战略定力和坚定信念，坚定不移走自己的路，朝着自己的目标前进。”这里的“我们”，作为“大德”的践行主体，就不能简单地细化为“私德”的公民个体。“大德”弘扬、呈现的将是中国道路、中国精神和中国力量，对于国家和民族来讲就是要清楚“自己是谁，是从哪里来的，要到哪里去，想明白了、想对了，就要坚定不移朝着目标前进”；“大德”践行，承诺的将是“中国已经发展起来了，我们不认可‘国强必霸’的逻辑，坚持走和平发展道路，但中华民族被外族任意欺凌的时代已经一去不复返了”；“大德”遵循，始终不渝的将是“同这个民族、这个国家的历史文化相契合，同这个民族、这个国家的人民正在进行的奋斗相结合，同这个民族、这个国家需要解决的时代问题相适应。”

“培育和弘扬核心价值观，有效整合社会意识，是社会系统得以正常运转、社会秩序得以有效维护的重要途径，也是国家治理体系和治理能力的重要方面。历史和现实都表明，构建具有强大感召力的核心价值观，关系社会和谐稳定，关系国家长治久安。”习近平这里提出的，就是在实现国家治理体系和治理能力现代化中如何“明大德”的重大课题。党的十八大以来，习近平对“中国梦”的阐释，就十分关注其中“大德”的意蕴。2012 年 11 月，习近平在参观《复兴之路》展览第一次提到“中国梦”时就强调：“实现中华民族伟大复兴，就是中华民族近代以来最伟大的梦想”。“中国梦”是对中华民族近代以来追求“国家富强、民族振兴、人民幸福”夙愿的升华，是中国人对于国家、民族和个人未来的美好憧憬，是对坚持中国道路、弘扬中国精神、凝聚中国力量的宣示，是对坚持道路自信、理论自信和制度自信的担当，也是对推动建设公正、民主、和谐的世界秩序的真诚追求。国家之“大德”寓于“中国梦”之中，因此，“中国梦的宣传和阐释，要与当代中国价值观念紧密结合起来。中国梦意味着中国人民和中华民族的价值体认和价值追求，意味着全面建成小康社会、实现中华民族伟大复兴，意味着每一个人都能在为中国梦的奋斗中实现自己的梦想，意味着中华民族团结奋斗的最大公约数，意味着中华民族为人类和平与发展作出更大贡献的真诚意愿。”

“明大德”的思想政治教育内容和形式应该体现在多个方面，如习近平提出的，主要有“一些重大礼仪活动要上升到国家层面，以发挥其社会教化作用”，起到“传播主流价值观，增强人们的认同感和归属感”；在国家层面的“制度设计、政策法规制定、司法政策行为等都置于核心价值观念的统摄之下”；“各种社会管理要承担起倡导社会主义核心价值观的责任”等等。国家礼仪、国家制度设计、政策法规制定、司法政策和社会管理原则，是国家层面核心价值观的宣示，是国家层面核心价值观的实现载体。

习近平对“中国梦”中体现的当代中国“大德”意蕴的阐释，充分体现了“明大德”的性质、内涵、形式和意义。“明大德”是国家的思想内涵、是国家的政治形象；是国家的价值体认、是国家凝聚民族精神和人民力量的“神器”；是坚持道路发展、制度完善和理论创新的软实力；是国家的世界形象和内在定力的根本证实。思想政治教育要勇于探索，开拓创新，承担起“明大德”及其与“守公德”、“严私德”整体并进的理论研究和实践引导。

## 四、传承“中华民族的优秀传统文化和民族精神”，增强学科的中华美德、中华文化的主体性，形成学科建设的中国风格、中国气派的新样式

思想政治教育学科的中国特色和中国样式，是学科创新的基本路径，也是学科建设的卓越追求。习近平在谈到“培育和弘扬社会主义核心价值观作为凝魂聚气强基固本的基础工程”时，要求“继承和发扬中华优秀传统文化和传统美德”，“积极引导人们讲道德、尊道德、守道德，追求高尚的道德理想，不断夯实中国特色社会主义的思想道德基础。”对于培育和弘扬社会主义核心价值观需要这样，对于整个思想政治教育的发展和创新也需要这样，需要在“继承和发扬中华优秀传统文化和传统美德”中，不断显现思想政治教育中国特色的基因，不断落实思想政治教育学科中国样式的特质。

博大精深的中国优秀传统文化中蕴含的思想精华和育德哲理，是深化思想政治教育的思想文化沃土。习近平指出：“古人所说的‘先天下之忧而忧，后天下之乐而乐’的政治抱负，‘位卑未敢忘忧国’、‘苟利国家生死以，岂因祸福避趋之’的报国情怀，‘富贵不能淫，贫贱不能移，威武不能屈’的浩然正气，‘人生自古谁无死，留取丹心照汗青’、‘鞠躬尽瘁，死而后已’的献身精神等，都体现了中华民族的优秀传统文化和民族精神，我们都应该继承和发扬。”这里提到的“政治抱负”、“报国情怀”、“浩然正气”和“献身精神”等方面的精神与美德，体现了中国优秀传统文化的精粹。2014年“五四”青年节，习近平在对大学生的讲话中，从践行核心价值观的角度再次提到：“我们提倡和弘扬社会主义核心价值观，必须从中汲取丰富营养，否则就不会有生命力和影响力。比如，中华文化强调‘民惟邦本’、‘天人合一’、‘和而不同’，强调‘天行健，君子以自强不息’、‘大道之行也，天下为公’；强调‘天下兴亡，匹夫有责’，主张以德治国、以文化人；强调‘君子喻于义’、‘君子坦荡荡’、‘君子义以为质’；强调‘言必信，行必果’、‘人而无信，不知其可也’；强调‘德不孤，必有邻’、‘仁者爱人’、‘与人为善’、‘己所不欲，勿施于人’、‘出入相友，守望相助’、‘老吾老以及人之老，幼吾幼以及人之幼’、‘扶贫济困’、‘不患寡而患不均’，等等。”所有这些思想和理念，具有鲜明的民族特色，有其“永不褪色的时代价值”，蕴含了“中国人的独特精神世界”和“百姓日用而不觉的价值观”，“我们提倡的社会主义核心价值观，就充分体现了对中华优秀传统文化的传承和升华。”注重中华优秀传统文化在当代中国的传承和升华，应该在思想政治教育学科建设的新的进程中得到切实落实和贯彻。

博大精深的中国优秀传统文化中蕴含的思想精华和育德哲理，是涵养思想政治教育的国家意识和民族情怀的思想文化源泉。习近平作过这样的释义：“中国古代历来讲格物致知、诚意正心、修身齐家、治国平天下。从某种角度看，格物致知、诚意正心、修身是个人层面的要求，齐家是社会层面的要求，治国平天下是国家层面的要求。”深刻理解“修身”、“齐家”、“平天下”古训的寓意，能够升华对社会主义核心价值观中国家、社会和个人三个层面的意蕴及其密切关联的理解。中华传统美德中积淀的中华民族最深层的精神追求，是中华民族独特的精神标识，也是塑造思想政治教育中国气质、激

扬思想政治教育学科中国风格的最为丰富的精神资源和思想文化源泉。

博大精深的中国优秀传统文化中蕴含的思想精华和育德哲理，是实现思想政治教育创造性转化、创新性发展的思想文化根基。对中国优秀传统文化的继承和弘扬，重要的是在创造中转化和创新中发展。如习近平所强调的："坚持马克思主义道德观、坚持社会主义道德观，在去粗取精、去伪存真的基础上，坚持古为今用、推陈出新，努力实现中华传统美德的创造性转化、创新性发展，引导人们向往和追求讲道德、尊道德、守道德的生活，让13亿人的每一分子都成为传播中华美德、中华文化的主体。"思想政治教育要牢牢把握中国的历史、现实与未来，把中华民族追求的美好崇高的道德境界，一代接着一代地传承下去，在创造中转化和创新中发展，使根植于中华大地的思想道德精华闪烁着时代的绚丽光彩和焕发着盎然生机。

博大精深的中国优秀传统文化中蕴含的思想精华和育德哲理，也是把当代中国价值观念贯穿于国际交流和传播各方面的文化载体。习近平提出："努力实现中华传统美德的创造性转化、创新性发展，把跨越时空、超越国度、富有永恒魅力、具有当代价值的文化精神弘扬起来，把继承优秀传统文化又弘扬时代精神、立足本国又面向世界的当代中国文化创新成果传播出去。"思想政治教育特别要能讲清楚中华传统美德的历史渊源、文化内涵、发展脉络和基本走向，讲清楚中华传统美德的民族气质、独特创造、价值理念和鲜明特色，增强实现中华传统美德的创造性转化发展的自觉、自信、自强。思想政治教育学科的开放性，既体现在学习和借鉴人类优秀思想文化成果上，也体现在继承和弘扬中华传统美德上，更体现在立足创新，用中国的文化样式和话语体系解读中国道路、中国精神、中国形象，不断概括出理论联系实际的、科学的、开放融通的新概念、新范畴、新表述，形成具有中国特色、中国气派的思想政治教育学科的新样式。

## 五、增强"本领意识"，健全学科"因时而变"和"随事而制"的品质，追求学科建设的新的境界

思想政治教育学科发展正处于"漫步从头越"的重要时期。对于思想政治教育来说，这一时期社会的显著变化在于，社会经济形式和经济利益、生活方式和组织形式的多样性，正在发生着愈益深刻的变化，与此相关联的社会矛盾和问题愈益交相呈现；思想文化领域交流交融交锋的格局，也愈加错综复杂，人们思想活动的独立性、选择性、多样性、差异性愈益显现，思想观念意识的多样多元呈现多变态势。进入新世纪，科学技术日新月异、新的工业革命方兴未艾，经济全球化中机遇与挑战、发展与危机交织在一起；同时，一些国家风云变幻、政权更迭的"颜色"革命，与20世纪80年代末90年代初社会主义运动严重挫折时的景象发生了显著变化，但国家政权的瓦解从思想领域开始、从意识形态上打开缺口的共同特点却愈显突出。一些国家的政治动荡、政权更迭可能发生在一夜之间，但思想演化和意识形态蜕变都有一个长期孕育过程。殷鉴不远，是以为鉴。

在思想政治教育中，面对新情况、新问题，在一定程度上存在着习惯于用老思路、老套路来应对新情况、新问题的现象，有时尽管竭尽全力、疲于奔命，但结果要么不对路子，要么事与愿违，甚至出现南辕北辙的结局。力不从心的"本领恐慌"，直接影响着思想政治教育学科的发展和创新。党的十八大后，面对全面建成小康社会的新形势新任务，习近平及时告诫，"本领恐慌"的问题"在党内相当一个范围、相当一个时期都是存在的。"面对现实，思想政治教育及其学科建设必须把克服"本领恐慌"、增强"本领意识"的问题放在重要位置。思想政治教育在内容、环境、过程、形式和方法等各方面，"都要有本领不够的危机感，都要努力增强本领，都要一刻不停地增强本领。"要在增强"本领意识"中实现思想政治教育学科的发展和

创新。

党的十八大刚结束，习近平在提到认真学习党章问题时，就提出“内化于心，外化于行”的要求。这是对学习党章的方法和过程的要求，也应该是对思想政治教育方法和过程的要求。在培育和弘扬社会主义核心价值观时，习近平又提出“使社会主义核心价值观内化为人们的精神追求，外化为人们的自觉行动”的要求。“内化于心，外化于行”，是加强思想政治教育科学性、针对性和实效性的基本要求，也是当前思想政治教育增强“本领意识”的基本要求。

从思想政治教育的方法和过程来看，“内化于心，外化于行”强调了受教育者的主体作用，突出了受教育者自身的体认；强调了受教育者自身在道德意愿、道德情感、道德判断、道德责任实践过程和环节上的自省，突出了教育者对受教育者“讲道德、尊道德、守道德”的引导，以及对受教育者在道德认知、道德养成和道德实践过程和环节上的自觉。“内化于心，外化于行”的思想政治教育的“本领”，对于习惯于以“灌输”为主导的思想政治教育方法，是一种“本领恐慌”意义上的挑战。在社会主义意识形态已经成为社会的主流意识形态，在受教育者科学文化知识、特别是思想文化素质有了根本性变化，在信息传递形式和人们生活方式及交往形式发生实质性变化等一系列新情况下，思想政治教育还是以“灌输”为主导方法抑或为基本方法，显然不再合适了。当今的思想政治教育同宣传思想工作一样，“社会条件已大不一样了，我们有些做法过去有效，现在未必有效；有些过去不合时宜，现在却势在必行；有些过去不可逾越，现在则需要突破。”推进以思想政治教育“内化于心，外化于行”为主导的方法和过程，可能成为学科建设增强“本领意识”的切入点和突破点。

习近平在回顾自己的道德成长之路时曾提到：“我到农村插队后，给自己定了一个座右铭，先从修身开始。”“修身”中“自己”的主体意识，是道德成长的内在动力。即便在“修身”过程中，也如习近平所作比喻的，青年的价值观养成，“就像穿衣服扣扣子一样，如果第一粒扣子扣错了，剩余的扣子都会扣错。人生的扣子从一开始就要扣好。”这里强调了思想政治教育过程、环节中主体意识和内在动力的重要性。2014年“六一”儿童节前，习近平提出的青少年培育社会主义核心价值观的十六字要求，即“记住要求，心有榜样，从小做起，接受帮助”，也突出了青少年在道德养成过程、环节中主体意识和体认的重要性，强调了道德养成中“内化于心，外化于行”的规律。

道德之于个人、之于社会，都具有基础性意义，做人做事第一位的是崇德修身.主体“修身”意识在立德树人中具有决定性意义。习近平提出：“青年要从现在做起、从自己做起，使社会主义核心价值观成为自己的基本遵循，并身体力行大力将其推广到全社会去。”他还告诫青年：“要立志报效祖国、服务人民，这是大德，养大德者方可成大业。同时，还得从做好小事、管好小节开始起步，‘见善则迁，有过则改’，踏踏实实修好公德、私德，学会劳动、学会勤俭，学会感恩、学会助人，学会谦让、学会宽容，学会自省、学会自律。”习近平连续用了八个“学会”，突出了思想政治教育“内化于心，外化于行”的主体意识，突出了受教育者自身主体认知、主体自觉、主体践行的重要意义。

“明者因时而变，知者随事而制”。回顾思想政治教育及其学科建设的“雄关漫道”，“因时而变”和“随时而制”，既是其发展的基本经验，也是学科主要的风格和品质。走在思想政治教育及其学科发展的新起点，比以往任何时候都更加需要创新，更需要在创新中锤炼新的学科本领，走向思想政治教育学科发展的新境界。

（作者：中国人民大学教授）

# 文化领导权视域中的思想政治教育创新

徐　稳

在全球化时代，文化领导权包括对内对外两个方面。文化领导权的对内方面是指一个政党或国家维护和保持各个民族之间具有高度一致的政治认同、文化认同以及意识形态认同的权力，其核心在于一个国家或政党在政治和文化认同以及意识形态认同基础上的自主选择权和独立发展权；文化领导权的对外方面是指一个政党或国家维护文化主权安全、意识形态安全和文化安全的权力，是一个国家独立发展和维护本民族文化、自主进行文化交流和合作、扩大自己文化的影响、不受外来文化霸权的冲击的权力，其核心在于一个国家或民族的平等交往权。文化领导权的获得和巩固是一个渐进的过程，需要多个因素协调发挥作用才能达到既定的最佳效果，思想政治教育活动是执政党维护和发展文化领导权的主要活动。

## 一、思想政治教育对文化领导权的功能

### （一）思想政治教育成为执政党获得文化领导权、获得执政地位合法性的重要途径

在葛兰西的“文化领导权”理论中，教育是统治阶级获得文化领导权的重要途径之一。执政党往往通过思想政治教育手段，使民众接受、尊崇并信仰其主导的意识形态和价值体系，进而维护文化领导权，强化其执政地位的合法性。在当代世界，几乎所有的国家事实上都存在着多种形式的思想政治教育运动，只是这些思想政治教育活动的名称不同而已，思想政治教育作为治理国家、维护文化领导权的一种重要手段，越来越受到各国的关注和重视。美国的经济、政治、文化和社会发展居于世界领先地位，是当今世界上最强大也是最发达的国家，“美国虽然没有‘思想政治教育’这一概念，但有相当于我国思想政治教育的思想道德教育”。美国不仅有思想政治教育，而且注重思想政治教育的重要作用，特别是“‘9·11事件’后，美国更为重视思想道德教育”。美国的公民教育是民主下的自治教育，即教育公民积极参与自我管理，根据美国公民教育中心制定的《公民和政府管理国家标准》，美国的公民教育主要指公民知识、公民技能和公民意向教育；美国的爱国主义教育以宣传和培养美国精神为主要内容，教育目标是培养美国人的美国精神；二战后的新品德教育主要内容是道德教育和价值观教育。除此之外，还有宗教教育、历史教育等。美国政府和执政党非常重视思想政治教育，而且美国的思想政治教育活动很有特色和成效，具有鲜明的阶级性、强大的政治功能、极强的社会适应性、浓厚的学术性以及覆盖的广泛性等。在美国不管是民主党还是共和党，都会通过公民教育、爱国主义教育、新品德运动来维护和发展文化领导权，其具体表现之一就是论证资产阶级政党统治的“合法性”，维护现存的资本主义制度和秩序。美国的思想政治教育在维护美国的资本主义制度，促进社会的稳定和发展，培养合格公民和资产阶级接班人等方面发挥了巨大的作用。

### （二）思想政治教育在民众对执政者的心理认同、文化认同和信仰认同中发挥不可或缺的作用

任何一个阶级在其统治地位确立之后，在没有大的阶级冲突的背景下，主要面临的是权力控制问题。任何一个阶级要想成功实现对国

家、社会的统治,都面临一个统治手段问题。“古今中外历史上凡是存在时间较长的国家中,除却强权威慑之外,统治阶级大都重视意识形态教化。”“不但掌握意识形态领导权是任何一个阶级在争取实现统治的过程中要努力强化的,而且强化意识形态控制力更是一个阶级在实现统治后,要牢牢把握并深化于实践之中的问题。利用意识形态来实现统治制度的合法化,具有一切国家机器所不具备的优势。”统治阶级的意识形态利用统治阶级作为社会领导的影响力,能够影响民众的日常生活和思想观念,改变人们的价值观念,实现对统治阶级意识形态的心理、文化认同,于是人们乐于接受统治阶级的统治,维护和认同其代表的思想文化、价值观念、意识形态和社会制度体系。无论是文化领导权建设能力,还是意识形态控制力的实现都需要通过一定的手段和途径来完成。文化领导权的建立,首先必须经过心理认同的过程,使民众认同其价值理念、信仰追求、意识形态,这是文化领导权确立的首要步骤;第二,通过统治者政治强制的过程,使个人或集团的与统治者不相容的价值理念、信仰追求、意识形态被排除掉;最后,统治阶级所倡导的价值理念、信仰追求、意识形态会被塑造成独立于个人之外的一种典范,它是一种不以个人意志为转移的客观存在,并且为个人或集团的思想、行为建构起一种文化背景,个人或集团会不自觉地以它作为依据,从事价值判断或对社会事件、社会发展、社会环境进行认知、评估。正是因为思想政治教育在执政者的心理认同、文化认同和信仰认同中发挥不可或缺的作用,所以思想政治教育往往成为执政党维护和强化文化领导权的重要手段。

**(三)强化文化领导权建设能力、维护文化安全是思想政治教育的历史使命**

思想政治教育有凝聚人心、引导发展、稳定社会、巩固政权的功能,具有提升执政党文化领导权建设能力的作用。民族文化及其认同是维系民族和国家的重要纽带,是国家认同的基础,是国民凝聚力和民族、国家的“合法性”来源。思想政治教育责无旁贷地承担起强化文化领导权建设能力、维护国家文化安全的历史使命。思想政治教育因与文化领导权之间的本质关联,而成为意识形态传播的主要渠道,思想政治教育的实效性的高低成为统治阶级文化领导权建设能力、意识形态控制力大小的重要体现。中国共产党在建设文化领导权的过程中,不能放弃思想政治教育这样一种直接影响民众认同的有效方式。因此,中国共产党怎样通过思想政治教育增强文化领导权的建设能力,以提高文化领导权的掌控、运用的能力,已成为当务之急。

## 二、思想政治教育在维护和增强文化领导权的过程中面临的挑战

从对外方面看,当前中国共产党文化领导权受到的最大冲击就是文化霸权主义。“在全球化时代,文化霸权已经成为一种不容忽视的现实。所谓文化霸权,就是一些西方强势国家,尤其是美国打着文化普遍主义的旗号,把自己的文化价值观肆意地渗透和入侵到其他民族文化当中,不考虑其他民族文化的自主性和独立性,甚至中断其他民族文化的发展,从而使整个世界的文化同质化,使全球文化朝着单一的向度发展。”冷战结束后,美国加紧推行文化霸权主义。它凭借强大的军事、经济实力和科技优势,在全球范围内推行霸权主义,在全世界推销他们的民主价值观,极力把西方自由、民主、价值观念变成全球国家的普遍文明。具体表现为:一是把美国的政治文化发展模式视为样板,在全世界推广,试图把一个意识形态多样化的世界用美国的价值标准统一起来,实现美国统治下的民主和平;二是美国等西方国家十分重视文化产品的配套生产和市场占领,使美国的文化产品更具有吸引力和竞争力;三是通过传播的绝对优势力量,美国和西方文化所隐含的意识形态内容、文化价值观在被输入国得到广泛传播和渗透,造成西方文化意识形态的殖民,

不断侵蚀着被输入国的传统文化、民族精神，甚至阻断被输入国独立自主的文化发展过程；四是美国等一些西方国家有目的、有意识地充分利用其教育文化资源强势战略，在世界各地，特别是发展中国家培养精英，网罗人才，为其自身发展和战略目标服务。西方发达国家正是凭借强大实力、利用各种手段，在全球范围内输出其意识形态、价值观念和生活方式。“这些被输入国的受众在接受的同时产生了对这种生活方式的认同、渴望、向往，这种来自民众的心理愿望在被输入国的政治领域、经济领域、文化领域，特别是在传统文化和意识形态领域必然会产生自上而下的冲击力，乃至于造成该国传统文化、民族精神、意识形态的合法性危机。”文化全球化的过程在很大程度上是西方发达国家通过各种渠道输出西方文化和民主价值观，影响、冲击乃至颠覆其他国家意识形态和价值体系的过程。也就是说，西方文化在全球传播的同时，不仅带给中国一些消极颓废腐朽思想，如拜金主义、利己主义、极端个人主义、享乐主义等等，也传播一些非马克思主义甚至是反马克思主义的思想文化，消解了中华民族认同、文化认同，淡化了中国化马克思主义意识形态认同，使中国优秀传统文化受到严重破坏、社会主义价值观遭到怀疑甚至否定，对维系国家、民族生存发展的价值观念或主流意识形态造成重大冲击，对国家文化安全和社会稳定构成威胁，实际上削弱了中国共产党的文化领导权，带来中国共产党政权的合法性危机。曾担任美国总统国家安全事务顾问的布热津斯基认为，增强美国文化作为世界各国的“榜样”的文化和意识形态力量，削弱其他民族国家的主权，是美国维护其霸权地位所必须实施的战略。当今时代，美国文化霸权对中国共产党文化领导权已经产生强烈的冲击波，其主要对象指向青少年群体。20世纪50年代，美国国务卿杜勒斯曾这样说：“如果我们教会苏联的年轻人唱我们的歌曲，跳我们的舞蹈，那么我们迟早会教会他们按照我们所需要他们采取的方式思考问题。”这个预言在苏联、东欧各国不幸被言中。中国当今现实的文化氛围，无时无刻不在诱导与催化、暗示和规范着中国青少年的世界观、人生观、价值观，中国青少年在不知不觉中按照美国的方式思考中国问题和自身问题。如果对他们的思想文化选择不加以引领，他们势必会向往、盲目选择、认同和崇拜以美国为代表的西方文化，进而认同和选择西方的生活方式，认同和膜拜西方价值观。

从对内方面看，从20世纪70年代末80年代初以来，中国一直处在重要的社会转型期，特别是随着我国经济体制实现从计划经济向市场经济的转型，整个社会结构发生深刻的变动。当代中国社会的社会转型，正处在全球化和现代化的双重背景下，正在经历着由传统的农业文明向现代工业文明的转型。剧烈的社会转型，影响民族政治和文化认同，淡化文化领导权力。社会的变革必然带来文化、意识形态等不同程度的变化，这些程度不等的变化势必影响文化和意识形态认同，进而影响执政党的文化领导权。在当代中国社会转型中，各种思想、思潮、学说纷然杂陈，新自由主义、新保守主义、民主社会主义、新民族主义、后现代主义等思潮通过经济交易、社会交往、文化交流、学术交流、课堂教学、大众传媒等途径在中国广泛传播。在多样化的政治思潮中，有的反马克思主义、反社会主义，有的宣扬封建迷信，有的传播消极、腐朽、颓废的思想观念，有的甚至夹杂错误、反动思想。这些政治思潮有些最初表现为是奉行“价值中立”的学术流派，但是这些思潮一旦被执政者采纳，用来解决社会和政治生活中的现实问题，蒙蔽其上的温和面纱便被揭开，从而其潜在的政治性得以激活或张扬；更不用说那些从一出场就带有鲜明的政治色彩的政治思潮，在中国的传播本身就带有明确的政治目的。这些思潮对中国的各个领域带来明显的负面后果：严重冲击中国的主导政治文化，动摇青年一代的社会主义理想信念，削弱主导意识形态的政治整合功能，解构着社会主义意识形态，在剧烈变革的社会、经济、文化氛围中，出现了价值观念混乱、主导价值弱化、信念危机、道德滑坡、规范失灵、甚至社会主义意识形态合法性危机，使得文化领导权在一定程度上功能弱化，这是文化领导权整合功能的失调与危机，主要表现为意识形态危机、价值观危机、社会道德危机、生活方式危机和生态危机等。“我国的文化安全，包括价值观方面的冲击都已经严峻地摆到我们面前。”我国所发生的一系列变化已经对原有的政治文化、意识形态认同产生广泛影响，在这一转型期，社会各方面都取得了长足的发展和进步，但也带来了严重的文化领导权淡化危机。激烈的社会转型“带来的社会焦点问题的改变使观念和意识形态‘碎片化’”。在剧烈的社会转型期，中国原有的价值体系与规范解体，新的价值体系和规范没有即刻建构起来，这种“价值真空”状况必然导致中国人的价值追求、思想观念和意识形态的非马克思主义化甚至反马克思主义化。不同意识形态之间的冲突、矛盾、排斥，威胁着占主导地位的马克思主义意识形态，并使之解构，使中国共产党的文化领导权遭到侵蚀。

当前，思想政治教育虽然在中国高等教育中占有重要地位，但现实却是中国高校中的思想政治教育“无论在教学还是科研、在整个力量对比还是在理论的整体性和学术系统性程度上，都无法与整个的以西方现代主义和后现代主义为主要内容的教学与研究相抗衡”。也就是说，思想政治教育的创新能力不足、实效性不强，不能不断地成功地观察到社会的各种变化了的现象，落后于中国共产党文化领导权免于威胁的、安全的需要。在一些高等学校，思想政治教育教学还是生搬硬套、照本宣科，甚至有些高等学校思想政治教育实际上处于放任自流的状态；一些青少年学生对思想政治教育教学不感兴趣，对思想政治理论学习缺乏应有的热情。中国共产党在文化上的领导权的实现，既需要发挥思想政治教育教师的主导作用，又需要发挥学生的能动作用，这是一个教师与学生有机统一的过程。但是，有些思想政治教育教师在思想政治教育教学的过程中，往往借助单一的教育载体、刻板的教学模式直接生硬灌输教育教学内容，当我们面对西方发达资本主义国家“寓教于乐”式的价值观和文化渗透时，单调、刻板、灌输式的思想政治教育说教显得极其苍白无力，极大地削弱了思想政治教育的吸引力，严重影响了思想政治教育维护和增强中国共产党文化领导权的实效性。

## 三、创新思想政治教育是维护和增强文化领导权的必要手段

中国共产党只有站在历史的高度，以战略的眼光来认识思想政治教育的重要性，创新思想政治教育理念，强化对青少年的思想政治教育力度，让中国青少年树立社会主义核心价值观，提高辨别是非的能力，才能更好地提高文化领导权建设能力，增强文化领导权，抵制西方文化霸权。

能否清醒、客观地全面考量思想政治教育在维护和增强文化领导权过程中面临的严峻挑战，对于创新思想政治教育、巩固中国共产党文化领导权、建设社会主义文化强国具有重要意义。

**首先，创新思想政治教育内容，增强思想政治教育活动的吸引力。**思想政治教育应以其内容之真、面貌之新、形式之美、情感之诚、作用之实，成为推进中国特色社会主义先进文化普及的重要载体。中国共产党要增强思想政治教育的吸引力感染力，一是要对人民关心的现实和理论问题有“把切之准”。任何思想政治教育活动，把切不准问题就抓不住人，分析不深刻就无法说服人。二是进行理论分析时，要有“导向之明”。当今时代，思想观念复杂多样、社会变革空前急剧，更加需要思想政治教育方式方法的创新，同样更加需要鲜明、准确的价值导向。社会主义先进文化从其诞生之时起，具有明确的价值导向性，就是传播先进文化的载体、弘扬主流文化的平台、澄清理论是非的阵地，蕴

含着社会主义核心价值体系的价值追求与精神实质,旗帜鲜明地坚持马克思主义的立场和观点。归根到底,思想政治教育是价值教育,靠模棱两可、“价值中立”,与其本质规定性相去甚远,更无法达到良好的教育效果。三是阐述道理时要有“话语之活”。在话语表述上,少用“一定要”、“必须”、“应该”等命令式的语言,要娓娓道来,循循善诱;避免使用空洞的大话、冰冷的套话,要情理交融、情真意切;杜绝使用拗口的词句、生僻的字眼,要使用质朴、言简意赅的文字;拒斥庸俗的比附、媚俗的逗乐,要雅俗共赏、“字正腔圆”;注重引导读者深入地思考、深入地研究,而不是简单地把现成的结论抛给读者。因此,思想政治教育者要创新话语风格和体系,使用大众的语言、饱含真诚的情感、保持平等的姿态、阐述纯正的道理,思想政治教育才有吸引力,才能达到理想效果。

**第二,树立载体意识,优化整合、创新运用思想政治教育活动的各种载体。**思想政治教育活动总要借助于一定的载体才能正常进行,载体是思想政治教育活动的必要因素之一。美国思想政治教育活动借助于课堂教学、宗教、政党和政治活动等等多种载体协同进行,不仅有很强的隐性教育力量,而且有完善的教育理论基础和比较强的学科化背景。在当今的思想政治教育活动中,常用的载体有课程载体、活动载体、管理载体、校园文化载体、大众传媒载体等等。思想政治教育活动载体不仅是思想政治教育的手段和工具,更是其发展程度的“测量器”,思想政治教育载体的优化、整合与创新是思想政治教育体系的进一步完善,是思想政治教育手段的更新,可以促进思想政治教育的现代化,更好地发挥思想政治教育的功能,促进中国共产党文化领导权建设能力的提高。

思想政治教育载体是多种多样的,要想获得良好的教育效果,需要充分发挥多样化的思想政治教育载体的育人功能,即对其整合运用,使之形成一种教育整合力:思想政治教育载体的整合是指“将不同的思想政治教育载体进行系统整合,实现载体的相互合作,使之整体最优,最大限度地实现思想政治教育目标”。思想政治教育载体的整合运用不是各种载体之间的简单互动,而是指以下内容:一是各载体形式的相互嫁接。可以把传统思想政治教育载体与现代载体“嫁接”起来,比如课程载体与网络载体的“嫁接”。这两种载体的“嫁接”能孕育出一种新的“网络课程载体”,它是“传统思想政治教育载体与新兴思想政治教育载体‘嫁接’的集大成表现”。传统教育载体与现代教育载体一起发挥作用,增强思想政治教育的实效性,提高中国共产党文化领导权建设能力。二是各载体自身目标的相互协调。思想政治教育各载体的具体功能和目标不同,但是最终总目标应该是共同的。为了达到目标,就要协调各种载体的具体目标,以思想政治教育的总体目标来指导、规范和约束具体目标,使之不至于偏离总目标。三是各教育载体所承载内容的相互交融。教育主体在教育活动中要避免思想政治教育载体内容的相互冲突,从而达到最佳教育效果。四是各载体运作方式的相互协调。无论是载体的选择还是使用,不仅要有秩序,而且要分清主次,避免无序状态随意使用各种载体;同时要厘清不同思想政治教育中有主导性载体和辅助性载体,避免运用时出现主导性载体和辅助性载体倒置的问题,使各种载体在时间上、空间上和内容上达到完美契合,增强教育实效。

当代思想政治教育不仅要优化整合运用现有的各种载体,还要“独辟蹊径不断翻新载体花样;要深入了解教育对象,确认合适的载体;要提供一定的物质支持,探索新载体,提高思想政治教育的有效性”。特别是改革开放以来,思想政治教育的文化载体、大众传媒载体都有很大发展,“基于大众传媒的迅猛发展和巨大优势,思想政治教育要特别重视大众传媒的载体作用”。大众传媒是传播信息的主要载体,正在成为开展思想政治教育活动的重要渠道。大众传媒载体能提高思想政治教育的渗透力、感染力、吸引力。当代思想政治教育不仅要充分利用传统传媒的力量，更要科学运用现代传媒的力量。新兴媒体在鞭挞假恶丑、讴歌真善美方面的贡献是无与伦比的，正成为思想政治教育载体创新的重要选择。面对世界格局的变化、国内社会环境和中国共产党历史方位的变化，中国共产党的思想政治教育不断创新和选择更有效的载体，事关思想政治教育的得失成败，更关系到中国共产党文化领导权建设能力的提高。

**第三，创新思想政治教育模式，增强思想政治教育的实效性。**一是生活化教育模式。著名教育家陶行知认为："没有生活作中心的教育是死教育。没有生活作中心的学校是死学校。"真实、有效的思想政治教育是从学生生活实际出发的教育，即利用生活中的积极因素，引导大学生在日常生活中自觉地思考社会热点问题、生活的意义、爱情观、真善美标准、人生的价值等等，使教育活动生活化、即时化、日常化，有针对性地引导学生正确处理好学习与择业的关系、成人与成才的关系、自身成才与国家进步等生活中遇到的一系列现实问题。生活的过程就是教育的过程，生活是教育的沃土，这种生活化的思想政治教育活动把学校、家庭、社会有机连接在一起，让学生在解决现实生活问题的同时，真实感受到社会主义核心价值体系的感召力和凝聚力，使中国特色社会主义核心价值体系潜移默化地内化在学生的价值选择中、理想和信念追求中，这样的思想政治教育活动才有实效性。二是实践化的教育模式。长期以来，中国共产党的思想政治教育活动偏向理论教育，忽视实践性教育。事实上，意识形态认同、价值选择、信仰追求最终要通过社会实践达成，正是社会实践，孕育着价值观念，催生着心理认同。社会"实践活动在根本意义上建构了价值体系和意识形态的认同品格，成为中共文化和意识形态领导权的现实途径"。从现代教育发展的趋势看，教育必然要走向社会。社会实践在教育过程中具有独特的育人功能。"社会实践有利于大学生思想道德素质的培养和形成；社会实践可以培养学生的创新能力；社会实践可以提高学生的分析问题、解决问题的能力。"社会实践教育也是学生喜闻乐见的一种教育形式，能促进学生对社会的了解和认识，体验生命的价值，增强社会责任感，锻炼意志。社会实践可以融学校教育、社会教育与自我教育于一体，进行思想政治教育、能力培养、意志锻炼，是有效的教育载体、手段和方式。因此，首先要求把社会实践教育教学纳入教学计划，规定并提高具体学时、学分比例，使之制度化、规范化、科学化。其次要更新社会实践教育理念，把思想政治教育融入学生的演讲比赛、歌咏比赛、知识竞赛、社会调查、生产劳动、科技创新、专业实习、志愿者服务、支教活动、环境保护、文化宣传、红色旅游等社会实践活动中，让学生在社会实践中接受先进文化。最后，在新的历史条件下，不断创新社会实践教育教学模式。网络作为新兴媒体，已经成为当今社会生活、特别是青少年的日常生活、学习生活中具有支配性的力量之一。"从某种意义上说，失去网络世界，就失去未来的文化影响力，失去青年一代，失去中国的形象。"中国思想政治教育在网络世界的缺失与网络文化的极度活跃，已经成为当下中国意识形态领域的极大反差。探讨和研究社会实践教育教学的网络化也是我们今天不能回避的现实问题。

总之，中国共产党的文化领导权的建立、维护与提升是一个潜移默化的过程，通过文化领导权建设能力的战略性提升可以全面提升中国共产党的执政能力。所以，在当今文化软实力竞争异常激烈的时代背景下，创新思想政治教育既是中国共产党维护、提升文化领导权建设能力的关键，也是维护中国文化安全的必要手段。

（作者：山东师范大学政治与国际关系学院教授）

# 论引领社会思潮的五大路径

邓卓明　税　强

当前我国社会经济发生了深刻变化，人们的利益诉求、思想观念和要求呈现多样性、多元性、多变性，各种社会思潮潮起浪涌、变化多样，而社会思潮的纷繁变化反过来也更加深刻地影响着人们的思想、行为以及社会的稳定和发展。党的十八大报告提出，牢牢掌握意识形态工作领导权和主导权，坚持正确导向，提高引导能力，壮大主流思想舆论。党的十八届三中全会指出：建设社会主义文化强国，增强国家文化软实力，必须坚持社会主义先进文化前进方向，坚持中国特色社会主义文化发展道路。主流意识形态是社会主义先进文化的重要组成部分，弘扬主流意识形态就是坚持和发展先进文化。因此，加强主流思想舆论，牢牢把握意识形态的领导权，不断增强引领社会思潮的能力和水平，对于促进改革的进一步深化、促进社会和谐稳定发展具有十分重要的意义。

## 一、在坚持正确导向中引领社会思潮

社会思潮作为一种社会意识，是社会心理形态和思想理论形态的有机统一。通过有目的地选择符合社会发展规律的舆论，有利于促进改革的深化与优化、社会的和谐与稳定、国家科学发展的舆论，以引导人们的意识和行为，就可以对社会心理和社会情绪产生积极的影响，有效化解矛盾、疏导情绪，帮助人们正确理解党的理论和政策，统一思想、明辨是非，形成正确的价值判断和选择，从而使社会思潮朝着良性的方向发展，进而发挥其正向的社会调控作用。

**一是要在弘扬科学理论中引领社会思潮。**社会思潮兼具社会心理和思想体系的成分，有着比社会心理较多的理论意识和比思想体系较多的日常意识。社会思潮正确与否，是否具有生命力，在很大程度上取决于其所包含的思想或理论成分是否科学和成熟。科学理论作为科学研究的成果，其基本价值就是为我们提供对某种经验现象或事实的科学解说和系统解释，以引导我们取得对事实的认识。因此，一方面，科学的理论可以为我们在纷繁复杂的社会思潮面前提供准确的话语体系、认识角度、分析框架和解决路径，以认清各种社会思潮产生的社会背景，厘清各种社会思潮思想体系的理论主张、基本脉络，辨明是非真伪。另一方面，科学理论可以为具有积极和进步意义的社会思潮注入更加丰富的理论内涵，彰显时代价值，增强其说服力、影响力。

马克思认为：“理论一经掌握群众，也会变成物质力量。”要让广大干部群众正确认识各种社会思潮，首先，要大力推进理论学习。要使广大干部群众自觉学习科学知识，包括自然科学知识和社会科学知识，培养自觉的理论意识和较强的理论思维，正确认识人类社会的发展规律，正确认识中国特色社会主义的历史必然性和现实基础以及内容要求，正确认识我国全面深化改革的长期性和艰巨性，自觉认同我国的主流意识形态，成为中国特色社会主义的维护者和建设者。其次，要加大理论研究的力度。一方面，要拓展、丰富主流意识形态研究的视角与内容，关注社会实践中提出的新的理论问题，把理论性研究和实践应用性研究有机结合，加强与意识形态相关联的政治、法律、道德等的研究，不断增强主流意识形态思想体系的科学性，提高理论的解释力和说服力。另一方面，要善于吸收人类文明的优秀成果，用先进文化引领社会思潮，警惕“文化殖民”的危险，不能简单地将西方人文社会科学的诸多理论移植到社会主义意识形态建设上来，要善于将中国优秀传统文化和民族精神融入意识形态的建设中。增强意识形态的历史厚重感和文化理解力，使主流意识形态获得更好的认同。再次，要搞好理论宣传。大力宣讲党的理论和重大方针政策，把意识形态的宣传融入日常的工作、学习和生活，实现意识形态由理性认识向感性认识的再转化，使科学理论入脑入心，真正成为指导干部群众参加中国特色社会主义实践的强大思想武器。

**二是要在坚持马克思主义的指导地位中引领社会思潮。**马克思主义是我们立党立国的指导思想和理论基础，历史经验表明，中国社会主义革命和建设的伟大胜利，中国改革开放的巨大成就，中国特色社会主义建设的伟大实践，都离不开马克思主义的指导。什么时候坚持了马克思主义的指导地位，社会主义革命和建设就取得成功，反之，背离马克思主义就会给革命和建设带来巨大的损失。因此，在引领社会思潮中更应当巩固和加强马克思主义的指导地位。一方面，在多样的社会思潮中一定要坚持指导思想的一元化，坚定正确的政治方向。在综合国力竞争日益激烈的今天，西方社会从未停止对我国的西化、分化，西方意识形态通过社会思潮的传播，不断地输送着他们的世界观和价值观，意在消解我们的主流意识形态，动摇我们的社会主义根基。如果放弃马克思主义的指导地位，就会迷失主流意识形态和思想舆论的正确方向，就会断送社会主义的大好前程。另一方面，要积极推进马克思主义的大众化。在马克思主义宣传和推进过程中要有意识地加强马克思主义理论的系统性建设，用马克思主义凝聚和统一社会各阶层、各利益群体的思想，巩固全党全国人民团结奋斗的共同思想基础。

**三是要在丰富和发展中国化马克思主义中引领社会思潮。**马克思主义不是故步自封的学说，坚持马克思主义的指导地位必须不断推进马克思主义中国化，用发展的、动态的、切实的中国化的马克思主义引领社会思潮。“理论在一个国家实现的程度，总是决定于理论满足这个国家的需要的程度。”一方面，理论联系实际，在动态中丰富和发展马克思主义。世界上的一切事物处于不断的运动、变化和发展之中，同样，时代在发展、社会在进步，一些新问题、新情况层出不穷，随之相应的是社会思潮的变异，“真正的马克思列宁主义者必须根据现在的情况，认识、继承和发展马克思列宁主义”。这就需要坚持理论联系实际，将马克思主义与变化发展的实际相结合，丰富其内涵，拓展其视野，用中国化的马克思主义引领多元化的社会思潮。另一方面，立足当代，面向未来，树立前瞻性思维和理念。中国化的马克思主义是对中国共产党执政规律、社会主义建设规律以及人类社会发展规律作出的新探索和概括。据此，党和国家要树立前瞻性思维，站在时代发展的高度，充分利用和把握相关规律，对多样化、复杂性的社会思潮进行前瞻性预测，做好防范和准备措施，进而将一些非科学的、落后的、消极的思想意识解决在萌芽当中。

**四是要在大力弘扬爱国主义、集体主义和社会主义的思想意识中引领社会思潮。**爱国主义、集体主义和社会主义都属于社会主义意识形态的范畴，它们是对现阶段我国人民在思想道德素质方面的基本要求和主流导向。一方面，在总结以往开展爱国主义、集体主义和社会主义教育的经验教训中，结合当今时代的现状和问题，提出新要求，挖掘新要素，将如何实现中国梦的理论与实践，将如何克服官僚主义、形式主义、享乐主义和奢靡之风的理论与实践等融入其中，为爱国主义、集体主义和社会主义教育拓展新的内容。另一方面，要以战略思维做好爱国主义、集体主义和社会主义教育规划，将其纳入德育教育计划，使之科学化、系统化、实效化，尤其要融入学校教育体系，使之深入学生的思想和心理。此外，要高度重视哲学社会科学研究机构、高等院校、大众传媒以及互联网的主渠道作用,加大爱国主义、集体主义和社会主义的研究、教育与宣传力度,将马克思主义的理论和思想观念通过主渠道主阵地渗透到个体的观念中,从而正确引领社会思潮。

## 二、在把握意识形态规律中引领社会思潮

社会思潮作为一种特殊的社会意识,与意识形态相互作用、相互影响。社会思潮可以为意识形态的发展尤其是主流意识形态的发展提供丰富的养分,成为主流意识形态融入大众心理的媒介,但也可能对主流意识形态的主导地位造成冲击和挑战。因此把握和遵循意识形态的规律,正确引领社会思潮,使之为主流意识形态的建设释放正能量就很有必要。

**一是要在遵循意识形态的发展规律中去引领社会思潮。**意识形态的发展既遵循社会意识发展的一般规律,也有其自身特殊的规律。首先,从一般意义上看,意识形态作为社会意识从属于社会存在,一定社会的经济状况决定并影响着该社会的意识形态。社会存在的复杂性、社会主体的多样性、主体需求的差异性,必然导致意识形态在发展过程中呈现多样性、多层次性和不平衡性。其次,意识形态也有自己运动的特殊规律。意识形态与社会存在的发展变化有不完全同步性,可能滞后于社会存在,也可能成为社会存在的先导;意识形态的发展具有历史继承性,除了人们现实的物质活动的影响外,与以往时代的思想成果有着血脉相连的继承关系。另外,意识形态对社会存在具有反作用,在一定程度上起促进或阻碍作用。

针对意识形态的运动发展规律,要在引领多样、多元、多层次性的社会思潮格局中优化主流意识形态的主导地位,必须把意识形态工作的主导权、领导权、主动权、话语权牢牢掌握在手中,尤其在事关政治原则、政治方向的根本问题上,要旗帜鲜明,毫不动摇。要在引领社会思潮中把坚持正确方向与扬优去劣结合起来。一方面,批判与借鉴相结合。我们要树立批判性思维,善于与其他各种意识形态进行对话与沟通,积极肯定和借鉴各种社会思潮中的科学的、合理的、有益的思想理论成分,不断完善自己的理论,并厘清各种社会思潮中错误、偏颇甚至反动的思想理论成分,坚决抵制错误思潮,及时澄清人们思想中的认识误区和模糊地带,引领社会思潮朝着正确的方向发展。另一方面,“走出去”与“引进来”相结合。我们要树立开放性心态,坚持“全球视野”和“未来眼光”,对境外各种意识形态进行比较分析,克服封闭自语和盲目崇外的意识形态研究套路,去粗取精、去伪存真,进而丰富、壮大自身的主流意识形态,增强引领社会思潮的话语权和主动权。

**二是要在运用意识形态的传播规律中去引领社会思潮。**意识形态作为社会运行的重要精神力量,具有重要的社会统合作用。要将主流意识形态有效地融入社会心理,被人民群众所接受,成为人们的行动指南,就必须遵循意识形态的传播规律。意识形态传播作为政治传播的重要形式,既有大众传播的一般规律,也有其自身特殊的规律。第一,意识形态的传播不是在封闭的环境中进行,加之意识形态本身的多样化、复杂化,不同性质、不同类型、不同思想体系的意识形态在传播过程中会产生碰撞、论争和交锋,形成激烈的舆论争夺。第二,意识形态作为构建政治合法性的工具和精神支撑力量,与其相关联的政治权利集团总会根据自己的需要,有选择地将重要的思想观念、理论体系进行灌输和宣传,以影响人们的判断和选择。第三,意识形态的传播渠道和手段因传媒技术的发展不断创新,面临的挑战更加艰巨复杂。数字技术和网络传播方式的出现,为各种势力的意识形态传播提供了技术条件,由此而产生的信息选择的多样性和价值取向的多元化,在相当程度上冲击了主流意识形态的导向和控制力。

这些规律告诉我们,在意识形态传播过程中,首先,要大力加强主流意识形态的宣传,用主流意识形态去影响社会思潮。传播学沉默的

螺旋理论认为：经过大众传播强调的意见容易被当作“多数”或“优势”意见所认知，这种“意见环境”所带来的压力和安全感，会引起人际接触中的“劣势意见的沉默”和“优势意见的大声疾呼”的螺旋式扩展过程。这个理论告诉我们，在意识形态领域社会主义不去占领，资本主义必然去占领；主流思想舆论不去占领，非主流的意识形态就必然去占领。面对国内外社会思潮的涌动与流变，我们必须主动应对，主动宣传主流意识形态的声音，主动展示主流意识形态的显性和隐性成果，在强化主流意识形态的过程中去引导人们的思想和判断，促进人们的思想认同。面对复杂的意识形态竞争，要保持原则性与灵活性、批判性与包容性的统一，在求同存异中共同发展。其次，要统筹安排，加强调控。党和政府在主流意识形态的传播中要发挥主导作用，合理地运用议程设置理论，对特定理论的宣传要有主次，要对错误的不利于主流意识形态健康发展的思潮信息进行批判和揭露，引导干部群众按照正确的有利于主流意识形态和社会文化健康发展的方向去认识分析各种社会思潮。同时对意识形态的传播要实行有效的监管、调节和引领，制定和完善法律法规来规范意识形态的传播活动，做到对意识形态的传播控制具有法律依据。对传播者和接受者都要进行有效的管理与正确的引导。再次，要与时俱进，不断研究新的传播手段在意识形态传播中的运用。要充分利用网络、手机短信、微博、微信、QQ空间等现代传媒手段，拓展主流思想舆论传播的时空效应。同时对大众传媒要进行控制和管理，正确运用技术、行政和法律手段，狠抓意识形态传播源的建设，保证主流意识形态的传播，以引导社会思潮的健康发展。

**三是要在探索意识形态的建设规律中去引领社会思潮。**在社会结构体系中，意识形态是建立在经济基础之上的“观念的上层建筑”，它在论证政治统治合法性上具有重要作用。正如马克思所说：“如果从观念上来考察，那么一定的意识形式的解体足以使整个时代覆灭。”意识形态的这种社会整合作用能否得到有效发挥，不仅取决于意识形态的性质，还取决于对意识形态建设规律的把握。意识形态的建设规律主要体现在：意识形态建设是政党政治统治合法性解释的重要手段，它总是要大力维护统治阶级的利益，充分体现统治阶级的意志；意识形态在建设过程中总是要不断体现真理性和价值性的统一，以保持其生命力，并随着时代的发展不断创新主题、丰富内容；由于心理情感是意识形态的重要组成部分，意识形态建设主体的示范性和影响力将直接影响接收主体对意识形态的认可度、接受度。

遵循意识形态建设规律，首先，要高度重视和加强对意识形态的领导和管理，使意识形态能真正体现党的意志、人民的意志。实行党管意识形态的战略，确保党对意识形态的领导权。这就要求党要把过去那种以“革命性、批判性、否定性”为基本特征的意识形态，转变为建设性的意识形态。加强对意识形态领域的监管与治理，要树立“时、度、效”的理念，强化时效意识，抢占时机制高点，争取在第一时间把握意识形态的动态，掌握社会思潮的流变动向；强化分寸意识，把握一个“度”，遵循意识形态发展规律，实现相关意识形态的“量”与“质”的统一；树立质量意识，抢占表达制高点，把握意识形态的主导权，掌握引领社会思潮的主动权。其次，要不断创新意识形态的内容体系。一是意识形态建设要与时俱进调整目标定位。当代中国社会主义意识形态建设就要把国家和人民的利益放在首位，把维护好、实现好、发展好最广大人民的根本利益作为根本目标。二是必须紧扣时代主题、拓展价值空间。当今时代，和平发展是时代主题，社会主义意识形态建设必须牢牢掌握国际国内的主动权，对外要以开放的视野大胆借鉴、博采众长，吸收人类文明的一切优秀成果，吸收世界各国政党意识形态的长处和合理因素，为我国现代化建设营造良好的国际国内环境，为拓展社会主义意识形态的价值空间提供条件。对内要服从和服务于发展这一主题，要把是否有利于解放和发展生产力,是否有利于提高综合国力,是否有利于提高人民的生活水平作为意识形态建设的重要标尺。另外,还要正确处理好一元化指导与多元化并存的关系,在不断丰富和完善社会意识形态内容体系过程中,为引领社会思潮奠定宽厚的基础。再次,要加强意识形态工作队伍建设。意识形态工作队伍是意识形态的引导者、传播者和建设者,他们的素质、水平和能力直接影响着意识形态建设的效果和引领社会思潮的水平。一是要提高意识形态工作队伍的马克思主义理论修养、政策水平,使其真懂、真信马克思主义。二是要提高个人素质,尤其是党员领导干部的个人素质。这是因为,意识形态工作者本身的素质和可信度会直接影响人们对意识形态真伪与价值的判断。人们在分析判断政党所宣扬的思想理论和价值目标时,往往会看其所公开宣扬的与实际奉行的是否言行一致,执政前后是否保持原则的一致性,是否将动员民众的口号付诸实践。这些都会成为考察意识形态能否赢得人民群众支持和信赖的根源。因此,要提高意识形态的可信度和凝聚力,必须加强意识形态队伍的建设。只有建设一支信得过、靠得住、用得上的队伍,才能在探索和遵循意识形态规律中去提高引领社会思潮的水平。

## 三、在积极培育和践行社会主义核心价值观过程中引领社会思潮

党的十八大报告提出,要"用社会主义核心价值体系引领社会思潮,凝聚社会共识"。中共中央《关于培育和践行社会主义核心价值观的意见》指出,"社会主义核心价值观是社会主义核心价值体系的内核,体现社会主义核心价值体系的根本性质和基本特征",要"用社会主义核心价值观引领社会思潮,凝聚社会共识"。社会主义核心价值观是追求真善美的价值观,培育社会主义核心价值观可以增强人们的价值判断力和道德责任感,为引领多元、多样社会思潮奠定正确的价值判断和精神激励的基础。

**一是社会主义核心价值观在引领社会思潮中具有重要导向作用。**社会主义核心价值观是体现科学与进步的价值观,在规范人们的思想和价值观中处于核心地位,发挥主导作用,在弘扬社会主义核心价值观过程中要充分认识其地位和作用,防止出现"等值论"、"淡化论"和"中立论"等现象。一方面,从宏观角度讲,社会主义核心价值观反映了全国各族人民的核心利益和共同愿望,与中国特色社会主义发展要求相契合,与中华优秀传统文化和人类文明优秀成果相承接,是维系社会团结和睦的精神纽带、推动社会全面发展的精神动力以及指引社会前进方向的精神旗帜,其具有的先进性特质在引领社会思潮中发挥统领、导向和整合功能;另一方面,社会主义核心价值观以其博大精深的特性影响人们的思想意识、价值观念和行为方式,形成信仰感召力,感召、聚合着人们,进而形成一种"意识统一力",作为一种精神纽带,影响并导控群体和个体的思想观念,激发人们的激情和热情并使之凝聚成一个具有向心力、战斗力的共同体,从而在潜移默化中引导和调控各种社会思潮。由此,应当加大力度,把社会主义核心价值观引领社会思潮的工作纳入科学化、规范化和常态化的轨道。

**二是要在大力宣传社会主义核心价值观过程中引领社会思潮。**一方面,要向人民群众宣讲社会主义核心价值观中所蕴含的社会主义的主流文化理念、制度文化和方针政策,宣讲中国特色社会主义建设取得的伟大成绩,引导广大人民群众正确理解、全面明确社会主义核心价值观的基本内容,激发他们树立以社会主义核心价值观评判社会思潮的思维意识和价值取向,使之成为凝聚、团结各族人民、引领社会思潮的基础和前提。另一方面,必须大力拓展社会主义核心价值观的传播渠道,丰富表现形式,完善预测调控机制,提高引导能力,拓展社会主义核心价值观更为广泛的传播渠道和接受途径,实现其在引领社会思潮中影响力的最大化。

**三是要在发挥党员干部先锋模范作用中引领社会思潮。**广大党员干部是培育、践行社会主义核心价值观的重要主体。在我国,广大人民群众往往通过广大党员干部的言行举止作为对党的性质、宗旨的认识和对理论正确与否的判断标准,社会主义核心价值观的宣传和践行也只有通过党员干部的一言一行才能感染、影响民众,使广大民众在践行中受到感染和熏陶。一方面,要加强广大党员干部的社会主义核心价值观教育,用马克思主义的世界观、人生观、价值观以及中国特色社会主义理想信念去不断改造思想,增强党性,发挥党员的先锋模范作用。另一方面,着力培养广大党员干部的宗旨意识、执政意识、大局意识和责任意识,做到为民奉献、为国尽责、为党分忧,用对社会主义核心价值观的理论认同和认真践行,将引领社会思潮的工作落到实处。此外,应持之以恒地加强党内教育,当前在党的群众路线教育实践活动之际,应当真正做到"照镜子、正衣冠、洗洗澡、治治病",持之以恒地加强作风建设,以先锋模范行为展现社会主义核心价值观的力量,以榜样的力量增强引领社会思潮的感召力。

## 四、在最大限度凝聚社会共识中引领社会思潮

社会思潮之所以能引起社会共鸣,是与其价值取向的目标性分不开的。一种思想只有和相当数量社会成员追求的目标相关,从而引起社会中相当数量的人们注意时,才能具有吸引力。从这个意义上讲,要使某种社会思潮得到相当数量的社会成员的认可,就必须使其价值取向符合最广大人民的根本利益和追求,最大限度地凝聚社会共识。

**一是要尊重差异、包容多样,树立最大公约数理念。**尊重差异、包容多样是我们党基于人类社会思想文化发展历史经验的科学总结而确定的重要方针,它标志着中国共产党人对思想文化建设规律的认识和把握达到了一个新的境界。我们所要建设的和谐社会,无疑要成为尊重差异、包容多样的宽容社会。要把尊重差异包容多样作为一种文化品格融入和谐文化建设中。在一定程度上讲,"尊重"和"包容"是"引领"的前提条件。一方面,树立科学、切实、大众化的共识,进而最大限度地把不同阶层、不同人群团结在党的周围,从而把全民的智慧和力量凝聚到中国特色社会主义建设事业中来。另一方面,坚持百花齐放、百家争鸣的方针,在多元、多样、多变的思想观念和价值取向中交流互动,主动吸取和广泛聚合社会思潮中的一切具有科学价值和人文精神的积极因素,去激发自身活力,引领思想潮流。

**二是在着力解决人民群众最关心、最直接、最现实的问题过程中引领社会思潮。**社会群体的根本利益是意识形态的现实基础,对这一根本利益的认识水平和关切程度,直接影响着意识形态的水平。要正确引领社会思潮,发挥主流意识形态的强大功能,就必须着力解决人民群众最关心、最直接、最现实的问题,即人民群众的根本利益问题。"意识形态必须从物质实践来解释。"社会主义社会发展的现实状态决定着意识形态的真实力量,"人民群众往往是从日常生活的感性状况去感知理性,去感受理论的力量,从身边物质状况的改变去感知社会思潮的涌动"。从解决人民群众最关心、最直接、最现实的问题而引起的全局性的社会情绪入手,在普遍层面上找准兴奋点,是最大限度凝聚社会共识的根本。一方面,我们要解放和发展生产力,增强和优化社会发展力,为切实改善人民群众的生活水平提供有力的物质支持,进而为社会思潮提供事实根据和内容,并且要具体问题具体分析,立足于具体的社会环境和实际情况,全面地辩证地分析不同地区、不同条件下的利益问题。另一方面,我们要引导广大人民群众树立正确的利益观,实现集体利益和个人利益、整体利益和局部利益以及长远利益和眼前利益的有机统一,实现主流意识形态的理想因素与广大人民群众的利益需求有机统一起来。此外,要引领具有理论形态、多元特征的社

会思潮，还必须在巩固和壮大积极向上的主流思想的同时，在“接地气”上下功夫，紧密联系人民群众的所思所盼，在唱响主旋律时多吸取些民间话语，力求在群众喜闻乐见、易于理解和接受的语境和氛围中，最大限度地凝聚社会共识，引领社会思潮。

## 五、在增强宣传思想工作活力中引领社会思潮

要坚持和巩固马克思主义在意识形态领域的指导地位，必须切实做好新形势下的宣传思想工作。要通过理论的创新、方法的改进、合力的完善去提高引领社会思潮的水平。

**一是要积极回应社会关切的问题，善于办好实事。**在现实工作中很多宣传思想文化工作极易脱离百姓生活，经常出现“自说自话”的现象，严重影响了宣传思想文化工作的有效性和影响力，这也是增强宣传思想文化工作活力的突破口和着力点。一方面，将宣传思想工作渗透到各行各业的业务和管理之中，认真研究人民群众对国家大政方针的态度，了解群众的真实想法，并且及时回应群众关切、媒体聚焦、互联网追问的舆论热点、理论热点以及时尚热点等，扩大我们引导舆论的影响力，提高公信力和权威性。另一方面，思想认识问题的背后往往都是具体利益问题。民生问题无小事，群众利益大于天。宣传思想文化工作要坚持以人民为中心的工作导向，切实解决“为了谁、依靠谁、我是谁”的根本问题，实现党性和人民性的有机统一，进而实现我们的宣传思想文化工作与人民群众形成“共振”、“共鸣”。

**二是要敢于进行理论创新，力求虚功实做。**社会思潮属于思想的范畴，是理论形态和心理形态的统一，只能靠教育引导，不能强制。一方面，增强理论的彻底性、内部建构的自洽性、理论的感召力和说服力。另一方面，做好宣传思想文化工作，要把大道理讲实、讲透、讲活，增强工作的方向性和思想性，增强工作的吸引力和感染力。此外，理论创新要借鉴古今中外、多领域、多学科的方法，结合中国实际，在“接地气”中进行理论创新。

**三是要群策群力，形成强大合力。**引领社会思潮，是宣传思想文化的重要工作，是一项社会性的系统工程，必须树立党委领导、社会协同以及公众参与的方针原则，多方面、多渠道、多路径地开展工作。一方面，整合有利于宣传思想文化工作的所有资源，发挥各级党委的表率作用，工会、共青团、妇联等人民团体的桥梁作用以及各行业和民间组织的辅助作用，创新方式方法，丰富载体渠道，充分利用各种宣传阵地、公共文化设施和传播手段，群策群力，形成合力。另一方面，宣传思想文化工作要着重发挥主流媒体、新兴媒体在引领社会思潮中的重要作用，多管齐下，优化、协调马克思主义传播的阵地、内容、方式、受众、效果，将马克思主义渗透到社会生活的方方面面，凝聚媒体合力，形成具有鲜明价值导向的舆论环境和文化氛围，这其中尤其是要加强网络舆论引导，占领网络阵地，进而及时有效地引领网络思潮。此外，要大力发展文化事业和文化产业，构建宣传思想文化工作的话语阵地，进而通过文化产品将中国文化传播到全世界，提高我国文化的国际竞争力，增强引领社会思潮的整体文化实力。

（作者：重庆师范大学党委书记，教授、博士生导师；重庆师范大学经济管理学院党委书记，副教授、硕士生导师）

# 战略转型期的企业变革与文化创新
## ——兼论中国传统文化与中国企业战略转移

暨争登

自十九世纪七十年代起，全球管理理论的中心就已经由美国转移到了具有中国传统文化背景的日本。日本管理界的高层们几乎人手一本《论语》、《周易》或《孙子兵法》等这些中国经典古籍，这从一个角度说明了日本的管理理论其实是汲取了中国传统文化的营养。今天，我国亟须在战略转型的关键时期完成企业变革和文化创新的重大课题，而日本和东南亚一些国家的成功经验就告诉我们：我们的管理不应该单纯照抄照搬西方的理论，而应该立足于博大精深的中国传统文化，深挖中国传统文化的资源宝库。

管理大师彼得·杜拉克曾经说过："企业文化越符合民族的文化，这样的企业文化才越能扎根久存。"传统的西方管理理论缺乏人性化管理的有关内容的缺点在全球化发展的新时期越来越明显地表现出来，而中国传统文化中的"以民为本"、"以和为贵"、"修己以安人"等人性化管理思想却能在企业的战略制定和发展中起到很好的作用。二战以后，日本以及亚洲"四小龙"崛起，经济上获得迅猛发展，就是因为它们能够很好地运用中国传统文化的精髓，实行人性化管理，建立强大的企业文化。因此，我们有必要在这个机遇和挑战并存的时代中，让中国传统文化成为一个企业的生存价值所在，从而给中国企业插上腾飞的翅膀，在21世纪的激烈竞争中不断做强做大。

事实上，我们认为，中华传统文化是中华民族的珍贵文化遗产，是中华民族在五千年的历史长河中积累起来的宝贵精神财富，理应受到人民爱护和政府保护。同时，更为重要的是，传统文化只有在持续创新的过程中才能不断发挥其活力，实现其文化传播功能，否则再优秀的文化遗产迟早会也成为故纸堆，不断削弱甚至丧失其历史文化价值。因此，用中国传统文化对当前的中国企业进行改革，实现新的历史环境下的"完美转身"，便具有十分重要的历史与现实意义了。

### 一、中国传统文化的悖论

中国传统文化虽然经历了盛衰变迁，但始终延续不绝，是世界文化史上延续时间最长、最具特色的文化之一。刚健自强的基本精神、以德育代替宗教的优良传统、非凡的包容会通精神、以人为本的人文传统、贵公贱私报效祖国的自我牺牲精神以及求大同存小异的中庸主义思想构成了中国文化的基本精神。而在企业的管理和变革中，尤其需要重视发挥人的能动作用，注意各种因素的协调平衡，善于从整体的长远的发展目标出发来决定各种发展措施。在中华悠久的文化历史长河中，儒家、道家、法家等的思想对后世影响极大，他们提出的一些战略思想更是极具远见。

儒家主张德法并举、德主刑辅，认为道德与法律各有积极的作用，但是德法又都有自身所无法弥补的缺陷和不足，需要对方的补充才能充分发挥自身作用。因此德法必须结合统一起来，于是在德法互补基础上的德主刑辅的治国方略也就自然成为了儒家以及历代统治者的必然选择。中国现代企业的发展更是如此。一个企业，如果不能施行"仁政"，就无法创建上下融睦的企业文化氛围，更难以吸引并留住人才；但这种"德治"毕竟还是依赖于每一个员工的自觉性，它的最终达成则需要有制度的保障，正所谓“无规矩无以成方圆”，对于一个企业来说，如果违背了国家法律、行业规则、企业制度或者伦理规范，都无疑会对其社会形象带来不可逆转的严重影响。因此，儒家的“礼治”、“德治”并举的理念与企业发展战略结合，能够形成新的人本管理模式，是实现管理创新的前提。

道家强调管理的最高境界是“无为而治”，其核心思想是“天治”，并将“无为而治”作为管理的目标，强调通过无为而治、顺其自然而达到天下大治的目标。事实上，如果在战略转型的关键时期，一个企业内部的所有部门、机构和人员都能自觉按照组织目标来管理好自己，那么管理者也就“无为”了；而倘若他们真的“无为”了，他们的“无为”其实也就实现了“无所不为”。过去，行政职能部门将企业统得过多过死，管理者尽管做了很多也很辛苦，但却吃力不讨好，不但使企业失去了活力，更让员工失去了积极性自主性。可以说，现代企业的经营和生产已不再是本部门、本企业内部的事情了，而是一个全球性的问题，这就更需要管理者积极探索“无为而治”的要义，以最终实现“天下大治”。

法家思想则以“性本恶”为假设，以“势·法·术”为要义。“势”是指权势、地位，“法”是指法律、规律，“术”是指方法、手段。法家认为，如果每个人都“从人之性，顺人之情”，那么人类社会终将变成弱肉强食的世界，因此，必须“制法度”、“以矫饰人之性”。从管理理论上讲，管理的最佳原则是法、理、情的有机结合，因此在管理过程中，必须树立严谨、科学的管理制度，开展细致入微的思想工作，晓之以理、动之以情。但是，长期以来，中国企业的“人治”色彩相当严重，管理者更是常常片面地认为中国文化自古就只讲“情”和“理”，而忽视了中国传统文化中丰富的法制思想，使我们的企业管理实践趋于片面化。因此，我们有必要全面地了解并吸收法家的有关思想，使合情、合理更合法成为中国企业变革和文化创新的出发点。

但是，中国传统文化也有其自身的局限和不足，主要是表现为比较片面、狭隘，越来越趋向自我封闭，即对以“克己复礼”为导向的“道德文章主义”顶礼膜拜。而这种道德上崇古复旧的倾向一旦占据主导地位，我们就很难找回企业飞速发展的原动力。人本观虽然把人放在管理的中心地位，却不重视个人的价值和独立的人格；整体观固然科学地把发展的各个要素以及过程本身看作一个有机的整体，但这个整体却又可能成为失去活力、缺少个性、束缚发展的樊笼；协和观虽然正确地看待了自然、社会的各种辩证关系，注意保持整个系统的和谐稳定，却也可能因此而形成反对变革、摒弃竞争、害怕冒险的强大心理惯性；经权观辩证地处理了管理过程中的变与不变、运动与静止的对立统一关系，但“天不变道亦不变”的这种万古不变的“经”就可能成为社会进步、组织更新、模式变革的最大障碍。因此，我们在进行企业战略转移的时候，就万万不可一味“弘扬”传统文化，甚至戴起瓜皮帽、留起小辫子，而必须以“拿来主义”的态度，下大力气对传统文化的糟粕进行清理、批判，努力克服历史文化因素的桎梏，使中国传统文化充分地与中国的实际、中国企业的实际结合起来，使中国传统文化能够焕发出新时代的生机。

## 二、中国传统文化对于企业战略转移的现代价值

世纪之交的中国，迫切需要与世界管理水平接轨，同时又能立足于优秀传统，创建自己独特的企业战略和企业文化。中国传统文化中以儒家思想为主体的管理思想内涵十分丰富，涉及了行政管理、经济管理、军事管理、文化管理等诸多方面。通过仔细剖析中国古代管理思想的精要，我们可以找寻出对当今中国企业变革相当有益的启示。

### （一）“以人为本”的管理思想

古代的思想家和管理者，早已认识到管理事务的核心在于把握住“人”的因素，也就是通过引导人的身心，管理人的行为，调节人际关

系,从而最终实现管理目标。目前,越来越多的企业也逐渐意识到人是管理的第一要素,谁能拥有高素质的人才,谁就能掌握未来国际竞争的主动权。人是管理的主体,同时又是管理的客体,所以管理的重点和难点都是做好人的管理。在呼唤管理创新的时代,当一般程序性管理的技术和方法已日益成熟时,也就给大量的非程序性管理带来了创新的空间,这同时也是我们可以充分挖掘的领域。在如今“全国一盘棋”的局面下,企业不再是孤立的个体,它们的形象已经直接与国家相连,正如此前“富士康事件”接二连三地上演,工人们生活和工作的压力早已恶化成一种社会创伤,这也必然会对一个企业、一个社会、一个国家带来极端恶劣的影响。因此,结合中国文化传统,形成新的人本管理模式,是实现企业变革的前提。

### (二)“中庸”的处事原则

“中庸”既是一种道德修养,更是一种处理各种关系、进而治理国家的方法。企业制定战略的目的就是力求使人与物处于合理的最佳状态,发挥出最佳效益。西方经营管理之父法约尔认为,原则是一个尺度,是灵活的,应注意可变因素,特别是所涉及人的因素。使用原则、注意原则是一种很难掌握的艺术,它需要理性的思维、过人的智慧、丰富的经验和精准的判断;而“中庸”就是在追求合理和适度,把事物控制在一个合理的范围内,不偏也不倚,这其实也是我们企业在战略转型时期需要贯彻的一个原则,既不能缩首畏尾,也不要急功近利,而应该扎扎实实地推进企业改革,才能在复杂的形势下赢得先机,率先取得突破性的发展。

### (三)“不法古,不循今”的历史观

法家反对保守的复古思想,主张锐意改革。他们认为历史是向前发展的,一切的法律和制度都要随历史的发展而发展,既不能复古倒退,也不能因循守旧。商鞅明确地提出了“不法古,不循今”的主张;韩非则更进一步发展了商鞅的主张,提出“时移而治不易者乱”。作为一个企业的领导者和管理者,必须时刻保持敏锐的知觉,准确把握时代发展的脉搏,因时制宜地制定出适应时代需要、适合企业发展的战略,从而为企业创造出极大的经济价值。

### (四)知己知彼的战略思想

战略管理从诞生至今虽然不过20余年的时间,但对于竞争优势的分析却在两千多年前的《孙子兵法》中就已经有了辉煌的阐述。兵法讲的是克敌制胜之法,战略管理要研究的则是如何使企业获得持续竞争优势。随着各国经济相互渗透的进一步加深,每一个企业都亟须学会科学地进行客观环境分析,在全球化的环境中制定发展战略,建立和开发持续竞争优势。所谓“知己知彼,百战不殆”、“上兵伐谋”,在这个信息爆炸的时代,谁掌握的信息更多更全面,谁就有可能在激烈的竞争、严峻的挑战面前脱颖而出。

一般来说,一个国家现代经济的发展是植根于本国民族精神之上的,离开本国的民族精神谈发展现代经济是不可想象的,像我国这样的大国更是如此。中华民族精神是发展我国现代经济的精神支柱和动力源泉,中国传统文化在企业变革和文化创新中更具有重大的现实意义和深远的历史意义。现在,越来越多的人开始审视中国传统文化中先哲先师们的思想、精神和言行,思索和揭示中国传统文化的现实价值和实践意义,并从其应用的成功典范中寻找启示和教益。播种有时,收获亦有时,对于中国企业而言,只有尽快适应多变的环境,及时应变,在动态中维持均衡,协调好变化性和连续性,才能最终尝到成功的果实。

## 三、“以人为本”与企业战略

我们都知道,儒家思想在中国传统文化体系中始终居于主导地位,而儒家思想的核心又始终围绕着一个“仁”字,从孔子“仁者爱人”的思想出发,儒家提出了一套“以人为本”、“天地之性人为贵”的管理思想。当前我们国家正在推进科学发展的进程,而其核心也正是“以人为本”,因此,作为企业而言,在各自的变革、创

新的过程中，尤其是在战略的制定过程中，就更有必要将“以人为本”融入自己的文化理念里，以此丰富和完善现代企业的实践活动。

“以人为本”的内涵是相当丰富的，具体到企业发展上来说，主要包含以下三个方面：

**（一）“为政在人”，全面提高员工的道德思想和科学文化品质**

“人”的因素始终是占有极高的战略意义的，企业要发展，就必须率先将丰富的人口资源转化为人力资源，并通过优化组合，使每个人都“在其位，谋其政”。儒家所说的“思不出其位”（《论语·宪问》）的忠于职守的品格、“见危授命”（《论语·宪问》）的敢于牺牲的精神等，对于提高现代企业职工的品质都具有一定的参考价值。孔子提倡尊五美，即要求管理者做到“惠而不劳，劳而不怨，欲而不贪，泰而不骄，威而不猛”（《论语·尧曰》），坚持“知之为知之，不知为不知”（《论语·为政》）的求实精神，坚持“君子坦荡荡”（《论语·述而》）的豁达精神，坚持君子“周而不比”（《论语·为政》）的团结精神，坚持“躬自厚而薄责于人”（《论语·卫灵公》）的自我批评精神，对于塑造现代企业人的思想道德品质也有一定的借鉴意义。

**（二）“劳心者治人，劳力者治于人”**

现代企业管理的一个显要特征就是“以人为本”的管理。人是管理的主体和客体，企业领导者的基本职责是率领和引导职工达到企业的目标，把人的工作做好，最充分地调动职工的积极性，从而产生以一当十、以百当千的效果。美国管理学家路易斯·布恩和戴维·克茨的一句精辟论断可以让我们更好地认识这个问题：“管理就是使用人力及其他资源去实现目标。”而对于如何去实现这个目标的问题，我们认为，只有走民主式的人性化管理模式，才可以使企业能够把职工紧紧地团结在企业的旗帜下，使管理者能够带领企业战胜一个个外部挑战，把握好每一个市场机会，最终使企业走向成功。

**（三）“任官得人”**

中国企业家都懂得“宁肯用十个有缺点但有所作为的人，也不用一个只会唯唯诺诺而无所作为的人”的道理。这与孔子说的“无求备于一人”（《论语·微子》）的思想是一脉相承的。在高科技迅猛发展、知识经济逐渐替代传统产业的今天，作为知识的掌握者和开发者，人才对于企业的重要性已经上升到比以往任何时候都更重要的地位，人才也成为了企业生存和发展的根本，因此企业更需要遵循孔子“举贤才”的古训，推行贤才管理。

中国文化崇尚“礼仪”，重视“人和”，如果大家都能够推己及人、修己安人，那么企业的运作和发展都自然能水到渠成。因此管理必须带有人情味，重视道德感化在企业转型中的作用。

信息社会中，人们已经深刻认识到人力资本的重要性，人力资源是第一资源的思想早已深入人心，以人为本的管理体系也是现代企业管理发展的新趋势。现代组织机构的复杂程度加深，人员结构日趋庞杂，中国企业的变革必须首先建立以人为本的管理价值导向，进行人性化管理、规范化管理，才能充分调动每一个员工的工作积极性，最大程度地挖掘每一个员工的潜能，从而真正使企业效益实现最大化。

那么，中国企业在战略转移过程中应该如何借鉴“以人为本”的思想，贯彻“以人为本”的原则呢？

首先，坚持“以人为本”的原则，就是要在企业管理中实行“仁治”以安民。儒家体系认为民为国之本，孟子亦曰“民为贵，社稷次之，君为轻”（《孟子·尽心下》），所以，作为一个企业的领导者也一样要时刻把员工放在首要的位置。爱民就要先安民，乐民之所乐，忧民之所忧，这样才能真正得民心。这种思想体现在战略转型时期的中国企业身上，就是首先要做到真正地尊重人，看重员工的价值，使每一个人从内心感到自己在生产中的重要地位，感到人格的完整和内心的充实；其次则是要做到真正地关心人，切实地关心、理解和爱护员工，满足员工的实际需要，并以此逐渐形成中国式的现代企业管理模式。

其次，坚持"以人为本"的原则，要善于发现人才、培养人才、利用人才。儒家认为，为政之本在于兴贤，"用贤则治，不用贤则亡。"（《孟子·告子下》）所以，儒家把用贤看成是兴亡成败的关键。古代的治国治政是这样，现代企业的运作更是如此。现代企业最根本的竞争归根结底就是人才的竞争，所以最致命的浪费就是人才的浪费。千里马与伯乐的典故是我们都很熟悉的，所以，我们的企业在这个战略转型的关键时期，管理者就应该充当伯乐的角色，想方设法地充分调动人才的积极性，给人才一个自由拓展的广阔空间，让他们发挥出自己的最大才干来发展和壮大企业，这样企业的长存永固才会更有保障。

最后，坚持"以人为本"的原则，还要建立起一套科学合理的激励机制，为员工创造一个良好的工作氛围和发展环境。孟子主张教化而治，所谓"善政不如善教之得民也。善政民畏之，善教民爱也；善政得民财，善教得民心。"（《孟子·尽心上》）只有建立一整套科学合理的激励机制，注重人的需求和愿望，激发员工实现自我价值的满足感，着力培育和提高人的素质，引导他们进行自我改造、自我调节、自我约束和自我管理，并能按照组织既定的目标去行动，才能使员工感到自己的价值所在，才能使员工安定下来，把企业看成是自己的家，更加努力地工作，从而使企业能够凭借其内部强劲的凝聚力在激烈的市场竞争中打败对手，获得企业转型、战略转移的先机。

"以人为本"是科学发展观的核心，是解决发展中一切问题的思想前提和思想基础，是树立和落实科学发展观的"总开关"。对国家如此，对一个企业来讲更是如此。一切为了员工，一切依靠员工，一切归员工共享，三者的统一构成了企业型以人为本的完整内容。在信息爆炸、追求低碳的战略转型时代，一个企业是否具有竞争力，是否具有发展前景，决定因素不仅仅在于经营规模的大小、财产物资的多少，更重要的是取决于是否拥有丰富的人力资源，是否持续地对人力资源进行投资。因此，作为企业，就有必要把每个员工都培养成独当一面的优秀人才，全面提高员工的素质，实现员工的全面发展，从而最终带动企业的全面发展。

随着市场经济的不断发展和完善、社会竞争的日趋激烈，企业将日益面对严峻的挑战，我们的企业就更需要从我国丰富的传统文化中吸取营养、汲取智慧、开阔眼界，积极盘活经营思路，提高自身的竞争能力。而要使中国传统文化为企业的战略转移服务，关键还是在于"去粗取精，去伪存真"，通过古人在长期实践中所积累和提炼出来的一些哲理、格言、成语、故事等去透彻地理解和领悟其中的精神实质，并结合实际工作中碰到的问题，实事求是、解放思想地深入思考、转变观念，因地制宜、因材施教地举一反三、触类旁通，在这个机遇与挑战并存、创新与传承共举的弱肉强食、适者生存的人类社会生态环境中，最终形成中华民族心理特征明显的企业文化。

（作者：广州供电局有限公司番禺供电局党委书记兼副局长）

# 第十二部分

# 政法研究

# 认真学习贯彻党的十八届四中全会精神 深入开展法治宣传教育　推动全社会树立法治意识

吴爱英

党的十八届四中全会是在我国全面建成小康社会进入决定性阶段召开的一次十分重要的会议。习近平总书记在全会上的重要讲话，深刻阐述了法治建设的一系列新思想、新观点、新论断、新要求，为新形势下全面推进依法治国指明了方向。全会审议通过的《中共中央关于全面推进依法治国若干重大问题的决定》，是我们党历史上第一个关于法治建设的专门决定，充分体现了以习近平同志为总书记的党中央厉行法治、依法治国的决心和勇气，是指导新形势下全面推进依法治国的纲领性文件。各级司法行政机关要把深入贯彻落实四中全会精神作为当前和今后一个时期重要政治任务，原原本本学习全会《决定》，认认真真学习习近平总书记重要讲话精神，深刻领会精神实质，切实用习近平总书记重要讲话和四中全会精神武装头脑、指导实践、推动工作。

部党组决定召开这次全国法治宣传教育工作座谈会，主要任务就是认真学习贯彻党的十八届四中全会精神，研究部署深入开展法治宣传教育工作，努力推动全社会树立法治意识，为全面推进依法治国、建设社会主义法治国家做出新贡献。

## 一、认真学习贯彻四中全会精神，切实把思想和行动统一到全会对法治宣传教育的部署要求上来

党的十八届四中全会对全面推进依法治国作出了重大部署，并从全面推进依法治国的战略高度，深刻阐述了新时期法治宣传教育的重大理论和实践问题，对法治宣传教育提出了一系列新论断、新要求。我们一定要认真学习、准确把握，切实抓好贯彻落实。

**（一）认真学习、准确把握法治宣传教育的基本定位。**全会《决定》明确提出，坚持把全民普法和守法作为依法治国长期基础性工作，深入开展法治宣传教育。科学立法、严格执法、公正司法、全民守法是全面推进依法治国的重点环节和主要任务，其中科学立法是前提，严格执法是关键，公正司法是保障，全民守法是基础。全会《决定》这一科学论断，进一步明确了法治宣传教育的战略地位，深刻揭示了法治宣传教育在推进依法治国、依法执政、依法行政和建设法治国家、法治政府、法治社会中的基础性作用，深刻阐述了法治宣传教育是全面推进依法治国的一项长期战略任务。各级司法行政机关和广大普法工作者要深刻理解法治宣传教育的战略地位，进一步增强责任感、使命感，在全面推进依法治国进程中谋划和开展法治宣传教育工作，努力推动法治宣传教育实现新发展。

**（二）认真学习、准确把握法治宣传教育的深刻内涵。**全会《决定》明确提出，深入开展法治宣传教育。从“法制宣传教育”到“法治宣传教育”，内涵发生了深刻变化，既包括对法律体系和法律制度的宣传，也包括对立法、执法、司法、守法等一系列法治实践活动的宣传，更加突出了法治理念和法治精神的培育，更加突出了运用法治思维和法治方式能力的培养。各级司法行政机关和广大普法工作者要深刻理解法治宣传教育的科学内涵，把法治宣传教育全面拓展到立法、执法、司法、守法全过程，创造性地开展工作，推动法治宣传教育不断深入。

**（三）认真学习、准确把握法治宣传教育的重大任务。**全会《决定》明确提出了“推动全社会树立法治意识”的重大任务。这是立足于全面推进依法治国总目标，结合我国经济社会发展新阶段、新特点和法治宣传教育工作实际，对法治宣传教育提出的新任务、新要求。法律的权威源自人民的内心拥护和真诚信仰。法律要发生作用，首先要全社会信仰法律。只有全社会树立法治意识，使人们发自内心地对法律信仰与崇敬，把法律内化为行为准则，积极主动地遵守法律，才能为全社会厉行法治奠定坚实基础，全面推进依法治国的总目标才可能实现。确立这一重大任务，对于在全面推进依法治国、建设社会主义法治国家的进程中谋划和推进法治宣传教育，具有重要意义。各级司法行政机关和广大普法工作者要紧紧围绕这一重大任务，创新法治宣传教育方式方法，传播法律知识，阐释法治精神，引导全民自觉守法、遇事找法、解决问题靠法，充分发挥法治宣传教育在全面推进依法治国中的职能作用。

**（四）认真学习、准确把握法治宣传教育的重要措施。**全会《决定》提出了完善国家工作人员学法用法制度、把法治教育纳入国民教育体系、纳入精神文明创建内容、实行国家机关“谁执法谁普法”的普法责任制、建立以案释法制度、健全媒体公益普法制度等措施。这些措施是在总结过去法治宣传教育经验的基础上提出的，注重法治宣传教育的顶层设计，注重从根本上、制度上解决长期制约法治宣传教育工作的重点难点问题。当前，法治宣传教育工作的一项重要任务，就是要扎扎实实地抓好这些重要措施的落实，进而把法治宣传教育工作提高到一个新水平。

党的十八届四中全会关于法治宣传教育的基本定位、深刻内涵、重大任务、重要措施的一系列新论断、新要求，对于法治宣传教育工作具有重要的里程碑意义。各级司法行政机关特别是领导干部，要充分认识法治宣传教育在全面推进依法治国中的重要作用，进一步增强大局意识、责任意识，抓住机遇、乘势而上，努力开创法治宣传教育工作新局面。

## 二、深入开展法治宣传教育，推动全社会树立法治意识

认真贯彻落实习近平总书记重要讲话和党的十八届四中全会精神，当前和今后一个时期，深入开展法治宣传教育总的要求是：高举中国特色社会主义伟大旗帜，坚持以邓小平理论、“三个代表”重要思想、科学发展观为指导，深入学习贯彻习近平总书记系列重要讲话精神，认真贯彻党的十八大和十八届三中、四中全会精神，坚持围绕中心、服务大局，坚持以人为本、服务为民，深入开展法治宣传教育，健全普法宣传教育机制，创新宣传形式，注重宣传实效，充分发挥法治宣传教育在全面推进依法治国中的基础作用，推动全社会树立法治意识，为全面推进依法治国、建设社会主义法治国家做出新贡献。

**（一）深入开展法治宣传教育。**深入开展法治宣传教育，既是全面推进依法治国的基础工作，也是其中一个重要环节；既是全面推进依法治国的长期工作，也是当前的一项紧迫任务。各级司法行政机关要适应全面推进依法治国的需要，深入开展法治宣传教育，传播法律知识，弘扬法治精神，努力在全社会形成宪法法律至上、守法光荣的良好氛围。

在全社会普遍开展宪法教育。宪法是国家的根本法，是治国安邦的总章程。要把宪法宣传教育摆在首要位置，坚持宪法宣传教育的正确方向，大力宣传党的领导是宪法实施最根本的保证，大力宣传宪法确立的中国特色社会主义道路、制度、理论，大力宣传宪法至上、依宪治国、依宪执政等理念，宣传宪法确立的国家根本制度、根本任务和我国的国体、政体，宣传国家生活的基本原则，宣传公民的基本权利义务等内容，努力让广大人民群众认识到，宪法不仅是全体公民必须遵循的行为规范，而且是保障公民权利的法律武器，充分相信宪法、主动运用宪

法。要认真组织好“12·4”国家宪法日暨全国法治宣传日活动,集中开展宪法宣传教育,推动全社会掀起学习宣传宪法、贯彻实施宪法的热潮,使宪法家喻户晓、深入人心。

系统宣传中国特色社会主义法律体系。中国特色社会主义法律体系是全面推进依法治国的重要基础和制度保障。要大力宣传中国特色社会主义法律体系,宣传民商法、刑法、行政法、经济法、社会法、诉讼与非诉讼程序法等方面的法律,传播法律知识,培育法律信仰。要大力宣传与群众生产生活密切相关的法律、法规,充分发挥法律在人们日常生产生活中的引领和规范作用;大力宣传信访、投诉、调解等法律、法规,引导人们依法理性表达利益诉求,维护自身合法权益。要大力宣传立法、执法、司法、守法、法律监督、法律服务和保障等法治实践,教育引导公民通过丰富生动的法治实践活动,学习法治知识,提高法治素养,增强学法、尊法、守法、用法的自觉性。

大力弘扬社会主义核心价值观。法治是社会主义核心价值观的重要内容,社会主义核心价值观的价值取向与法治社会所追求的目标高度一致,加强法治宣传教育,要大力弘扬社会主义核心价值观。要推动把社会主义核心价值观贯彻到依法治国、依法执政、依法行政实践中,落实到立法、执法、司法、守法各个方面。要弘扬中华传统美德,培育社会公德、职业道德、家庭美德、个人品德,用法律的权威增强人们践行社会主义核心价值观的自觉性,以法治的力量推进道德建设、提高全民族思想道德水平,为依法治国创造良好人文环境。

坚持把领导干部带头学法、模范守法作为树立法治意识的关键。领导干部能否在法治建设上作表率,直接关系法治权威的树立、法治秩序的形成、法治实践的成效。要大力推进领导干部学法用法工作,完善国家工作人员学法用法制度,努力使各级领导干部和国家工作人员在学法上更加全面深入,在尊法上更加坚定自觉,在守法上更加严格自律,在用法上更加积极主动,带头树立和弘扬社会主义法治理念、法治精神,着力增强坚持中国特色社会主义法治道路的自觉性、坚定性,不断提高运用法治思维和法治方式深化改革、推动发展、化解矛盾、维护稳定能力,努力做法治型领导干部。要加强与组织人事等部门的沟通协调,积极推进把宪法法律列入党委(党组)中心组学习内容,列为党校、行政学院、干部学院、社会主义学院必修课;大力推广领导干部任前法律知识考试制度和公务员法律知识考试等做法,增强领导干部和国家工作人员学法用法的实际效果。

推动把法治教育纳入国民教育体系。青少年是国家的希望,民族的未来。青少年的法律素质如何,直接关系青少年健康成长,关系我国法治建设的未来。要坚持法治教育从娃娃抓起,积极推进把法治教育纳入国民教育序列,列入中小学教学大纲,在中小学设立法治知识课程,保证在校学生都能得到基本法治知识教育。要积极推进青少年法治教育学校、家庭、社会一体化,充分利用第二课堂和社会实践,组织开展青少年喜闻乐见的法治教育活动,增强青少年法治教育的吸引力、感染力,使广大青少年从小掌握法律知识,树立法治意识,养成守法习惯。

推进多层次、多领域依法治理。地方、部门、行业等多层次、多领域依法治理工作,是我国法治建设中一项重要的实践创新和理论创新。要按照四中全会《决定》要求,进一步深化地方、部门、行业依法治理工作,着力深化法治城市、法治县(市、区)等法治创建活动,深入开展符合实际、特色鲜明的部门、行业依法治理工作,推进依法治理工作不断深入。要深入开展民主法治示范村(社区)创建,推广一些地方开展的乡村(社区)法律顾问、法治副主任等制度,提高基层治理法治化水平。要积极推动把依法治理纳入各级党委、政府目标管理,明确任务,分解责任,抓好落实。依法治理是亿万人民群众参与法治的生动实践。要尊重人民群众的主体地位,充分调动人民群众参与依法治理的积极性,支持各类社会主体依法实现自我约束、自我管理。要建立科学完备的依法治理指标体系和考核标准，推进依法治理工作制度化、规范化。

**（二）健全普法宣传教育机制**。健全完善的普法宣传教育机制，是开展法治宣传教育的重要保障。各级司法行政机关要按照四中全会要求，努力在健全工作机制、发挥相关部门职能作用、强化普法责任制、动员社会各方力量参与普法上下功夫，把健全普法宣传教育机制落到实处。

健全普法宣传教育机制。全会《决定》要求，各级党委和政府要加强对普法工作的领导，宣传、文化、教育部门和人民团体要在普法教育中发挥职能作用。这是法治宣传教育的一项重要制度安排，一定要加大工作力度，把各项措施落到实处。要把法治教育纳入精神文明创建内容，把学法、尊法、守法、用法情况作为精神文明创建的重要指标，在文明城市、文明村镇、文明行业创建中，扩大法治宣传教育的深度和广度。要广泛开展群众性法治文化活动，把法治元素融入群众公共文化生活，推动法治文化与地方特色文化、行业文化、企业文化融合发展，丰富法治文化产品，打造法治文化精品，满足群众法治文化需求。要推动建立健全媒体公益普法制度，同有关部门研究制定媒体开展公益普法工作意见，开展多种形式的公益法治宣传教育活动，推动广播电视、报纸期刊、互联网和手机媒体在重要版面、重要时段制作刊播普法公益广告，营造法治氛围，引导社会风尚。

健全普法责任制。要推动落实国家机关“谁执法谁普法”的普法责任制，落实好各部门行业及社会单位的普法责任。要推动建立法官、检察官、行政执法人员、律师等以案释法制度，在执法司法实践中广泛开展以案释法和警示教育，使案件审判、行政执法、纠纷调解和法律服务的过程成为向群众弘扬法治精神的过程。要重视发挥人民团体、社会组织、行业协会的作用，健全完善普法协调协作机制，根据各自的特点和实际需要，有针对性地组织开展法治宣传教育活动。要健全普法考核评估机制，认真总结各地各部门开展法治宣传教育工作考核的经验做法，建立完善法治宣传教育工作考评指导标准和评估机制。

加强普法讲师团、普法志愿者队伍建设。普法讲师团和志愿者是法治宣传教育工作的重要力量，在健全普法宣传教育机制中具有重要作用。要进一步加强各级普法讲师团建设，把那些政治坚定、热爱法治宣传教育工作、理论和实践上有专长的优秀法律人才选聘到普法讲师团队伍中来；组织讲师团成员面向领导干部、司法执法人员、青少年等重点对象开展法治宣讲活动，充分发挥讲师团在普法工作中的骨干作用；建立有效的激励机制，调动普法讲师团开展法治宣传教育的主动性、积极性。要进一步加强普法志愿者队伍建设，鼓励和引导司法和行政执法部门工作人员、社会各类法律从业人员和大专院校法律专业师生积极加入志愿者，不断发展壮大志愿者队伍；畅通志愿者服务渠道，依托司法所、基层法律服务所、法律咨询站、法律服务热线等平台，为志愿者开展工作创造条件；建立健全管理制度，加强政治业务培训，着力培育一批普法志愿者品牌团队，提高志愿者普法宣传水平。

**（三）积极推进法治宣传教育工作创新**。习近平总书记明确要求，法治宣传教育“要创新宣传形式，注重宣传实效”。要认真贯彻落实习近平总书记重要指示精神，努力适应形势任务的发展变化，适应经济社会发展和人民群众的法律需求，积极推进法治宣传教育工作理念创新、方式方法创新、载体阵地创新等，不断增强法治宣传教育的实际效果。

创新法治宣传教育工作理念。理念创新是增强法治宣传教育实效的前提和基础。要进一步树立服务大局的理念，紧紧围绕党和国家工作大局开展法治宣传教育，把法治宣传教育放在全面推进依法治国的进程中来谋划来推进，更好地服务于经济社会发展，服务法治国家建设。要进一步树立以人为本的理念，着力宣传与人民群众生产生活密切相关的法律、法规，尊重人民群众的主体地位，采取人民群众喜爱、便于群众接受的方法，引导群众掌握相关法律知识，依法表达利益诉求，维护自身合法权益。要进一步树立注重弘扬法治精神的理念，在继续广泛传播法律知识的基础上，更加注重培育公民的法治理念和法律信仰。要进一步树立注重宣传实效的理念，以需求为导向组织策划法治宣传教育活动，坚持分类指导、分类施教，增强法治宣传教育的针对性。

创新法治宣传教育方式方法。方式方法创新是增强法治宣传教育实效性的有效手段。要坚持法治教育与法治实践相结合，在宣传法律、法规知识的同时，引导公民积极参与法治实践活动，在法治实践中接受法治熏陶，提升法治素养。要坚持法治教育与道德教育相结合，把法律内化为人们的道德准则，增强法治的道德底蕴，发挥法治在解决道德领域突出问题中的作用，强化规则意识，倡导契约精神，弘扬公序良俗，引导人们自觉履行法定义务、社会责任、家庭责任。要坚持集中法治宣传教育与经常性法治宣传教育相结合，在坚持抓好经常性法治宣传教育的同时，围绕党和国家中心工作、重点任务以及重要时段和节点，适时集中开展各类主题法治宣传活动，使法治宣传教育更好地服务大局、服务群众。要进一步深化“法律六进”主题活动，推动法治宣传教育向面上拓展，向基层深入。

创新法治宣传教育载体阵地。载体阵地创新是增强法治宣传教育实效性的重要途径。要善于利用公共活动场所开展法治宣传教育，推动法治宣传教育向公共活动场所的广泛覆盖，因地制宜建设法治宣传橱窗、法治广场、法治公园，让法治融入人民群众公共生活。要善于运用公众服务窗口开展法治宣传教育，推动政府机关、社会服务机构在窗口单位和窗口岗位增加法治宣传教育功能，在实施社会管理和为公众提供服务的过程中，主动传播法律知识，解答群众法律疑问，满足群众法律需求。要善于运用大众传媒开展法治宣传教育，充分发挥广播、电视等传统媒体的优势，注重新媒体、新技术在法治宣传教育中的运用，加强普法网站和普法网络集群建设，更好地运用微信、微博、微电影、客户端开展普法活动，把新媒体建成法治宣传教育的重要平台。要拓展对外法治宣传阵地，把对外法治宣传作为加强涉外法律工作、强化涉外法律服务的重要内容，加强组织策划，向世界讲好我国法治故事，增强我国在国际法律事务中的话语权和影响力。

## 三、切实加强法治宣传教育工作领导

学习贯彻党的十八届四中全会精神，是当前和今后一个时期司法行政机关的重要政治任务，深入开展法治宣传教育、推动全社会树立法治意识的任务非常繁重。各级司法行政机关一定要切实负起政治责任，高度重视、加强领导，精心组织、周密部署，狠抓各项任务的落实，推进法治宣传教育不断深入。

**（一）切实加强组织领导。**组织开展法治宣传教育是司法行政机关的重要职责。当前，各地各部门正在认真贯彻落实四中全会精神，全面推进依法治国。法治宣传教育工作既面临难逢的良好机遇，也面临新的更高要求。各级司法行政机关特别是领导同志，一定要有强烈的政治意识、大局意识、责任意识，敢于担当、勇于负责，切实履行好组织、协调、指导、检查法治宣传教育实施的职责。要把法治宣传教育作为司法行政工作的重要任务来抓，摆上重要位置，列入重要议事日程，放到司法行政工作全局中来谋划和推进。要坚持在党委、政府领导下开展工作，法治宣传教育的重大规划、重要部署，要及时主动向党委、政府汇报，争取党委、政府的重视和支持，帮助解决推进工作中遇到的困难和问题。要切实加强各级普法领导小组办公室建设，配齐配强专门工作人员，为法治宣传教育工作深入开展提供组织保证。

**（二）切实加强工作协调。**全会有关法治宣传教育的各项任务措施，涉及到党委、政府有关部门和社会团体，需要协调的任务很重。各级司法行政机关要积极行动，主动作为，进一步加强与有关部门的沟通协调，共同推动各项任务的落实。要会同宣传部门，研究制定本地区本部门贯彻落实党的十八届四中全会精神，深入开展法治宣传教育的意见。会同组织、人力资源和社会保障等部门，研究完善领导干部和国家工作人员学法用法制度。会同教育等部门，研究加强青少年法治宣传教育的意见措施。会同人民法院、人民检察院、公安机关等部门，研究完善以案释法等制度。会同文明办等部门，推动把法治教育纳入精神文明创建内容。会同广电、网信等部门，推动健全媒体公益普法制度，加强新媒体、新技术在普法中的应用。积极争取财政等部门支持，健全完善法治宣传教育保障制度。通过共同努力，把党的十八届四中全会关于法治宣传教育的任务措施一项一项落到实处、见到实效。

**(三)切实加强工作指导。**法治宣传教育贯穿法治建设全过程，涉及社会各个层面。各级司法行政机关要准确把握新形势下法治宣传教育的特点和规律，结合各地各部门实际，分析不同地区、不同对象的普法需求，坚持区别对待，加强分类指导，不断增强法治宣传教育的针对性。全会对法治宣传教育提出了一系列新任务、新要求，贯彻落实过程中会遇到一些新情况、新问题，要坚持问题导向，经常深入基层、深入群众，调查研究、解决问题、推进工作。要认真总结、宣传、推广各地各部门开展法治宣传教育的好经验、好做法，充分发挥典型示范作用，推进法治宣传教育不断深入。

让我们更加紧密地团结在以习近平同志为总书记的党中央周围，深入学习贯彻落实党的十八大和十八届三中、四中全会精神，开拓进取，扎实工作，努力开创法治宣传教育工作新局面，为全面推进依法治国、建设社会主义法治国家做出新贡献！

(作者：中华人民共和国司法部部长)

# 从公报看“全面推进依法治国”

马怀德

今天就十八届四中全会公报所涉及的全面依法治国的理论谈一点自己的学习体会。我想谈三个方面问题，第一，简要地回顾一下我国提出依法治国的历程以及重要意义。第二，重点谈一下十八届四中全会确定的全面推进依法治国的总目标。第三，重点谈一下四中全会决定中涉及到未来全面推进依法治国的重要任务。

## 一、我国提出依法治国的历程及其重要意义

我们国家提出依法治国时间并不长，最早可以回溯到1997年，党的十五大报告首次写入了依法治国建设社会主义法治国家。1999年全国人大修改宪法，把这一条写入了宪法中，变成了一项宪法原则，也就是我们常说的全面推进依法治国的基本方略。当然在后来的十六大、十七大、十八大报告中，都有对依法治国的重要论述，表述有一些差别。在十八届三中全会首次提出了关于加强法治中国建设的要求，但前提还是全面推进依法治国。

这次十八届四中全会确定的主题是全面推进依法治国，重点是要考虑“全面”这两个字，因为在十八大以后，习近平总书记在2012年12月4日首都各界现行宪法实施30周年的大会上，第一次提出把依法治国、依法执政、依法行政放在一起，把法治国家、法治社会、法治政府放在一起，反映了我们党在治国理政方面，在法治重要性认识方面有了新的认识、新的提高。所以这次四中全会明确以依法治国为主题，这在我们党的历史上是第一次，过去党的报告中都有有关法治的内容，十六大是全面推进依法治国，十七大是加强社会主义法治国家，十八大提出了依法治国建设社会主义法治国家，十八大报告有关法治的内容有77处之多，算是最多的一次。但是这一次全会的报告是完全以依法治国为主题的，通篇都是有关全面推进依法治国，因此从这一点上可以看出，我们党对法治，对依法治国的这种认识有了进一步的深化。把法治摆在了一个更加神圣、更加重要、更加基础性的地方，所以也有人评价说，十八届四中全会必将是我们党的历史上、我们国家的历史上一个里程碑的会议。

具体依法治国的重要意义何在，为什么我们党在这个阶段提出要全面推进依法治国，而且要以全会的形式讨论依法治国，并且要通过这样的一个决定呢？按照现在公报所披露出的信息，它的重要意义可能是在四个方面。第一个重要意义，全面推进依法治国，对于我们全面建成小康社会，实现中华民族伟大复兴具有重要的意义。十八大报告提出，到2020年全面建成小康社会时有四个法治标准，一是依法治国方略全面落实；二是法治政府基本建成；三是司法中心不断提升；四是人权得到切实尊重和保障。当时把这四个标准作为全面建成小康社会的法治标准，现在来看，我们全面推进依法治国，目的首先是要为全面建成小康社会服务，为实现中华民族伟大复兴梦服务。为什么呢？因为法治在一个国家发展的进程当中起到了决定性的作用，经济的发展只能代表一个国家发展实力的一部分，包括军事、科技，但真正有实力的是什么呢？我认为是制度文明、是政治文明，这种制度和政治文明所蕴含的历史，以及所代表的价值方向，与其他物质文明相比，更有价值。从世界来看，能够获得所谓人类最珍贵的

文明是什么，就是法治，所以它是一个国家价值的体现，也是政治文明高度的标准。

温家宝曾提到，我们党治国理政从理念到方式的革命性变化，是我国政治体制改革迈出的重要一步，具有划时代的重要意义。我想这个评价是到位的，因为我们讲法治不是简单意义上把法律当工具去看待，我们更多的是把它看成是人类文明的结晶，一种共同的价值，而且这种价值的本身，对于一个国家的富强、文明、民主具有非常重要的意义。所以这次四中全会明确提出，全面推进依法治国是我们全面建成小康社会实现中华民族伟大复兴梦的重要内容，在这方面具有重要的意义。

第二个重要意义，全面推进依法治国对于全面深化改革推进国家治理体系治理能力的现代化具有重要的意义。也就是说我们推进依法治国，既是全面深化改革的保障，同时也是推进国家治理体系治理能力现代化的一个重要组成部分，三中全会通过的全面深化改革若干重大问题决定，提出了我们国家的全面深化改革的总目标是发展和完善中国特色社会主义，推进国家治理体系治理能力的现代化。那什么是治理体系治理能力的现代化呢？最重要的标志是什么呢？我认为就是法治，因为法治是制度的最高形态，我们讲的治理体系，实际上指的就是一套符合现代理念的国家制度体系，这种制度体系和运用这种制度的能力称之为治理能力和治理体系的现代化。怎么才能体现一个国家制度的最高级形态？无一例外每个国家的法治所制定的法律得到良好的实施是最关键的，现在提出全面推进依法治国，对于我们全面深化改革，推进治理体系、治理能力的现代化，确实具有非常重要的意义。打个比方，如果没有法律的保障，我们的改革是很难进行下去的，我们每一项重大的改革都是以法治为引领推进和保障的。比如行政审批制度改革，简政放权，如果法律不做及时的修改，那就会出现法律和改革之间的巨大冲突，一方面政策改了，但是另外一方面法律没有修改，这肯定是不行的，所以法治和改革之间有密切的关系。最重要的是法治要起到对全面深化改革的引领推动和保障的作用，因为只有这样我们的制度体系才能够越来越成熟，越来越定型，越来越向法制化的方面迈进。最理想的就是当一个国家的各项治理制度、治理体系完备之后，最终应该都是以法治的形式所呈现的，没有法治很难讲治理体系、治理能力现代化的问题，这是第二个重要的意义。

第三个重要意义，它是提高我们党执政能力和执政水平的必然要求。十六届四中全会通过了关于加强党的执政能力决定，在这个决定中首次提出了依法执政的概念，过去我们都讲依法治国、依法行政，但是十六届四中全会的决定首次提出了依法执政的概念，也就是说国家要依法治国，对执政党而言要依法执政。所以现在习总书记把这几项内容合在一起，坚持依法治国、依法执政、依法行政共同推进，法治国家、法治社会、法治政府一起建设。

所以依法执政被纳入了整个国家和法治体系，法治框架上，依法执政实际上就是一个执政党执政能力提升的一种表现。特别是改革开放以后，党中央关于党内的法规规范性的文件，制定的数量是非常多的，我们在去年还专门发布了党内法规体系，党内法规的制定条例和党内规范性文件的备案办法，我们俗称叫做党内的立法法。提出制定党内的规则，包括党章、党内法规、党的规范性文件意见等等，应该遵循什么样的权限、程序，这说明我们在执政方面发生了变化，更加注重用法治的方式治国理政，更加注重发挥法治在国家治理和社会管理中的重要作用，也更加依靠法治来加强提升我们党执政的能力、治国理政的能力，所以这一点是全面推进依法治国第三个重要意义。

第四个重要意义，就在于全面推进依法治国对于约束规范权力，保护公民权利，维护社会公平正义具有非常重要的意义。我记得 1997 年刚刚提出依法治国的时候，很多人对这个概念还是有隔膜的，不能够准确完整全面的理解，中央提出了依法治国很多省就开始提出各类依法治理的口号，包括依法治省、依法治市、依法治县，有的地方提出依法治村、依法治家，各行各业提了很多的口号。这些口号提得对不对，也对也不对，对的地方是一个国家推行法治，依法治国必须落实到方方面面，所以推进依法治理有必要。但是另外一方面对法治本身有误解、误读的问题，因为法治的核心不是治老百姓，如果说用法律治老百姓、治民的话，那不是完整意义上的法治，如果法治的重心放在治老百姓上，那就背离了法治的含义。英文中对法治的解读更加准确，英文中有一句话，什么是法治，法的统治，它强调制定良好的法律，得到全社会的遵行，强调法律至上，强调程序正当，强调规则，也强调平等。所以说我们说的法治不是简单管老百姓的法，那只能叫制度的制，真正的治是法的统治而不是人的统治。

国家机关也好，企事业单位也好，普通老百姓也好，大家按照统一的、平等的规则来履行自己的义务，行使自己的权力，承担自己的责任，这才是法治。2008 年 5 月 4 日，时任总理的温家宝同志，到中国政法大学视察，他说今天我刚进你们的大门口看到你们校门口有一块大石头，石头上有四个大字，叫做法治天下。他说我再说一下，法比天大、法治天下，他说现在都在讲法治，法治精神。法治精神是什么呢？五个方面，第一，宪法法律的尊严高于一切。第二，法律面前人人平等，没有人能有超越宪法法律的特权，对于一切违反宪法法律的行为必须追究。第三，一切组织机构都必须在宪法法律范围内活动。第四，法律要在群众中得到普及。第五，要做到有法可依、有法必依。

所以十八届四中全会提出了法律的权威靠人民的信仰，靠人民的信赖和人民的维护，同时人民也有义务、有责任去维护法治的权威。

## 二、全面推进依法治国的总目标

十八届三中全会提出了全面深化改革的总目标是发展完善中国特色社会主义制度，推进国家治理体系、治理能力的现代化。那这次四中全会提出的全面推进依法治国的总目标，概括起来是两句话，一是建设中国特色社会主义法治体系；二是建设社会主义法治国家。也可以连成一句话，就是全面推进依法治国的总的目标是建设中国特色社会主义法治体系，建设社会主义法治国家。这里我要解释一下，什么是中国特色社会主义法治体系？这是党的文件中第一次提出的概念，过去我们就有法律体系一说，大家都知道 2011 年吴邦国委员长代表全国人大宣布中国特色社会主义法律体系已经形成，那指的是立法层面的，我们制定了 242 个法律，700 部行政法规，8000 个地方性法规，还有数以万计的政府规章，形成了一个多层次跨领域的完整的有机的法律规范体系，他讲的是制度是规范。但是这一次不一样，这一次不是讲法律体系，而是讲法治体系，一个律，一个治，一字之差意义完全不同。法治体系强调的是法律制定的完备，而且能够得到切实的遵守和执行实施，又有相应的监督保障机制，这才叫法治体系。法律体系强调的是静态的规范层面，制度层面的体系，而法治体系强调的是动态的立体的、完整的体系，所以说法治体系更全面。

我们这次全面推进依法治国的总目标就是要建设中国特色社会主义法治体系，就是我们在立法层面要形成完备的法律规范体系，在法律的实施层面要形成高效的法治实施体系，在监督层面要形成严厉的法治监督体系，在保障层面要形成有力的法治保障体系，同时还要建立健全的党内法规制度体系。所以现在媒体和社会解读的时候，往往说社会主义法治体系包含了五个体系，这五个体系就是完备的法律规范体系、高效的法治实施体系、严密的法治监督体系、有力的法治保障体系和健全的法规制度体系。这五个体系是第一次提，所以非常有新意，和过去我们很多的提法是有关联的，不是完全割裂的，是有密切的关联性。

比如，我们要形成完备的法律规范体系，这个重点讲的是立法的任务，立法机关的主要任务就是要形成一个完备的法律规范体系。高效的法治实施体系主要是对司法和执法机关提出一个要求，就是我们的行政执法机关、政府机关、司法机关要严格地执行公正地司法，形成高效的法治实施体系。严厉的法治监督体系对监督部门而言，监督机关要对整个法治的运转形成严密的监督体系，这也包含了司法监督、行政监督、党内监督、社会监督，要形成一套完备的、一体的法治监督体系。有力的法治保障体系是从党的领导从全社会法制意识提高要求法的保障问题，如果在推进依法治国方面，没有投入这么多的精力，没有做出全面的规划和推进的话，那法治也很难保障，很难形成这样一条保障体系。

党内法规体系是指党内的一套规范体系，这是首次被纳入社会主义法治体系之中，所以全面推进依法治国的总目标，具体而言就是这么五个体系，建成一个五个体系的法治体系，建成一个社会主义法治国家，具体而言按照公报的要求就是在中国共产党的领导下，坚持中国特色社会主义制度，贯彻中国特色社会主义法治理论，形成完备的法律规范体系，高效的法治实施体系，严密的法治监督体系，有力的法律保障体系，形成完善的法律体系，形成依法治国依法行政共同推进法治国家、法治社会、法治政府一体建设，这是我们说全面推进依法治国的总目标，一个具体的内容。

当然还要推进国家治理体系治理能力现代化，而且对如何实现这个总目标提了特别的要求，就是必须坚持共产党的领导，坚持人民主体地位，坚持法律面前人人平等，必须要坚持依法治国和以德治国相结合，坚持从中国实际出发。

## 三、全面推进依法治国的重要任务

全面推进依法治国，建设法治国家，特别是建设中国特色社会主义法治体系未来面临的主要任务是什么？目标明确了，体系是清晰的、完整的，如何来实现这个目标，推进这个体系建设？重点有六个任务，第一个任务是完善以宪法为核心的中国特色社会主义法律体系，加强宪法实施。我们未来面临的主要任务实际上还是立法，还是要加强宪法，加强宪法实施。与以往不同的是这次没有说科学立法，强调的是要形成以宪法为核心的中国特色社会主义法律体系，加强宪法的实施。中国特色社会主义法律体系为什么要以宪法为核心，为什么要形成这样一个体系之后要加强宪法的实施？实际上这是凸显了宪法的重要性。2012 年 12 月 4 日，习近平总书记强调了坚持依法治国首先坚持以宪治国，坚持依法执政首先坚持以宪执政。这次十八届四中全会公报把宪法摆在了更加突出和重要的位置，大家都知道宪法是一个国家的总章程，是根本大法，具有最高的法律效应，但长期以来我们的宪法意识淡薄，宪法的观念不够，落实宪法、实施宪法的保障制度机制不完备，违反宪法的现象时有发生。那怎么解决这个问题，这次四中全会提出，要健全有立法权的人大，主导立法工作的体制机制，谁来主导立法，不是政府主导立法，而是有立法权的人大去主导立法。比如，北京人大来主导北京的地方立法工作，包括北京地方性法规和北京的政府规章，那都要由人大来主导，因为是法律的问题，你必须交给人大去主导。当然对全国而言，还要有一个设区的市要普遍获得立法成分，改革开放以后，国务院分三批授权了 18 个城市享有地方立法权，但是我们国家有二三百个地级市，有的市有，有的市就没有，比如山东青岛有立法权，淄博有立法权，但济宁就没有立法权，枣庄就没有立法权，所以说差别很大。像广东佛山、钟山这些城市，人口动辄是五六百万，经济发达，社会管理的难度很大，但是没有立法权，想要解决某一些问题必须请广东省政府解决，所以他们迫切需要立法权。所以四中全会提出了要依法赋予设区的市地方立法权，这就意味着全国将有 282 个城市，可能获得地方立法权。当然搞法律的人也有点担心，说这些城市的人大政府从来没有立过法，突然赋予立法权，有没有能力接得住，法律的质量能不能保证，会不会形成新的法多扰民，上下立法冲突矛盾的问题,这个担心也不是没有道理,但是总的来说大方向是依法赋予设区的市立法权,这是依法变革的一个重要的方面。当然我们说的科学立法、民主立法在立法程序上也明确提出了,要有序扩大公民在立法中的参与。另外一个新提出的立法项目的征集也要扩大公众的参与,老百姓也有发言权也有参与权。

总之还要加快重点领域的立法,体现权力公平、机会公平和规则公平,要推进保障公民人身财产权、基本政治权力的立法,使得公民的经济、社会、政治、文化方面的权利得到切实的保障和落实。最后,强调立法的时候要做到立法和改革决策相衔接,做到立法主动适应经济社会发展的需要。这个问题实际上得到了比较有效的解决,因为长期以来我们在改革的立法问题上往往滞后于改革,而改革往往要突破立法,造成违法改革的困境。这次四中全会明确地提出了立法要和改革决策相衔接,重大改革要依法有据,立法要主动适应经济社会改革的发展情形和需要,所以说立法和改革的关系更加地明确了,我理解就有两条,第一,该解决的法律要在改革的同步或者说改革的前期要加速推进,不能滞后于改革,要主动适应改革的要求。第二,改革要在法治的轨道上进行,重大改革要依法有据,不能突破法律的界限,要做到依法有据。这是我想说的第二个方面的重点,第一个是加强宪法的权威,第二个是科学立法,使得我们的立法更加科学、更加民主,先行立法起到引领推动保障的作用。

第三个重要任务就是加强法律的实施,加快建设法治政府。这次四中全会对法律立法的描述和表述与对政府执法司法的表述分量不太一样。对政府依法行政、建设法治政府的要求事项更多一点,对司法改革的更多,所以我想重点谈一谈关于加强法治政府建设的一些新要求。

四中全会明确提出,“法律的生命力在于实施,法律的权威也在于实施。各级政府必须坚持在党的领导下、在法治轨道上开展工作,加快建设职能科学、权责法定、执法严明、公开公正、廉洁高效、守法诚信的法治政府。”政府的总目标是要建设法治政府,而且要加快建设。那法治政府应该是什么样子呢?标准是什么?框架是什么?这次提出了一个新概念、新说法,叫做“职能科学、权责法定、执法严明、公开公正、廉洁高效、守法诚信”。但是我概括就是公开透明的政府、负责任的政府、诚实守信的政府。法治政府无非就是这些概念,基本的内容没有脱离这个。这次就特别强调了政府的职能要科学化。刚才我说了政府在各自起草法律的时候,都把部门利益法制化,这样最后职能配置就不科学了。比如说“九龙治水”治不好,多家部门管食品药品安全问题管不好,尤其是我们的很多领域多个事情多个部门管,重叠交叉的问题非常严重。很多人认为这是常态。我们到国外去了解一下,没听说国外哪个部门与部门之间“打架”打得这么厉害,需要多个领导分头协调,大部分时间工作都花在协调上了,这是立法的问题,是我们政府职能配置的问题,职能配置不科学必然有这种冲突的矛盾。再加上我们权责不明确,也没有法定化,然后执法也不严明,导致我们不希望看到的政府的形象。

现在明确提出了法治政府就是这几条要求:职能要科学,权责要法定,执法要严明,要公开公正,而且要廉洁高效,要守法诚信。这些要求都做到了这个政府就是法治政府。

2004年国务院通过的《全面推进依法行政实施纲要》明确提出,用十年左右的时间基本上建成法治政府。结果到了今年正好是十年,法治政府没有建成。十八大报告提出,2020年前全面建成小康社会的时候法治政府基本建成,还有六年时间。六年之内我们的法治政府能不能基本的建成,这个确实对于我们各级政府是一个很大的挑战,也是一个很大的考验。

我认为发展是不平衡的。我们去年通过政法大学组成了一个课题组,对全国有立法权的城市政府进行了法治政府的第三方评估,就是学术界、理论界依照国家法律法规和政策的要求的标准,去一一考核各级政府法治政府状况如何。我们根据公开的信息和数字,(比如说它网站上披露的信息、它的公告,它的地方刊物上披露的相关信息,有一部分是申请的信息,)我们做了八大指标、20多个二级指标、60多个三级指标这样一个全面综合的分析评估,花了大概半年的时间,最后排了序:广州第一、上海第二、北京第三,一共53个城市。总的结论是什么?整个全国的法治政府建设水平整体不高,形式主义比较浓重,而且发展非常的不平衡。今年我们又准备扩大这个范围,对100个城市的政府进行法治政府评估。

总的来说,法治政府建设未来的任务非常的重。因为它是法治的大头,我们说高效的法治实施体系,重点来说在法治政府这一块。所以,我们要深入推进依法行政,加快建设法治政府。那法治政府的很多方方面面的内容都涉及到了,我想这里重点提三个方面的内容。

第一个重点,强化依法决策。行政决策的规范化是这次四中全会决定中的亮点也是重点,明确提出了要健全依法决策机制,什么叫做依法决策确定了五个"法定程序":第一公众参与,第二专家论证,第三叫做风险评估,第四叫合法性审查,第五叫集体讨论程序。这五个程序必须做到位才能叫做法治的依法决策。

以我的观察,我认为当下中国很多具体的执法领域都有法律法规规范的,相对规范化程度比较高,比如说行政处罚,1996年制定了《行政处罚法》;程序要求,2004年《行政许可法》制定了明确规则;行政强制,2011年《行政强制法》也做了明确的要求。这些对于分门别类的行政机关的行为都有了规范的要求,我不太担心它的规范化、法制化程度,但担心的是政府的重大决策。什么叫做重大决策权?就是在重大的关系到老百姓切身利益、国计民生,关系到区域发展的经济社会政治生态文明、文化事业发展的重大的决策。比如说,要不要搞一个棚户区改造,要不要搞一个垃圾焚烧场,要不要经过高铁,这就是重大决策。这个重大决策权,我们过去没有法律依据的,法律也没有规定该怎么办,所以说是五花八门。由于没有主要的程序要求,当然也没有责任的要求。

因此,在重大决策方面,我自己理解出现了"三拍"现象,做决策的时候是"拍脑瓜",执行决策的是"拍胸脯",决策执行完了就是"拍屁股"走了。"三拍",最后导致很多重大决策看起来是一时的政绩,但实际上给国家经济社会和老百姓的合法权益、给公共的利益带了极大的损失。我经常看到哪儿哪儿建立一个广场,建了不到五年,十几亿就爆破了、拆除了,这是完全错误的,而且是给国家经济社会的发展带来重大损失的决策。但对这种决策你没有办法,为什么?因为做决策者不需要承担责任,他把这个作为政绩搞上去了之后,他升官了走了,"烂摊子"是别人收拾的。

我认为这次四中全会在依法决策这方面设置了几个重要的制度,非常好。第一就是刚才我说的"五大程序",你必须履行这"五大程序",所有的决策必须经过专家论证、合法审查和集体讨论决定做出。第二个就是要求建立行政机关内部重大决策合法性审查机制。这个很重要,我们行政机关政府一级做重大决策的时候,都应该交给我们的法制办去认真审核签署意见。签意见我们才能够拍板做决策,出了问题就是你自己负责任。现在提倡要决策者负责,谁决策谁负责。第三个决策的要求就是建立重大决策终身责任追究制度及责任倒查机制。为什么要建立重大决策终身责任追究制度和责任倒查机制?刚才我说了有很多重大决策,他拍完板,跟他就没有关系了。以后所有的决策都要终身负责了,这就有点像我们搞工程搞机械,盖一栋楼监理施工单位要终身负责,不能说一调动工作了,这个楼塌了跟你没有关系了。那不行。谁设计、谁施工、谁监理一律承担责任。以后行政重大决策也是终身负责的,有了这个"紧箍咒",我相信很多领导会高度重视决策的重大制度,不认真决策最后责任权是你自己的,而且是终身承担。还要坚决执行倒查机制，出了问题，那回头看谁做的决策。这是我想说的法治政府建设方面第一个重点，就是强化依法决策。

第二个重点，深化行政执法体制改革，健全行政执法和刑事司法衔接机制。这个实际上在三中全会已经明确提出了，我们现在的行政执法机构职权交叉重叠冲突，互相“打架”，有利的争执，没有利的推到一边；执法机构多头执法，这种现象非常严重。现在提出，所有的执法要强调执法体制改革。有三个项目：第一，要注重将执法的力量下沉到基层，就是街道乡镇要赋予一定的执法权。因为大量的违法现象都发生在基层，执法机构都漂在上面，执法力量都在上面。前一段时间北京市政府向市人大报告执法工作，结果就发现接近 99% 的执法任务都在基层，基层执法力量只有 83%，17% 的力量都在市一级或者是区一级。这是不符合现在的执法要求的。第二，要加强联合执法。有些事情涉及多个部门的，在部门机构整合之前，就要加强联合执法。比如说，城管和公安有些部门就应该联合执法，不能让城管执法过程中挨打，然后这属于民事纠纷。执法要权威，要联合。另外，我们的有些关联度很强的执法机构必须联合执法。第三，要强化综合执法。实际上就是要强化类似于城管这样的执法机构和队伍。我们以后在城市管理、文化管理、农业管理各个领域，包括我认为在北京治理小产权房、违章建设的拆除等都应该尽可能地建立综合执法机构，所以说，从联合执法、综合执法的角度讲，必须深化城镇土地改革。

第三个重点，坚持严格规范公正文明执法，加大重点领域的执法力度。这是有所指的，在食品药品涉及到安全生产、民生这些方面，加大重大领域的执法力度，严格规范公正文明的执法。同时还要健全行政裁量权基准制度，完善纠错问责机制。在法治政府建设方面的最后一个要求，就是要进一步扩大政府公开的范围。2008 年以后实施的《政府信息公开条例》，允许老百姓对政府提出公开的要求。我们政府公开了大量的信息，但是与老百姓的这种需求要求发展相比的话，我们还有很大的提升的空间。

我前一段时间看了国务院各部委的网站。国务院 50 多个部委每年收到老百姓申请部委信息公开的案件数量，最多的一个部委达到了 4 万多件。4 万 4 千件是住房城乡建设部，我知道住建部有两三个人管信息公开工作，每年要面对 4 万多个信息公开的要求，这个压力非常大，但是必须做。我们北京市也是，规委、建委土地的信息一直是公开的。下一步中央国务院要求进一步扩大政务公开的范围，要坚持“以公开为常态，以不公开为例外”的原则。以后公开就是常态，什么都要尽可能地公开，不仅信息要公开，政务活动也要公开。而且有些地方探索，比如说老百姓列席政府常务会议、列席人大的会议；有些提出会议要公开，要上网，要直播；有些提出过程信息也要公开，不光结果要公开，过程也要公开。所以这次四中全会公报提出，要推进决策公开、执行公开、管理公开、服务公开、结果公开的“五公开”。这“五公开”制度也是下一步对政府的一个挑战。现在老百姓的公民意识、权利意识、民主意识不断增强，信息公开的强烈要求会逼迫我们政府不断扩大公开范围。

大家知道，去年发生了陕西的“表哥”事件。陕西安监局局长杨达才一次出现在车祸现场处理车祸，但是按照他的说法是一不小心表情有所放松，就被记者抓拍了一个“微笑哥”，紧接着发现他戴着不同的名表，最后抓出一个“表哥”来。这个事件发生的同时，有一个大学生第一时间向财政厅要求财务公开，要求知道杨达才一个月挣多少钱。他说，现在的政府三公经费都公开了，为什么杨达才不公开，这个不公开没有理由。陕西财政厅拖了 10 多天，在截止日期最后一天答复了一个信息上面写着：某某某同学，你申请的信息不属于政府信息公开范围，祝你学习进步。但是这小伙子出名了，现在全国各地哪儿抓住一个贪官，向当地财政部门申请公开贪官收入的人越来越多。上海交大的一个硕士研究生多次向中央的50多个部委申请公开部长工资，还有清华大学的一个小女孩查阅了53个部委的网站，发现有14个部委的网站没有副部长分工的信息，就提出申请要求14个部委公布副部长分工信息。结果11个部委老老实实答复了。教育部、国土资源部和科技部没有理睬，很快就被起诉到了上面。当3部委接到法院通知的时候意识到了严重性。但是关键是这个小女孩申请的信息很多人有争议，说他能不能申请公开部委部长的工资，或者是这个部长分工的信息。按照我们《政府信息公开条例》的规定，她还真有权利，因为我们条例写的是，公民可以因为自己的生产生活科研等特殊需要申请公开。那个女孩说，在写一篇论文关于副部长分工研究。以这个理由的话，所有的信息都可以要求公开了。

老百姓的意识越来越强了，我们现在强调的政务公开、司法公开，甚至立法公开、党务公开、重大事项公开，这是大势所趋，谁都阻挡不了这个发展的大势，只能顺应这个大势逐步扩大政务公开的范围，从决策到执法到财务到管理到结果都要公开，尽可能地公开。这是我想说的第三个重点任务，就是在推进法治政府建设方面四中全会明确提出的一些要求。

第四个重要任务是在司法领域。关于司法改革，三中全会就做了布局，明确提出了优化司法职权配置，推动司法体制机制改革的一系列的要求。中央全面深化改革领导小组开了三四次会，其中两次会涉及到司法改革，通过了司法改革的方案和上海试点方案，也决定在6个省市进行司法改革试点，既要进行体制改革，又要推动机制改革；既要改法院，又要改法官，所以说，这个改革的进程正在加快。这次四中全会在这个基础上又有了新的改革事项、新的改革要求。这个新的改革要求我想是不是可以概括为以下四个方面。

第一，明确提出了建立领导干部干预司法活动、插手具体案件处理的记录、通报和责任追究制度。这是新制度。三中全会也提过，但是没有这么具体、这么明确。领导干部如果干预司法活动、插手具体案件处理的记录、通报、责任追究制要建立健全。这是我们常说的“全程留痕”，就是司法过程全程都要留下影响司法结果结论的因素的痕迹。谁去打招呼了，谁批条子了，谁打电话了，谁做了指示了，都要做记录、做通报，而且要责任追究。我在四中全会以前也提过，我说，如果法官把领导干预打招呼批条子的这些东西都入了卷，领导就不去打招呼了。结果有很多法官就在微信上评论，说马教授你来当法官，看你敢不敢把领导的批示给入卷。的确有这个风险。因为你是一般的普通法官，你说院长给你打一个招呼，这个事怎么怎么办；或者是市委书记、市长给你做了批示，谁暗示一下，你还要记录吗？记录了，还要通报。谁去通报？谁去责任倒查？为什么要倒查呢？因为没有记录，就没有通报，就没有倒查。记录是最重要的，谁记录？为什么要记录？敢不敢记录？能不能记录？这个我觉得四中全会是有认真研究的，是有过专门的分析的，也有后续的手段和措施的。这就是强制的规定法官有义务要把这个东西记录下来。我的观点是要入卷。那有人说打了个电话怎么记录，那也得记录。你不记录，那就是你的责任；你记录的装进卷子了，那就是打招呼者的责任。这对领导干部插手案件的处理，特别是领导干部干预司法有很多的制约。我们希望这个制度能越来越健全完善，要有具体的落实。

中国的司法核心问题在司法不能够依法独立公正的审理案件，受制于太多的因素。司法的地方性行政化的问题是非常严重的。总书记说，要让人民群众在每一个司法案件中感受到公平正义。法官不能独立对事实负责、对法律负责，就做不到。马克思说了，“法官除了法律没有别的上司”。我们也是，总书记强调，法官要忠于事实、忠于法律。严格地讲，审理者裁判，裁判者负责，谁是裁判者，谁负责，没有人能够对裁判者指手划脚，下命令、打招呼，这个制度我认为是非常重要的。

第二,建立健全司法人员履行法定职责保护机制。这是非常重要的治理。以后的法官在现有的体制内有了护身符,这个护身符就是四中全会强调的保护体系。因为法官承受压力是很大的,担任的风险也是不小的,因为一个诉讼案总有人败诉、总有人胜诉,败诉的人对法官是不满的,如果有办法他一定要找法官的麻烦,所以要建立这样的一套保护机制。怎么保护?这个我也想不太清楚,但是要有一条机制,这从法院的本身、从政法委、从我们党委的角度提出这个要求,所以要有一套保护机制。法官不能因为判了案受打击报复;法官不能因为谁败诉了,给穿小鞋;不能说坚持原则公正履行职责了,被开除被解雇。我就碰过一个的法官处理一个行政机关的案件,行政机关败诉了,行政机关找了问题,给解聘了。我们建立一套保护机制,目的是为了提升司法的公信力。

第三,最高人民法院设立巡回法庭,探索设立跨行政区划的人民法院和人民检察院。这是个最重要的问题,也是这几天媒体热议的问题。这里不是说探索,也不是说尝试,而是说命令,以后马上就要设最高法院的巡回法庭了。有学者建议,搞六大巡回法庭,华北、西北、东北、华南、中南。也有人说,可以建立更多一点。为什么要建立巡回法庭?两方面原因:其一,方便当地的老百姓,打官司不用车马劳顿跑到北京来,直接在设在当地的最高法院的巡回法庭就能完成这一套起诉、上诉、申诉的过程了。其二,也为了维护司法公正,因为很多案件尤其涉及到一些地方利益地方权利的案件,当事人非常希望在最高法院立案的,不想让当地处理。

当然稍微有一点点美中不足的,我认为"最高法院设立巡回法庭"应该改一个字,叫做设立巡回法院,这样更好。七大区或者是六大区的巡回法院,权威性更强。它是常设的,而且能够切实地履行相当的审判机制。

第四,强调法官的办案质量的终身负责制和错案责任倒查问责制。这个问题坦率地讲,在理论界是有争议的,刚才我们说了重大决策领导干部要终身负责,法官要不要终身负责、能不能终身负责,理论界是有争议的。但是,考虑到如果把司法裁判权都给了法官,法官充分行使这样的权力,给他权力就有风险,尤其是刑事案件,判了那么多冤案怎么办,受冤屈的人错杀了怎么办?你不负责任也不行。现在提出来法官办案要实行办案的终身责任制、错案的倒查问责制。这个至少对法官还是有点约束的。但是我们看到地方上法官对缠诉的人是非常的懊恼。法官没有办法给当事人跪下了,求别上访了,再访问他的乌纱帽就没有了。如果我们的法官到了给当事人下跪的程度,至少这个法官的制度是有问题的。所以现在建立终身责任制,我不反对,关键是具体怎么操作落实。不能说,我一审判张三胜诉了,二审改判张三败诉,这是不合理的。不能因为对法律问题的认识不足,就认定为这个是错案。

第五个重要任务,弘扬法治精神,建设法治社会,增强全社会的法治观念。弘扬法治精神、建设法治社会,这里面涉及到几个方面。大家知道,我们推进依法治国,立法重要是重要,下了功夫,付出时间精力,执法纪律严明之后也不难;司法公正相对难一些,难是难在全社会法治观念的提升,尤其是领导干部的法律意识、依法行政能力的水平、运用法治思维法治方式的提升,这个是最难的。因为这个东西是靠内化的意识融入到人们的血液当中,进行选择。我们长期以来是人治社会,人治观念影响很深,特权思想、等级观念深深扎根在意识上。你想要推翻,比如说法律面前人人平等,大家都愿意这样说,但轮到自己的时候就不希望这样。除非那些他觉得没有得到平等对待、面临权利受侵害的情况下,他希望平等。再比如说,法律要求制定良好的规则,一切组织机构必须在宪法法律范围内,但是一到约束到自己头上的时候,就不希望受法律的约束,因为受法律的约束,不舒服不方便。就像我们排队似的,他没有形成排队的意识。为什么有人到国外有收敛?因为他有环境的制约的压力。一个就是有从众心;另外一个，人们根深蒂固的没有规则、没有程序、没有责任心的意识。所以，要想增强法治观念、提升领导干部法治思维的能力，尤其是要加强社会法治建设，我觉得下一步重点的任务还是要弘扬社会主义法治精神。这次提出来社会主义法治文化，要推动全社会树立法治意识，深入开展法治教育，要把法治教育纳入国民教育体系和精神文明创建内容。什么叫做纳入国民教育体系？在小学、中学、大学的课本里，法律要成为必修课，不是小学生的思想品德课，它要成为一项重要的国民教育内容。尤其是强调我们搞法治宣传教育的，不能够仅仅把重点放在老百姓身上，应该是全社会的动员，领导干部带头。

我曾经提过建议，法治形成了一种文化关键是四条。

第一，领导干部要率先垂范，以上带下。中国自古以来就是"民以吏为师"（老百姓以当官的为楷模）。当官的守法了，政府守法了，老百姓就跟你一起守法、讲规则、讲契约、讲合同。所以，领导要率先垂范。尤其是在我们国家反"四风"，只要中央下决心，中央以上率下，领导率先垂范，很多问题是可以、也能坚持下来。在法治精神、法治意识的增强方面，我认为，现在中央已经做了这样一个重大的部署，能够率先垂范，我相信大家这方面的意识会有很大的提升。

第二，弘扬法治精神、建设法治文化。弘扬法治信仰，学校教育者的责任非常重要，因为人的意识不是靠上一堂课或者是旁听一个案件就可以增强的，要有一个长期的熏陶，耳濡目染，所以从小学乃至幼儿园开始，而且形式要生动活泼，喜闻乐见，小孩子能接受。现在跟孩子提要热爱党、热爱社会主义，要有共产主义理想，这些问题对孩子来说太宏观了，他们理解不了，也不能够完全明白。但是你讲要爱你的亲人、爱父母、爱同学、爱老师，不能打架斗殴，不能损害他人的权益，过马路要看红绿灯，告诉他们这些最起码的底线规则，我觉得更重要一些。只要不断训练、不断提升，他们的意识会增强。所以，教育无论是家庭教育，还是学校教育，在弘扬法治精神，形成法治文化方面，具有非常关键的作用。

第三，媒体要理性的传播。现在，无论是成人，还是未成年人，受媒体的暗示影响非常大。一些时髦的风尚的东西，在很短的时间内，通过媒体的渲染炒作，很容易就形成一种社会风尚。所以说，媒体如果不能够理性的传播，不能够有担当、有规则意识，天天抓那些明星的八卦消息去炒作，而对关系到公平正义的话题没有一个正确的定位和责任担当的话，我们的法治文化也很难形成。现在媒体为了点击率，有时候就忽略了、忘却了媒体应当承担的理性传播、公众理性责任。

第四，靠制度形成法治文化。不是说靠宣传教育解决的，我常打比方，我说你要在国外，特别是法治发达的国家，要是大学考试作弊会影响你一辈子，因为它的信息体系是完整的、健全的。即便是小偷小摸，只要记录到信用的体系中，你申请的保险金，包括从事各种工作都会受到严格的限制。它的制度已经形成有效的约束了，谁都不敢去触碰这个东西。我们现在酒驾是给治住了，因为大家都怕坐牢，都怕留下被刑事拘留或者是判刑的污点，但是，其他像考试作弊有制度吗？没有。所以，替考的、作弊的多了去了，他没有有效的约束。如果我今天告诉你，你今天作弊了，明天找不着工作，看你还作不作弊。中国没有这些制度，信用体系没有建立起来，考试法都没有，追究刑事责任的依据都不足。

第六个重要任务，要形成全民增强法律意识，增强守法、遵法、用法这些好的习惯。像习近平总书记说的，要努力推动形成办事依法、遇事找法、解决问题用法、化解矛盾靠法的法律氛围。现在老百姓权利意识增强了，民主意识增强了，但是责任意识、理性的表达权利、表达诉求的意识有待进一步的提升。当然这里面原因非常复杂。我举个例子，老百姓信访不信法，这个问题就非常复杂。一方面是我们的司法渠道不畅通，该受理的案件不受理，法院判得不公，他就只好去上访。另一方面，我们的党政机关大包大揽，正经走法律渠道的人越来越少。所以，信访不信法、信上不信下、信大不信小，成为现在社会的风尚。因为老百姓也是理性的，他知道这一招最管用，因为这一招可以抓住党政机关的软肋，你不是怕稳定出问题吗，你不是有乌纱帽的问题吗，你不是有一票否定的考核机制吗，你不解决我就闹。花钱买平安，是买不到平安的，每年的经费达到了7000多亿，我们的稳定压力还那么大。

清华大学报告得出的结论是，中国的维稳是越维越不稳，社会矛盾不断激化、不断增加。现在全国法律案件达到1400万件，信访的案件在八九百万件，刑事案件、治安案件比十年前二十年前增加了六七倍，这说明什么问题？说明社会矛盾越来越多，老百姓的意识增强了，信息又发达了，导致这种社会冲突问题越来越多。在这个阶段我们强调全面推进依法治国，首先要让人民安居乐业，所有的纠纷矛盾能够依法理性地解决。我也曾经向有关部门提出建议，我希望信访改革和司法改革要同步进行，要回到50年代党和政府联系群众、群众反应民意这样的功能上来，不再具体的解决纠纷矛盾。信访机关不应该受理，也不应该批示，也不应该批准，更不应该具体的解决问题。维稳不是通过这个渠道发展的，你把这个钱花到法院、检察院，花到我们司法机关都可以，但是不要花到信访上，它不应该成为解决纠纷矛盾的机关。第二，建议领导要减少批示，要减少信访。我说了这个话之后也遭多很多网民的批评，说这个教授缺乏同情心，我们解决纠纷矛盾就靠这一招，你还不让领导批。领导批得越少，信访量越少；领导批得越多，信访量就越多。有人说，马教授开偏方，领导减少批示就减少信访，就相当于切了头、减少偏头痛。但是我的观点是领导要尽少地发挥个人东西在纠纷矛盾处理的过程中，要抑制这种冲突。当然，最主要的是改革现在的考核评价体系，对于信访制度不能轻易的用排名、用一票否定来约束。这种制度约束只能把我们好多官员逼成恶的官员，好的制度扭曲成恶的制度。所以从这个意义上来说，改革信访制度，就是回归到法治的轨道。即使是信访的东西也要严格地限制。最重要的是要畅通法律。

司法改革之所以关键、之所以重要，就是在于它能够提供一个可预期的、长远的、稳定的公正合理的解决方案，所以四中全会的公报说，公正是法治的生命线。司法公正对社会公正具有重要引领作用，司法不公对社会公正具有致命破坏作用。所以，司法公正对整个制度影响是非常大的。所以，维护司法公正，畅通法律的就业渠道，降低信访的成本，增强司法的透明度，目的只有一个就是提升司法公信力。所以，从这个意义上来说，社会法治建设是需要多管齐下了，不光是老百姓有这个观念，政府也要率先垂范，而且司法机关的救急渠道要畅通，信访管理制度也要不断地改革提升。因为只有这样才能够营造出一个习近平总书记提出的“办事依法，化解矛盾靠法”的氛围，全面推进依法治国的要求才能得到最终的落实。

（作者：中国政法大学副校长，博士生导师）

# 依法治海　科学配置海域资源

丁　磊

党的十八届四中全会提出，全面建成小康社会、实现中华民族伟大复兴的中国梦，全面深化改革、完善和发展中国特色社会主义制度，提高党的执政能力和执政水平，必须全面推进依法治国。依法治海是依法治国的重要组成部分，在海洋领域全面推进依法治海、加快建设法治海洋、科学配置海域资源，实现海域资源经济、社会和生态效益最大化，具有十分重要的意义。

## 一、牢固树立法治思维

思维决定行为方式，影响行为结果。没有牢固的法治思维，依法治海无从谈起。近年沿海地方边申请、边审批、边施工的违法用海现象屡见不鲜，无证用海、未批先建、超面积围填、擅自改变用途等违法行为时有发生。究其深层次原因有三，一是全民法治意识不强，用法治思维去思考解决问题的习惯还未养成；二是在唯 GDP 的政绩观影响下，个别沿海地方政府盲目招商引资、追求规模效应，不顾海洋生态环境承载能力，大肆围填海造地、仓促上马工程，默许纵容违法违规用海行为；三是用海人的守法意识和依法维权意识比较薄弱，一些违法用海行为没有得到及时处罚和纠正，严重影响了法律的刚性和尊严，同时对权利义务的模糊认知又阻碍了民众依法维权意识的形成。依法治海，科学配置海域资源，海洋行政管理部门必须做到职权法定、全面履职和权责统一，管理中要不断审视行政行为的目的、权限、内容、手段、程序是否合法，执法中要时刻警惕权大于法、以言代法、选择性执法，护法时要大力弘扬法治精神，以实际行动引导用海人自觉守法，依法维护权益、履行法定义务。

## 二、健全完善制度体系

依法治海的前提是有法可依。目前我国依法治海的制度体系还不健全。海洋基本法尚未出台，现行海洋法律立法层次和立法部门繁多，涉及海域使用的法律法规相互交织、互有冲突，海域使用管理法缺乏海洋基本法这个上位法的支持。海域使用管理法实施 14 年，部分内容已经与海洋经济社会发展形势以及国家海洋基本政策导向不相适应，需要修订。我们必须加快推进海洋基本法立法。要开展海域使用管理法的修订，整合细化管理措施，丰富海域使用权取得方式，明确海域使用权流转制度，扩展海域使用管辖范围，完善海洋功能区划和海域有偿使用制度。

## 三、简政放权依法行政

李克强总理在 2015 年政府工作报告中提出，大道至简，有权不可任性。所有行政审批事项都要简化程序，明确时限，用政府权力的“减法”，换取市场活力的“乘法”。海洋部门已在 2014 年相应下放或取消项目用海预审权、出让海砂开采海域使用权、拍卖挂牌方案审查权、国家级自然保护区实验区及参观旅游活动项目用海审核权等 7 事项。我们还需继续简政放权，建立海域使用管理权力清单、责任清单和负面清单，厘清可以为、必须为、不能为的事项，按照“法无授权不可为、法定职责必须为”的原则，在海域空间资源配置中有效发挥政策引导、市场服务和监督检查职能。

## 四、严格执法依法查处

习近平总书记指出，法律的生命在于实施。海域使用执法是依法治海的重要内容，执法水平和质量直接关系到依法治海的有效实现和海域资源的合法利用。近年来，海洋行政执法部门针对渔业用海、造地工程用海、工业用海、交通运输用海、旅游娱乐用海、海底工程用海、排污倾倒用海和特殊用海等活动，扎实开展“海盾”专项执法行动和区域用海专项执法检查，取得可喜成果。下一步，要继续坚持严格执法，依法惩处各类违法用海行为，加强处罚案件后续监管力度；完善海洋行政处罚监督机制，对执法程序中的违法、错误行为进行检查、予以纠正，确保所作出的处罚决定正确无误、合法合理；建立健全海洋行政执法裁量权基准制度，认真梳理带有自由裁量权内容的执法依据，制订具体处罚标准，规范行使自由裁量权。

## 五、建立海洋督察制度

强化上级海洋部门对下级海洋部门、行政机关对执法队伍的监督检查，是依法治海的应有之义。要建立海洋督察制度，并在各海区贯彻实施，建立覆盖沿海各地区、海洋全系统的常态化海洋督察工作机制，对各级海洋主管部门和海洋执法队伍履行海洋行政管理及执法工作情况进行监督检查。重点解决个别地区、单位存在的违法行政和执法不作为、乱作为或法外设权等问题，坚决惩治执法腐败。

## 六、推行权力运行公开

权力运行的公开透明，是监督制约权力，依法决策、依法行政、严格执法的重要保障。为了保证海域管理工作的公开透明，一是要依法主动公开海域使用管理的权力清单、责任清单和负面清单，给社会公众亮底；二是要建立常态化公开机制，及时向社会发布海域使用申请审批、海域使用金交纳等海域行政许可和公共服务事项等信息；三是做到海域使用论证公开、决策公开、执法公开、处罚公开，让涉及到的单位或个人享有充分的知情权。同时，沿海地方将海域使用行政审批列为政府行政许可服务的重要组成部分，建立各级各类海域使用行政许可服务窗口，让权力透明运行。

（作者：国家海洋局海域综合管理司副司长）

# 推进司法作风建设是提高司法公信力的根本

董　抒

近年来，偃师市人民法院坚持以邓小平理论、“三个代表”重要思想和科学发展观为指导，以积极推动依法治国、构建和谐社会和司法能力作风建设为目标，全面贯彻党的十八届三中、四中全会精神，以“司法为民、公正司法”为宗旨，从满足新时期人民群众对司法工作的新要求、新期待入手，广推便民之举、拓宽亲民之路、探索利民之策，努力形成与时俱进、开拓创新的思想作风，公正司法、热情服务的审判作风，恪尽职守、真抓实干的工作作风，严格规范、严明有序的纪律作风，以司法作风的成效，推动审判、执行工作质量和效率的提升，倾力把偃师法院建设成为让党放心、让人民信赖的公正、务实、高效的服务型、创新型审判机关，为建设“平安偃师”、“法治偃师”、“和谐偃师”提供更加有力的司法保障。

“司法作风无小事，作风就是形象，作风就是力量，作风就是司法公信力。”加强司法作风建设，必须进一步增强五个意识，并在五个方面下功夫：

## 一、增强大局意识，在营造优质司法环境上下功夫

为党和国家的工作大局服务，在服务大局中推动法院事业的发展，这是人民法院工作必须始终坚持的政治原则。偃师法院要从落实科学发展观的高度，自觉把审判工作融入经济社会发展的大格局、大目标中去思考、谋划和部署，准确、及时地领会、应对党委、政府的工作重点，找准司法服务经济发展和维护社会和谐稳定这一大局的切入点和着力点。要狠抓司法便民利民各项措施的落实，依法统筹司法便民利民与引导公民合法理性维权，着力营造亲民平和的诉讼环境。要进一步强化能动司法的意识，在审判工作中始终坚持法律效果和社会效果的统一，自觉地将法治意识和大局意识结合起来，将法律条文的准确适用与司法价值的实现结合起来，将司法的原则性与灵活性结合起来，认真权衡具体个案的社会价值和利益关系，使裁判结果尽可能地符合社会所公认的价值取向。尤其是在处理直接关系经济发展、社会稳定、人民群众切身利益、社会转型时期引发的新类型、敏感复杂和群体性纠纷上，要严格执行法律和有关政策，务必妥善协调各方关系，审慎平衡各方利益关系，绝不能因为我们工作不力、方法不当，引发不必要的负面效应，影响社会的和谐稳定。

## 二、增强公仆意识，在落实各项司法为民工作措施上下功夫

人民法院工作搞得好不好，最终要看人民群众满意不满意。偃师法院要把维护好、实现好、发展好人民群众的根本利益作为法院工作的出发点和落脚点，永怀亲民之心，勤办便民之事，常行利民之举，致力于改善民生、维护民生、保障民生，着力解决人民群众最关心、最直接、最现实的利益问题。要更加注重依法公正审理就业就学、劳动争议、社会保障、医疗纠纷、拆迁安置、土地征用等各类涉及民生问题及群众权益的案件，切实维护好人民群众应当享有的政治、经济、文化和社会权利；更加注重依法调解、审理人民内部的各种矛盾纠纷，着眼于最大限度增加和谐因素、最大限度减少不和谐因素，在案结事了、息事宁人上下功夫；更加注重为人民

群众排忧解难，采取更加有效的措施，进一步解决好执行难等问题；更加注重推进司法公开，切实尊重人民群众的知情权、参与权、表达权、监督权，扩大司法工作透明度，以不断满足人民群众的司法需求为方向，以人民群众是否满意为标准，切实增强作风建设的针对性和实效性。

## 三、增强质量效率意识，在提高司法能力上下功夫

公正与效率是人民法院工作的永恒主题，是司法审判的灵魂和生命线，也是评价法院和法官工作状态的基本标尺。偃师法院要始终扭住审判这一中心工作不放松，坚持公正效率不动摇，切实履行好司法审判这一职责，做到作风建设和审判工作两手抓、两不误、双促进，以作风建设的成效推动审判、执行工作质量和效率的提升。要进一步突出审判管理工作的效能，建立健全与审判质量效率指标体系相关的各项机制，不断提高审判管理的针对性和实效性。要通过加大教育培训力度，切实提高广大法官的司法审判能力、把握大局和服务大局的能力、研究问题和解决问题的能力、协调关系和平息纠纷的能力。

## 四、增强规范意识，在改进审判作风、纪律作风上下功夫

规范的司法行为和清正廉洁的司法作风是司法公正的重要保证，也是法官职业道德的必然要求。偃师法院要把作风建设与深入推进社会主义法治理念教育、司法规范化建设、党风廉政建设等结合起来，统筹协调，扎实推进，进一步发扬"马锡五"审判方式，多深入基层、多深入群众、多深入调查、多了解民情，切实提高化解矛盾纠纷的能力，确保定纷止争、案结事了。要坚持标本兼治、纠建并举，以领导干部廉洁自律和规范法官与律师关系为重点，进一步完善"不愿为、不敢为、不能为、不必为"的反腐倡廉体系。

## 五、增强创新意识，在大兴求真务实之风上下功夫

党的十八届三中、四中全会作出"深化司法体制改革"及依法治国的重大部署。这为人民法院进一步推进依法治国和司法改革、大力加强自身建设指明了方向。偃师法院要根据新形势新任务的要求，解放思想，抓住机遇，积极探索加强司法工作的新途径，打造加强司法工作的新亮点，开创司法工作的新局面。要紧紧围绕党的十七大、十八大对深化司法体制改革的重要部署，准确把握"建设公正高效权威的社会主义司法制度"这一总体目标，进一步完善机构设置、职权划分、管理制度和保障制度，进一步健全权责明确、相互制约、高效运行的司法体制。要坚持一切从实际出发，掌握实情，脚踏实地，做到谋划工作思路力求符合实际，制定方案措施力求切实可行，完成工作任务力求落实到位。要牢记"两个务必"，强化节俭意识，励精图治，奋发进取。要严格遵守政治纪律、政治规矩，严以律己、克己奉公，努力打造一支政治坚定、业务精通、作风过硬的审判队伍。

（作者：河南省偃师市人民法院党组书记、院长）

# 法治是人类法律文明进步的结晶

何勤华

党的十八届四中全会确立的依法治国理论，并不是无源之水、无本之木，而是中华民族尤其是中国共产党人对人类优秀法律文明的传承，是世界两千多年法治思想在当代中国的伟大实践，也是社会法治传统在当代中国本土化的逻辑发展。四中全会通过的《决定》所表达的法治理念、阐述的法治思想，将人类关于法治的经验和智慧提升到一个新的高度，因而也可以说是人类法治文明发展历史上的一个伟大里程碑。

## 一、古希腊亚里士多德关于法治的经典定义

西方法治思想，或者说法治传统，起源于古代希腊雅典城邦国家的政治法律实践以及古代希腊伟大思想家亚里士多德对这一实践的理论总结和提炼。亚氏认为，"法治应包含两重意义：已成立的法律获得普遍的服从，而大家所服从的法律又应该本身是制订得良好的法律"。这段话，包含了他关于法治理论的两层重要含义：

第一，作为法治基础的法律，应当是一种好的法律。在亚氏的老师柏拉图那里，曾强调法律应当是正当的，应为全体人民的利益而制定，是实施正义的手段。而亚里士多德则更明确地指出，作为法治基础的法律，必须是一种良法："相应于城邦政体的好坏，法律也有好坏，或者是合乎正义或者是不合乎正义"。亚里士多德强调，"法律的实际意义却应该是促成全邦人民都能进于正义和善德"。只有制定出一种好的法律，并将其作为治理国家的基础，才能达到实施法治的目的。

第二，法律制定后，应当为全社会所普遍遵守。柏拉图在《法律篇》中认为，人类必须遵守法律，否则他们就像最野蛮的兽类一样。亚里士多德发展了这种思想，进一步指出："邦国虽有良法，要是人民不能全都遵循，仍然不能实现法治。"他还说，"法律所以能见成效，全靠民众的服从"。但是，民众的守法精神不能全部仰赖于自发的形成，而"须经长期的培养"。为此，就要求国家在这方面付出巨大的努力，尤其不能有任何有碍于民众守法精神的举措。亚里士多德的这一守法理论，应当说是十分深刻的。

## 二、亚里士多德以后法治内涵的发展

亚里士多德的法治二要素理论，奠定了西方法治传统的基础。经过以后历代思想家的补充发展，日益丰富和完善。在这过程中，有几位思想家的理论贡献甚大。第一位就是中世纪欧洲神学思想家托马斯·阿奎那，他在《神学大全》一书中，明确指出："法是人们赖以导致某些行动和不作其他一些行动的行为准则或尺度。……（而）人类行动的准则和尺度是理性，因为理性是人类行动的第一原理"。所谓法，"不外乎是对于种种有关公共幸福的事项的合理安排，由任何负有管理社会之责的人予以公布"。强调法是人类理性的表现，说明阿奎那是古代希腊、罗马自然法思想的继承者，他的学说是亚里士多德、斯多噶学派以及西塞罗等的思想的延伸；而关于法是"公共幸福的事项的合理安排"的观点，虽然在当时的封建社会中是不可能实现的，但却为后世的功利主义法学和社会学法学的诞生提供了启示。法是理性，

以及法的目的是公共幸福的思想，丰富了亚氏法治定理中的“良法”的内涵。

进入近代以后，在资产阶级启蒙思想家的鼓吹和宣传之下，西方法治理论进一步得到张扬，其内容也变得更加丰富。如英国思想家洛克在《政府论》一书中，就明确指出：“人民的福利是最高的法律。”“法律一经制定，任何人也不能凭他自己的权威逃避法律的制裁；也不能以地位优越为借口，放任自己或任何下属胡作非为，而要求免受法律的制裁。公民社会中的任何人都是不能免受它的法律的制裁的”。而法国思想家孟德斯鸠，花了20多年时间完成了巨著《论法的精神》，详尽阐述了“法律应该是对一切人而制定的。”“自由是做法律所许可的一切事情的权利。”“一切有权力的人都容易滥用权力，这是万古不易的一条经验。……要防止滥用权力，就必须以权力约束权力。我们可以有一种政制，不强迫任何人去做法律所不强制他做的事，也不禁止任何人去做法律所许可的事”。之后，经过法国思想家卢梭（提出“主权在民”，“法律是公意的体现”，“法律的目的追求最大多数人的最大幸福”），汉密尔顿和詹姆斯·麦迪逊等美国联邦党人（提出了美国式的法治模式），以及英国宪法学家戴雪（提出了普通法和普通法院的至高无上）的补充完善，进一步得到了发展。

而德国法学家斯塔尔和迈耶，在吸收英、法等国法治思想的基础上，不仅明确提出了法治国家的概念（法治国家是德语中最先使用的一个术语），而且对其内涵进行了详细的阐述。斯塔尔和迈耶认为，法治国家包含三个要素：一是法律的法规创造权；二是法律优位，即法律至上；三是法律的保留，即涉及限制人身自由的事项，只能由法律来规范，而行政机关无权做出规定。之后，经过后世学者，尤其是二次世界大战以后美国著名自然法学者富勒（提出了“法治八原则”）和英国法理学者拉兹（提出了“法治八要素”）的发展，法治的内涵进一步成熟，确立了如下4个基本要件和标准：（1）通过法律保障人权（公民的各项基本权利），限制政府公共权力的滥用；（2）良法的治理，这种良法最基本的要素就是必须尊重人的平等、自由、良心和尊严；（3）通过宪法确立分权与权力制衡的国家权力关系；（4）确立普遍的司法原则，如司法独立、无罪推定等。其形式标志为拥有完备统一的法律体系、普遍有效的法律规则、严格公正的执法制度和专门化的法律职业。

## 三、四中全会《决定》对世界法治理论的发展与完善

从四中全会《决定》的内容来看，上述西方法治文明成果中的精华，我们大都予以采纳。如《决定》强调了“法治”的极端重要性：“依法治国，是坚持和发展中国特色社会主义的本质要求和重要保障，是实现国家治理体系和治理能力现代化的必然要求，事关我们党执政兴国，事关人民幸福安康，事关党和国家长治久安”；“实现经济发展、政治清明、文化昌盛、社会公正、生态良好，实现我国和平发展的战略目标，必须更好发挥法治的引领和规范作用。”

又如，《决定》强调，实现依法治国的法，必须是良法：“法律是治国之重器，良法是善治之前提。”为了制定出良法，必须要“抓住提高立法质量这个关键。要恪守以民为本、立法为民理念，贯彻社会主义核心价值观，使每一项立法都符合宪法精神、反映人民意志、得到人民拥护。要把公正、公平、公开原则贯穿立法全过程，完善立法体制机制，坚持立改废释并举，增强法律法规的及时性、系统性、针对性、有效性。”同时，要完善立法体制，深入推进科学立法、民主立法，加强重点领域立法，等等。

再如，《决定》指出，为了使良法得到严格执行，必须强化法律实施环节，“深入推进依法行政，加快建设法治政府”，《决定》指出：“法律的生命力在于实施，法律的权威也在于实施。各级政府必须坚持在党的领导下、在法治轨道上开展工作，创新执法体制，完善执法程序，推进综合执法，严格执法责任，建立权责统一、权

威高效的依法行政体制,加快建设职能科学、权责法定、执法严明、公开公正、廉洁高效、守法诚信的法治政府”。同时,《决定》对如何防止政府权力滥用,将“权力关进制度的笼子里”规定了许多详尽的措施,如建立重大决策终身责任追究制度及责任倒查机制等。

还如,四中全会特别强调了审判独立和司法公正,“公正是法治的生命线。司法公正对社会公正具有重要引领作用,司法不公对社会公正具有致命破坏作用。必须完善司法管理体制和司法权力运行机制,规范司法行为,加强对司法活动的监督,努力让人民群众在每一个司法案件中感受到公平正义”。为此,《决定》规定建立领导干部干预司法活动、插手具体案件处理的记录、通报和责任追究制度;建立健全司法人员履行法定职责保护机制:非因法定事由,非经法定程序,不得将法官、检察官调离、辞退或者作出免职、降级等处分;以及优化司法职权的配置,推进严格司法,保障人民群众参与司法,加强人权司法保障,以及加强对司法活动的监督,等等。

最后,四中全会还对依法治国的氛围营造、国民法律素养提升以及法治工作队伍建设等进行了比较详尽的阐述,“法律的权威源自人民的内心拥护和真诚信仰。必须弘扬社会主义法治精神,建设社会主义法治文化,增强全社会厉行法治的积极性和主动性,形成守法光荣、违法可耻的社会氛围,使全体人民都成为社会主义法治的忠实崇尚者、自觉遵守者、坚定捍卫者”;引导全民自觉守法、遇事找法、解决问题靠法。把宪法法律列入党委(党组)中心组学习内容,列为党校、行政学院、干部学院、社会主义学院必修课。把法治教育纳入国民教育体系,从青少年抓起,在中小学设立法治知识课程,等等。

而所有这些规定,尤其是在强调“让人民群众在每一个司法案件中感受到公平正义”以及对依法治国的氛围营造、国民法律素养提升以及法治工作队伍建设等方面,都已经超越了西方法治理论的范围,是适合中国国情的推进法治的措施以及伟大实践,带有鲜明的中国特色,其成果必将对人类的法治文明进步做出贡献。

(作者:华东政法大学校长)

# 发挥检察职能作用　服务生态文明建设

马京宁

灵武市地处宁夏引黄灌区的精华地带，素有“塞上江南”之美誉。2001 年 2 月被规划为全区的能源重化工基地，2002 年 10 月被银川市代管。下辖六镇，其中宁东镇位于灵武市东部，被称为宁夏第一镇，拥有丰富的煤炭资源，已探明煤炭储量 273 亿吨，是全国 13 个大型煤炭基地之一，马家滩镇位于毛乌素沙漠边缘，近年来灵武市实施了搬迁居民最多的城乡环境综合整治惠民工程，临河镇、崇兴镇和郝家桥镇大全村分别被命名为国家级生态乡镇、自治区级生态乡镇和生态村。灵武市自 2012 年以来连续两年进入中国科学发展百强县，列第 97 位，灵武市实施兴工强市战略，同时正确处理好加快发展与生态保护的关系，坚守黄河东岸生态屏障的历史责任，建设开放灵武、富裕灵武、美丽灵武、和谐灵武。灵武市人民检察院牢固树立生态文明理念，加强侦查监督、依法批捕、起诉危害生态文明建设的普通犯罪，突出查办和预防危害生态环境的职务犯罪，本文对 2010 年以来危害生态文明建设犯罪情况进行专题分析。

## 一、危害生态文明建设犯罪类型、特点及频发原因

### （一）危害生态文明建设犯罪类型

根据我院办案实际，现阶段生态文明建设犯罪案件主要包括两大类：一类是直接危害生态环境法益的犯罪，包括污染环境的犯罪以及破坏自然资源保护的犯罪。前者主要指污染环境罪、非法处置进出口的固体废物罪等；后者主要是指对动植物、矿产、土地、森林等资源的犯罪，如非法狩猎罪、非法采矿罪、非法占用农用地罪、盗伐林木罪等。我院近三年办理此类案件 14 件 17 人，主要类型为盗伐、滥伐林木罪及非法采矿罪。另一类是间接危害生态环境的职务犯罪，包括贪污受贿类犯罪以及渎职类犯罪，罪名包括贪污罪、受贿罪、滥用职权罪、玩忽职守罪、环境监管失职罪、非法批准征用、占用土地罪、动植物检疫失职罪等。我院近三年办理此类案件 10 件 15 人，主要类型为贪污罪、受贿罪及玩忽职守罪。

### （二）危害生态文明建设犯罪特点

直接危害生态环境犯罪的特点：一是行政从属性。此类犯罪行为以违反行政法律法规为前提，环境违法的认定与环境主管部门的行政行为有关。二是隐蔽性。案发周期长以及地方保护等原因使此类犯罪不容易被发现，认定此类犯罪往往必须依据专业的环保知识，作为非专业的人员对此很难判定。三是复杂性。此类犯罪涉及庞杂的环保法律和负责的专业知识，客观现实的复杂性和多样性决定了认定此类犯罪因果关系十分复杂。例如我院现在立案侦查的一起玩忽职守罪，在无证盗采矿石方面需要委托相关的评估机构对非法采矿的损失进行鉴定。

间接侵犯生态环境的职务犯罪的特点体现在：从犯罪主体看，基层监管部门行政执法人员所占比重较大，同时“村官”职务犯罪高发，贪污贿赂犯罪主体也由以村支书等为主逐渐向乡镇站所工作人员蔓延，涉案人员从单人犯罪向多人共同犯罪转变，2011 年至今，我院所办理侵犯生态环境的职务犯罪中上述涉案人员共计 14 人；从发案的趋势来看，查办案件数量逐年上升且重特大案件占到一定比例；从犯罪类型

看,涉农职务犯罪蔓延环境领域,专项款物管理、惠农补贴、生态环境等领域的职务犯罪案件增多,2011年至今,我院办理上述领域案件7件,比例达70%之多;从案件的关联性上看,窝案、串案多,且贪污受贿类犯罪与渎职类犯罪相互交织。

**(三)危害生态文明建设犯罪频发原因**

直接危害生态环境犯罪频发原因:一是法制观念淡薄。一些公民对生态环境资源的保护意识淡薄。如在许多非法猎捕、杀害珍贵、濒危野生动物案件中,很多行为人没有意识到猎捕野生鸟是一种犯罪行为。二是监管监督缺失。现阶段对生态文明建设的刚性规范较少,此外资源管理、环境保护、违法追究分属不同部门主管,部门之间协调、合作较难。三是法律规定比较笼统。刑罚规定的十五种破坏环境资源犯罪行为中,是否构成犯罪,绝大部分要求必须"造成公私财产重大损失或者人身伤亡的严重后果",或者是"情节严重、数量较大"等。而忽略对生态的破坏,责任承担上仍仅限于过错责任原则,刑罚体系不尽科学。四是司法震慑力度不够。以罚代刑不移交刑事案件现象严重,致使犯罪得不到应有的打击,也在社会上造成了"只要交罚款就可以不坐牢"的认识误区,其次是法定刑罚较轻,刑法破坏环境资源罪中绝大多数罪名情节、后果再严重,法定刑最高也只有七年,且财产刑仅笼统规定可单处或并处罚金,而无具体标准或数额的规定。量刑幅度不能充分发挥刑罚的震慑作用,不足以体现刑罚的威慑力,难以使犯罪分子放弃犯罪的欲念。

与危害生态环境犯罪有关的职务犯罪发生的深层次原因:一是以权谋私型犯罪。随着国家对环保事业的投入,环保部门地位提升、权力加大、资金增多,环保领域成为职务犯罪的高发领域之一。从近年来环保部门发生职务犯罪案件的基本情况来看,受贿、贪污、挪用案件居多,违法违纪以部门负责人、业务主管和财务人员居多。权力金钱化、以权谋私是此类案件的基本特征。二是滥用职权型犯罪,具体包括徇私舞弊不移交刑事案件罪、违法发放林木采伐许可证罪、非法批准征用、占用土地罪、帮助犯罪分子逃避处罚罪等。一些干部受到企业主拉拢腐蚀后,置国法于不顾,违规审批、出具监测报告,随意减免排污费,甚至对已经涉嫌犯罪的案件不移送司法机关处理是这类犯罪的主要特征。三是监管失职型犯罪。当前一些环境监管部门监管薄弱、执法不严、管理不力,监管人员责任意识不强、法制观念淡薄、个人私欲膨胀、履职能力欠缺或不正确履行职责是这类犯罪的主要成因。如我院办理的两起玩忽职守案,均因国土资源工作人员监管不力,导致一些人违法占用耕地和无证盗采矿石,对生态环境造成破坏。

## 二、查办危害生态文明建设犯罪的基本情况

2011年以来,灵武市人民检察院共办理危害生态文明建设犯罪32件45人,其中立案监督8件8人,提请逮捕案件2件2人,审查移送起诉12件20人,职务犯罪10件15人。

**(一)加强侦查监督危害环境的普通犯罪**

我院增强侦查监督工作的主动性,有效回应人民群众的环保需求,2011年至今共对8起涉嫌非法采矿罪的案件进行立案监督,向公安机关发出《检察建议书》,建议公安机关对案件进行初查,早日查清案件事实,及时作出是否立案的决定,并列出十余项进行继续调取证据提纲。

《刑法》第六章第六节专门规定了"破坏环境保护罪",《刑罚修正案(八)》对第三百四十三条第一款进行了完善,取消了"经责令停止开采后拒不停止开采"等法定情节,非法采矿罪只要"情节严重",便可对非法采矿行为定罪量刑。这从立法上降低了入罪标准,加大了打击犯罪和保护环境的力度。

上述8起案件由灵武市国土资源局向我院提出控告,称有企业无证或者持过期采矿许可证开采矿产资源,向公安局报案后,该局不予受

理，要求我院予以监督。公安局不予立案，这既有侦查机关和侦查人员的环保意识不强和主动性不够的问题，也有外部干扰和阻力较大以及取证困难等问题。我院侦监科选派精兵强将对这8起案件进行审查，向公安机关发出《不立案理由说明书》，公安机关对案件开展了初查，后书面向我院说明了不立案理由，认为行为人是否涉嫌非法采矿罪的事实不清，证据不足，不符合立案条件。我院经审查认为公安机关所调取的证据既不能证明被控告人有罪也不能证明其无罪，公安机关在没有充分调取证据的情况下，以没有犯罪事实为由决定不予立案，做法欠妥，应当继续调查。公安机关在收到我院《检察建议书》后，对提纲所列证据予以调取，现案件正在进一步侦查中。

我院侦查监督部门与控告申诉部门协调配合，及时发现环境犯罪信息，加大立案监督工作力度，增强发现环境犯罪的能力，善于捕捉和分析犯罪信息，有效防止有罪不究和有案不立。

**(二)依法准确及时开展批捕、起诉工作**

自2011年以来，我院共批准逮捕涉及危害生态文明建设犯罪案件2件2人，案件类型为盗伐林木罪和滥伐林木罪；审查移送起诉案件12件20人，案件类型为盗伐林木罪、滥伐林木罪、贪污罪（伙同他人盗伐林木和贪污退耕还林补助款、造林费、林业补贴款、占地补偿款、危房改造款）、受贿罪（违规办理审批手续），其中有7件11人被法院判处有罪，5件9人因有自首情节，积极退还赃款，有悔改表现，作相对不起诉决定。我院对危害生态环境犯罪该批捕的坚决批捕，该起诉的坚决起诉，做到及时、准确、有力地予以打击，努力做到法律效果与社会效果的有机统一，执法办案与化解矛盾的有机统一，同时坚持宽严相济刑事政策，对于犯罪情节轻微，有悔罪表现的犯罪分子适用相对不起诉，真正达到维护稳定，化解矛盾，减少对抗，促进和谐。

在惩治生态环境犯罪过程中，我院建立执法部门配合联动机制，于2013年完成“两法衔接”平台建设，“两法衔接”作为检察机关积极推进的一项工作，旨在防止以罚代刑、有罪不究，形成执法司法合力。我院现已与国土局、卫生局、畜牧局、林业局等17个行政执法单位完成了信息共享平台对接工作，12个行政单位完成了2013年以来所有行政执法案件信息的录入工作，共录入案件228件，5个未发生行政执法案件的执法单位均出具了书面情况说明。实现了环境监管部门、公安机关、检察机关之间执法、司法信息共享，建立了网上移送、网上受理、网上监督机制，通过加强与环境监管部门、公安机关的沟通联系，建立健全了联席会议、统计通报、案件咨询和走访检查制度。

结合“破坏环境资源和危害食品药品安全犯罪专项立案监督活动”，同步了解行政执法部门开展生态环境保护的工作部署和查办案件动态，交流重要执法信息，就案件办理中的专门性问题开展双向咨询，不断统一执法标准，倒逼行政执法部门重视和加强生态环境执法，形成联合执法机制，发现并查办执法监管中的有法不依、执法不严、违法行政、滥用职权、玩忽职守等违法犯罪问题。

此外，我院加强检察机关内部协作配合，查办危害生态环境资源刑事犯罪，需要反贪污贿赂、反渎职侵权、侦查监督、公诉、民行等部门紧密配合，反贪污贿赂部门在查办贪污贿赂犯罪案件时注意审查涉嫌危害生态环境资源的渎职犯罪，对需要数罪并罚的依法予以查清；侦查监督和公诉部门加强对危害生态环境职务犯罪的审查逮捕和审查起诉工作，及时介入侦查，对侦查取证方向，收集、固定证据及有关程序问题向侦查部门提出意见和建议，侦查部门协助做好审查批捕和审查起诉工作，提高办案质量和效率。如我院公诉部门在办理一起公安机关移送的盗伐林木案，在审查过程中发现一名犯罪嫌疑人身份为国有事业单位工作人员，负有管理公共财产的职责，其利用职务便利勾结另一犯罪嫌疑人盗伐权属为国有事业单位的林木，二人行为已涉嫌贪污罪。向公安机关发出《检察建议书》建议将本案移交我院立案侦查。公安机关将此案移送我院后，我院反贪局对本案予以立案侦查，侦查终结后移送我院公诉部门起诉，最终法院以贪污罪判处相应刑罚，正是公诉与自侦部门的相互配合，使本案得以正确判处。

**（三）突出查办和预防危害生态环境的职务犯罪**

最高检工作报告显示，2009 年以来，危害能源资源和生态环境渎职犯罪案件逐年增多，隐藏在环境保护工作中的职务犯罪愈发显现，生态环境领域成为腐败滋生的又一栖地。检察机关打击环境犯罪呈现出以打击普通刑事犯罪为主，转向打击刑事犯罪与查办职务犯罪并重的趋势。

2011 年以来，我院查办有关危害生态环境职务犯罪 10 件 15 人，其中立案侦查贪污贿赂类犯罪 7 件 12 人，包括伙同他人盗伐林木及涉农职务犯罪中的贪污退耕还林补助款、造林费等专项款物和惠农补贴，以及违法办理土地手续等类型，均移送公诉部门审查起诉。立案侦查渎职类犯罪查 2 件 3 人，均为国土资源领域国家工作人员玩忽职守，造成生态环境破坏案件。

通过依法履行查办危害生态环境的渎职犯罪，促进行政机关、行业主管部门重视和加强生态环境保护，无疑是检察机关保护生态环境的主渠道和重要职责。我院在查办国家工作人员危害生态环境职务犯罪中结合本地实际，重点查处以下案件：一是查办人民反映强烈、社会舆论高度关注的严重危害生态环境职务犯罪，我院在涉农职务犯罪领域，以环境利益保护为中心，依法打击侵占、挪用、贪污退耕还林、造林费等专项资金的违法犯罪行为，自 2011 年以来共立案侦查此类犯罪 6 件 10 人。二是查办国土等重点部门的国家工作人员在国土、矿产、能源等资源保护、环境污染防治、生态环境保护等过程中，滥用职权、玩忽职守造成严重后果的渎职犯罪。如我院在评查行政执法案件中发现一名国土管理所所长涉嫌玩忽职守的线索，经调查发现该人是对土地违法行为负有监管职责的国家机关工作人员，工作严重不负责任，其不尽职责的行为，造成其管辖区域内近 20 亩耕地和近 10 亩林地的种植条件被严重毁坏，我院对本案立案侦查，现正在进一步侦查中。三是查办国家工作人员利用审批、监督管理、执法等职权的贪污贿赂犯罪，如我院办理的一起受贿案件中，犯罪嫌疑人为国土资源局局长，利用职务之便，收受贿赂，为请托人谋取不当利益，对非法占用林地的土地办理土地使用权证。

查办生态环境领域的贪污贿赂犯罪和渎职犯罪通常面临复杂的社会关系，办案阻力和压力都较大。我院依托侦查一体化机制，形成上下级分工协作、整体作战的合力，通过专案等办案方式突破案件，整合侦查资源，克服办案阻力，实现办案三个效果的有机统一。在查办破坏生态环境职务犯罪案件过程中，我院研究危害生态环境职务犯罪发生的重点领域、部位、环节、人群、案发特点和规律，查找相关政策和制度存在的问题和监督管理存在的漏洞，制定相应的预防对策，形成专项预防报告，达到防治结合的效果，如我院在办理一起贪污案中，发现村级日常管理及财务管理混乱，为进一步防止和减少涉农职务犯罪案件的发生，更好的促进社会主义新农村建设，向该村所在镇政府发出《检察建议书》，要求该政府从加强对农村基层干部的教育，增强政治信念和法制观念、加强农村基层干部队伍建设等七个方面予以采纳落实。该镇政府回复已对存在问题予以落实，确保财务规范、收支合理。

**（四）充分发挥预防功能，加大生态文明建设的源头治理力度**

宁东基地建设主要是以煤炭资源开发利用为主，煤炭开采量、消耗量居全区之首。电力、化工行业的生产，势必带来严峻的环境污染问题，环境保护任重道远。我院在生态建设项目中发挥好监督、规范作用，依法履行职责，协助建设单位做好环境风险、职务犯罪风险的管控和排查，确保每个建设项目优质高效完成。坚持"预防为主，综合治理"方针，发挥检察机关预防环境犯罪的先期屏障作用。对于已经发现的污染或破坏生态环境的问题、行为和威胁，提出针对性强的检察建议，消除环境污染隐患。深入开展预防调查，加强预防对策研究，及时提出预警和预防对策建议，推动完善环境保护制度建设，促使生态保护和建设的重点真正从事后治理向事前保护转变，从源头上保护环境。坚持联系企业、联系项目、促进廉洁、促进发展，大力推进重点企业和重大项目建设健康深入发展。

## 三、进一步强化在生态文明建设中的职能作用

### （一）进一步发挥"两法衔接"平台作用，加大对环境监管活动的监督

继续加强"两法衔接"平台建设，在两法衔接问题上积极运用侦查信息化以及装备现代化的技术手段，进一步加强与环保、农林、水利、矿产等有关行政部门的联系，共同协作推动制度创新，建立健全资源共享制度，完善司法与行政执法、行政问责的衔接机制，及时掌握和跟踪了解涉嫌犯罪案件移送、受理和办理等情况，加强立案监督，提高发现和预防危害生态环境渎职犯罪的能力。综合运用检察建议、立案监督、纠正违法等手段，督促行政执法机关依法及时移送案件、公安机关依法及时受理、立案侦查。

银川市检察机关"两法衔接"工作现场观摩会在我院成功召开，我院将按照会议精神继续完善"两法衔接"平台建设，在年内全面完成与各环境保护行政执法单位的对接工作，并派专人督促案件录入，通过录入案件的审查发现破坏生态环境案件线索，并结合"两法衔接"工作，认真开展好"破坏环境资源和危害食品药品安全犯罪专项立案监督活动"。

### （二）依托民事行政检察工作的职能，探索、拓展环境保护的检察途径

根据新修订的民诉法赋予检察机关的职权，维护生态环境权益。加强对涉及生态文明建设的民事审判和行政诉讼活动的监督，为生态文明建设营造公正的司法环境。对污染环境、破坏自然资源等危害生态文明建设的行为，督促相关职能部门及时起诉；对于因环境污染造成不特定多数人的人身、财产损害的案件，支持相关当事人起诉。探索实践检察机关环境保护公益诉讼制度。增强检察机关利用民事行政检察职能服务环境建设的能力，防止环境监管部门及其工作人员基于经济利益和地方保护的行政不作为。

2014年针对群众反映强烈的物业管理水平低下、管理混乱的问题，我院对灵武市城区内3个具有代表性的住宅小区的物业管理情况进行细致调查，向环保局、林业局等6家在物业管理活动中负有监管职责的行政执法单位发出《检察建议书》，建议其依法履行监管职责，提高全市住宅小区物业管理水平，取得良好社会效果，其中有的小区被改建为停车位的绿地被恢复。我院在行政执法监督方面有较成功的经验，在今后工作中将继续扩大行政执法监督领域，更好服务生态文明建设。同时在督促起诉方面，我院办理了一起全区检察机关首例督促民政部门代替流浪人员维权案件，我院将继续在环境保护公益诉讼方面进行探索，发挥履行检察职能，更好保护生态环境。

### （三）加大专项预防工作力度

我院将紧紧围绕宁东基地建设实施开展专项预防，保证生态文明建设项目顺利进行，努力促进资金安全、工程优质、干部廉洁。结合办案和配合专项整治，及时提出检察建议，帮助健全机制制度，促进生态环境保护。围绕生态文明建设的政府投资项目，抓住资金拨付、资金使用、资金决算等关键环节，有针对性地建立健全风险预警机制，主动为建设单位提供法律服务和生态法制宣传，切实保障政府投资安全。同时重点预防渎职犯罪的发生，重大污染事故等很多生态环境犯罪从表面上看是企业违规、违法排放污染物的结果，但背后往往隐藏着有关部门的渎职犯罪，应有针对性地加强对生态环

境保护等部门的渎职犯罪行为监管，促进监管有效、到位。此外，我院将结合办理各类职务犯罪，及时发现生态文明建设中尤其是节约资源和保护环境国策实施过程中和在绿色发展、循环发展、低碳发展进程中的体制、机制、制度缺欠和漏洞，提出加强法制、完善体制、健全制度、强化监督的对策、建议，促进健全生态建设的体制、机制和制度。

（作者：宁夏自治区灵武市人民检察院党组书记、检察长）

# 推动"两区"分离 保障司法公正

蒋中东 管 征

1990年10月1日起施行的《行政诉讼法》规定了行政案件一般由被告所在地法院审理的管辖制度。由于人财物均受制于地方政府,法院在审理当地政府机关为被告的案件时,经常处于"非不能为、实不敢为"的尴尬境地,被告不理解、不配合、不尊重甚至干预行政案件审判的现象时有发生。改革行政案件管辖制度,保障司法公正,已成当务之急。党的十八届三中全会《决定》明确"探索建立与行政区划适当分离的司法管辖制度";十八届四中全会《决定》中进一步要求"完善行政诉讼体制机制,合理调整行政诉讼案件管辖制度,切实解决行政诉讼立案难、审理难、执行难等突出问题",确定了行政案件审判制度改革的方向与路径。近年来,浙江法院积极落实全会决定精神,努力探索行政案件管辖制度改革,推动"司法管辖区域与行政管理区域的有限分离",实现跨区域管辖行政案件,努力通过改善优化司法环境,促进保障司法公正。

## 一、基本历程

早在2007年,地处浙江南部山区丽水地区就开始研究探索并进行行政案件集中管辖的尝试,即运用行政诉讼法关于中级人民法院可以指定管辖的规定,把一定行政区域内部分一审行政诉讼案件指定到一个或几个特定法院管辖,实现司法管辖区域与行政管理区域的"两区"分离。2007年9月丽水市中级人民法院下发《关于试行行政诉讼案件相对集中指定管辖制度的意见》,指定莲都区、龙泉市等两个基层法院为集中管辖法院。"当事人在立案时提出指定管辖申请的或受案法院认为不适宜由本地法院管辖的,由中院指定到莲都区或龙泉市人民法院管辖。"2010年2月,丽水中院又下发完善集中管辖制度的意见,指定莲都区、龙泉市和松阳县等3个基层法院为集中管辖法院。最高人民法院借鉴了包括丽水等地区的经验做法后,于2013年1月下发通知,要求各高院确定1~2个中级法院开展集中管辖试点工作,并通过由中院一次性发文的方式,将县区一审行政案件管辖权全部调整到另一基层法院行使。浙江高院经调研后适时扩大了集中管辖试点地区,于同年3月20日下发通知,确定地处浙北杭嘉湖平原的湖州地区,与丽水同时开展行政案件相对集中管辖试点工作。同年4月,丽水、湖州两地中院分别下发实施方案,在浙江南北两端分别开展了试点工作。一年后的2014年5月,湖州中院根据试点情况,下发通知调整试点方案,同年12月,丽水中院也已着手对现行试点方案予以修改调整。

## 二、主要做法

从目前的试点方案看,丽水、湖州两地,结合本地区情况,因地制宜开展试点工作,对有关工作衔接采取了不同的方法。

### (一)确定集中管辖法院

两地均要求集中管辖法院一般应具有受案数量较多、审判力量较强、司法环境较好、经济社会发展水平较高等优势条件。在方式上则采取由中院直接发文的方式,确定集中管辖法院。如湖州市2013年实施方案中,确定南浔区、长兴县法院为行政案件相对集中管辖法院,南浔区法院管辖吴兴区、长兴县法院辖区范围内的一审行政诉讼案件,而长兴县法院则管辖南浔区、德清县、安吉县法院辖区范围内的一审行政诉讼案件；试点一年后行政案件数量虽有所增加但仍然不多，一家法院完全可以承担，故在2014年修改确定两区三县基层法院以一年为期限，轮换作为集中管辖法院管辖全市由基层法院管辖的一审行政诉讼案件，目前是由德清县法院管辖原由全市基层法院管辖的一审行政案件。而丽水地区因地处山区、辖区范围较大且交通不便，故确定莲都区、龙泉市和松阳县3个法院为集中管辖法院，莲都区法院管辖青田县、缙云县、松阳县辖区范围内及市本级行政机关为被告的一审行政案件，龙泉市法院管辖莲都区、庆元县、云和县辖区范围内的一审行政案件，松阳县法院管辖龙泉市、遂昌县、景宁县辖区内的一审行政案件。

**（二）办案流程衔接**

1. 关于起诉受理。湖州采取“原管辖法院释明移送、集中管辖地法院自行审查立案”的做法，即当事人向非集中管辖法院提起诉讼的，受案法院应当告知其向集中管辖法院起诉，或者在收到起诉状后及时将相关材料移送集中管辖法院审查立案。丽水则采取“原管辖法院先行受理，报中院指定管辖法院审理”的方法，即“一审行政案件由被告所在地法院先行受理，再由受案法院上报市中院统一按前述确定的范围指定到相应法院管辖。”

2. 关于案件审理。两地法院均要求建立巡回审判制度，开庭审理、调查取证尽可能到原告所在地或被告所在地进行。非集中管辖法院行政审判庭协助、配合集中管辖法院做好相关行政案件的受理、移送、执行及协调工作，并可接受集中管辖法院的委托代为送达法律文书或宣判，以方便当事人诉讼，减轻当事人的负担。

3. 关于信访稳控。对于集中管辖案件裁判后出现申诉信访的，两地均将集中管辖法院作为化解稳控主体，但要求非集中管辖法院配合集中管辖法院做好本辖区内申诉信访案件的化解稳控工作。

**（三）审判人员配置**

湖州采取“抽调充实”的方法，要求集中管辖法院行政审判庭一般应设置两个合议庭，非集中管辖法院可以确定1～2名审判人员到集中管辖法院交流任职，专门从事行政审判工作。而丽水则“内部挖潜”，要求集中管辖法院充实行政审判队伍，除庭长外至少配齐一个合议庭。

## 三、基本成效

集中管辖试点工作开展以来，两地法院在破解行政案件立案难、审理难等突出问题上，取得了明显成效。

**（一）司法公信有所提升**

行政案件由异地法院管辖，减少了地方行政干预，行政相对人对法院不偏不倚地行使审判权的信心得以提高。不少行政案件原告对行政案件相对集中管辖制度持赞同的态度，认为增强了他们的诉讼信心；原地方党政将法院作为一个部门的做法与倾向，在集中管辖后均已减弱，法院无需对被告的要求予以迁就，行政机关只能前期严格依法行政，确保具体行政行为的程序正当和实体合法，才能在行政诉讼中不致被判决败诉。在丽水2007年起步的试点方案中，是将全市9个基层法院的行政诉讼案件相对集中指定到3个基层法院管辖，由原告或原受案法院提出移送管辖申请，交由中院指定到集中管辖法院。2007年全市法院共受理一审行政诉讼案件97件（指定管辖23件，占24%）；2008年受理152件（指定管辖56件，占37%）；2009年受理155件（指定管辖56件，占36%）。集中指定管辖的案件占受理案件总数的36%左右，其中绝大多数是基于原告的申请。在前期向70个案件当事人随机发送的调查问卷中，认为“法院适合推行行政诉讼案件相对集中指定管辖制度”的占70%以上，“支持试行行政诉讼案件相对集中指定管辖制度”占65%。绝大多数行政案件当事人不仅支持试行相对集中指定管辖制度，并且对相对集中指定管辖制度的效果有充分的认同感。

**（二）一审行政案件总量有所增长**

湖州2013年开展行政案件集中管辖仅半年多,即稳住了案件数量持续下降的趋势,当年一审收案量81件与2012年80件持平;而2013年浙江全省行政案件已是自2009年以来连续五年呈现整体下滑趋势。2014年集中管辖制度在湖州地区持续发力,一审收案量激增至207件,同比增幅达到155%,远高于同年全省33%的平均增幅。丽水地区由于自2007年即开展集中管辖试点工作,其一审行政案件受案量并未出现与全省同步连续下滑的局面,而是由2007年的49件逐年增至2010年的150件,此后波动起伏在100件上下。

**(三)内外司法环境得到优化**

实行相对集中管辖制度,一定程度上阻断了被告所在地的地方政府部门对案件审理的干预。据湖州南浔、长兴法院反映,审结的案件中均没有遇到行政干预。丽水地区的3个集中管辖法院也反映,集中管辖后很大程度上减少了案件审理受到的非正常干扰和地方保护,法院和行政审判法官受到的干扰显著减少,司法审查的监督力度明显加大。一审案件被告败诉率有所提升,鲜明地反映了这一特点。湖州地区一审行政案件行政机关败诉率2012年仅为8.87%(同期全省为10.29%),2013年上升至12.5%为全省11个地区最高(而同期全省一审行政案件平均败诉率仅为8.8%,为近5年来新低),2014年更是达到35%(同期全省一审行政案件败诉率为14.9%),仍居全省各地区之首。丽水地区试行集中管辖后的第一年即2007年,一审行政案件败诉率激增到50%,2008年为35%、2009年仍高达40%;而随着一审结案量增加及高位败诉率对依法行政的倒逼,近4年渐趋回落在8%上下波动。

相对集中管辖取得了一定成效,向着“让人民群众在每个司法案件中感受到公平正义”的目标迈出了坚实一步,但也遇到一些困难。主要表现在:一是一些地区的改革积极性尚待提高。案件被集中出去的当地党政领导认为法院的工作没有做好;案件被集中进来后,集中管辖法院不仅要加强人员配置、增加经费开支,还要面临沟通协调、执行、息诉息访与当事人稳控等诸多问题。二是配套措施仍有待健全。中院与辖区基层法院、集中管辖与非集中管辖法院之间,在案件受理衔接程序、审理期间开庭送达、判后信访稳控责任分配等问题上,仍需要进一步加强沟通协调、理顺关系。三是审判力量尚待整合。实行相对集中管辖后,非集中管辖法院行政庭的主要职能已经缺失,原有的行政审判人员被调离,湖州、丽水两地均不同程度出现了行政审判人员流失的现象。而集中管辖法院的审判任务明显加重,行政审判力量急需加强。

今年5月1日起即将施行的新《行政诉讼法》规定,“经最高人民法院批准,高级人民法院可以根据审判工作的实际情况,确定若干人民法院跨行政区域管辖行政案件”,正式将集中管辖制度纳入行政诉讼的法定制度之一。我们将以此为契机,进一步深入落实党的十八届三中、四中全会精神,在加强对集中管辖试点情况调研的基础上,进一步扩大试点范围、完善试点方案,切实解决试点中发现的问题,不断深化行政案件管辖制度改革,为完善我国的行政诉讼制度、充分发挥行政审判的职能作用作出不懈努力。

(作者单位:浙江省高级人民法院)

# 励精图治　唱响争先创优好声音

杨建刚

今年以来，我院按照洛阳市检察院检察长刘新年提出的“三讲四要”总体要求，立足本院励精图治，跳出本院争先创优，抓思想，抓队伍，抓业务，重点工作亮点频现，各项工作齐头并进。

## 以全新的理念、明确的定位，强化敢于争先创优意识

思想决定思路，争先创优工作首要强化的是干警的争创精神。结合今年开展的党的群众路线教育实践活动，针对部分干警存在慵懒散漫、争先创优意识不强、创新工作方法不多等问题，我院党组集思广益，充分利用周一例会，在干警中开展“学先进，找差距，献计策”争先创优大讨论，坚定了干警们奋发作为的决心和信心。

争先创优要求明确——重点工作站排头，难点工作争上游，整体工作创一流；目标明确——全市先进；措施明确——严格落实奖惩制度，明确责任主体。院务会上，主管检察长和中层干部纷纷亮相表态，立下了各项工作争先进的“军令状”，全院上下形成了“项项工作争一流，人人争创作贡献”的浓厚氛围。

## 以“逢一必争、逢冠必夺”的勇气，打造敢于争先创优的过硬团队

领导班子带头深入一线，强化创新。院领导班子率先垂范，提出“向我看齐”，主动把党组成员和各科室负责人联系方式和分管工作信息向社会公布，接受全县人民和全院干警的监督检验，用争先创优的理念影响全院，用争先创优的干劲鼓舞全院，用争先创优的措施带动全院。今年以来，班子成员纷纷主动包案办理重大疑难案件，下乡走访调研，撰写调研、宣传信息文章。

强化团结协作，深化检务公开。班子成员之间大事讲原则，小事讲风格，既科学分工，又团结协作；对下级和部门给权力，压担子，放手让干警依法办案，形成了党性强、风气正、效率高、活力足的强大合力。同时，完善检务公开体制，深化检务公开。规定今后办理的案件都要在网上公开，同时开通微博、微信等新媒体平台，接受群众监督。

落实考核机制，全院上下合力创新。全院干警牢固树立起“大业务”的理念，把每项工作都作为自己的业务做实做好做精，大力开展岗位练兵，努力把每一位干警都打造成会办案、会写作、懂科技，各项工作拿得起、干得硬、有创新的多面手。制定了全院《岗位练兵活动方案》、《业务培训制度》、《调研、信息、宣传工作方案及奖励措施》，积极支持和鼓励干警参加全国司法资格考试和上级各类技能培训，有计划地举办侦查、公诉、财会、计算机、写作技能培训班。现在每周五学习日已雷打不动地成为干警学知识、长技能、增才干的舞台，全院上下掀起了思学习、想创新、争排头的热潮。今年以来，全院共撰写调研文章30余篇，发表宣传文章500余篇。各科室打破常规求突破，立足岗位有作为，创出了各自的亮点，形成了各项工作齐头并进的良好局面。

## 以规范的管理、严明的奖惩，建立争先创优长效机制

没有规矩不成方圆，机制优化了，可以让干

警进发出无限的活力。我院倾力打造三大机制，不断发掘干警勇于创新的潜力，培养干警严于执法的定力，激发干警勤于向上的活力。

倾力打造目标管理机制。我院健全奖惩措施，全面落实奖惩制度，让全院干警在你追我赶中不断取得进步。

倾力打造监督制约机制。院党组高度重视加强领导班子党风廉政建设，通过抓廉洁教育、签订党风廉政责任状、警示教育、内部监督等形式，充分发挥党风廉政建设对领导干部的前置性、预警性作用。严格落实《关于加强检察干警八小时以外行为监督管理规定的实施细则》、《党风廉政建设责任追究办法》等制度，把作风纪律建设要求落实到制度规范上，努力形成"不愿为"的自律机制、"不敢为"的惩戒机制和"不能为"的防范机制。利用节假日、周五学习日开展《廉政准则》专题教育活动，注重积极教育和引导全体干警深入学习贯彻中央《关于进一步从严管理干部的意见》、《关于领导干部报告个人有关事项的规定》，严格执行中央"八项规定"、"四个一律"、"四条禁令"、"十项纪律"等硬性规定，进一步强化检察机关惩治和预防腐败体系建设，真正使干警做到守牢"底线"、不踩"红线"、不越"警线"，以铁的纪律、刚性的监督，确保制度规范不折不扣地得到贯彻执行。连续13年，我院干警无一例违法违纪现象发生。

倾力打造业务学习激励机制。为鼓励干警积极创新，激励干警上进，我院出台措施，对通过司法考试或者拿到研究生文凭的干警予以报销学费。近年来，我院新进干警全部通过了国家司法考试，有1名干警正在读博士，3名干警正在读研究生。

（作者：河南省洛阳市嵩县人民检察院检察长）

# 十责问效促进从严治党

王伟嵘

党的十八大以来，以习近平为总书记的党中央旗帜鲜明地推进党风廉政建设和反腐败斗争。按照党中央全面建成小康社会、全面深化改革、全面依法治国、全面从严治党的总布局要求，强化党内监督，遵守八项规定，反对“四风”问题，贯彻廉政建设主体监督两个责任。

## 一、从严治党需要发扬延安精神

建成小康是目标，深化改革是举措，依法治国是保障，从严治党是关键。坚持党要管党，从严治党就是要把握好党对国家的领导地位，把握好主体地位的核心责任环节。西部蕴含着五千年文化的中国文明历史，传承了近代革命精神。陕西是根，延安是魂，铭记传统，净化环境，是新时期的社会发展思想脉络。净化环境必须运用自力更生、艰苦奋斗、排除万难、不怕牺牲的延安精神诠释当前廉政建设。

## 二、从严治党重在严于治吏

严于治吏首先要落实党风廉政建设的主体责任和监督责任。洛南制定的十责问效办法，传承了艰苦奋斗的工作精神，展现出民族复兴人民愿望，形成权与责的协调统一，符合群众路线指引下的社会发展实际，在权责明确的基础上，进一步细化分解职责，落实党风廉政建设主体责任和监督责任，强化执纪问责，从群众中来，到群众中去，维护了党的尊严，深得民心。

## 三、十责问效工作方法原则框架

十责问效以落实廉政主体责任和监督责任为核心，围绕服务群众，量化履职过程，实现干部清正、政府清廉、政治清明的工作目标。

十责问效办法本着坚守岗位，认真履职，逐步负责的原则，夯实党风廉政建设党组织主体责任和纪检组织监督责任。具体就是把两个责任各自划分为责任分解、责任履行、责任管控、责任目标四部分。

责任分解包含：明责、知责、诺责三个环节。明责赋予党政一把手是党风廉政建设的第一责任人，直接决策部署，组织协调，以身作则，以上率下，对廉政建设应该负主要责任；赋予纪委书记协助主要领导执纪监督抓好反腐倡廉的组织协调工作，应负监督责任。知责赋予主体责任人组织领导，统筹协调，在深入调研指导过程中，从严要求做好示范引领表率；赋予监督责任人执纪监督抓好落实，在认真做好示范引导中，提出廉政反腐的合理化建议。诺责赋予两个责任人对其重要工作亲自部署，重大问题亲自过问，重点环节协调。

责任履行明确为：守责、尽责、担责三个环节。守责赋予主体责任人明确教育预防、监督检查、干部管理、正风肃纪、支持保障五方面的任务，落实领导协调、工作研究、责任传导、考核追究、执纪保障五方面机制，做好指导落实、严格执纪、纪律作风、廉洁自律、一岗双责五方面的表率；赋予监督责任人组织好纪委全会、责任分工、纪委常委、体系成员、反腐协调五方面的会议，协调好责任制与体系成员单位、反腐成员单位之间、党务公开成员单位、责任制牵头单位、责任制参加单位五方面的关系，安排好制度执行、纪律作风、教育监督、制度建设五方面的检查，同样做好相应表率。尽责赋予主体责任人决策部署到位，统筹协调到位，研究指导到位，示范引领到位；赋予监督责任人组织协调到位，检查督导到位，教育监督到位，包抓示范到位。担责赋予主体责任人承担辖区内的党风廉政建设第一责任；赋予监督责任人廉政反腐执纪监督的主要责任。

责任管控明确为：查责、评责、考责、问责四个环节。查责赋予主体责任人定期检查，专题报告，述职述廉的职责；赋予监督责任人开展检查反馈，随机检查，述廉报告的职责。评责赋予主体监督两个责任人在一定范围内各自进行民主评议，组织民意谈话，点评查看资料。考责赋予两个责任人接受上级考评，落实下级综合评定考核，民主测评总体评价优秀率在90%以上，称职等次应在民主测评优秀和称职得票率70%以上，低于70%为基本称职，不称职得票率超过30%列入不称职等次。问责赋予主体责任人承担其班子成员违纪违法的连带责任，实行“一案双查”。需要问责的具体表现为：一是对党风廉政建设工作领导不力，明令禁止的不正之风得不到有效治理，造成不良影响的；二是对上级交办的党风廉政建设责任范围内的事项不传达贯彻、不安排部署、不督促检查的；三是发现严重违法违纪行为瞒案不报，压案不查的；四是班子成员发生严重违法违纪问题的；五是违规选拔任用干部或用人失察造成恶劣影响的；六是放任、包庇、纵容下属人员违法违规弄虚作假的；七是其他违反党风廉政建设责任制行为的情形。赋予监督责任人在落实监督责任过程中，由上级机关决定，实行“一案双问”，在辖区班子成员发生严重违法违纪问题的同时，依然实行“一案双查”。需要问责的具体表现为：一是协助主要领导抓党风廉政建设不力职责范围内明令禁止的不正之风得不到有效治理的；二是对反腐倡廉任务不传达贯彻、不安排部署、拒不办理的；三是对责任范围内瞒案不报，久拖不查或追究不到位的；四是班子成员发生严重违法违纪问题的情形。

责任目标明确为：责任问效的最终环节。问效就是要围绕落实主体责任问廉、问效，具体包括带头履行职责、推动落实、遵纪守法、弘扬正气等情况；围绕落实监督责任问廉、问效，具体包括责任制、反腐败、检查率、评价率等情况。

## 四、十责问效培养社会担当精神

通过紧抓党组织的主体责任和纪检组织的监督责任细化分解，形成纵向到底、横向到边的责任网格体系，使党风廉政建设两个责任总体要求具体化，工作任务明细化，繁多内容程序化，从而使两个责任由被动执行向主动承担的思想转变，把响应艰苦奋斗的勇于承担冲动，转化为脚踏实际敢于承担的自身责任，形成上下协作，相互配合，自觉服务的时代理念，体现党要管党、从严治党的政治责任感。面对世界风云多变的国家环境和党风廉政建设的执政党地位，从严治党需要社会各界有识之士的敢于担当精神，党风正则国家强，民族复兴有底气，人人能敢于担当。

综上所述，十责问效促进从严治党，确保执政党的领导地位，践行深化改革措施，从严肃执纪向依法治国的平稳过渡，实现全面建成小康社会的民族复兴中国梦。

（作者：陕西省洛南县农业纪委书记）

# 打造特色检察文化　提升检察人员素养

马京宁　吴婷婷

基层检察机关的文化建设，是整个检察文化建设基础中的基础。近年来，灵武市人民检察院认真贯彻落实高检院《关于加强检察文化建设的意见》，正确把握检察文化发展规律和检察工作规律，紧密结合地域文化特色和检察工作实际，大力实施文化育检战略，用检察文化来引导、约束、凝聚和鼓励干警，提升了检察干警的职业素养，促进了检察工作的科学发展。该院先后被评为"2011—2012 年度全区先进基层检察院"，连续三年被评为银川市检察机关"先进检察院"，同时获得"自治区文明单位"、"全区政法综治工作创新奖"、"全国、全区检察机关文明接待室"等各类表彰。2014 年，该院被最高人民检察院荣记"集体一等功"。

## 一、理念引领，构筑本土化精神文化

灵武为黄河文明发祥地之一，是一座拥有"亿年历史、万年文明、千年古都"的城市。在检察文化建设中，该院充分汲取优秀本土文化精华，以"三个坚持"努力打造本土化灵武检察特色文化。

**一是坚持以文化理念提炼核心价值追求。**该院紧紧抓住"理念出于精神文化的核心层，正确的理念是行动的先导"这一文化特征，结合灵武地域文化和检察工作实际，组织全体干警开展了"灵武检察文化理念"征集活动，经过反复讨论、研究、总结、升华，归纳提炼出"笃学、修德、惟民、卓越"八字院训、"团结忠诚、务实奉献、公正清廉、超越创新"的"灵检"精神和"公平正义、执法为民、快乐工作、健康生活"的"灵检"理念，并将此作为该院检察文化的价值核心。通过发挥检察文化理念的熏陶渗透作用，增强了检察队伍的向心力、战斗力和创造力，成就了该院全国基层检察院一等功的辉煌。

**二是坚持以文化本土化助推理想信念养成。**积极探索红色文化、黄河文化、民族文化、城市文化与检察文化的结合点，融入地方生态、民族风情等文化元素，努力打造以坚定理想信念为主旨的"地域特色检察文化"品牌。开展"重温一次入党誓词、读一部红色经典、看一部革命电影、唱一首红色歌曲、进行一次军事训练"等红色教学课程，接受革命传统教育；以观反映宁夏狼皮子梁移民将荒漠变为绿洲的"幸福之路"展厅、听全国治沙英雄王有德讲党课、访市爱国主义教育基地了解灵武历史和发展历程、办"传承黄河文化，忠诚检察事业"、"讲文明、守规矩、铸和谐"民风民俗教育、"发扬传统、坚定信念、执法为民"等系列主题实践活动，进一步提高干警的文化素养，在检察队伍中弘扬不畏艰难、艰苦奋斗、心系群众、执法为民的公仆精神。积极将灵武市"唐韵、绒都、枣乡、生态"城市风格和灵武市委提出的建设开放富裕美丽和谐新灵武的发展理念引入检察文化，着力打造绿色、优美、整洁、低碳的检察机关生态环境。充分发挥检察文化的引领作用，培育检察工作服务大局品牌。积极服务和保障全市城乡环境综合整治活动，制定实施意见，主动跟进服务；参加城市美化绿化建设。通过"体验式"育化，培育干警的忠诚情感、本色意识和爱土爱乡的情怀，使检察文化建设成为干警的内心需求和自觉行动。

**三是坚持以文化引领筑牢职业道德建设根基。**加强社会主义道德观和检察职业道德规范教育，引导检察干警模范践行社会主义荣辱观，讲党性、重品行、作表率,做符合党和人民要求的品德高尚的新一代检察官。紧密结合检察工作实践和队伍建设实际,扎实开展政法干警核心价值观、党的群众路线等教育实践活动,组织青年干警听老检察官讲院史、学规章。结合检务督察,经常对办公、办案场所环境卫生、着装礼仪、言谈举止等进行监督,促进工作规范和干警道德养成。以党建工作促进精神文明建设,深入开展专题讲座、道德讲堂、党日主题实践等经常性教育活动,引导干警牢固树立、自觉践行“忠诚、为民、清廉、文明”的检察职业道德。该院党支部由于在党建工作中的突出表现,连续两年被灵武市命名为“四星级党支部”。

## 二、岗位练兵,构建规范化素质文化

灵武市检察院在形成全院干警价值共守、精神共通的文化自觉的同时,着力发挥检察文化凝心聚力的作用。注重以创建学习型检察院为载体,教育和引导干警学习先进文化,全方位提高队伍凝聚力和综合实力。

**一是着眼于业务水平提高。**以执法能力建设为核心,针对青年干警在学习和工作中遇到的难点、热点问题,科学规划教育培训,积极组织干警参加高检院、国家检察官学院和区市院的各类专项、专题培训。以执法规范化建设活动为抓手,进一步强化公正、规范、证据和责任意识。成立重大疑难案件议案小组,开展疑难案例研讨评析,并将讨论情况整理成册,方便干警学习借鉴。严格落实案卷季度评查制,及时发现解决执法办案过程中存在的问题和不足,进一步提高干警的实战技能和办案水平。抓好常态化检察实务练兵,每年举办“四优”(优秀侦查能手、优秀批捕能手、优秀公诉人、优秀办案能手)活动,针对业务工作特点开展法律文书说理竞赛、公诉人辩论赛、庭审观摩、自侦审讯技巧训练、技能考核等岗位练兵和业务竞赛活动。在银川市检察机关自侦部门模拟审讯技能竞赛中,该院干警取得第二名的好成绩。

**二是着眼于互动平台搭建。**秉持“分享、交流、团结”的育检理念,营造积极向上的文化氛围。倡导好读书、读好书,每年为每个科室购置6000元图书,开展读书沙龙活动,打造引导干警集体学习的活动品牌。建立健全《调研、信息、宣传工作激励机制》,以科室为单位成立调研课题组,鼓励青年干警勤思考、善总结、多动笔。定期召开“青年干警座谈会”,加强交流。建立“回传培训教育”,外出参加学习培训的干警将所学内容向全院干警传授,达到一人学习全院受益的目的。以持续创建区级文明单位为抓手,充分发挥文化活动的精神引领作用。成立院篮球队、足球队、乒乓球队、书法协会等,经常组织开展书画、摄影、体育、文艺等青年干警喜闻乐见的文体活动,陶冶干警情操,培养高雅情趣,加强协作交流,提高各方面综合素质。

**三是着眼于人才培养选拔。**制定干部教育培训计划,注重高学历教育和高层次人才培养,鼓励干警参加司法考试,接受在职研究生以上教育,并在复习时间、学杂费等方面给予支持。以执法办案为中心,在人员配置上往办案一线倾斜,目前,该院业务部门与综合部门青年干警比例为4.6:1。构建跨部门锻炼平台,对中层领导干部进行轮岗,有意识培养中坚力量;在自侦、侦监、公诉案件量集中激增的特殊时期,直接跨部门抽调青年干警参与办案,提升青年干警的综合业务能力。在干部选拔任用上克服论资排辈,形成“能者上、平者让、庸者下”的竞争机制,营造风清气正的用人环境。对空缺的中层领导职位采取竞聘上岗,促进实干苦干、实绩突出的青年干部脱颖而出。实行科长助理制度,选择部分个人综合素质突出的青年干警担任科长助理,协助部门领导开展工作,培养青年干警的组织领导和综合协调能力。目前,该院具有研究生学历人数占全院总人数的10%;中层领导中40岁以下4人,占中层以上干部领导职位总人数的16%;科长助理4人。

## 三、作风建设,构筑理性化公信文化

在检察文化建设过程中,该院坚持把“公

信文化”作为检察文化的基本内容融入各项检察工作，充分发挥文化独特的精神感召力、思想影响力和内心驱动力，形成检察人员共同行为取向，以强化法律监督的具体实践和公正廉洁执法的实际行动，促进执法公信力的整体提升。

**一是强化为民的文化理念，践行服务群众之责**。始终把“群众满意”作为检察工作的出发点和落脚点，在“走基层”中做好群众工作，在“接地气”中增进检群关系。深入开展以为民务实清廉为主要内容的群众路线教育实践活动，推动检察官进社区、进乡镇、进企业、进学校经常化、制度化。认真贯彻执行中央、市委关于改进工作作风、密切联系群众的规定，结合实际制定细化落实措施，着力解决和整治慵懒散奢、形式主义等不良作风，树立检察队伍形象。连续多年开展“五送两带一帮”、“检察官进千家门、访千家事、解千家难”等活动，完善群众意见收集研究和转化机制。进一步推进综合服务平台、民生服务热线、派出检察室建设。促进转变执法方式，牢固树立“理性、文明、平和、规范”的执法理念，发挥控申服务窗口矛盾调和作用，创新开展涉检信访点名接访制度，注重司法人文关怀，重视在执法办案中消除、减少群众对立情绪，进一步提高检察工作亲和力，增强执法公信。

**二是树立清正的文化风尚，培育干警良好品格**。针对当前检察机关执法办案质量明显提高与涉检信访和负面网络舆情不断发生并存、先进典型不断涌现与违法违纪时有发生并存的客观实际，切实加强对干警的经常性教育管理和监督。坚持用制度文化引导行为取向，近年来，该院先后建立了《党风廉政建设责任制》、《执法办案责任追究制》、《廉洁从检十项纪律、五条禁令》等规定，并以《检务督察制》等规定为依据狠抓贯彻执行。加强警示教育，开展“反特权思想、反霸道作风”、“整肃交通违规，树文明驾驶新风”等专项整顿活动，适时召开反面案例剖析会、组织参观警示教育基地，筑牢思想防线。建立思想动态分析、谈心谈话、八小时外行为监督等制度，筑牢机关、社会、家庭联动监督体系。

**三是打造特色的文化窗口，展示检察公信形象**。突出抓好信息媒体文化建设，把互联网、电视、报刊作为传播检察文化、提供检察服务、丰富精神文化生活的主阵地，建立完善涉检网络舆情的监测、报告、研判和预警机制，加强检察门户网站与群众的互动交流，在宁夏检察机关率先开通灵武检察微博，依托电视台打造灵武“检察同期声”品牌栏目，编辑“灵武检察”小报、年报，制作检察宣传片，全方位、多渠道展示检察工作业务和文化建设成果。创新“阳光检务”，通过“举报宣传周”、人大代表联络工作“三问”法（即问意向、问意见、问建议）为检察机关执法公信力注入新活力。

## 四、氛围营造，构筑人文化环境文化

该院汇集全体检察干警的智慧，把和谐理念、和谐精神融入检察文化建设，坚持从严治检的同时，从优待检，努力营造机关和谐人文环境。

**一是硬环境强化物质保障**。以检察文化核心价值体系为主题，用心打造机关文化物态。建立了图书室、文化活动室、心理疏导室，订制检察纸杯、检察手袋，建设文化走廊。坚持“两房”建设与检察文化同规划、同建设。在该院新建办案技术及办公用房，建设了信访接待大厅、司法办案工作区、预防警示教育基地，以规范的办案场所，突显司法礼仪，彰显司法庄严；建设检察文化展示墙、院史陈列室、荣誉室等文化阵地，进一步丰富检察文化建设的内涵。

**二是软环境突显人文关怀**。注重从得人心、暖人心、稳人心的实事做起，落实交心谈心制度，做到五个环节必谈，即：发生矛盾必谈、情绪波动必谈、遇到困难必谈、新进人员必谈、工作变动必谈。建立定期体检等制度，为退休干部制作履历相册，在感情上贴近融入干警，从细节处有效激发干警的职业自豪感和荣誉感，为检察事业不断发展汇聚起强大的精神力量。

## 五、对基层检察文化建设的几点思考

“文以载道,文以化人”。基层检察文化,是基层检察机关实践社会主义核心价值体系的具体体现,是基层检察队伍建设的灵魂工程,是构建基层检务工作者共有精神家园的根本所在。检察文化建设并非一项单纯的业务工作,而是一个系统工程。抓好基层检察文化建设,笔者认为,要在宏观上把握以下四个方面:

**一是明确目标,突出特色**。基层检察文化有共性,但更需要有个性。各个基层检察机关各有不同,应因地制宜,从所处的地理环境、人文风俗、历史渊源、革命传统、人员性格等各方面综合考虑出发,辩证地汲取传统文化中的精华的同时,充分地萃取地域文化中的积极成分,并与检察工作相结合,创新载体,培育检察文化品牌,全面提升检察文化品位和吸引力。

**二是将文化建设贯穿于检察工作始终**。始终坚持树立检察文化建设服务于检察工作大局的建设思路,使检察文化成果真正成为推动和促进检察工作发展的强心剂、催化剂,把检察文化建设作为检察队伍建设乃至检察工作进步的使命性任务抓实抓好。要将文化建设有机融入检察工作和队伍建设的每一个方面里、每一个细节中,充分发挥打击、保护、预防等检察职能对检察文化建设的助推作用,坚持在履行检察职能和开展司法实践中培育和提升文化。

**三是坚持以人为本**。检察文化是一种理性文化,它内在地要求“以人为目的而不是手段”,反对将检察干警物化、客观化、工具化。检察文化以检察人员的自由和全面发展为重要目标,以检察人员主动性、积极性的调动和创造精神的激发为重要特征。因此,在检察文化建设过程中,必须坚持以人为本,以检察人员主体性的发挥为原则,从而促进检察人员的全面发展,促进检察队伍整体素质的不断提高。在实践中,要善于发现和利用机关的检察文化资源,发掘各类检察人才,激发文化创造力,充分挖掘自身文化潜质,积极投身检察文化建设。

**四是创新宣传形式**。作为基层检察机关,要高度重视新媒体的应用,不断提高新媒体时代应用能力。要做好对外网站的建设。在公共平台上开博客、开微博、微信及时传递基层检察文化理念及公平正义思想,既是一种与时俱进精神的体现,更是抓紧进行基层检察文化宣传的机会。同时,要显现基层检察机关的业务水平与宣传公平正义的理念,提高队伍创新力。

(作者单位:宁夏自治区灵武市人民检察院)

# 第十三部分

# 县委书记论坛

# 在全面推进依法治国方略中县委书记要抓“普遍多数”

向守清

党的十八大作出了全面推进依法治国的战略部署，强调依法治国是党领导人民治理国家的基本方略，法治是治国理政的基本方式。作为县（市、区）委书记，必须站在“四个全面”战略布局的高度，深刻认识全面推进依法治国的重大战略意义。全面推进依法治国，首先要抓住领导干部这一“关键少数”，这是完全正确的。对此，作为县（市、区）委书记，一定要认真贯彻、身体力行；同时，又要尽职履责，抓好广大人民群众这一“普遍多数”。

## 一、抓好“普遍多数”是全面推进依法治国的“重头戏”

在党的十八届四中全会通过的《中共中央关于全面推进依法治国若干重大问题的决定》（以下简称《决定》）中，提出了“人民是依法治国的主体和力量源泉”的重要论断。这一论断是在总结我国社会主义法治建设成功经验和深刻教训基础上提出来的，也是作为实现全面推进依法治国总目标必须坚持的“五大原则”之一提出来的。

**1. 人民群众是依法治国的力量主体。**我们党一贯强调“人民是国家和社会的主人”。人民既然是我们国家和社会的主人，当然就是全面推进依法治国的主体。党是依法治国的领导主体、责任主体、推进主体，而人民是依法治国的力量主体、受益主体、监督主体。因此，坚持人民主体地位同坚持中国共产党的领导地位一样，都是全面推进依法治国的题中应有之义。依法治国是人民自己意志之追求，人民自己利益之保障，人民自己权利之维护，人民自己幸福之依托。因此，每一个公民不仅有尊重法治权威、维护法治秩序、恪守法律规范的义务，而且有参与依法治国进程、尊法学法守法用法的责任，需要每一个社会成员将法治作为信仰与追求，变为一种自觉与习惯。

**2. 人民群众是依法治国的受益主体。**法治是人民利益和幸福的保护神。依法治国的根本目的，是要维护和保障人民利益，让每一个人享受到社会主义社会的公平正义。依法治国就是为了人民、依靠人民、造福人民、保护人民，以保障人民根本利益为出发点和落脚点。党的十八届四中全会《决定》在科学立法部分提出，“恪守以民为本、立法为民理念，健全宪法实施和监督制度，完善立法体制机制，使每一项立法都符合宪法精神、反映人民意志、得到人民拥护”；在严格执法部分提出，“坚决纠正不作为、乱作为，坚决克服懒政、怠政，坚决惩处失职、渎职”；在公正司法部分提出，“加强对司法活动的监督，努力让人民群众在每一个司法案件中感受到公平正义”；在全民守法部分提出，“加强民生领域法律服务，保证人民群众在遇到法律问题或者权利受到侵害时获得及时有效法律帮助”。由此可见，党的十八届四中全会《决定》提出的法治领域各项改革举措，都是以促进社会公平正义、保障人民根本利益为出发点和落脚点，都充分体现了推进全面依法治国就是为了人民、依靠人民、造福人民、保护人民这一核心理念。

**3. 人民群众是依法治国的监督主体。**人民依法对各种国家权力的行为和法律活动进行监督，是推进全面依法治国的重要手段。随着我国依法治国的深入推进，我们在各个领域的法律必将更加完善。但是，要使各项法律真正落到实处,真正做到为民所用,就必须要充分发挥人民的监督主体作用。人民监督的目的也就是在于确保宪法和法律得到正确实施,确保行政权、审判权、检察权得到正确行使,确保人民的合法权益得到尊重和维护,从根本上增强"一府两院"和政府工作人员依法行政、公正司法的观念,最大限度地激活依法治国的"正能量"。

## 二、县委书记是抓"普遍多数"的"重要杠杆"

郡县治,天下安。作为全面推进依法治国的县级党委第一责任人,县(市、区)委书记有责任、有能力、有必要抓好广大人民群众这个"普遍多数",从而有力撬动全面推进依法治国方略。

**1. 有责任,是职责的体现**。领导就是责任。县(市、区)委书记主政一方,担负着造福一方百姓、促进县域经济社会发展的职责,既是一个层面的宏观决策者,又是具体执行者,影响力大,公众关注度高,对包括法治建设在内的各项工作可以起到推动、保证和示范的作用。全面推进依法治国,党中央、习主席要求抓好领导干部这个"关键少数",各级党委都要认真贯彻这一指导思想。但是,到了县这一级,应当要认真考虑,在抓好自身这一"关键少数"的基础上,积极抓好普通民众这个"普遍多数",总不致于到了村这一级,还要村支"两委"负责人再讲抓好"关键少数",因为他们本身就是"普遍多数"。我觉得,抓"关键少数"和"普遍多数"的层次结合点,就应当在县一级。县一级领导层属于"关键少数",要抓好自身。同时,他们的工作对象是"普遍多数"。他们落实依法治国方略,抓"普遍多数"就是职责所在。

**2. 有能力,是岗位的赋予**。权由法定,责由岗定。在县委书记这个任上,岗位就决定了或赋予了他有能力治理这一方社会。按照党中央和宪法、法律的精神,抓好县域内依法治国战略的落实,是县委书记的职责和权限。

**3. 有必要,是现实的需要**。从现实情况来看,广大民众的权利意识越来越强,但法治意识、规矩意识和契约精神却没有相应提升,在享受权利和履行义务上存在双重标准,严以待人却疏于律己,"搭便车"现象较为普遍。部分群众没有养成依法依规解决问题的思维习惯,遇到问题潜意识就是要"找关系"、"托熟人",在谴责"潜规则"的同时又试图寻找捷径。同时,"法不责众"心理比较普遍,在征地拆迁、移民补偿、交通肇事、工程建设、国企改制中产生的利益分歧,容易受人蛊惑,采取封门堵路、集体静坐、围堵干部等群体施压的办法、"吵"的办法谋求关注、表达诉求。特别是在县(市、区)乡基层,"信访不信法"情况多发,对基层干部持普遍怀疑态度,囿于"小闹小解决、大闹大解决、不闹不解决"的惯性经验,轻则"坐访"、"静访"、大声喧哗,重则寻衅滋事、暴力威胁。对于当前这种社会歪风邪气,必须用法治的思维和方式来予以纠正与化解。这一块谁来管?从大的层面来说,是党领导人民通过全面依法治国方略来解决;从具体工作层面来说,县一级党委政府必须担当,因为县一级是"关键少数"和"普遍多数"的层级结合点。

## 三、抓"普遍多数"必须抓到"点子上"

国无法不治,民无法不立。全面推进依法治国,基础在基层,工作重点在基层,只有坚持重心下移、力量下沉,在全民普法、全民用法、全民护法上持续用劲、久久为功,才能打牢长效基础。

**1. 要在敬法普法上狠下功夫**。群众最讲实际。怎么能让群众自觉尊法知法?关键是要群众切身体会到,依法办事就能得到好处,否则就要受到惩戒。所以,一是要形成普法氛围。这中间首先当然是要抓好"关键少数",剖析各个层面的典型案例,让群众看到"当官的"违法都得到了惩处,看来是认真的;其次必须严把法律政策准绳,不符合法律政策的利益绝不能给,不按程序或用违法的手段表达诉求，绝不能支持，不能因为“机械地”维稳而发生退让，让群众看到靠吵、靠闹是不能解决问题的，是要受到惩戒的，看来还得“依法来搞”；第三，凡群众依法按程序表达诉求的，我们必须热情依法按程序处置和答复。该给的给到位，不该给的把政策法律讲到位。这要求我们的人民法院和行政执法部门受理群众诉求要快捷、公平、透明，最大限度降低群众的时间成本和物质成本。二是要主动送法。要深入开展“六五”普法工作，结合不同领域、不同行业、不同群体的特点和需求，采取现场答疑、集中宣讲、戏剧曲目等喜闻乐见、灵活多样、易于接受的方式，推动法律进机关、进乡村、进社区、进学校、进企业、进单位，真正把群众用得上、经常用的法律知识普及到位。要深入开展乡镇干部联村入户和“干警下基层”等活动，主动进村入户，上门送法、耐心释法，培养更多法律上的“明白人”。对缠访闹访、社区矫正人员等重点普法群体，要明确专人，“定点配送”、定期辅导，打好观念、行动转化的思维拐点。三是要“现身说法”。深入挖掘正反两方面典型的人和事，坚持用身边人说法，用身边事授法，发挥好学法用法先进典型的示范引领作用和落后典型的警示教育作用。一方面，要组织开展“法治乡村”、“法治社区”、“法治家庭”创建活动，选树一批可敬可信可学的学法守法用法尊法先进典型，激发群众比学赶超热情。另一方面，要慎重选择，客观解剖一批无理闹访、漠视法纪的落后典型，公开接受群众审视和评议，用“人心”赢得“公道”，营造守法光荣、违法可耻的浓厚氛围，在全社会达成学法守法畏法的共识。近来，我们对一些长期缠访的案例实行公开听证，让法律人士“判”，让各方代表“议”，让身边群众“评”，使群众知理明法，相关诉求人受到触动反思，取得了实际成效。

**2. 要在依法用法上狠下功夫。**一是要依法规范信访行为。要加强信访人员管理和信访案件调处力度。按照“谁主管、谁负责，谁引发、谁负责，属地管理、分级负责”的原则，落实责任单位和责任人员，确保责任上肩。要建立日接访、周通报、月调度与“县级领导坐班接访”、“县级领导包案化解”制度，完善“逐一协商、解决问题、依法处置、依规终结”流程，切实做到“一案一策”、群策群力，协调化解信访急案和信访积案。要严正维护信访秩序，对破坏公共财产、攻击工作人员的缠访、闹访、集体访等非法涉诉信访行为，情节恶劣的，要协调公安机关和检察机关依法予以打击，决不能放任自流、听之任之。对“坐访”、“守访”等“软威胁”，要良言劝导、适度训诫，决不能“息事宁人”、“主随客便”，切实把信访纳入法制化轨道。要健全社会矛盾纠纷化解机制，完善调解、仲裁、行政裁决、行政复议、诉讼等有机衔接、相互协调的多元化纠纷解决机制，完善人民调解、行政调解、司法调解联动工作体系和仲裁制度，做到诉访分离，从源头上预防和化解矛盾纠纷，有效缓解信访严峻形势。二是要依法打击违法犯罪。要推进平安创建，开展“雷霆行动”，严厉打击涉黑涉恶、赌毒黄、“两抢一盗”等暴力犯罪和多发性侵财犯罪，着力在突破大要案、打掉利益链、深挖保护伞、提高打击质量上见成效，用霹雳手段显爱民心肠。要依法强化危害食品药品安全、影响安全生产、损害生态环境、破坏网络安全等重点问题治理，确保人民群众生命和健康安全。要坚决支持法院、检察院依法独立公正行使职权，严厉打击违法干预司法活动和办权力案、金钱案、人情案、关系案的行为。对暴力抗法等拒不履行执行义务的，要依法采取强制执行措施，提高人民群众对司法路径的信赖和依赖。三是要依法净化发展环境。要着力净化建设环境，严厉打击针对企业和重点工程的敲诈勒索、强买强卖、断水断路、恶意阻工、强行承包工程、强行参工参运、索要“保护费”等不法行为，严惩“沙石霸”、“水泥霸”等涉黑、涉恶违法犯罪，切实保护好投资者和经营业主的人身安全与合法权益，切实维护企业正常生产秩序，全力营造公平竞争、合理有序、公正高效的经济社会发展环境。要着力净化外宣环境，强化网络舆情的引导和处置，建立健全网络舆情日常查看办理、联席会议、重大敏感舆情交办督办、网络评论、考核督查工作机制，不断提高网上舆论引导能力和水平。要支持群众讲真话、鼓励群众讲好话、反对群众讲假话，对在网上恶意诋毁、谩骂、抹黑党委、政府形象的行为要坚决倒查、追责到位。

**3. 要在执法护法上狠下功夫。**一是要充分发挥基层党组织在法治社会建设中的战斗堡垒作用。要选优训强基层党组织书记队伍，重点将政治素质好、法治意识强、群众威信较高，能自觉遵规守纪、依法办事、善于做群众工作的党员选拔到党组织书记岗位上来，发挥"领头雁"在带动和维护基层治理法治化的引擎作用。要健全基层党组织依法开展工作的机制，重点围绕服务群众、做群众工作，建立基层综合服务管理平台，健全化解纠纷机制、社会矛盾预警机制、利益表达机制、协调沟通机制、救济救助机制，畅通群众利益协调、权益保障法律渠道，及时反映和协调群众各方面各层次利益诉求。要完善党组织领导的基层群众自治制度，深化基层组织和部门、行业依法治理，支持各类社会主体自我约束、自我管理、自我教育、自我服务，发挥市民公约、乡规民约、行业规章、团体章程等社会规范在社会治理中的积极作用。要强化村级事务监督和管理，全面推进党务公开、政务公开、决策公开、执行公开、管理公开、服务公开、结果公开，以公开严执法，以公开促公正，以公开赢认可，最大限度减少群众因缺乏知情权导致的质疑和纠纷。二是要提高党员干部法治思维和依法办事能力。村看村，户看户，群众看党员，党员看干部。党员干部的先锋模范作用是感召群众的无声号角。作为传递法治精神的"代言人"，联系服务群众的"排头兵"，基层党员干部是政府和群众之间的桥梁，也是群众了解党政干部的"第一窗口"。从人民群众的视角来说，基层党员干部学法与否、守法与否、尊法与否，直接影响着人民群众对整个党政干部群体的整体评价，也左右着人民群众对全面推进依法治国的信心值和认可度。因此，在学法上，广大基层党员干部要先学一步、深学一层，带头坚定法治信仰，带头树立法治思维，带头提高敬畏意识。在联系服务群众上，要心中高悬法律明镜、手中紧握法律戒尺，把对法治的尊崇、对法律的敬畏转化成想问题、作决策、办事情时的法治思维和法治方式，不折不扣地依法行政、依法办事、严格执法、公正司法。三是要加强基层法治机构和队伍建设。要夯实基层治理法制化基础，充实基层司法力量，解决好人员、经费、装备和基础建设等方面的突出困难，为基层干警、一线干警创造良好的工作环境。要严明公、检、法、司干部队伍作风，着力解决执法办案过程中的消极应付、不作为、乱作为、慢作为等问题，坚决纠正对群众冷硬横推、吃拿卡要、粗暴霸道等不正之风。要继续深化司法体制改革，试点推行由当事人对司法机关及办案干警进行评议的监督机制，倒逼提高审判效率和办案质量。

（作者：中共湖南省洪江市委书记）

# “后陈经验”对推进农村基层治理现代化的启示

钟关荣

党的十八届三中全会提出了“推进国家治理体系和治理能力现代化”的目标，农村基层治理是实现这一目标的关键。上世纪90年代，武义县后陈村在村务不公开、财务管理混乱、部分村干部以权谋私等一系列问题倒逼之下，开始了村务监督工作的探索，于2004年6月18日建立了全国首个村务监督委员会。被誉为“后陈经验”的村务监督委员会制度自诞生之初，就得到了时任浙江省委书记习近平同志的关注。十年来，习近平同志先后8次作出重要批示，在他的亲自推动下，以“一个机构、两项制度”为核心的“后陈经验”不断发展完善，实现了村务监督由事后监督到全程监督、村庄管理由“干部治村”到“制度治村”的根本性转变，使后陈创造了连续十年村干部“零违纪”、村民上访“零记录”、工程“零投诉”、不合规支出“零入账”的“四零”记录。这一制度迅速在全国推广，从当初应急的“治村之计”到写入《村民委员会组织法》的“治国之策”，成为改革开放以来加强农村基层组织建设的成功典范，被列为十六大以来我党政治体制改革的十六件大事之一。在加快实现“四个全面”的新形势下，总结好、借鉴好“后陈经验”，对推进农村基层治理现代化具有很强的现实指导意义。

## 一、必须把尊重群众首创精神作为推进农村基层治理现代化的基础

“后陈经验”的创立源于后陈村民追求民主权利、参与民主监督的探索和实践，是尊重群众首创精神的结果。正是得益于尊重群众首创精神，“后陈经验”不断深化完善，成为推进基层民主政治建设的重要力量，为农村基层治理现代化奠定了基础、提供了遵循。

**（一）尊重群众首创精神，农村治理变革才能顺应发展规律。**人民群众是实践和认识的主体，是物质财富和精神财富的创造者，是社会变革的决定力量，是创造历史的真正动力。群众在实践中创造的经验，反映了事物发展的客观规律，代表了社会发展进步的方向，对我们正确认识规律、把握方向和推进工作有着深刻的指导示范意义。“后陈经验”源自广大群众对自身利益的关注和对法律赋予监督权的行使，来源于群众对监督村干部规范用权的积极探索，而正是这种最为朴素的制度探索，蕴含着农村法治建设的真理。因此，我们在推进农村基层治理现代化的过程中，必须充分尊重群众的首创精神，切实发挥人民群众的创造性，依靠群众的力量推动改革创新。

**（二）尊重群众首创精神，探索出的制度才能解决基层实际问题。**群众路线是我们党的根本工作路线，也是我们党的根本领导作风和工作方法。新中国建立以来我国农村基层组织建设的每一次改革都源自群众创造。如安徽小岗村村民的“分田到户”，引起了家庭联产承包责任制的推行，运行了二十余年的人民公社体制由此解体；为填补人民公社体制解体后农村出现的权力真空，广西合寨村自发成立了村委会，村民自治由此萌生；“后陈经验”也是后陈村民在村务财务管理混乱、村干部违纪问题频发、干群冲突严重、村民上访不断的情况下寻求问题解决的结果。村监委会制度的创立和实施，完成了“从乱到治”的转身，实现了干群关系的融合，保障了农村基层的和谐，促进了农村经济的发展。再一次用其实践成效证明，尊重群众首

创精神，是坚持群众路线、从农村实际出发解决基层问题的先决条件。

**（三）尊重群众首创精神，农村治理模式才能得到发展和推广。**后陈村务监督委员会建立前后，不少地方也进行着村务监督民主自治的类似尝试。但这些探索创新大多因没有得到当地党委政府的重视支持和有效引导而胎死腹中。事实证明，发端于群众的探索创新如果缺少有效的支持和引导，就很难实现“破茧而出”。村务监督委员会制度是在后陈村干部群众期盼村务规范、公开、有序管理的摸索中产生的，更是在武义县委见微知著、遵循规律，就后陈村民的探索创新进行讨论并达成共识后，给予肯定和引导下建立完善的。正是武义县委对群众首创精神的尊重，才使发源于后陈的村务监督委员会制度紧贴武义农村实际得以孕育发展，并取得积极的示范效应和治理绩效，被写入村民委员会组织法，最终从“治村之计”上升为“治国之策”。

## 二、必须把坚持党的领导作为推进农村基层治理现代化的核心

马克思主义理论指出：“任何形式的自治，都离不开一定的社会制度和政治条件。”历史实践也证明，任何形式的基层治理都无法脱离整个国家治理结构而独立运行，更无法深化发展。“后陈经验”的每一次改进完善，每一步充实提升，都是在党的正确领导下实现的。因此，推进农村基层治理现代化，必须始终坚持党的正确领导。

**（一）坚持党的领导才能准确把握农村基层组织建设的方向。**虽然农村基层组织建设实行相对自治，但党的领导是保障各项事业取得成效的根本。通过对中国共产党领导下的农村基层组织建设实践的历史考察，我们不难得出这样的结论：只有加强党的领导，农村基层组织建设才能健康发展；离开党的领导，农村基层组织建设就会迷失方向、遭遇挫折，甚至出现混乱局面，最终损害的是群众的根本利益。如，在新民主主义革命时期，如果没有党领导下的农民运动，就不会有农民协会、村民代表会议等基层群众性自治组织的萌芽和发展，压在群众身上的“三座大山”就不会推翻；在社会主义革命和建设时期，如果没有党领导下的土地改革、政权建设和改革开放，人民群众的富裕美好生活可能仍然是“海市蜃楼”。十年来，“后陈经验”在实践中始终得到群众的认可支持，正是其在完善过程中始终突出党组织的领导核心地位，保证这一制度沿着正确方向发展的结果。“后陈经验”的成功有力地证明了，只有坚持党的正确领导，才能准确把握农村基层组织建设的方向。

**（二）坚持党的领导才能始终保持农村基层组织建设的动力。**虽然农村基层组织建设的推动主体是群众，但是要使农村基层组织建设持续深入，绝离不开党的正确领导所赋予的动力。“后陈经验”实践十年来，武义县各级党委积极回应基层群众参与民主管理和监督的需求和愿望，主动介入从问题产生到症结调研、从制度设计到规范运行、从典型树立到全面推广等各个环节的探索创新，并从工作指导、制度规范、财政支持等方面有力推动制度发展。可见，村务监督委员会制度，虽发端于村庄内部，却是村民自发创造与各级党委主动推动相互作用的结果。实践表明，正是党的强有力的领导，村务监督委员会建设的政治保证才能更为坚强，民主政治建设的生命力才能更加旺盛。

**（三）坚持党的领导才能厘清政府与农村基层组织建设的边界。**农村基层组织建设虽然围绕村民自治展开，但这样的村民自治是在党的领导、依法治国前提下的有限自治，绝不是、也不可能是随心所欲的无政府主义。政府部门要在农村基层组织建设中发挥作用，绝不能大包大揽。“后陈经验”实践表明，只有坚持党的正确领导，才能厘清政府工作与农村基层组织建设的边界。这种边界就是引导支持不能缺位、不能错位、不能越位，政府部门既要遵循政策法规，不教条僵化，切实履行职责，也要做到

领导而不包办、指导而不干涉，切实维护好村民民主实践的积极性和主动性。

## 三、必须把强化权力监督作为推进农村基层治理现代化的保障

“后陈经验”的成功，在于它在制度探索和创新中把握住了权力的“笼子”由谁来设计，怎么设计，谁来掌控“笼子”钥匙等核心问题，真正让村民拥有了对村务的“绝对权力”。实践证明，把权力关进“制度笼子”，是促进农村和谐稳定，推进农村基层治理现代化的保障。

**（一）强化权力监督是基层民主管理的现实选择。**随着农村改革的不断深化，农业生产组织形式和分配方式发生巨大变化，农民群众有了更多的自主权，过去凡事都由村级组织或负责人说了算的村务管理方式已成为历史。新形势下，只有大力发展基层民主，不断完善决策制度、程序和运作机制，落实群众的知情权、参与权、决策权和监督权，实现村级权力运行与监督的统一，才能从根本上实现农村的长治久安和长远发展。特别是在“一事一议”兴办村级公益事业、管理村级重大事务等事关农村发展的决策中，权力的规范行使和监督制度的落实具有决定性作用，这是“后陈经验”的立足点，更是农村治理实际的历史选择。

**（二）强化权力监督是扎牢“制度笼子”的客观要求。**制度的“笼子”关键要牢固可靠，但任何新生事物的成长都要经历一个由小到大，由不完善到逐步完善的过程，“后陈经验”也不例外。它虽然是从解决实际问题中酝酿而生，符合当前村务改革的发展方向，但绝非一产生就尽善尽美，也受到了许多“既得利益者”的阻碍，经历了广大群众的民主意识从被动激发到主动觉醒的过程。为此，武义“摸着石头过河”，不断探索出台了村务监督委员会成员“两推一选”选举办法、村务监督“四定二评一创”工作程序、《村务监督委员会履职细则》、《关于进一步加强村务监督委员会工作的若干意见》等一系列制度规范，努力构建决策权、执行权、监督权既相互制约又相互协调的村级权力结构规范体系，促使村务监督委员会在农村基层民主自治中发挥应有作用，并使民主监督的理念逐渐内化到了广大农村群众的自觉行动中。由此可见，构建科学的权力监督体系，以严密的“制度笼子”确保权力在阳光下运行，对推进农村基层治理现代化具有重要意义。

**（三）强化权力监督是坚持问题导向的经验所得。**问题是推动科学发展的着眼点。“后陈经验”从产生到不断深化、完善，就是一个直面问题、梳理问题、解决问题的过程，这些问题大多是从未有过的，需要我们去突破一些系统性、深层次制度瓶颈。而这个过程往往无法通过一个现成的总体方案、总体安排来全面解决，必须从当前农村基层民主自治的实际问题、实际需求来寻找突破口。“后陈经验”着眼于强化对村务问题的监督，不断改进、深化和完善，成为了党委政府满意、党员群众认可、社会普遍点赞的“完善农村基层民主管理、实现农村治理长治久安”的样板。通过监督，在群众与村组织之间架起了一座沟通的桥梁，促进了问题的有效解决。这一经验启示我们，坚持问题导向强化监督、主动监督，是解决问题的有效抓手，是推进农村基层治理现代化建设的关键一招。

## 四、必须把发挥群众主体作用作为推进农村基层治理现代化的关键

在社会管理制度改革变迁的过程中，正因为有了人民群众的主动参与，制度才充满了生机活力，公平正义才得以彰显，实际成效才会事半功倍。“后陈经验”也正是在于充分发挥了广大群众主体作用，才能在推进农村基层治理现代化中“大显身手”。

**（一）调动发挥广大群众的主体作用，必须强化群众的参与意识。**“知屋漏者在宇下，知政失者在草野”。在基层民主自治建设中，人民群众的参与作用是全面的。党员干部生活在群众之中，他们的一言一行、功过是非、勤政廉

洁与否，群众最了解，也最有发言权。没有群众的积极参与，我们的民主监督就会变成“自说自话、自弹自唱”，达不到群众满意的效果。只有相信和依靠人民群众，坚定走群众路线，把制度“笼子”的钥匙交到群众的手里，才能使人民群众能够积极有效地行使自己监督的权力，充分发挥人民群众在民主监督中的作用。而“后陈经验”正是从一开始就以简洁易懂、全面公开、程序规范的形式，使群众参与村务决策的权力得到有效保护，使群众参与村务监督的热情得到全面调动，制度本身也才有了扎根的土壤。

**（二）调动发挥广大群众的主体作用，必须保护好群众的切身利益。**毛泽东同志曾说，“满足了群众的需要，我们就真正成了群众生活的组织者，群众就会真正围绕在我们的周围，热烈地拥护我们”。我们党的任何工作，都是以实现最广大人民群众的根本利益为出发点和落脚点，群众是否得到实惠，群众生活水平和生活质量是否得到提高，群众的合法权益是否得到保障，是检验我们工作成果的最高标准。武义县在“摸石头过河”探索实践“后陈经验”的过程中，始终坚持问计于民，把保障群众权益作为党委、政府的工作重心，不断完善配置科学、程序严密、制约有效的村级权力运行机制，逐步形成决策权、执行权、监督权既相互制约又相互协调的村务监督制度，“后陈经验”经受住了实践的检验，得到了长足的发展和群众的认可，并最终上升到了国家治理层面。

**（三）调动发挥广大群众的主体作用，必须做到取信于民。**“水能载舟亦能覆舟”。只有取信于民，我们的工作才能获得最广泛、最可靠、最牢固的群众基础和力量源泉。失信于民，便是失去了根基，失去了动力，再好的制度也会流于形式。2004 年前的后陈，就是因为权力得不到群众信任，才导致干群关系紧张，群众上访不断，村庄秩序失衡的；而 2004 年后的后陈，建立了村务监督委员会，权力受到监督，村务得到公开，管理日益规范，使群众重拾对干部的信任，并在与时俱进地健全完善和不折不扣地落实执行中，成就了后陈连续十年村干部“零违纪”、村民“零上访”、工程“零投诉”和不合规支出“零入账“的“四零”记录。因此，推进农村基层治理现代化，我们必须树立党委政府和村级组织在村民中的权威，言行一致，表里如一，从而实现党的领导与群众主动参与的最大统一。

（作者：中共浙江省金华市委常委、武义县委书记）

# 缙云县美丽城乡建设的探索和实践

朱继坤

“建设美丽家园，创造美好生活”是“两美浙江”建设的主要内容，也是长期以来我们城乡建设的根本目的。缙云是一个欠发达山区县，但生态环境优良，山水田园风光优美。为走出一条欠发达山区县美丽城乡建设的新路子，近年来，缙云县委、县政府按照“产城融合、城乡一体”的路径，始终坚持循序渐进的原则，着力构建“点上出彩、线上美丽、面上洁净、生活富裕”的美丽城乡新格局。在具体工作中，坚持“五先五后”的工作基调。

## 一、先“洗脸”后“化妆”，扎实做好城乡环境整治工作

缙云之美首先在山水，山水田园构成了缙云生态美的基本图景。而缺少保护意识的人的活动，是妨碍山水田园生态的重要根源。省委、省政府历来高度重视城乡人居环境建设和群众生活品质改善，反复强调环境整治工作是美丽城乡建设的基础。因此，缙云的美丽城乡建设首先落脚于治理“脏乱差”，先“洗脸”，后“化妆”，将重点放在洁净、治乱和美化上。

**一是推动洁净工程。**在全省率先把“双清”行动升格为“五清”行动（清洁家庭、村庄、河道、道路和田园）。按照“水清、村洁、宜居、养生”的目标，以创建国家级生态县、省级文明卫生县城和洁净乡村行动为抓手，以整治城乡环境、狠抓长效管理为重点，全面推进五水共治“清三河”和农村面源污染整治行动，实行“户集、村收、乡镇转运、县处理”的垃圾处理模式，不断完善城乡保洁长效管理机制，努力打造整洁有序、和谐美丽的城乡环境。目前，全县13条黑臭河全部完成清淤疏浚整治并通过验收，已创建洁净家庭12万户、洁净村庄200个和洁净乡镇15个，城乡环境明显改善，群众保洁意识明显提高。

**二是推进治乱工程。**以创建无违建县为抓手，注重拆改结合、拆控结合和拆用结合，深入推进“三改一拆”。城区方面，不断加大对城中村改造拆迁和街道两沿违建整治力度，打造展示城市整洁有序的点线面，着力提升城区人居环境；农村方面，扎实开展整治“三乱”（乱建房、乱建坟、乱建庙）行动，将有碍观瞻的违建坚决予以清理。大力推进农业转型升级，开展田间山边乱搭乱建棚舍的拆除行动，积极推动农村畜禽养殖整治提升。针对杆线“蜘蛛网”乱象，试点探索“六线入地”埋设方案。目前全县“三改一拆”行动累计完成拆违约106万平方米，完成市下达任务的176%，27个行政村基本达到“无违建村”创建标准。

**三是推进美化工程。**以美丽乡村先进县创建和“六边三化三美”行动为主抓手，致力于做美做靓街相巷景，着力改善城乡面貌。两沿整治上，重点谋划330国道大中修工程，县城迎宾大道和高速、市政道路两沿的整治改造提升。空间改造上，扎实推进外立面整治，注重自然与建筑的统一，不求千房一面，合理布置屋顶建设和农房挂件装饰，力求打造美丽整洁的空间视觉效果。绿化彩化上，充分利用城市空闲地块、道路河道沿线和农村房前屋后栽种特色花木，开展环村林和山边林道建设，进一步绿化、彩化、美化人居环境，打造山水林田湖城乡和谐一体的美丽画卷。目前全县共完成公路整治114公里，城区主要道路照明率达到90%以上，完成植绿12万多株、外立面整治14万平方米，美

丽城乡风景线逐渐成型。

## 二、先"面子"后"里子",充分挖掘美丽城乡内涵

山水田园生态之美是形象之美,而人文之美,是留得住回忆,记得住乡愁,保得住和谐的内在品质。缙云美丽城乡建设不仅仅停留在形象做美做靓上,更着眼于内在美,大力挖掘美丽城乡的丰富内涵。

**一是加强基层组织建设。**要较快地改变城乡面貌,更要致力于建立相应长效管理机制,关键是充分发挥基层党组织核心作用。我县把美丽城乡建设和基层组织建设充分结合,以"住村连心事不过夜"和"四学四查四比"活动为载体,大力推进基层组织战斗堡垒建设,充分发挥党员先锋模范作用,提升基层治理能力水平,加大落实上级决策执行力度,同时引导群众积极参与其中。新碧街道福康村重视基层组织建设,村两委发挥极强战斗力,村级规模调整后全村统筹融合,同时大力推动旧村改造,新农村建设成为全县样板。

**二是抓好基层民风净化。**城乡美,最终要落实到人的美。不管是城乡保洁还是基层民主,都需要有人的素质和社会风气作为保障。我们注重在提升群众文明素养上下功夫,致力于培养有文化、有素质、讲文明的现代居民,提倡基层开展自我管理,建立城乡基础设施、公共服务设施与环境卫生保洁的长效管理机制,千方百计激发和提高群众的卫生意识和自律意识,抓好基层民风净化工作,真正实现"小事不出村、大事不出镇、矛盾不上交"。我县曾经的后进村——长兰村,通过村庄整治和五水共治,村委团结干事,村民心齐气顺,村容村貌发生巨变,实现了从"上访"到"鼓掌"的巨大转变。

**三是挖掘城乡文化内涵。**立足于我县独有的城乡特点,着力做好文化建设文章,彰显缙云的独特韵味。以农村文化大礼堂建设为抓手,以先进文化影响群众,提升城乡群众素质,以历史文化古村落保护利用为载体,营造延续乡村历史文脉的传承和让人"留得住记忆,记得住乡愁"的故土情结。通过不断挖掘与传承,大力弘扬黄帝文化、婺剧文化、石头文化、孝道文化和耕读文化等独具魅力的文化景观和文化现象,形成发展我县第三产业和吸引外地游客的卖点。

## 三、先"盆景"后"风景",整体推进美丽城乡建设

山水田园生态是大自然对缙云的丰厚馈赠,保护和建设好我们的家园,让生态与家园完美融合,是城乡建设理应秉承的理念。缙云县坚持把全县当做一个大景区来规划,把一个村庄当做一个景来设计,把一户人家当做一个小品来改造,先做"盆景",串珠成链,聚沙成塔,集"盆景"逐步成"风景"。

**一是牢固树立精品理念。**在规划设计、工程建设和城乡管理等各个环节,强调"一草一木都是精品,一砖一瓦都是艺术"的理念,从细微处打造点上"盆景"。根据各自的资源禀赋、生态特色、人本文化等,选择好村庄及线路的主题和定位,体现差异化、多元化,力求打造园林式村庄和绿道式公路,给人以"数里不同景,人在画中游"的美好视觉冲击,体现"古今结合、土洋并存、雅俗共赏"的精品效果。今年我县壶镇镇成功入选全省"治水美镇、浙江样本"50强,桃花岭村修复项目成为全市典范等,都是我县美丽城乡建设出精品的生动实例。

**二是坚持"积小胜为大胜"。**我县始终坚持从全县人民群众最关心、要求最迫切、最易见成效的事情和项目抓起,每年找准一至两个行动载体,确定一条城区街巷和三至五个村庄进行重点示范打造,一步一个脚印,脚踏实地狠抓落实,争取一年一小胜,连年积大胜,推动美丽城乡建设善做善成,终见成效。当前正有序开展美丽县城"八个一"建设,推进"绿色上山、活水进城"、道路"白改黑"和园林"绿改彩",并确定近期全县六个重点环境整治村及连接六村的环形线路整治目标,逐步完善提升全县城乡建

设品质。

**三是强调“以点带面”。**以点带面是科学有效的工作方法。鉴于缙云欠发达的实际，美丽城乡建设在全县同步开展不可能，一步到位也不现实，必须立足于点上出彩，逐步推进形成线上美丽，即“盆景”多了自然能形成“风景”。“点”就是示范、典型，“点”有助于选准突破口，有利于推动新发展。在前几年工作的基础上，下一步我县将重点选择建设五云中心城区、壶镇小城市等典型示范城镇和一批我县美丽乡村示范点，同时，结合美丽乡村精品村和一般村创建，积极开展“花样农家”创建活动，力求示范带动、串点成线、以点带面推进全县美丽城乡建设。目前，点上共累计完成投资5600万元，创建花样农家930户。

## 四、先“规划”后“建设”，全面建设美丽和谐好缙云

随意建设是对山水田园生态最大的破坏，谋定而后动是建设的原则，也是保持人与自然和谐的最重要的方法之一。美丽城乡建设绝不能凭主观想象和满腔热情办事，需要以规划作为蓝图和纲领，以规划引领发展，不规划不设计、不设计不施工。

**一是坚持科学规划引领。**我县始终坚持科学规划“一盘棋”，成立“多规合一”领导小组，实现几大规划一张蓝图的无缝对接，防止规划冲突造成建设混乱。同时，与中国美院建立战略合作关系，高起点做好城市规划设计，完善城乡规划体系。城市规划形成了县城“一溪双城”、“四区互动”、“组团发展”的城市框架结构；新型城镇化形成了县城与壶镇小城市“双核驱动”、两大中心镇“梯度集聚”的规划体系；乡村规划形成了以美丽乡村建设总体规划为龙头，涵盖全县村庄布局规划、土地综合整治规划、中心村建设规划、历史文化村落保护利用规划的规划体系。

**二是因地制宜规划建设。**遵循“为群众改善生活、为今后留下记忆”的原则对城乡进行规划、设计和建设，凸显个性设计，不搞千篇一律，尽量保持原始风貌，基本实现就地取材。在设计招标中博采众长，结合各地的区位优势、资源禀赋和群众需要，根据“宜工则工，宜农则农，宜游则游”的方向，重点对城市品牌与形象、老城区历史街区综合保护与开发、河阳新发展区块等项目进行研究，不断完善规划设计，既体现现代精神风貌，又不破坏农村文化底蕴，建设中突出城市风景和乡土风情及田园风光，打造缙云特色的美丽城乡。

**三是严格按照规划实施。**按照“全县景区，整体规划、分步实施、逐年推进”的原则，明确年度建设计划，有序推进美丽城乡建设，努力实现“全县大风景、乡乡有盆景、村村有小品”。明确规划一旦确定，必须无条件按规划去建设，切实维护规划的权威性。下步将计划在各乡镇设立专职的村庄建设规划管理员制度，加强按照规划建设的刚性纪律，规定村内所有建设活动都需规划管理员签字同意，否则不予施工建设。

**四是坚持一以贯之落实。**冰冻三尺非一日之寒，美丽城乡建设不是一蹴而就的事。朝令夕改，人去政息，只会破坏美丽城乡建设的整体性和延续性。缙云县始终突出“功成不必在我期”的理念，保持思路和规划的延续性，一年连着一年抓，一任接着一任干，上下同心，锲而不舍，不断在推进中完善，在落实中提升，从而推动美丽城乡建设深化，共同建设和谐美丽好缙云。

## 五、先“建设”后“经营”，努力探索经营美丽城乡之路

“绿水青山”要变成“金山银山”，既要有好的保护，也要有好的经营，才能不断激发城乡发展的活力，把美丽城乡的生态要素、生活要素向生产要素转化，最终把环境变成资源，把风景变成产业，把美丽变成生产力。

**一是强化经营乡村理念。**山水生态是缙云的“金名片”。缙云开展美丽城乡建设，一方

面，让山水生态、人文传承、田园风光在乡村的绿化、洁化、美化过程中，得到充分的彰显。另一方面，把山水生态、休闲养生、风光名胜等元素与美丽乡村建设充分对接，在“村美”的基础上促成乡村“业兴”的真正实现，从而使美丽城乡建设从“输血”向“造血”跨越，形成发展的良性循环。在具体工作中，按照“全域景区化”的思路，以“黄帝缙云、人间仙都、千年石城”作为缙云旅游的品牌形象，鼓励支持有条件的村深入挖掘乡村休闲旅游资源，打造一批特色经济强村、特色文化村，增强村级造血功能，实现可持续发展。

**二是注重经营要素配置。**以“产城融合、城乡一体”作为推进新型城镇化的战略路径。在城镇建设上，注重工业园区、仙都景区与县城的良性互动，通过要素整合、政策引导、基础设施配套延伸，增强工业、旅游业对县城的辐射带动能力，提升城镇的集聚功能。在乡村发展上，加快推进农村产权制度改革，赋予农民更多财产权利，引导农村土地流转，探索农村金融体制创新，积极鼓励引导金融机构开发金融产品，开展农房、林权抵押贷款，激发农村要素资源活力和创业创富热情，有序引导农民向二三产业转移转业。

**三是打造乡村富民产业。**引导富民产业发展，是美丽乡村建设的根本目的。缙云县在有序推进美丽城乡建设的同时，出台扶持政策，每年投入8100万元的农村产业发展资金，全面推动生态农业、生态林业、农村电子商务、农村特色服务业发展。重点支持农民发展“家家乐”（农家乐）、“家家做”（来料加工）、“家家店”（农村网店）。同时，深入挖掘农村传统特色小吃制作工艺，培育以“缙云烧饼”为龙头的特色小吃系列品牌，打造了一系列富民产业，有效促进了农民增收致富。截至9月底，全县共发展以休闲旅游农家乐为主的“家家乐”200多家，营业收入1.35亿元；以电子商务为主的“家家店”1400多家，销售额5亿元；以来料加工为主的“家家做”队伍4.2万多人，促农增收近2亿元；重点扶持缙云烧饼品牌建设，培训烧饼师傅1672名，示范店23家，营业总收入2.5亿元。计划到2020年，产值超过20亿。

（作者：中共浙江省丽水市委常委、缙云县委书记）

# 牢记总书记嘱托　把责任落到实处 做一名让党放心为民造福的区委书记

叶理中

2014 年 11 月 14 日至 2015 年 1 月 15 日，我在组织的关心下幸运地成为了中央党校第一期县委书记研修班学员，期间参加了习近平总书记亲自主持召开的学员座谈会，现场聆听了习总书记从治国理政高度、结合自身工作经历、寄予殷切期望的重要讲话，深感亲切、倍感温暖；深受鼓舞、倍感振奋，给自己注入了强大的精神动力，终生难忘、受益终身，并深感县区委书记级别不高、但责任重大。作为一名区委书记，要始终牢记习总书记的谆谆教诲和嘱托，深学、细照、笃行，自觉践行"四有"要求，以焦裕禄同志、谷文昌同志等优秀县委书记为榜样，坚持不懈地承担并履行好县区委书记的责任，切实把责任落到实处，做一名让党放心、为民造福的区委书记。

## 一、要把责任切实记在心上

习总书记强调："县委是我们党执政兴国的一线指挥部，县委书记就是一线总指挥。""县一级阵地必须要始终有对党忠诚的人坚守。""县委书记是直接面对基层群众的领导干部，必须心系群众，为民造福。"因此，要当好县区委书记，首先要把总书记的要求铭刻于心。要不断增强作为一名县区委书记"主政一方"的责任感和使命感，切实为党夯实基层的执政基础作出贡献。

**一是要始终牢记理想信念的责任。**要坚定理想信念，始终做到对党忠诚，时刻想到自己是党的人，时刻不忘自己对党应尽的义务和责任，坚决贯彻执行中央和省市委的决策部署，在思想上、政治上和行动上旗帜鲜明地与党中央保持高度一致。尤其是在意识形态领域的斗争中，要保持思想上的敏感，有较强的政权意识和阵地意识，自觉做战士不做绅士。要始终牢记自己是党建工作的第一责任人，坚持"党要管党、从严治党"，坚持"抓好党建就是最大政绩"的理念，围绕发展抓党建，抓好党建促发展。

**二是要始终牢记加快发展的责任。**要始终坚持"为官一任，造福一方"，把推动地方发展、改善百姓民生、守好一方水土作为自己最大的责任，切实推动各项工作扎实开展。近几年来，南浔区紧紧围绕"奋战五年、再造南浔"和"重振南浔辉煌"的总目标，大力实施"生态立区、工业强区、城市兴区"三大战略，实现了经济发展稳中有进。2010 年—2014 年，全区地区生产总值从230.69亿元增加到 319.3 亿元，年均增长 8.5%，人均超过 1 万美元；城镇居民人均可支配收入、农村居民人均可支配收入分别从 25572 元、13360 元增加到 37710 元、22364 元。2010 年—2014 年，财政总收入、地方财政收入分别从 20.35 亿元、10.01 亿元增加到 31.31 亿元、15.02 亿元，年均增长分别为 11.37%、10.68%。2014 年，全区主要经济指标更是体现出了强劲的赶超态势，部分指标增幅排名居全市前列，其中全区固定资产投资增长17.8%，增幅列全市第一；全体居民人均收入增长 9.9%，增幅列全市第二；财政总收入增长 10%，增幅列全市第三。

**三是要始终牢记为民服务的责任。**始终做到心中装着老百姓，始终牢记党的宗旨，做到克己奉公，不谋私利。自担任南浔区委书记以后，我用 15 个月时间走遍了全区 221 个行政村和

300多家规模以上企业，听民声、访民情，广泛听取群众意见，把群众最关心、跟群众关系最紧密、群众反映最直接的环境问题作为本届区委区政府重点解决的问题之一。为此，在2011年12月底召开的区第三次党代会上明确把“生态立区”作为全区三大战略之一，大力开展“五水共治”、“三改一拆”、“四边三化”和大气污染防治（治霾318）攻坚行动等工作，经过3年努力，全区城乡环境面貌有了明显改善。2014年，全区市级以上地表水监测断面达标率100%，46个河道断面监测点水质三类水以上达到74.6%，空气质量指数优良率同比提高16.7%，PM2.5同比下降13.5%，全区生态环境质量公众满意率高于省平均水平；获省级生态区称号并通过国家级生态区技术评估，受到了广大群众的好评。

## 二、要把责任牢牢扛在肩上

习总书记强调：“有多大担当，才能干多大事业；尽多大责任，才会有多大成就。”当好县区委书记，必须保持奋斗和昂扬的精神状态，敢于担当，勇于克难，守土尽责，以上率下。

**一是政治立场必须鲜明坚定。**作为县区委书记，在政治纪律和意识形态等重大问题面前要做到立场坚定、态度鲜明、敢于发声；在大是大非问题上更要引领全区各级党员干部旗帜鲜明、顾全大局，面对周围存在的不正确思想和不良言论，既要旗帜鲜明地指出并反对，更要义正词严地驳斥，切实维护党的荣誉和利益。带领全区上下积极打好意识形态斗争主动仗，深入开展“让网络空间清朗起来”学习讨论实践活动。

**二是面对难题必须敢于担当。**要敢于坚持原则，坚持一切从工作出发，不徇私情、不和“稀泥”，不搞无原则的一团和气。对违反党的原则的人和事不留情面，对工作不力和作风不正的干部不姑息迁就，对出了问题的干部不包庇袒护。近2年来，全区共问责各级党员干部102人，降职、免职干部15名。

**三是推动工作必须攻坚克难。**在经济社会发展等重点难点工作中要果断决策、冲锋在前；面对工作难题要顶得住、打得赢，要有“明知山有虎，偏向虎山行”的劲头，积极寻找克服困难的具体对策。如在2013年的“三改一拆”工作中，面对当时区镇村三级党员干部普遍存在的畏难思想和工作进展缓慢的不利状况，作为区委书记，我做到积极应对不言难，想方设法破难题，组织干部外出学习考察外地先进经验及工作成效，亲自组织召开每半个月一次的现场会，通过不断的自我加压提目标，顶住威胁攻难点，全区“三改一拆”工作取得了重大突破，2013、2014两年全区分别拆除违章建筑146.6万、174.4万平方米，“三改”面积分别达到273.4万、166.5万平方米，打赢了“三改一拆”的攻坚战，改善了生态环境，腾出了发展空间，推进了经济转型升级。又如在2014年度的农村生活污水治理工作中，面对时间紧、任务重、基础差，前期思想不统一，基层群众发动不够广泛等困难和问题，我们切实强化工作举措、层层传递压力，通过召开现场会推进会、组织村民外出参观、定期督查通报等手段，在最后3个月中集中冲刺，保证了全年目标任务的顺利完成，并获得了全市“五水共治”一等奖的荣誉称号。

## 三、要把责任真正体现在实效上

习总书记强调：“党和人民的信任就是重托，要意气风发，满腔热情干好。”“不能干一年、两年、三年还是涛声依旧，全县发展面貌没有变化，每年都是重复昨天的故事。”这句话给我印象很深刻。因此，当好县区委书记，必须履行好岗位职责，要成为本地区推进改革、发展和稳定的组织者、引领者和实践者，不仅要把责任记在心上、扛在肩上，更要把责任体现在实效上。近几年来，南浔区紧紧围绕“奋战五年、再造南浔”和“重振南浔辉煌”的总目标，大力实施“生态立区、工业强区、城市兴区”三大战略，实现了经济发展稳中有进、城乡面貌不断改善、社会大局和谐稳定、党的建设切实加强的良好局面。下一步，我们将继续坚持“一张蓝图干到底”，坚持立足长远、狠抓当前，紧紧围绕“奋战五年、再造南浔”和“重振南浔辉煌”的总目标，努力实现经济平稳健康发展和社会和谐稳定，加快建设现代化生态型水乡魅力之城。尤其是2015年，我们将坚持以“两超两争”为重点，大力实施“生态立区、工业强区、城市兴区”三大战略，全面深化改革创新，全面推进法治建设，全面强化从严治党，持续打好项目建设和治水治气两大攻坚战，扎实推进稳增长、调结构、促转型、治环境、惠民生、保稳定等各项工作，努力完成“十二五”各项目标任务。具体要做到六个坚定不移：

**一是坚定不移深化改革创新。**强化改革攻坚，重点抓好政府自身改革、行政审批制度改革、资源要素市场化配置改革、投融资体制改革、农村改革等重点改革工作，进一步释放改革红利、激发制度活力、提升服务效能。强化创新驱动，以创建省创新型城区为载体，大力培育发展高新技术产业，加快科技创新平台建设，力争中电21所浙江分所正式投入运行，积极争创国家级木检中心，加快筹建电梯产业公共检测平台和木制品工业设计中心。加快企业研发机构建设，2015年新增院士专家工作站2家，省级研发中心5家、企业研究院2家，力争省级重点企业研究院实现零的突破。

**二是坚定不移加快转型升级。**做强工业经济，坚持“工业强区”战略，聚焦工业主战场，提升发展先进装备制造业，培育发展新能源、生物医药、高端装备制造、信息经济、健康等新兴产业，振兴提升丝绸、湖笔等传统历史经典产业，持续调整优化产业结构。做大电梯产业，打造全国一流的电梯产业集群；壮大电机产业，进一步增强市场话语权、提升核心竞争力；提升木业产业，扶大育强，整治“低小散乱”，创建木地板产业“全国知名品牌示范区”。做特现代农业，注重生态集约高效，大力实施农业“23511”工程，加快建设具有南浔特色的长三角现代化生态循环农业引领区和示范区，确保农业现代化评价指标居全市前列。

**三是坚定不移扩大有效投入。**坚持以项目为王，持续打好项目建设攻坚战，完善项目储备、落地、建设滚动推进机制，优化服务举措，确保固定资产投资增长12%。深入实施“浙商回归、浔商回家”工程，力争在20亿元以上工业项目招引上取得突破，确保2015年完成浙商回归省外重大项目到位资金24亿元、力争28亿元。深化“平台建设提升年”活动，突出抓好开发区智能电梯产业园和练市信息机电高新技术产业园区两大平台建设，推进重点区块拆迁，确保全区拓展平台面积4000亩以上，完成平台建设总投入7.6亿元。

**四是坚定不移建设“两美”南浔。**牢固树立“绿水青山就是金山银山”理念，打好“五水共治”、“三改一拆”、“四边三化”、大气治理等“组合拳”、“连环招”，力争早日通过国家级生态区现场验收，让南浔空气更清新、水质更清澈、环境更清洁。深入实施“城市兴区”战略，全面推进中心城区建设“双60”工程，不断提升城市集聚力和竞争力。不断深化魅力水乡建设，稳步推进南浔城南城乡一体化发展试验区建设，加强历史文化村落保护利用，着力打造美丽乡村升级版。大力推动城乡路网建设，全力加快318国道改建工程建设，确保南浔大道延伸至新318国道，启动南浔客运中心建设，积极做好湖苏沪高铁各项前期工作，持续深入开展交通治拥治堵，扎实推进乡村公路建设，不断完善区域交通体系。

**五是坚定不移改善社会民生。**坚持“守住底线、突出重点、完善制度、引导舆论”的思路，抓好为民办实事项目。围绕“建设一流学校，打造一流教育”，深入推进“美丽校园”建设，争创“浙江省教育基本现代化区”。加快“一流医院”建设，全力加快南浔区人民医院异地新建项目。扎实推进文化建设，切实完善社会保障，不断增进民生福祉。以法治建设为引领，不断深化维稳工作“十大机制”，全力争创平安南浔

"十一连冠"。

**六是坚定不移加强古镇保护利用。**习总书记非常关心南浔古镇，这几年来在保护工作上取得了实质性的进展，南浔古镇已荣获中国历史文化名镇、中国魅力名镇等荣誉称号，2014年更成为世界文化遗产地，旅游人数和门票收入实现了两个翻番，古镇保护利用取得了双赢。下一步，我们将坚决贯彻习总书记重要指示精神，举全区之力，切实加强南浔古镇保护利用工作，全面开展项目建设提速年、旅游营销突破年、旅游业态转型年、景区管理提升年"四个年"活动，力争完成年度投资10亿元以上，确保成功创建湖州市首个国家5A级旅游景区，努力把古镇打造成国内一流旅游度假目的地、国际知名的古镇休闲旅居区。

（作者：中共浙江省湖州市南浔区委书记）

# 做“四有”书记

## ——深入学习贯彻习近平同志关于县域治理的重要论述

姚高员

郡县治则天下安，县域强则国家强。习近平同志一直很关注县一级工作，对县一级职能、运转和县委书记的角色有亲身感悟。他深刻指出：“县一级承上启下，要素完整，功能齐备，在我们党执政兴国中具有十分重要的作用，在国家治理中居于重要地位。”“县级政权所承担的责任越来越大，尤其是在全面建成小康社会、全面深化改革、全面依法治国、全面从严治党进程中起着重要作用”。他强调，要准确把握县域治理的特点和规律，把强县和富民统一起来，把改革和发展结合起来，把城镇和乡村贯通起来，不断取得事业发展新成绩。这些重要论述，深刻阐述了县域治理在国家治理中的重要地位，为县域深化改革、科学发展指明了方向。作为县一级的领导干部，一定要深入学习贯彻习近平同志系列重要讲话精神，奋力推进县域深化改革和科学发展。

### 坚持强县和富民相统一

习近平同志强调，县一级“是发展经济、保障民生、维护稳定、促进国家长治久安的重要基础”，“县委书记是直接面对基层群众的领导干部，必须心系群众、为民造福”，“要着力解决好人民最关心最直接最现实的利益问题，特别是要下大气力解决好人民不满意的问题，多做雪中送炭的事情”。深入学习贯彻这些重要论述，要求我们在县域治理中必须坚持强县和富民相统一，一方面努力推动县域经济社会科学发展，另一方面让人民群众共享改革发展成果。

强县，就是要推动县域经济社会科学发展。县域是我国经济发展和社会治理的基本依托。改革开放以来，我国县域经济取得长足发展，涌现出一批发展速度较快的“全国百强县”。但在当前，随着我国改革进入攻坚期和深水区，经济社会发展中的一些突出矛盾和问题在县域也表现得非常突出。像浙江嘉善这样发展速度较快的县域，当前也存在亩均产出不高、全员劳动生产率不高、创新驱动力不足等突出问题。这些矛盾和问题，制约着县域经济进一步做大做强。解决这些问题，关键是推进产业转型升级，这是推动县域经济社会科学发展的坚实基础。当前，我国经济发展进入新常态，经济发展方式正从规模速度型粗放增长转向质量效益型集约增长。县域也必须适应经济发展新常态，以发展品质经济为目标，全面推进集约发展、集聚发展、集群发展、创新发展，加快腾笼换鸟、机器换人和科技成果应用。推进县域经济社会科学发展，还要将开放合作作为活力之源。县域发展要跳出县域，善于利用周边发达地区平台发展自身，以招商引资推动经济合作，放大“大树底下好乘凉”的“辐射红利”。嘉善毗邻上海，沪善两地素来互动密切，应充分发挥这一区位优势，创新开放合作模式。

富民，关键是坚持以人为本，积极推进群众增收，不断增进民生福祉，以经济发展促进社会事业的全面提升。习近平同志强调：“人民对美好生活的向往，就是我们的奋斗目标”，“必须使发展成果更多更公平惠及全体人民”。推动县域经济发展，实现强县目标，最终是为了富民，是为了提高人民群众的生活水平，努力使广大人民群众学有所教、劳有所得、病有所医、老有所养、住有所居。只有 GDP 的增长而无群众生活水平的提高，这样的发展是经不起实践检验、历史检验和人民检验的，从根本上说是心中没有装着老百姓,是政绩观出了问题。在县域治理中,我们要时刻把强县目标与富民目的统一起来,把经济发展与民生改善结合起来。

## 坚持改革和发展相结合

习近平同志指出:“当前,国内外环境都在发生极为广泛而深刻的变化,我国发展面临一系列突出矛盾和挑战,前进道路上还有不少困难和问题。”他强调:“能不能适应新常态,关键在于全面深化改革的力度”,“面对新形势新任务,我们必须通过全面深化改革,着力解决我国发展面临的一系列突出矛盾和问题”。这些重要论述,深刻阐述了改革和发展之间的辩证关系,也为在县域治理中如何坚持改革和发展相结合提供了遵循。

当前,县域发展还存在许多不足,如产业体系不完整、产业优势不突出、产业层次不高、资源要素短缺、公共服务能力相对薄弱、城乡差别比较大、发展后劲不够足等。这些难题相互交织、相互影响,躲不开、绕不过,亟待在实践中破解。解决这些难题,推进县域科学发展,必须全面深化改革,除此之外别无他途。“春江水暖鸭先知”。现在,一些先发展起来的县域相比其他县域,遇到的困难更早、更多,迫切需要增强发展的内生动力。我们要充分认识全面深化改革在推动县域科学发展中的重要作用,以县域科学发展共性难题和率先发展中遇到的问题为导向进行探路攻坚,以改革动力激发发展活力。对于嘉善来说,就是要切实承担起国家级“县域科学发展示范点建设”赋予的先行先试使命,通过改革促发展。

习近平同志强调:“我们提出全面深化改革的方案,是因为要解决我们面临的突出矛盾和问题,仅仅依靠单个领域、单个层次的改革难以奏效,必须加强顶层设计、整体谋划,增强各项改革的关联性、系统性、协同性。”在县域改革实践中,“单兵突进”很难形成“合围之势”,往往会“按下葫芦浮起瓢”,旧的问题没有解决,新的问题又会暴露。这就要求我们坚持高标定位、系统谋划,坚定信心、把握方向,深入推进县域改革。

## 坚持城镇和乡村相贯通

习近平同志强调:城乡发展不平衡不协调,是我国经济社会发展存在的突出矛盾,是全面建成小康社会、加快推进社会主义现代化必须解决的重大问题。改革开放以来,我国农村面貌发生了翻天覆地的变化。但是,城乡二元结构没有根本改变,城乡发展差距拉大趋势没有根本扭转。从根本上解决这些问题,必须推进城乡发展一体化。这就要求我们在县域治理中坚持城乡统筹、推进城乡发展一体化。

县域涵盖城镇与乡村,是承上启下、沟通条块、联结城乡的枢纽。因此,对于县域来说,做好城镇和乡村贯通这篇文章尤为重要。做好这篇文章需要破解三个难题:一是城乡规划两张图问题。城里一张图,农村一张图,衔接不起来。二是城乡基础设施建设中两本账问题。城里钱投得很多,农村钱投得比较少。三是城乡公共服务中的二元结构问题。

坚持城镇和乡村相贯通,关键是全面推进空间布局、基础设施、公共服务“三个一体化”,积极打造城乡公共服务圈,让农村居民切实感受到配套跟城里一样、保障跟市民一样。一是应以科学规划为引领,着力构建以中心城区为核心、新市镇为主体、城乡一体新社区为基础的县域城乡体系,构建县域城乡发展“一张图”构架,加快推进以人为核心的新型城镇化进程,促进城乡空间布局一体化。二是应以硬件提升为先导,加快推进交通、供水、教育、医疗、养老等基础设施一体化进程。三是应以均衡普惠为导向,大力发展均衡普惠的社会事业,努力实现城乡基本公共服务均等化,使城乡居民共享改革发展成果。

## 坚持按“四有”要求建设干部队伍

习近平同志深刻指出:“市县领导机关、领导干部和基层单位同人民群众的联系更直接,其不良作风更直接损害群众利益、伤害群众感情。”“县一级领导同志要珍惜岗位，秉公用权，安身、安心、安业，多为老百姓造福。”习近平同志对县委书记提出了“心中有党、心中有民、心中有责、心中有戒”的要求。这也是对广大基层党员干部的要求。加强县域治理、实现县域科学发展，必须努力建设“四有”干部队伍。

心中有党，就必须对党忠诚。基层党员干部应深刻认识到自己职位虽然不是很高，但坚守的阵地非常重要，自己的所作所为直接关系党的执政基础，必须心中有党、对党忠诚。心中有党，要体现到自己的世界观、人生观、价值观中，体现到自己的政治方向、政治立场、政治言论和政治行为中，体现到具体的岗位工作中。要自觉同党中央保持高度一致，自觉维护党中央权威。

心中有民，就必须心中始终装着老百姓。全心全意为人民服务是我们党的根本宗旨。基层干部天天与老百姓打交道，如果心中没有老百姓，是不可能真正做好工作的。心中装着老百姓，就要少装一点个人私欲。心中的“私”少一点，“公”就能增一分，从而做到不谋私利、克己奉公。基层党员干部要对个人的名誉、地位、利益想得透一点、看得淡一点，多为老百姓办实事、做好事。

心中有责，就必须敢于担当。基层党员干部在岗一日，必须做到守土有责、守土尽责，遇到事情就要担责、负责。抓落实的过程必然会遇到许多矛盾和问题，只有敢担当、能担当、善担当，才能干成事。要有“钉钉子”的精神和“功成不必在我”的胸怀，多做打基础利长远的事，咬定发展不动摇、加快发展不懈怠、科学发展不折腾，坚持“一张蓝图绘到底”，一任接着一任干，锲而不舍、久久为功，干出水平、干出实绩。

心中有戒，就必须干净干事。党和人民把权力交给党员干部，是让其为民造福、为民谋利的，决不允许用手中的权力为自己谋私利。基层党员干部权力虽不大，但与人民群众的利益息息相关。如果心无所戒、行无所止，就过不了权力关、金钱关、美色关，就不可能干干净净干事。只有正确行使权力，依法用权、秉公用权、廉洁用权，才能为官一任、造福一方。

（作者：中共浙江省嘉善县委书记）

# 勇担功能拓展新使命　演绎区域发展新篇章

李建春

面对全球经济低迷徘徊、中国经济进入新常态的新形势，重庆市积极对接国家区域发展大战略，深入推进五大功能区建设，依托“渝新欧”大通道和长江黄金水道，扩大向西向东开放，着力构建“两带”战略支点，有效拓展了区域发展新空间。在重庆市委、市政府五大功能区战略指引下，巴南区科学谋划自身功能定位，勇担重庆大都市功能拓展新使命，精彩演绎区域发展的新篇章。

## 一、以“四区一基地”定位融入五大功能区建设新战略

区域经济发展的理论和实践证明：“思路决定出路、格局决定结局、位置决定价值。”为此，巴南区积极融入五大功能区建设的战略布局，进一步找准巴南的“位置”，更好地体现巴南的“价值”。围绕“江南新城、主城第三增长极、城乡一体发展示范区”的发展目标，科学谋划巴南在全市的主体功能，确立了“四区一基地”的功能定位，着力打造山水城市风貌展示区、中央文化休闲活动区、生态健康体验区、商贸物流集聚区和先进制造业基地；按照“五化一体”（新型工业化、信息化、新型城镇化、农业现代化、国际化、城乡一体发展）的战略路径，努力开创巴南科学拓展的新格局。力争到2020年，全区常住人口达到135万人、地区生产总值达到1300亿元，其中城市建成区面积达到120平方公里、常住人口达到120万人、地区生产总值达到1200亿元。

## 二、推“一带三区”布局铺展主城向南加力新版图

作为都市功能拓展区中面积最大的区（占全市都市功能拓展区总面积的35.2%）和重庆主城后发区域，巴南区以空间为最大资源，变后发为跨越优势，义不容辞地担起“向南加力度”的主力责任。根据“四区一基地”功能定位，优化全区空间布局，以“一带三区”（龙洲湾滨江城市经济带、环樵坪经济区、麻柳沿江开发区、生态休闲经济区）撑起重庆主城第三增长极，重构大都市向南拓展的新版图。

**狠抓龙洲湾滨江城市经济带建设。**该片区总面积48平方公里，作为建设“山水城市风貌展示区”和“中央文化休闲活动区”的主要区域来布局发展，打造主城十大新兴商务聚集区，展现国家中心城市的科教中心、宜居城区等功能。滨江沿线按照“自然、生态、休闲、亲水”的理念，大力发展高端商务、星级酒店、高档休闲娱乐、总部经济等业态，重点打造重庆中央活动区（CAZ）；龙洲湾新区按照城市副中心和十大开发片区的要求，大力发展金融服务及非银行金融业、商贸商务、文化娱乐、大型城市综合体等业态，着力打造依山滨江生态宜居城；重庆高职城按照“融合、开放、生态、智慧”的理念，打造成为重庆职业技术教育的核心区。2014年，龙洲湾滨江片区完成投资101亿元，建成237万平方米，均居重庆主城十大开发片区之首；重庆金融服务总部基地、万达广场、海洋公园、珠江欢乐园、巴滨一号、融汇商业及茶花广场、君禧天地、旭辉城等一批项目加快建设，逐步显现滨江城市形态。

**推进环樵坪经济区建设。**该片区规划面积约66平方公里，作为建设“商贸物流集聚区”、“先进制造业基地”的主战场，主要布局商贸物流、专业市场、先进制造、生产性服务等产业，展

现国家中心城市的物流中心、综合枢纽、开放门户和先进制造业集聚功能。鹿角地区重点打造重庆中央休闲购物区（CSD），融创、协信、润一江等项目有序推进。经济园区成功引进液晶面板第8.5代生产线等一批重大项目，已初步形成以台湾圣美、东荣发电子、日立化成、香港力源等为主的笔电配套产业集群，以曙光、华雄、宁辉为代表的楼宇工业和总部经济集群，以惠科电子、天语手机为代表的智能终端产业集群，以新加坡富裕集团为代表的打印机配套产业集群。南彭贸易物流基地作为重庆“三基地四港区”之一，正打造国家级物流枢纽。

**加快麻柳沿江开发区建设**。该片区作为重庆市轻工产业基地和医药产业“五园七基地”之一，重点发展轻工服装、精细化工、新材料、生物医药等产业。目前，基础设施建设快速推进，建成标准厂房80万平方米，重庆中国轻纺服装城、尚盟重庆服装产业园、百亚国际卫生用品产业园、斯努特原浆啤酒、北大医药、重庆化医控股、科博生物、悦康药业、渝钛白等项目正加快建设，春宝科技成为重庆市第三家上交所Q板挂牌企业。

**力推生态休闲经济区发展**。将重庆绕城高速以外的镇街作为打造“生态健康体验区”的主要区域，重点发展都市型效益农业、乡村休闲旅游业、养生养心养老业，按照“农业产业化转变农民生产方式、农民职业化转变农民劳作方式、农村社区化转变农民生活方式”的思路，加快城乡一体发展示范区建设，联合国教科文组织将巴南确定为“人与生物圈城乡统筹项目”的全球性实践基地。

## 三、实施“大美＋三生”方略塑造都市科学拓展新形态

巴南区的生态资源在重庆主城九区中最具优势，加之具有“半抱”都市功能核心区的自然空间特征，赋予了其“主城生态屏障”的重要功能。为此，我们立足于重庆建设美丽山水城市的功能拓展，发挥沿江、依山、傍泉、靠林、临湖、环岛等生态资源优势，坚持实施“大美＋三生”的科学拓展方略，力求使重庆大都市区展现“生态＋现代”的新型都市形态。

**实施“大美巴南”建设计划**。结合新型城镇化建设，出台《“大美巴南”生态文明建设计划》，实施生态空间优化、生态环境修复、人居环境治理、山水城市建设、生态文化建设“五大工程”，让巴南保持“自然之美”、“和韵之美”、“恒久之美”，呈现“秀美城乡、千年古邑、山水相依、大美巴南”的壮美景象。通过划分城市聚集区、农业生产区、生态涵养区，建立科学合理的生态空间体系；通过大力发展生态型工业、生态型农业、生态型服务业和循环经济，建立协调发展的生态产业体系；通过开发保护水资源、节约集约土地资源、建设保护森林资源、合理开发利用长江岸线资源和矿产资源，建立可持续发展的生态资源体系；通过加强水源污染防治、大气污染治理、噪声污染控制、生态安全保障，建立舒适优美的生态环境体系；通过加快山水城市风貌展示区建设、改善人居环境，建立功能完善的生态人居体系；通过强化生态文明理念、建设生态文化载体、开展生态文明创建等，建立内涵丰富的生态文化体系。随着“大美巴南”建设深入推进，巴南生态环境不断改善，2014年空气质量优良天数237天，PM2.5浓度降幅列重庆主城区前列；建成区生活污水处理率达95.4%，城市集中式饮用水源水质达标率100%；建成区绿化覆盖率达42.8%，全区森林覆盖率达43.5%。

**强化都市农业“三生”功能**。作为都市功能拓展区中“三农”体量最大的区，秉持农业是城市生态系统重要组成部分的理念，主攻都市休闲农业，突出其“三生”功能：一是增强满足大都市消费的生产功能。根据重庆城区居民消费需求，着力构建特色效益农业“3＋5产业体系”，重点发展休闲观光农业、特色水果、花卉苗木等3个特色产业和优质粮油、优质蔬菜、优质茶叶、特色畜牧业、生态渔业5个优势产业。二是形成改善大都市环境的生态功能。对纳入

"生态休闲经济区"的10多个镇街,降低经济增长贡献度考核权重,其主要任务就是加强生态建设保护,重点发展特色效益农业、城乡一体发展项目,使巴南成为名符其实的"都市之肺"。三是凸显适宜大都市休闲的生活功能。立足于弥补重庆大都市在文化休闲、商务休闲、养生养心等方面的功能欠缺,抓好巴南"大休旅"发展,着力打造"生态健康体验区"。推进"农旅融合",突出农业观光、农家休闲、农事体验、瓜果采摘、民俗体验等特色,大力发展乡村休闲旅游业,办好采茶节、梨花节、采摘节等农旅节会活动,着力打造知名乡村旅游大区及都市休闲旅游区。做好"修养文章",借助"中国温泉之乡"等品牌,大力发展生态养生养心养老业,打造"两山一湖"(樵坪山—南湖—圣灯山)生态"三养"示范线,使巴南成为知名"三养"休闲胜地。目前,双河常青国际养生园、天心寺禅茶文化生态农庄、二圣云林天乡、跳石五洲园、姜家三亭园等项目建成开放,十大旅游休闲联盟唱响了"天下休闲,养在巴南"服务品牌,东温泉镇、丰盛镇荣获"全国特色景观旅游名镇"、"中国传统建筑文化旅游目的地"称号,丰盛镇桥上村入选第三批中国传统村落名录,二圣镇集体村被评为"中国最美特色民居村",东温泉—南温泉旅游度假区成为重庆市十大旅游度假区。

## 四、构筑"物流+高职"平台催化现代服务新功能

按照重庆市委把都市功能拓展区打造成为全市"科教中心"、"物流中心"的功能要求,狠抓南彭贸易物流基地、重庆高职城两大战略平台建设,增强重庆大都市现代服务业的新功能。

**突出巴南商贸物流"首要功能"。**把商贸物流作为巴南体现主体功能的首要功能,推进"商贸物流集聚区"建设,争取设立国家公路口岸,实行向南开放战略,着力把南彭贸易物流基地打造为"一江两翼"进入印度洋一翼的重要枢纽和重庆—东盟南向国际物流大通道的战略基点。目前,已有重庆东盟国际物流园、重庆车谷等20多个项目签约入驻,商贸物流"五大业态"齐聚:一是代表专业市场的重庆华南城项目,一期200万平方米市场建设快速推进,引来了华盛奥莱、好百年、乾龙物流、华南城网、第一亚太物业等一线大品牌,将打造为西南地区规模最大、业态最全、配套最优、复合功能最强、交易成本最低的千亿级专业市场。二是代表未来商贸发展方向的京东电商产业园项目,其西南运营结算中心已实现重庆地区独立结算,完成重庆市首个大型电子商务企业数据本地结算工作,2014年实现交易额19亿元。三是代表第三方物流的新加坡普洛斯项目,已完成一期8万平方米配送中心建设,正进行二次招商,同时建成铁公鸡商贸城一期16万平方米市场。四是代表中国最发达的第四方物流企业浙江传化,其物流港建设顺利推进。五是增值加工产业,推进市级重点项目香港工业园招商。同时,大力推进五大专业市场集群发展,铠恩国际成为中国西部家居第一市,西部汽车城成为全国十大机动车市场和重庆最大的二手车交易市场,渝南汽车市场成为重庆最大的重型车和工程车交易市场,2014年五大专业市场年交易额484亿元、增长15.3%,已辐射到全市和四川、贵州、云南等省,巴南"大市场、大物流、大产业"的发展格局已具雏形。

**打造职业技术教育"核心功能"。**立足于打造重庆职业技术教育核心区,按照职业技术学历教育、技能培训、技能鉴定、技能竞赛、技能研发、高技能人才培养和就业指导"七位一体"的功能定位,探索产教融合、产城互动的发展新模式,加快推进重庆高职城建设。目前,"高职城"一期完成院校布局,已有重庆大学城市科技学院、凤凰艺术大学、重庆五一高级技工学校、重庆教育管理学校等8所院校及国家级公共实训基地、长江剧场、西部人才产业园等签约入驻,融智学院一期和文化职业艺术学院一期已完成主体工程,云教育产业园动工建设。

## 五、创建“大善巴南”新举弘扬崇德守法新风尚

《论语》为政篇讲，“道之以政，齐之以刑，民免而无耻；道之以德，齐之以礼，有耻且格。”在党的十八届四中全会精神指引下，我们把握法治与德治的一致性、兼容性和互补性，创新推进“大善巴南”社会治理实践，促进法治的规范作用与德治的教化作用相得益彰、相辅相成，最终形成“积德累善、兼善天下”的社会治理服务机制和“择善而从、从善如流”的社会风尚。

**全面推进德治建设。**把伦理道德作为价值标准和评价尺度渗透于社会治理活动中，促进人心向善，增加和谐因素。一是坚持以评立德。按照引导有方向、评判有标准、学习有榜样的要求，建立健全区、镇、村三级道德评议组织，通过道德评判，强化广大群众的是非观、荣辱观等道德观念，引导群众树立正确的价值取向，在群众口碑、邻里评价等“小舆论”环境中，让失德者受到熟人社会的谴责，让处在道德边缘者受到道德的约束，让守德者赢得社会应有的尊重。二是坚持以文养德。积极推动巴文化传承，建立道德讲堂、德孝主题公园、文化礼堂等传统文化阵地，以润物无声的方式弘扬真善美、传递正能量，培育广大干部群众积极的人生态度和良好的社会心态。三是坚持以规促德。结合经济转型、生态环境整治、新农村建设等中心工作，系统梳理和修定完善有关规章制度和行为准则，强化村规民约、居民公约、行业守则、职业规范对法律法规的补充性功能、乡风乡俗的倡导性功能、群众行为的约束性功能。

**大力推进依法治理。**以提高广大群众法制意识、法治素养为抓手，以强化基层法治服务为保障，实现政府依法维护社会和谐稳定与群众依法主张权利权益相统一。一是依法化解社会矛盾。深化“大调解”工作格局，在学习借鉴“枫桥经验”的基础上，拓展和丰富基层社会治理的法治内涵，加大矛盾纠纷排查化解力度，妥善解决群众合理诉求。特别是积极探索法律服务在化解基层矛盾中的有效形式，把信访问题引入法律程序，努力破解“信访不信法”社会难题。二是强化基层法治服务。整合公、检、法、司和社会志愿者等法律服务资源，推动司法力量下沉，进一步整合网格管理员、流动人口协管员、计生协管员、便民诉讼联络员、灾害信息员、双拥联络员、舆情监督员等村社工作队伍和职能职责。三是保障人民安居乐业。正确处理依法治区与维护稳定的关系，既维护群众的合法利益和诉求，又严厉打击以“维权”为名扰乱公共秩序的违法犯罪行为，破解“破窗效应”难题。坚持把打、防、管、控各环节有机结合起来，加大对严重暴力犯罪、抢劫抢夺盗窃、涉黄涉赌涉毒等各类违法犯罪的防范打击力度，提高基层社会治安防控能力。

**积极推进普法实践。**围绕受众的心理特点，以适应公众掌握、满足公众需要为检验标准，将实践教育作为普法的重点方式，使法律的权威真正来源于人民的内心拥护和真诚信仰。一是注重日常法治宣传。改进大一统的宣传格局和“单向灌输”的普法模式以及单一的数据评价方式，动态把握主流需求，将功夫下在平时，把重点放在源头，更加突出日常宣传的作用，采取送法下乡、送法进社区、旁听庭审等各种形式，使群众在浓厚的法治氛围中切身感悟法律的真谛。二是落实普法工作责任。落实“谁执法、谁普法，谁管理、谁普法”工作原则，增强全区普法力量，扩大普法工作覆盖面。各行政执法部门、司法机关充分发挥专业优势，积极开展各种形式的普法活动，提升普法工作的针对性、有效性，消除执法、普法“两张皮”现象，形成部门、行业分工负责、各司其职、协同联动的大普法工作格局。三是创新法治文化内涵。把法治内涵融入机关文化、校园文化、企业文化建设之中，营造法治氛围，全面提高群众感知度、参与度。

## 六、推动“以文化人”工程树立幸福感知新导向

人之幸福在于心之幸福。现在国家发展

强大了，人们的生活水平提高了，但很多人幸福感并未同步提升；信息丰富了，选择增加了，但焦虑和不安似乎增多了。怎样在思想日趋多样的大变革时代，让社会有更大共识？怎样在物质不断丰裕的同时，让精神世界更加丰富？这是我们党执政兴国必须加以重视和解决的重大问题，各地必须认真贯彻落实中央对文化建设的系列部署，更好满足人民群众对精神文化的需求。近年来，我们秉持“文化让巴南走得更远”理念，深入实施“六大文化工程”，致力推动“以文化人、以文塑城”，使人民群众在精神文化上汲取“正能量”、增强“获得感”。一是深化“重拾文化碎片、寻找巴南文脉”为主题的“文化塑魂工程”，完成《巴文化与巴南精神》研究专著，提炼出“忠勇守德、尚文崇新”的巴南精神；二是着力实施文化形象工程，注重将巴南文化元素融入项目建设中，对16个特色小镇的城镇风貌、景观、标识系统等进行规划设计；三是大力实施文化产业工程，加快巴滨一号、丰盛古镇、花木世界等重点项目建设，香港凤凰中国西部文化城、凤凰演艺大学和西演集团等产业项目落户巴南，2014年文化产业增加值达23.8亿元，增长60.7%；四是积极推进文化精品工程，抓好“一镇街一品牌”特色文化创建，南泉抗战旧址群（5个文物点）成功申报为全国重点文物保护单位，接龙吹打、木洞山歌入选国家首批非物质文化遗产项目，接龙小观梆鼓舞、麻柳荷叶列入第四批市级非遗代表性保护名录；五是抓好文化精英工程，培养选拔了40多名本地文化领军人才，高层次文化顾问已有20余名；六是实施文化惠民工程，加强社区标准化文化活动室建设，全区公共文化设施全部免费开放，“巴地听雨”文艺鉴赏沙龙、“巴人图语”市民文化知识讲座、“欢笑巴南”群众文艺大舞台、巴滨游艺团街头演艺等活动实现了常态化。同时，我们还加大人文交流力度，坚持举办温泉养生、禅茶文化、旅游休闲等论坛活动，提升了巴南知名度和影响力。

（作者：中共重庆市巴南区委书记）

# 严字当头　让管党治党责任落地生根

陈代文

东方欲晓，莫道君行早——进入实现民族复兴关键阶段的中国，时间匆匆、任重道远。

党的十八大以来，习近平总书记站在时代发展的战略高度，立足于实现“两个一百年”奋斗目标、实现中华民族伟大复兴中国梦，紧紧围绕“四个全面”发表了系列重要讲话，深刻阐述了党和国家发展的重大理论和实践问题，体现着解放思想、实事求是、与时俱进、求真务实的理论品质和实践要求。今年“两会”期间，刘云山同志用列车妙解“四个全面”，指出改革就是“发动机”，法治就是“稳压器”，党的领导就是“火车头”，落实“四个全面”战略布局，关键是注重“全面”，要害是抓好统筹，形象生动地阐释了“四个全面”的逻辑联系。

郡县治，天下安。目前，“中国号列车”正在向着2020年全面建成小康社会目标进发，基层党委的领导关系全面小康大业，使命光荣、责任重大、不容有失。习近平总书记强调：“历史使命越光荣，奋斗目标越宏伟，执政环境越复杂，我们就越要增强忧患意识，越要从严治党；从严治党，必须增强管党治党意识、落实管党治党责任。”一个“严”字透出了中央从严治党的决心，让我们清醒地认识到：要实现全面小康，就必须坚持“严”字当头、不走过场，让党要管党、从严治党的政治责任落地生根，为全面小康提供坚强的政治保障。

## 忠诚是第一品质，筑牢政治灵魂

“天下之德，莫过于忠。”对党忠诚是立身之本。党员干部只有坚定理想信念，坚守共产党人精神追求，做到忠诚于党、忠诚于党和人民的事业，自觉把个人理想融入党的事业中去，矢志不渝为实现中华民族伟大复兴的中国梦而奋斗，才能夯实推进事业发展的政治基础。必须坚定理想信念。理想信念大于天。思想是行动的先导，理论是实践的指南，认识水平的提高，在于思想理论的自觉。“忠诚”问题，说到底是世界观、人生观、价值观的反映，是理想信念、政治品质的体现。我们是党培养的干部，要常常问一问自己心中是否还有信仰，时时想一想最初的入党誓言有没有淡化，有没有动摇。要从思想入手，从源头抓起，按照“三严三实”要求，举办习近平总书记系列重要讲话培训班和“远学焦裕禄近学文朝荣”县、乡、村三级座谈会；实行以现场观摩学、集中分散学、专题辅导学、经验交流学为主要内容的“四学模式”；利用红色文化遗址，开展一束鲜花、一次宣誓、一个专题、一份资料、一堂讲座、一本书籍“六个一”活动，强化党性修养，补足精神之钙，把做好每项工作、每件事情作为实现人生价值的“坐标”，不断攀升、不断奋发、不断进步。必须严守政治纪律。矩不正，不可为方；规不正，不可为圆。三国时期，“曹操割发代首以明军纪”、“诸葛亮挥泪斩马谡”均表现了领导者自觉守纪的风范，都令“三军悚然，无不懔遵军令”。严守政治纪律和政治规矩不是一句空话，不能只表态、不落实，党员领导干部更要发挥好示范带头作用，不断加强党性修养，认真落实习近平总书记提出的“五个必须”要求，做到信党章、信中央、信组织，严格执行请示报告和个人有关事项报告制度，落实民主集中制，规范“三重一大”决策机制，加强关键岗位干部的重点管理，建立纪检监察机关和组织、宣传等部门协调机制，全面落实党政正职不直接分管人、财、物和行政审批、工程建设的规定。明确行为准则,坚持防微杜渐,始终修身严行,管住小事、守住小节、谨防小错。必须强化主体责任。“各级党委、各部门党委(党组)是不是都做到了聚精会神抓党建?各级党委书记、各部门党委(党组)书记是不是都成为了从严治党的书记?各级各部门党委(党组)成员是不是都履行了分管领域从严治党责任?”习近平总书记去年在党的群众路线教育实践活动总结大会上连发这“三问”,振聋发聩、催人深思。党组织书记要牢固树立“抓好党建是本职,不抓党建是失职,抓不好党建是不称职,党建大面积出问题是渎职”的思想理念,把党建作为主业、主责、主绩,坚持把从严治党责任承担好、落实好,敢于在不良风气面前挺身而出,在大是大非面前铿锵亮剑,自觉与各种歪风邪气作斗争,确保党的事业在我们手里不变质、不褪色。开展全员双向述职评议,建立党组书记述职报告制度,形成“双向述职、双向评议、双向监督、双向整改”工作机制,把述职主体延伸到乡(镇、办事处)、村(社区)和部门单位党组织书记,以“联诺、联述、联评、联考”为主要内容,定期召开党组织书记抓党建工作述职评议会,自觉接受组织、党员干部、“两代表一委员”、群众代表评议和监督。强化对权力运行的监督,建立健全落实党委主体责任定期报告、集体领导下的个人分工和干部问责等工作机制,推行“一把手”公开承诺制,组织全区承担重要审批、执法、服务职能的部门单位“一把手”,通过媒体平台公开承诺改进机关作风、工作纪律、行政效率和服务态度,主动接受监督。

## 干净是第一操守,严守政治底线

习近平总书记指出,领导干部手中掌握着权力,权力用得好,可以用来干大事,为人民谋利益,用得不好就会被污水沾染。个人干净是做人底线。面对各种糖衣炮弹,一定要常修为政之德,常思贪欲之害,常怀律己之心,常除非分之想,时常拂拭,扫除尘埃,守住为官“底线”,真切算清“七笔账”:政治账——不要白白断送政治前途;经济账——不要落得人财两空;名誉账——不要搞得身败名裂;家庭账——不要落得妻离子散;亲情账——不要搞得众叛亲离;自由账——不要身陷牢笼悔已晚;健康账——不要终日人心惶惶,吃不好、睡不好。修身养德,情趣健康。“知人者智,自知者明,胜人者有力,自胜者强。”古代先贤把修身作为第一件大事。这就启发我们,只有加强自身修养才是力量的源泉。怎么加强自身修养呢?我认为,首先是立德慎独,其次是求知有为,再次是要有奋斗不息、持之以恒的战斗精神,第四是要了解自己,最后是要敢于与人一道前进,懂得信任和分享。领导干部要带头“静以修身、俭以养德”,自觉做到“吾日三省吾身”,时常自省自警,看看自己是否达标合格,洗洗身心、去去杂念,有则改之舒心,无则加勉放心,做一个实实在在的有德之人。同时,党员领导干部一定要追求健康的生活情趣,做到个人日常生活的所喜、所爱、所乐,追求高雅,淡泊物欲,远离浮躁,拒绝低俗。我认为情趣爱好可以分为四类:第一类爱好与进德修业有关,如看书学习等,要做好做实;第二类爱好可以怡情,如运动锻炼等,要大力提倡;第三类爱好与谋利有关,如收藏古玩、古币、集邮等,要尽量避免;第四类爱好对修身、事业有害,如吃吃喝喝、低级庸俗的玩乐、赌博等,要坚决禁止。清正廉明,干净干事。“勤者,政之所要;廉者,政之本也。”目前,贵州的发展已进入快车道,新常态下,围绕全面小康这个目标,我们在抢抓机遇、后发赶超方面大有可为,迫切需要我们的干部“在其位、谋其政、尽其责”,既干净又干事,干成事、不出事。把“清廉”作为执政为民、从严治党的重要内容,深化反腐败体制机制改革,亮利剑、施铁腕、出重拳、动真格,以“零容忍”的态度从严惩处腐败,做到有案必查,有腐必惩。全面落实党内审查制度,严格实行案件线索集中管理、集中排查,加大对案件剖析和典型案件通报力度,有效推动作风建设步入新常态。强化作风整治,扎实开展在党政机关向“不找熟人办不成事”开刀、在司法执法系统向“有理有据得不到公正结果”开刀、在乡村两级向“没有关系得不到公平对待”开刀的“三个开刀”专项整治行动,着力整治“慵懒慢浮贪”,掀起声势浩大的“作风革命”。坚持专项效能监督管作风,拓宽监督渠道,公开选聘社会监督员参与机关作风和效能监督,认真开展抓职责公开治“推”、抓承诺公开治“懒”、抓程序公开治“乱”、抓时限公开治“慢”、抓去向公开治“玩”的“五抓五治”活动,着力打造“窗口”勤政廉政形象。

## 担当是第一官德,展现政治品格

“任之重者莫如身,涂之畏者莫如口,期而远者莫如年。以重任行畏涂至远期,唯君子乃能矣。”敢于担当是共产党人与生俱来的政治品格,是第一官德。习近平总书记强调:“看一个领导干部,很重要的是看有没有责任感,有没有担当精神。”诸葛亮“鞠躬尽瘁,死而后已”、梁启超“天下兴亡,匹夫有责”等,都是对担当精神的最好诠释。共产党人就要在敢于担当中历练提高,自觉弘扬“苟利国家生死以,岂因祸福趋避之”的担当精神,力争在自己的能力和水平范围内,把事情做到最好;要胸中有目标、行为有力度,任何时候都不亏心、不自愧,真正做到“仰不负党,俯不愧民”。要做到仰不负党。清代学者王永彬在《围炉夜话》中讲到:“大事难事看担当,逆境顺境看襟度。”当干部就是要挑担子,有多高的位子,就得挑多重的担子。只有时刻将挑担子的意识放在第一位,不仅负责,而且尽责;不仅对自己负责,也对他人负责,才是优秀的干部。要有激情、尽职尽责。无论身在哪个岗位,都要时刻牢记使命、保持激情,以实际行动把自己肩上的担子担好、担实,一门心思想事、谋事、干事。实施县级领导牵头抓项目、抓招商工作责任制,创新招工工作方式,将企业招工任务分解到四套班子和各级各部门,形成“全党总动员、人人有任务、走亲大招工”的联动机制,把招来的工人当作干部职工的亲人,全力帮助落实政策。深化社会稳定风险评估机制,完善《重大决策社会稳定风险评估实施细则》,明确风险评估的主体、程序、风险等级管理、责任追究等具体内容和要求。对重点工程项目开展风险评估,实现项目建设与社会稳定统筹推进。要想干事、敢于负责。目前,是我们加快建设全面小康的攻坚时期,在园区发展、产业聚集、统筹城乡、社会治理等方面,有许多硬任务摆在面前。领导干部要有从我做起的底气、向我看齐的勇气、舍我其谁的豪气,主动作为、敢于负责、敢于担当。为了工作,敢于承担责任,在热点难点上敢于突破,在困难矛盾上敢于碰硬,在关键时刻敢于冲锋陷阵。创新投融资模式,推进投融资平台公司实体化发展,通过多元化经营,承担城市公共资产投资、保障性住房建设和管理、棚户区改造、城市基础设施等项目建设,盘活存量资产,有效化解拆迁安置遗留问题。推进农村产权制度改革,全面完成农村林权、土地承包、宅基地使用权确权颁证工作,建立县、乡两级产权交易平台,流转土地、林地,吸纳和激活各类资金,实现资源转资产、资产转资本、资本出效益。要做到俯不愧民。“圣人常无心,以百姓心为心。善者,吾善之;不善者,吾亦善之,德善。”也就是讲,领导干部不要有私心,要一心为民,听得进群众的话、讲群众听得懂的话,用脚上的“土”化解群众心中的“堵”,坚持做到情系于民、权用于民,做群众信赖的人。要怀着对群众深厚的感情,做到真心、诚信、公平。真心,就是多了解群众在想什么、在期盼什么,多做一些群众热切关注、真心欢迎的实事、好事,像办自己的事一样办好群众的事。坚持抓载体、促服务,深入实施“民心党建”工程,开展干部驻村工作,实施村级民主管理村民代表大会、村理事会、村监事会“三会”制,建立以保障群众知情权、决策权、参与权和监督权的农村新型民主管理体系。坚持民主测评科(股)站所长考作风,以解决损害群众利益突出问题为重点,以基层满意、群众满意为标准,对具有行政执法权、审批权、公共服务职能的科(股、站、所)长进行民主考评,实行"背靠背"测评,"面对面"打分,考评结果运用实行"增比进位"和"末位挂牌"制,奖优罚懒。诚信,就是向群众承诺前要认真思考,绝不能不负责任乱表态,凡是答应的事,都要按时限要求,不折不扣地落实到位。要安排好"基本民生",落实好"底线民生",化解好"热点民生",下大气力抓好教育、医疗、卫生、就业、扶贫、住房保障等民生实事,扎实推进"四在农家·美丽乡村"小康路、小康水、小库房、小康电、小康讯、小康寨"六项行动计划",让人民幸福指数持续提升。公平,"私义行则乱,公义行则治,故公私有分。"坚持一心为公、大公无私、公私分明,事事出于公心、用权为公,一碗水端平,做到胸怀坦荡、谨慎用权。特别在征地拆迁、安置等群众最关心的利益问题上,既要尊重民意,又要坚持原则、统一口径,依法拆迁、阳光拆迁,让被征地群众在开发建设中感受到公平,赢得群众的信任和支持。

近年来,碧江区全面落实从严治党政治责任,始终把抓好党建作为最大政绩,贯穿于全面建成小康社会、全面深化改革、全面依法治国的各个领域,聚精会神抓党建,一心一意谋发展,全力以赴惠民生,全区呈现出经济快速发展、民生持续改善、社会和谐稳定、政治风清气正、干部奋发有为、工作亮点突出的良好局面。地方生产总值连续四年在17%以上高位运行,增比进位综合测评全省排名第四,小康指标全面达标。获得"中国传统龙舟之乡"、"全国绿化模范县"、"中国宜居宜业典范区"、"全国生态文明建设先进县(区)"和"最美中国·生态旅游目的地城市"。

山高愈前行,好梦展宏图。今日之中国,以更加开放自信的姿态、更加坚定有力的步伐,奋进在民族复兴的伟大征程。这对党建工作提出了新要求,也为基层党组织发挥作用提供了更广阔的舞台和空间。我们要紧密团结在以习近平同志为总书记的党中央周围,锐意进取、真抓实干,不断开创党建工作新局面,为全面建成小康社会、迈向基本现代化不懈奋斗!

(作者:贵州省铜仁市人大常委会副主任、中共碧江区委书记)

# 践行“四有”要求　坚持智慧作为<br>努力把沙湾建成丝绸之路经济带上休闲之都

乾正峰

根据组织安排，我有幸参加了中央党校第一期县委书记研修班，感触颇深，受益匪浅。特别是习近平总书记接见我们并召开座谈会，和我们亲切交流，就像是发生在昨天的事，习总书记那语重心长的话语，至今还萦绕在耳边，让我们感受到了党中央的深切关怀和巨大鼓舞，也让我们更加清醒地认识到了责任的重大、使命的光荣。习总书记强调，县委是我们党执政兴国的“一线指挥部”，县委书记就是“一线总指挥”，做县委书记就要做焦裕禄式的县委书记，始终做到心中有党、心中有民、心中有责、心中有戒。这“四有”更是生动地画出了新时期县委书记的“标准像”，为新常态下如何当好县委书记，明确了目标和方向。

## 一、坚持心中有党，始终做到政治坚定、对党忠诚

心中有党，就是要以赤胆忠心的爱党情怀坚定信念、忠诚于党。习总书记指出：“对党忠诚是县委书记的重要标准。县一级阵地，必须由心中有党、对党忠诚的人坚守。”作为县委书记，必须把对党忠诚、政治坚定作为立身之本、为政之基，确保跟党一条心、跟人民一条心。

**首先，要绝对对党忠诚。**坚持学习马克思主义理论，重点学习包括邓小平理论、“三个代表”重要思想以及科学发展观等重大战略思想在内的中国特色社会主义理论体系，学习习近平总书记系列讲话精神，特别是习近平总书记提出并形成了全面建成小康社会、全面深化改革、全面依法治国、全面从严治党的战略布局，不断增强对中国特色社会主义道路自信、理论自信、制度自信。坚定理想信念，带头遵守政治纪律和政治规矩，教育引导各级干部在任何时候任何情况下都始终在思想上政治上行动上同党中央、自治区党委、地委保持高度一致；强化组织意识，相信组织、依靠组织、服从组织，自觉维护党的团结统一；自觉维护党中央权威，党中央提倡的坚决响应，党中央决定的坚决照办，党中央禁止的坚决杜绝，在反对民族分裂主义和非法宗教活动等大是大非问题上，做到认识不含混，态度不暧昧，行动不动摇。

**其次，要牢固树立新疆工作的总目标就是社会稳定和长治久安指导思想。**习近平总书记在第二次中央新疆工作座谈会上强调，社会稳定和长治久安是新疆工作的总目标。必须把严厉打击暴力恐怖活动作为当前斗争的重点，高举社会主义法治旗帜，大力提高群防群治预警能力，筑起铜墙铁壁、构建天罗地网。在新疆，作为县委书记，对党忠诚就要按中央要求牢固树立新疆工作的总目标就是社会稳定和长治久安，把主要精力放在社会稳定和长治久安上，坚持贯彻中央、自治区党委、地委关于维护稳定的一系列重大决策部署，不仅做到“三个坚决”（即坚决防止发生“7·28”这样大规模暴恐案件、坚决遏制暴恐案件多发频发势头、坚决防止暴恐活动向内地蔓延），还要在高起点上主动进攻，高标准做好维稳工作，确保本县大事不出小事也不出。全力推进依法治国工作，把着眼点和着力点放在社会稳定上，有步骤地落实自治区党委八届八次全委（扩大）会议提出的全面推进依法治疆的九大任务。深入推进“人人都是维稳哨兵”主题教育活动，各个机关、村

队、社区、行业协会都要把看好自己的门、管好自己的人当作首要的责任，各级党政、各族干部、职工、群众都要把发现影响稳定的情况立即报告当作义不容辞的责任，自觉地成为维护稳定的哨兵，努力实现维稳工作常态化。强化各族干部群众的责任意识、“前沿阵地”和“主战场”意识，把认识变成行动；对影响稳定的因素，坚持“小题大做”，打小、打早、消灭在萌芽状态。坚持“保护合法、制止非法、遏制极端、抵御渗透、打击犯罪”方针，主动学习党的民族宗教政策，主动加强宗教事务的管理，落实好打击宗教极端专项行动。抓实民族团结工作，坚持从我做起、从身边的人做起、从孩子抓起，制定领导干部联系和帮扶不同民族困难群众办法，要求各级干部带头与邻居、同事搞好民族团结，坚持逢会必讲民族团结，形成特色，重新形成亲如一家的局面，切实打牢全县稳定的基础。

**第三，要履行好抓党建职责。**习总书记深刻指出：“如果我们党弱了、散了、垮了，其他政绩又有什么意义呢？各级各部门党委（党组）必须树立正确政绩观，坚持从巩固党的执政地位的大局看问题，把抓好党建作为最大的政绩。”这充分体现了重视党建、抓好党建的鲜明导向，对落实从严治党的战略任务具有很强的针对性和指导性。作为县委书记，就必须从事关党的执政地位的高度看党建、抓党建，真正把党建工作主体责任扛在肩上。要关心基层、重视基层，把更多资源投向基层，扎实推进基层“六有”建设，深入开展“访惠聚”活动，完善“三位一体”工作机制，形成“好人让基层干部当、好事让基层组织办”的制度机制；加强党建带群建，着力提升基层党组织做好宣传群众、动员群众、组织群众工作的政治能力，努力把基层组织建成“说话有人听、办事有人跟”的坚强堡垒。

## 二、坚持心中有民，始终做到心系群众、为民造福

心中有民，就是要以权为民用的公仆意识牢记宗旨、造福百姓。要按照习总书记的要求，始终把群众的安危冷暖放在心中最高位置，自觉做到“民之所好好之，民之所恶恶之”。作为县委书记，要始终把为群众谋福利作为第一追求，把群众满意作为第一标准、第一导向，在为群众办实事、办好事的实践中体现自己的价值，做到无愧于心、无愧于民。

**首先，把“为民、务实、清廉”变成一种习惯。**为民体现在三个方面：一要倾听民意，凝聚民智；二要真心实意，下大力气解决群众生产生活中遇到的困难，特别是弱势群体的困难；三要牢固树立社会稳定和长治久安是新疆工作总目标的思想，坚持辩证思维，在确保稳定基础上坚定不移地推动又好又快发展；同时把发展成果落实到改善民生上、落实到惠及当地上、落实到增进团结上，让各族群众切实感受到党的关怀和祖国大家庭的温暖。务实也体现在三个方面：一要埋头苦干，奋起直追；二要坚持问题导向，在解决问题中推动发展；三要在抢抓历史性机遇，用政策、上项目上有作为。要巩固党的群众路线教育实践活动成果，带头经常深入基层、深入群众，面对面倾听群众呼声，把为民、务实、清廉变成各级干部的习惯。

**其次，切实解决群众期盼的问题，打牢社会稳定的基础。**真心实意站在群众的角度去思考问题，制定启动农村公路建设三年计划、农村改饮水三年计划、棚户区三年改造计划、老旧小区及背街小巷三年改造计划、城市净化美化三年行动计划，解决城乡群众办事难、行路难、吃水难和城市脏乱差等问题，下大力气解决群众生产生活中遇到的困难，特别是弱势群体的困难。继续深入开展“访民情惠民生聚民心”活动，选派1375名工作队员组成228个工作队驻村入户，与群众同吃同住同劳动，在促膝交流中掌握工作利弊得失，在朝夕相处中增进感情，真正打通联系服务群众“最后一公里”。

**第三，要大力保障改善民生。**全面落实自治区民生建设年各项部署，启动“尊老爱幼行动年”活动，实施尊老爱幼“双十”工程，推动民

生持续改善，让休闲之都成果更多惠及各族群众。围绕创建教育强县目标加快发展教育事业，加大教育投入力度，积极探索高中城建设模式，不断改善城乡办学条件。大力发展职业教育，建设职教园区，打造面向全疆乃至西北一流的现代化、校企融合的职业教育园区。围绕创建卫生强县目标加快发展医疗卫生事业，实施中医医院业务综合楼、妇幼保健院业务用房、翠山区医疗服务中心项目，不断改善医疗卫生条件。加强卫生系统人才培养和队伍建设，大力发展现代远程医疗信息技术，让百姓不出沙湾就能享受到名医的服务。巩固零就业家庭24小时动态清零成果，落实好就业扶持政策，加快创业孵化基地、孵化园区基础设施建设，鼓励自主创业，多渠道、多形式促进就业。完善社会保险、社会救助、社会福利和慈善事业相结合的统筹城乡的社会保障体系，健全覆盖城乡困难群众、优抚对象、失业人员、高龄老人、残疾人和流浪儿童的社会救助服务体系，让需要帮助的群众都能生活得到保障、心灵充满温暖。大力发展养老事业，逐步建立和完善以居家养老为基础、社区服务为依托、机构养老为补充的服务体系，让群众老有所养。

## 三、坚持心中有责，始终做到勇于担当、迎难而上

心中有责，就是要以舍我其谁的担当精神履职尽责、拼搏实干。县委书记，虽是芝麻官，却有千钧担，能干上不容易，想干好更不容易，上有组织期望、下有百姓期待、中有岗位职责，绝不能像习总书记批评的那样，干了一年、两年、三年还是涛声依旧。要有“功成不必在我”的境界，像接力赛一样，一棒一棒接着干下去。沙湾县生态环境良好，旅游资源得天独厚，区位优势突出，文化底蕴深厚，矿产资源丰富，农牧业现代化基础好，新型工业化初具规模，社会持续稳定。我们在深入调研、广泛征求意见基础上，提出了今后一个时期的发展思路，即以中国特色社会主义理论和科学发展观为指导，全面贯彻落实党的十八大和十八届三中、四中全会精神以及自治区党委、地委的一系列部署，牢固树立社会稳定和长治久安总目标，高举各民族大团结的旗帜，围绕长治久安抓发展。抢抓经济发展新常态下新机遇，改革创新，奋力拼搏。发展现代文化，建设平安沙湾、创新沙湾，保持生态优美。以新型城镇化为突破口、新型工业化为第一推动力、农牧业现代化为基础，统筹推进“五化”同步发展。把围绕旅游业发展现代服务业作为主战场。创建教育、科技、卫生强县，持续改善民生。进一步发挥好鞍山援助沙湾的作用，进一步加强兵地、油地融合发展。继续创新党的建设。按照一年打基础、两年出形象、三年见成效、五年大变样、十年全面完成的目标，坚持“讲政治、为人民、用政策、凭智慧、靠大家”，“想第一、争第一、干第一”，“不自满、不懈怠、不折腾”，坚持只有努力才能改变、只要努力就能改变，努力把沙湾打造成丝绸之路经济带上休闲之都。

**一是努力保持生态优美。**良好的生态环境是我们的后发优势，更是进一步发展的重要条件。保持生态优美既是打造休闲之都的关键，也是当前最大的民生和福祉。要大力推进翠山生态绿化工程、金沟河生态治理工程，加强森林资源保护，积极开展植树造林、经济林种植、绿色通道建设，打造“美丽乡村”，为沙湾因绿而扬名争做贡献。牢固树立“资源开发可持续、生态环境可持续”发展理念，加快转方式、调结构，既要金山银山，也要绿水青山，绿水青山也是金山银山。严格执行环境影响评价和“三同时”制度，凡是达不到环保要求的项目坚决不上；加快发展循环经济、低碳经济，加大节能减排力度，大力支持企业应用高新技术，淘汰高污染、低效益的工艺、技术和设备。

**二是建设智慧城市，把新型城镇化建设作为打造休闲之都的突破口。**要抓好城市规划、建设和管理，力争沙湾早日撤县建市，以城市化带动发展。坚持新城开发和老城改造并重的方针，完成城东区、翠山区、影剧院、准南机电城后

续建设，大力推进友好集团“中心壹号”、名轩新时代、华中新天地、瑞达广场、古道街改造、世纪大道人防工程等项目。启动棚户区三年改造计划、老旧小区及背街小巷三年改造计划、城市净化美化亮化三年行动计划，为居民提供更加舒适的生活环境。进一步完善智慧城市建设规划、组织机构、总体技术方案、融资方案，力争申报成为国家智慧城市试点县。

**三是把新型工业化作为打造休闲之都的第一推动力。**以纺织服装产业园建设为主，抓好园区建设，主动适应经济发展新常态，充分发挥比较优势，大力发展绿色食品加工业、轻工纺织业、精细化工业、装备制造业、新型能源业等产业，坚持优势优先、做大做强。

**四是巩固和扩大农牧业现代化发展成果。**慎重稳妥地推进农村综合改革，加快建设农村综合产权交易服务平台，争创国家农村土地承包经营权确权登记颁证试点县和国家农村集体资产产权制度改革试点县。巩固提升棉花产业，发展壮大辣椒、番茄、蔬菜、林果、设施农业等特色产业。大力发展观光农业、体验式农牧业，推动现代农牧业与旅游业相结合。发挥国家现代农业示范区等的引领带动作用，积极发展多种形式的农业规模经营，使农民土地股份合作社、草畜联营合作社成为今后我县农牧业发展的新型经营主体，力促全县农牧业发展早日达到全疆领先、全国一流的水平。

**五是把围绕旅游业发展现代服务业作为打造休闲之都的主战场。**以旅游目的地为目标，大力扶持发展以旅游为主的现代服务业，把大盘鸡发展成产业，唱响“品大盘美食、沐神水温泉、赏人间美景、寻天山碧玉”品牌，早日把沙湾建设成为国内知名、全疆一流的休闲之都。大力发展文化产业，鼓励支持非公有资本以多种形式进入政策许可的文化产业领域，持续设立文化产业发展专项资金，扶持文化企业、文化产业项目和文化产业基地建设。大力推动文化产业园建设，挖掘并打造“一个人的村庄”等文化创意产业园，引导建设有一定规模和档次的文化休闲场所，建设休闲之都休闲文化新高地。把奋发向上、崇德向善、遵纪守法的先进文化和想第一、争第一、干第一的精神追求建立在机关、村队、社区、企业、合作社、协会等组织中，体现在大家一致认可的村规民约、自律公约中，内化为社会的群体意识、外化为人们的自觉行动，成为引领各族群众打造休闲之都、实现长治久安的巨大动力。

## 四、坚持心中有戒，始终做到廉洁从政、从严治党

心中有戒，就是要以清正廉明的职业操守严以修身、永葆本色。习总书记说，“廉洁自律是共产党人为官从政的底线”，“当官发财两条道，当官就不要发财，发财就不要当官”。习总书记的话就如同一把“戒尺”，时刻在提醒我们要管住自己、管好自己。

**首先，要履行好县委主体责任。**牢固树立主体责任意识，把党风廉政建设纳入工作全局，融入打造丝绸之路经济带上休闲之都实践，与经济社会发展和部门业务工作一起部署、一起落实、一起检查、一起考核。带头落实党风廉政建设主体责任，坚持敢抓敢管、真抓真管、严抓严管，切实履行“一岗双责”，对党风廉政建设和反腐败重要工作亲自部署、重大问题亲自过问、重点环节亲自协调、重要案件亲自督办。要求其他班子成员认清责任、坚守责任，按照“一岗双责”的要求，抓好职责范围内的党风廉政建设工作，齐心协力履行好县委主体责任，营造良好的从政生态。

**其次，要严格落实党风廉政建设“一岗双责”要求。**作为第一责任人，就要牢固树立“抓党风廉政建设是本职、不抓党风廉政建设就是失职、抓不好党风廉政建设是渎职”的意识，时刻把主体责任放在心上、扛在肩上、抓在手上，抓好班子、带好队伍、管好自己，做落实主体责任的表率。要进一步细化责任内容，创新考核方式，注重结果运用，抓好责任追究，推动党风廉政建设和反腐败工作深入开展。

**第三，要落实好民主集中制。**习总书记说："民主集中制是党的组织原则，是党的优良传统。按照程序进行决策，做到总揽不包揽、分工不分家、放手不撒手，这是县委书记践行民主集中制的基本要求。"总书记的话说到了我们心里。我们要始终坚持把贯彻民主集中制作为领导班子建设的基本任务，健全完善常委会议事规则、"三重一大"事项集体决策、重大决策专家咨询论证等制度，切实做到在重大决策、重要干部任免、重点建设项目安排、大额资金使用上，既坚持贯彻"集体领导、民主集中、个别酝酿、会议决定"的方针，又积极主动征求人大、政府、政协及社会各界意见，群策群力、集思广益，实现科学决策、民主决策、依法决策。

**第四，要加强廉洁自律。**把守纪律讲规矩摆在更加重要的位置，带头遵守国家法律，模范遵守党纪党规。以身作则，率先垂范，带头严格执行中央八项规定、自治区党委十条规定、地委七条意见，管住管好自己的"娱乐圈"、"生活圈"、"交往圈"，管好自己身边的人，持之以恒纠正"四风"。加强道德修养，模范遵守社会公德、职业道德、家庭美德，讲操守，重品行，培养健康的生活情趣，保持高尚的精神追求，做到清清白白做人、干干净净做事、坦坦荡荡为官。

"心中有党、心中有民、心中有责、心中有戒"既是对县委书记的要求，也是对县委书记的关心和爱护，这是我接受央视和新华社采访时发自肺腑的认识。在今后的实际工作中，我将继续坚持以"四有"为目标，务实笃行，终身践行，树立新常态下的新思维，以进取心主动作为，以责任心抓好发展，加快把沙湾建成丝绸之路经济带上的休闲之都。

（作者：中共新疆沙湾县委书记）